dévote aimable, un goût de la vie, un sens du réel, un don de soi aux autres, une présence au monde qui montraient en elle la grâce incarnée. Son roman atteignait ainsi cet « objet de concorde et de paix publique », dont parlent les *Confessions*. Bien plus, il devenait une « profession de foi ». Mais il demeurait un enseignement du bonheur. La religion y était proclamée comme la garantie de la morale publique et privée — en particulier de la morale conjugale — plus encore comme une merveilleuse source de paix par la contemplation et la prière. Exigence de pureté, de fidélité à soi, de dépassement et de sacrifice héroïque, elle était aussi présentée comme le gage du plus haut amour, l'espérance de l'immortalité, du dépassement du temps, de l'accès à l'éternité. Après s'être exprimée avec toutes ses nuances dans d'émouvants dialogues entre Wolmar, Julie et Saint-Preux, la pensée religieuse de Rousseau éclatait solennellement dans ce grand finale d'opéra qu'est la lettre 11 de la sixième partie où ce prodigieux maître de l'art baroque mettait en œuvre tous les prestiges de sa rhétorique et de sa musique pour faire de ce dénouement tragique une triomphante apothéose.

Mais pourquoi cette transformation ? Faut-il y voir l'invention désespérée d'un auteur inconsolable à la pensée qu'une œuvre aussi belle serait ignorée éternellement ? Impossible d'écarter systématiquement cette explication. « Non l'on ne met point au feu de pareilles lettres », a-t-il écrit dans les *Confessions,* à propos des lettres d'amour qu'il avait écrites à Mme d'Houdetot et qu'elle lui disait avoir brûlées. « Non, non, jamais celle qui peut inspirer une pareille passion n'aura le courage d'en bruler les preuves (...) Si ces lettres sont encore en être et qu'un jour elles soient vues, on connoitra comment j'ai aimé » (*O.C.*, Pléiade, t. I, pp. 463-464). De telles confidences — si étrangement semblables à celles que fera Gide deux siècles plus tard dans *Et nunc manet in te* — sont faites pour imposer la prudence ! Il nous semble pourtant que la cause véritable de cette transformation profonde est ailleurs. Elle fut la conséquence nécessaire de l'intense travail de réflexion — auquel ne cessa jamais de présider l'image de Sophie absente et d'autant plus aimée — qui avait rempli les mois de l'automne et de l'hiver 1757-1758, et successivement dicté le premier lumière l'impuissance de la « raison humaine » individuelle à découvrir une vérité universelle, il affirme que ce principe, « bien démontré comme il pourroit l'être, arracheroit à l'instant les armes des mains à l'intolérant et au superstitieux, et calmeroit cette fureur de faire des prosélites qui semble animer les incrédules. » (Éd. Fuchs, p. 14).

En moins de trois mois, la *Lettre à d'Alembert* fut entièrement écrite. Annoncé le 9 mars à Rey comme achevé, son manuscrit — avec une préface datée du 20 mars — ne fut envoyé que vers le milieu de mai. Et l'ouvrage fut mis en vente à Paris le 2 octobre.

4. *La première « Profession de foi ».*

Le 13 septembre 1758, au terme d'une lettre à Rey où il précisait le projet d'une édition générale de ses œuvres en quatre volumes, Rousseau ajoutait négligemment : « Au reste, l'ouvrage dont je vous ai lu quelques morceaux est entièrement achevé, il est en six parties, et si vous aimiez mieux commencer par celui-là, cela dépendra de vous. » (*C.C.*, t. V, p. 147). Trois lignes, trois révélations surprenantes : Rousseau, revenant sur sa décision de janvier, se déclare à nouveau décidé à publier son roman. Celui-ci n'a plus quatre, ni même cinq, mais *six* parties. Il est annoncé comme « entièrement achevé ».

Quand, pourquoi, comment ce nouveau « dessein » a-t-il été conçu et réalisé ?

Questions difficiles, non insolubles. Si Rousseau en effet s'est décidé en septembre 1758 à publier un roman qu'il jugeait dangereux à l'automne 1757, auquel il avait formellement renoncé en janvier 1758 et qu'il avait à l'avance foudroyé dans sa *Lettre à d'Alembert* en février-mars, c'est qu'entre-temps, il avait décidé d'écrire et écrit des parties nouvelles qui en transformaient profondément la signification spirituelle et morale. Il avait imaginé entre Julie et son époux un drame intime d'ordre religieux, qui s'achevait, très discrètement, par l'annonce de la « conversion » de Wolmar. Il faisait apparaître, chez l'athée, la noblesse d'âme, la délicatesse, la générosité, l'intelligence et même une pudique sensibilité; et chez la

BIBLIOTHÈQUE
DE LA PLÉIADE

JEAN-JACQUES ROUSSEAU

Œuvres complètes

II

LA NOUVELLE HÉLOÏSE
THÉÂTRE — POÉSIES
ESSAIS LITTÉRAIRES

ÉDITION PUBLIÉE SOUS LA DIRECTION
DE BERNARD GAGNEBIN
ET MARCEL RAYMOND

nrf

GALLIMARD

CETTE ÉDITION EST PUBLIÉE
SOUS LE PATRONAGE DE LA
SOCIÉTÉ J.-J. ROUSSEAU
ET AVEC L'APPUI DU
FONDS NATIONAL SUISSE
DE LA RECHERCHE SCIENTIFIQUE
ET DE
L'ÉTAT DE GENÈVE

CE VOLUME CONTIENT :

INTRODUCTIONS

LA NOUVELLE HÉLOÏSE

Texte établi par Henri Coulet
et annoté par Bernard Guyon.

THÉÂTRE

Texte établi et annoté par
Jacques Scherer.

BALLETS — PASTORALE — POÉSIES

CONTES ET APOLOGUES

MÉLANGES DE LITTÉRATURE
ET DE MORALE

Textes établis et annotés par
Charly Guyot.

NOTICES BIBLIOGRAPHIQUES

par
Bernard Gagnebin.

INTRODUCTIONS

LES ŒUVRES LITTÉRAIRES

Ce tome deuxième des *Œuvres complètes* contient l'essentiel de la production de Rousseau dans l'ordre des « belles-lettres », de ce qu'on nommait jadis la « belle littérature ». Outre la pièce capitale, *La Nouvelle Héloïse*, on trouvera donc ici des essais nombreux en divers genres, dont la plupart s'échelonnent de 1734 environ — époque où aurait été ébauché *Narcisse* — à 1762, date de la composition des premiers chants du *Lévite d'Éphraïm* et de la première mention de *Pygmalion*. Il s'agit d'abord de poésies, telles que les épîtres aux Lyonnais Bordes et Parisot, qui révèlent les déchirements et les incertitudes du précepteur de M. de Mably ; poésies de jeunesse, à quoi répondent les tardives *Consolations des misères de ma vie*, par lesquelles le poète-musicien exorcisait les démons de sa vieillesse. Il s'agit de « pensées » détachées sur la littérature et la morale, les unes fort significatives, par exemple l'*Idée de la méthode dans la composition d'un livre*, dont il faudra bien tirer parti un jour, les autres très inégales et d'un si faible relief — je songe aux *Pensées d'un esprit droit*, extraites d'un manuscrit depuis longtemps disparu — qu'il est permis de douter sérieusement de leur authenticité. Puis viennent des écrits de circonstances, ne s'adressant guère qu'au biographe, comme la *Vision de Pierre de la Montagne*, écho des démêlés religieux de Môtiers, un conte et deux nouvelles, tentatives de mise en forme romanesque. Voici enfin des essais de littérature théâtrale. Si aucun de ces derniers n'est un coup de maître, *Pygmalion* n'en reste pas moins un texte de portée lointaine, qui pose la relation de l'artiste et de sa créature avec une profondeur qui força l'attention de Gœthe. Dans la tragédie sur le sujet de *La Mort de Lucrèce*, dont on n'a que des fragments, Jacques Scherer a décelé l'expression « haletante » d'un pathos qui semble *relever déjà de la dramaturgie romantique. Quant au* Devin du Village *(1752), son succès appartient, autant qu'à l'histoire littéraire, à l'histoire de la musique ; et ce succès s'explique moins par la valeur intrinsèque de cet* intermède *qu'il n'est le fait de l'heureuse conjonction d'astres qui rendit aux Français le don des larmes. Mais il doit nous rappeler que Rousseau s'est avancé longtemps (jusqu'à la publication du* Discours sur l'origine de l'inégalité, *et même au-delà) dans la carrière des lettres et dans celle de la musique, sans opter de façon décisive pour l'une ou pour l'autre.*

En réalité, l'auteur de la Lettre à d'Alembert sur les spectacles *a eu la passion du théâtre. Quand il s'opposera à l'établissement d'un théâtre à Genève, il parlera d'expérience. (Vingt ans plus tôt, à Grenoble, une représentation de l'*Alzire *de Voltaire l'avait secoué de violentes palpitations.) C'est ainsi que Rousseau s'est essayé dans la comédie, la tragédie, la tragédie musicale, la féerie, l'intermède, la scène lyrique à un personnage, le ballet. Presque toutes les voies que lui offrait la littérature dramatique de son temps l'ont attiré tour à tour. Mais sa préférence va aux genres où la musique s'associe à la poésie ; la double aptitude qu'il se reconnaît trouve alors son emploi. Le commentaire de Jacques Scherer souligne l'aspect autobiographique de ce théâtre, à commencer par la comédie de* Narcisse, *où le héros s'éprend de son image, féminisée. En chaque pièce, ou peu s'en faut, un personnage ou une situation invite à évoquer, sous le masque ou la transposition qu'appelle le théâtre, le profil de Jean-Jacques ou son regard anxieux. Le choix de la scène comme mode d'expression a d'ailleurs de quoi faire rêver : façon de se découvrir, mais par personne interposée — le temps n'est pas encore venu de l'entreprise des* Confessions *— à laquelle correspond (Jean Starobinski le notait récemment) le besoin de voir. Considérons Rousseau entre Sophie d'Houdetot et Saint-Lambert, ou l'Argus irritant qui ordonne et surveille les fiançailles d'Émile et d'une autre Sophie, ou encore le très perspicace M. de Wolmar. Voir et être vu, tout en se dérobant ; il y a là une composante du psychisme de Jean-Jacques qu'on aurait tort de passer sous silence, et une tentation à laquelle la scène donnait un assez libre jeu. Mais il n'est pas impossible que cette passion secrète, contenue, ait servi d'appui à l'argumentation morale qui condamnait le théâtre.*

Envisagées sous l'angle de l'autobiographie déguisée, les deux nouvelles interrompues intitulées Claire et Marcellin *et* Le petit Savoyard *prennent quelque saveur. On les date de 1756, des semaines qui suivent l'installation à l'Ermitage. Pastorales d'un réalisme estompé, qui ressuscitent l'univers du* Devin *tout en ouvrant, comme l'observe Charly Guyot, une échappée sur le pays où régnera l'auteur de* La Mare au Diable. *Je souhaiterais que le lecteur y reconnût quelques-uns des thèmes et des « scénarios » qui hantaient l'imagination du « petit Savoyard » (c'est de Jean-Jacques que je veux parler) depuis son adolescence. Une certaine idée de la grâce féminine s'y fait jour, moins belle que touchante ; et à deux reprises le prénom de Claire s'offre à lui, avant qu'il invente celui de Julie. Car ce premier moment du séjour à l'Ermitage est celui d'un trop beau printemps où « l'impossibilité d'atteindre aux êtres réels » le jeta « dans le pays des chimères » (*Confessions, *l. IX). Mais ce mouvement de l'imagination prospective semble avoir été précédé d'un mouvement de reflux de son être vers le passé. Alors se placent chronologiquement, selon toute vraisemblance, les premières ébauches, si précieuses, des* Confessions *(voir en particulier les n*[os] *10 à 14, pp. 1161-1162 du tome I des* Œuvres complètes*). Ce sont des instants pathétiques et heureux que Rousseau rappelle à la vie.* Claire et Marcellin, Le petit Savoyard *contribuent modestement à fixer cette heure indécise où le fléau hésite entre la réalité et la fiction, entre l'espoir de retrouver le bonheur et le plus grand espoir de donner corps et âme au monde des chimères. Le fait est que Jean-Jacques, promu par une lame de fond, abandonna à leur sort ses nouvelles et laissa pendante, pour quelques années, la chaîne des souvenirs. Il avait trouvé une occupation plus gratifiante : écrire des lettres d'amour, s'en écrire à lui-même, thérapeutique inattendue d'où sortira le premier état du premier livre de* La Nouvelle Héloïse.

Sans doute convient-il de ne pas surfaire tous ces morceaux de littérature. « Il n'est pas étonnant », lit-on dans la préface de Narcisse, *« que durant ces tems de préjugés et d'erreurs où j'estimois tant la qualité d'Auteur [aveu à souligner !], j'aye quelquefois aspiré à l'obtenir moi-même. » Néanmoins, si quelqu'un s'attache un jour à montrer comment* Rousseau, *grand styliste par vocation différée, a conquis en peu d'années, de haute lutte, et en somme mystérieusement, ses pleins pouvoirs d'écrivain, il lui faudra suivre toutes ces démarches, bien que la plupart d'entre elles paraissent d'abord ne pas aboutir. Du moins l'ont-elles aidé à s'assimiler les principaux éléments d'une poétique, qu'il devait appliquer ensuite à la composition de* La Nouvelle Héloïse, *et dont il avait emprunté les grands principes aux écrivains du siècle précédent et à leur disciple Voltaire. Mais aussi son génie, de 1750 à 1755, avait éclaté ailleurs que dans la belle littérature. Poésies, comédies, ballets, etc., n'étaient plus désormais pour lui que des « enfans illégitimes » (préface de* Narcisse). *Dans la « littérature », comme dans les « sciences et les arts » en général, il ne considérait plus que la cause ou l'effet d'un état de corruption dont il s'était fait le dénonciateur. « Rien de grand et de beau ne peut entrer dans un cœur d'homme, dont je ne fusse capable entre le Ciel et moi »* (Confessions, *l. IX*). *Étrange syntaxe, où Rousseau, revenant sur ses années d'exaltation civique, consent à proclamer son alliance avec Dieu. Mais c'est pour avouer, sitôt après, qu'une tension éthique presque sans relâche l'avait amené à refouler ses aspirations les plus anciennes et les plus profondes. « Rendu à lui-même », dans les bosquets de l'Ermitage, replongé « dans cette molesse trop séduisante » pour laquelle il était né, puis maîtrisant peu à peu son délire, il allait mêler vérité et poésie en une aventure aux accidents multiples dont Bernard Guyon a raconté avec précision l'histoire, et écrire de tous ses livres le plus complet, peut-être, puisqu'il a trouvé le moyen d'y amalgamer toute sa faiblesse et toute sa force.*

« Rousseau, romancier français », disait Faguet. La pointe était dirigée contre les discours et les ouvrages de doctrine. Et pourtant La Nouvelle Héloïse *demeure un grand roman, dont la composition s'est imposée au solitaire de l'Ermitage comme une tâche urgente, irrépressible, à l'heure qui passe pour être celle du démon de midi. L'admirable commentaire continu de Bernard Guyon fait sentir tous les fils par lesquels l'homme tient à l'œuvre et atteste la cohérence de celle-ci, cohérence d'autant plus saisissante que le roman, vers le milieu du* XVIIIe *siècle, était plutôt une « somme » qu'un « genre » constitué. Mais quand on a fait sa part, dans la création, à l'autobiographie indirecte, part considérable, il reste à regarder* La Nouvelle Héloïse *comme une œuvre d'art. On sera surpris alors de la distance que l'auteur sut prendre à l'égard de ses personnages, auxquels il a donné la « rondeur » (pour parler comme Forster) et l'autonomie qui sont la marque du vrai romancier. Ici comme ailleurs, les* Confessions *sont très avares de renseignements sur le travail de l'écriva n ; c'est à peine si elles permettent de soupçonner l'effort d'objectiva ion, d'ajustement*

et de réalisation formelle que dut exiger l'élaboration d'un livre né d'une pure rêverie compensatrice. Et puis, grand romancier malgré soi (il aurait désiré que La Nouvelle Héloïse *ne fût pas vendue dans sa patrie !),* Rousseau *n'avoue pas l'espérance qu'il nourrit d'entrer enfin par la porte large, après tant d'échecs ou de demi-réussites (je mets à part les deux* Discours, *qui sont l'œuvre du « citoyen »), dans la haute littérature.*

La mode n'est plus aujourd'hui au roman « pur ». Le préjugé favorable à la litote a perdu de son pouvoir, et on accorde volontiers au sentiment (quand le sentiment existe) le droit de chercher son expression la plus vive. De même, on admet qu'une œuvre romanesque enferme un message ou donne une image complète et méditée de la condition humaine. Pour tous ces motifs, et quelques autres, je ne serais pas surpris que le lecteur — s'il accepte de lire sans sauter un seul mot, condition de toute compréhension sympathique — fût mieux préparé qu'il y a un demi-siècle à goûter un ouvrage qui est apparu à Stendhal et à Balzac, à Byron et à George Eliot, à Gœthe, Schiller et Kant, à Manzoni, à Tolstoï, comme un chef-d'œuvre de la littérature européenne. Ouvrage suffisamment ambigu, Dieu merci, et non démonstration d'une thèse, qu'anime une dialectique du dépassement, laquelle a besoin du temps pour se déployer, du temps qui pèse sur la destinée humaine pour l'infléchir, et dont le dessein tantôt se dévoile, tantôt se perd dans un mouvement sans terme — unendliche Melodie. *Paradoxalement,* Rousseau *écrit pour se rendre heureux, pour réinventer le bonheur et l'amour ; il pose, en décrivant la communauté de Clarens, l'existence d'un ordre conforme à la nature et agréé par Dieu. Mais peu à peu cet ordre s'estompe, se dévalorise, le bonheur se révèle illusoire ; malgré la « guérison » tentée par l'habile Wolmar, l'amour redevient, suivant l'archétype de Tristan qu'a dégagé Denis de* Rougemont, *un amour réciproque malheureux, en tout cas insatisfait. Témoin du premier délire des amants, Claire avait osé leur dire, avant le mariage de Julie (III*[e] *partie, lettre 7), qu' « après un si grand bonheur, il falloit mourir ». A la fin du livre, tout ce qui semblait ici-bas transparent s'obscurcit à nouveau. Julie écrira à Saint-Preux que « l'on n'est heureux qu'avant d'être heureux », et « qu'hors l'Être existant par lui-même, il n'y a rien de beau que ce qui n'est pas » (VI*[e] *partie, lettre 8). L'amour est désormais promis à la mort, il ne se réalisera que par la mort. Saint-Preux, de son côté, refuse que rien ne le tire de « l'anéantissement où il est tombé (VI*[e] *partie, lettre 7) ;*

Claire repousse avec horreur l'idée que le bonheur terrestre pourrait maintenant l'effleurer (VIe partie, lettre 13). Les valeurs positives, morales et sociales, que défendait Rousseau ne sont certes pas niées. Mais elles sont en suspens, et rejetées dans une lumière de crépuscule, qui fait sentir d'autant mieux leur précarité qu'une autre lumière se laisse apercevoir.

Il faut lire La Nouvelle Héloïse comme une symphonie pour instruments à corde, ou une rhapsodie. « Le style rebutera les gens de goût », lit-on dans la première préface ; style « gothique », disait Jean-Jacques, style « feuillu », disait Diderot. Rhapsodie, à cause de la différence des tons et des genres qui entrent en composition. Parmi les pages qui sont d'un moraliste d'une intelligence supérieure ou d'un peintre de mœurs (voyez les lettres sur Paris), on glisse du ton de l'idylle à celui de l'hymne et à celui de l'élégie. Et si le ton élégiaque forme peu à peu comme une basse continue, c'est que le sentiment du passé et l'aspiration à l'au-delà fournissent à la conscience du présent, de plus en plus divisée d'avec elle-même, comme une caisse de résonance. La prose du roman à grandes ondes, d'Honoré d'Urfé à Mlle de Scudéry, la prose religieuse de Massillon, de Fénelon, l'alexandrin des dramaturges du XVIIe siècle, en particulier celui de Racine, ces diverses traditions sont ici intégrées, ces éléments sont musicalisés ; car l'esprit de l'opéra italien (et celui de la poésie italienne) est partout infus dans la prose de La Nouvelle Héloïse. Mais le bel-canto ne règne pas seul. Il y a des passes d'armes, des manœuvres de fuite et des passages du staccato le plus aigu. Les registres extrêmes dominent presque toujours et il convient à Rousseau qu'il en soit ainsi : « Qui est-ce qui ose assigner des bornes précises à la nature, et dire : Voilà jusqu'où l'homme peut aller et pas au-delà ? » (Seconde préface).

Ces remarques nous aideront peut-être à désigner le haut lieu éminemment central, situé au point de communication de plusieurs bassins, qu'occupe un tel livre dans le paysage littéraire français et européen. L'Éros platonicien, le désir sans fin, avec son appel à la bonté et à la beauté à travers l'amour, dessine la ligne d'horizon. Une perspective s'ouvre sur Corneille, et en deçà sur la courtoisie, Pétrarque et ses disciples italiens. Dans une autre perspective se placent les héros passionnés de Racine et le visage voilé de la Religieuse portugaise : ce sont là les « sources classiques » du romantisme. À plus faible distance, voici Prévost, prédécesseur immédiat de Rousseau, et Richardson, qui lui enseigna la technique du roman par lettres. Pourtant le *romantisme même de* La Nouvelle Héloïse *s'ébauche à l'intérieur de coordonnées qui sont à peu près celles du baroque. Tout se passe comme si l'auteur avait entendu suivre les préceptes de style et de composition de l'art classique du* XVIIe *siècle (c'est la leçon qu'il a apprise). Mais on n'écrit pas les livres qu'on veut ! Son œuvre achevée, il a conscience d'avoir frayé d'autres chemins et d'avoir cédé à une pente diffluente ; les protestations et les explications de la préface dialoguée sont à cet égard une manière de témoignage. Nouvelle ambiguïté, cette fois-ci d'ordre esthétique, qui rend sensible la relativité de nos catégories et la multipolarité d'une œuvre d'une exceptionnelle richesse, impatiente de toutes les limites.*

M. R.

LA NOUVELLE HÉLOÏSE

Dans l'histoire du roman français *La Nouvelle Héloïse* occupe une place exceptionnelle. Il est d'autres exemples de chefs-d'œuvre romanesques brillant d'un éclat solitaire dans l'œuvre de leurs auteurs : *Les Liaisons dangereuses, Adolphe, Volupté, Dominique*... Mais *La Nouvelle Héloïse* est un cas limite. Car ce grand roman d'amour est dû à un adversaire passionné de la littérature.

Impossible de parler à son propos d' « accident » ou d' « erreur de jeunesse »; longuement médité dans les moindres détails, il s'offre à nous bardé de préfaces, de notes, de commentaires. Écrit par un homme qui atteignait le sommet de sa courbe vitale, il est resté au centre de ses préoccupations pendant cinq années. Et quelles années ! Les plus dramatiques, les plus intensément vécues, les plus fécondes. Les réactions qu'il a suscitées ne sont pas moins exceptionnelles. Dès l'origine le succès fut éclatant, universel, sans précédent. Jean-Jacques a dit lui-même avec une simplicité charmante, au livre XI des *Confessions :* « dans le monde il n'y eut qu'un avis et les femmes surtout s'enivrérent et du Livre et de l'auteur, au point qu'il y en avoit peu, même dans les hauts rangs, dont je n'eusse fait la conquête si je l'avois entrepris » (*O.C.*, Pléiade, t. I, p. 545). Cet enthousiasme n'atteignait pas seulement les femmes ou les jeunes gens; c'est un mathématicien, d'Alembert, qui écrivit à Rousseau : « cette chaleur, cette vie qui fait le caractère de vos ouvrages brille surtout dans celui-ci, qui doit (...) mettre le sceau à votre réputation » (*C.G.*, t. VI, p. 2, 10 février 1761). Les attaques des techniciens de la littérature, les Fréron, Morellet, La Harpe, Palissot; celles des ennemis découverts ou masqués, Charles Borde, Melchior Grimm, Voltaire-Ximenès, loin d'atténuer ce succès, ne firent que l'accroître, provoquant une véritable « bataille », immédiatement consignée par l'abbé Irailh dans ses *Querelles littéraires* (1761). Daniel Mornet dans un chapitre de son *Introduction* au roman (*N.H.*, t. I, pp. 237-263) accumule les faits qui confirment les dires de Rousseau. Deux sont particulièrement éloquents : le gain de 10 000 livres avoué par l'éditeur Rey pour la vente de cet ouvrage dans la seule année 1761 ; la centaine d'éditions, ou de contrefaçons, parues entre 1761 et 1800. Chiffres énormes pour l'époque !

Plus important encore : le succès fut profond et durable. Très vite ce roman apparut comme déclassant ceux qui l'avaient précédé. Certes *La Princesse de Clèves* et *Manon Lescaut,* eux aussi placés sans hésitation au premier rang dès leur apparition, continuaient de briller au ciel romanesque comme des constellations d'une pureté indépassable ; mais, isolés dans une masse d'œuvres oubliées, ces brefs récits apparaissaient comme de miraculeuses réussites. Ils manquaient de volume, de poids, d'autorité. Chefs-d'œuvre d'un genre toujours décrié, ils n'avaient pas réussi à le fonder en dignité comme autrefois *Le Cid* pour la tragédie. Cette gloire était réservée à *Julie,* roman-fleuve, œuvre-somme, monument. Désormais et pendant plus d'un siècle, les plus grands romanciers : Restif, Laclos, Mme de Staël, Chateaubriand, Stendhal, Balzac, George Sand et même Flaubert non seulement le salueront avec respect comme un des sommets de leur art, mais le considéreront comme l'archétype auquel il faut remonter, le grand modèle avec lequel on doit rivaliser. Une telle concordance de jugements impose réflexion. Qu'un romantique sentimental comme le jeune Lamartine se soit écrié : « grands Dieux ! quel livre ! Comme c'est écrit. Je suis étonné que le feu n'y prenne pas ! », nous n'en sommes pas exagérément surpris ; mais c'est le très perspicace analyste des *Liaisons* qui, dans la lettre 33 de son roman, fait dire par la marquise de Merteuil à Valmont : « il n'y a rien de si difficile en amour que d'écrire ce qu'on ne sent pas. Je dis écrire d'une façon vraisemblable (...) C'est le défaut des Romans ; l'Auteur se bat les flancs pour s'échauffer, et le lecteur reste froid. *Héloïse* est le seul qu'on en puisse excepter ; et malgré le talent de l'Auteur, cette observation m'a toujours fait croire que le fonds en était vrai. » Et c'est un disciple des Idéologues qui avoue, dans la *Vie de Henry Brulard,* qu'il était « ivre de bonheur à la lecture de *La Nouvelle Héloïse* ».

Tout récemment encore, un fait nouveau et considérable s'est produit. Rompant avec une tradition déplorable, les interprètes les plus autorisés de Rousseau « penseur » : E. Gilson, A. Ravier, G. Poulet, P. Burgelin, J. Starobinski ont accordé dans leurs analyses une place de choix à *La Nouvelle Héloïse.* Tous ont constaté, au terme d'une longue fréquentation de tous ses ouvrages, que c'était celui où le philosophe s'était le plus totalement et le plus délicatement exprimé. Et l'auteur d'une thèse de doctorat sur *Julie,* M. B. Ellis, n'hésitait pas, en 1949, à donner à son étude ce sous-titre significatif : *A synthesis of Rousseau's Thought.* Ainsi cette œuvre singulière nous offre de nombreux problèmes et même quelques mystères. Pour tenter de résoudre les uns et d'éclaircir les autres, il n'est pas d'autre voie qu'une étude précise de sa genèse. Voie difficile, dangereuse; mais, par une chance exceptionnelle, l'auteur y a multiplié les signaux. Lorsque nous aurons achevé de la parcourir, nous serons étonnés de découvrir à nos problèmes une juste réponse; et de voir les mystères se résoudre dans la lumière.

I. — LETTRES DE DEUX AMANS

1. *L'Ermitage.*

C'est en février 1761 qu'a paru *La Nouvelle Héloïse ;* mais c'est au printemps de 1756 qu'elle a commencé à vivre. Or rien, à cette date, ne permettait de la prévoir. En s'installant à l'Ermitage, Rousseau avait décidé de mettre un terme à ses tergiversations précédentes. Fuyant la ville et la civilisation sans esprit de retour, il avait décidé de se fixer à la campagne pour y vivre de la vraie vie, en travaillant à un vrai métier, celui d'un artisan, d'un copiste de musique. Quelques travaux promis ou commencés l'obligeraient, pendant un certain temps encore, à demeurer un « auteur ». Mais c'étaient des études dignes d'un philosophe, orientées vers le bien public. Un *Dictionnaire de Musique,* entrepris depuis deux ou trois ans; la mise en ordre des papiers de l'abbé de Saint-Pierre pour une publication éventuelle; mais surtout un grand ouvrage sur les *Institutions politiques,* « celui de tous mes ouvrages », écrit-il, « que je méditois depuis plus longtems (...) et qui devoit selon moi, mettre le sceau à ma réputation ». Venait ensuite un traité de morale au titre curieux : *La Morale sensitive ou le matérialisme du sage,* dont il avait déjà « jetté l'esquisse sur le papier ». Enfin, le « pédagogue » venait d'être prié par sa noble amie Mme de Chenonceaux d'écrire pour son fils un « système d'éducation ». Ce projet, avoue-t-il, le séduisait moins que les autres. Il était pourtant décidé à le faire passer au premier rang à cause de l' « autorité de l'amitié ».

De façon plus intime, plus secrète, sans qu'un ouvrage précis parût devoir en être le fruit, Jean-Jacques comptait mettre à profit le recueillement et le loisir de sa vie nouvelle pour mener à terme un travail spirituel entrepris depuis quelques années déjà. Chose curieuse, il n'en a soufflé mot dans le livre IX des *Confessions.* Mais la *IIIe Rêverie* est formelle : « Dès ma jeunesse j'avois fixé cette époque de quarante ans comme le terme de mes efforts pour parvenir et celui de mes prétentions en tout genre (...) Je ne bornai pas ma reforme aux choses extérieures. Je sentis que celle-là même en exigeoit une autre (...) dans les opinions... » (*O.C.*, Pléiade, t. I, pp. 1014-1015). Travail de longue haleine, qui, en 1756, n'était pas encore achevé : « Le résultat de mes pénibles recherches fut tel à peu près que je l'ai consigné depuis dans la *Profession de foi du Vicaire Savoyard.* » Notons le mot « depuis ». Si le « résultat » fut acquis avant la rédaction de la *Profession de foi,* dont le premier état date de 1758, cette recherche religieuse a donc connu ses heures décisives entre 1756 et 1758.

Tel était l'homme qui arrivait à l'Ermitage au début d'avril 1756. Un « sauvage » qui fuit le monde, un artisan qui entend vivre du travail de ses mains, un musicologue, un « philosophe », un chercheur de Dieu, nullement un poète ni un romancier. A la littérature qu'il avait tant aimée et sous toutes ses formes : théâtre, opéra contes, journal, poèmes, il avait dit adieu pour jamais.

Or, deux mois plus tard, il était plongé dans un rêve merveilleux, obsédant, qui, par degrés, allait le contraindre à la rédaction intégrale d'un immense roman. Que s'était-il passé ?

2. *Un romanesque.*

Ouvrons les *Confessions*. La réponse s'y étale dès la première page : « Ma mere avoit laissé des Romans... » (*O.C.*, Pléiade, t. I, p. 8). En compagnie de son père, l'enfant avait passé des nuits à se nourrir de fictions héroïques et galantes. Filles des *Amadis,* de l'*Astrée,* du *Grand Cyrus,* sources inépuisables de rêves, elles lui « donnerent de la vie humaine des notions bizarres et romanesques dont l'experience et la réflexion n'ont jamais pu [le] guerir ». Les historiens, Plutarque en particulier, dont il fit ensuite sa « lecture favorite », l'avaient-ils, comme il dit, un peu guéri des romans ? N'en croyons rien. Par eux, il avait pénétré dans un monde non moins sublime et non moins irréel : « Sans cesse occupé de Rome ou d'Athénes (...) je me croyois Grec ou Romain; je devenois le personnage dont je lisois la vie... » (*Ibid.*, p. 9). Cette passion de l'imaginaire — aggravée par une déviation initiale profonde de la sexualité — avait trouvé très tôt son domaine d'élection dans la psychologie amoureuse : « On conçoit que cette maniére de faire l'amour (...) n'est pas fort dangereuse à la vertu de celles qui en sont l'objet. J'ai donc fort peu possédé, mais je n'ai pas laissé de jouir beaucoup à ma maniére; c'est à dire, par l'imagination » (*Ibid.*, p. 17). Anomalie sexuelle, timidité congénitale, esprit romanesque s'étaient unis pour le contraindre au rêve compensateur. Dès l'adolescence, à l'époque sinistre où à Genève il pillait le magasin de la Tribu, il en avait mis au point la technique : « Dans cette étrange situation mon inquiete imagination prit un parti qui me sauva de moi-même et calma ma naissante sensualité. Ce fut de se nourrir des situations qui m'avoient intéressé dans mes lectures, de les rappeller, de les varier, de les combiner, de me les approprier tellement que je devinsse un des personnages que j'imaginois, que je me visse toujours dans les positions les plus agréables selon mon gout, enfin que l'état fictif où je venois à bout de me mettre me fit oublier mon état réel dont j'étois si mécontent. » (*Ibid.*, p. 41).

Sautons quelques pages et quelques années; nous rencontrons un texte plus étonnant encore. Jean-Jacques revient de Paris, à pied, en 1731, à la suite de son échec auprès du colonel Godard : « La marche a quelque chose qui anime et avive mes idées (...) La vue de la campagne, la succession des aspects agréables, le grand air, le grand appetit, la bonne santé que je gagne en marchant, la liberté du cabaret, l'éloignement de tout ce qui me fait sentir ma dépendance, de tout ce qui me rappelle à ma situation, tout cela dégage mon ame, me donne une plus grande audace de penser, me jette en quelque sorte dans l'immensité des êtres pour les combiner, les choisir, me les approprier à mon gré sans gêne et sans crainte. Je dispose en maitre de la nature entiére; mon cœur errant d'objet en objet s'unit, s'identifie à ceux qui le flatent, s'entoure d'images charmantes, s'enivre de sentimens délicieux. » (*Ibid.*, p. 162).

Ces textes nous apportent la preuve que Rousseau était un romancier né, *qu'il ne pouvait pas ne pas écrire au moins un roman*. Mais ils nous éclairent insuffisamment sur la *nature* de la réalité où s'alimentait son imagination. Nul doute qu'elle ait été d'abord livresque. Il est certain qu'un grand nombre de mots, de sentiments, de scènes et d'attitudes de *La Nouvelle Héloïse,* trouvent leur source dans les romans, pièces de théâtre, poèmes, opéras dont s'est nourrie si longtemps sa rêverie. Le titre n'est-il pas, à lui seul, un indice ? Les citations de poètes italiens, les emprunts à Plutarque, à Montaigne, à la Bible, les références explicites à Richardson, plus encore les allusions — inconscientes peut-être mais évidentes — à Racine, tout nous est signe que cet adversaire de la littérature était « bourré jusqu'à la gueule » de souvenirs littéraires.

Pourtant, à mesure que les années passaient, il prit plus de plaisir à rêver sur sa propre vie que sur celle des héros de l'histoire ou de la fiction. Les expériences qu'il avait vécues, transfigurées par la magie du souvenir, devenaient peu à peu la substance d'élection de ses rêves. Ainsi naquit en lui peu à peu le désir d'où sortiraient un jour les *Confessions,* celui de *lire sa propre histoire, comme on lit un roman, afin d'être heureux*. Tournons encore quelques pages : « Mon imagination, qui dans ma jeunesse alloit toujours en avant et maintenant rétrograde, compense par ces doux souvenirs l'espoir que j'ai pour jamais perdu. Je ne vois plus rien dans l'avenir qui me tente; les seuls retours du passé peuvent me flatter, et ces retours si vifs et si vrais dans l'époque dont je parle me font souvent vivre heureux malgré mes malheurs ». (*O.C.*, Pléiade, t. I, p. 226). Ces lignes qui ouvrent l'évocation de l'idylle des Charmettes ont été écrites par un homme de plus de cinquante ans. Lorsqu'il s'était mis à écrire *Julie,* il n'avait pas encore atteint ce stade du renoncement absolu. Il en était pourtant proche : c'est en effet à l'automne de 1755 qu'il avait éprouvé pour la première fois avec intensité le plaisir mélancolique que fait naître le retour vers le passé, considéré comme un paradis perdu. Il venait de rencontrer à Paris son ancien camarade Venture : « Quand il fut parti le souvenir de nos anciennes liaisons me rappella si vivement celui de mes jeunes ans, si doucement, si sagement consacrés à cette femme angélique qui maintenant n'étoit guéres moins changée que lui, les petites anecdotes de cet heureux tems, la romanesque journée de Toune passée avec tant d'innocence et de jouissance entre ces deux charmantes filles (...), tous ces ravissans délires d'un jeune cœur, que j'avois senti alors dans toute leur force, et dont je croyois le tems passé pour jamais : toutes ces tendres réminiscences me firent verser des larmes sur ma jeunesse écoulée et sur ces transports desormais perdus pour moi. » (*Ibid.*, pp. 398-399).

3. *L'homme de quarante ans.*

Quelques mois plus tard il était à l'Ermitage. Il se livra d'abord à une sorte de « délire champêtre »; puis, ayant établi son programme de vie, il s'attaqua au classement des papiers de l'abbé de Saint-Pierre. Travail dangereux et inutile. Fastidieux surtout. Il s'arrêta. « Ce fut ma perte », nous dit-il. Et nous ajouterions volontiers : *Felix culpa !* Le désœuvrement suscita bientôt le retour sur soi. Il fit le bilan de sa vie : quelle misère ! Échec dans tous les domaines. Et d'abord dans celui du cœur. Qu'avait-il connu de l'amour ? Quelques instants de pure félicité : la contemplation de Mme Basile à Turin, la journée de Thônes, avec les deux charmantes écuyères, l'idylle lyonnaise avec Mlle Serre. Mais la conscience qu'il avait eue, en les vivant, de leur précarité l'avait empêché d'y goûter un bonheur parfait. Quelques demi-succès où sa vanité avait gâché sa joie : Mlle de Breil à Turin, Mme Dupin à Paris. Quelques expériences charnelles à demi ratées : la Goton, Zulietta, la petite fille de Klüpffel. Une très brève passade avec la charmante Mme de Larnage qui lui avait révélé le « plaisir », mais, parce que celui-ci ne s'accompagnait pas d' « innocence », lui avait laissé un vif sentiment d'imperfection. Deux longues liaisons : deux échecs. Les années passées auprès de Mme de Warens avaient comporté de merveilleuses douceurs; mais elles avaient été empoisonnées à la source par l'absence de désir chez une femme qui se donnait à lui par système, par son propre recul devant « une sorte d'inceste », et par d'odieux partages. D'ailleurs ce bonheur là, non plus, n'avait pas été durable. Et maintenant, cette femme achevait sa vie dans une progressive déchéance. Ensuite, il y avait eu Thérèse. Depuis près de douze ans ils vivaient ensemble. Elle était là, dans le pavillon de l'Ermitage. Mais que représentait-elle pour lui ? Sa femme ? Ni devant Dieu, ni devant les hommes. La mère de ses enfants ? Mieux valait dire sa complice puisqu'ils avaient ensemble, cinq fois de suite, décidé l'abandon. Sa compagne ? Hélas ! En ce printemps de 1756, il avait tenté de se rapprocher d'elle, de la faire participer à sa vie spirituelle, à sa ferveur devant la nature. Il s'était heurté à la médiocrité, au silence d'une âme refusée, à l'inertie d'une morte vivante.

Privé d'amour, il s'était tourné vers l'amitié. Après Altuna — qui n'avait fait que passer dans sa vie — il avait rencontré Grimm et surtout Diderot auxquels il s'était passionnément attaché. Mais tout — sentiments, vie morale, options philosophiques et religieuses — conspirait désormais à le séparer d'eux. En fuyant Paris, c'est eux aussi qu'il fuyait. Pouvait-il être heureux sans eux ? « En me promenant ce matin dans un lieu délicieux », avait-il écrit à Mme d'Épinay, quelques jours après son arrivée, « j'y ai mis mon ancien ami Diderot à côté de moi et en lui faisant remarquer les agrémens de la promenade je me suis aperceu qu'ils s'augmentoient pour moi-même; je ne sais si je pourrai jamais joüir reellement de cette augmentation; si cela peut se faire un jour ce ne sera guères que par le credit de mon ancien ami Grimm... » (*C.C.*, t. IV, p. 1-2).

Cette lettre douce-amère dissimulait mal une profonde inquiétude. Mme d'Épinay a raconté dans ses *Mémoires* que Jean-Jacques eut alors avec elle à ce sujet des entretiens orageux. Elle minimisa les choses, lui conseilla avec esprit l'indifférence du sage. (Cf. *Histoire de Madame de Montbrillant,* éd. Roth, t. III, p. 8.) « Vôtre conseil est bon », répondit-il le 19 avril, « et j'en userai desormais, j'aimerai mes amis sans inquiétude, mais sans froideur... » (*C.C.*, t. IV, p. 6). Il en était bien incapable ! Au cours des mois suivants il ne cessera pas de souffrir de cette plaie sans cesse avivée. Au printemps de 1757, quand éclatera la douloureuse querelle autour du *Fils naturel* et du mot terrible : « Il n'y a que le méchant qui soit seul », Jean-Jacques écrira encore à Mme d'Épinay ces lignes douloureuses : « Non, ma bonne Amie, mon tems est passé. Helas, je suis réduit à desirer pour eux que nous ne redevenions jamais amis. » (*C.C.*, t. V, p. 183).

A cette prise de conscience de l'échec total dans la vie du cœur s'ajoutait alors un sentiment tout nouveau chez Rousseau : la désillusion sur son « génie ». Depuis le premier *Discours* (1750), il avait connu non seulement les joies grisantes du succès et même d'une sorte de gloire, mais aussi un état d'exaltation spirituelle intense : « J'étois vraiment transformé (...) Je n'étois plus cet homme timide et plustôt honteux que modeste, qui n'osoit ni se présenter ni parler (...) Audacieux, fier, intrépide, je portois par tout une assurance d'autant plus ferme qu'elle étoit simple. » (*O.C.*, Pléiade, t. I, pp. 416-417). L'éloignement de Paris avait éteint l'indignation : colère tombée; génie disparu. Dépression nerveuse ? La crise fut longue. « Je n'ai plus de genie », écrira-t-il à Tronchin le 27 février 1757. Au printemps de 1758 encore, au début de sa *Lettre à d'Alembert,* il demandera, sans fausse modestie, qu'on lui pardonne un style amorti, amolli !

Si l'on va jusqu'aux racines de la détresse qui l'envahit, on découvre l'angoisse du vieillissement, la hantise de la mort : « je me vis déja sur le déclin de l'age, en proye à des maux douloureux et croyant approcher du terme de ma carriére, sans avoir goûté dans sa plenitude presque aucun des plaisirs dont mon cœur étoit avide (...) Dévoré du besoin d'aimer (...) je me voyois atteindre aux portes de la vieillesse, et mourir sans avoir vécu. » (*O.C.*, Pléiade, t. I, p. 426). Rousseau à l'Ermitage, c'est l'homme de quarante ans découvrant le « grand secret » si dramatiquement énoncé par Péguy dans *Clio,* si exactement analysé par Marañon dans *L'Age critique* et par Jung dans ses *Essais de psychologie analytique : L'homme n'est pas heureux*. Parvenu à ce point de lucidité, lorsque sa force d'âme ou sa foi religieuse l'écartent du suicide et s'il a reçu le don d'écrire, l'homme de quarante ans débouche sur la création littéraire la plus haute, la plus forte. Chant lyrique, mélancolique, glorieux ou désespéré chez le La Fontaine de l'*Épître à Madame de la Sablière,* le Hugo des *Contemplations,* le Baudelaire du *Voyage ;* analyse lucide et cruelle chez l'auteur d'*Adolphe* ou celui de *L'Éducation ;* elle sera le plus souvent construction d'un monde de rêve, comme chez ce consul de France à Civita Vecchia qui inscrivait sur sa ceinture : « Je vais avoir la cinquantaine... », peu avant de se précipiter dans un grand poème d'amour heureux et jeune, un merveilleux fleuve d'oubli : *La Chartreuse de Parme.*

Rousseau était de la même race que Stendhal (qui l'a tant aimé !). « Que fis-je en cette occasion ? Déja mon Lecteur l'a deviné, pour peu qu'il m'ait suivi jusqu'ici. L'impossibilité d'atteindre aux êtres réels me jetta dans le pays des chiméres, et ne voyant rien d'existant qui fut digne de mon délire, je le nourris dans un monde idéal que mon imagination créatrice eut bientot peuplé d'êtres selon mon cœur. » (*O.C.*, Pléiade, t. I, p. 427).

4. *Mécanisme du rêve.*

Sur les conditions dans lesquelles s'est opéré dans ce cas précis le passage dans le « monde enchanté », Rousseau nous a donné les indications les plus précieuses : coexistence du sentiment de détresse — indispensable au déclenchement du rêve compensateur — et d'autres conditions — non moins indispensables quoique apparemment en contradiction avec la première — belle saison, liberté, marche à pied à travers les bois et les champs. Importance primordiale des « souvenirs des divers tems de ma vie... » Loi d'élection de ces souvenirs qui sont *heureux* et *lointains :* « je revenois par élans aux jours serains de ma jeunesse, et je m'écriois quelquefois en soupirant : Ah ce ne sont pas encore ici les Charmettes ! » Les voyages à pied, les Alpes, le lac Léman, les Charmettes, Mme Basile, la journée de Thônes, les folles parties de rire avec « maman », les prières dans la fraîcheur de l'aube, les études dans la liberté, les repas rustiques, les contemplations silencieuses, les amitiés enthousiastes, l'exaltante découverte de la musique italienne, tout ce qui avait rempli de *félicité* la vie de Jean-Jacques, jusqu'à Venise, allait alimenter son rêve. Seraient au contraire sévèrement exclues les fautes, les erreurs, les humiliations, les trahisons, tout ce qui avait été matière à remords, regret, souffrance. Et s'il fallait leur faire quelque place ce ne serait qu'à titre de *contraste,* lorsque Saint-Preux, exilé à Paris, comparerait cette ville maudite au paradis perdu de Vevey.

Mais Rousseau attire notre attention sur un troisième caractère de ces souvenirs : « Je me vis entouré d'un serrail d'Houris de mes anciennes connoissances (...) Mon sang s'allume et petille, la tête me tourne malgré mes cheveux déja grisonnans, et voila le grave Citoyen de Genève, voila l'austére Jean Jaques à près de quarante cinq ans redevenu tout à coup le berger extravagant. » (*Ibid.*, p. 427). Certains commentateurs n'hésitent pas à user aussitôt de grands mots : « fièvre charnelle », « appel des corps » ! Gardons le sens de l'humour auquel Jean-Jacques nous invite. Il est significatif que le premier souvenir mentionné soit cette journée de Thônes, marquée par ce mélange de « volupté » et « d'innocence » auquel sa sensibilité attachait tant de valeur et qui sera une exigence dominante de ses héros. Au reste pour se convaincre que, dès le départ, son imagination créatrice dépassait les limites d'un rêve érotique, il suffit de relire de près la longue phrase où il a défini ce « monde enchanté » qui suscitait en lui de « continuelles extases » et les « torrens des plus délicieux sentimens » : « Oubliant tout à fait la race humaine, je me fis des societés de créatures parfaites aussi celestes par leurs vertus que par leurs beautés, d'amis sûrs, tendres, fidelles... » Rousseau pèse ses mots. Ce n'est pas inconsidérément qu'il a employé ici des substantifs et des adjectifs qui conviennent, autant qu'aux exaltations sensuelles des premières lettres, à l'innocent paradis terrestre de Clarens.

5. *Le champion de Dieu.*

Dans son ouvrage sur *Les Manuscrits des Confessions,* Mme H. de Saussure a formulé une hypothèse, également signalée par B. Gagnebin et M. Raymond dans leur Introduction aux *Confessions* (*O.C.*, Pléiade, t. I, p. XVII), selon laquelle certains des fragments groupés sous le titre d'*Ébauches des* « *Confessions* » (*O.C.*, Pléiade, t. I, pp. 1160 sq.) et où sont évoqués en termes brûlants et chastes quelques « moments heureux » de Jean-Jacques, auraient été composés en ce printemps délirant de 1756. Hypothèse « séduisante », pensent-ils; disons même vraisemblable. De même, bien que Rousseau n'en souffle mot dans son récit du livre IX, c'est à cette période que se rapportent les ébauches romanesques de la *Vie de Claude Noyer,* de *Claire et Marcellin.* Les lettres de Deleyre nous révèlent que ces pâles essais de libération par l'écriture furent pendant quelque temps en concurrence avec les « Lettres de deux amans ». C'est un spectacle touchant de voir le génie le plus éclatant tâtonner dans la médiocrité ! Alors même que le porte le souffle de l'enthousiasme, il commence par des ratages. En vérité, il ne sait pas où il va. Mais l'œuvre n'est même pas commencée que déjà des forces secrètes l'orientent dans des voies inattendues : au plus fort de l'été, sa rêverie fut troublée par le *Poème sur le désastre de Lisbonne,* où le plus illustre des écrivains vivants avait formulé un réquisitoire passionné contre la Providence. Comme il l'avait fait deux ans plus tôt, dans un « dîner d'athées » chez Mlle Quinault, où il avait eu le courage de professer sa foi, Jean-Jacques releva le défi. Longuement, laborieusement, mais avec un accent d'émouvante sincérité, il écrivit cette *Lettre à Voltaire* (non destinée à la publication, mais qui devait inévitablement être diffusée et qui ne tarda pas en fait à être imprimée) où il adoptait pour la première fois officiellement le rôle de « champion de Dieu », en face des « philosophes ». Ce texte vaut surtout par le ton qui l'anime : celui d'un homme avide de paix, qui, au-delà des vaines querelles théologiques, recherche passionnément l'union des cœurs et des esprits. Il prêchait une mutuelle tolérance et concluait habilement : « Je pense, en un mot, qu'à votre exemple, on ne sçauroit attaquer trop fortement la superstition qui trouble la société, ni trop respecter la Religion qui la soutient. » (*O.C.*, Pléiade, t. IV, p. 1072). Lorsqu'il acheva cette austère dissertation, elle lui apparut comme une « distraction », une libération de ses fantômes, un rappel à l'ordre. Il se trompait. Elle le préparait à donner à son roman, deux ans plus tard, une orientation inattendue et décisive.

6. *Descente de l'empyrée sur la terre.*

L'été n'était pas achevé; le promeneur solitaire commença ses courses à travers la forêt : « mon cœur, ma tête et mes pieds reprirent les mêmes routes... » Les mêmes ? Pas tout à fait. En retrouvant son rêve il lui donna plus de consistance, de réalité. Les êtres célestes devinrent des humains. Ils descendirent de l'empyrée pour habiter un lieu de la terre très précis : les bords du lac Léman. Une intrigue se dessinait. Trois jeunes gens : deux jeunes filles liées d'amitié; un jeune homme, amant de l'une, et « dont l'autre fut la tendre amie et même quelque chose de plus ». Nous n'oserions affirmer que Rousseau ait dès lors songé à unir ses deux héros par des liens charnels; mais une allusion à une « si touchante foiblesse que la vertu sembloit y gagner », nous y invite. Il est certain, en tout cas, que, dès son premier état, le roman fut marqué de son caractère essentiel : il serait l'*évocation d'un monde du bonheur ;* une entreprise de synthèse idéalisante : « Je me figurai l'amour, l'amitié, les deux idoles de mon cœur, sous les plus ravissantes images. » Entreprise déjà dirigée par un artiste qui connaît la valeur des motifs contrastés et des couleurs complémentaires : « Je les douai de deux caractéres analogues mais différens (...) Je fis l'une brune et l'autre blonde, l'une vive et l'autre douce, l'une sage et l'autre foible... » Bien entendu, l'auteur s'identifiait à l'amant, à l'ami. Mais, ajoute-t-il avec un sourire modeste, « je le fis aimable et jeune, lui donnant au surplus les vertus et les défauts que je me sentois ». (*Ibid.*, p. 430.) Nous voici avertis; il suffira de feuilleter les écrits autobiographiques et la correspondance pour retrouver dans la réalité vécue la matière qui, fortement travaillée, a donné naissance à la fiction. Nous étudierons en détail ce processus d'idéalisation dans nos commentaires; précisons seulement ici qu'il a joué de façon particulièrement intense en ce qui concerne les deux héroïnes; car nos recherches nous ont presque toujours conduit, pour l'une et pour l'autre, vers un seul et même être réel, Mme de Warens, qui, à considérer la surface des choses, paraît d'abord si éloignée d'elles. Quant à Saint-Preux, l'idéalisation ne s'est pas accomplie exclusivement dans le sens de la beauté et de la jeunesse, mais aussi et surtout dans le sens de la victoire. Cet amant vainqueur est très différent de son « modèle réel », du point de départ jusqu'à la dernière lettre. C'est Jean-Jacques non seulement *tel qu'il rêvait d'être,* mais *tel qu'il rêvait d'avoir été.*

En ce qui concerne l'amitié, le créateur a peut-être procédé en deux étapes. Il n'a songé d'abord qu'à une amitié entre deux femmes : « J'imaginai deux amies plustot que deux amis... » (souvenir de la rencontre des deux jeunes filles de Thônes ? Réminiscence littéraire du couple Clarisse-Miss Howe ?) Mais très vite il a dû sentir que le seul couple des deux amies ne suffirait pas à incarner ses grands rêves d'amitié virile, d'amitié à l'antique. Il fallait deux amis et qui fussent d'une égale noblesse de cœur, d'une égale vigueur intellectuelle; deux « philosophes », comme Diderot et lui-même. C'est ainsi qu'est né le personnage de Milord Édouard, apparemment non indispensable au roman. Il est le rival possible et qui se refuse à l'être; l'homme qui suscite la querelle mais la domine et la fait déboucher dans une plus grande confiance; l'habitant idéal du « monde enchanté ». « Je n'admis ni rivalité ni querelles ni jalousie, parce que tout sentiment pénible me coûte à imaginer, et que je ne voulois ternir ce riant tableau par rien qui dégradât la nature. »

Le choix du cadre lui-même fut dicté, malgré les apparences, par les exigences du cœur : « mon imagination fatiguée à inventer vouloit quelque lieu réel qui put lui servir de point d'appui, et me faire illusion sur la réalité des habitans que j'y voulois mettre » (*O.C.*, Pléiade, t. I, pp. 430-431). Les *Confessions* nous livrent là une idée fort ingénieuse (elle se trouve aussi dans la *Préface dialoguée)* qui révèle chez cet idéaliste exalté un vif souci de vérité, chez ce romancier inexpérimenté une juste exigence de cette « crédibilité » dont Paul Bourget faisait la règle première du genre. Mais ne soyons pas dupes ! Lorsqu'il refusa les irréelles « Vallées de la Thessalie », ou même les paysages vrais des Iles Borromées, le romancier poursuivait encore la réalisation de son rêve : « Il me falloit cependant un lac, et je finis par choisir celui autour duquel mon cœur n'a jamais cessé d'errer. » Lieu réel certes, mais d'une réalité plus psychologique que géographique, le seul lieu de la terre où puissent vivre des « êtres selon [s]on cœur ». Parfaitement lucide, il ne se faisait guère d'illusions sur le progrès accompli au terme de cette seconde étape : « cette élite n'étoit guéres moins chimérique que le monde imaginaire que j'avois abandonné ». Il avait progressé dans le sens du roman, mais sans quitter le pays des chimères, le seul digne d'être habité. Le quitterait-il jamais ?

7. *Passage à l'acte d'écrire.*

A la suite de l'évocation, citée plus haut, des ouvrages composés en rêve au cours de ses voyages à pied, mais jamais écrits, Rousseau ajoute : « pourquoi, direz-vous, ne les pas écrire ? et pourquoi les écrire, vous répondrai-je : Pourquoi m'ôter le charme actuel de la jouissance pour dire à d'autres que j'avois joui ? Que m'importoient des lecteurs, un public et toute la terre, tandis que je plânois dans le Ciel ? D'ailleurs, portois-je avec moi du papier, des plumes ? Si j'avois pensé à tout cela rien ne me seroit venu... » (*Ibid.*, p. 162). Soit ! Mais pourquoi, au printemps de 1756, la rêverie a-t-elle enfin abouti à la création romanesque ?

Rousseau nous a proposé à ce sujet des analyses qui suscitent notre admiration par leur précision, leur subtilité, leur caractère étonnamment moderne. Pour la première fois dans l'histoire littéraire universelle, un écrivain, cherchant à expliquer le mystère de sa création, invoquait la nécessité où il s'était trouvé, pour se libérer de « personnages en quête d'auteur », de leur donner la vie par l'écriture. Mais il a distingué soigneusement dans cette opération deux « moments », en effet très différents.

« Ces fictions, à force de revenir prirent enfin plus de consistance et se fixérent dans mon cerveau sous une forme déterminée. Ce fut alors que la fantaisie me prit d'exprimer sur le papier quelques unes des situations qu'elles m'offroient (...) Je jettai d'abord sur le papier quelques lettres éparses sans suite et sans liaison (...) Ce qu'il y a de peu croyable et de très vrai est que les deux premiéres Parties ont été écrites presque en entier de cette maniére; sans que j'eusse aucun plan bien formé, et sans même prévoir qu'un jour, je serois tenté d'en faire un ouvrage en régle. » (*Ibid.*, p. 431). Rousseau s'est mis à écrire; il n'est pas devenu un *romancier ;* il est toujours dans un état passif : les fictions *se fixent,* la fantaisie *le prend.* Il avance, sans suite, sans plan, pour le pur plaisir d'organiser un rêve compensateur : « et rappellant tout ce que j'avois senti dans ma jeunesse, de donner ainsi l'essor en quelque sorte au desir d'aimer que je n'avois pu satisfaire, et dont je me sentois dévoré. » (*Ibid.*, p. 431). Tout paraît clair. Mais pouvons-nous le suivre ? « Peu croyable », avoue-t-il. Comment admettre en effet qu'un homme intimement mêlé depuis vingt ans au mouvement littéraire de son époque, auteur lui-même de plusieurs œuvres dramatiques achevées, qui venait d'ébaucher plusieurs essais narratifs; comment admettre que ce passionné de romanesque, cet homme qui pleurait en lisant *Cleveland,* cet admirateur éclairé de Prévost, de Richardson, de Duclos, ait été conduit involontairement et inconsciemment, à jeter ces lettres sur le papier ? Comment n'être pas tenté de penser que cet artiste, à demi raté, décida consciemment de tenter une dernière fois sa chance de gloire en ce monde par la création d'une grande œuvre romanesque ?...

Mais n'est-il pas très grave d'accuser de mensonge, ou simplement d'erreur, un homme qui porte sur lui-même en pleine lucidité, à si peu d'années de distance, un témoignage aussi formel ? Les innombrables confidences des écrivains modernes sur le mystère de la création littéraire et les études dont elles ont été l'objet ne nous inclinent-elles pas à accepter le récit de Rousseau ? Nous savons désormais que ce fut le sort des plus grandes œuvres de se développer longtemps dans une ténèbre zébrée d'éclairs, dans un enthousiasme non contrôlé, avant que le créateur lui-même ait compris ce qui s'agitait en lui, ce qu'il allait créer. D'autre part, il suffit de réfléchir à la situation où se trouvait Rousseau pour comprendre que le projet délibéré d'écrire un roman devait lui apparaître inacceptable. Il avait péché autrefois; il avait écrit des opéras, des pièces de théâtre; il avait même récemment succombé à la tentation de les faire représenter, de les publier. Depuis, il avait écrit la *Préface de Narcisse* (1753), et plaidé coupable. Mais tout cela était déjà loin. Ce passé était bien mort ! Allait-il donc recommencer ? « Mon grand embarras étoit la honte de me démentir ainsi moi-même si nettement et si hautement. Après les principes sévéres que je venois d'établir avec tant de fracas (...) pouvoit-on rien imaginer de plus inattendu, de plus choquant, que de me voir tout d'un coup m'inscrire de ma propre main parmi les auteurs de ces livres que j'avois si durement censurés ? » (*Ibid.*, pp. 434-435). Un peu schématique, un peu dramatisée, cette présentation des choses ne dit peut-être pas tout. Elle est, tout bien pesé, vraisemblable. Si nos premières analyses nous conduisaient à affirmer que Rousseau *ne pouvait pas ne pas être romancier,* celles-ci nous obligent à reconnaître qu'il fut un *romancier malgré lui.*

8. *Pourquoi des lettres ?*

Une question pourtant se pose. Même si Rousseau n'était pas, dès ce moment, décidé à écrire un « ouvrage en règle », il n'en avait pas moins choisi d'exprimer ses rêves dans une forme littéraire déterminée, celle du roman par lettres. On invoque généralement pour expliquer ce choix le succès considérable récemment obtenu en France par les romans épistolaires de Richardson, traduits et adaptés au goût français par l'abbé Prévost. Dès que parut le roman de Rousseau les critiques le comparèrent à son modèle anglais; lui-même avait suggéré ce rapprochement dans ses notes, et, au livre IX des *Confessions,* il devait y revenir. Depuis, tous les commentateurs, particulièrement Joseph Texte dans son *J.-J. Rousseau et les origines du cosmopolitisme littéraire* et Daniel Mornet dans son *Introduction* (*N.H.*, t. I, pp. 93 sq.) ont précisé les nombreux rapprochements de détail qu'on peut établir avec les *Lettres angloises ou Histoire de Miss Clarisse Harlove* (traduction parue à Londres en 1751). Récemment Henri Roddier a très justement attiré l'attention sur les *Nouvelles Lettres angloises, ou Histoire du chevalier Grandisson,* publiées à Amsterdam, dans la traduction de Prévost, en 1755-1756, au moment même où Rousseau s'installant à l'Ermitage, y concevait son roman. La dernière lettre du tome II de ce roman racontait en effet une aventure transalpine du chevalier, très proche par beaucoup de détails de celle vécue par Saint-Preux à Vevey. Il a montré aussi que la suite de ce roman (tomes III et IV), parue seulement en août 1758, a pu exercer par son orientation moralisatrice une influence sur la décision prise, à peu près à cette date, par Rousseau, de transformer le « message » de son roman. (Cf. H. RODDIER, *L'abbé Prévost, l'homme et l'œuvre,* pp. 172-176). Il est donc probable que les romans de Richardson ont joué un certain rôle dans le choix par Rousseau de sa forme d'expression. Mais le roman par lettres n'avait pas attendu le succès de l'auteur de *Clarisse* pour conquérir droit de cité dans notre littérature. Sans rappeler les *Lettres persanes* (1721), dont l'auteur aimait à dire — avec un léger sourire — qu'elles avaient créé le genre, et dont le succès avait engendré de nombreuses *Lettres juives, chinoises,* etc., il convient de rappeler les vrais initiateurs, les vrais inspirateurs : trois recueils de lettres proposées comme authentiques, offertes comme un irréfutable document sur les passions de l'amour. En tête, les admirables et très mystérieuses *Lettres portugaises, traduites en françois,* anonymement publiées en 1669, où, plusieurs années avant *La Princesse de Clèves,* les Français avaient découvert une prose capable de rivaliser avec la poésie de Racine dans l'expression de la passion amoureuse. Nous savons par une allusion de la *Lettre à d'Alembert* que Rousseau les connaissait. Il n'ignorait sûrement pas l'*Histoire nouvelle des amours de la jeune Bélise et de Cléante,* pseudonymes qui dissimulaient deux grands personnages, la présidente Ferrand et le baron de Breteuil. Surtout il avait pu lire, dans la traduction — libre, infidèle, romanesque, mais par là même d'autant plus proche de sa propre sensibilité — que

Bussy-Rabutin en avait donnée en 1687, les *Lettres de deux amans* illustres entre tous : Héloïse et Abélard !

Il était donc tout naturel — et d'autant plus qu'il ne songeait pas à un « ouvrage en régle » — qu'il eût recours à cette forme, déjà traditionnelle, pour l'expression de ses rêves d'amour. Mais il faut aller plus loin. Même sans ces illustres modèles, Rousseau devait choisir un mode d'expression qui pour tant de raisons était conforme à son génie. Il flattait d'abord sa double passion du *théâtre* et du *théâtre chanté*. Il semble que Jean-Jacques n'ait pu croire vrai que ce qu'il *entendait ;* que, pour atteindre son esprit et son cœur, il fallût qu'une parole, de préférence un chant, émût d'abord son oreille. Un très grand nombre des lettres du roman sont des chants. « C'est une longue romance », a-t-il dit lui-même dans sa *Préface dialoguée*. Le genre épistolaire flattait aussi en lui la passion de l'*éloquence*. Que de « discours », même dans les premières parties de ce roman ! Sur l'amour, sur l'amitié, sur les beautés de la montagne, les charmes de la solitude, le danger des capitales, le duel, l'opéra français, la musique italienne ! C'est une loi du genre épistolaire que la liberté de propos des personnages. Il n'est pas certain que Rousseau n'en ait pas abusé. Une chose est sûre, c'est qu'à tous ces débats il goûtait lui-même un plaisir extrême. Enfin le roman par lettres, grâce au dialogue permanent qu'il institue entre des personnages qui sont tous, à des degrés divers, des représentants de l'auteur, offrait à un homme qui déjà sentait s'accumuler sur lui les malentendus et les contresens, un moyen exceptionnel de faire apparaître *concurremment* les aspects multiples de sa sensibilité, les richesses contrastées de sa pensée.

A toutes ces raisons s'en ajoutèrent plusieurs autres, le jour où il décida de faire de ces « lettres éparses », une « espèce de roman ». Trois au moins sont apparentes. Ce genre, qui exige que l'auteur se taise, se cache, que nous entendions seules les voix des héros, nous contraint, comme le théâtre, de croire à l'existence réelle de ceux-ci. Les lettres sont des *documents* qui s'imposent à nous avec une force que ne saurait avoir un récit. Force d'autant plus grande que, dans le recueil qui les rassemble, il y a en plus grand nombre des « trous », des « silences », des événements inexpliqués, des actes inexplicables. Rien n'est plus propre à rendre sensible le mystère des âmes. D'autre part, grâce aux prises de vues successives que plusieurs lettres nous offrent d'un même événement, l'auteur nous fait entrevoir la richesse infinie de la réalité.

Enfin, le roman par lettres est un admirable instrument entre les mains d'un grand artiste du langage pour faire valoir le *pouvoir des mots*. Chaque échange est caresse ou passe d'armes. Chaque phrase est matière à exégèse. Chaque destinataire doit interpréter ce qui est dit, deviner ce qui n'est pas dit. Et lorsque les protagonistes défaillent, les confidents exigeants les rappellent à l'ordre. Claire et Wolmar sont des maîtres redoutables dans l'art difficile entre tous de l'explication de textes. A lire de près leurs lettres on apprend que l'une des plus exquises qualités de Rousseau est l'intelligence. Il apparaît ici comme le maître de Laclos, qui sera plus cruel mais non plus subtil; et infiniment moins « précieux ».

II. — JULIE

1. *Un objet de mœurs et d'honnêteté conjugale.*

Lorsque la mauvaise saison arriva qui le confinait au logis, Rousseau voulut reprendre ses « occupations casanières », c'est-à-dire ses travaux de musique ou de philosophie. Il en fut absolument incapable : « Je n'étois plus un moment à moi-même, le délire ne me quittoit plus. » C'est alors qu'il franchit l'étape la plus lourde de conséquences, celle qui allait faire de lui un romancier. Il fit comme le pécheur dont la résistance est à bout et qui succombe à la tentation : « Après beaucoup d'efforts inutiles pour écarter de moi toutes ces fictions, je fus enfin tout à fait séduit par elles et je ne m'occupai plus qu'à tâcher d'y mettre quelque ordre et quelque suite pour en faire une espéce de Roman (...) Subjugué complettement il fallut me soumettre à tout risque, et me résoudre à braver le qu'en dira-t-on (...). Ce parti pris, je me jette à plein collier dans mes rêveries, et à force de les tourner et retourner dans ma tête, j'en forme enfin l'espéce de plan dont on a vû l'exécution. C'étoit assurement le meilleur parti qui se put tirer de mes folies... » (*Ibid.*, pp. 434-435).

Laissons de côté l'irritante question de savoir si Rousseau était parfaitement sincère à l'égard de lui-même en ne supposant « pas encore » qu'il en viendrait à publier ce roman. La suite de notre étude nous permettra peut-être d'y répondre. Insistons au contraire sur l'essentiel : l'intime liaison de l'*éthique* et de l'*esthétique*, qui caractérise sa décision. Il mit aussitôt au premier rang de ses préoccupations des problèmes de plan, d'ordre, de suite. Si *La Nouvelle Héloïse* est un chef-d'œuvre, ce n'est pas seulement parce qu'elle est issue du plus intime de la mémoire d'un homme exceptionnel, c'est aussi — surtout peut-être — parce que l'artiste a présidé à l'élaboration de ces données avec une attention sans défaillance. Tout y est concerté. Mais le mot d' « ordre » est ambivalent. Le « plan » ou la « suite » du roman dépendait de la signification spirituelle que le romancier allait lui imposer. Au terme de sa méditation, il voulut qu'elle fût à la fois *morale* et *religieuse*. Morale d'abord : ce roman d'amour ne serait plus seulement exaltation de l'amour, protestation contre la tyrannie de la société sur les cœurs des hommes, appel à l'indulgence envers les filles « foibles », mais « aimables » et « intéressantes », et, en même temps, proclamation des exigences du véritable amour : pureté, fidélité. Il irait plus loin, il condamnerait les « mœurs à la mode » et l' « orgueil révoltant » de certaines femmes adultères. Il conduirait l'héroïne jusqu'au mariage; non avec son amant, mais avec un homme choisi par le père, imposé par lui; mariage accepté pourtant et générateur d'un authentique bonheur. Bien plus, cette femme recevrait à son foyer, avec l'agrément de son époux, son ancien amant; et elle demeurerait une épouse fidèle; et ces êtres privilégiés connaîtraient alors le bonheur le plus parfait qu'il soit donné à l'homme d'éprouver sur la terre. Tel est le « tableau » que le romancier se proposait de donner au public. Pris dans sa « totalité », il lui apparaissait désormais non seulement vidé de tout scandale mais « utile », et d'autant plus efficace qu'il serait plus vrai car « les êtres parfaits ne sont pas dans la nature et leurs leçons ne sont pas assez près de nous » (*Ibid.*, p. 435).

Rien de plus naturel, de plus normal qu'un tel projet. Depuis longtemps, Rousseau s'était élevé contre la dépravation des mœurs dans la société parisienne. Ses diatribes contre les femmes adultères, son exaltation de la fidélité conjugale l'avaient rendu célèbre et redoutable. Un seul texte suffit à nous éclairer sur ce point. Il est de Saint-Lambert, l'amant de la comtesse d'Houdetot, près de qui Jean-Jacques allait être fort assidu pendant l'été 1757. Lorsqu'il apprit cette intimité le marquis s'alarma. Il ne redoutait pas l'infidélité de sa maîtresse, mais les déplorables conclusions où pouvait l'entraîner le rigide censeur des mœurs : « Je connoissois l'austérité de vos principes. On m'en avoit parlé », écrit-il, en s'excusant de ses « sottises », le 11 octobre, « elle m'en parloit elle-même avec un respect dont ne s'accommodoit pas l'amour ». (*C.C.*, t. IV, p. 282.) La situation prête à sourire, mais l'affirmation est claire. Rousseau était bien l'ennemi officiel, déclaré de l'adultère. Pourquoi n'aurait-il pas orienté dans ce sens son roman ?

2. *Un objet de concorde et de paix publique.*

Il avait pour son œuvre des ambitions plus hautes encore. Il en ferait un instrument de paix entre ces adversaires acharnés à s'entredéchirer comme des loups enragés, les « dévots » et les « philosophes ». Elle serait un appel à la concorde et à la paix publique; plus encore, au respect et même à l'amour mutuel, puisque les deux attitudes extrêmes, celle de l'athéisme et celle de la dévotion y serait incarnées dans les deux époux fidèlement unis l'un à l'autre, la « charmante » Julie et le « vertueux » Wolmar : « je dessinai les deux caractéres de Volmar et de Julie dans un ravissement qui me faisoit espérer de parvenir à les rendre aimables tous les deux et, qui plus est, l'un par l'autre » (*O.C.*, Pléiade, t. I, p. 436).

Ici encore, rien ne s'oppose en principe à ce que nous croyions le romancier sur parole. Il était naturel et logique qu'au moment où il cherchait à donner à son œuvre une haute signification morale il songeât à y exposer quelques-unes de ces certitudes religieuses qu'il achevait de découvrir et qui avaient apporté un apaisement à son angoisse métaphysique. Cependant, une première remarque s'impose : le conflit spirituel entre les deux époux est totalement absent des quatre premières parties. La lettre où Saint-Preux révèle ce drame intime à Milord Édouard se trouve dans la cinquième partie (lettre 5). Elle est « annoncée » dès la lettre 15 de la quatrième, et dans une note de la lettre 20 de la troisième partie, mais ce sont là des ajouts tardifs destinés à tenir le lecteur en haleine et à répondre à des objections éventuelles. Mais il y a plus grave. L'examen approfondi des quatre premières parties nous révèle que, *mise à part la lettre 18 de la troisième*, la place accordée aux préoccupations religieuses est pratiquement nulle. Julie est une jeune fille au cœur noble; elle a un sens vif de la « faute », mais non du « péché »; elle ne parle pas de Dieu, elle ne prie jamais. Quant à Wolmar, rien ne laisse supposer qu'il soit un athée. Bien plus, lorsque Julie, mariée déjà depuis deux mois, décrit longuement son bonheur et analyse le caractère de son mari, elle dit tout sur lui, sauf précisément cela qui serait capital !

Mais, dira-t-on, il y a cette lettre 18 de la troisième partie où Julie, à l'aube d'une vie nouvelle, raconte l'illumination qu'elle a « éprouvée le jour de son mariage »; où elle décrit son retour à Dieu, à la prière, et, dans cette lumière surnaturelle, récapitule sa vie passée, et fixe sa vie à venir. Il est vrai; mais nous ignorons l'heure où elle fut écrite. La lettre 20 qui la complète est d'un ton très différent. De même les lettres qui ouvrent la quatrième partie. Pour retrouver l'accent de ce morceau il faut attendre la dernière partie. Qu'est-ce à dire ? L'étude du manuscrit nous permet de répondre. Le brouillon n'a pas conservé le texte de cette lettre, mais il en exige la présence; car il contient celle qui l'annonce et celle qui lui répond. Il est donc certain qu'une lettre 18 a existé dans la version primitive. Mais il est très probable qu'elle n'était pas celle que nous lisons. La décision était la même; mais l'accent héroïque devait s'y faire plus entendre que l'accent mystique. Rien n'imposait à Rousseau de faire appel à la religion pour expliquer la décision et l'attitude nouvelle de Julie. Il pouvait engager son héroïne dans une voie qui ne lui était pas étrangère, qu'elle était digne et capable de suivre et où l'avaient précédée l'épouse de Polyeucte et celle du prince de Clèves. Dans son récit des *Confessions*, confondant deux moments différents de la genèse de son œuvre, Rousseau a donc situé dans l'hiver 1756-1757 une décision qu'il a prise un an ou quinze mois plus tard (cf. cependant *infra*, p. 1829).

Nous trouvons une preuve complémentaire de cette hypothèse dans les circonstances historiques invoquées par lui. Ce n'est pas en effet dans l'hiver 1756-1757 que l'« orage excité par l'Encyclopédie » atteignit « sa plus grande force », mais pendant l'hiver 1757-1758 et surtout les années suivantes. C'est alors que Palissot fait jouer sa comédie des *Philosophes,* que l'avocat Moreau publie son *Avis utile* et son *Nouveau mémoire pour servir à l'histoire des Cacouacs ;* c'est alors que Voltaire retourne sous sa tente, que d'Alembert chancelle, que Malesherbes supprime le privilège. C'est alors que Rousseau lui-même intervient avec sa *Lettre à d'Alembert,* que ses « anciens amis » purent, non sans apparence de raison, lui reprocher une « trahison ».

3. *Le roman du bonheur.*

Reste que, dès la fin de l'automne 1756, le romancier brassant la matière déjà élaborée et prévoyant la substance future a organisé le tout en une « espèce de roman », d'une ampleur (quatre parties au lieu de deux), d'une durée (dix ans au lieu de quatre environ), d'une hauteur morale et spirituelle, incomparables avec celles des « rêves » primitifs. Ce ne serait plus un recueil de lettres-poèmes reliées par une vague intrigue où seraient « libérées » les aspirations trop longtemps refoulées des sens et des sentiments d'un homme malheureux; ce serait une œuvre, fortement structurée, subtilement agencée, où il pourrait s'exprimer totalement, et, par là même, prendre plus fermement possession de lui-même. Il parlerait des plus grands sujets : la fidélité conjugale, le devoir d'accepter ou le droit de refuser la vie, les effets du chagrin et de l'oubli, les intermittences du cœur, la fidélité à soi-même, les rapports de la vertu et du bonheur, l'art de jouir, d'élever les enfants, d'administrer un grand domaine, le mystère de la mort. Tout pourrait être dit ! Le roman serait pour le philosophe et le moraliste une sorte de banc d'essai, où, sous une forme familière, dans un libre dialogue entre des êtres qui s'aiment, il exprimerait quelques-unes des idées qui devaient former la substance des grandes œuvres qu'il avait en chantier. C'est alors sans doute qu'il a compris (bien qu'il ne l'ait pas avoué) qu'une chance suprême lui était donnée de conquérir enfin, *par une œuvre d'art,* cette « inscription temporelle » qui lui avait été jusque-là refusée. A condition qu'il s'y engageât tout entier. C'est ce qu'il fit. Ainsi, loin de tourner le dos à son projet primitif, il l'exploitait à fond. Il est vraiment regrettable que, dans sa *Préface dialoguée* et même dans son récit des *Confessions,* il ait mis si fortement l'accent sur les différences qui séparent les deux premières parties et le reste de son roman, fournissant à ses futurs commentateurs un schéma qui devait aboutir à la trop célèbre formule de Lanson : « Un rêve de volupté redressé en instruction morale ». La réalité profonde est moins simple et plus riche. Il faut être vraiment aveugle pour ne pas sentir que les deux premières parties sont déjà une « leçon de morale », par la longue méditation sur l'Amour qu'elles constituent et dont les thèmes fondamentaux, autant qu'élan vers le plaisir, sont appel à l'innocence, au sacrifice, à l'héroïsme. Inversement, comment ne pas voir que, dans les deux parties suivantes, avec non moins de ferveur, Rousseau n'a cessé d'exprimer les aspirations de sa sensibilité ? Qu'il y ait eu, du début à la fin de l'œuvre, approfondissement, épuration, ascension spirituelle, qui pourrait le nier ? C'est là que réside sa plus grande beauté. Mais parler de conversion, de brusque passage de l'érotisme à la morale, c'est fausser la réalité. Rien ne nous fera mieux sentir l'unité profonde de l'œuvre que le rapprochement de deux textes voisins : l'un où parlant de son travail de mise au net des deux premières parties, Rousseau dit avoir éprouvé un « plaisir inexprimable », l'autre où il déclare : « Le retour du Printems avoit redoublé mon tendre délire, et dans mes érotiques transports j'avois composé pour les derniéres Parties de la Julie plusieurs lettres qui se sentent du ravissement dans lequel je les écrivis. » (*Ibid.*, p. 438). Le courant, d'un bout à l'autre du roman, a été *continu. La Nouvelle Héloïse* n'a jamais cessé d'être un *rêve de bonheur.*

4. *La « Julie » en quatre parties.*

Le 22 ou 23 novembre 1757, Rousseau écrivait à Mme d'Houdetot : « Mon Libraire d'Hollande est venu me voir et j'ai été en pourparler avec lui sur la Julie. Je lui ai proposé des figures, et comme il ne s'en est pas éloigné, j'ai fait l'ordonnance de huit estampes pour accompagner l'ouvrage. » (*C.C.*, t. IV, p. 375).

D'autre part, le 1er octobre déjà, il avait répondu à Mme d'Houdetot qui réclamait une copie des « Lettres de Julie » qu'il ne pourrait la faire qu'après avoir « fini » la sienne propre (*Ibid.*, t. IV, p. 271.). Il est donc certain qu'il y eut une première *Julie* en quatre parties (chacune devant être illustrée de deux gravures) que Rousseau était décidé à publier au début de novembre 1757 et dont il avait commencé la mise au net avant le 1er octobre. Peut-on préciser davantage ? La confidence des *Confessions* sur la date de rédaction des deux dernières lettres de la quatrième partie, nous invite à penser que, sous sa première forme, le roman fut achevé dès les derniers jours d'avril 1757. Une lettre du 18 mars de Jean-Jacques à Mme d'Épinay nous en donne la confirmation; il y demande le *Voyage d'Anson*. Or ce texte a été utilisé par lui pour la rédaction de la lettre où Saint-Preux résume ses impressions au retour de son voyage autour du monde, et qui est la troisième de la quatrième partie. Il est probable que, dans ce premier état, la quatrième partie était plus étoffée qu'elle ne l'est aujourd'hui. Plusieurs lettres, actuellement situées dans la cinquième partie, y avaient sans doute trouvé place : elles étaient nécessaires pour donner toute son ampleur à l'évocation du « paradis » de Clarens. Il est certain, en tout cas, que la lettre 17, *dans son état actuel,* ne constituait pas le dénouement du roman. « Etes-vous encore à la fin du Roman ? » écrivait De Leyre à Rousseau le 23 novembre 1756. « Vos gens sont-ils noyés ? Vous faites fort bien de prendre ce parti, car la terre n'est pas digne de les posséder, tels que vous les avez dépeints; et quand on n'a pas de grandes récompenses à donner à la vertu, il faut l'accabler de malheurs, pour la rendre intéressante et la faire fuir, en l'adorant. Car enfin, qui aura le courage de la suivre à travers les périls dont vous l'environnés. » (*C.C.*, t. IV, p. 123).

Cette précieuse lettre qui confirme d'une manière décisive les affirmations de Rousseau d'une part sur la date où il a décidé d'écrire un « ouvrage en régle » (le mot *roman* eſt sans équivoque), d'autre part sur l'orientation *morale* alors donnée à l'œuvre (il s'agit de faire « adorer la vertu »; et les « périls », non les souffrances, qui environnent les amants que peuvent-ils être, sinon le danger mortel pour leurs âmes du péché d'adultère ?) nous permet aussi d'affirmer que, dès le départ, le romancier a songé à placer au terme de cette hiſtoire d'amour la seule fin possible, la mort. Et que cette mort était une cataſtrophe provoquée par le lac. Dans l'état définitif c'eſt le fils de Julie qui tombe à l'eau et la mère, pour avoir tenté de le sauver, contracte une maladie mortelle. Dans l'état primitif les deux amants seraient morts ensemble, noyés. Quelle signification Rousseau entendait-il donner à cette double mort ? J.-L. Bellenot, dans son étude sur *Les Formes de l'Amour dans La Nouvelle Héloïse* (*Annales J.-J. R.*, t. XXXIII, pp. 194-195) semble s'être avancé un peu loin en imaginant un double suicide. Nous penserions plutôt à un accident, libérateur sans aucun doute, mais non provoqué; l'idée de la tentation du double suicide n'a dû se présenter à l'esprit du romancier que beaucoup plus tard, comme une « épreuve » dont il savait que les deux amants sortiraient vainqueurs. Entre ces deux états du dénouement, quel était celui de 1757 ? On hésite à se prononcer. Mais une chose eſt certaine. La lettre de la promenade sur le lac, si elle terminait le roman, n'était pas celle que nous lisons aujourd'hui, où les tempêtes de la nature et du cœur s'achèvent dans le calme. « Jean-Jacques s'arrêtait-il là dans son livre de 1757 ? » se demande H. Guillemin — et il répond : « C'eſt possible » (*Un homme, deux ombres*, p. 77). Non; c'eſt impossible. Sans doute — comme l'ajoute H. Guillemin — l' « essentiel était dit ». A Meillerie, Julie avait déclaré : « l'air de ce lieu *n'eſt pas bon* pour moi » (annonçant ainsi les premiers mots de sa lettre teſtamentaire : « Cette réunion *n'étoit pas bonne* » (VI, 12). Mais il fallait une cataſtrophe. Le dénouement ne pouvait être que la mort ! Celle des deux amants peut-être; à coup sûr, celle de Julie. Dénouement conforme à l'eſthétique de la tragédie ou de l'opéra, nullement pessimiſte pour autant. Car la mort apparaissait sans aucun doute à l'auteur de *Julie,* dès ce moment-là, comme l'affranchissement définitif des liens de la matière, comme l'entrée dans le pays du bonheur absolu, celui de l'éternel présent !

5. *Poésie et vérité.*

Or, au moment où il se dictait à lui-même les dernières mesures de cette symphonie du bonheur — « Précisément dans le même tems », dit-il dans les *Confessions,* — Jean-Jacques vit surgir devant ses yeux éblouis une femme qui fut aussitôt à ses yeux la vivante incarnation de son rêve. Élisabeth-Mimi de Bellegarde, mariée à dix-sept ans par ses parents au comte d'Houdetot qu'elle n'aimait pas, avait alors vingt-six ans. Elle était, depuis quatre ans, la maîtresse d'un gentilhomme-poète, le futur auteur des *Saisons,* le marquis de Saint-Lambert. Liaison connue, affichée, approuvée par la société. Son mari et son amant étaient aux armées depuis le début du printemps pour la campagne de Westphalie. Elle s'était installée avec ses trois enfants dans une maison de campagne, à Eaubonne, tout près de l'Ermitage. Elle connaissait Jean-Jacques depuis longtemps — ils s'étaient rencontrés dès 1748 chez Mme d'Épinay sa belle-sœur — mais aucun sentiment tendre n'était né entre eux. Cet hiver même, un après-midi de janvier, pour lui apporter des nouvelles de son ami Gauffecourt, elle avait troublé la solitude de l'Ermite, arrivant dans son pavillon fâcheusement crottée à la suite d'un accident de voiture. Thérèse lui avait prêté des vêtements de rechange et cet épisode charmant s'était terminé dans des éclats de rire. Elle revint au début de mai, toujours à l'improviste. Elle était à cheval et portait un vêtement masculin : « Quoique je n'aime guéres ces sortes de mascarades, je fus pris à l'air romanesque de celle-là, et pour cette fois ce fut de l'amour. » (*O.C.*, Pléiade, t. I, p. 439). « Elle vint, je la vis, j'étois ivre d'amour sans objet, cette ivresse fascina mes yeux, cet objet se fixa sur elle, je vis ma Julie en Made d'Houdetot, et bientot je ne vis plus que Made d'Houdetot, mais revétue de toutes les perfections dont je venois d'orner l'idole de mon cœur... » (*Ibid.*, p. 440). La « cristallisation » s'était opérée. On sait la suite : les longues pages du livre IX des *Confessions,* les *Mémoires* de Mme d'Épinay, les rares lettres des deux protagonistes échappées à l'autodafé exigé par la prudente petite comtesse, la correspondance échangée pendant l'été et l'automne 1757 entre Mme d'Épinay, Grimm, Diderot, De Leyre, Jean-Jacques; quelques fragments confidentiels des *Lettres morales,* permettent de reconstituer les étapes de ce roman d'amour : exaltation amoureuse du printemps; rendez-vous à Eaubonne, confidences, caresses, qui deviennent des « cruautés raffinées », car tout est accordé sauf le don ultime. Jean-Jacques est tenté, prêt à s'abandonner. Sophie résiste par fidélité à son amant. Scènes dramatiques de l'été à La Chevrette, où chacun devine l'intrigue et l'interprète sans indulgence, et qui atteignent leur point culminant le 31 août, dans la journée « des cinq billets ». Apaisement, renoncement, à la suite d'un échange de lettres, non sans équivoques et réticences, au début de l'automne, entre Saint-Lambert et Jean-Jacques. Détente, conquête d'un nouvel équilibre; rêve d'une transformation de l'amour en amitié et d'une idéale vie à trois. L'amant malheureux devient un directeur de conscience. Nouvelle crise à fin octobre, à propos du voyage de Mme d'Épinay à Genève, où interfèrent l'amour, l'amitié, la philosophie et la religion et qui aboutit à la rupture violente de Jean-Jacques avec Grimm et Mme d'Épinay et au départ de l'Ermitage. Quelques mois de calme, de reprise de soi dans la solitude glacée de Montlouis. Enfin, le brutal épilogue : l'ami a trahi, Diderot a révélé à Saint-Lambert toute la vérité. Sophie évite la rupture avec son amant, mais elle s'enferme dans un définitif silence. En octobre 1758, paraît la *Lettre à d'Alembert* avec la terrible allusion de la *Préface :* « J'avois un Aristarque sévere et judicieux, je ne l'ai plus, je n'en veux plus; mais je le regreterai sans cesse... » Ce drame d'amour s'achève dans la mélancolie, la solitude, le grand fracas de l'amitié brisée.

Il serait inconcevable qu'une aventure aussi riche, aussi bouleversante n'ait pas laissé de traces dans l'œuvre que Rousseau était en train d'écrire, qu'il n'avait pas encore entièrement rédigée sous sa première forme, qu'il devait prolonger jusqu'à lui donner six parties, et mettre définitivement au point pendant les trente mois qui allaient suivre. Tous les interprètes du roman, tous les peut établir entre certaines situations ou certains textes de la réalité vécue par Jean-Jacques pendant l'été et l'automne 1757 et ceux de sa fiction. Nous proposons trois réponses :

1) Il ne faut pas s'hypnotiser sur ces rapprochements. D'autres moments de la vie de Rousseau en fournissent de semblables et de plus convaincants. Pour n'aller qu'à l'essentiel, s'il est vrai que l'auteur des *Confessions* a écrit : « Nous formames le projet charmant d'une étroite societé entre nous trois, et nous pouvions espérer que l'execution de ce projet seroit durable... »; s'il est vrai que, dans une lettre du 15 septembre 1757 à Saint-Lambert, il disait : « Les jours se passoient dans cet épanchement mutuel (...) Nous faisions des projets pour le tems où nous pourrions lier entre nous trois une société charmante... » (*C.C.*, t. IV, p. 257), nous n'avons pour autant aucune raison de conclure que ces projets de l'été 1757 furent la source directe de l'idée de faire inviter Saint-Preux par Wolmar à son foyer. Ce rêve d'une vie à trois avait été déjà réalité pour Jean-Jacques pendant plusieurs années aux Charmettes. Le souvenir heureux a dicté deux fois sa loi, d'abord au romancier de Julie, puis à l'amant de Sophie.

2) Toutes les fois que nous serrons de près la comparaison entre les événements, les sentiments, les paroles des personnages réels, et ceux des personnages fictifs — tels qu'ils s'offrent à nous dans les quatre premières parties (car il n'en va pas de même, au contraire, pour les deux dernières) — nous sommes frappés de voir combien, sous une ressemblance superficielle, se cachent de profondes différences. *Sophie n'est pas Julie*. C'est une femme mariée mais adultère. Elle n'a pas aimé Jean-Jacques avant son mariage ni même avant sa liaison quasi conjugale avec Saint-Lambert. Surtout elle aimait passionnément Saint-Lambert. Elle lui a tout sacrifié. Elle a résisté à Jean-Jacques; Julie, elle, a cédé. *Rousseau n'est pas Saint-Preux*. Rien en lui du jeune amant vainqueur. Barbon, grison, « berger extravagant », il est condamné aux hypocrisies, mensonges, lâchetés, compromissions. Il se sent gravement coupable; Saint-Preux jamais. *Saint-Lambert n'est pas Wolmar*. Jeune, aimé, il est un amant, non un mari. Sans doute lui aussi a confiance. Il pousse Sophie à rendre visite au philosophe.

biographes du romancier l'ont pensé; attentivement penchés sur les textes du roman et ceux de la réalité, ils ont découvert entre eux de multiples correspondances et ils en ont tiré d'importantes conclusions sur les rapports entre la vie et la fiction. Mais ils ont conduit leur enquête avec une inégale prudence. Si H. Guillemin dans l'histoire de cette passion qu'il a intitulée *Un homme, deux ombres,* a donné de ces textes et des indications fournies par Rousseau une interprétation intelligente et nuancée; si R. Osmont, dans un essai sur *La Genèse et la composition de « La Nouvelle Héloïse »* (dont l'originalité est de se placer au point de vue du créateur) a abouti à des résultats auxquels nous adhérons d'autant plus volontiers que nous y parvenions au même moment par d'autres voies, un grand nombre d'historiens ont malheureusement adopté les conclusions trop imprudemment avancées par celui des exégètes du roman qui jouit de la plus haute autorité : Daniel Mornet. Dans l'*Introduction* à son édition critique il assurait que Rousseau s'était « trompé » dans le schéma qu'il nous a proposé de la genèse de son œuvre. « Croyons », disait-il, « qu'il a dû attendre les visites de Mme d'Houdetot pour rêver que Saint-Preux vivra, entre Julie et Mme de Wolmar, comme il aurait pu vivre entre Saint-Lambert et son amante. Et pensons aussi qu'il a fallu l'apaisement du « délire » et le brisement de sa chimère pour que le roman s'assagît clairement dans la vie domestique et réglée du château de Clarens, pour que Julie et Wolmar fussent des leçons alternées au fanatisme des philosophes ou à celui des dévots. » (*Introduction* de *La N.H.*, t. I, p. 90).

Position intenable ! Répétons d'abord que si l'auteur des *Confessions* s'est parfois trompé sur des points de détail, nous ne pouvons rejeter son témoignage que pour les raisons les plus graves. Or ces raisons n'existent pas ici; au contraire. D'une part, un certain nombre de documents externes confirment l'exactitude de sa chronologie; d'autre part, nous avons montré combien normal, vraisemblable, naturel et presque nécessaire était, à la date même qu'il a indiquée, l'infléchissement spirituel qu'il décida de donner à son œuvre.

Restent à expliquer les rapprochements nombreux et saisissants — plusieurs vont jusqu'à l'identité — qu'on

(Il redoute seulement qu'il lui enseigne une trop exigeante vertu !) Il imagine favorablement une vie en commun à son retour des camps. Mais sa confiance ne résiste pas à la connaissance de la vérité. Dès qu'il sait les liens qui ont uni Sophie et Jean-Jacques, il ferme sa porte à l'intrus; il condamne Sophie au silence. Enfin et surtout *ce fameux rêve de vie à trois n'a jamais été qu'un rêve !* Comment dire dès lors que le romancier s'est inspiré de la vie ? En fait la réalité qu'il a vécue, à part quelques heures rares et merveilleuses, a été, une fois encore, médiocre, misérable, honteuse surtout. Or, elle n'a pas empêché le roman de demeurer triomphal, d'être jusqu'au bout le poème du parfait amour, de la sublime amitié.

3) Mais le motif qui commande le plus impérieusement d'écarter l'hypothèse de D. Mornet, et d'adopter au contraire la chronologie de Rousseau, est que celle-ci est seule conforme à la réalité psychologique : *la fiction annonce,* plus encore *elle fait naître la réalité.* Cette idée, naguère proclamée par Oscar Wilde comme un paradoxe, est devenue pour nous une réalité familière : Musset anticipant dans *Andrea del Sarto* une situation qu'il ne connaîtra qu'après Venise; Gérard de Nerval dévoilant dans *Aurélia* l'« épanchement du songe dans la vie réelle »; l'abbé Prévost inventant dans *Manon* certains actes dont il se rendra lui-même coupable quelques années après; Balzac chantant, dans *Le Médecin de Campagne,* les joies d'une paternité qui n'est encore pour lui qu'une espérance; Proust évoquant, dans un article du *Figaro* de 1907, la catastrophe dont son chauffeur Agostinelli sera victime sept ans plus tard; Rousseau lui-même enfin, racontant au livre III des *Confessions* une étonnante « vision prophétique » de « rêveur éveillé », et décrivant dans *Julie* même (II, 10) une scène de réconciliation dont il reproduira exactement le scénario, plusieurs années après, lors de sa brouille avec Sauttern (cf. *Confessions,* l. XII), tous ces cas, et beaucoup d'autres, concourent à montrer la fréquence de cette imitation de la fiction par la vie. Lorsqu'il vit surgir la charmante comtesse, Jean-Jacques *crut* Julie vivante; il *crut* qu'il allait *vivre son roman.* Et sans doute se trompait-il; mais pendant quelques mois, lisant à Sophie avec passion les lettres d'amour de Saint-Preux, il put croire qu'elle était

Julie... « Une œuvre », selon Proust, « est à la fois le souvenir de nos amours passées et la prophétie de nos amours nouvelles (...) car une œuvre, même de confession directe, est pour le moins intercalée entre plusieurs épisodes de la vie de l'auteur, ceux antérieurs qui l'ont inspirée, ceux postérieurs qui ne lui ressemblent pas moins, les amours suivantes étant calquées sur les précédentes... » (*A la Recherche du temps perdu*, Pléiade, t. III, pp. 907-908). On ne saurait mieux dire.

III. — LA NOUVELLE HÉLOÏSE

1. *Le renoncement du Citoyen.*

Donc, au début de novembre 1757, Rousseau, ayant achevé son roman en quatre parties, est prêt à le publier. Au début de décembre, tout est remis en question : « Je n'ai rien fait avec le Libraire », écrit-il le 5 à Mme d'Houdetot. « Heureusement cela n'est point pressé, et ce n'est qu'avec une sorte de répugnance que je donne cet ouvrage au public... » (*C.C.*, t. IV, p. 384). Réserve plus précise encore, trois semaines plus tard. Les artistes sont trop exigeants; les estampes devront être sacrifiées. Qu'importe ! « Comme il n'est point encore question de l'ouvrage, rien n'est moins pressé que tout cela... » (*Ibid.*, p. 408). Enfin, le 28 janvier, annonçant à Mme d'Houdetot qu'il vient d'achever la deuxième partie de la copie qu'il fait pour elle, il déclare formellement : « je vous avoüe que j'ai une grande répugnance à confier cet ouvrage à un savoyard; comme j'ai tout à fait changé d'idée et ne songe plus à le faire imprimer, j'en suis plus craintif qu'il n'échape de nos mains. » (*Ibid.*, t. V, p. 21.).

Que s'est-il passé ? Le mot « craintif » éclaire tout. Jean-Jacques est en pleine crise. Le 5 décembre, précisément, il a eu avec Diderot une conversation dont il espérait beaucoup, où il s'est totalement confessé à son ami, mais au soir de laquelle celui-ci a écrit à Grimm : « Cet homme est un forcené. Je l'ai vu. Je lui ai reproché (...) l'énormité de sa conduite (...) Cet homme (...) me trouble et je suis comme si j'avais à côté de moi un damné; il est damné, cela est sûr... » (cité par H. Guillemin, *Un homme, deux ombres*, p. 242). Le récit des *Confes-*

sions prouve que Rousseau conservait encore des illusions sur son « ami ». Il avait dû sentir pourtant la sombre menace du « complot ». Quelques jours plus tard, en tout cas, il recevait de Mme d'Épinay un ordre de quitter l'Ermitage qui ne le « laissa pas un instant à balancer ». (*O.C.*, Pléiade, t. I, p. 487.) Le 15 décembre, il était parti. Mais entre lui et elle, et tout le groupe de « philosophes » qui l'entouraient à Paris ou à Genève : Grimm, Voltaire, Tronchin, d'Holbach, Diderot lui-même, la rupture était consommée. Le moment était-il favorable pour s'exposer en public dans un roman d'amour bourré de confidences ? Méme avec sa troisième et sa quatrième partie, il restait une œuvre exaltée, en contradiction éclatante avec les principes naguère hautement proclamés. Précisément, le même jour, Diderot venait de lui annoncer la publication dans l'*Encyclopédie* d'un article de d'Alembert qui « concerté avec des Genevois de haut étage avoit pour but l'établissement de la Comedie à Genève... » Aussitôt, comme lorsqu'il avait reçu le poème de Voltaire, il se sentit « désigné ». Il attendit le volume qu'il reçut « peu après [son] établissement à Montlouis », c'est-à-dire le 20 décembre et il se mit sans tarder à sa réponse, « avec un zèle qui surmonta tout ». (*O.C.*, Pléiade, t. I, p. 495.) Le 9 mars, il écrivit à Rey pour le lui proposer au prix de trente louis. Il ne parlait plus des *Lettres de deux amans*. Comment l'aurait-il pu ? Ne reprenait-il pas, dans ce nouveau pamphlet, avec une violence accrue, ses anciennes accusations contre la littérature, la place qu'elle fait à l'amour, la prééminence qu'elle accorde à la femme : « c'est toujours la Dame de Cour qui fait dire le Catéchisme au petit Jean de Saintré... » (éd. Fuchs, p. 66). En vérité, il est difficile de fournir plus libéralement des verges pour se faire châtier ! L'auteur de *Julie* n'avait-il pas fait dire à son héroïne dans la lettre 11 de la deuxième partie : « me voici comme la Dame de Cour qui faisoit dire le Catéchisme à Jean de Saintré » ! (cf. var. (*a*), p. 227). Il faut relire toute cette partie de la *Lettre*. Elle est une condamnation en règle du roman que Rousseau vient d'écrire. Aucune objection ne résiste ! Dira-t-on qu'il s'agit de « passions légitimes » ? Elles n'en sont que plus dangereuses ! « Comme si les vives images d'une tendresse innocente étoient moins douces, moins séduisantes, moins capables d'échauffer un cœur sensible que celle d'un amour criminel, à qui l'horreur du vice sert au moins de contrepoison ? » (*Ibid.*, p. 68).

Étonnant pouvoir d'autocritique, disons mieux, d'autodestruction ! Le « Citoyen » accable sans pitié le « berger extravagant ». Si cruel que soit pour lui le choix entre la joie d'exprimer son rêve d'amour et de bonheur et son devoir d'austère défenseur de sa patrie et de la vertu, il n'hésite pas. *La Nouvelle Héloïse* ne paraîtra pas.

2. *Les « Lettres morales »*.

Et pourtant... « Mon dessein est d'achever cet ouvrage », écrivait-il le 13 février 1758 à Mme d'Houdetot, « et de l'achever pour vous seule; car quand même les quatre parties faites verroient le jour, la cinquiéme que je vous destine ne le verra jamais... » (*C.C.*, t. V, p. 29). Déclaration capitale : qui révèle à la fois le désir latent de publier malgré tout une œuvre où il a tant mis de lui-même, la décision de lui donner un prolongement (de moindre importance il est vrai que celui que nous connaissons, puisqu'il s'agit seulement d'une partie supplémentaire : *la cinquième*), enfin le caractère intime de cette « suite » : « pour vous seule ». Ce caractère singulier du nouveau projet doit surtout retenir notre attention. Le prolongement de l'œuvre a donc été intimement lié à l'évolution des sentiments de Jean-Jacques à l'égard de Mme d'Houdetot. Après les dernières palpitations de l'été, il avait conquis la paix intérieure. Mme d'Houdetot lui avait conservé son amitié. Saint-Lambert revenu avait eu la même attitude. Au moment de la rupture avec Grimm et Mme d'Épinay, Sophie avait essayé d'amortir les coups; après l'installation à Montmorency elle avait continué à écrire à Jean-Jacques, lui réclamant la copie de *Julie* qu'il lui avait promise, et aussi un texte plus mystérieux, plus confidentiel, auquel il attachait un grand prix : « Quoique malade et triste, ma vie n'est pas ici sans plaisir », lui écrivait-il le 31 octobre, « je fais de la morale et je pense à vous ». On ne saurait mieux définir l'activité de Rousseau pendant les semaines pacifiées de cet automne 1757-1758. Elle aboutit pillant lui-même sans vergogne, Jean-Jacques utilisait pour ce nouveau « discours » de nombreux thèmes longuement traités dans le roman : apologie de la chasteté et de la pudeur; éloge du vin; opposition des petites villes de province, asiles des vertus, aux capitales, royaumes de débauches; glorification des mœurs antiques; évocation des Montagnons, paysans primitifs et heureux comme ceux du Haut-Valais, etc. Tantôt abrégeant, tantôt complétant, tantôt faisant un extrait sans variante, il traitait son roman comme les architectes des palais romains les vieilles pierres du Colisée.

D'autre part, il était entraîné, par la nature même de son propos à aborder pour la première fois en public ces questions religieuses qu'il venait de traiter de façon très précise dans les *Lettres morales* et dans une première *Profession de foi,* mais sans livrer encore au public le résultat de ses travaux. On l'oublie trop. La *Lettre à d'Alembert* est d'abord une défense des pasteurs de Genève, accusés à la légère par un « philosophe » parisien. « Le silence ne m'est pas permis », déclare-t-il. Et, de nouveau, il se fait le « champion de Dieu » et de la foi chrétienne. Il le fait avec une délicatesse, un souci des nuances, une modération qui expriment les difficultés dans lesquelles il se débat lui-même, mais qui révèlent plus encore ce souci de paix, de concorde, de réconciliation qui l'animait déjà lorsqu'il écrivait sa *Lettre à Voltaire,* et qui est plus vif que jamais. Car, en ce début de 1758, la guerre froide a cessé : « Nos philosophes sont attaqués de cent façons », lui écrit Deleyre le 3 janvier (*C.C.*, t. IV, p. 411). « Voila l'Encyclopedie enclouée », ajoute-t-il le 25 janvier (t. V, p. 23), et Rousseau lui-même le 13 février : « Effrayé des bruits qui couroient au sujet de l'Encyclopedie, et l'imagination pleine du Dongeon de Vincennes où j'ai vu Diderot autrefois (...) je lui ai écrit sur cet ouvrage pour l'engager à le quitter, si d'Alembert le quitoit... » (*Ibid.*, p. 29). Il n'a pas pu se dérober au devoir de défendre sa « patrie » et la « vérité ». Du moins a-t-il tout fait pour ne blesser personne, surtout pas son ami Diderot, à un moment où les « philosophes » étaient harcelés. Tout le début de sa *Lettre* est tendu vers ce but : « je suis l'ami de toute Religion paisible... » Les notes, sans doute tardives, sont plus révélatrices encore, celle en particulier où mettant en à peu près en même temps à une première rédaction de la *Profession de foi* et à six *Lettres morales* ou *Lettres à Sophie,* qu'il a peut-être pensé publier un jour mais qui sont restées inachevées (cf. *O.C.*, Pléiade, t. IV, p. 1081).

Il en fut de ces *Lettres* comme de tant d'autres œuvres déjà rencontrées sur notre route. Elles semblent d'abord pleinement autonomes, étrangères au roman; mais l'essentiel de leur substance finit par s'y intégrer, comme si elles y avaient été, dès l'origine, destinées. Ici la vie a vraiment nourri la fiction. Nous y trouvons des thèmes, des idées, des arguments qui seront repris et développés dans les discussions religieuses et dans les méditations des dernières parties du roman; nous y entendons des cris du cœur, des confidences, qui, après avoir servi à Jean-Jacques dans son dialogue avec Sophie, seront placés par lui sur les lèvres de ses amants : « Sans être unis du même nœud, sans bruler de la même flamme, je ne sais quel feu celeste encore nous animoit de son ardeur et nous faisoit soupirer conjointement après des biens inconnus dont nous étions faits pour joüir ensemble... » écrit l'amant de Sophie. Et l'amant de Julie reprend en écho : « Quel sentiment délicieux j'éprouve en commençant cette lettre (...) Je m'honore de l'amitié qui nous joint comme d'un retour sans exemple... » (VI, 6). « Plein de tout ce qu'il faut que j'honore en celle que j'ai cessé d'adorer », dit Saint-Preux, « je ne sais à quels respects doivent s'élever mes anciens hommages (...) je vous aime autant que jamais (...) mais ce qui m'attache le plus à vous est le retour de ma raison » (VI, 7). Et Jean-Jacques avait écrit : « vous ne m'en étes que plus chére depuis que j'ai cessé de vous adorer. Mes desirs, loin de s'attiedir en changeant d'objet, n'en deviennent que plus ardens en devenant plus honnêtes... » (*O.C.*, Pléiade, t. IV, p. 1082).

3. *La « Lettre à d'Alembert ».*

La *Lettre à d'Alembert,* plus encore que les *Lettres morales,* mérite de nous arrêter. Écrite en marge du roman, elle en est un des plus notables avatars. Se état de la *Profession de foi,* les *Lettres morales,* et les premières pages de la *Lettre à d'Alembert.* Lorsque le 20 mars 1757, Rousseau acheva la *Préface* de ce dernier texte, avait-il pris sa décision ? C'eſt possible; ce n'eſt pas certain. On trouve, il eſt vrai, à la fin de la *Lettre* cette myſtérieuse note de l'auteur : « Ce principe (...) eſt développé d'une manière plus claire et plus étendue dans un manuscrit dont je suis le dépositaire, et que je me propose de publier... » (Éd. Fuchs, p. 144). Mais nous ignorons la date d'insertion de cette note. Elle peut être poſtérieure au roman et même à l'envoi, au début de mai, du manuscrit à Rey. Au reſte, elle se réfère à une lettre de la quatrième partie et révèle une hésitation non entièrement vaincue. Elle exprime un état d'esprit encore très proche de celui de la lettre du 13 février : « quand même les quatre parties faites verroient le jour... » N'oublions pas la suite : « la Cinquième, que je vous deſtine ne le verra jamais ». *La décision d'écrire cette cinquième partie pour le public a donc été intimement liée au dénouement mélancolique et dramatique du roman d'amour que Jean-Jacques vivait depuis près d'un an.* La cataſtrophe finale, provoquée par la trahison de l'Ami, ne s'eſt produite qu'au début de mai. Elle ne fit qu'officialiser une séparation depuis longtemps menaçante. Les lettres que Jean-Jacques adresse à Sophie dans les derniers jours de mars offrent un curieux mélange de résignation et d'insolente impatience : « Je vous avoüerai sans détour que m'étant cru tout à fait oublié, j'ai suspendu la copie... » (23 mars 1758, *C.C.*, t. V, p. 60). « Je vous demande de trois choses l'une : ou changez de ſtile, ou juſtifiez le vôtre, ou cessez de m'écrire » (25 mars 1758, *Ibid.*, p. 64). Sophie s'éloignait, devenait une « ombre », comme dit si juſtement H. Guillemin. Comment aurait-il pu poursuivre « pour elle seule » cette cinquième partie, faite de ferveur amoureuse et myſtique ? L'avait-il seulement entreprise ? C'eſt peu probable. Puisque la Julie vivante l'abandonnait, puisque l'ami réel le trahissait, il se réfugierait une fois de plus dans le rêve; il reviendrait en ce pays des chimères, le seul digne d'être habité, pour y retrouver des amants héroïques, des cœurs sans jalousie, une société de belles âmes, où coexiſtent pacifiquement époux et amants, athées vertueux et dévotes aimables.

Étrange retour des choses ! En ce printemps de 1758, à Montlouis, Jean-Jacques se retrouvait exactement au même point que deux ans plus tôt. Malheureux, solitaire, trahi par l'amour et par l'amitié, défait par la vie, conscient de l'échec mais apaisé, solitaire mais participant à l'allégresse de la nature renaissante; jouissant d'une paix intérieure faite à la fois de contemplation, de dialogue familier avec Dieu, et d'un calme bonheur dans le pur sentiment de l'existence : « Je continüe à me trouver assés bien pour aller, quoique foiblement; je profite de chaque beau jour pour me rendre dans la forest de Montmorenci où la verdure point déjà, et où les oiseaux commencent à se faire entendre. Là, je renouvelle connoissance avec un ancien ami que les autres m'avoient fait négliger et qui surement vaut mieux qu'eux tous. Durant le court intervalle qui me reste, je jouis du bonheur de vivre... » (*C.C.*, t. V, p. 60, à Sophie d'Houdetot, 23 mars 1758).

5. *Triomphe de l'amour.*

Ne soyons donc pas étonnés, si les deux dernières parties nous offrent, à côté des développements d'ordre philosophique, moral, et religieux ou plus exactement étroitement unis à eux, d'importants prolongements de la donnée proprement romanesque. Utilisant, en effet, deux de ses héros, jusqu'ici confinés dans le rôle un peu effacé de confidents, le romancier imagine une nouvelle intrigue entre Claire, Julie et Saint-Preux. Claire, amoureuse depuis longtemps de l'amant de son amie, veuve, libre, secrètement désireuse de se remarier avec lui; Julie, clairvoyante, raisonnable, prudente, soucieuse de faire à la fois le bonheur de son amie, celui de Saint-Preux, mais aussi, et peut-être surtout, le sien propre, en fixant près d'elle par ce mariage les êtres qu'elle aime le plus au monde; Saint-Preux enfin, tenté, hésitant, mais finalement renonçant à un bonheur trop facile qui serait une trahison de l'amour. Parallèlement, à Rome, Milord Édouard, guidé par son ami, découvre dans le cœur d'une jeune courtisane, Lauretta, le véritable amour que lui avait refusé une démoniaque marquise. Décidé à l'épouser, prêt à affronter pour elle les obstacles que ne manquera pas d'opposer à une telle union une société hérissée de préjugés, il se heurte pour finir à un obstacle inattendu et insurmontable, le refus de Lauretta qui sacrifie généreusement son « bonheur » à la « gloire » de l'être aimé et s'enferme pour toujours derrière les grilles d'un couvent.

Aucun de ces développements romanesques n'était indispensable. On est même en droit de penser qu'ils nuisent à la belle simplicité de l'œuvre, et, qu'après le sommet dramatique où nous avait conduits la lettre sur le lac, ils font languir l'intérêt. Rousseau s'est posé la question; et jusqu'à la dernière minute ! C'est le 19 novembre 1760 qu'il avouera à Duclos qu'il avait « été tenté de supprimer » les deux dernières parties ! (*C.C.*, t. VII, p. 319). A quoi Duclos répondra : « Vous auriez un grand tort de suprimer les deux derniéres parties (...) surtout la sixième. » (*Ibid.*, pp. 324 et 325). Rousseau devait pourtant sacrifier au dernier moment l'épisode concernant les aventures de Milord Édouard dont il rédigea seulement, pour Mme de Luxembourg, un « extrait » manuscrit pour donner plus de valeur à la copie qu'elle lui avait commandée. « J'avois balancé longtems (...) Je me déterminai enfin à les retrancher tout à fait, parce que n'étant pas du ton de tout le reste elles en auroient gâté la touchante simplicité. » (*O.C.*, Pléiade, t. I, p. 524). Ici encore, Duclos, critique aigu, romancier expert, s'écartait de son jugement : « je dis même qu'il faudra l'addition de l'histoire d'Édouard. C'est précisément parce que je la comprens dans le peu qui en est dit, que j'en désire le développement. Je vous prie de le regarder come un devoir, non d'auteur, mais de philosophe citoyen » (*C.C.*, t. VII, p. 324). Beau débat où s'affrontent le poète et l'idéologue. Au reste, Rousseau savait fort bien l'importance de cet épisode pour la signification spirituelle du roman. Aussi ne l'a-t-il pas retranché tout à fait. Il en a conservé des traces importantes. On verra, dans les variantes qu'il avait d'abord envisagé pour cette aventure un dénouement optimiste, celui du mariage. S'il l'a tardivement modifié ce fut pour mettre Milord Édouard et Lauretta au même niveau spirituel que les autres héros. En cela, cet artiste classique cédait à l'exigence de l' « unité de ton » à laquelle il était si sensible.

Ces remarques nous éclairent sur l'intention véritable qui a présidé à l'invention des ultimes péripéties. Ce ne fut pas le souci d'éclairer d'un sourire ces dernières parties un peu austères. Ce ne fut pas non plus — ou du moins pas seulement — le désir de mettre en lumière ses dons les plus brillants : une extrême subtilité d'analyste, un précieux raffinement de l'expression, et ce « charme » musical d'où surgissent ici quelques-unes des plus belles cantilènes du roman (cf. VI, 7 : « Femmes, femmes !... »). Ce fut le désir d'être obstinément fidèle, à l'heure même où ce roman profane atteignait la région des réalités mystiques, à la donnée initiale de l'œuvre : l'*exaltation de l'Amour*. D'un certain amour, celui qu'avaient chanté les troubadours, les romanciers médiévaux, Pétrarque, les poètes de la Renaissance, Corneille et les romanciers précieux : l'amour pur, désintéressé, vainqueur des tentations charnelles et des lois mêmes de la mémoire. Amour qui porte l'homme au sommet de lui-même, mais n'est pas moins dangereux que sublime, car il est une entreprise démesurée pour transcender sa condition temporelle. Et son pouvoir est stérilisant ! Julie déclare que si elle devient veuve, elle ne se remariera pas; Saint-Preux se condamne à un définitif célibat; Claire, après la mort de Julie, écarte avec horreur l'idée que Saint-Preux pourrait l'épouser. Lauretta s'est enfermée dans un couvent. Milord Édouard vivra lui aussi une vie désormais inutile. Julie enfin meurt non seulement dans la paix, mais dans une sorte d'allégresse. Allégresse officiellement ancrée sur sa foi chrétienne, fondée plus secrètement sur la certitude de ne plus jamais être soumise à la honte d'une chute, ou même de la tentation; plus profondément encore suscitée par un élan de l'être vers l'Absolu, l'infinie source du bonheur parfait dont la terre ne lui a fourni qu'une pâle ébauche, vers cet « autre monde » où elle connaîtra enfin le seul amour qui vaille d'être désiré, celui que donne l' « Etre existant par lui-même ».

On voit la parfaite concordance, à l'intérieur des deux dernières parties, des méditations philosophiques et religieuses et des nouvelles péripéties sentimentales; les unes et les autres, ensemble, rejoignent les méditations qui emplissent les quatre premières parties. Elles les prolongent et les portent à un niveau supérieur; mais *elles demeurent centrées sur le problème du Bonheur ;* elles proclament comme elles qu'il ne peut être atteint que dans et par l'Amour. A cette œuvre qui n'avait été d'abord qu'un rêve de paradis terrestre et d'innocence retrouvée; qui s'était prolongée par une sévère méditation sur les lois les plus dures de la condition humaine et avait placé le bonheur véritable au-delà de l'épreuve et du sacrifice, elles donnent le plus noble couronnement en ouvrant toutes grandes les portes sur le monde de la joie et de la béatitude éternelles.

6. *La « Julie » en six parties.*

Que ce profond travail ait posé à l'artiste des problèmes difficiles à résoudre; qu'il se soit étalé sur un assez large espace de temps, tout nous invite à le croire.

Il nous est difficile — nous l'avons vu — de dire exactement quand il fut entrepris. Fin mars ? Début mai ? Ce qui est sûr c'est que, pendant quelque temps, le roman a comporté non pas six mais seulement cinq parties. Cette cinquième partie que l'étude du manuscrit permet de reconstituer de façon certaine comportait vingt lettres, la dernière étant la lettre testamentaire de Julie (actuellement VI, 12). La répartition de la matière était très différente de celle qui nous est aujourd'hui proposée dans les deux dernières parties. (Cf. la note d'introduction à la cinquième partie, p. 523, n. 1). Cependant, pour l'essentiel, le roman était déjà tel que nous le voyons. C'est à cette époque qu'il faut donc placer les modifications capitales que le romancier fit alors subir au texte de 1757 : la reprise, avec des développements spécifiquement religieux, de la lettre 18 de la troisième partie; la modification de la lettre 17 de la quatrième partie qui n'était plus un dénouement, mais la « crise » décisive préparant la dernière étape de l'itinéraire spirituel des amants; enfin l'invention d'un nouveau dénouement, et la composition de la lettre actuelle sur la mort de Julie. A ces transformations majeures s'ajoutèrent de nombreuses retouches de détail — rappels, agrafes, jalons, notes diverses — par où le romancier le plus souvent habile, quelquefois maladroit, dissimulait ses hésitations, réparait ses oublis ou ses erreurs.

Un jour vint, enfin, où il décida de dédoubler cette cinquième partie, donnant ainsi au roman un nouvel et bien plus heureux équilibre. Cette décision, évidemment antérieure à la lettre du 13 septembre 1758, ne l'a peut-être pas précédée de beaucoup. Et elle n'avait certainement pas porté tous ses fruits. Impossible de prendre au pied de la lettre l'expression qu'y emploie Rousseau d' « ouvrage entièrement achevé », immédiatement contredite par les *Confessions :* « J'achevai cet hiver la Julie » (*O.C.*, Pléiade, t. I, p. 502). *Achever* ne signifie évidemment pas seulement corriger, éplucher le style. Une nouvelle lettre à Rey, datée du 24 octobre 1758, précise que, des six parties, « la première est la plus grande et la dernière la plus petite » (*C.C.*, t. V, p. 187), ce qui est vrai de la première, mais ne l'est pas de la dernière. Il faut donc supposer au moins des remaniements, une nouvelle distribution de la matière, plus probablement un accroissement sensible des lettres religieuses de la sixième partie. Enfin, Rousseau, au lieu d'expédier aussitôt son œuvre à l'éditeur la conserva pendant quatre mois encore. Il est vraisemblable qu'il a continué à modifier et enrichir ce manuscrit tout palpitant de vie. C'est pourquoi le 14 mars 1759, lorsqu'il écrivit à Rey pour affirmer sa volonté de tenir ses engagements au sujet de la *Julie,* il précisa qu'après avoir examiné son manuscrit, comme il ne le trouvait « pas assez net », il avait pris « le parti de le recopier en entier », et qu'il enverrait cette nouvelle copie « partie par partie à mesure qu'elle sera faite » (*C.C.*, t. VI, p. 44). Le manuscrit trop raturé était la *Copie personnelle ;* la nouvelle copie, qui allait servir à l'impression et que nous avons heureusement pu utiliser pour l'établissement de cette édition, était le *manuscrit Rey.*

7. *La critique du créateur.*

Le romancier se mit à contempler son œuvre, comme Dieu le Père au septième jour de la Création. Et, comme lui, il trouva que ce qu'il avait fait était bon. Mais il ne vivait pas si éloigné du monde des salons et du monde de la littérature, qu'il ne sentît vivement à l'avance les critiques de tous ordres que ne pouvait manquer de provoquer une telle œuvre. Alors, il décida de prendre l'offensive; de désamorcer les bombes de ses adversaires avant qu'elles eussent éclaté. Grâce à ce remarquable pouvoir qu'il avait de se dédoubler, il imagina un dialogue entre deux personnages dont l'un serait lui-même, l'autre, un « homme » à qui il supposerait avoir prêté son manuscrit, être ironique, agressif, assez semblable à ses « amis philosophes », mais qui, en un sens, est encore lui-même; en lui s'incarne l'homme de lettres, le rationaliste, l'homme de goût sensible à la mesure, au ridicule. *Rousseau juge de Jean-Jacques !* Attaques et ripostes, assauts et dérobades, cris d'indignation et tirades enthousiastes alternent dans ces pages avec une extrême vivacité. L'ensemble forme un plaidoyer en règle pour l'œuvre où l'accusé pousse l'audace jusqu'à plaider coupable, met lui-même dans une lumière crue ses contradictions inexplicables, et finit par revendiquer avec un sourire désarmant le droit à l'illogisme !

Ce brillant exercice de rhétorique s'épanouit dans un large exposé des grandes intentions qui ont dicté le roman. Rousseau ne dit pas tout; il ne le peut pas encore; les vraies explications de la genèse de l'œuvre ne seront avouées que dans les *Confessions*. Du moins il propose une définition subtile et précise des personnages; il attire l'attention du lecteur sur le lien qui unit l'expression au caractère, le style de vie des héros au style du roman; il proclame enfin sur un ton d'orgueilleuse certitude le futur succès de son œuvre.

En annonçant à son éditeur le 14 mars 1759 qu'il venait d'écrire cette préface dialoguée, Rousseau la désignait comme un « écrit sur les Romans ». Elle dépasse en effet le cadre étroit de l'apologie d'une œuvre, elle est une méditation du créateur sur les lois de son art, méditation centrée sur les trois grandes notions d'*intérêt,* de *vérité* et de *moralité*. Son caractère le plus apparent — le plus surprenant aussi chez un écrivain généralement considéré comme le « père du romantisme » — est un attachement sans défaillance aux préceptes de l'esthétique classique. Chaque fois c'est au nom d'un de ces principes que l'attaque est portée; chaque fois la riposte démontre que l'œuvre est fidèle à ces mêmes principes. Ces pages forment un ensemble théorique extrêmement riche, d'un intérêt au moins égal à la *Lettre à l'Académie* ou au *Discours sur le Style,* à l'*Entretien sur le Fils naturel* ou à la *Préface de Cromwell.* On s'étonne que les historiens de la littérature, et même les exégètes de Rousseau lui aient accordé si peu d'importance. Il est un des meilleurs exemples de *critique du créateur*.

8. *Un homme de lettres.*

Rousseau pouvait légitimement penser, lorsqu'il avait rédigé cet « Examen » de son œuvre, qu'elle était « achevée ». Il se trompait. Une œuvre d'art est un organisme vivant; tant que celui qui l'enfante n'a pas expiré son dernier souffle, tant qu'il n'a pas, au moins par la publication, coupé le cordon ombilical qui l'unissait à elle, il peut la modifier, parfois même l'altérer profondément. Un écrivain véritable n'est jamais tout à fait content de ce qu'il a fait. Souvent, comme à Valéry *le Cimetière marin,* ses amis doivent lui arracher son œuvre. S'il est, comme Rousseau, le propre copiste de son texte, jamais il ne pourra le reproduire sans y rien changer. Chaque texte sera pour lui création nouvelle.

Jean-Jacques, depuis longtemps déjà, s'était engagé à recopier son roman pour Sophie d'Houdetot. Commencée au printemps de 1758, cette copie sera achevée à l'automne 1759. Aussitôt après sera entreprise la copie pour la maréchale de Luxembourg qui s'achèvera dans les dernières semaines de 1760. Ces copies étant des œuvres d'art graphique, ne comportent guère de traces de « repentirs »; elles n'en offrent pas moins chacune un état singulier du texte, un *moment* de la création. Les autres textes, ceux qu'a utilisés pour son travail le créateur, sont plus révélateurs encore d'une attention jusqu'au bout vigilante. Ce sont le *manuscrit Rey,* dont la rédaction s'étendit entre mars 1759 et février 1760; les placards d'imprimerie que nous n'avons pas gardés, mais dont les lettres de Rousseau qui les accompagnaient lorsqu'il les renvoyait en Hollande nous font mesurer l'importance; la *Copie personnelle* enfin, sur laquelle Rousseau a transcrit régulièrement, en strates successives, les modifications inventées pour les autres textes. Et ce n'était pas fini ! A peine l'édition originale parue (février 1761) le romancier réclamait à Rey « une édition moins pleine de contresens et de fautes ». En septembre 1761, il lui proposait pour cette nouvelle édition un exemplaire « revu et corrigé avec soin » et où « il y a même quelques petits changemens, retranchemens et additions... » (*C.C.*, t. IX, p. 115). De là sortit l'*édition Rey de 1763,* qui comportait en effet d'importants remaniements, en particulier la suppression de cinquante-cinq notes. Plus tard, regrettant ces « repentirs », Rousseau déclarait à qui voulait l'entendre que la seule édition valable à ses yeux était celle de 1761, et, sur deux exemplaires de rééditions postérieures à celle de 1763, il rétablit la plupart des textes supprimés... Ainsi le travail créateur ne s'est vraiment arrêté qu'à la mort. Pourtant, on ne saurait comparer, pour l'intensité et la valeur, la période qui a suivi l'édition originale et celle qui l'a précédée. Sans négliger tout à fait la première (nous en avons tenu compte dans les variantes), nous devons considérer de beaucoup plus près la seconde, celle qui s'étale sur une durée de deux ans environ, de mars 1759 à février 1761.

Cette étude est rendue facile et féconde par les manuscrits qui se multiplient, par le récit des *Confessions,* par la *Correspondance complète* enfin, où se trouvent recueillies trois séries de documents d'un exceptionnel intérêt : la correspondance avec Duclos, peu nombreuse, mais révélatrice des inquiétudes de l'artiste devant son œuvre faite; celle avec Rey qui permet de suivre le travail de mise au point pendant la correction des épreuves; celle enfin avec le très bienveillant, mais non tout-puissant Directeur de la Librairie, Malesherbes. Celui-ci en effet, pendant les quelques mois qui précédèrent la publication du roman par Rey et son entrée en France, se trouva placé au centre d'une opération à la fois politique et commerciale, compliquée et fort dangereuse, qui mettait en jeu Rousseau l'auteur, Rey l'éditeur hollandais, Robin l'éditeur français (contrefacteur accepté par le libraire et l'auteur comme un moindre mal parce qu'on le dirigeait et le contrôlait) et le Directeur de la Librairie, qui, pour laisser paraître cette édition en France, était obligé d'en faire juger le texte par ses censeurs théologiens, lesquels imposèrent de graves coupures. Les protestations de Rousseau, les explications des censeurs, les ripostes à ces explications, forment un ensemble précieux pour l'exégèse de la pensée religieuse de Rousseau et plus généralement pour l'étude des rapports de l'écrivain et du pouvoir à la fin du règne de Louis XV.

Cette dernière époque de la création est profondément différente de celles qui l'ont précédée. L'artiste ne connaît plus le jaillissement de l'invention; il ne se trouve plus aux prises avec les problèmes d'orientation spirituelle de l'œuvre, d'organisation des masses ou même de mise en place des éléments de détail. Tout cela est achevé. Cependant l'œuvre reste vivante, malléable; l'artiste peut encore l'enrichir, et la nuancer. Il le fait avec un sang-froid, une précision qui lui avaient manqué jusque-là. Par une faveur ultime du destin, il jouit, pendant ces deux ans, d'un calme merveilleux. Le maréchal et Mme de Luxembourg l'ont accueilli avec tant de délicatesse et de générosité que le « sauvage » s'est laissé installer au Petit-Château : « J'étois là dans le Paradis terrestre; j'y vivois avec autant d'innocence, et j'y goûtois le même bonheur » (*O.C.*, Pléiade, t. I, p. 521). C'est là que fut rédigé le manuscrit Rey. Jean-Jacques retrouvait ainsi au moment d'achever son œuvre ce climat de « paradis terrestre » où il l'avait inventée. Mais avec quelque chose de plus calme, de plus doux, de plus contemplatif. « Extase », dit-il, et non plus « délire ». Par suite, à l'égard de l'œuvre achevée une certaine « distance » qui permet le jugement critique. C'est alors qu'il a inventé ces nombreuses notes qui lui furent reprochées par les gens de lettres, et qu'il songea plus tard lui-même à faire disparaître. Manifestations étranges d'un auteur qui condamne ses personnages, qui le prend de haut avec eux, se moque de leur naïveté, de leur jeunesse et nous oblige à nous poser jusqu'au bout la question : « Où est le vrai Rousseau ? » En pleine possession de lui-même, avec un esprit critique d'une lucidité intensifiée par l'approche de la publication, l'artiste, l'homme de lettres, apparaît alors en lui dans toute sa force, avec ses exigences, ses coquetteries. Il presse la publication, en feignant d'être indifférent, de ne penser qu'à l'intérêt de son éditeur; il prépare soigneusement le lancement du livre, utilise l'influence des Montmorency dans le monde, celle de Duclos dans les milieux littéraires; il multiplie les confidences, les « faux bruits », les « indiscrétions », il dresse minutieusement la liste de ses hommages d'auteur. Il consacre plusieurs lettres et plusieurs épreuves à l'établissement de la seule page du titre. Il dicte à Coindet pour l'exécution des *Estampes* des instructions précises et passionnées. Il réagit comme un écorché à la moindre atteinte portée à son œuvre, proteste furieusement contre l'édition censurée de Robin, il gémit sur la perte de certains placards qui contenaient, naturellement (!), les lettres les plus importantes; il prend un ton souverain pour imposer à l'éditeur sa loi : « Que l'on corrige exactement les fautes de l'imprimeur, mais surtout qu'on laisse toutes les miennes. On doit croire que je sais assés de françois pour avoir rendu l'ouvrage plus correct, si je l'avois voulu » (*C.C.*, t. VII, p. 52, 6 mars 1760). Ce travail ultime de l'écrivain fut dicté cette fois encore par le besoin profond d'unité, d'harmonie, d'équilibre que nous avons vu déjà s'exprimer si souvent; il répond en outre à un vif souci de clarté, de lucidité. Mais, bien entendu, le musicien ne perd pas ses droits. « L'harmonie me paroit d'une si grande importance en fait de style », avait-il écrit à Rey, le 8 juillet 1758, pendant l'impression de la *Lettre à d'Alembert,* « que je la mets immédiatement après la clarté, même avant la correction » (*C.C.*, t. V, p. 111). Fidèle à sa doctrine, pendant la correction des épreuves de *La Nouvelle Héloïse,* il sacrifie à la musique même la vérité historique et refuse de modifier une allusion aux libérateurs de la Suisse parce qu'il faut, dit-il, « que ces noms barbares passent comme un trait, et que la phrase est tellement cadencée que l'addition d'une seule sillabe en gâteroit toute l'harmonie » (*C.C.*, t. VII, p. 131-132, 15 juin 1760).

9. *Le combat spirituel.*

Tandis que s'achevait ce lent travail de mise au point, la vie spirituelle de Jean-Jacques s'approfondissait dans la contemplation, la prière, la lecture de l'Écriture, le chant des Psaumes. P.-M. Masson a montré des traces certaines de cet enrichissement dans les modifications apportées à la rédaction primitive de la *Profession de foi*. C'est vers la fin de 1758, après la lecture du nouveau et terrible brûlot contre le christianisme, qu'était l'*Esprit* d'Helvétius, que se situe cette orientation décisive. On sait l'émotion soulevée par ce livre. Paru dans les premiers jours d'août 1758, son privilège était rapporté dès le 10, par un arrêt du Conseil d'État; le 22 novembre l'archevêque de Paris lançait un mandement contre lui; le 3 avril 1759, la Sorbonne le condamnait solennellement. Ce fut pour l'auteur de la *Profession de foi* un nouvel appel à la lutte. Il avait lu le livre tardivement (certainement après le 22 octobre, cf. la lettre à Vernes du 22 octobre 1758), mais il l'avait fait de près, le critiquant page à page dans des notes qui nous ont été conservées, rédigeant peut-être une réfutation en règle. (Cf. P.-M. MASSON, *La Religion de J.-J. Rousseau*, t. II, pp. 36 sq. et *Rousseau contre Helvétius* dans la *Revue d'histoire littéraire de la France*, 1911, pp. 103-124).

Il eût été anormal que le roman qui s'achevait au même moment, ne comportât pas quelques traces de ce grand « combat spirituel ». On les y trouve en effet sous une double forme. D'une part, revenant sur les jugements féroces qu'il avait portés contre les « dévots de profession » et même les prêtres et les moines, Rousseau les supprime ou les adoucit sensiblement. D'autre part, à deux reprises, il attaque de front la doctrine de l'*Esprit* en refusant d'admettre qu'à la naissance tous les esprits sont semblables et en prenant solennellement la défense de la liberté contre les « sophismes » des « raisonneurs » (VI, 7).

A la fin de mars 1759, lorsqu'il se mit à rédiger une nouvelle copie de son œuvre, le romancier inscrivit enfin sur la première page, à la suite du bref prénom qui avait suffi jusqu'ici à la désigner, les trois mots destinés à devenir illustres : *La Nouvelle Héloïse*. Il en avait vraiment le droit ! Il avait assez mêlé la théologie à l'amour pour mériter de placer ce long recueil de lettres sous le patronage illustre de l'Abbesse qui, cinq siècles plus tôt, avait montré par ses épreuves et par sa gloire que Dieu et l'Amour sont inséparables.

Telle est la longue histoire de *La Nouvelle Héloïse*. On comprend mieux maintenant pourquoi cette œuvre est exceptionnelle et les raisons qui ont suscité autour d'elle, dès l'origine et jusqu'à nos jours, des mouvements d'admiration enthousiaste et de dénigrement passionné. C'est qu'elle dépasse de très haut la simple « littérature ». Un homme qui parle à d'autres hommes leur livre les secrets de son cœur, leur propose un message de bonheur. Il le fait avec une voix dont l'accent eſt singulier, inoubliable, et, comme il eſt un artiſte hypersensible, il ne néglige aucune des ressources que lui offre sa connaissance approfondie de l'art du roman et des pouvoirs du langage. Philosophe et poète, analyſte et musicien, il soumet d'un bout à l'autre sa création à la double autorité de l'intelligence et du chant.

Les souvenirs les plus lointains, les émotions les plus présentes, regrets, remords, ambitions, désirs, passions du cœur, angoisses de l'esprit, tout eſt intégré dans l'œuvre, tout eſt fondu en un rêve harmonieux. La réalité informe et décevante de sa vie, l'artiſte l'a recomposée en une réalité idéale, noble, belle, source d'une joie à jamais inaltérable. Et il nous a ainsi donné l'une des preuves les plus éclatantes du pouvoir de l'homme à transcender sa condition.

Aix, mars 1961. B. G.

Au terme d'un si long travail, l'auteur se retourne avec reconnaissance vers ceux qui l'ont accompagné dans sa route. Qu'il me soit permis d'abord de saluer les grands exégètes de Rousseau dont j'ai syſtématiquement « exploité » les ouvrages, et au premier rang d'entre eux Daniel Mornet dont les travaux sont aujourd'hui encore une source de renseignements de premier ordre. Sans pouvoir citer ici le nom de tous les amis et collègues qui m'ont accordé leur aide généreuse, qu'il me soit permis du moins de nommer MM. P. Antonetti, A. Bourde, F. Carrère, Ch. Carrière, Fr. Daumas, J. Fabre, P. Guiral, H. Isnard, P. Jonin, Fr. Meyer, Cl. Pichois, R. Pintard, ainsi que mon ancien étudiant J. Cauquil. Ils m'ont fourni de précieux renseignements pour plusieurs notes hiſtoriques, littéraires, géographiques ou philosophiques. J'adresse des remerciements très particuliers à M. Jean Stefanini, infaillible connaisseur de la langue française, et à Mlle Anne-Marie Pfiſter, qui, à Genève, a bien voulu revoir et mettre au point mes nombreuses citations et références. Mais je dois mettre à part les noms de trois hommes sans lesquels ce livre ne serait pas né et qui m'ont fait connaître les joies du travail d'équipe : MM. Henri Coulet, Bernard Gagnebin et Marcel Raymond. M. Henri Coulet a dépouillé pour moi le manuscrit Rey, source des variantes les plus neuves de cette édition, et plusieurs fragments importants des brouillons de Genève et de Paris; il a intégralement assumé la tâche de l'établissement du texte; en outre il m'a fourni la substance d'un grand nombre de notes et m'a proposé pour d'autres ses interprétations personnelles dont j'ai largement fait état; enfin, il a accepté de lire et de réviser mon commentaire. Depuis le jour où ils ont fait appel à moi, jusqu'à la dernière correction d'épreuves, les deux maîtres d'œuvre de cette vaste entreprise des *Œuvres complètes,* MM. Bernard Gagnebin et Marcel Raymond, m'ont accordé l'aide efficace de leur érudition, de leur sens critique et de leur confiante amitié. Puisse cette édition de *Julie,* qui leur doit tant, apporter à ces trois amis la récompense de leurs efforts. Qu'ils trouvent ici dès maintenant l'expression d'une gratitude qui est à la mesure de leur don.

B. G.

NOTE
SUR L'ÉTABLISSEMENT DU TEXTE

Nous reproduisons le texte de l'édition originale, parue à Amsterdam chez Marc-Michel Rey au début de 1761. Cette édition était loin d'être parfaite. A mesure qu'il recevait les épreuves, puis les bonnes feuilles, Rousseau ne cessait de protester, parfois aigrement, contre les « fautes grossières », les « contresens » qui défiguraient son texte (cf. par exemple les lettres des 6, 17, 24 juillet, 14 sept. 1760, *C.C.*, t. VII, pp. 165-166, 183, 190, 236). « Quelque ridicule qu'il soit de mettre un Errata dans un Roman » (lettre du 14 septembre 1760), il fut contraint d'en laisser mettre deux, et il accepta l'idée de publier une seconde édition plus exacte (cf. D. Mornet, *La Nouvelle Héloïse,* t. I, p. 150). Le 2 septembre 1761 il offre à Rey de lui envoyer un exemplaire « revu et corrigé avec soin pour une nouvelle édition de l'Héloïse » (*C.C.*, t. IX, p. 115). Celle-ci parut en février 1763. Plusieurs raisons nous ont détournés de la choisir comme texte de base, malgré l'intérêt qu'elle présente pour avoir été faite sur un exemplaire revu par Rousseau lui-même :

1° Une grande partie des notes de l'auteur y sont supprimées; elles avaient déplu aux premiers lecteurs (cf. les opinions de Duclos, de d'Alembert, de Fréron et du *Journal des Savants,* rapportées par D. Mornet, *N.H.*, t. I, p. 153). Or ces notes furent rétablies par Rousseau, de sa propre main, sur un exemplaire de l'édition de 1769 qui reproduisait celle de 1763. Le tome III de cet exemplaire est à la Bibliothèque de Genève. Signalons que ces notes, absentes de ce qu'on appelle la Copie personnelle, et dont D. Mornet se demandait si elles n'avaient pas été

ajoutées sur épreuves en 1760 (*N.H.*, t. I, p. 154), figurent bien pour la plupart sur le manuscrit envoyé à Rey.
2° Plusieurs variantes introduites par Rousseau dans l'errata de 1761 et incorporées à l'édition de 1763 sont éliminées, et le texte primitif rétabli, par des corrections manuscrites de Rousseau sur l'exemplaire Duchesne-Coindet (cf. *infra,* var. (*a*), p. 57).
3° Alors que la comparaison avec le manuscrit Rey, que nous décrivons plus loin, fait apparaître le soin souvent minutieux avec lequel, en 1761, Rey respectait les particularités et les variations de l'orthographe de Rousseau (mises à part des modifications dont nous reparlerons), l'édition de 1763 présente une orthographe normalisée, celle de l'éditeur, non celle de l'auteur. *La connaissance du manuscrit Rey permet donc de confirmer absolument l'autorité de l'édition originale.*
4° A partir du moment où Rousseau se crut victime d'un complot, il eut peur qu'on ne publiât et qu'on n'utilisât contre lui des textes falsifiés; le 14 juin 1772 il écrivit à Rey qu'il ne reconnaissait pour sienne que la première édition de chacun de ses ouvrages (*C.C.*, t. XXXIX, p. 66); il répéta ce jugement dans une *Déclaration relative à différentes réimpressions de ses ouvrages,* en janvier 1774 (cf. *O.C.*, Pléiade, t. I, p. 1186 et n. 3), et l'on en trouve confirmation, en ce qui concerne précisément *La Nouvelle Héloïse,* dans une annotation de sa main en tête de l'exemplaire Duchesne-Coindet dont nous parlons plus loin : il y invite le lecteur à se référer à *la prémiére édition qui est la meilleure.*

En plus des éditions Rey de 1761 et 1763, seules les éditions suivantes méritent quelque attention :
1° L'édition Robin de 1761. Elle fut imprimée avec l'autorisation de Malesherbes, mais contre la volonté de Rousseau; le texte, gravement mutilé par la censure, ne possède aucune autorité, mais nous permet de savoir avec précision ce qui était considéré comme inacceptable ou comme acceptable par les pouvoirs publics dans les idées de Rousseau.
2e L'édition Duchesne de 1764. Elle s'annonce comme « revue » et « corrigée »; mais Rousseau ne s'en est pas mêlé et a tenu à ce qu'on le sache (lettres des 26 février et 6 mai 1764, *C.C.*, t. XIX, pp. 182-183 et t. XX, p. 13). Le texte, dont D. Mornet a relevé les fautes (*N.H.*, t. I,

p. 195), ne mérite aucun crédit. Les titres des lettres y sont plus explicites que dans les éditions Rey, mais le libellé n'est pas de Rousseau; la division en six parties n'est pas respectée, le roman est réparti entre quatre volumes, et la numérotation des lettres recommence à chaque volume. Une table des matières réunit les sommaires de toutes les lettres. Cette édition comporte deux estampes nouvelles : l'une de Cochin, en frontispice; l'autre de Gravelot, à la place de la douzième estampe originale : elle représente Julie se jetant dans le lac; inscription : *l'Amour maternel*. Rousseau jugeait cette estampe « froide et ridicule ». Nous ne tiendrons donc pas compte de cette édition, si Rousseau n'en avait annoté lui-même un exemplaire qui appartenait à François Coindet; les tomes I, III et IV de cet exemplaire sont à la Bibliothèque de la Chambre des Députés. Beaucoup des annotations marginales de Rousseau sont de simples indications typographiques ou orthographiques, signalant le mauvais alignement ou le mauvais découpage des mots à la ligne, corrigeant la ponctuation, remplaçant des majuscules par des minuscules, etc. En plusieurs passages, Rousseau, plus timide ou sensible aux réactions du public, a biffé le *u* de *bienveuillance,* et remplacé *chucheterie* par *chuchoterie*. L'intérêt de cet exemplaire corrigé réside dans les points suivants :

a) Les sommaires : après les avoir biffés, Rousseau les a jugés « bons à conserver (...) pour y trouver au besoin ce qu'on cherche ». C'était encourager un futur éditeur à établir un index analytique.

b) Les traductions des citations italiennes, ajoutées de sa main par Rousseau.

c) Le rétablissement des leçons de 1761 là où Duchesne avait adopté le texte de 1763.

d) Le report d'additions de 1763 ignorées par Duchesne, et recopiées par Rousseau, malgré son principe général de fidélité à l'édition originale; deux de ces additions ont été signalées par Rousseau à la première page de l'exemplaire Duchesne-Coindet : *Il y a dans cet exemplaire une note considérable ajoûtée dans le second volume et une autre addition dans le troisiéme qu'il ne faut pas omettre.* Le tome II a disparu; mais D. Mornet a pu identifier la première de ces additions en se référant à un exemplaire ayant appartenu à d'Ivernois (Bibliothèque de Genève), et sur lequel les corrections manuscrites de l'exemplaire Duchesne-Coindet avaient été reportées. C'est, dans la lettre 20 de la troisième partie, la note sur les mots « à m'en rétracter jamais » (cf. var. (*a*), p. 374). La seconde addition est, dans la lettre 11 de la quatrième partie, la note sur le mot « hôte » (cf. var. (*a*), p. 476). Une troisième addition est celle des mots : « la fraicheur de l'air » dans la lettre 17 de la quatrième partie (cf. var. (*b*), p. 520).

3° L'édition DuPeyrou, Genève, 1780-1782. D. Mornet a prouvé (*N.H.*, t. I, pp. 209-212) qu'elle avait été faite sur l'exemplaire Duchesne-Coindet corrigé par Rousseau. Elle ne fournit pas d'élément intéressant pour l'établissement du texte du roman proprement dit, mais elle constitue l'édition originale des *Amours de Milord Édouard*.

4° L'édition Defer de Maisonneuve, Paris, 1793, et l'édition Didot, Paris, 1801. Ceux qui les ont établies ont consulté les manuscrits remis à la Convention, c'est-à-dire la Copie Luxembourg, et une autre copie qui, si l'on se fie à ce qu'ils en disent, devait être le manuscrit Rey. D. Mornet assure qu'il ne peut s'agir que de la Copie Personnelle (*N.H.*, t. I, p. 228). Ces éditeurs ont-ils abusé le lecteur, ou se sont-ils abusés eux-mêmes ? Ils reproduisent pourtant l'un et l'autre le dernier paragraphe de la Préface, présent dans le manuscrit Rey et absent de l'édition originale (cf. var. (*a*), p. 6). Quoi qu'il en soit, ils ne se proposaient pas de faire une édition critique, et ils ne semblent pas avoir tiré autre chose des manuscrits. Lorsque leur texte est plus exact que celui de leurs prédécesseurs (c'est surtout le cas pour l'édition Didot), c'est qu'ils ont mieux tenu compte de l'édition originale.

Les manuscrits connus de *La Nouvelle Héloïse* sont au nombre de cinq :

1° Les *Brouillons*. Rousseau écrivait au recto et au verso de grands feuillets, le premier jet occupant la moitié de droite de chaque face, les additions et corrections et les « pilotis » prenant place dans la moitié de gauche. Parmi ces feuillets, les uns sont couverts d'une écriture menue, surchargés de ratures, et très difficilement lisibles; les autres sont visiblement déjà des mises au point, d'une écriture plus large et plus claire, avec peu de ratures. Les indications qu'ils fournissent sur la genèse du roman, bien qu'incomplètes, sont très importantes. Ces *Brouillons* sont dispersés comme on le verra dans les *Notices bibliographiques* à la fin de ce volume.

2° La *Copie personnelle*. Elle n'est écrite qu'au recto dans son état primitif. Commencée probablement dans l'hiver 1756-1757, elle n'était pas terminée le 1er octobre 1757 (cf. lettre à Mme d'Houdetot, *C.C.*, t. IV, pp. 270-271). Tandis que les trois premières parties sont restées propriété privée, les quatrième, cinquième et sixième parties sont à la Bibliothèque de la Chambre des Députés. C'est cette copie que Rousseau ne jugea pas assez nette pour l'envoyer à Rey. Elle est en effet chargée de corrections apportées par Rousseau pendant qu'il élaborait la suite de son texte ou pendant qu'il travaillait à la Copie Houdetot; il a ensuite reporté au verso les variantes du manuscrit Rey et de l'édition originale. Il importe donc de distinguer soigneusement dans cette copie ce qui est primitif et ce qui a été ajouté plus tard.

3° La *Copie Houdetot*. Au cours de l'automne 1757, Mme d'Houdetot pria, à plusieurs reprises, Rousseau de se mettre à la copie qu'il lui avait promise. Le 23 novembre, Rousseau annonce enfin qu'il va la commencer « ce soir » (*C.C.*, t. IV, p. 374); le 30 il avoue qu'il n'a encore rien fait (*C.C.*, t. IV, p. 378). L'élaboration de cette copie est très difficile à suivre, en raison des obscurités et des lacunes de la Correspondance; mais il est sûr que Rousseau lanterna, s'interrompit plusieurs fois et a fini avant celle-ci la copie destinée à Rey. Le 29 octobre 1759 (*C.C.*, t. VI, p. 182) il s'engageait à faire une copie pour Mme de Luxembourg, mais la remettait à un peu plus tard, ayant encore à finir celle qu'il devait à « quelqu'un » envers qui il était forcé de « tenir [sa] parole »; il précisait le 16 janvier 1760, à la même (*C.C.*, t. VII, p. 8) : « Vous savez que j'ai fait (variante de la minute : je fais) pour Made d'Houdetot une copie pareille à la vôtre. Elle avoit grande envie d'avoir cette copie, et moi grande envie de lui faire plaisir : cependant, il y a trois ans que cette copie est commencée, et elle n'est pas finie. Il n'y a pas encore deux mois que la vôtre est commencée, et vous aurez la première partie dans huit jours (...) Comparez, Madame, et concluez ». Faisons la part, dans les lettres à l'une et à l'autre, des exagérations, des promesses non tenues ou impossibles à tenir et des flatteries : il semble qu'il ait fallu plus de deux ans à Rousseau — de la fin de 1757 au début de 1760 — pour s'acquitter de sa promesse à Mme d'Houdetot.

Nous avons pu consulter cette copie chez son possesseur, M. le comte Frémy, que nous remercions de sa libéralité et de sa courtoisie. Elle ne comporte pas de variantes vraiment importantes pour le fond et elle confirme dans l'ensemble ce que les autres manuscrits nous apprennent de l'histoire du texte.

4° Le *Manuscrit Rey*. Il fut copié pour remplacer la Copie personnelle, que Rousseau ne jugeait pas en état d'être envoyée à Rey. On a vu (cf. *supra,* dans l'Introduction, la citation de la lettre à Rey du 14 mars 1759 et le commentaire) que Rousseau donnait à son éditeur l'ordre formel de suivre « exactement » cette nouvelle copie. Cet ordre fut assez bien exécuté. Rousseau envoya la première partie recopiée en avril 1759, Rey la reçut le 17; la seconde partit le 2 mai; Rey ayant alors fait attendre ses paiements, Rousseau voulut reprendre son texte; il décida enfin de n'envoyer chacune des parties qui restaient qu'au reçu du paiement de la précédente, et les envois reprirent après quatre mois d'interruption. La troisième partie fut envoyée le 5 septembre et Rey en accusa réception le 13 octobre; la quatrième partit le 20 octobre, la cinquième peu avant le 15 décembre seulement (Rey avait encore été lent à payer), la sixième le 18 janvier 1760. Le microfilm de cette copie, demeurée peut-être inconnue depuis le XVIIIe siècle, a été mis à notre disposition par son dernier acquéreur, M. Heineman, qui en a fait don à la Fondation qui porte son nom. Qu'il trouve ici l'expression de notre vive reconnaissance; le manuscrit qu'il nous a permis d'utiliser nous justifierait à lui seul d'avoir entrepris à notre tour d'éditer un texte dont D. Mornet avait donné, en 1925, une savante édition. Les nombreuses variantes que nous avons relevées dans le manuscrit Rey constituent, avec un grand nombre de variantes venues des manuscrits déjà connus, en particulier des Brouillons, mais restées inédites, l'apport nouveau de notre édition à la connaissance du texte.

Ce manuscrit ne présente pourtant pas le dernier état du texte reconnu par l'auteur; sur épreuves, comme le fait apparaître la comparaison du manuscrit Rey avec l'édition originale, Rousseau apporta de nombreuses corrections, notamment une longue et importante addition à la lettre 3 de la cinquième partie; avant même le tirage des épreuves, il faisait savoir à Rey, en lui envoyant la cinquième partie, le 15 décembre 1759, qu'il avait des changements à apporter aux parties précédentes.

5° La *Copie Luxembourg.* Elle fut écrite de novembre ou décembre 1759 à octobre 1760. Les six volumes de cette copie, enrichis des beaux dessins originaux de Gravelot, sont à la Bibliothèque de la Chambre des Députés. Elle devrait représenter le dernier état manuscrit du texte. En fait, Rousseau, qui n'avait plus sous les yeux le manuscrit Rey quand il l'a écrite, a repris un texte antérieur à ce manuscrit; mais il l'a modifié assez souvent, car la copie chez lui, quand il s'agissait de ses œuvres, n'avait rien d'un acte mécanique. En outre il se proposait « de donner à cette copie le seul mérite que puisse avoir un manuscrit de cette espèce, en y insérant une petite addition qui ne sera pas dans l'imprimé » (*C.C.*, t. VII, p. 93, lettre du 2 juin 1760). Cette addition était l'épisode des *Amours de Milord Édouard,* dont le manuscrit a disparu.

Le texte définitif de *La Nouvelle Héloïse* est bien celui de l'édition originale; mais on ne saurait ignorer les nombreux tâtonnements qui l'ont précédé, ni les changements et les repentirs qui l'ont suivi. Le texte de l'édition originale, plutôt qu'une perfection figée, est *un moment privilégié dans l'histoire de l'œuvre*. Rien n'est indifférent de ce qui nous fait comprendre comment s'est développé ce qu'on peut comparer à un organisme vivant. Nous n'avons évidemment pas entrepris ici une édition critique exhaustive : non seulement le cadre de cette collection ne s'y serait pas prêté, mais y prétendre eût été une folle gageure. Nous avons retenu seulement les variantes les plus dignes d'intérêt, celles qui éclairent le lecteur soit sur la pensée, soit sur l'art de Rousseau. Les raisons de notre choix, nécessairement arbitraire, apparaissent dans les commentaires qui accompagnent le texte même des variantes.

Conformément aux principes de cette édition des *Œuvres Complètes* de J.-J. Rousseau, nous avons apporté au texte de l'édition originale les modifications suivantes : nous avons ajouté les virgules absentes entre les termes de certaines énumérations; remplacé par deux points devant les citations et les déclarations, et au début des dialogues, le point-virgule (parfois la virgule ou le point) en usage au XVIIIe siècle; mis les majuscules aux noms propres, aux noms de lieux et aux titres d'ouvrages. De plus nous avons corrigé les coquilles évidentes, les fautes de l'édition originale signalées dans les errata, et celles qui ressortent de la comparaison entre cette édition et le manuscrit Rey, quand ce dernier eſt par ailleurs d'accord avec l'édition de 1763. Pour tout le reſte nous avons respeсté le texte, la graphie et la ponсtuation de 1761. Le leсteur ne devra pas s'étonner de rencontrer des majuscules à des noms communs; des points au lieu de points d'interrogation à la fin de phrases interrogatives direсtes; inversement, des points d'interrogation au lieu de points à la fin de propositions interrogatives indireсtes; des propositions incises devant ou après lesquelles il manque une virgule (nous l'avons parfois rétablie, quand la clarté de la phrase l'exigeait); des points-virgules séparant une principale de sa subordonnée; le relatif indéfini « quoi que » confondu avec la conjonсtion « quoique »; des participes accordés non pas fautivement, mais selon des règles différentes des nôtres; des temps passés du subjonсtif sans accents circonflexes. En tout cela, Rey était fidèle au manuscrit qu'il avait reçu de Rousseau, et Rousseau lui-même aux usages de son temps, au moins en partie, et à son souci du rythme et de l'expressivité (sa ponсtuation modèle le volume oral de la phrase). Le leсteur ne devra pas s'étonner non plus s'il rencontre aussi bien « désir » que « desir », « vu » que « vû », « gêné » que « géné », « âge » que « age », « maître » que « maitre », « céder » que « ceder », « jouir » que « jouïr », etc., et parfois dans une même phrase, ainsi que des variations fréquentes dans l'emploi des consonnes doubles. Ces incohérences sont bien de Rousseau; ni son éditeur, ni ses leсteurs, au XVIIIe siècle, n'en furent choqués. Rey les a pourtant supprimées en grande partie dans son édition de 1763. Dès 1761 il avait modifié syſtématiquement la graphie de Rousseau dans toute une série de mots : « premier » au lieu de « prémier », « hélas » au lieu de « helas », « notre », « votre » (formes atones) au lieu de « nôtre », « vôtre », et supprimé en général l'accent dans les mots où Rousseau mettait un accent aigu et où nous mettons maintenant un accent grave. Nous n'avons pas cru devoir dans ces cas rétablir la graphie du manuscrit, puisque Rousseau a donné son approbation à ce qu'avait imprimé Rey. Quelques courts passages de l'édition originale semblent ne pas avoir subi la révision orthographique de Rey; la confrontation avec le manuscrit montre que ces passages sont des additions ou corrections sur épreuves; Rey, pressé peut-être par le temps, leur a laissé la graphie de Rousseau. Nous les avons reproduits sans changements et les avons signalés en note. Ils sont les traces visibles des conditions dans lesquelles a été élaborée l'édition originale par l'auteur et par l'éditeur.

Le texte « parfait » de *La Nouvelle Héloïse* est sans doute irréalisable; sur sept versions que nous possédons du roman, cinq manuscrites et deux imprimées, écrites par Rousseau ou approuvées par lui, il n'y en a pas deux qui soient « parfaitement » semblables, même pour l'orthographe. Nous serons donc satisfaits si nous avons pu présenter au lecteur moderne le texte le plus proche de celui que Jean-Jacques Rousseau et Marc-Michel Rey avaient voulu présenter au lecteur de leur temps.

H. C. et B. G.

THÉATRE

Depuis sa jeunesse[1] jusqu'en 1754, Rousseau, outre ses œuvres musicales, a écrit ou ébauché sept pièces de théâtre. Il n'en a publié qu'une, *Narcisse ou l'Amant de lui-même*. Des manuscrits des six autres sont parvenus jusqu'à nous. Deux de ces pièces ont été publiées en 1776, dans une édition dont Rousseau s'est désintéressé. Les quatre autres n'ont vu le jour qu'après sa mort. Sur les sept pièces, trois sont inachevées, deux sont entièrement rédigées mais n'ont apparemment jamais été jouées, une, *L'Engagement téméraire,* a sans doute été jouée en société; seul *Narcisse* a été représenté à la Comédie-Française. Ces pièces tiennent de la tragédie, de l'opéra, de la comédie et de la parade : Rousseau s'est donc essayé dans presque tous les genres que lui proposait le théâtre de son temps. Leur style est très varié, en fonction de la diversité des genres et des époques, et aussi des intentions de Rousseau.

Nous avons établi le texte de ces œuvres théâtrales à partir de l'édition originale pour *Narcisse,* et, pour les six autres, à partir des manuscrits conservés dans les bibliothèques de Genève et de Neuchâtel. Notre examen des manuscrits nous a parfois amené à des lectures différentes de celles que donnaient les éditions anté-

1. Je remercie vivement Mlle Edmonde Hôtel, professeur agrégée des Lettres, auteur d'un mémoire de Diplôme d'études supérieures sur *La genèse du théâtre de J.-J. Rousseau* préparé naguère sous ma direction et qui m'a fourni des indications utiles; elle a bien voulu relever pour moi les variantes entre les éditions des pièces de Rousseau. Je remercie également mon collègue V.-L. Tapié, professeur d'Histoire à la Sorbonne, qui m'a éclairé sur des problèmes historiques dont la connaissance importait à la compréhension ou à la datation de certaines pièces de Rousseau.

rieures. Nous n'avons pas cru devoir signaler ces divergences, pas plus que nous n'indiquons ce qui nous sépare de nos devanciers ou ce que nous leur ajoutons dans les domaines de la datation des œuvres et de leur interprétation historique et littéraire.

Pour limitées que soient les réalisations théâtrales de Rousseau, elles ne s'en appuient pas moins sur une connaissance étendue de la vie dramatique de son temps. Dans toute la mesure du possible et jusqu'à sa « réforme » au moins, Rousseau a fréquenté assidûment les spectacles. Il a très jeune pleuré au « tragique », dont il parle, dès le 13 septembre 1737, comme « d'un plaisir qui m'a bien coûté des larmes dans ma vie »[1]. Pendant son séjour à Montpellier, il voit « la Comedie et l'Opéra »[2]. A Venise, il note : « Je cours... les spectacles en masque »[3]; il s'entremet pour faire venir à Paris les actrices Coraline et Camille[4]; tous les soirs, il dispose d'une des loges de l'ambassadeur à l'un de cinq principaux théâtres de la ville[5]. C'est surtout à Paris qu'il peut satisfaire son goût du théâtre. Quand il manque d'argent, il se décrit « réglant la dépense de mes nonchalans plaisirs sans la retrancher », ce qui consiste à n'aller « au spectacle que deux fois la semaine »[6]; on peut en conclure que dans les moments plus heureux, il y allait presque tous les jours. Un peu plus tard, il aura ses entrées gratuites à la Comédie-Italienne, ce qui ne l'empêchera pas d'aller aussi, en compagnie de Grimm notamment, à la Comédie-Française[7]. Entre sa trentième et sa quarantième année, il a donc pu aisément se familiariser avec le répertoire et aussi suivre toutes les nouveautés : le nombre annuel de créations à la Comédie-Française pendant cette période oscille entre quatre et douze, mais ne varie le plus souvent qu'entre sept et neuf. Par le Journal de voyage du Bâlois Iselin, qui l'a rencontré, nous savons que Rousseau, en

1. Lettre de Grenoble à Mme de Warens, *C.C.*, t. I, p. 49.

2. C'est ce qui ressort d'un passage de la lettre du 4 novembre 1737 à Jean-Antoine Charbonnel, *C.C.*, t. I, p. 61.

3. Lettre du 23 novembre 1743 à la comtesse de Montaigu, *C.C.*, t. I, p. 213.

4. *Confessions,* l. VII, *O.C.* Pléiade, t. I, p. 302.

5. *Ibid.*, p. 308.

6. *Ibid.*, p. 287.

7. *Ibid.,* l. VIII, p. 352.

moins d'un mois, est allé au moins quatre fois à la Comédie-Française : les 17 et 28 juin, 1er et 13 juillet 1752.

Grâce à cette fréquentation des théâtres, et naturellement aussi grâce à des lectures, qui ont commencé dès l'enfance (« quelques tomes de Moliére » figuraient dans le cabinet de son père en 1720, et Jean-Jacques les lui lisait « tous les jours durant son travail[1] »), il s'est donné une véritable culture théâtrale. La *Lettre à d'Alembert,* malgré le parti pris de la thèse, l'atteste avec éloquence. Bien des allusions des *Confessions,* par l'aisance de leur familiarité, montrent que la vie réelle évoquait tout naturellement pour lui, parfois, des situations théâtrales : au début de sa rencontre avec Mme de Larnage, il est encore plus timide que « le Marquis du *Legs* »[2] de Marivaux; Vintzenried parle avec l'élégance campagnarde du « beau Liandre »[3], personnage que l'orthographe et l'épithète désignent comme un héros traditionnel des parades; Grimm, dans un de ses mauvais jours, a l'abord « du Comte de Tuffiére » et traite son valet avec autant de dureté que si celui-ci était un « La Fleur »[4] : on se croirait dans *Le Glorieux* (1732) de Destouches. Il est vrai que Rousseau attribuera à tort à Saurin, qu'il n'aime pas, le *Barnevelt* de Lemierre[5], le confondant sans doute avec le *Beverlei* que Saurin avait fait jouer vers l'époque où Lemierre annonçait son *Barnevelt.* Mais en revanche, il est capable de voir une ressemblance entre *L'Esclave généreux* de la comtesse de Boufflers et une œuvre anglaise, *Oroonoko*[6]. Sa culture vaut mieux que celle d'un simple amateur de théâtre, et il s'est assimilé toutes les valeurs du théâtre de son époque.

Il en a aussi, dans son œuvre, subi les principales influences. Celle de Voltaire est la plus ancienne et la plus durable. Celle de Marivaux, qui s'affirme plus tard, est peut-être plus profonde. On verra les traces de ces influences dans les pièces qui suivent. Autour de Marivaux, il faut encore citer deux auteurs, aujourd'hui bien

1. *Confessions*, l. I, *O.C.* Pléiade, t. I, p. 9.
2. *Ibid.*, l. VI, p. 250.
3. *Ibid.*, p. 261.
4. *Ibid.*, l. IX, pp. 465 et 467.
5. *Ibid.*, l. VIII, p. 372.
6. *Ibid.*, l. XI, p. 555.

oubliés, mais qui ont eu du succès pendant la période de création dramatique de Rousseau et dont celui-ci semble avoir suivi les œuvres avec attention : Boissy (1694-1758) et Saint-Foix (1699-1776). Avant que son premier *Discours* l'ait rendu célèbre, Rousseau pouvait apparaître comme l'un de ces petits auteurs de comédies agréables. C'est pourquoi il écrit le 25 juillet 1750 à « l'auteur du *Mercure* » : « On vient tous les jours me faire des complimens sur des Comédies et d'autres Pièces de vers que je n'ai point faites et que je ne suis point capable de faire. C'est la conformité du nom de l'Auteur avec le mien, qui m'attire cet honneur[1] ». L'auteur avec lequel on le confondait est probablement, non Jean-Baptiste Rousseau, qui était mort en 1741, mais Pierre Rousseau, qui venait de donner deux comédies en 1747 et 1749.

Dans ses œuvres théâtrales, Jean-Jacques Rousseau, assez ignorant à ses débuts de la technique dramatique, se forge peu à peu, laborieusement, un métier qui lui permet de construire et d'écrire ses pièces de manière à mettre en valeur ce qu'il veut y exprimer. Dans telles d'entre elles, *Iphis, Arlequin amoureux malgré lui, La mort de Lucrèce,* il aborde les problèmes sociaux et politiques qui le préoccuperont de plus en plus; mais il ne fait encore ici que les effleurer. Dans toutes, il met consciencieusement en pratique l'esprit de sérieux qui définit *Le Verger de Madame de Warens :*

> ... mon goût se refuse à tout frivole écrit,
> Dont l'auteur n'a pour but que de plaire à l'esprit[2].

Ce qu'il y a de plus intéressant peut-être dans ses pièces de théâtre, ce sont les traces de sa personnalité qu'on y peut découvrir. Non seulement ses personnages ont parfois des attitudes qui ne sont autres que les siennes propres, mais il lui arrive aussi de pressentir le schéma d'une situation sentimentale longuement rêvée, mûrie, chérie malgré son tragique ou à cause de lui, et dont *La Nouvelle Héloïse* offrira le grandiose épanouissement. Notre commentaire relèvera les détails qui peuvent illustrer ces aspects de la création littéraire chez Rousseau. Pour l'essentiel, c'est dès sa deuxième pièce, *La Décou-*

1. *C.G.*, t. I, pp. 305-306.
2. Cf. *infra*, p. 1129.

verte du Nouveau Monde, qu'il laisse transparaître, peut-être involontairement, ses sentiments les plus profonds dans ceux qu'il prête à certains de ses personnages. On sait de reste que l'attitude de fuite est constante dans la vie de Jean-Jacques; or c'est la seule qu'imagine ici Digizé pour le Cacique quand le danger est, non point encore réel, mais seulement pressenti[1]; c'est la fuite, et non la discussion ou le conflit, qu'impose le Cacique aux Prêtres quand ils prédisent sa chute[2]. Son ordre s'accompagne sans doute d'un grand geste théâtral. Pareil goût du geste significatif s'exprime d'une façon plus pure encore lorsque Colomb, dans un paysage vide d'Indiens et s'adressant à de vagues « climats », s'écrie, en plantant en terre l'étendard de Castille : « Perdez la liberté »[3]. Sur le même ton, et dans un cadre plus mythique encore, les héros symboliques du *Discours sur l'Inégalité* s'affronteront plus tard : « Ceci est à moi », dit l'un; et l'autre, « arrachant les pieux ou comblant le fossé » : « Gardez-vous d'écouter cet imposteur. »

Quant à la sensibilité des personnages de *La Découverte,* elle n'est pas seulement celle du siècle. Elle est celle de Rousseau lorsqu'elle se cache derrière une attitude, comme quand le Cacique, après avoir renvoyé Carime, s'avoue que les pleurs de son amante « étoient bien plus à craindre » pour son cœur que ne l'ont été ses « fureurs »[4], ou lorsque le sentiment intervient, trop tard, après une attitude artificielle : Carime, une fois qu'elle s'est consciencieusement vengée, éprouve qu'on sent « le regret d'être vengé »[5]. Enfin, dans la variante de l'air final de Digizé, l'alliance de la « tranquillité charmante », qui est « fille de la vertu », avec « l'aimable volupté » est une formulation typique de l'atmosphère que Rousseau avait tant aimée aux Charmettes et qu'il recréera dans maint passage de *La Nouvelle Héloïse.*

Dans ses *Prisonniers de guerre,* pour la première fois, Rousseau est parvenu à créer des personnages qui doivent moins à des modèles littéraires qu'à ses aspirations

1. Acte I, sc. III.
2. Acte I, sc. V.
3. Acte II, sc. I.
4. Acte I, sc. I.
5. Acte III, sc. II.

intimes. A part l'odieux et grotesque Maker, tous sont bons, tous sont déjà, avec des traits encore simples, des « êtres selon son cœur ». Comme Jean-Jacques à la même époque, Dorante veut concilier le badinage mondain dont il fait complaisamment la théorie et qui convient à des ambitions parisiennes, avec l'amour de pur sentiment dont Mme de Warens, déjà reléguée dans un passé révolu, laissait l'impérissable souvenir. Sa situation de prisonnier n'est pas non plus sans signification sentimentale. Enchaîné par une femme plus que par la guerre, sans oublier pourtant ce qu'il doit à l'honneur, il fait songer, certes, à d'anciens romans dévorés dans les nuits de l'enfance genevoise, mais aussi à des hantises que Rousseau a vécues et voulu vivre. Faut-il, pour un rapprochement verbal, évoquer déjà l'idylle aux cerises ? « Non pas, non pas », disait la jeune fille à Rousseau qui voulait fuir, « on ne nous échappe pas comme cela... il faut s'il vous plaît venir avec nous, nous vous arrêtons prisonnier. Le cœur me battoit, je regardois Mlle Galley : oui, oui, ajoûta-t-elle en riant de ma mine effarée, prisonnier de guerre »[1]. En tout cas, la situation du prisonnier d'amour, chérissant sa prison sans pouvoir se fermer aux appels du monde extérieur, a été celle de Rousseau devant une figure féminine qui s'est appelée Mme de Warens, qui s'appellera peut-être Thérèse, peut-être un instant Mme d'Houdetot, et qui, dans l'ordre de la fiction, prendra les traits de Julie. Au nom des droits du prisonnier d'amour, Dorante veut, par un assez insolent badinage, s'agréger au couple que s'apprêtent à former Maker et Sophie, comme plus tard, et avec bien plus de chaleur et de complexité, Saint-Preux obtiendra sa place à côté de M. et de Mme de Wolmar. Il n'est pas jusqu'à la Claire de *La Nouvelle Héloïse* qui ne soit préfigurée par son homonyme des *Prisonniers :* l'une et l'autre est une simple amie, bonne, serviable, un peu en retrait, qu'on pourrait aimer mais qu'on n'aime pas, et qui reste finalement sans mari. Dans cette comédie dont l'héroïne est déjà une Sophie, Rousseau, près de vingt ans avant d'aimer Sophie d'Houdetot, a entrevu quelques-uns des moments essentiels de son grand roman.

Sa tragédie inachevée de 1754, *La Mort de Lucrèce,*

---

1. *Confessions*, l. IV, *O.C.* Pléiade, t. I, p. 136.

atteste plus nettement encore la même prémonition mystérieuse, gage de la solidité des structures affectives de son univers imaginaire. L'intrigue politique de cette tragédie mise à part, la situation des trois personnages principaux reproduit celle de *Polyeucte*, mais, plus intérieurement, elle est aussi, déjà et encore, celle de *La Nouvelle Héloïse*. La vertueuse, l'irréprochable Lucrèce, ne saurait, pas plus que Julie, être indifférente à celui qu'elle a aimé naguère; elle a beau se défendre par le silence et par l'absence, son cœur est déchiré. Collatin, dans ses meilleurs moments, a de M. de Wolmar la froide dignité et la confiance totale en son épouse. Sextus est un Saint-Preux sans la vertu; s'il pousse la passion jusqu'à la fureur, il effleure aussi, dans le fragment 1, l'idée que seul un amour interdit peut lui enseigner la vertu qu'il a cherchée en vain; paradoxale et sans application possible dans la situation de cette tragédie, cette idée mènera pourtant bientôt le Rousseau de l'Ermitage au « pays des chiméres »[1] qu'il peuplera d'êtres selon son cœur; leur vraie signification lui apparaîtra avec l'irruption de Mme d'Houdetot dans sa vie sentimentale. Plus hardi qu'il ne l'a été dans ses œuvres publiées, Rousseau laisse même échapper dans son ébauche de tragédie des accents dont la passion va jusqu'au paroxysme des romantiques. Brutus y interpelle Lucretius[2] sur un ton qui évoque déjà le *Lorenzaccio* de Musset. Sextus au début du deuxième acte n'est pas seulement un forcené; il sait, aussi bien que les enfants du siècle suivant, que le désir est infini, et proclame, ce qu'aucun amoureux classique n'eût osé, que celle même qu'il idolâtre ne pourrait lui suffire, puisque le « bonheur suprême » est toujours au-delà de tout but fini que l'homme peut atteindre. Enfin, au moment du pire désarroi, telle réplique de Lucrèce[3], par l'intensité de son désenchantement, semble tirée du drame romantique le plus « shakespearien ».

Si plusieurs des lignes de force de ces pièces de théâtre inédites convergent vers le schématisme sentimental de *La Nouvelle Héloïse*, les réactions de Rousseau devant la création au théâtre de son *Narcisse* peuvent mettre en

1. *Confessions*, l. IX, *O.C.* Pléiade, t. I, p. 427.
2. Acte I, sc. v.
3. Fragment 17.

lumière de façon démonstrativement ingénue l'existence d'une autre tendance profonde chez lui : la volonté d'échouer. L'histoire de la brève carrière de la pièce à la Comédie-Française est éloquente à cet égard. La première représentation eut lieu le 18 décembre 1752. *Narcisse* n'ayant qu'un acte, le spectacle se complétait par *Didon,* tragédie de Le Franc de Pompignan créée en 1734 et qui avait conservé la faveur du public; une reprise en avait eu lieu en 1745. Une deuxième représentation de *Narcisse,* le 20 décembre 1752, offrait au même programme la *Mérope* de Voltaire; créée en 1743, cette tragédie avait connu un grand et durable succès; elle n'avait pas été rejouée depuis le 20 novembre 1751 et l'attention venait d'être ramenée sur Voltaire par une reprise réussie de son *Duc de Foix*. Les comédiens avaient donc eu le souci de jouer *Narcisse* avec des pièces qui devaient attirer le public. De fait, il y eut 796 spectateurs à la première représentation et 913 à la seconde. Les recettes furent de 2 047 livres pour la première, dont 74 livres revenaient à Rousseau, et de 2 287 livres pour la seconde, dont 82 revenant à l'auteur. Ce sont des recettes plus qu'honorables pour l'époque, et celles de la deuxième représentation sont supérieures à celles de la première. La carrière de la pièce commençait bien. Rousseau lui-même atteste que l'auditoire fut loin d'être mécontent de la nouvelle comédie : « Je fus surpris et touché de l'indulgence du public, qui eut la patience de l'entendre tranquillement d'un bout à l'autre, et d'en souffrir même une seconde representation, sans donner le moindre signe d'impatience »[1]. Pourtant, il n'y eut pas de troisième représentation. La raison de ce fait doit être cherchée moins dans un échec qui est loin d'être évident que dans l'attitude de Jean-Jacques Rousseau.

Le 17 décembre, l'auteur, prévoyant une chute, écrivait à son ami Mussard que « la premiere et probablement l'unique représentation de *Narcisse* » aurait lieu le lendemain et qu'il était « indifférent »[2] au sort de sa pièce. Il a décrit son comportement lors de la création dans un curieux passage des *Confessions :* « Je m'ennuyai tellement à la prémiére que je ne pus tenir jusqu'à la fin,

1. *Confessions*, l. VIII, *O.C.* Pléiade, t. I, p. 387.
2. *C.G.*, t. II, p. 33.

et sortant du spectacle, j'entrai au caffé de Procope où je trouvai Boissi et quelques autres, qui probablement s'étoient ennuyés comme moi. Là je dis hautement mon *peccavi,* m'avouant humblement ou fierement l'auteur de la Piéce, et en parlant comme tout le monde en pensoit. Cet aveu public de l'Auteur d'une mauvaise Piéce qui tombe fut fort admiré et me parut très peu pénible. J'y trouvai même un dédomagement d'amour-propre dans le courage avec lequel il fut fait, et je crois qu'il y eut en cette occasion plus d'orgueil à parler qu'il n'y auroit eu de sote honte à se taire »[1]. On voit que Rousseau interprète même les silences dans le sens le plus défavorable à sa pièce et que le sort de *Narcisse* lui importe moins que l'exaltation de sa personnalité dont sa comédie est le prétexte. Le lendemain, écrivant au comédien Lanoue, il donne des événements une version légèrement différente : « J'ai appris, Monsieur, que quelques personnes vous attribuoient la petite Pièce qui m'a tant ennuyé hier à la Comedie, et je me suis hâté de me nommer, afin que vous ne portassiez plus la peine de vôtre amitié pour l'auteur. D'ailleurs, je ne gardois l'incognito que pour éviter les complimens qui me sont insupportables, et cet inconvénient n'est plus à craindre. » Il déclare donc qu'il « abandonne » la pièce « à son mauvais sort ». Il précise qu'il s'est refusé à utiliser les billets de faveur auxquels il avait droit : « Je vous renvoye tous les billets, je n'ai pas voulu m'en servir parce que je désapprouve dans les Auteurs cette méthode d'acheter des voix », et il annonce qu'il ne profitera qu'à peine des entrées gratuites dont il jouit « à si mauvais titre »[2]. Cette série de refus dut paraître étrange à Lanoue, car Rousseau lui récrit le 26 décembre en ces termes : « Nous brouillés, Monsieur, que me dites-vous ?... J'ai été malade, je le suis encore, et de plus, fort occupé; c'est ce qui m'a empêché de vous voir. » Il ajoute qu'il renonce même à ses droits d'auteur : « A l'égard du petit honoraire qui me revient; Je vous prie d'engager ces Messieurs à trouver bon qu'il soit employé à quelques petittes réparations dont la salle a besoin »[3]. On n'est pas étonné dans

1. L. VIII, *O.C.* Pléiade, t. I, pp. 387-388.
2. *C.G.*, t. II, p. 34.
3. *Ibid.*, p. 36.

ces conditions de lire de la comédie de *Narcisse* sous la plume de Mouhy : « L'Auteur la retira après la seconde représentation, l'ayant jugée lui-même bien plus sévèrement que le Public[1] ». Mais c'est Fréron qui a dit sur l'attitude de Rousseau vis-à-vis de son *Narcisse* le mot le plus pénétrant : « La passion de M. Rousseau n'est pas d'être applaudi, mais d'être sifflé[2] ».

Là comme ailleurs, cette volonté d'échouer trouve un aliment dans la volonté d'écrire. Rousseau n'a point cessé, après *Narcisse,* d'être un auteur dramatique. Bien plus, il n'a jamais renié son œuvre théâtrale. Sans surfaire la valeur de ses pièces, il leur assignait une place, mineure mais non négligeable, parmi les productions de son esprit. Projetant un « recueil général » de ses œuvres, il écrivait le 24 octobre 1758, de Montmorency, à Marc-Michel Rey : « Je suis d'avis de mettre au premier volume les pièces de Théâtre et autres petits ouvrages, afin qu'on trouve toujours mieux en avançant[3] ». Un autre éditeur de Jean-Jacques, celui de 1776, rendra justice à son théâtre lorsqu'il écrira en tête de son édition ces lignes qui ne manquent ni de bon sens, ni de générosité, ni même de charme : « Ces productions de sa jeunesse sont sans doute inférieures à celles qui lui ont acquis depuis une si grande célébrité; mais telles qu'elles sont on les lira avec plaisir, puisqu'on y verra quelle étoit dans sa jeunesse la manière de voir et de sentir de leur auteur; et que peut-être il en sortira quelques traits de lumières, qui feront connoître au lecteur le vrai caractère de cet homme devenu depuis si intéressant pour le public. »

J. S.

Grimaud, été 1960.

1. *Abrégé de l'Histoire du Théâtre françois*, t. I, p. 333.
2. *Lettres sur quelques écrits de ce temps,* t. IX, lettre 3 du 6 avril 1753, pp. 68-69.
3. *C.G.*, t. IV, p. 94.

BALLETS. PASTORALE. POÉSIES. CONTES ET APOLOGUES. MÉLANGES DE LITTÉRATURE ET DE MORALE.

Une édition des *Œuvres complètes* de J.-J. Rousseau se devait de donner le livret des *Muses galantes* et des *Fêtes de Ramire ;* mais, sans la musique pour laquelle ils furent composés, ces textes n'offrent qu'un faible intérêt. Des *Muses galantes* Rousseau lui-même affirme : « ouvrage médiocre », « genre mauvais », la musique n'y valant « guère mieux que la poésie ». Quant aux *Fêtes de Ramire,* le librettiste se borna, il l'avoue, « à très peu de chose » : remaniement commandé de *La Princesse de Navarre,* la moitié des vers étant repris de Voltaire.

Il en va tout autrement du *Devin du Village.* L'œuvre — texte et musique — est le fruit d'une libre et très personnelle inspiration. Le sujet de cette aimable Pastorale peut bien être traditionnel : Rousseau lui rend vie et fraîcheur. Colin et Colette, le Devin, le chœur des Villageois et Villageoises lui donnent l'occasion d'exprimer, au-delà de ce qui aurait pu n'être que banalité et convention, la nostalgie de la vie champêtre et de l'innocence des mœurs. Certes nous ne nous exagérons pas la valeur du livret du *Devin du Village.* Les paroles d'un divertissement musical ne sauraient être goûtées indépendamment du récitatif, des airs et des chœurs pour lesquels elles ont été écrites. Il n'en demeure pas moins que Rousseau a réussi à communiquer à ses vers un accent ici et là original. Déjà le futur auteur des *Consolations des misères de ma vie* montre son goût pour la romance. Et qui sait, lorsqu'il faisait chanter à Colette : *J'ai perdu mon serviteur,* à Colin : *Dans ma cabane obscure,* au chœur des Villageois et Villageoises : *Allons danser sous les ormeaux,* s'il ne traduisait pas quelque chose de l'émotion éprouvée au souvenir des airs dont la tante Suzon avait charmé son enfance.

Le succès du *Devin du Village* fut, on le sait, considérable. Il ne cessa de croître jusqu'à la mort de Rousseau. Lorsque l'œuvre fut représentée pour la première fois à Fontainebleau, en octobre 1752, l'écrivain n'était encore connu que par son premier *Discours*. Le voici soudain, avec le *Devin*, puis avec sa *Lettre*, de 1753, *sur la musique française*, en pleine querelle des Bouffons, au premier plan de l'actualité musicale. Il convient, à ce propos, de noter que la *Pantomime* introduite par l'auteur dans la dernière scène du *Devin* est une création tout à fait neuve, le premier exemple de pantomime donnée à Paris sur la scène de l'Opéra. Cependant, bientôt et pour longtemps, le musicien Rousseau s'effacera. Il lui déplaît, confie-t-il à Lenieps, de renoncer à son « obscurité ». Ce *Devin* qu'il a écrit « pour son amusement » et où, tout en respectant les conventions d'un genre, il a mis beaucoup de lui-même, il ne le renie pas, mais il semble presque regretter de le voir livré à l'admiration de mondains incapables d'en comprendre la leçon. Cette leçon, Gluck l'entendit. Dans une lettre au *Mercure de France*, en 1773, n'affirmait-il pas de Rousseau musicien : « Son *Devin du Village* est un modèle qu'aucun auteur n'a encore imité » ?

Les *Poésies* de Rousseau, qui donc les lit encore aujourd'hui ? Et si, d'aventure, on s'y applique, le plaisir, il faut le reconnaître, est médiocre. Admirable poète des *Confessions* et des *Rêveries*, Jean-Jacques ne fut jamais, de son propre aveu, qu'un assez piètre versificateur. C'est de son séjour à Soleure, à l'ambassade de France, en 1731, qu'il date son « coup d'essai » : une *Cantate* à la louange de Mme de Bonac. La Martinière, secrétaire d'ambassade, lui avait révélé son illustre homonyme, le « grand Rousseau » d'alors, Jean-Baptiste. Quelques mois plus tard, à Paris, l'apprenti poète compose une satire contre le colonel Godard, officier suisse au Service étranger. Deux vers de cette pièce sont cités au IVe livre des *Confessions* (*O.C.*, Pléiade, t. I, p. 161). A côté de ce très insuffisant témoignage des débuts de Rousseau poète, on possède quelques fragments d'une *Cantate* — parodie, dirait-on, d'une Idylle, où l'amour d'une vieille est tourné en dérision — et une *Épître* peut-être imitée de la *Lettre en vers* de J.-B. Rousseau *à M. de la Fosse, célèbre poète tragique.* Au moment où Jean-Jacques, en 1731, séjournant à Neuchâtel, travaille à ces deux poèmes, il écrit à Mlle Giraud : « si vous agrëez pour vous desennuier que je vous envoie quelques unes de mes piéces, je le ferai avec joie, toutefois sous le seau du secret, car je n'ai pas encore assez de vanité pour vouloir portér le nom d'auteur » (*C.G.*, t. I, p. 9). Il se pourrait donc que, sinon la *Cantate,* demeurée inachevée, du moins l'*Épître* ait été communiquée à sa correspondante.

La vanité de porter le nom d'auteur, elle vint à Rousseau peut-être dès 1737. Le *Mercure de France,* en effet, publie en juin la *Chanson :* « Un papillon caressoit une rose ». La musique est de Jean-Jacques; quant au texte, ce n'est pas certain. Deux ans plus tard — et cette fois incontestablement — le jeune poète se voit imprimé. Il s'agit d'une plaquette de dix pages : *Le Verger de Mme la baronne de Warens.* Rousseau remania et augmenta ce poème, le recopiant soigneusement, en 1742, dans le cahier qu'il intitule *La Muse Allobroge ou les Œuvres du petit Poucet,* manuscrit qui contient aussi, à côté de quelques brèves pièces insignifiantes, un fragment de l'*Épître à Bordes,* de 1741, et le texte entier de l'*Épître à Parisot,* achevée le 10 juillet 1742. A cet ensemble de poèmes il convient de joindre les *Vers à la louange des religieux de la Grande Chartreuse.* L'*Épître à Bordes* fut publiée, en mars 1743, dans le *Journal de Verdun.*

Rousseau ne se fait d'illusions ni sur son don poétique, ni sur la qualité de ses vers. L'Avertissement sur lequel s'ouvre *Le Verger de Mme la baronne de Warens* est net : « Je n'ai guère songé à briller. De fréquentes répétitions dans les pensées et même dans les tours, et beaucoup de négligences dans la diction, n'annoncent pas un homme fort empressé de la gloire d'être un bon poète. » De même, au début de l'*Épître à Bordes,* s'excusant de ses « foibles essais », il reconnaît manquer de souffle et doute que sa « Muse helvétique » puisse jamais lui valoir des « lauriers ». En 1752, dans la Préface de *Narcisse,* il parle de ses vers, « amusemens de [sa] jeunesse », comme d' « enfans illégitimes que l'on caresse encore avec plaisir, en rougissant d'en être le père » et « à qui l'on fait ses derniers adieux..., sans beaucoup s'embarrasser de ce qu'ils deviendront ». Beaucoup plus tard enfin, au IVe livre des *Confessions* (*O.C.*, Pléiade, t. I, p. 157), Rousseau juge avec sévérité ses exercices poétiques : « J'ai fait de tems en tems quelques médiocres vers; c'est un exercice assez bon pour se rompre aux inversions élégantes et apprendre à mieux écrire en prose; mais je n'ai jamais trouvé dans la poesie françoise assez d'attrait pour m'y livrer tout à fait. »

Les poèmes composés par Rousseau dans la première partie de sa carrière s'insèrent dans une tradition : celle de la *Musa pedestris,* de cette poésie mi-narrative, mi-didactique, dont les *Épîtres* horatiennes ont fixé le modèle et qu'à la suite d'un Boileau le XVIIIe siècle se plaira à cultiver. Le maître, pour Jean-Jacques, fut, nous l'avons dit, Jean-Baptiste Rousseau. En 1742 encore, lorsqu'il s'installe à Paris, on le voit, « tous les matins vers les dix heures », se promener au Luxembourg, « un Virgile ou un Rousseau dans [sa] poche », et se remémorant « tantôt une Ode sacrée et tantôt une Bucolique » (*O.C.*, Pléiade, t. I, p. 288). De Virgile, autant dire pas d'écho dans les vers de notre poète. Et pas davantage des *Odes sacrées*. Nul véritable lyrisme; c'est à peine si, au début du *Verger de Mme la baronne de Warens* ou de *L'Allée de Sylvie,* quelques vers évoquent, mais si faiblement ! un paysage et disent la douceur de la solitude.

Si les plus importants des poèmes de Rousseau conservent pour nous quelque intérêt, ce n'est pas qu'aucune vertu poétique les ait jamais véritablement animés, mais bien qu'ils nous valent de précieux renseignements sur les fluctuations de sa pensée et de ses sentiments à l'époque à la fois décisive et obscure où va se décider sa carrière. Qu'on lise à la suite les *Vers à la louange des religieux de la Grande Chartreuse, Le Verger de Mme la baronne de Warens,* l'*Épître à Bordes* et celle *à Parisot :* une évolution s'y dessine, à la fois religieuse et sociale, et, dans le filigrane du texte, déjà se devine, encore hésitant, le Rousseau qui bientôt accomplira sa « réforme ». Les *Vers à la louange des religieux de la Grande Chartreuse* nous montrent Jean-Jacques, à l'époque de Chambéry et des Charmettes, préoccupé de son salut éternel, assailli de remords, inquiet de répondre mal et aux appels de la Grâce et aux conseils de la raison. Déjà, dans ce poème, s'exprime le rêve du retour à la nature, d'une vie menée dans la solitude et l'innocence d'un monde primitif. Innocence que Rousseau prétend goûter dans ce verger des Charmettes où, malade, proche même du « trépas », il a le loisir d'affermir sa « vertu ». Mais l'intérêt majeur du poème du *Verger* réside pour nous dans les indications qu'il fournit sur les lectures du jeune écrivain. Les philosophes, de Platon à Leibniz ou Locke, alternent avec les maîtres de l'astronomie, de la physique, des mathématiques et des sciences naturelles. Les lettres ont, elles aussi, leur place : Montaigne et La Bruyère, le *Télémaque* et *Cleveland,* Racine et « le touchant Voltaire ». Notons encore, dans la même pièce, l'éloge décerné à Charles-Emmanuel III, roi de Sardaigne, et la déploration des troubles politiques qui viennent de bouleverser la « chère patrie » genevoise.

Quant aux *Épîtres* à Bordes et à Parisot, toutes deux marquées des acquisitions lyonnaises de Rousseau, elles sont significatives du débat qui agite, à ce moment, l'esprit et le cœur de l'écrivain. Au sortir du verger de l'innocence, Jean-Jacques a découvert les attraits de la ville, « séjour charmant des enfants de Plutus ». Lui, « fier républicain », qui rêvait d'un retour à la nature et à l'égalité primitive, le voici qui répudie son idéal, qui se déprend de cette « vaine chimère ». Les humbles, les misérables, sur lesquels il s'attendrissait, ne cachent-ils pas trop souvent « l'amour du vice et le penchant au crime » ? Cette vertu genevoise qui l'animait, cette qualité même de « citoyen » d'une petite République, il a fini de les préconiser et de se faire « le Don Quichotte » d'une impossible sagesse. Ce qu'il célèbre maintenant, ce sont les avantages de la civilisation, cette « innocente industrie », ce commerce, qui multiplient « les douceurs de la vie ». Le stoïque des Charmettes n'est plus. Il ne voit désormais dans Épictète et Zénon que « vaines fictions ». Il se livre aux plaisirs du « monde », aux passions qui « adoucissent » notre misère. Mais au moment même où il s'affirme ainsi libéré de son passé, Rousseau ne peut s'empêcher de l'évoquer avec nostalgie. Ce « trouble » qui remplit son cœur n'est-il pas provoqué, quoi qu'il puisse dire, par le regret de ce qu'il abandonne ? Il a beau affirmer une inégalité sociale selon lui nécessaire, prétendre « respecter une noblesse illustre », les « discours insensés » et les « maximes féroces » du républicanisme demeurent vivants dans sa mémoire. Jean-Jacques pourra bien, pendant ses premières années parisiennes, tenter de s'incorporer, de s'adapter à cette civilisation raffinée, dont il a goûté, à Lyon déjà, les agréments; bien vite, cependant, les « chimères » auxquelles, dans les *Épîtres* à Bordes et à Parisot, il croyait avoir renoncé s'imposeront à nouveau à son esprit et à son cœur avec la force d'irréfutables vérités.

Dans l'*Allée de Sylvie* et dans l'*Épitre à M. de l'Étang,* œuvres plus proches du moment où Rousseau compose son premier *Discours,* l'aspiration à fuir le monde, à retrouver « la simple innocence », se fait de plus en plus précise. Et n'est-il pas frappant de voir, dans le poème de Chenonceaux, s'esquisser déjà le thème du bonheur goûté dans le présent, une fois écartés « les soins d'un douteux avenir » ? Une sagesse se formule, dans le refus de sacrifier aux passions. Non pas à toutes pourtant. Quoi qu'il fasse, Jean-Jacques ne peut encore être sourd aux sollicitations des « penchants aimables » et aux « leçons charmantes » de l'amour. Le « feu » qui le « dévore » empêche que déjà « la paix règne dans son cœur ». La sagesse n'est-elle donc que « chimère » ? Non pas. Mais Rousseau est ici au carrefour, partagé entre des sollicitations divergentes. La sagesse à laquelle, pour l'instant, il veut se tenir sera une sagesse « aimable », « sociable », tout inspirée des exigences d'un « juste milieu ». Quant à l'*Épitre à M. de l'Étang* qui, sur un ton badin, chante les honnêtes plaisirs d'un épicurisme modéré, elle montre un Rousseau désireux de se soustraire, loin de la grande ville, à l' « arrogance » des grands, à la vanité des beaux esprits, à la corruption d'une société où ne prospèrent que les fripons.

Envoyant à l'abbé Raynal, en juillet 1750, son *Allée de Sylvie,* et sans doute aussi l'*Ode imitée de Métastase,* Rousseau laissait entendre au rédacteur du *Mercure de France* que le public le faisait poète malgré lui : « On vient tous les jours », écrivait-il, « me faire des complimens sur des Comédies et d'autres Pièces de vers que je n'ai point faites et que je ne suis point capable de faire. C'est la conformité du nom de l'Auteur avec le mien qui m'attire cet honneur. » Peut-être, comme le suggère ici même Jacques Scherer (cf. son Introduction au théâtre de Rousseau), la confusion était-elle établie non seulement entre Jean-Jacques et Jean-Baptiste Rousseau, mais encore avec Pierre Rousseau qui, en 1747 et 1749, venait de donner deux comédies. Le fait certain, c'est que, devenu célèbre, Rousseau se vit attribuer des œuvres dont il n'était pas l'auteur. Il en vint même à voir là, surtout dans les dernières années de sa vie, une manœuvre de ses ennemis. D'où, pour l'éditeur des *Poésies* de Rousseau, la nécessité de se montrer prudent. Si les fragments que nous publions : *Il est aimable, il est flatteur...*, *Tendres Amours, couronnez-moi...*, *Je voulus échapper au Tyran qui m'opprime...* sont indubitablement de Jean-Jacques, puisqu'ils se lisent sur un manuscrit de sa main et qui porte de nombreuses corrections autographes; si le *Quatrain* pour un de ses portraits et l'*Inscription* pour le portrait de Frédéric II sont authentiqués, le premier par un commentaire des *Dialogues,* la seconde par un passage du XIIe livre des *Confessions,* on peut hésiter à attribuer à Rousseau plusieurs autres pièces de circonstance, dont l'intérêt, il faut le dire, est minime. Nous les avons groupées à part, en donnant dans les Notes, pour autant qu'il est possible, les raisons qui nous font hésiter à y voir des œuvres du Citoyen. Nous avons procédé de même pour les *Romances* et les *Consolations des misères de ma vie.*

Le goût de la romance, Jean-Jacques le doit à sa tante Suzon; il nous l'a dit dans une page exquise des *Confessions* (cf. *O.C.*, Pléiade, t. I, pp. 11-12) : « Elle savoit une quantité prodigieuse d'airs et de chansons... » et, de ces chansons, il a gardé jusqu'à sa vieillesse le souvenir. L'exemple qu'il en donne, dans le passage auquel nous venons de faire allusion, est celui d'un *Air pastoral* de tradition française. Mais la connaissance de l'opéra et du vaudeville, l'influence, plus encore, de la musique italienne rendirent plus tard fort composite, chez Rousseau, la notion même de « romance ». Elle ne correspond pas rigoureusement à la définition qu'il en fournit dans son *Dictionnaire de musique :* « Air sur lequel on chante un petit Poëme du même nom, divisé par couplets, duquel le sujet est pour l'ordinaire quelque histoire amoureuse et souvent tragique. » La romance sera souvent « d'un goût un peu antique », développant une mélodie « douce, naturelle, champêtre ». On retrouve, dans les *Romances* et les *Consolations* de Rousseau ce caractère à la fois archaïsant et pastoral. On est proche de la chanson dite « populaire », telle que Saint-Preux aimait à l'entendre dans les veillées de Clarens : « La plupart de ces chansons sont de vieilles romances dont les airs ne sont pas piquans; mais ils ont je ne sais quoi d'antique et doux qui touche à la longue. Les paroles sont simples, naïves, souvent tristes; elles plaisent pourtant. » (*La Nouvelle Héloïse,* Ve partie, lettre 7). Au dire d'Escherny, Rousseau, à Môtiers, aimait à exécuter, s'accompagnant sur l'épinette ou d'une harpe, des « airs italiens » ou « des romances de sa composition ». « Dans les beaux clairs de lune, sur les bords de la Reuse, il se plaisait à chanter des duos. » A la fin de sa vie, Jean-Jacques se montre lui-même « passionné... pour la musique, mais seulement pour celle qui parle à son cœur... Il la chante avec une voix foible et cassée, mais encore animée et douce; il l'accompagne non sans peine, avec des doigts tremblans, moins par l'effet des ans que d'une invincible timidité. » (*IIe Dialogue, O.C.*, Pléiade, t. I, p. 873).

Les paroles des *Romances* et des *Consolations,* Rousseau les emprunte, le plus souvent, soit à des poètes du XVIe siècle — Marot, Baïf, Bertaut, Desportes, François Ier même — ou encore à ce Maître Adam, menuisier de Nevers, soit à des auteurs du XVIIIe siècle : La Motte, Gresset, Moncrif, Berquin, soit enfin à des poètes d'Italie ou d'Angleterre, ainsi la fameuse *Romance du saule,* transposition française, par Deleyre, de la chanson de Desdémone, dans l'*Othello* de Shakespeare. On ne saurait donc parler ici de véritable poésie populaire. Rousseau, de même façon qu'un Favart, dans ses comédies à vaudevilles, ou qu'un Moncrif paraphrasant certaines complaintes moyenageuses, se livre à un goût que partagent ses contemporains, exploite avec talent, et sans doute avec une sorte de « naïveté » que n'ont pas d'autres auteurs de romances, une veine qui, bien au-delà de la Révolution et de l'Empire, devait fournir une abondante et facile production.

Ces *Contes et Apologues ?* — Ignorés, autant dire, de la plupart des lecteurs actuels de Rousseau. Ils méritent pourtant d'être tirés de l'oubli. Dans sa *Reine Fantasque,* l'auteur ne voyait qu' « une folie », née « dans un moment de gaîté ou plutôt d'extravagance ». L'œuvre, pourtant, est révélatrice d'une étape de sa pensée. Quant aux deux nouvelles demeurées inachevées, *Les Amours de Claire et de Marcellin, Le petit Savoyard ou la Vie de Claude Noyer,* elles nous montrent un Rousseau repris aux délices imaginaires de l'idylle champêtre. Du *Devin du Village* à ces deux récits il y a moins loin qu'on ne pourrait croire. Ce que la Pastorale musicale exprimait en respectant les conventions d'un genre excluant tout réalisme, les ébauches de nouvelles le disent à leur tour de la manière la plus directe, la plus simple : le bonheur ne se goûte que dans l'union des cœurs. Pouvoir funeste de l'argent ! Il corrompt les seuls vrais plaisirs : « Toutes les privations qui coûtent le plus aux autres » sont pour Claire et Marcellin « de nouveaux moyens de richesse et de félicité ». Et Claude Noyer, résumant l'expérience d' « une longue et malheureuse vie livrée au tumulte des passions et aux jeux du sort », reconnaît que sa faute première, celle d'où procédèrent toutes les autres, fut de quitter ses montagnes et son état de paysan : « Chaque pas que j'ai fait dans le monde m'a éloigné de l'innocence et du vrai bonheur. » Ce petit Savoyard, c'était le « petit Poucet » déjà rêveur de *La Muse Allobroge ;* c'est maintenant — et la phrase que nous venons de citer l'atteste — le Jean-Jacques qui va songer à écrire ses *Confessions.* Comment en effet ne pas penser ici à la page sur laquelle se termine le premier livre de la grande œuvre autobiographique ?

Si Rousseau a interrompu la rédaction de ces deux récits, c'est que vint le solliciter le projet, beaucoup plus considérable, de *La Nouvelle Héloïse.* Des thèmes et des figures s'esquissent, dans *Les Amours de Claire et de Marcellin* comme dans *Le petit Savoyard,* que développera et précisera le roman. Mais les deux nouvelles, dans leur simplicité, sans surcharge aucune de ce didactisme que permet la forme du roman par lettres, semblent annoncer l'idylle champêtre à la manière de George Sand. Évocateur de la vie paysanne, Rousseau réussit, dans ces rapides esquisses, à être original. Il se refuse à une transposition où nous seraient montrés des bergers d'opéra. S'il n'atteint pas à la vigueur d'un Rétif, dont il n'a pas les audaces, il rompt du moins avec les contraintes d'un genre affadi.

A lire aujourd'hui *Le Lévite d'Éphraïm,* nous avons un peu de peine à comprendre la prédilection si nettement avouée que Rousseau montrait pour ce poème en prose. Se souvenant des heures dramatiques où il l'avait composé, il y voyait un témoignage de sa force d'âme, de son incapacité à répondre à la persécution par la haine. Le sujet du *Lévite* pouvait bien être atroce, il n'en attestait pas moins la « majesté des Écritures », une grandeur primitive jusque dans l'horreur. Il permettait en même temps, et une fois de plus, l'évocation des mœurs champêtres et d'un innocent amour. Mais surtout il offrait au poète l'occasion de donner à ses contemporains une grande leçon de morale : « Mortels, respectez la beauté, les mœurs, l'hospitalité; soyez justes sans cruauté, miséricordieux sans foiblesse et sachez pardonner au coupable plutôt que de punir l'innocent ! » Les modèles de Rousseau sont ici le *Livre des Juges,* chapitres XIX, XX, et XXI, et Gessner, dont une traduction de *La Mort d'Abel* avait paru fin 1759. L'atrocité du récit biblique pouvait être tempérée par une imitation des « délicieuses images » de l'écrivain zurichois. Et, de fait, l'adoucissement est sensible. La « concubine » des *Juges* devient une « épouse ». De cette concubine livrée aux Benjamites l'Écriture sainte nous dit : « Ils la connurent et ils abusèrent d'elle toute la nuit jusqu'au matin. » Rousseau, plus discrètement, transpose : « Aussitôt ils entourent la jeune fille à demi morte, la saisissent, se l'arrachent sans pitié. » Mais surtout, dans le premier et le quatrième Chant, Rousseau accuse l'élément idyllique du récit : peinture des mœurs champêtres, touchantes amours du Lévite et de sa compagne; épisode final d'Axa et d'Elmacin, avec l'intervention du vieillard donnant sa fille au Benjamite. Rien de pareil dans le *Livre des Juges.* Rousseau ici crée de toutes pièces une conclusion édifiante : leçon de miséricorde et de pardon. Mais force est bien d'avouer que *Le Lévite d'Éphraïm,* exemple de ce style oriental, dont F. Brunot, dans son *Histoire de la langue française* (t. VI, IIe partie, 1), constate que le XVIIIe siècle eut une véritable « obsession », n'offre plus guère au lecteur que teintes fades et senteurs éventées.

Pygmalion, en revanche, demeure à divers titres une œuvre fort importante. Le texte, trop souvent négligé par les commentateurs, peut inviter à diverses interprétations. Il nous introduit, d'une part, au plus intime de la psychologie de Rousseau et de son narcissisme. Jean Starobinski, dans son ouvrage sur *J.-J. Rousseau. La transparence et l'obstacle,* l'a montré en termes excellents. Comment ne pas voir dans ce désir qui pousse Pygmalion vers Galatée, dans cette union de l'être de l'artiste à l'être idéal qu'il a créé, l'expression même de ce « besoin singulier » analysé par Jean-Jacques au IXe livre des *Confessions ?* (*O.C.*, Pléiade, t. I, p. 414) : « il m'auroit fallu deux ames dans le même corps; sans cela je sentois toujours du vide. » D'autre part, sur le plan esthétique, *Pygmalion* nous propose une conception de la création, au terme de laquelle l'œuvre achevée s'abolirait en quelque sorte dans la joie d'une fusion parfaite avec son créateur. Gœthe, grand admirateur du poème, « un de ces ouvrages », écrivait-il, « qui font remarquablement époque », y a relevé « la fausse prétention de dissoudre l'art dans la nature ». L'erreur de Rousseau est, à son avis, de vouloir « détruire, par l'acte le plus vulgaire de la sensualité, ce que l'esprit et la main ont produit de plus haut » (*Poésie et Vérité,* IIIe partie, l. 11).

Mais si *Pygmalion* importe — et importe fort — à la connaissance intime de Rousseau, comme à celle de son esthétique, cette « scène lyrique » offre, d'autre part, dans sa forme une nouveauté que l'on aurait tort de sous-estimer. La collaboration prévue — sinon réalisée — par l'auteur entre le monologue déclamé et la musique des intermèdes, celle-ci étant liée très étroitement à la pantomime de l'acteur, instaure un genre qui va connaître, au XIXe siècle, de surprenants et admirables développements. *Pygmalion* annonce le drame musical tel que le concevront le Beethoven d'*Egmont,* le Schumann de *Manfred.* Dans la partition viennoise d'Aspelmayer (1772) le commentaire des intermèdes ne saurait être attribué avec certitude à Rousseau; il n'en est pas moins significatif d'une conception qui fut la sienne des rapports de la musique et du drame. Cette nouveauté de l'œuvre explique sans doute le succès qu'elle connut, du vivant même de son auteur, à l'étranger. J.-R. Spell a fait voir l'influence de *Pygmalion* sur la scène espagnole (cf. son ouvrage : *Rousseau in the Spanish World*). Mario Schiff a dénombré, de 1773 à 1809, dix-neuf traductions italiennes du poème, dont six avant la mort de Rousseau. Dès 1790, le texte de *Pygmalion* était, en Italie, pourvu d'une musique de Jean-Baptiste Cimador (cf. M. SCHIFF, *Éditions et traductions italiennes des œuvres de J.-J. Rousseau,* dans *Revue des bibliothèques,* 1907-1908). Quant à l'Allemagne, nous avons dit l'admiration de Gœthe pour *Pygmalion.* Celle de Herder ne fut pas moindre, cependant que se succèdent, dès 1771, les traductions, adaptations et partitions musicales (cf. A. JANSEN, *J.-J. Rousseau als Musiker,* p. 319). En Angleterre, l'œuvre est représentée dès 1777. La première traduction anglaise, en vers, avec le texte français au bas des pages, date de 1779. Jacques Voisine, dans son *J.-J. Rousseau en Angleterre à l'époque romantique,* peut écrire : « Il n'est pas douteux que *Pygmalion...* a contribué outre-Manche, au même titre que *le Devin du Village,* à la gloire de Rousseau musicien et poète. » En 1822, Hazlitt, passionné de Rousseau, donnera comme sous-titre à son *Liber amoris* : « the new Pygmalion », et, trois ans plus tard, T. L. Beddoes composera à son tour un *Pygmalion, statuaire cypriote.*

Quant aux *Mélanges,* ils sont fort divers et de valeur très inégale. Quelques-uns : *Sur l'éloquence, Sur les femmes, Un ménage de la rue Saint-Denis,* datant de l'époque de Chambéry, ont pu être qualifiés par Th. Dufour d' « essais informes » (*Annales J.-J. Rousseau,* t. I, p. 200). D'autres, plus considérables et d'une date postérieure, sont des textes soigneusement rédigés, achevés. Il en est certes — le *Discours,* par exemple, *sur la vertu la plus nécessaire au héros,* ou l'*Oraison funèbre du duc d'Orléans* — que l'écrivain lui-même jugea sévèrement. Ils ont néanmoins leur importance. D'autres encore, en dépit de leur inachèvement — brèves notes griffonnées dans des cahiers de brouillons, entre une facture de blanchisseuse, l'ébauche d'une lettre ou une liste d'adresses — nous demeurent de précieux témoignages des préoccupations littéraires et morales de Rousseau vers le milieu de sa carrière.

Réfléchissant, vers 1745, à la *Méthode dans la composition d'un livre,* ou, vers 1761, aux rapports entre la langue écrite et la langue parlée, Rousseau développe des vues qui ne s'accordent qu'en partie avec les Rhétoriques de l'époque. Les règles classiques de la composition, certes il les connaît, il les applique; mais l'analyse qu'il tente des principes devant guider le travail de l'écrivain montre le souci d'atteindre, au-delà de la forme expressive, dans le « ténébreux labyrinthe » de l'esprit, le mouvement même d'une pensée en devenir. Quant au fragment le plus long des textes groupés sous le titre *Prononciation,* l'intérêt manifesté à la langue parlée y paraît caractéristique d'un Rousseau devenu, dès son premier *Discours,* et plus encore dans le *Discours sur l'inégalité,* l'ennemi des livres. A l'homme qui lit, « animal dépravé », il oppose l'usage de la parole vivante, les langues étant « faites pour être parlées ». L'affirmation mérite d'être retenue, lorsqu'on étudie, dans son vocabulaire comme dans sa syntaxe, dans sa mouvante structure, le style de Rousseau.

Du *Discours sur la vertu la plus nécessaire au héros* l'écrivain disait lui-même : « Cette pièce est très mauvaise »; lorsqu'elle parut malgré lui, en 1768, il n'y voyait plus qu'une réponse à une « question frivole ». Il ne jugeait pas plus favorablement son *Oraison funèbre du duc d'Orléans :* morceau de commande, « très foible », où il lui avait été impossible de dire « ce qu'[il] auroit voulu ». De ces deux textes pourtant on peut dire qu'ils fixent — quoiqu'ils soient de purs exercices littéraires — une étape intermédiaire de l'éloquence de Rousseau entre le *Discours* de 1750 et celui de 1755. Et, dans l'*Oraison funèbre,* on voit s'exprimer au passage cette critique d'une « orgueilleuse philosophie » contre laquelle bientôt Rousseau multipliera les attaques.

Avec les *Lettres à Sara,* avec tels des *Fragments divers* ou encore certaines des *Pensées d'un esprit droit* (si toutefois elles sont authentiques), c'est à la vie intime de Jean-Jacques qu'une fois de plus nous sommes ramenés. Les *Lettres* sont-elles une confession véritable ou l'ébauche d'un roman ? La même question peut se poser pour le vingt-sixième des *Fragments divers.* A cette question, impossible de donner une réponse décisive. Qu'importe d'ailleurs ! Confidence personnelle ou roman, les *Lettres à Sara* brûlent encore d'une passion où se révèle le Rousseau le plus secret et le plus vrai, passion qui jamais ne cesse de nous surprendre, en nous communiquant sa flamme. Dans plusieurs des *Pensées d'un esprit droit,* c'est l'ami trahi, « offensé dans la substance du cœur », qui exprime sa désillusion et se résigne à la solitude. Trois des *Fragments divers* (nos 22, 23, 24) rendent un émouvant hommage à une jeune femme mourante, que « son bon cœur » et « sa vertu » avaient, à Môtiers, liée à Rousseau d'une étroite amitié.

D'autres *Fragments* ont la valeur de notes en marge de telle œuvre alors sur le chantier. Il en est qui se rapportent au premier *Discours* et aux diverses réponses que l'écrivain fit à ses contradicteurs. Ailleurs on dirait l'esquisse d'un passage de la *Lettre à d'Alembert*. Voici, en un autre endroit, une réflexion qui pourrait trouver sa place dans l'*Émile*. Ailleurs encore se module sourdement un thème qu'exposera l'une ou l'autre des *Rêveries*. Rien de tout cela n'est négligeable. On y surprend Rousseau dans l'acte même de la création. Et la lecture de ces notes parfois informes, jetées en hâte sur le papier, aide à mesurer l'effort qu'exigea, chez l'un des plus grands maîtres de nos lettres, la glorieuse naissance de ses chefs-d'œuvre.

C. G.

Neuchâtel, automne 1960.

JULIE,

OU

LA NOUVELLE HÉLOÏSE.

LETTRES DE DEUX AMANS,

HABITANS D'UNE PETITE VILLE AU PIED DES ALPES (*a*).

RECUEILLIES ET PUBLIÉES

PAR J. J. ROUSSEAU[1].

Non la conobbe il mondo,
mentre l'ebbo :
Conobill'io ch'a pianger
qui rimasi.

Petrarc.

A AMSTERDAM,
CHEZ MARC MICHEL REY.
MDCCLXI.

PRÉFACE[1]

Il faut des spectacles dans les grandes villes, et des Romans aux peuples corrompus. J'ai vû les mœurs de mon tems, et j'ai publié ces lettres. Que n'ai-je vécu dans un siecle où je dusse les jetter au feu (*a*) !

Quoique je ne porte ici que le titre d'Editeur, j'ai travaillé moi-même à ce livre, et je ne m'en cache pas. Ai-je fait le tout, et la correspondance entiere est-elle une fiction ? Gens du monde, que vous importe ? C'est sûrement une fiction pour vous.

Tout honnête homme doit avouer les livres qu'il publie. Je me nomme donc à la tête de ce recueil, non pour me l'approprier, mais pour en répondre. S'il y a du mal, qu'on me l'impute; s'il y a du bien, je n'entends point m'en faire honneur. Si le livre est mauvais, j'en suis plus obligé de le reconnoitre : je ne veux pas passer pour meilleur que je ne suis.

Quant à la vérité des faits, je déclare qu'ayant été plusieurs fois dans le pays des deux amans, je n'y ai jamais ouï parler du Baron d'Etange ni de sa fille, ni de M. d'Orbe, ni de Milord Edouard Bomston, ni de M. de Wolmar. J'avertis encore que la topographie est grossierement altérée en plusieurs endroits; soit pour mieux donner le change au lecteur; soit qu'en effet l'auteur n'en sut pas davantage. Voila tout ce que je puis dire. Que chacun pense comme il lui plaira.

Ce livre n'est point fait pour circuler dans le monde, et convient à très peu de lecteurs. Le stile rebutera les gens de goût; la matiere allarmera les gens severes, tous les sentimens seront hors de la nature pour ceux qui ne croyent pas à la vertu. Il doit déplaire aux dévots, aux libertins, aux philosophes : il doit choquer les femmes galantes, et scandaliser les honnêtes femmes. A qui plaira-t-il donc ? Peut-être à moi seul[1] : mais à coup sûr il ne plaira médiocrement à personne.

Quiconque veut se resoudre à lire ces lettres doit s'armer de patience sur les fautes de langue, sur le stile emphatique et plat, sur les pensées communes rendues en termes empoulés; il doit se dire d'avance que ceux qui les écrivent ne sont pas des François, des beaux-esprits[2], des académiciens, des philosophes; mais des provinciaux, des étrangers, des solitaires, de jeunes gens, presque des enfans, qui dans leurs imaginations romanesques prennent pour de la philosophie les honnêtes délires de leur cerveau.

Pourquoi craindrois-je de dire ce que je pense ? Ce recueil avec son gothique[3] ton convient mieux aux femmes que les livres de philosophie. Il peut même être utile à celles qui dans une vie dereglée ont conservé quelque amour pour l'honnêteté. Quant aux filles, c'est autre chose. Jamais fille chaste n'a lu de Romans; et j'ai mis à celui-ci un titre assés décidé pour qu'en l'ouvrant on sut à quoi s'en tenir. Celle qui, malgré ce titre, en osera lire une seule page, est une fille perdue : mais qu'elle n'impute point sa perte à ce livre; le mal étoit fait d'avance. Puisqu'elle a commencé, qu'elle achêve de lire : elle n'a plus rien à risquer.

Qu'un homme austere en parcourant ce recueil se rebute aux premieres parties, jette le livre avec colere, et s'indigne contre l'Editeur; je ne me plaindrai point de son injustice; à sa place, j'en aurois pu faire autant. Que si, après l'avoir lû tout entier, quelqu'un m'osoit blamer de l'avoir publié; qu'il le dise, s'il veut, à toute la terre, mais qu'il ne vienne pas me le dire : je sens que je ne pourrois de ma vie estimer cet homme-là (*a*)[4].

PRÉFACE
DE LA
NOUVELLE HÉLOÏSE :
OU
ENTRETIEN SUR LES ROMANS,
ENTRE L'ÉDITEUR
ET UN HOMME DE LETTRES.

AVERTISSEMENT

Ce Dialogue ou Entretien supposé étoit d'abord destiné à servir de Préface aux Lettres des deux Amans. Mais sa forme et sa longueur ne m'ayant permis de le mettre que par extrait à la tête du recueil, je le donne ici tout entier, dans l'espoir qu'on y trouvera quelques vues utiles sur l'objet de ces sortes d'Ecrits. J'ai cru d'ailleurs devoir attendre que le Livre eût fait son effet avant d'en discuter les inconvéniens et les avantages, ne voulant ni faire tort au Libraire, ni mendier l'indulgence du Public.

SECONDE PRÉFACE[a]

N. Voila votre Manuscrit. Je l'ai lu tout entier.

R. Tout entier ? J'entends : vous comptez sur peu d'imitateurs ?

N. *Vel duo, vel nemo.*

R. *Turpe et miserabile*[1]. Mais je veux un jugement positif.

N. Je n'ose.

R. Tout eſt osé par ce seul mot. Expliquez-vous.

N. Mon jugement dépend de la réponse que vous m'allez faire. Cette correspondance eſt-elle réelle, ou si c'eſt une fiction[2] ?

R. Je ne vois point la conséquence. Pour dire si un Livre eſt bon ou mauvais, qu'importe de savoir comment on l'a fait ?

N. Il importe beaucoup pour celui-ci. Un Portrait a toujours son prix pourvu qu'il ressemble, quelqu'étrange que soit l'Original. Mais dans un Tableau d'imagination, toute figure humaine doit avoir les traits communs à l'homme, ou le Tableau ne vaut rien. Tous deux supposés bons, il reſte encore cette différence que le Portrait intéresse peu de Gens ; le Tableau seul peut plaire au Public.

R. Je vous suis. Si ces Lettres sont des Portraits, ils n'intéressent point : si ce sont des Tableaux, ils imitent mal. N'eſt-ce pas cela ?

N. Précisément.

R. Ainsi, j'arracherai toutes vos réponses avant que vous m'ayez répondu. Au reſte, comme je ne puis satisfaire à votre queſtion, il faut vous en passer pour résoudre la mienne. Mettez la chose au pis : ma Julie.....

N. Oh ! si elle avoit existé !

R. Hé bien ?

N. Mais sûrement ce n'est qu'une fiction.

R. Supposez.

N. En ce cas, je ne connois rien de si maussade : Ces Lettres ne sont point des Lettres; ce Roman n'est point un Roman; les personnages sont des gens de l'autre monde[1].

R. J'en suis fâché pour celui-ci.

N. Consolez-vous; les foux n'y manquent pas non plus; mais les vôtres ne sont pas dans la nature.

R. Je pourrois..... Non, je vois le détour que prend votre curiosité. Pourquoi décidez-vous ainsi ? Savez-vous jusqu'où les Hommes différent les uns des autres ? Combien les caracteres sont opposés ? Combien les mœurs, les préjugés varient selon les temps, les lieux, les âges ? Qui est-ce qui ose assigner des bornes précises à la Nature, et dire : Voilà jusqu'où l'Homme peut aller, et pas au-delà ?

N. Avec ce beau raisonnement les Monstres inouis, les Géans, les Pygmées, les chimeres de toute espece; tout pourroit être admis spécifiquement dans la nature : tout seroit défiguré, nous n'aurions plus de modele commun ? Je le répete, dans les Tableaux de l'humanité chacun doit reconnoître l'Homme.

R. J'en conviens, pourvu qu'on sache aussi discerner ce qui fait les variétés de ce qui est essenciel à l'espece. Que diriez-vous de ceux qui ne reconnoîtroient la nôtre que dans un habit à la Françoise ?

N. Que diriez-vous de celui qui, sans exprimer ni traits ni taille, voudroit peindre une figure humaine, avec un voile pour vêtement ? N'auroit-on pas droit de lui demander où est l'homme ?

R. Ni traits, ni taille ? Etes-vous juste ? Point de gens parfaits : voilà la chimere. Une jeune fille offensant la vertu qu'elle aime, et ramenée au devoir par l'horreur d'un plus grand crime; une amie trop facile, punie enfin par son propre cœur de l'excès de son indulgence; un jeune homme honnête et sensible, plein de foiblesse et de beaux discours; un vieux Gentilhomme entêté de sa noblesse, sacrifiant tout à l'opinion; un Anglois généreux et brave, toujours passionné par sagesse, toujours raisonnant sans raison......

N. Un mari débonnaire et hospitalier empressé d'établir dans sa maison l'ancien amant de sa femme....

R. Je vous renvoye à l'inscription de l'Estampe*.

N. *Les belles Ames !*... Le beau mot !

R. O Philosophie[1] ! combien tu prends de peine à retrécir les cœurs, à rendre les hommes petits !

N. L'esprit romanesque les aggrandit et les trompe. Mais revenons. Les deux amies ?... Qu'en dites-vous ?... Et cette conversion subite au Temple ?... La Grace, sans doute ?.....

R. Monsieur.......

N. Une femme chrétienne, une dévote qui n'apprend point le catéchisme à ses enfans; qui meurt sans vouloir prier Dieu; dont la mort cependant édifie un Pasteur, et convertit un Athée !.... Oh !...[2]

R. Monsieur......

N. Quant à l'intérêt, il est pour tout le monde, il est nul. Pas une mauvaise action, pas un méchant homme qui fasse craindre pour les bons. Des événements si naturels, si simples qu'ils le sont trop : rien d'inopiné; point de coup de Théatre. Tout est prévu long-temps d'avance; tout arrive comme il est prévu. Est-ce la peine de tenir registre de ce que chacun peut voir tous les jours dans sa maison, ou dans celle de son voisin[3] ?

R. C'est-à-dire, qu'il vous faut des hommes communs et des événements rares ? Je crois que j'aimerois mieux le contraire. D'ailleurs, vous jugez ce que vous avez lu comme un Roman. Ce n'en est point un; vous l'avez dit vous-même. C'est un Recueil de Lettres...

N. Qui ne sont point des Lettres : je crois l'avoir dit aussi. Quel style épistolaire ! Qu'il est guindé ! Que d'exclamations ! Que d'apprêts ! Quelle emphase pour ne dire que des choses communes ! Quels grands mots pour de petits raisonnemens ! Rarement du sens, de la justesse; jamais ni finesse, ni force, ni profondeur. Une diction toujours dans les nues, et des pensées qui rampent toujours. Si vos personnages sont dans la nature, avouez que leur style est peu naturel ?

R. Je conviens que, dans le point de vue où vous êtes, il doit vous paroître ainsi.

* Voyez la septieme Estampe.

N. Comptez-vous que le Public le verra d'un autre œil; et n'eſt-ce pas mon jugement que vous demandez?

R. C'eſt pour l'avoir plus au long que je vous replique. Je vois que vous aimeriez-mieux des Lettres faites pour être imprimées.

N. Ce souhait paroît assez bien fondé pour celles qu'on donne à l'impression.

R. On ne verra donc jamais les hommes dans les livres que comme ils veulent s'y montrer ?

N. L'Auteur comme il veut s'y montrer; ceux qu'il dépeint tels qu'ils sont. Mais cet avantage manque encore ici. Pas un Portrait vigoureusement peint; pas un caractere assez bien marqué; nulle observation solide; aucune connoissance du monde. Qu'apprend-on dans la petite sphere de deux ou trois Amants ou Amis toujours occupés d'eux seuls ?

R. On apprend à aimer l'humanité. Dans les grandes sociétés on n'apprend qu'à haïr les hommes[1].

Votre jugement eſt sévere; celui du Public doit l'être encore plus. Sans le taxer d'injuſtice, je veux vous dire à mon tour de quel œil je vois ces Lettres; moins pour excuser les défauts que vous y blâmez, que pour en trouver la source.

Dans la retraite on a d'autres manieres de voir et de sentir que dans le commerce du monde; les passions autrement modifiées ont aussi d'autres expressions; l'imagination toujours frappée des mêmes objets, s'en affeƈte plus vivement. Ce petit nombre d'images revient toujours, se mêle à toutes les idées, et leur donne ce tour bizarre et peu varié qu'on remarque dans les discours des Solitaires. S'ensuit-il delà que leur langage soit fort énergique ? Point du tout; il n'eſt qu'extraordinaire. Ce n'eſt que dans le monde qu'on apprend à parler avec énergie. Premiérement, parce qu'il faut toujours dire autrement et mieux que les autres, et puis, que forcé d'affirmer à chaque inſtant ce qu'on ne croit pas, d'exprimer des sentiments qu'on n'a point, on cherche à donner à ce qu'on dit un tour persuasif qui supplée à la persuasion intérieure. Croyez-vous que les gens vraiment passionnés ayent ces manieres de parler vives, fortes, coloriées que vous admirez dans vos Drames et dans vos Romans ? Non; la passion pleine d'elle-même, s'exprime avec plus d'abondance que de force; elle ne songe pas même à persuader; elle ne soupçonne pas qu'on puisse douter d'elle. Quand elle dit ce qu'elle sent, c'est moins pour l'exposer aux autres que pour se soulager. On peint plus vivement l'amour dans les grandes villes; l'y sent-on mieux que dans les hameaux ?

N. C'est-à-dire, que la foiblesse du langage prouve la force du sentiment ?

R. Quelquefois du moins elle en montre la vérité. Lisez une lettre d'amour faite par un Auteur dans son cabinet, par un bel esprit qui veut briller. Pour peu qu'il ait de feu dans la tête, sa lettre (*a*) va, comme on dit, brûler le papier; la chaleur n'ira pas plus loin. Vous serez enchanté, même agité peut-être; mais d'une agitation passagere et seche, qui ne vous laissera que des mots pour tout souvenir. Au contraire, une lettre que l'amour a réellement dictée; une lettre d'un Amant vraiment passionné, sera lâche, diffuse, toute en longueurs, en désordre, en répétitions. Son cœur, plein d'un sentiment qui déborde, redit toujours la même chose, et n'a jamais achevé de dire; comme une source vive qui coule sans cesse et ne s'épuise jamais. Rien de saillant, rien de remarquable; on ne retient ni mots, ni tours, ni phrases; on n'admire rien, l'on n'est frappé de rien. Cependant on se sent l'ame attendrie; on se sent ému sans savoir pourquoi. Si la force du sentiment ne nous frappe pas, sa vérité nous touche, et c'est ainsi que le cœur sait parler au cœur. Mais ceux qui ne sentent rien, ceux qui n'ont que le jargon paré des passions, ne connoissent point ces sortes de beautés et les méprisent.

N. J'attends.

R. Fort bien. Dans cette derniere espece de lettres, si les pensées sont communes, le style pourtant n'est pas familier, et ne doit pas l'être. L'amour n'est qu'illusion; il se fait, pour ainsi dire, un autre Univers; il s'entoure d'objets qui ne sont point, ou auxquels lui seul a donné l'être; et comme il rend tous ses sentiments en images, son langage est toujours figuré. Mais ces figures sont sans justesse et sans suite; son éloquence est dans son désordre; il prouve d'autant plus qu'il raisonne moins. L'enthousiasme est le dernier degré de la passion. Quand elle est à son comble, elle voit son objet parfait; elle en fait alors son idole; elle le place dans le Ciel; et comme l'enthousiasme de la dévotion emprunte le langage de l'amour, l'enthousiasme de l'amour emprunte aussi le langage de la dévotion. Il ne voit plus que le Paradis, les Anges, les vertus des Saints, les délices du séjour céleste. Dans ces transports, entouré de si hautes images, en parlera-t-il en termes rampants ? Se résoudra-t-il d'abaisser, d'avilir ses idées par des expressions vulgaires ? N'élevera-t-il pas son style ? Ne lui donnera-t-il pas de la noblesse, de la dignité ? Que parlez-vous de Lettres, de style épistolaire ? En écrivant à ce qu'on aime, il est bien question de cela ! ce ne sont plus des Lettres que l'on écrit, ce sont des Hymnes[1].

N. Citoyen, voyons votre pouls ?

R. Non : voyez l'hiver sur ma tête. Il est un âge pour l'expérience; un autre pour le souvenir. Le sentiment s'éteint à la fin; mais l'ame sensible demeure toujours[2].

Je reviens à nos Lettres. Si vous les lisez comme l'ouvrage d'un Auteur qui veut plaire, ou qui se pique d'écrire, elles sont détestables. Mais prenez-les pour ce qu'elles sont, et jugez-les dans leur espece. Deux ou trois jeunes gens simples, mais sensibles, s'entretiennent entr'eux des intérêts de leurs cœurs. Ils ne songent point à briller aux yeux les uns des autres. Ils se connoissent et s'aiment trop mutuellement pour que l'amour-propre n'ait plus rien à faire entr'eux. Ils sont enfans, penseront-ils en hommes ? Ils sont étrangers, écriront-ils correctement ? Ils sont solitaires, connoîtront-ils le monde et la société ? Pleins du seul sentiment qui les occupe, ils sont dans le délire, et pensent philosopher. Voulez-vous qu'ils sachent observer, juger, réfléchir ? Ils ne savent rien de tout cela. Ils savent aimer; ils rapportent tout à leur passion. L'importance qu'ils donnent à leurs folles idées, est-elle moins amusante que tout l'esprit qu'ils pourroient étaler ? Ils parlent de tout; ils se trompent sur-tout; ils ne font rien connoître qu'eux; mais en se faisant connoître, ils se font aimer : Leurs erreurs valent mieux que le savoir des Sages : Leurs cœurs honnêtes portent par-tout, jusques dans leurs fautes, les préjugés de la vertu, toujours confiante et toujours trahie. Rien ne les entend, rien ne leur répond, tout les détrompe. Ils se refusent aux vérités décourageantes : ne trouvant nulle part ce qu'ils sentent, ils se replient sur eux-mêmes; ils se détachent du reste de l'Univers; et créant entr'eux un petit monde différent du nôtre, ils y forment un spectacle véritablement nouveau.

N. Je conviens qu'un homme de vingt ans et des filles de dix-huit, ne doivent pas, quoiqu'instruits, parler en Philosophes, même en pensant l'être. J'avoue encore, et cette différence ne m'a pas échappé, que ces filles deviennent des femmes de mérite, et ce jeune homme un meilleur observateur. Je ne fais point de comparaison entre le commencement et la fin de l'ouvrage. Les détails de la vie domestique effacent les fautes du premier âge : la chaste épouse, la femme sensée, la digne mere de famille font oublier la coupable amante. Mais cela même est un sujet de critique : la fin du recueil rend le commencement d'autant plus repréhensible; on diroit que ce sont deux livres différens que les mêmes personnes ne doivent pas lire. Ayant à montrer des gens raisonnables, pourquoi les prendre avant qu'ils le soient devenus ? Les jeux d'enfans qui précedent les leçons de la sagesse empêchent de les attendre; le mal scandalise avant que le bien puisse édifier; enfin le lecteur indigné se rebute et quitte le livre au moment d'en tirer du profit.

R. Je pense, au contraire, que la fin de ce recueil seroit superflue aux lecteurs rebutés du commencement, et que ce même commencement doit être agréable à ceux pour qui la fin peut être utile. Ainsi, ceux qui n'acheveront pas le livre, ne perdront rien, puisqu'il ne leur est pas propre; et ceux qui peuvent en profiter ne l'auroient pas lu, s'il eût commencé plus gravement. Pour rendre utile ce qu'on veut dire, il faut d'abord se faire écouter de ceux qui doivent en faire usage.

J'ai changé de moyen, mais non pas d'objet. Quand j'ai tâché de parler aux hommes on ne m'a point entendu; peut-être en parlant aux enfans me ferai-je mieux entendre; et les enfans ne goûtent pas mieux la raison nue que les remedes mal deguisés.

> *Cosi all' egro fanciul porgiamo aspersi*
> *Di soave licor gl' orli del vaso ;*
> *Succhi amari ingannato in tanto ei beve,*
> *E dall' inganno suo vita riceve*[1].

N. J'ai peur que vous ne vous trompiez encore : ils suceront les bords du vase, et ne boiront point la liqueur.

R. Alors ce ne sera plus ma faute; j'aurai fait de mon mieux pour la faire passer[1].

Mes jeunes gens sont aimables; mais pour les aimer à trente ans, il faut les avoir connus à vingt. Il faut avoir vécu long-temps avec eux pour s'y plaire; et ce n'est qu'après avoir déploré leurs fautes qu'on vient à goûter leurs vertus. Leurs lettres n'intéressent pas tout d'un coup; mais peu à peu elles attachent : on ne peut ni les prendre ni les quitter. La grace et la facilité n'y sont pas, ni la raison, ni l'esprit, ni l'éloquence; le sentiment y est, il se communique au cœur par degrés, et lui seul à la fin supplée à tout. C'est une longue romance[2] dont les couplets pris à part n'ont rien qui touche, mais dont la suite produit à la fin son effet. Voilà ce que j'éprouve en les lisant : dites-moi si vous sentez la même chose ?

N. Non. Je conçois pourtant cet effet par rapport à vous. Si vous êtes l'auteur, l'effet est tout simple. Si vous ne l'êtes pas, je le conçois encore. Un homme qui vit dans le monde ne peut s'accoutumer aux idées extravagantes, au pathos affecté, au déraisonnement continuel de vos bonnes gens. Un Solitaire peut les goûter; vous en avez dit la raison vous-même. Mais avant que de publier ce manuscrit, songez que le public n'est pas composé d'Hermites. Tout ce qui pourroit arriver de plus heureux seroit qu'on prît votre petit bon-homme pour un Celadon, votre Edouard pour un D. Quichote, vos caillets (*a*) pour deux Astrées, et qu'on s'en amusât comme d'autant de vrais fous. Mais les longues folies n'amusent gueres : il faut écrire comme Cervantes, pour faire lire six volumes de visions[3].

R. La raison qui vous feroit supprimer cet Ouvrage m'encourage à le publier.

N. Quoi ! la certitude de n'être point lu?

R. Un peu de patience, et vous allez m'entendre.

En matiere de morale, il n'y a point, selon moi, de lecture utile aux gens du monde. Premiérement, parce que la multitude des livres nouveaux qu'ils parcourent, et qui disent tour-à-tour le pour et le contre, détruit l'effet de l'un par l'autre, et rend le tout comme non avenu. Les livres choisis qu'on relit ne font point d'effet encore : s'ils soutiennent les maximes du monde, ils sont superflus; et s'ils les combattent, ils sont inutiles. Ils trouvent ceux qui les lisent liés aux vices de la société, par des chaînes qu'ils ne peuvent rompre. L'homme du monde qui veut remuer un instant son ame pour la remettre dans l'ordre moral, trouvant de toutes parts une résistance invincible, est toujours forcé de garder ou reprendre sa prémiere situation. Je suis persuadé qu'il y a peu de gens bien nés qui n'ayent fait cet essai, du moins une fois en leur vie; mais bientôt découragé d'un vain effort on ne le répete plus, et l'on s'accoutume à regarder la morale des livres comme un babil de gens oisifs. Plus on s'éloigne des affaires, des grandes villes, des nombreuses sociétés, plus les obstacles diminuent. Il est un terme où ces obstacles cessent d'être invincibles, et c'est alors que les livres peuvent avoir quelque utilité. Quand on vit isolé, comme on ne se hâte pas de lire pour faire parade de ses lectures, on les varie moins, on les médite davantage; et comme elles ne trouvent pas un si grand contrepoids au-dehors, elles font beaucoup plus d'effet au-dedans. L'ennui, ce fléau de la solitude aussi-bien que du grand monde, force de recourir aux livres amusans, seule ressource de qui vit seul et n'en a pas en lui-même. On lit beaucoup plus de romans dans les Provinces qu'à Paris, on en lit plus dans les campagnes que dans les villes, et ils y font beaucoup plus d'impression : vous voyez pourquoi cela doit être[1].

Mais ces livres qui pourroient servir à la fois d'amusement, d'instruction, de consolation au campagnard, malheureux seulement parce qu'il pense l'être, ne semblent faits au contraire que pour le rebuter de son état, en étendant et fortifiant le préjugé qui le lui rend méprisable. Les gens du bel air, les femmes à la mode, les grands, les militaires; voilà les acteurs de tous vos romans. Le rafinement du goût des villes, les maximes de la Cour, l'appareil du luxe, la morale épicurienne; voilà les leçons qu'ils prêchent et les préceptes qu'ils donnent. Le coloris de leurs fausses vertus ternit l'éclat des véritables; le manege des procédés est substitué aux devoirs réels; les beaux discours font dédaigner les belles actions, et la simplicité des bonnes mœurs passe pour grossiéreté.

Quel effet produiront de pareils tableaux sur un gentilhomme de campagne, qui voit railler la franchise avec laquelle il reçoit ses hôtes, et traiter de brutale orgye la joie qu'il fait régner dans son canton ? Sur sa femme, qui apprend que les soins d'une mere de famille sont au-dessous des Dames de son rang ? Sur sa fille à qui les airs contournés et le jargon de la ville font dédaigner l'honnête et rustique voisin qu'elle eût épousé ? Tous de concert ne voulant plus être des manans, se dégoûtent de leur village, abandonnent leur vieux château, qui bientôt devient mazure, et vont dans la capitale, où, le pere, avec sa croix de saint Louis, de Seigneur qu'il étoit devient valet ou chevalier d'industrie; la mere établit un brelan; la fille attire les joueurs, et souvent tous trois, après avoir mené une vie infâme, meurent de misere et deshonorés.

Les Auteurs, les Gens de Lettres, les Philosophes ne cessent de crier que, pour remplir ses devoirs de citoyen, pour servir ses semblables, il faut habiter les grandes villes; selon eux fuir Paris, c'est haïr le genre humain; le peuple de la campagne est nul à leurs yeux; à les entendre on croiroit qu'il n'y a des hommes qu'où il y a des pensions, des académies et des dînés.

De proche en proche la même pente entraîne tous les états. Les Contes, les Romans, les Pieces de Théatre, tout tire sur les Provinciaux; tout tourne en dérision la simplicité des mœurs rustiques; tout prêche les manieres et les plaisirs du grand monde : c'est une honte de ne les pas connoître; c'est un malheur de ne les pas goûter. Qui sait de combien de filoux et de filles publiques l'attrait de ces plaisirs imaginaires peuple Paris de jour en jour ? Ainsi les préjugés et l'opinion renforçant l'effet des systêmes politiques, amoncelent, entassent les habitans de chaque pays sur quelques points du territoire, laissant tout le reste en friche et désert : ainsi, pour faire briller les Capitales, se dépeuplent les Nations; et ce frivole éclat qui frappe les yeux des sots, fait courir l'Europe à grands pas vers sa ruine. Il importe au bonheur des hommes qu'on tâche d'arrêter ce torrent de maximes empoisonnées. C'est le métier des Prédicateurs de nous crier : *Soyez bons et sages,* sans beaucoup s'inquietter du succès de leurs discours; le citoyen qui s'en inquiette ne doit point nous crier sotement : *Soyez bons ;* mais nous faire aimer l'état qui nous porte à l'être.

N. Un moment : reprenez haleine. J'aime les vues utiles; et je vous ai si bien suivi dans celle-ci que je crois pouvoir pérorer pour vous.

Il est clair, selon votre raisonnement, que pour donner aux ouvrages d'imagination, la seule utilité qu'ils puissent avoir, il faudroit les diriger vers un but opposé à celui que leurs Auteurs se proposent; éloigner toutes les choses d'institution; ramener tout à la nature; donner aux hommes l'amour d'une vie égale et simple; les guérir des fantaisies de l'opinion; leur rendre le goût des vrais plaisirs; leur faire aimer la solitude et la paix; les tenir à quelques distances les uns des autres; et au lieu de les exciter à s'entasser dans les Villes, les porter à s'étendre également sur le territoire pour le vivifier de toutes parts. Je comprends encore qu'il ne s'agit pas de faire des Daphnis, des Sylvandres, des Pasteurs d'Arcadie, des Bergers du Lignon, d'illustres Paysans cultivant leurs champs de leurs propres mains, et philosophant sur la nature, ni d'autres pareils êtres romanesques qui ne peuvent exister que dans les livres; mais de montrer aux gens aisés que la vie rustique et l'agriculture ont des plaisirs qu'ils ne savent pas connoître; que ces plaisirs sont moins insipides, moins grossiers qu'ils ne pensent; qu'il y peut régner du goût, du choix, de la délicatesse; qu'un homme de mérite qui voudroit se retirer à la campagne avec sa famille et devenir lui-même son propre fermier, y pourroit couler une vie aussi douce qu'au milieu des amusements des Villes; qu'une ménagere des champs peut être une femme charmante, aussi pleine de graces, et de graces plus touchantes que toutes les petites-maîtresses; qu'enfin les plus doux sentiments du cœur y peuvent animer une société plus agréable que le langage apprêté des cercles, où nos rires mordants et satyriques sont le triste supplément de la gaîté qu'on n'y connoît plus ? Est-ce bien cela ?

R. C'est cela même. A quoi j'ajouterai seulement une réflexion. L'on se plaint que les Romans troublent les têtes : je le crois bien. En montrant sans cesse à ceux qui les lisent, les prétendus charmes d'un état qui n'est pas le leur, ils les séduisent, ils leur font prendre leur état en dédain, et en faire un échange imaginaire contre celui qu'on leur fait aimer. Voulant être ce qu'on n'est pas, on parvient à se croire autre chose que ce qu'on est, et voilà comment on devient fou. Si les Romans n'offroient à leurs Lecteurs que des tableaux d'objets qui les environnent, que des devoirs qu'ils peuvent remplir, que des plaisirs de leur condition, les Romans ne les rendroient point fous, ils les rendroient sages. Il faut que les écrits faits pour les Solitaires parlent la langue des Solitaires : pour les instruire, il faut qu'ils leur plaisent, qu'ils les intéressent; il faut qu'ils les attachent à leur état en le leur rendant agréable. Ils doivent combattre et détruire les maximes des grandes sociétés; ils doivent les montrer fausses et méprisables, c'est-à-dire, telles qu'elles sont. A tous ces titres un Roman, s'il est bien fait, au moins s'il est utile, doit être sifflé, haï, décrié par les gens à la mode, comme un livre plat, extravagant, ridicule; et voilà, Monsieur, comment la folie du monde est sagesse[1].

N. Votre conclusion se tire d'elle-même. On ne peut mieux prévoir sa chûte, ni s'apprêter à tomber plus fiérement. Il me reste une seule difficulté. Les Provinciaux, vous le savez, ne lisent que sur notre parole : il ne leur parvient que ce que nous leur envoyons. Un livre destiné pour les Solitaires est d'abord jugé par les gens du monde; si ceux-ci le rebutent, les autres ne le lisent point. Répondez.

R. La réponse est facile. Vous parlez des beaux-esprits de Province; et moi je parle des vrais campagnards. Vous avez, vous autres qui brillez dans la Capitale, des préjugés dont il faut vous guérir : vous croyez donner le ton à toute la France, et les trois quarts de la France ne savent pas que vous existez. Les livres qui tombent à Paris font la fortune des Libraires de Province.

N. Pourquoi voulez-vous les enrichir aux dépens des nôtres ?

R. Raillez. Moi, je persiste. Quand on aspire à la gloire, il faut se faire lire à Paris; quand on veut être utile, il faut se faire lire en Province. Combien d'honnêtes gens passent leur vie dans des campagnes éloignées à cultiver le patrimoine de leurs peres, où ils se regardent comme exilés par une fortune étroite ? Durant les longues nuits d'hiver, dépourvus de sociétés, ils employent la soirée à lire au coin de leur feu les livres amusans qui leur tombent sous la main. Dans leur simplicité grossiere, ils ne se piquent ni de littérature ni de bel-esprit; ils lisent pour se désennuyer et non pour s'instruire; les livres de morale et de philosophie sont pour eux comme n'existant pas : on en feroit en vain pour leur usage; ils ne leur parviendroient jamais. Cependant, loin de leur rien offrir de convenable à leur situation, vos Romans ne servent qu'à la leur rendre encore plus amere. Ils changent leur retraite en un desert affreux, et pour quelques heures de distraction qu'ils leur donnent, ils leur préparent des mois de malaise et de vains regrets. Pourquoi n'oserois-je supposer que, par quelque heureux hazard, ce livre, comme tant d'autres plus mauvais encore, pourra tomber dans les mains de ces Habitans des champs, et que l'image des plaisirs d'un état tout semblable au leur, le leur rendra plus supportable ? J'aime à me figurer deux époux lisant ce recueil ensemble, y puisant un nouveau courage pour supporter leurs travaux communs, et peut-être de nouvelles vues pour les rendre utiles. Comment pourroient-ils y contempler le tableau d'un ménage heureux, sans vouloir imiter un si doux modele ? Comment s'attendriront-ils sur le charme de l'union conjugale, même privé de celui de l'amour, sans que la leur se resserre et s'affermisse ? En quittant leur lecture, ils ne seront ni attristés de leur état, ni rebutés de leurs soins. Au contraire, tout semblera prendre autour d'eux une face plus riante; leurs devoirs s'annobliront à leurs yeux; ils reprendront le goût des plaisirs de la nature : ses vrais sentiments renaîtront dans leurs cœurs, et en voyant le bonheur à leur portée, ils apprendront à le goûter. Ils rempliront les mêmes fonctions; mais ils les rempliront avec une autre ame, et feront, en vrais Patriarches, ce qu'ils faisoient en paysans.

N. Jusqu'ici tout va fort bien. Les maris, les femmes, les meres de famille..... Mais les filles; n'en dites-vous rien?

R. Non. Une honnête fille ne lit point de livres d'amour. Que celle qui lira celui-ci, malgré son titre, ne se plaigne point du mal qu'il lui aura fait : elle ment. Le mal étoit fait d'avance; elle n'a plus rien à risquer[1].

N. A merveille ! Auteurs érotiques venez à l'école : vous voilà tous justifiés.

R. Oui, s'ils le sont par leur propre cœur et par l'objet de leurs écrits.

N. L'êtes-vous aux mêmes conditions ?

R. Je suis trop fier pour répondre à cela; mais Julie s'étoit fait une regle pour juger des livres* : si vous la trouvez bonne, servez-vous en pour juger celui-ci.

---

* 2e Partie, page 194 (*a*).

On a voulu rendre la lecture des Romans utile à la jeunesse. Je ne connois point de projet plus insensé. C'est commencer par mettre le feu à la maison pour faire jouer les pompes. D'après cette folle idée, au lieu de diriger vers son objet la morale de ces sortes d'ouvrages, on adresse toujours cette morale aux jeunes filles*, sans songer que les jeunes filles n'ont point de part aux désordres dont on se plaint. En général, leur conduite est réguliere, quoique leurs cœurs soient corrompus. Elles obéissent à leurs meres en attendant qu'elles puissent les imiter. Quand les femmes feront leur devoir, soyez sûr que les filles ne manqueront point au leur.

N. L'observation vous est contraire en ce point. Il semble qu'il faut toujours au sexe un temps de libertinage, ou dans un état, ou dans l'autre. C'est un mauvais levain qui fermente tôt ou tard. Chez les peuples qui ont des mœurs, les filles sont faciles et les femmes séveres : c'est le contraire chez ceux qui n'en ont pas. Les premiers n'ont égard qu'au délit, et les autres qu'au scandale. Il ne s'agit que d'être à l'abri des preuves; le crime est compté pour rien (*a*).

R. A l'envisager par ses suites on n'en jugeroit pas ainsi. Mais soyons justes envers les femmes; la cause de leur désordre est moins en elles que dans nos mauvaises institutions.

Depuis que tous les sentiments de la nature sont étouffés par l'extrême inégalité, c'est de l'inique despotisme des peres que viennent les vices et les malheurs des enfans; c'est dans des nœuds forcés et mal assortis, que victimes de l'avarice ou de la vanité des parents, de jeunes femmes effacent par un désordre, dont elles font gloire, le scandale de leur premiere honnêteté. Voulez-vous donc remédier au mal ? remontez à sa source. S'il y a quelque réforme à tenter dans les mœurs publiques, c'est par les mœurs domestiques qu'elle doit commencer, et cela dépend absolument des peres et meres. Mais ce n'est point ainsi qu'on dirige les instructions; vos lâches Auteurs ne prêchent jamais que ceux qu'on opprime; et la morale des livres sera toujours vaine, parce qu'elle n'est que l'art de faire sa cour au plus fort.

N. Assurément la vôtre n'est pas servile; mais à force

* Ceci ne regarde que les modernes Romans Anglois.

d'être libre, ne l'est-elle point trop ? Est-ce assez qu'elle aille à la source du mal ? Ne craignez-vous point qu'elle en fasse ?

R. Du mal? A qui ? Dans des temps d'épidémie et de contagion, quand tout est atteint dès l'enfance, faut-il empêcher le débit des drogues bonnes aux malades, sous prétexte qu'elles pourroient nuire aux gens sains ? Monsieur, nous pensons si différemment sur ce point, que, si l'on pouvoit espérer quelque succès pour ces Lettres, je suis très-persuadé qu'elles feroient plus de bien qu'un meilleur livre[1].

N. Il est vrai que vous avez une excellente Prêcheuse. Je suis charmé de vous voir raccommodé avec les femmes : j'étois fâché que vous leur défendissiez de nous faire des sermons*.

R. Vous êtes pressant; il faut me taire : je ne suis ni assez fou ni assez sage pour avoir toujours raison. Laissons cet os à ronger à la critique.

N. Bénignement : de peur qu'elle n'en manque. Mais n'eût-on sur tout le reste rien à dire à tout autre, comment passer au sévere censeur des spectacles, les situations vives et les sentiments passionnés dont tout ce recueil est rempli ? Montrez-moi une scene de théatre qui forme un tableau pareil à ceux du bosquet de Clarens** et du cabinet de toilette ? Relisez la lettre sur les spectacles; relisez ce recueil..... Soyez conséquent, ou quittez vos principes..... Que voulez-vous qu'on pense ?

R. Je veux, Monsieur, qu'un critique soit conséquent lui-même, et qu'il ne juge qu'après avoir examiné. Relisez mieux l'écrit que vous venez de citer; relisez aussi la préface de Narcisse, vous y verrez la réponse à l'inconséquence que vous me réprochez. Les étourdis qui prétendent en trouver dans le Devin du Village, en trouveront sans doute bien plus ici. Ils feront leur métier : mais vous...

N. Je me rappelle deux passages***... Vous estimez peu vos contemporains.

---

* Voyez la Lettre à M. d'Alembert sur les Spectacles, p. 81, premiere édition[2].

** On prononce *Claran.*

*** Préface de Narcisse, page 28 et 32. Lettre à M. d'Alembert, p. 223, 224.

R. Monsieur, je suis aussi leur contemporain ! O ! que ne suis-je né dans un siecle où je dusse jetter ce recueil au feu !

N. Vous outrez, à votre ordinaire; mais jusqu'à certain point vos maximes sont assez justes. Par exemple, si votre Héloïse eût été toujours sage, elle instruiroit beaucoup moins; car à qui serviroit-elle de modele ? C'est dans les siecles les plus dépravés qu'on aime les leçons de la morale la plus parfaite. Cela dispense de les pratiquer; et l'on contente à peu de fraix, par une lecture oisive, un reste de goût pour la vertu.

R. Sublimes Auteurs, rabaissez un peu vos modeles, si vous voulez qu'on cherche à les imiter. A qui vantez-vous la pureté qu'on n'a pas souillée ? Eh ! parlez-nous de celle qu'on peut recouvrer; peut-être au moins quelqu'un pourra vous entendre.

N. Votre jeune homme a déja fait ces réflexions[1] : mais n'importe; on ne vous fera pas moins un crime d'avoir dit ce qu'on fait, pour montrer ensuite ce qu'on devroit faire. Sans compter, qu'inspirer l'amour aux filles et la réserve aux femmes, c'est renverser l'ordre établi, et ramener toute cette petite morale que la Philosophie a proscrite. Quoi que vous en puissiez dire, l'amour dans les filles est indécent et scandaleux, et il n'y a qu'un mari qui puisse autoriser un amant. Quelle étrange maladresse que d'être indulgent pour les filles, qui ne doivent point vous lire, et sévere pour les femmes, qui vous jugeront ! Croyez-moi, si vous avez peur de réussir, tranquillisez-vous : vos mesures sont trop bien prises pour vous laisser craindre un pareil affront. Quoi qu'il en soit, je vous garderai le secret; ne soyez imprudent qu'à demi. Si vous croyez donner un livre utile, à la bonne heure; mais gardez-vous de l'avouer.

R. De l'avouer, Monsieur ? Un honnête homme se cache-t-il quand il parle au Public ? Ose-t-il imprimer ce qu'il n'oseroit reconnoître? Je suis l'Editeur de ce livre, et je m'y nommerai comme Editeur.

N. Vous vous y nommerez ? Vous ?

R. Moi-même.

N. Quoi ! Vous y mettrez votre nom ?

R. Oui, Monsieur.

N. Votre vrai nom ? *Jean-Jacques Rousseau,* en toutes lettres ?

R. *Jean-Jacques Rousseau* en toutes lettres.

N. Vous n'y pensez pas ! Que dira-t-on de vous ?

R. Ce qu'on voudra. Je me nomme à la tête de ce recueil, non pour me l'approprier; mais pour en répondre. S'il y a du mal, qu'on me l'impute; s'il y a du bien, je n'entends point m'en faire honneur. Si l'on trouve le livre mauvais en lui-même, c'est une raison de plus pour y mettre mon nom. Je ne veux pas passer pour meilleur que je ne suis.

N. Etes-vous content de cette réponse ?

R. Oui, dans des temps où il n'est possible à personne d'être bon.

N. Et les belles ames, les oubliez-vous ?

R. La nature les fit, vos institutions les gâtent.

N. A la tête d'un livre d'amour on lira ces mots : *Par J. J. ROUSSEAU, Citoyen de Geneve !*

R. *Citoyen de Geneve ?* Non pas cela. Je ne profane point le nom de ma patrie; je ne le mets qu'aux écrits que je crois lui pouvoir faire honneur.

N. Vous portez vous-même un nom qui n'est pas sans honneur, et vous avez aussi quelque chose à perdre. Vous donnez un livre foible et plat qui vous fera tort. Je voudrois pouvoir vous en empêcher; mais si vous en faites la sotise, j'approuve que vous la fassiez hautement et franchement. Cela du moins sera dans votre caractere. Mais à propos; mettrez-vous aussi votre devise à ce livre ?

R. Mon Libraire m'a déja fait cette plaisanterie, et je l'ai trouvée si bonne, que j'ai promis de lui en faire honneur. Non, Monsieur, je ne mettrai point ma devise à ce livre; mais je ne la quitterai pas pour cela, et je m'effraye moins que jamais de l'avoir prise. Souvenez-vous que je songeois à faire imprimer ces Lettres quand j'écrivois contre les Spectacles, et que le soin d'excuser un de ces Ecrits ne m'a point fait altérer la vérité dans l'autre. Je me suis accusé d'avance plus fortement peut-être que personne ne m'accusera. Celui qui préfere la vérité à sa gloire peut espérer de la préférer à sa vie. Vous voulez qu'on soit toujours conséquent; je doute que cela soit possible à l'homme; mais ce qui lui est possible est d'être toujours vrai : voilà ce que je veux tâcher d'être[1].

N. Quand je vous demande si vous êtes l'auteur de ces Lettres, pourquoi donc éludez-vous ma question ?

R. Pour cela même que je ne veux pas dire un mensonge.

N. Mais vous refusez aussi de dire la vérité ?

R. C'est encore lui rendre honneur que de déclarer qu'on la veut taire : Vous auriez meilleur marché d'un homme qui voudroit mentir. D'ailleurs les gens de goût se trompent-ils sur la plume des Auteurs ? Comment osez-vous faire une question que c'est à vous de résoudre ?

N. Je la résoudrois bien pour quelques Lettres; elles sont certainement de vous; mais je ne vous reconnois plus dans les autres, et je doute qu'on se puisse contrefaire à ce point. La nature qui n'a pas peur qu'on la méconnoisse change souvent d'apparence, et souvent l'art se décele en voulant être plus naturel qu'elle : c'est le Grogneur de la Fable qui rend la voix de l'animal mieux que l'animal même[1]. Ce recueil est plein de choses d'une maladresse que le dernier barbouilleur eût évitée. Les déclamations, les répétitions, les contradictions, les éternelles rabâcheries; où est l'homme capable de mieux faire qui pourroit se résoudre à faire si mal ? Où est celui qui auroit laissé la choquante proposition que ce fou d'Édouard fait à Julie ? Où est celui qui n'auroit pas corrigé le ridicule du petit bon-homme qui voulant toujours mourir a soin d'en avertir tout le monde, et finit par se porter toujours bien ? Où est celui qui n'eût pas commencé par se dire : il faut marquer avec soin les caracteres; il faut exactement varier les styles? Infailliblement avec ce projet il auroit mieux fait que la Nature.

J'observe que dans une société très-intime, les styles se rapprochent ainsi que les caracteres, et que les amis confondant leurs ames, confondent aussi leurs manieres de penser, de sentir, et de dire. Cette Julie, telle qu'elle est, doit être une créature enchanteresse; tout ce qui l'approche doit lui ressembler; tout doit devenir Julie autour d'elle; tous ses amis ne doivent avoir qu'un ton; mais ces choses se sentent, et ne s'imaginent pas. Quand elles s'imagineroient, l'inventeur n'oseroit les mettre en pratique. Il ne lui faut que des traits qui frappent la multitude; ce qui redevient simple à force de finesse, ne lui convient plus. Or c'est là qu'est le sceau de la vérité; c'est là qu'un œil attentif cherche et retrouve la nature.

R. Hé bien, vous concluez donc ?

N. Je ne conclus pas; je doute, et je ne saurois vous dire, combien ce doute m'a tourmenté durant la lecture de ces lettres. Certainement, si tout cela n'est que fiction, vous avez fait un mauvais livre : mais dites que ces deux femmes ont existé; et je relis ce Recueil tous les ans jusqu'à la fin de ma vie.

R. Eh ! qu'importe qu'elles ayent existé ? Vous les chercheriez en vain sur la terre. Elles ne sont plus.

N. Elles ne sont plus ? Elles furent donc ?

R. Cette conclusion est conditionnelle : si elles furent, elles ne sont plus.

N. Entre nous, convenez que ces petites subtilités sont plus déterminantes qu'embarrassantes.

R. Elles sont ce que vous les forcez d'être pour ne point me trahir ni mentir.

N. Ma foi, vous aurez beau faire, on vous devinera malgré vous. Ne voyez-vous pas que votre épigraphe seule dit tout.

R. Je vois qu'elle ne dit rien sur le fait en question : car qui peut savoir si j'ai trouvé cette épigraphe dans le manuscrit, ou si c'est moi qui l'y ai mise ? Qui peut dire, si je ne suis point dans le même doute où vous êtes ? Si tout cet air de mistere n'est pas peut-être une feinte pour vous cacher ma propre ignorance sur ce que vous voulez savoir ?

N. Mais enfin, vous connoissez les lieux? Vous avez été à Vevai; dans le pays de Vaud ?

R. Plusieurs fois; et je vous déclare que je n'y ai point oui parler du Baron d'Etange ni de sa fille. Le nom de M. de Wolmar n'y est pas même connu. J'ai été à Clarens : je n'y ai rien vu de semblable à la maison décrite dans ces Lettres. J'y ai passé, revenant d'Italie, l'année même de l'événement funeste, et l'on n'y pleuroit ni Julie de Wolmar, ni rien qui lui ressemblât, que je sache. Enfin, autant que je puis me rappeller la situation du pays, j'ai remarqué dans ces Lettres, des transpositions de lieux et des erreurs de Topographie; soit que l'Auteur n'en sût pas d'avantage; soit qu'il voulût dépayser ses Lecteurs. C'est là tout ce que vous apprendrez de moi sur ce point, et soyez sûr que d'autres ne m'arracheront pas ce que j'aurai refusé de vous dire.

N. Tout le monde aura la même curiosité que moi.

Si vous publiez cet Ouvrage, dites donc au Public ce que vous m'avez dit. Faites plus, écrivez cette conversation pour toute Préface : Les éclaircissements nécessaires y sont tous.

R. Vous avez raison : elle vaut mieux que ce que j'aurois dit de mon chef. Au reste ces sortes d'apologies ne réussissent gueres.

N. Non, quand on voit que l'Auteur s'y ménage; mais j'ai pris soin qu'on ne trouvât pas ce défaut dans celle-ci. Seulement, je vous conseille d'en transposer les rolles. Feignez que c'est moi qui vous presse de publier ce Recueil, et que vous vous en défendez. Donnez-vous les objections, et à moi les réponses. Cela sera plus modeste, et fera un meilleur effet.

R. Cela sera-t-il aussi dans le caractere dont vous m'avez loué ci-devant ?

N. Non, je vous tendois un piege. Laissez les choses comme elles sont.

FIN.

PREMIERE PARTIE[1].

LETTRE I[2].

A JULIE.

Il faut vous fuir, Mademoiselle, je le sens bien : j'aurois dû beaucoup moins attendre, ou plutôt il faloit ne vous voir jamais. Mais que faire aujourd'hui ? Comment m'y prendre ? Vous m'avez promis de l'amitié; voyez mes perplexités, et conseillez-moi.

Vous savez que je ne suis entré dans votre maison que sur l'invitation de Madame votre mere. Sachant que j'avois cultivé quelques talens agréables, elle a cru qu'ils ne seroient pas inutiles, dans un lieu dépourvu de maîtres, à l'éducation d'une fille qu'elle adore. Fier, à mon tour, d'orner de quelques fleurs un si beau naturel, j'osai me charger de ce dangereux soin sans en prévoir le péril, ou du moins sans le redouter. Je ne vous dirai point que je commence à payer le prix de ma témérité : j'espére que je ne m'oublierai jamais jusqu'à vous tenir des discours qu'il ne vous convient pas d'entendre, et manquer au respect que je dois à vos mœurs, encore plus qu'à votre naissance et à vos charmes. Si je souffre, j'ai du moins la consolation de souffrir seul, et je ne voudrois pas d'un bonheur qui pût coûter au vôtre.

Cependant je vous vois tous les jours; et je m'apperçois que sans y songer vous aggravez innocemment des maux que vous ne pouvez plaindre, et que vous devez ignorer. Je sai, il est vrai, le parti que dicte en pareil cas la prudence au défaut de l'espoir, et je me serois efforcé de le prendre, si je pouvois accorder en cette occasion la prudence avec l'honnêteté; mais comment me retirer décemment d'une maison dont la maîtresse elle-même m'a offert l'entrée, où elle m'accable de bontés, où elle me croit de quelque utilité à ce qu'elle a de plus cher au monde ? Comment frustrer cette tendre mere du plaisir de surprendre un jour son époux par vos progrès dans des études qu'elle lui cache à ce dessein ? Faut-il quiter impoliment sans lui rien dire ? Faut-il lui déclarer le sujet de ma retraite, et cet aveu même ne l'offensera-t-il pas de la part d'un homme dont la naissance et la fortune ne peuvent lui permettre d'aspirer à vous ?

Je ne vois, Mademoiselle, qu'un moyen de sortir de l'embarras où je suis; c'est que la main qui m'y plonge m'en retire, que ma peine ainsi que ma faute me vienne de vous, et qu'au moins par pitié pour moi vous daigniez m'interdire votre présence. Montrez ma lettre à vos parens; faites-moi refuser votre porte; chassez-moi comme il vous plaira; je puis tout endurer de vous; je ne puis vous fuir de moi-même.

Vous, me chasser ! moi, vous fuir ! et pourquoi ? Pourquoi donc est-ce un crime d'être sensible au mérite, et d'aimer ce qu'il faut qu'on honore ? Non, belle Julie; vos attraits avoient ébloui mes yeux, jamais ils n'eussent égaré mon cœur, sans l'attrait plus puissant qui les anime. C'est cette union touchante d'une sensibilité si vive et d'une inaltérable douceur, c'est cette pitié si tendre à tous les maux d'autrui, c'est cet esprit juste et ce goût exquis qui tirent leur pureté de celle de l'ame, ce sont, en un mot, les charmes des sentimens bien plus que ceux de la personne, que j'adore en vous. Je consens qu'on vous puisse imaginer plus belle encore; mais plus aimable et plus digne du cœur d'un honnête homme, non Julie, il n'est pas possible.

J'ose me flater quelquefois que le Ciel a mis une conformité secrete entre nos affections, ainsi qu'entre nos goûts et nos âges. Si jeunes encore, rien n'altere en nous les penchans de la nature, et toutes nos inclinations semblent se rapporter. Avant que d'avoir pris les uniformes préjugés du monde, nous avons des manieres uniformes de sentir et de voir, et pourquoi n'oserois-je imaginer dans nos cœurs ce même concert que j'apperçois dans nos jugemens ? Quelquefois nos yeux se rencontrent; quelques soupirs nous échapent en même tems; quelques larmes furtives...... ô Julie ! si cet accord venoit de plus loin..... si le Ciel nous avoit destinés (*a*).... toute la force humaine......... ah, pardon ! je m'égare : j'ose prendre mes vœux pour de l'espoir : l'ardeur de mes desirs prête à leur objet la possibilité qui lui manque.

Je vois avec effroi quel tourment mon cœur se prépare. Je ne cherche point à flater mon mal; je voudrois le haïr s'il étoit possible. Jugez si mes sentimens sont purs, par la sorte de grace que je viens vous demander. Tarissez s'il se peut la source du poison qui me nourrit et me tue. Je ne veux que guérir ou mourir, et j'implore vos rigueurs comme un amant imploreroit vos bontés (*b*)[1].

Oui, je promets, je jure de faire de mon côté tous mes efforts pour recouvrer ma raison, ou concentrer au fond de mon ame le trouble que j'y sens naître : mais par pitié, détournez de moi ces yeux si doux qui me donnent la mort; dérobez aux miens vos traits, votre air, vos bras, vos mains, vos blonds cheveux[2], vos gestes; trompez l'avide imprudence de mes regards; retenez cette voix touchante qu'on n'entend point sans émotion : soyez, hélas, une autre que vous même, pour que mon cœur puisse revenir à lui.

Vous le dirai-je sans détour ? Dans ces jeux que l'oisiveté de la soirée engendre, vous vous livrez devant tout le monde à des familiarités crüelles; vous n'avez pas plus de réserve avec moi qu'avec un autre. Hier même, il s'en falut peu que par pénitence vous ne me laissassiez prendre un baiser : vous résistâtes foiblement. Heureusement je n'eus garde de m'obstiner. Je sentis à mon trouble croissant que j'allois me perdre, et je m'arrêtai. Ah, si du moins je l'eusse pu savourer à mon gré, ce baiser eut été mon dernier soupir, et je serois mort le plus heureux des hommes !

De grace, quitons ces jeux qui peuvent avoir des suites funestes. Non, il n'y en pas un qui n'ait son danger, jusqu'au plus puérile[3] de tous. Je tremble toujours d'y rencontrer votre main, et je ne sais comment il arrive que je la rencontre toujours. A peine se pose-t-elle sur la mienne qu'un tressaillement me saisit; le jeu me donne la fievre ou plutôt le délire; je ne vois, je ne sens plus rien, et dans ce moment d'aliénation[4], que dire, que faire, où me cacher, comment répondre de moi ?

Durant nos lectures, c'est un autre inconvénient. Si

je vous vois un instant sans votre mere ou sans votre cousine, vous changez tout à coup de maintien (*a*); vous prenez un air si sérieux, si froid, si glacé, que le respect et la crainte de vous déplaire m'ôtent la présence d'esprit et le jugement, et j'ai peine à bégayer en tremblant quelques mots d'une leçon que toute votre sagacité vous fait suivre à peine. Ainsi l'inégalité que vous affectez tourne à la fois au préjudice de tous deux : vous me désolez et ne vous instruisez point, sans que je puisse concevoir quel motif fait ainsi changer d'humeur une personne si raisonable. J'ose vous le demander, comment pouvez-vous être si folâtre en public et si grave dans le tête à tête ? Je pensois que ce devoit être tout le contraire, et qu'il faloit composer son maintien à proportion du nombre des Spectateurs. Au lieu de cela, je vous vois, toujours avec une égale perplexité de ma part, le ton de cérémonie en particulier, et le ton familier devant tout le monde. Daignez être plus égale, peut-être serai-je moins tourmenté.

Si la commiseration naturelle aux ames bien nées peut vous attendrir sur les peines d'un infortuné auquel vous avez témoigné quelque estime, de legers changemens dans votre conduite rendront sa situation moins violente, et lui feront supporter plus paisiblement et son silence et ses maux : si sa retenue et son état ne vous touchent pas, et que vous vouliez user du droit de le perdre, vous le pouvez sans qu'il en murmure : il aime mieux encore périr par votre ordre, que par un transport indiscret qui le rendit coupable à vos yeux. Enfin, quoique vous ordonniez de mon sort; au moins n'aurai-je point à me reprocher d'avoir pû former un espoir téméraire, et si vous avez lû cette lettre, vous avez fait tout ce que j'oserois vous demander, quand même je n'aurois point de refus à craindre.

LETTRE II.

A JULIE.

QUE je me suis abusé, Mademoiselle, dans ma premiere Lettre ! Au-lieu de soulager mes maux, je n'ai fait que les augmenter en m'exposant à votre disgrace, et je sens que le pire de tous eſt de vous déplaire. Votre silence, votre air froid et reservé ne m'annoncent que trop mon malheur. Si vous avez éxaucé ma priere en partie, ce n'eſt que pour mieux m'en punir,

E poi ch' amor di me vi fece accorta
Fur i biondi capelli allor velati,
E l'amoroso sguardo in se raccolto (*a*)[1].

vous retranchez en public l'innocente familiarité dont j'eus la folie de me plaindre; mais vous n'en êtes que plus sévére dans le particulier, et votre ingénieuse rigueur s'exerce également par votre complaisance et par vos refus.

Que ne pouvez-vous connoître combien cette froideur m'eſt cruelle ! vous me trouveriez trop puni. Avec quelle ardeur ne voudrois-je pas revenir sur le passé, et faire que vous n'eussiez point vu cette fatale lettre ! Non, dans la crainte de vous offenser encore, je n'écrirois point celle-ci, si je n'eusse écrit la premiere, et je ne veux pas redoubler ma faute, mais la réparer. Faut-il pour vous appaiser dire que je m'abusois moi-même ? Faut-il proteſter que ce n'étoit pas de l'amour que j'avois pour vous ?....... moi je prononcerois cet odieux parjure ! Le vil mensonge eſt-il digne d'un cœur où vous regnez ? Ah ! que je sois malheureux, s'il faut l'être; pour avoir été téméraire je ne serai ni menteur ni lâche, et le crime que mon cœur a commis, ma plume ne peut le desavouer.

Je sens d'avance le poids de votre indignation, et j'en attends les derniers effets, comme une grace que vous me devez au defaut de toute autre; car le feu qui me consume mérite d'être puni, mais non méprisé. Par pitié ne m'abandonnez pas à moi-même; daignez au moins disposer de mon sort; dites quelle eſt votre volonté. Quoique vous puissiez me prescrire, je ne saurai qu'obéir. M'imposez-vous un silence éternel ? je saurai me contraindre à le garder. Me bannissez-vous de votre présence ? Je jure que vous ne me verrez plus. M'ordonnez-vous de mourir ? Ah ! ce ne sera pas le plus difficile. Il n'y a point d'ordre auquel je ne souscrive, hors celui de ne vous plus aimer : encore obéirois-je en cela même, s'il m'étoit possible.

Cent fois le jour je suis tenté de me jetter à vos pieds, de les arroser de mes pleurs, d'y obtenir la mort ou mon pardon. Toujours un effroi mortel glace mon courage; mes genoux tremblent et n'osent fléchir; la parole expire sur mes lévres, et mon ame ne trouve aucune assurance contre la frayeur de vous irriter.

Est-il au monde un état plus affreux que le mien? Mon cœur sent trop combien il est coupable et ne sauroit cesser de l'être; le crime et le remord l'agitent de concert, et sans savoir quel sera mon destin, je flote dans un doute insupportable, entre l'espoir de la clémence et la crainte du châtiment.

Mais non je n'espere rien, je n'ai droit de rien espérer. La seule grace que j'attends de vous est de hâter mon supplice. Contentez une juste vengeance. Est-ce être assés malheureux que de me voir réduit à la solliciter moi-même? Punissez-moi, vous le devez : mais si vous n'êtes impitoyable, quitez cet air froid et mécontent qui me met au desespoir : quand on envoye un coupable à la mort, on ne lui montre plus de colére.

LETTRE III.

A JULIE.

Ne vous impatientez pas, Mademoiselle; voici la derniere importunité que vous recevrez de moi.

Quand je commençai de vous aimer, que j'étois loin de voir tous les maux que je m'apprêtois! Je ne sentis d'abord que celui d'un amour sans espoir, que la raison peut vaincre à force de tems; j'en connus ensuite un plus grand dans la douleur de vous déplaire; et maintenant j'éprouve le plus cruel de tous, dans le sentiment de vos propres peines. O Julie! je le vois avec amertume, mes plaintes troublent votre repos. Vous gardez un silence invincible, mais tout décéle à mon cœur attentif vos agitations secretes. Vos yeux deviennent sombres, rêveurs, fixés en terre; quelques regards égarés s'échapent sur moi; vos vives couleurs se fanent; une pâleur étrangére couvre vos joues; la gaité vous abandonne; une tristesse mortelle vous accable; et il n'y a que l'inaltérable douceur de votre ame qui vous préserve d'un peu d'humeur.

Soit sensibilité, soit dédain, soit pitié pour mes souffrances, vous en êtes affectée, je le vois; je crains de contribuer aux votres, et cette crainte m'afflige beaucoup plus que l'espoir qui devroit en naitre ne peut me flater; car ou je me trompe moi-même, ou votre bonheur m'est plus cher que le mien.

Cependant en revenant à mon tour sur moi, je commence à connoître combien j'avois mal jugé de mon propre cœur, et je vois trop tard que ce que j'avois d'abord pris pour un délire passager, fera le destin de ma vie. C'est le progrès de votre tristesse qui m'a fait sentir celui de mon mal. Jamais, non, jamais le feu de vos yeux, l'éclat de votre teint, les charmes de votre esprit, toutes les graces de votre ancienne gaité, n'eussent produit un effet semblable à celui de votre abatement. N'en doutez pas, divine Julie, si vous pouviez voir quel embrasement ces huit jours de langueur ont allumé dans mon ame, vous gemiriez vous-même des maux que vous me causez. Ils sont desormais sans reméde, et je sens avec desespoir que le feu qui me consume ne s'éteindra qu'au tombeau.

N'importe; qui ne peut se rendre heureux peut au moins mériter de l'être, et je saurai vous forcer d'estimer un homme à qui vous n'avez pas daigné faire la moindre réponse. Je suis jeune et peux mériter un jour la considération dont je ne suis pas maintenant digne. En attendant, il faut vous rendre le repos que j'ai perdu pour toujours, et que je vous ôte ici malgré moi. Il est juste que je porte seul la peine du crime dont je suis seul coupable. Adieu, trop belle Julie, vivez tranquille et reprenez votre enjouement; dès demain vous ne me verrez plus. Mais soyez sure que l'amour ardent et pur dont j'ai brulé pour vous ne s'éteindra de ma vie, que mon cœur plein d'un si digne objet ne sauroit plus s'avilir, qu'il partagera desormais ses uniques hommages entre vous et la vertu, et qu'on ne verra jamais profaner par d'autres feux l'autel où Julie fut adorée.

BILLET (*a*).

DE JULIE.

N'EMPORTEZ pas l'opinion d'avoir rendu votre éloignement nécessaire. Un cœur vertueux (*b*) sauroit se vaincre ou se taire, et deviendroit peut-être à craindre. Mais vous........ vous pouvez rester.

REPONSE.

Je me suis tû longtems; vos froideurs m'ont fait parler à la fin. Si l'on peut se vaincre pour la vertu, l'on ne supporte point le mépris de ce qu'on aime. Il faut partir.

II. BILLET.

DE JULIE.

NON, Monsieur; après ce que vous avez paru sentir; après ce que vous m'avez osé dire; un homme tel que vous avez feint d'être ne part point; il fait plus.

REPONSE.

Je n'ai rien feint, qu'une passion modérée, dans un cœur au desespoir. Demain vous serez contente, et quoique vous en puissiez dire, j'aurai moins fait que de partir[1].

III. BILLET.

DE JULIE.

INSENSÉ ! si mes jours te sont chers, crain d'attenter aux tiens. Je suis obsédée[2], et ne puis ni vous parler ni vous écrire jusqu'à demain. Attendez.

LETTRE IV.

DE JULIE.

IL faut donc l'avouer enfin, ce fatal secret trop mal déguisé ! Combien de fois j'ai juré qu'il ne sortiroit de mon cœur qu'avec la vie ! La tienne en danger me l'arrache; il m'échape, et l'honneur est perdu. Hélas ! j'ai trop tenu parole; eſt-il une mort plus cruelle que de survivre à l'honneur ?

Que dire, comment rompre un si pénible silence ? Ou plutôt n'ai-je pas déja tout dit, et ne m'as-tu pas trop entendue (*a*)[1]? Ah tu en as trop vû pour ne pas deviner le reſte ! Entrainée par dégrés dans les piéges d'un vil séducteur, je vois sans pouvoir m'arrêter l'horrible précipice où je cours. Homme artificieux ! c'eſt bien plus mon amour que le tien qui fait ton audace. Tu vois l'égarement de mon cœur; tu t'en prévaux pour me perdre, et quand tu me rends méprisable, le pire de mes maux eſt d'être forcée à te mépriser. Ah malheureux ! je t'eſtimois, et tu me deshonores ! croi-moi, si ton cœur étoit fait pour jouir en paix de ce triomphe, il ne l'eut jamais obtenu.

Tu le sais, tes remords en augmenteront; je n'avois point dans l'ame des inclinations vicieuses. La modeſtie et l'honnêteté m'étoient chéres; j'aimois à les nourrir dans une vie simple et laborieuse. Que m'ont servi des soins que le Ciel a rejettés? Dès le premier jour[2] que j'eus le malheur de te voir, je sentis le poison qui corrompt mes sens et ma raison; je le sentis du premier inſtant, et tes yeux, tes sentimens, tes discours, ta plume criminelle le rendent chaque jour plus mortel.

Je n'ai rien négligé pour arrêter le progrès de cette passion funeſte. Dans l'impuissance de résiſter, j'ai voulu me garantir d'être attaquée; tes poursuites ont trompé ma vaine prudence. Cent fois j'ai voulu me jetter aux pieds des auteurs de mes jours, cent fois j'ai voulu leur ouvrir mon cœur coupable; ils ne peuvent connoître ce qui s'y passe : ils voudront appliquer des remédes ordinaires à un mal desespéré; ma mere eſt foible et sans autorité; je connois l'infléxible sévérité de mon pere, et je ne ferai que perdre et deshonorer moi, ma famille et toi-même. Mon amie eſt absente, mon frere n'eſt plus; je ne trouve aucun protecteur au monde contre l'ennemi qui me poursuit; j'implore en vain le Ciel, le Ciel eſt sourd aux prieres des foibles. Tout fomente l'ardeur qui me dévore; tout m'abandonne à moi-même, ou plutôt tout me livre à toi; la nature entiere semble être ta complice; tous mes efforts sont vains, je t'adore en dépit de moi-même. Comment mon cœur, qui n'a pu résiſter dans toute sa force, cederoit-il maintenant à demi ? comment ce cœur qui ne sait rien dissimuler te cacheroit-il le reste de sa foiblesse ? Ah ! le premier pas, qui coûte le plus, étoit celui qu'il ne faloit pas faire; comment m'arrêterois-je aux autres ? Non, de ce premier pas je me sens entraîner dans l'abîme, et tu peux me rendre aussi malheureuse qu'il te plaira.

Tel est l'état affreux où je me vois, que je ne puis plus avoir recours qu'à celui qui m'y a réduite, et que pour me garantir de ma perte, tu dois être mon unique deffenseur contre toi. Je pouvois, je le sais, différer cet aveu de mon desespoir; je pouvois quelque tems déguiser ma honte, et céder par dégrés pour m'en imposer à moi-même. Vaine addresse qui pouvoit flater mon amour-propre, et non pas sauver ma vertu. Va, je vois trop, je sens trop où mêne la premiere faute, et je ne cherchois pas à préparer ma ruine, mais à l'éviter.

Toutefois si tu n'es pas le dernier des hommes, si quelque étincelle de vertu brilla dans ton ame, s'il y reste encore quelque trace des sentimens d'honneur dont tu m'as paru pénétré, puis-je te croire assés vil pour abuser de l'aveu fatal que mon délire m'arrache ? Non, je te connois bien; tu soutiendras ma foiblesse, tu deviendras ma sauvegarde, tu protégeras ma personne contre mon propre cœur. Tes vertus sont le dernier réfuge de mon innocence; mon honneur s'ose confier au tien, tu ne peux conserver l'un sans l'autre; ame généreuse, ah ! conserve les tous deux, et du moins pour l'amour de toi-même daigne prendre pitié de moi.

O Dieu ! suis-je assés humiliée ? Je t'écris à genoux; je baigne mon papier de mes pleurs; j'éléve à toi mes timides supplications. Et ne pense pas, cependant, que j'ignore que c'étoit à moi d'en recevoir, et que pour me faire obéir je n'avois qu'à me rendre avec art méprisable. Ami, prend ce vain empire, et laisse moi l'honnêteté : j'aime mieux être ton esclave et vivre innocente, que d'acheter ta dépendance au prix de mon deshonneur. Si tu daignes m'écouter, que d'amour, que de respects ne dois-tu pas attendre de celle qui te devra son retour à la vie ? Quels charmes dans la douce union de deux ames pures ! Tes desirs vaincus seront la source de ton bonheur, et les plaisirs dont tu jouiras seront dignes du Ciel même.

Je crois, j'espére, qu'un cœur qui m'a paru mériter

tout l'attachement du mien ne démentira pas la générosité que j'attens de lui. J'espére encore que s'il étoit assés lâche pour abuser de mon égarement et des aveux qu'il m'arrache, le mépris, l'indignation me rendroient la raison que j'ai perdue, et que je ne serois pas assés lâche moi-même pour craindre un amant (*a*) dont j'aurois à rougir. Tu seras vertueux ou méprisé; je serai respectée ou guérie; voila l'unique espoir qui me reste avant celui de mourir.

LETTRE V.

A JULIE.

PUISSANCES du Ciel ! j'avois une ame pour la douleur, donnez m'en une pour la félicité. Amour, vie de l'ame, vien soutenir la mienne prête à défaillir. Charme inexprimable de la vertu ! Force invincible de la voix de ce qu'on aime ! bonheur, plaisirs, transports, que vos traits sont poignants ! qui peut en soutenir l'atteinte ? O comment suffire au torrent de délices qui vient inonder mon cœur ! comment expier les allarmes d'une craintive amante ? Julie.... non ! ma Julie à genoux ! ma Julie verser des pleurs !.... celle à qui l'univers devroit des hommages supplier un homme qui l'adore de ne pas l'outrager, de ne pas se deshonorer lui-même ! si je pouvois m'indigner contre toi je le ferois, pour tes frayeurs qui nous avilissent ! juge mieux, beauté pure et céleste, de la nature de ton empire ! Eh ! si j'adore les charmes de ta personne, n'est-ce pas sur tout pour l'empreinte de cette ame sans tache qui l'anime, et dont tous tes traits portent la divine enseigne (*b*) [1]? Tu crains de céder à mes poursuites ? mais quelles poursuites peut redouter celle qui couvre de respect et d'honnêteté tous les sentimens qu'elle inspire ? est-il un homme assés vil sur la terre (*c*) pour oser être téméraire avec toi ?

Permets, permets que je savoure le bonheur inatendu d'être aimé.... aimé de celle..... trône du monde, combien je te vois au dessous de moi ! Que je la relise mille fois, cette lettre adorable où ton amour et tes sentimens sont écrits en caractéres de feu; où, malgré tout l'emportement d'un cœur agité, je vois avec transport combien dans une ame honnête les passions les plus vives gardent encore le saint caractére de la vertu. Quel monstre, après avoir lû cette touchante lettre, pourroit abuser de ton état, et témoigner par l'acte le plus marqué son profond mépris pour lui-même ? Non, chére amante, prend confiance en un ami fidelle qui n'est point fait pour te tromper. Bien que ma raison soit à jamais perdue, bien que le trouble de mes sens s'accroisse à chaque instant, ta personne est desormais pour moi le plus charmant, mais le plus sacré dépôt dont jamais mortel fut honoré. Ma flame et son objet conserveront ensemble une inaltérable pureté. Je frémirois de porter la main sur tes chastes attraits, plus que du plus vil inceste[1], et tu n'es pas dans une sureté plus inviolable avec ton pere qu'avec ton amant. O si jamais cet amant heureux s'oublie un moment devant toi........ l'amant de Julie auroit une ame abjecte ! Non, quand je cesserai d'aimer la vertu, je ne t'aimerai plus; à ma premiére lâcheté, je ne veux plus que tu m'aimes (*a*).

Rassure-toi donc, je t'en conjure au nom du tendre et pur amour qui nous unit; c'est à lui de t'être garant de ma retenue et de mon respect, c'est à lui de te répondre de lui-même. Et pourquoi tes craintes iroient-elles plus loin que mes desirs ? à quel autre bonheur voudrois-je aspirer, si tout mon cœur suffit à peine à celui qu'il goûte ? Nous sommes jeunes tous deux, il est vrai; nous aimons pour la premiere et l'unique fois de la vie, et n'avons nulle expérience des passions; mais l'honneur qui nous conduit est-il un guide trompeur ? a-t-il besoin d'une expérience suspecte qu'on n'acquiert qu'à force de vices ? J'ignore si je m'abuse, mais il me semble que les sentimens droits sont tous au fond de mon cœur. Je ne suis point un vil séducteur comme tu m'appelles dans ton desespoir, mais un homme simple et sensible, qui montre aisément ce qu'il sent et ne sent rien dont il doive rougir. Pour dire tout en un seul mot, j'abhorre encore plus le crime que je n'aime Julie. Je ne sais, non, je ne sais pas même si l'amour que tu fais naître est compatible avec l'oubli de la vertu, et si tout autre qu'une ame honnête peut sentir assés tous tes charmes. Pour moi, plus j'en suis pénétré, plus mes sentimens s'élévent. Quel bien, que je n'aurois pas fait pour lui-même, ne ferois-je pas maintenant pour me rendre digne de toi ? Ah ! daigne te confier aux feux que tu m'inspires, et que tu sais si bien purifier; croi qu'il suffit que je t'adore pour respecter à jamais le précieux dépôt dont tu m'as chargé. O quel cœur je vais posseder ! vrai bonheur, gloire de ce qu'on aime, triomphe d'un amour qui s'honore, combien tu vaux mieux que tous ses plaisirs !

LETTRE VI[1].

DE JULIE A CLAIRE.

VEUX-TU, ma Cousine, passer ta vie à pleurer cette pauvre Chaillot, et faut-il que les morts te fassent oublier les vivans ? Tes regrets sont justes, et je les partage, mais doivent-ils être éternels ? Depuis la perte de ta mere elle t'avoit élevée avec le plus grand soin; elle étoit plutôt ton amie que ta gouvernante. Elle t'aimoit tendrement et m'aimoit parce que tu m'aimes; elle ne nous inspira jamais que des principes de sagesse et d'honneur. Je sais tout cela, ma chére, et j'en conviens avec plaisir. Mais conviens aussi que la bonne femme étoit peu prudente avec nous, qu'elle nous faisoit sans nécessité les confidences les plus indiscretes, qu'elle nous entretenoit sans cesse des maximes de la galanterie, des avantures de sa jeunesse, du manége des amans, et que pour nous garantir des piéges des hommes, si elle ne nous apprenoit pas à leur en tendre, elle nous instruisoit au moins de mille choses que de jeunes filles se passeroient bien de savoir. Console toi donc de sa perte, comme d'un mal qui n'est pas sans quelque dédomagement. A l'âge où nous sommes, ses leçons commençoient à devenir dangereuses, et le Ciel nous l'a peut-être ôtée au moment où il n'étoit pas bon qu'elle nous restât plus longtems. Souviens-toi de tout ce que tu me disois quand je perdis le meilleur des freres. La Chaillot t'est-elle plus chére ? As-tu plus de raison de la regretter (*a*) ?

Revien, ma chére, elle n'a plus besoin de toi. Hélas ! tandis que tu perds ton tems en regrets superflus, comment ne crains-tu point de t'en attirer d'autres ? comment ne crains-tu point, toi qui connois l'état de mon cœur, d'abandonner ton amie à des périls que ta présence auroit prévenus ? O qu'il s'eſt passé de choses depuis ton départ ! Tu frémiras en apprenant quels dangers j'ai courus par mon imprudence. J'espére en être délivrée; mais je me vois, pour ainsi dire, à la discrétion d'autrui : c'eſt à toi de me rendre à moi-même. Hâte-toi donc de revenir. Je n'ai rien dit tant que tes soins étoient utiles à ta pauvre Bonne[1]; j'eusse été la premiere à t'exhorter à les lui rendre. Depuis qu'elle n'eſt plus, c'eſt à sa famille que tu les dois : nous les remplirons mieux ici de concert que tu ne ferois seule à la campagne, et tu t'acquiteras des devoirs de la reconnoissance, sans rien ôter à ceux de l'amitié.

Depuis le départ de mon Pere nous avons repris notre ancienne maniere de vivre et ma mere me quite moins. Mais c'eſt par habitude plus que par défiance. Ses sociétés lui prennent encore bien des momens qu'elle ne veut pas dérober à mes petites études, et Babi remplit alors sa place assés négligemment. Quoique je trouve à cette bonne mere beaucoup trop de sécurité, je ne puis me résoudre à l'en avertir; je voudrois bien pourvoir à ma sureté sans perdre son eſtime, et c'eſt toi seule qui peux concilier tout cela. Revien, ma Claire, revien sans tarder. J'ai regret aux leçons que je prens sans toi, et j'ai peur de devenir trop savante. Notre maître n'eſt pas seulement un homme de mérite; il eſt vertueux, et n'en eſt que plus à craindre. Je suis trop contente de lui pour l'être de moi. A son âge et au notre, avec l'homme le plus vertueux, quand il eſt aimable, il vaut mieux être deux filles qu'une.

LETTRE VII.

RÉPONSE.

JE t'entens, et tu me fais trembler. Non que je croye le danger aussi pressant que tu l'imagines. Ta crainte modére la mienne sur le présent : mais l'avenir m'épouvante, et si tu ne peux te vaincre, je ne vois plus que des malheurs. Hélas ! combien de fois la pauvre Chaillot m'a-t-elle prédit que le premier soupir de ton cœur feroit le deſtin de ta vie ! Ah, Cousine ! si jeune encore, faut-il voir déja ton sort s'accomplir ? Qu'elle va nous manquer, cette femme habile que tu nous crois avantageux de perdre ! Il l'eut été, peut-être, de tomber d'abord en de plus sures mains; mais nous sommes trop instruittes en sortant des siennes pour nous laisser gouverner par d'autres, et pas assés pour nous gouverner nous-mêmes : elle seule pouvoit nous garantir des dangers auxquels elle nous avoit exposées. Elle nous a beaucoup appris, et nous avons, ce me semble, beaucoup pensé pour notre âge. La vive et tendre amitié qui nous unit presque dès le berceau nous a, pour ainsi dire, éclairé le cœur de bonne heure sur toutes les passions. Nous connoissons assés bien leurs signes et leurs effets; il n'y a que l'art de les réprimer qui nous manque. Dieu veuille que ton jeune philosophe connoisse mieux que nous cet art là.

Quand je dis *nous,* tu m'entens; c'est sur tout de toi que je parle : car pour moi, la Bonne m'a toujours dit que mon étourderie me tiendroit lieu de raison, que je n'aurois jamais l'esprit de savoir aimer, et que j'étois trop folle pour faire un jour des folies[1]. Ma Julie, prend garde à toi; mieux elle auguroit de ta raison, plus elle craignoit pour ton cœur. Ais bon courage, cependant; tout ce que la sagesse et l'honneur pourront faire, je sais que ton ame le fera, et la mienne fera, n'en doute pas, tout ce que l'amitié peut faire à son tour. Si nous en savons trop pour notre âge, au moins cette étude n'a rien couté à nos mœurs. Croi, ma chére, qu'il y a bien des filles plus simples, qui sont moins honnêtes que nous : nous le sommes parce que nous voulons l'être, et quoi qu'on en puisse dire, c'est le moyen de l'être plus surement.

Cependant sur ce que tu me marques, je n'aurai pas un moment de repos que je ne sois auprès de toi; car si tu crains le danger, il n'est pas tout à fait chimerique. Il est vrai que le préservatif est facile; deux mots à ta mere et tout est fini; mais je te comprends; tu ne veux point d'un expédient qui finit tout : tu veux bien t'ôter le pouvoir de succomber, mais non pas l'honneur de combatre. O pauvre Cousine !..... encore si la moindre lueur....... le Baron d'Etange consentir à donner sa fille, son enfant unique, à un petit bourgeois sans fortune[2] ! L'espéres-tu ?...... qu'espéres-tu donc? que veux-tu?........ pauvre, pauvre Cousine !..... Ne crains rien, toutefois, de ma part. Ton secret sera gardé par ton amie. Bien des gens trouveroient plus honnête de le révéler; peut-être auroient-ils raison. Pour moi qui ne suis pas une grande raisonneuse, je ne veux point d'une honnêteté qui trahit l'amitié, la foi, la confiance; j'imagine que chaque rélation, chaque âge a ses maximes, ses devoirs, ses vertus, que ce qui seroit prudence à d'autres, à moi seroit perfidie, et qu'au lieu de nous rendre sages, on nous rend méchans en confondant tout cela. Si ton amour est foible, nous le vaincrons; s'il est extrême, c'est l'exposer à des tragédies que de l'attaquer par des moyens violens, et il ne convient à l'amitié de tenter que ceux dont elle peut répondre. Mais en revanche, tu n'as qu'à marcher droit quand tu seras sous ma garde. Tu verras, tu verras ce que c'est qu'une Duégne de dix-huit ans !

Je ne suis pas, comme tu sais, loin de toi pour mon plaisir, et le printems n'est pas si agréable en campagne que tu penses; on y souffre à la fois le froid et le chaud; on n'a point d'ombre à la promenade, et il faut se chauffer dans la maison. Mon Pere, de son côté ne laisse pas au milieu de ses bâtimens, de s'appercevoir qu'on a la gazette ici plus tard qu'à la ville. Ainsi tout le monde ne demande pas mieux que d'y retourner, et tu m'embrasseras, j'espere, dans quatre ou cinq jours. Mais ce qui m'inquiette est que quatre ou cinq jours font je ne sais combien d'heures, dont plusieurs sont destinées au philosophe. Au philosophe, entens-tu, Cousine ? pense que toutes ces heures-là ne doivent sonner que pour lui.

Ne va pas ici rougir et baisser les yeux. Prendre un air grave, il t'est impossible; cela ne peut aller à tes traits. Tu sais bien que je ne saurois pleurer sans rire, et que je n'en suis pas pour cela moins sensible (*a*); je n'en ai pas moins de chagrin d'être loin de toi; je n'en regrette pas moins la bonne Chaillot. Je te sais un gré infini de vouloir partager avec moi le soin de sa famille; je ne l'abandonnerai de mes jours, mais tu ne serois plus toi-même si tu perdois quelque occasion de faire du bien. Je conviens que la pauvre Mie étoit babillarde, assés libre dans ses propos familiers, peu discrette avec de jeunes filles, et qu'elle aimoit à parler de son vieux tems. Aussi ne sont-ce pas tant les qualités de son esprit que je regrette, bien qu'elle en eut d'excellentes parmi de mauvaises. La perte que je pleure en elle, c'est son bon cœur, son parfait attachement qui lui donnoit à la fois pour moi la tendresse d'une mere et la confiance d'une sœur. Elle me tenoit lieu de toute ma famille; à peine ai-je connu ma mere; mon pere m'aime autant qu'il peut aimer; nous avons perdu ton aimable frere; je ne vois presque jamais les miens. Me voila comme une orpheline délaissée. Mon enfant, tu me restes seule; car ta bonne mere, c'est toi. Tu as raison pourtant. Tu me restes : je pleurois ! j'étois donc folle : qu'avois-je à pleurer ?

P. S. De peur d'accident, j'addresse cette lettre à notre maître, afin qu'elle te parvienne plus surement.

LETTRE VIII*[1].

A JULIE.

Quels sont, belle Julie, les bizarres caprices de l'amour ? Mon cœur a plus qu'il n'esperoit, et n'est pas content. Vous m'aimez, vous me le dites, et je soupire. Ce cœur injuste ose desirer encore, quand il n'a plus rien à desirer; il me punit de ses fantaisies, et me rend inquiet au sein du bonheur. Ne croyez pas que j'aye oublié les loix qui me sont imposées, ni perdu la volonté de les observer; non, mais un secret dépit m'agite en voyant que ces loix ne coûtent qu'à moi, que vous qui vous prétendiez si foible êtes si forte à présent, et que j'ai si peu de combats à rendre contre moi-même, tant je vous trouve attentive à les prévenir.

Que vous êtes changée depuis deux mois, sans que rien ait changé que vous ! Vos langueurs ont disparu; il n'est plus question de dégoût ni d'abbatement; toutes les graces sont venues reprendre leurs postes; tous vos charmes se sont ranimés; la rose qui vient d'éclorre n'est pas plus fraîche que vous; les saillies ont recommencé; vous avez de l'esprit avec tout le monde; vous folatrez,

---

* On sent qu'il y a ici une lacune, et l'on en trouvera souvent dans la suite de cette correspondance. Plusieurs lettres se sont perdues; d'autres ont été supprimées; d'autres ont souffert des retranchemens : mais il ne manque rien d'essentiel qu'on ne puisse aisément suppléer, à l'aide de ce qui reste (*a*)[2].

même avec moi comme auparavant; et, ce qui m'irrite plus que tout le reste, vous me jurez un amour éternel d'un air aussi gai que si vous disiez la chose du monde la plus plaisante.

Dites, dites, volage ? Est-ce là le caractére d'une passion violente reduite à se combattre elle-même, et si vous aviez le moindre desir à vaincre, la contrainte n'étoufferoit-elle pas au moins l'enjouement ? Oh que vous étiez bien plus aimable quand vous étiez moins belle ! Que je regrette cette pâleur touchante, précieux gage du bonheur d'un amant, et que je hais l'indiscrette santé que vous avez recouvrée aux dépends de mon repos ! Oui, j'aimerois mieux vous voir malade encore, que cet air content, ces yeux brillans, ce teint fleuri qui m'outragent. Avez-vous oublié sitôt que vous n'étiez pas ainsi quand vous imploriez ma clémence ? Julie, Julie ! Que cet amour si vif est devenu tranquile en peu de tems !

Mais ce qui m'offense plus encore, c'est qu'après vous être remise à ma discretion, vous paroissez vous en défier, et que vous fuiez les dangers comme s'il vous en restoit à craindre. Est-ce ainsi que vous honorez ma retenue, et mon inviolable respect méritoit-il cet affront de votre part ? Bien loin que le départ de votre pere nous ait laissé plus de liberté, à peine peut-on vous voir seule. Votre inséparable Cousine ne vous quite plus. Insensiblement nous alons reprendre nos premieres manieres de vivre et notre ancienne circonspection, avec cette unique différence qu'alors elle vous étoit à charge et qu'elle vous plait maintenant.

Quel sera donc le prix d'un si pur hommage si votre estime ne l'est pas, et de quoi me sert l'abstinence éternelle et volontaire de ce qu'il y a de plus doux au monde si celle qui l'exige ne m'en sait aucun gré ? Certes, je suis las de souffrir inutilement, et de me condanner aux plus dures privations sans en avoir même le mérite. Quoi ! faut-il que vous embelissiez impunément tandis que vous me méprisez ? Faut-il qu'incessamment mes yeux dévorent des charmes dont jamais ma bouche n'ose approcher ? Faut il enfin que je m'ôte à moi-même toute espérance, sans pouvoir au moins m'honorer d'un sacrifice aussi rigoureux ? Non, puisque vous ne vous fiez pas à ma foi, je ne veux plus la laisser vainement engagée;

c'eſt une sureté injuſte que celle que vous tirez à la fois de ma parole et de vos précautions; vous êtes trop ingrate ou je suis trop scrupuleux, et je ne veux plus refuser de la fortune les occasions que vous n'aurez pu lui ôter. Enfin quoiqu'il en soit de mon sort, je sens que j'ai pris une charge au-dessus de mes forces. Julie, reprenez la garde de vous-même; je vous rends un dépôt trop dangereux pour la fidélité du dépositaire, et dont la deffense coûtera moins à votre cœur que vous n'avez feint de le craindre.

Je vous le dis sérieusement; comptez sur vous, ou chassez-moi, c'eſt-à-dire, ôtez-moi la vie. J'ai pris un engagement téméraire[1]. J'admire comment je l'ai pu tenir si longtems; je sais que je le dois toujours, mais je sens qu'il m'eſt impossible. On mérite de succomber quand on s'impose de si perilleux devoirs. Croyez-moi, chére et tendre Julie, croyez-en ce cœur sensible qui ne vit que pour vous; vous serez toujours respectée; mais je puis un inſtant manquer de raison, et l'ivresse des sens peut dicter un crime dont on auroit horreur de sens-froid. Heureux de n'avoir point trompé votre espoir, j'ai vaincu deux mois, et vous me devez le prix de deux siecles de souffrances.

LETTRE IX.

DE JULIE.

J'ENTENS : les plaisirs du vice et l'honneur de la vertu vous feroient un sort agréable ? Eſt-ce là votre morale ?....... Eh ! mon bon ami, vous vous lassez bien vîte d'être généreux ! Ne l'étiez-vous donc que par artifice (*a*) ? La singuliere marque d'attachement, que de vous plaindre de ma santé ! seroit-ce que vous espériez voir mon fol amour achever de la détruire, et que vous m'attendiez au moment de vous demander la vie ? ou bien, comptiez-vous de me respecter aussi longtems que je ferois peur, et de vous retracter quand je deviendrois supportable ? Je ne vois pas dans de pareils sacrifices un mérite à tant faire valoir (*b*).

Vous me reprochez avec la même équité le soin que

je prends de vous sauver des combats pénibles avec vous-même, comme si vous ne deviez pas plutôt m'en remercier. Puis, vous vous retractez de l'engagement que vous avez pris, comme d'un devoir trop à charge; en sorte que dans la même lettre vous vous plaignez de ce que vous avez trop de peine, et de ce que vous n'en avez pas assés. Pensez y mieux et tâchez d'être d'accord avec vous, pour donner à vos prétendus griefs une couleur moins frivole. Ou plutôt, quitez toute cette dissimulation qui n'est pas dans votre caractere. Quoique vous puissiez dire, votre cœur est plus content du mien qu'il ne feint de l'être; Ingrat, vous savez trop qu'il n'aura jamais tort avec vous ! Votre lettre même vous dément par son stile enjoué, et vous n'auriez pas tant d'esprit si vous étiez moins tranquille. En voila trop sur les vains reproches qui vous regardent; passons à ceux qui me regardent moi-même, et qui semblent d'abord mieux fondés.

Je le sens bien; la vie égale et douce que nous menons depuis deux mois ne s'accorde pas avec ma déclaration précédente, et j'avoue que ce n'est pas sans raison que vous êtes surpris de ce contraste. Vous m'avez d'abord vue au desespoir; vous me trouvez à présent trop paisible; de là vous accusez mes sentimens d'inconstance et mon cœur de caprice. Ah mon ami ! ne le jugez-vous point trop sévérement ? Il faut plus d'un jour pour le connoître. Attendez, et vous trouverez peut-être que ce cœur qui vous aime n'est pas indigne du votre.

Si vous pouviez comprendre avec quel effroi j'éprouvai les premieres ateintes du sentiment qui m'unit à vous, vous jugeriez du trouble qu'il dût me causer. J'ai été élevée dans des maximes si sévéres que l'amour le plus pur me paroissoit le comble du deshonneur. Tout m'apprenoit ou me faisoit croire qu'une fille sensible étoit perdue au premier mot tendre échapé de sa bouche; mon imagination troublée confondoit le crime avec l'aveu de la passion; et j'avois une si affreuse idée de ce premier pas, qu'à peine voyois-je au delà nul intervalle jusqu'au dernier. L'excessive défiance de moi-même augmenta mes allarmes; les combats de la modestie me parurent ceux de la chasteté; je pris le tourment du silence pour l'emportement des desirs. Je me crus perdue aussi-tôt que j'aurois parlé, et cependant il faloit parler ou vous perdre. Ainsi ne pouvant plus déguiser mes sentimens, je tâchai d'exciter la générosité des votres, et me fiant plus à vous qu'à moi, je voulus, en intéressant votre honneur à ma deffense, me ménager des ressources dont je me croyois dépourvue.

J'ai reconnu que je me trompois; je n'eus pas parlé que je me trouvai soulagée; vous n'eutes pas répondu que je me sentis tout à fait calme, et deux mois d'expérience m'ont appris que mon cœur trop tendre a besoin d'amour, mais que mes sens n'ont aucun besoin d'amant[1]. Jugez, vous qui aimez la vertu, avec quelle joye je fis cette heureuse découverte. Sortie de cette profonde ignominie où mes terreurs m'avoient plongée, je goûte le plaisir délicieux d'aimer purement. Cet état fait le bonheur de ma vie; mon humeur et ma santé s'en ressentent; à peine puis-je en concevoir un plus doux, et l'accord de l'amour et de l'innocence me semble être le paradis sur la terre[2].

Dès-lors je ne vous craignis plus; et quand je pris soin d'éviter la solitude avec vous, ce fut autant pour vous que pour moi; car vos yeux et vos soupirs annonçoient plus de transports que de sagesse, et si vous eussiez oublié l'arrêt que vous avez prononcé vous-même (*a*), je ne l'aurois pas oublié.

Ah mon ami, que ne puis-je faire passer dans votre ame le sentiment de bonheur et de paix qui régne au fond de la mienne ! Que ne puis-je vous apprendre à jouïr tranquillement du plus délicieux état de la vie ! Les charmes de l'union des cœurs se joignent pour nous à ceux de l'innocence; nulle crainte, nulle honte ne trouble notre félicité; au sein des vrais plaisirs de l'amour nous pouvons parler de la vertu sans rougir,

E v'è il piacer con l' onestade accanto (*b*).

Je ne sais quel triste pressentiment s'éleve dans mon sein et me crie que nous jouïssons du seul tems heureux que le Ciel nous ait destiné. Je n'entrevois dans l'avenir qu'absence, orages, troubles, contradictions. La moindre altération à notre situation présente me paroit ne pouvoir être qu'un mal. Non, quand un lien plus doux nous uniroit à jamais, je ne sais si l'excés du bonheur n'en deviendroit pas bientôt la ruine. Le moment de la possession est une crise de l'amour, et tout changement est dangereux au notre; nous ne pouvons plus qu'y perdre[3].

Je t'en conjure, mon tendre et unique ami, tâche de

calmer l'ivresse des vains desirs que suivent toujours les regrets, le repentir, la tristesse. Goûtons en paix notre situation présente. Tu te plais à m'instruire, et tu sais trop si je me plais à recevoir tes leçons. Rendons-les encore plus fréquentes; ne nous quittons qu'autant qu'il faut pour la bienséance; employons à nous écrire les momens que nous ne pouvons passer à nous voir, et profitons d'un tems précieux après lequel, peut-être, nous soupirerons un jour. Ah puisse notre sort, tel qu'il est durer autant que notre vie ! L'esprit s'orne, la raison s'éclaire, l'ame se fortifie, le cœur jouït : que manque-t-il à notre bonheur ?

LETTRE X.

A JULIE.

Que vous avez raison, ma Julie, de dire que je ne vous connois pas encore ! Toujours je crois connoître tous les trésors de votre belle ame, et toujours j'en découvre de nouveaux. Quelle femme jamais associa comme vous la tendresse à la vertu, et tempérant l'une par l'autre les rendit toutes deux plus charmantes ? Je trouve je ne sais quoi d'aimable et d'attrayant dans cette sagesse qui me désole, et vous ornez avec tant de grace les privations que vous m'imposez, qu'il s'en faut peu que vous ne me les rendiez cheres.

Je le sens chaque jour davantage, le plus grand des biens est d'être aimé de vous; il n'y en a point, il n'y en peut avoir qui l'égale, et s'il faloit choisir entre votre cœur et votre possession même, non, charmante Julie, je ne balancerois pas un instant. Mais d'où viendroit cette amere alternative, et pourquoi rendre incompatible ce que la nature a voulu réunir ? Le tems est précieux, dites-vous, sachons en jouïr tel qu'il est, et gardons nous par notre impatience d'en troubler le paisible cours. Eh ! qu'il passe et qu'il soit heureux ! pour profiter d'un état aimable faut-il en négliger un meilleur, et préférer le repos à la félicité suprême ? Ne perd-on pas tout le tems qu'on peut mieux employer? Ah! si l'on peut vivre mille ans (*a*) en un quart d'heure, à quoi bon compter tristement les jours qu'on aura vécu ?

Tout ce que vous dites du bonheur de notre situation présente eſt inconteſtable; je sens que nous devons être heureux, et pourtant je ne le suis pas. La sagesse a beau parler par votre bouche, la voix de la nature eſt la plus forte. Le moyen de lui réſiſter quand elle s'accorde à la voix du cœur[1] ? Hors vous seule je ne vois rien dans ce séjour terreſtre qui soit digne d'occuper mon ame et mes sens; non, sans vous la nature n'eſt plus rien pour moi : mais son empire eſt dans vos yeux, et c'eſt là qu'elle eſt invincible.

Il n'en eſt pas ainsi de vous, céleſte Julie; vous vous contentez de charmer nos sens, et n'êtes point en guerre avec les votres. Il semble que des passions humaines soient au dessous d'une ame si sublime, et comme vous avez la beauté des Anges, vous en avez la pureté[2]. O pureté que je respecte en murmurant, que ne puis-je ou vous rabbaisser ou m'élever jusqu'à vous ! Mais non, je ramperai toujours sur la terre, et vous verrai toujours briller dans les Cieux. Ah ! soyez heureuse aux dépends de mon repos; jouïssez de toutes vos vertus; perisse le vil mortel qui tentera jamais d'en souiller une. Soyez heureuse, je tâcherai d'oublier combien je suis à plaindre, et je tirerai de votre bonheur même la consolation de mes maux. Oui, chere Amante, il me semble que mon amour eſt aussi parfait que son adorable objet; tous les desirs enflammés par vos charmes s'éteignent dans les perfections de votre ame, je la vois si paisible que je n'ose en troubler la tranquillité. Chaque fois que je suis tenté de vous dérober la moindre caresse, si le danger de vous offenser me retient, mon cœur me retient encore plus par la crainte d'altérer une félicité si pure; dans le prix des biens où j'aspire, je ne vois plus que ce qu'ils vous peuvent coûter, et ne pouvant accorder mon bonheur avec le votre, jugez comment j'aime ! c'eſt au mien que j'ai renoncé.

Que d'inexpliquables contradictions dans les sentimens que vous m'inspirez ! Je suis à la fois soumis et téméraire, impétueux et retenu, je ne saurois lever les yeux sur vous sans éprouver des combats en moi-même. Vos regards, votre voix portent au cœur avec l'amour l'attrait touchant de l'innocence; c'eſt un charme divin qu'on auroit regret d'effacer. Si j'ose former des vœux extrêmes ce n'eſt plus qu'en votre absence; mes desirs n'osant aller jusqu'à vous s'addressent à votre image, et c'est sur elle que je me venge du respect que je suis contraint de vous porter.

Cependant je languis et me consume; le feu coule dans mes veines; rien ne sauroit l'éteindre ni le calmer, et je l'irrite en voulant le contraindre. Je dois être heureux, je le suis, j'en conviens (*a*); je ne me plains point de mon sort; tel qu'il est je n'en changerois pas avec les Rois de la terre. Cependant un mal réel me tourmente, je cherche vainement à le fuir; je ne voudrois point mourir, et toutefois je me meurs; je voudrois vivre pour vous, et c'est vous qui m'otez la vie[1].

LETTRE XI.

DE JULIE.

Mon ami, je sens que je m'attache à vous chaque jour davantage; je ne puis plus me séparer de vous, la moindre absence m'est insupportable, et il faut que je vous voye ou que je vous écrive, afin de m'occuper de vous sans cesse.

Ainsi mon amour s'augmente avec le votre; car je connois à présent combien vous m'aimez par la crainte réelle que vous avez de me déplaire, au lieu que vous n'en aviez d'abord qu'une apparente pour mieux venir à vos fins. Je sais fort bien distinguer en vous l'empire que le cœur a su prendre du délire d'une imagination échauffée, et je vois cent fois plus de passion dans la contrainte où vous êtes, que dans vos premiers emportemens. Je sais bien aussi que votre état, tout génant qu'il est, n'est pas sans plaisirs. Il est doux pour un véritable amant de faire des sacrifices qui lui sont tous comptés, et dont aucun n'est perdu dans le cœur de ce qu'il aime. Qui sait même, si connoissant ma sensibilité, vous n'employez pas pour me séduire une addresse mieux entendüe ? Mais non, je suis injuste et vous n'êtes pas capable d'user d'artifice avec moi. Cependant, si je suis sage, je me défierai plus encore de la pitié que de l'amour[2]. Je me sens mille fois plus attendrie par vos respects que par vos transports, et je crains bien qu'en prenant le parti le plus honnête, vous n'ayez pris enfin le plus dangereux.

Il faut que je vous dise dans l'épanchement de mon cœur une vérité qu'il sent fortement et dont le votre doit vous convaincre : c'eſt qu'en dépit de la fortune, des parens, et de nous mêmes, nos deſtinées sont à jamais unies, et que nous ne pouvons plus être heureux ou malheureux qu'ensemble. Nos ames se sont, pour ainsi dire, touchées par tous les points, et nous avons par tout senti la même cohérence[1]. (Corrigez-moi, mon ami, si j'applique mal vos leçons de physique.) Le sort pourra bien nous séparer, mais non pas nous desunir. Nous n'aurons plus que les mêmes plaisirs et les mêmes peines; et comme ces aimans dont vous me parliez, qui ont, dit-on, les mêmes mouvemens en différens lieux, nous sentirions les mêmes choses aux deux extrémités du monde.

Défaites-vous donc de l'espoir, si vous l'eutes jamais, de vous faire un bonheur exclusif, et de l'acheter aux dépends du mien (*a*). N'espérez pas pouvoir être heureux si j'étois deshonorée, ni pouvoir d'un œil satisfait contempler mon ignominie et mes larmes. Croyez-moi, mon ami, je connois votre cœur bien mieux que vous ne le connoissez. Un amour si tendre et si vrai doit savoir commander aux desirs; vous en avez trop fait pour achever sans vous perdre, et ne pouvez plus combler mon malheur sans faire le votre (*b*).

Je voudrois que vous pussiez sentir combien il eſt important pour tous deux que vous vous en remetiez à moi du soin de notre deſtin commun. Doutez-vous que vous ne me soyez aussi cher que moi-même; et pensez-vous qu'il put exiſter pour moi quelque félicité que vous ne partageriez pas ? Non, mon ami, j'ai les mêmes intérêts que vous et un peu plus de raison pour les conduire. J'avoue que je suis la plus jeune; mais n'avez-vous jamais remarqué que si la raison d'ordinaire eſt plus foible et s'éteint plutôt chez les femmes elle eſt aussi plutôt formée, comme un frêle tournesol croit et meurt avant un chêne (*c*). Nous nous trouvons, dès le premier âge, chargées d'un si dangereux dépôt, que le soin de le conserver nous éveille bientôt le jugement, et c'eſt un excellent moyen de bien voir les conséquences des choses que de sentir vivement tous les risques qu'elles nous font courir. Pour moi, plus je m'occupe de notre situation, plus je trouve que la raison vous demande ce que je vous demande au nom de l'amour. Soyez donc docile à sa douce voix, et laissez vous conduire, hélas, par une autre aveugle, mais qui tient au moins un appui.

Je ne sais, mon ami, si nos cœurs auront le bonheur de s'entendre et si vous partagerez en lisant cette Lettre la tendre émotion qui l'a dictée. Je ne sais si nous pourrons jamais nous accorder sur la maniere de voir comme sur celle de sentir; mais je sais bien que l'avis de celui des deux qui sépare le moins son bonheur du bonheur de l'autre, est l'avis qu'il faut préférer.

LETTRE XII[1].

A JULIE.

Ma Julie, que la simplicité de votre lettre est touchante ! Que j'y vois bien la sérénité d'une ame innocente, et la tendre sollicitude de l'amour ! Vos pensées s'exhalent sans art et sans peine; elles portent au cœur une impression délicieuse que ne produit point un stile apprêté. Vous donnez des raisons invincibles d'un air si simple, qu'il y faut réfléchir pour en sentir la force, et les sentimens élevés vous coûtent si peu, qu'on est tenté de les prendre pour des manieres de penser communes. Ah, oui sans doute, c'est à vous de régler nos destins; ce n'est pas un droit que je vous laisse, c'est un devoir que j'exige de vous, c'est une justice que je vous demande, et votre raison me doit dédomager du mal que vous avez fait à la mienne. Dès cet instant je vous remets pour ma vie l'empire de mes volontés : disposez de moi comme d'un homme qui n'est plus rien pour lui même, et dont tout l'être n'a de rapport qu'à vous. Je tiendrai, n'en doutez pas, l'engagement que je prends, quoique vous puissiez me prescrire. Ou j'en vaudrai mieux, ou vous en serez plus heureuse, et je vois par tout le prix assuré de mon obéissance. Je vous remets donc sans reserve le soin de notre bonheur commun; faites le votre, et tout est fait (*a*). Pour moi qui ne puis ni vous oublier un instant, ni penser à vous sans des transports qu'il faut vaincre, je vais m'occuper uniquement des soins que vous m'avez imposés.

Depuis un an que nous étudions ensemble, nous n'avons gueres fait que des lectures sans ordre et presque au hazard, plus pour consulter votre goût que pour l'éclairer. D'ailleurs tant de trouble dans l'ame ne nous laissoit gueres de liberté d'esprit. Les yeux étoient mal fixés sur le livre, la bouche en prononçoit les mots, l'attention manquoit toujours. Votre petite cousine, qui n'étoit pas si préoccupée, nous reprochoit notre peu de conception, et se faisoit un honneur facile de nous devancer. Insensiblement elle est devenue le maître du maître, et quoique nous ayons quelquefois ri de ses prétentions, elle est au fond la seule des trois qui sait quelque chose de tout ce que nous avons appris.

Pour regagner donc le tems perdu, (Ah, Julie, en fut-il jamais de mieux employé ?), j'ai imaginé une espece de plan qui puisse réparer par la méthode le tort que les distractions ont fait au savoir. Je vous l'envoye; nous le lirons tantôt ensemble, et je me contente d'y faire ici quelques légéres observations.

Si nous voulions, ma charmante amie, nous charger d'un étalage d'érudition, et savoir pour les autres plus que pour nous, mon sistême ne vaudroit rien; car il tend toujours à tirer peu de beaucoup de choses, et à faire un petit recueil d'une grande bibliothéque. La science est dans la plupart de ceux qui la cultivent une monnoye dont on fait grand cas, qui cependant n'ajoute au bien être qu'autant qu'on la communique, et n'est bonne que dans le commerce. Otez à nos Savans le plaisir de se faire écouter, le savoir ne sera rien pour eux. Ils n'amassent dans le cabinet que pour répandre dans le public; ils ne veulent être sages qu'aux yeux d'autrui, et ils ne se soucieroient plus de l'étude s'ils n'avoient plus d'admirateurs*. Pour nous qui voulons profiter de nos connoissances, nous ne les amassons point pour les revendre, mais pour les convertir à notre usage, ni pour nous en charger, mais pour nous en nourrir. Peu lire, et beaucoup méditer nos lectures (*a*), ou ce qui est la même chose en causer beau-

* C'est ainsi que pensoit Sénéque lui-même. *Si l'on me donnoit*, dit-il, *la science, à condition de ne la pas montrer, je n'en voudrois point.* Sublime philosophie, voila donc ton usage (*b*)[1] !

coup entre nous, est le moyen de les bien digérer (*a*). Je pense que quand on a une fois l'entendement ouvert par l'habitude de réfléchir, il vaut toujours mieux trouver de soi-même les choses qu'on trouveroit dans les livres : c'est le vrai secret de les bien mouler à sa tête et de se les approprier. Au lieu qu'en les recevant telles qu'on nous les donne, c'est presque toujours sous une forme qui n'est pas la notre. Nous sommes plus riches que nous ne pensons, mais, dit Montaigne, on nous dresse à l'emprunt et à la queste[1]; on nous apprend à nous servir du bien d'autrui plutôt que du notre, ou plutôt, accumulant sans cesse nous n'osons toucher à rien : nous sommes comme ces avares qui ne songent qu'à remplir leurs greniers, et dans le sein de l'abondance se laissent mourir de faim.

Il y a, je l'avoue, bien des gens à qui cette méthode seroit fort nuisible et qui ont besoin de beaucoup lire et peu méditer, parce qu'ayant la tête mal faite, ils ne rassemblent rien de si mauvais que ce qu'ils produisent d'eux-mêmes. Je vous recommande tout le contraire, à vous qui mettez dans vos lectures mieux que ce que vous y trouvez, et dont l'esprit actif fait sur le livre un autre livre, quelquefois meilleur que le premier. Nous nous communiquerons donc nos idées; je vous dirai ce que les autres auront pensé, vous me direz sur le même sujet ce que vous pensez vous-même, et souvent après la leçon j'en sortirai plus instruit que vous.

Moins vous aurez de lecture à faire, mieux il faudra la choisir, et voici les raisons de mon choix. La grande erreur de ceux qui étudient est, comme je viens de vous dire, de se fier trop à leurs livres et de ne pas tirer assés de leur fond; sans songer que de tous les Sophistes, notre propre raison est presque toujours celui qui nous abuse le moins. Si tôt qu'on veut rentrer en soi-même, chacun sent ce qui est bien, chacun discerne ce qui est beau; nous n'avons pas besoin qu'on nous apprenne à connoître ni l'un ni l'autre, et l'on ne s'en impose là-dessus qu'autant qu'on s'en veut imposer. Mais les exemples du très bon et du très beau sont plus rares et moins connus, il les faut aller chercher loin de nous. La vanité, mesurant les forces de la nature sur notre foiblesse, nous fait regarder comme chimériques les qualités que nous ne sentons pas en nous-mêmes; la paresse et le vice s'appuyent sur cette prétendue impossibilité, et ce qu'on ne voit pas tous les jours l'homme foible prétend qu'on ne le voit jamais. C'eſt cette erreur qu'il faut détruire. Ce sont ces grands objets qu'il faut s'accoutumer à sentir et à voir, afin de s'ôter tout prétexte de ne les pas imiter. L'ame s'éleve, le cœur s'enflamme à la contemplation de ces divins modeles; à force de les considérer on cherche à leur devenir semblable, et l'on ne souffre plus rien de médiocre sans un dégoût mortel.

N'allons donc pas chercher dans les livres des principes et des regles que nous trouvons plus surement au dedans de nous. Laissons-là toutes ces vaines disputes des philosophes sur le bonheur et sur la vertu; employons à nous rendre bons et heureux le tems qu'ils perdent à chercher comment on doit l'être, et proposons-nous de grands exemples à imiter plutôt que de vains siſtêmes à suivre.

J'ai toujours cru que le bon n'étoit que le beau mis en action, que l'un tenoit intimement à l'autre, et qu'ils avoient tous deux une source commune dans la nature bien ordonnée. Il suit de cette idée que le goût se perfectionne par les mêmes moyens que la sagesse, et qu'une ame bien touchée des charmes de la vertu doit à proportion être aussi sensible à tous les autres genres de beautés. On s'exerce à voir comme à sentir (*a*), ou plutôt une vue exquise n'eſt qu'un sentiment délicat et fin. C'eſt ainsi qu'un peintre à l'aspect d'un beau paysage ou devant un beau tableau s'extasie à des objets qui ne sont pas même remarqués d'un Spectateur vulgaire. Combien de choses qu'on n'apperçoit que par sentiment et dont il eſt impossible de rendre raison ? Combien de ces je-ne-sais-quoi qui reviennent si fréquemment et dont le goût seul décide ? Le goût eſt en quelque maniere le microscope du jugement; c'eſt lui qui met les petits objets à sa portée, et ses opérations commencent où s'arrêtent celles du dernier. Que faut il donc pour le cultiver ? s'exercer à voir ainsi qu'à sentir, et à juger du beau par inspection comme du bon par sentiment (*b*). Non, je soutiens qu'il n'appartient pas même à tous les cœurs d'être émus au premier regard de Julie.

Voila, ma charmante Ecoliére, pourquoi je borne toutes vos études à des livres de goût et de mœurs. Voila pourquoi tournant toute ma méthode en exemples, je ne vous donne point d'autre définition des vertus qu'un tableau des gens vertueux, ni d'autres régles pour bien écrire, que les livres qui sont bien écrits (*a*).

Ne soyez donc pas surprise des retranchemens que je fais à vos précédentes lectures; je suis convaincu qu'il faut les resserrer pour les rendre utiles, et je vois tous les jours mieux que tout ce qui ne dit rien à l'ame n'est pas digne de vous occuper. Nous allons supprimer les langues, hors l'Italienne que vous savez et que vous aimez. Nous laisserons-là nos élemens d'algébre et de géométrie. Nous quiterions même la physique, si les termes qu'elle vous fournit m'en laissoient le courage[1]. Nous renoncerons pour jamais à l'histoire moderne, excepté celle de notre pays; encore n'est-ce que parce que c'est un pays libre et simple, où l'on trouve des hommes antiques dans les tems modernes : car ne vous laissez pas éblouïr par ceux qui disent que l'histoire la plus intéressante pour chacun est celle de son pays. Cela n'est pas vrai. Il y a des pays dont l'histoire ne peut pas même être lue, à moins qu'on ne soit imbécille ou négociateur. L'histoire la plus intéressante est celle où l'on trouve le plus d'exemples, de mœurs, de caracteres de toute espece; en un mot, le plus d'instruction. Ils vous diront qu'il y a autant de tout cela parmi nous que parmi les anciens. Cela n'est pas vrai. Ouvrez leur histoire et faites les taire. Il y a des peuples sans physionomie auxquels il ne faut point de peintres, il y a des gouvernemens sans caractere auxquels il ne faut point d'historiens, et où sitôt qu'on sait quelle place un homme occupe, on sait d'avance tout ce qu'il y fera. Ils diront que ce sont les bons historiens qui nous manquent; mais demandez leur pourquoi ? Cela n'est pas vrai. Donnez matiere à de bonnes histoires, et les bons historiens se trouveront. Enfin, ils diront que les hommes de tous les tems se ressemblent, qu'ils ont les mêmes vertus et les mêmes vices, qu'on n'admire les anciens que par ce qu'ils sont anciens. Cela n'est pas vrai, non plus; car on faisoit autrefois de grandes choses avec de petits moyens, et l'on fait aujourd'hui tout le contraire. Les anciens étoient contemporains de leurs historiens, et nous ont pourtant appris à les admirer. Assurément si la postérité jamais admire les notres, elle ne l'aura pas appris de nous (*b*)[2].

J'ai laissé par égard pour votre inséparable cousine quelques livres de petite littérature que je n'aurois pas laissés pour vous. Hors le Petrarque, le Tasse, le Metastase, et les maîtres du théatre françois (*a*), je n'y mêle ni poëtes ni livres d'amour, contre l'ordinaire des lectures consacrées à votre Sexe. Qu'apprendrions nous de l'amour dans ces livres ? Ah, Julie notre cœur nous en dit plus qu'eux, et le langage imité des livres est bien froid pour quiconque est passionné lui-même ! D'ailleurs ces études énervent l'ame, la jettent dans la molesse, et lui ôtent tout son ressort. Au contraire, l'amour véritable est un feu dévorant qui porte son ardeur dans les autres sentimens, et les anime d'une vigueur nouvelle. C'est pour cela qu'on a dit que l'amour faisoit des Héros[1]. Heureux celui que le sort eut placé pour le devenir, et qui auroit Julie pour amante !

LETTRE XIII.

DE JULIE.

Je vous le disois bien, que nous étions heureux; rien ne me l'apprend mieux que l'ennui que j'éprouve au moindre changement d'état. Si nous avions des peines bien vives, une absence de deux jours (*b*) nous en feroit-elle tant ? Je dis, nous, car je sais que mon ami partage mon impatience; il la partage parce que je la sens, et il la sent encore pour lui-même : je n'ai plus besoin qu'il me dise ces choses-là.

Nous ne sommes à la campagne que d'hier au soir, il n'est pas encore l'heure où je vous verrois à la ville, et cependant mon déplacement me fait déja trouver votre absence plus insupportable. Si vous ne m'aviez pas deffendu la géométrie, je vous dirois que mon inquietude est en raison composée des intervales du tems et du lieu[2]; tant je trouve que l'éloignement ajoute au chagrin de l'absence !

J'ai apporté votre Lettre et votre plan d'études, pour méditer l'une et l'autre, et j'ai déja relu deux fois la premiere : la fin m'en touche extrêmement. Je vois mon ami, que vous sentez le véritable amour, puisqu'il ne vous a point ôté le goût des choses honnêtes, et que vous savez encore dans la partie la plus sensible de votre cœur faire des sacrifices à la vertu. En effet, employer la voye de l'instruction pour corrompre une femme est de toutes les séductions la plus condannable; et vouloir attendrir sa maîtresse à l'aide des romans (*a*)[1] est avoir bien peu de ressource en soi-même. Si vous eussiez plié dans vos leçons la philosophie à vos vues, si vous eussiez tâché d'établir des maximes favorables à votre intérêt, en voulant me tromper vous m'eussiez bientôt détrompée; mais la plus dangereuse de vos séductions est de n'en point employer (*b*). Du moment que la soif d'aimer s'empara de mon cœur et que j'y sentis naître le besoin d'un éternel attachement, je ne demandai point au Ciel de m'unir à un homme aimable, mais à un homme qui eut l'ame belle[2]; car je sentois bien que c'est de tous les aggrémens qu'on peut avoir, le moins sujet au dégoût, et que la droiture et l'honneur ornent tous les sentimens qu'ils accompagnent. Pour avoir bien placé ma préférence, j'ai eu comme Salomon, avec ce que j'avois demandé, encore ce que je ne demandois pas[3]. Je tire un bon augure pour mes autres vœux de l'accomplissement de celui-là, et je ne desespére pas, mon ami, de pouvoir vous rendre aussi heureux un jour que vous méritez de l'être. Les moyens en sont lents, difficiles, douteux, les obstacles, terribles. Je n'ose rien me promettre; mais croyez que tout ce que la patience et l'amour pourront faire ne sera pas oublié. Continuez, cependant, à complaire en tout à ma mere, et préparez-vous, au retour de mon pere qui se retire enfin tout à fait après trente ans de service, à supporter les hauteurs d'un vieux gentilhomme brusque mais plein d'honneur, qui vous aimera sans vous caresser et vous estimera sans le dire.

J'ai interrompu ma Lettre pour m'aller promener dans des bocages qui sont près de notre maison. O mon doux ami ! je t'y conduisois avec moi, ou plutôt je t'y portois dans mon sein. Je choisissois les lieux que nous devions parcourir ensemble; j'y marquois des aziles dignes de nous retenir; nos cœurs s'épanchoient d'avance dans ces retraites délicieuses, elles ajoutoient au plaisir que nous goûtions d'être ensemble, elles recevoient à leur tour un nouveau prix du séjour de deux vrais amans, et je m'étonnois de n'y avoir point remarqué seule les beautés que j'y trouvois avec toi[4].

Parmi les bosquets naturels que forme ce lieu charmant, il en eſt un plus charmant que les autres, dans lequel je me plais davantage, et où, par cette raison, je deſtine une petite surprise à mon ami. Il ne sera pas dit qu'il aura toujours de la déférence et moi jamais de générosité. C'eſt là que je veux lui faire sentir, malgré les préjugés vulgaires, combien ce que le cœur donne vaut mieux que ce qu'arrache l'importunité. Au reſte, de peur que votre imagination vive ne se mette un peu trop en fraix, je dois vous prévenir que nous n'irons point ensemble dans le bosquet sans l'*inséparable cousine*.

A propos d'elle, il eſt décidé, si cela ne vous fâche pas trop, que vous viendrez nous voir lundi. Ma mere enverra sa calêche à ma cousine; vous vous rendrez chez elle à dix heures; elle vous amenera; vous passerez la journée avec nous, et nous nous en retournerons tous ensemble le lendemain après le dîné.

J'en étois ici de ma lettre quand j'ai réfléchi que je n'avois pas pour vous la remettre les mêmes comodités qu'à la ville. J'avois d'abord pensé de (*a*) vous renvoyer un de vos livres par Guſtin[1] le fils du Jardinier, et de mettre à ce livre une couverture de papier, dans laquelle j'aurois inséré ma lettre. Mais, outre qu'il n'eſt pas sur que vous vous avisassiez[2] de la chercher, ce seroit une imprudence impardonnable d'exposer à de pareils hazards le deſtin de notre vie. Je vais donc me contenter de vous marquer simplement par un billet le rendez-vous de lundi, et je garderai la lettre pour vous la donner à vous même. Aussi-bien j'aurois un peu de souci qu'il n'y eut trop de commentaires sur le miſtere du bosquet.

LETTRE XIV[3].

A JULIE.

QU'AS-TU fait, ah ! qu'as-tu fait, ma Julie ? tu voulois me récompenser et tu m'as perdu. Je suis ivre, ou plutôt insensé. Mes sens sont altérés, toutes mes facultés sont troublées par ce baiser mortel. Tu voulois soulager mes maux ? Cruelle, tu les aigris. C'eſt du poison que j'ai cueilli sur tes levres; il fermente, il embrase mon sang; il me tue, et ta pitié me fait mourir.

O souvenir immortel de cet instant d'illusion, de délire et d'enchantement, jamais, jamais tu ne t'effaceras de mon ame, et tant que les charmes de Julie y seront gravés, tant que ce cœur agité me fournira (*a*) des sentimens et des soupirs, tu seras le supplice et le bonheur de ma vie !

Hélas ! je jouissois d'une apparente tranquillité; soumis à tes volontés suprêmes, je ne murmurois plus d'un sort auquel tu daignois présider. J'avois dompté les fougueuses saillies d'une imagination téméraire; j'avois couvert mes regards d'un voile et mis une entrave à mon cœur; mes desirs n'osoient plus s'échaper qu'à demi, j'étois aussi content que je pouvois l'être. Je reçois ton billet, je vole chez ta cousine; nous nous rendons à Clarens, je t'apperçois, et mon sein palpite; le doux son de ta voix y porte une agitation nouvelle; je t'aborde comme transporté, et j'avois grand besoin de la diversion de ta cousine pour cacher mon trouble à ta mere. On parcourt le jardin, l'on dîne tranquillement, tu me rends en secret ta lettre que je n'ose lire devant ce redoutable témoin; le soleil commence à baisser, nous fuyons tous trois dans le bois le reste de ses rayons, et ma paisible simplicité n'imaginoit pas même un état plus doux que le mien.

En approchant du bosquet j'apperçus, non sans une émotion secrette, vos signes d'intelligence, vos sourires mutuels, et le coloris de tes joues prendre un nouvel éclat. En y entrant, je vis avec surprise ta cousine s'approcher de moi et d'un air plaisamment suppliant me demander un baiser. Sans rien comprendre à ce mistere j'embrassai cette charmante amie, et toute aimable, toute piquante (*b*) qu'elle est, je ne connus jamais mieux, que les sensations ne sont rien que ce que le cœur les fait être. Mais que devins-je un moment après, quand je sentis..... la main me tremble...... un doux frémissement...... ta bouche de roses........ la bouche de Julie..... se poser, se presser sur la mienne, et mon corps serré dans tes bras ? Non, le feu du ciel n'est pas plus vif ni plus prompt que celui qui vint à l'instant m'embraser. Toutes les parties de moi même se rassemblerent sous ce toucher délicieux. Le feu s'exhaloit avec nos soupirs de nos levres brulantes, et mon cœur se mouroit sous le poids de la volupté.... quand tout à coup je te vis pâlir, fermer tes beaux yeux, t'apuyer sur ta cousine, et tomber en défaillance. Ainsi la frayeur éteignit le plaisir[1], et mon bonheur ne fut qu'un éclair.

A peine sai-je ce qui m'eſt arrivé depuis ce fatal moment. L'impression profonde que j'aie reçue ne peut plus s'effacer. Une faveur ?..... c'eſt un tourment horrible..... Non garde tes baisers, je ne les saurois supporter...... ils sont trop acres[2], trop pénétrans, ils percent, ils brulent jusqu'à la moele..... ils me rendroient furieux. Un seul, un seul m'a jetté dans un égarement dont je ne puis plus revenir. Je ne suis plus le même, et ne te vois plus la même. Je ne te vois plus comme autrefois réprimante et severe; mais je te sens et te touche sans cesse unie à mon sein comme tu fus un inſtant. O Julie ! quelque sort que m'annonce un transport dont je ne suis plus maître, quelque traitement que ta rigueur me deſtine, je ne puis plus vivre dans l'état où je suis, et je sens qu'il faut enfin que j'expire à tes pieds..... ou dans tes bras (*a*).

LETTRE XV[3].

DE JULIE.

Il eſt important, mon ami, que nous nous séparions pour quelques tems, et c'eſt ici la premiere épreuve de l'obéissance que vous m'avez promise. Si je l'exige en cette occasion, croyez que j'en ai des raisons très fortes : il faut bien, et vous le savez trop, que j'en aye pour m'y résoudre; quant à vous, vous n'en avez pas besoin d'autre que ma volonté.

Il y a longtems que vous avez un voyage à faire en Valais. Je voudrois que vous pussiez l'entreprendre à présent qu'il ne fait pas encore froid. Quoique l'autonne soit encore agréable ici, vous voyez déja blanchir la pointe de la Dent-de-Jamant*, et dans six semaines je ne vous laisserois pas faire ce voyage dans un pays si rude. Tâchez donc de partir dès demain : vous m'écrirez à l'addresse que je vous envoye, et vous m'enverrez la votre quand vous serez arrivé à Sion.

* Haute montagne du pays de Vaud.

Vous n'avez jamais voulu me parler de l'état de vos affaires; mais vous n'êtes pas dans votre patrie[1]; je sais que vous y avez peu de fortune et que vous ne faites que la déranger ici, où vous ne resteriez pas sans moi. Je puis donc supposer qu'une partie de votre bourse est dans la mienne, et je vous envoye un léger à-compte dans celle que renferme cette boete qu'il ne faut pas ouvrir devant le porteur. Je n'ai garde d'aller au devant des difficultés, je vous estime trop pour vous croire capable d'en faire[2].

Je vous deffens, non seulement de retourner sans mon ordre, mais de venir nous dire adieu. Vous pouvez écrire à ma mere ou à moi, simplement pour nous avertir que vous êtes forcé de partir sur le champ pour une affaire imprévue, et me donner, si vous voulez quelques avis sur mes lectures, jusqu'à votre retour. Tout cela doit être fait naturellement et sans aucune apparence de mistere. Adieu, mon ami, n'oubliez pas que vous emportez le cœur et le repos de Julie.

LETTRE XVI.

RÉPONSE.

Je relis votre terrible lettre, et je frissonne à chaque ligne. J'obéirai, pourtant, je l'ai promis, je le dois; j'obéirai. Mais vous ne savez pas, non barbare, vous ne saurez jamais ce qu'un tel sacrifice coûte à mon cœur. Ah, vous n'aviez pas besoin de l'épreuve du bosquet pour me le rendre sensible ! C'est un rafinement de cruauté perdu pour votre ame impitoyable, et je puis au moins vous défier de me rendre plus malheureux.

Vous recevrez votre boete dans le même état où vous l'avez envoyée. C'est trop, d'ajouter l'opprobre à la cruauté (*a*); si je vous ai laissée maîtresse de mon sort, je je vous ai point laissé (*b*) l'arbitre de mon honneur. C'est un dépôt sacré, (l'unique, hélas, qui me reste !) dont jusqu'à la fin de ma vie nul ne sera chargé que moi seul.

LETTRE XVII.

REPLIQUE.

VOTRE lettre me fait pitié; c'eſt la seule chose sans esprit que vous ayez jamais écrite.

J'offense donc votre honneur, pour lequel je donnerois mille fois ma vie? J'offense donc ton honneur, Ingrat! qui m'as vu prette (*a*) à t'abandonner le mien? Où eſt-il donc, cet honneur que j'offense? Dis-le moi, cœur rampant, ame sans délicatesse? Ah! que tu es méprisable, si tu n'as qu'un honneur que Julie ne connoisse pas! Quoi ceux qui veulent partager leur sort n'oseroient partager leurs biens, et celui qui fait profession d'être à moi se tient outragé de mes dons! Et depuis quand eſt-il vil de recevoir de ce qu'on aime (*b*)? Depuis quand ce que le cœur donne deshonore-t-il le cœur qui l'accepte: mais on méprise un homme qui reçoit d'un autre? on méprise celui dont les besoins passent la fortune? Et qui le méprise? des ames abjectes qui mettent l'honneur dans la richesse, et pésent les vertus au poids de l'or. Eſt-ce dans ces basses maximes qu'un homme de bien met son honneur, et le préjugé même de la raison n'eſt-il pas en faveur du plus pauvre?

Sans doute, il eſt des dons vils qu'un honnête homme ne peut accepter; mais apprenez qu'ils ne deshonorent pas moins la main qui les offre, et qu'un don honnête à faire eſt toujours honnête à recevoir; or surement mon cœur ne me reproche pas celui-ci, il s'en glorifie*. Je ne sache rien de plus méprisable qu'un homme dont on achete le cœur et les soins, si ce n'eſt la femme qui les paye; mais entre deux cœurs unis la communauté des biens eſt une juſtice et un devoir, et si je me trouve encore en arriere de ce qui me reſte de plus qu'à vous, j'accepte sans scrupule ce que je reserve, et je vous dois ce que je ne vous ai pas donné. Ah! si les dons de l'amour sont à charge, quel cœur jamais peut être reconnoissant?

* Elle a raison. Sur le motif secret de ce voyage, on voit que jamais argent ne fut plus honnêtement employé. C'eſt grand domage que cet emploi n'ait pas fait un meilleur profit (*c*)[1].

Supposeriez-vous que je refuse à mes besoins ce que je destine à pourvoir aux votres (*a*) ? je vais vous donner du contraire une preuve sans réplique. C'est que la bourse que je vous renvoye contient le double de ce qu'elle contenoit la premiere fois, et qu'il ne tiendroit qu'à moi de la doubler encore. Mon Pere me donne pour mon entretien une pension, modique à la vérité, mais à laquelle je n'ai jamais besoin de toucher, tant ma mere est attentive à pourvoir à tout; sans compter que ma broderie et ma dentelle suffisent pour m'entretenir de l'une et de l'autre. Il est vrai que je n'étois pas toujours aussi riche; les soucis d'une passion fatale m'ont fait depuis longtems négliger certains soins auxquels j'employois mon superflu; c'est une raison de plus d'en disposer comme je fais; il faut vous humilier pour le mal dont vous êtes cause, et que l'amour expie les fautes qu'il fait commettre.

Venons à l'essentiel. Vous dites que l'honneur vous défend d'accepter mes dons. Si cela est, je n'ai plus rien à dire, et je conviens avec vous qu'il ne vous est pas permis d'aliéner un pareil soin. Si donc vous pouvez me prouver cela, faites-le clairement, incontestablement, et sans vaine subtilité; car vous savez que je hais les sophismes. Alors vous pouvez me rendre la bourse, je la reprens sans me plaindre, et il n'en sera plus parlé.

Mais comme je n'aime ni les gens pointilleux ni le faux point-d'honneur, si vous me renvoyez encore une fois la boete sans justification, ou que votre justification soit mauvaise, il faudra ne nous plus voir. Adieu; pensez-y.

LETTRE XVIII.

A JULIE.

J'AI reçu vos dons, je suis parti sans vous voir, me voici bien loin de vous. Etes-vous contente de vos tyrannies, et vous ai-je assés obéi ?

Je ne puis vous parler de mon voyage; à peine sais-je comment il s'est fait. J'ai mis trois jours à faire vingt lieues; chaque pas qui m'éloignoit de vous séparoit mon corps de mon ame et me donnoit un sentiment anticipé de la mort. Je voulois vous décrire ce que je verrois. Vain projet ! Je n'ai rien vu que vous et ne puis vous peindre que Julie. Les puissantes émotions que je viens d'éprouver coup sur coup m'ont jetté dans des distractions continuelles; je me sentois toujours où je n'étois point; à peine avois-je assés de présence d'esprit pour suivre et demander mon chemin, et je suis arrivé à Sion sans être parti de Vevai.

C'est ainsi que j'ai trouvé le secret d'éluder votre rigueur et de vous voir sans vous desobéir. Oui, cruelle, quoique vous ayez su faire, vous n'avez pu me séparer de vous tout entier. Je n'ai traîné dans mon exil que la moindre partie de moi-même : tout ce qu'il y a de vivant en moi demeure auprès de vous sans cesse. Il erre impunément sur vos yeux, sur vos levres, sur votre sein, sur tous vos charmes; il pénetre par tout comme une vapeur subtile, et je suis plus heureux en dépit de vous, que je ne fus jamais de votre gré[1].

J'ai ici quelques personnes à voir, quelques affaires à traiter; voila ce qui me désole. Je ne suis point à plaindre dans la solitude, où je puis m'occuper de vous et me transporter aux lieux où vous êtes. La vie active qui me rappelle à moi tout entier m'est seule insupportable. Je vais faire mal et vîte, pour être promptement libre, et pouvoir m'égarer à mon aise dans les lieux sauvages qui forment à mes yeux les charmes de ce pays. Il faut tout fuir et vivre seul au monde, quand on n'y peut vivre avec vous.

LETTRE XIX.

A JULIE.

Rien ne m'arrête plus ici que vos ordres; cinq jours que j'y ai passés ont suffi et au delà pour mes affaires; si toutesfois on peut appeller des affaires celles où le cœur n'a point de part. Enfin vous n'avez plus de prétexte, et ne pouvez me retenir loin de vous qu'afin de me tourmenter.

Je commence à être fort inquiet du sort de ma premiere lettre; elle fut écrite et mise à la poste en arrivant; l'addresse en est fidellement copiée sur celle que vous m'envoyâtes; je vous ai envoyé la mienne avec le même soin, et si vous aviez fait exactement réponse, elle auroit déja dû me parvenir. Cette réponse pourtant ne vient point, et il n'y a nulle cause possible et funeste de son retard que mon esprit troublé ne se figure. O ma Julie, que d'imprévues catastrophes peuvent en huit jours rompre à jamais les plus doux liens du monde[1] ! Je frémis de songer qu'il n'y a pour moi qu'un seul moyen d'être heureux, et des millions d'être misérable*. Julie, m'auriez-vous oublié[2] ? Ah ! c'est la plus affreuse de mes craintes ! Je puis préparer ma constance aux autres malheurs, mais toutes les forces de mon ame défaillent au seul soupçon de celui-là.

Je vois le peu de fondement de mes allarmes et ne saurois les calmer. Le sentiment de mes maux s'aigrit sans cesse loin de vous, et comme si je n'en avois pas assés pour m'abbatre, je m'en forge encore d'incertains pour irriter tous les autres. D'abord, mes inquiétudes étoient moins vives. Le trouble d'un départ subit, l'agitation du voyage, donnoient le change à mes ennuis; ils se raniment dans la tranquille solitude. Hélas ! je combattois; un fer mortel a percé mon sein, et la douleur ne s'est fait sentir que longtems après la blessure.

Cent fois en lisant des Romans, j'ai ri des froides plaintes des amans sur l'absence. Ah, je ne savois pas alors à quel point la votre un jour me seroit insupportable ! Je sens aujourd'hui combien une ame paisible est peu propre à juger des passions, et combien il est insensé de rire des sentimens qu'on n'a point éprouvés. Vous le dirai-je pourtant ? Je ne sais quelle idée consolante et douce tempere en moi l'amertume de votre éloignement, en songeant qu'il s'est fait par votre ordre. Les maux qui me viennent de vous me sont moins cruels que s'ils m'étoient envoyés par la fortune; s'ils servent à vous contenter je ne voudrois pas ne les point sentir (*a*); ils sont les garants de leur dédommagement, et je connois

* On me dira que c'est le devoir d'un Editeur de corriger les fautes de langue. Oui bien pour les Editeurs qui font cas de cette correction; oui bien pour les ouvrages dont on peut corriger le stile sans le refondre et le gâter; oui bien quand on est assés sur de sa plume pour ne pas substituer ses propres fautes à celles de l'auteur. Et avec tout cela, qu'aura-t-on gagné à faire parler un Suisse comme un Académicien (*b*)[3] ?

trop bien votre ame pour vous croire barbare à pure perte[1].

Si vous voulez m'éprouver je n'en murmure plus; il eſt juſte que vous sachiez si je suis conſtant, patient, docilc, digne en un mot, des biens que vous me reservez. Dieux ! si c'étoit là votre idée, je me plaindrois de trop peu souffrir. Ah, non ! pour nourrir dans mon cœur une si douce attente, inventez, s'il se peut des maux mieux proportionnés à leur prix[2].

LETTRE XX.

DE JULIE.

JE reçois à la fois vos deux Lettres, et je vois par l'inquiétude que vous marquez dans la seconde sur le sort de l'autre que quand l'imagination prend les devants, la raison ne se hâte pas comme elle, et souvent la laisse aller seule. Pensâtes-vous en arrivant à Sion qu'un Courrier tout prêt n'attendoit pour partir que votre lettre, que cette lettre me seroit remise en arrivant ici, et que les occasions ne favoriseroient pas moins ma réponse ? Il n'en va pas ainsi, mon bel ami. Vos deux lettres me sont parvenues à la fois, parce que le Courrier, qui ne passe qu'une fois la semaine*, n'eſt parti qu'avec la seconde. Il faut un certain tems pour diſtribuer les lettres; il en faut à mon commissionnaire pour me rendre la mienne en secret, et le Courrier ne retourne pas d'ici le lendemain du jour qu'il eſt arrivé. Ainsi tout bien calculé, il nous faut huit jours, quand celui du Courrier eſt bien choisi, pour recevoir réponse l'un de l'autre; ce que je vous explique afin de calmer une fois pour toutes votre impatiente vivacité. Tandis que vous déclamez contre la fortune et ma négligence, vous voyez que je m'informe adroitement de tout ce qui peut assurer notre correspondance et prévenir vos perplexités. Je vous laisse à décider de quel côté sont les plus tendres soins.

Ne parlons plus de peines, mon bon ami; ah, respeƈtez et partagez plutôt le plaisir que j'éprouve, après huit mois (*a*) d'absence, de revoir le meilleur des Peres ! Il

---

* Il passe à présent deux fois (*b*).

arriva jeudi au soir, et je n'ai songé qu'à lui* depuis cet heureux moment. O toi que j'aime le mieux au monde après les auteurs de mes jours, pourquoi tes lettres, tes querelles, viennent-elles contrister mon ame et troubler les premiers plaisirs d'une famille réunie ? Tu voudrois que mon cœur s'occupât de toi sans cesse; mais di-moi, le tien pourroit-il aimer une fille dénaturée à qui les feux de l'amour feroient oublier les droits du sang, et que les plaintes d'un amant rendroient insensible aux caresses d'un pere ? Non, mon digne ami, n'empoisonne point par d'injustes reproches l'innocente joye que m'inspire un si doux sentiment. Toi dont l'ame est si tendre et si sensible, ne conçois-tu point quel charme c'est de sentir dans ces purs et sacrés embrassemens le sein d'un pere palpiter d'aise contre celui de sa fille. Ah ! crois-tu qu'alors le cœur puisse un moment se partager et rien dérober à la nature[1] ?

Sol che son figlia io mi rammento adesso (*a*).

Ne pensez pas, pourtant, que je vous oublie. Oublia-t-on jamais ce qu'on a une fois aimé ? Non les impressions plus vives qu'on suit quelques instans, n'effacent pas pour cela les autres. Ce n'est point sans chagrin que je vous ai vu partir, ce n'est point sans plaisir que je vous verrois de retour (*b*). Mais..... Prenez patience ainsi que moi puisqu'il le faut, sans en demander davantage. Soyez sûr que je vous rappellerai le plutôt qu'il me sera possible, et pensez que souvent tel qui se plaint bien haut de l'absence, n'est pas celui qui en souffre le plus.

LETTRE XXI.

A JULIE.

Que j'ai souffert en la recevant, cette lettre souhaitée avec tant d'ardeur ! J'attendois le Courrier à la poste. A peine le pacquet étoit-il ouvert que je me nomme, je me rends importun; on me dit qu'il y a une lettre; je tressaille; je la demande agité d'une mortelle impatience : je la reçois enfin. Julie, j'apperçois les traits de ta main adorée ! La mienne tremble en s'avançant pour

* L'article qui précéde prouve qu'elle ment (*c*).

recevoir ce précieux dépôt. Je voudrois baiser mille fois ces sacrés caracteres. O circonspection d'un amour craintif ! Je n'ose porter la Lettre à ma bouche, ni l'ouvrir devant tant de témoins. Je me dérobe à la hâte. Mes genoux trembloient sous moi; mon émotion croissante me laisse à peine appercevoir mon chemin; j'ouvre la lettre au premier détour; je la parcours, je la dévore, et à peine suis-je à ces lignes où tu peins si bien les plaisirs de ton cœur en embrassant ce respectable pere que je fonds en larmes, on me regarde, j'entre dans une allée pour échaper aux spectateurs; là, je partage ton attendrissement; j'embrasse avec transport cet heureux pere que je connois à peine, et la voix de la nature me rappellant au mien, je donne de nouvelles[1] pleurs à sa mémoire honorée[2].

Et que vouliez-vous apprendre, incomparable fille, dans mon vain et triste savoir ? Ah, c'est de vous qu'il faut apprendre tout ce qui peut entrer de bon, d'honnête dans une ame humaine, et surtout ce divin accord de la vertu, de l'amour, et de la nature, qui ne se trouva jamais qu'en vous ! Non, il n'y a point d'affection saine qui n'ait sa place dans votre cœur, qui ne s'y distingue par la sensibilité qui vous est propre, et pour savoir moi-même régler le mien, comme j'ai soumis toutes mes actions à vos volontés, je vois bien qu'il faut soumettre encore tous mes sentimens aux votres.

Quelle différence pourtant de votre état au mien, daignez le remarquer ! Je ne parle point du rang et de la fortune, l'honneur et l'amour doivent en cela suppléer à tout. Mais vous êtes environnée de gens que vous chérissez et qui vous adorent; les soins d'une tendre mere, d'un pere dont vous êtes l'unique espoir; l'amitié d'une cousine qui semble ne respirer que par vous; toute une famille dont vous faites l'ornement; une ville entiere fiere de vous avoir vu naître, tout occupe et partage votre sensibilité, et ce qu'il en reste à l'amour n'est que la moindre partie de ce que lui ravissent les droits du sang et de l'amitié. Mais moi, Julie, hélas ! errant, sans famille, et presque sans patrie[3], je n'ai que vous sur la terre, et l'amour seul me tient lieu de tout. Ne soyez donc pas surprise si, bien que votre ame soit la plus sensible, la mienne sait le mieux aimer, et si, vous cédant en tant de choses, j'emporte au moins le prix de l'amour.

Ne craignez pourtant pas que je vous importune encore de mes indiscretes plaintes. Non, je respecterai vos plaisirs, et pour eux-mêmes qui sont si purs, et pour vous qui les ressentez. Je m'en formerai dans l'esprit le touchant spectacle; je les partagerai de loin, et ne pouvant être heureux de ma propre félicité, je le serai de la votre. Quelles que soient les raisons qui me tiennent éloigné de vous, je les respecte; et que me serviroit de les connoître, si quand je devrois les desapprouver, il n'en faudroit pas moins obéir à la volonté qu'elles vous inspirent ? M'en coutera-t-il plus de garder le silence qu'il m'en couta de vous quiter ? souvenez-vous toujours, ô Julie, que votre ame a deux corps à gouverner, et que celui qu'elle anime par son choix lui sera toujours le plus fidelle.

nodo piu forte :
Fabricato da noi, non dalla sorte (*a*).

Je me tais donc, et jusqu'à ce qu'il vous plaise de terminer mon exil je vais tâcher d'en tempérer l'ennui en parcourant les montagnes du Valais, tandis qu'elles sont encore praticables. Je m'apperçois que ce pays ignoré mérite les regards des hommes, et qu'il ne lui manque pour être admiré que des Spectateurs qui le sachent voir. Je tâcherai d'en tirer quelques observations dignes de vous plaire. Pour amuser une jolie femme, il faudroit peindre un peuple aimable et galant. Mais toi, ma Julie, ah, je le sais bien; le tableau d'un peuple heureux et simple est celui qu'il faut à ton cœur.

LETTRE XXII.

DE JULIE.

ENFIN le premier pas est franchi, et il a été question de vous. Malgré le mépris que vous témoignez pour ma doctrine[1], mon pere en a été surpris : il n'a pas moins admiré mes progrès dans la musique et dans le dessein*[2],

* Voila, ce me semble, un sage de vingt ans qui sait prodigieusement de choses ! Il est vrai que Julie le félicite à trente de n'être plus si savant (*b*).

et au grand étonnement de ma mere, prévenue par vos calomnies*, au blason[1] près qui lui a paru négligé, il a été fort content de tous mes talens. Mais ces talens ne s'acquiérent pas sans maître; il a falu nommer le mien, et je l'ai fait avec une énumération pompeuse de toutes les sciences qu'il vouloit bien m'enseigner, hors une. Il s'est rappellé[2] de vous avoir vû plusieurs fois à son précédent voyage, et il n'a pas paru qu'il eut conservé de vous une impression desavantageuse.

Ensuite il s'est informé de votre fortune; on lui a dit qu'elle étoit médiocre; de votre naissance; on lui a dit qu'elle étoit honnête[3]. Ce mot *honnête* est fort équivoque à l'oreille d'un gentilhomme, et a excité des soupçons que l'éclaircissement a confirmés. Dès qu'il a su que vous n'étiez pas noble, il a demandé ce qu'on vous donnoit par mois. Ma mere prenant la parole a dit qu'un pareil arrangement n'étoit pas même proposable, et qu'au contraire, vous aviez rejetté constamment tous les moindres présens qu'elle avoit tâché de vous faire en choses qui ne se refusent pas; mais cet air de fierté n'a fait qu'exciter la sienne (*a*), et le moyen de supporter l'idée d'être redevable à un roturier ? Il a donc été décidé qu'on vous offriroit un payement, au refus duquel, malgré tout votre mérite dont on convient, vous seriez remercié de vos soins. Voila, mon ami, le resumé d'une conversation, qui a été tenue sur le compte de mon très honoré maître, et durant laquelle son humble écoliere n'étoit pas fort tranquille. J'ai cru ne pouvoir trop me hâter de vous en donner avis, afin de vous laisser le tems d'y réfléchir. Aussi-tôt que vous aurez pris votre résolution, ne manquez pas de m'en instruire; car cet article est de vôtre compétence, et mes droits ne vont pas jusques là[4].

J'apprens avec peine vos courses dans les montagnes; non que vous n'y trouviez, à mon avis, une agréable diversion, et que le détail de ce que vous aurez vû ne me soit fort agréable à moi-même : mais je crains pour vous des fatigues que vous n'êtes guere en état de supporter. D'ailleurs la saison est fort avancée; d'un jour à l'autre tout peut se couvrir de neige (*b*), et je prévois que vous aurez encore plus à souffrir du froid que de la fatigue. Si

---

* Cela se rapporte à une lettre à la mere, écrite sur un ton équivoque, et qui a été supprimée (*c*)[5].

vous tombiez malade dans le pays où vous êtes je ne m'en consolerois jamais. Revenez donc, mon bon ami, dans mon voisinage. Il n'eſt pas tems encore de rentrer à Vevai, mais je veux que vous habitiez un séjour moins rude, et que nous soyons plus à portée d'avoir aisément des nouvelles l'un de l'autre. Je vous laisse le maître du choix de votre ſtation. Tâchez seulement qu'on ne sache point ici où vous êtes, et soyez discret sans être miſtérieux. Je ne vous dis rien sur ce chapitre; je me fie à l'intérêt que vous avez d'être prudent, et plus encore à celui que j'ai que vous le soyez.

Adieu mon Ami; je ne puis m'entretenir plus longtems avec vous. Vous savez de quelles précautions j'ai besoin pour vous écrire (*a*). Ce n'eſt pas tout : Mon pere a amené un étranger respectable[1], son ancien ami, et qui lui a sauvé autrefois la vie à la guerre. Jugez si nous nous sommes efforcés de le bien recevoir ! Il repart demain, et nous nous hâtons de lui procurer pour le jour qui nous reſte, tous les amusemens qui peuvent marquer notre zele à un tel bienfaiteur. On m'appelle : il faut finir. Adieu, derechef (*b*).

LETTRE XXIII[2].

A JULIE.

A PEINE ai-je employé huit jours à parcourir un pays qui demanderoit des années d'observation : mais outre que la neige me chasse, j'ai voulu revenir au devant du Courier qui m'apporte, j'espere, une de vos lettres. En attendant qu'elle arrive, je commence par vous écrire celle-ci, après laquelle j'en écrirai s'il eſt nécessaire une seconde pour répondre à la votre.

Je ne vous ferai point ici un détail de mon voyage et de mes remarques; j'en ai fait une relation que je compte vous porter. Il faut reserver notre correspondance pour les choses qui nous touchent de plus près l'un et l'autre. Je me contenterai de vous parler de la situation de mon ame : il eſt juſte de vous rendre compte de l'usage qu'on fait de votre bien.

J'étois parti, triſte de mes peines, et consolé de votre

joye; ce qui me tenoit dans un certain état de langueur qui n'eſt pas sans charme pour un cœur sensible[1]. Je gravissois lentement et à pied des sentiers assés rudes, conduit par un homme que j'avois pris pour être mon guide, et dans lequel durant toute la route j'ai trouvé plutôt un ami qu'un mercenaire. Je voulois rêver[2], et j'en étois toujours détourné par quelque speƈtacle inatendu. Tantôt d'immenses roches pendoient en ruines au dessus de ma tête. Tantôt de hautes et bruyantes cascades m'inondoient de leur épais brouillard. Tantôt un torrent éternel ouvroit à mes côtés un abîme dont les yeux n'osoient sonder la profondeur. Quelquefois je me perdois dans l'obscurité d'un bois touffu. Quelquefois en sortant d'un gouffre une agréable prairie réjouissoit tout à coup mes regards. Un mélange étonnant de la nature sauvage et de la nature cultivée, montroit par tout la main des hommes, où l'on eut cru qu'ils n'avoient jamais pénétré : à côté d'une caverne on trouvoit des maisons; on voyoit des pampres secs où l'on n'eut cherché que des ronces, des vignes dans des terres éboulées, d'excellens fruits sur des rochers, et des champs dans des précipices.

Ce n'étoit pas seulement le travail des hommes qui rendoit ces pays étranges si bizarrement contraſtés; la nature sembloit encore prendre plaisir à s'y mettre en opposition avec elle-même, tant on la trouvoit différente en un même lieu sous divers aspeƈts. Au levant les fleurs du printems, au midi les fruits de l'automne, au nord les glaces de l'hiver : elle réunissoit toutes les saisons dans le même inſtant, tous les climats dans le même lieu, des terrains contraires sur le même sol, et formoit l'accord inconnu par tout ailleurs des produƈtions des plaines et de celles des Alpes. Ajoutez à tout cela les illusions de l'optique, les pointes des monts différemment éclairées, le clair obscur du soleil et des ombres, et tous les accidens de lumiere qui en résultoient le matin et le soir; vous aurez quelque idée des scénes continuelles qui ne cesserent d'attirer mon admiration, et qui sembloient m'être offertes en un vrai théatre; car la perspeƈtive des monts étant verticale frape les yeux tout à la fois et bien plus puissamment que celle des plaines qui ne se voit qu'obliquement, en fuyant, et dont chaque objet vous en cache un autre.

J'attribuai durant la premiere journée aux agrémens de cette variété le calme que je sentois renaître en moi. J'admirois l'empire qu'ont sur nos passions les plus vives les êtres les plus insensibles, et je méprisois la philosophie de ne pouvoir pas même autant sur l'ame qu'une suite d'objets inanimés. Mais cet état paisible ayant duré la nuit et augmenté le lendemain, je ne tardai pas de juger qu'il avoit encore quelque autre cause qui ne m'étoit pas connue. J'arrivai ce jour-là sur des montagnes les moins élévées, et parcourant ensuite leurs inégalités, sur celles des plus hautes qui étoient à ma portée. Après m'être promené dans les nuages, j'atteignois un séjour plus serain d'où l'on voit, dans la saison le tonnerre et l'orage se former au dessous de soi; image trop vaine de l'ame du sage, dont l'exemple n'exista jamais, ou n'existe qu'aux mêmes lieux d'où l'on en a tiré l'emblême (*a*).

Ce fut là que je démêlai sensiblement dans la pureté de l'air où je me trouvois, la véritable cause du changement de mon humeur, et du retour de cette paix intérieure que j'avois perdue depuis si longtems. En effet, c'est une impression générale qu'éprouvent tous les hommes, quoiqu'ils ne l'observent pas tous, que sur les hautes montagnes où l'air est pur et subtil, on se sent plus de facilité dans la respiration, plus de légéreté dans le corps, plus de sérénité dans l'esprit, les plaisirs y sont moins ardens, les passions plus modérées. Les méditations y prennent je ne sais quel caractere grand et sublime, proportionné aux objets qui nous frappent, je ne sais quelle volupté tranquille qui n'a rien d'acre et de sensuel. Il semble qu'en s'élevant au dessus du séjour des hommes on y laisse tous les sentimens bas et terrestres, et qu'à mesure qu'on approche des régions éthérées l'ame contracte quelque chose de leur inaltérable pureté. On y est grave sans mélancolie, paisible sans indolence, content d'être et de penser : tous les desirs trop vifs s'émoussent; ils perdent cette pointe aigue qui les rend douloureux, ils ne laissent au fond du cœur qu'une émotion légere et douce, et c'est ainsi qu'un heureux climat fait servir à la félicité de l'homme les passions qui font ailleurs son tourment. Je doute qu'aucune agitation violente, aucune maladie de vapeurs[1] put tenir contre un pareil séjour prolongé, et je suis surpris que des bains de l'air salutaire et bienfaisant des montagnes ne soient pas un des grands rémedes de la médecine et de la morale.

Qui non palazzi, non teatro o loggia,
Ma'n lor vece un' abete, un' faggio, un pino
Trà l'erba verde e'l bel monte vicino
Levan di terra al Ciel nostr' intelletto (*a*).

Supposez les impressions réunies de ce que je viens de vous décrire, et vous aurez quelque idée de la situation délicieuse où je me trouvois. Imaginez la variété, la grandeur, la beauté de mille étonnans spectacles; le plaisir de ne voir autour de soi que des objets tout nouveaux, des oiseaux étranges, des plantes bizarres et inconnues, d'observer en quelque sorte une autre nature, et de se trouver dans un nouveau monde[1]. Tout cela fait aux yeux un mélange inexprimable dont le charme augmente encore par la subtilité de l'air qui rend les couleurs plus vives, les traits plus marqués, rapproche tous les points de vue; les distances paroissant moindres que dans les plaines, où l'épaisseur de l'air couvre la terre d'un voile, l'horison présente aux yeux plus d'objets qu'il semble n'en pouvoir contenir : enfin, le spectacle a je ne sais quoi de magique, de surnaturel qui ravit l'esprit et les sens; on oublie tout, on s'oublie soi-même, on ne sait plus où l'on est.

J'aurois passé tout le tems de mon voyage dans le seul enchantement du paysage, si je n'en eusse éprouvé un plus doux encore dans le commerce des habitans. Vous trouverez dans ma description un léger crayon de leurs mœurs, de leur simplicité, de leur égalité d'ame, et de cette paisible tranquillité qui les rend heureux par l'exemption des peines plutôt que par le goût des plaisirs[2] :Mais ce que je n'ai pu vous peindre et qu'on ne peut guere imaginer, c'est leur humanité desintéressée, et leur zele hospitalier pour tous les étrangers que le hazard ou la curiosité conduisent chez eux. J'en fis une épreuve surprenante, moi qui n'étois connu de personne et qui ne marchois qu'à l'aide d'un conducteur. Quand j'arrivois le soir dans un hameau, chacun venoit avec tant d'empressement m'offrir sa maison que j'étois embarrassé du choix, et celui qui obtenoit la préférence en paroissoit si content que la premiere fois je pris cette ardeur pour de l'avidité. Mais je fus bien étonné quand après en avoir usé chez mon hôte à peu près comme au cabaret, il refusa le lendemain mon argent, s'offensant même de ma proposition, et il en a par tout été de même. Ainsi c'étoit le pur amour de l'hospitalité, communément assés tiede, qu'à sa vivacité j'avois pris pour l'âpreté du gain. Leur desintéressement fut si complet que dans tout le voyage je n'ai pu trouver à placer un patagon*. En effet à quoi dépenser de l'argent dans un pays où les maîtres ne reçoivent point le prix de leurs fraix, ni les domestiques celui de leurs soins, et où l'on ne trouve aucun mendiant ? Cependant l'argent est fort rare dans le haut-Valais, mais c'est pour cela que les habitans sont à leur aise : car les denrées y sont abondantes sans aucun débouché au dehors, sans consommation de luxe au dedans, et sans que le cultivateur montagnard, dont les travaux sont les plaisirs, devienne moins laborieux. Si jamais ils ont plus d'argent, ils seront infailliblement plus pauvres. Ils ont la sagesse de le sentir, et il y a dans le pays des mines d'or qu'il n'est pas permis d'exploiter[1].

J'étois d'abord fort surpris de l'opposition de ces usages avec ceux du bas Valais, où, sur la route d'Italie, on rançonne assés durement les passagers, et j'avois peine à concilier dans un même peuple des manieres si différentes. Un Valaisan m'en expliqua la raison. Dans la vallée, me dit-il, les étrangers qui passent sont des marchands, et d'autres gens uniquement occupés de leur négoce et de leur gain. Il est juste qu'ils nous laissent une partie de leur profit et nous les traittons comme ils traitent les autres : Mais ici où nulle affaire n'appelle les étrangers, nous sommes sûrs que leur voyage est desintéressé ; l'accueil qu'on leur fait l'est aussi. Ce sont des hôtes qui nous viennent voir parce qu'ils nous aiment, et nous les recevons avec amitié.

Au reste, ajouta-t-il en souriant, cette hospitalité n'est pas coûteuse, et peu de gens s'avisent d'en profiter. Ah, je le crois ! lui répondis-je. Que feroit-on chez un peuple qui vit pour vivre, non pour gagner ni pour briller ? Hommes heureux et dignes de l'être, j'aime à croire qu'il faut vous ressembler en quelque chose pour se plaire au milieu de vous.

Ce qui me paroissoit le plus agréable dans leur accueil, c'étoit de n'y pas trouver le moindre vestige de gêne ni

---

* Ecu du pays (*a*).

pour eux ni pour moi. Ils vivoient dans leur maison comme si je n'y eusse pas été, et il ne tenoit qu'à moi d'y être comme si j'y eusse été seul. Ils ne connoissent point l'incomode vanité d'en faire les honneurs aux étrangers, comme pour les avertir de la présence d'un maître, dont on dépend au moins en cela[1]. Si je ne disois rien, ils supposoient que je voulois vivre à leur maniere; je n'avois qu'à dire un mot pour vivre à la mienne, sans éprouver jamais de leur part la moindre marque de répugnance ou d'étonnement. Le seul compliment qu'ils me firent après avoir sû que j'étois Suisse, fut de me dire que nous étions freres et que je n'avois qu'à me regarder chez eux comme étant chez moi. Puis ils ne s'embarrasserent plus de ce que je faisois, n'imaginant pas même que je pusse avoir le moindre doute sur la sincérité de leurs offres ni le moindre scrupule à m'en prévaloir (*a*). Ils en usent entre eux avec la même simplicité; les enfans en âge de raison sont les égaux de leurs peres, les domestiques s'asseyent à table avec leurs maîtres; la même liberté regne dans les maisons et dans la république, et la famille est l'image de l'Etat.

La seule chose sur laquelle je ne jouissois pas de la liberté étoit la durée excessive des repas. J'étois bien le maître de ne pas me mettre à table; mais quand j'y étois une fois, il y faloit rester une partie de la journée et boire d'autant. Le moyen d'imaginer qu'un homme et un Suisse n'aimât pas à boire ? En effet, j'avoue que le bon vin me paroit une excellente chose, et que je ne hais point à m'en égayer pourvu qu'on ne m'y force pas. J'ai toujours remarqué que les gens faux sont sobres, et la grande réserve de la table annonce assés souvent des mœurs feintes et des ames doubles. Un homme franc craint moins ce babil affectueux et ces tendres épanchemens qui precedent l'ivresse; mais il faut savoir s'arrêter et prévenir l'excés[2]. Voila ce qu'il ne m'étoit guere possible de faire avec d'aussi déterminés buveurs que les Valaisans, des vins aussi violens que ceux du pays, et sur des tables où l'on ne vit jamais d'eau. Comment se résoudre à jouer si sotement le sage et à fâcher de si bonnes gens ? Je m'enivrois donc par reconnoissance, et ne pouvant payer mon écot de ma bourse, je le payois de ma raison.

Un autre usage qui ne me gênoit guéres moins, c'étoit de voir, même chez des magistrats, la femme et les filles de la maison, debout derriere ma chaise, servir à table comme des domestiques. La galanterie françoise se seroit d'autant plus tourmentée à réparer cette incongruité, qu'avec la figure des Valaisanes, des servantes mêmes rendroient leurs services embarrassans. Vous pouvez m'en croire, elles sont jolies puisqu'elles m'ont paru l'être. Des yeux accoutumés à vous voir sont difficiles en beauté.

Pour moi qui respecte encore plus les usages des pays où je vis que ceux de la galanterie, je recevois leur service en silence, avec autant de gravité que D. Quichote[1] chez la Duchesse. J'opposois quelquefois en souriant les grandes barbes et l'air grossier des convives au teint éblouïssant de ces jeunes beautés timides, qu'un mot faisoit rougir, et ne rendoit que plus agréables. Mais je fus un peu choqué de l'enorme ampleur de leur gorge qui n'a dans sa blancheur éblouïssante (*a*) qu'un des avantages du modele que j'osois lui comparer; modele unique et voilé dont les contours furtivement observés me peignent ceux de cette coupe célébre à qui le plus beau sein du monde servit de moule[2].

Ne soyez pas surprise de me trouver si savant sur des misteres que vous cachez si bien : je le suis en dépit de vous; un sens en peut quelquefois instruire un autre : malgré la plus jalouse vigilance, il échape à l'ajustement le mieux concerté quelques legers interstices, par lesquels la vue opere l'effet du toucher. L'œil avide et téméraire s'insinue impunément sous les fleurs d'un bouquet; il erre sous la chenille et la gaze, et fait sentir à la main la resistance élastique qu'elle n'oseroit éprouver[3].

Parte appar delle mamme acerbe et crude,
Parte altrui ne ricopre invida vesta ;
Invida, ma s'agli occhi il varco chiude,
L'amoroso pensier già non arresta (*b*).

Je remarquai aussi un grand défaut dans l'habillement des Valaisanes : c'est d'avoir des corps-de-robbe[4] si élevés par derriere qu'elles en paroissent bossues; cela fait un effet singulier avec leurs petites coeffures noires et le reste de leur ajustement, qui ne manque au surplus ni de simplicité ni d'élégance. Je vous porte un habit complet à la Valaisane, et j'espére qu'il vous ira bien; il a été pris sur la plus jolie taille du pays.

Tandis que je parcourois avec extase ces lieux si peu connus et si dignes d'être admirés, que faisiez-vous cependant, ma Julie ? étiez-vous oubliée de votre ami ? Julie oubliée ? Ne m'oublierois-je pas plutôt moi-même, et que pourrois-je être un moment seul, moi qui ne suis plus rien que par vous ? Je n'ai jamais mieux remarqué avec quel instinct je place en divers lieux notre existence commune selon l'état de mon ame. Quand je suis triste, elle se réfugie auprès de la votre, et cherche des consolations aux lieux où vous êtes ; c'est ce que j'éprouvois en vous quitant. Quand j'ai du plaisir, je n'en saurois jouir seul, et pour le partager avec vous, je vous appelle alors où je suis. Voila ce qui m'est arrivé durant toute cette course où la diversité des objets me rappellant sans cesse en moi-même, je vous conduisois par tout avec moi. Je ne faisois pas un pas que nous ne le fissions ensemble. Je n'admirois pas une vue sans me hâter de vous la montrer. Tous les arbres que je rencontrois vous prêtoient leur ombre, tous les gazons vous servoient de siége. Tantôt assis à vos côtés, je vous aidois à parcourir des yeux les objets ; tantôt à vos genoux j'en contemplois un plus digne des regards d'un homme sensible. Rencontrois-je un pas difficile ? je vous le voyois franchir avec la légereté d'un fan qui bondit après sa mere. Faloit-il traverser un torrent ? j'osois presser dans mes bras une si douce charge ; je passois le torrent lentement, avec délices, et voyois à regret le chemin que j'allois atteindre. Tout me rappelloit à vous dans ce séjour paisible ; et les touchans attraits de la nature, et l'inaltérable pureté de l'air, et les mœurs simples des habitans, et leur sagesse égale et sûre, et l'aimable pudeur du sexe, et ses innocentes graces, et tout ce qui frapoit agréablement mes yeux et mon cœur leur peignoit celle qu'ils cherchent.

O ma Julie ! disois-je avec attendrissement, que ne puis-je coûler mes jours avec toi dans ces lieux ignorés, heureux de notre bonheur et non du regard des hommes ! Que ne puis-je ici rassembler toute mon ame en toi seule, et devenir à mon tour l'univers pour toi ! Charmes adorés, vous jouiriez alors des hommages qui vous sont dûs ! Délices de l'amour, c'est alors que nos cœurs vous savoureroient sans cesse ! Une longue et douce ivresse nous laisseroit ignorer le cours des ans : et quand enfin l'âge auroit calmé nos prémiers feux, l'habitude de penser et sentir ensemble feroit succéder à leurs transports une amitié non moins tendre. Tous les sentimens honnêtes nourris dans la jeunesse avec ceux de l'amour en rempliroient un jour le vuide immense; nous pratiquerions au sein de cet heureux peuple, et à son exemple, tous les devoirs de l'humanité : sans cesse nous nous unirions pour bien faire, et nous ne mourrions point sans avoir vécu.

La poste arrive, il faut finir ma lettre, et courir recevoir la votre. Que le cœur me bat jusqu'à ce moment ! Helas ! j'étois heureux dans mes chimeres : mon bonheur fuit avec elles; que vais-je être en réalité ?

LETTRE XXIV.

A JULIE.

Je réponds sur le champ à l'article de votre lettre qui regarde le payement, et n'ai Dieu merci nul besoin d'y réfléchir. Voici, ma Julie, quel est mon sentiment sur ce point.

Je distingue dans ce qu'on appelle honneur, celui qui se tire de l'opinion publique, et celui qui dérive de l'estime de soi-même. Le premier consiste en vains préjugés plus mobiles qu'une onde agitée; le second a sa base dans les vérités éternelles de la morale. L'honneur du monde peut être avantageux à la fortune, mais il ne pénetre point dans l'ame et n'influe en rien sur le vrai bonheur. L'honneur véritable au contraire en forme l'essence, parce qu'on ne trouve qu'en lui ce sentiment permanent de satisfaction intérieure qui seul peut rendre heureux un être pensant[1]. Appliquons, ma Julie, ces principes à votre question; elle sera bientôt résolue.

Que je m'érige en maître de philosophie et prenne, comme ce fou de la fable[2], de l'argent pour enseigner la sagesse; cet emploi paroitra bas aux yeux du monde, et j'avoue qu'il a quelque chose de ridicule en soi : cependant comme aucun homme ne peut tirer sa subsistance absolument de lui même et qu'on ne sauroit l'en tirer de plus près que par son travail, nous mettrons ce mépris au rang des plus dangereux préjugés; nous n'aurons point la sotise de sacrifier la félicité à cette opinion insensée; vous ne m'en estimerez pas moins et je n'en serai pas plus à plaindre, quand je vivrai des talens que j'ai cultivés.

Mais ici, ma Julie, nous avons d'autres considérations à faire. Laissons la multitude et regardons en nous-mêmes. Que serai-je (*a*) réellement à votre pere, en recevant de lui le salaire des leçons que je vous aurai données, et lui vendant une partie de mon tems c'est à dire de ma personne ? Un mercenaire, un homme à ses gages, une espece de valet, et il aura de ma part pour garant de sa confiance, et pour sureté de ce qui lui appartient ma foi tacite, comme celle du dernier de ses gens[1].

Or, quel bien plus précieux peut avoir un pere que sa fille unique, fut-ce même une autre que Julie ? Que fera donc celui qui lui vend ses services ? fera-t-il taire ses sentimens pour elle ? ah ! tu sais si cela se peut ! ou bien se livrant sans scrupule au penchant de son cœur offensera-t-il dans la partie la plus sensible celui à qui il doit fidélité ? Alors je ne vois plus dans un tel maître qu'un perfide qui foule aux pieds les droits les plus sacrés*, un traitre, un séducteur domestique que les loix condannent très-justement à la mort. J'espere que celle à qui je parle sait m'entendre; ce n'est pas la mort que je crains, mais la honte d'en être digne, et le mépris de moi même.

Quand les lettres d'Héloïse et d'Abelard tomberent entre vos mains, vous savez ce que je vous dis de cette lecture et de la conduite du Théologien. J'ai toujours plaint Héloïse; elle avoit un cœur fait pour aimer : mais Abelard ne m'a jamais paru qu'un misérable digne de son sort, et connoissant aussi peu l'amour que la vertu. Après l'avoir jugé faudra-t-il que je l'imite ? malheur à quiconque prêche une morale qu'il ne veut pas pratiquer !

---

* Malheureux jeune homme ! qui ne voit pas qu'en se laissant payer en reconnoissance ce qu'il refuse de recevoir en argent, il viole des droits plus sacrés encore. Au lieu d'instruire il corrompt; au lieu de nourrir il empoisonne; il se fait remercier par une mere abusée d'avoir perdu son enfant. On sent pourtant qu'il aime sincerement la vertu, mais sa passion l'égare, et si sa grande jeunesse ne l'excusoit pas, avec ses beaux discours il ne seroit qu'un scelérat. Les deux amans sont à plaindre; la mere seule est inexcusable.

Celui qu'aveugle sa passion jusqu'à ce point en est bientôt puni par elle, et perd le goût des sentimens auxquels il a sacrifié son honneur. L'amour est privé de son plus grand charme quand l'honnêteté l'abandonne; pour en sentir tout le prix, il faut que le cœur s'y complaise, et qu'il nous éleve en élevant l'objet aimé. Otez l'idée de la perfection, vous ôtez l'enthousiasme; ôtez l'estime, et l'amour n'est plus rien. Comment une femme pourroit elle honorer un homme qui se deshonore ? Comment pourra-t-il adorer lui même celle qui n'a pas craint de s'abandonner à un vil corrupteur ? Ainsi bientôt ils se mépriseront mutuellement; l'amour ne sera plus pour eux qu'un honteux commerce, ils auront perdu l'honneur et n'auront point trouvé la félicité[1].

Il n'en est pas ainsi, ma Julie, entre deux amans de même âge, tous deux épris du même feu, qu'un mutuel attachement unit, qu'aucun lien particulier ne gêne, qui jouissent tous deux de leur premiere liberté, et dont aucun droit ne proscrit l'engagement réciproque. Les loix les plus séveres ne peuvent leur imposer d'autre peine que le prix même de leur amour; la seule punition de s'être aimés est l'obligation de s'aimer à jamais; et s'il est quelques malheureux climats au monde où l'homme barbare brise ces innocentes chaînes, il en est puni, sans doute, par les crimes que cette contrainte engendre.

Voila mes raisons, sage et vertueuse Julie, elles ne sont qu'un froid commentaire de celles que vous m'exposâtes avec tant d'énergie et de vivacité dans une de vos lettres[2]; mais c'en est assés pour vous montrer combien je m'en suis pénétré. Vous vous souvenez que je n'insistai point sur mon refus, et que malgré la répugnance que le préjugé m'a laissée, j'acceptai vos dons en silence, ne trouvant point en effet dans le véritable honneur de solide raison pour les refuser. Mais ici le devoir, la raison, l'amour même, tout parle d'un ton que je ne peux méconnoitre. S'il faut choisir entre l'honneur et vous, mon cœur est prêt à vous perdre : Il vous aime trop, ô Julie, pour vous conserver à ce prix.

LETTRE XXV[1].

DE JULIE.

LA rélation de votre voyage eſt charmante, mon bon ami; elle me feroit aimer celui qui l'a écrite, quand même je ne le connoitrois pas. J'ai pourtant à vous tancer sur un passage dont vous vous doutez bien; quoique je n'aye pu m'empêcher de rire de la ruse avec laquelle vous vous êtes mis à l'abri du Tasse, comme derriere un rempart. Eh, comment ne sentiez-vous point qu'il y a bien de la différence entre écrire au public ou à sa maîtresse ? L'amour, si craintif, si scrupuleux, n'exige-t-il pas plus d'égards que la bienséance ? Pouviez-vous ignorer que ce ſtile n'eſt pas de mon goût, et cherchiez-vous à me déplaire ? Mais en voila déja trop, peut-être, sur un sujet qu'il ne faloit point relever[2]. Je suis, d'ailleurs, trop occupée de votre seconde lettre, pour répondre en détail à la premiere. Ainsi, mon ami, laissons le Valais pour une autre fois, et bornons-nous maintenant à nos affaires; nous serons assés occupés (*a*).

Je savois le parti que vous prendriez. Nous nous connoissons trop bien pour en être encore à ces élemens. Si jamais la vertu nous abandonne, ce ne sera pas, croyez moi, dans les occasions qui demandent du courage et des sacrifices*. Le premier mouvement, aux attaques vives eſt de resiſter; et nous vaincrons, je l'espere, tant que l'ennemi nous avertira de prendre les armes. C'eſt au milieu du sommeil, c'eſt dans le sein d'un doux repos qu'il faut se défier des surprises : mais c'eſt, sur tout, la continuité des maux qui rend leur poids insupportable, et l'ame resiſte bien plus aisément aux vives douleurs qu'à la triſtesse prolongée. Voila, mon ami, la dure espece de combat que nous aurons desormais à soutenir : ce ne sont point des actions héroïques que le devoir nous demande, mais une resiſtance plus héroïque encore à des peines sans relâche.

Je l'avois trop prevû; le tems du bonheur eſt passé[3]

* On verra bientôt que la prédiction ne sauroit plus mal quadrer avec l'événement (*b*).

comme un éclair; celui des disgraces commence, sans que rien m'aide à juger quand il finira. Tout m'allarme et me decourage (*a*); une langueur mortelle s'empare de mon ame; sans sujet bien précis de pleurer, des pleurs involontaires s'échapent de mes yeux; je ne lis pas dans l'avenir des maux inévitables; mais je cultivois l'espérance et la vois flétrir tous les jours. Que sert, hélas, d'arroser le feuillage quand l'arbre est coupé par le pied ?

Je le sens, mon ami, le poids de l'absence m'accable. Je ne puis vivre sans toi, je le sens; c'est ce qui m'effraye le plus. Je parcours cent fois le jour les lieux que nous habitions ensemble, et ne t'y trouve jamais. Je t'attends à ton heure ordinaire; l'heure passe et tu ne viens point. Tous les objets que j'apperçois me portent quelque idée de ta présence pour m'avertir que je t'ai perdu. Tu n'as point ce supplice affreux. Ton cœur seul peut te dire que je te manque. Ah, si tu savois quel pire tourment c'est de rester quand on se sépare, combien tu préférerois ton état au mien ?

Encore si j'osois gémir ! si j'osois parler de mes peines, je me sentirois soulager des maux dont je pourrois me plaindre. Mais hors quelques soupirs exhalés en secret dans le sein de ma cousine, il faut étouffer tous les autres; il faut contenir mes larmes; il faut sourire quand je me meurs.

Sentirsi, oh Dei, morir ;
E non poter mai dir :
Morir mi sento (*b*) *!*

Le pis est que tous ces maux aggravent (*c*) sans cesse mon plus grand mal, et que plus ton souvenir me désole, plus j'aime à me le rappeller[1]. Di-moi, mon ami, mon doux ami ! sens-tu combien un cœur languissant est tendre, et combien la tristesse fait fermenter l'amour ?

Je voulois vous parler de mille choses; mais outre qu'il vaut mieux attendre de savoir positivement où vous êtes, il ne m'est pas possible de continuer cette lettre dans l'état où je me trouve en l'écrivant. Adieu, mon Ami; je quite la plume, mais croyez que je ne vous quite pas.

BILLET.

J'ÉCRIS par un batelier que je ne connois point ce billet à l'addresse ordinaire, pour donner avis que j'ai choisi mon azile à Meillerie sur la rive opposée; afin de joüir au moins de la vüe du lieu dont je n'ose approcher (*a*).

LETTRE XXVI[1].

A JULIE.

QUE mon état est changé dans peu de jours ! Que d'amertumes se mêlent à la douceur de me rapprocher de vous ! Que de tristes réfléxions m'assiégent ! Que de traverses mes craintes me font prévoir ! O Julie, que c'est un fatal présent du ciel qu'une ame sensible ! Celui qui l'a reçu doit s'attendre à n'avoir que peine et douleur sur la terre. Vil jouet de l'air et des saisons, le soleil ou les brouillards, l'air couvert ou serein regleront sa destinée, et il sera content ou triste au gré des vents. Victime des préjugés, il trouvera dans d'absurdes maximes un obstacle invincible aux justes vœux de son cœur. Les hommes le puniront[2] d'avoir des sentimens droits de chaque chose, et d'en juger par ce qui est véritable plutôt que par ce qui est de convention. Seul il suffiroit pour faire sa propre misere, en se livrant indiscretement aux attraits divins de l'honnête et du beau, tandis que les pesantes chaines de la nécessité l'attachent à l'ignominie[3]. Il cherchera la félicité suprême sans se souvenir qu'il est homme : son cœur et sa raison seront incessamment en guerre, et des desirs sans bornes lui prépareront d'éternelles privations.

Telle est la situation cruelle où me plongent, le sort qui m'accable, et mes sentimens qui m'élevent, et ton pere qui me méprise, et toi qui fais le charme et le tourment de ma vie. Sans toi, Beauté fatale ! je n'aurois jamais senti ce contraste insupportable de grandeur au fond de mon ame et de bassesse dans ma fortune : j'aurois vécu tranquille et serois mort content, sans daigner remarquer quel rang j'avois occupé sur la terre : Mais t'avoir vue et ne pouvoir te posséder, t'adorer et n'être qu'un homme ! être aimé et ne pouvoir être heureux ! habiter les mêmes lieux et ne pouvoir vivre ensemble ! O Julie à qui je ne puis renoncer ! O destinée que je ne puis vaincre ! quels combats affreux vous excités en moi, sans pouvoir jamais surmonter mes desirs ni mon impuissance !

Quel effet bizarre et inconcevable ! Depuis que je suis rapproché de vous, je ne roule dans mon esprit que des pensées funestes. Peut-être le séjour où je suis contribue-t-il à cette mélancolie; il est triste et horrible; il en est plus conforme à l'état de mon ame, et je n'en habiterois pas si patiemment un plus agréable. Une file de rochers stériles borde la côte, et environne mon habitation que l'hiver rend encore plus affreuse. Ah ! je le sens, ma Julie, s'il faloit renoncer à vous, il n'y auroit plus pour moi d'autre séjour ni d'autre saison.

Dans les violens transports qui m'agitent je ne saurois demeurer en place; je cours, je monte avec ardeur, je m'élance sur les rochers; je parcours à grands pas tous les environs, et trouve par tout dans les objets la même horreur qui regne au dedans de moi. On n'apperçoit plus de verdure, l'herbe est jaune et flétrie, les arbres sont dépouillés, le séchard* et la froide bise entassent la neige et les glaces, et toute la nature est morte à mes yeux, comme l'espérance au fond de mon cœur.

Parmi les rochers de cette côte, j'ai trouvé dans un abri solitaire une petite esplanade d'où l'on découvre à plein la ville heureuse où vous habitez. Jugez avec quelle avidité mes yeux se porterent vers ce séjour chéri. Le premier jour, je fis mille efforts pour y discerner votre demeure; mais l'extrême éloignement les rendit vains, et je m'apperçus que mon imagination donnoit le change à mes yeux fatigués. Je courus chez le Curé emprunter un telescope avec lequel je vis ou crus voir votre maison, et depuis ce tems je passe les jours entiers dans cet azile à contempler ces murs fortunés qui renferment la source de ma vie. Malgré la saison je m'y rends dès le matin et n'en reviens qu'à la nuit. Des feuilles et quelques bois secs que j'allume servent avec mes courses à me garantir du froid excessif. J'ai pris tant de goût pour ce

* Vent de nord-est.

lieu sauvage que j'y porte même de l'encre et du papier, et j'y écris maintenant cette lettre sur un quartier que les glaces ont détaché du rocher voisin.

C'est là, ma Julie, que ton malheureux amant acheve de jouïr des derniers plaisirs qu'il goûtera peut-être en ce monde. C'est de là qu'à travers les airs et les murs, il ose en secret pénétrer jusques dans ta chambre. Tes traits charmans le frapent encore; tes regards tendres raniment son cœur mourant; il entend le son de ta douce voix; il ose chercher encore en tes bras ce délire qu'il éprouva dans le bosquet. Vain fantôme d'une ame agitée qui s'égare dans ses desirs ! Bientôt forcé de rentrer en moi-même, je te contemple au moins dans le détail de ton innocente vie; je suis de loin les diverses occupations de ta journée, et je me les réprésente dans les tems et les lieux où j'en fus quelquefois l'heureux témoin. Toujours je te vois vaquer à des soins qui te rendent plus estimable, et mon cœur s'attendrit avec délices sur l'inépuisable bonté du tien. Maintenant, me dis-je au matin, elle sort d'un paisible sommeil, son teint a la fraicheur de la rose, son ame jouït d'une douce paix; elle offre à celui dont elle tient l'être un jour qui ne sera point perdu pour la vertu. Elle passe à present chez sa mere; les tendres affections de son cœur s'épanchent avec les auteurs de ses jours, elle les soulage dans le détail des soins de la maison, elle fait peut-être la paix d'un domestique imprudent, elle lui fait peut-être une exhortation secrete, elle demande peut-être une grace pour un autre. Dans un autre tems, elle s'occupe sans ennui des travaux de son sexe, elle orne son ame de connoissances utiles, elle ajoute à son goût exquis les agrémens des beaux arts, et ceux de la danse à sa légéreté naturelle. Tantôt je vois une élégante et simple parure orner des charmes qui n'en ont pas besoin; ici je la vois consulter un pasteur vénérable sur la peine ignorée d'une famille indigente, là, secourir ou consoler la triste veuve et l'orphelin délaissé. Tantôt elle charme une honnête société par ses discours sensés et modestes; tantôt en riant avec ses compagnes elle ramene une jeunesse folâtre au ton de la sagesse et des bonnes mœurs : Quelques momens, ah pardonne ! j'ose te voir même t'occuper de moi; je vois tes yeux attendris parcourir une de mes Lettres; je lis dans leur douce langueur que c'est à ton amant fortuné que s'addressent les lignes que tu traces, je vois que c'est de lui que tu parles à ta cousine avec une si tendre émotion. O Julie ! ô Julie ! et nous ne serions pas unis ? et nos jours ne coûleroient pas ensemble ? et nous pourrions être séparés pour toujours ? Non, que jamais cette affreuse idée ne se présente à mon esprit ! En un instant elle change tout mon attendrissement en fureur; la rage me fait courir de caverne en caverne; des gémissemens et des cris m'échapent malgré moi; je rugis comme une lionne irritée; je suis capable de tout, hors de renoncer à toi, et il n'y a rien, non rien que je ne fasse pour te posséder ou mourir.

J'en étois ici de ma lettre, et je n'attendois qu'une occasion sure pour vous l'envoyer, quand j'ai reçu de Sion la derniere que vous m'y avez écrite. Que la tristesse qu'elle respire a charmé la mienne ! Que j'y ai vu un frapant exemple de ce que vous me disiez de l'accord de nos ames dans des lieux éloignés[1] ! Votre affliction je l'avoue, est plus patiente, la mienne est plus emportée; mais il faut bien que le même sentiment prenne la teinture des caractéres qui l'éprouvent, et il est bien naturel que les plus grandes pertes causent les plus grandes douleurs. Que dis-je, des pertes ? Eh! qui les pourroit supporter (*a*) ? Non, connoissez-le enfin, ma Julie, un éternel arrêt du ciel nous destina l'un pour l'autre; c'est la premiere loi qu'il faut écouter; c'est le premier soin de la vie de s'unir à qui doit nous la rendre douce. Je le vois, j'en gémis, tu t'égares dans tes vains projets; tu veux forcer des barrieres insurmontables et négliges les seuls moyens possibles; l'enthousiasme de l'honnêteté t'ôte la raison, et ta vertu n'est plus qu'un délire.

Ah ! si tu pouvois rester toujours jeune et brillante comme à présent, je ne demanderois au Ciel que de te savoir éternellement heureuse, te voir tous les ans de ma vie une fois, une seule fois; et passer le reste de mes jours à contempler de loin ton azile, à t'adorer[2] parmi ces rochers. Mais helas ! voi la rapidité de cet astre qui jamais n'arrête; il vole et le tems fuit, l'occasion s'échape, ta beauté, ta beauté même aura son terme, elle doit décliner et perir un jour comme une fleur qui tombe sans avoir été cueillie; et moi cependant, je gémis, je souffre, ma jeunesse s'use dans les larmes, et se flétrit dans la douleur[3]. Pense, pense, Julie, que nous comptons déja des années perdues pour le plaisir[4]. Pense qu'elles ne reviendront jamais; qu'il en sera de même de celles qui nous restent si nous les laissons échaper encore. O amante aveuglée ! tu cherches un chimérique bonheur pour un tems où nous ne serons plus; tu regardes un avenir éloigné, et tu ne vois pas que nous nous consumons sans cesse, et que nos ames, épuisées d'amour et de peines, se fondent et coulent comme l'eau. Reviens, il en est tems encore, reviens, ma Julie, de cette erreur funeste. Laisse-là tes projets et sois heureuse. Viens, ô mon ame, dans les bras de ton ami, réunir les deux moitiés de notre être : viens à la face du ciel guide de notre fuite et témoin de nos sermens jurer de vivre et mourir l'un à l'autre (*a*). Ce n'est pas toi, je le sais, qu'il faut rassurer contre la crainte de l'indigence. Soyons heureux et pauvres, ah quels trésors nous aurons acquis ! Mais ne faisons point cet affront à l'humanité, de croire qu'il ne restera pas sur la terre entiere un asile à deux Amans infortunés. J'ai des bras, je suis robuste; le pain gagné par mon travail te paroitra plus délicieux que les mets des festins. Un repas apprêté par l'amour peut-il jamais être insipide ? Ah, tendre et chere amante, dussions-nous n'être heureux qu'un seul jour, veux-tu quiter cette courte vie sans avoir goûté le bonheur ?

Je n'ai plus qu'un mot à vous dire, ô Julie ! vous connoissez l'antique usage du rocher de Leucate, dernier refuge de tant d'amans malheureux. Ce lieu-ci lui ressemble à bien des égards. La roche est escarpée, l'eau est profonde, et je suis au desespoir.

LETTRE XXVII.

DE CLAIRE.

Ma douleur me laisse à peine la force de vous écrire. Vos malheurs et les miens sont au comble : L'aimable Julie est à l'extrêmité et n'a peut-être pas deux jours à vivre. L'effort qu'elle fit pour vous éloigner d'elle commença d'altérer sa santé. La premiere conversation qu'elle eut sur votre compte avec son pere y porta de nouvelles attaques : d'autres chagrins plus récens[1] ont accru ses agitations, et votre derniere lettre a fait le reste.

Elle en fut si vivement émue qu'après avoir passé une nuit dans d'affreux combats, elle tomba hier dans l'accés d'une fievre ardente qui n'a fait qu'augmenter sans cesse et lui a enfin donné le transport[1]. Dans cet état elle vous nomme à chaque instant, et parle de vous avec une véhémence qui montre combien elle en est occupée. On éloigne son pere autant qu'il est possible; cela prouve assés que ma tante a conçu des soupçons : elle m'a même demandé avec inquiétude si vous n'étiez pas de retour, et je vois que le danger de sa fille effaçant pour le moment toute autre considération, elle ne seroit pas fâchée de vous voir ici.

Venez donc, sans différer. J'ai pris ce bateau exprès pour vous porter cette lettre; il est à vos ordres, servez vous-en pour votre retour, et sur tout ne perdez pas un moment si vous voulez revoir la plus tendre amante qui fut jamais.

LETTRE XXVIII[2].

DE JULIE A CLAIRE.

Que ton absence me rend amere la vie que tu m'as rendue ! Quelle convalescence ! Une passion plus terrible que la fiévre et le transport m'entraîne à ma perte. Cruelle ! tu me quites quand j'ai plus besoin de toi; tu m'as quittée pour huit jours, peut-être ne me reverras-tu jamais. O si tu savois ce que l'insensé m'ose proposer !..... et de quel ton !..... m'enfuir ! le suivre ! m'enlever !..... le malheureux !..... de qui me plains-je? mon cœur, mon indigne cœur m'en dit cent fois plus que lui..... grand Dieu ! que seroit-ce, s'il savoit tout ?.... il en deviendroit furieux, je serois entrainée, il faudroit partir..... je frémis.....

Enfin, mon pere m'a donc vendue ? il fait de sa fille une marchandise, une esclave, il s'acquite à mes depends ! il paye sa vie de la mienne !.... car je le sens bien, je n'y survivrai jamais.... pere barbare et dénaturé ! mérite-t-il...... quoi, mériter ? c'est le meilleur des peres; il veut unir sa fille à son ami, voila son crime. Mais ma mere, ma tendre mere ! quel mal m'a-t-elle fait ?.... Ah beaucoup ! elle m'a trop aimée, elle m'a perdue.

Claire, que ferai-je ? que deviendrai-je ? Hanz ne vient point. Je ne sais comment t'envoyer cette lettre. Avant que tu la reçoives.... avant que tu sois de retour........ qui sait.... fugitive, errante, deshonorée.... c'en eſt fait, c'en eſt fait (*a*), la crise eſt venue[1]. Un jour, une heure, un moment, peut-être.... qui eſt-ce qui sait éviter son sort?...... ô dans quelque lieu que je vive et que je meure; en quelque azile obscur que je traîne ma honte et mon desespoir; Claire, souviens toi de ton amie...... Hélas; la misere et l'opprobre changent les cœurs....... Ah, si jamais le mien t'oublie, il aura beaucoup changé !

LETTRE XXIX[2].

DE JULIE A CLAIRE.

RESTE, ah reſte ! ne revien jamais; tu viendrois trop tard. Je ne dois plus te voir; comment soutiendrois-je ta vue ?

Où étois-tu, ma douce amie, ma sauvegarde, mon Ange tutelaire ? tu m'as abandonnée, et j'ai péri. Quoi, ce fatal voyage étoit-il si nécessaire ou si pressé ? pouvois-tu me laisser à moi-même dans l'inſtant le plus dangereux de ma vie ? Que de regrets tu t'es préparés par cette coupable négligence ? Ils seront éternels ainsi que mes pleurs. Ta perte n'eſt pas moins irréparable que la mienne, et une autre amie digne de toi n'eſt pas plus facile à recouvrer que mon innocence.

Qu'ai-je dit, misérable[3]? Je ne puis ni parler ni me taire. Que sert le silence quand le remord crie ? L'univers entier ne me reproche-t-il pas ma faute ? ma honte n'eſt-elle pas écrite sur tous les objets ? Si je ne verse mon cœur dans le tien il faudra que j'étouffe. Et toi ne te reproches-tu rien, facile et trop confiante amie ? Ah que ne me trahissois-tu ? C'eſt ta fidélité, ton aveugle amitié, c'eſt ta malheureuse indulgence qui m'a perdüe (*b*).

Quel Demon t'inspira de le rappeller, ce cruel qui fait mon opprobre ? ses perfides soins devoient-ils me redonner la vie pour me la rendre odieuse ? qu'il fuye à jamais, le barbare ! qu'un reſte de pitié le touche; qu'il ne vienne plus redoubler mes tourmens par sa présence;

qu'il renonce au plaisir féroce de contempler mes larmes. Que dis-je, hélas ? il n'eſt point coupable; c'eſt moi seule qui le suis; tous mes malheurs sont mon ouvrage, et je n'ai rien à reprocher qu'à moi. Mais le vice a déjà corrompu mon ame; c'eſt le premier de ses effets de nous faire accuser autrui de nos crimes.

Non, non, jamais il ne fut capable d'enfreindre ses sermens. Son cœur vertueux ignore l'art abject d'outrager ce qu'il aime. Ah ! sans doute, il sait mieux aimer que moi puisqu'il sait mieux se vaincre. Cent fois mes yeux furent témoins de ses combats et de sa victoire; les siens étincelloient du feu de ses desirs, il s'élançoit vers moi dans l'impétuosité d'un transport aveugle; il s'arrêtoit tout à coup; une barriere insurmontable sembloit m'avoir entourée, et jamais son amour impétueux mais honnête (*a*) ne l'eut franchie. J'osai trop contempler ce dangereux spectacle. Je me sentois troubler de ses transports (*b*), ses soupirs oppressoient mon cœur; je partageois ses tourmens en ne pensant que les plaindre. Je le vis dans des agitations convulsives, prêt à s'évanouïr à mes pieds. Peut-être l'amour seul m'auroit épargnée; ô ma Cousine, c'eſt la pitié qui me perdit.

Il sembloit que ma passion funeſte voulut se couvrir pour me séduire du masque de toutes les vertus. Ce jour même il m'avoit pressée avec plus d'ardeur de le suivre. C'étoit désoler le meilleur des peres; c'étoit plonger le poignard dans le sein maternel; je resiſtai, je rejettai ce projet avec horreur. L'impossibilité de voir jamais nos vœux accomplis, le miſtere qu'il faloit lui faire de cette impossibilité, le regret d'abuser un amant si soumis et si tendre après avoir flatté son espoir, tout abatoit mon courage, tout augmentoit ma foiblesse (*c*), tout aliénoit ma raison. Il faloit donner la mort aux auteurs de mes jours, à mon amant, ou à moi-même. Sans savoir ce que je faisois je choisis ma propre infortune. J'oubliai tout et ne me souvins que de l'amour. C'eſt ainsi qu'un inſtant d'égarement m'a perdue à jamais. Je suis tombée dans l'abîme d'ignominie dont une fille ne revient point; et si je vis, c'eſt pour être plus malheureuse[1].

Je cherche en gémissant quelque reſte de consolation sur la terre. Je n'y vois que toi, mon aimable amie; ne me prive pas d'une si charmante ressource, je t'en conjure; ne m'ôte pas les douceurs de ton amitié. J'ai perdu le droit d'y prétendre, mais jamais je n'en eus si grand besoin. Que la pitié supplée à l'eſtime (*a*). Viens, ma chere, ouvrir ton ame à mes plaintes; viens recueillir les larmes de ton amie; garantis-moi, s'il se peut, du mépris de moi-même, et fais-moi croire que je n'ai pas tout perdu, puisque ton cœur me reſte encore.

LETTRE XXX.

RÉPONSE.

FILLE infortunée ! Hélas, qu'as-tu fait ? Mon Dieu ! tu étois si digne d'être sage ! Que te dirai-je dans l'horreur de ta situation, et dans l'abbatement où elle te plonge ? Acheverai-je d'accabler ton pauvre cœur, ou t'offrirai-je des consolations qui se refusent au mien ? Te montrerai-je les objets tels qu'ils sont, ou tels qu'il te convient de les voir ? sainte et pure amitié ! porte à mon esprit tes douces illusions, et dans la tendre pitié que tu m'inspires, abuse-moi la premiere sur des maux que tu ne peux plus guérir.

J'ai craint, tu le sais, le malheur dont tu gémis. Combien de fois je te l'ai prédit sans être écoutée !.... il eſt l'effet d'une téméraire confiance..... Ah ! ce n'eſt plus de tout cela qu'il s'agit. J'aurois trahi ton secret, sans doute, si j'avois pu te sauver ainsi (*b*) : mais j'ai lû mieux que toi dans ton cœur trop sensible; je le vis se consumer d'un feu dévorant que rien ne pouvoit éteindre. Je sentis dans ce cœur palpitant d'amour qu'il faloit être heureuse ou mourir, et quand la peur de succomber te fit bannir ton amant avec tant de larmes, je jugeai que bientôt tu ne serois plus, ou qu'il seroit bientôt rappellé. Mais quel fut mon effroi quand je te vis dégoûtée de vivre, et si près de la mort ! N'accuse ni ton amant ni toi d'une faute dont je suis la plus coupable, puis que je l'ai prévue sans la prévenir.

Il eſt vrai que je partis malgré moi; tu le vis, il falut obéïr; si je t'avois cru si près de ta perte, on m'auroit plutôt mise en piéces que de m'arracher à toi. Je m'abusai sur le moment du péril. Foible et languissante encore, tu me parus en sureté contre une si courte absence : je ne prévis pas la dangereuse alternative où tu t'allois trouver (*a*); j'oubliai que ta propre foiblesse laissoit ce cœur abatu moins en état de se deffendre contre lui-même. J'en demande pardon au mien, j'ai peine à me repentir d'une erreur qui t'a sauvé la vie; je n'ai pas ce dûr courage qui te faisoit renoncer à moi; je n'aurois pu te perdre sans un mortel desespoir, et j'aime encore mieux que tu vives et que tu pleures.

Mais pourquoi tant de pleurs, chere et douce amie ? Pourquoi ces regrets plus grands que ta faute, et ce mépris de toi-même que tu n'as pas mérité ? Une foiblesse effacera-t-elle tant de sacrifices, et le danger même dont tu sors n'est-il pas une preuve de ta vertu ? Tu ne penses qu'à ta defaite et oublies tous les triomphes pénibles qui l'ont précédée. Si tu as plus combattu que celles qui resistent, n'as-tu pas plus fait pour l'honneur qu'elles ? si rien ne peut te justifier, songe au moins à ce qui t'excuse (*b*). Je connois à peu près ce qu'on appelle amour; je saurai toujours resister aux transports qu'il inspire; mais j'aurois fait moins de resistance à un amour pareil au tien, et sans avoir été vaincue, je suis moins chaste que toi.

Ce langage te choquera; mais ton plus grand malheur est de l'avoir rendu nécessaire; je donnerois ma vie pour qu'il ne te fut pas propre; car je hais les mauvaises maximes encore plus que les mauvaises actions* (*c*). Si la faute étoit à commettre, que j'eusse la bassesse de te parler ainsi, et toi celle de m'écouter, nous serions toutes deux les dernieres des créatures. A présent, ma chere, je dois te parler ainsi, et tu dois m'écouter, ou tu es perdue : car il reste en toi mille adorables qualités que l'estime de toi-même peut seule conserver, qu'un excès de honte et l'abjection qui le suit détruiroient infailliblement, et c'est sur ce que tu croiras valoir encore que tu vaudras en effet.

Garde-toi donc de tomber dans un abatement dangereux qui t'aviliroit plus que ta foiblesse. Le véritable amour est-il fait pour dégrader l'ame ? Qu'une faute que l'amour a commise ne t'ôte point ce noble enthousiasme

---

* Ce sentiment est juste et sain. Les passions déréglées inspirent les mauvaises actions; mais les mauvaises maximes corrompent la raison même, et ne laissent plus de ressource pour revenir au bien.

de l'honnête et du beau, qui t'éleva toujours au dessus de toi-même. Une tache paroit elle au soleil ? combien de vertus te restent pour une qui s'est altérée ? En seras-tu moins douce, moins sincere, moins modeste, moins bienfaisante ? En seras-tu moins digne, en un mot, de tous nos hommages ? L'honneur, l'humanité, l'amitié, le pur amour en seront-ils moins chers à ton cœur ? En aimeras-tu moins les vertus mêmes que tu n'auras plus ? Non, chere et bonne Julie, ta Claire en te plaignant t'adore; elle sait, elle sent qu'il n'y a rien de bien qui ne puisse encore sortir de ton ame. Ah ! croi-moi, tu pourrois beaucoup perdre avant qu'aucune autre plus sage que toi te valut jamais (*a*).

Enfin tu me restes; je puis me consoler de tout, hors de te perdre. Ta premiére lettre m'a fait frémir. Elle m'eut presque fait desirer la seconde, si je ne l'avois reçue en même tems. Vouloir délaisser son amie ! projetter de s'enfuir sans moi ! Tu ne parles point de ta plus grande faute. C'étoit de celle-là qu'il faloit cent fois plus rougir. Mais l'ingrate ne songe qu'à son amour.... Tien, je t'aurois été tüer au bout du monde (*b*).

Je compte avec une mortelle impatience les momens que je suis forcée à passer loin de toi. Ils se prolongent cruellement; nous sommes encore pour six jours à Lausanne, après quoi je volerai vers mon unique amie. J'irai la consoler ou m'affliger avec elle, essuyer ou partager ses pleurs. Je ferai parler dans ta douleur moins l'inflexible raison que la tendre amitié. Chére cousine, il faut gémir, nous aimer, nous taire, et, s'il se peut, effacer (*c*) à force de vertus une faute qu'on ne repare point avec des larmes. Ah ! ma pauvre Chaillot !

LETTRE XXXI.

A JULIE.

QUEL prodige du Ciel es-tu donc, inconcevable Julie ? et par quel art connu de toi seule peux-tu rassembler dans un cœur tant de mouvemens incompatibles ? Ivre d'amour et de volupté, le mien nage dans la tristesse; je souffre et languis de douleur au sein de la félicité suprême, et je me reproche comme un crime l'excès de mon bonheur. Dieu ! quel tourment affreux de n'oser se livrer tout entier à nul sentiment, de les combattre incessamment l'un par l'autre, et d'allier toujours l'amertume au plaisir ! Il vaudroit mieux cent fois n'être que misérable.

Que me sert, hélas, d'être heureux ? Ce ne sont plus mes maux, mais les tiens que j'éprouve, et ils ne m'en sont que plus sensibles. Tu veux en vain me cacher tes peines; je les lis malgré toi dans la langueur et l'abatement de tes yeux. Ces yeux touchans peuvent-ils dérober quelque secret à l'amour ? Je vois, je vois sous une apparente sérénité les déplaisirs cachés qui t'assiegent, et ta tristesse voilée d'un doux sourire n'en est que plus amere à mon cœur.

Il n'est plus tems de me rien dissimuler. J'étois hier dans la chambre de ta mere; elle me quite un moment; j'entends des gémissemens qui me percent l'ame, pouvois-je à cet effet méconnoitre leur source ? Je m'approche du lieu d'où ils semblent partir; j'entre dans ta chambre, je pénetre jusqu'à ton cabinet. Que devins-je en entr'ouvrant la porte, quand j'apperçûs celle qui devroit être sur le trône de l'univers assise à terre, la tête appuyée sur un fauteuil inondé de ses larmes ? Ah, j'aurois moins souffert s'il l'eut été de mon sang ! De quels remords je fus à l'instant déchiré ? Mon bonheur devint mon supplice; je ne sentis plus que tes peines, et j'aurois racheté de ma vie tes pleurs et tous mes plaisirs. Je voulois me précipiter à tes pieds, je voulois essuyer de mes levres ces précieuses larmes, les recueillir au fond de mon cœur, mourir ou les tarir pour jamais : j'entens revenir ta mere; il faut retourner brusquement à ma place, j'emporte en moi toutes tes douleurs, et des regrets qui ne finiront qu'avec elles.

Que je suis humilié, que je suis avili de ton repentir ! Je suis donc bien méprisable, si notre union te fait mépriser de toi-même, et si le charme de mes jours est le tourment (*a*) des tiens ? sois plus juste envers toi, ma Julie; vois d'un œil moins prévenu les sacrés liens que ton cœur a formés. N'as-tu pas suivi les plus pures loix de la nature ? N'as-tu pas librement contracté le plus saint des engagemens ? Qu'as-tu fait que les loix divines et humaines ne puissent et ne doivent autoriser ? Que manque-t-il au nœud qui nous joint qu'une déclaration publique ? Veuille être à moi, tu n'es plus coupable. O mon épouse ! O ma digne et chaste compagne ! ô gloire et bonheur (*a*) de ma vie ! non ce n'est point ce qu'a fait ton amour qui peut être un crime, mais ce que tu lui voudrois ôter : ce n'est qu'en acceptant un autre époux que tu peux offenser l'honneur[1]. Sois sans cesse à l'ami de ton cœur pour être innocente. La chaine qui nous lie est légitime, l'infidélité seule qui la romproit seroit blamable, et c'est desormais à l'amour d'être garant de la vertu.

Mais quand ta douleur seroit raisonnable, quand tes regrets seroient fondés, pourquoi m'en dérobes-tu ce qui m'appartient (*b*) ? pourquoi mes yeux ne versent-ils pas la moitié de tes pleurs ? Tu n'as pas une peine que je ne doive sentir, pas un sentiment que je ne doive partager, et mon cœur justement jaloux te reproche toutes les larmes que tu ne répands pas dans mon sein. Dis, froide et mistérieuse amante, tout ce que ton ame ne communique point à la mienne, n'est-il pas un vol que tu fais à l'amour ? Tout ne doit-il pas être commun entre nous, ne te souvient-il plus de l'avoir dit ? Ah ! si tu savois aimer comme moi, mon bonheur te consoleroit comme ta peine m'afflige, et tu sentirois mes plaisirs comme je sens ta tristesse !

Mais je le vois, tu me méprises comme un insensé, parce que ma raison s'égare au sein des délices. Mes emportemens t'effrayent, mon délire te fait pitié, et tu ne sens pas que toute la force humaine ne peut suffire à des félicités sans bornes. Comment veux-tu qu'une ame sensible goûte moderement des biens infinis ? Comment veux-tu qu'elle supporte à la fois tant d'especes de transports sans sortir de son assiete (*c*) ? Ne sais-tu pas qu'il est un terme où nulle raison ne resiste plus, et qu'il n'est point d'homme au monde dont le bon sens soit à toute épreuve ? Prens donc pitié de l'égarement où tu m'as jetté, et ne méprise pas des erreurs qui sont ton ouvrage. Je ne suis plus à moi, je l'avoue, mon ame aliénée est toute en toi[2]. J'en suis plus propre à sentir tes peines et plus digne de les partager. O Julie, ne te dérobe pas à toi-même !

LETTRE XXXII.

RÉPONSE.

Il fut un tems, mon aimable ami, où nos Lettres étoient faciles et charmantes; le sentiment qui les dictoit couloit avec une élegante simplicité; il n'avoit besoin ni d'art ni de coloris, et sa pureté faisoit toute sa parure. Cet heureux tems n'est plus : hélas ! il ne peut revenir; et pour premier effet d'un changement si cruel, nos cœurs ont déja cessé de s'entendre[1].

Tes yeux ont vu mes douleurs. Tu crois en avoir pénétré la source; tu veux me consoler par de vains discours, et quand tu penses m'abuser, c'est toi, mon ami, qui t'abuses. Crois-moi, crois en le cœur tendre de ta Julie; mon regret est bien moins d'avoir donné trop à l'amour que de l'avoir privé de son plus grand charme. Ce doux enchantement de vertu s'est évanoui comme un songe : nos feux ont perdu cette ardeur divine qui les animoit en les épurant; nous avons recherché le plaisir et le bonheur a fui loin de nous. Ressouviens-toi de ces momens délicieux où nos cœurs s'unissoient d'autant mieux que nous nous respections davantage, où la passion tiroit de son propre excès la force de se vaincre elle-même, où l'innocence nous consoloit de la contrainte, où les homages rendus à l'honneur tournoient tous au profit de l'amour. Compare un état si charmant à notre situation présente : que d'agitations ! que d'effroi ! que de mortelles allarmes ! que de sentimens immodérés ont perdu leur premiere douceur ! Qu'est devenu ce zele de sagesse et d'honnêteté dont l'amour animoit toutes les actions de notre vie, et qui rendoit à son tour l'amour plus délicieux ? Notre jouissance étoit paisible et durable; nous n'avons plus que des transports : ce bonheur insensé ressemble à des accès de fureur plus qu'à de tendres caresses. Un feu pur et sacré bruloit nos cœurs; livrés aux erreurs des sens, nous ne sommes plus que des amans vulgaires[2]; trop heureux si l'amour jaloux daigne présider encore, à des plaisirs que le plus vil mortel peut goûter sans lui (*a*).

Voila, mon ami, les pertes qui nous sont communes

et que je ne pleure pas moins pour toi que pour moi. Je n'ajoûte rien sur les miennes, ton cœur eſt fait pour les sentir. Vois ma honte, et gémis si tu sais aimer. Ma faute eſt irréparable, mes pleurs ne tariront point. O toi qui les fais couler, crains d'attenter à de si juſtes douleurs; tout mon espoir eſt de les rendre éternelles; le pire de mes maux seroit d'en être consolée, et c'eſt le dernier degré de l'opprobre de perdre avec l'innocence le sentiment qui nous la fait aimer.

Je connois mon sort, j'en sens l'horreur, et cependant il me reſte une consolation dans mon desespoir, elle eſt unique, mais elle eſt douce. C'eſt de toi que je l'attens, mon aimable ami. Depuis que je n'ose plus porter mes regards sur moi-même, je les porte avec plus de plaisir sur celui que j'aime. Je te rends tout ce que tu m'ôtes de ma propre eſtime, et tu ne m'en deviens que plus cher en me forçant à me hair. L'amour, cet amour fatal qui me perd te donne un nouveau prix; tu t'éleves quand je me dégrade; ton ame semble avoir profité de tout l'avilissement de la mienne. Sois donc desormais mon unique espoir, c'eſt à toi de juſtifier s'il se peut ma faute; couvre-la de l'honnêteté de tes sentimens; que ton mérite efface ma honte; rends excusable à force de vertus la perte de celles que tu me coûtes. Sois tout mon être, à présent que je ne suis plus rien. Le seul honneur qui me reſte eſt tout en toi, et tant que tu seras digne de respect, je ne serai pas tout à fait méprisable.

Quelque regret que j'aye au retour de ma santé, je ne saurois le dissimuler plus longtems. Mon visage démentiroit mes discours, et ma feinte convalescence ne peut plus tromper personne. Hâte toi donc, avant que je sois forcée de reprendre mes occupations ordinaires, de faire la démarche dont nous sommes convenus. Je vois clairement que ma mere a conçu des soupçons et qu'elle nous observe. Mon pere n'en eſt pas là, je l'avoue : ce fier gentilhomme n'imagine pas même qu'un roturier puisse être amoureux de sa fille; mais enfin, tu sais ses résolutions; il te préviendra si tu ne le préviens, et pour avoir voulu te conserver le même accès dans notre maison, tu t'en banniras tout à fait. Crois-moi, parle à ma mere tandis qu'il en eſt encore tems. Feins des affaires qui t'empêchent de continuer à m'inſtruire, et renonçons à nous voir si souvent, pour nous voir au moins quelques fois : car si l'on te ferme la porte tu ne peux plus t'y présenter; mais si tu te la fermes toi-même, tes visites seront en quelque sorte à ta discretion, et avec un peu d'adresse et de complaisance, tu pourras les rendre plus fréquentes dans la suite, sans qu'on l'apperçoive ou qu'on le trouve mauvais. Je te dirai ce soir les moyens que j'imagine d'avoir d'autres occasions de nous voir, et tu conviendras que l'inséparable Cousine, qui causoit autrefois tant de murmures, ne sera pas maintenant inutile à deux amans qu'elle n'eut point dû quitter[1].

LETTRE XXXIII[2].

DE JULIE.

Ah, mon ami, le mauvais refuge pour deux amans qu'une assemblée ! Quel tourment de se voir et de se contraindre ! Il vaudroit mieux cent fois ne se point voir. Comment avoir l'air tranquille avec tant d'émotion ? Comment être si différent de soi-même ? Comment songer à tant d'objets quand on n'eſt occupé que d'un seul ? Comment contenir le geſte et les yeux quand le cœur vole ? Je ne sentis de ma vie un trouble égal à celui que j'éprouvai hier quand on t'annonça chez Mad[e] d'Hervart. Je pris ton nom prononcé pour un reproche qu'on m'addressoit; je m'imaginai que tout le monde m'observoit de concert; je ne savois plus ce que je faisois, et à ton arrivée je rougis si prodigieusement, que ma Cousine, qui veilloit sur moi, fut contrainte d'avancer son visage et son éventail, comme pour me parler à l'oreille. Je tremblai que cela même ne fit un mauvais effet, et qu'on ne cherchât du miſtere à cette chucheterie (*a*). En un mot, je trouvois par tout de nouveaux sujets d'allarmes, et je ne sentis jamais mieux combien une conscience coupable arme contre nous de témoins qui n'y songent pas.

Claire prétendit remarquer que tu ne faisois pas une meilleure figure; tu lui paraissois embarrassé de ta contenance, inquiet de ce que tu devois faire, n'osant aller ni venir, ni m'aborder ni t'éloigner, et promenant tes regards à la ronde pour avoir, disoit-elle, occasion de les tourner sur nous. Un peu remise de mon agitation, je crus m'appercevoir moi-même de la tienne, jusqu'à ce que la jeune Madame Belon t'ayant adressé la parole, tu t'assis en causant avec elle, et devins plus calme à ses côtés.

Je sens, mon ami, que cette maniere de vivre, qui donne tant de contrainte et si peu de plaisir, n'est pas bonne pour nous : nous aimons trop pour pouvoir nous gêner ainsi. Ces rendez-vous publics ne conviennent qu'à des gens qui, sans connoitre l'amour, ne laissent pas d'être bien ensemble, ou qui peuvent se passer du mistere : les inquietudes sont trop vives de ma part, les indiscretions trop dangereuses de la tienne, et je ne puis pas tenir une Madame Belon toujours à mes côtés, pour faire diversion au besoin.

Reprenons, reprenons cette vie solitaire et paisible, dont je t'ai tiré si mal à propos. C'est elle qui a fait naitre et nourri nos feux; peut-être s'affoibliroient-ils par une maniere de vivre plus dissipée. Toutes les grandes passions se forment dans la solitude[1]; on n'en a point de semblables dans le monde, où nul objet n'a le tems de faire une profonde impression, et où la multitude des goûts énerve la force des sentimens. Cet état est aussi plus convenable à ma mélancolie; elle s'entretient du même aliment que mon amour; c'est ta chere image qui soutient l'une et l'autre, et j'aime mieux te voir tendre et sensible au fond de mon cœur, que contraint et distrait dans une assemblée.

Il peut, d'ailleurs, venir un tems où je serois forcée à une plus grande retraitte; fut-il déja venu, ce tems desiré ! La prudence et mon inclination veulent également que je prenne d'avance des habitudes conformes à ce que peut exiger la nécessité. Ah ! si de mes fautes pouvoit naitre le moyen de les réparer ! Le doux espoir d'être un jour....... mais insensiblement j'en dirois plus que je n'en veux dire sur le projet qui m'occupe. Pardonne moi ce mistere, mon unique Ami, mon cœur n'aura jamais de secret qui ne te fut doux à savoir. Tu dois pourtant ignorer celui-ci, et tout ce que je t'en puis dire à présent, c'est que l'amour qui fit nos maux, doit nous en donner le remede. Raisonne, commente, si tu veux dans ta tête; mais je te défens de m'interroger là-dessus[2].

LETTRE XXXIV.

RÉPONSE.

Nò, non vedrete mai
Cambiar gl' affetti miei,
Bei lumi onde imparai
A sospirar d'amor (*a*).

Que je dois l'aimer, cette jolie Madame Belon, pour le plaisir qu'elle m'a procuré ! Pardonne-le moi, divine Julie, j'osai jouïr un moment de tes tendres allarmes, et ce moment fut un des plus doux de ma vie. Qu'ils étoient charmans, ces regards inquiets, et curieux qui se portoient sur nous à la dérobée, et se baissoient aussitôt pour éviter les miens ! Que faisoit alors ton heureux amant ? S'entretenoit-il avec Madame Belon? Ah, ma Julie, peux tu le croire ? Non, non, fille incomparable; il étoit plus dignement occupé. Avec quel charme son cœur suivoit les mouvemens du tien ! Avec quelle avide impatience ses yeux dévoroient tes attraits ! Ton amour, ta beauté remplissoient, ravissoient son ame; elle pouvoit suffire à peine à tant de sentimens délicieux. Mon seul regret étoit de goûter aux dépends de celle que j'aime des plaisirs qu'elle ne partageoit pas. Sais-je ce que durant tout ce tems me dit Madame Belon ? Sais-je ce que je lui répondis ? le savois-je au moment de notre entretien ? A-t-elle pu le savoir elle même, et pouvoit-elle comprendre la moindre chose aux discours d'un homme qui parloit sans penser et répondoit sans entendre ?

Com' huom, che par ch' ascolti, e nulla intende (*b*).

Aussi m'a-t-elle pris dans le plus parfait dedain. Elle a dit à tout le monde, à toi peut-être, que je n'ai pas le sens commun, qui pis eſt pas le moindre esprit, et que je suis tout aussi sot que mes livres[1]. Que m'importe ce qu'elle en dit et ce qu'elle en pense ? Ma Julie ne décide-t-elle pas seule de mon être et du rang que je veux avoir ? Que le reſte de la terre pense de moi comme il voudra, tout mon prix eſt dans ton eſtime.

Ah, croi qu'il n'appartient ni à Madame Belon ni à

toutes les beautés supérieures à la sienne, de faire la diversion dont tu parles, et d'éloigner un moment de toi mon cœur et mes yeux ! si tu pouvois douter de ma sincérité, si tu pouvois faire cette mortelle injure à mon amour et à tes charmes, di-moi, qui pourroit avoir tenu registre de tout ce qui se fit autour de toi ? Ne te vis-je pas briller entre ces jeunes beautés comme le soleil entre les astres qu'il éclipse ? N'apperçus-je pas les Cavaliers* se rassembler autour de ta chaise ? Ne vis-je pas au depit de tes compagnes l'admiration qu'ils marquoient pour toi ? Ne vis-je pas leurs respects empressés, et leurs hommages, et leurs galanteries ? Ne te vis-je pas recevoir tout cela avec cet air de modestie et d'indifférence qui en impose plus que la fierté? Ne vis-je pas quand tu te dégantois pour la colation l'effet que ce bras découvert produisit sur les spectateurs ? Ne vis-je pas le jeune étranger qui releva ton gand vouloir baiser la main charmante qui le recevoit ? N'en vis-je pas un plus téméraire dont l'œil ardent suçoit mon sang et ma vie t'obliger quand tu t'en fus apperçue d'ajouter une épingle à ton fichu ? Je n'étois pas si distrait que tu penses; je vis tout cela, Julie, et n'en fus point jaloux; car je connois ton cœur. Il n'est pas, je le sais bien, de ceux qui peuvent aimer deux fois. Accuseras-tu le mien d'en être ?

Reprenons-la donc, cette vie solitaire que je ne quittai qu'à regret. Non, le cœur ne se nourrit point dans le tumulte du monde. Les faux plaisirs lui rendent la privation des vrais plus amere, et il préfere sa souffrance à de vains dédomagemens. Mais, ma Julie, il en est, il en peut être de plus solides à la contrainte où nous vivons, et tu sembles les oublier ! Quoi, passer quinze jours entiers si près l'un de l'autre sans se voir, ou sans se rien dire ! Ah, que veux-tu qu'un cœur brulé d'amour fasse durant tant de siecles ? l'absence même seroit moins cruelle. Que sert un excés de prudence qui nous fait plus de maux qu'il n'en prévient ? Que sert de prolonger sa vie avec son supplice ? Ne vaudroit-il pas mieux cent fois se voir un seul instant et puis mourir ?

Je ne le cache point, ma douce Amie, j'aimerois à

---

* *Cavaliers ;* vieux mot qui ne se dit plus. On dit, *hommes.* J'ai cru devoir aux provinciaux cette importante remarque, afin d'être au moins une fois utile au public (*a*)[1].

pénétrer l'aimable secret que tu me dérobes, il n'en fut jamais de plus intéressant pour nous; mais j'y fais d'inutiles efforts. Je saurai pourtant garder le silence que tu m'imposes, et contenir une indiscrette curiosité; mais en respectant un si doux mistere, que n'en puis-je au moins assurer l'éclaircissemens ? Qui sait, qui sait encore si tes projets ne portent point sur des chimeres ? Chere ame de ma vie, ah ! commençons du moins par les bien réaliser.

P. S. J'oubliois de te dire que M. Roguin m'a offert une compagnie dans le Régiment qu'il lêve pour le roi de Sardaigne. J'ai été sensiblement touché de l'estime de ce brave officier; je lui ai dit en le remerciant, que j'avois la vue trop courte pour le service et que ma passion pour l'étude s'accordoit mal avec une vie aussi active. En cela, je n'ai point fait un sacrifice à l'amour. Je pense que chacun doit sa vie et son sang à la patrie, qu'il n'est pas permis de s'aliéner à des Princes auxquels on ne doit rien, moins encore de se vendre et de faire du plus noble métier du monde celui d'un vil mercenaire. Ces maximes étoient celles de mon pere que je serois bien heureux d'imiter dans son amour pour ses devoirs et pour son pays. Il ne voulut jamais entrer au service d'aucun Prince étranger : Mais dans la guerre de 1712 il porta les armes avec honneur pour la patrie; il se trouva dans plusieurs combats à l'un desquels il fut blessé; et à la bataille de Wilmerghen, il eut le bonheur d'enlever un Drapeau ennemi sous les yeux du Général de Sacconex[1].

LETTRE XXXV.

DE JULIE.

Je ne trouve pas, mon Ami, que les deux mots que j'avois dits en riant sur Madame Belon valussent une explication si sérieuse. Tant de soins à se justifier produisent quelquefois un préjugé contraire, et c'est l'attention qu'on donne aux bagatelles, qui seule en fait des objets importans. Voila ce qui sûrement n'arrivera pas entre nous; car les cœurs bien occupés ne sont gueres pointilleux, et les tracasseries des Amans sur des riens ont presque toujours un fondement beaucoup plus réel qu'il ne semble.

Je ne suis pas fachée pourtant que cette bagatelle nous fournisse une occasion de traiter entre nous de la jalousie[1]; sujet malheureusement trop important pour moi.

Je vois, mon ami, par la trempe de nos ames et par le tour commun de nos goûts, que l'amour sera la grande affaire de notre vie. Quand une fois il a fait les impressions profondes que nous en avons reçues, il faut qu'il éteigne ou absorbe toutes les autres passions; le moindre refroidissement seroit bientôt pour nous la langueur de la mort; un dégoût invincible, un éternel ennui, succederoient à l'amour éteint, et nous ne saurions longtems vivre après avoir cessé d'aimer[2]. En mon particulier, tu sens bien qu'il n'y a que le delire de la passion qui puisse me voiler l'horreur de ma situation présente, et qu'il faut que j'aime avec transport, ou que je meure de douleur. Vois donc si je suis fondée à discuter sérieusement un point, d'où doit dépendre le bonheur ou le malheur de mes jours !

Autant que je puis juger de moi-même, il me semble que souvent affectée avec trop de vivacité, je suis pourtant peu sujette à l'emportement. Il faudroit que mes peines eussent fermenté longtems en dedans, pour que j'osasse en découvrir la source à leur Auteur, et comme je suis persuadée qu'on ne peut faire une offense sans le vouloir, je supporterois plutôt cent sujets de plainte qu'une explication. Un pareil caractere doit méner loin pour peu qu'on ait de penchant à la jalousie, et j'ai bien peur de sentir en moi ce dangereux penchant. Ce n'est pas que je ne sache que ton cœur est fait pour le mien et non pour un autre : Mais on peut s'abuser soi-même, prendre un goût passager pour une passion, et faire autant de choses par fantaisie qu'on en eut peut-être fait par amour. Or si tu peux te croire inconstant sans l'être, à plus forte raison puis-je t'accuser à tort d'infidélité. Ce doute affreux empoisonneroit pourtant ma vie; je gémirois sans me plaindre et mourrois inconsolable sans avoir cessé d'être aimée.

Prévenons, je t'en conjure un malheur dont la seule idée me fait frissonner. Jure moi donc, mon doux ami, non par l'amour, serment qu'on ne tient que quand il est superflu; mais par ce nom sacré de l'honneur, si respecté de toi, que je ne cesserai jamais d'être la confidente de ton cœur, et qu'il n'y surviendra point de changement dont je ne sois la premiere instruite. Ne m'allegue pas que tu n'auras jamais rien à m'apprendre; je le crois, je l'espere; mais prévien mes folles allarmes, et donne moi dans tes engagemens pour un avenir qui ne doit point être, l'éternelle sécurité du présent. Je serois moins à plaindre d'apprendre de toi mes malheurs réels que d'en souffrir sans cesse d'imaginaires; je jouirois au moins de tes remords; si tu ne partageois plus mes feux, tu partagerois encore mes peines, et je trouverois moins ameres les larmes que je verserois dans ton sein.

C'est ici, mon ami, que je me félicite doublement de mon choix, et par le doux lien qui nous unit et par la probité qui l'assure; voila l'usage de cette regle de sagesse dans les choses de pur sentiment; voila comment la vertu severe sait écarter les peines du tendre amour. Si j'avois un amant sans principes, dût-il m'aimer éternellement, où seroient pour moi les garants de cette constance? Quels moyens aurois-je de me délivrer de mes défiances continuelles, et comment m'assurer de n'être point abusée ou par sa feinte ou par ma crédulité ? Mais toi, mon digne et respectable ami, toi qui n'es capable ni d'artifice ni de déguisement; tu me garderas, je le sais, la sincérité que tu m'auras promise. La honte d'avouer une infidelité ne l'emportera point dans ton ame droite sur le devoir de tenir ta parole, et si tu pouvois ne plus aimer ta Julie, tu lui dirois........ oui, tu pourrois lui dire, ô Julie, je ne.... Mon ami, jamais je n'écrirai ce mot la (*a*).

Que penses-tu de mon expédient ? C'est le seul j'en suis sûre qui pouvoit déraciner en moi tout sentiment de jalousie. Il y a je ne sais quelle délicatesse qui m'enchante à me fier de ton amour à ta bonne foi, et à m'ôter le pouvoir de croire une infidélité que tu ne m'apprendrois pas toi-même. Voila, mon cher, l'effet assuré de l'engagement que je t'impose; car je pourrois te croire amant volage, mais non pas ami trompeur, et quand je douterois de ton cœur, je ne puis jamais douter de ta foi. Quel plaisir je goûte à prendre en ceci des précautions inutiles, à prevenir les apparences d'un changement dont je sens si bien l'impossibilité ! Quel charme de parler de jalousie avec un Amant si fidelle ! Ah, si tu pouvois cesser de l'être, ne crois pas que je t'en parlasse ainsi ! Mon pauvre cœur ne seroit pas si sage au besoin, et la moindre défiance m'ôteroit bientôt la volonté de m'en garantir.

Voila, mon très honoré maitre, matiere à discussion pour ce soir : car je sais que vos deux humbles Disciples auront l'honneur de souper avec vous chez le pere de l'inséparable. Vos doctes commentaires sur la gazette[1] vous ont tellement fait trouver grace devant lui, qu'il n'a pas falu beaucoup de manege pour vous faire inviter. La fille a fait accorder son Clavecin; le pere a feuilleté Lamberti[2]; moi je recorderai[3] peut-être la leçon du bosquet de Clarens : ô Docteur en toutes facultés, vous avez partout quelque science de mise. M. d'Orbe, qui n'est pas oublié, comme vous pouvez penser, a le mot pour entamer une savante dissertation sur le futur homage du Roi de Naples[4], durant laquelle nous passerons tous trois dans la chambre de la Cousine. C'est là, mon féal, qu'à genoux devant votre Dame et maitresse, vos deux mains dans les siennes et en présence de son Chancelier, vous lui jurerez foi et loyauté à toute épreuve, non pas à dire amour éternel; engagement qu'on n'est maitre ni de tenir ni de rompre; mais vérité, sincérité, franchise inviolable. Vous ne jurerez point d'être toujours soumis, mais de ne point commettre acte de fellonie, et de déclarer au moins la guerre avant de sécouer le joug. Ce faisant aurez l'accolade, et serez reconnu vassal unique et loyal Chevalier[5].

Adieu, mon bon Ami, l'idée du soupé de ce soir m'inspire de la gaité. Ah ! qu'elle me sera douce quand je te la verrai partager !

LETTRE XXXVI[6].

DE JULIE.

BAISE cette Lettre et saute de joye pour la nouvelle que je vais t'apprendre; mais pense que pour ne point sauter et n'avoir rien à baiser, je n'y suis pas la moins sensible. Mon pere obligé d'aller à Berne pour son procès, et delà à Soleure pour sa pension, a proposé à ma mere d'être du voyage, et elle l'a accepté espérant pour sa santé quelque effet salutaire du changement d'air. On vouloit me faire la grace de m'emmener aussi, et je ne jugeai pas à propos de dire ce que j'en pensois : mais la difficulté des arrangemens de voiture a fait abandonner ce projet, et l'on travaille à me consoler de n'être pas de la partie. Il faloit feindre de la tristesse, et le faux rolle que je me vois contrainte à jouer m'en donne une si véritable, que le remord m'a presque dispensé de la feinte.

Pendant l'absence de mes parens, je ne resterai point maitresse de maison; mais on me dépose chez le Pere de la Cousine, en sorte que je serai tout de bon durant ce tems inséparable de l'inséparable. De plus; ma mere a mieux aimé se passer de femme de chambre et me laisser Babi pour gouvernante : sorte d'Argus peu dangereux dont on ne doit ni corrompre la fidélité ni se faire des confidens, mais qu'on écarte aisément au besoin, sur la moindre lueur de plaisir ou de gain qu'on leur offre.

Tu comprends quelle facilité nous aurons à nous voir durant une quinzaine de jours; mais c'est ici que la discretion doit suppléer à la contrainte, et qu'il faut nous imposer volontairement la même reserve à laquelle nous sommes forcés dans d'autres tems. Non seulement tu ne dois pas, quand je serai chez ma Cousine, y venir plus souvent qu'auparavant, de peur de la compromettre; j'espere même qu'il ne faudra te parler ni des égards qu'exige son sexe, ni des droits sacrés de l'hospitalité, et qu'un honnête homme n'aura pas besoin qu'on l'instruise du respect dû par l'amour à l'amitié qui lui donne azile. Je connois tes vivacités, mais j'en connois les bornes inviolables. Si tu n'avois jamais fait de sacrifice à ce qui est honnête, tu n'en aurois point à faire aujourdhui (*a*).

D'où vient cet air mécontent et cet œil attristé ? Pourquoi murmurer des Loix que le devoir t'impose ? Laisse à ta Julie le soin de les adoucir; t'es-tu jamais repenti d'avoir été docile à sa voix ? Près des coteaux fleuris d'où part la source de la Vevaise, il est un hameau solitaire qui sert quelquefois de repaire aux chasseurs et ne devroit servir que d'azile aux amans. Autour de l'habitation principale, dont M. d'Orbe dispose, sont épars assés loin quelques Chalets*, qui de leurs toits de chaume peuvent couvrir l'amour et le plaisir, amis de la simplicité rusti-

---

* Sorte de maisons de bois où se font les fromages et diverses especes de laitages dans la montagne (*b*).

que. Les fraiches et discretes laitieres savent garder pour autrui le secret dont elles ont besoin pour elles-mêmes. Les ruisseaux qui traversent les prairies sont bordés d'arbrisseaux et de boccages délicieux. Des bois épais offrent au delà des aziles plus deserts et plus sombres.

Al bel seggio riposto, ombroso e fosco,
Ne mai pastori appressan, ne bifolci (*a*).

L'art ni la main des hommes n'y montrent nulle part leurs soins inquietans; on n'y voit par tout que les tendres soins de la Mere commune. C'est là mon ami, qu'on n'est que sous ses auspices et qu'on peut n'écouter que ses loix. Sur l'invitation de M. d'Orbe, Claire a déja persuadé à son papa qu'il avoit envie d'aller faire avec quelques amis, une chasse de deux ou trois jours dans ce Canton, et d'y mener les Inséparables. Ces Inséparables en ont d'autres, comme tu ne sais que trop bien. L'un représentant le maitre de la maison en fera naturellement les honneurs; l'autre avec moins d'éclat pourra faire à sa Julie ceux d'un humble chalet, et ce chalet consacré par l'amour sera pour eux le Temple de Gnide. Pour exécuter heureusement et sûrement ce charmant projet, il n'est question que de quelques arrangemens qui se concerteront facilement entre nous, et qui feront partie eux-mêmes des plaisirs qu'ils doivent produire. Adieu, mon ami, je te quite brusquement, de peur de surprise. Aussi bien, je sens que le cœur de ta Julie vole un peu trop tôt habiter le Chalet.

P. S. Tout bien considéré, je pense que nous pourrons sans indiscretion nous voir presque tous les jours; savoir chez ma Cousine de deux jours l'un, et l'autre à la promenade.

LETTRE XXXVII.

DE JULIE.

Ils sont partis ce matin, ce tendre pere et cette mere incomparable, en accablant des plus tendres caresses une fille chérie, et trop indigne de leurs bontés. Pour moi, je les embrassois avec un léger serrement de cœur, tandis qu'au dedans de lui même, ce cœur ingrat et dénaturé petilloit d'une odieuse joye. Hélas ! qu'est devenu ce tems heureux où je menois incessamment sous leurs yeux une vie innocente et sage, où je n'étois bien que contre leur sein, et ne pouvois les quiter d'un seul pas sans déplaisir ? Maintenant coupable et craintive, je tremble en pensant à eux, je rougis en pensant à moi; tous mes bons sentimens se dépravent, et je me consume en vains et stériles regrets que n'anime pas même un vrai repentir. Ces ameres réfléxions m'ont rendu toute la tristesse que leurs adieux ne m'avoient pas d'abord donnée. Une secrette angoisse étouffoit mon ame après le départ de ces chers parens. Tandis que Babi faisoit les pacquets, je suis entrée machinalement dans la chambre de ma mere, et voyant quelques unes de ses hardes encore éparses, je les ai toutes baisées l'une après l'autre en fondant en larmes. Cet état d'attendrissement m'a un peu soulagée, et j'ai trouvé quelque sorte de consolation à sentir que les doux mouvemens de la nature ne sont pas tout à fait éteints dans mon cœur. Ah, tiran ! tu veux en vain l'asservir tout entier, ce tendre et trop foible cœur; malgré toi, malgré tes prestiges, il lui reste au moins des sentimens légitimes, il respecte et cherit encore des droits plus sacrés que les tiens.

Pardonne, ô mon doux ami, ces mouvemens involontaires, et ne crains pas que j'étende ces réflexions aussi loin que je le devrois. Le moment de nos jours, peut-être, où notre amour est le plus en liberté, n'est pas, je le sais bien, celui des regrets : je ne veux ni te cacher mes peines ni t'en accabler; il faut que tu les connoisses, non pour les porter mais pour les adoucir. Dans le sein de qui les épancherois-je, si je n'osois les verser dans le tien (*a*) ? N'es-tu pas mon tendre consolateur? N'est-ce pas toi qui soutiens mon courage ébranlé ? N'est-ce pas toi qui nourris dans mon ame le goût de la vertu, même après que je l'ai perdue ? Sans toi, sans cette adorable amie dont la main compatissante essuya si souvent mes pleurs, combien de fois n'eussai-je pas déjà succombé sous le plus mortel abbatement ? Mais vos tendres soins me soutiennent; je n'ose m'avilir tant que vous m'estimez encore, et je me dis avec complaisance que vous ne m'aimeriez pas tant l'un et l'autre, si je n'étois digne que de mépris. Je vole dans les bras de cette chere Cousine, ou plutôt de cette tendre sœur déposer au fond de son cœur une importune tristesse. Toi, viens ce soir achever de rendre au mien la joye et la sérénité qu'il a perdues.

LETTRE XXXVIII[1].

A JULIE.

NON, Julie, il ne m'est pas possible de ne te voir chaque jour que comme je t'ai vue la veille : il faut que mon amour s'augmente et croisse incessamment avec tes charmes, et tu m'es une source inépuisable de sentimens nouveaux que je n'aurois pas même imaginés. Quelle soirée inconcevable ! Que de délices inconnues tu fis éprouver à mon cœur ! O tristesse enchanteresse ! O langueur d'une ame attendrie ! combien vous surpassez les turbulens plaisirs, et la gaité folâtre, et la joye emportée, et tous les transports qu'une ardeur sans mesure offre aux desirs effrenés des amans ! paisible et pure jouïssance qui n'as rien d'égal dans la volupté des sens, jamais, jamais ton pénétrant souvenir ne s'effacera de mon cœur. Dieux ! quel ravissant spectacle ou plutôt quelle extase, de voir deux Beautés si touchantes s'embrasser tendrement, le visage de l'une se pencher sur le sein de l'autre, leurs douces larmes se confondre, et baigner ce sein charmant comme la rosée du Ciel humecte un lis fraichement éclos ! J'étois jaloux d'une amitié si tendre; je lui trouvois je ne sais quoi de plus intéressant qu'à l'amour même, et je me voulois une sorte de mal de ne pouvoir t'offrir des consolations aussi cheres, sans les troubler par l'agitation de mes transports. Non, rien, rien sur la terre n'est capable d'exciter un si voluptueux attendrissement que vos mutuelles caresses, et le spectacle de deux amans eut offert à mes yeux une sensation moins délicieuse[2].

Ah, qu'en ce moment j'eusse été amoureux de cette aimable Cousine, si Julie n'eut pas existé[3]. Mais non, c'étoit Julie elle-même qui répandoit son charme invincible sur tout ce qui l'environnoit[4]. Ta robe, ton ajustement, tes gands, ton éventail, ton ouvrage; tout ce qui frapoit autour de toi mes regards enchantoit mon cœur, et toi seule faisois tout l'enchantement. Arrête, ô ma douce amie ! à force d'augmenter mon ivresse tu m'ôterois le plaisir de la sentir. Ce que tu me fais éprouver aproche d'un vrai délire, et je crains d'en perdre enfin la raison. Laisse moi du moins connoître un égarement qui fait mon bonheur; laisse-moi goûter ce nouvel enthousiasme, plus sublime, plus vif que toutes les idées que j'avois de l'amour. Quoi tu peux te croire avilie ! quoi la passion t'ôte-t-elle aussi le sens ? Moi, je te trouve trop parfaite pour une mortelle. Je t'imaginerois d'une espece plus pure, si ce feu devorant qui pénétre ma substance ne m'unissoit à la tienne et ne me faisoit sentir qu'elles sont la même (*a*). Non, personne au monde ne te connoit; tu ne te connois pas toi-même; mon cœur seul te connoit, te sent, et sait te mettre à ta place[1]. Ma Julie ! Ah, quels homages te seroient ravis, si tu n'étois qu'adorée ! Ah ! si tu n'étois qu'un ange, combien tu perdrois de ton prix[2] !

Di-moi comment il se peut qu'une passion telle que la mienne puisse augmenter ? Je l'ignore, mais je l'éprouve. Quoique tu me sois présente dans tous les tems, il y a quelques jours sur tout que ton image plus belle que jamais me poursuit et me tourmente avec une activité à laquelle ni lieu ni tems ne me dérobe, et je crois que tu me laissas avec elle dans ce chalet que tu quittas en finissant ta derniere lettre. Depuis qu'il est question de ce rendez-vous champêtre, je suis trois fois sorti de la ville; chaque fois mes pieds m'ont porté des mêmes côtés, et chaque fois la perspective d'un séjour si désiré m'a paru plus agréable.

Non vide il mondo si leggiadri rami,
Ne mosse 'l vento mai si verdi frondi (*b*).

Je trouve la campagne plus riante, la verdure plus fraiche et plus vive, l'air plus pur, le Ciel plus serain; le chant des oiseaux semble avoir plus de tendresse et de volupté; le murmure des eaux inspire une langueur plus amoureuse; la vigne en fleurs exhale au loin de plus doux parfums; un charme secret embellit tous les objets ou fascine mes sens, on diroit que la terre se pare pour former à ton heureux amant un lit nuptial digne de la beauté qu'il adore et du feu qui le consume. O Julie ! ô chere et précieuse moitié de mon ame, hâtons-nous d'ajouter à ces ornemens du printems la présence de deux amans fidelles : Portons le sentiment du plaisir dans des lieux qui n'en offrent qu'une vaine image; alons animer toute la nature, elle est morte sans les feux de l'amour[1]. Quoi ! trois jours d'attente ? trois jours encore ? Yvre d'amour, affamé de transports, j'attens ce moment tardif avec une douloureuse impatience. Ah ! qu'on seroit heureux si le Ciel ôtoit de la vie tous les ennuyeux intervalles qui séparent de pareils instans !

LETTRE XXXIX[2].

DE JULIE.

Tu n'as pas un sentiment, mon bon ami, que mon cœur ne partage; mais ne me parle plus de plaisir tandis que des gens qui valent mieux que nous souffrent, gémissent, et que j'ai leur peine à me reprocher (*a*). Lis la lettre ci-jointe, et sois tranquille si tu le peux. Pour moi qui connois l'aimable et bonne fille qui l'a écrite, je n'ai pu la lire sans des larmes de remords et de pitié. Le regret de ma coupable négligence m'a pénétré l'ame, et je vois avec une amere confusion jusqu'où l'oubli du premier de mes devoirs m'a fait porter celui de tous les autres. J'avois promis de prendre soin de cette pauvre enfant; je la protegeois auprès de ma mere (*b*); je la tenois en quelque maniere sous ma garde, et pour n'avoir su me garder moi-même, je l'abandonne sans me souvenir d'elle, et l'expose à des dangers pires que ceux où j'ai succombé. Je frémis en songeant que deux jours plus tard c'en étoit fait peut-être de mon dépôt, et que l'indigence et la séduction perdoient une fille modeste et sage qui peut faire un jour une excellente mere de famille. O mon ami, comment y a-t-il dans le monde des hommes assés vils pour achetter de la misere un prix que le cœur seul doit payer, et recevoir d'une bouche affamée les tendres baisers de l'amour[3] !

Di-moi, pourrois tu n'être pas touché de la pieté filiale de ma Fanchon, de ses sentimens honnêtes, de son innocente naïveté ? Ne l'es-tu pas de la rare tendresse de cet amant qui se vend lui-même pour soulager sa maîtresse ? Ne seras-tu pas trop heureux de contribuer à former un nœud si bien assorti. Ah si nous étions sans pitié pour les cœurs unis qu'on divise, de qui pourroient-ils jamais en attendre ? Pour moi, j'ai résolu de reparer envers ceux ci ma faute à quelque prix que ce soit, et de faire en sorte que ces deux jeunes gens soient unis par le mariage. J'espere que le Ciel bénira cette entreprise, et qu'elle sera pour nous d'un bon augure. Je te propose et te conjure au nom de notre amitié de partir dès aujourd'hui, si tu le peux, ou tout au moins demain matin pour Neufchâtel. Va négocier avec M. de Merveilleux le congé de cet honnête garçon; n'épargne ni les supplications ni l'argent : Porte avec toi la lettre de ma Fanchon, il n'y a point de cœur sensible qu'elle ne doive attendrir. Enfin, quoiqu'il nous en coûte et de plaisir et d'argent, ne revien qu'avec le congé absolu de Claude Anet, ou crois que l'amour ne me donnera de mes jours un moment de pure joye.

Je sens combien d'objections ton cœur doit avoir à me faire; doutes-tu que le mien ne les ait faites avant toi ? Et je persiste; car il faut que ce mot de vertu ne soit qu'un vain nom, ou qu'elle exige des sacrifices. Mon ami, mon digne ami, un rendez-vous manqué peut revenir mille fois; quelques heures agréables s'éclipsent comme un éclair et ne sont plus; mais si le bonheur d'un couple honnête est dans tes mains, songe à l'avenir que tu vas te préparer. Croi moi, l'occasion de faire des heureux est plus rare qu'on ne pense; la punition de l'avoir manquée est de ne la plus retrouver, et l'usage que nous ferons d-celle-ci nous va laisser un sentiment éternel de contentes ment ou de repentir. Pardonne à mon zele ces discours superflus; j'en dis trop à un honnête homme, et cent foie trop à mon ami. Je sais combien tu hais cette volupté cruelle qui nous endurcit aux maux d'autrui. Tu l'as dit mille fois toi-même, malheur à qui ne sait pas sacrifier un jour de plaisir aux devoirs de l'humanité[1].

LETTRE XL[1].

DE FANCHON REGARD A JULIE.

MADEMOISELLE,

PARDONNEZ une pauvre fille au desespoir, qui ne sachant plus que devenir ose encore avoir recours à vos bontés. Car vous ne vous lassez point de consoler les affligés, et je suis si malheureuse qu'il n'y a que vous et le bon Dieu que mes plaintes n'importunent pas. J'ai eu bien du chagrin de quiter l'apprentissage où vous m'aviez mise; mais ayant eu le malheur de perdre ma mere cet hiver, il a falu revenir auprès de mon pauvre pere que sa paralysie retient toujours dans son lit.

Je n'ai pas oublié le conseil que vous aviez donné à ma mere de tacher de m'établir avec un honnête homme qui prit soin de la famille. Claude Anet que Monsieur votre pere avoit ramené du Service est un brave garçon, rangé, qui sait un bon métier, et qui me veut du bien[2]. Après tant de charité que vous avez eue pour nous, je n'osois plus vous être incommode, et c'est lui qui nous a fait vivre pendant tout l'hiver. Il devoit m'épouser ce printems; il avoit mis son cœur à ce mariage. Mais on m'a tellement tourmentée pour payer trois ans de loyer échu à Pâques, que ne sachant où prendre tant d'argent comptant, le pauvre jeune homme s'est engagé derechef sans m'en rien dire dans la Compagnie de Monsieur de Merveilleux, et m'a apporté l'argent de son engagement. Monsieur de Merveilleux n'est plus à Neufchâtel que pour sept ou huit jours, et Claude Anet doit partir dans trois ou quatre pour suivre la recrue[3] : ainsi nous n'avons pas le tems ni le moyen de nous marier, et il me laisse sans aucune ressource. Si par votre crédit ou celui de Monsieur le Baron, vous pouviez nous obtenir au moins un delai de cinq ou six semaines, on tâcheroit pendant ce tems-là de prendre quelque arrangement pour nous marier ou pour rembourser ce pauvre garçon; mais je le connois bien; il ne voudra jamais reprendre l'argent qu'il m'a donné.

Il est venu ce matin un Monsieur bien riche m'en

offrir beaucoup d'avantage; mais Dieu m'a fait la grace de le refuser[1]. Il a dit qu'il reviendroit demain matin savoir ma derniere résolution. Je lui ai dit de n'en pas prendre la peine et qu'il la savoit déja. Que Dieu le conduise, il sera reçu demain comme aujourd'hui. Je pourrois bien aussi recourir à la bourse des pauvres[2], mais on eſt si méprisé qu'il vaut mieux pâtir : et puis, Claude Anet a trop de cœur pour vouloir d'une fille assiſtée.

Excusez la liberté que je prends, ma bonne Demoiselle; je n'ai trouvé que vous seule à qui j'ose avoüer ma peine, et j'ai le cœur si serré qu'il faut finir cette lettre. Votre bien humble et affeɛtionnée servante à vous servir.

Fanchon Regard.

LETTRE XLI.

RÉPONSE.

J'AI manqué de mémoire et toi de confiance, ma chere enfant; nous avons eu grand tort toutes deux, mais le mien eſt impardonnable : Je tâcherai du moins de le réparer. Babi, qui te porte cette Lettre eſt chargée de pourvoir au plus pressé. Elle retournera demain matin pour t'aider à congédier ce Monsieur, s'il revient, et l'après dinée[3] nous irons te voir, ma Cousine et moi; car je sais que tu ne peux pas quiter ton pauvre pere, et je veux connoitre par moi-même l'état de ton petit menage.

Quant à Claude Anet, n'en sois point en peine; mon pere eſt absent; mais en attendant son retour on fera ce qu'on pourra, et tu peux compter que je n'oublierai ni toi ni ce brave garçon. Adieu, mon enfant, que le bon Dieu te console. Tu as bien fait de n'avoir pas recours à la bourse publique; c'eſt ce qu'il ne faut jamais faire tant qu'il reſte quelque chose dans celle des bonnes gens[4].

LETTRE XLII.

A JULIE.

Je reçois votre Lettre et je pars à l'instant : ce sera toute ma réponse. Ah cruelle ! que mon cœur en est loin, de cette odieuse vertu (*a*) que vous me supposez, et que je déteste ! Mais vous ordonnez, il faut obéir. Dussai-je en mourir cent fois, il faut être estimé de Julie.

LETTRE XLIII.

A JULIE.

J'arrivai hier matin à Neufchâtel; j'appris que M. de Merveilleux étoit à la campagne, je courus l'y chercher; il étoit à la chasse et je l'attendis jusqu'au soir. Quand je lui eus expliqué le sujet de mon voyage, et que je l'eus prié de mettre un prix au congé de Claude Anet, il me fit beaucoup de difficultés. Je crus les lever, en offrant de moi-même une somme assés considérable, et l'augmentant à mesure qu'il resistoit; mais n'ayant pu rien obtenir, je fus obligé de me retirer, après m'être assuré de le retrouver ce matin, bien resolu de ne le plus quiter jusqu'à ce qu'à force d'argent, ou d'importunités, ou de quelque maniere que ce put être, j'eusse obtenu ce que j'étois venu lui demander. M'étant levé pour cela de très bonne heure, j'étois prêt à monter à cheval, quand je reçu par un Exprès[1] ce billet de M. de Merveilleux, avec le congé du jeune homme en bonne forme.

Voila, Monsieur, le congé que vous êtes venu soliciter. Je l'ai refusé à vos offres. Je le donne à vos intentions charitables, et vous prie de croire que je ne mets point à prix une bonne action.

Jugez, à la joye que vous donnera cet heureux succès, de celle que j'ai sentie en l'apprenant. Pourquoi faut-il qu'elle ne soit pas aussi parfaite qu'elle devroit l'être ? Je ne puis me dispenser d'aller remercier et rembourser M. de Merveilleux, et si cette visite retarde mon départ d'un jour comme il est à craindre, n'ai-je pas droit de dire qu'il s'est montré généreux à mes dépends ? N'importe, j'ai fait ce qui vous est agréable, je puis tout supporter à ce prix. Qu'on est heureux de pouvoir bien faire en servant ce qu'on aime, et réunir ainsi dans le même soin les charmes de l'amour et de la vertu ! Je l'avoue, ô Julie ! je partis le cœur plein d'impatience et de chagrin. Je vous reprochois d'être si sensible aux peines d'autrui, et de compter pour rien les miennes, comme si j'étois le seul au monde qui n'eut rien mérité de vous. Je trouvois de la barbarie, après m'avoir leurré d'un si doux espoir, à me priver sans nécessité d'un bien dont vous m'aviez flaté vous-même. Tous ces murmures se sont évanouis; je sens renaître à leur place au fond de mon ame un contentement inconnu; j'éprouve déja le dédomagement que vous m'avez promis, vous que l'habitude de bien faire a tant instruite du goût qu'on y trouve. Quel étrange empire est le votre, de pouvoir rendre les privations aussi douces que les plaisirs, et donner à ce qu'on fait pour vous, le même charme qu'on trouveroit à se contenter soi-même ! Ah, je l'ai dit cent fois, tu es un ange du Ciel, ma Julie ! sans doute avec tant d'autorité sur mon ame la tienne est plus divine qu'humaine. Comment n'être pas éternellement à toi puisque ton régne est céleste, et que serviroit de cesser de t'aimer s'il faut toujours qu'on t'adore[1] ?

P. S. Suivant mon calcul, nous avons encore au moins cinq ou six jours jusqu'au retour de la Maman. Seroit-il impossible durant cet intervalle de faire un pélérinage au Chalet ?

LETTRE XLIV.

DE JULIE.

Ne murmure pas tant, mon ami, de ce retour précipité. Il nous est plus avantageux qu'il ne semble, et quand nous aurions fait par addresse ce que nous avons fait par bienfaisance nous n'aurions pas mieux réussi. Regarde ce qui seroit arrivé si nous n'eussions suivi que nos fantaisies. Je serois allée à la campagne précisement la veille du retour de ma mere à la ville : J'aurois eu un exprès avant d'avoir pu ménager notre entrevue : il auroit falu partir sur le champ, peut-être sans pouvoir t'avertir, te laisser dans des perplexités mortelles, et notre séparation se seroit faite au moment qui la rendoit le plus douloureuse. De plus, on auroit su que nous étions tous deux à la campagne; malgré nos précautions, peut-être eut-on sû que nous y étions ensemble; du moins on l'auroit soupçonné, c'en étoit assés. L'indiscrette avidité du présent nous ôtoit toute ressource pour l'avenir, et le remord d'une bonne œuvre dédaignée nous eut tourmentés toute la vie.

Compare à présent cet état à notre situation réelle. Premierement ton absence a produit un excellent effet. Mon argus n'aura pas manqué de dire à ma mere qu'on t'avoit peu vu chez ma Cousine; elle sait ton voyage et le sujet; c'est une raison de plus pour t'estimer; et le moyen d'imaginer que des gens qui vivent en bonne intelligence prennent volontairement pour s'éloigner le seul moment de liberté qu'ils ont pour se voir ? Quelle ruse avons nous employée pour écarter une trop juste défiance ? La seule, à mon avis, qui soit permise à d'honnêtes gens, c'est de l'être à un point qu'on ne puisse croire, en sorte qu'on prenne un effort de vertu pour un acte d'indifférence. Mon ami, qu'un amour caché par de tels moyens doit être doux aux cœurs qui le goûtent ! Ajoûte à cela le plaisir de réunir des amans désolés, et de rendre heureux deux jeunes gens si dignes de l'être. Tu l'as vue, ma Fanchon; di, n'est elle pas charmante, et ne mérite-t-elle pas bien tout ce que tu as fait pour elle ? N'est-elle pas trop jolie et trop malheureuse pour rester fille impunément ? Claude Anet de son côté, dont le bon naturel a resisté par miracle à trois ans de service, en eut-il pu supporter encore autant sans devenir un vaurien comme tous les autres ? Au lieu de cela, ils s'aiment et seront unis; ils sont pauvres et seront aidés; ils sont honnêtes gens et pourront continuer de l'être; car mon pere a promis de prendre soin de leur établissement. Que de biens tu as procurés à eux et à nous par ta complaisance, sans parler du compte que je t'en dois tenir ! Tel est, mon ami, l'effet assuré des sacrifices qu'on fait à la vertu : s'ils coûtent souvent à faire, il est toujours doux de les avoir faits, et l'on n'a jamais vu personne se repentir d'une bonne action.

Je me doute bien qu'à l'exemple de l'Inséparable, tu m'appelleras aussi *la prêcheuse,* et il eſt vrai que je ne fais pas mieux ce que je dis que les gens du métier (*a*). Si mes sermons ne valent pas les leurs, au moins je vois avec plaisir qu'ils ne sont pas comme eux jettés au vent. Je ne m'en défends point, mon aimable ami, je voudrois ajoûter autant de vertus aux tiennes qu'un fol amour m'en a fait perdre, et ne pouvant plus m'eſtimer moi-même j'aime à m'eſtimer encore en toi[1]. De ta part il ne s'agit que d'aimer parfaitement, et tout viendra comme de lui-même[2]. Avec quel plaisir tu dois voir augmenter sans-cesse les dettes que l'amour s'oblige à payer !

Ma Cousine a su les entretiens que tu as eus avec son pere au sujet de M. d'Orbe; elle y eſt aussi sensible que si nous pouvions en offices de l'amitié n'être pas toujours en reſte avec elle. Mon Dieu, mon ami, que je suis une heureuse fille ! que je suis aimée et que je trouve charmant de l'être ! Pere, mere, amie, amant, j'ai beau chérir tout ce qui m'environne, je me trouve toujours ou prevenue ou surpassée. Il semble que tous les plus doux sentimens du monde viennent sans cesse chercher mon ame, et j'ai le regret de n'en avoir qu'une pour jouir de tout mon bonheur[3].

J'oubliois de t'annoncer une visite pour demain matin. C'eſt Milord Bomſton qui vient de Geneve où il a passé sept ou huit mois. Il dit t'avoir vu à Sion à son retour d'Italie. Il te trouva fort triſte, et parle au surplus de toi comme j'en pense. Il fit hier ton éloge si bien et si à propos devant mon pere, qu'il m'a tout à fait disposée à faire le sien. En effet j'ai trouvé du sens, du sel, du feu dans sa conversation. Sa voix s'eleve et son œil s'anime au recit des grandes actions, comme il arrive aux hommes capables d'en faire. Il parle aussi avec intérêt des choses de goût, entre autres de la musique italienne qu'il porte jusqu'au sublime; je croyois entendre encore mon pauvre frere (*b*). Au surplus il met plus d'énergie que de grace dans ses discours, et je lui trouve même l'esprit un peu rêche*. Adieu, mon Ami.

---

* Terme du pays, pris ici métaphoriquement. Il signifie au propre une surface rude au toucher et qui cause un frissonnement desagréable en y passant la main, comme celle d'une brosse fort serrée ou du velours d'Utrecht[4].

LETTRE XLV[1].

A JULIE.

Je n'en étois encore qu'à la seconde lecture de ta lettre, quand Milord Edouard Bomston est entré. Ayant tant d'autres choses à te dire, comment aurois-je pensé, ma Julie, à te parler de lui? Quand on se suffit l'un à l'autre s'avise-t-on de songer à un tiers ? Je vais te rendre compte de ce que j'en sais, maintenant que tu parois le desirer.

Ayant passé le Semplon, il étoit venu jusqu'à Sion au devant d'une chaise qu'on devoit lui amener de Geneve à Brigue, et le desœuvrement rendant les hommes assés lians, il me rechercha. Nous fimes une connoissance aussi intime qu'un Anglois naturellement peu prévenant peut la faire avec un homme fort préoccupé, qui cherche la solitude. Cependant nous sentimes que nous nous convenions; il y a un certain unisson d'ames qui s'apperçoit au premier instant, et nous fumes familiers au bout de huit jours, mais pour toute la vie, comme deux François l'auroient été au bout de huit heures, pour tout le tems qu'ils ne se seroient pas quités. Il m'entretint de ses voyages, et le sachant Anglois, je crus qu'il m'alloit parler d'édifices et de peintures : Bientôt je vis avec plaisir que les Tableaux et les monumens ne lui avoient point fait négliger l'étude des mœurs et des hommes[2]. Il me parla cependant des beaux arts avec beaucoup de discernement, mais modérément et sans prétention. J'estimai qu'il en jugeoit avec plus de sentiment que de Science et par les effets plus que par les regles, ce qui me confirma qu'il avoit l'ame sensible. Pour la musique Italienne, il m'en parut enthousiaste comme à toi : il m'en fit même entendre; car il mene un virtuose avec lui, son valet-de-chambre joüe fort bien du violon, et lui-même passablement du violoncelle. Il me choisit plusieurs morceaux très pathetiques, à ce qu'il prétendoit; mais soit qu'un accent si nouveau pour moi demandât une oreille plus exercée; soit que le charme de la musique, si doux dans la mélancolie, s'efface dans une profonde tristesse, ces morceaux me firent peu de plaisir, et j'en trouvai le chant agréable, à la vérité, mais bizarre et sans expression.

Il fut aussi question de moi, et Milord s'informa avec intérêt de ma situation. Je lui en dis tout ce qu'il en devoit savoir. Il me proposa un voyage en Angleterre avec des projets de fortune impossibles, dans un pays où Julie n'étoit pas. Il me dit qu'il alloit passer l'hiver à Geneve, l'été suivant à Lausanne, et qu'il viendroit à Vevai avant de retourner en Italie, il m'a tenu parole, et nous nous sommes revus avec un nouveau plaisir.

Quant à son caractere, je le crois vif et emporté, mais vertueux et ferme. Il se pique de philosophie, et de ces principes dont nous avons autrefois parlé. Mais au fond, je le crois par tempérament ce qu'il pense être par méthode, et le vernis Stoïque qu'il met à ses actions ne consiste qu'à parer de beaux raisonnemens le parti que son cœur lui a fait prendre[1]. J'ai cependant appris avec un peu de peine qu'il avoit eu quelques affaires en Italie, et qu'il s'y étoit battu plusieurs fois.

Je ne sais ce que tu trouves de rêche dans ses manieres; véritablement elles ne sont pas prévenantes, mais je n'y sens rien de repoussant. Quoique son abord ne soit pas aussi ouvert que son cœur (*a*), et qu'il dédaigne les petites bienséances[2], il ne laisse pas, ce me semble, d'être d'un commerce agréable. S'il n'a pas cette politesse réservée et circonspecte qui se regle uniquement sur l'extérieur, et que nos jeunes Officiers nous apportent de France, il a celle de l'humanité qui se pique moins de distinguer au premier coup d'œil les états et les rangs, et respecte en général tous les hommes. Te l'avouerai-je naïvement? La privation des graces est un défaut que les femmes ne pardonnent point, même au mérite (*b*), et j'ai peur que Julie n'ait été femme une fois en sa vie.

Puisque je suis en train de sincérité, je te dirai encore, ma jolie prêcheuse, qu'il est inutile de vouloir donner le change à mes droits, et qu'un amour affamé ne se nourrit point de sermons. Songe, songe aux dédomagemens promis et dûs; car toute la morale que tu m'as débitée est fort bonne; mais, quoique tu puisses dire, le Chalet valoit encore mieux.

LETTRE XLVI.

DE JULIE.

HÉ bien donc, mon ami, toujours le chalet ? l'hiſtoire de ce chalet te pése furieusement[1] sur le cœur, et je vois bien qu'à la mort ou à la vie il faut te faire raison du chalet ! Mais des lieux où tu ne fus jamais te sont ils si chers qu'on ne puisse t'en dédommager ailleurs, et l'amour qui fit le palais d'Armide au fond d'un desert ne sauroit-il nous faire un chalet à la ville ? Ecoute ; on va marier ma Fanchon. Mon pere, qui ne hait pas les fêtes et l'appareil, veut lui faire une noce où nous serons tous : cette noce ne manquera pas d'être tumultueuse. Quelquefois le miſtere a su tendre son voile au sein de la turbulente joye et du fracas des feſtins. Tu m'entends, mon ami, ne seroit-il pas doux de retrouver (*a*) dans l'effet de nos soins les plaisirs qu'ils nous ont coûtés.

Tu t'animes, ce me semble, d'un zele assés superflu sur l'apologie de Milord Edouard dont je suis fort éloignée de mal penser. D'ailleurs comment jugerois-je un homme que je n'ai vu qu'un après midi, et comment en pourrois-tu juger toi-même sur une connoissance de quelques jours ? Je n'en parle que par conjeƈture, et tu ne peux guere être plus avancé ; car les propositions qu'il t'a faites sont de ces offres vagues dont un air de puissance et la facilité de les éluder rendent souvent les étrangers prodigues. Mais je reconnois tes vivacités ordinaires et combien tu as de penchant à te prévenir pour ou contre les gens presque à la premiere vue. Cependant nous examinerons à loisir les arrangemens qu'il t'a proposés. Si l'amour favorise le projet qui m'occupe, il s'en présentera peut-être de meilleurs pour nous (*b*). O mon bon ami, la patience eſt amere, mais son fruit eſt doux !

Pour revenir à ton Anglois, je t'ai dit qu'il me paroissoit avoir l'ame grande et forte, et plus de lumieres que d'agrémens dans l'esprit. Tu dis à peu près la même chose, et puis, avec cet air de supériorité masculine qui n'abandonne point nos humbles adorateurs, tu me reproches d'avoir été de mon sexe une fois en ma vie, comme si jamais une femme devoit cesser d'en être ? Te souvient-il qu'en lisant ta République de Platon[1] nous avons autrefois disputé sur ce point de la différence morale des sexes ? Je persiste dans l'avis dont j'étois alors, et ne saurois imaginer un modele commun de perfection pour deux êtres si différens. L'attaque et la deffense, l'audace des hommes, la pudeur des femmes ne sont point des conventions, comme le pensent tes philosophes, mais des institutions naturelles dont il est facile de rendre raison, et dont se déduisent aisément toutes les autres distinctions morales. D'ailleurs, la destination de la nature n'étant pas la même, les inclinations, les manieres de voir et de sentir doivent être dirigées de chaque côté selon ses vues, il ne faut point les mêmes goûts ni la même constitution pour labourer la terre et pour alaiter des enfans. Une taille plus haute, une voix plus forte et des traits plus marqués semblent n'avoir aucun raport nécessaire au sexe; mais les modifications extérieures annoncent l'intention de l'ouvrier dans les modifications de l'esprit. Une femme parfaite et un homme parfait ne doivent pas plus se ressembler d'ame que de visage; ces vaines imitations de sexe sont le comble de la déraison; elles font rire le sage et fuir les amours. Enfin, je trouve qu'à moins d'avoir cinq pieds et demi de haut, une voix de basse et de la barbe au menton, l'on ne doit point se mêler d'être homme[2].

Vois combien les amans sont maladroits en injures ! Tu me reproches une faute que je n'ai pas commise ou que tu commets aussi bien que moi, et l'attribues à un défaut dont je m'honore. Veux-tu que te rendant sincérité pour sincérité je te dise naïvement ce que je pense de la tienne ? Je n'y trouve qu'un rafinement de flaterie, pour te justifier à toi-même par cette franchise apparente les éloges enthousiastes dont tu m'accables à tout propos. Mes prétendues perfections t'aveuglent au point, que pour démentir les reproches que tu te fais en secret de ta prévention, tu n'as pas l'esprit d'en trouver un solide à me faire.

Croi-moi, ne te charge point de me dire mes vérités, tu t'en acquiterois trop mal; les yeux de l'amour, tout perçans qu'ils sont, savent ils voir des défauts ? C'est à l'integre amitié que ces soins appartiennent, et là dessus ta disciple Claire est cent fois plus savante que toi. Oui, mon ami, loue moi, admire moi, trouve moi belle, charmante, parfaite. Tes éloges me plaisent sans me séduire, parce que je vois qu'ils sont le langage de l'erreur et non de la fausseté, et que tu te trompes toi-même; mais que tu ne veux pas me tromper. O que les illusions de l'amour sont aimables ! Ses flateries sont en un sens des vérités : le jugement se tait, mais le cœur parle. L'amant qui loue en nous des perfections que nous n'avons pas, les voit en effet telles qu'il les répresente; il ne ment point en disant des mensonges; il flate sans s'avilir, et l'on peut au moins l'estimer sans le croire[1].

J'ai entendu, non sans quelque batement de cœur, proposer d'avoir demain deux philosophes à souper. L'un est Milord Edouard, l'autre est un sage dont la gravité s'est quelquefois un peu dérangée aux pieds d'une jeune écoliere; ne le connoitriez vous point ? Exhortez-le, je vous prie, à tâcher de garder demain le decorum philosophique un peu mieux qu'à son ordinaire. J'aurai soin d'avertir aussi la petite personne de baisser les yeux, et d'être aux siens la moins jolie qu'il se pourra.

LETTRE XLVII.

A JULIE.

Ah mauvaise ! Est-ce là la circonspection que tu m'avois promise ? Est-ce ainsi que tu ménages mon cœur et voiles tes attraits ? Que de contraventions à tes engagemens ! Premierement, ta parure; car tu n'en avois point, et tu sais bien que jamais tu n'es si dangereuse. Secondement ton maintien si doux, si modeste, si propre à laisser remarquer à loisir toutes tes graces. Ton parler plus rare, plus réfléchi, plus spirituel encore qu'à l'ordinaire, qui nous rendoit tous plus attentifs et faisoit voler l'oreille et le cœur au devant de chaque mot. Cet air que tu chantas à demi-voix, pour donner encore plus de douceur à ton chant, et qui, bien que françois (*a*), plût à Milord Edouard même. Ton regard timide, et tes yeux baissés dont les éclairs inatendus me jettoient dans un trouble inévitable. Enfin, ce je ne sais quoi d'inexprimable, d'enchanteur, que tu semblois avoir répandu sur toute ta personne pour faire tourner la tête à tout le monde, sans paroitre même y songer. Je ne sais, pour moi, comment tu t'y prends; mais si telle est ta maniere d'être jolie le moins qu'il est possible, je t'avertis que c'est l'être beaucoup plus qu'il ne faut pour avoir des sages autour de soi.

Je crains fort que le pauvre philosophe Anglois n'ait un peu ressenti la même influence. Après avoir reconduit ta Cousine, comme nous étions tous encore fort éveillés, il nous proposa d'aller chez lui faire de la Musique et boire du punch. Tandis qu'on rassembloit ses gens, il ne cessa de nous parler de toi avec un feu qui me déplut, et je n'entendis pas ton éloge dans sa bouche avec autant de plaisir que tu avois entendu le mien. En général, j'avoue que je n'aime point que personne, excepté ta Cousine, me parle de toi; il me semble que chaque mot m'ôte une partie de mon secret ou de mes plaisirs, et quoique l'on puisse dire, on y met un intérêt si suspect, ou l'on est si loin de ce que je sens, que je n'aime écouter là-dessus que moi-même.

Ce n'est pas que j'aye comme toi du penchant à la jalousie[1]. Je connois mieux ton ame; j'ai des garants qui ne me permettent pas même d'imaginer ton changement possible. Après tes assurances, je ne te dis plus rien des autres prétendans. Mais celui-ci, Julie!..... des conditions sortables..... les préjugés de ton pere (*a*)..... Tu sais bien qu'il s'agit de ma vie; daigne donc me dire un mot là-dessus. Un mot de Julie, et je suis tranquille à jamais.

J'ai passé la nuit à entendre ou exécuter de la musique italienne, car il s'est trouvé des duo et il a falu hazarder d'y faire ma partie. Je n'ose te parler encore de l'effet qu'elle a produit sur moi; j'ai peur, j'ai peur que l'impression du souper d'hier ne se soit prolongée sur ce que j'entendois, et que je n'aye pris l'effet de tes séductions pour le charme de la musique. Pourquoi la même cause qui me la rendoit ennuyeuse à Sion, ne pourroit elle pas ici me la rendre agréable dans une situation contraire? N'es-tu pas la premiere source de toutes les affections de mon ame, et suis-je à l'épreuve des prestiges de ta magie. Si la musique eut réellement produit cet enchantement, il eut agi sur tous ceux qui l'entendoient. Mais tandis que ces chants me tenoient en extase, M. d'Orbe dormoit tranquillement dans un fauteuil, et au milieu de mes transports, il s'est contenté pour tout éloge de demander si ta Cousine savoit l'Italien.

Tout ceci sera mieux éclairci demain; car nous avons pour ce soir un nouveau rendez-vous de musique. Milord veut la rendre complete et il a mandé de Lausanne un second violon qu'il dit être assés entendu. Je porterai de mon côté des scenes, des cantates françoises, et nous verrons !

En arrivant chez moi j'étois d'un accablement que m'a donné le peu d'habitude de veiller et qui se perd en t'écrivant. Il faut pourtant tâcher de dormir quelques heures. Viens avec moi, ma douce Amie, ne me quite point durant mon sommeil; mais soit que ton image le trouble ou le favorise, soit qu'il m'offre ou non les noces de la Fanchon, un instant délicieux qui ne peut m'échaper et qu'il me prépare, c'est le sentiment de mon bonheur au réveil[1].

LETTRE XLVIII[2].

A JULIE.

Ah ! ma Julie, qu'ai-je entendu ? Quels sons touchans ? quelle musique ? quelle source délicieuse de sentimens et de plaisirs ? Ne perds pas un moment; rassemble avec soin tes opera, tes cantates, ta musique françoise, fais un grand feu bien ardent, jettes-y tout ce fatras, et l'attise avec soin, afin que tant de glace puisse y bruler et donner de la chaleur au moins une fois. Fais ce sacrifice propitiatoire au Dieu du goût, pour expier ton crime et le mien d'avoir profané ta voix à cette lourde psalmodie, et d'avoir pris si longtems pour le langage du cœur un bruit qui ne fait qu'étourdir l'oreille. O que ton digne frere avoit raison (*a*) ! Dans quelle étrange erreur j'ai vécu jusqu'ici sur les productions de cet art charmant ? Je sentois leur peu d'effet, et l'attribuois à sa foiblesse. Je disois : la musique n'est qu'un vain son qui peut flater l'oreille et n'agit qu'indirectement et légerement sur l'ame. L'impression des accords est purement mécanique et physique; qu'a-t-elle à faire au sentiment, et pourquoi devrois-je espérer d'être plus vivement touché d'une belle harmonie[1] que d'un bel accord de couleurs ? Je n'appercevois pas dans les accens de la mélodie[2] appliqués à ceux de la langue, le lien puissant et secret des passions avec les sons : je ne voyois pas que l'imitation[3] des tons divers dont les sentimens animent la voix parlante donne à son tour à la voix chantante le pouvoir d'agiter les cœurs, et que l'énergique tableau des mouvemens de l'ame de celui qui se fait entendre, eſt ce qui fait le vrai charme de ceux qui l'écoutent.

C'eſt ce que me fit remarquer le chanteur de Milord, qui, pour un Musicien, ne laisse pas de parler assés bien de son art. L'harmonie, me disoit-il, n'eſt qu'un accessoire éloigné dans la musique imitative; il n'y a dans l'harmonie proprement dite aucun principe d'imitation (*a*). Elle assure, il eſt vrai, les intonations[4]; elle porte témoignage de leur juſtesse et rendant les modulations[5] plus sensibles, elle ajoute de l'énergie à l'expression et de la grace au chant : Mais c'eſt de la seule mélodie que sort cette puissance invincible des accens[6] passionnés; c'eſt d'elle que dérive tout le pouvoir de la musique sur l'ame; formez les plus savantes successions d'accords sans mélange de mélodie, vous serez ennuyés au bout d'un quart d'heure. De beaux chants sans aucune harmonie sont longtems à l'épreuve de l'ennui. Que l'accent du sentiment anime les chants les plus simples, ils seront intéressans. Au contraire, une mélodie qui ne parle point chante toujours mal, et la seule harmonie n'a jamais rien su dire au cœur[7].

C'eſt en ceci, continuoit-il, que consiſte l'erreur des François sur les forces de la musique. N'ayant et ne pouvant avoir une mélodie à eux dans une langue qui n'a point d'accent[8], et sur une poësie manierée qui ne connut jamais la nature, ils n'imaginent d'effets que ceux de l'harmonie et des éclats de voix qui ne rendent pas les sons plus mélodieux mais plus bruyans, et ils sont si malheureux dans leurs prétentions que cette harmonie même qu'ils cherchent leur échappe; à force de la vouloir charger ils n'y mettent plus de choix, ils ne connoissent plus les choses d'effet, ils ne font plus que du remplissage (*b*); ils se gâtent l'oreille, et ne sont plus sensibles qu'au bruit; en sorte que la plus belle voix pour eux n'eſt que celle qui chante le plus fort (*c*). Aussi faute d'un genre propre n'ont ils jamais fait que suivre pesamment et de loin nos modeles, et depuis leur célebre Lulli ou plutôt le notre, qui ne fit qu'imiter les Opera[1] dont l'Italie étoit déja pleine de son tems, on les a toujours vûs à la piste de trente ou quarante ans copier, gâter nos vieux Auteurs, et faire à peu près de notre musique comme les autres peuples font de leurs modes. Quand ils se vantent de leurs chansons (*a*), c'est leur propre condannation qu'ils prononcent; s'ils savoient chanter des sentimens ils ne chanteroient pas de l'esprit, mais parce que leur musique n'exprime rien, elle est plus propre aux chansons qu'aux Opera[1], et parce que la notre est toute passionnée, elle est plus propre aux Opera qu'aux chansons.

Ensuite m'ayant récité sans chant quelques scenes italiennes, il me fit sentir les rapports de la musique à la parole dans le recitatif[2], de la musique au sentiment dans les airs[3], et par toute l'énergie que la mesure exacte et le choix des accords ajoute à l'expression. Enfin après avoir joint à la connoissance que j'ai de la langue la meilleure idée qu'il me fut possible de l'accent oratoire et pathétique, c'est à dire de l'art de parler à l'oreille et au cœur dans une langue sans articuler des mots, je me mis à écouter cette musique enchanteresse, et je sentis bientôt aux émotions qu'elle me causoit que cet art avoit un pouvoir supérieur à celui que j'avois imaginé. Je ne sais quelle sensation voluptueuse me gagnoit insensiblement. Ce n'étoit plus une vaine suite de sons, comme dans nos récits. A chaque phrase quelque image entroit dans mon cerveau ou quelque sentiment dans mon cœur (*b*); le plaisir ne s'arrêtoit point à l'oreille, il pénétroit jusqu'à l'ame; l'exécution couloit sans effort avec une facilité charmante; tous les concertans sembloient animés du même esprit; le chanteur maître de sa voix en tiroit sans gêne tout ce que le chant et les paroles demandoient de lui, et je trouvai sur tout un grand soulagement à ne sentir ni ces lourdes cadences[4], ni ces pénibles efforts de voix, ni cette contrainte que donne chez nous au musicien le perpétuel combat du chant et de la mesure, qui, ne pouvant jamais s'accorder, ne lassent gueres moins l'auditeur que l'éxécutant.

Mais quand après une suite d'airs agréables, on vint à ces grands morceaux d'expression, qui savent exciter et peindre le desordre des passions violentes (*c*), je perdois à chaque instant l'idée de musique, de chant, d'imitation;

je croyois entendre la voix de la douleur, de l'emportement, du desespoir; je croyois voir des meres éplorées, des amans trahis, des Tirans furieux, et dans les agitations que j'étois forcé d'éprouver j'avois peine à rester en place. Je connus alors pourquoi cette même musique qui m'avoit autrefois ennuyé, m'échauffoit maintenant jusqu'au transport : c'est que j'avois commencé de la concevoir, et que sitôt qu'elle pouvoit agir elle agissoit avec toute sa force. Non Julie, on ne supporte point à demi de pareilles impressions; elles sont excessives ou nulles, jamais foibles ou médiocres; il faut rester insensible ou se laisser émouvoir outre mesure; ou c'est le vain bruit d'une langue qu'on n'entend point, ou c'est une impétuosité de sentiment qui vous entraine, et à laquelle il est impossible à l'ame de resister.

Je n'avois qu'un regret; mais il ne me quittoit point; c'étoit qu'un autre que toi formât des sons dont j'étois si touché, et de voir sortir de la bouche d'un vil *castrato*[1] les plus tendres expressions de l'amour. O ma Julie ! n'est-ce pas à nous de revendiquer tout ce qui appartient au sentiment ? Qui sentira, qui dira mieux que nous ce que doit dire et sentir une ame attendrie ? Qui saura prononcer d'un ton plus touchant le *cor mio, l'idolo amato ?* Ah, que le cœur prêtera d'énergie à l'art, si jamais nous chantons ensemble un de ces duo charmans qui font couler des larmes si délicieuses ! Je te conjure premierement d'entendre un essai de cette musique, soit chez toi, soit chez l'inséparable. Milord y conduira quand tu voudras tout son monde, et je suis sûr qu'avec un organe aussi sensible que le tien, et plus de connoissance que je n'en avois de la déclamation italienne, une seule séance suffira pour t'amener au point où je suis, et te faire partager mon enthousiasme. Je te propose et te prie encore de profiter du séjour du virtuose pour prendre leçon de lui, comme j'ai commencé de faire dès ce matin. Sa maniere d'enseigner est simple, nette, et consiste en pratique plus qu'en discours; il ne dit pas ce qu'il faut faire, il le fait, et en ceci comme en bien d'autres choses l'exemple vaut mieux que la regle. Je vois déja qu'il n'est question que de s'asservir à la mesure, de la bien sentir, de phraser[2] et ponctuer[3] avec soin, de soutenir également des sons et non de les renfler, enfin d'ôter de la voix les éclats et toute la pretintaille[4] françoise, pour la rendre juste, expressive, et flexible; la tienne naturellement si légere et si douce prendra facilement ce nouveau pli; tu trouveras bientôt dans ta sensibilité l'énergie et la vivacité de l'accent qui anime la musique italienne,

E'l cantar che nell' anima si sente (*a*).

Laisse donc pour jamais cet ennuyeux et lamentable chant françois qui ressemble aux cris de la colique[1] mieux qu'aux transports des passions. Apprens à former ces sons divins que le sentiment inspire, seuls dignes de ta voix, seuls dignes de ton cœur, et qui portent toujours avec eux le charme et le feu des caracteres sensibles.

LETTRE XLIX.

DE JULIE.

Tu sais bien, mon ami, que je ne puis t'écrire qu'à la dérobée, et toujours en danger d'être surprise. Ainsi, dans l'impossibilité de faire de longues lettres je me borne à répondre à ce qu'il y a de plus essentiel dans les tiennes, ou à suppléer à ce que je ne t'ai pu dire dans des conversations non moins furtives de bouche que par écrit. C'est ce que je ferai sur tout aujourd'hui que deux mots au sujet de Milord Edouard me font oublier le reste de ta lettre.

Mon ami, tu crains de me perdre et me parles de chansons ! belle matiere à tracasserie entre amans qui s'entendroient moins. Vraiment, tu n'es pas jaloux, on le voit bien; mais pour le coup je ne serai pas jalouse moi-même, car j'ai pénétré dans ton ame et ne sens que ta confiance où d'autres croiroient sentir ta froideur. O la douce et charmante sécurité que celle qui vient du sentiment d'une union parfaite ! C'est par elle, je le sais, que tu tires de ton propre cœur le bon témoignage du mien, c'est par elle aussi que le mien te justifie, et je te croirois bien moins amoureux si je te voyois plus allarmé.

Je ne sais ni ne veux savoir si Milord Edouard a d'autres attentions pour moi que celles qu'ont tous les hommes pour les personnes de mon age; ce n'est point de ses sentimens qu'il s'agit, mais de ceux de mon pere et des miens; ils sont aussi d'accord sur son compte que sur celui des prétendus prétendans, dont tu dis que tu ne dis rien (*a*). Si son exclusion et la leur suffisent à ton repos, sois tranquille. Quelque honneur que nous fit la recherche d'un homme de ce rang, jamais du consentement du pere ni de la fille, Julie d'Etange ne sera Ladi Bomston. Voila sur quoi tu peux compter.

Ne va pas croire qu'il ait été pour cela question de Milord Edouard; je suis sûre que de nous quatre tu es le seul qui puisse même lui supposer du goût pour moi. Quoiqu'il en soit, je sais à cet égard la volonté de mon pere sans qu'il en ait parlé ni à moi ni à personne, et je n'en serois pas mieux instruite quand il me l'auroit positivement déclarée. En voila assés pour calmer tes craintes, c'est à dire autant que tu en dois savoir. Le reste seroit pour toi de pure curiosité, et tu sais que j'ai résolu de ne la pas satisfaire. Tu as beau me reprocher cette réserve et la prétendre hors de propos dans nos intérêts communs. Si je l'avois toujours eue, elle me seroit moins importante aujourd'hui. Sans le compte indiscret que je te rendis d'un discours de mon pere, tu n'aurois point été te désoler à Meillerie; tu ne m'eusses point écrit la lettre qui m'a perdue; je vivrois innocente et pourrois encore aspirer au bonheur. Juge par ce que me coûte une seule indiscretion, de la crainte que je dois avoir d'en commettre d'autres ! Tu as trop d'emportement pour avoir de la prudence; tu pourrois plutôt vaincre tes passions que les déguiser. La moindre allarme te mettroit en fureur; à la moindre lueur favorable tu ne douterois plus de rien ! On liroit tous nos secrets dans ton ame, et tu détruirois à force de zele tout le succes de mes soins[1]. Laisse-moi donc les soucis de l'amour, et n'en garde que les plaisirs; ce partage est-il si pénible, et ne sens-tu pas que tu ne peux rien à notre bonheur que de n'y point mettre obstacle.

Hélas, que me serviront desormais ces précautions tardives ? Est-il tems d'affermir ses pas au fond du précipice, et de prévenir les maux dont on se sent accablé ? Ah misérable fille, c'est bien à toi de parler de bonheur ! En peut-il jamais être où regnent la honte et le remord ? Dieu ! quel état cruel, de ne pouvoir ni supporter son crime, ni s'en repentir; d'être assiegé par mille frayeurs, abusé par mille espérances vaines, et de ne jouïr pas même de l'horrible tranquilité du desespoir ! Je suis desormais à la seule merci du sort. Ce n'est plus ni de force ni de vertu qu'il est question, mais de fortune et de prudence, et il ne s'agit pas d'éteindre un amour qui doit durer autant que ma vie, mais de le rendre innocent ou de mourir coupable. Considere cette situation, mon ami, et vois si tu peux te fier à mon zele?

LETTRE L[1].

DE JULIE.

Je n'ai point voulu vous expliquer hier en vous quitant, la cause de la tristesse que vous m'avez reprochée, parce que vous n'étiez pas en état de m'entendre. Malgré mon aversion pour les éclaircissemens, je vous dois celui-ci, puisque je l'ai promis, et je m'en acquite.

Je ne sais si vous vous souvenez des étranges discours que vous me tintes hier au soir et des manieres dont vous les accompagnâtes; quant à moi, je ne les oublierai jamais assés tôt pour votre honneur et pour mon repos, et malheureusement j'en suis trop indignée pour pouvoir les oublier aisément. De pareilles expressions avoient quelquefois frapé mon oreille en passant auprès du port; mais je ne croyois pas qu'elles pussent jamais sortir de la bouche d'un honnête homme; je suis très sûre au moins qu'elles n'entrerent jamais dans le dictionnaire des amans, et j'étois bien éloignée de penser qu'elles pussent être d'usage entre vous et moi. Eh Dieux, quel amour est le votre, s'il assaisonne ainsi ses plaisirs ! Vous sortiez, il est vrai, d'un long repas, et je vois ce qu'il faut pardonner en ce pays aux excés qu'on y peut faire : c'est aussi pour cela que je vous en parle. Soyez certain qu'un tête-à-tête où vous m'auriez traitée ainsi de sang-froid eut été le dernier de notre vie.

Mais ce qui m'allarme sur votre compte, c'est que souvent la conduite d'un homme échauffé de vin n'est que l'effet de ce qui se passe au fond de son cœur dans les autres tems. Croirai-je que dans un état où l'on ne déguise rien vous vous montrâtes tel que vous êtes (*a*). Que deviendrois-je si vous pensiez à jeun comme vous parliez hier au soir ? Plutôt que de supporter un pareil mépris j'aimerois mieux éteindre un feu si grossier, et perdre un amant qui sachant si mal honorer sa maîtresse mériteroit si peu d'en être estimé. Dites-moi, vous qui cherissiez les sentimens honnêtes, seriez-vous tombé dans cette erreur cruelle que l'amour heureux n'a plus de ménagement à garder avec la pudeur, et qu'on ne doit plus de respect à celles dont on n'a plus de rigueur à craindre ? Ah ! si vous aviez toujours pensé ainsi, vous auriez été moins à redouter et je ne serois pas si malheureuse ! Ne vous y trompez pas, mon ami, rien n'est si dangereux pour les vrais amans que les préjugés du monde; tant de gens parlent d'amour, et si peu savent aimer, que la plupart prennent pour ses pures et douces loix les viles maximes d'un commerce abject, qui bientôt assouvi de lui-même a recours aux monstres de l'imagination et se déprave pour se soutenir.

Je ne sais si je m'abuse; mais il me semble que le véritable amour est le plus chaste de tous les liens. C'est lui, c'est son feu divin qui sait épurer nos penchans naturels, en les concentrant dans un seul objet; c'est lui qui nous dérobe aux tentations, et qui fait qu'excepté cet objet unique, un sexe n'est plus rien pour l'autre. Pour une femme ordinaire, tout homme est toujours un homme; mais pour celle dont le cœur aime, il n'y a point d'homme que son amant. Que dis-je ? Un amant n'est il qu'un homme ? Ah qu'il est un être bien plus sublime ! Il n'y a point d'homme pour celle qui aime : son amant est plus; tous les autres sont moins; elle et lui sont les seuls de leur espece. Ils ne desirent pas, ils aiment. Le cœur ne suit point les sens, il les guide; il couvre leurs égaremens d'un voile délicieux. Non il n'y a rien d'obscene que la débauche et son grossier langage. Le véritable amour toujours modeste n'arrache point ses faveurs avec audace; il les dérobe avec timidité. Le mistere, le silence, la honte craintive aiguisent et cachent ses doux transports; sa flame honore et purifie toutes ses caresses; la décence et l'honnêteté l'accompagnent au sein de la volupté même, et lui seul sait tout accorder aux desirs sans rien ôter à la pudeur. Ah dites! vous qui connutes les vrais plaisirs; comment une cynique effronterie pourroit elle s'allier avec eux ? Comment ne banniroit-elle pas leur délire et tout leur charme ? Comment ne souilleroit-elle pas cette image de perfection sous laquelle on se plait à contempler l'objet aimé ? Croyez-moi, mon ami, la débauche et l'amour ne sauroient loger ensemble, et ne peuvent pas même se compenser. Le cœur fait le vrai bonheur quand on s'aime, et rien n'y peut suppléer sitôt qu'on ne s'aime plus (*a*).

Mais quand vous seriez assés malheureux pour vous plaire à ce deshonnête langage, comment avez-vous pû vous resoudre à l'employer si mal à propos, et à prendre avec celle qui vous est chere un ton et des manieres qu'un homme d'honneur doit même ignorer ? Depuis quand est-il doux d'affliger ce qu'on aime, et quelle est cette volupté barbare qui se plait à jouir du tourment d'autrui[1] ? Je n'ai pas oublié que j'ai perdu le droit d'être respectée; mais si je l'ubliois jamais, est-ce à vous de me le rappeller ? Est-ce à l'auteur de ma faute d'en aggraver la punition ? Ce seroit à lui plutôt à m'en consoler. Tout le monde a droit de me mépriser hors vous. Vous me devez le prix de l'humiliation où vous m'avez réduite, et tant de pleurs versés sur ma foiblesse méritoient que vous me la fissiez moins cruellement sentir. Je ne suis ni prude ni précieuse[2] (*b*). Hélas, que j'en suis loin, moi qui n'ai pas sû même être sage ! Vous le savez trop, ingrat, si ce tendre cœur sait rien refuser à l'amour ? Mais au moins ce qu'il lui cede, il ne veut le ceder qu'à lui, et vous m'avez trop bien appris son langage, pour lui en pouvoir substituer un si différent. Des injures, des coups m'outrageroient moins que de semblables caresses. Ou renoncez à Julie, ou sachez être estimé d'elle. Je vous l'ai déja dit, je ne connois point d'amour sans pudeur, et s'il m'en coûtoit de perdre le votre, il m'en coûteroit encore plus de le conserver à ce prix.

Il me reste beaucoup de choses à dire sur le même sujet; mais il faut finir cette lettre et je les renvoye à un autre tems. En attendant, remarquez un effet de vos fausses maximes sur l'usage immodéré du vin. Votre cœur n'est point coupable, j'en suis très sure. Cependant vous avez navré le mien, et sans savoir ce que vous faisiez, vous désoliez comme à plaisir ce cœur trop facile à s'allarmer, et pour qui rien n'est indifférent de ce qui lui vient de vous.

LETTRE LI.

RÉPONSE.

Il n'y a pas une ligne dans votre lettre qui ne me fasse glacer le sang, et j'ai peine à croire, après l'avoir relue vingt fois que ce soit à moi qu'elle eſt addressée. Qui moi, moi ? j'aurois offensé Julie ? J'aurois profané ses attraits ? Celle à qui chaque inſtant de ma vie j'offre des adorations, eut été en butte à mes outrages ? Non, je me serois percé le cœur mille fois avant qu'un projet si barbare en eut approché. Ah, que tu le connois mal, ce cœur qui t'idolatre ! ce cœur qui vole et se proſterne sous chacun de tes pas ! ce cœur qui voudroit inventer pour toi de nouveaux hommages inconnus aux mortels (*a*) ! Que tu le connois mal, ô Julie, si tu l'accuses de manquer envers toi à ce respect ordinaire et commun qu'un amant vulgaire auroit même pour sa maîtresse ! Je ne crois être ni impudent ni brutal, je hais les discours deshonnêtes et n'entrai de mes jours dans les lieux où l'on apprend à les tenir. Mais, que je le redise après toi, que je rencherisse sur ta juſte indignation; quand je serois le plus vil des mortels, quand j'aurois passé mes premiers ans dans la crapule, quand le goût des honteux plaisirs pourroit trouver place en un cœur où tu regnes, oh di-moi, Julie, Ange du Ciel, di-moi comment je pourrois aporter devant toi l'effronterie qu'on ne peut avoir que devant celles qui l'aiment ? Ah non, il n'eſt pas possible ! Un seul de tes regards eut contenu ma bouche et purifié mon cœur. L'amour eut couvert mes desirs emportés des charmes de ta modeſtie; il l'eut vaincue sans l'outrager, et dans la douce union de nos ames, leur seul délire eut produit les erreurs des sens. J'en appelle à ton propre témoignage. Di, si dans toutes les fureurs d'une passion sans mesure, je cessai jamais d'en respecter le charmant objet ? Si je reçus le prix que ma flame avoit mérité, di si j'abusai de mon bonheur pour outrager[1] à ta douce honte (*b*) ? si d'une main timide l'amour ardent et craintif attenta quelquefois à tes charmes, di si jamais une témérité brutale osa les profaner ? Quand un transport indiscret écarte un inſtant le voile qui les couvre, l'aimable pudeur n'y substitue-t-elle pas aussitôt le sien ? Ce vetement sacré t'abandonneroit-il un moment quand tu n'en aurois point d'autre ? Incorruptible comme ton ame honnête, tous les feux de la mienne l'ont-ils jamais altéré ? Cette union si touchante et si tendre ne suffit-elle pas à notre félicité ? Ne fait-elle pas seule tout le bonheur de nos jours ? Connoissons nous au monde quelques plaisirs hors ceux que l'amour donne ? En voudrions-nous connoître d'autres (*a*) ? Conçois-tu comment cet enchantement eut pu se détruire ? Comment j'aurois oublié dans un moment l'honnêteté, notre amour, mon honneur (*b*), et l'invincible respect que j'aurois toujours eu pour toi, quand-même je ne t'aurois point adorée ? Non, ne le crois pas ; ce n'est point moi qui pus t'offenser. Je n'en ai nul souvenir ; et si j'eusse été coupable un instant, le remord me quiteroit-il jamais ? Non Julie, un démon jaloux d'un sort trop heureux pour un mortel a pris ma figure pour le troubler et m'a laissé mon cœur pour me rendre plus misérable.

J'abjure, je deteste un forfait que j'ai commis, puisque tu m'en accuses, mais auquel ma volonté n'a point de part. Que je vais l'abhorrer, cette fatale intempérance qui me paroissoit favorable aux épanchemens du cœur, et qui put démentir si cruellement le mien ! J'en fais par toi l'irrévocable serment, dès aujourd'hui je renonce pour ma vie au vin comme au plus mortel poison ; jamais cette liqueur funeste ne troublera mes sens ; jamais elle ne souillera mes levres, et son délire insensé ne me rendra plus coupable à mon insçu. Si j'enfreins ce vœu solemnel ; Amour, accable moi du châtiment dont je serai digne ; puisse à l'instant l'image de ma Julie sortir pour jamais de mon cœur, et l'abandonner à l'indifférence et au désespoir.

Ne penses pas que je veuille expier mon crime par une peine si légere. C'est une précaution et non pas un châtiment. J'attens de toi celui que j'ai mérité. Je l'implore pour soulager mes regrets. Que l'amour offensé se venge et s'appaise ; punis-moi sans me haïr, je souffrirai sans murmure. Sois juste et sévere ; il le faut, j'y consens ; mais si tu veux me laisser la vie (*c*), ôte moi tout hormis ton cœur.

LETTRE LII.

DE JULIE.

Comment, mon ami, renoncer au vin pour sa maîtresse ? Voila ce qu'on appelle un sacrifice ! Oh je défie qu'on trouve dans les quatre Cantons[1] un homme plus amoureux que toi ! Ce n'est pas qu'il n'y ait parmi nos jeunes gens de petits Messieurs francisés qui boivent de l'eau par air[2], mais tu seras le premier à qui l'amour en aura fait boire; c'est un exemple à citer dans les fastes galants de la Suisse. Je me suis même informée de tes déportemens[3], et j'ai appris avec une extrême édification que soupant hier chez M. de Vueillerans[4], tu laissas faire la ronde à six bouteilles après le repas, sans y toucher, et ne marchandois non plus les verres d'eau, que les convives ceux de vin de la côte. Cependant cette pénitence dure depuis trois jours que ma lettre est écritte, et trois jours font au moins six repas. Or à six repas observés par fidélité, l'on en peut ajoûter six autres par crainte, et six par honte, et six par habitude, et six par obstination. Que de motifs peuvent prolonger des privations pénibles dont l'amour seul auroit la gloire ? Daigneroit-il se faire honneur de ce qui peut n'être pas à lui (*a*) ?

Voila plus de mauvaises plaisanteries que tu ne m'as tenu de mauvais propos, il est tems d'enrayer. Tu es grave naturellement; je me suis apperçue qu'un long badinage t'échauffe, comme une longue promenade échauffe un homme replet; mais je tire à peu près de toi la vengeance qu'Henri quatre tira du Duc de Mayenne, et ta Souveraine veut imiter la clémence du meilleur des Rois[5]. Aussi bien je craindrois qu'à force de regrets et d'excuses tu ne te fisses à la fin un mérite d'une faute si bien réparée, et je veux me hâter de l'oublier, de peur que si j'attendois trop longtems ce ne fut plus générosité, mais ingratitude.

A l'égard de ta résolution de renoncer au vin pour toujours, elle n'a pas autant d'éclat à mes yeux que tu pourrois croire; les passions vives ne songent guere à ces petits sacrifices, et l'amour ne se repait point de galanterie. D'ailleurs, il y a quelquefois plus d'addresse que de courage à tirer avantage pour le moment présent d'un avenir incertain, et à se payer d'avance d'une abstinence éternelle à laquelle on renonce quand on veut. Eh mon bon ami ! dans tout ce qui flate les sens l'abus eſt-il donc inséparable de la jouissance ? l'ivresse eſt-elle nécessairement attachée au goût du vin, et la philosophie seroit-elle assés vaine ou assés cruelle pour n'offrir d'autre moyen d'user modérement des choses qui plaisent, que de s'en priver tout-à-fait ?

Si tu tiens ton engagement, tu t'ôtes un plaisir innocent, et risques ta santé en changeant de maniere de vivre : si tu l'enfreins, l'amour eſt doublement offensé et ton honneur même en souffre. J'use donc en cette occasion de mes droits, et non seulement je te releve d'un vœu nul, comme fait sans mon congé[1], mais je te déffends même de l'observer au de là du terme que je vais te prescrire. Mardi nous aurons ici la musique de Milord Edouard. A la collation je t'enverrai une coupe à demi pleine d'un nectar pur et bienfaisant. Je veux qu'elle soit bue en ma présence, et à mon intention, après avoir fait de quelques goutes une libation expiatoire aux Graces. Ensuite mon pénitent reprendra dans ses repas l'usage sobre du vin tempéré par le criſtal des fontaines, et comme dit ton bon Plutarque[2], en calmant les ardeurs de Baccus par le commerce des Nimphes.

A propos du concert de mardi, cet étourdi de Regianino ne s'eſt-il pas mis dans la tête que j'y pourrois déja chanter un air Italien et même un duo avec lui ? Il vouloit que je le chantasse avec toi pour mettre ensemble ses deux écoliers; mais il y a dans ce duo de certains *ben mio* dangereux à dire sous les yeux d'une mere quand le cœur eſt de la partie; il vaut mieux renvoyer cet essai au premier concert qui se fera chez l'inséparable[3]. J'attribue la facilité avec laquelle j'ai pris le goût de cette musique à celui que mon frere m'avoit donné pour la poësie italienne, et que j'ai si bien entretenu avec toi que je sens aisément la cadence des vers, et qu'au dire de Regianino, j'en prends assés bien l'accent. Je commence chaque leçon par lire quelques octaves du Tasse, ou quelque scene du Metaſtase[4] : ensuite il me fait dire et accompagner du récitatif, et je crois continuer de parler ou de lire, ce qui surement ne m'arrivoit pas dans le récitatif françois. Après cela il faut soutenir en mesure des sons égaux et juſtes; exercice que les éclats auxquels j'étois accoutumée me rendent assés difficile. Enfin nous passons aux airs, et il se trouve que la justesse et la flexibilité de la voix, l'expression pathétique, les sons renforcés et tous les passages, sont un effet naturel de la douceur du chant et de la précision de la mesure, de sorte que ce qui me paroissoit le plus difficile à apprendre, n'a pas même besoin d'être enseigné. Le caractere de la mélodie a tant de raport au ton de la langue, et une si grande pureté de modulation, qu'il ne faut qu'écouter la basse et savoir parler, pour déchiffrer aisément le chant. Toutes les passions y ont des expressions aigües et fortes; tout au contraire de l'accent traînant et pénible du chant françois, le sien, toujours doux et facile, mais vif et touchant dit beaucoup avec peu d'effort. Enfin, je sens que cette musique agite l'ame et repose la poitrine; c'est précisément celle qu'il faut à mon cœur et à mes poumons. A mardi donc, mon aimable ami, mon maître, mon pénitent, mon apôtre[1], hélas ! que ne m'es tu point ! Pourquoi faut-il qu'un seul titre manque à tant de droits ?

P. S. Sais-tu qu'il est question d'une jolie promenade sur l'eau, pareille à celle que nous fimes il y a deux ans avec la pauvre Chaillot ? Que mon rusé maitre étoit timide alors ! Qu'il trembloit en me donnant la main pour sortir du bateau ! Ah l'hipocrite !..... il a beaucoup changé (*a*).

LETTRE LIII[2].

DE JULIE.

AINSI tout deconcerte nos projets, tout trompe notre attente, tout trahit des feux que le ciel eut dû couronner ! Vils jouets d'une aveugle fortune, tristes victimes d'un moqueur espoir, toucherons-nous sans cesse au plaisir qui fuit, sans jamais l'atteindre ? Cette noce trop vainement desirée devoit se faire à Clarens; le mauvais tems nous contrarie, il faut la faire à la ville. Nous devions nous y ménager une entrevue; tous deux obsedés d'inportuns, nous ne pouvons leur échaper en même tems, et le moment où l'un des deux se dérobe est celui où il est impossible à l'autre de le joindre ! Enfin, un favorable instant se présente, la plus cruelle des meres vient nous l'arracher, et peu s'en faut que cet instant ne soit celui de la perte de deux infortunés qu'il devoit rendre heureux ! Loin de rebuter mon courage, tant d'obstacles l'ont irrité. Je ne sais quelle nouvelle force m'anime, mais je me sens une hardiesse que je n'eus jamais; et si tu l'oses partager, ce soir, ce soir même peut acquiter mes promesses et payer d'une seule fois toutes les dettes de l'amour.

Consulte toi bien, mon ami, et vois jusqu'à quel point il t'est doux de vivre; car l'expédient que je te propose peut nous mener tous deux à la mort. Si tu la crains, n'acheve point cette lettre, mais si la pointe d'une épée n'effraye pas plus aujourd'hui ton cœur, que ne l'effrayoient jadis les gouffres de Meillerie, le mien court le même risque et n'a pas balancé. Ecoute.

Babi, qui couche ordinairement dans ma chambre est malade depuis trois jours (*a*), et quoique je voulusse absolument la soigner, on l'a transportée ailleurs malgré moi : mais comme elle est mieux, peut-être elle reviendra dés demain (*b*). Le lieu où l'on mange est loin de l'escalier qui conduit à l'appartement de ma mere et au mien : à l'heure du soupé[1] toute la maison est deserte hors la cuisine et la sale à manger. Enfin la nuit dans cette saison est déjà obscure à la même heure, son voile peut dérober aisément dans la rue les passans aux spectateurs, et tu sais parfaitement les êtres de la maison.

Ceci suffit pour me faire entendre. Vien cet après midi chez ma Fanchon; je t'expliquerai le reste, et te donnerai les instructions nécessaires : Que si je ne le puis je les laisserai par écrit à l'ancien entrepôt de nos lettres, où, comme je t'en ai prévenu tu trouveras déja celle-ci : Car le sujet en est trop important pour l'oser confier à personne.

O comme je vois à présent palpiter ton cœur ! Comme j'y lis tes transports, et comme je les partage ! Non, mon doux Ami, non, nous ne quiterons point cette courte vie sans avoir un instant gouté le bonheur. Mais songe, pourtant, que cet instant est environné des horreurs de la mort; que l'abord est sujet à mille hazards, le séjour dangereux, la retraite d'un péril extrême; que nous sommes perdus si nous sommes découverts, et qu'il faut que tout nous favorise pour pouvoir éviter de l'être. Ne nous abusons point; je connois trop mon pere pour douter que je ne te visse à l'instant percer le cœur de sa main, si même il ne commençoit par moi; car sûrement je ne serois pas plus épargnée, et crois-tu que je t'exposerois à ce risque si je n'étois sûre de le partager ?

Pense encore qu'il n'est point question de te fier à ton courage; il n'y faut pas songer, et je te défens même très expressement d'apporter aucune arme pour ta deffense, pas même ton épée : aussi bien te seroit-elle parfaitement inutile; car si nous sommes surpris, mon dessein est de me précipiter dans tes bras, de t'enlacer fortement dans les miens, et de recevoir ainsi le coup mortel pour n'avoir plus à me séparer de toi; plus heureuse à ma mort que je ne le fus de ma vie.

J'espere qu'un sort plus doux nous est reservé; je sens au moins, qu'il nous est dû, et la fortune se lassera de nous être injuste. Vien donc, ame de mon cœur, vie de ma vie, vien te réunir à toi-même[1]. Vien sous les auspices du tendre amour, recevoir le prix de ton obéissance et de tes sacrifices. Viens avouer, même au sein des plaisirs, que c'est de l'union des cœurs qu'ils tirent leur plus grand charme.

LETTRE LIV.

A JULIE.

J'ARRIVE plein d'une émotion qui s'accroit en entrant dans cet azile. Julie ! me voici dans ton cabinet, me voici dans le sanctuaire de tout ce que mon cœur adore. Le flambeau de l'amour guidoit mes pas, et j'ai passé sans être apperçu. Lieu charmant, lieu fortuné, qui jadis vis tant reprimer de regards tendres, tant étouffer de soupirs brulans; toi qui vis naître et nourir mes premiers feux; pour la seconde fois tu les verras couronner; témoin de ma constance immortelle, sois le témoin de mon bonheur, et voile à jamais les plaisirs du plus fidelle et du plus heureux des hommes.

Que ce mistérieux séjour est charmant ? Tout y flate et nourrit l'ardeur qui me dévore. O Julie ! il est plein de toi, et la flame de mes desirs s'y repand sur tous tes vestiges[2]. Oui, tous mes sens y sont enivrés à la fois. Je ne sais quel parfum presque insensible, plus doux que la rose, et plus léger que l'iris s'exhale ici de toutes parts. J'y crois entendre le son flateur de ta voix. Toutes les parties de ton habillement éparses présentent à mon ardente imagination celles de toi-même qu'elles recellent. Cette coeffure légere que parent de grands cheveux blonds qu'elle feint de couvrir : Cet heureux fichu contre lequel une fois au moins je n'aurai point à murmurer; ce deshabillé élégant et simple qui marque si bien le goût de celle qui le porte; ces mules si mignonnes qu'un pied souple remplit sans peine; ce corps[1] si délié qui touche et embrasse..... quelle taille enchanteresse..... au devant deux legers contours...... ô spectacle de volupté.... la baleine a cedé à la force de l'impression..... empreintes délicieuses, que je vous baise mille fois !.... Dieux ! Dieux ! que sera-ce quand........ Ah, je crois déja sentir ce tendre cœur battre sous une heureuse main ! Julie ! ma charmante Julie ! je te vois, je te sens par tout, je te respire avec l'air que tu as respiré; tu penetres toute ma substance; que ton séjour est brulant et douloureux pour moi ! Il est terrible à mon impatience. O vien, vôle, ou je suis perdu.

Quel bonheur d'avoir trouvé de l'encre et du papier ! J'exprime (*a*) ce que je sens pour en tempérer l'excès, je donne le change à mes transports en les décrivant.

Il me semble entendre du bruit. Seroit-ce ton barbare pere ? Je ne crois pas être lâche..... mais qu'en ce moment la mort me seroit horrible ? Mon desespoir seroit égal à l'ardeur qui me consume. Ciel ! Je te demande encore une heure de vie, et j'abandonne le reste de mon être à ta rigueur. O desirs ! ô crainte ! ô palpitations cruelles !.... on ouvre !.... on entre !..... c'est elle ! c'est elle ! je l'entrevois, je l'ai vüe, j'entens refermer la porte. Mon cœur, mon foible cœur, tu succombes à tant d'agitations. Ah cherche des forces pour supporter la félicité qui t'accable !

LETTRE LV.

A JULIE.

O MOURONS, ma douce Amie ! mourons, la bien aimée de mon cœur ! Que faire desormais d'une jeunesse insipide dont nous avons épuisé toutes les délices ?

Explique-moi, si tu le peux, ce que j'ai senti dans cette nuit inconcevable; donne-moi l'idée d'une vie ainsi passée, ou laisse m'en quiter une qui n'a plus rien de ce que je viens d'éprouver avec toi. J'avois goûté le plaisir, et croyois concevoir le bonheur. Ah, je n'avois senti qu'un vain songe et n'imaginois que le bonheur d'un enfant ! Mes sens abusoient mon ame grossiere; je ne cherchois qu'en eux le bien suprême, et j'ai trouvé que leurs plaisirs épuisés n'étoient que le commencement des miens. O chef-d'œuvre unique de la nature ! Divine Julie ! possession délicieuse à laquelle tous les transports du plus ardent amour suffisent à peine ! Non, ce ne sont point ces transports que je regrette le plus : ah non; retire, s'il le faut, ces faveurs enivrantes pour lesquelles je donnerois mille vies; mais rend-moi tout ce qui n'étoit point elles, et les effaçoit mille fois. Rend-moi cette étroitte union des ames, que tu m'avois annoncée et que tu m'as si bien fait goûter. Rend-moi cet abbatement si doux rempli par les effusions de nos cœurs; rend-moi ce sommeil enchanteur trouvé sur ton sein; rend-moi ce réveil plus délicieux encore, et ces soupirs entrecoupés, et ces douces larmes, et ces baisers qu'une voluptueuse langueur nous faisoit lentement savourer, et ces gemissemens si tendres, durant lesquels tu pressois sur ton cœur ce cœur fait pour s'unir à lui.

Di-moi, Julie, toi qui d'après ta propre sensibilité sais si bien juger de celle d'autrui, crois-tu que ce que je sentois auparavant fut véritablement de l'amour ? Mes sentimens, n'en doute pas, ont depuis hier changé de nature; ils ont pris je ne sais quoi de moins impétueux, mais de plus doux, de plus tendre et de plus charmant. Te souvient-il de cette heure entiere que nous passames à parler paisiblement de notre amour et de cet avenir obscur et redoutable, par qui le présent nous étoit encore plus sensible; de cette heure, hélas, trop courte dont une légere empreinte de tristesse rendit les entretiens si touchans ? J'étois tranquille, et pourtant j'étois près de toi; je t'adorois et ne desirois rien. Je n'imaginois pas même une autre félicité, que de sentir ainsi ton visage auprès du mien, ta respiration sur ma joue, et ton bras autour de mon cou. Quel calme dans tous mes sens ! Quelle volupté pure, continüe, universelle ! Le charme de la joüissance étoit dans l'ame; il n'en sortoit plus; il duroit toujours.

Quelle différence des fureurs de l'amour à une situation si paisible ! C'eſt la premiere fois de mes jours que je l'ai éprouvée auprès de toi; et cependant, juge du changement étrange que j'éprouve; c'eſt de toutes les heures de ma vie, celle qui m'eſt la plus chere, et la seule que j'aurois voulu prolonger éternellement*. Julie, di-moi donc si je ne t'aimois point auparavant, ou si maintenant je ne t'aime plus ?

Si je ne t'aime plus ? Quel doute ! ai-je donc cessé d'exiſter, et ma vie n'eſt-elle pas plus dans ton cœur que dans le mien ? Je sens, je sens que tu m'es mille fois plus chere que jamais, et j'ai trouvé dans mon abatement de nouvelles forces pour te chérir plus tendrement encore. J'ai pris pour toi des sentimens plus paisibles, il eſt vrai, mais plus affeƈtueux et de plus de différentes especes; sans s'affoiblir ils se sont multipliés; les douceurs de l'amitié tempérent les emportemens de l'amour, et j'imagine à peine quelque sorte d'attachement qui ne m'unisse pas à toi. O ma charmante maîtresse, ô mon épouse, ma sœur, ma douce amie (*a*) ! que j'aurai peu dit pour ce que je sens, après avoir épuisé tous les noms les plus chers au cœur de l'homme !

Il faut que je t'avoue un soupçon que j'ai conçu dans la honte et l'humiliation de moi-même; c'eſt que tu sais mieux aimer que moi. Oui, ma Julie, c'eſt bien toi qui fais ma vie et mon être; je t'adore bien de toutes les facultés de mon ame; mais la tienne eſt plus aimante, l'amour l'a plus profondément pénétrée; on le voit, on le sent; c'eſt lui qui anime tes graces, qui regne dans tes discours, qui donne à tes yeux cette douceur pénétrante, à ta voix ces accens si touchans; c'eſt lui, qui par ta seule présence communique aux autres cœurs sans qu'ils s'en apperçoivent la tendre émotion du tien. Que je suis loin de cet état charmant qui se suffit à lui-même ! je veux jouïr, et tu veux aimer; j'ai des transports et toi de la passion; tous mes emportemens ne valent pas ta délicieuse langueur, et le sentiment dont ton cœur se nourrit eſt la seule félicité suprême. Ce n'eſt que d'hier seulement

* Femme trop facile, voulez-vous savoir si vous êtes aimée ? éxaminez votre amant sortant de vos bras. O amour ! Si je regrette l'âge où l'on te goute, ce n'eſt pas pour l'heure de la joüissance; c'eſt pour l'heure qui la suit (*b*).

que j'ai goûté cette volupté si pure. Tu m'as laissé quelque chose de ce charme inconcevable qui eſt en toi, et je crois qu'avec ta douce haleine tu m'inspirois une ame nouvelle. Hâte toi, je t'en conjure, d'achever ton ouvrage. Prend de la mienne tout ce qui m'en reſte et mets tout à fait la tienne à la place. Non, beauté d'ange, ame céleſte; il n'y a que des sentimens comme les tiens qui puissent honorer tes attraits. Toi seule es digne d'inspirer un parfait amour, toi seule es propre à le sentir. Ah donne moi ton cœur, ma Julie, pour t'aimer comme tu le mérites !

LETTRE LVI[1].

DE CLAIRE A JULIE.

J'ai, ma chere Cousine, à te donner un avis qui t'importe. Hier au soir ton ami eut avec Milord Edouard un démélé qui peut devenir sérieux. Voici ce que m'en a dit M. d'Orbe qui étoit présent, et qui, inquiet des suites de cette affaire eſt venu ce matin m'en rendre compte.

Ils avoient tous deux soupé chez Milord, et après une heure ou deux de musique ils se mirent à causer et boire du punch. Ton ami n'en but qu'un seul verre mêlé d'eau; les deux autres ne furent pas si sobres, et quoique M. d'Orbe ne convienne pas de s'être enivré, je me reserve à[2] lui en dire mon avis dans un autre tems. La conversation tomba naturellement sur ton compte; car tu n'ignores pas que Milord n'aime à parler que de toi. Ton ami, à qui ces confidences déplaisent, les reçut avec si peu d'aménité, qu'enfin Edouard échauffé de punch et piqué de cette sécheresse, osa dire en se plaignant de ta froideur, qu'elle n'étoit pas si générale qu'on pourroit croire et que tel qui n'en disoit mot n'étoit pas si mal traitté que lui. A l'inſtant ton ami dont tu connois la vivacité releva ce discours avec un emportement insultant qui lui attira un démenti, et ils sauterent à leurs épées. Bomſton à demi ivre se donna en courant une entorse qui le força de s'asseoir. Sa jambe enfla sur le champ, et cela calma la querelle mieux que tous les soins que M. d'Orbe s'étoit donnés. Mais comme il étoit attentif à ce qui se passoit, il vit ton ami s'approcher, en sortant, de l'oreille de Milord Edouard, et il entendit qu'il lui disoit à demi-voix : *sitôt que vous serez en état de sortir, faites moi donner de vos nouvelles, ou j'aurai soin de m'en informer. N'en prenez pas la peine,* lui dit Edouard avec un souris moqueur, *vous en saurez assés-tôt. Nous verrons,* reprit froidement ton ami, et il sortit. M. d'Orbe en te remettant cette lettre t'expliquera le tout plus en détail. C'est à ta prudence à te suggérer des moyens d'étouffer cette facheuse affaire, ou à me prescrire de mon côté ce que je dois faire pour y contribuer. En attendant le porteur est à tes ordres; il fera tout ce que tu lui commanderas, et tu peux compter sur le secret.

Tu te perds, ma chere, il faut que mon amitié te le dise. L'engagement où tu vis ne peut rester longtems caché dans une petite ville comme celle-ci, et c'est un miracle de bonheur que depuis plus de deux ans qu'il a commencé tu ne sois pas encore le sujet des discours publics. Tu le vas devenir si tu n'y prends garde; tu le serois déja, si tu étois moins aimée; mais il y a une répugnance si générale à mal parler de toi, que c'est un mauvais moyen de se faire fête[1], et un très sûr de se faire haïr. Cependant tout a son terme; je tremble que celui du mistere ne soit venu pour ton amour, et il y a grande apparence que les soupçons de Milord Edouard lui viennent de quelques mauvais propos qu'il peut avoir entendus. Songes y bien, ma chere enfant. Le Guet dit il y a quelque tems avoir vu sortir de chez toi ton ami à cinq heures du matin. Heureusement celui-ci sut des premiers ce discours, il courut chez cet homme et trouva le secret de le faire taire; mais qu'est-ce qu'un pareil silence, si non le moyen d'accréditer des bruits sourdement répandus ? La défiance de ta mere augmente aussi de jour en jour; tu sais combien de fois elle te l'a fait entendre. Elle m'en a parlé à mon tour d'une maniere assés dure, et si elle ne craignoit la violence de ton pere, il ne faut pas douter qu'elle ne lui en eut déja parlé à lui-même; mais elle l'ose d'autant moins qu'il lui donnera toujours le principal tort d'une connoissance qui te vient d'elle.

Je ne puis trop te le répéter; songe à toi tandis qu'il en est tems encore. Ecarte ton ami avant qu'on en parle; prévien des soupçons naissans que son absence fera sûrement tomber : car enfin que peut-on croire qu'il fait ici ? Peut-être dans six semaines, dans un mois sera-t-il trop tard. Si le moindre mot venoit aux oreilles de ton pere, tremble de ce qui resulteroit de l'indignation d'un vieux militaire entêté de l'honneur de sa maison, et de la pétulance d'un jeune homme emporté qui ne sait rien endurer : Mais il faut commencer par vuider de maniere ou d'autre l'affaire de Milord Edouard; car tu ne ferois qu'irriter ton ami, et t'attirer un juste refus, si tu lui parlois d'éloignement avant qu'elle fut terminée.

LETTRE LVII.

DE JULIE.

Mon ami, je me suis instruite avec soin de ce qui s'est passé entre vous et Milord Edouard. C'est sur l'exacte connoissance des faits que votre amie veut examiner avec vous comment vous devez vous conduire en cette occasion d'après les sentimens que vous professez, et dont je suppose que vous ne faites pas une vaine et fausse parade.

Je ne m'informe point si vous êtes versé dans l'art de l'escrime, ni si vous vous sentez en état de tenir tête à un homme qui a dans l'Europe la réputation de manier supérieurement les armes, et qui s'étant battu cinq ou six fois en sa vie a toujours tué, blessé, ou desarmé son homme. Je comprens que dans le cas où vous êtes, on ne consulte pas son habileté mais son courage, et que la bonne maniere de se venger d'un brave qui vous insulte est de faire qu'il vous tue. Passons sur une maxime si judicieuse; vous me direz que votre honneur et le mien vous sont plus chers que la vie. Voila donc le principe sur lequel il faut raisonner.

Commençons par ce qui vous regarde. Pourriez-vous jamais me dire en quoi vous êtes personnellement offensé dans un discours où c'est de moi seule qu'il s'agissoit ? Si vous deviez en cette occasion prendre fait et cause pour moi, c'est ce que nous verrons tout à l'heure : en attendant, vous ne sauriez disconvenir que la querelle ne soit parfaitement étrangere à votre honneur particulier, à moins que vous ne preniez pour un affront le soupçon d'être aimé de moi. Vous avez été insulté, je l'avoue; mais après avoir commencé vous-même par une insulte atroce, et moi dont la famille est pleine de militaires, et qui ai tant ouï débattre ces horribles questions, je n'ignore pas qu'un outrage en réponse à un autre ne l'efface point, et que le premier qu'on insulte demeure le seul offensé : c'est le même[1] cas d'un combat imprévu, où l'aggresseur est le seul criminel, et où celui qui tue ou blesse en se deffendant n'est point coupable de meurtre.

Venons maintenant à moi; accordons que j'étois outragée par le discours de Milord Edouard, quoiqu'il ne fit que me rendre justice. Savez-vous ce que vous faites en me défendant avec tant de chaleur et d'indiscretion ? Vous aggravez son outrage; vous prouvez qu'il avoit raison; vous sacrifiez mon honneur à un faux point-d'honneur; vous diffamez votre maitresse pour gagner tout au plus la réputation d'un bon spadassin. Montrez-moi, de grace, quel raport il y a entre votre maniere de me justifier et ma justification réelle ? Pensez-vous que prendre ma cause avec tant d'ardeur soit une grande preuve qu'il n'y a point de liaison entre nous, et qu'il suffise de faire voir que vous êtes brave, pour montrer que vous n'êtes pas mon amant ? Soyez sûr que tous les propos de Milord Edouard me font moins de tort que votre conduite; c'est vous seul qui vous chargez par cet éclat de les publier et de les confirmer. Il pourra bien, quant à lui, éviter votre épée dans le combat; mais jamais ma reputation ni mes jours, peut-être, n'éviteront le coup mortel que vous leur portez.

Voila des raisons trop solides pour que vous ayez rien qui le puisse être à y répliquer; mais vous combattrez, je le prévois, la raison par l'usage; vous me direz qu'il est des fatalités qui nous entrainent malgré nous; que dans quelque cas que ce soit, un démenti ne se souffre jamais; et que quand une affaire a pris un certain tour, on ne peut plus éviter de se battre ou de se deshonorer. Voyons encore.

Vous souvient-il d'une distinction que vous me fites autrefois dans une occasion importante, entre l'honneur réel et l'honneur apparent[2] ? Dans laquelle des deux classes mettrons-nous celui dont il s'agit aujourd'hui ? Pour moi, je ne vois pas comment cela peut même faire une question. Qu'y a-t-il de commun entre la gloire d'égorger un homme et le témoignage d'une ame droite, et quelle prise peut avoir la vaine opinion d'autrui sur l'honneur véritable, dont toutes les racines sont au fond du cœur ? Quoi ! les vertus qu'on a réellement perissent-elles sous les mensonges d'un calomniateur ? les injures d'un homme ivre prouvent-elles qu'on les mérite (*a*), et l'honneur du sage seroit-il à la merci du premier brutal qu'il peut rencontrer ? Me direz-vous qu'un duel témoigne qu'on a du cœur, et que cela suffit pour effacer la honte ou le reproche de tous les autres vices ? Je vous demanderai quel honneur peut dicter une pareille décision, et quelle raison peut la justifier ? A ce compte un fripon n'a qu'à se battre pour cesser d'être un fripon; les discours d'un menteur deviennent des vérités, sitôt qu'ils sont soutenus à la pointe de l'épée, et si l'on vous accusoit d'avoir tué un homme, vous en iriez tuer un second pour prouver que cela n'est pas vrai ? Ainsi vertu, vice, honneur, infamie, vérité, mensonge, tout peut tirer son être de l'évenement[1] d'un combat; une salle d'armes est le siege de toute justice; il n'y a d'autre droit que la force, d'autre raison que le meurtre; toute la réparation due à ceux qu'on outrage est de les tuer, et toute offense est également bien lavée dans le sang de l'offenseur ou de l'offensé ? Dites, si les loups savoient raisonner auroient-ils d'autres maximes ? Jugez vous-même par le cas où vous êtes si j'exagere leur absurdité. Dequoi s'agit-il ici pour vous ? D'un démenti reçu dans une occasion où vous mentiez en effet. Pensez-vous donc tuer la vérité avec celui que vous voulez punir de l'avoir dite ? Songez-vous qu'en vous soumettant au sort d'un duel, vous appellez le Ciel en témoignage d'une fausseté, et que vous osez dire à l'arbitre des combats : vien soutenir la cause injuste, et faire triompher le mensonge ? Ce blasphême n'a-t-il rien qui vous épouvante ? Cette absurdité n'a-t-elle rien qui vous révolte ? Eh Dieu ! quel est ce misérable honneur qui ne craint pas le vice mais le reproche, et qui ne vous permet pas d'endurer d'un autre un démenti reçu d'avance de votre propre cœur ?

Vous qui voulez qu'on profite pour soi de ses lectures, profitez donc des votres, et cherchez si l'on vit un seul appel[2] sur la terre quand elle étoit couverte de Héros ? Les plus vaillans hommes de l'antiquité songerent-ils jamais à venger leurs injures personnelles par des combats particuliers (*a*) ? César envoyât-il un cartel à Caton, ou Pompée à César, pour tant d'affronts réciproques, et le plus grand capitaine de la Grèce fut-il deshonoré pour s'être laissé menacer du bâton[1] ? D'autres tems, d'autres mœurs, je le sais; mais n'y en a-t-il que de bonnes, et n'oseroit-on s'enquérir si les mœurs d'un tems sont celles qu'exige le solide honneur ? Non, cet honneur n'est point variable, il ne dépend ni des tems, ni des lieux, ni des préjugés, il ne peut ni passer ni renaître, il a sa source éternelle dans le cœur de l'homme juste et dans la regle inaltérable de ses devoirs. Si les Peuples les plus éclairés, les plus braves, les plus vertueux de la terre n'ont point connu le duel, je dis qu'il n'est pas une institution de l'honneur, mais une mode affreuse et barbare digne de sa feroce origine[2]. Reste à savoir si, quand il s'agit de sa vie ou de celle d'autrui, l'honnête homme se regle sur la mode, et s'il n'y a pas alors plus de vrai courage à la braver qu'à la suivre ? Que feroit à votre avis, celui qui s'y veut asservir, dans des lieux où regne un usage contraire ? A Messine ou à Naples, il iroit attendre son homme au coin d'une rue et le poignarder par derriere. Cela s'appelle être brave[3] en ce pays-là, et l'honneur n'y consiste pas à se faire tuer par son ennemi, mais à le tuer lui-même.

Gardez-vous donc de confondre le nom sacré de l'honneur avec ce préjugé feroce qui met toutes les vertus à la pointe d'une épée, et n'est propre qu'à faire de braves scelérats. Que cette méthode puisse fournir si l'on veut un supplément à la probité, par tout où la probité regne son supplément n'est-il pas inutile, et que penser de celui qui s'expose à la mort pour s'exempter d'être honnête homme ? Ne voyez-vous pas que les crimes que la honte et l'honneur n'ont point empêchés, sont couverts et multipliés par la fausse honte et la crainte du blame ? C'est elle qui rend l'homme hipocrite et menteur; c'est elle qui lui fait verser le sang d'un ami pour un mot indiscret qu'il devroit oublier, pour un reproche mérité qu'il ne peut souffrir. C'est elle qui transforme en furie infernale une fille abusée et craintive. C'est elle, ô Dieu puissant ! qui peut armer la main maternelle contre le tendre fruit..... je sens défaillir mon ame à cette idée horrible, et je rends grace au moins à celui qui sonde les cœurs d'avoir éloigné du mien cet honneur affreux qui n'inspire que des forfaits et fait frémir la nature.

Rentrez donc en vous-même et considerez s'il vous eſt permis d'attaquer de propos délibéré la vie d'un homme et d'exposer la votre pour satisfaire une barbare et dangereuse fantaisie qui n'a nul fondement raisonnable, et si le triſte souvenir du sang versé dans une pareille occasion peut cesser de crier vengeance au fond du cœur de celui qui l'a fait couler ? Connoissez-vous aucun crime égal à l'homicide volontaire, et si la base de toutes les vertus eſt l'humanité[1], que penserons-nous de l'homme sanguinaire et dépravé qui l'ose attaquer dans la vie de son semblable ? souvenez-vous de ce que vous m'avez dit vous même contre le service étranger[2], avez-vous oublié que le citoyen doit sa vie à la patrie et n'a pas le droit d'en disposer sans le congé des loix, à plus forte raison contre leur deffense ? O mon ami ! si vous aimez sincérement la vertu, aprenez à la servir à sa mode, et non à la mode des hommes. Je veux qu'il en puisse resulter quelque inconvenient : Ce mot de vertu n'eſt-il donc pour vous qu'un vain nom, et ne serez-vous vertueux que quand il n'en coûtera rien de l'être ?

Mais quels sont au fond ces inconvéniens ? Les murmures des gens oisifs, des méchans, qui cherchent à s'amuser des malheurs d'autrui et voudroient avoir toujours quelque hiſtoire nouvelle à raconter. Voila vraiment un grand motif pour s'entre-égorger ! si le philosophe et le sage se reglent dans les plus grandes affaires de la vie sur les discours insensés de la multitude, que sert tout cet apareil d'études, pour n'être au fond qu'un homme vulgaire ? Vous n'osez donc sacrifier le ressentiment au devoir, à l'eſtime, à l'amitié, de peur qu'on ne vous accuse de craindre la mort ? Pesez les choses, mon bon ami, et vous trouverez bien plus de lâcheté dans la crainte de ce reproche, que dans celle de la mort même. Le fanfaron, le poltron veut à toute force passer pour brave;

Ma verace valor, ben che negletto,
È di se ſtesso a se freggio assai chiaro (a).

Celui qui feint d'envisager la mort sans effroi, ment. Tout homme craint de mourir; c'eſt la grande loi des êtres sensibles, sans laquelle toute espece mortelle seroit bientôt détruite. Cette crainte eﬆ un simple mouvement de la nature, non seulement indifférent mais bon en lui-même et conforme à l'ordre. Tout ce qui la rend honteuse et blamable, c'eﬆ qu'elle peut nous empêcher de bien faire et de remplir nos devoirs. Si la lâcheté n'étoit jamais un obﬆacle à la vertu, elle cesseroit d'être un vice (*a*)[1]. Quiconque eﬆ plus attaché à sa vie qu'à son devoir ne sauroit être solidement vertueux, j'en conviens. Mais expliquez-moi, vous qui vous piquez de raison, quelle espece de mérite on peut trouver à braver la mort pour commettre un crime ?

Quand il seroit vrai qu'on se fait mépriser en refusant de se battre, quel mépris eﬆ le plus à craindre, celui des autres en faisant bien, ou le sien propre en faisant mal ? Croyez-moi, celui qui s'eﬆime véritablement lui-même eﬆ peu sensible à l'injuﬆe mépris d'autrui, et ne craint que d'en être digne : car le bon et l'honnête ne dépendent point du jugement des hommes, mais de la nature des choses, et quand toute la terre approuveroit l'aćtion que vous allez faire, elle n'en seroit pas moins honteuse. Mais il eﬆ faux qu'à s'en abﬆenir par vertu l'on se fasse mépriser. L'homme droit dont toute la vie eﬆ sans tache et qui ne donna jamais aucun signe de lâcheté, refusera de souiller sa main d'un homicide et n'en sera que plus honoré. Toujours prêt à servir la patrie, à proteger le foible, à remplir les devoirs les plus dangereux, et à défendre, en toute rencontre juﬆe et honnête ce qui lui eﬆ cher au prix de son sang, il met dans ses démarches cette inébranlable fermeté qu'on n'a point sans le vrai courage. Dans la sécurité de sa conscience, il marche la tête levée, il ne fuit ni ne cherche son ennemi. On voit aisément qu'il craint moins de mourir que de mal faire, et qu'il redoute le crime et non le péril. Si les vils préjugés s'élevent un inﬆant contre lui, tous les jours de son honorable vie sont autant de témoins qui les récusent, et dans une conduite si bien liée on juge d'une aćtion sur toutes les autres.

Mais savez-vous ce qui rend cette modération si pénible à un homme ordinaire ? C'eﬆ la difficulté de la soutenir dignement. C'eﬆ la necessité de ne commettre ensuite aucune aćtion blamable : Car si la crainte de mal faire ne le retient pas dans ce dernier cas, pourquoi l'auroit-elle retenu dans l'autre où l'on peut supposer un motif plus naturel ? On voit bien alors que ce refus ne vient pas de vertu mais de lâcheté, et l'on se moque avec raison d'un scrupule qui ne vient que dans le péril. N'avez-vous point remarqué que les hommes si ombrageux et si prompts à provoquer les autres sont, pour la plupart, de très malhonnêtes gens qui, de peur qu'on n'ose leur montrer ouvertement le mépris qu'on a pour eux, s'efforcent de couvrir de quelques affaires d'honneur l'infamie de leur vie entiere ? Est-ce à vous d'imiter de tels hommes ? Mettons encore à part les militaires de profession[1] qui vendent leur sang à prix d'argent; qui, voulant conserver leur place, calculent par leur intérêt ce qu'ils doivent à leur honneur, et savent à un écu près ce que vaut leur vie. Mon ami, laissez battre tous ces gens là. Rien n'est moins honorable que cet honneur dont ils font si grand bruit; ce n'est qu'une mode insensée, une fausse imitation de vertu qui se pare des plus grands crimes. L'honneur d'un homme comme vous n'est point au pouvoir d'un autre, il est en lui-même et non dans l'opinion du peuple; il ne se défend ni par l'épée ni par le bouclier, mais par une vie integre et irréprochable, et ce combat vaut bien l'autre en fait de courage.

C'est par ces principes que vous devez concilier les éloges que j'ai donnés dans tous les tems à la véritable valeur avec le mépris que j'eus toujours pour les faux braves. J'aime les gens de cœur et ne puis souffrir les lâches; je romprois avec un amant poltron que la crainte feroit fuir le danger, et je pense comme toutes les femmes que le feu du courage anime celui de l'amour. Mais je veux que la valeur se montre dans les occasions légitimes, et qu'on ne se hâte pas d'en faire hors de propos une vaine parade, comme si l'on avoit peur de ne la pas retrouver au besoin. Tel fait un effort et se présente une fois pour avoir droit de se cacher le reste de sa vie. Le vrai courage a plus de constance et moins d'empressement; il est toujours ce qu'il doit être; il ne faut ni l'exciter ni le retenir : l'homme de bien le porte par tout avec lui; au combat contre l'ennemi; dans un cercle en faveur des absens et de la vérité; dans son lit contre les attaques de la douleur et de la mort. La force de l'ame qui l'inspire est d'usage dans tous les tems; elle met toujours la vertu au dessus des évenemens, et ne consiste pas à se battre, mais à ne rien craindre. Telle est, mon ami, la sorte de courage que j'ai souvent louée, et que j'aime à trouver en vous. Tout le reste n'est qu'étourderie, extravagance, férocité; c'est une lâcheté de s'y soumettre, et je ne méprise pas moins celui qui cherche un péril inutile, que celui qui fuit un péril qu'il doit affronter.

Je vous ai fait voir, si je ne me trompe, que dans votre démêlé avec Milord Edouard votre honneur n'est point intéressé; que vous compromettez le mien en recourant à la voye des armes; que cette voye n'est ni juste, ni raisonnable, ni permise; qu'elle ne peut s'accorder avec les sentimens dont vous faites profession; qu'elle ne convient qu'à de malhonnêtes gens qui font servir la bravoure de supplément aux vertus qu'ils n'ont pas, ou aux Officiers qui ne se battent point par honneur mais par intérêt; qu'il y a plus de vrai courage à la dédaigner qu'à la prendre; que les inconvéniens auxquels on s'expose en la rejettant sont inséparables de la pratique des vrais devoirs et plus apparens que réels; qu'enfin les hommes les plus prompts à y recourir sont toujours ceux dont la probité est le plus suspecte. D'où je conclus que vous ne sauriez en cette occasion ni faire ni accepter un appel, sans renoncer en même tems à la raison, à la vertu, à l'honneur, et à moi. Retournez mes raisonnemens comme il vous plaira, entassez de votre part sophisme sur sophisme; il se trouvera toujours qu'un homme de courage n'est point un lâche, et qu'un homme de bien ne peut être un homme sans honneur. Or je vous ai démontré, ce me semble, que l'homme de courage dédaigne le duel, et que l'homme de bien l'abhorre.

J'ai cru, mon ami, dans une matiere aussi grave, devoir faire parler la raison seule, et vous présenter les choses exactement telles qu'elles sont. Si j'avois voulu les peindre telles que je les vois, et faire parler le sentiment et l'humanité, j'aurois pris un langage fort différent. Vous savez que mon pere dans sa jeunesse eut le malheur de tuer un homme en duel; cet homme étoit son ami; ils se battirent à regret, l'insensé point d'honneur les y contraignit. Le coup mortel qui priva l'un de la vie ôta pour jamais le repos à l'autre. Le triste remord n'a pu depuis ce tems sortir de son cœur; souvent dans la solitude on l'entend pleurer et gémir; il croit sentir encore le fer poussé par sa main cruelle entrer dans le cœur de son ami; il voit dans l'ombre de la nuit son corps pâle et sanglant; il contemple en frémissant la playe mortelle; il voudroit étancher le sang qui coule; l'effroi le saisit, il s'écrie, ce cadavre affreux ne cesse de le poursuivre. Depuis cinq ans qu'il a perdu le cher soutien de son nom et l'espoir de sa famille, il s'en reproche la mort comme un juste châtiment du Ciel, qui vengea sur son fils unique le pere infortuné qu'il priva du sien.

Je vous l'avoue; tout cela joint à mon aversion naturelle pour la cruauté m'inspire une telle horreur des duels, que je les regarde comme le dernier degré de brutalité où les hommes puissent parvenir. Celui qui va se battre de gaité de cœur n'est à mes yeux qu'une bête féroce qui s'efforce d'en déchirer une autre, et s'il reste le moindre sentiment naturel dans leur ame, je trouve celui qui périt moins à plaindre que le vainqueur. Voyez ces hommes accoutumés au sang : ils ne bravent les remords qu'en étouffant la voix de la nature; ils deviennent par degrés cruels, insensibles; ils se jouent de la vie des autres, et la punition d'avoir pu manquer d'humanité est de la perdre enfin tout à fait. Que sont-ils dans cet état ? repond, veux tu leur devenir semblable ? Non, tu n'es point fait pour cet odieux abbrutissement; redoute le premier pas qui peut t'y conduire : ton ame est encore innocente et saine; ne commence pas à la dépraver au péril de ta vie, par un effort sans vertu, un crime sans plaisir, un point d'honneur sans raison.

Je ne t'ai rien dit de ta Julie; elle gagnera, sans doute, à laisser parler ton cœur. Un mot, un seul mot, et je te livre à lui. Tu m'as honorée quelquefois du tendre nom d'épouse : peut-être en ce moment dois-je porter celui de mere. Veux tu me laisser veuve avant qu'un nœud Sacré nous unisse ?

P. S. J'employe dans cette lettre une autorité à laquelle jamais homme sage n'a resisté. Si vous refusez de vous y rendre, je n'ai plus rien à vous dire; mais pensez-y (*a*) bien auparavant. Prenez huit jours de réflexion pour méditer sur cet important sujet. Ce n'est pas au nom de la raison que je vous demande ce délai, c'est au mien. Souvenez-vous que j'use en cette occasion du droit que vous m'avez donné vous-même et qu'il s'étend au moins jusques-là.

LETTRE LVIII.

DE JULIE A MILORD EDOUARD.

Ce n'est point pour me plaindre de vous, Milord, que je vous écris : puisque vous m'outragez, il faut bien que j'aye avec vous des torts que j'ignore. Comment concevoir qu'un honnête-homme voulut deshonorer sans sujet une famille estimable ? Contentez donc votre vengeance, si vous la croyez légitime. Cette lettre vous donne un moyen facile de perdre une malheureuse fille qui ne se consolera jamais de vous avoir offensé, et qui met à votre discretion l'honneur que vous voulez lui ôter. Oui, Milord, vos imputations étoient justes, j'ai un amant aimé; il est maître de mon cœur et de ma personne; la mort seule pourra briser un nœud si doux. Cet amant est celui-même que vous honoriez de votre amitié; il en est digne, puisqu'il vous aime et qu'il est vertueux. Cependant il va périr de votre main; je sais qu'il faut du sang à l'honneur outragé; je sais que sa valeur même le perdra; je sais que dans un combat si peu redoutable pour vous, son intrépide cœur ira sans crainte chercher le coup mortel. J'ai voulu retenir ce zele inconsideré; j'ai fait parler la raison. Hélas ! en écrivant ma lettre j'en sentois l'inutilité, et quelque respect que je porte à ses vertus, je n'en attens point de lui d'assés sublimes pour le détacher d'un faux point-d'honneur. Jouïssez d'avance du plaisir que vous aurez de percer le sein de votre ami : mais sachez, homme barbare, qu'au moins vous n'aurez pas celui de jouïr de mes larmes et de contempler mon desespoir. Non, j'en jure par l'amour qui gémit au fond de mon cœur; soyez témoin d'un serment qui ne sera point vain; je ne survivrai pas d'un jour à celui pour qui je respire, et vous aurez la gloire de mettre au tombeau d'un seul coup deux amans infortunés, qui n'eurent point envers vous de tort volontaire, et qui se plaisoient à vous honorer.

On dit, Milord, que vous avez l'ame belle et le cœur sensible. S'ils vous laissent goûter en paix une vengeance que je ne puis comprendre et la douceur de faire des malheureux, puissent-ils quand je ne serai plus, vous inspirer quelques soins pour un pere et une mere inconsolables, que la perte du seul enfant qui leur reste va livrer à d'éternelles douleurs.

LETTRE LIX.

DE M. D'ORBE A JULIE.

Je me hâte, Mademoiselle, selon vos ordres, de vous rendre compte de la commission dont vous m'avez chargé. Je viens de chez Milord Edouard que j'ai trouvé souffrant encore de son entorse, et ne pouvant marcher dans sa chambre qu'à l'aide d'un bâton. Je lui ai remis votre lettre qu'il a ouverte avec empressement; il m'a paru ému en la lisant : il a rêvé quelque tems, puis il l'a relue une seconde fois avec une agitation plus sensible. Voici ce qu'il m'a dit en la finissant : *Vous savez, Monsieur, que les affaires d'honneur ont leurs regles dont on ne peut se départir : vous avez vû ce qui s'est passé dans celle-ci ; il faut qu'elle soit vuidée régulierement. Prenez deux amis, et donnez-vous la peine de revenir ici demain matin avec eux ; vous saurez alors ma resolution.* Je lui ai réprésenté que l'affaire s'étant passée entre nous, il seroit mieux qu'elle se terminât de même. *Je sais ce qui convient,* m'a-t-il dit brusquement, *et ferai ce qu'il faut. Amenez vos deux amis, ou je n'ai plus rien à vous dire.* Je suis sorti là-dessus, cherchant inutilement dans ma tête quel peut être son bizarre dessein; quoiqu'il en soit j'aurai l'honneur de vous voir ce soir, et j'executerai demain ce que vous me prescrirez. Si vous trouvez à propos que j'aille au rendez-vous avec mon cortege, je le composerai de gens dont je sois sûr à tout évenement.

LETTRE LX[1].

A JULIE.

Calme tes allarmes, tendre et chere Julie, et sur le récit de ce qui vient de se passer connois et partage les sentimens que j'éprouve.

J'étois si rempli d'indignation quand je reçus ta Lettre, qu'à peine pus-je la lire avec l'attention qu'elle méritoit. J'avois beau ne la pouvoir réfuter : l'aveugle colere étoit la plus forte. Tu peux avoir raison, disois-je en moi-même, mais ne me parle jamais de te laisser avilir. Dussai-je te perdre et mourir coupable, je ne souffrirai point qu'on manque au respect qui t'est dû, et tant qu'il me restera un souffle de vie, tu seras honorée de tout ce qui t'approche comme tu l'es de mon cœur. Je ne balançai pas pourtant sur les huit jours que tu me demandois; l'accident de Milord Edouard et mon vœu d'obéissance concouroient à rendre ce délai nécessaire. Résolu, selon tes ordres, d'employer cet intervalle à méditer sur le sujet de ta lettre, je m'occupois sans cesse à la relire et à y réfléchir, non pour changer de sentiment, mais pour justifier le mien (*a*).

J'avois repris ce matin cette lettre trop sage et trop judicieuse à mon gré, et je la relisois avec inquiétude, quand on a frapé à la porte de ma chambre. Un moment après, j'ai vû entrer Milord Edouard sans épée, appuyé sur une canne; trois personnes le suivoient, parmi lesquelles j'ai reconnu M. d'Orbe. Surpris de cette visite imprévue, j'attendois en silence ce qu'elle devoit produire, quand Edouard m'a prié de lui donner un moment d'audience, et de le laisser agir et parler sans l'interrompre. Je vous en demande, a-t-il dit, votre parole; la présence de ces Messieurs, qui sont de vos amis doit vous répondre que vous ne l'engagez pas indiscretement. Je l'ai promis sans balancer; à peine avois-je achevé que j'ai vû avec l'étonnement que tu peux concevoir Milord Edouard à genoux devant moi. Surpris d'une si étrange attitude, j'ai voulu sur le champ le relever; mais après m'avoir rappellé ma promesse, il m'a parlé dans ces termes : « Je viens, Monsieur, retracter hautement les « discours injurieux que l'ivresse m'a fait tenir en votre « présence : leur injustice les rend plus offensans pour « moi que pour vous, et je m'en dois l'authentique « desaveu (*b*). Je me soumets à toute la punition que « vous voudrez m'imposer, et je ne croirai mon honneur « rétabli que quand ma faute sera réparée. A quelque « prix que ce soit, accordez-moi le pardon que je vous « demande, et me rendez votre amitié. » Milord, lui ai-je dit aussi-tôt, je reconnois maintenant votre ame grande et genereuse; et je sais bien distinguer en vous les discours que le cœur dicte de ceux que vous tenez quand vous n'êtes pas à vous-même; qu'ils soient à jamais oubliés. A l'instant, je l'ai soutenu en se relevant[1], et nous nous sommes embrassés. Après cela Milord se tournant vers les spectateurs, leur a dit : *Messieurs, je vous remercie de votre complaisance. De braves gens comme vous,* a-t-il ajoûté d'un air fier[2] et d'un ton animé, *sentent que celui qui répare ainsi ses torts, n'en sait endurer de personne. Vous pouvez publier ce que vous avez vu.* Ensuite il nous a tous quatre invités à souper pour ce soir, et ces Messieurs sont sortis.

A peine avons-nous été seuls qu'il est revenu m'embrasser d'une maniere plus tendre et plus amicale; puis me prenant la main et s'asseyant à côté de moi : heureux mortel, s'est-il écrié, jouïssez d'un bonheur dont vous êtes digne. Le cœur de Julie est à vous; puissiez-vous tous deux...... que dites-vous, Milord? ai-je interrompu; perdez vous le sens ? Non, m'a-t-il dit en souriant, mais peu s'en est falu que je ne le perdisse, et c'en étoit fait de moi, peut-être, si celle qui m'ôtoit la raison ne me l'eut rendue. Alors il m'a remis une lettre que j'ai été surpris de voir écrite d'une main qui n'en écrivit jamais à d'autre homme* qu'à moi. Quels mouvemens j'ai sentis à sa lecture ! Je voyois une amante incomparable vouloir se perdre pour me sauver, et je reconnoissois Julie. Mais quand je suis parvenu à cet endroit où elle jure de ne pas survivre au plus fortuné des hommes, j'ai frémi des dangers que j'avois courus, j'ai murmuré d'être trop aimé, et mes terreurs m'ont fait sentir que tu n'es qu'une mortelle. Ah rend-moi le courage dont tu me prives; j'en avois pour braver la mort qui ne menaçoit que moi seul, je n'en ai point pour mourir tout entier.

Tandis que mon ame se livroit à ces reflexions ameres, Edouard me tenoit des discours auxquels j'ai donné d'abord peu d'attention : cependant il me l'a rendue à force de me parler de toi; car ce qu'il m'en disoit plaisoit à mon cœur et n'excitoit plus ma jalousie. Il m'a paru pénétré de regret d'avoir troublé nos feux et ton repos; tu es ce qu'il honore le plus au monde, et n'osant te

---

* Il en faut, je pense, excepter son pere (*a*).

porter les excuses qu'il m'a faites, il m'a prié de les recevoir en ton nom et de te les faire aggréer. Je vous ai regardé, m'a-t-il dit, comme son réprésentant, et n'ai pu trop m'humilier devant ce qu'elle aime, ne pouvant sans la compromettre m'addresser à sa personne ni même la nommer. Il avoue avoir conçu pour toi les sentimens dont on ne peut se deffendre en te voyant avec trop de soin; mais c'étoit une tendre admiration plutôt que de l'amour. Ils ne lui ont jamais inspiré ni prétention ni espoir; il les a tous sacrifiés aux notres à l'instant qu'ils lui ont été connus, et le mauvais propos qui lui est échapé étoit l'effet du punch et non de la jalousie[1]. Il traite l'amour en philosophe qui croit son ame au dessus des passions : pour moi, je suis trompé s'il n'en a déja ressenti quelqu'une qui ne permet plus à d'autres de germer profondément. Il prend l'épuisement du cœur[2] pour l'effort de la raison, et je sais bien qu'aimer Julie et renoncer à elle n'est pas une vertu d'homme.

Il a desiré de savoir[3] en détail l'histoire de nos amours, et les causes qui s'opposent au bonheur de ton ami; j'ai cru qu'après ta lettre une demi-confidence étoit dangereuse et hors de propos; je l'ai faite entiere, et il m'a écouté avec une attention qui m'attestoit sa sincérité. J'ai vu plus d'une fois ses yeux humides et son ame attendrie; je remarquois sur tout l'impression puissante que tous les triomphes de la vertu faisoient sur son ame, et je crois avoir acquis à Claude Anet un nouveau protecteur qui ne sera pas moins zelé que ton pere. Il n'y a, m'a-t-il dit, ni incidens ni avantures dans ce que vous m'avez raconté, et les catastrophes d'un Roman m'attacheroient beaucoup moins; tant les sentimens suppléent aux situations, et les procédés honnêtes aux actions éclatantes[4]. Vos deux ames sont si extraordinaires qu'on n'en peut juger sur les regles communes[5]; le bonheur n'est pour vous ni sur la même route ni de la même espece que celui des autres hommes; ils ne cherchent que la puissance et les regards d'autrui, il ne vous faut que la tendresse et la paix. Il s'est joint à votre amour une émulation de vertu qui vous éleve, et vous vaudriez moins l'un et l'autre si vous ne vous étiez point aimés (*a*)[6]. L'amour passera[7], ose-t-il ajoûter, (pardonnons-lui ce blasphême prononcé dans l'ignorance de son cœur.) L'amour passera, dit-il, et les vertus resteront. Ah, puissent elles durer autant que lui, ma Julie ! le Ciel n'en demandera pas davantage.

Enfin je vois que la dureté philosophique et nationale (*a*)[1] n'altere point dans cet honnête Anglois l'humanité naturelle, et qu'il s'intéresse véritablement à nos peines. Si le crédit et la richesse nous pouvoient être utiles, je crois que nous aurions lieu de compter sur lui. Mais hélas ! dequoi servent la puissance et l'argent pour rendre les cœurs heureux ?

Cet entretien, durant lequel nous ne comptions pas les heures, nous a menés jusqu'à celle du diné; j'ai fait apporter un poulet, et après le diné nous avons continué de causer. Il m'a parlé de sa démarche de ce matin, et je n'ai pu m'empêcher de témoigner quelque surprise d'un procédé si authentique[2] et si peu mesuré : Mais, outre la raison qu'il m'en avoit déja donnée, il a ajoûté qu'une demi-satisfaction étoit indigne d'un homme de courage; qu'il la faloit complette ou nulle; de peur qu'on ne s'avilit sans rien réparer, et qu'on ne fit attribuer à la crainte une démarche faite à contrecœur et de mauvaise grace. D'ailleurs, a-t-il ajoûté, ma réputation est faite; je puis être juste sans soupçon de lâcheté; mais vous qui êtes jeune et débutez dans le monde, il faut que vous sortiez si net de la premiere affaire qu'elle ne tente personne de vous en susciter une seconde. Tout est plein de ces poltrons adroits qui cherchent, comme on dit, à tâter leur homme; c'est à dire, à découvrir quelqu'un qui soit encore plus poltron qu'eux, et aux dépends duquel ils puissent se faire valoir. Je veux éviter à un homme d'honneur comme vous la nécessité de châtier sans gloire un de ces gens-là, et j'aime mieux, s'ils ont besoin de leçon qu'ils la reçoivent de moi que de vous; car une affaire de plus n'ôte rien à celui qui en a déja eu plusieurs : Mais en avoir une est toujours une sorte de tache, et l'amant de Julie en doit être exempt.

Voila l'abregé de ma longue conversation avec Milord Edouard. J'ai cru nécessaire de t'en rendre compte afin que tu me prescrives la maniere dont je dois me comporter avec lui.

Maintenant que tu dois être tranquillisée, chasse je t'en conjure, les idées funestes qui t'occupent depuis quelques jours. Songe aux ménagemens qu'exige l'incertitude de ton état actuel. Oh si bientôt tu pouvois tripler mon être ! Si bientôt un gage adoré..... espoir déja trop déçu viendrois-tu m'abuser encore ?.... ô desirs ! ô crainte ! ô perplexités ! Charmante amie de mon cœur, vivons pour nous aimer, et que le Ciel dispose du reste[1].

P. S. J'oubliois de te dire que Milord m'a remis ta Lettre, et que je n'ai point fait difficulté de la recevoir, ne jugeant pas qu'un pareil dépôt doive rester entre les mains d'un tiers. Je te la rendrai à notre premiere entrevue; car quant à moi, je n'en ai plus à faire. Elle est trop bien écrite au fond de mon cœur pour que jamais j'aye besoin de la relire.

LETTRE LXI (*a*).

DE JULIE.

AMÈNE demain Milord Edouard que je me jette à ses pieds comme il s'est mis aux tiens. Quelle grandeur ! quelle générosité ! O que nous sommes petits devant lui ! Conserve ce précieux ami comme la prunelle de ton œil[2]. Peut-être vaudroit-il moins s'il étoit plus tempérant; jamais homme sans défauts eut-il de grandes vertus ?

Mille angoisses de toute espece m'avoient jettée dans l'abatement; ta lettre est venue ranimer mon courage éteint. En dissipant mes terreurs elle m'a rendu mes peines plus supportables. Je me sens maintenant assés de force pour souffrir. Tu vis; tu m'aimes, ton sang, le sang de ton ami n'ont point été répandus et ton honneur est en sûreté : je ne suis donc pas tout à fait misérable.

Ne manque pas au rendez-vous de demain. Jamais je n'eus si grand besoin de te voir, ni si peu d'espoir de te voir longtems. Adieu, mon cher et unique ami. Tu n'as pas bien dit, ce me semble : vivons pour nous aimer. Ah ! il faloit dire : aimons-nous pour vivre[3].

LETTRE LXII (*a*)[1].

DE CLAIRE A JULIE.

FAUDRA-T-IL toujours, aimable Cousine, ne remplir envers toi que les plus tristes devoirs de l'amitié ? Faudra-t-il toujours dans l'amertume de mon cœur affliger le tien par de cruels avis ? Hélas ! tous nos sentimens nous sont communs, tu le sais bien et je ne saurois t'annoncer de nouvelles peines que je ne les aye déja senties. Que ne puis-je te cacher ton infortune sans l'augmenter ! ou que la tendre amitié n'a-t-elle autant de charmes que l'amour ! Ah ! que j'effacerois promptement tous les chagrins que je te donne !

Hier après le concert, ta mere en s'en retournant ayant accepté le bras de ton ami, et toi celui de M. d'Orbe, nos deux peres resterent avec Milord à parler de politique; sujet dont je suis si excedée que l'ennui me chassa dans ma chambre. Une demie heure après, j'entendis nommer ton ami plusieurs fois avec assés de véhémence : je connus que la conversation avoit changé d'objet et je prêtai l'oreille. Je jugeai par la suite du discours qu'Edouard avoit osé proposer ton mariage avec ton ami, qu'il appelloit hautement le sien, et auquel il offroit de faire en cette qualité un établissement convenable. Ton pere avoit rejetté avec mépris cette proposition (*b*), et c'étoit là-dessus que les propos commençoient à s'échauffer. Sachez, lui disoit Milord, malgré vos préjugés qu'il est de tous les hommes le plus digne d'elle et peut-être le plus propre à la rendre heureuse. Tous les dons qui ne dépendent pas des hommes, il les a reçus de la nature, et il y a ajoûté tous les talens qui ont dépendu de lui. Il est jeune, grand, bienfait, robuste, adroit; il a de l'éducation, du sens, des mœurs, du courage; il a l'esprit orné, l'ame saine, que lui manque-t-il donc pour mériter votre aveu ? La fortune ? Il l'aura. Le tiers de mon bien suffit pour en faire le plus riche particulier du pays de Vaud, j'en donnerai s'il le faut jusqu'à la moitié. La noblesse ? Vaine prérogative dans un pays où elle est plus nuisible qu'utile[2]. Mais il l'a encore, n'en doutez pas, non point écrite d'encre en de vieux parchemins, mais gravée au fond de son cœur en caractères inéfaçables. En un mot, si vous preférez la raison au préjugé, et si vous aimez mieux votre fille que vos titres, c'est à lui que vous la donnerez.

Là-dessus ton pere s'emporta vivement. Il traitta la proposition d'absurde et de ridicule. Quoi ! Milord. dit-il, un homme d'honneur (*a*) comme vous peut-il seulement penser que le dernier rejetton d'une famille illustre aille éteindre ou dégrader son nom dans celui d'un Quidam (*b*) sans azile, et réduit à vivre d'aumônes ?...... Arrêtez (*c*), interrompit Edouard, vous parlez de mon ami, songez que je prends pour moi tous les outrages qui lui sont faits en ma présence, et que les noms injurieux à un homme d'honneur le sont encore plus à celui qui les prononce. De tels quidams sont plus respectables que tous les Houbereaux[1] de l'Europe, et je vous défie de trouver aucun moyen plus honorable d'aller à la fortune que les hommages de l'estime et les dons de l'amitié. Si le Gendre que je vous propose ne compte point, comme vous, une longue suite d'ayeux toujours incertains, il sera le fondement et l'honneur de sa maison comme votre premier ancêtre le fut de la votre. Vous seriez-vous donc tenu pour deshonoré par l'alliance du chef de votre famille, et ce mépris ne réjailliroit-il pas sur vous même ? Combien de grands noms retomberoient dans l'oubli si l'on ne tenoit compte que de ceux qui ont commencé par un homme estimable ? Jugeons du passé par le présent; sur deux ou trois Citoyens qui s'illustrent par des moyens honnêtes, mille coquins annoblissent tous les jours leur famille; et que prouvera cette noblesse dont leurs descendans seront si fiers, si non les vols et l'infamie de leur ancêtre* ? On voit, je l'avoue, beaucoup de malhonnêtes gens parmi les roturiers; mais il y a toujours vingt à parier contre un qu'un gentilhomme descend d'un fripon. Laissons, si vous voulez l'origine à part, et pesons le mérite et les services. Vous avez porté les armes chez un Prince étranger, son pere les a portées gratuitement pour la patrie. Si vous avez bien

---

* Les lettres de noblesse sont rares en ce siecle, et même elles y ont été illustrées au moins une fois. Mais quant à la noblesse qui s'acquiert à prix d'argent et qu'on achette avec des charges, tout ce que j'y vois de plus honorable est le privilege de n'être pas pendu (*d*).

servi, vous avez été bien payé, et quelque honneur que vous ayez acquis à la guerre, cent roturiers en ont acquis encore plus que vous[1].

Dequoi s'honore donc, continua Milord Edouard, cette noblesse dont vous êtes si fier ? Que fait-elle pour la gloire de la patrie ou le bonheur du genre-humain ? Mortelle ennemie des loix et de la liberté qu'a-t-elle jamais produit dans la plupart des pays où elle brille, si ce n'est la force de la Tyrannie et l'oppression des peuples ? Osez-vous dans une République vous honorer d'un état destructeur des vertus et de l'humanité ? d'un état où l'on se vante de l'esclavage, et où l'on rougit d'être homme ? Lisez les annales de votre patrie*; en quoi votre ordre a-t-il bien mérité d'elle ? Quels nobles comptez-vous parmi ses libérateurs ? Les *Furst*, les *Tell*, les *Stouffacher*[2] étoient-ils gentilshommes ? Quelle est donc cette gloire insensée dont vous faites tant de bruit ? Celle de servir un homme, et d'être à charge à l'Etat (*a*).

Conçois, ma chere, ce que je souffrois de voir cet honnête homme nuire ainsi par une âpreté déplacée aux intérêts de l'ami qu'il vouloit servir. En effet, ton pere irrité par tant d'invectives piquantes quoique générales[3], se mit à les repousser par des personalités. Il dit nettement à Milord Edouard que jamais homme de sa condition n'avoit tenu les propos qui venoient de lui échaper. Ne plaidez point inutilement la cause d'autrui, ajouta-t-il d'un ton brusque; tout grand seigneur que vous êtes, je doute que vous pussiez bien deffendre la votre sur le sujet en question. Vous demandez ma fille pour votre ami prétendu sans savoir si vous-même seriez bon pour elle, et je connois assés la noblesse d'Angleterre pour avoir sur vos discours une médiocre opinion de la votre (*b*).

Pardieu ! dit Milord, quoique vous pensiez de moi, je serois bien fâché de n'avoir d'autre preuve de mon mérite que celui d'un homme mort depuis cinq cens ans. Si vous connoissez la noblesse d'Angleterre, vous savez qu'elle est la plus éclairée, la mieux instruite, la plus sage et la plus brave de l'Europe : avec cela, je n'ai pas besoin

---

* Il y a ici beaucoup d'inexactitude. Le pays de Vaud n'a jamais fait partie de la Suisse. C'est une conquête des Bernois, et ses habitans ne sont ni citoyens ni libres, mais sujets[4]

de chercher si elle eſt la plus antique; car quand on parle de ce qu'elle eſt, il n'eſt pas queſtion de ce qu'elle fut. Nous ne sommes point, il eſt vrai, les esclaves du Prince mais ses amis, ni les tirans du peuple mais ses chefs. Garants de la liberté (*a*), soutiens de la patrie et appuis du trône, nous formons un invincible équilibre entre le peuple et le Roi. Notre premier devoir eſt envers la Nation; le second, envers celui qui la gouverne : ce n'eſt pas sa volonté mais son droit que nous consultons. Miniſtres suprêmes des loix dans la chambre des Pairs, quelquefois même législateurs, nous rendons également juſtice au peuple et au Roi, et nous ne souffrons point que personne dise : *Dieu et mon épée,* mais seulement : *Dieu et mon droit.*

Voila, Monsieur, continua-t-il, quelle eſt cette noblesse respectable, ancienne autant qu'aucune autre, mais plus fiere de son mérite que de ses ancêtres, et dont vous parlez sans la connoître. Je ne suis point le dernier en rang dans cet ordre illuſtre, et crois, malgré vos prétentions vous valoir à tous égards. J'ai une sœur à marier : elle eſt noble, jeune, aimable, riche; elle ne cede à Julie que par les qualités que vous comptez pour rien. Si quiconque a senti les charmes de votre fille pouvoit tourner ailleurs ses yeux et son cœur, quel honneur je me ferois d'accepter avec rien pour mon Beaufrere celui que je vous propose pour Gendre avec la moitié de mon bien !

Je connus à la réplique de ton pere que cette conversation ne faisoit que l'aigrir, et, quoique pénétrée d'admiration pour la générosité de Milord Édouard, je sentis qu'un homme aussi peu liant que lui n'étoit propre qu'à ruiner à jamais la négociation qu'il avoit entreprise. Je me hâtai donc de rentrer avant que les choses allassent plus loin. Mon retour fit rompre cet entretien, et l'on se sépara le moment d'après assés froidement. Quant à mon pere, je trouvai qu'il se comportoit très bien dans ce démêlé. Il appuya d'abord avec intérêt la proposition; mais voyant que ton pere n'y vouloit point entendre, et que la dispute commençoit à s'animer, il se retourna comme de raison du parti de son Beaufrere, et en interrompant à propos l'un et l'autre par des discours moderés, il les retint tous deux dans des bornes dont ils seroient vraisemblablement sortis s'ils fussent reſtés tête à tête. Après leur départ, il me fit confidence de ce qui venoit de se passer, et comme je prévis où il en alloit venir, je me hâtai de lui dire que les choses étant en cet état, il ne convenoit plus que la personne en question te vit si souvent ici, et qu'il ne conviendroit pas même qu'il y vint du tout, si ce n'étoit faire une espece d'affront à M. d'Orbe dont il étoit l'ami; mais que je le prierois de l'amener plus rarement ainsi que Milord Edouard. C'est, ma chere, tout ce que j'ai pu faire de mieux pour ne leur pas fermer tout à fait ma porte.

Ce n'est pas tout. La crise où je te vois me force à revenir sur mes avis précedens. L'affaire de Milord Edouard et de ton ami a fait par la ville tout l'éclat auquel on devoit s'attendre. Quoique M. d'Orbe ait gardé le secret sur le fond de la querelle, trop d'indices le décellent pour qu'il puisse rester caché. On soupçonne, on conjecture, on te nomme : le raport du guet n'est pas si bien étouffé qu'on ne s'en souvienne, et tu n'ignores pas qu'aux yeux du public la vérité soupçonnée est bien près de l'évidence. Tout ce que je puis te dire pour ta consolation c'est qu'en général on approuve ton choix, et qu'on verroit avec plaisir l'union d'un si charmant couple; ce qui me confirme que ton ami s'est bien comporté dans ce pays et n'y est gueres moins aimé que toi : Mais que fait la voix publique à ton inflexible pere ? Tous ces bruits lui sont parvenus ou lui vont parvenir, et je frémis de l'effet qu'ils peuvent produire, si tu ne te hâtes de prévenir sa colere. Tu dois t'attendre de sa part à une explication terrible pour toi-même, et peut-être à pis encore pour ton ami : non que je pense qu'il veuille à son âge se mesurer avec un jeune homme qu'il ne croit pas digne de son épée; mais le pouvoir qu'il a dans la ville lui fourniroit, s'il le vouloit, mille moyens de lui faire un mauvais parti, et il est à craindre que sa fureur ne lui en inspire la volonté.

Je t'en conjure à genoux, ma douce amie, songe aux dangers qui t'environnent, et dont le risque augmente à chaque instant. Un bonheur inouï[1] t'a préservée jusqu'à présent au milieu de tout cela; tandis qu'il en est tems encore mets le sceau de la prudence au mistere de tes amours, et ne pousse pas à bout la fortune, de peur qu'elle n'envelope dans tes malheurs celui qui les aura causés (*a*). Crois-moi, mon ange, l'avenir est incertain; mille évenemens peuvent, avec le tems, offrir des ressources inesperées; mais quant à présent, je te l'ai dit et le répete plus fortement : éloigne ton ami, ou tu es perdue.

LETTRE LXIII (*a*).

DE JULIE A CLAIRE.

Tout ce que tu avois prévu, ma chere, est arrivé. Hier une heure après notre retour, mon pere entra dans la chambre de ma mere, les yeux étincellans, le visage enflammé; dans un état en un mot où je ne l'avois jamais vû. Je compris d'abord qu'il venoit d'avoir querelle ou qu'il alloit la chercher, et ma conscience agitée me fit trembler d'avance.

Il commença par apostropher vivement mais en général les meres de famille qui appellent indiscrétement chez elles de jeunes gens sans état et sans nom, dont le commerce n'attire que honte et deshonneur à celles qui les écoutent. Ensuite voyant que cela ne suffisoit pas pour arracher quelque réponse d'une femme intimidée, il cita sans ménagement en exemple ce qui s'étoit passé dans notre maison, depuis qu'on y avoit introduit un prétendu bel-esprit, un diseur de riens, plus propre à corrompre une fille sage qu'à lui donner aucune bonne instruction. Ma mere, qui vit qu'elle gagneroit peu de chose à se taire, l'arrêta sur ce mot de corruption, et lui demanda ce qu'il trouvoit dans la conduite ou dans la réputation de l'honnête homme dont il parloit, qui put autoriser de pareils soupçons. Je n'ai pas cru, ajoûta-t-elle, que l'esprit et le mérite fussent des titres d'exclusion dans la société. A qui donc faudra-t-il ouvrir votre maison si les talens et les mœurs n'en obtiennent pas l'entrée ? A des gens sortables, Madame, reprit-il en colere, qui puissent réparer l'honneur d'une fille quand ils l'ont offensé. Non, dit-elle, mais à des gens de bien qui ne l'offensent point. Aprenez, dit-il, que c'est offenser l'honneur d'une maison que d'oser en solliciter l'alliance sans titres pour l'obtenir. Loin de voir en cela, dit ma mere, une offense, je n'y vois au contraire, qu'un témoignage d'estime. D'ailleurs, je ne sache point que celui contre qui vous vous emportez ait rien fait de semblable à votre égard. Il l'a fait, Madame, et fera pis encore si je n'y mets ordre; mais je veillerai, n'en doutez pas, aux soins que vous remplissez si mal (*a*).

Alors commença une dangereuse altercation qui m'apprit que les bruits de ville dont tu parles étoient ignorés de mes parents (*b*), mais durant laquelle ton indigne Cousine eut voulu être à cent pieds sous terre. Imagine-toi la meilleure et la plus abusée des meres faisant l'éloge de sa coupable fille, et la louant, hélas ! de toutes les vertus qu'elle a perdues, dans les termes les plus honorables, ou pour mieux dire, les plus humilians. Figure-toi un pere irrité, prodigue d'expressions offensantes, et qui dans tout son emportement n'en laisse pas échaper une qui marque le moindre doute sur la sagesse de celle que le remord déchire et que la honte écrase en sa présence. O quel incroyable tourment d'une conscience avilie[1] de se reprocher des crimes que la colere et l'indignation ne pourroient soupçonner ! Quel poids accablant et insupportable que celui d'une fausse louange, et d'une eﬅime que le cœur rejette en secret ! Je m'en sentois tellement oppressée que pour me délivrer d'un si cruel supplice j'étois prête à tout avouer, si mon pere m'en eut laissé le tems; mais l'impétuosité de son emportement lui faisoit redire cent fois les mêmes choses, et changer à chaque inﬅant de sujet. Il remarqua ma contenance basse, éperdue, humiliée, indice de mes remords. S'il n'en tira pas la conséquence de ma faute, il en tira celle de mon amour, et pour m'en faire plus de honte, il en outragea l'objet en des termes si odieux, et si méprisans que je ne pus malgré tous mes efforts le laisser poursuivre sans l'interrompre.

Je ne sais, ma chere, où je trouvai tant de hardiesse et quel moment d'égarement me fit oublier ainsi le devoir et la modeﬅie; mais si j'osai sortir un inﬅant d'un silence respectueux, j'en portai, comme tu vas voir, assés rudement la peine. Au nom du Ciel, lui dis-je, daignez vous appaiser; jamais un homme digne de tant d'injures ne sera dangereux pour moi. A l'inﬅant, mon pere, qui crut sentir un reproche à travers ces mots et dont la fureur n'attendoit qu'un prétexte, s'élança sur ta pauvre amie : pour la premiere fois de ma vie, je reçus un soufflet qui ne fut pas le seul, et se livrant à son transport avec une violence égale à celle qu'il lui avoit coûtée, il me maltraita sans ménagement, quoique ma mere se fut jettée entre deux, m'eut couverte de son corps, et eut reçu quelques uns des coups qui m'étoient portés. En reculant pour les éviter je fis un faux pas, je tombai, et mon visage alla donner contre le pied d'une table qui me fit saigner.

Ici finit le triomphe de la colere et commença celui de la nature. Ma chute, mon sang, mes larmes, celles de ma mere l'émurent. Il me releva avec un air d'inquietude et d'empressement, et m'ayant assise sur une chaise, ils rechercherent tous deux avec soin, si je n'étois point blessée. Je n'avois qu'une legere contusion au front et ne saignois que du nés. Cependant, je vis au changement d'air et de voix de mon Pere qu'il étoit mécontent de ce qu'il venoit de faire. Il ne revint point à moi par des carresses, la dignité paternelle ne souffroit pas un changement si brusque; mais il revint à ma mere (*a*) avec de tendres excuses, et je voyois si bien, aux regards qu'il jettoit furtivement sur moi, que la moitié de tout cela m'étoit indirectement addressée. Non, ma chere, il n'y a point de confusion si touchante que celle d'un tendre pere qui croit s'être mis dans son tort. Le cœur d'un pere sent qu'il est fait pour pardonner, et non pour avoir besoin de pardon.

Il étoit l'heure du souper; on le fit retarder pour me donner le tems de me remettre, et mon pere ne voulant pas que les domestiques fussent témoins de mon desordre m'alla chercher lui-même un verre d'eau, tandis que ma mere me bassinoit le visage. Hélas, cette pauvre maman ! Déja languissante et valetudinaire, elle se seroit bien passée d'une pareille scene, et n'avoit gueres moins besoin de secours que moi.

A table, il ne me parla point; mais ce silence étoit de honte et non de dédain; il affectoit de trouver bon chaque plat pour dire à ma mere de m'en servir, et ce qui me toucha le plus sensiblement, fut de m'appercevoir qu'il cherchoit les occasions de nommer sa fille, et non pas Julie comme à l'ordinaire.

Après le soupé (*b*), l'air se trouva si froid que ma mere fit faire du feu dans sa chambre. Elle s'assit à l'un des coins de la cheminée et mon pere à l'autre. J'allois prendre une chaise pour me placer entre eux, quand m'arrêtant par ma robe et me tirant à lui sans rien dire, il m'assit sur ses genoux. Tout cela se fit si promptement, et par une sorte de mouvement si involontaire, qu'il en eut une espece de repentir le moment d'après. Cependant j'étois sur ses genoux, il ne pouvoit plus s'en dédire, et ce qu'il y avoit de pis pour la contenance, il faloit me tenir embrassée dans cette génante attitude. Tout cela se faisoit en silence; mais je sentois de tems en tems ses bras se presser contre mes flancs avec un soupir assés mal étouffé. Je ne sais quelle mauvaise honte empêchoit ces bras paternels de se livrer à ces douces étreintes; une certaine gravité qu'on n'osoit quitter; une certaine confusion qu'on n'osoit vaincre mettoient entre un pere et sa fille ce charmant embarras que la pudeur et l'amour donnent aux amans; tandis qu'une tendre mere, transportée d'aise, dévoroit en secret un si doux spectacle. Je voyois, je sentois tout cela, mon ange, et ne pus tenir plus longtems à l'attendrissement qui me gagnoit. Je feignis de glisser; je jettai pour me retenir un bras au cou de mon pere; je penchai mon visage sur son visage vénérable, et dans un instant il fut couvert de mes baisers et inondé de mes larmes. Je sentis à celles qui lui couloient des yeux qu'il étoit lui même soulagé d'une grande peine; ma mere vint partager nos transports. Douce et paisible innocence, tu manquas seule à mon cœur pour faire de cette scene de la nature le plus délicieux moment de ma vie[1] !

Ce matin, la lassitude et le ressentiment de ma chute m'ayant retenue au lit un peu tard, mon pere est entré dans ma chambre avant que je fusse levée; il s'est assis à côté de mon lit en s'informant tendrement de ma santé; il a pris une de mes mains dans les siennes, il s'est abaissé jusqu'à la baiser plusieurs fois en m'appellant sa chere fille, et me témoignant du regret de son emportement. Pour moi, je lui ai dit, et je le pense, que je serois trop heureuse d'être batue tous les jours au même prix, et qu'il n'y a point de traitement si rude qu'une seule de ses caresses n'efface au fond de mon cœur.

Après cela prenant un ton plus grave, il m'a remise sur le sujet d'hier et m'a signifié sa volonté en termes honnêtes, mais précis. Vous savez, m'a-t-il dit, à qui je vous destine, je vous l'ai déclaré dès mon arrivée, et ne changerai jamais d'intention sur ce point. Quant à l'homme dont m'a parlé Milord Edouard, quoique je ne lui dispute point le mérite que tout le monde lui trouve, je ne sais s'il a conçu de lui-même le ridicule espoir de s'allier à moi, ou si quelqu'un a pu le lui inspirer; mais quand je n'aurois personne en vue et qu'il auroit toutes les guinées de l'Angleterre, soyez sûre que je n'accepterois jamais un tel gendre. Je vous défends de le voir et de lui parler de votre vie, et cela, autant pour la sûreté de la sienne que pour votre honneur. Quoique je me sois toujours senti peu d'inclination pour lui, je le hais sur tout à présent pour les excès qu'il m'a fait commettre, et ne lui pardonnerai jamais ma brutalité.

A ces mots, il est sorti sans attendre ma réponse, et, presque avec le même air de sévérité qu'il venoit de se reprocher. Ah, ma Cousine, quels monstres d'enfer sont ces préjugés, qui dépravent les meilleurs cœurs, et font taire à chaque instant la nature (*a*) ?

Voila, ma Claire, comment s'est passée l'explication que tu avois prévue, et dont je n'ai pu comprendre la cause jusqu'à ce que ta Lettre me l'ait apprise. Je ne puis bien te dire quelle révolution s'est faite en moi, mais depuis ce moment je me trouve changée. Il me semble que je tourne les yeux avec plus de regret sur l'heureux tems[1] où je vivois tranquille et contente au sein de ma famille, et que je sens augmenter le sentiment de ma faute, avec celui des biens qu'elle m'a fait perdre. Di, cruelle ! di-le moi si tu l'oses, le tems de l'amour seroit-il passé et faut-il ne se plus revoir ? Ah, sens-tu bien tout ce qu'il y a de sombre et d'horrible dans cette funeste idée ? Cependant l'ordre de mon pere est précis, le danger de mon amant est certain ! Sais-tu ce qui résulte en moi de tant de mouvemens opposés qui s'entredétruisent ? Une sorte de stupidité[2] qui me rend l'ame presque insensible, et ne me laisse l'usage ni des passions ni de la raison. Le moment est critique, tu me l'as dit et je le sens; cependant, je ne fus jamais moins en état de me conduire. J'ai voulu tenter vingt fois d'écrire à celui que j'aime : je suis prête à m'évanouïr à chaque ligne et n'en saurois tracer deux de suite. Il ne me reste que toi, ma douce amie, daigne penser, parler, agir pour moi; je remets mon sort en tes mains; quelque parti que tu prennes je confirme d'avance tout ce que tu feras; je confie à ton amitié ce pouvoir funeste que l'amour m'a vendu si cher. Sépare moi pour jamais de moi-même[3]; donne-moi la mort s'il faut que je meure (*b*), mais ne me force pas à me percer le cœur de ma propre main.

O mon ange ! ma protectrice ! quel horrible emploi je te laisse ! Auras-tu le courage de l'exercer ? sauras-tu bien en adoucir la barbarie ? Hélas ! ce n'est pas mon cœur seul qu'il faut déchirer. Claire, tu le sais, tu le sais, comment je suis aimée ! Je n'ai pas même la consolation d'être la plus à plaindre. De grace ! fais parler mon cœur par ta bouche; pénetre le tien de la tendre commisération de l'amour; console un infortuné ! Di-lui cent fois........ Ah, di-lui....... Ne crois-tu pas, chere amie, que malgré tous les préjugés, tous les obstacles, tous les revers, le Ciel nous a faits l'un pour l'autre ? Oui, oui, j'en suis sûre; il nous destine à être unis. Il m'est impossible de perdre cette idée; il m'est impossible de renoncer à l'espoir qui la suit. Di-lui qu'il se garde lui-même du découragement et du desespoir. Ne t'amuse point à lui demander en mon nom amour et fidélité; encore moins à lui en promettre autant de ma part. L'assurance n'en est-elle pas au fond de nos ames ? Ne sentons nous pas qu'elles sont indivisibles, et que nous n'en avons plus qu'une à nous deux (*a*) ? Di-lui donc seulement qu'il espere; et que si le sort nous poursuit, il se fie au moins à l'amour (*b*) : car, je le sens, ma Cousine, il guerira de maniere ou d'autre les maux qu'il nous cause, et quoi que le Ciel[1] ordonne de nous, nous ne vivrons pas long-tems séparés (*c*).

P. S. (*d*) Après ma Lettre écrite, j'ai passé dans la chambre de ma mere, et je m'y suis trouvée si mal que je suis obligée de venir me remettre dans mon lit. Je m'apperçois même...... je crains...... ah, ma chere ! je crains bien que ma chute d'hier n'ait quelque suite plus funeste que je n'avois pensé. Ainsi tout est fini pour moi; toutes mes espérances m'abandonnent en même tems (*e*).

LETTRE LXIV (*f*).

DE CLAIRE A M. D'ORBE.

MON pere m'a rapporté ce matin l'entretien qu'il eut hier avec vous. Je vois avec plaisir que tout s'achemine à ce qu'il vous plait d'appeller votre bonheur. J'espere, vous le savez, d'y[2] trouver aussi le mien; l'estime et l'amitié vous sont acquises, et tout ce que mon cœur peut nourrir de sentimens plus tendres eſt encore à vous. Mais ne vous y trompez pas; je suis en femme une espece de monſtre, et je ne sais par quelle bizarrerie de la nature l'amitié l'emporte en moi sur l'amour. Quand je vous dis que ma Julie m'eſt plus chere que vous, vous n'en faites que rire, et cependant rien n'eſt plus vrai. Julie le sent si bien qu'elle eſt plus jalouse pour vous que vous-même, et que tandis que vous paroissez content, elle trouve toujours que je ne vous aime pas assez. Il y a plus, et je m'attache tellement à tout ce qui lui eſt cher, que son amant et vous, êtes à peu près dans mon cœur en même dégré[1], quoique de différentes manieres. Je n'ai pour lui que de l'amitié, mais elle eſt plus vive; je crois sentir un peu d'amour pour vous, mais, il eſt plus posé. Quoique tout cela pût paroitre assés équivalent pour troubler la tranquillité d'un jaloux, je ne pense pas que la votre en soit fort altérée[2].

Que les pauvres enfans en sont loin, de cette douce tranquillité dont nous osons jouïr; et que notre contentement a mauvaise grace tandis que nos amis sont au desespoir ! C'en eſt fait, il faut qu'ils se quitent; voici l'inſtant peut-être, de leur éternelle séparation (*a*), et la triſtesse que nous leur reprochâmes le jour du concert étoit peut-être un pressentiment qu'ils se voyoient pour la derniere fois. Cependant, votre ami ne sait rien de son infortune : Dans la sécurité de son cœur il jouït encore du bonheur qu'il a perdu; au moment du desespoir il goûte en idée une ombre de félicité; et comme celui qu'enleve un trépas imprévu, le malheureux songe à vivre et ne voit pas la mort qui va le saisir. Hélas ! c'eſt de ma main qu'il doit recevoir ce coup terrible (*b*) ! O divine amitié ! seule idole de mon cœur ! vien l'animer de ta sainte cruauté. Donne-moi le courage d'être barbare, et de te servir dignement dans un si douloureux devoir.

Je compte sur vous en cette occasion et j'y compterois même quand vous m'aimeriez moins; car je connois votre ame; je sais qu'elle n'a pas besoin du zele de l'amour, où parle celui de l'humanité. Il s'agit d'abord d'engager notre ami à venir chez moi demain dans la matinée. Gardez-vous, au surplus, de l'avertir de rien. Aujourd'hui l'on me laisse libre (*c*), et j'irai passer l'après-midi chez Julie; tâchez de trouver Milord Edouard, et de venir seul avec lui m'attendre à huit heures, afin de convenir ensemble de ce qu'il faudra faire pour résoudre au départ cet infortuné, et prévenir son desespoir.

J'espere beaucoup de son courage et de nos soins. J'espere encore plus de son amour. La volonté de Julie, le danger que courent sa vie et son honneur sont des motifs auxquels il ne resistera pas. Quoiqu'il en soit; je vous déclare qu'il ne sera point question de noce entre nous, que Julie ne soit tranquille, et que jamais les larmes de mon amie n'arroseront le nœud qui doit nous unir. Ainsi, Monsieur, s'il est vrai que vous m'aimiez, votre intérêt s'accorde en cette occasion avec votre générosité; et ce n'est pas tellement ici l'affaire d'autrui, que ce ne soit aussi la votre.

LETTRE LXV (*a*).

DE CLAIRE A JULIE.

Tout est fait; et, malgré ses imprudences, ma Julie est en sûreté. Les secrets de ton cœur sont ensevelis dans l'ombre du mistere; tu es encore au sein de ta famille et de ton pays, chérie, honorée, jouissant d'une réputation sans tache, et d'une estime universelle. Considere en frémissant les dangers que la honte ou l'amour t'ont fait courir en faisant trop ou trop peu (*b*). Apprens à ne vouloir plus concilier des sentimens incompatibles[1], et bénis le Ciel, trop aveugle amante ou fille trop craintive, d'un bonheur qui n'étoit reservé qu'à toi.

Je voulois éviter à ton triste cœur le détail de ce départ si cruel et si nécessaire. Tu l'as voulu, je l'ai promis, je tiendrai parole avec cette même franchise qui nous est commune, et qui ne mit jamais aucun avantage en balance avec la bonne foi. Lis donc, chere et déplorable amie; lis, puis qu'il le faut; mais prend courage et tien-toi ferme.

Toutes les mesures que j'avois prises et dont je te rendis compte hier ont été suivies de point en point. En rentrant chez moi j'y trouvai M. d'Orbe et Milord Edouard. Je commençai par déclarer au dernier ce que nous savions de son héroïque générosité, et lui témoignai combien nous en étions toutes deux pénétrées. Ensuite, je leur exposai les puissantes raisons que nous avions d'éloigner promptement son ami, et les difficultés que je prévoyois à l'y resoudre. Milord sentit parfaitement tout cela et montra beaucoup de douleur de l'effet qu'avoit produit son zele inconsidéré. Ils convinrent qu'il étoit important de précipiter le départ de ton ami, et de saisir un moment de consentement pour prévenir de nouvelles irrésolutions, et l'arracher au continuel danger du séjour. Je voulois charger M. d'Orbe de faire à son insçu les préparatifs convenables; mais Milord regardant cette affaire comme la sienne, voulut en prendre le soin. Il me promit que sa chaise seroit prette ce matin à onze heures, ajoûtant qu'il l'accompagneroit aussi loin qu'il seroit nécessaire, et proposa de l'emmener d'abord sous un autre prétexte pour le déterminer plus à loisir[1]. Cet expédient ne me parut pas assés franc pour nous et pour notre ami, et je ne voulus pas, non plus, l'exposer loin de nous au premier effet d'un desespoir qui pouvoit plus aisément échaper aux yeux de Milord qu'aux miens. Je n'acceptai pas, par la même raison, la proposition qu'il fit de lui parler lui-même et d'obtenir son consentement. Je prévoyois que cette négociation seroit délicate, et je n'en voulus charger que moi seule; car je connois plus sûrement les endroits sensibles de son cœur, et je sais qu'il regne toujours entre hommes une sécheresse qu'une femme sait mieux adoucir. Cependant, je conçus que les soins de Milord ne nous seroient pas inutiles pour préparer les choses. Je vis tout l'effet que pouvoient produire sur un cœur vertueux les discours d'un homme sensible qui croit n'être qu'un philosophe, et quelle chaleur la voix d'un ami pouvoit donner aux raisonnemens d'un sage.

J'engageai donc Milord Edouard à passer avec lui la soirée, et, sans rien dire qui eut un raport direct à sa situation, de disposer insensiblement son ame à la fermeté stoïque. Vous qui savez si bien votre Épictête[2], lui dis-je; voici le cas ou jamais de l'employer utilement. Distinguez avec soin les biens apparens des biens réels; ceux qui sont en nous de ceux qui sont hors de nous. Dans un moment où l'épreuve se prépare au dehors, prouvez-lui qu'on ne reçoit jamais de mal que de soi-même, et que le sage se portant par tout avec lui, porte aussi par tout son bonheur. Je compris à sa réponse que cette légere ironie, qui ne pouvoit le fâcher, suffisoit pour exciter son zele, et qu'il comptoit fort m'envoyer le lendemain ton ami bien préparé. C'étoit tout ce que j'avois prétendu : car quoiqu'au fond, je ne fasse pas grand cas, non plus que toi, de toute cette philosophie parliere[1]; je suis persuadée qu'un honnête homme a toujours quelque honte de changer de maximes du soir au matin, et de se dédire en son cœur dès le lendemain de tout ce que sa raison lui dictoit la veille.

M. d'Orbe vouloit être aussi de la partie, et passer la soirée avec eux, mais je le priai de n'en rien faire; il n'auroit fait que s'ennuyer ou gêner l'entretien. L'intérêt que je prens à lui ne m'empêche pas de voir qu'il n'est point du vol des deux autres. Ce penser mâle des ames fortes, qui leur donne un idiome si particulier est une langue dont il n'a pas la grammaire. En les quittant, je songeai au punch, et craignant les confidences anticipées j'en glissai un mot en riant à Milord. Rassurez-vous, me dit-il, je me livre aux habitudes quand je n'y vois aucun danger; mais je ne m'en suis jamais fait l'esclave (*a*); il s'agit ici de l'honneur de Julie, du destin peut-être de la vie, d'un homme et de mon ami. Je boirai du punch selon ma coutume, de peur de donner à l'entretien quelque air de préparation; mais ce punch sera de la limonade, et comme il s'abstient d'en boire, il ne s'en appercevra point. Ne trouves-tu pas, ma chere, qu'on doit être bien humilié d'avoir contracté des habitudes qui forcent à de pareilles précautions ?

J'ai passé la nuit dans de grandes agitations qui n'étoient pas toutes pour ton compte. Les plaisirs innocens de notre premiere jeunesse; la douceur d'une ancienne familiarité; la société plus resserrée encore depuis une année entre lui et moi par la difficulté qu'il avoit de te voir; tout portoit dans mon ame l'amertume de cette separation. Je sentois que j'allois perdre avec la moitié de toi-même une partie de ma propre existence. Je comptois les heures avec inquietude, et voyant poindre le jour, je n'ai pas vu naître sans effroi celui qui devoit décider de ton sort. J'ai passé la matinée à méditer mes discours et à refléchir sur l'impression qu'ils pouvoient faire. Enfin, l'heure est venue et j'ai vû entrer ton ami. Il avoit l'air inquiet, et m'a demandé précipitamment de tes nouvelles; car dès le lendemain de ta scene avec ton pere, il avoit sû que tu étois malade, et Milord Edouard lui avoit confirmé hier que tu n'étois pas sortie de ton lit. Pour éviter là-dessus les détails, je lui ai dit aussitôt que je t'avois laissée mieux hier au soir, et j'ai ajouté qu'il en apprendroit dans un moment davantage par le retour de Hanz que je venois de t'envoyer. Ma précaution n'a servi de rien, il m'a fait cent questions sur ton état, et comme elles m'éloignoient de mon objet, j'ai fait des réponses succinctes, et me suis mise à le questionner à mon tour.

J'ai commencé par sonder la situation de son esprit. Je l'ai trouvé grave, méthodique, et prêt à peser le sentiment au poids de la raison. Grace au Ciel, ai-je dit en moi-même, voila mon sage bien préparé. Il ne s'agit plus que de le mettre à l'épreuve. Quoique l'usage ordinaire soit d'annoncer par dégrés les tristes nouvelles, la connoissance que j'ai de son imagination fougueuse, qui sur un mot porte tout à l'extrême, m'a déterminée à suivre une route contraire, et j'ai mieux aimé l'accabler d'abord pour lui ménager des adoucissemens, que de multiplier inutilement ses douleurs et les lui donner mille fois pour une. Prenant donc un ton plus sérieux et le regardant fixement : mon ami, lui ai-je dit, connoissez-vous les bornes du courage et de la vertu dans une ame forte, et croyez-vous que renoncer à ce qu'on aime soit un effort au dessus de l'humanité ? A l'instant il s'est levé comme un furieux, puis frapant des mains et les portant à son front ainsi jointes : je vous entens, s'est-il écrié, Julie est morte. Julie est morte ! a-t-il repeté d'un ton qui m'a fait frémir : Je le sens à vos soins trompeurs, à vos vains ménagemens, qui ne font que rendre ma mort plus lente et plus cruelle.

Quoiqu'effrayée d'un mouvement si subit, j'en ai bientôt deviné la cause, et j'ai d'abord conçu comment les nouvelles de ta maladie, les moralités de Milord Edouard, le rendez-vous de ce matin, ses questions éludées, celles que je venois de lui faire l'avoient pu jetter dans de fausses allarmes. Je voyois bien aussi quel parti je pouvois tirer de son erreur en l'y laissant quelques instans; mais je n'ai pu me résoudre à cette barbarie. L'idée de la mort de ce qu'on aime est si affreuse, qu'il n'y en a point qui ne soit douce à lui substituer, et je me suis hâtée de profiter de cet avantage. Peut-être ne la verrez-vous plus, lui ai-je dit; mais elle vit et vous aime. Ah ! si Julie étoit morte, Claire auroit-elle quelque chose à vous dire? Rendez grace au Ciel qui sauve à votre infortune des maux dont il pourroit vous accabler. Il étoit si étonné, si saisi, si égaré, qu'après l'avoir fait rasseoir, j'ai eu le tems de lui détailler par ordre tout ce qu'il faloit qu'il sût, et j'ai fait valoir de mon mieux les procédés de Milord Edouard, afin de faire dans son cœur honnête quelque diversion à la douleur, par le charme de la reconnoissance.

Voila, mon cher, ai-je poursuivi, l'état actuel des choses. Julie est au bord de l'abîme, prête à s'y voir accabler du deshonneur public, de l'indignation de sa famille, des violences d'un pere emporté, et de son propre desespoir. Le danger augmente incessamment : de la main de son pere ou de la sienne, le poignard à chaque instant de sa vie, est à deux doigts de son cœur. Il reste un seul moyen de prévenir tous ces maux, et ce moyen dépend de vous seul. Le sort de votre amante est entre vos mains. Voyez si vous avez le courage de la sauver en vous éloignant d'elle, puisqu'aussi bien il ne lui est plus permis de vous voir, ou si vous aimez mieux être l'auteur et le témoin de sa perte et de son opprobre. Après avoir tout fait pour vous, elle va voir ce que votre cœur peut faire pour elle. Est-il étonant que sa santé succombe à ses peines? Vous êtes inquiet de sa vie : sachez que vous en étes l'arbitre (*a*).

Il m'écoutoit sans m'interrompre; mais sitôt qu'il a compris dequoi il s'agissoit, j'ai vu disparoitre ce geste animé, ce regard furieux, cet air effrayé, mais vif et bouillant, qu'il avoit auparavant. Un voile sombre de tristesse et de consternation a couvert son visage : son œil morne et sa contenance effacée annonçoient l'abatement de son cœur : A peine avoit-il la force d'ouvrir la bouche pour me répondre. Il faut partir, m'a-t-il dit d'un ton qu'une autre auroit cru tranquile. Hébien, je partirai. N'ai-je pas assés vécu? Non, sans doute, ai-je repris aussi-tôt; il faut vivre pour celle qui vous aime : avez-vous oublié que ses jours dépendent des votres? Il ne faloit donc pas les séparer, a-t-il à l'instant ajouté; elle l'a pu et le peut encore. J'ai feint de ne pas entendre ces derniers mots, et je cherchois à le ranimer par quelques espérances auxquelles son ame demeuroit fermée, quand Hanz est rentré, et m'a rapporté de bonnes nouvelles. Dans le moment de joye qu'il en a ressenti, il s'est écrié :

Ah, qu'elle vive ! qu'elle soit heureuse.... s'il eſt possible. Je ne veux que lui faire mes derniers adieux.... et je pars. Ignorez-vous, ai-je dit, qu'il ne lui eſt plus permis de vous voir. Hélas! vos adieux sont faits, et vous êtes déja séparés ! Votre sort sera moins cruel quand vous serez plus loin d'elle; vous aurez du moins le plaisir de l'avoir mise en sûreté. Fuyez dès ce jour, dès cet inſtant; craignez qu'un si grand sacrifice ne soit trop tardif; tremblez de causer encore sa perte après vous être dévoué pour elle. Quoi ! m'a-t-il dit avec une espece de fureur, je partirois sans la revoir ? Quoi ! je ne la verrois plus ? Non, non, nous périrons tous deux, s'il le faut; la mort, je le sais bien ne lui sera point dure avec moi : Mais je la verrai, quoiqu'il arrive; je laisserai mon cœur et ma vie à ses pieds, avant de m'arracher à moi-même. Il ne m'a pas été difficile de lui montrer la folie et la cruauté d'un pareil projet. Mais ce : *quoi je ne la verrai plus !* qui revenoit sans cesse d'un ton plus douloureux, sembloit chercher au moins des consolations pour l'avenir. Pourquoi, lui ai-je dit, vous figurer vos maux pires qu'ils ne sont ? Pourquoi renoncer à des espérances que Julie elle-même n'a pas perdues? Pensez-vous qu'elle put se séparer ainsi de vous, si elle croyoit que ce fut pour toujours ? Non, mon ami, vous devez connoitre son cœur. Vous devez savoir combien elle prèfere son amour à sa vie. Je crains, je crains trop (j'ai ajouté ces mots, je te l'avoue,) qu'elle ne le prèfere bientôt à tout. Croyez donc qu'elle espere, puis qu'elle consent à vivre : croyez que les soins que la prudence lui diƈte vous regardent plus qu'il ne semble, et qu'elle ne se respeƈte pas moins pour vous que pour elle-même. Alors j'ai tiré ta derniere lettre, et lui montrant les tendres espérances de cette fille aveuglée qui croit n'avoir plus d'amour, j'ai ranimé les siennes à cette douce chaleur. Ce peu de lignes sembloit diſtiller un baume salutaire sur sa blessure envénimée. J'ai vû ses regards s'adoucir et ses yeux s'humeƈter; j'ai vu l'attendrissement succeder par degrés au desespoir; mais ces derniers mots si touchans, tels que ton cœur les sait dire : *nous ne vivrons pas longtems séparés,* l'ont fait fondre en larmes. Non Julie, non ma Julie, a-t-il dit en élevant la voix et baisant la lettre, nous ne vivrons pas longtems séparés; le Ciel unira nos deſtins sur la terre, ou nos cœurs dans le séjour éternel[1].

C'étoit là l'état où je l'avois souhaité. Sa séche et sombre douleur m'inquietoit. Je ne l'aurois pas laissé partir dans cette situation d'esprit; mais si tôt que je l'ai vu pleurer, et que j'ai entendu ton nom cheri sortir de sa bouche avec douceur, je n'ai plus craint pour sa vie; car rien n'est moins tendre que le desespoir. Dans cet instant il a tiré de l'émotion de son cœur une objection que je n'avois pas prévue. Il m'a parlé de l'état où tu soupçonnois d'être, jurant qu'il mourroit plutôt mille fois que de t'abandonner à tous les périls qui t'alloient menacer. Je n'ai eu garde de lui parler de ton accident; je lui ai dit simplement que ton attente avoit encore été trompée, et qu'il n'y avoit plus rien à espérer. Ainsi, m'a-t-il dit en soupirant, il ne restera sur la terre aucun monument de mon bonheur; il a disparu comme un songe qui n'eut jamais de réalité.

Il me restoit à exécuter la derniere partie[1] de ta commission, et je n'ai pas cru qu'après l'union dans laquelle vous avez vécu, il falut à cela ni préparatif ni mistere. Je n'aurois pas même évité un peu d'altercation sur ce leger sujet pour éluder celle qui pourroit renaitre sur celui de notre entretien. Je lui ai reproché sa négligence dans le soin de ses affaires. Je lui ai dit que tu craignois que de longtems il ne fut plus soigneux, et qu'en attendant qu'il le devint, tu lui ordonnois de se conserver pour toi, de pourvoir mieux à ses besoins, et de se charger à cet effet du leger supplément que j'avois à lui remettre de ta part. Il n'a ni paru humilié de cette proposition, ni prétendu en faire une affaire. Il m'a dit simplement que tu savois bien que rien ne lui venoit de toi qu'il ne reçut avec transports; mais que ta précaution étoit superflue, et qu'une petite maison qu'il venoit de vendre* à Grandson[2], reste de son chetif patrimoine, lui avoit produit plus d'argent qu'il n'en avoit possedé de sa vie. D'ailleurs, a-t-il ajouté, j'ai quelques talens dont je puis tirer par tout des ressources. Je serai trop heureux de trouver dans leur exercice quelque diversion à mes maux, et depuis que j'ai vu de plus près l'usage que Julie fait de

---

* Je suis un peu en peine de savoir comment cet amant anonyme, qu'il sera dit ci-après n'avoir pas encore 24 ans, a pu vendre une maison, n'étant pas majeur. Ces Lettres sont si pleines de semblables absurdités que je n'en parlerai plus; il suffit d'en avoir averti (*a*).

son superflu, je le regarde comme le trésor sacré de la veuve et de l'orphelin, dont l'humanité ne me permet pas de rien aliéner. Je lui ai rappellé son voyage du Valais, ta lettre et la précision de tes ordres. Les mêmes raisons subsistent.... Les mêmes ! a-t-il interrompu d'un ton d'indignation. La peine de mon refus étoit de ne la plus voir : qu'elle me laisse donc rester, et j'accepte. Si j'obéis, pourquoi me punit-elle ? Si je refuse, que me fera-t-elle de pis ?..... Les mêmes ! répétoit-il avec impatience. Notre union commençoit (*a*); elle est prête à finir; peut-être vais-je pour jamais me séparer d'elle; il n'y a plus rien de commun entre elle et moi; nous allons être étrangers l'un à l'autre. Il a prononcé ces derniers mots avec un tel serrement de cœur, que j'ai tremblé de le voir retomber dans l'état d'où j'avois eu tant de peine à le tirer. Vous êtes un enfant, ai-je affecté de lui dire d'un air riant; vous avez encore besoin d'un tuteur et je veux être le votre. Je vais garder ceci, et pour en disposer à propos dans le commerce que nous allons avoir ensemble, je veux être instruite de toutes vos affaires. Je tâchois de détourner ainsi ses idées funestes par celle d'une correspondance familiere continuée entre nous, et cette ame simple[1] qui ne cherche pour ainsi dire qu'à s'accrocher à ce qui t'environne, a pris aisément le change. Nous nous sommes ensuite ajustés[2] pour les addresses de Lettres, et comme ces mesures ne pouvoient que lui être agréables, j'en ai prolongé le détail jusqu'à l'arrivée de M. d'Orbe, qui m'a fait signe que tout étoit prêt.

Ton ami a facilement compris dequoi il s'agissoit; il a instamment demandé à t'écrire, mais je me suis gardée de le permettre. Je prévoyois qu'un excès d'attendrissement lui relâcheroit trop le cœur, et qu'à peine seroit-il au milieu de sa lettre, qu'il n'y auroit plus moyen de le faire partir. Tous les délais sont dangereux, lui ai-je dit; hâtez-vous d'arriver à la premiere station d'où vous pourrez lui écrire à votre aise. En disant cela, j'ai fait signe à M. d'Orbe; je me suis avancée, et le cœur gros de sanglots, j'ai collé mon visage sur le sien; je n'ai plus sû ce qu'il devenoit; les larmes m'offusquoient la vue, ma tête commençoit à se perdre, et il étoit tems que mon rolle finit.

Un moment après je les ai entendu descendre précipitamment. Je suis sortie sur le paillier[3] pour les suivre des yeux : Ce dernier trait manquoit à mon trouble. J'ai vu l'insensé se jetter à genoux au milieu de l'escalier, en baiser mille fois les marches, et d'Orbe pouvoir à peine l'arracher de cette froide pierre qu'il pressoit de son corps, de la tête et des bras en poussant de longs gémissemens[1]. J'ai senti les miens prêts d'éclater malgré moi, et je suis brusquement rentrée, de peur de donner une scene à toute la maison.

A quelques instans de là, M. d'Orbe est revenu tenant son mouchoir sur ses yeux. C'en est fait, m'a-t-il dit, ils sont en route. En arrivant chez lui, votre ami a trouvé la chaise à sa porte; Milord Edouard l'y attendoit aussi; il a couru au devant de lui et le serrant contre sa poitrine : *Viens, homme infortuné,* lui a-t-il dit d'un ton penetré, *viens verser tes douleurs dans ce cœur qui t'aime. Viens, tu sentiras peut-être qu'on n'a pas tout perdu sur la terre, quand on y retrouve un ami tel que moi.* A l'instant, il l'a porté d'un bras vigoureux dans la chaise, et ils sont partis en se tenant étroitement embrassés[2].

FIN DE LA PREMIERE PARTIE.

SECONDE PARTIE[1].

LETTRE I (*a*).

*A JULIE**.

J'AI pris et quitté cent fois la plume; j'hésite dès le premier mot; je ne sais quel ton je dois prendre; je ne sais par où commencer; et c'est à Julie que je veux écrire ! Ah malheureux ! que suis-je devenu ? Il n'est donc plus ce tems où mille sentimens délicieux couloient de ma plume comme un intarissable torrent ! Ces doux momens de confiance et d'épanchement sont passés[2] : Nous ne sommes plus l'un à l'autre, nous ne sommes plus les mêmes[3], et je ne sais plus à qui j'écris. Daignerez-vous recevoir mes Lettres ? vos yeux daigneront-ils les parcourir ? les trouverez-vous assés reservées, assés circonspectes ? Oserois-je y garder encore une ancienne familiarité ? Oserois-je y parler d'un amour éteint ou méprisé (*b*), et ne suis-je pas plus reculé que le premier jour où je vous écrivis ? Quelle différence, ô Ciel, de ces jours si charmans et si doux à mon effroyable misere ! Hélas ! je commençois d'exister et je suis tombé dans l'anéantissement[4]; l'espoir de vivre animoit mon cœur; je n'ai plus devant moi que l'image de la mort, et trois ans[5] d'intervalle ont fermé le cercle fortuné de mes jours. Ah, que ne les ai-je terminés avant de me survivre à moi-

* Je n'ai gueres besoin, je crois, d'avertir que dans cette seconde partie et dans la suivante, les deux Amans séparés ne font que déraisonner et battre la campagne; leurs pauvres têtes n'y sont plus (*c*).

même ! Que n'ai-je suivi mes pressentimens après ces rapides instans de délices, où je ne voyois plus rien dans la vie qui fut digne de la prolonger ! Sans doute, il faloit la borner à ces trois ans ou les ôter de sa durée; il valoit mieux ne jamais goûter la félicité, que la goûter et la perdre. Si j'avois franchi ce fatal intervalle, si j'avois évité ce premier regard[1] qui me fit une autre ame (*a*); je jouirois de ma raison; je remplirois les devoirs d'un homme, et sémerois peut-être de quelques vertus mon insipide carriere. Un moment d'erreur a tout changé. Mon œil osa contempler ce qu'il ne faloit point voir. Cette vue a produit enfin son effet inévitable. Après m'être égaré par dégrés, je ne suis plus qu'un furieux dont le sens est aliéné, un lâche esclave sans force et sans courage (*b*), qui va traînant dans l'ignominie sa chaine et son desespoir.

Vains rêves d'un esprit qui s'égare ! Desirs faux et trompeurs, desavoués à l'instant par le cœur qui les a formés ! Que sert d'imaginer à des maux réels de chimériques remedes qu'on rejetteroit quand ils nous seroient offerts ? Ah ! qui jamais connoitra l'amour, t'aura vue et pourra le croire, qu'il y ait quelque félicité possible que je voulusse acheter au prix de mes premiers feux ? Non, non, que le Ciel garde ses bienfaits et me laisse, avec ma misere, le souvenir de mon bonheur passé. J'aime mieux les plaisirs qui sont dans ma mémoire et les regrets qui déchirent mon ame, que d'être à jamais heureux sans ma Julie. Viens image adorée, remplir un cœur qui ne vit que par toi : sui-moi dans mon exil, console-moi dans mes peines, ranime et soutien mon espérance éteinte. Toujours ce cœur infortuné sera ton sanctuaire inviolable, d'où le sort ni les hommes ne pourront jamais t'arracher. Si je suis mort au bonheur, je ne le suis point à l'amour qui m'en rend digne. Cet amour est invincible comme le charme qui l'a fait naître. Il est fondé sur la base inébranlable du mérite et des vertus; il ne peut périr dans une ame immortelle; il n'a plus besoin de l'appui de l'espérance, et le passé lui donne des forces pour un avenir éternel[2].

Mais toi, Julie, ô toi, qui sus aimer une fois ! comment ton tendre cœur a-t-il oublié de vivre ? Comment ce feu sacré s'est-il éteint dans ton ame pure ? Comment as-tu perdu le goût de ces plaisirs celestes que toi-seule étois capable de sentir et de rendre ? Tu me chasses sans pitié; tu me bannis avec opprobre; tu me livres à mon desespoir, et tu ne vois pas, dans l'erreur qui t'égare, qu'en me rendant misérable tu t'ôtes le bonheur de tes jours. Ah Julie, crois-moi; tu chercheras vainement un autre cœur ami du tien. Mille t'adoreront, sans doute; le mien seul te savoit aimer.

Répond-moi, maintenant, Amante abusée ou trompeuse[1] : que sont devenus ces projets formés avec tant de mistere ? Où sont ces vaines espérances dont tu leurras si souvent ma crédule simplicité ? Où est cette union sainte et desirée, doux objet de tant d'ardens soupirs, et dont ta plume et ta bouche flatoient mes vœux ? Hélas ! sur la foi de tes promesses j'osois aspirer à ce nom sacré d'époux, et me croyois déja le plus heureux des hommes. Di, cruelle ! ne m'abusois-tu que pour rendre enfin ma douleur plus vive et mon humiliation plus profonde ? Ai-je attiré mes malheurs par ma faute ? Ai-je manqué d'obéissance, de docilité, de discretion ? M'as-tu vû desirer assés foiblement pour mériter d'être éconduit, ou préférer mes fougueux desirs à tes volontés suprêmes ? J'ai tout fait pour te plaire et tu m'abandonnes ! Tu te chargeois de mon bonheur, et tu m'as perdu ! Ingrate, rend-moi compte du dépôt que je t'ai confié : rend-moi compte de moi-même après avoir égaré mon cœur dans cette suprême félicité que tu m'as montrée et que tu m'enlêves. Anges du Ciel ! j'eusse méprisé votre sort. J'eusse été le plus heureux des êtres...... Hélas ! je ne suis plus rien, un instant m'a tout ôté (*a*). J'ai passé sans intervalle du comble des plaisirs aux regrets éternels : je touche encore au bonheur qui m'échape.... j'y touche encore et le perds pour jamais !...... Ah si je le pouvois croire ! si les restes d'une espérance vaine ne soutenoient......... O rochers de Meillerie que mon œil égaré mesura tant de fois, que ne servites-vous mon desespoir ! J'aurois moins regretté la vie, quand je n'en avois pas senti le prix (*b*).

LETTRE II (*a*)[1].

DE MILORD EDOUARD A CLAIRE.

Nous arrivons à Besançon, et mon premier soin est de vous donner des nouvelles de notre voyage. Il s'est fait sinon paisiblement, du moins sans accident, et votre ami est aussi sain de corps qu'on peut l'être avec un cœur aussi malade. Il voudroit même affecter à l'extérieur une sorte de tranquilité. Il a honte de son état, et se contraint beaucoup devant moi; mais tout décele ses secrettes agitations, et si je feins de m'y tromper, c'est pour le laisser aux prises avec lui-même, et occuper ainsi une partie des forces de son ame à réprimer l'effet de l'autre.

Il fut fort abatu la premiere journée; je la fis courte voyant que la vitesse de nôtre marche irritoit sa douleur. Il ne me parla point, ni moi à lui; les consolations indiscretes ne font qu'aigrir les violentes afflictions. L'indifférence et la froideur trouvent aisément des paroles; mais la tristesse et le silence sont alors le vrai langage de l'amitié. Je commençai d'appercevoir hier les premieres étincelles de la fureur qui va succeder infailliblement à cette létargie : à la dinée[2], à peine y avoit-il un quart d'heure que nous étions arrivés qu'il m'aborda d'un air d'impatience. Que tardons nous à partir, me dit-il avec un souris amer, pourquoi restons-nous un moment si près-d'elle ? Le soir il affecta de parler beaucoup, sans dire un mot de Julie. Il recommençoit des questions auxquelles j'avois répondu dix fois. Il voulut savoir si nous étions déja sur terres[3] de France, et puis il demanda si nous arriverions bientôt à Vevai. La premiere chose qu'il fait à chaque station, c'est de commencer quelque lettre qu'il déchire ou chiffonne un moment après. J'ai sauvé du feu deux ou trois de ces brouillons sur lesquels vous pourrez entrevoir l'état de son ame. Je crois pourtant qu'il est parvenu à écrire une lettre entiere.

L'emportement qu'annoncent ces premiers simptomes est facile à prevoir; mais je ne saurois dire quel en sera l'effet et le terme; car cela dépend d'une combinaison du caractere de l'homme, du genre de sa passion, des circonstances qui peuvent naître, de mille choses que nulle prudence humaine ne peut déterminer. Pour moi, je puis répondre de ses fureurs mais non pas de son desespoir, et quoiqu'on fasse, tout homme est toujours maître de sa vie.

Je me flatte, cependant, qu'il respectera sa personne et mes soins; et je compte moins pour cela sur le zele de l'amitié qui n'y sera pas épargné, que sur le caractere de sa passion et sur celui de sa maitresse. L'ame ne peut gueres s'occuper fortement et longtems d'un objet, sans contracter des dispositions qui s'y rapportent. L'extrême douceur de Julie doit tempérer l'âcreté du feu qu'elle inspire, et je ne doute pas, non plus, que l'amour d'un homme aussi vif ne lui donne à elle-même un peu plus d'activité qu'elle n'en auroit naturellement sans lui.

J'ose compter aussi sur son cœur; il est fait pour combattre et vaincre. Un amour pareil au sien n'est pas tant une foiblesse qu'une force mal employée (*a*). Une flame ardente et malheureuse est capable d'absorber pour un tems, pour toujours peut-être une partie de ses facultés; mais elle est elle-même une preuve de leur excellence, et du parti qu'il en pourroit tirer pour cultiver la sagesse : car la sublime raison ne se soutient que par la même vigueur de l'ame qui fait les grandes passions, et l'on ne sert dignement la philosophie qu'avec le même feu qu'on sent pour une maitresse[1].

Soyez en sure, aimable Claire; je ne m'intéresse pas moins que vous au sort de ce couple infortuné; non par un sentiment de commisération qui peut n'être qu'une foiblesse; mais par la considération de la justice et de l'ordre, qui veulent que chacun soit placé de la maniere la plus avantageuse à lui-même et à la société. Ces deux belles ames sortirent l'une pour l'autre des mains de la nature; c'est dans une douce union, c'est dans le sein du bonheur que, libres de déployer leurs forces et d'exercer leurs vertus, elles eussent éclairé la terre de leurs exemples. Pourquoi faut-il qu'un insensé préjugé vienne changer les directions éternelles, et bouleverser l'harmonie des êtres pensans ? Pourquoi la vanité d'un pere barbare cache-t-elle ainsi la lumiere sous le boisseau, et fait-elle gémir dans les larmes des cœurs tendres et bien faisans nés pour essuyer celles d'autrui ? Le lien conjugal n'est-il pas le plus libre ainsi que le plus sacré des engagemens ? Oui, toutes les loix qui le gênent sont injustes; tous les peres qui l'osent former ou rompre sont des tirans. Ce chaste nœud de la nature n'est soumis ni au pouvoir souverain ni à l'autorité paternelle, mais à la seule autorité du pere commun qui sait commander aux cœurs, et qui leur ordonnant de s'unir, les peut contraindre à s'aimer*.

Que signifie ce sacrifice des convenances de la nature aux convenances de l'opinion ? La diversité de fortune et d'état s'ecclipse et se confond dans le mariage, elle ne fait rien au bonheur; mais celle de caractere et d'humeur demeure, et c'est par elle qu'on est heureux ou malheureux. L'enfant qui n'a de regle que l'amour choisit mal, le pere qui n'a de regle que l'opinion choisit plus mal encore. Qu'une fille manque de raison, d'expérience, pour juger de la sagesse et des mœurs, un bon pere y doit suppléer sans doute. Son droit, son devoir même est de dire : ma fille, c'est un honnête homme, ou : c'est un fripon; c'est un homme de sens, ou : c'est un fou. Voila les convenances dont il doit connoitre, le jugement de toutes les autres appartient à la fille. En criant qu'on troubleroit ainsi l'ordre de la société, ces tirans le troublent eux-mêmes. Que le rang se regle par le mérite, et l'union des cœurs par leur choix, voila le véritable ordre social; ceux qui le reglent par la naissance ou par les richesses sont les vrais perturbateurs de cet ordre; ce sont ceux-là qu'il faut décrier ou punir.

Il est donc de la justice universelle que ces abus soient redressés; il est du devoir de l'homme de s'opposer à la violence, de concourir à l'ordre, et s'il m'étoit possible d'unir ces deux amans en dépit d'un vieillard sans raison,

---

* Il y a des pays où cette convenance des conditions et de la fortune est tellement préférée à celle de la nature et des cœurs, qu'il suffit que la premiere ne s'y trouve pas pour empêcher ou rompre les plus heureux mariages, sans égard pour l'honneur perdu des infortunées qui sont tous les jours victimes de ces odieux préjugés. J'ai vu plaider au Parlement de Paris une cause célebre où l'honneur du rang attaquoit insolemment et publiquement l'honnêteté, le devoir, la foi conjugale, et où l'indigne pere qui gagna son procès, osa deshériter son fils pour n'avoir pas voulu être un malhonnête homme. On ne sauroit dire à quel point dans ce pays si galand les femmes sont tirannisées par les loix. Faut-il s'étonner qu'elles s'en vengent si cruellement par leurs mœurs (*a*) ?

ne doutez pas que je n'achevasse en cela l'ouvrage du ciel, sans m'embarrasser de l'approbation des hommes.

Vous êtes plus heureuse, aimable Claire; vous avez un pere qui ne prétend point savoir mieux que vous en quoi consiste votre bonheur. Ce n'est, peut-être, ni par de grandes vues de sagesse, ni par une tendresse excessive qu'il vous rend ainsi maitresse de votre sort; mais qu'importe la cause, si l'effet est le même, et si, dans la liberté qu'il vous laisse, l'indolence lui tient lieu de raison ? Loin d'abuser de cette liberté, le choix que vous avez fait à vingt ans auroit l'approbation du plus sage pere. Votre cœur, absorbé par une amitié qui n'eut jamais d'égale, a gardé peu de place aux feux de l'amour. Vous leur substituez tout ce qui peut y suppléer dans le mariage : moins amante qu'amie, si vous n'êtes la plus tendre épouse, vous serez la plus vertueuse, et cette union qu'a formée la sagesse doit croître avec l'age et durer autant qu'elle. L'impulsion du cœur est plus aveugle, mais elle est plus invincible : c'est le moyen de se perdre que de se mettre dans la nécessité de lui résister. Heureux ceux que l'amour assortit comme auroit fait la raison, et qui n'ont point d'obstacle à vaincre et de préjugés à combattre ! Tels seroient nos deux amans sans l'injuste resistance d'un pere entêté. Tels malgré lui pourroient-ils être encore, si l'un des deux étoit bien conseillé.

L'exemple de Julie et le votre montrent également que c'est aux Epoux seuls à juger s'ils se conviennent. Si l'amour ne regne pas, la raison choisira seule; c'est le cas où vous êtes; si l'amour regne, la nature *(a)* a déja choisi; c'est celui de Julie *(b)*. Telle est la loi sacrée de la nature qu'il n'est pas permis à l'homme d'enfreindre, qu'il n'enfreint jamais impunément, et que la considération des états et des rangs ne peut abroger qu'il n'en coûte des malheurs et des crimes.

Quoique l'hiver s'avance et que j'aye à me rendre à Rome, je ne quiterai point l'ami que j'ai sous ma garde, que je ne voye son ame dans un état de consistance[1] sur lequel je puisse compter. C'est un dépôt qui m'est cher par son prix, et parce que vous me l'avez confié. Si je ne puis faire qu'il soit heureux, je tacherai de faire au moins qu'il soit sage, et qu'il porte en homme les maux de l'humanité. J'ai résolu de passer ici[2] une quinzaine de jours avec lui, durant lesquels j'espere que nous recevrons des nouvelles de Julie et des votres, et que vous m'aiderez toutes deux à mettre quelque appareil sur les blessures de ce cœur malade, qui ne peut encore écouter la raison que par l'organe du sentiment.

Je joins ici une lettre pour votre amie : ne la confiez, je vous prie, à aucun commissionnaire, mais remettez-la vous-même.

FRAGMENS[1]

Joints à la Lettre précédente.

1.

POURQUOI n'ai-je pu vous voir avant mon départ ? Vous avez craint que je n'expirasse en vous quittant ? cœur pitoyable ! rassurez-vous. Je me porte bien..... je ne souffre pas..... je vis encore..... je pense à vous...... je pense au tems où je vous fus cher...... j'ai le cœur un peu serré....... la voiture m'étourdit.... je me trouve abatu..... je ne pourrai longtems vous écrire aujourd'hui. Demain, peut-être aurai-je plus de force....... ou n'en aurai-je plus besoin.......

2.

Où m'entrainent ces chevaux avec tant de vitesse ? Où me conduit avec tant de zele cet homme qui se dit mon ami ? Est-ce loin de toi, Julie ? Est-ce par ton ordre ? Est-ce en des lieux où tu n'es pas ?.... Ah fille insensée !....... je mesure des yeux le chemin que je parcours si rapidement. D'où viens-je ? où vais-je ? et pourquoi tant de diligence ? Avez-vous peur, cruels, que je ne coure pas assés tôt à ma perte ? O amitié ! ô amour ! est-ce là votre accord ? sont-ce là vos bienfaits ?.......

3.

As-tu bien consulté ton cœur, en me chassant avec tant de violence ? As-tu pu, dis, Julie, as-tu pu renoncer pour jamais....... Non non, ce tendre cœur m'aime; je le sais bien. Malgré le sort, malgré lui-même, il m'aimera jusqu'au tombeau.... Je le vois, tu t'es laissé suggérer*.... quel repentir éternel tu te prépares !.... hélas ! il sera trop tard.... quoi, tu pourrois oublier.... quoi, je t'aurois mal connue !..... Ah, songe à toi, songe à moi, songe à[1].... écoute, il en eſt tems encore.... tu m'as chassé avec barbarie. Je fuis plus vîte que le vent..... Dis un mot, un seul mot, et je reviens plus prompt que l'éclair. Dis un mot, et pour jamais nous sommes unis. Nous devons l'être;..... nous le serons...... Ah ! l'air emporte mes plaintes !.... et cependant je fuis; je vais vivre et mourir loin d'elle.... vivre loin d'elle !......

LETTRE III (*a*).

DE MILORD EDOUARD A JULIE.

VOTRE Cousine vous dira des nouvelles de votre ami. Je crois d'ailleurs qu'il vous écrit par cet ordinaire. Commencez par satisfaire là-dessus votre empressement, pour lire ensuite posément cette lettre; car je vous préviens que son sujet demande toute votre attention.

Je connois les hommes : j'ai vécu beaucoup en peu d'années; j'ai acquis une grande expérience à mes dépends, et c'eſt le chemin des passions qui m'a conduit à la philosophie. Mais de tout ce que j'ai observé jusqu'ici, je n'ai rien vu de si extraordinaire[2] que vous et votre amant. Ce n'eſt pas que vous ayez ni l'un ni l'autre un caractere marqué dont on puisse au premier coup d'œil assigner les différences, et il se pourroit bien que cet embarras de vous définir vous fit prendre pour des ames communes par un observateur superficiel. Mais c'eſt cela même qui vous diſtingue, qu'il eſt impossible de vous diſtinguer, et que les traits du modele commun, dont quelqu'un manque toujours à chaque individu, brillent tous également dans les votres. Ainsi chaque épreuve d'une eſtampe[3] a ses défauts particuliers qui lui servent de caractere, et s'il en vient une qui soit parfaite, quoiqu'on la trouve belle au premier coup d'œil, il faut la considérer longtems pour la reconnoitre. La premiere

* La suite montre que ces soupçons tomboient sur Milord Edouard, et que Claire les a pris pour elle (*b*).

fois que je vis votre amant, je fus frappé d'un sentiment nouveau, qui n'a fait qu'augmenter de jour en jour, à mesure que la raison l'a justifié. A votre égard, ce fut toute autre chose encore, et ce sentiment fut si vif que je me trompai sur sa nature. Ce n'étoit pas tant la différence des sexes qui produisoit cette impression, qu'un caractere encore plus marqué de perfection que le cœur sent, même indépendamment de l'amour. Je vois bien ce que vous seriez sans votre ami; je ne vois pas de même ce qu'il seroit sans vous; beaucoup d'hommes peuvent lui ressembler, mais il n'y a qu'une Julie au monde. Après un tort que je ne me pardonnerai jamais, votre lettre vint m'éclairer sur mes vrais sentimens. Je connus que je n'étois point jaloux ni par conséquent amoureux[1]; je connus que vous étiez trop aimable pour moi; il vous faut les premices d'une ame, et la mienne ne seroit pas digne de vous.

Dès ce moment je pris pour votre bonheur mutuel un tendre intérêt qui ne s'éteindra point. Croyant lever toutes les difficultés, je fis auprès de votre pere une démarche indiscrete dont le mauvais succés n'est qu'une raison de plus pour exciter mon zele. Daignez m'écouter, et je puis réparer encore tout le mal que je vous ai fait.

Sondez bien votre cœur, ô Julie, et voyez s'il vous est possible d'éteindre le feu dont il est dévoré ? Il fut un tems, peut-être, où vous pouviez en arrêter le progrés; mais si Julie pure et chaste a pourtant succombé, comment se relevera-t-elle après sa chute ? Comment resistera-t-elle à l'amour vainqueur, et armé de la dangereuse image de tous les plaisirs passés ? Jeune amante ne vous en imposez plus, et renoncez à la confiance qui vous a séduite : vous êtes perdue, s'il faut combattre encore : vous serez avilie et vaincue[2], et le sentiment de votre honte étouffera par degrés toutes vos vertus. L'amour s'est insinué trop avant dans la substance de votre ame pour que vous puissiez jamais l'en chasser; il en renforce et pénetre tous les traits comme une eau forte et corrosive; vous n'en effacerez jamais la profonde impression sans effacer à la fois tous les sentimens exquis que vous reçutes de la nature, et quand il ne vous restera plus d'amour, il ne vous restera plus rien d'estimable (*a*). Qu'avez-vous donc maintenant à faire, ne pouvant plus changer l'état de votre cœur ? Une seule chose, Julie, c'est de le rendre légitime. Je vais vous proposer pour cela l'unique moyen qui vous reste; profitez-en, tandis qu'il est tems encore; rendez à l'innocence et à la vertu cette sublime raison dont le Ciel vous fit dépositaire, ou craignez d'avilir à jamais le plus précieux de ses dons.

J'ai dans le Duché d'Yorc une terre assés considérable, qui fut longtems le séjour de mes ancêtres. Le château est ancien, mais bon et comode; les environs sont solitaires, mais agréables et variés. La riviere d'Ouse qui passe au bout du parc offre à la fois une perspective charmante à la vue et un débouché facile aux denrées; le produit de la terre suffit pour l'honnête entretien du maître et peut doubler sous ses yeux. L'odieux préjugé n'a point d'accés dans cette heureuse contrée[1]. L'habitant paisible y conserve encore les mœurs simples des premiers tems, et l'on y trouve une image du Valais décrit avec des traits si touchans par la plume de votre ami. Cette terre est à vous, Julie, si vous daignez l'habiter avec lui, et c'est là que vous pourrez accomplir ensemble tous les tendres souhaits par où finit la lettre dont je parle (*a*).

Venez, modele unique des vrais amans; venez, couple aimable et fidelle prendre possession d'un lieu fait pour servir d'azile à l'amour et à l'innocence. Venez y serrer, à la face du ciel et des hommes, le doux nœud qui vous unit. Venez honorer de l'exemple de vos vertus un pays où elles seront adorées, et des gens simples portés à les imiter. Puissiez-vous en ce lieu tranquille goûter à jamais dans les sentimens qui vous unissent le bonheur des ames pures; puisse le Ciel y bénir vos chastes feux d'une famille qui vous ressemble; puissiez vous y prolonger vos jours dans une honorable vieillesse, et les terminer enfin paisiblement dans les bras de vos enfans; puissent nos neveux en parcourant avec un charme secret ce monument de la félicité conjugale, dire un jour dans l'attendrissement de leur cœur : *Ce fut ici l'azile de l'innocence; ce fut ici la demeure des deux amans*[2].

Votre sort est en vos mains, Julie; pesez attentivement la proposition que je vous fais, et n'en examinez que le fond; car d'ailleurs, je me charge d'assurer d'avance et irrévocablement votre ami de l'engagement que je prends; je me charge aussi de la sureté de votre départ, et de veiller avec lui à celle de votre personne jusqu'à votre arrivée. Là vous pourrez aussi-tôt vous marier publiquement sans obstacle; car parmi nous une fille nubile n'a nul besoin du consentement d'autrui pour disposer d'elle-même. Nos sages loix n'abrogent point celles de la nature, et s'il resulte de cet heureux accord quelques inconvéniens, ils sont beaucoup moindres que ceux qu'il prévient (*a*). J'ai laissé à Vevai mon Valet-de-chambre, homme de confiance, brave, prudent, et d'une fidélité à toute épreuve. Vous pourrez aisément vous concerter avec lui de bouche ou par écrit à l'aide de Regianino, sans que ce dernier sache dequoi il s'agit. Quand il sera tems, nous partirons pour vous aller joindre, et vous ne quiterez la maison paternelle que sous la conduite de votre Epoux.

Je vous laisse à vos réflexions; mais je le repete, craignez l'erreur des préjugés et la séduction des scrupules qui menent souvent au vice par le chemin de l'honneur. Je prévois ce qui vous arrivera si vous rejettez mes offres. La tirannie d'un pere intraitable vous entraînera dans l'abîme que vous ne connoîtrez qu'après la chute. Votre extrême douceur dégénere quelquefois en timidité : vous serez sacrifiée à la chimere des conditions* (*b*) : Il faudra contracter un engagement desavoué par le cœur. L'approbation publique sera démentie incessamment par le cri de la conscience; vous serez honorée et méprisable. Il vaut mieux être oubliée et vertueuse.

P. S. Dans le doute de votre résolution, je vous écris à l'insçu de notre ami, de peur qu'un refus de votre part ne vint détruire en un instant tout l'effet de mes soins.

LETTRE IV (*c*)[1].

DE JULIE A CLAIRE.

OH, ma chere ! dans quel trouble tu m'as laissée hier au soir, et quelle nuit j'ai passée en rêvant à cette fatale lettre ! Non, jamais tentation plus dangereuse ne

* La chimere des conditions ! C'est un pair d'Angleterre qui parle ainsi ! et tout ceci ne seroit pas une fiction ? Lecteur, qu'en dites-vous (*d*).

vint assaillir mon cœur; jamais je n'éprouvai de pareilles agitations, et jamais je n'apperçus moins le moyen de les appaiser. Autrefois une certaine lumiere de sagesse et de raison dirigeoit ma volonté; dans toutes les occasions embarrassantes, je discernois d'abord le parti le plus honnête, et le prenois à l'instant. Maintenant avilie et toujours vaincue, je ne fais que floter entre des passions contraires : mon foible cœur n'a plus que le choix de ses fautes, et tel est mon déplorable aveuglement, que si je viens par hazard à prendre le meilleur parti, la vertu ne m'aura point guidée, et je n'en aurai pas moins de remords. Tu sais quel Epoux mon pere me destine; tu sais quels liens l'amour m'a donnés : veux-je être vertueuse ? l'obéissance et la foi m'imposent des devoirs opposés. Veux-je suivre le penchant de mon cœur ? qui préférer d'un amant ou d'un pere ? Hélas, en écoutant l'amour ou la nature, je ne puis éviter de mettre l'un ou l'autre au desespoir; en me sacrifiant au devoir je ne puis éviter de commettre un crime, et quelque parti que je prenne, il faut que je meure à la fois malheureuse et coupable.

Ah ! chere et tendre amie, toi qui fus toujours mon unique ressource et qui m'as tant de fois sauvée de la mort et du desespoir, considere aujourd'hui l'horrible état de mon ame, et vois si jamais tes secourables soins me furent plus nécessaires ! Tu sais si tes avis sont écoutés, tu sais si tes conseils sont suivis, tu viens de voir au prix du bonheur de ma vie si je sais deférer aux leçons de l'amitié. Pren donc pitié de l'accablement où tu m'as réduite; acheve, puis que tu as commencé; supplée à mon courage abatu, pense pour celle qui ne pense plus que par toi. Enfin, tu lis dans ce cœur qui t'aime; tu le connois mieux que moi. Appren-moi donc ce que je veux et choisis à ma place, quand je n'ai plus la force de vouloir, ni la raison de choisir.

Relis la Lettre de ce généreux Anglois; relis-la mille fois, mon Ange. Ah ! laisse-toi toucher au tableau charmant du bonheur que l'amour, la paix, la vertu peuvent me promettre encore ! Douce et ravissante union des ames ! délices inexprimables, même au sein des remords ! Dieux ! que seriez vous pour mon cœur au sein de la foi conjugale ? Quoi ! le bonheur et l'innocence seroient encore en mon pouvoir ? Quoi, je pourrois expirer d'amour et de joie entre un époux adoré, et les chers gages de sa tendresse !..... et j'hésite un seul moment, et je ne vole pas réparer ma faute dans les bras de celui qui me la fit commettre (*a*) ? et je ne suis pas déja femme vertueuse, et chaste mere de famille ?..... Oh que les auteurs de mes jours ne peuvent-ils me voir sortir de mon avilissement ! Que ne peuvent-ils être témoins de la maniere dont je saurai remplir à mon tour les devoirs sacrés qu'ils ont remplis envers moi !....... et les tiens ? fille ingrate et dénaturée; qui les remplira près d'eux, tandis que tu les oublies ? Est-ce en plongeant le poignard dans le sein d'une mere que tu te prépares à le devenir ? Celle qui deshonore sa famille apprendra-t-elle à ses enfans à l'honorer ? Digne objet de l'aveugle tendresse d'un pere et d'une mere idolâtres, abandonne les au regret de t'avoir fait naitre; couvre leurs vieux jours de douleur et d'opprobre..... et jouïs, si tu peux, d'un bonheur acquis à ce prix.

Mon Dieu ! que d'horreurs m'environnent ! quiter furtivement son pays; deshonorer sa famille, abandonner à la fois pere, mere, amis, parens, et toi-même ! et toi, ma douce amie (*b*) ! et toi, la bien-aimée de mon cœur ! toi dont à peine dès mon enfance, je puis rester éloignée un seul jour; te fuir, te quiter, te perdre, ne te plus voir !..... ah non ! que jamais (*c*)..... que de tourmens déchirent ta malheureuse amie ! elle sent à la fois tous les maux dont elle a le choix, sans qu'aucun des biens qui lui resteront la console. Hélas, je m'égare. Tant de combats passent ma force et troublent ma raison; je perds à la fois le courage et le sens. Je n'ai plus d'espoir qu'en toi seule. Ou choisis ou laisse moi mourir.

LETTRE V (*d*)[1].

RÉPONSE.

TES perplexités ne sont que trop bien fondées, ma chere Julie; je les ai prévues et n'ai pu les prévenir; je les sens et ne les puis appaiser; et ce que je vois de pire dans ton état, c'est que personne ne t'en peut tirer que toi-même. Quand il s'agit de prudence, l'amitié vient au secours d'une ame agitée; s'il faut choisir le bien ou le mal, la passion qui les méconnoit peut se taire devant un conseil desintéressé. Mais ici quelque parti que tu prennes, la nature l'autorise et le condanne, la raison le blâme et l'approuve, le devoir se tait ou s'oppose à lui-même; les suites sont également à craindre de part et d'autre; tu ne peux ni rester indécise ni bien choisir; tu n'as que des peines à comparer, et ton cœur seul en est le juge. Pour moi, l'importance de la délibération m'épouvante et son effet m'attriste. Quelque sort que tu préferes, il sera toujours peu digne de toi, et ne pouvant ni te montrer un parti qui te convienne, ni te conduire au vrai bonheur, je n'ai pas le courage de décider de ta destinée. Voici le premier refus que tu reçus jamais de ton amie, et je sens bien par ce qu'il me coûte que ce sera le dernier; mais je te trahirois en voulant te gouverner dans un cas où la raison même s'impose silence, et où la seule regle à suivre est d'écouter ton propre penchant.

Ne sois pas injuste envers moi, ma douce amie, et ne me juge point avant le tems. Je sais qu'il est des amitiés circonspectes qui, craignant de se compromettre, refusent des conseils dans les occasions difficiles, et dont la reserve augmente avec le péril des amis. Ah ! tu vas connoître si ce cœur qui t'aime connoit ces timides precautions ! souffre qu'au lieu de te parler de tes affaires, je te parle un instant des miennes.

N'as-tu jamais remarqué, mon Ange, à quel point tout ce qui t'approche s'attache à toi[1] ? Qu'un pere et une mere chérissent une fille unique, il n'y a pas, je le sais, dequoi s'en fort étonner; qu'un jeune homme ardent s'enflame pour un objet aimable, cela n'est pas plus extraordinaire; mais qu'à l'age mur un homme aussi froid que M. de Wolmar[2] s'attendrisse en te voyant, pour la premiere fois de sa vie (*a*); que toute une famille t'idolatre unanimement; que tu sois chere à mon pere, cet homme si peu sensible, autant et plus, peut-être, que ses propres enfans : que les amis, les connoissances, les domestiques, les voisins et toute une ville entiere, t'adorent de concert et prennent à toi le plus tendre intérêt : Voila, ma chere, un concours moins vraisemblable, et qui n'auroit point lieu s'il n'avoit en ta personne quelque cause particuliere. Sais-tu bien quelle est cette cause ? Ce n'est ni ta beauté, ni ton esprit, ni ta grace, ni rien de tout ce qu'on entend par le don de plaire : mais c'est cette ame tendre et cette douceur d'attachement qui n'a point d'égale; c'est le don d'aimer, mon enfant, qui te fait aimer. On peut resister à tout, hors à la bienveuillance[1], et il n'y a point de moyen plus sûr d'acquerir l'affection des autres que de leur donner la sienne. Mille femmes sont plus belles que toi; plusieurs ont autant de graces; toi seule as avec les graces, je ne sais quoi de plus séduisant qui ne plait pas seulement, mais qui touche, et qui fait voler tous les cœurs au devant du tien. On sent que ce tendre cœur ne demande qu'à se donner, et le doux sentiment qu'il cherche le va chercher à son tour (*a*).

Tu vois, par exemple, avec surprise l'incroyable affection de Milord Edouard pour ton ami; tu vois son zele pour ton bonheur; tu reçois avec admiration ses offres généreuses; tu les attribues à la seule vertu, et ma Julie de s'attendrir ! Erreur, abus, charmante Cousine ! A Dieu ne plaise que j'exténue[2] les bienfaits de Milord Edouard, et que je déprise[3] sa grande ame. Mais croimoi, ce zele tout pur qu'il est, seroit moins ardent si dans la même circonstance il s'addressoit à d'autres personnes. C'est ton ascendant invincible et celui de ton ami (*b*), qui, sans même qu'il s'en apperçoive le déterminent avec tant de force, et lui font faire par attachement ce qu'il croit ne faire que par honnêteté.

Voila ce qui doit arriver à toutes les ames d'une certaine trempe; elles transforment pour ainsi dire les autres en elles-mêmes; elles ont une sphere d'activité dans laquelle rien ne leur resiste : on ne peut les connoitre sans les vouloir imiter, et de leur sublime élévation elles attirent à elles tout ce qui les environne. C'est pour cela, ma chere, que ni toi ni ton ami ne connoîtrez peut-être jamais les hommes; car vous les verrez bien plus comme vous les ferez, que comme ils seront d'eux-mêmes. Vous donnerez le ton à tous ceux qui vivront avec vous; ils vous fuiront ou vous deviendront semblables, et tout ce que vous aurez vu n'aura peut-être rien de pareil dans le reste du monde[4].

Venons maintenant à moi, Cousine; à moi qu'un même sang, un même âge, et sur tout une parfaite conformité de goûts et d'humeurs avec des tempéramens contraires unit à toi dès l'enfance.

Congiunti eran gl' alberghi,
Ma più congiunti i cori :
Conforme era l'etate,
Ma 'l pensier più conforme (*a*).

Que penses-tu qu'ait produit sur celle qui a passé sa vie avec toi, cette charmante influence qui se fait sentir à tout ce qui t'approche ? Crois-tu qu'il puisse ne regner entre nous qu'une union commune ? Mes yeux ne te rendent-ils pas la douce joye que je prends chaque jour dans les tiens en nous abordant ? Ne lis-tu pas dans mon cœur attendri le plaisir de partager tes peines et de pleurer avec toi ? Puis-je oublier que dans les premiers transports d'un amour naissant, l'amitié ne te fut point importune, et que les murmures de ton amant ne purent t'engager à m'éloigner de toi, et à me dérober le spectacle de ta foiblesse ? Ce moment fut critique, ma Julie; je sais ce que vaut dans ton cœur modeste le sacrifice d'une honte qui n'est pas réciproque. Jamais je n'eusse été ta confidente si j'eusse été ton amie à demi, et nos ames se sont trop bien senties en s'unissant, pour que rien les puisse desormais séparer (*b*).

Qu'est-ce qui rend les amitiés si tiedes et si peu durables entre les femmes, je dis entre celles qui sauroient aimer ? Ce sont les intérêts de l'amour; c'est l'empire de la beauté; c'est la jalousie des conquêtes. Or si rien de tout cela nous eut pu diviser, cette division seroit déja faite; mais quand mon cœur seroit moins inepte[1] à l'amour, quand j'ignorerois que vos feux sont de nature à ne s'éteindre qu'avec la vie, ton amant est mon ami, c'est-à-dire, mon frere; et qui vit jamais finir par l'amour une véritable amitié (*c*) ? Pour M. d'Orbe, assurément il aura longtems à se louer de tes sentimens, avant que je songe à m'en plaindre, et je ne suis pas plus tentée de le retenir par force que toi de me l'arracher. Eh, mon enfant ! plut-au-Ciel qu'au prix de son attachement je te pusse guérir du tien; je le garde avec plaisir, je le céderois avec joye (*d*).

A l'égard des prétentions sur la figure j'en puis avoir tant qu'il me plaira, tu n'es pas fille à me les disputer, et je suis bien sûre qu'il ne t'entra de tes jours dans l'esprit de savoir qui de nous deux est la plus jolie. Je n'ai pas été tout à fait si indifférente; je sais là-dessus à quoi m'en tenir, sans en avoir le moindre chagrin. Il me semble même que j'en suis plus fiere que jalouse; car enfin les charmes de ton visage n'étant pas ceux qu'il faudroit au mien, ne m'ôtent rien de ce que j'ai, et je me trouve encore belle de ta beauté, aimable de tes graces, ornée de tes talens; je me pare de toutes tes perfections, et c'est en toi que je place mon amour propre le mieux entendu. Je n'aimerois pourtant guere à faire peur pour mon compte, mais je suis assés jolie pour le besoin que j'ai de l'être. Tout le reste m'est inutile, et je n'ai pas besoin d'être humble pour te ceder.

Tu t'impatientes de savoir à quoi j'en veux venir. Le voici. Je ne puis te donner le conseil que tu me demandes, je t'en ai dit la raison : mais le parti que tu prendras pour toi, tu le prendras en même tems pour ton amie, et quel que soit ton destin je suis déterminée à le partager. Si tu pars, je te suis; si tu restes, je reste : j'en ai formé l'inébranlable résolution, je le dois, rien ne m'en peut détourner. Ma fatale indulgence a causé ta perte; ton sort doit être le mien (*a*), et puisque nous fumes inséparables dès l'enfance, ma Julie, il faut l'être jusqu'au tombeau.

Tu trouveras, je le prévois, beaucoup d'étourderie dans ce projet; mais, au fond il est plus sensé qu'il ne semble, et je n'ai pas les mêmes motifs d'irrésolution que toi. Premierement, quant à ma famille, si je quite un pere facile, je quite un pere assés indifférent, qui laisse faire à ses enfans tout ce qui leur plait, plus par négligence que par tendresse[1] : car tu sais que les affaires de l'Europe l'occupent beaucoup plus que les siennes, et que sa fille lui est bien moins chere que la pragmatique[2]. D'ailleurs, je ne suis pas comme toi fille unique, et avec les enfans qui lui resteront, à peine saura-t-il s'il lui en manque un.

J'abandonne un mariage prêt à conclurre? *Manco-male* (*b*), ma chere; c'est à M. d'Orbe, s'il m'aime, à s'en consoler. Pour moi, quoique j'estime son caractere, que je ne sois pas sans attachement pour sa personne, et que je regrette en lui un fort honnête homme, il ne m'est rien auprès de ma Julie. Di-moi, mon enfant, l'ame a-t-elle un sexe? En vérité, je ne le sens guere à la mienne. Je puis avoir des fantaisies, mais fort peu d'amour. Un mari peut m'être utile, mais il ne sera jamais pour moi qu'un mari, et de ceux-là, libre encore et passable comme je suis, j'en puis trouver un par tout le monde.

Pren bien garde, Cousine, que quoique je n'hésite

point, ce n'eſt pas à dire que tu ne doives point hésiter, ni que je veuille t'insinuer de prendre le parti que je prendrai si tu pars. La différence eſt grande entre nous et tes devoirs sont beaucoup plus rigoureux que les miens. Tu sais encore qu'une affection presque unique remplit mon cœur, et absorbe si bien tous les autres sentimens qu'ils y sont comme anéantis. Une invincible et douce habitude m'attache à toi dès mon enfance; je n'aime parfaitement que toi seule, et si j'ai quelques liens à rompre en te suivant, je m'encouragerai par ton exemple. Je me dirai, j'imite Julie, et me croirai juſtifiée (*a*).

BILLET.

DE JULIE A CLAIRE.

JE t'entends, amie incomparable, et je te remercie. Au moins une fois j'aurai fait mon devoir, et ne serai pas en tout indigne de toi (*b*).

LETTRE VI (*c*)[1].

DE JULIE A MILORD EDOUARD.

VOTRE Lettre, Milord, me pénetre d'attendrissement et d'admiration. L'ami que vous daignez protéger n'y sera pas moins sensible quand il saura tout ce que vous avez voulu faire pour nous. Hélas ! il n'y a que les infortunés qui sentent le prix des ames bienfaisantes. Nous ne savons déja qu'à trop de titres tout ce que vaut la votre, et vos vertus héroïques nous toucheront toujours, mais elles ne nous surprendront plus.

Qu'il me seroit doux d'être heureuse sous les auspices d'un ami si généreux, et de tenir de ses bienfaits le bonheur que la fortune m'a refusé ! Mais, Milord, je le vois avec desespoir, elle trompe vos bons desseins; mon sort cruel l'emporte sur votre zele, et la douce image des biens que vous m'offrez ne sert qu'à m'en rendre la privation plus sensible. Vous donnez une retraite agréable et sûre à deux amans persécutés; vous y rendez leurs feux légitimes, leur union solennelle, et je sais que sous votre garde j'échaperois aisément aux poursuites d'une famille irritée. C'est beaucoup pour l'amour, est-ce assés pour la félicité ? Non, si vous voulez que je sois paisible et contente, donnez-moi quelque azile plus sûr encore, où l'on puisse échaper à la honte et au repentir. Vous allez au devant de nos besoins, et par une générosité sans exemple, vous vous privez pour notre entretien d'une partie des biens destinés au votre. Plus riche, plus honorée de vos bienfaits que de mon patrimoine, je puis tout recouvrer près de vous, et vous daignerez me tenir lieu de pere. Ah Milord ! serai-je digne d'en trouver un, après avoir abandonné celui que m'a donné la nature ?

Voila la source des reproches d'une conscience épouvantée, et des murmures secrets qui déchirent mon cœur. Il ne s'agit pas de savoir si j'ai droit de disposer de moi contre le gré des auteurs de mes jours, mais si j'en puis disposer sans les affliger mortellement, si je puis les fuir sans les mettre au desespoir ? Hélas ! il vaudroit autant consulter si j'ai droit de leur ôter la vie. Depuis quand la vertu pese-t-elle ainsi les droits du sang et de la nature ? Depuis quand un cœur sensible marque-t-il avec tant de soin les bornes de la reconnoissance ? N'est-ce pas être déja coupable que de vouloir aller jusqu'au point où l'on commence à le devenir, et cherche-t-on si scrupuleusement le terme de ses devoirs, quand on n'est point tenté de le passer? Qui, moi? j'abandonnerois impitoyablement ceux par qui je respire, ceux qui me conservent la vie qu'ils m'ont donnée, et me la rendent chere; ceux qui n'ont d'autre espoir, d'autre plaisir qu'en moi seule ? Un pere presque sexagenaire ! une mere toujours languissante ! Moi leur unique enfant, je les laisserois sans assistance dans la solitude et les ennuis de la vieillesse, quand il est tems de leur rendre les tendres soins qu'ils m'ont prodigués ? Je livrerois leurs derniers jours à la honte, aux regrets, aux pleurs ? La terreur, le cri de ma conscience agitée me peindroient sans cesse mon pere et ma mere expirans sans consolation, et maudissant la fille ingrate qui les délaisse et les deshonore ? Non, Milord, la vertu que j'abandonnai m'abandonne à son tour et ne dit plus rien à mon cœur; mais cette idée horrible me parle à sa place, elle me suivroit pour mon tourment à chaque instant de mes jours, et me rendroit misérable au sein du bonheur. Enfin, si tel est mon destin qu'il faille livrer le reste de ma vie aux remords, celui-là seul est trop affreux pour le supporter; j'aime mieux braver tous les autres.

Je ne puis répondre à vos raisons, je l'avoue, je n'ai que trop de penchant à les trouver bonnes : mais, Milord, vous n'êtes pas marié : ne sentez-vous point qu'il faut être pere pour avoir droit de conseiller les enfans d'autrui (*a*)? Quant à moi, mon parti est pris; mes parens me rendront malheureuse, je le sais bien; mais il me sera moins cruel de gemir dans mon infortune que d'avoir causé la leur, et je ne déserterai jamais la maison paternelle. Va donc, douce chimere d'une ame sensible, félicité si charmante et si désirée, va te perdre dans la nuit des songes, tu n'auras plus de réalité pour moi. Et vous, ami trop généreux, oubliez vos aimables projets, et qu'il n'en reste de trace qu'au fond d'un cœur trop reconnoissant pour en perdre le souvenir. Si l'excès de nos maux ne décourage point votre grande ame, si vos généreuses bontés ne sont point épuisées, il vous reste de quoi les exercer avec gloire, et celui que vous honorez du titre de votre ami, peut par vos soins, mériter de le devenir. Ne jugez pas de lui par l'état où vous le voyez : son égarement ne vient point de lâcheté, mais d'un génie ardent et fier qui se roidit contre la fortune. Il y a souvent plus de stupidité que de courage dans une constance apparente; le vulgaire ne connoit point de violentes douleurs, et les grandes passions ne germent gueres chez les hommes foibles. Hélas ! il a mis dans la sienne cette énergie de sentimens qui caractérise les ames nobles[1], et c'est ce qui fait aujourd'hui ma honte et mon desespoir. Milord, daignez le croire, s'il n'étoit qu'un homme ordinaire, Julie n'eut point péri.

Non, non; cette affection secrette qui prévint en vous une estime éclairée ne vous a point trompé. Il est digne de tout ce que vous avez fait pour lui sans le bien connoitre; vous ferez plus encore s'il est possible, après l'avoir connu. Oui, soyez son consolateur, son protecteur, son ami, son pere, c'est à la fois pour vous et pour lui que je vous en conjure; il justifiera votre confiance, il honorera vos bienfaits, il pratiquera vos leçons, il imitera vos vertus, il apprendra de vous la sagesse. Ah,

Milord ! s'il devient entre vos mains tout ce qu'il peut être, que vous serez fier un jour de votre ouvrage (*a*) !

LETTRE VII (*b*)[1].

DE JULIE.

Et toi aussi, mon doux ami ! et toi l'unique espoir de mon cœur, tu viens le percer encore quand il se meurt de tristesse ! J'étois préparée aux coups de la fortune, de longs pressentimens me les avoient annoncés; je les aurois supportés avec patience : mais toi pour qui je les souffre ! ah ceux qui me viennent de toi me sont seuls insuportables, et il m'est affreux de voir aggraver mes peines par celui qui devoit me les rendre cheres ! Que de douces consolations je m'étois promises qui s'évanouissent avec ton courage ! Combien de fois je me flatai que ta force animeroit ma langueur, que ton mérite effaceroit ma faute, que tes vertus releveroient mon ame abatue ! Combien de fois j'essuyai mes larmes ameres en me disant : je souffre pour lui, mais il en est digne; je suis coupable, mais il est vertueux; mille ennuis m'assiegent, mais sa constance me soutient, et je trouve au fond de son cœur le dédomagement de toutes mes pertes ? Vain espoir que la premiere épreuve a détruit ! Où est maintenant cet amour sublime qui sait élever tous les sentimens et faire éclater la vertu ? Où sont ces fieres maximes ? qu'est devenue cette imitation des grands hommes ? Où est ce philosophe que le malheur ne peut ébranler, et qui succombe au premier accident qui le sépare de sa maitresse ? Quel pretexte excusera desormais ma honte à mes propres yeux, quand je ne vois plus dans celui qui m'a séduite qu'un homme sans courage, amoli par les plaisirs, qu'un cœur lâche abatu par le premier revers, qu'un insensé qui renonce à la raison sitôt qu'il a besoin d'elle ? ô Dieu ! dans ce comble d'humiliation devois-je me voir réduite à rougir de mon choix autant que de ma foiblesse ?

Regarde à quel point tu t'oublies; ton ame égarée et rampante s'abbaisse jusqu'à la cruauté ? tu m'oses faire des reproches ? tu t'oses plaindre de moi ?... de ta

Julie ?... barbare !... comment tes remords n'ont-ils pas retenu ta main ? Comment les plus doux témoignages du plus tendre amour qui fut jamais, t'ont-ils laissé le courage de m'outrager ? Ah si tu pouvois douter de mon cœur que le tien seroit méprisable !... mais non, tu n'en doutes pas, tu n'en peux douter, j'en puis défier ta fureur; et dans cet instant même où je hais ton injustice, tu vois trop bien la source du premier mouvement de colere que j'éprouvai de ma vie.

Peux-tu t'en prendre à moi, si je me suis perdue par une aveugle confiance, et si mes desseins n'ont point réussi ? Que tu rougirois de tes duretés si tu connoissois quel espoir m'avoit séduite, quels projets j'osai former pour ton bonheur et le mien, et comment ils se sont évanouis avec toutes mes espérances ! Quelque jour, j'ose m'en flater encore, tu pourras en savoir davantage, et tes regrets me vengeront alors de tes reproches (*a*). Tu sais la deffense de mon pere; tu n'ignores pas les discours publics; j'en prévis les conséquences, je te les fis exposer, tu les sentis comme nous, et pour nous conserver l'un à l'autre il falut nous soumettre au sort qui nous séparoit.

Je t'ai donc chassé, comme tu l'oses dire ? Mais pour qui l'ai-je fait, amant sans délicatesse ? Ingrat ! c'est pour un cœur bien plus honnête qu'il ne croit l'être, et qui mourroit mille fois plutôt que de me voir avilie. Di-moi, que deviendras-tu quand je serai livrée à l'opprobre ? Esperes-tu pouvoir supporter le spectacle de mon deshonneur ? Vien cruel, si tu le crois, vien recevoir le sacrifice de ma réputation avec autant de courage que je puis te l'offrir. Vien, ne crains pas d'être desavoué de celle à qui tu fus cher. Je suis prête à déclarer à la face du Ciel et des hommes tout ce que nous avons senti l'un pour l'autre; je suis prête à te nommer hautement mon amant, à mourir dans tes bras d'amour et de honte : j'aime mieux que le monde entier connoisse ma tendresse que de t'en voir douter un moment, et tes reproches me sont plus amers que l'ignominie.

Finissons pour jamais ces plaintes mutuelles, je t'en conjure; elles me sont insupportables. O Dieu ! comment peut on se quereller quand on s'aime, et perdre à se tourmenter l'un l'autre des momens où l'on a si grand besoin de consolation ? Non, mon ami, que sert de feindre un mécontentement qui n'eſt pas. Plaignons-nous du sort et non de l'amour. Jamais, il ne forma d'union si parfaite; jamais il n'en forma de plus durable. Nos ames trop bien confondues ne sauroient plus se séparer, et nous ne pouvons plus vivre éloignés l'un de l'autre, que comme deux parties d'un même tout. Comment peux-tu donc ne sentir que tes peines ? Comment ne sens-tu point celles de ton amie ? Comment n'entens-tu point dans ton sein ses tendres gémissemens ? Combien ils sont plus douloureux que tes cris emportés ! Combien si tu partageois mes maux ils te seroient plus cruels que les tiens mêmes !

Tu trouves ton sort déplorable ! Considere celui de ta Julie, et ne pleure que sur elle. Considere dans nos communes infortunes l'état de mon Sexe et du tien, et juge qui de nous eſt le plus à plaindre (*a*) ? Dans la force des passions affecter d'être insensible; en proye à mille peines paroitre joyeuse et contente; avoir l'air serein et l'ame agitée; dire toujours autrement qu'on ne pense; déguiser tout ce qu'on sent; être fausse par devoir, et mentir par modeſtie : voila l'état habituel de toute fille de mon âge. On passe ainsi ses beaux jours sous la tirannie des bienséances, qu'aggrave enfin celle des parens dans un lien mal assorti. Mais on gêne en vain nos inclinations; le cœur ne reçoit de loix que de lui-même; il échape à l'esclavage; il se donne à son gré. Sous un joug de fer que le ciel n'impose pas on n'asservit qu'un corps sans ame : la personne et la foi reſtent séparément engagées, et l'on force au crime une malheureuse victime, en la forçant de manquer de part ou d'autre au devoir sacré de la fidélité. Il en eſt de plus sages? ah, je le sais ! Elles n'ont point aimé ? Qu'elles sont heureuses ! Elles resiſtent ? J'ai voulu resiſter. Elles sont plus vertueuses ? Aiment-elles mieux la vertu ? Sans toi, sans toi seul je l'aurois toujours aimée. Il eſt donc vrai que je ne l'aime plus ?...... tu m'as perdue, et c'eſt moi qui te console !.... mais moi que vais-je devenir ?.... que les consolations de l'amitié sont foibles où manquent celles de l'amour ! qui me consolera donc dans mes peines (*b*) ? Quel sort affreux j'envisage, moi qui pour avoir vécu dans le crime ne vois plus qu'un nouveau crime dans des nœuds abhorrés et peut-être inévitables (*c*) ! Où trouverai-je assés de larmes pour pleurer ma faute et mon amant, si je céde ? où trouverai-je assés de force pour resiſter, dans l'abbatement où je suis ? Je crois déja voir les fureurs d'un pere irrité ! Je crois déja sentir le cri de la nature émouvoir mes entrailles, ou l'amour gémissant déchirer mon cœur ! Privée de toi, je reste sans ressource, sans appui, sans espoir; le passé m'avilit, le présent m'afflige, l'avenir m'épouvante. J'ai cru tout faire pour notre bonheur, je n'ai fait que nous rendre plus misérables en nous préparant une séparation plus cruelle. Les vains plaisirs ne sont plus, les remords demeurent, et la honte qui m'humilie est sans dédomagement.

C'est à moi, c'est à moi d'être foible et malheureuse. Laisse-moi pleurer et souffrir; mes pleurs ne peuvent non plus tarir que mes fautes se réparer, et le tems même qui guerit tout ne m'offre que de nouveaux sujets de larmes : Mais toi qui n'as nulle violence à craindre, que la honte n'avilit point, que rien ne force à déguiser bassement tes sentimens; toi qui ne sens que l'atteinte du malheur et jouïs au moins de tes premieres vertus, comment t'oses-tu dégrader au point de soupirer et gémir comme une femme, et de t'emporter comme un furieux ? N'est-ce pas assés du mépris que j'ai mérité pour toi, sans l'augmenter en te rendant méprisable toi-même, et sans m'accabler à la fois de mon opprobre et du tien ? Rappelle donc ta fermeté, sache supporter l'infortune et sois homme. Sois encore, si j'ose le dire, l'amant que Julie a choisi. Ah si je ne suis plus digne d'animer ton courage, souviens-toi, du moins, de ce que je fus un jour; mérite que pour toi j'aye cessé de l'être; ne me deshonore pas deux fois (*a*).

Non, mon respectable ami, ce n'est point toi que je reconnois dans cette lettre effeminée que je veux à jamais oublier et que je tiens déja desavouée par toi-même. J'espere, toute avilie, toute confuse que je suis, j'ose esperer que mon souvenir n'inspire point des sentimens si bas, que mon image regne encore avec plus de gloire dans un cœur que je pus enflamer, et que je n'aurai point à me reprocher, avec ma foiblesse, la lâcheté de celui qui l'a causée.

Heureux dans ta disgrace, tu trouves le plus précieux dédomagement qui soit connu des ames sensibles[1]. Le Ciel, dans ton malheur te donne un ami, et te laisse à douter si ce qu'il te rend ne vaut pas mieux que ce qu'il t'ôte. Admire et cheris cet homme trop généreux qui daigne aux dépends de son repos prendre soin de tes jours et de ta raison. Que tu serois ému si tu savois tout ce qu'il a voulu faire pour toi ! Mais que sert d'animer ta reconnoissance en aigrissant tes douleurs ? Tu n'as pas besoin de savoir à quel point il t'aime pour connoitre tout ce qu'il vaut, et tu ne peux l'estimer comme il le mérite, sans l'aimer comme tu le dois.

LETTRE VIII (*a*).

DE CLAIRE.

Vous avez plus d'amour que de délicatesse, et savez mieux faire des sacrifices que les faire valoir. Y pensez-vous d'écrire à Julie sur un ton de reproches dans l'état où elle est, et parce que vous souffrez, faut-il vous en prendre à elle qui souffre encore plus ? Je vous l'ai dit mille fois, je ne vis de ma vie un amant si grondeur que vous; toujours prêt à disputer sur tout, l'amour n'est pour vous qu'un état de guerre, ou si quelquefois vous êtes docile, c'est pour vous plaindre ensuite de l'avoir été. Oh que de pareils amans sont à craindre et que je m'estime heureuse de n'en avoir jamais voulu que de ceux qu'on peut congédier quand on veut, sans qu'il en coûte une larme à personne !

Croyez-moi, changez de langage avec Julie si vous voulez qu'elle vive; c'en est trop pour elle de supporter à la fois sa peine et vos mécontentemens. Apprenez une fois à ménager ce cœur trop sensible; vous lui devez les plus tendres consolations; craignez d'augmenter vos maux à force de vous en plaindre, ou du moins ne vous en plaignez qu'à moi qui suis l'unique auteur de votre éloignement. Oui, mon Ami, vous avez deviné juste; je lui ai suggeré le parti qu'exigeoit son honneur en péril, ou plutôt je l'ai forcée à le prendre en exagérant le danger; je vous ai déterminé vous même, et chacun a rempli son devoir. J'ai plus fait encore; je l'ai détournée d'accepter les offres de Milord Edouard; je vous ai empêché d'être heureux, mais le bonheur de Julie m'est plus cher que le votre; je savois qu'elle ne pouvoit être heureuse après avoir livré ses parens à la honte et au desespoir, et j'ai peine à comprendre par raport à vous même quel bonheur vous pourriez goûter aux dépends du sien.

Quoiqu'il en soit, voila ma conduite et mes torts, et puisque vous vous plaisez à quereller ceux qui vous aiment, voila dequoi vous en prendre à moi seule; si ce n'est pas cesser d'être ingrat, c'est au moins cesser d'être injuste. Pour moi, de quelque maniere que vous en usiez, je serai toujours la même envers vous; vous me serez cher tant que Julie vous aimera, et je dirois davantage s'il étoit possible[1]. Je ne me repents d'avoir ni favorisé ni combatu votre amour. Le pur zele de l'amitié qui m'a toujours guidée me justifie également dans ce que j'ai fait pour et contre vous, et si quelquefois je m'interessai pour vos feux, plus peut-être, qu'il ne sembloit me convenir, le témoignage de mon cœur suffit à mon repos; je ne rougirai jamais des services que j'ai pu rendre à mon amie, et ne me reproche que leur inutilité.

Je n'ai pas oublié ce que vous m'avez appris autrefois de la constance du sage dans les disgraces, et je pourrois ce me semble vous en rapeller à propos quelques maximes; mais l'exemple de Julie m'apprend qu'une fille de mon âge est pour un philosophe du votre un aussi mauvais precepteur qu'un dangereux disciple, et il ne me conviendroit pas de donner des leçons à mon maitre.

LETTRE IX (*a*).

DE MILORD EDOUARD A JULIE.

Nous l'emportons, charmante Julie, une erreur de notre ami l'a ramené à la raison. La honte de s'être mis un moment dans son tort a dissipé toute sa fureur, et l'a rendu si docile que nous en ferons désormais tout ce qu'il nous plaira. Je vois avec plaisir que la faute qu'il se reproche lui laisse plus de regret que de dépit, et je connois qu'il m'aime, en ce qu'il est humble et confus en ma présence, mais non pas embarrassé ni contraint. Il sent trop bien son injustice pour que je m'en souvienne, et des torts ainsi reconnus font plus d'honneur à celui qui les repare qu'à celui qui les pardonne[2].

J'ai profité de cette révolution et de l'effet qu'elle a

produit pour prendre avec lui quelques arrangemens nécessaires, avant de nous séparer; car je ne puis différer mon départ (*a*) plus longtems. Comme je compte revenir l'été prochain, nous sommes convenus qu'il iroit m'attendre à Paris, et qu'ensuite nous irions ensemble en Angleterre. Londres est le seul théatre digne des grands talens, et où leur carriere est le plus étendue*. Les siens sont supérieurs (*b*) à bien des égards, et je ne desespere pas de lui voir faire en peu de tems à l'aide de quelques amis, un chemin digne de son mérite. Je vous expliquerai mes vues plus en détail à mon passage auprès de vous. En attendant vous sentez qu'à force de succès on peut lever bien des difficultés, et qu'il y a des degrés de considération qui peuvent compenser la naissance, même dans l'esprit de votre pere. C'est, ce me semble, le seul expédient qui reste à tenter pour votre bonheur et le sien, puisque le sort et les préjugés vous ont ôté tous les autres.

J'ai écrit à Regianino de venir me joindre en poste, pour profiter de lui pendant huit ou dix jours que je passe encore avec notre ami. Sa tristesse est trop profonde pour laisser place à beaucoup d'entretien. La musique remplira les vuides du silence, le laissera rêver, et changera par degrés sa douleur en mélancolie (*c*)[1]. J'attens cet état pour le livrer à lui-même : Je n'oserois m'y fier auparavant. Pour Régianino, je vous le rendrai en repassant et ne le reprendrai qu'à mon retour d'Italie, tems où, sur les progrès que vous avez déja faits toutes deux, je juge qu'il ne vous sera plus nécessaire. Quant à présent, sûrement il vous est inutile, et je ne vous prive de rien en vous l'otant pour quelques jours.

---

* C'est avoir une étrange prévention pour son pays; car je n'entends pas dire qu'il y en ait au monde où généralement parlant les étrangers soient moins bien reçus, et trouvent plus d'obstacles à s'avancer qu'en Angleterre. Par le goût de la Nation ils n'y sont favorisés en rien; par la forme du gouvernement ils n'y sauroient parvénir à rien. Mais convenons aussi que l'Anglois ne va gueres demander aux autres l'hospitalité qu'il leur refuse chez lui. Dans quelle Cour hors celle de Londres voit-on ramper lâchement ces fiers insulaires ? dans quel pays hors le leur vont-ils chercher à s'enrichir ? Ils sont durs, il est vrai; cette dureté ne me déplait pas quand elle marche avec la justice. Je trouve beau qu'ils ne soient qu'Anglois, puisqu'ils n'ont pas besoin d'être hommes (*d*).

LETTRE X (*a*)[1].

A CLAIRE.

POURQUOI faut-il que j'ouvre enfin les yeux sur moi ? Que ne les ai-je fermés pour toujours, plutôt que de voir l'avilissement où je suis tombé; plutôt que de me trouver le dernier des hommes, après en avoir été le plus fortuné ! Aimable et généreuse amie, qui fûtes si souvent mon refuge, j'ose encore verser ma honte et mes peines dans votre cœur compatissant; j'ose encore implorer vos consolations contre le sentiment de ma propre indignité; j'ose recourir à vous quand je suis abandonné de moi-même. Ciel, comment un homme aussi méprisable a-t-il pu jamais être aimé d'elle, ou comment un feu si divin n'a-t-il point épuré mon ame ? Qu'elle doit maintenant rougir de son choix, celle que je ne suis plus digne de nommer ! Qu'elle doit gémir de voir profaner son image dans un cœur si rempant et si bas ! Qu'elle doit de dédains et de haine à celui qui put l'aimer et n'être qu'un lâche ! Connoissez toutes mes erreurs, charmante Cousine*; connoissez mon crime et mon repentir; soyez mon Juge et que je meure; ou soyez mon intercesseur, et que l'objet qui fait mon sort daigne encore en être l'arbitre.

Je ne vous parlerai point de l'effet que produisit sur moi cette séparation imprévue; je ne vous dirai rien de ma douleur stupide et de mon insensé desespoir : vous n'en jugerez que trop par l'égarement inconcevable où l'un et l'autre m'ont entraîné. Plus je sentois l'horreur de mon état, moins j'imaginois qu'il fut possible de renoncer volontairement à Julie; et l'amertume de ce sentiment, jointe à l'étonnante générosité de Milord Edouard me fit naître des soupçons que je ne me rappellerai jamais sans horreur, et que je ne puis oublier sans ingratitude envers l'ami qui me les pardonne.

En rapprochant dans mon délire toutes les circonstances de mon départ, j'y crus reconnoître un dessein prémédité, et j'osai l'attribuer au plus vertueux des hommes. A peine ce doute affreux me fut-il entré dans

---

* A l'imitation de Julie, il l'appelloit, ma Cousine; et à l'imitation de Julie, Claire l'appelloit, mon ami (*b*).

l'esprit que tout me sembla le confirmer. La conversation de Milord avec le Baron d'Etange; le ton peu insinuant que je l'accusois d'y avoir affecté; la querelle qui en dériva; la défense de me voir; la résolution prise de me faire partir; la diligence et le secret des préparatifs; l'entretien qu'il eut avec moi la veille; enfin la rapidité avec laquelle je fus plutôt enlevé qu'emmené; tout me sembloit prouver de la part de Milord un projet formé de m'écarter de Julie, et le retour que je savois qu'il devoit faire auprès d'elle achevoit selon moi de me déceler le but de ses soins. Je résolus pourtant de m'éclaircir encore mieux avant d'éclater, et dans ce dessein je me bornai à examiner les choses avec plus d'attention. Mais tout redoubloit mes ridicules soupçons, et le zele de l'humanité ne lui inspiroit rien d'honnête en ma faveur, dont mon aveugle jalousie ne tirât quelque indice de trahison. A Besançon je sus qu'il avoit écrit à Julie, sans me communiquer sa lettre, sans m'en parler. Je me tins alors suffisament convaincu, et je n'attendis que la réponse, dont j'esperois bien le trouver mécontent, pour avoir avec lui l'éclaircissement que je méditois.

Hier au soir nous rentrames assés tard, et je sus qu'il y avoit un pacquet venu de Suisse, dont il ne me parla point en nous séparant. Je lui laissai le tems de l'ouvrir; je l'entendis de ma chambre murmurer, en lisant, quelques mots. Je prêtai l'oreille attentivement. Ah Julie ! disoit-il en phrases interrompues, j'ai voulu vous rendre heureuse..... je respecte votre vertu.... mais je plains votre erreur..... A ces mots et d'autres semblables que je distingai parfaitement, je ne fus plus maître de moi; je pris mon épée sous mon bras; j'ouvris, ou plutôt j'enfonçai la porte; j'entrai comme un furieux. Non, je ne souillerai point ce papier ni vos regards des injures que me dicta la rage pour le porter à se battre avec moi sur le champ.

O ma Cousine ! c'est là surtout que je pus reconnoitre l'empire de la véritable sagesse, même sur les hommes les plus sensibles; quand ils veulent écoûter sa voix. D'abord il ne put rien comprendre à mes discours, et il les prit pour un vrai délire : Mais la trahison dont je l'accusois, les desseins secrets que je lui reprochois, cette lettre de Julie qu'il tenoit encore et dont je lui parlois sans cesse, lui firent connoitre enfin le sujet de ma fureur. Il sourit; puis il me dit froidement : vous avez perdu la raison, et je ne me bats point contre un insensé. Ouvrez les yeux, aveugle que vous êtes, ajouta-t-il d'un ton plus doux, est-ce bien moi que vous accusez de vous trahir ? Je sentis dans l'accent de ce discours je ne sais quoi qui n'étoit pas d'un perfide; le son de sa voix me remua le cœur; je n'eus pas jetté les yeux sur les siens que tous mes soupçons se dissipérent, et je commençai de voir avec effroi mon extravagance.

Il s'apperçut à l'instant de ce changement; il me tendit la main. Venez, me dit-il, si votre retour n'eut précedé ma justification, je ne vous aurois vû de ma vie. A présent que vous êtes raisonnable, lisez cette lettre, et connoissez une fois vos amis. Je voulus refuser de la lire; mais l'ascendant que tant d'avantages lui donnoient sur moi le lui fit exiger d'un ton d'autorité que, malgré mes ombrages dissipés, mon desir secret n'apuyoit que trop.

Imaginez en quel état je me trouvai après cette lecture, qui m'apprit les bienfaits inouïs de celui que j'osois calomnier avec tant d'indignité. Je me précipitai à ses pieds, et le cœur chargé d'admiration, de regrets et de honte, je serrois ses genoux de toute ma force, sans pouvoir proférer un seul mot[1]. Il reçut mon repentir comme il avoit reçu mes outrages, et n'exigea de moi pour prix du pardon qu'il daigna m'accorder que de ne m'opposer jamais au bien qu'il voudroit me faire. Ah qu'il fasse desormais ce qu'il lui plaira ! son ame sublime est au dessus de celles des hommes, et il n'est pas plus permis de resister à ses bienfaits qu'à ceux de la divinité.

Ensuite il me remit les deux lettres qui s'addressoient à moi, lesquelles (*a*) il n'avoit pas voulu me donner avant d'avoir lû la sienne, et d'être instruit de la résolution de votre Cousine. Je vis en les lisant quelle amante et quelle amie le Ciel m'a données; je vis combien il a rassemblé de sentimens et de vertus autour de moi pour rendre mes remords plus amers et ma bassesse plus méprisable. Dites, quelle est donc cette mortelle unique dont le moindre empire est dans sa beauté, et qui, semblable aux puissances éternelles (*b*) se fait également adorer et par les biens et par les maux qu'elle fait[2] ? Hélas ! elle m'a tout ravi, la cruelle, et je l'en aime davantage. Plus elle me rend malheureux, plus je la trouve parfaite. Il semble que tous les tourmens qu'elle me cause soient pour elle un nouveau mérite auprès de moi. Le sacrifice qu'elle vient de faire aux sentimens de la nature me désole et m'enchante; il augmente à mes yeux le prix de celui qu'elle a fait à l'amour. Non, son cœur ne sait rien refuser qui ne fasse valoir ce qu'il accorde.

Et vous, digne et charmante Cousine; vous unique et parfait modele d'amitié, qu'on citera seule entre toutes les femmes, et que les cœurs qui ne ressemblent pas au votre oseront traiter de chimere : ah ne me parlez plus de philosophie[1] ! je méprise ce trompeur étalage qui ne consiste qu'en vains discours; ce fantôme qui n'est qu'une ombre, qui nous excite à menacer de loin les passions et nous laisse comme un faux brave à leur approche. Daignez ne pas m'abandonner à mes égaremens; daignez rendre vos anciennes bontés à cet infortuné qui ne les merite plus, mais qui les desire plus ardemment et en a plus besoin que jamais; daignez me rappeller à moi-même, et que votre douce voix supplée en ce cœur malade à celle de la raison.

Non, je l'ose espérer, je ne suis point tombé dans un abaissement éternel. Je sens ranimer en moi ce feu pur et saint dont j'ai brulé; l'exemple de tant de vertus ne sera point perdu pour celui qui en fut l'objet, qui les aime, les admire, et veut les imiter sans cesse. O chere amante dont je dois honorer le choix ! O mes amis dont je veux recouvrer l'estime ! mon ame se réveille et reprend dans les votres sa force et sa vie. Le chaste amour et l'amitié sublime me rendront le courage qu'un lâche desespoir fut prêt à m'ôter (*a*) : les purs sentimens de mon cœur me tiendront lieu de sagesse; je serai par vous tout ce que je dois être (*b*), et je vous forcerai d'oublier ma chute, si je puis m'en relever un instant. Je ne sais, ni ne veux savoir quel sort le Ciel me reserve; quel qu'il puisse être, je veux me rendre digne de celui dont j'ai joui. Cette immortelle image que je porte en moi me servira d'égide[2], et rendra mon ame invulnerable aux coups de la fortune. N'ai-je pas assés vécu pour mon bonheur ? C'est maintenant pour sa gloire que je dois vivre. Ah, que ne puis-je étonner le monde de mes vertus afin qu'on pût dire un jour en les admirant : pouvoit-il moins faire ? Il fut aimé de Julie (*c*) !

P. S. Des nœuds abhorrés et *peut-être inévitables !* Que signifient ces mots ? Ils sont dans sa lettre. Claire, je m'attends à tout; je suis résigné, prêt à supporter mon sort. Mais ces mots.... jamais quoiqu'il arrive, je ne partirai d'ici que je n'aye eu l'explication de ces mots-là (*a*).

LETTRE XI (*b*).

DE JULIE.

Il eſt donc vrai que mon ame n'eſt pas fermée au plaisir, et qu'un sentiment de joye y peut pénétrer encore ? Hélas, je croyois depuis ton départ n'être plus sensible qu'à la douleur; je croyois ne savoir que souffrir loin de toi, et je n'imaginois pas même des consolations à ton absence. Ta charmante Lettre à ma Cousine eſt venue me desabuser; je l'ai lue et baisée avec des larmes d'attendrissement; elle a répandu la fraîcheur d'une douce rosée sur mon cœur seché d'ennuis et flétri de triſtesse, et j'ai senti par la sérénité qui m'en eſt reſtée, que tu n'as pas moins d'ascendant de loin que de près sur les affeƈtions de ta Julie.

Mon ami ! quel charme (*c*) pour moi, de te voir reprendre cette vigueur de sentiment qui convient au courage d'un homme ! Je t'en eſtimerai davantage, et m'en mépriserai moins de n'avoir pas en tout avili la dignité d'un amour honnête, ni corrompu deux cœurs à la fois. Je te dirai plus, à présent que nous pouvons parler librement de nos affaires; ce qui aggravoit mon desespoir étoit de voir que le tien nous ôtoit la seule ressource qui pouvoit nous reſter, dans l'usage de tes talens. Tu connois maintenant le digne ami que le Ciel t'a donné : ce ne seroit pas trop de ta vie entiere pour mériter ses bienfaits; ce ne sera jamais assés pour réparer l'offense que tu viens de lui faire, et j'espere que tu n'auras plus besoin d'autre leçon pour contenir ton imagination fougueuse. C'eſt sous les auspices de cet homme respeƈtable que tu vas entrer dans le monde; c'eſt à l'appui de son crédit, c'eſt guidé par son expérience que tu vas tenter de venger le mérite oublié des rigueurs de l'infortune. Fais pour lui ce que tu ne ferois pas pour toi, tâche au moins d'honorer ses bontés en ne les rendant pas inutiles. Vois quelle riante perspeƈtive s'offre encore à toi; vois quels succès tu dois espérer dans une carriere où tout concourt à favoriser ton zele. Le Ciel t'a prodigué ses dons; ton heureux naturel cultivé par ton goût t'a doué de tous les talens; à moins de vingt-quatre ans tu joins les graces de ton âge à la maturité qui dédomage plus tard du progrès des ans;

Frutto senile in su 'l giovenil fiore (*a*).

L'étude n'a point émoussé ta vivacité, ni appésanti ta personne : la fade galanterie n'a point retréci ton esprit, ni hébêté ta raison. L'ardent amour en t'inspirant tous les sentimens sublimes dont il est le pere t'a donné cette élevation d'idées et cette justesse de sens* (*b*) qui en sont inséparables[1]. A sa douce chaleur, j'ai vû ton ame déployer ses brillantes facultés, comme une fleur s'ouvre aux rayons du soleil : tu as à la fois tout ce qui mène à la fortune et tout ce qui la fait mépriser. Il ne te manquoit pour obtenir les honneurs du monde que d'y daigner prétendre, et j'espere qu'un objet plus cher à ton cœur te donnera pour eux le zele dont ils ne sont pas dignes.

O mon doux ami, tu vas t'éloigner de moi ?....... O mon bien-aimé, tu vas fuir ta Julie ?....... Il le faut; il faut nous séparer si nous voulons nous revoir heureux un jour, et l'effet des soins que tu vas prendre est notre dernier espoir. Puisse une si chére idée t'animer, te consoler durant cette amere et longue séparation ! puisse-t-elle te donner cette ardeur qui surmonte les obstacles et dompte la fortune ! Hélas, le monde et les affaires seront pour toi des distractions continuelles, et feront une utile diversion aux peines de l'absence ! Mais je vais rester abandonnée à moi seule ou livrée aux persécutions, et tout me forcera de te regretter sans cesse. Heureuse au moins si de vaines allarmes n'aggravoient mes tourmens réels, et si avec mes propres maux je ne sentois encore en moi tous ceux auxquels tu vas t'exposer !

Je frémis en songeant aux dangers de mille especes que vont courrir ta vie et tes mœurs. Je prends en toi toute la confiance qu'un homme peut inspirer; mais puisque le sort nous sépare, ah mon ami, pourquoi n'es-tu

* Justesse de sens inséparable de l'amour ? Bonne Julie, elle ne brille pas ici dans le votre.

qu'un homme ? Que de conseils te seroient nécessaires dans ce monde inconnu où tu vas t'engager ! Ce n'est pas à moi jeune, sans expérience, et qui ai moins d'étude et de réflexion que toi, qu'il appartient de te donner là-dessus des avis; c'est un soin que je laisse à Milord Edouard. Je me borne à te recommander deux choses, parce qu'elles tiennent plus au sentiment qu'à l'expérience, et que si je connois peu le monde, je crois bien connoitre ton cœur : N'abandonne jamais la vertu, et n'oublie jamais ta Julie[1].

Je ne te rappellerai point tous ces argumens subtils que tu m'as toi-même appris à mépriser, qui remplissent tant de livres et n'ont jamais fait un honnête homme. Ah ! ces tristes raisonneurs ! quels doux ravissemens leurs cœurs n'ont jamais sentis ni donnés ! Laisse, mon ami, ces vains moralistes, et rentre au fond de ton ame[2]; c'est là que tu retrouveras toujours la source de ce feu sacré qui nous embrasa tant de fois de l'amour des sublimes vertus; c'est là que tu verras ce simulacre éternel du vrai beau dont la contemplation nous anime d'un saint enthousiasme, et que nos passions souillent sans cesse sans pouvoir jamais l'effacer*. Souviens-toi des larmes délicieuses qui couloient de nos yeux, des palpitations qui suffoquoient nos cœurs agités, des transports qui nous élevoient au dessus de nous mêmes, au recit de ces vies héroïques qui rendent le vice inexcusable et font l'honneur de l'humanité. Veux-tu savoir laquelle est vraiment désirable, de la fortune ou de la vertu ? songe à celle que le cœur préfere quand son choix est impartial. Songe où l'intérêt nous porte en lisant l'histoire (*a*)[3]. T'avisas-tu jamais de désirer les trésors de Crésus, ni la gloire de César, ni le pouvoir de Néron, ni les plaisirs d'Eliogabale ? Pourquoi, s'ils étoient heureux, tes désirs ne te mettoient ils pas à leur place ? C'est qu'ils ne l'étoient point et tu le sentois bien; c'est qu'ils étoient vils et méprisables, et qu'un méchant heureux ne fait envie à personne. Quels hommes contemplois-tu donc avec le plus de plaisir ? Desquels adorois-tu les exemples ? Auxquels aurois-tu mieux aimé ressembler ? Charme inconce-

* La véritable philosophie des Amans est celle de Platon[4]; durant le charme ils n'en ont jamais d'autre. Un homme émû ne peut quitter ce philosophe; un lecteur froid ne peut le souffrir.

vable de la beauté qui ne périt point ! c'étoit l'Athénien buvant la Cigue, c'étoit Brutus mourant pour son pays, c'étoit Regulus au milieu des tourmens, c'étoit Caton déchirant ses entrailles, c'étoient tous ces vertueux infortunés qui te faisoient envie, et tu sentois au fond de ton cœur la félicité réelle que couvroient leurs maux apparens. Ne crois-pas que ce sentiment fut particulier à toi seul; il eſt celui de tous les hommes, et souvent même en dépit d'eux (*a*). Ce divin modele que chacun de nous porte avec lui nous enchante malgré que nous en ayons; si tôt que la passion nous permet de le voir, nous lui voulons ressembler, et si le plus méchant des hommes pouvoit-être un autre que lui-même, il voudroit être un homme de bien.

Pardonne moi ces transports, mon aimable ami; tu sais qu'ils me viennent de toi, et c'eſt à l'amour dont je les tiens à te les rendre. Je ne veux point t'enseigner ici tes propres maximes, mais t'en faire un moment l'application, pour voir ce qu'elles ont à ton usage : car voici le tems de pratiquer tes propres leçons, et de montrer comment on exécute ce que tu sais dire. S'il n'eſt pas queſtion d'être un Caton ni un Regulus, chacun pourtant doit aimer son pays, être intègre et courageux, tenir sa foi, même aux dépens de sa vie. Les vertus privées sont souvent d'autant plus sublimes qu'elles n'aspirent point à l'approbation d'autrui mais seulement au bon témoignage de soi-même, et la conscience du juſte lui tient lieu des louanges de l'univers. Tu sentiras donc que la grandeur de l'homme appartient à tous les états, et que nul ne peut être heureux s'il ne jouït de sa propre eſtime; car si la véritable jouïssance de l'ame eſt dans la contemplation du beau, comment le méchant peut-il l'aimer dans autrui sans être forcé de se haïr lui-même ?

Je ne crains pas que les sens et les plaisirs grossiers te corrompent. Ils sont des pieges peu dangereux pour un cœur sensible, et il lui en faut de plus délicats : Mais je crains les maximes et les leçons du monde; je crains cette force terrible que doit avoir l'exemple universel et continuel du vice; je crains les sophismes adroits dont il se colore : Je crains, enfin, que ton cœur même ne t'en impose, et ne te rende moins difficile sur les moyens d'acquérir une considération que tu saurois dédaigner si notre union n'en pouvoit être le fruit (*b*).

Je t'avertis, mon ami, de ces dangers; ta sagesse fera le reste; car c'est beaucoup pour s'en garantir que d'avoir sû les prévoir. Je n'ajouterai qu'une réflexion (*a*) qui l'emporte à mon avis sur la fausse raison du vice, sur les fieres erreurs des insensés, et qui doit suffire pour diriger au bien la vie de l'homme sage. C'est que la source du bonheur n'est toute entiere ni dans l'objet desiré ni dans le cœur qui le possede, mais dans le rapport de l'un et de l'autre, et que, comme tous les objets de nos desirs ne sont pas propres à produire la félicité, tous les états du cœur ne sont pas propres à la sentir. Si l'ame la plus pure ne suffit pas seule à son propre bonheur, il est plus sûr encore que toutes les délices de la terre ne sauroient faire celui d'un cœur dépravé; car il y a des deux côtés une préparation nécessaire, un certain concours dont résulte ce précieux sentiment recherché de tout être sensible, et toujours ignoré du faux sage qui s'arrête au plaisir du moment faute de connoitre un bonheur durable (*b*)[1]. Que serviroit donc d'acquerir un de ces avantages aux dépends de l'autre, de gagner au dehors pour perdre encore plus au dedans, et de se procurer les moyens d'être heureux en perdant l'art de les employer ? Ne vaut-il pas mieux encore, si l'on ne peut avoir qu'un des deux, sacrifier celui que le sort peut nous rendre à celui qu'on ne recouvre point quand on l'a perdu ? Qui le doit mieux savoir que moi, qui n'ai fait qu'empoisonner les douceurs de ma vie en pensant y mettre le comble ? Laisse donc dire les méchans qui montrent leur fortune et cachent leur cœur, et sois sûr que s'il est un seul exemple du bonheur sur la terre, il se trouve dans un homme de bien (*c*). Tu reçus du Ciel cet heureux penchant à tout ce qui est bon et honnête; n'écoute que tes propres desirs, ne suis que tes inclinations naturelles; songe surtout à nos premieres amours. Tant que ces momens purs et délicieux reviendront à ta mémoire, il n'est pas possible que tu cesses d'aimer ce qui te les rendit si doux, que le charme du beau moral s'efface dans ton ame, ni que tu veuilles jamais obtenir ta Julie par des moyens indignes de toi. Comment jouïr d'un bien dont on auroit perdu le goût ? Non, pour pouvoir posseder ce qu'on aime, il faut garder le même cœur qui l'a aimé.

Me voici à mon second point, car comme tu vois je n'ai pas oublié mon métier. Mon ami, l'on peut sans amour avoir les sentimens sublimes d'une ame forte : mais un amour tel que le notre l'anime et la soutient tant qu'il brule; sitot qu'il s'éteint elle tombe en langueur, et un cœur usé n'est plus propre à rien. Di-moi, que serions-nous si nous n'aimions plus ? Eh ! ne vaudroit-il pas mieux cesser d'être que d'exister sans rien sentir, et pourrois-tu te resoudre à traîner sur la terre l'insipide vie d'un homme ordinaire, après avoir goûté tous les transports qui peuvent ravir une ame humaine ? Tu vas habiter de grandes villes[1], où ta figure et ton âge encore plus que ton mérite tendront mille embuches à ta fidélité. L'insinuante coqueterie affectera le langage de la tendresse, et te plaira sans t'abuser : tu ne chercheras point l'amour, mais les plaisirs[2]; tu les goûteras séparés de lui et ne les pourras reconnoitre. Je ne sais si tu retrouveras ailleurs le cœur de Julie, mais je te défie de jamais retrouver auprès d'une autre ce que tu sentis auprès d'elle. L'épuisement de ton ame t'annoncera le sort que je t'ai prédit; la tristesse et l'ennui t'accableront au sein des amusemens frivoles. Le souvenir de nos premieres amours te poursuivra malgré toi (*a*). Mon image cent fois plus belle que je ne fus jamais viendra tout à coup te surprendre. A l'instant le voile du dégoût couvrira tous tes plaisirs, et mille regrets amers naitront dans ton cœur. Mon bien aimé, mon doux ami ! ah, si jamais tu m'oublies.... Hélas ! je ne ferai qu'en mourir; mais toi tu vivras vil et malheureux, et je mourrai trop vengée.

Ne l'oublies donc jamais, cette Julie qui fut à toi, et dont le cœur ne sera point à d'autres. Je ne puis rien te dire de plus dans la dépendance où le Ciel m'a placée : Mais après t'avoir recommandé la fidélité, il est juste de te laisser de la mienne le seul gage qui soit en mon pouvoir. J'ai consulté, non mes devoirs, mon esprit égaré ne les connoit plus, mais mon cœur, derniere regle de qui n'en sauroit plus suivre (*b*)[3]; et voici le résultat de ses inspirations. Je ne t'épouserai jamais sans le consentement de mon pere; mais je n'en épouserai jamais un autre sans ton consentement. Je t'en donne ma parole, elle me sera sacrée quoiqu'il arrive, et il n'y a point de force humaine qui puisse m'y faire manquer. Sois donc sans inquietude sur ce que je puis devenir en ton absence. Va, mon aimable ami, chercher sous les auspices du tendre amour un sort digne de le couronner. Ma destinée eſt dans tes mains autant qu'il a dépendu de moi de l'y mettre, et jamais elle ne changera que de ton aveu (*a*).

LETTRE XII (*b*).

A JULIE.

O Qual fiamma di gloria, d'onore,
Scorrer sento per tutte le vene,
Alma grande parlando con te (*c*)*!*

JULIE, laisse-moi respirer. Tu fais bouillonner mon sang; tu me fais tressaillir, tu me fais palpiter. Ta lettre brule comme ton cœur du saint amour de la vertu, et tu portes au fond du mien son ardeur céleſte. Mais pourquoi tant d'exhortations où il ne faloit que des ordres ? Crois que si je m'oublie au point d'avoir besoin de raisons pour bien faire, au moins ce n'eſt pas de ta part, ta seule volonté me suffit. Ignores-tu que je serai toujours ce qu'il te plaira, et que je ferois le mal même avant de pouvoir te desobéir. Oui, j'aurois brulé le Capitole si tu me l'avois commandé, parce que je t'aime plus que toutes choses; mais sais-tu bien pourquoi je t'aime ainsi ? Ah ! fille incomparable ! c'eſt parce que tu ne peux rien vouloir que d'honnête, et que l'amour de la vertu rend plus invincible celui que j'ai pour tes charmes.

Je pars, encouragé par l'engagement que tu viens de prendre et dont tu pouvois t'épargner le détour; car promettre de n'être à personne sans mon consentement, n'eſt-ce pas promettre de n'être qu'à moi ? Pour moi, je le dis plus librement, et je t'en donne aujourd'hui ma foi d'homme de bien qui ne sera point violée : J'ignore dans la carriere où je vais m'essayer pour te complaire à quel sort la fortune m'appelle; mais jamais les nœuds de l'amour ni de l'himen ne m'uniront à d'autres qu'à Julie d'Etange; je ne vis, je n'exiſte que pour elle, et mourrai libre ou son époux[1]. Adieu, l'heure presse et je pars à l'inſtant.

LETTRE XIII (*a*).

A JULIE.

J'ARRIVAI hier au soir à Paris, et celui qui ne pouvoit vivre séparé de toi par deux rues en est maintenant à plus de cent lieues. O Julie ! plain-moi, plain ton malheureux ami. Quand mon sang en longs ruisseaux auroit tracé cette route immense, elle m'eut paru moins longue, et je n'aurois pas senti défaillir mon ame avec plus de langueur. Ah si du moins je connoissois le moment qui doit nous rejoindre ainsi que l'espace qui nous sépare, je compenserois l'éloignement des lieux par le progrès du tems, je compterois dans chaque jour ôté de ma vie les pas qui m'auroient rapproché de toi ! Mais cette carriere de douleurs est couverte des tenebres de l'avenir : Le terme qui doit la borner se dérobe à mes foibles yeux. O doute ! ô supplice ! Mon cœur inquiet te cherche et ne trouve rien. Le soleil se leve et ne me rend plus l'espoir de te voir; il se couche et je ne t'ai point vue : mes jours vuides de plaisir et de joye s'écoulent dans une longue nuit. J'ai beau vouloir ranimer en moi l'espérance éteinte, elle ne m'offre qu'une ressource incertaine et des consolations suspectes. Chere et tendre amie de mon cœur, hélas ! à quels maux faut-il m'attendre, s'ils doivent égaler mon bonheur passé[1] ?

Que cette tristesse ne t'allarme pas, je t'en conjure, elle est l'effet passager de la solitude et des réflexions du voyage. Ne crains point le retour de mes premieres foiblesses; mon cœur est dans ta main, ma Julie, et puisque tu le soutiens, il ne se laissera plus abatre. Une des consolantes idées qui sont le fruit de ta derniere lettre est que je me trouve à présent porté par une double force, et quand l'amour auroit anéanti la mienne je ne laisserois pas d'y gagner encore; car le courage qui me vient de toi me soutient beaucoup mieux que je n'aurois pu me soutenir moi-même. Je suis convaincu qu'il n'est pas bon que l'homme soit seul[2]. Les ames humaines veulent être accouplées pour valoir tout leur prix, et la force unie des amis, comme celle des lames d'un aimant artificiel, est incomparablement plus grande que la somme de leurs forces particulieres. Divine amitié, c'est là ton triomphe (*a*) ! Mais qu'eſt-ce que la seule amitié auprès de cette union parfaite qui joint à toute l'énergie de l'amitié des liens cent fois plus sacrés ? Où sont-ils ces hommes grossiers qui ne prennent les transports de l'amour que pour une fievre des sens, pour un desir (*b*) de la nature avilie[1] ? Qu'ils viennent, qu'ils observent, qu'ils sentent ce qui se passe au fond de mon cœur ; qu'ils voyent un amant malheureux éloigné de ce qu'il aime, incertain de le revoir jamais, sans espoir de recouvrer sa félicité perdue ; mais pourtant animé de ces feux immortels qu'il prit dans tes yeux et qu'ont nourris tes sentimens sublimes, prêt à braver la fortune, à souffrir ses revers, à se voir même privé de toi, et à faire des vertus que tu lui as inspirées le digne ornement de cette empreinte adorable qui ne s'effacera jamais de son ame. Julie, eh qu'aurois-je été sans toi ? La froide raison m'eut éclairé, peut-être ; tiede admirateur du bien, je l'aurois du moins aimé dans autrui. Je ferai plus ; je saurai le pratiquer avec zele, et pénétré de tes sages leçons, je ferai dire un jour à ceux qui nous auront connus : ô quels hommes nous serions tous, si le monde étoit plein de Julies et de cœurs qui les sussent aimer !

En méditant en route sur ta derniere lettre (*c*), j'ai résolu de rassembler en un recueil toutes celles que tu m'as écrites, maintenant que je ne puis plus recevoir tes avis de bouche. Quoiqu'il n'y en ait pas une que je ne sache par cœur, et bien par cœur, tu peux m'en croire ; j'aime pourtant à les relire sans cesse, ne fut-ce que pour revoir les traits de cette main cherie qui seule peut faire mon bonheur. Mais insensiblement le papier s'use, et avant qu'elles soient déchirées je veux les copier toutes dans un livre blanc que je viens de choisir exprès pour cela. Il eſt assés gros, mais je songe à l'avenir, et j'espere ne pas mourir assés jeune pour me borner à ce volume. Je deſtine les soirées à cette occupation charmante, et j'avancerai lentement pour la prolonger. Ce précieux recueil ne me quitera de mes jours ; il sera mon manuel dans le monde où je vais entrer ; il sera pour moi le contrepoison des maximes qu'on y respire ; il me consolera dans mes maux ; il préviendra ou corrigera mes fautes ; il m'instruira durant ma jeunesse, il m'édifiera dans tous les tems, et ce seront à mon avis les premieres lettres d'amour dont on aura tiré cet usage[2].

Quant à la derniere que j'ai présentement sous les yeux; toute belle qu'elle me paroit, j'y trouve pourtant un article à retrancher. Jugement déja fort étrange; mais ce qui doit l'être encore plus, c'est que cet article est précisément celui qui te regarde, et je te reproche d'avoir même songé à l'écrire. Que me parles-tu de fidélité, de constance ? Autrefois tu connoissois mieux mon amour et ton pouvoir. Ah Julie ! inspires-tu des sentimens périssables, et quand je ne t'aurois rien promis, pourrois-je cesser jamais d'être à toi ? Non non, c'est du premier regard[1] de tes yeux, du premier mot de ta bouche, du premier transport de mon cœur que s'alluma dans lui cette flame éternelle que rien ne peut plus éteindre. Ne t'eussai-je vue que ce premier instant, c'en étoit déja fait, il étoit trop tard pour pouvoir jamais t'oublier. Et je t'oublierois maintenant? Maintenant qu'enivré de mon bonheur passé, son seul souvenir suffit pour me le rendre encore? Maintenant qu'oppressé du poids de tes charmes, je ne respire qu'en eux ? Maintenant que ma premiere ame est disparue, et que je suis animé de celle que tu m'as donnée ? Maintenant, ô Julie, que je me dépite contre moi, de t'exprimer si mal tout ce que je sens ? Ah ! que toutes les beautés de l'univers tentent de me séduire ! en est-il d'autres que la tienne à mes yeux ? Que tout conspire à l'arracher de mon cœur; qu'on le perce, qu'on le déchire, qu'on brise ce fidelle miroir de Julie, sa pure image ne cessera de briller jusques dans le dernier fragment; rien n'est capable de l'y détruire. Non, la suprême puissance elle-même ne sauroit aller jusques-là; elle peut anéantir mon ame, mais non pas faire qu'elle existe et cesse de t'adorer.

Milord Edouard s'est chargé de te rendre compte à son passage de ce qui me regarde et de ses projets en ma faveur : mais je crains qu'il ne s'acquite mal de cette promesse par raport à ses arrangemens présens. Apprends qu'il ose abuser du droit que lui donnent sur moi ses bienfaits, pour les étendre au delà même de la bienséance. Je me vois, par une pension qu'il n'a pas tenu à lui de rendre irrévocable, en état de faire une figure fort au dessus de ma naissance, et c'est peut-être ce que je serai forcé de faire à Londres pour suivre ses vues. Pour ici où nulle affaire ne m'attache, je continuerai de vivre à ma maniere, et ne serai point tenté d'employer en vaines dépenses l'excédent de mon entretien. Tu me l'as appris, ma Julie, les premiers besoins ou du moins les plus sensibles sont ceux d'un cœur bienfaisant, et tant que quelqu'un manque du nécessaire, quel honnête homme a du superflu[1] ?

LETTRE XIV (*a*)[2].

A JULIE.

* J'ENTRE avec une secrette horreur dans ce vaste desert du monde. Ce cahos ne m'offre qu'une solitude affreuse, où regne un morne silence. Mon ame à la presse[3] cherche à s'y répandre, et se trouve par tout resserrée. Je ne suis jamais moins seul que quand je suis seul, disoit un ancien[4]; moi, je ne suis seul que dans la foule, où je ne puis être ni à toi ni aux autres. Mon cœur voudroit parler, il sent qu'il n'est point écouté : Il voudroit répondre; on ne lui dit rien qui puisse aller jusqu'à lui. Je n'entends point la langue du pays, et personne ici n'entend la mienne (*b*).

Ce n'est pas qu'on ne me fasse beaucoup d'accueil (*c*), d'amitiés, de prévenances, et que mille soins officieux n'y semblent voler au devant de moi. Mais c'est précisément dequoi je me plains. Le moyen d'être aussitôt l'ami de quelqu'un qu'on n'a jamais vû ? L'honnête intérêt de l'humanité, l'épanchement simple et touchant d'une ame

* Sans prévenir le jugement du Lecteur et celui de Julie sur ces rélations, je crois pouvoir dire que si j'avois à les faire et que je ne les fisse pas meilleures, je les ferois du moins fort différentes. J'ai été plusieurs fois sur le point de les ôter et d'en substituer de ma façon; enfin je les laisse, et je me vante de ce courage. Je me dis qu'un jeune homme de vingt-quatre ans entrant dans le monde ne doit pas le voir comme le voit un homme de cinquante, à qui l'expérience n'a que trop appris à le connoître. Je me dis encore que sans y avoir fait un fort grand rolle, je ne suis pourtant plus dans le cas d'en pouvoir parler avec impartialité. Laissons donc ces Lettres comme elles sont. Que les lieux-communs usés restent; que les observations triviales restent; c'est un petit mal que tout cela. Mais, il importe à l'ami de la vérité que jusqu'à la fin de sa vie ses passions ne souillent point ses écrits (*d*).

franche, ont un langage bien différent des fausses démonstrations de la politesse, et des dehors trompeurs que l'usage du monde exige (*a*). J'ai grand peur que celui qui dès la premiere vue me traitte comme un ami de vingt ans, ne me traittât au bout de vingt ans comme un inconnu si j'avois quelque important service à lui demander; et quand je vois des hommes si dissipés prendre un intérêt si tendre à tant de gens, je présumerois volontiers qu'ils n'en prennent à personne.

Il y a pourtant de la réalité à tout cela; car le François est naturellement bon, ouvert, hospitalier, bienfaisant; mais il y a aussi mille manieres de parler qu'il ne faut pas prendre à la lettre, mille offres apparentes, qui ne sont faites que pour être refusées, mille especes de pieges que la politesse tend à la bonne foi rustique (*b*). Je n'entendis jamais tant dire : comptez sur moi dans l'occasion; disposez de mon crédit, de ma bourse, de ma maison, de mon équipage. Si tout cela étoit sincere et pris au mot, il n'y auroit pas de Peuple moins attaché à la proprieté, la communauté des biens seroit ici presque établie, le plus riche offrant sans cesse, et le plus pauvre acceptant toujours, tout se mettroit naturellement de niveau, et Sparte même eut eu des partages moins égaux qu'ils ne seroient à Paris. Au lieu de cela, c'est peut-être la ville du monde où les fortunes sont le plus inégales, et où regnent à la fois la plus somptueuse opulence et la plus déplorable misere. Il n'en faut pas davantage pour comprendre ce que signifient cette apparente commisération qui semble toujours aller au devant des besoins d'autrui, et cette facile tendresse de cœur qui contracte en un moment des amitiés éternelles[1].

Au lieu de tous ces sentimens suspects et de cette confiance trompeuse, veux je chercher des lumieres et de l'instruction ? C'en est ici l'aimable source, et l'on est d'abord enchanté du savoir et de la raison qu'on trouve dans les entretiens, non seulement des Savans et des gens de Lettres, mais des hommes de tous les états et même des femmes : le ton de la conversation y est coulant et naturel (*c*); il n'est ni pesant ni frivole; il est savant sans pédanterie, gai sans tumulte, poli sans affectation, galant sans fadeur, badin sans équivoques. Ce ne sont ni des dissertations ni des épigrammes; on y raisonne sans argumenter; on y plaisante sans jeux de mots; on y associe avec art l'esprit et la raison (*a*), les maximes et les saillies, la satire aigue, l'adroite flaterie et la morale austere. On y parle de tout pour que chacun ait quelque chose à dire; on n'approfondit point les questions, de peur d'ennuyer, on les propose comme en passant, on les traite avec rapidité, la précision mene à l'élegance (*b*); chacun dit son avis et l'appuye en peu de mots; nul n'attaque avec chaleur celui d'autrui, nul ne défend opiniâtrement le sien; on discute pour s'éclairer, on s'arrête avant la dispute; chacun s'instruit, chacun s'amuse, tous s'en vont contens, et le sage même peut rapporter de ces entretiens des sujets dignes d'être médités en silence[1].

Mais au fond que penses-tu qu'on apprenne dans ces conversations si charmantes? A juger sainement des choses du monde? à bien user de la société, à connoitre au moins les gens avec qui l'on vit? Rien de tout cela, ma Julie. On y apprend à plaider avec art la cause du mensonge, à ébranler à force de philosophie tous les principes de la vertu (*c*), à colorer de sophismes subtils ses passions et ses préjugés, et à donner à l'erreur un certain tour à la mode selon les maximes du jour. Il n'est point nécessaire de connoitre le caractere des gens, mais seulement leurs intérêts, pour deviner à peu près ce qu'ils diront de chaque chose. Quand un homme parle, c'est pour ainsi dire, son habit et non pas lui qui a un sentiment, et il en changera sans façon tout aussi souvent que d'état. Donnez-lui tour à tour une longue perruque, un habit d'ordonnance et une croix pectorale[2]; vous l'entendrez successivement prêcher avec le même zele les loix, le despotisme, et l'inquisition (*d*). Il y a une raison commune pour la robe, une autre pour la finance, une autre pour l'épée. Chacune prouve très-bien que les deux autres sont mauvaises, conséquence facile à tirer pour les trois*. Ainsi nul ne dit jamais ce qu'il pense, mais ce qu'il

* On doit passer ce raisonnement à un Suisse qui voit son pays fort bien gouverné, sans qu'aucune des trois professions y soit établie. Quoi! l'Etat peut-il subsister sans defenseurs? non, il faut des défenseurs à l'Etat; mais tous les Citoyens doivent être soldats par devoir, aucun par métier. Les mêmes hommes chez les Romains et chez les Grecs étoient Officiers au Camp, magistrats à la ville, et jamais ces deux fonctions ne furent mieux remplies que quand on ne connoissoit pas ces bizarres préjugés d'états qui les séparent et les deshonorent (*e*)[3].

lui convient de faire penser à autrui, et le zele apparent de la vérité n'est jamais en eux que le masque de l'intérêt[1].

Vous croiriez que les gens isolés qui vivent dans l'indépendance ont au moins un esprit à eux; point du tout; autres machines qui ne pensent point, et qu'on fait penser (*a*) par ressorts[2]. On n'a qu'à s'informer de leurs sociétés, de leurs coteries, de leurs amis, des femmes qu'ils voyent, des auteurs qu'ils connoissent : là-dessus on peut d'avance établir leur sentiment futur sur un livre prêt à paroitre et qu'ils n'ont point lû, sur une piece prête à jouer et qu'ils n'ont point vue, sur tel ou tel auteur qu'ils ne connoissent point, sur tel ou tel sistême dont ils n'ont aucune idée (*b*). Et comme la pendule ne se monte ordinairement que pour vingt-quatre heures, tous ces gens-là s'en vont chaque soir apprendre dans leurs sociétés ce qu'ils penseront le lendemain (*c*).

Il y a ainsi un petit nombre d'hommes et de femmes qui pensent pour tous les autres et pour lesquels tous les autres parlent et agissent, et comme chacun songe à son intérêt, personne au bien commun, et que les intérêts particuliers sont toujours opposés entre eux, c'est un choc perpétuel de brigues et de cabales, un flux et reflux de préjugés, d'opinions contraires, où les plus échauffés animés par les autres ne savent presque jamais dequoi il est question. Chaque coterie a ses regles, ses jugemens, ses principes qui ne sont point admis ailleurs. L'honnête homme d'une maison est un fripon dans la maison voisine. Le bon, le mauvais, le beau, le laid, la vérité, la vertu n'ont qu'une existence locale et circonscritte. Quiconque aime à se répandre et fréquente plusieurs sociétés doit être plus fléxible qu'Alcibiade, changer de principes comme d'assemblées, modifier son esprit, pour ainsi dire à chaque pas, et mesurer ses maximes à la toise. Il faut qu'à chaque visite il quitte en entrant son ame, s'il en a une; qu'il en prenne une autre aux couleurs de la maison, comme un laquais prend un habit de livrée, qu'il la pose de même en sortant et reprenne s'il veut la sienne jusqu'à nouvel échange[3].

Il y a plus; c'est que chacun se met sans cesse en contradiction avec lui-même, sans qu'on s'avise de le trouver mauvais. On a des principes pour la conversation et d'autres pour la pratique; leur opposition ne scandalise personne, et l'on est convenu qu'ils ne se ressembleroient point entre eux. On n'exige pas même d'un Auteur, surtout d'un moraliste (*a*) qu'il parle comme ses livres, ni qu'il agisse comme il parle. Ses Ecrits, ses discours, sa conduite sont trois choses toutes differentes, qu'il n'est point obligé de concilier. En un mot, tout est absurde et rien ne choque, parce qu'on y est accoutumé, et il y a même à cette inconséquence une sorte de bon air dont bien des gens se font honneur. En effet, quoique tous prêchent avec zele les maximes de leur profession, tous se piquent d'avoir le ton d'une autre. Le Robin prend l'air Cavalier; le financier fait le Seigneur; l'Evêque a le propos galant (*b*); l'homme de Cour parle de philosophie, l'homme d'Etat de bel-esprit; il n'y a pas jusqu'au simple artisan qui ne pouvant prendre un autre ton que le sien se met en noir les dimanches, pour avoir l'air d'un homme de Palais (*c*). Les militaires seuls, dédaignant tous les autres états, gardent sans façon le ton du leur et sont insupportables de bonne foi. Ce n'est pas que M. de Muralt n'eut raison quand il donnoit la préférence à leur Société; mais ce qui étoit vrai de son tems ne l'est plus aujourd'hui. Le progrès de la littérature a changé en mieux le ton général; les militaires seuls n'en ont point voulu changer, et le leur, qui étoit le meilleur auparavant, est enfin devenu le pire*[1].

Ainsi les hommes à qui l'on parle ne sont point ceux avec qui l'on converse; leurs sentimens ne partent point de leur cœur, leurs lumieres ne sont point dans leur esprit, leurs discours ne réprésentent point leurs pensées, on n'apperçoit d'eux que leur figure, et l'on est dans une assemblée à peu près comme devant un tableau mouvant, où le Spectateur paisible est le seul être mû par lui-même.

Telle est l'idée que je me suis formée de la grande société sur celle que j'ai vue à Paris. Cette idée est peut-être plus rélative à ma situation particuliere qu'au véritable état des choses, et se réformera sans doute sur de nouvelles lumieres. D'ailleurs, je ne fréquente que les

* Ce jugement, vrai ou faux, ne peut s'entendre que des Subalternes, et de ceux qui ne vivent pas à Paris : Car tout ce qu'il y a d'illustre dans le Royaume est au service, et la Cour même est toute militaire. Mais il y a une grande différence, pour les manieres que l'on contracte, entre faire campagne en tems de guerre, et passer sa vie dans des garnisons (*d*).

sociétés où les amis de Milord Edouard m'ont introduit, et je suis convaincu qu'il faut descendre dans d'autres états pour connoitre les véritables mœurs (*a*) d'un pays, car celles des riches sont presque par tout les mêmes. Je tâcherai de m'éclaircir mieux dans la suite[1]. En attendant, juge si j'ai raison d'appeller cette foule un desert, et de m'effrayer d'une solitude où je ne trouve qu'une vaine apparence de sentimens et de vérité qui change à chaque instant et se détruit elle-même, où je n'apperçois que larves et fantômes qui frapent l'œil un moment, et disparoissent aussi-tôt qu'on les veut saisir ? Jusqu'ici j'ai vû beaucoup de masques; quand verrai-je des visages d'hommes (*b*) ?

LETTRE XV (*c*).

DE JULIE.

OUI, mon ami, nous serons unis malgré notre éloignement; nous serons heureux en dépit du sort. C'est l'union des cœurs qui fait leur véritable félicité; leur attraction ne connoit point la loi des distances, et les notres se toucheroient aux deux bouts du monde. Je trouve, comme toi, que les amans ont mille moyens d'adoucir le sentiment de l'absence, et de se rapprocher en un moment. Quelquefois même on se voit plus souvent encore que quand on se voyoit tous les jours; car sitôt qu'un des deux est seul, à l'instant tous deux sont ensemble[2]. Si tu goûtes ce plaisir tous les soirs, je le goûte cent fois le jour; je vis plus solitaire; je suis environnée de tes vestiges, et je ne saurois fixer les yeux sur les objets qui m'entourent, sans te voir tout autour de moi.

Qui cantò dolcemente, e qui s'assise :
Qui si rivolse, e qui ritenne il passo ;
Qui co' begli occhi mi trafise il core :
Qui disse una parola, e qui sorrise (*d*).

Mais toi, sais-tu t'arrêter à ces situations paisibles ? sais-tu goûter un amour tranquille et tendre (*e*) qui parle au cœur sans émouvoir les sens, et tes regrets sont-ils aujourd'hui plus sages que tes desirs ne l'étoient autrefois? Le ton de ta premiere lettre me fait trembler[3]. Je redoute ces emportemens trompeurs, d'autant plus dangereux que l'imagination qui les excite n'a point de bornes, et je crains que tu n'outrages ta Julie à force (*a*) de l'aimer. Ah tu ne sens pas, non, ton cœur peu délicat ne sent pas combien l'amour s'offense d'un vain hommage; tu ne songes ni que ta vie eſt à moi ni qu'on court souvent à la mort en croyant servir la nature. Homme sensuel, ne sauras-tu jamais aimer ? Rappelle-toi, rappelle-toi ce sentiment si calme et si doux que tu connus une fois et que tu décrivis d'un ton si touchant et si tendre. S'il eſt le plus délicieux qu'ait jamais savouré l'amour heureux, il eſt le seul permis aux amans séparés, et quand on l'a pu goûter un moment, on n'en doit plus regretter d'autre. Je me souviens des réflexions que nous faisions en lisant ton Plutarque, sur un goût dépravé qui outrage la nature. Quand ses triſtes plaisirs n'auroient que de n'être pas partagés, c'en seroit assés, disions-nous, pour les rendre insipides et méprisables. Appliquons la même idée aux erreurs d'une imagination trop aĉtive, elle ne leur conviendra pas moins. Malheureux ! dequoi jouïs-tu quand tu es seul à jouïr? Ces voluptés solitaires sont des voluptés mortes. O amour ! les tiennes sont vives, c'eſt l'union des ames qui les anime, et le plaisir qu'on donne à ce qu'on aime fait valoir celui qu'il nous rend.

Di-moi, je te prie, mon cher ami, en quelle langue ou plutôt en quel jargon eſt la rélation de ta derniere Lettre ? Ne seroit-ce point là par hazard du bel-esprit[1] ? Si tu as dessein de t'en servir souvent avec moi, tu devrois bien m'en envoyer le diĉtionnaire. Qu'eſt-ce, je te prie, que le sentiment de l'habit d'un homme ? Qu'une ame qu'on prend comme un habit de livrée ? Que des maximes qu'il faut mesurer à la toise ? Que veux-tu qu'une pauvre Suissesse entende à ces sublimes figures ? Au lieu de peindre comme les autres des ames aux couleurs des maisons, ne voudrois-tu point déja donner à ton esprit la teinte de celui du pays (*b*) ? Prend garde, mon bon ami, j'ai peur qu'elle n'aille pas bien sur ce fond-là. A ton avis les *traslati* du Cavalier Marin dont tu t'es si souvent moqué, approcherent-ils jamais de ces métaphores, et si l'on peut faire opiner l'habit d'un homme dans une lettre, pourquoi ne feroit on pas suer le feu* dans un sonnet?

---

* *Sudate, o fochi, a preparar metalli.*
Vers d'un sonnet du cavalier Marin (*c*).

Observer en trois semaines toutes les sociétés d'une grande ville; assigner le caractere des propos qu'on y tient, y distinguer exactement le vrai du faux, le réel de l'apparent, et ce qu'on y dit de ce qu'on y pense; voila ce qu'on accuse les François de faire quelquefois chez les autres peuples, mais ce qu'un étranger ne doit point faire chez eux; car ils valent bien la peine d'être étudiés posément. Je n'approuve pas non plus qu'on dise du mal du pays où l'on vit et où l'on est bien traitté : j'aimerois mieux qu'on se laissât tromper par les apparences, que de moraliser aux dépends de ses hôtes. Enfin, je tiens pour suspect tout observateur qui se pique d'esprit : je crains toujours que sans y songer il ne sacrifie la vérité des choses à l'éclat des pensées et ne fasse joüer sa phrase aux dépends de la justice.

Tu ne l'ignores pas, mon ami, l'esprit, dit notre Muralt (*a*), est la manie des François; je te trouve du penchant à la même manie, avec cette différence qu'elle a chez eux de la grace, et que de tous les peuples du monde c'est à nous qu'elle sied le moins (*b*). Il y a de la recherche et du jeu dans plusieurs de tes lettres. Je ne parle point de ce tour vif et de ces expressions animées qu'inspire la force du sentiment; je parle de cette gentillesse de stile qui n'étant point naturelle ne vient d'elle-même à personne, et marque la prétention de celui qui s'en sert. Eh Dieu ! des prétentions avec ce qu'on aime ! n'est-ce pas plutôt dans l'objet aimé qu'on les doit placer, et n'est-on pas glorieux soi-même de tout le mérite qu'il a de plus que nous ? Non, si l'on anime les conversations indifférentes de quelques saillies qui passent comme des traits, ce n'est point entre deux amans que ce langage est de saison, et le jargon fleuri de la galanterie est beaucoup plus éloigné du sentiment que le ton le plus simple qu'on puisse prendre (*c*). J'en appelle à toi-même. L'esprit eut-il jamais le tems de se montrer dans nos tête-à-têtes, et si le charme d'un entretien passionné l'écarte et l'empêche de paroitre, comment des Lettres que l'absence remplit toujours d'un peu d'amertume et où le cœur parle avec plus d'attendrissement le pourroient-elles supporter ? Quoique toute grande passion soit sérieuse et que l'excessive joye elle-même arrache des pleurs plutôt que des ris (*d*), je ne veux pas pour cela que l'amour soit toujours triste; mais je veux que sa gaité soit simple, sans ornement, sans art, nue comme lui; en un mot, qu'elle brille de ses propres graces et non de la parure du bel esprit.

L'Inséparable, dans la chambre de laquelle je t'écris cette Lettre prétend que j'étois en la commençant dans cet état d'enjouement que l'amour inspire ou tolere; mais je ne sais ce qu'il est devenu. A mesure que j'avançois, une certaine langueur s'emparoit de mon ame, et me laissoit à peine la force de t'écrire les injures que la mauvaise a voulu t'addresser : car il est bon de t'avertir que la critique de ta critique est bien plus de sa façon que de la mienne; elle m'en a dicté sur tout le premier article en riant comme une folle, et sans me permettre d'y rien changer. Elle dit que c'est pour t'apprendre à manquer de respect au Marini qu'elle protege et que tu plaisantes.

Mais sais-tu bien ce qui nous met toutes deux de si bonne humeur ? C'est son prochain mariage. Le contrat fut passé hier au soir, et le jour est pris de lundi en huit. Si jamais amour fut gai, c'est assurément le sien (*a*); on ne vit de la vie une fille si bouffonnement amoureuse. Ce bon M. d'Orbe, à qui de son côté la tête en tourne, est enchanté d'un accueil si folâtre. Moins difficile que tu n'étois autrefois, il se prête avec plaisir à la plaisanterie, et prend pour un chef-d'œuvre de l'amour l'art d'égayer sa maîtresse. Pour elle, on a beau la prêcher, lui représenter la bienséance, lui dire que si près du terme elle doit prendre un maintien plus serieux, plus grave, et faire un peu mieux les honneurs de l'état qu'elle est prête à[1] quiter. Elle traite tout cela de sotes simagrées, elle soutient en face à M. d'Orbe que le jour de la cérémonie elle sera de la meilleure humeur du monde, et qu'on ne sauroit aller trop gaiment à la noce. Mais la petite dissimulée ne dit pas tout; je lui ai trouvé ce matin les yeux rouges; et je parie bien que les pleurs de la nuit payent les ris de la journée. Elle va former de nouvelles chaines qui relâcheront les doux liens de l'amitié; elle va commencer une maniere de vivre différente de celle qui lui fut chere; elle étoit contente et tranquille, elle va courir les hazards auxquels le meilleur mariage expose, et quoiqu'elle en dise, comme une eau pure et calme commence à se troubler aux approches de l'orage, son cœur timide et chaste ne voit point sans quelque allarme le prochain changement de son sort (*b*)[2].

O mon ami, qu'ils sont heureux ! Ils s'aiment; ils vont

s'épouser; ils jouïront de leur amour sans obstacles, sans craintes, sans remords ! Adieu, adieu, je n'en puis dire d'avantage.

P. S. Nous n'avons vu Milord Edouard qu'un moment, tant il étoit pressé de continuer sa route. Le cœur plein de ce que nous lui devons, je voulois lui montrer mes sentimens et les tiens; mais j'en ai eu une espece de honte. En vérité, c'est faire injure à un homme comme lui de le remercier de rien.

LETTRE XVI (*a*).

A JULIE.

Que les passions impétueuses rendent les hommes enfans ! Qu'un amour forcené se nourrit aisément de chimeres, et qu'il est aisé de donner le change à des desirs extrêmes par les plus frivoles objets ! J'ai reçu ta lettre avec les mêmes transports que m'auroit causés ta présence, et dans l'emportement de ma joye un vain papier me tenoit lieu de toi. Un des plus grands maux de l'absence, et le seul auquel la raison ne peut rien, c'est l'inquietude sur l'état actuel de ce qu'on aime. Sa santé, sa vie, son repos, son amour, tout échape à qui craint de tout perdre; on n'est pas plus sûr du présent que de l'avenir, et tous les accidens possibles se réalisent sans cesse dans l'esprit d'un amant qui les redoute. Enfin je respire, je vis, tu te portes bien, tu m'aimes, ou plutôt il y a dix jours que tout cela étoit vrai; mais qui me répondra aujourd'hui ? O absence ! ô tourment ! ô bizarre et funeste état, où l'on ne peut jouïr que du moment passé, et où le présent n'est point encore !

Quand tu ne m'aurois pas parlé de l'Inséparable, j'aurois reconnu sa malice dans la critique de ma relation, et sa rancune dans l'apologie du Marini; mais s'il m'étoit permis de faire la mienne, je ne resterois pas sans réplique.

Premierement, ma Cousine; (car c'est à elle qu'il faut répondre) quant au stile, j'ai pris celui de la chose; j'ai tâché de vous donner à la fois l'idée et l'exemple du ton des conversations à la mode, et suivant un ancien precepte, je vous ai écrit à peu près comme on parle en certaines sociétés. D'ailleurs, ce n'eſt pas l'usage des figures, mais leur choix que je blâme dans le Cavalier Marin. Pour peu qu'on ait de chaleur dans l'esprit, on a besoin de métaphores et d'expressions figurées pour se faire entendre. Vos lettres mêmes en sont pleines sans que vous y songiez, et je soutiens qu'il n'y a qu'un géomêtre et un sot qui puissent parler sans figures. En effet, un même jugement n'eſt-il pas susceptible de cent degrés de force ? Et comment déterminer celui de ces degrés qu'il doit avoir, sinon par le tour qu'on lui donne ? Mes propres phrases me font rire, je l'avoue, et je les trouve absurdes, grace au soin que vous avez pris de les isoler; mais laissez-les où je les ai mises, vous les trouverez claires et même énergiques. Si ces yeux éveillés, que vous savez si bien faire parler, étoient separés l'un de l'autre, et de votre visage; Cousine, que pensez-vous qu'ils diroient avec tout leur feu ? Ma foi, rien du tout; pas même à M. d'Orbe.

La premiere chose qui se présente à observer dans un pays où l'on arrive, n'eſt-ce pas le ton général de la Société ? Hébien, c'eſt aussi la premiere observation que j'ai faite dans celui-ci, et je vous ai parlé de ce qu'on dit à Paris et non pas de ce qu'on y fait. Si j'ai remarqué du contraſte entre les discours, les sentimens, et les actions des honnêtes gens, c'eſt que ce contraſte saute aux yeux au premier inſtant. Quand je vois les mêmes hommes changer de maximes selon les Coteries, molaniſtes dans l'une, janséniſtes dans l'autre, vils courtisans chez un Miniſtre, frondeurs mutins chez un mécontent; quand je vois un homme doré décrier le luxe, un financier les impots, un prélat le déréglement (*a*); quand j'entens une femme de la Cour parler de modeſtie, un grand Seigneur de vertu, un auteur de simplicité, un Abbé de Religion, et que ces absurdités ne choquent personne, ne dois-je pas conclurre à l'inſtant qu'on ne se soucie pas plus ici d'entendre la vérité que de la dire, et que loin de vouloir persuader les autres quand on leur parle, on ne cherche pas même à leur faire penser qu'on croit ce que l'on leur dit?

Mais c'eſt assés plaisanter avec la Cousine. Je laisse un ton qui nous eſt étranger[1] à tous trois, et j'espere que tu ne me verras pas plus prendre le goût de la Satire que celui du bel-esprit. C'eſt à toi, Julie, qu'il faut à présent répondre; car je sais distinguer la critique badine, des reproches sérieux.

Je ne conçois pas comment vous avez pu prendre toutes deux le change sur mon objet. Ce ne sont point les François que je me suis proposé d'observer : Car si le caractere des nations ne peut se déterminer que par leurs différences, comment moi qui n'en connois encore aucune autre, entreprendrois-je de peindre celle-ci ? Je ne serois pas, non plus, si maladroit que de choisir la Capitale pour le lieu de mes observations. Je n'ignore pas que les Capitales différent moins entre elles que les Peuples, et que les caracteres nationaux s'y effacent et confondent en grande partie, tant à cause de l'influence commune des Cours qui se ressemblent toutes, que par l'effet commun d'une société nombreuse et resserrée, qui est le même à peu près sur tous les hommes, et l'emporte à la fin sur le caractere originel.

Si je voulois étudier un peuple, c'est dans les provinces reculées où les habitans ont encore leurs inclinations naturelles que j'irois les observer. Je parcourrois lentement et avec soin plusieurs de ces provinces, les plus éloignées les unes des autres; toutes les différences que j'observerois entre elles me donneroient le génie particulier de chacune; tout ce qu'elles auroient de commun, et que n'auroient pas les autres peuples, formeroit le génie national, et ce qui se trouveroit par tout, appartiendroit en général à l'homme. Mais je n'ai ni ce vaste projet ni l'expérience nécessaire pour le suivre. Mon objet est de connoitre l'homme, et ma méthode de l'étudier dans ses diverses rélations. Je ne l'ai vu jusqu'ici qu'en petites sociétés, épars et presque isolé sur la terre. Je vais maintenant le considérer entassé par multitudes dans les mêmes lieux, et je commencerai à juger par-là des vrais effets de la Société; car s'il est constant qu'elle rende les hommes meilleurs, plus elle est nombreuse, et rapprochée, mieux ils doivent valoir, et les mœurs, par exemple, seront beaucoup plus pures à Paris que dans le Valais; que si l'on trouvoit le contraire, il faudroit tirer une conséquence opposée[1].

Cette méthode pourroit, j'en conviens, me mener encore à la connoissance des Peuples, mais par une voye si longue et si détournée que je ne serois peut-être de ma vie en état de prononcer sur aucun d'eux. Il faut que je commence par tout observer dans le premier où je me trouve; que j'assigne ensuite les différences, à mesure que je parcourrai les autres pays; que je compare la France à chacun d'eux, comme on décrit l'olivier sur un saule ou le palmier sur un sapin, et que j'attende à juger du premier peuple observé que j'aye observé tous les autres.

Veuilles donc, ma charmante prêcheuse, distinguer ici l'observation philosophique de la satire nationale. Ce ne sont point les Parisiens que j'étudie, mais les habitans d'une grande ville, et je ne sais si ce que j'en vois ne convient pas à Rome et à Londres tout aussi bien qu'à Paris. Les regles de la morale ne dépendent point des usages des Peuples; ainsi malgré les préjugés dominans je sens fort bien ce qui est mal en soi; mais ce mal, j'ignore s'il faut l'attribuer au François ou à l'homme, et s'il est l'ouvrage de la coutume ou de la nature. Le tableau du vice offense en tous lieux un œil impartial, et l'on n'est pas plus blamable de le reprendre dans un pays où il regne, quoiqu'on y soit, que de relever les défauts de l'humanité, quoiqu'on vive avec les hommes. Ne suis-je pas à présent moi-même un habitant de Paris ? Peut-être sans le savoir ai-je déja contribué pour ma part au desordre que j'y remarque; peut-être un trop long séjour y corromproit-il ma volonté même; peut-être au bout d'un an ne serois-je plus qu'un bourgeois, si pour être digne de toi je ne gardois l'ame d'un homme libre et les mœurs d'un Citoyen. Laisse-moi donc te peindre sans contrainte des objets auxquels je rougisse de ressembler, et m'animer au pur zele de la vérité par le tableau de la flaterie et du mensonge.

Si j'étois le maitre de mes occupations et de mon sort, je saurois, n'en doute pas, choisir d'autres sujets de Lettres, et tu n'étois pas mécontente de celles que je t'écrivois de Meillerie et du Valais : mais, chere amie, pour avoir la force de supporter le fracas du monde où je suis contraint de vivre, il faut bien au moins que je me console à te le décrire, et que l'idée de te préparer des rélations m'excite à en chercher les sujets. Autrement le découragement va m'atteindre à chaque pas, et il faudra que j'abandonne tout si tu ne veux rien voir avec moi. Pense que pour vivre d'une maniere si peu conforme à mon goût je fais un effort qui n'est pas indigne de sa cause, et pour juger quels soins me peuvent mener à toi, souffre que je te parle quelquefois des maximes qu'il faut connoitre et des obstacles qu'il faut surmonter.

Malgré ma lenteur, malgré mes distractions inévitables, mon recueil étoit fini quand ta lettre est arrivée heureusement pour le prolonger, et j'admire en le voyant si court combien de choses ton cœur m'a sû dire en si peu d'espace. Non, je soutiens qu'il n'y a point de lecture aussi délicieuse, même pour qui ne te connoitroit pas, s'il avoit une ame semblable aux notres : Mais comment ne te pas connoitre en lisant tes lettres? Comment prêter un ton si touchant et des sentimens si tendres à une autre figure que la tienne ? A chaque phrase ne voit-on pas le doux regard de tes yeux? A chaque mot n'entend-on pas ta voix charmante ? Quelle autre que Julie a jamais aimé, pensé, parlé, agi, écrit comme elle ? Ne sois donc pas surprise si tes lettres qui te peignent si bien font quelquefois sur ton idolâtre amant le même effet que ta présence. En les relisant je perds la raison, ma tête s'égare dans un délire continuel, un feu dévorant me consume, mon sang s'allume et petille, une fureur me fait tressaillir. Je crois te voir, te toucher, te presser contre mon sein.... objet adoré, fille enchanteresse, source de délice et de volupté, comment en te voyant ne pas voir les houris faites pour les bienheureux ?.... ah vien !.... je la sens.... elle m'échappe, et je n'embrasse qu'une ombre.... Il est vrai, chere Amie, tu es trop belle et tu fus trop tendre pour mon foible cœur; il ne peut oublier ni ta beauté ni tes caresses; tes charmes triomphent de l'absence, ils me poursuivent par tout, ils me font craindre la solitude, et c'est le comble de ma misere de n'oser m'occuper toujours de toi[1].

Ils seront donc unis malgré les obstacles, ou plutôt ils le sont au moment que j'écris. Aimables et dignes Epoux ! Puisse le Ciel les combler du bonheur que méritent leur sage et paisible amour, l'innocence de leurs mœurs, l'honnêteté de leurs ames ! Puisse-t-il leur donner ce bonheur précieux dont il est si avare envers les cœurs faits pour le goûter ! Qu'ils seront heureux, s'il leur accorde, hélas, tout ce qu'il nous ôte ! Mais pourtant ne sens-tu pas quelque sorte de consolation dans nos maux ? Ne sens-tu pas que l'excès de nôtre misere n'est point non plus sans dédomagement, et que s'ils ont des plaisirs dont nous sommes privés, nous en avons aussi qu'ils ne peuvent connoitre ? Oui, ma douce amie, malgré l'absence, les privations, les allarmes, malgré le desespoir même, les puissans élancemens de deux cœurs l'un vers l'autre ont toujours une volupté secrette ignorée des ames tranquilles. C'est un des miracles de l'amour de nous faire trouver du plaisir à souffrir; et nous regarderions comme le pire des malheurs un état d'indifférence et d'oubli qui nous ôteroit tout le sentiment de nos peines. Plaignons donc notre sort, ô Julie ! mais n'envions celui de personne. Il n'y a point, peut-être, à tout prendre d'existence préférable à la notre, et comme la divinité tire tout son bonheur d'elle-même, les cœurs qu'échauffe un feu céleste, trouvent dans leurs propres sentimens une sorte de jouïssance pure et délicieuse, indépendante de la fortune et du reste de l'univers[1].

LETTRE XVII (*a*).

A JULIE.

ENFIN me voila tout-à-fait dans le torrent. Mon recueil fini, j'ai commencé de fréquenter les spectacles et de souper en ville. Je passe ma journée entiere dans le monde, je prête mes oreilles et mes yeux à tout ce qui les frape, et n'appercevant rien qui te ressemble, je me recueille au milieu du bruit et converse en secret avec toi. Ce n'est pas que cette vie bruyante et tumultueuse n'ait aussi quelque sorte d'attraits, et que la prodigieuse diversité d'objets n'offre de certains agrémens à de nouveaux débarqués; mais pour les sentir il faut avoir le cœur vuide et l'esprit frivole; l'amour et la raison semblent s'unir pour m'en dégoûter : comme tout n'est que vaine apparence et que tout change à chaque instant, je n'ai le tems d'être ému de rien, ni celui de rien examiner.

Ainsi je commence à voir les difficultés de l'étude du monde, et je ne sais pas même quelle place il faut occuper pour le bien connoitre. Le philosophe en est trop loin, l'homme du monde en est trop près. L'un voit trop pour pouvoir reflechir, l'autre trop peu pour juger du tableau total. Chaque objet qui frape le philosophe, il le considere à part, et n'en pouvant discerner ni les liaisons ni les rapports avec d'autres objets qui sont hors de sa portée, il ne le voit jamais à sa place et n'en sent ni la raison ni les vrais effets. L'homme du monde voit tout et n'a le tems de penser à rien. La mobilité des objets ne lui permet que de les appercevoir et non de les observer; ils s'effacent mutuellement avec rapidité, et il ne lui reste du tout que des impressions confuses qui ressemblent au cahos.

On ne peut pas, non plus, voir et méditer alternativement, parce que le spectacle exige une continuité d'attention, qui interrompt la réflexion. Un homme qui voudroit diviser son tems par intervalles entre le monde et la solitude, toujours agité dans sa retraite et toujours étranger dans le monde ne seroit bien nulle part. Il n'y auroit d'autre moyen que de partager sa vie entiere en deux grands espaces, l'un pour voir, l'autre pour réfléchir : Mais cela même est presque impossible; car la raison n'est pas un meuble qu'on pose et qu'on reprenne à son gré, et quiconque a pu vivre dix ans sans penser, ne pensera de sa vie.

Je trouve aussi que c'est une folie de vouloir étudier le monde en simple spectateur. Celui qui ne prétend qu'observer n'observe rien, parce qu'étant inutile dans les affaires et importun dans les plaisirs, il n'est admis nulle part. On ne voit agir les autres qu'autant qu'on agit soi-même; dans l'école du monde comme dans celle de l'amour, il faut commencer par pratiquer ce qu'on veut apprendre[1].

Quel parti prendrai-je donc, moi étranger qui ne puis avoir aucune affaire en ce pays, et que la différence de réligion empêcheroit seule d'y pouvoir aspirer à rien[2] ? Je suis réduit à m'abbaisser pour m'instruire, et ne pouvant jamais être un homme utile, à tâcher de me rendre un homme amusant. Je m'exerce autant qu'il est possible à devenir poli sans fausseté, complaisant sans bassesse, et à prendre si bien ce qu'il y a de bon dans la société que j'y puisse être souffert sans en adopter les vices. Tout homme oisif qui veut voir le monde doit au moins en prendre les manieres jusqu'à certain point; car de quel droit exigeroit-on d'être admis parmi des gens à qui l'on n'est bon à rien, et à qui l'on n'auroit pas l'art de plaire? Mais aussi quand il a trouvé cet art on ne lui en demande pas davantage, surtout s'il est étranger. Il peut se dispenser de prendre part aux cabales, aux intrigues, aux démêlés; s'il se comporte honnêtement envers chacun, s'il ne donne à certaines femmes ni exclusion ni préférence, s'il garde le secret de chaque société où il eſt reçu, s'il n'étale point les ridicules d'une maison dans une autre, s'il évite les confidences, s'il se refuse aux tracasseries, s'il garde par tout une certaine dignité, il pourra voir paisiblement le monde, conserver ses mœurs, sa probité, sa franchise même, pourvu qu'elle vienne d'un esprit de liberté et non d'un esprit de parti. Voila ce que j'ai tâché de faire par l'avis de quelques gens éclairés que j'ai choisis pour guides parmi les connoissances que m'a donné[1] Milord Edouard. J'ai donc commencé d'être admis dans des sociétés moins nombreuses et plus choisies. Je ne m'étois trouvé jusqu'à présent qu'à des dinés réglés[2] où l'on ne voit de femme que la maitresse de la maison, où tous les desœuvrés de Paris sont reçus pour peu qu'on les connoisse, où chacun paye comme il peut son diné en esprit ou en flaterie, et dont le ton bruyant et confus ne differe pas beaucoup de celui des tables d'auberges.

Je suis maintenant initié à des miſteres plus secrets. J'assiſte à des soupés privés où la porte eſt fermée à tout survenant et où l'on eſt sûr de ne trouver que des gens qui conviennent tous, sinon les uns aux autres, au moins à ceux qui les reçoivent. C'eſt là que les femmes s'observent moins, et qu'on peut commencer à les étudier; c'eſt là que régnent plus paisiblement des propos plus fins et plus satiriques; c'eſt là qu'au lieu des nouvelles publiques, des spectacles, des promotions, des morts, des mariages dont on a parlé le matin, on passe discretement en revue les anecdotes de Paris, qu'on dévoile tous les événemens secrets de la chronique scandaleuse, qu'on rend le bien et le mal également plaisans et ridicules, et que peignant avec art et selon l'intérêt particulier les caracteres des personages, chaque interlocuteur sans y penser peint encore beaucoup mieux le sien; c'eſt là qu'un reſte de circonspection fait inventer devant les laquais un certain langage entortillé, sous lequel feignant de rendre la satire plus obscure on la rend seulement plus amere; c'eſt là, en un mot, qu'on affile avec soin le poignard, sous prétexte de faire moins de mal, mais en effet pour l'enfoncer plus avant.

Cependant à considérer ces propos selon nos idées, on auroit tort de les appeller satiriques; car ils sont bien plus railleurs que mordans, et tombent moins sur le vice que sur le ridicule[1]. En général la satire a peu de cours dans les grandes villes, où ce qui n'eſt que mal eſt si simple que ce n'eſt pas la peine d'en parler. Que reſte-t-il à blâmer où la vertu n'eſt plus eſtimée, et dequoi médiroit-on quand on ne trouve plus de mal à rien ? A Paris surtout où l'on ne saisit les choses que par le côté plaisant, tout ce qui doit allumer la colere et l'indignation eſt toujours mal reçu s'il n'eſt mis en chanson ou en épigramme. Les jolies femmes n'aiment point à se fâcher; aussi ne se fâchent-elles de rien; elles aiment à rire; et comme il n'y a pas le mot pour rire au crime, les fripons sont d'honnêtes gens comme tout le monde; mais malheur à qui prête le flanc au ridicule, sa cauſtique empreinte eſt inéfaçable; il ne déchire pas seulement les mœurs, la vertu, il marque jusqu'au vice même; il fait calomnier les méchans. Mais revenons à nos soupés.

Ce qui m'a le plus frapé dans ces sociétés d'élite, c'eſt de voir six personnes choisies exprès pour s'entretenir agréablement ensemble, et parmi lesquelles régnent même le plus souvent des liaisons secretes, ne pouvoir reſter une heure entre elles six, sans y faire intervenir la moitié de Paris, comme si leurs cœurs n'avoient rien à se dire et qu'il n'y eut là personne qui méritât de les intéresser. Te souvient-il, ma Julie, comment en soupant chez ta Cousine ou chez toi, nous savions, en dépit de la contrainte et du miſtere, faire tomber l'entretien sur des sujets qui eussent du raport à nous, et comment à chaque réflexion touchante, à chaque allusion subtile, un regard plus vif qu'un éclair, un soupir plutôt deviné qu'apperçu, en portoit le doux sentiment d'un cœur à l'autre.

Si la conversation se tourne par hazard sur les convives, c'eſt communément dans un certain jargon[2] de société dont il faut avoir la clé pour l'entendre. A l'aide de ce chiffre, on se fait réciproquement et selon le goût du tems mille mauvaises plaisanteries, durant lesquelles le plus sot n'eſt pas celui qui brille le moins, tandis qu'un tiers mal inſtruit eſt reduit à l'ennui et au silence, ou à rire de ce qu'il n'entend point (*a*). Voila, hors le tête-à-tête qui m'eſt et me sera toujours inconnu, tout ce qu'il y a de tendre et d'affeſtueux dans les liaisons de ce pays.

Au milieu de tout cela qu'un homme de poids avance

un propos grave ou agite une question sérieuse, aussi-tôt l'attention commune se fixe à ce nouvel objet; hommes, femmes, vieillards, jeunes gens, tout se prête à le considérer par toutes ses faces, et l'on est étonné du sens et de la raison qui sortent comme à l'envi de toutes ces têtes folâtres*. Un point de morale ne seroit pas mieux discuté dans une société de philosophes que dans celle d'une jolie femme de Paris; les conclusions y seroient même souvent moins séveres; car le philosophe qui veut agir comme il parle, y regarde à deux fois; mais ici où toute la morale est un pur verbiage, on peut être austére sans conséquence, et l'on ne seroit pas fâché, pour rabatre un peu l'orgueil philosophique, de mettre la vertu si haut que le sage même n'y put atteindre. Au reste, hommes et femmes, tous, instruits par l'expérience du monde et surtout par leur conscience, se réunissent pour penser de leur espece aussi mal qu'il est possible, toujours philosophant tristement, toujours dégradant par vanité la nature humaine, toujours cherchant dans quelque vice la cause de tout ce qui se fait de bien, toujours d'après leur propre cœur médisant du cœur de l'homme[1].

Malgré cette avilissante doctrine, un des sujets favoris de ces paisibles entretiens c'est le sentiment; mot par lequel il ne faut pas entendre un épanchement affectueux dans le sein de l'amour ou de l'amitié; cela seroit d'une fadeur à mourir. C'est le sentiment mis en grandes maximes générales et quintessencié par tout ce que la métaphisique a de plus subtil. Je puis dire n'avoir de ma vie ouï tant parler du sentiment, ni si peu compris ce qu'on en disoit. Ce sont des rafinemens inconcevables. O Julie, nos cœurs grossiers n'ont jamais rien sû de toutes ces belles maximes, et j'ai peur qu'il n'en soit du sentiment chez les gens du monde comme d'Homere chez les Pedans, qui lui forgent mille beautés chimériques, faute d'appercevoir les véritables[2]. Ils dépensent

* Pourvu, toutefois, qu'une plaisanterie imprévue ne vienne pas déranger cette gravité; car alors chacun rencherit; tout part à l'instant, et il n'y a plus moyen de reprendre le ton sérieux. Je me rappelle un certain pacquet de gimblettes qui troubla si plaisamment une réprésentation de la foire. Les acteurs dérangés n'étoient que des animaux; mais que de choses sont gimblettes pour beaucoup d'hommes ! On sait qui Fontenelle a voulu peindre dans l'histoire des Tyrintiens (*a*)[3].

ainsi tout leur sentiment en esprit, et il s'en exhale tant dans le discours qu'il n'en reste plus pour la pratique. Heureusement, la bienséance y supplée, et l'on fait par usage à peu près les mêmes choses qu'on feroit par sensibilité; du moins tant qu'il n'en coûte que des formules et quelques gênes passageres, qu'on s'impose pour faire bien parler de soi; car quand les sacrifices vont jusqu'à gêner trop longtems ou à coûter trop cher, adieu le sentiment; la bienséance n'en exige pas jusques-là. A cela près, on ne sauroit croire à quel point tout est compassé, mesuré, pesé, dans ce qu'ils appellent des procedés; tout ce qui n'est plus dans les sentimens, ils l'ont mis en regle, et tout est regle parmi eux. Ce peuple imitateur seroit plein d'originaux qu'il seroit impossible d'en rien savoir; car nul homme n'ose être lui même. *Il faut faire comme les autres ;* c'est la premiere maxime de la sagesse du pays. *Cela se fait, cela ne se fait pas.* Voila la décision suprême[1].

Cette apparente régularité donne aux usages communs l'air du monde le plus comique. même dans les choses les plus sérieuses. On sait à point nommé quand il faut envoyer savoir des nouvelles, quand il faut se faire écrire, c'est à dire, faire une visite qu'on ne fait pas; quand il faut la faire soi-même; quand il est permis d'être chez soi; quand on doit n'y pas être quoiqu'on y soit; quelles offres l'un doit faire; quelles offres l'autre doit rejetter; quel degré de tristesse on doit prendre à telle ou telle mort*, combien de tems on doit pleurer à la campagne; le jour où l'on peut revenir se consoler à la ville; l'heure et la minutte où l'affliction permet de donner le bal ou d'aller au spectacle. Tout le monde y fait à la fois la même chose dans la même circonstance : Tout va par tems comme les mouvemens d'un régiment en bataille : Vous diriez que ce sont autant de marionétes clouées sur la même planche, ou tirées par le même fil.

Or comme il n'est pas possible que tous ces gens qui font exactement la même chose soient exactement affectés

---

* S'affliger à la mort de quelqu'un est un sentiment d'humanité et un témoignage de bon naturel, mais non pas un devoir de vertu, ce quelqu'un fut-il même notre Pere. Quiconque en pareil cas n'a point d'affliction dans le cœur n'en doit point montrer au dehors; car il est beaucoup plus essenciel de fuir la fausseté, que de s'asservir aux bienséances (*a*)[2].

de même, il est clair qu'il faut les penétrer par d'autres moyens pour les connoitre; il est clair que tout ce jargon n'est qu'un vain formulaire et sert moins à juger des mœurs, que du ton qui regne à Paris. On apprend ainsi les propos qu'on y tient mais rien de ce qui peut servir à les apprécier. J'en dis autant de la plupart des écrits nouveaux; j'en dis autant de la Scene[1] même qui depuis Moliere est bien plus un lieu où se débitent de jolies conversations, que la représentation de la vie civile. Il y a ici trois théatres[2], sur deux desquels on représente des Etres chimériques, savoir sur l'un des Arlequins, des Pantalons, des Scaramouches; sur l'autre des Dieux, des Diables, des sorciers. Sur le troisieme on représente ces pieces immortelles dont la lecture nous faisoit tant de plaisir, et d'autres plus nouvelles qui paroissent de tems en tems sur la scene. Plusieurs de ces pieces sont tragiques mais peu touchantes, et si l'on y trouve quelques sentimens naturels et quelque vrai raport au cœur humain, elles n'offrent aucune sorte d'instruction sur les mœurs particulieres du peuple qu'elles amusent (*a*).

L'institution de la tragédie avoit chez ses inventeurs un fondement de religion qui suffisoit pour l'autoriser. D'ailleurs, elle offroit aux Grecs un spectacle instructif et agréable dans les malheurs des Perses leurs ennemis, dans les crimes et les folies des Rois dont ce peuple s'étoit délivré. Qu'on représente à Berne, à Zurich, à la Haye l'ancienne tirannie de la maison d'Autriche, l'amour de la patrie et de la liberté nous rendra ces pieces intéressantes; mais qu'on me dise de quel usage sont ici les tragédies de Corneille, et ce qu'importe au peuple de Paris Pompée ou Sertorius ? Les tragédies grecques rouloient sur des évenemens réels ou réputés tels par les spectateurs, et fondés sur des traditions historiques. Mais que fait une flame héroïque et pure dans l'ame des Grands ? Ne diroit-on pas que les combats de l'amour et de la vertu leur donnent souvent de mauvaises nuits, et que le cœur a beaucoup à faire dans les mariages des Rois ? Juge de la vraisemblance et de l'utilité de tant de pieces, qui roulent toutes sur ce chimérique sujet[3] !

Quant à la comédie, il est certain qu'elle doit représenter au naturel les mœurs du peuple pour lequel elle est faite, afin qu'il s'y corrige de ses vices et de ses défauts, comme on ôte devant un miroir les taches de son visage.

Térence et Plaute se tromperent dans leur objet; mais avant eux Aristophane et Ménandre avoient exposé aux Athéniens les mœurs Athéniennes, et depuis, le seul Moliere peignit plus naïvement encore celles des François du siecle dernier à leurs propres yeux. Le Tableau a changé; mais il n'est plus revenu de peintre. Maintenant on copie au théatre les conversations d'une centaine de maisons de Paris. Hors de cela, on n'y apprend rien des mœurs des François. Il y a dans cette grande ville cinq ou six cent mille ames dont il n'est jamais question sur la Scene. Moliere osa peindre des bourgeois et des artisans aussi bien que des Marquis; Socrate faisoit parler des cochers, menuisiers, cordonniers, maçons. Mais les Auteurs d'aujourd'hui qui sont des gens d'un autre air, se croiroient deshonorés s'ils savoient ce qui se passe au comptoir d'un Marchand ou dans la boutique d'un ouvrier; il ne leur faut que des interlocuteurs illustres, et ils cherchent dans le rang de leurs personnages l'élévation qu'ils ne peuvent tirer de leur génie[1]. Les spectateurs eux-mêmes sont devenus si délicats, qu'ils craindroient de se compromettre à la Comédie comme en visite, et ne daigneroient pas aller voir en représentation des gens de moindre condition qu'eux. Ils sont comme les seuls habitans de la terre; tout le reste n'est rien à leurs yeux. Avoir un Carosse, un Suisse, un maitre d'hôtel, c'est être comme tout le monde. Pour être comme tout le monde il faut être comme très peu de gens. Ceux qui vont à pied ne sont pas du monde; ce sont des Bourgeois, des hommes du peuple, des gens de l'autre monde (*a*)[2], et l'on diroit qu'un carosse n'est pas tant nécessaire pour se conduire que pour exister. Il y a comme cela une poignée d'impertinens qui ne comptent qu'eux dans tout l'univers et ne valent gueres la peine qu'on les compte, si ce n'est pour le mal qu'ils font. C'est pour eux uniquement que sont faits les spectacles. Ils s'y montrent à la fois comme représentés au milieu du théâtre et comme représentans aux deux côtés; ils sont personnages sur la scene et comédiens sur les bancs[3]. C'est ainsi que la Sphere du monde et des auteurs se retrécit; c'est ainsi que la scene moderne ne quite plus son ennuyeuse dignité. On n'y sait plus montrer les hommes qu'en habit doré (*b*). Vous diriez que la France n'est peuplée que de Comtes et de Chevaliers, et plus le peuple y est misérable et gueux plus le tableau du peuple y eſt brillant et magnifique. Cela fait qu'en peignant le ridicule des états qui servent d'exemple aux autres, on le répand plutôt que de l'éteindre, et que le peuple, toujours singe et imitateur des riches, va moins au théatre pour rire de leurs folies que pour les étudier, et devenir encore plus fou qu'eux en les imitant. Voila de quoi fut cause Moliere lui-même; il corrigea la cour en infectant la ville, et ses ridicules Marquis furent le premier modele des petits-maitres bourgeois qui leur succéderent.

En général il y a beaucoup de discours et peu d'action sur la scene françoise; peut-être eſt-ce qu'en effet le François parle encore plus qu'il n'agit, ou du moins qu'il donne un bien plus grand prix à ce qu'on dit qu'à ce qu'on fait. Quelqu'un disoit en sortant d'une piece de Denis le Tiran : je n'ai rien vu, mais j'ai entendu force paroles. Voila ce qu'on peut dire en sortant des pieces françoises (*a*). Racine et Corneille avec tout leur génie ne sont eux-mêmes que des parleurs, et leur Successeur eſt le premier qui à l'imitation des Anglois (*b*) ait osé mettre quelquefois la scene en représentation. Communément tout se passe en beaux dialogues bien agencés, bien ronflans, où l'on voit d'abord que le premier soin de chaque interlocuteur eſt toujours celui de briller. Presque tout s'énonce en maximes générales. Quelque agités qu'ils puissent être, ils songent toujours plus au public qu'à eux-mêmes; une Sentence leur coute moins qu'un sentiment; les pieces de Racine et de Moliere* (*c*) exceptées, le *je* eſt presque aussi scrupuleusement banni de la scene françoise que des écrits de Port-Royal, et les passions humaines aussi modeſtes que l'humilité Chrétienne n'y parlent jamais que par *on*. Il y a encore une certaine dignité manierée dans le geſte et dans le propos, qui ne permet jamais à la passion de parler exactement son langage ni à l'auteur[1] de revetir son personnage et de se transporter au lieu de la scene, mais le tient toujours enchainé sur le théatre et sous les yeux des Spectateurs. Aussi les

* Il ne faut point associer en ceci Moliere à Racine; car le premier eſt, comme les autres, plein de maximes et de sentences, surtout dans ses piéces en vers : Mais chez Racine tout eſt sentiment, il a su faire parler chacun pour soi, et c'eſt en cela qu'il eſt vraiment unique parmi les auteurs dramatiques de sa nation.

situations les plus vives ne lui font-elles jamais oublier un bel arrangement de phrases ni des attitudes élégantes; et si le desespoir lui plonge un poignard dans le cœur, non content d'observer la décence en tombant comme Polixene, il ne tombe point, la décence le maintient debout après sa mort, et tous ceux qui viennent d'expirer s'en retournent l'instant d'après sur leurs jambes[1].

Tout cela vient de ce que le François ne cherche point sur la scene le naturel et l'illusion et n'y veut que de l'esprit et des pensées; il fait cas de l'agrément et non de l'imitation, et ne se soucie pas d'être séduit pourvû qu'on l'amuse. Personne ne va au spectacle pour le plaisir du spectacle, mais pour voir l'assemblée, pour en être vu, pour ramasser dequoi fournir au caquet après la piece, et l'on ne songe à ce qu'on voit que pour savoir ce qu'on en dira (*a*). L'acteur pour eux est toujours l'acteur, jamais le personage qu'il répresente. Cet homme qui parle en maitre du monde n'est point Auguste, c'est Baron, la veuve de Pompée est Adrienne, Alzire est Mlle Gaussin (*b*), et ce fier sauvage est Grandval[2]. Les Comédiens de leur côté négligent entierement l'illusion dont ils voyent que personne ne se soucie. Ils placent les Héros de l'antiquité entre six rangs de jeunes Parisiens; ils calquent les modes françoises sur l'habit romain; on voit Cornélie en pleurs avec deux doigts de rouge, Caton poudré au blanc, et Brutus en panier. Tout cela ne choque personne et ne fait rien au succès des pieces; comme on ne voit que l'Acteur dans le personage, on ne voit, non plus, que l'Auteur dans le drame, et si le costume est négligé cela se pardonne aisément; car on sait bien que Corneille n'étoit pas tailleur ni Crébillon perruquier.

Ainsi, de quelque sens qu'on envisage les choses, tout n'est ici que babil, jargon, propos sans conséquence. Sur la scene comme dans le monde on a beau écouter ce qui se dit, on n'apprend rien de ce qui se fait, et qu'a-t-on besoin de l'apprendre? sitôt qu'un homme a parlé, s'informe-t-on de sa conduite, n'a-t-il pas tout fait, n'est-il pas jugé? l'honnête homme[3] d'ici n'est point celui qui fait de bonnes actions, mais celui qui dit de belles choses, et un seul propos inconsidéré, lâché sans réflexion, peut faire à celui qui le tient un tort irréparable que n'effaceroient pas quarante ans d'intégrité (*c*). En un mot, bien que les œuvres des hommes ne ressemblent guere à leurs discours je vois qu'on ne les peint que par leurs discours sans égard à leurs œuvres; je vois aussi que dans une grande ville la société paroit plus douce, plus facile, plus sûre même que parmi des gens moins étudiés; mais les hommes y sont-ils en effet plus humains, plus modérés, plus justes ? Je n'en sais rien. Ce ne sont encore là que des apparences, et sous ces dehors si ouverts et si agréables les cœurs sont peut-être plus cachés, plus enfoncés en dedans que les notres. Etranger, isolé, sans affaires, sans liaisons, sans plaisirs (*a*) et ne voulant m'en rapporter qu'à moi, le moyen de pouvoir prononcer ?

Cependant je commence à sentir l'ivresse où cette vie agitée et tumultueuse plonge ceux qui la menent, et je tombe dans un étourdissement semblable à celui d'un homme aux yeux duquel on fait passer rapidement une multitude d'objets. Aucun de ceux qui me frapent n'attache mon cœur, mais tous ensemble en troublent et suspendent les affections, au point d'en oublier quelques instans ce que je suis et à qui je suis. Chaque jour en sortant de chez moi j'enferme mes sentimens sous la clef[1], pour en prendre d'autres qui se prêtent aux frivoles objets qui m'attendent. Insensiblement je juge et raisonne comme j'entens juger et raisonner tout le monde. Si quelques fois j'essaye de secouer les préjugés et de voir les choses comme elles sont, à l'instant je suis écrasé d'un certain verbiage qui ressemble beaucoup à du raisonnement. On me prouve avec évidence qu'il n'y a que le demi-philosophe qui regarde à la réalité des choses; que le vrai sage ne les considere que par les apparences; qu'il doit prendre les préjugés pour principes, les bienséances pour loix, et que la plus sublime sagesse consiste à vivre comme les foux.

Forcé de changer ainsi l'ordre de mes affections morales; forcé de donner un prix à des chimeres[2], et d'imposer silence à la nature et à la raison, je vois ainsi défigurer ce divin modele que je porte au dedans de moi, et qui servoit à la fois d'objet à mes desirs et de regle à mes actions, je flote de caprice en caprice, et mes goûts étant sans cesse asservis à l'opinion, je ne puis être sûr un seul jour de ce que j'aimerai le lendemain.

Confus, humilié, consterné, de sentir dégrader en moi la nature de l'homme, et de me voir ravalé si bas de cette grandeur intérieure où nos cœurs enflammés s'élevoient réciproquement, je reviens le soir pénétré d'une secrette tristesse, accablé d'un dégoût mortel, et le cœur vuide et gonflé comme un balon rempli d'air[1]. O amour ! ô purs sentimens que je tiens de lui !.... avec quel charme je rentre en moi-même ! avec quel transport j'y retrouve encore mes premieres affections et ma premiere dignité ? Combien je m'applaudis d'y revoir briller dans tout son éclat l'image de la vertu, d'y contempler la tienne, ô Julie, assise sur un trône de gloire et dissipant d'un souffle tous ces prestiges ! Je sens respirer mon ame oppressée, je crois avoir recouvré mon existence et ma vie, et je reprens avec mon amour tous les sentimens sublimes qui le rendent digne de son objet.

LETTRE XVIII (*a*)[2].

DE JULIE.

Je viens, mon bon ami, de jouir d'un des plus doux spectacles qui puissent jamais charmer mes yeux (*b*). La plus sage, la plus aimable des filles est enfin devenue la plus digne et la meilleure des femmes. L'honnête homme dont elle a comblé les vœux, plein d'estime et d'amour pour elle, ne respire que pour la chérir, l'adorer, la rendre heureuse, et je goûte le charme inexprimable d'être témoin du bonheur de mon amie, c'est à dire de le partager. Tu n'y seras pas moins sensible, j'en suis bien sûre, toi qu'elle aima toujours si tendrement, toi qui lui fus cher presque dès son enfance, et à qui tant de bienfaits l'ont dû rendre encore plus chere. Oui, tous les sentimens qu'elle éprouve se font sentir à nos cœurs comme au sien. S'ils sont des plaisirs pour elle, ils sont pour nous des consolations, et tel est le prix de l'amitié qui nous joint, que la félicité d'un des trois suffit pour adoucir les maux des deux autres.

Ne nous dissimulons pas, pourtant, que cette amie incomparable va nous échaper en partie. La voila dans un nouvel ordre de choses, la voila sujette à de nouveaux engagemens, à de nouveaux devoirs, et son cœur qui n'étoit qu'à nous se doit maintenant à d'autres affections auxquelles il faut que l'amitié cede le premier rang. Il y a plus, mon ami; nous devons de notre part devenir plus scrupuleux sur les témoignages de son zele; nous ne devons pas seulement consulter son attachement pour nous, et le besoin que nous avons d'elle, mais ce qui convient à son nouvel état, et ce qui peut aggréer ou déplaire à son mari. Nous n'avons pas besoin de chercher ce qu'exigeroit en pareil cas la vertu; les loix seules de l'amitié suffisent. Celui qui pour son intérêt particulier pourroit compromettre un ami mériteroit-il d'en avoir ? Quand elle étoit fille, elle étoit libre, elle n'avoit à répondre de ses démarches qu'à elle-même, et l'honnêteté de ses intentions suffisoit pour la justifier à ses propres yeux. Elles nous regardoit comme deux époux destinés l'un à l'autre, et son cœur sensible et pur alliant la plus chaste pudeur pour elle-même à la plus tendre compassion pour sa coupable amie, elle couvroit ma faute sans la partager : Mais à présent, tout est changé; elle doit compte de sa conduite à un autre; elle n'a pas seulement engagé sa foi, elle a aliéné sa liberté. Dépositaire en même tems de l'honneur de deux personnes, il ne lui suffit pas d'être honnête, il faut encore qu'elle soit honorée; il ne lui suffit pas de ne rien faire que de bien, il faut encore qu'elle ne fasse rien qui ne soit approuvé. Une femme vertueuse ne doit pas seulement mériter l'estime de son mari mais l'obtenir; s'il la blâme, elle est blamable; et fut-elle innocente, elle a tort sitôt qu'elle est soupçonnée; car les apparences mêmes sont au nombre de ses devoirs (*a*).

Je ne vois pas clairement si toutes ces raisons sont bonnes; tu en seras le juge; mais un certain sentiment intérieur m'avertit qu'il n'est pas bien que ma Cousine continue d'être ma confidente, ni qu'elle me le dise la premiere. Je me suis souvent trouvée en faute sur mes raisonnemens, jamais sur les mouvements secrets qui me les inspirent, et cela fait que j'ai plus de confiance à mon instinct qu'à ma raison (*b*)[1].

Sur ce principe j'ai déja pris un prétexte pour retirer tes lettres, que la crainte d'une surprise me faisoit tenir chez elle. Elle me les a rendues avec un serrement de cœur que le mien m'a fait appercevoir, et qui m'a trop confirmé que j'avois fait ce qu'il faloit faire. Nous n'avons point eu d'explication, mais nos regards en tenoient lieu, elle m'a embrassée en pleurant; nous sentions sans nous rien dire combien le tendre langage de l'amitié a peu besoin du secours des paroles[1].

A l'égard de l'addresse à substituer à la sienne, j'avois songé d'abord à celle de Fanchon Anet, et c'est bien la voye la plus sûre que nous pourrions choisir; mais si cette jeune femme est dans un rang plus bas que ma cousine, est-ce une raison d'avoir moins d'égard pour elle en ce qui concerne l'honnêteté ? N'est-il pas à craindre au contraire, que des sentiments moins élevés ne lui rendent mon exemple plus dangereux, que ce qui n'étoit pour l'une que l'effort d'une amitié sublime ne soit pour l'autre un commencement de corruption, et qu'en abusant de sa reconnoissance je ne force la vertu même à servir d'instrument au vice ? Ah n'est-ce pas assés pour moi d'être coupable sans me donner des complices, et sans aggraver mes fautes du poids de celles d'autrui ? N'y pensons point, mon ami; j'ai imaginé un autre expédient beaucoup moins sûr, à la vérité, mais aussi moins répréhensible, en ce qu'il ne compromet personne et ne nous donne aucun confident; c'est de m'écrire sous un nom en l'air, comme par exemple, M. du Bosquet, et de mettre une enveloppe addressée à Régianino que j'aurai soin de prévenir. Ainsi Régianino lui-même ne saura rien; il n'aura tout au plus que des soupçons qu'il n'oseroit vérifier, car Milord Edouard de qui dépend sa fortune m'a répondu de lui. Tandis que notre correspondance continuera par cette voye, je verrai si l'on peut reprendre celle qui nous servit durant le voyage de Valais, ou quelque autre qui soit permanente et sûre.

Quand je ne connoitrois pas l'état de ton cœur, je m'appercevrois, par l'humeur qui regne dans tes rélations, que la vie que tu menes n'est pas de ton goût. Les lettres de M. de Muralt dont on s'est plaint en France étoient moins séveres que les tiennes; comme un enfant qui se dépite contre ses maitres, tu te venges d'être obligé d'étudier le monde, sur les premiers qui te l'apprennent. Ce qui me surprend le plus est que la chose qui commence par te révolter est celle qui prévient tous les étrangers, savoir l'accueil des François et le ton général de leur société, quoique de ton propre aveu tu doives personnellement t'en louer. Je n'ai pas oublié la distinction de Paris en particulier et d'une grande ville en général; mais je vois qu'ignorant ce qui convient à l'un ou à l'autre, tu fais ta critique à bon compte, avant de savoir si c'eſt une médisance ou une observation. Quoi qu'il en soit, j'aime la nation françoise[1], et ce n'eſt pas m'obliger que d'en mal parler. Je dois aux bons livres qui nous viennent d'elle la plus part des inſtructions que nous avons prises ensemble. Si notre pays n'eſt plus barbare, à qui en avons-nous l'obligation ? Les deux plus grands, les deux plus vertueux des modernes, Catinat, Fénélon, étoient tous deux françois. Henri quatre, le Roi que j'aime, le bon[2] Roi, l'étoit. Si la France n'eſt pas le pays des hommes libres, elle eſt celui des hommes vrais, et cette liberté vaut bien l'autre aux yeux du sage. Hospitaliers, protecteurs de l'étranger, les François lui passent même la vérité qui les blesse, et l'on se feroit lapider à Londres si l'on y osoit dire des Anglois la moitié du mal que les François laissent dire d'eux à Paris. Mon Pere, qui a passé sa vie en France ne parle qu'avec transport de ce bon et aimable peuple. S'il y a versé son sang au service du Prince, le Prince ne l'a point oublié dans sa retraite, et l'honore encore de ses bienfaits ; ainsi je me regarde comme intéressée à la gloire d'un pays où mon Pere a trouvé la sienne. Mon ami, si chaque peuple a ses bonnes et ses mauvaises qualités, honore au moins la vérité qui loue, aussi bien que la vérité qui blâme (*a*).

Je te dirai plus ; pourquoi perdrois-tu en visites oisives le tems qui te reſte à passer aux lieux où tu es ? Paris eſt-il moins que Londres le théatre des talens, et les étrangers y font-ils moins aisement leur chemin ? Croimoi, tous les Anglois ne sont pas des lords Edouards, et tous les François ne ressemblent pas à ces beaux diseurs qui te déplaisent si fort. Tente, essaye, fais quelques épreuves, ne fut-ce que pour approfondir les mœurs, et juger à l'œuvre ces gens qui parlent si bien. Le pere de ma Cousine dit que tu connois la conſtitution de l'empire[3] et les intérêts des Princes. Milord Edouard trouve aussi que tu n'as pas mal étudié les principes de la politique et les divers siſtêmes de gouvernement. J'ai dans la tête que le pays du monde où le mérite eſt le plus honoré eſt celui qui te convient le mieux, et que tu n'as besoin que d'être connu pour être employé. Quant à la Religion, pourquoi la tienne te nuiroit-elle plus qu'à un autre ? La raison n'eſt-elle pas le préservatif de l'intolérance et du fanatisme[4] ? Eſt-on plus bigot en France qu'en Allemagne ?

et qui t'empêcheroit de pouvoir faire à Paris le même chemin que M. de St. Saphorin[1] a fait à Vienne ? Si tu consideres le but, les plus prompts essais ne doivent-ils pas accélerer les succès ? Si tu compares les moyens, n'est-il pas plus honnête encore de s'avancer par ses talens que par ses amis? si tu songes... ah cette mer !.... un plus long trajet.... j'aimerois mieux l'Angleterre, si Paris étoit au delà (*a*).

A propos de cette grande Ville, oserais-je (*b*) relever une affectation que je remarque dans tes lettres? Toi qui me parlois des Valaisanes avec tant de plaisir, pourquoi ne me dis-tu rien des Parisiennes? Ces femmes galantes et célebres valent-elles moins la peine d'être dépeintes que quelques montagnardes simples et grossieres ? Crains-tu peut-être de me donner de l'inquiétude par le tableau des plus séduisantes personnes de l'univers ? Desabuse-toi, mon ami; ce que tu peux faire de pis pour mon repos est de ne me point parler d'elles, et quoique tu m'en puisses dire, ton silence à leur égard m'est beaucoup plus suspect que tes éloges.

Je serois bien aise aussi d'avoir un petit mot sur l'Opéra de Paris dont on dit ici des merveilles*; car enfin la musique peut être mauvaise, et le spectacle avoir ses beautés; s'il n'en a pas, c'est un sujet pour ta médisance, et du moins tu n'offenseras personne (*c*).

Je ne sais si c'est la peine de te dire qu'à l'occasion de la noce il m'est encore venu ces jours passés deux épouseurs comme par rendez-vous. L'un d'Yverdun, gîtant, chassant, de Château en château; l'autre du pays allemand par le coche de Berne. Le premier est une maniere de petit-maitre[2], parlant assés resolument pour faire trouver ses reparties spirituelles à ceux qui n'en écoutent que le ton. L'autre est un grand nigaud timide, non de cette aimable timidité qui vient de la crainte de déplaire, mais de l'embarras d'un sot qui ne sait que dire, et du mal-aise d'un libertin qui ne se sent pas à sa place auprès d'une honnête fille. Sachant très positivement les intentions de mon pere au sujet de ces deux Messieurs, j'use avec

---

* J'aurois bien mauvaise opinion de ceux qui, connoissant le caractere et la situation de Julie, ne devineroient pas à l'instant que cette curiosité ne vient point d'elle. On verra bientôt que son amant n'y a pas été trompé. S'il l'eut été, il ne l'auroit plus aimée (*d*).

plaisir de la liberté qu'il me laisse de les traiter à ma fantaisie, et je ne crois pas que cette fantaisie laisse durer longtems celle qui les amene. Je les hais d'oser attaquer un cœur où tu regnes, sans armes pour te le disputer; s'ils en avoient, je les haïrois davantage encore, mais où les prendroient-ils, eux, et d'autres, et tout l'univers? Non, non, sois tranquille, mon aimable ami. Quand je retrouverois un mérite égal au tien, quand il se présenteroit un autre toi-même, encore le premier venu seroit-il le seul écouté. Ne t'inquiete donc point de ces deux especes dont je daigne à peine te parler. Quel plaisir j'aurois à leur mesurer deux doses de dégoût si parfaitement égales qu'ils prissent la résolution de partir ensemble comme ils sont venus, et que je pusse t'apprendre à la fois le départ de tous deux (*a*).

M. de Crouzas[1] vient de nous donner une refutation des épitres de Pope que j'ai lue avec ennui. Je ne sais pas, au vrai, lequel des deux auteurs a raison; mais je sais bien que le livre de M. de Crouzas ne fera jamais faire une bonne action, et qu'il n'y a rien de bon qu'on ne soit tenté de faire en quitant celui de Pope. Je n'ai point, pour moi d'autre maniere de juger de mes Lectures que de sonder les dispositions où elles laissent mon ame, et j'imagine à peine quelle sorte de bonté peut avoir un livre qui ne porte point ses lecteurs au bien*.

Adieu, mon trop cher Ami, je ne voudrois pas finir sitôt; mais on m'attend, on m'appelle. Je te quite à regret, car je suis gaye et j'aime à partager avec toi mes plaisirs; ce qui les anime et les redouble est que ma mere se trouve mieux depuis quelques jours; elle s'est sentie assés de force pour assister au mariage, et servir de mere à sa Niece, ou plutôt à sa seconde fille. La pauvre Claire en a pleuré de joye. Juge de moi, qui méritant si peu de la conserver tremble toujours de la perdre. En vérité elle fait les honneurs de la fête avec autant de grace que dans sa plus parfaite santé; il semble même qu'un reste de langueur rende sa naïve politesse encore plus touchante. Non, jamais cette incomparable mere ne fut si bonne, si charmante, si digne d'être adorée !.... Sais-tu qu'elle a

* Si le lecteur approuve cette regle, et qu'il s'en serve pour juger ce recueil, l'éditeur n'appellera pas de son jugement (*b*).

demandé plusieurs fois de tes nouvelles à M. d'Orbe ? Quoiqu'elle ne me parle point de toi, je n'ignore pas qu'elle t'aime, et que si jamais elle étoit écoutée, ton bonheur et le mien seroit son premier ouvrage. Ah ! si ton cœur sait être sensible, qu'il a besoin de l'être, et qu'il a de dettes à payer (*a*) !

LETTRE XIX (*b*)[1].

A JULIE.

TIEN, ma Julie, gronde-moi, querelle-moi, bats-moi; je souffrirai tout, mais je n'en continuerai pas moins à te dire ce que je pense. Qui sera le dépositaire de tous mes sentimens, si ce n'est toi qui les éclaires, et avec qui mon cœur se permettroit-il de parler, si tu refusois de l'entendre ? Quand je te rends compte de mes observations et de mes jugemens, c'est pour que tu les corriges, non pour que tu les approuves, et plus je puis commettre d'erreurs, plus je dois me presser de t'en instruire. Si je blâme les abus qui me frapent dans cette grande ville, je ne m'en excuserai point sur ce que je t'en parle en confidence; car je ne dis jamais rien d'un tiers que je ne sois prêt à lui dire en face, et dans tout ce que je t'écris des Parisiens, je ne fais que repéter ce que je leur dis tous les jours à eux-mêmes. Ils ne m'en savent point mauvais gré; ils conviennent de beaucoup de choses. Ils se plaignoient de notre Muralt, je le crois bien; on voit, on sent combien il les hait, jusques dans les éloges qu'il leur donne, et je suis bien trompé si même dans ma critique on n'apperçoit le contraire (*c*). L'estime et la reconnoissance que m'inspirent leurs bontés ne font qu'augmenter ma franchise, elle peut n'être pas inutile à quelques uns, et, à la maniere dont tous supportent la vérité dans ma bouche, j'ose croire que nous sommes dignes, eux de l'entendre et moi de la dire. C'est en cela, ma Julie, que la vérité qui blâme est plus honorable que la vérité qui loue; car la louange ne sert qu'à corrompre ceux qui la goûtent et les plus indignes en sont toujours les plus affamés; mais la censure est utile et le mérite seul sait la supporter. Je te le dis du fond de mon cœur, j'honore le françois comme le seul peuple qui aime véritablement les hommes et qui soit bienfaisant par caractere; mais c'est pour cela même que j'en suis moins disposé à lui accorder cette admiration générale à laquelle il prétend même pour les défauts qu'il avoue. Si les François n'avoient point de vertus, je n'en dirois rien; s'ils n'avoient point de vices ils ne seroient pas hommes : Ils ont trop de côtés louables pour être toujours loués (*a*).

Quant aux tentatives dont tu me parles, elles me sont impraticables, parce qu'il faudroit employer pour les faire des moyens qui ne me conviennent pas et que tu m'as interdits toi-même. L'austérité républicaine n'est pas de mise en ce pays; il y faut des vertus plus flexibles, et qui sachent mieux se plier aux intérêts des amis ou des protecteurs. Le mérite est honoré, j'en conviens; mais ici les talens qui menent à la réputation ne sont point ceux qui menent à la fortune, et quand j'aurois le malheur de posséder ces derniers, Julie se resoudroit-elle à devenir la femme d'un parvenu ? En Angleterre c'est toute autre chose, et quoique les mœurs y vaillent peut-être encore moins qu'en France, cela n'empêche pas qu'on n'y puisse parvenir par des chemins plus honnêtes, parce que le peuple ayant plus de part au gouvernement, l'estime publique y est un plus grand moyen de credit. Tu n'ignores pas que le projet de Milord Edouard est d'employer cette voye en ma faveur, et le mien de justifier son zele. Le lieu de la terre où je suis le plus loin de toi est celui où je ne puis rien faire qui m'en rapproche (*b*). O Julie ! s'il est difficile d'obtenir ta main, il l'est bien plus de la mériter, et voila la noble tâche que l'amour m'impose (*c*).

Tu m'ôtes d'une grande peine en me donnant de meilleures nouvelles de ta mere. Je t'en voyois déja si inquiete avant mon départ que je n'osai te dire ce que j'en pensois; mais je la trouvois maigrie, changée, et je redoutois quelque maladie dangereuse. Conserve-la moi, parce qu'elle m'est chere, parce que mon cœur l'honore, parce que ses bontés font mon unique espérance, et surtout parce qu'elle est mere de ma Julie (*d*).

Je te dirai sur les deux épouseurs que je n'aime point ce mot, même par plaisanterie. Du reste le ton dont tu me parles d'eux m'empêche de les craindre, et je ne hais plus ces infortunés, puisque tu crois les haïr. Mais j'admire ta simplicité de penser connoitre la haine. Ne vois-tu pas que c'est l'amour dépité que tu prens pour elle ? Ainsi murmure la blanche colombe dont on poursuit le bien-aimé (*a*). Va Julie, va fille incomparable, quand tu pourras haïr quelque chose, je pourrai cesser de t'aimer.

P. S. Que je te plains d'être obsédée par ces deux importuns ! Pour l'amour de toi-même, hâte-toi de les renvoyer.

LETTRE XX (*b*).

DE JULIE.

MON ami, j'ai remis à M. d'Orbe un pacquet qu'il s'est chargé de t'envoyer à l'addresse de M. Silvestre chez qui tu pourras le retirer; mais je t'avertis d'attendre pour l'ouvrir que tu sois seul et dans ta chambre. Tu trouveras dans ce pacquet un petit meuble[1] à ton usage.

C'est une espece d'amulette que les amans portent volontiers. La maniere de s'en servir est bizarre. Il faut la contempler tous les matins un quart d'heure jusqu'à ce qu'on se sente pénétré d'un certain attendrissement. Alors on l'applique sur ses yeux, sur sa bouche, et sur son cœur; cela sert, dit-on, de préservatif durant la journée contre le mauvais air du pays galant. On attribue encore à ces sortes de talismans une vertu électrique très singuliére, mais qui n'agit qu'entre les amans fidelles. C'est de communiquer à l'un l'impression des baisers de l'autre à plus de deux cents lieues de là. Je ne garantis pas le succès de l'expérience; je sais seulement qu'il ne tient qu'à toi de la faire.

Tranquillise-toi sur les deux Galants ou prétendans, ou comme tu voudras les appeller, car desormais le nom ne fait plus rien à la chose. Ils sont partis : qu'ils aillent en paix; depuis que je ne les vois plus, je ne les hais plus.

LETTRE XXI (*a*)[1].

A JULIE.

Tu l'as voulu, Julie, il faut donc te les depeindre, ces aimables Parisiennes ? orgueilleuse ! cet hommage manquoit à tes charmes. Avec toute ta feinte jalousie, avec ta modestie et ton amour, je vois plus de vanité que de crainte cachée sous cette curiosité. Quoiqu'il en soit, je serai vrai; je puis l'être; je le serois de meilleur cœur si j'avois davantage à louer. Que ne sont-elles cent fois plus charmantes ! que n'ont-elles assés d'attraits pour rendre un nouvel honneur aux tiens !

Tu te plaignois de mon silence ? Eh mon Dieu, que t'aurois-je dit ? En lisant cette lettre tu sentiras pourquoi j'aimois à te parler des Valaisanes tes voisines, et pourquoi je ne te parlois point des femmes de ce pays. C'est que les unes me rappelloient à toi sans cesse, et que les autres (*b*).... lis, et puis tu me jugeras. Au reste peu de gens pensent comme moi des Dames françoises, si même je ne suis sur leur compte tout-à-fait seul de mon avis. C'est sur quoi l'équité m'oblige à te prévenir, afin que tu saches que je te les répresente, non peut-être comme elles sont, mais comme je les vois. Malgré cela, si je suis injuste envers elles, tu ne manqueras pas de me censurer encore, et tu seras plus injuste que moi; car tout le tort en est à toi-seule.

Commençons par l'extérieur. C'est à quoi s'en tiennent la plupart des observateurs. Si je les imitois en cela, les femmes de ce pays auroient trop à s'en plaindre; elles ont un extérieur de caractere aussi bien que de visage, et comme l'un ne leur est gueres plus favorable que l'autre, on leur fait tort en ne les jugeant que par là. Elles sont tout au plus passables de figure et généralement plutôt mal que bien; je laisse à part les exceptions. Menues plutôt que bien faites, elles n'ont pas la taille fine (*c*), aussi s'attachent-elles volontiers aux modes qui la déguisent; en quoi je trouve assés simples les femmes des autres pays, de vouloir bien imiter des modes faites pour cacher des défauts qu'elles n'ont pas.

Leur démarche est aisée et commune. Leur port n'a

rien d'affecté parce qu'elles n'aiment point à se gêner : Mais elles ont naturellement une certaine *disinvoltura*[1] qui n'est pas dépourvue de graces, et qu'elles se piquent souvent de pousser jusqu'à l'étourderie. Elles ont le teint médiocrement blanc, et sont communément un peu maigres, ce qui ne contribue pas à leur embellir la peau. A l'égard de la gorge; c'est l'autre extrémité des Valaisanes. Avec des corps fortement serrés elles tâchent d'en imposer sur la consistance; il y a d'autres moyens d'en imposer sur la couleur. Quoique je n'aye apperçu ces objets que de fort loin, l'inspection en est si libre qu'il reste peu de chose à deviner. Ces Dames paroissent mal entendre en cela leurs intérêts; car pour peu que le visage soit agréable, l'imagination du spectateur les serviroit au surplus beaucoup mieux que ses yeux, et suivant le Philosophe gascon, la faim entiere est bien plus âpre que celle qu'on a déja rassasiée, au moins par un sens[2].

Leurs traits sont peu réguliers, mais si elles ne sont pas belles, elles ont de la physionomie qui supplée à la beauté, et l'éclipse quelquefois. Leurs yeux vifs et brillans ne sont pourtant ni pénétrans ni doux : quoiqu'elles prétendent les animer à force de rouge, l'expression qu'elles leur donnent par ce moyen tient plus du feu de la colere que de celui de l'amour; naturellement ils n'ont que de la gaité, ou s'ils semblent quelques fois demander un sentiment tendre, ils ne le promettent jamais*.

Elles se mettent si bien, ou du moins, elles en ont tellement la réputation, qu'elles servent en cela comme en tout de modele au reste de l'Europe. En effet, on ne peut employer avec plus de goût un habillement plus bizarre. Elles sont de toutes les femmes, les moins asservies à leurs propres modes. La mode domine les provinciales, mais les Parisiennes dominent la mode, et la savent plier chacune à son avantage. Les premieres sont comme des copistes ignorans et serviles qui copient jusqu'aux fautes d'orthographe; les autres sont des auteurs qui copient en maitres, et savent rétablir les mauvaises leçons.

Leur parure est plus recherchée que magnifique; il y regne plus d'élegance que de richesse. La rapidité des

---

* Parlons pour nous, mon cher philosophe; pourquoi d'autres ne seroient-ils pas plus heureux ? Il n'y a qu'une coquete qui promette à tout le monde, ce qu'elle ne doit tenir qu'à un seul (*a*).

modes qui vieillit tout d'une année à l'autre, la propreté qui leur fait aimer à changer souvent d'ajustement les préservent d'une somptuosité ridicule; elles n'en dépensent pas moins, mais leur dépense est mieux entendue; au lieu d'habits rapés et superbes comme en Italie, on voit ici des habits plus simples et toujours frais. Les deux sexes ont à cet égard la même modération, la même délicatesse, et ce goût me fait grand plaisir : J'aime fort à ne voir ni galons ni taches (*a*). Il n'y a point de peuple excepté le notre où les femmes surtout portent moins de dorure. On voit les mêmes étoffes dans tous les états, et l'on auroit peine à distinguer une Duchesse d'une bourgeoise si la premiere n'avoit l'art de trouver des distinctions que l'autre n'oseroit imiter. Or ceci semble avoir sa difficulté; car quelque mode qu'on prenne à la Cour, cette mode est suivie à l'instant à la ville, et il n'en est pas des Bourgeoises de Paris comme des provinciales et des étrangeres, qui ne sont jamais qu'à la mode qui n'est plus. Il n'en est pas, encore, comme dans les autres pays où les plus grands étant aussi les plus riches, leurs femmes se distinguent par un luxe que les autres ne peuvent égaler. Si les femmes de la Cour prenoient ici cette voye, elles seroient bientôt effacées par celles des Financiers.

Qu'ont-elles donc fait ? Elles ont choisi des moyens plus sûrs, plus adroits, et qui marquent plus de réflexion. Elles savent que des idées de pudeur et de modestie sont profondément gravées dans l'esprit du peuple. C'est là ce qui leur a suggéré des modes inimitables. Elles ont vû que le peuple avoit en horreur le rouge, qu'il s'obstine à nommer grossiérement du fard[1]; elles se sont appliqué quatre doigts, non de fard, mais de rouge; car le mot changé, la chose n'est plus la même. Elles ont vû qu'une gorge découverte est un scandale au public; elles ont largement échancré leurs corps[2]. Elles ont vû.... oh bien des choses, que ma Julie, toute Demoiselle[3] qu'elle est ne verra surement jamais ! Elles ont mis dans leurs manieres le même esprit qui dirige leur ajustement. Cette pudeur charmante qui distingue, honore, et embellit ton sexe leur a paru vile et roturiere; elles ont animé leur geste et leur propos d'une noble impudence, et il n'y a point d'honête homme à qui leur regard assuré ne fasse baisser les yeux. C'est ainsi que cessant d'être femmes, de peur d'être confondues avec les autres femmes, elles préferent leur rang à leur sexe, et imitent les filles de joye, afin de n'être pas imitées.

J'ignore jusqu'où va cette imitation de leur part, mais je sais qu'elles n'ont pu tout à fait éviter celle qu'elles vouloient prévenir. Quant au rouge et aux corps échancrés, ils ont fait tout le progrès qu'ils pouvoient faire. Les femmes de la ville ont mieux aimé renoncer à leurs couleurs naturelles et aux charmes que pouvoit leur prêter l'*amoroso pensier* des amans, que de rester mises comme des Bourgeoises, et si cet exemple n'a point gagné les moindres états, c'est qu'une femme à pied dans un pareil équipage n'est pas trop en sûreté contre les insultes de la populace. Ces insultes sont le cri de la pudeur révoltée, et dans cette occasion comme en beaucoup d'autres, la brutalité du peuple, plus honnête que la bienséance des gens polis, retient peut-être ici cent mille femmes dans les bornes de la modestie; c'est précisement ce qu'ont prétendu les adroites inventrices de ces modes (*a*)[1].

Quant au maintien soldatesque et au ton grenadier, il frape moins, attendu qu'il est plus universel, et il n'est gueres sensible qu'aux nouveaux débarqués. Depuis le fauxbourg St. Germain jusqu'aux halles, il y a peu de femmes à Paris dont l'abord, le regard, ne soit d'une hardiesse à déconcerter quiconque n'a rien vû de semblable en son pays; et de la surprise où jettent ces nouvelles manieres nait cet air gauche qu'on reproche aux étrangers. C'est encore pis sitôt qu'elles ouvrent la bouche. Ce n'est point la voix douce et mignarde de nos Vaudoises. C'est un certain accent dur, aigre, interrogatif, impérieux (*b*), moqueur, et plus fort que celui d'un homme. S'il reste dans leur ton quelque grace de leur sexe, leur maniere intrépide et curieuse de fixer les gens acheve de l'éclipser. Il semble qu'elles se plaisent à joüir de l'embarras qu'elles donnent à ceux qui les voyent pour la premiere fois; mais il est à croire que cet embarras leur plairoit moins si elles en démêloient mieux la cause.

Cependant, soit prévention de ma part en faveur de la beauté, soit instinct de la sienne à se faire valoir, les belles femmes me paroissent en général un peu plus modestes, et je trouve plus de décence dans leur maintien. Cette reserve ne leur coûte guere, elles sentent bien leurs avantages, elles savent qu'elles n'ont pas besoin d'agaceries pour nous attirer (*a*). Peut-être aussi que l'impudence eſt plus sensible et choquante jointe à la laideur, et il eſt sûr qu'on couvriroit plutôt de soufflets que de baisers un laid visage effronté, au lieu qu'avec la modeſtie il peut exciter une tendre compassion qui mene quelquefois à l'amour[1]. Mais quoiqu'en général on remarque ici quelque chose de plus doux dans le maintien des jolies personnes, il y a encore tant de minauderies dans leurs manieres, et elles sont toujours si visiblement occupées d'elles-mêmes, qu'on n'eſt jamais exposé dans ce pays à la tentation qu'avoit quelquefois M. de Muralt auprès des Angloises, de dire à une femme qu'elle eſt belle pour avoir le plaisir de le lui apprendre (*b*).

La gaité naturelle à la nation, ni le desir d'imiter les grands airs ne sont pas[2] les seules causes de cette liberté de propos et de maintien qu'on remarque ici dans les femmes. Elle paroit avoir une racine plus profonde dans les mœurs, par le mélange indiscret et continuel des deux sexes, qui fait contracter à chacun d'eux l'air, le langage, et les manieres de l'autre. Nos Suissesses aiment assés à se rassembler entre elles*; elles y vivent dans une douce familiarité, et quoiqu'apparemment elles ne haïssent pas le commerce des hommes, il eſt certain que la présence de ceux-ci jette une sorte de contrainte dans cette petite gynécocratie. A Paris, c'eſt tout le contraire; les femmes n'aiment à vivre qu'avec les hommes, elles ne sont à leur aise qu'avec eux. Dans chaque société la maitresse de la maison eſt presque toujours seule au milieu d'un cercle d'hommes. On a peine à concevoir d'où tant d'hommes peuvent se répandre par tout; mais Paris eſt plein d'avanturiers et de célibataires qui passent leur vie à courrir de maison en maison, et les hommes semblent comme les especes se multiplier par la circulation. C'eſt donc là qu'une femme apprend à parler, agir et penser comme eux, et eux comme elle. C'eſt là qu'unique objet de leurs petites galanteries, elle jouit paisiblement de ces insultans homages auxquels on ne daigne pas même donner un air de bonne foi. Qu'importe ? sérieusement ou par plaisanterie, on s'occupe d'elle et c'eſt tout ce

* Tout cela eſt fort changé. Par les circonſtances, ces lettres ne semblent écrites que depuis quelque vingtaine d'années. Aux mœurs, au ſtile, on les croiroit de l'autre siecle (*c*).

qu'elle veut. Qu'une autre femme survienne, à l'instant le ton de cérémonie succede à la familiarité, les grands airs commencent, l'attention des hommes se partage, et l'on se tient mutuellement dans une secrette gêne dont on ne sort plus qu'en se séparant[1].

Les femmes de Paris aiment à voir les spectacles, c'est à dire à y être vues; mais leur embarras chaque fois qu'elles y veulent aller est de trouver une compagne; car l'usage ne permet à aucune femme d'y aller seule en grande loge, pas même avec son mari, pas même avec un autre homme. On ne sauroit dire combien dans ce pays si sociable ces parties sont difficiles à former; de dix qu'on en projette, il en manque neuf; le desir d'aller au spectacle les fait lier, l'ennui d'y aller ensemble les fait rompre. Je crois que les femmes pourroient abroger aisement cet usage inepte; car où est la raison de ne pouvoir se montrer seule en public ? Mais c'est peut-être ce défaut de raison qui le conserve. Il est bon de tourner autant qu'on peut les bienséances sur des choses où il seroit inutile d'en manquer. Que gagneroit une femme au droit d'aller sans compagne à l'Opera ? Ne vaut-il pas mieux reserver ce droit pour recevoir en particulier ses amis ?

Il est sûr que mille liaisons secretes doivent être le fruit de leur maniere de vivre éparses et isolées parmi tant d'hommes. Tout le monde en convient aujourd'hui, et l'expérience a détruit l'absurde maxime de vaincre les tentations en les multipliant. On ne dit donc plus que cet usage est plus honnête, mais qu'il est plus agréable, et c'est ce que je ne crois pas plus vrai; car quel amour peut regner où la pudeur est en dérision, et quel charme peut avoir une vie privée à la fois d'amour et d'honnêteté ? Aussi comme le grand fléau de tous ces gens si dissipés est l'ennui, les femmes se soucient-elles moins d'être aimées qu'amusées, la galanterie et les soins valent mieux que l'amour auprès d'elles, et pourvu qu'on soit assidu, peu leur importe qu'on soit passionné. Les mots mêmes d'amour et d'amant sont bannis de l'intime société des deux sexes et relegués avec ceux de *chaine* et de *flame* dans les Romans qu'on ne lit plus (*a*)[2].

Il semble que tout l'ordre des sentimens naturels soit ici renversé. Le cœur n'y forme aucune chaine, et il n'est point permis aux filles d'en avoir un. Ce droit est reservé aux seules femmes mariées, et n'exclud du choix personne que leurs maris. Il vaudroit mieux qu'une mere eut vingt amans que sa fille un seul. L'adultere n'y révolte point, on n'y trouve rien de contraire à la bienséance; les Romans les plus décens, ceux que tout le monde lit pour s'instruire en sont pleins, et le desordre n'est plus blamable, sitôt qu'il est joint à l'infidélité. O Julie ! Telle femme qui n'a pas craint de souiller cent fois le lit conjugal oseroit d'une bouche impure accuser nos chastes amours, et condanner l'union de deux cœurs sinceres qui ne surent jamais manquer de foi. On diroit que le mariage n'est pas à Paris de la même nature que par tout ailleurs. C'est un sacrement, à ce qu'ils prétendent, et ce sacrement n'a pas la force des moindres contracts civils : il semble n'être que l'accord de deux personnes libres qui conviennent de demeurer ensemble, de porter le même nom, de reconnoître les mêmes enfans; mais qui n'ont, au surplus, aucune sorte de droit l'un sur l'autre; et un mari qui s'aviseroit de controller ici la mauvaise conduite de sa femme n'exciteroit pas moins de murmures que celui qui souffriroit chez nous le desordre public de la sienne. Les femmes, de leur côté, n'usent pas de rigueur envers leurs maris, et l'on ne voit pas encore qu'elles les fassent punir d'imiter leurs infidélités. Au reste, comment attendre de part ou d'autre un effet plus honnête d'un lien où le cœur n'a point été consulté ? Qui n'épouse que la fortune ou l'état, ne doit rien à la personne[1].

L'amour même, l'amour a perdu ses droits et n'est pas moins dénaturé que le mariage. Si les Epoux sont ici des garçons et des filles qui demeurent ensemble pour vivre avec plus de liberté; les amans sont des gens indifférens qui se voyent par amusement, par air, par habitude, ou pour le besoin du moment. Le cœur n'a que faire à ces liaisons, on n'y consulte que la comodité et certaines convenances extérieures. C'est, si l'on veut, se connoitre, vivre ensemble, s'arranger, se voir, moins encore s'il est possible. Une liaison de galanterie dure un peu plus qu'une visite; c'est un recueil de jolis entretiens et de jolies Lettres pleines de portraits, de maximes, de philosophie, et de bel-esprit (*a*). A l'égard du phisique il n'exige pas tant de mistere; on a très sensément trouvé qu'il faloit regler sur l'instant des desirs la facilité de les satisfaire : la premiere venue, le premier venu, l'amant ou un autre, un homme est toujours un homme, tous sont presque également bons, et il y a du moins à cela de la conséquence, car pourquoi seroit-on plus fidelle à l'amant qu'au mari ? Et puis à certain âge tous les hommes sont à peu près le même homme, toutes les femmes la même femme; toutes ces poupées sortent de chez la même marchande de modes, et il n'y a guere d'autre choix à faire que ce qui tombe le plus comodément sous la main.

Comme je ne sais rien de ceci par moi-même, on m'en a parlé sur un ton si extraordinaire qu'il ne m'a pas été possible de bien entendre ce qu'on m'en a dit. Tout ce que j'en ai conçû, c'est que chez la plupart des femmes l'amant est comme un des gens de la maison : s'il ne fait pas son devoir, on le congédie et l'on en prend un autre; s'il trouve mieux ailleurs ou s'ennuye du métier, il quitte et l'on en prend un autre. Il y a, dit-on, des femmes assés capricieuses pour essayer même du maitre de la maison, car enfin, c'est encore une espece d'homme. Cette fantaisie ne dure pas; quand elle est passée, on le chasse et l'on en prend un autre, ou s'il s'obstine on le garde, et l'on en prend un autre.

Mais, disois-je à celui qui m'expliquoit ces étranges usages, comment une femme vit-elle ensuite avec tous ces autres-là, qui ont ainsi pris ou reçu leur congé ? Bon ! reprit-il, elle n'y vit point. On ne se voit plus; on ne se connoit plus. Si jamais la fantaisie prenoit de renouer, on auroit une nouvelle connoissance à faire, et ce seroit beaucoup qu'on se souvint de s'être vûs. Je vous entens, lui dis-je; mais j'ai beau réduire ces exagérations; je ne conçois pas comment après une union si tendre on peut se voir de sang-froid; comment le cœur ne palpite pas au nom de ce qu'on a une fois aimé; comment on ne tressaillit[1] pas à sa rencontre ! Vous me faites rire, interrompit-il, avec vos tressaillemens ! vous voudriez donc que nos femmes ne fissent autre chose que tomber en syncope ?

Supprime une partie de ce tableau trop chargé, sans doute; place Julie à côté du reste, et souviens-toi de mon cœur; je n'ai rien de plus à te dire.

Il faut cependant l'avouer; plusieurs de ces impressions desagréables s'effacent par l'habitude. Si le mal se présente avant le bien, il ne l'empêche pas de se montrer à son tour; les charmes de l'esprit et du naturel font valoir ceux de la personne. La premiere répugnance vaincue devient bientôt un sentiment contraire. C'est l'autre point de vue du tableau, et la justice ne permet pas de ne l'exposer que par le coté desavantageux.

C'est le premier inconvénient des grandes villes que les hommes y deviennent autres que ce qu'ils sont, et que la société leur donne, pour ainsi dire, un être différent du leur[1]. Cela est vrai, surtout à Paris, et surtout à l'égard des femmes, qui tirent des regards d'autrui la seule existence dont elles se soucient. En abordant une Dame dans une assemblée, au lieu d'une Parisienne que vous croyez voir, vous ne voyez qu'un simulacre de la mode. Sa hauteur, son ampleur, sa démarche, sa taille, sa gorge, ses couleurs, son air, son regard, ses propos, ses manieres, rien de tout cela n'est à elle, et si vous la voyiez dans son état naturel, vous ne pourriez la reconnoitre. Or cet échange est rarement favorable à celles qui le font, et en général il n'y a guere à gagner à tout ce qu'on substitue à la nature. Mais on ne l'efface jamais entierement; elle s'échape toujours par quelque endroit, et c'est dans une certaine addresse à la saisir que consiste l'art d'observer. Cet art n'est pas difficile vis-à-vis des femmes de ce pays; car comme elles ont plus de naturel qu'elles ne croyent en avoir, pour peu qu'on les fréquente assidûment, pour peu qu'on les détache de cette éternelle représentation qui leur plait si fort, on les voit bientôt comme elles sont, et c'est alors que toute l'aversion qu'elles ont d'abord inspirée se change en estime et en amitié.

Voila ce que j'eus occasion d'observer la semaine derniere dans une partie de campagne où quelques femmes nous avoient assés étourdiment invités, moi et quelques autres nouveaux debarqués, sans trop s'assurer que nous leur convenions, ou peut-être pour avoir le plaisir d'y rire de nous à leur aise. Cela ne manqua pas d'arriver le premier jour. Elles nous accablerent d'abord de traits plaisans et fins qui tombant toujours sans réjaillir épuiserent bientôt leur carquois (*a*). Alors elles s'exécuterent de bonne grace, et ne pouvant nous amener à leur ton, elles furent reduites à prendre le notre. Je ne sais si elles se trouverent bien de cet échange, pour moi je m'en trouvai à merveilles; je vis avec surprise que je m'éclairois plus avec elles que je n'aurois fait avec beaucoup d'hommes. Leur esprit ornoit si bien le bon-sens que je regretois ce qu'elles en avoient mis à le défigurer, et je deplorois, en jugeant mieux des femmes de ce pays, que tant d'aimables personnes ne manquassent de raison que parce qu'elles ne vouloient pas en avoir. Je vis aussi que les graces familieres et naturelles effaçoient insensiblement les airs apprêtés de la ville; car sans y songer on prend des manieres assortissantes aux choses qu'on dit, et il n'y a pas moyen de mettre à des discours sensés les grimaces de la coqueterie. Je les trouvai plus jolies depuis qu'elles ne cherchoient plus tant à l'être, et je sentis qu'elles n'avoient besoin pour plaire que de ne se pas déguiser. J'osai soupçonner sur ce fondement que Paris, ce prétendu siége du goût, est peut-être le lieu du monde où il y en a le moins, puisque tous les soins qu'on y prend pour plaire défigurent la véritable beauté.

Nous restâmes ainsi quatre ou cinq jours ensemble, contens les uns des autres et de nous mêmes. Au lieu de passer en revue Paris et ses folies, nous l'oubliames. Tout notre soin se bornoit à jouïr entre nous d'une société agréable et douce. Nous n'eumes besoin ni de satires ni de plaisanteries pour nous mettre de bonne humeur, et nos ris n'étoient pas de raillerie mais de gaité, comme ceux de ta Cousine.

Une autre chose acheva de me faire changer d'avis sur leur compte. Souvent au milieu de nos entretiens les plus animés, on venoit dire un mot à l'oreille de la maitresse de la maison. Elle sortoit, alloit s'enfermer pour écrire, et ne rentroit de longtems. Il étoit aisé d'attribuer ces éclipses à quelque correspondance de cœur, ou de celles qu'on appelle ainsi. Une autre femme en glissa legerement un mot qui fut assés mal reçu; ce qui me fit juger que si l'absente manquoit d'amans (*a*), elle avoit au moins des amis. Cependant la curiosité m'ayant donné quelque attention, quelle fut ma surprise en apprenant que ces prétendus grisons[1] de Paris étoient des paysans de la paroisse, qui venoient dans leurs calamités implorer la protection de leur Dame ! L'un sur chargé de tailles à la décharge d'un plus riche; l'autre enrollé dans la milice sans égard pour son age et pour ses enfans*[2]; l'autre écrasé d'un puissant voisin par un procès injuste; l'autre

* On a vu cela dans l'autre guerre; mais non dans celle-ci, que je sache. On épargne les hommes mariés, et l'on en fait ainsi marier beaucoup (*b*).

ruiné par la grêle, et dont on exigeoit le bail à la rigueur. Enfin tous avoient quelque grace à demander, tous étoient patiemment écoûtés, on n'en rebutoit aucun, et le tems attribué aux billets-doux étoit employé à écrire en faveur de ces malheureux. Je ne saurois te dire avec quel étonnement j'appris, et le plaisir que prenoit une femme si jeune et si dissipée à remplir ces aimables devoirs, et combien peu elle y mettoit d'ostentation. Comment ? disois-je tout attendri; quand ce seroit Julie, elle ne feroit pas autrement ! Dès cet instant je ne l'ai plus regardée qu'avec respect, et tous ses défauts sont effacés à mes yeux.

Sitôt que mes recherches se sont tournées de ce côté, j'ai appris mille choses à l'avantage de ces mêmes femmes que j'avois d'abord trouvées si insupportables. Tous les étrangers conviennent unanimement qu'en écartant les propos à la mode, il n'y a point de pays au monde où les femmes soient plus éclairées, parlent en général plus sensément, plus judicieusement, et sachent donner au besoin de meilleurs conseils. Otons le jargon de la galanterie et du bel-esprit, quel parti tirerons nous de la conversation d'une Espagnole, d'une Italienne, d'une Allemande (*a*) ? Aucun, et tu sais, Julie, ce qu'il en est communément de nos Suissesses. Mais qu'on ose passer pour peu galant et tirer les Françoises de cette forteresse, dont à la vérité, elles n'aiment guere à sortir, on trouve encore à qui parler en rase campagne, et l'on croit combattre avec un homme, tant elle sait s'armer de raison et faire de nécessité vertu. Quant au bon caractere, je ne citerai point le zele avec lequel elles servent leurs amis; car il peut regner en cela une certaine chaleur d'amour-propre qui soit de tous les pays : mais quoiqu'ordinairement elles n'aiment qu'elles-mêmes, une longue habitude, quand elles ont assés de constance pour l'acquerir, leur tient lieu d'un sentiment assés vif : Celles qui peuvent supporter un attachement de dix ans, le gardent ordinairement toute leur vie, et elles aiment leurs vieux amis plus tendrement, plus sûrement au moins que leurs jeunes amans.

Une remarque assés commune qui semble être à la charge des femmes est qu'elles font tout en ce pays, et par conséquent plus de mal que de bien; mais ce qui les justifie est qu'elles font le mal poussées par les hommes, et le bien de leur propre mouvement. Ceci ne contredit point ce que je disois ci-devant que le cœur n'entre pour rien dans le commerce des deux sexes : car la galanterie françoise a donné aux femmes un pouvoir universel qui n'a besoin d'aucun tendre sentiment pour se soutenir. Tout dépend d'elles; rien ne se fait que par elles ou pour elles; l'Olympe et le Parnasse, la gloire et la fortune sont également sous leurs loix. Les livres n'ont de prix, les auteurs n'ont d'estime qu'autant qu'il plait aux femmes de leur en accorder; elles décident souverainement des plus hautes connoissances, ainsi que des plus agréables. Poësie, Littérature, histoire *(a)*, philosophie, politique même, on voit d'abord au stile de tous les livres qu'ils sont écrits pour amuser de jolies femmes, et l'on vient de mettre la Bible en histoires galantes[1]. Dans les affaires, elles ont pour obtenir ce qu'elles demandent un ascendant naturel jusques sur leurs maris, non parce qu'ils sont leurs maris, mais parce qu'ils sont hommes et qu'il est convenu qu'un homme ne refusera rien à aucune femme, fut-ce même la sienne[2].

Au reste cette autorité ne suppose ni attachement ni estime, mais seulement de la politesse et de l'usage du monde; car d'ailleurs, il n'est pas moins essenciel à la galanterie françoise de mépriser les femmes que de les servir. Ce mépris est une sorte de titre qui leur en impose; c'est un témoignage qu'on a vécu assés avec elles pour les connoitre. Quiconque les respecteroit passeroit à leurs yeux pour un novice, un paladin, un homme qui n'a connu les femmes que dans les Romans. Elles se jugent avec tant d'équité que les honorer seroit être indigne de leur plaire *(b)*, et la premiere qualité de l'homme à bonnes fortunes[3] est d'être souverainement impertinent.

Quoiqu'il en soit, elles ont beau se piquer de méchanceté; elles sont bonnes en dépit d'elles, et voici à quoi sur-tout leur bonté de cœur est utile. En tout pays les gens chargés de beaucoup d'affaires sont toujours repoussans et sans commisération, et Paris étant le centre des affaires du plus grand peuple de l'Europe, ceux qui les font sont aussi les plus durs des hommes. C'est donc aux femmes qu'on s'addresse pour avoir des graces; elles sont le recours des malheureux; elles ne ferment point l'oreille à leurs plaintes; elles les écoutent, les consolent et les servent. Au milieu de la vie frivole qu'elles menent, elles savent dérober des momens à leurs plaisirs pour les donner à leur bon naturel, et si quelques unes font un infame commerce des services qu'elles rendent, des milliers d'autres s'occupent tous les jours gratuitement à secourir le pauvre de leur bourse et l'opprimé de leur crédit. Il eſt vrai que leurs soins sont souvent indiscrets, et qu'elles nuisent sans scrupule au malheureux qu'elles ne connoissent pas, pour servir le malheureux qu'elles connoissent : Mais comment connoitre tout le monde dans un si grand pays, et que peut faire de plus la bonté d'ame séparée de la véritable vertu, dont le plus sublime effort n'eſt pas tant de faire le bien que de ne jamais mal faire[1] ? A cela près, il eſt certain qu'elles ont du penchant au bien, qu'elles en font beaucoup, qu'elles le font de bon cœur, que ce sont elles seules qui conservent dans Paris le peu d'humanité qu'on y voit regner encore, et que sans elles on verroit les hommes avides et insatiables s'y dévorer comme des loups.

Voila ce que je n'aurois point appris, si je m'en étois tenu aux peintures des faiseurs de Romans et de Comédies, lesquels voyent plutôt dans les femmes des ridicules qu'ils partagent que les bonnes qualités qu'ils n'ont pas, ou qui peignent des chefs-d'œuvres de vertu qu'elles se dispensent d'imiter en les traitant de chimeres, au lieu de les encourager au bien en louant celui qu'elles font réellement. Les Romans sont peut-être la derniere instruction qu'il reſte à donner à un peuple assés corrompu pour que toute autre lui soit inutile; je voudrois qu'alors la composition de ces sortes de livres ne fut permise qu'à des gens honnêtes mais sensibles dont le cœur se peignit dans leurs écrits, à des auteurs qui ne fussent pas au dessus des foiblesses de l'humanité, qui ne montrassent pas tout d'un coup la vertu dans le Ciel hors de la portée des hommes, mais qui la leur fissent aimer en la peignant d'abord moins auſtere, et puis du sein du vice les y sussent conduire insensiblement (*a*)[2].

Je t'en ai prévenue, je ne suis en rien de l'opinion commune sur le compte des femmes de ce pays. On leur trouve unanimement l'abord le plus enchanteur, les graces les plus séduisantes, la coqueterie la plus rafinée, le sublime de la galanterie, et l'art de plaire au souverain dégré. Moi, je trouve leur abord choquant, leur coqueterie repoussante, leurs manieres sans modeſtie. J'imagine que le cœur doit se fermer à toutes leurs avances, et l'on ne me persuadera jamais qu'elles puissent un moment parler de l'amour, sans se montrer également incapables d'en inspirer et d'en ressentir.

D'un autre côté, la renommée apprend à se défier de leur caractere, elle les peint frivoles, rusées, artificieuses, étourdies, volages, parlant bien (*a*), mais ne pensant point, sentant encore moins, et dépensant ainsi tout leur mérite en vain babil. Tout cela me paroit à moi leur être extérieur comme leurs paniers et leur rouge. Ce sont des vices de parade qu'il faut avoir à Paris, et qui dans le fond couvrent en elles du sens, de la raison, de l'humanité, du bon naturel; elles sont moins indiscretes, moins tracassieres que chez nous[1], moins peut-être que par tout ailleurs. Elles sont plus solidement instruites et leur instruction profite mieux à leur jugement. En un mot, si elles me déplaisent par tout ce qui caractérise leur sexe qu'elles ont défiguré, je les estime par des rapports avec le notre, qui nous font honneur, et je trouve qu'elles seroient cent fois plutôt des hommes de mérite que d'aimables femmes.

Conclusion : si Julie n'eut point existé; si mon cœur eut pu souffrir quelque autre attachement que celui pour lequel il étoit né (*b*), je n'aurois jamais pris à Paris ma femme, encore moins ma maitresse; mais je m'y serois fait volontiers une amie[2], et ce trésor m'eut consolé, peut-être, de n'y pas trouver les deux autres*.

LETTRE XXII (*c*)[3].

A JULIE.

DEPUIS ta lettre reçue, je suis allé tous les jours chez M. Silvestre demander le petit pacquet. Il n'étoit toujours point venu, et dévoré d'une mortelle impatience, j'ai fait le voyage sept fois inutilement. Enfin la huitieme, j'ai reçu le pacquet. A peine l'ai-je eu dans les

---

* Je me garderai de prononcer sur cette lettre; mais je doute qu'un jugement qui donne libéralement à celles qu'il regarde des qualités qu'elles méprisent, et qui leur refuse les seules dont elles font cas, soit fort propre à être bien receu d'elles (*d*).

mains que sans payer le port, sans m'en informer, sans rien dire à personne, je suis sorti comme un étourdi, et ne voyant le moment de rentrer chez moi, j'enfilois avec tant de précipitation des rues que je ne connoissois point, qu'au bout d'une demie heure, cherchant la rue de Tournon où je loge, je me suis trouvé dans le Marais à l'autre extrémité de Paris. J'ai été obligé de prendre un fiacre pour revenir plus promptement; c'est la premiere fois que cela m'est arrivé le matin pour mes affaires; je ne m'en sers même qu'à regret l'après-midi pour quelques visites; car j'ai deux jambes fort bonnes, dont je serois bien fâché qu'un peu plus d'aisance dans ma fortune me fit négliger l'usage.

J'étois fort embarrassé dans mon fiacre avec mon pacquet; je ne voulois l'ouvrir que chez moi, c'étoit ton ordre. D'ailleurs une sorte de volupté qui me laisse oublier la comodité dans les choses communes, me la fait rechercher avec soin dans les vrais plaisirs. Je n'y puis souffrir aucune sorte de distraction, et je veux avoir du tems et mes aises pour savourer tout ce qui me vient de toi. Je tenois donc ce pacquet avec une inquiete curiosité dont je n'étois pas le maitre : je m'efforçois de palper à travers les envelopes ce qu'il pouvoir contenir, et l'on eut dit qu'il me bruloit les mains, à voir les mouvemens continuels qu'il faisoit de l'une à l'autre. Ce n'est pas qu'à son volume, à son poids, au ton de ta lettre, je n'eusse quelque soupçon de la vérité; mais le moyen de concevoir comment tu pouvois avoir trouvé l'artiste et l'occasion ? Voila ce que je ne conçois pas encore; c'est un miracle de l'amour; plus il passe ma raison, plus il enchante mon cœur, et l'un des plaisirs qu'il me donne est celui de n'y rien comprendre.

J'arrive enfin, je vole, je m'enferme dans ma chambre, je m'asseye[1] hors d'haleine, je porte une main tremblante sur le cachet. O premiere influence du talisman ! j'ai senti palpiter mon cœur à chaque papier que j'ôtois, et je me suis bientôt trouvé tellement oppressé, que j'ai été forcé de respirer un moment sur la derniere enveloppe.... Julie !.... O ma Julie !.... le voile est déchiré....[2] je te vois.... je vois tes divins attraits ! Ma bouche et mon cœur leur rendent le premier homage, mes genoux fléchissent.... charmes adorés, encore une fois vous aurez enchanté mes yeux. Qu'il est prompt, qu'il est puissant, le magique effet de ces traits chéris ! Non, il ne faut point comme tu prétens un quart d'heure pour le sentir; une minute, un inſtant suffit pour arracher de mon sein mille ardens soupirs, et me rappeller avec ton image celle de mon bonheur passé. Pourquoi faut-il que la joye de posséder un si précieux trésor soit mêlée d'une si cruelle amertume ? Avec quelle violence il me rappelle des tems qui ne sont plus ! Je crois en le voyant te revoir encore; je crois me retrouver à ces momens délicieux dont le souvenir fait maintenant le malheur de ma vie, et que le Ciel m'a donnés et ravis dans sa colere ! Hélas, un inſtant me desabuse; toute la douleur de l'absence se ranime et s'aigrit en m'ôtant l'erreur qui l'a suspendue, et je suis comme ces malheureux dont on n'interrompt les tourmens que pour les leur rendre plus sensibles. Dieux ! quels torrens de flames mes avides regards puisent dans cet objet inattendu ! ô comme il ranime au fond de mon cœur tous les mouvemens impétueux que ta présence y faisoit naitre ! ô Julie, s'il étoit vrai qu'il put transmettre à tes sens le délire et l'illusion des miens.... Mais pourquoi ne le feroit-il pas ? Pourquoi des impressions que l'ame porte avec tant d'activité n'iroient-elles pas aussi loin qu'elle ? Ah, chere amante ! où que tu sois, quoi que tu fasses au moment où j'écris cette lettre, au moment où ton portrait reçoit tout ce que ton idolatre Amant adresse à ta personne, ne sens-tu pas ton charmant visage inondé des pleurs de l'amour et de la triſtesse ? Ne sens-tu pas tes yeux, tes joues, ta bouche, ton sein, pressés, comprimés, accablés de mes ardens baisers ? Ne te sens-tu pas embraser toute entiere du feu de mes levres brulantes !..... Ciel, qu'entens-je ? Quelqu'un vient..... Ah serrons, cachons mon trésor..... un importun !..... Maudit soit le cruel qui vient troubler des transports si doux !..... Puisse-t-il ne jamais aimer..... ou vivre loin de ce qu'il aime !

LETTRE XXIII (*a*)[1].

A MAD[e] D'ORBE.

C'EST à vous, charmante Cousine, qu'il faut rendre compte de l'Opéra; car bien que vous ne m'en parliez point dans vos lettres, et que Julie vous ait gardé le secret, je vois d'où lui vient cette curiosité. J'y fus une fois pour contenter la mienne; j'y suis retourné pour vous deux autres fois. Tenez m'en quite, je vous prie, après cette lettre. J'y puis retourner encore, y bâiller, y souffrir, y périr pour votre service; mais y rester éveillé et attentif, cela ne m'est pas possible.

Avant de vous dire ce que je pense de ce fameux Théatre, que je vous rende compte de ce qu'on en dit ici; le jugement des connoisseurs pourra redresser le mien si je m'abuse.

L'Opéra de Paris passe à Paris pour le spectacle le plus pompeux, le plus voluptueux, le plus admirable qu'inventa jamais l'art humain. C'est, dit-on, le plus superbe monument de la magnificence de Louïs quatorze. Il n'est pas si libre à chacun que vous le pensez de dire son avis sur ce grave sujet. Ici l'on peut disputer de tout hors de la Musique et de l'Opéra, il y a du danger à manquer de dissimulation sur ce seul point; la musique françoise se maintient par une inquisition très severe (*a*), et la premiere chose qu'on insinue par forme de leçon à tous les étrangers qui viennent dans ce pays, c'est que tous les étrangers conviennent qu'il n'y a rien de si beau dans le reste du monde que l'Opéra de Paris. En effet, la vérité est que les plus discrets s'en taisent, et n'osent en rire qu'entre eux.

Il faut convenir pourtant qu'on y répresente à grands fraix, non seulement toutes les merveilles de la nature, mais beaucoup d'autres merveilles bien plus grandes, que personne n'a jamais vues, et sûrement Pope[1] a voulu désigner ce bizarre théatre par celui où il dit qu'on voit pele-mele des Dieux, des lutins, des monstres, des Rois, des bergers, des fées, de la fureur, de la joye, un feu, une gigue, une bataille, et un bal.

Cet assemblage si magnifique et si bien ordonné est regardé comme s'il contenoit en effet toutes les choses qu'il répresente. En voyant paroitre un temple on est saisi d'un saint respect, et pour peu que la Déesse en soit jolie, le parterre est à moitié payen. On n'est pas si difficile ici qu'à la Comédie françoise. Ces mêmes spectateurs, qui ne peuvent revêtir un Comédien de son personage, ne peuvent à l'opéra séparer un Acteur du sien[2]. Il semble que les esprits se roidissent contre une illusion raisonnable, et ne s'y prêtent qu'autant qu'elle est absurde et grossiere; ou peut-être que des Dieux leur coûtent moins à concevoir que des Héros. Jupiter étant d'une autre nature que nous, on en peut penser ce qu'on veut; mais Caton étoit un homme, et combien d'hommes ont droit de croire que Caton ait pu exister ?

L'Opéra n'est donc point ici comme ailleurs une troupe de gens payés pour se donner en spectacle au public; ce sont, il est vrai, des gens que le public paye et qui se donnent en spectacle; mais tout cela change de nature attendu que c'est une Académie Royale de musique, une espece de Cour souveraine qui juge sans appel dans sa propre cause et ne se pique pas autrement de justice ni de fidélité* (*a*). Voila, Cousine, comment dans certains pays l'essence des choses tient aux mots, et comment des noms honnêtes suffisent pour honorer ce qui l'est le moins.

Les membres de cette noble Académie ne dérogent point. En revanche, ils sont excomuniés, ce qui est précisement le contraire de l'usage des autres pays; mais peut-être, ayant eu le choix, aiment-ils mieux être nobles et dannés, que roturiers et bénis. J'ai vu sur le théatre un chevalier moderne aussi fier de son métier qu'autrefois l'infortuné Labérius fut humilié du sien**, quoiqu'il le fit par force et ne récitât que ses propres ouvrages. Aussi l'ancien Labérius ne put-il reprendre sa place au cirque

* Dit en mots plus ouverts, cela n'en seroit que plus vrai; mais ici je suis partie, et je dois me taire. Par tout où l'on est moins soumis aux loix qu'aux hommes, on doit savoir endurer l'injustice.

** Forcé par le Tiran de monter sur le théatre, il déplora son sort par des vers très touchans, et très capables d'allumer l'indignation de tout honnête homme contre ce César si vanté. *Après avoir,* dit-il, *vécu soixante ans avec honneur, j'ai quitté ce matin mon foyer chevalier Romain, j'y rentrerai ce soir vil Histrion. Hélas, j'ai vécu trop d'un jour. O fortune ! s'il faloit me deshonorer une fois, que ne m'y forçois-tu quand la jeunesse et la vigueur me laissoient au moins une figure agréable : mais maintenant quel triste objet viens-je exposer aux rebuts du peuple Romain ? une voix éteinte, un corps infirme, un cadavre, un sepulcre animé, qui n'a plus rien de moi que mon nom.* Le prologue entier qu'il récita dans cette occasion, l'injustice que lui fit César piqué de la noble liberté avec laquelle il vengeoit son honneur flétri, l'affront qu'il reçut au cirque, la bassesse qu'eut Ciceron d'insulter à son opprobre, la réponse fine et piquante que lui fit Labérius; tout cela nous a été conservé par Aulu-Gelle, et c'est à mon gré le morceau le plus curieux et le plus intéressant de son fade recueil (*b*).

parmi les chevaliers romains, tandis que le nouveau en trouve tous les jours une sur les bancs de la comédie françoise parmi la premiere noblesse du pays, et jamais on n'entendit parler à Rome avec tant de respect de la majesté du peuple romain qu'on parle à Paris de la majesté de l'Opéra[1].

Voila ce que j'ai pu recueillir des discours d'autrui sur ce brillant spectacle; que je vous dise à présent ce que j'y ai vû moi-même.

Figurez-vous une gaine large d'une quinzaine de pieds, et longue à proportion; cette gaine est le théatre. Aux deux côtés, on place par intervalles des feuilles de paravent, sur lesquelles sont grossierement peints les objets que la scene doit représenter. Le fond est un grand rideau peint de même, et presque toujours percé ou déchiré, ce qui représente des gouffres dans la terre ou des trous dans le Ciel, selon la perspective. Chaque personne qui passe derriere le théatre et touche le rideau, produit en l'ébranlant une sorte de tremblement de terre assés plaisant à voir. Le Ciel est réprésenté par certaines guenilles bleuâtres, suspendues à des bâtons ou à des cordes, comme l'étendage d'une blanchisseuse. Le soleil, car on l'y voit quelquefois, est un flambeau dans une lanterne. Les chars des Dieux et des Déesses sont composés de quatre solives encadrées et suspendues à une grosse corde en forme d'escarpolette; entre ces solives est une planche en travers sur laquelle le Dieu s'asseye, et sur le devant pend un morceau de grosse toile barbouillée, qui sert de nuage à ce magnifique char. On voit vers le bas de la machine l'illumination de deux ou trois chandelles puantes et mal mouchées, qui, tandis que le personage se démene et crie en branlant dans son escarpolette, l'enfument tout à son aise. Encens digne de la divinité.

Comme les chars sont la partie la plus considérable des machines de l'Opéra, sur celle-là vous pouvez juger des autres. La mer agitée est composée de longues lanternes angulaires de toile ou de carton bleu, qu'on enfile à des broches paralleles, et qu'on fait tourner par des poliçons[2]. Le tonnerre est une lourde charrette qu'on promene sur le ceintre, et qui n'est pas le moins touchant instrument de cette agréable musique (*a*). Les éclairs se font avec des pincées de poix-résine qu'on projette sur un flambeau; la foudre eſt un pétard au bout d'une fusée.

Le théatre eſt garni de petites trapes quarrées qui s'ouvrant au besoin annoncent que les Démons vont sortir de la cave. Quand ils doivent s'élever dans les airs, on leur subſtitue adroitement de petits Démons de toile brune empaillée, ou quelquefois de vrais ramoneurs qui branlent en l'air suspendus à des cordes, jusqu'à ce qu'ils se perdent majeſtueusement dans les guenilles dont j'ai parlé. Mais ce qu'il y a de réellement tragique, c'eſt quand les cordes sont mal conduites ou viennent à rompre; car alors les esprits infernaux et les Dieux immortels tombent, s'eſtropient, se tuent quelquefois. Ajoutez à tout cela les monſtres qui rendent certaines scenes fort pathétiques, tels que des dragons, des lézards, des tortues, des crocodiles, de gros crapauds qui se promenent d'un air menaçant sur le théatre, et font voir à l'opéra les tentations de St. Antoine. Chacune de ces figures eſt animée par un lourdaut de Savoyard, qui n'a pas l'esprit de faire la bête[1].

Voila, ma Cousine, en quoi consiſte à peu près l'auguſte appareil de l'opéra, autant que j'ai pu l'observer du parterre à l'aide de ma lorgnette; car il ne faut pas vous imaginer que ces moyens soient fort cachés et produisent un effet imposant; je ne vous dis en ceci que ce que j'ai apperçu de moi-même, et ce que peut appercevoir comme moi tout speƈtateur non préoccupé. On assure pourtant qu'il y a une prodigieuse quantité de machines employées à faire mouvoir tout cela; on m'a offert plusieurs fois de me les montrer; mais je n'ai jamais été curieux de voir comment on fait de petites choses avec de grands efforts.

Le nombre des gens occupés (*a*) au service de l'opéra eſt inconcevable. L'Orcheſtre et les chœurs composent ensemble près de cent personnes; il y a des multitudes de danseurs, tous les rolles sont doubles et triples*, c'eſt à dire qu'il y a toujours un ou deux (*b*) aƈteurs subalternes, prêts à remplacer l'aƈteur principal, et payés pour ne rien faire jusqu'à ce qu'il lui plaise de ne rien faire à son tour,

---

* On ne sait ce que c'eſt que des doubles en Italie; le public ne les souffriroit pas; aussi le speƈtacle eſt il à beaucoup meilleur marché : Il en couteroit trop pour être mal servi (*c*).

ce qui ne tarde jamais beaucoup d'arriver. Après quelques réprésentations, les premiers acteurs, qui sont d'importans personages, n'honorent plus le public de leur présence; ils abandonnent la place à leurs substituts, et aux substituts de leurs substituts. On reçoit toujours le même argent à la porte, mais on ne donne plus le même spectacle. Chacun prend son billet comme à une loterie, sans savoir quel lot il aura, et quel qu'il soit persone n'oseroit se plaindre; car, afin que vous le sachiez, les nobles membres de cette Académie ne doivent aucun respect au public, c'est le public qui leur en doit.

Je ne vous parlerai point de cette Musique; vous la connoissez. Mais ce dont vous ne sauriez avoir d'idée, ce sont les cris affreux, les longs mugissemens dont retentit le théatre durant la représentation. On voit les Actrices presque en convulsion, arracher avec violence ces glapissemens de leurs poumons, les poings fermés contre la poitrine, la tête en arriere (*a*), le visage enflammé, les vaisseaux gonflés, l'estomac pantelant; on ne sait lequel est le plus desagréablement affecté de l'œil ou de l'oreille; leurs efforts font autant souffrir ceux qui les regardent, que leurs chants ceux qui les écoutent, et ce qu'il y a de plus inconcevable est que ces hurlemens sont presque la seule chose qu'applaudissent les spectateurs. A leurs batemens de mains on les prendroit pour des sourds charmés de saisir par-ci par-là quelques sons perçans, et qui veulent engager les Acteurs à les redoubler. Pour moi, je suis persuadé qu'on applaudit les cris d'une Actrice à l'Opéra comme les tours de force d'un bâteleur à la foire : la sensation en est déplaisante et pénible; on souffre tandis qu'ils durent, mais on est si aise de les voir finir sans accident qu'on en marque volontiers sa joye. Concevez que cette maniere de chanter est employée pour exprimer ce que Quinault a jamais dit de plus galant et de plus tendre. Imaginez les Muses, les Graces, les Amours, Vénus même s'exprimant avec cette délicatesse, et jugez de l'effet ! Pour les Diables, passe encore, cette musique a quelque chose d'infernal qui ne leur messied pas. Aussi les magies, les évocations, et toutes les fêtes du Sabat (*b*) sont elles toujours ce qu'on admire le plus à l'Opéra françois.

A ces beaux sons, aussi justes qu'ils sont doux, se marient très dignement ceux de l'Orchestre. Figurez-vous un charivari sans fin d'instrumens sans mélodie, un ronron traînant et perpétuel de Basses; chose la plus lugubre, la plus assomante que j'aye entendue de ma vie, et que je n'ai jamais pu supporter une demie-heure sans gagner un violent mal de tête. Tout cela forme une espece de psalmodie à laquelle il n'y a pour l'ordinaire ni chant ni mesure. Mais quand par hazard il se trouve quelque air un peu sautillant, c'est un trépignement universel; vous entendez tout le parterre en mouvement suivre à grand-peine et à grand bruit un certain homme de l'Orchestre*. Charmés de sentir un moment cette cadence qu'ils sentent si peu, ils se tourmentent l'oreille, la voix, les bras, les pieds et tout le corps pour courrir après la mesure** toujours prête à leur échaper, au lieu que l'Allemand et l'Italien qui en sont intimement affectés la sentent et la suivent sans aucun effort, et n'ont jamais besoin de la battre. Du moins Régianino m'a-t-il souvent dit que dans les Opéra d'Italie où elle est si sensible et si vive on n'entend, on ne voit jamais dans l'Orchestre ni parmi les spectateurs le moindre mouvement qui la marque. Mais tout annonce en ce pays la dureté de l'organe Musical; les voix y sont rudes et sans douceur, les inflexions âpres et fortes, les sons forcés et traînans; nulle cadence, nul accent mélodieux dans les airs du peuple : les instrumens militaires, les fifres de l'infanterie, les trompettes de la cavalerie, tous les Cors, tous les haubois, les chanteurs des rues, les violons de guinguetes, tout cela est d'un faux à choquer l'oreille la moins délicate. Tous les talens ne sont pas donnés aux mêmes hommes, et en général le François paroit être de tous les peuples de l'Europe celui qui a le moins d'aptitude à la musique; Milord Edouard prétend que les Anglois en ont aussi peu; mais la différence est que ceux-ci le savent et ne s'en soucient guere, au lieu que les François renonceroient à mille justes droits, et passeroient condannation sur toute autre chose, plutôt que de convenir qu'ils ne sont pas les premiers musiciens du monde (*a*). Il y en a même qui regarderoient volontiers la Musique à Paris comme une

---

* Le bucheron (*b*)[1].

** Je trouve qu'on n'a pas mal comparé les airs légers de la musique Françoise à la course d'une vache qui galope, ou d'une Oye grasse qui veut voler (*c*).

affaire d'Etat, peut-être parce que c'en fut une à Sparte de couper deux cordes à la lyre de Timothée (*a*) : à cela vous sentez qu'on n'a rien à dire. Quoiqu'il en soit, l'opéra de Paris pourroit être une fort belle institution politique, qu'il n'en plairoit pas d'avantage aux gens de goût. Revenons à ma description.

Les Ballets, dont il me reste à vous parler, sont la partie la plus brillante de cet Opéra, et considérés séparément, ils font un spectacle agréable, magnifique et vraiment théatral; mais ils servent comme partie constitutive de la piece, et c'est en cette qualité qu'il les faut considérer. Vous connoissez les Opéra de Quinault; vous savez comment les divertissements (*b*) y sont employés; c'est à peu près de même, ou encore pis, chez ses successeurs[1]. Dans chaque acte l'action est ordinairement coupée au moment le plus intéressant par une fête qu'on donne aux Acteurs assis, et que le parterre voit débout. Il arrive de là que les personages de la piece sont absolument oubliés, ou bien que les spectateurs regardent les Acteurs qui regardent autre chose. La maniere d'amener ces fêtes est simple. Si le Prince est joyeux, on prend part à sa joye, et l'on danse : s'il est triste, on veut l'égayer, et l'on danse. J'ignore si c'est la mode à la Cour de donner le bal aux Rois quand ils sont de mauvaise humeur : Ce que je sais par raport à ceux-ci, c'est qu'on ne peut trop admirer leur constance stoïque à voir des Gavotes ou écouter des chansons, tandis qu'on décide quelquefois derriere le théatre de leur couronne ou de leur sort. Mais il y a bien d'autres sujets de danses; les plus graves actions de la vie se font en dansant. Les Prêtres dansent, les soldats dansent, les Dieux dansent, les Diables dansent, on danse jusques dans les enterremens, et tout danse à propos de tout.

La danse est donc le quatrieme des beaux arts employés dans la constitution de la scene lyrique : mais les trois autres concourent à l'imitation; et celui-là, qu'imite-t-il ? Rien. Il est donc hors d'œuvre quand il n'est employé que comme danse; car que font des ménuets, des rigaudons, des chaconnes, dans une tragédie ? Je dis plus, il n'y seroit pas moins déplacé s'il imitoit quelque chose; parce que de toutes les unités, il n'y en a point de plus indispensable que celle du langage; et un Opéra où l'action se passeroit moitié en chant, moitié en danse, seroit plus ridicule encore que celui où l'on parleroit moitié François, moitié Italien.

Non contens d'introduire la danse comme partie essentielle de la scene lyrique, ils se sont même efforcés d'en faire quelquefois le sujet principal, et ils ont des Opéras appellés Ballets qui remplissent si mal leur titre, que la danse n'y eſt pas moins déplacée que dans tous les autres. La plupart de ces Ballets forment autant de sujets separés que d'actes, et ces sujets sont liés entre eux par de certaines rélations métaphysiques dont le spectateur ne se douteroit jamais si l'auteur n'avoit soin de l'en avertir dans un prologue. Les saisons, les âges, les sens, les élémens; je demande quel raport ont tous ces titres à la danse, et ce qu'ils peuvent offrir en ce genre à l'imagination ? Quelques uns même sont purement allégoriques, comme le Carnaval et la folie, et ce sont les plus insupportables de tous; parce qu'avec beaucoup d'esprit et de finesse, ils n'ont ni sentimens, ni tableaux, ni situations, ni chaleur, ni intérêt, ni rien de tout ce qui peut donner prise à la musique, flatter le cœur, et nourrir l'illusion. Dans ces prétendus Ballets l'action se passe toujours en chant, la danse interrompt toujours l'action ou ne s'y trouve que par occasion et n'imite rien. Tout ce qu'il arrive, c'eſt que ces Ballets ayant encore moins d'intérêt que les Tragédies, cette interruption y eſt moins remarquée : s'ils étoient moins froids, on en seroit plus choqué; mais un défaut couvre l'autre, et l'art des Auteurs pour empêcher que la danse ne lasse eſt de faire ensorte que la piece ennuye.

Ceci me mêne insensiblement à des recherches sur la véritable conſtitution du drame lyrique, trop étendues pour entrer dans cette lettre et qui me jetteroient loin de mon sujet; j'en ai fait une petite dissertation à part que vous trouverez ci-jointe, et dont vous pourrez causer avec Regianino. Il me reſte à vous dire sur l'opéra françois que le plus grand défaut que j'y crois remarquer eſt un faux goût de magnificence, par lequel on a voulu mettre en réprésentation le merveilleux, qui, n'étant fait que pour être imaginé, eſt aussi bien placé dans un poëme épique que ridiculement sur un théatre. J'aurois eu peine à croire, si je ne l'avois vû, qu'il se trouvât des artiſtes assés imbécilles pour vouloir imiter le char du Soleil, et des spectateurs assés enfans pour aller voir cette imitation. La Bruyere[1] ne concevoit pas comment un spectacle aussi superbe que l'Opéra pouvoit l'ennuyer à si grands fraix. Je le conçois bien moi qui ne suis pas un La Bruyere, et je soutiens que pour tout homme qui n'est pas dépourvû du goût des beaux arts, la musique françoise, la danse et le merveilleux mêlés ensemble feront toujours de l'Opéra de Paris le plus ennuyeux spectacle qui puisse exister. Après tout, peut-être n'en faut-il pas aux François de plus parfaits, au moins quant à l'exécution; non qu'ils ne soient très en état de connoitre la bonne, mais parce qu'en ceci le mal les amuse plus que le bien. Ils aiment mieux railler qu'applaudir; le plaisir de la critique les dédomage de l'ennui du spectacle, et il leur est plus agréable de s'en moquer quand ils n'y sont plus, que de s'y plaire tandis qu'ils y sont.

LETTRE XXIV (*a*).

DE JULIE.

Oui, oui, je le vois bien; l'heureuse Julie t'est toujours chere. Ce même feu qui brilloit jadis dans tes yeux, se fait sentir dans ta derniere lettre; j'y retrouve toute l'ardeur qui m'anime, et la mienne s'en irrite encore. Oui, mon ami, le sort a beau nous séparer, pressons nos cœurs l'un contre l'autre, conservons par la communication leur chaleur naturelle contre le froid de l'absence et du desespoir, et que tout ce qui devroit relâcher notre attachement ne serve qu'à le resserrer sans cesse.

Mais admire ma simplicité; depuis que j'ai reçu cette Lettre, j'éprouve quelque chose des charmans effets dont elle parle, et ce badinage du Talisman, quoiqu'inventé par moi-même, ne laisse pas de me séduire et de me paroitre une vérité. Cent fois le jour quand je suis seule un tressaillement me saisit comme si je te sentois près de moi. Je m'imagine que tu tiens mon portrait, et suis si folle que je crois sentir l'impression des caresses que tu lui fais et des baisers que tu lui donnes : ma bouche croit les recevoir, mon tendre cœur croit les goûter. O douces illusions ! ô chimeres, dernieres ressources des malheureux ! Ah, s'il se peut, tenez-nous lieu de réalité !

Vous êtes quelque chose encore à ceux pour qui le bonheur n'eſt plus rien.

Quant à la maniere dont je m'y suis prise pour avoir ce portrait, c'eſt bien un soin de l'amour; mais croi que s'il étoit vrai qu'il fit des miracles, ce n'eſt pas celui-là qu'il auroit choisi. Voici le mot de l'énigme. Nous eumes il y a quelque tems ici un peintre en miniature venant d'Italie; il avoit des lettres de Milord Edouard, qui peut-être en les lui donnant avoit en vue ce qui eſt arrivé. M. d'Orbe voulut profiter de cette occasion pour avoir le portrait de ma Cousine; je voulus l'avoir aussi. Elle et ma Mere voulurent avoir le mien, et à ma priere le peintre en fit secretement une seconde copie. Ensuite sans m'embarrasser de copie ni d'original, je choisis subtilement le plus ressemblant des trois pour te l'envoyer. C'eſt une friponnerie dont je ne me suis pas fait un grand scrupule; car un peu de ressemblance de plus ou de moins n'importe guere à ma Mere et à ma Cousine; mais les homages que tu rendrois à une autre figure que la mienne seroient une espece d'infidélité d'autant plus dangereuse que mon portrait seroit mieux que moi, et je ne veux point, comme que ce soit[1] que tu prennes du goût pour des charmes que je n'ai pas. Au reſte, il n'a pas dépendu de moi d'être un peu plus soigneusement vétue; mais on ne m'a pas écoutée, et mon pere lui-même a voulu que le portrait demeurât tel qu'il eſt. Je te prie, au moins, de croire qu'excepté la coëffure, cet ajuſtement n'a point été pris sur le mien, que le peintre a tout fait de sa grace, et qu'il a orné ma personne des ouvrages de son imagination.

LETTRE XXV (*a*)[2].

A JULIE.

Il faut, chere Julie, que je te parle encore de ton portrait; non plus dans ce premier enchantement auquel tu fus si sensible; mais au contraire avec le regret d'un homme abusé par un faux espoir, et que rien ne peut dédomager de ce qu'il a perdu. Ton portrait a de la grace et de la beauté, même de la tienne; il eſt assés ressemblant et peint par un habile homme, mais pour en être content, il faudroit ne te pas connoître.

La premiere chose que je lui reproche est de te ressembler et de n'être pas toi, d'avoir ta figure et d'être insensible. Vainement le peintre a cru rendre exactement tes yeux et tes traits; il n'a point rendu ce doux sentiment qui les vivifie, et sans lequel, tout charmans qu'ils sont, ils ne seroient rien. C'est dans ton cœur, ma Julie, qu'est le fard de ton visage et celui-là ne s'imite point. Ceci tient, je l'avoue, à l'insuffisance de l'art; mais c'est au moins la faute de l'artiste de n'avoir pas été exact en tout ce qui dépendoit de lui. Par exemple, il a placé la racine des cheveux trop loin des tempes, ce qui donne au front un contour moins agréable et moins de finesse au regard. Il a oublié les rameaux de pourpre que font en cet endroit deux ou trois petites veines sous la peau, à peu près comme dans ces fleurs d'iris que nous considérions un jour au jardin de Clarens. Le coloris des joues est trop près des yeux, et ne se fond pas délicieusement en couleur de rose vers le bas du visage comme sur le modele. On diroit que c'est du rouge artificiel plaqué comme le carmin des femmes de ce pays. Ce défaut n'est pas peu de chose, car il te rend l'œil moins doux et l'air plus hardi.

Mais, dis-moi, qu'a-t-il fait de ces nichées d'amours qui se cachent aux deux coins de ta bouche, et que dans mes jours fortunés j'osois réchauffer quelquefois de la mienne ? Il n'a point donné leur grace à ces coins, il n'a pas mis à cette bouche ce tour agréable et sérieux qui change tout à coup à ton moindre sourire, et porte au cœur je ne sais quel enchantement inconnu, je ne sais quel soudain ravissement que rien ne peut exprimer. Il est vrai que ton portrait ne peut passer du sérieux au sourire. Ah ! c'est précisément de quoi je me plains : pour pouvoir exprimer tous tes charmes, il faudroit te peindre dans tous les instans de ta vie.

Passons au Peintre d'avoir omis quelques beautés; mais en quoi il n'a pas fait moins de tort à ton visage, c'est d'avoir omis les défauts. Il n'a point fait cette tache presque imperceptible (*a*) que tu as sous l'œil droit, ni celle qui est au cou du côté gauche. Il n'a point mis.... ô Dieux, cet homme étoit-il de bronse ?.... Il a oublié la petite cicatrice qui t'est restée sous la levre. Il t'a fait les cheveux et les sourcils de la même couleur, ce qui n'est pas : Les sourcis sont plus châtains, et les cheveux plus cendrés.

Bionda testa, occhi azurri, e bruno ciglio (*a*).

Il a fait le bas du visage exactement ovale. Il n'a pas remarqué cette légere sinuosité qui séparant le menton des joues, rend leur contour moins régulier et plus gracieux. Voila les défauts les plus sensibles, il en a omis beaucoup d'autres, et je lui en sais fort mauvais gré; car ce n'est pas seulement de tes beautés que je suis amoureux, mais de toi tout entiere telle que tu es. Si tu ne veux pas que le pinceau te prête rien, moi je ne veux pas qu'il t'ôte rien, et mon cœur se soucie aussi peu des attraits que tu n'as pas, qu'il est jaloux de ce qui tient leur place.

Quant à l'ajustement, je le passerai d'autant moins que, parée ou négligée, je t'ai toujours vue mise avec beaucoup plus de goût que tu ne l'es dans ton portrait. La coëffure est trop chargée; on me dira qu'il n'y a que des fleurs : Hébien ces fleurs sont de trop. Te souviens-tu de ce bal où tu portois ton habit à la Valaisane, et où ta Cousine dit que je dansois en philosophe? Tu n'avois pour toute coëffure qu'une longue tresse de tes cheveux roulée autour de ta tête et rattachée avec une aiguille d'or, à la maniere des Villageoises de Berne. Non, le Soleil orné de tous ses rayons n'a pas l'éclat dont tu frappois les yeux et les cœurs, et sûrement quiconque te vit ce jour-là ne t'oubliera de sa vie. C'est ainsi, ma Julie, que tu dois être coëffée; c'est l'or de tes cheveux qui doit parer ton visage, et non cette rose qui les cache et que ton teint flétrit. Dis à la Cousine, car je reconnois ses soins et son choix, que ces fleurs dont elle a couvert et profané ta chevelure, ne sont pas de meilleur goût que celles qu'elle recueille dans l'*Adone*[1], et qu'on peut leur passer de suppléer à la beauté, mais non de la cacher.

A l'égard du buste, il est singulier qu'un amant soit là-dessus plus sévere qu'un pere, mais en effet je ne t'y trouve pas vétue avec assés de soin. Le portrait de Julie doit être modeste comme elle. Amour ! ces secrets n'appartiennent qu'à toi. Tu dis que le peintre a tout tiré de son imagination. Je le crois, je le crois ! Ah, s'il eut apperçu le moindre de ces charmes voilés, ses yeux l'eussent dévoré, mais sa main n'eut point tenté de les peindre; pourquoi faut-il que son art téméraire ait tenté de les imaginer ? Ce n'eſt pas seulement un défaut de bienséance, je soutiens que c'eſt encore un défaut de goût. Oui, ton visage eſt trop chaſte pour supporter le desordre de ton sein; on voit que l'un de ces deux objets doit empêcher l'autre de paroitre; il n'y a que le délire de l'amour qui puisse les accorder, et quand sa main ardente ose dévoiler celui que la pudeur couvre, l'ivresse et le trouble de tes yeux dit alors que tu l'oublies et non que tu l'exposes.

Voila la critique qu'une attention continuelle m'a fait faire de ton portrait. J'ai conçu là dessus le dessein de le réformer selon mes idées. Je les ai communiquées à un Peintre habile, et sur ce qu'il a déja fait, j'espere te voir bientôt plus semblable à toi-même. De peur de gâter le portrait nous essayons les changemens sur une copie que je lui en ai fait faire, et il ne les transporte sur l'original quc quand nous sommes bien sûrs de leur effet. Quoique je dessine assés médiocrement, cet artiſte ne peut se lasser d'admirer la subtilité de mes observations; il ne comprend pas combien celui qui me les dicte eſt un maitre plus savant que lui. Je lui parois aussi quelquefois fort bizarre : il dit que je suis le premier amant qui s'avise de cacher des objets qu'on n'expose jamais assés au gré des autres, et quand je lui réponds que c'eſt pour mieux te voir toute entiere que je t'habille avec tant de soin, il me regarde comme un fou. Ah ! que ton portrait seroit bien plus touchant, si je pouvois inventer des moyens d'y montrer ton ame avec ton visage, et d'y peindre à la fois ta modeſtie et tes attraits ! Je te jure, ma Julie, qu'ils gagneront beaucoup à cette reforme. On n'y voyoit que ceux qu'avoit supposé le peintre, et le spectateur ému les supposera tels qu'ils sont. Je ne sais quel enchantement secret regne dans ta personne; mais tout ce qui la touche semble y participer; il ne faut qu'appercevoir un coin de ta robe pour adorer celle qui la porte. On sent, en regardant ton ajuſtement, que c'eſt par tout le voile des graces qui couvre la beauté : et le goût de ta modeſte parure semble annoncer au cœur tous les charmes qu'elle récele (*a*).

LETTRE XXVI (*a*)[1].

A JULIE.

JULIE ! ô Julie ! ô toi qu'un tems j'osois appeler mienne, et dont je profane aujourd'hui le nom ! la plume échape à ma main tremblante; mes larmes inondent le papier; j'ai peine à former les premiers traits (*b*) d'une lettre qu'il ne faloit jamais écrire; je ne puis ni me taire ni parler ! Viens, honorable et chere image (*c*), viens épurer et raffermir un cœur avili par la honte et brisé par le repentir. Soutien mon courage qui s'éteint; donne à mes remords la force d'avouer le crime involontaire que ton absence m'a laissé commettre.

Que tu vas avoir de mépris pour un coupable, mais bien moins que je n'en ai moi-même ! Quelque abject que j'aille être à tes yeux, je le suis cent fois plus aux miens-propres; car en me voyant tel que je suis, ce qui m'humilie le plus encore, c'est de te voir, de te sentir au fond de mon cœur, dans un lieu desormais si peu digne de toi, et de songer que le souvenir des plus vrais plaisirs de l'amour n'a pu garantir mes sens d'un piege sans appats, et d'un crime sans charmes.

Tel est l'excès de ma confusion (*d*) qu'en recourant à ta clémence, je crains même de souiller tes regards sur ces lignes par l'aveu de mon forfait. Pardonne, ame pure et chaste, un récit que j'épargnerois à ta modestie s'il n'étoit un moyen d'expier mes égaremens; je suis indigne de tes bontés, je le sais; je suis vil, bas, méprisable; mais au moins je ne serai ni faux ni trompeur, et j'aime mieux que tu m'ôtes ton cœur et la vie que de t'abuser un seul moment. De peur d'être tenté de chercher des excuses qui ne me rendroient que plus criminel, je me bornerai à te faire un détail exact de ce qui m'est arrivé. Il sera aussi sincere que mon regret; c'est tout ce que je me permettrai de dire en ma faveur.

J'avois fait connoissance avec quelques Officiers aux gardes, et autres jeunes gens de nos compatriotes, auxquels je trouvois un mérite naturel, que j'avois regret de voir gâter par l'imitation de je ne sais quels faux airs qui ne sont pas faits pour eux. Ils se moquoient à leur tour de me voir conserver dans Paris la simplicité des antiques mœurs helvétiques. Ils prirent mes maximes et mes manieres pour des leçons indirectes dont ils furent choqués, et résolurent de me faire changer de ton à quelque prix que ce fut. Après plusieurs tentatives qui ne réussirent point, ils en firent une mieux concertée qui n'eut que trop de succès. Hier matin, ils vinrent me proposer d'aller souper chez la femme d'un Colonel qu'ils me nommerent, et qui sur le bruit de ma sagesse, avoit, disoient-ils, envie de faire connoissance avec moi. Assés sot pour donner dans ce persifflage (*a*), je leur réprésentai qu'il seroit mieux d'aller premierement lui faire visite, mais ils se moquerent de mon scrupule, me disant que la franchise Suisse ne comportoit pas tant de façon et que ces manieres cérémonieuses ne serviroient qu'à lui donner mauvaise opinion de moi (*b*). A neuf heures nous nous rendimes donc chez la Dame. Elle vint nous recevoir sur l'escalier; ce que je n'avois encore observé nulle part. En entrant je vis à des bras de cheminée de vieilles bougies qu'on venoit d'allumer, et par tout un certain air d'apprêt qui ne me plut point. La maitresse de la maison me parut jolie, quoiqu'un peu passée; d'autres femmes à peu près du même âge et d'une semblable figure étoient avec elle; leur parure assés brillante, avoit plus d'éclat que de goût; mais j'ai déja remarqué que c'est un point sur lequel on ne peut gueres juger en ce pays de l'état d'une femme.

Les premiers complimens se passerent à peu près comme par tout; l'usage du monde apprend à les abréger, ou à les tourner vers l'enjouement avant qu'ils ennuyent. Il n'en fut pas tout à fait de même sitôt que la conversation devint générale et sérieuse. Je crus trouver à ces Dames un air contraint et gêné, comme si ce ton ne leur eut pas été familier, et pour la premiere fois depuis que j'étois à Paris, je vis des femmes embarrassées à soutenir un entretien raisonnable. Pour trouver une matiere aisée, elles se jetterent sur leurs affaires de famille, et comme je n'en connoissois pas une, chacune dit de la sienne ce qu'elle voulut. Jamais je n'avois tant oüi parler de M. le Colonel; ce qui m'étonnoit dans un pays où l'usage est d'appeller les gens par leur nom plus que par leurs titres, et où ceux qui ont celui-là en portent ordinairement d'autres.

Cette fausse dignité fit bientôt place à des manieres plus naturelles. On se mit à causer tout bas, et reprenant sans y penser un ton de familiarité peu décente, on chuchetoit, on sourioit en me regardant, tandis que la Dame de la maison me questionnoit sur l'état de mon cœur d'un certain ton résolu qui n'étoit guere propre à le gagner. On servit, et la liberté de la table qui semble confondre tous les états, mais qui met chacun à sa place sans qu'il y songe, acheva de m'apprendre en quel lieu j'étois. Il étoit trop tard pour m'en dédire. Tirant donc ma sureté de ma répugnance, je consacrai cette soirée à ma fonction d'observateur, et résolus d'employer à connoitre cet ordre de femmes, la seule occasion que j'en aurois de ma vie. Je tirai peu de fruit de mes remarques; elles avoient si peu d'idée de leur état présent, si peu de prévoyance pour l'avenir, et hors du jargon de leur métier, elles étoient si stupides à tous égards, que le mépris effaça bientôt la pitié que j'avois d'abord d'elles. En parlant du plaisir même, je vis qu'elles étoient incapables d'en ressentir. Elles me parurent d'une violente avidité pour tout ce qui pouvoit tenter leur avarice : A cela près, je n'entendis sortir de leur bouche aucun mot qui partit du cœur. J'admirai comment d'honnêtes gens pouvoient supporter une société si dégoûtante. C'eut été leur imposer une peine cruelle à mon avis, que de les condanner au genre de vie qu'ils choisissoient eux-mêmes.

Cependant le soupé se prolongeoit et devenoit bruyant. Au défaut de l'amour, le vin échauffoit les convives. Les discours n'étoient pas tendres, mais deshonnêtes, et les femmes tachoient d'exciter par le desordre de leur ajustement les desirs qui l'auroient dû causer. D'abord, tout cela ne fit sur moi qu'un effet contraire, et tous leurs efforts pour me séduire ne servoient qu'à me rebuter. Douce pudeur ! disois-je en moi-même, suprême volupté de l'amour; que de charmes perd une femme, au moment qu'elle renonce à toi ! combien, si elles connoissoient ton empire elles mettroient de soins à te conserver, sinon par honnêteté, du moins par coqueterie ! Mais on ne joue point la pudeur. Il n'y a pas d'artifice plus ridicule que celui qui la veut imiter. Quelle différence, pensois-je encore, de la grossiere impudence de ces créatures et de leurs équivoques licentieuses à ces regards timides et passionnés, à ces propos pleins de modestie, de grace, et de sentiment, dont.... je n'osois achever; je rougissois de ces indignes comparaisons.... je me reprochois comme autant de crimes les charmans souvenirs qui me poursuivoient malgré moi.... En quels lieux osois-je penser à celle.... Hélas ! ne pouvant écarter de mon cœur une trop chere image, je m'efforçois de la voiler.

Le bruit, les propos que j'entendois, les objets qui frapoient mes yeux m'échaufferent insensiblement; mes deux voisines ne cessoient de me faire des agaceries qui furent enfin poussées trop loin pour me laisser de sang froid. Je sentis que ma tête s'embarrassoit; j'avois toujours bû mon vin fort trempé, j'y mis plus d'eau encore, et enfin je m'avisai de la boire pure. Alors seulement je m'apperçus que cette eau prétendue étoit du vin blanc, et que j'avois été trompé tout le long du repas. Je ne fis point des plaintes qui ne m'auroient attiré que des railleries; je cessai de boire. Il n'étoit plus tems; le mal étoit fait. L'ivresse ne tarda pas à m'ôter le peu de connoissance qui me restoit. Je fus surpris, en revenant à moi, de me trouver dans un cabinet reculé, entre les bras d'une de ces créatures, et j'eus au même instant le desespoir de me sentir aussi coupable que je pouvois l'être....

J'ai fini ce récit affreux; qu'il ne souille plus tes regards ni ma mémoire. O toi dont j'attens mon jugement, j'implore ta rigueur, je la mérite. Quel que soit mon châtiment, il me sera moins cruel que le souvenir de mon crime (*a*).

LETTRE XXVII (*b*)[1].

RÉPONSE.

RASSUREZ-VOUS sur la crainte de m'avoir irritée. Votre lettre m'a donné plus de douleur que de colere. Ce n'est pas moi, c'est vous que vous avez offensé par un desordre auquel le cœur n'eut point de part. Je n'en suis que plus affligée. J'aimerois mieux vous voir m'outrager que vous avilir, et le mal que vous vous faites est le seul que je ne puis vous pardonner.

A ne regarder que la faute dont vous rougissez, vous vous trouvez bien plus coupable que vous ne l'êtes; et je ne vois guere en cette occasion que de l'imprudence à vous reprocher. Mais ceci vient de plus loin et tient à une plus profonde racine que vous n'appercevez pas, et qu'il faut que l'amitié vous découvre.

Votre premiere erreur est d'avoir pris une mauvaise route en entrant dans le monde; plus vous avancez, plus vous vous égarez, et je vois en frémissant que (*a*) vous êtes perdu si vous ne revenez sur vos pas. Vous vous laissez conduire insensiblement dans le piege que j'avois craint. Les grossieres amorces du vice ne pouvoient d'abord vous séduire, mais la mauvaise compagnie a commencé par abuser votre raison pour corrompre votre vertu, et fait déja sur vos mœurs le premier essai de ses maximes[1].

Quoique vous ne m'ayez rien dit en particulier des habitudes que vous vous êtes faites à Paris; il est aisé de juger de vos sociétés par vos lettres, et de ceux qui vous montrent les objets par votre maniere de les voir. Je ne vous ai point caché combien j'étois peu contente de vos rélations; vous avez continué sur le même ton, et mon déplaisir n'a fait qu'augmenter. En vérité l'on prendroit ces lettres pour les sarcasmes d'un petit-maitre*[2] plutot que pour les rélations d'un philosophe (*b*), et l'on a peine à les croire de la même main que celles que vous m'écriviez autrefois (*c*). Quoi ! vous pensez étudier les hommes dans les petites manieres de quelques coteries de précieuses ou de gens desœuvrés, et ce vernis extérieur et changeant qui devoit à peine fraper vos yeux, fait le fond de toutes vos remarques ! Etoit-ce la peine de recueillir avec tant de soin des usages et des bienséances qui n'existeront plus dans dix ans d'ici, tandis que les ressorts éternels du cœur humain, le jeu secret et durable des passions échapent à vos recherches ? Prenons votre lettre sur les femmes, qu'y trouverai-je qui puisse m'apprendre à les connoitre ? Quelque description de leur parure, dont tout le monde est instruit; quelques observations malignes sur leur maniere de se mettre et de se présenter, quelque idée du desordre d'un petit nombre, injustement

---

* Douce Julie, à combien de titres vous allez vous faire siffler ! Eh quoi ! vous n'avez pas même le ton du jour. Vous ne savez pas qu'il y a des *petites-maitresses*, mais qu'il n'y a plus de *petits-maitres*. Bon Dieu, que savez-vous donc (*d*) ?

généralisée; comme si tous les sentimens honnêtes étoient éteints à Paris, et que toutes les femmes y allassent en carrosse et aux premieres loges. M'avez-vous rien dit qui m'instruise solidement de leurs goûts, de leurs maximes, de leur vrai caractere, et n'est-il pas bien étrange qu'en parlant des femmes d'un pays, un homme sage ait oublié ce qui regarde les soins domestiques et l'éducation des enfans*[1] ? La seule chose qui semble être de vous dans toute cette Lettre, c'est le plaisir avec lequel vous louez leur bon naturel et qui fait honneur au votre. Encore n'avez-vous fait en cela que rendre justice au sexe en général; et dans quel pays du monde la douceur et la commisération ne sont-elles pas l'aimable partage des femmes ?

Quelle différence de tableau si vous m'eussiez peint ce que vous aviez vu plutôt que ce qu'on vous avoit dit, ou du moins, que vous n'eussiez consulté que des gens sensés ! Faut-il que vous, qui avez tant pris de soins à conserver votre jugement, ailliez le perdre comme de propos délibéré dans le commerce d'une jeunesse inconsidérée, qui ne cherche dans la société des sages qu'à les séduire et non pas à les imiter. Vous regardez à de fausses convenances d'âge qui ne vous vont point, et vous oubliez celles de lumieres et de raison qui vous sont essentielles. Malgré tout votre emportement vous êtes le plus facile des hommes, et malgré la maturité de votre esprit, vous vous laissez tellement conduire par ceux avec qui vous vivez, que vous ne sauriez fréquenter des gens de votre âge sans en descendre et redevenir enfant[2]. Ainsi vous vous dégradez en pensant vous assortir, et c'est vous mettre au dessous de vous même, que de ne pas choisir des amis plus sages que vous (*a*).

Je ne vous reproche point d'avoir été conduit sans le savoir dans une maison deshonnête; mais je vous reproche d'y avoir été conduit par de jeunes Officiers que vous ne deviez pas connoître, ou du moins auxquels vous ne deviez pas laisser diriger vos amusemens. Quant au

---

* Et pourquoi ne l'auroit-il pas oublié ? est-ce que ces soins les regardent ? Eh que deviendroient le monde et l'Etat, Auteurs illustres, brillans Académiciens, que deviendriez-vous tous, si les femmes alloient quitter le gouvernement de la littérature et des affaires, pour prendre celui de leur ménage (*b*) ?

projet de les ramener à vos principes, j'y trouve plus de zele que de prudence; si vous êtes trop sérieux pour être leur camarade, vous êtes trop jeune pour être leur Mentor, et vous ne devez vous mêler de réformer autrui que quand vous n'aurez plus rien à faire en vous même (*a*).

Une seconde faute plus grave encore et beaucoup moins pardonnable, eſt d'avoir pu passer volontairement la soirée dans un lieu si peu digne de vous, et de n'avoir pas fui dès le premier inſtant où vous avez connu dans quelle maison vous étiez. Vos excuses là-dessus sont pitoyables. *Il étoit trop tard pour s'en dédire !* comme s'il y avoit quelque espece de bienséance en de pareils lieux, ou que la bienséance dut jamais l'emporter sur la vertu, et qu'il fut jamais trop tard pour s'empêcher de mal faire (*b*) ! Quant à la sécurité que vous tiriez de votre répugnance, je n'en dirai rien, l'évenement vous a montré combien elle étoit fondée. Parlez plus franchement à celle qui sait lire dans votre cœur; c'eſt la honte qui vous retint. Vous craignites qu'on ne se moquât de vous en sortant : Un moment de huée vous fit peur, et vous aimâtes mieux vous exposer au remords qu'à la raillerie. Savez-vous bien quelle maxime vous suivites en cette occasion ? Celle qui la premiere introduit le vice dans une ame bien née, étouffe la voix de la conscience par la clameur publique, et reprime l'audace de bien faire par la crainte du blâme. Tel vaincroit les tentations qui succombe aux mauvais exemples; tel rougit d'être modeſte et devient effronté par honte, et cette mauvaise honte corrompt plus de cœurs honnêtes que les mauvaises inclinations. Voila surtout dequoi vous avez à préserver le votre; car quoique vous fassiez, la crainte du ridicule que vous méprisez vous domine pourtant malgré vous. Vous braveriez plutot cent périls qu'une raillerie[1], et l'on ne vit jamais tant de timidité jointe à une ame aussi intrépide.

Sans vous étaler contre ce défaut des preceptes de morale que vous savez mieux que moi, je me contenterai de vous proposer un moyen pour vous en garantir, plus facile et plus sûr, peut-être, que tous les raisonnemens de la philosophie. C'eſt de faire dans votre esprit une legere transposition de tems, et d'anticiper sur l'avenir[2] de quelques minutes. Si dans ce malheureux soupé vous

vous fussiez fortifié contre un instant de moquerie de la part des convives, par l'idée de l'état où votre ame aloit être sitôt que vous seriez dans la rue; si vous vous fussiez réprésenté le contentement intérieur d'échapper aux pieges du vice; l'avantage de prendre d'abord cette habitude de vaincre qui en facilite le pouvoir, le plaisir que vous eut donné la conscience de votre victoire, celui de me la décrire, celui que j'en aurois reçu moi-même; est-il croyable que tout cela ne l'eut pas emporté sur une répugnance d'un instant, à laquelle vous n'eussiez jamais cédé si vous en aviez envisagé les suites ? Encore, qu'est-ce que cette répugnance, qui met un prix aux railleries de gens dont l'estime n'en peut avoir aucun ? Infailliblement cette réflexion vous eut sauvé pour un moment de mauvaise honte d'une honte beaucoup plus juste, plus durable, les regrets, le danger, et pour ne vous rien dissimuler, votre amie eut versé quelques larmes de moins.

Vous voulutes, dites-vous, mettre à profit cette soirée pour votre fonction d'observateur ? Quel soin ! Quel emploi ! que vos excuses me font rougir de vous ! Ne serez-vous point aussi curieux d'observer un jour les voleurs dans leurs Cavernes, et de voir comment ils s'y prennent pour dévaliser les passans ? Ignorez-vous qu'il y a des objets si odieux qu'il n'est pas même permis à l'homme d'honneur de les voir, et que l'indignation de la vertu ne peut supporter le spectacle du vice ? Le sage observe le desordre public qu'il ne peut arrêter; il l'observe, et montre sur son visage attristé la douleur qu'il lui cause; mais quant aux desordres particuliers, il s'y oppose ou détourne les yeux, de peur qu'ils ne s'autorisent de sa présence. D'ailleurs, étoit-il besoin de voir de pareilles sociétés pour juger de ce qui s'y passe et des discours qu'on y tient ? Pour moi, sur leur seul objet plus que sur le peu que vous m'en avez dit, je devine aisément tout le reste, et l'idée des plaisirs qu'on y trouve, me fait connoitre assés les gens qui les cherchent.

Je ne sais si votre comode philosophie adopte déja les maximes qu'on dit établies dans les grandes villes pour tolérer de semblables lieux; mais j'espere au moins que vous n'êtes pas de ceux qui se méprisent assés pour s'en permettre l'usage, sous prétexte de je ne sais quelle chimérique nécessité qui n'est connue que des gens de mauvaise vie; comme si les deux sexes étoient sur ce point de natures différentes, et que dans l'absence ou le célibat, il falut à l'honnête homme des ressources dont l'honnête femme n'a pas besoin. Si cette erreur ne vous mene pas chez des prostituées, j'ai bien peur qu'elle ne continue à vous égarer vous-même. Ah ! si vous voulez être méprisable, soyez-le au moins sans prétexte, et n'ajoûtez point le mensonge à la crapule. Tous ces prétendus besoins n'ont point leur source dans la nature, mais dans la volontaire dépravation des sens. Les illusions mêmes de l'amour se purifient dans un cœur chaste, et ne corrompent qu'un cœur déja corrompu. Au contraire la pureté se soutient par elle-même; les desirs toujours réprimés s'acoutument à ne plus renaitre, et les tentations ne se multiplient que par l'habitude d'y succomber. L'amitié m'a fait surmonter deux fois[1] ma répugnance à traiter un pareil sujet, celle-ci sera la derniere; car à quel titre espérerois-je obtenir de vous ce que vous aurez refusé à l'honnêteté, à l'amour, et à la raison[2] ?

Je reviens au point important par lequel j'ai commencé cette lettre. A vingt-un ans vous m'écriviez du Valais des descriptions graves et judicieuses; à vingt-cinq vous m'envoyez de Paris des colifichets de lettres, où le sens et la raison sont par tout sacrifiés à un certain tour plaisant, fort éloigné de votre caractere. Je ne sais comment vous avez fait; mais depuis que vous vivez dans le séjour des talens, les votres paroissent diminués; vous aviez gagné chez les paysans, et vous perdez parmi les beaux-esprits. Ce n'est pas la faute du pays où vous vivez, mais des connoissances que vous y avez faites; car il n'y a rien qui demande tant de choix que le mélange de l'excellent et du pire (*a*). Si vous voulez étudier le monde, fréquentez les gens sensés qui le connoissent par une longue expérience et de paisibles observations, non de jeunes étourdis qui n'en voyent que la superficie, et des ridicules qu'ils font eux-mêmes. Paris est plein de savans accoutumés à réfléchir, et à qui ce grand théatre en offre tous les jours le sujet. Vous ne me ferez point croire que ces hommes graves et studieux vont courant comme vous de maison en maison, de coterie en coterie, pour amuser les femmes et les jeunes gens, et mettre toute la philosophie en babil. Ils ont trop de dignité pour avilir ainsi leur état, prostituer leurs talens et soutenir par leur exemple des mœurs qu'ils devroient corriger. Quand la plupart le feroient, sûrement plusieurs ne le font point, et c'est ceux-là que vous devez rechercher.

N'est-il pas singulier encore que vous donniez vous-même dans le défaut que vous reprochez aux modernes auteurs comiques, que Paris ne soit plein pour vous que de gens de condition; que ceux de votre état soient les seuls dont vous ne parliez point; comme si les vains préjugés de la noblesse ne vous coûtoient pas assés cher pour les haïr, et que vous crussiez vous dégrader en fréquentant d'honnêtes bourgeois, qui sont peut-être l'ordre le plus respectable du Pays où vous êtes ? Vous avez beau vous excuser sur les connoissances de Milord Edouard : avec celles-là vous en eussiez bientôt fait d'autres dans un ordre inférieur. Tant de gens veulent monter, qu'il est toujours aisé de descendre, et de votre propre aveu c'est le seul moyen de connoitre les véritables mœurs d'un peuple que d'étudier sa vie privée dans les états les plus nombreux; car s'arrêter aux gens qui réprésentent toujours, c'est ne voir que des Comédiens.

Je voudrois que votre curiosité allât plus loin encore. Pourquoi dans une Ville si riche le bas peuple est-il si misérable, tandis que la misere extrême est si rare parmi nous où l'on ne voit point de millionnaires ? Cette question, ce me semble, est bien digne de vos recherches; mais ce n'est pas chez les gens avec qui vous vivez que vous devez vous attendre à la résoudre. C'est dans les appartemens dorés qu'un écolier va prendre les airs du monde; mais le sage en apprend les misteres dans la chaumiere du pauvre. C'est là qu'on voit sensiblement les obscures manœuvres du vice, qu'il couvre de paroles fardées au milieu d'un cercle : C'est là qu'on s'instruit par quelles iniquités secretes le puissant et le riche arrachent un reste de pain noir à l'opprimé qu'ils feignent de plaindre en public. Ah, si j'en crois nos vieux militaires[1], que de choses vous apprendriez dans les greniers d'un cinquieme étage, qu'on ensevelit sous un profond secret dans les hotels du fauxbourg St. Germain, et que tant de beaux parleurs seroient confus avec leurs feintes maximes d'humanité, si tous les malheureux qu'ils ont faits se présentoient pour les démentir !

Je sais qu'on n'aime pas le spectacle de la misere qu'on ne peut soulager, et que le riche même détourne les yeux du pauvre qu'il refuse de secourir; mais ce n'est pas d'argent seulement qu'ont besoin les infortunés, et il n'y a que les paresseux de bien faire qui ne sachent faire du bien que la bourse à la main. Les consolations, les conseils, les soins, les amis, la protection sont autant de ressources que la commisération vous laisse, au défaut des richesses, pour le soulagement de l'indigent. Souvent les opprimés ne le sont que parce qu'ils manquent d'organe pour faire entendre leurs plaintes. Il ne s'agit quelquefois que d'un mot qu'ils ne peuvent dire, d'une raison qu'ils ne savent point exposer, de la porte d'un Grand qu'ils ne peuvent franchir. L'intrépide appui de la vertu desintéressée suffit pour lever une infinité d'obstacles, et l'éloquence d'un homme de bien peut effrayer la Tirannie au milieu de toute sa puissance.

Si vous voulez donc être homme en effet, apprenez à redescendre. L'humanité[1] coule comme une eau pure et salutaire, et va fertiliser les lieux bas; elle cherche toujours le niveau, elle laisse à sec ces roches arides qui menacent la campagne et ne donnent qu'une ombre nuisible ou des éclats pour écraser leurs voisins.

Voila, mon ami, comment on tire parti du présent en s'instruisant pour l'avenir, et comment la bonté met d'avance à profit les leçons de la sagesse, afin que quand les lumieres acquises nous resteroient inutiles, on n'ait pas pour cela perdu le tems employé à les acquerir. Qui doit vivre parmi des gens en place ne sauroit prendre trop de préservatifs contre leurs maximes empoisonnées, et il n'y a que l'exercice continuel de la bienfaisance qui garantisse les meilleurs cœurs de la contagion des ambitieux. Essayez, croyez moi, de ce nouveau genre d'études; il est plus digne de vous que ceux que vous avez embrassés, et comme l'esprit s'étrécit à mesure que l'ame se corrompt, vous sentirez bientôt, au contraire, combien l'exercice des sublimes vertus élêve et nourrit le génie; combien un tendre intérêt aux malheurs d'autrui sert à mieux en trouver la source, et à nous éloigner en tout sens des vices qui les ont produits[2].

Je vous devois toute la franchise de l'amitié[3] dans la situation critique où vous me paroissés être; de peur qu'un second pas vers le desordre ne vous y plongeât enfin sans retour, avant que vous eussiez le tems de vous reconnoitre. Maintenant je ne puis vous cacher, mon ami, combien votre prompte et sincere confession m'a touchée; car je sens combien vous a coûté la honte de cet aveu, et par conséquent combien celle de votre faute vous pesoit sur le cœur. Une erreur involontaire se pardonne et s'oublie aisément. Quant à l'avenir, retenez bien cette maxime dont je ne me départirai point : Qui peut s'abuser deux fois en pareil cas, ne s'est pas même abusé la premiere.

Adieu, mon ami; veille avec soin sur ta santé, je t'en conjure, et songe qu'il ne doit rester aucune trace d'un crime que j'ai pardonné (*a*).

P. S. Je viens de voir entre les mains de M. d'Orbe des copies de plusieurs de vos lettres à Milord Edouard, qui m'obligent à retracter une partie de mes censures sur les matieres et le stile de vos observations. Celles-ci traitent, j'en conviens, de sujets importans, et me paroissent pleines de réflexions graves et judicieuses. Mais en revanche, il est clair que vous nous dédaignez beaucoup, ma Cousine et moi, ou que vous faites bien peu de cas de notre estime, en ne nous envoyant que des rélations si propres à l'altérer, tandis que vous en faites pour votre ami de beaucoup meilleures. C'est ce me semble assés mal honorer vos leçons que de juger vos écolieres indignes d'admirer vos talens; et vous devriez feindre, au moins par vanité, de nous croire capables de vous entendre.

J'avoue que la politique n'est guere du ressort des femmes, et mon Oncle nous en a tant ennuyées que je comprends comment vous avez pu craindre d'en faire autant. Ce n'est pas, non plus, à vous parler franchement, l'étude à laquelle je donnerois la préférence; son utilité est trop loin de moi pour me toucher beaucoup, et ses lumieres sont trop sublimes pour frapper vivement mes yeux. Obligée d'aimer le gouvernement sous lequel le ciel m'a fait naitre, je me soucie peu de savoir s'il en est de meilleurs. Dequoi me serviroit de les connoitre, avec si peu de pouvoir pour les établir, et pourquoi contristerois-je mon ame à considérer de si grands maux où je ne peux rien, tant que j'en vois d'autres autour de moi qu'il m'est permis de soulager ? Mais je vous aime; et l'intérêt que je ne prends pas aux sujets, je le prends à l'Auteur qui les traitte. Je recueille avec une tendre admiration toutes les preuves de votre genie, et fiere d'un mérite si digne de mon cœur, je ne demande à l'amour qu'autant d'esprit qu'il m'en faut pour sentir le votre. Ne me refusez donc pas le plaisir de connoitre et d'aimer tout ce que vous faites de bien. Voulez-vous me donner l'humiliation de croire que si le Ciel unissoit nos destinées, vous ne jugeriez pas votre compagne digne de penser avec vous[1] ?

LETTRE XXVIII (*a*).

DE JULIE.

Tout est perdu ! Tout est découvert ! Je ne trouve plus tes lettres dans le lieu où je les avois cachées Elles y étoient encore hier au soir. Elles n'ont pu être enlevées que d'aujourd'hui. Ma mere seule peut les avoir surprises. Si mon pere les voit, c'est fait de ma vie ! Eh, que serviroit qu'il ne les vit pas, s'il faut renoncer.... Ah Dieu ! ma mere m'envoye appeller. Où fuir ? Comment soutenir ses regards ? Que ne puis-je me cacher au sein de la terre !.... Tout mon corps tremble, et je suis hors d'état de faire un pas (*b*).... la honte, l'humiliation, les cuisans reproches.... j'ai tout mérité, je supporterai tout. Mais la douleur, les larmes d'une mere éplorée.... ô mon cœur, quels déchiremens !.... Elle m'attend; je ne puis tarder davantage.... elle voudra savoir.... il faudra tout dire..... Regianino sera congédié. Ne m'écris plus jusqu'à nouvel avis qui (*c*).... sait si jamais.... je pourrois.... quoi, mentir ?.... mentir à ma mere.... Ah, s'il faut nous sauver par le mensonge, adieu, nous sommes perdus !

FIN DE LA SECONDE PARTIE.

TROISIEME PARTIE[1].

LETTRE I.

DE MAD[e] D'ORBE (*a*).

Que de maux vous causez à ceux qui vous aiment ! Que de pleurs vous avez déjà fait couler dans une famille infortunée dont vous seul troublez le repos ! Craignez d'ajoûter le deuil à nos larmes : craignez que la mort d'une mere affligée ne soit le dernier effet du poison que vous versez dans le cœur de sa fille, et qu'un amour desordonné ne devienne enfin pour vous même la source d'un remords éternel. L'amitié m'a fait supporter vos erreurs tant qu'une ombre d'espoir pouvoit les nourrir; mais comment tolérer une vaine constance que l'honneur et la raison condannent, et qui ne pouvant plus causer que des malheurs et des peines ne mérite que le nom d'obstination ?

Vous savez de quelle maniere le secret de vos feux, dérobé si longtems aux soupçons de ma tante, lui fut dévoilé par vos lettres. Quelque sensible que soit un tel coup à cette mere tendre et vertueuse; moins irritée contre vous que contre elle-même, elle ne s'en prend qu'à son aveugle négligence; elle déplore sa fatale illusion; sa plus cruelle peine est d'avoir pu trop estimer sa fille, et sa douleur est pour Julie un châtiment cent fois pire que ses reproches.

L'accablement de cette pauvre Cousine ne sauroit s'imaginer. Il faut le voir pour le comprendre. Son cœur semble étouffé par l'affliction, et l'excès des sentimens qui l'oppressent lui donne un air de stupidité plus effrayante que des cris aigus. Elle se tient jour et nuit à genoux au chevet de sa mere, l'air morne, l'œil fixé en terre, gardant un profond silence; la servant avec plus d'attention et de vivacité que jamais; puis retombant à l'instant dans un état d'anéantissement[1] qui la feroit prendre pour une autre personne. Il est très clair que c'est la maladie de la mere qui soutient les forces de la fille, et si l'ardeur de la servir n'animoit son zele; ses yeux éteints, sa pâleur, son extrême abatement me feroient craindre qu'elle n'eut grand besoin pour elle-même de tous les soins qu'elle lui rend. Ma tante s'en apperçoit aussi, et je vois à l'inquietude avec laquelle elle me recommande en particulier la santé de sa fille combien le cœur combat de part et d'autre contre la gêne qu'elles s'imposent, et combien on doit vous haïr de troubler une union si charmante.

Cette contrainte augmente encore par le soin de la dérober aux yeux d'un pere emporté auquel une mere tremblante pour les jours de sa fille veut cacher ce dangereux secret. On se fait une loi de garder en sa présence l'ancienne familiarité; mais si la tendresse maternelle profite avec plaisir de ce prétexte, une fille confuse n'ose livrer son cœur à des caresses qu'elle croit feintes et qui lui sont d'autant plus cruelles qu'elles lui seroient douces si elle osoit y compter. En recevant celles de son pere, elle regarde sa mere d'un air si tendre et si humilié qu'on voit son cœur lui dire par ses yeux : ah que ne suis-je digne encore d'en recevoir autant de vous[2] !

Made d'Etange m'a prise plusieurs fois à part, et j'ai connu facilement à la douceur de ses reprimandes et au ton dont elle m'a parlé de vous que Julie a fait de grands efforts pour calmer envers nous sa trop juste indignation, et qu'elle n'a rien épargné pour nous justifier l'un et l'autre à ses dépends. Vos lettres mêmes portent avec le caractere d'un amour excessif une sorte d'excuse qui ne lui a pas échapé; elle vous reproche moins l'abus de sa confiance qu'à elle-même sa simplicité à vous l'accorder. Elle vous estime assés pour croire qu'aucun autre homme à votre place n'eut mieux resisté que vous; elle s'en prend de vos fautes à la vertu même. Elle conçoit maintenant, dit-elle, ce que c'est qu'une probité trop vantée qui n'empêche point un honnête homme amoureux de corrompre, s'il peut, une fille sage, et de deshonorer sans scrupule toute une famille pour satisfaire un moment de fureur. Mais que sert de revenir sur le passé ? Il s'agit de cacher sous un voile éternel[1] cet odieux mistere, d'en éffacer, s'il se peut, jusqu'au moindre vestige, et de seconder la bonté du ciel qui n'en a point laissé de témoignage sensible. Le secret est concentré entre six personnes sûres. Le repos[2] de tout ce que vous avez aimé, les jours d'une mere au desespoir, l'honneur d'une maison respectable, votre propre vertu, tout dépend de vous encore; tout vous prescrit votre devoir; vous pouvez réparer le mal que vous avez fait; vous pouvez vous rendre digne de Julie et justifier sa faute en renonçant à elle; et si votre cœur ne m'a point trompé il n'y a plus que la grandeur d'un tel sacrifice[3] qui puisse répondre à celle de l'amour qui l'exige. Fondée sur l'estime que j'eus toujours pour vos sentimens, et sur ce que la plus tendre union qui fut jamais lui doit ajoûter de force, j'ai promis en votre nom tout ce que vous devez tenir; osez me démentir si j'ai trop présumé de vous, ou soyez aujourd'hui ce que vous devez être. Il faut immoler votre maitresse ou votre amour l'un à l'autre, et vous montrer le plus lâche ou le plus vertueux des hommes.

Cette mere infortunée a voulu vous écrire; elle avoit même commencé (*a*). O Dieu, que de coups de poignard vous eussent porté ses plaintes ameres ! Que ses touchans reproches vous eussent dechiré le cœur ! Que ses humbles prieres vous eussent pénétré de honte ! J'ai mis en pieces cette lettre accablante que vous n'eussiez jamais supportée : je n'ai pu souffrir ce comble d'horreur de voir une mere humiliée devant le seducteur de sa fille : vous êtes digne au moins qu'on n'employe pas avec vous de pareils moyens, faits pour fléchir des monstres et pour faire mourir de douleur un homme sensible.

Si c'étoit ici le premier effort que l'amour vous eut demandé, je pourrois douter du succès et balancer sur l'estime qui vous est due : mais le sacrifice que vous avez fait à l'honneur de Julie en quitant ce pays m'est garant de celui que vous allez faire à son repos en rompant un commerce inutile. Les premiers actes de vertu sont toujours les plus pénibles, et vous ne perdrez point le prix d'un effort qui vous a tant coûté, en vous obstinant à soutenir une vaine correspondance dont les risques sont terribles pour votre amante, les dédomagemens nuls pour tous les deux, et qui ne fait que prolonger sans fruit les tourmens de l'un et de l'autre. N'en doutez plus, cette

Julie qui vous fut si chere ne doit rien être à celui qu'elle a tant aimé; vous vous dissimulez en vain vos malheurs : vous la perdites au moment que vous vous séparates d'elle. Ou plutôt le Ciel vous l'avoit ôtée, même avant qu'elle se donnât à vous; car son pere la promit dès son retour, et vous savez trop que la parole de cet homme inflexible est irrévocable[1]. De quelque maniere que vous vous comportiez, l'invincible sort s'oppose à vos vœux, et vous ne la possederez jamais. L'unique choix qui vous reste à faire est de la précipiter dans un abîme de malheurs et d'opprobres, ou d'honorer en elle ce que vous avez adoré, et de lui rendre, au lieu du bonheur perdu, la sagesse, la paix, la sureté du moins (*a*), dont vos fatales liaisons la privent.

Que vous seriez attristé, que vous vous consumeriez en regrets, si vous pouviez contempler l'état actuel de cette malheureuse amie, et l'avilissement où la reduit le remords et la honte ! Que son lustre est terni ! que ses graces sont languissantes ! que tous ses sentimens si charmans et si doux se fondent tristement dans le seul qui les absorbe ! L'amitié même en est attiedie; à peine partage-t-elle encore le plaisir que je goûte à la voir, et son cœur malade ne fait plus rien sentir que l'amour et la douleur. Hélas, qu'est devenu ce caractere aimant et sensible, ce goût si pur des choses honnêtes, cet intérêt si tendre aux peines et aux plaisirs d'autrui ? Elle est encore, je l'avoue, douce, généreuse, compatissante; l'aimable habitude de bien faire ne sauroit s'effacer en elle; mais ce n'est plus qu'une habitude aveugle, un goût sans reflexion. Elle fait toutes les mêmes choses, mais elle ne les fait plus avec le même zele; ces sentimens sublimes se sont affoiblis, cette flamme divine s'est amortie, cet ange n'est plus qu'une femme ordinaire. Ah quelle ame vous avez ôtée à la vertu !

LETTRE II (*b*).

A MAD^e D'ETANGE.

PÉNÉTRÉ d'une douleur qui doit durer autant que moi, je me jette à vos pieds, Madame, non pour vous marquer un repentir[2] qui ne dépend pas de mon cœur, mais pour expier un crime involontaire en renonçant à tout ce qui pouvoit faire la douceur de ma vie. Comme jamais sentimens humains n'approcherent de ceux que m'inspira votre adorable fille, il n'y eut jamais de sacrifice égal à celui que je viens faire à la plus respectable des meres; mais Julie m'a trop appris comment il faut immoler le bonheur au devoir; elle m'en a trop courageusement donné l'exemple, pour qu'au moins une fois je ne sache pas l'imiter. Si mon sang suffisoit pour guerir vos peines, je le verserois en silence et me plaindrois de ne vous donner qu'une si foible preuve de mon zele : mais briser le plus doux, le plus pur, le plus sacré lien qui jamais ait uni deux cœurs, ah c'est un effort que l'univers entier ne m'eut pas fait faire, et qu'il n'appartenoit qu'à vous d'obtenir !

Oui, je promets de vivre loin d'elle aussi longtems que vous l'exigerez; je m'abstiendrai de la voir et de lui écrire; j'en jure par vos jours précieux, si nécessaires à la conservation des siens. Je me soumets, non sans effroi, mais sans murmure à tout ce que vous daignerez ordonner d'elle et de moi. Je dirai beaucoup plus encore : son bonheur peut me consoler de ma misere, et je mourrai content si vous lui donnez un époux digne d'elle (*a*). Ah qu'on le trouve ! et qu'il m'ose dire : je saurai mieux l'aimer que toi[1] ! Madame, il aura vainement tout ce qui me manque; s'il n'a mon cœur il n'aura rien pour Julie[2] : mais je n'ai que ce cœur honnête et tendre. Hélas ! je n'ai rien non plus. L'amour qui rapproche tout, n'éleve point la personne; il n'éleve que les sentimens. Ah ! si j'eusse osé n'écouter que les miens pour vous, combien de fois en vous parlant ma bouche eut prononcé le doux nom de mere (*b*) ?

Daignez vous confier à des sermens qui ne seront point vains, et à un homme qui n'est point trompeur. Si je pus un jour abuser de votre estime, je m'abusai le premier moi-même. Mon cœur sans expérience ne connut le danger que quand il n'étoit plus tems de fuir, et je n'avois point encore appris de votre fille cet art cruel de vaincre l'amour par lui même, qu'elle m'a depuis si bien enseigné (*c*)[3]. Bannissez vos craintes je vous en conjure. Y a-t-il quelqu'un au monde à qui son repos, sa félicité, son honneur soient plus chers qu'à moi ? Non, ma parole et mon cœur vous sont garants de l'engagement que je prends au nom de mon illustre ami comme au mien. Nulle indiscretion ne sera commise, soyez en sûre, et je rendrai le dernier soupir sans qu'on sache quelle douleur termina mes jours. Calmez donc celle qui vous consume et dont la mienne s'aigrit encore : essuyez des pleurs qui m'arrachent l'ame; rétablissez votre santé; rendez à la plus tendre fille qui fut jamais le bonheur auquel elle a renoncé pour vous; soyez vous-même heureuse par elle; vivez, enfin, pour lui faire aimer la vie. Ah malgré les erreurs de l'amour, être mere de Julie est encore un sort assés beau pour se féliciter de vivre (*a*) !

LETTRE III (*b*)[1].

A MAD^e D'ORBE.

En lui envoyant la précédente.

Tenez, cruelle, voila ma réponse. En la lisant, fondez en larmes si vous connoissez mon cœur et si le votre est sensible encore; mais sur tout, ne m'accablez plus de cette estime impitoyable que vous me vendez si cher et dont vous faites le tourment de ma vie.

Votre main barbare a donc osé les rompre, ces doux nœuds formés sous vos yeux presque dès l'enfance, et que votre amitié sembloit partager avec tant de plaisir ? Je suis donc aussi malheureux que vous le voulez et que je puis l'être. Ah ! connoissez-vous tout le mal que vous faites (*c*) ? sentez-vous bien que vous m'arrachez l'ame, que ce que vous m'ôtez est sans dédomagement, et qu'il vaut mieux cent fois mourir que ne plus vivre l'un pour l'autre ? Que me parlez-vous du bonheur de Julie ? En peut-il être sans le contentement du cœur ? Que me parlez-vous du danger de sa mere ? Ah qu'est-ce que la vie d'une mere, la mienne, la votre, la sienne même, qu'est-ce que l'existence du monde entier auprès du sentiment délicieux qui nous unissoit ? Insensée et farouche vertu ! j'obéis à ta voix sans mérite; je t'abhorre en faisant tout pour toi. Que sont tes vaines consolations contre les vives douleurs de l'ame ? Va, triste idole des malheureux, tu ne fais qu'augmenter leur misere, en leur ôtant les ressources que la fortune leur laisse. J'obéirai pourtant, oui cruelle, j'obéirai : je deviendrai, s'il se peut, insensible et féroce comme vous. J'oublierai[1] tout ce qui me fut cher au monde. Je ne veux plus entendre ni prononcer le nom de Julie ni le votre. Je ne veux plus m'en rappeller l'insupportable souvenir. Un dépit, une rage inflexible m'aigrit contre tant de revers. Une dure opiniâtreté me tiendra lieu de courage : il m'en a trop coûté d'être sensible; il vaut mieux renoncer à l'humanité[2].

LETTRE IV (*a*).

DE MAD^e D'ORBE.

VOUS m'avez écrit une lettre désolante; mais il y a tant d'amour et de vertu dans votre conduite, qu'elle efface l'amertume de vos plaintes : vous êtes trop généreux pour qu'on ait le courage de vous quereller. Quelque emportement qu'on laisse paroître, quand on sait ainsi s'immoler à ce qu'on aime on merite plus de louanges que de reproches, et malgré vos injures, vous ne me futes jamais si cher que depuis que je connois si bien tout ce que vous valez.

Rendez grace à cette vertu que vous croyez haïr, et qui fait plus pour vous que votre amour même. Il n'y a pas jusqu'à ma tante que vous n'ayez séduite par un sacrifice dont elle sent tout le prix. Elle n'a pu lire votre lettre sans attendrissement; elle a même eu la foiblesse de la laisser voir à sa fille, et l'effort qu'a fait la pauvre Julie pour contenir à cette lecture ses soupirs et ses pleurs l'a fait tomber évanouie[3].

Cette tendre mere, que vos lettres avoient déja puissamment émue, commence à connoitre par tout ce qu'elle voit combien vos deux cœurs sont hors de la regle commune, et combien votre amour porte un caractere naturel de simpathie que le tems ni les efforts humains ne sauroient effacer (*b*)[4]. Elle qui a si grand besoin de consolation consoleroit volontiers sa fille si la bienséance ne la retenoit, et je la vois trop près d'en devenir la confidente pour qu'elle ne me pardonne pas de l'avoir été. Elle s'échappa hier jusqu'à dire en sa présence, un peu indiscretement*, peut-être : Ah s'il ne dépendoit que de moi...... quoiqu'elle se retint et n'achevât pas, je vis au baiser ardent que Julie imprimoit sur sa main qu'elle ne l'avoit que trop entendue. Je sais même qu'elle a voulu plusieurs fois parler à son inflexible époux; mais, soit danger d'exposer sa fille aux fureurs d'un pere irrité, soit crainte pour elle-même, sa timidité l'a toujours retenue, et son affoiblissement, ses maux, augmentent si sensiblement, que j'ai peur de la voir hors d'état d'exécuter sa résolution avant qu'elle l'ait bien formée.

Quoiqu'il en soit, malgré les fautes dont vous êtes cause, cette honnêteté de cœur qui se fait sentir dans votre amour mutuel lui a donné une telle opinion de vous qu'elle se fie à la parole de tous deux sur l'interruption de votre correspondance et qu'elle n'a pris aucune précaution pour veiller de plus près sur sa fille; effectivement, si Julie ne répondoit pas à sa confiance, elle ne seroit plus digne de ses soins, et il faudroit vous étouffer l'un et l'autre si vous étiez capables de tromper encore la meilleure des meres, et d'abuser de l'estime qu'elle a pour vous (*a*).

Je ne cherche point à rallumer dans votre cœur une espérance que je n'ai pas moi-même; mais je veux vous montrer, comme il est vrai, que le parti le plus honnête est aussi le plus sage, et que s'il peut rester quelque ressource à votre amour, elle est dans le sacrifice que l'honneur et la raison vous imposent. Mere, parens, amis, tout est maintenant pour vous, hors un pere qu'on gagnera par cette voye, ou que rien ne sauroit gagner. Quelque imprécation qu'ait pu vous dicter un moment de desespoir, vous nous avez prouvé cent fois qu'il n'est point de route plus sûre pour aller au bonheur que celle de la vertu[1]. Si l'on y parvient, il est plus pur, plus solide et plus doux par elle; si on le manque, elle seule peut en dédomager. Reprenez donc courage, soyez homme[2] et soyez encore vous-même[3]. Si j'ai bien connu votre cœur, la maniere la plus cruelle pour vous de perdre Julie seroit d'être indigne de l'obtenir (*b*).

---

* Claire, êtes-vous ici moins indiscrette ? Est-ce la derniere fois que vous le serez (*c*) ?

LETTRE V (*a*)[1].

DE JULIE.

Elle n'eſt plus. Mes yeux ont vû fermer les siens pour jamais; ma bouche a reçu son dernier soupir; mon nom fut le dernier mot qu'elle prononça; son dernier regard fut tourné sur moi. Non, ce n'étoit pas la vie qu'elle sembloit quitter; j'avois trop peu sû la lui rendre chere. C'étoit à moi seule qu'elle s'arrachoit. Elle me voyoit sans guide et sans espérance, accablée de mes malheurs et de mes fautes : mourir ne fut rien pour elle, et son cœur n'a gémi que d'abandonner sa fille dans cet état. Elle n'eut que trop de raison. Qu'avoit-elle à regretter sur la terre ? Qu'eſt-ce qui pouvoit ici-bas valoir à ses yeux le prix immortel de sa patience et de ses vertus qui l'attendoit dans le Ciel ? Que lui reſtoit-il à faire au monde sinon d'y pleurer mon opprobre (*b*) ? Ame pure et chaſte, digne épouse, et mere incomparable, tu vis maintenant au séjour de la gloire et de la félicité; tu vis; et moi, livrée au repentir et au desespoir, privée à jamais de tes soins, de tes conseils, de tes douces caresses, je suis morte au bonheur, à la paix, à l'innocence : je ne sens plus que ta perte; je ne vois plus que ma honte; ma vie n'eſt plus que peine et douleur. Ma mere, ma tendre mere, hélas je suis bien plus morte que toi !

Mon Dieu ! quel transport égare une infortunée et lui fait oublier ses résolutions ? Où viens-je verser mes pleurs et pousser mes gémissemens ? C'eſt le cruel qui les a causés que j'en rends le dépositaire ! C'eſt avec celui qui fait les malheurs de ma vie que j'ose les déplorer ! Oui, oui, barbare, partagez les tourmens que vous me faites souffrir. Vous par qui je plongeai le couteau dans le sein maternel, gémissez des maux qui me viennent de vous, et sentez avec moi l'horreur d'un parricide qui fut votre ouvrage. A quels yeux oserois-je paroitre aussi méprisable que je le suis ? Devant qui m'avilirois-je au gré de mes remords ? Quel autre que le complice de mon crime pourroit assés les connoitre ? C'eſt mon plus insupportable supplice de n'être accusée que par mon cœur, et de voir attribuer au bon naturel les larmes impures qu'un cuisant repentir m'arrache. Je vis, je vis en frémissant la douleur empoisonner, hâter les derniers jours de ma triste mere. En vain sa pitié pour moi l'empêcha d'en convenir; en vain elle affectoit d'attribuer le progrès de son mal à la cause qui l'avoit produit; en vain ma Cousine gagnée a tenu le même langage. Rien n'a pu tromper mon cœur déchiré de regret, et pour mon tourment éternel je garderai jusqu'au tombeau l'affreuse idée d'avoir abrégé la vie de celle à qui je la dois.

O vous que le Ciel suscita dans sa colere pour me rendre malheureuse et coupable, pour la derniere fois recevez dans votre sein des larmes dont vous êtes l'auteur. Je ne viens plus, comme autrefois, partager avec vous des peines qui devoient nous être communes. Ce sont les soupirs d'un dernier adieu qui s'échapent malgré moi. C'en est fait; l'empire de l'amour est éteint dans une ame livrée au seul desespoir. Je consacre le reste de mes jours à pleurer la meilleure des meres; je saurai lui sacrifier des sentimens qui lui ont coûté la vie; je serois trop heureuse qu'il m'en coûtât assés de les vaincre, pour expier tout ce qu'ils lui ont fait souffrir. Ah, si son esprit immortel pénetre au fond de mon cœur, il sait bien que la victime que je lui sacrifie n'est pas tout à fait indigne d'elle ! Partagez un effort que vous m'avez rendu nécessaire. S'il vous reste quelque respect pour la mémoire d'un nœud si cher et si funeste, c'est par lui que je vous conjure de me fuir à jamais, de ne plus m'écrire, de ne plus aigrir mes remords, de me laisser oublier, s'il se peut, ce que nous fumes l'un à l'autre[1]. Que mes yeux ne vous voyent plus; que je n'entende plus prononcer votre nom; que votre souvenir ne vienne plus agiter mon cœur. J'ose parler encore au nom d'un amour qui ne doit plus être; à tant de sujets de douleur n'ajoûtez pas celui de voir son dernier vœu méprisé. Adieu donc pour la derniere fois, unique et cher.... Ah fille insensée.... adieu pour jamais.

LETTRE VI (*a*)[1].

A MADe D'ORBE.

Enfin le voile est déchiré[2]; cette longue illusion s'est évanouïe; cet espoir si doux s'est éteint; il ne me reste pour aliment d'une flamme éternelle qu'un souvenir amer et délicieux[3] qui soutient ma vie et nourrit mes tourmens du vain sentiment d'un bonheur qui n'est plus.

Est-il donc vrai que j'ai goûté la félicité suprême ? suis-je bien le même être qui fut heureux un jour ? Qui peut sentir ce que je souffre n'est-il pas né pour toujours souffrir ? Qui put jouïr des biens que j'ai perdus, peut-il les perdre et vivre encore, et des sentimens si contraires peuvent-ils germer dans un même cœur ? Jours de plaisir et de gloire (*b*), non, vous n'étiez pas d'un mortel ! vous étiez trop beaux (*c*) pour devoir être périssables. Une douce extase absorboit toute votre durée, et la rassembloit en un point comme celle de l'éternité. Il n'y avoit pour moi ni passé ni avenir, et je goûtois à la fois les délices de mille siecles (*d*). Hélas ! vous avez disparu comme un éclair (*e*) ! Cette éternité de bonheur ne fut qu'un instant de ma vie (*f*). Le tems a repris sa lenteur dans les momens de mon desespoir, et l'ennui mesure par longues années le reste infortuné de mes jours[4].

Pour achever de me les rendre insupportables, plus les afflictions m'accablent, plus tout ce qui m'étoit cher semble se détacher de moi. Madame, il se peut que vous m'aimiez encore; mais d'autres soins vous appellent, d'autres devoirs vous occupent. Mes plaintes que vous écoutiez avec intérêt sont maintenant indiscrettes. Julie ! Julie elle-même se décourage et m'abandonne. Les tristes remords ont chassé l'amour. Tout est changé pour moi; mon cœur seul est toujours le même, et mon sort en est plus affreux.

Mais qu'importe ce que je suis et ce que je dois être ? Julie souffre, est-il tems de songer à moi ? Ah, ce sont ses peines qui rendent les miennes plus ameres. Oui, j'aimerois mieux qu'elle cessât de m'aimer et qu'elle fut heureuse[5].... Cesser de m'aimer !.... l'espere-t-elle ?.... Jamais, jamais. Elle a beau me deffendre de la voir et de lui écrire.

Ce n'est pas le tourment qu'elle s'ôte; hélas, c'est le consolateur ! La perte d'une tendre mere la doit-elle priver d'un plus tendre ami ? Croit-elle soulager ses maux en les multipliant ? O amour ! est-ce à tes dépends qu'on peut venger la nature ?

Non, non; c'est en vain qu'elle prétend m'oublier. Son tendre cœur pourra-t-il se séparer du mien ? Ne le retiens-je pas en dépit d'elle ? Oublie-t-on des sentimens tels que nous les avons éprouvés, et peut-on s'en souvenir sans les éprouver encore ? L'amour vainqueur fit le malheur de sa vie; l'amour vaincu ne la rendra que plus à plaindre. Elle passera ses jours dans la douleur, tourmentée à la fois de vains regrets et de vains desirs, sans pouvoir jamais contenter ni l'amour ni la vertu (*a*).

Ne croyez pas pourtant qu'en plaignant ses erreurs je me dispense de les respecter. Après tant de sacrifices, il est trop tard pour apprendre à desobéir. Puisqu'elle commande, il suffit; elle n'entendra plus parler de moi. Jugez si mon sort est affreux ? Mon plus grand desespoir n'est pas de renoncer à elle. Ah ! c'est dans son cœur que sont mes douleurs les plus vives, et je suis plus malheureux de son infortune que de la mienne. Vous qu'elle aime plus que toute chose, et qui seule, après moi, la savez dignement aimer; Claire, aimable Claire, vous êtes l'unique bien qui lui reste. Il est assés précieux pour lui rendre supportable la perte de tous les autres. Dédomagez-la des consolations qui lui sont ôtées et de celles qu'elle refuse; qu'une sainte amitié supplée à la fois auprès d'elle à la tendresse d'une mere, à celle d'un amant, aux charmes de tous les sentimens qui devoient la rendre heureuse. Qu'elle le soit s'il est possible, à quelque prix que ce puisse être. Qu'elle recouvre la paix et le repos dont je l'ai privée; je sentirai moins les tourmens qu'elle m'a laissés; puisque je ne suis plus rien à mes propres yeux, puisque c'est mon sort de passer ma vie à mourir pour elle, qu'elle me regarde comme n'étant plus, j'y consens, si cette idée la rend plus tranquille. Puisse-t-elle retrouver près de vous ses premieres vertus, son premier bonheur ! Puisse-t-elle être encore par vos soins tout ce qu'elle eut été sans moi !

Hélas ! elle étoit fille, et n'a plus de mere ! Voila la perte qui ne se répare point et dont on ne se console jamais quand on a pu se la reprocher. Sa conscience agitée lui redemande cette mere tendre et cherie, et dans une douleur si cruelle, l'horrible remord se joint à son affliction. O Julie, ce sentiment affreux devoit-il être connu de toi ? Vous qui futes témoin de la maladie et des derniers momens de cette mere infortunée; je vous supplie, je vous conjure, dites-moi ce que j'en dois croire. Déchirez-moi le cœur si je suis coupable. Si la douleur de nos fautes l'a fait descendre au tombeau, nous sommes deux monstres indignes de vivre; c'est un crime de songer à des liens si funestes, c'en est un de voir le jour. Non, j'ose le croire, un feu si pur n'a point produit de si noirs effets[1]. L'amour nous inspira des sentimens trop nobles pour en tirer les forfaits des ames dénaturées. Le ciel, le ciel seroit-il injuste, et celle qui sut immoler son bonheur aux auteurs de ses jours méritoit-elle de leur coûter la vie ?

LETTRE VII[2].

RÉPONSE (*a*).

COMMENT pourroit-on vous aimer moins en vous estimant chaque jour davantage ? Comment perdrois-je mes anciens sentimens pour vous tandis que vous en méritez chaque jour de nouveaux ? Non, mon cher et digne ami; tout ce que nous fumes les uns aux autres dès notre premiere jeunesse, nous le serons le reste de nos jours, et si notre mutuel attachement n'augmente plus, c'est qu'il ne peut plus augmenter. Toute la différence est que je vous aimois comme mon frere, et qu'à présent je vous aime comme mon enfant; car quoique nous soyons toutes deux plus jeunes que vous et même vos disciples, je vous regarde un peu comme le notre. En nous apprenant à penser, vous avez appris de nous à être sensible, et quoiqu'en dise votre Philosophe anglois, cette éducation vaut bien l'autre; si c'est la raison qui fait l'homme, c'est le sentiment qui le conduit (*b*).

Savez-vous pourquoi je parois avoir changé de conduite entre vous ? Ce n'est pas, croyez moi, que mon cœur ne soit toujours le même; c'est que votre état est changé. Je favorisai vos feux tant qu'il leur restoit un rayon d'espérance. Depuis qu'en vous obstinant d'aspirer à Julie, vous ne pouvez plus que la rendre malheureuse, ce seroit vous nuire que de vous complaire. J'aime mieux vous savoir moins à plaindre, et vous rendre plus mécontent. Quand le bonheur commun devient impossible, chercher le sien dans celui de ce qu'on aime, n'est-ce pas tout ce qui reste à faire à l'amour sans espoir ?

Vous faites plus que sentir cela, mon généreux ami; vous l'exécutez dans le plus douloureux sacrifice qu'ait jamais fait un amant fidelle. En renonçant à Julie, vous achetez son repos aux dépends du votre, et c'est à vous que vous renoncez pour elle[1].

J'ose à peine vous dire les bizarres idées qui me viennent là-dessus; mais elles sont consolantes, et cela m'enhardit. Premierement, je crois que le véritable amour a cet avantage aussi bien que la vertu, qu'il dédomage de tout ce qu'on lui sacrifie, et qu'on jouït en quelque sorte des privations qu'on s'impose par le sentiment même de ce qu'il en coûte et du motif qui nous y porte. Vous vous témoignerez que Julie a été aimée de vous comme elle méritoit de l'être, et vous l'en aimerez davantage, et vous en serez plus heureux. Cet amour-propre exquis qui fait payer toutes les vertus pénibles melera son charme à celui de l'amour. Vous vous direz, je sais aimer, avec un plaisir plus durable et plus délicat que vous n'en goûteriez à dire : je possede ce que j'aime. Car celui-ci s'use à force d'en jouïr; mais l'autre demeure toujours, et vous en jouïriez encore, quand même vous n'aimeriez plus.

Outre cela, s'il est vrai, comme Julie et vous me l'avez tant dit, que l'amour soit le plus délicieux sentiment qui puisse entrer dans le cœur humain, tout ce qui le prolonge et le fixe, même au prix de mille douleurs, est encore un bien. Si l'amour est un desir qui s'irrite par les obstacles comme vous le disiez encore, il n'est pas bon qu'il soit content; il vaut mieux qu'il dure et soit malheureux que de s'éteindre au sein des plaisirs. Vos feux, je l'avoue, ont soutenu l'épreuve de la possession, celle du tems, celle de l'absence et des peines de toute espece; ils ont vaincu tous les obstacles hors le plus puissant de tous, qui est de n'en avoir plus à vaincre, et de se nourrir uniquement d'eux-mêmes. L'univers n'a jamais vu de passion soutenir cette épreuve, quel droit avez-vous d'espérer que la votre l'eut soutenue ? Le tems eut joint au dégoût d'une longue possession le progrès de l'âge et le déclin de la beauté; il semble se fixer en votre faveur par votre séparation; vous serez toujours l'un pour l'autre à la fleur des ans; vous vous verrez sans cesse tels que vous vous vites en vous quitant, et vos cœurs unis jusqu'au tombeau prolongeront dans une illusion charmante votre jeunesse avec vos amours.

Si vous n'eussiez point été heureux, une insurmontable inquietude pourroit vous tourmenter; votre cœur regreteroit en soupirant les biens dont il étoit digne; votre ardente imagination vous demanderoit sans cesse ceux que vous n'auriez pas obtenus. Mais l'amour n'a point de délices dont il ne vous ait comblé, et pour parler comme vous, vous avez épuisé durant une année les plaisirs d'une vie entiere. Souvenez-vous de cette Lettre si passionnée, écrite le lendemain d'un rendez-vous téméraire. Je l'ai lue avec une émotion qui m'étoit inconnue : on n'y voit pas l'état permanent d'une ame attendrie; mais le dernier délire d'un cœur brulant d'amour et ivre de volupté. Vous jugeâtes vous même qu'on n'éprouvoit point de pareils transports deux fois en la vie, et qu'il faloit mourir après les avoir sentis. Mon ami, ce fut là le comble, et quoique la fortune et l'amour eussent fait pour vous, vos feux et votre bonheur ne pouvoient plus que décliner. Cet instant fut aussi le commencement de vos disgraces, et votre amante vous fut ôtée au moment que vous n'aviez plus de sentimens nouveaux à goûter auprès d'elle; comme si le sort eut voulu garantir votre cœur d'un épuisement inévitable, et vous laisser dans le souvenir de vos plaisirs passés un plaisir plus doux que tous ceux dont vous pourriez jouïr encore (*a*).

Consolez-vous (*b*) donc de la perte d'un bien qui vous eut toujours échapé et vous eut ravi de plus celui qui vous reste. Le bonheur et l'amour se seroient évanouïs à la fois; vous avez au moins conservé le sentiment; on n'est point sans plaisirs quand on aime encore. L'image de l'amour éteint effraye plus un cœur tendre que celle de l'amour malheureux, et le dégoût de ce qu'on possede est un état cent fois pire que le regret de ce qu'on a perdu[1].

Si les reproches que ma désolée Cousine se fait sur la mort de sa mere étoient fondés, ce cruel souvenir empoisonneroit, je l'avoue, celui de vos amours, et une si funeste idée devroit à jamais les éteindre; mais n'en croyez pas à ses douleurs, elles la trompent; ou plutôt, le chimérique motif dont elle aime à les aggraver n'est qu'un prétexte pour en justifier l'excès. Cette ame tendre craint toujours de ne pas s'affliger assés, et c'est une sorte de plaisir pour elle d'ajoûter au sentiment de ses peines tout ce qui peut les aigrir. Elle s'en impose, soyez en sûr; elle n'est pas sincere avec elle-même. Ah ! si elle croyoit bien sincerement avoir abrégé les jours de sa mere, son cœur en pourroit-il supporter l'affreux remord ? Non, non, mon ami; elle ne la pleureroit pas, elle l'auroit suivie. La maladie de Made d'Etange est bien connue; c'étoit une hydropisie de poitrine[1] dont elle ne pouvoit revenir, et l'on desespéroit de sa vie avant même qu'elle eut découvert votre correspondance. Ce fut un violent chagrin pour elle; mais que de plaisirs reparerent le mal qu'il pouvoit lui faire ? Qu'il fut consolant pour cette tendre mere de voir, en gémissant des fautes de sa fille, par combien de vertus elles étoient rachetées, et d'être forcée d'admirer son ame en pleurant sa foiblesse ! Qu'il lui fut doux de sentir combien elle en étoit chérie ! Quel zele infatigable ! Quels soins continuels ! quelle assiduité sans relâche ! Quel desespoir de l'avoir affligée ! Que de regrets, que de larmes, que de touchantes caresses, quelle inépuisable sensibilité ! C'étoit dans les yeux de la fille qu'on lisoit tout ce que souffroit la mere; c'étoit elle qui la servoit les jours, qui la veilloit les nuits; c'étoit de sa main qu'elle recevoit tous les secours : vous eussiez cru voir une autre Julie (*a*); sa délicatesse naturelle avoit disparu, elle étoit forte et robuste, les soins les plus pénibles ne lui coûtoient rien, et son ame sembloit lui donner un nouveau corps. Elle faisoit tout et paroissoit ne rien faire; elle étoit par tout et ne bougeoit d'auprès d'elle. On la trouvoit sans cesse à genoux devant son lit, la bouche collée sur sa main, gémissant ou de sa faute ou du mal de sa mere, et confondant ces deux sentimens pour s'en affliger davantage. Je n'ai vu personne entrer les derniers jours dans la chambre de ma tante sans être ému jusqu'aux larmes du plus attendrissant de tous les spectacles. On voyoit l'effort que faisoient ces deux cœurs pour se réunir plus étroitement au moment d'une funeste séparation. On voyoit que le seul regret de se quiter occupoit la mere et la fille, et que vivre ou mourir n'eut été rien pour elles si elles avoient pu rester ou partir ensemble.

Bien loin d'adopter les noires idées de Julie, soyez sûr que tout ce qu'on peut esperer des secours humains et des consolations du cœur a concouru de sa part à retarder le progrès de la maladie de sa mere, et qu'infailliblement sa tendresse et ses soins nous l'ont conservée plus longtems que nous n'eussions pu faire sans elle. Ma tante elle-même m'a dit cent fois que ses derniers jours étoient les plus doux momens de sa vie, et que le bonheur de sa fille étoit la seule chose qui manquoit au sien.

S'il faut attribuer sa perte au chagrin, ce chagrin vient de plus loin, et c'est à son époux seul qu'il faut s'en prendre. Longtems inconstant et volage il prodigua les feux de sa jeunesse à mille objets moins dignes de plaire que sa vertueuse compagne; et quand l'âge le lui eut ramené, il conserva près d'elle cette rudesse inflexible dont les maris infidelles ont accoutumé d'aggraver leurs torts. Ma pauvre Cousine s'en est ressentie. Un vain entêtement de noblesse et cette roideur de caractere que rien n'amollit ont fait vos malheurs et les siens. Sa mere qui eut toujours du penchant pour vous, et qui pénétra son amour quand il étoit trop tard pour l'éteindre, porta longtems en secret la douleur de ne pouvoir vaincre le goût de sa fille ni l'obstination de son époux, et d'être la premiere cause d'un mal qu'elle ne pouvoit plus guérir. Quand vos lettres surprises lui eurent appris jusqu'où vous aviez abusé de sa confiance, elle craignit de tout perdre en voulant tout sauver, et d'exposer les jours de sa fille pour rétablir son honneur. Elle sonda plusieurs fois son mari sans succès. Elle voulut plusieurs fois hazarder une confidence entiere et lui montrer toute l'étendue de son devoir, la frayeur et sa timidité la retinrent toujours. Elle hésita tant qu'elle put parler; lorsqu'elle le voulut il n'étoit plus tems; les forces lui manquerent; elle mourut avec le fatal secret, et moi qui connois l'humeur de cet homme severe sans savoir jusqu'où les sentimens de la nature auroient pu la tempérer, je respire, en voyant au moins les jours de Julie en sûreté.

Elle n'ignore rien de tout cela; mais vous dirai-je ce que je pense de ses remords apparens ? L'amour est plus ingénieux qu'elle. Pénétrée du regret de sa mere, elle voudroit vous oublier, et malgré qu'elle en ait il trouble sa conscience pour la forcer de penser à vous. Il veut que ses pleurs aient du rapport à ce qu'elle aime. Elle n'oseroit plus s'en occuper directement, il la force de s'en occuper encore, au moins par son repentir. Il l'abuse avec tant d'art qu'elle aime mieux souffrir davantage et que vous entriez dans le sujet de ses peines[1]. Votre cœur n'entend pas, peut-être, ces détours du sien; mais ils n'en sont pas moins naturels; car votre amour à tous deux quoiqu'égal en force n'est pas semblable en effets. Le votre est bouillant et vif, le sien est doux et tendre : vos sentimens s'exhalent au dehors avec véhémence, les siens retournent sur elle-même, et pénétrant la substance de son ame l'alterent et la changent insensiblement. L'amour anime et soutient votre cœur, il affaisse et abat le sien; tous les ressorts en sont relâchés, sa force est nulle, son courage est éteint, sa vertu n'est plus rien. Tant d'héroïques facultés ne sont pas anéanties mais suspendues : un moment de crise peut leur rendre toute leur vigueur ou les effacer sans retour. Si elle fait encore un pas vers le découragement, elle est perdue; mais si cette ame excellente se releve un instant, elle sera plus grande, plus forte, plus vertueuse que jamais, et il ne sera plus question de rechute[2]. Croyez-moi, mon aimable ami, dans cet état périlleux sachez respecter ce que vous aimâtes. Tout ce qui lui vient de vous, fut-ce contre vous-même, ne lui peut être que mortel. Si vous vous obstinez auprès d'elle, vous pourrez triompher aisément; mais vous croirez en vain posséder la même Julie, vous ne la retrouverez plus[3].

LETTRE VIII (*a*).

DE MILORD EDOUARD.

J'AVOIS acquis des droits sur ton cœur; tu m'étois nécessaire, et j'étois prêt à t'aller joindre. Que t'importent mes droits, mes besoins, mon empressement ? Je suis oublié de toi; tu ne daignes plus m'écrire. J'apprends ta vie solitaire et farouche; je pénetre tes desseins secrets. Tu t'ennuyes de vivre.

Meurs donc, jeune insensé; meurs, homme à la fois feroce et lâche : mais sache en mourant que tu laisses dans l'ame d'un honnête homme à qui tu fus cher, la douleur de n'avoir servi qu'un ingrat.

LETTRE IX.

RÉPONSE.

Venez, Milord; je croyois ne pouvoir plus goûter de plaisir sur la terre : mais nous nous reverrons. Il n'eſt pas vrai que vous puissiez me confondre avec les ingrats : votre cœur n'eſt pas fait pour en trouver, ni le mien pour l'être (*a*).

BILLET (*b*).

DE JULIE.

Il eſt tems de renoncer aux erreurs de la jeunesse et d'abandonner un trompeur espoir. Je ne serai jamais à vous. Rendez-moi donc la liberté que je vous ai engagée, et dont mon pere veut disposer; ou mettez le comble à mes malheurs, par un refus qui nous perdra tous deux sans vous être d'aucun usage.

Julie d'Etange.

LETTRE X.

DU BARON D'ETANGE.

Dans laquelle étoit le précédent Billet.

S'il peut reſter dans l'ame d'un suborneur quelque sentiment d'honneur et d'humanité, répondez à ce billet d'une malheureuse dont vous avez corrompu le cœur, et qui ne seroit plus, si j'osois soupçonner qu'elle eut porté plus loin l'oubli d'elle-même. Je m'étonnerai peu que la même philosophie qui lui apprit à se jetter à la tête du premier venu, lui apprenne encore à desobéir à son pere. Pensez-y cependant. J'aime à prendre en toute occasion les voyes de la douceur et de l'honnêteté quand j'espere qu'elles peuvent suffire; mais si j'en veux bien user avec vous, ne croyez pas que j'ignore comment se vange l'honneur d'un Gentilhomme, offensé par un homme qui ne l'est pas[1].

LETTRE XI (*a*).

RÉPONSE.

Epargnez-vous, Monsieur des menaces vaines qui ne m'effrayent point, et d'injustes reproches qui ne peuvent m'humilier. Sachez qu'entre deux personnes de même âge il n'y a d'autre suborneur que l'amour, et qu'il ne vous appartiendra jamais d'avilir un homme que votre fille honora de son estime.

Quel sacrifice osez-vous m'imposer et à quel titre l'exigez-vous ? Est-ce à l'auteur de tous mes maux qu'il faut immoler mon dernier espoir ? Je veux respecter le pere de Julie; mais qu'il daigne être le mien s'il faut que j'apprenne à lui obéir. Non, non, Monsieur, quelque opinion que vous ayez de vos procédés, ils ne m'obligent point à renoncer pour vous à des droits si chers et si bien mérités de mon cœur. Vous faites le malheur de ma vie (*b*); je ne vous dois que de la haine, et vous n'avez rien à prétendre de moi. Julie a parlé; voila mon consentement. Ah ! qu'elle soit toujours obéie ! Un autre la possédera; mais j'en serai plus digne d'elle.

Si votre fille eut daigné me consulter sur les bornes de votre autorité, ne doutez-pas que je ne lui eusse appris à resister à vos prétentions injustes. Quel que soit l'empire dont vous abusez, mes droits sont plus sacrés que les votres; la chaîne qui nous lie est la borne du pouvoir paternel (*c*)[2], même devant les tribunaux humains, et quand vous osez reclamer la nature, c'est vous seul qui bravez ses loix.

N'alleguez pas, non plus, cet honneur si bizarre et si délicat que vous parlez de venger; nul ne l'offense que vous-même. Respectez le choix de Julie et votre honneur est en sureté; car mon cœur vous honore malgré vos outrages, et malgré les maximes gothiques[1] l'alliance d'un honnête homme n'en deshonora jamais un autre. Si ma présomption vous offense, attaquez ma vie, je ne la deffendrai jamais contre vous; au surplus, je me soucie fort peu de savoir en quoi consiste l'honneur d'un gentilhomme; mais quant à celui d'un homme de bien, il m'appartient, je sais le deffendre, et le conserverai pur et sans tache jusqu'au dernier soupir.

Allez, pere barbare et peu digne d'un nom si doux, méditez d'affreux parricides, tandis qu'une fille tendre et soumise immole son bonheur à vos préjugés. Vos regrets me vengeront un jour des maux que vous me faites, et vous sentirez trop tard que votre haine aveugle et dénaturée ne vous fut pas moins funeste qu'à moi. Je serai malheureux, sans doute; mais si jamais la voix du sang s'éleve au fond de votre cœur, combien vous le serez plus encore d'avoir sacrifié à des chimeres[2] l'unique fruit de vos entrailles[3]; unique au monde en beautés, en mérite, en vertus, et pour qui le Ciel prodigue de ses dons, n'oublia rien qu'un meilleur pere !

BILLET (*a*).

Inclus dans la précédente lettre.

Je rends à Julie d'Etange le droit de disposer d'elle-même, et de donner sa main sans consulter son cœur.

S. G.

LETTRE XII.

DE JULIE.

Je voulois vous décrire la scene qui vient de se passer, et qui a produit le billet que vous avez dû recevoir; mais mon pere a pris ses mesures si juste qu'elle n'a fini qu'un moment avant le départ du courrier. Sa lettre est sans doute arrivée à tems à la poste; il n'en peut être de même de celle-ci; votre resolution sera prise et votre réponse partie avant qu'elle vous parvienne; ainsi tout détail seroit desormais inutile[1]. J'ai fait mon devoir; vous ferez le votre : mais le sort nous accable, l'honneur nous trahit; nous serons séparés à jamais, et pour comble d'horreur, je vais passer dans les..... Hélas (*a*) ! j'ai pû vivre dans les tiens ! O devoir, à quoi sers-tu ? O providence !.... il faut gémir et se taire.

La plume échape de ma main. J'étois incomodée depuis quelques jours; l'entretien de ce matin m'a prodigieusement agitée.... la tête et le cœur me font mal.... je me sens défaillir.... le Ciel auroit-il pitié de mes peines ?.... Je ne puis me soutenir.... je suis forcée à me mettre au lit, et me console dans l'espoir de n'en point relever. Adieu, mes uniques amours. Adieu, pour la derniere fois, cher et tendre ami de Julie. Ah ! si je ne dois plus vivre pour toi, n'ai-je pas déja cessé de vivre ?

LETTRE XIII[2].

DE JULIE A MAD^e D'ORBE.

IL eſt donc vrai, chere et cruelle amie, que tu me rappelles à la vie et à mes douleurs? J'ai vu l'inſtant heureux où j'allois rejoindre la plus tendre des meres; tes soins inhumains m'ont enchaînée pour la pleurer plus longtems, et quand le desir de la suivre m'arrache à la terre, le regret de te quiter m'y retient. Si je me console de vivre, c'eſt par l'espoir de n'avoir pas échappé toute entiere à la mort. Ils ne sont plus, ces agrémens de mon visage que mon cœur a payés si cher : La maladie dont je sors m'en a délivrée. Cette heureuse perte ralentira l'ardeur grossiere d'un homme assés dépourvu de délicatesse pour m'oser épouser sans mon aveu. Ne trouvant plus en moi ce qui lui plût, il se souciera peu du reſte. Sans manquer de parole à mon pere, sans offenser l'ami dont il tient la vie, je saurai rebuter cet importun : ma bouche gardera le silence, mais mon aspect parlera pour moi. Son dégoût me garantira de sa tyrannie, et il me trouvera trop laide pour daigner me rendre malheureuse (*b*).

Ah, chere Cousine ! Tu connus un cœur plus conſtant et plus tendre, qui ne se fut pas ainsi rebuté. Son goût ne se bornoit pas aux traits et à la figure; c'étoit moi qu'il aimoit et non pas mon visage[1] : C'étoit par tout notre être que nous étions unis l'un à l'autre, et tant que Julie eut été la même, la beauté pouvoit fuir, l'amour fut toujours demeuré. Cependant il a pu consentir... l'ingrat !... il l'a du, puisque j'ai pu l'éxiger. Qui eſt-ce qui retient par leur parole ceux qui veulent retirer leur cœur ? Ai-je donc voulu retirer le mien ?... l'ai-je fait (*a*) ?... O Dieu ! faut-il que tout me rappelle incessamment un tems qui n'eſt plus, et des feux qui ne doivent plus être ? J'ai beau vouloir arracher de mon cœur cette image chérie; je l'y sens trop fortement attachée; je le déchire sans le dégager, et mes efforts pour en effacer un si doux souvenir ne font que l'y graver davantage.

Oserai-je te dire un délire de ma fievre, qui, loin de s'éteindre avec elle me tourmente encore plus depuis ma guérison ? Oui, connois et plains l'égarement d'esprit de ta malheureuse amie, et rend grace au Ciel d'avoir préservé ton cœur de l'horrible passion qui le donne. Dans un des momens où j'étois le plus mal, je crus durant l'ardeur du redoublement (*b*), voir à côté de mon lit cet infortuné; non tel qu'il charmoit jadis mes regards durant le court bonheur de ma vie; mais pâle, défait, mal en ordre, et le desespoir dans les yeux. Il étoit à genoux; il prit une de mes mains, et sans se dégoûter de l'état où elle étoit, sans craindre la communication d'un venin si terrible, il la couvroit de baisers et de larmes. A son aspect j'éprouvai cette vive et délicieuse émotion que me donnoit quelquefois sa présence inattendue. Je voulus m'élancer vers lui; on me retint; tu l'arrachas de ma presence, et ce qui me toucha le plus vivement, ce furent ses gémissemens que je crus entendre à mesure qu'il s'éloignoit.

Je ne puis te représenter l'effet étonnant que ce rêve a produit sur moi. Ma fievre a été longue et violente; j'ai perdu la connoissance durant plusieurs jours; j'ai souvent rêvé à lui dans mes transports; mais aucun de ces rêves n'a laissé dans mon imagination des impressions aussi profondes que celle de ce dernier. Elle eſt telle qu'il m'eſt impossible de l'effacer de ma mémoire et de mes sens. A chaque minute, à chaque inſtant il me semble de le voir dans la même attitude; son air, son habillement, son geſte, son triſte regard frappent encore mes yeux : je crois sentir ses levres se presser sur ma main; je la sens mouiller de ses larmes; les sons de sa voix plaintive[1] me font tressaillir; je le vois entraîner loin de moi; je fais effort pour le retenir encore : tout me retrace une scene imaginaire avec plus de force que les évenemens qui me sont réellement arrivés.

J'ai longtems hésité à te faire cette confidence; la honte m'empêche de te la faire de bouche; mais mon agitation loin de se calmer, ne fait qu'augmenter de jour en jour, et je ne puis plus résister au besoin de t'avouer ma folie. Ah ! qu'elle s'empare de moi toute entiere. Que ne puis-je achever de perdre ainsi la raison; puisque le peu qui m'en reste ne sert plus qu'à me tourmenter !

Je reviens à mon rêve. Ma Cousine, raille-moi, si tu veux, de ma simplicité; mais il y a dans cette vision je ne sais quoi de mistérieux qui la distingue du délire ordinaire. Est-ce un pressentiment de la mort du meilleur des hommes ? Est-ce un avertissement qu'il n'est déja plus ? Le Ciel daigne-t-il me guider au moins une fois, et m'invite-t-il à suivre celui qu'il me fit aimer ? Hélas ! l'ordre de mourir sera pour moi le premier de ses bienfaits.

J'ai beau me rappeller tous ces vains discours dont la philosophie amuse les gens qui ne sentent rien; ils ne m'en imposent plus, et je sens que je les méprise. On ne voit point les esprits, je le veux croire : Mais deux ames si étroitement unies ne sauroient-elles avoir entre elles une communication immédiate, indépendante du corps et des sens ? L'impression directe que l'une reçoit de l'autre ne peut-elle pas la transmettre au cerveau, et recevoir de lui par contre coup les sensations qu'elle lui a données ?..... pauvre Julie, que d'extravagances ! Que les passions nous rendent crédules; et qu'un cœur vivement touché se détache avec peine des erreurs mêmes qu'il apperçoit !

LETTRE XIV.

RÉPONSE.

Ah, fille trop malheureuse et trop sensible, n'es-tu donc née que pour souffrir ? Je voudrois en vain t'épargner des douleurs; tu sembles les chercher sans cesse, et ton ascendant[1] eſt plus fort que tous mes soins. A tant de vrais sujets de peines n'ajoûte pas au moins des chimeres; et puisque ma discrétion t'eſt plus nuisible qu'utile, sors d'une erreur qui te tourmente; peut-être la triſte vérité te sera-t-elle encore moins cruelle. Apprens donc que ton rêve n'eſt point un rêve; que ce n'eſt point l'ombre de ton ami que tu as vue, mais sa personne; et que cette touchante scene incessamment présente à ton imagination s'eſt passée réellement dans ta chambre le surlendemain du jour (*a*) où tu fus le plus mal.

La veille, je t'avois quittée assés tard, et M. d'Orbe qui voulut me relever auprès de toi cette nuit-là étoit prêt à sortir, quand tout à coup nous vimes entrer brusquement et se précipiter à nos pieds ce pauvre malheureux dans un état à faire pitié. Il avoit pris la poſte à la reception de ta derniere Lettre. Courant jour et nuit il fit la route en trois jours, et ne s'arrêta qu'à la derniere poſte en attendant la nuit pour entrer en ville. Je te l'avoue à ma honte, je fus moins prompte que M. d'Orbe à lui sauter au cou : sans savoir encore la raison de son voyage; j'en prévoyois la conséquence. Tant de souvenirs amers, ton danger, le sien, le desordre où je le voyois, tout empoisonoit une si douce surprise, et j'étois trop saisie pour lui faire beaucoup de caresses. Je l'embrassai pourtant avec un serrement de cœur qu'il partageoit, et qui se fit sentir réciproquement par de muettes étreintes, plus éloquentes que les cris et les pleurs (*b*). Son premier mot fut : *Que fait-elle ? Ah que fait-elle ? donnez-moi la vie ou la mort.* Je compris alors qu'il étoit inſtruit de ta maladie, et croyant qu'il n'en ignoroit pas non plus l'espece, j'en parlai sans autre précaution que d'exténuer[2] le danger. Sitôt qu'il sut que c'étoit la petite verole il fit un cri et se trouva mal. La fatigue et l'insomnie jointe[3] à l'inquietude d'esprit l'avoient jetté dans un tel abbatement qu'on fut longtems à le faire revenir. A peine pouvoit-il parler; on le fit coucher.

Vaincu par la nature, il dormit douze heures de suite, mais avec tant d'agitation qu'un pareil sommeil devoit plus épuiser que réparer ses forces. Le lendemain, nouvel embarras; il vouloit te voir absolument. Je lui opposai le danger de te causer une révolution; il offrit d'attendre qu'il n'y eut plus de risque; mais son séjour même en étoit un terrible; j'essayai de le lui faire sentir. Il me coupa durement la parole. Gardez votre barbare éloquence, me dit-il d'un ton d'indignation : c'eſt trop l'exercer à ma ruine. N'esperez pas me chasser encore comme vous fites à mon exil. Je viendrois cent fois du bout du monde pour la voir un seul inſtant : Mais je jure par l'auteur de mon être, ajoûta-t-il impétueusement, que je ne partirai point d'ici sans l'avoir vue. Eprouvons une fois si je vous rendrai pitoyable, ou si vous me rendrez parjure.

Son parti étoit pris. M. d'Orbe fut d'avis de chercher les moyens de le satisfaire, pour le pouvoir renvoyer avant que son retour fut découvert : car il n'étoit connu dans la maison que du seul Hanz dont j'étois sûre, et nous l'avions appellé devant nos gens d'un autre nom que le sien* (*a*). Je lui promis qu'il te verroit la nuit suivante; à condition qu'il ne reſteroit qu'un inſtant, qu'il ne te parleroit point, et qu'il repartiroit le lendemain avant le jour. J'en éxigeai sa parole; alors je fus tranquile, je laissai mon mari avec lui, et je retournai près de toi.

Je te trouvai sensiblement mieux, l'éruption étoit achevée; le médecin me rendit le courage et l'espoir. Je me concertai d'avance avec Babi, et le redoublement, quoique moindre, t'ayant encore embarrassé la tête, je pris ce tems pour écarter tout le monde et faire dire à mon mari d'amener son hôte, jugeant qu'avant la fin de l'accès tu serois moins en état de le reconnoitre (*b*). Nous eumes toutes les peines du monde à renvoyer ton désolé pere qui chaque nuit s'obſtinoit à vouloir reſter. Enfin, je lui dis en colere qu'il n'épargneroit la peine de personne, que j'étois également resolue à veiller, et qu'il savoit bien, tout pere qu'il étoit, que sa tendresse n'étoit pas plus vigilante que la mienne. Il partit à regret; nous reſtâmes seules. M. d'Orbe arriva sur les onze heures, et me dit qu'il avoit laissé ton ami dans la rue; je l'allai chercher. Je le pris par la main; il trembloit comme la feuille. En passant dans l'antichambre les forces lui manquerent; il respiroit avec peine, et fut contraint de s'asseoir.

Alors demêlant quelques objets à la foible lueur d'une lumiere éloignée, oui, dit-il avec un profond soupir, je reconnois les mêmes lieux. Une fois en ma vie je les ai

* On voit dans la quatrieme partie que ce nom subſtitué étoit celui de *St. Preux* (*c*).

traversés.... à la même heure,.... avec le même miſtere.... j'étois tremblant comme aujourd'hui... le cœur me palpitoit de même... ô téméraire ! j'étois mortel, et j'osois goûter.... que vais-je voir maintenant dans ce même azile où tout respiroit la volupté dont mon ame étoit enivrée ? dans ce même objet qui faisoit et partageoit mes transports ? L'image du trépas, un appareil de douleur, la vertu malheureuse, et la beauté mourante (*a*) !

Chere Cousine; j'épargne à ton pauvre cœur le détail de cette attendrissante scene. Il te vit, et se tut : Il l'avoit promis; mais quel silence ! Il se jetta à genoux; il baisoit tes rideaux en sanglotant; il élevoit les mains et les yeux; il poussoit de sourds gémissemens; il avoit peine à contenir sa douleur et ses cris. Sans le voir, tu sortis machinalement une de tes mains; il s'en saisit avec une espece de fureur[1]; les baisers de feu qu'il appliquoit sur cette main malade t'éveillerent mieux que le bruit et la voix de tout ce qui t'environnoit : je vis que tu l'avois reconnu, et malgré sa résiſtance et ses plaintes, je l'arrachai de la chambre à l'inſtant, espérant éluder l'idée d'une si courte apparition par le prétexte du délire. Mais voyant ensuite que tu ne m'en disois rien, je crus que tu l'avois oubliée, je deffendis à Babi de t'en parler et je sais qu'elle m'a tenu parole. Vaine prudence que l'amour a déconcertée, et qui n'a fait que laisser fermenter un souvenir qu'il n'eſt plus tems d'effacer !

Il partit comme il l'avoit promis, et je lui fis jurer qu'il ne s'arrêteroit pas au voisinage. Mais, ma chere, ce n'eſt pas tout; il faut achever de te dire ce qu'aussi bien tu ne pourrois ignorer longtems. Milord Edouard passa deux jours après; il se pressa pour l'atteindre; il le joignit à Dijon, et le trouva malade. L'infortuné avoit gagné la petite vérole. Il m'avoit caché qu'il ne l'avoit point eue, et je te l'avois mené sans précaution. Ne pouvant guérir ton mal, il le voulut partager. En me rappellant la maniere dont il baisoit ta main, je ne puis douter qu'il ne se soit inoculé volontairement. On ne pouvoit être plus mal préparé; mais c'étoit l'inoculation de l'amour[2], elle fut heureuse. Ce pere de la vie l'a conservée au plus tendre amant qui fut jamais; il eſt guéri, et suivant la derniere lettre de Milord Edouard ils doivent être actuellement repartis pour Paris.

Voila, trop aimable cousine, dequoi bannir les terreurs

funebres qui t'allarmoient sans sujet. Depuis longtems tu as renoncé à la personne de ton ami, et sa vie eſt en sûreté. Ne songe donc qu'à conserver la tienne et à t'acquiter de bonne grace du sacrifice que ton cœur a promis à l'amour paternel. Cesse enfin d'être le jouet d'un vain espoir et de te repaitre de chimeres. Tu te presses beaucoup d'être fiere de ta laideur; sois plus humble, crois-moi, tu n'as encore que trop de sujet de l'être. Tu as essuyé une cruelle atteinte, mais ton visage a été épargné. Ce que tu prends pour des cicatrices ne sont que des rougeurs qui seront bientôt effacées. Je fus plus maltraitée que cela, et cependant tu vois que je ne suis pas trop mal encore. Mon ange, tu reſteras jolie en dépit de toi, et l'indifférent Wolmar que trois ans d'absence n'ont pu guérir d'un amour conçu dans huit jours, s'en guérira-t-il en te voyant à toute heure (*a*) ? O si ta seule ressource eſt de déplaire, que ton sort eſt desespéré !

LETTRE XV (*b*)[1].

DE JULIE.

C'EN eſt trop, c'en eſt trop. Ami, tu as vaincu. Je ne suis point à l'épreuve de tant d'amour; ma resiſtance eſt épuisée. J'ai fait usage de toutes mes forces, ma conscience m'en rend le consolant témoignage. Que le Ciel ne me demande point compte de plus qu'il ne m'a donné. Ce triſte cœur que tu achetas tant de fois et qui coûta si cher au tien t'appartient sans reserve; il fut à toi du premier moment où mes yeux te virent; il te reſtera jusqu'à mon dernier soupir. Tu l'as trop bien mérité pour le perdre, et je suis lasse de servir aux dépends de la juſtice une chimérique vertu.

Oui, tendre et généreux amant, ta Julie sera toujours tienne, elle t'aimera toujours : il le faut, je le veux, je le dois. Je te rends l'empire que l'amour t'a donné; il ne te sera plus ôté. C'eſt en vain qu'une voix mensongere murmure au fond de mon ame; elle ne m'abusera plus. Que sont les vains devoirs qu'elle m'oppose contre ceux d'aimer à jamais ce que le Ciel m'a fait aimer ? Le plus sacré de tous n'eſt-il pas envers toi ? N'eſt-ce pas à toi seul que j'ai tout promis ? Le premier vœu de mon cœur ne fut-il pas de ne t'oublier jamais, et ton inviolable fidélité n'est-elle pas un nouveau lien pour la mienne ? Ah ! dans le transport d'amour qui me rend à toi, mon seul regret est d'avoir combattu des sentimens si chers et si légitimes. Nature, ô douce nature, reprends tous tes droits ! j'abjure les barbares vertus qui t'anéantissent. Les penchans que tu m'as donnés seront-ils plus trompeurs qu'une raison (*a*) qui m'égara tant de fois ?

Respecte ces tendres penchans, mon aimable ami; tu leur dois trop pour les haïr; mais souffres-en le cher et doux partage (*b*); souffre que les droits du sang et de l'amitié ne soient pas éteints par ceux de l'amour. Ne pense point que pour te suivre j'abandonne jamais la maison paternelle. N'espere point que je me refuse aux liens que m'impose une autorité sacrée. La cruelle perte de l'un des auteurs de mes jours m'a trop appris à craindre d'affliger l'autre. Non, celle dont il attend desormais toute sa consolation ne contristera point son ame accablée d'ennuis; je n'aurai point donné la mort à tout ce qui me donna la vie. Non, non, je connois mon crime et ne puis le haïr. Devoir, honneur, vertu, tout cela ne me dit plus rien; mais pourtant je ne suis point un monstre; je suis foible et non dénaturée. Mon parti est pris, je ne veux désoler aucun de ceux que j'aime. Qu'un pere esclave de sa parole et jaloux d'un vain titre (*c*) dispose de ma main qu'il a promise; que l'amour seul dispose de mon cœur; que mes pleurs ne cessent de couler dans le sein d'une tendre amie. Que je sois vile et malheureuse; mais que tout ce qui m'est cher soit heureux et content s'il est possible (*d*). Formez tous trois ma seule existence, et que votre bonheur me fasse oublier ma misere et mon desespoir (*e*).

LETTRE XVI.

RÉPONSE.

Nous renaissons, ma Julie; tous les vrais sentimens de nos ames reprennent leur cours. La nature nous a conservé l'être, et l'amour nous rend à la vie (*f*). En doutois-tu ? L'osas-tu croire, de pouvoir m'ôter ton cœur ?

Va, je le connois mieux que toi, ce cœur que le ciel a fait pour le mien. Je les sens joints par une existence commune qu'ils ne peuvent perdre qu'à la mort. Dépend-il de nous de les séparer, ni même de le vouloir ? Tiennent-ils l'un à l'autre par des nœuds que les hommes aient formés et qu'ils puissent rompre (*a*) ? Non, non, Julie, si le sort cruel nous refuse le doux nom d'époux, rien ne peut nous ôter celui d'amans fidelles; il sera la consolation de nos tristes jours, et nous l'emporterons au tombeau.

Ainsi nous recommençons de vivre pour recommencer de souffrir, et le sentiment de notre existence n'est pour nous qu'un sentiment de douleur. Infortunés ! Que sommes-nous devenus ? Comment avons-nous cessé d'être ce que nous fumes ? Où est cet enchantement de bonheur suprême ? Où sont ces ravissemens exquis dont les vertus animoient nos feux ? Il ne reste de nous que notre amour; l'amour seul reste, et ses charmes se sont éclipsés. Fille trop soumise, amante sans courage; tous nos maux nous viennent de tes erreurs. Hélas, un cœur moins pur t'auroit bien moins égarée (*b*) ! Oui, c'est l'honnêteté du tien qui nous perd; les sentimens droits qui le remplissent en ont chassé la sagesse. Tu as voulu concilier la tendresse filiale avec l'indomptable amour; en te livrant à la fois à tous tes penchans, tu les confonds au lieu de les accorder et deviens coupable à force de vertus. O Julie, quel est ton inconcevable empire ! Par quel étrange pouvoir tu fascines ma raison ! Même en me faisant rougir de nos feux, tu te fais encore estimer par tes fautes; tu me forces de t'admirer en partageant tes remords... Des remords !.... étoit-ce à toi d'en sentir?.... toi que j'aimai.... toi que je ne puis cesser d'adorer.... le crime pourroit-il approcher de ton cœur.... Cruelle ! en me le rendant, ce cœur qui m'appartient, rend le moi tel qu'il me fut donné (*c*).

Que m'as-tu dit (*d*) ?.... qu'oses-tu me faire entendre ?.... toi, passer dans les bras d'un autre ?.... un autre te posséder ?.... N'être plus à moi ?.... ou pour comble d'horreur n'être pas à moi seul ! Moi ? j'éprouverois cet affreux supplice ?.... je te verrois survivre à toi-même ?.... Non. J'aime mieux te perdre que te partager.... Que le Ciel ne me donna-t-il un courage digne des transports qui m'agitent !.... avant que ta main se fut avilie dans ce nœud funeste abhorré par l'amour et réprouvé par l'honneur, j'irois de la mienne te plonger un poignard dans le sein : J'épuiserois ton chaste cœur d'un sang que n'auroit point souillé l'infidélité : A ce pur sang je mêlerois celui qui brule dans mes veines d'un feu que rien ne peut éteindre; je tomberois dans tes bras; je rendrois sur tes levres mon dernier soupir.... je recevrois le tien.... Julie expirante !.... ces yeux si doux éteints par les horreurs de la mort !.... ce sein, ce thrône de l'amour, déchiré par ma main, versant à gros bouillons le sang et la vie... Non vis et souffre, porte la peine de ma lâcheté. Non, je voudrois que tu ne fusses plus; mais je ne puis t'aimer assés pour te poignarder.

O si tu connoissois l'état de ce cœur serré de détresse ! Jamais il ne brula d'un feu si sacré (*a*). Jamais ton innocence et ta vertu ne lui fut si chere. Je suis amant, je sais aimer, je le sens (*b*) : mais je ne suis qu'un homme, et il est au dessus de la force humaine de renoncer à la suprême félicité. Une nuit, une seule nuit[1] a changé pour jamais toute mon ame. Ote-moi ce dangereux souvenir[2], et je suis vertueux. Mais cette nuit fatale regne au fond de mon cœur et va couvrir de son ombre le reste de ma vie. Ah Julie ! objet adoré ! S'il faut être à jamais misérables, encore une heure de bonheur, et des regrets (*c*) éternels !

Ecoute celui qui t'aime. Pourquoi voudrions-nous être plus sages nous seuls que tout le reste des hommes, et suivre avec une simplicité d'enfans de chimériques vertus dont tout le monde parle et que personne ne pratique ? Quoi ! serons-nous meilleurs moralistes que ces foules de Savans dont Londres et Paris sont peuplés, qui tous se raillent de la fidélité conjugale, et regardent l'adultere comme un jeu. Les exemples n'en sont point scandaleux; il n'est pas même permis d'y trouver à redire, et tous les honnêtes gens se riroient ici de celui qui par respect pour le mariage resisteroit au penchant de son cœur. En effet, disent-ils, un tort qui n'est que dans l'opinion n'est-il pas nul quand il est secret ? Quel mal reçoit un mari d'une infidélité qu'il ignore ? De quelle complaisance une femme ne rachete-t-elle pas ses fautes*?

---

* Et où le bon Suisse avoit-il vû cela ? Il y a longtems que les femmes galantes l'ont pris sur un plus haut ton. Elles commencent par établir fierement leurs amans dans la maison, et si l'on daigne

Quelle douceur n'employe-t-elle pas à prévenir ou guerir ses soupçons ? Privé d'un bien imaginaire, il vit réellement plus heureux, et ce prétendu crime dont on fait tant de bruit n'est qu'un lien de plus dans la société (*a*)[1].

A Dieu ne plaise, ô chere amie de mon cœur, que je veuille rassurer le tien par ces honteuses maximes. Je les abhorre sans savoir les combattre, et ma conscience y répond mieux que ma raison. Non que je me fasse fort d'un courage que je haïs, ni que je voulusse d'une vertu si coûteuse : mais je me crois moins coupable en me reprochant mes fautes qu'en m'efforçant de les justifier, et je regarde comme le comble du crime d'en vouloir ôter les remords (*b*)[2].

Je ne sais ce que j'écris; je me sens l'ame dans un état affreux, pire que celui même où j'étois avant d'avoir reçu ta lettre. L'espoir que tu me rends est triste et sombre; il éteint cette lueur si pure qui nous guida tant de fois; tes attraits s'en ternissent et n'en deviennent que plus touchans; je te vois tendre et malheureuse; mon cœur est inondé des pleurs qui coulent de tes yeux, et je me reproche avec amertume un bonheur que je ne puis plus goûter qu'aux dépends du tien.

Je sens pourtant qu'une ardeur secrette m'anime encore et me rend le courage que veulent m'ôter les remords. Chere amie, ah sais-tu de combien de pertes un amour pareil au mien peut te dédomager ? Sais-tu jusqu'à quel point un amant qui ne respire que pour toi peut te faire aimer la vie ? Conçois-tu bien que c'est pour toi seule que je veux vivre, agir, penser, sentir désormais ? Non, source délicieuse de mon être, je n'aurai plus d'ame que ton ame, je ne serai plus rien qu'une partie de toi-même, et tu trouveras au fond de mon cœur une si douce existence que tu ne sentiras point ce que la tienne aura perdu de ses charmes. Hébien, nous serons coupables, mais nous ne serons point méchans[3]; nous serons coupables, mais nous aimerons toujours la vertu : loin d'oser excuser nos fautes, nous en gémirons; nous les pleurerons ensemble; nous les rachetterons s'il est possible, à force

---

y souffrir le mari, c'est autant qu'il se comporte envers eux avec le respect qu'il leur doit. Une femme qui se cacheroit d'un mauvais commerce feroit croire qu'elle en a honte et seroit deshonorée; pas une honnête femme ne voudroit la voir (*c*).

d'être bienfaisans et bons. Julie ! ô Julie ! que ferois-tu, que peux-tu faire ? Tu ne peux échaper à mon cœur : n'a-t-il pas épousé le tien (*a*) ?

Ces vains projets de fortune qui m'ont si grossierement abusé sont oubliés depuis longtems. Je vais m'occuper uniquement des soins que je dois à Milord Edouard; il veut m'entraîner en Angleterre; il prétend que je puis l'y servir. Hébien, je l'y suivrai. Mais je me déroberai tous les ans (*b*); je me rendrai secretement près de toi. Si je ne puis te parler, au moins je t'aurai vue; j'aurai du moins baisé tes pas; un regard de tes yeux m'aura donné dix mois de vie (*c*). Forcé de repartir, en m'éloignant de celle que j'aime, je compterai pour me consoler les pas qui doivent m'en rapprocher. Ces fréquens voyages donneront le change à ton malheureux amant; il croira déja jouïr de ta vue en partant pour t'aller voir; le souvenir de ses transports l'enchantera durant son retour; malgré le sort cruel, ses tristes ans ne seront pas tout à fait perdus; il n'y en aura point qui ne soient marqués par des plaisirs, et les courts momens qu'il passera près de toi se multiplieront sur sa vie entiere.

LETTRE XVII (*d*).

DE MAD[e] D'ORBE.

VOTRE amante n'est plus, mais j'ai retrouvé mon amie, et vous en avez acquis une dont le cœur peut vous rendre beaucoup plus que vous n'avez perdu. Julie est mariée, et digne de rendre heureux l'honnête homme qui vient d'unir son sort au sien. Après tant d'imprudences, rendez grace au Ciel qui vous a sauvés tous deux, elle de l'ignominie, et vous du regret de l'avoir deshonorée. Respectez son nouvel état; ne lui écrivez point, elle vous en prie. Attendez qu'elle vous écrive; c'est ce qu'elle fera dans peu. Voici le tems où je vais connoitre si vous méritez l'estime que j'eus pour vous, et si votre cœur est sensible à une amitié pure et sans intérêt.

LETTRE XVIII (*a*)[1].

DE JULIE.

Vous êtes depuis si longtems le dépositaire de tous les secrets de mon cœur, qu'il ne sauroit plus perdre une si douce habitude[2]. Dans la plus importante occasion de ma vie il veut s'épancher avec vous. Ouvrez-lui le votre, mon aimable ami; recueillez dans votre sein les longs discours de l'amitié; si quelquefois elle rend diffus l'ami qui parle, elle rend toujours patient l'ami qui écoute.

Liée au sort d'un époux, ou plutôt aux volontés d'un pere par une chaine indissoluble, j'entre dans une nouvelle carriere qui ne doit finir qu'à la mort. En la commençant, jettons un moment les yeux sur celle que je quitte; il ne nous sera pas pénible de rappeller un tems si cher. Peut-être y trouverai-je des leçons pour bien user de celui qui me reste; peut-être y trouverez-vous des lumieres pour expliquer ce que ma conduite eut toujours d'obscur à vos yeux. Au moins en considérant ce que nous fumes l'un à l'autre, nos cœurs n'en sentiront que mieux ce qu'ils se doivent jusqu'à la fin de nos jours[3].

Il y a six ans[4] à peu près que je vous vis pour la premiere fois. Vous étiez jeune, bienfait, aimable; d'autres jeunes gens m'ont paru plus beaux et mieux faits que vous; aucun ne m'a donné la moindre émotion, et mon cœur fut à vous dès la premiere[5] vue*. Je crus voir sur votre visage les traits de l'ame qu'il faloit à la mienne. Il me sembla que mes sens ne servoient que d'organe à des sentimens plus nobles; et j'aimai dans vous, moins ce que j'y voyois que ce que je croyois sentir en moi-même. Il n'y a pas deux mois (*b*) que je pensois encore ne m'être pas trompée; l'aveugle amour, me disois-je, avoit raison; nous étions faits l'un pour l'autre; je serois à lui si l'ordre humain n'eut troublé les rapports de la nature, et s'il étoit

* M. Richardson se moque beaucoup de ces attachemens nés de la premiere vue et fondés sur des conformités indéfinissables. C'est fort bien fait de s'en moquer; mais comme il n'en existe pourtant que trop de cette espece, au lieu de s'amuser à les nier, ne feroit-on pas mieux de nous apprendre à les vaincre (*c*)[6] ?

permis à quelqu'un d'être heureux, nous aurions dû l'être ensemble.

Mes sentiments nous furent communs; ils m'auroient abusée si je les eusse éprouvés seule. L'amour que j'ai connu ne peut naitre que d'une convenance réciproque et d'un accord des ames. On n'aime point si l'on n'est aimé; du moins on n'aime pas longtems. Ces passions sans retour qui font, dit-on, tant de malheureux ne sont fondées que sur les sens, si quelques unes pénetrent jusqu'à l'ame c'est par des rapports faux dont on est bientôt détrompé. L'amour sensuel ne peut se passer de la possession, et s'éteint par elle. Le véritable amour ne peut se passer du cœur, et dure autant que les rapports qui l'ont fait naitre*[1]. Tel fut le notre en commençant; tel il sera, j'espere, jusqu'à la fin de nos jours, quand nous l'aurons mieux ordonné. Je vis, je sentis que j'étois aimée et que je devois l'être. La bouche étoit muette; le regard étoit contraint; mais le cœur se faisoit entendre : Nous éprouvames bientôt entre nous ce je-ne-sai-quoi qui rend le silence éloquent, qui fait parler des yeux baissés, qui donne une timidité téméraire, qui montre les desirs par la crainte, et dit tout ce qu'il n'ose exprimer.

Je sentis mon cœur et me jugeai perdue à votre premier mot. J'apperçus la gene de votre reserve; j'approuvai ce respect, je vous en aimai davantage; je cherchois à vous dédomager d'un silence pénible et nécessaire, sans qu'il en coûtât à mon innocence; je forçai mon naturel, j'imitai ma Cousine; je devins badine et folâtre comme elle, pour prevenir des explications trop graves et faire passer mille tendres caresses à la faveur de ce feint enjouement. Je voulois vous rendre si doux votre état présent que la crainte d'en changer augmentât votre retenue. Tout cela me réussit mal; on ne sort point de son naturel impunément. Insensée que j'étois, j'accelerai ma perte au lieu de la prévenir, j'employai du poison pour palliatif, et ce qui devoit vous faire taire fut précisément ce qui vous fit parler. J'eus beau par une froideur affectée vous tenir éloigné dans le tête à tête; cette contrainte même me trahit : vous écrivites. Au lieu de jetter au feu votre premiere lettre, ou de la porter à ma mere, j'osai l'ouvrir. Ce

* Quand ces rapports sont chimériques, il dure autant que l'illusion qui nous les fait imaginer (*a*).

fut là mon crime, et tout le reste fut forcé. Je voulus m'empêcher de répondre à ces lettres funestes que je ne pouvois m'empêcher de lire. Cet affreux combat altéra ma santé. Je vis l'abîme où j'allois me précipiter. J'eus horreur de moi-même, et ne pus me resoudre à vous laisser partir. Je tombai dans une sorte de desespoir; j'aurois mieux aimé que vous ne fussiez plus que de n'être point à moi : j'en vins jusqu'à souhaiter votre mort, jusqu'à vous la demander. Le Ciel a vu mon cœur; cet effort doit racheter quelques fautes.

Vous voyant prêt à m'obéir, il falut parler. J'avois reçu de la Chaillot des leçons qui ne me firent que mieux connoitre les dangers de cet aveu. L'amour qui me l'arrachoit m'apprit à en éluder l'effet. Vous futes mon dernier refuge; j'eus assés de confiance en vous pour vous armer contre ma foiblesse, je vous crus digne de me sauver de moi-même et je vous rendis justice. En vous voyant respecter un dépôt si cher, je connus que ma passion ne m'aveugloit point sur les vertus qu'elle me faisoit trouver en vous. Je m'y livrois avec d'autant plus de sécurité qu'il me sembla que nos cœurs se suffisoient l'un à l'autre. Sûre de ne trouver au fond du mien que des sentimens honnêtes, je goûtois sans précautions les charmes d'une douce familiarité. Hélas ! je ne voyois pas que le mal s'invétéroit par ma négligence, et que l'habitude étoit plus dangereuse que l'amour. Touchée de votre retenue, je crus pouvoir sans risque modérer la mienne; dans l'innocence de mes désirs je pensois encourager en vous la vertu même, par les tendres caresses de l'amitié. J'appris dans le bosquet de Clarens que j'avois trop compté sur moi, et qu'il ne faut rien accorder aux sens quand on veut leur refuser quelque chose. Un instant, un seul instant embrasa les miens d'un feu que rien ne put éteindre, et si ma volonté resistoit encore, dès lors mon cœur fut corrompu[1].

Vous partagiez mon égarement; votre lettre me fit trembler. Le péril étoit double : pour me garantir de vous et de moi, il falut vous éloigner. Ce fut le dernier effort d'une vertu mourante; en fuyant vous achevâtes de vaincre; et si tôt que je ne vous vis plus, ma langueur m'ôta le peu de force qui me restoit pour vous résister.

Mon pere en quitant le service avoit amené chez lui M. de Wolmar; la vie qu'il lui devoit et une liaison de vingt ans (*a*) lui rendoient cet ami si cher qu'il ne pouvoit se séparer de lui. M. de Wolmar avançoit en âge et quoique riche et de grande naissance, il ne trouvoit point de femme qui lui convint. Mon pere lui avoit parlé de sa fille en homme qui souhaittoit de se faire un gendre de son ami; il fut question de la voir, et c'est dans ce dessein qu'ils firent le voyage ensemble. Mon destin voulut que je plusse à M. de Wolmar qui n'avoit jamais rien aimé. Ils se donnerent secretement leur parole, et M. de Wolmar ayant beaucoup d'affaires à regler dans une cour du Nord où étoient sa famille et sa fortune, il en demanda le tems, et partit sur cet engagement mutuel. Après son départ, mon pere nous déclara à ma mere et à moi qu'il me l'avoit destiné pour époux, et m'ordonna d'un ton qui ne laissoit point de replique à ma timidité de me disposer à recevoir sa main. Ma mere, qui n'avoit que trop remarqué le penchant de mon cœur, et qui se sentoit pour vous une inclination naturelle, essaya plusieurs fois d'ébranler cette résolution; sans oser vous proposer, elle parloit de maniere à donner à mon pere de la considération pour vous et le desir de vous connoître; mais la qualité qui vous manquoit le rendit insensible à toutes celles que vous possédiez, et s'il convenoit que la naissance ne les pouvoit remplacer, il prétendoit qu'elle seule pouvoit les faire valoir.

L'impossibilité d'être heureuse irrita des feux qu'elle eut dû éteindre. Une flateuse illusion me soutenoit dans mes peines; je perdis avec elle la force de les supporter. Tant qu'il me fut resté quelque espoir d'être à vous, peut-être aurois-je triomphé de moi; il m'en eut moins coûté de vous resister toute ma vie que de renoncer à vous pour jamais, et la seule idée d'un combat éternel m'ôta le courage de vaincre.

La tristesse et l'amour consumoient mon cœur; je tombai dans un abatement dont mes lettres se sentirent. Celle que vous m'écrivites de Meillerie y mit le comble; à mes propres douleurs se joignit le sentiment de votre desespoir. Hélas ! c'est toujours l'ame la plus foible qui porte les peines de toutes deux. Le parti que vous m'osiez proposer mit le comble à mes perplexités. L'infortune de mes jours étoit assurée, l'inévitable choix qui me restoit à faire étoit d'y joindre celle de mes parens ou la votre. Je ne pus supporter cette horrible alternative; les forces de la nature ont un terme; tant d'agitations épuiserent les miennes. Je souhaittai d'être délivrée de la vie. Le Ciel parut avoir pitié de moi; mais la cruelle mort m'épargna pour me perdre. Je vous vis, je fus guerie, et je péris.

Si je ne trouvai point le bonheur dans mes fautes, je n'avois jamais espéré l'y trouver. Je sentois que mon cœur étoit fait pour la vertu et qu'il ne pouvoit être heureux sans elle; je succombai par foiblesse et non par erreur; je n'eus pas même l'excuse de l'aveuglement. Il ne me restoit aucun espoir; je ne pouvois plus qu'être infortunée. L'innocence et l'amour m'étoient également nécessaires, ne pouvant les conserver ensemble et voyant votre égarement, je ne consultai que vous dans mon choix et me perdis pour vous sauver[1].

Mais il n'est pas si facile qu'on pense de renoncer à la vertu. Elle tourmente longtems ceux qui l'abandonnent, et ses charmes, qui font les délices des ames pures, font le premier supplice du méchant, qui les aime encore et n'en sauroit plus jouïr. Coupable et non dépravée[2], je ne pus échaper aux remords qui m'attendoient; l'honnêteté me fut chere, même après l'avoir perdue; ma honte pour être secrette ne m'en fut pas moins amere, et quand tout l'univers en eut été témoin je ne l'aurois pas mieux sentie. Je me consolois dans ma douleur comme un blessé qui craint la cangrene[3], et en qui le sentiment de son mal soutient l'espoir d'en guérir.

Cependant cet état d'opprobre m'étoit odieux. A force de vouloir étouffer le reproche sans renoncer au crime, il m'arriva ce qu'il arrive à toute ame honnête qui s'égare et qui se plait dans son égarement. Une illusion nouvelle vint adoucir l'amertume du repentir (*a*); j'esperai tirer de ma faute un moyen de la réparer, et j'osai former le projet de contraindre mon Pere à nous unir. Le premier fruit de notre amour devoit serrer ce doux lien. Je le demandois au Ciel comme le gage de mon retour à la vertu et de notre bonheur commun : Je le désirois comme un autre à ma place auroit pu le craindre, le tendre amour tempérant par son prestige le murmure de la conscience, me consoloit de ma foiblesse par l'effet que j'en attendois, et faisoit d'une si chere attente le charme et l'espoir de ma vie.

Sitôt que j'aurois porté des marques sensibles de mon état, j'avois résolu d'en faire en présence de toute ma famille une déclaration publique à M. Perret*. Je suis timide il eſt vrai; je sentois tout ce qu'il m'en devoit coûter, mais l'honneur même animoit mon courage, et j'aimois mieux supporter une fois la confusion que j'avois méritée, que de nourrir une honte éternelle au fond de mon cœur. Je savois que mon pere me donneroit la mort ou mon amant; cette alternative n'avoit rien d'effrayant pour moi, et, de maniere ou d'autre, j'envisageois dans cette démarche la fin de tous mes malheurs.

Tel étoit, mon bon ami, le miſtere que je voulus vous dérober et que vous cherchiez à pénétrer avec une si curieuse inquietude. Mille raisons me forçoient à cette reserve avec un homme aussi emporté que vous; sans compter qu'il ne faloit pas armer d'un nouveau prétexte votre indiscrette importunité. Il étoit à propos sur tout de vous éloigner durant une si périlleuse scene, et je savois bien que vous n'auriez jamais consenti à m'abandonner dans un danger pareil, s'il vous eut été connu.

Hélas, je fus encore abusée par une si douce espérance ! Le Ciel rejetta des projets conçûs dans le crime; je ne méritois pas l'honneur d'être mere; mon attente reſta toujours vaine, et il me fut refusé d'expier ma faute aux dépends de ma réputation. Dans le desespoir que j'en conçus, l'imprudent rendez-vous qui mettoit votre vie en danger fut une témérité que mon fol amour me voiloit d'une si douce excuse : je m'en prenois à moi du mauvais succès de mes vœux, et mon cœur abusé par ses desirs ne voyoit dans l'ardeur de les contenter, que le soin de les rendre un jour légitimes.

Je les crus un inſtant accomplis; cette erreur fut la source du plus cuisant de mes regrets, et l'amour éxaucé par la nature, n'en fut que plus cruellement trahi par la deſtinée. Vous avez sû** quel accident détruisit, avec le germe que je portois dans mon sein le dernier fondement de mes espérances. Ce malheur m'arriva précisement dans le tems de notre séparation; comme si le Ciel eut voulu m'accabler alors de tous les maux que j'avois mérités, et couper à la fois tous les liens qui pouvoient nous unir.

Votre départ fut la fin de mes erreurs ainsi que de mes plaisirs; je reconnus, mais trop tard, les chimeres qui

* Paſteur du lieu[1].

** Ceci suppose d'autres lettres que nous n'avons pas[2].

m'avoient abusée. Je me vis aussi méprisable que je l'étois devenue, et aussi malheureuse que je devois toujours l'être avec un amour sans innocence et des desirs sans espoir, qu'il m'étoit impossible d'éteindre. Tourmentée de mille vains regrets je renonçai à des réflexions aussi douloureuses qu'inutiles; je ne valois plus la peine que je songeasse à moi-même, je consacrai ma vie à m'occuper de vous. Je n'avois plus d'honneur que le votre, plus d'espérance qu'en votre bonheur, et les sentimens qui me venoient de vous étoient les seuls dont je crusse pouvoir être encore émue.

L'amour ne m'aveugloit point sur vos défauts mais il me les rendoit chers, et telle étoit son illusion que je vous aurois moins aimé si vous aviez été plus parfait. Je connoissois votre cœur, vos emportemens; je savois qu'avec plus de courage que moi vous aviez moins de patience, et que les maux dont mon ame étoit accablée mettroient la votre au desespoir. C'est par cette raison que je vous cachai toujours avec soin les engagemens de mon pere, et à notre séparation, voulant profiter du zele de Milord Edouard pour votre fortune, et vous en inspirer un pareil à vous même, je vous flatai d'un espoir que je n'avois pas. Je fis plus; connoissant le danger qui nous menaçoit, je pris la seule précaution qui pouvoit nous en garantir, et vous engageant avec ma parole ma liberté autant qu'il m'étoit possible, je tâchai d'inspirer à vous de la confiance, à moi de la fermeté, par une promesse que je n'osasse enfreindre et qui put vous tranquilliser. C'étoit un devoir puérile, j'en conviens, et cependant je ne m'en serois jamais départie. La vertu est si nécessaire à nos cœurs, que quand on a une fois abandonné la véritable, on s'en fait ensuite une à sa mode, et l'on y tient plus fortement, peut-être parce qu'elle est de notre choix[1].

Je ne vous dirai point combien j'éprouvai d'agitations depuis votre éloignement. La pire de toutes étoit la crainte d'être oubliée. Le séjour où vous étiez me faisoit trembler; votre maniere d'y vivre augmentoit mon effroi : Je croyois déja vous voir avilir jusqu'à n'être plus qu'un homme à bonnes fortunes. Cette ignominie m'étoit plus cruelle que tous mes maux; j'aurois mieux aimé vous savoir malheureux que méprisable; après tant de peines auxquelles j'étois accoutumée, votre deshonneur étoit la seule que je ne pouvois supporter.

Je fus rassurée sur des craintes que le ton de vos lettres commençoit à confirmer; et je le fus par un moyen qui eut pu mettre le comble aux allarmes d'une autre. Je parle du desordre où vous vous laissâtes entrainer et dont le prompt et libre aveu fut de toutes les preuves de votre franchise celle qui m'a le plus touchée. Je vous connoissois trop pour ignorer ce qu'un pareil aveu devoit vous coûter, quand même j'aurois cessé de vous être chere; je vis que l'amour vainqueur de la honte avoit pu seul vous l'arracher. Je jugeai qu'un cœur si sincere étoit incapable d'une infidélité cachée; je trouvai moins de tort dans votre faute que de mérite à la confesser, et me rappellant vos anciens engagemens, je me guéris pour jamais de la jalousie[1].

Mon ami, je n'en fus pas plus heureuse; pour un tourment de moins, sans cesse il en renaissoit mille autres, et je ne connus jamais mieux combien il est insensé de chercher dans l'égarement de son cœur un repos qu'on ne trouve que dans la sagesse[2]. Depuis longtems je pleurois en secret la meilleure des meres qu'une langueur mortelle consumoit insensiblement. Babi à qui le fatal effet de ma chute m'avoit forcée à me confier, me trahit et lui découvrit nos amours et mes fautes. A peine eus-je retiré vos lettres de chez ma Cousine, qu'elles furent surprises. Le témoignage étoit convaincant; la tristesse acheva d'ôter à ma mere le peu de forces que son mal lui avoit laissées. Je faillis expirer de regret à ses pieds. Loin de m'exposer à la mort que je méritois, elle voila ma honte, et se contenta d'en gemir : vous même qui l'aviez si cruellement abusée, ne pûtes lui devenir odieux. Je fus témoin de l'effet que produisit votre lettre sur son cœur tendre et compatissant. Hélas ! elle desiroit votre bonheur et le mien. Elle tenta plus d'une fois.... que sert de rappeller une espérance à jamais éteinte ? Le Ciel en avoit autrement ordonné. Elle finit ses tristes jours dans la douleur de n'avoir pu fléchir un époux sévere, et de laisser une fille si peu digne d'elle.

Accablée d'une si cruelle perte, mon ame n'eut plus de force que pour la sentir; la voix de la nature gémissante étouffa les murmures de l'amour. Je pris dans une espece d'horreur[3] la cause de tant de maux; je voulus étouffer enfin l'odieuse passion qui me les avoit attirés et renoncer à vous pour jamais. Il le faloit, sans doute; n'avois-je pas assés de quoi pleurer le reste de ma vie, sans chercher incessament de nouveaux sujets de larmes ? Tout sembloit favoriser ma résolution. Si la tristesse attendrit l'ame, une profonde affliction l'endurcit. Le souvenir de ma mere mourante effaçoit le votre; nous étions éloignés; l'espoir m'avoit abandonnée; jamais mon incomparable amie ne fut si sublime ni si digne d'occuper seule tout mon cœur. Sa vertu, sa raison, son amitié, ses tendres caresses sembloient l'avoir purifié; je vous crus oublié, je me crus guérie. Il étoit trop tard[1] : ce que j'avois pris pour la froideur d'un amour éteint, n'étoit que l'abatement du desespoir.

Comme un malade qui cesse de souffrir en tombant en foiblesse se ranime à de plus vives douleurs, je sentis bientôt renaître toutes les miennes quand mon pere m'eut annoncé le prochain retour de M. de Wolmar. Ce fut alors que l'invincible amour me rendit des forces que je croyois n'avoir plus. Pour la premiere fois de ma vie j'osai resister en face à mon pere. Je lui protestai netement que jamais M. de Wolmar ne me seroit rien; que j'étois déterminée à mourrir fille; qu'il étoit maitre de ma vie, mais non pas de mon cœur, et que rien ne me feroit changer de volonté. Je ne vous parlerai ni de sa colere, ni des traitemens que j'eus à souffrir. Je fus inébranlable : ma timidité surmontée m'avoit portée à l'autre extrémité, et si j'avois le ton moins impérieux que mon pere, je l'avois tout aussi résolu.

Il vit que j'avois pris mon parti, et qu'il ne gagneroit rien sur moi par autorité. Un instant je me crus délivrée de ses persécutions. Mais que devins-je quand tout à coup je vis à mes pieds le plus sévere des peres attendri et fondant en larmes ? Sans me permettre de me lever il me serroit les genoux, et fixant ses yeux mouillés sur les miens, il me dit d'une voix touchante que j'entens encore au dedans de moi : Ma fille ! respecte les cheveux blancs de ton malheureux pere; ne le fais pas descendre avec douleur au tombeau, comme celle qui te porta dans son sein. Ah ! veux-tu donner la mort à toute ta famille ?

Concevez mon saisissement. Cette attitude, ce ton, ce geste, ce discours, cette affreuse idée me bouleverserent au point que je me laissai aller demi-morte entre ses bras, et ce ne fut qu'après bien des sanglots dont j'étois oppressée, que je pus lui répondre d'une voix altérée et foible : O mon pere ! j'avois des armes contre vos ménaces, je n'en ai point contre vos pleurs. C'est vous qui ferez mourir votre fille (*a*).

Nous étions tous deux tellement agités que nous ne pumes de longtems nous remettre. Cependant en repassant en moi-même ses derniers mots, je conçus qu'il étoit plus instruit que je n'avois cru, et résolue de me prévaloir contre lui de ses propres conoissances, je me préparois à lui faire au péril de ma vie un aveu trop longtems differé, quand m'arrêtant avec vivacité, comme s'il eut prévu et craint ce que j'allois lui dire, il me parla ainsi :

« Je sais quelle fantaisie indigne d'une fille bien née » vous nourrissez au fond de votre cœur. Il est tems de » sacrifier au devoir et à l'honnêteté une passion hon- » teuse qui vous deshonore et que vous ne satisferez » jamais qu'aux dépends de ma vie. Ecoutez une fois ce » que l'honneur d'un pere et le votre exigent de vous, » et jugez vous vous-même.

« M. de Wolmar est un homme d'une grande nais- » sance, distingué par toutes les qualités qui peuvent la » soutenir; qui jouït de la considération publique et qui » la mérite. Je lui dois la vie; vous savez les engagemens » que j'ai pris avec lui. Ce qu'il faut vous apprendre » encore, c'est qu'étant allé dans son pays pour mettre » ordre à ses affaires, il s'est trouvé envelopé dans la » derniere révolution, qu'il y a perdu ses biens, qu'il n'a » lui-même échapé à l'exil en Sibérie que par un bonheur » singulier, et qu'il revient avec le triste débris de sa » fortune, sur la parole de son ami qui n'en manqua » jamais à personne[1]. Prescrivez-moi maintenant la re- » ception qu'il faut lui faire à son retour. Lui dirai-je : » Monsieur, je vous promis ma fille tandis que vous étiez » riche, mais à présent que vous n'avez plus rien je me » retracte, et ma fille ne veut point de vous ? Si ce n'est » pas ainsi que j'énonce mon refus, c'est ainsi qu'on l'in- » terprétera : vos amours allegués seront pris pour un » prétexte, ou ne seront pour moi qu'un affront de plus, » et nous passerons, vous pour une fille perdue, moi » pour un malhonnête homme qui sacrifie son devoir et » sa foi à un vil intérêt, et joint l'ingratitude à l'infidélité. » Ma fille ! il est trop tard pour finir dans l'opprobre une » vie sans tache, et soixante ans d'honneur ne s'aban- » donnent pas en un quart d'heure.

« Voyez donc, » continua-t-il, « combien tout ce que
» vous pouvez me dire est à présent hors de propos.
» Voyez si des préférences que la pudeur desavoue et
» quelque feu passager de jeunesse peuvent jamais être
» mis en balance avec le devoir d'une fille et l'honneur
» compromis d'un pere. S'il n'étoit question pour l'un
» des deux que d'immoler son bonheur à l'autre, ma
» tendresse vous disputeroit un si doux sacrifice; mais
» mon enfant, l'honneur a parlé et dans le sang dont tu
» sors, c'est toujours lui qui décide. »

Je ne manquois pas de bonne réponse à ce discours; mais les préjugés de mon pere lui donnent des principes si différens des miens, que des raisons qui me sembloient sans réplique ne l'auroient pas même ébranlé. D'ailleurs, ne sachant ni d'où lui venoient les lumieres qu'il paroissoit avoir acquises sur ma conduite, ni jusqu'où elles pouvoient aller; craignant à son affectation de m'interrompre qu'il n'eut déja pris son parti sur ce que j'avois à lui dire, et, plus que tout cela, retenue par une honte que je n'ai jamais pu vaincre, j'aimai mieux employer une excuse qui me parut plus sûre, parce qu'elle étoit plus selon sa maniere de penser. Je lui déclarai sans détour l'engagement que j'avois pris avec vous; je protestai que je ne vous manquerois point de parole, et que, quoi qu'il put arriver, je ne me marierois jamais sans votre consentement.

En effet, je m'apperçus avec joye que mon scrupule ne lui déplaisoit pas; il me fit de vifs reproches sur ma promesse, mais il n'y objecta rien; tant un Gentilhomme plein d'honneur a naturellement une haute idée de la foi des engagemens, et regarde la parole comme une chose toujours sacrée ! Au lieu donc de s'amuser à disputer sur la nullité de cette promesse, dont je ne serois jamais convenue, il m'obligea d'écrire un billet auquel il joignit une lettre qu'il fit partir sur le champ. Avec quelle agitation n'attendis-je point votre réponse ! combien je fis de vœux pour vous trouver moins de délicatesse que vous ne deviez en avoir ! Mais je vous connoissois trop pour douter de votre obéissance, et je savois que plus le sacrifice exigé vous seroit pénible, plus vous seriez prompt à vous l'imposer[1]. La réponse vint; elle me fut cachée durant ma maladie; après mon rétablissement mes craintes furent confirmées et il ne me resta plus d'excuses.

Au moins mon pere me déclara qu'il n'en recevroit plus, et avec l'ascendant que le terrible mot qu'il m'avoit dit lui donnoit sur mes volontés, il me fit jurer que je ne dirois rien à M. de Wolmar qui put le détourner de m'épouser : car, ajouta-t-il, cela lui paroitroit un jeu concerté entre nous, et à quelque prix que ce soit, il faut que ce mariage s'acheve ou que je meure de douleur.

Vous le savez, mon ami; ma santé, si robuste contre la fatigue et les injures de l'air, ne peut resister aux intempéries[1] des passions, et c'est dans mon trop sensible cœur qu'est la source de tous les maux et de mon corps et de mon ame. Soit que de longs chagrins eussent corrompu mon sang; soit que la nature eut pris ce tems pour l'épurer d'un levain funeste, je me sentis fort incomodée à la fin de cet entretien. En sortant de la chambre de mon pere, je m'efforcai pour vous écrire un mot, et me trouvai si mal qu'en me mettant au lit j'espérai ne m'en plus relever. Tout le reste vous est trop connu; mon imprudence attira la votre. Vous vintes, je vous vis, et crus n'avoir fait qu'un de ces rêves qui vous offroient si souvent à moi durant mon délire. Mais quand j'appris que vous étiez venu, que je vous avois vu réellement, et que voulant partager le mal dont vous ne pouviez me guérir, vous l'aviez pris à dessein; je ne pus supporter cette derniere épreuve, et voyant un si tendre amour survivre à l'espérance, le mien que j'avois pris tant de peine à contenir ne connut plus de frein, et se ranima bientôt avec plus d'ardeur que jamais. Je vis qu'il faloit aimer malgré moi; je sentis qu'il faloit être coupable; que je ne pouvois résister ni à mon pere ni à mon amant, et que je n'accorderois jamais les droits de l'amour et du sang qu'aux dépends de l'honnêteté. Ainsi tous mes bons sentimens acheverent de s'éteindre; toutes mes facultés s'altérerent; le crime perdit son horreur à mes yeux; je me sentis toute autre au dedans de moi; enfin, les transports effrenés d'une passion rendue furieuse par les obstacles, me jetterent dans le plus affreux desespoir qui puisse accabler une ame; j'osai desesperer de la vertu. Votre lettre plus propre à réveiller les remords qu'à les prévenir, acheva de m'égarer. Mon cœur étoit si corrompu que ma raison ne put résister aux discours de vos philosophes. Des horreurs dont l'idée n'avoit jamais souillé mon esprit oserent s'y présenter. La volonté les combatoit encore, mais l'imagination s'accoutumoit à les voir, et si je ne portois pas d'avance le crime au fond de mon cœur, je n'y portois plus ces résolutions généreuses qui seules peuvent lui resister[1].

J'ai peine à poursuivre[2]. Arrêtons un moment. Rappellez-vous ces tems de bonheur et d'innocence où ce feu si vif et si doux dont nous étions animés épuroit tous nos sentimens, où sa sainte ardeur* nous rendoit la pudeur plus chere et l'honnêteté plus aimable, où les desirs même ne sembloient naitre que pour nous donner l'honneur de les vaincre et d'en être plus dignes l'un de l'autre. Relisez nos premieres lettres; songez à ces momens si courts et trop peu goûtés où l'amour se paroit à nos yeux de tous les charmes de la vertu, et où nous nous aimions trop pour former entre nous des liens desavoués par elle.

Qu'étions-nous, et que sommes-nous devenus ? Deux tendres amans passerent ensemble une année entiere dans le plus rigoureux silence, leurs soupirs n'osoient s'exhaler; mais leurs cœurs s'entendoient; ils croyoient souffrir, et ils étoient heureux. A force de s'entendre, ils se parlerent; mais contens de savoir triompher d'eux-mêmes et de s'en rendre mutuellement l'honorable témoignage, ils passerent une autre année dans une reserve non moins severe; ils se disoient leurs peines, et ils étoient heureux. Ces longs combats furent mal soutenus; un instant de foiblesse les égara; ils s'oublierent dans les plaisirs (*a*); mais s'ils cesserent d'être chastes, au moins ils étoient fideles; au moins le ciel et la nature autorisoient les nœuds qu'ils avoient formés; au moins la vertu leur étoit toujours chere; ils l'aimoient encore et la savoient encore honorer; ils s'étoient moins corrompus qu'avilis. Moins dignes d'être heureux, ils l'étoient pourtant encore.

Que font maintenant ces amans si tendres qui bruloient d'une flamme si pure, qui sentoient si bien le prix de l'honnêteté ? Qui l'apprendra sans gémir sur eux ? Les voila livrés au crime (*b*). L'idée même de souiller le lit conjugal ne leur fait plus d'horreur.... ils méditent des adulteres ! Quoi, sont-ils bien les mêmes ? Leurs ames n'ont elles point changé ? Comment cette ravissante image que le méchant n'apperçut jamais peut elle s'effacer

---

* Sainte ardeur ! Julie, ah Julie ! quel mot pour une femme aussi bien guérie que vous croyez l'être (*c*) ?

des cœurs où elle a brillé ? Comment l'attrait de la vertu ne dégoûte-t-il pas pour toujours du vice ceux qui l'ont une fois connüe ? Combien de siecles ont pu produire ce changement étrange ? Quelle longueur de tems put détruire un si charmant souvenir, et faire perdre le vrai sentiment du bonheur à qui l'a pu savourer une fois ? Ah, si le premier desordre est pénible et lent, que tous les autres sont prompts et faciles ! Prestige des passions ! tu fascines ainsi la raison, tu trompes la sagesse et changes la nature avant qu'on s'en apperçoive. On s'égare un seul moment de la vie; on se détourne d'un seul pas de la droite route. Aussi-tôt une pente inévitable nous entraîne et nous perd. On tombe enfin dans le gouffre, et l'on se réveille épouvanté de se trouver couvert de crimes, avec un cœur né pour la vertu. Mon bon ami, laissons retomber ce voile. Avons-nous besoin de voir le précipice affreux qu'il nous cache pour éviter d'en approcher ? Je reprends mon récit.

M. de Wolmar arriva et ne se rebuta pas du changement de mon visage. Mon pere ne me laissa pas respirer. Le deuil de ma mere alloit finir, et ma douleur étoit à l'épreuve du tems. Je ne pouvois alléguer ni l'un ni l'autre pour éluder ma promesse : il falut l'accomplir. Le jour qui devoit m'ôter pour jamais à vous et à moi me parut le dernier de ma vie. J'aurois vû les apprets de ma sépulture avec moins d'effroi que ceux de mon mariage. Plus j'approchois du moment fatal, moins je pouvois déraciner de mon cœur mes premieres affections; elles s'irritoient par mes efforts pour les éteindre. Enfin, je me lassai de combatre inutilement (*a*). Dans l'instant même où j'étois prete à jurer à un autre une éternelle fidélité, mon cœur vous juroit encore un amour éternel, et je fus menée au Temple comme une victime impure, qui souille le sacrifice où l'on va l'immoler.

Arrivée à l'Eglise[1], je sentis en entrant une sorte d'émotion que je n'avois jamais éprouvée. Je ne sais quelle terreur vint saisir mon ame dans ce lieu simple et auguste, tout rempli de la majesté de celui qu'on y sert. Une frayeur soudaine me fit frissonner; tremblante et prête à tomber en défaillance, j'eus peine à me trainer jusqu'au pied de la chaire. Loin de me remettre je sentis mon trouble augmenter durant la cérémonie, et s'il me laissoit appercevoir les objets, c'étoit pour en être épouvantée.

Le jour sombre de l'édifice, le profond silence des Spectateurs, leur maintien modeste et recueilli, le cortege de tous mes parens, l'imposant aspect de mon vénéré pere, tout donnoit à ce qui s'alloit passer un air de solemnité qui m'excitoit à l'attention et au respect, et qui m'eut fait frémir à la seule idée d'un parjure. Je crus voir l'organe de la providence et entendre la voix de Dieu dans le ministre prononçant gravement la sainte liturgie. La pureté, la dignité, la sainteté du mariage, si vivement exposées dans les paroles de l'Ecriture, ses chastes et sublimes devoirs si importans au bonheur, à l'ordre, à la paix, à la durée du genre humain, si doux à remplir pour eux-mêmes (*a*); tout cela me fit une telle impression que je crus sentir intérieurement une révolution subite. Une puissance inconnue sembla corriger tout à coup le desordre de mes affections et les rétablir selon la loi du devoir et de la nature. L'œil éternel qui voit tout, disois-je en moi-même, lit maintenant au fond de mon cœur; il compare ma volonté cachée à la réponse de ma bouche : le Ciel et la terre sont témoins de l'engagement sacré que je prens; ils le seront encore de ma fidélité à l'observer. Quel droit peut respecter parmi les hommes quiconque ose violer le premier de tous ?

Un coup d'œil jetté par hazard sur M. et Made d'Orbe, que je vis à côté l'un de l'autre et fixant sur moi des yeux attendris, m'émut plus puissamment encore que n'avoient fait tous les autres objets. Aimable et vertueux couple, pour moins connoitre l'amour en êtes-vous moins unis? Le devoir et l'honnêteté vous lient; tendres amis, époux fideles, sans bruler de ce feu dévorant qui consume l'ame, vous vous aimez d'un sentiment pur et doux qui la nourrit, que la sagesse autorise et que la raison dirige; vous n'en êtes que plus solidement heureux. Ah ! puissai-je dans un lien pareil recouvrer la même innocence et jouïr du même bonheur; si je ne l'ai pas mérité comme vous, je m'en rendrai digne à votre exemple. Ces sentimens reveillerent mon espérance et mon courage. J'envisageai le saint nœud que j'allois former comme un nouvel état qui devoit purifier mon ame et la rendre à tous ses devoirs. Quand le Pasteur me demanda si je promettois obéissance et fidélité parfaitte à celui que j'acceptois pour époux, ma bouche et mon cœur le promirent. Je le tiendrai jusqu'à la mort.

De retour au logis je soupirois après une heure de solitude et de recueillement. Je l'obtins, non sans peine, et quelque empressement que j'eusse d'en profiter, je ne m'examinai d'abord qu'avec répugnance, craignant de n'avoir éprouvé qu'une fermentation (*a*) passagere en changeant de condition, et de me retrouver aussi peu digne épouse que j'avois été fille peu sage. L'épreuve étoit sûre mais dangereuse, je commençai par songer à vous. Je me rendois le témoignage que nul tendre souvenir n'avoit profané l'engagement solemnel que je venois de prendre. Je ne pouvois concevoir par quel prodige votre opiniâtre image m'avoit pu laisser si longtems en paix avec tant de sujet de me la rappeller; je me serois défiée de l'indifférence et de l'oubli, comme d'un état trompeur, qui m'étoit trop peu naturel pour être durable. Cette illusion n'étoit guere à craindre : je sentis que je vous aimois autant et plus (*b*), peut-être, que je n'avois jamais fait; mais je le sentis sans rougir. Je vis que je n'avois pas besoin pour penser à vous d'oublier que j'étois la femme d'un autre. En me disant combien vous m'étiez cher, mon cœur étoit ému, mais ma conscience et mes sens (*c*) étoient tranquiles, et je connus dès ce moment que j'étois réellement changée. Quel torrent de pure joye vint alors inonder mon ame ! Quel sentiment de paix effacé depuis si longtems vint ranimer ce cœur flétri par l'ignominie, et répandre dans tout mon être une sérénité nouvelle (*d*) ! Je crus me sentir renaitre; je crus recommencer une autre vie. Douce et consolante vertu, je la recommence pour toi; c'est toi qui me la rendras chere; c'est à toi que je la veux consacrer. Ah, j'ai trop appris ce qu'il en coûte à te perdre pour t'abandonner une seconde fois !

Dans le ravissement d'un changement si grand, si prompt, si inespéré, j'osai considérer l'état où j'étois la veille; je frémis de l'indigne abaissement où m'avoit réduit l'oubli de moi-même, et de tous les dangers que j'avois courus depuis mon premier égarement. Quelle heureuse révolution me venoit de montrer l'horreur du crime qui m'avoit tentée, et réveilloit en moi le goût de la sagesse ? Par quel rare bonheur avois-je été plus fidele à l'amour qu'à l'honneur qui me fut si cher ? Par quelle faveur du sort votre inconstance ou la mienne ne m'avoit-elle point livrée à de nouvelles inclinations ? Comment eussai-je opposé à un autre amant une résistance que le premier avoit déja vaincue, et une honte accoutumée à céder aux desirs ? Aurois-je plus respecté les droits d'un amour éteint que je n'avois respecté ceux de la vertu, jouissant encore de tout leur empire ? Quelle sûreté avois-je eue de n'aimer que vous seul au monde, si ce n'est un sentiment intérieur que croyent avoir tous les amans qui se jurent une constance éternelle, et se parjurent innocemment toutes les fois qu'il plait au Ciel de changer leur cœur ? Chaque défaite eut ainsi préparé la suivante; l'habitude du vice en eut effacé l'horreur à mes yeux. Entraînée du deshonneur à l'infamie sans trouver de prise pour m'arrêter; d'une amante abusée je devenois une fille perdue, l'opprobre de mon sexe, et le desespoir de ma famille. Qui m'a garantie d'un effet si naturel de ma premiere faute ? Qui m'a retenue après le premier pas ? Qui m'a conservé ma réputation et l'estime de ceux qui me sont chers ? Qui m'a mise sous la sauvegarde d'un époux vertueux, sage, aimable par son caractere, et même par sa personne, et rempli pour moi d'un respect et d'un attachement si peu mérités ? Qui me permet, enfin, d'aspirer encore au titre d'honnête femme et me rend le courage d'en être digne ? Je le vois, je le sens; la main secourable qui m'a conduite à travers les ténebres est celle qui leve à mes yeux le voile de l'erreur et me rend à moi malgré moi-même. La voix secrette qui ne cessoit de murmurer au fond de mon cœur s'éleve et tonne avec plus de force au moment où j'étois prette à périr. L'auteur de toute vérité (*a*) n'a point souffert que je sortisse de sa présence coupable d'un vil parjure, et prévenant mon crime par mes remords il m'a montré l'abîme où j'allois me précipiter. Providence éternelle, qui fais ramper l'insecte et roûler les cieux, tu veilles sur la moindre de tes œuvres (*b*) ! Tu me rappelles au bien que tu m'as fait aimer; daigne accepter d'un cœur épuré par tes soins l'hommage que toi seule rends digne de t'être offert !

A l'instant, pénétrée d'un vif sentiment du danger dont j'étois délivrée et de l'état d'honneur et de sûreté où je me sentois rétablie, je me prosternai contre terre, j'élevai vers le ciel mes mains suppliantes, j'invoquai l'Etre dont il est le trône et qui soutient ou détruit quand il lui plait par nos propres forces la liberté qu'il nous donne. Je veux, lui dis-je, le bien que tu veux, et dont toi seul es la source. Je veux aimer l'époux que tu m'as donné. Je veux être fidele, parce que c'est le premier devoir qui lie la famille et toute la société. Je veux être chaste, parce que c'est la premiere vertu qui nourrit toutes les autres. Je veux tout ce qui se rapporte à l'ordre de la nature (*a*) que tu as établi, et aux regles de la raison que je tiens de toi. Je remets mon cœur sous ta garde et mes desirs en ta main. Rends toutes mes actions conformes à ma volonté constante qui est la tienne, et ne permets plus que l'erreur d'un moment l'emporte sur le choix de toute ma vie.

Après cette courte priere, la premiere que j'eusse faite avec un vrai zele, je me sentis tellement affermie dans mes résolutions; il me parut si facile et si doux de les suivre que je vis clairement où je devois chercher desormais la force dont j'avois besoin pour resister à mon propre cœur et que je ne pouvois trouver en moi-même. Je tirai de cette seule découverte une confiance nouvelle, et je déplorai le triste aveuglement qui me l'avoit fait manquer si longtems. Je n'avois jamais été tout-à-fait sans religion; mais peut-être vaudroit-il mieux n'en point avoir du tout, que d'en avoir une extérieure et manierée, qui sans toucher le cœur rassure la conscience; de se borner à des formules; et de croire exactement en Dieu à certaines heures pour n'y plus penser le reste du tems. Scrupuleusement attachée au culte public, je n'en savois rien tirer pour la pratique de ma vie. Je me sentois bien née et me livrois à mes penchans; j'aimois à réflechir, et me fiois à ma raison; ne pouvant accorder l'esprit de l'évangile avec celui du monde, ni la foi avec les œuvres, j'avois pris un milieu qui contentoit ma vaine sagesse; j'avois des maximes pour croire et d'autres pour agir; j'oubliois dans un lieu ce que j'avois pensé dans l'autre, j'étois dévote à l'Eglise et philosophe au logis. Hélas ! je n'étois rien nulle part; mes prieres n'étoient que des mots, mes raisonnemens des Sophismes, et je suivois pour toute lumiere la fausse lueur des feux-errans qui me guidoient pour me perdre.

Je ne puis vous dire combien ce principe intérieur qui m'avoit manqué jusqu'ici m'a donné de mépris pour ceux qui m'ont si mal conduite. Quelle étoit, je vous prie, leur raison premiere, et sur quelle base étoient-ils fondés ? Un heureux instinct me porte au bien, une violente passion s'éleve; elle a sa racine dans le même instinct, que ferai-je pour la détruire ? De la considération de l'ordre je tire la beauté de la vertu, et sa bonté de l'utilité commune; mais que fait tout cela contre mon intérêt particulier, et lequel au fond m'importe le plus, de mon bonheur aux dépends du reste des hommes, ou du bonheur des autres aux dépends du mien ? si la crainte de la honte ou du châtiment m'empêchent de mal faire pour mon profit, je n'ai qu'à mal faire en secret, la vertu n'a plus rien à me dire, et si je suis surprise en faute, on punira comme à Sparte non le délit, mais la maladresse. Enfin que le caractere et l'amour du beau soit empreint par la nature au fond de mon ame, j'aurai ma regle aussi longtems qu'il ne sera point défiguré; mais comment m'assurer de conserver toujours dans sa pureté cette effigie intérieure qui n'a point parmi les êtres sensibles de modele auquel on puisse la comparer ? Ne sait-on pas que les affections désordonnées corrompent le jugement ainsi que la volonté, et que la conscience s'altere et se modifie insensiblement dans chaque siecle, dans chaque peuple, dans chaque individu selon l'inconstance et la variété des préjugés ?

Adorez l'Etre Eternel, mon digne et sage ami; d'un souffle vous détruirez ces fantômes de raison, qui n'ont qu'une vaine apparence et fuyent comme une ombre devant l'immuable vérité. Rien n'existe que par celui qui est. C'est lui qui donne un but à la justice, une base à la vertu, un prix à cette courte vie employée à lui plaire; c'est lui qui ne cesse de crier aux coupables que leurs crimes secrets ont été vus, et qui fait dire au juste oublié : tes vertus ont un témoin; c'est lui, c'est sa substance inaltérable qui est le vrai modele des perfections dont nous portons tous une image en nous-mêmes. Nos passions ont beau la défigurer; tous ses traits liés à l'essence infinie se réprésentent toujours à la raison et lui servent à rétablir ce que l'imposture et l'erreur en ont altéré. Ces distinctions me semblent faciles; le sens commun suffit pour les faire. Tout ce qu'on ne peut séparer de l'idée de cette essence est Dieu; tout le reste est l'ouvrage des hommes. C'est à la contemplation de ce divin modele que l'ame s'épure et s'éleve, qu'elle apprend à mépriser ses inclinations basses et à surmonter ses vils penchans. Un cœur pénétré de ces sublimes vérités se refuse aux petites passions des hommes; cette grandeur infinie le dégoûte de leur orgueil; le charme de la méditation l'arrache aux desirs terrestres; et quand l'Etre immense dont il s'occupe n'existeroit pas, il seroit encore bon qu'il s'en occupât sans cesse pour être plus maitre de lui-même, plus fort, plus heureux et plus sage[1].

Cherchez-vous un exemple sensible des vains sophismes d'une raison qui ne s'appuye que sur elle-même ? Considérons de sens-froid les discours de vos philosophes, dignes apologistes du crime, qui ne séduisirent jamais que des cœurs déja corrompus. Ne diroit-on pas qu'en s'attaquant directement au plus saint et au plus solemnel des engagemens, ces dangéreux raisonneurs ont résolu d'anéantir d'un seul coup toute la société humaine, qui n'est fondée que sur la foi des conventions ? Mais voyez, je vous prie, comment ils disculpent un adultere secret ! C'est, disent-ils, qu'il n'en résulte aucun mal, pas même pour l'époux qui l'ignore. Comme s'ils pouvoient être sûrs qu'il l'ignorera toujours ? comme s'il suffisoit pour autoriser le parjure et l'infidélité qu'ils ne nuisissent pas à autrui ? comme si ce n'étoit pas assés pour abhorrer le crime, du mal qu'il fait à ceux qui le commettent ? Quoi donc ! ce n'est pas un mal de manquer de foi, d'anéantir autant qu'il est en soi la force du serment et des contracts les plus inviolables ? Ce n'est pas un mal de se forcer soi-même à devenir fourbe et menteur ? Ce n'est pas un mal de former des liens qui vous font desirer le mal et la mort d'autrui ? la mort de celui-même qu'on doit le plus aimer et avec qui l'on a juré de vivre ? Ce n'est pas un mal qu'un état dont mille autres crimes sont toujours le fruit ? Un bien qui produiroit tant de maux seroit par cela seul un mal lui-même.

L'un des deux penseroit-il être innocent, parce qu'il est libre peut-être de son côté, et ne manque de foi à personne ? Il se trompe grossierement. Ce n'est pas seulement l'intérêt des Epoux, mais la cause commune de tous les hommes que la pureté du mariage ne soit point altérée. Chaque fois que deux époux s'unissent par un nœud solemnel (*a*), il intervient un engagement tacite de tout le genre humain de respecter ce lien sacré, d'honorer en eux l'union conjugale; et c'est, ce me semble, une raison très forte contre les mariages clandestins, qui, n'offrant nul signe de cette union, exposent des cœurs innocens à bruler d'une flame adultere. Le public est en quelque sorte garant d'une convention passée en sa présence, et l'on peut dire que l'honneur d'une femme pudique eſt sous la protection spéciale de tous les gens de bien. Ainsi quiconque ose la corrompre peche, premierement parce qu'il la fait pecher, et qu'on partage toujours les crimes qu'on fait commettre; il peche encore directement lui-même, parce qu'il viole la foi publique et sacrée du mariage sans lequel rien ne peut subsiſter dans l'ordre légitime des choses humaines.

Le crime eſt secret, disent-ils, et il n'en résulte aucun mal pour personne. Si ces philosophes croyent l'exiſtence de Dieu et l'immortalité de l'ame, peuvent-ils appeller un crime secret celui qui a pour témoin le premier offensé et le seul vrai Juge ? Etrange secret que celui qu'on dérobe à tous les yeux hors ceux à qui l'on a le plus d'intérêt à le cacher ! Quand-même ils ne reconnoitroient pas la présence de la divinité, comment osent-ils soutenir qu'ils ne font de mal à personne ? comment prouvent ils qu'il eſt indifférent à un pere d'avoir des héritiers qui ne soient pas de son sang; d'être chargé, peut-être de plus d'enfans qu'il n'en auroit eu, et forcé de partager ses biens aux gages de son deshonneur sans sentir pour eux des entrailles de pere ? Supposons ces raisonneurs matérialiſtes, on n'en eſt que mieux fondé à leur opposer la douce voix de la nature, qui réclame au fond de tous les cœurs contre une orgueilleuse philosophie, et qu'on n'attaqua jamais par de bonnes raisons. En effet, si le corps seul produit la pensée, et que le sentiment dépende uniquement des organes, deux Etres formés d'un même sang ne doivent ils pas avoir entre eux une plus étroite analogie, un attachement plus fort l'un pour l'autre, et se ressembler d'ame comme de visage, ce qui eſt une grande raison de s'aimer ?

N'eſt-ce donc faire aucun mal, à votre avis, que d'anéantir ou troubler par un sang étranger cette union naturelle, et d'altérer dans son principe l'affection mutuelle qui doit lier entre eux tous les membres d'une famille ? Y a-t-il au monde un honnête homme qui n'eut horreur de changer l'enfant d'un autre en nourrice, et le crime eſt-il moindre de le changer dans le sein de la mere ?

Si je considere mon sexe en particulier, que de maux j'apperçois dans ce desordre qu'ils prétendent ne faire aucun mal ! Ne fut-ce que l'avilissement d'une femme coupable à qui la perte de l'honneur ôte bientôt toutes les autres vertus (*a*) ! Que d'indices trop sûrs pour un tendre époux d'une intelligence qu'ils pensent justifier par le secret ! Ne fut-ce que de n'être plus aimé de sa femme. Que fera-t-elle avec ses soins artificieux que mieux prouver son indifférence ? Est-ce l'œil de l'amour qu'on abuse par de feintes caresses ? et quel supplice auprès d'un objet chéri, de sentir que la main nous embrasse et que le cœur nous repousse ? Je veux que la fortune seconde une prudence qu'elle a si souvent trompée; je compte un moment pour rien la témérité de confier sa prétendue innocence et le repos d'autrui à des précautions que le Ciel se plait à confondre : Que de faussetés, que de mensonges, que de fourberies pour couvrir un mauvais commerce, pour tromper un mari, pour corrompre des domestiques, pour en imposer au public ! Quel scandale pour des complices ! quel exemple pour des enfans ! Que devient leur éducation parmi tant de soins pour satisfaire impunément de coupables feux ? Que devient la paix de la maison et l'union des chefs ? Quoi ! dans tout cela l'epoux n'est point lézé ? Mais qui le dédomagera donc d'un cœur qui lui étoit dû ? Qui lui pourra rendre une femme estimable ? Qui lui donnera le repos et la sûreté ? Qui le guérira de ses justes soupçons ? Qui fera (*b*) confier un pere au sentiment de la nature en embrassant son propre enfant ?

A l'égard des liaisons prétendues que l'adultere et l'infidélité peuvent former entre les familles, c'est moins une raison sérieuse qu'une plaisanterie absurde et brutale qui ne mérite pour toute réponse que le mépris et l'indignation. Les trahisons, les querelles, les combats, les meurtres, les empoisonnemens dont ce desordre a couvert la terre dans tous les tems, montrent assés ce qu'on doit attendre pour le repos et l'union des hommes, d'un attachement formé par le crime. S'il résulte quelque sorte de société de ce vil et méprisable commerce, elle est semblable à celle des brigands qu'il faut détruire et anéantir pour assurer les sociétés légitimes[1].

J'ai tâché de suspendre l'indignation que m'inspirent ces maximes pour les discuter paisiblement avec vous. Plus je les trouve insensées, moins je dois dédaigner de les réfuter pour me faire honte à moi-même de les avoir peut-être écoutées avec trop peu d'éloignement. Vous voyez combien elles supportent mal l'examen de la saine raison; mais où chercher la saine raison sinon dans celui qui en eſt la source, et que penser de ceux qui consacrent à perdre les hommes ce flambeau divin (*a*) qu'il leur donna pour les guider ? Défions-nous d'une philosophie en paroles; défions-nous d'une fausse vertu qui sape toutes les vertus, et s'applique à juſtifier tous les vices pour s'autoriser à les avoir tous. Le meilleur moyen de trouver ce qui eſt bien eſt de le chercher sincerement, et l'on ne peut longtems le chercher ainsi sans remonter à l'auteur de tout bien. C'eſt ce qu'il me semble avoir fait depuis que je m'occupe à rectifier mes sentimens et ma raison; c'eſt ce que vous ferez mieux que moi quand vous voudrez suivre la même route. Il m'eſt consolant de songer que vous avez souvent nourri mon esprit des grandes idées de la religion, et vous dont le cœur n'eut rien de caché pour moi ne m'en eussiez pas ainsi parlé si vous aviez eu d'autres sentimens. Il me semble même que ces conversations avoient pour nous des charmes. La présence de l'Etre Suprême ne nous fut jamais importune; elle nous donnoit plus d'espoir que d'épouvante; elle n'effraya jamais que l'ame du méchant; nous aimions à l'avoir pour témoin de nos entretiens, à nous élever conjointement jusqu'à lui. Si quelquefois nous étions humiliés par la honte, nous nous disions en déplorant nos foiblesses : au moins il voit le fond de nos cœurs, et nous en étions plus tranquiles[1].

Si cette sécurité nous égara, c'eſt au principe sur lequel elle étoit fondée à nous ramener. N'eſt-il pas bien indigne d'un homme de ne pouvoir jamais s'accorder avec lui-même, d'avoir une regle pour ses actions, une autre pour ses sentimens, de penser comme s'il étoit sans corps, d'agir comme s'il étoit sans ame, et de ne jamais approprier à soi tout entier, rien de ce qu'il fait en toute sa vie ? Pour moi, je trouve qu'on eſt bien fort avec nos anciennes maximes, quand on ne les borne pas à de vaines spéculations. La foiblesse eſt de l'homme, et le Dieu clément qui le fit la lui pardonnera sans doute; mais le crime eſt du méchant, et ne reſtera point impuni devant l'auteur de toute juſtice. Un incrédule, d'ailleurs heureusement né se livre aux vertus qu'il aime; il fait le bien par goût et non par choix. Si tous ses desirs sont droits, il les suit sans contrainte; il les suivroit de même s'ils ne l'étoient pas; car pourquoi se gêneroit-il ? Mais celui qui reconnoit et sert le pere commun des hommes (*a*) se croit une plus haute destination; l'ardeur de la remplir anime son zele, et suivant une regle plus sûre que ses penchans, il sait faire le bien qui lui coûte, et sacrifier les desirs de son cœur à la loi du devoir. Tel est, mon ami, le sacrifice héroïque[1] auquel nous sommes tous deux appellés. L'amour qui nous unissoit eut fait le charme de notre vie. Il survéquit[2] à l'espérance; il brava le tems et l'éloignement; il supporta toutes les épreuves. Un sentiment si parfait ne devoit point périr de lui-même; il étoit digne de n'être immolé qu'à la vertu.

Je vous dirai plus. Tout est changé entre nous; il faut nécessairement que votre cœur change. Julie de Wolmar n'est plus votre ancienne Julie; la révolution de vos sentimens pour elle est inévitable, et il ne vous reste que le choix de faire honneur de ce changement au vice ou à la vertu. J'ai dans la mémoire un passage d'un Auteur que vous ne récuserez pas. « L'amour » dit-il « est privé de » son plus grand charme quand l'honnêteté l'abandonne. » Pour en sentir tout le prix, il faut que le cœur s'y com- » plaise et qu'il nous éleve en élevant l'objet aimé. Otez » l'idée de la perfection vous ôtez l'enthousiasme; ôtez » l'estime et l'amour n'est plus rien. Comment une » femme honorera-t-elle un homme qu'elle doit mépri- » ser ? Comment pourra-t-il honorer lui-même celle » qui n'a pas craint de s'abandonner à un vil corrup- » teur ? Ainsi bientôt ils se mépriseront mutuellement. » L'amour, ce sentiment céleste ne sera plus pour eux » qu'un honteux commerce. Ils auront perdu l'honneur » et n'auront point trouvé la félicité*. » Voila notre leçon, mon ami, c'est vous qui l'avez dictée[3]. Jamais nos cœurs s'aimerent ils plus délicieusement, et jamais l'honnêteté leur fut elle aussi chere que dans les tems heureux où cette lettre fut écritte? Voyez donc à quoi nous méneroient aujourd'hui de coupables feux nourris aux dépends des plus doux transports qui ravissent l'ame. L'horreur du vice qui nous est si naturelle à tous deux s'étendroit bientôt sur le complice de nos fautes; nous nous haïrions (*b*) pour nous être trop aimés[4], et l'amour s'éteindroit dans les remords. Ne vaut-il pas mieux épurer un

* Voyez premiere partie. Lettre XXIV.

sentiment si cher pour le rendre durable[1] ? Ne vaut-il pas mieux en conserver au moins ce qui peut s'accorder avec l'innocence ? N'eſt-ce pas conserver tout ce qu'il eut de plus charmant ? Oui, mon bon et digne ami, pour nous aimer toujours il faut renoncer l'un à l'autre. Oublions tout le reſte et soyez l'amant de mon ame. Cette idée eſt si douce qu'elle console de tout.

Voila le fidelle tableau de ma vie, et l'hiſtoire naïve de tout ce qui s'eſt passé dans mon cœur. Je vous aime toujours, n'en doutez pas. Le sentiment qui m'attache à vous eſt si tendre et si vif encore, qu'une autre en seroit peut-être allarmée; pour moi j'en connus un trop différent pour me défier de celui-ci. Je sens qu'il a changé de nature[2], et du moins en cela, mes fautes passées fondent ma sécurité présente. Je sais que l'exacte bienséance et la vertu de parade exigeroient davantage encore et ne seroient pas contentes que vous ne fussiez tout à fait oublié. Je crois avoir une regle plus sûre et je m'y tiens. J'écoute en secret ma conscience[3]; elle ne me reproche rien, et jamais elle ne trompe une ame qui la consulte sincerement. Si cela ne suffit pas pour me juſtifier dans le monde, cela suffit pour ma propre tranquillité. Comment s'eſt fait cet heureux changement ? Je l'ignore. Ce que je sais, c'eſt que je l'ai vivement desiré. Dieu seul a fait le reſte[4]. Je penserois qu'une ame une fois corrompue l'eſt pour toujours, et ne revient plus au bien d'elle même; à moins que quelque révolution subite, quelque brusque changement de fortune et de situation ne change tout à coup ses rapports, et par un violent ébranlement ne l'aide à retrouver une bonne assiete. Toutes ses habitudes étant rompues et toutes ses passions modifiées, dans ce bouleversement général on reprend quelquefois son caractere primitif et l'on devient comme un nouvel être sorti recemment des mains de la nature. Alors le souvenir de sa précedente bassesse peut servir de préservatif contre une rechute. Hier on étoit abject et foible; aujourd'hui l'on eſt fort et magnanime. En se contemplant de si près dans deux états si differens, on en sent mieux le prix de celui où l'on eſt remonté, et l'on en devient plus attentif à s'y soutenir. Mon mariage m'a fait éprouver quelque chose de semblable à ce que je tâche de vous expliquer. Ce lien si redouté me delivre d'une servitude beaucoup plus redoutable, et mon époux m'en devient plus cher pour m'avoir rendue à moi-même.

Nous étions trop unis vous et moi, pour qu'en changeant d'espéce notre union se detruise (*a*). Si vous perdez une tendre amante, vous gagnez une fidelle amie, et quoique nous en ayons pu dire durant nos illusions, je doute que ce changement vous soit desavantageux. Tirez-en le même parti que moi, je vous en conjure, pour devenir meilleur et plus sage, et pour épurer par des mœurs Chrétiennes les leçons de la philosophie. Je ne serai jamais heureuse que vous ne soyez heureux aussi, et je sens plus que jamais qu'il n'y a point de bonheur sans la vertu. Si vous m'aimez véritablement, donnez-moi la douce consolation de voir que nos cœurs ne s'accordent pas moins dans leur retour au bien qu'ils s'accorderent dans leur égarement.

Je ne crois pas avoir besoin d'apologie pour cette longue Lettre. Si vous m'étiez moins cher, elle seroit plus courte. Avant de la finir il me reste une grace à vous demander. Un cruel fardeau me pese sur le cœur. Ma conduite passée est ignorée de M. de Wolmar; mais une sincérité sans reserve fait partie de la fidélité que je lui dois. J'aurois déja cent fois tout avoüé (*b*)[1]; vous seul m'avez retenue. Quoique je connoisse la sagesse et la modération de M. de Wolmar, c'est toujours vous compromettre que de vous nommer, et je n'ai point voulu le faire sans votre consentement. Seroit-ce vous déplaire que de vous le demander, et aurois-je trop présumé de vous ou de moi en me flatant de l'obtenir ? songez, je vous supplie, que cette reserve ne sauroit être innocente, qu'elle m'est chaque jour plus cruelle, et que jusqu'à la reception de votre réponse je n'aurai pas un instant de tranquilité.

LETTRE XIX.

RÉPONSE.

Et vous ne seriez plus ma Julie ? Ah ! ne dites pas cela, digne et respectable femme. Vous l'êtes plus que jamais. Vous êtes celle qui mérite (*c*) les hommages de tout l'univers. Vous êtes celle que j'adorai en commençant d'être sensible à la véritable beauté; vous êtes celle que je ne cesserai d'adorer, même après ma mort, s'il reste encore en mon ame quelque souvenir des attraits vraiment célestes (*a*) qui l'enchanterent durant ma vie. Cet effort de courage qui vous ramene à toute votre vertu ne vous rend que plus semblable à vous même. Non, non, quelque supplice que j'éprouve à le sentir et le dire, jamais vous ne futes mieux ma Julie qu'au moment que vous renoncez à moi. Hélas ! c'est en vous perdant que je vous ai retrouvée[1]. Mais moi dont le cœur frémit au seul projet de vous imiter, moi tourmenté d'une passion criminelle que je ne puis ni supporter ni vaincre, suis-je celui que je pensois être ? Etois-je digne de vous plaire ? Quel droit avois-je de vous importuner de mes plaintes et de mon desespoir ? C'étoit bien à moi d'oser soupirer pour vous ! Eh ! qu'étois-je pour vous aimer ?

Insensé ! comme si je n'éprouvois pas assés d'humiliations sans en rechercher de nouvelles ! Pourquoi compter des différences que l'amour fit disparoitre (*b*) ? Il m'élevoit, il m'égaloit à vous, sa flame me soutenoit; nos cœurs s'étoient confondus, tous leurs sentimens nous étoient communs et les miens partageoient la grandeur des votres. Me voila donc retombé dans toute ma bassesse ! Doux espoir qui nourrissois mon ame et m'abusas si longtems, te voila donc éteint sans retour ? Elle ne sera point à moi ? Je la perds pour toujours ? Elle fait le bonheur d'un autre ?... ô rage ! ô tourment de l'enfer !.... Infidelle ! ah ! devois-tu jamais.... Pardon, pardon, Madame, ayez pitié de mes fureurs. O Dieu ! vous l'avez trop bien dit, elle n'est plus.... elle n'est plus, cette tendre Julie à qui je pouvois montrer tous les mouvemens de mon cœur. Quoi, je me trouvois malheureux, et je pouvois me plaindre ?.... elle pouvoit m'écouter ? J'étois malheureux ?.... que suis-je donc aujourd'hui ?.... Non, je ne vous ferai plus rougir de vous ni de moi. C'en est fait (*c*), il faut renoncer l'un à l'autre; il faut nous quiter. La vertu même en a dicté l'arrêt; votre main l'a pu tracer. Oublions-nous.... oubliez-moi, du moins[2]. Je l'ai résolu, je le jure; je ne vous parlerai plus de moi.

Oserai-je vous parler de vous encore, et conserver le seul intérêt qui me reste au monde; celui de votre bonheur ? En m'exposant l'état de votre ame, vous ne m'avez rien dit de votre sort. Ah ! pour prix d'un sacrifice qui doit être senti de vous, daignez me tirer de ce doute insupportable. Julie, êtes-vous heureuse ? Si vous l'êtes donnez-moi dans mon desespoir la seule consolation dont je sois susceptible; si vous ne l'êtes pas, par pitié daignez me le dire, j'en serai moins long-tems malheureux.

Plus je réfléchis sur l'aveu[1] que vous méditez, moins j'y puis consentir (*a*), et le même motif qui m'ôta toujours le courage de vous faire un refus me doit rendre inexorable sur celui-ci. Le sujet eſt de la derniere importance, et je vous exhorte à bien peser mes raisons (*b*). Premierement, il me semble que votre extrême délicatesse vous jette à cet égard dans l'erreur, et je ne vois point sur quel fondement la plus auſtere vertu pourroit exiger une pareille confession. Nul engagement (*c*) au monde ne peut avoir un effet rétroactif. On ne sauroit s'obliger pour le passé ni promettre ce qu'on n'a plus le pouvoir de tenir; pourquoi devroit-on compte à celui à qui l'on s'engage, de l'usage antérieur qu'on a fait de sa liberté et d'une fidélité qu'on ne lui a point promise ? Ne vous y trompez pas, Julie, ce n'eſt pas à votre époux, c'eſt à votre ami (*d*) que vous avez manqué de foi. Avant la tirannie de votre pere, le Ciel et la nature nous avoient unis l'un à l'autre (*e*). Vous avez fait en formant d'autres nœuds un crime que l'amour ni l'honneur peut-être ne pardonne point, et c'eſt à moi seul de réclamer le bien que M. de Wolmar m'a ravi (*f*).

S'il eſt des cas où le devoir puisse exiger un pareil aveu, c'eſt quand le danger d'une rechute oblige une femme prudente à prendre des précautions pour s'en garantir. Mais votre lettre m'a plus éclairé que vous ne pensez sur vos vrais sentimens. En la lisant, j'ai senti dans mon propre cœur, combien le votre eut abhorré de près, même au sein de l'amour, un engagement criminel dont l'éloignement nous ôtoit l'horreur.

Dès-là que le devoir et l'honnêteté n'exigent pas cette confidence, la sagesse et la raison la défendent; car c'eſt risquer sans nécessité ce qu'il y a de plus précieux dans le mariage, l'attachement d'un époux, la mutuelle confiance, la paix de la maison. Avez-vous assés réflechi sur une pareille démarche ? Connoissez-vous assés votre mari pour-être sûre de l'effet qu'elle produira sur lui ? savez-vous combien il y a d'hommes au monde auxquels il n'en faudroit pas davantage pour concevoir une jalousie effrénée (*a*), un mépris invincible, et peut-être attenter aux jours d'une femme ? Il faut pour ce délicat examen avoir égard aux tems, aux lieux (*b*), aux caracteres. Dans le pays où je suis, de pareilles confidences sont sans aucun danger, et ceux qui traitent si légerement la foi conjugale ne sont pas gens à faire une si grande affaire des fautes qui précéderent l'engagement. Sans parler des raisons qui rendent quelquefois ces aveux indispensables et qui n'ont pas eu lieu pour vous, je connois des femmes assés médiocrement estimables, qui se sont fait à peu de risque un mérite de cette sincérité, peut-être pour obtenir à ce prix une confiance dont elles pussent abuser au besoin (*c*). Mais dans des lieux où la sainteté du mariage est plus respectée, dans des lieux où ce lien sacré forme une union solide et où les maris ont un véritable attachement pour leurs femmes, ils leur demandent un compte plus sévere d'elles-mêmes; ils veulent que leurs cœurs n'ayent connu que pour eux un sentiment tendre; usurpant un droit qu'ils n'ont pas, ils exigent qu'elles soient à eux seuls avant de leur appartenir, et ne pardonnent pas plus l'abus de la liberté qu'une infidélité réelle (*d*).

Croyez-moi (*e*), vertueuse Julie, défiez-vous d'un zele sans fruit et sans nécessité. Gardez un secret dangereux que rien ne vous oblige à réveler, dont la communication peut vous perdre et n'est d'aucun usage à votre époux. S'il est digne de cet aveu, son ame en sera contristée, et vous l'aurez affligé sans raison : s'il n'en est pas digne, pourquoi voulez-vous donner un prétexte à ses torts envers vous ? Que savez-vous si votre vertu qui vous a soutenue contre les attaques de votre cœur, vous soutiendroit encore contre des chagrins domestiques toujours renaissans ? N'empirez point volontairement vos maux, de peur qu'ils ne deviennent plus forts que votre courage, et que vous ne retombiez à force de scrupules dans un état pire que celui dont vous avez eu peine à sortir. La sagesse est la base de toute vertu; consultez-la, je vous en conjure, dans la plus importante occasion de votre vie, et si ce fatal secret vous pese si cruellement, attendez du moins, pour vous en décharger, que le tems, les années, vous donnent une connoissance plus parfaite de votre époux, et ajoûtent dans son cœur à l'effet de votre beauté, l'effet plus sûr encore des charmes de votre caractere, et la douce habitude de les sentir. Enfin quand ces raisons toutes solides qu'elles sont ne vous persuaderoient pas, ne fermez point l'oreille à la voix qui vous les expose. O Julie, écoutez un homme capable de quelque vertu, et qui mérite au moins de vous quelque sacrifice par celui qu'il vous fait aujourd'hui.

Il faut finir cette Lettre. Je ne pourrois, je le sens, m'empêcher d'y reprendre un ton que vous ne devez plus entendre. Julie, il faut vous quiter ! si jeune encore, il faut déja renoncer au bonheur ? O tems, qui ne dois plus revenir ! tems passé pour toujours, source de regrets éternels ! plaisirs, transports, douces extases, momens délicieux, ravissemens célestes ! mes amours, mes uniques amours, honneur et charme de ma vie ! adieu pour jamais.

LETTRE XX (*a*)[1].

DE JULIE.

Vous me demandez si je suis heureuse. Cette question me touche, et en la faisant vous m'aidez à y répondre; car bien loin de chercher l'oubli dont vous parlez, j'avoue que je ne saurois être heureuse si vous cessiez de m'aimer : mais je le suis à tous égards, et rien ne manque à mon bonheur que le votre. Si j'ai évité dans ma Lettre précédente de parler de M. de Wolmar, je l'ai fait par ménagement pour vous. Je connoissois trop votre sensibilité pour ne pas craindre d'aigrir vos peines : mais votre inquietude sur mon sort m'obligeant à vous parler de celui dont il dépend, je ne puis vous en parler que d'une maniere digne de lui, comme il convient à son épouse et à une amie de la vérité (*b*).

M. de Wolmar[2] a près de cinquante ans (*c*); sa vie unie, reglée, et le calme des passions lui ont conservé (*d*) une constitution si saine et un air si frais qu'il paroit à peine en avoir quarante, et il n'a rien d'un âge avancé que l'expérience et la sagesse. Sa phisionomie est noble et prévenante, son abord simple et ouvert, ses manieres sont plus honnêtes qu'empressées, il parle peu et d'un grand sens, mais sans affecter ni précision, ni sentences (*e*). Il est le même pour tout le monde, ne cherche et ne fuit personne, et n'a jamais d'autres préférences que celles de la raison.

Malgré sa froideur naturelle, son cœur secondant les intentions de mon pere crut sentir que je lui convenois, et pour la premiere fois de sa vie il prit un attachement (*a*). Ce goût modéré mais durable s'eﬆ si bien réglé sur les bienséances et s'eﬆ maintenu dans une telle égalité, qu'il n'a pas eu besoin de changer de ton en changeant d'état, et que sans blesser la gravité conjugale il conserve avec moi depuis son mariage les mêmes manieres qu'il avoit auparavant. Je ne l'ai jamais vu ni gai ni triﬆe, mais toujours content; jamais il ne me parle de lui, rarement de moi; il ne me cherche pas, mais il n'eﬆ pas fâché que je le cherche, et me quite peu volontiers. Il ne rit point; il eﬆ sérieux sans donner envie de l'être; au contraire, son abord serein semble m'inviter à l'enjoûment, et comme les plaisirs que je goûte sont les seuls auxquels il paroit sensible, une des attentions que je lui dois eﬆ de chercher à m'amuser. En un mot, il veut que je sois heureuse; il ne me le dit pas, mais je le vois; et vouloir le bonheur de sa femme n'eﬆ-ce pas l'avoir obtenu ?

Avec quelque soin que j'aye pu l'observer, je n'ai sû lui trouver de passion d'aucune espece que celle qu'il a pour moi. Encore cette passion eﬆ-elle si égale et si tempérée qu'on diroit qu'il n'aime qu'autant qu'il veut aimer et qu'il ne le veut qu'autant que la raison le permet. Il eﬆ réellement ce que Milord Edouard croit être; en quoi je le trouve bien supérieur à tous nous autres gens à sentiment[1] qui nous admirons tant nous-mêmes (*b*); car le cœur nous trompe en mille manieres et n'agit que par un principe toujours suspect; mais la raison n'a d'autre fin que ce qui eﬆ bien; ses regles sont sûres, claires, faciles dans la conduite de la vie, et jamais elle ne s'égare que dans d'inutiles spéculations qui ne sont pas faites pour elle.

Le plus grand goût de M. de Wolmar eﬆ d'observer. Il aime à juger des caracteres des hommes et des actions qu'il voit faire. Il en juge avec une profonde sagesse et la plus parfaite impartialité. Si un ennemi lui faisoit du mal, il en discuteroit les motifs et les moyens aussi paisiblement que s'il s'agissoit d'une chose indifférente. Je ne sais comment il a entendu parler de vous, mais il m'en a parlé plusieurs fois lui-même avec beaucoup d'eﬆime, et je le connois incapable de déguisement. J'ai cru remarquer quelquefois qu'il m'observoit durant ces entretiens, mais il y a grande apparence que cette prétendue remarque n'eſt que le secret reproche d'une conscience allarmée (*a*). Quoiqu'il en soit, j'ai fait en cela mon devoir; la crainte ni la honte (*b*) ne m'ont point inspiré de réserve injuſte, et je vous ai rendu juſtice auprès de lui, comme je la lui rends auprès de vous (*c*)[1].

J'oubliois de vous parler de nos revenus et de leur adminiſtration[2]. Le débris[3] des biens de M. de Wolmar joint à celui de mon pere qui ne s'eſt reservé qu'une pension, lui fait une fortune honnête et modérée, dont il use noblement et sagement, en maintenant chez lui, non l'incomode et vain apareil du luxe, mais l'abondance, les véritables comodités de la vie*, et le nécessaire chez ses voisins indigens. L'ordre qu'il a mis dans sa maison eſt l'image de celui qui regne au fond de son ame, et semble imiter dans un petit ménage l'ordre établi dans le gouvernement du monde (*d*). On n'y voit ni cette inflexible régularité qui donne plus de gêne que d'avantage et n'eſt supportable qu'à celui qui l'impose, ni cette confusion mal entendue qui pour trop avoir ôte l'usage de tout (*e*). On y reconnoît toujours la main du maitre et l'on ne la sent jamais; il a si bien ordonné le premier arrangement

* Il n'y a pas d'association plus commune que celle du faſte et de la lézine. On prend sur la nature, sur les vrais plaisirs, sur le besoin même, tout ce qu'on donne à l'opinion. Tel homme orne son palais aux dépends de sa cuisine; tel autre aime mieux une belle vaisselle qu'un bon diné; tel autre fait un repas d'appareil[4], et meurt de faim tout le reſte de l'année. Quand je vois un buffet[5] de vermeil, je m'attends à du vin qui m'empoisonne. Combien de fois dans des maisons de campagne en respirant le frais au matin l'aspect d'un beau jardin vous tente ? On se leve de bonne heure, on se promene, on gagne de l'appétit, on veut déjeuner. L'Officier[6] eſt sorti, ou les provisions manquent, ou Madame n'a point donné ses ordres, ou l'on vous fait ennuyer d'attendre. Quelquefois on vous prévient, on vient magnifiquement vous offrir de tout, à condition que vous n'accepterez rien. Il faut reſter à jeun jusqu'à trois heures, ou déjeuner avec des tulipes. Je me souviens de m'être promené dans un très beau parc dont on disoit que la Maitresse aimoit beaucoup le caffé et n'en prenoit jamais, attendu qu'il coûtoit quatre sols la tasse : mais elle donnoit de grand cœur mille écus à son jardinier. Je crois que j'aimerois mieux avoir des charmilles moins bien taillées, et prendre du caffé plus souvent (*f*)[7].

qu'à présent tout va tout seul, et qu'on jouit à la fois de la regle et de la liberté.

Voila, mon bon ami, une idée abrégée mais fidelle du caractere de M. de Wolmar, autant que je l'ai pu connoitre depuis que je vis avec lui. Tel il m'a paru le premier jour, tel il me paroit le dernier sans aucune altération; ce qui me fait espérer que je l'ai bien vû, et qu'il ne me reste plus rien à découvrir; car je n'imagine pas qu'il put se montrer autrement sans y perdre.

Sur ce tableau vous pouvez d'avance vous répondre à vous-même, et il faudroit me mépriser beaucoup pour ne pas me croire heureuse avec tant de sujet de l'être*. Ce qui m'a longtems abusée et qui peut-être vous abuse encore, c'est la pensée que l'amour est nécessaire pour former un heureux mariage. Mon ami, c'est une erreur; l'honnêteté, la vertu, de certaines convenances, moins de conditions et d'âges que de caracteres et d'humeurs suffisent entre deux époux; ce qui n'empêche point qu'il ne resulte de cette union un attachement très tendre qui, pour n'être pas précisement de l'amour, n'en est pas moins doux et n'en est que plus durable. L'amour est accompagné d'une (*a*) inquietude continuelle de jalousie ou de privation, peu convenable au mariage, qui est un état de jouissance et de paix. On ne s'épouse point pour penser uniquement l'un à l'autre, mais pour remplir conjointement les devoirs de la vie civile, gouverner prudemment la maison, bien elever ses enfans. Les amans ne voyent jamais qu'eux, ne s'occupent incessamment que d'eux, et la seule chose qu'ils sachent faire est de s'aimer. Ce n'est pas assés pour des Epoux qui ont tant d'autres soins à remplir (*b*). Il n'y a point de passion qui nous fasse une si forte illusion que l'amour : On prend sa violence pour un signe de sa durée; le cœur surchargé d'un sentiment si doux, l'étend, pour ainsi dire, sur l'avenir, et tant que cet amour dure on croit qu'il ne finira point. Mais au contraire, c'est son ardeur même qui le consume; il s'use avec la jeunesse, il s'efface avec la beauté, il s'éteint sous les glaces de l'âge, et depuis que le monde existe on n'a jamais vû deux amans en cheveux

---

* Apparemment qu'elle n'avoit pas découvert encore le fatal secret qui la tourmenta si fort dans la suite, ou qu'elle ne vouloit pas alors le confier à son ami (*c*)[1].

blancs soupirer l'un pour l'autre. On doit donc compter qu'on cessera de s'adorer tôt ou tard; alors l'idole qu'on servoit détruite, on se voit réciproquement tels qu'on eſt. On cherche avec étonnement l'objet qu'on aima; ne le trouvant plus on se dépite contre celui qui reſte, et souvent l'imagination le défigure autant qu'elle l'avoit paré; il y a peu de gens, dit la Rochefoucault, qui ne soient honteux de s'être aimés, quand ils ne s'aiment plus*. Combien alors il eſt à craindre que l'ennui ne succede à des sentimens trop vifs, que leur déclin sans s'arrêter à l'indifférence ne passe jusqu'au dégoût, qu'on ne se trouve enfin tout à fait rassasiés l'un de l'autre, et que pour s'être trop aimés amans on n'en vienne à se haïr époux (*a*) ! Mon cher ami, vous m'avez toujours paru bien aimable, beaucoup trop pour mon innocence et pour mon repos; mais je ne vous ai jamais vu qu'amoureux, que sais-je ce que vous seriez devenu cessant de l'être ? L'amour éteint vous eut toujours laissé la vertu, je l'avoue; mais en eſt-ce assés pour être heureux dans un lien que le cœur doit serrer, et combien d'hommes vertueux ne laissent pas d'être des maris insupportables ? sur tout cela vous en pouvez dire autant de moi.

Pour M. de Wolmar, nulle illusion ne nous prévient l'un pour l'autre; nous nous voyons tels que nous sommes; le sentiment qui nous joint n'eſt point l'aveugle transport des cœurs passionnés, mais l'immuable et conſtant attachement de deux personnes honnêtes et raisonnables qui deſtinées à passer ensemble le reſte de leurs jours sont contentes de leur sort et tâchent de se le rendre doux l'une à l'autre. Il semble que quand on nous eut formés exprès pour nous unir on n'auroit pu réussir mieux. S'il avoit le cœur aussi tendre que moi, il seroit impossible que tant de sensibilité de part et d'autre ne se heurtât quelquefois, et qu'il n'en resultât des querelles. Si j'étois aussi tranquille que lui, trop de froideur regneroit entre nous, et rendroit la société moins agréable et moins douce. S'il ne m'aimoit point, nous vivrions mal ensemble; s'il m'eut trop aimée, il m'eut été importun (*b*). Chacun des deux eſt précisément ce qu'il faut à l'autre; il

* Je serois bien surpris que Julie eut lû et cité la Rochefoucault en toute autre occasion. Jamais son triſte livre ne sera goûté des bonnes gens (*c*)[1].

m'éclaire et je l'anime; nous en valons mieux réunis, et il semble que nous soyons destinés à ne faire entre nous qu'une seule ame, dont il est l'entendement et moi la volonté. Il n'y a pas jusqu'à son âge un peu avancé qui ne tourne au commun avantage : car avec la passion dont j'étois tourmentée, il est certain que s'il eut été plus jeune, je l'aurois épousé avec plus de peine encore, et cet excès de répugnance eut peut-être empêché l'heureuse révolution qui s'est faite en moi.

Mon ami; le Ciel éclaire la bonne intention des peres, et recompense la docilité des enfans. A Dieu ne plaise que je veuille insulter à vos déplaisirs. Le seul desir de vous rassurer pleinement sur mon sort me fait ajoûter ce que je vais vous dire. Quand avec les sentimens que j'eus ci-devant pour vous et les connoissances que j'ai maintenant, je serois libre encore, et maitresse de me choisir un mari, je prends à témoin de ma sincerité ce Dieu qui daigne m'éclairer et qui lit au fond de mon cœur, ce n'est pas vous que je choisirois, c'est M. de Wolmar.

Il importe peut-être à votre entiere guérison que j'achêve de vous dire ce qui me reste sur le cœur. M. de Wolmar est plus âgé que moi. Si pour me punir de mes fautes, le Ciel m'ôtoit le digne époux que j'ai si peu mérité, ma ferme résolution est de n'en prendre jamais un autre. S'il n'a pas eu le bonheur de trouver une fille chaste, il laissera du moins une chaste veuve. Vous me connoissez trop bien pour croire qu'après vous avoir fait cette déclaration, je sois femme à m'en retracter jamais (*a*).

Ce que j'ai dit pour lever vos doutes peut servir encore à résoudre en partie vos objecions contre l'aveu que je crois devoir faire à mon mari (*b*). Il est trop sage pour me punir d'une démarche humiliante que le repentir seul peut m'arracher, et je ne suis pas plus incapable (*c*) d'user de la ruse des Dames dont vous parlez, qu'il l'est de m'en soupçonner. Quant à la raison sur laquelle vous prétendez que cet aveu n'est pas nécessaire, elle est certainement un sophisme : Car quoiqu'on ne soit tenue à rien envers un époux qu'on n'a pas encore, cela n'autorise point à se donner à lui pour autre chose que ce qu'on est (*d*). Je l'avois senti, même avant de me marier, et si le serment extorqué par mon pere m'empêcha de faire à cet égard mon devoir, je n'en fus que plus coupable, puisque c'est un crime de faire un serment injuste, et un second de le tenir. Mais j'avois une autre raison que mon cœur n'osoit s'avouer, et qui me rendoit beaucoup plus coupable encore. Grace au Ciel elle ne subsiste plus[1].

Une considération plus légitime et d'un plus grand poids est le danger de troubler inutilement le repos d'un honnête homme qui tire son bonheur de l'estime qu'il a pour sa femme. Il est sûr qu'il ne dépend plus de lui de rompre le nœud qui nous unit, ni de moi d'en avoir été plus digne. Ainsi je risque par une confidence indiscrette de l'affliger à pure perte, sans tirer d'autre avantage de ma sincérité que de décharger mon cœur d'un secret funeste qui me pese cruellement. J'en serai plus tranquille, je le sens, après le lui avoir déclaré; mais lui, peut-être le sera-t-il moins, et ce seroit bien mal réparer mes torts que de préferer mon repos au sien.

Que ferai-je donc dans le doute où je suis ? En attendant que le Ciel m'éclaire mieux sur mes devoirs, je suivrai le conseil de votre amitié; je garderai le silence; je tairai mes fautes à mon époux, et je tâcherai de les effacer par une conduite qui puisse un jour en mériter le pardon.

Pour commencer une réforme aussi nécessaire, trouvez bon, mon ami, que nous cessions desormais tout commerce entre nous. Si M. de Wolmar avoit reçu ma confession, il décideroit jusqu'à quel point nous pouvons nourrir les sentimens de l'amitié qui nous lie et nous en donner les innocens témoignages; mais puisque je n'ose le consulter là-dessus, j'ai trop appris à mes dépends combien nous peuvent égarer les habitudes les plus légitimes en apparence. Il est temps de devenir sage. Malgré la sécurité de mon cœur, je ne veux plus être juge en ma propre cause, ni me livrer étant femme à la même présomption qui me perdit étant fille. Voici la derniere lettre que vous recevrez de moi. Je vous supplie aussi de ne plus m'écrire. Cependant comme je ne cesserai jamais de prendre à vous le plus tendre intérêt et que ce sentiment est aussi pur que le jour qui m'éclaire, je serai bien aise de savoir quelquefois de vos nouvelles, et de vous voir parvenir au bonheur que vous méritez. Vous pourrez de tems à autre écrire à Made d'Orbe dans les occasions où vous aurez quelque évenement intéressant à nous apprendre. J'espere que l'honnêteté de votre ame se peindra toujours dans vos lettres. D'ailleurs ma Cousine est vertueuse et sage[1], pour ne me communiquer que ce qu'il me conviendra de voir, et pour supprimer cette correspondance si vous étiez capable d'en abuser.

Adieu, mon cher et bon ami; si je croyois que la fortune put vous rendre heureux, je vous dirois : courez à la fortune; mais peut-être avez-vous raison de la dédaigner avec tant de trésors pour vous passer d'elle. J'aime mieux vous dire : courez à la félicité[2], c'est la fortune du sage; nous avons toujours senti qu'il n'y en avoit point sans la vertu; mais prenez garde que ce mot de vertu trop abstrait n'ait plus d'éclat que de solidité, et ne soit un nom de parade qui sert plus à éblouïr les autres qu'à nous contenter nous-mêmes. Je frémis, quand je songe que des gens qui portoient l'adultere au fond de leurs cœurs osoient parler de vertu ! savez-vous bien ce que signifioit pour nous (*a*) un terme si respectable et si profané, tandis que nous étions engagés dans un commerce criminel ? c'étoit cet amour forcené dont nous étions embrasés l'un et l'autre qui déguisoit ses transports sous ce saint enthousiasme pour nous les rendre encore plus chers et nous abuser plus longtems. Nous étions faits, j'ose le croire, pour suivre et chérir la véritable vertu, mais nous nous trompions en la cherchant et ne suivions qu'un vain fantôme. Il est tems que l'illusion cesse; il est tems de revenir d'un trop long égarement. Mon ami, ce retour ne vous sera pas difficile. Vous avez votre guide en vous même, vous l'avez pu négliger, mais vous ne l'avez jamais rebuté (*b*). Votre ame est saine, elle s'attache à tout ce qui est bien, et si quelquefois il lui échape, c'est qu'elle n'a pas usé de toute sa force pour s'y tenir. Rentrez au fond de votre conscience, et cherchez si vous n'y retrouveriez point quelque principe oublié qui serviroit à mieux ordonner toutes vos actions, à les lier plus solidement entre elles, et avec un objet commun. Ce n'est pas assés, croyez-moi, que la vertu soit la base de votre conduite, si vous n'établissez cette base même sur un fondement inébranlable. Souvenez-vous de ces Indiens (*c*) qui font porter le monde sur un grand élephant, et puis l'élephant sur une tortue, et quand on leur demande sur quoi porte la tortue, ils ne savent plus que dire[3].

Je vous conjure de faire quelque attention aux discours de votre amie, et de choisir pour aller au bonheur une route (*d*) plus sûre que celle qui nous a si longtems égarés.

Je ne cesserai de demander au Ciel pour vous et pour moi cette félicité pure, et ne serai contente qu'après l'avoir obtenue pour tous les deux. Ah ! si jamais nos cœurs se rappellent malgré nous (*a*) les erreurs de notre jeunesse, faisons au moins que le retour qu'elles auront produit en autorise le souvenir, et que nous puissions dire avec cet ancien : hélas nous périssions si nous n'eussions péri[1] !

Ici finissent les sermons de la prêcheuse. Elle aura desormais assés à faire à se prêcher elle-même. Adieu, mon aimable ami, adieu pour toujours; ainsi l'ordonne l'infléxible devoir : Mais croyez que le cœur de Julie ne sait point oublier ce qui lui fut cher.... mon Dieu ! que fais-je ?.... vous le verrez trop à l'état de ce papier. Ah ! n'eſt-il pas permis de s'attendrir en disant à son ami le dernier adieu[2] ?

LETTRE XXI (*b*)[3].

A MILORD EDOUARD.

Oui, Milord, il eſt vrai; mon ame eſt oppressée du poids de la vie. Depuis longtems elle m'eſt à charge; j'ai perdu tout ce qui pouvoit me la rendre chere, il ne m'en reſte que les ennuis. Mais on dit qu'il ne m'eſt pas permis d'en disposer sans l'ordre de celui qui me l'a donnée. Je sais aussi qu'elle vous appartient à plus d'un titre. Vos soins me l'ont sauvée deux fois, et vos bienfaits me la conservent sans cesse. Je n'en disposerai jamais que je ne sois sûr de le pouvoir faire sans crime, ni tant qu'il me reſtera la moindre espérance de la pouvoir employer pour vous (*c*).

Vous disiez que je vous étois nécessaire; pourquoi me trompiez-vous ? Depuis que nous sommes à Londres, loin que vous songiez à m'occuper de vous, vous ne vous occupés que de moi. Que vous prenez de soins superflus ! Milord, vous le savez, je hais le crime encore plus que la vie; j'adore l'Etre éternel; je vous dois tout, je vous aime, je ne tiens qu'à vous sur la terre; l'amitié, le devoir y peuvent enchaîner un infortuné : des prétextes et des sophismes ne l'y retiendront point. Eclairez ma raison, parlez à mon cœur; je suis prêt à vous entendre : mais souvenez-vous que ce n'est point le desespoir qu'on abuse.

Vous voulez qu'on raisonne : Hébien raisonnons. Vous voulez qu'on proportionne la délibération à l'importance de la question qu'on agite, j'y consens (*a*). Cherchons la vérité paisiblement, tranquillement. Discutons la proposition générale comme s'il s'agissoit d'un autre. Robeck[1] fit l'apologie de la mort volontaire avant de se la donner. Je ne veux pas faire un livre à son exemple et je ne suis pas fort content du sien; mais j'espere imiter son sang-froid dans cette discussion.

J'ai longtems médité sur ce grave sujet[2]. Vous devez le savoir, car vous connoissez mon sort et je vis encore. Plus j'y réfléchis, plus je trouve que la question se réduit à cette proposition fondamentale (*b*) : Chercher son bien et fuir son mal en ce qui n'offense point autrui, c'est le droit de la nature. Quand notre vie est un mal pour nous et n'est un bien pour personne il est donc permis de s'en délivrer. S'il y a dans le monde une maxime évidente et certaine, je pense que c'est celle-là, et si l'on venoit à bout de la renverser, il n'y a point d'action humaine dont on ne put faire un crime.

Que disent là-dessus nos Sophistes ? Premierement ils regardent la vie comme une chose qui n'est pas à nous, parce qu'elle nous a été donnée; mais c'est précisément parce qu'elle nous a été donnée qu'elle est à nous. Dieu ne leur a-t-il pas donné deux bras ? Cependant quand ils craignent la cangrene ils s'en font couper un, et tous les deux, s'il le faut. La parité est exacte pour qui croit l'immortalité de l'ame; car si je sacrifie mon bras à la conservation d'une chose plus précieuse qui est mon corps, je sacrifie mon corps à la conservation d'une chose plus précieuse qui est mon bien-être. Si tous les dons que le Ciel nous a faits sont naturellement des biens pour nous, ils ne sont que trop sujets à changer de nature, et il y ajouta la raison pour nous apprendre à les discerner. Si cette regle ne nous autorisoit pas à choisir les uns et rejetter les autres, quel seroit son usage parmi les hommes ?

Cette objection si peu solide, ils la retournent de mille manieres. Ils regardent l'homme vivant sur la terre comme un soldat mis en faction. Dieu, disent-ils, t'a placé dans ce monde, pourquoi en sors-tu sans son congé ? Mais toi-même, il t'a placé dans ta ville (*a*), pourquoi en sors-tu sans son congé ? Le congé n'eſt-il pas dans le mal-être ? En quelque lieu qu'il me place, soit dans un corps, soit sur la terre (*b*), c'eſt pour y reſter autant que j'y suis bien, et pour en sortir dès que j'y suis mal. Voila la voix de la nature et la voix de Dieu. Il faut attendre l'ordre, j'en conviens; mais quand je meurs naturellement Dieu ne m'ordonne pas de quiter la vie, il me l'ôte : c'eſt en me la rendant insuportable qu'il m'ordonne de la quiter. Dans le premier cas, je resiſte de toute ma force, dans le second j'ai le mérite d'obéir.

Concevez-vous qu'il y ait des gens assés injuſtes pour taxer la mort volontaire de rébellion contre la providence, comme si l'on vouloit se souſtraire à ses loix ? Ce n'eſt point pour s'y souſtraire qu'on cesse de vivre, c'eſt pour les exécuter. Quoi ! Dieu n'a-t-il de pouvoir que sur mon corps ? Eſt-il quelque lieu dans l'univers où quelque être exiſtant ne soit pas sous sa main, et agira-t-il moins immédiatement sur moi, quand ma subſtance épurée sera plus une, et plus semblable à la sienne ? Non, sa juſtice et sa bonté font mon espoir, et si je croyois que la mort put me souſtraire à sa puissance, je ne voudrois plus mourir.

C'eſt un des Sophismes du Phédon[1], rempli d'ailleurs de vérités sublimes (*c*). Si ton esclave se tuoit, dit Socrate à Cebès, ne le punirois-tu pas, s'il t'étoit possible, pour t'avoir injuſtement privé de ton bien ? Bon Socrate, que nous dites-vous ? N'appartient-on plus à Dieu quand on eſt mort ? Ce n'eſt point cela du tout, mais il faloit dire : si tu charges ton esclave d'un vêtement qui le gêne dans le service qu'il te doit, le puniras-tu d'avoir quité cet habit pour mieux faire son service ? La grande erreur eſt de donner trop d'importance à la vie; comme si notre être en dépendoit, et qu'après la mort on ne fut plus rien. Notre vie n'eſt rien aux yeux de Dieu; elle n'eſt rien aux yeux de la raison, elle ne doit rien être aux notres, et quand nous laissons notre corps, nous ne faisons que poser un vêtement incomode. Eſt-ce la peine d'en faire un si grand bruit ? Milord, ces déclamateurs ne sont point de bonne foi. Absurdes et cruels dans leurs raisonnemens, ils aggravent le prétendu crime comme si l'on s'ôtoit l'exiſtence, et le punissent, comme si l'on exiſtoit toujours.

Quant au Phédon qui leur a fourni le seul argument spécieux qu'ils aient jamais employé, cette question n'y est traitée que très légerement et comme en passant. Socrate condanné par un jugement inique à perdre la vie dans quelques heures, n'avoit pas besoin d'examiner bien attentivement s'il lui étoit permis d'en disposer. En supposant qu'il ait tenu réellement les discours que Platon lui fait tenir, croyez-moi, Milord, il les eut médités avec plus de soin dans l'occasion de les mettre en pratique; et la preuve qu'on ne peut tirer de cet immortel ouvrage aucune bonne objection contre le droit de disposer de sa propre vie, c'est que Caton le lût par deux fois tout entier, la nuit même qu'il quita la terre (*a*)[1].

Ces mêmes Sophistes demandent si jamais la vie peut être un mal ? En considérant cette foule d'erreurs, de tourmens et de vices dont elle est remplie, on seroit bien plus tenté de demander si jamais elle fut un bien ? Le crime assiege sans cesse l'homme le plus vertueux, chaque instant qu'il vit, il est prêt à devenir la proye du méchant ou méchant lui-même. Combattre et souffrir, voila son sort dans ce monde : mal faire et souffrir, voila celui du malhonnête homme. Dans tout le reste ils different entre eux, ils n'ont rien en commun que les miseres de la vie. S'il vous faloit des autorités et des faits, je vous citerois des oracles, des réponses de sages, des actes de vertu récompensés par la mort. Laissons tout cela, Milord; c'est à vous que je parle, et je vous demande quelle est ici bas la principale occupation du sage, si ce n'est de se concentrer, pour ainsi dire, au fond de son ame, et de s'efforcer d'être mort durant sa vie ? Le seul moyen qu'ait trouvé la raison pour nous soustraire aux maux de l'humanité, n'est-il pas de nous détacher des objets terrestres et de tout ce qu'il y a de mortel en nous, de nous recueillir au dedans de nous-mêmes, de nous élever aux sublimes contemplations; et si nos passions et nos erreurs font nos infortunes, avec quelle ardeur devons-nous soupirer après un état qui nous délivre des unes et des autres ? Que font ces hommes sensuels qui multiplient si indiscretement leurs douleurs par leurs voluptés ? Ils anéantissent pour ainsi dire leur existence à force de l'étendre sur la terre; ils aggravent le poids de leurs chaines par le nombre de leurs attachemens; ils n'ont point de jouïssances qui ne leur préparent mille ameres privations : plus ils sentent et plus ils souffrent : plus ils s'enfoncent dans la vie, et plus ils sont malheureux (*a*).

Mais qu'en général, ce soit si l'on veut un bien pour l'homme de ramper tristement sur la terre, j'y consens : je ne prétens pas que tout le genre humain doive s'immoler d'un commun accord, ni faire un vaste tombeau du monde. Il est, il est des infortunés trop privilégiés pour suivre la route commune, et pour qui le desespoir et les ameres douleurs sont le passeport de la nature. C'est à ceux-là qu'il seroit aussi insensé de croire que leur vie est un bien, qu'il l'étoit au Sophiste Possidonius tourmenté de la goutte de nier qu'elle fut un mal[1]. Tant qu'il nous est bon de vivre nous le desirons fortement, et il n'y a que le sentiment des maux extrêmes qui puisse vaincre en nous ce desir : car nous avons tous reçu de la nature une très grande horreur de la mort, et cette horreur déguise à nos yeux les miseres de la condition humaine. On supporte longtems une vie pénible et douloureuse avant de se resoudre à la quiter; mais quand une fois l'ennui de vivre l'emporte sur l'horreur de mourir, alors la vie est évidemment un grand mal, et l'on ne peut s'en délivrer trop tôt. Ainsi, quoiqu'on ne puisse exactement assigner le point où elle cesse d'être un bien, on sait très certainement au moins qu'elle est un mal longtems avant de nous le paroitre, et chez tout homme sensé le droit d'y renoncer en précede toujours de beaucoup la tentation.

Ce n'est pas tout : après avoir nié que la vie puisse être un mal, pour nous ôter le droit de nous en défaire; ils disent ensuite qu'elle est un mal, pour nous reprocher de ne la pouvoir endurer. Selon eux c'est une lâcheté de se soustraire à ses douleurs et à ses peines, et il n'y a jamais que des poltrons qui se donnent la mort. O Rome, conquérante du monde, quelle troupe de poltrons t'en donna l'empire ! Qu'Arrie, Eponine, Lucrece soient dans le nombre, elles étoient femmes[2]. Mais Brutus, mais Cassius, et toi qui partageois avec les Dieux les respects de la terre étonnée, grand et divin Caton[3], toi dont l'image auguste et sacrée animoit les Romains d'un saint zele et faisoit frémir les Tyrans, tes fiers admirateurs ne pensoient pas qu'un jour dans le coin poudreux d'un college, de vils Rhéteurs prouveroient que tu ne fus qu'un lâche, pour avoir refusé au crime heureux l'homage de la vertu dans les fers. Force et grandeur des écrivains modernes, que vous êtes sublimes, et qu'ils sont intrépides la plume à la main ! Mais dites-moi, brave et vaillant héros qui vous sauvez si courageusement d'un combat pour supporter plus longtems la peine de vivre; quand un tison brulant vient à tomber sur cette éloquente main, pourquoi la retirez vous si vîte ? Quoi ! vous avez la lâcheté de n'oser soutenir l'ardeur du feu ! Rien, dites-vous, ne m'oblige à supporter le tison; et moi, qui m'oblige à supporter la vie ? La génération d'un homme a-t-elle coûté plus à la providence que celle d'un fétu, et l'une et l'autre n'eſt-elle pas également son ouvrage (*a*) ?

Sans doute, il y a du courage à souffrir avec conſtance les maux qu'on ne peut éviter; mais il n'y a qu'un insensé qui souffre volontairement ceux dont il peut s'exempter sans mal faire, et c'eſt souvent un très grand mal d'endurer un mal sans nécessité. Celui qui ne sait pas se délivrer d'une vie douloureuse par une prompte mort ressemble à celui qui aime mieux laisser envénimer une playe que de la livrer au fer salutaire d'un chirurgien. Vien, respectable Parisot*[1], coupe-moi cette jambe qui me feroit périr. Je te verrai faire sans sourciller, et me laisserai traitter de lâche par le brave qui voit tomber la sienne en pourriture faute d'oser soutenir la même opération.

J'avoue qu'il eſt des devoirs envers autrui, qui ne permettent pas à tout homme de disposer de lui-même, mais en revanche combien en eſt-il qui l'ordonnent ? Qu'un Magiſtrat à qui tient le salut de la patrie, qu'un pere de famille qui doit la subsiſtance à ses enfans, qu'un débiteur insolvable qui ruineroit ses créanciers, se dévouent à leur devoir quoiqu'il arrive; que mille autres rélations civiles et domeſtiques forcent un honnête homme infortuné de supporter le malheur de vivre, pour éviter le malheur plus grand d'être injuſte, eſt-il permis, pour cela, dans des cas tout différens, de conserver aux dépends d'une foule de misérables, une vie qui n'eſt utile qu'à celui qui n'ose mourir ? Tue-moi, mon enfant, dit le sauvage décrepit à son fils qui le porte et fléchit sous le

---

* Chirurgien de Lion, homme d'honneur, bon Citoyen, ami tendre et généreux, négligé, mais non pas oublié de tel qui fut honoré de ses bienfaits (*b*).

poids; les ennemis sont là; va combattre avec tes freres, va sauver tes enfans, et n'expose pas ton pere à tomber vif entre les mains de ceux dont il mangea les parens. Quand la faim, les maux, la misere, ennemis domestiques pires que les sauvages, permettroient à un malheureux estropié de consommer dans son lit le pain d'une famille qui peut à peine en gagner pour elle (*a*); celui qui ne tient à rien, celui que le Ciel réduit à vivre seul sur la terre, celui dont la malheureuse existence ne peut produire aucun bien, pourquoi n'auroit-il pas au moins le droit de quiter un séjour où ses plaintes sont importunes et ses maux sans utilité ?

Pesez ces considérations, Milord; rassemblez toutes ces raisons et vous trouverez qu'elles se réduisent au plus simple des droits de la nature qu'un homme sensé ne mit jamais en question. En effet, pourquoi seroit-il permis de se guérir de la goute et non de la vie ? L'une et l'autre ne nous vient-elle pas de la même main ? S'il est pénible de mourir, qu'est-ce à dire ? Les drogues font-elles plaisir à prendre ? Combien de gens préferent la mort à la medécine ? Preuve que la nature répugne à l'une et à l'autre. Qu'on me montre donc comment il est plus permis de se délivrer d'un mal passager en faisant des remédes, que d'un mal incurable en s'ôtant la vie, et comment on est moins coupable d'user de quinquina pour la fievre que d'opium pour la pierre ? Si nous regardons à l'objet, l'un et l'autre est de nous délivrer du mal être; si nous regardons au moyen, l'un et l'autre est également naturel; si nous regardons à la repugnance, il y en a également des deux côtés; si nous regardons à la volonté du maître, quel mal veut-on combattre qu'il ne nous ait pas envoyé ? à quelle douleur veut-on se soustraire qui ne nous vienne pas de sa main ? Quelle est la borne où finit sa puissance, et où l'on peut légitimement resister ? Ne nous est-il donc permis de changer l'état d'aucune chose, parce que tout ce qui est est comme il l'a voulu ? Faut-il ne rien faire en ce monde de peur d'enfreindre ses loix, et quoi que nous fassions pouvons-nous jamais les enfreindre ? Non Milord, la vocation de l'homme est plus grande et plus noble. Dieu ne l'a point animé pour rester immobile dans un quiétisme éternel. Mais il lui a donné la liberté pour faire le bien, la conscience pour le vouloir (*b*), et la raison pour le choisir.

Il l'a constitué seul juge de ses propres actions. Il a écrit dans son cœur : fais ce qui t'est salutaire et n'est nuisible à personne. Si je sens qu'il m'est bon de mourir, je résiste à son ordre en m'opiniâtrant à vivre; car en me rendant la mort desirable, il me prescrit de la chercher.

Bomston, j'en appelle à votre sagesse et à votre candeur; quelles maximes plus certaines la raison peut-elle déduire de la Religion (*a*)[1] sur la mort volontaire? Si les Chrétiens en ont établi d'opposées, ils ne les ont tirées ni des principes de leur Religion, ni de sa regle unique, qui est, l'Ecriture, mais seulement des philosophes payens. Lactance et Augustin, qui les premiers avancerent cette nouvelle doctrine dont Jesus-Christ ni les Apôtres n'avoient pas dit un mot (*b*), ne s'apuyerent que sur le raisonnement du Phédon que j'ai déja combatu; de sorte que les fidelles qui croyent suivre en cela l'autorité de l'Evangile, ne suivent que celle de Platon. En effet, où verra-t-on dans la Bible entiere une loi contre le suicide, ou même une simple improbation (*c*); et n'est-il pas bien étrange que dans les exemples de gens qui se sont donnés la mort, on n'y trouve pas un seul mot de blâme contre aucun de ces exemples ? Il y a plus; celui de Samson[2] est autorisé par un prodige qui le venge de ses ennemis. Ce miracle se seroit-il fait pour justifier un crime, et cet homme qui perdit sa force pour s'être laissé séduire par une femme, l'eut-il recouvrée pour commettre un forfait authentique, comme si Dieu lui-même eut voulu tromper les hommes ?

Tu ne tueras point, dit le Décalogue. Que s'ensuit-il de là ? Si ce commandement doit être pris à la lettre, il ne faut tuer ni les malfaiteurs ni les ennemis; et Moyse qui fit tant mourir de gens entendoit fort mal son propre précepte. S'il y a quelques exceptions, la premiere est certainement en faveur de la mort volontaire, parce qu'elle est exempte de violence et d'injustice (*d*), les deux seules considérations qui puissent rendre l'homicide criminel, et que la nature y a mis, d'ailleurs, un suffisant obstacle.

Mais, disent-ils encore, souffrez patiemment les maux que Dieu vous envoye; faites-vous un mérite de vos peines. Appliquer ainsi les maximes du Christianisme, que c'est mal en saisir l'esprit ! L'homme est sujet à mille maux, sa vie est un tissu de miseres, et il ne semble naitre que pour souffrir. De ces maux, ceux qu'il peut éviter, la raison veut qu'il les évite, et la Religion, qui n'eſt jamais contraire à la raison, l'approuve. Mais que leur somme eſt petite auprès de ceux qu'il eſt forcé de souffrir malgré lui ! C'eſt de ceux-ci qu'un Dieu clément permet aux hommes de se faire un mérite; il accepte en hommage volontaire le tribut forcé qu'il nous impose (*a*), et marque au profit de l'autre vie la résignation dans celle-ci. La véritable pénitence de l'homme lui eſt imposée par la nature; s'il endure patiemment tout ce qu'il eſt contraint d'endurer, il a fait à cet égard tout ce que Dieu lui demande, et si quelqu'un montre assés d'orgueil pour vouloir faire davantage, c'eſt un fou qu'il faut enfermer, ou un fourbe qu'il faut punir. Fuyons donc sans scrupule tous les maux que nous pouvons fuir, il ne nous en reſtera que trop à souffrir encore. Délivrons-nous sans remords de la vie même, aussi tôt qu'elle eſt un mal pour nous; puisqu'il dépend de nous de le faire, et qu'en cela nous n'offensons ni Dieu ni les hommes (*b*). S'il faut un sacrifice à l'Etre Suprême, n'eſt-ce rien que de mourir ? Offrons à Dieu la mort qu'il nous impose par la voix de la raison, et versons paisiblement dans son sein notre ame qu'il redemande (*c*).

Tels sont les préceptes généraux que le bon sens diɥte à tous les hommes et que la Religion autorise*. Revenons à nous. Vous avez daigné m'ouvrir votre cœur; je connois vos peines; vous ne souffrez pas moins que moi;

* L'étrange lettre pour la délibération dont il s'agit ! Raisonne-t-on si paisiblement sur une queſtion pareille, quand on l'examine pour soi ? La lettre eſt-elle fabriquée, ou l'Auteur ne veut-il qu'être réfuté ? Ce qui peut tenir en doute c'eſt l'exemple de Robeck qu'il cite, et qui semble autoriser le sien. Robeck délibéra si posément qu'il eut la patience de faire un livre, un gros livre, bien long, bien pesant, bien froid, et quand il eut établi, selon lui, qu'il étoit permis de se donner la mort, il se la donna avec la même tranquillité. Défions-nous des préjugés de siecle et de nation. Quand ce n'eſt pas la mode de se tuer, on n'imagine que des enragés qui se tuent; tous les aɥtes de courage sont autant de chimeres pour les ames foibles; chacun ne juge des autres que par soi. Cependant combien n'avons-nous pas d'exemples atteſtés d'hommes sages en tout autre point, qui, sans remords, sans fureur, sans desespoir, renoncent à la vie uniquement parce qu'elle leur eſt à charge, et meurent plus tranquillement qu'ils n'ont vécu (*d*) ?

vos maux sont sans remede ainsi que les miens, et d'autant plus sans remede que les loix de l'honneur sont plus immuables que celles de la fortune[1]. Vous les supportez, je l'avoue, avec fermeté. La vertu vous soutient; un pas de plus, elle vous dégage. Vous me pressez de souffrir : Milord, j'ose vous presser de terminer vos souffrances, et je vous laisse à juger qui de nous est le plus cher à l'autre.

Que tardons-nous à faire un pas qu'il faut toujours faire ? Attendrons-nous que la vieillesse et les ans nous attachent bassement à la vie après nous en avoir ôté les charmes, et que nous traînions avec effort, ignominie et douleur un corps infirme et cassé ? Nous sommes dans l'âge où la vigueur de l'ame la dégage aisément de ses entraves, et où l'homme sait encore mourir; plus tard il se laisse en gémissant arracher la vie. Profitons d'un tems où l'ennui de vivre nous rend la mort desirable; craignons qu'elle ne vienne avec ses horreurs au moment où nous n'en voudrons plus. Je m'en souviens, il fut un instant où je ne demandois qu'une heure au Ciel, et où je serois mort desesperé si je ne l'eusse obtenue. Ah qu'on a de peine à briser les nœuds qui lient nos cœurs à la terre, et qu'il est sage de la quiter aussi tôt qu'ils sont rompus ! Je le sens, Milord, nous sommes dignes tous deux d'une habitation plus pure; la vertu nous la montre, et le sort nous invite à la chercher. Que l'amitié qui nous joint nous unisse encore à notre derniere heure. O quelle volupté pour deux vrais amis de finir leurs jours volontairement dans les bras l'un de l'autre[2], de confondre leurs derniers soupirs, d'exhaler à la fois les deux moitiés de leur ame ! Quelle douleur, quel regret peut empoisonner leurs derniers instans ? Que quitent-ils en sortant du monde ? Ils s'en vont ensemble; ils ne quitent rien.

LETTRE XXII.

RÉPONSE.

JEUNE homme, un aveugle transport t'égare; sois plus discret (*a*); ne conseille point en demandant conseil. J'ai connu d'autres maux que les tiens. J'ai l'ame ferme; je suis Anglois, je sais mourir[3]; car je sais vivre, souffrir en homme. J'ai vû la mort de près, et la regarde avec trop d'indifférence pour l'aller chercher. Parlons de toi.

Il eſt vrai, tu m'étois nécessaire; mon ame avoit besoin de la tienne; tes soins pouvoient m'être utiles; ta raison pouvoit m'éclairer dans la plus importante affaire de ma vie (*a*); si je ne m'en sers point, à qui t'en prends-tu? Où eſt-elle ? qu'eſt-elle devenue ? Que peux-tu faire ? A quoi es-tu bon dans l'état où te voila ? Quels services puis-je esperer de toi ? Une douleur insensée te rend ſtupide et impitoyable (*b*). Tu n'es pas un homme; tu n'es rien; et si je ne regardois à ce que tu peux être, tel que tu es je ne vois rien dans le monde au dessous de toi.

Je n'en veux pour preuve que ta Lettre même. Autrefois je trouvois en toi du sens, de la vérité. Tes sentimens étoient droits, tu pensois juſte, et je ne t'aimois pas seulement par goût mais par choix, comme un moyen de plus pour moi de cultiver la sagesse (*c*). Qu'ai-je trouvé maintenant dans les raisonnemens de cette Lettre dont tu parois si content ? Un misérable et perpétuel sophisme qui dans l'égarement de ta raison marque celui de ton cœur, et que je ne daignerois pas même relever si je n'avois pitié de ton délire.

Pour renverser tout cela d'un mot, je ne veux te demander qu'une seule chose. Toi qui crois Dieu exiſtant, l'ame immortelle, et la liberté de l'homme, tu ne penses pas, sans doute, qu'un être intelligent reçoive un corps et soit placé sur la terre au hazard, seulement pour vivre, souffrir et mourir ? Il y a bien, peut-être, à la vie humaine un but, une fin, un objet moral ? Je te prie de me répondre clairement sur ce point; après quoi nous reprendrons pié à pié ta Lettre, et tu rougiras de l'avoir écrite.

Mais laissons les maximes générales, dont on fait souvent beaucoup de bruit sans jamais en suivre aucune; car il se trouve toujours dans l'application quelque condition particuliere, qui change tellement l'état des choses que chacun se croit dispensé d'obéir à la regle qu'il prescrit aux autres, et l'on sait bien que tout homme qui pose des maximes générales, entend qu'elles obligent tout le monde, excepté lui. Encore un coup parlons de toi.

Il t'eſt donc permis, selon toi, de cesser de vivre ? La preuve en eſt singuliere; c'eſt que tu as envie de mourir. Voila certes un argument fort comode pour les scélérats :

Ils doivent t'être bien obligés des armes que tu leur fournis; il n'y aura plus de forfaits qu'ils ne justifient par la tentation de les commettre, et dès que la violence de la passion l'emportera sur l'horreur du crime, dans le desir de mal faire ils en trouveront aussi le droit.

Il t'est donc permis de cesser de vivre ? Je voudrois bien savoir si tu as commencé ? Quoi ! fus-tu placé sur la terre pour n'y rien faire ? Le Ciel ne t'imposa-t-il point avec la vie une tâche pour la remplir ? Si tu as fais ta journée avant le soir, repose-toi le reste du jour, tu le peux; mais voyons ton ouvrage. Quelle réponse tiens-tu prete au Juge Suprême qui te demandera compte de ton tems ? Parle, que lui diras-tu ? J'ai séduit une fille honnête. J'abandonne un ami dans ses chagrins. Malheureux ! trouve-moi ce juste qui se vante d'avoir assés vécu; que j'apprenne de lui comment il faut avoir porté la vie pour être en droit de la quitter.

Tu comptes les maux de l'humanité. Tu ne rougis pas d'épuiser des lieux communs cent fois rebattus, et tu dis : la vie est un mal. Mais, regarde, cherche dans l'ordre des choses, si tu y trouves quelques biens qui ne soient point mêlés de maux. Est-ce donc à dire qu'il n'y ait aucun bien dans l'univers, et peux-tu confondre ce qui est mal par sa nature avec ce qui ne souffre le mal que par accident ? Tu l'as dit toi-même, la vie passive de l'homme n'est rien, et ne regarde qu'un corps dont il sera bientôt délivré; mais sa vie active et morale qui doit influer sur tout son être, consiste dans l'exercice de sa volonté. La vie est un mal pour le méchant qui prospere, et un bien pour l'honnête homme infortuné : car ce n'est pas une modification passagere, mais son raport avec son objet qui la rend bonne ou mauvaise. Quelles sont enfin ces douleurs si cruelles qui te forcent de la quiter ? Penses-tu que je n'aye pas demêlé sous ta feinte impartialité dans le dénombrement des maux de cette vie la honte de parler des tiens ? Croi-moi, n'abandonne pas à la fois toutes tes vertus. Garde au moins ton anciene franchise, et dis ouvertement à ton ami : j'ai perdu l'espoir de corrompre une honnête femme, me voila forcé d'être homme de bien (*a*); j'aime mieux mourir.

Tu t'ennuyes de vivre, et tu dis : la vie est un mal. Tôt ou tard tu seras consolé, et tu diras : la vie est un bien (*b*). Tu diras plus vrai sans mieux raisonner : car rien n'aura changé que toi. Change donc dès aujourd'hui, et puisque c'est dans la mauvaise disposition de ton ame qu'est tout le mal, corrige tes affections déréglées, et ne brule pas ta maison pour n'avoir pas la peine de la ranger.

Je souffre, me dis-tu; dépend-il de moi de ne pas souffrir ? D'abord, c'est changer l'état de la question; car il ne s'agit pas de savoir si tu souffres, mais si c'est un mal pour toi de vivre. Passons. Tu souffres, tu dois chercher à ne plus souffrir. Voyons s'il est besoin de mourir pour cela (*a*).

Considere un moment le progrès naturel des maux de l'ame directement opposé au progrès des maux du corps, comme les deux substances sont opposées par leur nature. Ceux-ci s'invéterent, s'empirent en vieillissant et détruisent enfin cette machine mortelle. Les autres, au contraire, altérations externes et passageres d'un être immortel et simple, s'effacent insensiblement et le laissent dans sa forme originelle que rien ne sauroit changer. La tristesse, l'ennui, les regrets, le desespoir sont des douleurs peu durables, qui ne s'enracinent jamais dans l'ame, et l'expérience dément toujours ce sentiment d'amertume qui nous fait regarder nos peines comme éternelles. Je dirai plus : je ne puis croire que les vices qui nous corrompent nous soient plus inhérens que nos chagrins; non seulement je pense qu'ils périssent avec le corps qui les occasionne; mais je ne doute pas qu'une plus longue vie ne put suffire pour corriger les hommes, et que plusieurs siecles de jeunesse ne nous apprissent qu'il n'y a rien de meilleur que la vertu.

Quoiqu'il en soit; puisque la plupart de nos maux physiques ne font qu'augmenter sans cesse, de violentes douleurs du corps, quand elles sont incurables, peuvent autoriser un homme à disposer de lui : car toutes ses facultés étant aliénées par la douleur, et le mal étant sans remede, il n'a plus l'usage ni de sa volonté ni de sa raison; il cesse d'être homme avant de mourir, et ne fait en s'ôtant la vie qu'achever de quiter un corps qui l'embarrasse et où son ame n'est déja plus[1].

Mais il n'en est pas ainsi des douleurs de l'ame, qui, pour vives qu'elles soient, portent toujours leur remede avec elles. En effet, qu'est-ce qui rend un mal quelconque intolérable ? c'est sa durée. Les opérations de la chirurgie sont communément beaucoup plus cruelles que les souffrances qu'elles guérissent; mais la douleur du mal eſt permanente, celle de l'opération passagere, et l'on préfere celle-ci. Qu'eſt-il donc besoin d'opération pour des douleurs qu'éteint leur propre durée, qui seule les rendroit insupportables (*a*) ? Eſt-il raisonable d'appliquer d'aussi violens remedes aux maux qui s'effacent d'eux-mêmes ? Pour qui fait cas de la conſtance et n'eſtime les ans que le peu qu'ils valent, de deux moyens de se délivrer des mêmes souffrances, lequel doit être préféré de la mort ou du tems ? Attends et tu seras guéri. Que demandes-tu davantage ?

Ah ! c'eſt ce qui redouble mes peines de songer qu'elles finiront ! Vain sophisme de la douleur ! Bon-mot sans raison, sans juſtesse, et peut-être sans bonne-foi. Quel absurde motif de desespoir que l'espoir de terminer sa misere*[1] ! Même en supposant ce bizarre sentiment, qui n'aimeroit mieux aigrir un moment la douleur présente par l'assurance de la voir finir, comme on scarifie une playe pour la faire cicatriser ? et quand la douleur auroit un charme qui nous feroit aimer à souffrir, s'en priver en s'ôtant la vie, n'eſt-ce pas faire à l'inſtant même tout ce qu'on craint de l'avenir (*b*) ?

Penses-y bien, jeune homme; que sont dix, vingt, trente ans pour un être immortel ? La peine et le plaisir passent comme une ombre; la vie s'écoule en un inſtant; elle n'eſt rien par elle-même, son prix dépend de son emploi (*c*). Le bien seul qu'on a fait demeure, et c'eſt par lui qu'elle eſt quelque chose.

Ne dis donc plus que c'eſt un mal pour toi de vivre, puisqu'il dépend de toi seul que ce soit un bien, et que si c'eſt un mal d'avoir vécu, c'eſt une raison de plus pour vivre encore. Ne dis pas, non plus, qu'il t'eſt permis de mourir; car autant vaudroit dire qu'il t'eſt permis de n'être pas homme, qu'il t'eſt permis de te révolter contre l'auteur de ton être, et de tromper ta deſtination (*d*). Mais en ajoûtant que ta mort ne fait de mal à personne, songes-tu que c'eſt à ton ami que tu l'oses dire ?

---

* Non, Milord, on ne termine pas ainsi sa misere, on y met le comble; on rompt les derniers nœuds qui nous attachoient au bonheur. En regretant ce qui nous fut cher, on tient encore à l'objet de sa douleur par sa douleur même, et cet état eſt moins affreux que de ne tenir plus à rien (*e*).

Ta mort ne fait de mal à personne ? J'entends ! mourir à nos dépends ne t'importe guere, tu comptes pour rien nos regrets. Je ne te parle plus des droits de l'amitié que tu méprises; n'en est-il point de plus chers encore* qui t'obligent à te conserver ? S'il est une personne au monde qui t'ait assés aimé pour ne vouloir pas te survivre, et à qui ton bonheur manque pour être heureuse, penses-tu ne lui rien devoir ? Tes funestes projets exécutés ne troubleront-ils point la paix d'une ame rendue avec tant de peine à sa premiere innocence ? Ne crains-tu point de rouvrir dans ce cœur trop tendre des blessures mal refermées ? Ne crains-tu point que ta perte n'en entraîne une autre encore plus cruelle, en ôtant au monde et à la vertu leur plus digne ornement ? et si elle te survit, ne crains-tu point d'exciter dans son sein le remords, plus pesant à supporter que la vie (*a*) ? Ingrat ami, amant sans délicatesse (*b*), seras-tu toujours occupé de toi-même ? Ne songeras-tu jamais qu'à tes peines ? N'es-tu point sensible au bonheur de ce qui te fut cher ? et ne saurois-tu vivre pour celle qui voulut mourir avec toi ?

Tu parles des devoirs du magistrat et du pere de famille, et parce qu'ils ne te sont pas imposés, tu te crois affranchi de tout. Et la société à qui tu dois ta conservation, tes talens, tes lumieres; la patrie à qui tu appartiens, les malheureux qui ont besoin de toi, ne leur dois-tu rien ? O l'exact dénombrement que tu fais ! parmi les devoirs que tu comptes, tu n'oublies que ceux d'homme et de Citoyen. Où est ce vertueux patriote qui refuse de vendre son sang à un prince étranger, parce qu'il ne doit le verser que pour son pays (*c*), et qui veut maintenant le répandre en desespéré contre l'expresse déffense des loix ? Les loix, les loix, Jeune homme ! le sage les meprise-t-il ? Socrate innocent, par respect pour elles ne voulut pas sortir de prison. Tu ne balances point à les violer pour sortir injustement de la vie (*d*), et tu demandes : quel mal fais-je ?

Tu veux t'autoriser par des exemples. Tu m'oses nommer des Romains[1] ! Toi, des Romains ! Il t'appartient bien d'oser prononcer ces noms illustres ! Di-moi, Brutus mourut-il en amant desespéré, et Caton dechira-t-il ses entrailles pour sa maitresse (*e*) ? Homme petit et foible,

---

* Des droits plus chers que ceux de l'amitié ? Et c'est un sage qui le dit ! Mais ce prétendu sage étoit amoureux lui-même (*f*).

qu'y a-t-il entre Caton et toi ? Montre-moi la mesure commune de cette ame sublime et de la tienne. Téméraire, ah tai-toi ! Je crains de profaner son nom par son apologie. A ce nom saint et auguste, tout ami de la vertu doit mettre le front dans la poussiere, et honorer en silence la mémoire du plus grand des hommes.

Que tes exemples sont mal choisis, et que tu juges bassement des Romains, si tu penses qu'ils se crussent en droit de s'ôter la vie aussi-tôt qu'elle leur étoit à charge. Regarde les beaux tems de la République, et cherche si tu y verras un seul Citoyen vertueux se délivrer ainsi du poids de ses devoirs, même après les plus cruelles infortunes. Regulus retournant à Carthage, prévint-il par sa mort les tourmens qui l'attendoient ? Que n'eut point donné Posthumius pour que cette ressource lui fut permise aux fourches Caudines ? Quel effort de courage le Sénat même n'admira-t-il pas dans le Consul Varron pour avoir pu survivre à sa défaite ? Par quelle raison tant de Généraux se laisserent-ils volontairement livrer aux ennemis, eux à qui l'ignominie étoit si cruelle, et à qui il en coutoit si peu de mourir ? C'est qu'ils devoient à la patrie leur sang, leur vie et leurs derniers soupirs, et que la honte ni les revers ne les pouvoient détourner de ce devoir sacré. Mais quand les Loix furent anéanties et que l'Etat fut en proye à des Tirans, les Citoyens reprirent leur liberté naturelle et leurs droits sur eux-mêmes. Quand Rome ne fut plus, il fut permis à des Romains de cesser d'être; ils avoient rempli leurs fonctions sur la terre, ils n'avoient plus de patrie, ils étoient en droit de disposer d'eux, et de se rendre à eux-mêmes la liberté qu'ils ne pouvoient plus rendre à leur pays. Après avoir employé leur vie à servir Rome expirante et à combattre pour les Loix, ils moururent vertueux et grands comme ils avoient vécu, et leur mort fut encore un tribut à la gloire du nom Romain, afin qu'on ne vit dans aucun d'eux le spectacle indigne, des vrais Citoyens servant un usurpateur.

Mais toi, qui es-tu ? Qu'as-tu fait ? Crois-tu t'excuser sur ton obscurité ? Ta foiblesse t'exempte-t-elle de tes devoirs, et pour n'avoir ni nom ni rang dans ta Patrie, en es-tu moins soumis à ses loix ? Il te sied bien d'oser parler de mourir tandis que tu dois l'usage de ta vie à tes semblables ! Apprend qu'une mort telle que tu la medites eſt honteuse et furtive. C'eſt un vol fait au genre humain. Avant de le quiter, rend-lui ce qu'il a fait pour toi. Mais je ne tiens à rien ? Je suis inutile au monde ? Philosophe d'un jour! Ignores-tu que tu ne saurois faire un pas sur la terre sans y trouver quelque devoir à remplir, et que tout homme eſt utile à l'humanité, par cela seul qu'il exiſte ?

Ecoute-moi, jeune insensé; tu m'es cher; j'ai pitié de tes erreurs. S'il te reſte au fond du cœur le moindre sentiment de vertu, vien, que je t'apprenne à aimer la vie. Chaque fois que tu seras tenté d'en sortir, dis en toi-même : « Que je fasse encore une bonne aƈtion avant que de mourir. » Puis va chercher quelque indigent à secourir, quelque infortuné à consoler, quelque opprimé à deffendre. Rapproche de moi les malheureux que mon abord intimide; ne crain d'abuser ni de ma bourse ni de mon crédit : prends; épuise mes biens, fai-moi riche. Si cette considération te retient aujourd'hui, elle te retiendra encore demain, après-demain, toute ta vie. Si elle ne te retient pas; meurs, tu n'es qu'un méchant (*a*).

LETTRE XXIII (*b*).

DE MILORD EDOUARD.

Je ne pourrai, mon cher, vous embrasser aujourd'hui, comme je l'avois espéré, et l'on me retient encore pour deux jours à Kinsington[1]. Le train (*c*) de la Cour eſt qu'on y travaille beaucoup sans rien faire, et que toutes les affaires s'y succedent sans s'achever. Celle qui m'arrête ici depuis huit jours (*d*) ne demandoit pas deux heures; mais comme la plus importante affaire des Miniſtres eſt d'avoir toujours l'air affairé, ils perdent plus de tems à me remettre qu'ils n'en auroient mis à m'expédier. Mon impatience un peu trop visible n'abrege pas ces délais. Vous savez que la Cour ne me convient guere; elle m'eſt encore plus insuportable depuis que nous vivons ensemble, et j'aime cent fois mieux partager votre mélancolie que l'ennui des valets qui peuplent ce pays (*e*).

Cependant, en causant avec ces empressés fainéans, il m'eſt venu une idée qui vous regarde, et sur laquelle je n'attends que votre aveu pour disposer de vous. Je vois qu'en combattant vos peines vous souffrez à la fois du mal et de la résistance. Si vous voulez vivre et guerir; c'est moins parce que l'honneur et la raison l'exigent que pour complaire à vos amis. Mon cher, ce n'est pas assés. Il faut reprendre le goût de la vie pour en bien remplir les devoirs, et avec tant d'indifférence pour toute chose, on ne réussit jamais à rien. Nous avons beau faire l'un et l'autre; la raison seule ne vous rendra pas la raison. Il faut qu'une multitude d'objets nouveaux et frappans vous arrachent une partie de l'attention que votre cœur ne donne qu'à celui qui l'occupe. Il faut pour vous rendre à vous-même que vous sortiez d'au dedans de vous, et ce n'est que dans l'agitation d'une vie active que vous pouvez retrouver le repos.

Il se présente pour cette épreuve une occasion qui n'est pas à dédaigner; il est question d'une entreprise grande, belle, et telle que bien des âges n'en voyent pas de semblables. Il dépend de vous d'en être témoin et d'y concourir. Vous verrez le plus grand spectacle qui puisse frapper les yeux des hommes; votre goût pour l'observation trouvera dequoi se contenter. Vos fonctions seront honorables, elles n'exigeront, avec des talens que vous possédez, que du courage et de la santé. Vous y trouverez plus de péril que de gêne; elles ne vous en conviendront que mieux; enfin votre engagement ne sera pas fort long. Je ne puis vous en dire aujourd'hui davantage; parce que ce projet sur le point d'éclorre est pourtant encore un secret dont je ne suis pas le maitre. J'ajoûterai seulement que si vous négligez cette heureuse et rare occasion, vous ne la retrouverez probablement jamais, et la regretterez, peut-être, toute votre vie.

J'ai donné ordre à mon Coureur[1], qui vous porte cette Lettre, de vous chercher où que vous soyez, et de ne point revenir sans votre réponse; car elle presse, et je dois donner la mienne avant de partir d'ici.

LETTRE XXIV (*a*).

RÉPONSE.

FAITES, Milord; ordonnez de moi[2]; vous ne serez desavoué sur rien. En attendant que je mérite de vous servir, au moins que je vous obéisse.

LETTRE XXV (*a*).

DE MILORD EDOUARD.

PUISQUE vous approuvez l'idée qui m'eſt venue, je ne veux pas tarder un moment à vous marquer que tout vient d'être conclu, et à vous expliquer de-quoi il s'agit, selon la permission que j'en ai reçûe en répondant de vous.

Vous savez qu'on vient d'armer à Plimouth une Escadre de cinq Vaisseaux de guerre, et qu'elle eſt prette à mettre à la voile. Celui qui doit la commander eſt M. George Anson[1], habile et vaillant Officier, mon ancien ami. Elle eſt deſtinée pour la mer du Sud où elle doit se rendre par le détroit de Le Maire, et en revenir par les Indes orientales (*b*). Ainsi vous voyez qu'il n'eſt pas queſtion de moins que du tour du monde; expédition qu'on eſtime devoir durer environ trois ans. J'aurois pu vous faire inscrire comme volontaire; mais pour vous donner plus de considération dans l'équipage j'y ai fait ajoûter un titre, et vous êtes couché sur l'état en qualité d'Ingénieur des troupes de débarquement (*c*); ce qui vous convient d'autant mieux que le génie étant votre premiere deſtination, je sais que vous l'avez appris dès votre enfance.

Je compte retourner demain à Londres* et vous présenter à M. Anson dans deux jours. En attendant, songez à votre équipage, et à vous pourvoir d'Inſtrumens et de Livres; car l'embarquement eſt prêt, et l'on n'attend plus que l'ordre du départ. Mon cher ami, j'espere que Dieu (*d*) vous ramenera sain de corps et de cœur de ce long voyage, et qu'à votre retour nous nous rejoindrons pour ne nous séparer jamais.

---

* Je n'entends pas trop bien ceci. Kinsington n'étant qu'à un quart de lieue de Londres, les Seigneurs qui vont à la Cour n'y couchent pas; cependant voila Milord Edouard forcé d'y passer je ne sais combien de jours (*e*).

LETTRE XXVI (*a*)[1].

A MADe D'ORBE.

Je pars, chere et charmante Cousine, pour faire le tour du globe; je vais chercher dans un autre hémisphere la paix dont je n'ai pû jouïr dans celui-ci. Insensé que je suis ! Je vais errer dans l'univers sans trouver un lieu pour y reposer mon cœur; je vais chercher un azile au monde où je puisse être loin de vous ! Mais il faut respecter les volontés d'un ami, d'un bienfaiteur, d'un pere. Sans espérer de guerir, il faut au moins le vouloir, puisque Julie et la vertu l'ordonnent. Dans trois heures je vais être à la merci des flots; dans trois jours, je ne verrai plus l'Europe; dans trois mois je serai dans des mers inconnues où regnent d'éternels orages; dans trois ans peut-être.... qu'il seroit affreux de ne vous plus voir ! Hélas ! le plus grand péril est au fond de mon cœur : car quoiqu'il en soit de mon sort; je l'ai résolu, je le jure, vous me verrez digne de paroitre à vos yeux, ou vous ne me reverrez jamais.

Milord Edouard qui retourne à Rome vous remettra cette Lettre en passant, et vous fera le détail de ce qui me regarde. Vous connoissez son ame, et vous devinerez aisément ce qu'il ne vous dira pas. Vous connûtes la mienne; jugez aussi de ce que je ne vous dis pas moi-même. Ah Milord ! vos yeux les reverront !

Votre amie a donc ainsi que vous le bonheur d'être mere? Elle devoit donc l'être[2]?.... Ciel inexorable (*b*)!.... ô ma mere, pourquoi vous donna-t-il un fils dans sa colere ?....

Il faut finir, je le sens. Adieu, charmantes Cousines. Adieu, Beautés incomparables. Adieu, pures et célestes ames. Adieu, tendres et inséparables amies, femmes uniques sur la terre. Chacune de vous est le seul objet digne du cœur de l'autre. Faites mutuellement votre bonheur. Daignez vous rappeller quelquefois la mémoire d'un infortuné qui n'existoit que pour partager entre vous, tous les sentimens de son ame, et qui cessa de vivre au moment qu'il s'éloigna de vous. Si jamais....

j'entens le signal, et les cris des Matelots; je vois fraîchir le vent et déployer les voiles. Il faut monter à bord, il faut partir. Mer vaste, mer immense, qui dois peut-être m'engloutir dans ton sein; puissai-je retrouver sur tes flots le calme qui fuit mon cœur agité !

FIN DE LA TROISIEME PARTIE.

QUATRIEME PARTIE[1].

LETTRE I (*a*)[2].

DE MAD^e^ DE WOLMAR A MAD^e^ D'ORBE.

QUE tu tardes longtems à revenir ! Toutes ces allées et venues ne m'accomodent point. Que d'heures se perdent à te rendre où tu devrois toûjours être, et qui pis est à t'en éloigner ! L'idée de se voir pour si peu de tems gâte tout le plaisir d'être ensemble. Ne sens-tu pas qu'être ainsi alternativement chez toi et chez moi, c'est n'être bien nulle part, et n'imagines-tu point quelque moyen de faire que tu sois en même tems chez l'une et chez l'autre (*b*) ?

Que faisons-nous, chere Cousine ? Que d'instans précieux nous laissons perdre, quand il ne nous en reste plus à prodiguer ! Les années se multiplient[3]; la jeunesse commence à fuir; la vie s'écoule; le bonheur passager qu'elle offre est entre nos mains, et nous négligeons d'en jouïr ! Te souvient-il du tems où nous étions encore filles, de ces premiers tems si charmans et si doux qu'on ne retrouve plus dans un autre âge, et que le cœur oublie avec tant de peine ? Combien de fois, forcées de nous séparer pour peu de jours et même pour peu d'heures, nous disions en nous embrassant tristement : Ah ! si jamais nous disposons de nous, on ne nous verra plus séparées ? Nous en disposons maintenant, et nous passons la moitié de l'année éloignées l'une de l'autre. Quoi ! nous aimerions-nous moins ? chere et tendre amie, nous le sentons toutes deux, combien le tems, l'habitude, et tes bienfaits ont rendu notre attachement plus fort et plus indissoluble. Pour moi, ton absence me paroit de jour en jour plus insupportable, et je ne puis plus vivre un instant sans toi. Ce progrès de notre amitié est plus naturel qu'il ne semble : il a sa raison dans notre situation ainsi que dans nos caracteres. A mesure qu'on avance en âge tous les sentimens se concentrent. On perd tous les jours quelque chose de ce qui nous fut cher, et l'on ne le remplace plus. On meurt ainsi par degrés, jusqu'à ce que n'aimant enfin que soi-même, on ait cessé de sentir et de vivre avant de cesser d'exister. Mais un cœur sensible se défend de toute sa force contre cette mort anticipée; quand le froid commence aux extrémités, il rassemble autour de lui toute sa chaleur naturelle; plus il perd, plus il s'attache à ce qui lui reste; et il tient, pour ainsi dire, au dernier objet par les liens de tous les autres[1].

Voila ce qu'il me semble éprouver déja, quoique jeune encore. Ah ! ma chere, mon pauvre cœur a tant aimé ! Il s'est épuisé de si bonne heure qu'il vieillit avant le tems, et tant d'affections diverses l'ont tellement absorbé qu'il n'y reste plus de place pour des attachemens nouveaux. Tu m'as vue successivement fille, amie, amante, épouse, et mere. Tu sais si tous ces titres m'ont été chers ! Quelques-uns de ces liens sont détruits, d'autres sont relâchés. Ma mere, ma tendre mere n'est plus; il ne me reste que des pleurs à donner à sa mémoire, et je ne goûte qu'à moitié le plus doux sentiment de la nature. L'amour est éteint, il l'est pour jamais, et c'est encore une place qui ne sera point remplie. Nous avons perdu ton digne et bon mari que j'aimois comme la chere moitié de toi-même, et qui méritoit si bien ta tendresse et mon amitié. Si mes fils étoient plus grands, l'amour maternel rempliroit tous ces vuides : Mais cet amour, ainsi que tous les autres a besoin de communication, et quel retour peut attendre une mere d'un enfant de quatre ou cinq ans ? Nos enfans nous sont chers longtems avant qu'ils puissent le sentir et nous aimer à leur tour; et cependant, on a si grand besoin de dire combien on les aime à quelqu'un qui nous entende ! Mon mari m'entend; mais il ne me répond pas assés à ma fantaisie; la tête ne lui en tourne pas comme à moi : sa tendresse pour eux est trop raisonable; j'en veux une plus vive et qui ressemble mieux à la mienne. Il me faut une amie, une mere qui soit aussi fole que moi de mes enfans et des siens. En un mot, la maternité me rend l'amitié plus nécessaire encore, par le plaisir de parler sans cesse de mes enfans, sans donner de l'ennui. Je sens que je jouïs doublement des caresses de mon petit Marcellin quand je te les vois partager. Quand j'embrasse ta fille; je crois te presser contre mon sein. Nous l'avons dit cent fois; en voyant tous nos petits Bambins jouer ensemble, nos cœurs unis les confondent, et nous ne savons plus à laquelle appartient chacun des trois[1].

Ce n'est pas tout, j'ai de fortes raisons pour te souhaiter sans cesse auprès de moi, et ton absence m'est cruelle à plus d'un égard. Songe à mon éloignement pour toute dissimulation et à cette continuelle réserve où je vis depuis près de six ans avec l'homme du monde qui m'est le plus cher. Mon odieux secret me pese de plus en plus, et semble chaque jour devenir plus indispensable. Plus l'honnêteté veut que je le revele, plus la prudence m'oblige à le garder. Conçois-tu quel état affreux c'est pour une femme de porter la défiance, le mensonge et la crainte jusques dans les bras d'un époux, de n'oser ouvrir son cœur à celui qui le possede, et de lui cacher la moitié de sa vie pour assurer le repos de l'autre ? A qui, grand Dieu ! faut-il déguiser mes plus secretes pensées et celer l'intérieur d'une ame dont il auroit lieu d'être si content ? A M. de Wolmar, à mon mari, au plus digne époux dont le ciel eut pu récompenser la vertu d'une fille chaste. Pour l'avoir trompé une fois, il faut le tromper tous les jours, et me sentir sans cesse indigne de toutes ses bontés pour moi. Mon cœur n'ose accepter aucun témoignage de son estime, ses plus tendres caresses me font rougir, et toutes les marques de respect et de considération qu'il me donne se changent dans ma conscience en opprobres et en signes de mépris. Il est bien dur d'avoir à se dire sans cesse : c'est une autre que moi qu'il honore. Ah s'il me connoissoit, il ne me traitteroit pas ainsi ! Non, je ne puis supporter cet état affreux (*a*); je ne suis jamais seule avec cet homme respectable que je ne sois prête à tomber à genoux devant lui, à lui confesser ma faute et à mourir de douleur et de honte à ses pieds.

Cependant les raisons qui m'ont retenue dès le commencement prennent chaque jour de nouvelles forces, et je n'ai pas un motif de parler qui ne soit une raison de me taire. En considérant l'état paisible et doux de ma famille, je ne pense point sans effroi qu'un seul mot y peut causer un desordre irréparable. Après six ans passés dans une si parfaite union[1], irai-je troubler le repos d'un mari si sage et si bon, qui n'a d'autre volonté que celle de son heureuse épouse, ni d'autre plaisir que de voir regner dans sa maison l'ordre et la paix ? Contristerai-je par des troubles domestiques les vieux jours d'un pere que je vois si content, si charmé du bonheur de sa fille et de son ami (*a*) ? Exposerai-je ces chers enfans, ces enfans aimables et qui promettent tant, à n'avoir qu'une éducation négligée ou scandaleuse, à se voir les tristes victimes de la discorde de leurs parens, entre un pere enflammé d'une juste indignation, agité par la jalousie, et une mere infortunée et coupable, toujours noyée dans les pleurs ? Je connois M. de Wolmar estimant sa femme; que sais-je ce qu'il sera ne l'estimant plus ? Peut-être n'est-il si modéré que parce que la passion qui domineroit dans son caractere n'a pas encore eu lieu de se déveloper. Peut-être sera-t-il aussi violent dans l'emportement de la colere qu'il est doux et tranquille tant qu'il n'a nul sujet de s'irriter[2].

Si je dois tant d'égards à tout ce qui m'environne, ne m'en dois-je point aussi quelques uns à moi-même ? Six ans d'une vie honnête et reguliere n'effacent-ils rien des erreurs de la jeunesse, et faut-il m'exposer encore à la peine d'une faute que je pleure depuis si longtems ? Je te l'avoue, ma Cousine, je ne tourne point sans répugnance les yeux sur le passé; il m'humilie jusqu'au découragement, et je suis trop sensible à la honte pour en supporter l'idée sans retomber dans une sorte de desespoir. Le tems qui s'est écoulé depuis mon mariage est celui qu'il faut que j'envisage pour me rassurer. Mon état présent m'inspire une confiance que d'importuns souvenirs voudroient m'ôter. J'aime à nourrir mon cœur des sentimens d'honneur que je crois retrouver en moi. Le rang d'épouse et de mere m'éleve l'ame et me soutient contre les remords d'un autre état. Quand je vois mes enfans et leur pere autour de moi, il me semble que tout y respire la vertu; ils chassent de mon esprit l'idée même de mes anciennes fautes. Leur innocence est la sauvegarde de la mienne; ils m'en deviennent plus chers en me rendant meilleure, et j'ai tant d'horreur pour tout ce qui blesse l'honnêteté que j'ai peine à me croire la même qui put l'oublier autrefois. Je me sens si loin de ce que j'étois, si sûre de ce que je suis, qu'il s'en faut peu que je ne regarde ce que j'aurois à dire comme un aveu qui m'est étranger et que je ne suis plus obligée de faire[1].

Voila l'état d'incertitude et d'anxiété dans lequel je flote sans cesse en ton absence. Sais-tu ce qui arrivera de tout cela quelque jour ? Mon pere va bientôt partir pour Berne, resolu de n'en revenir qu'après avoir vû la fin de ce long procès, dont il ne veut pas nous laisser l'embarras, et ne se fiant pas trop non plus, je pense, à notre zele à le poursuivre. Dans l'intervalle de son départ à son retour, je resterai seule avec mon mari, et je sens qu'il sera presque impossible que mon fatal secret ne m'échape. Quand nous avons du monde, tu sais que M. de Wolmar quite souvent la compagnie et fait volontiers seul des promenades aux environs; il cause avec les paysans; il s'informe de leur situation; il examine l'état de leurs terres; il les aide au besoin de sa bourse et de ses conseils. Mais quand nous sommes seuls, il ne se promene qu'avec moi; il quite peu sa femme et ses enfans, et se prête à leurs petits jeux avec une simplicité si charmante qu'alors je sens pour lui quelque chose de plus tendre encore qu'à l'ordinaire. Ces momens d'attendrissement sont d'autant plus périlleux pour la réserve, qu'il me fournit lui-même les occasions d'en manquer, et qu'il m'a cent fois tenu des propos qui sembloient m'exciter à la confiance. Tôt ou tard il faudra que je lui ouvre mon cœur, je le sens; mais puisque tu veux que ce soit de concert entre nous, et avec toutes les précautions que la prudence autorise, reviens et fais de moins longues absences; ou je ne réponds plus de rien.

Ma douce amie, il faut achever, et ce qui reste importe assés pour me coûter le plus à dire. Tu ne m'es pas seulement nécessaire quand je suis avec mes enfans ou avec mon mari, mais surtout quand je suis seule avec ta pauvre Julie[2], et la solitude m'est dangereuse précisément parce qu'elle m'est douce, et que souvent je la cherche sans y songer. Ce n'est pas, tu le sais, que mon cœur se ressente encore de ses anciennes blessures; non, il est guéri, je le sens, j'en suis très sûre, j'ose me croire vertueuse. Ce n'est point le présent que je crains; c'est le passé qui me tourmente. Il est des souvenirs aussi redoutables que le sentiment actuel; on s'attendrit par reminiscence; on a honte de se sentir pleurer, et l'on n'en pleure que davantage[3]. Ces larmes sont de pitié, de regret, de repentir; l'amour n'y a plus de part; il ne m'est plus rien; mais je pleure les maux qu'il a causés; je pleure le sort d'un homme estimable que des feux indiscretement nourris ont privé du repos et peut-être de la vie (*a*). Hélas ! sans doute il a péri dans ce long et périlleux voyage que le desespoir lui a fait entreprendre. S'il vivoit, du bout du monde il nous eut donné de ses nouvelles; près de quatre ans se sont écoulés depuis son départ[1]. On dit que l'escadre sur laquelle il est a souffert mille desastres, qu'elle a perdu les trois quarts de ses équipages, que plusieurs vaisseaux sont sumergés, qu'on ne sait ce qu'est devenu le reste. Il n'est plus, il n'est plus. Un secret pressentiment me l'annonce. L'infortuné n'aura pas été plus épargné que tant d'autres. La mer, les maladies, la tristesse bien plus cruelle auront abrégé ses jours. Ainsi s'éteint tout ce qui brille un moment sur la terre. Il manquoit aux tourmens de ma conscience d'avoir à me reprocher la mort d'un honnête homme. Ah ma chere ! Quelle ame c'étoit que la sienne !.... comme il savoit aimer[2] !.... il méritoit de vivre.... il aura présenté devant le souverain juge une ame foible, mais saine et aimant la vertu (*b*).... Je m'efforce en vain de chasser ces tristes idées; à chaque instant elles reviennent malgré moi. Pour les bannir, ou pour les regler, ton amie a besoin de tes soins; et puisque je ne puis oublier cet infortuné, j'aime mieux en causer avec toi que d'y penser toute seule.

Regarde que de raisons augmentent le besoin continuel que j'ai de t'avoir avec moi ! Plus sage et plus heureuse, si les mêmes raisons te manquent, ton cœur sent-il moins le même besoin ? S'il est bien vrai que tu ne veuilles point te remarier, ayant si peu de contentement de ta famille, quelle maison te peut mieux convenir que celle-ci ? Pour moi, je souffre à te savoir dans la tienne; car malgré ta dissimulation, je connois ta maniere d'y vivre, et ne suis point dupe de l'air folâtre que tu viens nous étaler à Clarens. Tu m'as bien reproché des défauts en ma vie; mais j'en ai un très-grand à te reprocher à ton tour; c'est que ta douleur est toujours concentrée et solitaire. Tu te caches pour t'affliger, comme si tu rougissois de pleurer devant ton amie. Claire, je n'aime pas cela. Je ne suis point injuste comme toi; je ne blâme point tes regrets; je ne veux pas qu'au bout de deux ans, de dix, ni de toute ta vie, tu cesses d'honorer la mémoire d'un si tendre époux; mais je te blâme, après avoir passé tes plus beaux jours à pleurer avec ta Julie, de lui dérober la douceur de pleurer à son tour avec toi, et de laver par de plus dignes larmes la honte de celles qu'elle versa dans ton sein. Si tu es fâchée de t'affliger, ah ! tu ne connois pas la véritable affliction ! si tu y prens une sorte de plaisir, pourquoi ne veux-tu pas que je le partage ? Ignores-tu que la communication des cœurs imprime à la tristesse je ne sais quoi de doux et de touchant que n'a pas le contentement[1] ? et l'amitié n'a-t-elle pas été spécialement donnée aux malheureux pour le soulagement de leurs maux et la consolation de leurs peines ?

Voila, ma chere, des considérations que tu devrois faire, et auxquelles il faut ajouter qu'en te proposant de venir demeurer avec moi, je ne te parle pas moins au nom de mon mari qu'au mien. Il m'a paru plusieurs fois surpris, presque scandalisé, que deux amies telles que nous n'habitassent pas ensemble; il assure te l'avoir dit à toi-même, et il n'est pas homme à parler inconsidérément. Je ne sais quel parti tu prendras sur mes réprésentations; j'ai lieu d'espérer qu'il sera tel que je le desire. Quoi qu'il en soit, le mien est pris et je n'en changerai pas. Je n'ai point oublié le tems où tu voulois me suivre en Angleterre. Amie incomparable, c'est à présent mon tour. Tu connois mon aversion pour la ville, mon goût pour la campagne, pour les travaux rustiques, et l'attachement que trois ans de séjour m'ont donné pour ma maison de Clarens. Tu n'ignores pas, non plus, quel embarras c'est de déménager avec toute une famille, et combien ce seroit abuser de la complaisance de mon pere de le transplanter si souvent. Hébien, si tu ne veux pas quiter ton ménage et venir gouverner le mien, je suis résolue à prendre une maison à Lausanne où nous irons tous demeurer avec toi. Arrange-toi là-dessus; tout le veut; mon cœur, mon devoir, mon bonheur, mon honneur conservé, ma raison recouvrée, mon état, mon mari, mes enfans, moi-même, je te dois tout (*a*); tout ce que j'ai de bien me vient de toi, je ne vois rien qui ne m'y rapelle, et sans toi je ne suis rien. Vien donc, ma bien-aimée, mon ange tutelaire; vien conserver ton ouvrage, vien jouïr de tes bienfaits. N'ayons plus qu'une famille, comme nous n'avons qu'une ame pour la chérir; tu veilleras sur l'éducation de mes fils, je veillerai sur celle de ta fille : nous nous partagerons les devoirs de mere, et nous en doublerons les plaisirs. Nous éleverons nos cœurs ensemble à celui qui purifia le mien par tes soins, et n'ayant plus rien à desirer en ce monde nous attendrons en paix l'autre vie dans le sein de l'innocence et de l'amitié (*a*).

LETTRE II (*b*)[1].

RÉPONSE.

Mon Dieu, Cousine, que ta lettre m'a donné de plaisir ! Charmante prêcheuse !.... charmante, en vérité. Mais prêcheuse pourtant. Pérorant à ravir : des œuvres peu de nouvelles. L'architecte Athénien !.... ce beau diseur !.... tu sais bien.... dans ton vieux Plutarque[2].... Pompeuses descriptions, superbe temple !.... quand il a tout dit, l'autre vient; un homme uni; l'air simple, grave et posé.... comme qui diroit, ta Cousine Claire.... D'une voix creuse, lente, et même un peu nasale.... *ce qu'il a dit, je le ferai.* Il se tait, et les mains de battre ! Adieu l'homme aux phrases. Mon enfant, nous sommes ces deux Architectes; le temple dont il s'agit est celui de l'amitié (*c*).

Résumons un peu les belles choses que tu m'as dites. Premierement, que nous nous aimions; et puis que je t'étois nécessaire; et puis, que tu me l'étois aussi; et puis, qu'étant libres de passer nos jours ensemble, il les y faloit passer. Et tu as trouvé tout cela toute seule ? Sans mentir tu es une éloquente personne ! Oh bien, que je t'apprenne à quoi je m'occupois de mon côté, tandis que tu méditois cette sublime lettre. Après cela, tu jugeras toi-même lequel vaut le mieux de ce que tu dis, ou de ce que je fais.

A peine eus-je perdu mon mari que tu remplis le vuide qu'il avoit laissé dans mon cœur. De son vivant il en partageoit avec toi les affections; dès qu'il ne fut plus, je ne fus qu'à toi seule, et selon ta remarque sur l'accord de la tendresse maternelle et de l'amitié (*d*), ma fille même n'étoit pour nous qu'un lien de plus. Non seulement, je résolus[3] dès lors de passer le reste de ma vie avec toi; mais je formai un projet plus étendu. Pour que nos deux familles n'en fissent qu'une, je me proposai, supposant tous les rapports convenables (*a*), d'unir un jour ma fille à ton fils ainé, et ce nom de mari trouvé par plaisanterie me parut d'heureux augure pour le lui donner un jour tout de bon.

Dans ce dessein, je cherchai d'abord à lever les embarras d'une succession embrouillée, et me trouvant assés de bien pour sacrifier quelque chose à la liquidation du reste, je ne songeai qu'à mettre le partage de ma fille en effets assurés et à l'abri de tout procès. Tu sais que j'ai des fantaisies sur bien des choses : ma folie dans celle-ci étoit de te surprendre. Je m'étois mise en tête d'entrer un beau matin dans ta chambre, tenant d'une main mon enfant, de l'autre un portefeuille, et de te présenter l'un et l'autre avec un beau compliment pour déposer en tes mains la mere, la fille, et leur bien, c'est à dire, la dot de celle-ci. Gouverne-là, voulois-je te dire, comme il convient aux intérêts de ton fils; car c'est desormais son affaire et la tienne; pour moi je ne m'en mêle plus.

Remplie de cette charmante idée, il falut m'en ouvrir à quelqu'un qui m'aidât à l'exécuter. Or devine qui je choisis pour cette confidence ? Un certain M. de Wolmar : ne le connoitrois-tu point ? Mon mari, Cousine ? Oui, ton mari, Cousine. Ce même homme à qui tu as tant de peine à cacher un secret qu'il lui importe de ne pas savoir, est celui qui t'en a su taire un qu'il t'eut été si doux d'apprendre. C'étoit-là le vrai sujet de tous ces entretiens mistérieux dont tu nous faisois si comiquement la guerre (*b*). Tu vois comme ils sont dissimulés, ces maris. N'est-il pas bien plaisant que ce soient eux qui nous accusent de dissimulation ? J'exigeois du tien davantage encore. Je voyois fort bien que tu méditois le même projet que moi, mais plus en dedans, et comme celle qui n'exhale ses sentimens qu'à mésure qu'on s'y livre. Cherchant donc à te ménager une surprise plus agréable, je voulois que quand tu lui proposerois notre réunion, il ne parut pas fort approuver cet empressement, et se montrât un peu froid à consentir. Il me fit là-dessus une réponse que j'ai retenue, et que tu dois bien retenir; car je doute que depuis qu'il y a des maris au monde aucun d'eux en ait fait une pareille. La voici : « Petite Cousine, « je connois Julie.... je la connois bien.... mieux qu'elle « ne croit, peut-être. Son cœur est trop honnête pour « qu'on doive resister à rien de ce qu'elle désire, et trop

« sensible pour qu'on le puisse sans l'affliger. Depuis « cinq ans (*a*) que nous sommes unis, je ne crois pas « qu'elle ait reçu de moi le moindre chagrin; j'espere « mourir sans lui en avoir jamais fait aucun. » Cousine, songes-y bien : voila quel eſt le mari dont tu médites sans cesse de troubler indiscretement le repos.

Pour moi, j'eus moins de délicatesse, ou plus de confiance en ta douceur, et j'éloignai si naturellement les discours auxquels ton cœur te ramenoit souvent, que ne pouvant taxer le mien de s'attiedir pour toi, tu t'allas mettre dans la tête que j'attendois de secondes noces (*b*), et que je t'aimois mieux que toute autre chose, hormis un mari. Car, vois-tu, ma pauvre enfant, tu n'as pas un secret mouvement qui m'échape. Je te devine, je te pénetre; je perce jusqu'au plus profond de ton ame, et c'eſt pour cela que je t'ai toujours adorée (*c*). Ce soupçon, qui te faisoit si heureusement prendre le change, m'a paru excellent à nourrir. Je me suis mise à faire la veuve coquette assés bien pour t'y tromper toi-même. C'eſt un rolle pour lequel le talent me manque moins que l'inclination (*d*). J'ai adroitement employé cet air agaçant que je ne sais pas mal prendre, et avec lequel je me suis quelquefois amusée à persiffler plus d'un jeune fat. Tu en as été tout à fait la dupe, et m'as crue prette à chercher un successeur à l'homme du monde auquel il étoit le moins aisé d'en trouver. Mais je suis trop franche (*e*) pour pouvoir me contrefaire longtems, et tu t'es bientôt rassurée. Cependant, je veux te rassurer encore mieux en t'expliquant mes vrais sentimens sur ce point (*f*).

Je te l'ai dit cent fois étant fille; je n'étois point faite pour être femme. S'il eut dépendu de moi, je ne me serois point mariée. Mais dans notre sexe, on n'achette la liberté que par l'esclavage, et il faut commencer par être servante pour devenir sa maitresse un jour. Quoique mon pere ne me gênât pas, j'avois des chagrins dans ma famille. Pour m'en délivrer (*g*), j'épousai donc M. d'Orbe. Il étoit si honnête homme et m'aimoit si tendrement que je l'aimai sincerement à mon tour. L'expérience me donna du mariage une idée plus avantageuse que celle que j'en avois conçue et détruisit les impressions que m'en avoit laissé la Chaillot (*h*). M. d'Orbe me rendit heureuse et ne s'en repentit pas. Avec un autre j'aurois toujours rempli mes devoirs, mais je l'aurois désolé, et je sens qu'il faloit un aussi bon mari pour faire de moi une bonne femme[1]. Imaginerois-tu que c'est de cela même que j'avois à me plaindre ? Mon enfant, nous nous aimions trop, nous n'étions point gais. Une amitié plus légere eût été plus folâtre; je l'aurois préférée, et je crois que j'aurois mieux aimé vivre moins contente et pouvoir rire plus souvent.

A cela se joignirent les sujets particuliers d'inquiétude que me donnoit ta situation. Je n'ai pas besoin de te rappeller les dangers que t'a fait courir une passion mal réglée. Je les vis en frémissant. Si tu n'avois risqué que ta vie, peut-être un reste de gaité ne m'eut-il pas tout à fait abandonnée : mais la tristesse et l'effroi pénétrerent mon ame, et jusqu'à ce que je t'aye vue mariée, je n'ai pas eu un moment de pure joye. Tu connus ma douleur, tu la sentis. Elle a beaucoup fait sur ton bon cœur, et je ne cesserai de bénir ces heureuses larmes qui sont peut-être la cause de ton retour au bien.

Voila comment s'est passé tout le tems que j'ai vécu avec mon mari. Juge si depuis que Dieu me l'a ôté, je pourrois espérer d'en retrouver un autre qui fut autant selon mon cœur, et si je suis tentée de le chercher ? Non, Cousine, le mariage est un état trop grave; sa dignité ne va point avec mon humeur; elle m'attriste et me sied mal; sans compter que toute gêne m'est insupportable. Pense, toi qui me connois, ce que peut être à mes yeux un lien dans lequel je n'ai pas ri durant sept ans sept petites fois à mon aise[2] ! Je ne veux pas faire comme toi la matrone à vingt huit ans. Je me trouve une petite veuve assés piquante, assés mariable encore, et je crois que si j'étois homme, je m'accomoderois assés de moi (*a*). Mais me remarier, Cousine ! Ecoute; je pleure bien sincerement mon pauvre mari, j'aurois donné la moitié de ma vie pour passer l'autre avec lui; et pourtant, s'il pouvoit revenir, je ne le reprendrois, je crois, lui-même que parce que je l'avois déja pris.

Je viens de t'exposer mes véritables intentions. Si je n'ai pu les éxécuter encore malgré les soins de M. de Wolmar, c'est que les difficultés semblent croitre avec mon zele à les surmonter. Mais mon zele sera le plus fort, et avant que l'été se passe, j'espere me réunir à toi pour le reste de nos jours.

Il reste à me justifier du reproche de te cacher mes peines, et d'aimer à pleurer loin de toi; je ne le nie pas, c'est à quoi j'employe ici le meilleur tems que j'y passe. Je n'entre jamais dans ma maison sans y retrouver des vestiges de celui qui me la rendoit chere. Je n'y fais pas un pas, je n'y fixe pas un objet sans appercevoir quelque signe de sa tendresse et de la bonté de son cœur; voudrois-tu que le mien n'en fût pas ému ? Quand je suis ici, je ne sens que la perte que j'ai faite. Quand je suis près de toi, je ne vois que ce qui m'est resté. Peux-tu me faire un crime de ton pouvoir sur mon humeur ? Si je pleure en ton absence, et si je ris près de toi, d'où vient cette différence ? Petite ingrate, c'est que tu me consoles de tout, et que je ne sais plus m'affliger de rien quand je te possede.

Tu as dit bien des choses en faveur de notre ancienne amitié : mais je ne te pardonne pas d'oublier celle qui me fait le plus d'honneur; c'est de te chérir quoique tu m'éclipses. Ma Julie, tu es faite pour regner. Ton empire est le plus absolu que je connoisse. Il s'étend jusques sur les volontés, et je l'éprouve plus que personne. Comment cela se fait-il, Cousine ? Nous aimons toutes deux la vertu (*a*); l'honnêteté nous est également chere, nos talens sont les mêmes; j'ai presque autant d'esprit que toi, et ne suis gueres moins jolie. Je sais fort bien tout cela, et malgré tout cela tu m'en imposes, tu me subjugues, tu m'atterres, ton génie écrase le mien, et je ne suis rien devant toi. Lors même que tu vivois dans des liaisons que tu te reprochois, et que n'ayant point imité ta faute j'aurois dû prendre l'ascendant à mon tour, il ne te demeuroit pas moins. Ta foiblesse que je blâmois me sembloit presque une vertu; je ne pouvois m'empêcher d'admirer en toi ce que j'aurois repris dans un autre. Enfin dans ce tems-là même, je ne t'abordois point sans un certain mouvement de respect involontaire, et il est sûr que toute ta douceur, toute la familiarité de ton commerce étoit nécessaire pour me rendre ton amie : naturellement, je devois être ta servante. Explique si tu peux cette énigme; quant à moi, je n'y entends rien.

Mais si fait pourtant, je l'entends un peu, et je crois même l'avoir autrefois expliquée. C'est que ton cœur vivifie tous ceux qui l'environnent et leur donne pour ainsi dire un nouvel être dont ils sont forcés de lui faire hommage, puis qu'ils ne l'auroient point eu sans lui. Je t'ai rendu d'importans services, j'en conviens; tu m'en fais souvenir si souvent qu'il n'y a pas moyen de l'oublier. Je ne le nie point; sans moi tu étois perdue. Mais qu'ai-je fait que te rendre ce que j'avois reçu de toi ? Est-il possible de te voir longtems sans se sentir pénétrer l'ame des charmes de la vertu et des douceurs de l'amitié ? Ne sais-tu pas que tout ce qui t'approche est par toi-même armé pour ta deffense, et que je n'ai par dessus les autres que l'avantage des gardes de Sesostris[1], d'être de ton âge et de ton sexe, et d'avoir été élevée avec toi ? Quoiqu'il en soit, Claire se console de valoir moins que Julie, en ce que sans Julie elle vaudroit bien moins encore; et puis à te dire la vérité, je crois que nous avions grand besoin l'une de l'autre, et que chacune des deux y perdroit beaucoup si le sort nous eut séparées.

Ce qui me fâche le plus dans les affaires qui me retiennent encore ici, c'est le risque de ton secret, toujours prêt à s'échaper de ta bouche. Considere je t'en conjure que ce qui te porte à le garder est une raison forte et solide, et que ce qui te porte à le revéler n'est qu'un sentiment aveugle. Nos soupçons mêmes que ce secret n'en est plus un pour celui qu'il intéresse, nous sont une raison de plus pour ne le lui déclarer qu'avec la plus grande circonspection. Peut-être la reserve de ton mari est-elle un exemple et une leçon pour nous : car en de pareilles matieres il y a souvent une grande différence entre ce qu'on feint d'ignorer et ce qu'on est forcé de savoir. Attens donc, je l'exige, que nous en délibérions encore une fois. Si tes pressentimens étoient fondés et que ton déplorable ami ne fut plus, le meilleur parti qui resteroit à prendre seroit de laisser son histoire et tes malheurs ensévelis avec lui. S'il vit, comme je l'espere, le cas peut devenir différent; mais encore faut-il que ce cas se présente. En tout état de cause crois-tu ne devoir aucun égard aux derniers conseils d'un infortuné dont tous les maux sont ton ouvrage ?

A l'égard des dangers de la solitude, je conçois et j'aprouve tes allarmes, quoique je les sache très mal fondées. Tes fautes passées te rendent craintive; j'en augure d'autant mieux du présent, et tu le serois bien moins s'il te restoit plus de sujet de l'être. Mais je ne puis te passer ton effroi sur le sort de notre pauvre ami. A présent que tes affections ont changé d'espece, crois qu'il ne m'est pas moins cher qu'à toi. Cependant j'ai des pressentimens tout contraires aux tiens, et mieux d'accord avec la raison. Milord Edouard a reçu deux fois de ses nouvelles, et m'a écrit à la seconde qu'il étoit dans la mer du Sud, ayant déja passé les dangers dont tu parles. Tu sais cela aussi bien que moi et tu t'affliges comme si tu n'en savois rien. Mais ce que tu ne sais pas et qu'il faut t'apprendre, c'est que le vaisseau sur lequel il est a été vû il y a deux mois à la hauteur des Canaries, faisant voile en Europe (*a*). Voila ce qu'on a écrit de Hollande à mon pere, et dont il n'a pas manqué de me faire part, selon sa coutume de m'instruire des affaires publiques beaucoup plus exactement que des siennes. Le cœur me dit, à moi, que nous ne serons pas longtems sans recevoir des nouvelles de notre philosophe, et que tu en seras pour tes larmes, à moins qu'après l'avoir pleuré mort, tu ne pleures de ce qu'il est en vie. Mais, Dieu-merci, tu n'en es plus là.

Deh ! fosse or qui quel miser pur un poco,
Ch'è già di piangere e di viver lasso (*b*) *!*

Voila ce que j'avois à te répondre. Celle qui t'aime t'offre et partage la douce espérance d'une éternelle réunion. Tu vois que tu n'en as formé le projet ni seule ni la premiere, et que l'exécution en est plus avancée que tu ne pensois. Pren donc patience encore cet été, ma douce amie : il vaut mieux tarder à se rejoindre que d'avoir encore à se séparer (*c*).

Hébien, belle Madame, ai-je tenu parole, et mon triomphe est-il complet ? Alons, qu'on se mette à genoux, qu'on baise avec respect cette lettre, et qu'on reconnoisse humblement qu'au moins une fois en la vie Julie de Wolmar a été vaincue en amitié* (*d*).

---

* Que cette bonne Suissesse est heureuse d'être gaye quand elle est gaye, sans esprit, sans naïveté, sans finesse ! Elle ne se doute pas des apprets qu'il faut parmi nous pour faire passer la bonne humeur. Elle ne sait pas qu'on n'a point cette bonne humeur pour soi mais pour les autres, et qu'on ne rit pas pour rire, mais pour être applaudi (*e*).

LETTRE III[1].

A MAD^e D'ORBE.

MA Cousine, ma Bienfaitrice, mon amie; j'arrive des extrémités de la terre, et j'en raporte un cœur tout plein de vous. J'ai passé quatre fois la ligne; j'ai parcouru les deux hémispheres; j'ai vu les quatre parties du monde; j'en ai mis le diametre[2] entre nous (*a*); j'ai fait le tour entier du globe et n'ai pu vous échaper un moment. On a beau fuir ce qui nous eſt cher, son image plus vîte que la mer et les vents nous suit au bout de l'univers, et partout où l'on se porte avec soi l'on y porte ce qui nous fait vivre. J'ai beaucoup souffert; j'ai vu souffrir davantage. Que d'infortunés j'ai vu mourir ! Hélas, ils mettoient un si grand prix à la vie ! et moi je leur ai survécu... Peut-être étois-je en effet moins à plaindre (*b*); les miseres de mes compagnons m'étoient plus sensibles que les miennes; je les voyois tout entiers à leurs peines; ils devoient souffrir plus que moi. Je me disois : je suis mal ici, mais il eſt un coin sur la terre où je suis heureux et paisible, et je me dédomageois au bord du lac de Geneve de ce que j'endurois sur l'Océan. J'ai le bonheur en arrivant de voir confirmer mes espérances, Milord Edouard m'apprend que vous jouïssez toutes deux de la paix et de la santé, et que si vous, en particulier, avez perdu le doux titre d'epouse, il vous reſte ceux d'amie et de mere, qui doivent suffire à votre bonheur.

Je suis trop pressé de vous envoyer cette Lettre pour vous faire à présent un détail de mon voyage. J'ose espérer d'en avoir bientôt une occasion plus comode. Je me contente ici de vous en donner une légere idée, plus pour exciter que pour satisfaire votre curiosité. J'ai mis près de quatre ans au trajet immense dont je viens de vous parler, et suis revenu dans le même vaisseau sur lequel j'étois parti, le seul que le Commandant ait ramené de son escadre (*c*).

J'ai vû d'abord l'Amérique méridionale (*d*), ce vaſte continent que le manque de fer a soumis aux Européens, et dont ils ont fait un desert pour s'en assurer l'empire. J'ai vû les côtes du Brésil où Lisbonne et Londres puisent leurs trésors, et dont les peuples misérables foulent aux pieds l'or et les diamans sans oser y porter la main. J'ai traversé paisiblement les mers orageuses qui sont sous le cercle antarctique; j'ai trouvé dans la mer pacifique les plus effroyables tempêtes :

E in mar dubbioso sotto ignoto polo
Provai l'onde fallaci, e'l vento infido (*a*).

J'ai vû de loin le séjour de ces prétendus géants*[1] qui ne sont grands qu'en courage, et dont l'indépendance est plus assurée par une vie simple et frugale que par une haute stature. J'ai séjourné trois mois dans une Isle déserte (*b*) et délicieuse, douce et touchante image de l'antique beauté de la nature, et qui semble être confinée au bout du monde pour y servir d'azile à l'innocence et à l'amour persécutés[2] : mais l'avide Européen suit son humeur farouche en empêchant l'Indien paisible de l'habiter, et se rend justice en ne l'habitant pas lui-même.

J'ai vû sur les rives du Mexique et du Pérou le même spectacle que dans le Brésil : j'en ai vû les rares et infortunés habitans, tristes restes de deux puissans peuples, accablés de fers, d'opprobres et de miseres au milieu de leurs riches métaux, reprocher au Ciel en pleurant les trésors qu'il leur a prodigués. J'ai vû l'incendie affreux[3] d'une ville entiere sans résistance et sans deffenseurs. Tel est le droit de la guerre parmi les Peuples savans, humains et polis de l'Europe. On ne se borne pas à faire à son ennemi tout le mal dont on peut tirer du profit; mais on compte pour un profit tout le mal qu'on peut lui faire à pure perte. J'ai cotoyé presque toute la partie occidentale de l'Amérique; non sans être frapé d'admiration en voyant quinze cent lieues de côte et la plus grande mer du monde sous l'empire d'une seule puissance, qui tient pour ainsi dire en sa main les clefs d'un Hémisphere du globe.

Après avoir traversé la grande[4] mer, j'ai trouvé dans l'autre continent un nouveau spectacle. J'ai vû la plus nombreuse et la plus illustre nation de l'Univers soumise à une poignée de brigands; j'ai vû de près ce peuple célebre, et n'ai plus été surpris de le trouver esclave. Autant de fois conquis qu'attaqué, il fut toujours en

---

* Les Patagons (*c*).

proye au premier venu, et le sera jusqu'à la fin des siecles. Je l'ai trouvé digne de son sort, n'ayant pas même le courage d'en gémir. Lettré, lâche, hypocrite et charlatan; parlant beaucoup sans rien dire, plein d'esprit sans aucun génie, abondant en signes et stérile en idées; poli, complimenteur, adroit, fourbe et fripon; qui met tous les devoirs en étiquetes, toute la morale en simagrées, et ne connoit d'autre humanité que les salutations et les révérences[1]. J'ai surgi dans une seconde Isle déserte plus inconnue, plus charmante encore que la premiere, et où le plus cruel accident faillit à nous confiner pour jamais. Je fus le seul peut-être qu'un exil si doux n'épouvanta point; ne suis-je pas desormais par tout en exil? J'ai vu dans ce lieu de délice et d'effroi ce que peut tenter l'industrie humaine pour tirer l'homme civilisé d'une solitude où rien ne lui manque, et le replonger dans un gouffre de nouveaux besoins[2].

J'ai vû dans le vaste Océan où il devroit être si doux à des hommes d'en rencontrer d'autres deux grands vaisseaux se chercher, se trouver, s'attaquer, se battre avec fureur, comme si cet espace immense eut été trop petit pour chacun d'eux. Je les ai vû vomir l'un contre l'autre le fer et les flames. Dans un combat assés court j'ai vû l'image de l'enfer. J'ai entendu les cris de joye des vainqueurs couvrir les plaintes des blessés et les gémissemens des mourans. J'ai reçu en rougissant ma part d'un immense butin; je l'ai reçu, mais en dépot, et s'il fut pris sur des malheureux, c'est à des malheureux qu'il sera rendu[3].

J'ai vû l'Europe transportée à l'extrémité de l'Affrique, par les soins de ce peuple avare, patient et laborieux qui a vaincu par le tems et la constance des difficultés que tout l'héroïsme des autres peuples n'a jamais pu surmonter. J'ai vû ces vastes et malheureuses contrées qui ne semblent destinées qu'à couvrir la terre de troupeaux d'esclaves. A leur vil aspect j'ai détourné les yeux de dédain, d'horreur et de pitié, et voyant la quatrieme partie de mes semblables changée en bêtes pour le service des autres, j'ai gémi d'être homme[4].

Enfin j'ai vû dans mes compagnons de voyage un peuple intrépide et fier dont l'exemple et la liberté rétablissoient à mes yeux l'honneur de mon espece, pour lesquels la douleur et la mort ne sont rien, et qui ne craint au monde que la faim et l'ennui[1]. J'ai vû dans leur chef un capitaine, un soldat, un pilote, un sage, un grand homme (*a*), et pour dire encore plus peut-être, le digne ami d'Edouard Bomston : Mais ce que je n'ai point vû dans le monde entier; c'est quelqu'un qui ressemble à Claire d'Orbe, à Julie d'Etange, et qui puisse consoler de leur perte un cœur qui sût les aimer.

Comment vous parler de ma guérison ? C'est de vous que je dois apprendre à la connoitre. Reviens-je plus libre et plus sage que je ne suis parti ? J'ose le croire et ne puis l'affirmer. La même image regne toujours dans mon cœur; vous savez s'il est possible qu'elle s'en efface; mais son empire est plus digne d'elle, et si je ne me fais pas illusion elle regne dans ce cœur infortuné comme dans le votre. Oui, ma Cousine, il me semble que sa vertu m'a subjugué, que je ne suis pour elle que le meilleur et le plus tendre ami qui fut jamais, que je ne fais plus que l'adorer comme vous l'adorez vous-même; ou plutôt, il me semble que mes sentimens ne se sont pas affoiblis mais rectifiés, et avec quelque soin que je m'examine, je les trouve aussi purs que l'objet qui les inspire. Que puis-je vous dire de plus jusqu'à l'épreuve qui peut m'apprendre à juger de moi ? Je suis sincere et vrai; je veux être ce que je dois être; mais comment répondre de mon cœur avec tant de raisons de m'en défier ? Suis-je le maitre du passé ? Peux-je empêcher que mille feux ne m'aient autrefois dévoré ? Comment distinguerai-je par la seule imagination ce qui est de ce qui fut ? et comment me répésenterai-je amie celle que je ne vis jamais qu'amante? Quoique vous pensiez, peut-être, du motif secret de mon empressement, il est honnête et raisonnable, il mérite que vous l'approuviez. Je réponds d'avance, au-moins de mes intentions. Souffrez que je vous voye et m'examinez vous-même, ou laissez-moi voir Julie et je saurai ce que je suis.

Je dois accompagner Milord Edouard en Italie. Je passerai près de vous, et je ne vous verrois point ! Pensez-vous que cela se puisse ? Eh ! si vous aviez la barbarie de l'exiger vous mériteriez de n'être pas obéie ! mais pourquoi l'exigeriez-vous ? N'êtes-vous pas cette même Claire, aussi bonne et compatissante que vertueuse et sage, qui daigna m'aimer dès sa plus tendre jeunesse, et qui doit m'aimer bien plus encore, aujourd'hui que je lui dois tout[1]*. Non, non chere et charmante amie, un si cruel refus ne seroit ni de vous ni fait pour moi (*a*), il ne mettra point le comble à ma misere. Encore une fois, encore une fois en ma vie, je déposerai mon cœur à vos pieds. Je vous verrai, vous y consentirez. Je la verrai, elle y consentira. Vous connoissez trop bien toutes deux mon respect pour elle. Vous savez si je suis homme à m'offrir à ses yeux en me sentant indigne d'y paroitre. Elle a déploré si longtems l'ouvrage de ses charmes, ah qu'elle voye (*b*) une fois l'ouvrage de sa vertu !

P. S. Milord Edouard est retenu pour quelque tems encore ici par des affaires; s'il m'est permis de vous voir, pourquoi ne prendrois-je pas les devants pour être plutôt auprès de vous (*c*) ?

LETTRE IV (*d*)[2].

DE M. DE WOLMAR.

QUOIQUE nous ne nous connoissions pas encore, je suis chargé de vous écrire. La plus sage et la plus chérie des femmes vient d'ouvrir son cœur à son heureux époux. Il vous croit digne d'avoir été aimé d'elle, et il vous offre sa maison. L'innocence et la paix y regnent; vous y trouverez l'amitié, l'hospitalité, l'estime, la confiance. Consultez votre cœur, et s'il n'y a rien là qui vous effraye, venez sans crainte. Vous ne partirez point d'ici sans y laisser un ami.

Wolmar.

P. S. Venez, mon ami, nous vous attendons avec empressement. Je n'aurai pas la douleur que vous nous deviez un refus (*e*).

Julie.

---

* Que lui doit-il donc tant, à elle qui a fait les malheurs de sa vie ? Malheureux questionneur ! Il lui doit l'honneur, la vertu, le repos de celle qu'il aime; il lui doit tout (*f*).

LETTRE V.

DE MAD^e^ D'ORBE.

Et dans laquelle étoit incluse la précédente.

Bien arrivé! Cent fois le bien arrivé, cher St. Preux[1]; car je prétends que ce nom* vous demeure, au moins dans notre société. C'eſt, je crois, vous dire assés qu'on n'entend pas vous en exclurre, à moins que cette exclusion ne vienne de vous (*a*). En voyant par la Lettre ci-jointe que j'ai fait plus que vous ne me demandiez apprenez à prendre un peu plus de confiance en vos amis, et à ne plus reprocher à leur cœur des chagrins qu'ils partagent quand la raison les force à vous en donner. M. de Wolmar veut vous voir, il vous offre sa maison, son amitié, ses conseils; il n'en faloit pas tant pour calmer toutes mes craintes sur votre voyage, et je m'offenserois moi-même si je pouvois un moment me défier de vous (*b*). Il fait plus, il prétend vous guérir, et dit que ni Julie, ni lui, ni vous, ni moi, ne pouvons être parfaitement heureux sans cela. Quoique j'attende beaucoup de sa sagesse et plus de votre vertu (*c*), j'ignore quel sera le succès de cette entreprise. Ce que je sais bien, c'eſt qu'avec la femme qu'il a, le soin qu'il veut prendre eſt une pure générosité pour vous.

Venez donc, mon aimable ami, dans la sécurité d'un cœur honnête satisfaire l'empressement que nous avons tous de vous embrasser et de vous voir paisible et content; venez dans votre pays et parmi vos amis vous délasser de vos voyages et oublier tous les maux que vous avez soufferts. La derniere fois que vous me vites j'étois une grave matrone, et mon amie étoit à l'extrémité; mais à présent qu'elle se porte bien et que je suis redevenue fille, me voila tout aussi fole et presque aussi jolie qu'avant mon mariage. Ce qu'il y a du moins de bien sûr, c'eſt que je n'ai point changé pour vous, et que vous feriez bien des fois le tour du monde avant d'y trouver quelqu'un qui vous aimât comme moi (*d*).

* C'eſt celui qu'elle lui avoit donné devant ses gens à son précédent voyage. Voyez 3e partie, Lettre XIV.

LETTRE VI (*a*)[1].

A MILORD EDOUARD.

Je me leve au milieu de la nuit pour vous écrire. Je ne saurois trouver un moment de repos. Mon cœur agité, transporté, ne peut se contenir au dedans de moi; il a besoin de s'épancher. Vous qui l'avez si souvent garanti du desespoir, soyez le cher dépositaire des premiers plaisirs qu'il ait goûtés depuis si longtems.

Je l'ai vue, Milord! mes yeux l'ont vue! J'ai entendu sa voix; ses mains ont touché les miennes; elle m'a reconnu; elle a marqué de la joye à me voir (*b*); elle m'a appellé son ami, son cher ami; elle m'a reçu dans sa maison; plus heureux que je ne fus de ma vie je loge avec elle sous un même toit, et maintenant que je vous écris, je suis à trente pas d'elle !

Mes idées sont trop vives pour se succéder; elles se présentent toutes ensemble; elles se nuisent mutuellement. Je vais m'arrêter et reprendre haleine, pour tâcher de mettre quelque ordre dans mon récit.

A peine après une si longue absence m'étois-je livré près de vous aux premiers transports de mon cœur en embrassant mon ami, mon libérateur et mon pere, que vous songeâtes au voyage d'Italie. Vous me le fites desirer dans l'espoir de m'y soulager enfin du fardeau de mon inutilité pour vous. Ne pouvant terminer sitôt les affaires qui vous retenoient à Londres, vous me proposâtes de partir le premier pour avoir plus de tems à vous attendre ici. Je demandai la permission d'y venir; je l'obtins, je partis, et quoique Julie s'offrit d'avance à mes regards, en songeant que j'allois m'approcher d'elle je sentis du regret à m'éloigner de vous. Milord, nous sommes quittes, ce seul sentiment vous a tout payé.

Il ne faut pas vous dire que durant toute la route je n'étois occupé que de l'objet de mon voyage; mais une chose à remarquer, c'est que je commençai de voir sous un autre point de vue ce même objet qui n'étoit jamais sorti de mon cœur. Jusques là je m'étois toujours rappellé Julie brillante comme autrefois des charmes de sa premiere jeunesse. J'avois toujours vû ses beaux yeux animés du feu qu'elle m'inspiroit. Ses traits chéris n'offroient à mes regards que des garants de mon bonheur; son amour et le mien se mêloient tellement avec sa figure que je ne pouvois les en séparer. Maintenant j'allois voir Julie mariée, Julie mere, Julie indifférente ! Je m'inquietois des changemens que huit ans d'intervalle avoient pu faire à sa beauté. Elle avoit eu la petite vérole; elle s'en trouvoit changée; à quel point le pouvoit elle être (*a*) ? Mon imagination me refusoit opiniâtrement des taches sur ce charmant visage, et sitôt que j'en voyois un marqué de petite vérole, ce n'étoit plus celui de Julie. Je pensois encore à l'entrevue que nous allions avoir, à la reception qu'elle m'alloit faire. Ce premier abord se présentoit à mon esprit sous mille tableaux différens, et ce moment qui devoit passer si vîte, revenoit pour moi mille fois le jour.

Quand j'apperçûs la cime des monts le cœur me battit fortement, en me disant : elle est là. La même chose venoit de m'arriver en mer à la vue des côtes d'Europe. La même chose m'étoit arrivée autrefois à Meillerie en découvrant la maison du Baron d'Etange. Le monde n'est jamais divisé pour moi qu'en deux régions, celle où elle est, et celle où elle n'est pas. La premiere s'étend quand je m'éloigne, et se resserre à mesure que j'approche, comme un lieu où je ne dois jamais arriver. Elle est à présent bornée aux murs de sa chambre. Hélas ! ce lieu seul est habité; tout le reste de l'univers est vuide.

Plus j'approchois de la Suisse, plus je me sentois ému. L'instant où, des hauteurs du Jura je découvris le lac de Geneve fut un instant d'extase et de ravissement. La vue de mon pays, de ce pays si chéri où des torrens de plaisirs avoient inondé mon cœur; l'air des Alpes si salutaire et si pur; le doux air de la patrie, plus suave que les parfums de l'Orient; cette terre riche et fertile, ce paysage unique, le plus beau dont l'œil humain fut jamais frapé; ce séjour charmant auquel je n'avois rien trouvé d'égal dans le tour du monde; l'aspect d'un peuple heureux et libre (*b*); la douceur de la saison, la sérénité du Climat; mille souvenirs délicieux qui réveilloient tous les sentimens que j'avois goûtés; tout cela me jettoit dans des transports que je ne puis décrire, et sembloit me rendre à la fois la jouïssance de ma vie entiere (*c*)[1].

En descendant vers la côte, je sentis une impression

nouvelle dont je n'avois aucune idée. C'étoit un certain mouvement d'effroi qui me resserroit le cœur et me troubloit malgré moi. Cet effroi, dont je ne pouvois démêler la cause, croissoit à mesure que j'approchois de la ville; il ralentissoit mon empressement d'arriver, et fit enfin de tels progrès que je m'inquiétois autant de ma diligence que j'avois fait jusques là de ma lenteur. En entrant à Vevai la sensation que j'éprouvai ne fut rien moins qu'agréable. Je fus saisi d'une violente palpitation qui m'empêchoit de respirer; je parlois d'une voix altérée et tremblante. J'eus peine à me faire entendre en demandant M. de Wolmar; car je n'osai jamais nommer sa femme. On me dit qu'il demeuroit à Clarens. Cette nouvelle m'ôta de dessus la poitrine un poids de cinq cens livres, et prenant les deux lieues qui me restoient à faire pour un répit, je me réjouïs de ce qui m'eut désolé dans un autre tems; mais j'appris avec un vrai chagrin que Made d'Orbe étoit à Lausanne. J'entrai dans une auberge pour reprendre les forces qui me manquoient : il me fut impossible d'avaler un seul morceau; je suffoquois en buvant et ne pouvois vuider un verre qu'à plusieurs reprises. Ma terreur redoubla quand je vis mettre les chevaux pour repartir. Je crois que j'aurois donné tout au monde pour voir briser une roue en chemin. Je ne voyois plus Julie; mon imagination troublée ne me présentoit que des objets confus; mon ame étoit dans un tumulte universel. Je connoissois la douleur et le desespoir; je les aurois préférés à cet horrible état. Enfin, je puis dire n'avoir de ma vie éprouvé d'agitation plus cruelle que celle où je me trouvai durant ce court trajet, et je suis convaincu que je ne l'aurois pu supporter une journée entiere[1].

En arrivant, je fis arrêter à la grille, et me sentant hors d'état de faire un pas, j'envoyai le postillon dire qu'un étranger demandoit à parler à M. de Wolmar. Il étoit à la promenade avec sa femme. On les avertit, et ils vinrent par un autre côté, tandis que, les yeux fichés sur l'avenue, j'attendois dans des transes mortelles d'y voir paroitre quelqu'un.

A peine Julie m'eut-elle apperçu qu'elle me reconnût. A l'instant, me voir, s'écrier, courir, s'élancer dans mes bras ne fut pour elle qu'une même chose. A ce son de voix je me sens tressaillir; je me retourne, je la vois, je la sens. O Milord ! ô mon ami !.... je ne puis parler....

Adieu crainte, adieu terreur, effroi, respect humain. Son regard, son cri, son geste, me rendent en un moment la confiance, le courage et les forces. Je puise dans ses bras la chaleur et la vie (*a*); je petille de joye en la serrant dans les miens. Un transport sacré nous tient dans un long silence étroitement embrassés, et ce n'est qu'après un si doux saisissement que nos voix commencent à se confondre, et nos yeux à mêler leurs pleurs. M. de Wolmar étoit là; je le savois, je le voyois; mais qu'aurois-je pu voir ? Non, quand l'univers entier se fut réuni contre moi, quand l'appareil des tourmens m'eut environné, je n'aurois pas dérobé mon cœur (*b*) à la moindre de ces caresses, tendres prémices d'une amitié pure et sainte que nous emporterons dans le Ciel[1] !

Cette premiere impétuosité suspendue, Made de Wolmar me prit par la main, et se retournant vers son mari, lui dit avec une certaine grace d'innocence et de candeur dont je me sentis pénétré : quoiqu'il soit mon ancien ami, je ne vous le présente pas, je le reçois de vous, et ce n'est qu'honoré de votre amitié qu'il aura desormais la mienne. Si les nouveaux amis ont moins d'ardeur que les anciens, me dit-il en m'embrassant, ils seront anciens à leur tour, et ne céderont point aux autres. Je reçus ses embrassemens; mais mon cœur venoit de s'épuiser, et je ne fis que les recevoir.

Après cette courte scene, j'observai du coin de l'œil qu'on avoit détaché ma malle et remisé ma chaise. Julie me prit sous le bras, et je m'avançai avec eux vers la maison, presque oppressé d'aise de voir qu'on y prenoit possession de moi[2].

Ce fut alors qu'en contemplant plus paisiblement ce visage adoré que j'avois cru trouver enlaidi, je vis avec une surprise amere et douce[3] qu'elle étoit réellement plus belle et plus brillante que jamais. Ses traits charmans se sont mieux formés encore; elle a pris un peu plus d'embonpoint, qui ne fait qu'ajoûter à son éblouïssante blancheur. La petite vérole n'a laissé sur ses joues que quelques legeres traces presque imperceptibles. Au lieu de cette pudeur souffrante qui lui faisoit autrefois sans cesse baisser les yeux, on voit la sécurité de la vertu s'allier dans son chaste regard à la douceur et à la sensibilité; sa contenance, non moins modeste est moins timide; un air plus libre et des graces plus franches ont succédé à ces manieres contraintes mélées de tendresse et de honte; et si le sentiment de sa faute la rendoit alors plus touchante, celui de sa pureté la rend aujourd'hui plus céleste.

A peine étions-nous dans le salon qu'elle disparut, et rentra le moment d'après. Elle n'étoit pas seule. Qui pensez-vous qu'elle amenoit avec elle ? Milord, c'étoient ses enfans ! ses deux enfans plus beaux que le jour, et portant déja sur leur physionomie enfantine le charme et l'attrait de leur mere. Que devins-je à cet aspect? Cela ne peut ni se dire ni se comprendre; il faut le sentir. Mille mouvemens contraires m'assaillirent à la fois. Mille cruels et délicieux souvenirs vinrent partager mon cœur. O spectacle ! ô regrets[1] ! Je me sentois déchirer de douleur et transporter de joye. Je voyois, pour ainsi dire, multiplier celle qui me fut si chere. Hélas ! je voyois au même instant la trop vive preuve qu'elle ne m'étoit plus rien, et mes pertes sembloient se multiplier avec elle.

Elle me les amena par la main. Tenez, me dit-elle d'un ton qui me perça l'ame, voila les enfans de votre amie; ils seront vos amis un jour. Soyez le leur dès aujourd'hui. Aussi-tôt ces deux petites créatures s'empresserent autour de moi, me prirent les mains, et m'accablant de leurs innocentes carresses tournerent vers l'attendrissement toute mon émotion. Je les pris dans mes bras l'un et l'autre, et les pressant contre ce cœur agité : chers et aimables enfans, dis-je avec un soupir, vous avez à remplir une grande tâche. Puissiez-vous ressembler à ceux de qui vous tenez la vie; puissiez-vous imiter leurs vertus, et faire un jour par les votres la consolation de leurs amis infortunés. Made de Wolmar enchantée me sauta au cou une seconde fois et sembloit me vouloir payer par ses caresses de celles que je faisois à ses deux fils. Mais quelle différence du premier embrassement à celui-là ! Je l'éprouvai avec surprise. C'étoit une mere de famille que j'embrassois; je la voyois environnée de son Epoux et de ses enfans; ce cortege m'en imposoit (*a*). Je trouvois sur son visage un air de dignité qui ne m'avoit pas frapé d'abord; je me sentois forcé de lui porter une nouvelle sorte de respect; sa familiarité m'étoit presque à charge; quelque belle qu'elle me parut j'aurois baisé le bord de sa robe de meilleur cœur que sa joue : Dès cet instant, en un mot, je connus qu'elle ou moi n'étions plus les mêmes[2], et je commençai tout de bon à bien augurer de moi (*b*).

M. de Wolmar me prenant par la main me conduisit ensuite au logement qui m'étoit destiné. Voila, me dit-il en y entrant, votre appartement; il n'est point celui d'un étranger, il ne sera plus celui d'un autre, et desormais il restera vuide ou occupé par vous. Jugez si ce compliment me fut agréable ! mais je ne le méritois pas encore assés pour l'écouter sans confusion. M. de Wolmar me sauva l'embarras d'une réponse. Il m'invita à faire un tour de jardin. Là il fit si bien que je me trouvai plus à mon aise, et prenant le ton d'un homme instruit de mes anciennes erreurs, mais plein de confiance dans ma droiture, il me parla comme un pere à son enfant, et me mit à force d'estime dans l'impossibilité de la démentir. Non, Milord, il ne s'est pas trompé; je n'oublierai point que j'ai la sienne et la votre à justifier. Mais pourquoi faut-il que mon cœur se resserre à ses bienfaits ? Pourquoi faut-il qu'un homme que je dois aimer soit le mari de Julie (*a*) ?

Cette journée sembloit destinée à tous les genres d'épreuves que je pouvois subir. Revenus auprès de Mad[e] de Wolmar, son mari fut appellé pour quelque ordre à donner, et je restai seul avec elle.

Je me trouvai alors dans un nouvel embarras, le plus pénible et le moins prévu de tous. Que lui dire ? comment débuter ? Oserois-je rappeller nos anciennes liaisons, et des tems si présens à ma mémoire ? Laisserois-je penser que je les eusse oubliés ou que je ne m'en souciasse plus ? Quel supplice de traitter en étrangere celle qu'on porte au fond de son cœur ! Quelle infamie d'abuser de l'hospitalité pour lui tenir des discours qu'elle ne doit plus entendre ! Dans ces perplexités je perdois toute contenance; le feu me montoit au visage; je n'osois ni parler, ni lever les yeux, ni faire le moindre geste, et je crois que je serois resté dans cet état violent jusqu'au retour de son mari, si elle ne m'en eut tiré[1]. Pour elle, il ne parût pas que ce tête-à-tête l'eut gênée en rien. Elle conserva le même maintien et les mêmes manieres qu'elle avoit auparavant; elle continua de me parler sur le même ton; seulement, je crus voir qu'elle essayoit d'y mettre encore plus de gaité et de liberté, jointe à un regard, non timide ni tendre, mais doux et affectueux, comme pour m'encourager à me rassurer et à sortir d'une contrainte qu'elle ne pouvoit manquer d'appercevoir.

Elle me parla de mes longs voyages : elle vouloit en

savoir les détails; ceux, surtout, des dangers que j'avois courus, des maux que j'avois endurés; car elle n'ignoroit pas, disoit-elle, que son amitié m'en devoit le dédomagement. Ah Julie ! lui dis-je avec tristesse, il n'y a qu'un moment que je suis avec vous; voulez-vous déja me renvoyer aux Indes ? Non pas, dit-elle en riant, mais j'y veux aller à mon tour.

Je lui dis que je vous avois donné une rélation de mon voyage, dont je lui apportois une copie. Alors elle me demanda de vos nouvelles avec empressement. Je lui parlai de vous, et ne pus le faire sans lui retracer les peines que j'avois souffertes et celles que je vous avois données. Elle en fut touchée; elle commença d'un ton plus sérieux à entrer dans sa propre justification, et à me montrer qu'elle avoit dû faire tout ce qu'elle avoit fait. M. de Wolmar rentra au milieu de son discours, et ce qui me confondit, c'est qu'elle le continua en sa présence exactement comme s'il n'y eut pas été. Il ne pût s'empêcher de sourire en démêlant mon étonnement. Après qu'elle eut fini, il me dit : vous voyez un exemple de la franchise qui regne ici. Si vous voulez sincerement être vertueux, aprenez à l'imiter : c'est la seule priere et la seule leçon que j'aye à vous faire. Le premier pas vers le vice est de mettre du mistere aux actions innocentes, et quiconque aime à se cacher a tôt ou tard raison de se cacher. Un seul précepte de morale peut tenir lieu de tous les autres; c'est celui-ci : Ne fais ni ne dis jamais rien que tu ne veuilles que tout le monde voye et entende; et pour moi, j'ai toujours regardé comme le plus estimable des hommes ce Romain qui vouloit que sa maison fut construite de maniere qu'on vit tout ce qui s'y faisoit[1].

J'ai, continua-t-il, deux partis à vous proposer. Choisissez librement celui qui vous conviendra le mieux; mais choisissez l'un ou l'autre. Alors prenant la main de sa femme et la mienne, il me dit en la serrant : notre amitié commence, en voici le cher lien, qu'elle soit indissoluble. Embrassez votre sœur et votre amie; traittez-la toujours comme telle; plus vous serez familier avec elle, mieux je penserai de vous. Mais vivez dans le tête-à-tête, comme si j'étois présent, ou devant moi comme si je n'y étois pas; voila tout ce que je vous demande. Si vous préferez le dernier parti, vous le pouvez sans inquiétude; car comme je me reserve le droit de vous avertir de tout ce qui me déplaira, tant que je ne dirai rien, vous serez sûr de ne m'avoir point déplu.

Il y avoit deux heures que ce discours m'auroit fort embarrassé; mais M. de Wolmar commençoit à prendre une si grande autorité sur moi que j'y étois déja presque accoutumé (*a*). Nous recommençames à causer paisiblement tous trois, et chaque fois que je parlois à Julie, je ne manquois point de l'appeller *Madame*. Parlez-moi franchement, dit enfin son mari en m'interrompant; dans l'entretien de tout à l'heure disiez-vous *Madame ?* Non, dis-je un peu déconcerté ; mais la bienséance... la bienséance, reprit-il, n'est que le masque du vice; où la vertu regne, elle est inutile; je n'en veux point. Appellez ma femme *Julie* en ma présence, ou *Madame* en particulier; cela m'est indifférent. Je commençai de connoitre alors à quel homme j'avois à faire, et je résolus bien de tenir toujours mon cœur en état d'être vû de lui.

Mon corps épuisé de fatigue avoit grand besoin de nourriture, et mon esprit de repos; je trouvai l'un et l'autre à table. Après tant d'années d'absence et de douleurs, après de si longues courses, je me disois dans une sorte de ravissement : je suis avec Julie, je la vois, je lui parle; je suis à table avec elle, elle me voit sans inquiétude, elle me reçoit sans crainte; rien ne trouble le plaisir que nous avons d'être ensemble. Douce et précieuse innocence, je n'avois point goûté tes charmes, et ce n'est que d'aujourd'hui que je commence d'exister sans souffrir !

Le soir en me retirant je passai devant la chambre des maitres de la maison; je les y vis entrer ensemble; je gagnai tristement la mienne, et ce moment ne fut pas pour moi le plus agréable de la journée (*b*).

Voila, Milord, comment s'est passée cette premiere entrevue, desirée si passionnément, et si cruellement rédoutée. J'ai tâché de me recueillir depuis que je suis seul; je me suis efforcé de sonder mon cœur; mais l'agitation de la journée précédente s'y prolonge encore, et il m'est impossible de juger sitôt de mon véritable état. Tout ce que je sais très certainement c'est que si mes sentimens pour elle n'ont pas changé d'espèce, ils ont au moins bien changé de forme, que j'aspire toujours à voir un tiers entre nous, et que je crains autant le tête-à-tête que je le desirois autrefois (*c*).

Je compte aller dans deux ou trois jours à Lausanne. Je n'ai vu Julie encore qu'à demi quand je n'ai pas vû sa cousine; cette aimable et chere amie à qui je dois tant, qui partagera sans cesse avec vous mon amitié, mes soins, ma reconnoissance, et tous les sentimens dont mon cœur est resté le maitre. A mon retour je ne tarderai pas à vous en dire davantage. J'ai besoin de vos avis et je veux m'observer de près. Je sais mon devoir et le remplirai. Quelque doux qu'il me soit d'habiter cette maison; je l'ai résolu, je le jure; si je m'apperçois jamais que je m'y plais trop, j'en sortirai dans l'instant.

LETTRE VII (*a*)[1].

DE MAD^e DE WOLMAR A MAD^e D'ORBE.

Si tu nous avois accordé le délai que nous te demandions, tu aurois eu le plaisir avant ton départ d'embrasser ton protégé. Il arriva avant-hier et vouloit t'aller voir aujourd'hui; mais une espece de courbature, fruit de la fatigue et du voyage, le retient dans sa chambre, et il a été saigné* ce matin. D'ailleurs, j'avois bien résolu, pour te punir, de ne le pas laisser partir sitôt, et tu n'as qu'à le venir voir ici, ou je te promets que tu ne le verras de longtems. Vraiment cela seroit bien imaginé qu'il vit séparément les inséparables !

En vérité, ma Cousine, je ne sais quelles vaines terreurs m'avoient fasciné l'esprit sur ce voyage, et j'ai honte de m'y être opposée avec tant d'obstination. Plus je craignois de le revoir, plus je serois fachée aujourd'hui de ne l'avoir pas vû; car sa présence a détruit des craintes qui m'inquiétoient encore, et qui pouvoient devenir légitimes à force de m'occuper de lui (*b*). Loin que l'attachement que je sens pour lui m'effraye, je crois que s'il m'étoit moins cher je me défierois plus de moi; mais je l'aime aussi tendrement que jamais, sans l'aimer de la même maniere. C'est de la comparaison de ce que j'éprouve à sa vue et de ce que j'éprouvois jadis que je tire la sécurité de mon

---

* Pourquoi saigné ? Est-ce aussi la mode en Suisse (*c*) ?

état présent, et dans des sentimens si divers la différence se fait sentir à proportion de leur vivacité.

Quant à lui, quoique je l'aye reconnu du premier instant, je l'ai trouvé fort changé, et, ce qu'autrefois je n'aurois guere imaginé possible, à bien des égards il me paroit changé en mieux. Le premier jour, il donna quelques signes d'embarras, et j'eus moi-même bien de la peine à lui cacher le mien. Mais il ne tarda pas à prendre le ton ferme et l'air ouvert qui convient à son caractere. Je l'avois toujours vu timide et craintif; la frayeur de me déplaire et peut-être la sécrette honte d'un rolle peu digne d'un honnête homme, lui donnoient devant moi je ne sais quelle contenance servile et basse dont tu t'es plus d'une fois moquée avec raison. Au lieu de la soumission d'un esclave, il a maintenant le respect d'un ami qui sait honorer ce qu'il estime, il tient avec assurance des propos honnêtes; il n'a pas peur que ses maximes de vertu contrarient ses intérêts; il ne craint ni de se faire tort ni de me faire affront en louant les choses louables, et l'on sent dans tout ce qu'il dit la confiance d'un homme droit et sûr de lui-même, qui tire de son propre cœur l'approbation qu'il ne cherchoit autrefois que dans mes regards. Je trouve aussi que l'usage du monde et l'expérience lui ont ôté ce ton dogmatique et tranchant qu'on prend dans le cabinet, qu'il est moins prompt à juger les hommes depuis qu'il en a beaucoup observé, moins pressé d'établir des propositions universelles depuis qu'il a tant vu d'exceptions, et qu'en général l'amour de la vérité l'a gueri de l'esprit de sistêmes[1]; de sorte qu'il est devenu moins brillant et plus raisonnable, et qu'on s'instruit beaucoup mieux avec lui depuis qu'il n'est plus si savant.

Sa figure est changée aussi et n'est pas moins bien; sa démarche est plus assurée; sa contenance est plus libre; son port est plus fier, il a rapporté de ses campagnes un certain air martial qui lui sied d'autant mieux, que son geste, vif et prompt quand il s'anime, est d'ailleurs plus grave et plus posé qu'autrefois. C'est un marin dont l'attitude est flegmatique et froide, et le parler bouillant et impétueux. A trente ans passés, son visage est celui de l'homme dans sa perfection et joint au feu de la jeunesse la majesté de l'âge mur. Son teint n'est pas reconnoissable; il est noir comme un more, et de plus fort marqué de la petite vérole. Ma chere, il te faut tout dire : ces marques me font quelque peine à regarder, et je me surprends souvent à les regarder malgré moi (*a*).

Je crois m'appercevoir que si je l'examine, il n'est pas moins attentif à m'examiner. Après une si longue absence, il est naturel de se considérer mutuellement avec une sorte de curiosité; mais si cette curiosité semble tenir de l'ancien empressement, quelle différence dans la maniere aussi bien que dans le motif ! Si nos regards se rencontrent moins souvent, nous nous regardons avec plus de liberté. Il semble que nous ayons une convention tacite pour nous considérer alternativement. Chacun sent, pour ainsi dire, quand c'est le tour de l'autre et détourne les yeux à son tour (*b*). Peut-on revoir sans plaisir quoique l'émotion n'y soit plus, ce qu'on aima si tendrement autrefois, et qu'on aime si purement aujourd'hui? Qui sait si l'amour propre ne cherche point à justifier les erreurs passées ? Qui sait si chacun des deux quand la passion cesse de l'aveugler n'aime point encore à se dire : je n'avois pas trop mal choisi ? Quoiqu'il en soit, je te le repete sans honte, je conserve pour lui des sentimens très doux qui dureront autant que ma vie. Loin de me reprocher ces sentimens je m'en applaudis; je rougirois de ne les avoir pas, comme d'un vice de caractere et de la marque d'un mauvais cœur. Quant à lui, j'ose croire qu'après la vertu, je suis ce qu'il aime le mieux au monde. Je sens qu'il s'honore de mon estime; je m'honore à mon tour de la sienne et mériterai de la conserver. Ah ! si tu voyois avec quelle tendresse il caresse mes enfans, si tu savois quel plaisir il prend à parler de toi; Cousine, tu connoitrois que je lui suis encore chere !

Ce qui redouble ma confiance dans l'opinion que nous avons toutes deux de lui, c'est que M. de Wolmar la partage, et qu'il en pense par lui-même depuis qu'il l'a vu tout le bien que nous lui en avions dit. Il m'en a beaucoup parlé ces deux soirs, en se félicitant du parti qu'il a pris et me faisant la guerre de ma résistance. Non, me disoit-il hier, nous ne laisserons point un si honnête homme en doute sur lui-même; nous lui apprendrons à mieux compter sur sa vertu, et peut-être un jour jouirons-nous avec plus d'avantage que vous ne pensez du fruit des soins que nous allons prendre. Quant à présent, je commence déja par vous dire que son caractere me plait, et que je l'estime surtout par un côté dont il ne se doute gueres, savoir la froideur qu'il a vis-à-vis de moi. Moins il me témoigne d'amitié, plus il m'en inspire; je ne saurois vous dire combien je craignois d'en être caressé. C'étoit la premiere épreuve que je lui destinois; il doit s'en présenter une seconde* sur laquelle je l'observerai; après quoi je ne l'observerai plus. Pour celle-ci, lui dis-je, elle ne prouve autre chose que la franchise de son caractere : Car jamais il ne put se résoudre autrefois à prendre un air soumis et complaisant avec mon pere, quoi qu'il y eut un si grand intérêt et que je l'en eusse instamment prié. Je vis avec douleur qu'il s'ôtoit cette unique ressource et ne pus lui savoir mauvais gré de ne pouvoir être faux en rien. Le cas est bien différent, reprit mon mari; il y a entre votre pere et lui une antipathie naturelle fondée sur l'opposition de leurs maximes. Quant à moi qui n'ai ni sistêmes ni préjugés, je suis sûr qu'il ne me hait point naturellement. Aucun homme ne me hait; un homme sans passion ne peut inspirer d'aversion à personne : Mais je lui ai ravi son bien, il ne me le pardonnera pas sitôt. Il ne m'en aimera que plus tendrement, quand il sera parfaitement convaincu que le mal que je lui ai fait ne m'empêche pas de le voir de bon œil. S'il me caressoit à présent il feroit un fourbe; s'il ne me caressoit jamais il seroit un monstre (*a*).

Voila, ma Claire, à quoi nous en sommes, et je commence à croire que le ciel bénira la droiture de nos cœurs et les intentions bienfaisantes de mon mari. Mais je suis bien bonne d'entrer dans tous ces détails : tu ne mérites (*b*) pas que j'aye tant de plaisir à m'entretenir avec toi; j'ai résolu de ne te plus rien dire, et si tu veux en savoir davantage, viens l'apprendre.

P. S. Il faut pourtant que je te dise encore ce qui vient de se passer au sujet de cette Lettre. Tu sais avec quelle indulgence M. de Wolmar reçut l'aveu tardif que ce retour imprévû me força de lui faire. Tu vis avec quelle douceur il sût essuyer mes pleurs et dissiper ma honte. Soit que je ne lui eusse rien appris, comme tu l'as assés raisonnablement conjecturé, soit qu'en effet il fut touché d'une démarche qui ne pouvoit être dictée que par le

* La lettre où il étoit question de cette seconde épreuve a été supprimée; mais j'aurai soin d'en parler dans l'occasion (*c*).

repentir; non seulement il a continué de vivre avec moi comme auparavant, mais il semble avoir redoublé de soins, de confiance, d'estime, et vouloir me dédomager à force d'égards de la confusion que cet aveu m'a coûtée (*a*). Ma Cousine, tu connois mon cœur; juge de l'impression qu'y fait une pareille conduite[1] !

Sitôt que je le vis résolu à laisser venir notre ancien maitre, je résolus de mon côté de prendre contre moi la meilleure précaution que je pusse employer; ce fut de choisir mon Mari même pour mon confident, de n'avoir aucun entretien particulier qui ne lui fut raporté, et de n'écrire aucune lettre qui ne lui fut montrée. Je m'imposai même d'écrire chaque Lettre comme s'il ne la devoit point voir, et de la lui montrer ensuite. Tu trouveras un article dans celle-ci qui m'est venu de cette maniere, et si je n'ai pu m'empêcher en l'écrivant, de songer qu'il le verroit, je me rends le témoignage que cela ne m'y a pas fait changer un mot; mais quand j'ai voulu lui porter ma Lettre il s'est moqué de moi, et n'a pas eu la complaisance de la lire.

Je t'avoue que j'ai été un peu piquée de ce refus, comme s'il s'étoit défié de ma bonne foi. Ce mouvement ne lui a pas échapé : le plus franc et le plus généreux des hommes m'a bientôt rassurée. Avouez, m'a-t-il dit, que dans cette Lettre vous avez moins parlé de moi qu'à l'ordinaire. J'en suis convenue; étoit-il séant d'en beaucoup parler pour lui montrer ce que j'en aurois dit ? Hébien, a-t-il repris en souriant, j'aime mieux que vous parliez de moi davantage et ne point savoir ce que vous en direz. Puis il a poursuivi d'un ton plus sérieux : le mariage est un état trop austere et trop grave pour supporter toutes les petites ouvertures de cœur qu'admet la tendre amitié. Ce dernier lien tempere quelquefois à propos l'extrême sévérité de l'autre, et il est bon qu'une femme honnête et sage puisse chercher auprès d'une fidelle amie les consolations, les lumieres, et les conseils qu'elle n'oseroit demander à son mari sur certaines matieres. Quoique vous ne disiez jamais rien entre vous dont vous n'aimassiez à m'instruire, gardez-vous de vous en faire une loi, de peur que ce devoir ne devienne une gêne, et que vos confidences n'en soient moins douces en devenant plus étendues. Croyez-moi, les épanchemens de l'amitié se retiennent devant un témoin quel qu'il soit.

Il y a mille secrets que trois amis doivent savoir et qu'ils ne peuvent se dire que deux à deux. Vous communiquez bien les mêmes choses à votre amie et à votre époux, mais non pas de la même maniere; et si vous voulez tout confondre, il arrivera que vos Lettres seront écrites plus à moi qu'à elle, et que vous ne serez à votre aise ni avec l'un, ni avec l'autre. C'eſt pour mon intérêt autant que pour le votre que je vous parle ainsi. Ne voyez vous pas que vous craignez déjà la juſte honte de me louer en ma présence ? Pourquoi voulez-vous nous ôter, à vous, le plaisir de dire à votre amie combien votre mari vous eſt cher, à moi celui de penser que dans vos plus secrets entretiens vous aimez à parler bien de lui. Julie ! Julie ! a-t-il ajouté en me serrant la main, et me regardant avec bonté; vous abbaisserez-vous à des précautions si peu dignes de ce que vous êtes, et n'apprendrez-vous jamais à vous eſtimer votre prix ?

Ma chere amie, j'aurois peine à dire comment s'y prend cet homme incomparable; mais je ne sais plus rougir de moi devant lui. Malgré que j'en aye, il m'éleve au dessus de moi-même, et je sens qu'à force de confiance il m'apprend à la mériter (*a*).

LETTRE VIII.

RÉPONSE.

COMMENT, Cousine ! notre voyageur eſt arrivé, et je ne l'ai pas vû encore à mes pieds chargé des dépouilles de l'Amérique ? Ce n'eſt pas lui, je t'en avertis, que j'accuse de ce délai; car je sais qu'il lui dure autant qu'à moi : mais je vois qu'il n'a pas aussi bien oublié que tu dis son ancien métier d'esclave, et je me plains moins de sa négligence que de ta tirannie. Je te trouve aussi fort bonne de vouloir qu'une prude grave et formaliſte comme moi fasse les avances, et que toute affaire cessante, je coure baiser un visage noir et crotu*[1], qui a passé quatre fois sous le soleil et vû le pays des épices ! Mais tu me fais rire surtout quand tu te presses de gronder de

* Marqué de petite vérole. Terme du pays (*b*).

peur que je ne gronde la premiere. Je voudrois bien savoir dequoi tu te mêles ? C'est mon métier de quereller; j'y prends plaisir, je m'en acquite à merveilles, et cela me va très bien : mais toi, tu y es gauche on ne peut davantage, et ce n'est point du tout ton fait. En revanche, si tu savois combien tu as de grace à avoir tort, combien ton air confus et ton œil suppliant te rendent charmante, au lieu de gronder tu passerois ta vie à demander pardon, sinon par devoir, au moins par coquetterie (*a*).

Quant à présent demande moi pardon de toutes manieres. Le beau projet que celui de prendre son mari pour son confident, et l'obligeante précaution pour une aussi sainte amitié que la notre ! Amie injuste, et femme pusillanime ! à qui te fieras-tu de ta vertu sur la terre, si tu te défies de tes sentimens et des miens ? Peux-tu, sans nous offenser toutes deux, craindre ton cœur et mon indulgence dans les nœuds sacrés où tu vis ? J'ai peine à comprendre comment la seule idée d'admettre un tiers dans les secrets caquetages de deux femmes ne t'a pas révoltée ! Pour moi, j'aime fort à babiller à mon aise avec toi; mais si je savois que l'œil d'un homme eut jamais fureté mes lettres, je n'aurois plus de plaisir à t'écrire; insensiblement la froideur s'introduiroit entre nous avec la reserve, et nous ne nous aimerions plus que comme deux autres femmes. Regarde à quoi nous exposoit ta sote défiance, si ton mari n'eut été plus sage que toi (*b*).

Il a très prudemment fait de ne vouloir point lire ta Lettre. Il en eut, peut-être, été moins content que tu n'espérois, et moins que je ne le suis moi-même à qui l'état où je t'ai vue apprend à mieux juger de celui où je te vois. Tous ces sages contemplatifs qui ont passé leur vie à l'étude du cœur humain en savent moins sur les vrais signes de l'amour que la plus bornée des femmes sensibles. M. de Wolmar auroit d'abord remarqué que ta Lettre entiere est employée à parler de notre ami, et n'auroit point vû l'apostille où tu n'en dis pas un mot. Si tu avois écrit cette apostille, il y a dix ans, mon enfant je ne sais comment tu aurois fait, mais l'ami y seroit toujours rentré par quelque coin, d'autant plus que le mari ne la devoit point voir (*c*).

M. de Wolmar auroit encore observé l'attention que tu as mise à examiner son hôte, et le plaisir que tu prends à le décrire; mais il mangeroit Aristote et Platon avant de savoir qu'on regarde son amant et qu'on ne l'examine pas. Tout examen exige un sang-froid qu'on n'a jamais en voyant ce qu'on aime.

Enfin il s'imagineroit que tous ces changemens que tu as observés seroient échapés à une autre, et moi j'ai bien peur au contraire d'en trouver qui te seront échapés. Quelque différent que ton hôte soit de ce qu'il étoit, il changeroit davantage, encore que si ton cœur n'avoit point changé tu le verrois toujours le même. Quoiqu'il en soit, tu détournes les yeux quand il te regarde; c'est encore un fort bon signe. Tu les détournes, Cousine ? Tu ne les baisses donc plus ? car sûrement tu n'as pas pris un mot pour l'autre[1]. Crois-tu que notre sage eut aussi remarqué cela *(a)* ?

Une autre chose très capable d'inquieter un Mari, c'est je ne sais quoi de touchant et d'affectueux qui reste dans ton langage au sujet de ce qui te fut cher. En te lisant, en t'entendant parler on a besoin de te bien connoitre pour ne pas se tromper à tes sentimens; on a besoin de savoir que c'est seulement d'un ami que tu parles, ou que tu parles ainsi de tous tes amis; mais quant à cela, c'est un effet naturel de ton caractere, que ton mari connoit trop bien pour s'en allarmer. Le moyen que dans un cœur si tendre la pure amitié n'ait pas encore un peu l'air de l'amour ? Ecoute, Cousine, tout ce que je te dis-là doit bien te donner du courage, mais non pas de la témérité. Tes progrès sont sensibles et c'est beaucoup. Je ne comptois que sur ta vertu, et je commence à compter aussi sur ta raison (*b*) : je regarde à présent ta guérison sinon comme parfaite, au moins comme facile, et tu en as précisément assés fait pour te rendre inexcusable si tu n'acheves pas.

Avant d'être à ton apostille j'avois déja remarqué le petit article que tu as eu la franchise de ne pas supprimer ou modifier en songeant qu'il seroit vû de ton mari. Je suis sûre qu'en le lisant il eut s'il se pouvoit redoublé pour toi d'estime; mais il n'en eut pas été plus content de l'article. En général, ta Lettre étoit très propre à lui donner beaucoup de confiance en ta conduite et beaucoup d'inquiétude sur ton penchant. Je t'avoue que ces marques de petite vérole, que tu regardes tant, me font peur, et jamais l'amour ne s'avisa d'un plus dangereux fard[2]. Je sais que ceci ne seroit rien pour une autre; mais, Cousine, souviens-t'en toujours, celle que la jeunesse et la figure d'un amant n'avoient pu séduire se perdit en pensant aux maux qu'il avoit soufferts pour elle (*a*). Sans doute le Ciel a voulu qu'il lui restât des marques de cette maladie pour exercer ta vertu, et qu'il ne t'en restât pas, pour exercer la sienne.

Je reviens au principal sujet de ta lettre; tu sais qu'à celle de notre ami, j'ai volé; le cas étoit grave. Mais à présent si tu savois dans quel embarras m'a mis cette courte absence et combien j'ai d'affaires à la fois, tu sentirois l'impossibilité où je suis de quitter derechef ma maison sans m'y donner de nouvelles entraves et me mettre dans la nécessité d'y passer encore cet hiver; ce qui n'est pas mon compte ni le tien. Ne vaut-il pas mieux nous priver de nous voir deux ou trois jours à la hâte, et nous rejoindre six mois plutôt ? Je pense aussi qu'il ne sera pas inutile que je cause en particulier et un peu à loisir avec notre philosophe; soit pour sonder et raffermir son cœur; soit pour lui donner quelques avis utiles sur la maniere dont il doit se conduire avec ton mari et même avec toi; car je n'imagine pas que tu puisses lui parler bien librement là-dessus, et je vois par ta lettre même qu'il a besoin de conseil. Nous avons pris une si grande habitude de le gouverner, que nous sommes un peu responsables de lui à notre propre conscience, et jusqu'à ce que sa raison soit entierement libre, nous y devons suppléer. Pour moi, c'est un soin que je prendrai toujours avec plaisir; car il a eu pour mes avis des déférences couteuses que je n'oublierai jamais, et il n'y a point d'homme au monde depuis que le mien n'est plus, que j'estime et que j'aime autant que lui. Je lui réserve aussi pour son compte le plaisir de me rendre ici quelques services. J'ai beaucoup de papiers mal en ordre qu'il m'aidera à débrouiller, et quelques affaires épineuses où j'aurai besoin à mon tour de ses lumieres et de ses soins. Au reste, je compte ne le garder que cinq ou six jours tout au plus, et peut-être te le renverrai-je dès le lendemain; car j'ai trop de vanité pour attendre que l'impatience de s'en retourner le prenne, et l'œil trop bon pour m'y tromper.

Ne manque donc pas, sitôt qu'il sera remis, de me l'envoyer, c'est à dire, de le laisser venir, ou je n'entendrai pas raillerie. Tu sais bien que si je ris quand je pleure et n'en suis pas moins affligée, je ris aussi quand je gronde et n'en suis pas moins en colere. Si tu es bien sage, et que tu fasses les choses de bonne grace, je te promets de t'envoyer avec lui un joli petit présent qui te fera plaisir et très grand plaisir; mais si tu me fais languir, je t'avertis que tu n'auras rien.

P. S. (*a*) A propos, di-moi; notre marin fume-t-il? jure-t-il? boit-il de l'eau de vie? Porte-t-il un grand sabre? a-t-il bien la mine d'un flibustier? Mon Dieu que je suis curieuse de voir l'air qu'on a quand on revient des Antipodes!

LETTRE IX[1].

DE CLAIRE A JULIE.

TIEN, Cousine, voila ton Esclave que je te renvoye. J'en ai fait le mien durant ces huit jours, et il a porté ses fers de si bon cœur qu'on voit qu'il est tout fait pour servir. Rend-moi grace de ne l'avoir pas gardé huit autres jours encore; car, ne t'en déplaise, si j'avois attendu qu'il fut prêt à s'ennuyer avec moi, j'aurois pu ne pas le renvoyer si tôt. Je l'ai donc gardé sans scrupule; mais j'ai eu celui de n'oser le loger dans ma maison. Je me suis senti quelquefois cette fierté d'ame qui dédaigne les serviles bienséances et sied si bien à la vertu. J'ai été plus timide en cette occasion sans savoir pourquoi; et tout ce qu'il y a de sûr, c'est que je serois plus portée à me reprocher cette reserve qu'à m'en applaudir (*b*).

Mais toi, sais-tu bien pourquoi notre ami s'enduroit si paisiblement ici? Premierement il étoit avec moi, et je prétends que c'est déja beaucoup pour prendre patience. Il m'épargnoit des tracas et me rendoit service dans mes affaires; un ami ne s'ennuye point à cela. Une troisieme chose que tu as déja devinée, quoique tu n'en fasses pas semblant, c'est qu'il me parloit de toi, et si nous ôtions le tems qu'a duré cette causerie de celui qu'il a passé ici, tu verrois qu'il m'en est fort peu resté pour mon compte. Mais quelle bizarre fantaisie[2] de s'éloigner de toi pour avoir le plaisir d'en parler? Pas si bizarre qu'on diroit bien. Il est contraint en ta présence; il faut qu'il s'observe incessamment; la moindre indiscretion deviendroit un crime, et dans ces momens dangereux le seul devoir se laisse entendre aux cœurs honnêtes : mais loin de ce qui nous fut cher on se permet d'y songer encore. Si l'on étouffe un sentiment devenu coupable, pourquoi se reprocheroit-on de l'avoir eu tandis qu'il ne l'étoit point ? Le doux souvenir d'un bonheur qui fut légitime, peut-il jamais être criminel ? Voila, je pense, un raisonnement qui t'iroit mal, mais qu'après tout il peut se permettre. Il a recommencé pour ainsi dire, la carriere de ses anciennes amours. Sa premiere jeunesse s'est écoulée une seconde fois dans nos entretiens. Il me renouvelloit toutes ses confidences; il rappelloit ces tems heureux où il lui étoit permis de t'aimer; il peignoit à mon cœur les charmes d'une flamme innocente..... sans doute, il les embélissoit (*a*) !

Il m'a peu parlé de son état présent par raport à toi, et ce qu'il m'en a dit tient plus du respect et de l'admiration que de l'amour; en sorte que je le vois retourner, beaucoup plus rassurée sur son cœur que quand il est arrivé. Ce n'est pas qu'aussi-tôt qu'il est question de toi, l'on n'apperçoive au fond de ce cœur trop sensible un certain attendrissement que l'amitié seule, non moins touchante, marque pourtant d'un autre ton (*b*); mais j'ai remarqué depuis longtems que personne ne peut ni te voir ni penser à toi de sang-froid, et si l'on joint au sentiment universel que ta vue inspire le sentiment plus doux qu'un souvenir inéfaçable a dû lui laisser, on trouvera qu'il est difficile et peut-être impossible qu'avec la vertu la plus austere il soit autre chose que ce qu'il est. Je l'ai bien questionné, bien observé, bien suivi; je l'ai examiné autant qu'il m'a été possible; je ne puis bien lire dans son ame, il n'y lit pas mieux lui-même : mais je puis te répondre au moins qu'il est pénétré de la force de ses devoirs et des tiens, et que l'idée de Julie méprisable et corrompue lui feroit plus d'horreur à concevoir que celle de son propre anéantissement. Cousine, je n'ai qu'un conseil à te donner, et je te prie d'y faire attention; évite les détails sur le passé et je te réponds de l'avenir.

Quant à la restitution dont tu me parles, il n'y faut plus songer. Après avoir épuisé toutes les raisons imaginables, je l'ai prié, pressé, conjuré, boudé, baisé, je lui ai pris les deux mains, je me serois mise à genoux s'il m'eut laissé faire; il ne m'a pas même écoutée. Il a poussé l'humeur et l'opiniâtreté jusqu'à jurer qu'il consentiroit plutôt à ne te plus voir qu'à se dessaisir de ton portrait. Enfin dans un transport d'indignation me le faisant toucher attaché sur son cœur : le voila, m'a-t-il dit d'un ton si ému qu'il en respiroit à peine, le voila ce portrait, le seul bien qui me reste, et qu'on m'envie encore : Soyez sure qu'il ne me sera jamais arraché qu'avec la vie. Crois-moi, Cousine, soyons sages et laissons-lui le portrait. Que t'importe au fond qu'il lui demeure ? Tant pis pour lui s'il s'obstine à le garder (*a*).

Après avoir bien épanché et soulagé son cœur, il m'a paru assés tranquille pour que je pusse lui parler de ses affaires. J'ai trouvé que le tems et la raison ne l'avoient point fait changer de sistême, et qu'il bornoit toute son ambition à passer sa vie attaché à Milord Edouard. Je n'ai pu qu'approuver un projet si honnête, si convenable à son caractere, et si digne de la reconnoissance qu'il doit à des bienfaits sans exemple. Il m'a dit que tu avois été du même avis; mais que M. de Wolmar avoit gardé le silence. Il me vient dans la tête une idée. A la conduite assés singuliere de ton mari, et à d'autres indices, je soupçonne qu'il a sur notre ami quelque vue secrette qu'il ne dit pas. Laissons-le faire et fions-nous à sa sagesse. La maniere dont il s'y prend prouve assés que si ma conjecture est juste, il ne médite rien que d'avantageux à celui pour lequel il prend tant de soins.

Tu n'as pas mal décrit sa figure et ses manieres, et c'est un signe assés favorable que tu l'ais observé plus exactement que je n'aurois cru : mais ne trouves-tu pas que ses longues peines et l'habitude de les sentir ont rendu sa phisionomie encore plus intéressante qu'elle n'étoit autrefois ? Malgré ce que tu m'en avois écrit je craignois de lui voir cette politesse manierée, ces façons singeresses qu'on ne manque jamais de contracter à Paris, et qui dans la foule des riens dont on y remplit une journée oisive se piquent d'avoir une forme plutôt qu'une autre. Soit que ce vernis ne prenne pas sur certaines ames, soit que l'air de la mer l'ait entierement effacé, je n'en ai pas apperçu la moindre trace; et dans tout l'empressement qu'il m'a témoigné, je n'ai vu que le desir de contenter son cœur. Il m'a parlé de mon pauvre mari; mais il aimoit mieux le pleurer avec moi que me consoler, et ne m'a point débité là-dessus de maximes galantes. Il a caressé ma fille, mais au lieu de partager mon admiration pour elle, il m'a reproché comme toi ses défauts et s'eſt plaint que je la gâtois; il s'eſt livré avec zele à mes affaires et n'a presque été de mon avis sur rien. Au surplus le grand air m'auroit arraché les yeux qu'il ne se seroit pas avisé d'aller fermer un rideau; je me serois fatiguée à passer d'une chambre à l'autre qu'un pan de son habit galamment étendu sur sa main ne seroit pas venu à mon secours; mon éventail reſta hier une grande seconde (*a*) à terre sans qu'il s'élançât du bout de la chambre comme pour le retirer du feu. Les matins avant de me venir voir, il n'a pas envoyé une seule fois savoir de mes nouvelles. A la promenade il n'affecte point d'avoir son chapeau cloüé sur sa tête, pour montrer qu'il sait les bons airs* (*b*)[1]. A table, je lui ai demandé souvent sa tabatiere qu'il n'appelle pas sa boëte; toujours il me l'a présentée avec la main, jamais sur une assiete comme un laquais; il n'a pas manqué de boire à ma santé deux fois au moins par repas, et je parie que s'il nous reſtoit cet hiver, nous le verrions, assis avec nous autour du feu, se chauffer en vieux bourgeois. Tu ris, Cousine; mais montre moi un des notres fraichement venu de Paris qui ait conservé cette bon-hommie. Au reſte, il me semble que tu dois trouver notre philosophe empiré dans un seul point; c'eſt qu'il s'occupe un peu plus des gens qui lui parlent; ce qui ne peut se faire qu'à ton préjudice; sans aller pourtant, je pense, jusqu'à le racomoder avec Madame Belon (*c*). Pour moi, je le trouve mieux en ce qu'il eſt plus grave et plus sérieux que jamais. Ma mignonne, garde-le-moi bien soigneusement jusqu'à mon arrivée. Il eſt précisément comme il me le faut, pour avoir le plaisir de le désoler tout le long du jour.

Admire ma discretion; je ne t'ai rien dit encore du présent que je t'envoye, et qui t'en promet bientôt un autre :

---

* A Paris on se pique surtout de rendre la société comode et facile, et c'eſt dans une foule de regles de cette importance qu'on y fait consiſter cette facilité. Tout eſt usages et loix dans la bonne compagnie. Tous ces usages naissent et passent comme un éclair. Le savoir vivre consiſte à se tenir toujours au guet, à les saisir au passage, à les affecter, à montrer qu'on sait celui du jour. Le tout pour être simple.

mais tu l'as reçu avant que d'ouvrir ma Lettre, et toi qui sais combien j'en suis idolâtre et combien j'ai raison de l'être; toi dont l'avarice étoit si en peine de ce présent (*a*), tu conviendras que je tiens plus que je n'avois promis. Ah, la pauvre petite ! au moment où tu lis ceci, elle eſt déja dans tes bras; elle eſt plus heureuse que sa mere; mais dans deux mois je serai plus heureuse qu'elle; car je sentirai mieux mon bonheur. Hélas ! chere Cousine, ne m'as-tu pas déja toute entiere ? où tu es, où eſt ma fille, que manque-t-il encore de moi ? La voila, cette aimable enfant; reçois-la comme tienne; je te la cede, je te la donne; je résigne en tes mains le pouvoir maternel; corrige mes fautes, charge toi des soins dont je m'acquite si mal à ton gré; sois dès aujourd'hui la mere de celle qui doit être ta Bru, et pour me la rendre plus chere encore, fais en s'il se peut une autre Julie. Elle te ressemble déja de visage; à son humeur, j'augure qu'elle sera grave et prêcheuse; quand tu auras corrigé les caprices qu'on m'accuse d'avoir fomentés, tu verras que ma fille se donnera les airs d'être ma Cousine; mais plus heureuse elle aura moins de pleurs à verser et moins de combats à rendre. Si le Ciel lui eut conservé le meilleur des peres, qu'il eut été loin de gêner ses inclinations, et que nous serons loin de les gêner nous-mêmes ! Avec quel charme je les vois déja s'accorder avec nos projets ! Sais-tu bien qu'elle ne peut déja plus se passer de son petit mali, et que c'eſt en partie pour cela que je te la renvoye ? J'eus hier avec elle une conversation dont notre ami se mouroit de rire. Premierement, elle n'a pas le moindre regret de me quiter, moi qui suis toute la journée sa très humble servante, et ne puis resiſter à rien de ce qu'elle veut; et toi qu'elle craint et qui lui dis, non, vingt fois le jour, tu es la petite Maman par excellence, qu'on va chercher avec joye, et dont on aime mieux les refus que tous mes bon-bons (*b*). Quand je lui annonçai que j'allois te l'envoyer, elle eut les transports que tu peux penser; mais pour l'embarrasser, j'ajoûtai que tu m'enverrois à sa place le petit mali, et ce ne fut plus son compte. Elle me demanda toute interdite ce que j'en voulois faire. Je répondis que je voulois le prendre pour moi; elle fit la mine. Henriette, ne veux-tu pas bien me le ceder, ton petit mali ? Non, dit-elle assés sechement. Non ? Mais si je ne veux pas te le ceder (*c*) non plus, qui nous accordera?

Maman, ce sera la petite Maman. J'aurai donc la préférence, car tu sais qu'elle veut tout ce que je veux. Oh la petite Maman ne veut jamais que la raison ! Comment, Mademoiselle, n'eſt-ce pas la même chose ? La rusée se mit à sourire. Mais encore, continuai-je, par quelle raison ne me donneroit-elle pas le petit mali ? Parce qu'il ne vous convient pas. Et pourquoi ne me conviendroit-il pas ? Autre sourire aussi malin que le premier. Parle franchement, eſt-ce que tu me trouves trop vieille pour lui ? Non, Maman; mais il eſt trop jeune pour vous.... Cousine, un enfant de sept ans !..... En vérité, si la tête ne m'en tournoit pas, il faudroit qu'elle m'eut déja tourné.

Je m'amusai à la provoquer encore. Ma chere Henriette, lui dis-je en prenant mon sérieux, je t'assure qu'il ne te convient pas non plus. Pourquoi donc ? s'écria-t-elle d'un air allarmé. C'eſt qu'il eſt trop étourdi pour toi. Oh Maman, n'eſt-ce que cela ? Je le rendrai sage. Et si par malheur il te rendoit folle ? Ah, ma bonne Maman, que j'aimerois à vous ressembler ! Me ressembler ! impertinente ? Oui, Maman : vous dites toute la journée que vous êtes folle de moi; Hébien, moi, je serai folle de lui : voila tout.

Je sais que tu n'approuves pas ce joli caquet[1], et tu que sauras bientôt le modérer. Je ne veux pas, non plus, le juſtifier quoiqu'il m'enchante, mais te montrer seulement que ta fille aime déja bien son petit mali, et que s'il a deux ans de moins qu'elle, elle ne sera pas indigne de l'autorité que lui donne le droit d'ainesse. Aussi bien je vois, par l'opposition de ton exemple et du mien à celui de ta pauvre mere, que quand la femme gouverne, la maison n'en va pas plus mal. Adieu, ma bien-aimée; adieu ma chere inséparable; compte que le tems approche, et que les vendanges ne se feront pas sans moi.

LETTRE X (*a*)[2].

A MILORD EDOUARD.

Que de plaisirs trop tard connus je goûte depuis trois semaines ! La douce chose de couler ses jours dans le sein d'une tranquille amitié, à l'abri de l'orage des passions impétueuses ! Milord que c'est un spectacle agréable et touchant que celui d'une maison simple et bien réglée où regnent l'ordre, la paix, l'innocence; où l'on voit réuni sans appareil, sans éclat, tout ce qui répond à la véritable destination de l'homme ! La campagne, la retraite, le repos, la saison, la vaste plaine d'eau qui s'offre à mes yeux, le sauvage aspect des montagnes, tout me rappelle ici ma délicieuse Isle de Tinian. Je crois voir accomplir les vœux ardens que j'y formai tant de fois. J'y mêne une vie de mon goût, j'y trouve une société selon mon cœur. Il ne manque en ce lieu que deux personnes pour que tout mon bonheur y soit rassemblé, et j'ai l'espoir de les y voir bientôt (*a*).

En attendant que vous et Made d'Orbe veniez mettre le comble aux plaisirs si doux et si purs que j'apprends à goûter où je suis, je veux vous en donner une idée par le détail d'une économie domestique qui annonce la félicité des maitres de la maison et la fait partager à ceux qui l'habitent. J'espere, sur le projet qui vous occupe, que mes réflexions pourront un jour avoir leur usage, et cet espoir sert encore à les exciter.

Je ne vous décrirai point la maison de Clarens. Vous la connoissez. Vous savez si elle est charmante, si elle m'offre des souvenirs intéressans, si elle doit m'être chere, et par ce qu'elle me montre, et par ce qu'elle me rappelle. Made de Wolmar en préfere avec raison le séjour à celui d'Etange, château magnifique et grand; mais vieux, triste, incomode, et qui n'offre dans ses environs rien de comparable à ce qu'on voit autour de Clarens.

Depuis que les maitres de cette maison y ont fixé leur demeure, ils en ont mis à leur usage tout ce qui ne servoit qu'à l'ornement; ce n'est plus une maison faite pour être vue, mais pour être habitée. Ils ont bouché de longues enfilades pour changer des portes mal situées, ils ont coupé de trop grandes pieces pour avoir des logemens mieux distribués. A des meubles anciens et riches ils en ont substitué de simples et de comodes. Tout y est agréable et riant; tout y respire l'abondance et la propreté, rien n'y sent la richesse et le luxe. Il n'y a pas une chambre où l'on ne se reconnoisse à la campagne, et où l'on ne retrouve toutes les comodités de la ville. Les mêmes changemens se font remarquer au dehors. La basse-cour a été aggrandie aux dépends des remises. A la place d'un vieux billard délabré l'on a fait un beau pressoir, et une laiterie où logeoient des Pans criards dont on s'est defait. Le potager étoit trop petit pour la cuisine; on en a fait du parterre un second, mais si propre et si bien entendu, que ce parterre ainsi travesti plait à l'œil plus qu'auparavant. Aux tristes Ifs qui couvroient les murs ont été substitués de bons espaliers. Au lieu de l'inutile maronier d'Inde, de jeunes meuriers noirs commencent à ombrager la cour, et l'on a planté deux rangs de noyers jusqu'au chemin à la place des vieux tilleuls qui bordoient l'avenue. Par tout on a substitué l'utile à l'agréable, et l'agréable y a presque toujours gagné. Quant à moi, du moins, je trouve que le bruit de la bassecour, le chant des coqs, le mugissement du bétail, l'attelage des chariots, les repas des champs, le retour des ouvriers, et tout l'appareil de l'économie rustique donne à cette maison un air plus champêtre, plus vivant, plus animé, plus gai, je ne sais quoi qui sent la joye et le bien-être, qu'elle n'avoit pas dans sa morne dignité.

Leurs terres ne sont pas affermées mais cultivées par leurs soins, et cette culture fait une grande partie de leurs occupations, de leurs biens et de leurs plaisirs. La Baronie d'Etange n'a que des prés, des champs, et du bois; mais le produit de Clarens est en vignes, qui font un objet considérable, et comme la différence de la culture y produit un effet plus sensible que dans les bleds; c'est encore une raison d'économie pour avoir préféré ce dernier séjour. Cependant ils vont presque tous les ans faire les moissons à leur terre, et M. de Wolmar y va seul assés fréquemment (*a*). Ils ont pour maxime[1] de tirer de la culture tout ce qu'elle peut donner, non pour faire un plus grand gain, mais pour nourrir plus d'hommes. M. de Wolmar prétend que la terre produit à proportion du nombre des bras qui la cultivent; mieux cultivée elle rend davantage; cette surabondance de production donne dequoi la cultiver mieux encore; plus on y met d'hommes et de bétail, plus elle fournit d'excédent à leur entretien. On ne sait, dit-il, où peut s'arrêter cette augmentation continuelle et réciproque de produit et de cultivateurs. Au contraire, les terrains négligés perdent leur fertilité : moins un pays produit d'hommes, moins il produit de denrées : C'est le défaut d'habitans qui l'empêche de nourrir le peu qu'il en a, et dans toute contrée qui se dépeuple on doit tôt ou tard mourir de faim (*a*).

Ayant donc beaucoup de terres et les cultivant toutes avec beaucoup de soin, il leur faut, outre les domestiques de la bassecour, un grand nombre d'ouvriers à la journée; ce qui leur procure le plaisir de faire subsister beaucoup de gens sans s'incomoder. Dans le choix de ces journaliers, ils prèferent toujours ceux du pays et les voisins aux étrangers et aux inconnus. Si l'on perd quelque chose à ne pas prendre toujours les plus robustes, on le regagne bien par l'affection que cette préférence inspire à ceux qu'on choisit, par l'avantage de les avoir sans cesse autour de soi, et de pouvoir compter sur eux dans tous les tems, quoiqu'on ne les paye qu'une partie de l'année.

Avec tous ces ouvriers on fait toujours deux prix. L'un est le prix de rigueur et de droit, le prix courant du pays, qu'on s'oblige à leur payer pour les avoir employés. L'autre, un peu plus fort, est un prix de bénéficence[1], qu'on ne leur paye qu'autant qu'on est content d'eux, et il arrive presque toujours que ce qu'ils font pour qu'on le soit vaut mieux que le surplus qu'on leur donne. Car M. de Wolmar est integre et severe, et ne laisse jamais dégénérer en coutume et en abus les institutions de faveur et de grace. Ces ouvriers ont des surveillans qui les animent et les observent. Ces surveillans sont les gens de la basse-cour qui travaillent eux-mêmes et sont intéressés au travail des autres par un petit denier[2] qu'on leur accorde outre leurs gages, sur tout ce qu'on recueille par leurs soins. De plus, M. de Wolmar les visitte lui-même presque tous les jours, souvent plusieurs fois le jour, et sa femme aime à être de ces promenades. Enfin dans le tems des grands travaux, Julie donne toutes les semaines vingt batz*[3] de gratification à celui de tous les travailleurs, journaliers ou valets indifféremment qui durant ces huit jours a été le plus diligent au jugement du maitre. Tous ces moyens d'émulation qui paroissent dispendieux, employés avec prudence et justice rendent insensiblement tout le monde laborieux, diligent, et rapportent enfin plus qu'ils ne coûtent; mais comme on n'en voit le profit qu'avec de la constance et du tems, peu de gens savent et veulent s'en servir.

---

* Petite monnoye du pays (*b*).

Cependant un moyen plus efficace encore, le seul auquel des vues économiques ne font point songer et qui eſt plus propre à Made de Wolmar, c'eſt de gagner l'affection de ces bonnes gens en leur accordant la sienne. Elle ne croit point s'acquiter avec de l'argent des peines que l'on prend pour elle, et pense devoir des services à quiconque lui en a rendu. Ouvriers, domeſtiques, tous ceux qui l'ont servie ne fut-ce que pour un seul jour deviennent tous ses enfans; elle prend part à leurs plaisirs, à leurs chagrins, à leur sort; elle s'informe de leurs affaires, leurs intérêts sont les siens; elle se charge de mille soins pour eux, elle leur donne des conseils, elle accomode leurs différens, et ne leur marque pas l'affabilité de son caractere par des paroles emmiellées et sans effet, mais par des services véritables et par de continuels actes de bonté (*a*). Eux, de leur côté quitent tout à son moindre signe; ils volent quand elle parle; son seul regard anime leur zele, en sa présence ils sont contens, en son absence ils parlent d'elle et s'animent à la servir. Ses charmes et ses discours font beaucoup, sa douceur, ses vertus font davantage. Ah Milord ! l'adorable et puissant empire que celui de la beauté bienfaisante !

Quant au service personnel[1] des maitres, ils ont dans la maison huit domeſtiques, trois femmes et cinq hommes, sans compter le valet-de-chambre du Baron ni les gens de la Basse-cour. Il n'arrive gueres qu'on soit mal servi par peu de Domeſtiques; mais on diroit au zele de ceux-ci, que chacun, outre son service, se croit chargé de celui des sept autres, et à leur accord, que tout se fait par un seul. On ne les voit jamais oisifs et desœuvrés jouer dans une antichambre ou poliçonner dans la cour, mais toujours occupés à quelque travail utile; ils aident à la basse-cour, au Cellier, à la Cuisine; le jardinier n'a point d'autres garçons qu'eux, et ce qu'il y a de plus agréable, c'eſt qu'on leur voit faire tout cela gaîment et avec plaisir.

On s'y prend de bonne heure pour les avoir tels qu'on les veut. On n'a point ici la maxime que j'ai vû regner à Paris et à Londres, de choisir des Domeſtiques tout formés, c'eſt à dire des Coquins déja tout faits, de ces coureurs de conditions qui dans chaque maison qu'ils parcourent prennent à la fois les défauts des valets et des maitres, et se font un métier de servir tout le monde, sans jamais s'attacher à personne. Il ne peut regner ni honnêteté, ni fidélité, ni zele au milieu de pareilles gens, et ce ramassis de canaille ruine le maitre et corrompt les enfans dans toutes les maisons opulentes. Ici c'est une affaire importante que le choix des Domestiques. On ne les regarde point seulement comme des mercenaires dont on n'exige qu'un service exact; mais comme des membres de la famille, dont le mauvais choix est capable de la désoler. La premiere chose qu'on leur demande est d'être honnêtes gens, la seconde d'aimer leur maitre, la troisieme de le servir à son gré; mais pour peu qu'un maitre soit raisonnable et un domestique intelligent, la troisieme suit toujours les deux autres. On ne les tire donc point de la ville mais de la campagne. C'est ici leur premier service, et ce sera sûrement le dernier pour tous ceux qui vaudront quelque chose. On les prend dans quelque famille nombreuse et surchargée d'enfans, dont les peres et meres viennent les offrir eux-mêmes. On les choisit jeunes, bienfaits, de bonne santé et d'une physionomie agréable. M. de Wolmar les interroge, les examine, puis les présente à sa femme. S'ils aggréent à tous deux, ils sont reçus, d'abord à l'épreuve, ensuite au nombre des gens, c'est à dire, des enfans de la maison, et l'on passe quelques jours à leur apprendre avec beaucoup de patience et de soin ce qu'ils ont à faire. Le service est si simple, si égal, si uniforme, les maitres ont si peu de fantaisie et d'humeur, et leurs domestiques les affectionnent si promptement, que cela est bientôt appris. Leur condition est douce; ils sentent un bien-être qu'ils n'avoient pas chez eux; mais on ne les laisse point amolir par l'oisiveté mere des vices. On ne souffre point qu'ils deviennent des Messieurs et s'enorgueillissent de la servitude. Ils continuent de travailler comme ils faisoient dans la maison paternelle; ils n'ont fait, pour ainsi dire, que changer de pere et de mere, et en gagner de plus opulens. De cette sorte ils ne prennent point en dédain leur ancienne vie rustique. Si jamais ils sortoient d'ici, il n'y en a pas un qui ne reprit plus volontiers son état de paysan que de supporter une autre condition. Enfin, je n'ai jamais vû de maison où chacun fit mieux son service, et s'imaginât moins de servir (*a*).

C'est ainsi qu'en formant et dressant ses propres Domestiques on n'a point à se faire cette objection si commune et si peu sensée : je les aurai formés pour d'autres. Formez-les comme il faut, pourroit-on répondre, et jamais ils ne serviront à d'autres. Si vous ne songez qu'à vous en les formant, en vous quitant ils font fort bien de ne songer qu'à eux; mais occupez-vous d'eux un peu davantage et ils vous demeureront attachés. Il n'y a que l'intention qui oblige, et celui qui profite d'un bien que je ne veux faire qu'à moi ne me doit aucune reconnoissance.

Pour prévenir doublement le même inconvénient, M. et Made de Wolmar employent encore un autre moyen qui me paroit fort bien entendu. En commençant leur établissement ils ont cherché quel nombre de domestiques ils pouvoient entretenir dans une maison montée à peu près selon leur état, et ils ont trouvé que ce nombre alloit à quinze ou seize; pour être mieux servis ils l'ont réduit à la moitié; de sorte qu'avec moins d'appareil leur service est beaucoup plus exact. Pour être mieux servis encore, ils ont intéressé les mêmes gens à les servir longtems. Un domestique en entrant chez eux reçoit le gage ordinaire; mais ce gage augmente tous les ans d'un vingtieme; au bout de vingt ans il seroit ainsi plus que doublé et l'entretien des domestiques seroit à peu près alors en raison du moyen des maitres : mais il ne faut pas être un grand algébriste pour voir que les fraix de cette augmentation sont plus apparens que réels, qu'ils auront peu de doubles gages à payer, et que quand ils les payeroient à tous, l'avantage d'avoir été bien servis durant vingt ans compenseroit et au delà ce surcroit de dépense. Vous sentez bien, Milord, que c'est un expédient sûr pour augmenter incessamment le soin des domestiques et se les attacher à mesure qu'on s'attache à eux. Il n'y a pas seulement de la prudence, il y a même de l'équité dans un pareil établissement. Est-il juste qu'un nouveau venu sans affection, et qui n'est peut-être qu'un mauvais sujet, reçoive en entrant le même salaire qu'on donne à un ancien serviteur, dont le zele et la fidélité sont éprouvés par de longs services, et qui d'ailleurs approche en vieillissant du tems où il sera hors d'état de gagner sa vie ? Au reste, cette derniere raison n'est pas ici de mise, et vous pouvez bien croire que des maitres aussi humains ne négligent pas des devoirs que remplissent par ostentation beaucoup de maitres sans charité, et n'abandonnent pas ceux de leur gens à qui les infirmités ou la vieillesse ôtent les moyens de servir.

J'ai dans l'instant même un exemple assés frapant de cette attention. Le Baron d'Etange (*a*), voulant récompenser les longs services de son Valet-de-chambre par une retraite honorable, a eu le credit d'obtenir pour lui de L. L. E. E.[1] un emploi lucratif et sans peine. Julie vient de recevoir là-dessus de ce vieux domestique une lettre à tirer des larmes, dans laquelle il la supplie de le faire dispenser d'accepter cet emploi. « Je suis âgé, » lui dit-il; « j'ai perdu toute ma famille; je n'ai plus « d'autres parens que mes maitres; tout mon espoir est « de finir paisiblement mes jours dans la maison où « je les ai passés.... Madame, en vous tenant dans mes « bras à votre naissance, je demandois à Dieu de tenir « de même un jour vos enfans; il m'en a fait la grace; « ne me refusez pas celle de les voir croitre et pros- « pérer comme vous.... moi qui suis accoutumé à vivre « dans une maison de paix, où en retrouverai-je une « semblable pour y reposer ma vieillesse?... Ayez la « charité d'écrire en ma faveur à Monsieur le Baron. « S'il est mécontent de moi, qu'il me chasse et ne me « donne point d'emploi : mais si je l'ai fidelement servi « durant quarante ans, qu'il me laisse achever mes jours « à son service et au votre; il ne sauroit mieux me recom- « penser. » Il ne faut pas demander si Julie a écrit. Je vois qu'elle seroit aussi fâchée de perdre ce bon-homme[2] qu'il le seroit de la quitter. Ai-je tort, Milord, de comparer des maitres si chéris à des peres et leurs domestiques à leurs enfans? Vous voyez que c'est ainsi qu'ils se regardent eux-mêmes.

Il n'y a pas d'exemple dans cette maison qu'un domestique ait demandé son congé. Il est même rare qu'on menace quelqu'un de le lui donner. Cette menace effraye à proportion de ce que le service est agréable et doux. Les meilleurs sujets en sont toujours les plus allarmés, et l'on n'a jamais besoin d'en venir à l'exécution qu'avec ceux qui sont peu regrettables. Il y a encore une regle à cela. Quand M. de Wolmar a dit : *je vous chasse,* on peut implorer l'intercession de Madame, l'obtenir quelquefois et rentrer en grace à sa priere; mais un congé qu'elle donne est irrévocable, et il n'y a plus de grace à espérer. Cet accord est très bien entendu pour tempérer à la fois l'excès de confiance qu'on pourroit prendre en la douceur de la femme, et la crainte extrême que causeroit l'inflexibilité du mari. Ce mot ne laisse pas pourtant d'être extrêmement redouté de la part d'un maitre équitable et sans colere; car outre qu'on n'est pas sûr d'obtenir grace, et qu'elle n'est jamais accordée deux fois au même; on perd par ce mot seul son droit d'ancienneté, et l'on recommence, en rentrant, un nouveau service : ce qui prévient l'insolence des vieux domestiques et augmente leur circonspection, à mesure qu'ils ont plus à perdre (*a*).

Les trois femmes sont, la femme de chambre, la gouvernante des enfans, et la cuisiniere. Celle-ci est une paysanne fort propre et fort entendue à qui Mad[e] de Wolmar a appris la cuisine; car dans ce pays simple encore* les jeunes personnes de tout état apprennent à faire elles-mêmes tous les travaux que feront un jour dans leurs maisons (*b*) les femmes qui seront à leur service, afin de savoir les conduire au besoin et de ne s'en pas laisser imposer par elles. La femme de chambre n'est plus Babi; on l'a renvoyée à Etange où elle est née; on lui a remis le soin du château et une inspection sur la recette, qui la rend en quelque maniere le controlleur de l'Econome. Il y avoit longtems que M. de Wolmar pressoit sa femme de faire cet arrangement, sans pouvoir la résoudre à éloigner d'elle un ancien domestique de sa mere, quoiqu'elle eut plus d'un sujet de s'en plaindre. Enfin depuis les dernieres explications elle y a consenti, et Babi est partie. Cette femme est intelligente et fidelle, mais indiscrete et babillarde. Je soupçonne qu'elle a trahi plus d'une fois les secrets de sa maitresse, que M. de Wolmar ne l'ignore pas, et que pour prevenir la même indiscretion vis à vis de quelque étranger, cet homme sage a sû l'employer de maniere à profiter de ses bonnes qualités sans s'exposer aux mauvaises. Celle qui l'a remplacée est cette même Fanchon Regard dont vous m'entendiez parler autrefois avec tant de plaisir. Malgré l'augure de Julie, ses bienfaits, ceux de son pere, et les votres, cette jeune femme si honnête et si sage n'a pas été heureuse dans son établissement. Claude Anet, qui avoit si bien supporté sa misere, n'a pu soutenir un état plus doux. En se voyant dans l'aisance il a négligé son métier, et s'étant tout à fait

---

* Simple ! Il a donc beaucoup changé (*c*).

dérangé il s'eſt enfui du pays, laissant sa femme avec un enfant qu'elle a perdu depuis ce tems-là[1]. Julie après l'avoir retirée chez elle lui a appris tous les petits ouvrages d'une femme de chambre, et je ne fus jamais plus agréablement surpris que de la trouver en fonction le jour de mon arrivée. M. de Wolmar en fait un très grand cas, et tous deux lui ont confié le soin de veiller tant sur leurs enfans que sur celle qui les gouverne. Celle-ci eſt aussi une villageoise simple et crédule, mais attentive, patiente et docile; de sorte qu'on n'a rien oublié pour que les vices des villes ne pénétrassent point dans une maison dont les maitres ne les ont ni ne les souffrent.

Quoique tous les domeſtiques n'aient qu'une même table, il y a d'ailleurs peu de communication entre les deux sexes : on regarde ici cet article comme très important. On n'y eſt point de l'avis de ces maitres indifférens à tout hors à leur intérêt, qui ne veulent qu'être bien servis, sans s'embarrasser au surplus de ce que font leurs gens. On pense au contraire, que ceux qui ne veulent qu'être bien servis ne sauroient l'être longtems. Les liaisons trop intimes entre les deux sexes ne produisent jamais que du mal. C'eſt des conciliabules qui se tiennent chez les femmes de chambre que sortent la plupart des desordres d'un ménage. S'il s'en trouve une qui plaise au maître-d'hôtel, il ne manque pas de la séduire aux dépends du maitre. L'accord des hommes entre eux ni des femmes entre elles n'eſt pas assés sûr pour tirer à conséquence. Mais c'eſt toujours entre hommes et femmes que s'établissent ces secrets monopoles qui ruinent à la longue les familles les plus opulentes. On veille donc à la sagesse et à la modeſtie des femmes, non seulement par des raisons de bonnes mœurs et d'honnêteté, mais encore par un intérêt très bien entendu; car quoiqu'on en dise, nul ne remplit bien son devoir s'il ne l'aime, et il n'y eut jamais que des gens d'honneur qui sussent aimer leur devoir.

Pour prévenir entre les deux sexes une familiarité dangereuse[2], on ne les gêne point ici par des loix positives qu'ils seroient tentés d'enfreindre en secret; mais sans paroitre y songer on établit des usages plus puissans que l'autorité même. On ne leur défend pas de se voir, mais on fait en sorte qu'ils n'en aient ni l'occasion ni la volonté. On y parvient en leur donnant des occupations, des habitudes, des goûts, des plaisirs entierement différens. Sur l'ordre admirable qui regne ici, ils sentent que dans une maison bien réglée les hommes et les femmes doivent avoir peu de commerce entre eux. Tel qui taxeroit en cela de caprice les volontés d'un maitre, se soumet sans répugnance à une maniere de vivre qu'on ne lui prescrit pas formellement, mais qu'il juge lui-même être la meilleure et la plus naturelle. Julie prétend qu'elle l'est en effet; elle soutient que de l'amour ni de l'union conjugale ne résulte point le commerce continuel des deux sexes. Selon elle la femme et le mari sont bien destinés à vivre ensemble, mais non pas de la même maniere; ils doivent agir de concert sans faire les mêmes choses. La vie qui charmeroit l'un seroit, dit-elle, insuportable à l'autre; les inclinations que leur donne la nature sont aussi diverses que les fonctions qu'elle leur impose; leurs amusemens ne different pas moins que leurs devoirs; en un mot, tous deux concourent au bonheur commun par des chemins différens, et ce partage de travaux et de soins est le plus fort lien de leur union.

Pour moi, j'avoue que mes propres observations sont assés favorables à cette maxime. En effet, n'est-ce pas un usage constant de tous les peuples du monde, hors le françois et ceux qui l'imitent, que les hommes vivent entre eux, les femmes entre elles ? S'ils se voyent les uns les autres, c'est plutôt par entrevues et presque à la dérobée comme les Epoux de Lacédémone, que par un mélange indiscret et perpétuel, capable de confondre et défigurer en eux les plus sages distinctions de la nature. On ne voit point les sauvages mêmes indistinctement mêlés, hommes et femmes. Le soir la famille se rassemble; chacun passe la nuit auprès de sa femme; la séparation recommence avec le jour, et les deux sexes n'ont plus rien de commun que les repas tout au plus. Tel est l'ordre que son universalité montre être le plus naturel, et dans les pays même où il est perverti l'on en voit encore des vestiges. En France où les hommes se sont soumis à vivre à la maniere des femmes et à rester sans cesse enfermés dans la chambre avec elles, l'involontaire agitation qu'ils y conservent montre que ce n'est point à cela qu'ils étoient destinés. Tandis que les femmes restent tranquillement assises ou couchées sur leur chaise longue, vous voyez les hommes se lever, aller, venir, se rasseoir avec une inquietude continuelle; un instinct machinal combatant sans cesse la contrainte où ils se mettent, et les poussant malgré eux à cette vie active et laborieuse que leur imposa la nature. C'est le seul peuple du monde où les hommes se tiennent debout au spectacle, comme s'ils aloient se délasser au parterre d'avoir resté tout le jour assis au salon. Enfin ils sentent si bien l'ennui de cette indolence effeminée et casaniere, que pour y mêler au moins quelque sorte d'activité ils cedent chez eux la place aux étrangers, et vont auprès des femmes d'autrui chercher à tempérer ce dégoût.

La maxime de Mad[e] de Wolmar se soutient très bien par l'exemple de sa maison. Chacun étant pour ainsi dire tout à son sexe, les femmes y vivent très séparées des hommes. Pour prévenir entre eux des liaisons suspectes, son grand secret est d'occuper incessamment les uns et les autres; car leurs travaux sont si différens qu'il n'y a que l'oisiveté qui les rassemble. Le matin chacun vaque à ses fonctions, et il ne reste du loisir à personne pour aller troubler celles d'un autre. L'après dinée les hommes ont pour département le jardin, la basse-Cour, ou d'autres soins de la campagne; les femmes s'occupent dans la chambre des enfans jusqu'à l'heure de la promenade qu'elles font avec eux, souvent même avec leur maitresse, et qui leur est agréable comme le seul moment où elles prennent l'air. Les hommes, assés exercés par le travail de la journée, n'ont guere envie de s'aller promener et se reposent en gardant la maison.

Tous les Dimanches après le prêche du soir les femmes se rassemblent encore dans la chambre des enfans avec quelque parente ou amie qu'elles invitent tour à tour du consentement de Madame. Là en attendant un petit régal donné par elle, on cause, on chante, on joue au volant, aux onchets, ou à quelque autre jeu d'addresse propre à plaire aux yeux des enfans, jusqu'à ce qu'ils s'en puissent amuser eux-mêmes. La colation vient, composée de quelques laitages, de gauffres, d'échaudés, de merveilles*, ou d'autres mets du goût des enfans et des femmes. Le vin en est toujours exclus, et les hommes qui dans tous les tems entrent peu dans ce petit Gynécée**

* Sorte de gâteaux du pays (*a*).

** Appartement des femmes (*b*).

ne sont jamais de cette colation, où Julie manque assés rarement. J'ai été jusqu'ici le seul privilégié. Dimanche dernier j'obtins à force d'importunités de l'y accompagner. Elle eut grand soin de me faire valoir cette faveur. Elle me dit tout haut qu'elle me l'accordoit pour cette seule fois, et qu'elle l'avoit refusée à M. de Wolmar lui-même. Imaginez si la petite vanité féminine étoit flatée, et si un laquais eut été bien-venu à vouloir être admis à l'exclusion du maitre (*a*) ?

Je fis un goûter délicieux. Est-il quelques mets au monde comparables aux laitages de ce pays ? Pensez ce que doivent être ceux d'une laiterie où Julie préside, et mangés à côté d'elle. La Fanchon me servit des grus, de la céracée*, des gauffres, des écrelets. Tout disparoissoit à l'instant. Julie rioit de mon apétit[1]. Je vois, dit-elle en me donnant encore une assiéte de crême, que votre estomac se fait honneur par tout, et que vous ne vous tirez pas moins bien de l'écot[2] des femmes que de celui des Valaisans; pas plus impunément, repris-je; on s'enivre quelquefois à l'un comme à l'autre, et la raison peut s'égarer dans un chalet tout aussi bien que dans un cellier. Elle baissa les yeux sans répondre, rougit, et se mit à caresser ses enfans. C'en fut assés pour éveiller mes remords. Milord, ce fut là ma premiere indiscretion, et j'espere que ce sera la derniere (*b*).

Il regnoit dans cette petite assemblée un certain air d'antique simplicité qui me touchoit le cœur; je voyois sur tous les visages la même gaité et plus de franchise, peut-être, que s'il s'y fut trouvé des hommes. Fondée sur la confiance et l'attachement, la familiarité qui regnoit entre les servantes et la maitresse ne faisoit qu'affermir le respect et l'autorité, et les services rendus et reçus ne sembloient être que des témoignages d'amitié réciproque. Il n'y avoit pas jusqu'au choix du régal qui ne contribuât à le rendre intéressant. Le laitage et le sucre sont un des goûts naturels du sexe et comme le simbole de l'innocence et de la douceur qui font son plus aimable ornement. Les hommes, au contraire, recherchent en général les saveurs fortes et les liqueurs spiritueuses; alimens plus

* Laitages excellens qui se font sur la montagne de Saleve. Je doute qu'ils soient connus sous ce nom au Jura; surtout vers l'autre extrémité du lac (*c*).

convenables à la vie active et laborieuse que la nature leur demande; et quand ces divers goûts viennent à s'altérer et se confondre, c'est une marque presque infaillible du mélange desordonné des sexes. En effet j'ai remarqué qu'en France, où les femmes vivent sans cesse avec les hommes, elles ont tout à fait perdu le goût du laitage, les hommes beaucoup celui du vin, et qu'en Angleterre où les deux sexes sont moins confondus, leur goût propre s'est mieux conservé. En général, je pense qu'on pourroit souvent trouver quelque indice du caractere des gens dans le choix des alimens qu'ils préferent. Les Italiens qui vivent beaucoup d'herbages sont effeminés et mous. Vous autres Anglois, grands mangeurs de viande, avez dans vos inflexibles vertus quelque chose de dur et qui tient de la barbarie. Le Suisse, naturellement froid, paisible et simple, mais violent et emporté dans la colere, aime à la fois l'un et l'autre aliment, et boit du laitage et du vin. Le François, souple et changeant, vit de tous les mets et se plie à tous les caracteres. Julie elle même pourroit me servir d'exemple : car quoique sensuelle et gourmande dans ses repas, elle n'aime ni la viande, ni les ragoûts, ni le sel, et n'a jamais goûté de vin pur. D'excellens légumes, les œufs, la crême, les fruits; voila sa nourriture ordinaire, et sans le poisson qu'elle aime aussi beaucoup, elle seroit une véritable pitagoricienne[1].

Ce n'est rien de contenir les femmes si l'on ne contient aussi les hommes, et cette partie de la regle, non moins importante que l'autre, est plus difficile encore; car l'attaque est en général plus vive que la deffense : c'est l'intention du conservateur de la nature. Dans la République on retient les citoyens par des mœurs, des principes, de la vertu : mais comment contenir des domestiques, des mercenaires, autrement que par la contrainte et la gêne ? Tout l'art du maitre est de cacher cette gêne sous le voile du plaisir ou de l'intérêt, en sorte qu'ils pensent vouloir tout ce qu'on les oblige de faire. L'oisiveté du dimanche, le droit qu'on ne peut gueres leur ôter d'aller où bon leur semble quand leurs fonctions ne les retiennent point au logis, détruisent souvent en un seul jour l'exemple et les leçons des six autres. L'habitude du cabaret, le commerce et les maximes de leurs camarades, la fréquentation des femmes débauchées, les perdant bientôt pour leurs maitres et pour eux-mêmes, les rendent par mille défauts incapables du service, et indignes de la liberté.

On remédie à cet inconvénient en les retenant par les mêmes motifs qui les portoient à sortir. Qu'alloient-ils faire ailleurs ? Boire et jouer au cabaret. Ils boivent et jouent au logis. Toute la différence est que le vin ne leur coûte rien, qu'ils ne s'enivrent pas, et qu'il y a des gagnans au jeu sans que jamais personne perde. Voici comment on s'y prend pour cela.

Derriere la maison est une allée couverte, dans laquelle on a établi la lice des jeux (*a*). C'est là que les gens de livrée, et ceux de la basse-cour se rassemblent en été le dimanche après le prêche, pour y jouer en plusieurs parties liées, non de l'argent, on ne le souffre pas, ni du vin, on leur en donne; mais une mise fournie par la libéralité des maitres. Cette mise est toujours quelque petit meuble ou quelque nippe à leur usage. Le nombre des jeux est proportionné à la valeur de la mise, en sorte que quand cette mise est un peu considérable comme des boucles d'argent, un porte-col, des bas de soye, un chapeau fin, ou autre chose semblable, on employe ordinairement plusieurs séances à la disputer. On ne s'en tient point à une seule espece de jeu, on les varie, afin que le plus habile dans un n'emporte pas toutes les mises, et pour les rendre tous plus adroits et plus forts par des exercices multipliés. Tantôt c'est à qui enlevera à la course un but placé à l'autre bout de l'avenue; tantôt à qui lancera le plus loin la même pierre; tantôt à qui portera le plus longtems le même fardeau. Tantôt on dispute un prix en tirant au blanc[1]. On joint à la plupart de ces jeux un petit appareil qui les prolonge et les rend amusans. Le maitre et la maitresse les honorent souvent de leur présence; on y amene quelquefois les enfans, les étrangers même y viennent attirés par la curiosité, et plusieurs ne demanderoient pas mieux que d'y concourir; mais nul n'est jamais admis qu'avec l'agrément des maitres et du consentement des joueurs, qui ne trouveroient pas leur compte à l'accorder aisément. Insensiblement il s'est fait de cet usage une espece de spectacle où les acteurs animés par les regards du public préferent la gloire des applaudissemens à l'intérêt du prix. Devenus plus vigoureux et plus agiles, ils s'en estiment davantage, et s'accoutumant à tirer leur valeur d'eux-mêmes plutôt que de ce qu'ils possédent, tout valets qu'ils sont, l'honneur leur devient plus cher que l'argent.

Il seroit long de vous détailler tous les biens qu'on retire ici d'un soin si puérile en apparence et toujours dédaigné des esprits vulgaires, tandis que c'est le propre du vrai génie de produire de grands effets par de petits moyens. M. de Wolmar m'a dit qu'il lui en coûtoit à peine cinquante écus par an pour ces petits établissemens que sa femme a la premiere imaginés. Mais, dit-il, combien de fois croyez vous que je regagne cette somme dans mon menage et dans mes affaires par la vigilance et l'attention que donnent à leur service des domestiques attachés qui tiennent tous leurs plaisirs de leurs maitres; par l'intérêt qu'ils prennent à celui d'une maison qu'ils regardent comme la leur; par l'avantage de profiter dans leurs travaux de la vigueur qu'ils acquierent dans leurs jeux; par celui de les conserver toujours sains en les garantissant des excès ordinaires à leurs pareils, et des maladies qui sont la suite ordinaire de ces excès; par celui de prévenir en eux les friponneries que le desordre amene infailliblement, et de les conserver toujours honnêtes gens; enfin par le plaisir d'avoir chez nous à peu de fraix des récréations agréables pour nous-mêmes ? Que s'il se trouve parmi nos gens quelqu'un soit homme soit femme qui ne s'accomode pas de nos regles et leur préfere la liberté d'aller sous divers prétextes courir où bon lui semble; on ne lui en refuse jamais la permission; mais nous regardons ce goût de licence comme un indice très suspect, et nous ne tardons pas à nous défaire de ceux qui l'ont. Ainsi ces mêmes amusemens qui nous conservent de bons sujets, nous servent encore d'épreuve pour les choisir (*a*). Milord, j'avoue que je n'ai jamais vu qu'ici des maitres former à la fois dans les mêmes hommes de bons domestiques pour le service de leurs personnes, de bons paysans pour cultiver leurs terres, de bons soldats pour la deffense de la patrie, et des gens de bien pour tous les états où la fortune peut les apeller.

L'hiver les plaisirs changent d'espece ainsi que les travaux. Les dimanches, tous les gens de la maison et même les voisins, hommes et femmes indifféremment se rassemblent après le service dans une Salle-basse où ils trouvent du feu, du vin, des fruits, des gâteaux, et un violon qui les fait danser. Made de Wolmar ne manque jamais de s'y rendre au moins pour quelques instans, afin d'y maintenir par sa présence l'ordre et la modestie, et il n'est pas rare qu'elle y danse elle-même, fut-ce avec ses propres gens. Cette regle quand je l'appris me parut d'abord moins conforme à la sévérité des mœurs protestantes. Je le dis à Julie; et voici à peu près ce qu'elle me répondit.

La pure morale est si chargée de devoirs séveres que si on la surcharge encore de formes indifférentes, c'est presque toujours aux dépends de l'essenciel. On dit que c'est le cas de la plupart des Moines[1], qui, soumis à mille regles inutiles, ne savent ce que c'est qu'honneur et vertu (*a*). Ce défaut regne moins parmi nous, mais nous n'en sommes pas tout à fait exemps. Nos Gens d'Eglise, aussi supérieurs en sagesse à toutes les sortes de Prêtres que notre Religion est supérieure à toutes les autres en sainteté, ont pourtant encore quelques maximes qui paroissent plus fondées sur le préjugé que sur la raison. Telle est celle qui blâme la danse et les assemblées, comme s'il y avoit plus de mal à danser qu'à chanter, que chacun de ces amusemens ne fut pas également une inspiration de la nature, et que ce fut un crime de s'égayer en commun par une récréation innocente et honnête. Pour moi, je pense au contraire que toutes les fois qu'il y a concours des deux sexes tout divertissement public devient innocent par cela même qu'il est public, au lieu que l'occupation la plus louable est suspecte dans le tête-à-tête*. L'homme et la femme sont destinés l'un pour l'autre, la fin de la nature est qu'ils soient unis par le mariage. Toute fausse Religion combat la nature, la notre seule qui la suit et la rectifie annonce une institution divine et convenable à l'homme. Elle ne doit donc point ajoûter sur le mariage aux embarras de l'ordre civil des difficultés que l'Evangile ne prescrit pas, et qui sont contraires à l'esprit du Christianisme. Mais qu'on me dise où de jeunes personnes à marier auront occasion de prendre du goût l'une pour l'autre, et de se voir avec plus de décence et de circonspection que dans une assemblée où les yeux du public

---

* Dans ma Lettre à M. d'Alembert sur les spectacles j'ai transcrit de celle-ci le morceau suivant, et quelques autres; mais comme alors je ne faisois que préparer cette édition, j'ai cru devoir attendre qu'elle parût pour citer ce que j'en avois tiré (*b*).

incessamment tournés sur elles les forcent à s'observer avec le plus grand soin ? En quoi Dieu est-il offensé par un exercice agréable et salutaire, convenable à la vivacité de la jeunesse, qui consiste à se présenter l'un à l'autre avec grace et bienséance, et auquel le spectateur impose une gravité dont personne n'oseroit sortir ? Peut-on imaginer un moyen plus honnête de ne tromper personne au moins quant à la figure, et de se montrer avec les agrémens et les défauts qu'on peut avoir aux gens qui ont intérêt de nous bien connoitre avant de s'obliger à nous aimer ? Le devoir de se cherir réciproquement n'emporte-t-il pas celui de se plaire, et n'est-ce pas un soin digne de deux personnes vertueuses et chrétiennes qui songent à s'unir, de préparer ainsi leurs cœurs à l'amour mutuel que Dieu leur impose ?

Qu'arrive-t-il dans ces lieux où regne une éternelle contrainte, où l'on punit comme un crime la plus innocente gaité, où les jeunes gens des deux sexes n'osent jamais s'assembler en public, et où l'indiscrete sévérité d'un Pasteur ne sait prêcher au nom de Dieu qu'une gêne servile, et la tristesse et l'ennui ? On élude une tirannie insupportable que la nature et la raison desavouent. Aux plaisirs permis dont on prive une jeunesse enjouée et folâtre, elle en substitue de plus dangereux. Les tête-à-tête adroitement concertés prennent la place des assemblées publiques. A force de se cacher comme si l'on étoit coupable, on est tenté de le devenir. L'innocente joye aime à s'évaporer au grand jour, mais le vice est ami des ténebres, et jamais l'innocence et le mistere n'habiterent longtems ensemble (*a*). Mon cher ami, me dit-elle en me serrant la main comme pour me communiquer son repentir et faire passer dans mon cœur la pureté du sien ; qui doit mieux sentir que nous toute l'importance de cette maxime ? Que de douleurs et de peines, que de remords et de pleurs nous nous serions épargnés durant tant d'années, si tous deux aimant la vertu comme nous avons toujours fait, nous avions su prévoir de plus loin les dangers qu'elle court dans le tête-à-tête !

Encore un coup, continua Made de Wolmar d'un ton plus tranquille, ce n'est point dans les assemblées nombreuses où tout le monde nous voit et nous écoute, mais dans des entretiens particuliers où regnent le secret et la liberté, que les mœurs peuvent courir des risques[1]. C'est sur ce principe, que quand mes domestiques des deux sexes se rassemblent, je suis bien aise qu'ils y soient tous. J'approuve même qu'ils invitent parmi les jeunes gens du voisinage ceux dont le commerce n'est point capable de leur nuire, et j'apprends avec grand plaisir que pour louer les mœurs de quelqu'un de nos jeunes voisins, on dit : il est reçu chez M. de Wolmar (*a*). En ceci nous avons encore une autre vue. Les hommes qui nous servent sont tous garçons, et parmi les femmes la gouvernante des enfans est encore à marier; il n'est pas juste que la reserve où vivent ici les uns et les autres leur ôte l'occasion d'un honnête établissement. Nous tâchons dans ces petites assemblées de leur procurer cette occasion sous nos yeux pour les aider à mieux choisir, et en travaillant ainsi à former d'heureux ménages nous augmentons le bonheur du notre.

Il resteroit à me justifier moi-même de danser avec ces bonnes gens; mais j'aime mieux passer condannation sur ce point, et j'avoue franchement que mon plus grand motif en cela est le plaisir que j'y trouve. Vous savez que j'ai toujours partagé la passion que ma Cousine a pour la danse; mais après la perte de ma mere je renonçai pour ma vie au bal et à toute assemblée publique; j'ai tenu parole, même à mon mariage, et la tiendrai, sans croire y déroger en dansant quelquefois chez moi avec mes hôtes et mes domestiques. C'est un exercice utile à ma santé durant la vie sédentaire qu'on est forcé de mener ici l'hiver. Il m'amuse innocemment; car quand j'ai bien dansé mon cœur ne me reproche rien. Il amuse aussi M. de Wolmar, toute ma coqueterie en cela se borne à lui plaire. Je suis cause qu'il vient au lieu où l'on danse; ses gens en sont plus contens d'être honorés des regards de leur maitre; ils témoignent aussi de la joye à me voir parmi eux. Enfin je trouve que cette familiarité modérée forme entre nous un lien de douceur et d'attachement qui ramene un peu l'humanité naturelle, en tempérant la bassesse de la servitude et la rigueur de l'autorité.

Voila, Milord, ce que me dit Julie au sujet de la danse, et j'admirai comment avec tant d'affabilité pouvoit regner tant de subordination, et comment elle et son mari pouvoient descendre et s'égaler si souvent à leurs domestiques, sans que ceux-ci fussent tentés de les prendre au mot et de s'égaler à eux à leur tour. Je ne crois pas qu'il y ait de Souverains en Asie (*a*) servis dans leurs Palais avec plus de respect que ces bons maitres le sont dans leur maison. Je ne connois rien de moins impérieux que leurs ordres et rien de si promptement exécuté : Ils prient et l'on vole; ils excusent et l'on sent son tort. Je n'ai jamais mieux compris combien la force des choses qu'on dit dépend peu des mots qu'on employe.

Ceci m'a fait faire une autre réflexion sur la vaine gravité des maitres. C'est que ce sont moins leurs familiarités que leurs défauts qui les font mépriser chez eux, et que l'insolence des Domestiques annonce plutôt un maitre vicieux que foible : car rien ne leur donne autant d'audace que la connoissance de ses vices, et tous ceux qu'ils découvrent en lui sont à leurs yeux autant de dispenses d'obéïr à un homme qu'ils ne sauroient plus respecter.

Les valets imitent les maitres, et les imitant grossierement ils rendent sensibles dans leur conduite les défauts que le vernis de l'éducation cache mieux dans les autres. À Paris je jugeois des mœurs des femmes de ma connoissance par l'air et le ton de leurs femmes de chambre, et cette regle ne m'a jamais trompé. Outre que la femme de chambre une fois dépositaire du secret de sa maitresse lui fait payer cher sa discretion, elle agit comme l'autre pense et décele toutes ses maximes en les pratiquant maladroitement (*b*). En toute chose l'exemple des maitres est plus fort que leur autorité, et il n'est pas naturel que leurs domestiques veuillent être plus honnêtes gens qu'eux. On a beau crier, jurer, maltraiter, chasser, faire maison nouvelle; tout cela ne produit point le bon service. Quand celui qui ne s'embarrasse pas d'être méprisé et haï de ses gens s'en croit pourtant bien servi, c'est qu'il se contente de ce qu'il voit et d'une exactitude apparente, sans tenir compte de mille maux secrets qu'on lui fait incessamment et dont il n'apperçoit jamais la source. Mais où est l'homme assés dépourvû d'honneur pour pouvoir supporter les dédains de tout ce qui l'environne ? Où est la femme assés perdue pour n'être plus sensible aux outrages ? Combien, dans Paris et dans Londres, de Dames se croyent fort honorées, qui fondroient en larmes si elles entendoient ce qu'on dit d'elles dans leur antichambre ? Heureusement pour leur repos elles se rassurent en prenant ces Argus pour des imbéciles, et se flatant qu'ils ne voyent rien de ce qu'elles ne daignent pas leur cacher. Aussi dans leur mutine obéissance ne leur cachent-ils guere à leur tour le mépris qu'ils ont pour elles. Maitres et Valets sentent mutuellement que ce n'eſt pas la peine de se faire eſtimer les uns des autres.

Le jugement des Domeſtiques me paroit être l'épreuve la plus sûre et la plus difficile de la vertu des maitres, et je me souviens, Milord, d'avoir bien pensé de la votre en Valais sans vous connoitre, simplement sur ce que parlant assés rudement à vos gens, ils ne vous en étoient pas moins attachés, et qu'ils témoignoient entre eux autant de respect pour vous en votre absence que si vous les eussiez entendus. On a dit qu'il n'y avoit point de héros pour son valet-de-chambre; cela peut être; mais l'homme juſte a l'eſtime de son valet; ce qui montre assés que l'héroïsme n'a qu'une vaine apparence, et qu'il n'y a rien de solide que la vertu. C'eſt surtout dans cette maison qu'on reconnoit la force de son empire dans le suffrage des domeſtiques. Suffrage d'autant plus sûr qu'il ne consiſte point en de vains éloges, mais dans l'expression naturelle de ce qu'ils sentent. N'entendant jamais rien ici qui leur fasse croire que les autres maitres ne ressemblent pas aux leurs, ils ne les louent point des vertus qu'ils eſtiment communes à tous; mais ils louent Dieu dans leur simplicité d'avoir mis des riches sur la terre pour le bonheur de ceux qui les servent, et pour le soulagement des pauvres.

La servitude eſt si peu naturelle à l'homme qu'elle ne sauroit exiſter sans quelque mécontentement. Cependant on respecte le maitre et l'on n'en dit rien. Que s'il échape quelques murmures contre la maitresse, ils valent mieux que des éloges. Nul ne se plaint qu'elle manque pour lui de bienveuillance, mais qu'elle en accorde autant aux autres; nul ne peut souffrir qu'elle fasse comparaison de son zele avec celui de ses camarades, et chacun voudroit être le premier en faveur comme il croit l'être en attachement. C'eſt là leur unique plainte et leur plus grande injuſtice (*a*).

A la subordination des inférieurs se joint la concorde entre les égaux, et cette partie de l'adminiſtration domestique n'eſt pas la moins difficile. Dans les concurrences de jalousie et d'intérêt qui divisent sans cesse les gens d'une maison, même aussi peu nombreuse que celle-ci, ils ne demeurent presque jamais unis qu'aux dépends du maitre. S'ils s'accordent, c'eſt pour voler de concert; s'ils sont fideles chacun se fait valoir aux dépends des autres; il faut qu'ils soient ennemis ou complices, et l'on voit à peine le moyen d'éviter à la fois leur friponnerie et leurs dissentions. La plupart des peres de famille ne connoissent que l'alternative entre ces deux inconvéniens. Les uns, préférant l'intérêt à l'honnêteté, fomentent cette disposition des Valets aux secrets raports et croyent faire un chef-d'œuvre de prudence en les rendant espions et surveillans les uns des autres. Les autres plus indolens aiment mieux qu'on les vole et qu'on vive en paix; ils se font une sorte d'honneur de recevoir toujours mal des avis qu'un pur zele arrache quelquefois à un Serviteur fidelle. Tous s'abusent également. Les premiers en excitant chez eux des troubles continuels, incompatibles avec la regle et le bon ordre n'assemblent qu'un tas de fourbes et de délateurs qui s'exercent en trahissant leurs camarades à trahir peut-être un jour leurs maitres. Les seconds, en refusant d'apprendre ce qui se fait dans leur maison autorisent les ligues contre eux-mêmes, encouragent les méchans, rebutent les bons, et n'entretiennent à grands fraix que des fripons arrogans et paresseux, qui, s'accordant aux dépends du maitre, regardent leurs services comme des graces, et leurs vols comme des droits*.

C'eſt une grande erreur (*a*) dans l'économie domeſtique ainsi que dans la civile de vouloir combattre un vice par un autre ou former entre eux une sorte d'équilibre, comme si ce qui sape les fondemens de l'ordre pouvoit jamais servir à l'établir ! On ne fait par cette mauvaise police que réunir enfin tous les inconvéniens. Les vices tolérés dans une maison n'y regnent pas seuls; laissez en germer un, mille viendront à sa suite. Bientôt ils perdent les valets qui les ont, ruinent le maitre qui les souffre, corrompent ou scandalisent les enfans attentifs à les obser-

---

* J'ai éxaminé d'assés près la police des grandes maisons, et j'ai vû clairement qu'il eſt impossible à un maitre qui a vingt domestiques de venir jamais à bout de savoir s'il y a parmi eux un honnête homme, et de ne pas prendre pour tel le plus méchant fripon de tous. Cela seul me dégoûteroit d'être au nombre des riches. Un des plus doux plaisirs de la vie, le plaisir de la confiance et de l'eſtime eſt perdu pour ces malheureux : Ils achetent bien cher tout leur or (*b*).

ver. Quel indigne pere oseroit mettre quelque avantage en balance avec ce dernier mal ? Quel honnête-homme voudroit être chef de famille, s'il lui étoit impossible de réunir dans sa maison la paix et la fidélité, et qu'il falut acheter le zele de ses domestiques aux dépends de leur bienveuillance mutuelle ?

Qui n'auroit vû que cette maison n'imagineroit pas même qu'une pareille difficulté put exister, tant l'union des membres y paroit venir de leur attachement aux chefs. C'est ici qu'on trouve le sensible exemple qu'on ne sauroit aimer sincerement le maitre sans aimer tout ce qui lui appartient; vérité qui sert de fondement à la charité chrétienne[1]. N'est-il pas bien simple que les enfans du même pere se traitent en freres entre eux ? C'est ce qu'on nous dit tous les jours au Temple sans nous le faire sentir; c'est ce que les habitans de cette maison sentent sans qu'on le leur dise.

Cette disposition à la concorde commence par le choix des Sujets. M. de Wolmar n'examine pas seulement en les recevant s'ils conviennent à sa femme et à lui, mais s'ils se conviennent l'un à l'autre, et l'antipathie bien reconnue entre deux excellens domestiques suffiroit pour faire à l'instant congédier l'un des deux : car, dit Julie, une maison si peu nombreuse, une maison dont ils ne sortent jamais et où ils sont toujours vis-à-vis les uns des autres, doit leur convenir également à tous, et seroit un enfer pour eux si elle n'étoit une maison de paix. Ils doivent la regarder comme leur maison paternelle où tout n'est qu'une même famille. Un seul qui déplairoit aux autres pourroit la leur rendre odieuse, et cet objet desagréable y frapant incessamment leurs regards, ils ne seroient bien ici ni pour eux ni pour nous.

Après les avoir assortis le mieux qu'il est possible, on les unit pour ainsi dire malgré eux par les services qu'on les force en quelque sorte à se rendre, et l'on fait que chacun ait un sensible intérêt d'être aimé de tous ses camarades. Nul n'est si bien venu à demander des graces pour lui-même que pour un autre; ainsi celui qui desire en obtenir tâche d'engager un autre à parler pour lui, et cela est d'autant plus facile que soit qu'on accorde ou qu'on refuse une faveur ainsi demandée, on en fait toujours un mérite à celui qui s'en est rendu l'intercesseur. Au contraire, on rebute ceux qui ne sont bons que pour

eux. Pourquoi, leur dit-on, accorderois-je ce qu'on me demande pour vous qui n'avez jamais rien demandé pour personne ? Est-il juste que vous soyez plus heureux que vos camarades, parce qu'ils sont plus obligeans que vous ? On fait plus; on les engage à se servir mutuellement en secret, sans ostentation, sans se faire valoir. Ce qui est d'autant moins difficile à obtenir qu'ils savent fort bien que le maitre, témoin de cette discretion, les en estime davantage; ainsi l'intérêt y gagne et l'amour propre n'y perd rien. Ils sont si convaincus de cette disposition générale, et il regne une telle confiance entre eux, que quand quelqu'un a quelque grace à demander, il en parle à leur table par forme de conversation; souvent sans avoir rien fait de plus il trouve la chose demandée et obtenue, et ne sachant qui remercier, il en a l'obligation à tous.

C'est par ce moyen et d'autres semblables qu'on fait regner entre eux un attachement né de celui qu'ils ont tous pour leur maitre, et qui lui est subordonné. Ainsi, loin de se liguer à son préjudice, ils ne sont tous unis que pour le mieux servir. Quelque intérêt qu'ils aient à s'aimer, ils en ont encore un plus grand à lui plaire; le zele pour son service l'emporte sur leur bienveuillance mutuelle, et tous se regardant comme lésés par des pertes qui le laisseroient moins en état de recompenser un bon serviteur, sont également incapables de souffrir en silence le tort que l'un d'eux voudroit lui faire. Cette partie de la police établie dans cette maison me paroit avoir quelque chose de sublime, et je ne puis assés admirer comment M. et Mad[e] de Wolmar ont sû transformer le vil métier d'accusateur en une fonction de zele, d'intégrité, de courage, aussi noble, ou du moins aussi louable qu'elle l'étoit chez les Romains.

On a commencé par détruire ou prévenir clairement, simplement, et par des exemples sensibles cette morale criminelle et servile, cette mutuelle tolérance aux dépends du maitre qu'un méchant valet ne manque point de prêcher aux bons sous l'air d'une maxime de charité. On leur a bien fait comprendre que le precepte de couvrir les fautes de son prochain ne se rapporte qu'à celles qui ne font de tort à personne, qu'une injustice qu'on voit, qu'on tait, et qui blesse un tiers, on la commet soi-même, et que comme ce n'est que le sentiment de nos propres défauts qui nous oblige à pardonner ceux d'autrui, nul n'aime à tolérer les fripons s'il n'est un fripon comme eux. Sur ces principes, vrais en général d'homme à homme, et bien plus rigoureux encore dans la rélation plus étroite du serviteur au maitre, on tient ici pour incontestable que qui voit faire un tort à ses maitres sans le dénoncer est plus coupable encore que celui qui l'a commis; car celui-ci se laisse abuser dans son action par le profit qu'il envisage, mais l'autre de sang froid et sans intérêt n'a pour motif de son silence qu'une profonde indiférence pour la justice, pour le bien de la maison qu'il sert, et un desir secret d'imiter l'exemple qu'il cache. De sorte que quand la faute est considérable, celui qui l'a commise peut encore quelquefois espérer son pardon, mais le témoin qui l'a tue est infailliblement congédié comme un homme enclin au mal.

En revanche on ne souffre aucune accusation qui puisse être suspecte d'injustice et de calomnie; c'est à dire qu'on n'en reçoit aucune en l'absence de l'accusé. Si quelqu'un vient en particulier faire quelque raport contre son camarade, ou se plaindre personnellement de lui, on lui demande s'il est suffisamment instruit, c'est à dire, s'il a commencé par s'éclaircir avec celui dont il vient se plaindre ? S'il dit que non, on lui demande encore comment il peut juger une action dont il ne connoit pas assés les motifs ? Cette action, lui dit-on, tient peut-être à quelque autre qui vous est inconnue; elle a peut-être quelque circonstance qui sert à la justifier ou à l'excuser, et que vous ignorez. Comment osez-vous condanner cette conduite avant de savoir les raisons de celui qui l'a tenue ? Un mot d'explication l'eut peut-être justifiée à vos yeux ? pourquoi risquer de la blâmer injustement et m'exposer à partager votre injustice? S'il assure s'être éclairci auparavant avec l'accusé : pourquoi donc, lui replique-t-on, venez-vous sans lui, comme si vous aviez peur qu'il ne démentit ce que vous avez à dire ? De quel droit négligez-vous pour moi la précaution que vous avez cru devoir prendre pour vous-même ? Est-il bien de vouloir que je juge sur votre raport d'une action dont vous n'avez pas voulu juger sur le témoignage de vos yeux, et ne seriez-vous pas responsable du jugement partial que j'en pourrois porter, si je me contentois de votre seule déposition ? Ensuite on lui propose de faire venir celui

qu'il accuse; s'il y consent, c'est une affaire bientôt reglée; s'il s'y oppose, on le renvoye après une forte réprimande, mais on lui garde le secret, et l'on observe si bien l'un et l'autre qu'on ne tarde pas à savoir lequel des deux avoit tort.

Cette regle est si connue et si bien établie qu'on n'entend jamais un domestique de cette maison parler mal d'un de ses camarades absent, car ils savent tous que c'est le moyen de passer pour lâche ou menteur. Lorsqu'un d'entre eux en accuse un autre, c'est ouvertement, franchement, et non seulement en sa présence, mais en celle de tous leurs camarades, afin d'avoir dans les témoins de ses discours des garants de sa bonne foi. Quand il est question de querelles personnelles, elles s'accomodent presque toujours par médiateurs sans importuner Monsieur ni Madame; mais quand il s'agit de l'intérêt sacré du maitre, l'affaire ne sauroit demeurer secrette; il faut que le coupable s'accuse ou qu'il ait un accusateur. Ces petits plaidoyés sont très-rares et ne se font qu'à table dans les tournées que Julie va faire journellement au diné ou au soupé de ses gens et que M. de Wolmar appelle en riant ses grands-jours[1]. Alors après avoir écouté paisiblement la plainte et la réponse, si l'affaire intéresse son service, elle remercie l'accusateur de son zele. Je sais, lui dit-elle, que vous aimez votre camarade, vous m'en avez toujours dit du bien, et je vous loue de ce que l'amour du devoir et de la justice l'emporte en vous sur les affections particulieres : c'est ainsi qu'en use un serviteur fidelle et un honnête homme. Ensuite, si l'accusé n'a pas tort, elle ajoûte toujours quelque éloge à sa justification. Mais s'il est réellement coupable, elle lui épargne devant les autres une partie de la honte. Elle suppose qu'il a quelque chose à dire pour sa deffense, qu'il ne veut pas déclarer devant tant de monde; elle lui assigne une heure pour l'entendre en particulier, et c'est là qu'elle ou son mari leur parlent comme il convient. Ce qu'il y a de singulier en ceci, c'est que le plus severe des deux n'est pas le plus redouté, et qu'on craint moins les graves reprimandes de M. de Wolmar que les reproches touchans de Julie. L'un, faisant parler la justice et la vérité, humilie et confond les coupables; l'autre leur donne un regret mortel de l'être, en leur montrant celui qu'elle a d'être forcée à leur oter sa bienveuillance. Souvent elle leur arrache des larmes de douleur et de honte, et il ne lui eſt pas rare de s'attendrir elle-même en voyant leur repentir, dans l'espoir de n'être pas obligée à tenir parole (*a*)[1].

Tel qui jugeroit de tous ces soins sur ce qui se passe chez lui ou chez ses voisins, les eſtimeroit peut-être inutiles ou pénibles. Mais vous, Milord, qui avez de si grandes idées des devoirs et des plaisirs du pere de famille, et qui connoissez l'empire naturel que le génie et la vertu ont sur le cœur humain, vous voyez l'importance de ces détails, et vous sentez à quoi tient leur succès. Richesse ne fait pas riche, dit le Roman de la rose (*b*)[2]. Les biens d'un homme ne sont point dans ses coffres, mais dans l'usage de ce qu'il en tire; car on ne s'approprie les choses qu'on possede que par leur emploi, et les abus sont toujours plus inépuisables que les richesses; ce qui fait qu'on ne jouït pas à proportion de sa dépense, mais à proportion qu'on la sait mieux ordonner. Un fou peut jetter des lingots dans la mer et dire qu'il en a jouï : mais quelle comparaison entre cette extravagante jouïssance, et celle qu'un homme sage eut sû tirer d'une moindre somme (*c*) ? L'ordre et la regle qui multiplient et perpétuent l'usage des biens peuvent seuls transformer le plaisir en bonheur (*d*). Que si c'eſt du raport des choses à nous que nait la véritable propriété; si c'eſt plutôt l'emploi des richesses que leur acquisition qui nous les donne, quels soins importent plus au pere de famille que l'économie domeſtique et le bon régime de sa maison, où les raports les plus parfaits vont le plus directement à lui, et où le bien de chaque membre ajoûte alors à celui du chef (*e*) ?

Les plus riches sont-ils les plus heureux ? Que sert donc l'opulence à la félicité ? Mais toute maison bien ordonnée eſt l'image de l'ame du maître. Les lambris dorés, le luxe et la magnificence n'annoncent que la vanité de celui qui les étale, au lieu que par tout où vous verrez regner la regle sans triſtesse, la paix sans esclavage, l'abondance sans profusion, dites avec confiance : c'eſt un être heureux qui commande ici.

Pour moi, je pense que le signe le plus assuré du vrai contentement d'esprit eſt la vie retirée et domeſtique, et que ceux qui vont sans cesse chercher leur bonheur chez autrui ne l'ont point chez eux-mêmes. Un pere de famille qui se plait dans sa maison a pour prix des soins continuels qu'il s'y donne la continuelle jouïssance des plus doux sentimens de la nature[1]. Seul entre tous les mortels, il eſt maitre de sa propre félicité, parce qu'il eſt heureux comme Dieu même, sans rien desirer de plus que ce dont il jouït : comme cet Etre immense il ne songe pas à amplifier ses possessions mais à les rendre véritablement siennes par les relations les plus parfaites et la direction la mieux entendue : s'il ne s'enrichit pas par de nouvelles acquisitions, il s'enrichit en possédant mieux ce qu'il a. Il ne jouïssoit que du revenu de ses terres, il jouït encore de ses terres mêmes en présidant à leur culture et les parcourant sans cesse. Son Domeſtique lui étoit étranger; il en fait son bien, son enfant, il se l'approprie. Il n'avoit droit que sur les actions, il s'en donne encore sur les volontés. Il n'étoit maitre qu'à prix d'argent, il le devient par l'empire sacré de l'eſtime et des bienfaits. Que la fortune le dépouille de ses richesses, elle ne sauroit lui oter les cœurs qu'il s'eſt attachés, elle n'ôtera point des enfans à leur pere; toute la différence eſt qu'il les nourrissoit hier, et qu'il sera demain nourri par eux. C'eſt ainsi qu'on apprend à jouïr véritablement de ses biens, de sa famille et de soi-même; c'eſt ainsi que les détails d'une maison deviennent délicieux pour l'honnête homme qui sait en connoitre le prix; c'eſt ainsi que loin de regarder ses devoirs comme une charge, il en fait son bonheur, et qu'il tire de ses touchantes et nobles fonctions la gloire et le plaisir d'être homme.

Que si ces précieux avantages sont méprisés ou peu connus, et si le petit nombre même qui les recherche les obtient si rarement, tout cela vient de la même cause. Il eſt des devoirs simples et sublimes qu'il n'appartient qu'à peu de gens d'aimer et de remplir. Tels sont ceux du pere de famille, pour lesquels l'air et le bruit du monde n'inspirent que du dégoût, et dont on s'acquite mal encore quand on n'y eſt porté que par des raisons d'avarice et d'intérêt. Tel croit être un bon pere de famille et n'eſt qu'un vigilant économe; le bien peut prospérer et la maison aller fort mal. Il faut des vues plus élevées pour éclairer, diriger cette importante adminiſtration et lui donner un heureux succès. Le premier soin par lequel doit commencer l'ordre d'une maison, c'eſt de n'y souffrir que d'honnêtes gens qui n'y portent pas le desir secret de troubler cet ordre. Mais la servitude et l'honnêteté sont-elles si compatibles qu'on doive espérer de trouver des domestiques honnêtes gens ? Non, Milord, pour les avoir il ne faut pas les chercher, il faut les faire, et il n'y a qu'un homme de bien qui sache l'art d'en former d'autres. Un hipocrite a beau vouloir prendre le ton de la vertu, il n'en peut inspirer le goût à personne, et s'il savoit la rendre aimable il l'aimeroit lui-même. Que servent de froides leçons dementies par un exemple continuel, si ce n'est à faire penser que celui qui les donne se joue de la crédulité d'autrui ? Que ceux qui nous exhortent à faire ce qu'ils disent et non ce qu'ils font, disent une grande absurdité ! Qui ne fait pas ce qu'il dit ne le dit jamais bien; car le langage du cœur qui touche et persuade y manque. J'ai quelquefois entendu de ces conversations grossierement apprêtées, qu'on tient devant les domestiques comme devant des enfans pour leur faire des leçons indirectes. Loin de juger qu'ils en fussent un instant les dupes, je les ai toûjours vus sourire en secret de l'ineptie du maitre qui les prenoit pour des sots, en débitant lourdement devant eux des maximes qu'ils savoient bien n'être pas les siennes.

Toutes ces vaines subtilités sont ignorées dans cette maison, et le grand art des maitres pour rendre leurs domestiques tels qu'ils les veulent est de se montrer à eux tels qu'ils sont. Leur conduite est toujours franche et ouverte, parce qu'ils n'ont pas peur que leurs actions démentent leurs discours. Comme ils n'ont point pour eux-mêmes une morale différente de celle qu'ils veulent donner aux autres, ils n'ont pas besoin de circonspection dans leurs propos; un mot étourdiment échapé ne renverse point les principes qu'ils se sont efforcés d'établir. Ils ne disent point indiscretement toutes leurs affaires, mais ils disent librement toutes leurs maximes. A table, à la promenade, tête-à-tête ou devant tout le monde, on tient toujours le même langage; on dit naïvement ce qu'on pense sur chaque chose, et sans qu'on songe à personne, chacun y trouve toujours quelque instruction. Comme les domestiques ne voyent jamais rien faire à leur maitre qui ne soit droit, juste, équitable, ils ne regardent point la justice comme le tribut du pauvre, comme le joug du malheureux, comme une des miseres de leur état. L'attention qu'on a de ne pas faire courir en vain les ouvriers, et perdre des journées pour venir solliciter le

payement de leurs journées, les accoutume à sentir le prix du tems. En voyant le soin des maitres à ménager celui d'autrui, chacun en conclud que le sien leur eſt précieux et se fait un plus grand crime de l'oisiveté. La confiance qu'on a dans leur intégrité donne à leurs inſtitutions une force qui les fait valoir et prévient les abus. On n'a pas peur que dans la gratification de chaque semaine, la maitresse trouve toujours que c'eſt le plus jeune ou le mieux fait qui a été le plus diligent. Un ancien domeſtique ne craint pas qu'on lui cherche quelque chicane pour épargner l'augmentation de gages qu'on lui donne. On n'espere pas profiter de leur discorde pour se faire valoir et obtenir de l'un ce qu'aura refusé l'autre. Ceux qui sont à marier ne craignent pas qu'on nuise à leur établissement pour les garder plus longtems, et qu'ainsi leur bon service leur fasse tort. Si quelque Valet étranger venoit dire aux gens de cette maison qu'un maitre et ses domeſtiques sont entre eux dans un véritable état de guerre, que ceux-ci faisant au premier tout du pis qu'ils peuvent usent en cela d'une juſte représaille, que les maitres étant usurpateurs, menteurs et fripons il n'y a pas de mal à les traiter comme ils traitent le Prince ou le Peuple ou les particuliers, et à leur rendre adroitement le mal qu'ils font à force ouverte; celui qui parleroit ainsi ne seroit entendu de personne; on ne s'avise pas même ici de combattre ou prévenir de pareils discours; il n'appartient qu'à ceux qui les font naitre d'être obligés de les réfuter.

Il n'y a jamais ni mauvaise humeur ni mutinerie dans l'obéïssance, parce qu'il n'y a ni hauteur, ni caprice dans le commandement, qu'on n'exige rien qui ne soit raisonnable et utile, et qu'on respecte assés la dignité de l'homme quoique dans la servitude pour ne l'occuper qu'à des choses qui ne l'avilissent point. Au surplus, rien n'eſt bas ici que le vice, et tout ce qui eſt utile et juſte eſt honnête et bienséant (*a*).

Si l'on ne souffre aucune intrigue au dehors, personne n'eſt tenté d'en avoir (*b*). Ils savent bien que leur fortune la plus assurée eſt attachée à celle du maitre, et qu'ils ne manqueront jamais de rien tant qu'on verra prospérer la maison. En la servant ils soignent donc leur patrimoine, et l'augmentent en rendant leur service agréable; c'eſt là leur plus grand intérêt. Mais ce mot n'eſt guere à sa place en cette occasion, car je n'ai jamais vû de police où l'intérêt fut si sagement dirigé et où pourtant il influât moins que dans celle-ci. Tout se fait par attachement : l'on diroit que ces ames venales se purifient en entrant dans ce séjour de sagesse et d'union. L'on diroit qu'une partie des lumieres du maitre et des sentimens de la maitresse ont passé dans chacun de leurs gens; tant on les trouve judicieux, bienfaisans, honnêtes et supérieurs à leur état. Se faire estimer, considérer, bien vouloir, est leur plus grande ambition, et ils comptent les mots obligeans qu'on leur dit, comme ailleurs les étrennes qu'on leur donne.

Voila, Milord, mes principales observations sur la partie de l'économie de cette maison qui regarde les domestiques et mercenaires. Quant à la maniere de vivre des maitres et au gouvernement des enfans, chacun de ces articles mérite bien une lettre à part. Vous savez à quelle intention j'ai commencé ces remarques; mais en vérité, tout cela forme un tableau si ravissant qu'il ne faut pour aimer à le contempler, d'autre intérêt que le plaisir qu'on y trouve (*a*).

LETTRE XI (*b*)[1].

A MILORD EDOUARD.

NON, Milord, je ne m'en dédis point; on ne voit rien dans cette maison qui n'associe l'agréable à l'utile; mais les occupations utiles ne se bornent pas aux soins qui donnent du profit; elles comprennent encore tout amusement innocent et simple qui nourrit le goût de la retraite, du travail, de la modération, et conserve à celui qui s'y livre une ame saine, un cœur libre du trouble des passions. Si l'indolente oisiveté n'engendre que la tristesse et l'ennui, le charme des doux loisirs est le fruit d'une vie laborieuse. On ne travaille que pour jouïr; cette alternative de peine et de jouïssance est notre véritable vocation. Le repos qui sert de délassement aux travaux passés et d'encouragement à d'autres n'est pas moins nécessaire à l'homme que le travail même.

Après avoir admiré l'effet de la vigilance et des soins de la plus respectable mere de famille dans l'ordre de sa maison, j'ai vu celui de ses récréations dans un lieu retiré dont elle fait sa promenade favorite et qu'elle appelle son Elisée.

Il y avoit plusieurs jours que j'entendois parler de cet Elisée dont on me faisoit une espece de mistere. Enfin hier après diné, l'extrême chaleur rendant le dehors et le dedans de la maison presque également insupportables, M. de Wolmar proposa à sa femme de se donner congé cet après-midi, et au lieu de se retirer comme à l'ordinaire dans la chambre de ses enfans jusques vers le soir, de venir avec nous respirer dans le verger; elle y consentit et nous nous y rendimes ensemble.

Ce lieu, quoique tout proche de la maison est tellement caché par l'allée couverte qui l'en sépare qu'on ne l'apperçoit de nulle part. L'épais feuillage qui l'environne ne permet point à l'œil d'y pénétrer, et il est toujours soigneusement fermé à la clé. A peine fus-je au dedans que la porte étant masquée par des aulnes et des coudriers qui ne laissent que deux étroits passages sur les côtés, je ne vis plus en me retournant par où j'étois entré, et n'appercevant point de porte, je me trouvai là comme tombé des nues.

En entrant dans ce prétendu verger, je fus frappé d'une agréable sensation de fraicheur que d'obscurs ombrages, une verdure animée et vive, des fleurs éparses de tous côtés, un gazouillement d'eau courante et le chant de mille oiseaux porterent à mon imagination du moins autant qu'à mes sens; mais en même tems je crus voir le lieu le plus sauvage, le plus solitaire de la nature, et il me sembloit d'être le premier mortel qui jamais eut pénétré dans ce desert. Surpris, saisi, transporté d'un spectacle si peu prévu, je restai un moment immobile, et m'écriai dans un enthousiasme involontaire : O Tinian ! ô Juan Fernandez* ! Julie, le bout du monde est à votre porte[1] ! Beaucoup de gens le trouvent ici comme vous, dit-elle avec un sourire; mais vingt pas de plus les ramenent bien vîte à Clarens : voyons si le charme tiendra plus longtems chez vous. C'est ici le même verger où vous vous êtes promené autrefois, et où vous vous batiez avec ma Cousine à coups de pêches. Vous savez que l'herbe y étoit assés aride, les arbres assés clair-semés, donnant assés

* Isles désertes de la mer du Sud, célebres dans le voyage de l'Amiral Anson (*a*).

peu d'ombre, et qu'il n'y avoit point d'eau. Le voila maintenant frais, verd, habillé, paré, fleuri, arrosé : que pensez-vous qu'il m'en a coûté pour le mettre dans l'état où il eſt ? Car il eſt bon de vous dire que j'en suis la surintendante et que mon mari m'en laisse l'entiere disposition. Ma foi, lui dis-je, il ne vous en a coûté que de la négligence. Ce lieu eſt charmant, il eſt vrai, mais agreſte et abandonné; je n'y vois point de travail humain. Vous avez fermé la porte; l'eau eſt venue je ne sais comment; la nature seule a fait tout le reſte et vous-même n'eussiez jamais sû faire aussi bien qu'elle. Il eſt vrai, dit-elle, que la nature a tout fait, mais sous ma direction, et il n'y a rien là que je n'aye ordonné[1]. Encore un coup, devinez. Premierement, repris-je, je ne comprends point comment avec de la peine et de l'argent on a pu suppléer au tems. Les arbres.... Quant à cela, dit M. de Wolmar, vous remarquerez qu'il n'y en a pas beaucoup de fort grands, et ceux-là y étoient déja (*a*). De plus, Julie a commencé ceci longtems avant son mariage et presque d'abord après la mort de sa mere, qu'elle vint avec son pere chercher ici la solitude. Hébien, dis-je, puisque vous voulez que tous ces massifs, ces grands berceaux, ces touffes pendantes, ces bosquets si bien ombragés soient venus en sept ou huit ans (*b*) et que l'art s'en soit mêlé, j'eſtime que si dans une enceinte aussi vaſte vous avez fait tout cela pour deux-mille écus (*c*), vous avez bien économisé. Vous ne surfaites que de deux-mille écus, dit-elle, il ne m'en a rien coûté. Comment, rien ? Non, rien : à moins que vous ne comptiez une douzaine de journées par an de mon jardinier, autant de deux ou trois de mes gens, et quelques unes de M. de Wolmar lui-même qui n'a pas dédaigné d'être quelquefois mon garçon jardinier. Je ne comprenois rien à cette énigme; mais Julie qui jusques-là m'avoit retenu, me dit en me laissant aller : avancez et vous comprendrez. Adieu Tinian, adieu Juan Fernandez, adieu tout l'enchantement ! Dans un moment vous allez être de retour du bout du monde.

Je me mis à parcourir avec extase ce verger ainsi métamorphosé; et si je ne trouvai point de plantes exotiques et de productions des Indes, je trouvai celles du pays disposées et réunies de maniere à produire un effet plus riant et plus agréable. Le gazon verdoyant, épais, mais court et serré étoit mêlé de serpolet, de baume, de thim, de marjolaine, et d'autres herbes odorantes. On y voyoit briller mille fleurs des champs, parmi lesquelles l'œil en démêloit avec surprise quelques unes de jardin, qui sembloient croitre naturellement avec les autres. Je rencontrois de tems en tems des touffes obscures, impénétrables aux rayons du soleil comme dans la plus épaisse forêt; ces touffes étoient formées des arbres du bois le plus flexible, dont on avoit fait recourber les branches, pendre en terre, et prendre racine, par un art semblable à ce que font naturellement les mangles[1] en Amérique (*a*). Dans les lieux plus découverts, je voyois çà et là sans ordre et sans simétrie des broussailles de roses, de framboisiers, de groseilles, des fourrés de lilac (*b*), de noisettier, de sureau, de seringa, de genêt, de trifolium, qui paroient la terre en lui donnant l'air d'être en friche. Je suivois des allées tortueuses et irrégulieres bordées de ces boccages fleuris, et couvertes de mille guirlandes de vigne de Judée, de vigne vierge, de houblon, de liseron, de couleuvrée, de clématite, et d'autres plantes de cette espece, parmi lesquelles le chevrefeuil et le jasmin daignoient se confondre. Ces guirlandes sembloient jettées négligemment d'un arbre à l'autre, comme j'en avois remarqué quelquefois dans les forêts, et formoient sur nous des especes de draperies qui nous garantissoient du soleil, tandis que nous avions sous nos pieds un marcher doux, comode, et sec sur une mousse fine sans sable, sans herbe, et sans rejettons raboteux. Alors seulement je découvris, non sans surprise, que ces ombrages verds et touffus qui m'en avoient tant imposé de loin, n'étoient formés que de ces plantes rampantes et parasites qui, guidées le long des arbres, environnoient leurs têtes du plus épais feuillage et leurs pieds d'ombre et de fraicheur. J'observai même qu'au moyen d'une industrie assés simple on avoit fait prendre racine sur les troncs des arbres à plusieurs de ces plantes, de sorte qu'elles s'étendoient davantage en faisant moins de chemin. Vous concevez bien que les fruits ne s'en trouvent pas mieux de toutes ces additions; mais dans ce lieu seul on a sacrifié l'utile à l'agréable, et dans le reste des terres on a pris un tel soin des plans[2] et des arbres qu'avec ce verger de moins la récolte en fruits ne laisse pas d'être plus forte qu'auparavant. Si vous songez combien au fond d'un bois on est charmé quelquefois de voir un fruit sauvage et même de s'en rafraichir, vous comprendrez le plaisir qu'on a de trouver dans ce desert artificiel des fruits excellens et murs quoique clairsemés et de mauvaise mine; ce qui donne encore le plaisir de la recherche et du choix.

Toutes ces petites routes étoient bordées et traversées d'une eau[1] limpide et claire, tantôt circulant parmi l'herbe et les fleurs en filets presque imperceptibles; tantôt en plus grands ruisseaux courans sur un gravier pur et marqueté qui rendoit l'eau plus brillante. On voyoit des sources bouillonner et sortir de la terre, et quelquefois des canaux plus profonds dans lesquels l'eau calme et paisible réfléchissoit à l'œil les objets. Je comprends à présent tout le reste, dis-je à Julie : mais ces eaux que je vois de toutes parts.... Elles viennent de là, reprit-elle, en me montrant le côté où étoit la terrasse de son jardin. C'est ce même ruisseau qui fournit à grands fraix dans le parterre un jet-d'eau dont personne ne se soucie. M. de Wolmar ne veut pas le détruire, par respect pour mon pere qui l'a fait faire : mais avec quel plaisir nous venons tous les jours voir courir dans ce verger cette eau dont nous n'approchons guére au jardin ! Le jet-d'eau joue pour les étrangers, le ruisseau coule ici pour nous. Il est vrai que j'y ai réuni l'eau de la fontaine publique qui se rendoit dans le lac par le grand-chemin qu'elle dégradoit au préjudice des passans et à pure perte pour tout le monde. Elle faisoit un coude au pied du verger entre deux rangs de saules; je les ai renfermés dans mon enceinte et j'y conduis la même eau par d'autres routes.

Je vis alors qu'il n'avoit été question que de faire serpenter ces eaux avec économie, en les divisant et réunissant à propos, en épargnant la pente le plus qu'il étoit possible, pour prolonger le circuit et se ménager le murmure de quelques petites chutes. Une couche de glaise, couverte d'un pouce de gravier du lac et parsemée de coquillages formoit le lit des ruisseaux. Ces mêmes ruisseaux courant par intervalles sous quelques larges tuiles recouvertes de terre et de gazon au niveau du sol formoient à leur issue autant de sources artificielles. Quelques filets s'en élevoient par des siphons sur des lieux raboteux et bouillonoient en retombant. Enfin la terre ainsi rafraichie et humectée donnoit sans cesse de nouvelles fleurs et entretenoit l'herbe toujours verdoyante et belle.

Plus je parcourois cet agréable azile, plus je sentois augmenter la sensation délicieuse que j'avois éprouvée en y entrant; cependant la curiosité me tenoit en haleine : J'étois plus empressé de voir les objets que d'examiner leurs impressions, et j'aimois à me livrer à cette charmante contemplation sans prendre la peine de penser; mais Made de Wolmar me tirant de ma revérie me dit en me prenant sous le bras : tout ce que vous voyez n'eſt que la nature végétale et inanimée, et quoiqu'on puisse faire, elle laisse toujours une idée de solitude qui attriſte. Venez-la voir animée et sensible. C'eſt-là qu'à chaque inſtant du jour vous lui trouverez un attrait nouveau. Vous me prevenez, lui dis-je, j'entens un ramage bruyant et confus, et j'apperçois assés peu d'oiseaux; je comprends que vous avez une voliere. Il eſt vrai, dit-elle, approchons en. Je n'osai dire encore ce que je pensois de la voliere; mais cette idée avoit quelque chose qui me déplaisoit, et ne me sembloit point assortie au reſte.

Nous descendimes par mille détours au bas du verger où je trouvai toute l'eau réunie en un joli ruisseau coulant doucement entre deux rangs de vieux saules qu'on avoit souvent ébranchés. Leurs têtes creuses et demi chauves formoient des especes de vases d'où sortoient par l'addresse dont j'ai parlé, des touffes de chevrefeuil dont une partie s'entrelaçoit autour des branches, et l'autre tomboit avec grace le long du ruisseau. Presque à l'extrémité de l'enceinte étoit un petit bassin bordé d'herbes, de joncs, de roseaux, servant d'abruvoir (*a*) à la voliere, et derniere ſtation de cette eau si précieuse et si bien menagée.

Au delà de ce bassin étoit un terre-plein terminé dans l'angle de l'enclos par un monticule garnie d'une multitude d'arbrisseaux de toute espece; les plus petits vers le haut, et toujours croissant en grandeur à mesure que le sol s'abaissoit; ce qui rendoit le plan des têtes presque horizontal, ou montroit au moins qu'un jour il le devoit être (*b*). Sur le devant étoient une douzaine d'arbres jeunes encore mais faits pour devenir fort grands, tels que le hêtre, l'orme, le frene, l'acacia. C'étoient les bocages de ce côteau qui servoient d'azile à cette multitude d'oiseaux dont j'avois entendu de loin le ramage, et c'étoit à l'ombre de ce feuillage comme sous un grand parasol qu'on les voyoit voltiger, courir, chanter, s'agacer, se battre comme s'ils ne nous avoient pas apperçus. Ils s'enfuirent si peu à notre approche, que selon l'idée dont j'étois prévenu, je les crus d'abord enfermés par un grillage : mais comme nous fumes arrivés au bord du bassin, j'en vis plusieurs descendre et s'approcher de nous sur une espece de courte allée qui séparoit en deux le terre-plein et communiquoit du bassin à la voliere. Alors M. de Wolmar faisant le tour du bassin sema sur l'allée deux ou trois poignées de grains mélangés qu'il avoit dans sa poche, et quand il se fut retiré, les oiseaux accoururent et se mirent à manger comme des poules, d'un air si familier que je vis bien qu'ils étoient faits à ce manege. Cela est charmant ! m'écriai-je : Ce mot de voliere m'avoit surpris de votre part; mais je l'entens maintenant : je vois que vous voulez des hôtes et non pas des prisonniers. Qu'appelez-vous des hôtes, répondit Julie ? C'est nous qui sommes les leurs (*a*). Ils sont ici les maitres, et nous leur payons tribut pour en être soufferts quelquefois. Fort-bien, repris-je ; mais comment ces maitres-là se sont-ils emparés de ce lieu ? Le moyen d'y rassembler tant d'habitans volontaires ? Je n'ai pas oui dire qu'on ait jamais rien tenté de pareil, et je n'aurois point cru qu'on put y réussir, si je n'en avois la preuve sous mes yeux.

La patience et le temps, dit M. de Wolmar, ont fait ce miracle. Ce sont des expédiens dont les gens riches ne s'avisent gueres dans leurs plaisirs. Toujours pressés de jouïr, la force et l'argent sont les seuls moyens qu'ils connoissent; ils ont des oiseaux dans des cages, et des amis à tant par mois. Si jamais des valets approchoient de ce lieu, vous en verriez bientôt les oiseaux disparoitre, et s'ils y sont à présent en grand nombre, c'est qu'il y en a toujours eu. On ne les fait pas venir quand il n'y en a point, mais il est aisé quand il y en a d'en attirer davantage en prévenant tous leurs besoins, en ne les effrayant jamais, en leur laissant faire leur couvée en sûreté et ne dénichant point les petits (*b*); car alors ceux qui s'y trouvent restent, et ceux qui surviennent restent encore. Ce bocage existoit, quoiqu'il fut séparé du verger; Julie n'a fait que l'y renfermer par une haye vive, ôter celle qui l'en séparoit, l'aggrandir et l'orner de nouveaux plans. Vous voyez à droite et à gauche de l'allée qui y conduit deux espaces remplis d'un mélange confus d'herbes, de pailles, et de toutes sortes de plantes. Elle y fait semer chaque année du bled, du mil, du tournesol, du chénevis, des pesettes*, généralement de tous les grains que les oiseaux aiment, et l'on n'en moissonne rien. Outre cela presque tous les jours, été et hiver, elle ou moi leur apportons à manger, et quand nous y manquons la Fanchon y supplée d'ordinaire; ils ont l'eau à quatre pas, comme vous voyez. Made de Wolmar pousse l'attention jusqu'à les pourvoir tous les printems de petits tas de crin, de paille, de laine, de mousse, et d'autres matieres propres à faire des nids. Avec le voisinage des matériaux, l'abondance des vivres et le grand soin qu'on prend d'écarter tous les ennemis** (*a*), l'éternelle tranquillité dont ils jouïssent les porte à pondre en un lieu commode où rien ne leur manque, où personne ne les trouble. Voila comment la patrie des peres est encore celle des enfans, et comment la peuplade se soutient et se multiplie.

Ah, dit Julie, vous ne voyez plus rien ! chacun ne songe plus qu'à soi; mais des époux inséparables, le zele des soins domestiques, la tendresse paternelle et maternelle, vous avez perdu tout cela. Il y a deux mois qu'il faloit être ici pour livrer ses yeux au plus charmant spectacle et son cœur au plus doux sentiment de la nature. Madame, repris-je assés tristement, vous êtes épouse et mere; ce sont des plaisirs qu'il vous appartient de connoitre. Aussi-tôt M. de Wolmar me prenant par la main me dit en la serrant : vous avez des amis, et ces amis ont des enfans; comment l'affection paternelle vous seroit-elle étrangere ? Je le regardai, je regardai Julie, tous deux se regardérent et me rendirent un regard si touchant que les embrassant l'un après l'autre je leur dis avec attendrissement : ils me sont aussi chers qu'à vous. Je ne sais par quel bizarre effet un mot peut ainsi changer une ame, mais depuis ce moment, M. de Wolmar me paroit un autre homme, et je vois moins en lui le mari de celle que j'ai tant aimée que le pere de deux enfans pour lesquels je donnerois ma vie[1].

Je voulus faire le tour du bassin pour aller voir de plus près ce charmant azile et ses petits habitans; mais Made de Wolmar me retint. Personne, me dit-elle, ne va

---

* De la vesce (*b*).

** Les loirs, les souris, les chouettes, et surtout les enfans.

les troubler dans leur domicile, et vous êtes même le premier de nos hôtes que j'aye amené jusqu'ici. Il y a quatre clefs de ce verger dont mon pere et nous avons chacun une : Fanchon a la quatrieme comme inspectrice et pour y mener quelquefois mes enfans; faveur dont on augmente le prix par l'extrême circonspection qu'on exige d'eux tandis qu'ils y sont. Gustin lui-même n'y entre jamais qu'avec un des quatre; encore passé deux mois de printems où ses travaux sont utiles n'y entre-t-il presque plus, et tout le reste se fait entre nous. Ainsi, lui dis-je, de peur que vos oiseaux ne soient vos esclaves vous vous êtes rendus les leurs. Voila bien, reprit-elle, le propos d'un tyran, qui ne croit jouïr de sa liberté qu'autant qu'il trouble celle des autres.

Comme nous partions pour nous en retourner, M. de Wolmar jetta une poignée d'orge dans le bassin, et en y regardant j'apperçus quelques petits poissons. Ah, ah ! dis-je aussi-tot, voici pourtant des prisonniers ? Oui, dit-il, ce sont des prisonniers de guerre, auxquels on a fait grace de la vie. Sans doute, ajoûta sa femme. Il y a quelque tems que Fanchon vola dans la cuisine des perchettes qu'elle apporta ici à mon insçû. Je les y laisse, de peur de la mortifier si je les renvoyois au lac; car il vaut encore mieux loger du poisson un peu à l'étroit que de fâcher une honnête personne. Vous avez raison, répondis-je, et celui-ci n'est pas trop à plaindre d'être échapé de la poële à ce prix[1].

Hébien, que vous en semble, me dit-elle en nous en retournant. Etes-vous encore au bout du monde ? Non, dis-je, m'en voici tout-à-fait dehors, et vous m'avez en effet transporté dans l'Elisée. Le nom pompeux qu'elle a donné à ce verger, dit M. de Wolmar, mérite bien cette raillerie. Louez modestement des jeux d'enfant, et songez qu'ils n'ont jamais rien pris sur les soins de la mere de famille. Je le sais, repris-je, j'en suis très sûr, et les jeux d'enfant me plaisent plus en ce genre que les travaux des hommes.

Il y a pourtant ici, continuai-je, une chose que je ne puis comprendre. C'est qu'un lieu si différent de ce qu'il étoit ne peut être devenu ce qu'il est qu'avec de la culture et du soin; cependant je ne vois nulle part la moindre trace de culture. Tout est verdoyant, frais, vigoureux, et la main du jardinier ne se montre point : rien ne dément l'idée d'une Isle déserte qui m'eſt venue en entrant, et je n'apperçois aucuns pas d'hommes. Ah! dit M. de Wolmar, c'eſt qu'on a pris grand soin de les effacer. J'ai été souvent témoin, quelquefois complice de la friponnerie. On fait semer du foin sur tous les endroits labourés, et l'herbe cache bientôt les veſtiges du travail; on fait couvrir l'hiver de quelques couches d'engrais les lieux maigres et arides, l'engrais mange la mousse, ranime l'herbe et les plantes; les arbres eux-mêmes ne s'en trouvent pas plus mal, et l'été il n'y paroit plus. A l'égard de la mousse qui couvre quelques allées, c'eſt Milord Edouard qui nous a envoyé d'Angleterre le secret pour la faire naitre. Ces deux côtés, continua-t-il, étoient fermés par des murs; les murs ont été masqués, non par des espaliers, mais par d'épais arbrisseaux qui font prendre les bornes du lieu pour le commencement d'un bois. Des deux autres côtés regnent de fortes hayes vives, bien garnies d'érable, d'aubépine, de houx, de troësne, et d'autres arbrisseaux mélangés qui leur ôtent l'apparence de hayes et leur donnent celle d'un taillis. Vous ne voyez rien d'aligné, rien de nivelé; jamais le cordeau n'entra dans ce lieu; la nature ne plante rien au cordeau; les sinuosités dans leur feinte irrégularité sont ménagées avec art pour prolonger la promenade, cacher les bords de l'Isle, et en aggrandir l'étendue apparente, sans faire des détours incomodes et trop fréquens*.

En considérant tout cela, je trouvois assés bizarre qu'on prit tant de peine pour se cacher celle qu'on avoit prise; n'auroit-il pas mieux valu n'en point prendre? Malgré tout ce qu'on vous a dit, me répondit Julie, vous jugez du travail par l'effet, et vous vous trompez. Tout ce que vous voyez sont des plantes sauvages ou robuſtes qu'il suffit de mettre en terre, et qui viennent ensuite d'elles-mêmes. D'ailleurs, la nature semble vouloir dérober aux yeux des hommes ses vrais attraits, auxquels ils sont trop peu sensibles, et qu'ils défigurent quand ils sont à leur portée (*a*) : elle fuit les lieux fréquentés; c'eſt au sommet des montagnes, au fond des forêts, dans des Isles désertes qu'elle étale ses charmes les plus touchans. Ceux

* Ainsi ce ne sont pas de ces petits bosquets à la mode, si ridiculement contournés qu'on n'y marche qu'en zig-zag, et qu'à chaque pas il faut faire une piroüette (*b*).

qui l'aiment et ne peuvent l'aller chercher si loin sont reduits à lui faire violence, à la forcer en quelque sorte à venir habiter avec eux, et tout cela ne peut se faire sans un peu d'illusion.

A ces mots il me vint une imagination qui les fit rire. Je me figure, leur dis-je, un homme riche de Paris ou de Londres, maitre de cette maison et amenant avec lui un Architecte cherement payé pour gâter la nature. Avec quel dédain il entreroit dans ce lieu simple et mesquin ! avec quel mépris il feroit arracher toutes ces guenilles ! Les beaux alignemens qu'il prendroit ! Les belles allées qu'il feroit percer ! Les belles pattes d'oye, les beaux arbres en parasol, en éventail ! Les beaux treillages bien sculptés ! Les belles charmilles bien dessinées, bien équarries, bien contournées ! Les beaux boulingrins de fin gazon d'Angleterre, ronds, quarrés, échancrés, ovales ! Les beaux Ifs taillés en dragons, en pagodes, en marmousets, en toutes sortes de monstres ! Les beaux vases de bronse, les beaux fruits de pierre dont il ornera son jardin* (*a*) !.... Quand tout cela sera éxécuté, dit M. de Wolmar, il aura fait un très beau lieu dans lequel on n'ira gueres, et dont on sortira toujours avec empressement pour aller chercher la campagne, un lieu triste où l'on ne se promenera point, mais par où l'on passera pour s'aller promener; au lieu que dans mes courses champêtres, je me hâte souvent de rentrer pour venir me promener ici.

Je ne vois dans ces terreins si vastes et si richement ornés que la vanité du propriétaire et de l'artiste qui toujours empressés d'étaler, l'un sa richesse et l'autre son talent, préparent à grands fraix de l'ennui à quiconque voudra jouïr de leur ouvrage. Un faux goût de grandeur qui n'est point fait pour l'homme empoisonne ses plaisirs. L'air grand est toujours triste; il fait songer aux miseres de celui qui l'affecte. Au milieu de ses parterres et de ses grandes allées son petit individu ne s'aggrandit point; un arbre de vingt pieds le couvre comme un de

---

* Je suis persuadé que le tems approche où l'on ne voudra plus dans les jardins rien de ce qui se trouve dans la campagne; on n'y souffrira plus ni plantes, ni arbrisseaux; on n'y voudra que des fleurs de porcelaine, des magots, des treillages, du sable de toutes couleurs, et de beaux vases pleins de rien (*b*).

soixante*; il n'occupe jamais que ses trois pieds d'espace, et se perd comme un ciron dans ses immenses possessions.

Il y a un autre goût directement opposé à celui-là, et plus ridicule encore, en ce qu'il ne laisse pas même joüir de la promenade pour laquelle les jardins sont faits. J'entens, lui dis-je; c'est celui de ces petits curieux, de ces petits fleuristes[1] qui se pâment à l'aspect d'une renoncule, et se prosternent devant des tulipes. Là-dessus, je leur racontai, Milord, ce qui m'étoit arrivé autrefois à Londres dans ce jardin de fleurs où nous fûmes introduits avec tant d'appareil, et où nous vimes briller si pompeusement tous les trésors de la Hollande sur quatre couches de fumier. Je n'oubliai pas la cérémonie du parasol et de la petite baguete dont on m'honora, moi indigne, ainsi que les autres spectateurs. Je leur confessai humblement comment ayant voulu m'évertuer à mon tour, et hazarder de m'extasier à la vue d'une tulipe dont la couleur me parut vive et la forme élégante, je fus moqué, hué, sifflé de tous les Savans, et comment le professeur du jardin, passant du mépris de la fleur à celui du panégyriste, ne daigna plus me regarder de toute la séance. Je pense, ajoûtai-je, qu'il eut bien du regret à sa baguette et à son parasol profanés.

Ce goût, dit M. de Wolmar, quand il dégénere en manie a quelque chose de petit et de vain qui le rend puérile et ridiculement coûteux. L'autre, au moins, a de la noblesse, de la grandeur et quelque sorte de vérité; mais qu'est-ce que la valeur d'une patte[2] ou d'un oignon qu'un insecte ronge ou détruit peut-être au moment qu'on le marchande, ou d'une fleur précieuse à midi et flétrie avant que le soleil soit couché : qu'est-ce qu'une beauté conventionnelle qui n'est sensible qu'aux yeux

---

* Il devoit bien s'étendre un peu sur le mauvais gout d'élaguer ridiculement les arbres, pour les élancer dans les nues, en leur ôtant leurs belles têtes, leurs ombrages, en épuisant leur séve, et les empêchant de profiter. Cette methode il est vrai, donne du bois aux jardiniers : mais elle en ôte au pays, qui n'en a pas déja trop. On croiroit que la nature est faite en France autrement que dans tout le reste du monde, tant on y prend soin de la défigurer. Les parcs n'y sont plantés que de longues perches; ce sont des forets de mats ou de mays[3], et l'on s'y promêne au milieu des bois sans trouver d'ombre (*a*).

des curieux, et qui n'eſt beauté que parce qu'il leur plait qu'elle le soit ? Le tems peut venir qu'on cherchera dans les fleurs tout le contraire de ce qu'on y cherche aujourd'hui, et avec autant de raison; alors vous serez le doƈte à votre tour et votre curieux l'ignorant. Toutes ces petites observations qui dégénerent en étude ne conviennent point à l'homme raisonnable qui veut donner à son corps un exercice modéré, ou delasser son esprit à la promenade en s'entretenant avec ses amis. Les fleurs sont faites pour amuser nos regards en passant, et non pour être si curieusement anatomisées*[1]. Voyez leur Reine briller de toutes parts dans ce verger. Elle parfume l'air; elle enchante les yeux, et ne coûte presque ni soin ni culture. C'eſt pour cela que les fleuriſtes la dédaignent; la nature l'a faite si belle qu'ils ne lui sauroient ajoûter des beautés de convention, et ne pouvant se tourmenter à la cultiver, ils n'y trouvent rien qui les flate. L'erreur des prétendus gens de goût eſt de vouloir de l'art par tout, et de n'être jamais contens que l'art ne paroisse; au lieu que c'eſt à le cacher que consiſte le véritable goût; surtout quand il eſt queſtion des ouvrages de la nature. Que signifient ces allées si droites, si sablées, qu'on trouve sans cesse; et ces étoiles par lesquelles bien loin d'étendre aux yeux la grandeur d'un parc, comme on l'imagine, on ne fait qu'en montrer maladroitement les bornes ? Voit-on dans les bois du sable de riviere, ou le pied se repose-t-il plus doucement sur ce sable que sur la mousse ou la pelouse ? La nature employe-t-elle sans cesse l'equerre et la regle ? ont-ils peur qu'on ne la reconnoisse en quelque chose malgré leurs soins pour la défigurer ? Enfin n'eſt-il pas plaisant que, comme s'ils étoient déja las de la promenade en la commençant, ils affeƈtent de la faire en ligne droite pour arriver plus vîte au terme ? Ne diroit-on pas que prenant le plus court chemin ils font un voyage plutôt qu'une promenade, et se hâtent de sortir aussi-tôt qu'ils sont entrés ?

Que fera donc l'homme de goût qui vit pour vivre, qui sait jouïr de lui-même (*a*)[2], qui cherche les plaisirs vrais

* Le sage Wolmar n'y avoit pas bien regardé. Lui qui savoit si bien observer les hommes, observoit-il si mal la nature ? Ignoroit-i que si son Auteur eſt grand dans les grandes choses, il eſt très grand dans les petites (*b*) ?

et simples, et qui veut se faire une promenade à la porte de sa maison ? Il la fera si comode et si agréable qu'il s'y puisse plaire à toutes les heures de la journée, et pourtant si simple et si naturelle qu'il semble n'avoir rien fait. Il rassemblera l'eau, la verdure, l'ombre et la fraîcheur; car la nature aussi rassemble toutes ces choses. Il ne donnera à rien de la simétrie; elle eſt ennemie de la nature et de la variété, et toutes les allées d'un jardin ordinaire se ressemblent si fort qu'on croit être toujours dans la même. Il élaguera le terrain pour s'y promener comodément; mais les deux côtés de ses allées ne seront point toujours exactement paralleles; la direction n'en sera pas toujours en ligne droite; elle aura je ne sais quoi de vague comme la démarche d'un homme oisif qui erre en se promenant : il ne s'inquiétera point de se percer au loin de belles perspectives. Le goût des points-de-vue et des lointains vient du penchant qu'ont la plupart des hommes à ne se plaire qu'où ils ne sont pas. Ils sont toujours avides de ce qui eſt loin d'eux, et l'artiſte qui ne sait pas les rendre assés contens de ce qui les entoure, se donne cette ressource pour les amuser; mais l'homme dont je parle n'a pas cette inquiétude, et quand il eſt bien où il eſt, il ne se soucie point d'être ailleurs. Ici par exemple, on n'a pas de vue hors du lieu, et l'on eſt très content de n'en pas avoir. On penseroit volontiers que tous les charmes de la nature y sont renfermés, et je craindrois fort que la moindre échapée de vue au dehors n'ôtât beaucoup d'agrement à cette promenade*. Certainement tout homme qui n'aimera pas à passer les beaux jours dans un

---

* Je ne sais si l'on a jamais essayé de donner aux longues allées d'une étoile une courbure légere, en sorte que l'œil ne pût suivre chaque allée tout à fait jusqu'au bout, et que l'extrémité opposée en fut cachée au spectateur. On perdroit, il eſt vrai, l'agrément des points de vue; mais on gagneroit l'avantage si cher aux propriétaires d'aggrandir à l'imagination le lieu où l'on eſt, et dans le milieu d'une étoile assés bornée on se croiroit perdu dans un parc immense. Je suis persuadé que la promenade en seroit aussi moins ennuyeuse quoique plus solitaire; car tout ce qui donne prise à l'imagination excite les idées et nourrit l'esprit; mais les faiseurs de jardins ne sont pas gens à sentir ces choses-là. Combien de fois dans un lieu ruſtique le crayon leur tomberoit des mains, comme à Le Noſtre dans le parc de St. James, s'ils connoissoient comme lui ce qui donne de la vie à la nature, et de l'intérêt à son spectacle (*a*) ?

lieu si simple et si agréable n'a pas le goût pur ni l'ame saine. J'avoue qu'il n'y faut pas amener en pompe les étrangers; mais en revanche on s'y peut plaire soi-même, sans le montrer à personne.

Monsieur, lui dis-je, ces gens si riches qui font de si beaux jardins ont de fort bonnes raisons pour n'aimer guere à se promener tout seuls, ni à se trouver vis-à-vis d'eux-mêmes; ainsi ils font très bien de ne songer en cela qu'aux autres. Au reste, j'ai vu à la Chine des jardins tels que vous les demandez, et faits avec tant d'art que l'art n'y paroissoit point, mais d'une maniere si dispendieuse et entretenus à si grands fraix que cette idée m'ôtoit tout le plaisir que j'aurois pu goûter à les voir. C'étoient des roches, des grotes, des cascades artificielles dans des lieux plains[1] et sabloneux où l'on n'a que de l'eau de puits; c'étoient des fleurs et des plantes rares de tous les climats de la Chine et de la Tartarie rassemblées et cultivées en un même sol. On n'y voyoit à la vérité ni belles allées ni compartimens réguliers; mais on y voyoit entassées avec profusion des merveilles qu'on ne trouve qu'éparses et séparées. La nature s'y présentoit sous mille aspects divers, et le tout ensemble n'étoit point naturel. Ici l'on n'a transporté ni terres ni pierres, on n'a fait ni pompes ni réservoirs, on n'a besoin ni de serres, ni de fourneaux, ni de cloches, ni de paillassons. Un terrain presque uni a reçu des ornemens très simples. Des herbes communes, des arbrisseaux communs, quelques filets d'eau coulant sans apprets, sans contrainte, ont suffi pour l'embellir. C'est un jeu sans effort, dont la facilité donne au spectateur un nouveau plaisir. Je sens que ce séjour pourroit être encore plus agréable et me plaire infiniment moins. Tel est par exemple le parc celebre de Milord Cobham à Staw[2]. C'est un composé de lieux très beaux et très pittoresques dont les aspects ont été choisis en differens pays, et dont tout paroit naturel excepté l'assemblage, comme dans les jardins de la Chine dont je viens de vous parler. Le maitre et le créateur de cette superbe solitude y a même fait construire des ruines, des temples, d'anciens édifices, et les tems ainsi que les lieux y sont rassemblés avec une magnificence plus qu'humaine (*a*). Voila précisement dequoi je me plains. Je voudrois que les amusemens des hommes eussent toujours un air facile qui ne fit point songer à leur foiblesse, et qu'en admirant ces merveilles, on n'eut point l'imagination fatiguée des sommes et des travaux qu'elles ont coûtés. Le sort ne nous donne-t-il pas assés de peines sans en mettre jusques dans nos jeux (*a*) ?

Je n'ai qu'un seul reproche à faire à votre Elisée, ajoutai-je en regardant Julie, mais qui vous paroitra grave; c'est d'être un amusement superflu. A quoi bon vous faire une nouvelle promenade, ayant de l'autre côté de la maison des bosquets si charmans et si négligés ? Il est vrai, dit elle un peu embarrassée, mais j'aime mieux ceci. Si vous aviez bien songé à votre question avant que de la faire, interrompit M. de Wolmar, elle seroit plus qu'indiscrette. Jamais ma femme depuis son mariage n'a mis les pieds dans les bosquets dont vous parlez. J'en sais la raison quoiqu'elle me l'ait toujours tue. Vous qui ne l'ignorez pas, apprenez à respecter les lieux où vous êtes; ils sont plantés par les mains de la vertu[1].

A peine avois-je reçu cette juste réprimande que la petite famille menée par Fanchon entra comme nous sortions. Ces trois aimables enfans se jetterent au cou de M. et de Made de Wolmar. J'eus ma part de leurs petites caresses. Nous rentrames Julie et moi dans l'Elisée en faisant quelques pas avec eux; puis nous allames rejoindre M. de Wolmar qui parloit à des ouvriers. Chemin faisant elle me dit qu'après être devenue mere, il lui étoit venu sur cette promenade une idée qui avoit augmenté son zele pour l'embellir. J'ai pensé, me dit-elle, à l'amusement de mes enfans et à leur santé quand ils seront plus âgés. L'entretien de ce lieu demande plus de soin que de peine; il s'agit plutôt de donner un certain contour aux rameaux des plantes que de bêcher et labourer la terre; j'en veux faire un jour mes petits jardiniers : ils auront autant d'exercice qu'il leur en faut pour renforcer leur tempérament, et pas assés pour le fatiguer. D'ailleurs, ils feront faire ce qui sera trop fort pour leur âge et se borneront au travail qui les amusera (*b*). Je ne saurois vous dire, ajoûta-t-elle, quelle douceur je goûte à me répresenter mes enfans occupés à me rendre les petits soins que je prens avec tant de plaisir pour eux, et la joye de leurs tendres cœurs en voyant leur mere se promener avec délices sous des ombrages cultivés de leurs mains. En vérité, mon ami, me dit-elle d'une voix émue, des jours ainsi passés tiennent du bonheur de l'autre vie[1], et ce n'eſt pas sans raison qu'en y pensant j'ai donné d'avance à ce lieu le nom d'Elisée. Milord, cette incomparable femme eſt mere comme elle eſt épouse, comme elle eſt amie, comme elle eſt fille, et pour l'éternel supplice de mon cœur c'eſt encore ainsi qu'elle fut amante.

Entousiasmé d'un séjour si charmant, je les priai le soir de trouver bon que durant mon séjour chez eux la Fanchon me confiât sa clé et le soin de nourrir les oiseaux. Aussi-tôt Julie envoya le sac au grain dans ma chambre et me donna sa propre clé. Je ne sais pourquoi je la reçus avec une sorte de peine : il me sembla que j'aurois mieux aimé celle de M. de Wolmar[2].

Ce matin je me suis levé de bonne heure, et avec l'empressement d'un enfant je suis allé m'enfermer dans l'Isle deserte. Que d'agréables pensées j'espérois porter dans ce lieu solitaire où le doux aspect de la seule nature devoit chasser de mon souvenir tout cet ordre social et factice qui m'a rendu si malheureux ! Tout ce qui va m'environner eſt l'ouvrage de celle qui me fut si chere. Je la contemplerai tout autour de moi. Je ne verrai rien que sa main n'ait touché; je baiserai des fleurs que ses pieds auront foulées; je respirerai avec la rosée un air qu'elle a respiré; son goût dans ses amusemens me rendra présens tous ses charmes, et je la trouverai par tout comme elle eſt au fond de mon cœur.

En entrant dans l'Elisée avec ces dispositions, je me suis subitement (*a*) rappellé le dernier mot que me dit hier M. de Wolmar à peu près dans la même place. Le souvenir de ce seul mot a changé sur le champ tout l'état de mon ame. J'ai cru voir l'image de la vertu où je cherchois celle du plaisir. Cette image s'eſt confondue dans mon esprit avec les traits de Made de Wolmar, et pour la premiere fois depuis mon retour j'ai vu Julie en son absence, non telle qu'elle fut pour moi et que j'aime encore à me la représenter, mais (*b*) telle qu'elle se montre à mes yeux tous les jours. Milord, j'ai cru voir cette femme si charmante, si chaſte et si vertueuse, au milieu de ce même cortege qui l'entouroit hier. Je voyois autour d'elle ses trois aimables enfans, honorable et précieux gage de l'union conjugale et de la tendre amitié, lui faire et recevoir d'elle mille touchantes caresses. Je voyois à ses côtés le grave Wolmar, cet Epoux si chéri, si heureux, si digne de l'être. Je croyois voir son œil pénétrant et judicieux percer au fond de mon cœur et m'en faire rougir encore (*a*); je croyois entendre sortir de sa bouche des reproches trop mérités, et des leçons trop mal écoutées. Je voyois à sa suite cette même Fanchon Regard vivante preuve du triomphe des vertus et de l'humanité sur le plus ardent amour (*b*). Ah ! quel sentiment coupable eut pénétré jusqu'à elle à travers cette inviolable escorte ? Avec quelle indignation j'eusse étouffé les vils transports d'une passion criminelle et mal éteinte, et que je me serois méprisé de souiller d'un seul soupir un aussi ravissant tableau d'innocence et d'honnêteté ! Je repassois dans ma mémoire les discours qu'elle m'avoit tenus en sortant; puis remontant avec elle dans un avenir qu'elle contemple avec tant de charmes, je voyois cette tendre mere essuyer la sueur du front de ses enfans, baiser leurs joues enflammées, et livrer ce cœur fait pour aimer au plus doux sentiment de la nature. Il n'y avoit pas jusqu'à ce nom d'Elisée qui ne rectifiât en moi les écarts de l'imagination, et ne portât dans mon âme un calme préférable au trouble des passions les plus séduisantes. Il me peignoit en quelque sorte l'intérieur de celle qui l'avoit trouvé; je pensois qu'avec une conscience agitée on n'auroit jamais choisi ce nom-là. Je me disois : la paix regne au fond de son cœur comme dans l'azile qu'elle a nommé (*c*)[1].

Je m'étois promis une rêverie agréable; j'ai rêvé plus agréablement que je ne m'y étois attendu. J'ai passé dans l'Elisée deux heures (*d*) auxquelles je ne préfere aucun tems de ma vie. En voyant avec quel charme et quelle rapidité elles s'étoient écoulées, j'ai trouvé qu'il y a dans la méditation des pensées honnêtes une sorte de bien être que les méchans n'ont jamais connu; c'est celui de se plaire avec soi-même[2]. Si l'on y songeoit sans prévention, je ne sais quel autre plaisir on pourroit égaler à celui-là. Je sens au moins que quiconque aime autant que moi la solitude doit craindre de s'y préparer des tourmens. Peut-être tireroit-on des mêmes principes la clé des faux jugemens des hommes sur les avantages du vice et sur ceux de la vertu : Car la jouïssance de la vertu est toute intérieure et ne s'apperçoit que par celui qui la sent : mais tous les avantages du vice frapent les yeux d'autrui, et il n'y a que celui qui les a qui sache ce qu'ils lui coûtent.

Se a ciascun l'interno affanno
Si leggesse in fronte scritto,
Quanti mai, che invidia fanno,
*Ci farebbero pietà** (*a*) ?

Comme il se faisoit tard sans que j'y songeasse, M. de Wolmar eſt venu me joindre et m'avertir que Julie et le thé m'attendoient. C'eſt vous, leur ai-je dit en m'excusant, qui m'empêchiez d'être avec vous : je fus si charmé de ma soirée d'hier que j'en suis retourné jouïr ce matin; heureusement il n'y a point de mal et puisque vous m'avez attendu, ma matinée n'eſt pas perdue. C'eſt fort bien dit, a repondu Made de Wolmar; il vaudroit mieux s'attendre jusqu'à midi, que de perdre le plaisir de déjeuner ensemble. Les étrangers ne sont jamais admis le matin dans ma chambre et déjeunent dans la leur. Le déjeuner eſt le repas des amis; les valets en sont exclus, les importuns ne s'y montrent point; on y dit tout ce qu'on pense, on y révele tous ses secrets, on n'y contraint aucun de ses sentimens; on peut s'y livrer sans imprudence aux douceurs de la confiance et de la familiarité. C'eſt presque le seul moment où il soit permis d'être ce qu'on eſt; que ne dure-t-il toute la journée (*b*)[1] ! Ah Julie ! ai-je été prêt à dire; voila un vœu bien intéressé! mais je me suis tu. La premiere chose que j'ai retranchée avec l'amour a été la louange. Louer quelqu'un en face, à moins que ce ne soit sa maitresse, qu'eſt-ce faire autre chose, sinon le taxer de vanité ? Vous savez, Milord, si c'eſt à Made de Wolmar qu'on peut faire ce reproche. Non, non; je l'honore trop pour ne pas l'honorer en silence. La voir, l'entendre, observer sa conduite, n'eſt-ce pas assés la louer ?

---

* Il auroit pu ajoûter la suite qui eſt très belle, et ne convient pas moins au sujet.

Si vedria che i lor nemici
Anno in seno, e si riduce
Nel parere a noi felici
Ogni lor felicità.

LETTRE XII[1].

DE MAD^e DE WOLMAR A MAD^e D'ORBE.

Il est écrit, chere amie, que tu dois être dans tous les tems ma sauvegarde contre moi-même, et qu'après m'avoir délivrée avec tant de peine des pieges de mon cœur, tu me garantiras encore de ceux de ma raison. Après tant d'épreuves cruelles, j'apprends à me défier des erreurs comme des passions dont elles sont si souvent l'ouvrage. Que n'ai-je eu toujours la même précaution ! Si dans les tems passés j'avois moins compté sur mes lumieres, j'aurois eu moins à rougir de mes sentimens.

Que ce préambule ne t'allarme pas. Je serois indigne de ton amitié si j'avois encore à la consulter sur des sujets graves. Le crime fut toujours étranger à mon cœur, et j'ose l'en croire plus éloigné que jamais. Ecoute-moi donc paisiblement, ma Cousine, et crois que je n'aurai jamais besoin de conseil sur des doutes que la seule honnêteté peut résoudre.

Depuis six ans que je vis avec M. de Wolmar dans la plus parfaite union qui puisse régner entre deux époux, tu sais qu'il ne m'a jamais parlé ni de sa famille ni de sa personne, et que l'ayant reçu d'un pere aussi jaloux du bonheur de sa fille que de l'honneur de sa maison, je n'ai point marqué d'empressement pour en savoir sur son compte plus qu'il ne jugeoit à propos de m'en dire. Contente de lui devoir, avec la vie de celui qui me l'a donnée, mon honneur, mon repos, ma raison, mes enfans, et tout ce qui peut me rendre quelque prix à mes propres yeux, j'étois bien assurée que ce que j'ignorois de lui ne démentoit point ce qui m'étoit connu, et je n'avois pas besoin d'en savoir davantage pour l'aimer, l'estimer, l'honorer autant qu'il étoit possible[2].

Ce matin en déjeunant il nous a proposé un tour de promenade avant la chaleur; puis sous prétexte de ne pas courir, disoit-il, la campagne en robe de chambre, il nous a menés dans les bosquets, et précisément, ma chere, dans ce même bosquet où commencerent tous les malheurs de ma vie. En approchant de ce lieu fatal, je me suis sentie un affreux batement de cœur, et j'aurois refusé d'entrer si la honte ne m'eut retenue, et si le souvenir d'un mot qui fut dit l'autre jour dans l'Elisée ne m'eut fait craindre les interprétations. Je ne sais si le philosophe étoit plus tranquille; mais quelque tems après ayant par hazard tourné les yeux sur lui, je l'ai trouvé pâle, changé, et je ne puis te dire quelle peine tout cela m'a fait.

En entrant dans le bosquet j'ai vu mon mari me jetter un coup d'œil et sourire. Il s'est assis entre nous, et après un moment de silence, nous prenant tous deux par la main : mes enfans[1], nous a-t-il dit, je commence à voir que mes projets ne seront point vains et que nous pouvons être unis tous trois d'un attachement durable, propre à faire notre bonheur commun, et ma consolation dans les ennuis d'une vieillesse qui s'approche : mais je vous connois tous deux mieux que vous ne me connoissez; il est juste de rendre les choses égales, et quoique je n'aye rien de fort intéressant à vous apprendre, puisque vous n'avez plus de secret pour moi, je n'en veux plus avoir pour vous.

Alors il nous a révélé le mistere de sa naissance qui jusqu'ici n'avoit été connue que de mon pere. Quand tu le sauras, tu concevras jusqu'où vont le sang-froid et la modération d'un homme capable de taire six ans un pareil secret à sa femme; mais ce secret n'est rien pour lui, et il y pense trop peu pour se faire un grand effort de n'en pas parler.

Je ne vous arrêterai point, nous a-t-il dit, sur les événemens de ma vie; ce qui peut vous importer est moins de connoitre mes avantures que mon caractere[2]. Elles sont simples comme lui, et sachant bien ce que je suis vous comprendrez aisement ce que j'ai pu faire. J'ai naturellement l'ame tranquille et le cœur froid. Je suis de ces hommes qu'on croit bien injurier en disant qu'ils ne sentent rien; c'est à dire, qu'ils n'ont point de passion qui les détourne de suivre le vrai guide de l'homme. Peu sensible au plaisir et à la douleur, je n'éprouve même que très foiblement ce sentiment d'intérêt et d'humanité qui nous approprie les affections d'autrui. Si j'ai de la peine à voir souffrir les gens de bien, la pitié n'y entre pour rien, car je n'en ai point à voir souffrir les méchans. Mon seul principe actif est le goût naturel de l'ordre[3], et le concours bien combiné du jeu de la fortune et des actions des hommes me plait exactement comme une belle simétrie dans un tableau, ou comme une piece bien conduite au théâtre. Si j'ai quelque passion dominante c'eſt celle de l'observation : J'aime à lire dans les cœurs des hommes; comme le mien me fait peu d'illusion, que j'observe de sang-froid et sans intérêt, et qu'une longue expérience m'a donné de la sagacité, je ne me trompe guere dans mes jugemens; aussi c'eſt là toute la récompense de l'amour propre dans mes études continuelles; car je n'aime point à faire un rolle, mais seulement à voir jouer les autres (*a*) : La société m'eſt agréable pour la contempler[1], non pour en faire partie. Si je pouvois changer la nature de mon être et devenir un œil vivant, je ferois volontiers cet échange. Ainsi mon indifférence pour les hommes ne me rend point indépendant d'eux, sans me soucier d'en être vû j'ai besoin de les voir, et sans m'être chers ils me sont nécessaires.

Les deux premiers états de la société que j'eus occasion d'observer furent les courtisans et les valets; deux ordres d'hommes moins différens en effet qu'en apparence (*b*) et si peu dignes d'être étudiés, si faciles à connoitre, que je m'ennuyai d'eux au premier regard. En quitant la cour où tout eſt sitôt vû, je me dérobai sans le savoir au péril qui m'y menaçoit et dont je n'aurois point échapé. Je changeai de nom, et voulant connoitre les militaires, j'allai chercher du service chez un Prince étranger; c'eſt là que j'eus le bonheur d'être utile à votre pere que le desespoir d'avoir tué son ami forçoit à s'exposer témérairement et contre son devoir. Le cœur sensible et reconnoissant de ce brave officier commença dès lors à me donner meilleure opinion de l'humanité. Il s'unit à moi d'une amitié à laquelle il m'étoit impossible de refuser la mienne, et nous ne cessames d'entretenir depuis ce tems-là des liaisons qui devinrent plus étroites de jour en jour. J'appris dans ma nouvelle condition que l'intérêt n'eſt pas, comme je l'avois cru, le seul mobile des actions humaines et que parmi les foules de préjugés qui combatent la vertu, il en eſt aussi qui la favorisent. Je conçus que le caractere général de l'homme eſt un amour-propre indifférent par lui-même, bon ou mauvais par les accidens qui le modifient et qui dépendent des coutumes, des loix, des rangs, de la fortune, et de toute notre police humaine. Je me livrai donc à mon penchant, et, méprisant la vaine opinion des conditions, je me jettai successivement dans les divers états qui pouvoient m'aider à les comparer tous et à connoitre les uns par les autres. Je sentis, comme vous l'avez remarqué dans quelque Lettre[1], dit-il à St. Preux, qu'on ne voit rien quand on se contente de regarder, qu'il faut agir soi-même pour voir agir les hommes, et je me fis acteur pour être spectateur. Il est toujours aisé de descendre : j'essayai d'une multitude de conditions dont jamais homme de la mienne ne s'étoit avisé. Je devins même paysan, et quand Julie m'a fait garçon jardinier, elle ne m'a point trouvé si novice au métier qu'elle auroit pu croire[2].

Avec la véritable connoissance des hommes, dont l'oisive philosophie ne donne que l'apparence, je trouvai un autre avantage auquel je ne m'étois point attendu. Ce fut d'aiguiser par une vie active cet amour de l'ordre que j'ai reçu de la nature, et de prendre un nouveau goût pour le bien par le plaisir d'y contribuer. Ce sentiment me rendit un peu moins contemplatif, m'unit un peu plus à moi-même, et par une suite assés naturelle de ce progrès, je m'apperçus que j'étois seul (*a*). La solitude qui m'ennuya toujours me devenoit affreuse[3], et je ne pouvois plus espérer de l'éviter longtems. Sans avoir perdu ma froideur j'avois besoin d'un attachement; l'image de la caducité sans consolation m'affligeoit avant le tems, et, pour la premiere fois de ma vie, je connus l'inquiétude et la tristesse (*b*). Je parlai de ma peine au Baron d'Etange. Il ne faut point, me dit-il, vieillir garçon. Moi-même, après avoir vécu presque indépendant dans les liens du mariage, je sens que j'ai besoin de redevenir époux et pere, et je vais me retirer dans le sein de ma famille. Il ne tiendra qu'à vous d'en faire la votre et de me rendre le fils que j'ai perdu. J'ai une fille unique à marier; elle n'est pas sans mérite; elle a le cœur sensible, et l'amour de son devoir lui fait aimer tout ce qui s'y rapporte. Ce n'est ni une beauté, ni un prodige d'esprit : mais venez-la voir, et croyez que si vous ne sentez rien pour elle, vous ne sentirez jamais rien pour personne au monde. Je vins, je vous vis, Julie, et je trouvai que votre pere m'avoit parlé modestement de vous. Vos transports, vos larmes de joye en l'embrassant me donnerent la premiere ou plutôt la seule émotion que j'aye éprouvée de ma vie. Si cette impression fut legere, elle étoit unique, et les sentimens n'ont besoin de force pour agir qu'en proportion de ceux qui leur résistent. Trois ans d'absence ne changerent point l'état de mon cœur. L'état du votre ne m'échapa pas à mon retour, et c'est ici qu'il faut que je vous vange d'un aveu qui vous a tant coûté. Juge, ma chere, avec quelle étrange surprise j'appris alors que tous mes secrets lui avoient été révélés avant mon mariage, et qu'il m'avoit épousée sans ignorer que j'appartenois à un autre.

Cette conduite étoit inexcusable[1], a continué M. de Wolmar. J'offensois la délicatesse; je péchois contre la prudence; j'exposois votre honneur et le mien; je devois craindre de nous précipiter tous deux dans des malheurs sans ressource : mais je vous aimois, et n'aimois que vous. Tout le reste m'étoit indifférent. Comment reprimer la passion même la plus foible, quand elle est sans contrepoids ? Voila l'inconvénient des caracteres froids et tranquilles. Tout va bien tant que leur froideur les garantit des tentations; mais s'il en survient une qui les atteigne, ils sont aussi-tôt vaincus qu'attaqués, et la raison, qui gouverne tandis qu'elle est seule, n'a jamais de force pour resister au moindre effort. Je n'ai été tenté qu'une fois, et j'ai succombé. Si l'ivresse de quelque autre passion m'eut fait vaciller encore, j'aurois fait autant de chutes que de faux-pas : il n'y a que des ames de feu qui sachent combattre et vaincre. Tous les grands efforts, toutes les actions sublimes sont leur ouvrage; la froide raison n'a jamais rien fait d'illustre, et l'on ne triomphe des passions qu'en les opposant l'une à l'autre. Quand celle de la vertu vient à s'élever, elle domine seule et tient tout en équilibre; voila comment se forme le vrai sage, qui n'est pas plus qu'un autre à l'abri des passions, mais qui seul sait les vaincre par elles-mêmes, comme un pilote fait route par les mauvais vents.

Vous voyez que je ne prétends pas exténuer ma faute; si c'en eut été une je l'aurois faite infailliblement; mais, Julie, je vous connoissois et n'en fis point en vous épousant. Je sentis que de vous seule dépendoit tout le bonheur dont je pouvois jouïr, et que si quelqu'un étoit capable de vous rendre heureuse, c'étoit moi. Je savois que l'innocence et la paix étoient nécessaires à votre cœur, que l'amour dont il étoit préoccupé ne les lui donneroit jamais, et qu'il n'y avoit que l'horreur du crime qui put en chasser l'amour. Je vis que votre ame étoit dans un accablement dont elle ne sortiroit que par un nouveau combat, et que ce seroit en sentant combien vous pouviez encore être estimable que vous apprendriez à le devenir.

Votre cœur étoit usé pour l'amour; je comptai donc pour rien une disproportion d'âges qui m'ôtoit le droit de prétendre à un sentiment dont celui qui en étoit l'objet ne pouvoit jouïr, et impossible à obtenir pour tout autre. Au contraire, voyant dans une vie plus d'à moitié écoulée qu'un seul goût s'étoit fait sentir à moi, je jugeai qu'il seroit durable et je me plus à lui conserver le reste de mes jours. Dans mes longues recherches je n'avois rien trouvé qui vous valut, je pensai que ce que vous ne feriez pas, nulle autre au monde ne pourroit le faire; j'osai croire à la vertu et vous épousai. Le mistere que vous me faisiez ne me surprit point; j'en savois les raisons, et je vis dans votre sage conduite celle de sa durée. Par égard pour vous j'imitai votre reserve, et ne voulus point vous ôter l'honneur de me faire un jour de vous-même un aveu que je voyois à chaque instant sur le bord de vos levres. Je ne me suis trompé en rien; vous avez tenu tout ce que je m'étois promis de vous. Quand je voulus me choisir une épouse, je desirai d'avoir en elle une compagne aimable, sage, heureuse. Les deux premieres conditions sont remplies. Mon enfant, j'espere que la troisieme ne nous manquera pas.

A ces mots, malgré tous mes efforts pour ne l'interrompre que par mes pleurs, je n'ai pu m'empêcher de lui sauter au cou en m'écriant : Mon cher mari ! ô le meilleur et le plus aimé des hommes ! aprenez-moi ce qui manque à mon bonheur, si ce n'est le votre, et d'être mieux mérité.... Vous êtes heureuse autant qu'il se peut, a-t-il dit en m'interrompant; vous méritez de l'être; mais il est tems de jouïr en paix d'un bonheur qui vous a jusqu'ici coûté bien des soins. Si votre fidélité m'eut suffi, tout étoit fait du moment que vous me la promites; j'ai voulu, de plus, qu'elle vous fut facile et douce, et c'est à la rendre telle que nous nous sommes tous deux occupés de concert sans nous en parler. Julie, nous avons réussi; mieux que vous ne pensez, peut-être. Le seul tort que je vous trouve est de n'avoir pu reprendre en vous la confiance que vous vous devez, et de vous estimer moins que votre prix. La modestie extrême a ses dangers ainsi que l'orgueil. Comme une témérité qui nous porte au delà de nos forces les rend impuissantes, un effroi qui nous empêche d'y compter les rend inutiles. La véritable prudence consiste à les bien connoitre et à s'y tenir. Vous en avez acquis de nouvelles en changeant d'état. Vous n'êtes plus cette fille infortunée qui déploroit sa foiblesse en s'y livrant; vous êtes la plus vertueuse des femmes, qui ne connoit d'autres loix que celles du devoir et de l'honneur, et à qui le trop vif souvenir de ses fautes est la seule faute qui reste à reprocher (*a*). Loin de prendre encore contre vous même des précautions injurieuses, aprenez donc à compter sur vous pour pouvoir y compter davantage. Ecartez d'injustes défiances capables de réveiller quelquesfois les sentimens qui les ont produites. Félicitez-vous plutôt d'avoir su choisir un honnête homme dans un âge où il est si facile de s'y tromper, et d'avoir pris autrefois un amant que vous pouvez avoir aujourd'hui pour ami sous les yeux de votre mari même. A peine vos liaisons me furent-elles connues que je vous estimai l'un par l'autre. Je vis quel trompeur enthousiasme (*b*) vous avoit tous deux égarés; il n'agit que sur les belles ames[1]; il les perd quelquesfois, mais c'est par un attrait qui ne séduit qu'elles (*c*). Je jugeai que le même goût qui avoit formé votre union la relâcheroit sitôt qu'elle deviendroit criminelle, et que le vice pouvoit entrer dans des cœurs comme les votres, mais non pas y prendre racine.

Dès lors je compris qu'il regnoit entre vous des liens qu'il ne faloit point rompre; que votre mutuel attachement tenoit à tant de choses louables, qu'il faloit plutôt le regler que l'anéantir; et qu'aucun des deux ne pouvoit oublier l'autre sans perdre beaucoup de son prix[2]. Je savois que les grands combats ne font qu'irriter les grandes passions, et que si les violens efforts exercent l'ame, ils lui coûtent des tourmens dont la durée est capable de l'abatre. J'employai la douceur de Julie pour tempérer sa sévérité. Je nourris son amitié pour vous, dit-il à St. Preux; j'en ôtai ce qui pouvoit y rester de trop, et je crois vous avoir conservé de son propre cœur plus peut-être qu'elle ne vous en eut laissé, si je l'eusse abandonnée (*d*) à lui-même.

Mes succès m'encouragerent, et je voulus tenter votre guérison comme j'avois obtenu la sienne; car je vous estimois, et malgré les préjugés du vice, j'ai toujours reconnu qu'il n'y avoit rien de bien qu'on n'obtint des belles ames avec de la confiance et de la franchise. Je vous ai vu, vous ne m'avez point trompé; vous ne me tromperez point; et quoique vous ne soyez pas encore ce que vous devez être, je vous vois mieux que vous ne pensez et suis plus content de vous que vous ne l'êtes vous-même. Je sais bien que ma conduite a l'air bizarre et choque toutes les maximes communes; mais les maximes deviennent moins générales à mesure qu'on lit mieux dans les cœurs, et le mari de Julie ne doit pas se conduire comme un autre homme[1]. Mes enfans, nous dit-il d'un ton d'autant plus touchant qu'il partoit d'un homme tranquille; soyez ce que vous êtes[2], et nous serons tous contens. Le danger n'est que dans l'opinion; n'ayez pas peur de vous et vous n'aurez rien à craindre; ne songez qu'au présent[3] et je vous réponds de l'avenir. Je ne puis vous en dire aujourd'hui davantage; mais si mes projets s'accomplissent et que mon espoir ne m'abuse pas, nos destinées seront mieux remplies et vous serez tous deux plus heureux que si vous aviez été l'un à l'autre.

En se levant il nous embrassa, et voulut que nous nous embrassassions aussi, dans ce lieu.... dans ce lieu même où jadis.... Claire, ô bonne Claire, combien tu m'as toujours aimée ! Je n'en fis aucune difficulté. Hélas ! que j'aurois eu tort d'en faire ! Ce baiser n'eut rien de celui qui m'avoit rendu le bosquet redoutable. Je m'en félicitai tristement, et je connus que mon cœur étoit plus changé[4] que jusques-là je n'avois osé le croire.

Comme nous reprenions le chemin du logis, mon mari m'arrêta par la main, et me montrant ce bosquet dont nous sortions, il me dit en riant : Julie, ne craignez plus cet azile; il vient d'être profané. Tu ne veux pas me croire Cousine, mais je te jure qu'il a quelque don surnaturel pour lire au fond des cœurs : Que le Ciel le lui laisse toujours ! avec tant de sujet de me mépriser, c'est sans doute à cet art que je dois son indulgence.

Tu ne vois point encore ici de conseil à donner; patience, mon Ange, nous y voici; mais la conversation que je viens de te rendre étoit nécessaire à l'éclaircissement du reste.

En nous en retournant (*a*), mon mari, qui depuis longtems est attendu à Etange, m'a dit qu'il comptoit partir demain pour s'y rendre, qu'il te verroit en passant, et qu'il y resteroit cinq ou six jours. Sans dire tout ce que je pensois d'un départ aussi déplacé, j'ai représenté qu'il ne me paroissoit pas assés indispensable pour obliger M. de Wolmar à quiter un hôte qu'il avoit lui-même appellé dans sa maison. Voulez-vous, a-t-il répliqué, que je lui fasse mes honneurs pour l'avertir qu'il n'est pas chez lui ? Je suis pour l'hospitalité des Valeisans (*a*). J'espere qu'il trouve ici leur franchise et qu'il nous laisse leur liberté. Voyant qu'il ne vouloit pas m'entendre, j'ai pris un autre tour et tâché d'engager notre hôte à faire ce voyage avec lui. Vous trouverez, lui ai-je dit, un séjour qui a ses beautés et même de celles que vous aimez; vous visiterez le patrimoine de mes peres et le mien; l'intérêt que vous prenez à moi ne me permet pas de croire que cette vue vous soit indifférente. J'avois la bouche ouverte pour ajoûter que ce château ressembloit à celui de Milord Edouard qui.... mais heureusement j'ai eu le tems de me mordre la langue (*b*). Il m'a répondu tout simplement que j'avois raison et qu'il feroit ce qu'il me plairoit. Mais M. de Wolmar, qui sembloit vouloir me pousser à bout, a repliqué qu'il devoit faire ce qui lui plaisoit à lui-même. Lequel aimez-vous mieux, venir ou rester ? Rester, a-t-il dit sans balancer. Hébien, restez, a repris mon mari en lui serrant la main : homme honnête et vrai, je suis très content de ce mot-là (*c*). Il n'y avoit pas moyen d'alterquer[1] beaucoup là-dessus devant le tiers qui nous écoutoit. J'ai gardé le silence, et n'ai pu cacher si bien mon chagrin que mon mari ne s'en soit apperçu. Quoi donc, a-t-il repris d'un air mécontent, dans un moment où St. Preux étoit loin de nous, aurois-je inutilement plaidé votre cause contre vous même, et Madame de Wolmar se contenteroit-elle d'une vertu qui eut besoin de choisir ses occasions ? Pour moi, je suis plus difficile; je veux devoir la fidélité de ma femme à son cœur et non pas au hazard, et il ne me suffit pas qu'elle garde sa foi; je suis offensé qu'elle en doute.

Ensuite il nous a menés dans son cabinet, où j'ai failli tomber de mon haut en lui voyant sortir d'un tiroir, avec les copies de quelques rélations de notre ami que je lui avois données, les originaux mêmes de toutes les Lettres que je croyois avoir vû bruler autrefois par Babi dans la chambre de ma mere. Voila, m'a-t-il dit en nous les montrant, les fondemens de ma sécurité; s'ils me trompoient, ce seroit une folie de compter sur rien de ce que respectent les hommes. Je remets ma femme et mon honneur en dépôt à celle qui, fille et séduite, préféroit un acte de bienfaisance à un rendez-vous unique et sûr. Je confie Julie épouse et mere à celui qui maitre de contenter ses desirs sut respecter Julie amante et fille. Que celui de vous deux qui se méprise assés pour penser que j'ai tort le dise, et je me retracte à l'instant. Cousine, crois-tu qu'il fut aisé d'oser répondre à ce langage[1] ?

J'ai pourtant cherché un moment dans l'après midi pour prendre en particulier mon mari, et sans entrer dans des raisonnemens qu'il ne m'étoit pas permis de pousser fort loin, je me suis bornée à lui demander deux jours de délai. Ils m'ont été accordés sur le champ ; je les employe à t'envoyer cet exprès et à attendre ta réponse, pour savoir ce que je dois faire.

Je sais bien que je n'ai qu'à prier mon mari de ne point partir du tout, et celui qui ne me refusa jamais rien ne me refusera pas une si légere grace. Mais, ma chere, je vois qu'il prend plaisir à la confiance qu'il me témoigne, et je crains de perdre une partie de son estime, s'il croit que j'aye besoin de plus de réserve qu'il ne m'en permet (*a*). Je sais bien encore que je n'ai qu'à dire un mot à St. Preux, et qu'il n'hésitera pas à l'accompagner : mais mon mari prendra-t-il ainsi le change, et puis-je faire cette démarche sans conserver sur St. Preux un air d'autorité, qui sembleroit lui laisser à son tour quelque sorte de droits ? Je crains, d'ailleurs, qu'il n'infere de cette précaution que je la sens nécessaire (*b*), et ce moyen, qui semble d'abord le plus facile, est peut-être au fond le plus dangereux. Enfin je n'ignore pas que nulle considération ne peut être mise en balance avec un danger réel ; mais ce danger existe-t-il en effet ? Voila précisément le doute que tu dois résoudre.

Plus je veux sonder l'état présent de mon ame, plus j'y trouve dequoi me rassurer. Mon cœur est pur, ma conscience est tranquille, je ne sens ni trouble ni crainte, et dans tout ce qui se passe en moi, ma sincérité vis-à-vis de mon mari ne me coûte aucun effort. Ce n'est pas que certains souvenirs involontaires ne me donnent quelquefois un attendrissement dont il vaudroit mieux être exempte ; mais bien loin que ces souvenirs soient produits par la vue de celui qui les a causés, ils me semblent plus rares depuis son retour, et quelque doux qu'il me soit de le voir, je ne sais par quelle bizarrerie[1] il m'eſt plus doux de penser à lui (*a*). En un mot, je trouve que je n'ai pas même besoin du secours de la vertu pour être paisible en sa présence, et que quand l'horreur du crime n'exiſteroit pas, les sentimens qu'elle a détruits auroient bien de la peine à renaitre.

Mais, mon ange, eſt-ce assés que mon cœur me rassure, quand la raison doit m'allarmer ? J'ai perdu le droit de compter sur moi. Qui me répondra que ma confiance n'eſt pas encore une illusion du vice ? comment me fier à des sentimens qui m'ont tant de fois abusée ? Le crime ne commence-t-il pas toujours par l'orgueil qui fait mépriser la tentation, et braver des périls où l'on a succombé, n'eſt-ce pas vouloir succomber encore ?

Pese toutes ces considérations, ma Cousine, tu verras que quand elles seroient vaines par elles-mêmes, elles sont assés graves par leur objet pour mériter qu'on y songe. Tire-moi donc de l'incertitude où elles m'ont mise. Marque-moi comment je dois me comporter dans cette occasion délicate; car mes erreurs passées ont altéré mon jugement, et me rendent timide à me déterminer sur toutes choses. Quoique tu penses de toi-même, ton ame eſt calme et tranquille, j'en suis sûre; les objets s'y peignent tels qu'ils sont; mais la mienne toujours émue comme une onde agitée les confond et les défigure. Je n'ose plus me fier à rien de ce que je vois ni de ce que je sens, et malgré de si longs repentirs, j'éprouve avec douleur que le poids d'une ancienne faute eſt un fardeau qu'il faut porter toute sa vie.

LETTRE XIII (*b*).

RÉPONSE.

PAUVRE Cousine ! que de tourmens tu te donnes sans cesse avec tant de sujets de vivre en paix ! Tout ton mal vient de toi, ô Israël[2] ! Si tu suivois tes propres regles; que dans les choses de sentiment tu n'écoutasses que la voix intérieure, et que ton cœur fit taire ta raison, tu te livrerois sans scrupule à la sécurité qu'il t'inspire, et tu ne t'efforcerois point, contre son témoignage, de craindre un peril qui ne peut venir que de lui.

Je t'entens, je t'entens bien, ma Julie; plus sûre de toi que tu ne feins de l'être, tu veux t'humilier de tes fautes passées sous prétexte d'en prévenir de nouvelles, et tes scrupules sont bien moins des précautions pour l'avenir qu'une peine imposée à la témérité qui t'a perdue autrefois. Tu compares les tems; y penses-tu ? compare aussi les conditions, et souviens-toi que je te reprochois alors ta confiance, comme je te reproche aujourd'hui ta frayeur (*a*).

Tu t'abuses, ma chere enfant; on ne se donne point ainsi le change à soi-même : si l'on peut s'étourdir sur son état en n'y pensant point, on le voit tel qu'il eſt sitôt qu'on veut s'en occuper, et l'on ne se déguise pas plus ses vertus que ses vices. Ta douceur, ta dévotion t'ont donné du penchant à l'humilité. Défie-toi de cette dangereuse vertu qui ne fait qu'animer l'amour-propre en le concentrant, et crois que la noble franchise d'une ame droite eſt préférable à l'orgueil des humbles. S'il faut de la tempérance dans la sagesse, il en faut aussi dans les précautions qu'elle inspire; de peur que des soins ignominieux à la vertu n'avilissent l'ame, et n'y réalisent un danger chimérique à force de nous en allarmer. Ne vois-tu pas qu'après s'être relevé d'une chute il faut se tenir debout, et que s'incliner du côté opposé à celui où l'on eſt tombé, c'eſt le moyen de tomber encore ? Cousine, tu fus amante comme Héloïse, te voila dévote comme elle; plaise à Dieu que ce soit avec plus de succès (*b*) ! En vérité, si je connoissois moins ta timidité naturelle, tes terreurs seroient capables de m'effrayer à mon tour, et si j'étois aussi scrupuleuse, à force de craindre pour toi tu me ferois trembler pour moi-même (*c*).

Penses-y mieux, mon aimable amie; toi dont la morale eſt aussi facile et douce qu'elle eſt honnête et pure, ne mets-tu point une âpreté trop rude et qui sort de ton caractere dans tes maximes sur la séparation des sexes. Je conviens avec toi qu'ils ne doivent pas vivre ensemble ni d'une même maniere; mais regarde si cette importante regle n'auroit pas besoin de plusieurs diſtinctions dans la pratique, s'il faut l'appliquer indifféremment et sans exception aux femmes et aux filles, à la société générale et aux entretiens particuliers, aux affaires et aux amusemens, et si la décence et l'honnêteté qui l'inspirent ne la doivent pas quelquefois tempérer ? Tu veux qu'en un pays de bonnes mœurs où l'on cherche dans le mariage des convenances naturelles (*a*), il y ait des assemblées où les jeunes gens des deux sexes puissent se voir, se connoitre, et s'assortir; mais tu leur interdis avec grande raison toute entrevue particuliere. Ne seroit-ce pas tout le contraire pour les femmes et les meres de famille qui ne peuvent avoir aucun intérêt légitime à se montrer en public, que les soins domestiques retiennent dans l'intérieur de leur maison, et qui ne doivent s'y refuser à rien de convenable à la maitresse du logis ? Je n'aimerois pas à te voir dans tes caves aller faire goûter les vins aux marchands, ni quiter tes enfans pour aller regler des comptes avec un banquier; mais s'il survient un honnête homme qui vienne voir ton mari, ou traitter avec lui de quelque affaire, refuseras-tu de recevoir son hôte en son absence et de lui faire les honneurs de ta maison, de peur de te trouver tête à tête avec lui ? Remonte au principe et toutes les regles s'expliqueront. Pourquoi pensons-nous que les femmes doivent vivre retirées et séparées des hommes ? Ferons-nous cette injure à notre sexe de croire que ce soit par des raisons tirées de sa foiblesse, et seulement pour éviter le danger des tentations ? Non, ma chere, ces indignes craintes ne conviennent point à une femme de bien (*b*), à une mere de famille sans cesse environnée d'objets qui nourrissent en elle des sentimens d'honneur, et livrée aux plus respectables devoirs de la nature. Ce qui nous sépare des hommes, c'est la nature (*c*) elle-même qui nous prescrit des occupations différentes; c'est cette douce et timide modestie qui, sans songer précisément à la chasteté, en est la plus sûre gardienne; c'est cette réserve attentive et piquante qui, nourrissant à la fois dans les cœurs des hommes et les desirs et le respect, sert pour ainsi dire de coqueterie à la vertu. Voila pourquoi les époux mêmes ne sont pas exceptés de la regle. Voila pourquoi les femmes les plus honnêtes conservent en général le plus d'ascendant sur leurs maris; parce qu'à l'aide de cette sage et discrette réserve, sans caprice et sans refus, elles savent au sein de l'union la plus tendre les maintenir à une certaine distance, et les empêchent de jamais se rassasier d'elles. Tu conviendras avec moi que ton précepte est trop général pour ne pas comporter des exceptions, et que n'étant point fondé sur un devoir rigoureux, la même bienséance qui l'établit peut quelquefois en dispenser.

La circonspection que tu fondes sur tes fautes passées est injurieuse à ton état présent; je ne la pardonnerois jamais à ton cœur, et j'ai bien de la peine à la pardonner à ta raison. Comment le rempart (*a*) qui défend ta personne n'a-t-il pu te garantir d'une crainte ignominieuse ? Comment se peut-il que ma Cousine, ma sœur, mon amie, ma Julie confonde les foiblesses d'une fille trop sensible avec les infidélités d'une femme coupable ? Regarde tout autour de toi, tu n'y verras rien qui ne doive élever et soutenir ton ame. Ton mari qui en présume tant et dont tu as l'estime à justifier; tes enfans que tu veux former au bien et qui s'honoreront un jour de t'avoir eue pour mere; ton vénérable pere qui t'est si cher, qui jouït de ton bonheur et s'illustre de sa fille plus même que de ses ayeux; ton amie dont le sort dépend du tien et à qui tu dois compte d'un retour auquel elle a contribué; sa fille à qui tu dois l'exemple des vertus que tu lui veux inspirer; ton ami, cent fois plus idolâtre des tiennes que de ta personne, et qui te respecte encore plus que tu ne le redoutes; toi-même, enfin, qui trouves dans ta sagesse le prix des efforts qu'elle t'a coûtés, et qui ne voudras jamais perdre en un moment le fruit de tant de peines; combien de motifs capables d'animer ton courage te font honte de t'oser défier de toi (*b*) ! Mais pour répondre de ma Julie, qu'ai-je besoin de considérer ce qu'elle est ? Il me suffit de savoir ce qu'elle fut durant les erreurs qu'elle déplore. Ah ! si jamais ton cœur eut été capable d'infidélité, je te permettrois de la craindre toujours : mais dans l'instant même où tu croyois l'envisager dans l'éloignement, conçois l'horreur qu'elle t'eut fait présente, par celle qu'elle t'inspira dès qu'y penser eut été la commettre.

Je me souviens de l'étonnement avec lequel nous aprenions autrefois qu'il y a des pays où la foiblesse d'une jeune amante est un crime irrémissible, quoique l'adultere d'une femme y porte le doux nom de galanterie, et où l'on se dédomage ouvertement étant mariée de la courte gêne où l'on vivoit étant fille. Je sais quelles maximes regnent là-dessus dans le grand monde où la vertu n'est rien, où tout n'est que vaine apparence, où les crimes s'effacent par la difficulté de les prouver, où la preuve même en eſt ridicule contre l'usage qui les autorise[1]. Mais toi, Julie, ô toi qui brulant d'une flamme pure et fidelle n'étois coupable qu'aux yeux des hommes, et n'avois rien à te reprocher entre le ciel et toi ! toi qui te faisois respecter au milieu de tes fautes; toi qui livrée à d'impuissans regrets nous forçois d'adorer encore les vertus que tu n'avois plus; toi qui t'indignois de supporter ton propre mépris, quand tout sembloit te rendre excusable; oses-tu redouter le crime après avoir payé si cher ta foiblesse ? Oses-tu craindre de valoir moins aujourd'hui que dans les tems qui t'ont tant coûté de larmes ? Non, ma chere, loin que tes anciens égaremens doivent t'allarmer ils doivent animer ton courage; un repentir si cuisant ne mêne point au remords, et quiconque eſt si sensible à la honte ne sait point braver l'infamie.

Si jamais une ame foible eut des soutiens contre sa foiblesse, ce sont ceux qui s'offrent à toi; si jamais une ame forte a pu se soutenir elle-même, la tienne a-t-elle besoin d'appui ? Di-moi donc quels sont les raisonnables motifs de crainte ? Toute ta vie n'a été qu'un combat continuel où, même après ta défaite, l'honneur, le devoir n'ont cessé de résiſter et ont fini par vaincre. Ah Julie ! croirai-je qu'après tant de tourmens et de peines, douze ans de pleurs et six ans de gloire (*a*) te laissent redouter une épreuve de huit jours? En deux mots, sois sincere avec toi-même; si le péril exiſte, sauve ta personne et rougis de ton cœur; s'il n'exiſte pas, c'eſt outrager ta raison, c'eſt flétrir ta vertu que de craindre un danger qui ne peut l'atteindre. Ignores-tu qu'il eſt des tentations deshonorantes qui n'approcherent jamais d'une ame honnête, qu'il eſt même honteux de les vaincre, et que se précautionner contre elles eſt moins s'humilier que s'avilir ?

Je ne prétens pas te donner mes raisons pour invincibles, mais te montrer seulement qu'il y en a qui combatent les tiennes, et cela suffit pour autoriser mon avis. Ne t'en rapporte ni à toi qui ne sais pas te rendre juſtice, ni à moi qui dans tes défauts n'ai jamais su voir que ton cœur, et t'ai toujours adorée; mais à ton mari qui te voit telle que tu es, et te juge exactement selon ton mérite. Prompte, comme tous les gens sensibles, à mal juger de ceux qui ne le sont pas, je me défiois de sa pénétration dans les secrets des cœurs tendres; mais depuis l'arrivée de notre voyageur, je vois par ce qu'il m'écrit qu'il lit très bien dans les votres, et que pas un des mouvemens qui s'y passent n'échape à ses observations. Je les trouve même si fines et si justes que j'ai rebroussé presque à l'autre extrémité de mon premier sentiment, et je croirois volontiers que les hommes froids qui consultent plus leurs yeux que leur cœur jugent mieux des passions d'autrui, que les gens turbulens et vifs ou vains comme moi, qui commencent toujours par se mettre à la place des autres, et ne savent jamais voir que ce qu'ils sentent. Quoiqu'il en soit, M. de Wolmar te connoit bien, il t'estime, il t'aime, et son sort est lié au tien. Que lui manque-t-il pour que tu lui laisses l'entiere direction de ta conduite sur laquelle tu crains de t'abuser? Peut-être sentant approcher la vieillesse, veut-il par des épreuves propres à le rassurer prévenir les inquiétudes jalouses qu'une jeune femme inspire ordinairement à un vieux mari; peut-être le dessein qu'il a demande-t-il que tu puisses vivre familierement avec ton ami, sans allarmer ni ton époux ni toi-même; peut-être veut-il seulement te donner un témoignage de confiance et d'estime digne de celle qu'il a pour toi. Il ne faut jamais se refuser à de pareils sentimens comme si l'on n'en pouvoit soutenir le poids; et pour moi, je pense en un mot que tu ne peux mieux satisfaire à la prudence et à la modestie qu'en te rapportant de tout à sa tendresse et à ses lumieres.

Veux-tu, sans desobliger M. de Wolmar te punir d'un orgueil que tu n'eus jamais, et prévenir un danger qui n'existe plus? Restée seule avec le philosophe, prend contre lui toutes les précautions superflues qui t'auroient été jadis si nécessaires; impose-toi la même reserve que si avec ta vertu tu pouvois te défier encore de ton cœur et du sien. Evite les conversations trop affectueuses, les tendres souvenirs du passé; interromps ou préviens les trop longs tête-à-têtes; entoure-toi sans cesse de tes enfans; reste peu seule avec lui dans la chambre, dans l'Elisée, dans le bosquet malgré la profanation. Surtout prend ces mesures d'une maniere si naturelle qu'elles semblent un effet du hazard, et qu'il ne puisse imaginer un moment que tu le redoutes. Tu aimes les promenades en bateau; tu t'en prives pour ton mari qui craint l'eau, pour tes enfans que tu n'y veux pas exposer[1]. Prens le tems de cette absence pour te donner cet amusement, en laissant tes enfans sous la garde de la Fanchon. C'est le moyen de te livrer sans risque aux doux épanchemens de l'amitié, et de jouïr paisiblement d'un long tête-à-tête sous la protection des Bateliers, qui voyent sans entendre, et dont on ne peut s'éloigner avant de penser à ce qu'on fait (*a*).

Il me vient encore une idée qui feroit rire beaucoup de gens, mais qui te plaira, j'en suis sûre; c'est de faire en l'absence de ton mari un journal fidele[1] pour lui être montré à son retour, et de songer au journal dans tous les entretiens qui doivent y entrer. A la vérité, je ne crois pas qu'un pareil expédient fut utile à beaucoup de femmes; mais une ame franche et incapable de mauvaise foi a contre le vice bien des ressources qui manqueront toujours aux autres. Rien n'est méprisable de ce qui tend à garder la pureté, et ce sont les petites précautions qui conservent les grandes vertus (*b*).

Au reste, puisque ton mari doit me voir en passant, il me dira, j'espere, les véritables raisons de son voyage, et, si je ne les trouve pas solides, ou je le détournerai de l'achever, ou quoiqu'il arrive, je ferai ce qu'il n'aura pas voulu faire : c'est sur quoi tu peux compter. En attendant, en voila je pense plus qu'il n'en faut pour te rassurer contre une épreuve de huit jours. Va, ma Julie, je te connois trop bien pour ne pas répondre de toi autant et plus que de moi-même. Tu seras toujours ce que tu dois et que tu veux être. Quand tu te livrerois à la seule honnêteté de ton ame, tu ne risquerois rien encore; car je n'ai point de foi aux défaites imprévues; on a beau couvrir du vain nom de foiblesses des fautes toujours volontaires; jamais femme ne succombe qu'elle n'ait voulu succomber, et si je pensois qu'un pareil sort put t'attendre, crois-moi, crois-en ma tendre amitié, crois-en tous les sentimens qui peuvent naitre dans le cœur de ta pauvre Claire, j'aurois un intérêt trop sensible à t'en garantir pour t'abandonner à toi-seule (*c*).

Ce que M. de Wolmar t'a déclaré des connoissances qu'il avoit avant ton mariage me surprend peu : tu sais que je m'en suis toujours doutée; et je te dirai, de plus, que mes soupçons ne se sont pas bornés aux indiscrétions de Babi. Je n'ai jamais pu croire qu'un homme droit et vrai comme ton pere, et qui avoit tout au moins des soupçons lui-même, put se résoudre à tromper son gendre et son ami. Que s'il t'engageoit si fortement au secret, c'est que la maniere de le réveler devenoit fort différente de sa part ou de la tienne, et qu'il vouloit sans doute y donner un tour moins propre à rebuter M. de Wolmar, que celui qu'il savoit bien que tu ne manquerois pas d'y donner toi-même. Mais il faut te renvoyer ton exprès, nous causerons de tout cela plus à loisir dans un mois d'ici (*a*).

Adieu, petite Cousine, c'est assés prêcher la prêcheuse; reprend ton ancien métier, et pour cause. Je me sens toute inquiete de n'être pas encore avec toi. Je brouille toutes mes affaires en me hâtant de les finir, et ne sais guere ce que je fais. Ah Chaillot, Chaillot !.... si j'étois moins folle.... mais j'espere de l'être toujours (*b*).

P. S. A propos; j'oubliois de faire compliment à ton Altesse. Di-moi, je t'en prie, Monseigneur ton mari est-il Atteman, Knès, ou Boyard ? Pour moi je croirai jurer s'il faut t'appeller Madame la Boyarde*. O pauvre enfant ! Toi qui as tant gémi d'être née Demoiselle, te voila bien chanceuse d'être la femme d'un Prince ! Entre nous, cependant, pour une Dame de si grande qualité, je te trouve des frayeurs un peu roturieres. Ne sais-tu pas que les petits scrupules ne conviennent qu'aux petites gens, et qu'on rit d'un enfant de bonne maison qui prétend être fils de son pere ?

LETTRE XIV (*c*).

DE M. DE WOLMAR A MAD^e D'ORBE.

JE pars pour Etange, petite Cousine, je m'étois proposé de vous voir en allant; mais un retard dont vous êtes cause me force à plus de diligence, et j'aime mieux coucher à Lausanne en revenant, pour y passer quelques heures de plus avec vous. Aussi bien j'ai à vous consulter sur plusieurs choses dont il est bon de vous parler

* Mad^e D'Orbe ignoroit apparemment que les deux premiers noms sont en effet des titres distingués, mais qu'un Boyard n'est qu'un simple gentilhomme (*d*).

d'avance, afin que vous ayez le tems d'y réfléchir avant de m'en dire votre avis.

Je n'ai point voulu vous expliquer mon projet au sujet du jeune homme, avant que sa présence eut confirmé la bonne opinion que j'en avois conçue. Je crois déja m'être assés assuré de lui pour vous confier entre nous que ce projet est de le charger de l'éducation de mes enfans. Je n'ignore pas que ces soins importans sont le principal devoir d'un pere; mais quand il sera tems de les prendre je serai trop âgé pour les remplir, et tranquille et contemplatif par tempéramment, j'eus toujours trop peu d'activité pour pouvoir regler celle de la jeunesse. D'ailleurs par la raison qui vous est connue* Julie ne me verroit point sans inquiétude prendre une fonction dont j'aurois peine à m'acquiter à son gré (*a*). Comme par mille autres raisons votre sexe n'est pas propre à ces mêmes soins, leur mere s'occupera toute entiere à bien élever son Henriette; je vous destine pour votre part le gouvernement du ménage sur le plan que vous trouverez établi et que vous avez approuvé; la mienne sera de voir trois honnêtes gens concourrir au bonheur de la maison, et de goûter dans ma vieillesse un repos qui sera leur ouvrage.

J'ai toujours vu que ma femme auroit une extrême répugnance à confier ses enfans à des mains mercenaires, et je n'ai pu blâmer ses scrupules. Le respectable état de précepteur[1] exige tant de talens qu'on ne sauroit payer, tant de vertus qui ne sont point à prix, qu'il est inutile d'en chercher un avec de l'argent. Il n'y a qu'un homme de génie en qui l'on puisse espérer de trouver les lumieres d'un maitre (*b*); il n'y a qu'un ami très tendre à qui son cœur puisse inspirer le zele d'un pere; et le génie n'est guere à vendre, encore moins l'attachement.

Votre ami m'a paru réunir en lui toutes les qualités convenables, et si j'ai bien connu son ame, je n'imagine pas pour lui de plus grande félicité que de faire dans ces enfans chéris celle de leur mere. Le seul obstacle que je puisse prévoir est dans son affection pour Milord Edouard, qui lui permettra difficilement de se détacher d'un ami si cher et auquel il a de si grandes obliga-

* Cette raison n'est pas connue encore du Lecteur; mais il est prié de ne pas s'impatienter.

tions, à moins qu'Edouard ne l'exige lui-même. Nous attendons bien tôt cet homme extraordinaire, et comme vous avez beaucoup d'empire sur son esprit, s'il ne dément pas l'idée que vous m'en avez donnée, je pourrois bien vous charger de cette négociation près de lui.

Vous avez à présent, petite Cousine, la clé de toute ma conduite qui ne peut que paroitre fort bizarre sans cette explication, et qui, j'espere, aura desormais l'approbation de Julie et la votre. L'avantage d'avoir une femme comme la mienne m'a fait tenter des moyens qui seroient impraticables avec une autre[1]. Si je la laisse en toute confiance avec son ancien amant sous la seule garde de sa vertu, je serois insensé d'établir dans ma maison cet amant avant de m'assurer qu'il eut pour jamais cessé de l'être, et comment pouvoir m'en assurer, si j'avois une épouse sur laquelle je comptasse moins ?

Je vous ai vû quelquefois sourire à mes observations sur l'amour (*a*); mais pour le coup je tiens dequoi vous humilier. J'ai fait une découverte[2] que ni vous ni femme au monde (*b*) avec toute la subtilité qu'on prête à votre sexe n'eussiez jamais faite, dont pourtant vous sentirez peut-être l'évidence au premier instant, et que vous tiendrez au moins pour démontrée quand j'aurai pu vous expliquer sur quoi je la fonde. De vous dire que mes jeunes gens sont plus amoureux que jamais, ce n'est pas, sans doute, une merveille à vous apprendre. De vous assurer au contraire qu'ils sont parfaittement guéris; vous savez ce que peuvent la raison, la vertu, ce n'est pas là, non plus, leur plus grand miracle : mais que ces deux opposés soient vrais en même tems; qu'ils brulent plus ardemment que jamais l'un pour l'autre, et qu'il ne regne plus entre eux qu'un honnête attachement; qu'ils soient toujours amans et ne soient plus qu'amis; c'est, je pense, à quoi vous vous attendez moins, ce que vous aurez plus de peine à comprendre, et ce qui est pourtant selon l'exacte vérité (*c*).

Telle est l'énigme que forment les contradictions fréquentes que vous avez dû remarquer en eux, soit dans leurs discours soit dans leurs lettres. Ce que vous avez écrit à Julie au sujet du portrait a servi plus que tout le reste à m'en éclaircir le mistere, et je vois qu'ils sont toujours de bonne foi, même en se démentant sans cesse. Quand je dis eux, c'est surtout le jeune homme que j'entens; car pour votre amie, on n'en peut parler que par conjecture : Un voile de sagesse et d'honnêteté fait tant de replis autour de son cœur, qu'il n'est plus possible à l'œil humain d'y pénétrer, pas même au sien propre. La seule chose qui me fait soupçonner qu'il lui reste quelque défiance à vaincre est qu'elle ne cesse de chercher en elle-même ce qu'elle feroit si elle étoit tout-à-fait guérie, et le fait avec tant d'exactitude, que si elle étoit réellement guérie elle ne le feroit pas si bien[1].

Pour votre ami, qui bien que vertueux s'effraye moins des sentimens qui lui restent, je lui vois encore tous ceux qu'il eut dans sa premiere jeunesse; mais je les vois sans avoir droit de m'en offenser. Ce n'est pas de Julie de Wolmar qu'il est amoureux, c'est de Julie d'Etange; il ne me hait point comme le possesseur de la personne qu'il aime, mais comme le ravisseur de celle qu'il a aimée. La femme d'un autre n'est point sa maitresse, la mere de deux enfans n'est plus son ancienne écoliere. Il est vrai qu'elle lui ressemble beaucoup et qu'elle lui en rappelle souvent le souvenir. Il l'aime dans le tems passé : voila le vrai mot de l'énigme. Otez-lui la mémoire, il n'aura plus d'amour.

Ceci n'est pas une vaine subtilité, petite Cousine, c'est une observation très solide qui, étendue à d'autres amours, auroit peut-être une application bien plus générale qu'il ne paroit. Je pense même qu'elle ne seroit pas difficile à expliquer en cette occasion par vos propres idées. Le tems où vous séparates ces deux amans fut celui où leur passion étoit à son plus haut point de véhémence. Peut-être s'ils fussent restés plus longtems ensemble se seroient-ils peu à peu refroidis; mais leur imagination vivement émue les a sans cesse offerts l'un à l'autre tels qu'ils étoient à l'instant de leur séparation[2]. Le jeune homme ne voyant point dans sa maitresse les changemens qu'y faisoit le progrès du tems l'aimoit telle qu'il l'avoit vue, et non plus telle qu'elle étoit*. Pour le rendre heu-

* Vous êtes bien folles, vous autres femmes, de vouloir donner de la consistance à un sentiment aussi frivole et aussi passager que l'amour. Tout change dans la nature, tout est dans un flux continuel, et vous voulez inspirer des feux constans ? Et de quel droit prétendez-vous être aimée aujourd'hui parce que vous l'étiez hier ? Gardez donc le même visage, le même âge, la même humeur;

reux il n'étoit pas question seulement de la lui donner, mais de la lui rendre au même âge et dans les mêmes circonstances où elle s'étoit trouvée au tems de leurs premieres amours; la moindre altération à tout cela étoit autant d'ôté du bonheur qu'il s'étoit promis. Elle est devenue plus belle, mais elle a changé; ce qu'elle a gagné tourne en ce sens à son préjudice; car c'est de l'ancienne et non pas d'une autre qu'il est amoureux.

L'erreur qui l'abuse et le trouble est de confondre les tems et de se reprocher souvent comme un sentiment actuel, ce qui n'est que l'effet d'un souvenir trop tendre; mais je ne sais s'il ne vaut pas mieux achever de le guérir que le desabuser. On tirera peut-être meilleur parti pour cela de son erreur, que de ses lumieres. Lui découvrir le véritable état de son cœur seroit lui apprendre la mort de ce qu'il aime; ce seroit lui donner une affliction dangereuse en ce que l'état de tristesse est toujours favorable à l'amour (*a*).

Délivré des scrupules qui le gênent, il nourriroit peut-être avec plus de complaisance des souvenirs qui doivent s'éteindre; il en parleroit avec moins de reserve, et les traits de sa Julie ne sont pas tellement effacés en Madame de Wolmar qu'à force de les y chercher il ne les y put retrouver encore. J'ai pensé qu'au lieu de lui ôter l'opinion des progrès qu'il croit avoir faits et qui sert d'encouragement pour achever, il faloit lui faire perdre la mémoire des tems qu'il doit oublier, en substituant adroitement d'autres idées à celles qui lui sont si cheres. Vous qui contribuâtes à les faire naitre pouvez contribuer plus que personne[1] à les effacer; mais c'est seulement quand vous serez tout-à-fait avec nous que je veux vous dire à l'oreille ce qu'il faut faire pour cela; charge qui, si je ne me trompe, ne vous sera pas fort onéreuse. En attendant, je cherche à le familiariser avec les objets qui l'effarouchent, en les lui présentant de maniere qu'ils ne soient plus dangereux pour lui. Il est ardent, mais foible et facile à subjuguer. Je profite de cet avantage en don-

---

soyez toujours la même et l'on vous aimera toujours, si l'on peut. Mais changer sans cesse et vouloir toujours qu'on vous aime, c'est vouloir qu'à chaque instant on cesse de vous aimer; ce n'est pas chercher des cœurs constans, c'est en chercher d'aussi changeans que vous.

nant le change à son imagination. A la place de sa maitresse je le force de voir toujours l'épouse d'un honnête homme et la mere de mes enfans : j'efface un tableau par un autre, et couvre le passé du présent. On méne un Coursier ombrageux à l'objet qui l'effraye, afin qu'il n'en soit plus effrayé. C'est ainsi qu'il en faut user avec ces jeunes gens dont l'imagination brule encore quand leur cœur est déja refroidi, et leur offre dans l'éloignement des monstres qui disparoissent à leur approche (*a*).

Je crois bien connoitre les forces de l'un et de l'autre, je ne les expose qu'à des épreuves qu'ils peuvent soutenir; car la sagesse ne consiste pas à prendre indifféremment toutes sortes de précautions, mais à choisir celles qui sont utiles et à négliger les superflues (*b*). Les huit jours pendant lesquels je les vais laisser ensemble suffiront peut-être pour leur apprendre à démêler leurs vrais sentimens et connoitre ce qu'ils sont réellement l'un à l'autre. Plus ils se verront seul à seul, plus ils comprendront aisément leur erreur en comparant ce qu'ils sentiront avec ce qu'ils auroient autrefois senti dans une situation pareille. Ajoûtez qu'il leur importe de s'accoutumer sans risque à la familiarité dans laquelle ils vivront nécessairement si mes vues sont remplies (*c*). Je vois par la conduite de Julie qu'elle a reçu de vous des conseils qu'elle ne pouvoit refuser de suivre sans se faire tort. Quel plaisir je prendrois à lui donner cette preuve que je sens tout ce qu'elle vaut, si c'étoit une femme auprès de laquelle un mari put se faire un mérite de sa confiance ! Mais quand elle n'auroit rien gagné sur son cœur, sa vertu resteroit la même; elle lui coûteroit davantage, et ne triompheroit pas moins. Au lieu que s'il lui reste aujourd'hui quelque peine intérieure à souffrir, ce ne peut être que dans l'attendrissement d'une conversation de réminiscence qu'elle ne saura que trop pressentir, et qu'elle évitera toujours. Ainsi vous voyez qu'il ne faut point juger ici de ma conduite par les regles ordinaires, mais par les vues qui me l'inspirent, et par le caractere unique de celle envers qui je la tiens (*d*).

Adieu, petite Cousine, jusqu'à mon retour. Quoique je n'aye pas donné toutes ces explications à Julie, je n'exige pas que vous lui en fassiez un mistere. J'ai pour maxime de ne point interposer de secrets entre les amis : Ainsi je remets ceux-ci à votre discrétion; faites en l'usage que la prudence et l'amitié vous inspireront : je sais que vous ne ferez rien que pour le mieux et le plus honnête.

LETTRE XV (*a*).

A MILORD EDOUARD.

M. DE WOLMAR partit hier pour Etange, et j'ai peine à concevoir l'état de tristesse où m'a laissé son départ. Je crois que l'éloignement de sa femme m'affligeroit moins que le sien. Je me sens plus contraint qu'en sa présence même; un morne silence regne au fond de mon cœur; un effroi secret en étouffe le murmure, et, moins troublé de desirs que de craintes, j'éprouve les terreurs du crime sans en avoir les tentations.

Savez-vous, Milord, où mon ame se rassure et perd ces indignes frayeurs ? Auprès de Madame de Wolmar. Sitôt que j'approche d'elle sa vue appaise mon trouble, ses regards épurent mon cœur[1]. Tel est l'ascendant du sien qu'il semble toujours inspirer aux autres le sentiment de son innocence, et le repos qui en est l'effet. Malheureusement pour moi sa regle de vie ne la livre pas toute la journée à la société de ses amis, et dans les momens que je suis forcé de passer sans la voir, je souffrirois moins d'être plus loin d'elle.

Ce qui contribue encore à nourrir la mélancolie dont je me sens accablé, c'est un mot qu'elle me dit hier après le départ de son mari. Quoique jusqu'à cet instant elle eut fait assés bonne contenance, elle le suivit longtems des yeux avec un air attendri que j'attribuai d'abord au seul éloignement de cet heureux époux; mais je conçus à son discours que cet attendrissement avoit encore une autre cause qui ne m'étoit pas connue. Vous voyez comme nous vivons, me dit-elle, et vous savez s'il m'est cher. Ne croyez pas pourtant que le sentiment qui m'unit à lui, aussi tendre et plus puissant que l'amour, en ait aussi les foiblesses. S'il nous en coûte quand la douce habitude de vivre ensemble est interrompue, l'espoir assuré de la reprendre bientôt nous console. Un état aussi permanent laisse peu de vicissitudes à craindre, et dans une absence de quelques jours, nous sentons moins la peine d'un si court intervalle que le plaisir d'en envisager la fin. L'affliction que vous lisez dans mes yeux vient d'un sujet plus grave, et quoiqu'elle soit relative à M. de Wolmar, ce n'est point son éloignement qui la cause.

Mon cher ami, ajoûta-t-elle d'un ton pénétré, il n'y a point de vrai bonheur sur la terre. J'ai pour mari le plus honnête et le plus doux des hommes; un penchant mutuel se joint au devoir qui nous lie; il n'a point d'autres desirs que les miens; j'ai des enfans qui ne donnent et promettent que des plaisirs à leur mere; il n'y eut jamais d'amie plus tendre, plus vertueuse, plus aimable que celle dont mon cœur est idolatre, et je vais passer mes jours avec elle; vous même contribuez à me les rendre chers en justifiant si bien mon estime et mes sentimens pour vous; un long et fâcheux procès prêt à finir va ramener dans nos bras le meilleur des peres : tout nous prospere; l'ordre et la paix regnent dans notre maison; nos domestiques sont zélés et fideles, nos voisins nous marquent toute sorte d'attachement, nous jouïssons de la bienveuillance (*a*) publique. Favorisée en toutes choses du ciel, de la fortune et des hommes, je vois tout concourir à mon bonheur. Un chagrin secret, un seul chagrin l'empoisonne, et je ne suis pas heureuse[1]. Elle dit ces derniers mots avec un soupir qui me perça l'ame, et auquel je vis trop que je n'avois aucune part. Elle n'est pas heureuse, me dis-je en soupirant à mon tour, et ce n'est plus moi qui l'empêche de l'être !

Cette funeste idée bouleversa dans un instant toutes les miennes et troubla le repos dont je commençois à jouïr. Impatient du doute insupportable où ce discours m'avoit jetté, je la pressai tellement d'achever de m'ouvrir son cœur, qu'enfin elle versa dans le mien ce fatal secret et me permit de vous le révéler. Mais voici l'heure de la promenade, Mad[e] de Wolmar sort actuellement du gynécée pour aller se promener avec ses enfans, elle vient de me le faire dire. J'y cours, Milord, je vous quite pour cette fois, et remets à reprendre dans une autre lettre le sujet interrompu dans celle-ci.

LETTRE XVI.

DE MAD^e DE WOLMAR A SON MARI.

Je vous attends mardi comme vous me le marquez, et vous trouverez tout arrangé selon vos intentions. Voyez en revenant Made d'Orbe; elle vous dira ce qui s'eſt passé durant votre absence; j'aime mieux que vous l'appreniez d'elle que de moi.

Wolmar, il eſt vrai, je crois mériter votre eſtime; mais votre conduite n'en eſt pas plus convenable, et vous jouïssez durement de la vertu de votre femme (*a*)[1].

LETTRE XVII (*b*)[2].

A MILORD EDOUARD.

Je veux, Milord, vous rendre compte d'un danger que nous courumes ces jours passés, et dont heureusement nous avons été quites pour la peur et un peu de fatigue. Ceci vaut bien une lettre à part; en la lisant vous sentirez ce qui m'engage à vous l'écrire[3].

Vous savez que la maison de Made de Wolmar n'eſt pas loin du lac, et qu'elle aime les promenades sur l'eau[4]. Il y a trois jours que le desœuvrement où l'absence de son mari nous laisse et la beauté de la soirée nous firent projetter une de ces promenades pour le lendemain. Au lever du soleil nous nous rendimes au rivage; nous primes un bateau avec des filets pour pêcher, trois rameurs, un domeſtique, et nous nous embarquames avec quelques provisions pour le diner. J'avois pris un fusil pour tirer des besolets*; mais elle me fit honte de tuer des oiseaux à pure perte[5] et pour le seul plaisir de faire du mal. Je m'amusois donc à rappeller de tems en tems des gros-sifflets, des tiou-tiou, des Crenets, des sifflassons**,

* Oiseau de passage sur le lac de Genève. Le besolet n'eſt pas bon à manger.

** Diverses sortes d'oiseaux du lac de Genève; tous très bons à manger.

et je ne tirai qu'un seul coup de fort loin sur une grèbe que je manquai (*a*).

Nous passames une heure ou deux à pêcher à cinq cent pas du rivage. La pêche fut bonne; mais, à l'exception d'une truite qui avoit reçu un coup d'aviron, Julie fit tout rejetter à l'eau. Ce sont, dit-elle, des animaux qui souffrent, délivrons-les; jouïssons du plaisir qu'ils auront d'être échapés au péril (*b*). Cette opération se fit lentement, à contrecœur, non sans quelques répresentations, et je vis aisément que nos gens auroient mieux goûté le poisson qu'ils avoient pris que la morale qui lui sauvoit la vie.

Nous avançames ensuite en pleine eau; puis par une vivacité de jeune homme dont il seroit tems de guérir, m'étant mis à *nager**, je dirigeai tellement au milieu du lac que nous nous trouvames bientôt à plus d'une lieue du rivage**. Là j'expliquois à Julie toutes les parties du superbe horizon qui nous entouroit. Je lui montrois de loin les embouchures du Rhone dont l'impétueux cours s'arrête tout à coup au bout d'un quart de lieue, et semble craindre de souiller de ses eaux bourbeuses le cristal azuré du lac. Je lui faisois observer les redans des montagnes, dont les angles correspondans et paralleles forment dans l'espace qui les separe un lit digne du fleuve qui le remplit. En l'écartant de nos côtes j'aimois à lui faire admirer les riches et charmantes rives du pays de Vaud, où la quantité des villes, l'innombrable foule du peuple, les côteaux verdoyans et parés de toutes parts forment un tableau ravissant; où la terre par tout cultivée et par tout féconde offre au laboureur, au pâtre, au vigneron le fruit assuré de leurs peines, que ne dévore point l'avide publicain[1]. Puis lui montrant le Chablais sur la côte opposée, pays non moins favorisé de la nature, et qui n'offre pourtant qu'un spectacle de misere, je lui faisois sensiblement distinguer les différens effets des deux gouvernemens, pour la richesse, le nombre et le bonheur des hommes. C'est ainsi, lui disois-je, que la terre ouvre son sein fertile et prodigue ses trésors aux heureux peuples qui la cultivent pour eux-mêmes. Elle

---

* Terme des Bateliers du lac de Genève. C'est tenir la rame qui gouverne les autres.

** Comment cela ? Il s'en faut bien que vis à vis de Clarens le lac n'ait deux lieues de large.

semble sourire et s'animer au doux spectacle de la liberté; elle aime à nourir des hommes. Au contraire les tristes mazures, la bruyere et les ronces qui couvrent une terre à demi-déserte annoncent de loin qu'un maitre absent y domine, et qu'elle donne à regret à des esclaves quelques maigres productions dont ils ne profitent pas.

Tandis que nous nous amusions agréablement à parcourir ainsi des yeux les côtes voisines, un séchard (*a*)[1] qui nous poussoit de biais vers la rive opposée s'éleva, fraichit considérablement, et quand nous songeames à revirer, la resistance se trouva si forte qu'il ne fut plus possible à notre frêle bateau de la vaincre. Bientôt les ondes devinrent terribles; il falut regagner la rive de Savoye et tâcher d'y prendre terre au village de Meillerie qui étoit vis-à-vis de nous et qui est presque le seul lieu de cette côte où la greve offre un abord comode. Mais le vent ayant changé se renforçoit, rendoit inutiles les efforts de nos bateliers, et nous faisoit dériver plus bas le long d'une file de rochers escarpés où l'on ne trouve plus d'azile.

Nous nous mimes tous aux rames, et presque au même instant j'eus la douleur de voir Julie saisie du mal de cœur, foible et défaillante au bord du bateau. Heureusement elle étoit faite à l'eau et cet état ne dura pas. Cependant nos efforts croissoient avec le danger; le soleil, la fatigue et la sueur nous mirent tous hors d'haleine et dans un épuisement excessif. C'est alors que retrouvant tout son courage Julie animoit le notre par ses caresses compatissantes; elle nous essuyoit indistinctement à tous le visage, et mêlant dans un vase du vin avec de l'eau de peur d'ivresse, elle en offroit alternativement aux plus épuisés. Non, jamais votre adorable amie (*b*) ne brilla d'un si vif éclat que dans ce moment où la chaleur et l'agitation avoient animé son teint d'un plus grand feu, et ce qui ajoutoit le plus à ses charmes étoit qu'on voyoit si bien à son air attendri que tous ses soins venoient moins de frayeur pour elle que de compassion pour nous. Un instant seulement deux planches s'étant entre-ouvertes dans un choc qui nous inonda tous, elle crut le bateau brisé, et dans une exclamation de cette tendre mere j'entendis distinctement ces mots : O mes enfans, faut-il ne vous voir plus ? Pour moi dont l'imagination va toujours plus loin que le mal, quoique je connusse au vrai l'état du péril, je croyois voir de moment en moment le bateau englouti, cette beauté si touchante se débattre au milieu des flots, et la pâleur de la mort ternir les roses de son visage[1].

Enfin à force de travail nous remontames à Meillerie, et après avoir lutté plus d'une heure à dix pas du rivage, nous parvinmes à prendre terre (*a*). En abordant, toutes les fatigues furent oubliées. Julie prit sur soi la reconnoissance de tous les soins que chacun s'étoit donnés, et comme au fort du danger elle n'avoit songé qu'à nous, à terre il lui sembloit qu'on n'avoit sauvé qu'elle (*b*).

Nous dinâmes avec l'appetit qu'on gagne dans un violent travail. La truite fut apprétée : Julie qui l'aime extrêmement en mangea peu, et je compris que pour ôter aux bateliers le regret de leur sacrifice, elle ne se soucioit pas que j'en mangeasse beaucoup moi-même. Milord, vous l'avez dit mille fois; dans les petites choses comme dans les grandes cette ame aimante se peint toujours.

Après le diné, l'eau continuant d'être forte, et le bateau ayant besoin de racomoder, je proposai un tour de promenade. Julie m'opposa le vent, le soleil, et songeoit à ma lassitude. J'avois mes vues[2], ainsi je répondis à tout. Je suis, lui dis-je, accoutumé dès l'enfance aux exercices pénibles : loin de nuire à ma santé ils l'affermissent, et mon dernier voyage m'a rendu bien plus robuste encore. A l'égard du soleil et du vent, vous avez votre chapeau de paille (*c*), nous gagnerons des abris et des bois; il n'est question que de monter entre quelques rochers, et vous qui n'aimez pas la plaine en supporterez volontiers la fatigue. Elle fit ce que je voulois, et nous partimes pendant le diner de nos gens.

Vous savez qu'après mon éxil du Valais, je revins il y a dix ans à Meillerie attendre la permission de mon retour. C'est là que je passai des jours si tristes et si délicieux, uniquement occupé d'elle, et c'est de là que je lui écrivis une lettre dont elle fut si touchée. J'avois toujours desiré de revoir la retraite isolée qui me servit d'azile au milieu des glaces, et où mon cœur se plaisoit à converser en lui-même avec ce qu'il eut de plus cher au monde. L'occasion de visiter ce lieu si chéri, dans une saison plus agréable et avec celle dont l'image l'habitoit jadis avec moi, fut le motif secret de ma promenade. Je me faisois un plaisir de lui montrer d'anciens monumens[1] d'une passion si constante et si malheureuse.

Nous y parvinmes après une heure de marche par des sentiers tortueux et frais, qui, montant insensiblement entre les arbres et les rochers, n'avoient rien de plus incomode que la longueur du chemin. En approchant et reconnoissant mes anciens renseignemens, je fus prêt à me trouver mal; mais je me surmontai, je cachai mon trouble, et nous arrivames (*a*). Ce lieu solitaire formoit un reduit sauvage et desert; mais plein de ces sortes de beautés qui ne plaisent qu'aux ames sensibles et paroissent horribles aux autres. Un torrent formé par la fonte des neiges rouloit à vingt pas de nous une eau bourbeuse, et charrioit avec bruit du limon, du sable et des pierres. Derriere nous une chaîne de roches inaccessibles séparoit l'esplanade où nous étions de cette partie des Alpes qu'on nomme les glacieres, parce que d'énormes sommets de glace qui s'accroissent incessamment les couvrent depuis le commencement du monde*. Des forêts de noirs sapins nous ombrageoient tristement à droite. Un grand bois de chêne étoit à gauche au delà du torrent, et au dessous de nous cette immense plaine d'eau que le lac forme au sein des Alpes nous séparoit des riches côtes du pays de Vaud, dont la Cime du majestueux Jura couronnoit le tableau.

Au milieu de ces grands et superbes objets, le petit terrain où nous étions étaloit les charmes d'un séjour riant et champêtre; quelques ruisseaux filtroient à travers les rochers, et rouloient sur la verdure en filets de cristal. Quelques arbres fruitiers sauvages panchoient leurs têtes sur les notres; la terre humide et fraîche étoit couverte d'herbe et de fleurs. En comparant un si doux séjour aux objets qui l'environnoient (*b*), il sembloit que ce lieu désert dut être l'azile de deux amans échappés seuls au bouleversement de la nature[2].

Quand nous eumes atteint ce réduit et que je l'eus quelque tems contemplé : Quoi ! dis-je à Julie en la regardant avec un œil humide, votre cœur ne vous dit-il

---

* Ces montagnes sont si hautes qu'une demie heure après le soleil couché leurs sommets sont encore éclairés de ses rayons, dont le rouge forme sur ces cimes blanches une belle couleur de rose qu'on apperçoit de fort loin (*c*).

rien ici, et ne sentez-vous point quelque émotion secrette à l'aspect d'un lieu si plein de vous ? Alors sans attendre sa réponse, je la conduisis vers le rocher et lui montrai son chiffre gravé dans mille endroits, et plusieurs vers du Petrarque et du Tasse (*a*) relatifs à la situation où j'étois en les traçant. En les revoyant moi-même après si longtems, j'éprouvai combien la présence des objets peut ranimer puissamment les sentimens violens dont on fut agité près d'eux. Je lui dis avec un peu de véhémence : O Julie, éternel charme de mon cœur ! Voici les lieux où soupira jadis pour toi le plus fidelle amant du monde. Voici le séjour où ta chere image faisoit son bonheur, et préparoit celui qu'il reçut enfin de toi-même. On n'y voyoit alors ni ces fruits ni ces ombrages : La verdure et les fleurs ne tapissoient point ces compartimens; le cours de ces ruisseaux n'en formoit point les divisions; ces oiseaux n'y faisoient point entendre leurs ramages, le vorace épervier, le corbeau funebre et l'aigle terrible des Alpes faisoient seuls retentir de leurs cris ces cavernes (*b*); d'immenses glaces pendoient à tous ces rochers; des festons de neige étoient le seul ornement de ces arbres; tout respiroit ici les rigueurs de l'hiver et l'horreur des frimats; les feux seuls de mon cœur me rendoient ce lieu supportable, et les jours entiers s'y passoient à penser à toi. Voila la pierre où je m'asseyois pour contempler au loin ton heureux séjour; sur celle-ci fut écrite la Lettre qui toucha ton cœur; ces cailloux tranchans me servoient de burin pour graver ton chiffre; ici je passai le torrent glacé pour reprendre une de tes Lettres qu'emportoit un tourbillon; là je vins relire et baiser mille fois la derniere que tu m'écrivis; voila le bord où d'un œil avide et sombre je mesurois la profondeur de ces abimes (*c*); enfin ce fut ici qu'avant mon triste départ je vins te pleurer mourante et jurer de ne te pas survivre. Fille trop constament aimée, ô toi pour qui j'étois né (*d*) ! Faut-il me retrouver avec toi dans les mêmes lieux, et regretter le tems que j'y passois à gémir de ton absence[1] ?.... j'allois continuer; mais Julie, qui me voyant approcher du bord s'étoit effrayée et m'avoit saisi la main, la serra sans mot dire, en me regardant avec tendresse et retenant avec peine un soupir; puis tout à coup détournant la vue et me tirant par le bras : allons-nous en (*e*), mon ami, me dit-elle d'une voix émue, l'air de ce lieu n'est pas bon pour moi[1]. Je partis avec elle en gémissant, mais sans lui répondre, et je quittai pour jamais ce triste réduit, comme j'aurois quitté Julie elle-même (*a*)[2].

Revenus lentement au port[3] après quelques détours, nous nous séparames (*b*). Elle voulut rester seule, et je continuai de me promener sans trop savoir où j'allois; à mon retour le bateau n'étant pas encore prêt ni l'eau tranquille, nous soupames tristement, les yeux baissés, l'air rêveur, mangeant peu et parlant encore moins. Après le soupé, nous fumes nous asseoir sur la greve en attendant le moment du départ. Insensiblement la lune se leva, l'eau devint plus calme, et Julie me proposa de partir. Je lui donnai la main pour entrer dans le bateau, et en m'asseyant à côté d'elle je ne songeai plus à quiter sa main. Nous gardions un profond silence. Le bruit égal et mesuré des rames m'excitoit à rêver. Le chant assés gai des bécassines*, me retraçant les plaisirs d'un autre âge, au lieu de m'égayer m'attristoit. Peu à peu je sentis augmenter la mélancolie dont j'étois accablé. Un ciel serain, les doux rayons de la lune, le frémissement argenté dont l'eau brilloit autour de nous, le concours des plus agréables sensations, la présence même de cet objet chéri, rien ne pût détourner de mon cœur mille réflexions douloureuses.

Je commençai par me rappeller une promenade semblable faite autrefois avec elle durant le charme de nos premieres amours. Tous les sentimens délicieux qui remplissoient alors mon ame s'y retracerent pour l'affliger; tous les événemens de notre jeunesse, nos études, nos entretiens, nos lettres, nos rendez-vous, nos plaisirs,

E tanta fede, e si dolci memorie.
E si lungo costume !

ces foules de petits objets qui m'offroient l'image de mon bonheur passé, tout revenoit, pour augmenter ma misere présente, prendre place en mon souvenir. C'en est fait, disois-je en moi-même, ces tems, ces tems heureux ne

* La bécassine du lac de Genève n'est point l'oiseau qu'on appelle en France du même nom. Le chant plus vif et plus animé de la notre donne au lac durant les nuits d'été un air de vie et de fraicheur qui rend ses rives encore plus charmantes.

sont plus; ils ont disparu pour jamais. Hélas, ils ne reviendront plus; et nous vivons, et nous sommes ensemble, et nos cœurs sont toujours unis ! Il me sembloit que j'aurois porté plus patiemment sa mort ou son absence, et que j'avois moins souffert tout le tems que j'avois passé loin d'elle. Quand je gémissois dans l'éloignement, l'espoir de la revoir soulageoit mon cœur; je me flatois qu'un instant de sa présence effaceroit toutes mes peines, j'envisageois au moins dans les possibles un état moins cruel que le mien. Mais se trouver auprès d'elle; mais la voir, la toucher, lui parler, l'aimer, l'adorer, et presque en la possédant encore, la sentir (*a*) perdue à jamais pour moi; voila ce qui me jettoit dans des accès de fureur et de rage qui m'agiterent par degrés jusqu'au desespoir. Bien-tôt je commençai de rouler dans mon esprit des projets funestes, et dans un transport dont je frémis en y pensant, je fus violemment tenté de la précipiter avec moi dans les flots, et d'y finir dans ses bras ma vie et mes longs tourmens. Cette horrible tentation devint à la fin si forte que je fus obligé de quiter brusquement sa main pour passer à la pointe du bateau.

Là mes vives agitations commencerent à prendre un autre cours; un sentiment plus doux s'insinua peu à peu dans mon ame, l'attendrissement surmonta le desespoir; je me mis à verser des torrens de larmes, et cet état comparé à celui dont je sortois n'étoit pas sans quelques plaisirs. Je pleurai fortement, longtems, et fus soulagé. Quand je me trouvai bien remis, je revins auprès de Julie; je repris sa main. Elle tenoit son mouchoir; je le sentis fort mouillé. Ah, lui dis-je tout bas, je vois que nos cœurs n'ont jamais cessé de s'entendre ! Il est vrai, dit-elle d'une voix alterée; mais que ce soit la derniere fois qu'ils auront parlé sur ce ton. Nous recommençames alors à causer tranquillement, et au bout d'une heure de navigation, nous arrivames sans autre accident. Quand nous fumes rentrés j'apperçus à la lumiere qu'elle avoit les yeux rouges et fort gonflés; elle ne dut pas trouver les miens en meilleur état. Après les fatigues de cette journée elle avoit grand besoin de repos : elle se retira, et je fus me coucher.

Voila, mon ami, le détail du jour de ma vie où sans exception j'ai senti les émotions les plus vives. J'espere qu'elles seront la crise qui me rendra tout à fait à moi.

Au reste, je vous dirai que cette avanture m'a plus convaincu que tous les argumens, de la liberté de l'homme et du mérite de la vertu[1]. Combien de gens sont foiblement tentés et succombent? Pour Julie; mes yeux le virent, et mon cœur le sentit : Elle soutint ce jour là le plus grand combat qu'ame humaine ait pu soutenir; elle vainquit pourtant : mais qu'ai-je fait pour rester si loin d'elle (*a*) ? O Edouard ! quand séduit par ta maitresse tu sus triompher à la fois de tes desirs et des siens, n'étois-tu qu'un homme ? sans toi, j'étois perdu, peut-être. Cent fois dans ce jour périlleux le souvenir de ta vertu m'a rendu la mienne[2].

FIN DE LA QUATRIEME PARTIE.

CINQUIEME PARTIE[1].

LETTRE I.

DE MILORD EDOUARD (a).*

Sors de l'enfance[2], ami, reveille-toi. Ne livre point ta vie entiere au long sommeil de la raison. L'âge s'écoule, il ne t'en reste plus que pour être sage. A trente ans passés, il est tems de songer à soi; commence donc à rentrer en toi-même, et (*b*) sois homme une fois avant la mort.

Mon cher, votre cœur vous en a longtems imposé sur vos lumieres. Vous avez voulu philosopher avant d'en être capable; vous avez pris le sentiment pour de la raison, et content d'estimer les choses par l'impression qu'elles vous ont faite, vous avez toujours ignoré leur véritable prix. Un cœur droit est, je l'avoue, le premier organe de la vérité; celui qui n'a rien senti ne sait rien apprendre; il ne fait que floter d'erreurs en erreurs; il n'acquiert qu'un vain savoir et de stériles connoissances, parce que le vrai raport des choses à l'homme, qui est sa principale science, lui demeure toujours caché. Mais c'est se borner à la premiere moitié de cette science que de ne pas étudier encore les raports qu'ont les choses entre elles, pour mieux juger de ceux qu'elles ont avec nous. C'est peu de connoitre les passions humaines, si l'on n'en sait apprécier les objets; et cette seconde étude ne peut se faire que dans le calme de la méditation.

La jeunesse du sage est le tems de ses expériences, ses passions en sont les instrumens; mais après avoir appli-

---

* Cette lettre paroit avoir été écritte avant la reception de la précédente.

qué son ame aux objets extérieurs pour les sentir, il la retire au dedans de lui pour les considérer, les comparer, les connoitre. Voila le cas où vous devez être plus que personne au monde (*a*). Tout ce qu'un cœur sensible peut éprouver de plaisirs et de peines a rempli le votre; tout ce qu'un homme peut voir, vos yeux l'ont vû. Dans un espace de douze ans vous avez épuisé tous les sentimens qui peuvent être épars dans une longue vie, et vous avez aquis, jeune encore, l'expérience d'un vieillard (*b*). Vos premieres observations se sont portées sur des gens simples et sortant presque des mains de la nature, comme pour vous servir de piece de comparaison. Exilé dans la capitale du plus célebre peuple de l'univers, vous êtes sauté, pour ainsi dire à l'autre extrémité : le génie supplée aux intermédiaires. Passé chez la seule nation d'hommes qui reste parmi les troupeaux divers dont la terre est couverte, si vous n'avez pas vû regner les loix, vous les avez vû du moins exister encore; vous avez appris à quels signes on reconnoit cet organe sacré de la volonté d'un peuple, et comment l'empire de la raison publique est le vrai fondement de la liberté[1]. Vous avez parcouru tous les climats, vous avez vu toutes les régions que le soleil éclaire. Un spectacle plus rare et digne de l'œil du sage, le spectacle d'une ame sublime et pure, triomphant de ses passions et regnant sur elle-même est celui dont vous jouissez. Le premier objet qui frappa vos regards est celui qui les frappe encore, et votre admiration pour lui n'est que mieux fondée après en avoir contemplé tant d'autres. Vous n'avez plus rien à sentir ni à voir qui mérite de vous occuper. Il ne vous reste plus d'objet à regarder que vous-même, ni de jouïssance à goûter que celle de la sagesse. Vous avez vécu de cette courte vie; songez à vivre pour celle qui doit durer.

Vos passions, dont vous futes longtems l'esclave, vous ont laissé vertueux. Voila toute votre gloire; elle est grande, sans doute, mais soyez en moins fier. Votre force même est l'ouvrage de votre foiblesse. Savez-vous ce qui vous a fait aimer toujours la vertu ? Elle a pris à vos yeux la figure (*c*) de cette femme adorable qui la répresente si bien, et il seroit difficile qu'une si chere image vous en laissât perdre le goût. Mais ne l'aimerez-vous jamais pour elle seule, et n'irez-vous point au bien par vos propres forces, comme Julie a fait par les siennes ? Enthousiaste oisif de ses vertus, vous bornerez-vous sans cesse à les admirer, sans les imiter jamais? Vous parlez avec chaleur de la maniere dont elle remplit ses devoirs d'épouse et de mere; mais vous, quand remplirez-vous vos devoirs d'homme et d'ami à son exemple ? Une femme a triomphé d'elle-même, et un philosophe a peine à se vaincre ! Voulez-vous donc n'être toujours qu'un discoureur comme les autres, et vous borner à faire de bons livres, au lieu de bonnes actions* ? Prenez-y garde, mon cher; il regne encore dans vos lettres un ton de molesse et de langueur qui me déplait, et qui est bien plus un reste de votre passion qu'un effet de votre caractere. Je hais par tout la foiblesse, et n'en veux point dans mon ami. Il n'y a point de vertu sans force, et le chemin du vice est la lâcheté. Osez-vous bien compter sur vous avec un cœur sans courage ? Malheureux ! Si Julie étoit foible, tu succomberois demain et ne serois qu'un vil adultere. Mais te voila resté seul avec elle; apprends à la connoitre, et rougis de toi.

J'espere pouvoir bientôt vous aller joindre. Vous savez à quoi ce voyage est destiné[1]. Douze ans d'erreurs et de troubles me rendent suspect à moi-même; pour resister j'ai pu me suffire, pour choisir il me faut les yeux d'un ami; et je me fais un plaisir de rendre tout commun

* Non, ce siecle de la philosophie ne passera point sans avoir produit un vrai Philosophe. J'en connois un, un seul, j'en conviens; mais c'est beaucoup encore; et pour comble de bonheur, c'est dans mon pays qu'il existe. L'oserai-je nommer ici, lui dont la véritable gloire est d'avoir su rester peu connu ? Savant et modeste Abauzit, que votre sublime simplicité pardonne à mon cœur un zele qui n'a point votre nom pour objet. Non, ce n'est pas vous que je veux faire connoître à ce siecle indigne de vous admirer; c'est Geneve que je veux illustrer de votre séjour; ce sont mes Concitoyens que je veux honorer de l'honneur qu'ils vous rendent. Heureux le pays où le mérite qui se cache en est d'autant plus estimé ! Heureux le peuple où la jeunesse altiere vient abbaisser son ton dogmatique et rougir de son vain savoir, devant la docte ignorance du sage ! Vénérable et vertueux vieillard ! vous n'aurez point été prôné par les beaux-esprits; leurs bruyantes Académies n'auront point retenti de vos éloges, au lieu de déposer comme eux votre sagesse dans des livres, vous l'aurez mise dans votre vie pour l'exemple de la patrie que vous avez daigné vous choisir, que vous aimez, et qui vous respecte. Vous avez vécu comme Socrate; mais il mourut par la main de ses concitoyens, et vous êtes chéri des votres (*a*)[2].

entre nous; la reconnoissance aussi bien que l'attachement (*a*). Cependant, ne vous y trompez pas; avant de vous accorder ma confiance, j'examinerai si vous en êtes digne, et si vous méritez de me rendre les soins que j'ai pris de vous. Je connois votre cœur, j'en suis content; ce n'est pas assés; c'est de votre jugement que j'ai besoin dans un choix où doit présider la raison seule, et où la mienne peut m'abuser. Je ne crains pas les passions qui, nous faisant une guerre ouverte, nous avertissent de nous mettre en deffense, nous laissent, quoiqu'elles fassent, la conscience de toutes nos fautes, et auxquelles on ne cede qu'autant qu'on leur veut ceder. Je crains leur illusion qui trompe au lieu de contraindre, et nous fait faire sans le savoir, autre chose que ce que nous voulons. On n'a besoin que de soi pour réprimer ses penchans; on a quelquefois besoin d'autrui pour discerner ceux qu'il est permis de suivre, et c'est à quoi sert l'amitié d'un homme sage qui voit pour nous sous un autre point de vue les objets que nous avons intérêt à bien connoitre. Songez donc à vous examiner et dites-vous si toujours en proye à de vains regrets vous serez à jamais inutile à vous et aux autres, ou si reprenant enfin l'empire de vous-même vous voulez mettre une fois votre ame en état d'éclairer celle de votre ami.

Mes affaires ne me retiennent plus à Londres que pour une quinzaine (*b*) de jours; je passerai par notre armée de Flandres où je compte rester encore autant; de sorte que vous ne devez guere m'attendre avant la fin du mois prochain ou le commencement d'octobre. Ne m'écrivez plus à Londres mais à l'armée sous l'addresse ci-jointe. Continuez vos descriptions; malgré le mauvais ton de vos lettres (*c*) elles me touchent et m'instruisent; elles m'inspirent des projets de retraite et de repos convenables à mes maximes et à mon âge. Calmez surtout l'inquiétude que vous m'avez donnée sur Madame de Wolmar[1] : si son sort n'est pas heureux, qui doit oser aspirer à l'être ? Après le détail qu'elle vous a fait, je ne puis concevoir ce qui manque à son bonheur*.

---

* Le galimathias de cette Lettre me plait, en ce qu'il est tout à fait dans le caractere du bon Edouard, qui n'est jamais si philosophe que quand il fait des sotises, et ne raisonne jamais tant que quand il ne sait ce qu'il dit (*d*)[2].

LETTRE II (*a*)[1].

A MILORD EDOUARD.

OUI, Milord, je vous le confirme avec des transports de joye, la scene de Meillerie a été la crise de ma folie (*b*) et de mes maux[2]. Les explications de M. de Wolmar m'ont entierement rassuré sur le véritable état de mon cœur[3]. Ce cœur trop foible est gueri tout autant qu'il peut l'être, et je prefere la tristesse d'un regret imaginaire[4] à l'effroi d'être sans cesse assiegé par le crime. Depuis le retour de ce digne ami, je ne balance plus à lui donner un nom si cher et dont vous m'avez si bien fait sentir tout le prix. C'est le moindre titre que je doive à quiconque aide à me rendre à la vertu. La paix est au fond de mon ame comme dans le séjour que j'habite. Je commence à m'y voir sans inquiétude, à y vivre comme chez moi; et si je n'y prends pas tout à fait l'autorité d'un maitre, je sens plus de plaisir encore à me regarder comme l'enfant de la maison[5]. La simplicité, l'égalité que j'y vois regner ont un attrait qui me touche et me porte au respect. Je passe des jours serains entre la raison vivante et la vertu sensible. En fréquentant ces heureux époux, leur ascendant me gagne et me touche insensiblement; et mon cœur se met par degrès à l'unisson des leurs, comme la voix prend sans qu'on y songe le ton des gens avec qui l'on parle.

Quelle retraite délicieuse ! quelle charmante habitation ! Que la douce habitude d'y vivre en augmente le prix ! et que, si l'aspect en paroit d'abord peu brillant, il est difficile de ne pas l'aimer aussi-tôt qu'on la connoit ! Le goût que prend Madame de Wolmar à remplir ses nobles devoirs, à rendre heureux et bons ceux qui l'approchent (*c*), se communique à tout ce qui en est l'objet, à son mari, à ses enfans, à ses hôtes, à ses domestiques. Le tumulte, les jeux bruyans, les longs éclats de rire ne retentissent point dans ce paisible séjour[6]; mais on y trouve partout des cœurs contens et des visages gais (*d*). Si quelquefois on y verse des larmes, elles sont d'attendrissement et de joye. Les noirs soucis, l'ennui, la tristesse n'approchent pas plus d'ici que le vice et les remords dont ils sont le fruit.

Pour elle, il eſt certain qu'excepté la peine secrette qui la tourmente et dont je vous ai dit la cause dans ma précedente lettre*, tout concourt à la rendre heureuse. Cependant avec tant de raisons de l'être, mille autres se désoleroient à sa place. Sa vie uniforme et retirée leur seroit insupportable; elles s'impatienteroient du tracas des enfans; elles s'ennuyeroient des soins domeſtiques; elles ne pourroient souffrir la campagne; la sagesse et l'eſtime d'un mari peu caressant ne les dédomageroient ni de sa froideur ni de son âge; sa présence et son attachement même leur seroient à charge. Ou elles trouveroient l'art de l'écarter de chez lui pour y vivre à leur liberté, ou s'en éloignant elles-mêmes, elles mépriseroient les plaisirs de leur état, elles en chercheroient au loin de plus dangereux, et ne seroient à leur aise dans leur propre maison que quand elles y seroient étrangeres. Il faut une ame saine pour sentir les charmes de la retraite; on ne voit guere que des gens de bien se plaire au sein de leur famille et s'y renfermer volontairement; s'il eſt au monde une vie heureuse, c'eſt sans doute celle qu'ils y passent : Mais les inſtrumens du bonheur ne sont rien pour qui ne sait pas les mettre en œuvre, et l'on ne sent en quoi le vrai bonheur consiſte qu'autant qu'on eſt propre à le goûter.

S'il faloit dire avec précision ce qu'on fait dans cette maison pour être heureux, je croirois avoir bien répondu en disant *on y sait vivre*[1]; non dans le sens qu'on donne en France à ce mot, qui eſt d'avoir avec autrui certaines manieres établies par la mode; mais de la vie de l'homme, et pour laquelle il eſt né; de cette vie dont vous me parlez, dont vous m'avez donné l'exemple, qui dure au delà d'elle-même, et qu'on ne tient pas pour perdue au jour de la mort.

Julie a un pere qui s'inquiéte du bien-être de sa famille; elle a des enfans à la subsiſtance desquels il faut pourvoir convenablement[2]. Ce doit être le principal soin de l'homme sociable, et c'eſt aussi le premier dont elle et son mari se sont conjointement occupés. En entrant en

---

* Cette précedente lettre ne se trouve point. On en verra ci-après la raison (*a*).

ménage ils ont examiné l'état de leurs biens; ils n'ont pas tant régardé s'ils étoient proportionnés à leur condition qu'à leurs besoins, et voyant qu'il n'y avoit point de famille honnête qui ne dut s'en contenter, ils n'ont pas eu assés mauvaise opinion de leurs enfans pour craindre que le patrimoine qu'ils ont à leur laisser ne leur put suffire. Ils se sont donc appliqués à l'améliorer plutôt qu'à l'étendre; ils ont placé leur argent plus surement qu'avantageusement; au lieu d'acheter de nouvelles terres, ils ont donné un nouveau prix à celles qu'ils avoient déja, et l'exemple de leur conduite est le seul trésor dont ils veuillent accroitre leur héritage (*a*).

Il est vrai qu'un bien qui n'augmente point est sujet à diminuer par mille accidens; mais si cette raison est un motif pour l'augmenter une fois, quand cessera-t-elle d'être un prétexte pour l'augmenter toujours ? Il faudra le partager à plusieurs enfans; mais doivent-ils rester oisifs ? Le travail de chacun n'est-il pas un supplément à son partage, et son industrie[1] ne doit-elle pas entrer dans le calcul de son bien (*b*) ? L'insatiable avidité fait ainsi son chemin sous le masque de la prudence, et mène au vice à force de chercher la sureté. C'est en vain, dit M. de Wolmar, qu'on prétend donner aux choses humaines une solidité qui n'est pas dans leur nature. La raison même veut que nous laissions beaucoup de choses au hazard, et si notre vie et notre fortune en dépendent toujours malgré nous, quelle folie de se donner sans cesse un tourment réel pour prévenir des maux douteux et des dangers inévitables[2] ! La seule précaution qu'il ait prise à ce sujet a été de vivre un an sur son capital, pour se laisser autant d'avance sur son revenu; de sorte que le produit anticipe toujours d'une année sur la dépense. Il a mieux aimé diminuer un peu son fond que d'avoir sans cesse à courir après ses rentes. L'avantage de n'être point réduit à des expédiens ruineux au moindre accident imprévu l'a déja remboursé bien des fois de cette avance. Ainsi l'ordre et la regle lui tiennent lieu d'épargne, et il s'enrichit de ce qu'il a dépensé.

Les maitres de cette maison jouïssent d'un bien médiocre selon les idées de fortune qu'on a dans le monde; mais au fond je ne connois personne de plus opulent qu'eux. Il n'y a point de richesse absolue. Ce mot ne signifie qu'un rapport de surabondance (*a*) entre les desirs et les facultés de l'homme riche. Tel eſt riche avec un arpent de terre; tel eſt gueux au milieu de ses monceaux d'or. Le desordre et les fantaisies n'ont point de bornes, et font plus de pauvres que les vrais besoins. Ici la proportion eſt établie sur un fondement qui la rend inébranlable, savoir le parfait accord des deux époux. Le mari s'eſt chargé du recouvrement des rentes, la femme en dirige l'emploi, et c'eſt dans l'harmonie qui regne entre eux qu'eſt la source de leur richesse.

Ce qui m'a d'abord le plus frappé dans cette maison, c'eſt d'y trouver l'aisance, la liberté, la gaité au milieu de l'ordre et de l'exactitude. Le grand défaut des maisons bien réglées eſt d'avoir un air triſte et contraint. L'extrême sollicitude des chefs sent toujours un peu l'avarice. Tout respire la gêne autour d'eux; la rigueur de l'ordre a quelque chose de servile qu'on ne supporte point sans peine. Les Domeſtiques font leur devoir, mais ils le font d'un air mécontent et craintif. Les hôtes sont bien reçus, mais ils n'usent qu'avec défiance de la liberté qu'on leur donne, et comme on s'y voit toujours hors de la regle, on n'y fait rien qu'en tremblant de se rendre indiscret. On sent que ces peres esclaves ne vivent point pour eux, mais pour leurs enfans; sans songer qu'ils ne sont pas seulement peres, mais hommes, et qu'ils doivent à leurs enfans l'exemple de la vie de l'homme et du bonheur attaché à la sagesse. On suit ici des regles plus judicieuses. On y pense qu'un des principaux devoirs d'un bon pere de famille n'eſt pas seulement de rendre son séjour riant afin que ses enfans s'y plaisent, mais d'y mener lui-même une vie agréable et douce, afin qu'ils sentent qu'on eſt heureux en vivant comme lui, et ne soient jamais tentés de prendre pour l'être une conduite opposée à la sienne. Une des maximes que M. de Wolmar repete le plus souvent au sujet des amusemens des deux Cousines, eſt que la vie triſte et mesquine des peres et meres eſt presque toujours la premiere source du desordre des enfans (*b*)[1].

Pour Julie, qui n'eut jamais d'autre regle que son cœur et n'en sauroit avoir de plus sûre, elle s'y livre sans scrupule, et pour bien faire, elle fait tout ce qu'il demande. Il ne laisse pas de lui demander beaucoup, et personne ne sait mieux qu'elle mettre un prix aux douceurs de la vie. Comment cette ame si sensible seroit-elle insensible aux plaisirs ? Au contraire, elle les aime, elle les recherche, elle ne s'en refuse aucun de ceux qui la flatent; on voit qu'elle sait les goûter : mais ces plaisirs sont les plaisirs de Julie. Elle ne néglige ni (*a*) ses propres comodités, ni celles des gens qui lui sont chers, c'eſt à dire, de tous ceux qui l'environnent. Elle ne compte pour superflu rien de ce qui peut contribuer au bien-être d'une personne sensée; mais elle appelle ainsi tout ce qui ne sert qu'à briller aux yeux d'autrui, de sorte qu'on trouve dans sa maison le luxe de plaisir et de sensualité sans rafinement ni molesse[1]. Quant au luxe de magnificence et de vanité, on n'y en voit que ce qu'elle n'a pu refuser au goût de son pere; encore y reconnoit-on toujours le sien qui consiſte à donner moins de luſtre et d'éclat que d'élégance et de grace aux choses. Quand je lui parle des moyens qu'on invente journellement à Paris ou à Londres pour suspendre plus doucement les Carrosses, elle approuve assés cela; mais quand je lui dis jusqu'à quel prix on a poussé les vernis, elle ne me comprend plus, et me demande toujours si ces beaux vernis rendent les Carrosses plus comodes ? Elle ne doute pas que je n'exagere beaucoup sur les peintures scandaleuses dont on orne à grands fraix ces voitures au lieu des armes qu'on y mettoit autrefois, comme s'il étoit plus beau de s'annoncer aux passans pour un homme de mauvaises mœurs que pour un homme de qualité ! Ce qui l'a surtout révoltée a été d'apprendre que les femmes avoient introduit ou soutenu cet usage, et que leurs Carrosses ne se diſtinguoient de ceux des hommes que par des tableaux un peu plus lascifs. J'ai été forcé de lui citer là-dessus un mot de votre illuſtre ami qu'elle a bien de la peine à digérer. J'étois chez lui un jour qu'on lui montroit un vis-à-vis de cette espece. A peine eut-il jetté les yeux sur les panneaux, qu'il partit en disant au maitre : montrez ce Carrosse à des femmes de la Cour; un honnête-homme n'oseroit s'en servir (*b*)[2].

Comme le premier pas vers le bien eſt de ne point faire de mal, le premier pas vers le bonheur eſt de ne point souffrir. Ces deux maximes qui bien entendues épargneroient beaucoup de préceptes de morale, sont cheres à Madame de Wolmar. Le mal-être[3] lui eſt extrêmement sensible et pour elle et pour les autres, et il ne lui seroit pas plus aisé d'être heureuse en voyant des misérables, qu'à l'homme droit de conserver sa vertu toujours pure, en vivant sans cesse au milieu des méchans. Elle n'a point cette pitié barbare qui se contente de détourner les yeux des maux qu'elle pourroit soulager. Elle les va chercher pour les guerir; c'est l'existence et non la vue des malheureux qui la tourmente : il ne lui suffit pas de ne point savoir qu'il y en a, il faut pour son repos qu'elle sache qu'il n'y en a pas, du moins autour d'elle : car ce seroit sortir des termes de la raison que de faire dépendre son bonheur de celui de tous les hommes. Elle s'informe des besoins de son voisinage avec la chaleur qu'on met à son propre intérêt; elle en connoit tous les habitans; elle y étend, pour ainsi dire, l'enceinte de sa famille, et n'épargne aucun soin pour en écarter tous les sentimens de douleur et de peine auxquels la vie humaine est assujetie (*a*)[1].

Milord, je veux profiter de vos leçons; mais pardonnez-moi un enthousiasme que je ne me reproche plus et que vous partagez. Il n'y aura jamais qu'une Julie au monde[2]. La providence a veillé sur elle, et rien de ce qui la regarde n'est un effet du hazard. Le Ciel semble l'avoir donnée à la terre pour y montrer à la fois l'excellence dont une ame humaine est susceptible, et le bonheur dont elle peut jouïr dans l'obscurité de la vie privée, sans le secours des vertus éclatantes qui peuvent l'élever au dessus d'elle-même, ni de la gloire qui les peut honorer. Sa faute, si c'en fut une, n'a servi qu'à déployer sa force et son courage. Ses parens, ses amis, ses domestiques, tous heureusement nés, étoient faits pour l'aimer et pour en être aimés. Son pays étoit le seul où il lui convint de naitre, la simplicité qui la rend sublime, devoit regner autour d'elle; il lui faloit pour être heureuse vivre parmi des gens heureux. Si pour son malheur elle fut née chez des peuples infortunés qui gémissent sous le poids de l'oppression, et luttent sans espoir et sans fruit contre la misere qui les consume[3], chaque plainte des opprimés eut empoisonné sa vie; la désolation commune l'eut accablée, et son cœur bienfaisant, epuisé de peine et d'ennuis, lui eut fait éprouver sans cesse les maux qu'elle n'eut pu soulager.

Au lieu de cela, tout anime et soutient ici sa bonté naturelle. Elle n'a point à pleurer les calamités publiques.

Elle n'a point sous les yeux l'image affreuse de la misere et du desespoir. Le Villageois à son aise* a plus besoin de ses avis que de ses dons. S'il se trouve quelque orphelin trop jeune pour gagner sa vie, quelque veuve oubliée qui souffre en secret, quelque vieillard sans enfants (*a*), dont les bras affoiblis par l'âge ne fournissent plus à son entretien, elle ne craint pas que ses bienfaits leur deviennent onéreux, et fassent aggraver sur eux les charges publiques pour en exempter des coquins accrédités. Elle jouït du bien qu'elle fait, et le voit profiter. Le bonheur qu'elle goûte se multiplie et s'étend autour d'elle (*b*). Toutes les maisons où elle entre offrent bientôt un tableau de la sienne; l'aisance et le bien-être y sont une de ses moindres influences, la concorde et les mœurs la suivent de ménage en ménage. En sortant de chez elle ses yeux ne sont frapés que d'objets agréables; en y rentrant elle en retrouve de plus doux encore; elle voit par tout ce qui plait à son cœur, et cette ame si peu sensible à l'amour-propre apprend à s'aimer dans ses bienfaits. Non, Milord, je le repete; rien de ce qui touche à Julie n'est indifférent pour la vertu. Ses charmes, ses talens, ses goûts, ses combats, ses fautes, ses regrets, son séjour, ses amis, sa famille, ses peines, ses plaisirs et toute sa destinée, font de sa vie un exemple unique, que peu de femmes voudront imiter, mais qu'elles aimeront en dépit d'elles (*c*).

(*d*) Ce qui me plait le plus dans les soins qu'on prend ici du bonheur d'autrui, c'est qu'ils sont tous dirigés par la sagesse, et qu'il n'en résulte jamais d'abus. N'est pas toujours bienfaisant qui veut (*e*), et souvent tel croit rendre de grands services, qui fait de grands maux qu'il ne voit pas, pour un petit bien qu'il apperçoit. Une qualité rare dans les femmes du meilleur caractere et qui brille éminemment dans celui de Madame de Wolmar; c'est un discernement exquis dans la distribution de ses

---

* Il y a près de Clarens un Village appellé Moutru[1], dont la Commune seule est assés riche pour entretenir tous les Communiers, n'eussent-ils pas un pouce de terre en propre. Aussi la bourgeoisie de ce village est-elle presque aussi difficile à acquérir que celle de Berne. Quel dommage qu'il n'y ait pas là quelque honnête-homme de subdélégué, pour rendre Messieurs de Moutru plus sociables, et leur bourgeoisie un peu moins chere (*f*) !

bienfaits, soit par le choix des moyens de les rendre utiles, soit par le choix des gens sur qui elle les répand. Elle s'est fait des regles dont elle ne se départ point. Elle sait accorder et refuser ce qu'on lui demande, sans qu'il y ait ni foiblesse dans sa bonté, ni caprice dans son refus. Quiconque a commis en sa vie une méchante action n'a rien à espérer d'elle que justice, et pardon s'il l'a offensée, jamais faveur ni protection qu'elle puisse placer sur un meilleur sujet. Je l'ai vue refuser assés sechement à un homme de cette espece une grace qui dépendoit d'elle seule. « Je vous souhaite du bonheur » lui dit-elle, « mais « je n'y veux pas contribuer, de peur de faire du mal à « d'autres en vous mettant en état d'en faire. Le monde « n'est pas assés épuisé de gens de bien qui souffrent, « pour qu'on soit réduit à songer à vous. » Il est vrai que cette dureté lui coûte extrêmement et qu'il lui est rare de l'exercer. Sa maxime est de compter pour bons tous ceux dont la méchanceté ne lui est pas prouvée, et il y a bien peu de méchans qui n'aient l'addresse de se mettre à l'abri des preuves. Elle n'a point cette charité paresseuse des riches qui paye en argent aux malheureux le droit de rejetter leurs prieres, et pour un bienfait imploré ne savent jamais donner que l'aumône. Sa bourse n'est pas inépuisable, et depuis qu'elle est mere de famille, elle en sait mieux regler l'usage. De tous les secours dont on peut soulager les malheureux, l'aumône est à la vérité celui qui coûte le moins de peine; mais il est aussi le plus passager et le moins solide; et Julie ne cherche pas à se délivrer d'eux, mais à leur être utile.

Elle n'accorde pas non plus indistinctement des recommandations et des services sans bien savoir si l'usage qu'on en veut faire est raisonnable et juste. Sa protection n'est jamais réfusée à quiconque en a un véritable besoin et mérite de l'obtenir; mais pour ceux que l'inquiétude ou l'ambition porte à vouloir s'élever et quiter un état où ils sont bien, rarement peuvent-ils l'engager à se mêler de leurs affaires (*a*)[1]. La condition naturelle à l'homme est de cultiver la terre et de vivre de ses fruits. Le paisible habitant des champs n'a besoin pour sentir son bonheur que de le connoitre. Tous les vrais plaisirs de l'homme sont à sa portée; il n'a que les peines inséparables de l'humanité, des peines que celui qui croit s'en délivrer ne fait qu'échanger contre d'autres plus cruelles*. Cet état eſt le seul nécessaire et le plus utile. Il n'eſt malheureux que quand les autres le tirannisent par leur violence, ou le séduisent par l'exemple de leurs vices : C'eſt en lui que consiſte la véritable prospérité d'un pays, la force et la grandeur qu'un peuple tire de lui-méme, qui ne dépend en rien des autres nations, qui ne contraint jamais d'attaquer pour se soutenir, et donne les plus sûrs moyens de se deffendre. Quand il eſt queſtion d'eſtimer la puissance publique, le bel-esprit visite les palais du prince, ses ports, ses troupes, ses arsenaux, ses villes; le vrai politique parcourt les terres et va dans la chaumiere du laboureur. Le premier voit ce qu'on a fait, et le second ce qu'on peut faire (*a*).

Sur ce principe on s'attache ici, et plus encore à Etange (*b*), à contribuer autant qu'on peut à rendre aux paysans leur condition douce, sans jamais leur aider (*c*) à en sortir. Les plus aisés et les plus pauvres ont également la fureur d'envoyer leurs enfans dans les villes, les uns pour étudier et devenir un jour des Messieurs, les autres pour entrer en condition et décharger leurs parens de leur entretien. Les jeunes gens de leur côté aiment souvent à courir; les filles aspirent à la parure bourgeoise, les garçons s'engagent dans un service étranger; ils croyent valoir mieux en raportant dans leur village, au lieu de l'amour de la patrie et de la liberté, l'air à la fois rogue et rempant des soldats mercenaires, et le ridicule mépris de leur ancien état. On leur montre à tous l'erreur de ces préjugés, la corruption des enfans, l'abandon des peres, et les risques continuels de la vie, de la fortune et des mœurs, où cent périssent pour un qui réussit. S'ils s'obstinent, on ne favorise point leur fantaisie insensée, on les laisse courir au vice et à la misere, et l'on s'applique à dédomager ceux qu'on a persuadés, des sacrifices qu'ils font à la raison. On leur apprend à honorer leur condition naturelle en l'honorant soi-même; on n'a point avec les paysans les façons des villes, mais on use avec eux d'une honnête et grave familiarité, qui, maintenant chacun dans son état, leur apprend pourtant à faire cas du leur. Il n'y a

* L'homme sorti de sa premiere simplicité devient si ſtupide qu'il ne sait pas même desirer. Ses souhaits exaucés le méneroient tous à la fortune, jamais à la félicité (*d*).

point de bon paysan qu'on ne porte à se considérer lui-même, en lui montrant la différence qu'on fait de lui à ces petits parvenus qui viennent briller un moment dans leur village et ternir leurs parens de leur éclat. M. de Wolmar et le Baron (*a*) quand il eſt ici manquent rarement d'assiſter aux exercices, aux prix, aux revues du village et des environs. Cette jeunesse déja naturellement ardente et guerriere, voyant de vieux Officiers se plaire à ses assemblées, s'en eſtime davantage et prend plus de confiance en elle-même. On lui en donne encore plus en lui montrant des soldats retirés du service étranger en savoir moins qu'elle à tous égards; car quoiqu'on fasse, jamais cinq sols de paye et la peur des coups de canne ne produiront une émulation pareille à celle que donne à un homme libre et sous les armes la présence de ses parens, de ses voisins, de ses amis, de sa maitresse, et la gloire de son pays[1].

La grande maxime de Madame de Wolmar eſt donc de ne point favoriser les changemens de condition, mais de contribuer à rendre heureux chacun dans la sienne, et sur tout d'empêcher que la plus heureuse de toutes, qui eſt celle du villageois dans un Etat libre, ne se dépeuple en faveur des autres.

Je lui faisois là-dessus l'objeĉtion des talens divers que la nature semble avoir partagés aux hommes, pour leur donner à chacun leur emploi, sans égard à la condition dans laquelle ils sont nés. A cela elle me répondit qu'il y avoit deux choses à considérer avant le talent, savoir les mœurs, et la félicité. L'homme, dit-elle, eſt un être trop noble pour devoir servir simplement d'inſtrument à d'autres, et l'on ne doit point l'employer à ce qui leur convient sans consulter aussi ce qui lui convient à lui-même; car les hommes ne sont pas faits pour les places, mais les places sont faites pour eux, et pour diſtribuer convenablement les choses il ne faut pas tant chercher dans leur partage l'emploi auquel chaque homme eſt le plus propre, que celui qui eſt le plus propre à chaque homme, pour le rendre bon et heureux autant qu'il eſt possible (*b*). Il n'eſt jamais permis de détériorer une ame humaine pour l'avantage des autres, ni de faire un scélérat pour le service des honnêtes-gens[2].

Or de mille sujets qui sortent du Village il n'y en a pas dix qui n'aillent se perdre à la ville, ou qui n'en portent les vices plus loin que les gens dont ils les ont appris. Ceux qui réussissent et font fortune, la font presque tous par les voyes deshonnêtes qui y menent[1]. Les malheureux qu'elle n'a point favorisés ne reprennent plus leur ancien état et se font mendians ou voleurs, plutôt que de redevenir paysans. De ces mille s'il s'en trouve un seul qui résiste à l'exemple et se conserve honnête-homme, pensez-vous qu'à tout prendre celui-là passe une vie aussi heureuse qu'il l'eut passée à l'abri des passions violentes, dans la tranquille obscurité de sa premiere condition ?

Pour suivre son talent il le faut connoitre. Est-ce une chose aisée de discerner toujours les talens des hommes, et à l'âge où l'on prend un parti si l'on a tant de peine à bien connoitre ceux des enfans qu'on a le mieux observés, comment un petit paysan saura-t-il de lui-même distinguer les siens ? Rien n'est plus équivoque que les signes d'inclination qu'on donne dès l'enfance; l'esprit imitateur y a souvent plus de part que le talent; ils dépendront plutôt d'une rencontre fortuite que d'un penchant décidé, et le penchant même n'annonce pas toujours la disposition. Le vrai talent, le vrai génie a une certaine simplicité qui le rend moins inquiet, moins remuant, moins prompt à se montrer qu'un apparent et faux talent qu'on prend pour véritable, et qui n'est qu'une vaine ardeur de briller, sans moyens pour y réussir. Tel entend un tambour et veut être Général; un autre voit bâtir et se croit Architecte. Gustin mon jardinier[2] prit le goût du dessein pour m'avoir vu dessiner; je l'envoyai apprendre à Lausanne; il se croyoit déja peintre, et n'est qu'un jardinier. L'occasion, le desir de s'avancer, décident de l'état qu'on choisit. Ce n'est pas assés de sentir son génie, il faut aussi vouloir s'y livrer. Un Prince ira-t-il se faire cocher, parce qu'il mene bien son carrosse ? Un Duc se fera-t-il Cuisinier parce qu'il invente de bons ragoûts ? On n'a des talens que pour s'élever, personne n'en a pour descendre; pensez-vous que ce soit là l'ordre de la nature ? Quand chacun connoitroit son talent et voudroit le suivre, combien le pourroient ? Combien surmonteroient d'injustes obstacles ? Combien vaincroient d'indignes Concurrens ? Celui qui sent sa foiblesse appelle à son secours le manége et la brigue, que l'autre plus sûr de lui dédaigne (*a*). Ne m'avez-vous pas cent fois dit vous même que tant d'établissemens en faveur des arts ne font que leur nuire ? En multipliant indiscretement les Sujets on les confond, le vrai mérite reste étouffé dans la foule, et les honneurs dûs au plus habile sont tous pour le plus intrigant. S'il éxistoit une société où les emplois et les rangs fussent exactement mesurés sur les talens et le mérite personnel, chacun pourroit aspirer à la place qu'il sauroit le mieux remplir; mais il faut se conduire par des regles plus sûres et renoncer au prix des talens, quand le plus vil de tous est le seul qui mene à la fortune.

Je vous dirai plus, continua-t-elle; j'ai peine à croire que tant de talens divers doivent être tous dévelopés; car il faudroit pour cela que le nombre de ceux qui les possedent fut exactement proportionné aux besoins de la société, et si l'on ne laissoit au travail de la terre que ceux qui ont éminemment le talent de l'agriculture, ou qu'on enlevât à ce travail tous ceux qui sont plus propres à un autre, il ne resteroit pas assés de laboureurs pour la cultiver et nous faire vivre. Je penserois que les talens des hommes sont comme les vertus des drogues que la nature nous donne pour guérir nos maux, quoique son intention soit que nous n'en ayons pas besoin. Il y a des plantes qui nous empoisonnent, des animaux qui nous dévorent, des talens qui nous sont pernicieux. S'il faloit toujours employer chaque chose selon ses principales propriétés, peut-être feroit-on moins de bien que de mal aux hommes. Les peuples bons et simples n'ont pas besoin de tant de talens; ils se soutiennent mieux par leur seule simplicité que les autres par toute leur industrie. Mais à mesure qu'ils se corrompent leurs talens se dévelopent comme pour servir de supplément aux vertus qu'ils perdent, et pour forcer les méchans eux-mêmes d'être utiles en dépit d'eux (*a*).

Une autre chose sur laquelle j'avois peine à tomber d'accord avec elle étoit l'assistance des mendians. Comme c'est ici une grande route, il en passe beaucoup, et l'on ne refuse l'aumône à aucun. Je lui répresentai que ce n'étoit pas seulement un bien jetté à pure perte, et dont on privoit ainsi le vrai pauvre; mais que cet usage contribuoit à multiplier les gueux et les vagabonds qui se plaisent à ce lâche métier, et, se rendant à charge à la société, la privent encore du travail qu'ils y pourroient faire.

Je vois bien, me dit-elle, que vous avez pris dans les grandes villes les maximes dont de complaisans raisoneurs (*a*)[1] aiment à flater la dureté des riches; vous en avez même pris les termes. Croyez-vous dégrader un pauvre de sa qualité d'homme, en lui donnant le nom méprisant de gueux ? compatissant comme vous l'êtes, comment avez-vous pu vous resoudre à l'employer ? Renoncez-y, mon ami, ce mot ne va point dans votre bouche. Il eſt plus deshonorant pour l'homme dur qui s'en sert que pour le malheureux qui le porte. Je ne déciderai point si ces detracteurs de l'aumône ont tort ou raison; ce que je sais, c'eſt que mon mari qui ne cede point en bon sens à vos philosophes, et qui m'a souvent rapporté tout ce qu'ils disent là-dessus pour étouffer dans le cœur la pitié naturelle et l'exercer à l'insensibilité, m'a toujours paru mépriser ces discours et n'a point desaprouvé ma conduite. Son raisonnement eſt simple. On souffre, dit-il, et l'on entretient à grands fraix des multitudes de professions inutiles dont plusieurs ne servent qu'à corrompre et gâter les mœurs. A ne regarder l'état de mendiant que comme un métier, loin qu'on en ait rien de pareil à craindre, on n'y trouve que de quoi nourrir en nous les sentimens d'intérêt (*b*) et d'humanité qui devroient unir tous les hommes. Si l'on veut le considérer par le talent, pourquoi ne récompenserois-je pas l'éloquence de ce mendiant qui me remue le cœur et me porte à le secourir, comme je paye un Comédien qui me fait verser quelques larmes ſtériles ? Si l'un me fait aimer les bonnes actions d'autrui, l'autre me porte à en faire moi-même : tout ce qu'on sent à la tragédie s'oublie à l'inſtant qu'on en sort; mais la mémoire des malheureux qu'on a soulagés donne un plaisir qui renait sans cesse. Si le grand nombre des mendians eſt onéreux à l'Etat, de combien d'autres professions qu'on encourage et qu'on tolere n'en peut-on pas dire autant? C'eſt au Souverain de faire en sorte qu'il n'y ait point de mendians : mais pour les rebuter de leur profession*

---

* Nourrir les mendians c'eſt, disent-ils, former des pépinieres de voleurs; et tout au contraire, c'eſt empêcher qu'ils ne le deviennent. Je conviens qu'il ne faut pas encourager les pauvres à se faire mendians, mais quand une fois ils le sont, il faut les nourrir, de peur qu'ils ne se fassent voleurs. Rien n'engage tant à changer de profession que de ne pouvoir vivre dans la sienne : or tous ceux qui ont une fois goûté de ce métier oiseux prennent tellement le travail

faut-il rendre les citoyens inhumains et dénaturés ? Pour moi, continua Julie, sans savoir ce que les pauvres sont à l'Etat je sais qu'ils sont tous mes freres, et que je ne puis sans une inexcusable dureté leur refuser le foible secours qu'ils me demandent. La plupart sont des vagabonds, j'en conviens; mais je connois trop les peines de la vie pour ignorer par combien de malheurs un honnête homme peut se trouver réduit à leur sort, et comment puis-je être sûre que l'inconnu qui vient implorer au nom de Dieu mon assistance et mendier un pauvre morceau de pain n'est pas, peut-être, cet honnête homme prêt à périr de misere, et que mon refus va reduire au desespoir ? L'aumone que je fais donner à la porte est legere. Un demi-crutz* et un morceau de pain sont ce qu'on ne refuse à personne, on donne une ration double à ceux qui sont évidemment estropiés. S'ils en trouvent autant sur leur route dans chaque maison aisée, cela suffit pour les faire vivre en chemin, et c'est tout ce qu'on doit au mendiant étranger qui passe. Quand ce ne seroit pas pour eux un secours réel, c'est au moins un témoignage qu'on prend part à leur peine, un adoucissement à la dureté du refus, une sorte de salutation qu'on leur rend. Un demi-crutz et un morceau de pain ne coûtent guere plus à donner et sont une réponse plus honnête qu'un : *Dieu vous assiste ;* comme si les dons de Dieu n'étoient pas dans la main des hommes, et qu'il eut d'autres greniers sur la terre que les magazins des riches (*a*) ? Enfin, quoiqu'on puisse penser de ces infortunés, si l'on ne doit rien au gueux qui mendie, au moins se doit-on à soi-même de rendre honneur à l'humanité souffrante ou à son image, et de ne point s'endurcir le cœur à l'aspect de ses miseres.

---

en aversion qu'ils aiment mieux voler et se faire pendre, que de reprendre l'usage de leurs bras. Un liard est bientôt demandé et refusé, mais vingt liards auroient payé le soupé d'un pauvre que vingt refus peuvent impatienter. Qui est-ce qui voudroit jamais refuser une si légere aumône s'il songeoit qu'elle peut sauver deux hommes, l'un du crime et l'autre de la mort ? J'ai lû quelque part que les mendians sont une vermine qui s'attache aux riches. Il est naturel que les enfans s'attachent aux peres; mais ces peres opulens et durs les méconnoissent, et laissent aux pauvres le soin de les nourrir (*b*).

* Petite monnoye du pays.

Voila comment j'en use avec ceux qui mendient, pour ainsi dire, sans prétexte et de bonne foi : à l'égard de ceux qui se disent ouvriers et se plaignent de manquer d'ouvrage, il y a toujours ici pour eux des outils et du travail qui les attendent. Par cette méthode on les aide, on met leur bonne volonté à l'épreuve, et les menteurs le savent si bien qu'il ne s'en présente plus chez nous (*a*).

C'est ainsi, Milord, que cette ame angélique trouve toujours dans ses vertus dequoi combattre les vaines subtilités dont les gens cruels pallient leurs vices. Tous ces soins et d'autres semblables sont mis par elle au rang de ses plaisirs, et remplissent une partie du tems que lui laissent ses devoirs les plus chéris. Quand, après s'être acquitée de tout ce qu'elle doit aux autres elle songe ensuite à elle-même, ce qu'elle fait pour se rendre la vie agréable peut encore être compté parmi ses vertus; tant son motif est toujours louable et honnête, et tant il y a de tempérance et de raison dans tout ce qu'elle accorde à ses desirs ! Elle veut plaire à son mari qui aime à la voir contente et gaye; elle veut inspirer à ses enfans le goût des innocens plaisirs que la modération, l'ordre et la simplicité font valoir, et qui détournent le cœur des passions impétueuses. Elle s'amuse pour les amuser, comme la colombe amolit dans son estomac le grain dont elle veut nourrir ses petits.

Julie a l'ame et le corps également sensibles. La même délicatesse regne dans ses sentimens et dans ses organes. Elle étoit faite pour connoitre et goûter tous les plaisirs, et longtems elle n'aima si cherement la vertu même que comme la plus douce des voluptés. Aujourd'hui qu'elle sent en paix cette volupté suprême, elle ne se refuse aucune de celles qui peuvent s'associer avec celle-là; mais sa maniere de les goûter ressemble à l'austérité de ceux qui s'y refusent, et l'art de jouïr[1] est pour elle celui des privations; non de ces privations pénibles et douloureuses qui blessent la nature et dont son auteur dédaigne l'hommage insensé, mais des privations passageres et modérées, qui conservent à la raison son empire, et servant d'assaisonement au plaisir en préviennent le dégoût et l'abus. Elle prétend que tout ce qui tient au sens et n'est pas nécessaire à la vie change de nature aussi-tôt qu'il tourne en habitude, qu'il cesse d'être un plaisir en devenant un besoin, que c'est à la fois une chaine qu'on se donne et une jouïssance dont on se prive, et que prévenir toujours les desirs n'eſt pas l'art de les contenter mais de les éteindre. Tout celui qu'elle employe à donner du prix aux moindres choses eſt de se les refuser vingt fois pour en jouïr une. Cette ame simple se conserve ainsi son premier ressort; son goût ne s'use point; elle n'a jamais besoin de le ranimer par des excès, et je la vois souvent savourer avec délice un plaisir d'enfant, qui seroit insipide à tout autre.

Un objet plus noble qu'elle se propose encore en cela, eſt de reſter maitresse d'elle-même, d'accoutumer ses passions à l'obéissance, et de plier tous ses desirs à la regle. C'eſt un nouveau moyen d'être heureuse, car on ne jouït sans inquiétude que de ce qu'on peut perdre sans peine, et si le vrai bonheur appartient au sage, c'eſt parce qu'il eſt de tous les hommes celui à qui la fortune peut le moins ôter.

Ce qui me paroit le plus singulier dans sa tempérance, c'eſt qu'elle la suit sur les mêmes raisons qui jettent les voluptueux dans l'excès. La vie eſt courte, il eſt vrai, dit-elle; c'eſt une raison d'en user jusqu'au bout, et de dispenser avec art sa durée afin d'en tirer le meilleur parti qu'il eſt possible. Si un jour de satiété nous ôte un an de jouïssance, c'eſt une mauvaise philosophie d'aller toujours jusqu'où le desir nous mene, sans considérer si nous ne serons point plutôt au bout de nos facultés que de notre carriere, et si notre cœur épuisé ne mourra point avant nous. Je vois que ces vulgaires Epicuriens pour ne vouloir jamais perdre une occasion les perdent toutes, et toujours ennuyés au sein des plaisirs n'en savent jamais trouver aucun. Ils prodiguent le tems qu'ils pensent économiser, et se ruinent comme les avares pour ne savoir rien perdre à propos. Je me trouve bien de la maxime opposée, et je crois que j'aimerois encore mieux sur ce point trop de sévérité que de relâchement. Il m'arrive quelquefois de rompre une partie de plaisir par la seule raison qu'elle m'en fait trop; en la renouant j'en jouïs deux fois. Cependant, je m'exerce à conserver sur moi l'empire de ma volonté, et j'aime mieux être taxée de caprice que de me laisser dominer par mes fantaisies.

Voila sur quel principe on fonde ici les douceurs de la vie, et les choses de pur agrément. Julie a du penchant à la gourmandise (*a*), et dans les soins qu'elle donne à toutes les parties du menage, la cuisine surtout n'eſt pas négligée. La table se sent de l'abondance générale, mais cette abondance n'est point ruineuse; il y regne une sensualité sans rafinement; tous les mets sont communs, mais excellens dans leurs especes, l'apprêt en est simple et pourtant exquis (*a*). Tout ce qui n'est que d'appareil, tout ce qui tient à l'opinion, tous les plats fins et recherchés, dont la rareté fait tout le prix et qu'il faut nommer pour les trouver bons, en sont bannis à jamais, et même dans la délicatesse et le choix de ceux qu'on se permet, on s'abstient journellement de certaines choses qu'on reserve pour donner à quelques repas un air de fête qui les rend plus agréables sans être plus dispendieux. Que croiriez-vous que sont ces mets si sobrement ménagés ? Du gibier rare ? du poisson de mer ? des productions étrangeres ? Mieux que tout cela. Quelque excellent légume du pays, quelqu'un des savoureux herbages qui croissent dans nos jardins, certains poissons du lac apprêtés d'une certaine maniére, certains laitages de nos montagnes, quelque patisserie à l'allemande, à quoi l'on joint quelque piece de la chasse des gens de la maison; voila tout l'extraordinaire qu'on y remarque; voila ce qui couvre et orne la table, ce qui excite et contente notre appetit les jours de réjouïssance (*b*); le service est modeste et champêtre, mais propre et riant, la grace et le plaisir y sont, la joye et l'appetit l'assaisonent; des surtouts dorés autour desquels on meurt de faim, des cristaux pompeux chargés de fleurs pour tout dessert ne remplissent point la place des mets, on n'y sait point l'art de nourrir l'estomac par les yeux; mais on y sait celui d'ajouter du charme à la bonne chere, de manger beaucoup sans s'incomoder, de s'égayer à boire sans altérer sa raison, de tenir table longtems sans ennui, et d'en sortir toujours sans dégoût[1].

Il y a au premier étage (*c*) une petite salle à manger différente de celle où l'on mange ordinairement laquelle est au rez-de-chaussée. Cette salle particuliere est à l'angle de la maison et éclairée de deux côtés. Elle donne par l'un sur le jardin au delà duquel on voit le lac à travers les arbres; par l'autre on apperçoit ce grand côteau de vignes qui commence d'étaler aux yeux les richesses qu'on y recueillira (*d*) dans deux mois. Cette piece est petite mais ornée de tout ce qui peut la rendre agréable et riante. C'est là que Julie donne ses petits festins à son pere, à son mari, à sa cousine, à moi, à elle-même, et quelquefois à ses enfans. Quand elle ordonne d'y mettre le couvert, on sait d'avance ce que cela veut dire, et M. de Wolmar l'appelle en riant le salon d'Apollon; mais ce salon ne differe pas moins de celui de Lucullus par le choix des Convives que par celui des mets. Les simples hôtes n'y sont point admis; jamais on n'y mange quand on a des étrangers; c'est l'azile inviolable de la confiance, de l'amitié, de la liberté. C'est la société des cœurs qui lie en ce lieu celle de la table; elle est une sorte d'initiation à l'intimité, et jamais il ne s'y rassemble que des gens qui voudroient n'être plus séparés. Milord, la fête vous attend, et c'est dans cette salle que vous ferez ici votre premier repas.

Je n'eus pas d'abord le même honneur. Ce ne fut qu'à mon retour de chez Madame d'Orbe que je fus traitté dans le salon d'Apollon. Je n'imaginois pas qu'on put rien ajoûter d'obligeant à la reception qu'on m'avoit faite : Mais ce souper me donna d'autres idées. J'y trouvai je ne sais quel délicieux mélange de familiarité, de plaisir, d'union, d'aisance, que je n'avois point encore éprouvé. Je me sentois plus libre sans qu'on m'eut averti de l'être; il me sembloit que nous nous entendions mieux qu'auparavant. L'éloignement des domestiques m'invitoit à n'avoir plus de réserve au fond de mon cœur, et c'est là qu'à l'instance de Julie je repris l'usage quitté depuis tant d'années de boire avec mes hôtes du vin pur à la fin du repas[1].

Ce souper m'enchanta. J'aurois voulu que tous nos repas se fussent passés de même. Je ne connoissois point cette charmante salle, dis-je à Madame de Wolmar; pourquoi n'y mangez-vous pas toujours ? Voyez, dit-elle, elle est si jolie ! ne seroit-ce pas domage de la gâter ? Cette réponse me parut trop loin de son caractere pour n'y pas soupçonner quelque sens caché. Pourquoi du moins, repris-je, ne rassemblez-vous pas toujours autour de vous les mêmes comodités qu'on trouve ici, afin de pouvoir éloigner vos domestiques et causer plus en liberté ? C'est, me répondit-elle encore, que cela seroit trop agréable, et que l'ennui d'être toujours à son aise est enfin le pire de tous. Il ne m'en falut pas davantage pour concevoir son systême, et je jugeai qu'en effet, l'art d'assaisonner les plaisirs n'est que celui d'en être avare.

Je trouve qu'elle se met avec plus de soin qu'elle ne

faisoit autrefois. La seule vanité qu'on lui ait jamais reprochée étoit de négliger son ajustement. L'orgueilleuse avoit ses raisons, et ne me laissoit point de prétexte pour méconnoitre son empire. Mais elle avoit beau faire, l'enchantement étoit trop fort pour me sembler naturel; je m'opiniâtrois à trouver de l'art dans sa négligence; elle se seroit coëffée d'un sac, que je l'aurois accusée de coquéterie. Elle n'auroit pas moins de pouvoir aujourd'hui; mais elle dédaigne de l'employer, et je dirois qu'elle affecte une parure plus recherchée pour ne sembler plus qu'une jolie femme, si je n'avois découvert la cause de ce nouveau soin. J'y fus trompé les premiers jours, et sans songer qu'elle n'étoit pas mise autrement qu'à mon arrivée où je n'étois point attendu, j'osai m'attribuer l'honneur de cette recherche. Je me desabusai durant l'absence de M. de Wolmar. Dès le lendemain ce n'étoit plus cette élegance de la veille dont l'œil ne pouvoit se lasser, ni cette simplicité touchante et voluptueuse qui m'enivroit autrefois. C'étoit une certaine modestie qui parle au cœur par les yeux, qui n'inspire que du respect, et que la beauté rend plus imposante. La dignité d'épouse et de mere regnoit sur tous ses charmes; ce regard timide et tendre étoit devenu plus grave; et l'on eut dit qu'un air plus grand et plus noble avoit voilé la douceur de ses traits. Ce n'étoit pas qu'il y eut la moindre altération dans son maintien ni dans ses manieres; son égalité, sa candeur ne connurent jamais les simagrées. Elle usoit seulement du talent naturel aux femmes de changer quelquefois nos sentimens et nos idées par un ajustement différent, par une coëffure d'une autre forme, par une robe d'une autre couleur, et d'exercer sur les cœurs l'empire du goût en faisant de rien quelque chose. Le jour qu'elle attendoit son mari de retour, elle retrouva l'art d'animer ses graces naturelles sans les couvrir; elle étoit éblouïssante en sortant de sa toilette; je trouvai qu'elle ne savoit pas moins effacer la plus brillante parure qu'orner la plus simple, et je me dis avec dépit en pénétrant l'objet de ses soins : En fit-elle jamais autant pour l'amour[1] ?

Ce goût de parure s'étend de la maitresse de la maison à tout ce qui la compose. Le maitre, les enfans, les domestiques, les chevaux, les bâtimens, les jardins, les meubles, tout est tenu avec un soin qui marque qu'on n'est pas au dessous de la magnificence, mais qu'on la dédaigne. Ou plutôt, la magnificence y eſt en effet, s'il eſt vrai qu'elle consiſte moins dans la richesse de certaines choses que dans un bel ordre du tout, qui marque le concert des parties et l'unité d'intention de l'ordonnateur*. Pour moi je trouve au moins que c'eſt une idée plus grande et plus noble de voir dans une maison simple et modeſte un petit nombre de gens heureux d'un bonheur commun que de voir regner dans un palais la discorde et le trouble, et chacun de ceux qui l'habitent chercher sa fortune et son bonheur dans la ruine d'un autre et dans le desordre général. La maison bien reglée eſt une, et forme un tout agréable à voir : dans le palais on ne trouve qu'un assemblage confus de divers objets, dont la liaison n'eſt qu'apparente. Au premier coup d'œil on croit voir une fin commune; en y regardant mieux on eſt bientôt détrompé.

A ne consulter que l'impression la plus naturelle, il sembleroit que pour dédaigner l'éclat et le luxe on a moins besoin de modération que de goût. La simétrie et la régularité plait (*a*) à tous les yeux. L'image du bien-être et de la félicité touche le cœur humain qui en eſt avide : mais un vain appareil qui ne se rapporte ni à l'ordre ni au bonheur et n'a pour objet que de frapper les yeux, quelle idée favorable à celui qui l'étale peut-il exciter dans l'esprit du spectateur ? L'idée du goût ? Le goût ne paroit-il pas cent fois mieux dans les choses simples que dans celles qui sont offusquées de richesse[1]. L'idée de la comodité ? Y a-t-il rien de plus incomode que le faſte**? L'idée de la grandeur? C'eſt précisement

---

* Cela me paroit inconteſtable. Il y a de la magnificence dans la simétrie d'un grand Palais; il n'y en a point dans une foule de maisons confusément entassées. Il y a de la magnificence dans l'uniforme d'un Régiment en bataille; il n'y en a point dans le peuple qui le regarde; quoiqu'il ne s'y trouve peut-être pas un seul homme dont l'habit en particulier ne vaille mieux que celui d'un soldat. En un mot, la véritable magnificence n'eſt que l'ordre rendu sensible dans le grand; ce qui fait que de tous les spectacles imaginables le plus magnifique eſt celui de la nature (*b*).

** Le bruit des gens d'une maison trouble incessamment le repos du maitre. Il ne peut rien cacher à tant d'Argus. La foule de ses créanciers lui fait payer cher celle de ses admirateurs. Ses appartemens sont si superbes qu'il eſt forcé de coucher dans une bouge pour être à son aise, et son singe eſt quelquefois mieux logé que lui. S'il

le contraire. Quand je vois qu'on a voulu faire un grand palais, je me demande aussi-tôt pourquoi ce palais n'est pas plus grand ? Pourquoi celui qui a cinquante domestiques n'en a-t-il pas cent ? Cette belle vaisselle d'argent pourquoi n'est-elle pas d'or ? Cet homme qui dore son Carrosse pourquoi ne dore-t-il pas ses lambris ? Si ses lambris sont dorés pourquoi son toit ne l'est-il pas ? Celui qui voulut bâtir une haute tour faisoit bien de la vouloir porter jusqu'au Ciel; autrement il eut eu beau l'élever; le point où il se fut arrêté n'eut servi qu'à donner de plus loin la preuve de son impuissance. O homme petit et vain, montre-moi ton pouvoir, je te montrerai ta misere !

Au contraire, un ordre de choses où rien n'est donné à l'opinion, où tout a son utilité réelle et qui se borne aux vrais besoins de la nature n'offre pas seulement un spectacle approuvé par la raison, mais qui contente les yeux et le cœur, en ce que l'homme ne s'y voit que sous des raports agréables, comme se suffisant à lui-même, que l'image de sa foiblesse n'y paroit point, et que ce riant tableau n'excite jamais de réflexions attristantes. Je défie aucun homme sensé de contempler une heure durant le palais d'un prince et le faste qu'on y voit briller sans tomber dans la mélancolie et déplorer le sort de l'humanité. Mais l'aspect de cette maison et de la vie uniforme et simple de ses habitans répand dans l'ame des spectateurs un charme secret qui ne fait qu'augmenter sans cesse. Un petit nombre de gens doux et paisibles, unis par des besoins mutuels et par une réciproque bienveuillance (*a*) y concourt par divers soins à une fin commune : chacun trouvant dans son état tout ce qu'il faut pour en être content et ne point desirer d'en sortir, on s'y attache comme y devant rester toute la vie, et la seule ambition qu'on garde est celle d'en bien remplir les

---

veut diner, il dépend de son cuisinier et jamais de sa faim; s'il veut sortir, il est à la merci de ses chevaux; mille embarras l'arrêtent dans les rues; il brule d'arriver et ne sait plus qu'il a des jambes. Chloé l'attend, les boües le retiennent, le poids de l'or de son habit l'accable, et il ne peut faire vingt pas à pied : mais s'il perd un rendez-vous avec sa maitresse, il en est bien dédomagé par les passans : chacun remarque sa livrée, l'admire, et dit tout haut que c'est Monsieur un tel (*b*).

devoirs. Il y a tant de modération dans ceux qui commandent et tant de zele dans ceux qui obéissent que des égaux eussent pu distribuer entre eux les mêmes emplois, sans qu'aucun se fut plaint de son partage (*a*). Ainsi nul n'envie celui d'un autre; nul ne croit pouvoir augmenter sa fortune que par l'augmentation du bien commun; les maitres mêmes ne jugent de leur bonheur que par celui des gens qui les environnent. On ne sauroit qu'ajoûter ni que retrancher ici, parce qu'on n'y trouve que les choses utiles et qu'elles y sont toutes, en sorte qu'on n'y souhaite rien de ce qu'on n'y voit pas, et qu'il n'y a rien de ce qu'on y voit dont on puisse dire : pourquoi n'y en a-t-il pas davantage ? Ajoûtez y du galon, des tableaux, un lustre, de la dorure, à l'instant vous appauvrirez tout. En voyant tant d'abondance dans le nécessaire, et nulle trace de superflu, on est porté à croire que s'il n'y est pas c'est qu'on n'a pas voulu qu'il y fût, et que si on le vouloit, il y regneroit avec la même profusion : En voyant continuellement les biens refluer au dehors par l'assistance du pauvre, on est porté à dire : cette maison ne peut contenir toutes ses richesses. Voila, ce me semble, la véritable magnificence[1].

Cet air d'opulence m'effraya moi-même, quand je fus instruit de ce qui servoit à l'entretenir. Vous vous ruinez, dis-je à M. et Made de Wolmar. Il n'est pas possible qu'un si modique revenu suffise à tant de dépenses. Ils se mirent à rire, et me firent voir que, sans rien retrancher dans leur maison, il ne tiendroit qu'à eux d'épargner beaucoup et d'augmenter leur revenu plutôt que de se ruiner. Notre grand secret pour être riches, me dirent-ils, est d'avoir peu d'argent, et d'éviter autant qu'il se peut dans l'usage de nos biens les échanges intermédiaires entre le produit et l'emploi. Aucun de ces échanges ne se fait sans perte, et ces pertes multipliées réduisent presque à rien d'assés grands moyens, comme à force d'être brocantée une belle boëte d'or devient un mince colifichet. Le transport de nos revenus s'évite en les employant sur le lieu, l'échange s'en évite encore en les consomant en nature, et dans l'indispensable conversion de ce que nous avons de trop en ce qui nous manque, au lieu des ventes et des achats pécuniaires qui doublent le préjudice, nous cherchons des échanges réels où la comodité de chaque contractant tienne lieu de profit à tous deux.

Je conçois, leur dis-je, les avantages de cette méthode; mais elle ne me paroit pas sans inconvénient. Outre les soins importuns auxquels elle assujetit, le profit doit être plus apparent que réel, et ce que vous perdez dans le détail de la régie de vos biens l'emporte probablement sur le gain que feroient avec vous vos Fermiers : car le travail se fera toujours avec plus d'économie et la récolte avec plus de soin par un paysan que par vous. C'est une erreur, me repondit Wolmar; le paysan se soucie moins d'augmenter le produit que d'épargner sur les fraix, parce que les avances lui sont plus pénibles que les profits ne lui sont utiles; comme son objet n'est pas tant de mettre un fond en valeur que d'y faire peu de dépense, s'il s'assure un gain actuel c'est bien moins en améliorant la terre qu'en l'épuisant, et le mieux qui puisse arriver est qu'au lieu de l'épuiser il la néglige. Ainsi pour un peu d'argent content (*a*) recueilli sans embarras, un propriétaire oisif prépare à lui ou à ses enfans de grandes pertes, de grands travaux, et quelquefois la ruine de son patrimoine (*b*).

D'ailleurs, poursuivit M. de Wolmar, je ne disconviens pas que je ne fasse la culture de mes terres à plus grands fraix que ne feroit un fermier; mais aussi le profit du fermier c'est moi qui le fais, et cette culture étant beaucoup meilleure le produit est beaucoup plus grand (*c*); de sorte qu'en dépensant davantage, je ne laisse pas de gagner encore. Il y a plus; cet excès de dépense n'est qu'apparent et produit réellement une très grande économie : car, si d'autres cultivoient nos terres, nous serions oisifs; il faudroit demeurer à la ville, la vie y seroit plus chere, il nous faudroit des amusemens qui nous coûteroient beaucoup plus que ceux que nous trouvons ici, et nous seroient moins sensibles. Ces soins que vous appellez importuns sont à la fois nos devoirs et nos plaisirs; grace à la prévoyance avec laquelle on les ordonne, ils ne sont jamais pénibles; ils nous tiennent lieu d'une foule de fantaisies ruineuses dont la vie champêtre prévient ou détruit le goût, et tout ce qui contribue à notre bien-être devient pour nous un amusement.

Jettez les yeux tout autour de vous, ajoûtoit ce judicieux pere de famille, vous n'y verrez que des choses utiles, qui ne nous coûtent presque rien et nous épargnent mille vaines dépenses. Les seules denrées du cru couvrent notre table, les seules étoffes du pays composent presque nos meubles et nos habits : rien n'est méprisé parce qu'il est commun, rien n'est estimé parce qu'il est rare. Comme tout ce qui vient de loin est sujet à être déguisé ou falsifié, nous nous bornons, par délicatesse autant que par modération au choix de ce qu'il y a de meilleur auprès de nous et dont la qualité n'est pas suspecte. Nos mets sont simples, mais choisis. Il ne manque à notre table pour être somptueuse que d'être servie loin d'ici; car tout y est bon, tout y seroit rare, et tel gourmand trouveroit les truites du lac bien meilleures, s'il les mangeoit à Paris (*a*).

La même regle a lieu dans le choix de la parure, qui comme vous voyez n'est pas négligée; mais l'élégance y préside seule, la richesse ne s'y montre jamais, encore moins la mode. Il y a une grande différence entre le prix que l'opinion donne aux choses et celui qu'elles ont réellement. C'est à ce dernier seul que Julie s'attache, et quand il est question d'une étoffe, elle ne cherche pas tant si elle est ancienne ou nouvelle que si elle est bonne et si elle lui sied. Souvent même la nouveauté seule est pour elle un motif d'exclusion, quand cette nouveauté donne aux choses un prix qu'elles n'ont pas ou qu'elles ne sauroient garder (*b*).

Considerez encore qu'ici l'effet de chaque chose vient moins d'elle même que de son usage et de son accord avec le reste, de sorte qu'avec des parties de peu de valeur Julie a fait un tout d'un grand prix. Le goût aime à créer, à donner seul la valeur aux choses. Autant la loi de la mode est inconstante et ruineuse, autant la sienne est économe et durable. Ce que le bon goût approuve une fois est toujours bien; s'il est rarement à la mode, en revanche il n'est jamais ridicule, et dans sa modeste simplicité il tire de la convenance des choses des regles inaltérables et sûres, qui restent quand les modes ne sont plus.

Ajoûtez enfin que l'abondance du seul nécessaire ne peut dégénérer en abus; parce que le nécessaire a sa mesure naturelle, et que les vrais besoins n'ont jamais d'excès. On peut mettre la dépense de vingt habits en un seul, et manger en un repas le revenu d'une année; mais on ne sauroit porter deux habits en même tems ni diner deux fois en un jour. Ainsi l'opinion est illimitée, au lieu que la nature nous arrête de tous côtés, et celui qui dans un état médiocre se borne au bien-être ne risque point de se ruiner (*a*).

Voila, mon cher, continuoit le sage Wolmar, comment avec de l'économie et des soins on peut se mettre au dessus de sa fortune. Il ne tiendroit qu'à nous d'augmenter la nôtre sans changer notre maniere de vivre; car il ne se fait ici presque aucune avance qui n'ait un produit pour objet, et tout ce que nous dépensons nous rend dequoi dépenser beaucoup plus[1].

Hébien, Milord, rien de tout cela ne paroit au premier coup d'œil. Par tout un air de profusion couvre l'ordre qui le donne; il faut du tems pour appercevoir des loix somptuaires qui menent à l'aisance et au plaisir, et l'on a d'abord peine à comprendre comment on jouït de ce qu'on épargne. En y réfléchissant le contentement augmente, parce qu'on voit que la source en est intarissable et que l'art de goûter le bonheur de la vie sert encore à le prolonger. Comment se lasseroit-on d'un état si conforme à la nature ? Comment épuiseroit-on son héritage en l'améliorant tous les jours ? Comment ruineroit-on sa fortune en ne consomant que ses revenus ? Quand chaque année on est sûr de la suivante, qui peut troubler la paix de celle qui court ? Ici le fruit du labeur passé soutient l'abondance présente, et le fruit du labeur présent annonce l'abondance à venir; on jouït à la fois de ce qu'on dépense et de ce qu'on recueille, et les divers tems se rassemblent pour affermir la sécurité du présent.

Je suis entré dans tous les détails du ménage et j'ai partout vu regner le même esprit. Toute la broderie et la dentelle sortent du gynécée; toute la toile est filée dans la basse-cour[2] ou par de pauvres femmes que l'on nourrit. La laine s'envoye à des manufactures dont on tire en échange des draps pour habiller les gens; le vin, l'huile, et le pain se font dans la maison; on a des bois en coupe reglée autant qu'on en peut consommer; le boucher se paye en bétail, l'épicier reçoit du bled pour ses fournitures; le salaire des ouvriers et des domestiques se prend sur le produit des terres qu'ils font valoir; le loyer des maisons de la ville suffit pour l'ameublement de celles qu'on habite; les rentes sur les fonds publics fournissent à l'entretien des maitres, et au peu de vaisselle qu'on se permet, la vente des vins et des bleds qui restent donne un fond qu'on laisse en reserve pour les dépenses extraordinaires; fond que la prudence de Julie ne laisse jamais tarir, et que sa charité laisse encore moins augmenter. Elle n'accorde aux choses de pur agrément que le profit du travail qui se fait dans sa maison, celui des terres qu'ils ont défrichées, celui des arbres qu'ils ont fait planter etc. Ainsi le produit et l'emploi se trouvant toujours compensés par la nature des choses, la balance ne peut être rompue, et il est impossible de se déranger.

Bien plus; les privations qu'elle s'impose par cette volupté tempérante dont j'ai parlé sont à la fois de nouveaux moyens de plaisir et de nouvelles ressources d'économie. Par exemple elle aime beaucoup le caffé; chez sa mere elle en prenoit tous les jours. Elle en a quitté l'habitude pour en augmenter le goût; elle s'est bornée à n'en prendre que quand elle a des hôtes, et dans le salon d'Apollon, afin d'ajouter cet air de fête à tous les autres. C'est une petite sensualité qui la flate plus, qui lui coûte moins, et par laquelle elle aiguise et régle à la fois sa gourmandise. Au contraire, elle met à deviner et satisfaire les goûts de son pere et de son mari une attention sans relâche, une prodigalité naturelle et pleine de graces qui leur fait mieux goûter ce qu'elle leur offre par le plaisir qu'elle trouve à le leur offrir. Ils aiment tous deux à prolonger un peu la fin du repas, à la Suisse : Elle ne manque jamais après le soupé de faire servir une bouteille de vin plus délicat, plus vieux que celui de l'ordinaire. Je fus d'abord la dupe des noms pompeux qu'on donnoit à ces vins, qu'en effet je trouve excellens, et, les buvant comme étant des lieux dont ils portoient les noms, je fis la guerre à Julie d'une infraction si manifeste à ses maximes; mais elle me rappella en riant un passage de Plutarque, où Flaminius compare les troupes Asiatiques d'Antiochus sous mille noms barbares, aux ragoûts divers sous lesquels un ami lui avoit déguisé la même viande[1]. Il en est de même, dit-elle, de ces vins étrangers que vous me reprochez. Le rancio, le cherez, le malaga, le chassaigne, le siracuse dont vous buvez avec tant de plaisir ne sont en effet que des vins de Lavaux diversement préparés, et vous pouvez voir d'ici le vignoble qui produit toutes ces boissons lointaines[2]. Si elles sont inférieures en qualités aux vins fameux dont elles portent les noms, elles n'en ont pas les inconvéniens, et comme on eſt sûr de ce qui les compose, on peut au moins les boire sans risque. J'ai lieu de croire, continua-t-elle, que mon pere et mon mari les aiment autant que les vins les plus rares. Les siens, me dit alors M. de Wolmar ont pour nous un goût dont manquent tous les autres; c'eſt le plaisir qu'elle a pris à les préparer. Ah, reprit-elle, ils seront toujours exquis (*a*) !

Vous jugez bien qu'au milieu de tant de soins divers le desœuvrement et l'oisiveté qui rendent nécessaires la compagnie, les visites et les sociétés extérieures, ne trouvent guere ici de place. On fréquente les voisins, assés pour entretenir un commerce agréable, trop peu pour s'y assujetir. Les hôtes sont toujours bien venus et ne sont jamais desirés. On ne voit précisement qu'autant de monde qu'il faut pour se conserver le goût de la retraite; les occupations champêtres tiennent lieu d'amusemens, et pour qui trouve au sein de sa famille une douce société, toutes les autres sont bien insipides. La maniere dont on passe ici le tems eſt trop simple et trop uniforme pour tenter beaucoup de gens*; mais c'eſt par la disposition du cœur de ceux qui l'ont adoptée qu'elle leur eſt intéressante. Avec une ame saine, peut-on s'ennuyer à remplir les plus chers et les plus charmans devoirs de l'humanité, et à se rendre mutuellement la vie heureuse ? Tous les soirs Julie contente de sa journée n'en desire point une différente pour le lendemain, et tous les matins elle demande au Ciel un jour semblable à celui de la veille : elle fait toujours les mêmes choses parce qu'elles sont bien, et qu'elle ne connoit rien de mieux à faire. Sans doute elle jouït ainsi de toute la félicité permise à l'homme. Se plaire dans la durée de son état n'eſt-ce pas un signe assuré qu'on y vit heureux ?

Si l'on voit rarement ici de ces tas de desœuvrés qu'on appelle bonne compagnie, tout ce qui s'y rassemble interesse le cœur par quelque endroit avantageux, et

---

* Je crois qu'un de nos beaux-esprits voyageant dans ce pays-là, reçu et caressé dans cette maison à son passage, feroit ensuite à ses amis une relation bien plaisante de la vie de manans qu'on y mene. Au reſte, je vois par les lettres de Miladi Catesby que ce goût n'eſt pas particulier à la France, et que c'eſt apparemment aussi l'usage en Angleterre de tourner ses hôtes en ridicule, pour prix de leur hospitalité (*b*)[1].

rachette quelques ridicules par mille vertus. De paisibles campagnards sans monde et sans politesse; mais bons, simples, honnêtes et contens de leur sort; d'anciens officiers retirés du service; des commerçans ennuyés de s'enrichir; de sages meres de famille qui amenent leurs filles à l'école de la modestie et des bonnes mœurs; voila le cortège que Julie aime à rassembler autour d'elle. Son mari n'est pas faché d'y joindre quelquefois de ces avanturiers corrigés par l'âge et l'expérience, qui, devenus sages à leurs dépends, reviennent sans chagrin cultiver le champ de leur pere qu'ils voudroient n'avoir point quitté. Si quelqu'un récite à table les événemens de sa vie, ce ne sont point les avantures merveilleuses du riche Sindbad racontant au sein de la molesse orientale comment il a gagné ses trésors : Ce sont les rélations plus simples de gens sensés que les caprices du sort et les injustices des hommes ont rebutés des faux biens vainement poursuivis, pour leur rendre le goût des véritables[1].

Croiriez-vous que l'entretien même des paysans[2] a des charmes pour ces ames élevées avec qui le sage aimeroit à s'instruire ? Le judicieux Wolmar trouve dans la naiveté villageoise des caracteres plus marqués, plus d'hommes pensans par eux-mêmes que sous le masque uniforme des habitans des villes, où chacun se montre comme sont les autres, plutôt que comme il est lui-même. La tendre Julie trouve en eux des cœurs sensibles aux moindres caresses, et qui s'estiment heureux de l'intérêt qu'elle prend à leur bonheur. Leur cœur ni leur esprit ne sont point façonnés par l'art; ils n'ont point appris à se former sur nos modeles, et l'on n'a pas peur de trouver en eux l'homme de l'homme, au lieu de celui de la nature.

Souvent dans ses tournées M. de Wolmar rencontre quelque bon Vieillard dont le sens et la raison le frapent, et qu'il se plait à faire causer. Il l'amene à sa femme; elle lui fait un accueil charmant, qui marque, non la politesse et les airs de son état, mais la bienveuillance et l'humanité de son caractere. On retient le bon-homme à diner. Julie le place à côté d'elle, le sert, le caresse, lui parle avec intérêt, s'informe de sa famille, de ses affaires, ne sourit point de son embarras, ne donne point une attention gênante à ses manieres rustiques, mais le met à son aise par la facilité des siennes (*a*), et ne sort point avec lui de ce tendre et touchant respect dû à la vieillesse infirme qu'honore une longue vie passée sans reproche. Le vieillard enchanté se livre à l'épanchement de son cœur; il semble reprendre un moment la vivacité de sa jeunesse. Le vin bu à la santé d'une jeune Dame en rechauffe mieux son sang à demi-glacé. Il se ranime à parler de son ancien tems, de ses amours, de ses campagnes, des combats où il s'est trouvé, du courage de ses compatriotes, de son retour au pays, de sa femme, de ses enfans, des travaux champêtres, des abus qu'il a remarqués, des remedes qu'il imagine. Souvent des longs discours de son âge sortent d'excellens préceptes moraux, ou des leçons d'agriculture; et quand il n'y auroit dans les choses qu'il dit que le plaisir qu'il prend à les dire, Julie en prendroit à les écouter.

Elle passe après le diné dans sa chambre, et en rapporte un petit présent de quelque nippe convenable à la femme ou aux filles du vieux bon-homme. Elle le lui fait offrir par les enfans, et réciproquement il rend aux enfans quelque don simple et de leur goût dont elle l'a secretement chargé pour eux. Ainsi se forme de bonne heure l'étroite et douce bienveuillance qui fait la liaison des états divers. Les enfans s'accoutument à honorer la vieillesse, à estimer la simplicité, et à distinguer le mérite dans tous les rangs. Les paysans, voyant leurs vieux peres fêtés dans une maison respectable et admis à la table des maitres, ne se tiennent point offensés d'en être exclus; ils ne s'en prennent point à leur rang mais à leur âge; ils ne disent point : nous sommes trop pauvres, mais : nous sommes trop jeunes pour être ainsi traittés : l'honneur qu'on rend à leurs vieillards et l'espoir de le partager un jour les consolent d'en être privés et les excitent à s'en rendre dignes.

Cependant, le vieux bon-homme, encore attendri des caresses qu'il a reçues, revient dans sa chaumiere, empressé de montrer à sa femme et à ses enfans les dons qu'il leur apporte. Ces bagatelles répandent la joye dans toute une famille qui voit qu'on a daigné s'occuper d'elle. Il leur raconte avec emphase la reception qu'on lui a faite, les mets dont on l'a servi, les vins dont il a goûté, les discours obligeans qu'on lui a tenus, combien on s'est informé d'eux, l'affabilité des maitres, l'attention des serviteurs, et généralement ce qui peut donner du prix aux marques d'estime et de bonté qu'il a reçues; en le racontant il en jouït une seconde fois, et toute la maison croit jouïr aussi des honneurs rendus à son chef. Tous bénissent de concert cette famille illustre et généreuse qui donne exemple aux grands et réfuge aux petits, qui ne dédaigne point le pauvre et rend honneur aux cheveux blancs. Voila l'encens qui plait aux ames bienfaisantes. S'il est des bénédictions humaines que le Ciel daigne exaucer, ce ne sont point celles qu'arrache la flaterie et la bassesse en présence des gens qu'on loue; mais celles que dicte en secret un cœur simple et reconnoissant au coin d'un foyer rustique (*a*).

C'est ainsi qu'un sentiment agréable et doux peut couvrir de son charme une vie insipide à des cœurs indifférens : c'est ainsi que les soins, les travaux, la retraite peuvent devenir des amusemens par l'art de les diriger. Une ame saine peut donner du goût à des occupations communes, comme la santé du corps fait trouver bons les alimens les plus simples. Tous ces gens ennuyés qu'on amuse avec tant de peine doivent leur dégoût à leurs vices, et ne perdent le sentiment du plaisir qu'avec celui du devoir. Pour Julie, il lui est arrivé précisément le contraire, et des soins qu'une certaine langueur d'ame lui eut laissé négliger autrefois, lui deviennent intéressans par le motif qui les inspire. Il faudroit être insensible pour être toujours sans vivacité. La sienne s'est developpée par les mêmes causes qui la réprimoient autrefois. Son cœur cherchoit la retraite et la solitude pour se livrer en paix aux affections dont il étoit pénétré; maintenant elle a pris une activité nouvelle en formant de nouveaux liens. Elle n'est point de ces indolentes meres de famille, contentes d'étudier quand il faut agir, qui perdent à s'instruire des devoirs d'autrui le tems qu'elles devroient mettre à remplir les leurs. Elle pratique aujourd'hui ce qu'elle aprenoit autrefois. Elle n'étudie plus, elle ne lit plus; elle agit. Comme elle se leve une heure plus tard que son mari, elle se couche aussi plus tard d'une heure. Cette heure est le seul tems qu'elle donne encore à l'étude, et la journée ne lui paroit jamais assés longue pour tous les soins dont elle aime à la remplir.

Voila, Milord, ce que j'avois à vous dire sur l'économie de cette maison, et sur la vie privée des maitres qui la gouvernent. Contens de leur sort, ils en jouïssent paisiblement; contens de leur fortune, ils ne travaillent pas à l'augmenter pour leurs enfans; mais à leur laisser avec l'héritage qu'ils ont reçu, des terres en bon état, des domestiques affectionnés, le goût du travail, de l'ordre, de la modération, et tout ce qui peut rendre douce et charmante à des gens sensés la jouïssance d'un bien médiocre, aussi sagement conservé qu'il fut honnêtement acquis (*a*).

LETTRE III (*b*)*[1].

A MILORD EDOUARD.

Nous avons eu des hôtes ces jours derniers. Ils sont repartis hier, et nous recommençons entre nous trois une société d'autant plus charmante qu'il n'est rien resté dans le fond des cœurs qu'on veuille se cacher l'un à l'autre. Quel plaisir je goûte à reprendre un nouvel être qui me rend digne de votre confiance ! Je ne reçois pas une marque d'estime de Julie et de son mari, que je ne me dise avec une certaine fierté d'ame : enfin j'oserai me montrer à lui. C'est par vos soins, c'est sous vos yeux que j'espere honorer mon état présent de mes fautes passées. Si l'amour éteint jette l'ame dans l'épuisement, l'amour subjugué lui donne avec la conscience de sa victoire une élévation nouvelle, et un attrait plus vif pour tout ce qui est grand et beau[2]. Voudroit-on perdre le fruit d'un sacrifice qui nous a coûté si cher ? Non, Milord, je sens qu'à votre exemple mon cœur va mettre à profit tous les ardens sentimens qu'il a vaincus. Je sens qu'il faut avoir été ce que je fus pour devenir ce que je veux être (*c*).

Après six jours perdus aux entretiens frivoles des gens indifférens, nous avons passé aujourd'hui une matinée à

---

* Deux Lettres écrites en différens tems rouloient sur le sujet de celle-ci, ce qui occasionnoit bien des répétitions inutiles. Pour les retrancher, j'ai réuni ces deux Lettres en une seule. Au reste; sans prétendre justifier l'excessive longueur de plusieurs des lettres dont ce recueil est composé, je remarquerai que les lettres des solitaires sont longues et rares; celles des gens du monde fréquentes et courtes. Il ne faut qu'observer cette différence pour en sentir à l'instant la raison (*d*).

l'angloise[1], réunis et dans le silence, goûtant à la fois le plaisir d'être ensemble et la douceur du recueillement. Que les delices de cet état sont connues de peu de gens ! Je n'ai vu personne en France en avoir la moindre idée. La conversation des amis ne tarit jamais, disent-ils. Il est vrai, la langue fournit un babil facile aux attachemens médiocres. Mais l'amitié, Milord, l'amitié ! sentiment vif et céleste, quels discours sont dignes de toi ? Quelle langue ose être ton interprête ? Jamais ce qu'on dit à son ami peut-il valoir ce qu'on sent à ses côtés ? Mon Dieu ! qu'une main serrée, qu'un regard animé, qu'une étreinte contre la poitrine, que le soupir qui la suit disent de choses, et que le premier mot qu'on prononce est froid après tout cela ! O veillées de Besançon[2] ! momens consacrés au silence et recueillis par l'amitié ! O Bomston ! ame grande, ami sublime ! Non, je n'ai point avili[3] ce que tu fis pour moi, et ma bouche ne t'en a jamais rien dit.

Il est sûr que cet état de contemplation fait un des grands charmes des hommes sensibles. Mais j'ai toujours trouvé que les importuns empêchoient de le goûter, et que les amis ont besoin d'être sans témoin pour pouvoir ne se rien dire, à leur aise. On veut être recueillis, pour ainsi dire, l'un dans l'autre : les moindres distractions sont désolantes, la moindre contrainte est insupportable. Si quelquefois le cœur porte un mot à la bouche, il est si doux de pouvoir le prononcer sans gêne. Il semble qu'on n'ose penser librement ce qu'on n'ose dire de même : il semble que la présence d'un seul étranger retienne le sentiment, et comprime des ames qui s'entendroient si bien sans lui.

Deux heures se sont ainsi écoulées entre nous dans cette immobilité d'extase, plus douce mille fois que le froid repos des Dieux d'Epicure. Après le déjeuné, les enfans sont entrés comme à l'ordinaire dans la chambre de leur mere; mais au lieu d'aller ensuite s'enfermer avec eux dans le gynécée selon sa coutume; pour nous dédomager en quelque sorte du tems perdu sans nous voir, elle les a fait rester avec elle, et nous ne nous sommes point quités jusqu'au diner. Henriette qui commence à savoir tenir l'aiguille, travailloit assise devant la Fanchon qui faisoit de la dentelle, et dont l'oreiller posoit sur le dossier de sa petite chaise (*a*). Les deux garçons feuilletoient sur une table un recueil d'images, dont l'ainé expliquoit les sujets au cadet. Quand il se trompoit, Henriette attentive et qui sait le recueil par cœur avoit soin de le corriger. Souvent feignant d'ignorer à quelle estampe ils étoient, elle en tiroit un prétexte de se lever, d'aller et venir de sa chaise à la table et de la table à sa chaise. Ces promenades ne lui déplaisoient pas et lui attiroient toujours quelque agacerie de la part du petit mali; quelquefois même il s'y joignoit un baiser, que sa bouche enfantine sait mal appliquer encore, mais dont Henriette, déja plus savante, lui épargne volontiers la façon. Pendant ces petites leçons qui se prenoient et se donnoient sans beaucoup de soin, mais aussi sans la moindre gêne, le cadet comptoit furtivement des onchets[1] de buis, qu'il avoit cachés sous le livre.

Madame de Wolmar brodoit près de la fenêtre vis à vis des enfans; nous étions son mari et moi encore autour de la table à thé lisans la gazette, à laquelle elle prêtoit assés peu d'attention. Mais à l'article de la maladie du Roi de France et de l'attachement singulier de son peuple, qui n'eut jamais d'égal que celui des Romains pour Germanicus, elle a fait quelques réflexions sur le bon naturel de cette nation douce et bienveuillante que toutes haïssent et qui n'en hait aucune[2], ajoûtant qu'elle n'envioit du rang suprême, que le plaisir de s'y faire aimer. N'enviez rien, lui a dit son mari d'un ton qu'il m'eut dû laisser prendre; il y a longtems que nous sommes tous vos sujets. A ce mot, son ouvrage est tombé de ses mains; elle a tourné la tête, et jetté sur son digne époux un regard si touchant, si tendre, que j'en ai tressailli moi-même. Elle n'a rien dit : qu'eut-elle dit qui valut ce regard ? Nos yeux se sont aussi rencontrés. J'ai senti à la maniere dont son mari m'a serré la main que la même émotion nous gagnoit tous trois, et que la douce influence de cette ame expansive agissoit autour d'elle, et triomphoit de l'insensibilité même[3].

C'est dans ces dispositions qu'a commencé le silence dont je vous parlois; vous pouvez juger qu'il n'étoit pas de froideur et d'ennui. Il n'étoit interrompu que par le petit manege des enfans; encore, aussi-tôt que nous avons cessé de parler, ont-ils modéré par imitation leur caquet, comme craignant de troubler le recueillement universel. C'est la petite Surintendante qui la premiere s'est mise à baisser la voix, à faire signe aux autres, à courrir sur la pointe du pied, et leurs jeux sont devenus d'autant plus amusans que cette legere contrainte y ajoûtoit un nouvel intérêt. Ce spectacle qui sembloit être mis sous nos yeux pour prolonger notre attendrissement a produit son effet naturel.

Ammutiscon le lingue, e parlan l'alme (*a*).

Que de choses se sont dites sans ouvrir la bouche ! Que d'ardens sentimens se sont communiqués sans la froide entremise de la parole ! Insensiblement Julie s'est laissée absorber à celui qui dominoit tous les autres. Ses yeux se sont tout à fait fixés sur ses trois enfans, et son cœur ravi dans une si délicieuse extase animoit son charmant visage de tout ce que la tendresse maternelle eut jamais de plus touchant.

Livrés nous-mêmes à cette double contemplation, nous nous laissions entrainer Wolmar et moi à nos rêveries, quand les enfans, qui les causoient, les ont fait finir (*b*). L'ainé, qui s'amusoit aux images, voyant que les onchets empêchoient son frere d'être attentif, a pris le tems qu'il les avoit rassemblés, et lui donnant un coup sur la main, les a fait sauter par la chambre. Marcellin s'est mis à pleurer, et sans s'agiter pour le faire taire, Made de Wolmar a dit à Fanchon d'emporter les onchets. L'enfant s'est tû sur le champ, mais les onchets n'ont pas moins été emportés, sans qu'il ait recommencé de pleurer comme je m'y étois attendu. Cette circonstance qui n'étoit rien m'en a rappellé beaucoup d'autres auxquelles je n'avois fait nulle attention, et je ne me souviens pas, en y pensant, d'avoir vu d'enfans à qui l'on parlât si peu et qui fussent moins incomodes. Ils ne quitent presque jamais leur mere, et à peine s'apperçoit-on qu'ils soient là. Ils sont vifs, étourdis, semillans, comme il convient à leur âge, jamais importuns ni criards, et l'on voit qu'ils sont discrets avant de savoir ce que c'est que discretion. Ce qui m'étonnoit le plus dans les réflexions où ce sujet m'a conduit, c'étoit que cela se fit comme de soi-même, et qu'avec une si vive tendresse pour ses enfans, Julie se tourmentât si peu autour d'eux. En effet, on ne la voit jamais s'empresser à les faire parler ou taire, ni à leur prescrire ou deffendre ceci ou cela. Elle ne dispute point avec eux, elle ne les contrarie point dans leurs amusemens; on diroit qu'elle se contente de les voir et de les aimer, et que quand ils ont passé leur journée avec elle, tout son devoir de mere eſt rempli.

Quoique cette paisible tranquilité me parut plus douce à considérer que l'inquiete sollicitude des autres meres, je n'en étois pas moins frapé d'une indolence qui s'accordoit mal avec mes idées. J'aurois voulu qu'elle n'eut pas encore été contente avec tant de sujets de l'être : une aćtivité superflue sied si bien à l'amour maternel ! Tout ce que je voyois de bon dans ses enfans, j'aurois voulu l'attribuer à ses soins; j'aurois voulu qu'ils dussent moins à la nature et davantage à leur mere, je leur aurois presque desiré des défauts pour la voir plus empressée à les corriger.

Après m'être occupé longtems de ces réflexions en silence, je l'ai rompu pour les lui communiquer. Je vois, lui ai-je dit, que le Ciel récompense la vertu des meres par le bon naturel des enfans : mais ce bon naturel veut être cultivé. C'eſt dès leur naissance que doit commencer leur éducation. Eſt-il un tems plus propre à les former, que celui où ils n'ont encore aucune forme à détruire ? Si vous les livrez à eux-mêmes dès leur enfance, à quel âge attendrez vous d'eux de la docilité ? Quand vous n'auriez rien à leur apprendre, il faudroit leur apprendre à vous obéïr. Vous appercevez-vous, a-t-elle répondu, qu'ils me désobéïssent ? Cela seroit difficile, ai-je dit, quand vous ne leur commandez rien. Elle s'eſt mise à sourire[1] en regardant son mari, et me prenant par la main, elle m'a mené dans le cabinet, où nous pouvions causer tous trois sans être entendus des enfans (*a*).

C'eſt là que m'expliquant à loisir ses maximes, elle m'a fait voir sous cet air de négligence la plus vigilante attention qu'ait jamais donné la tendresse maternelle. Longtems, m'a-t-elle dit, j'ai pensé comme vous sur les instrućtions prématurées, et durant ma premiere grossesse, effrayée de tous mes devoirs et des soins que j'aurois bientôt à remplir, j'en parlois souvent à M. de Wolmar avec inquiétude. Quel meilleur guide pouvois-je prendre en cela qu'un observateur éclairé, qui joignoit à l'intérêt d'un pere le sens-froid d'un philosophe ? Il remplit et passa mon attente; il dissipa mes préjugés et m'apprit à m'assurer avec moins de peine un succès beaucoup plus étendu. Il me fit sentir que la premiere et plus importante éducation, celle précisément que tout le monde oublie* eſt de rendre un enfant propre à être élevé. Une erreur commune à tous les parens qui se piquent de lumieres eſt de supposer leurs enfans raisonnables dès leur naissance, et de leur parler comme à des hommes avant même qu'ils sachent parler. La raison eſt l'inſtrument qu'on pense employer à les inſtruire, au lieu que les autres inſtrumens doivent servir à former celui-là (*a*), et que de toutes les inſtructions propres à l'homme, celle qu'il acquiert le plus tard et le plus difficilement eſt la raison même. En leur parlant dès leur bas âge une langue qu'ils n'entendent point, on les accoutume à se payer de mots, à en payer les autres (*b*), à controller tout ce qu'on leur dit, à se croire aussi sages que leurs maîtres, à devenir disputeurs et mutins, et tout ce qu'on pense obtenir d'eux par des motifs raisonnables, on ne l'obtient en effet que par ceux de crainte ou de vanité qu'on eſt toujours forcé d'y joindre.

Il n'y a point de patience que ne lasse enfin l'enfant qu'on veut élever ainsi; et voila comment, ennuyés, rebutés, excédés de l'éternelle importunité dont ils leur ont donné l'habitude eux-mêmes, les parens ne pouvant plus supporter le tracas des enfans sont forcés de les éloigner d'eux en les livrant à des maitres; comme si l'on pouvoit jamais esperer d'un Precepteur plus de patience et de douceur que n'en peut avoir un pere.

La nature, a continué Julie, veut que les enfans soient enfans avant que d'être hommes. Si nous voulons pervertir cet ordre, nous produirons des fruits précoces qui n'auront ni maturité ni saveur, et ne tarderont pas à se corrompre; nous aurons de jeunes docteurs et de vieux enfans (*c*). L'enfance a des manieres de voir, de penser, de sentir qui lui sont propres. Rien n'eſt moins sensé que d'y vouloir subſtituer les notres, et j'aimerois autant exiger qu'un enfant eut cinq pieds de haut que du jugement à dix ans[1].

La raison ne commence à se former qu'au bout de plusieurs années, et quand le corps a pris une certaine consiſtance. L'intention de la nature eſt donc que le corps se fortifie avant que l'esprit s'exerce. Les enfans sont tou-

---

* Locke lui-même, le sage Locke l'a oubliée; il dit bien plus ce qu'on doit exiger des enfans, que ce qu'il faut faire pour l'obtenir (*d*).

jours en mouvement; le repos et la réflexion sont l'aversion de leur âge; une vie appliquée et sédentaire les empêche de croitre et de profiter; leur esprit ni leur corps ne peuvent supporter la contrainte. Sans cesse enfermés dans une chambre avec des livres, ils perdent toute leur vigueur; ils deviennent délicats, foibles, mal-sains, plutôt hébêtés que raisonables; et l'ame se sent toute la vie du déperissement du corps (*a*)[1].

Quand toutes ces instructions prématurées profiteroient à leur jugement autant qu'elles y nuisent, encore y auroit-il un très grand inconvénient à les leur donner indistinctement, et sans égard à celles qui conviennent par préférence au génie de chaque enfant[2]. Outre la constitution commune à l'espece chacun apporte en naissant un temperament particulier qui détermine son génie et son caractere (*b*), et qu'il ne s'agit ni de changer ni de contraindre, mais de former et de perfectionner. Tous les caracteres sont bons et sains en eux-mêmes, selon M. de Wolmar (*c*). Il n'y a point, dit-il, d'erreurs dans la nature*. Tous les vices qu'on impute au naturel sont l'effet des mauvaises formes qu'il a reçues. Il n'y a point de scélérat dont les penchans mieux dirigés n'eussent produit de grandes vertus. Il n'y a point d'esprit faux dont on n'eut tiré des talens utiles en le prenant d'un certain biais, comme ces figures difformes et monstrueuses qu'on rend belles et bien proportionnées en les mettant à leur point de vue. Tout concourt au bien commun dans le sistême universel. Tout homme a sa place assignée dans le meilleur ordre des choses, il s'agit de trouver cette place et de ne pas pervertir cet ordre. Qu'arrive-t-il d'une éducation commencée dès le berceau et toujours sous une même formule, sans égard à la prodigieuse diversité des esprits ? Qu'on donne à la plupart des instructions nuisibles ou déplacées, qu'on les prive de celles qui leur conviendroient, qu'on gêne de toutes parts la nature, qu'on efface les grandes qualités de l'ame, pour en substituer de petites et d'apparentes qui n'ont aucune réalité; qu'en exerçant indistinctement aux mêmes choses tant de talens divers on efface les uns par les autres, on les confond tous; qu'après bien des soins

---

* Cette doctrine si vraye me surprend dans M. de Wolmar; on verra bientôt pourquoi (*d*)[2].

perdus à gâter dans les enfans les vrais dons de la nature, on voit bientôt ternir cet éclat passager et frivole qu'on leur préfere, sans que le naturel étouffé revienne jamais; qu'on perd à la fois ce qu'on a détruit et ce qu'on a fait; qu'enfin pour le prix de tant de peine indiscretement prise, tous ces petits prodiges deviennent des esprits sans force et des hommes sans mérite, uniquement remarquables par leur foiblesse et par leur inutilité (*a*).

J'entends ces maximes, ai-je dit à Julie; mais j'ai peine à les accorder avec vos propres sentimens sur le peu d'avantage qu'il y a de déveloper le génie et les talens naturels de chaque individu, soit pour son propre bonheur, soit pour le vrai bien de la société. Ne vaut-il pas infiniment mieux former un parfait modele de l'homme raisonnable et de l'honnête homme; puis rapprocher chaque enfant de ce modele par la force de l'éducation, en excitant l'un, en retenant l'autre, en réprimant les passions, en perfectionnant la raison, en corrigeant la nature.... Corriger la nature ! a dit Wolmar en m'interrompant; ce mot est beau; mais avant que de l'employer, il faloit répondre à ce que Julie vient de vous dire.

Une réponse (*b*) très peremptoire, à ce qu'il me sembloit, étoit de nier le principe; c'est ce que j'ai fait. Vous supposés toujours que cette diversité d'esprits et de génies qui distinguent les individus est l'ouvrage de la nature; et cela n'est rien moins qu'évident. Car enfin, si les esprits sont différents ils sont inégaux, et si la nature les a rendus inégaux, c'est en douant les uns préférablement aux autres d'un peu plus de finesse de sens, d'étendue de mémoire, ou de capacité d'attention. Or quant aux sens et à la mémoire, il est prouvé, par l'expérience que leurs divers dégrés d'étendue et de perfection ne sont point la mesure de l'esprit des hommes; et quant à la capacité d'attention, elle dépend uniquement de la force des passions qui nous animent, et il est encore prouvé que tous les hommes sont par leur nature susceptibles de passions assés fortes pour les douer du dégré d'attention auquel est attachée la supériorité de l'esprit.

Que si la diversité des esprits, au lieu de venir de la nature, étoit un effet de l'éducation, c'est à dire, des diverses idées, des divers sentimens qu'excitent en nous dès l'enfance les objets qui nous frapent, les circonstances où nous nous trouvons, et toutes les impressions que nous recevons; bien loin d'attendre pour élever les enfans qu'on connût le caractere de leur esprit, il faudroit au contraire se hâter de déterminer convenablement ce caractere, par une éducation propre à celui qu'on veut leur donner.

A cela il m'a répondu que ce n'étoit pas sa méthode de nier ce qu'il voyoit, lorsqu'il ne pouvoit l'expliquer. Regardez, m'a-t-il dit, ces deux chiens qui sont dans la cour. Ils sont de la même portée; ils ont été nourris et traittés de même; ils ne se sont jamais quittés : cependant l'un des deux est vif, gai, caressant, plein d'intelligence : l'autre lourd, pesant, hargneux, et jamais on n'a pu lui rien apprendre. La seule différence des tempéramens a produit en eux celle des caracteres, comme la seule différence de l'organisation intérieure produit en nous celle des esprits; tout le reste a été semblable.... Semblable? ai-je interrompu; quelle différence? Combien de petits objets ont agi sur l'un et non pas sur l'autre! combien de petites circonstances les ont frappés diversement, sans que vous vous en soyez apperçu! Bon, a-t-il repris; vous voila raisonant comme les astrologues[1]. Quand on leur opposoit que deux hommes nés sous le même aspect[2] avoient des fortunes si diverses, ils rejetoient bien loin cette identité. Ils soûtenoient que, vû la rapidité des cieux, il y avoit une distance immense du thême[3] de l'un de ces hommes à celui de l'autre, et que, si l'on eut pu marquer les deux instans précis de leurs naissances, l'objection se fut tournée en preuve.

Laissons je vous prie toutes ces subtilités, et nous en tenons à l'observation. Elle nous apprend qu'il y a des caracteres qui s'annoncent presque en naissant, et des enfans qu'on peut étudier sur le sein de leur nourrice. Ceux-là font une classe à part, et s'élevent en commençant de vivre. Mais quant aux autres qui se dévelopent moins vîte, vouloir former leur esprit avant de le connoitre, c'est s'exposer à gâter le bien que la nature a fait et à faire plus mal à sa place. Platon votre maitre[4] ne soutenoit-il pas que tout le savoir humain, toute la philosophie ne pouvoit tirer d'une ame humaine que ce que la nature y avoit mis; comme toutes les opérations chymiques n'ont jamais tiré d'aucun mixte[5] qu'autant d'or qu'il en contenoit déja (*a*)? Cela n'est vrai ni de nos sentimens ni de nos idées; mais cela est vrai de nos dispositions à les acquérir. Pour changer un esprit, il faudroit changer l'organisation intérieure (*a*); pour changer un caractere, il faudroit changer le tempérament dont il dépend. Avez-vous jamais ouï dire qu'un emporté soit devenu flegmatique, et qu'un esprit méthodique et froid ait acquis de l'imagination? Pour moi je trouve qu'il seroit tout aussi aisé de faire un blond d'un brun, et d'un sot un homme d'esprit. C'est donc en vain qu'on prétendroit refondre les divers esprits (*b*) sur un modele commun. On peut les contraindre et non les changer : on peut empêcher les hommes de se montrer tels qu'ils sont, mais non les faire devenir autres; et s'ils se déguisent dans le cours ordinaire de la vie, vous les verrez dans toutes les occasions importantes reprendre leur caractere originel (*c*), et s'y livrer avec d'autant moins de regle, qu'ils n'en connoissent plus en s'y livrant. Encore une fois il ne s'agit point de changer le caractere et de plier le naturel, mais au contraire de le pousser aussi loin qu'il peut aller, de le cultiver et d'empêcher qu'il ne dégénere; car c'est ainsi qu'un homme devient tout ce qu'il peut être, et que l'ouvrage de la nature s'acheve en lui par l'éducation. Or avant de cultiver le caractere il faut l'étudier, attendre paisiblement qu'il se montre, lui fournir les occasions de se montrer, et toujours s'abstenir de rien faire, plutôt que d'agir mal à propos. A tel génie il faut donner des ailes, à d'autres des entraves; l'un veut être pressé, l'autre retenu; l'un veut qu'on le flate, et l'autre qu'on l'intimide; il faudroit tantôt éclairer, tantôt abrutir. Tel homme est fait pour porter la connoissance humaine jusqu'à son dernier terme; à tel autre il est même funeste de savoir lire. Attendons la premiere étincelle de la raison; c'est elle qui fait sortir le caractere et lui donne sa véritable forme; c'est par elle aussi qu'on le cultive, et il n'y a point avant la raison de véritable éducation pour l'homme.

Quant aux maximes de Julie que vous mettez en opposition, je ne sais ce que vous y voyez de contradictoire : Pour moi, je les trouve parfaitement d'accord[1]. Chaque homme apporte en naissant un caractere, un génie, et des talens qui lui sont propres. Ceux qui sont destinés à vivre dans la simplicité champêtre n'ont pas besoin pour être heureux du dévelopement de leurs facultés, et leurs talens enfouïs sont comme les mines d'or du Valais que le bien public ne permet pas qu'on exploite. Mais dans l'état civil où l'on a moins besoin de bras que de tête, et où chacun doit compte à soi-même et aux autres de tout son prix, il importe d'apprendre à tirer des hommes tout ce que la nature leur a donné, à les diriger du côté où ils peuvent aller le plus loin, et sur tout à nourrir leurs inclinations de tout ce qui peut les rendre utiles. Dans le premier cas on n'a d'égard qu'à l'espece, chacun fait ce que font tous les autres, l'exemple est la seule regle, l'habitude est le seul talent, et nul n'exerce de son ame que la partie commune à tous. Dans le second, on s'applique à l'individu : A l'homme en général on ajoute en lui tout ce qu'il peut avoir de plus qu'un autre; on le suit aussi loin que la nature le mêne, et l'on en fera le plus grand des hommes s'il a ce qu'il faut pour le devenir. Ces maximes se contredisent si peu que la pratique en est la même pour le premier âge. N'instruisez point l'enfant du villageois, car il ne lui convient pas d'être instruit; n'instruisez pas l'enfant du Citadin, car vous ne savez encore quelle instruction lui convient. En tout état de cause, laissez former le corps, jusqu'à ce que la raison commence à poindre : Alors c'est le moment de la cultiver.

Tout cela me paroitroit fort bien, ai-je dit, si je n'y voyois un inconvénient qui nuit fort aux avantages que vous attendez de cette méthode; c'est de laisser prendre aux enfans mille mauvaises habitudes qu'on ne prévient que par les bonnes. Voyez ceux qu'on abandonne à eux-mêmes; ils contractent bientôt tous les défauts dont l'exemple frape leurs yeux, parce que cet exemple est commode à suivre, et n'imitent jamais le bien, qui coûte plus à pratiquer. Accoutumés à tout obtenir, à faire en toute occasion leur indiscrette volonté, ils deviennent mutins, têtus, indomptables.... Mais, a repris M. de Wolmar, il me semble que vous avez remarqué le contraire dans les notres, et que c'est ce qui a donné lieu à cet entretien. Je l'avoue, ai-je dit, et c'est précisément ce qui m'étonne. Qu'a-t-elle fait pour les rendre dociles ? Comment s'y est-elle prise ? Qu'a-t-elle substitué au joug de la discipline ? Un joug bien plus inflexible, a-t-il dit à l'instant, celui de la nécessité : mais en vous détaillant sa conduite, elle vous fera mieux entendre ses vues. Alors il l'a engagée à m'expliquer sa méthode, et après une courte pause, voici à peu près comme elle m'a parlé.

Heureux les bien nés (*a*)[1], mon aimable ami! Je ne présume pas autant de nos soins que M. de Wolmar. Malgré ses maximes, je doute qu'on puisse jamais tirer un bon parti d'un mauvais caractere, et que tout naturel puisse être tourné à bien : mais au surplus convaincue de la bonté de sa méthode, je tâche d'y conformer en tout ma conduite dans le gouvernement de la famille. Ma premiere espérance est que des méchans ne seront pas sortis de mon sein; la seconde est d'élever assés bien les enfans que Dieu m'a donnés, sous la direction de leur pere, pour qu'ils aient un jour le bonheur de lui ressembler. J'ai tâché pour cela de m'approprier les regles qu'il m'a prescrittes, en leur donnant un principe moins philosophique et plus convenable à l'amour maternel; c'est de voir mes enfans heureux[2]. Ce fut le premier vœu de mon cœur en portant le doux nom de mere, et tous les soins de mes jours sont destinés à l'accomplir. La premiere fois que je tins mon fils ainé dans mes bras, je songeai que l'enfance est presque un quart des plus longues vies, qu'on parvient rarement aux trois autres quarts, et que c'est une bien cruelle prudence de rendre cette premiere portion malheureuse pour assurer le bonheur du reste, qui peut-être ne viendra jamais. Je songeai que durant la foiblesse du premier âge, la nature assujetit les enfans de tant de manieres, qu'il est barbare d'ajoûter à cet assujetissement l'empire de nos caprices, en leur ôtant une liberté si bornée, et dont ils peuvent si peu abuser. Je résolus d'épargner au mien toute contrainte autant qu'il seroit possible, de lui laisser tout l'usage de ses petites forces, et de ne gêner en lui nul des mouvemens de la nature. J'ai déja gagné à cela deux grands avantages; l'un d'écarter de son ame naissante le mensonge, la vanité, la colere, l'envie, en un mot tous les vices qui naissent de l'esclavage[3], et qu'on est contraint de fomenter dans les enfans, pour obtenir d'eux ce qu'on en exige : l'autre de laisser fortifier librement son corps par l'exercice continuel que l'instinct lui demande (*b*)[4]. Accoutumé tout comme les paysans à courir tête nue au soleil, au froid, à s'essoufler, à se mettre en sueur, il s'endurcit comme eux aux injures de l'air, et se rend plus robuste en vivant plus content. C'est le cas de songer à l'âge d'homme et aux accidens de l'humanité. Je vous l'ai déja dit, je crains cette pusillanimité meurtriere qui, à force de délicatesse et de soins, affoiblit, effemine un enfant, le tourmente par une éternelle contrainte, l'enchaîne par mille vaines précautions, enfin l'expose pour toute sa vie aux périls inévitables dont elle veut le préserver un moment, et pour lui sauver quelques rhumes dans son enfance, lui prépare de loin des fluxions de poitrine, des pleuresies, des coups de soleil, et la mort étant grand.

Ce qui donne aux enfans livrés à eux-mêmes la plupart des défauts dont vous parliez, c'est lorsque non contens de faire leur propre volonté, ils la font encore faire aux autres, et cela, par l'insensée indulgence des meres à qui l'on ne complait qu'en servant toutes les fantaisies de leur enfant. Mon ami, je me flate que vous n'avez rien vû dans les miens qui sentit l'empire et l'autorité, même avec le dernier domestique, et que vous ne m'avez pas vû, non plus, applaudir en secret aux fausses complaisances qu'on a pour eux. C'est ici que je crois suivre une route nouvelle[1] et sûre pour rendre à la fois un enfant libre, paisible, carressant, docile, et cela par un moyen fort simple, c'est de le convaincre qu'il n'est qu'un enfant.

A considérer l'enfance en elle-même, y a-t-il au monde un être plus foible, plus misérable, plus à la merci de tout ce qui l'environne, qui ait si grand besoin de pitié, d'amour, de protection qu'un enfant ? Ne semble-t-il pas que c'est pour cela que les premieres voix qui lui sont suggérées par la nature sont les cris et les plaintes, qu'elle lui a donné une figure si douce et un air si touchant, afin que tout ce qui l'approche s'intéresse à sa foiblesse et s'empresse à le secourir ? Qu'y a-t-il donc de plus choquant, de plus contraire à l'ordre, que de voir un enfant impérieux et mutin, commander à tout ce qui l'entoure, prendre impudemment un ton de maitre avec ceux qui n'ont qu'à l'abandonner pour le faire périr, et d'aveugles parens approuvant cette audace l'exercer à devenir le tiran de sa nourrice, en attendant qu'il devienne le leur (*a*).

Quant à moi je n'ai rien épargné pour éloigner de mon fils la dangereuse image de l'empire et de la servitude, et pour ne jamais lui donner lieu de penser qu'il fut plutôt servi par devoir que par pitié. Ce point est, peut-être, le plus difficile et le plus important de toute l'éducation, et c'eſt un détail qui ne finiroit point que celui de toutes les précautions qu'il m'a falu prendre, pour prévenir en lui cet inſtinct si prompt à diſtinguer les services mercénaires des domeſtiques, de la tendresse des soins maternels (*a*).

L'un des principaux moyens que j'aye employés a été, comme je vous l'ai dit, de le bien convaincre de l'impossibilité où le tient son âge de vivre sans notre assiſtance. Après quoi je n'ai pas eu peine à lui montrer que tous les secours qu'on eſt forcé de recevoir d'autrui sont des actes de dépendance, que les domeſtiques ont une véritable supériorité sur lui, en ce qu'il ne sauroit se passer d'eux, tandis qu'il ne leur eſt bon à rien; de sorte que, bien loin de tirer vanité de leurs services, il les reçoit avec une sorte d'humiliation, comme un témoignage de sa foiblesse, et il aspire ardemment au tems où il sera assés grand et assés fort pour avoir l'honneur de se servir lui-même.

Ces idées, ai-je dit, seroient difficiles à établir dans des maisons où le pere et la mere se font servir comme des enfans : Mais dans celle-ci où chacun, à commencer par vous, a ses fonctions à remplir, et où le rapport des valets aux maitres n'eſt qu'un échange perpétuel de services et de soins, je ne crois pas cet établissement impossible. Cependant il me reſte à concevoir comment des enfans accoutumés à voir prévenir leurs besoins n'étendent pas ce droit à leurs fantaisies, ou comment ils ne souffrent pas quelquefois de l'humeur d'un domeſtique qui traittera de fantaisie un véritable besoin ?

Mon ami, a repris Madame de Wolmar, une mere peu éclairée se fait des monſtres de tout. Les vrais besoins sont très bornés dans les enfans comme dans les hommes, et l'on doit plus regarder à la durée du bien-être qu'au bien-être d'un seul moment. Pensez-vous qu'un enfant qui n'eſt point géné, puisse assés souffrir de l'humeur de sa gouvernante sous les yeux d'une mere, pour en être incomodé ? Vous supposez des inconvéniens qui naissent de vices déja contractés, sans songer que tous mes soins ont été d'empêcher ces vices de naitre. Naturellement les femmes aiment les enfans. La mesintelligence ne s'éleve entre eux que quand l'un veut assujetir l'autre à ses caprices. Or cela ne peut arriver ici, ni sur l'enfant, dont on n'éxige rien, ni sur la gouvernante à qui l'enfant n'a rien à commander. J'ai suivi en cela tout le contrepied des autres meres, qui font semblant de vouloir que l'enfant obéisse au domestique, et veulent en effet que le domestique obéisse à l'enfant. Personne ici ne commande ni n'obéit. Mais l'enfant n'obtient jamais de ceux qui l'approchent qu'autant de complaisance qu'il en a pour eux. Par là, sentant qu'il n'a sur tout ce qui l'environne d'autre autorité que celle de la bienveuillance, il se rend docile et complaisant; en cherchant à s'attacher les cœurs des autres le sien s'attache à eux à son tour; car on aime en se faisant aimer; c'est l'infaillible effet de l'amour-propre, et, de cette affection réciproque, née de l'égalité, resultent sans effort les bonnes qualités qu'on prêche sans cesse à tous les enfans, sans jamais en obtenir aucune (*a*).

J'ai pensé que la partie la plus essentielle de l'éducation d'un enfant, celle dont il n'est jamais question dans les éducations les plus soignées, c'est de lui bien faire sentir sa misere, sa foiblesse, sa dépendance, et, comme vous a dit mon mari, le pesant joug de la nécessité que la nature impose à l'homme; et cela, non seulement afin qu'il soit sensible à ce qu'on fait pour lui alleger ce joug, mais surtout afin qu'il connoisse de bonne heure en quel rang l'a placé la providence, qu'il ne s'éleve point au dessus de sa portée, et que rien d'humain ne lui semble étranger à lui.

Induits dès leur naissance par la molesse dans laquelle ils sont nourris, par les égards que tout le monde a pour eux, par la facilité d'obtenir tout ce qu'ils désirent, à penser que tout doit ceder à leurs fantaisies, les jeunes gens entrent dans le monde avec cet impertinent préjugé, et souvent ils ne s'en corrigent qu'à force d'humiliations, d'affronts et de déplaisirs; or je voudrois bien sauver à mon fils cette seconde et mortifiante éducation en lui donnant par la premiere une plus juste opinion des choses. J'avois d'abord résolu de lui accorder tout ce qu'il demanderoit, persuadée que les premiers mouvemens de la nature sont toujours bons et salutaires. Mais je n'ai pas tardé de connoitre qu'en se faisant un droit d'être obéis les enfans sortoient de l'état de nature presque en naissant, et contractoient nos vices par notre exemple, les leurs par notre indiscretion. J'ai vû que si je voulois contenter toutes ses fantaisies, elles croitroient avec ma complaisance, qu'il y auroit toujours un point où il faudroit s'arrêter, et où le refus lui deviendroit d'autant plus sensible qu'il y seroit moins accoutumé. Ne pouvant donc, en attendant la raison lui sauver tout chagrin, j'ai préféré le moindre et le plutôt passé (*a*). Pour qu'un refus lui fut moins cruel je l'ai plié d'abord au refus ; et pour lui épargner de longs déplaisirs, des lamentations, des mutineries, j'ai rendu tout refus irrévocable. Il eſt vrai que j'en fais le moins que je puis, et que j'y regarde à deux fois avant que d'en venir là. Tout ce qu'on lui accorde eſt accordé sans condition dès la premiere demande, et l'on eſt très indulgent là-dessus : mais il n'obtient jamais rien par importunité ; les pleurs et les flateries sont également inutiles. Il en eſt si convaincu qu'il a cessé de les employer ; du premier mot il prend son parti, et ne se tourmente pas plus de voir fermer un cornet de bonbons qu'il voudroit manger, qu'envoler un oiseau qu'il voudroit tenir ; car il sent la même impossibilité d'avoir l'un et l'autre. Il ne voit rien dans ce qu'on lui ôte sinon qu'il ne l'a pu garder, ni dans ce qu'on lui refuse, sinon qu'il n'a pu l'obtenir, et loin de battre la table contre laquelle il se blesse, il ne battroit pas la personne qui lui resiſte. Dans tout ce qui le chagrine il sent l'empire de la nécessité, l'effet de sa propre foiblesse, jamais l'ouvrage du mauvais vouloir d'autrui.... un moment ! dit-elle un peu vivement, voyant que j'allois répondre ; je pressens votre objection ; j'y vais venir à l'inſtant (*b*).

Ce qui nourrit les criailleries des enfans, c'eſt l'attention qu'on y fait, soit pour leur ceder, soit pour les contrarier. Il ne leur faut quelquefois pour pleurer tout un jour, que s'appercevoir qu'on ne veut pas qu'ils pleurent. Qu'on les flate ou qu'on les menace, les moyens qu'on prend pour les faire taire sont tous pernicieux et presque toujours sans effet. Tant qu'on s'occupe de leurs pleurs, c'eſt une raison pour eux de les continuer ; mais ils s'en corrigent bientôt quand ils voyent qu'on n'y prend pas garde ; car grands et petits, nul n'aime à prendre une peine inutile. Voila précisément ce qui eſt arrivé à mon ainé. C'étoit d'abord un petit criard qui étourdissoit tout le monde, et vous êtes témoin qu'on ne l'entend pas plus à présent dans la maison que s'il n'y avoit point d'enfant. Il pleure quand il souffre ; c'eſt la voix de la nature qu'il ne faut jamais contraindre; mais il se tait à l'instant qu'il ne souffre plus. Aussi fais-je une très-grande attention à ses pleurs, bien sûre qu'il n'en verse jamais en vain. Je gagne à cela de savoir à point nommé quand il sent de la douleur et quand il n'en sent pas, quand il se porte bien et quand il est malade; avantage qu'on perd avec ceux qui pleurent par fantaisie, et seulement pour se faire appaiser. Au reste, j'avoue que ce point n'est pas facile à obtenir des Nourrices et des gouvernantes : car comme rien n'est plus ennuyeux que d'entendre toujours lamenter un enfant, et que ces bonnes femmes ne voyent jamais que l'instant présent, elles ne songent pas qu'à faire taire l'enfant aujourd'hui il en pleurera demain davantage. Le pis est que l'obstination qu'il contracte tire à conséquence dans un âge avancé. La même cause qui le rend criard à trois ans, le rend mutin à douze, querelleur à vingt, impérieux à trente, et insuportable toute sa vie.

Je viens maintenant à vous; me dit-elle en souriant (*a*). Dans tout ce qu'on accorde aux enfans, ils voyent aisément le désir de leur complaire; dans tout ce qu'on en exige ou qu'on leur refuse, ils doivent supposer des raisons sans les demander. C'est un autre avantage qu'on gagne à user avec eux d'autorité plutôt que de persuasion dans les occasions nécessaires : car comme il n'est pas possible qu'ils n'apperçoivent quelquefois la raison qu'on a d'en user ainsi, il est naturel qu'ils la supposent encore quand ils sont hors d'état de la voir. Au contraire, dès qu'on a soumis quelque chose à leur jugement, ils prétendent juger de tout, ils deviennent sophistes, subtils, de mauvaise foi, féconds en chicanes, cherchant toujours à réduire au silence ceux qui ont la foiblesse de s'exposer à leurs petites lumieres. Quand on est contraint de leur rendre compte des choses qu'ils ne sont point en état d'entendre, ils attribuent au caprice la conduite la plus prudente, sitôt qu'elle est au dessus de leur portée. En un mot, le seul moyen de les rendre dociles à la raison n'est pas de raisonner avec eux, mais de les bien convaincre que la raison est au dessus de leur âge : car alors ils la supposent du côté où elle doit être, à moins qu'on ne leur donne un juste sujet de penser autrement. Ils savent bien qu'on ne veut pas les tourmenter quand ils sont sûrs qu'on les aime, et les enfans se trompent rarement là-dessus. Quand donc je refuse quelque chose aux miens, je n'argumente point avec eux, je ne leur dis point pourquoi je ne veux pas, mais je fais en sorte qu'ils le voyent, autant qu'il est possible, et quelquefois après coup. De cette maniere ils s'accoutument à comprendre que jamais je ne les refuse sans en avoir une bonne raison, quoiqu'ils ne l'apperçoivent pas toujours (*a*).

Fondée sur le même principe, je ne souffrirai pas, non plus, que mes enfans se mêlent dans la conversation des gens raisonnables, et s'imaginent sotement y tenir leur rang comme les autres quand on y souffre leur babil indiscret. Je veux qu'ils répondent modestement et en peu de mots quand on les interroge sans jamais parler de leur chef, et surtout sans qu'ils s'ingerent à questionner hors de propos les gens plus âgés qu'eux, auxquels ils doivent du respect.

En vérité, Julie, dis-je en l'interrompant, voila bien de la rigueur pour une mere aussi tendre ! Pitagore[1] n'étoit pas plus severe à ses disciples que vous l'êtes aux votres. Non seulement vous ne les traittez pas en hommes, mais on diroit que vous craignez de les voir cesser trop tôt d'être enfans. Quel moyen plus agréable et plus sûr peuvent-ils avoir de s'instruire, que d'interroger sur les choses qu'ils ignorent les gens plus éclairés qu'eux ? Que penseroient de vos maximes les Dames de Paris, qui trouvent que leurs enfans ne jasent jamais assés tôt ni assés longtems, et qui jugent de l'esprit qu'ils auront étant grands par les sotises qu'ils débitent étant jeunes ? Wolmar me dira que cela peut être bon dans un pays où le premier mérite est de bien babiller, et où l'on est dispensé de penser pourvu qu'on parle. Mais vous qui voulez faire à vos enfans un sort si doux, comment accorderez-vous tant de bonheur avec tant de contrainte, et que devient, parmi toute cette gêne, la liberté que vous prétendez leur laisser?

Quoi donc ? a-t-elle repris à l'instant : est-ce gêner leur liberté que de les empêcher d'attenter à la notre, et ne sauroient-ils être heureux à moins que toute une compagnie en silence n'admire leurs puérilités ? Empêchons leur vanité de naitre, ou du moins arrêtons en les progrès ; c'est là vraiment travailler à leur félicité : Car la vanité de l'homme est la source de ses plus grandes peines, et il n'y a personne de si parfait et de si fêté, à qui elle ne donne encore plus de chagrins que de plaisirs*[1].

(*a*) Que peut penser un enfant de lui-même, quand il voit autour de lui tout un cercle de gens sensés l'écouter, l'agacer, l'admirer, attendre avec un lâche empressement les oracles qui sortent de sa bouche, et se récrier avec des retentissemens de joye à chaque impertinence qu'il dit ? La tête d'un homme auroit bien de la peine à tenir à tous ces faux applaudissemens; jugez de ce que deviendra la sienne ! Il en eſt du babil des enfans comme des prédictions des Almanacs (*b*)[2]. Ce seroit un prodige si sur tant de vaines paroles, le hazard ne fournissoit jamais une rencontre heureuse. Imaginez ce que font alors les exclamations de la flaterie sur une pauvre mere déja trop abusée par son propre cœur, et sur un enfant qui ne sait ce qu'il dit et se voit célébrer ! Ne pensez pas que pour démêler l'erreur, je m'en garantisse. Non, je vois la faute, et j'y tombe. Mais si j'admire les reparties de mon fils, au moins je les admire en secret; il n'apprend point en me les voyant applaudir à devenir babillard et vain, et les flateurs en me les faisant répeter n'ont pas le plaisir de rire de ma foiblesse.

Un jour qu'il nous étoit venu du monde, étant allé donner quelques ordres, je vis en rentrant quatre ou cinq grands nigauds occupés à jouer avec lui, et s'apprêtant à me raconter d'un air d'emphase je ne sais combien de gentillesses qu'ils venoient d'entendre, et dont ils sembloient tout émerveillés. Messieurs, leur dis-je assés froidement, je ne doute pas que vous ne sachiez faire dire à des marionetes de fort jolies choses : mais j'espere qu'un jour mes enfans seront hommes, qu'ils agiront et parleront d'eux-mêmes, et alors j'apprendrai toujours dans la joye de mon cœur tout ce qu'ils auront dit et fait de bien. Depuis qu'on a vu que cette maniere de faire sa cour ne prenoit pas, on joue avec mes enfans comme avec des enfans, non comme avec Polichinelle; il ne leur vient plus de compere, et ils en valent sensiblement mieux depuis qu'on ne les admire plus.

A l'égard des queſtions, on ne les leur défend pas indiſtinctement. Je suis la premiere à leur dire de demander

* Si jamais la vanité fit quelque heureux sur la terre, à coup sûr cet heureux-là n'étoit qu'un sot (*c*).

doucement en particulier à leur pere ou à moi tout ce qu'ils ont besoin de savoir. Mais je ne souffre pas qu'ils coupent un entretien sérieux pour occuper tout le monde de la premiere impertinence qui leur passe par la tête. L'art d'interroger n'est pas si facile qu'on pense. C'est bien plus l'art des maitres que des disciples; il faut avoir déja beaucoup appris de choses pour savoir demander ce qu'on ne sait pas. Le savant sait et s'enquiert, dit un proverbe Indien; mais l'ignorant ne sait pas même dequoi s'enquérir* (*a*). Faute de cette science préliminaire les enfans en liberté ne font presque jamais que des questions ineptes qui ne servent à rien, ou profondes et scabreuses dont la solution passe leur portée, et puisqu'il ne faut pas qu'ils sachent tout, il importe qu'ils n'aient pas le droit de tout demander. Voila pourquoi, généralement parlant, ils s'instruisent mieux par les interrogations qu'on leur fait que par celles qu'ils font eux-mêmes.

Quand cette méthode leur seroit aussi utile qu'on croit, la premiere et la plus importante science qui leur convient, n'est-elle pas d'être discrets et modestes, et y en a-t-il quelque autre qu'ils doivent apprendre au préjudice de celle-là ? Que produit donc dans les enfans cette émancipation de parole avant l'âge de parler, et ce droit de soumettre effrontément les hommes à leur interrogatoire ? De petits questionneurs babillards, qui questionnent moins pour s'instruire que pour importuner, pour occuper d'eux tout le monde, et qui prennent encore plus de goût à ce babil par l'embarras où ils s'apperçoivent que jettent quelquefois leurs questions indiscretes, en sorte que chacun est inquiet aussi-tôt qu'ils ouvrent la bouche. Ce n'est pas tant un moyen de les instruire que de les rendre étourdis et vains; inconvénient plus grand à mon avis que l'avantage qu'ils acquiérent par là n'est utile; car par dégrés l'ignorance diminue, mais la vanité ne fait jamais qu'augmenter.

Le pis qui put arriver de cette réserve trop prolongée seroit que mon fils en âge de raison eut la conversation moins légere, le propos moins vif et moins abondant, et en considérant combien cette habitude de passer sa vie à dire des riens retrécit l'esprit, je regarderois plutôt cette heureuse stérilité comme un bien que comme un mal. Les

---

* Ce proverbe est tiré de Chardin. Tome 5. p. 170, in-12[1].

gens oisifs toujours ennuyés d'eux mêmes s'efforcent de donner un grand prix à l'art de les amuser, et l'on diroit que le savoir vivre consiste à ne dire que de vaines paroles, comme à ne faire que des dons inutiles : mais la société humaine a un objet plus noble et ses vrais plaisirs ont plus de solidité. L'organe de la vérité, le plus digne organe de l'homme, le seul dont l'usage le distingue des animaux, ne lui a point été donné pour n'en pas tirer un meilleur parti qu'ils ne font de leurs cris. Il se dégrade au dessous d'eux quand il parle pour ne rien dire, et l'homme doit être homme jusques dans ses délassemens. S'il y a de la politesse à étourdir tout le monde d'un vain caquet, j'en trouve une bien plus véritable à laisser parler les autres par préférence, à faire plus grand cas de ce qu'ils disent que de ce qu'on diroit soi-même, et à montrer qu'on les estime trop pour croire les amuser par des niaiseries. Le bon usage du monde, celui qui nous y fait le plus rechercher et chérir n'est pas tant d'y briller que d'y faire briller les autres, et de mettre, à force de modestie leur orgueil plus en liberté. Ne craignons pas qu'un homme d'esprit qui ne s'abstient de parler que par retenue et discretion, puisse jamais passer pour un sot. Dans quelque pays que ce puisse être il n'est pas possible qu'on juge un homme sur ce qu'il n'a pas dit, et qu'on le méprise pour s'être tu. Au contraire on remarque en général que les gens silencieux en imposent, qu'on s'ecoute devant eux (*a*), et qu'on leur donne beaucoup d'attention quand ils parlent; ce qui, leur laissant le choix des occasions et faisant qu'on ne perd rien de ce qu'ils disent, met tout l'avantage de leur côté. Il est si difficile à l'homme le plus sage de garder toute sa présence d'esprit dans un long flux de paroles, il est si rare qu'il ne lui échape des choses dont il se repent à loisir, qu'il aime mieux retenir le bon que risquer le mauvais. Enfin, quand ce n'est pas faute d'esprit qu'il se tait, s'il ne parle pas, quelque discret qu'il puisse être, le tort en est à ceux qui sont avec lui[1].

Mais il y a bien loin de six ans à vingt; mon fils ne sera pas toujours enfant, et à mesure que sa raison commencera de naître, l'intention de son pere est bien de la laisser exercer. Quant à moi, ma mission ne va pas jusques là. Je nourris des enfans et n'ai pas la présomption de vouloir former des hommes. J'espere, dit-elle en regardant son mari, que de plus dignes mains se chargeront de ce noble emploi. Je suis femme et mere, je sais me tenir à mon rang. Encore une fois, la fonction dont je suis chargée n'est pas d'elever mes fils, mais de les préparer pour être élevés.

Je ne fais même en cela que suivre de point en point le sistême de M. de Wolmar, et plus j'avance, plus j'éprouve combien il est excellent et juste, et combien il s'accorde avec le mien. Considérez mes enfans et surtout l'aîné; en connoissez-vous de plus heureux sur la terre, de plus gais, de moins importuns? Vous les voyez sauter, rire, courir toute la journée sans jamais incomoder personne. De quels plaisirs, de quelle indépendance leur âge est-il susceptible, dont ils ne jouïssent pas ou dont ils abusent ? Ils se contraignent aussi peu devant moi qu'en mon absence. Au contraire, sous les yeux de leur mere ils ont toujours un peu plus de confiance, et quoique je sois l'auteur de toute la sévérité qu'ils éprouvent, ils me trouvent toujours la moins sévére : car je ne pourrois supporter de n'être pas ce qu'ils aiment le plus au monde (*a*).

Les seules loix qu'on leur impose auprès de nous sont celles de la liberté même, savoir de ne pas plus gêner la compagnie qu'elle ne les gêne, de ne pas crier plus haut qu'on ne parle, et comme on ne les oblige point de s'occuper de nous, je ne veux pas, non plus, qu'ils prétendent nous occuper d'eux. Quand ils manquent à de si justes loix, toute leur peine est d'être à l'instant renvoyés, et tout mon art pour que c'en soit une, de faire qu'ils ne se trouvent nulle part aussi bien qu'ici. A cela près, on ne les assujetit à rien; on ne les force jamais de rien apprendre; on ne les ennuye point de vaines corrections; jamais on ne les reprend; les seules leçons qu'ils reçoivent sont des leçons de pratique prises dans la simplicité de la nature. Chacun bien instruit là-dessus se conforme à mes intentions avec une intelligence et un soin qui ne me laissent rien à désirer, et si quelque faute est à craindre, mon assiduité la prévient ou la répare aisément.

Hier, par exemple, l'aîné ayant ôté un tambour au cadet, l'avoit fait pleurer. Fanchon ne dit rien, mais une heure après, au moment que le ravisseur du tambour en étoit le plus occupé, elle le lui reprit; il la suivoit en le redemandant, et pleurant à son tour. Elle lui dit : vous l'avez pris par force à votre frere, je vous le reprends de même; qu'avez-vous à dire ? Ne suis-je pas la plus forte ? Puis elle se mit à battre la caisse à son imitation, comme si elle y eut pris beaucoup de plaisir. Jusques là tout étoit à merveilles. Mais quelque tems après elle voulut rendre le tambour au cadet, alors je l'arrêtai; car ce n'étoit plus la leçon de la nature, et de là pouvoit naître un premier germe d'envie entre les deux freres. En perdant le tambour le cadet supporta la dure loi de la nécessité, l'aîné sentit son injustice, tous deux connurent leur foiblesse et furent consolés le moment d'après (*a*).

Un plan si nouveau et si contraire aux idées reçues m'avoit d'abord effarouché. A force de me l'expliquer ils m'en rendirent enfin l'admirateur, et je sentis que pour guider l'homme, la marche de la nature est toujours la meilleure. Le seul inconvénient que je trouvois à cette méthode, et cet inconvénient me parut fort grand, c'étoit de négliger dans les enfans la seule faculté qu'ils ayent dans toute sa vigueur et qui ne fait que s'affoiblir en avançant en âge. Il me sembloit que selon leur propre sistême, plus les opérations de l'entendement étoient foibles, insuffisantes, plus on devoit exercer et fortifier la mémoire[1], si propre alors à soutenir le travail. C'est-elle, disois-je qui doit suppléer à la raison jusqu'à sa naissance, et l'enrichir quand elle est née. Un esprit qu'on n'exerce à rien devient lourd et pesant dans l'inaction. La semence ne prend point dans un champ mal préparé, et c'est une étrange préparation pour apprendre à devenir raisonable que de commencer par être stupide. Comment, stupide ! s'est écriée aussi-tôt Mad[e] de Wolmar. Confondriez-vous deux qualités aussi différentes et presque aussi contraires que la mémoire et le jugement* ? Comme si la quantité des choses mal digérées et sans liaison dont on remplit une tête encore foible, n'y faisoit pas plus de tort que de profit à la raison ! J'avoue que de toutes les facultés de l'homme, la mémoire est la premiere qui se dévelope et la plus comode à cultiver dans les enfans : mais à votre avis lequel est à préférer de ce qu'il leur est le plus aisé

---

* Cela ne me paroit pas bien vû. Rien n'est si nécessaire au jugement que la mémoire : il est vrai que ce n'est pas la mémoire des mots (*b*).

d'apprendre, ou de ce qu'il leur importe le plus de savoir ?

Regardez à l'usage qu'on fait en eux de cette facilité, à la violence qu'il faut leur faire, à l'éternelle contrainte où il les faut assujetir pour mettre en étalage leur mémoire, et comparez l'utilité qu'ils en retirent au mal qu'on leur fait souffrir pour cela. Quoi ! Forcer un enfant d'étudier des langues (*a*) qu'il ne parlera jamais, même avant qu'il ait bien appris la sienne; lui faire incessamment répéter et construire des vers qu'il n'entend point, et dont toute l'harmonie n'est pour lui qu'au bout de ses doigts (*b*); embrouiller son esprit de cercles et de spheres dont il n'a pas la moindre idée; l'accabler de mille noms de villes et de rivieres qu'il confond sans cesse et qu'il rapprend tous les jours; est-ce cultiver sa mémoire au profit de son jugement, et tout ce frivole acquis vaut-il une seule des larmes qu'il lui coûte ?

Si tout cela n'étoit qu'inutile, je m'en plaindrois moins; mais n'est-ce rien que d'instruire un enfant à se payer de mots, et à croire savoir ce qu'il ne peut comprendre ? se pourroit-il qu'un tel amas ne nuisit point aux premieres idées dont on doit meubler une tête humaine, et ne vaudroit-il pas mieux n'avoir point de mémoire, que de la remplir de tout ce fatras au préjudice des connoissances nécessaires dont il tient la place ?

Non, si la nature a donné au cerveau des enfans cette souplesse qui le rend propre à recevoir toutes sortes d'impressions, ce n'est pas pour qu'on y grave des noms de Rois, des dates, des termes de blazon, de sphere, de géographie, et tous ces mots sans aucun sens pour leur âge et sans aucune utilité pour quelque âge que ce soit dont on accable leur triste et stérile enfance; mais c'est pour que toutes les idées rélatives à l'état de l'homme, toutes celles qui se raportent à son bonheur et l'éclairent sur ses devoirs s'y tracent de bonne heure en caracteres inéfaçables, et lui servent à se conduire pendant sa vie d'une maniere convenable à son être et à ses facultés.

Sans étudier dans les livres, la mémoire d'un enfant ne reste pas pour cela oisive : tout ce qu'il voit, tout ce qu'il entend le frape, et il s'en souvient; il tient régistre en lui-même des actions, des discours des hommes, et tout ce qui l'environne est le livre dans lequel sans y songer il enrichit continuellement sa mémoire, en attendant que son jugement puisse en profiter. C'est dans le choix de ces objets, c'est dans le soin de lui présenter sans cesse ceux qu'il doit connoitre et de lui cacher ceux qu'il doit ignorer que consiste le veritable art de cultiver la premiere de ses facultés, et c'est par là qu'il faut tâcher de lui former un magazin de connoissances qui serve à son éducation durant la jeunesse, et à sa conduite dans tous les tems. Cette méthode, il est vrai, ne forme point de petits prodiges, et ne fait pas briller les gouvernantes et les précepteurs; mais elle forme des hommes judicieux, robustes, sains de corps et d'entendement, qui, sans s'être fait admirer étant jeunes, se font honorer étant grands.

Ne pensez pas, pourtant, continua Julie, qu'on néglige ici tout à fait ces soins dont vous faites un si grand cas. Une mere un peu vigilante tient dans ses mains les passions de ses enfans. Il y a des moyens pour exciter et nourrir en eux le désir d'apprendre ou de faire telle ou telle chose; et autant que ces moyens peuvent se concilier avec la plus entiere liberté de l'enfant et n'engendrent en lui nulle semence de vice, je les employe assés volontiers, sans m'opiniâtrer quand le succès n'y répond pas; car il aura toujours le tems d'apprendre, mais il n'y a pas un moment à perdre pour lui former un bon naturel; et M. de Wolmar a une telle idée du premier dévelopement de la raison, qu'il soutient que quand son fils ne sauroit rien à douze ans, il n'en seroit pas moins instruit à quinze; sans compter que rien n'est moins nécessaire que d'être savant, et rien plus que d'être sage et bon.

Vous savez que notre aîné lit déja passablement. Voici comment lui est venu le goût d'apprendre à lire. J'avois dessein de lui dire de tems en tems quelque fable de La Fontaine[1] pour l'amuser, et j'avois déja commencé, quand il me demanda si les corbeaux parloient? A l'instant je vis la difficulté de lui faire sentir bien nettement la différence de l'apologue au mensonge, je me tirai d'affaire comme je pus, et convaincue que les fables sont faites pour les hommes, mais qu'il faut toujours dire la vérité nue aux enfans, je supprimai La Fontaine. Je lui substituai un recueil de petites histoires interressantes et instructives, la plupart tirées de la bible (*a*); puis voyant que l'enfant prenoit goût à mes contes, j'imaginai de les lui rendre encore plus utiles, en essayant d'en composer moi-même d'aussi amusans qu'il me fut possible, et les appropriant toujours au besoin du moment. Je les écrivois à mesure, dans un beau livre orné d'images (*a*), que je tenois bien enfermé, et dont je lui lisois de tems en tems quelques contes, rarement, peu longtems, et répétant souvent les mêmes avec des commentaires, avant de passer à de nouveaux. Un enfant oisif eſt sujet à l'ennui; les petits contes servoient de ressource; mais quand je le voyois le plus avidement attentif, je me souvenois quelquefois d'un ordre à donner, et je le quittois à l'endroit le plus intéressant en laissant négligemment le livre. Aussitôt il alloit prier sa Bonne ou Fanchon ou quelqu'un d'achever la lecture (*b*) : mais comme il n'a rien à commander à personne et qu'on étoit prévenu, l'on n'obéissoit pas toujours. L'un refusoit, l'autre avoit à faire, l'autre balbutioit lentement et mal, l'autre laissoit à mon exemple un conte à moitié. Quand on le vit bien ennuyé de tant de dépendance, quelqu'un lui suggéra secretement d'apprendre à lire, pour s'en délivrer et feuilleter le livre à son aise. Il goûta ce projet. Il falut trouver des gens assés complaisans pour vouloir lui donner leçon; nouvelle difficulté qu'on n'a poussée qu'aussi loin qu'il faloit. Malgré toutes ces précautions, il s'eſt lassé trois ou quatre fois; on l'a laissé faire. Seulement je me suis efforcée de rendre les contes encore plus amusans (*c*), et il eſt revenu à la charge avec tant d'ardeur que quoiqu'il n'y ait pas six mois qu'il a tout de bon commencé d'apprendre, il sera bientôt en état de lire seul le recueil.

(*d*) C'eſt à peu près ainsi que je tâcherai d'exciter son zele et sa bonne volonté pour acquérir les connoissances qui demandent de la suite et de l'application, et qui peuvent convenir à son âge; mais quoi qu'il apprenne à lire, ce n'eſt point des livres qu'il tirera ces connoissances; car elles ne s'y trouvent point, et la lecture ne convient en aucune maniere aux enfans. Je veux aussi l'habituer de bonne heure à nourrir sa tête d'idées et non de mots; c'eſt pourquoi je ne lui fais jamais rien apprendre par cœur.

Jamais ? Interrompis-je : C'eſt beaucoup dire; car encore faut-il bien qu'il sache son catéchisme et ses prieres[1]. C'eſt ce qui vous trompe, reprit-elle. A l'egard de la priere, tous les matins et tous les soirs je fais la mienne à haute voix dans la chambre de mes enfans, et c'eſt assés pour qu'ils l'apprennent sans qu'on les y oblige : quant au catéchisme, ils ne savent ce que c'est. Quoi, Julie ! vos enfans n'apprennent pas leur catéchisme ? Non, mon ami; mes enfans n'apprennent pas leur catéchisme. Comment ! ai-je dit tout étonné, une mere si pieuse !.... je ne vous comprends point. Et pourquoi vos enfans n'apprennent-ils pas leur catéchisme ? Afin qu'ils le croyent un jour, dit-elle, j'en veux faire un jour des Chrétiens. Ah, j'y suis ! m'écriai-je; vous ne voulez pas que leur foi ne soit qu'en paroles, ni qu'ils sachent seulement leur Religion, mais qu'ils la croyent, et vous pensez avec raison qu'il est impossible à l'homme de croire ce qu'il n'entend point (*a*). Vous êtes bien difficile, me dit en souriant M. de Wolmar; seriez-vous Chrétien, par hazard ? Je m'efforce de l'être, lui dis-je avec fermeté. Je crois de la Religion tout ce que j'en puis comprendre, et respecte le reste sans le rejetter. Julie me fit un signe d'approbation, et nous reprimes le sujet de notre entretien (*b*)[1].

Après être entrée dans d'autres détails qui m'ont fait concevoir combien le zele maternel est actif, infatigable et prévoyant, elle a conclu, en observant que sa méthode se rapportoit exactement aux deux objets qu'elle s'étoit proposés, savoir de laisser déveloper le naturel des enfans, et de l'étudier. Les miens ne sont gênés en rien, dit-elle, et ne sauroient abuser de leur liberté; leur caractere ne peut ni se dépraver ni se contraindre; on laisse en paix renforcer leur corps et germer leur jugement; l'esclavage n'avilit point leur ame, les regards d'autrui ne font point fermenter leur amour-propre, ils ne se croyent ni des hommes puissans ni des animaux enchaînés, mais des enfans heureux et libres (*c*). Pour les garantir des vices qui ne sont pas en eux, ils ont, ce me semble, un préservatif plus fort que des discours qu'ils n'entendroient point, ou dont ils seroient bientôt ennuyés. C'est l'exemple des mœurs de tout ce qui les environne; ce sont les entretiens qu'ils entendent, qui sont ici naturels à tout le monde et qu'on n'a pas besoin de composer exprès pour eux; c'est la paix et l'union dont ils sont témoins; c'est l'accord qu'ils voyent regner sans cesse et dans la conduite respective de tous, et dans la conduite et les discours de chacun.

Nourris encore dans leur premiere simplicité, d'où leur viendroient des vices dont ils n'ont point vû d'exemple, des passions qu'ils n'ont nulle occasion de sentir, des préjugés que rien ne leur inspire ? Vous voyez qu'aucune erreur ne les gagne, qu'aucun mauvais penchant ne se montre en eux. Leur ignorance n'est point entêtée, leurs désirs ne sont point obstinés; les inclinations au mal sont prévenues, la nature est justifiée, et tout me prouve que les défauts dont nous l'accusons ne sont point son ouvrage mais le notre.

C'est ainsi que livrés au penchant de leur cœur, sans que rien le déguise ou l'altere, nos enfans ne reçoivent point une forme extérieure et artificielle, mais conservent exactement celle de leur caractere originel : c'est ainsi que ce caractere se dévelope journellement à nos yeux sans réserve, et que nous pouvons étudier les mouvemens de la nature jusques dans leurs principes les plus secrets. Sûrs de n'être jamais ni grondés ni punis, ils ne savent ni mentir, ni se cacher, et dans tout ce qu'ils disent soit entre eux soit à nous, ils laissent voir sans contrainte tout ce qu'ils ont au fond de l'ame. Libres de babiller entre eux toute la journée, ils ne songent pas même à se gêner un moment devant moi. Je ne les reprends jamais, ni ne les fais taire, ni ne feins de les écouter, et ils diroient les choses du monde les plus blamâbles que je ne ferois pas semblant d'en rien savoir : mais en effet, je les écoute avec la plus grande attention sans qu'ils s'en doutent; je tiens un régistre exact de ce qu'ils font et de ce qu'ils disent; ce sont les productions naturelles du fond qu'il faut cultiver. Un propos vicieux dans leur bouche est une herbe étrangere dont le vent apporta la graine; si je la coupe par une réprimande, bientôt elle repoussera : au lieu de cela j'en cherche en secret la racine, et j'ai soin de l'arracher. Je ne suis, m'a-t-elle dit en riant, que la servante du Jardinier; je sarcle le jardin, j'en ôte la mauvaise herbe, c'est à lui de cultiver la bonne.

Convenons aussi qu'avec toute la peine que j'aurois pu prendre, il faloit être aussi bien secondée pour espérer de réussir, et que le succès de mes soins dépendoit d'un concours de circonstances qui ne s'est peut-être jamais trouvé qu'ici. Il faloit les lumieres d'un pere éclairé, pour démêler à travers les préjugés établis le véritable art de gouverner les enfans dès leur naissance; il faloit toute sa patience pour se prêter à l'exécution, sans jamais démentir ses leçons par sa conduite; il faloit des enfans bien nés en qui la nature eut assés fait pour qu'on put aimer son seul ouvrage; il faloit n'avoir autour de soi que des domestiques intelligens et bien intentionnés, qui ne se lassassent point d'entrer dans les vues des maitres; un seul valet brutal ou flateur eut suffi pour tout gâter. En vérité, quand on songe combien de causes étrangeres peuvent nuire aux meilleurs desseins et renverser les projets les mieux concertés, on doit remercier la fortune de tout ce qu'on fait de bien dans la vie, et dire que la sagesse dépend beaucoup du bonheur[1].

Dites, me suis-je écrié, que le bonheur dépend encore plus de la sagesse ! Ne voyez-vous pas que ce concours dont vous vous félicitez est votre ouvrage, et que tout ce qui vous approche est contraint de vous ressembler (*a*) ? Meres de famille ! Quand vous vous plaignez de n'être pas secondées, que vous connoissez mal votre pouvoir ! soyez tout ce que vous devez être, vous surmonterez tous les obstacles; vous forcerez chacun de remplir ses devoirs si vous remplissez bien tous les votres. Vos droits ne sont-ils pas ceux de la nature ? Malgré les maximes du vice, ils seront toujours chers au cœur humain. Ah veuillez être femmes et meres, et le plus doux empire qui soit sur la terre sera aussi le plus respecté !

En achevant cette conversation, Julie a remarqué que tout prenoit une nouvelle facilité depuis l'arrivée d'Henriette. Il est certain, dit-elle, que j'aurois besoin de beaucoup moins de soins et d'addresse, si je voulois introduire l'émulation entre les deux freres; mais ce moyen me paroit trop dangereux; j'aime mieux avoir plus de peine et ne rien risquer. Henriette supplée à cela; comme elle est d'un autre sexe, leur aînée, qu'ils l'aiment tous deux à la folie, et qu'elle a du sens au dessus de son âge, j'en fais en quelque sorte leur premiere gouvernante, et avec d'autant plus de succès que ses leçons leur sont moins suspectes.

Quant à elle, son éducation me regarde; mais les principes en sont si différens qu'ils méritent un entretien à part. Au moins puis-je bien dire d'avance qu'il sera difficile d'ajoûter en elle aux dons de la nature, et qu'elle vaudra sa mere elle-même, si quelqu'un au monde la peut valoir.

Milord, on vous attend de jour en jour, et ce devroit

être ici ma derniere Lettre. Mais je comprends ce qui prolonge votre séjour à l'armée, et j'en frémis. Julie n'en eſt pas moins inquiete; elle vous prie de nous donner plus souvent de vos nouvelles, et vous conjure de songer en exposant votre personne, combien vous prodiguez le repos de vos amis. Pour moi, je n'ai rien à vous dire. Faites votre devoir; un conseil timide ne peut non plus sortir de mon cœur qu'approcher du votre. Cher Bomſton, je le sais trop; la seule mort digne de ta vie seroit de verser ton sang pour la gloire de ton pays; mais ne dois-tu nul compte de tes jours à celui qui n'a conservé les siens que pour toi ?

LETTRE IV (*a*)[1].

DE MILORD EDOUARD.

Je vois par vos deux dernieres lettres qu'il m'en manque une antérieure à ces deux-là, apparemment la premiere que vous m'ayez écrite à l'armée, et dans laquelle étoit l'explication des chagrins secrets de Madame de Wolmar. Je n'ai point reçu cette Lettre, et je conjecture qu'elle pouvoit être dans la malle d'un Courier qui nous a été enlevé. Répétez-moi donc, mon ami, ce qu'elle contenoit; ma raison s'y perd et mon cœur s'en inquiete : Car encore une fois, si le bonheur et la paix ne sont pas dans l'ame de Julie, où sera leur azile ici bas ?

Rassurez-la sur les risques auxquels elle me croit exposé; nous avons à faire à un ennemi trop habile pour nous en laisser courir. Avec une poignée de monde, il rend toutes nos forces inutiles, et nous ôte par tout les moyens de l'attaquer. Cependant, comme nous sommes confians, nous pourrions bien lever des difficultés insurmontables pour de meilleurs Généraux et forcer à la fin les François de nous battre. J'augure que nous payerons cher nos premiers succès, et que la bataille gagnée à Dettingue nous en fera perdre une en Flandres. Nous avons en tête[2] un grand Capitaine; ce n'eſt pas tout; il a la confiance de ses troupes, et le soldat françois qui compte sur son Général eſt invincible (*b*). Au contraire, on en a si bon marché quand il eſt commandé par des

Courtisans qu'il méprise, et cela arrive si souvent, qu'il ne faut qu'attendre les intrigues de Cour et l'occasion, pour vaincre à coup sûr la plus brave nation du continent. Ils le savent fort bien eux-mêmes. Milord Marlboroug voyant la bonne mine et l'air guerrier d'un soldat pris à Blenheim*, lui dit : s'il y eut eu cinquante mille hommes comme toi (*a*) à l'armée françoise, elle ne se fut pas ainsi laissé battre. Eh morbleu ! repartit le grenadier, nous avions assés d'hommes comme moi; il ne nous en manquoit qu'un comme vous. Or cet homme comme lui commande à présent l'armée de France (*b*)[1] et manque à la notre; mais nous ne songeons guere à cela.

Quoiqu'il en soit, je veux voir les manœuvres du reste de cette campagne, et j'ai résolu de rester à l'armée jusqu'à ce qu'elle entre en quartiers. Nous gagnerons tous à ce delai. La saison étant trop avancée pour traverser les monts, nous passerons l'hiver où vous êtes, et n'irons en Italie qu'au commencement du Printems (*c*). Dites à M. et Made de Wolmar que je fais ce nouvel arrangement pour jouïr à mon aise du touchant spectacle que vous décrivez si bien, et pour voir Made d'Orbe établie avec eux. Continuez, mon cher, à m'écrire avec le même soin, et vous me ferez plus de plaisir que jamais : Mon équipage a été pris, et je suis sans livres; mais je lis vos lettres.

LETTRE V (*d*)[2].

A MILORD EDOUARD.

QUELLE joye vous me donnez en m'annonçant que nous passerons l'hiver à Clarens ! mais que vous me la faites payer cher en prolongeant votre séjour à l'armée! Ce qui me déplait sur tout, c'est de voir clairement qu'avant notre séparation le parti de faire la campagne étoit déja pris, et que vous ne m'en voulutes rien dire. Milord, je sens la raison de ce mistere et ne puis vous en savoir bon gré. Me mépriseriez-vous assés pour croire qu'il me fut bon de vous survivre, ou m'avez-vous connu des attachemens si bas que je les prefere à l'hon-

* C'est le nom que les Anglois donnent à la bataille d'Hochstet (*e*).

neur de mourir avec mon ami ? Si je ne méritois pas de vous suivre, il faloit me laisser à Londres, vous m'auriez moins offensé que de m'envoyer ici.

Il eſt clair par la derniere de vos lettres qu'en effet une des miennes s'eſt perdue, et cette perte a du vous rendre les deux lettres suivantes fort obscures à bien des égards; mais les éclaircissemens nécessaires pour les bien entendre viendront à loisir. Ce qui presse le plus à présent eſt de vous tirer de l'inquiétude où vous êtes sur le chagrin secret de Madame de Wolmar (*a*).

Je ne vous redirai point la suite de la conversation que j'eus avec elle après le départ de son mari. Il s'eſt passé depuis bien des choses qui m'en ont fait oublier une partie, et nous la reprimes tant de fois durant son absence que je m'en tiens au sommaire pour épargner des répétitions.

Elle m'apprit donc que ce même Epoux qui faisoit tout pour la rendre heureuse étoit l'unique auteur de toute sa peine, et que plus leur attachement mutuel étoit sincere, plus il lui donnoit à souffrir. Le diriez-vous, Milord ? Cet homme si sage, si raisonnable, si loin de toute espece de vice, si peu soumis aux passions humaines, ne croit rien de ce qui donne un prix aux vertus, et, dans l'innocence d'une vie irréprochable, il porte au fond de son cœur l'affreuse paix des méchans (*b*)[1]. La réflexion qui nait de ce contraſte augmente la douleur de Julie, et il semble qu'elle lui pardonneroit plutôt de méconnoitre l'Auteur de son être, s'il avoit plus de motifs pour le craindre ou plus d'orgueil pour le braver. Qu'un coupable appaise sa conscience aux dépends de sa raison, que l'honneur de penser autrement que le vulgaire anime celui qui dogmatise, cette erreur au moins se conçoit (*c*); mais, poursuit-elle en soupirant, pour un si honnête homme et si peu vain de son savoir, c'étoit bien la peine d'être incrédule !

Il faut être inſtruit du caractere des deux époux, il faut les imaginer concentrés dans le sein de leur famille, et se tenant l'un à l'autre lieu du reſte de l'univers; il faut connoitre l'union qui regne entre eux dans tout le reſte, pour concevoir combien leur différent sur ce seul point eſt capable d'en troubler les charmes. M. de Wolmar, élevé dans le rite grec, n'étoit pas fait pour supporter l'absurdité d'un culte aussi ridicule. Sa raison trop supérieure à l'imbécille joug qu'on lui vouloit imposer le secoua bientôt avec mépris, et réjettant à la fois tout ce qui lui venoit d'une autorité si suspecte, forcé d'être impie il se fit athée.

Dans la suite ayant toujours vécu dans des pays catholiques il n'apprit pas à concevoir une meilleure opinion de la foi Chrétienne par celle qu'on y professe. Il n'y vit d'autre réligion que l'intérêt de ses ministres (*a*). Il vit que tout y consistoit encore en vaines simagrées, plâtrées un peu plus subtilement par des mots qui ne signifioient rien, il s'apperçut que tous les *honnêtes gens* y étoient unanimement de son avis et ne s'en cachoient guere, que le clergé même, un peu plus discretement, se moquoit en secret de ce qu'il enseignoit en public, et il m'a protesté souvent qu'après bien du tems et des recherches, il n'avoit trouvé de sa vie que trois Prêtres (*b*) qui crussent en Dieu*[1]. En voulant s'éclaircir de bonne foi sur ces matieres, il s'étoit enfoncé dans les ténebres de la métaphysique où l'homme n'a d'autres guides que les sistemes qu'il y porte (*c*), et ne voyant par tout que doutes et contradictions, quand enfin il est venu parmi des Chrétiens il y est venu trop tard, sa foi s'étoit deja fermée à la vérité, sa raison n'étoit plus accessible à la certitude; tout ce qu'on lui prouvoit détruisant plus un sentiment qu'il n'en établissoit un autre (*d*), il a fini par combattre également les dogmes de toute espece (*e*), et n'a cessé d'être athée que pour devenir sceptique[2].

Voila le mari que le Ciel destinoit à cette Julie en qui vous connoissez une foi si simple et une pieté si douce : mais il faut avoir vécu aussi familierement avec elle que sa cousine et moi, pour savoir combien cette ame tendre est naturellement portée à la dévotion. On diroit que rien de terrestre ne pouvant suffire au besoin d'aimer dont

---

* A Dieu ne plaise que je veuille approuver ces assertions dures et téméraires; j'affirme seulement qu'il y a des gens qui les font et dont la conduite du clergé de tous les pays et de toutes les sectes n'autorise que trop souvent l'indiscretion. Mais loin que mon dessein dans cette note soit de me mettre lâchement à couvert, voici bien nettement mon propre sentiment sur ce point. C'est que nul vrai croyant ne sauroit être intolérant ni persécuteur. Si j'étois magistrat, et que la loi portât peine de mort contre les athées, je commencerois par faire bruler comme tel quiconque en viendroit dénoncer un autre (*f*)[3].

elle eſt dévorée, cet excès de sensibilité soit forcé de remonter à sa source. Ce n'eſt point, comme Ste Thérese, un cœur amoureux qui se donne le change et veut se tromper d'objet (*a*); c'eſt un cœur vraiment intarissable que l'amour ni l'amitié n'ont pu épuiser, et qui porte ses affections surabondantes au seul Etre digne de les absorber*. L'amour de Dieu ne la détache point des créatures; il ne lui donne ni dureté ni aigreur. Tous ces attachemens produits par la même cause, en s'animant l'un par l'autre en deviennent plus charmans et plus doux, et pour moi je crois qu'elle seroit moins dévote, si elle aimoit moins tendrement son pere, son mari, ses enfans, sa cousine, et moi-même (*b*).

Ce qu'il y a de singulier, c'eſt que plus elle l'eſt, moins elle croit l'être, et qu'elle se plaint de sentir en elle-même une ame aride qui ne sait point aimer Dieu. On a beau faire, dit-elle souvent, le cœur ne s'attache que par l'entremise des sens ou de l'imagination qui les représente, et le moyen de voir ou d'imaginer l'immensité du grand Etre** ! Quand je veux m'élever à lui, je ne sais où je suis; n'appercevant aucun rapport entre lui et moi, je ne sais par où l'atteindre, je ne vois ni ne sens plus rien, je me trouve dans une espece d'anéantissement, et si j'osois juger d'autrui par moi-même, je craindrois que les extases des myſtiques (*c*) ne vinssent moins d'un cœur plein que d'un cerveau vuide.

Que faire donc, continue-t-elle, pour me dérober aux fantômes d'une raison qui s'égare ? Je subſtitue un culte grossier mais à ma portée à ces sublimes contemplations qui passent mes facultés. Je rabbaisse à regret la majeſté

* Comment ! Dieu n'aura donc que les reſtes des créatures ? Au contraire, ce que les créatures peuvent occuper du cœur humain eſt si peu de chose, que quand on croit l'avoir rempli d'elles, il eſt encore vuide. Il faut un objet infini pour le remplir (*d*).

** Il eſt certain qu'il faut se fatiguer l'ame pour l'élever aux sublimes idées de la divinité; un culte plus sensible repose l'esprit du peuple. Il aime qu'on lui offre des objets de pieté qui le dispensent de penser à Dieu. Sur ces maximes les catholiques ont-ils mal fait de remplir leurs Légendes, leurs Calendriers, leurs Eglises, de petits Anges, de beaux garçons, et de jolies saintes ? L'enfant Jésus entre les bras d'une mere charmante et modeſte, eſt en même tems un des plus touchans et des plus agréables spectacles que la dévotion Chrétienne puisse offrir aux yeux des fideles (*e*).

divine; j'interpose entre elle et moi des objets sensibles; ne la pouvant contempler dans son essence (*a*), je la contemple au moins dans ses œuvres, je l'aime dans ses bienfaits; mais de quelque maniere que je m'y prenne, au lieu de l'amour pur qu'elle exige, je n'ai qu'une reconnoissance intéressée à lui présenter.

C'est ainsi que tout devient sentiment dans un cœur sensible. Julie ne trouve dans l'univers entier que sujets d'attendrissement et de gratitude. Par tout elle apperçoit la bienfaisante main de la providence; ses enfans sont le cher dépot qu'elle en a reçu; elle recueille ses dons dans les productions de la terre; elle voit sa table couverte par ses soins; elle s'endort sous sa protection; son paisible réveil lui vient d'elle; elle sent ses leçons dans les disgraces, et ses faveurs dans les plaisirs; les biens dont jouït tout ce qui lui est cher sont autant de nouveaux sujets d'hommages; si le Dieu de l'univers échape à ses foibles yeux, elle voit par tout le pere commun des hommes. Honorer ainsi ses bienfaits suprêmes, n'est-ce pas servir autant qu'on peut l'Etre infini (*b*)[1] ?

Concevez, Milord, quel tourment c'est de vivre dans la retraite avec celui qui partage notre existence, et ne peut partager l'espoir qui nous la rend chere ! De ne pouvoir avec lui ni benir les œuvres de Dieu, ni parler de l'heureux avenir que nous promet sa bonté (*c*) ! de le voir insensible en faisant le bien à tout ce qui le rend agréable à faire, et par la plus bizarre inconséquence penser en impie et vivre en Chrétien ! Imaginez Julie à la promenade avec son mari; l'une admirant dans la riche et brillante parure que la terre étale l'ouvrage et les dons de l'Auteur de l'univers; l'autre ne voyant en tout cela qu'une combinaison fortuite où rien n'est lié que par une force aveugle : Imaginez deux époux sincerement unis, n'osant de peur de s'importuner mutuellement se livrer, l'un aux réflexions l'autre aux sentimens que leur inspirent les objets qui les entourent, et tirer de leur attachement même le devoir de se contraindre incessamment. Nous ne nous promenons presque jamais Julie et moi, que quelque vue frapante et pittoresque ne lui rappelle ces idées douloureuses. Hélas ! dit-elle avec attendrissement; le spectacle de la nature, si vivant, si animé pour nous, est mort aux yeux de l'infortuné Wolmar, et dans cette grande harmonie des êtres, où tout parle de Dieu d'une voix si douce, il n'apperçoit qu'un silence éternel[1].

Vous qui connoissez Julie, vous qui savez combien cette ame communicative aime à se répandre, concevez ce qu'elle souffriroit de ces réserves, quand elles n'auroient d'autre inconvénient qu'un si triste partage entre ceux à qui tout doit être commun. Mais des idées plus funestes[2] s'élêvent malgré qu'elle en ait à la suite de celle-là. Elle a beau vouloir rejetter ces terreurs involontaires, elles reviennent la troubler à chaque instant. Quelle horreur pour une tendre épouse d'imaginer l'Etre suprême vengeur de sa divinité méconnue (*a*), de songer que le bonheur de celui qui fait le sien doit finir avec sa vie, et de ne voir qu'un réprouvé dans le pere de ses enfans ! A cette affreuse image, toute sa douceur la garantit à peine du desespoir, et la Religion, qui lui rend amere l'incrédulité de son mari lui donne seule la force de la supporter. Si le Ciel, dit-elle souvent (*b*), me refuse la conversion de cet honnête homme, je n'ai plus qu'une grace à lui demander; c'est de mourir la premiere[3].

Telle est, Milord, la trop juste cause de ses chagrins secrets; telle est la peine intérieure qui semble charger sa conscience de l'endurcissement d'autrui, et ne lui devient que plus cruelle par le soin qu'elle prend de la dissimuler. L'athéisme qui marche à visage découvert chez les papistes, est obligé de se cacher dans tout pays où la raison permetant de croire en Dieu, la seule excuse des incrédules leur est ôtée (*c*)[4]. Ce Sistême est naturellement désolant; s'il trouve des partisans chez les Grands et les riches qu'il favorise, il est par tout en horreur au peuple opprimé et misérable, qui voyant délivrer ses tyrans du seul frein propre à les contenir, se voit encore enlever dans l'espoir d'une autre vie la seule consolation qu'on lui laisse en celle-ci (*d*)[5]. Madame de Wolmar sentant donc le mauvais effet que feroit ici le pyrrhonisme de son mari, et voulant sur tout garantir ses enfans d'un si dangereux exemple, n'a pas eu de peine à engager au secret un homme sincere et vrai, mais discret, simple, sans vanité, et fort éloigné de vouloir ôter aux autres un bien dont il est fâché d'être privé lui-même. Il ne dogmatise jamais, il vient au temple avec nous, il se conforme aux usages établis; sans professer de bouche une foi qu'il n'a pas, il évite le scandale, et fait sur le culte réglé par les loix tout ce que l'Etat peut exiger d'un Citoyen[1].

Depuis près de huit ans qu'ils sont unis, la seule Made d'Orbe est du secret parce qu'on le lui a confié. Au surplus, les apparences sont si bien sauvées, et avec si peu d'affectation (*a*), qu'au bout de six semaines passées ensemble dans la plus grande intimité, je n'avois pas même conçu le moindre soupçon, et n'aurois peut-être jamais pénétré la vérité sur ce point, si Julie elle même ne me l'eut apprise.

Plusieurs motifs l'ont déterminée à cette confidence. Premierement quelle reserve est compatible avec l'amitié qui regne entre nous? N'est-ce pas aggraver ses chagrins à pure perte que s'ôter la douceur de les partager avec un ami ? De plus, elle n'a pas voulu que ma présence fut plus longtems un obstacle aux entretiens qu'ils ont souvent ensemble sur un sujet qui lui tient si fort au cœur. Enfin, sachant que vous deviez bientôt venir nous joindre, elle a désiré, du consentement de son mari, que vous fussiez d'avance instruit de ses sentimens; car elle attend de votre sagesse un supplément à nos vains efforts, et des effets dignes de vous (*b*).

Le tems qu'elle choisit pour me confier sa peine m'a fait soupçonner une autre raison dont elle n'a eu garde de me parler. Son mari nous quittoit; nous restions seuls; nos cœurs s'étoient aimés; ils s'en souvenoient encore; s'ils s'étoient un instant oubliés tout nous livroit à l'opprobre. Je voyois clairement qu'elle avoit craint ce tête-à-tête et tâché de s'en garantir, et la scene de Meillerie m'a trop appris que celui des deux qui se défioit le moins de lui-même devoit seul s'en défier (*c*)[2].

Dans l'injuste crainte que lui inspiroit sa timidité naturelle, elle n'imagina point de précaution plus sûre que de se donner incessamment un témoin qu'il falut respecter, d'appeller en tiers le juge integre et redoutable qui voit les actions secrettes et sait lire au fond des cœurs. Elle s'environnoit de la majesté suprême; je voyois Dieu sans cesse entre elle et moi. Quel coupable desir eut pu franchir une telle sauvegarde ? mon cœur s'épuroit au feu de son Zele, et je partageois sa vertu (*d*).

Ces graves entretiens remplirent presque tous nos tête-à-têtes durant l'absence de son mari, et depuis son retour nous les reprenons fréquemment en sa présence.

Il s'y prête comme s'il étoit question d'un autre, et sans mépriser nos soins, il nous donne souvent de bons conseils sur la maniere dont nous devons raisonner avec lui. C'est cela-même qui me fait desespérer du succès; car s'il avoit moins de bonne-foi, l'on pourroit attaquer le vice de l'ame qui nourriroit son incrédulité; mais s'il n'est question que de convaincre, où chercherons-nous des lumieres qu'il n'ait point eues et des raisons qui lui aient échapé ? Quand j'ai voulu disputer avec lui, j'ai vû que tout ce que je pouvois employer d'argumens avoit été déja vainement épuisé par Julie, et que ma sécheresse étoit bien loin de cette éloquence du cœur et de cette douce persuasion qui coule de sa bouche. Milord, nous ne ramenerons jamais cet homme; il est trop froid et n'est point méchant, il ne s'agit pas de le toucher; la preuve intérieure ou de sentiment lui manque, et celle-là seule peut rendre invincibles toutes les autres (*a*)[1].

Quelque soin que prenne sa femme de lui déguiser sa tristesse, il la sent et la partage : ce n'est pas un œil aussi clairvoyant qu'on abuse. Ce chagrin dévoré ne lui en est que plus sensible. Il m'a dit avoir été tenté plusieurs fois de ceder en apparence, et de feindre pour la tranquiliser des sentimens qu'il n'avoit pas; mais une telle bassesse d'ame est trop loin de lui. Sans en imposer à Julie, cette dissimulation n'eut été qu'un nouveau tourment pour elle. La bonne foi, la franchise, l'union des cœurs qui console de tant de maux se fut éclipsée entre eux. Etoit-ce en se faisant moins estimer de sa femme qu'il pouvoit la rassurer sur ses craintes ? Au lieu d'user de déguisement avec elle, il lui dit sincerement ce qu'il pense; mais il le dit d'un ton si simple, avec si peu de mépris des opinions vulgaires, si peu de cette ironique fierté des esprits-forts, que ces tristes aveux donnent bien plus d'affliction que de colere à Julie, et que, ne pouvant transmettre à son mari ses sentimens et ses espérances, elle en cherche avec plus de soin à rassembler autour de lui ces douceurs passageres auxquelles il borne sa félicité. Ah ! dit-elle avec douleur, si l'infortuné fait son paradis en ce monde, rendons-le lui du moins aussi doux qu'il est possible* !

---

* Combien ce sentiment plein d'humanité n'est-il pas plus naturel que le zèle affreux des persécuteurs, toujours occupés à tourmenter les incredules, comme pour les danner dès cette vie, et se faire les

Le voile de tristesse dont cette opposition de sentimens couvre leur union, prouve mieux que toute autre chose l'invincible ascendant de Julie par les consolations dont cette tristesse est mêlée, et qu'elle seule au monde étoit peut-être capable d'y joindre. Tous leurs démélés, toutes leurs disputes sur ce point important, loin de se tourner en aigreur, en mépris, en querelles, finissent toujours par quelque scene attendrissante, qui ne fait que les rendre plus chers l'un à l'autre.

Hier l'entretien s'étant fixé sur ce texte qui revient souvent quand nous ne sommes que nous trois, nous tombâmes sur l'origine du mal, et je m'efforçois de montrer que non seulement il n'y avoit point de mal absolu et général dans le sistême des êtres, mais que même les maux particuliers étoient beaucoup moindres qu'ils ne le semblent au premier coup d'œil, et qu'à tout prendre ils étoient surpassés de beaucoup par les biens particuliers et individuels. Je citois à M. de Wolmar son propre exemple, et pénétré du bonheur de sa situation, je la peignois avec des traits si vrais qu'il en parut ému lui-même. Voila, dit-il en m'interrompant, les séductions de Julie. Elle met toujours le sentiment à la place des raisons, et le rend si touchant qu'il faut toujours l'embrasser pour toute réponse : seroit-ce point de son maitre de philosophie, ajoûta-t-il en riant, qu'elle auroit appris cette maniere d'argumenter ?

Deux mois plutôt, la plaisanterie m'eut déconcerté cruellement, mais le tems de l'embarras est passé; je n'en fis que rire à mon tour, et quoique Julie eut un peu rougi, elle ne parut pas plus embarrassée que moi. Nous continuames. Sans disputer sur la quantité du mal, Wolmar se contentoit de l'aveu qu'il falut bien faire que, peu ou beaucoup, enfin le mal existe; et de cette seule existence il déduisoit défaut de puissance, d'intelligence ou de bonté dans la premiere cause. Moi de mon côté je tâchois de montrer l'origine du mal physique dans la nature de la matiere, et du mal moral dans la liberté de l'homme. Je lui soûtenois que Dieu pouvoit tout faire, hors de créer d'autres substances aussi parfaites que la sienne et qui ne

---

précurseurs des démons ? Je ne cesserai jamais de le redire; c'est que ces persécuteurs-là ne sont point des croyans; ce sont des fourbes *(a)*.

laissassent aucune prise au mal (*a*)[1]. Nous étions dans la chaleur de la dispute quand je m'apperçûs que Julie avoit disparu. Devinez où elle eſt, me dit son mari voyant que je la cherchois des yeux ? Mais, dis-je, elle eſt allée donner quelque ordre dans le ménage. Non, dit-il, elle n'auroit point pris pour d'autres affaires le tems de celle-ci. Tout se fait sans qu'elle me quite, et je ne la vois jamais rien faire. Elle eſt donc dans la chambre des enfans ? Tout aussi peu; ses enfans ne lui sont pas plus chers que mon salut. Hébien, repris-je, ce qu'elle fait, je n'en sais rien; mais je suis très sûr qu'elle ne s'occupe qu'à des soins utiles. Encore moins, dit-il froidement; venez, venez (*b*); vous verrez si j'ai bien deviné.

Il se mit à marcher doucement; je le suivis sur la pointe du pied. Nous arrivâmes à la porte du cabinet; elle étoit fermée. Il l'ouvrit brusquement. Milord, quel speƈtacle ! Je vis Julie à genoux, les mains jointes, et toute en larmes. Elle se lêve avec précipitation, s'essuyant les yeux, se cachant le visage, et cherchant à s'échaper : on ne vit jamais une honte pareille. Son mari ne lui laissa pas le tems de fuir. Il courut à elle dans une espece de transport. Chere épouse ! lui dit-il en l'embrassant; l'ardeur même de tes vœux trahit ta cause. Que leur manque-t-il pour être efficaces ? Va, s'ils étoient entendus, ils seroient bientôt exaucés. Ils le seront, lui dit-elle d'un ton ferme et persuadé; j'en ignore l'heure et l'occasion. Puissai-je l'acheter aux dépens de ma vie ! mon dernier jour seroit le mieux employé[2].

Venez, Milord, quittez vos malheureux combats, venez remplir un devoir plus noble. Le sage préfere-t-il l'honneur de tuer des hommes aux soins qui peuvent en sauver un* (*c*) ?

---

* Il y avoit ici une grande Lettre de Milord Edouard à Julie. Dans la suite il sera parlé de cette Lettre; mais pour de bonnes raisons j'ai été forcé de la supprimer (*d*).

LETTRE VI (*a*)[1].

A MILORD EDOUARD.

Quoi ! même après la séparation de l'armée, encore un voyage à Paris ! Oubliez-vous donc tout à fait Clarens, et celle qui l'habite ? Nous êtes-vous moins cher qu'à Milord Hyde[2] ? Etes vous plus nécessaire à cet ami qu'à ceux qui vous attendent ici ? Vous nous forcez à faire des vœux opposés aux votres, et vous me faites souhaiter d'avoir du crédit à la Cour de France pour vous empêcher d'obtenir les passeports que vous en attendez. Contentez-vous, toutefois : allez voir votre digne compatriote. Malgré lui, malgré vous, nous serons vengés de cette préférence, et quelque plaisir que vous goûtiez à vivre avec lui, je sais que quand vous serez avec nous vous regreterez le tems que vous ne nous aurez pas donné.

En recevant votre lettre j'avois d'abord soupçonné qu'une commission secrette.... quel plus digne médiateur de paix ?.... mais les Rois donnent-ils leur confiance à des hommes vertueux ? Osent-ils écouter la vérité ? savent-ils même honorer le vrai mérite ?...... Non, non, cher Edouard, vous n'êtes pas fait pour le ministere, et je pense trop bien de vous pour croire que si vous n'étiez pas né Pair d'Angleterre, vous le fussiez jamais devenu.

Viens, Ami, tu seras mieux à Clarens qu'à la Cour (*b*)[3]. O quel hiver nous alons passer tous ensemble, si l'espoir de notre réunion ne m'abuse pas ! Chaque jour la prépare en ramenant ici quelqu'une de ces ames privilégiées qui sont si cheres l'une à l'autre, qui sont si dignes de s'aimer, et qui semblent n'attendre que vous pour se passer du reste de l'univers. En apprenant quel heureux hazard a fait passer ici la partie adverse du Baron d'Etange, vous avez prévu tout ce qui devoit arriver de cette rencontre*, et ce qui est arrivé réellement. Ce vieux plaideur, quoiqu'inflexible et entier presque autant que son adversaire,

* On voit qu'il manque ici plusieurs lettres intermédiaires, ainsi qu'en beaucoup d'autres endroits. Le lecteur dira qu'on se tire fort comodément d'affaire avec de pareilles omissions, et je suis tout-à-fait de son avis (*c*).

n'a pu résister à l'ascendant qui nous a tous subjugués. Après avoir vû Julie, après l'avoir entendue, après avoir conversé avec elle, il a eu honte de plaider contre son pere. Il est parti pour Berne si bien disposé, et l'accomodement est actuellement en si bon train, que sur la derniere lettre du Baron nous l'attendons de retour dans peu de jours (*a*).

Voila ce que vous aurez déja sû par M. de Wolmar. Mais ce que probablement vous ne savez point encore, c'est que Made d'Orbe ayant enfin terminé ses affaires est ici depuis Jeudi, et n'aura plus d'autre demeure que celle de son amie (*b*). Comme j'étois prévenu du jour de son arrivée, j'allai au devant d'elle à l'inçû de Made de Wolmar qu'elle vouloit surprendre, et l'ayant rencontrée au deça de Lutri[1], je revins sur mes pas avec elle.

Je la trouvai plus vive et plus charmante que jamais, mais inégale, distraite, n'écoutant point, répondant encore moins, parlant sans suite et par saillies, enfin livrée à cette inquiétude dont on ne peut se deffendre sur le point d'obtenir ce qu'on a fortement désiré. On eut dit à chaque instant qu'elle trembloit de retourner en arriere. Ce départ, quoique longtems différé, s'étoit fait si à la hâte que la tête en tournoit à la maitresse et aux domestiques. Il regnoit un desordre risible dans le menu bagage qu'on amenoit. A mesure que la femme-de-chambre craignoit d'avoir oublié quelque chose, Claire assuroit toujours l'avoir fait mettre dans le coffre du Carrosse, et le plaisant quand on y regarda, fût qu'il ne s'y trouva rien du tout.

Comme elle ne vouloit pas que Julie entendit sa voiture, elle descendit dans l'avenue, traversa la cour en courant comme une folle, et monta si précipitamment qu'il falut respirer après la premiere rampe[2] avant d'achever de monter. M. de Wolmar vint au devant d'elle; elle ne put lui dire un seul mot.

En ouvrant la porte de la chambre, je vis Julie assise vers la fenêtre et tenant sur ses genoux la petite Henriette, comme elle faisoit souvent. Claire avoit médité un beau discours à sa maniere mêlé de sentiment et de gaité; mais en mettant le pied sur le seuil de la porte, le discours, la gaité, tout fut oublié; elle vole à son amie en s'écriant avec un emportement impossible à peindre : Cousine, toujours, pour toujours, jusqu'à la mort ! Henriette appercevant sa mere saute et court au devant d'elle en criant aussi : *Maman ! maman !* de toute sa force, et la rencontre si rudement que la pauvre petite tomba du coup. Cette subite aparition, cette chute, la joye, le trouble saisirent Julie à tel point, que s'étant levée en étendant les bras avec un cri très-aigu, elle se laissa retomber et se trouva mal. Claire voulant relever sa fille, voit pâlir son amie, elle hésite, elle ne sait à laquelle courrir. Enfin, me voyant relever Henriette, elle s'élance pour secourir Julie défaillante, et tombe sur elle dans le même état.

Henriette les appercevant toutes deux sans mouvement se mit à pleurer et pousser des cris qui firent accourir la Fanchon; l'une court à sa mere, l'autre à sa maitresse. Pour moi, saisi, transporté, hors de sens, j'errois à grands pas par la chambre sans savoir ce que je faisois, avec des exclamations interrompues, et dans un mouvement convulsif dont je n'étois pas le maitre. Wolmar lui-même, le froid Wolmar se sentit ému. O sentiment, sentiment ! douce vie de l'ame ! quel est le cœur de fer que tu n'as jamais touché ? quel est l'infortuné mortel à qui tu n'arrachas jamais de larmes ? Au lieu de courir à Julie, cet heureux époux se jetta sur un fauteuil pour contempler avidement ce ravissant spectacle. Ne craignez rien, dit-il, en voyant notre empressement. Ces Scenes de plaisir et de joye n'épuisent un instant la nature que pour la ranimer d'une vigueur nouvelle; elles ne sont jamais dangereuses. Laissez-moi jouïr du bonheur que je goûte et que vous partagez. Que doit-il être pour vous ? Je n'en connus jamais de semblable, et je suis le moins heureux des six.

Milord, sur ce premier moment vous pouvez juger du reste. Cette réunion excita dans toute la maison un retentissement d'allégresse, et une fermentation qui n'est pas encore calmée. Julie hors d'elle-même étoit dans une agitation où je ne l'avois jamais vue; il fut impossible de songer à rien de toute la journée qu'à se voir et s'embrasser sans cesse avec de nouveaux transports. On ne s'avisa pas même du salon d'Apollon, le plaisir étoit par tout, on n'avoit pas besoin d'y songer. A peine le lendemain eut-on assés de sang-froid pour préparer une fête. Sans Wolmar tout seroit allé de travers : chacun se para de son mieux. Il n'y eut de travail permis que ce qu'il en faloit pour les amusemens. La fête fut célébrée, non pas avec pompe, mais avec délire; il y regnoit une confusion qui la rendoit touchante, et le desordre en faisoit le plus bel ornement.

La matinée se passa à mettre Mad[e] d'Orbe en possession de son emploi d'Intendante ou de maîtresse d'hôtel, et elle se hâtoit d'en faire les fonctions avec un empressement d'enfant qui nous fit rire. En entrant pour diner dans le beau Salon les deux Cousines virent de tous côtés leurs chiffres unis, et formés avec des fleurs. Julie devina dans l'instant d'où venoit ce soin; elle m'embrassa dans un saisissement de joye (*a*). Claire contre son ancienne coutume hésita d'en faire autant. Wolmar lui en fit la guerre; elle prit, en rougissant, le parti d'imiter sa cousine. Cette rougeur, que je remarquai trop, me fit un effet que je ne saurois dire; mais je ne me sentis pas dans ses bras sans émotion.

L'après-midi il y eut une belle colation dans le gynécée, où pour le coup le maitre et moi fumes admis. Les hommes tirerent au blanc une mise donnée par Mad[e] d'Orbe. Le nouveau venu l'emporta, quoique moins éxercé que les autres; Claire ne fut pas la dupe de son addresse. Hanz lui-même ne s'y trompa pas, et refusa d'accepter le prix; mais tous ses camarades l'y forcerent, et vous pouvez juger que cette honnêteté de leur part ne fut pas perdue.

Le soir, toute la maison, augmentée de trois personnes, se rassembla pour danser[1]. Claire sembloit parée par la main des graces; elle n'avoit jamais été si brillante que ce jour-là. Elle dansoit, elle causoit, elle rioit, elle donnoit ses ordres, elle suffisoit à tout. Elle avoit juré de m'excéder de fatigue, et après cinq ou six contredanses très-vives tout d'une haleine, elle n'oublia pas le reproche ordinaire que je dansois comme un philosophe. Je lui dis, moi, qu'elle dansoit comme un lutin, qu'elle ne faisoit pas moins de ravage, et que j'avois peur qu'elle ne me laissât reposer ni jour ni nuit : Au contraire, dit-elle, voici dequoi vous faire dormir tout d'une piece; et à l'instant, elle me reprit pour danser.

Elle étoit infatigable; mais il n'en étoit pas ainsi de Julie; elle avoit peine à se tenir; les genoux lui trembloient en dansant; elle étoit trop touchée pour pouvoir être gaye. Souvent on voyoit des larmes de joye couler de ses yeux; elle contemploit sa Cousine avec une sorte de ravissement; elle aimoit à se croire l'étrangere à qui l'on donnoit la fête, et à regarder Claire comme la maitresse de la maison, qui l'ordonnoit (*a*). Après le souper, je tirai des fusées que j'avois apportées de la Chine, et qui firent beaucoup d'effet. Nous veillames fort avant dans la nuit; il falut enfin se quitter; Mad[e] d'Orbe étoit lasse ou devoit l'être, et Julie voulut qu'on se couchât de bonne heure (*b*).

Insensiblement le calme renait, et l'ordre avec lui. Claire, toute folâtre qu'elle eſt, sait prendre, quand il lui plait, un ton d'autorité qui en impose. Elle a d'ailleurs du sens, un discernement exquis, la pénétration de Wolmar, la bonté de Julie, et quoiqu'extremement libérale, elle ne laisse pas d'avoir aussi beaucoup de prudence. En sorte que reſtée Veuve si jeune, et chargée de la garde-noble[1] de sa fille, les biens de l'une et de l'autre n'ont fait que prospérer dans ses mains; ainsi (*c*) l'on n'a pas lieu de craindre que sous ses ordres la maison soit moins bien gouvernée qu'auparavant. Cela donne à Julie le plaisir de se livrer toute entiere à l'occupation qui eſt le plus de son goût, savoir l'éducation des enfans, et je ne doute pas qu'Henriette ne profite extrêmement de tous les soins dont une de ses meres aura soulagé l'autre. Je dis, ses meres; car à voir la maniere dont elles vivent avec elle, il eſt difficile de diſtinguer la véritable, et des étrangers qui nous sont venus aujourd'hui sont ou paroissent là-dessus encore en doute. En effet, toutes deux l'appellent, Henriette, ou, ma fille, indifféremment. Elle appelle, *maman* l'une, et l'autre *petite maman ;* la même tendresse regne de part et d'autre; elle obéit également à toutes deux. S'ils demandent aux Dames à laquelle elle appartient, chacune répond : à moi. S'ils interrogent Henriette, il se trouve qu'elle a deux meres; on seroit embarrassé à moins. Les plus clairvoyans se décident pourtant à la fin pour Julie. Henriette dont le pere étoit blond eſt blonde comme elle et lui ressemble beaucoup. Une certaine tendresse de mere se peind encore mieux dans ses yeux si doux que dans les regards plus enjoués de Claire. La petite prend auprès de Julie un air plus reſpectueux, plus attentif sur elle-même. Machinalement elle se met plus souvent à ses côtés, parce que Julie a plus souvent quelque chose à lui dire. Il faut avouer que toutes les apparences sont en faveur de la petite maman, et je me suis apperçû que cette erreur eſt si agréable aux deux Cousines, qu'elle pourroit bien être quelquefois volontaire, et devenir un moyen de leur faire sa cour.

Milord, dans quinze jours[1] il ne manquera plus ici que vous. Quand vous y serez, il faudra mal penser de tout homme dont le cœur cherchera sur le reſte de la terre des vertus, des plaisirs qu'il n'aura pas trouvés dans cette maison.

LETTRE VII (*a*)[2].

A MILORD EDOUARD.

IL y a trois jours (*b*) que j'essaye chaque soir de vous écrire. Mais après une journée laborieuse, le sommeil me gagne en rentrant : le matin dès le point du jour il faut retourner à l'ouvrage. Une ivresse plus douce que celle du vin me jette au fond de l'ame un trouble délicieux, et je ne puis dérober un moment à des plaisirs devenus tout nouveaux pour moi.

Je ne conçois pas (*c*) quel séjour pourroit me déplaire avec la société que je trouve dans celui-ci : mais savez-vous en quoi Clarens me plait pour lui-même ? C'eſt que je m'y sens vraiment à la campagne, et que c'eſt presque la premiere fois que j'en ai pu dire autant. Les gens de ville ne savent point aimer la Campagne; ils ne savent pas même y être : à peine quand ils y sont savent-ils ce qu'on y fait. Ils en dédaignent les travaux, les plaisirs, ils les ignorent; ils sont chez eux comme en pays étranger, je ne m'étonne pas qu'ils s'y déplaisent. Il faut être villageois au village, ou n'y point aller; car qu'y va-t-on faire ? Les habitans de Paris qui croyent aller à la campagne, n'y vont point; ils portent Paris avec eux. Les chanteurs, les beaux-esprits, les auteurs, les parasites sont le cortege qui les suit. Le jeu, la musique, la comédie y sont leur seule occupation*. Leur table eſt couverte

---

* Il y faut ajoûter la chasse. Encore la font ils si comodement qu'ils n'en ont pas la moitié de la fatigue ni du plaisir. Mais je n'entame point ici cet article de la chasse; il fournit trop pour être traité dans une note. J'aurai peut-être occasion d'en parler ailleurs (*d*).

comme à Paris; ils y mangent aux mêmes heures, on leur y sert les mêmes mets, avec le même appareil, ils n'y font que les mêmes choses; autant valoit y rester; car quelque riche qu'on puisse être et quelque soin qu'on ait pris, on sent toujours quelque privation, et l'on ne sauroit apporter avec soi Paris tout entier. Ainsi cette variété qui leur est si chere ils la fuyent; ils ne connoissent jamais qu'une maniere de vivre, et s'en ennuyent toujours.

Le travail de la campagne est agréable à considérer, et n'a rien d'assés pénible en lui-même pour émouvoir à compassion. L'objet de l'utilité publique et privée le rend intéressant; et puis, c'est la premiere vocation de l'homme, il rapelle à l'esprit une idée agréable, et au cœur tous les charmes de l'âge d'or. L'imagination ne reste point froide à l'aspect du labourage et des moissons. La simplicité de la vie pastorale et champêtre a toujours quelque chose qui touche. Qu'on regarde les prés couverts de gens qui fanent et chantent, et des troupeaux épars dans l'éloignement : insensiblement on se sent attendrir sans savoir pourquoi. Ainsi quelquefois encore la voix de la nature amolit nos cœurs farouches, et quoiqu'on l'entende avec un regret inutile, elle est si douce qu'on ne l'entend jamais sans plaisir.

J'avoue que la misere qui couvre les champs en certains pays où le publicain dévore les fruits de la terre, l'âpre avidité d'un fermier[1] avare, l'inflexible rigueur d'un maitre inhumain ôtent beaucoup d'attrait à ces tableaux. Des chevaux étiques prets d'expirer sous les coups; de malheureux paysans exténués de jeûne, excédés de fatigue et couverts de haillons, des hameaux de mazures, offrent un triste spectacle à la vue; on a presque regret d'être homme quand on songe aux malheureux dont il faut manger le sang[2]. Mais quel charme de voir de bons et sages regisseurs faire de la culture de leurs terres l'instrument de leurs bienfaits, leurs amusemens, leurs plaisirs, verser à pleines mains les dons de la providence; engraisser tout ce qui les entoure, hommes et bestiaux, des biens dont regorgent leurs granges, leurs caves, leurs greniers; accumuler l'abondance et la joye autour d'eux, et faire du travail qui les enrichit une fête continuelle ! Comment se dérober à la douce illusion que ces objets font naitre ? On oublie son siecle et ses contemporains; on se transporte au tems des patriarches; on veut mettre soi-même la main à l'œuvre, partager les travaux rustiques, et le bonheur qu'on y voit attaché. O tems de l'amour et de l'innocence, où les femmes étoient tendres et modestes, où les hommes étoient simples et vivoient contens ! O Rachel ! fille charmante et si constamment aimée, heureux celui qui pour t'obtenir ne regretta pas quatorze ans d'esclavage ! O douce éleve de Noëmi, heureux le bon vieillard dont tu réchauffois les pieds et le cœur[1] ! Non, jamais la beauté ne regne avec plus d'empire qu'au milieu des soins champêtres. C'est là que les graces sont sur leur trône, que la simplicité les pare, que la gaité les anime, et qu'il faut les adorer malgré soi. Pardon, Milord, je reviens à nous.

Depuis un mois les chaleurs de l'autonne apprêtoient d'heureuses vendanges; les premieres gelées en ont amené l'ouverture*; le pampre grillé laissant la grape à découvert étale aux yeux les dons du pere Lyée[2], et semble inviter les mortels à s'en emparer. Toutes les vignes chargées de ce fruit bienfaisant que le Ciel offre aux infortunés pour leur faire oublier leur misere; le bruit des tonneaux, des Cuves, des Légrefass** qu'on relie de toutes parts; le chant des vendangeuses dont ces côteaux retentissent; la marche continuelle de ceux qui portent la vendange au pressoir; le rauque son des instrumens rustiques qui les anime au travail; l'aimable et touchant tableau d'une allégresse générale qui semble en ce moment étendu sur la face de la terre; enfin le voile de brouillard que le soleil éleve au matin comme une toile de théatre pour découvrir à l'œil un si charmant spectacle; tout conspire à lui donner un air de fête, et cette fête n'en devient que plus belle à la réflexion, quand on songe qu'elle est la seule où les hommes aient su joindre l'agréable à l'utile.

M. de Wolmar dont ici le meilleur terrain consiste en vignobles a fait d'avance tous les préparatifs nécessaires. Les cuves, le pressoir, le cellier, les futailles n'attendoient que la douce liqueur pour laquelle ils sont destinés. Mad[e] de Wolmar s'est chargée de la récolte, le choix des

* On vendange fort tard dans le pays de Vaud; parce que la principale recolte est en vins blancs, et que la gelée leur est salutaire (*a*).

** Sorte de foudre ou de grand tonneau du pays (*b*).

ouvriers, l'ordre et la distribution du travail la regardent. Made d'Orbe préside aux festins de vendange, et au salaire des journaliers selon la police établie, dont les loix ne s'enfreignent jamais ici. Mon inspection, à moi, est de faire observer au pressoir les directions de Julie dont la tête ne supporte pas la vapeur des cuves, et Claire n'a pas manqué d'applaudir à cet emploi, comme étant tout à fait du ressort d'un buveur.

Les tâches ainsi partagées, le métier commun pour remplir les vuides est celui de vendangeur. Tout le monde est sur pied de grand matin; on se rassemble pour aller à la vigne. Made d'Orbe, qui n'est jamais assés occupée au gré de son activité, se charge pour surcroit, de faire avertir et tancer les paresseux, et je puis me vanter qu'elle s'acquite envers moi de ce soin avec une maligne vigilance. Quant au vieux Baron, tandis que nous travaillons tous, il se promene avec un fusil, et vient de tems en tems m'ôter aux vendangeuses pour aller avec lui tirer des grives, à quoi l'on ne manque pas de dire que je l'ai secretement engagé, si bien que j'en perds peu à peu le nom de philosophe pour gagner celui de fainéant, qui dans le fond n'en differe pas de beaucoup (*a*).

Vous voyez par ce que je viens de vous marquer du Baron, que notre réconciliation est sincere, et que Wolmar a lieu d'être content de sa seconde épreuve*. Moi de la haine pour le pere de mon amie ! Non, quand j'aurois été son fils, je ne l'aurois pas plus parfaitement honoré. En vérité, je ne connois point d'homme plus droit, plus franc, plus généreux, plus respectacle à tous égards que ce bon gentilhomme. Mais la bizarrerie de ses

* Ceci s'entendra mieux par l'extrait suivant d'une Lettre de Julie, qui n'est pas dans ce recueil.

« Voila, me dit M. de Wolmar en me tirant à part, la seconde » épreuve que je lui destinois. S'il n'eut pas caressé votre pere je » me serois defié de lui. Mais, dis-je, comment concilier ces » caresses et votre épreuve avec l'antipathie que vous avez vous- » même trouvée entre eux ? Elle n'existe plus, reprit-il; les pré- » jugés de votre pere ont fait à St. Preux tout le mal qu'ils pou- » voient lui faire : Il n'en a plus rien à craindre, il ne les hait plus, » il les plaint. Le Baron de son côté ne le craint plus; il a le cœur » bon, il sent qu'il lui a fait bien du mal, il en a pitié. Je vois qu'ils » seront fort bien ensemble, et se verront avec plaisir. Aussi dès cet » instant, je compte sur lui tout à fait. »

préjugés eſt étrange. Depuis qu'il eſt sûr que je ne saurois lui appartenir, il n'y a sorte d'honneur qu'il ne me fasse; et pourvû que je ne sois pas son gendre, il se mettroit volontiers au dessous de moi. La seule chose que je ne puis lui pardonner, c'eſt quand nous sommes seuls de railler quelquefois le prétendu philosophe sur ses anciennes leçons. Ces plaisanteries me sont ameres et je les reçois toujours fort mal; mais il rit de ma colere, et dit : allons tirer des grives, c'eſt assés pousser d'argumens. Puis il crie en passant : Claire, Claire ! un bon souper à ton maitre, car je lui vais faire gagner de l'appetit. En effet, à son âge il court les vignes avec son fusil tout aussi vigoureusement que moi, et tire incomparablement mieux. Ce qui me vange un peu de ses railleries, c'eſt que devant sa fille il n'ose plus souffler, et la petite ecoliere n'en impose gueres moins à son pere même qu'à son précepteur. Je reviens à nos vendanges (*a*).

Depuis huit jours que cet agréable travail nous occupe on eſt à peine à la moitié de l'ouvrage. Outre les vins deſtinés pour la vente et pour les provisions ordinaires, lesquels n'ont d'autre façon que d'être recueillis avec soin, la bienfaisante fée en prépare d'autres plus fins pour nos buveurs, et j'aide aux opérations magiques dont je vous ai parlé, pour tirer d'un même vignoble des vins de tous les pays. Pour l'un elle fait tordre la grape quand elle eſt meure et la laisse flétrir au soleil sur la souche; pour l'autre elle fait égraper le raisin et trier les grains avant de les jetter dans la cuve; pour un autre elle fait cueillir avant le lever du soleil du raisin rouge, et le porter doucement sur le pressoir couvert encore de sa fleur et de sa rosée, pour en exprimer du vin blanc; elle prépare un vin de liqueur en mêlant dans les tonneaux du mout réduit en sirop sur le feu, un vin sec en l'empêchant de cuver, un vin d'absynthe pour l'eſtomac*, un vin muscat avec des simples. Tous ces vins différens ont leur apprêt particulier; toutes ces préparations sont saines et naturelles : c'eſt ainsi qu'une économe induſtrie supplée à la diversité des terrains, et rassemble vingt climats en un seul[1].

---

* En Suisse on boit beaucoup de vin d'absynthe; et en général, comme les herbes des Alpes ont plus de vertu que dans les plaines, on y fait plus d'usage des infusions (*b*).

Vous ne sauriez concevoir avec quel zele, avec quelle gaité tout cela se fait. On chante, on rit toute la journée, et le travail n'en va que mieux. Tout vit dans la plus grande familiarité; tout le monde est égal, et personne ne s'oublie. Les Dames sont sans airs, les paysanes sont décentes, les hommes badins et non grossiers. C'est à qui trouvera les meilleures chansons, à qui fera les meilleurs contes, à qui dira les meilleurs traits (*a*). L'union même engendre les folâtres querelles, et l'on ne s'agace mutuellement que pour montrer combien on est sûr les uns des autres. On ne revient point ensuite faire chez soi les messieurs; on passe aux vignes toute la journée; Julie y a fait faire une loge où l'on va se chauffer quand on a froid, et dans laquelle on se réfugie en cas de pluye. On dine avec les paysans et à leur heure, aussi bien qu'on travaille avec eux. On mange avec appetit leur soupe un peu grossiere, mais bonne, saine, et chargée d'excellens légumes. On ne ricane point orgueilleusement de leur air gauche et de leurs complimens rustauds; pour les mettre à leur aise on s'y prête sans affectation. Ces complaisances ne leur échapent pas; ils y sont sensibles, et voyant qu'on veut bien sortir pour eux de sa place, ils s'en tiennent d'autant plus volontiers dans la leur. A diner, on amene les enfans, et ils passent le reste de la journée à la vigne. Avec quelle joye ces bons villageois les voyent arriver ! O bienheureux enfans, disent-ils en les pressant dans leurs bras robustes, que le bon Dieu prolonge vos jours aux dépends des notres ! ressemblez à vos pere et meres (*b*), et soyez comme eux la bénédiction du pays ! Souvent en songeant que la plûpart de ces hommes ont porté les armes et savent manier l'épée et le mousquet aussi bien que la serpette et la hoüe; en voyant Julie au milieu d'eux, si charmante et si respectée, recevoir, elle et ses enfans, leurs touchantes acclamations, je me rappelle (*c*) l'illustre et vertueuse Agrippine montrant son fils aux troupes de Germanicus[1]. Julie! femme incomparable ! vous exercez dans la simplicité de la vie privée le despotique empire de la sagesse et des bienfaits : vous êtes pour tout le pays un dépot cher et sacré que chacun voudroit deffendre et conserver au prix de son sang, et vous vivez plus sûrement, plus honorablement au milieu d'un peuple entier qui vous aime, que les Rois entourés de tous leurs soldats.

Le soir on revient gaiment tous ensemble. On nourrit et loge les ouvriers tout le tems de la vendange, et même le dimanche après le prêche du soir on se rassemble avec eux et l'on danse jusqu'au souper. Les autres jours on ne se sépare point non plus en rentrant au logis, hors le Baron qui ne soupe jamais et se couche de fort bonne heure, et Julie qui monte avec ses enfans chez lui jusqu'à ce qu'il s'aille coucher. A cela près, depuis le moment qu'on prend le métier de vendangeur jusqu'à celui qu'on le quite, on ne mêle plus la vie citadine à la vie rustique. Ces saturnales sont bien plus agréables et plus sages que celles des Romains. Le renversement qu'ils affectoient étoit trop vain pour instruire le maitre ni l'esclave : mais la douce égalité qui regne ici rétablit l'ordre de la nature, forme une instruction pour les uns, une consolation pour les autres et un lien d'amitié pour tous*.

Le lieu d'assemblée est une Sale à l'antique avec une grande cheminée où l'on fait bon feu. La piece est éclairée de trois lampes, auxquelles M. de Wolmar a seulement fait ajoûter des capuchons de fer-blanc pour intercepter la fumée et réfléchir la lumiere. Pour prevenir l'envie et les regrets on tâche de ne rien étaler aux yeux de ces bonnes gens qu'ils ne puissent retrouver chez eux, de ne leur montrer d'autre opulence que le choix du bon dans les choses communes et un peu plus de largesse dans la distribution. Le souper est servi sur deux longues tables. Le luxe et l'appareil des festins n'y sont pas, mais l'abondance et la joye y sont. Tout le monde se met à table, maitres, journaliers, domestiques; chacun se leve indifféremment pour servir, sans exclusion, sans préférence, et le service se fait toujours avec grace et avec plaisir. On

---

* Si de là naît un commun état de fête, non moins doux à ceux qui descendent qu'à ceux qui montent, ne s'ensuit-il pas que tous les états sont presque indifférens par eux-mêmes, pourvû qu'on puisse et qu'on veuille en sortir quelquefois ? Les gueux sont malheureux parce qu'ils sont toujours gueux; les Rois sont malheureux parce qu'ils sont toujours Rois. Les états moyens, dont on sort plus aisément offrent des plaisirs au dessus et au dessous de soi; ils étendent aussi les lumieres de ceux qui les remplissent, en leur donnant plus de préjugés à connoître et plus de dégrés à comparer. Voila, ce me semble, la principale raison pourquoi c'est généralement dans les conditions médiocres qu'on trouve les hommes les plus heureux et du meilleur sens (*a*).

boit à discretion, la liberté n'a point d'autres bornes que l'honnêteté. La présence de maitres si respectés contient tout le monde et n'empêche pas qu'on ne soit à son aise et gai. Que s'il arrive à quelqu'un de s'oublier, on ne trouble point la fête par des réprimandes, mais il est congédié sans remission dès le lendemain.

Je me prévaux aussi des plaisirs du pays et de la saison. Je reprends la liberté de vivre à la Valaisane, et de boire assés souvent du vin pur[1] : mais je n'en bois point qui n'ait été versé de la main d'une des deux Cousines. Elles se chargent de mésurer ma soif à mes forces et de ménager ma raison. Qui sait mieux qu'elles comment il la faut gouverner, et l'art de me l'ôter et de me la rendre ? Si le travail de la journée, la durée et la gaité du repas donnent plus de force au vin versé de ces mains chéries, je laisse exhaler mes transports sans contrainte; ils n'ont plus rien que je doive taire, rien que gêne la présence du sage Wolmar. Je ne crains point que son œil éclairé lise au fond de mon cœur; et quand un tendre souvenir y veut renaitre, un regard de Claire lui donne le change, un regard de Julie m'en fait rougir (*a*).

Après le souper on veille encore une heure ou deux en teillant du chanvre; chacun dit sa chanson tour à tour. Quelquefois les vendangeuses chantent en chœur toutes ensemble, ou bien alternativement à voix seule et en refrain. La plupart de ces chansons sont de vieilles romances dont les airs ne sont pas piquans; mais ils ont je ne sais quoi d'antique et de doux qui touche à la longue. Les paroles sont simples, naïves, souvent tristes; elles plaisent pourtant[2]. Nous ne pouvons nous empêcher, Claire de sourire, Julie de rougir, moi de soupirer (*b*), quand nous retrouvons dans ces chansons des tours et des expressions dont nous nous sommes servis autrefois. Alors en jettant les yeux sur elles et me rappellant les tems éloignés, un tressaillement me prend, un poids insuportable me tombe tout à coup sur le cœur, et me laisse une impression funeste qui ne s'efface qu'avec peine (*c*). Cependant je trouve à ces veillées une sorte de charme que je ne puis vous expliquer, et qui m'est pourtant fort sensible. Cette réunion des différens états, la simplicité de cette occupation, l'idée de délassement, d'accord, de tranquillité, le sentiment de paix qu'elle porte à l'ame, a quelque chose d'attendrissant qui dispose à trouver ces chansons plus intéressantes. Ce concert des voix de femmes n'eſt pas non plus sans douceur. Pour moi, je suis convaincu que de toutes les harmonies, il n'y en a point d'aussi agréable que le chant à l'unisson, et que s'il nous faut des accords, c'eſt parce que nous avons le goût dépravé. En effet, toute l'harmonie ne se trouve-t-elle pas dans un son quelconque ? et qu'y pouvons nous ajoûter sans altérer les proportions que la nature a établies dans la force rélative des sons harmonieux ? En doublant les uns et non pas les autres, en ne les renforçant pas en même raport, n'ôtons-nous pas à l'inſtant ces proportions (*a*) ? La nature a tout fait le mieux qu'il étoit possible; mais nous voulons mieux faire encore, et nous gâtons tout[1].

Il y a une grande émulation pour ce travail du soir aussi bien que pour celui de la journée, et la filouterie que j'y voulois employer m'attira hier un petit affront. Comme je ne suis pas des plus adroits à teiller et que j'ai souvent des diſtractions, ennuyé d'être toujours noté pour avoir fait le moins d'ouvrage, je tirois doucement avec le pied des chénevotes de mes voisins pour grossir mon tas; mais cette impitoyable Madame d'Orbe s'en étant apperçue fit signe à Julie, qui m'ayant pris sur le fait, me tança séverement. Monsieur le fripon, me dit-elle tout haut, point d'injuſtice, même en plaisantant; c'eſt ainsi qu'on s'accoutume à devenir méchant tout de bon, et qui pis eſt, à plaisanter encore*.

Voila comment se passe la soirée. Quand l'heure de la retraite approche, Made de Wolmar dit : alons tirer le feu d'artifice. A l'inſtant, chacun prend son pacquet de chénevotes, signe honorable de son travail; on les porte en triomphe au milieu de la Cour, on les rassemble en un tas, on en fait un trophée, on y met le feu; mais n'a pas cet honneur qui veut; Julie l'adjuge, en présentant le flambeau à celui ou celle qui a fait ce soir-là le plus d'ouvrage; fut-ce elle-même, elle se l'attribue sans façon. L'auguſte cérémonie eſt accompagnée d'acclamations et de batemens de mains. Les chénevotes font un feu clair et brillant qui s'éleve jusqu'aux nues, un vrai feu de joye autour duquel on saute, on rit. Ensuite on offre à boire à

---

* L'homme au beure ! Il me semble que cet avis vous iroit assés bien (*b*).

toute l'assemblée; chacun boit à la santé du vainqueur et va se coucher content d'une journée passée dans le travail, la gaité, l'innocence, et qu'on ne seroit pas fâché de recommencer le lendemain, le surlendemain, et toute sa vie.

LETTRE VIII (*a*)[1].

A M. DE WOLMAR.

JOUISSEZ, cher Wolmar, du fruit de vos soins. Recevez les homages d'un cœur épuré, qu'avec tant de peine vous avez rendu digne de vous être offert. Jamais homme n'entreprit ce que vous avez entrepris, jamais homme ne tenta ce que vous avez exécuté; jamais ame reconnoissante et sensible ne sentit ce que vous m'avez inspiré. La mienne avoit perdu son ressort, sa vigueur, son être; vous m'avez tout rendu. J'étois mort aux vertus ainsi qu'au bonheur : je vous dois cette vie morale (*b*) à laquelle je me sens renaitre. O mon Bienfaiteur ! ô mon Pere[2] ! En me donnant à vous tout entier, je ne puis vous offrir, comme à Dieu même, que les dons que je tiens de vous (*c*).

Faut-il vous avouer ma foiblesse et mes craintes ? Jusqu'à présent je me suis toujours défié de moi. Il n'y a pas huit jours que j'ai rougi de mon cœur et cru toutes vos bontés perdues. Ce moment fut cruel, et décourageant pour la vertu; grace au Ciel, grace à vous, il est passé pour ne plus revenir. Je ne me crois plus guéri seulement parce que vous me le dites, mais parce que je le sens. Je n'ai plus besoin que vous me répondiez de moi. Vous m'avez mis en état d'en répondre moi-même. Il m'a falu séparer de vous et d'elle pour savoir ce que je pouvois être sans votre appui. C'est loin des lieux qu'elle habite que j'apprends à ne plus craindre d'en approcher.

J'écris à Madame d'Orbe le détail de notre voyage. Je ne vous le répéterai point ici. Je veux bien que vous connoissiez toutes mes foiblesses, mais je n'ai pas la force de vous les dire. Cher Wolmar, c'est ma derniere faute; je m'en sens déja si loin que je n'y songe point sans fierté; mais l'instant en est si près encore que je ne puis l'avouer sans peine. Vous qui sutes pardonner mes égaremens, comment ne pardonneriez-vous pas la honte qu'a produit leur repentir ?

Rien ne manque plus à mon bonheur (*a*), Milord m'a tout dit. Cher ami, je serai donc à vous ? J'éleverai donc vos enfans ? L'ainé des trois élevera les deux autres ? Avec quelle ardeur je l'ai désiré ! Combien l'espoir d'être trouvé digne d'un si cher emploi redoubloit mes soins pour répondre aux votres ! combien de fois j'osai montrer là-dessus mon empressement à Julie ! Qu'avec plaisir j'interpretois souvent en ma faveur vos discours et les siens (*b*) ! Mais quoiqu'elle fut sensible à mon zele et qu'elle en parut approuver l'objet, je ne la vis point entrer assés précisément dans mes vues pour oser en parler (*c*) plus ouvertement. Je sentis qu'il faloit mériter cet honneur et ne pas le demander. J'attendois de vous et d'elle ce gage de votre confiance et de votre estime (*d*). Je n'ai point été trompé dans mon espoir : mes amis, croyez-moi, vous ne serez point trompés dans le votre[1].

Vous savez qu'à la suite de nos conversations sur l'éducation de vos enfans j'avois jetté sur le papier quelques idées qu'elles m'avoient fournies et que vous approuvâtes. Depuis mon départ il m'est venu de nouvelles réflexions sur le même sujet, et j'ai réduit le tout en une espece de sistême[2] que je vous communiquerai quand je l'aurai mieux digéré, afin que vous l'examiniez à votre tour. Ce n'est qu'après notre arrivée à Rome que j'espere pouvoir le mettre en état de vous être montré. Ce sistême commence où finit celui de Julie, ou plutôt il n'en est que la suite et le developement; car tout consiste à ne pas gâter l'homme de la nature en l'appropriant à la société.

J'ai recouvré ma raison par vos soins; redevenu libre et sain de cœur, je me sens aimé de tout ce qui m'est cher; l'avenir le plus charmant se présente à moi; ma situation devroit être délicieuse, mais il est dit que je n'aurai jamais l'ame en paix. En approchant du terme de notre voyage, j'y vois l'époque du sort de mon illustre ami; c'est moi qui dois, pour ainsi dire, en décider. Saurai-je faire au moins une fois pour lui ce qu'il a fait si souvent pour moi ? Saurai-je remplir dignement le plus grand, le plus important devoir de ma vie ? Cher Wolmar, j'emporte au fond de mon cœur toutes vos leçons, mais pour savoir les rendre utiles que ne puis-je de même emporter votre sagesse ! Ah ! si je puis voir un jour Edouard heureux; si selon son projet et le votre, nous nous rassemblons tous pour ne nous plus séparer (*a*), quel vœu me restera-t-il à faire ? Un seul, dont l'accomplissement ne dépend ni de vous, ni de moi, ni de personne au monde; mais de celui qui doit un prix aux vertus de votre épouse, et compte en secret vos bienfaits[1].

LETTRE IX (*b*).

A MAD^e D'ORBE.

OU êtes-vous, charmante Cousine ? Où êtes-vous, aimable confidente de ce foible cœur que vous partagez à tant de titres, et que vous avez consolé tant de fois ? venez, qu'il verse aujourd'hui dans le votre l'aveu de sa derniere erreur. N'est-ce pas à vous qu'il appartient toujours de le purifier, et sait-il se reprocher encore les torts qu'il vous a confessés ? Non, je ne suis plus le même, et ce changement vous est dû (*c*) : c'est un nouveau cœur que vous m'avez fait, et qui vous offre ses prémices; mais je ne me croirai délivré de celui que je quite qu'après l'avoir déposé dans vos mains. O vous qui l'avez vû naître, recevez ses derniers soupirs[2] !

L'eussiez-vous jamais pensé ? le moment de ma vie où je fus le plus content de moi-même fut celui où je me séparai de vous. Revenu de mes longs égaremens, je fixois à cet instant la tardive époque de mon retour à mes devoirs. Je commençois à payer enfin les immenses dettes de l'amitié en m'arrachant d'un séjour si chéri pour suivre un bienfaiteur, un sage, qui feignant d'avoir besoin de mes soins, mettoit le succès des siens à l'épreuve (*d*). Plus ce départ m'étoit douloureux, plus je m'honorois d'un pareil sacrifice. Après avoir perdu la moitié de ma vie à nourrir une passion malheureuse, je consacrois l'autre à la justifier, à rendre par mes vertus un plus digne hommage à celle qui reçût si longtems tous ceux de mon cœur. Je marquois hautement le premier de mes jours où je ne faisois rougir de moi, ni vous, ni elle, ni rien de tout ce qui m'étoit cher.

Milord Edouard avoit craint l'attendrissement des adieux, et nous voulions partir sans être apperçûs : mais tandis que tout dormoit encore, nous ne pumes tromper votre vigilante amitié. En appercevant votre porte entre-ouverte et votre femme de chambre au guet, en vous voyant venir au devant de nous, en entrant et trouvant une table à thé préparée, le raport des circonstances me fit songer à d'autres tems, et comparant ce départ à celui dont il me rappeloit l'idée, je me sentis si différent de ce que j'étois alors, que me félicitant d'avoir Edouard pour témoin de ces différences, j'espérai bien lui faire oublier à Milan l'indigne scene de Besançon. Jamais je ne m'étois senti tant de courage; je me faisois une gloire de vous le montrer; je me parois auprès de vous de cette fermeté que vous ne m'aviez jamais vue, et je me glorifiois en vous quitant de paroitre un moment à vos yeux tel que j'allois être. Cette idée ajoûtoit à mon courage, je me fortifiois de votre estime, et peut-être vous eussai-je dit adieu d'un œil sec, si vos larmes coulant sur ma joue n'eussent forcé les miennes de s'y confondre.

Je partis le cœur plein de tous mes devoirs, pénétré sur tout de ceux que votre amitié m'impose, et bien résolu d'employer le reste de ma vie à la mériter. Edouard passant en revue toutes mes fautes, me remit devant les yeux un tableau qui n'étoit pas flatté, et je connus par sa juste rigueur à blâmer tant de foiblesses, qu'il craignoit peu de les imiter. Cependant il feignoit d'avoir cette crainte; il me parloit avec inquiétude de son voyage de Rome et des indignes attachemens qui l'y rappelloient malgré lui; mais je jugeai facilement qu'il augmentoit ses propres dangers pour m'en occuper davantage, et m'éloigner d'autant plus de ceux auxquels j'étois exposé (*a*).

Comme nous approchions de Villeneuve, un laquais qui montoit un mauvais cheval se laissa tomber et se fit une légere contusion à la tête. Son maitre le fit saigner et voulut coucher là cette nuit. Ayant diné de bonne heure, nous primes des chevaux pour aller à Bex voir la Saline, et Milord ayant des raisons particulieres qui lui rendoient cet examen intéressant, je pris les mesures et le dessein du bâtiment de graduation; nous ne rentrames à Villeneuve qu'à la nuit (*b*)[1]. Après le soupé, nous causames en buvant du punch, et veillames assés tard. Ce fut alors qu'il m'apprit quels soins m'étoient confiés, et ce qui avoit été fait pour rendre cet arrangement pratiquable. Vous pouvez juger de l'effet que fit sur moi cette nouvelle; une telle conversation n'amenoit pas le sommeil (*a*). Il falut pourtant enfin se coucher.

En entrant dans la chambre qui m'étoit destinée, je la reconnus pour la même que j'avois occupée autrefois en allant à Sion. A cet aspect, je sentis une impression que j'aurois peine à vous rendre. J'en fus si vivement frappé que je crus redevenir à l'instant tout ce que j'étois alors : Dix années s'effacerent de ma vie et tous mes malheurs furent oubliés. Hélas ! cette erreur fut courte, et le second instant me rendit plus accablant le poids de toutes mes anciennes peines. Quelles tristes réflexions succederent à ce premier enchantement ! Quelles comparaisons douloureuses s'offrirent à mon esprit ! Charmes de la premiere jeunesse, délices des premieres amours, pourquoi vous retracer encore à ce cœur accablé d'ennuis et surchargé de lui-même ? O tems (*b*), tems heureux, tu n'es plus ! J'aimois, j'étois aimé. Je me livrois dans la paix de l'innocence aux transports d'un amour partagé : Je savourois à longs traits le délicieux sentiment qui me faisoit vivre : La douce vapeur de l'espérance enivroit mon cœur. Une extase, un ravissement, un délire absorboit toutes mes facultés : Ah ! sur les rochers de Meillerie, au milieu de l'hiver et des glaces, d'affreux abîmes devant les yeux (*c*), quel être au monde jouïssoit d'un sort comparable au mien ?.... et je pleurois ! et je me trouvois à plaindre ! et la tristesse osoit aprocher de moi !.... que ferai-je (*d*) donc aujourd'hui que j'ai tout possédé, tout perdu ?.... J'ai bien mérité ma misere, puisque j'ai si peu senti mon bonheur !.... je pleurois alors ?.... tu pleurois ?.... Infortuné, tu ne pleures plus.... tu n'as pas même le droit de pleurer.... Que n'est-elle morte ! osai-je m'écrier dans un transport de rage; oui, je serois moins malheureux : j'oserois me livrer à mes douleurs; j'embrasserois sans remords sa froide tombe, mes regrets seroient dignes d'elle; je dirois : elle entend mes cris, elle voit mes pleurs, mes gémissemens la touchent, elle approuve et reçoit mon pur hommage.... j'aurois au moins l'espoir de la rejoindre.... Mais elle vit; elle est heureuse !.... elle vit, et sa vie est ma mort, et son bonheur est mon supplice, et le Ciel après me l'avoir arrachée, m'ôte jusqu'à la douceur de la regretter !.... elle vit, mais non pas pour moi; elle vit pour mon desespoir. Je suis cent fois plus loin d'elle que si elle n'étoit plus.

Je me couchai dans ces tristes idées. Elles me suivirent durant mon sommeil, et le remplirent d'images funebres. Les ameres douleurs, les regrets, la mort se peignirent dans mes songes, et tous les maux que j'avois soufferts reprenoient à mes yeux cent formes nouvelles, pour me tourmenter une seconde fois. Un rêve sur tout, le plus cruel de tous, s'obstinoit à me poursuivre, et de phantôme en phantôme, toutes leurs apparitions confuses finissoient toujours par celui-là.

Je crus voir la digne mere de votre amie, dans son lit expirante, et sa fille à genoux devant elle, fondant en larmes, baisant ses mains et recueillant ses derniers soupirs. Je revis cette scene que vous m'avez autrefois dépeinte, et qui ne sortira jamais de mon souvenir. O ma mere, disoit Julie d'un ton à me navrer l'ame, celle qui vous doit le jour vous l'ôte ! Ah ! reprenez votre bienfait, sans vous il n'est pour moi qu'un don funeste. Mon enfant, répondit sa tendre mere,.... il faut remplir son sort.... Dieu est juste.... tu seras mere à ton tour.... elle ne put achever.... Je voulus lever les yeux sur elle; je ne la vis plus. Je vis Julie à sa place; je la vis, je la reconnus, quoique son visage fut couvert d'un voile. Je fais un cri; je m'élance pour écarter le voile; je ne pus l'atteindre; j'étendois les bras, je me tourmentois et ne touchois rien. Ami, calme toi; me dit-elle d'une voix foible. Le voile redoutable me couvre, nulle main ne peut l'écarter. A ce mot, je m'agite et fais un nouvel effort; cet effort me réveille : je me trouve dans mon lit, accablé de fatigue, et trempé de sueur et de larmes.

Bientôt ma frayeur se dissipe, l'épuisement me rendort; le même songe me rend les mêmes agitations; je m'éveille, et me rendors une troisieme fois. Toujours ce spectacle lugubre, toujours ce même appareil de mort; toujours ce voile impénétrable échape à mes mains et dérobe à mes yeux l'objet expirant qu'il couvre.

A ce dernier réveil ma terreur fut si forte que je ne la pus vaincre étant éveillé. Je me jette à bas de mon lit, sans savoir ce que je faisois. Je me mets à errer par la chambre, effrayé comme un enfant des ombres de la nuit, croyant me voir environné de phantômes, et l'oreille encore frappée de cette voix plaintive[1] dont je n'entendis jamais le son sans émotion. Le crepuscule[1] en commençant d'éclairer les objets, ne fit que les transformer au gré de mon imagination troublée. Mon effroi redouble et m'ôte le jugement : après avoir trouvé ma porte avec peine, je m'enfuis de ma chambre; j'entre brusquement dans celle d'Edouard : J'ouvre son rideau et me laisse tomber sur son lit en m'écriant hors d'haleine : C'en est fait, je ne la verrai plus ! Il s'éveille en sursaut, il saute à ses armes, se croyant surpris par un voleur. A l'instant, il me reconnoit; je me reconnois moi-même, et pour la seconde fois de ma vie, je me vois devant lui dans la confusion que vous pouvez concevoir.

Il me fit asseoir, me remettre et parler. Sitôt qu'il sut dequoi il s'agissoit, il voulut tourner la chose en plaisanterie; mais voyant que j'étois vivement frappé, et que cette impression ne seroit pas facile à détruire, il changea de ton. Vous ne méritez ni mon amitié ni mon estime, me dit-il assés durement; si j'avois pris pour mon laquais le quart des soins que j'ai pris pour vous, j'en aurois fait un homme; mais vous n'êtes rien. Ah ! lui dis-je, il est trop vrai. Tout ce que j'avois de bon me venoit d'elle : je ne la reverrai jamais; je ne suis plus rien. Il sourit, et m'embrassa. Tranquilisez-vous aujourd'hui, me dit-il, demain vous serez raisonnable. Je me charge de l'évenement. Aprés cela, changeant de conversation, il me proposa de partir. J'y consentis, on fit mettre les chevaux, nous nous habillames : En entrant dans la chaise, Milord dit un mot à l'oreille au postillon, et nous partimes.

Nous marchions sans rien dire. J'étois si occupé de mon funeste rêve que je n'entendois et ne voyois rien. Je ne fis pas même attention que le lac, qui la veille étoit à ma droite, étoit maintenant à ma gauche. Il n'y eut qu'un bruit de pavé qui me tira de ma létargie, et me fit appercevoir, avec un étonnement facile à comprendre, que nous rentrions dans Clarens. A trois cent (*a*) pas de la grille Milord fit arrêter, et me tirant à l'écart, vous voyez, me dit-il, mon projet; il n'a pas besoin d'explication. Alez, visionnaire, ajouta-t-il en me serrant la main (*b*); alez la revoir. Heureux de ne montrer vos folies qu'à des gens qui vous aiment ! Hatez-vous, je vous attends; mais sur tout ne revenez qu'après avoir déchiré ce fatal voile tissu dans votre cerveau.

Qu'aurois-je dit ? Je partis sans répondre. Je marchois

d'un pas précipité que la réflexion ralentit en approchant de la maison. Quel personage alois-je faire ? Comment oser me montrer ? De quel prétexte couvrir ce retour imprévu ? Avec quel front irois-je alléguer mes ridicules terreurs, et supporter le regard méprisant du généreux Wolmar ? Plus j'approchois, plus ma frayeur me paroissoit puérile, et mon extravagance me faisoit pitié. Cependant un noir pressentiment m'agitoit encore, et je ne me sentois point rassuré. J'avançois toujours quoique lentement, et j'étois déja près de la cour, quand j'entendis ouvrir et refermer la porte de l'Elisée. N'en voyant sortir personne, je fis le tour en dehors, et j'allai par le rivage cotoyer la voliere autant qu'il me fut possible. Je ne tardai pas de juger qu'on en approchoit. Alors prêtant l'oreille, je vous entendis parler toutes deux, et, sans qu'il me fut possible de distinguer un seul mot, je trouvai dans le son de votre voix je ne sais quoi de languissant et de tendre qui me donna de l'émotion[1], et dans la sienne un accent affectueux et doux à son ordinaire, mais paisible et serein, qui me remit à l'instant, et qui fit le vrai réveil de mon rêve.

Sur le champ je me sentis tellement changé, que je me moquai de moi-même et de mes vaines allarmes. En songeant que je n'avois qu'une haye et quelques buissons à franchir pour voir pleine de vie et de santé celle que j'avois cru ne revoir jamais, j'abjurai pour toujours mes craintes, mon effroi, mes chimeres, et je me déterminai sans peine à repartir, même sans la voir. Claire, je vous le jure, non seulement je ne la vis point; mais je m'en retournai fier de ne l'avoir point vue, de n'avoir pas été foible et crédule jusqu'au bout, et d'avoir au moins rendu cet honneur à l'ami d'Edouard, de le mettre au dessus d'un songe.

Voila, chere Cousine, ce que j'avois à vous dire et le dernier aveu qui me restoit à vous faire. Le détail du reste de notre voyage n'a plus rien d'intéressant; il me suffit de vous protester que depuis lors non seulement Milord est content de moi; mais que je le suis encore plus moi-même qui sens mon entiere guerison, bien mieux qu'il ne la peut voir. De peur de lui laisser une défiance inutile, je lui ai caché que je ne vous avois point vues. Quand il me demanda si le voile étoit levé, je l'affirmai sans balancer, et nous n'en avons plus parlé[2]. Oui, Cousine, il est levé pour jamais, ce voile dont ma raison fut longtems offusquée. Tous mes transports inquiets sont éteints. Je vois tous mes devoirs et je les aime. Vous m'êtes toutes deux plus cheres que jamais; mais mon cœur ne distingue plus l'une de l'autre, et ne sépare point les inséparables.

Nous arrivames avant hier à Milan. Nous en repartons après demain. Dans huit jours nous comptons être à Rome, et j'espere y trouver de vos nouvelles en arrivant. Qu'il me tarde de voir ces deux étonantes personnes qui troublent depuis si longtems le repos du plus grand des hommes. O Julie ! ô Claire ! il faudroit votre égale pour mériter de le rendre heureux.

LETTRE X (*a*).

RÉPONSE DE MAD^e D'ORBE.

Nous attendions tous de vos nouvelles avec impatience, et je n'ai pas besoin de vous dire combien vos lettres ont fait de plaisir à la petite communauté (*b*) : mais ce que vous ne devinerez pas de même, c'est que de toute la maison je suis peut-être celle qu'elles ont le moins réjouie. Ils ont tous appris que vous aviez heureusement passé les Alpes; moi, j'ai songé que vous étiez au delà[1].

A l'égard du détail que vous m'avez fait, nous n'en avons rien dit au Baron, et j'en ai passé à tout le monde quelques soliloques fort inutiles (*c*). M. de Wolmar a eu l'honnêteté de ne faire que se moquer de vous : Mais Julie n'a pu se rappeller les derniers momens de sa mere sans de nouveaux regrets et de nouvelles larmes. Elle n'a remarqué de votre rêve que ce qui ranimoit ses douleurs (*d*).

Quant à moi, je vous dirai, mon cher Maitre, que je ne suis plus surprise de vous voir en continuelle admiration de vous même, toujours achevant quelque folie, et toujours commençant d'être sage : car il y a longtems que vous passez votre vie à vous reprocher le jour de la veille, et à vous applaudir pour le lendemain[2].

Je vous avoue aussi que ce grand effort de courage, qui, si près de nous vous a fait retourner comme vous étiez venu, ne me paroit pas aussi merveilleux qu'à vous. Je le trouve plus vain que sensé, et je crois qu'à tout prendre j'aimerois autant moins de force avec un peu plus de raison. Sur cette maniere de vous en aler pourroit-on vous demander ce que vous êtes venu faire ? Vous avez eu honte de vous montrer, et c'étoit de n'oser vous montrer qu'il faloit avoir honte; comme si la douceur de voir ses amis n'effaçoit pas cent fois le petit chagrin de leur raillerie ! N'étiez-vous pas trop heureux de venir nous offrir votre air effaré pour nous faire rire ? Hébien donc, je ne me suis pas moquée de vous alors; mais je m'en moque tant plus (*a*) aujourd'hui; quoique n'ayant pas le plaisir de vous mettre en colere, je ne puisse pas rire de si bon cœur.

Malheureusement, il y a pis encore; c'est que j'ai gagné toutes vos terreurs sans me rassurer comme vous. Ce rêve a quelque chose d'effrayant, qui m'inquiette et m'attriste malgré que j'en aye. En lisant votre lettre, je blamois vos agitations; en la finissant, j'ai blâmé votre sécurité. L'on ne sauroit voir à la fois pourquoi vous étiez si ému, et pourquoi vous êtes devenu si tranquille. Par quelle bizarrerie avez-vous gardé les plus tristes pressentimens jusqu'au moment où vous avez pu les détruire et ne l'avez pas voulu. Un pas, un geste, un mot, tout étoit fini. Vous vous étiez allarmé sans raison, vous vous êtes rassuré de même; mais vous m'avez transmis la frayeur que vous n'avez plus, et il se trouve qu'ayant eu de la force une seule fois en votre vie, vous l'avez eue à mes dépends (*b*). Depuis votre fatale lettre un serrement de cœur ne m'a pas quitée; je n'approche point de Julie sans trembler de la perdre. A chaque instant je crois voir sur son visage la pâleur de la mort, et ce matin la pressant dans mes bras, je me suis sentie en pleurs sans savoir pourquoi. Ce voile ! Ce voile !.... Il a je ne sais quoi de sinistre qui me trouble chaque fois que j'y pense. Non, je ne puis vous pardonner d'avoir pu l'écarter sans l'avoir fait, et j'ai bien peur de n'avoir plus désormais un moment de contentement que je ne vous revoye auprès d'elle (*c*). Convenez aussi qu'après avoir si longtems parlé de philosophie, vous vous êtes montré philosophe à la fin bien mal-à-propos. Ah ! rêvez, et voyez vos amis; cela vaut mieux que de les fuir et d'être un sage.

Il paroit par la Lettre de Milord à M. de Wolmar qu'il songe sérieusement à venir s'établir avec nous. Sitôt qu'il aura pris son parti là-bas, et que son cœur sera décidé, revenez tous deux heureux et fixés; c'est le vœu de la petite communauté (*a*), et surtout celui de votre amie,

Claire d'Orbe.

P. S. (*b*). Au reste, s'il est vrai que vous n'avez rien entendu de notre conversation dans l'élisée, c'est peut-être tant mieux pour vous; car vous me savez assés alerte pour voir les gens sans qu'ils m'apperçoivent, et assés maligne pour persifler les écouteurs.

LETTRE XI (*c*).

RÉPONSE DE M. DE WOLMAR.

J'ÉCRIS à Milord Edouard, et je lui parle de vous si au long, qu'il ne me reste en vous écrivant à vous-même qu'à vous renvoyer à sa lettre. La votre exigeroit peut-être de ma part un retour d'honnêtetés; mais vous appeller dans ma famille; vous traitter en frere, en ami, faire votre sœur de celle qui fut votre amante; vous remettre l'autorité paternelle sur mes enfans; vous confier mes droits après avoir usurpé les votres; voila les complimens dont je vous ai cru digne. De votre part, si vous justifiez ma conduite et mes soins, vous m'aurez assés loué. J'ai tâché de vous honorer par mon estime, honorez-moi par vos vertus. Tout autre éloge doit être banni d'entre nous.

Loin d'être surpris de vous voir frappé d'un songe, je ne vois pas trop pourquoi vous vous reprochez de l'avoir été. Il me semble que pour un homme à sistêmes (*d*) ce n'est pas une si grande affaire qu'un rêve de plus[1].

Mais ce que je vous reprocherois volontiers, c'est moins l'effet de votre songe que son espece, et cela par une raison fort différente de celle que vous pourriez penser. Un Tiran fit autrefois mourir un homme qui dans un songe avoit cru le poignarder. Rappellez-vous la raison qu'il donna de ce meurtre, et faites vous en l'application[2]. Quoi ! vous alez décider du sort de votre ami et vous songez à vos anciennes amours ! sans les conversations du soir précédent, je ne vous pardonnerois jamais ce rêve-là. Pensez le jour à ce que vous alez faire à Rome, vous songerez moins la nuit à ce qui s'est fait à Vevai.

La Fanchon est malade; cela tient ma femme occupée, et lui ôte le tems de vous écrire. Il y a ici quelqu'un qui supplée volontiers à ce soin. Heureux jeune homme! Tout conspire à vôtre bonheur : tous les prix de la vertu vous recherchent pour vous forcer à les mériter. Quant à celui de mes bienfaits n'en chargez personne que vous même; c'est de vous seul que je l'attends.

LETTRE XII (*a*).

A M. DE WOLMAR.

QUE cette Lettre demeure entre vous et moi. Qu'un profond secret cache à jamais les erreurs du plus vertueux des hommes. Dans quel pas dangereux je me trouve engagé (*b*)? O mon sage et bienfaisant ami! que n'ai-je tous vos conseils dans la mémoire, comme j'ai vos bontés dans le cœur! Jamais je n'eus si grand besoin de prudence, et jamais la peur d'en manquer ne nuisit tant au peu que j'en ai. Ah! où sont vos soins paternels, où sont vos leçons, vos lumieres? Que deviendrai-je sans vous? Dans ce moment de crise, je donnerois tout l'espoir de ma vie pour vous avoir ici durant huit jours.

Je me suis trompé dans toutes mes conjectures; je n'ai fait que des fautes jusqu'à ce moment. Je ne redoutois que la Marquise. Après l'avoir vue, effrayé de sa beauté, de son addresse, je m'efforçois d'en détacher tout-à-fait l'ame noble de son ancien amant. Charmé de le ramener du côté d'où je ne voyois rien à craindre, je lui parlois de Laure avec l'estime et l'admiration qu'elle m'avoit inspirée; en relâchant son plus fort attachement par l'autre, j'espérois les rompre enfin tous les deux.

Il se prêta d'abord à mon projet; il outra même la complaisance, et voulant peut-être punir mes importunités par un peu d'allarmes, il affecta pour Laure encore plus d'empressement qu'il ne croyoit en avoir. Que vous dirai-je aujourd'hui? son empressement est toujours le même, mais il n'affecte plus rien. Son cœur épuisé par tant de combats s'est trouvé dans un état de foiblesse dont elle a profité. Il seroit difficile à tout autre de feindre longtems de l'amour auprès d'elle, jugez pour l'objet même de la passion qui la consume. En vérité, l'on ne peut voir cette infortunée sans être touché de son air et de sa figure; une impression de langueur et d'abatement qui ne quite point son charmant visage, en éteignant la vivacité de sa phisionomie, la rend plus intéressante, et comme les rayons du soleil échapés à travers les nuages, ses yeux ternis par la douleur lancent des feux plus piquans[1]. Son humiliation même a toutes les graces de la modestie (*a*) : en la voyant on la plaint, en l'écoutant on l'honore; enfin je dois dire à la justification de mon ami que je ne connois que deux hommes au monde qui puissent rester sans risque auprès d'elle (*b*).

Il s'égare, ô Wolmar ! je le vois, je le sens; je vous l'avoue dans l'amertume de mon cœur. Je frémis en songeant jusqu'où son égarement peut lui faire oublier ce qu'il est et ce qu'il se doit. Je tremble que cet intrépide amour de la vertu, qui lui fait mépriser l'opinion publique, ne le porte à l'autre extrémité, et ne lui fasse braver encore les loix sacrées de la décence et de l'honnêteté. Edouard Bomston faire un tel mariage (*c*) !.... vous concevez !.... sous les yeux de son ami !.... qui le permet !.... qui le souffre !.... et qui lui doit tout !.... Il faudra qu'il m'arrache le cœur de sa main avant de la profaner ainsi.

Cependant, que faire ? Comment me comporter ? Vous connoissez sa violence. On ne gagne rien avec lui par les discours, et les siens depuis quelque tems ne sont pas propres à calmer mes craintes. J'ai feint d'abord de ne pas l'entendre. J'ai fait indirectement parler la raison en maximes générales : à son tour il ne m'entend point. Si j'essaye de le toucher un peu plus au vif, il répond des sentences, et croit m'avoir réfuté. Si j'insiste, il s'emporte, il prend un ton qu'un ami devroit ignorer, et auquel l'amitié ne sait point répondre. Croyez que je ne suis en cette occasion ni craintif, ni timide; quand on est dans son devoir, on n'est que trop tenté d'être fier; mais il ne s'agit pas ici de fierté, il s'agit de réussir, et de fausses tentatives peuvent nuire aux meilleurs moyens. Je n'ose presque entrer avec lui dans aucune discussion; car je sens tous les jours la vérité de l'avertissement que vous m'avez donné, qu'il est plus fort que moi de raisonnement, et qu'il ne faut point l'enflammer par la dispute.

Il paroit d'ailleurs un peu réfroidi pour moi. On diroit que je l'inquiéte. Combien avec tant de supériorité à tous égards un homme eſt rabbaissé par un moment de foiblesse ! Le grand, le sublime Edouard a peur de son ami, de sa créature, de son élêve ! Il semble même, par quelques mots jettés sur le choix de son séjour s'il ne se marie pas, vouloir tenter ma fidélité par mon intérêt. Il sait bien que je ne dois ni ne veux le quiter (*a*). O Wolmar, je ferai mon devoir et suivrai partout mon bienfaiteur. Si j'étois lâche et vil, que gagnerois-je à ma perfidie ? Julie et son digne époux confieroient-ils leurs enfans à un traître ?

Vous m'avez dit souvent que les petites passions ne prennent jamais le change et vont toujours à leur fin; mais qu'on peut armer les grandes contre elles-mêmes. J'ai cru pouvoir ici faire usage de cette maxime. En effet, la compassion, le mépris des préjugés, l'habitude, tout ce qui détermine Edouard en cette occasion, échape à force de petitesse et devient presque inattaquable. Au lieu que le véritable amour eſt inséparable de la générosité, et que par elle on a toujours sur lui quelque prise. J'ai tenté cette voye indirecte, et je ne desespere pas du succès. Ce moyen paroit cruel; je ne l'ai pris qu'avec répugnance. Cependant, tout bien pesé, je crois rendre service à Laure elle-même. Que feroit-elle dans l'état auquel elle peut monter, qu'y montrer son ancienne ignominie ? Mais qu'elle peut être grande en demeurant ce qu'elle eſt ! Si je connois bien cette étrange fille, elle eſt faite pour jouïr de son sacrifice, plus que du rang qu'elle doit refuser[1].

Si cette ressource me manque, il m'en reſte une de la part du gouvernement à cause de la Religion (*b*); mais ce moyen ne doit (*c*) être employé qu'à la derniere extrémité et au défaut de tout autre : quoiqu'il en soit, je n'en veux épargner aucun pour prévenir une alliance indigne et deshonnête (*d*). O respectable Wolmar ! je suis jaloux de votre eſtime durant tous les momens de ma vie : Quoi que puisse vous écrire Edouard, quoi que vous puissiez entendre dire, souvenez-vous qu'à quelque prix que ce puisse être, tant que mon cœur battra dans ma poitrine, jamais *Lauretta Pisana* ne sera Ladi Bomſton.

Si vous approuvez mes mésures, cette Lettre n'a pas besoin de réponse. Si je me trompe, inſtruisez-moi. Mais hâtez-vous, car il n'y a pas un moment à perdre (*e*). Je ferai mettre l'addresse par une main étrangere. Faites de même en me répondant. Après avoir examiné ce qu'il faut faire, brulez ma lettre et oubliez ce qu'elle contient. Voici le premier et le seul secret que j'aurai eu de ma vie à cacher aux deux Cousines : si j'osois me fier davantage à mes lumieres, vous-même n'en sauriez jamais rien*.

LETTRE XIII (*a*)[1].

DE MAD[e] DE WOLMAR A MAD[e] D'ORBE.

Le Courrier d'Italie sembloit n'attendre pour arriver que le moment de ton départ, comme pour te punir de ne l'avoir différé qu'à cause de lui. Ce n'est pas moi qui ai fait cette jolie découverte; c'est mon mari qui a remarqué qu'ayant fait mettre les chevaux à huit heures, tu tardas de partir jusqu'à onze, non pour l'amour de nous, mais après avoir demandé vingt fois s'il en étoit dix, parce que c'est ordinairement l'heure où la poste passe.

Tu es prise, pauvre Cousine, tu ne peux plus t'en dédire. Malgré l'augure de la Chaillot, cette Claire si folle, ou plutôt si sage, n'a pu l'être jusqu'au bout; te voila dans les mêmes las** dont tu pris tant de peine à me dégager, et tu n'as pu conserver pour toi la liberté que tu m'as rendue. Mon tour de rire est-il donc venu ? Chere amie, il faudroit avoir ton charme et tes graces pour savoir plaisanter comme toi, et donner à la raillerie elle-même l'accent tendre et touchant des caresses. Et puis, quelle différence entre nous ! De quel front pourrois-je me jouer d'un mal dont je suis la cause et que tu t'es fait pour me l'ôter. Il n'y a pas un sentiment dans ton cœur qui n'offre au mien quelque sujet de reconnoissance, et tout jusqu'à ta foiblesse est en toi l'ouvrage de ta vertu.

---

* Pour bien entendre cette lettre et la 3e de la VIe partie, il faudroit savoir les avantures de Milord Edouard; et j'avois d'abord résolu de les ajoûter à ce récueil. En y repensant, je n'ai pu me resoudre à gâter la simplicité de l'histoire des deux amans par le romanesque de la sienne. Il vaut mieux laisser quelque chose à deviner au lecteur (*b*).

** Je n'ai pas voulu laisser *lacs,* à cause de la prononciation génevoise remarquée par Mad[e] d'Orbe. VIe partie, lettre V, p. 64 (*c*).

C'est cela même qui me console et m'égaye. Il faloit me plaindre et pleurer de mes fautes; mais on peut se moquer de la mauvaise honte qui te fait rougir d'un attachement aussi pur que toi (*a*).

Revenons au Courrier d'Italie, et laissons un moment les moralités. Ce seroit trop abuser de mes anciens titres; car il est permis d'endormir son auditoire, mais non pas de l'impatienter. Hébien donc, ce Courrier que je fais si lentement arriver, qu'a-t-il apporté ? Rien que de bien sur la santé de nos amis, et de plus une grande Lettre pour toi. Ah bon ! je te vois déja sourire et reprendre haleine; la lettre venue te fait attendre plus patiemment ce qu'elle contient.

Elle a pourtant bien son prix encore, même après s'être fait désirer; car elle respire une si.... mais je ne veux te parler que de nouvelles, et sûrement ce que j'allois dire n'en est pas une.

Avec cette Lettre, il en est venu une autre de Milord Edouard pour mon mari, et beaucoup d'amitiés pour nous. Celle-ci contient véritablement des nouvelles, et d'autant moins attendues que la premiere n'en dit rien. Ils devoient le lendemain partir pour Naples, où Milord a quelques affaires, et d'où ils iront voir le Vésuve...... Conçois-tu, ma chere, ce que cette vue a de si attrayant ? Revenus à Rome, Claire, pense, imagine.... Edouard est sur le point d'épouser.... non, grace au Ciel cette indigne Marquise; il marque, au contraire, qu'elle est fort mal. Qui donc ?.... Laure, l'aimable Laure; qui.... mais pourtant.... quel mariage !.... Notre ami n'en dit pas un mot. Aussi-tôt après ils partiront tous trois, et viendront ici prendre leurs derniers arrangemens. Mon mari ne m'a pas dit quels; mais il compte toujours que St. Preux nous restera.

Je t'avoue que son silence m'inquiéte un peu. J'ai peine à voir clair dans tout cela. J'y trouve des situations bizarres (*b*), et des jeux du cœur humain qu'on n'entend gueres[1]. Comment un homme aussi vertueux a-t-il pu se prendre d'une passion si durable pour une aussi méchante femme que cette Marquise ? Comment elle même avec un caractere violent et cruel a-t-elle pu concevoir et nourrir un amour aussi vif pour un homme qui lui ressembloit si peu; si tant est cependant qu'on puisse honorer du nom d'amour une fureur capable d'inspirer des crimes ? Comment un jeune cœur aussi généreux, aussi tendre, aussi desintéressé que celui de Laure a-t-il pu supporter ses premiers desordres (*a*) ? Comment s'en est-il rétiré par ce penchant trompeur fait pour égarer son sexe, et comment l'amour qui perd tant d'honnêtes femmes a-t-il pu venir à bout d'en faire une (*b*)[1] ? Di-moi, ma Claire, desunir deux cœurs qui s'aimoient sans se convenir; joindre ceux qui se convenoient sans s'entendre; faire triompher l'amour de l'amour-même; du sein du vice et de l'opprobre tirer le bonheur et la vertu; délivrer son ami d'un monstre en lui créant, pour ainsi dire, une compagne.... infortunée, il est vrai, mais aimable, honnête même, au moins si, comme je l'ose croire, on peut le redevenir : Di; celui qui auroit fait tout cela seroit-il coupable ? celui qui l'auroit souffert seroit-il à blâmer ?

Ladi Bomston viendra donc ici ? Ici, mon ange ? Qu'en penses-tu ? Après tout, quel prodige ne doit pas être cette étonante fille que son éducation perdit[2], que son cœur a sauvée, et pour qui l'amour fut la route de la vertu ? Qui doit plus l'admirer que moi qui fis tout le contraire, et que mon penchant seul égara, quand tout concouroit à me bien conduire ? Je m'avilis moins, il est vrai; mais me suis-je élevée comme elle ? Ai-je évité tant de pieges et fait tant de sacrifices (*c*) ? Du dernier degré de la honte elle a sû remonter au premier degré de l'honneur; elle est plus respectable cent fois que si jamais elle n'eut été coupable. Elle est sensible et vertueuse : que lui faut-il de plus pour nous ressembler (*d*)? S'il n'y a point de retour aux fautes de la jeunesse, quel droit ai-je à plus d'indulgence, devant qui dois-je espérer de trouver grace, et à quel honneur pourrois-je prétendre en refusant de l'honorer ?

Hébien, Cousine, quand ma raison me dit cela, mon cœur en murmure[3], et sans que je puisse expliquer pourquoi, j'ai peine à trouver bon qu'Edouard ait fait ce mariage, et que son ami s'en soit mêlé. O l'opinion, l'opinion ! Qu'on a de peine à sécouer son joug ! Toujours elle nous porte à l'injustice : le bien passé s'efface par le mal présent; le mal passé ne s'effacera-t-il jamais par aucun bien ?

J'ai laissé voir à mon mari mon inquiétude sur la conduite de St. Preux dans cette affaire. Il semble, ai-je dit, avoir honte d'en parler à ma Cousine. Il est incapable de lâcheté, mais il eſt foible.... trop d'indulgence pour les fautes d'un ami.... Non, m'a-t-il dit; il a fait son devoir; il le fera, je le sais; je ne puis rien vous dire de plus : mais St. Preux eſt un honnête garçon. Je réponds de lui, vous en serez contente.... Claire, il eſt impossible que Wolmar me trompe, et qu'il se trompe. Un discours si positif m'a fait rentrer en moi-même : j'ai compris que tous mes scrupules ne venoient que de fausse délicatesse, et que si j'étois moins vaine et plus équitable, je trouverois Ladi Bomſton plus digne de son rang (*a*).

Mais laissons (*b*) un peu Ladi (*c*) Bomſton et revenons à nous. Ne sens-tu point trop en lisant cette lettre que nos amis reviendront plutôt qu'ils n'étoient attendus, et le cœur ne te dit-il rien ? Ne bat-il point à présent plus fort qu'à l'ordinaire, ce cœur trop tendre et trop semblable au mien ? Ne songe-t-il point au danger de vivre familierement avec un objet chéri ? de le voir tous les jours ? de loger sous le même toit ? et si mes erreurs ne m'oterent point ton eſtime, mon exemple ne te fait-il rien craindre pour toi ? Combien dans nos jeunes ans la raison, l'amitié, l'honneur t'inspirerent pour moi de craintes que l'aveugle amour me fit mépriser ! C'eſt mon tour, maintenant, ma douce amie, et j'ai de plus pour me faire écouter la triſte autorité de l'expérience. Ecoute-moi donc tandis qu'il eſt tems, de peur qu'après avoir passé la moitié de ta vie à déplorer mes fautes, tu ne passes l'autre à déplorer les tiennes. Surtout, ne te fie plus à cette gaité folâtre qui garde celles qui n'ont rien à craindre, et perd celles qui sont en danger (*d*)[1]. Claire, Claire ! tu te moquois de l'amour une fois, mais c'eſt parce que tu ne le connoissois pas, et pour n'en avoir pas senti les traits, tu te croyois au dessus de ses atteintes. Il se vange, et rit à son tour. Apprends à te défier de sa traîtresse joye, ou crains qu'elle ne te coûte un jour bien des pleurs. Chere amie, il eſt tems de te montrer à toi-même; car jusqu'ici tu ne t'es pas bien vue : tu t'es trompée sur ton caraƈtere, et n'as pas sû t'eſtimer ce que tu valois. Tu t'es fiée aux discours de la Chaillot; sur ta vivacité badine elle te jugea peu sensible; mais un cœur comme le tien étoit au-dessus de sa portée. La Chaillot n'étoit pas faite pour te connoitre; personne au monde ne t'a bien connue, excepté moi seule. Notre ami même a plutôt senti que vû tout ton prix. Je t'ai laissé ton erreur tant qu'elle a pû t'être utile; à présent qu'elle te perdroit il faut te l'ôter.

Tu es vive, et te crois peu sensible. Pauvre enfant, que tu t'abuses ! ta vivacité même prouve le contraire. N'est-ce pas toujours sur des choses de sentiment qu'elle s'exerce ? N'est-ce pas de ton cœur que viennent les graces de ton enjoûment ? Tes railleries sont des signes d'intérêt plus touchans que les complimens d'un autre; tu caresses quand tu folâtres; tu ris, mais ton rire pénetre l'ame; tu ris, mais tu fais pleurer de tendresse, et je te vois presque toujours sérieuse avec les indifférens (*a*).

Si tu n'étois que ce que tu prétends être, dis-moi ce qui nous uniroit si fort l'une à l'autre ? où seroit entre nous le lien d'une amitié sans exemple ? par quel prodige un tel attachement seroit-il venu chercher par préférence un cœur si peu capable d'attachement ? Quoi ! celle qui n'a vécu que pour son amie ne sait pas aimer ? Celle qui voulut quiter pere, époux, parens, et son pays pour la suivre ne sait préférer l'amitié à rien ? Et qu'ai-je donc fait, moi qui porte un cœur sensible ? Cousine, je me suis laissée aimer, et j'ai beaucoup fait, avec toute ma sensibilité, de te rendre une amitié qui valut la tienne.

Ces contradictions t'ont donné de ton caractere l'idée la plus bizarre qu'une folle comme toi pût jamais concevoir; c'est de te croire à la fois ardente amie et froide amante. Ne pouvant disconvenir du tendre attachement dont tu te sentois pénétrée, tu crus n'être capable que de celui-là. Hors ta Julie, tu ne pensois pas que rien put t'émouvoir au monde; comme si les cœurs naturellement sensibles pouvoient ne l'être que pour un objet, et que, ne sachant aimer que moi, tu m'eusses pû bien aimer moi-même. Tu demandois plaisamment si l'ame avoit un sexe ? Non, mon enfant, l'ame n'a point de sexe; mais ses affections les distinguent, et tu commences trop à le sentir. Parce que le premier amant qui s'offrit ne t'avoit pas émue, tu crus aussi-tôt ne pouvoir l'être; parce que tu manquois d'amour pour ton soupirant, tu crus n'en pouvoir sentir pour personne. Quand il fut ton mari tu l'aimas pourtant, et si fort, que notre intimité même en souffrit (*b*); cette ame si peu sensible sût trouver à l'amour un supplément encore assés tendre pour satisfaire un honnête homme.

Pauvre Cousine ! C'est à toi desormais de resoudre tes propres doutes, et s'il est vrai

*Ch'un freddo amante è mal sicuro amico** (*a*).

j'ai grand peur d'avoir maintenant une raison de trop pour compter sur toi : mais il faut que j'acheve de te dire là dessus tout ce que je pense[1].

Je soupçonne (*b*) que tu as aimé sans le savoir, bien plutôt que tu ne crois, ou du moins, que le même penchant qui me perdit t'eut séduite si je ne t'avois prévenue. Conçois-tu qu'un sentiment si naturel et si doux puisse tarder si longtems à naitre ? Conçois-tu qu'à l'âge où nous étions on puisse impunément se familiariser avec un jeune homme aimable, ou qu'avec tant de conformité dans tous nos goûts celui-ci seul ne nous eut pas été commun ? Non, mon ange, tu l'aurois aimé j'en suis sûre, si je ne l'eusse aimé la premiere (*c*). Moins foible et non moins sensible, tu aurois été plus sage que moi sans être plus heureuse. Mais quel penchant eut pu vaincre dans ton ame honnête l'horreur de la trahison et de l'infidélité ? l'amitié te sauva des pieges de l'amour; tu ne vis plus qu'un ami dans l'amant de ton amie, et tu rachettas ainsi ton cœur aux dépends du mien.

Ces conjectures ne sont pas même si conjectures que tu penses, et si je voulois rappeller des tems qu'il faut oublier, il me seroit aisé de trouver dans l'intérêt que tu croyois ne prendre qu'à moi seule un intérêt non moins vif pour ce qui m'étoit cher. N'osant l'aimer, tu voulois que je l'aimasse; tu jugeas chacun de nous nécessaire au bonheur de l'autre, et ce cœur, qui n'a point d'égal au monde, nous en chérit plus tendrement tous les deux. Sois sûre que sans ta propre foiblesse tu m'aurois été moins indulgente; mais tu te serois réprochée sous le nom de jalousie une juste sévérité. Tu ne te sentois pas en droit de combattre en moi le penchant qu'il eut falu vaincre, et craignant d'être perfide plutôt que sage, en immolant ton bonheur au notre tu crus avoir assés fait pour la vertu.

Ma Claire, voila ton histoire; voila comment ta tirannique amitié me force à te savoir gré de ma honte, et à te

* Ce vers est renversé de l'original, et, n'en déplaise aux belles Dames, le sens de l'auteur est plus véritable et plus beau.

remercier de mes torts (*a*). Ne croi pas, pourtant, que je veuille t'imiter en cela. Je ne suis pas plus disposée à suivre ton exemple que toi le mien, et comme tu n'as pas à craindre mes fautes, je n'ai plus, grace au Ciel, tes raisons d'indulgence. Quel plus digne usage ai je à faire de la vertu que tu m'as rendue, que de t'aider à la conserver ?

Il faut donc te dire encore mon avis sur ton état présent. La longue absence de notre maitre n'a pas changé tes dispositions pour lui. Ta liberté recouvrée, et son retour ont produit une nouvelle époque dont l'amour a sû profiter. Un nouveau sentiment n'est pas né dans ton cœur, celui qui s'y cacha si longtems n'a fait que se mettre plus à l'aise (*b*). Fiere d'oser te l'avouer à toi-même, tu t'es pressée de me le dire. Cet aveu te sembloit presque nécessaire pour le rendre tout à fait innocent; en devenant un crime pour ton amie il cessoit d'en être un pour toi, et peut-être ne t'es-tu livrée au mal que tu combatois depuis tant d'années, que pour mieux achever de m'en guérir.

J'ai senti tout cela, ma chere; je me suis peu allarmée d'un penchant qui me servoit de sauvegarde, et que tu n'avois point à te reprocher. Cet hiver que nous avons passé tous ensemble au sein de la paix et de l'amitié m'a donné plus de confiance encore, en voyant que loin de rien perdre de ta gaité, tu semblois l'avoir augmentée. Je t'ai vue tendre, empressée, attentive; mais franche dans tes caresses, naïve dans tes jeux, sans mistere, sans ruse en toute chose, et dans tes plus vives agaceries la joye de l'innocence réparoit tout.

Depuis notre entretien de l'élisée (*c*) je ne suis plus si contente de toi. Je te trouve triste et réveuse. Tu te plais seule autant qu'avec ton amie; tu n'as pas changé de langage mais d'accent; tes plaisanteries sont plus timides; tu n'oses plus parler de lui si souvent; on diroit que tu crains toujours qu'il ne t'écoute (*d*), et l'on voit à ton inquiétude que tu attends de ses nouvelles plutôt que tu n'en demandes.

Je tremble, bonne Cousine, que tu ne sentes pas tout ton mal, et que le trait ne soit enfoncé plus avant que tu n'as paru le craindre (*e*). Crois-moi, sonde bien ton cœur malade; dis-toi bien, je le repete, si, quelque sage qu'on puisse être, on peut sans risque demeurer longtems avec ce qu'on aime, et si la confiance qui me perdit est tout à fait sans danger pour toi; vous êtes libres tous deux; c'est précisément ce qui rend les occasions plus suspectes. Il n'y a point, dans un cœur vertueux, de foiblesse qui cede au remord, et je conviens avec toi qu'on est toujours assés forte contre le crime; mais hélas ! qui peut se garantir d'être foible ? Cependant, regarde les suites, songe aux effets de la honte. Il faut s'honorer pour être honorée (*a*), comment peut-on mériter le respect d'autrui sans en avoir pour soi-même, et où s'arrêtera dans la route du vice celle qui fait le premier pas sans effroi ? Voila ce que je dirois à ces femmes du monde pour qui la morale et la religion ne sont rien, et qui n'ont de loi que l'opinion d'autrui. Mais toi, femme vertueuse et chrétienne; toi qui vois ton devoir et qui l'aimes; toi qui connois et suis d'autres regles que les jugemens publics, ton premier honneur est celui que te rend ta conscience[1], et c'est celui-là qu'il s'agit de conserver.

Veux-tu savoir quel est ton tort en toute cette affaire ? C'est, je te le redis, de rougir d'un sentiment honnête que tu n'as qu'à déclarer pour le rendre innocent* : mais avec toute ton humeur folâtre, rien n'est si timide que toi. Tu plaisantes pour faire la brave, et je vois ton pauvre cœur tout tremblant. Tu fais avec l'amour dont tu feins de rire, comme ces enfans qui chantent la nuit quand ils ont peur. O chere amie ! Souviens-toi de l'avoir dit mille fois; c'est la fausse honte qui mene à la véritable, et la vertu ne sait rougir que de ce qui est mal. L'amour en lui-même est-il un crime ? N'est-il pas le plus pur ainsi que le plus doux penchant de la nature ? N'a-t-il pas une fin bonne et louable ? Ne dédaigne-t-il pas les ames basses et rempantes ? N'anime-t-il pas les ames grandes et fortes ? N'annoblit-il pas tous leurs sentimens ? Ne double-t-il pas leur être ? Ne les éleve-t-il pas au dessus d'elles-mêmes ? Ah ! si pour être honnête et sage, il faut être inaccessible à ses traits, dis, que reste-t-il pour la vertu sur la terre ? Le rebut de la nature, et les plus vils des mortels[2].

Qu'as-tu donc fait que tu puisses te reprocher ? N'as-tu

---

* Pourquoi l'Editeur laisse-t-il les continuelles répétitions dont cette Lettre est pleine, ainsi que beaucoup d'autres ? Par une raison fort simple; c'est qu'il ne se soucie point du tout que ces Lettres plaisent à ceux qui feront cette question (*b*).

pas fait choix d'un honnête homme ? N'est-il pas libre ? Ne l'es-tu pas ? Ne mérite-t-il pas toute ton estime ? N'as-tu pas toute la sienne ? Ne seras-tu pas trop heureuse de faire le bonheur d'un ami si digne de ce nom, de payer de ton cœur et de ta personne les anciennes dettes de ton amie, et d'honorer en l'élevant à toi le mérite outragé par la fortune[1] ?

Je vois les petits scrupules qui t'arrêtent. Démentir une resolution prise et déclarée, donner un successeur au defunt, montrer sa foiblesse au public, épouser un avanturier; car les ames basses, toujours prodigues de titres flétrissans, sauront bien trouver celui-ci (*a*). Voila donc les raisons sur lesquelles tu aimes mieux te reprocher ton penchant que le justifier, et couver tes feux au fond de ton cœur que les rendre légitimes ? Mais, je te prie, la honte est-elle (*b*) d'épouser celui qu'on aime ou de l'aimer sans l'épouser ? Voila le choix qui te reste à faire. L'honneur que tu dois au defunt est de respecter assés sa Veuve pour lui donner un mari plutôt qu'un amant, et si ta jeunesse te force à remplir sa place, n'est-ce pas rendre encore hommage à sa mémoire, de choisir un homme qui lui fut cher.

Quant à l'inégalité, je croirois t'offenser de combattre une objection si frivole, lorsqu'il s'agit de sagesse et de bonnes mœurs. Je ne connois d'inégalité deshonorante que celle qui vient du caractere ou de l'éducation. A quelque état que parvienne un homme imbu de maximes basses, il est toujours honteux de s'allier à lui. Mais un homme élevé dans des sentimens d'honneur est l'égal de tout le monde, il n'y a point de rang où il ne soit à sa place (*c*). Tu sais quel étoit l'avis de ton pere même quand il fut question de moi pour notre ami. Sa famille est honnête quoiqu'obscure. Il jouït de l'estime publique, il la mérite. Avec cela fut-il le dernier des hommes, encore ne faudroit-il pas balancer; car il vaut mieux déroger à la noblesse qu'à la vertu, et la femme d'un Charbonnier est plus respectable que la maitresse d'un Prince (*d*).

J'entrevois bien encore une autre espece d'embarras dans la nécessité de te déclarer la premiere; car comme tu dois le sentir, pour qu'il ose aspirer à toi, il faut que tu le lui permettes; et c'est un des justes retours de l'inégalité, qu'elle coûte souvent au plus élevé des avances mortifiantes. Quant à cette difficulté, je te la pardonne, et j'avoue même qu'elle me paroitroit fort grave si je ne prenois soin de la lever : J'espere que tu comptes assés sur ton amie pour croire que ce sera sans te compromettre; de mon côté je compte assés sur le succès pour m'en charger avec confiance; car quoi que vous m'ayez dit autrefois tous deux sur la difficulté de transformer une amie en maitresse (*a*), si je connois bien un cœur dans lequel j'ai trop appris à lire, je ne crois pas qu'en cette occasion l'entreprise exige une grande habileté de ma part. Je te propose donc de me laisser charger de cette négociation, afin que tu puisses te livrer au plaisir que te fera son retour, sans mistére, sans regrets, sans danger, sans honte. Ah Cousine ! quel charme pour moi de réunir à jamais deux cœurs si bien faits l'un pour l'autre, et qui se confondent depuis si longtems dans le mien. Qu'ils s'y confondent mieux encore, s'il est possible; ne soyez plus qu'un pour vous et pour moi. Oui, ma Claire, tu serviras encore ton amie en couronnant ton amour, et j'en serai plus sûre de mes propres sentimens quand je ne pourrai plus les distinguer entre vous (*b*).

Que si, malgré mes raisons, ce projet ne te convient pas, mon avis est qu'à quelque prix que ce soit nous écartions de nous cet homme dangereux, toujours redoutable à l'une ou à l'autre; car, quoi qu'il arrive, l'éducation de nos enfans nous importe encore moins que la vertu de leurs méres. Je te laisse le tems de réfléchir sur tout ceci durant ton voyage. Nous en parlerons après ton retour (*c*).

Je prends le parti de t'envoyer cette Lettre en droiture[1] à Genève, parce que tu n'as dû coucher qu'une nuit à Lausanne et qu'elle ne t'y trouveroit plus. Apporte moi bien des détails de la petite République. Sur tout le bien qu'on dit de cette ville charmante, je t'estimerois heureuse de l'aller voir, si je pouvois faire cas des plaisirs qu'on achette aux dépends de ses amis. Je n'ai jamais aimé le luxe, et je le hais maintenant de t'avoir otée à moi pour je ne sais combien d'années (*d*). Mon enfant, nous n'allames ni l'une ni l'autre faire nos emplettes de noce à Genève; mais quelque mérite que puisse avoir ton frere, je doute que ta Belle-sœur soit plus heureuse avec sa dentelle de Flandre et ses étoffes des Indes, que nous dans notre simplicité. Je te charge pourtant, malgré ma rancune, de l'engager à venir faire la noce à Clarens.

Mon pere écrit au tien, et mon mari à la mere de l'épouse pour les en prier : voilà les lettres, donne-les, et soutiens l'invitation de ton crédit renaissant; c'eſt tout ce que je puis faire pour que la fête ne se fasse pas sans moi : car je te déclare qu'à quelque prix que ce soit je ne veux pas quiter ma famille. Adieu, Cousine; un mot de tes nouvelles, et que je sache au moins quand je dois t'attendre (*a*). Voici le deuxieme jour depuis ton départ, et je ne sais plus vivre si longtems sans toi.

P. S. Tandis que j'achevois cette lettre interrompüe, Mademoiselle Henriette se donnoit les airs d'écrire aussi de son côté. Comme je veux que les enfans disent toujours ce qu'ils pensent et non ce qu'on leur fait dire, j'ai laissé la petite curieuse écrire tout ce qu'elle a voulu, sans y changer un seul mot. Troisieme Lettre ajoûtée à la mienne. Je me doute bien que ce n'eſt pas encore celle que tu cherchois du coin de l'œil en furetant ce pacquet. Pour celle-là dispense-toi de l'y chercher plus longtems, car tu ne la trouveras pas. Elle eſt addressée à Clarens; c'eſt à Clarens qu'elle doit être lue; arrange-toi là-dessus.

LETTRE XIV (*b*)[1].

D'HENRIETTE A SA MERE.

Où êtes-vous donc, Maman ? On dit que vous êtes à Genève et que c'eſt si loin, si loin, qu'il faudroit marcher deux jours tout le jour pour vous atteindre : voulez-vous donc faire aussi le tour du monde (*c*) ? Mon petit papa eſt parti ce matin pour Etange (*d*); mon petit grand-papa eſt à la chasse; ma petite maman vient de s'enfermer pour écrire; il ne reſte que ma mie Pernette et ma mie Fanchon. Mon Dieu ! je ne sais plus comment tout va, mais depuis le départ de notre bon ami, tout le monde s'éparpille. Maman, vous avez commencé la premiere. On s'ennuyoit déja bien quand vous n'aviez plus personne à faire endêver[2]; oh ! c'eſt encore pis depuis que vous êtes partie; car la petite maman n'eſt pas non plus de si bonne humeur que quand vous y êtes. Maman, mon petit mali se porte bien, mais il ne vous aime plus, parce que vous ne l'avez pas fait sauter hier comme à l'ordinaire. Moi, je crois que je vous aimerois encore un peu si vous reveniez bien vîte, afin qu'on ne s'ennuyât pas tant. Si vous voulez m'appaiser tout-à-fait, apportez à mon petit mali quelque chose qui lui fasse plaisir. Pour l'appaiser, lui, vous aurez bien l'esprit de trouver aussi ce qu'il faut faire. Ah mon Dieu ! si notre bon ami étoit ici comme il l'auroit déja deviné ! mon bel éventail est tout brisé; mon ajustement bleu n'est plus qu'un chiffon; ma piece de blonde est en loques; mes mitaines à jour ne valent plus rien (*a*). Bon jour, Maman; il faut finir ma Lettre, car la petite maman vient de finir la sienne et sort de son cabinet. Je crois qu'elle a les yeux rouges, mais je n'ose le lui dire; mais en lisant ceci elle verra bien que je l'ai vû (*b*). Ma bonne Maman, que vous êtes méchante, si vous faites pleurer ma petite Maman !

P. S. (*c*). J'embrasse mon grand-papa, j'embrasse mes oncles, j'embrasse ma nouvelle tante et sa maman; j'embrasse tout le monde excepté vous. Maman, vous m'entendez bien; je n'ai pas pour vous de si longs bras.

FIN DE LA CINQUIEME PARTIE (*d*).

SIXIEME PARTIE.

LETTRE I (*a*)[1].

DE MAD[e] D'ORBE A MAD[e] DE WOLMAR.

AVANT de partir de Lausanne il faut t'écrire un petit mot pour t'apprendre que j'y suis arrivée; non pas pourtant aussi joyeuse que j'espérois. Je me faisois une fête de ce petit voyage qui t'a toi-même si souvent tentée; mais en refusant d'en être tu me l'as rendu presque importun; car quelle ressource y trouverai-je ? S'il est ennuyeux, j'aurai l'ennui pour mon compte; et s'il est agréable, j'aurai le regret de m'amuser sans toi. Si je n'ai rien à dire contre tes raisons, crois-tu pour cela que je m'en contente ? Ma foi, Cousine, tu te trompes bien fort, et c'est encore ce qui me fâche, de n'être pas même en droit de me fâcher (*b*). Dis, mauvaise, n'as-tu pas honte d'avoir toujours raison avec ton amie, et de résister à ce qui lui fait plaisir, sans lui laisser même celui de gronder ? Quand tu aurois planté là pour huit jours ton mari, ton ménage, et tes marmots, ne diroit-on pas que tout eût été perdu ? Tu aurois fait une étourderie, il est vrai; mais tu en vaudrois cent fois mieux; au lieu qu'en te mêlant d'être parfaite, tu ne seras plus bonne à rien, et tu n'auras qu'à te chercher des amis parmi les anges.

Malgré les mécontentemens passés, je n'ai pu sans attendrissement me retrouver au milieu de ma famille; j'y ai été reçue avec plaisir, ou du moins avec beaucoup de caresses. J'attends pour te parler de mon frere que j'aye fait connoissance avec lui. Avec une assés belle figure, il a l'air empesé du pays d'où il vient. Il est sérieux et froid; je lui trouve même un peu de morgue : j'ai grand peur pour la petite personne, qu'au lieu d'être un aussi bon mari que les notres, il ne tranche un peu du Seigneur et maitre (*a*).

Mon pere a été si charmé de me voir qu'il a quitté pour m'embrasser la rélation d'une grande bataille que les François viennent de gagner en Flandres[1], comme pour vérifier la prédiction de l'ami de nôtre ami (*b*). Quel bonheur qu'il n'ait pas été là ! Imagines-tu le brave Edouard voyant fuir les Anglois, et fuyant lui-même ?.... jamais, jamais !.... il se fut fait tuer cent fois.

Mais à propos de nos amis, il y a longtems qu'ils ne nous ont écrit. N'étoit-ce pas hier, je crois, jour de Courrier ? Si tu reçois de leurs Lettres, j'espere que tu n'oublieras pas l'intérêt que j'y prends.

Adieu, Cousine, il faut partir. J'attends de tes nouvelles à Geneve, où nous comptons arriver demain pour diner. Au reste, je t'avertis que de maniere ou d'autres la noce ne se fera pas sans toi, et que si tu ne veux pas venir à Lausanne, moi je viens avec tout mon monde mettre Clarens au pillage, et boire les vins de tout l'univers (*c*)[2].

LETTRE II (*d*).

DE MAD^e D'ORBE A MAD^e DE WOLMAR.

A merveilles, sœur prêcheuse ! mais tu comptes un peu trop, ce me semble, sur l'effet salutaire de tes sermons : sans juger s'ils endormoient beaucoup autrefois ton ami, je t'avertis qu'ils n'endorment point aujourd'hui ton amie; et celui que j'ai reçu hier au soir, loin de m'exciter au sommeil, me l'a ôté durant la nuit entiere. Gare la paraphrase de mon argus, s'il voit cette lettre ! mais j'y mettrai bon ordre, et je te jure que tu te bruleras les doigts plutôt que de la lui montrer.

Si j'allois te récapituler point par point, j'empiéterois sur tes droits; il vaut mieux suivre ma tête; et puis, pour avoir l'air plus modeste et ne pas te donner trop beau jeu, je ne veux pas d'abord parler de nos voyageurs et du Courrier d'Italie. Le pis aller, si cela m'arrive, sera de récrire ma lettre, et de mettre le commencement à la fin. Parlons de la prétendue Ladi Bomston (*a*).

Je m'indigne à ce seul titre[1]. Je ne pardonnerois pas plus à St. Preux de le laisser prendre à cette fille, qu'à Edouard de le lui donner, et à toi de le reconnoitre. Julie de Wolmar recevoir *Lauretta Pisana* dans sa maison ! la souffrir auprès d'elle ! Eh mon enfant, y penses-tu ? Quelle douceur cruelle est cela ? Ne sais-tu pas que l'air qui t'entoure est mortel à l'infamie ? La pauvre malheureuse oseroit-elle mêler son haleine à la tienne, oseroit-elle respirer près de toi ? Elle y seroit plus mal-à-son aise qu'un possédé touché par des reliques[2]; ton seul regard la feroit rentrer en terre; ton ombre seule la tueroit.

Je ne méprise point Laure; à Dieu ne plaise : au contraire, je l'admire et la respecte d'autant plus qu'un pareil retour est héroïque et rare. En est-ce assés pour autoriser les comparaisons basses avec lesquelles tu t'oses profaner toi-même; comme si dans ses plus grandes foiblesses le véritable amour ne gardoit pas la personne, et ne rendoit pas l'honneur plus jaloux (*b*) ? Mais je t'entends, et je t'excuse. Les objets éloignés et bas se confondent maintenant à ta vue; dans ta sublime élévation tu regardes la terre, et n'en vois plus les inégalités. Ta dévote humilité sait mettre à profit jusqu'à ta vertu.

Hébien que sert tout cela ? Les sentimens naturels en reviennent-ils moins ? L'amour-propre en fait-il moins son jeu ? Malgré toi tu sens ta répugnance, tu la taxes d'orgueil, tu la voudrois combattre, tu l'imputes à l'opinion. Bonne fille ! et depuis quand l'opprobre du vice n'est-il que dans l'opinion ? Quelle société conçois-tu possible avec une femme devant qui l'on ne sauroit nommer la chasteté, l'honnêteté, la vertu, sans lui faire verser des larmes de honte, sans ranimer ses douleurs, sans insulter presque à son repentir ? Croi-moi, mon ange, il faut respecter Laure et ne la point voir. La fuir est un égard que lui doivent d'honnêtes femmes; elle auroit trop à souffrir avec nous.

Ecoute. Ton cœur te dit que ce mariage ne se doit point faire ? N'est-ce pas te dire qu'il ne se fera point ?... Notre ami, dis-tu, n'en parle pas dans sa lettre ?... dans la lettre que tu dis qu'il m'écrit ?... et tu dis que cette lettre est fort longue ?... et puis vient le discours de ton mari... il est mistérieux, ton mari !... Vous êtes un couple de fripons qui me jouez d'intelligence; mais... son sentiment, au reste, n'étoit pas ici fort nécessaire... sur tout pour toi qui as vû la lettre... ni pour moi qui ne l'ai pas vue... car je suis plus sûre de ton ami, du mien, que de toute la philosophie.

Ah ça (*a*) ! Ne voila-t-il pas déja cet importun qui revient, on ne sait comment ? Ma foi, de peur qu'il ne revienne encore, puisque je suis sur son chapitre, il faut que je l'épuise, afin de n'en pas faire à deux fois (*b*).

N'alons point nous perdre dans le pays des chiméres (*c*). Si tu n'avois pas été Julie, si ton ami n'eut pas été ton amant, j'ignore ce qu'il eut été pour toi; je ne sais ce que j'aurois été moi-même. Tout ce que je sais bien, c'est que si sa mauvaise étoile me l'eut addressé d'abord, c'étoit fait de sa pauvre tête, et, que je sois folle ou non, je l'aurois infailliblement rendu fou (*d*). Mais qu'importe ce que je pouvois être ? Parlons de ce que je suis. La premiere chose que j'ai faite a été de t'aimer. Dès nos premiers ans mon cœur s'absorba dans le tien. Toute tendre et sensible que j'eusse été, je ne sus plus aimer ni sentir par moi-même. Tous mes sentimens me vinrent de toi; toi seule me tins lieu de tout, et je ne vécus que pour être ton amie. Voila ce que vit la Chaillot; voila sur quoi elle me jugea; répond, Cousine, se trompa-t-elle ?

Je fis mon frere de ton ami, tu le sais : l'amant de mon amie me fut comme le fils de ma mere. Ce ne fut point ma raison, mais mon cœur qui fit ce choix. J'eusse été plus sensible encore, que je ne l'aurois pas autrement aimé. Je t'embrassois en embrassant la plus chere moitié de toi-même; j'avois pour garant de la pureté de mes caresses leur propre vivacité. Une fille traite-t-elle ainsi ce qu'elle aime ? Le traitois-tu toi-même ainsi ? Non, Julie, l'amour chez nous est craintif et timide; la réserve et la honte sont ses avances, il s'annonce par ses refus, et sitôt qu'il transforme en faveurs les caresses, il en sait bien distinguer le prix. L'amitié est prodigue, mais l'amour est avare.

J'avoue que de trop étroites liaisons sont toujours périlleuses à l'âge où nous étions lui et moi; mais tous deux le cœur plein du même objet, nous nous accoutumâmes tellement à le placer entre nous, qu'à moins de t'anéantir nous ne pouvions plus arriver l'un à l'autre. La familiarité même dont nous avions pris la douce habitude, cette familiarité dans tout autre cas si dangereuse, fut alors ma sauvegarde. Nos sentimens dépendent de nos idées, et quand elles ont pris un certain cours, elles en changent difficilement. Nous en avions trop dit sur un ton pour recommencer sur un autre; nous étions déja trop loin pour revenir sur nos pas. L'amour veut faire tout son progrès lui-même, il n'aime point que l'amitié lui épargne la moitié du chemin (*a*). Enfin, je l'ai dit autrefois, et j'ai lieu de le croire encore; on ne prend gueres de baisers coupables sur la même bouche où l'on en prit d'innocens[1].

A l'appui de tout cela vint celui que le Ciel destinoit à faire le court bonheur de ma vie. Tu le sais, Cousine, il étoit jeune, bienfait, honnête, attentif, complaisant; il ne savoit pas aimer comme ton ami; mais c'étoit moi qu'il aimoit, et quand on a le cœur libre, la passion qui s'addresse à nous a toujours quelque chose de contagieux. Je lui rendis donc du mien tout ce qu'il en restoit à prendre, et sa part fut encore assés bonne pour ne lui pas laisser de regret à son choix[2]. Avec cela, qu'avois-je à redouter ? J'avoue même que les droits du sexe joints à ceux du devoir porterent un moment préjudice aux tiens, et que livrée à mon nouvel état je fus d'abord plus épouse qu'amie; mais en revenant à toi je te rapportai deux cœurs au lieu d'un, et je n'ai pas oublié depuis, que je suis restée seule chargée de cette double dette.

Que te dirai-je encore ma douce amie ? Au retour de notre ancien maitre, c'étoit, pour ainsi dire, une nouvelle connoissance à faire : je crus le voir avec d'autres yeux; je crus sentir en l'embrassant un frémissement qui jusques là m'avoit été inconnu; plus cette émotion me fut délicieuse, plus elle me fit de peur : je m'allarmai comme d'un crime d'un sentiment qui n'existoit peut-être que parce qu'il n'étoit plus criminel. Je pensai trop que ton amant ne l'étoit plus et qu'il ne pouvoit plus l'être; je sentis trop qu'il étoit libre et que je l'étois aussi. Tu sais le reste, aimable Cousine, mes frayeurs, mes scrupules te furent connus aussi-tôt qu'à moi. Mon cœur sans expérience s'intimidoit tellement d'un état si nouveau pour lui, que je me reprochois mon empressement de te rejoindre, comme s'il n'eût pas précédé le retour de cet ami. Je n'aimois point qu'il fut précisément où je désirois si fort d'être, et je crois que j'aurois moins souffert de sentir ce désir plus tiéde que d'imaginer qu'il ne fut pas tout pour toi.

Enfin, je te rejoignis, et je fus presque rassurée. Je m'étois moins reproché ma foiblesse après t'en avoir fait l'aveu. Près de toi je me la reprochois moins encore; je crus m'être mise à mon tour sous ta garde, et je cessai de craindre pour moi (*a*). Je résolus, par ton conseil même, de ne point changer de conduite avec lui. Il eſt conſtant qu'une plus grande réserve eut été une espece de déclaration, et ce n'étoit que trop de celles qui pouvoient m'échaper malgré moi, sans en faire une volontaire. Je continuai donc d'être badine par honte, et familiere par modeſtie : mais peut-être tout cela se faisant moins naturellement ne se faisoit-il plus avec la même mesure. De folâtre que j'étois, je devins tout à fait folle, et ce qui m'en accrut la confiance fut de sentir que je pouvois l'être impunément. Soit que l'exemple de ton retour à toi-même me donnât plus de force pour t'imiter; soit que ma Julie épure tout ce qui l'approche; je me trouvai tout-à-fait tranquille, et il ne me reſta de mes premieres émotions qu'un sentiment très doux, il eſt vrai, mais calme et paisible, et qui ne demandoit rien de plus à mon cœur que la durée de l'état où j'étois[1].

Oui, chere amie, je suis tendre et sensible aussi-bien que toi; mais je le suis d'une autre maniere. Mes affeƈtions sont plus vives; les tiennes sont plus pénétrantes. Peut-être avec des sens plus animés ai-je plus de ressources pour leur donner le change, et cette même gaité qui coûte l'innocence à tant d'autres me l'a toujours conservée. Ce n'a pas toujours été sans peine, il faut l'avouer. Le moyen de reſter veuve à mon âge, et de ne pas sentir quelquefois que les jours ne sont que la moitié de la vie ? Mais comme tu l'as dit, et comme tu l'éprouves, la sagesse eſt un grand moyen d'être sage; car avec toute ta bonne contenance, je ne te crois pas dans un cas fort différent du mien. C'eſt alors que l'enjouement vient à mon secours et fait plus, peut-être, pour la vertu que n'eussent fait les graves leçons de la raison. Combien de fois dans le silence de la nuit où l'on ne peut s'échapper à soi-meme, j'ai chassé des idées importunes en méditant des tours pour le lendemain ! Combien de fois j'ai sauvé les dangers d'un tête-à-tête par une saillie extravagante ! Tien, ma chere, il y a toujours, quand on eſt foible, un moment où la gaité devient sérieuse, et ce moment ne viendra point pour moi. Voila ce que je crois sentir, et dequoi je t'ose répondre[1].

Après cela, je te confirme librement tout ce que je t'ai dit dans l'Elisée sur l'attachement que j'ai senti naitre, et sur tout le bonheur dont j'ai jouï cet hiver (*a*)[2]. Je m'en livrois de meilleur cœur au charme de vivre avec ce que j'aime, en sentant que je ne désirois rien de plus. Si ce tems eut duré toujours, je n'en aurois jamais souhaitté un autre. Ma gaité venoit de contentement et non d'artifice. Je tournois en espiéglerie le plaisir de m'occuper de lui sans cesse. Je sentois qu'en me bornant à rire je ne m'apprêtois point de pleurs.

Ma foi, Cousine, j'ai cru m'appercevoir quelques fois que le jeu ne lui déplaisoit pas trop à lui-même. Le rusé n'étoit pas fâché d'être fâché, et il ne s'appaisoit avec tant de peine que pour se faire appaiser plus longtems. J'en tirois occasion de lui tenir des propos assés tendres en paroissant me moquer de lui; c'étoit à qui des deux seroit le plus enfant[3]. Un jour qu'en ton absence il jouoit aux échecs avec ton mari, et que je jouois au volant avec la Fanchon dans la même salle, elle avoit le mot et j'observois notre philosophe. A son air humblement fier et à la promptitude de ses coups, je vis qu'il avoit beau jeu. La table étoit petite, et l'échiquier débordoit. J'attendis le moment, et sans paroitre y tâcher, d'un revers de raquette je renversai l'échec-et-mat. Tu ne vis de tes jours pareille colere; il étoit si furieux que lui ayant laissé le choix d'un soufflet ou d'un baiser pour ma pénitence, il se détourna quand je lui présentai la joue. Je lui demandai pardon; il fut inflexible : il m'auroit laissée à genoux si je m'y étois mise. Je finis par lui faire une autre piece[4] qui lui fit oublier la premiere, et nous fumes meilleurs amis que jamais[5].

Avec une autre méthode, infailliblement je m'en serois moins bien tirée, et je m'apperçûs une fois que si le jeu fut devenu sérieux, il eut pu trop l'être. C'étoit un soir qu'il nous accompagnoit ce duo si simple et si touchant de Leo, *vado a morir, ben mio*[6]. Tu chantois avec assés de négligence, je n'en faisois pas de même; et, comme j'avois une main appuyée sur le Clavecin, au moment le plus pathétique et où j'étois moi-même émue, il appliqua sur cette main un baiser que je sentis sur mon cœur. Je ne connois pas bien les baisers de l'amour, mais ce que je peux te dire, c'est que jamais l'amitié, pas même la notre, n'en a donné ni reçu de semblable à celui-là. Hébien, mon enfant, après de pareils momens que devient-on quand on s'en va rêver seule, et qu'on emporte avec soi leur souvenir ? Moi, je troublai la musique, il falut danser, je fis danser le philosophe, on soupa presque en l'air, on veilla fort avant dans la nuit, je fus me coucher bien lasse, et je ne fis qu'un sommeil.

J'ai donc de fort bonnes raisons pour ne point gêner mon humeur ni changer de manieres. Le moment qui rendra ce changement nécessaire est si près, que ce n'est pas la peine d'anticiper. Le tems ne viendra que trop tôt d'être prude et réservée; tandis que je compte encore par vingt, je me dépêche d'user de mes droits; car passé la trentaine[1] on n'est plus folle mais ridicule, et ton épilogueur d'homme ose bien me dire qu'il ne me reste que six mois encore à retourner la salade avec les doigts[2]. Patience ! pour payer ce sarcasme je prétends la lui retourner dans six ans, et je te jure qu'il faudra qu'il la mange; mais revenons (*a*).

Si l'on n'est pas maitre de ses sentimens, au moins on l'est de sa conduite. Sans doute, je demanderois au Ciel un cœur plus tranquille; mais puissai-je à mon dernier jour offrir au Souverain juge une vie aussi peu criminelle que celle que j'ai passée cet hiver ! En vérité, je ne me reprochois rien auprès du seul homme qui pouvoit me rendre coupable. Ma chere, il n'en est pas de même depuis qu'il est parti; en m'accoutumant à penser à lui dans son absence, j'y pense à tous les instans du jour, et je trouve son image plus dangereuse que sa personne. S'il est loin, je suis amoureuse; s'il est près, je ne suis que folle; qu'il revienne, et je ne le crains plus (*b*)[3].

Au chagrin de son éloignement s'est jointe l'inquiétude de son rêve. Si tu as tout mis sur le compte de l'amour, tu t'es trompée (*c*); l'amitié avoit part à ma tristesse. Depuis leur départ je te voyois pâle et changée; à chaque instant je pensois te voir tomber malade. Je ne suis pas crédule mais craintive. Je sais bien qu'un songe n'amene pas un évenement, mais j'ai toujours peur que l'évenement n'arrive à sa suite. A peine ce maudit rêve m'a-t-il laissé une nuit tranquille, jusqu'à ce que je t'aye vue bien remise et reprendre tes couleurs. Dussai-je avoir mis sans le savoir un intérêt suspect à cet empressement, il est sûr que j'aurois donné tout au monde pour qu'il se fut montré quand il s'en retourna comme un imbécille[1]. Enfin ma vaine terreur s'en est allée avec ton mauvais visage. Ta santé, ton appétit ont plus fait que tes plaisanteries, et je t'ai vu si bien argumenter à table contre mes frayeurs, qu'elles se sont tout à fait dissipées. Pour surcroit de bonheur il revient, et j'en suis charmée à tous égards. Son retour ne m'allarme point, il me rassure; et sitôt que nous le verrons, je ne craindrai plus rien pour tes jours ni pour mon repos. Cousine, conserve-moi mon amie, et ne sois point en peine de la tienne; je réponds d'elle tant qu'elle t'aura.... Mais, mon Dieu, qu'ai-je donc qui m'inquiette encore, et me serre le cœur sans savoir pourquoi ? Ah, mon enfant (*a*), faudra-t-il un jour qu'une des deux survive à l'autre ? Malheur à celle sur qui doit tomber un sort si cruel ! Elle restera peu digne de vivre, ou sera morte avant sa mort.

Pourrois-tu (*b*) me dire à propos de quoi je m'épuise en sotes lamentations ? Foin de ces terreurs paniques qui n'ont pas le sens commun ! Au lieu de parler de mort, parlons de mariage; cela sera plus amusant. Il y a longtems que cette idée est venue à ton mari, et s'il ne m'en eut jamais parlé, peut-être ne me fut-elle point venue à moi-même. Depuis lors j'y ai pensé quelquefois, et toujours avec dédain. Fi ! cela vieillit une jeune veuve; si j'avois des enfans d'un second lit, je me croirois la grand-mere de ceux du premier. Je te trouve aussi fort bonne de faire avec légereté les honneurs de ton amie, et de regarder cet arrangement comme un soin de ta bénigne charité. Oh bien je t'apprends, moi, que toutes les raisons fondées sur tes soucis obligeans, ne valent pas la moindre des miennes contre un second mariage.

Parlons sérieusement; je n'ai pas l'ame assés basse pour faire entrer dans ces raisons la honte de me retracter d'un engagement téméraire pris avec moi seule, ni la crainte du blâme en faisant mon devoir, ni l'inégalité des fortunes dans un cas où tout l'honneur est pour celui des deux à qui l'autre veut bien devoir la sienne : mais sans répéter ce que je t'ai dit tant de fois sur mon humeur indépendante et sur mon éloignement naturel pour le joug du mariage, je me tiens à une seule objection, et je la tire de cette voix si sacrée que personne au monde ne respecte autant que toi; leve cette objection, Cousine, et je me rends. Dans tous ces jeux qui te donnent tant d'effroi ma conscience est tranquille. Le souvenir de mon mari ne me fait point rougir; j'aime à l'appeller à témoin de mon innocence, et pourquoi craindrois-je de faire devant son image tout ce que je faisois autrefois devant lui ? En seroit-il de même, ô Julie ! si je violois les saints engagemens qui nous unirent, que j'osasse jurer à un autre l'amour éternel que je lui jurai tant de fois, que mon cœur indignement partagé dérobât à sa memoire ce qu'il donneroit à son successeur, et ne put sans offenser l'un des deux remplir ce qu'il doit à l'autre ? Cette même image qui m'est si chere ne me donneroit qu'épouvante et qu'effroi, sans cesse elle viendroit empoisonner mon bonheur, et son souvenir qui fait la douceur de ma vie en feroit le tourment. Comment oses-tu me parler de donner un successeur à mon mari, après avoir juré de n'en jamais donner au tien ? comme si les raisons que tu m'allégues t'étoient moins applicables en pareil cas (*a*) ! Ils s'aimerent ? C'est pis encore. Avec quelle indignation verroit-il un homme qui lui fut cher usurper ses droits et rendre sa femme infidelle ! Enfin quand il seroit vrai que je ne lui dois plus rien à lui-même, ne dois-je rien au cher gage de son amour (*b*), et puis-je croire qu'il eut jamais voulu de moi, s'il eut prévû que j'eusse un jour exposé sa fille unique à se voir confondue avec les enfans d'un autre[1] ?

Encore un mot, et j'ai fini. Qui t'a dit que tous les obstacles viendroient de moi seule ? En répondant de celui que cet engagement regarde, n'as-tu point plutôt consulté ton désir que ton pouvoir ? Quand tu serois sûre de son aveu, n'aurois-tu donc aucun scrupule de m'offrir un cœur usé par une autre passion ? Crois-tu que le mien dût s'en contenter, et que je pusse être heureuse avec un homme que je ne rendrois pas heureux ? Cousine, penses-y mieux; sans exiger plus d'amour que je n'en puis ressentir moi-même, tous les sentimens que j'accorde je veux qu'ils me soient rendus, et je suis trop honnête femme pour pouvoir me passer de plaire à mon mari. Quel garant as-tu donc de tes espérances ? Un certain plaisir à se voir qui peut être l'effet de la seule amitié; un transport passager qui peut naître à notre âge de la seule différence du sexe; tout cela suffit-il pour les fonder ? si ce transport eut produit quelque sentiment durable eſt-il croyable qu'il s'en fut tû, non seulement à moi, mais à toi, mais à ton mari de qui ce propos n'eut pû qu'être favorablement reçu ? En a-t-il jamais dit un mot à personne ? Dans nos tête-à-tête a-t-il jamais été queſtion que de toi ? a-t-il jamais été queſtion de moi dans les votres ? Puis-je penser que s'il avoit eu là-dessus quelque secret pénible à garder, je n'aurois jamais apperçû sa contrainte, ou qu'il ne lui seroit jamais échapé d'indiscrétion ? Enfin, même depuis son départ, de laquelle de nous deux parle-t-il le plus dans ses lettres, de laquelle eſt-il occupé dans ses songes ? Je t'admire de me croire sensible et tendre, et de ne pas imaginer que je me dirai tout cela ! Mais j'apperçois vos ruses, ma mignone. C'eſt pour vous donner droit de répresailles que vous m'accusez d'avoir jadis sauvé mon cœur aux dépends du votre. Je ne suis pas la dupe de ce tour-là (*a*).

Voila toute ma confession, Cousine. Je l'ai faite pour t'éclairer, et non pour te contredire. Il me reſte à te déclarer ma résolution sur cette affaire. Tu connois à présent mon intérieur aussi-bien et peut être mieux que moi-même; mon honneur, mon bonheur te sont chers autant qu'à moi, et dans le calme des passions, la raison te fera mieux voir où je dois trouver l'un et l'autre. Charge-toi donc de ma conduite, je t'en remets l'entiere direction. Rentrons dans notre état naturel et changeons entre nous de métier, nous nous en tirerons mieux toutes deux. Gouverne, je serai docile (*b*); c'eſt à toi de vouloir ce que je dois faire, à moi de faire ce que tu voudras. Tien mon ame à couvert dans la tienne, que sert aux inséparables d'en avoir deux ?

Ah ça (*c*) ! Revenons à présent à nos voyageurs; mais j'ai déja tant parlé de l'un que je n'ose plus parler de l'autre, de peur que la différence du ſtile ne se fit un peu trop sentir, et que l'amitié même que j'ai pour l'Anglois ne dit trop en faveur du Suisse. Et puis, que dire sur des Lettres qu'on n'a pas vues ? Tu devois bien au moins m'envoyer celle de Milord Edouard; mais tu n'as osé l'envoyer sans l'autre, et tu as fort bien fait... tu pouvois pourtant faire mieux encore.... Ah vivent les Düegnes de vingt ans ! elles sont plus traitables qu'à trente.

Il faut au moins que je me venge en t'aprenant ce que tu as opéré par cette belle réserve ? C'eſt de me faire imaginer la Lettre en question,.... cette lettre si.... cent fois plus si qu'elle ne l'est réellement. De dépit, je me plais à la remplir de choses qui n'y sauroient être. Va, si je n'y suis pas adorée, c'est à toi que je ferai payer tout ce qu'il en faudra rabatre.

En vérité, je ne sais après tout cela comment tu m'oses parler du Courrier d'Italie. Tu prouves que mon tort ne fut pas de l'attendre, mais de ne pas l'attendre assés longtems. Un pauvre petit quart d'heure de plus, j'allois au devant du paquet, je m'en emparois la premiere, je lisois le tout à mon aise, et c'étoit mon tour de me faire valoir. Les raisins sont trop verds[1]; on me retient deux lettres; mais j'en ai deux autres que, quoique tu puisses croire, je ne changerois sûrement pas contre celles-là, quand tous les *si* du monde y seroient. Je te jure que si celle d'Henriette ne tient pas sa place à côté de la tienne c'est qu'elle la passe, et que ni toi ni moi n'écrirons de la vie rien d'aussi joli. Et puis on se donnera les airs de traiter ce prodige de petite impertinente ! Ah, c'est assurément pure jalousie. En effet, te voit-on jamais à genoux devant elle lui baiser humblement les deux mains l'une après l'autre ? Grace à toi, la voila modeste comme une vierge, et grave comme un Caton; respectant tout le monde, jusqu'à sa mere; il n'y a plus le mot pour rire à ce qu'elle dit; à ce qu'elle écrit, passe encore. Aussi depuis que j'ai découvert ce nouveau talent, avant que tu gâtes ses lettres comme ses propos, je compte établir de sa chambre à la mienne un Courrier d'Italie, dont on n'escamotera point les paquets (*a*).

Adieu, petite Cousine, voila des réponses qui t'aprendront à respecter mon crédit renaissant. Je voulois te parler de ce pays et de ses habitans, mais il faut mettre fin à ce volume, et puis tu m'as toute brouillée avec tes fantaisies, et le mari m'a presque fait oublier les hôtes (*b*). Comme nous avons encore cinq ou six jours (*c*) à rester ici et que j'aurai le tems de mieux revoir le peu que j'ai vû, tu ne perdras rien pour attendre, et tu peux compter sur un second tome avant mon départ (*d*).

LETTRE III (*a*)[1].

DE MILORD EDOUARD A M. DE WOLMAR.

Non, cher Wolmar, vous ne vous êtes point trompé; le jeune homme est sûr; mais moi je ne le suis guere, et j'ai failli payer cher l'expérience qui m'en a convaincu. Sans lui, je succombois moi-même à l'epreuve que je lui avois destinée (*b*). Vous savez que pour contenter sa reconnoissance et remplir son cœur de nouveaux objets, j'affectois de donner à ce voyage plus d'importance qu'il n'en avoit réellement. D'anciens penchans à flater, une vieille habitude à suivre encore une fois, voila avec ce qui se rapportoit à St. Preux tout ce qui m'engageoit à l'entreprendre. Dire les derniers adieux aux attachemens de ma jeunesse, ramener un ami parfaitement gueri, voila tout le fruit que j'en voulois recueillir.

Je vous ai marqué que le songe de Villeneuve m'avoit laissé des inquiétudes. Ce songe me rendit suspects les transports de joye auxquels il s'étoit livré quand je lui avois annoncé qu'il étoit le maître d'elever vos enfans et de passer sa vie avec vous. Pour mieux l'observer dans les effusions de son cœur, j'avois d'abord prévenu ses difficultés : en lui déclarant que je m'établirois moi-même avec vous, je ne laissois plus à son amitié d'objections à me faire; mais de nouvelles résolutions me firent changer de langage.

Il n'eut pas vû trois fois la Marquise que nous fûmes d'accord sur son compte. Malheureusement pour elle, elle voulut le gagner, et ne fit que lui montrer ses artifices (*c*). L'infortunée ! Que de grandes qualités sans vertu ! que d'amour sans honneur ! Cet amour ardent et vrai me touchoit, m'attachoit, nourrissoit le mien; mais il prit la teinte de son ame noire, et finit par me faire horreur. Il ne fut plus question d'elle.

Quand il eut vû Laure, qu'il connut son cœur, sa beauté, son esprit, et cet attachement sans exemple trop fait pour me rendre heureux, je résolus de me servir d'elle pour bien éclaircir l'état de St. Preux. Si j'épouse

Laure, lui dis-je, mon dessein n'est point de la mener à Londres où quelqu'un pourroit la reconnoitre, mais dans des lieux où l'on sait honorer la vertu par tout où elle est; vous remplirez votre emploi, et nous ne cesserons point de vivre ensemble. Si je ne l'épouse pas, il est tems de me recueillir[1]. Vous connoissez ma maison d'Oxfort-Shire, et vous choisirez d'élever les enfans d'un de vos amis, ou d'accompagner l'autre dans sa solitude. Il me fit la réponse à laquelle je pouvois m'attendre; mais je voulois l'observer par sa conduite : Car si pour vivre à Clarens il favorisoit un mariage qu'il eut dû blâmer, ou si dans cette occasion délicate il préféroit à son bonheur la gloire de son ami, dans l'un et dans l'autre cas l'épreuve étoit faite, et son cœur étoit jugé.

Je le trouvai d'abord tel que je le désirois; ferme contre le projet que je feignois d'avoir, et armé de toutes les raisons qui devoient m'empêcher d'épouser Laure. Je sentois ces raisons mieux que lui, mais je la voyois sans cesse, et je la voyois affligée et tendre. Mon cœur tout à fait détaché de la Marquise, se fixa par ce commerce assidu. Je trouvai dans les sentimens de Laure dequoi redoubler l'attachement qu'elle m'avoit inspiré. J'eus honte de sacrifier à l'opinion, que je méprisois, l'estime que je devois à son mérite; ne devois-je rien aussi à l'espérance que je lui avois donnée, sinon par mes discours, au moins par mes soins ? sans avoir rien promis, ne rien tenir c'étoit la tromper; cette tromperie étoit barbare. Enfin joignant à mon penchant une espece de devoir (*a*)[2], et songeant plus à mon bonheur qu'à ma gloire, j'achevai de l'aimer par raison; je résolus de pousser la feinte aussi loin qu'elle pouvoit aller, et jusqu'à la réalité même, si je ne pouvois m'en tirer autrement sans injustice (*b*).

Cependant (*c*) je sentis augmenter mon inquiétude sur le compte du jeune homme, voyant qu'il ne remplissoit pas dans toute sa force le rolle dont il s'étoit chargé. Il s'opposoit à mes vues, il improuvoit[3] le nœud que je voulois former; mais il combatoit mal mon inclination naissante, et me parloit de Laure avec tant d'éloges, qu'en paroissant me détourner de l'épouser, il augmentoit mon penchant pour elle. Ces contradictions m'allarmerent. Je ne le trouvois point aussi ferme qu'il auroit dû l'être. Il sembloit n'oser heurter de front mon sentiment, il molissoit contre ma resistance, il craignoit de me fâcher, il n'avoit point à mon gré pour son devoir l'intrépidité qu'il inspire à ceux qui l'aiment.

D'autres observations augmenterent ma défiance; je sus qu'il voyoit Laure en secret, je remarquois entre eux des signes d'intelligence. L'espoir de s'unir à celui qu'elle avoit tant aimé ne la rendoit point gaye. Je lisois bien la même tendresse dans ses regards, mais cette tendresse n'étoit plus mélée de joye à mon abord, la tristesse y dominoit toujours. Souvent dans les plus doux épanchemens de son cœur, je la voyois jetter sur le jeune homme un coup d'œil à la dérobée, et ce coup d'œil étoit suivi de quelques larmes qu'on cherchoit à me cacher. Enfin le mistere fut poussé au point que j'en fus allarmé. Jugez de ma surprise. Que pouvois-je penser (*a*) ? N'avois-je rechauffé qu'un serpent dans mon sein ? Jusqu'où n'osois-je point porter mes soupçons et lui rendre son ancienne injustice ? Foibles et malheureux que nous sommes, c'est nous qui faisons nos propres maux ! Pourquoi nous plaindre que les méchans nous tourmentent, si les bons se tourmentent encore entre eux[1] ?

Tout cela ne fit qu'achever de me déterminer. Quoique j'ignorasse le fond de cette intrigue, je voyois que le cœur de Laure étoit toujours le même, et cette épreuve ne me la rendoit que plus chere. Je me proposois d'avoir une explication avec elle avant la conclusion; mais je voulois attendre jusqu'au dernier moment, pour prendre auparavant par moi-même tous les éclaircissemens possibles (*b*). Pour lui, j'étois résolu de me convaincre, de le convaincre, enfin d'aller jusqu'au bout avant que de lui rien dire ni de prendre un parti par raport à lui, prévoyant une rupture infaillible, et ne voulant pas mettre un bon naturel et vingt ans d'honneur en balance avec des soupçons.

La Marquise n'ignoroit rien de ce qui se passoit entre nous. Elle avoit des épies (*c*) dans le Couvent de Laure, et parvint à savoir qu'il étoit question de mariage. Il n'en falut pas davantage pour éveiller ses fureurs; elle m'écrivit des lettres menaçantes. Elle fit plus que d'écrire (*d*); mais comme ce n'étoit pas la premiere fois et que nous étions sur nos gardes, ses tentatives furent vaines. J'eus seulement le plaisir de voir dans l'occasion, que St. Preux savoit payer de sa personne, et ne marchandoit pas sa vie pour sauver celle d'un ami.

Vaincue par les transports de sa rage, la Marquise tomba malade, et ne se releva plus. Ce fut là le terme de ses tourmens* et de ses crimes. Je ne pus apprendre son état sans en être affligé. Je lui envoyai le Docteur Eswin; St. Preux y fut de ma part; elle ne voulut voir ni l'un ni l'autre (*a*); elle ne voulut pas même entendre parler de moi, et m'accabla d'imprécations horribles chaque fois qu'elle entendit prononcer mon nom. Je gémis sur elle, et sentis mes blessures pretes à se rouvrir; la raison vainquit encore, mais j'eusse été le dernier des hommes de songer au mariage, tandis qu'une femme qui me fut si chere étoit à l'extrémité. St. Preux, craignant qu'enfin je ne pusse resister au désir de la voir, me proposa le voyage de Naples, et j'y consentis.

Le surlendemain de notre arrivée, je le vis entrer dans ma chambre avec une contenance ferme et grave, et tenant une Lettre à la main. Je m'écriai : la Marquise est morte ! Plût à Dieu ! reprit-il froidement : il vaut mieux n'être plus, que d'exister pour mal faire; mais ce n'est pas d'elle que je viens vous parler; écoutez-moi. J'attendis en silence.

Milord, me dit-il, en me donnant le saint nom d'ami, vous m'apprites à le porter. J'ai rempli la fonction dont vous m'avez chargé, et vous voyant prêt à vous oublier, j'ai dû vous rappeller à vous-même. Vous n'avez pu rompre une chaîne que par une autre. Toutes deux étoient indignes de vous. S'il n'eût été question que d'un mariage inégal, je vous aurois dit : Songez que vous êtes Pair d'Angleterre, et renoncez aux honneurs du monde, ou respectez l'opinion. Mais un mariage abject !.... vous !.... choisissez-mieux votre épouse. Ce n'est pas assés qu'elle soit vertueuse; elle doit être sans tache.... la femme d'Edouard Bomston n'est pas facile à trouver. Voyez ce que j'ai fait.

Alors il me remit la lettre. Elle étoit de Laure. Je ne l'ouvris pas sans émotion. *L'amour a vaincu,* me disoit elle; *vous avez voulu m'épouser ; je suis contente. Votre ami m'a dicté mon devoir ; je le remplis sans regret. En vous deshonorant j'aurois vécu malheureuse; en vous laissant votre*

---

* Par la lettre de Milord Edouard ci-devant supprimée, on voit qu'il pensoit qu'à la mort des méchans leurs ames étoient anéanties (*b*).

gloire je crois la partager. Le sacrifice de tout mon bonheur à un devoir si cruel me fait oublier la honte de ma jeunesse. Adieu ; dès cet instant je cesse d'être en votre pouvoir et au mien. Adieu pour jamais. O Edouard ! ne portez pas le desespoir dans ma retraite ; écoutez mon dernier vœu. Ne donnez à nul autre une place que je n'ai pu remplir. Il fut au monde un cœur fait pour vous, et c'étoit celui de Laure (a)[1].

L'agitation m'empêchoit de parler. Il profita de mon silence pour me dire qu'après mon départ elle avoit pris le voile dans le Couvent où elle étoit pensionnaire; que la Cour de Rome informée qu'elle devoit épouser un Luthérien avoit donné des ordres pour m'empêcher de la revoir, et il m'avoua franchement qu'il avoit pris tous ces soins de concert avec elle. Je ne m'opposai point à vos projets, continua-t-il, aussi vivement que je l'aurois pu, craignant un retour à la Marquise, et voulant donner le change à cette ancienne passion par celle de Laure. En vous voyant aller plus loin qu'il ne faloit, je fis d'abord parler la raison; mais ayant trop acquis par mes propres fautes le droit de me défier d'elle, je sondai le cœur de Laure, et y trouvant toute la générosité qui est inséparable du véritable amour, je m'en prévalus pour la porter au sacrifice qu'elle vient de faire. L'assurance de n'être plus l'objet de votre mépris lui releva le courage et la rendit plus digne de votre estime. Elle a fait son devoir; il faut faire le votre[2].

Alors s'approchant avec transport, il me dit en me serrant contre sa poitrine : Ami, je lis dans le sort commun que le Ciel nous envoye la loi commune qu'il nous prescrit. Le regne de l'amour est passé, que celui de l'amitié commence; mon cœur n'entend plus que sa voix sacrée, il ne connoit plus d'autre chaine que celle qui me lie à toi. Choisis le séjour que tu veux habiter. Clarens, Oxfort, Londres, Paris, ou Rome; tout me convient, pourvu que nous y vivions ensemble. Va, viens où tu voudras; cherche un azile en quelque lieu que ce puisse être, je te suivrai par tout. J'en fais le serment solemnel à la face du Dieu vivant, je ne te quite plus qu'à la mort.

Je fus touché. Le zele et le feu de cet ardent jeune homme éclatoient dans ses yeux. J'oubliai la Marquise et Laure. Que peut-on regretter au monde quand on y conserve un ami[3] ? Je vis aussi par le parti qu'il prit sans hésiter dans cette occasion qu'il étoit gueri véritablement et que vous n'aviez pas perdu vos peines; enfin j'osai croire, par le vœu qu'il fit de si bon cœur de rester attaché à moi, qu'il l'étoit plus à la vertu qu'à ses anciens penchans. Je puis donc vous le ramener en toute confiance; oui, cher Wolmar, il est digne d'élever des hommes, et qui plus est, d'habiter votre maison.

Peu de jours après j'appris la mort de la Marquise; il y avoit longtems pour moi qu'elle étoit morte : cette perte ne me toucha plus. Jusqu'ici j'avois regardé le mariage comme une dette que chacun contracte à sa naissance envers son espece, envers son pays, et j'avois résolu de me marier, moins par inclination que par devoir : j'ai changé de sentiment. L'obligation de se marier n'est pas commune à tous : elle dépend pour chaque homme de l'état où le sort l'a placé; c'est pour le peuple, pour l'artisan, pour le villageois, pour les hommes vraiment utiles que le célibat est illicite : pour les ordres qui dominent les autres, auxquels tout tend sans cesse, et qui ne sont toujours que trop remplis, il est permis et même convenable. Sans cela, l'Etat ne fait que se dépeupler par la multiplication des sujets qui lui sont à charge. Les hommes auront toujours assés de maitres, et l'Angleterre manquera plutôt de Laboureurs que de Pairs[1].

Je me crois donc libre et maitre de moi dans la condition où le Ciel m'a fait naitre. A l'âge où je suis on ne répare plus les pertes que mon cœur a faites. Je le dévoue à cultiver ce qui me reste, et ne puis mieux le rassembler[2] qu'à Clarens. J'accepte donc toutes vos offres, sous les conditions que ma fortune y doit mettre, afin qu'elle ne me soit pas inutile. Après l'engagement qu'a pris St. Preux, je n'ai plus d'autre moyen de le tenir auprès de vous que d'y demeurer moi-même, et si jamais il y est de trop, il me suffira d'en partir. Le seul embarras qui me reste est pour mes voyages d'Angleterre; car quoique je n'aye plus aucun crédit dans le Parlement, il me suffit d'en être membre pour faire mon devoir jusqu'à la fin. Mais j'ai un collegue et un ami sûr, que je puis charger de ma voix dans les affaires courantes. Dans les occasions où je croirai devoir m'y trouver moi-même notre éleve pourra m'accompagner, même avec les siens quand ils seront un peu plus grands et que vous voudrez bien nous les confier. Ces voyages ne sauroient que leur être utiles, et ne seront pas assés longs pour affliger beaucoup leur mere.

Je n'ai point montré cette lettre à St. Preux : Ne la montrez pas entiere à vos Dames; il convient que le projet de cette épreuve ne soit jamais connu que de vous et de moi. Au surplus ne leur cachez rien de ce qui fait honneur à mon digne ami, même à mes dépends (*a*). Adieu, cher Wolmar. Je vous envoye les desseins de mon Pavillon. Réformez, changez comme il vous plaira, mais faites y travailler dès à présent, s'il se peut. J'en voulois ôter le salon de musique, car tous mes goûts sont éteints, et je ne me soucie plus de rien. Je le laisse à la priere de St. Preux qui se propose d'exercer dans ce salon vos enfans (*b*). Vous recevrez aussi quelques livres pour l'augmentation de votre bibliotheque. Mais que trouverez-vous de nouveau dans des livres ? O Wolmar, il ne vous manque que d'apprendre à lire dans celui de la nature, pour être le plus sage des mortels (*c*)[1].

LETTRE IV (*d*).

RÉPONSE.

Je me suis attendu, cher Bomston, au dénouement de vos longues avantures. Il eut paru bien étrange qu'ayant resisté si longtems à vos penchans vous eussiez attendu pour vous laisser vaincre qu'un ami vint vous soutenir; quoiqu'à vrai dire on soit souvent plus foible en s'appuyant sur un autre, que quand on ne compte que sur soi. J'avoue pourtant que je fus allarmé de votre derniere lettre où vous m'annonciez votre mariage avec Laure comme une affaire absolument décidée. Je doutai de l'événement malgré votre assurance, et si mon attente eut été trompée, de mes jours je n'aurois revu St. Preux[2]. Vous avez fait tous deux ce que j'avois espéré de l'un et de l'autre, et vous avez trop bien justifié le jugement que j'avois porté de vous, pour que je ne sois pas charmé de vous voir reprendre nos premiers arrangemens. Venez, hommes rares (*e*), augmenter et partager le bonheur de cette maison. Quoiqu'il en soit de l'espoir des Croyans dans l'autre vie, j'aime à passer avec eux celle-ci, et je sens que vous me convenez tous mieux tels que vous êtes que si vous aviez le malheur de penser comme moi (*a*)[1].

Au reste vous savez ce que je vous dis sur son sujet à votre départ. Je n'avois pas besoin (*b*) pour le juger de votre épreuve; car la mienne étoit faite, et je crois le connoitre autant qu'un homme en peut connoitre un autre. J'ai d'ailleurs plus d'une raison de compter sur son cœur, et de bien meilleures cautions de lui que lui-même. Quoique dans votre renoncement au mariage il paroisse vouloir vous imiter, peut-être trouverez-vous ici dequoi l'engager à changer de sistême. Je m'expliquerai mieux après votre retour.

Quant à vous, je trouve vos distinctions sur le célibat toutes nouvelles et fort subtiles. Je les crois même judicieuses pour le politique qui balance les forces respectives de l'Etat, afin d'en maintenir l'équilibre. Mais je ne sais si dans vos principes ces raisons sont assés solides pour dispenser les particuliers de leur devoir envers la nature. Il sembleroit que la vie est un bien qu'on ne reçoit qu'à la charge de le transmettre, une sorte de substitution qui doit passer de race en race, et que quiconque eut un pere est obligé de le devenir (*c*). C'étoit votre sentiment jusqu'ici, c'étoit une des raisons de votre voyage; mais je sais d'où vous vient cette nouvelle philosophie, et j'ai vû dans le billet de Laure un argument auquel votre cœur n'a point de réplique.

La petite Cousine est depuis huit ou dix jours à Genève avec sa famille pour des emplettes et d'autres affaires. Nous l'attendons de retour de jour en jour (*d*). J'ai dit à ma femme de votre lettre tout ce qu'elle en devoit savoir. Nous avions appris par M. Miol que le mariage étoit rompu; mais elle ignoroit la part qu'avoit St. Preux à cet évenement. Soyez sûr qu'elle n'apprendra jamais qu'avec la plus vive joye tout ce qu'il fera pour mériter vos bienfaits et justifier votre estime. Je lui ai montré les desseins de votre pavillon; elle les trouve de très bon goût; nous y ferons pourtant quelques changemens que le local exige et qui rendront votre logement plus comode; vous les approuverez sûrement. Nous attendons l'avis de Claire avant d'y toucher; car vous savez qu'on ne peut rien faire sans elle. En attendant j'ai déja mis du monde en œuvre, et j'espere qu'avant l'hiver la maçonnerie sera fort avancée.

Je vous remercie de vos livres; mais je ne lis plus ceux que j'entends, et il eſt trop tard pour apprendre à lire ceux que je n'entends pas. Je suis pourtant moins ignorant que vous ne m'accusez de l'être. Le vrai livre de la nature eſt pour moi le cœur des hommes, et la preuve que j'y sais lire eſt dans mon amitié pour vous (*a*).

LETTRE V (*b*)[1].

DE MAD^e D'ORBE A MAD^e DE WOLMAR.

J'AI bien des griefs, Cousine, à la charge de ce séjour. Le plus grave eſt qu'il me donne envie d'y reſter. La ville eſt charmante, les habitans sont hospitaliers, les mœurs sont honnêtes, et la liberté, que j'aime sur toutes choses, semble s'y être réfugiée[2]. Plus je contemple ce petit Etat, plus je trouve qu'il eſt beau d'avoir une patrie[3], et Dieu garde de mal tous ceux qui pensent en avoir une, et n'ont pourtant qu'un pays ! Pour moi, je sens que si j'étois née dans celui-ci, j'aurois l'ame toute Romaine. Je n'oserois pourtant pas trop dire à présent (*c*) :

Rome n'eſt plus à Rome, elle eſt toute où je suis[4],

car j'aurois peur que dans ta malice tu n'allasses penser le contraire. Mais pourquoi donc Rome, et toujours Rome ? Reſtons à Genève (*d*).

Je ne te dirai rien de l'aspect du pays. Il ressemble au notre, excepté qu'il eſt moins montueux, plus champêtre, et qu'il n'a pas (*e*) des Chalets si voisins*. Je ne te dirai rien, non plus, du gouvernement. Si Dieu ne t'aide, mon pere t'en parlera de reſte : il passe toute la journée à politiquer avec les magiſtrats dans la joye de son cœur, et je le vois déja très mal édifié que la gazette[5] parle si peu de Genève. Tu peux juger de leurs conférences par mes lettres. Quand ils m'excedent, je me dérobe, et je t'ennuye pour me desennuyer.

Tout ce qui m'eſt reſté de leurs longs entretiens, c'eſt

* L'éditeur les croit un peu rapprochés (*f*).

beaucoup d'estime pour le grand sens qui regne en cette ville. A voir l'action et réaction mutuelles de toutes les parties de l'Etat qui le tiennent en équilibre, on ne peut douter qu'il n'y ait plus d'art et de vrai talent employés au gouvernement de cette petite République, qu'à celui des plus vastes Empires, où tout se soutient par sa propre masse (*a*), et où les rênes de l'Etat peuvent tomber entre les mains d'un sot, sans que les affaires cessent d'aller. Je te réponds qu'il n'en seroit pas de même ici. Je n'entends jamais parler à mon pere de tous ces grands ministres des grandes cours (*b*), sans songer à ce pauvre musicien qui barbouilloit si fierement sur notre grand Orgue* à Lausanne, et qui se croyoit un fort habile homme parce qu'il faisoit beaucoup de bruit. Ces gens-ci n'ont qu'une petite épinette, mais ils en savent tirer une bonne harmonie, quoiqu'elle soit souvent assés mal d'accord (*c*)[1].

Je ne te dirai rien non plus.... mais à force de ne te rien dire, je ne finirois pas. Parlons de quelque chose pour avoir plutôt fait. Le Génevois est de tous les peuples du monde celui qui cache le moins son caractere, et qu'on connoit le plus promptement. Ses mœurs, ses vices mêmes sont mêlés de franchise. Il se sent naturellement bon, et cela lui suffit pour ne pas craindre de se montrer tel qu'il est. Il a de la générosité, du sens, de la pénétration; mais il aime trop l'argent[2]; défaut que j'attribue à sa situation qui le lui rend nécessaire; car le territoire ne suffiroit pas pour nourrir les habitans (*d*).

Il arrive de là que les Génevois épars dans l'Europe pour s'enrichir imitent les grands airs des étrangers (*e*), et après avoir pris les vices des pays où ils ont vécu**, les rapportent chez eux en triomphe avec leurs trésors. Ainsi le luxe des autres peuples leur fait mépriser leur antique simplicité; la fiére liberté leur paroit ignoble; ils se forgent des fers d'argent, non comme une chaîne, mais comme un ornement (*f*).

---

* Il y avoit, *grande Orgue*. Je remarquerai pour ceux de nos Suisses et Genevois qui se piquent de parler correctement, que le mot *orgue* est masculin au singulier, feminin au pluriel, et s'employe également dans les deux nombres; mais le singulier est plus élegant.

** Maintenant on ne leur donne plus la peine de les aller chercher, on les leur porte (*g*).

Hé-bien ! ne me voila-t-il pas encore dans cette maudite politique ? Je m'y perds, je m'y noye, j'en ai par dessus la tête (*a*), je ne sais plus par où m'en tirer. Je n'entens parler (*b*) ici d'autre chose, si ce n'eſt quand mon pere n'eſt pas avec nous, ce qui n'arrive qu'aux heures des Courriers. C'eſt nous, mon enfant, qui portons par tout notre influence; car d'ailleurs, les entretiens du pays sont utiles et variés, et l'on n'apprend rien de bon dans les livres qu'on ne puisse apprendre ici dans la conversation. Comme autrefois les mœurs angloises ont pénétré jusqu'en ce pays les hommes y vivant encore un peu plus séparés des femmes que dans le notre[1] contractent entre eux un ton plus grave, et généralement plus de solidité dans leurs discours. Mais aussi cet avantage a son inconvénient qui se fait bientôt sentir. Des longueurs toujours excédentes, des argumens, des exordes, un peu d'apprêt, quelquefois des phrases, rarement de la légereté, jamais de cette simplicité naïve qui dit le sentiment avant la pensée (*c*), et fait si bien valoir ce qu'elle dit. Au lieu que le François écrit comme il parle (*d*), ceux-ci parlent comme ils écrivent, ils dissertent au lieu de causer; on les croiroit toujours prêts à soutenir thése. Ils diſtinguent, ils divisent, ils traittent la conversation par points; ils mettent dans leurs propos la même méthode que dans leurs livres; ils sont Auteurs, et toujours Auteurs (*e*). Ils semblent lire en parlant, tant ils observent bien les étymologies, tant ils font sonner toutes les Lettres avec soin. Ils articulent le *marc* du raisin comme *Marc* nom d'homme (*f*); ils disent exactement du *taba-k* et non pas du *taba,* un *pare-sol* et non pas un *parasol, avan-t-hier* et non pas *avanhier, Secretaire* et non pas *Segretaire,* un *lac-d'amour* où l'on se noye et non pas où l'on s'étrangle (*g*); par tout les *s* finales, par tout les *r* des infinitifs; enfin leur parler eſt toujours soutenu, leurs discours sont des harangues, et ils jasent comme s'ils prêchoient (*h*)[2].

Ce qu'il y a de singulier, c'eſt qu'avec ce ton dogmatique et froid, ils sont vifs, impétueux, et ont les passions très ardentes; ils diroient même assés bien les choses de sentiment s'ils ne discient pas tout, ou s'ils ne parloient qu'à des oreilles. Mais leurs points, leurs virgules sont tellement insupportables, ils peignent si posément des émotions si vives, que quand ils ont achevé leur dire, on chercheroit volontiers autour d'eux (*a*) où eſt l'homme qui sent ce qu'ils ont décrit.

Au reſte il faut t'avouer que je suis un peu payée pour bien penser de leurs cœurs, et croire qu'ils ne sont pas de mauvais goût. Tu sauras en confidence qu'un joli Monsieur à marier et, dit-on, fort riche, m'honore de ses attentions, et qu'avec des propos assés tendres, il ne m'a point fait chercher ailleurs l'Auteur de ce qu'il me disoit. Ah ! s'il étoit venu il y a dix-huit mois, quel plaisir j'aurois pris à me donner un Souverain pour esclave, et à faire tourner la tête à un magnifique Seigneur[1] ! Mais à présent la mienne n'eſt plus assés droite pour que le jeu me soit agréable, et je sens que toutes mes folies s'en vont avec ma raison (*b*).

Je reviens à ce goût de lecture qui porte les Génevois à penser. Il s'étend à tous les états, et se fait sentir dans tous avec avantage. Le François lit beaucoup; mais il ne lit que les livres nouveaux, ou plutôt il les parcourt, moins pour les lire, que pour dire qu'il les a lus. Le Génevois ne lit que les bons livres; il les lit, il les digere (*c*); il ne les juge pas, mais il les sait; le jugement et le choix se font à Paris, les livres choisis sont presque les seuls qui vont à Genève. Cela fait que la lecture y eſt moins mêlée et s'y fait avec plus de profit. Les femmes dans leur retraitte* lisent de leur côté, et leur ton s'en ressent aussi mais d'une autre maniere. Les belles Madames (*d*) y sont petites-maitresses et beaux-esprits tout comme chez nous. Les petites Citadines elles-mêmes prennent dans les livres un babil plus arrangé, et certain choix d'expressions qu'on eſt étonné d'entendre sortir de leur bouche, comme quelquefois de celle des enfans. Il faut tout le bon sens des hommes, toute la gaité des femmes, et tout l'esprit qui leur eſt commun, pour qu'on ne trouve pas les premiers un peu pédans et les autres un peu précieuses.

Hier vis-à-vis de ma fenêtre deux filles d'ouvriers, fort jolies, causoient devant leur boutique d'un air assés enjoué pour me donner de la curiosité. Je prêtai l'oreille, et j'entendis qu'une des deux proposoit en riant d'écrire leur journal (*e*). Oui, reprit l'autre à l'inſtant; le journal tous les matins, et tous les soirs le commentaire (*f*).

---

* On se souviendra que cette Lettre eſt de vieille date, et je crains bien que cela ne soit trop facile à voir (*g*)[2].

Qu'en dis-tu, Cousine ? Je ne sais si c'est là le ton des filles d'artisans, mais je sais qu'il faut faire un furieux emploi du tems pour ne tirer du cours des journées que le commentaire de son journal. Assurément la petite personne avoit lû les avantures des mille-et-une nuits !

Avec ce stile un peu guindé, les Génevoises ne laissent pas d'être vives et piquantes, et l'on voit autant de grandes passions ici qu'en ville du monde. Dans la simplicité de leur parure elles ont de la grace et du goût; elles en ont dans leur entretien, dans leurs manieres. Comme les hommes sont moins galans que tendres, les femmes sont moins coquettes que sensibles, et cette sensibilité donne, même aux plus honnêtes un tour d'esprit agréable et fin qui va au cœur, et qui en tire toute sa finesse. Tant que les Génevoises seront Génevoises, elles seront les plus aimables femmes de l'Europe; mais bientôt elles voudront être Françoises, et alors les Françoises vaudront mieux qu'elles (*a*).

Ainsi tout déperit avec les mœurs. Le meilleur goût tient à la vertu même; il disparoit avec elle, et fait place à un goût factice et guindé qui n'est plus que l'ouvrage de la mode (*b*). Le véritable esprit est presque dans le même cas. N'est-ce pas la modestie de notre sexe qui nous oblige d'user d'addresse pour repousser les agaceries des hommes, et s'ils ont besoin d'art pour se faire écouter, nous en faut-il moins pour savoir ne les pas entendre ? N'est-ce pas eux qui nous délient l'esprit et la langue, qui nous rendent plus vives à la riposte*, et nous forcent de nous moquer d'eux ? Car enfin, tu as beau dire, une certaine coquéterie maligne et railleuse desoriente encore plus les soupirans que le silence ou le mépris. Quel plaisir de voir un beau Céladon tout déconcerté, se confondre, se troubler, se perdre à chaque repartie, de s'environner contre lui de traits moins brulans mais plus aigus que ceux de l'amour, de le cribler de pointes de glace, qui piquent à l'aide du froid ! Toi-même qui ne fais semblant de rien, crois-tu que tes manieres naïves et tendres, ton air timide et doux, cachent moins de ruse et d'habileté que toutes mes étourderies ? Ma foi, Mignonne, s'il faloit compter les galans que chacune de nous a persifflés, je

* Il faloit *risposte*, de l'Italien *risposta*. Toutefois *riposte* se dit aussi, et je le laisse. Ce n'est au pis aller qu'une faute de plus.

doute fort qu'avec ta mine hypocrite, ce fut toi qui serois en reste ! Je ne puis m'empêcher de rire encore en songeant à ce pauvre Conflans, qui venoit tout en furie me reprocher que tu l'aimois trop. Elle est si caressante, me disoit-il, que je ne sais dequoi me plaindre : elle me parle avec tant de raison que j'ai honte d'en manquer devant elle, et je la trouve si fort mon amie que je n'ose être son amant[1].

Je ne crois pas qu'il y ait nulle part au monde des époux plus unis et de meilleurs ménages que dans cette ville, la vie domestique y est agréable et douce; on y voit des maris complaisans[2] et presque d'autres Julies (*a*). Ton sistême se vérifie très-bien ici. Les deux sexes gagnent de toutes manieres à se donner des travaux et des amusemens différens qui les empêchent de se rassasier l'un de l'autre, et font qu'ils se retrouvent avec plus de plaisir. Ainsi s'aiguise la volupté du sage : s'abstenir pour jouïr c'est ta philosophie; c'est l'épicuréïsme de la raison (*b*)[3].

Malheureusement cette antique modestie commence à décliner. On se rapproche, et les cœurs s'éloignent. Ici comme chez nous tout est mêlé de bien et de mal; mais à différentes mesures. Le Génevois tire ses vertus de lui même, ses vices lui viennent d'ailleurs[4]. Non seulement il voyage beaucoup, mais il adopte aisement (*c*) les mœurs et les manieres des autres peuples; il parle avec facilité toutes les langues; il prend sans peine leurs divers accens, quoiqu'il ait lui-même un accent traînant très sensible, surtout dans les femmes qui voyagent moins. Plus humble de sa petitesse que fier de sa liberté, il se fait chez les nations étrangéres (*d*) une honte de sa patrie; il se hâte pour ainsi dire de se naturaliser dans le pays où il vit, comme pour faire oublier le sien; peut-être la réputation qu'il a d'être âpre au gain contribue-t-elle à cette coupable honte. Il vaudroit mieux, sans doute, effacer par son desintéressement l'opprobre du nom génevois, que de l'avilir encore en craignant de le porter : mais le Génevois le méprise, même en le rendant estimable, et il a plus de tort encore de ne pas honorer son pays de son propre mérite (*e*).

Quelque avide qu'il puisse être, on ne le voit guére aller à la fortune par des moyens serviles et bas; il n'aime point s'attacher aux Grands et ramper dans les Cours : L'esclavage personnel ne lui est pas moins odieux que l'esclavage civil. Flexible et liant comme Alcibiade, il supporte aussi peu la servitude, et quand il se plie aux usages des autres, il les imite sans s'y assujetir (*a*). Le commerce étant de tous les moyens de s'enrichir le plus compatible avec la liberté, eſt aussi celui que les Génevois préferent. Ils sont presque tous marchans ou banquiers, et ce grand objet de leurs désirs leur fait souvent enfouïr de rares talens que leur prodiga la nature. Ceci me ramene au commencement de ma Lettre (*b*). Ils ont du génie et du courage, ils sont vifs et pénétrans, il n'y a rien d'honnête et de grand au dessus de leur portée : Mais plus passionnés d'argent que de gloire, pour vivre dans l'abondance ils meurent dans l'obscurité, et laissent à leurs enfans pour tout exemple l'amour des trésors qu'ils leur ont acquis.

Je tiens tout cela des Génevois mêmes; car ils parlent d'eux fort impartialement (*c*). Pour moi, je ne sais comment ils sont chez les autres, mais je les trouve aimables chez eux, et (*d*) je ne connois qu'un moyen de quitter sans regret Genève. Quel eſt ce moyen, Cousine ? oh ! ma foi tu as beau prendre ton air humble; si tu dis ne l'avoir pas déja deviné, tu ments (*e*). C'eſt après demain que s'embarque la bande joyeuse dans un joli Brigantin appareillé de fête; car nous avons choisi l'eau à cause de la saison, et pour demeurer tous rassemblés. Nous comptons coucher le même soir à Morges, le lendemain à Lausanne* pour la Cérémonie, et le surlendemain.... tu m'entends. Quand tu verras de loin briller des flammes, flotter des banderolles, quand tu entendras ronfler le canon; cours par toute la maison comme une folle, en criant : armes ! armes ! Voici les ennemis ! voici les ennemis (*f*) !

P. S. Quoique la diſtribution des logemens entre inconteſtablement dans les droits de ma charge, je veux bien m'en desiſter en cette occasion. J'entends seulement que mon Pere soit logé chez Milord Édouard à cause des cartes de géographie, et qu'on achève d'en tapisser du haut en bas tout l'appartement (*g*).

---

* Comment cela ? Lausanne n'eſt pas au bord du lac; il y a du port à la ville une demi-lieue de fort mauvais chemin; et puis il faut un peu supposer que tous ces jolis arrangemens ne seront point contrariés par le vent (*h*).

LETTRE VI (*a*)[1].

DE MAD^e DE WOLMAR.

Quel sentiment délicieux j'éprouve en commençant cette lettre ! Voici la première fois de ma vie où j'ai pu vous écrire sans crainte et sans honte. Je m'honore de l'amitié qui nous joint comme d'un retour sans exemple. On étouffe de grandes passions; rarement on les épure. Oublier ce qui nous fut cher quand l'honneur le veut, c'est l'effort d'une ame honnête et commune; mais après avoir été ce que nous fumes être ce que nous sommes aujourd'hui, voila le vrai triomphe de la vertu. La cause qui fait cesser d'aimer peut être un vice, celle qui change un tendre amour en une amitié non moins vive ne sauroit être équivoque.

Aurions-nous jamais fait ce progrès par nos seules forces ? Jamais, jamais mon bon ami, le tenter même étoit une témérité (*b*). Nous fuir étoit pour nous la premiere loi du devoir, que rien ne nous eut permis d'enfreindre. Nous nous serions toujours estimés, sans doute; mais nous aurions cessé de nous voir, de nous écrire; nous nous serions efforcés de ne plus penser l'un à l'autre, et le plus grand honneur que nous pouvions nous rendre mutuellement étoit de rompre tout commerce entre nous.

Voyez, au lieu de cela, quelle est notre situation présente. En est-il au monde une plus agréable, et ne goûtons-nous pas mille fois le jour le prix des combats qu'elle nous a coûtés ? Se voir, s'aimer, le sentir, s'en féliciter, passer les jours ensemble dans la familiarité fraternelle et dans la paix de l'innocence, s'occuper l'un de l'autre, y penser sans remords, en parler sans rougir, et s'honorer à ses propres yeux du même attachement qu'on s'est si longtems reproché; voila le point où nous en sommes. O ami ! quelle carriere d'honneur nous avons déja parcourue ! Osons nous en glorifier pour savoir nous y maintenir, et l'achever comme nous l'avons commencée.

A qui devons-nous un bonheur si rare ? Vous le savez. J'ai vû votre cœur sensible, plein des bienfaits du meilleur des hommes, aimer à s'en pénétrer; et comment nous seroient-ils à charge, à vous et à moi ? Ils ne nous imposent point de nouveaux devoirs, ils ne font que nous rendre plus chers ceux qui nous étoient déja si sacrés. Le seul moyen de reconnoitre ses soins eſt d'en être dignes, et tout leur prix eſt dans leur succès. Tenons-nous en donc là dans l'effusion de notre zele. Payons de nos vertus celles de notre bienfaiteur; voila tout ce que nous lui devons. Il a fait assés pour nous et pour lui s'il nous a rendus à nous-mêmes. Absens ou présens, vivans ou morts, nous porterons par tout un témoignage qui ne sera perdu pour aucun des trois[1].

Je faisois ces réflexions en moi-même quand mon mari vous deſtinoit l'éducation de ses enfans. Quand Milord Edouard m'annonça son prochain retour et le votre, ces mêmes réflexions revinrent et d'autres encore qu'il importe de vous communiquer, tandis qu'il eſt tems de les faire.

(*a*) Ce n'eſt point de moi qu'il eſt queſtion c'eſt de vous; je me crois plus en droit de vous donner des conseils depuis qu'ils sont tout à fait desintéressés, et que n'ayant plus ma sûreté pour objet ils ne se rapportent qu'à vous-même. Ma tendre amitié ne vous eſt pas suspecte (*b*), et je n'ai que trop acquis de lumieres pour faire écouter mes avis (*c*)[2].

Permettez-moi de vous offrir le tableau de l'état où vous allez être, afin que vous examiniez vous-même s'il n'a rien qui vous doive effrayer. O bon jeune homme ! Si vous aimez la vertu, écoutez d'une oreille chaſte les conseils de votre amie. Elle commence en tremblant un discours qu'elle voudroit taire; mais comment le taire sans vous trahir ? sera-t-il tems de voir les objets que vous devez craindre quand ils vous auront égaré ? Non, mon ami, je suis la seule personne au monde assés familiere avec vous pour vous les présenter. N'ai-je pas le droit de vous parler au besoin comme une sœur, comme une mere (*d*) ? Ah ! si les leçons d'un cœur honnête étoient capables de souiller le votre, il y a longtems que je n'en aurois plus à vous donner (*e*).

Votre carriere, dites-vous, eſt finie. Mais convenez qu'elle eſt finie avant l'âge. L'amour eſt éteint; les sens lui survivent, et leur délire eſt d'autant plus à craindre que le seul sentiment qui le bornoit n'exiſtant plus, tout eſt occasion de chute à qui ne tient plus à rien. Un homme ardent et sensible, jeune et garçon, veut être continent et chaste; il sait, il sent, il l'a dit mille fois (*a*), que la force de l'ame qui produit toutes les vertus tient à la pureté[1] qui les nourrit toutes (*b*). Si l'amour le préserva des mauvaises mœurs dans sa jeunesse, il veut que la raison l'en préserve dans tous les tems; il connoit pour les devoirs pénibles un prix qui console de leur rigueur, et s'il en coute des combats quand on veut se vaincre (*c*), fera-t-il moins aujourd'hui pour le Dieu qu'il adore qu'il ne fit pour la maitresse qu'il servit autrefois ? Ce sont là, ce me semble, des maximes de votre morale; ce sont donc aussi des regles de votre conduite; car vous avez toujours méprisé ceux qui contens de l'apparence parlent autrement qu'ils n'agissent, et chargent les autres de lourds fardeaux auxquels ils ne veulent pas toucher eux-mêmes (*d*).

Quel genre de vie a choisi cet homme sage pour suivre les loix qu'il se prescrit ? Moins philosophe encore qu'il n'est vertueux et chrétien, sans doute il n'a point pris son orgueil pour guide : il sait que l'homme est plus libre d'éviter les tentations que de les vaincre, et qu'il n'est pas question de réprimer les passions irritées, mais de les empêcher de naître. Se derobe-t-il donc aux occasions dangereuses ? fuit-il les objets capables de l'émouvoir (*e*) ? fait-il d'une humble défiance de lui-même la sauve-garde de sa vertu ? Tout au contraire; il n'hésite pas à s'offrir aux plus téméraires combats. A trente ans il va s'enfermer dans une solitude avec des femmes de son âge (*f*), dont une lui fut trop chere pour qu'un si dangereux souvenir se puisse effacer, dont l'autre vit avec lui dans une étroite familiarité, et dont une troisieme lui tient encore par les droits qu'ont les bienfaits sur les ames reconnoissantes. Il va s'exposer à tout ce qui peut reveiller en lui des passions mal éteintes; il va s'enlacer dans les pieges qu'il devroit le plus redouter. Il n'y a pas un raport dans sa situation qui ne dut le faire défier de sa force, et pas un qui ne l'avilit à jamais s'il étoit foible un moment. Où est-elle donc, cette grande force d'ame à laquelle il ose tant se fier ? Qu'a-t-elle fait jusqu'ici qui lui réponde de l'avenir ? Le tira-t-elle à Paris de la maison du colonel ? Est-ce elle qui lui dicta l'été dernier (*g*) la Scene de Meillerie (*h*) ? L'a-t-elle bien sauvé cet hiver des charmes d'un autre objet, et ce printems des frayeurs d'un rêve (*i*) ? S'est-il vaincu pour elle au moins une fois, pour esperer de se vaincre sans cesse (*j*)? Il sait, quand le devoir l'exige combattre les passions d'un ami; mais les siennes (*a*) ?.... Hélas sur la plus belle moitié de sa vie, qu'il doit penser modestement de l'autre !

On supporte un état violent, quand il passe. Six mois, un an ne sont rien; on envisage un terme et l'on prend courage. Mais quand cet état doit durer toujours, qui est-ce qui le supporte ? Qui est-ce qui sait triompher de lui-même jusqu'à la mort ? O mon ami ! si la vie est courte pour le plaisir, qu'elle est longue pour la vertu ! Il faut être incessamment sur ses gardes. L'instant de jouïr passe et ne revient plus; celui de mal faire passe et revient sans cesse : On s'oublie un moment, et l'on est perdu. Est-ce dans cet état effrayant qu'on peut couler des jours tranquilles, et ceux mêmes qu'on a sauvés du péril n'offrent-ils pas une raison de n'y plus exposer les autres ?

Que d'occasions peuvent renaître, aussi dangereuses que celles dont vous avez échappé[1], et qui pis est, non moins imprévues ! Croyez vous que les monumens à craindre n'existent qu'à Meillerie ? Ils existent par tout où nous sommes; car nous les portons avec nous. Eh ! vous savez trop qu'une ame attendrie intéresse l'univers entier à sa passion, et que même après la guérison (*b*), tous les objets de la nature nous rappellent encore ce qu'on sentit autrefois en les voyant. Je crois pourtant, oui j'ose le croire, que ces périls ne reviendront plus, et mon cœur me répond du votre. Mais pour être au dessus d'une lâcheté, ce cœur facile est-il au dessus d'une foiblesse, et suis-je la seule ici qu'il lui en coûtera peut-être de respecter ? Songez, St. Preux, que tout ce qui m'est cher doit être couvert de ce même respect que vous me devez; songez que vous aurez sans cesse à porter innocemment les jeux innocens d'une femme charmante; songez aux mépris éternels que vous auriez mérités, si jamais votre cœur osoit s'oublier un moment, et profaner ce qu'il doit honorer à tant de titres (*c*).

Je veux que le devoir, la foi, l'ancienne amitié vous arrêtent; que l'obstacle opposé par la vertu vous ôte un vain espoir, et qu'au moins par raison vous étouffiez des vœux inutiles, serez-vous pour cela délivré de l'empire des sens, et des pieges de l'imagination (*d*) ? Forcé de nous respecter toutes deux et (*e*) d'oublier en nous notre sexe, vous le verrez dans celles qui nous servent, et en vous abbaissant vous croirez vous justifier : mais serez-vous moins coupable en effet (*a*), et la différence des rangs change-t-elle ainsi la nature des fautes ? Au contraire vous vous avilirez d'autant plus que les moyens de réussir seront moins honnêtes. Quels moyens ! Quoi ! vous ?.... Ah ! perisse l'homme indigne qui marchande un cœur, et rend l'amour mercenaire ! C'est lui qui couvre la terre des crimes que la débauche y fait commettre. Comment ne seroit pas toujours à vendre celle qui se laisse achetter une fois ? et dans l'opprobre où bientôt elle tombe, lequel est l'auteur de sa misere, du brutal qui la maltraitte en un mauvais lieu, ou du seducteur qui l'y traîne, en mettant le premier ses faveurs à prix ?[1]

Oserai-je ajoûter une considération qui vous touchera, si je ne me trompe (*b*) ? Vous avez vû quels soins j'ai pris pour établir ici la regle et les bonnes mœurs ; la modestie et la paix y regnent, tout y respire le bonheur et l'innocence. Mon ami, songez à vous, à moi, à ce que nous fumes, à ce que nous sommes, à ce que nous devons être. Faudra-t-il que je dise un jour en regrettant mes peines perdues : c'est de lui que vient le desordre de ma maison (*c*) ?

Disons tout, s'il est nécessaire, et sacrifions la modestie elle-même au véritable amour de la vertu (*d*). L'homme n'est pas fait pour le célibat, et il est bien difficile qu'un état si contraire à la nature n'amene pas quelque desordre public ou caché. Le moyen d'échaper toujours à l'ennemi qu'on porte sans cesse avec soi. Voyez en d'autres pays ces téméraires qui font vœu de n'être pas hommes. Pour les punir d'avoir tenté Dieu, Dieu les abandonne ; ils se disent saints et sont deshonnêtes ; leur feinte continence n'est que souillure, et pour avoir dédaigné l'humanité, ils s'abbaissent au dessous d'elle (*e*)[2]. Je comprends qu'il en coûte peu de se rendre difficile sur des loix qu'on n'observe qu'en apparence* ; mais celui qui veut être sincere-

* Quelques hommes sont continens sans mérite, d'autres le sont par vertu, et je ne doute point que plusieurs Prêtres Catholiques ne soient dans ce dernier cas : mais imposer le célibat à un corps aussi nombreux que le Clergé de l'Eglise Romaine, ce n'est pas tant lui deffendre de n'avoir point de femmes, que lui ordonner de se contenter de celles d'autrui. Je suis surpris que dans tout pays où les bonnes mœurs sont encore en estime, les loix et les magistrats tolerent un vœu si scandaleux (*f*).

ment vertueux se sent assés chargé des devoirs de l'homme sans s'en imposer de nouveaux. Voila, cher St. Preux, la véritable humilité du Chrétien; c'est de trouver toujours sa tâche au dessus de ses forces, bien loin d'avoir l'orgueil de la doubler. Faites-vous l'application de cette regle, et vous sentirez qu'un état qui devroit seulement allarmer un autre homme doit par mille raisons vous faire trembler. Moins vous craignez, plus vous avez à craindre, et si vous n'êtes point effrayé de vos devoirs, n'espérez pas de les remplir (*a*).

Tels sont les dangers qui vous attendent ici. Pensez-y tandis qu'il en est tems. Je sais que jamais de propos délibéré vous ne vous exposerez à mal faire, et le seul mal que je crains de vous est celui que vous n'aurez pas prévû. Je ne vous dis donc pas de vous déterminer sur mes raisons, mais de les peser. Trouvez-y quelque réponse dont vous soyez content et je m'en contente; osez compter sur vous, et j'y compte. Dites-moi : je suis un ange, et je vous reçois à bras ouverts[1].

Quoi ! toujours des privations et des peines ! toujours des devoirs cruels à remplir ! toujours fuir les gens qui nous sont chers ! Non, mon aimable ami. Heureux qui peut dès cette vie offrir un prix à la vertu ! J'en vois un digne d'un homme qui sût combattre et souffrir pour elle. Si je ne présume pas trop de moi, ce prix que j'ose vous destiner acquitera tout ce que mon cœur redoit au votre (*b*), et vous aurez plus que vous n'eussiez obtenu si le Ciel eut béni nos premieres inclinations. Ne pouvant vous faire ange vous-même, je vous en veux donner un qui garde votre ame, qui l'épure, qui la ranime, et sous les auspices duquel vous puissiez vivre avec nous dans la paix du séjour céleste (*c*). Vous n'aurez pas, je crois, beaucoup de peine à deviner qui je veux dire; c'est l'objet qui se trouve à peu près établi d'avance dans le cœur qu'il doit remplir un jour, si mon projet réussit.

Je vois toutes les difficultés de ce projet sans en être rebutée; car il est honnête. Je connois tout l'empire que j'ai sur mon amie et ne crains point d'en abuser en l'exerçant en votre faveur. Mais ses résolutions vous sont connues, et avant de les ébranler je dois m'assurer de vos dispositions, afin qu'en l'exhortant de vous permettre d'aspirer à elle, je puisse répondre de vous et de vos sentimens; car si l'inégalité que le sort a mise entre l'un et l'autre vous ôte le droit de vous proposer vous-même, elle permet encore moins que ce droit vous soit accordé sans savoir quel usage vous en pourrez faire.

Je connois toute votre délicatesse, et si vous avez des objections à m'opposer, je sais qu'elles seront pour elle bien plus que pour vous. Laissez ces vains scrupules. Serez-vous plus jaloux que moi de l'honneur de mon amie ? Non, quelque cher que vous me puissiez être, ne craignez point que je préfere votre intérêt à sa gloire (*a*). Mais autant je mets de prix à l'estime des gens sensés, autant je méprise les jugemens téméraires de la multitude, qui se laisse éblouïr par un faux éclat, et ne voit rien de ce qui est honnête (*b*). La différence fut elle cent fois plus grande, il n'est point de rang auquel les talens et les mœurs n'ayent droit d'atteindre, et à quel titre une femme oseroit-elle dédaigner pour époux celui qu'elle s'honore d'avoir pour ami ? Vous savez quels sont là-dessus nos principes à toutes deux (*c*)[1]. La fausse honte, et la crainte du blâme inspirent plus de mauvaises actions que de bonnes, et la vertu ne sait rougir que de ce qui est mal.

A votre égard (*d*), la fierté que je vous ai quelquefois connue ne sauroit être plus déplacée que dans cette occasion, et ce seroit à vous une ingratitude de craindre d'elle un bienfait de plus. Et puis, quelque difficile que vous puissiez être, convenez qu'il est plus doux et mieux séant de devoir sa fortune à son épouse qu'à son ami; car on devient le protecteur de l'une et le protégé de l'autre, et quoique l'on puisse dire, un honnête homme n'aura jamais de meilleur ami que sa femme.

Que s'il reste au fond de votre ame quelque répugnance à former de nouveaux engagemens, vous ne pouvez trop vous hâter de la détruire pour votre honneur et pour mon repos[2]; car je ne serai jamais contente de vous et de moi, que quand vous serez en effet tel que vous devez être, et que vous aimerez les devoirs que vous avez à remplir. Eh, mon ami (*e*) ! je devrois moins craindre cette répugnance qu'un empressement trop rélatif à vos anciens penchans. Que ne fais-je point pour m'acquiter auprès de vous ? Je tiens plus que je n'avois promis. N'est-ce pas aussi Julie que je vous donne ? n'aurez-vous pas la meilleure partie de moi-même, et n'en serez-vous pas plus cher à l'autre ? Avec quel charme alors je me livrerai sans contrainte à tout mon attachement pour vous ! Oui, portez-lui la foi que vous m'avez jurée; que votre cœur remplisse avec elle tous les engagemens qu'il prit avec moi : qu'il lui rende s'il eſt possible tout ce que vous redevez au mien. O St. Preux ! je lui transmets cette ancienne dette. Souvenez-vous qu'elle n'eſt pas facile à payer.

Voila, mon ami, le moyen que j'imagine de nous réunir sans danger, en vous donnant dans notre famille la même place que vous tenez dans nos cœurs. Dans le nœud cher et sacré qui nous unira tous, nous ne serons plus entre nous que des sœurs et des freres; vous ne serez plus votre propre ennemi ni le notre : les plus doux sentimens devenus légitimes ne seront plus dangereux; quand il ne faudra plus les étouffer on n'aura plus à les craindre. Loin de resiſter à des sentimens si charmans, nous en ferons à la fois nos devoirs et nos plaisirs; c'eſt alors que nous nous aimerons tous plus parfaitement, et que nous goûterons véritablement réunis les charmes de l'amitié, de l'amour et de l'innocence. Que si dans l'emploi dont vous vous chargez le Ciel récompense du bonheur d'être pere le soin que vous prendrez de nos enfans, alors vous connoitrez par vous même le prix de ce que vous aurez fait pour nous. Comblé des vrais biens de l'humanité, vous apprendrez à porter avec plaisir le doux fardeau d'une vie utile à vos proches; vous sentirez, enfin, ce que la vaine sagesse des méchans n'a jamais pu croire : qu'il eſt un bonheur reservé dès ce monde aux seuls amis de la vertu[1].

Réfléchissez à loisir sur le parti que je vous propose; non pour savoir s'il vous convient, je n'ai pas besoin là-dessus de votre réponse, mais s'il convient à Madame d'Orbe, et si vous pouvez faire son bonheur, comme elle doit faire le votre. Vous savez comment elle a rempli ses devoirs dans tous les états de son sexe; sur ce qu'elle eſt jugez de ce qu'elle a droit d'exiger. Elle aime comme Julie, elle doit être aimée comme elle. Si vous sentez pouvoir la mériter, parlez; mon amitié tentera le reſte et se promet tout de la sienne : mais si j'ai trop espéré de vous, au moins vous êtes honnête homme, et vous connoissez sa délicatesse; vous ne voudriez pas d'un bonheur qui lui coûteroit le sien : que votre cœur soit digne d'elle, ou qu'il ne lui soit jamais offert (*a*).

Encore une fois, consultez-vous bien. Pesez votre

réponse avant de la faire. Quand il s'agit du sort de la vie, la prudence ne permet pas de se déterminer légerement; mais toute délibération légere est un crime quand il s'agit du destin de l'ame et du choix de la vertu. Fortifiez la votre, ô mon bon ami, de tous les secours de la sagesse. La mauvaise honte m'empêcheroit-elle de vous rappeller le plus nécessaire (*a*) ? Vous avez de la Religion; mais j'ai peur que vous n'en tiriez pas tout l'avantage qu'elle offre dans la conduite de la vie, et que la hauteur philosophique ne dédaigne la simplicité du Chrétien. Je vous ai vû sur la priere des maximes que je ne saurois goûter[1]. Selon vous, cet acte d'humilité ne nous est d'aucun fruit, et Dieu nous ayant donné dans la conscience tout ce qui peut nous porter au bien, nous abandonne ensuite à nous-mêmes et laisse agir notre liberté. Ce n'est pas là vous le savez la doctrine de St. Paul ni celle qu'on professe dans notre Eglise (*b*). Nous sommes libres, il est vrai, mais nous sommes ignorans, foibles, portés au mal, et d'où nous viendroient la lumiere et la force, si ce n'est de celui qui en est la source, et pourquoi les obtiendrions-nous si nous ne daignons pas les demander ? Prenez garde, mon ami, qu'aux idées sublimes que vous vous faites du grand Etre, l'orgueil humain ne mêle des idées basses qui se rapportent à l'homme, comme si les moyens qui soulagent notre foiblesse convenoient à la puissance divine, et qu'elle eût besoin d'art comme nous pour généraliser les choses, afin de les traitter plus facilement. Il semble, à vous entendre, que ce soit un embarras pour elle de veiller sur chaque individu; vous craignez qu'une attention partagée et continuelle ne la fatigue, et vous trouvez bien plus beau qu'elle fasse tout par des loix générales, sans doute parce qu'elles lui coûtent moins de soin. O grands Philosophes, que Dieu vous est obligé de lui fournir ainsi des méthodes comodes, et de lui abréger le travail !

A quoi bon lui rien demander, dites-vous encore, ne connoit-il pas tous nos besoins ? N'est-il pas notre Pere pour y pourvoir ? Savons-nous mieux que lui ce qu'il nous faut, et voulons-nous notre bonheur plus véritablement qu'il ne le veut lui-même ? Cher St. Preux, que de vains sophismes ! Le plus grand de nos besoins, le seul auquel nous pouvons pourvoir, est celui de sentir nos besoins, et le premier pas pour sortir de notre misere est de la connoitre. Soyons humbles pour être sages;

voyons notre foiblesse, et nous serons forts. Ainsi s'accorde la justice avec la clémence; ainsi regnent à la fois la grace et la liberté. Esclaves par notre foiblesse (*a*) nous sommes libres par la priere; car il dépend de nous de demander et d'obtenir la force qu'il ne dépend pas de nous d'avoir par nous-mêmes.

Apprenez donc à ne pas prendre toujours conseil de vous seul dans les occasions difficiles, mais de celui qui joint le pouvoir à la prudence, et sait faire le meilleur parti du parti qu'il nous fait préférer. Le grand défaut de la sagesse humaine, même de celle qui n'a que la vertu pour objet, est un excès de confiance qui nous fait juger de l'avenir par le présent, et par un moment de la vie entiere. On se sent ferme un instant et l'on compte n'être jamais ébranlé. Plein d'un orgueil que l'expérience confond tous les jours, on croit n'avoir plus à craindre un piege une fois évité. Le modeste langage de la vaillance est : je fus brave un tel jour; mais celui qui dit : je suis brave, ne sait ce qu'il fera demain, et tenant pour sienne une valeur qu'il ne s'est pas donnée, il mérite de la perdre au moment de s'en servir.

Que tous nos projets doivent être ridicules, que tous nos raisonnemens doivent être insensés devant l'Etre pour qui les tems n'ont point de succession ni les lieux de distance ! Nous comptons pour rien ce qui est loin de nous, nous ne voyons que ce qui nous touche : quand nous aurons changé de lieu nos jugemens seront tout contraires, et ne seront pas mieux fondés. Nous reglons l'avenir sur ce qui nous convient aujourd'hui, sans savoir s'il nous conviendra demain; nous jugeons de nous comme étant toujours les mêmes, et nous changeons tous les jours. Qui sait si nous aimerons ce que nous aimons, si nous voudrons ce que nous voulons, si nous serons ce que nous sommes, si les objets étrangers et les altérations de nos corps n'auront pas autrement modifié nos ames, et si nous ne trouverons pas notre misere dans ce que nous aurons arrangé pour notre bonheur ? Montrez-moi la regle de la sagesse humaine, et je vais la prendre pour guide. Mais si sa meilleure leçon est de nous apprendre à nous défier d'elle, recourons à celle qui ne trompe point et faisons ce qu'elle nous inspire. Je lui demande d'éclairer mes conseils, demandez-lui d'éclairer vos résolutions. Quelque parti que vous preniez, vous ne voudrez que ce qui est bon et honnête; je le sais bien : Mais ce n'est pas assés encore; il faut vouloir ce qui le sera toujours; et ni vous ni moi n'en sommes les juges[1].

LETTRE VII (*a*).

RÉPONSE.

JULIE ! une lettre de vous !.... après sept ans (*b*) de silence[2].... oui c'est elle; je le vois, je le sens : mes yeux méconnoitroient-ils des traits que mon cœur ne put oublier ? Quoi ? vous vous souvenez de mon nom ? vous le savez encore écrire (*c*) ?.... en formant ce nom* votre main n'a-t-elle point tremblé ?.... Je m'égare, et c'est votre faute. La forme, le pli, le cachet, l'addresse, tout dans cette lettre m'en rappelle de trop différentes. Le cœur et la main semblent se contredire. Ah ! deviez-vous employer la même écriture pour tracer d'autres sentimens ?

Vous trouverez, peut-être, que songer si fort à vos anciennes lettres, c'est trop justifier la derniere. Vous vous trompez. Je me sens bien; je ne suis plus le même, ou vous n'êtes plus la même; et ce qui me le prouve est qu'excepté les charmes et la bonté, tout ce que je retrouve en vous de ce que j'y trouvois autrefois m'est un nouveau sujet de surprise. Cette observation répond d'avance à vos craintes. Je ne me fie point à mes forces, mais au sentiment qui me dispense d'y recourir. Plein de tout ce qu'il faut que j'honore en celle que j'ai cessé d'adorer, je sais à quels respects doivent s'élever mes anciens hommages (*d*). Pénétré de la plus tendre reconnoissance, je vous aime autant que jamais, il est vrai; mais ce qui m'attache le plus à vous est le retour de ma raison. Elle vous montre à moi telle que vous êtes; elle vous sert mieux que l'amour même. Non, si j'étois resté coupable vous ne me seriez pas aussi chere.

Depuis que j'ai cessé de prendre le change et que le pénétrant Wolmar m'a éclairé sur mes vrais sentimens

---

* On a dit que *St. Preux* étoit un nom controuvé. Peut-être le véritable étoit il sur l'addresse (*e*)[3].

j'ai mieux appris à me connoitre, et je m'allarme moins de ma foiblesse. Qu'elle abuse mon imagination, que cette erreur me soit douce encore, il suffit pour mon repos qu'elle ne puisse plus vous offenser, et la chimere qui m'égare à sa poursuite me sauve d'un danger réel.

O Julie ! il eſt des impressions éternelles que le tems ni les soins n'effacent point. La blessure guerit, mais la marque reſte (*a*), et cette marque eſt un sceau respecté qui préserve le cœur d'une autre atteinte. L'inconſtance et l'amour sont incompatibles : l'amant qui change, ne change pas; il commence ou finit d'aimer. Pour moi, j'ai fini; mais en cessant d'être à vous, je suis reſté sous votre garde. Je ne vous crains plus; mais vous m'empêchez d'en craindre une autre. Non, Julie, non (*b*), femme respectable, vous ne verrez jamais en moi que l'ami de votre personne et l'amant de vos vertus : mais nos amours, nos premieres et uniques amours ne sortiront jamais de mon cœur. La fleur de mes ans ne se flétrira point dans ma mémoire. Dussai-je vivre des siecles entiers, le doux tems de ma jeunesse ne peut ni renaitre pour moi, ni s'effacer de mon souvenir. Nous avons beau n'être plus les mêmes, je ne puis oublier ce que nous avons été[1]. Mais parlons de votre Cousine.

Chere Amie (*c*), il faut l'avouer : depuis que je n'ose plus contempler vos charmes, je deviens plus sensible aux siens. Quels yeux peuvent errer toujours de beautés en beautés sans jamais se fixer sur aucune ? Les miens l'ont revue avec trop de plaisir peut-être, et depuis mon éloignement ses traits déja gravés dans mon cœur y font une impression plus profonde. Le sanctuaire eſt fermé, mais son image eſt dans le temple. Insensiblement je deviens pour elle ce que j'aurois été si je ne vous avois jamais vûe, et il n'appartenoit qu'à vous seule de me faire sentir la différence de ce qu'elle m'inspire à l'amour. Les sens, libres de cette passion terrible se joignent au doux sentiment de l'amitié. Devient-elle amour pour cela ? Julie, ah quelle différence ! Où eſt l'enthousiasme ? où eſt l'idolatrie ? Où sont ces divins égaremens de la raison, plus brillans, plus sublimes, plus forts, meilleurs cent fois que la raison même ? Un feu passager m'embrase, un délire d'un moment me saisit, me trouble, et me quite. Je retrouve entre elle et moi deux amis qui s'aiment tendrement et qui se le disent. Mais deux amans s'aiment-ils l'un l'autre ? Non; *vous* et *moi* sont des mots proscrits de leur langue; ils ne sont plus deux, ils sont un[1].

Suis-je donc tranquille en effet ? Comment puis-je l'être ? Elle eſt charmante, elle eſt votre amie et la mienne : la reconnoissance m'attache à elle; elle entre dans mes souvenirs les plus doux; que de droits sur une ame sensible, et comment écarter un sentiment plus tendre de tant de sentimens si bien dûs ! Hélas ! il eſt dit qu'entre elle et vous, je ne serai jamais un moment paisible !

Femmes, femmes[2] ! objets chers et funeſtes, que la nature orna pour notre supplice, qui punissez quand on vous brave, qui poursuivez quand on vous craint, dont la haine et l'amour sont également nuisibles, et qu'on ne peut ni rechercher ni fuir impunément ! Beauté, charme, attrait, simpathie ! être ou chimere inconcevable, abîme de douleurs et de voluptés ! beauté, plus terrible aux mortels que l'élement où l'on t'a fait naitre, malheureux qui se livre à ton calme trompeur ! C'eſt toi qui produis les tempêtes qui tourmentent le genre humain (*a*). O Julie ! ô Claire ! que vous me vendez cher cette amitié cruelle dont vous osez vous vanter à moi !.... J'ai vécu dans l'orage et c'eſt toujours vous qui l'avez excité; mais quelles agitations diverses vous avez fait éprouver à mon cœur ! Celles du lac de Genève ne ressemblent pas plus aux flots du vaſte océan. L'un n'a que des ondes vives et courtes dont le perpétuel tranchant agite, emeut, sumerge quelquefois, sans jamais former de long cours. Mais sur la mer tranquille en apparence, on se sent élevé, porté doucement et loin par un flot lent et presque insensible; on croit ne pas sortir de la place, et l'on arrive au bout du monde (*b*).

Telle eſt la différence de l'effet qu'ont produit sur moi vos attraits et les siens. Ce premier, cet unique amour qui fit le deſtin de ma vie et que rien n'a pu vaincre que lui même, étoit né sans que je m'en fusse apperçû; il m'entrainoit que je l'ignorois encore : je me perdis sans croire m'être égaré. Durant le vent j'étois au Ciel ou dans les abîmes; le calme vient, je ne sais plus où je suis. Au contraire, je vois, je sens mon trouble auprès d'elle, et me le figure plus grand qu'il n'eſt; j'éprouve des transports passagers et sans suite, je m'emporte un moment et suis paisible un moment après : l'onde tourmente en vain le vaisseau, le vent n'enfle point les voiles; mon cœur content de ses charmes ne leur prête point son illusion; je la vois plus belle que je ne l'imagine, et je la redoute plus de près que de loin; c'est presque l'effet contraire à celui qui me vient de vous, et j'éprouvois constamment l'un et l'autre à Clarens (*a*).

Depuis mon départ, il est vrai qu'elle se présente à moi quelquefois avec plus d'empire. Malheureusement, il m'est difficile de la voir seule. Enfin je la vois, et c'est bien assés; elle ne m'a pas laissé de l'amour, mais de l'inquiétude.

Voila fidelement ce que je suis pour l'une et pour l'autre. Tout le reste de votre sexe ne m'est plus rien; mes longues peines me l'ont fait oublier;

È fornito 'l mio tempo a mezzo gli anni (*b*).

le malheur m'a tenu lieu de force pour vaincre la nature et triompher des tentations. On a peu de désirs quand on souffre, et vous m'avez appris à les éteindre en leur résistant. Une grande passion malheureuse est un grand moyen de sagesse. Mon cœur est devenu, pour ainsi dire, l'organe de tous mes besoins (*c*); je n'en ai point quand il est tranquille. Laissez-le en paix l'une et l'autre, et desormais il l'est pour toujours[1].

Dans cet état qu'ai-je à craindre de moi-même, et par quelle précaution cruelle voulez-vous m'ôter mon bonheur pour ne pas m'exposer à le perdre ? Quel caprice de m'avoir fait combattre et vaincre, pour m'enlever le prix après la victoire ! N'est-ce pas vous qui rendez blâmable un danger bravé sans raison ? Pourquoi m'avoir appellé près de vous avec tant de risques, ou pourquoi m'en bannir quand je suis digne d'y rester ? Deviez-vous laisser prendre à votre mari tant de peine à pure perte ? Que ne le faisiez vous renoncer à des soins que vous aviez résolu de rendre inutiles ! que ne lui disiez-vous : laissez-le au bout du monde, puisqu'aussi bien je l'y veux renvoyer ? Hélas ! plus vous craignez pour moi, plus il faudroit vous hâter de me rappeller. Non, ce n'est pas près de vous qu'est le danger, c'est en votre absence, et je ne vous crains qu'où vous n'êtes pas. Quand cette redoutable Julie me poursuit, je me réfugie auprès de Madame de Wolmar et je suis tranquille (*d*); où fuirai-je si cet azile m'est ôté ? Tous les tems, tous les lieux me sont dangereux loin d'elle; par tout je trouve Claire ou Julie. Dans le passé, dans le présent, l'une et l'autre m'agite à son tour; ainsi mon imagination toujours troublée ne se calme qu'à votre vue, et ce n'eſt qu'auprès de vous que je suis en sûreté contre moi. Comment vous expliquer le changement que j'éprouve en vous abordant ? Toujours vous exercez le même empire, mais son effet eſt tout opposé; en réprimant les transports que vous causiez autrefois, cet empire eſt plus grand, plus sublime encore; la paix, la sérénité succede au trouble des passions; mon cœur toujours formé sur le votre aima comme lui, et devient paisible à son exemple. Mais ce repos passager n'eſt qu'une treve, et j'ai beau m'élever jusqu'à vous en votre présence; je retombe en moi-même en vous quittant. Julie, en vérité je crois avoir deux ames, dont la bonne eſt en dépot dans vos mains. Ah voulez-vous me séparer d'elle ?

Mais les erreurs des sens vous allarment ? vous craignez les reſtes d'une jeunesse éteinte par les ennuis ? vous craignez pour les jeunes personnes qui sont sous votre garde ? vous craignez de moi ce que le sage Wolmar n'a pas craint ! O Dieu ! que toutes ces frayeurs m'humilient ! Eſtimez-vous donc votre ami moins que le dernier de vos gens ? Je puis vous pardonner de mal penser de moi, jamais de ne vous pas rendre à vous-même l'honneur que vous vous devez. Non non, les feux dont j'ai brulé m'ont purifié; je n'ai plus rien d'un homme ordinaire[1]. Après ce que je fus, si je pouvois être vil un moment, j'irois me cacher au bout du monde, et ne me croirois jamais assés loin de vous.

Quoi ! je troublerois cet ordre aimable que j'admirois avec tant de plaisir ? Je souillerois ce séjour d'innocence et de paix que j'habitois avec tant de respect ? Je pourrois être assés lâche.... eh comment le plus corrompu des hommes ne seroit-il pas touché d'un si charmant tableau ? comment ne reprendroit-il pas dans cet azile l'amour de l'honnêteté ? Loin d'y porter ses mauvaises mœurs, c'eſt là qu'il iroit s'en défaire.... qui ? moi, Julie, moi ?... si tard ?.... sous vos yeux ?.... Chere amie, ouvrez-moi votre maison sans crainte; elle eſt pour moi le temple de la vertu; par tout j'y vois son simulacre auguſte, et ne puis servir qu'elle auprès de vous. Je ne suis pas un ange, il eſt vrai; mais j'habiterai leur demeure, j'imiterai leurs exemples; on les fuit quand on ne leur veut pas ressembler.

Vous le voyez, j'ai peine à venir au point principal de votre Lettre, le premier auquel il faloit songer, le seul dont je m'occuperois si j'osois prétendre au bien qu'il m'annonce. O Julie ! ame bienfaisante, amie incomparable ! en m'offrant la digne moitié de vous-même, et le plus précieux trésor qui soit au monde après vous, vous faites plus s'il eſt possible, que vous ne fites jamais pour moi. L'amour (*a*), l'aveugle amour put vous forcer à vous donner, mais donner votre amie eſt une preuve d'eſtime non suspecte. Dès cet inſtant je crois vraiment être homme de mérite; car je suis honoré de vous; mais que le témoignage de cet honneur m'eſt cruel ! En l'acceptant, je le démentirois, et pour le mériter il faut que j'y renonce. Vous me connoissez; jugez-moi. Ce n'eſt pas assés que votre adorable Cousine soit aimée; elle doit l'être comme vous, je le sais; le sera-t-elle ? le peut-elle être ? et dépend il de moi de lui rendre sur ce point ce qui lui eſt dû ? Ah si vous vouliez m'unir avec elle que ne me laissiez-vous (*b*) un cœur à lui donner, un cœur auquel elle inspirât des sentimens nouveaux dont il lui pût offrir les prémices ! En eſt-il un moins digne d'elle que celui qui sut vous aimer ? Il faudroit avoir l'ame libre et paisible du bon et sage d'Orbe pour s'occuper d'elle seule à son exemple. Il faudroit le valoir pour lui succéder; autrement la comparaison de son ancien état lui rendroit le dernier plus insupportable, et l'amour foible et diſtrait d'un second époux loin de la consoler du premier le lui feroit regretter davantage. D'un ami tendre et reconnoissant elle auroit fait un mari vulgaire. Gagneroit-elle à cet échange ? elle y perdroit doublement. Son cœur délicat et sensible sentiroit trop cette perte, et moi, comment supporterois-je le spectacle continuel d'une triſtesse dont je serois cause, et dont je ne pourrois la guérir ? Hélas ! j'en mourrois de douleur même avant elle. Non Julie, je ne ferai point mon bonheur aux dépends du sien. Je l'aime trop pour l'épouser[1].

Mon bonheur ? Non (*c*). Serois-je heureux moi-même en ne la rendant pas heureuse ? l'un des deux peut-il se faire un sort exclusif dans le mariage ? les biens, les maux n'y sont-ils pas communs malgré qu'on en ait, et les chagrins qu'on se donne l'un à l'autre ne retombent-ils pas toujours sur celui qui les cause? Je serois malheureux par ses peines sans être heureux par ses bienfaits. Graces, beauté, mérite, attachement, fortune, tout concourroit à ma félicité; mon cœur, mon cœur seul empoisonneroit tout cela, et me rendroit misérable au sein du bonheur.

Si mon état présent est plein de charme auprès d'elle, loin que ce charme put augmenter par une union plus étroite, les plus doux plaisirs que j'y goûte me seroient ôtés. Son humeur badine peut laisser un aimable essor à son amitié, mais c'est quand elle a des témoins de ses caresses. Je puis avoir quelque émotion trop vive auprès d'elle, mais c'est quand votre présence me distrait de vous. Toujours entre elle et moi dans nos tête-à-têtes, c'est vous qui nous les rendez délicieux. Plus notre attachement augmente, plus nous songeons aux chaînes qui l'ont formé; le doux lien de notre amitié se resserre, et nous nous aimons pour parler de vous. Ainsi mille souvenirs chers à votre amie, plus chers à votre ami, les réunissent; unis par d'autres nœuds, il y faudra renoncer. Ces souvenirs trop charmans ne seroient-ils pas autant d'infidélités envers elle? et de quel front prendrois-je une épouse respectée et chérie pour confidente des outrages que mon cœur lui feroit malgré lui? Ce cœur n'oseroit donc plus s'épancher dans le sien, il se fermeroit à son abord. N'osant plus lui parler de vous, bientôt je ne lui parlerois plus de moi. Le devoir, l'honneur, en m'imposant pour elle une réserve nouvelle me rendroient ma femme étrangere, et je n'aurois plus ni guide ni conseil pour éclairer mon ame et corriger mes erreurs. Est-ce là l'hommage qu'elle doit attendre? Est-ce là le tribut de tendresse et de reconnoissance que j'irois lui porter? Est-ce ainsi que je ferois son bonheur et le mien?

Julie, oubliâtes-vous mes sermens avec les votres? Pour moi, je ne les ai point oubliés. J'ai tout perdu; ma foi seule m'est restée; elle me restera jusqu'au tombeau. Je n'ai pu vivre à vous; je mourrai libre. Si l'engagement en étoit à prendre, je le prendrois aujourd'hui : Car si c'est un devoir de se marier, un devoir plus indispensable encore est de ne faire le malheur de personne, et tout ce qui me reste à sentir en d'autres nœuds, c'est l'éternel regret de ceux auxquels j'osai prétendre. Je porterois dans ce lien sacré l'idée de ce que j'espérois y trouver une fois. Cette idée feroit mon supplice et celui d'une infortunée. Je lui demanderois compte des jours heureux que j'attendis de vous. Quelles comparaisons j'aurois à faire ! Quelle femme au monde les pourroit soutenir ? Ah ! comment me consolerois-je à la fois de n'être pas à vous, et d'être à une autre (*a*)[1] ?

Chere amie, n'ébranlez point des résolutions dont dépend le repos de mes jours; ne cherchez point à me tirer de l'anéantissement où je suis tombé; de peur qu'avec le sentiment de mon existence je ne reprenne celui de mes maux, et qu'un état violent ne rouvre toutes mes blessures. Depuis mon retour j'ai senti sans m'en allarmer l'intérêt plus vif que je prenois à votre amie; car je savois bien que l'état de mon cœur ne lui permettroit jamais d'aller trop loin (*b*), et voyant ce nouveau goût ajoûter à l'attachement déja si tendre que j'eus pour elle dans tous les tems, je me suis félicité d'une émotion qui m'aidoit à prendre le change, et me faisoit supporter votre image avec moins de peine. Cette émotion a quelque chose des douceurs de l'amour et n'en a pas les tourmens. Le plaisir de la voir n'est point troublé par le désir de la posséder (*c*); content de passer ma vie entiere comme j'ai passé cet hiver, je trouve entre vous deux cette situation paisible* et douce qui tempere l'austérité de la vertu et rend ses leçons aimables. Si quelque vain transport m'agite un moment, tout le réprime et le fait taire : j'en ai trop vaincu de plus dangereux pour qu'il m'en reste aucun à craindre. J'honore votre amie comme je l'aime, et c'est tout dire. Quand je ne songerois qu'à mon intérêt, tous les droits de la tendre amitié me sont trop chers auprès d'elle pour que je m'expose à les perdre en cherchant à les étendre, et je n'ai pas même eu besoin de songer au respect que je lui dois pour ne jamais lui dire un seul mot dans le tête-à-tête, qu'elle eût besoin d'interprêter ou de ne pas entendre. Que si peut-être elle a trouvé quelquefois un peu trop d'empressement dans mes manieres, sûrement elle n'a point vû dans mon cœur la volonté de le témoigner. Tel que je fus six mois auprès d'elle, tel je serai toute ma vie. Je ne connois rien après

* Il a dit précisement le contraire quelques pages auparavant. Le pauvre philosophe entre deux jolies femmes me paroit dans un plaisant embarras. On diroit qu'il veut n'aimer ni l'une ni l'autre, afin de les aimer toutes deux.

vous de si parfait qu'elle; mais fut-elle plus parfaite que vous encore, je sens qu'il faudroit n'avoir jamais été vôtre amant pour pouvoir devenir le sien (*a*)[1].

(*b*) Avant d'achever cette lettre, il faut vous dire ce que je pense de la votre. J'y trouve avec toute la prudence de la vertu, les scrupules d'une ame craintive qui se fait un devoir de s'épouvanter, et croit qu'il faut tout craindre pour se garantir de tout. Cette extrême timidité a son danger ainsi qu'une confiance excessive. En nous montrant sans cesse des monstres où il n'y en a point, elle nous épuise à combattre des chimeres, et à force de nous effaroûcher sans sujet, elle nous tient moins en garde contre les périls véritables et nous les laisse moins discerner. Relisez quelquefois la lettre que Milord Edouard vous écrivit l'année derniere au sujet de votre mari[2]; vous y trouverez de bons avis à votre usage à plus d'un égard. Je ne blâme point votre dévotion[3], elle est touchante, aimable et douce comme vous, elle doit plaire à votre mari même (*c*). Mais prenez garde qu'à force de vous rendre timide et prévoyante elle ne vous mêne au quiétisme par une route opposée, et que vous montrant par tout du risque à courir, elle ne vous empêche enfin d'acquiescer à rien[4]. Chere amie, ne savez-vous pas que la vertu est un état de guerre, et que pour y vivre on a toujours quelque combat à rendre contre soi ? Occupons-nous moins des dangers que de nous, afin de tenir notre ame prette à tout évenement (*d*). Si chercher les occasions c'est mériter d'y succomber, les fuir avec trop de soin c'est souvent nous refuser à de grands devoirs, et il n'est pas bon de songer sans cesse aux tentations, même pour les éviter. On ne me verra jamais rechercher des momens dangereux ni des tête-à-têtes avec des femmes; mais dans quelque situation que me place desormais la providence, j'ai pour sûreté de moi les huit mois (*e*) que j'ai passés à Clarens, et ne crains plus que personne m'ôte le prix que vous m'avez fait mériter. Je ne serai pas plus foible que je l'ai été, je n'aurai pas de plus grands combats à rendre; j'ai senti l'amertume des remords, j'ai goûté les douceurs de la victoire, après de telles comparaisons on n'hésite plus sur le choix; tout jusqu'à mes fautes passées m'est garant de l'avenir.

Sans vouloir entrer avec vous dans de nouvelles discussions sur l'ordre de l'univers et sur la direction des êtres qui le composent, je me contenterai de vous dire que sur des questions si fort au dessus de l'homme, il ne peut juger des choses qu'il ne voit pas que par induction sur celles qu'il voit, et que toutes les analogies sont pour ces loix générales que vous semblez rejetter[1]. La raison même et les plus saines idées que nous pouvons nous former de l'Être suprême sont très favorables à cette opinion; car bien que sa puissance n'ait pas besoin de méthode pour abréger le travail, il est digne de sa sagesse de préférer pourtant les voyes les plus simples, afin qu'il n'y ait rien d'inutile dans les moyens non plus que dans les effets. En créant l'homme il l'a doüé de toutes les facultés nécessaires pour accomplir ce qu'il exigeoit de lui, et quand nous lui demandons le pouvoir de bien faire, nous ne lui demandons rien qu'il ne nous ait déja donné. Il nous a donné la raison pour connoître ce qui est bien, la conscience pour l'aimer*, et la liberté pour le choisir (*a*)[2]. C'est dans ces dons sublimes que consiste la grace divine, et comme nous les avons tous reçus, nous en sommes tous comptables.

(*b*) J'entends beaucoup raisonner contre la liberté de l'homme, et je méprise tous ces sophismes; parce qu'un raisonneur[3] a beau me prouver que je ne suis pas libre, le sentiment intérieur, plus fort que tous ses argumens, les dément sans cesse, et quelque parti que je prenne dans quelque délibération que ce soit, je sens parfaitement qu'il ne tient qu'à moi de prendre le parti contraire. Toutes ces subtilités de l'école sont vaines précisément parce qu'elles prouvent trop, qu'elles combatent tout aussi bien la vérité que le mensonge, et que soit que la liberté existe ou non, elles peuvent servir également à prouver qu'elle n'existe pas. A entendre ces gens-là Dieu même ne seroit pas libre, et ce mot de liberté n'auroit aucun sens. Ils triomphent (*c*), non d'avoir résolu la question, mais d'avoir mis à sa place une chimere. Ils commencent par supposer que tout être intelligent est purement passif, et puis ils déduisent de cette supposition des conséquences pour prouver qu'il n'est pas actif (*d*); la comode méthode qu'ils ont trouvée là ! S'ils accusent leurs adver-

---

* St. Preux fait de la conscience morale un sentiment et non pas un jugement, ce qui est contre les définitions des philosophes. Je crois pourtant qu'en ceci leur prétendu confrere a raison.

saires de raisonner de même, ils ont tort. Nous ne nous supposons point actifs et libres; nous sentons que nous le sommes. C'est à eux de prouver non seulement que ce sentiment pourroit nous tromper, mais qu'il nous trompe en effet*. L'Evêque de Cloyne a démontré que sans rien changer aux apparences (*a*), la matiere et les corps pourroient ne pas exister; est-ce assés pour affirmer qu'ils n'existent pas ? En tout ceci la seule apparence coûte plus que la réalité; je m'en tiens à ce qui est plus simple (*b*)[1].

(*c*) Je ne crois donc pas[2] qu'après avoir pourvu de toute maniere aux besoins de l'homme, Dieu accorde à l'un plutôt qu'à l'autre des secours extraordinaires, dont celui qui abuse des secours communs à tous est indigne, et dont celui qui en use bien n'a pas besoin. Cette acception de personnes est injurieuse à la justice divine. Quand cette dure et décourageante doctrine se déduiroit de l'Ecriture elle-même, mon premier devoir n'est-il pas d'honorer Dieu ? Quelque respect que je doive au texte sacré, j'en dois plus encore à son Auteur, et j'aimerois mieux croire la Bible falsifiée ou inintelligible que Dieu injuste ou malfaisant. St. Paul ne veut pas que le vase dise au potier : pourquoi m'as-tu fait ainsi ? Cela est fort bien si le potier n'exige du vase que des services qu'il l'a mis en état de lui rendre; mais s'il s'en prenoit au vase de n'être pas propre à un usage pour lequel il ne l'auroit pas fait, le vase auroit-il tort de lui dire : pourquoi m'as-tu fait ainsi (*d*)[3] ?

S'ensuit-il de là que la priere soit inutile ? A Dieu ne plaise que je m'ôte cette ressource contre mes foiblesses. Tous les actes de l'entendement (*e*) qui nous élevent à Dieu nous portent au dessus de nous mêmes; en implorant son secours nous aprenons à le trouver (*f*). Ce n'est pas lui qui nous change, c'est nous qui nous changeons en nous élevant à lui**. Tout ce qu'on lui demande comme

* Ce n'est pas de tout cela qu'il s'agit. Il s'agit de savoir si la volonté se détermine sans cause, ou quelle est la cause qui détermine la volonté (*g*) ?

** Notre galant philosophe après avoir imité la conduite d'Abélard semble en vouloir prendre aussi la doctrine. Leurs sentimens sur la priere ont beaucoup de raport. Bien des gens relevant cette héresie trouveront qu'il eut mieux valu persister dans l'égarement il faut, on se le donne, et, comme vous l'avez dit, on augmente sa force en reconnoissant sa foiblesse. Mais si l'on abuse de l'oraison et qu'on devienne mistique, on se perd à force de s'élever; en cherchant la grace on renonce à la raison; pour obtenir un don du Ciel on en foule aux pieds un autre; en s'obstinant à vouloir qu'il nous éclaire on s'ôte les lumieres qu'il nous a données. Qui sommes-nous pour vouloir forcer Dieu de faire un miracle ?

Vous le savez; il n'y a rien de bien qui n'ait un excès blâmable; même la dévotion qui tourne en délire. La votre est trop pure pour arriver jamais à ce point : mais l'excès qui produit l'égarement commence avant lui, et c'est de ce premier terme que vous avez à vous défier (*a*). Je vous ai souvent entendu blâmer les extases des ascetiques; savez-vous comment elles viennent ? En prolongeant le tems qu'on donne à la priere plus que ne le permet la foiblesse humaine. Alors l'esprit s'épuise, l'imagination s'allume et donne des visions, on devient inspiré, prophête, et il n'y a plus ni sens ni génie qui garantisse du fanatisme. Vous vous enfermez fréquemment dans votre cabinet; vous vous recueillez, vous priez sans cesse : vous ne voyez pas encore les piétistes*, mais vous lisez leurs livres. Je n'ai jamais blâmé votre goût pour les écrits du bon Fénélon : mais que faites-vous de ceux de sa disciple ? Vous lisez Muralt, je le lis aussi; mais je choisis ses lettres (*b*), et vous choisissez son instinct divin. Voyez comment il a fini, déplorez les égaremens de cet homme sage, et songez à vous. Femme pieuse (*c*) et chrétienne, allez-vous n'être plus qu'une dévote (*d*)[1] ?

Chere et respectable amie, je reçois vos avis avec la docilité d'un enfant et vous donne les miens avec le zele d'un pere (*e*). Depuis que la vertu loin de rompre nos

---

que de tomber dans l'erreur; je ne pense pas ainsi. C'est un petit mal de se tromper; c'en est un grand de se mal conduire. Ceci ne contredit point, à mon avis, ce que j'ai dit ci-devant sur le danger des fausses maximes de morale. Mais il faut laisser quelque chose à faire au lecteur (*f*).

* Sorte de foux qui avoient la fantaisie d'être Chrétiens, et de suivre l'Evangile à la lettre : à peu près comme sont aujourd'hui les méthodistes en Angleterre, les moraves en Allemagne, les Jansenistes en France; excepté pourtant qu'il ne manque à ces derniers que d'être les maitres, pour être plus durs et plus intolérans que leurs ennemis (*g*).

liens les a rendus indissolubles, ses devoirs se confondent avec les droits de l'amitié. Les mêmes leçons nous conviennent, le même intérêt nous conduit. Jamais nos cœurs ne se parlent, jamais nos yeux ne se rencontrent sans offrir à tous deux un objet d'honneur et de gloire qui nous éleve conjointement, et la perfection de chacun de nous importera toujours à l'autre. Mais si les délibérations sont communes, la décision ne l'est pas, elle appartient à vous seule. O vous qui fites toujours mon sort, ne cessez point d'en être l'arbitre, pesez mes réflexions, prononcez; quoique vous ordonniez de moi je me soumets, je serai digne au moins que vous ne cessiez pas de me conduire. Dussai-je ne vous plus revoir, vous me serez toujours présente, vous présiderez toujours à mes actions; dussiez-vous m'ôter l'honneur d'élever vos enfans, vous ne m'ôterez point les vertus que je tiens de vous; ce sont les enfans de votre ame, la mienne les adopte, et rien ne les lui peut ravir (*a*).

Parlez-moi sans détour, Julie. A présent que je vous ai bien expliqué ce que je sens et ce que je pense, dites-moi ce qu'il faut que je fasse. Vous savez à quel point mon sort est lié à celui de mon illustre ami. Je ne l'ai point consulté dans cette occasion; je ne lui ai montré ni cette lettre ni la votre. S'il apprend que vous désaprouviez son projet ou plutôt celui de votre époux, il le desaprouvera lui-même, et je suis bien éloigné d'en vouloir tirer une objection contre vos scrupules; il convient seulement qu'il les ignore jusqu'à votre entiere décision. En attendant je trouverai pour différer notre départ des prétextes qui pourront le surprendre, mais auxquels il acquiescera surement. Pour moi j'aime mieux ne vous plus voir que de vous revoir pour vous dire un nouvel adieu. Apprendre à vivre chez vous en étranger, est une humiliation que je n'ai pas méritée.

LETTRE VIII (*b*)[1].

DE MAD^e DE WOLMAR.

HÉBIEN ! ne voila-t-il pas encore votre imagination effarouchée ? et sur quoi, je vous prie ? Sur les plus vrais témoignages d'estime et d'amitié que vous ayez jamais reçus de moi; sur les paisibles réflexions que le soin de votre vrai bonheur m'inspire; sur la proposition la plus obligeante, la plus avantageuse, la plus honorable qui vous ait jamais été faite; sur l'empressement indiscret, peut-être, de vous unir à ma famille par des nœuds indissolubles; sur le désir de faire mon allié, mon parent (*a*), d'un ingrat qui croit ou qui feint de croire que je ne veux plus de lui pour ami. Pour vous tirer de l'inquiétude où vous paroissés être, il ne faloit que prendre ce que je vous écris dans son sens le plus naturel. Mais il y a longtems que vous aimez à vous tourmenter par vos injustices. Votre lettre est comme votre vie, sublime et rampante, pleine de force et de puérilités. Mon cher Philosophe, ne cesserez-vous jamais d'être enfant[1] ?

Où avez-vous donc pris que je songeasse à vous imposer des loix, à rompre avec vous, et pour me servir de vos termes, à vous renvoyer au bout du monde ? De bonne foi, trouvez-vous là l'esprit de ma Lettre ? Tout au contraire. En jouïssant d'avance du plaisir de vivre avec vous, j'ai craint les inconvéniens qui pouvoient le troubler; je me suis occupée des moyens de prévenir ces inconvéniens d'une maniere agréable et douce, en vous faisant un sort digne de votre mérite et de mon attachement pour vous. Voila tout mon crime; il n'y avoit pas là, ce me semble, dequoi vous allarmer si fort.

Vous avez tort, mon ami, car vous n'ignorez pas combien vous m'êtes cher; mais vous aimez à vous le faire redire, et comme je n'aime gueres moins à le répéter, il vous est aisé d'obtenir ce que vous voulez sans que la plainte et l'humeur s'en mêlent.

Soyez donc bien sûr que (*b*) si votre séjour ici vous est agréable, il me l'est tout autant qu'à vous, et que de tout ce que M. de Wolmar a fait pour moi, rien ne m'est plus sensible que le soin qu'il a pris de vous appeller dans sa maison, et de vous mettre en état d'y rester. J'en conviens avec plaisir, nous sommes utiles l'un à l'autre. Plus propres à recevoir de bons avis qu'à les prendre de nous-mêmes, nous avons tous deux besoin de guides, et qui saura mieux ce qui convient à l'un, que l'autre qui le connoit si bien ? Qui sentira mieux le danger de s'égarer, par tout ce que coûte un retour pénible ? Quel objet peut mieux nous rappeller ce danger ? Devant qui (*c*) rougirions-nous autant d'avilir un si grand sacrifice ? Après avoir rompu de tels liens, ne devons-nous pas à leur mémoire de ne rien faire d'indigne du motif qui nous les fit rompre ? Oui, c'est une fidélité que je veux vous garder toujours (*a*), de vous prendre à témoin de toutes les actions de ma vie, et de vous dire (*b*) à chaque sentiment qui m'anime : voila ce que je vous ai préféré. Ah mon ami ! je sais rendre honneur à ce que mon cœur a si bien senti : je puis être foible devant toute la terre; mais je réponds de moi devant vous (*c*).

C'est dans cette délicatesse qui survit toujours au véritable amour, plutôt que dans les subtiles distinctions de M. de Wolmar (*d*), qu'il faut chercher la raison de cette élévation d'ame et de cette force intérieure que nous éprouvons l'un près de l'autre, et que je crois sentir comme vous. Cette explication du moins est plus naturelle, plus honorable à nos cœurs que la sienne, et vaut mieux pour s'encourager à bien faire; ce qui suffit pour la préférer. Ainsi croyez que loin d'être dans la disposition bizarre où vous me supposez, celle où je suis est directement contraire. Que s'il faloit (*e*) renoncer au projet de nous réunir, je regarderois ce changement comme un grand malheur pour vous, pour moi, pour mes enfans, et pour mon mari même qui, vous le savez, entre pour beaucoup dans les raisons que j'ai de vous désirer ici. Mais pour ne parler que de mon inclination particuliere, souvenez-vous du moment de votre arrivée, marquai-je moins de joye à vous voir que vous n'en eutes en m'abordant ? Vous a-t-il paru que votre séjour à Clarens (*f*) me fut ennuyeux ou pénible ? avez-vous jugé que je vous en visse partir avec plaisir ? Faut-il aller jusqu'au bout, et vous parler avec ma franchise ordinaire ? Je vous avouerai sans détour que les six derniers mois que nous avons passés ensemble ont été le tems le plus doux de ma vie, et que j'ai goûté dans ce court espace tous les biens dont ma sensibilité m'ait fourni l'idée.

Je n'oublierai jamais un jour de cet hiver, où, après avoir fait en commun la lecture de vos voyages et celle des avantures de votre ami (*g*), nous soupames dans la salle d'Apollon, et où, songeant à la félicité que Dieu m'envoyoit en ce monde, je vis tout autour de moi, mon pere, mon mari, mes enfans, ma cousine, Milord Edouard, vous; sans compter la Fanchon qui ne gâtoit rien au tableau; et tout cela rassemblé pour l'heureuse Julie. Je me disois : cette petite chambre contient tout ce qui est cher à mon cœur, et peut-être tout ce qu'il y a de meilleur sur la terre; je suis environnée de tout ce qui m'intéresse, tout l'univers est ici pour moi; je jouïs à la fois de l'attachement que j'ai pour mes amis, de celui qu'ils me rendent, de celui qu'ils ont l'un pour l'autre; leur bienveuillance mutuelle ou vient de moi ou s'y rapporte; je ne vois rien qui n'étende mon être, et rien qui le divise; il est dans tout ce qui m'environne, il n'en reste aucune portion loin de moi; mon imagination n'a plus rien à faire, je n'ai rien à désirer (*a*); sentir et jouïr sont pour moi la même chose; je vis à la fois dans tout ce que j'aime, je me rassasie de bonheur et de vie : O mort, viens quand tu voudras ! je ne te crains plus (*b*), j'ai vecu, je t'ai prévenue, je n'ai plus de nouveaux sentimens à connoitre, tu n'as plus rien à me dérober[1].

Plus j'ai senti le plaisir (*c*) de vivre avec vous, plus il m'étoit doux d'y compter, et plus aussi tout ce qui pouvoit troubler ce plaisir m'a donné d'inquiétude. Laissons un moment à part cette morale craintive et cette prétendue dévotion que vous me reprochez. Convenez, du moins, que tout le charme de la société qui régnoit entre nous est dans cette ouverture de cœur qui met en commun tous les sentimens, toutes les pensées, et qui fait que chacun se sentant tel qu'il doit être se montre à tous tel qu'il est. Supposez un moment quelque intrigue secrette, quelque liaison qu'il faille cacher, quelque raison de reserve et de mistere; à l'instant tout le plaisir de se voir s'évanouït, on est contraint l'un devant l'autre, on cherche à se dérober, quand on se rassemble on voudroit se fuir : la circonspection, la bienséance amenent la défiance et le dégoût. Le moyen d'aimer longtems ceux qu'on craint ? on se devient importuns l'un à l'autre.... Julie importune !..... importune à son ami !... non non, cela ne sauroit être; on n'a jamais de maux à craindre que ceux qu'on peut supporter.

En vous exposant naïvement mes scrupules, je n'ai point prétendu changer vos résolutions, mais les éclairer; de peur que, prenant un parti dont vous n'auriez pas prévu toutes les suites, vous n'eussiez peut-être à vous en repentir quand vous n'oseriez plus vous en dédire. A l'égard des craintes que M. de Wolmar n'a pas eues, ce n'est pas à lui de les avoir, c'est à vous : Nul n'est juge du danger qui vient de vous que vous-même. Réfléchissés-y bien, puis dites-moi qu'il n'existe pas, et je n'y pense plus : car je connois votre droiture et ce n'est pas de vos intentions que je me défie. Si votre cœur est capable d'une faute imprévue, très sûrement le mal prémédité n'en approcha jamais. C'est ce qui distingue l'homme fragile du méchant homme (*a*).

D'ailleurs, quand mes objections auroient plus de solidité que je n'aime à le croire, pourquoi mettre d'abord la chose au pis comme vous faites ? Je n'envisage point les précautions à prendre, aussi sévérement que vous. S'agit-il pour cela de rompre aussi-tôt tous vos projets, et de nous fuir pour toujours ? Non, mon aimable ami, de si tristes ressources ne sont point nécessaires. Encore enfant par la tête, vous êtes déja vieux par le cœur. Les grandes passions usées dégoûtent des autres (*b*)[1] : la paix de l'ame qui leur succede est le seul sentiment qui s'accroit par la jouïssance. Un cœur sensible craint le repos qu'il ne connoit pas; qu'il le sente une fois, il ne voudra plus le perdre. En comparant deux états si contraires on apprend à préférer le meilleur; mais pour les comparer il les faut connoitre. Pour moi, je vois le moment de votre sûreté plus près, peut-être, que vous ne le voyez vous-même. Vous avez trop senti pour sentir longtems; vous avez trop aimé pour ne pas devenir indifférent : on ne rallume plus la cendre qui sort de la fournaise, mais il faut attendre que tout soit consumé (*c*). Encore quelques années d'attention sur vous-même, et vous n'avez plus de risque à courir.

Le sort que je voulois vous faire eut anéanti ce risque; mais indépendamment de cette considération (*d*), ce sort étoit assés doux pour devoir être envié pour lui-même, et si votre délicatesse vous empêche d'oser y prétendre, je n'ai pas besoin que vous me disiez ce qu'une telle retenue a pu vous coûter. Mais j'ai peur qu'il ne se mêle à vos raisons des prétextes plus spécieux que solides; j'ai peur qu'en vous piquant de tenir des engagemens dont tout vous dispense et qui n'intéressent plus personne, vous ne vous fassiez une fausse vertu de je ne sais quelle vaine constance plus à blâmer qu'à louer, et desormais tout à fait déplacée. Je vous l'ai déja dit autrefois, c'est un second crime de tenir un serment criminel; si le votre ne l'étoit pas, il l'est devenu; c'en est assés pour l'annuler.

La promesse qu'il faut tenir sans cesse eſt celle d'être honnête-homme et toujours ferme dans son devoir; changer quand il change, ce n'eſt pas légereté, c'eſt conſtance. Vous fites bien, peut-être, alors de promettre ce que vous feriez mal aujourd'hui de tenir. Faites dans tous les tems ce que la vertu demande, vous ne vous dementirez jamais.

Que s'il y a parmi vos scrupules quelque objection solide, c'eſt ce que nous pourrons examiner à loisir. En attendant, je ne suis pas trop fâchée que vous n'ayez pas saisi mon idée avec la même avidité que moi, afin que mon étourderie vous soit moins cruelle, si j'en ai fait une. J'avois médité ce projet durant l'absence de ma Cousine. Depuis son retour et le départ de ma Lettre, ayant eu avec elle quelques conversations générales sur un second mariage, elle m'en a paru si éloignée, que, malgré tout le penchant que je lui connois pour vous, je craindrois qu'il ne falut user de plus d'autorité qu'il ne me convient pour vaincre sa répugnance, même en votre faveur; car il eſt un point où l'empire de l'amitié doit respecter celui des inclinations et les principes que chacun se fait sur des devoirs arbitraires en eux-mêmes, mais relatifs à l'état du cœur qui se les impose.

Je vous avoue pourtant que je tiens encore à mon projet; il nous convient si bien à tous, il vous tireroit si honorablement de l'état précaire où vous vivez dans le monde, il confondroit tellement nos intérêts, ils nous feroit un devoir si naturel de cette amitié qui nous eſt si douce, que je n'y puis renoncer tout-à-fait. Non, mon ami, vous ne m'appartiendrez jamais de trop près; ce n'eſt pas même assés que vous soyez mon cousin; ah ! je voudrois que vous fussiez mon frere !

Quoiqu'il en soit de toutes ces idées, rendez plus de juſtice à mes sentimens pour vous. Jouïssez sans reserve de mon amitié, de ma confiance, de mon eſtime. Souvenez-vous que je n'ai plus rien à vous prescrire, et que je ne crois point en avoir besoin. Ne m'otez pas le droit de vous donner des conseils, mais n'imaginez jamais que j'en fasse des ordres. Si vous sentez pouvoir habiter Clarens sans danger, venez-y, demeurez-y, j'en serai charmée. Si vous croyez devoir donner encore quelques années d'absence aux reſtes toujours suspects d'une jeunesse impétueuse, écrivez-moi souvent, venez nous voir quand vous voudrez, entretenons la correspondance la plus intime. Quelle peine n'est pas adoucie par cette consolation ? Quel éloignement ne supporte-t-on pas par l'espoir de finir ses jours ensemble ? Je ferai plus; je suis prette à vous confier un de mes enfans; je le croirai mieux dans vos mains que dans les miennes : Quand vous me le ramenerez, je ne sais duquel des deux le retour me touchera le plus (*a*). Si tout-à-fait devenu raisonnable vous bannissez enfin vos chimeres[1] et voulez mériter ma cousine; venez, aimez-la, servez-la, achevez de lui plaire; en vérité, je crois que vous avez déja commencé; triomphez de son cœur et des obstacles qu'il vous oppose, je vous aiderai de tout mon pouvoir : Faites, enfin, le bonheur l'un de l'autre, et rien ne manquera plus au mien. Mais, quelque parti que vous puissiez prendre, après y avoir sérieusement pensé, prenez-le en toute assurance, et n'outragez plus votre amie en l'accusant de se défier de vous.

A force de songer à vous, je m'oublie. Il faut pourtant que mon tour vienne; car vous faites avec vos amis dans la dispute comme avec votre adversaire aux échecs, vous attaquez en vous défendant. Vous vous excusez d'être philosophe en m'accusant d'être dévote; c'est comme si j'avois renoncé au vin lorsqu'il vous eut enivré. Je suis donc dévote, à votre compte, ou prête à le devenir ? Soit; les dénominations méprisantes changent-elles la nature des choses ? Si la dévotion est bonne, où est le tort d'en avoir ? Mais peut-être ce mot est-il trop bas pour vous. La dignité philosophique dédaigne un culte vulgaire; elle veut servir Dieu plus noblement; elle porte jusqu'au Ciel même ses prétentions et sa fierté. O mes pauvres philosophes !.... revenons à moi (*b*).

J'aimai la vertu dès mon enfance, et cultivai ma raison dans tous les tems. Avec du sentiment et des lumieres j'ai voulu me gouverner, et je me suis mal conduite. Avant de m'ôter le guide que j'ai choisi, donnez m'en quelque autre sur lequel je puisse compter. Mon bon ami ! toujours de l'orgueil, quoiqu'on fasse; c'est lui qui vous éleve, et c'est lui qui m'humilie (*c*)[2]. Je crois valoir autant qu'une autre, et mille autres ont vécu plus sagement que moi. Elles avoient donc des ressources que je n'avois pas. Pourquoi me sentant bien née ai-je eu besoin de cacher ma vie (*d*)? Pourquoi haïssois-je le mal que j'ai fait malgré moi ? Je ne connoissois que ma force; elle n'a pu me suffire. Toute la resistance qu'on peut tirer de soi je crois l'avoir faite, et toutefois j'ai succombé; comment font celles qui résistent ? Elles ont un meilleur appui.

Après l'avoir pris à leur exemple, j'ai trouvé dans ce choix un autre avantage auquel je n'avois pas pensé. Dans le règne des passions elles aident à supporter les tourmens qu'elles donnent; elles tiennent l'espérance à côté du desir. Tant qu'on desire on peut se passer d'être heureux; on s'attend à le devenir; si le bonheur ne vient point, l'espoir se prolonge, et le charme de l'illusion dure autant que la passion qui le cause. Ainsi cet état se suffit à lui-même, et l'inquiétude qu'il donne est une sorte de jouïssance qui supplée à la réalité.

Qui vaut mieux, peut-être (*a*). Malheur à qui n'a plus rien à desirer ! il perd pour ainsi dire tout ce qu'il possede. On jouït moins de ce qu'on obtient que de ce qu'on espere, et l'on n'est heureux qu'avant d'être heureux. En effet, l'homme avide et borné, fait pour tout vouloir et peu obtenir, a reçu du ciel une force consolante qui rapproche de lui tout ce qu'il desire, qui le soumet à son imagination, qui le lui rend présent et sensible, qui le lui livre en quelque sorte, et pour lui rendre cette imaginaire propriété plus douce, le modifie au gré de sa passion. Mais tout ce prestige disparoit devant l'objet même; rien n'embellit plus cet objet aux yeux du possesseur; on ne se figure point ce qu'on voit; l'imagination ne pare plus rien de ce qu'on possede, l'illusion cesse où commence la jouïssance. Le pays des chimeres est en ce monde le seul digne d'être habité (*b*), et tel est le néant des choses humaines, qu'hors* l'Etre existant par lui-même, il n'y a rien de beau que ce qui n'est pas[1].

Si cet effet n'a pas toujours lieu sur les objets particuliers de nos passions, il est infaillible dans le sentiment commun qui les comprend toutes. Vivre sans peine n'est

* Il faloit *que hors,* et surement Mad[e] de Wolmar ne l'ignoroit pas. Mais, outre les fautes qui lui échapoient par ignorance ou par inadvertance, il paroit qu'elle avoit l'oreille trop délicate pour s'asservir toujours aux régles mêmes qu'elle savoit. On peut employer un stile plus pur, mais non pas plus doux ni plus harmonieux que le sien.

pas un état d'homme; vivre ainsi c'eſt être mort. Celui qui pourroit tout sans être Dieu, seroit une misérable créature; il seroit privé du plaisir de désirer; toute autre privation seroit plus supportable*.

Voila ce que j'éprouve en partie depuis mon mariage, et depuis votre retour. Je ne vois par tout que sujets de contentement, et je ne suis pas contente. Une langueur secrette s'insinue au fond de mon cœur; je le sens vuide et gonflé, comme vous disiez autrefois du votre (*a*); l'attachement que j'ai pour tout ce qui m'eſt cher ne suffit pas pour l'occuper, il lui reſte une force inutile dont il ne sait que faire. Cette peine eſt bizarre, j'en conviens; mais elle n'eſt pas moins réelle (*b*). Mon ami, je suis trop heureuse; le bonheur m'ennuye**.

Concevez-vous quelque remede à ce dégoût du bien-être ? Pour moi, je vous avoue qu'un sentiment si peu raisonnable et si peu volontaire a beaucoup ôté du prix que je donnois à la vie, et je n'imagine pas quelle sorte de charme on y peut trouver qui me manque ou qui me suffise. Une autre sera-t-elle plus sensible que moi ? Aimera-t-elle mieux son pere, son mari, ses enfans, ses amis, ses proches? En sera-t-elle mieux aimée? Ménera-t-elle une vie plus de son goût ? Sera-t-elle plus libre d'en choisir une autre ? Jouïra-t-elle d'une meilleure santé ? Aura-t-elle plus de ressources contre l'ennui, plus de liens qui l'attachent au monde ? Et toutefois j'y vis inquiette; mon cœur ignore ce qu'il lui manque; il désire sans savoir quoi (*c*).

Ne trouvant donc rien ici-bas qui lui suffise, mon ame avide cherche ailleurs dequoi la remplir; en s'élévant à la source du sentiment et de l'être, elle y perd sa séche-resse et sa langueur : elle y renait, elle s'y ranime, elle y trouve un nouveau ressort, elle y puise une nouvelle vie;

---

* D'où il suit que tout Prince qui aspire au despotisme, aspire à l'honneur de mourir d'ennui. Dans tous les Royaumes du monde cherchez-vous l'homme le plus ennuyé du pays ? allez toujours directement au souverain; surtout s'il eſt très absolu. C'eſt bien la peine de faire tant de misérables ! ne sauroit-il s'ennuyer à moindres fraix (*d*) ?

** Quoi Julie ! aussi des contradictions ! Ah ! je crains bien, charmante dévote, que vous ne soyez pas, non plus, trop d'accord avec vous-même ! Au reſte, j'avoüe que cette lettre me paroit le chant du cigne (*e*).

elle y prend une autre existence (*a*) qui ne tient point aux passions du corps, ou plutôt elle n'est plus en moi-même; elle est toute dans l'Etre immense qu'elle contemple, et dégagée un moment de ses entraves, elle se console d'y rentrer, par cet essai d'un état plus sublime, qu'elle espere être un jour le sien.

Vous souriez; je vous entens, mon bon ami; j'ai prononcé mon propre jugement en blâmant autrefois cet état (*b*) d'oraison que je confesse aimer aujourd'hui. A cela je n'ai qu'un mot à vous dire, c'est que je ne l'avois pas éprouvé. Je ne prétends pas même le justifier de toutes manieres. Je ne dis pas que ce goût soit sage, je dis seulement qu'il est doux, qu'il supplée au sentiment du bonheur qui s'épuise, qu'il remplit le vuide de l'ame, et qu'il jette un nouvel intérêt sur la vie passée à le mériter. S'il produit quelque mal, il faut le rejetter sans doute; s'il abuse le cœur par une fausse jouïssance, il faut encore le rejetter. Mais enfin lequel tient le mieux à la vertu, du philosophe avec ses grands principes, ou du Chrétien dans sa simplicité ? Lequel est le plus heureux dès ce monde, du sage avec sa raison, ou du dévot dans son délire ? Qu'ai-je besoin de penser, d'imaginer, dans un moment où toutes mes facultés sont aliénées ? L'ivresse a ses plaisirs, disiez-vous ! Eh bien, ce délire en est une. Ou laissez-moi dans un état qui m'est agréable, ou montrez-moi comment je puis être mieux (*c*).

J'ai blamé les extases des mistiques. Je les blame encore quand elles nous détachent de nos devoirs, et que nous dégoûtant de la vie active par les charmes de la contemplation, elles nous menent à ce quiétisme dont vous me croyez si proche, et dont je crois être aussi loin que vous.

Servir Dieu, ce n'est point passer sa vie à genoux dans un oratoire, je le sais bien; c'est remplir sur la terre les devoirs qu'il nous impose; c'est faire en vue de lui plaire tout ce qui convient à l'état où il nous a mis :

— il cor gradisce ;
E serve a lui chi 'l suo dover compisce (*d*).

Il faut premierement faire ce qu'on doit (*e*), et puis prier quand on le peut. Voila la regle que je tâche de suivre; je ne prends point le recueillement que vous me reprochez comme une occupation, mais comme une récréation, et je ne vois pas pourquoi, parmi les plaisirs qui sont à ma portée, je m'interdirois le plus sensible et le plus innocent de tous.

Je me suis examinée avec plus de soin depuis votre lettre. J'ai étudié les effets que produit sur mon ame ce penchant qui semble si fort vous déplaire, et je n'y sais rien voir jusqu'ici qui me fasse craindre, au moins sitôt, l'abus d'une dévotion mal entendue (*a*).

Premierement je n'ai point pour cet exercice un goût trop vif qui me fasse souffrir quand j'en suis privée, ni qui me donne de l'humeur quand on m'en distrait. Il ne me donne point, non plus, de distractions dans la journée, et ne jette ni dégoût ni impatience sur la pratique de mes devoirs. Si quelquefois mon cabinet m'est nécessaire, c'est quand quelque émotion m'agite et que je serois moins bien par tout ailleurs. C'est là que rentrant en moi-même j'y retrouve le calme de la raison. Si quelque souci me trouble, si quelque peine m'afflige, c'est là que je les vais déposer. Toutes ces miseres s'évanouïssent devant un plus grand objet. En songeant à tous les bienfaits de la providence, j'ai honte d'être sensible à de si foibles chagrins et d'oublier de si grandes graces. Il ne me faut des séances ni fréquentes ni longues. Quand la tristesse m'y suit malgré moi (*b*), quelques pleurs versés devant celui qui console soulagent mon cœur à l'instant. Mes réflexions ne sont jamais ameres ni douloureuses; mon repentir même est exempt d'allarmes; mes fautes me donnent moins d'effroi que de honte; j'ai des regrets et non des remords. Le Dieu que je sers est un Dieu clément, un pere; ce qui me touche est sa bonté; elle efface à mes yeux tous ses autres attributs; elle est le seul que je conçois. Sa puissance m'étonne, son immensité me confond, sa justice... il a fait l'homme foible; puis qu'il est juste, il est clément. Le Dieu vengeur est le Dieu des méchans, je ne puis ni le craindre pour moi, ni l'implorer contre un autre (*c*). O Dieu de paix, Dieu de bonté, c'est toi que j'adore ! c'est de toi, je le sens, que je suis l'ouvrage, et j'espere te retrouver au dernier jugement tel que tu parles à mon cœur durant ma vie.

Je ne saurois vous dire combien ces idées jettent de douceur sur mes jours et de joye au fond de mon cœur. En sortant de mon cabinet ainsi disposée, je me sens plus légere et plus gaye. Toute la peine s'évanouït, tous les embarras disparoissent ; rien de rude, rien d'anguleux;

tout devient facile et coulant; tout prend à mes yeux une face plus riante; la complaisance ne me coute plus rien (*a*); j'en aime encore mieux ceux que j'aime et leur en suis plus agréable. Mon mari même en est plus content de mon humeur. La dévotion prétend-il est un opium pour l'ame (*b*). Elle égaye, anime et soutient quand on en prend peu : une trop forte dose endort, ou rend furieux, ou tue; j'espere ne pas aller jusques là.

Vous voyez que je ne m'offense pas de ce titre de dévote autant peut-être que vous l'auriez voulu; mais je ne lui donne pas non plus tout le prix que vous pourriez croire. Je n'aime point, par exemple, qu'on affiche cet état par un extérieur affecté, et comme une espece d'emploi qui dispense de tout autre. Ainsi cette Madame Guyon dont vous me parlez eut mieux fait, ce me semble, de remplir avec soin ses devoirs de mere de famille, d'élever chrétiennement ses enfans, de gouverner sagement sa maison, que d'aller composer des livres de dévotion, disputer avec des Evêques, et se faire mettre à la Bastille pour des rêveries où l'on ne comprend rien[1]. Je n'aime pas, non plus, ce langage mistique et figuré qui nourrit le cœur des chimeres de l'imagination, et substitue au véritable amour de Dieu des sentimens imités de l'amour terrestre, et trop propres à le réveiller. Plus on a le cœur tendre et l'imagination vive, plus on doit éviter ce qui tend à les émouvoir; car enfin, comment voir les raports de l'objet mistique, si l'on ne voit aussi l'objet sensuel, et comment une honnête femme ose-t-elle imaginer avec assurance des objets qu'elle n'oseroit regarder* ?

Mais ce qui m'a donné le plus d'éloignement pour les dévots de profession, c'est cette âpreté de mœurs qui les rend insensibles à l'humanité (*c*), c'est cet orgueil excessif qui leur fait regarder en pitié le reste du monde. Dans leur élevation sublime s'ils daignent s'abbaisser à quelque acte de bonté, c'est d'une maniere si humiliante (*d*), ils plaignent les autres d'un ton si cruel, leur justice est si rigoureuse (*e*), leur charité est si dure, leur zele est si amer,

* Cette objection me paroit tellement solide et sans réplique que si j'avois le moindre pouvoir dans l'Eglise, je l'employerois à faire retrancher de nos livres sacrés le Cantique des Cantiques, et j'aurois bien du regret d'avoir attendu si tard (*f*).

leur mépris ressemble si fort à la haine, que l'insensibilité même des gens du monde est moins barbare que leur commisération. L'amour de Dieu leur sert d'excuse pour n'aimer personne, ils ne s'aiment pas même l'un l'autre; vit-on jamais d'amitié véritable entre les dévots ? Mais plus ils se détachent des hommes, plus ils en exigent, et l'on diroit qu'ils ne s'élêvent à Dieu que pour exercer son autorité sur la terre[1].

Je me sens pour tous ces abus une aversion qui doit naturellement m'en garantir. Si j'y tombe, ce sera sûrement sans le vouloir, et j'espere de l'amitié de tous ceux qui m'environnent que ce ne sera pas sans être avertie. Je vous avoue que j'ai été longtems sur le sort de mon mari d'une inquiétude qui m'eut peut-être altéré l'humeur à la longue. Heureusement la sage lettre de Milord Edouard à laquelle vous me renvoyez avec grande raison, ses entretiens consolans et sensés, les votres, ont tout à fait dissipé ma crainte et changé mes principes. Je vois qu'il est impossible que l'intolérance n'endurcisse l'ame (*a*). Comment chérir tendrement les gens qu'on réprouve ? Quelle charité peut-on conserver parmi des dannés ? Les aimer ce seroit haïr Dieu qui les punit. Voulons-nous donc être humains ? jugeons les actions et non pas les hommes. N'empietons point sur l'horrible fonction des Démons : N'ouvrons point si légerement l'enfer à nos freres. Eh, s'il étoit destiné pour ceux qui se trompent, quel mortel pourroit l'éviter[2] ?

O mes amis, de quel poids vous avez soulagé mon cœur ! En m'apprenant que l'erreur n'est point un crime, vous m'avez délivrée de mille inquietans scrupules. Je laisse la subtile interprétation des dogmes (*b*) que je n'entends pas. Je m'en tiens aux vérités lumineuses qui frappent mes yeux et convainquent ma raison, aux vérités de pratique qui m'instruisent de mes devoirs. Sur tout le reste, j'ai pris pour regle votre ancienne réponse à M. de Wolmar*[3]. Est-on maitre de croire ou de ne pas croire ? Est-ce un crime de n'avoir pas su bien argumenter ? Non; la conscience ne nous dit point la vérité des choses, mais la regle de nos devoirs; elle ne nous dicte point ce qu'il faut penser, mais ce qu'il faut faire; elle ne nous apprend point à bien raisonner, mais à bien agir.

* Voyez Part. V. lett. III. p. 163 (*c*).

En quoi mon mari peut-il être coupable devant Dieu ? Détourne-t-il les yeux de lui ? Dieu lui-même a voilé sa face (*a*). Il ne fuit point la vérité, c'est la vérité qui le fuit. L'orgueil ne le guide point; il ne veut égarer personne, il est bien aise qu'on ne pense pas comme lui. Il aime nos sentimens, il voudroit les avoir, il ne peut. Notre espoir, nos consolations, tout lui échape. Il fait le bien sans attendre de récompense; il est plus vertueux, plus desintéressé que nous (*b*). Hélas, il est à plaindre ! mais dequoi sera-t-il puni ? Non non, la bonté, la droiture, les mœurs, l'honnêteté, la vertu, voila ce que le Ciel exige et qu'il récompense; voila le véritable culte que Dieu veut de nous, et qu'il reçoit de lui tous les jours de sa vie. Si Dieu juge la foi par les œuvres, c'est croire en lui que d'être homme de bien. Le vrai Chrétien c'est l'homme juste; les vrais incrédules sont les méchans (*c*).

Ne soyez donc pas étonné, mon aimable ami, si je ne dispute pas avec vous sur plusieurs points de votre lettre où nous ne sommes pas de même avis. Je sais trop bien ce que vous êtes pour être en peine de ce que vous croyez. Que m'importent toutes ces questions oiseuses sur la liberté ? Que je sois libre de vouloir le bien par moi-même, ou que j'obtienne en priant cette volonté, si je trouve enfin le moyen de bien faire, tout cela ne revient-il pas au même ? Que je me donne ce qui me manque en le demandant, ou que Dieu l'accorde à ma priere; s'il faut toujours pour l'avoir que je le demande, ai-je besoin d'autre éclaircissement ? Trop heureux de convenir sur les points principaux de notre croyance, que cherchons-nous au delà ? Voulons-nous pénétrer dans ces abîmes de métaphysique qui n'ont ni fond ni rive, et perdre à disputer sur l'essence divine ce tems si court qui nous est donné pour l'honorer ? Nous ignorons ce qu'elle est, mais nous savons qu'elle est, que cela nous suffise; elle se fait voir dans ses œuvres, elle se fait sentir au dedans de nous. Nous pouvons bien disputer contre elle, mais non pas la méconnoitre de bonne foi. Elle nous a donné ce dégré de sensibilité qui l'apperçoit et la touche : plaignons ceux à qui elle ne l'a pas départi, sans nous flatter de les éclairer à son défaut. Qui de nous fera ce qu'elle n'a pas voulu faire ? Respectons ses décrets en silence et faisons notre devoir; c'est le meilleur moyen d'apprendre le leur aux autres.

Connoissez-vous quelqu'un plus plein de sens et de raison que M. de Wolmar ? quelcun (*a*) plus sincere, plus droit, plus juste, plus vrai, moins livré à ses passions, qui ait plus à gagner à la justice divine et à l'immortalité de l'ame ? Connoissez-vous un homme plus fort, plus élevé, plus grand, plus foudroyant dans la dispute que Milord Edouard ? plus digne par sa vertu de deffendre la cause de Dieu, plus certain de son existence, plus pénétré de sa majesté suprême, plus zélé pour sa gloire et plus fait pour la soutenir ? Vous avez vû ce qui s'est passé durant trois mois (*b*) à Clarens; vous avez vû deux hommes pleins d'estime et de respect l'un pour l'autre, éloignés par leur état et par leur goût des pointilleries de college, passer un hiver entier à chercher dans des disputes sages et paisibles, mais vives et profondes à s'éclairer mutuellement, s'attaquer, se deffendre, se saisir par toutes les prises que peut avoir l'entendement humain, et sur une matiere où tous deux n'ayant que le même intérêt ne demandoient pas mieux que d'être d'accord.

Qu'est-il arrivé ? Ils ont redoublé d'estime l'un pour l'autre, mais chacun est resté dans son sentiment. Si cet exemple ne guérit pas à jamais un homme sage de la dispute, l'amour de la vérité ne le touche guere; il cherche à briller.

Pour moi (*c*) j'abandonne à jamais cette arme inutile, et j'ai résolu de ne plus dire à mon mari un seul mot de Religion que quand il s'agira de rendre raison de la mienne[1]. Non que l'idée de la tolérance divine m'ait rendue indifférente sur le besoin qu'il en a (*d*). Je vous avoue même que tranquilisée sur son sort à-venir, je ne sens point pour cela diminuer mon zele pour sa conversion. Je voudrois au prix de mon sang le voir une fois convaincu, si ce n'est pour son bonheur dans l'autre monde c'est pour son bonheur dans celui-ci[2]. Car de combien de douceurs n'est-il point privé ? Quel sentiment peut le consoler dans ses peines ? Quel spectateur anime les bonnes actions qu'il fait en secret ? Quelle voix peut parler au fond de son ame ? Quel prix peut-il attendre de sa vertu ? Comment doit-il envisager la mort ? Non, je l'espere, il ne l'attendra pas dans cet état horrible. Il me reste une ressource pour l'en tirer, et j'y consacre le reste de ma vie; ce n'est plus de le convaincre, mais de le toucher; c'est de lui montrer un exemple qui l'entraîne, et de lui rendre la Religion si aimable qu'il ne puisse lui resister. Ah, mon ami ! quel argument contre l'incrédule, que la vie du vrai Chrétien ! croyez-vous qu'il y ait quelque ame à l'épreuve de celui-là ? Voila desormais la tâche que je m'impose; aidez-moi tous à la remplir. Wolmar est froid, mais il n'est pas insensible[1]. Quel tableau nous pouvons offrir à son cœur, quand ses amis, ses enfans, sa femme, concourront tous à l'instruire en l'édifiant! quand sans lui prêcher Dieu dans leurs discours, ils le lui montreront dans les actions qu'il inspire, dans les vertus dont il est l'auteur, dans le charme qu'on trouve à lui plaire! Quand il verra briller l'image du Ciel dans sa maison ! quand cent fois le jour il sera forcé de se dire : non, l'homme n'est pas ainsi par lui-même, quelque chose de plus qu'humain regne ici (*a*) !

Si cette entreprise est de votre goût, si vous vous sentez digne d'y concourir, venez, passons nos jours ensemble et ne nous quitons plus qu'à la mort (*b*). Si le projet vous déplait ou vous épouvante, écoutez votre conscience; elle vous dicte votre devoir. Je n'ai rien de plus à vous dire.

Selon ce que Milord Edouard (*c*) nous marque, je vous attends tous deux vers la fin du mois prochain. Vous ne reconnoitrez pas votre appartement; mais dans les changemens qu'on y a faits, vous reconnoitrez les soins et le cœur d'une bonne amie, qui s'est fait un plaisir de l'orner. Vous y trouverez aussi un petit assortiment de livres qu'elle a choisis à Genève, meilleurs et de meilleur goût que *l'Adone*[2], quoiqu'il y soit aussi par plaisanterie. Au reste, soyez discret, car comme elle ne veut pas que vous sachiez que tout cela vient d'elle, je me dépêche de vous l'écrire, avant qu'elle me défende de vous en parler.

Adieu mon ami. Cette partie du Château de Chillon*

---

* Le Château de Chillon, ancien séjour des Baillifs de Vevai, est situé dans le lac sur un rocher qui forme une presqu'Isle, et autour duquel j'ai vu sonder à plus de cent cinquante brasses qui font près de 800 pieds, sans trouver le fond. On a creusé dans ce rocher des caves et des cuisines au dessous du niveau de l'eau, qu'on y introduit quand on veut par des robinets. C'est là que fut détenu six ans prisonnier François Bonnivard Prieur de St. Victor, homme d'un mérite rare, d'une droiture et d'une fermeté à toute épreuve, ami de la liberté quoique Savoyard, et tolérant quoique Prêtre. Au

que nous devions tous faire ensemble, se fera demain sans vous. Elle n'en vaudra pas mieux, quoiqu'on la fasse avec plaisir. M. le Baillif nous a invités avec nos enfans, ce qui ne m'a point laissé d'excuse (*a*); mais je ne sais pourquoi je voudrois être déja de retour.

LETTRE IX (*b*)[1].

DE FANCHON ANET.

Ah Monsieur ! Ah mon bienfaiteur ! que me charge-t-on de vous apprendre ?.... Madame !.... ma pauvre maitresse.... O Dieu ! je vois déja votre frayeur.... mais vous ne voyez pas notre désolation.... Je n'ai pas un moment à perdre; il faut vous dire,.... il faut courir.... je voudrois déja vous avoir tout dit.... Ah que deviendrez-vous quand vous saurez notre malheur (*c*) ?

Toute la famille alla hier diner à Chillon. Monsieur le Baron, qui alloit en Savoye passer quelques jours au Château de Blonay, partit après le diné. On l'accompagna quelques pas; puis on se promena le long de la digue. Madame d'Orbe et Madame la Baillive marchoient devant avec Monsieur. Madame suivoit, tenant d'une main Henriette et de l'autre Marcellin. J'étois derriere avec l'ainé. Monseigneur le Baillif, qui s'étoit arrêté pour parler à quelqu'un, vint réjoindre la compagnie et offrit le bras à Madame. Pour le prendre elle me renvoye Marcellin; il court à moi, j'accours à lui; en courant l'enfant fait un faux pas, le pied lui manque, il tombe dans l'eau. Je pousse un cri perçant; Madame se retourne, voit tomber son fils, part comme un trait, et s'élance après lui....

Ah ! misérable que n'en fis-je autant ! que n'y suis-je restée !.... Hélas ! je retenois l'ainé qui vouloit sauter après sa mere.... elle se débatoit en serrant l'autre entre ses bras.... on n'avoit là ni gens ni bateau (*d*), il falut du tems pour les retirer.... l'enfant est remis, mais la mere....

---

reste, l'année où ces dernieres lettres paroissent avoir été écrittes, il y avoit très longtems que les Baillifs de Vevai n'habitoient plus le Château de Chillon. On supposera, si l'on veut, que celui de ce tems-là y étoit allé passer quelques jours (*e*).

le saisissement, la chute, l'état où elle étoit.... qui sait mieux que moi combien cette chute eſt dangereuse !.... elle reſta très longtems sans connoissance. A peine l'eut-elle reprise qu'elle demanda son fils.... avec quels transports de joye elle l'embrassa ! je la crus sauvée; mais sa vivacité ne dura qu'un moment; elle voulut être ramenée ici (*a*); durant la route elle s'eſt trouvée mal plusieurs fois (*b*). Sur quelques ordres qu'elle m'a donnés je vois qu'elle ne croit pas en revenir. Je suis trop malheureuse, elle n'en reviendra pas (*c*). Madame d'Orbe eſt plus changée qu'elle. Tout le monde eſt dans une agitation.... Je suis la plus tranquille de toute la maison.... dequoi m'inquiéterois-je ?.... Ma bonne maitresse ! Ah si je vous perds, je n'aurai plus besoin de personne.... Oh mon cher Monsieur, que le bon Dieu vous soutienne dans cette épreuve.... Adieu.... le Médecin sort de la chambre. Je cours au devant de lui.... s'il nous donne quelque bonne espérance, je vous le marquerai. Si je ne dis rien....

LETTRE X (*d*).

COMMENCÉE PAR MADe D'ORBE, ET ACHEVÉE PAR M. DE WOLMAR.

C'EN eſt fait. Homme imprudent, homme infortuné, malheureux visionnaire ! Jamais vous ne la reverrez.... le voile.....[1] Julie n'eſt....

Elle vous a écrit. Attendez sa lettre : honorez ses dernieres volontés. Il vous reſte de grands devoirs à remplir sur la terre.

LETTRE XI (*e*)[2].

DE M. DE WOLMAR.

J'AI laissé passer vos premieres douleurs en silence; ma lettre n'eut fait que les aigrir; vous n'étiez pas plus en état de supporter ces détails que moi de les faire. Aujourd'hui peut-être nous seront-ils doux à tous deux[1]. Il ne me reste d'elle que des souvenirs, mon cœur se plait à les recueillir ! Vous n'avez plus que des pleurs à lui donner; vous aurez la consolation d'en verser pour elle. Ce plaisir des infortunés m'est refusé dans ma misere; je suis plus malheureux que vous[2].

Ce n'est point de sa maladie c'est d'elle que je veux vous parler. D'autres meres peuvent se jetter après leur enfant : L'accident, la fievre, la mort sont de la nature : c'est le sort commun des mortels; mais l'emploi de ses derniers momens, ses discours, ses sentimens, son ame, tout cela n'appartient qu'à Julie. Elle n'a point vécu comme une autre : personne, que je sache, n'est mort comme elle[3]. Voila ce que j'ai pu seul observer, et que vous n'apprendrez que de moi[4].

Vous savez que l'effroi, l'émotion, la chute, l'évacuation de l'eau lui laisserent une longue foiblesse dont elle ne revint tout-à-fait qu'ici. En arrivant, elle redemanda son fils, il vint; à peine le vit-elle marcher et répondre à ses caresses qu'elle devint tout à fait tranquille, et consentit à prendre un peu de repos. Son sommeil fut court, et comme le Médecin n'arrivoit point encore, en l'attendant elle nous fit asseoir autour de son lit, la Fanchon, sa cousine et moi. Elle nous parla de ses enfans, des soins assidus qu'exigeoit auprès d'eux la forme d'éducation qu'elle avoit prise, et du danger de les négliger un moment. Sans donner une grande importance à sa maladie, elle prévoyoit qu'elle l'empêcheroit quelque tems de remplir sa part des mêmes soins, et nous chargeoit tous de répartir cette part sur les notres.

Elle s'étendit sur tous ses projets, sur les vôtres (*a*), sur les moyens les plus propres à les faire réussir, sur les observations qu'elle avoit faites et qui pouvoient les favoriser ou leur nuire, enfin sur tout ce qui devoit nous mettre en état de suppléer à ses fonctions de mere, aussi longtems qu'elle seroit forcée à les suspendre. C'étoit, pensai-je, bien des précautions pour quelqu'un qui ne se croyoit privé que durant quelques jours d'une occupation si chére; mais ce qui m'effraya tout à fait, ce fut de voir qu'elle entroit pour Henriette dans un bien plus grand détail encore. Elle s'étoit bornée à ce qui régardoit la premiere enfance de ses fils comme se déchargeant sur un autre du soin de leur jeunesse; pour sa fille elle embrassa tous les tems, et sentant bien que personne ne suppléeroit sur ce point aux réflexions que sa propre expérience lui avoit fait faire, elle nous exposa en abrégé, mais avec force et clarté le plan d'éducation qu'elle avoit fait pour elle, employant près de la mere les raisons les plus vives et les plus toûchantes exhortations pour l'engager à le suivre.

Toutes ces idées sur l'éducation des jeunes personnes et sur les devoirs des meres, mêlées de fréquens retours sur elle-même, ne pouvoient manquer de jetter de la chaleur dans l'entretien; je vis qu'il s'animoit trop. Claire tenoit une des mains de sa Cousine, et la pressoit à chaque instant contre sa bouche en sanglotant pour toute réponse; la Fanchon n'étoit pas plus tranquile; et pour Julie, je remarquai que les larmes lui roûloient aussi dans les yeux, mais qu'elle n'osoit pleurer, de peur de nous allarmer davantage. Aussi-tôt je me dis : elle se voit morte. Le seul espoir qui me resta fut que la frayeur pouvoit l'abuser sur son état et lui montrer le danger plus grand qu'il n'étoit peut-être. Malheureusement je la connoissois trop pour compter beaucoup sur cette erreur. J'avois essayé plusieurs fois de la calmer; je la priai derechef de ne pas s'agiter hors de propos par des discours qu'on pouvoit reprendre à loisir. Ah, dit-elle, rien ne fait tant de mal aux femmes que le silence ! et puis je me sens un peu de fievre; autant vaut employer le babil qu'elle donne à des sujets utiles, qu'à battre sans raison la campagne.

L'arrivée du Médecin causa dans la maison un trouble impossible à peindre. Tous les domestiques l'un sur l'autre à la porte de la chambre attendoient, l'œil inquiet et les mains jointes, son jugement sur l'état de leur maitresse, comme l'arrêt de leur sort. Ce spectacle jetta la pauvre Claire dans une agitation qui me fit craindre pour sa tête. Il falut les éloigner sous différens prétextes pour écarter de ses yeux cet objet d'effroi. Le Médecin donna vaguement un peu d'espérance, mais d'un ton propre à me l'ôter. Julie ne dit pas non plus ce qu'elle pensoit; la présence de sa Cousine la tenoit en respect. Quand il sortit, je le suivis; Claire en voulut faire autant, mais Julie la retint et me fit de l'œil un signe que j'entendis. Je me hâtai d'avertir le Médecin que s'il y avoit du danger il faloit le cacher à Made d'Orbe avec autant et plus de soin qu'à la malade, de peur que le desespoir n'achevât de la troubler, et ne la mit hors d'état de servir son amie. Il déclara qu'il y avoit en effet du danger, mais que vingt-quatre heures étant à peine écoulées depuis l'accident, il faloit plus de tems pour établir un pronostic assuré, que la nuit prochaine décideroit du sort de la maladie, et qu'il ne pouvoit prononcer que le troisieme jour. La Fanchon seule fut témoin de ce discours, et après l'avoir engagée, non sans peine, à se contenir, on convint de ce qui seroit dit à Mad[e] d'Orbe et au reste de la maison.

Vers le soir Julie obligea sa Cousine, qui avoit passé la nuit précédente auprès d'elle et qui vouloit encore y passer la suivante, à s'aller reposer quelques heures. Durant ce tems, la malade ayant sû qu'on alloit la saigner du pied et que le Médecin préparoit des ordonances, elle le fit appeller et lui tint ce discours : « Monsieur du Bos- » son *(a)*, quand on croit devoir tromper un malade » craintif sur son état, c'est une précaution d'humanité que » j'approuve; mais c'est une cruauté de prodiguer égale- » ment à tous des soins superflus et désagréables, dont » plusieurs n'ont aucun besoin. Prescrivez-moi tout ce » que vous jugerez m'être véritablement utile, j'obéirai » ponctuellement. Quant aux remedes qui ne sont que » pour l'imagination, faites m'en grace; c'est mon corps » et non mon esprit qui souffre, et je n'ai pas peur de » finir mes jours mais d'en mal employer le reste. Les » derniers momens de la vie sont trop précieux pour » qu'il soit permis d'en abuser. Si vous ne pouvez pro- » longer la mienne, au moins ne l'abrégez pas, en » m'ôtant l'emploi du peu d'instans qui me sont laissés » par la nature. Moins il m'en reste, plus vous devez les » respecter. Faites-moi vivre ou laissez-moi : je saurai » bien mourir seule. » Voila comment cette femme si timide et si douce dans le commerce ordinaire, savoit trouver un ton ferme et sérieux dans les occasions importantes.

La nuit fut cruelle et décisive. Etouffement, oppression, syncope, la peau séche et brulante. Une ardente fievre, durant laquelle on l'entendoit souvent appeler vivement Marcellin, comme pour le retenir; et prononcer aussi quelquefois un autre nom, jadis si répété dans une occasion pareille[1]. Le lendemain le Médecin me déclara sans détour qu'il n'estimoit pas qu'elle eut trois jours à vivre. Je fus seul dépositaire de cet affreux secret, et la plus terrible heure de ma vie fut celle où je le portai dans le fond de mon cœur, sans savoir quel usage j'en devois faire. J'allai seul errer dans les bosquets, rêvant au parti que j'avois à prendre; non sans quelques tristes réflexions sur le sort qui me ramenoit dans ma vieillesse à cet état solitaire, dont je m'ennuyois, même avant d'en connoitre un plus doux.

La veille, j'avois promis à Julie de lui raporter fidellement le jugement du Médecin; elle m'avoit intéressé par tout ce qui pouvoit toucher mon cœur à lui tenir parole. Je sentois cet engagement sur ma conscience : mais quoi ! pour un devoir chimérique et sans utilité faloit-il contrister son ame, et lui faire à longs traits savourer la mort ? Quel pouvoit être à mes yeux l'objet d'une précaution si cruelle ? Lui annoncer sa derniere heure n'étoit-ce pas l'avancer ? Dans un intervalle si court que deviennent les désirs, l'espérance, élemens de la vie ? Est-ce en jouir encore que de se voir si près du moment de la perdre ? Etoit-ce à moi de lui donner la mort ?

Je marchois à pas précipités avec une agitation que je n'avois jamais éprouvée. Cette longue et pénible anxiété me suivoit par tout; j'en traînois après moi l'insupportable poids. Une idée vint enfin me déterminer. Ne vous efforcez pas de la prévoir; il faut vous la dire.

Pour qui est-ce que je délibere, est-ce pour elle ou pour moi ? Sur quel principe est-ce que je raisonne, est-ce sur son sistème ou sur le mien ? Qu'est-ce qui m'est démontré sur l'un ou sur l'autre ? Je n'ai pour croire ce que je crois que mon opinion armée de quelques probabilités (*a*). Nulle démonstration ne la renverse, il est vrai, mais quelle démonstration l'établit ? Elle a pour croire ce qu'elle croit son opinion de même, mais elle y voit l'évidence; cette opinion à ses yeux est une démonstration. Quel droit ai-je de préférer quand il s'agit d'elle, ma simple opinion que je reconnois douteuse à son opinion qu'elle tient pour démontrée ? Comparons les conséquences des deux sentimens. Dans le sien, la disposition de sa derniere heure doit décider de son sort durant l'éternité. Dans le mien, les ménagemens que je veux avoir pour elle lui seront indifférens dans trois jours. Dans trois jours, selon moi, elle ne sentira plus rien : Mais si peut-être elle avoit raison, quelle différence ! Des biens ou des maux éternels !.... Peut-être !.... ce mot est terrible.... malheureux ! risque ton ame et non la sienne.

Voila le premier doute qui m'ait rendu suspecte l'incertitude que vous avez si souvent attaquée (*a*). Ce n'est pas la derniere fois qu'il est revenu depuis ce tems-là. Quoiqu'il en soit, ce doute me délivra de celui qui me tourmentoit. Je pris sur le champ mon parti, et de peur d'en changer, je courus en hâte au lit de Julie. Je fis sortir tout le monde, et je m'assis; vous pouvez juger avec quelle contenance ! Je n'employai point auprés d'elle les précautions nécessaires pour les petites ames[1]. Je ne dis rien; mais elle me vit, et me comprit à l'instant. Croyez-vous me l'apprendre, dit-elle en me tendant la main ? Non mon ami, je me sens bien : la mort me presse, il faut nous quiter.

Alors elle me tint un long discours dont j'aurai à vous parler quelque jour[2], et durant lequel elle écrivit son testament dans mon cœur. Si j'avois moins connu le sien, ses dernieres dispositions auroient suffi pour me le faire connoitre (*b*).

Elle me demanda si son état étoit connu dans la maison. Je lui dis que l'allarme y régnoit, mais qu'on ne savoit rien de positif et que du Bosson (*c*) s'étoit ouvert à moi seul. Elle me conjura que[3] le secret fut soigneusement gardé le reste de la journée. Claire, ajouta-t-elle, ne supportera jamais ce coup que de ma main; elle en mourra s'il lui vient d'une autre. Je destine la nuit prochaine à ce triste devoir. C'est pour cela sur tout que j'ai voulu avoir l'avis du Médecin, afin de ne pas exposer sur mon seul sentiment cette infortunée à recevoir à faux une si cruelle atteinte. Faites qu'elle ne soupçonne rien avant le tems, ou vous risquez de rester sans amie et de laisser vos enfans sans mere.

Elle me parla de son pere. J'avouai lui avoir envoyé un Exprès; mais je me gardai d'ajoûter que cet homme, au lieu de se contenter de donner ma lettre comme je lui avois ordonné, s'étoit hâté de parler, et si lourdement, que mon vieux ami croyant sa fille noyée étoit tombé d'effroi sur l'escalier, et s'étoit fait une blessure qui le retenoit à Blonay dans son lit. L'espoir de revoir son pere la toucha sensiblement, et la certitude que cette espérance étoit vaine ne fut pas le moindre des maux qu'il me falut dévorer[4].

Le redoublement[1] de la nuit précédente l'avoit extrêmement affoiblie. Ce long entretien n'avoit pas contribué à la fortifier; dans l'accablement où elle étoit elle essaya de prendre un peu de repos durant la journée; je n'appris que le surlendemain qu'elle ne l'avoit pas passée toute entiere à dormir.

Cependant la consternation regnoit dans la maison. Chacun dans un morne silence attendoit qu'on le tirât de peine, et n'osoit interroger personne, crainte d'apprendre plus qu'il ne vouloit savoir. On se disoit : s'il y a quelque bonne nouvelle on s'empressera de la dire; s'il y en a de mauvaises, on ne les saura toujours que trop tôt. Dans la frayeur dont ils étoient saisis, c'étoit assés pour eux qu'il n'arrivât rien qui fit nouvelle. Au milieu de ce morne repos, Madame d'Orbe étoit la seule active et parlante. Sitôt qu'elle étoit hors de la chambre de Julie, au lieu de s'aller reposer dans la sienne, elle parcouroit toute la maison, elle arrêtoit tout le monde, demandant ce qu'avoit dit le Médecin, ce qu'on disoit ? Elle avoit été témoin de la nuit précédente, elle ne pouvoit ignorer ce qu'elle avoit vû; mais elle cherchoit à se tromper elle-même, et à recuser le témoignage de ses yeux. Ceux qu'elle questionnoit ne lui répondant rien que de favorable, cela l'encourageoit à questionner les autres, et toujours avec une inquiétude si vive, avec un air si effrayant, qu'on eut su la vérité mille fois sans être tenté de la lui dire (*a*).

Auprès de Julie elle se contraignoit, et l'objet touchant qu'elle avoit sous les yeux la disposoit plus à l'affliction qu'à l'emportement. Elle craignoit sur tout de lui laisser voir ses allarmes, mais elle réussissoit mal à les cacher. On appercevoit son trouble dans son affectation même à paroitre tranquille. Julie de son côté n'épargnoit rien pour l'abuser. Sans exténuer son mal elle en parloit presque comme d'une chose passée, et ne sembloit en peine que du tems qu'il lui faudroit pour se remettre. C'etoit encore un de mes supplices de les voir chercher à se rassurer mutuellement, moi qui savois si bien qu'aucune des deux n'avoit dans l'ame l'espoir qu'elle s'efforçoit de donner à l'autre.

Mad^e d'Orbe avoit veillé les deux nuits précédentes; il y avoit trois jours qu'elle ne s'étoit deshabillée. Julie lui proposa de s'aller coucher; elle n'en voulut rien faire.

Hébien donc, dit Julie, qu'on lui tende un petit lit dans ma chambre, à moins, ajoûta-t-elle comme par réflexion, qu'elle ne veuille partager le mien. Qu'en dis-tu, Cousine ? mon mal ne se gagne pas, tu ne te dégoûtes pas de moi, couche dans mon lit; le parti fut accepté. Pour moi, l'on me renvoya, et véritablement j'avois besoin de repos.

Je fus levé de bonne heure. Inquiet de ce qui s'étoit passé durant la nuit, au premier bruit que j'entendis j'entrai dans la chambre. Sur l'état où Made d'Orbe étoit la veille, je jugeai du desespoir où j'allois la trouver et des fureurs dont je serois le témoin. En entrant je la vis assise dans un fauteuil, defaite et pâle, ou plutôt livide, les yeux plombés et presque éteints; mais douce, tranquile, parlant peu, et faisant tout ce qu'on lui disoit, sans répondre. Pour Julie, elle paroissoit moins foible que la veille, sa voix étoit plus ferme, son geste plus animé; elle sembloit avoir pris la vivacité de sa Cousine. Je connus aisément à son teint que ce mieux apparent étoit l'effet de la fievre : mais je vis aussi briller dans ses regards je ne sais quelle secrette joye qui pouvoit y contribuer, et dont je ne démêlois pas la cause. Le Médecin n'en confirma pas moins son jugement de la veille; la malade n'en continua pas moins de penser comme lui, et il ne me resta plus aucune espérance.

Ayant été forcé de m'absenter pour quelque tems, je remarquai en rentrant que l'appartement étoit arrangé avec soin; il y regnoit de l'ordre et de l'élégance; elle avoit fait mettre des pots de fleurs sur sa cheminée; ses rideaux étoient entr'ouverts et rattachés; l'air avoit été changé; on y sentoit une odeur agréable; on n'eut jamais cru être dans la chambre d'un malade. Elle avoit fait sa toilette avec le même soin : la grace et le goût se montroient encore dans sa parure négligée. Tout cela lui donnoit plutôt l'air d'une femme du monde qui attend compagnie, que d'une campagnarde qui attend sa derniere heure. Elle vit ma surprise, elle en sourit, et lisant dans ma pensée elle alloit me répondre, quand on amena les enfans. Alors il ne fut plus question que d'eux, et vous pouvez juger si, se sentant prete à les quiter, ses caresses furent tiédes et modérées ! J'observai même qu'elle revenoit plus souvent et avec des étreintes encore plus ardentes à celui qui lui coûtoit la vie, comme s'il lui fut devenu plus cher à ce prix (*a*).

Tous ces embrassemens, ces soupirs, ces transports étoient des misteres pour ces pauvres enfans. Ils l'aimoient tendrement, mais c'étoit la tendresse de leur âge; ils ne comprenoient rien à son état, au redoublement de ses caresses, à ses regrets de ne les voir plus; ils nous voyoient tristes et ils pleuroient : Ils n'en savoient pas davantage. Quoiqu'on apprenne aux enfans le nom de la mort, ils n'en ont aucune idée; ils ne la craignent ni pour eux ni pour les autres; ils craignent de souffrir et non de mourir. Quand la douleur arrachoit quelque plainte à leur mere, ils perçoient l'air de leurs cris (*a*); quand on leur parloit de la perdre, on les auroit crus stupides. La seule Henriette, un peu plus âgée, et d'un sexe où le sentiment et les lumieres se dévelopent plutôt, paroissoit troublée et allarmée de voir sa petite maman dans un lit, elle qu'on voyoit toujours levée avant ses enfans. Je me souviens qu'à ce propos Julie fit une réflexion tout à fait dans son caractere sur l'imbecille vanité de Vespasien[1] qui resta couché tandis qu'il pouvoit agir, et se leva lorsqu'il ne put plus rien faire*. Je ne sais pas, dit-elle, s'il faut qu'un Empereur meure debout, mais je sais bien qu'une mere de famille ne doit s'aliter que pour mourir.

Après avoir épanché son cœur sur ses enfans; après les avoir pris chacun à part, sur tout Henriette qu'elle tint fort longtems, et qu'on entendoit plaindre[2] et sangloter en recevant ses baisers, elle les appella tous trois, leur donna sa bénédiction, et leur dit en leur montrant Mad^e^ d'Orbe : allez mes enfans, allez vous jetter aux pieds de votre mere : voila celle que Dieu vous donne, il ne vous a rien ôté. A l'instant ils courent à elle, se mettent à ses genoux, lui prennent les mains, l'appellent leur bonne maman, leur séconde mere. Claire se pencha sur eux; mais en les serrant dans ses bras elle s'efforça vainement de parler, elle ne trouva que des gémissemens, elle ne put jamais prononcer un seul mot, elle étouffoit.

---

* Ceci n'est pas bien exact. Suetone dit que Vespasien travailloit comme à l'ordinaire dans son lit de mort, et donnoit même ses audiences : mais peut-être, en effet, eut-il mieux valu se lever pour donner ses audiences, et se recoucher pour mourir. Je sais que Vespasien sans être un grand homme étoit au moins un grand Prince. N'importe; quelque rolle qu'on ait pu faire durant sa vie, on ne doit point joüer la comédie à sa mort (*b*).

Jugez si Julie étoit émue ! Cette scene commençoit à devenir trop vive; je la fis cesser.

Ce moment d'attendrissement passé, l'on se remit à causer autour du lit, et quoique la vivacité de Julie se fut un peu éteinte avec le redoublement, on voyoit le même air de contentement sur son visage; elle parloit de tout avec une attention et un intérêt qui montroient un esprit très libre de soins; rien ne lui échapoit, elle étoit à la conversation comme si elle n'avoit eu autre chose à faire. Elle nous proposa de diner dans sa chambre, pour nous quiter le moins qu'il se pourroit; vous pouvez croire que cela ne fut pas refusé. On servit sans bruit, sans confusion, sans desordre, d'un air aussi rangé que si l'on eut été dans le salon d'Apollon. La Fanchon, les enfans dinerent à table. Julie voyant qu'on manquoit d'appetit trouva le secret de faire manger de tout, tantôt prétextant l'instruction de sa cuisiniere, tantôt voulant savoir si elle oseroit en goûter, tantôt nous intéressant par nôtre santé même dont nous avions besoin pour la servir (*a*), toujours montrant le plaisir qu'on pouvoit lui faire de maniere à ôter tout moyen de s'y refuser, et mêlant à tout cela un enjouement propre à nous distraire du triste objet qui nous occupoit. Enfin une maitresse de maison, attentive à faire ses honneurs, n'auroit pas en pleine santé pour des étrangers des soins plus marqués, plus obligeans, plus aimables (*b*) que ceux que Julie mourante avoit pour sa famille. Rien de tout ce que j'avois cru prévoir n'arrivoit, rien de ce que je voyois ne s'arrangeoit dans ma tête. Je ne savois plus qu'imaginer; je n'y étois plus.

Après le diné, on annonça Monsieur le Ministre. Il venoit comme ami de la maison, ce qui lui arrivoit fort souvent. Quoique je ne l'eusse point fait appeller, parce que Julie ne l'avoit pas demandé (*c*), je vous avoue que je fus charmé de son arrivée, et je ne crois pas qu'en pareille circonstance le plus zélé croyant l'eut pu voir avec plus de plaisir. Sa présence alloit éclaircir bien des doutes et me tirer d'une étrange perplexité[1].

Rappelez-vous le motif qui m'avoit porté à lui annoncer sa fin prochaine. Sur l'effet qu'auroit dû selon moi produire cette affreuse nouvelle, comment concevoir celui qu'elle avoit produit réellement ? Quoi ! cette femme dévote qui dans l'état de santé ne passe pas un jour sans se recueillir, qui fait un de ses plaisirs de la priere, n'a plus que deux jours à vivre, elle se voit prete à paroitre devant le juge redoutable; et au lieu de se préparer à ce moment terrible, au lieu de mettre ordre à sa conscience, elle s'amuse à parer sa chambre, à faire sa toilette, à causer avec ses amis, à égayer leurs repas; et dans tous ses entretiens pas un seul mot de Dieu ni du salut ! Que devois-je penser d'elle et de ses vrais sentimens ? Comment arranger sa conduite avec les idées que j'avois de sa piété (*a*)? Comment accorder l'usage qu'elle faisoit des derniers momens de sa vie avec ce qu'elle avoit dit au Médecin de leur prix ? Tout cela formoit à mon sens une enigme inexplicable (*b*). Car enfin quoique je ne m'attendisse pas à lui trouver toute la petite cagoterie des dévotes, il me sembloit pourtant que c'étoit le tems de songer à ce qu'elle estimoit d'une si grande importance, et qui ne souffroit aucun retard. Si l'on est dévot durant le tracas de cette vie, comment ne le sera-t-on pas au moment qu'il la faut quitter, et qu'il ne reste plus qu'à penser à l'autre ?

Ces réflexions m'amenerent à un point où je ne me serois guere attendu d'arriver. Je commençai presque d'être inquiet que mes opinions indiscretement soutenues n'eussent enfin trop gagné sur elle. Je n'avois pas adopté les siennes, et pourtant je n'aurois pas voulu qu'elle y eut renoncé (*c*). Si j'eusse été malade je serois certainement mort dans mon sentiment (*d*), mais je désirois qu'elle mourut dans le sien, et je trouvois, pour ainsi dire, qu'en elle je risquois plus qu'en moi. Ces contradictions vous paroitront extravagantes; je ne les trouve pas raisonnables, et cependant elles ont existé. Je ne me charge pas de les justifier; je vous les rapporte[1].

Enfin le moment vint où mes doutes alloient être éclaircis. Car il étoit aisé de prévoir que tôt ou tard le Pasteur ameneroit la conversation sur ce qui fait l'objet de son ministere; et quand Julie eut été capable de déguisement dans ses réponses, il lui eut été bien difficile de se déguiser assés pour qu'attentif et prévenu, je n'eusse pas démélé ses vrais sentimens.

Tout arriva comme je l'avois prévû. Je laisse à part les lieux communs mêlés d'éloges, qui servirent de transitions au ministre pour venir à son sujet; je laisse encore ce qu'il lui dit de touchant sur le bonheur de couronner une bonne vie (*e*) par une fin chrétienne. Il ajoûta qu'à la vérité il lui avoit quelquefois trouvé sur certains points des sentimens qui ne s'accordoient pas entierement avec la doctrine de l'Eglise, c'est à dire avec celle que la plus saine raison pouvoit déduire de l'Ecriture; mais comme elle ne s'étoit jamais aheurtée[1] à les défendre, il espéroit qu'elle vouloit mourir ainsi qu'elle avoit vécu dans la communion des fidelles, et acquiescer en tout à la commune profession de foi.

Comme la réponse de Julie étoit décisive sur mes doutes, et n'étoit pas, à l'égard des lieux communs, dans le cas de l'exhortation, je vais vous la raporter presque mot-à-mot, car je l'avois bien écoutée, et j'allai l'écrire dans le moment.

« Permettez-moi, Monsieur, de commencer par vous » remercier de tous les soins que vous avez pris de me » conduire dans la droite route de la morale et de la foi » chrétienne, et de la douceur avec laquelle vous avez » corrigé ou supporté mes erreurs quand je me suis » égarée. Pénétrée de respect pour votre zele et de » reconnoissance pour vos bontés, je déclare avec plaisir » que je vous dois toutes mes bonnes résolutions, et que » vous m'avez toujours portée à faire ce qui étoit bien, » et à croire ce qui étoit vrai.

» J'ai vécu[2] et je meurs dans la communion protes- » tante qui tire son unique regle de l'Ecriture Sainte et » de la raison (*a*); mon cœur a toujours confirmé ce que » prononçoit ma bouche, et quand je n'ai pas eu pour » vos lumieres toute la docilité qu'il eut falu peut-être, » c'étoit un effet de mon aversion pour toute espece de » déguisement; ce qu'il m'étoit impossible de croire, je » n'ai pu dire que je le croyois (*b*); j'ai toujours cherché » sincerement ce qui étoit conforme à la gloire de Dieu » et à la vérité. J'ai pu me tromper dans ma recherche; » je n'ai pas l'orgueil de penser avoir eu toujours raison; » j'ai peut-être eu toujours tort; mais mon intention a » toujours été pure, et j'ai toujours cru ce que je disois » croire. C'étoit sur ce point tout ce qui dépendoit de » moi. Si Dieu n'a pas éclairé ma raison au delà, il est » clément et juste (*c*); pourroit-il me demander compte » d'un don qu'il ne m'a pas fait ?

» Voila, Monsieur, ce que j'avois d'essentiel à vous » dire sur les sentimens que j'ai professés. Sur tout le » reste mon état présent vous répond pour moi. Distraite

» par le mal, livrée au délire de la fievre, eſt-il tems » d'essayer de raisonner mieux que je n'ai fait jouissant » d'un entendement aussi sain que je l'ai receu ? Si je » me suis trompée alors, me tromperois-je moins au» jourd'hui, et dans l'abatement où je suis dépend-il de » moi de croire autre chose que ce que j'ai cru étant en » santé ? C'eſt la raison qui décide du sentiment qu'on » préfere, et la mienne ayant perdu ses meilleures fonc» tions, quelle autorité peut donner ce qui m'en reſte aux » opinions que j'adopterois sans elle ? Que me reſte-t-il » donc desormais à faire ? C'eſt de m'en rapporter à ce » que j'ai cru ci-devant : car la droiture d'intention eſt » la même, et j'ai le jugement de moins. Si je suis dans » l'erreur, c'eſt sans l'aimer; cela suffit pour me tran» quilliser sur ma croyance (*a*).

» Quant à la préparation à la mort, Monsieur, elle eſt » faite; mal, il eſt vrai, mais de mon mieux, et mieux du » moins que je ne la pourrois faire à présent. J'ai tâché » de ne pas attendre pour remplir cet important devoir » que j'en fusse incapable. Je priois en santé; maintenant » je me résigne. La priere du malade eſt la patience : La » préparation à la mort eſt une bonne vie; je n'en » connois point d'autre. Quand je conversois avec vous, » quand je me recueillois seule, quand je m'efforçois de » remplir les devoirs que Dieu m'impose; c'eſt alors que » je me disposois à paroitre devant lui; c'eſt alors que je » l'adorois de toutes les forces qu'il m'a données; que » ferois-je aujourd'hui que je les ai perdues ? Mon ame » aliénée eſt-elle en état de s'élever à lui ? Ces reſtes » d'une vie à demi-éteinte, absorbés par la souffrance, » sont-ils dignes de lui être offerts ? Non, Monsieur; il » me les laisse pour être donnés à ceux qu'il m'a fait » aimer et qu'il veut que je quitte; je leur fais mes » adieux pour aller à lui; c'eſt d'eux qu'il faut que je » m'occupe : bientôt je m'occuperai de lui seul. Mes der» niers plaisirs sur la terre sont aussi mes derniers » devoirs; n'eſt-ce pas le servir encore et faire sa volonté » que de remplir les soins que l'humanité m'impose, avant » d'abandonner sa dépouille ? Que faire pour apaiser » des troubles que je n'ai pas ? Ma conscience n'eſt point » agitée; si quelquefois elle m'a donné des craintes, j'en » avois plus en santé qu'aujourd'hui. Ma confiance les » efface; elle me dit que Dieu eſt plus clément que je

» ne suis coupable, et ma sécurité redouble en me sentant approcher de lui. Je ne lui porte point un repentir imparfait, tardif, et forcé, qui, dicté par la peur ne sauroit être sincere, et n'est qu'un piege pour le tromper. Je ne lui porte pas le reste et le rebut de mes jours, pleins de peine et d'ennuis, en proye à la maladie, aux douleurs, aux angoisses de la mort, et que je ne lui donnerois que quand je n'en pourrois plus rien faire. Je lui porte ma vie entiere, pleine de péchés et de fautes, mais exempte des remords de l'impie et des crimes du méchant (*a*).

» A quels tourmens Dieu pourroit-il condanner mon ame ? Les réprouvés, dit-on, le haïssent ! Il faudroit donc qu'il m'empêchât de l'aimer ? Je ne crains pas d'augmenter leur nombre (*b*). O grand Etre ! Etre éternel, suprême intelligence, source de vie et de félicité, créateur, conservateur, pere de l'homme et Roi de la nature, Dieu très puissant, très bon (*c*), dont je ne doutai jamais un moment, et sous les yeux duquel j'aimai toujours à vivre ! Je le sais, je m'en réjouïs, je vais paroitre devant ton trône. Dans peu de jours mon ame libre de sa dépouille commencera de t'offrir plus dignement cet immortel hommage qui doit faire mon bonheur durant l'éternité. Je compte pour rien tout ce que je serai jusqu'à ce moment. Mon corps vit encore, mais ma vie morale est finie. Je suis au bout de ma carriere et déja jugée sur le passé. Souffrir et mourir est tout ce qui me reste à faire; c'est l'affaire de la nature : Mais moi j'ai taché de vivre de maniere à n'avoir pas besoin de songer à la mort, et maintenant qu'elle approche, je la vois venir sans effroi. Qui s'endort dans le sein d'un pere n'est pas en souci du réveil. »

Ce discours prononcé d'abord d'un ton grave et posé, puis avec plus d'accent et d'une voix plus élevée, fit sur tous les assistans, sans m'en excepter, une impression d'autant plus vive que les yeux de celle qui le prononça brilloient d'un feu surnaturel; un nouvel éclat animoit son teint, elle paroissoit rayonnante, et s'il y a quelque chose au monde qui mérite le nom de céleste, c'étoit son visage tandis qu'elle parloit.

Le Pasteur lui même saisi, transporté de ce qu'il venoit d'entendre, s'écria en levant les yeux et les mains au Ciel : Grand Dieu ! voila le culte qui t'honore; daigne t'y rendre propice, les humains t'en offrent peu de pareils.

Madame, dit-il en s'approchant du lit, je croyois vous instruire, et c'est vous qui m'instruisez. Je n'ai plus rien à vous dire. Vous avez la véritable foi, celle qui fait aimer Dieu. Emportez ce précieux repos d'une bonne conscience, il ne vous trompera pas; j'ai vû bien des Chrétiens dans l'état où vous êtes, je ne l'ai trouvé qu'en vous seule. Quelle différence d'une fin si paisible à celle de ces pécheurs bourrelés qui n'accumulent tant de vaines et seches prieres que parce qu'ils sont indignes d'être exaucés ! Madame, votre mort est aussi belle que votre vie : Vous avez vécu pour la charité; vous mourez martire[1] de l'amour maternel (*a*). Soit que Dieu vous rende à nous pour nous servir d'exemple, soit qu'il vous appelle à lui pour couronner vos vertus; puissions-nous tous tant que nous sommes vivre et mourir comme vous ! Nous serons bien sûrs du bonheur de l'autre vie.

Il voulut s'en aller; elle le retint. Vous êtes de mes amis, lui dit-elle, et l'un de ceux que je vois avec le plus de plaisir (*b*); c'est pour eux que mes derniers momens me sont précieux. Nous alons nous quiter pour si longtems qu'il ne faut pas nous quitter si vîte. Il fut charmé de rester, et je sortis là-dessus.

En rentrant, je vis que la conversation avoit continué sur le même sujet, mais d'un autre ton, et comme sur une matiere indifférente. Le Pasteur parloit de l'esprit faux qu'on donnoit au Christianisme en n'en faisant que la Religion des mourans, et de ses ministres des hommes de mauvais augure. On nous regarde, disoit-il, comme des messagers de mort, parce que dans l'opinion commode qu'un quart-d'heure de repentir suffit pour effacer cinquante ans de crimes, on n'aime à nous voir que dans ce tems là. Il faut nous vétir d'une couleur lugubre; il faut affecter un air sévere; on n'épargne rien pour nous rendre effrayans (*c*). Dans les autres cultes, c'est pis encore. Un catholique mourant n'est environné que d'objets qui l'épouvantent, et de cérémonies qui l'enterrent (*d*) tout vivant. Au soin qu'on prend d'écarter de lui les Démons, il croit en voir sa chambre pleine; il meurt cent fois de terreur avant qu'on l'acheve, et c'est dans cet état d'effroi que l'Eglise aime à le plonger pour avoir meilleur marché de sa bourse. Rendons grace au Ciel, dit Julie, de n'être point nés dans ces Religions vénales (*a*) qui tuent les gens pour en hériter, et qui, vendant le paradis aux riches, portent jusqu'en l'autre monde l'injuste inégalité qui regne dans celui-ci. Je ne doute point que toutes ces sombres idées ne fomentent l'incrédulité, et ne donnent une aversion naturelle pour le culte (*b*) qui les nourrit. J'espere, dit-elle en me regardant, que celui qui doit élever nos enfans prendra des maximes toutes opposées, et qu'il ne leur rendra point la Religion lugubre et triste, en y mêlant incessamment des pensées de mort[1]. S'il leur apprend à bien vivre, ils sauront assés bien mourir.

Dans le suite de cet entretien, qui fut moins serré et plus interrompu que je ne vous le rapporte, j'achevai de concevoir les maximes de Julie et la conduite qui m'avoit scandalisé. Tout cela tenoit à ce que sentant son état parfaitement desespéré, elle ne songeoit plus qu'à en écarter l'inutile et funebre appareil dont l'effroi des mourans les environne, soit pour donner le change à notre affliction, soit pour s'ôter à elle même un spectacle attristant à pure perte. La mort, disoit-elle, est déja si pénible ! pourquoi la rendre encore hideuse ? Les soins que les autres perdent à vouloir prolonger leur vie, je les em ploye à jouïr de la mienne jusqu'au bout : il ne s'agit que de savoir prendre son parti; tout le reste va de lui-même. Ferai-je de ma chambre un hôpital, un objet de dégoût et d'ennui, tandis que mon dernier soin est d'y rassembler tout ce qui m'est cher ? si j'y laisse croupir le mauvais air, il en faudra écarter mes enfans, ou exposer leur santé. Si je reste dans un équipage[2] à faire peur, personne ne me reconnoitra plus; je ne serai plus la même, vous vous souviendrez tous de m'avoir aimée, et ne pourrez plus me souffrir. J'aurai, moi vivante, l'affreux spectacle de l'horreur que je ferai même à mes amis, comme si j'étois déja morte. Au lieu de cela, j'ai trouvé l'art d'étendre ma vie sans la prolonger. J'existe, j'aime, je suis aimée, je vis jusqu'à mon dernier soupir[3]. L'instant de la mort n'est rien, le mal de la nature est peu de chose; j'ai banni tous ceux de l'opinion.

Tous ces entretiens et d'autres semblables se passoient entre la malade, le pasteur, quelquefois le médecin, la Fanchon, et moi. Made d'Orbe y étoit toujours présente, et ne s'y mêloit jamais. Attentive aux besoins de son amie, elle étoit prompte à la servir. Le reste du tems, immobile et presque inanimée, elle la regardoit sans rien dire, et sans rien entendre de ce qu'on disoit.

Pour moi, craignant que Julie ne parlât jusqu'à s'épuiser, je pris le moment que le Ministre et le médecin s'étoient mis à causer ensemble, et m'approchant d'elle, je lui dis à l'oreille : voila bien des discours pour une malade ! voila bien de la raison pour quelqu'un qui se croit hors d'état de raisonner !

Oui, me dit-elle tout bas, je parle trop pour une malade, mais non pas pour une mourante; bientôt je ne dirai plus rien. A l'égard des raisonnemens, je n'en fais plus, mais j'en ai fait. Je savois en santé qu'il faloit mourir. J'ai souvent réfléchi sur ma derniere maladie; je profite aujourd'hui de ma prévoyance. Je ne suis plus en état de penser ni de résoudre; je ne fais que dire ce que j'avois pensé, et pratiquer ce que j'avois résolu.

Le reste de la journée, à quelques accidens près, se passa avec la même tranquilité, et presque de la même maniere que quand tout le monde se portoit bien. Julie étoit, comme en pleine santé, douce et caressante; elle parloit avec le même sens, avec la même liberté d'esprit; même d'un air serein qui aloit quelquefois jusqu'à la gaîté : Enfin je continuois de démêler dans ses yeux un certain mouvement de joye qui m'inquiétoit de plus en plus, et sur lequel je résolus de m'éclaircir avec elle.

Je n'attendis pas plus tard que le même soir. Comme elle vit que je m'étois ménagé un tête-à-tête, elle me dit : vous m'avez prévenue, j'avois à vous parler. Fort bien, lui dis-je; mais puisque j'ai pris les devants, laissez moi m'expliquer le premier.

Alors m'étant assis auprès d'elle et la regardant fixement, je lui dis : Julie, ma chere Julie ! vous avez navré mon cœur : hélas, vous avez attendu bien tard ! Oui, continuai-je voyant qu'elle me regardoit avec surprise; je vous ai pénétrée; vous vous réjouissez de mourir; vous être bien aise de me quiter. Rapelez-vous la conduite de votre Epoux depuis que nous vivons ensemble; ai-je mérité de votre part un sentiment si cruel ? A l'instant elle me prit les mains, et de ce ton qui savoit aller chercher l'ame : qui, moi ? je veux vous quiter ? Est-ce ainsi que vous lisez dans mon cœur ? Avez-vous sitôt oublié notre entretien d'hier ? Cependant, repris-je, vous mourez contente.... je l'ai vu.... je le vois.... Arrêtez, dit-elle; il eſt vrai, je meurs contente[1]; mais c'eſt de mourir comme j'ai vécu, digne d'être votre épouse. Ne m'en demandez pas davantage, je ne vous dirai rien de plus; mais voici, continua-t-elle en tirant un papier de dessous son chevet, où vous acheverez d'éclaircir ce miſtere. Ce papier étoit une Lettre, et je vis qu'elle vous étoit addressée. Je vous la remets ouverte, ajoûta-t-elle en me la donnant, afin qu'après l'avoir lue vous vous déterminiez à l'envoyer ou à la supprimer, selon ce que vous trouverez le plus convenable à votre sagesse et à mon honneur. Je vous prie de ne la lire que quand je ne serai plus, et je suis si sûre de ce que vous ferez à ma priere que je ne veux pas même que vous me le prometiez. Cette Lettre, cher St. Preux, eſt celle que vous trouverez ci-jointe. J'ai beau savoir que celle qui l'a écrite eſt morte; j'ai peine à croire qu'elle n'eſt plus rien.

Elle me parla ensuite de son pere avec inquiétude. Quoi ! dit-elle, il sait sa fille en danger, et je n'entends point parler de lui ! Lui seroit-il arrivé quelque malheur ? Auroit-il cessé de m'aimer ? Quoi, mon pere !... ce pere si tendre... m'abandonner ainsi !.... me laisser mourir sans le voir !.... sans recevoir sa bénédiction.... ses derniers embrassemens !.... O Dieu ! quels reproches amers il se fera quand il ne me trouvera plus !.... Cette réflexion lui étoit douloureuse. Je jugeai qu'elle supporteroit plus aisément l'idée de son pere malade, que celle de son pere indifférent. Je pris le parti de lui avouer la vérité. En effet, l'allarme qu'elle en conçut se trouva moins cruelle que ses prémiers soupçons. Cependant la pensée de ne plus le revoir l'affecta vivement. Hélas ! dit-elle, que deviendra-t-il après moi ? A quoi tiendra-t-il ? Survivre à toute sa famille (*a*) !.... Quelle vie sera la sienne ? Il sera seul; il ne vivra plus. Ce moment fut un de ceux où l'horreur de la mort se faisoit sentir, et où la nature reprenoit son empire. Elle soupira, joignit les mains, leva les yeux, et je vis qu'en effet elle employoit cette difficile priere qu'elle avoit dit être celle du malade.

Elle revint à moi. Je me sens foible, dit-elle; je prévois que cet entretien pourroit être le dernier que nous aurons ensemble. Au nom de notre union, au nom de nos chers enfans qui en sont le gage, ne soyez plus injuſte envers votre épouse. Moi, me réjouïr de vous quiter ! vous qui n'avez vécu que pour me rendre heureuse et sage; vous de tous les hommes celui qui me convenoit le plus; le seul, peut-être, avec qui je pouvois faire un bon ménage, et devenir une femme de bien ! Ah, croyez que si je mettois un prix à la vie, c'étoit pour la passer avec vous ! Ces mots prononcés avec tendresse m'émurent au point qu'en portant fréquemment à ma bouche ses mains que je tenois dans les miennes, je les sentis se mouiller de mes pleurs[1]. Je ne croyois pas mes yeux faits pour en répandre. Ce furent les premiers depuis ma naissance; ce seront les derniers jusqu'à ma mort. Après en avoir versé pour Julie, il n'en faut plus verser pour rien.

Ce jour fut pour elle un jour de fatigue. La préparation de Made d'Orbe durant la nuit, la scene des enfans le matin, celle du ministre l'après-midi, l'entretien du soir avec moi l'avoient jettée dans l'épuisement. Elle eut un peu plus de repos cette nuit-là que les précédentes, soit à cause de sa foiblesse, soit qu'en effet la fievre et le redoublement fussent moindres.

Le lendemain dans la matinée on vint me dire qu'un homme très mal mis demandoit avec beaucoup d'empressement à voir Madame en particulier. On lui avoit dit l'état où elle étoit, il avoit insisté, disant qu'il s'agissoit d'une bonne action, qu'il connoissoit bien Madame de Wolmar, et qu'il savoit que tant qu'elle respireroit, elle aimeroit à en faire de telles. Comme elle avoit établi pour regle inviolable de ne jamais rebuter personne, et sur tout les malheureux, on me parla de cet homme avant de le renvoyer. Je le fis venir. Il étoit presque en guenilles, il avoit l'air et le ton de la misere; au reste, je n'apperçus rien dans sa physionomie et dans ses propos qui me fit mal augurer de lui. Il s'obstinoit à ne vouloir parler qu'à Julie. Je lui dis que s'il ne s'agissoit que de quelques secours pour lui aider à vivre, sans importuner pour cela une femme à l'extrémité, je ferois ce qu'elle auroit pu faire. Non, dit-il, je ne demande point d'argent, quoique j'en aye grand besoin : Je demande un bien qui m'appartient, un bien que j'estime plus que tous les trésors de la terre, un bien que j'ai perdu par ma faute, et que Madame seule, de qui je le tiens, peut me rendre une seconde fois.

Ce discours, auquel je ne compris rien, me détermina pourtant. Un malhonnête homme eut pû dire la même chose; mais il ne l'eut jamais dite du même ton. Il exigeoit du mistere; ni laquais, ni femme de chambre. Ces précautions me sembloient bizarres; toutefois je les pris. Enfin je le lui menai. Il m'avoit dit être connu de Made d'Orbe; il passa devant elle; elle ne le reconnut point, et j'en fus peu surpris. Pour Julie, elle le reconnut à l'instant, et le voyant dans ce triste équipage, elle me reprocha de l'y avoir laissé. Cette reconnoissance[1] fut touchante. Claire éveillée par le bruit s'approche et le reconnoit à la fin, non sans donner aussi quelques signes de joye; mais les témoignages de son bon cœur s'éteignoient dans sa profonde affliction : un seul sentiment absorboit tout; elle n'étoit plus sensible à rien.

Je n'ai pas besoin, je crois, de vous dire qui étoit cet homme. Sa présence rappella bien des souvenirs : Mais tandis que Julie le consoloit et lui donnoit de bonnes espérances, elle fut saisie d'un violent étouffement et se trouva si mal qu'on crut qu'elle aloit expirer. Pour ne pas faire scene, et prévenir les distractions dans un moment où il ne faloit songer qu'à la sécourir, je fis passer l'homme dans le cabinet, l'avertissant de le fermer sur lui; la Fanchon fut appellée, et à force de tems et de soins la malade revint enfin de sa pamoison. En nous voyant tous consternés autour d'elle, elle nous dit : mes enfans, ce n'est qu'un essai : cela n'est pas si cruel qu'on pense.

Le calme se rétablit; mais l'allarme avoit été si chaude qu'elle me fit oublier l'homme dans le cabinet, et quand Julie me demanda tout bas ce qu'il étoit devenu, le couvert étoit mis, tout le monde étoit là. Je voulus entrer pour lui parler, mais il avoit fermé la porte en dedans, comme je lui avois dit; il falut attendre après le diné pour le faire sortir.

Durant le repas, du Bosson, qui s'y trouvoit, parlant d'une jeune veuve qu'on disoit se remarier, ajoûta quelque chose sur le triste sort des veuves. Il y en a, dis-je, de bien plus à plaindre encore; ce sont les veuves dont les maris sont vivans. Cela est vrai, reprit Fanchon qui vit que ce discours s'addressoit à elle; sur tout quand ils leur sont chers. Alors l'entretien tomba sur le sien, et comme elle en avoit parlé avec affection dans tous les tems, il étoit naturel qu'elle en parlât de même au moment où la perte de sa bienfaitrice aloit lui rendre la sienne encore plus rude. C'est aussi ce qu'elle fit en termes très touchans, louant son bon naturel, déplorant les mauvais exemples qui l'avoient séduit, et le regrettant si sincerement, que déja disposée à la tristesse, elle s'émut jusqu'à pleurer. Tout à coup le cabinet s'ouvre, l'homme en guenilles en sort impétueusement, se précipite à ses genoux, les embrasse, et fond en larmes. Elle tenoit un verre; il lui échape : Ah, malheureux, d'où viens-tu ? se laisse aller sur lui, et seroit tombée en foiblesse, si l'on n'eut été prompt à la secourir.

Le reste est facile à imaginer. En un moment on sut par toute la maison que Claude Anet étoit arrivé. Le mari de la bonne Fanchon ! quelle fête ! A peine étoit-il hors de la chambre qu'il fut équipé. Si chacun n'avoit eu que deux chemises, Anet en auroit autant eu lui tout seul, qu'il en seroit resté à tous les autres. Quand je sortis pour le faire habiller, je trouvai qu'on m'avoit si bien prévenu, qu'il falut user d'autorité pour faire tout reprendre à ceux qui l'avoient fourni.

Cependant Fanchon ne vouloit point quiter sa maitresse. Pour lui faire donner quelques heures à son mari, on prétexta que les enfans avoient besoin de prendre l'air, et tous deux furent chargés de les conduire.

Cette scene n'incomoda point la malade comme les précédentes; elle n'avoit rien eu que d'agréable, et ne lui fit que du bien. Nous passames l'après-midi Claire et moi seuls auprès d'elle, et nous eumes deux heures d'un entretien paisible, qu'elle rendit le plus intéressant, le plus charmant que nous eussions jamais eu.

Elle commença par quelques observations sur le touchant spectacle qui venoit de nous fraper et qui lui rappelloit si vivement les premiers tems de sa jeunesse. Puis suivant le fil des évenemens, elle fit une courte récapitulation[1] de sa vie entiere, pour montrer qu'à tout prendre elle avoit été douce et fortunée, que de dégrés en dégrés elle étoit montée au comble du bonheur permis sur la terre, et que l'accident qui terminoit ses jours au milieu de leur course, marquoit selon toute apparence dans sa carriere naturelle, le point de séparation des biens et des maux.

Elle remercia le Ciel de lui avoir donné un cœur sensible et porté au bien, un entendement sain, une figure prévenante, de l'avoir fait naître dans un pays de liberté et non parmi des esclaves, d'une famille honorable et non d'une race de malfaiteurs, dans une honnête fortune et non dans les grandeurs du monde qui corrompent l'ame, ou dans l'indigence qui l'avilit. Elle se félicita d'être née d'un pere et d'une mere tous deux vertueux et bons, pleins de droiture et d'honneur, et qui tempérant les défauts l'un de l'autre, avoient formé sa raison sur la leur, sans lui donner leur foiblesse ou leurs préjugés. Elle vanta l'avantage d'avoir été élevée dans une religion raisonnable et sainte qui, loin d'abrutir l'homme, l'ennoblit et l'éleve, qui ne favorisant ni l'impiété ni le fanatisme, permet d'être sage et de croire, d'être humain et pieux tout à la fois.

Après cela, serrant la main de sa Cousine qu'elle tenoit dans la sienne, et la regardant de cet œil que vous devez connoitre et que la langueur rendoit encore plus touchant : tous ces biens, dit-elle, ont été donnés à mille autres; mais celui-ci !.... le ciel ne l'a donné qu'à moi. J'étois femme, et j'eus une amie. Il nous fit naitre en même tems; il mit dans nos inclinations un accord qui ne s'est jamais démenti; il fit nos cœurs l'un pour l'autre, il nous unit dès le berceau, je l'ai conservée tout le tems de ma vie, et sa main me ferme les yeux. Trouvez un autre exemple pareil au monde, et je ne me vante plus de rien. Quels sages conseils ne m'a-t-elle pas donnés ? De quels périls ne m'a-t-elle pas sauvée ? De quels maux ne me consoloit-elle pas ? Qu'eussai-je été sans elle ? Que n'eut-elle pas fait de moi, si je l'avois mieux écoutée ? Je la vaudrois peut-être aujourd'hui ! Claire pour toute réponse baissa la tête sur le sein de son amie, et voulut soulager ses sanglots par des pleurs : il ne fut pas possible. Julie la pressa longtems contre sa poitrine en silence. Ces momens n'ont ni mots ni larmes.

Elles se remirent, et Julie continua : Ces biens étoient mêlés d'inconvéniens; c'est le sort des choses humaines. Mon cœur étoit fait pour l'amour, difficile en mérite personnel, indifférent sur tous les biens de l'opinion. Il étoit presque impossible que les préjugés de mon pere s'accordassent avec mon penchant. Il me faloit un amant que j'eusse choisi moi-même. Il s'offrit; je crus le choisir : sans doute le Ciel (*a*) le choisit pour moi, afin que, livrée aux erreurs de ma passion, je ne le fusse pas aux horreurs du crime, et que l'amour de la vertu restât au moins dans mon ame après elle. Il prit le langage honnête et insinuant avec lequel mille fourbes séduisent tous les jours autant de filles bien nées : mais seul parmi tant d'autres il étoit honnête homme et pensoit ce qu'il disoit. Etoit-ce ma prudence qui l'avoit discerné ? Non; je ne connus d'abord de lui que son langage et je fus séduite. Je fis par desespoir ce que d'autres font par effronterie : je me jettai comme disoit mon pere à sa tête; il me respecta : Ce fut alors seulement que je pus le connoitre. Tout homme capable d'un pareil trait a l'ame belle. Alors on y peut compter; mais j'y comptois auparavant, ensuite j'osai compter sur moi-même (*a*), et voila comment on se perd.

Elle s'étendit avec complaisance sur le mérite de cet amant; elle lui rendoit justice, mais on voyoit combien son cœur se plaisoit à la lui rendre. Elle le louoit même à ses propres dépends. A force d'être équitable envers lui elle étoit inique envers elle, et se faisoit tort pour lui faire honneur. Elle alla jusqu'à soutenir qu'il eut plus d'horreur qu'elle de l'adultere, sans se souvenir qu'il avoit lui-même réfuté cela.

Tous les détails du reste de sa vie furent suivis dans le même esprit. Milord Edouard, son mari, ses enfans, votre retour, notre amitié, tout fut mis sous un jour avantageux. Ses malheurs mêmes lui en avoient épargné de plus grands. Elle avoit perdu sa mere au moment que cette perte lui pouvoit être la plus cruelle, mais si le Ciel la lui eut conservée, bientôt il fut survenu du desordre dans sa famille. L'appui de sa mere, quelque foible qu'il fut, eut suffi pour la rendre plus courageuse à resister à son pere, et delà seroient sortis la discorde et les scandales; peut-être les desastres et le deshonneur; peut-être pis encore si son frere avoit vécu (*b*). Elle avoit épousé malgré elle un homme qu'elle n'aimoit point, mais elle soutint qu'elle n'auroit pu jamais être aussi heureuse avec un autre, pas même avec celui qu'elle avoit aimé. La mort de M. d'Orbe lui avoit ôté un ami, mais en lui rendant son amie. Il n'y avoit pas jusqu'à ses chagrins et ses peines qu'elle ne comptât pour des avantages, en ce qu'ils avoient empêché son cœur de s'endurcir aux malheurs d'autrui. On ne sait pas, disoit-elle, quelle douceur c'est de s'attendrir sur ses propres maux et sur ceux des autres. La sensibilité porte toujours dans l'ame un certain contentement de soi-même indépendant de la fortune et des évenemens. Que j'ai gémi ! que j'ai versé de larmes ! Hébien, s'il faloit renaitre aux mêmes conditions, le mal que j'ai commis seroit le seul que je voudrois retrancher : celui que j'ai souffert me seroit agréable encore. St. Preux, je vous rends ses propres mots; quand vous aurez lû sa lettre, vous les comprendrez peut-être mieux.

Voyez donc, continuoit-elle, à quelle félicité je suis parvenue. J'en avois beaucoup, j'en attendois davantage. La prospérité de ma famille, une bonne éducation pour mes enfans, tout ce qui m'étoit cher rassemblé autour de moi ou prêt à l'être. Le présent, l'avenir, me flatoient également; la jouïssance et l'espoir se réunissoient pour me rendre heureuse : Mon bonheur monté par dégrés étoit au comble, il ne pouvoit plus que déchoir; il étoit venu sans être attendu, il se fut enfui quand je l'aurois cru durable. Qu'eut fait le sort pour me soutenir à ce point ? Un état permanent est-il fait pour l'homme ? Non, quand on a tout acquis, il faut perdre; ne fut-ce que le plaisir de la possession, qui s'use par elle. Mon pere est déjà vieux; mes enfans sont dans l'âge tendre où la vie est encore mal assurée : que de pertes pouvoient m'affliger, sans qu'il me restât plus rien à pouvoir acquérir ! L'affection maternelle augmente sans cesse, la tendresse filiale diminue à mesure que les enfans vivent plus loin de leur mere. En avançant en âge, les miens se seroient plus séparés de moi (*a*). Ils auroient vécu dans le monde; ils m'auroient pu négliger. Vous en voulez envoyer un en Russie, que de pleurs son départ m'auroit coûtés ! Tout se seroit détaché de moi peu-à-peu, et rien n'eut suppléé aux pertes que j'aurois faites. Combien de fois j'aurois pu me trouver dans l'état où je vous laisse ! Enfin n'eut-il pas falu mourir ? Peut-être mourir la derniere de tous ! Peut-être seule et abandonnée ! Plus on vit, plus on aime à vivre, même sans jouïr de rien : j'aurois eu l'ennui de la vie et la terreur de la mort, suite ordinaire de la vieillesse. Au lieu de cela, mes derniers instans sont encore agréables, et j'ai de la vigueur pour mourir, si même on peut appeler mourir, que laisser vivant ce qu'on aime. Non mes amis, non mes enfans, je ne vous quite pas, pour ainsi dire; je reste avec vous; en vous laissant tous unis mon esprit, mon cœur vous demeurent. Vous me verrez sans cesse entre vous; vous vous sentirez sans cesse environnés de moi... Et puis, nous nous rejoindrons, j'en suis sûre; le bon Wolmar lui-même ne m'échapera pas. Mon retour à Dieu tranquilise mon ame, et m'adoucit un moment pénible; il me promet pour vous le même destin qu'à moi. Mon sort me suit et s'assure. Je fus heureuse, je le suis, je vais l'être : mon bonheur est fixé, je l'arrache à la fortune; il n'a plus de bornes que l'éternité[1].

Elle en étoit là quand le Ministre entra. Il l'honoroit et l'estimoit véritablement. Il savoit mieux que personne combien sa foi étoit vive et sincere. Il n'en avoit été que plus frapé de l'entretien de la veille, et en tout, de la contenance qu'il lui avoit trouvée. Il avoit vû souvent mourir avec ostentation, jamais avec sérénité. Peut-être à l'intérêt qu'il prenoit à elle se joignoit-il un désir secret de voir si ce calme se soutiendroit jusqu'au bout.

Elle n'eut pas besoin de changer beaucoup le sujet de l'entretien pour en amener un convenable au caractere du survenant. Comme ses conversations en pleine santé n'étoient jamais frivoles, elle ne faisoit alors que continuer à traiter dans son lit avec la même tranquillité des sujets intéressans pour elle et pour ses amis; elle agitoit indifféremment des questions qui n'étoient pas indifférentes.

En suivant le fil de ses idées sur ce qui pouvoit rester d'elle avec nous, elle nous parloit de ses anciennes réflexions sur l'état des ames séparées des corps. Elle admiroit la simplicité des gens qui promettoient à leurs amis de venir leur donner des nouvelles de l'autre monde. Cela, disoit-elle, est aussi raisonnable que les contes de Revenans qui font mille desordres et tourmentent les bonnes femmes, comme si les esprits avoient des voix pour parler et des mains pour battre* ! Com-

---

* Platon dit qu'à la mort les ames des justes qui n'ont point contracté de souillure sur la terre, se dégagent seules de la matiere dans toute leur pureté. Quant à ceux qui se sont ici-bas asservis à leurs passions, il ajoûte que leurs ames ne reprennent point sitôt leur pureté primitive, mais qu'elles entraînent avec elles des parties terrestres qui les tiennent comme enchainées autour des débris de leurs corps; voila, dit-il, ce qui produit ces simulacres sensibles qu'on voit quelquefois errans sur les cimétieres, en attendant de nouvelles transmigrations. C'est une manie commune aux philosophes de tous les âges de nier ce qui est, et d'expliquer ce qui n'est pas (*a*).

ment un pur Esprit agiroit-il sur une ame enfermée dans un corps, et qui, en vertu de cette union, ne peut rien appercevoir que par l'entremise de ses organes ? Il n'y a pas de sens à cela. Mais j'avoue que je ne vois point ce qu'il y a d'absurde à supposer qu'une ame libre d'un corps qui jadis habita la terre puisse y revenir encore, errer, demeurer peut-être autour de ce qui lui fut cher; non pas pour nous avertir de sa présence; elle n'a nul moyen pour cela; non pas pour agir sur nous et nous communiquer ses pensées; elle n'a point de prise pour ébranler les organes de notre cerveau; non pas pour appercevoir non plus ce que nous faisons, car il faudroit qu'elle eut des sens; mais pour connoitre elle-même ce que nous pensons et ce que nous sentons, par une communication immédiate, semblable à celle par laquelle Dieu lit nos pensées dès cette vie, et par laquelle nous lirons réciproquement les siennes dans l'autre, puisque nous le verrons face-à-face* : Car enfin, ajouta-t-elle en regardant le Ministre, à quoi serviroient des sens lorsqu'ils n'auront plus rien à faire ? L'Etre éternel ne se voit ni ne s'entend; il se fait sentir; il ne parle ni aux yeux ni aux oreilles, mais au cœur.

Je compris à la réponse du pasteur et à quelques signes d'intelligence, qu'un des points ci-devant contestés entre eux étoit la resurrection des corps. Je m'apperçus aussi que je commençois à donner un peu plus d'attention aux articles de la religion de Julie où la foi se rapprochoit de la raison.

Elle se complaisoit tellement à ces idées que quand elle n'eut pas pris son parti sur ces anciennes opinions, c'eût été une cruauté d'en détruire une qui lui sembloit si douce dans l'état où elle se trouvoit. Cent fois, disoit-elle, j'ai pris plus de plaisir à faire quelque bonne œuvre en imaginant ma mere présente, qui lisoit dans le cœur de sa fille et l'applaudissoit. Il y a quelque chose de si consolant à vivre encore sous les yeux de ce qui nous fut cher ! Cela fait qu'il ne meurt qu'à moitié pour nous. Vous pouvez juger si durant ces discours la main de Claire étoit souvent serrée.

Quoique le Pasteur répondit à tout avec beaucoup de

---

* Cela me paroit très bien dit : car qu'est-ce que voir Dieu face-à-face, si ce n'est lire dans la suprême intelligence (*a*) ?

douceur et de modération, et qu'il affectât même de ne la contrarier en rien, de peur qu'on ne prit son silence sur d'autres points pour un aveu, il ne laissa pas d'être Ecclésiastique un moment, et d'exposer sur l'autre vie une doctrine opposée. Il dit que l'immensité, la gloire et les attributs de Dieu seroient le seul objet dont l'ame des bienheureux seroit occupée, que cette contemplation sublime effaceroit tout autre souvenir, qu'on ne se verroit point, qu'on ne se reconnoitroit point, même dans le Ciel, et qu'à cet aspect ravissant on ne songeroit plus à rien de terrestre.

Cela peut être, reprit Julie, il y a si loin de la bassesse de nos pensées à l'essence divine, que nous ne pouvons juger des effets qu'elle produira sur nous quand nous serons en état de la contempler. Toutefois ne pouvant maintenant raisonner que sur mes idées, j'avoue que je me sens des affections si cheres, qu'il m'en couteroit de penser que je ne les aurai plus. Je me suis même fait une espece d'argument qui flate mon espoir. Je me dis qu'une partie de mon bonheur consistera dans le témoignage d'une bonne conscience. Je me souviendrai donc de ce que j'aurai fait sur la terre; je me souviendrai donc aussi des gens qui m'y ont été chers; ils me le seront donc encore : ne les voir* plus seroit une peine, et le séjour des bienheureux n'en admet point (*a*). Au reste, ajouta-t-elle en regardant le ministre d'un air assés gai, si je me trompe, un jour ou deux d'erreur seront bientôt passés. Dans peu j'en saurai là-dessus plus que vous-même. En attendant, ce qu'il y a pour moi de très sûr, c'est que tant que je me souviendrai d'avoir habité la terre, j'aimerai ceux que j'y ai aimés, et mon pasteur n'aura pas la derniere place.

Ainsi se passerent les entretiens de cette journée, où la sécurité, l'espérance, le repos de l'ame brillerent plus que jamais dans celle de Julie, et lui donnoient d'avance, au jugement du Ministre, la paix des bienheureux dont

---

* Il est aisé de comprendre que par ce mot *voir* elle entend un pur acte de l'entendement, semblable à celui par lequel Dieu nous voit et par lequel nous verrons Dieu. Les sens ne peuvent imaginer l'immédiate communication des esprits : mais la raison la conçoit très bien, et mieux, ce me semble, que la communication du mouvement dans les corps (*b*).

elle alloit augmenter le nombre. Jamais elle ne fut plus tendre, plus vraye, plus caressante, plus aimable, en un mot, plus elle-même. Toujours du sens, toujours du sentiment, toujours la fermeté du sage, et toujours la douceur du chrétien. Point de prétention, point d'apprêt, point de sentence; par tout la naïve expression de ce qu'elle sentoit; par tout la simplicité de son cœur. Si quelquefois elle contraignoit les plaintes que la souffrance auroit dû lui arracher, ce n'étoit point pour jouer l'intrépidité stoïque, c'étoit de peur de navrer ceux qui étoient autour d'elle; et quand les horreurs de la mort faisoient quelque instant pâtir la nature, elle ne cachoit point ses frayeurs, elle se laissoit consoler. Sitôt qu'elle étoit remise, elle consoloit les autres. On voyoit, on sentoit son retour, son air caressant le disoit à tout le monde. Sa gaité n'étoit point contrainte, sa plaisanterie même étoit touchante; on avoit le sourire à la bouche et les yeux en pleurs. Otez cet effroi qui ne permet pas de jouïr de ce qu'on va perdre, elle plaisoit plus, elle étoit plus aimable qu'en santé même; et le dernier jour de sa vie en fut aussi le plus charmant[1].

Vers le soir elle eut encore un accident qui, bien que moindre que celui du matin, ne lui permit pas de voir longtems ses enfans. Cependant elle remarqua qu'Henriette étoit changée; on lui dit qu'elle pleuroit beaucoup et ne mangeoit point. On ne la guerira pas de cela, dit-elle en regardant Claire; la maladie est dans le sang.

Se sentant bien revenue, elle voulut qu'on soupât dans sa chambre. Le médecin s'y trouva comme le matin. La Fanchon, qu'il faloit toujours avertir, quand elle devoit venir manger à notre table, vint ce soir là sans se faire appeller. Julie s'en apperçut et sourit. Oui, mon enfant, lui dit-elle, soupe encore avec moi ce soir; tu auras plus longtems ton mari que ta maitresse. Puis elle me dit : je n'ai pas besoin de vous recommander Claude Anet. Non, repris-je, tout ce que vous avez honoré de votre bienveuillance n'a pas besoin de m'être recommandé.

Le soupé fut encore plus agréable que je ne m'y étois attendu. Julie, voyant qu'elle pouvoit soutenir la lumiere, fit approcher la table, et, ce qui sembloit inconcevable dans l'état où elle étoit, elle eut appetit. Le médecin, qui ne voyoit plus d'inconvénient à le satisfaire lui offrit un blanc de poulet. Non, dit-elle, mais je mangerois bien de cette Ferra*. On lui en donna un petit morceau; elle le mangea avec un peu de pain et le trouva bon. Pendant qu'elle mangeoit, il faloit voir Made d'Orbe la regarder; il faloit le voir, car cela ne peut se dire. Loin que ce qu'elle avoit mangé lui fit mal, elle en parut mieux le reste du soupé. Elle se trouva même de si bonne humeur qu'elle s'avisa de remarquer par forme de reproche qu'il y avoit longtems que je n'avois bu de vin étranger. Donnez, dit-elle, une bouteille de vin d'Espagne à ces Messieurs. A la contenance du Médecin elle vit qu'il s'attendoit à boire de vrai vin d'Espagne, et sourit encore en regardant sa Cousine. J'apperçus aussi que, sans faire attention à tout cela, Claire de son côté commençoit de tems à autre à lever les yeux avec un peu d'agitation, tantôt sur Julie et tantôt sur Fanchon à qui ces yeux sembloient dire ou demander quelque chose.

Le vin tardoit à venir. On eut beau chercher la clef de la Cave, on ne la trouva point, et l'on jugea, comme il étoit vrai, que le Valet-de-chambre du Baron, qui en étoit chargé, l'avoit emportée par mégarde. Après quelques autres informations, il fut clair que la provision d'un seul jour en avoit duré cinq, et que le vin manquoit sans que personne s'en fut apperçu, malgré plusieurs nuits de veille** (*a*). Le médecin tomboit des nues. Pour moi, soit qu'il falut attribuer cet oubli à la tristesse ou à la sobriété des Domestiques, j'eus honte d'user avec de telles gens des précautions ordinaires. Je fis enfoncer la porte de la cave, et j'ordonnai que desormais tout le monde eut du vin à discrétion.

La bouteille arrivée, on en but. Le vin fut trouvé excellent. La malade en eut envie. Elle en demanda une cuillerée avec de l'eau : le médecin le lui donna dans un verre et voulut qu'elle le but pur. Ici les coups d'œil devinrent plus fréquens entre Claire et la Fanchon; mais comme à la dérobée et craignant toujours d'en trop dire.

* Excellent poisson particulier au lac de Genève, et qu'on n'y trouve qu'en certain tems (*b*).

** Lecteurs à beaux laquais, ne demandez point avec un ris moqueur où l'on avoit pris ces gens-là. On vous a répondu d'avance : on ne les avoit point pris, on les avoit faits. Le problème entier dépend d'un point unique : Trouvez seulement Julie, et tout le reste est trouvé. Les hommes en général ne sont point ceci ou cela, ils sont ce qu'on les fait être[1].

Le jeûne, la foiblesse, le régime ordinaire à Julie donnerent au vin une grande activité. Ah ! dit-elle, vous m'avez enivrée ! après avoir attendu si tard ce n'étoit pas la peine de commencer, car c'est un objet bien odieux qu'une femme ivre. En effet, elle se mit à babiller, très sensément pourtant, à son ordinaire, mais avec plus de vivacité qu'auparavant. Ce qu'il y avoit d'étonnant, c'est que son teint n'étoit point allumé; ses yeux ne brilloient que d'un feu moderé par la langueur de la maladie; à la pâleur près on l'auroit crue en santé. Pour alors, l'émotion de Claire devint tout-à-fait visible. Elle élevoit un œil craintif alternativement sur Julie, sur moi, sur la Fanchon, mais principalement sur le médecin : tous ces regards étoient autant d'interrogations qu'elle vouloit et n'osoit faire. On eut dit toujours qu'elle aloit parler, mais que la peur d'une mauvaise réponse la retenoit; son inquiétude étoit si vive qu'elle en paroissoit opressée.

Fanchon, enhardie par tous ces signes, hazarda de dire, mais en tremblant et à demi-voix, qu'il sembloit que Madame avoit un peu moins souffert aujourd'hui;.... que la derniere convulsion avoit été moins forte;... que la soirée... elle resta interdite. Et Claire, qui pendant qu'elle avoit parlé trembloit comme la feuille, leva des yeux craintifs sur le médecin, les regards attachés aux siens, l'oreille attentive, et n'osant respirer, de peur de ne pas bien entendre ce qu'il alloit dire.

Il eut falu être stupide pour ne pas concevoir tout cela. Du Bosson se lêve, va tâter le pouls de la malade, et dit : il n'y a point là d'ivresse, ni de fievre; le pouls est fort bon. A l'instant Claire s'écrie en tendant à demi les deux bras : Hébien Monsieur !... le pouls ?... la fievre ?.... la voix lui manquoit; mais ses mains écartées restoient toujours en avant; ses yeux pétilloient d'impatience (*a*); il n'y avoit pas un muscle à son visage qui ne fut en action. Le médecin ne répond rien, reprend le poignet, examine les yeux, la langue, reste un moment pensif, et dit : Madame, je vous entens bien. Il m'est impossible de dire à présent rien de positif; mais si demain matin à pareille heure elle est encore dans le même état, je réponds de sa vie. A ce mot, Claire part comme un éclair, renverse deux chaises et presque la table, saute au cou du médecin, l'embrasse, le baise mille fois en sanglotant et pleurant à chaudes larmes, et toujours avec la même impétuosité s'ôte du doigt une bague de prix, la met au sien malgré lui, et lui dit hors d'haleine : Ah Monsieur ! si vous nous la rendez, vous ne la sauverez pas seule.

Julie vit tout cela. Ce spectacle la déchira. Elle regarde son amie, et lui dit d'un ton tendre et douloureux : Ah cruelle ! que tu me fais regreter la vie ! veux-tu me faire mourir desespérée ? Faudra-t-il te préparer deux fois ? Ce peu de mots fut un coup de foudre; il amortit aussitôt les transports de joye; mais il ne pût étouffer tout à fait l'espoir renaissant.

En un instant la réponse du Médecin fut sue par toute la maison. Ces bonnes gens crurent déja leur maitresse guérie. Ils resolurent tout d'une voix de faire au Médecin, si elle en revenoit, un présent en commun pour lequel chacun donna trois mois (*a*) de ses gages, et l'argent fut sur le champ consigné dans les mains de la Fanchon, les uns prêtant aux autres ce qui leur manquoit pour cela. Cet accord se fit avec tant d'empressement que Julie entendoit de son lit le bruit de leurs acclamations. Jugez de l'effet, dans le cœur d'une femme qui se sent mourir ! Elle me fit signe, et me dit à l'oreille : On m'a fait boire jusqu'à la lie la coupe amere et douce de la sensibilité[1].

Quand il fut question de se retirer, Mad[e] d'Orbe, qui partagea le lit de sa Cousine comme les deux nuits précédentes, fit appeller sa femme de chambre pour relayer cette nuit la Fanchon; mais celle-ci s'indigna de cette proposition, plus même, ce me sembla, qu'elle n'eut fait si son mari ne fut pas arrivé. Mad[e] d'Orbe s'opiniâtra de son côté, et les deux femmes de chambre passerent la nuit ensemble dans le cabinet. Je la passai dans la chambre voisine, et l'espoir avoit tellement ranimé le zele, que ni par ordres ni par menaces je ne pus envoyer coucher un seul domestique. Ainsi toute la maison resta sur pied cette nuit avec une telle impatience qu'il y avoit peu de ses habitans qui n'eussent donné beaucoup de leur vie pour être à neuf heures du matin.

J'entendis durant la nuit quelques allées et venues qui ne m'allarmerent pas : mais sur le matin que tout étoit tranquile, un bruit sourd frapa mon oreille. J'écoute, je crois distinguer des gémissemens. J'accours, j'entre, j'ouvre le rideau.... St. Preux !.... cher St. Preux !.... je vois les deux amies sans mouvement, et se tenant embrassées; l'une évanouie, et l'autre expirante. Je m'écrie, je veux retarder ou recueillir son dernier soupir, je me précipite. Elle n'étoit plus.

Adorateur de Dieu, Julie n'étoit plus... Je ne vous dirai pas ce qui se fit durant quelques heures. J'ignore ce que je devins moi-même. Revenu du premier saisissement je m'informai de Mad^e^ d'Orbe. J'appris qu'il avoit falu la porter dans sa chambre, et même l'y renfermer : car elle rentroit à chaque instant dans celle de Julie, se jettoit sur son corps, le réchauffoit du sien, s'efforçoit de le ranimer, le pressoit, s'y colloit avec une espece de rage, l'appelloit à grands cris de mille noms passionnés, et nourrissoit son desespoir de tous ces efforts inutiles.

En entrant, je la trouvai tout-à-fait hors de sens, ne voyant rien, n'entendant rien, ne connoissant personne, se roûlant par la chambre en se tordant les mains et mordant les pieds des chaises, murmurant d'une voix sourde quelques paroles extravagantes, puis poussant par longs intervalles des cris aigus qui faisoient tressaillir. Sa femme de chambre au pied de son lit consternée, épouvantée, immobile, n'osant souffler, cherchoit à se cacher d'elle, et trembloit de tout son corps. En effet, les convulsions dont elle étoit agitée avoient quelque chose d'effrayant. Je fis signe à la femme de chambre de se retirer; car je craignois qu'un seul mot de consolation lâché mal à propos ne la mit en fureur[1].

Je n'essayai pas de lui parler; elle ne m'eut point écouté, ni même entendu; mais au bout de quelque tems la voyant épuisée de fatigue, je la pris et la portai dans un fauteuil. Je m'assis auprès d'elle, en lui tenant les mains; j'ordonnai qu'on amenât les enfans, et les fis venir autour d'elle. Malheureusement, le premier qu'elle apperçut fut precisement la cause innocente de la mort de son amie. Cet aspect la fit frémir. Je vis ses traits s'altérer, ses regards s'en détourner avec une espece d'horreur, et ses bras en contraction se roidir pour le repousser. Je tirai l'enfant à moi. Infortuné ! lui dis-je, pour avoir été trop cher à l'une tu deviens odieux à l'autre; elles n'eurent pas en tout le même cœur. Ces mots l'irriterent violemment, et m'en attirerent de très piquans. Ils ne laisserent pourtant pas de faire impression. Elle prit l'enfant dans ses bras et s'efforça de le carresser; ce fut en vain; elle le rendit presque au même instant. Elle continue même à le voir avec moins de plaisir que l'autre, et je suis bien aise que ce ne soit pas celui-là qu'on a destiné à sa fille.

Gens sensibles, qu'eussiez-vous fait à ma place ? Ce que faisoit Made d'Orbe. Après avoir mis ordre aux enfans, à Made d'Orbe, aux funerailles de la seule personne que j'aye aimée, il falut monter à cheval et partir la mort dans le cœur pour la porter au plus déplorable pere. Je le trouvai souffrant de sa chute, agité, troublé de l'accident de sa fille. Je le laissai accablé de douleur, de ces douleurs de vieillard, qu'on n'apperçoit pas au dehors, qui n'excitent ni gestes ni cris, mais qui tuent. Il n'y resistera jamais, j'en suis sûr, et je prévois de loin le dernier coup qui manque au malheur de son ami. Le lendemain je fis toute la diligence possible pour être de retour de bonne heure et rendre les derniers honneurs à la plus digne des femmes : Mais tout n'étoit pas dit encore. Il faloit qu'elle ressuscitât, pour me donner l'horreur de la perdre une seconde fois[1].

En approchant du logis, je vois un de mes gens accourir à perte d'haleine, et s'écrier d'aussi loin que je pus l'entendre : Monsieur, Monsieur, hâtez-vous; Madame n'est pas morte. Je ne compris rien à ce propos insensé : j'accours toutefois. Je vois la cour pleine de gens qui versoient des larmes de joye en donnant à grands cris des bénédictions à Madame de Wolmar. Je demande ce que c'est; tout le monde est dans le transport, personne ne peut me répondre : la tête avoit tourné à mes propres gens. Je monte à pas précipités dans l'appartement de Julie. Je trouve plus de vingt personnes à genoux autour de son lit, et les yeux fixés sur elle. Je m'approche; je la vois sur ce lit habillée et parée; le cœur me bat; je l'examine..... Hélas, elle étoit morte ! Ce moment de fausse joye sitôt et si cruellement éteinte fut le plus amer de ma vie. Je ne suis pas colere : je me sentis vivement irrité. Je voulus savoir le fond de cette extravagante scene. Tout étoit déguisé, altéré, changé : j'eus toute la peine du monde à démêler la vérité. Enfin j'en vins à bout, et voici l'histoire du prodige.

Mon beau-pere allarmé de l'accident qu'il avoit appris, et croyant pouvoir se passer de son Valet-de-chambre, l'avoit envoyé un peu avant mon arrivée auprès de lui savoir des nouvelles de sa fille. Le vieux domestique, fatigué du cheval, avoit pris un bateau, et traversant le lac pendant la nuit étoit arrivé à Clarens le matin même de mon retour. En arrivant il voit la consternation, il en apprend le sujet, il monte en gémissant à la chambre de Julie; il se met à genoux aux pieds de son lit, il la regarde, il pleure, il la contemple. Ah, ma bonne maitresse ! ah, que Dieu ne m'a-t-il pris au lieu de vous ! moi qui suis vieux, qui ne tiens à rien, qui ne suis bon à rien, que fais-je sur la terre ? Et vous qui étiez jeune, qui faisiez la gloire de votre famille, le bonheur de votre maison, l'espoir des malheureux;.... hélas quand je vous vis naitre, étoit-ce pour vous voir mourir ?....

Au milieu des exclamations que lui arrachoient son zele et son bon cœur, les yeux toujours collés sur ce visage, il crut appercevoir un mouvement : son imagination se frape; il voit Julie tourner les yeux, le regarder, lui faire un signe de tête. Il se lêve avec transport et court par toute la maison, en criant que Madame n'est pas morte, qu'elle l'a reconnu, qu'il en est sûr, qu'elle en reviendra. Il n'en falut pas davantage; tout le monde accourt, les voisins, les pauvres qui faisoient retentir l'air de leurs lamentations, tous s'écrient : elle n'est pas morte ! Le bruit s'en répand et s'augmente : le peuple ami du merveilleux se prête avidement à la nouvelle; on la croit comme on la désire; chacun cherche à se faire fête en apuyant la crédulité commune. Bientôt la défunte n'avoit pas seulement fait signe, elle avoit agi, elle avoit parlé, et il y avoit vingt témoins oculaires de faits circonstanciés qui n'arriverent jamais.

Sitôt qu'on crut qu'elle vivoit encore, on fit mille efforts pour la ranimer; on s'empressoit autour d'elle, on lui parloit, on l'inondoit d'eaux spiritueuses, on touchoit si le pouls ne revenoit point. Ses femmes, indignées que le corps de leur maitresse restât environné d'hommes dans un état si négligé, firent sortir tout le monde, et ne tarderent pas à connoitre combien on s'abusoit. Toutefois ne pouvant se résoudre à détruire une erreur si chere; peut-être espérant encore elles-mêmes quelque évenement miraculeux, elles vétirent le corps avec soin, et quoique sa garderobe leur eut été laissée, elles lui prodiguerent la parure. Ensuite l'exposant sur un lit et laissant les rideaux ouverts, elles se remirent à la pleurer au milieu de la joye publique.

C'étoit au plus fort de cette fermentation que j'étois

arrivé. Je reconnus bientôt qu'il étoit impossible de faire entendre raison à la multitude, que si je faisois fermer la porte et porter le corps à la sépulture il pourroit arriver du tumulte, que je passerois au moins pour un mari parricide qui faisoit enterrer sa femme en vie, et que je serois en horreur dans tout le pays. Je résolus d'attendre. Cependant après plus de trente six heures, par l'extrême chaleur qu'il faisoit, les chairs commençoient à se corrompre[1], et quoique le visage eut gardé ses traits et sa douceur, on y voyoit déja quelques signes d'altération. Je le dis à Made d'Orbe qui restoit demi-morte au chevet du lit. Elle n'avoit pas le bonheur d'être la dupe d'une illusion si grossiere; mais elle feignoit de s'y prêter pour avoir un prétexte d'être incessamment dans la chambre, d'y navrer son cœur à plaisir, de l'y repaître de ce mortel spectacle, de s'y rassasier de douleur.

Elle m'entendit, et prenant son parti sans rien dire, elle sortit de la chambre. Je la vis rentrer un moment après tenant un voile d'or brodé de perles que vous lui aviez apporté des Indes*. Puis s'approchant du lit, elle baisa le voile, en couvrit en pleurant la face de son amie, et s'écria d'une voix éclatante : « Maudite soit l'indigne « main qui jamais levera ce voile ! maudit soit l'œil « impie qui verra ce visage défiguré ! » Cette action, ces mots fraperent tellement les spectateurs, qu'aussi-tôt comme par une inspiration soudaine la même imprécation fut répétée par mille cris. Elle a fait tant d'impression sur tous nos gens et sur tout le peuple, que la defunte ayant été mise au cercueil dans ses habits et avec les plus grandes précautions, elle a été portée et inhumée dans cet état, sans qu'il se soit trouvé personne assés hardi pour toucher au voile**.

Le sort du plus à plaindre est d'avoir encore à consoler les autres. C'est ce qui me reste à faire auprès de mon beau-pere, de Made d'Orbe, des amis, des parens, des

---

* On voit assés que c'est le songe de St. Preux, dont Made d'Orbe avoit l'imagination toujours pleine, qui lui suggére l'expédient de ce voile. Je crois que si l'on y regardoit de bien près, on trouveroit ce même rapport dans l'accomplissement de beaucoup de prédictions. L'événement n'est pas prédit parce qu'il arrivera; mais il arrive parce qu'il a été prédit (*a*).

** Le peuple du pays de Vaud, quoique protestant, ne laisse pas d'être extrémement superstitieux (*b*).

voisins, et de mes propres gens. Le reste n'est rien; mais mon vieux ami ! mais Made d'Orbe ! il faut voir l'affliction de celle-ci pour juger de ce qu'elle ajoûte à la mienne. Loin de me savoir gré de mes soins, elle me les reproche; mes attentions l'irritent, ma froide tristesse l'aigrit; il lui faut des regrets amers semblables aux siens, et sa douleur barbare voudroit voir tout le monde au desespoir. Ce qu'il y a de plus désolant est qu'on ne peut compter sur rien avec elle, et ce qui la soulage un moment la dépite un moment après. Tout ce qu'elle fait, tout ce qu'elle dit approche de la folie, et seroit risible pour des gens de sens-froid. J'ai beaucoup à souffrir; je ne me rebuterai jamais. En servant ce qu'aima Julie, je crois l'honorer mieux que par des pleurs.

Un seul trait vous fera juger des autres. Je croyois avoir tout fait en engageant Claire à se conserver pour remplir les soins dont la chargea son amie. Exténuée d'agitations, d'abstinences, de veilles, elle sembloit enfin résolue à revenir sur elle-même, à recommencer sa vie ordinaire, à reprendre ses repas dans la salle à manger. La premiere fois qu'elle y vint je fis diner les enfans dans leur chambre, ne voulant pas courir le hazard de cet essai devant eux : car le spectacle des passions violentes de toute espece est un des plus dangereux qu'on puisse offrir aux enfans. Ces passions ont toujours dans leurs excès quelque chose de puérile qui les amuse, qui les séduit, et leur fait aimer ce qu'ils devroient craindre*. Ils n'en avoient déjà que trop vu.

En entrant, elle jetta un coup d'œil sur la table et vit deux couverts. A l'instant elle s'assit sur la premiere chaise qu'elle trouva derriere elle, sans vouloir se mettre à table ni dire la raison de ce caprice. Je crus la deviner, et je fis mettre un troisieme couvert à la place qu'occupoit ordinairement sa Cousine. Alors elle se laissa prendre par la main et mener à table sans resistance, rangeant sa robe avec soin, comme si elle eut craint d'embarrasser cette place vuide. A peine avoit-elle porté la premiere cuillerée de potage à sa bouche qu'elle la repose, et demande d'un ton brusque ce que faisoit-là ce couvert, puisqu'il n'étoit point occupé ? Je lui dis qu'elle avoit

---

* Voila pourquoi nous aimons tous le théatre, et plusieurs d'entre nous les romans (*a*)[1].

raison, et fis ôter le couvert. Elle essaya de manger, sans pouvoir en venir à bout. Peu-à-peu son cœur se gonfloit, sa respiration devenoit haute et ressembloit à des soupirs. Enfin elle se leva tout à coup de table, s'en retourna dans sa chambre sans dire un seul mot ni rien écouter de tout ce que je voulus lui dire, et de toute la journée elle ne prit que du thé.

Le lendemain ce fut à recommencer. J'imaginai un moyen de la ramener à la raison par ses propres caprices, et d'amolir la dureté du desespoir par un sentiment plus doux. Vous savez que sa fille ressemble beaucoup à Madame de Wolmar. Elle se plaisoit à marquer cette ressemblance par des robes de même étoffe, et elle leur avoit apporté de Genève plusieurs ajustemens semblables, dont elles se paroient les mêmes jours. Je fis donc habiller Henriette le plus à l'imitation de Julie qu'il fut possible, et après l'avoir bien instruite, je lui fis occuper à table le troisieme couvert, qu'on avoit mis comme la veille.

Claire au premier coup d'œil comprit mon intention; elle en fut touchée; elle me jetta un regard tendre et obligeant. Ce fut là le premier de mes soins auquel elle parut sensible, et j'augurai bien d'un expédient qui la disposoit à l'attendrissement.

Henriette, fiere de réprésenter sa petite Maman, joua parfaitement son rolle, et si parfaitement que je vis pleurer les domestiques. Cependant elle donnoit toujours à sa mere le nom de Maman, et lui parloit avec le respect convenable. Mais enhardie par le succès, et par mon approbation qu'elle remarquoit fort bien, elle s'avisa de porter la main sur une cuillere et de dire dans une saillie : Claire, veux-tu de cela ? Le geste et le ton de voix furent imités au point que sa mere en tressaillit. Un moment après elle part d'un grand éclat de rire, tend son assiette en disant : oui, mon enfant, donne; tu es charmante : et puis elle se mit à manger avec une avidité qui me surprit. En la considérant avec attention, je vis de l'égarement dans ses yeux, et dans son geste un mouvement plus brusque et plus décidé qu'à l'ordinaire. Je l'empêchai de manger davantage, et je fis bien; car une heure après elle eut une violente indigestion qui l'eut infailliblement étouffée, si elle eut continué de manger. Dès ce moment, je résolus de supprimer tous ces jeux, qui pouvoient allumer son imagination au point qu'on n'en seroit plus maitre. Comme on guérit plus aisément de l'affliction que de la folie, il vaut mieux la laisser souffrir davantage, et ne pas exposer sa raison.

Voilà, mon cher, à peu près où nous en sommes. Depuis le retour du Baron, Claire monte chez lui tous les matins, soit tandis que j'y suis, soit quand j'en sors; ils passent une heure ou deux ensemble, et les soins qu'elle lui rend facilitent un peu ceux qu'on prend d'elle. D'ailleurs, elle commence à se rendre plus assidue auprès des enfans. Un des trois a été malade, précisement celui qu'elle aime le moins. Cet accident lui a fait sentir qu'il lui reste des pertes à faire, et lui a rendu le zele de ses devoirs. Avec tout cela, elle n'est pas encore au point de la tristesse; les larmes ne coulent pas encore; on vous attend pour en répandre, c'est à vous de les essuyer. Vous devez m'entendre. Pensez au dernier conseil de Julie; il est venu de moi le premier[1], et je le crois plus que jamais utile et sage. Venez vous réunir à tout ce qui reste d'elle. Son pere, son amie, son mari, ses enfans, tout vous attend, tout vous désire, vous êtes nécessaire à tous. Enfin, sans m'expliquer davantage, venez partager et guérir mes ennuis; je vous devrai peut-être plus que personne[2].

LETTRE XII (*a*)[3].

DE JULIE.

Cette Lettre étoit incluse dans la précédente.

Il faut renoncer à nos projets. Tout est changé, mon bon ami; souffrons ce changement sans murmure; il vient d'une main plus sage que nous. Nous songions à nous réunir : cette réunion n'étoit pas bonne. C'est un bienfait du Ciel de l'avoir prévenue; sans doute il prévient des malheurs.

Je me suis longtems fait illusion. Cette illusion me fut salutaire; elle se détruit au moment que je n'en ai plus besoin. Vous m'avez crû guérie, et j'ai crû l'être. Rendons grace à celui qui fit durer cette erreur autant qu'elle étoit utile; qui sait si me voyant si près de l'abîme, la tête ne m'eut point tourné ? Oui, j'eus beau vouloir étouffer le premier sentiment qui m'a fait vivre, il s'est concentré dans mon cœur. Il s'y reveille au moment qu'il n'est plus à craindre; il me soutient quand mes forces m'abandonnent; il me ranime quand je me meurs. Mon ami, je fais cet aveu sans honte; ce sentiment resté malgré moi fut involontaire. il n'a rien coûté à mon innocence; tout ce qui dépend de ma volonté fut pour mon devoir. Si le cœur qui n'en dépend pas fut pour vous, ce fut mon tourment et non pas mon crime. J'ai fait ce que j'ai dû faire; la vertu me reste sans tache, et l'amour m'est resté sans remord (*a*).

J'ose m'honorer du passé; mais qui m'eut pu répondre de l'avenir ? Un jour de plus, peut-être, et j'étois coupable ! Qu'étoit-ce de la vie entiere passée avec vous ? Quels dangers j'ai courus sans le savoir ! A quels dangers plus grands j'alois être exposée ! Sans doute je sentois pour moi les craintes que je croyois sentir pour vous. Toutes les épreuves ont été faites, mais elles pouvoient trop revenir. N'ai-je pas assés vécu pour le bonheur et pour la vertu ? Que me restoit-il d'utile à tirer de la vie. En me l'ôtant le Ciel ne m'ôte plus rien de regrétable, et met mon honneur à couvert. Mon ami, je pars au moment favorable; contente de vous et de moi; je pars avec joye, et ce départ n'a rien de cruel. Après tant de sacrifices je compte pour peu celui qui me reste à faire : Ce n'est que mourir une fois de plus.

Je prévois vos douleurs, je les sens : vous restez à plaindre, je le sais trop; et le sentiment de votre affliction est la plus grande peine que j'emporte avec moi; mais voyez aussi que de consolations je vous laisse ! Que de soins à remplir envers celle qui vous fut chere vous font un devoir de vous conserver pour elle ! il vous reste à la servir dans la meilleure partie d'elle-même (*b*). Vous ne perdez de Julie que ce que vous en avez perdu depuis longtems. Tout ce qu'elle eut de meilleur vous reste. Venez vous réunir à sa famille. Que son cœur (*c*) demeure au milieu de vous. Que tout ce qu'elle aima se rassemble pour lui donner un nouvel être. Vos soins, vos plaisirs, votre amitié, tout sera son ouvrage. Le nœud de votre union formé par elle la fera revivre; elle ne mourra qu'avec le dernier de tous.

Songez qu'il vous reste une autre Julie et n'oubliez

pas ce que vous lui devez. Chacun de vous va perdre la moitié de sa vie; unissez-vous pour conserver l'autre; c'est le seul moyen qui vous reste à tous deux de me survivre, en servant ma famille et mes enfans. Que ne puis-je inventer des nœuds plus étroits encore pour unir tout ce qui m'est cher ! Combien vous devez l'être l'un à l'autre ! Combien cette idée doit renforcer votre attachement mutuel ! Vos objections contre cet engagement vont être de nouvelles raisons pour le former. Comment pourrez-vous jamais vous parler de moi sans vous attendrir ensemble ? Non : Claire et Julie seront si bien confondues qu'il ne sera plus possible à votre cœur de les séparer. Le sien vous rendra tout ce que vous aurez senti pour son amie, elle en sera la confidente et l'objet : vous serez heureux par celle qui vous restera, sans cesser d'être fidelle à celle que vous aurez perdue, et après tant de regrets et de peines, avant que l'âge de vivre et d'aimer se passe, vous aurez brulé d'un feu légitime et joui d'un bonheur innocent (*a*).

C'est dans ce chaste lien que vous pourrez sans distractions et sans craintes vous occuper des soins que je vous laisse, et après lesquels vous ne serez plus en peine de dire quel bien vous aurez fait ici bas. Vous le savez, il existe un homme digne du bonheur auquel il ne sait pas aspirer. Cet homme est votre libérateur[1], le mari de l'amie qu'il vous a rendue. Seul, sans intérêt à la vie, sans attente de celle qui la suit, sans plaisir, sans consolation, sans espoir, il sera bientôt le plus infortuné des mortels. Vous lui devez les soins qu'il a pris de vous, et vous savez ce qui peut les rendre utiles. Souvenez-vous de ma lettre précédente. Passez vos jours avec lui. Que rien de ce qui m'aima ne le quitte. Il vous a rendu le goût de la vertu, montrez-lui-en l'objet et le prix. Soyez Chrétien pour l'engager à l'être. Le succès est plus près que vous ne pensez : Il a fait son devoir, je ferai le mien, faites le votre. Dieu est juste; ma confiance ne me trompera pas[2].

Je n'ai qu'un mot à vous dire sur mes enfans. Je sais quels soins va vous coûter leur éducation : mais je sais bien aussi que ces soins ne vous seront pas pénibles (*b*). Dans les momens de dégout inséparables de cet emploi, dites-vous : ils sont les enfans de Julie, il ne vous coûtera plus rien. M. de Wolmar vous remettra les observations que j'ai faites sur votre mémoire et sur le caractere de mes deux fils. Cet écrit n'est que commencé (*a*) : Je ne vous le donne pas pour regle, je le soumets à vos lumieres. N'en faites point des savans, faites en des hommes bienfaisans et justes. Parlez-leur quelquefois de leur mere... vous savez s'ils lui étoient chers.... dites à Marcellin qu'il ne m'en coûta pas de mourir pour lui. Dites à son frere que c'étoit pour lui que j'aimois la vie. Dites leur.... je me sens fatiguée. Il faut finir cette Lettre. En vous laissant mes enfans, je m'en sépare avec moins de peine; je crois rester avec eux.

Adieu, adieu, mon doux ami..... Hélas ! j'acheve de vivre comme j'ai commencé (*b*). J'en dis trop, peut-être, en ce moment où le cœur ne déguise plus rien... Eh pourquoi craindrois-je d'exprimer tout ce que je sens ? Ce n'est plus moi qui te parle; je suis déja dans les bras de la mort. Quand tu verras cette Lettre, les vers rongeront le visage de ton amante, et son cœur où tu ne seras plus. Mais mon ame existeroit-elle sans toi, sans toi quelle félicité goûterois-je ? Non, je ne te quitte pas, je vais t'attendre. La vertu qui nous sépara sur la terre, nous unira dans le séjour éternel. Je meurs dans cette douce attente. Trop heureuse d'acheter au prix de ma vie le droit de t'aimer toujours sans crime, et de te le dire encore une fois[1].

LETTRE XIII[2].

DE MAD^e D'ORBE

J'APPRENDS que vous commencez à vous remettre assés pour qu'on puisse espérer de vous voir bientôt ici. Il faut, mon ami, faire effort sur votre foiblesse; il faut tâcher de passer les monts avant que l'hyver acheve de vous les fermer. Vous trouverez en ce pays l'air qui vous convient; vous n'y verrez que douleur et tristesse, et peut-être l'affliction commune sera-t-elle un soulagement pour la votre. La mienne pour s'exhaler a besoin de vous. Moi seule je ne puis ni pleurer, ni parler, ni me faire entendre. Wolmar m'entend et ne me répond pas. La douleur d'un pere infortuné se concentre en luimême; il n'en imagine pas une plus cruelle; il ne la sait ni voir ni sentir : il n'y a plus d'épanchement pour les vieillards. Mes enfans m'attendrissent et ne savent pas s'attendrir. Je suis seule au milieu de tout le monde. Un morne silence regne autour de moi. Dans mon stupide abatement je n'ai plus de commerce avec personne. Je n'ai qu'assés de force et de vie pour sentir les horreurs de la mort. O venez, vous qui partagez ma perte ! Venez partager mes douleurs : Venez nourir mon cœur de vos regrets; venez l'abreuver de vos larmes. C'est la seule consolation que je puisse attendre; c'est le seul plaisir qui me reste à goûter.

Mais avant que vous arriviez, et que j'apprenne votre avis sur un projet dont je sais qu'on vous a parlé, il est bon que vous sachiez le mien d'avance. Je suis ingénue et franche; je ne veux rien vous dissimuler. J'ai eu de l'amour pour vous, je l'avoue; peut-être en ai-je encore; peut-être en aurai-je toujours; je ne le sais ni ne le veux savoir. On s'en doute, je ne l'ignore pas; je ne m'en fâche ni ne m'en soucie. Mais voici ce que j'ai à vous dire et que vous devez bien retenir. C'est qu'un homme qui fut aimé de Julie d'Etange et pourroit se résoudre à en épouser une autre, n'est à mes yeux qu'un indigne et un lâche que je tiendrois à deshonneur d'avoir pour ami; et quant à moi, je vous déclare que tout homme, quel qu'il puisse être, qui desormais m'osera parler d'amour, ne m'en reparlera de sa vie.

Songez aux soins qui vous attendent, aux devoirs qui vous sont imposés, à celle à qui vous les avez promis. Ses enfans se forment et grandissent; son pere se consume insensiblement; son mari s'inquiete et s'agite; il a beau faire, il ne peut la croire anéantie; son cœur, malgré qu'il en ait, se révolte contre sa vaine raison. Il parle d'elle, il lui parle, il soupire. Je crois déja voir s'accomplir les vœux qu'elle a faits tant de fois, et c'est à vous d'achever ce grand ouvrage. Quels motifs pour vous attirer ici l'un et l'autre ! Il est bien digne du généreux Edouard que nos malheurs ne lui aient pas fait changer de résolution.

Venez donc, chers et respectables amis, venez vous réunir à tout ce qui reste d'elle. Rassemblons tout ce qui lui fut cher. Que son esprit nous anime; que son cœur joigne tous les notres; vivons toujours sous ses yeux. J'aime à croire que du lieu qu'elle habite, du séjour de l'éternelle paix, cette ame encore aimante et sensible se plait à revenir parmi nous, à retrouver ses amis pleins de sa mémoire, à les voir imiter ses vertus, à s'entendre honorer par eux, à les sentir embrasser sa tombe, et gémir en prononçant son nom. Non, elle n'a point quitté ces lieux qu'elle nous rendit si charmans. Ils sont encore tout remplis d'elle. Je la vois sur chaque objet, je la sens à chaque pas, à chaque instant du jour j'entens les accens de sa voix. C'est ici qu'elle a vecu; c'est ici que repose sa cendre.... la moitié de sa cendre (*a*). Deux fois la semaine, en allant au Temple.... j'apperçois.... j'apperçois le lieu triste et respectable.... beauté, c'est donc là ton dernier azile (*b*) !.... confiance, amitié, vertus, plaisirs, folâtres jeux, la terre a tout englouti (*c*).... je me sens entraînée.... j'approche en frissonant.... je crains de fouler cette terre sacrée.... je crois la sentir palpiter et frémir sous mes pieds.... j'entens murmurer une voix plaintive !.... Claire, ô ma Claire, où es-tu ? que fais tu loin de ton amie ?.... son cercueil ne la contient pas toute entiere.... il attend le reste de sa proye.... il ne l'attendra pas longtems (*d*)*.

---

* En achevant de relire ce recueil, je crois voir pourquoi l'intérêt, tout foible qu'il est, m'en est si agréable, et le sera, je pense, à tout lecteur d'un bon naturel. C'est qu'au moins ce foible intérêt est pur et sans mélange de peine; qu'il n'est point excité par des noirceurs, par des crimes, ni mélé du tourment de haïr. Je ne saurois concevoir quel plaisir on peut prendre à imaginer et composer le personage d'un Scélerat, à se mettre à sa place tandis qu'on le réprésente, à lui prêter l'éclat le plus imposant. Je plains beaucoup les auteurs de tant de tragédies pleines d'horreurs, lesquels passent leur vie à faire agir et parler des gens qu'on ne peut écouter ni voir sans souffrir. Il me semble qu'on devroit gémir d'être condanné à un travail si cruel; ceux qui s'en font un amusement doivent être bien dévorés du zele de l'utilité publique. Pour moi, j'admire de bon cœur leurs talens et leurs beaux génies; mais je remercie Dieu de ne me les avoir pas donnés (*e*)[1].

FIN.

APPENDICES

APPENDICE I.

LES AMOURS DE MILORD EDOUARD BOMSTON (a)[1].

Les bizarres aventures de Milord Edouard à Rome, étoient trop romanesques pour pouvoir être mêlées avec celles de Julie, sans en gâter la simplicité. Je me contenterai donc d'en extraire et abréger ici ce qui sert à l'intelligence de deux ou trois lettres où il en est question.

Milord Edouard, dans ses tournées d'Italie, avoit fait connoissance à Rome avec une femme de qualité, Napolitaine, dont il ne tarda pas à devenir fortement amoureux; elle, de son côté, conçut pour lui une passion violente qui la dévora le reste de sa vie, et finit par la mettre au tombeau. Cet homme, âpre et peu galant, mais ardent et sensible, extrême et grand en tout, ne pouvoit gueres inspirer ni sentir d'attachement médiocre.

Les principes stoïques de ce vertueux Anglois inquiétoient la Marquise. Elle prit le parti de se faire passer pour veuve durant l'absence de son mari, ce qui lui fut aisé, parce qu'ils étoient tous deux étrangers à Rome, et que le Marquis servoit dans les troupes de l'Empereur. L'amoureux Edouard ne tarda pas à parler de mariage; la Marquise allégua la différence de religion et d'autres prétextes. Enfin ils lierent ensemble un commerce intime et libre, jusqu'à ce qu'Edouard ayant découvert que le mari vivoit, voulut rompre avec elle, après l'avoir accablée des plus vifs reproches; outré de se trouver coupable sans le savoir, d'un crime qu'il avoit en horreur.

La Marquise, femme sans principes, mais adroite et pleine de charmes, n'épargna rien pour le retenir et en vint à bout. Le commerce adultere fut supprimé, mais les liaisons continuerent. Toute indigne qu'elle étoit d'aimer, elle aimoit pourtant : il falut consentir à voir sans fruit un homme adoré, qu'elle ne pouvoit conserver autrement, et cette barriere volontaire irritant l'amour des deux côtés, il en devint plus ardent par la contrainte. La Marquise ne négligea pas les soins qui pouvoient faire oublier à son amant ses résolutions : elle étoit séduisante et belle; tout fut inutile. L'Anglois resta ferme; sa grande ame étoit à l'épreuve. La premiere de ses passions étoit la vertu. Il eût sacrifié sa vie à sa maîtresse, et sa maîtresse à son devoir. Une fois la séduction devint trop pressante; le moyen qu'il alloit prendre pour s'en délivrer retint la Marquise et rendit vains tous ses piéges. Ce n'est point parce que nous sommes foibles, mais parce que nous sommes lâches que nos sens nous subjuguent toujours. Quiconque craint moins la mort que le crime, n'est jamais forcé d'être criminel.

Il y a peu de ces ames fortes qui entraînent les autres et les élevent à leur sphere; mais il y en a. Celle d'Edouard étoit de ce nombre. La Marquise espéroit le gagner; c'étoit lui qui la gagnoit insensiblement. Quand les leçons de la vertu prenoient dans sa bouche les accens de l'amour, il la touchoit, il la faisoit pleurer; ses feux sacrés animoient cette ame rampante; un sentiment de justice et d'honneur y portoit son charme étranger; le vrai beau commençoit à lui plaire : si le méchant pouvoit changer de nature, le cœur de la Marquise en auroit changé.

L'amour seul profita de ces émotions légeres; il en acquit plus de délicatesse : elle commença d'aimer avec générosité; avec un tempérament ardent et dans un climat où les sens ont tant d'empire, elle oublia ses plaisirs pour songer à ceux de son amant, et ne pouvant les partager, elle voulut au moins qu'il les tînt d'elle. Telle fut de sa part l'interprétation favorable d'une démarche où son caractere et celui d'Edouard qu'elle connoissoit bien, pouvoient (*a*) faire trouver un rafinement de séduction.

Elle n'épargna ni soins ni dépense, pour faire chercher dans tout Rome une jeune personne facile et sûre; on la trouva, non sans peine. Un soir, après un entretien fort tendre, elle la lui présenta : disposez-en, lui dit-elle avec un sourire; qu'elle jouisse du prix de mon amour; mais qu'elle soit la seule. C'est assez pour moi si quelquefois auprès d'elle vous songez à la main dont vous la tenez. Elle voulut sortir, Edouard la retint. Arrêtez, lui dit-il; si vous me croyez assez lâche pour profiter de votre offre dans votre propre maison, le sacrifice n'est pas d'un grand prix, et je ne vaux pas la peine d'être beaucoup regretté. Puisque vous ne devez pas être à moi, je souhaite, dit la Marquise, que vous ne soyez à personne; mais si l'amour doit perdre ses droits, souffrez au moins qu'il en dispose. Pourquoi mon bienfait vous est-il à charge ? Avez-vous peur d'être un ingrat ? Alors elle l'obligea d'accepter l'adresse de Laure (c'étoit le nom de la jeune personne) et lui fit jurer qu'il s'abstiendroit de tout autre commerce. Il dut être touché, il le fut. Sa reconnoissance lui donna plus de peine à contenir que son amour, et ce fut le piége le plus dangereux que la Marquise lui ait tendu de sa vie.

Extrême en tout, ainsi que son amant, elle fit souper Laure avec elle, et lui prodigua ses caresses, comme pour jouir avec plus de pompe du plus grand sacrifice que l'amour ait jamais fait. Edouard pénétré se livroit à ses transports; son ame émue et sensible s'exhaloit dans ses regards, dans ses gestes, il ne disoit pas un mot qui ne fût l'expression de la passion la plus vive. Laure étoit charmante; à peine la regardoit-il. Elle n'imita pas cette indifférence; elle regardoit et voyoit, dans le vrai tableau de l'amour, un objet tout nouveau pour elle.

Après le soupé, la Marquise renvoya Laure, et resta seule avec son amant. Elle avoit compté sur les dangers de ce tête-à-tête; elle ne s'étoit pas trompée en cela; mais comptant qu'il y succomberoit, elle se trompa; toute son adresse ne fit que rendre le triomphe de la vertu plus éclatant et plus douloureux à l'un et à l'autre. C'est à cette soirée que se rapporte, à la fin de la quatrieme partie de Julie, l'admiration de St. Preux pour la force de son ami.

Edouard étoit vertueux, mais homme. Il avoit toute la simplicité du véritable honneur, et rien de ces fausses bienséances qu'on lui substitue, et dont les gens du monde font si grand cas. Après plusieurs jours passés dans les mêmes transports près de la Marquise, il sentit augmenter le péril; et prêt à se laisser vaincre, il aima mieux manquer de délicatesse que de vertu : il fut voir Laure.

Elle tressaillit à sa vue : il la trouva triste, il entreprit de l'égayer, et ne crut pas avoir besoin de beaucoup de soins pour y réussir. Cela ne lui fut pas si facile qu'il l'avoit cru. Ses caresses furent mal reçues, ses offres furent rejettées d'un air qu'on ne prend point en disputant ce qu'on veut accorder.

Un accueil aussi ridicule ne le rebuta pas, il l'irrita. Devoit-il des égards d'enfant à une fille de cet ordre ? Il usa sans ménagement de ses droits. Laure, malgré ses cris, ses pleurs, sa résistance, se sentant vaincue, fait un effort, s'élance à l'autre extrêmité de la chambre, et lui crie d'une voix animée : tuez-moi si vous voulez; jamais vous ne me toucherez vivante. Le geste, le regard, le ton, n'étoient pas équivoques. Edouard dans un étonnement qu'on ne peut concevoir (*a*), se calme, la prend par la main, la fait rasseoir, s'asseye à côté d'elle, et la regardant sans parler, attend froidement le dénouement de cette Comédie.

Elle ne disoit rien; elle avoit les yeux baissés; sa respiration étoit inégale, son cœur palpitoit, et tout marquoit en elle une agitation extraordinaire. Edouard rompit enfin le silence pour lui demander ce que signifioit cette étrange scene ? Me serois-je trompé ? lui dit-il; ne seriez-vous point Lauretta Pisana ? Plût à Dieu, dit-elle d'une voix tremblante. Quoi donc ! reprit-il avec un sourire moqueur; auriez-vous par hazard changé de métier ? Non, dit Laure; je suis toujours la même : on ne revient plus de l'état où je suis. Il trouva dans ce tour de phrase, et dans l'accent dont il fut prononcé, quelque chose de si extraordinaire, qu'il ne savoit plus que penser et qu'il crut que cette fille étoit devenue folle. Il continua : pourquoi donc, charmante Laure, ai-je seul l'exclusion ? Dites-moi ce qui m'attire votre haine. Ma haine ! s'écria-t-elle d'un ton plus vif. Je n'ai point aimé ceux que j'ai reçus. Je puis souffrir tout le monde hors vous seul.

Mais pourquoi cela ? Laure, expliquez-vous mieux, je ne vous entends point. Eh ! m'entends-je moi-même ! Tout ce que je sais, c'est que vous ne me toucherez jamais.... Non ! s'écria-t-elle encore avec emportement, jamais vous ne me toucherez. En me sentant dans vos bras, je songerois que vous n'y tenez qu'une fille publique, et j'en mourrois de rage.

Elle s'animoit en parlant. Edouard apperçut dans ses yeux des signes de douleur et de désespoir qui l'attendrirent. Il prit avec elle (*a*) des manieres moins méprisantes, un ton plus honnête et plus caressant. Elle se cachoit le visage; elle évitoit ses regards. Il lui prit la main d'un air affectueux. A peine elle sentit cette main, qu'elle y porta la bouche et la pressa de ses levres en poussant des sanglots et versant des torrens de larmes.

Ce langage, quoiqu'assez clair, n'étoit pas précis. Edouard ne l'amena qu'avec peine à lui parler plus nettement. La pudeur éteinte étoit revenue avec l'amour, et Laure n'avoit jamais prodigué sa personne avec tant de honte qu'elle en eut d'avouer qu'elle aimoit.

A peine cet amour étoit-il né (*b*) qu'il étoit déjà dans toute sa force. Laure étoit vive et sensible; assez belle pour faire une passion; assez tendre pour la partager. Mais vendue par d'indignes parens dès sa premiere jeunesse, ses charmes souillés par la débauche avoient perdu leur empire. Au sein des honteux plaisirs, l'amour fuyoit devant elle; de malheureux corrupteurs ne pouvoient ni le sentir ni l'inspirer. Les corps combustibles ne brûlent point d'eux-mêmes; qu'une étincelle approche, et tout part. Ainsi prit feu le cœur de Laure aux transports de ceux d'Edouard et de la Marquise. A ce nouveau langage, elle sentit un frémissement délicieux : elle prêtoit une oreille attentive; ses avides regards ne laissoient rien échapper. La flamme humide qui sortoit des yeux de l'amant, pénétroit par les siens jusqu'au fond de son cœur (*c*); un sang plus brûlant couroit (*d*) dans ses veines; la voix d'Edouard avoit un accent qui l'agitoit; le sentiment lui sembloit peint dans tous ses gestes; tous ses traits animés par la passion la lui faisoient ressentir. Ainsi la premiere image de l'amour lui fit aimer l'objet qui la lui avoit offerte. S'il n'eût rien senti pour une autre, peut-être n'eût-elle rien senti pour lui.

Toute cette agitation la suivit chez elle. Le trouble de l'amour naissant est toujours doux. Son premier mouvement fut de se livrer à ce nouveau charme; le second fut d'ouvrir les yeux sur elle. Pour la premiere fois de sa vie elle vit son état; elle en eut horreur. Tout ce qui nourrit l'espérance et les desirs des amans, se tournoit en désespoir dans son ame. La possession de ce qu'elle aimoit (*a*) n'offroit à ses yeux que l'opprobre d'une abjecte et vile créature, à laquelle on prodigue son mépris avec ses caresses; dans le prix d'un amour heureux elle ne vit que l'infame prostitution. Ses tourmens les plus insupportables lui venoient ainsi de ses propres desirs. Plus il lui étoit aisé de les satisfaire, plus son sort lui sembloit affreux; sans honneur, sans espoir, sans ressources, elle ne connut l'amour que pour en regretter les délices. Ainsi commencerent ses longues peines, et finit son bonheur d'un moment.

La passion naissante qui l'humilioit à ses propres yeux, l'élevoit à ceux d'Edouard. La voyant capable d'aimer, il ne la méprisa plus. Mais quelles consolations pouvoit-elle attendre de lui ? Quel sentiment pouvoit-il lui marquer, si ce n'est le foible intérêt qu'un cœur honnête qui n'est pas libre peut prendre à un objet de pitié, qui n'a plus d'honneur qu'assez pour sentir sa honte.

Il la consola comme il put, et promit de la venir revoir. Il ne lui dit pas un mot de son état, pas même pour l'exhorter d'en sortir. Que servoit d'augmenter l'effroi qu'elle en avoit, puisque cet effroi même la faisoit désespérer d'elle ? Un seul mot sur un tel sujet tiroit à conséquence et sembloit la rapprocher de lui : c'étoit ce qui ne pouvoit jamais être. Le plus grand malheur des métiers infames est qu'on ne gagne rien à les quitter.

Après une seconde visite, Edouard n'oubliant pas la magnificence angloise, lui envoya un cabinet de lacque et plusieurs bijoux d'Angleterre. Elle lui renvoya le tout avec ce billet :

« J'ai perdu le droit de refuser des présens. J'ose pour-
» tant vous renvoyer le vôtre; car peut-être n'aviez-vous
» pas dessein d'en faire un signe de mépris. Si vous le
» renvoyez encore, il faudra que je l'accepte : mais vous
» avez une bien cruelle générosité. »

Edouard fut frappé de ce billet, il le trouvoit à la fois humble et fier. Sans sortir de la bassesse de son état, Laure y montroit une sorte de dignité. C'étoit presque effacer son opprobre à force de s'en avilir. Il avoit cessé d'avoir du mépris pour elle; il commença de l'estimer. Il continua de la voir sans plus parler de présent; et s'il ne s'honora pas d'être aimé d'elle, il ne put s'empêcher de s'en applaudir.

Il ne cacha pas ses visites à la Marquise. Il n'avoit nulle raison de les lui cacher; et c'eût été de sa part une ingratitude. Elle en voulut savoir davantage. Il jura qu'il n'avoit point touché Laure. Sa modération eut un effet tout contraire à celui qu'il en attendoit. Quoi ! s'écria la Marquise en fureur; vous la voyez et ne la touchez point ? Qu'allez-vous donc faire chez elle ? Alors s'éveilla cette jalousie infernale qui la fit cent fois attenter à la vie de l'un et de l'autre, et la consuma de rage jusqu'au moment de sa mort.

D'autres circonstances acheverent d'allumer cette passion furieuse, et rendirent cette femme à son vrai caractere. J'ai déjà remarqué que dans son integre probité Edouard manquoit de délicatesse. Il fit à la Marquise le même présent que lui avoit renvoyé Laure. Elle l'accepta; non par avarice, mais parce qu'ils étoient sur le pied de s'en faire l'un à l'autre; échange auquel, à la vérité, la Marquise ne perdoit pas. Malheureusement elle vint à savoir la premiere destination de ce présent, et comment il lui étoit revenu. Je n'ai pas besoin de dire qu'à l'instant tout fut brisé et jetté par les fenêtres. Qu'on juge de ce que dut sentir en pareil cas une maîtresse jalouse, et une femme de qualité.

Cependant plus Laure sentoit sa honte, moins elle tentoit de s'en délivrer; elle y restoit par désespoir, et le dédain qu'elle avoit pour elle-même réjaillissoit sur ses corrupteurs. Elle n'étoit pas fiere; quel droit eût-elle eu de l'être ? Mais un profond sentiment d'ignominie qu'on voudroit en vain repousser; l'affreuse tristesse de l'opprobre qui se sent et ne peut se fuir; l'indignation d'un cœur qui s'honore encore, et se sent à jamais déshonoré; tout versoit le remords et l'ennui sur des plaisirs abhorrés par l'amour. Un respect étranger à ces ames viles, leur faisoit oublier le ton de la débauche; un trouble involontaire empoisonnoit leurs transports, et touchés du sort de leur victime, ils s'en retournoient pleurant sur elle et rougissant d'eux.

La douleur la consumoit. Edouard qui peu-à-peu la prenoit en amitié, vit qu'elle n'étoit que trop affligée, et qu'il faloit plutôt la ranimer que l'abattre. Il la voyoit; c'étoit déjà beaucoup pour la consoler. Ses entretiens firent plus : ils l'encouragerent. Ses discours élevés et grands rendoient à son ame accablée le ressort qu'elle avoit perdu. Quel effet ne faisoient-ils point partant d'une bouche aimée, et pénétrant dans un cœur bien né que le sort livroit à la honte, mais que la nature avoit fait pour l'honnêteté ? C'est dans ce cœur qu'ils trouvoient de la prise, et qu'ils portoient avec fruit les leçons de la vertu.

Par ces soins bienfaisans, il la fit enfin mieux penser d'elle. S'il n'y a de flétrissure éternelle que celle d'un cœur corrompu, je sens en moi de quoi pouvoir effacer ma honte. Je serai toujours méprisée, mais je ne mériterai plus de l'être; je ne me mépriserai plus. Echappée à l'horreur du vice, celle du mépris m'en sera moins amere. Eh ! que m'importent les dédains de toute la terre, quand Edouard m'estimera ? Qu'il voye son ouvrage et qu'il s'y complaise; seul il me dédommagera de tout. Quand l'honneur n'y gagneroit rien, du moins l'amour y gagnera. Oui, donnons au cœur qu'il enflamme une habitation plus pure. Sentiment délicieux ! je ne profanerai plus tes transports. Je ne puis être heureuse; je ne le serai jamais, je le sais. Hélas ! Je suis indigne des caresses de l'amour, mais je n'en souffrirai jamais d'autres.

Son état étoit trop violent pour pouvoir durer; mais quand elle tenta d'en sortir, elle y trouva des difficultés qu'elle n'avoit pas prévues. Elle éprouva que celle qui renonce au droit sur sa personne ne le recouvre pas comme il lui plaît, et que l'honneur est une sauve-garde civile qui laisse bien foibles ceux qui l'ont perdu. Elle ne trouva d'autre parti pour se retirer de l'oppression que d'aller brusquement se jetter dans un Couvent et d'abandonner sa maison presque au pillage; car elle vivoit dans une opulence commune à ses pareilles, surtout en Italie, quand l'âge et la figure les font valoir. Elle n'avoit rien dit à Bomston de son projet, trouvant une sorte de bassesse à en parler avant l'exécution. Quand elle fut dans son asyle, elle le lui marqua par un billet, le priant de la protéger contre les gens puissans qui s'intéressoient à son désordre et que sa retraite alloit offenser. Il courut chez elle assez tôt pour sauver ses effets. Quoiqu'étranger dans Rome, un grand seigneur considéré, riche, et plaidant avec force la cause de l'honnêteté, y trouva bientôt assez de crédit pour la maintenir dans son Couvent, et même l'y faire jouir d'une pension que lui avoit laissé le Cardinal, auquel ses parens l'avoient vendue.

Il fut la voir. Elle étoit belle; elle aimoit; elle étoit pénitente; elle lui devoit tout ce qu'elle alloit être. Que de titres pour toucher un cœur comme le sien ! Il vint plein de tous les sentimens qui peuvent porter au bien les cœurs sensibles; il n'y manquoit que celui qui pouvoit la rendre heureuse, et qui ne dépendoit pas de lui. Jamais elle n'en avoit tant espéré; elle étoit transportée; elle se sentoit déjà dans l'état auquel on remonte si rarement. Elle disoit : je suis honnête; un homme vertueux s'intéresse à moi : Amour, je ne regrette plus les pleurs, les soupirs que tu me coûtes; tu m'as déjà payé de tout. Tu fis ma force et tu fais ma récompense; en me faisant aimer mes devoirs, tu deviens le premier de tous. Quel bonheur (*a*) n'étoit réservé qu'à moi seule ! C'est l'amour qui m'éleve et m'honore; c'est lui qui m'arrache au crime, à l'opprobre; il ne peut plus sortir de mon cœur qu'avec la vertu. O Edouard ! quand je redeviendrai méprisable j'aurai cessé de t'aimer.

Cette retraite fit du bruit : les ames basses, qui jugent des autres par elles-mêmes, ne purent imaginer qu'Edouard n'eût mis à cette affaire que l'intérêt de l'honnêteté (*b*). Laure étoit trop aimable pour que les soins qu'un homme prenoit d'elle ne fussent pas toujours suspects. La Marquise qui avoit ses espions fut instruite de tout la premiere, et ses emportemens qu'elle ne put contenir acheverent de divulguer son intrigue. Le bruit en parvint au Marquis jusqu'à Vienne; et l'hiver suivant il vint à Rome chercher un coup d'épée pour rétablir son honneur qui n'y gagna rien.

Ainsi commencerent ces doubles liaisons, qui, dans un pays comme l'Italie, exposerent Edouard à mille périls de toute espece; tantôt de la part d'un militaire outragé, tantôt de la part d'une femme jalouse et vindicative; tantôt de la part de ceux qui s'étoient attachés à Laure et que sa perte mit en fureur. Liaisons bizarres s'il en fut jamais, qui l'environnant de périls sans utilité le partageoient entre deux maîtresses passionnées, sans en pouvoir posséder aucune; refusé de la courtisane qu'il n'aimoit pas, refusant l'honnête femme qu'il adoroit; toujours vertueux, il est vrai; mais toujours croyant (*c*) servir la sagesse en n'écoutant que ses passions.

Il n'est pas aisé de dire quelle espece de sympathie

pouvoit unir deux caracteres si opposés que ceux d'Edouard et de la Marquise; mais malgré la différence de leurs principes, ils ne purent jamais se détacher parfaitement l'un de l'autre. On peut juger du désespoir de cette femme emportée quand elle crut s'être donnée une rivale, et quelle rivale ! par son imprudente générosité. Les reproches, les dédains, les outrages, les menaces, les tendres caresses, tout fut employé tour-à-tour pour détacher Edouard de cet indigne commerce, où jamais elle ne put croire que son cœur n'eût point de part. Il demeura ferme; il l'avoit promis. Laure avoit borné son espérance et son bonheur à le voir quelquefois. Sa vertu naissante avoit besoin d'appui, elle tenoit à celui qui l'avoit fait naître; c'étoit à lui de la soutenir. Voilà ce qu'il disoit à la Marquise, à lui-même; et peut-être ne se disoit-il pas tout. Où est l'homme assez sévere pour fuir les regards d'un objet charmant, qui ne lui demande que de se laisser aimer ? où est celui dont les larmes de deux beaux yeux n'enflent pas un peu le cœur honnête ? où est l'homme bienfaisant dont l'utile amour-propre n'aime pas à jouir du fruit de ses soins ? Il avoit rendu Laure trop estimable pour ne faire que l'estimer.

La Marquise n'ayant pu obtenir qu'il cessât de voir cette infortunée, devint furieuse; sans avoir le courage de rompre avec lui, elle le prit dans une espece d'horreur. Elle frémissoit en voyant entrer son carrosse, le bruit de ses pas en montant l'escalier la faisoit palpiter d'effroi. Elle étoit prête à se trouver mal à sa vue. Elle avoit le cœur serré tant qu'il restoit auprès d'elle; quand il partoit elle l'accabloit d'imprécations; sitôt qu'elle ne le voyoit plus elle pleuroit de rage; elle ne parloit que de vengeance : son dépit sanguinaire ne lui dictoit que des projets dignes d'elle. Elle fit plusieurs fois attaquer Edouard sortant du Couvent de Laure. Elle lui tendit des piéges à elle-même pour l'en faire sortir et l'enlever. Tout cela ne put le guérir. Il retournoit le lendemain chez celle qui l'avoit voulu faire assassiner la veille, et toujours avec son chimérique projet de la rendre à la raison, il exposoit la sienne, et nourrissoit sa foiblesse du zele de sa vertu.

Au bout de quelques mois, le Marquis, mal guéri de sa blessure, mourut en Allemagne, peut-être de douleur de la mauvaise conduite de sa femme. Cet événement, qui devoit rapprocher Edouard de la Marquise, ne servit qu'à l'en éloigner encore plus. Il lui trouva tant d'empressement à mettre à profit sa liberté recouvrée, qu'il frémit de s'en prévaloir. Le seul doute si la blessure du Marquis n'avoit point contribué à sa mort effraya son cœur et fit taire ses desirs. Il se disoit : les droits d'un époux meurent avec lui pour tout autre; mais pour son meurtrier ils lui survivent et deviennent inviolables. Quand l'humanité, la vertu, les loix ne prescriroient rien sur ce point, la raison seule ne nous dit-elle pas que les plaisirs attachés à la reproduction des hommes ne doivent point être le prix de leur sang; sans quoi les moyens destinés à nous donner la vie seroient des sources de mort, et le genre humain périroit par les soins qui doivent le conserver !

Il passa plusieurs années ainsi partagé entre deux maîtresses; flottant sans cesse de l'une à l'autre : souvent voulant renoncer à toutes deux et n'en pouvant quitter aucune, repoussé par cent raisons, rappellé par mille sentimens, et chaque jour plus serré dans ses liens par ses vains efforts pour les rompre : cédant tantôt au penchant, et tantôt au devoir, allant de Londres à Rome et de Rome à Londres sans pouvoir se fixer nulle part. Toujours ardent, vif, passionné, jamais foible ni coupable, et fort de son ame grande et belle quand il pensoit ne l'être que de sa raison. Enfin, tous les jours méditant des folies, et tous les jours revenant à lui, prêt à briser ses indignes fers. C'est dans ses premiers momens de dégoût qu'il faillit s'attacher à Julie, et il paroît sûr qu'il l'eût fait, s'il n'eût pas trouvé la place prise.

Cependant la Marquise perdoit toujours du terrain par ses vices; Laure en gagnoit par ses vertus. Au surplus, la constance étoit égale des deux côtés; mais le mérite n'étoit pas le même et la Marquise avilie, dégradée par tant de crimes finit par donner à son amour sans espoir les supplémens que n'avoit pu supporter celui de Laure. A chaque voyage, Bomston trouvoit à celle-ci de nouvelles perfections. Elle avoit appris l'Anglois, elle savoit par cœur tout ce qu'il lui avoit conseillé de lire; elle s'instruisoit dans toutes les connoissances qu'il paroissoit aimer : elle cherchoit à mouler son ame sur la sienne et ce qu'il y restoit de son fond ne la déparoit pas. Elle étoit encore dans l'âge où la beauté croît avec les années. La Marquise étoit dans celui où elle ne fait plus que décliner; et quoiqu'elle eût ce ton du sentiment qui plaît et qui touche, qu'elle parlât d'humanité, de fidélité, de vertus avec grace, tout cela devenoit ridicule par sa conduite, et sa réputation démentoit tous ces beaux discours. Edouard la connoissoit trop pour en espérer plus rien. Il s'en détachoit insensiblement sans pouvoir s'en détacher tout-à-fait, il s'approchoit toujours de l'indifférence sans pouvoir jamais y arriver. Son cœur le rappelloit sans cesse chez la Marquise; ses pieds l'y portoient sans qu'il y songeât. Un homme sensible n'oublie jamais, quoi qu'il fasse, l'intimité dans laquelle ils avoient vécu. A force d'intrigues, de ruses, de noirceurs, elle parvint enfin à s'en faire mépriser; mais il la méprisa sans cesser de la plaindre; sans pouvoir jamais oublier ce qu'elle avoit fait pour lui ni ce qu'il avoit senti pour elle.

Ainsi dominé par ses habitudes encore plus que par ses penchans, Edouard ne pouvoit rompre les attachemens qui l'attiroient à Rome. Les douceurs d'un ménage heureux lui firent desirer d'en établir un semblable avant de vieillir. Quelquefois il se taxoit d'injustice, d'ingratitude même envers la Marquise, et n'imputoit qu'à sa passion les vices de son caractere. Quelquefois il oublioit le premier état de Laure, et son cœur franchissoit sans y songer la barriere qui le séparoit d'elle. Toujours cherchant dans sa raison des excuses à son penchant, il se fit de son dernier voyage un motif pour éprouver son ami, sans songer qu'il s'exposoit lui-même à une épreuve dans laquelle il auroit succombé sans lui.

Le succès de cette entreprise et le dénouement des scenes qui s'y rapportent sont détaillés dans la XIIe Lettre de la Ve Partie et dans la IIIe de la VIe, de maniere à n'avoir plus rien d'obscur à la suite de l'abrégé précédent. Edouard aimé de deux maîtresses sans en posséder aucune, paroît d'abord dans une situation risible. Mais sa vertu lui donnoit en lui-même une jouissance plus douce que celle de la beauté, et qui ne s'épuise pas comme elle. Plus heureux des plaisirs qu'il se refusoit que le voluptueux n'est de ceux qu'il goûte, il aima plus long-tems, resta libre et jouit mieux de la vie que ceux qui l'usent. Aveugles que nous sommes, nous la passons tous à courir après nos chimeres. Eh ! ne saurons-nous jamais que de toutes les folies des hommes, il n'y a que celle du juste qui le rend heureux (*a*) ?

APPENDICE II.

SUJETS D'ESTAMPES (*a*)[1].

La plupart de ces Sujets sont détaillés pour les faire entendre, beaucoup plus qu'ils ne peuvent l'être dans l'exécution : car pour rendre heureusement un dessin, l'Artiste ne doit pas le voir tel qu'il sera sur son papier, mais tel qu'il est dans la nature. Le crayon ne distingue pas une blonde d'une brune, mais l'imagination qui le guide doit les distinguer. Le burin marque mal les clairs et les ombres, si le Graveur n'imagine aussi les couleurs. De même dans les figures en mouvement, il faut voir ce qui précede et ce qui suit, et donner au tems de l'action une certaine latitude; sans quoi l'on ne saisira jamais bien l'unité du moment qu'il faut exprimer. L'habileté de l'Artiste consiste à faire imaginer au Spectateur beaucoup de choses qui ne sont pas sur la planche; et cela dépend d'un heureux choix de circonstances, dont celles qu'il rend font supposer celles qu'il ne rend pas. On ne sauroit donc entrer dans un trop grand détail quand on veut exposer des Sujets d'Estampes, et qu'on est absolument ignorant dans l'art. Au reste, il est aisé de comprendre que ceci n'avoit pas été écrit pour le Public; mais en donnant séparément les estampes, on a cru devoir y joindre l'explication (*b*).

Quatre ou cinq personnages reviennent dans toutes les planches, et en composent à peu près toutes les figures. Il faudroit tâcher de les distinguer par leur air et par le goût de leur vêtement, ensorte qu'on les reconnût toujours.

1. Julie est la Figure principale. Blonde, une physionomie douce, tendre, modeste, enchanteresse. Des graces naturelles sans la moindre affectation : une élégante simplicité, même un peu de négligence dans son vêtement, mais qui lui sied mieux qu'un air plus arrangé : peu d'ornemens, toujours du goût; la gorge couverte en fille modeste, et non pas en dévote[1].

2. Claire ou la Cousine. Une brune piquante; l'air plus fin, plus éveillé, plus gai; d'une parure un peu plus ornée, et visant presque à la coquetterie (*a*); mais toujours pourtant de la modestie et de la bienséance. Jamais de panier ni à l'une ni à l'autre[2].

3. St. Preux ou l'ami. Un jeune homme d'une figure ordinaire; rien de distingué; seulement une physionomie sensible et intéressante. L'habillement très-simple : une contenance assez timide (*b*), même un peu embarrassé de sa personne quand il est de sang-froid; mais bouillant et emporté dans la passion.

4. Le Baron d'Etange ou le père : il ne paroît qu'une fois, et l'on dira comment il doit être (*c*).

5. Milord Edouard ou l'Anglois. Un air de grandeur qui vient de l'ame plus que du rang; l'empreinte du courage et de la vertu, mais un peu de rudesse et d'âpreté dans les traits. Un maintien grave et stoïque sous lequel il cache avec peine une extrême sensibilité. La parure à l'Angloise[3], et d'un grand Seigneur sans faste. S'il étoit possible d'ajouter à tout cela le port un peu spadassin, il n'y auroit pas de mal.

6. M. de Wolmar, le mari de Julie. Un air froid et posé. Rien de faux ni de contraint; peu de geste, beaucoup d'esprit, l'œil assez fin; étudiant les gens sans affectation.

Tels doivent être à peu près les caractères des Figures. Je passe aux sujets des Planches.

PREMIERE ESTAMPE

Tome I. Lettre XIV. pag. 87.

Le lieu de la Scéne est un bosquet. Julie vient de donner à son ami un baiser *cosi saporito,* qu'elle en tombe dans une espèce de défaillance. On la voit dans un état de langueur se pancher, se laisser couler sur les bras de sa Cousine, et celle-ci la recevoir avec un empressement qui ne l'empêche pas de sourire en regardant du coin de l'œil son ami. Le jeune homme a les deux bras étendus vers Julie; de l'un, il vient de l'embrasser, et l'autre s'avance pour la soutenir : son chapeau eſt à terre. Un ravissement, un transport très-vif de plaisir et d'allarmes doit régner dans son geſte et sur son visage. Julie doit se pâmer et non s'évanouir. Tout le tableau doit respirer une ivresse de volupté qu'une certaine modeſtie rend encore plus touchante[1].

Inscription *de la Ire Planche.*
Le premier baiser de l'amour.

DEUXIEME ESTAMPE

Tome I. Lettre LX. pag. 343.

Le lieu de la Scéne eſt une chambre fort simple. Cinq personnages remplissent l'Eſtampe. Milord Edouard sans épée, et appuyé sur une canne, se met à genoux devant l'Ami, qui eſt assis à côté d'une table sur laquelle sont son épée et son chapeau, avec un livre plus près de lui. La poſture humble de l'Anglois ne doit rien avoir de honteux ni de timide; au contraire, il regne sur son visage une fierté sans arrogance, une hauteur de courage; non pour braver celui devant lequel il s'humilie, mais à cause de l'honneur qu'il se rend à lui-même de faire une belle action par un motif de juſtice et non de crainte. L'Ami, surpris, troublé de voir l'Anglois à ses pieds, cherche à le relever avec beaucoup d'inquiétude et un air très-confus. Les trois Spectateurs, tous en épée, marquent l'étonnement et l'admiration, chacun par une attitude différente. L'esprit de ce sujet eſt que le personnage qui eſt à genoux imprime du respect aux autres, et qu'ils semblent tous à genoux devant lui.

Inscription *de la 2e Planche.*
L'héroisme de la valeur.

TROISIEME ESTAMPE

Tome II. Lettre X. pag. 79.

Le lieu est une chambre de cabaret, dont la porte ouverte, donne dans une autre chambre. Sur une table, auprès du feu, devant laquelle est assis Milord Edouard en robe de chambre, sont deux bougies, quelques lettres ouvertes, et un pacquet encore fermé. Edouard tient de la main droite une lettre qu'il baisse de surprise, en voyant entrer le jeune homme. Celui-ci encore habillé, a le chapeau enfoncé sur les yeux, tient son épée d'une main, et de l'autre, montre à l'Anglois d'un air emporté et menaçant la sienne, qui est sur un fauteuil à côté de lui. L'Anglois fait de la main gauche un geste de dédain froid et marqué. Il regarde en même tems l'étourdi d'un air de compassion propre à le faire rentrer en lui-même; et l'on doit remarquer en effet dans son attitude que ce regard commence à le décontenancer[1].

Inscription *de la 3e Planche.*

Ah jeune Homme ! à ton Bienfaiteur !

QUATRIEME ESTAMPE

Tome II. Lettre XXVI. pag. 294.

La Scéne est dans la rue devant une maison de mauvaise apparence. Près de la porte ouverte, un laquais éclaire avec deux flambeaux de table. Un fiacre est à quelques pas de-là; le cocher tient la portiere ouverte, et un jeune homme s'avance pour y monter. Ce jeune homme est St. Preux sortant d'un lieu de débauche dans une attitude qui marque le remord, la tristesse, et l'abatement. Une des habitantes de cette maison l'a reconduit jusques dans la rue; et dans ses adieux on voit la joye, l'impudence, et l'air d'une personne qui se félicite d'avoir triomphé de lui. Accablé de douleur et de honte il ne fait pas même attention à elle. Aux fenêtres sont de jeunes Officiers avec deux ou trois compagnes de celle qui est en bas. Ils battent des mains et applaudissent d'un air railleur en voyant passer le jeune homme qui ne les regarde ni ne les écoute. Il doit régner une immodestie dans le maintien des femmes et un désordre dans leur ajustement, qui ne laisse pas douter un moment de ce qu'elles sont, et qui fasse mieux sortir la tristesse du principal personnage[1].

Inscription *de la 4e Planche.*

La honte et les remords vengent l'amour outragé.

CINQUIEME ESTAMPE (*a*)

Tome III. Lettre XIV. pag. 76.

La Scéne se passe de nuit, et représente la chambre de Julie, dans le désordre où est ordinairement celle d'une personne malade. Julie est dans son lit avec la petite vérole; elle a le transport. Ses rideaux fermés, étoient entre-ouverts pour le passage de son bras, qui est en dehors; mais sentant baiser sa main, de l'autre elle ouvre brusquement le rideau, et reconnoissant son ami, elle paroît surprise, agitée, transportée de joye, et prête à s'élancer vers lui. L'amant, à genoux près du lit, tient la main de Julie, qu'il vient de saisir, et la baise avec un emportement de douleur et d'amour dans lequel on voit, non-seulement qu'il ne craint pas la communication du venin, mais qu'il la désire. A l'instant Claire, un bougeoir à la main, remarquant le mouvement de Julie, prend le jeune homme par le bras, et l'arrachant du lieu où il est, l'entraîne hors de la chambre. Une femme-de-chambre, un peu âgée, s'avance en même tems au chevet de Julie pour la retenir. Il faut qu'on remarque dans tous les personnages une action très-vive, et bien prise dans l'unité du moment[2].

Inscription *de la 5e Planche.*

L'inoculation de l'amour[3].

SIXIEME ESTAMPE

Tome III. Lettre XVIII. pag. 117.

La Scéne se passe dans la chambre du Baron d'Etange, père de Julie. Julie est assise, et près de sa chaise est un fauteuil vuide : son père qui l'occupoit est à genoux devant elle, lui serrant les mains, versant des larmes, et dans une attitude suppliante et pathétique. Le trouble, l'agitation, la douleur sont dans les yeux de Julie. On voit, à un certain air de lassitude, qu'elle a fait tous ses efforts pour relever son père ou se dégager; mais n'en pouvant venir à bout, elle laisse pancher sa tête sur le dos de sa chaise, comme une personne prête à se trouver mal; tandis que ses deux mains en avant portent encore sur les bras de son père. Le Baron doit avoir une physionomie vénérable, une chévelure blanche, le port militaire, et, quoique suppliant, quelque chose de noble et de fier dans le maintien.

Inscription *de la 6e Planche.*

La force paternelle[1].

SEPTIEME ESTAMPE

Tome IV. Lettre VI. pag. 59.

La Scéne se passe dans l'avenue d'une maison de campagne, quelques pas au-delà de la grille, devant laquelle on voit en dehors une chaise arrêtée, une malle derriere, et un Postillon. Comme l'ordonnance de cette estampe est très simple, et demande pourtant une grande expression, il la faut expliquer.

L'ami de Julie revient d'un voyage de long cours; et, quoique le mari sache qu'avant son mariage cet ami a été amant favorisé, il prend une telle confiance dans la vertu de tous deux, qu'il invite lui-même le jeune homme à venir dans sa maison. Le moment de son arrivée est le sujet de l'Estampe. Julie vient de l'embrasser, et le prenant par la main le présente à son mari, qui s'avance pour l'embrasser à son tour. M. de Wolmar, naturellement froid et posé, doit avoir l'air ouvert, presque riant, un regard serein qui invite à la confiance.

Le jeune homme, en habit de voyage, s'approche avec un air de respect dans lequel on démêle, à la vérité, un peu de contrainte et de confusion, mais non pas une gêne pénible ni un embarras suspect. Pour Julie, on voit sur son visage et dans son maintien un caractere d'innocence (*a*) et de candeur qui montre en cet instant toute la pureté de son ame. Elle doit regarder son mari avec une assurance modeste où se peignent l'attendrissement et la reconnoissance que lui donne un si grand témoignage d'estime, et le sentiment qu'elle en est digne[1].

Inscription *de la 7e Planche.*
La confiance des belles ames.

HUITIEME ESTAMPE

Tome IV. Lettre XVII. pag. 323.

Le paysage est ici ce qui demande le plus d'exactitude. Je ne puis mieux le représenter qu'en transcrivant le passage où il est décrit.

Nous y arrivames après une demie heure de marche, par quelques sentiers ombragés et tortueux qui montoient insensiblement entre les rochers, et n'avoient rien de plus incommode que la longueur du chemin. Ce lieu solitaire formoit un réduit sauvage et desert, plein de ces sortes de beautés qui ne touchent que les ames sensibles, et paroissent horribles aux autres. Un torrent formé par la fonte des neiges, rouloit à cent pas de nous une eau bourbeuse, et charrioit avec fracas du limon, du sable et des pierres. Derriere nous, une chaîne de roches inaccessibles séparoit l'esplanade où nous étions de cette partie des Alpes qu'on nomme les Glacieres, *parce que d'énormes sommets de glace qui s'accroissent incessamment, les couvrent depuis le commencement du monde. Des forêts de noirs sapins nous ombrageoient tristement à droite ; un grand bois de chênes étoit à gauche au-delà du torrent ; et, presque à pic au-dessous de nous, cette immense plaine d'eau que le lac forme au sein des montagnes nous séparoit des riches côtes du pays de Vaud, dont le spectacle étoit couronné par la cime du majestueux Jura.*

Au milieu de ces grands et superbes objets, le petit terrain où nous étions étaloit les charmes d'un séjour riant et champêtre. Quelques ruisseaux filtroient à travers les rochers, et rouloient sur la verdure en filets de cristal. Quelques arbres fruitiers sauvages euracinés dans les hauteurs panchoient leurs têtes sur les nôtres. La terre humide étoit couverte d'herbe et de fleurs. En comparant un si doux réduit aux objets qui l'environnoient, il sembloit que ce lieu désert dût être l'asyle de deux amans échappés seuls au bouleversement de la nature.

Il faut ajouter à cette description que deux quartiers de rocher tombés du haut et pouvant servir de table et de siége doivent être presque au bord de l'esplanade; que dans la perspective des côtes du pays de Vaud qu'on voit dans l'éloignement, on distingue sur le rivage des villes de distance en distance, et qu'il est nécessaire au moins qu'on en apperçoive une vis-à-vis de l'esplanade ci-dessus décrite.

C'est sur cette esplanade que sont Julie et son Ami; les deux seuls personnages de l'Estampe. L'Ami posant une main sur l'un des deux quartiers lui montre de l'autre main et d'un peu loin des caracteres gravés sur les rochers des environs. Il lui parle en même tems avec feu; on lit dans les yeux de Julie l'attendrissement que lui causent ses discours et les objets qu'il lui rappelle; mais on y lit aussi que la vertu préside, et ne craint rien de ces dangereux souvenirs (*a*).

Il y a un intervalle de dix ans[1] entre la premiere Estampe et celle-ci, et dans cet intervalle Julie est devenue femme et mère : mais il est dit qu'étant fille, elle laissoit dans son ajustement un peu de négligence qui la rendoit plus touchante; et qu'étant femme elle se paroit avec plus de soin. C'est ainsi qu'elle doit être dans la Planche septiéme; mais dans celle-ci, elle est sans parure, et en robe du matin (*b*).

Inscription *de la 8e Planche.*

Les monumens des anciennes amours[2].

NEUVIÉME ESTAMPE

Tome V. Lettre III. pag. 99.

Un salon : sept figures. Au fond vers la gauche une table à thé couverte de trois tasses, la théière, le pot à sucre, etc. Autour de la table sont, dans le fond et en face, M. de Wolmar, à sa droite en tournant, l'Ami tenant la gazette; en sorte que l'un et l'autre voyent tout ce qui se passe dans la chambre.

A droite aussi dans le fond; Madame de Wolmar assise tenant de la broderie; sa femme-de-chambre assise à côté d'elle et faisant de la dentelle; son oreiller est appuyé sur une chaise plus petite. Cette femme-de-chambre, la même dont il est parlé ci-après, Planche onziéme, est plus jeune que celle de la Planche sixiéme (*a*).

Sur le devant, à sept ou huit pas des uns et des autres, est une autre petite table couverte d'un livre d'Estampes que parcourent deux petits garçons. L'aîné, tout occupé des figures, les montre au cadet; mais celui-ci compte furtivement des onchets qu'il tient sous la table (*b*) cachés par un des côtés du livre. Une petite fille de huit ans, leur aînée, s'est levée de la chaise qui est devant la femme-de-chambre, et s'avance lestement sur la pointe des pieds vers les deux garçons. Elle parle d'un petit ton d'autorité, en montrant de loin la figure du livre, et tenant un ouvrage à l'aiguille de l'autre main.

Madame de Wolmar doit paroître avoir suspendu son travail pour contempler le manége des enfans : les hommes ont de même suspendu leur lecture pour contempler à la fois Madame de Wolmar et les trois enfants. La femme-de-chambre est à son ouvrage.

Un air fort occupé dans les enfans; un air de contemplation rêveuse et douce dans les trois spectateurs. La mère sur-tout doit paroître dans une extase délicieuse.

Inscription *de la 9e Planche.*
La matinée à l'Angloise[1].

DIXIÉME ESTAMPE
Tome V. Lettre IX. page 256.

Une chambre de cabaret. Le moment, vers la fin de la nuit. Le crépuscule commence à montrer quelques objets; mais l'obscurité permet à peine qu'on les distingue.

L'ami qu'un rêve pénible vient d'agiter, s'est jetté à bas de son lit, et a pris sa robe-de-chambre à la hâte. Il erre avec un air d'effroi, cherchant à écarter de la main des objets fantastiques dont il paroît épouvanté. Il tâtonne pour trouver la porte. La noirceur de l'estampe, l'attitude expressive du personnage, son visage effaré doivent faire un effet lugubre et donner aux regardans une impression de terreur.

Inscription *de la 10e Planche.*

Où veux-tu fuir ? Le Phantôme est dans ton cœur[1].

ONZIÉME ESTAMPE

Tome VI. Lettre XI. page 19.

La Scéne est dans un salon. Vers la cheminée, où il y a du feu, est une table de jeu à laquelle sont, contre le mur, M. de Wolmar qu'on voit en face, et vis-à-vis, St. Preux, dont on voit le corps de profil, parce que sa chaise est un peu dérangée; mais dont on ne voit la tête que par derriere, parce qu'il la retourne vers M. de Wolmar.

Par terre est un échiquier renversé dont les piéces sont éparses. Claire, d'un air moitié suppliant, moitié railleur, présente au jeune homme la joue, pour y appliquer un soufflet ou un baiser, à son choix, en punition du coup qu'elle vient de faire. Ce coup est indiqué par une raquette qu'elle tient pendante d'une main, tandis qu'elle avance l'autre main sur le bras du jeune homme pour lui faire retourner la tête qu'il baisse et qu'il détourne d'un air boudeur. Pour que le coup ait pu se faire sans grand fracas, il faut un de ces petits échiquiers de maroquin qui se ferment comme des livres, et le réprésenter à moitié ouvert contre un des pieds de la table.

Sur le devant (*a*) est une autre personne qu'on reconnoît, au tablier, pour la femme-de-chambre; à côté d'elle est sa raquette sur une chaise. Elle tient d'une main le volant élevé, et de l'autre elle fait semblant d'en raccommoder les plumes; mais elle regarde à travers en souriant, la scène qui se passe vers la cheminée.

M. de Wolmar un bras passé sur le dos de la chaise, comme pour contempler plus commodément, fait signe du doigt à la femme-de-chambre de ne pas troubler la scène par un éclat de rire.

Inscription *de la 11e Planche.*

Claire, Claire ! Les enfans chantent la nuit quand ils ont peur[2].

DOUZIEME ESTAMPE

Tome VI. Lettre XI. page 288.

Une chambre à coucher dans laquelle on remarque de l'élégance, mais simple et sans luxe; des pots de fleurs sur la cheminée. Les rideaux du lit sont à moitié ouverts et rattachés. Julie, morte, y paroît habillée et même parée. Il y a du peuple dans la chambre, hommes et femmes, les plus proches du lit sont à genoux, les autres debout, quelques-uns joignant les mains. Tous regardent le corps d'un air touché mais attentif; comme cherchant encore quelque signe de vie.

Claire eſt debout auprès du lit, le visage élevé vers le Ciel, et les yeux en pleurs. Elle eſt dans l'attitude de quelqu'un qui parle avec véhémence. Elle tient des deux mains un riche voile en broderie, qu'elle vient de baiser, et dont elle va couvrir la face de son amie.

On diſtingue au pied du lit M. de Wolmar debout dans l'attitude d'un homme triſte et même inquiet, mais toujours grave et modéré.

Dans cette derniére Eſtampe la figure de Claire tenant le voile eſt importante et difficile à rendre. L'habillement françois ne laisse pas assez de décence à la négligence et au dérangement. Je me représente une robe à peigner très-simple, arrêtée avec une épingle sur la poitrine, et pour éviter l'air mesquin, flotant et traînant un peu plus qu'une robe ordinaire. Un fichu tout uni noué sur la gorge avec peu de soin; une boucle ou touffe de cheveux échappée de la coeffure et pendante sur l'épaule. Enfin, un désordre dans toute la personne qui peigne la profonde affliction sans malpropreté, et qui soit touchant, non risible.

Dans tout autre tems, Claire n'eſt que jolie; mais il faut que ses larmes la rendent belle, et sur-tout que la véhémence de la douleur soit relevée par une noblesse d'attitude qui ajoute au pathétique (*a*)[1].

Cette Planche eſt sans Inscription.

APPENDICE III.

TABLE DES LETTRES ET MATIÈRES

CONTENUES DANS LA NOUVELLE HÉLOÏSE (*a*).

PREMIERE PARTIE

LETTRE PREMIERE, à Julie.

Son Maître d'études, devenu amoureux d'elle, lui témoigne les sentimens les plus tendres. Il lui reproche le ton de cerémonie en particulier, et le ton familier devant tout le monde.

LETTRE II, à Julie.

L'innocente familiarité de Julie devant tout le monde avec son Maître d'études, retranchée. Plaintes de celui-ci à cet égard.

LETTRE III, à Julie.

Son Amant s'apperçoit du trouble qu'il lui cause, et veut s'éloigner pour toujours.

Premier BILLET de Julie.

Elle permet à son Amant de rester; et de quel ton.

RÉPONSE.

L'Amant persiste à vouloir partir.

Second BILLET de Julie.

Elle insiste sur ce que son Amant ne parte point.

RÉPONSE.

Désespoir de l'Amant.

Troisieme BILLET de Julie.

Ses allarmes sur les jours de son Amant. Elle lui ordonne d'attendre.

LETTRE IV, de Julie.

Aveu de sa flamme. Ses remords. Elle conjure son Amant d'user de générosité à son égard.

LETTRE V, à Julie.

Transports de son Amant; ses protestations du respect le plus inviolable.

LETTRE VI, de Julie à Claire.

Julie presse le retour de Claire, sa Cousine, auprès d'elle, et lui fait entrevoir qu'elle aime.

LETTRE VII. Réponse.

Allarmes de Claire sur l'état du cœur de sa Cousine, à qui elle annonce son retour prochain.

LETTRE VIII, à Julie.

Son Amant lui reproche la santé et la tranquillité qu'elle a recouvrées, les précautions qu'elle prend contre lui, et ne veut plus refuser de la fortune les occasions que Julie n'aura pu lui ôter.

LETTRE IX, de Julie.

Elle se plaint des torts de son Amant, lui explique la cause de ses premieres allarmes, et celle de l'état présent de son cœur, l'invite à s'en tenir au plaisir délicieux d'aimer purement. Ses pressentimens sur l'avenir.

LETTRE X, à Julie.

Impression que la belle ame de Julie fait sur son Amant. Contradictions qu'il éprouve dans les sentimens qu'elle lui inspire.

LETTRE XI, de Julie

Renouvellement de tendresse pour son Amant, et en même-tems d'attachement à son devoir. Elle lui représente combien il est important pour tous deux qu'il s'en remette à elle du soin de leur destin commun.

LETTRE XII, à Julie.

Son Amant acquiesce à ce qu'elle exige de lui. Nouveau plan d'études qu'il lui propose, et qui amene plusieurs observations critiques.

LETTRE XIII, de Julie.

Satisfaite de la pureté des sentimens de son Amant, elle lui témoigne qu'elle ne désespere pas de pouvoir le rendre heureux un jour; lui annonce le retour de son Pere, et le prévient sur une surprise qu'elle veut lui faire dans un bosquet.

LETTRE XIV, à Julie.

Etat violent de l'Amant de Julie. Effet d'un baiser qu'il a reçu d'elle dans le bosquet.

LETTRE XV, de Julie.

Elle exige que son Amant s'absente pour un tems, et lui fait tenir de l'argent pour aller dans sa patrie, afin de vaquer à ses affaires.

LETTRE XVI. Réponse.

L'Amant obéit, et par un motif de fierté lui renvoye son argent.

LETTRE XVII. Replique.

Indignation de Julie sur le refus de son Amant. Elle lui fait tenir le double de la premiere somme.

LETTRE XVIII, à Julie.

Son Amant reçoit la somme, et part.

LETTRE XIX, à Julie.

Quelques jours après son arrivée dans sa patrie, l'Amant de Julie lui demande de le rappeller, et lui témoigne son inquiétude sur le sort d'une premiere lettre qu'il lui a écrite.

LETTRE XX, de Julie.

Elle tranquillise son Amant sur ses inquiétudes par rapport au retard des réponses à ses Lettres. Arrivée du Pere de Julie. Rappel de son Amant differé.

LETTRE XXI, à Julie.

La sensibilité de Julie pour son Pere louée par son Amant. Il regrette néanmoins de ne pas posséder son cœur tout entier.

LETTRE XXII, de Julie.

Etonnement de son pere sur les connoissances et les talens qu'il lui voit. Il eſt informé de la roture et de la fierté du Maître. Julie fait part de ces choses à son Amant, pour lui laisser le tems d'y réfléchir.

LETTRE XXIII, à Julie.

Description des montagnes du Valais. Mœurs des Habitans. Portrait des Valaisanes. L'Amant de Julie ne voit qu'elle par-tout.

LETTRE XXIV, à Julie.

Son Amant lui répond sur le payement proposé des soins qu'il a pris de son éducation. Difference entre la position où ils sont tous deux par rapport à leurs amours, et celles où se trouvoient Heloïse et Abélard.

LETTRE XXV, de Julie.

Son esperance se flétrit tous les jours; elle eſt accablée du poids de l'absence.

BILLET.

L'Amant de Julie s'approche du lieu où elle habite, et l'avertit de l'asyle qu'il s'eſt choisi.

LETTRE XXVI, à Julie.

Situation cruelle de son Amant. Du haut de sa retraite, il a continuellement les yeux fixés sur elle. Il lui propose de fuir avec lui.

LETTRE XXVII, de Claire.

Julie à l'extrêmité. Effet de la proposition de son Amant. Claire le rappelle.

LETTRE XXVIII, de Julie à Claire.

Julie se plaint de l'absence de Claire; de son pere qui veut la marier à un de ses amis; et ne répond plus d'elle-même.

Lettre XXIX, de Julie à Claire.

Julie perd son innocence. Ses remords. Elle ne trouve plus de ressource que dans sa Cousine.

Lettre XXX. Réponse.

Claire tâche de calmer le désespoir de Julie, et lui jure une amitié inviolable.

Lettre XXXI, à Julie.

L'Amant de Julie, qu'il a surprise fondante en larmes, lui reproche son repentir.

Lettre XXXII. Réponse.

Julie regrette moins d'avoir donné trop à l'amour que de l'avoir privé de son plus grand charme. Elle conseille à son Amant, à qui elle apprend les soupçons de sa mere, de feindre des affaires qui l'empêchent de continuer à l'instruire; et l'informera des moyens qu'elle imagine d'avoir d'autres occasions de se voir tous deux.

Lettre XXXIII, de Julie.

Peu satisfaite de la contrainte des rendez-vous publics, dont elle craint d'ailleurs que la dissipation n'affoiblisse les feux de son Amant, elle l'invite à reprendre avec elle la vie solitaire et paisible dont elle l'a tiré. Projet qu'elle lui cache, et sur lequel elle lui défend de l'interroger.

Lettre XXXIV. Réponse.

L'Amant de Julie, pour la rassurer sur la diversion dont elle lui a parlé, lui détaille tout ce qui s'est fait autour d'elle dans l'assemblée où il l'a vûe, et promet de garder le silence qu'elle lui a imposé. Il refuse le grade de Capitaine au service du Roi de Sardaigne, et par quels motifs.

Lettre XXXV, de Julie.

De la justification de son Amant, Julie prend occasion de traiter de la jalousie. Fût-il Amant volage, elle ne le croira jamais ami trompeur. Elle doit souper avec lui chez le pere de Claire. Ce qui se passera après le souper.

Lettre XXXVI, de Julie.

Les parens de Julie obligés de s'absenter. Elle sera déposée chez le pere de sa Cousine. Arrangement qu'elle prend pour voir son Amant en liberté.

Lettre XXXVII, de Julie.

Départ des parens de Julie. Etat de son cœur dans cette circonstance.

Lettre XXXVIII, à Julie.

Témoin de la tendre amitié des deux Cousines, l'Amant de Julie sent redoubler son amour. Son impatience de se trouver au Chalet, rendez-vous champêtre que Julie lui a assigné.

Lettre XXXIX, de Julie.

Elle dit à son Amant de partir sur l'heure, pour aller demander le congé de Claude Anet, jeune garçon qui s'est engagé pour payer les loyers de sa maîtresse, qu'elle protégeoit auprès de sa mere.

Lettre XL, de Fanchon Regard à Julie.

Elle implore le secours de Julie pour avoir le congé de son Amant. Sentimens nobles et vertueux de cette fille.

Lettre XLI. Réponse.

Julie promet à Fanchon Regard, maîtresse de Claude Anet, de s'employer pour son Amant.

Lettre XLII, à Julie.

Son Amant part pour avoir le congé de Claude Anet.

Lettre XLIII, à Julie.

Génerosité du Capitaine de Claude Anet. L'Amant de Julie lui demande un rendez-vous au Chalet avant le retour de la Maman.

Lettre XLIV, de Julie.

Retour précipité de sa mere. Avantages qui résultent du voyage qu'a fait l'Amant de Julie pour avoir le congé de Claude Anet. Julie lui annonce l'arrivée de

Milord Edouard Bomston, dont il est connu. Ce qu'elle pense de cet étranger.

Lettre XLV, à Julie.

Où, et comment, l'Amant de Julie a fait connaissance avec Milord Edouard, dont il fait le portrait. Il reproche à sa maîtresse de penser en femme sur cet Anglois, et la somme du rendez-vous au Chalet.

Lettre XLVI, de Julie.

Elle annonce à son Amant le mariage de Fanchon Regard, et lui fait entendre que le tumulte de la nôce peut suppléer au mystere du Chalet. Elle répond au reproche que son Amant lui a fait par rapport à Milord Edouard. Difference morale des sexes. Souper pour le lendemain, où Julie et son Amant doivent se trouver avec Milord Edouard.

Lettre XLVII, à Julie.

Son Amant craint que Milord Edouard ne devienne son Epoux. Rendez-vous de Musique.

Lettre XLVIII, à Julie.

Réflexions sur la Musique Françoise et sur la Musique Italienne.

Lettre XLIX, de Julie.

Elle calme les craintes de son Amant, en l'assurant qu'il n'est point question de mariage entr'elle et Milord Edouard.

Lettre L, de Julie.

Reproche qu'elle fait à son Amant, de ce qu'échauffé de vin au sortir d'un long repas, il lui a tenu des discours grossiers, accompagnés de manieres indécentes.

Lettre LI. Réponse.

L'Amant de Julie, étonné de son forfait, renonce au vin pour la vie.

Lettre LII, de Julie.

Elle badine son Amant sur le serment qu'il a fait de ne plus boire de vin, lui pardonne, et le releve de son vœu.

LETTRE LIII, de Julie.

La nôce de Fanchon, qui devoit se faire à Clarens, se fera à la ville, ce qui déconcerte les projets de Julie et de son Amant. Julie lui propose un rendez-vous nocturne, au risque d'y perir tous deux.

LETTRE LIV, à Julie.

L'Amant de Julie dans le cabinet de sa Maîtresse. Ses transports en l'attendant.

LETTRE LV, à Julie.

Sentimens d'amour chez l'Amant de Julie, plus paisibles, mais plus affectueux et plus multipliés après qu'avant la jouissance.

LETTRE LVI, de Claire à Julie.

Démêlé de l'Amant de Julie avec Milord Edouard. Julie en est l'occasion. Duel proposé. Claire qui apprend cette aventure à sa Cousine, lui conseille d'écarter son Amant pour prévenir tout soupçon. Elle ajoute qu'il faut commencer par vuider l'affaire de Milord Edouard, et par quels motifs.

LETTRE LVII, de Julie.

Raisons de Julie pour dissuader son Amant de se battre avec Milord Edouard, fondées principalement sur le soin qu'il doit prendre de la réputation de son Amante, sur la notion de l'honneur réel et de la veritable valeur.

LETTRE LVIII, de Julie à Milord Edouard.

Elle lui avoue qu'elle a un Amant maître de son cœur et de sa personne. Elle en fait l'éloge, et jure qu'elle ne lui survivra pas.

LETTRE LIX, de M. d'Orbe à Julie.

Il lui rend compte de la réponse de Milord Edouard, après la lecture de sa Lettre.

LETTRE LX, à Julie.

Réparation de Milord Edouard. Jusqu'à quel point il porte l'humanité et la génerosité.

LETTRE LXI, de Julie.

Ses sentimens de reconnoissance pour Milord Edouard.

Lettre LXII, de Claire à Julie.

Milord Edouard propose au pere de Julie de la marier avec son Maître d'études, dont il vante le merite. Le pere est révolté de cette proposition. Réflexions de Milord Edouard sur la noblesse. Claire informe sa Cousine de l'éclat que l'affaire de son Amant a fait par la ville et la conjure de l'éloigner.

Lettre LXIII, de Julie à Claire.

Emportement du pere de Julie contre sa femme et sa fille, et par quel motif. Suites. Regrets du Pere. Il déclare à sa fille qu'il n'acceptera jamais pour gendre un homme tel que son Maître d'études, et lui défend de le voir et de lui parler de sa vie. Impression que cet ordre fait sur le cœur de Julie; elle remet à sa Cousine le soin d'éloigner son Amant.

Lettre LXIV, de Claire à M. d'Orbe.

Elle l'instruit de ce qu'il faut d'abord faire pour préparer le départ de l'Amant de Julie.

Lettre LXV, de Claire à Julie.

Détail des mesures prises avec M. d'Orbe et Milord Edouard pour le départ de l'Amant de Julie. Arrivée de cet Amant chez Claire, qui lui annonce la nécessité de s'éloigner. Ce qui se passe dans son cœur. Son départ.

DEUXIEME PARTIE

Lettre premiere, à Julie.

Reproches que lui fait son Amant en proie aux peines de l'absence.

Lettre II, de Milord Edouard à Claire.

Il l'informe du trouble de l'Amant de Julie, et promet de ne point le quitter qu'il ne le voye dans un état sur lequel il puisse compter.

Fragmens joints à la Lettre précédente.

L'Amant de Julie se plaint que l'amour et l'amitié le séparent de tout ce qu'il aime. Il soupçonne qu'on lui a conseillé de l'éloigner.

Lettre III, de Milord Edouard à Julie.

Il lui propose de passer en Angleterre avec son Amant pour l'épouser, et leur offre une Terre qu'il a dans le Duché d'Yorck.

Lettre IV, de Julie à Claire.

Perplexités de Julie incertaine si elle acceptera, ou non, la proposition de Milord Edouard; elle demande conseil à son amie.

Lettre V. Réponse.

Claire témoigne à Julie le plus inviolable attachement, et l'assûre qu'elle la suivra par-tout, sans lui conseiller néanmoins d'abandonner la maison paternelle.

Billet de Julie à Claire.

Julie remercie sa Cousine du conseil qu'elle a cru entrevoir dans la lettre précédente.

Lettre VI, de Julie à Milord Edouard.

Refus de la proposition qu'il lui a faite.

Lettre VII, de Julie.

Elle releve le courage abattu de son Amant, et lui peint vivement l'injustice de ses reproches. Sa crainte de contracter des nœuds abhorrés, et peut-être inévitables.

Lettre VIII, de Claire.

Elle reproche à l'Amant de Julie son ton grondeur, et ses mécontentemens, et lui avoue qu'elle a engagé sa Cousine à l'éloigner, et à refuser les offres de Milord Edouard.

Lettre IX, de Milord Edouard à Julie.

L'Amant de Julie plus raisonnable. Départ de Milord Edouard pour Rome. Il doit à son retour reprendre son ami à Paris, l'emmener en Angleterre, et dans quelles vues.

Lettre X, à Claire.

Soupçons de l'Amant de Julie contre Milord Edouard. Suites. Eclaircissement. Son repentir. Son inquiétude causée par quelques mots d'une lettre de Julie.

LETTRE XI, de Julie.

Elle exhorte son Amant à faire usage de ses talens dans la carriere qu'il va courir, à n'abandonner jamais la vertu, et à n'oublier jamais son Amante; elle ajoûte qu'elle ne l'épousera point sans le consentement du Baron d'Etange, mais qu'elle ne sera point à un autre sans le sien.

LETTRE XII, à Julie.

Son Amant lui annonce son départ.

LETTRE XIII, à Julie.

Arrivée de son Amant à Paris. Il lui jure une constance éternelle, et l'informe de la génerosité de Milord Edouard à son égard.

LETTRE XIV, à Julie.

Entrée de son Amant dans le monde. Fausses amitiés. Idée du ton des conversations à la mode. Contraste entre les discours et les actions.

LETTRE XV, de Julie.

Critique de la lettre précédente. Prochain mariage de Claire.

LETTRE XVI, à Julie.

Son Amant répond à la critique de sa derniere lettre. Où, et comment il faut étudier un peuple. Le sentiment de ses peines. Consolation dans l'absence.

LETTRE XVII, à Julie.

Son Amant tout-à-fait dans le torrent du monde. Difficultés de l'étude du monde. Soupers priés. Visites. Spectacles.

LETTRE XVIII, de Julie.

Elle informe son Amant du mariage de Claire; prend avec lui des mesures pour continuer leur correspondance par une autre voie que celle de sa Cousine; fait l'éloge des François, se plaint de ce qu'il ne lui dit rien des Parisiennes; invite son ami à faire usage de ses talens à Paris; lui annonce l'arrivée de deux épouseurs, et la meilleure santé de Madame d'Etange.

LETTRE XIX, à Julie.

Motif de la franchise de son Amant vis-à-vis des Parisiens. Par quelle raison il préfere l'Angleterre à la France pour y faire valoir ses talens.

LETTRE XX, de Julie.

Elle envoye son portrait à son Amant, et lui annonce le départ des deux épouseurs.

LETTRE XXI, à Julie.

Son Amant lui fait le portrait des Parisiennes.

LETTRE XXII, à Julie.

Transports de l'Amant de Julie, à la vue du portrait de sa Maîtresse.

LETTRE XXIII, de l'Amant de Julie à Mde d'Orbe.

Description critique de l'Opera de Paris.

LETTRE XXIV, de Julie.

Elle informe son Amant de la maniere dont elle s'y est prise pour avoir le portrait qu'elle lui a envoyé.

LETTRE XXV, à Julie.

Critique de son portrait. Son Amant le fait réformer.

LETTRE XXVI, à Julie.

Son Amant conduit, sans le savoir, chez des femmes du monde. Suites. Aveu de son crime. Ses regrets.

LETTRE XXVII, de Julie.

Elle reproche à son Amant ses sociétés et sa mauvaise honte, comme les premieres causes de sa faute; lui conseille de remplir sa fonction d'observateur parmi le bourgeois, et même le bas peuple; se plaint de la difference entre les relations frivoles qu'il lui envoie, et celles beaucoup meilleures qu'il adresse à M. d'Orbe.

LETTRE XXVIII, de Julie.

Les lettres de son Amant surprises par sa mere.

TROISIEME PARTIE

Lettre premiere, de Mde d'Orbe.

Elle annonce à l'Amant de Julie la maladie de Mde d'Etange, et l'accablement de sa fille, et l'engage à renoncer à Julie.

Lettre II, de l'Amant de Julie à Mde d'Etange.

Promesse de rompre tout commerce avec Julie.

Lettre III, de l'Amant de Julie à Mde d'Orbe, en lui envoyant la lettre précédente.

Il lui reproche l'engagement qu'elle lui a fait prendre de renoncer à Julie.

Lettre IV, de Mde d'Orbe à l'Amant de Julie.

Elle lui apprend l'effet de sa lettre sur le cœur de Mde d'Etange.

Lettre V, de Julie à son Amant.

Mort de Mde d'Etange. Désespoir de Julie. Son trouble en disant adieu pour jamais à son Amant.

Lettre VI, de l'Amant de Julie à Mde d'Orbe.

Il lui témoigne combien il ressent vivement les peines de Julie, et la recommande à son amitié. Ses inquiétudes sur la veritable cause de la mort de Mde d'Etange.

Lettre VII. Réponse.

Madame d'Orbe félicite l'Amant de Julie du sacrifice qu'il a fait; cherche à le consoler de la perte de son Amante, et dissipe ses inquiétudes sur la cause de la mort de Madame d'Etange.

Lettre VIII, de Milord Edouard à l'Amant de Julie.

Il lui reproche de l'oublier; le soupçonne de vouloir cesser de vivre, et l'accuse d'ingratitude.

Lettre IX. Réponse.

L'Amant de Julie rassure Milord Edouard sur ses craintes.

BILLET de Julie.

Elle demande à son Amant de lui rendre sa liberté.

LETTRE X, du Baron d'Etange, dans laquelle étoit le précédent Billet.

Reproches et menaces à l'Amant de sa fille.

LETTRE XI. Réponse.

L'Amant de Julie brave les menaces du Baron d'Etange, et lui reproche sa barbarie.

BILLET inclus dans la précédente Lettre.

L'Amant de Julie lui rend le droit de disposer de sa main.

LETTRE XII, de Julie.

Son désespoir de se voir sur le point d'être séparée à jamais de son Amant. Sa maladie.

LETTRE XIII, de Julie à Mde d'Orbe.

Elle lui reproche les soins qu'elle a pris pour la rappeler à la vie. Prétendu rêve qui lui fait craindre que son Amant ne soit plus.

LETTRE XIV. Réponse.

Explication du prétendu rêve de Julie. Arrivée subite de son Amant. Il s'inocule volontairement en lui baisant la main. Son départ. Il tombe malade en chemin. Sa guerison. Son retour à Paris avec Milord Edouard.

LETTRE XV, de Julie.

Nouveaux témoignages de tendresse pour son Amant. Elle eſt cependant résolue à obéir à son pere.

LETTRE XVI. Réponse.

Transports d'amour et de fureur de l'Amant de Julie. Maximes honteuses aussi-tôt rétractées qu'avancées. Il suivra Milord Edouard en Angleterre, et projette de se derober tous les ans, et de se rendre secrétement près de son Amante.

LETTRE XVII, de Mde d'Orbe à l'Amant de Julie.

Elle lui apprend le mariage de Julie.

LETTRE XVIII, de Julie à son Ami.

Récapitulation de leurs amours. Vûes de Julie dans ses rendez-vous. Sa grossesse. Ses esperances évanouies. Comment sa mere fut informée de tout. Elle proteste à son pere qu'elle n'épousera jamais M. de Wolmar. Quels moyens son pere employe pour vaincre sa fermeté. Elle se laisse mener à l'Eglise. Changement total de son cœur. Réfutation solide des sophismes qui tendent à disculper l'adultere. Elle engage celui qui fut son Amant à s'en tenir, comme elle fait, aux sentimens d'une amitié fidelle, et lui demande son consentement pour avouer à son époux sa conduite passée.

LETTRE XIX. Réponse.

Sentimens d'admiration et de fureur chez l'Ami de Julie. Il s'informe d'elle si elle est heureuse, et la dissuade de faire l'aveu qu'elle médite.

LETTRE XX, de Julie.

Son bonheur avec M. de Wolmar, dont elle dépeint à son Ami le caractere. Ce qui suffit entre deux Epoux pour vivre heureux. Par quelle consideration elle ne fera pas l'aveu qu'elle méditoit. Elle rompt tout commerce avec son Ami; lui permet de donner de ses nouvelles par Mde d'Orbe dans les occasions interessantes, et lui dit adieu pour toujours.

LETTRE XXI, de l'Amant de Julie à Milord Edouard.

Ennuyé de la vie, il cherche à justifier le suicide.

LETTRE XXII. Réponse.

Milord Edouard réfute avec force les raisons alléguées par l'Amant de Julie pour autoriser le suicide.

LETTRE XXIII, de Milord Edouard à l'Amant de Julie.

Il propose à son ami de chercher le repos de l'ame dans l'agitation d'une vie active. Il lui parle d'une occasion qui se présente pour cela, et, sans s'expliquer davantage, lui demande sa réponse.

LETTRE XXIV. Réponse.

Résignation de l'Amant de Julie aux volontés de Milord Edouard.

LETTRE XXV, de Milord Edouard à l'Amant de Julie.

Il a tout disposé pour l'embarquement de son ami en qualité d'Ingénieur sur un Vaisseau d'une Escadre Angloise qui doit faire le tour du Monde.

LETTRE XXVI, de l'Amant de Julie à Mde d'Orbe.

Tendres adieux à Mde d'Orbe et à Mde de Wolmar.

QUATRIEME PARTIE

LETTRE PREMIERE, de Mde de Wolmar à Mde d'Orbe.

Elle presse le retour de sa Cousine, et par quels motifs. Elle desire que cette Amie vienne demeurer pour toujours avec elle et sa famille.

LETTRE II, de Mde d'Orbe à Mde de Wolmar.

Projet de Mde d'Orbe, devenue veuve, d'unir un jour sa fille au fils aîné de Mde de Wolmar. Elle lui offre et partage la douce esperance d'une parfaite réunion.

LETTRE III, de l'Amant de Julie à Mde d'Orbe.

Il lui annonce son retour, lui donne une légere idée de son voyage; lui demande la permission de la voir, et lui peint les sentimens de son cœur pour Mde de Wolmar.

LETTRE IV, de M. de Wolmar à l'Amant de Julie.

Il lui apprend que sa femme vient de lui ouvrir son cœur sur ses égaremens passés, et il lui offre sa maison. Invitation de Julie.

LETTRE V, de Mde d'Orbe à l'Amant de Julie.

Dans cette Lettre étoit incluse la précédente.

Mde d'Orbe joint son invitation à celle de M. et de Mde de Wolmar, et veut que le nom de St. Preux qu'elle avoit donné précédemment devant ses gens à l'Amant de Julie, lui demeure, au moins dans leur société.

LETTRE VI, de St. Preux à Milord Edouard.

Réception que M. et Mde de Wolmar font à St. Preux. Differens mouvemens dont son cœur est agité. Résolution qu'il prend de ne jamais manquer à son devoir.

LETTRE VII, de Mde de Wolmar à Mde d'Orbe.

Elle l'instruit de l'état de son cœur, de la conduite de St. Preux, de la bonne opinion de M. de Wolmar pour son nouvel hôte, et de sa sécurité sur la vertu de sa femme, dont il refuse la confidence.

LETTRE VIII. Réponse de Mde d'Orbe à Mde de Wolmar.

Elle lui représente le danger qu'il pourroit y avoir à prendre son mari pour confident, et exige d'elle qu'elle lui envoye St. Preux pour quelques jours.

LETTRE IX, de Mde d'Orbe à Mde de Wolmar.

Elle lui renvoye St. Preux dont elle loue les façons, ce qui occasionne une critique de la politesse manierée de Paris. Présent qu'elle fait de sa petite fille à sa Cousine.

LETTRE X, de St. Preux à Milord Edouard.

Il lui détaille la sage économie qui régne dans la maison de M. de Wolmar relativement aux Domestiques et aux Mercenaires : ce qui amene plusieurs réflexions et observations critiques.

LETTRE XI, de St. Preux à Milord Edouard.

Description d'une agréable solitude, ouvrage de la nature plutôt que de l'art, où M. et Mde de Wolmar vont se récréer avec leurs enfans; ce qui donne lieu à des réflexions critiques sur le luxe et le goût bizarre qui régnent dans les Jardins des riches. Idée des Jardins de la Chine. Ridicule enthousiasme des amateurs de fleurs. La passion de St. Preux pour Mde de Wolmar se change tout-à-coup en admiration pour ses vertus.

LETTRE XII, de Mde de Wolmar à Mde d'Orbe.

Caractere de M. de Wolmar, instruit même avant son mariage de tout ce qui s'est passé entre sa femme et St. Preux. Nouvelles preuves de son entiere confiance en leur vertu. M. de Wolmar doit s'absenter pour quelque tems. Sa femme demande conseil à sa Cousine, pour savoir si elle exigera, ou non, que St. Preux accompagne son mari.

Lettre XIII. Réponse de Mde d'Orbe à Mde de Wolmar.

Elle dissipe les allarmes de sa Cousine au sujet de St. Preux, et lui dit de prendre contre ce philosophe toutes les précautions superflues qui lui auroient été jadis si nécessaires.

Lettre XIV, de M. de Wolmar à Mde d'Orbe.

Il lui annonce son départ, et l'instruit du projet qu'il a de confier l'éducation de ses enfans à St. Preux : projet qui justifie sa conduite singuliere à l'égard de sa femme et de son ancien amant. Il informe sa Cousine des découvertes qu'il a faites de leurs vrais sentimens, et des raisons de l'épreuve à laquelle il les met par son absence.

Lettre XV, de St. Preux à Milord Edouard.

Affliction de Mde de Wolmar. Secret fatal qu'elle révele à St. Preux, qui ne peut pour le présent en instruire son ami.

Lettre XVI, de Mde de Wolmar à son mari.

Elle lui reproche de jouir durement de la vertu de sa femme.

Lettre XVII, de St. Preux à Milord Edouard.

Danger que courent Mde de Wolmar et St. Preux sur le lac de Geneve. Ils parviennent à prendre terre. Après le dîner St. Preux mene Mde de Wolmar dans la retraite de Meillerie, où jadis il ne s'occupoit que de sa chere Julie. Ses transports à la vûe des anciens monumens de sa passion. Conduite sage et prudente de Mde de Wolmar. Ils se rembarquent pour revenir à Clarens. Horrible tentation de St. Preux. Combat interieur qu'éprouve son amie.

CINQUIEME PARTIE

Lettre premiere, de Milord Edouard à St. Preux.

Conseils et reproches. Eloge d'Abauzit, citoyen de Geneve. Retour prochain de Milord Edouard.

Lettre II, de St. Preux à Milord Edouard.

Il assure à son ami qu'il a recouvré la paix de l'ame; lui fait un détail de la vie privée de M. et de Mde de Wolmar, et de l'économie avec laquelle ils font valoir leurs biens, et administrent leurs revenus. Critique du luxe de magnificence et de vanité. Le paysan doit rester dans sa conduite. Raisons de la charité qu'on doit avoir pour les mendians. Egards dûs à la vieillesse.

Lettre III, de St. Preux à Milord Edouard.

Douceur du recueillement dans une assemblée d'amis. Education des fils de M. et de Mde de Wolmar. Critique judicieuse de la maniere dont on éleve ordinairement les Enfans.

Lettre IV, de Milord Edouard à Saint-Preux.

Il lui demande l'explication des chagrins secrets de Mde de Wolmar, desquels St. Preux lui avoit parlé dans une lettre qui n'a pas été reçue.

Lettre V, de St. Preux à Milord Edouard.

Incrédulité de M. de Wolmar. Cause des chagrins secrets de Julie.

Lettre VI, de St. Preux à Milord Edouard.

Arrivée de Mde d'Orbe avec sa fille chez M. de Wolmar. Transports et fêtes à l'occasion de cette réunion.

Lettre VII, de St. Preux à Milord Edouard.

Ordre et gaieté qui régnent chez M. de Wolmar dans le tems de vendages. Le Baron d'Etange et St. Preux sincerement réconciliés.

Lettre VIII, de St. Preux à M. de Wolmar.

St. Preux parti avec Milord Edouard pour Rome. Il témoigne à M. de Wolmar la joie où il est d'avoir appris qu'il lui destine l'éducation de ses enfans.

Lettre IX, de St. Preux à Madame d'Orbe.

Il lui rend compte de la premiere journée de son voyage. Nouvelles foiblesses de son cœur. Songe funeste.

Milord Edouard le ramene à Clarens pour le guerir de ses craintes chimeriques. Sûr que Julie eſt en bonne santé, Saint-Preux repart sans la voir.

Lettre X, de Mde d'Orbe à St. Preux.

Elle lui reproche de ne s'être pas montré aux deux Cousines. Impression que fait sur Claire le rêve de St. Preux.

Lettre XI, de M. de Wolmar à St. Preux.

Il le plaisante sur son rêve, et lui fait quelques légers reproches sur le ressouvenir de ses anciennes amours.

Lettre XII, de St. Preux à M. de Wolmar.

Anciennes amours de Milord Edouard. Motif de son voyage à Rome. Dans quel dessein il a emmené avec lui Saint-Preux. Celui-ci ne souffrira pas que son ami fasse un mariage indécent; il demande à ce sujet conseil à Monsieur de Wolmar, et lui recommande le secret.

Lettre XIII, de Mde de Wolmar à Mde d'Orbe.

Elle a pénétré les secrets sentimens de sa Cousine pour Saint-Preux; lui représente le danger qu'elle peut courir avec lui, et lui conseille de l'épouser.

Lettre XIV, d'Henriette à sa Mere.

Elle lui témoigne l'ennui où son absence a mis tout le monde; lui demande des présens pour son petit Mali, et ne s'oublie pas elle-même.

SIXIEME PARTIE

Lettre premiere, de Mde d'Orbe à Mde de Wolmar.

Elle lui apprend son arrivée à Lausanne, où elle l'invite de venir pour la nôce de son frere.

Lettre II, de Mde d'Orbe à Mde de Wolmar.

Elle inſtruit sa Cousine de ses sentimens pour St. Preux. Sa gaieté la mettra toujours à l'abri de tout danger. Ses raisons pour reſter veuve.

nistre, sur les objets les plus importans. Retour de Claude Anet. Tranquillité d'ame de Julie au sein de la mort. Elle expire entre les bras de sa Cousine. On la croit faussement rendue à la vie, et à quelle occasion. Comment le rêve de St. Preux est en quelque sorte accompli. Consternation de toute la maison. Désespoir de Claire.

Lettre XII, de Julie à St. Preux : cette Lettre étoit incluse dans la précédente.

Julie regarde sa mort comme un bienfait du ciel, et par quel motif. Elle engage de nouveau St. Preux à épouser Mde d'Orbe, et le charge de l'éducation de ses enfans. Derniers adieux.

Lettre XIII, de Mde d'Orbe à St. Preux.

Elle lui fait l'aveu de ses sentimens pour lui, et lui déclare en même temps qu'elle veut toujours rester libre. Elle lui représente l'importance des devoirs dont il est chargé; lui annonce chez M. de Wolmar des dispositions prochaines à abjurer son incrédulité; l'invite, lui et Milord Edouard, à se réunir au plutôt à la famille de Julie. Vive peinture de l'amitié la plus tendre, et de la plus amere douleur.

APPENDICE IV.

UNE INTRODUCTION SUPPRIMÉE DE LA PRÉFACE DIALOGUÉE *DE* LA NOUVELLE HÉLOÏSE

Lorsque j'eus résolu de faire imprimer le manuscrit annoncé dans ma lettre à M. d'Alembert sur les spectacles, je le dis à mes amis qui le dirent à d'autres; et là-dessus le public ayant marqué quelque empressement de voir ce recueil, je me crois obligé de déclarer qu'il n'y a point de ma faute dans le retard de l'impression. Le tout est depuis longtems entre les mains du libraire et vaut si peu la peine d'être attendu, que s'il dépendoit de moi de le retirer, ce seroit le meilleur parti que j'aurois à prendre, bien sur que les lecteurs, mal payés de leur impatience, n'y trouveront que trop de quoi s'en venger.

Pour satisfaire au moins à quelque égard leur curiosité, je prends le parti de leur donner d'avance une espéce de Préface que j'avois d'abord faite pour le livre dont il s'agit, et qui, vû sa longueur et sa forme, ne s'y trouvera que par extrait. Je la donne ici tout entiére, afin qu'on sache mieux à quoi s'en tenir sur les lettres qu'elle annonce, et qu'on s'inquiète moins de leur publication.

Elle contient le sentiment d'un homme de goût et de lettres à qui je suppose avoir prêté mon manuscrit, et à la place duquel j'ai tâché de me mettre pour en juger aussi sévérement qu'il auroit fait. Comme en m'accusant je ne perds pas le droit de me deffendre; pour n'oublier ni l'intérest de la vérité ni celui de l'Editeur, j'ai suivi le plus fidellement que j'ai pu les idées du censeur et les miennes sous forme d'entretien.

A la suite de cette préface on trouvera pour le même livre des sujets d'estampes que l'incertitude du succés et d'autres difficultés ne m'ont pas permis de faire exécuter, mais que j'ai trouvés assés agréables pour en exposer au moins le projet. Afin qu'on en puisse mieux juger, j'ai pris le soin de marquer sur ce qui est déjà imprimé, le tôme et la page du livre, où chaque estampe auroit dû se rapporter.

N. *Vel duo, vel nemo.*

J.J. *Turpe et miserabile.* Mais je veux un jugement positif.

N. Je n'ose.

THÉATRE

IPHIS

TRAGEDIE POUR L'ACADEMIE ROYALLE DE MUSIQUE.

ACTEURS.

ORTULE, roi d'Elide.
PHILOXIS, prince de Miscéne[1].
ANAXARETTE, fille du feu roi d'Elide.
ELISE, princesse de la cour d'Ortule.
IPHIS, officier de la maison d'Ortule.
ORANE, suivante d'Elise.
UN CHEF DES GUERRIERS DE PHILOXIS.
CHŒUR DE GUERRIERS.
CHŒUR DE LA SUITTE D'ANAXARETTE.
CHŒUR DE DIEUX ET DE DEESSES.
CHŒUR DE SACRIFICATEURS ET DE PEUPLES.
CHŒUR DE FURIES DANSANTES[2].

IPHIS.

TRAGEDIE POUR L'ACADEMIE ROYALLE DE MUSIQUE.

ACTE PREMIER.

Le theatre représente un rivage
et dans le fond une mer Couverte de vaisseaux.

[*SCENE I.*]

ELISE, ORANE.

ORANE.

Princesse enfin votre joie eſt parfaite,
Rien ne troublera plus vos feux (*a*).
Philoxis de retour, Philoxis amoureux
Vient d'obtenir du Roy la main d'Anaxarette.
Elle consent sans peine à ce choix glorieux.
L'aspeƈt d'un souverain puissant, viƈtorieux
Efface dans son cœur la plus vive tendresse.
Le trop conſtant Iphis n'eſt plus rien à ses yeux.
Sa seule grandeur l'interesse.

ELISE.

En vain tout paroit conspirer
A favoriser ma flame.
Je n'ose point encor, chére Orane, esperer
Qu'il devienne sensible aux tourmens de mon ame.
Je connois trop Iphis, je ne puis m'en flatter.
Son cœur eſt trop conſtant son amour eſt trop tendre.
Non rien ne pourra l'arréter.
Il saura méme aimer sans pouvoir rien prétendre.

ORANE.

Eh quoi, vous penseriez qu'il osa refuser
Un cœur qui borneroit les vœux de cent monarques ?

ELISE.

Helas ! il n'a déja que trop su mépriser
De mes foeux les plus tendres marques.

ORANE.

Pourroit il oublier sa naissance, son rang[1]
Et l'éclat dont brille le sang
Duquel les Dieux vous ont fait naitre ?

ELISE.

Quels que soient les ayeux dont il a receu l'étre,
Iphis sait mériter un plus illustre sort
Et par un courageux effort
Se frayer le chemin d'une course brillante.
Ses aimables vertus, sa valeur éclattante
Ont su lui captiver mon cœur.
Orane, je ferois honneur
D'une semblable foiblesse
Si pour repondre à mon ardeur
L'Ingrat emploioit sa tendresse.
Mais peu touché de ma grandeur
Et moins encor de mon amour extréme
Il a beau savoir que je l'aime,
Je n'en suis pas mieux dans son cœur.
Il ose soupirer pour la fille d'Ortule.
Elle-méme jusqu'à ce jour
A su partager son amour
Et malgré sa fierté, malgré tout son scrupule,
Je l'ai vu s'attendrir et l'aimer à son tour.
Seule de son secret je tiens la confidence.
Elle m'a fait l'aveu de leurs plus tendres foeux.
Ah : qu'une telle confiance
Est dure à supporter pour mon cœur amoureu[x] !

ORANE.

Quelque soit l'exces de sa flamme
Elle brise aujourd'hui ses nœuds les plus charmans.
Si l'Amour regnoit bien dans le fond de son ame
Oub[l]iroit-elle ainsi ses vœux et ses sermens ?
Laisse[z]agir le tems, laisse[z] agir vos charmes,
Bientot Iphis irrité des mépris
De la beauté don[t] son cœur eſt épris
Va vous rendre les armes.

(Air.)

Pour finir vos peines.
Amour va lancer ses traits.
Faites briller vos attraits,
Formez de douces chaines.
Pour finir vos peines
Amour va lancer ses traits.

ELISE.

Orane, malgré moi la crainte m'intimide (*a*).
Helas je sens couler mes pleurs.
Iphis que tu serois perfide
Si sans les partager tu voiois mes douleurs !
Mais c'eſt assez tarder, cherchons Anaxarette.
Philoxis en ces lieux lui prépare une féte.
Je dois l'accompagner. Orane suivez-moi.

SCENE II.

IPHIS, *seul.*

Amour que de tourmens j'endure sous ta loi,
Que mes maux sont cruels, que ma peine eſt extréme.
Je crains de perdre ce que j'aime.
J'ai beau m'assurer sur son cœur,
Je sens helas que son ardeur
M'eſt une trop foible assurance
Pour me rendre mon esperance.

Je voi déja sur ce rivage
Un rival orgueilleux couronné de lauriers
Au milieu de mille guerriers
Lui presenter un doux hommage.
En cet état ose-t-on refuser
Un amant tout couvert de gloire ?
Hélas je ne puis accuser
Que sa grandeur et sa victoire.
De funestes pressentimens
Tour à tour dévorent mon ame.
Mon trouble augmente à tous momens.
Anaxarette...... Dieux..... trahiriez-vous ma flamme ?

(Air.)

Quel prix de ma constante ardeur
Si vous deveniez infidelle.
Ellise étoit charmante et belle.
J'ai cent fois refusé son cœur.
Quel prix de ma constante ardeur
Si vous deveniez infidelle.

SCENE III.

LR ROY, PHILOXIS.

LE ROY.

Prince je vous dois aujourdui
L'éclat dont brille la couronne.
Vottre bras est le seul appui
Qui vient de rassurer mon trone.
Vous avez terracez mes plus fiers ennemis,
Tout parle de votre victoire.
Des sujets revoltez vouloient ternir ma gloire,
Vôtre valeur les a soumis.
Jugez de la grandeur de ma reconnaissance
Par l'excez du bienfait que j'ai receu de vous.
Vous possedez Déja la supréme puissance.
Soiez encor heureu[x] époux.
Je dispose d'Anaxarette.
Ortule en expirant m'en laissa le pouvoir[1].
Philoxis, si sa main peut flatter votre espoir
A former cet himen aujourdui je m'aprette.

PHILOXIS.

Que ne vous dois-je point, seigneur,
Que mes plaisirs sont doux, qu'ils sont remplis de charmes.
Ah ! l'heureux succez de mes armes
Eſt bien paié par un si grand bonheur.

(Air.)

Tendre amour aimable espérance
Régnez à jamais dans mon cœur.

Je vois recompenser la plus parfaitte ardeur
Je reçois aujourdui le prix de ma conſtance.
Ce que j'ai senti de soufrance
N'eſt rien aupres de mon bonheur.

Tendre amour aimable esperance
Regnez à jamais dans mon cœur.

Je vai posseder ce que j'aime.
Ah ! Philoxis eſt trop heureux.

LE ROY.

Je sens une Joie extréme
De pouvoir combler vos vœux.

ENSEMBLE.

La paix succede aux plus vives allarmes.
Livrons-nous aux plus doux plaisirs,
Goutons, goutons-en tous les charmes,
Nous ne formerons plus d'inutiles désirs.

LE ROY.

La gloire (*a*) a couronné vos armes
Et l'himen en ce jour couronne vos soupirs.

ENSEMBLE.

La paix succede etc.

LE ROY.

Prince je vai pour cet ouvrage (*b*)
Tout préparer des ce moment :
Vous allez étre heureux amant.
C'eſt le fruit de votre courage.

PHILOXIS.

Et moi pour annoncer en ces lieux mon bonheur
Allons sur mes vaisseaux triomphant et vainqueur
Des Dépouilles de ma conquette
Faire une hommage aux pieds d'Anaxarette.

SCENE IIII.

ANAXARETTE, *seule.*

(Air.)

Je cherche en vain à dissiper mon trouble.
Non rien ne sauroit l'appaiser.
J'ai beau m'y vouloir opposer,
Malgré moi ma peine redouble.

Enfin il eſt donc vrai j'épouse Philoxis
Et j'ai pu consentir à trahir ma tendresse.
C'eſt inutilement que mon cœur s'interesse
Au bonheur de l'aimable Iphis.
Falloit-il Dieux puissans qu'une si douce flamme
(*a*) Dont j'attendois tout mon bonheur
N'ait pu passer jusqu'en mon ame
Sans offenser ma gloire et mon honneur ?

Je cherche en vain etc.

Je sens encor tout mon amour
Quoi que pour l'étouffer l'ambition m'inspire
Et je m'aperçois trop qu'à leur tour
Mes yeux versent des pleurs et que mon cœur soupire.

Mais quoi pourrois-je balancer ?
Pour deux objets puis-je m'interesser ?
L'un eſt roi triomphant, l'autre amant sans naissance.
Ah ! sans rougir je ne puis y penser
Et j'en sens trop la difference
Pour oser encor hesiter.
Non sachons mieux nous acquitter

Des loix que la gloire m'impose.
Regnons : mon rang ne me propose
Qu'une couronne à souhaitter
Et je ne serois plus digne de la porter
Si je desirois autre chose.

SCENE V.

ELISE, ANAXARETTE, SUITTE D'ANAXARETTE
qui entre avec ELISE.

ELISE.

Philoxis est enfin de retour en ces lieux.
Il rameine avec lui l'amour et la victoire
Et cet amant comblé de gloire
En vient faire hommage à vos yeux.
Ces vaisseaux triomphans autour de ce rivage
Semblent anoncer ces exploits.
Nos ennemis vaincus et soumis à nos loix
Sont des preuves de son courage.
Princesse dans cet heureux jour
Vous allez partager l'éclat qui l'environne.
Qu'avec plaisir on porte une couronne
Quand on la reçoit de l'amour.

ANAXARETTE.

Je sens l'exces de mon bonheur extréme
Et je vois accomplir mes plus ardens (*a*) desirs.
Helas que ne puis-je de méme
Voir finir mes tendres soupirs.

(On entend des trompettes et des timballes derriére le theatre.)

Mais, qu'entens-je ? quel bruit de guerre
Vient en ces lieux fraper les airs ?

ELISE.

Quels sons harmonieux, quels éclattans concerts !

ENSEMBLE.

Ciel ! quel auguste aspect paroit sur cette terre !

SCENE VI.

Icy quatre trompettes paroissent sur le theatre suivis d'un grand nombre de guerriers vétus magnifiquement.

ANAXARETTE, ELISE, SUITTE D'ANAXARETTE,
CHEF DES GUERRIERS, CHŒUR DE GUERRIERS.

LE CHEF DES GUERRIERS, *à Anaxarette.*

Recevez aimable princesse
L'homage d'un amant tendre et respectueux.
C'est de sa part que dans ces lieux
Nous venons vous offrir [s]es vœux et sa richesse.

En cet endroit on voit entrer au son des trompettes plusieurs guerriers vétus plus légérement (a) qui portent des présens magnifiques à la fin desquels est un beau trophée ; ils forment une marche et vont en dansant offrir leurs présens à la princesse pendant que le chef des guerriers chante.

LE CHEF DES GUERRIERS.

Regnez à jamais sur son cœur,
Partagez son amour extréme
Et que de sa flamme méme
Puisse naittre votre ardeur.

Et vous Guerrier[s] chantons l'heureuse chaine
Qui va couronner nos vœux.
Honorons notre souveraine,
Sous ses loix vivons sans peine,
Soions à jamais heureux

CHŒUR DES GUERRIERS.

Chantons chantons l'heureuse chaine
Qui va couronner nos vœux.
Honorons notre souveraine,
Sous [s]es loix vivons sans peine,
Soions à jamais heureux.

ELISE.

Jeunes cœurs en ce séjour
Rendez-vous sans plus attendre.
Craignez d'irriter l'amour.
Chaque cœur doit à son tour
Devenir amoureux et tendre.
On veut en vain se défendre.
Il faut tous aimer (*a*) un jour.

LE CHEF DES GUERRIERS *avec* ELISE[1].

LA DÉCOUVERTE DU NOUVEAU MONDE

TRAGEDIE.

ACTEURS DU PROLOGUE.

L'EUROPE.
LA FRANCE.
MINERVE.
LE DESTIN.
UN FRANÇOIS.
UNE FRANÇOISE.
PEUPLES FRANÇOIS.

ACTEURS DE LA TRAGEDIE.

LE CACIQUE DE L'ISLE GUANAHAN, conquerant d'une partie des Antilles.
DIGIZÉ, Epouse du Cacique.
CARIME, Amante rebutée du Cacique.
COLOMB, Chef de la flotte Espagnole.
ALVAR, Officier de la même flotte.
LE GRAND PRÊTRE.
NOZIME, Officier du Cacique (*a*).
UNE ESPAGNOLE.
UN AMERIQUAIN.
PRÊTRES AMERIQUAI[N]S, PEUPLES AMERIQUAINS.
ESPAGNOLS ET ESPAGNOLES (*b*).

La Scéne est dans l'Isle de Guanahan[1].

LA DÉCOUVERTE DU NOUVEAU MONDE.

TRAGEDIE.

PROLOGUE.

Le theatre represente les avenues du Palais de la Gloire dont le fronstispice parroit dans l'enfoncement.

SCENE I.

L'EUROPE.

Palais de la Gloire immortelle,
Sejour des Heros et des Dieux,
Je viens fixer en ces beaux lieux
Ma demeure éternelle.

Rien ne partage plus la gloire qui me suit;
De deux jalouses sœurs aujourd'huy mes égales[1]
L'éclat s'est dissipé dans une affreuse nuit :
L'Europe a vû tomber ces superbes rivales.
Leur Lustre est effacé, leur pouvoir est détruit.
Palais de la etc.
Mais hélas ! mon bonheur n'en est pas mieux comblé
Par cette Gloire si brillante :
Contre mes Ennemis en vain son lustre augmente;
Par mes Enfans il est troublé.

Enyvrez d'un poison soufflé par la Discorde
Les cruels dans mon sein veulent se déchirer.
Dieux ! est-ce ainsi que le destin m'accorde
Les biens qu'il m'a fait espérer ?

(On entend une symphonie harmonieuse.)

Mais qu'annoncent ces sons ?... Quelle lueur nouvelle
Brille de toutes parts dans le séjour des Dieux !
Que vois-je !... Quoi, la France... Ah ! ma fille... c'eſt elle :
Minerve et le Deſtin l'aménent en ces lieux.

SCENE II.

Le Deſtin et Minerve descendent dans un char[1] *; la France paroit au milieu d'eux.*

MINERVE ET LE DESTIN.

Tes vœux sont entendus. Ne verses plus de larmes;
Tu vas voir succéder la Paix au bruit des armes.
Mars pretend vainement prolonger tes malheurs
Ta fille* prendra soin d'enchainer ses fureurs.

L'EUROPE.

Ne me flatez-vous point d'un espoir téméraire ?
La France tant de fois a fait couler mes pleurs.

MINERVE.

La France à ton repos ne fut jamais contraire;
Et quand ses ennemis vaincus dans cent combats
Eprouvoient sa juſte Colére,
Son cœur pleuroit le sang que répandoit son bras.

France, étens tes bienfaits sur la terre et sur l'onde,
Aprens à l'Univers par tes soins généreux
Qu'il eſt moins glorieux de conquerir le Monde
Qu'il n'eſt doux de le rendre heureux.

C'eſt assez désormais brille[r] (*a*) par la Victoire;
Brillez peuple charmant en des combats plus doux :
Les Arts et les plaisirs vous offrent une gloire
Que rien ne partage avec vous.

---

* Ils lui presentent la France.

LE DESTIN.

Goute en paix les faveurs que le Ciel te prepare
Ton sort eſt remis en ses mains*.
S'il reſte en tes climats quelque peuple barbare**
Elle ira le dompter, et par un soin plus rare
Porter ses douces mœurs dans leurs cœurs inhumains.
Ses soins à tes desirs propices
Vont rendre ton bonheur certain;
Elle marche sous les Auspices
De la Sagesse et du Deſtin.

Le Deſtin et Minerve remontent dans le Ciel.

L'EUROPE.

Vien ma fille !... ô douceur extrême !
Que mon sort eſt heureux !

LA FRANCE.

Votre bonheur toujours fit l'objet de mes vœux.

L'EUROPE.

Dieux ! que tous mes Enfans ne pensent-ils de même !

ENSEMBLE.

Ce jour va finir { mes / vos } malheurs.
Par les nœuds les plus chers nous sommes l'une à l'autre;
L'EUROPE { Et vos tendres bienfaits, ces doux liens des [cœurs,
LA FRANCE { Et le tendre desir de calmer vos douleurs,
{ Attache / Attachent } mon bonheur au vôtre.

LA FRANCE.

Vous qu'un heureux deſtin rassembla sous mes loix,
Venez peuple François; qu'une aimable allégresse
Excite icy vos danses et vos voix.
A vos jeux seduisants l'Europe s'intéresse;
Juſtifiez son choix.

* En montrant la France.
** La Corse[1].

Mais ne vous montrez pas sous ces formes terribles
Qui l'ont si souvent fait trembler,
Quand ses enfans unis pour m'accabler
Tomboient sous vos coups invincibles.
D'un plus doux appareil empruntés l'ornement :
Montrez-vous tels qu'auprès des Belles
Vous seduisez les plus cruelles,
Quand le Heros Guerrier s'y change en tendre Amant.

SCENE III.

L'EUROPE, LA FRANCE, PEUPLES FRANÇOIS.

Les François et les Françoises forment des danses caractérisées qui expriment la galanterie et la legéreté de cette Nation. Après quoi un François chante l'Air suivant.

UN FRANÇOIS.

Amans heureux, Amans volages
L'Inconstance fixe nos cœurs
Et l'on voit finir nos hommages
Où commencent les faveurs.

Soins charmans, doux art de plaire
Votre régne est parmi nous.
Mais l'Amour n'y sauroit faire
Des cœurs constans ni des jaloux. Amans etc.

On danse.

UNE FRANÇOISE.

Jeunes François quand l'Amour vous engage
Vous rompez bientôt vos sermens,
Mais ce Dieu nous en dédomage
Par les vœux de nouveaux amans :
Pour former des chaines parfaittes
On pousseroit de vains soupirs.
Par le nombre de nos conquêtes
Nous assurons mieux nos plaisirs.
Jeunes, etc.

On danse.

CHŒUR.

Domtez / Domtons } nos ennemis, domtez / domtons } les cœurs rebelles,
Courez / Courons } par tout d'heureux hazards :
remportez / Et remportons } autant de Mirthes[1] près des Belles
Que de Lauriers aux champs de Mars.

On danse.

L'EUROPE.

Je vois briller vos jeux avec reconnoissance...

LA FRANCE, *à ses sujets.*

Pour les rendre plus parfaits
Presentons-leur de plus nobles objets,
Rendons-les s'il se peut dignes de sa presence.

(A l'Europe.)

Vos enfans autresfois d'un beau Zéle animez
Aux Climats Etrangers étendant vôtre Empire
Vous épargnoient les maux dont vôtre cœur soupire.

Retraçons-leur ces tems si renommez
Où conquerans d'un nouveau monde,
Vainqueurs de la Terre et de l'onde,
Pour la premiére fois au bout de l'Univers
Ils porterent vos fers.

Mais alons en ces lieux rapeler la memoire
De triomphes si beaux.
C'est dans le Palais de la Gloire
Qu'il faut célébrer les Héros.

L'Europe et la France entrent dans le Palais de la Gloire pendant que le Chœur chante.

CHŒUR.

Dure à jamais
Le nœud qui vous assemble.
Regnez toujours ensemble.
Vivez toujours en paix.

ACTE Ier.

Le Theatre represente la forest sacrée
où les Peuples de l'Isle de Guanahan
venoient adorer leurs Dieux (*a*); on y voit quelques Bustes d'Idoles
sur des troncs d'arbres grossièrement taillez.

SCENE I.

LE CACIQUE, CARIME.

LE CACIQUE.

Seule en ces bois sacrés ! eh, [qu'y] (*b*) faisoit Carime ?

CARIME.

Et quel autre que vous devroit le savoir mieux ?
De mes tourmens secrets j'importunois les Dieux,
J'y pleurois mes malheurs. M'en faites-vous un crime ?

LE CACIQUE.

Loin de vous condanner j'honore la vertu
Qui vous fait près des Dieux chercher la Confiance
Que l'effroi vient d'ôter à mon peuple abatu.
Cent présages affreux troublant nôtre assurance
Semblent du Ciel annoncer le Couroux;
Si nos crimes ont pû meriter sa vengeance,
Vos vœux l'éloigneront de nous
En faveur de vôtre innocence.

CARIME.

Quel fruit espérez-vous de ces détours honteux ?
Cruel ! vous insultez à mon sort déplorable :
Ah ! si l'amour me rend coupable
Est-ce à vous à blamer mes feux ?

LE CACIQUE.

Quoi, vous parlez d'amour en ces momens d'allarmes (*c*) ?
L'Amour échaufe-t-il des Cœurs glacez d'effroy ?

CARIME.

Vos mepris font couler mes larmes.
Est-il encor des maux à redouter pour moi (*a*) ?
Quand l'Amour est extrême
Craint-on d'autre malheur
Que la froideur
De ce qu'on aime ?
Si Digizé vous vantoit son ardeur
Lui repondriez-vous de même ?

LE CACIQUE.

Digizé m'apartient par des nœuds éternels.
En partageant mes feux elle a rempli mon trône :
Et quand nous confirmons nos sermens mutuels
L'Amour le justifie et le devoir l'ordonne.

CARIME.

L'Amour et le devoir s'accordent rarement.
Tour à tour seulement ils régnent dans une Ame.
L'Amour forme l'engagement
Mais le devoir éteint la flame.
Si l'hymen a pour vous des attraits si charmans,
Redoublez avec moi ses doux engagemens :
Mon cœur consent à ce partage;
C'est un usage établi parmi nous.

LE CACIQUE.

Que me proposez-vous, Carime, quel langage !

CARIME.

Tu t'offenses, cruel, d'un langage si doux.
Mon Amour et mes pleurs excitent ton couroux.
Heureuse Digizé, qu'au récit de mes larmes,
Tu vas triompher en ce jour !
Ah ! si tes yeux ont plus de charmes,
Ton cœur a-t-il autant d'amour ?

LE CACIQUE.

Cessez de vains regrets, vôtre plainte eſt injuſte,
Ici vos pleurs blessent mes yeux.
Carime, ainsi que vous en cet azile auguſte
Mon cœur a ses secrets à reveler aux Dieux.

CARIME.

Quoi Barbare ! au mepris tu joins enfin l'outrage.
Va, tu n'entendras plus d'inutiles soupirs.
A mon amour trahi tu preferes ma rage :
Il faudra te servir au gré de tes desirs.

Elle sort.

LE CACIQUE.

Que son sort eſt à plaindre !
Mais ses fureurs (*a*) n'obtiendront rien :
Dans un cœur (*b*) fait comme le mien,
Ses pleurs étoient bien plus à craindre.

SCENE II.

LE CACIQUE, *seul.*

Lieu terrible, lieu révéré,
Sejour des Dieux de cet Empire,
Déployez dans les cœurs vôtre pouvoir sacré.
Dieux calméz un peuple égaré,
De ses sens effrayez dissipez le delire (*c*) :
Ou si votre puissance, enfin, n'y peut suffire,
N'usurpez plus un nom vainement adoré.

Je me le cache en vain, moi-même je frissonne,
Une sombre terreur m'agite malgré moi :
Cacique malheureux, ta vertu t'abandonne,
Pour la premiére fois ton courage s'étonne,
La crainte et la frayeur se font sentir à toi (*d*) !

Mais quel eſt le sujet de ces craintes frivoles ?
Les vains pressentimens d'un peuple épouvanté ?
Les mugissemens des Idoles ?
Ou l'aspect effrayant d'un Aſtre ensanglanté ?

Ah ! n'ais-je tant de fois enchainé la Victoire,
Tant vaincu de Rivaux, tant obtenu de gloire,
Que pour la perdre enfin par de si foibles coups ?
Gloire frivole ! Eh, sur quoi comptons-nous ?

Mais je vois Digizé; cher objet de ma flame,
Tendre Epouse (*a*) ! mieux que les Dieux
L'éclat de tes beaux yeux
Ranimera mon ame.

SCENE III.

DIGIZÉ, LE CACIQUE.

DIGIZÉ.

Seigneur vos sujets éperdus
Saisis d'effroi, d'horreur, cedent à leurs allarmes
Et parmi tant de cris, de soupirs et de larmes
C'est pour vous qu'ils craignent le plus.

N'attendons pas l'effet du coup qui les accable,
Fuions, sauvons vos jours.
La moindre crainte, hélas ! qui menace leurs cours
Porte à mon cœur une mort veritable.
Fuïons (*b*).....

LE CACIQUE.

Moi fuir! leur Cacique! leur Roy!
Leur Pére enfin ! l'espéres-tu de moi,
Sur[1] la vaine terreur dont ton esprit se blesse ?
Ah ! Digizé (*c*) que me proposes-tu ?
Un cœur chargé d'une foiblesse,
Conserveroit-il sa tendresse
En abandonnant sa vertu ?
Digizé, je chéris le nœud qui nous assemble,
J'adore tes appas, ils peuvent tout sur moi,
Mais mon Peuple m'est cher encore autant que toi (*d*)
Et la vertu plus que tous deux ensemble.

SCENE IV.

LE CACIQUE, DIGIZÉ, NOZIME (*a*).

NOZIME.

Par vôtre ordre, Seigneur, les Prêtres rassemblés
Vont bientot en ces lieux célébrer le mistére.

LE CACIQUE.

Et les Peuples ?

NOZIME.

Toujours également troublés.
Tout fremit (*b*) au recit d'un mal imaginaire.
Ils disent qu'en ces lieux les Enfants du Soleil
Doivent bientôt descendre en pompeux appareil (*c*).
Tout tremble à leur nom seul, et ces hommes terribles
Affranchis de la Mort, aux Coups inaccessibles
Doivent tout asservir à leur pouvoir fatal.
Trop fiers d'être immortels, leur orgueil sans égal
Des Rois fait leurs Sujets, des peuples leurs Esclaves.
Ces recits (*d*) effrayans étonnent les plus braves.
J'ai vainement cherché les auteurs insensés
De ces bruits.....

LE CACIQUE.

Laissez-nous, Nozime, c'est assez.

DIGIZÉ.

Grands Dieux ! que produira cette terreur publique,
Quel sera ton Destin, infortuné Cacique ?
Hélas ! ce doute affreux ne trouble-t-il que moi ?

LE CACIQUE.

Mon sort est décidé ; je suis aimé de toi.
Dieux puissans, Dieux jaloux de mon bonheur suprême,
Des fiers enfans du Ciel secondez les projets,
Armez à vôtre gré la terre, l'Enfer même :
Je puis braver et la foudre et vos traits (*e*).

Deployez contre moi vôtre injuste vengeance,
J'en redoute peu les Effets :
Digizé seule en sa puissance
Tient mon bonheur et mes succés.
Dieux puissans etc.

DIGIZÉ.

Où vous emporte un excés de tendresse !
Ah ! n'iritons point les Dieux :
Plus on pretend braver les Cieux,
Plus on sent sa propre faiblesse.

Ciel protecteur de l'innocence
Eloigne nos dangers, dissipe nôtre effroi.
Eh ! des foibles humains qui prendra la deffense
S'ils n'osent espérer en toi (*a*) ?

LE CACIQUE.

Chére Epouse suspends d'inutiles allarmes.
Plus que de vains malheurs tes pleurs me vont couter;
Ai-je quand tu verses des larmes,
De plus grand[s] maux à redouter ?
Mais j'entends retentir les instrumens Sacrez.
Les Prêtres vont paroitre.
Gardez-vous de laisser connoitre
Le trouble auquel vous vous livrez.

SCENE V.

LE CACIQUE, DIGIZÉ, LE GRAND PRÊTRE,
LES PRÊTRES ET LES PEUPLES (*b*).

LE GRAND PRÊTRE.

C'est icy le sejour de nos Dieux formidables.
Ils rendent en ce lieu (*c*) leurs arrests redoutables.
Que leur presence, en nous imprime un sai[n]t respect.
Tout doit frémir à leur aspect.

LE CACIQUE.

Prêtres sacrez des Dieux qui protégent ces Isles,
Implorez leur secours sur mon peuple et sur moi.
Obtenez d'eux qu'ils bannissent l'effroi
Qui vient troubler ces lieux tranquiles.

Des presages affreux
Repandent l'épouvante,
Tout gemit dans l'attente
De cent maux rigoureux.

Par vos accens terribles
Evoquez les Destins (*a*).
Si nos maux sont certains,
Ils seront moins sensibles.

CHŒUR.

Pére du monde et des jours (*b*)
Sois attentif à nos priéres;
Soleil, suspends ton cours
Pour éclairer nos mistéres.

LE GRAND PRÊTRE.

Dieux qui veillez sur cet Empire
Manifestez vos soins, soyez nos protecteurs.
Bannissez de vaines terreurs;
Un signe seul vous peut suffire;
Le vil effroy peut-il fraper des cœurs
Que vôtre confiance inspire ?

CHŒUR.

Pére du monde etc.

LE GRAND PRÊTRE.

Conservez à son peuple un Prince Genereux.
Que de vôtre pouvoir digne dépositaire
Il soit heureux comme les Dieux
Puisqu'il remplit leur ministére
Et qu'il est bienfaisant comme eux.

CHŒUR.

Pére du jour etc.

LE GRAND PRÊTRE.

C'eſt assez (*a*), que l'on fasse silence.
De nos rites sacrez déployons la puissance :
Que vos sublimes sons, vos pas miſtérieux
De l'avenir souſtrait aux mortels curieux,
Dans mon cœur inspiré portent la connoissance.

On danse (*b*).

Mais la fureur divine agite mes Esprits,
Mes sens sont étonnez, mes regards éblouïs;
La nature succombe aux efforts réunis
De ces ébranlemens terribles....
Non, des transports nouveaux affermissent mes sens :
Mes yeux avec effort percent la nuit des tems :
Ecoutez du Deſtin les décrets inflexibles.
« Cacique (*c*) infortuné,
« Tes exploits sont flêtris, ton régne eſt terminé;
« Ce jour en d'autres mains fait passer ta puissance.
« Tes Peuples asservis sous un joug odieux
« Vont perdre pour jamais les plus chers dons des Cieux,
« Leur liberté, leur innocence.
« Fiers enfans du Soleil, vous triomphez de nous.
« Vos Arts sur nos Vertus vous donnent la Victoire :
« Mais quand nous tombons sous vos coups,
« Craignez de payer cher nos maux et vôtre Gloire. »

Des nuages confus naissent de touttes parts,
Les siécles sont voilés à mes faibles regards.

LE CACIQUE.

De vôtre Art mensonger (*d*) cessez les vains preſtiges.

Les Prêtres se retirent (*e*).

CHŒUR, *derriére le Théatre*.

Ciel ! ô Ciel ! quels prodiges nouveaux !
Et quels monſtres ailez parroissent sur les Eaux ?

DIGIZÉ.

Dieux ! quels sont ces nouveaux prodiges ?

CHŒUR, *derrière le Théatre.*

Ciel ! ô Ciel ! etc.

LE CACIQUE.

L'Effroy trouble les yeux de ce peuple timide.
Allons appaiser ses transports.

DIGIZÉ.

Seigneur où courez-vous ! quel vain espoir vous guide,
Contre l'arrêt des Dieux que peuvent (*a*) vos efforts ?
Mais il ne m'entend plus, il fuit. Destin Sévére !
Ah ! ne puis-je du moins dans ma douleur amére
Sauver un de ses jours au prix de mille morts.

FIN DU PREMIER ACTE.

ACTE II.

Le Theatre represente un rivage entrecoupé d'arbres et de rochers; on voit dans le fond le débarquement de la flotte Espagnole qui se fait au son des Tymbales et des Trompettes (*b*).

SCENE I.

COLOMB, ALVAR,
ESPAGNOLS ET ESPAGNOLES DE LA FLOTTE (*c*).

CHŒUR.

Triomphons, triomphons sur la terre et sur l'onde,
Donnons des Loix à l'Univers.
Nôtre audace en ce jour découvre (*d*) un nouveau monde.
Il est fait pour porter nos fers.

COLOMB, *l'Etendard de Castille d'une main et l'Epée nüe de l'autre* (*a*).

Climats dont à nos yeux s'enrichit la nature,
Ignorez des humains (*b*), trop negligez des Cieux,
Perdez la liberté*; mais portez sans murmure
Un joug encor plus precieux.

Chers compagnons, jadis l'Argonaute timide
Eternisa son nom dans les Champs de Colchos :
Aux rives de Gadés[1] l'impétueux Alcide
Borna sa course et ses travaux;
Un Art audacieux en nous servant de guide[2]
De l'immense Ocean nous a soumis les flots :
Mais qui célébrera nôtre troupe intrépide
A l'égal de tous ces Heros ?

Celebrez ce grand jour d'éternelle memoire,
Entrez par les plaisirs au chemin de la gloire :
Que vos jeux (*c*) enchanteurs brillent de toutes parts :
De ce peuple sauvage étonnez les regards.

CHŒUR.

Que nos jeux enchanteurs brillent de toutes parts.
De ce peuple sauvage étonnons les regards (*d*).

On danse.

ALVAR.

Fiére Iberie (*e*), étend partout tes loix.
Sur toute la nature exerce ton Empire;
Pour combler tes brillants exploits
Un monde entier n'a pu suffire.

Maitres des Elémens, Heros dans les Combats,
Répandons en ces lieux la terreur, le ravage :
Le Ciel en fit nôtre partage
Quand il rendit l'abord de ces Climats
Accessible à nôtre courage.
Fiére Iberie etc.

On danse.

---

* Il plante l'étendard en terre.

UNE ESPAGNOLE.

Volez, conquerans redoutables,
Alez remplir de grands deſtins :
Avec des Armes plus aimables
Nos triomphes sont plus certain[s].

Qu'ici d'un[e] gloire immortelle
Chacun se couronne à son tour :
Guerriers, vous y portez l'Empire d'Isabelle[1],
Nous y portons l'Empire de l'Amour.
Volez etc.

On danse.

ALVAR ET L'ESPAGNOLE.

Jeunes beautés, guerriers terribles,
Unissez-vous, soumettez l'Univers.
Si quelqu'un se dérobe à des coups invincibles
Par de beaux yeux qu'il soit mis dans les fers (*a*).

COLOMB.

C'eſt assez exprimer nôtre allégresse extrême.
Nous devons nos moments à de plus beaux (*b*) transports.
Allons aux habitans qui vivent sur ces bords
De leur nouveau deſtin porter l'arreſt suprême.

Alvar, de nos vaisseaux ne vous éloignez pas.
Dans ces détours cachez disperséz vos Soldats;
En peu d'inſtans j'y reviendrai moi-même (*c*).
Alez, si nous avons à livrer des combats,
Il sera bien-tôt tems d'illuſtrer vôtre bras.

CHŒUR.

Triomphons, triomphons sur la terre et sur l'onde,
Donnons des loix à l'Univers.
Nôtre audace en ce jour découvre un nouveau monde.
Il eſt fait pour porter nos fers (*d*).

SCENE II.

CARIME.

Transports de ma fureur, amour, rage funeste,
Tirans de la raison, où guidez-vous mes pas ?
C'est assez déchirer (*a*) mon cœur par vos combats :
Eteignez-y du moins (*b*) un feu que je déteste
Par mes pleurs, ou par mon trépas.

Mais je l'espére en vain, l'ingrat y régne encore.
Ses outrages cruels n'ont pu me dégager.
Je reconnois toujours, hélas, que je l'adore
Par mon ardeur à m'en venger.
Transports etc.

Mais que servent ces pleurs !..... qu'elle pleure elle-même !
C'est icy le sejour des enfans du soleil :
Voilà de leur abord le superbe appareil....
Qu'y viens-je faire, hélas ! dans ma fureur extrême ?
Je viens leur livrer ce que j'aime
Pour leur livrer ce que je hais[1] !.....
Oses-tu l'espérer, infidelle Carime ?
Les fils du Ciel sont-ils faits pour le crime ?
Ils détesteront mes forfaits......

Mais s'ils avoient aimé !.... S'ils ont des cœurs sensibles...
Ah ! sans doute ils le sont s'ils ont reçû le jour;
Le Ciel peut-il former des cœurs inaccessibles
Aux tourmens de l'Amour ?

SCENE III.

ALVAR, CARIME.

ALVAR.

Que vois-je ! quel éclat ! Ciel ! comment tant de charmes
Se trouvent-ils en ces déserts ?
Que serviront icy la valleur et les armes ?
C'est à nous d'y porter les fers.

CARIME, *en action de se prosterner.*

Pardonnez à mon ignorance (*a*)......
Des hommages qu'on doit.....

ALVAR, *la retenant.*

Ils seroient superflus.
Où brille (*b*) vôtre presence,
C'est à vous seule qu'ils sont dus.

CARIME.

Quoi donc, refusez-vous, Seigneur, qu'on vous adore ?
N'êtes-vous pas des Dieux ?

ALVAR.

On ne doit adorer icy que vos beaux yeux.
J'en juge aux feux divins qu'ils savent faire éclore (*c*).

Mais daignez m'instruire à mon tour
Si mon cœur en ce lieu sauvage
Doit en vous admirer l'ouvrage
De la nature ou de l'amour ?

CARIME.

Vous seduisez le mien par un si doux langage.
On ne m'en tenoit pas de tels (*d*) en ce séjour.

ALVAR.

L'amour veut par mes soins reparer en ce jour
Ce qu'ici vos attraits ont de desavantage.
Ces tristes lieux (*e*) ne sont pas faits pour vous :
Daignez me suivre en des climats (*f*) plus doux.
Avec tant d'appas en partage,
L'indifference est un outrage
Que vous ne craindrez pas de nous.

CARIME.

Je ferai plus encore, et je veux que cette Isle
Avant la fin du jour reconnoisse vos loix.
Les Peuples effrayez vont d'azile en azile
Chercher leur sureté dans le fond de nos bois.

Le Cacique lui-même en d'obscures retraittes
A déposé ses biens les plus chéris (*a*).
Des ôtages si chers....

ALVAR.

Pensez-vous (*b*) qu'à ce prix
Nos cœurs soient satisfaits d'emporter la victoire ?
Nôtre valeur suffit pour nous la procurer.
Vos soins ne serviroient qu'à ternir nôtre gloire,
Sans la mieux assurer.

CARIME.

Ainsi tout se refuse à ma juste colére.

ALVAR.

Juste Ciel ! vous pleurez ! ais-je pû vous déplaire ?
Parlez que faloit-il ?

CARIME.

Il faloit me venger.

ALVAR.

Quel indigne mortel a pu vous outrager ?
Nommez le téméraire (*c*).

CARIME.

Le Cacique...

ALVAR.

Il mourra, c'est fait de son destin.
Tous moyens sont permis pour punir une offense.
Pour courir à la gloire il n'est qu'un seul chemin,
Il en est cent pour la vengeance.
Il faut venger vos pleurs et vos appas :
Mais mon Zéle empressé n'est pas icy le maitre;
Nôtre chef en ces lieux doit (*d*) bientôt reparoitre :
Je vais tout preparer pour marcher sur vos pas.

ENSEMBLE.

Vengeance, Amour unissez-vous.
Portez partout le ravage;
Quand vous animez le courage,
Rien ne resiste à vos coups.

ALVAR.

La Colére en est plus ardente
Quand ce qu'on aime est outragé.

CARIME.

Quand l'amour en haine est changé
La rage est cent fois plus puissante.

ENSEMBLE.

Vengeance, Amour, etc.

FIN DU 2e ACTE.

ACTE III.

Le Théatre represente (*a*) les appartemens du Cacique.

SCENE I.

DIGIZÉ.

Tourmens des tendres cœurs, terreurs, crainte fatale (*b*),
Tristes pressentimens, vous voilà donc remplis !
Funeste trahison d'une indigne rivale,
Noirs crimes de l'amour, restez-vous impunis ?
Hélas ! dans mon effroi timide
Je ne soubsonnois pas, cher et fidelle Epoux,
De quelle main perfide
Te viendroient de si tristes coups (*c*).

Je connois trop ton cœur, le sort qui nous separe
Terminera tes jours,
Et je n'attendrai pas qu'une main moins barbare
Des miens vienne trancher le cours.
Tourmens etc.
Cacique redouté, quand cette heureuse rive
Retentissoit partout de tes faits glorieux
Qui t'eut dit qu'on verroit ton Epouse Captive
Dans le Palais de tes Ayeux ?

SCENE II.

CARIME, DIGIZÉ.

DIGIZÉ.

Venez-vous insulter à mon sort déplorable ?

CARIME.

Je viens partager vos ennuis.

DIGIZÉ.

Vôtre fausse pitié m'accable
Plus que l'état même où je suis.

CARIME.

Je ne connois point l'art de feindre.
Avec regret je vois couler vos pleurs.
Mon désespoir a causé vos malheurs,
Mais mon cœur commence à vous plaindre
Sans pouvoir guérir vos douleurs.

Renonçons à la violence.
Quand le cœur se croit outragé
A peine a-t-on puni l'offense
Qu'on sent moins le plaisir que donne la vengeance
Que le regret d'être vengé.

DIGIZÉ.

Quand le remede eſt impossible
Vous regrettez les maux où vous me reduisez;
C'eſt quand vous les avez causez
Qu'il y faloit être sensible.

ENSEMBLE.

Amour, Amour, tes cruelles fureurs,
Tes injuſtes caprices
Ne cesseront-ils point de tourmenter les cœurs ?
Fais-tu de nos supplices
Tes plus chéres douceurs ?
Nos tourmens font-ils tes delices,
Te nourris-tu de nos pleurs ?
Amour, Amour etc.

On entend un cliquetis d'armes et des combattans.

CARIME.

Quel bruit icy se fait entendre !
Quels cris ! quels sons étincelans !

DIGIZÉ.

Du Cacique en fureur les transports violens...
Ah si c'eſt lui (*a*).... grands Dieux ! qu'ose-t-il entre-[prendre !
Le bruit redouble, hélas ! peut-être il va perir;
Ciel ! juſte Ciel ! daigne le secourir.

On entend des décharges de mousquéterie qui se mélent au bruit de l'Orcheſtre.

ENSEMBLE.

Dieux ! quel fracas ! quel bruit ! quels éclats de tonnerre !
Le Soleil irrité renverse-t-il la terre ?

SCENE III.

COLOMB *suivi de quelques guerriers,* DIGIZÉ, CARIME.

COLOMB.

C'eſt assez. Epargnons de foibles Ennemis,
Qu'ils sentent leur foiblesse avec leur esclavage;
Avec tant de fierté, d'audace et de courage,
Ils n'en seront que plus punis.

DIGIZÉ.

Cruels qu'avez-vous fait ?.. mais ô Ciel ! c'eſt lui-même !

SCENE IV.

LES ACTEURS PRECEDENS,
LE CACIQUE *désarmé,* ALVAR.

ALVAR.

Je l'ai surpris qui seul et furieux
Cherchoit à penetrer jusqu'en ces mêmes lieux.

COLOMB.

Parle ! que voulois-tu dans ton audace extrême.

LE CACIQUE.

Voir Digizé; t'immoler, et mourir.

COLOMB.

Ta barbare fierté ne peut se démentir,
Mais répons, qu'attens-tu de ma juſte colére ?

LE CACIQUE.

Je n'attens rien de toi, va, remplis tes projets.
Fils du Soleil, de tes heureux succès
Rends grace aux foudres de ton Pére
Dont il t'a fait dépositaire;
Sans ces foudres brulans, ta troupe en ces climats
N'auroit trouvé que le trépas.

COLOMB.

Ainsi donc ton arreſt eſt dicté par toi-même !

CARIME.

Calmez vôtre colére extrême;
Accordez aux remords prets à me déchirer
De deux tendres amans la vie et la Couronne;
J'ai fait leurs maux, je veux les reparer;
Ou, si vôtre rigueur l'ordonne,
Avec eux je veux expirer.

COLOMB.

Daigne-t-il recourir à la moindre priére !

LE CACIQUE.

Vainement ton orgueil l'espére
Et jamais mes pareils n'ont prié que les Dieux.

CARIME, *à Alvar.*

Obtenez ce bienfait, si je plais à vos yeux.

ALVAR, CARIME, DIGIZÉ.

Pardonnez deux Epoux[1], deux Amans trop sensibles.
Tout leur crime eſt dans leur amour.
Ah ! si vous aimiez un jour,
Voudriez-vous à vôtre tour
Eprouver des cœurs (*a*) inflexibles ?

CARIME.

Ne vous rendez-vous (*b*) point ?

COLOMB.

Allez, je suis vaincu.
Cacique malheureux, remonte sur ton trône;

On rend les armes au Cacique (*c*).

Reçois mon amitié, c'eſt un bien qui t'eſt du :
Je céde (*d*) quand je te pardonne
Moins à leurs pleurs qu'à ta vertu.

(A Carime.)

Pour ces tristes Climats la vôtre n'est pas née.
Sensible aux feux d'Alvar daignez les couronner.
Venez mont[r]er l'exemple à l'Espagne étonnée
Quand on pourroit punir de savoir pardonner.

LE CACIQUE.

C'est toi qui viens de le donner.
Tu me rens Digizé ! tu m'as vaincu par elle;
Tes armes n'avoient pu dompter un cœur (*a*) rebelle.
Tu l'as soumis par tes bienfaits.
Sois sur dès cet instant que tu n'auras jamais
D'Ami plus empressé, de sujet plus fidéle.

COLOMB.

Je te veux pour Ami, sois sujet d'Isabelle.

Vante-nous désormais ton éclat prétendu,
Europe; en ce climat sauvage,
On éprouve autant de courage,
On y trouve plus de vertu.

O vous que des deux bouts du monde
Le Destin rassemble en ces lieux,
Venez, peuples divers, former d'aimables jeux.
Qu'à vos concerts l'Echo réponde.
Enchantés les cœurs et les yeux.

Jamais une plus digne fête
N'attira vos regards.
Nos jeux sont les enfans des Arts
Et le Monde en est la conquête.

Hatés-vous, accouréz, venez de toutes parts,
O vous que des deux bouts du monde
Le Destin rassemble en ces lieux
Venez, peuples divers, former (*b*) d'aimables jeux.

CHŒUR.

Accourons, accourons, formons d'aimables jeux.
Qu'à nos concerts l'Echo reponde.
Enchantons les cœurs et les yeux.

On danse.

UN AMERIQUAIN.

Il n'eſt point de cœur sauvage
Pour l'Amour.
Et dès qu'on s'engage
En ce séjour
C'eſt sans partage.
Point d'autres plaisirs
Que de douces chaines.
Nos uniques peines
Sont nos vains desirs,
Quand des inhumaines
Causent nos soupirs.
Il n'eſt point etc.

On danse.

UNE ESPAGNOLE.

Voguons,
Parcourons
Les Ondes.
Nos plaisirs auront leur tour.
Découvrir
De nouveaux mondes
C'eſt offrir
De nouveaux mirthes à l'Amour.

Plus loin que Phœbus n'étend
Sa Carriére,
Plus loin qu'il ne répand
Sa lumiére,
L'Amour fait sentir ses feux.
Soleil tu fais nos jours, l'Amour les rend heureux.
Voguons etc.

DIGIZÉ (*a*).

Triomphe, Amour, régne en ces lieux.
Retour de mon bonheur, doux transport de ma flame,
Plaisirs charmans, plaisirs des Dieux,
Coulez à longs traits dans mon Ame (*b*),
Coulez, torrens délicieux.

Paisible tranquilité
D'une flamme innocente (*a*),
Tu n'exclus point des cœurs l'aimable volupté.
Les doux plaisirs font la felicité,
Mais c'eſt toi qui la rend conſtante.
Triompe etc.

On danse.

CHŒUR.

Répandons dans tout l'Univers
Et nos tresors et l'abondance.
Unissons par nôtre Alliance
Deux mondes separez par l'abime des Mers.

FIN DU 3e ET DERNIER ACTE.

LES PRISONNIERS DE GUERRE

COMÉDIE.

ACTEURS.

GOTERNIZ, Gentilhomme hongrois.
MAKER, Hongrois.
DORANTE, officier françois, Prisonnier de Guerre.
SOPHIE, fille de Goterniz.
FREDERIC, officier hongrois, fils de Goterniz.
JACQUARD, Suisse, valet de Dorante.

La Scene est [en] Hongrie.

LES PRISONNIERS DE GUERRE.

COMÉDIE.

SCENE I.

DORANTE, JACQUARD.

JACQUARD.

Par monfoy, monsir, moi ly comprendre rien à sti pais l'Ongri. Le fin l'étre pon, et les hommes méchans : l'étre pas naturel, cela.

DORANTE.

Si tu ne t'y trouves pas bien, rien ne t'oblige d'y demeurer. Tu es mon Domestique, et non pas prisonnier de Guerre comme moi, tu peux t'en aller quand il te plaira.

JACQUARD.

Oh ! moi point quitter fous. Moi vouloir pas étre plus libre que mon maitre.

DORANTE.

Mon pauvre Jacquard, je suis sensible à ton attachement; il me consoleroit dans ma captivité, si j'étois capable de consolation.

JACQUARD.

Moi point souffrir que fous [s]'affliche (*a*) touchour, touchours; fous poire comme moi, fous consolir tout l'apord.

DORANTE.

Quelle consolation ! ô France, ô ma chére patrie ! que ce climat barbare me fait sentir ce que tu vaux ! quand reverrai-je ton heureux sejour ? quand finira cette honteuse inaction où je languis, tandis que mes compatriotes moissonnent des Lauriers (*a*).

JACQUARD.

Oh ! fous l'afre été pris combattant pravement. Les Ennemis que fous afre tués, l'être encore pli malates que fous.

DORANTE.

Apprens que dans le Sang qui m'anime la Gloire acquise ne sert que d'aiguillon pour en rechercher davantage. Apprens que quelque zéle qu'on ait à remplir son devoir pour lui-même, l'ardeur s'en augmente encore par le noble desir de mériter l'estime de son maitre en combattant sous ses yeux (*b*).

JACQUARD.

Pien, pien, fous l'étre pientôt tiré de sti prisonnache. Monsir vôtre pére avre écrit qu'il traffaillir pour faire échange fous.

DORANTE.

Oui, mais le tems en est encore incertin, et cependant le Roy fait chaque jour des nouvelles conquetes.

JACQUARD.

Pardi ! moi l'être pien content t'aller tant seulement à celles qu'il fera encore. Mais fous n'estre donc plus amoureux pique vou fouloir tant partir (*c*).

DORANTE.

Amoureux ! de qui !..... *(A part.)* Auroit-il pénétré mes feux secrets !

JACQUARD.

Là, de cette Temoiselle Claire. Te cette cholie fille de nôtre Bourgeois à qui fous faire tant de petitt douceurs. *(A Part.)* Oh ! ch'ons pien t'autres doutances mais faut faire semblant te rien.

DORANTE.

Non Jacquard, l'amour que tu me suppose[s] n'eſt point capable de ralentir mon empressement de retourner en France. Tous climats sont indifférens pour l'amour. Le monde eſt plein de Belles dignes des services de milles amans, mais on n'a qu'une patrie à servir (*a*).

JACQUARD.

Appropos te Belles, savre-fous que l'être apres demain que nôtre prital te bourgeois épouse la fille de Monsir Goterniz ?

DORANTE.

Comment ! que dis-tu !

JACQUARD.

Que la mariache de Monsir Maker avec mamecelle Sophie qui êtoit differé chisque à l'arrivée ti frere te la Temoiselle, doit se terminer dans teux jours par ce qu'il avre été échangé plitôt qu'on n'avre cru, et qu'il arriver aucherdi.

DORANTE.

Jacquard, que me dis-tu là ! comment le sais-tu !

JACQUARD.

Par mon foy, che l'afre appris toutte l'heure en pivant pouteille avec cin[1] falet te la maison.

DORANTE.

(A Part.) Cachons mon trouble !... *(Haut.)* Je reflechis que le messager doit être arrivé; va voir s'il n'y a point de nouvelles pour moi.

JACQUARD.

(A Part.) Diaple ! L'y être cin noufelle de trop à ce que che fois ! *(Revenant.)* Monsir, che safre point où l'être le poutique [de] (*a*) ſti nouvelles.

DORANTE.

Tu n'as qu'à parler à Mademoiselle Claire, qui, pour éviter que mes lettres ne soient ouvertes à la poſte, a bien voulu se charger de les recevoir sous une addresse convenüe, et de me les remettre secrettement.

SCENE II.

DORANTE.

Quel coup pour ma flamme ! C'en eſt donc fait, trop aimable Sophie, il faut vous perdre pour jamais, et vous allez devenir la proye d'un riche, mais ridicule et grossier viellard. Helas ! sans m'en avoir encore fait l'aveu, tout commençoit à m'annoncer de vôtre part le plus tendre retour. Non, quoi que les injuſtes prejugés de son pere contre (*b*) les François dussent être un obſtacle invincible à mon bonheur, il ne falloit pas moins qu'un pareil événement pour assurer la sincerité des vœux que je fais pour retourner promptement en France. Les ardens themoignages que j'en donne ne sont-ils point pluſtôt les efforts d'un esprit qui s'excite par la consideration de son devoir, que les effets d'un zéle assés sincére ? Mais que dis-je, ah ! que la gloire n'en murmure point, de si beaux feux ne sont pas faits pour lui nuire ! Un cœur n'eſt jamais assés amoureux, il ne fait pas, du moins, assés de cas de l'eſtime de sa maitresse, quand il balance à luy préferer son devoir, son pais et son Roy.

SCÉNE III.

MAKER, DORANTE, GOTERNIZ.

MAKER.

Ah ! voici ce Prisonnier que j'ai en garde. Il faut que je le (*c*) prévienne sur la façon dont il doit se conduire avec ma future. Car ces François qui, dit-on, se soucient si peu de leurs femmes, sont des plus lians (*a*) avec celles d'autrui. Mais je ne veux point chez moi de ce commerce-là. Et je pretens du moins que mes enfants soient de mon pais.

GOTERNIZ.

Vous avez là d'étranges opinions de ma fille.

MAKER.

Mon Dieu, pas si étranges. Je pense que la mienne la vaut bien, et si.... mais brisons là-dessus... Seigneur Dorante !

DORANTE.

Monsieur ?

MAKER.

Savez-vous que je me marie ?

DORANTE.

Que m'importe ?

MAKER.

C'est qu'il m'importe à moi que vous apreniez que je ne suis pas d'avis que ma femme vive à la françoise.

DORANTE.

Tant pis pour elle.

MAKER.

Eh oui, mais tant mieux pour moi.

DORANTE.

Je n'en sais rien.

MAKER.

Oh, nous ne demandons pas vôtre opinion là dessus ! je vous avertis seulement que je souhaitte de ne vous trouver jamais avec elle, et que vous évitiéz de me donner à cet Egard des ombrages sur sa conduitte.

DORANTE.

Cela eſt trop juſte, et vous serez satisfait.

MAKER.

Ah ! le voilà complaisant une fois; quel miracle.

DORANTE.

Mais je comte que vous y contribuerez de vôtre côté autant qu'il sera necessaire.

MAKER.

Oh ! sans doute, et j'aurai soin d'ordonner à ma femme de vous eviter en toutte occasion.

DORANTE.

M'eviter ! gardez-vous-en bien. Ce n'eſt pas ce que je veux dire.

MAKER.

Comment ?

DORANTE.

C'eſt vous, au contraire, qui devez éviter de vous appercevoir du tems que je passerai auprés d'elle. Je ne lui rendrai des soins que le plus discrettement qu'il me sera possible, et vous, en mari prudent, vous n'en verez que ce qu'il vous plaira.

MAKER.

Comment Diable ! vous vous moquez; et ce n'eſt pas là mon compte.

DORANTE.

C'eſt pourtant tout ce que je puis vous promettre, et c'eſt même tout ce que vous m'avéz demandé.

MAKER.

Parbleu ! celui-là[1] me passe; il faut être bien endiablé aprés les femmes d'autrui pour tenir un tel langage à la barbe des maris.

GOTERNIZ (*a*).

En verité, Seigneur Maker, vos discours me font pitié et votre colére me fait rire. Quelle réponse vouliez-vous que fit Monsieur à une exhortation aussi ridicule que la vôtre ? La preuve de la pureté de ses intentions eſt le langage même qu'il vous tient : s'il vouloit vous tromper, vous prenderoit-il pour son confident ?

MAKER.

Je me moque de cela, fou qui s'y fie. Je ne veux point qu'il fréquente ma femme, et j'y metterai bon ordre.

DORANTE.

A la bonne heure. Mais comme je suis vôtre prisonnier et non pas vôtre Esclave, vous ne trouverez pas mauvais que je m'acquitte envers elle en toutte occasion des devoirs de politesse que mon Sexe doit au Sient.

MAKER.

Eh ! morbleu : tant de politesse[s] pour la femme ne tendent qu'à faire affront au mari. Cela me met dans des impatiences.... nous verrons. Nous verrons..... vous êtes méchant, Monsieur le François. Oh parbleu, je le serai plus que vous.

DORANTE.

Moi, méchant ! Vous vous trompez, je ne le suis qu'à la guerre et vous avez bien l'air de ne l'être qu'à la maison.

GOTERNIZ.

Tout doux, Seigneur Dorante ! il eſt d'une nation...

DORANTE.

Oui, quoique la vraie valeur soit inseparable de la générosité, je dois malgré la cruauté de la votre en estimer la bravoure. Mais cela le met-il en droit d'insulter un soldat qui n'a cédé qu'au nombre, et qui, je pense, a montré assés de courage pour devoir être respecté, même dans sa disgrace !

GOTERNIZ.

Vous avez raison. Les lauriers ne sont pas moins le prix du courage que de la victoire. Nous mêmes depuis que nous cédons aux armes triomphantes de vôtre Roy, nous ne nous en tenons pas moins glorieux puisque la même valeur qu'il employe à nous attaquer, montre la nôtre à nous déffendre. Mais voicy Sophie.

SCENE IV.

GOTERNIZ, MAKER, DORANTE, SOPHIE.

GOTERNIZ.

Aprochez, ma fille, venez saluer vôtre epoux. Ne l'acceptez-vous pas avec plaisir de ma main ?

SOPHIE.

Quand mon cœur en seroit le maitre, il ne le choisiroit pas ailleurs qu'icy.

MAKER.

Fort bien, belle mignonne; mais... *(A Dorante.)* Quoi ! vous ne vous en allez pas ?

DORANTE.

Ne devez-vous pas être flatté que mon admiration confirme la bonté de vôtre choix ?

MAKER.

Comme je ne l'ai pas choisie pour vous, vôtre approbation me paroit icy peu nécessaire.

GOTERNIZ.

Il me semble que ceci commence à durer trop pour un badinage. Vous voiez, Monsieur, que le Seigneur Maker eſt inquietté de vôtre presence; c'eſt un effet qu'un cavalier de vôtre figure peut produire naturellement sur l'époux le plus raisonnable.

DORANTE.

Hé bien, il faut donc le délivrer d'un spectateur incomode; aussi bien ne puis-je supporter le Tableau d'une union aussi disproportionnée. Ah ! Monsieur ! comment pouvez vous consentir vous-même que tant de perfection[s] soient possédé[es] par un homme si peu fait pour les connoitre ?

SCENE V.

MAKER, GOTERNIZ, SOPHIE.

MAKER.

Parbleu ! voila une nation bien extraordinaire, et des Prisonniers bien incommodes. Le valet me boit mon vin, le maitre caresse ma fille ! *(Sophie fait unne minne)* (*a*). Ils vivent chez moi comme s'ils étoient en pais de conquêtes !

GOTERNIZ.

C'eſt la vie la plus ordinaire aux François. Ils y sont tout accoutumés.

MAKER.

Bonne excuse, ma foi ! ne faudra-t-il point encore en faveur de la coutume que j'approuve qu'il me fasse cocu !

SOPHIE.

Ah ! ciel ! quel homme !

GOTERNIZ.

Je suis aussi scandalisé de vôtre langage que ma fille en eſt indignée. Aprenez qu'un mari qui ne montre à sa femme ni eſtime ni confiance l'autorise, autant qu'il eſt en lui, à ne les pas mériter. Mais le jour s'avance : je vais monter à cheval pour aller au devant de mon fils qui doit arriver ce soir.

MAKER.

Je ne vous quitte pas. J'irai avec vous, s'il vous plait.

GOTERNIZ.

Soit. J'ai même bien des choses à vous dire dont nous nous entretienderons en chemin.

MAKER.

Adieu, mignonne. Il me tarde que nous soyons mariés pour vous mener voir mes champs, et mes bêtes à corne. J'en ai le plus beau parc de la Hongrie !

SOPHIE.

Monsieur, ces animaux-là me font peur.

MAKER.

Va, va, Poulette. Tu y sera bien tôt aguerrye avec moy

SCENE VI.

SOPHIE.

Quel epoux ! quelle différence de lui à Dorante en qui les charmes de l'amour redoublent par les graces de ses maniéres et de ses expressions ! Mais helas ! il n'eſt point fait pour moi. A peine mon cœur ose-t-il s'avouér qu'il l'aime et je dois trop me féliciter de ne lui avoir point avoué à lui-même. Encore, s'il m'êtoit fidelle, la bonté de mon Pére me laisseroit, malgré sa prevention et ses engagemens, quelque lueur d'esperance. Mais la fille de Maker partage l'amour de Dorante; il lui dit sans doute les mêmes Choses qu'à moi. Peut-être eſt-elle la Seule qu'il aime. Volages François ! que les femmes sont heureuses que vos infidelité[s] les tiennent en garde contre vos séductions ! Si vous étiés aussi constans que vous étes aimables, quels cœurs vous résisteroient ? Le voici. Je voudrois fuir, et je ne puis m'y résoudre : je voudrois lui paroitre tranquille et je sens que je l'aime jusqu'à ne pouvoir lui cacher mon depit.

SCENE VII.

DORANTE, SOPHIE.

DORANTE.

Il est donc vrai, Madame, que ma ruine est concluë, et que je vais vous perdre sans retour. J'en mourrois, sans doute, si la mort étoit la pire des douleurs. Je ne vivrai que pour vous porter dans mon cœur plus longtems, et pour me rendre digne par ma conduitte et par ma constance de vôtre estime et de vos regrets.

SOPHIE.

Se peut-il que la perfidie emprunte un langage aussi noble et aussi passionné ?

DORANTE.

Que dites-vous ? quel acceuil ! est-ce là la juste pitié que méritent mes Sentimens ?

SOPHIE.

Votre douleur est grande, en effet, à en juger par le Soin que vous avez pris de vous ménager des consolations.

DORANTE.

Moi, des consolations ! en est-il pour vôtre perte !

SOPHIE.

C'est à dire : en est-il besoin ?

DORANTE.

Quoi ! Belle Sophie ? pouvez-vous.........

SOPHIE.

Reservez, je vous prie, la familiarité de ces expressions pour la belle Claire, et sachez que Sophie telle qu'elle est, belle ou laide, se soucie d'autant moins de l'être à vos yeux qu'elle vous croit aussi mauvais juge de la beauté que du merite.

DORANTE.

Le rang que vous tenez dans mon Estime et dans mon cœur est une preuve du contraire. Quoi ! vous m'avez cru amoureux de la fille de Maker ?

SOPHIE.

Non en vérité. Je ne vous fait pas l'honneur de vous croire un cœur fait pour aimer. Vous êtes comme tous les jeunes gens de vôtre pais, un homme fort convaincu de ses perfections, qui se croit destiné à tromper les femmes, en jouant l'amour auprés d'elles, mais qui n'est pas capable d'en ressentir.

DORANTE.

Ah ! Se peut-il que vous me confondiez dans cet ordre d'amans sans sentimens et sans délicatesse pour quelques vains badinages qui prouvent (*a*) eux-mêmes que mon cœur n'y a point eu de part, et qu'il étoit à vous tout entier.

SOPHIE.

La preuve me paroit singuliere. Je serois curieuse d'apprendre les legéres subtilités de cette Philosophie françoise.

DORANTE.

Oui, j'en appelle en thémoignage de la sincérité de mes feux cette conduitte même que vous me reprochez. J'ai dit à d'autres de petites douceurs, il est vrai. J'ai folâtré auprés d'elles. Mais ce badinage et cet enjouement sont-ils le langage de l'amour ? Est-ce sur ce ton que je me suis exprimé prés de vous ? Cet abord timide, cette émotion, ce respect, ces tendres Soupirs, ces douces larmes, ces transports que vous me faites éprouver ont-ils quelque chose de commun avec cet air picquant et badin que la politesse et le ton du monde nous font prendre auprés des femmes indifférentes ? Non, Sophie, les ris et la gaité ne sont point le langage du Sentiment. Le veritable amour n'eſt ni téméraire, ni évaporé; la crinte le rend circonspect; il risque moins, par la connoissance de ce qu'il peut perdre, et comme il en veut au cœur encore plus qu'à la personne, il ne hazarde gueres l'eſtime de la personne qu'il aime pour en acquerir la pos[s]ession (*a*).

SOPHIE.

C'eſt à dire, en un mot, que contens d'être tendres pour vos maitresses, vous n'êtes que galans, badins, et téméraires prés des femmes que vous n'aiméz point. Voila une conſtance et des maximes d'un nouveau goût, fort commodes pour les cavaliers; je ne sais si les belles de vôtre païs s'en contentent de même ?

DORANTE.

Oui, Madame, cela eſt reciproque, et elles ont bien pour le moins autant d'intereſt que nous à les Etablir.

SOPHIE.

Vous me faites trembler pour les femmes capables de donner leur cœur à des amans formés à une pareille Ecole.

DORANTE.

Eh ! pourquoi ces craintes chimeriques ? n'eſt-il pas convenu que ce commerce galant et poli qui jette tant d'agrément dans la Societé n'eſt point de l'amour ? il n'eſt que le Supplément. Le nombre des cœurs vraiment faits pour aimer eſt si petit, et parmis ceux-là il y en a si peu qui se rencontrent, que tout languiroit bientôt si l'esprit et la volupté ne tenoient quelque fois la place du cœur et du sentiment. Les femmes ne sont point les dupes des aimables folies que les hommes font autour d'elles. Nous en sommes de même par raport à leurs coquetteries, elles ne seduisent que nos sens. C'eſt un comerce fidelle, où l'on ne se donne reciproquement que pour ce qu'on eſt. Mais il faut avouer à la honte du cœur, que ces heureux badinages sont souvent mieux récompensés que les plus touchantes expressions d'une flamme ardente et sincere.

SOPHIE.

Vous voici précisément où j'en voulois venir. Vous m'aimez, dites-vous, uniquement et parfaitement; tout le reſte n'eſt que jeu d'esprit; je le veux, je le crois. Mais alors il me reſte toujours à savoir quel genre de plaisire vous pouvez trouver à faire, dans un goût différent, la cour à d'autres femmes, et à rechercher pourtant auprés d'elles le prix du véritable amour.

DORANTE.

Ah ! Madame ! quel tems prenez-vous pour m'engager dans des dissertations ? Je vais vous perdre, helas ! et vous voulez que mon Esprit s'occupe d'autres choses que de sa douleur.

SOPHIE.

La refléxion ne pouvoit venir plus mal à propos; il falloit la faire plus tôt, ou ne la point faire du tout.

SCENE VIII.

DORANTE, SOPHIE, JACQUARD.

JACQUARD.

St. ſt. Monsir, Monsir.

DORANTE.

Je crois qu'on m'appelle.

JACQUARD.

Oh, moi venir, puisque fous point aller.

DORANTE.

Eh bien ? qu'eſt-ce ?

JACQUARD.

Monsir, afec le permission te montame. L'être cin piti l'écriture.

DORANTE.

Quoi ! une lettre ?

JACQUARD.

Chiſtement.

DORANTE.

Donne-la donc.

JACQUARD.

Tiantre, non. Mamezelle Claire m'afre chargé te ne la donne fous qu'en grand secretement.

SOPHIE.

Monsieur Jacquard eſt exaćt, il veut suivre ses ordres.

DORANTE.

Donne toujours, butor. Tu fais le miſtérieux fort apropos.

SOPHIE.

Cessez de vous inquietter. Je ne suis point incommode et je vais me retirer pour ne pas géner vôtre empressement.

SCENE IX.

SOPHIE, DORANTE.

DORANTE.

(A Part.) Cette lettre de mon Pére lui donne de nouveaux soupçons, et vient (*a*) tout à propos pour les

dissiper tous. *(Haut.)* Eh quoi, Madame, vous me fuiez ?

SOPHIE.

(Ironiquement.) Seriez-vous disposé à me mettre de moittié dans vos confidences ?

DORANTE.

Mes secrets ne vous intéressent pas assés pour vouloir y prendre part.

SOPHIE.

C'est au contraire qu'ils vous sont trop chers pour les prodiguer.

DORANTE.

Il me sieroit mal d'en être plus avare que de mon propre cœur.

SOPHIE.

Aussi logés-vous tout au même lieu.

DORANTE.

Cela ne tient du moins qu'à vôtre complaisance.

SOPHIE.

Il y a dans ce sang froid une méchanceté que je suis tentée de punir. Vous seriez bien embarassé si pour vous prendre au mot je vous priois de me communiquer cette Lettre.

DORANTE.

J'en serois seulement fort surpris. Vous vous plaisez trop à nourrir d'injustes sentimens sur mon compte pour chercher à les détruire.

SOPHIE.

Vous vous fiez fort à ma discretion..... je vois qu'il faudra lire la lettre pour confondre vôtre témérité.

DORANTE.

Lisez-la pour vous convaincre de vôtre injustice.

SOPHIE.

Non, commencez par me la lire vous-même, j'en jouirai mieux de vôtre confusion.

DORANTE.

Nous allons voir. *(Il lit.) Que* [*j'ai*] *de joye* (*a*), *mon chere Dorante.....*

SOPHIE.

Mon chere Dorante ! l'expression est galante, vraiment.

DORANTE.

Que j'ai de joye, *mon chere Dorante, de pouvoir terminer vos peines.*

SOPHIE.

Oh, je n'en doute pas. Vous avez tant d'humanité !

DORANTE.

Vous voilà enfin délivré des fers où vous languissiez.

SOPHIE.

Je ne languira[i] pas dans les vôtres.

DORANTE.

Hatez-vous de venir me rejoindre.

SOPHIE.

Cela s'appelle étre préssée !

DORANTE.

Je brule de vous embrasser.....

SOPHIE.

Rien n'eſt si commode que de declarer franchement ses besoins.

DORANTE.

Vous êtes échangé contre un jeune officier qui s'en retourne actuellement où vous êtes.

SOPHIE.

Mais : je n'y comprens plus rien.

DORANTE.

Blessé dangereusement, il fut fait prisonnier dans une affaire où je me trouvai.....

SOPHIE.

Une affaire où se trouva Mademoiselle Claire ?

DORANTE.

Qui vous parle de Mademoiselle Claire ?

SOPHIE.

Quoi ! cette lettre n'eſt-elle pas d'elle !

DORANTE.

Non vraiment; elle eſt de mon Pére, et Mademoiselle Claire n'a servi que de moyen pour me la faire parvenir. Voyez la datte et le Seing.

SOPHIE.

Ah ! je respire.

DORANTE.

Ecoutez le reſte. *(Il lit.) A force de secours et de soins j'ai eu le bonheur de lui sauver la vie. Je lui ai trouvé tant de reconnoissance, que je ne puis trop me feliciter des services que je lui ai rendus. J'espére qu'en le voyant vous partagerez mon amitié pour lui, et que vous le lui témoignerez.*

SOPHIE.

(A Part). L'histoire de ce jeune officier a tant de rapport avec.... Ah ! si c'étoit lui.... tous mes doutes seront éclaircis ce soir.

DORANTE.

Belle Sophie; vous voiez vôtre erreur. Mais de quoy me sert que vous connoissiez l'injustice de vos soupçons ? En serai-je mieux recompensé de ma fidélité ?

SOPHIE.

Je voudrois inutillement vous déguiser encore le Secret de mon cœur. Il a trop éclaté avec mon dépit. Vous voies combien je vous aime, et vous devez mesurer le prix de cet aveu sur les peines qu'il m'a couté.

DORANTE.

Aveu charmant ! pourquoi faut-il que des momens si doux soient mélés d'allarmes, et que le jour où vous partagé mes feux soit celui qui les rend le plus à plaindre ?

SOPHIE.

Ils peuvent encore l'être moins que vous ne pensez. L'amour perd-il sitôt courage, et quand on aime assés pour tout entreprendre, manque-t-on de ressources pour être heureux ?

DORANTE.

Adorable Sophie ! quels transports vous me causés ! quoi, vos bontés !... Je pourrois !.... Ah ! cruelle ! vous promettez plus que vous ne voulez tenir.

SOPHIE.

Moi ! Je ne promets rien. Quelle est la vivacité de votre imagination ? j'ai peur que nous ne nous entendions pas.

DORANTE.

Comment ?

SOPHIE.

Le tri[s]te hymen que je crains n'est point tellement conclu que je ne puisse me flatter d'obtenir du moins un delai de mon pére... prolongez vôtre séjour icy jusqu'à ce que la paix, ou des circonstances plus favorables ayent dissipé les préjugés qui vous le rendent contraire.

DORANTE.

Vous voiez l'empressement avec lequel on me rappelle : puis-je trop me hâter d'aller réparer l'oisiveté de mon Esclavage. Ah ! s'il faut que l'amour me fasse negliger le soin de ma réputation, doit-ce être sur des espérences aussi douteuses que celles dont vous me flattez? Que la certitude de mon bonheur serve du moins à rendre ma faute excusable. Consentez que des nœuds secrets.....

SOPHIE.

Qu'osez-vous me proposer ? un cœur bien amoureux ménage-t-il si peu la gloire de ce qu'il aime ? vous m'offensez vivement.

DORANTE.

J'ai prévû vôtre réponce, et vous avez dicté la mienne. Forcé d'être malheureux ou coupable, c'est l'excés même de mon amour qui me fait sacrifier mon bonheur à mon devoir, puisque ce n'est qu'en vous perdant que je puis me rendre digne de vous posseder.

SOPHIE.

Ah ! qu'il est aisé d'étaller de belles maximes quand le cœur les combat foiblement ! Parmi tant de devoirs à remplir, ceux de l'amour sont-ils donc comptés pour rien et n'est-ce que la vanité de me couter des regrets qui vous a fait desirer ma tendresse ?

DORANTE.

J'attendois de la pitié et je reçois des reproches. Vous n'avez, helas ! que trop de pouvoir sur ma vertu, il faut fuir pour ne pas succomber. Aimable Sophie, trop digne d'un plus beau climat, daignés recevoir les adieux d'un amant qui ne vivroit qu'à vos pieds s'il pouvoit conserver vôtre estime en immolant la gloire à l'amour. *(Il l'embrasse.)*

SOPHIE.

Ah ! que faites-vous !

SCENE X (*a*).

MAKER, FREDERIC, GOTERNIZ, DORANTE, SOPHIE.

MAKER.

Oh ! oh ! nôtre future ! tubleu ! comme vous y allez ! c'est donc avec Monsieur que vous recordéz[1] pour la noce. Je lui suis obligé, ma foi. Eh ben, beau pére, que dites-vous de vôtre chere progéniture ? oh ! je voudrois parbleu que nous en eussions vu quatre fois davantage, seulement pour lui apprendre à n'être pas si confiant.

GOTERNIZ

Sophie ? pourriez-vous m'expliquer ce que veulent dire ces étranges façons ?

DORANTE.

L'explication est toute simple. Je viens de recevoir avis que je suis échangé, et là-dessus, je prenois congé de Mademoiselle qui, aussi bien que vous Monsieur, a eu pendant mon Séjour ici beaucoup de bontés pour moi.

MAKER.

Oui, des bontés. Oh, cela se voit.

GOTERNIZ.

Ma foi, Seigneur Maker, je ne vois pas qu'il y ait tant à se récrier pour une simple cérémonie de compliment.

MAKER.

Je n'aime point tous ces compliments à la françoise.

FREDERIC.

Soit. Mais comme ma Sœur n'eſt point encore vôtre femme, il me semble que les votre[s] ne sont guéres propres à lui donner envie de la devenir.

MAKER.

Eh corbleu, Monsieur, si vôtre séjour de France vous a appris à applaudir à touttes les sotises des femmes, apprenez que les flatteries de Jean Matthias Maker ne nourriront jamais leur orgeuil.

FREDERIC.

Pour cela je le crois.

DORANTE.

Je vous avouerai, Monsieur, qu'également epris des charmes et du mérite de votre adorable fille, j'aurois fait ma felicité supréme d'unir mon sort au sien, si les cruels préjugés qui vous ont été inspirés contre ma nation n'eussent mis un obſtacle invincible au bonheur de ma vie.

FREDERIC.

Mon Pére, c'eſt là sans doute un de vos Prisonniers ?

GOTERNIZ.

C'eſt cet officier pour lequel vous avez été échangé.

FREDERIC.

Quoi ! Dorante !

GOTERNIZ.

Lui-même.

FREDERIC.

Ah ! quelle joye pour moi de pouvoir embrasser le fils de mon bienfaiteur.

SOPHIE.

(Joyeuse.) C'etoit mon frére, et je l'ai deviné.

FREDERIC.

Oui, Monsieur, redevable de la vie à Monsieur vôtre pére, qu'il me seroit doux de vous marquer ma reconnoissance et mon attachement par quelque preuve digne des services que j'ai receus de lui.

DORANTE.

Si mon Pére a été asséz heureux pour s'aquiter envers un cavalier de vôtre mérite des devoirs de l'humanité, il doit plus s'en féliciter que vous-même. Cependant, Monsieur, vous connoisséz mes sentiments pour Mademoiselle vôtre sœur; si vous daigné protéger mes feux, vous acquitterez au delà de vos obligations; rendre un honnête homme heureux c'est plus que lui sauver la vie.

FREDERIC.

Mon pére partage mes obligations et j'espere bien que partageant aussi ma reconnoissance, il ne sera pas moins ardent que moi à vous la témoigner.

MAKER.

Ouais : il me semble que je jouë icy un assé joli Personnage.

DORANTE.

Comme à l'ordinaire (*a*).

GOTERNIZ.

J'avouë, mon fils, que j'avois cru voir en Monsieur quelque inclination pour votre sœur; mais pour prevenir la déclaration qu'il m'en auroit pu faire, j'ai si bien manifesté en toutte occasion l'antipathie et l'éloignement qui séparent nôtre nation de la sienne qu'il s'étoit épargné jusqu'icy des demarches inutiles de la part d'un Ennemi avec qui, quelque obligation que je lui aye d'ailleurs, je ne puis ni ne dois établir aucune liaison.

MAKER.

Sans doute, et c'est un crime de lése majesté à Mademoiselle de vouloir s'approprier ainsi les prisonniers de la Reine.

GOTERNIZ.

Enfin, je tiens que c'est une nation avec laquelle il est mieux de toute façon de n'avoir aucun commerce; trop orgueilleux amis, trop redoutables ennemis, heureux qui n'a rien à deméler avec eux.

FREDERIC.

Ah ! quittez, mon pére, ces injustes préjugés. Que n'avez-vous connu cet aimable peuple que vous haïssez, et qui n'auroit peut-être aucun défaut s'il avoit moins de vertus. Je l'ai vüe de prés cette heureuse et brillante nation, je l'ai vuë paisible au milieu de la guerre, cultivant les sciences et les beaux arts et livrée à cette charmante douceur de caractére qui en tout tems lui fait recevoir également bien tous les peuples du monde, et rend la France en quelque maniére la patrie commune du genre humain. Tous les hommes sont les fréres des François. La guerre anime leur valeur sans exciter leur colére. Une brutal[e] fureur ne leur fait point haïr leurs ennemis, un sot orgueil ne les leur fait point mépriser. Ils les combattent noblement, sans calomnier leur conduitte, sans outrager leurs gloires, et tandis que nous leur faisons la guerre en furieux, ils se contentent de nous la faire en heros.

GOTERNIZ.

Pour cela, on ne sauroit nier qu'ils ne se montrent plus humains et plus généreux que nous.

FREDERIC.

Eh ! comment ne le seroient-ils pas sous un maitre dont la bonté egale le courage ? Si ses triomphes le font craindre, ses vertus doivent-elles moins le faire admirer ? Conquerant redoutable, il semble à la tête de ses armées un pére tendre au milieu de sa famille, et forcé de dompter l'orgueil de ses ennemis, il ne les soumet que pour augmenter le nombre de ses Enfans.

GOTERNIZ.

Oui, mais avec toutte sa bravoure, non content de subjuguer ses ennemis par la force, ce Prince croit-il qu'il soit bien beau d'employer encore l'artifice et de seduire comme il fait les cœurs des Etrangers et de ses prisonniers de guerre ?

MAKER.

Ti ! que cela est laid de débaucher ainsi les sujets d'autrui. Oh bien ! puisqu'il s'y prend comme cela, je suis d'avis qu'on punisse sévérement tous ceux des nôtres qui s'aviseront d'en dire du bien.

FREDERIC.

Il faudra donc châtier tous vos guerriers qui tomberont dans ses fers; et je prévois que ce ne sera pas une petite tâche.

DORANTE.

Oh ! mon prince ! qu'il m'est doux d'entendre les louanges que ta vertu arrache de la bouche de tes ennemis. Voila les seul[s] éloges dignes de toy.

GOTERNIZ.

Non, le titre d'ennemis ne doit point nous empécher de rendre justice au mérite. J'avouë même que le commerce de nos prizonniers m'a bien fait changer d'opinion sur le compte de leur nation. Mais considerez, mon fils, que ma parole est engagée, que je me ferois une méchante affaire de consentir à une allience contraire à nos usages et à nos préjugés, et que, pour tout dire enfin, une femme n'eſt jamais assés en droit de compter sur le cœur d'un François, pour que nous puissions nous assurer du bonheur de vôtre sœur en l'unissant à Dorante.

DORANTE.

Je crois, Monsieur, que vous voulez bien que je triomphe, puis que vous m'attaquez par le côté le plus fort. Ce n'eſt point en moi-même que j'ai besoin de chercher des motifs pour rassurer l'aimable Sophie sur mon inconſtance. Ce sont ses charmes et son mérite qui seuls me les fournissent; qu'importe en quels climats elle vive, son régne sera toujours partout où l'on a des yeux et des cœurs.

FREDERIC.

Entens-tu, ma sœur; cela veut dire que si jamais il devient infidelle, tu trouveras dans son païs tout ce qu'il faut pour t'en dedommager.

SOPHIE.

Vôtre tems sera mieux employé à plaider sa cause auprés de mon pére, qu'à m'interpréter ses sentimens.

GOTERNIZ.

Vous voyez, Seigneur Maker, qu'ils sont tous reunis contre nous. Nous aurons à faire à trop forte partie. Ne ferions-nous pas mieux de céder de bonne grace ?

MAKER.

Qu'eſt-ce que cela veut dire ? manque-t-on ainsi de parole à un homme comme moy ?

FREDERIC.

Oui; cela se peut faire par préférence.

GOTERNIZ.

Obtenez le consentement de ma fille, je ne retracte point le mien : mais je ne vous ai pas promis de la contraindre. D'ailleurs, à vous parler vrai, je ne vois plus pour vous ni pour elle les mêmes agrémens dans ce mariage. Vous avez conceu sur le compte de Dorante des ombrages qui pourroient devenir entre elle et vous une source d'aigreurs réciproques. Il eſt trop difficile de vivre paisiblement avec une femme dont on soupçonne le cœur d'être engagé ailleurs.

MAKER.

Ou ! vous le prenez sur ce ton ? oh, titésbleu (*a*), je vous ferai voir qu'on ne se moque pas ainsi des gens ! Je m'en vais toutte à l'heure porter ma plainte contre lui et contre vous. Nous apprendrons un peu à ces beaux messieurs à venir nous enlever nos maitresses dans nôtre propre païs; et si je ne puis me venger autrement, j'aurai du moins le plaisir de dire partout pis que pendre de vous, et des François.

SCENE DERNIERE.

GOTERNIZ, DORANTE, FREDERIC, SOPHIE.

GOTERNIZ.

Laissons-le s'exhaler en vains murmures. En unissant Sophie à Dorante je satisfaits en même tems à la tendresse paternelle et à la reconnoissance. Avec des sentimens si legitimes je ne crains la critique de personne.

DORANTE.

Ah ! Monsieur ! quels transports !....

FREDERIC.

Mon Pére, il nous reſte encore le plus fort à faire. Il s'agit d'obtenir le consentement de ma sœur, et je vois là de grandes difficultés. Epouser Dorante et aller en France ! Sophie ne s'y resoudra jamais.

GOTERNIZ.

Comment donc ! Dorante ne seroit-il pas de son gout ? en ce cas, je la soupçonnerois fort d'en avoir changé.

FREDERIC.

Ne voiez-vous pas les menaces qu'elle me fait pour lui avoir enlevé le Seigneur Jean Matthiaz Maker.

GOTERNIZ.

Elle n'ignore pas combien les François sont aimables.

FREDERIC.

Non, mais elle sait que les Françoises le sont encore plus, et voila ce qui l'épouvante.

SOPHIE.

Point du tout, car je tacherai de le devenir avec elles, et tant que je plairai à Dorante je m'estimerai la plus glorieuse de touttes les femmes.

DORANTE.

Ah ! vous le serez éternellement. Belle Sophie ! vous étes pour moi le prix de ce qu'il y a de plus estimable parmis les hommes. C'est à la Vertu de mon Pére, au mérite de ma nation, et à la gloire de mon Roy que je dois le bonheur dont je vais jouir avec vous; on ne peut être heureux sous de plus beaux auspices.

FIN.

L'ENGAGEMENT TEMERAIRE.

COMEDIE.

AVERTISSEMENT (*a*).

Rien de plus plat que cette piéce. Cependant j'ai gardé quelque attachement pour elle à cause de la gaité du troisiéme acte et de la facilité avec laquelle elle fut faite en trois jours, grace à la tranquillité et au contentement d'esprit où je vivais alors sans connoitre l'art d'écrire et sans aucune prétention. Si je fais moi-même l'Edition générale j'espère avoir assez de raison pour en retrancher ce barbouillage; sinon je laisse à ceux (*b*) que j'aurai chargés de cette entreprise le soin de juger de ce qui convient soit à ma mémoire soit au gout présent du public.

ACTEURS.

DORANTE }
VALÉRE } Amis.
ISABELLE, Veuve.
ELIANTE, Cousine d'Isabelle.
LISETTE, Suivante d'Isabelle.
CARLIN, Valet de Dorante.
UN NOTAIRE.
UN LAQUAIS.

La Scéne est dans le Château d'Isabelle.

L'ENGAGEMENT TEMERAIRE.

COMEDIE.

ACTE PRÉMIER.

SCÉNE PRÉMIÉRE.

ISABELLE, ELIANTE.

ISABELLE.

L'hymen va donc, enfin, serrer des nœuds si doux :
Valére, à son retour, doit être vôtre Epoux.
Vous allez être heureuse. Ah ! ma chére Eliante !

ELIANTE.

Vous soupirez ? Hé bien ! si l'exemple vous tente (*a*),
Dorante vous adore et vous le voyez bien.
Pourquoi gêner ainsi vôtre cœur et le sien ?
Car, vous l'aimez un peu : du moins, je le soupçonne.

ISABELLE.

Non, l'hymen n'aura plus de droits sur ma personne,
Cousine; un premier choix m'a trop mal réussi.

ELIANTE.

Prenez vôtre revanche en faisant celui-ci.

ISABELLE.

Je veux suivre la Loi que j'ai su me prescrire;
Ou du moins.... Car Dorante a voulu me séduire,

Sous le feint nom d'ami s'emparer de mon cœur.
Serois-je donc ainsi la dupe d'un trompeur
Qui par le succés même en seroit plus coupable ?
Et qui l'eſt trop, peut-être...

ELIANTE.

Il eſt donc pardonnable.

ISABELLE.

Point; il ne m'aura pas trompée impunément.
Il vient. Eloignons-nous, ma Cousine, un moment.
Il n'eſt pas de son but aussi près qu'il le pense,
Et je veux à loisir méditer ma vengeance.

SCÉNE II.

DORANTE.

Elle m'évite encor ! Que veut dire ceci ?
Sur l'état de son cœur quand serai-je éclairci ?
Hasardons de parler..... Son humeur m'épouvante.....
Carlin connoit beaucoup sa nouvelle suivante;
Je veux......

Il apperçoit Carlin.

Carlin ?

SCÉNE III.

CARLIN, DORANTE.

CARLIN.

Monsieur ?

DORANTE.

Vois-tu bien ce château ?

CARLIN.

Oui; depuis fort longtems.

DORANTE.

Qu'en dis-tu ?

CARLIN.

Qu'il est beau.

DORANTE.

Mais encor ?

CARLIN.

Beau, très beau, plus beau qu'on ne peut être.
Que Diable !

DORANTE.

Et, si bientôt j'en devenois le Maitre
T'y plairois-tu ?

CARLIN.

Selon; s'il nous restait garni[1],
Cuisine foisonnante, et Cellier bien fourni,
Pour vos amusemens, Isabelle, Eliante,
Pour ceux du Sieur Carlin, Lisette la Suivante :
Mais, oui, je m'y plairois.

DORANTE.

Tu n'es pas dégoûté.
Hé bien, réjoüis-toi, car il est...

CARLIN.

Achetté ?

DORANTE.

Non, mais gagné bientôt.

CARLIN.

Bon ! par quelle avanture ?
Isabelle n'est pas d'age ni de figure
A perdre ses châteaux en quatre coups de dé.

DORANTE.

Il est à nous, te dis-je, et tout est décidé
Déja dans mon esprit.

CARLIN.

Peste ! La belle emplette !
Résolüe à part vous ? c'est une affaire faitte;
Le Château desormais ne sauroit nous manquer.

DORANTE.

Songe à me seconder au lieu de te moquer.

CARLIN.

Oh ! Monsieur ! je n'ai pas une tête si vive;
Et j'ai tant de lenteur dans l'imaginative[1]
Que mon esprit grossier, toujours dans l'embarras,
Ne sait jamais joüir des biens que je n'ai pas.
Je serois un Cresus sans cette maladresse.

DORANTE.

Sais-tu, mon tendre ami, qu'avec ta gentillesse
Tu pourrois bien, pour prix de ta moralité,
Attirer sur ton dos quelque réalité ?

CARLIN.

Ah ! de moraliser je n'ai plus nulle envie.
Comme on te traitte, helas ! pauvre Philosophie !
Ça, vous pouvez parler; j'écoute sans souffler.

DORANTE.

Apprens-donc un secret qu'à tous il faut celer,
Si tu le peux, du moins.

CARLIN.

Rien ne m'est plus facile.

DORANTE.

Dieu le veuille ! En ce cas, tu pourras m'être utile.

CARLIN.

Voyons.

DORANTE.

J'aime Isabelle.

CARLIN.

Oh ! quel secret ! Ma foi
Je le savois sans vous.

DORANTE.

Qui te l'a dit ?

CARLIN.

Vous.

DORANTE.

Moi ?

CARLIN.

Oui, vous : vous conduisez avec tant de miſtére
Vos intrigues d'Amour, qu'en cherchant à les taire,
Vos airs miſterieux, tous vos tours et retours
En inſtruisent bientôt la ville et les fauxbourgs.
Passons. A vôtre amour la Belle répond-elle ?

DORANTE.

Sans doute.

CARLIN.

Vous croyez être aimé d'Isabelle ?
Quelle preuve avez-vous du bonheur de vos feux ?

DORANTE.

Parbleu ! Messer Carlin, vous êtes curieux !

CARLIN.

Oh ! ce ton-là, ma foi, sent sa bonne fortune;
Mais trop de confiance en fait manquer plus d'une,
Vous le savez fort bien.

DORANTE.

Je suis sur de mon fait.
Isabelle en tout lieu me fuit.

CARLIN.

Mais en effet
C'est de sa tendre ardeur une preuve constante !

DORANTE.

Ecoute jusqu'au bout. Cette Veuve charmante
A la fin de son deuil déclara sans retour
Que son cœur pour jamais renonçoit à l'Amour.
Presque dés ce moment mon ame en fut touchée;
Je la vis, je l'aimai; mais toujours attachée
Au vœu qu'elle avoit fait, je sentis qu'il faudroit
Menager son esprit par un détour adroit.
Je feignis pour l'hymen beaucoup d'antipathie,
Et réglant mes discours sur sa Philosophie,
Sous le tranquille nom d'une douce amitié,
Dans ses amusemens je fus mis de moitié.

CARLIN.

Peste ! Ceci va bien. En amusant les Belles
On vient au serieux. Il faut rire auprès d'elles;
Ce qu'on fait en riant est autant d'avancé.

DORANTE.

Dans ces ménagemens plus d'un an s'est passé.
Tu peux bien te douter qu'après toutte une année
On est plus familier qu'après une journée,
Et mille aimables jeux se passent entre amis
Qu'avec un Etranger on n'auroit pas permis.
Or, depuis quelque temps j'apperçois qu'Isabelle
Se comporte avec moi d'une façon nouvelle.
Sa cousine toujours me reçoit de même œil;
Mais sous l'air affecté d'un favorable accueil
Avec tant de reserve Isabelle me traitte
Qu'il faut, ou qu'en secret prevoyant sa defaitte
Elle veuille éviter de m'en faire l'aveu,
Ou que d'un autre Amant elle approuve le feu.

CARLIN.

Eh ! qui voudriez-vous qui put ici lui plaire ?
Il n'entre en ce château que vous seul et Valére,
Qui, près de la cousine en esclave enchaîné,
Va bientôt par l'hymen voir son feu couronné.

DORANTE.

Moi donc, n'appercevant aucun Rival à craindre,
Ne dois-je pas juger que, voulant se contraindre,
Isabelle aujourdui cherche à m'en imposer
Sur le progrès d'un feu qu'elle veut déguiser ?
Mais avec quelque soin qu'elle cache sa flamme
Mon cœur a pénétré le secret de son Ame;
Ses yeux ont sur les miens lancé ces traits charmans,
Présages fortunés du bonheur des Amans.
Je suis aimé, te dis-je, un retour plein de charmes
Paye enfin mes soupirs, mes transports et mes larmes.

CARLIN.

Economisez mieux ces exclamations;
Il eſt, pour les placer, d'autres occasions
Où cela fait merveille. Or quant à nôtre affaire
Je ne vois pas encor ce que mon miniſtére
Si vous êtes aimé peut en vôtre faveur;
Que vous faut-il de plus ?

DORANTE.

L'aveu de mon bonheur.
Il faut qu'en ce Château..... Mais j'apperçois Lisette.
Va m'attendre au logis. Sur tout, bouche discrette.

CARLIN.

Vous offensez, Monsieur, les droits de mon métier.
On doit choisir son monde et puis s'y confier.

DORANTE.

Ah ! j'oubliois.....

(Le rappellant.)

Carlin ? j'ai receu de Valére
Une Lettre d'avis que pour certaine affaire
Qu'il ne m'explique pas, il arrive aujourdui;
S'il vient, cours aussi-tôt m'en avertir ici.

SCÉNE IV.

DORANTE, LISETTE.

DORANTE.

Ah ! c'eſt toi belle Enfant ! Et bonjour ma Lisette.
Comment vont les Galans ? A ta mine coquette
On pourroit bien gager au moins pour deux ou trois :
Plus le nombre en eſt grand et mieux on fait son choix.

LISETTE.

Vous me prétez, Monsieur, un petit caractére
Mais fort joli, vraîment !

DORANTE.

Bon, bon ! point de colére.
Tiens, avec ces traits-là, Lisette, par ta foi,
Peux-tu défendre aux Gens d'être amoureux de toi ?

LISETTE.

Fort bien. Vous débitez la fleurette à merveilles
Et vos galans discours enchantent les oreilles.
Mais au fait, croyez-moi.

DORANTE.

Parbleu ! tu me ravis.
(Feignant de vouloir l'embrasser.)
J'aime à te prendre au mot.

LISETTE.

Tout doux, Monsieur !

DORANTE.

Tu ris
Et je veux rire aussi.

LISETTE.

Je le vois. Malepeste !
Comme à m'interpretter, Monsieur, vous étes leste !
Je m'entens autrement, et sais qu'auprès de nous
Ce jargon séduisant de Messieurs tels que vous
Montre, par ricochet, où le discours s'addresse.

DORANTE.

Quoi ! tu penserois donc qu'épris de ta Maitresse....

LISETTE.

Moi ? je ne pense rien, mais si vous m'en croyez
Vous porterez ailleurs des feux trop mal payez.

DORANTE, *vivement.*

Ah ! je l'avois prévu ! L'ingratte a vu ma flamme,
Et c'est pour m'accabler qu'elle a lu dans mon Ame.

LISETTE.

Qui vous a dit cela ?

DORANTE.

Qui me l'a dit ! c'est toi.

LISETTE.

Moi ? je n'y songe pas.

DORANTE.

Comment ?

LISETTE.

Non par ma foi.

DORANTE.

Et ces feux mal payés, est-ce un réve ? est-ce un conte ?

LISETTE.

Diantre ! comme au Cerveau d'abord le feu vous monte !
Je ne m'y frotte plus.

DORANTE.

Ah ! daigne m'éclaircir.
Quel plaisir peux-tu prendre à me faire souffrir ?

LISETTE.

Et pourquoi si long-tems, vous, me faire miſtére
D'un secret dont je dois être dépositaire ?
J'ai voulu vous punir par un peu de souci.
Isabelle n'a rien apperceu jusqu'ici.

(A part.)

C'eſt mentir.

(Haut.)

Mais gardez qu'elle ne vous soupçonne;
Car je doute en ce cas que son cœur vous pardonne.
Vous ne sauriez penser jusqu'où va sa fierté.

DORANTE.

Me voilà retombé dans ma perplexité.

LISETTE.

Elle vient. Essayez de lire dans son ame
Et surtout avec soin cachez-lui vôtre flamme,
Car vous étes perdu si vous la laissez voir.

DORANTE.

Helas ! Tant de lenteur me met au desespoir.

SCÉNE V.

ISABELLE, DORANTE, LISETTE.

ISABELLE.

Ah ! Dorante, bonjour. Quoi ! tous deux tête à tête !
Eh mais ! vous faisiez donc vôtre cour à Lisette ?
Elle eſt vraiment gentille et de bon entretien.

DORANTE.

Madame, il me suffit qu'elle vous appartient
Pour rechercher en tout le bonheur de lui plaire.

ISABELLE.

Si c'est là vôtre objet, rien ne vous reste à faire,
Car Lisette s'attache à tous mes sentimens.

DORANTE.

Ah ! Madame !...

ISABELLE.

Oh ! surtout, quittons les complimens
Et laissons aux Amans ce vulgaire langage.
La sincére amitié de son froid étalage
A toujours dédaigné le fade et vain secours :
On n'aime point assés quand on le dit toujours.

DORANTE.

Ah ! du moins une fois, heureux qui peut le dire.

LISETTE, *bas*.

Taisez-vous donc, jaseur.

ISABELLE.

J'oserois bien prédire
Que, sur le ton touchant dont vous vous exprimez,
Vous aimerez bientôt si déja vous n'aimez.

DORANTE.

Moi, Madame ?

ISABELLE.

Oui, vous.

DORANTE.

Vous me raillez, sans doute.

LISETTE, *à part.*

Oh ! ma foi, pour le coup mon homme eſt en déroute.

ISABELLE.

Je crois lire en vos yeux des simptomes d'amour.

DORANTE.

Madame, en vérité.....

(Haut, à Lisette, avec affectation.)

Pour lui faire ma Cour

Faut-il en convenir ?

LISETTE, *bas.*

Bravo, prenez courage.

(Haut, à Dorante.)

Mais il faut bien, Monsieur, aider au badinage.

ISABELLE.

Point ici de détour : parlez-moi franchement.
Seriez-vous amoureux ?

LISETTE, *bas, vivement.*

Gardez de...

DORANTE.

Non vraiment,

Madame, il me deplait fort de vous contredire.

ISABELLE.

Sur ce ton positif, je n'ai plus rien à dire :
Vous ne voudriez pas, je crois, m'en imposer.

DORANTE.

J'aimerois mieux mourir que de vous abuser.

LISETTE, *bas.*

Il ment, ma foi, fort bien; j'en suis assez contente.

ISABELLE.

Ainsi donc, vôtre cœur qu'aucun objet ne tente
Les a tous dedaignés et jusques aujourdui
N'en a point rencontré qui fut digne de lui.

DORANTE, *à part.*

Ciel ! se vit-on jamais en pareille detresse !

LISETTE.

Madame, il n'ose pas, par pure politesse
Donner à ce discours son approbation;
Mais je sais que l'amour eſt son aversion.

(Bas, à Dorante.)

Il faut ici du cœur.

ISABELLE.

Eh bien, j'en suis charmée.
Voila nôtre amitié pour jamais confirmée
Si ne sentant, du moins, nul penchant à l'amour,
Vous y voulez pour moi renoncer sans retour.

LISETTE.

Pour vous plaire, Madame, il n'eſt rien qu'il ne fasse.

ISABELLE.

Vous repondez pour lui ? C'eſt de mauvaise grace.

DORANTE.

Helas ! j'approuve tout; diɐtés vos volontés.
Tous vos ordres par moi seront éxécutés.

ISABELLE.

Ce ne sont point des loix, Dorante, que j'impose,
Et si vous repugnez à ce que je propose
Nous pouvons dés ce jour nous quitter bons amis.

DORANTE.

Ah ! mon goût à vos vœux sera toujours soumis !

ISABELLE.

Vous étes complaisant; je veux être indulgente,
Et pour vous en donner une preuve évidente
Je déclare à présent qu'un seul jour, un objet
Doivent borner le vœu qu'ici vous avez fait.
Tenez pour ce jour seul vôtre cœur en défense;
Evitez de l'amour jusques à l'apparence,
Envers un seul objet que je vous nommerai;
Resiſtez aujourdui, demain je vous ferai
Un don...

DORANTE, *vivement*.

A mon choix ?

ISABELLE.

Soit, il faut vous satisfaire;
Et je vous laisserai regler vôtre salaire.
Je n'en excepte rien que les loix de l'honneur.
Je voudrois que le prix fut digne du vainqueur.

DORANTE.

Dieux ! quels legers travaux pour tant de récompense !

ISABELLE.

Oui, mais si vous manquez un moment de prudence,
Le moindre acte d'amour, un soupir, un regard,
Un trait de jalousie enfin de votre part
Vous privent à l'inſtant du droit que je vous laisse :
Je punirai sur moi vôtre propre foiblesse
En vous voyant alors pour la derniére fois.
Telles sont du pari les immuables Loix.

DORANTE.

Ah ! que vous m'épargner de mortelles allarmes !
Mais quel eſt donc enfin cet objet plein de charmes
Dont les attraits pour moi sont tant à redouter ?

ISABELLE.

Votre cœur aisément pourra les rebuter;
Ne craignez rien.

DORANTE.

Et c'eſt ?

ISABELLE.

C'eſt moi.

DORANTE.

Vous ?

ISABELLE.

Oui, moi-
[même.

DORANTE.

Qu'entens-je ?

ISABELLE.

D'où vous vient cette surprise extrême ?
Si le combat avoit moins de facilité
Le prix ne vaudroit pas ce qu'il auroit coûté.

LISETTE.

Mais regardez-le donc; sa figure eſt à peindre !

DORANTE, *à part.*

Non; je n'en reviens pas. Mais il faut me contraindre.
Cherchons en cet inſtant à remettre mes sens.
Mon cœur contre soi-même a lutté trop longtems;
Il faut un peu de tréve à cet excés de peine.
La cruelle a trop vû le penchant qui m'entraîne,
Et je ne sais prévoir, à force d'y penser,
Si l'on veut me punir, ou me recompenser.

SCÉNE VI.

ISABELLE, LISETTE.

LISETTE.

De ce pauvre Garçon le Sort me touche l'Ame.
Vous vous plaisez par trop à maltraitter sa flamme,
Et vous le punissez de sa fidélité.

ISABELLE.

Va, Lisette; il n'a rien qu'il n'ait bien mérité.
Quoi ! pendant si longtems il m'aura pu séduire ?
Dans ses piéges adroits il m'aura su conduire ?
Il aura, sous le nom d'une douce amitié...

LISETTE.

Fait prosperer l'Amour ?

ISABELLE.

Et j'en aurois pitié ?
Il faut que ces trompeurs trouvent dans nos caprices
Le juste châtiment de tous leurs artifices.
Tandis qu'ils sont Amans, ils dépendent de nous :
Leur tour ne vient que trop si tôt qu'ils sont Epoux !

LISETTE.

Ce sont bien, il est vrai, les plus francs hypocrites !
Ils vous savent longtems faire les chatemites :
Et puis, gare la griffe; oh ! d'avance auprès d'eux
Prenons nôtre revanche.

ISABELLE, *en soi-même.*

Oui, le tour est heureux.

(A Lisette.)

Je médite à Dorante une assés bonne piéce
Où nous aurons besoin de toutte ton addresse.
Valére en peu de jours doit venir de Paris ?

LISETTE.

Il arrive aujourdui, Dorante en a l'avis.

ISABELLE.

Tant mieux, à mon projet cela vient à merveilles.

LISETTE.

Or expliquez-nous donc la ruse sans pareilles.

ISABELLE.

Valére et ma Cousine unis d'un même amour
Doivent se marier peut-être dés ce jour.
Je veux de mon dessein la faire confidente.

LISETTE.

Que ferez-vous, helas, de la pauvre Eliante ?
Elle gâtera tout. Avez-vous oublié
Qu'elle eſt la bonté même, et que peu delié
Son Esprit n'eſt pas fait pour le moindre artifice,
Et moins encor son Cœur pour la moindre malice ?

ISABELLE.

Tu dis fort bien, vraîment; mais pourtant mon projet
Demanderoit.... attens.... mais oui; voila le fait.
Nous pouvons aisément la tromper elle-même;
Cela n'en fait que mieux pour nôtre ſtratagême.

LISETTE.

Mais si Dorante, enfin, par l'amour emporté,
Tombe dans quelque piége où vous l'aurez jetté,
Vous ne pousserez pas du moins la raillerie
Plus loin que ne permet une plaisanterie ?

ISABELLE.

Qu'appelles-tu, plus loin ? Ce sont ici des jeux,
Mais dont l'évenement doit être serieux.
Si Dorante eſt vainqueur et si Dorante m'aime,
Qu'il demande ma main, il l'a dès l'inſtant même.

Mais si son foible cœur ne peut exécuter
La Loi que par ma bouche il s'eſt laissé dicter,
Si son étourderie un peu trop loin l'entraîne,
Un éternel adieu va devenir la peine
Dont je me vengerai de sa seduction,
Et dont je punirai son indiscretion.

LISETTE.

Mais s'il ne commettoit qu'une faute légére
Pour qui la moindre peine eſt encor trop sévére ?

ISABELLE.

D'abord, à ses dépens nous nous amuserons,
Puis, nous verrons après ce que nous en ferons.

ACTE SECOND.

SCÉNE PRÉMIÉRE.

ISABELLE, LISETTE.

LISETTE.

Oui, tout a rëussi, Madame, par merveilles.
Eliante écoutoit de touttes ses oreilles,
Et sur nos propos feints, dans sa vaine terreur
Nous donne bien, je pense, au Diable de bon cœur.

ISABELLE.

Elle croit tout de bon que j'en veux à Valére ?

LISETTE.

Et que trouvez-vous là que de fort ordinaire ?
D'une Amie en secret s'approprier l'Amant ?
Dame ! attrape qui peut.

ISABELLE.

Ah ! très assurément
Ce procédé va mal avec mon caractére.
D'ailleurs....

LISETTE.

Vous n'aimez point l'Amant qui sait lui [plaire,
Et la vertu vous dit de lui laisser son bien.
Ah ! qu'on est généreux quand il n'en coûte rien !

ISABELLE.

Non, quand je l'aimerois je ne suis pas capable...

LISETTE.

Mais croyez-vous au fond d'être bien moins coupable ?

ISABELLE.

Le tour, je te l'avoüe, est malin.

LISETTE.

Très malin.

ISABELLE.

Mais....

LISETTE.

Les fraix en sont faits, il faut en voir la fin,
N'est-ce pas ?

ISABELLE.

Oui, je vais faire la fausse Lettre.
A Valére feignant de la vouloir remettre
Tu tâcheras tantôt, mais très adroitement,
Qu'elle parvienne aux mains de Dorante.

LISETTE.

Oh ! vraiment !
Carlin est si nigaud que....

ISABELLE.

Le voici lui-même.
Rentrons. Il vient à point pour nôtre stratagême.

SCÉNE II.

CARLIN.

Valére est arrivé, moi j'accours à l'instant;
Et voilà la façon dont Dorante m'attend.
Où Diable le chercher ? Hom, qu'il m'en doit de belles !
On dit qu'au Dieu Mercure on a donné des aîles :
Il en faut en effet pour servir un Amant,
S'il ne nourrit son monde assés légérement
Pour compenser cela. Quelle mauditte vie
Que d'être assujetis à tant de fantaisie !
Parbleu ! Ces maitres-là sont de plaisans sujets !
Ils prennent, par ma foi, leurs Gens pour leurs Valets !

SCÉNE III.

ELIANTE, CARLIN.

ELIANTE.

Ciel ! que viens-je d'entendre ! et qui voudra le croire ?
Inventa-t-on jamais perfidie aussi noire ?

CARLIN.

Eliante paroit; elle a les yeux en pleurs !
A qui Diable en a-t-elle ?

ELIANTE.

A de telles noirceurs
Qui pourroit reconnoître Isabelle et Valére ?

CARLIN.

Ceci couvre à coup sur quelque nouveau mistére.

ELIANTE.

Ah ! Carlin, qu'à propos je te rencontre ici !

CARLIN.

Et moi, très à propos je vous y trouve aussi,
Madame, si je puis vous y marquer mon zéle.

ELIANTE.

Cours appeller Dorante et dis-lui qu'Isabelle,
Lisette et son Ami nous trahissent tous trois.

CARLIN.

Je le cherche moi-même, et déja par deux fois
J'ai couru jusqu'ici pour lui pouvoir apprendre
Que Valére au Logis est resté pour l'attendre.

ELIANTE.

Valére ? Ah ! le perfide ! il méprise mon cœur,
Il épouse Isabelle, et sa coupable ardeur
A son ami Dorante arrachant sa Maîtresse,
Outrage en même tems l'honneur et la tendresse.

CARLIN.

Mais de qui tenez-vous un si bizarre fait ?
Il faut se défier des rapports qu'on nous fait.

ELIANTE.

J'en ai, pour mon malheur, la preuve trop certaine.
J'étois par pur hazard dans la chambre prochaine;
Isabelle et Lisette arrangeoient leur complot.
A travers la cloison, jusques au moindre mot
J'ai tout entendu....

CARLIN.

Mais, c'est de quoi me confondre !
A cette preuve-là, je n'ai rien à repondre.
Que puis-je, cependant, faire pour vous servir ?

ELIANTE.

Lisette en peu d'inſtans surement doit sortir
Pour porter à Valére elle-même une Lettre
Qu'Isabelle en ses mains tantôt a du remettre.
Tâche de la surprendre, ouvre-la, porte-la
Sur le champ à Dorante; il pourra voir par là
De tout leur noir complot la trame criminelle;
Qu'il tâche à prévenir cette injure cruelle,
Mon outrage eſt le sien.

CARLIN.

Madame, la douleur
Que je ressens pour vous dans le fond de mon cœur....
Allume dans mon âme une telle colére....
Que mon esprit ne peut.... si je tenois Valére.....
Suffit,... je ne dis rien.... Mais, ou nous ne pourrons
Madame, vous servir..... ou nous vous servirons.

ELIANTE.

De mon juſte retour tu peux tout te promettre.
Lisette va venir : souviens-toi de la Lettre.
Un autre procedé seroit plus généreux;
Mais contre les trompeurs on peut agir comme eux.
Faute d'autre moyen pour le faire connoître
C'eſt en le trahissant qu'il faut punir un traître.

SCÈNE IV.

CARLIN.

Souviens-toi ! C'eſt bien dit : mais pour éxécuter
Le vol qu'elle demande, il y faut méditer.
Lisette n'eſt pas grüe[1], et le Diable m'emporte
Si l'on prend ce qu'elle a que de la bonne sorte.
Je n'y vois qu'embarras. Examinons pourtant
Si l'on ne pourroit point.... Le cas eſt important;
Mais il s'agit ici de ne point nous commettre[2],
Car mon dos.... C'eſt Lisette, et j'apperçois la Lettre :
Eliante, ma foi, ne s'eſt trompée en rien.

SCÉNE V.

CARLIN, LISETTE, *avec une Lettre dans le Sein.*

LISETTE, *à part.*

Voilà déja mon drôle aux aguets; tout va bien.

CARLIN, *à part.*

Hasardons l'avanture.

(Haut.)

Et comment va, Lisette ?

LISETTE.

Je ne te voyois pas; on diroit qu'en Vedette
Quelcun t'auroit mis là pour détrousser les Gens.

CARLIN.

Mais, j'aimerois assés à piller des Passans
Qui te ressembleroient.

LISETTE.

Aussi peu redoutables ?

CARLIN.

Non, des Gens qui seroient autant que toi volables.

LISETTE.

Que leur volerois-tu, pauvre Enfant, je n'ai rien ?

CARLIN.

Carlin de ces riens-là s'accommoderoit bien.
Par exemple, d'abord, je tâcherois de prendre.....

Essayant d'escamoter la Lettre.

LISETTE.

Fort bien, mais de ma part tâchant de me déffendre,
Vous ne prendriez rien; du moins pour le moment.

Elle met la Lettre dans la poche de son tablier du côté de Carlin.

CARLIN.

Il faudroit donc tâcher de m'y prendre autrement.
Qu'est-ce que cette Lettre ? où vas-tu donc la mettre ?

LISETTE, *feignant d'être embarrassée.*

Cette Lettre, Carlin ? Eh ! mais, c'est une Lettre....
Que je mets dans ma poche.

CARLIN.

Oh ! vraiment ! je le vois.
Mais voudrois-tu me dire à qui......

Il tâche encore de prendre la Lettre.

LISETTE, *mettant la Lettre dans l'autre poche opposée à Carlin.*

Déja deux fois
Vous avez essayé de la prendre par ruse.
Je voudrois bien savoir......

CARLIN.

Je te demande excuse;
Je dois à tes secrets ne prendre aucune part.
Je voulois seulement savoir si par hazard
Cette Lettre n'est point pour Valére ou Dorante.

LISETTE.

Et si c'étoit pour eux.....

CARLIN.

D'abord, je me présente,
Ainsi que je ferois même en tout autre cas,
Pour la porter moi-même et vous sauver des pas.

LISETTE.

Elle eſt pour d'autres gens.

CARLIN.

Tu ments[1]; voyons la Lettre.

LISETTE.

Et si vous la donnant, je vous faisois promettre
De ne la point montrer, me le tiendriez-vous ?

CARLIN.

Oui, Lisette en honneur, j'en jure à tes genoux.

LISETTE.

Vous m'apprenez comment il faudra me conduire :
De ne la point montrer on a su me prescrire,
J'ai promis en honneur.

CARLIN.

Oh ! c'eſt un autre point :
Ton honneur et le mien ne se ressemblent point.

LISETTE.

Ma foi, Monsieur Carlin, j'en serois très fâchée :
Voyez l'impertinent !

CARLIN.

Ah ! vous étes cachée !
Je connois maintenant quel eſt vôtre motif.
Vôtre esprit en détours seroit moins inventif
Si la Lettre touchoit un autre que vous-même;
Un traître Rival eſt l'objet du Stratagême (*a*),
Et j'ai, pour mon malheur, trop su le pénétrer
Par vos précautions pour ne la point montrer.

LISETTE.

Il eſt vrai; d'un Rival devenuë amoureuse
De vos soins desormais je suis peu curieuse.

CARLIN, *en déclamant.*

Oui, perfide, je vois que vous me trahissez,
Sans retour pour mes soins, pour mes travaux passés.
Quand je vous promenois par touttes les guinguettes,
Lorsque je vous aidois à plisser vos Cornettes,
Quand je vous faisois voir la foire ou l'Opera,
Toujours, me disiez-vous, nôtre amour durera :
Mais déja d'autres feux ont chassé de ton Ame
Le charmant souvenir de ton ancienne flamme.
Je sens que le regret m'accable de vapeurs;
Barbare, c'en est fait; c'est pour toi que je meurs.

LISETTE.

Non, je t'aime toujours; mais il tombe en foiblesse.

(Pendant que Lisette le soutient et lui fait sentir son flacon, Carlin lui vole la Lettre.)

Pourquoi vouloir aussi lui cacher ma tendresse ?
C'est moi qui l'assassine. Eh ! vîte mon flaccon,
Sens, sens, mon pauvre enfant.

(A part.)

Ah ! le rusé fripon !

(Haut.)

Comment te trouves-tu ?

CARLIN.

Je reviens à la vie.

LISETTE.

De la mienne bientôt ta mort seroit suivie.

CARLIN.

Ta divine liqueur m'a tout reconforté.

LISETTE, *à part.*

C'est ma Lettre, Coquin, qui t'a ressuscité.

(Haut.)

Avec toi, cependant, trop longtems je m'amuse;
Il faudra que je rêve à trouver quelque excuse,
Et déja je devrois être ici de retour.
Adieu, mon cher Carlin.

CARLIN.

Tu t'en vas, mon amour ?
Rassure-moi, du moins, sur ta perseverance.

LISETTE

Eh quoi ! peux-tu douter de toutte ma constance ?
(A part.)
Il croit m'avoir dupée, et rit de mes propos;
Avec tout leur esprit les hommes sont des sots.

SCÉNE VI.

CARLIN.

A la fin je triomphe et voici ma conquête.
Ce n'est pas tout; il faut encore un coup de tête :
Car à Dorante ainsi si je vais la porter
Il la rend aussi-tôt sans la décacheter,
La chose est immanquable : et cependant Valére
Vous lui souffle Isabelle, et sous mon ministére
Je verrai ses appas, je verrai ses écus
Passer en d'autres mains et mes projets perdus !
Il faut ouvrir la Lettre..... Eh ! oui; mais si je l'ouvre
Et par quelque malheur que mon vol se découvre,
Valére pourroit bien..... La peste soit du sot !
Qui Diable le saura ? moi, je n'en dirai mot.
Lisette aura sur moi quelque souçon, peut-être :
Et bien, nous mentirons.... allons, servons mon Maître,
Et contentons, surtout ma curiosité.
La Cire ne tient point; tout est déja sauté;
Tant mieux : la refermer sera chose facile.....
(Il lit en parcourant.)
Diable ! voyons ceci.
(Il lit.)

Je vous préviens par cette Lettre, mon cher Valére, supposant que vous arriverez aujourdui, comme nous en sommes convenus. Dorante est nôtre dupe plus que jamais : il est toujours persuadé que c'est à Eliante que vous en voulez, et j'ai imaginé là-dessus un stratagéme assez plaisant pour nous amuser à ses dépens et l'empêcher de troubler nôtre mariage : j'ai fait avec lui une espéce de pari, par lequel il s'eſt engagé à ne me donner d'ici à demain aucune marque d'amour ni de jalousie sous peine de ne me voir jamais. Pour le séduire plus surement, je l'accablerai de tendresses outrées que vous ne devez prendre à son égard que pour ce qu'elles valent; s'il manque à son engagement, il m'autorise à rompre avec lui sans détour, et s'il l'observe, il nous délivre de ses importunités jusqu'à la conclusion de l'affaire. Adieu; le Notaire eſt déja mandé; tout eſt prêt pour l'heure marquée, et je puis être à vous dés ce soir.

Isabelle.

Tubleu ! le joli ſtile !
Aprés de pareils tours, on ne dit rien, sinon
Qu'il faut pour les trouver être femme, ou Demon.
Oh ! que voici de quoi bien réjoüir mon Maître !
Quelcun vient : c'eſt lui-même.

SCÉNE VII.

DORANTE, CARLIN.

DORANTE.

Où te tiens-tu donc, traî-
Je te cherche par tout. [tre ?

CARLIN.

Moi, je vous cherche aussi;
Ne m'avez-vous pas dit de revenir ici ?

DORANTE.

Mais pourquoi si longtems....

CARLIN.

Donnez-vous patience.
Si vous montrez en tout la même pétulance
Nous allons voir beau jeu.

DORANTE.

Qu'eſt-ce que ce discours ?

CARLIN.

Ce n'eſt rien; seulement à vos tendres Amours
Il faudra dire adieu.

DORANTE.

Quelle sotte nouvelle
Viens-tu....

CARLIN.

Point de courroux : je sais bien qu'Isabelle
Dans le fond de son cœur vous aime uniquement;
Mais, pour nourrir toujours un si doux sentiment,
Voyez comme de vous elle parle à Valére.

DORANTE.

L'écriture, en effet, eſt de son caractére[1].

(Il lit la Lettre.)

Que vois-je ? malheureux ! d'où te vient ce billet ?

CARLIN.

Allez-vous soupçonner que c'eſt moi qui l'ai fait ?

DORANTE.

D'où te vient-il, te dis-je ?

CARLIN.

A la chére suivante
Je l'ai surpris tantôt par ordre d'Eliante.

DORANTE.

D'Eliante ! Comment ?

CARLIN.

Elle avoit découvert
Toutte la trahison qu'arrangeoient de concert
Isabelle et Lisette, et, pour vous en instruire,
Jusqu'en ce vestibule a couru me le dire.
La pauvre Enfant pleuroit.

DORANTE.

Ah ! je suis confondu !
Aveuglé que j'étois ! comment n'ai-je pas du
Dans leurs airs affectés voir leur intelligence ?
On abuse aisement un cœur sans défiance.
Ils se rioient ainsi de ma simplicité !

CARLIN.

Pour moi, depuis longtems je m'en étois douté.
Continuellement on les trouvoit ensemble.

DORANTE.

Ils se voyoient fort peu devant moi, ce me semble.

CARLIN.

Oui, c'étoit justement pour mieux cacher leur jeu :
Mais leurs regards....

DORANTE.

Non pas ; ils se regardoient peu
Par affectation.

CARLIN.

Parbleu ! voilà l'affaire.

DORANTE.

Chez moi-même à l'instant ayant trouvé Valére,
J'aurois du voir au ton dont parlant de leurs nœuds
D'Eliante avec art il faisoit l'amoureux
Que l'ingrat ne cherchoit qu'à me donner le change.

CARLIN.

Jamais crédulité fut-elle plus étrange ?
Mais que sert le regret, et qu'y faire, après tout ?

DORANTE.

Rien; je veux seulement savoir si jusqu'au bout
Ils oseront porter leur lâche stratagême.

CARLIN.

Quoi ! vous prétendez donc être témoin vous-même....

DORANTE.

Je veux voir Isabelle, et feignant d'ignorer
Le prix qu'à ma tendresse elle a su préparer,
Pour la mieux détester je prétens me contraindre
Et sur son propre éxemple apprendre l'art de feindre.
Toi, va tout préparer pour partir des ce soir.

CARLIN, *va et revient.*

Peut-être....

DORANTE.

Quoi ?

CARLIN.

J'y cours.

DORANTE.

Je suis au desespoir.
Elle vient. A ses yeux déguisons ma colére.
Qu'elle est charmante ! Helas ! comment se peut-il faire
Qu'un esprit aussi noir anime tant d'attraits ?

SCÈNE VIII.

ISABELLE, DORANTE.

ISABELLE.

Dorante, il n'eſt plus tems d'affecter desormais
Sur mes vrais sentimens un secret inutile.
Quand la chose nous touche on voit la moins habile
A l'erreur qu'elle feint se livrer rarement.
Je prétens avec vous agir plus franchement.
Je vous aime, Dorante, et ma flamme sincére
Quittant ces vains dehors d'une sagesse auſtére
Dont le faſte sert mal à deguiser le cœur,
Veut bien à vos regards devoiler son ardeur.
Après avoir longtemps vanté l'indifférence,
Après avoir souffert un an de violence,
Vous ne sentez que trop qu'il n'en coûte pas peu
Quand on se voit reduitte à faire un tel aveu.

DORANTE.

Il faut en convenir; je n'avois pas l'audace
De m'attendre, Madame, à cet excés de grace.
Cet aveu me confond et je ne puis douter
Combien, en le faisant, il a du vous coûter.

ISABELLE.

Vôtre discretion, vos feux, vôtre conſtance
Ne méritoient pas moins que cette récompense;
C'eſt au plus tendre amour, à l'amour éprouvé
Qu'il faut rendre l'espoir dont je l'avois privé.
Plus vous auriez d'ardeur, plus, craignant ma colére,
Vous vous attacheriez à ne pas me deplaire;
Et mon éxemple seul a pu vous dispenser
De me cacher un feu qui devoit m'offenser.
Mais quand à vos regards toutte ma flamme éclatte
Sur vos vrais sentimens peut-être je me flatte,
Et je ne les vois point ici se déclarer
Tels qu'après cet aveu j'aurois pu l'espérer.

DORANTE.

Madame, pardonnez au trouble qui me gêne,
Mon bonheur eſt trop grand pour le croire sans peine.
Quand je songe quel prix vous m'avez deſtiné
De vos rares bontés je me sens étonné.
Mais, moins à ces bontés j'avois droit de prétendre,
Plus au retour trop dû vous devez vous attendre.
Croyez, sous ces dehors de la tranquillité,
Que le fond de mon cœur n'eſt pas moins agité.

ISABELLE.

Non, je ne trouve point que vôtre air soit tranquille.
Mais il semble annoncer plus de torrens de bile
Que de transports d'amour : je ne crois pas pourtant
Que mon discours, pour vous, ait eu rien d'insultant,
Et, sans trop me flatter, d'autres à vôtre place
L'auroient pu recevoir d'un peu meilleure grace.

DORANTE.

A d'autres, en effet, il eüt convenu mieux.
Avec autant de goût on a de meilleurs yeux,
Et je ne trouve point, sans doute, en mon mérite
De quoi juſtifier ici vôtre conduite :
Mais, je vois qu'avec moi vous voulez plaisanter;
C'eſt à moi de savoir, Madame, m'y prêter.

ISABELLE.

Dorante, c'eſt pousser bien loin la modeſtie :
Ceci n'a point trop l'air d'une plaisanterie,
Il nous en coûte assés en déclarant nos feux
Pour ne pas faire un jeu de semblables aveux.
Mais, je crois pénétrer le secret de vôtre Ame;
Vous craignez que, cherchant à tromper vôtre flamme,
Je ne veuille abuser du défi de tantôt
Pour tâcher aujourdui de vous prendre en défaut.
Je ne vous cache point qu'il me paroit étrange
Qu'avec autant d'esprit on prenne ainsi le change :
Pensez-vous que des feux qu'allument nos attraits
Nous redoutions si fort les transports indiscrets,

Et qu'un amour ardent jusqu'à l'extravagance
Ne nous flatte pas mieux qu'un excés de prudence ?
Croyez, si vôtre sort dépendoit du pari,
Que c'eſt de le gagner que vous seriez puni.

DORANTE.

Madame, vous joüez fort bien la Comédie;
Vôtre talent m'étonne, il me fait même envie,
Et pour savoir répondre à des discours si doux
Je voudrois en cet art exceller comme vous :
Mais, pour vouloir trop loin pousser le badinage,
Je pourrois à la fin manquer mon personnage
Et reprenant, peut-être, un ton trop sérieux....

ISABELLE.

A la plaisanterie il n'en feroit que mieux.
Tout de bon, je ne sais où de cette boutade
Vôtre esprit a pêché la grotesque incartade.
Je m'en amuserois beaucoup en d'autres tems.
Je ne veux point ici vous gêner plus longtems.
Si vous prenez ce ton par pure gentillesse,
Vous pourriez l'assortir avec la politesse :
Si vos mépris pour moi veulent se signaler,
Il faudra bien chercher de quoi m'en consoler.

DORANTE, *en fureur.*

Ah ! per.....

ISABELLE, *l'interrompant vivement.*

Quoi ?

DORANTE, *faisant effort pour se calmer.*

Je me tais.

ISABELLE, *à part.*

De peur d'étourderie
Allons faire en secret veiller sur sa furie.
Dans ses emportemens je vois tout son amour......
Je crains bien à la fin de l'aimer à mon tour.

Elle sort en faisant d'un air poli, mais railleur, une révérence à Dorante.

SCÉNE IX.

DORANTE.

Me suis-je assés longtems contraint en sa présence ?
Ai-je montré près d'elle assés de patience ?
Ai-je assés observé ses perfides noirceurs ?
Suis-je assés poignardé de ses fausses douceurs ?
Douceurs pleines de fiel, d'amertume et de larmes,
Grands Dieux ! que pour mon Cœur vous eussiez eu de [charmes,
Si sa bouche, parlant avec sincérité
N'eut pas au fond du sien trahi la vérité !
J'en ai trop enduré, je devois la confondre;
A cette Lettre, enfin, qu'eut-elle osé répondre ?
Je devois à mes yeux un peu l'humilier;
Je devois..... mais plustôt, songeons à l'oublier.
Fuyons, éloignons-nous de ce séjour funeste,
Achevons d'étouffer un feu que je déteste,
Mais ne partons qu'après avoir tiré raison
Du perfide Valére et de sa trahison.

ACTE TROISIÉME.

SCÉNE PRÉMIÉRE.

LISETTE, DORANTE, VALÉRE.

LISETTE.

Que vous étes tous deux ardens à la colére !
Sans moi, vous alliez faire une fort belle affaire !
Voilà mes bons amis si prompts à s'engager :
Ils sont encor plus prompts, souvent, à s'égorger.

DORANTE.

J'ai tort, mon cher Valére, et t'en demande excuse :
Mais pouvois-je prévoir une semblable ruse ?
Qu'un cœur bien amoureux est facile à duper !
Il n'en faloit pas tant, helas ! pour me tromper.

VALÉRE.

Ami, je suis charmé du bonheur de ta flamme.
Il manquoit à celui qui pénétre mon ame
De trouver dans ton cœur les mêmes sentimens,
Et de nous voir heureux tous deux en même tems.

LISETTE, *à Valére.*

Vous pouvez en parler tout à fait à vôtre aise;
Mais pour Monsieur Dorante, il faut, ne lui déplaise,
Qu'il nous fasse l'honneur de prendre son congé.

DORANTE.

Quoi ! songes-tu.....

LISETTE.

C'est vous qui n'avez pas songé
A la Loi qu'aujourdui vous prescrit Isabelle.
On peut se battre, au fond, pour une bagatelle
Avec les gens qu'on croit qu'elle veut épouser :
Mais Isabelle est femme à s'en formaliser.
Elle va, par orgueil, mettre en sa fantaisie,
Qu'un tel combat s'est fait par pure jalousie;
Et, sur de tels exploits, je vous laisse à juger
Quel prix à vos lauriers elle doit adjuger ?

DORANTE.

Lisette, ah ! mon Enfant, serois-tu bien capable
De trahir mon amour en me rendant coupable ?
Ta Maitresse de tout se rapporte à ta foi;
Si tu veux me sauver, cela dépend de toi.

LISETTE.

Point; je veux lui conter vos brillantes proüesses
Pour vous faire ma cour.

DORANTE.

Helas ! de mes foiblesses
Montre quelque pitié.

LISETTE.

Très noble Chevalier,
Jamais un Paladin ne s'abbaisse à prier :
Tüer d'abord les Gens, c'eſt la bonne maniére.

VALÉRE.

Peux-tu voir de sang-froid comme il se desespére,
Lisette ? Ah ! sa douleur auroit dû t'attendrir.

LISETTE.

Si je lui dis un mot, ce mot pourra l'aigrir,
Et contre moi, peut-être, il tirera l'épée.

DORANTE.

J'avois compté sur toi, mon attente eſt trompée;
Je n'ai plus qu'à mourir.

LISETTE.

Oh ! le rare secret !
Mais il eſt du vieux tems, j'en ai bien du regret,
C'étoit un beau prétexte.

VALÉRE.

Eh ! ma pauvre Lisette !
Laisse de ces propos l'inutile defaitte :
Sers-nous si tu le peux, si tu le veux du moins,
Et compte que nos cœurs acquitteront tes soins.

DORANTE.

Si tu rends de mes feux l'espérance accomplie
Dispose de mes biens, dispose de ma vie;
Cette bague d'abord.....

LISETTE, *prenant la bague.*

Quelle nécessité ?
Je prétens vous servir par générosité.
Je veux vous protéger auprès de ma maitresse;
Il faut qu'elle partage, enfin, vôtre tendresse,

Et voici mon projet. Prévoyant de vos coups,
Elle m'avoit tantôt envoyé près de vous
Pour empêcher le mal et ramener Valére
Afin qu'il ne vous put éclaircir le mistére :
Que si je pouvois autrement tout parer
Elle m'avoit chargé de vous tout déclarer.
C'est donc ce que j'ai fait, quand vous vouliez vous battre,
Et qu'il vous a falu, Monsieur, tenir à quatre.
Mais je devois de plus observer avec soin
Les gestes, dits, et faits dont je serois témoin,
Pour voir si vous étiez fidelle à la gageure.
Or, si je m'en tenois à la vérité pure
Vous sentez bien, je crois, que c'est fait de vos feux :
Il faudra donc mentir, mais pour la tromper mieux
Il me vient dans l'esprit une nouvelle idée.

DORANTE.

Qu'est-ce ?...

VALÉRE.

Dis-nous un peu....

LISETTE.

Je suis persuadée....
Non.... si.... si fait... je crois... ma foi, je n'y suis plus.

DORANTE.

Morbleu !

LISETTE.

Mais à quoi bon tant de soins superflus ?
L'idée est toutte simple; écoutez bien, Dorante :
Sur ce que je dirai, bientot impatiente
Isabelle chez vous va vous faire appeller;
Venez; mais comme si j'avois su vous celer
Le projet qu'aujourdui sur vous elle médite,
Vous viendrez sur le pied d'une simple visitte,
Approuvant froidement tout ce qu'elle dira,
Ne contredisant rien de ce qu'elle voudra.
Ce soir un feint contrat pour elle et pour Valére
Vous sera proposé pour vous mettre en colére;

Signez-le sans façon : vous pouvez être sur
D'y voir partout du blanc pour le nom du futur.
Si vous vous tirez bien de vôtre petit rôle
Isabelle, obligée à tenir sa parole,
Vous céde le pari, peut-être des ce soir,
Et le prix, par la Loi, reste en vôtre pouvoir.

DORANTE.

Dieux ! Quel espoir flateur succéde à ma souffrance !
Mais n'abuses-tu point ma crédule espérance ?
Puis-je compter sur toi ?

LISETTE.

Le compliment est doux !
Vous me payez ainsi de ma bonté pour vous ?

VALÉRE.

Il est fort question de te mettre en colére !
Songe à bien accomplir ton projet salutaire,
Et loin de t'irriter contre ce pauvre Amant,
Connois à ses terreurs l'excés de son tourment.
Mais, je brule d'ardeur de revoir Eliante,
Ne puis-je pas entrer ? Mon ame impatiente.....

LISETTE.

Que les Amans sont vifs ! oui, venez avec moi.

(A Dorante.)

Vous, de vôtre bonheur fiez-vous à ma foi,
Et retournez chez vous attendre des nouvelles.

SCÉNE II.

DORANTE.

Je verrois terminer tant de peines cruelles ?
Je pourrois voir, enfin, mon amour couronné !
Dieux ! A tant de plaisirs serois-je destiné ?
Je sens que les dangers ont irrité ma flamme
Avec moins de fureur elle bruloit mon ame
Quand je me figurois par trop de vanité
Tenir déja le prix dont je m'étois flatté.

Quelcun vient. Evitons de me laisser connoître.
Avant le tems prescrit je ne dois point paroître.
Helas ! mon foible cœur ne peut se rassurer,
Et je crains encor plus que je n'ose espérer.

SCÉNE III.

ELIANTE, VALÉRE.

ELIANTE.

Oui, Valére, déja de tout je suis inſtruitte.
Avec beaucoup d'addresse elles m'avoient séduitte
Par un entretien feint entre elles concerté,
Et que, sans m'en douter, j'avois trop écouté.

VALÉRE.

Eh ! quoi, belle Eliante, avez-vous donc pu croire
Que Valére à ce point ennemi de sa gloire,
De son bonheur, surtout, cherchât en d'autres nœuds
Le prix dont vos bontés avoient flatté ses vœux ?
Ah ! que vous avez mal jugé de ma tendresse !

ELIANTE.

Je conviens avec vous de toutte ma foiblesse.
Mais que j'ai bien payé trop de crédulité !
Que n'avez-vous pu voir ce qu'il m'en a coûté !
Isabelle, à la fin, par mes pleurs attendrie,
A, par un franc aveu, calmé ma jalousie :
Mais cet aveu, pourtant, en éxigeant de moi
Que sur un tel secret je donnasse ma foi
Que Dorante par moi n'en auroit nul indice.
A mon amour pour vous j'ai fait ce sacrifice :
Mais il m'en coûte fort pour le tromper ainsi.

VALÉRE.

Dorante eſt comme vous inſtruit de tout ceci.
Gardez vôtre secret en affectant de feindre.
Isabelle bientôt, lasse de se contraindre
Suivant nôtre projet peut-être dés ce jour
Tombe en son propre piége et se rend à l'amour.

SCÉNE IV.

ISABELLE, ELIANTE, VALÉRE,
et LISETTE, *un peu après.*

ISABELLE, *en soi-même.*

Ce sang-froid de Dorante et me pique et m'outrage.
Il m'aime donc bien peu, s'il n'a pas le courage
De rechercher du moins un éclaircissement !

LISETTE, *arrivant.*

Dorante va venir, Madame, en un moment.
J'ai fait en même tems appeller le Notaire.

ISABELLE.

Mais il nous faut encor le secours de Valére :
Je crois qu'il voudra bien nous servir aujourdui.
J'ai bonne caution qui me répond de lui.

VALÉRE.

Si mon zéle suffit et mon respect extrême,
Vous pourriez bien, Madame, en répondre vous-même.

ISABELLE.

J'ai besoin d'un mari seulement pour ce soir.
Voudriez-vous bien l'être ?

ELIANTE.

Eh mais ! il faudra voir.
Comment ! il vous faut donc des cautions, cousine,
Pour pleiger[1] vos maris ?

LISETTE.

Oh ! oui; car pour la mine,
Elle trompe souvent.

ISABELLE, *à Valére.*

Et bien, qu'en dites-vous ?

VALÉRE.

On ne refuse pas, Madame, un sort si doux;
Mais d'un terme trop court.....

ISABELLE.

Il eﬅ bon de vous dire,
Au reﬅe, que ceci n'eﬅ qu'un hymen pour rire.

LISETTE.

Dorante eﬅ là; sans moi, vous alliez tout gâter.

ISABELLE.

J'espére que son cœur ne pourra résiﬅer
Au trait que je lui garde.

SCÉNE V.

ISABELLE, DORANTE, ELIANTE,
VALÉRE, LISETTE.

ISABELLE.

Ah ! vous voila, Dorante.
De vous voir aussi peu, je ne suis pas contente :
Pourquoi me fuyez-vous ? trop de présomption
M'a fait croire, il eﬅ vrai, qu'un peu de passion
De vos soins près de moi pouvoit être la cause :
Mais faut-il pour cela prendre si mal la chose ?
Quand j'ai voulu tantôt par de trop doux aveux
Engager vôtre cœur à dévoiler ses feux,
Je n'avois pas pensé que ce fut une offense
A troubler entre nous la bonne intelligence;
Vous m'avez, cependant, par des airs suffisans
Marqué trop clairement vos mépris offensans;
Mais si l'amant méprise un si foible esclavage,
Il faut bien que l'ami du moins m'en dédommage,
Ma tendresse n'eﬅ pas un tel affront, je croi,
Qu'il faille m'en punir en rompant avec moi.

DORANTE.

Je sens ce que je dois à vos bontés, Madame,
Mais vos sages leçons ont si touché mon âme,
Que, pour vous rendre ici même sincérité,
Peut-être mieux que vous j'en aurai profité.

ISABELLE, *bas, à Lisette.*

Lisette, qu'il eſt froid ! il a l'air tout de glace.

LISETTE, *bas.*

Bon ! c'eſt qu'il eſt piqué; c'eſt par pure grimace.

ISABELLE.

Depuis nôtre entretien, vous serez bien surpris
D'apprendre en cet inſtant le parti que j'ai pris.
Je vais me marier.

DORANTE, *froidement.*

Vous marier ! vous-même ?

ISABELLE.

En personne. D'où vient cette surprise extrême ?
Ferois-je mal, peut-être ?

DORANTE.

Oh ! non : c'eſt fort bien fait.
Cet hymen-là s'eſt fait avec un grand secret.

ISABELLE.

Point. C'eſt sur le refus que vous m'avez su faire
Que je vais épouser... devinez.

DORANTE.

Qui ?

ISABELLE.

Valére.

DORANTE.

Valére ? Ah ! mon ami, je t'en fais compliment.
Mais Eliante, donc ?

ISABELLE.

Me céde son Amant.

DORANTE.

Parbleu ! voilà, Madame, un éxemple bien rare.

LISETTE.

Avant le mariage, oui, le fait eſt bisarre;
Car, si c'étoit après, ah ! qu'on en céderoit
Pour se débarrasser.

ISABELLE, *bas, à Lisette.*

Lisette, il me paroit
Qu'il ne s'anime point.

LISETTE, *bas.*

Il croit que l'on badine :
Attendez le Contrat, et vous verrez sa mine.

ISABELLE, *à part.*

Perissent mon caprice et mes jeux insensez !

UN LAQUAIS.

Le Notaire eſt ici.

DORANTE.

Mais, c'eſt être pressez.
Le Contract dés ce soir ! Ce n'eſt pas raillerie.

ISABELLE.

Non, sans doute, Monsieur, et même je vous prie,
En qualité d'ami, de vouloir y signer.

DORANTE.

A vos ordres toujours je dois me résigner.

ISABELLE, *bas.*

S'il signe, c'en eſt fait, il faut que j'y renonce.

SCÉNE VI.

LE NOTAIRE, *et les Acteurs de la Scéne précedente.*

LE NOTAIRE.

Requiert-on que tout haut le Contract je prononce ?

VALÉRE.

Non, Monsieur le Notaire ; on s'en rapporte en tout
A ce qu'a fait Madame ; il suffit qu'à son gout
Le Contract soit passé.

ISABELLE, *regardant Dorante d'un air de dépit.*

Je n'ai pas lieu de craindre
Que de ce qu'il contient personne ait à se plaindre.

LE NOTAIRE.

Or puisqu'il eſt ainsi, je vais, sommairement,
En bref, succinctement, compendieusement,
Resumer, expliquer, en Stile laconique
Les points articulés en cet Acte autentique,
Et jouxte la Minutte entre mes mains reſtant,
Ainsi que selon droit et Coutume s'entend
D'abord pour les futurs. Item, pour leurs familles,
Bisayeuls, trisayeuls, Pére, enfans, fils et filles,
Du moins réputés tels, ainsi que par la Loi
Quem nuptiae monſtrant il appert faire foi.
Item, pour leur païs séjour et domicile
Passé, présent, futur, tant aux Champs qu'à la Ville.
Item, pour tous leurs biens, acquets, conquets, dotaux,
Préciput, hypothéque, et biens Paraphernaux.
Item, encor, pour ceux de leur eſtoc et ligne.....

LISETTE.

Item, vous nous feriez une faveur insigne
Si de ces mots cornus le poumon dégagé,
Il vous plaisoit, Monsieur, abréger l'abrégé.

VALÉRE.

Au vrai, tous ces details nous sont fort inutiles.
Nous croyons le Contract plein de clauses subtiles,
Mais on n'a nul desir de les voir aujourdui.

LE NOTAIRE.

Voulez-vous procéder, approuvant icelui,
A le corroborer de vôtre signature ?

ISABELLE.

Signons, je le veux bien, voila mon écriture.
A vous, Valére.

ELIANTE, *bas à Isabelle.*

Au moins, ce n'est pas tout de bon,
Vous me l'avez promis, Cousine ?

ISABELLE.

Eh ! mon Dieu, non.
Dorante veut-il bien nous faire aussi la grace.......

(Elle lui présente la plume.)

DORANTE.

Pour vous plaire, Madame, il n'est rien qu'on ne fasse.

ISABELLE, *à part.*

Le cœur me bat : je crains la fin de tout ceci.

DORANTE, *à part.*

Le futur est en blanc; tout va bien jusqu'ici.

ISABELLE, *bas.*

Il signe sans façon.... à la fin je soupçonne....
(A Lisette.)
Ne me trompez-vous point ?

LISETTE.

En voici d'une bonne !
Il seroit fort plaisant que vous le pensassiez !

ISABELLE.

Helas ! Et plut au Ciel que vous me trompassiez.
Je serois sure au moins de l'amour de Dorante.

LISETTE.

Pour en faire, quoi ?

ISABELLE.

Rien. Mais je serois contente.

LISETTE, *à part.*

Que les pauvres enfans se contraignent tous deux !

ISABELLE, *à Valére.*

Valére, enfin, l'hymen va couronner nos vœux;
Pour en serrer les nœuds sous un heureux auspice
Faisons en les formant un acte de justice.
A Dorante à l'instant je céde le pari.
J'avois cru qu'il m'aimoit, mais mon esprit guéri
S'apperçoit de combien je m'étois abusée.
En secret mille fois je m'étois accusée
De le desespérer par trop de cruauté.
Dans un piége assés fin il s'est précipité;
Mais il ne m'est resté pour fruit de mon addresse
Que le regret de voir que son cœur sans tendresse
Bravoit également et la ruse et l'amour.
Choisissez donc, Dorante, et nommés en ce jour
Le prix que vous mettez au gain de la gageure;
Je dépens d'un Epoux, mais je me tiens bien sure
Qu'il est trop généreux pour vous le disputer.

VALÉRE.

Jamais plus justement vous n'auriez pu compter
Sur mon obéissance.

DORANTE.

Il faut donc vous le dire,
Je demande....

ISABELLE.

Eh ! bien, quoi ?

DORANTE.

La liberté d'écrire.

ISABELLE.

D'écrire !

LISETTE.

Il est donc fou.

VALÉRE.

Que demandes-tu là ?

DORANTE.

Oui; d'écrire mon nom dans le blanc que voilà.

ISABELLE.

Ah ! vous m'avez trahie !

DORANTE, *à ses pieds.*

Eh ! quoi ! Belle Isabelle,
Ne vous lassez-vous point de m'être si cruelle ?
Faut-il encor....

SCÉNE VII.

CARLIN *botté et un fouët à la main.*
Tous les Acteurs de la Scéne précédente.

CARLIN.

Monsieur, les Chevaux sont tout prets,
La chaise nous attend.

DORANTE.

La peste des Valets !

CARLIN.

Monsieur, le tems se passe.

VALÉRE.

Eh ! quelle fantaisie
De nous troubler....

CARLIN.

Il est six heures et demie.

DORANTE.

Te tairas-tu ?

CARLIN.

Monsieur, nous partirons trop tard.

DORANTE.

Voila bien, à mon gré, le plus maudit bavard !
Madame, pardonnez....

CARLIN.

Monsieur, il faut me taire,
Mais nous avons ce soir bien du chemin à faire !

DORANTE.

Le grand Diable d'Enfer puisse-t-il t'emporter !

ELIANTE.

Lisette, explique-lui....

LISETTE.

Bon ! veut-il m'écouter ?
Et peut-on dire un mot où parle Monsieur Carle ?

CARLIN, *un peu vîte.*

Eh ! parle au nom du Ciel ! avant qu'on parle, parle :
Parle, pendant qu'on parle : et quand on a parlé
Parle encor, pour finir sans avoir déparlé.

DORANTE.

Toi, deparleras-tu, parleur impitoyable ?

(A Isabelle.)

Puis-je, enfin, me flatter qu'un penchant favorable
Confirmera le don que vos Loix m'ont promis ?

ISABELLE.

Je ne sais si ce don vous eſt si bien acquis,
Et j'entrevois ici de la friponnerie;
Mais, en punition de mon étourderie
Je vous donne ma main et vous laisse mon Cœur (*a*).

DORANTE, *baisant la main d'Isabelle.*

Ah ! vous mettez par là le comble à mon bonheur.

CARLIN.

Que Diable font-ils donc ? aurois-je la berlüe?

LISETTE.

Non, vous avez, mon cher, une très bonne vüe,

(Riant.)

Témoin la Lettre....

CARLIN.

Eh ! bien; de quoi veux-tu parler ?

LISETTE.

Que j'ai tant eu de peine à me faire voler.

CARLIN.

Quoi ! c'étoit tout exprès ?....

LISETTE.

Mon Dieu, quel imbécile !
Tu t'imaginois donc être le plus habile ?

CARLIN.

Je sens que j'avois tort; cette ruse d'Enfer
Te doit donner le pas sur Monsieur Lucifer.

LISETTE.

Jamais comparaison ne fut moins méritée;
Au bien de mon prochain toujours je suis portée :
Tu vois que par mes soins ici tout est content;
Ils vont se marier, en veux-tu faire autant ?

CARLIN.

Tope; j'en fais le saut, mais sois bonne Diablesse;
A me cacher tes tours mets toutte ton addresse;
Toujours dans la maison fais prospérer le bien;
Nargue du demeurant quand je n'en saurai rien.

LISETTE.

Souvent parmi les jeux le cœur de la plus sage
Plus qu'elle ne voudroit en badinant s'engage;
Belles, sur cet éxemple apprenez en ce jour
Qu'on ne peut sans danger se joüer à l'Amour.

FIN.

ARLEQUIN
AMOUREUX MALGRÉ LUI.

ARLEQUIN AMOUREUX MALGRÉ LUI.

[*SCÈNE I.*

EPINE-VINETTE, GRACIEUSE.]

EPINE-VINETTE (*a*).

Non, ma Sœur, il n'y a point d'exemple d'un gout si bizarre; un amour tel que le vôtre eſt capable (*b*) de deshonorer l'ordre des fées.

GRACIEUSE (*c*).

(*d*) Erreur, ma chére Epine-Vinette le rang que nous occupons (*e*) nous force à en descendre pour goûter les charmes de la tendresse. (*f*) Tu sais combien nous avons été dupes (*g*) toutes tant que nous sommes de nôtre commerce avec les genies (*h*). C'étoit tout esprit à la vérité, mais helas ce n'étoit que cela; et pour trouver quelque chose de plus solide (*i*), il a bien falu revenir (*j*) aux hommes.

EPINE-VINETTE.

(*k*) Mais du moins parmi ces hommes-là encore y a-t-il quelque choix à faire.

GRACIEUSE.

(*l*) Pourquoi ? les hommes sont tous si petits que ce n'eſt presque pas la peine de les comparer entre eux. Le premier venu eſt tout (*m*) aussi bon qu'un autre.

EPINE-VINETTE.

Quoi, vous voudriez me persuader que ce Butord d'Arlequin dont vous vous êtes coëffée je ne sais à propos de quoi, vaudroit autant, je ne dis pas qu'un petit maitre françois, mais que cet enchanteur (*a*), ce savant Parafaragaramus qui vous aime si passionnément (*b*).

[GRACIEUSE.]

(*c*) Je crois dans ses talents plus de charlatanerie que de réalité et je parierois qu'Arlequin vaut mieux pour l'usage que j'en veux faire.

[EPINE-VINETTE.]

Mais enfin cet Arlequin n'eſt qu'une bête, un fat.

[GRACIEUSE.]

Qu'a-t-on besoin d'un Mari qui ait tant d'esprit (*d*) ?

[EPINE-VINETTE.]

Un misérable Paysan (*e*).

[GRACIEUSE.]

Je le ferai grand seigneur; cela eſt-il donc si rare (*f*)?

[EPINE-VINETTE.]

Un gourmand...

[GRACIEUSE.]

C'eſt qu'il aime (*g*) les bonnes choses.

[EPINE-VINETTE.]

Un ivrogne (*h*)...

[GRACIEUSE.]

Le vin le rendra plus tendre.

[EPINE-VINETTE.]

Un volage, un libertin...

[GRACIEUSE.]

J'aurai le plaisir de le fixer.

[EPINE-VINETTE.]

(*a*) Helas ! comme l'amour fascine le Jugement ! Ma pauvre sœur : vous êtes bien malade. (*b*) Mais c'eſt moins à vôtre tendresse que je trouve à redire qu'à l'aveuglement de vôtre choix (*c*).

GRACIEUSE.

Je veux vous montrer que je suis plus raisonnable que vous ne pensez. Mais aussi je ne veux pas être la victime des préjugés humains (*d*). Arlequin ne m'a encore jamais vuë; mettons son cœur et son esprit à l'épreuve (*e*) par un ſtratagéme que j'imagine : s'il s'en tire bien, vous cesserez de blamer (*f*) mon amour et vous trouverez bon que je l'épouse avec ses defauts. S'il y succombe, je vous l'abandonne.

[EPINE-VINETTE.]

Je ne sais quel eſt vôtre projet : mais je vous réponds que vous ne ferez jamais (*g*) qu'un sot de ce nigaud-là.

[GRACIEUSE.]

(*h*) Essayons.

[EPINE-VINETTE.]

Je le veux bien, mais je suppose que vous ne me tricherez pas : car si vous vous accordez (*i*) avec lui...

[GRACIEUSE.]

Point. J'agirai sincerement (*j*).

[EPINE-VINETTE.]

Jurez.

[GRACIEUSE.]

Foi de fille d'honneur (*k*).

[EPINE-VINETTE.]

(*a*) Jurez, jurez foy de fée.

[GRACIEUSE.]

J'y consens. Mais voici justement Arlequin avec un autre homme dont il faudra nous debarasser en nous rendant invisibles. Venez, que je vous explique mes idées (*b*).

[*SCÈNE II.*]

ARLEQUIN, NICAISE.

ARLEQUIN.

(*c*) Y a-t-il bien douze lieues que nous marchons ?

[NICAISE.]

Bon je ne sommes qu'à un quart de lieuë de nout village.

[ARLEQUIN.]

Je suis déja Diablement las.

[NICAISE.]

C'est qu'ou n'étes pas racoutumé à battre la semelle (*d*).

[ARLEQUIN.]

Est-ce que tu me prends pour un Cordonnier, toi ?

[NICAISE.]

Parguienne, je ne vous feriemme point de tort. Si je saviemme bâti des souié, je ne seriemme pas robligé de courir le monde pour charché fortune : car come n'an dit, ni a partout pié à chausser.

[ARLEQUIN.]

Et di moi où est-ce qu'elle est cette fortune que nous allons chercher ?

[NICAISE.]

Oh Dame alle est.... alle est.... c'est (*a*) qu'ou ne savez pas ça, vous, parce qu'ous êtes un petit... nigaud.

[ARLEQUIN.]

Tu es un grand, toi.

[NICAISE.]

Voirement, je savons lire la lettre moulée et je Pataraphon noute signature aussi bien comme (*b*) noute magister. N, i, ni; c, e, ke; r, e, re : Nicaise. Et Dame !

ARLEQ[UIN].

Tu es bien heureux de savoir tout cela.

NIC[AISE].

Oh, oh, n'y a bien pu (*c*) que ça (*d*). J'ons du resprit que ça fait peur, je faisons ebaudir tout le monde; dré (*e*) qu'on me voit, n'an se boute à rire, qu'on diroit d'une noce; et pis (*f*) je danse, pu farme qu'une peinture (*g*), je saute mieux qu'un cabri, quand je chante c'est pis qu'un Marle. Oh, tatiquoi je sommes un dégourdi. Aussi faut voar comme les filles (*h*) sont assotées de moi, a me font toujours queuque niche.

ARLEQUIN.

Arrête donc, tu prens tout pour toi et moi je n'aurai donc rien (*i*). Oh poveretto mi, hi, hi, hi. *(Il pleure.)*

[NICAISE.]

Oh ! ne vous boutés pas en peine, je vous apprendrons les belles magniéres. Je ne serons pas arrivés à Paris que vous en saurez sans comparaison quasi autant comme moi.

[ARLEQUIN.]

Oui, mais qu'est-ce que nous ferons donc à Paris ?

[NICAISE.]

Eh ! pardi, je ferons dré comme les autres, je boirons, je mangerons, je.... (*a*) je dépenserons force écus.... je voirons des belles Demoiselles qui metton du petit pot, et les guinguettes, et boute, et tu en auras.

[ARLEQUIN.]

Ecoute : donne m'en un peu de ces ecus que nous dépenserons à Paris.

[NICAISE.]

Des ecus ? Par ma fime, je n'en ons point.

[ARLEQUIN.]

Tu n'en as point ?

[NICAISE.]

Non.

[ARLEQUIN.]

Et où Diable veux-tu donc que j'en prenne ? je n'en ai point non plus, moi.

[NICAISE.]

Ah Dame, c'eſt là le tu autem[1] : bon, j'en gagnerons drés que je serons là-bas.

[ARLEQUIN.]

Et comment eſt-ce que (*b*) nous en gagnerons ?

[NICAISE.]

Comment ? eh palsanguenne, (*c*) as-tu pas vu, reverence parler, le fi à noute voisin Thomas ? Il n'étoit pas pu argenteux que nous quand il y allit. Eh bien, il entrit cler chez un porcureux (*d*). Eh pi, il êpousi sa femme et pi après le mari mourut (*e*) et pi y devint porcureux limême, et pi il achetit la maison dont son pére étoit farmier, et pi....

[ARLEQUIN.]

Mais qu'eſt-ce que c'eſt que ces (*a*) porcureux ?

[NICAISE.]

(*b*) Tien... Quasiment, ce sont des gens qui se fesont payer pour prendre le bien du monde (*c*). Oh c'eſt les pu gros Monsieux de Paris.

[ARLEQUIN.]

Voiez, voiez. Diable, allons vite à Paris (*d*).

[NICAISE.]

Oh, pis nia encore les Médecin[s] qui s'engraissont à faire pâtir la faim aux autres (*e*). Et puis les Marchands qui se ruinont bien vîte pour s'enrichir tout d'un coup. Oh, ſti là, c'eſt le pu bon Méquier (*f*) de tous !

[ARLEQUIN.] (*g*)

Hi, hi, hi !

[NICAISE.]

De quoi ris-tu ?

[ARLEQUIN.]

(*h*) Je ris de mon invention : je veux me faire marchand, médecin et porcureux tout à la fois. Oh que je serai riche, que je serai riche ! Mais à propos, as-tu dejeuné ?

[NICAISE.]

Moi, non; je n'on pris que deux reux[1] avant que de partir aveuc un quartier de pain et chopeine (*i*) de vin. Dame, il eſt huit heures passées, la gueule me tape.

[ARLEQUIN.]

Eh bien, alons déjeunér au premier cabaret.

[NICAISE.]

Oui, (*j*) vous dites qu'ou n'avez point d'argent.

[ARLEQUIN.]

(*a*) Qu'est-ce que cela fait ? tu payeras, toi.

[NICAISE.]

Parguienne, je n'on pas de quoi chasser le diable[1].

[ARLEQUIN.]

Je créve de faim (*b*); comment veux-tu donc (*c*) me mener à Paris si tu n'as point d'argent ?

[NICAISE.]

Ah ! (*d*) je n'y aviemme pas pensé.

[ARLEQUIN.]

Que le Diable t'emporte, toi et ton voyage. Quand je serai mort de faim en chemin il sera bien tems de m'enrichir là-bas.

[NICAISE.]

(*e*) Acoutes il me viant une bonne intervention[2]. Non.... si.... si fait.... oui morguenne; allons saute, rejouis-toi, Arlequin, mon ami, mon brave comparsonier[3]. J'aurons de l'argent. Saute donc.

ARLE[QUIN].

Tati le ra...

NICAISE.

Pu fort, pu fort.

ARLEQ[UIN].

Te ri le ron le ra... Que Diable, veux-tu que je me casse le cou (*f*) ? eh bien où sont les écus ?

NIC[AISE].

Y vianront, y vianron : c'est tou comme.

ARLE[QUIN].

Voions.

NIC[AISE].

Tu sais bian qu'on a promis cent écus pour tous ceux qui pourront déclarer et livrer un (*a*) voleur.

AR[LEQUIN].

Eh parbleu dépeche-toi donc, j'ai une soif (*b*).

NIC[AISE].

Oh queu tour ! queu tour. Ventrebille que j'en savons lon. Prenons qu'ous soyez un voleur.

ARL[EQUIN].

Ehi ?

NI[CAISE].

Je vas vous declarer. Vous ne dites pas le contraire. N'an (*c*) vous mène en prison. Et je tirons les cent écus : eh, eh !

ARL[EQUIN].

(*d*) Et quand je serai en prison qu'eſt-ce que je deviendrai ?

NIC[AISE].

(*e*) Queux demande, eh palsanguienne ou serais pendu. (*f*) Nia tant de gros monsieurs qui fesont passer des fripons (*g*) pour d'honnêtes gens. Eh ben je fesons, nous, passer (*h*) un honnête homme pour un fripon. C'eſt tout queussi queumi (*i*). Mais que l'argent vienne.

ARL[EQUIN].

Oui, le tour sera drole. Mais...

NIC[AISE].

(*j*) Oh, ni a ni mais ni car. Le Diable y a pardu l'œil à ſti la.

ARL[EQUIN].

Et aprés, tu me donneras la moitié des écus (*a*) ?

NIC[AISE].

Bian entendu, me prens-tu pour un voleur (*b*) ?

ARL[EQUIN].

Oh non, mais comment feras-tu pour me donner l'argent quand je serai pendu (*c*) ?

NIC[AISE].

Vela le Diable. Tu n'auras qu'à le venir prendre. Va, je ne voulons pas te tromper.

ARL[EQUIN].

Tien cherchons un autre moyen, celui là ne paroit pas joli (*d*). Là, ne badine donc pas.

[NICAISE.]

Allons, reste donc de repos.

[ARLEQUIN].

Oh tien, j'ai faim, je ne suis pas en train de rire.

[NICAISE.]

(*e*) Mordienne vois-tu (*f*), quand on est à jeun n'en est pas de bonne hymeur.

[ARLEQUIN.]

(*g*) Le Diable m'emporte si je ne te donne un coup de poing.

[NICAISE.]

Noute ami vous attraperez queuque orion.

[ARLEQUIN.]

Attens, attens, je vais badiner sur tes oreilles.

[NICAISE.]

Quien quien. Je t'apprendrons (*a*) à batifoler (*b*).

SCÉNE 3.

[ARLEQUIN, GRACIEUSE, EPINE-VINETTE.]

[GRACIEUSE.]

Voila ce lourdaut parti ; nous pouvons à présent nous rendres visibles.

ARL[EQUIN] (*c*).

Voila qui eſt fait je suis dégouté du voyage (*d*). Oh que nenni, si (*e*) la fantaisie me prend jamais de me faire pendre, je veux l'avoir bien gagné ; faut la raison à tout. Cependant.. j'ai faim. Et je n'ai rien à manger. Si je retourne au village on se moquera de moi. Si je n'y retourne pas.... Eh, eh, eh....

GRAC[IEUSE].

Qu'avez-vous mon ami ? vous paroissez bien étonné (*f*).

[ARLEQUIN.]

C'eſt que je ne m'attendois pas de trouver d'aussi jolis oiseaux dans ce bois.

[GRACIEUSE] (*g*).

Notre rencontre ne vous fait donc pas de la peine ?

[ARLEQUIN.]

Oh non, tout au contraire.

[EPINE-VINETTE.]

Je gage pourtant qu'il aimeroit encor mieux avoir trouvé un bon déjeuné.

[ARLEQUIN.]

Point du tout. J'oublierois le déjeuné d'abord aprés l'avoir mangé, et je me souviendrai toujours de vous, car vous êtes bien jolie.

[GRACIEUSE.]

Comment donc, Arlequin eſt galant.

[ARLEQUIN.]

Arlequin (*a*) ! Eſt-ce que vous savez mon nom ?

[EPINE-VINETTE.]

(*b*) Sans doute; ne voiez-vous pas que nous sommes fées ?

[ARLEQUIN.]

Aiuto[1]; misericordia.

[EPINE-VINETTE.]

Poltron, nous ne sommes pas icy pour te faire du mal (*c*).

[ARLEQUIN.]

Ah ! Mesdames, ma chair eſt coriace en diable. Je n'ai rien de tendre que le cœur.

[EPINE-VINETTE.]

Oh, qu'il eſt plaisant ! As-tu peur que nous ne te mangions ?

[ARLEQUIN.]

Non, pas vous : je n'aurois point de chagrin d'être croqué par vos petittes dents mignones : mais vos amis les ogres.... ah ! je tremble (*d*) d'en voir survenir quelcun.

[GRACIEUSE.]

Rassure-toi, les ogres ne sont point (*e*) nos amis, et nous ne sommes pas des fées malfaisante[s].

[ARLEQUIN.]

Tout de bon, tout de bon ?

[GRACIEUSE.]

Tout de bon.

[ARLEQUIN.]

(*a*) Ah ça, je me fie à vous, car il me semble que vous êtes trop joliës pour être trompeuses.

[GRACIEUSE.]

[*A part.*] (*b*) Cette (*c*) caution-là n'a gueres de crédit, (*d*) je ne sais helas pourquoi. *(A Arleq*[*uin*]*)*. Sois sur que nous ne te trompons pas.

[ARLEQUIN.]

Comment, vous êtes fées ? eſt-ce que les fées ont des corps, là, de chair (*e*) comme les femmes ?

[GRACIEUSE.]

(*f*) Sans doute. Crois-tu que nous soyons des ombres ?

[ARLEQUIN.]

(*g*) Voyons...

[GRACIEUSE.]

Tout doux, M. Arlequin.

[ARLEQUIN.]

C'eſt seulement pour savoir : (*h*) j'aime la Phirlirsolofie, moi.

[GRACIEUSE.]

(*i*) Il me semble qu'elle vous rend bien curieux.

[EPINE-VINETTE.]

Oh ça dis-nous un peu; nous trouves-tu jolies, sérieusement ?

[Arlequin.]

Si je vous trouve jolies ? Sangue de mi, il n'y a point de macarons, point de lazagne, point de crosetti, point de fromage de parmesan si joli que vous.

[Gracieuse.]

Fort bien. Mais laquelle de nous deux te plairoit davantage ? Parle-nous sincérement.

[Arlequin.]

Laquelle.... oh, vous étes bien charmante, vous.... et vous aussi. Attendez.... tic, toc, tic, toc....... toc, toc, ta, ta, ta, ta;.... ma foy, je crois que mon cœur bat des deux cotés.

[Gracieuse.]

(*a*) Il faut pourtant te déterminer : car l'une de nous deux (*b*) veut être ta maitresse et même ta femme (*c*). Mais il faut que tu la devines (*d*).

[Arlequin.]

(*e*) Comment donc ?

[Fleur d'Orange.]

Celle qui t'aime s'appelle Fleur d'Orange, l'autre s'appelle Epine-Vinette.

[Arlequin.]

(*f*) Et laquelle est-ce qui s'appelle Fleur d'Orange (*g*)?

[Epine-Vinette.]

C'est là la question (*h*).

[Arlequin.]

(*i*) Parbleu me voila bien embarassé. Je m'en vai (*j*) vous prendre touttes deux.

[FLEUR D'ORANGE.]

Cela ne se peut, il faut opter. Si tu devines bien et que tu choisisse[s] Fleur d'Orange, d'abord elle t'épousera.

[ARLEQUIN.]

Eh eh, que ça sera drole.

[FLEUR D'ORANGE.]

Elle te (*a*) comblera de richesses.

[ARLEQUIN.]

Bon.

[FLEUR D'ORANGE.]

Elle te donnera les plus beaux habits.

[ARLEQUIN.]

Oh, je me contente du mien.

[FLEUR D'ORANGE.]

Elle te fera faire bon[ne] chére.

[ARLEQUIN.]

Bon cela.

[EPINE-VINETTE.]

Quatre repas par jour.

[ARLEQUIN.]

Ce n'eſt pas trop.

[FLEUR D'ORANGE.]

Poulets, pigeons, perdrix...

[EPINE-VINETTE.]

Gigots, dindons, aloyaux.

[FLEUR D'ORANGE.]

Ragout, tourtes, gateaux...

[EPINE-VINETTE.]

(*a*) Jambons, cervelas, saucissons.

[ARLEQUIN.]

Attendez donc, vous me faites étrangler, je n'ai pas le tems de mâcher.

[FLEUR D'ORANGE.]

Vins de bourgognes, vins de champagnes (*b*), muscat, malvoisie.

[ARLEQUIN.]

Ah : cela fait passer un peu mes morceaux.

[EPINE-VINETTE.]

Rogomme, eau clairette, ratafiats.

[ARLEQUIN.]

Que de bonnes choses, que de bonnes choses. Ah, que je vais m'en donner. Et si par hasard je choisis Epine-Vinette ?

[FLEUR D'ORANGE.]

Alors on t'habillera superbement (*c*)...

[ARLEQUIN.]

Moi ?

[FLEUR D'ORANGE.]

On te mettra dans un char magnifique avec ta maitresse richement parée.

[ARLEQUIN.]

(*d*) Cela sera beau, n'est-ce pas ?

[FLEUR D'ORANGE.]

Sans doute. On te menera au temple avec un cortége magnifique.

[ARLEQUIN.]

Eh, eh...

[FLEUR D'ORANGE.]

On vous mariera ensemble.

[ARLEQUIN.]

Fort bien.

[FLEUR D'ORANGE.]

Ensuitte on te conduira (*a*)...

ARL[EQUIN].

Au lit de noces.

[FLEUR D'ORANGE.]

Non, au bord de la mer.

[ARLEQUIN.]

Ehm.

[FLEUR D'ORANGE.]

On t'attachera une pierre au cou.

[ARLEQUIN.]

Pourquoi faire ?

[FLEUR D'ORANGE.]

Et l'on te jettera dedans.

[ARLEQUIN.]

Quoi, pour tout à fait ?

[EPINE-VINETTE.]

Vraiment oui.

[ARLEQUIN.]

Voilà une vilaine Cérémonie. Je m'en tiens à Fleur d'Orange.

[FLEUR D'ORANGE.]

Oui mais il faut que tu devines laquelle c'est de nous deux, et si tu te trompes...

[ARLEQUIN.]

Je serai noyé.

[EPINE-VINETTE.]

Justement.

[ARLEQUIN.]

Diable comment faire.... (*a*) Voyons si c'est vous qui m'aimez bien.

[EPINE-VINETTE.]

Cela peut être.

[ARLEQUIN.]

Et vous, ne me trouvez-vous pas bien joli ?

[FLEUR D'ORANGE.]

Tu te doute[s] qu'oui, je parie.

[ARLEQUIN.]

Elles sont plus rusées que moi, je n'y sais rien connoitre.

[EPINE-VINETTE.]

Te voila bien embarassé, choisi[s] celle qui te plaira le mieux.

[ARLEQUIN.]

C'eſt (*a*) bien tôt dit : mais il faut être sur que celle qui me plait le mieux s'appelle Fleur d'Orange. Si c'étoit vous, par exemple...

[EPINE-VINETTE.]

C'eſt donc moi que tu aimes le mieux ?

[ARLEQUIN.]

Allons doucement ; il s'agit d'être marié ou noyé : cela mérite réflexion.... (*b*)

[FLEUR D'ORANGE.]

(*c*) Tu peux (*d*) renoncer à touttes les deux ; alors (*e*) tu ne cours aucun risque.

[ARLEQUIN.]

Et j'aurai tout de méme les jambons, les tourtes de ratafiats ?

[EPINE-VINETTE.]

Non, ce n'eſt qu'avec Fleur d'Orange que tu peux jouir de tout cela.

[ARLEQUIN.]

Oh ma chére Fleur d'Orange (*f*), je ne puis me resoudre à vous abandoner. J'aime mieux hasarder ma vie pour avoir le plaisir de vous posseder que (*g*) de la conserver sans vous.

[FLEUR D'ORANGE.]

A laquelle de nous deux (*h*) adresses-tu un discours si tendre ?

[ARLEQUIN.]

Belle demande ! à celle qui s'appelle Fleur d'Orange.

[Epine-Vinette.]

Voilà un homme bien amoureux.

[Arlequin.]

(*a*) Diantre, il (*b*) n'y a que cette vilaine mer qui me tarabuste (*c*). Sans cela mon choix seroit d'abord fait.

[Gracieuse.]

Eh bien, on t'accorde vingt quatre heures (*d*); tache de bien choisir au bout de ce tems-là (*e*). Nous allons te donner une baguette qui te garantira d'un Enchanteur jaloux, amoureux de Fleur d'Orange; ses enchantements ne pourront te nuire tandis que tu la possederas (*f*). Ce sera à toi (*g*) à prendre garde de ne te la pas laisser enlever. Suis-nous.

[Arlequin.]

Oh che gusto, je vais étre demi sorcier.

[*SCÈNE IV.*]

Parafaragaramus.

Je viens de voir par la force de mon art l'indigne choix que fait Fleur d'Orange. Se peut-il qu'elle fasse un pareil affront à un Enchanteur tel que moi (*h*) ? Vois, ingratte, ce que tu perds, voi la terre couverte de mes exploits. (*i*) Toujours grand dans mes projets, j'ai dedaigné tous les travaux aisés. On n'a point vu mes prodiges favoriser (*j*) l'avarice des vie[i]llards, la coqueterie des femmes, l'infidelité des hommes, la fourberie des bonzes, l'avidité des juges, l'arrogance des ignorans (*k*). De plus perilleuses (*l*) entreprises m'ont occupé (*m*) : tant de jeunes sots rendus aimables par leurs ridicules (*n*), tant de Charlatans crus savans (*o*) à force de montrer leur ignorance, tant de laches recompensés de leur poltronerie, tant d'auteurs applaudis (*p*) pour leurs sotises. Voilà ce qu'ont produit mes illusions. Voilà comment ma puissance a pu fasciner tous les yeux. Helas, et de quoi sert mon vaste savoir s'il ne me rend pas plus habile à conquerir un cœur ? Vangeons-nous du moins sur l'indigne objet de sa flamme, punissons Arlequin. Mais tachons de lui enlever adroitement la baguette que (*a*) Fleur d'Orange lui a remise. Ici la force ne sert de rien : il faut emploier la ruse. J'aperçois (*b*) ce miserable rival : alons changer d'équipage.

[*SCÈNE V.*]

[ARLEQUIN.]

Arlequin vient armé de sa baguette qu'il contemple de mille maniéres comiques, et avec laquelle il fait mille contorsions.

NARCISSE

OU

L'AMANT DE LUI-MÊME,

COMÉDIE,

PAR J. J. ROUSSEAU,

REPRÉSENTÉE PAR LES COMÉDIENS DU ROI,

LE 18 DÉCEMBRE 1752.

PREFACE.

J'AI écrit cette Comédie à l'âge de dix-huit ans, et je me suis gardé de la montrer, aussi long-tems que j'ai tenu quelque compte de la réputation d'Auteur. Je me suis enfin senti le courage de la publier, mais je n'aurai jamais celui d'en rien dire. Ce n'eſt donc pas de ma piéce, mais de moi-même qu'il s'agit ici.

Il faut, malgré ma répugnance, que je parle de moi; il faut que je convienne des torts que l'on m'attribue, ou que je m'en juſtifie. Les armes ne seront pas égales, je le sens bien; car on m'attaquera avec des plaisanteries, et je ne me défendrai qu'avec des raisons : mais pourvu que je convainque mes adversaires, je me soucie très peu de les persuader; en travaillant à mériter ma propre eſtime, j'ai appris à me passer de celle des autres, qui, pour la plûpart, se passent bien de la mienne. Mais s'il ne m'importe guéres qu'on pense bien ou mal de moi, il m'importe que personne n'ait droit d'en mal penser, et il importe à la vérité que j'ai soutenue, que son défenseur ne soit point accusé juſtement de ne lui avoir prêté son secours que par caprice ou par vanité, sans l'aimer et sans la connoître.

Le parti que j'ai pris dans la queſtion que j'examinois il y a quelques années, n'a pas manqué de me susciter une multitude d'adversaires* plus attentifs peut-être à l'inté-

* On m'assure que plusieurs trouvent mauvais que j'appelle mes adversaires mes adversaires et cela me paroît assez croyable dans un siécle où l'on n'ose plus rien appeller par son nom. J'apprends aussi que chacun de mes adversaires se plaint, quand je réponds à d'autres objeƈtions que les siennes, que je perds mon tems à me battre contre des chiméres; ce qui me prouve une chose dont je me doutois déjà bien, savoir qu'ils ne perdent point le leur à se lire ou à s'écouter les uns les autres. Quant à moi, c'eſt une peine que

rêt des gens de lettres qu'à l'honneur de la littérature. Je l'avois prévu, et je m'étois bien douté que leur conduite en cette occasion prouveroit en ma faveur plus que tous mes discours. En effet, ils n'ont déguisé ni leur surprise ni leur chagrin de ce qu'une Académie s'étoit montrée intégre si mal-à-propos. Ils n'ont épargné contre elle ni les invectives indiscrétes, ni même les faussetés* pour tâcher d'affoiblir le poids de son jugement. Je n'ai pas non plus été oublié dans leurs déclamations. Plusieurs ont entrepris de me refuter hautement : les sages ont pu voir avec quelle force, et le public avec quel succès ils l'ont fait. D'autres plus adroits, connoissant le danger de combattre directement des vérités démontrées, ont habilement détourné sur ma personne une attention qu'il ne falloit donner qu'à mes raisons, et l'examen des accusations qu'ils m'ont intentées a fait oublier les accusations

---

j'ai cru devoir prendre, et j'ai lu les nombreux écrits qu'ils ont publiés contre moi, depuis la premiere réponse dont je fus honoré, jusqu'aux quatre sermons Allemands dont l'un commence à peu près de cette maniére : *Mes fréres, si Socrate revenoit parmi nous et qu'il vît l'état florissant où les sciences sont en Europe ; que dis-je, en Europe ? en Allemagne ; que dis-je, en Allemagne ? en Saxe ; que dis-je, en Saxe ? à Leipsic ; que dis-je, à Leipsic ? dans cette Université. Alors saisi d'étonnement, et pénétré de respect, Socrate s'assieroit modestement parmi nos écoliers ; et recevant nos leçons avec humilité, il perdroit bientôt avec nous cette ignorance dont il se plaignoit si justement*[1]. J'ai lu tout cela, et n'y ai fait que peu de réponses; peut-être en ai-je encore trop fait, mais je suis fort aise que ces Messieurs les aient trouvées assez agréables pour être jaloux de la préférence. Pour les gens qui sont choqués du mot d'*adversaires,* je consens de bon cœur à le leur abandonner, pourvu qu'ils veuillent bien m'en indiquer un autre par lequel je puisse désigner, non seulement tous ceux qui ont combattu mon sentiment, soit par écrit, soit, plus prudemment et plus à leur aise dans les cercles de femmes et de beaux-esprits, où ils étoient bien sûrs que je n'irois pas me défendre, mais encore ceux qui feignant aujourd'hui de croire que je n'ai point d'adversaires, trouvoient d'abord sans réplique les réponses de mes adversaires, puis quand j'ai répliqué, m'ont blâmé de l'avoir fait, parceque, selon eux, on ne m'avoit point attaqué. En attendant, ils permettront que je continue d'appeller mes adversaires mes adversaires; car, malgré la politesse de mon siécle, je suis grossier comme les Macédoniens de Philippe.

* On peut voir, dans le *Mercure* d'Aoust 1752 (*a*), le désaveu de l'Académie de Dijon au sujet de je ne sais quel écrit attribué faussement par l'Auteur à l'un des membres de cette Académie.

plus graves que je leur intentois moi-même. C'eſt donc à ceux-ci qu'il faut répondre une fois.

Ils prétendent que je ne pense pas un mot des vérités que j'ai soutenues, et qu'en démontrant une proposition je ne laissois pas de croire le contraire. C'eſt-à-dire que j'ai prouvé des choses si extravagantes, qu'on peut affirmer que je n'ai pu les soutenir que par jeu. Voilà un bel honneur qu'ils font en cela à la science qui sert de fondement à toutes les autres; et l'on doit croire que l'art de raisonner sert de beaucoup à la découverte de la vérité, quand on le voit employer avec succès à démontrer des folies !

Ils prétendent que je ne pense pas un mot des vérités que j'ai soutenues; c'eſt sans doute de leur part une maniére nouvelle et commode de répondre à des argumens sans réponse, de réfuter les démonſtrations même d'Euclide, et tout ce qu'il y a de démontré dans l'univers. Il me semble, à moi, que ceux qui m'accusent si témérairement de parler contre ma pensée, ne se font pas eux-mêmes un grand scrupule de parler contre la leur : car ils n'ont assurément rien trouvé dans mes Ecrits ni dans ma conduite qui ait dû leur inspirer cette idée, comme je le prouverai bientôt; et il ne leur eſt pas permis d'ignorer que dès qu'un homme parle sérieusement, on doit penser qu'il croit ce qu'il dit, à moins que ses actions ou ses discours ne le démentent; encore cela même ne suffit-il pas toujours pour s'assurer qu'il n'en croit rien.

Ils peuvent donc crier autant qu'il leur plaira qu'en me déclarant contre les sciences j'ai parlé contre mon sentiment; à une assertion aussi téméraire, dénuée également de preuve et de vraisemblance, je ne sais qu'une réponse; elle eſt courte et énergique, et je les prie de se la tenir pour faite.

Ils prétendent encore que ma conduite eſt en contradiction avec mes principes, et il ne faut pas douter qu'ils n'emploient cette seconde inſtance à établir la première; car il y a beaucoup de gens qui savent trouver des preuves à ce qui n'eſt pas. Ils diront donc qu'en faisant de la musique et des vers, on a mauvaise grace à déprimer[1] les beaux arts, et qu'il y a dans les belles-lettres que j'affecte de mépriser mille occupations plus louables que d'écrire des Comédies. Il faut répondre aussi à cette accusation.

Premiérement; quand même on l'admettroit dans toute sa rigueur, je dis qu'elle prouveroit que je me conduis mal, mais non que je ne parle pas de bonne foi. S'il étoit permis de tirer des actions des hommes la preuve de leurs sentimens, il faudroit dire que l'amour de la justice est banni de tous les cœurs et qu'il n'y a pas un seul chrétien sur la terre. Qu'on me montre des hommes qui agissent toujours conséquemment à leurs maximes, et je passe condamnation sur les miennes. Tel est le sort de l'humanité, la raison nous montre le but et les passions nous en écartent. Quand il seroit vrai que je n'agis pas selon mes principes, on n'auroit donc pas raison de m'accuser pour cela seul de parler contre mon sentiment, ni d'accuser mes principes de fausseté.

Mais si je voulois passer condamnation sur ce point, il me suffiroit de comparer les tems pour concilier les choses. Je n'ai pas toujours eu le bonheur de penser comme je fais. Long-tems séduit par les préjugés de mon siécle, je prenois l'étude pour la seule occupation digne d'un sage, je ne regardois les sciences qu'avec respect et les savans qu'avec admiration*. Je ne comprenois pas qu'on pût s'égarer en démontrant toujours, ni mal faire en parlant toujours de sagesse. Ce n'est qu'après avoir vu les choses de près que j'ai appris à les estimer ce qu'elles valent; et quoique dans mes recherches j'aie toujours trouvé, *satis loquentiae* (*a*), *sapientiae parum,* il m'a fallu bien des réflexions, bien des observations et bien du tems pour détruire en moi l'illusion de toute cette vaine pompe scientifique. Il n'est pas étonnant que durant ces tems de préjugés et d'erreurs où j'estimois tant la qualité d'Auteur j'aye (*b*) quelquefois aspiré à l'obtenir moi-même. C'est alors que furent composés les Vers et la plûpart des autres Ecrits qui sont sortis de ma plume et entre autres cette petite Comédie. Il y auroit peut-être de

* Toutes les fois que je songe à mon ancienne simplicité, je ne puis m'empêcher d'en rire. Je ne lisois pas un livre de Morale ou de Philosophie, que je ne crusse y voir l'ame et les principes de l'Auteur. Je regardois tous ces graves Ecrivains comme des hommes modestes, sages, vertueux, irréprochables. Je me formois de leur commerce des idées angéliques, et je n'aurois approché de la maison de l'un d'eux que comme d'un sanctuaire. Enfin je les ai vus; ce préjugé puérile s'est dissipé, et c'est la seule erreur dont ils m'aient guéri.

la dureté à me reprocher aujourd'hui ces amusemens de ma jeunesse, et on auroit tort au moins de m'accuser d'avoir contredit en cela des principes qui n'étoient pas encore les miens. Il y a long-tems que je ne mets plus à toutes ces choses aucune espéce de prétention; et hasarder de les donner au Public dans ces circonstances, après avoir eu la prudence de les garder si long-tems, c'est dire assez que je dédaigne également la louange et le blâme qui peuvent leur être dûs; car je ne pense plus comme l'Auteur dont ils sont l'ouvrage. Ce sont des enfans illégitimes que l'on caresse encore avec plaisir en rougissant d'en être le pére, à qui l'on fait ses derniers adieux, et qu'on envoie chercher fortune, sans beaucoup s'embarrasser de ce qu'ils deviendront.

Mais c'est trop raisonner d'après des suppositions chimériques. Si l'on m'accuse sans raison de cultiver les lettres que je méprise, je m'en défends sans nécessité; car, quand le fait seroit vrai, il n'y auroit en cela aucune inconséquence : c'est ce qui me reste à prouver.

Je suivrai pour cela, selon ma coutume, la méthode simple et facile qui convient à la vérité. J'établirai de nouveau l'état de la question, j'exposerai de nouveau mon sentiment, et j'attendrai que sur cet exposé on veuille me montrer en quoi mes actions démentent mes discours. Mes adversaires de leur côté n'auront garde de demeurer sans réponse, eux qui possèdent l'art merveilleux de disputer pour et contre sur toutes sortes de sujets. Ils commenceront, selon leur coutume, par établir une autre question à leur fantaisie; ils me la feront résoudre comme il leur conviendra : pour m'attaquer plus commodément, ils me feront raisonner, non à ma maniére mais à la leur : ils détourneront habilement les yeux du Lecteur de l'objet essenciel (*a*) pour les fixer à droite et à gauche; ils combattront un fantôme et prétendront m'avoir vaincu : mais j'aurai fait ce que je dois faire, et je commence.

« La science n'est bonne à rien, et ne fait jamais que du « mal, car elle est mauvaise par sa nature. Elle n'est pas « moins inséparable du vice que l'ignorance de la vertu. « Tous les peuples lettrés ont toujours été corrompus; « tous les peuples ignorans ont été vertueux : en un mot, « il n'y a de vices que parmi les savans, ni d'homme ver- « tueux que celui qui ne sait rien. Il y a donc un moyen

« pour nous de redevenir honnêtes gens; c'eſt de nous « hâter de proscrire la science et les savans, de brûler nos « bibliothéques, fermer nos Académies, nos Collèges, « nos Universités, et de nous replonger dans toute la « barbarie des premiers siécles. »

Voilà ce que mes adversaires ont très-bien réfuté : aussi jamais n'ai-je dit ni pensé un seul mot de tout cela, et l'on ne sauroit rien imaginer de plus opposé à mon syſtême que cette absurde doctrine qu'ils ont la bonté de m'attribuer. Mais voici ce que j'ai dit et qu'on n'a point réfuté.

Il s'agissoit de savoir si le rétablissement des sciences et des arts a contribué à épurer nos mœurs.

En montrant, comme je l'ai fait, que nos mœurs ne se sont point épurées*, la queſtion étoit à peu près résolue.

Mais elle en renfermoit implicitement une autre plus

* Quand j'ai dit que nos mœurs s'étoient corrompues, je n'ai pas prétendu dire pour cela que celles de nos ayeux fussent bonnes, mais seulement que les nôtres étoient encore pires. Il y a parmi les hommes mille sources de corruption; et quoique les sciences soient peut-être la plus abondante et la plus rapide, il s'en faut bien que ce soit la seule. La ruine de l'Empire Romain, les invasions d'une multitude de Barbares, ont fait un mélange de tous les peuples, qui a dû nécessairement détruire les mœurs et les coutumes de chacun d'eux. Les croisades, le commerce, la découverte des Indes, la navigation, les voyages de long cours, et d'autres causes encore que je ne veux pas dire, ont entretenu et augmenté le désordre. Tout ce qui facilite la communication entre les diverses nations porte aux unes, non les vertus des autres, mais leurs crimes, et altére chez toutes, les mœurs qui sont propres à leur climat et à la conſtitution de leur gouvernement. Les sciences n'ont donc pas fait tout le mal, elles y ont seulement leur bonne part; et celui sur-tout qui leur appartient en propre, c'eſt d'avoir donné à nos vices une couleur agréable, un certain air honnête qui nous empêche d'en avoir horreur. Quand on joua pour la première fois la Comédie du Méchant[1], je me souviens qu'on ne trouvoit pas que le rolle principal répondît au titre. Cléon ne parut qu'un homme ordinaire; il étoit disoit-on, comme tout le monde. Ce scélérat abominable, dont le caractére si bien exposé auroit dû faire frémir sur eux-mêmes tous ceux qui ont le malheur de lui ressembler, parut un caractére tout-à-fait manqué, et ses noirceurs passèrent pour des gentillesses, parce que tel qui se croyoit un fort honnête homme s'y reconnoissoit trait pour trait.

générale et plus importante sur l'influence que la culture des sciences doit avoir en toute occasion sur les mœurs des peuples. C'eſt celle-ci, dont la première n'eſt qu'une conséquence, que je me proposai d'examiner avec soin.

Je commençai par les faits, et je montrai que les mœurs ont dégénéré chez tous les peuples du monde, à mesure que le goût de l'étude et des lettres s'eſt étendu parmi eux.

Ce n'étoit pas assez; car sans pouvoir nier que ces choses eussent toujours marché ensemble, on pouvoit nier que l'une eût amené l'autre : je m'appliquai donc à montrer cette liaison nécessaire. Je fis voir que la source de nos erreurs sur ce point vient de ce que nous confondons nos vaines et trompeuses connoissances avec la souveraine intelligence qui voit d'un coup d'œil la vérité de toutes choses. La science prise d'une maniére abſtraite mérite toute notre admiration. La folle science des hommes n'eſt digne que de risée et de mépris.

Le goût des lettres annonce toujours chez un peuple un commencement de corruption qu'il accelére très-promptement. Car ce goût ne peut naître ainsi dans toute une nation que de deux mauvaises sources que l'étude entretient et grossit à son tour, savoir l'oisiveté et le désir de se diſtinguer. Dans un Etat bien conſtitué, chaque citoyen a ses devoirs à remplir; et ces soins importants lui sont trop chers pour lui laisser le loisir de vaquer à de frivoles spéculations. Dans un Etat bien conſtitué tous les citoyens sont si bien égaux, que nul ne peut être préféré aux autres comme le plus savant ni même comme le plus habile, mais tout au plus comme le meilleur : encore cette derniére diſtinction eſt-elle souvent dangereuse; car elle fait des fourbes et des hypocrites.

Le goût des lettres qui naît du désir de se diſtinguer, produit nécessairement des maux infiniment plus dangereux que tout le bien qu'elles font n'eſt utile; c'eſt de rendre à la fin ceux qui s'y livrent très-peu scrupuleux sur les moyens de réussir. Les premiers Philosophes se firent une grande réputation en enseignant aux hommes la pratique de leurs devoirs et les principes de la vertu. Mais bientôt ces préceptes étant devenus communs, il fallut se diſtinguer en frayant des routes contraires. Telle eſt l'origine des syſtèmes absurdes des Leucippe, des Diogènes, des Pyrrhon, des Protagore, des Lucrèce. Les Hobbes, les Mandeville[1] et mille autres ont affecté de se distinguer de même parmi nous; et leur dangereuse doctrine a tellement fructifié, que, quoiqu'il nous reste de vrais Philosophes ardens à rappeller dans nos cœurs les loix de l'humanité et de la vertu, on est épouvanté de voir jusqu'à quel point notre siécle raisonneur a poussé dans ses maximes le mépris des dévoirs de l'homme et du citoyen.

Le goût des lettres, de la philosophie et des beaux arts, anéantit l'amour de nos premiers devoirs et de la véritable gloire. Quand une fois les talens ont envahi les honneurs dûs à la vertu, chacun veut être un homme agréable et nul ne se soucie d'être homme de bien. De-là naît encore cette autre inconséquence qu'on ne récompense dans les hommes que les qualités qui ne dépendent pas d'eux : car nos talens naissent avec nous, nos vertus seules nous appartiennent.

Les premiers et presque les uniques soins qu'on donne à notre éducation sont les fruits et les semences de ces ridicules préjugés. C'est pour nous enseigner les lettres qu'on tourmente notre misérable jeunesse : nous savons toutes les régles de la grammaire avant que d'avoir ouï parler des devoirs de l'homme : nous savons tout ce qui s'est fait jusqu'à présent avant qu'on nous ait dit un mot de ce que nous devons faire; et pourvu qu'on exerce notre babil personne ne se soucie que nous sachions agir ni penser. En un mot, il n'est prescrit d'être savant que dans les choses qui ne peuvent nous servir de rien; et nos enfans sont précisément élevés comme les anciens athlétes des jeux publics, qui, destinant leurs membres robustes à un exercice inutile et superflu, se gardoient de les employer jamais à aucun travail profitable.

Le goût des lettres, de la philosophie et des beaux-arts amollit les corps et les ames. Le travail du cabinet rend les hommes délicats, affoiblit leur tempérament, et l'ame garde difficilement sa vigueur quand le corps a perdu la sienne. L'étude use la machine, épuise les esprits, détruit la force, énerve le courage, et cela seul montre assez qu'elle n'est pas faite pour nous : c'est ainsi qu'on devient lâche et pusillanime, incapable de résister également à la peine et aux passions. Chacun sait combien les habitans des villes sont peu propres à soutenir les travaux de la guerre, et l'on n'ignore pas quelle est la réputation des gens de lettres en fait de bravoure*. Or rien n'eſt plus juſtement ſuſpect que l'honneur d'un poltron.

Tant de réflexions sur la foiblesse de notre nature ne servent souvent qu'à nous détourner des entreprises généreuses. A force de méditer sur les miséres de l'humanité, notre imagination nous accable de leur poids, et trop de prévoyance nous ôte le courage en nous ôtant la sécurité. C'eſt bien en vain que nous prétendons nous munir contre les accidens imprévus, « si la science « essayant de nous armer de nouvelles défenses contre « les inconveniens naturels, nous a plus imprimé en la « fantasie leur grandeur et poids qu'elle n'a ses raisons et « vaines subtilités à nous en couvrir[1]. »

Le goût de la philosophie relâche tous les liens d'estime et de bienveillance qui attachent les hommes à la société, et c'eſt peut-être le plus dangereux des maux qu'elle engendre. Le charme de l'étude rend bientôt insipide tout autre attachement. De plus, à force de réfléchir sur l'humanité, à force d'observer les hommes, le Philosophe apprend à les apprécier selon leur valeur, et il eſt difficile d'avoir bien de l'affection pour ce qu'on méprise. Bientôt il réunit en sa personne tout l'intérêt que les hommes vertueux partagent avec leurs semblables : son mépris pour les autres tourne au profit de son orgueil : son amour propre augmente en même proportion que son indifférence pour le reſte de l'univers. La famille, la patrie deviennent pour lui des mots vuides de sens : il n'eſt ni parent, ni citoyen, ni homme; il eſt philosophe.

En même tems que la culture des sciences retire en quelque sorte de la presse le cœur du philosophe, elle y engage en un autre sens celui de l'homme de lettres et toujours avec un égal préjudice pour la vertu. Tout homme qui s'occupe des talens agréables veut plaire, être admiré, et il veut être admiré plus qu'un autre. Les applaudissemens publics appartiennent à lui seul : je

* Voici un exemple moderne pour ceux qui me reprochent de n'en citer que d'anciens. La République de Gènes, cherchant à subjuguer plus aisément les Corses, n'a pas trouvé de moyen plus sûr que d'établir chez eux une Académie. Il ne me seroit pas difficile d'alonger cette Note, mais ce seroit faire tort à l'intelligence des seuls Lecteurs dont je me soucie.

dirois qu'il fait tout pour les obtenir, s'il ne faisoit encore plus pour en priver ses concurrens. De-là naissent d'un côté les rafinemens du goût et de la politesse; vile et basse flatterie, soins séducteurs, insidieux, puériles, qui, à la longue, rappetissent l'ame et corrompent le cœur; et, de l'autre, les jalousies, les rivalités, les haines d'artistes si renommées, la perfide calomnie, la fourberie, la trahison, et tout ce que le vice a de plus lâche et de plus odieux. Si le philosophe méprise les hommes, l'artiste s'en fait bientôt mépriser, et tous deux concourent enfin à les rendre méprisables.

Il y a plus; et de toutes les vérités que j'ai proposées à la considération des sages, voici la plus étonnante et la plus cruelle. Nos Ecrivains regardent tous comme le chef-d'œuvre de la politique de notre siécle les sciences, les arts, le luxe, le commerce, les loix, et les autres liens qui resserrant entre les hommes les nœuds de la société* par l'intérêt personnel, les mettent tous dans une dépendance mutuelle, leur donnent des besoins réciproques, et des intérêts communs, et obligent chacun d'eux de concourir au bonheur des autres pour pouvoir faire le sien. Ces idées sont belles, sans doute, et présentées sous un jour favorable. Mais en les examinant avec attention et sans partialité, on trouve beaucoup à rabattre des avantages qu'elles semblent présenter d'abord.

C'est donc une chose bien merveilleuse que d'avoir mis les hommes dans l'impossibilité de vivre entre eux sans se prévenir, se supplanter, se tromper, se trahir, se détruire mutuellement ! Il faut désormais se garder de nous laisser jamais voir tels que nous sommes : car pour deux hommes dont les intérêts s'accordent, cent mille peut-être leur sont opposés, et il n'y a d'autre moyen pour réussir que de tromper ou perdre tous ces gens-là. Voilà la source funeste des violences, des trahisons, des perfidies, et de toutes les horreurs qu'exige nécessairement un état de

* Je me plains de ce que la Philosophie relâche les liens de la société qui sont formés par l'estime et la bienveillance mutuelle, et je me plains de ce que les sciences, les arts et tous les autres objets de commerce resserrent les liens de la société par l'intérêt personnel. C'est qu'en effet on ne peut resserrer un de ces liens que l'autre ne se relâche d'autant. Il n'y a donc point en ceci de contradiction.

choses où chacun feignant de travailler à la fortune ou à la réputation des autres, ne cherche qu'à élever la sienne au-dessus d'eux et à leurs dépens.

Qu'avons-nous gagné à cela ? Beaucoup de babil, des riches et des raisonneurs, c'est-à-dire, des ennemis de la vertu et du sens commun. En revanche, nous avons perdu l'innocence et les mœurs. La foule rampe dans la misére; tous sont les esclaves du vice. Les crimes non commis sont déja dans le fond des cœurs, et il ne manque à leur exécution que l'assurance de l'impunité.

Étrange et funeste constitution où les richesses accumulées facilitent toujours les moyens d'en accumuler de plus grandes, et où il est impossible à celui qui n'a rien d'acquérir quelque chose; où l'homme de bien n'a nul moyen de sortir de la misére; où les plus fripons sont les plus honorés, et où il faut nécessairement renoncer à la vertu pour devenir un honnête homme ! Je sais que les déclamateurs ont dit cent fois tout cela; mais ils le disoient en déclamant, et moi je le dis sur des raisons; ils ont aperçu le mal, et moi j'en découvre les causes, et je fais voir sur-tout une chose très-consolante et très-utile en montrant que tous ces vices n'appartiennent pas tant à l'homme, qu'à l'homme mal gouverné*.

* Je remarque qu'il règne actuellement dans le monde une multitude de petites maximes qui séduisent les simples par un faux air de philosophie, et qui, outre cela, sont très-commodes pour terminer les disputes d'un ton important et décisif, sans avoir besoin d'examiner la question. Telle est celle ci : « Les hommes ont par- « tout les mêmes passions; par-tout l'amour-propre et l'intérêt les « conduisent; donc ils sont par-tout les mêmes. » Quand les Géomètres ont fait une supposition qui de raisonnement en raisonnement les conduit à une absurdité, ils reviennent sur leurs pas et démontrent ainsi la supposition fausse. La même méthode, appliquée à la maxime en question en montreroit aisément l'absurdité : mais raisonnons autrement. Un Sauvage est un homme, et un Européen est un homme. Le demi philosophe conclut aussitôt que l'un ne vaut pas mieux que l'autre; mais le philosophe dit : En Europe, le gouvernement, les loix, les coutumes, l'intérêt, tout met les particuliers dans la nécessité de se tromper mutuellement et sans cesse; tout leur fait un devoir du vice; il faut qu'ils soient méchans pour être sages, car il n'y a point de plus grande folie que de faire le bonheur des fripons aux dépens du sien. Parmi les Sauvages, l'intérêt personnel parle aussi fortement que parmi nous, mais il ne dit pas les mêmes choses : l'amour de la société et le soin de leur

Telles sont les vérités que j'ai développées et que j'ai tâché de prouver dans les divers Ecrits que j'ai publiés sur cette matiére. Voici maintenant les conclusions que j'en ai tirées.

La science n'eſt point faite pour l'homme en général. Il s'égare sans cesse dans sa recherche; et s'il l'obtient quelquefois, ce n'eſt presque jamais qu'à son préjudice. Il eſt né pour agir et penser, et non pour réfléchir. La réflexion ne sert qu'à le rendre malheureux sans le rendre meilleur ni plus sage : elle lui fait regretter les biens passés et l'empêche de jouir du présent : elle lui présente l'avenir heureux pour le séduire par l'imagination et le tourmenter par les desirs, et l'avenir malheureux pour le lui faire sentir d'avance. L'étude corrompt ses mœurs, altére sa santé, détruit son tempéramment, et gâte souvent sa raison : si elle lui apprenoit quelque chose, je le trouverois encore fort mal dédommagé.

J'avoue qu'il y a quelques génies sublimes qui savent pénétrer à travers les voiles dont la vérité s'enveloppe, quelques ames privilégiées, capables de résiſter à la bétise de la vanité, à la basse jalousie, et aux autres passions qu'engendre le goût des lettres. Le petit nombre de ceux qui ont le bonheur de réunir ces qualités, eſt la lumiére et l'honneur du genre humain; c'eſt à eux seuls qu'il convient pour le bien de tous de s'exercer à l'étude,

---

commune défense sont les seuls liens qui les unissent : ce mot de *propriété*, qui coûte tant de crimes à nos honnêtes gens, n'a presque aucun sens parmi eux : ils n'ont entre eux nulle discussion d'intérêt qui les divise; rien ne les porte à se tromper l'un l'autre; l'eſtime publique eſt le seul bien auquel chacun aspire, et qu'ils méritent tous. Il eſt très-possible qu'un Sauvage fasse une mauvaise aƈtion, mais il n'eſt pas possible qu'il prenne l'habitude de mal faire, car cela ne lui seroit bon à rien. Je crois qu'on peut faire une très-juſte eſtimation des mœurs des hommes sur la multitude des affaires qu'ils ont entre eux : plus ils commercent ensemble, plus ils admirent leurs talens et leur induſtrie, plus ils se friponnent décemment et adroitement, et plus ils sont dignes de mépris. Je le dis à regret; l'homme de bien eſt celui qui n'a besoin de tromper personne, et le Sauvage eſt cet homme-là.

Illum non populi fasces, non purpura Regum
Flexit, et infidos agitans discordia fratres ;
Non res Romanae, perituraque regna. Neque ille
Aut doluit miserans inopem, aut invidit habenti[1].

et cette exception même confirme la régle; car si tous les hommes étoient des Socrates, la science alors ne leur seroit pas nuisible, mais ils n'auroient aucun besoin d'elle.

Tout peuple qui a des mœurs, et qui par conséquent respecte ses loix et ne veut point rafiner sur ses anciens usages, doit se garantir avec soin des sciences, et sur-tout des savans, dont les maximes sententieuses et dogmatiques lui apprendroient bientôt à mépriser ses usages et ses loix; ce qu'une nation ne peut jamais faire sans se corrompre. Le moindre changement dans les coutumes, fut-il même avantageux à certains égards, tourne toujours au préjudice des mœurs. Car les coutumes sont la morale du peuple; et dès qu'il cesse de les respecter, il n'a plus de régle que ses passions ni de frein que les loix, qui peuvent quelquefois contenir les méchans, mais jamais les rendre bons. D'ailleurs quand la philosophie a une fois appris au peuple à mépriser ses coutumes, il trouve bientôt le secret d'éluder ses loix. Je dis donc qu'il en est des mœurs d'un peuple comme de l'honneur d'un homme; c'est un trésor qu'il faut conserver, mais qu'on ne recouvre plus quand on l'a perdu*.

Mais quand un peuple est une fois corrompu à un certain point, soit que les sciences y aient contribué ou non, faut-il les bannir ou l'en préserver pour le rendre meilleur ou pour l'empêcher de devenir pire ? C'est une autre question dans laquelle je me suis positivement déclaré pour la négative. Car premiérement, puisqu'un

* Je trouve dans l'histoire un exemple unique mais frappant, qui semble contredire cette maxime : c'est celui de la fondation de Rome faite par une troupe de bandits, dont les descendans devinrent en peu de générations le plus vertueux peuple qui ait jamais existé. Je ne serois pas en peine d'expliquer ce fait si c'en étoit ici le lieu; mais je me contenterai de remarquer que les fondateurs de Rome étoient moins des hommes dont les mœurs fussent corrompues, que des hommes dont les mœurs n'étoient point formées : ils ne méprisoient pas la vertu, mais ils ne la connoissoient pas encore; car ces mots *vertus* et *vices* sont des notions collectives qui ne naissent que de la fréquentation des hommes. Au surplus, on tireroit un mauvais parti de cette objection en faveur des sciences; car des deux premiers Rois de Rome qui donnèrent une forme à la République et instituèrent ses coutumes et ses mœurs, l'un ne s'occupoit que de guerres, l'autre que de rites sacrés; les deux choses du monde les plus éloignées de la philosophie.

peuple vicieux ne revient jamais à la vertu, il ne s'agit pas de rendre bons ceux qui ne le sont plus, mais de conserver tels ceux qui ont le bonheur de l'être. En second lieu, les mêmes causes qui ont corrompu les peuples servent quelquefois à prévenir une plus grande corruption; c'eſt ainsi que celui qui s'eſt gâté le tempérament par un usage indiscret de la médecine, eſt forcé de recourir encore aux médecins pour se conserver en vie; et c'eſt ainsi que les arts et les sciences après avoir fait éclore les vices, sont nécessaires pour les empêcher de se tourner en crimes; elles les couvrent au moins d'un vernis qui ne permet pas au poison de s'exhaler aussi librement. Elles détruisent la vertu, mais elles en laissent le simulacre public* qui eſt toujours une belle chose. Elles introduisent à sa place la politesse et les bienséances, et à la crainte de paroître méchant elles subſtituent celle de paroître ridicule.

Mon avis eſt donc, et je l'ai déjà dit plus d'une fois, de laisser subsiſter et même d'entretenir avec soin les Académies, les Collèges, les Universités, les Bibliothèques, les Spectacles, et tous les autres amusemens qui peuvent faire quelque diversion à la méchanceté des hommes, et les empêcher d'occuper leur oisiveté à des choses plus dangereuses. Car dans une contrée où il ne seroit plus queſtion d'honnêtes gens ni de bonnes mœurs, il vaudroit encore mieux vivre avec des fripons qu'avec des brigands.

Je demande maintenant où eſt la contradiction de cultiver moi-même des goûts dont j'approuve le progrès ? Il ne s'agit plus de porter les peuples à bien faire, il faut seulement les diſtraire de faire le mal; il faut les occuper à des niaiseries pour les détourner des mauvaises actions; il faut les amuser au lieu de les prêcher. Si mes Ecrits ont édifié le petit nombre des bons, je leur ai fait tout le bien qui dépendoit de moi, et c'eſt peut-être les servir utilement encore que d'offrir aux autres des objets de diſtrac-

* Ce simulacre eſt une certaine douceur de mœurs qui supplée quelquefois à leur pureté, une certaine apparence d'ordre qui prévient l'horrible confusion, une certaine admiration des belles choses qui empêche les bonnes de tomber tout-à-fait dans l'oubli. C'eſt le vice qui prend le masque de la vertu, non comme l'hypocrisie pour tromper et trahir, mais pour s'ôter sous cette aimable et sacrée effigie l'horreur qu'il a de lui-même quand il se voit à découvert.

tion qui les empêchent de songer à eux. Je m'estimerois trop heureux d'avoir tous les jours une Pièce à faire siffler, si je pouvois à ce prix contenir pendant deux heures les mauvais desseins d'un seul des Spectateurs, et sauver l'honneur de la fille ou de la femme de son ami, le secret de son confident, ou la fortune de son créancier. Lorsqu'il n'y a plus de mœurs, il ne faut songer qu'à la police; et l'on sait assez que la Musique et les Spectacles en sont un des plus importans objets.

S'il reste quelque difficulté à ma justification, j'ose le dire hardiment, ce n'est vis-à-vis ni du public ni de mes adversaires; c'est vis-à-vis de moi seul : car ce n'est qu'en m'observant moi-même que je puis juger si je dois me compter dans le petit nombre, et si mon ame est en état de soutenir le faix des exercices littéraires. J'en ai senti plus d'une fois le danger; plus d'une fois je les ai abandonnés dans le dessein de ne les plus reprendre, et renonçant à leur charme séducteur, j'ai sacrifié à la paix de mon cœur les seuls plaisirs qui pouvoient encore le flatter. Si dans les langueurs qui m'accablent, si sur la fin d'une carriére pénible et douloureuse, j'ai osé les reprendre encore quelques momens pour charmer mes maux (*a*), je crois au moins n'y avoir mis ni assez d'intérêt ni assez de prétention, pour mériter à cet égard les justes reproches que j'ai faits aux gens de lettres.

Il me falloit une épreuve pour achever la connoissance de moi-même, et je l'ai faite sans balancer. Après avoir reconnu la situation de mon ame dans les succès littéraires, il me restoit à l'examiner dans les revers. Je sais maintenant qu'en penser, et je puis mettre le public au pire. Ma Pièce a eu le sort qu'elle méritoit et que j'avois prévu; mais, à l'ennui près qu'elle m'a causé, je suis sorti de la représentation bien plus content de moi et à plus juste titre que si elle eût réussi.

Je conseille donc à ceux qui sont si ardens à chercher des reproches à me faire, de vouloir mieux étudier mes principes et mieux observer ma conduite, avant que de m'y taxer de contradiction et d'inconséquence. S'ils s'apperçoivent jamais que je commence à briguer les suffrages du public, ou que je tire vanité d'avoir fait de jolies chansons, ou que je rougisse d'avoir écrit de mauvaises Comédies, ou que je cherche à nuire à la gloire de mes concurrens, ou que j'affecte de mal parler des grands hommes de mon siécle pour tâcher de m'élever à leur niveau en les rabaissant au mien, ou que j'aspire à des places d'Académie, ou que j'aille faire ma cour aux femmes qui donnent le ton, ou que j'encense la sotise des Grands, ou que cessant de vouloir vivre du travail de mes mains, je tienne à ignominie le métier que je me suis choisi et fasse des pas vers la fortune, s'ils remarquent en un mot que l'amour de la réputation me fasse oublier celui de la vertu, je les prie de m'en avertir, et même publiquement, et je leur promets de jetter à l'instant au feu mes Ecrits et mes Livres, et de convenir de toutes les erreurs qu'il leur plaira de me reprocher.

En attendant, j'écrirai des Livres, je ferai des Vers et de la Musique, si j'en ai le talent, le tems, la force et la volonté : je continuerai à dire très-franchement tout le mal que je pense des lettres et de ceux qui les cultivent*, et croirai n'en valoir pas moins pour cela. Il est vrai qu'on pourra dire quelque jour : Cet ennemi si déclaré des sciences et des arts, fit pourtant et publia des Pièces de Théâtre; et ce discours sera, je l'avoue, une satyre très-amére, non de moi, mais de mon siécle.

* J'admire combien la plupart des gens de lettres ont pris le change dans cette affaire-ci. Quand ils ont vu les sciences et les arts attaqués, ils ont cru qu'on en vouloit personnellement à eux, tandis que sans se contredire eux-mêmes, ils pourroient tous penser comme moi, que, quoique ces choses aient fait beaucoup de mal à la société, il est très-essenciel (*a*) de s'en servir aujourd'hui comme d'une médecine au mal qu'elles ont causé, ou comme de ces animaux malfaisans qu'il faut écraser sur la morsure. En un mot, il n'y a pas un homme de lettres qui, s'il peut soutenir dans sa conduite l'examen de l'article précédent, ne puisse dire en sa faveur ce que je dis en la mienne; et cette manière de raisonner me paroît leur convenir d'autant mieux, qu'entre nous, ils se soucient fort peu des sciences, pourvu qu'elles continuent de mettre les savans en honneur. C'est comme les prêtres du paganisme, qui ne tenoient à la religion qu'autant qu'elle les faisoit respecter.

ACTEURS.

LISIMON.
VALERE, } Enfans de Lisimon.
LUCINDE,
ANGELIQUE, } Frére et sœur, pupilles de Lisimon.
LEANDRE,
MARTON, Suivante.
FRONTIN, Valet de Valére.

La Scène est dans l'Appartement de Valére.

L'AMANT DE LUI-MÊME.

COMEDIE.

SCENE PREMIERE.

LUCINDE, MARTON.

LUCINDE.

Je viens de voir mon frére se promener dans le jardin; hâtons-nous, avant son retour, de placer son portrait sur sa toilette.

MARTON.

Le voilà, Mademoiselle, changé dans ses ajustemens de maniére à le rendre méconnoissable. Quoiqu'il soit le plus joli homme du monde, il brille ici en femme encore avec de nouvelles graces.

LUCINDE.

Valére est, par sa délicatesse et par l'affectation de sa parure, une espéce de femme cachée sous des habits d'homme, et ce portrait ainsi travesti, semble moins le déguiser que le rendre à son état naturel.

MARTON.

Eh bien, où est le mal ? Puisque les femmes aujourd'hui cherchent à se rapprocher des hommes, n'est-il pas convenable que ceux-ci fassent la moitié du chemin, et qu'ils tâchent de gagner en agrémens autant qu'elles en solidité ? Grace à la mode, tout s'en mettra plus aisément de niveau.

LUCINDE.

Je ne puis me faire à des modes aussi ridicules. Peut-être notre sexe aura-t-il le bonheur de n'en plaire pas moins quoiqu'il devienne plus estimable. Mais pour les hommes, je plains leur aveuglement. Que prétend cette jeunesse étourdie en usurpant tous nos droits ? Espérent-ils de mieux plaire aux femmes en s'efforçant de leur ressembler ?

MARTON.

Pour celui-là[1], ils auroient tort, et les femmes se haïssent trop mutuellement pour aimer ce qui leur ressemble. Mais revenons au portrait. Ne craignez-vous point que cette petite raillerie ne fâche Monsieur le Chevalier ?

LUCINDE.

Non, Marton; mon frére est naturellement bon : il est même raisonnable à son défaut près. Il sentira qu'en lui faisant par ce portrait un reproche muet et badin, je n'ai songé qu'à le guérir d'un travers qui choque jusqu'à cette tendre Angélique, cette aimable pupille de mon pére que Valére épouse aujourd'hui. C'est lui rendre service que de corriger les défauts de son amant, et tu sais combien j'ai besoin des soins de cette chére amie pour me délivrer de Léandre, son frére, que mon pére veut aussi me faire épouser.

MARTON.

Si bien que ce jeune inconnu, ce Cléonte que vous vîtes l'été dernier à Passy, vous tient toûjours fort (*a*) au cœur ?

LUCINDE.

Je ne m'en défends point; je compte même sur la parole qu'il m'a donnée de reparoître bientôt, et sur la promesse que m'a faite Angelique d'engager son frére à renoncer à moi.

MARTON.

Bon, renoncer ! Songez que vos yeux auront plus de force pour serrer cet engagement, qu'Angelique n'en sauroit avoir pour le rompre.

LUCINDE.

Sans disputer sur tes flateries, je te dirai que comme Léandre ne m'a jamais vue, il sera aisé à sa sœur de le prévenir, et de lui faire entendre que ne pouvant être heureux avec une femme dont le cœur est engagé ailleurs, il ne sauroit mieux faire que de s'en dégager par un refus honnête.

MARTON.

Un refus honnête. Ah ! Mademoiselle, refuser une femme faite comme vous avec quarante mille écus, c'est une honnêteté dont jamais Léandre ne sera capable. *(A part.)* Si elle savoit que Léandre et Cléonte ne sont que la même personne, un tel enfant changeroit bien d'épithéte.

LUCINDE.

Ah ! Marton, j'entends du bruit; cachons vîte ce portrait. C'est, sans doute, mon frére qui revient, et en nous amusant à jaser, nous nous sommes ôté le loisir d'exécuter notre projet.

MARTON.

Non, c'est Angelique.

SCENE II.

ANGELIQUE, LUCINDE, MARTON.

ANGELIQUE.

Ma chére Lucinde; vous savez avec quelle répugnance je me prêtai à votre projet quand vous fîtes changer la parure du portrait de Valére en des ajustemens de femme. A présent que je vous vois prête à l'exécuter, je tremble que le déplaisir de se voir jouer ne l'indispose contre nous. Renonçons, je vous prie, à ce frivole badinage. Je sens que je ne puis trouver de goût à m'égayer au risque du repos de mon cœur.

LUCINDE.

Que vous êtes timide ! Valére vous aime trop pour prendre en mauvaise part tout ce qui lui viendra de la vôtre, tant que vous ne serez que sa maîtresse. Songez que vous n'avez plus qu'un jour à donner carriére à vos fantaisies, et que le tour des siennes ne viendra que trop tôt. D'ailleurs, il est question de le guérir d'un foible qui l'expose à la raillerie, et voilà proprement l'ouvrage d'une maîtresse. Nous pouvons corriger les défauts d'un amant. Mais, hélas ! il faut supporter ceux d'un mari.

ANGELIQUE.

Que lui trouvez-vous après tout de si ridicule ? Puisqu'il est aimable, a-t-il si grand tort de s'aimer, et ne lui en donnons-nous pas l'exemple ? Il cherche à plaire. Ah, si c'est un défaut, quelle vertu plus charmante un homme pourroit-il apporter dans la société !

MARTON.

Sur-tout, dans la société des femmes.

ANGELIQUE.

Enfin, Lucinde, si vous m'en croyez, nous supprimerons, et le portrait, et tout cet air de raillerie qui peut aussi bien passer pour une insulte que pour une correction.

LUCINDE.

Oh ! non. Je ne perds pas ainsi les frais de mon industrie. Mais je veux bien courir seule les risques du succès, et rien ne vous oblige d'être complice dans une affaire dont vous pouvez n'être que témoin.

MARTON.

Belle distinction !

LUCINDE.

Je me réjouis de voir la contenance de Valére. De quelque maniére qu'il prenne la chose, cela fera toujours une scène assez plaisante.

MARTON.

J'entens. Le prétexte eſt de corriger Valére : mais le vrai motif eſt de rire à ses dépens. Voilà le génie et le bonheur des femmes. Elles corrigent souvent les ridicules en ne songeant qu'à s'en amuser.

ANGELIQUE.

Enfin, vous le voulez, mais je vous avertis que vous me répondrez de l'événement.

LUCINDE.

Soit.

ANGELIQUE.

Depuis que nous sommes ensemble, vous m'avez fait cent piéces dont je vous dois la punition. Si cette affaire-cy me cause la moindre tracasserie avec Valére, prenez garde à vous.

LUCINDE.

Oui, oui.

ANGELIQUE.

Songez un peu à Léandre.

LUCINDE.

Ah ! ma chére Angélique...

ANGELIQUE.

Oh, si vous me brouillez avec votre frére, je vous jure que vous épouserez le mien. *(Bas.)* Marton, vous m'avez promis le secret.

MARTON, *bas.*

Ne craignez rien.

LUCINDE.

Enfin, je....

MARTON.

J'entens la voix du Chevalier. Prenez au plûtôt votre parti, à moins que vous ne vouliez lui donner un cercle de filles à sa toilette.

LUCINDE.

Il faut bien éviter qu'il nous aperçoive. *(Elle met le portrait sur la toilette.)* Voilà le piège tendu.

MARTON.

Je veux un peu guetter mon homme pour voir....

LUCINDE.

Paix. Sauvons-nous.

ANGELIQUE.

Que j'ai de mauvais pressentimens de tout ceci !

SCENE III.

VALERE, FRONTIN.

VALERE.

Sangaride, ce jour est un grand jour pour vous[1].

FRONTIN.

Sangaride; c'est-à-dire, Angélique. Oui, c'est un grand jour que celui de la nôce, et qui même allonge diablement tous ceux qui le suivent.

VALERE.

Que je vais goûter de plaisir à rendre Angélique heureuse !

FRONTIN.

Auriez-vous envie de la rendre veuve ?

VALERE.

Mauvais plaisant.... Tu sais à quel point je l'aime. Dis-moi; que connois-tu qui puisse manquer à sa félicité ? Avec beaucoup d'amour, quelque peu d'esprit, et une figure.... comme tu vois; on peut, je pense, se tenir toujours assez sûr de plaire.

FRONTIN.

La chose est indubitable, et vous en avez fait sur vous-même la première expérience.

VALERE.

Ce que je plains en tout cela, c'est je ne sais combien de petites personnes que mon mariage fera sécher de regret, et qui vont ne savoir plus que faire de leur cœur.

FRONTIN.

Oh ! que si. Celles qui vous ont aimé, par exemple, s'occuperont à bien détester votre chére moitié. Les autres.... Mais où diable les prendre, ces autres-là ?

VALERE.

La matinée s'avance; il est tems de m'habiller pour aller voir Angélique. Allons. *(Il se met à sa toilette.)* Comment me trouves-tu ce matin ? Je n'ai point de feu dans les yeux; j'ai le teint battu; il me semble que je ne suis point à l'ordinaire.

FRONTIN.

A l'ordinaire ! Non, vous êtes seulement à votre ordinaire.

VALERE.

C'est une fort méchante habitude que l'usage du rouge; à la fin je ne pourrai m'en passer et je serai du dernier mal sans cela. Où est donc ma boëte à mouches ? Mais que vois-je là ? un portrait..... Ah ! Frontin; le charmant objet...... où as-tu pris ce portrait ?

FRONTIN.

Moi ? Je veux être pendu si je sais de quoi vous me parlez.

VALERE.

Quoi ! ce n'eſt pas toi qui as mis ce portrait sur ma toilette ?

FRONTIN.

Non, que je meure.

VALERE.

Qui seroit-ce donc ?

FRONTIN.

Ma foi, je n'en sais rien. Ce ne peut être que le diable ou vous.

VALERE.

A d'autres. On t'a payé pour te taire.... Sais-tu bien que la comparaison de cet objet nuit à Angelique ?.... Voilà d'honneur la plus jolie figure que j'ai vue de ma vie. Quels yeux, Frontin !... Je crois qu'ils ressemblent aux miens.

FRONTIN.

C'eſt tout dire.

VALERE.

Je lui trouve beaucoup de mon air.... Elle eſt, ma foi, charmante.... Ah ! si l'esprit soutient tout cela.... Mais son goût me répond de son esprit. La friponne eſt connoisseuse en mérite !

FRONTIN.

Que diable ! Voyons donc toutes ces merveilles.

VALERE.

Tiens, tiens. Penses-tu me duper avec ton air niais ? Me crois-tu novice en aventures ?

FRONTIN[1].

Ne me trompé-je point ! C'eſt lui.... c'eſt lui-même. Comme le voilà paré ! Que de fleurs ! que de pompons ! C'eſt sans doute quelque tour de Lucinde; Marton y sera tout au moins de moitié. Ne troublons point leur badinage. Mes indiscrétions précédentes m'ont coûté trop cher.

VALERE.

Hé bien ? Monsieur Frontin reconnoîtroit-il l'original de cette peinture ?

FRONTIN.

Pouh ! si je le connois ! Quelques centaines de coups de pied-au-cul, et autant de soufflets que j'ai eu l'honneur d'en recevoir en détail, ont bien cimenté la connoissance.

VALERE.

Une fille, des coups de pied ! Cela eſt un peu gaillard.

FRONTIN.

Ce sont de petites impatiences domeſtiques qui la prennent à propos de rien.

VALERE.

Comment ? l'aurois-tu servie ?

FRONTIN.

Oui, Monsieur; et j'ai même l'honneur d'être toujours son très-humble serviteur.

VALERE.

Il seroit assez plaisant qu'il y eût dans Paris une jolie femme qui ne fût pas de ma connoissance !.... Parle-moi sincérement. L'original eſt-il aussi aimable que le portrait ?

FRONTIN.

Comment; aimable ! savez-vous, Monsieur, que si quelqu'un pouvoit approcher de vos perfections, je ne trouverois qu'elle seule à vous comparer.

VALERE, *considérant le portrait.*

Mon cœur n'y résiste pas.... Frontin, dis-moi le nom de cette belle.

FRONTIN, *à part.*

Ah ! ma foi, me voilà pris sans verd[1].

VALERE.

Comment s'appelle-t-elle ? Parle donc.

FRONTIN.

Elle s'appelle.... elle s'appelle.... elle ne s'appelle point. C'est une fille anonyme, comme tant d'autres.

VALERE.

Dans quels tristes soupçons me jette ce coquin ! Se pourroit-il que des traits aussi charmans ne fussent que ceux d'une grisette ?

FRONTIN.

Pourquoi non ? La beauté se plaît à parer des visages qui ne tirent leur fierté que d'elle.

VALERE.

Quoi, c'est....

FRONTIN.

Une petite personne bien coquette, bien minaudiére, bien vaine sans grand sujet de l'être : en un mot, un vrai petit-maître femelle.

VALERE.

Voilà comment ces faquins de valets parlent des gens qu'ils ont servis. Il faut voir, cependant. Dis-moi où elle demeure ?

FRONTIN.

Bon, demeurer ? Est-ce que cela demeure jamais ?

VALERE.

Si tu m'impatientes... Où loge-t-elle, maraut ?

FRONTIN.

Ma foi, Monsieur, à ne vous point mentir, vous le savez tout aussi bien que moi.

VALERE.

Comment ?

FRONTIN.

Je vous jure que je ne connois pas mieux que vous l'original de ce portrait.

VALERE.

Ce n'est pas toi qui l'as placé là ?

FRONTIN.

Non, la peste m'étouffe.

VALERE.

Ces idées que tu m'en as données....

FRONTIN.

Ne voyez-vous pas que vous me les fournissiez (*a*) vous-même ? Est-ce qu'il y a quelqu'un dans le monde aussi ridicule que cela ?

VALERE.

Quoi ! je ne pourrai découvrir d'où vient ce portrait ? Le mystére et la difficulté irritent mon empressement. Car, je te l'avoue, j'en suis très-réellement épris.

FRONTIN, *à part*.

La chose est impayable ! Le voilà amoureux de lui-même.

VALERE.

Cependant, Angelique, la charmante Angelique.... En vérité, je ne comprens rien à mon cœur, et je veux voir cette nouvelle maîtresse avant que de rien déterminer sur mon mariage.

FRONTIN.

Comment, Monsieur ! vous ne.... Ah ! vous vous moquez.

VALERE.

Non, je te dis très-sérieusement que je ne saurois offrir ma main à Angelique, tant que l'incertitude de mes sentimens sera un obstacle à notre bonheur mutuel. Je ne puis l'épouser aujourd'hui; c'est un point résolu.

FRONTIN.

Oui, chez vous. Mais Monsieur votre pére qui a fait aussi ses petites résolutions à part, est l'homme du monde le moins propre à céder aux vôtres; vous savez que son foible n'est pas la complaisance.

VALERE.

Il faut la trouver, à quelque prix que ce soit. Allons, Frontin, courons, cherchons par-tout.

FRONTIN.

Allons, courons, volons; faisons l'inventaire et le signalement de toutes les jolies filles de Paris. Peste, le bon petit livre que nous aurions-là ! Livre rare, dont la lecture n'endormiroit pas !

VALERE.

Hâtons-nous. Viens achever de m'habiller.

FRONTIN.

Attendez, voici tout-à-propos Monsieur votre pére. Proposons lui d'être de la partie.

VALERE.

Tais-toi, bourreau. Le malheureux contretems !

SCENE IV.

LISIMON, VALERE, FRONTIN.

LISIMON, *qui doit toujours avoir le ton brusque.*

Hé bien, mon fils ?

VALERE.

Frontin, un siége à Monsieur.

LISIMON.

Je veux rester debout. Je n'ai que deux mots à te dire.

VALERE.

Je ne saurois, Monsieur, vous écouter que vous ne soyez assis.

LISIMON.

Que diable ! il ne me plaît pas, moi. Vous verrez que l'impertinent fera des complimens avec son pére[1].

VALERE.

Le respect.....

LISIMON.

Oh ! le respect consiste à m'obéir et à ne me point gêner. Mais, qu'est-ce ? encore en déshabillé ? un jour de noces ? Voilà qui est joli ! Angélique n'a donc point encore reçu ta visite ?

VALERE.

J'achevois de me coëffer, et j'allois m'habiller pour me présenter décemment devant elle.

LISIMON.

Faut-il tant d'appareil pour nouer des cheveux et mettre un habit ? Parbleu, dans ma jeunesse, nous usions mieux du tems, et sans perdre les trois quarts de la journée à faire la roue devant un miroir, nous savions à plus juste titre avancer nos affaires auprès des belles.

VALERE.

Il semble, cependant, que quand on veut être aimé, on ne sauroit prendre trop de soin pour se rendre aimable, et qu'une parure si négligée ne devoit pas annoncer des amans bien occupés du soin de plaire.

LISIMON.

Pure sotise. Un peu de négligence sied quelquefois bien quand on aime. Les femmes nous tenoient plus de compte de nos empressemens que du tems que nous aurions perdu à notre toilette, et sans affecter tant de délicatesse dans la parure, nous en avions davantage dans le cœur. Mais laissons cela. J'avois pensé à différer ton mariage jusqu'à l'arrivée de Léandre, afin qu'il eût le plaisir d'y assister, et que j'eusse, moi, celui de faire tes nôces et celles de ta sœur en un même jour.

VALERE, *bas.*

Frontin, quel bonheur !

FRONTIN.

Oui, un mariage reculé; c'est toujours autant de gagné sur le repentir.

LISIMON.

Qu'en dis-tu, Valére ? Il semble qu'il ne seroit pas séant de marier la sœur sans attendre le frére, puisqu'il est en chemin.

VALERE.

Je dis, mon pére, qu'on ne peut rien de mieux pensé

LISIMON.

Ce délai ne te feroit donc pas de peine ?

VALERE.

L'empressement de vous obéir surmontera toujours toutes mes répugnances.

LISIMON.

C'étoit pourtant dans la crainte de te mécontenter que je ne te l'avois pas proposé.

VALERE.

Votre volonté n'est pas moins la régle de mes désirs que celle de mes actions. *(Bas.)* Frontin, quel bonhomme de pére !

LISIMON.

Je suis charmé de te trouver si docile, tu en auras le mérite à bon marché; car, par une lettre que je reçois à l'instant, Léandre m'apprend qu'il arrive aujourd'hui.

VALERE.

Hé bien, mon pére ?

LISIMON.

Hé bien, mon fils; par ce moyen rien ne sera dérangé.

VALERE.

Comment, vous voudriez le marier en arrivant ?

FRONTIN.

Marier un homme tout botté !

LISIMON.

Non pas cela; puisque, d'ailleurs, Lucinde et lui ne s'étant jamais vus, il faut bien leur laisser le loisir de faire connoissance : mais il assistera au mariage de sa sœur, et je n'aurai pas la dureté de faire languir un fils aussi complaisant.

VALERE.

Monsieur.....

LISIMON.

Ne crains rien; je connois et j'approuve trop ton empressement pour te jouer un aussi mauvais tour.

VALERE.

Mon pére.....

LISIMON.

Laissons cela, te dis-je, je devine tout ce que tu pourrois me dire.

VALERE.

Mais, mon pére.... j'ai fait.... des réflexions....

LISIMON.

Des réflexions, toi ? j'avois tort (*a*). Je n'aurois pas deviné celui-là[1]. Sur quoi donc, s'il vous plaît, roulent vos méditations sublimes ?

VALERE.

Sur les inconveniens du mariage.

FRONTIN.

Voilà un texte qui fournit.

LISIMON.

Un sot peut réfléchir quelquefois; mais ce n'est jamais qu'après la sottise. Je reconnois-là mon fils.

VALERE.

Comment, après la sottise ? Mais je ne suis pas encore marié.

LISIMON.

Apprenez, monsieur le philosophe, qu'il n'y a nulle différence de ma volonté à l'acte. Vous pouviez moraliser quand je vous proposai la chose, et que vous en étiez vous-même si empressé. J'aurois de bon cœur écouté vos raisons. Car, vous savez si je suis complaisant.

FRONTIN.

Oh ! oui, Monsieur, nous sommes là-dessus en état de vous rendre justice.

LISIMON.

Mais aujourd'hui que tout est arrêté, vous pouvez spéculer à votre aise, ce sera, s'il vous plaît, sans préjudice de la nôce.

VALERE.

La contrainte redouble ma répugnance. Songez, je vous supplie, à l'importance de l'affaire. Daignez m'accorder quelques jours.....

LISIMON.

Adieu, mon fils; tu seras marié ce soir, ou..... tu m'entends. Comme j'étois la dupe de la fausse déférence du pendard !

SCENE V.

VALERE, FRONTIN.

VALERE.

Ciel ! dans quelle peine me jette son inflexibilité !

FRONTIN.

Oui, marié ou déshérité ! épouser une femme ou la misère (*a*) ! on balanceroit à moins.

VALERE.

Moi, balancer ! Non; mon choix étoit encore incertain, l'opiniâtreté de mon pére l'a déterminé.

FRONTIN.

En faveur d'Angélique ?

VALERE.

Tout au contraire.

FRONTIN.

Je vous félicite, Monsieur, d'une résolution aussi héroïque. Vous allez mourir de faim en digne martyr de la liberté. Mais s'il étoit question d'épouser le portrait ? hem ! le mariage ne vous paroîtroit plus si affreux ?

VALERE.

Non; mais si mon pére prétendoit m'y forcer, je crois que j'y résisterois avec la même fermeté, et je sens que mon cœur me rameneroit vers Angélique sitôt qu'on m'en voudroit éloigner.

FRONTIN.

Quelle docilité ! Si vous n'héritez pas des biens de Monsieur votre père, vous hériterez au moins de ses vertus. *(Regardant le portrait.)* Ah !

VALERE.

Qu'as-tu ?

FRONTIN.

Depuis notre disgrace, ce portrait me semble avoir pris une physionomie famelique, un certain air alongé.

VALERE.

C'est trop perdre de tems à des impertinences. Nous devrions déja avoir couru la moitié de Paris.

Il sort.

FRONTIN.

Au train dont vous allez, vous courrez bientôt les champs[1]. Attendons, cependant, le dénouement de tout ceci; et pour feindre de mon côté une recherche imaginaire, allons-nous cacher dans un cabaret.

SCENE VI.

ANGELIQUE, MARTON.

MARTON.

Ah ! ah, ah, ah ! la plaisante scène ! qui l'eût jamais prévue ? Que vous avez perdu, Mademoiselle, à n'être point ici cachée avec moi quand il s'est si bien épris de ses propres charmes !

ANGELIQUE.

Il s'est vu par mes yeux.

MARTON.

Quoi ! vous auriez la foiblesse de conserver des sentimens pour un homme capable d'un pareil travers ?

ANGELIQUE.

Il te paroît donc bien coupable ! Qu'a-t-on, cependant, à lui reprocher que le vice universel de son âge ? Ne crois pas pourtant qu'insensible à l'outrage du Chevalier, je souffre qu'il me préfére ainsi le premier visage qui le frappe agréablement. J'ai trop d'amour pour n'avoir pas de la délicatesse, et Valére me sacrifiera ses folies dès ce jour, ou je sacrifierai mon amour à ma raison.

MARTON.

Je crains bien que l'un ne soit aussi difficile que l'autre.

ANGELIQUE.

Voici Lucinde. Mon frére doit arriver aujourd'hui. Prends bien garde qu'elle ne le soupçonne (*a*) d'être son inconnu jusqu'à ce qu'il en soit tems.

SCENE VII.

LUCINDE, ANGELIQUE, MARTON.

MARTON.

Je gage, Mademoiselle, que vous ne devineriez jamais quel a été l'effet du portrait ? vous en rirez surement.

LUCINDE.

Eh ! Marton; laissons-là le portrait; j'ai bien d'autres choses en tête. Ma chére Angélique, je suis désolée, je suis mourante. Voici l'inſtant où j'ai besoin de tout votre secours. Mon pére vient de m'annoncer l'arrivée de Léandre. Il veut que je me dispose à le recevoir aujourd'hui et à lui donner la main dans huit jours.

ANGELIQUE.

Que trouvez-vous donc là de si terrible ?

MARTON.

Comment, terrible ! Vouloir marier une belle personne de dix-huit ans avec un homme de vingt-deux, riche et bien fait ! En vérité, cela fait peur, et il n'y a point de fille en âge de raison à qui l'idée d'un tel mariage ne donnât la fiévre.

LUCINDE.

Je ne veux rien vous cacher; j'ai reçu en même tems une lettre de Cléonte; il sera incessamment à Paris; il va faire agir auprès de mon pére; il me conjure de différer mon mariage : enfin, il m'aime toujours. Ah ! ma chére, serez-vous insensible aux allarmes de mon cœur et cette amitié que vous m'avez jurée.....

ANGELIQUE.

Plus cette amitié m'eſt chére, et plus je dois souhaiter d'en voir resserrer les nœuds par votre mariage avec mon frére. Cependant, Lucinde, votre repos eſt le premier de mes désirs, et mes vœux sont encore plus conformes aux vôtres que vous ne pensez.

LUCINDE.

Daignez donc vous rappeler vos promesses. Faites bien comprendre à Léandre que mon cœur ne sauroit être à lui; que....

MARTON.

Mon Dieu ! ne jurons de rien. Les hommes ont tant de ressources et les femmes tant d'inconstance, que si Léandre se mettoit bien dans la tête de vous plaire, je parie qu'il en viendroit à bout malgré vous.

LUCINDE.

Marton !

MARTON.

Je ne lui donne pas deux jours pour supplanter votre inconnu sans vous en laisser même le moindre regret.

LUCINDE.

Allons, continuez.... Chére Angélique, je compte sur vos soins; et dans le trouble qui m'agite, je cours tout tenter auprès de mon pére pour différer, s'il est possible, un hymen que la préoccupation de mon cœur me fait envisager avec effroi.

Elle sort.

ANGELIQUE.

Je devrois l'arrêter. Mais Lisimon n'est pas homme à céder aux sollicitations de sa fille, et toutes ses priéres ne feront qu'affermir ce mariage qu'elle-même souhaite d'autant plus qu'elle paroît le craindre. Si je me plais à jouir pendant quelques instans de ses inquiétudes, c'est pour lui en rendre l'événement plus doux. Quelle autre vengeance pourroit être autorisée par l'amitié ?

MARTON.

Je vais la suivre; et sans trahir notre secret l'empêcher, s'il se peut, de faire quelque folie.

SCENE VIII.

ANGELIQUE.

Insensée que je suis ! mon esprit s'occupe à des badineries pendant que j'ai tant d'affaires avec mon cœur. Hélas ! peut-être qu'en ce moment Valére confirme son infidélité. Peut-être qu'instruit de tout et honteux de s'être laissé surprendre, il offre par dépit son cœur à quelqu'autre objet. Car voilà les hommes : ils ne se vengent jamais avec plus d'emportement que quand ils ont le plus de tort. Mais le voici, bien occupé de son portrait.

SCENE IX.

ANGELIQUE, VALERE.

VALERE, *sans voir Angélique.*

Je cours sans savoir où je dois chercher cet objet charmant. L'amour ne guidera-t-il point mes pas ?

ANGELIQUE, *à part.*

Ingrat ! il ne les conduit que trop bien.

VALERE.

Ainsi l'amour a toujours ses peines. Il faut que je les éprouve à chercher la beauté que j'aime, ne pouvant en trouver à me faire aimer.

ANGELIQUE, *à part.*

Quelle impertinence ! Hélas ! comment peut-on être si fat et si aimable tout à la fois ?

VALERE.

Il faut attendre Frontin; il aura peut-être mieux réussi. En tout cas, Angélique m'adore.....

ANGELIQUE, *à part.*

Ah, traître ! tu connois trop mon foible.

VALERE.

Après tout, je sens toujours que je ne perdrai rien auprès d'elle : le cœur, les appas, tout s'y trouve.

ANGELIQUE, *à part.*

Il me fera l'honneur de m'agréer pour son pis aller.

VALERE.

Que j'éprouve de bisarrerie dans mes sentimens ! Je renonce à la possession d'un objet charmant et auquel, dans le fond, mon penchant me ramène encore. Je m'expose à la disgrace de mon pére pour m'entêter d'une belle, peut-être indigne de mes soupirs, peut-être imaginaire, sur la seule foi d'un portrait tombé des nues et flatté à coup sûr. Quel caprice ! quelle folie ! Mais quoi ! la folie et les caprices ne sont-ils pas le relief d'un homme aimable ? *(Regardant le portrait.)* Que de graces !.... Quels traits !.... Que cela est enchanté !.... Que cela est divin ! Ah ! qu'Angélique ne se flatte pas de soutenir la comparaison avec tant de charmes.

ANGELIQUE, *saisissant le portrait.*

Je n'ai garde assurément. Mais qu'il me soit permis de partager votre admiration. La connoissance des charmes de cette heureuse rivale adoucira du moins la honte de ma défaite.

VALERE.

O ciel !

ANGELIQUE.

Qu'avez-vous donc ? vous paroissez tout interdit. Je n'aurois jamais cru qu'un petit-maître fût si aisé à décontenancer.

VALERE.

Ah ! cruelle, vous connoissez tout l'ascendant que vous avez sur moi, et vous m'outragez sans que je puisse répondre.

ANGELIQUE.

C'est fort mal fait, en vérité; et réguliérement vous devriez me dire des injures. Allez, Chevalier, j'ai pitié de votre embarras. Voilà votre portrait; et je suis d'autant moins fâchée que vous en aimiez l'original, que vos sentimens sont sur ce point tout-à-fait d'accord avec les miens.

VALERE.

Quoi ! vous connoissez la personne.....

ANGELIQUE.

Non seulement je la connois, mais je puis vous dire qu'elle est ce que j'ai de plus cher au monde.

VALERE.

Vraiment, voici du nouveau, et le langage est un peu singulier dans la bouche d'une rivale.

ANGELIQUE.

Je ne sais ! mais il est sincère. *(A part.)* S'il se pique, je triomphe.

VALERE.

Elle a donc bien du mérite ?

ANGELIQUE.

Il ne tient qu'à elle d'en avoir infiniment.

VALERE.

Point de défaut, sans doute.

ANGELIQUE.

Oh ! beaucoup. C'eſt une petite personne bizarre, capricieuse, éventée, étourdie, volage, et sur-tout d'une vanité insupportable. Mais, quoi ! elle eſt aimable avec tout cela, et je prédis d'avance que vous l'aimerez jusqu'au tombeau.

VALERE.

Vous y consentez donc ?

ANGELIQUE.

Oui.

VALERE.

Cela ne vous fâchera point ?

ANGELIQUE.

Non.

VALERE, *à part.*

Son indifférence me désespère. *(Haut.)* Oserai-je me flatter qu'en ma faveur vous voudrez bien resserrer encore votre union avec elle ?

ANGELIQUE.

C'eſt tout ce que je demande.

VALERE, *outré.*

Vous dites tout cela avec une tranquillité qui me charme.

ANGELIQUE.

Comment donc ? vous vous plaigniez tout à l'heure de mon enjouement, et à présent vous vous fâchez de mon sang-froid. Je ne sais plus quel ton prendre avec vous.

VALERE, *bas.*

Je créve de dépit. *(Haut.)* Mademoiselle m'accordera-t-elle la faveur de me faire faire connoissance avec elle ?

ANGELIQUE.

Voilà, par exemple, un genre de service que je suis bien sûre que vous n'attendez pas de moi : mais je veux passer votre espérance, et je vous le promets encore.

VALERE.

Ce sera bientôt, au moins ?

ANGELIQUE.

Peut-être dès aujourd'hui.

VALERE.

Je n'y puis plus tenir.

Il veut s'en aller.

ANGELIQUE, *à part.*

Je commence à bien augurer de tout ceci; il a trop de dépit pour n'avoir plus d'amour. *(Haut.)* Où allez-vous, Valére ?

VALERE.

Je vois que ma présence vous gêne, et je vais vous céder la place.

ANGELIQUE.

Ah ! point. Je vais me retirer moi-même : il n'est pas juste que je vous chasse de chez vous.

VALERE.

Allez, allez; souvenez-vous que qui n'aime rien ne mérite pas d'être aimée.

ANGELIQUE.

Il vaut encore mieux n'aimer rien que d'être amoureux de soi-même.

SCENE X.

VALERE.

Amoureux de soi-même ! Est-ce un crime de sentir un peu ce qu'on vaut ? Je suis cependant bien piqué. Est-il possible qu'on perde un amant tel que moi sans douleur ? On diroit qu'elle me regarde comme un homme ordinaire. Hélas ! je me déguise en vain le trouble de mon cœur, et je tremble de l'aimer encore après son inconstance. Mais non; tout mon cœur n'est qu'à ce charmant objet. Courons tenter de nouvelles recherches, et joignons au soin de faire mon bonheur celui d'exciter la jalousie d'Angélique. Mais voici Frontin.

SCENE XI.

VALERE, FRONTIN, *ivre*.

FRONTIN.

Que diable ! je ne sais pourquoi je ne puis me tenir; j'ai pourtant fait de mon mieux pour prendre des forces.

VALERE.

Eh bien, Frontin, as-tu trouvé.....

FRONTIN.

Oh ! oui, Monsieur.

VALERE.

Ah ! ciel ! seroit-il possible ?

FRONTIN.

Aussi j'ai bien eu de la peine.

VALERE.

Hâte-toi donc de me dire.....

FRONTIN.

Il m'a fallu courir tous les cabarets du quartier.

VALERE.

Des cabarets !

FRONTIN.

Mais j'ai réussi au-delà de mes espérances.

VALERE.

Conte-moi donc....

FRONTIN.

C'étoit un feu..... une mousse.....

VALERE.

Que diable barbouille cet animal ?

FRONTIN.

Attendez que je reprenne la chose par ordre.

VALERE.

Tais-toi, ivrogne, faquin; ou réponds-moi sur les ordres que je t'ai donnés au sujet de l'original du portrait.

FRONTIN.

Ah ! oui, l'original; justement. Réjouissez-vous, réjouissez-vous, vous dis-je.

VALERE.

Eh bien ?

FRONTIN.

Il n'est déjà ni à la Croix-blanche, ni au Lyon d'or, ni la pomme de pin[1], ni.....

VALERE.

Bourreau, finiras-tu ?

FRONTIN.

Patience. Puisqu'il n'eſt pas-là, il faut qu'il soit ailleurs; et.... oh, je le trouverai, je le trouverai....

VALERE.

Il me prend des démangeaisons de l'assommer; sortons.

SCENE XII.

FRONTIN.

Me voilà, en effet, assez joli garçon.... Ce plancher eſt diablement raboteux. Où en étois-je ? Ma foi, je n'y suis plus. Ah ! si fait.....

SCENE XIII.

LUCINDE, FRONTIN.

LUCINDE.

Frontin, où eſt ton maître ?

FRONTIN.

Mais, je crois qu'il se cherche actuellement.

LUCINDE.

Comment, il se cherche ?

FRONTIN.

Oui, il se cherche pour s'épouser.

LUCINDE.

Qu'eſt-ce que c'eſt que ce galimathias ?

FRONTIN.

Ce galimathias ! vous n'y comprenez donc rien ?

LUCINDE.

Non, en vérité.

FRONTIN.

Ma foi, ni moi non plus : je vais pourtant vous l'expliquer, si vous voulez.

LUCINDE.

Comment m'expliquer ce que tu ne comprends pas ?

FRONTIN.

Oh ! dame, j'ai fait mes études, moi.

LUCINDE.

Il est ivre, je crois. Eh ! Frontin, je t'en prie, rappelle un peu ton bon sens; tâche de te faire entendre.

FRONTIN.

Pardi rien n'est plus aisé. Tenez. C'est un portrait.... métamor.... non, métaphor.... oui, métaphorisé. C'est mon maître, c'est une fille.... vous avez fait un certain mélange.... Car j'ai deviné tout ça, moi. Hé bien, peut-on parler plus clairement ?

LUCINDE.

Non, cela n'est pas possible.

FRONTIN.

Il n'y a que mon maître qui n'y comprenne rien. Car il est devenu amoureux de sa ressemblance.

LUCINDE.

Quoi ! sans se reconnoître ?

FRONTIN.

Oui, et c'est bien ce qu'il y a d'extraordinaire.

LUCINDE.

Ah ! je comprends tout le reste. Et qui pouvoit prévoir cela ? Cours vîte, mon pauvre Frontin, vole chercher ton maître, et dis-lui que j'ai les choses les plus pressantes à lui communiquer. Prends garde, sur-tout, de ne lui point parler de tes devinations (*a*). Tiens, voilà pour.....

FRONTIN.

Pour boire, n'est-ce pas ?

LUCINDE.

Oh non, tu n'en as pas de besoin.

FRONTIN.

Ce sera par précaution.

SCENE XIV.

LUCINDE.

Ne balançons pas un instant, avouons tout; et, quoi qu'il m'en puisse arriver, ne souffrons pas qu'un frére si cher se donne un ridicule par les moyens mêmes que j'avois employés pour l'en guérir. Que je suis malheureuse ! J'ai désobligé mon frére; mon pére irrité de ma résistance n'en est que plus absolu; mon amant absent n'est point en état de me secourir; je crains les trahisons d'une amie, et les précautions d'un homme que je ne puis souffrir : car je le hais surement, et je sens que je préférerois la mort à Léandre.

SCENE XV.

ANGELIQUE, LUCINDE, MARTON.

ANGELIQUE.

Consolez-vous, Lucinde, Léandre ne veut pas vous faire mourir. Je vous avoue, cependant, qu'il a voulu vous voir sans que vous le sussiez.

LUCINDE.

Hélas, tant-pis.

ANGELIQUE.

Mais savez-vous bien que voilà un tant-pis qui n'eſt pas trop modeſte ?

MARTON.

C'eſt une petite veine du sang fraternel.

LUCINDE.

Mon Dieu, que vous êtes méchantes ! Après cela qu'a-t-il dit ?

ANGELIQUE.

Il m'a dit qu'il seroit au désespoir de vous obtenir contre votre gré.

MARTON.

Il a même ajouté que votre résiſtance lui faisoit plaisir en quelque maniére. Mais il a dit cela d'un certain air.... Savez-vous qu'à bien juger de vos sentimens pour lui, je gagerois qu'il n'eſt guère en reſte avec vous ? Haïssez-le toujours de même, il ne vous rendra pas mal le change.

LUCINDE.

Voilà une façon de m'obéir qui n'eſt pas trop polie.

MARTON.

Pour être poli avec nous autres femmes, il ne faut pas toujours être si obéissant.

ANGELIQUE.

La seule condition qu'il a mise à sa renonciation eſt que vous recevrez sa visite d'adieu.

LUCINDE.

Oh, pour cela non; je l'en quitte[1].

ANGELIQUE.

Ah ! vous ne sauriez lui refuser cela. C'eſt d'ailleurs un engagement que j'ai pris avec lui. Je vous avertis même confidemment qu'il compte beaucoup sur le succès de cette entrevue, et qu'il ose espérer qu'après avoir paru à vos yeux vous ne résisterez plus à cette alliance.

LUCINDE.

Il a donc bien de la vanité.

MARTON.

Il se flatte de vous apprivoiser.

ANGELIQUE.

Et ce n'est que sur cet espoir qu'il a consenti au traité que je lui ai proposé.

MARTON.

Je vous réponds qu'il n'accepte le marché que parce qu'il est bien sûr que vous ne le prendrez pas au mot.

LUCINDE.

Il faut être d'une fatuité bien insupportable. Hé bien, il n'a qu'à paroître : je serai curieuse de voir comment il s'y prendra pour étaler ses charmes; et je vous donne ma parole qu'il sera reçu d'un air.... faites-le venir. Il a besoin d'une leçon; comptez qu'il la recevra.... instructive.

ANGELIQUE.

Voyez-vous, ma chére Lucinde, on ne tient pas tout ce qu'on se propose; je gage que vous vous radoucirez.

MARTON.

Les hommes sont furieusement adroits; vous verrez qu'on vous appaisera.

LUCINDE.

Soyez en repos là-dessus.

ANGELIQUE.

Prenez y garde, au moins; vous ne direz pas qu'on ne vous a point avertie.

MARTON.

Ce ne sera pas notre faute si vous vous laissez surprendre.

LUCINDE.

En vérité, je crois que vous voulez me faire devenir folle.

ANGELIQUE, *bas, à Marton.*

La voilà au point. *(Haut.)* Puisque vous le voulez donc, Marton va vous l'amener.

LUCINDE.

Comment ?

MARTON.

Nous l'avons laissé dans l'antichambre, il va être ici à l'instant.

LUCINDE.

O cher Cléonte ! que ne peux-tu voir la maniére dont je reçois tes rivaux.

SCENE XVI.

ANGELIQUE, LUCINDE, MARTON, LEANDRE.

ANGELIQUE.

Approchez, Léandre, venez apprendre à Lucinde à mieux connoître son propre cœur; elle croit vous haïr, et va faire tous ses efforts pour vous mal recevoir : mais je vous réponds, moi, que toutes ces marques apparentes de haine sont en effet autant de preuves réelles de son amour pour vous.

LUCINDE, *toujours sans regarder Léandre.*

Sur ce pied-là, il doit s'estimer bien favorisé, je vous assure; le mauvais petit esprit !

ANGELIQUE.

Allons, Lucinde, faut-il que la colére vous empêche de regarder les gens ?

LEANDRE.

Si mon amour excite votre haine, connoissez combien je suis criminel.

Il se jette aux genoux de Lucinde.

LUCINDE.

Ah ! Cléonte ! Ah ! méchante Angélique !

LEANDRE.

Léandre vous a trop déplu pour que j'ose me prévaloir sous ce nom des graces que j'ai reçues sous celui de Cléonte. Mais si le motif de mon déguisement en peut justifier l'effet, vous le pardonnerez à la délicatesse d'un cœur dont le foible est de vouloir être aimé pour lui-même.

LUCINDE.

Levez-vous, Léandre; un excès de délicatesse n'offense que les cœurs qui en manquent, et le mien est aussi content de l'épreuve que le vôtre doit l'être du succès. Mais vous, Angélique ! ma chére Angélique a eu la cruauté de se faire un amusement de mes peines ?

ANGELIQUE.

Vraiment, il vous sieroit bien de vous plaindre ! Hélas ! vous êtes heureux l'un et l'autre, tandis que je suis en proie aux allarmes.

LEANDRE.

Quoi ! ma chére sœur, vous avez songé à mon bonheur, pendant même que vous aviez des inquiétudes sur le vôtre ? Ah ! c'est une bonté que je n'oublierai jamais.

Il lui baise la main.

SCENE XVII.

LEANDRE, VALERE, ANGELIQUE,
LUCINDE, MARTON.

VALERE.

Que ma présence ne vous gêne point. Comment, Mademoiselle ? je ne connoissois pas toutes vos conquêtes ni l'heureux objet de votre préférence, et j'aurai soin de me souvenir par humilité qu'après avoir soupiré le plus constamment, Valére a été le plus maltraité.

ANGELIQUE.

Ce seroit mieux fait que vous ne pensez, et vous auriez besoin en effet de quelques leçons de modestie.

VALERE.

Quoi ! vous osez joindre la raillerie à l'outrage, et vous avez le front de vous applaudir quand vous devriez mourir de honte ?

ANGELIQUE.

Ah ! vous vous fâchez; je vous laisse; je n'aime pas les injures.

VALERE.

Non, vous demeurerez; il faut que je jouisse de toute votre honte.

ANGELIQUE.

Eh bien, jouissez.

VALERE.

Car, j'espére que vous n'aurez pas la hardiesse de tenter votre justification.

ANGELIQUE.

N'ayez pas peur.

VALERE.

Et que vous ne vous flattez pas que je conserve encore les moindres sentimens en votre faveur.

ANGELIQUE.

Mon opinion là-dessus ne changera rien à la chose.

VALERE.

Je vous déclare que je ne veux plus avoir pour vous que de la haine.

ANGELIQUE.

C'eſt fort bien fait.

VALERE, *tirant le portrait.*

Et voici désormais l'unique objet de tout mon amour.

ANGELIQUE.

Vous avez raison. Et moi je vous déclare que j'ai pour Monsieur *(Montrant son frére)* un attachement qui n'eſt de guéres (*a*) inférieur au vôtre pour l'original de ce portrait.

VALERE.

L'ingrate ! Hélas, il ne me reſte plus qu'à mourir !

ANGELIQUE.

Valére, écoutez. J'ai pitié de l'état où je vous vois. Vous devez convenir que vous êtes le plus injuſte des hommes, de vous emporter sur une apparence d'infidélité dont vous m'avez vous-même donné l'exemple; mais ma bonté veut bien encore aujourd'hui passer pardessus vos travers.

VALERE.

Vous verrez qu'on me fera la grace de me pardonner !

ANGELIQUE.

En vérité, vous ne le méritez guéres. Je vais cependant vous apprendre à quel prix je puis m'y résoudre. Vous m'avez ci-devant témoigné des sentimens que j'ai payés d'un retour trop tendre pour un ingrat. Malgré cela, vous m'avez indignement outragée par un amour extravagant conçu sur un simple portrait avec toute la légéreté, et j'ose dire, toute l'étourderie de votre âge et de votre caractère. Il n'est pas tems d'examiner si j'ai dû vous imiter, et ce n'est pas à vous qui êtes coupable qu'il conviendroit de blâmer ma conduite.

VALERE.

Ce n'est pas à moi, grands dieux ! Mais voyons où tendent ces beaux discours.

ANGELIQUE.

Le voici. Je vous ai dit que je connoissois l'objet de votre nouvel amour, et cela est vrai. J'ai ajouté que je l'aimois tendrement, et cela n'est encore que trop vrai. En vous avouant son mérite, je ne vous ai point déguisé ses défauts. J'ai fait plus, je vous ai promis de vous le faire connoître, et je vous engage à présent ma parole de le faire dès aujourd'hui, dès cette heure même : car je vous avertis qu'il est plus près de vous que vous ne pensez.

VALERE.

Qu'entens-je ? quoi, la.....

ANGELIQUE.

Ne m'interrompez point, je vous prie. Enfin, la vérité me force encore à vous répéter que cette personne vous aime avec ardeur, et je puis vous répondre de son attachement comme du mien propre. C'est à vous maintenant de choisir entre elle et moi, celle à qui vous destinez toute votre tendresse : choisissez, Chevalier; mais choisissez dès cet instant et sans retour.

MARTON.

Le voilà, ma foi, bien embarrassé. L'alternative est plaisante. Croyez-moi, Monsieur, choisissez le portrait; c'est le moyen d'être à l'abri des rivaux.

LUCINDE.

Ah ! Valére, fait-il balancer si long-tems pour suivre les impressions du cœur ?

VALERE, *aux pieds d'Angélique et jettant le portrait.*

C'en est fait; vous avez vaincu, belle Angélique, et je sens combien les sentimens qui naissent du caprice sont inférieurs à ceux que vous inspirez. *(Marton ramasse le portrait.)* Mais, hélas ! quand tout mon cœur revient à vous, puis-je me flatter qu'il me ramènera le vôtre ?

ANGELIQUE.

Vous pourrez juger de ma reconnoissance par le sacrifice que vous venez de me faire. Levez-vous, Valére, et considérez bien ces traits.

LEANDRE, *regardant aussi.*

Attendez donc ! Mais je crois reconnoître cet objet-là.... c'est.... oui, ma foi, c'est lui....

VALERE.

Qui, lui ? Dites donc, elle. C'est une femme à qui je renonce comme à toutes les femmes de l'univers, sur qui Angélique l'emportera toujours.

ANGELIQUE.

Oui, Valère; c'étoit une femme jusqu'ici : mais j'espére que ce sera désormais un homme, supérieur à ces petites foiblesses qui dégradoient son sexe et son caractére.

VALERE.

Dans quelle étrange surprise vous me jetez !

ANGELIQUE.

Vous devriez d'autant moins méconnoître cet objet que vous avez eu avec lui le commerce le plus intime, et qu'assurément on ne vous accusera pas de l'avoir négligé. Otez à cette tête cette parure étrange que votre sœur y a fait ajoûter...

VALERE.

Ah ! que vois-je ?

MARTON.

La chose n'est-elle pas claire ? vous voyez le portrait et voilà l'original.

VALERE.

O ciel ! et je ne meurs pas de honte !

MARTON.

Eh, Monsieur, vous êtes peut-être le seul de votre ordre qui la connoissiez (*a*).

ANGELIQUE.

Ingrat ! avois-je tort de vous dire que j'aimois l'original de ce portrait ?

VALERE.

Et moi je ne veux plus l'aimer que parcequ'il vous adore.

ANGELIQUE.

Vous voulez bien que, pour affermir notre réconciliation je vous présente Léandre mon frère.

LEANDRE.

Souffrez, Monsieur....

VALERE.

Dieux ! quel comble de félicité ! Quoi ! même quand j'étois ingrat, Angélique n'étoit pas infidelle ?

LUCINDE.

Que je prends de part à votre bonheur ! et que le mien même en eſt augmenté !

SCENE XVIII.

LISIMON, *les Acteurs de la Scène précédente.*

LISIMON.

Ah ! vous voici tous rassemblés fort à propos. Valére et Lucinde ayant tous deux résiſté à leurs mariages, j'avois d'abord résolu de les y contraindre. Mais j'ai réfléchi qu'il faut quelquefois être bon pére, et que la violence ne fait pas toujours des mariages heureux. J'ai donc pris le parti de rompre dès aujourd'hui tout ce qui avoit été arrêté; et voici les nouveaux arrangemens que j'y subſtitue. Angélique m'épousera : Lucinde ira dans un couvent : Valére sera déshérité; et quant à vous, Léandre, vous prendrez patience, s'il vous plaît.

MARTON.

Fort bien, ma foi ! voilà qui eſt toisé, on ne peut pas (*a*) mieux.

LISIMON.

Qu'eſt-ce donc ? vous voilà tout (*b*) interdits ! Eſt-ce que ce projet ne vous accommode pas ?

MARTON.

Voyez si pas un d'eux desserrera les dents ! La peſte des sots amants et de la sotte jeunesse (*c*) dont l'inutile babil ne tarit point, et qui ne savent trouver un mot dans une occasion necessaire !

LISIMON.

Allons, vous savez tous mes intentions; vous n'avez qu'à vous y conformer.

LEANDRE.

Eh, Monsieur ! daignez suspendre votre courroux. Ne lisez-vous pas le repentir des coupables dans leurs yeux et dans leur embarras, et voulez-vous confondre les innocens dans la même punition ?

LISIMON.

Çà, je veux bien avoir la foiblesse d'éprouver leur obéissance encore une fois. Voyons un peu. Eh, bien, Monsieur Valére, faites-vous toujours des réflexions ?

VALERE.

Oui, mon père; mais au lieu des peines du mariage, elles ne m'en offrent plus que les plaisirs.

LISIMON.

Oh, oh ! vous avez bien changé de langage ! Et toi, Lucinde, aimes-tu toujours bien ta liberté ?

LUCINDE.

Je sens, mon père, qu'il peut être doux de la perdre sous les loix du devoir.

LISIMON.

Ah ! les voilà tous raisonnables. J'en suis charmé. Embrassez-moi, mes enfans, et allons conclure ces heureux hyménées. Ce que c'est qu'un coup d'autorité frappé à propos !

VALERE.

Venez, belle Angélique; vous m'avez guéri d'un ridicule qui faisoit la honte de ma jeunesse, et je vais désormais éprouver près de vous que quand on aime bien, on ne songe plus à soi-même.

LA MORT DE LUCRÈCE

TRAGEDIE (*a*)

FRAGMENTS (2 ACTES)

ACTEURS (*a*).

LUCRÈCE.
COLLATIN, mari de Lucrèce.
LUCRÉTIUS, père de Lucrèce.
SEXTUS, fils de Tarquin.
BRUTUS.
PAULINE, confidente de Lucrèce.
SULPITIUS, confident de Sextus.

La scène est à Rome.

LA MORT DE LUCRÈCE.

TRAGEDIE.

[ACTE I.

SCÈNE I.

LUCRÈCE, PAULINE.]

LUCRÈCE.

Le jour eſt pret à paroitre; allez, Pauline, préparer la pourpre et le lin pour nous remettre à l'ouvrage.

PAULINE.

Eh Madame, dans l'abattement où vous êtes (*a*) vous avez plus besoin de repos que de travail, et je ne sais que penser de l'agitation extraordinaire où je vous vois depuis deux jours (*b*).

LUCRÈCE.

Je t'avoue que (*c*) je me sens tourmentée d'une secrette inquietude dont j'ignore la cause. Une sombre terreur m'épouvante, le sommeil me fuit; et quand mes yeux s'appesantissent, des réves affreux m'éveillent en sursaut et me replongent dans mon effroi. J'ignore si c'eſt ma santé qui se détruit (*d*), j'ignore si ce sont des pressentimens qui me menacent, et sans être coupable, je croirois sentir des remords si toute ma consolation n'étoit de rentrer au fond de mon cœur.

PAULINE.

Lucrece des remords ! Si l'exces de la plus sévére vertu (*a*) pouvoit en donner vous en auriez sans doute.

LUCRÈCE.

Croi-moi, Pauline, les vertus n'ont jamais d'excés, et quiconque les auroit toutes ne seroit jamais accusé d'en avoir trop (*b*).

PAULINE.

Quel nom pourrois-je donner à cette reserve (*c*) excessive, à cette humeur austere qui vous emprisonne dans vôtre maison, qui pour écarter de vous les societés dangereuses vous prive de celle des honnétes gens et qui ôte en un mot au peuple Romain l'éxemple de vos vertus et à vos attraits l'hommage de tous les cœurs ?

LUCRÈCE.

Appellez-vous une prison la douceur de vivre paisiblement dans le sein de sa famille ? Pour moi je n'aurai jamais besoin d'autre societé pour mon bonheur ni d'autre estime pour ma gloire que celle de mon Epoux, de mon Pére et de mes Enfans.

PAULINE.

Mais en cachant ainsi vos charmes et vos vertus vous perdez les moyens d'en étendre les droits, et vous oubliez que c'est aux graces qu'il appartient d'enseigner avec fruit la sagesse.

LUCRÈCE.

Si vous faites cas de mon amitié, quitez un ton qui vous l'oteroit à la fin (*d*). Je vous l'ai dit cent fois, mon prémier devoir est envers moi-méme (*e*), l'unique leçon qu'il me convient de donner est l'exemple d'une vie honnête, et j'ai toujours cru que la femme la plus digne d'estime est celle dont on parle le moins, même pour la loüer. Veuillent les Dieux préserver mon nom de jamais devenir célébre : ce funeste éclat ne s'achette (*f*) par nôtre séxe qu'aux dépends du bonheur ou de l'innocence.

PAULINE.

Si mon zéle a pu vous déplaire du moins n'en blamez point les motifs. Je voudrois vous voir vivre d'une maniére plus agréable. Je voudrois rétablir par un peu de societé, d'amusemens et de dissipation votre santé qu'une subite mélancolie attaque, et, si j'ose le dire, votre gloire même ne s'en trouveroit que mieux (*a*).

LUCRÈCE.

Ma gloire ? Expliquez-vous; je ne vous entends point.

PAULINE.

Me pardonnerez-vous une sincérité que je vous dois ? Rome a vu avec applaudissement vôtre prémiére destination. Tous les vœux du Peuple ainsi que le choix du Tarquin vous unissoient à son successeur. Quel autre, disoit-on, que l'héritier de la Couronne seroit digne de posseder Lucréce ? Qu'elle remplisse un Trone qu'elle doit honorer; il faut qu'elle fasse (*b*) le bonheur de Sextes pour qu'il apprenne d'elle à faire celui des Romains. Tout changea au grand desespoir du Prince, contre le gré du Roy, du Peuple (*c*), et ce seroit offenser la raison de douter que ce ne fut aussi contre le vôtre (*d*). L'infléxible Lucretius rompit un mariage qui devoit faire le plus ardent de ses vœux. Un Bourgeois de Rome obtint le prix auquel celui qui doit en être le souverain osoit à peine aspirer (*e*). Je laisse (*f*) une comparaison qui blesseroit vôtre délicatesse (*g*), mais il est impossible que vous ne sentiez pas malgré vous lequel méritoit le mieux de vous plaire (*h*).

LUCRÈCE.

Songez que vous parlez à la femme de Collatin et que puisqu'il est mon Epoux, il fut le plus digne de l'être.

PAULINE.

Je ne dois penser là-dessus que ce que vous voudrez me prescrire (*i*), mais le public jaloux de la seule liberté qui lui reste et dont les jugements sont crains de ses maitres mêmes (*j*) n'a pas donné au choix de Lucretius la même approbation que vous. Le moyen de n'être pas difficile sur le merite de quiconque osoit prétendre à Lucréce ? L'on trouvoit à tous égards Collatin moins pardonnable en cela que Sextus et le peuple se croit trop bon juge du vrai mérite pour douter que vous (*a*) pensiez sur ce point autrement qu'il ne pense lui-même.

LUCRÈCE.

Que le Peuple consulte mal ses vrais intérets dans le partage de son eſtime et de son mépris (*b*) ! Les Romains admirent dans Sextus des qualités brillantes qui feront un jour leurs malheurs et dédaignent dans Collatin l'humanité et les passions douces et modérées qui d'un courtisan vulgaire en auroient fait à la place du fils de Tarquin (*c*) le meilleur de tous les Princes. A mon égard (*d*), il eſt certain que l'amour conſtant et paisible de Collatin me rend heureuse, et que les emportemens fougueux de Sextus n'en auroient jamais fait qu'un mauvais Mari. Mais que font tous ces discours à mon gout (*e*) pour la retraite ?

PAULINE.

He bien, Madame, puisqu'il faut achever (*f*) je crains que la pureté de vôtre gloire n'ait plus à souffrir de cette reserve excessive qu'elle ne feroit de l'excés contraire, et que si l'on n'attribue pas (*g*) le goût d'une vie si retirée pluſtôt au regret de l'époux que vous avez perdu qu'à l'amour de celui que vous possedez, on ne la regarde au moins comme une précaution (*h*) plus injurieuse à vôtre cœur que necessaire à vôtre vertu.

LUCRÈCE.

Pensez-vous quand ces soupçons exiſteroient qu'une femme raisonnable et sage doive régler sa conduite sur les vains discours du Peuple et que sur de si chimériques interprétations... J'aperçois un étranger !... Dieux : que vois-je ?

PAULINE.

C'eſt Sulpitius, un affranchi du Prince.

LUCRÈCE.

De Sextus ! Que vient faire ici cet homme (*i*) ?

SCÉNE II.

[LUCRÈCE, PAULINE, SULPITIUS.]

SULPITIUS.

Vous avertir, Madame, de la prochaine arrivée du Prince et de votre Epoux (*a*) et vous remettre une Lettre de sa part.

LUCRÈCE.

De la part de qui ?

SULPITIUS.

De Collatin.

LUCRÈCE.

Donnés promptemens.

(A part, après avoir lû.)

Dieux ! *(A Pauline.)* Lisez.

PAULINE, *lit.*

Le Roy vient de partir pour un voyage imprévu de vingquatre heure[s] qui me laiss[e]nt (*b*) le loisir d'aller vous voir; il n'eſt pas necessaire d'ajoûter que j'en profite; mais il l'eſt de vous avertir que le Prince (*c*) a souhaité de m'accompagner. Faites-lui donc préparer un logement convenable et songez en recevant l'héritier de la Couronne que c'eſt de lui que dépend la fortune de vôtre Epoux.

LUCRÈCE, *à Pauline.*

Faites ce qu'il faut pour recevoir le Prince; vous direz (*d*) à Collatin que c'eſt à regret que je ne seconde pas mieux ses intentions et en lui parlant de l'abatement où vous me voyez depuis deux jours ajoutez que ma santé derangée ne me laisse la force ni d'obeir moi-même à ses ordres ni (*e*) de voir personne que lui seul (*f*).

SCÉNE III.

[Pauline, Sulpitius.]

Sulpitius.

Eh bien Pauline ! que vous semble du trouble de Lucréce à la nouvelle de l'arrivée du Prince et d'où croyez-vous que lui viendroient tant d'allarmes si ce n'étoit de son propre cœur ?

Pauline.

Je crains bien que nous ne nous soyons trop pressés de juger Lucréce. Ah croyez-moi Sulpitius, ce n'eſt pas une ame qu'il faille mesurer sur les nôtres. Vous savez qu'en entrant chez elle (*a*) je pensois comme vous sur ses secrettes inclinations (*b*) et que d'accord comme je l'espérois avec son propre cœur je me flattois de favoriser aisement (*c*) les desirs du Prince. J'ai bien changé d'avis en y regardant de plus près. Depuis que j'ai appris à connoître ce caractére doux et sensible mais vertueux et inébranlable je me suis convaincüe que Lucréce pleinement maitresse de son cœur et de ses passions n'eſt capable de rien aimer que son époux et son devoir.

Sulpitius.

Serez-vous toujours la dupe de ces grands mots, et ne comprendrez-vous jamais que devoir et vertu sont (*d*) des termes vuides de sens auxquels personne ne croit mais auxquels chacun voudroit que tout le reſte du monde crut (*e*) ? Pensez, quoique Lucréce vous fasse paroitre, qu'elle ne sauroit tant aimer son devoir qu'elle n'aime encore plus son bonheur et je suis bien trompé (*f*) si jamais elle peut le trouver autrement qu'en faisant celui de Sextus.

Pauline.

Je crois me connoitre en sentimens et vous pouvez (*g*) mieux que personne me rendre juſtice à cet égard. J'ai sondé les siens avec un soin proportionné à l'intéreſt (*h*) qu'y prend le Prince qui nous employe et avec toute l'adresse necessaire pour ne point devenir suspecte à

Lucréce (*a*). J'ai exposé son cœur aux épreuves les plus sures et contre lesquelles la reserve la plus dissimulée (*b*) est le moins en garde; tantot je l'ai plainte de ce qu'elle avoit perdu; tantot je l'ai loüée de ce qu'elle avoit préféré; tantot flatant sa vanité, tantot offensant son amour-propre, j'ai tâché d'exciter sa jalousie (*c*), sa tendresse, ou du moins sa curiosité, et toutes les fois qu'il a été question de Sextus je l'ai toujours trouvée aussi tranquile que sur tout autre sujet et toujours préte également à continuer ou cesser la conversation sans apparence de plaisir ou de peine.

SULPITIUS.

Il faut donc, malgré toute la tendresse dont vous me flattez que mon cœur se connoisse mieux en amour que le vôtre : car j'en ai plus vu dans le moment où je viens d'observer Lucréce que vous n'avez fait depuis six mois que vous étes à son service, et l'émotion que lui cause (*d*) le seul nom de Sextus me fait juger de celle que doit lui causer sa vüe (*e*).

PAULINE.

Depuis deux jours sa santé est tellement altérée que l'Esprit s'en ressent et ses langueurs seules ont bien pu produire l'effet que vous attribuez à la Lettre de Collatin (*f*). Trop de credulité peut (*g*) me tromper, je l'avoüe; mais enfin trop de pénétration ne vous tromperoit-elle point vous-même (*h*) ?

SULPITIUS.

Nous devons desirer au moins que mes yeux soient meilleurs que les vôtres et fomenter ou allumer un amour dont (*i*) dépend le bonheur de celui qui doit nous unir (*j*). Vous savez que les promesses du Prince (*k*) sont au prix du succés de nos soins; de plus vous n'ignorez pas que dans nôtre condition les vices de nos maitres nous servent de dégrés pour monter à la fortune, et que c'est en excitant leurs passions que nous parvenons à contenter les nôtres. Nous serions perdus s'ils étoient assés sages pour savoir se passer des secrets services par lesquels nous les enchainons. C'est ainsi qu'à son tour on se rend necessaire à ceux de qui l'on dépend, et le plus grand malheur qui put arriver à un Courtisan ambitieux seroit de servir un prince raisonnable et juste qui n'aimeroit que son devoir.

PAULINE.

Je conviens de tout cela, mais l'intérest (*a*) que nous avons à profiter de l'erreur (*b*) d'autrui ne nous porte point à nous tromper nous-même et l'avantage que nous devons tirer des fautes de Lucréce n'est pas une raison d'espérer qu'elle en fasse. D'ailleurs, je vous avoüe qu'après avoir vu de près cette aimable et vertueuse femme, je me trouve moins propre que je ne pensois (*c*) à seconder les desseins du Prince. Je croyois n'avoir à combatre qu'une vertu farouche que je haïssois d'avance; mais sa douceur demande tellement grace pour sa sagesse, qu'après avoir apperceu les charmes (*d*) de son caractére on lui pardonne ceux de sa personne (*e*) et qu'on perd le courage et la volonté de souiller une ame si pure.

SULPITIUS.

Dans les termes où nous en sommes ce langage étudié n'est guéres convenable avec moi; nos intérets sont trop unis pour avoir besoin d'user d'addresse entre nous. Le Prince vous demande un[e] entrevüe secrette et vous pourrez tantôt employer avec lui les tours qui vous paroitront les plus propres à lui faire valoir vos services; mais moi qui connois vôtre cœur et qui suis content de le posséder tel qu'il est, je n'approuverois pas que dans une affaire comme celle-ci d'où dépend nôtre sort à l'un et à l'autre vous affectassiez de me montrer assés hors de propos plus de délicatesse que de raison.

PAULINE.

Que vos reproches sont injustes et que vous m'avez mal comprise ! Plus la main que vous m'offrez m'est chére et moins je voudrois que l'honneur de l'obtenir me coûtât celui de la mériter. Mais comptez que je ne cherche point à me faire valoir et que si je dissimule avec vous c'est bien plustot mes scrupules que mes espérances. Je continuerai de servir Sextus comme vous l'éxigez et il ne tiendra pas à moi que ce ne soit avec succés. Mais ne seroit-ce pas vous tromper que vous promettre de tous mes soins plus d'effet que je n'en attends moi-même ? Adieu; le tems s'écoule; il faut aller exécuter les ordres que je viens de recevoir (*a*). Quand le Prince sera venu, j'aurai soin de vous faire avertir du premier moment (*b*) où je pourrai le voir en secret.

SCÉNE IV.

SULPITIUS.

Que je haïs ces caractéres indécis qui ne savent jamais se déterminer par la raison, et ne sont bons ou mauvais que parce qu'ils sont foibles ! Son esprit pusillanime est autant éloigné des maximes qui ménent aux grandes choses que son rang et sa fortune sont au dessous de mes prétentions et de mes espérances. Mais il faut la flater d'une union chimérique, jusqu'à ce qu'avec son secours Lucréce séduite et Sextus satisfait laissent pour ainsi dire à ma discretion le choix de mes récompenses...... J'entends un bruit de Chevaux !.. Seroit-ce déja le Prince ?..... Dieux ! que vois-je ? le Pére de Lucréce et Brutus ? Courons au devant de mon Maitre l'avertir de ce Contretems.

SCÉNE V.

BRUTUS, LUCRETIUS.

BRUTUS.

Savez-vous quel homme nous venons de rencontrer ?

LUCRETIUS.

Son visage ne m'est pas inconnu.

BRUTUS.

C'est un affranchi de Sextus.

LUCRETIUS.

De Sextus ! Que vient-il faire en ce château ?

BRUTUS.

Vous n'ignorez ni l'ancien attachement de son maître pour vôtre fille, ni les liaisons qu'il cherche à former avec son Epoux; vous savez de plus qu'il eſt fils de Roy, et vous demandez ce qu'il veut ?

LUCRETIUS.

Porter dans ma famille les crimes de sa Maison ? Ah Brutus !....

BRUTUS.

Je puis vous en dire davantage car il eſt tems de ne vous rien déguiser. C'eſt que Lucréce aime Sextus.

LUCRETIUS.

Lui ? Ma fille ? Que dites-vous, malheureux !

BRUTUS.

Calme-toi, digne et heureux Pére et connois le Tresor que les Dieux t'ont donné. Oui, le fils de Tarquin eſt adoré de ta fille, mais sais-tu que ce sentiment caché (*a*) pénétré par moi seul n'eſt pas moins ignoré de celle même qui l'éprouve que du Tyran (*b*) qui en eſt l'objet; sais-tu que la découverte de ce funeſte secret coûteroit la vie à cette chaſte et respectable (*c*) femme; sais-tu quels prodiges de force et de vertu cet amour involontaire subjugué sans le connoitre peut produire dans sa grande ame ? Apprend que des passions à vaincre sont un plus puissant aiguillon pour des Ames héroïques que de froides leçons de sagesse, qui ne trouvant aucun obſtacle n'acquiérent aucune force par la resiſtance; apprend, toi dont rien n'altera jamais la vertu, que c'eſt du sein de nos desirs reprimés que nait (*d*) cette fierté genereuse qui nous apprend à mépriser les foiblesses d'autrui après avoir triomphé des nôtres. C'eſt par le côté même qui t'allarme que ta fille eſt le plus digne de toute nôtre confiance; (*e*) osons lui déclarer nos projets et les Tarquins sont perdus, puisque Sextus eſt aimé.

LUCRETIUS.

Brutus, parlons bas, et n'exposons point ces grands secrets à des oreilles indiscrettes. Nous acheverons à loisir cette conversation. J'entre chez ma fille, et ne dirai que ce qu'il faut. Vous, allez au devant de Collatin et préparés son esprit aux grandes choses que nous avons à lui dire.

SCÉNE VI.

BRUTUS.

Dieux tutelaires de Rome ! Le moment approche où vos auspices vont être justifiés. C'est trop souffrir que des Tyrans osent usurper vos droits et deshonorer vôtre plus bel ouvrage. Il est temps de montrer un Peuple d'hommes aux nations avilies : il est tems d'apprendre à l'univers ce que peut sur des ames généreuses l'amour de la liberté pour le progrés de la Vertu !

FIN DU PR[EMIER] ACTE.

ACTE 2.

SCÉNE I.

[SULPITIUS, SEXTUS.]

SULPITIUS.

Voilà, Seigneur l'entrée de l'appartement de Lucréce : cette porte conduit chez Pauline, et c'est en ce lieu (*a*) qu'elle doit me faire avertir du premier moment où elle pourra vous entretenir en secret.

SEXTUS.

C'est donc ici le séjour fortuné de tout ce que Rome et le monde renferment de charmes et de vertus. Que mes agitations redoublent en approchant de sa demeure ! J'approcherois de celle des Dieux avec plus d'assurance, et je ne puis comprendre, en comparant mes transports avec mon effroi, comment un même cœur peut allier tant de fureurs avec tant de timidité.

SULPITIUS.

L'explication n'eſt pas difficile; le doute du succés cause seul toutes vos terreurs, et vous cesseriez bientôt de craindre Lucréce si vous vouliez vous fier un peu plus à Sulpitius.

SEXTUS.

Ami (*a*), que tu lis mal dans ce cœur que tu veux rassurer. Vois si je connois ton zéle; vois jusqu'à quel point je puis porter ma confiance en toi. J'entreprens sur ta parole de séduire la plus chaſte des femmes; j'aime mieux croire que Lucréce peut manquer de vertu que de te soupçoner (*b*) de m'abuser par de vaines espérances. Helas, il faut bien me flater de ces chiméres pour ne pas mourir de desespoir. Mais connois tous les egaremens de ton malheureux ami. Songe aux mouvemens de honte et d'horreur qui s'élevent en moi quand je pense que le plus digne exploit de Sextus sera de corrompre (*c*) à force d'artifices une ame innocente et pure qu'il n'a pu toucher à force de soins. Songe au mépris que cette femme infortunée aura pour moi quand elle saura de quels moyens honteux je me suis servi pour la seduire. Songe aux larmes éternelles que lui coûtera peut-être la perte de son innocence, aux juſtes imprécations dont elle accablera un jour celui qui la lui aura ravie. Songe aux maux affreux qui vont succeder au bonheur passager que ta pitié me prépare. Idolâtre de Lucréce, j'en voulois à son ame toute entiére. Amour, eſtime, confiance, amitié, son cœur n'eſt pas susceptible d'un sentiment dont le mien ne soit jaloux jusqu'à la fureur. Helas, qu'en la possedant je serai loin encore du bonheur supréme dont je me formois la ravissante idée. Ah ! Sulpitius, quand tu m'auras donné Lucréce, dis-moi, que feras-tu pour me rendre heureux ?

SULPITIUS.

Seigneur, si vous l'aimez, que vous faut-il de plus que d'être aimé d'elle ? Permettez-moi de le dire : ce langage n'eſt pas encore de saison; je trouve plus dans vos discours les inquiétudes jalouses d'un amant favorisé que les ardens désirs d'un cœur qui aspire à l'être, et tous ces rafinemens ne s'imaginent guéres dans les transports d'une passion véritable.

SEXTUS.

Imprudent, si tu connoissois la mienne tu te garderois de me tenir ce langage. Ah, si jamais l'espoir dont tu me flattes venoit à s'éteindre, crains d'apprendre de quelles fureurs mon cœur eſt capable, crains que tes jours et les miens ne soient le moindre sacrifice que mon bras desespéré peut faire à ma rage.

SULPITIUS.

Calmez cet emportement et pensez (*a*) aux lieux où vous étes. Je vous le repéte : vous serez heureux si vous voulez l'être; mais le cœur de Lucréce eſt le moindre obſtacle que vous avez à vaincre. Sa fierté qui la défendra contre vous et contre elle-même n'eſt pas encore vôtre plus dangereux ennemi. C'eſt de vous-même, c'eſt des transports indiscrets qui peuvent vous échapper qu'il faut vous défier le plus : ce n'eſt qu'en couvrant vos projets du plus profond miſtére que vous pouvez vous flater de les lui faire approuver. Près d'une femme aussi sensible à l'honneur, toute vôtre délicatesse doit être de ménager la sienne, et si jamais elle eſt bien sure du secret, vous serez bientôt sur de son cœur.

SEXTUS.

Ami, prens pitié de mes égaremens et pardonne mes discours insensez mais compte sur ma docilité pour tous tes avis; tu me vois enivré d'amour au point que je ne suis plus capable de me conduire. Lucréce eſt toujours au fond de mon cœur et devant mes yeux, j'entens sa douce voix, ses divins regard[s] sont tournez sur moi; les miens ne peuvent voir qu'elle; mon exiſtence eſt toute en elle seule, je ne vis que pour l'adorer et toutes les puissances de mon ame aliénée de tout autre objet sufisent à peine aux sentimens qui me consument (*b*). Supplée donc à cet oubli de moi-même; conduis les pas de ton aveugle maitre et fais qu'avec mon bonheur, je te doive le retour de ma raison perduë.

SULPITIUS.

Songez que nous avons ici plus d'une sorte de précautions à prendre, et que l'arrivée du Pére de Lucréce doit nous rendre encore plus circonspects. Encore une fois je soupçonne (*a*) ce voyage avec Brutus de renfermer quelque miſtère, et j'ai cru voir à l'air dont ils nous observoient qu'ils craignent (*b*) d'être observés eux-mêmes. Je ne sais ce qui se trame (*c*) en secret mais Lucretius nous regarde de mauvais œil et je vous avoüe que ce Brutus m'a toujours déplu (*d*).

SEXTUS.

Eh, qu'avons-nous à craindre des vains murmures d'un vieillard et des projets d'un insensé ?

SULPITIUS.

Cet insensé sait pourtant se faire adorer des Romains et se maintenir à la cour, et ce vieillard eſt gouverneur de Rome et qui plus eſt le Pére de Lucréce.

SCÉNE II.

UN ESCLAVE, SEXTUS, SULPITIUS.

L'ESCLAVE.

Seigneur, Pauline vous attend.

SEXTUS.

(*e*) Allons savoir s'il (*f*) m'eſt permis de vivre.

SULPITIUS.

(*g*) Je vois Brutus et Lucretius; évitons d'en être apperceus.

SCÉNE III.

BRUTUS, LUCRETIUS.

LUCRETIUS.

Ne viens-je pas d'entrevoir (*a*) deux hommes se glisser précipitamment chez Pauline ?

BRUTUS.

Je les ai vus comme vous. C'est le Tyran et son satellite.

LUCRETIUS.

Quoi, jusques sous mes yeux.....

BRUTUS.

Laissez les courrir à leur perte, et songez à Collatin qui nous suit.

SCÉNE IV.

LUCRETIUS, BRUTUS, COLLATIN.

LUCRETIUS.

Arrêtez, Collatin, vous verrez à loisir vôtre Epouse, mais il ne sera pas toujours tems de venger vos affronts et les siens.

COLLATIN.

Nos affronts ! qu'entens-je ?...

LUCRETIUS.

Ce qu'avec un cœur plus sensible ou (*b*) une ambition moins aveugle, vous n'eussiez pas si longtems ignoré (*c*).

COLLATIN.

Je ne vous entends point encore.

LUCRETIUS.

Imprudent : à quel dessein penses-tu qu'un jeune homme impetueux feint de s'unir avec toi d'une amitié que ses pareils n'ont jamais connue ? Conçois si tu le peux (*a*) l'indignation dont je suis saisi en voyant l'époux de ma fille amener lui-même dans sa maison l'ennemi qui veut la deshonorer.

COLLATIN.

Je ne puis soupçonner le Prince de former d'insensés projets et quand il les formeroit, qui plus que moi doit les mépriser ? Me préserve le Ciel de faire cet outrage à la femme que les Dieux et vous (*b*) m'avez donnée, de croire devoir ajoûter les soins de ma prudence à ceux de sa vertu ! Il me suffit de connoitre Lucréce; que m'importent les sentimens de Sextus.

LUCRETIUS.

Ce qu'ils vous importent ? Ne vous y trompez pas, Collatin. Le respect même que vous devez à vôtre Epouse vous oblige à venger ou prevenir tout sentiment qui l'outrage. Aprenez qu'une femme chaste ne doit entendre que les discours qu'elle peut approuver et qu'auprès d'elle une entreprise formée est necessairement un affront receu.

COLLATIN.

Dites-moi donc ce que je dois faire pour connoitre, arrêter ou punir les desseins de Sextus ?

BRUTUS.

O Collatin ! Les Tirans punissent à l'instant qu'ils soupçonnent; ils sont donc coupables sitot qu'ils sont soupçonnés. La Beauté de Lucréce, l'ancien amour de Sextus (*c*), ses vices mal déguisés, et surtout les maximes de ses pareils, sont avec son voyage ici des preuves de ses vues criminelles (*d*) qui t'en fourniront bientot de plus evidentes si tu les veux chercher. En cet instant même Sextus est (*e*) chez Pauline; je te laisse imaginer à toi-même le motif de leurs entretiens secrets. Quant au remede il est sur (*a*), unique et depend d'un seul mot. Sais-tu être homme et saurois-tu mourir ?

COLLATIN.

Oui sans doute, je saurai mourir; mais en consultant la sagesse et en suivant mon devoir.

LUCRETIUS.

He bien, laisse-toi conduire à un tendre Pére qui t'aime et à son ami qui veut t'estimer. Tu feras ton devoir car tu es Romain, et tu feras sagement de pourvoir à ta sureté (*b*) car il n'y en a jamais auprès d'un Tiran pour le mari d'une femme qu'il aime. C'est souvent pour mieux conserver sa vie qu'il faut savoir (*c*) braver la mort.

COLLATIN.

Hatez-vous de vous expliquer (*d*).

BRUTUS.

Ecoute. Les Dieux ont voulu que Rome portat une fois le joug de la servitude pour apprendre à la conoitre (*e*) et par consequent à la détester. Nôtre épreuve est desormais suffisante; nous abhorrons nos fers autant qu'il est possible; il est donc tems de les briser. Rome entiére te parle ici par ma bouche : ou nous périrons tous, ou nous détruirons le monstre qui nous dévore. Mais nos mesures sont si certaines qu'au lieu du risque de l'entreprise il ne te reste à partager que la gloire du succés. Choisis donc de te voir méprisé du Tyran, déshonoré par son fils, esclave de l'un et de l'autre, et compagnon de leur infortune, ou de venger avec nous ta patrie, ton épouse, toi-même, d'être vertueux, libre, et pour dire tout en un mot, digne époux de Lucréce, digne fils de son vertueux Pére, ami de Brutus et citoyen de Rome.

COLLATIN.

Vous m'étonnez, sans m'effrayer; mais avant que de me déterminer (*f*) souffrez que je vous demande quelque éclaircissement necessaire. En formant une si grande entreprise vous en avez du prévoir (*a*) toutes les difficultés. Je veux donc croire que, malgré tant d'obstacles, malgré la vigilance de Tarquin, malgré le pouvoir terrible de quiconque dispose de la force publique vous renverserez l'usurpateur et détruirez le pouvoir arbitraire. Mais que ferez-vous ensuite pour Rome et pour nous-même ? Laisserons-nous nos concitoyens en proye à l'anarchie, sacrifierons-nous la Patrie à la vengeance, ou (*b*) délivrez d'un Maitre dont nous partagions le pouvoir deviendrons-nous pour prix de nos bienfaits esclaves de la Multitude (*c*) ?

LUCRETIUS.

Je t'entens; tu préféres l'esclavage à l'égalité, et il t'est moins dur de servir des Tyrans que flatteur de commander au Peuple. Mon fils, renonce à cette ambition puerile qui pour des fers assurés ne t'offre qu'une autorité douteuse. Ne vois-tu pas que si le credit des grands leur fait partager en apparence un absolu pouvoir, le poids en est reellement plus lourd (*d*) pour eux que pour les petits. On ne demande au Peuple que des impôts, à cela près il est libre : mais la liberté, la fortune et la vie de tous ceux qui approchent du Tiran sont en péril à chaque instant. C'est principalement sur ce qui frape ses regards que tombe la ferocité de ses caprices; sois aujourdui son plus cher favori; demain peut-être tu seras son dernier esclave.

COLLATIN.

Je suis sensible à vôtre confiance et touché de vôtre tendresse mais en pensant à nous seuls (*e*) voulez-vous oublier la Patrie ? Songez aux horreurs des Guerres civiles, aux dangers d'être sans conducteur, à la licence d'une populace effrénée. Rome périra par son indépendance ou ne fera que changer de maitre, et sans adoucir son sort vous lui ferez plus de mal en un seul moment que n'en eut pu faire la Tyrannie en un grand nombre d'années.

BRUTUS.

Jeune homme, sors de cette erreur. La constitution de Rome plus forte que ses Tyrans l'a rendue libre dès sa naissance. (*a*) Nous avons des Comices, un senat et des Loix qui (*b*) tirent leur autorité d'elles-mêmes. Nôtre gouvernement eſt tout fait, (*c*) formé et il ne faut pour le rendre sage qu'en ôter ce qu'il a de trop. Grace au ciel nous ne sommes pas comme ces peuples effeminés (*d*) où tout n'exiſtant que par la volonté des Rois, tout perit (*e*) dès qu'ils ne sont plus, faute d'une autorité legitime et independante. Que le Tyran tombe (*f*) aujourdui, demain Rome sera tranquille, soumise aux loix [et] n'aura perdu qu'un ennemi (*g*). Amis le tems presse et les discussions sont hors de saison quand on n'a pas deux partis à prendre. Nous avons pris conseil de ses[1] besoins et [de] nos cœurs, la raison l'a confirmé et l'évenement eſt sur; ce n'eſt point pour nous mais pour toi que nous te parlons ici (*h*). Sache que demain peut-être elle ne comptera parmi ses enfans que des liberateurs ou des proscrits (*i*).

COLLATIN.

O Brutus, ta voix agite (*j*) mon ame, et je me sens pénetré du feu celeſte (*k*) qui brille dans tes regards. Oui, que Rome soit libre (*l*) ! Quelle puissance peut resiſter à ton zéle et quel cœur lâche hesiteroit à le partager ? Mais, Ami voi (*m*) le fond du mien. Faut-il renoncer.....

BRUTUS, *le prenant et serrant par la main* (*n*).

Croi-moi, Collatin, crois en l'ame de Brutus aussi fiére pour le moins que la tienne. Il eſt plus grand et plus beau d'être compté parmi des h[ommes] libres, fut-ce (*o*) au dernier rang que d'être le premier à la cour de Tarquin (*p*).

COLLATIN.

Ah, quelle difference entre nous (*q*). Ta grandeur eſt toute au fond de ton ame et j'ai besoin de chercher la mienne dans la fortune !

LUCRETIUS.

He bien, ne nous faut-il pas des chefs ? Mon fils, tu commanderas aux Romains, tu feras regner les loix et (*r*) tu t'élevera[s] enfin jusqu'à savoir obéir et devenir nôtre égal.

COLLATIN.

Je me rends et ne veux que vous obeir (*a*).

BRUTUS.

(*b*) Il suffit. Rome a vôtre foi (*c*). Nous reprendrons plus à loisir cet entretien. *(Bas, à Lucretius.)* Ton gendre eſt ambitieux, foible et peu adroit. Nous sommes perdus si tu le quite[s] d'un pas. Suis-le et me laisse le soin du reſte.

[FRAGMENTS].

[1]

[SEXTUS, LUCRÈCE, PAULINE.]

[SEXTUS.]

Ne fuyez pas Madame, ne faites pas cette injure au respect que vous m'inspirez, daignés m'écouter un instant. Je promets de m'éloigner aussitot que vous l'ordonnerez et s'il m'echape dans cet entretien un seul mot qui vous offense je jure par les Dieux, par mon honneur, et par vous-même que je ne reparoitrai de ma vie à vos yeux.

[LUCRÈCE.]

Parlez Seigneur, je vous écoute. *(Bas, à Pauline.)* Courez promptement chercher mon Pére ou mon Epoux.

[SEXTUS.]

O Lucréce, vous dont le ciel a fait dépendre le sort de Sextus et peut-être celui de Rome, laissez-moi vous dévoiler un cœur fait pour la vertu, qui l'aime, qui la veut suivre et ne le peut sans votre secours. Je ne tenterai point de vous déguiser les secrets mouvemens de mon ame (*d*), vous savez trop de quel doux espoir elle a senti le charme. Helas c'eſt vainement que cet espoir n'eſt plus; (*e*) que serviroient mes efforts pour en perdre le souvenir ? Les Dieux mêmes n'en pourroient détruire l'impression fatale. Au moins j'en saurai réprimer jusqu'au moindre signe. Je souffrirai sans doute, mais en silence, et c'eſt de vos seules vertus que ma volonté recevra des loix. Je dirai plus encore, le vice eſt dans mon cœur; je le sens et l'avoue en gemissant. Mais vous me faites aimer l'innocence et la pureté, j'adore en vous leur celeſte image et si, loin de vos yeux, mon imagination s'égare au souvenir de vos charmes, leur présence appaise mes fureurs en redoublant mes transports et vos regards touchans et modeſtes me raménent à la vertu.

[2]

[BRUTUS, *à Lucretius.*]

Vieillard respeƈtable, (*a*) voila ta prémiére imprudence (*b*) mais elle eſt terrible. Viƈtime du préjugé, tu as préféré dans ta confiance ton gendre à ta fille sans songer qu'il n'eſt qu'une femme et qu'elle eſt plus qu'un homme. Réparons à force de diligence le danger de nôtre indiscretion, (*c*) et que demain le soleil se léve sur Rome libre. (*d*) Il me tarde de voir Lucréce, je ne sais quelle voix me crie au fond du cœur que c'eſt elle qui doit briser nos fers. Sans doute c'eſt sous les auspices de la vertu qu'il convient à la liberté de naitre. Dieux ! (*e*) c'eſt le Tyran, il faut me contraindre (*f*). O lâche et vile feinte, (*g*) de tous les sacrifices qu'exige la patrie tu es le seul qui coute à mon ame (*h*).

[3]

Nos cœurs ont bien de la peine à l'aimer pure, (*i*) brillante et parée encore de tous ses charmes; lui seronsnous plus fidelles quand les taches qu'elle aura receues nous auront disposés à la moins regretter ?

[4]

Pauline, songés que je suis la f[emme] de Collatin et qu'ainsi j'ai mieux fait de l'épouser.

[5]

Inutile vertu, tu ne sers qu'à redoubler mon supplice et sans toi je sentirois moins cruellement touttes les horreurs de l'opprobre.

[6]

Et le Pére des Dieux même ne se plait à l'hommage des mortels que parce qu'ils (*a*) ne sont point forcés de le lui offrir.

[7]

Je suis convaincue que la f[emme] la plus estimable est celle dont on parle le moins.

[8]

Le Vertueux Sextus s'efforce de corrompre la femme de son ami.

[9]

Et qu'ai-je à craindre d'un amour qui peut servir à ma fortune sans pouvoir nuire à mon honneur ?

[10]

Soyez le digne instrument de la liberté de Rome et pour dire peut-être encore plus soyez digne surtout de vous-même (*b*).

[11]

Tien, Brutus, j'ai fait mon devoir, fais celui de Rome et le tien.

[12]

Et pour tout dire en un mot soyons dignes s'il est possible (*c*), d'être les vengeurs de Lucréce.

[13] (*a*)

LUCRÈCE, *seule.*

Cruelle vertu, quel prix nous offres-tu qui soit digne des sacrifices que tu nous coûtes ! La raison peut m'égarer à ta poursuite; mais mon cœur me crie qu'il faut te suivre, et je te suivrai jusqu'au bout.

[14]

LUCRÈCE, PAULINE.

LUCRÈCE.

Ne vaut-il pas mieux qu'un méchant meure, que mon père soit obéi, et que la patrie soit libre, que si, à force de pitié, Lucrèce oublioit sa vertu ?

. . . .

LUCRÈCE, *rentrant.*

(A Pauline, d'un ton froid, mais un peu altéré.) Secourez ce malheureux.

[15]

SEXTUS, *seul.*

Je ne sais quelle image sacrée se présente sans cesse entre elle et moi. Dans ces yeux si doux je crois voir un dieu qui m'épouvante; et je sens, aux combats que j'éprouve en la voyant, que sa pudeur n'est pas moins céleste que sa beauté.

[16]

SEXTUS, *seul.*

O Lucrèce ! ô beauté céleste, charme et supplice de mon infame cœur ! O vertu digne des adorations des dieux, et souillée par le plus vil des mortels !

[17]

LUCRÈCE.

Juste ciel ! un homme mort ! Hélas ! il ne souffre plus; son ame est paisible. Ainsi dans deux heures... O innocence, où est ton prix ? O vie humaine, où est ton bonheur ?... Tendre et malheureux pere !... Et toi qui m'appelois ton épouse !... Ah ! j'étois pourtant vertueuse...

[18]

LUCRÈCE.

Monstre ! si j'expire par ta rage, ma mort n'est pour toi qu'un nouveau forfait; et ta main infâme ne sait punir le crime qu'après l'avoir partagé.

BALLETS
PASTORALE — POÉSIES

LES MUSES GALANTES.

BALLET.

AVERTISSEMENT.

Cet ouvrage eſt si médiocre en son genre, et le genre en eſt si mauvais, que pour comprendre comment il m'a pu plaire, il faut sentir toute la force de l'habitude et des préjugés. Nourri dès mon enfance dans le gout de la Musique françoise et de l'espéce de Poésie qui lui eſt propre, je prenois le bruit pour de l'harmonie, le merveilleux pour de l'intéreſt, et des chansons pour un Opéra.

En travaillant à celui-ci je ne songeai qu'à me donner des paroles propres à déployer les trois caractéres de musique dont j'étois occupé; dans ce dessein je choisis Hesiode pour le genre élevé et fort, Ovide pour le tendre, Anacreon pour le gai. Ce Plan n'étoit pas mauvais si j'avois mieux su le remplir (*a*).

Cependant quoique la Musique de cette Piece ne vaille gueres mieux que la Poesie, on ne laisse pas d'y trouver de tems en tems des morceaux pleins de chaleur et de vie. L'ouvrage a été executé plusieurs fois avec assés de succés, savoir en 1745 devant M. le Duc de Richelieu qui le deſtinoit pour la Cour, en 1747 sur le theatre de l'Opera, et en 1761 devant M. le Prince de Conti. Ce fut même sur l'execution de quelques morceaux que j'en avois fait répéter chez M. de la Popeliniere que M. Rameau qui les entendit conçut contre moi cette violente haine dont il n'a cessé de donner des marques jusqu'à sa mort.

LES MUSES GALANTES.

BALLET.

PROLOGUE.

Le Théatre représente le mont Parnasse;
Apollon y paroit sur son Trone,
et les Muses sont assises autour de lui.

[*SCÈNE PREMIÈRE.*]

APOLLON ET LES MUSES.

Naissez divins Esprits, naissez fameux Heros
Brillez par les beaux arts, brillez par la victoire
Méritez d'être admis au Temple de Mémoire :
Nous reservons à votre gloire
Un prix digne de vos travaux.

APOLLON.

Muses, filles du Ciel, que vôtre gloire est pure !
Que vos plaisirs sont doux !
Les plus beaux dons de la nature
Sont moins brillans que ceux qu'on tient de vous.
Sur ce paisible mont, loin du bruit et des armes
Des innocens plaisirs vous goutez les douceurs.
La fiére ambition, l'amour ni ses faux charmes
Ne troublent point vos Cœurs.

LES MUSES.

Non, non, l'amour ni ses faux charmes
Ne troubleront jamais nos cœurs.

On entend une Symphonie brillante et douce alternativement.

SCÈNE DEUXIÈME.

La Gloire et l'Amour descendent du même char.

APOLLON, LES MUSES. [LA GLOIRE, L'AMOUR.]

APOLLON.

Que vois-je ? O Ciel ! dois-je le croire ?
L'Amour dans le char de la Gloire !

LA GLOIRE.

Quelle triste erreur vous séduit !
Voiez ce Dieu charmant soutien de mon Empire
Par lui l'Amant triomphe et le Guerrier soupire;
Il forme les Heros et sa voix les conduit.
Il faut lui ceder la victoire.
Quand on veut briller à ma cour :
Rien n'est plus chéri de la Gloire
Qu'un grand cœur guidé par l'Amour.

APOLLON.

Quoi ! mes divins Lauriers d'un Enfant téméraire
Ceindroient le front audacieux ?

L'AMOUR.

Tu méprises l'Amour, éprouve sa colére.
Aux pieds d'une Beauté sévére
Va former d'inutiles vœux.
Qu'un exemple eclattant montre aux Cœurs amoureux
Que de moi seul dépend le don de plaire,
Que les talens, l'esprit, l'ardeur sincére
Ne font point les amans heureux.

APOLLON.

Ciel ! quel objet charmant se retrace à mon ame !
Quelle soudaine flamme
Il inspire à mes sens !
C'est ton pouvoir, Amour, que je ressens :
Du moins à mes soupirs naissans
Daigne rendre Daphné sensible.

L'AMOUR.

Je te rendrois heureux; je prétens te punir.

APOLLON.

Quoi ! toujours soupirer sans pouvoir la flechir ?
Cruel ! que ma peine eſt terrible !

Il s'en va.

L'AMOUR.

C'eſt la vengeance de l'Amour.

LES MUSES.

Fuyons un Tyran perfide
Craignons à nôtre tour.

LA GLOIRE.

Pourquoi cet effroi timide ?
Apollon régnoit parmi vous.
Souffrez que l'Amour y préside
Sous des auspices plus doux.

L'AMOUR.

Ah ! qu'il eſt doux, qu'il eſt charmant de plaire !
C'eſt l'art le plus nécessaire.
Ah ! qu'il eſt doux, qu'il eſt flatteur
De savoir parler au Cœur !

Les Muses, persuadées par l'Amour, répétent ces quatre vers.

L'AMOUR.

Accourez, jeux et ris, doux seducteurs des Belles;
Vous par qui tout céde à l'Amour,
Confirmez mon triomphe, et parez ce séjour
De mirthes et de fleurs nouvelles :
Graces plus brillantes qu'elles
Venez embellir ma cour.

SCÈNE TROISIÈME.

L'AMOUR, LA GLOIRE, LES MUSES, LES GRACES.
TROUPPES DE JEUX ET DE RIS.

CHŒUR.

Accourons, accourons dans ce nouveau séjour
Soupirez Beautés rebelles
Par nous tout céde à l'Amour.

On danse.

LA GLOIRE.

Les vents, les affreux orages
Font par d'horribles ravages
La terreur des matelots :
Amour, quand ta voix le guide
On voit l'Alcyon timide
Braver la fureur des flots.
Tes divines flammes
Des plus foibles ames
Peuvent faire des Héros.

On danse.

CHŒUR.

Gloire, Amour, sur les Cœurs partagés la victoire
Que le Mirthe au Laurier soit uni dés ce jour.
Que les soins rendus à la Gloire
Soient toujours payés par l'Amour.

L'AMOUR.

Quittez, Muses, quittez ce desert trop sterile
Venez de vos appas enchanter l'Univers;
Après avoir orné mille climats divers
Que l'empire des Lys soit vôtre heureux azile
Au milieu des beaux Arts puissiez vous y briller
De vôtre plus vive lumiére :
Un régne glorieux vous y fera trouver
Des Amans dignes de vous plaire,
Et des Héros à célébrer.

[FIN DU PROLOGUE.]

HESIODE. — PREMIERE ENTREE.

Le Théatre represente un Boccage
au travers duquel on voit des hameaux.

[*SCÈNE PREMIÈRE.*]

EGLÉ, DORIS.

DORIS.

L'Amour va vous offrir la plus charmante fête,
Déja pour disputer chaque Berger s'apprête :
Le Don de vôtre main au vainqueur est promis.
Qu'Hésiode est à plaindre ! Helas ! il vous adore :
Mais les jeux d'Apollon sont des arts qu'il ignore
De ses tendres soupirs il va perdre le prix.

EGLÉ.

Doris, j'aime Hésiode, et plus que l'on ne pense
Je m'occupe de son bonheur :
Mais c'est en éprouvant ses feux et sa constance
Que j'ai du m'assurer qu'il meritoit mon cœur.

DORIS.

A vos engagemens pourrez vous vous soustraire ?

EGLÉ.

Je ne sais point, Doris, manquer de foy.

DORIS.

Comment avec vos feux accorder vôtre Loy ?

EGLÉ.

Tu verras dés ce jour tout ce qu'Eglé peut faire.

DORIS.

Eglé dans nos hameaux inconnuë, étrangére
Jouit sur tous les cœurs d'un pouvoir mérité,
Rien ne lui doit être impossible
Avec le secours invincible
De l'Esprit et de la Beauté.

EGLÉ.

J'apperçois Hesiode :

DORIS.

Accablé de tristesse.
Il plaint le malheur de ses feux.

EGLÉ.

Je saurai dissiper la douleur qui le presse :
Mais pour quelques instans cachons nous à ses yeux.

SCÈNE DEUXIÈME.

HESIODE.

Eglé méprise ma tendresse
Seduitte par les chants de mes Heureux Rivaux
Son cœur en est le prix, et seul dans ces hameaux
J'ignore les secrets de l'art qu'elle couronne;
Eglé le sait et m'abandonne !
Je vais la perdre sans retour.
A de frivoles chants se peut-il qu'elle donne
Un prix qui n'étoit du qu'au plus parfait amour ?

On entend une symphonie douce.

Quelle douce harmonie ici se fait entendre ?...
Elle invite au repos... Je ne puis m'en deffendre...
Mes yeux appesantis laissent taris leurs pleurs...
Dans le sein du sommeil je céde à ses douceurs.

SCÈNE TROISIÈME.

EGLÉ, HESIODE, *endormi.*

EGLÉ.

Commencez le bonheur de ce Berger fidelle,
Songes; en ce séjour Euterpe vous appelle
Accourez à ma voix, parlez à mon Amant.
Par vos images seduisantes
Par vos illusions charmantes
Annoncez lui le destin qui l'attend.

Entrée des Songes.

UN SONGE.

Songes flatteurs
Quand d'un cœur misérable
Vos soins appaisent les douleurs,
Douces erreurs,
Du sort impitoyable
Suspendez longtems les rigueurs;
Réveil, éloignez-vous :
Ah ! que le sommeil est doux !
Mais quand un songe favorable
Présage un bonheur véritable,
Sommeil, éloignez-vous :
Ah ! que le réveil est doux !

Les Songes se retirent.

EGLÉ.

Toi pour qui j'ai quitté mes sœurs et le Parnasse
Toi que le Ciel a fait digne de mon amour
Tendre Berger, d'une feinte disgrace
Ne crain point l'effet en ce jour.
Reçois le don des vers. Qu'un nouveau feu t'anime.
Des transports d'Apollon ressens l'effet sublime
Et par tes chants divins t'élevant jusqu'aux cieux
Ose en les célébrant te rendre égal aux Dieux.

Une Lyre suspenduë à un Laurier s'éléve à côté d'Hésiode.

Amour dont les ardeurs ont embrasé mon ame
Daigne animer mes dons de ta divine flamme :
Nous pouvons du genie exciter les efforts;
Mais les succés heureux sont dus à tes transports.

SCÈNE QUATRIÈME.

HESIODE.

Où suis-je ? Quel réveil ? Quel nouveau feu m'inspire ?
Quel nouveau jour me luit ? Tous mes sens sont sur-
[pris !...

Il apperçoit la Lyre.

Mais quel prodige étonne mes esprits ?

Il la touche, et elle rend des sons.

Dieux ! quels sons éclattans partent de cette Lyre !
D'un transport inconnu j'eprouve le délire !
Je forme sans effort des chants harmonieux !
O Lyre ! ô cher présent des Dieux !
Déja par ton secours je parle leur langage.
Le plus puissant de tous excite mon courage,
Je reconnois l'Amour à des transports si beaux
Et je vais triompher de mes jaloux Rivaux.

SCÈNE CINQUIÈME.

HESIODE, TROUPPE DE BERGERS
qui s'assemblent pour la Fête.

CHŒUR.

Que tout retentisse,
Que tout applaudisse
A nos chants divers.
Que l'Echo s'unisse
Qu'Eglé s'attendrisse
A nos doux concerts.
Doux espoir de plaire
Animez nos jeux,
Apollon va faire
Un amant heureux :

Flatteuse victoire !
Triomphe enchanteur !
L'Amour et la Gloire
Suivront le vainqueur.

On danse, après quoi Hésiode s'approche pour disputer.

CHŒUR.

O Berger, déposez cette Lyre inutile
Voulez vous dans nos jeux disputer en ce jour.

HESIODE.

Rien n'est impossible à l'Amour
Je n'ai point fait de l'art une étude servile,
Et ma voix indocile
Ne s'est jamais unie aux chalumeaux.
Mais dans le succés que j'espére
J'attens tout du feu qui m'éclaire
Et rien de mes foibles travaux[1].

CHŒUR.

Chantez Berger téméraire;
Nous allons admirer vos prodiges nouveaux.

HESIODE *commence.*

Beau feu qui consumez mon ame
Inspirez à mes chants votre divine ardeur :
Portez dans mon esprit cette brillante flamme
Dont vous brulez mon cœur...

CHŒUR, *qui interromp Hésiode.*

Sa Lyre efface nos Musettes.
Ah ! nous sommes vaincus !
Fuyons dans nos retraittes.

SCÈNE SIXIÈME.

HESIODE, EGLÉ.

HESIODE.

Belle Eglé... Mais, ô Ciel ! quels charmes inconnus !...
Vous êtes immortelle, et j'ai pu m'y méprendre !
Vos Celestes appas n'ont-ils pas du m'apprendre
Qu'il n'est permis qu'aux Dieux de soupirer pour vous ?
Helas ! à chaque instant sans pouvoir m'en deffendre
Mon trop coupable cœur accroit votre courroux.

EUTERPE.

Ta crainte offense ma gloire.
Tu mérites le prix qu'ont promis mes sermens;
Je le dois à ta victoire,
Et le donne à tes sentimens.

HESIODE.

Quoi, vous seriez ?.... ô Ciel est-il possible ?
Muse, vos dons divins ont prévenu mes vœux
Dois-je espérer encor que vôtre ame sensible
Daigne aimer un Berger et partager mes feux.

EUTERPE.

La vertu des mortels fait leur rang chez les Dieux.
Une ame pure, un cœur tendre et sincére
Sont les biens les plus précieux
Et quand on sait aimer le mieux
On est le plus digne de plaire (*a*).
[*Aux Bergers.*] Calmez vôtre dépit jaloux
Bergers rassemblez-vous :
Venez former les plus riantes fétes
Je me plais dans vos bois je cheris vos Musettes
Reconnoissez Euterpe et celebrés ses feux.

SCÈNE SEPTIÈME.

EUTERPE, HESIODE, LES BERGERS.

CHŒUR.

Muse charmante, Muse aimable
Qui daignez parmi nous fixer vos tendres vœux,
Soiez nous toujours favorable
Présidez toûjours à nos jeux.

On danse.

DORIS.

Dieux qui gouvernez la terre
Tout répond à vôtre voix.
Dieux qui lancez le tonnerre
Tout obeit à vos loix.
De vôtre gloire éclattante
De vôtre grandeur brillante
Nos cœurs ne sont point jaloux.
D'autres biens sont faits pour nous.
Unis d'un amour (*a*) sincére
Un Berger, une Bergére
Sont-ils moins heureux que vous ?

OVIDE. — DEUXIEME ENTREE.

Le Theatre réprésente les Jardins d'Ovide à Thôme
et dans le fond des Montagnes affreuses parsemées de précipices,
et couvertes de Neiges.

[*SCÈNE PREMIÈRE.*]

OVIDE.

Cruel amour, funeste flamme !
Faut-il encor t'abandonner mon ame ?
Cruel amour, funeste flamme,
Le sort d'Ovide est-il d'aimer toûjours ?
Dans ces climats glacés au fond de la Scithie,
Contre tes feux n'est-il point de secours ?
J'y brule, hélas ! pour la jeune Erithie :

Pour moi, sans elle, il n'est plus de beaux jours
Cruel amour, etc.
Achéve du moins ton ouvrage
Soumets Erithie à son tour.
Ici (*a*) tout languit sans amour,
Et de son cœur encore elle ignore l'usage;
Ces fleurs dans mes jardins l'attirent chaque jour,
Et je vais par des jeux... C'est elle; ô doux présage !
Je m'éloigne à regret : mais bientôt sur mes pas
Tout va lui parler le langage
Du Dieu charmant qu'elle ne connoit pas.

SCÈNE DEUXIÈME.

ERITHIE.

C'en est donc fait; et dans quelques momens
Diane à ses autels recevra mes sermens.
Jardins cheris, rians Boccages
Helas ! à mes jeux innocens
Vous n'offrirez plus vos ombrages !
Oiseaux, vos seduisans ramages
Ne charmeront donc plus mes sens.
Vain éclat, grandeur importune !
Heureux qui dans l'obscurité
N'a point soumis à la fortune
Son bonheur et sa liberté !
Mais quels concerts se font entendre ?
Quel spectacle enchanteur icy vient me surprendre ?

SCÈNE TROISIÈME.

La statuë de l'Amour s'élêve au fond du Théatre, et toute la suitte d'Ovide vient former des danses et des chants autour d'Erithie.

CHŒUR.

Dieu charmant, Dieu des tendres cœurs
Régne à jamais, lance tes flammes.
Eh ! quel bien flatteroit nos ames
S'il n'étoit de tendres ardeurs ?

Chantons; ne cessons point de célébrer ses charmes,
Qu'il occupe tous nos momens;
Ce Dieu ne se sert de ses armes
Que pour faire d'heureux Amans.
Les soins, les pleurs et les soupirs
Sont les tributs de son Empire
Mais tous les biens qu'il en retire
Il nous les rend par les plaisirs.

On danse.

ERITHIE.

Quels doux concerts ! quelle fête agréable !
Que je trouve charmant ce langage nouveau !
Quel eſt donc ce Dieu favorable ?

Elle considére la ſtatue.

Helas ! c'eſt un Enfant ! mais quel Enfant aimable !
Pourquoi cet arc et ce bandeau,
Ce carquois, ces traits, ce flambeau ?

UN HOMME DE LA FETE.

Ce foible enfant eſt le Maître du monde
La Nature s'anime à sa flamme féconde
Et l'Univers sans lui périroit avec nous.
Reconnoissez, belle Erithie,
Un Dieu fait pour regner sur vous.
Il veut de vôtre aimable vie
Vous rendre les inſtans plus doux.
Etendez les droits légitimes
Du plus puissant des immortels :
Tous les cœurs seront ses victimes
Quand vous servirez ses autels.

ERITHIE.

Ces aimables leçons ont trop l'art de me plaire
Mais quel eſt donc ce Dieu dont on me veut parler ?

OVIDE.

De ses plus doux secrets discret dépositaire
A vous seule en ces lieux je dois les réveler.

SCÈNE QUATRIÈME.

OVIDE, ERITHIE.

OVIDE.

C'est un aimable Mistére
Qui de ses biens charmans assaisonne le prix :
Plus on les a sentis
Et mieux on sait les taire.

ERITHIE.

J'ignore encor quels sont des biens si doux,
Mais je brule de m'en instruire.

OVIDE.

Vous l'ignorez ? n'en accusez que vous
Déja dans mes regards vous auriez du le lire.

ERITHIE.

Vos regards !... Dans ses yeux quel poison seducteur ?
Dieux ! quel trouble confus s'êleve dans mon Cœur !

OVIDE.

Trouble charmant, que mon ame partage,
Vous êtes le premier hommage
Que l'aimable Erithie ait offert à l'Amour.

ERITHIE.

L'Amour est donc ce Dieu si redoutable ?

OVIDE.

L'Amour est ce Dieu favorable
Que mon cœur enflammé vous annonce en ce jour;
Profitons des bienfaits que sa main nous prépare :
Unis par ses liens...

ERITHIE.

Helas ! on nous sépare !
Du Temple de Diane on me commet le soin;
Tout le peuple d'Ithome en veut être témoin
Et je dois dés ce jour...

OVIDE.

Non, charmante Erithie,
Les Peuples mêmes de Scithie
Sont soumis au vainqueur dont nous suivons les Loix :
Il faut les attendrir, il faut unir nos voix.
Est-il des Cœurs que nôtre amour ne touche
S'il s'explique à la fois
Par vos larmes et par ma bouche.
Mais on approche... on vient... Amour, si pour ta gloire
Dans un exil affreux il faut passer mes jours,
De mon encens du moins conserve la mémoire,
A mes tendres accens accorde ton secours.

SCÈNE CINQUIÈME.

OVIDE, ERITHIE, *trouppe de Sarmathes.*

CHŒUR.

Célébrons la gloire eclattante
De la Deesse des forets :
Sans soins, sans peine et sans attente
Nous subsistons par ses bienfaits.
Célébrons la Beauté charmante
Qui va la servir desormais :
Que sa main longtems lui présente
Les offrandes de ses sujets.

On danse.

LE CHEF DES SARMATHES.

Venez belle Erithie...

OVIDE.

Ah ! daignez m'écouter.
De deux tendres amans differez le supplice :
Ou, si vous achevez ce cruel sacrifice,
Voiez les pleurs que vous m'allez couter.

CHŒUR.

Non, elle est promise à Diane :
Nos engagemens sont des Loix;
Qui pourroit être assez profane
Pour priver les Dieux de leurs droits ?

OVIDE et ERITHIE.

Du plus puissant des Dieux nos cœurs sont le partage,
Nôtre amour est son ouvrage :
Est-il des droits plus sacrés ?
Par une injuste violence
Les Dieux ne sont point honorés.
Ah ! si vôtre indifférence
Méprise nos douleurs,
A ce Dieu qui nous assemble
Nous jurons de mourir ensemble
Pour ne plus séparer nos cœurs.

CHŒUR.

Quel sentiment secret vient attendrir nos ames
Pour ces Amans infortunés ?
Par l'Amour l'un à l'autre ils êtoient destinés,
Que l'Amour couronne leurs flammes.

OVIDE.

Vous comblez mon bonheur, Peuple trop généreux.
Quel prix de ce bienfait sera la récompense ?
Puissiez-vous par mes soins, par ma reconnoissance
Apprendre à devenir heureux.
L'Amour vous appelle
Ecoutés sa voix;
Que tout soit fidelle
A ses douces Loix.

Des biens dont l'usage
Fait le vrai bonheur
Le plus doux partage
Eſt un tendre cœur.

ANACREON. — TROISIÈME ENTRÉE.

Le Théatre répresente le Peryſtile du Temple de Junon à Samos.

[*SCÈNE PREMIÈRE.*]

POLYCRATE, ANACREON.

ANACREON.

Les Beautés de Samos aux pieds de la Déesse
Par vôtre ordre aujourdui vont presenter leurs vœux;
Mais, Seigneur, si j'en crois le soupçon qui me presse
Soux ce Zéle myſtérieux
Un soin plus doux vous intéresse.

POLYCRATE.

On ne peut sur la tendresse
Tromper les yeux d'Anacreon.
Oui, le plus doux penchant m'entraîne
Mais j'ignore à la fois le séjour et le nom
De l'objet qui m'enchaine.

ANACREON.

Je conçois le détour;
Parmi tant de Beautés vous espérez connoitre
Celle dont les attraits ont fixé vôtre amour
Mais cet amour enfin....

POLYCRATE.

Un inſtant le fit naitre :
Ce fut dans ces superbes jeux
Où mes heureux succés celebrés par ta Lyre...

ANACREON.

Ce jour, il m'en souvient, je devins amoureux
De la jeune Thémire.

POLYCRATE.

Eh ! quoi ? toujours de nouveaux feux ?

ANACREON.

A de beaux yeux aisément mon cœur céde :
Il change de même aisement;
L'amour à l'amour y succéde,
Le gout seul du plaisir y régne constamment.

POLYCRATE.

Bientôt une douce victoire
T'a sans doute asservi son cœur.

ANACREON.

Ce triomphe manque à ma gloire
Et ce plaisir à mon bonheur.

POLYCRATE.

Mais on vient... Que d'appas ! Ah ! les cœurs les plus sages
En voyant tant d'attraits doivent craindre des fers.

ANACREON.

Junon, dans ce beau jour les plus tendres hommages
Ne sont pas ceux qui te seront offerts.

SCÈNE DEUXIÈME.

POLYCRATE, ANACREON.

Trouppe de jeunes Samiennes qui viennent offrir leurs hommages à la Déesse.

HYMNE A JUNON.

Reine des Dieux, Mére de l'Univers;
Toi par qui tout respire,
Qui comble cet Empire
De tes biens les plus chers,

Junon, vois ces offrandes :
Nos cœurs que tu demandes
Vont te les présenter.
Que tes mains bienfaisantes
De nos mains innocentes
Daignent les accepter.

On danse.

Thémire portant une corbeille de fleurs, entre dans le Temple à la tête des jeunes Samiennes.

POLYCRATE, *appercevant Thémire.*

O Bonheur !

ANACREON.

Ô plaisir extréme !

POLYCRATE.

Quels traits charmans ! Quels regards enchanteurs !

ANACREON.

Ah ! qu'avec grace elle porte ces fleurs !

POLYCRATE.

Ces fleurs ! Que dites-vous ? C'est la beauté que j'aime.

ANACREON.

C'est Thémire elle même.

POLYCRATE.

Ami trop cher : Rival trop dangereux,
Ah ! que je crains tes redoutables feux !
De mon cœur agité fait cesser le martyre.
Porte à d'autres appas tes volages désirs.
Laisse moi gouter les plaisirs
De te cherir toujours et d'Adorer Thémire.

ANACREON.

Si ma flamme êtoit volontaire
Je l'immolerois à l'instant :
Mais l'Amour dans mon cœur n'en est pas moins sincére
Pour n'être pas toûjours constant.
La Gloire et la grandeur au gré de votre envie
Vous assurent les plus beaux jours
Mais que ferois-je de la vie
Sans les plaisirs, sans les amours.

POLYCRATE.

Eh ! que te servira ta vaine resistance ?
Ingrat évite ma présence.

ANACREON.

Vous calmerez cet injuste courroux,
Il est trop peu digne de vous.

SCÈNE TROISIÈME.

POLYCRATE.

Transports jaloux, tourmens que je deteste,
Ah ! faut-il me livrer à vos tristes fureurs ?
Faut-il toûjours qu'une rage funeste
Inspire avec l'Amour la haine et ses horreurs.
Cruel Amour ta fatale puissance
Desunit plus de cœurs
Qu'elle n'en met d'intelligence.
Je vois Thémire. O transports enchanteurs !

SCÈNE QUATRIÈME.

POLYCRATE, THEMIRE.

POLYCRATE.

Themire, en vous voyant la resistance est vaine
Tout cede à vos attraits vainqueurs.
Heureux l'Amant dont les tendres ardeurs
Vous feront partager la chaine
Que vous donnez à tous les cœurs.

THEMIRE.

Je fuis les soupirs, les langueurs,
Les soins, les tourmens, les allarmes :
Un plaisir qui coute des pleurs
Pour moi n'aura jamais de charmes.

POLYCRATE.

C'est un tourment de n'aimer rien.
C'est un tourment affreux d'aimer sans espérance :
Mais il est un supréme bien
C'est de s'aimer d'intelligence.

THEMIRE.

Non, je crains jusqu'aux nœuds assortis par l'Amour.

POLYCRATE.

Ah ! connoissez du moins les biens qu'il vous apprête.
Vous devez à Junon le reste de ce jour.
Demain une Illustre conquête
Vous est promise en ce séjour.

SCÈNE CINQUIÈME.

THEMIRE.

Il me cachoit son rang, je feignois à mon tour.
Polycrate m'offre un hommage
Qui combleroit l'Ambition :
Un sort plus doux me flatte davantage
Et mon cœur en secret cherit Anacreon.
Sur les fleurs d'une aile légére
On voit voltiger les Zephirs.
Comme eux d'une ardeur passagére
Je voltige sur les plaisirs.
D'une chaine redoutable
Je veux préserver mon cœur
L'Amour m'amuseroit comme un Enfant aimable.
Je le crains comme un fier vainqueur.

SCÈNE SIXIÈME.

ANACREON, THEMIRE.

ANACREON.

Belle Themire, enfin le Roy vous rend les armes;
L'Aveu de tous les cœurs autorise le mien :
Si l'amour animoit vos charmes
Il ne leur manqueroit plus rien.

THEMIRE.

Vous m'annoncez par cette indifférence
Combien le choix vous paroitroit égal.
Qui voit sans peine un Rival
N'est pas loin de l'inconstance.

ANACREON.

Vous faites à ma flamme une cruelle offense
Vous la faites sur tout à ma sincérité.
En amour même
Je dis la vérité,
Et quand je n'aime plus, je ne dis plus que j'aime.

THEMIRE.

Quand on sent une ardeur extréme
On a moins de tranquillité.

ANACREON.

Themire jugez mieux de ma fidélité.
Ah ! qu'un amant a de folie
D'aimer, de haïr tour-à-tour :
Ce qu'il donne à la jalousie
Je le donne tout à l'Amour.

THEMIRE.

Je crains ce qu'il en coûte à devenir trop tendre
Non, l'Amour dans les cœurs cause trop de tourmens.

ANACREON.

Si l'Hyver dépare nos champs
Est-ce à Flore de les deffendre ?
S'il est des maux pour les amans
Est-ce à l'Amour qu'il faut s'en prendre ?
Sans la neige et les orages,
Sans les vents et leurs ravages,
Les fleurs naitroient en tous tems.
Sans la froide indifférence,
Sans la fiére resistance
Tous les cœurs seroient contens.

THEMIRE.

Vous vous piquez d'être volage,
Si je forme des nœuds, je veux qu'ils soient constans.

ANACREON.

L'excés de mon ardeur est un plus digne hommage
Que la fidélité des vulgaires amans;
Il vaut mieux aimer davantage
Et ne pas aimer si longtems.

THEMIRE.

Non, rien ne peut fixer un amant si volage.

ANACREON.

Non, rien ne peut payer des transports si charmans.

THEMIRE.

Vous seduisez plutôt que de convaincre,
Je vois l'erreur et je me laisse vaincre.
Ah ! trompez-moi longtems par ces tendres discours,
L'Illusion qui plaît devroit durer toûjours.

ANACREON.

C'est en passant vôtre espérance
Que je prétens vous tromper desormais :
Vous attendrez mon inconstance,
Et ne l'éprouverez jamais.

ENSEMBLE.

Unis par les mêmes desirs
Unissons mon sort et le vôtre
Toujours fidelles aux plaisirs
Nous devons l'être l'un à l'autre.

SCÈNE SIXIÈME.

POLYCRATE, THEMIRE, ANACREON.

POLYCRATE.

Demeure, Anacreon, je suspends mon courroux
Et veux bien un instant t'égaler à moi même.
Je n'abuserai point de mon pouvoir suprême,
Que Thémire décide et choisisse entre nous.

A Thémire.

Dites quels sont les nœuds que vôtre ame préfére
N'hésitez point à les nommer :
Je jure de confirmer
Le choix que vous allez faire.

THEMIRE.

Je connois tout le prix du bonheur de vous plaire
Si j'osois m'y livrer; cependant, en ce jour,
Seigneur, vous pourriez croire
Que je donne tout à la gloire.
Je veux tout donner à l'Amour.
Pardonnez à mon cœur un penchant invincible.

POLYCRATE.

Il suffit. Je céde en ce moment.
Allez, soiez unis; je puis être sensible;
Mais je n'oublîrai point ma gloire et mon serment.

THEMIRE et ANACREON.

Digne exemple des Rois, dont le cœur equitable
Triomphe de soi même en couronnant nos feux
Puisse toujours le Ciel prévenir tous vos vœux :
Que vôtre régne aimable
Par un bonheur constant à jamais mémorable
Eternise vos jours heureux.

POLYCRATE, *à Anacreon.*

Commence d'accomplir un si charmant présage.
Rentre dans ma faveur, ne quitte point ma cour.
Que l'Amitié du moins me dédommage
Des disgraces de l'Amour.
Que tout célébre cette fête !
L'heureux Anacreon voit combler ses desirs.
Accourez, chantez sa conquête
Comme il a chanté vos plaisirs.

SCÈNE SEPTIÈME.

ANACREON, THEMIRE, *Peuples de Samos.*

CHŒUR.

Que tout célébre cette fête
L'heureux Anacreon voit combler ses desirs.
Accourons, chantons sa conquéte
Comme il a chanté nos plaisirs.

On danse.

ANACREON, *alternativement avec le chœur.*

Jeux brillez sans cesse;
Sans vous la tendresse
Languiroit toujours.
Au plus tendre hommage
Un doux badinage
Prête du secours.

On danse.

Quand pour plaire aux Belles
On voit autour d'elles
Folâtrer l'Amour,
Dans leur cœur le traitre
Est bientot le maître
Et rit à son tour.

LES FESTES DE RAMIRE,

BALLET DONNÉ A VERSAILLES, LE 22 DÉCEMBRE 1745.

ACTEURS ET ACTRICES,
chantans dans tous les Chœurs.

Du cote du roy;		Du cote de la reine;	
Les Demoiselles	*Les Sieurs*	*Les Demoiselles*	*Les Sieurs*
Dun,	Lefebvre,	Cartou,	Dun,
Tulou,	Marcelet,	Monville,	Person,
Delorge,	Albert,	Lagrandville,	De Serre,
Varquin,	Le Page-C.,	Masson,	Gratin,
Dallemand-C.,	Laubertie,	Rollet,	St-Martin,
Larcher,	Le Breton,	Desgranges,	Le Mesle,
Delastre,	Lamarre,	Gondré,	Chabou,
Riviere.	Fel,	Verneuil.	Levasseur,
	Bourque,		Belot,
	Houbeau,		Louatron,
	Bornet,		Forestier,
	Cuvillier,		Therasse,
	Gallard,		Dugay,
	Duchénet,		Le Begue,
	Orban,		Cordelet,
	Rochette.		Rhone.

Les Ballets sont du Sieur Laval, compositeur des Ballets du Roi.

ACTEURS CHANTANS.

RAMIRE, *fils d'Alphonse Roi de Castille,*	Le Sr Poirier.
FATIME, *Princesse de Grenade,*	La Dlle Romainville.
ISBÉ, *confidente de Fatime,*	La Dlle Jaquet.
UN GUERRIER,	Le Sr Jelyotte.
AUTRE GUERRIER,	Le Sr Le Page.
Troupe de Guerriers,	
UN DEVIN	Le Sr de Chassé.
Troupe de Devins, de Devineresses, de Bohemiens et de Bohemiennes.	
LES GRACES,	Les Dlles Fel. Coupée. Gondré.
Troupe d'Amours, de Plaisirs et de Jeux.	
SUIVANT et SUIVANTE *de Ramire*	Le Sr Albert. La Dlle Bourbonnois.
Troupe de suivants de Ramire de différents caractères.	

PREMIER DIVERTISSEMENT. — GUERRIERS.

Le Sr Pitro;
Les Srs Matignon, Malter-C., Monservin, De Vice, Dumay, Dupré, Feuillade, Levoir.

SECOND DIVERTISSEMENT. — BOHEMIENS ET BOHEMIENNES.

La Delle Camargo;
Les Srs F-Dumoulin, P-Dumoulin, Hamoche, Dangeville;
Les Delles Thiery, Puvignée, Grognet, Lyonnois-C.

TROISIEME DIVERTISSEMENT. — JEUX ET PLAISIRS.

La Delle Sallé;
Le Sr Laval, La Delle Puvignée;
Les Srs Dumay, Dupré, Malter-C., Matignon, Gherardi, Caillez;
Les Delles Erny, Lyonnois-L., Courcelle, St-Germain, Petit, Beaufort.

QUATRIEME DIVERTISSEMENT. — SUIVANS DE RAMIRE.

Les Srs Javillier-L., Monservin, Javillier-C.;
Les Delles Rabon, Carville, Rosalie;
Et les Acteurs du Divertissement précédent.

LES FESTES DE RAMIRE.

Le Théâtre représente une prison.

SCENE PREMIERE.

FATIME, ISBÉ, *confidente de Fatime.*

FATIME.

O Mort, viens terminer les douleurs de ma vie.
J'ai vû tomber mon trône et ma patrie,
Mon pere eſt descendu dans la nuit du trépas,
Les Vainqueurs avec barbarie,
En ces lieux ont traîné mes pas.
O Mort, viens terminer les douleurs de ma vie.

ISBÉ.

Alphonse eſt un cruel vainqueur;
Mais Ramire son fils, a toute sa valeur,
Sans avoir sa fierté barbare;
Souvent dans ses bontés, le juſte Ciel répare
Les maux qu'il fit dans sa fureur.

FATIME.

Du sang dont il eſt né, la haine eſt implacable,
Tu connois notre inimitié,
Non, n'attendons pas de pitié
De cette race inexorable.

On entend un bruit de trompettes. Le Théâtre change et représente un lieu agréable.

Que vois-je ! quel prodige a changé ce séjour ?
O ciel ! Quel Dieu nous favorise ?

ISBÉ.

Fatime est belle, et Fatime est surprise ?
Ah ! ce Dieu sans doute est l'Amour.

SCÈNE II.

FATIME, ISBÉ, CHŒURS ET TROUPES DE GUERRIERS.

UN GUERRIER, *à Fatime.*

* Jeune beauté, cessez de vous plaindre,
* Bannissez vos terreurs :
* C'est vous qu'il faut craindre,
* Regnez sur nos cœurs.

LE CHŒUR.

* Jeune beauté, etc.

On danse.

LE GUERRIER.

* Lorsque Venus vient embellir la terre,
* C'est dans nos champs qu'elle établit sa cour.
* Le terrible Dieu de la guerre,
* Désarmé dans ses bras, sourit au tendre Amour.
* Toujours la beauté dispose
* Des invincibles guerriers,
* Et le charmant Amour est sur un lit de rose,
* A l'ombre des lauriers.
* Lorsque Venus, etc.

LE CHŒUR.

* Jeune beauté, cessez de vous plaindre,
* Bannissez vos terreurs :
* C'est vous qu'il faut craindre,
* Regnez sur nos cœurs.

On danse.

UN AUTRE GUERRIER.

* Si quelque tiran vous oprime,
* Il va tomber la victime
* De l'Amour et de la valeur,
* Il va tomber sous le glaive vengeur.

LE PREMIER GUERRIER.

* A votre présence
* Tout doit s'enflamer :
* Pour votre défense,
* Tout doit s'armer.

LE CHŒUR.

* A votre présence
* Tout doit s'enflamer :
* Pour votre défense,
* Tout doit s'armer.

Les Guerriers dansent et se retirent.

SCÈNE III.

FATIME, ISBÉ.

FATIME.

Qu'ai-je vû ! Quels objets ont enchanté mes yeux !
Quoi, du séjour affreux d'une prison profonde,
On nous transporte dans les Cieux !

ISBÉ.

C'est le brave Ramire, ou le Maître du monde,
Qui pour vous embellit ces lieux.

SCÈNE IV.

FATIME, ISBÉ.

Chœur et Troupe de Bohemiens, de Bohemiennes, de Devins et de Devineresses, qui entre en dansant.

UN DEVIN.

* Nous enchaînons le temps, le plaisir suit nos pas,
* Nous portons dans les cœurs la flateuse espérance,
* Nous leur donnons la jouissance
* Des biens même qu'ils n'ont pas :

* Le présent fuit, il nous entraîne,
* Le passé n'est plus rien;
* Charme de l'avenir, vous êtes le seul bien
* Qui reste à la foiblesse humaine.

On danse.

LE DEVIN.

* L'Astre éclatant et doux de la fille de l'onde,
* Qui devance ou qui suit le jour,
* Pour vous recommençoit son tour :
* Mars a voulu s'unir pour le bonheur du monde,
* A la Planette de l'Amour.
* Mais quand les faveurs célestes
* Sur nos jours précieux alloient se rassembler,
* Des Dieux inhumains et funestes
* Se plaisent à les troubler.

Toute cette Troupe se retire en dansant.

SCÈNE V.

FATIME, ISBÉ.

ISBÉ.

Pouvez-vous bien douter encore
Que ce Heros soit soumis à vos loix !
Ces jeux, ces danses et ces voix,
Tout vous a dit qu'il vous adore.

FATIME.

Ah, que Ramire est dangereux !
Et que sa Captive est à plaindre :
Je bravois le Heros, et je commence à craindre
L'Amant soumis et généreux.

ISBÉ.

Le voici.

FATIME.

Sa présence augmente mes allarmes.

SCÈNE VI.

RAMIRE, FATIME, ISBÉ.

RAMIRE.

M'est-il permis de paroître à vos yeux ?
Et de rendre hommage à vos charmes,
Plus puissans, plus victorieux,
Et plus respectés que nos armes ?

FATIME.

Le sort et la valeur m'ont soumis à vos loix.
Mon ame est interdite,
Des maux, où par vos mains le sort me précipite,
Et des prodiges que je vois.

RAMIRE.

Je ramène à vos pieds votre suite fidèle,
Vos Sujets empressez viennent vous obéir.
Que j'envierai leur sort, en égalant leur zele !
Qu'ils sont heureux de vous servir !

Une troupe paroit au fond du Théatre, sous la forme des Graces, des Amours, des Plaisirs et des Jeux.

RAMIRE, *à cette troupe.*

Graces, Plaisirs, Amours, hatez-vous de paroître,
Brillez par ses appas.

S'adressant à Fatime.

Ce sont là vos Sujets, vous devez les connoître;
Ont-ils jamais quitté vos pas ?

SCÈNE DERNIÈRE.

CHŒUR ET TROUPE DE LA SUITE DE FATIME,

Sous la forme des Graces, des Amours et des Plaisirs : et les Acteurs de la Scene précédente.

LES TROIS GRACES, *à Fatime.*

* La Nature en vous formant,
* Près de vous nous fit naître;
* Loin de vos yeux nous ne pouvions paraître;
* Nous vous servons fidélement;
* Mais le charmant Amour est notre premier maître.

On danse.

UNE DES GRACES.

* Eco, voix errante,
* Legere habitante
* De ce séjour,
* Eco, fille de l'Amour,
* Doux Rossignol, bois épais, onde pure,
* Répétez avec moi ce que dit la nature :
* Il faut aimer à son tour.

On danse.

LA MEME GRACE.

* Vents furieux, tristes tempêtes,
* Fuyez de nos climats :
* Beaux jours, levez-vous sur nos têtes.
* Fleurs, naissez sur nos pas.

On danse.

LA MEME.

* Non, le plus grand empire
* Ne peut remplir un cœur.
* Charmant vainqueur,
* Dieu séducteur,
* C'est ton délire
* Qui fait le bonheur.

On danse.

UNE AUTRE GRACE.

Beauté fière, objet charmant,
Pardonne, * fais grace,
* Pardonne à l'audace
Du plus tendre amant.
* Toi seule es cause
* De ce qu'il ose,
* Toi seule allumas ses feux,
* Quel crime eſt plus pardonnable ?
* C'eſt celui de tes beaux yeux,
* En les voyant tout mortel eſt coupable.
Beauté fière, etc.

LE CHŒUR.

Beauté fière, etc.

RAMIRE, *à Fatime.*

Le pardonnerés vous cet amour qui m'enchaîne ?
Nos criminels ayeux se sont toujours hais,
L'amour, dont mon cœur eſt épris,
Eſt cent fois plus fort que leur haine.

FATIME.

Ah ! N'eſt-ce pas assés des maux que j'ai soufferts ?
Mes peuples sont vaincus par votre effort suprême;
Faut-il encor triompher de moi-même,
Et me donner de nouveaux fers.

Fatime donne la main à Ramire ; Une nouvelle troupe des suivans de Ramire, vient se joindre aux autres troupes. On danse.

DEUX SUIVANS DE RAMIRE,
alternativement avec le Chœur.

* Amour, Dieu charmant, ta puissance
* A formé ce nouveau séjour,
* Tout ressent ici ta présence,
* Et le monde entier eſt ta cour.

Tes favoris
Les plus chéris,
Sont les enfans de la victoire :
C'est par tes feux
Qu'ils sont heureux.
Tes biens sont le prix de leur gloire.

On danse.

RAMIRE, *alternativement avec le Chœur.*

* Mars, Amour, sont nos Dieux :
* Nous les servons tous deux.
* Accourez après tant d'allarmes,
* Volez plaisirs, enfants des Cieux;
* Au cri de Mars, au bruit des armes,
* Mêlez vos sons harmonieux,
* A tant d'exploits victorieux,
* Plaisirs, mesurez tous vos charmes.
* Mars, Amour, sont nos Dieux :
* Nous les servons tous deux.

On danse.

LE CHŒUR.

* La Gloire toujours nous appelle,
* Nous marchons sous ses étendars,
* Brûlant de l'ardeur la plus belle,
Pour elle, * pour l'Amour et Mars.

LES DEUX SUIVANS.

* Charmans plaisirs, nobles hazards,
Partagez toujours notre zèle.

On danse.

RAMIRE ET UN GUERRIER.

A jamais sans partage
Unissons nos / Unissez vos droits :
Que le même courage
* Triomphe sous les mêmes loix (*a*).

On danse.

RAMIRE.

Ces beaux nœuds,
Peuples heureux,
Mettront le comble à votre gloire,
Ces beaux nœuds,
Peuples heureux,
Mettront le comble à tous vos vœux.
Le Dieu Mars
Dans les hazards,
Nous vit disputer la victoire,
Et l'Amour
En ce beau jour,
Voit vos cœurs unis à sa cour.

FIN.

LE DEVIN DU VILLAGE.

INTERMÉDE.

REPRÉSENTÉ A FONTAINEBLEAU DEVANT LEURS MAJESTÉS,
LES 18 ET 24 OCTOBRE 1752.

ET A PARIS, PAR L'ACADÉMIE ROYALE DE MUSIQUE,
LE 1. MARS 1753.

A Monsieur Du Clos,

Historiographe de France, l'un des Quarante de l'Académie Françoise, et des Inscriptions et Belles-Lettres[1].

Souffrez, Monsieur, que vôtre nom soit à la tête de cet Ouvrage, qui sans vous n'eut jamais paru. Ce sera ma prémiére et unique Dédicace. Puisse-t'elle vous faire autant d'honneur qu'à moi.

Je suis de tout mon cœur,
MONSIEUR,
Votre trés humble et trés Obéissant Serviteur,

J. J. Rousseau.

AVERTISSEMENT.

Quoyque j'aye approuvé les changemens que mes amis jugérent à propos de faire à cet Interméde, quand il fut joüé à la Cour et que son succés leur soit dû en grande partie, je n'ai pas jugé à propos de les adopter aujourd'huy, et cela par plusieurs raisons. La prémiére est, que puisque cet Ouvrage porte mon nom, il faut que ce soit le mien, dut-il en être plus mauvais : La seconde, que ces changemens pouvoient être fort bien en eux mêmes, et ôter pourtant à la Piéce cette unité si peu connüe, qui seroit le chef-d'œuvre de l'art, si l'on pouvoit la conserver sans répétitions et sans Monotonie. Ma troisiéme raison est, que n'ayant fait cet ouvrage que pour mon amusement, son vrai succés est de me plaire : Or personne ne sait mieux que moi comment il doit être pour me plaire le plus.

ACTEURS.

COLIN.
COLETTE.
LE DEVIN.
TROUPE DE JEUNES GENS DU VILLAGE.

LE DEVIN DU VILLAGE.

INTERMÉDE.

Le Théatre represente, d'un côté la Maison du Devin; de l'autre des Arbres et des Fontaines, et dans le fond un Hameau.

SCÈNE PREMIÉRE.

COLETTE *pleurant (a), et s'essuyant les yeux de son tablier.*

J'ai perdu tout mon bonheur;
J'ai perdu mon Serviteur;
Colin me délaisse.

Helas ! il a pu changer !
Je voudrois n'y plus songer :
J'y songe sans cesse.

J'ai perdu mon Serviteur;
J'ai perdu tout mon bonheur;
Colin me délaisse.

Il m'aimoit autrefois et ce fut mon malheur (*b*).
Mais qu'elle est donc celle qu'il me préfere ?
Elle est donc bien charmante ! Imprudente Bergere,
Ne crains-tu point les maux que j'éprouve en ce jour ?
Colin m'a pu changer; tu peux avoir ton tour.

Que me sert d'y rêver sans cesse ?
Rien ne peut guérir mon amour,
Et tout augmente ma tristesse.

J'ai perdu mon Serviteur;
J'ai perdu tout mon bonheur;
Colin me délaisse.

Je veux le haïr... je le dois...
Peut être il m'aime encor... Pourquoi me fuir sans cesse ?
Il me cherchoit tant autrefois.

Le Devin du canton fait ici sa demeure :
Il sait tout. Il saura le sort de mon amour.
Je le vois, et je veux m'éclaircir en ce jour (*a*).

SCÈNE II.

LE DEVIN, COLETTE.

Tandis que le Devin s'avance gravement, Colette compte dans sa main de la monnoie : puis elle la plie dans un papier, et la présente au Devin, après avoir un peu hésité à l'aborder (*b*).

COLETTE, *d'un air timide.*

Perdrai-je Colin sans retour ?
Dites-moi s'il faut que je meure.

LE DEVIN, *gravement.*

Je lis dans votre cœur, et j'ai lu dans le sien.

COLETTE.

O Dieux !

LE DEVIN.

Modérés-vous.

COLETTE.

Eh bien ?
Colin...

LE DEVIN.

Vous est infidelle (*c*).

COLETTE.

Je me meurs.

LE DEVIN.

Et pourtant il vous aime toujours.

COLETTE, *vivement.*

Que dites-vous ?

LE DEVIN.

Plus adroite et moins belle,
La Dame de ces lieux...

COLETTE.

Il me quitte pour elle !

LE DEVIN.

Je vous l'ai déja dit; il vous aime toujours.

COLETTE, *tristement.*

Et toujours il me fuit.

LE DEVIN.

Comptés sur mon secours.
Je prétens à vos pieds ramener le volage;
Colin veut être brave; il aime à se parer :
Sa vanité vous a fait un outrage,
Que son amour doit réparer.

COLETTE (*a*).

Si des galans de la ville
J'eusse écouté les discours,
Ah ! qu'il m'eût été facile
De former d'autres amours !

Mise en riche Demoiselle,
Je brillerois tous les jours;
De Rubans et de Dentelle
Je chargerois mes atours.

Pour l'amour de l'infidelle
J'ai refusé mon bonheur;
J'aimois mieux être moins belle,
Et lui conserver mon cœur.

LE DEVIN.

Je vous rendrai le sien, ce sera mon ouvrage.
Vous, à le mieux garder appliqués tous vos soins.
Pour vous faire aimer davantage,
Feignés d'aimer un peu moins.

L'amour croît s'il s'inquiette;
Il s'endort, s'il est content :
La Bergere un peu coquette
Rend le Berger plus constant.

COLETTE.

A vos sages leçons Colette s'abandonne.

LE DEVIN.

Avec Colin prenés un autre ton.

COLETTE.

Je feindrai d'imiter l'exemple qu'il me donne.

LE DEVIN.

Ne l'imités pas tout de bon;
Mais qu'il ne puisse le connoitre.
Mon art m'apprend qu'il va paroître;
Je vous appellerai quand il en sera tems.

SCÈNE III.

LE DEVIN.

J'ai tout sçu de Colin et ces pauvres enfans
Admirent tous les deux la science profonde
Qui me fait deviner tout ce qu'ils m'ont appris.
Leur amour à propos en ce jour me seconde;
En les rendant heureux, il faut que je confonde
De la Dame du lieu les airs et les mepris (*a*).

SCÈNE IV.

LE DEVIN, COLIN.

COLIN.

L'Amour et vos leçons m'ont enfin rendu sage;
Je préfere Colette à des biens superflus :
Je sçus lui plaire en habit de village;
Sous un habit doré qu'obtiendrois-je de plus ?

LE DEVIN.

Colin, il n'eſt plus tems, et Colette t'oublie.

COLIN.

Elle m'oublie, ô Ciel ! Colette a pu changer ?

LE DEVIN.

Elle eſt femme, jeune, et jolie;
Manqueroit-elle à se vanger ?

COLIN.

Non, Colette n'eſt point trompeuse :
Elle m'a promis sa foi;
Peut-elle être l'amoureuse
D'un autre Berger que moi ?

LE DEVIN.

Ce n'eſt point un Berger qu'elle prefere à toi,
C'eſt un beau Monsieur de la Ville.

COLIN.

Qui vous l'a dit ?

LE DEVIN, *avec emphase.*

Mon art.

COLIN.

Je n'en saurois douter.
Helas ! qu'il m'en va coûter
Pour avoir été trop facile !
A m'en laisser conter par ces Dames de Cour (*a*) !
Aurois-je donc perdu Colette sans retour ?

LE DEVIN.

On sert mal à la fois la fortune et l'Amour.
D'être si beau garçon quelquefois il en coute.

COLIN.

De grace, apprenés-moi le moyen d'éviter
Le coup affreux que je redoute.

LE DEVIN.

Laisse-moi seul un moment consulter.

Le Devin tire de sa poche un livre de grimoire et un petit bâton de Jacob, avec lesquels il fait un charme. De jeunes Paysannes qui venoient le consulter, laissent tomber leurs présens, et se sauvent tout effrayées en voyant ses contorsions.

LE DEVIN.

Le charme est fait. Colette en ce lieu va se rendre;
Il faut ici l'attendre.

COLIN.

A l'appaiser pourrai-je parvenir ?
Helas ! voudra-t-elle m'entendre ?

LE DEVIN.

Avec un cœur fidelle et tendre,
On a droit de tout obtenir.

A part.

Sur ce qu'elle doit dire allons la prévenir.

SCÈNE V.

COLIN.

Je vais revoir ma charmante Maîtresse
Adieu châteaux (*a*), grandeurs, richesse,
Vôtre éclat ne me tente plus.
Si mes pleurs, mes soins assidus
Peuvent toucher ce que j'adore,
Je vous verrai renaître encore,
Doux momens que j'ai perdus[1].

Quand on sait aimer et plaire,
A-t'on besoin d'autre bien ?
Rend-moi ton cœur, ma Bergere,
Colin t'a rendu le sien.

Mon chalumeau, ma houlette,
Soyez mes seules grandeurs;
Ma parure eſt ma Colette,
Mes tresors sont ses faveurs.

Que de Seigneurs d'importance
Voudroient bien avoir (*b*) sa foi !
Malgré toute leur puissance
Ils sont moins heureux que moi.

SCÈNE VI.

COLIN, COLETTE, *parée.*

COLIN, *à part.*

Je l'apperçois... Je tremble en m'offrant à sa vue...
.... Sauvons-nous... Je la perds, si je fuis...

COLETTE, *à part.*

Il me voit... Que je suis émue !
Le cœur me bat...

COLIN.

... Je ne sais où j'en suis.

COLETTE.

Trop près, sans y songer, je me suis approchée.

COLIN.

Je ne puis m'en dédire, il la faut aborder.

A Colette, d'un ton radouci, et d'un air moitié riant, moitié embarrassé.

Ma Colette... etes-vous fâchée ?
Je suis Colin : daignés me regarder.

COLETTE.

Colin m'aimoit, Colin m'étoit fidelle :
Je vous regarde, et ne vois plus Colin.

COLIN.

Mon cœur n'a point changé : mon erreur trop cruelle
Venoit d'un sort jetté par quelque esprit malin;
Le Devin l'a détruit. Je suis, malgré l'envie,
Toujours Colin, toujours plus amoureux.

COLETTE.

Par un sort, à mon tour, je me sens poursuivie,
Le Devin n'y peut rien (*a*).

COLIN.

Que je suis malheureux !

COLETTE.

D'un Amant plus constant...

COLIN.

Ah ! de ma mort suivie,
Votre infidélité....

COLETTE.

Vos soins sont superflus
Non, Colin, je ne t'aime plus.

COLIN.

Ta foi ne m'est point ravie;
Non, consulte mieux ton cœur :
Toi-même, en m'ôtant la vie,
Tu perdrois tout ton bonheur.

COLETTE, *à part.*

Helas !

A Colin.

Non, vous m'avez trahie.
Vos soins sont superflus :
Non, Colin, je ne t'aime plus.

COLIN.

C'en est donc fait ! Vous voulez que je meure,
Et je vais pour jamais m'éloigner du hameau (*a*).

COLETTE, *rappellant Colin qui s'éloigne lentement.*

Colin ?

COLIN.

Quoi ?

COLETTE.

Tu me fuis ?

COLIN.

Faut-il que je demeure
Pour vous voir un amant nouveau ?

COLETTE.

Tant qu'à mon Colin j'ai su plaire,
Mon sort combloit mes desirs.

COLIN.

Quand je plaisois à ma Bergere,
Je vivois dans les plaisirs.

COLETTE.

Depuis que son cœur me méprise,
Un autre a gagné le mien.

COLIN.

Après les doux nœuds qu'elle brise (*a*),
Seroit-il un autre bien ?

D'un ton pénétré.

Ma Colette se dégage !

COLETTE.

Je crains un amant volage (*b*).

ENSEMBLE.

Je me dégage à mon tour.
Mon cœur, devenu paisible,
Oublîra, s'il est possible,
Que tu lui fus cher / chere un jour.

COLIN.

Quelque bonheur qu'on me promette,
Dans les nœuds qui me sont offerts,
J'eusse encor préferé Colette
A tous les biens de l'Univers.

COLETTE.

Quoiqu'un Seigneur jeune, aimable,
Me parle aujourd'hui d'amour,
Colin m'eut semblé préférable
A tout l'éclat de la Cour.

COLIN, *tendrement.*

Ah ! Colette !

COLETTE, *avec un soupir.*

Ah ! Berger volage !
Faut-il t'aimer malgré moi ?

(*a*) *Colin se jette aux pieds de Colette ; elle lui fait remarquer à son chapeau un ruban fort riche qu'il a reçu de la Dame : Colin le jette avec dédain. Colette lui en donne un plus simple, dont elle étoit parée, et qu'il reçoit avec transport.*

ENSEMBLE.

A jamais Colin je t'engage
t'engage
Mon cœur et ma foi
Son cœur et sa foi
Qu'un doux mariage
M'unisse avec toi.
Aimons toujours sans partage :
Que l'amour soit notre loi (*b*).
A jamais, etc.

SCÈNE VII.

LE DEVIN, COLIN, COLETTE.

LE DEVIN.

Je vous ai délivrés d'un cruel maléfice;
Vous vous aimez encor malgré les envieux.

COLIN.

Quel don pourroit jamais payer un tel service ?

Ils offrent chacun un présent au Devin (*c*).

LE DEVIN, *recevant des deux mains.*

Je suis assés payé si vous êtes heureux.

Venés, jeunes garçons; venés, aimables filles :
Rassemblés-vous, venés les imiter.
Venés, galans Bergers; venés, Beautés gentilles,
En chantant leur bonheur, apprendre à le goûter.

SCÈNE VIII ET DERNIÉRE.

LE DEVIN, COLIN, COLETTE,
GARÇONS ET FILLES DU VILLAGE.

CHŒUR.

Colin revient à sa Bergere;
Celebrons un retour si beau.
Que leur amitié sincere
Soit un charme toujours nouveau (*a*).

Du Devin de nôtre Village
Chantons le pouvoir éclatant :
Il ramene un amant volage
Et le rend heureux et constant.

COLIN.

ROMANCE.

Dans ma cabane obscure,
Toujours soucis nouveaux;
Vent, soleil, ou froidure,
Toujours peine et travaux.
Colette, ma Bergere,
Si tu viens l'habiter,
Colin dans sa chaumiere
N'a rien à regretter.

Des champs, de la prairie,
Retournant (*b*) chaque soir,
Chaque soir plus chérie
Je viendrai te revoir
Du soleil, dans nos plaines,
Devançant le retour,
Je charmerai (*c*) mes peines
En chantant nôtre amour.

PANTOMIME (*a*).

LE DEVIN.

Il faut tous à l'envi
Nous signaler ici;
Si je ne puis sauter ainsi,
Je dirai pour ma part une chanson nouvelle.

Il tire une chanson de sa poche.

VAUDEVILLE (*b*).

I.

L'Art à l'Amour est favorable,
Et sans art l'Amour sait charmer;
A la ville on est plus aimable,
Au village on sait mieux aimer.
Ah ! pour l'ordinaire
L'Amour ne sait guere
Ce qu'il permet, ce qu'il défend;
C'est un enfant, c'est un enfant.

COLIN *répete le refrain.*

Ah ! pour l'ordinaire
L'Amour ne sait guere
Ce qu'il permet, ce qu'il défend;
C'est un enfant, c'est un enfant.

Regardant la chanson (*c*).

Elle a d'autres couplets ! je la trouve assés belle.

COLETTE, *avec empressement* (*d*).

Voyons, voyons, nous chanterons aussi.

Elle prend la chanson.

II.

Ici de la simple Nature
L'Amour suit la naïveté;
En d'autres lieux, de la parure
Il cherche l'éclat emprunté.

Ah ! pour l'ordinaire
L'Amour ne sait guere
Ce qu'il permet, ce qu'il défend;
C'eſt un enfant, c'eſt un enfant.

CHŒUR.

C'eſt un enfant, c'eſt un enfant.

III.

COLIN.

Souvent une flamme chérie
Eſt celle d'un cœur ingénu;
Souvent par la coquetterie
Un cœur volage eſt retenu.
Ah ! pour l'ordinaire, etc.

A la fin de chaque couplet, le Chœur répete ce vers.

C'eſt un enfant, c'eſt un enfant.

IV.

LE DEVIN.

L'Amour, selon sa fantaisie,
Ordonne et dispose de nous :
Ce Dieu permet la jalousie,
Et ce Dieu punit les jaloux.
Ah ! pour l'ordinaire, etc.

V.

COLIN.

A voltiger de belle en belle,
On perd souvent l'heureux inſtant
Souvent un Berger trop fidelle
Eſt moins aimé qu'un inconſtant.
Ah ! pour l'ordinaire, etc.

VI.

COLETTE.

A son caprice on eſt en butte,
Il veut les ris, il veut les pleurs;
Par les... par les...

Elle a peine à lire.

COLIN, *il lui aide à déchiffrer.*

Par les rigueurs on le rebute;

COLETTE.

On l'affoiblit par les faveurs.

ENSEMBLE.

Ah ! pour l'ordinaire
L'Amour ne sait guere
Ce qu'il permet, ce qu'il défend;
C'est un enfant, c'est un enfant.

CHŒUR.

C'est un enfant, c'est un enfant.

On danse.

COLETTE.

Avec l'objet de mes amours,
Rien ne m'afflige, tout m'enchante;
Sans cesse il rit, toujours je chante :
C'est une chaîne d'heureux jours.

Quand on sait bien aimer, que la vie est charmante !
Tel, au milieu des fleurs qui brillent sur son cours,
Un doux ruisseau coule et serpente.
Quand on sait bien aimer, que la vie est charmante !

On danse.

COLETTE.

RONDE.

Allons danser sous les ormeaux :
Animés-vous, jeunes fillettes.
Allons danser sous les ormeaux :
Galans, prenés vos chalumeaux.

Les Villageoises répetent ces quatre vers.

COLETTE.

Répetons mille chansonettes :
Et pour avoir le cœur joyeux
Dansons avec nos amoureux,
Mais n'y restons jamais seulettes !
Allons danser sous les ormeaux, etc.

LES VILLAGEOISES.

Allons danser sous les ormeaux, etc.

COLETTE.

A la Ville on fait bien plus de fracas,
Mais sont-ils aussi gais dans leurs ébats ?
Toujours contens,
Toujours chantans;
Plaisirs sans art,
Beauté sans fard;
Tous leurs concerts valent-ils nos musettes ?
Allons danser sous les ormeaux, etc.

LES VILLAGEOISES.

Allons danser sous les ormeaux, etc.

POÉSIES

POÉSIES.

[FRAGMENTS D'UNE CANTATE.]

PLAN DE L'IDILLE.

Cruel amour, pourquoi présentez-vous toujours à mes yeux la vaine image de mes plaisirs passés ? Cette idée attristante ranime ma douleur et dans le desespoir qui me devore j'aimerois mieux n'avoir jamais joui du bonheur que j'ai perdu que de n'en avoir plus qu'une idée confuse qui ne sert qu'à augmenter les tourmens que je ressens. J'aimai, je me flattois d'être écouté, je voiois tous les jours l'objet pretieux de l'amour le plus tendre, et j'avois le plaisir de lui parler de mon amour sans l'irriter. Aujourdui je suis privé de tout cela et il ne me reste de cette ancienne félicité que l'idée affreuse de l'absence éternelle qui doit lui succeder, et malgré tous mes maux je balance encor à juger entre Philis et moi lequel peut surpasser de ma tendresse ou de sa perfidie.

POURQUOI cruel amour dans cette solitude
Venez vous à mon cœur d'une douce habitude
Retracer les heureux momens ?

Des maux que je ressens complice (*a*) impitoiable

Quel spectacle étonnant s'offre en ce lieu sterile !
Venus avec toute sa cour,
S'empare de ce domicile
Et le cœur d'une Vie[i]lle est sensible à l'amour.

Pour voir cette flamme nouvelle
Pour voir ce feu qui brule au milieu des glaçons
Faune se rend en ces vallons
Et tenant ses regards sur elle
Ceint de la peuplade imortelle
Des eaux, des forests et des monts
Le D[ieu], parle en ces mots aux farouches pucelles
Fiéres de leurs tresors fieres de leurs beautés :
O vous qu'enivre ici trop de félicité
Filles trop riches ou trop belles,

Air

Jouissez de votre printems
Voicy cette Iris surannée
L'amour brule son cœur sans respecter ses ans
Craignez, craignez sa destinée.

Profitez des beaux jours
Connoissez la tendresse
La riante jeunesse
Ne dure pas toujours.
Jouissez *etc.*

Environnée alors d'un antique cortége
La V[i]eille que l'amour poursuit
Bruloit comme un tison, brilloit, comme en la nuit,
Sur le sommet des toits, on voit bril[l]er la neige.
Un robuste mortel se présente à ses yeux
Il se vente à la vie[i]lle d'éteindre ses feux.

Vous qui n'aimez l'amour caduque
Fuiez, fuiez, jeunes muguets !
Venez vous qui sous la perruque
Cachez le deshonneur de vos chauves sommets.
Chantez d'une voix cassée :
Vive le robuste agent
Qu'elle soit bien repassée
La Vie[i]lle pour son argent.

Si laissant écouler le printems de votre âge
De votre automne encor vous ignorez le prix
A l'amour sur le tard présentant leurs hommages
Vos cœurs à beaux deniers paieront les maris.

Qui ne soupire
A l'age de 20 ans
Un jour en cheveux blancs
Souffrira le martire.

Triomphez couple fidelle
Que votre constance éternelle
Soit le modelle
Des cœurs les plus amoureux !

Que tout conspire à votre gloire
Et que votre seule memoire
Puisse adoucir les maux des amans malheureux.

EPITRE.

Salut Monsieur je vous doin[1]
Depuis le petit recoin
Où ma figure entrainée
Par Dame la destinée
Se met bien fort en souci
Afin de trouver icy,
De quoi remplir la bedaine
De mon ventre de baleine (*a*)
Bien moins de mets nourrissans
Que d'un vin apetissant (*b*).
Mais ja n'est chose facile
Dedans cetui Domicile
Rencontrer à miliers
Ces anciens preux Chevaliers
Dont la couleur éclatante
Et la force surprenante
Au gout de méme qu'aux yeux
Soi[en]t le vrai nectar des Dieux (*c*).

Mais pour dire aussi le tout
D'un bout jusqu'à l'autre bout
Bien est vrai qu'en mon passage
Onc n'ai fait tant de ravage
Que ces fameux destructeurs
Des perfides enchanteurs

Dont la barbare chevance[1]
Exerçoit la necromance
Contre la Chretienne engeance.
Mais aussi dire je peux
Que n'ai vu en aucuns lieux
L'ost de la gent sarrasine
Ni la dangereuse mine
Des Chevaliers Discourtois
Que Bradamante autrefois
Mit tous en déconfiture
Par merveilleuse avanture.

Enfin Monsieur vous dirai
Et bien fort vous jurerai
N'avoir point trouvé d'infante
Dont la colére impuissante
Ait imploré ma valeur
Contre l'insigne voleur
Qui piéça la tient captive
Pres de l'infernale rive,
Dans un Chateau enchanté
Et par lui seul habité.
Pour punir l'outrecuidance
De la gigantesque engeance
Le moindre effort je n'ai fait
Et laissant dans son méfait
Le Geant épouvantable
Par main[t] chemin praticable
Suis venu jusqu'en ce lieu
Monsieur pour vous dire adieu (*a*).

VERS

A LA LOUANGE DES RELIGIEUX DE LA GRANDE CHARTREUSE.

ILLUSTRES habitans de ces demeures saintes,
D'où n'approchent jamais ni les pleurs, ni les plaintes !
Que vos chastes plaisirs surpassent les douceurs
Du jus dont le poison enyvre tant de cœurs[2] !

Que de mortels fondroient[1] dans vos déserts affreux,
S'ils connoissoient combien vos pareils sont heureux !
Aux plus vives douleurs mon cœur semble être en proye,
Et vous nagés toujours dans la plus pure joye.
Tranquilles sur le sort de votre Eternité,
Vous voyés commencer votre félicité;
Et de mille remords mon âme déchirée,
Aux flammes, aux Démons craint d'etre un jour livrée[2].
Vous fuyés le grand monde, et lui-même vous fuit;
Mais plus je m'en eloigne, et plus il me poursuit.
L'or, l'honneur, le plaisir, tout tend à me surprendre,
Je ne sçais, je ne veux, ni ne peux m'en défendre.
J'aime ce qui me nuit, je hais ce qui m'est bon,
Sans cesse je combats la grace et la raison.
Hélas ! que n'ai-je vû le monde par vos yeux.
Ou que n'ai-je plutôt approché de ces lieux !
Vous en avés banni la fraude et l'imposture,
La grace seule y règne et la simple nature.
Là, chacun consultant la raison et la Foi,
Fuit le mal, fait le bien, et vit selon la Loi.
O mœurs, ô saintes mœurs ! qu'une vertu si rare
Mérite le bonheur que le Ciel vous prépare !
Occupés de Dieu seul auprès de ses Autels,
Vous vivés inconnus au reste des mortels.
Votre ennemi vaincu, honteux de sa défaite,
Ne revient plus troubler cette douce retraite.
On ne voit point ici la molle oisiveté
Dans les bras du sommeil nourrir la volupté :
Ni l'avide fureur de quelque bien fragile,
Faire tout entreprendre, et rendre tout facile.
Tout est changé pour vous, les biens sont sans appas,
La gloire et les plaisirs comme s'ils n'étoient pas;
La faim, le froid, le chaud, le silence, les larmes,
Les veilles, les travaux n'ont pour vous que des charmes.
Quels hommes, Juste Ciel ! qui n'ont plus rien d'humain !
Seroient-ils devenus ou de bronze, ou d'airain ?
Vieux sapins, qui voyes revivre l'innocence,
Que le monde autrefois connut dès sa naissance,
Cachés moi tellement sous un feuillage épais,
Que mon guide egaré ne me trouve jamais :
Que moi-même ecarté dans vos routes perdues,
Je n'en puisse jamais retrouver les issuës :
Oui, je consacre à Dieu le reste de mes jours,

Qu'il en regle à son gré l'heureux, ou triste cours;
Trop heureux si je puis, en vivant comme vous,
Obtenir ses faveurs, et calmer son courroux.

VIRELAI.

A Madame la Baronne de Warens.

MADAME aprenez la nouvelle
De la prise de quatre rats.
Quatre rats n'est pas bagatelle
Aussi n'en badiné-je pas.
Et je vous mande avec grand Zêle
Ces vers qui vous diront tout bas
Madame aprenez la nouvelle
De la prise de quatre rats.

A l'odeur d'un friand appas
Rats sont sortis de leur Caselle[1]
Mais ma trappe arrétant leurs pas
Les a d'une mort très cruelle
Fait passer de vie à trépas.
Madame aprenez la nouvelle
De la prise de quatre rats.

Mieux que moi savez qu'icy bas
N'a pas qui veut fortune telle
C'est triomphe qu'un pareil cas.
Le fait n'est pas d'une alumelle[2]
Ainsi donc avec grand soulas[3]
Madame aprenez la nouvelle
De la prise de quatre rats.

LE VERGER
DE MADAME LA BARONNE DE WARENS.

Rara domus tenuem non aspernatur amicum :
Raraque non humilem calcat fastosa Clientem[1].

AVERTISSEMENT.

J'ai eu le malheur autrefois de refuser des vers à des personnes que j'honore et que je respecte infiniment, parceque je m'étois desormais interdit d'en faire. J'ose esperer cependant, que ceux que je publie aujourdhui ne les offenseront point, et je crois pouvoir dire sans trop de rafinement qu'ils sont l'ouvrage de mon cœur et non de mon esprit. Il est même aisé de s'appercevoir que c'est un enthousiasme impromptu, *si je puis parler ainsi, dans lequel je n'ai guéres songé à briller. De frequentes répétitions dans les pensées et même dans les tours, et beaucoup de négligence dans la diction, n'annoncent pas un homme fort empressé de la gloire d'être un bon Poëte. Je déclare de plus, que si l'on me trouve jamais à faire des vers galans ou de ces sortes de belles choses qu'on appelle des jeux d'esprit, je m'abandonne volontiers à toute l'indignation que j'aurai méritée.*

*Il faudroit m'excuser auprés de certaines gens d'avoir loüé ma Bienfaitrice, et auprés des personnes de mérite de n'en avoir pas assez dit de bien : le silence que je garde à l'égard des premiers n'est pas sans fondement : Quant aux autres, j'ai l'honneur de les assurer que je serai toujours infiniment satisfait de m'entendre faire le même reproche. Il est vrai qu'en félicitant Madame de W*** sur son panchant à faire du bien, je pouvois m'étendre sur beaucoup d'autres vérités non moins honorables pour elle. Je n'ai point prétendu d'être ici un Panégyriste, mais simplement un homme sensible et reconnoissant qui s'amuse à décrire ses plaisirs.*

On ne manquera pas de s'écrier. Un malade faire des vers ! Un homme à deux doigts du tombeau ! C'est précisément pour cela que j'ai fait des vers : si je me portois moins mal, je me croirois contable de mes occupations au bien de la societé ; l'état où je suis ne me permet de travailler qu'à ma propre satisfaction. Combien de gens qui regorgent de biens et de santé ne passent pas autrement leur vie entière ? Il faudroit aussi savoir si ceux qui me feront ce reproche sont disposés à m'emploïer à quelque chose de mieux[1].

LE VERGER DE MADAME DE WARENS (*a*).

VERGER cher à mon cœur, séjour de l'innocence,
Honneur des plus beaux jours que le ciel me dispense.
Solitude charmante, Azile de la paix;
Puissai-je, heureux verger, ne vous quitter jamais.

O jours délicieux coulés sous vos ombrages !
De Philoméle en pleurs les languissans ramages,
D'un ruisseau fugitif le murmure flateur,
Excitent dans mon ame un charme séducteur.
J'apprens sur vôtre émail à joüir de la vie :
J'apprens à méditer sans regrets, sans envie
Sur les frivoles goûts des mortels insensés.
Leurs jours tumultueux l'un par l'autre poussés
N'enflamment point mon cœur du désir de les suivre.
A de plus grands plaisirs je mets le prix de vivre;
Plaisirs toûjours charmans, toûjours doux, toûjours purs,
A mon cœur enchanté vous êtes toûjours surs.
Soit qu'au premier aspect d'un beau jour prés d'éclorre
J'aille voir les côteaux qu'un Soleil levant dore;
Soit que vers le midi chassé par son ardeur,
Sous un arbre touffu je cherche la fraicheur;
Là portant avec moi Montagne ou la Bruiére,
Je ris tranquillement de l'humaine misére;
Ou bien avec Socrate et le Divin Platon,
Je m'exerce à marcher sur les pas de Caton :
Soit qu'une nuit brillante en étendant ses voiles
Découvre à mes regards la Lune et les étoiles,
Alors, suivant de loin la Hire et Cassini[2],
Je calcule, j'observe, et prés de l'infini
Sur ces mondes divers que l'Aether nous récéle
Je pousse, en raisonnant, Huyghens et Fontenelle :
Soit enfin que surpris d'un orage imprévu,
Je rassûre en courant le Berger éperdu,

Qu'épouvantent les vents qui sifflent sur sa tête;
Les tourbillons, l'éclair, la foudre, la tempête;
Toûjours également heureux et satisfait,
Je ne désire point un bonheur plus parfait.

O vous, sage WARENS, élêve de Minerve !
Pardonnez ces transports d'une indiscrette verve;
Quoique j'eusse promis de ne rimer jamais,
J'ose chanter ici les fruits de vos bienfaits.
Oüi, si mon cœur joüit du sort le plus tranquille,
Si je suis la vertu dans un chemin facile,
Si je goûte en ces lieux un repos innocent,
Je ne dois qu'à vous seule un si rare présent;
Vainement un cœur bas (*a*), des ames mercenaires,
Par des avis cruels plûtôt que salutaires,
Cent fois ont essaié de m'ôter vos bontés.
Ils ne connoissent pas le bien que vous goûtés
En faisant des heureux, en essuïant des larmes,
Ces plaisirs délicats pour eux n'ont point de charmes.
De Tite et de Trajan les liberales mains
N'excitent dans leurs cœurs que des ris inhumains.
Pourquoi faire du bien dans le siécle où nous sommes ?
Se trouve-t-il quelqu'un dans la race des hommes,
Digne d'être tiré du rang des indigens ?
Peut-il dans la misére être d'honnêtes gens ?
Et ne vaut-il pas mieux emploïer ses richesses,
Et (*b*) joüir des plaisirs, qu'à faire des largesses ?
Qu'ils suivent à leur gré ces sentimens affreux;
Je me garderai bien de rien exiger d'eux.
Je n'irai pas ramper ni chercher à leur plaire;
Mon cœur sait, s'il le faut, affronter la misére,
Et plus délicat qu'eux, plus sensible à l'honneur,
Regarde de plus prés au choix d'un Bienfaiteur.
Oüi, j'en donne aujourdui l'assurance publique,
Cet écrit en sera le témoin authentique,
Que si jamais le sort m'arrache à vos bienfaits,
Mes besoins jusqu'à eux ne recourront jamais.

[Laissez des envieux la troupe méprisable[1]
Attaquer des vertus dont l'éclat les accable :
Dédaignez leurs complots, leur haine, leur fureur,
La paix n'en est pas moins au fond de vôtre cœur,

Tandis que, vils jouets de leurs propres furies,
Alimens des serpens dont elles sont nourries,
Le crime et les remords portent au fond des leurs
Le triste châtiment de leurs noires horreurs.
Semblables en leur rage à la guépe maligne
De travail incapable, et de secours indigne
Qui ne vit que de vols et dont enfin le sort
Est de faire du mal en se donnant la mort,
Qu'ils exhalent en vain leur colére impuissante,
Leurs menaces, pour vous n'ont rien qui m'épouvante;
Ils voudroient d'un grand Roi[1] vous ôter les bienfaits :
Mais de plus nobles soins illustrent ses projets.
Leur basse jalousie et leur fureur injuste
N'arriveront jamais jusqu'à son Trône Auguste,
Et le Monstre qui régne en leurs cœurs abbatus
N'est pas fait pour braver l'êclat de ses vertus.
C'est ainsi qu'un bon Roy rend son empire aimable,
Il soûtient la vertu que l'infortune accable :
Quand il doit menacer la foudre est dans ses mains.
Tout Roy sans s'êlever au dessus des humains
Contre les criminels peut lancer le tonnerre
Mais s'il fait des heureux, c'est un Dieu sur la terre.
Charles, on reconnoit ton empire à ces traits;
Ta main porte en tous lieux la joie et les bienfaits :
Tes sujets égalés[2] éprouvent ta justice,
On ne réclame plus, par un honteux caprice
Un principe odieux proscrit par l'équité,
Qui, blessant tous les droits de la société
Brise les nœuds sacrés dont elle êtoit unie
Refuse à ses besoins sa meilleure partie,
Et prétend affranchir de ses plus justes Loix
Ceux qu'elle fait jouïr de ses plus riches droits.
Ah ! s'il t'avoit suffi de te rendre terrible,
Quel autre plus que toi pouvoit être invincible,
Quand l'Europe t'a vu guidant ses étendars
Seul entre tous ses Rois briller aux champs de Mars[3] !
Mais ce n'est pas assés d'êpouvanter la terre;
Il est d'autres devoirs que les soins de la guerre,
Et c'est par eux grand Roy, que ton peuple aujourdui
Trouve en toi son vengeur, son Pére, et son appui.
Et vous, sage WARENS, que ce Heros protége
En vain la calomnie en secret vous assiége
Craignez peu ses effets, bravez son vain courroux,

La vertu vous deffend, et c'eſt assés pour vous :
Ce Grand Roy vous eſtime, il connoît vôtre zêle,
Toûjours à sa parole il sait être fidelle,
Et pour tout dire, enfin, garand de ses bontés
Vôtre Cœur vous répond que vous les mérités.

On me connoît assés et ma Muse sévére
Ne sait point dispenser un encens mercenaire;
Jamais d'un vil flatteur le langage affeƈté
N'a souillé dans mes vers l'Auguſte vérité.
Vous méprisez vous même un éloge insipide,
Vos sincéres vertus n'ont point l'orgueil pour guide.
Avec vos ennemis convenons, s'il le faut,
Que la sagesse en vous n'exclut point tout défaut.
Sur cette Terre, Helas, telle eſt nôtre misére
Que la perfeƈtion n'eſt qu'erreur et chimére !
Connoître mes travers eſt mon prémier souhait
Et je fais peu de cas de tout homme parfait.
La haine quelquefois donne un avis utile :
Blamez cette bonté trop douce et trop facile
Qui souvent à leurs yeux a causé vos malheurs.
Reconnoissez en vous les foibles des bons cœurs :
Mais sachez qu'en secret l'éternelle sagesse
Hait leurs fausses vertus plus que vôtre foiblesse,
Et qu'il vaut mieux cent fois se montrer à ses yeux
Imparfaits comme vous, que vertueux comme eux.

Vous donc dés mon enfance attachée à m'inſtruire
Au travers ma misére, Hélas, qui crutes lire
Que de quelques talents le Ciel m'avoit pourvû,
Qui daîgnâtes former mon cœur à la vertu,]
Vous que j'ose apeler du tendre nom de Mére,
Acceptés aujourdui cet hommage sincére,
Ce tribut légitime et trop bien mérité
Que ma reconnoissance offre à la vérité (*a*).
Ah ! si (*b*) quelques douceurs assaisonnent ma vie;
Si j'ai pu jusqu'ici me souſtraire à l'envie,
Si, le cœur plus sensible, et l'esprit moins grossier,
Au dessus du vulgaire on a vu m'élever;
Enfin si chaque jour je joüis de moi-même;
Tantôt en m'élançant jusqu'à l'Être suprême,
Tantôt en méditant dans un profond repos
Les erreurs des humains et leurs biens et leurs maux

Tantôt philosophant sur les Loix naturelles,
J'entre dans le secret des causes éternelles,
Je cherche à pénétrer tous les ressorts divers;
Les principes cachés qui meuvent l'Univers;
Si, dis-je, en mon pouvoir j'ai tous ces avantages;
Je le repete encor ce sont là vos ouvrages,
Vertueuse WARENS c'est de vous que je tiens
Le vrai bonheur de l'homme, et les solides biens.

Sans crainte, sans désirs, dans cette solitude
Je laisse aller mes jours exemts d'inquiétude;
O ! que mon cœur touché ne peut-il à son gré
Peindre sur ce papier dans un juste dégré
Des plaisirs qu'il ressent la volupté parfaite.
Présent dont je joüis, passé que je regrette,
Momens si précieux (*a*) ! je ne vous perdrai plus
En bizarres projets, en soucis superflus.
Dans ce verger charmant, j'en partage l'espace,
Sous un ombrage frais, tantôt je me délasse,
Tantôt avec Leibnitz, Mallebranche, et Newton
Je monte ma raison sur un sublime ton,
J'examine les Loix des corps et des pensées :
Avec Locke je fais l'histoire des idées :
Avec Kepler, Wallis, Barrow, Rainaud, Pascal[1],
Je devance Archiméde, et je suis (*b*) l'Hôpital*.
Tantôt à la Physique appliquant mes problêmes,
Je me laisse entraîner à l'esprit de sistémes :
Je tâtonne Descarte et ses égaremens
Sublimes, il est vrai, mais frivoles Romans.
J'abandonne bien-tôt l'Hypothése infidelle,
Content d'étudier l'Histoire naturelle.
Là, Pline et Nyeuventit[2] m'aidant de leur savoir
M'apprennent à penser, ouvrir les yeux, et voir.
Quelquefois descendant de ces vastes lumiéres,
Des différens mortels je suis les caractéres.
Quelquefois m'amusant jusqu'à la fiction,
Télémaque et Sethos[3] me donnent leur leçon,
Ou bien dans Clévéland[4] j'observe la nature
Qui se montre à mes yeux touchante et toûjours pure.

---

* [*En note, dans le manuscrit*] : Le Marquis de l'Hôpital, Auteur de l'*Analyse des infiniment petits* et de plusieurs autres ouvrages de Mathématiques.

Tantôt aussi de Spon[1] parcourant le[s] cahiers
De ma patrie en pleurs je relis les dangers.
Genêve jadis sage, ô ma chére Patrie !
Quel Démon dans ton sein produit la frénésie[2] ?
Souviens-toi qu'autrefois tu donnas des Héros,
Dont le sang t'acheta les douceurs du repos !
Transportés aujourdui d'une soudaine rage,
Aveugles Citoïens, cherchez-vous l'esclavage !
Trop tôt, peut être, Hélas ! pourrez-vous le trouver.
Mais s'il eſt encor tems, c'eſt-à-vous d'y songer.
Joüissez des bienfaits que Loüis vous accorde,
Rappellez dans vos murs cette antique concorde.
Heureux ! si reprenant la foi de vos ayeux,
Vous n'oubliez jamais d'être libres comme eux.

O vous tendre Racine ! ô vous aimable Horace !
Dans mes loisirs aussi vous trouvés vôtre place :
Claville, St. Aubin, Plutarque, Mezerai[3],
Despréaux, Cicéron, Pope, Rollin, Barclai[4],
Et vous trop doux la Motte, et toi touchant Voltaire,
Ta lecture à mon cœur reſtera toûjours chére.
Mais mon goût se refuse à tout frivole écrit,
Dont l'auteur n'a pour but que de plaire à l'esprit (*a*).
Il a beau prodiguer la brillante Antithése,
Semer par tout des fleurs, chercher un tour qui plaise,
Le cœur plus que l'esprit a chez moi des besoins,
Et s'il n'eſt attendri, rebutte tous ses soins[5].

C'eſt ainsi que mes jours s'écoulent sans allarmes :
Mes yeux sur mes malheurs ne versent point de larmes :
Si des pleurs quelquefois alterent mon repos
C'eſt pour d'autres sujets que pour mes propres maux.
Vainement la douleur, les craintes, la misére,
Veulent décourager la fin de ma carriére.
D'Epictéte asservi la ſtoïque fierté
M'apprend à supporter les maux, la pauvreté.
Je vois sans m'affliger la langueur qui m'accable;
L'approche du trépas ne m'eſt point éffroïable,
Et le mal dont mon corps se sent presque abattu,
N'eſt pour moi qu'un sujet d'affermir ma vertu.

EPITRE A M. BORDES (*a*).

Toi qu'aux jeux du Parnasse Apollon même guide,
Tu daignes exciter une muse timide;
De mes foibles essais juge trop indulgent,
Ton goût à ta bonté cède en m'encourageant.
Mais, hélas ! je n'ai point, pour tenter la carrière,
D'un athlète animé l'assurance guerrière;
Et, dès les premiers pas, inquiet et surpris,
L'haleine m'abandonne, et je renonce au prix.

Bordes, daigne juger de mes justes alarmes :
Vois quels sont les combats, et quelles sont les armes.
Ces lauriers sont bien doux, certes (*b*), à remporter :
Mais quelle audace à moi d'oser les disputer !
Quoi ! j'irois sur le ton de ma lyre rustique
Faire jurer en vers une muse helvétique;
Et prêchant durement la triste vérité,
Révolter contre moi le lecteur révolté (*c*) !
Plus heureux, si tu veux, encor que téméraire,
Quand mes foibles talens trouveroient l'art de plaire;
Quand, des sifflets publics par hazard (*d*) préservés,
Mes vers des gens de goût pourroient être approuvés,
Dis-moi sur quels sujets s'exercera ma muse.
Tout poète est menteur et le métier l'excuse;
Il sait en mots pompeux faire d'un riche fat
Un nouveau Mécenas, un pilier de l'Etat.
Mais moi, qui connois peu les usages de France,
Moi, fier républicain que blesse l'arrogance[1],
Du riche impertinent je dédaigne l'appui,
S'il le faut mendier en rampant devant lui,
Et ne sais applaudir qu'à toi, qu'au vrai mérite :
La folle (*e*) vanité me révolte et m'irrite.
Le riche me méprise; et, malgré son orgueil,
Nous nous voyons souvent (*f*) à peu près du même œil.
Mais, quelque haine en moi que le travers inspire,
Mon cœur sincère et franc (*g*) abborre la satire;
Trop découvert peut-être et jamais criminel (*h*),
Je dis la vérité sans l'abreuver de fiel.

Ainsi, toujours ma plume implacable ennemie
Et de la flatterie et de la calomnie,
Ne sait point en ses vers trahir la vérité;
Et toujours accordant un tribut mérité,
Toujours prête à donner des louanges acquises,
Jamais d'un vil Crésus n'encensa les sottises.

O vous qui dans le sein d'une humble obscurité
Nourrissez les vertus avec la pauvreté,
Dont les désirs bornés dans (*a*) la sage indigence
Méprisent sans orgueil une vaine abondance,
Restes trop précieux de ces antiques tems
Où des moindres apprêts nos ancêtres contens,
Recherchés dans leurs mœurs, simples dans leur parure,
Ne sentoient de besoin que ceux de la nature;
Illustres malheureux, quels lieux habitez-vous ?
Dites, quels sont vos noms ? Il me sera trop doux
D'exercer mes talens à chanter votre gloire,
A vous éterniser (*b*) au temple de mémoire;
Et quand mes foibles vers n'y pourroient arriver,
Ces noms si respectés sauroient (*c*) les conserver.

Mais pourquoi m'occuper d'une vaine chimère ?
Il n'est pas (*d*) de sagesse où règne la misère;
Sous le poids de la faim le mérite abattu
Laisse en un triste cœur éteindre la vertu.
Tant de pompeux (*e*) discours sur l'heureuse indigence
M'ont bien l'air d'être nés du sein de l'abondance :
Philosophe commode, on a toujours grand soin
De prêcher les vertus dont on n'a pas besoin (*f*).

Bordes, cherchons ailleurs des sujets pour ma muse;
De la pitié qu'il fait, souvent le pauvre abuse,
Et décorant du nom de sainte charité
Les dons dont on nourrit sa vile oisiveté,
Sous l'aspect des vertus que l'infortune opprime,
Cache l'amour du vice et le penchant au crime (*g*).
J'honore le mérite aux rangs les plus abjects;
Mais je trouve à louer peu de pareils sujets (*h*).

Non, célébrons plutôt l'innocente industrie[1]
Qui sait multiplier les douceurs de la vie,

Et, salutaire à tous dans ses utiles soins,
Par la route du luxe apaise les besoins.
C'est pour cet art (*a*) charmant que sans cesse enrichie,
On voit briller au loin ton heureuse patrie*.
Son Commerce en tous lieux, et toujours respecté,
Fait un des forts liens de la Société;
Et dans tout l'Univers sa fertile abondance
Va porter la parure et la magnificence.

Ouvrages précieux, superbes ornemens[1],
On diroit que Minerve en ses amusemens,
Avec l'or et la soie a, d'une main savante,
Formé de vos dessins la tissure élégante.
Turin, Londres, en vain, pour vous le disputer,
Par de jaloux efforts veulent vous imiter :
Vos mélanges charmans, assortis par les grâces,
Les laissent de bien loin s'épuiser sur vos traces.
Le bon goût les dédaigne et triomphe chez vous;
Et tandis qu'entraînés par leur dépit jaloux,
Dans leurs ouvrages froids ils forcent la nature,
Votre vivacité, toujours brillante et pure,
Donne à ce qu'elle pare un œil plus délicat,
Et même à la beauté prête encor de l'éclat.

Ville heureuse qui fais l'ornement de la France,
Trésor de l'Univers, source de l'abondance,
Lyon, séjour charmant des enfants de Plutus,
Dans tes tranquilles murs, tous les arts sont reçus :
D'un sage protecteur le goût les y rassemble;
Apollon et Plutus, étonnés d'être ensemble,
De leurs longs différends ont peine à revenir,
Et demandent quel dieu a pû les réunir (*b*).
On reconnoit tes soins, Pallu** : tu nous ramènes
Les siècles renommés et de Tyr et d'Athènes :
De mille éclats divers Lyon brille à la fois,
Et son peuple opulent semble un peuple de rois.
Toi, digne citoyen de cette ville illustre,
Tu peux contribuer à lui donner du lustre;
Par tes heureux talens, tu peux la décorer,
Et c'est lui faire un vol que de plus différer.

---

* La ville de Lyon.
** Intendant de Lyon (*c*).

Comment oses-tu bien me proposer d'écrire,
Toi que Minerve même avoit pris soin d'instruire,
Toi, de ses dons divins possesseur négligent,
Qui viens parler pour elle encore en l'outrageant ?
Ah ! si du feu divin qui brille en ton ouvrage,
Une étincelle au moins eût été mon partage,
Ma muse, quelque jour, attendrissant les cœurs,
Peut-être sur la scène eût fait couler des pleurs.
Mais je te parle en vain; insensible à mes plaintes,
Par de cruels refus tu confirmes mes craintes,
Et je vois qu'impuissante à fléchir tes rigueurs,
Blanche* n'a pas encore épuisé ses malheurs.

POUR MADAME DE FLEURIEU[1].

qui m'ayant vu dans une assemblée sans que j'eusse l'honneur d'être connu d'elle dit à M. l'Intendant de Lyon que je paroissois avoir de l'Esprit et qu'elle le gageroit sur ma seule physionomie.

DÉPLACÉ par le sort, trahi par la tendresse,
Mes maux sont comptés par mes jours.
Imprudent quelquefois, persecuté toûjours[2],
Souvent le châtiment surpasse la foiblesse.
O Fortune ! à ton gré comble-moi de rigueurs,
Mon cœur regrette peu tes frivoles grandeurs,
De tes biens inconstans sans peine il te tient quitte :
Un seul dont je jouis ne dépend point de toi,
La Divine Fleurieu m'a jugé du mérite,
Ma gloire est assurée, et c'est assés pour moi.

ENIGME[3].

ENFANT de l'Art, Enfant de la Nature,
Sans prolonger les jours j'empêche de mourir :
Plus je suis vrai, plus je fais d'imposture,
Et je deviens trop jeune à force de v[i]eillir.

---

* *Blanche de Bourbon,* tragédie de M. Bordes, qu'au grand regret de ses amis, il refuse constamment de mettre au théâtre (*a*).

A MADEMOISELLE TH[1].

QUI NE PARLOIT JAMAIS A L'AUTEUR QUE DE MUSIQUE.

Sapho, j'entens ta voix brillante
Pousser des sons jusques aux Cieux,
Ton chant nous ravit, nous enchante,
Le Maure ne chante pas mieux;
Mais quoi ! toûjours des Chants ! crois-tu que l'harmonie
Seule ait droit de borner tes soins et tes plaisirs ?
Ta voix en déployant sa douceur infinie
Veut en vain sur ta bouche arrester nos désirs.
Tes yeux charmans en inspirent mille autres
Qui méritoient bien mieux d'occuper tes loisirs;
Mais tu n'es point, dis-tu, sensible à nos soupirs
Et tes gouts ne sont pas les nôtres.
Quel goût trouves-tu donc à de frivoles sons;
Ah, sans tes fiers mépris, sans tes rebuts sauvages,
Cette bouche charmante avoit (*a*) d'autres usages
Bien plus délicieux que de vaines chansons.
Trop sensible au plaisir, quoique tu puisses dire,
Parmi de froids accords tu sens peu de douceur
Mais entre tous les biens que ton ame désire
En est-il de plus doux que les plaisirs du cœur;
Le mien est délicat, tendre, empressé, fidelle,
Fait pour aimer jusqu'au Tombeau,
Si du parfait bonheur tu cherches le modelle
Aime-moi seulement, et laisse là Rameau.

A FANIE.

Malgré l'art d'Esculape et ses tristes secours
La Fiévre impitoyable alloit trancher mes jours;
Il n'êtoit dû qu'à vous, adorable Fanie
De me rappeler à la vie
Dieux ! je ne puis encore y penser sans effroi !
Les horreurs du Tartare ont paru devant moi,
La mort à mes regards a voilé la nature,
J'ai du Cocyte affreux entendu le murmure.

Hélas ! j'étois perdu, le nocher redouté
M'avoit déja conduit sur les bords du Léthé;
Là, m'offrant une coupe et, d'un regard sévère
Me pressant aussi-tôt d'avaler l'onde amére :
Vien, dit-il, éprouver ces secourables eaux
Viens déposer ici les erreurs et les maux
Qui des foibles mortels remplissent la carriére.
Le secours de ce fleuve à tous eſt salutaire;
Sans regréter le jour par des cris superflus,
Leur Cœur, en l'oubliant, ne le désire plus.
Ah ! pourquoi cet oubli leur eſt il nécessaire
S'ils connoissoient la vie, ils craindroient sa misére.
Voila, lui dis-je alors, un fort docte sermon,
Mais osés-vous penser, mon bon seigneur Caron,
Qu'après avoir aimé la divine Fanie
Jamais de cet amour la mémoire s'oublie ?
Ne vous en flattez point, non malgré vos efforts
Mon cœur l'adorera jusques parmi les morts :
C'eſt pourquoi, supprimés, s'il vous plait, vôtre eau noire,
Toutte l'encre du monde, et tout l'affreux grimoire
Ne m'en ôteroient pas le charmant souvenir.

Sur un si beau sujet j'avois beaucoup à dire,
Et n'êtois pas prêt à finir (*a*) :
Quand tout à coup vers nous je vis venir
Le Dieu de l'infernal empire.
Calme toi, me dit-il, je connois ton martire.
La conſtance a son prix, même parmi les morts.
Ce que je fis jadis pour quelques vains accords
Je l'accorde en ce jour, à ta tendresse extrême :
Va, parmi les mortels, pour la seconde fois
Témoigner que sur Pluton même
Un si tendre amour a des droits.

C'eſt ainsi, charmante Fanie
Que mon ardeur pour vous m'empêcha de périr;
Mais quand le Dieu des morts veut me rendre à la vie,
N'allez pas me faire mourir.

VERS
SUR LE COMMANDEMENT EN BOHËME

DONNÉ A MR DE BROGLIE EN 1742[1].

Broglie pour reparer sa honte[2]
Va braver le fer et la mort :
Dolent de sa culotte, Helas, il fait son conte
De la ravoir enfin par un dernier effort.
Mais en vain du succés il a flatté son ame
Le bon Seigneur n'a pas la fortune à souhait[3].
Déja culotte à bas son derriére est tout prêt
Bientôt par la main d'une femme[4]
Vous verrez qu'il aura le fouët.

EPITRE A MONSIEUR PARISOT.

Achevée le 10 Juillet 1742.

Ami, daigne souffrir qu'à tes yeux aujourdui
Je dévoile ce cœur plein de trouble et d'ennui.
Toi qui connus jadis mon ame toutte entiére
Seul en qui je trouvois un ami tendre, un Pére
Rapelle encor pour moi tes prémiéres bontés,
Rend tes soins à mon cœur, il les a mérités.

Ne crois pas qu'allarmé par de frivoles craintes
De ton silence ici je te fasse des plaintes,
Que par de faux soubsons indignes de tous deux
Je puisse t'accuser d'un mépris odieux :
Non, tu voudrois en vain t'obstiner à te taire,
Je sais trop expliquer ce Langage sévére,
Sur ce triste projet (*a*) que je t'ai dévoilé[5]
Sans m'avoir repondu, ton silence a parlé.
Je ne m'excuse point dés qu'un ami me blame.
Le vil orgueil n'est pas le vice de mon ame,
J'ai receu quelquefois de solides avis
Avec bonté donnés, avec Zéle suivis :

J'ignore ces détours dont les vaines adresses
En autant de vertus transforment nos foiblesses,
Et jamais mon esprit sous de fausses couleurs
Ne sut à tes regards déguiser ses erreurs;
Mais qu'il me soit permis par un soin légitime
De conserver du moins des droits à ton estime,
Pése mes sentimens, mes raisons et mon choix
Et décide mon sort pour la derniére fois.

Né dans l'obscurité, j'ai fait dés mon enfance
Des caprices du sort la triste expérience
Et s'il est quelque bien qu'il ne m'ait point ôté
Même par ses faveurs il m'a persécuté.
Il m'a fait naître libre, Helas, pour quel usage ?
Qu'il m'a vendu bien cher un si vain avantage !
Je suis libre en effet : mais de ce bien cruel
J'ai receu plus d'ennuis que d'un malheur réel.
Ah s'il faloit un jour absent de ma patrie
Traîner chez l'Etranger ma languissante vie
S'il falloit bassement ramper auprés des Grands
Que n'en ai-je appris l'art des mes plus jeunes ans.
Mais sur d'autres leçons on forma ma jeunesse
On me dit de remplir mes devoirs sans bassesse
De respecter les Grands, les Magistrats, les Rois,
De cherir les humains et d'obeir aux Loix :
Mais on m'aprit aussi qu'aiant par ma naissance
Le droit de partager la suprême puissance
Tout petit que j'étois, foible obscur Cytoien
Je fesois cependant membre du souverain[1],
Qu'il faloit soutenir un si noble avantage
Par le cœur d'un Heros, par les vertus d'un sage,
Qu'enfin la liberté ce cher présent des Cieux
N'est qu'un fléau fatal pour les cœurs vicieux.
Avec le lait chez nous on suce ces maximes
Moins pour s'enorgueillir de nos droits Légitimes
Que pour savoir un jour se donner à la fois
Les meilleurs Magistrats et les plus justes Loix.

Vois-tu me disoit-on ces nations puissantes
Fournir rapidement leurs carriéres brillantes ?
Tout ce vain appareil qui ravit (*a*) l'Univers
N'est qu'un frivole éclat qui leur cache leurs fers :

Par leur propre valeur ils forgent leurs entraves,
Ils font les conquérans ils sont de vils esclaves
Et leur vaste pouvoir que l'art avoit produit
Par le Luxe bientôt se retrouve détruit.
Un soin bien différent ici nous intéresse
Nôtre plus grande force est dans nôtre foiblesse
Nous vivons sans regret dans l'humble obscurité
Mais du moins dans nos murs on est en liberté.
Nous n'y connoissons point la superbe arrogance
Nuls titres fastueux, nulle injuste puissance
De sages magistrats établis par nos voix
Jugent nos différents, font observer nos Loix.
L'Art n'est point le soûtient de nôtre République
Etre juste est chéz nous l'unique politique;
Tous les ordres divers sans inégalité
Gardent chacun le rang qui leur est affecté :
Nos chefs, nos magistrats simples dans leur parure
Sans étaler ici le Luxe et la Dorure
Parmi nous cependant ne sont point confondus,
Ils en sont distingués : mais c'est par leurs vertus[1].

Puisse durer toûjours cette union charmante,
Helas ! on voit si peu de probité constante !
Il n'est rien que le tems ne corrompe à la fin
Tout jusqu'à la sagesse est sujet au déclin.

Par ces réflexions ma raison éxercée
M'apprit à mépriser cette pompe insensée
Par qui l'orgueil des Grands brille de touttes parts
Et du Peuple imbecille attire les regards[2];
Mais qu'il m'en coûta cher quand pour toutte ma vie
La foy m'eut éloigné du sein de ma patrie
Quand je me vis enfin, sans appui, sans secours
A ces mêmes Grandeurs contraint d'avoir recours.

Non, je ne puis penser sans répandre des larmes
A ces momens affreux pleins de trouble et d'allarmes
Où j'éprouvai qu'enfin tous ces beaux sentimens
Loin d'adoucir mon sort irritoient mes tourmens.
Sans doute à tous les yeux la misére est horrible
Mais pour qui sait penser elle est bien plus sensible.
A force de ramper un lâche en peut sortir
L'honnête homme à ce prix n'y sauroit consentir.

Encor si de vrais Grands recevoient mon hommage
Ou qu'ils eussent du moins le mérite en partage,
Mon cœur par ses respects noblement accordés
Reconnoîtroit des dons qu'il n'a pas possédés :
Mais faudra-t-il qu'ici mon humble obeissance
De ces fiers Campagnars nourrisse l'arrogance
Quoi de vils Parchemins par faveur obtenus
Leur donneront le droit de vivre sans vertus,
Et malgré mes efforts sans mes respects serviles
Mon zèle et mes talents resteront inutiles.
Ah ! de mes tristes jours voions plus tôt la fin
Que de jamais subir un si lâche destin.

Ces discours insensés troubloient ainsi mon ame,
Je les tenois alors, aujourdui je les blame :
De plus sages leçons ont formé mon esprit
Mais de bien des malheurs ma raison est le fruit.

Tu sais, cher Parizot, quelle main généreuse
Vint tarir de mes pleurs la source malheureuse
Tu le sais et tes yeux ont été les témoins
Si mon cœur sait sentir ce qu'il doit à ses soins.
Mais mon zéle enflammé peut-il jamais prétendre
De paier les bienfaits de cette mére tendre ?
Si, par les sentimens, on y peut aspirer
Ah ! du moins, par les miens j'ai droit de l'espérer.

Je puis conter pour peu ses bontés secourables
Je lui dois d'autres biens, des biens plus estimables,
Les biens de la raison, les sentimens du cœur,
Même par les talents quelques droits à l'honneur.
Avant que sa bonté du sein de la misére
Aux plus tristes besoins eut daigné me soustraire
J'étois un vil enfant du sort abandonné
Peut-être dans la fange à périr destiné.
Orgueilleux avorton dont la fierté bu[r]lesque
Méloit comiquement l'enfance au Romanesque,
Aux bons fesoit pitié, fesoit rire les foux,
Et des sots quelquefois excitoit le courroux.
Mais les hommes ne sont que ce qu'on les fait être.
A peine à ses regards j'avois osé paroître
Que de ma bienfaitrice aprenant mes erreurs
Je sentis le besoin de corriger mes mœurs.

J'abjurai pour toûjours ces maximes feroces
Du préjugé natal fruits amers et précoces
Qui dès les jeunes ans par leurs acres Levains
Nourrissent la fierté des cœurs Républicains :
J'appris à respecter une Noblesse illustre
Qui même à la vertu sait ajoûter du Lustre.
Il ne seroit pas bon dans la societé
Qu'il fût entre les rangs moins d'inégalité.
Irai-je faire ici dans ma vaine marotte
Le grand déclamateur, le nouveau Don Quichotte[1],
Le destin sur la terre a réglé les états
Et pour moi surement ne les changera pas.
Ainsi de ma raison si longtems languissante
Je me formai dès lors une raison naissante,
Par les soins d'une Mére incessamment conduit
Bientôt de ses bontés je recueillis le fruit :
Je connus que sur tout cette roideur sauvage
Dans le monde aujourdui seroit d'un triste usage;
La modestie alors devint chére à mon cœur
J'aimai l'humanité : je cheris la douceur
Et respectant des grands le rang et la naissance
Je souffris leurs hauteurs avec cette espérance
Que malgré tout l'éclat dont ils sont revettus
Je les pourrois du moins égaler en vertus.
Enfin pendant deux Ans au sein de ta patrie
J'appris à cultiver les douceurs de la vie.
Du Portique autrefois la triste austérité
A mon goût peu formé mêloit sa dureté;
Epictète et Zenon dans leur fierté Stoïque
Me faisoient admirer ce courage Héroïque
Qui faisant des faux biens un mépris génereux
Par la seule vertu prétend nous rendre heureux.
Longtems de cette ardeur la brillante chimére
Séduisit mon esprit, roidit mon caractère;
Mais malgré tant d'efforts ces vaines fictions
Ont elles de mon cœur banni les passions ?
Il n'est permis qu'à Dieu, qu'à l'Essence Suprême
D'être toûjours heureuse et seule et par soi-même (*a*);
Pour l'homme tel qu'il est pour l'esprit et le cœur
Otés les passions, il n'est plus de bonheur.
C'est toi, cher Parisot, c'est ton commerce aimable
De grossier que j'étois qui me rendit traittable.
Je reconnus alors combien il est charmant

De joindre à la sagesse un peu d'amusement.
Des amis plus polis, un climat moins sauvage
Des plaisirs innocens m'enseignérent l'usage.
Je vis avec transport ce spectacle enchanteur
Par la route des sens qui sait aller au cœur :
Le mien qui jusqu'alors avoit été paisible
Pour la prémiére fois enfin devint sensible,
L'Amour malgré mes soins heureux à m'égarer
Auprès de deux beaux yeux m'apprit à soupirer.
Bons mots, vers élégans, conversations vives,
Un repas égaié par d'aimables convives
Petits Jeux de commerce et dont le chagrin fuit
Où sans risquer la Bourse on délasse l'esprit.
En un mot les attraits d'une vie opulente
Qu'aux vœux de l'Etranger sa richesse présente
Tous les plaisirs du goût, le charme des beaux arts,
A mes yeux enchantés brilloient de touttes parts.
Ce n'est pas, cependant, que mon ame égarée
Donnât dans les travers d'une molesse outrée
L'innocence est le bien le plus cher à mon cœur,
La débauche et l'excés sont des objets d'horreur :
Les coupables plaisirs sont les tourmens de l'ame
Ils sont trop achetés s'ils sont dignes de blâme.
Sans doute, le plaisir pour être un bien réel
Doit rendre l'homme heureux et non pas criminel :
Mais il n'est pas moins vrai que de notre carriére
Le Ciel ne défend pas d'adoucir la misére.
Et pour finir ce point trop longtems débattu
Rien ne doit être outré, pas même la vertu.

Voila de mes erreurs un abrégé fidelle;
C'est à toi de juger, ami, sur ce modelle
Si je puis près des Grands implorant de l'appui
A la fortune encor recourir aujourdui.
De la gloire est-il tems de rechercher le Lustre
Me voici presque au bout de mon sixième Lustre.
La moitié de mes jours dans l'oubli sont passés,
Et déja du travail mes esprits sont lassés.
Avide de science, avide de sagesse
Je n'ai point aux plaisirs prodigué ma jeunesse
J'osai d'un tems si cher faire un meilleur emploi
L'Etude et la vertu furent la seule Loy
Que je me proposai pour regler ma conduitte :

Mais ce n'est point par art qu'on acquiert du mérite;
Que sert un vain travail par le ciel dédaigné
Si de son but toûjours on se voit éloigné.
Comptant par mes talens d'assurer ma fortune
Je négligeai ces soins, cette brigue importune,
Ce manége subtil par qui cent ignorans
Ravissent la faveur et les bienfaits des Grands.

Le succès, cependant, trompe ma confiance
De mes foibles progrés je sens peu d'espérance,
Et je vois qu'à juger par des effets si lents
Pour briller dans le monde il faut d'autres talents.
Eh ! qu'y ferois-je moi de qui l'abord timide
Ne sait point affecter cette audace intrépide,
Cet air content de soi, ce ton fier et joli
Qui du rang des Badauts sauve l'homme poli ?
Faut-il donc aujourdui m'en aller dans le monde
Vanter impudemment ma science profonde
Et toûjours en secret dementi par mon cœur
Me prodiguer l'encens et les dégrés d'honneur ?
Faudra-t-il d'un Devot affectant la grimace
Faire servir le Ciel à gagner une place
Et par l'hypocrisie assurant mes projets
Grossir l'heureux essaim de ces hommes parfaits
De ces humbles devots de qui la modestie
Conte par leurs vertus tous les jours de leur vie :
Pour glorifier Dieu leur bouche a tour à tour
Quelque nouvelle grace à rendre chaque jour
Mais l'orgueilleux en vain d'une adresse chrétienne
Sous la gloire de Dieu veut étaler la sienne
L'homme vraiment sensé fait le mépris qu'il doit
Des mensonges du fat, et du sot qui les croit.

Non, je ne puis forcer mon esprit né sincére
A déguiser ainsi mon propre Caractére
Il en couteroit trop de contrainte à mon cœur
A cet indigne prix je renonce au bonheur.
D'ailleurs, il faudroit donc fils lâche et mercenaire
Trahir indignement les bontés d'une mére
Et, paiant en ingrat tant de bienfaits receus
Laisser à d'autres mains les soins qui lui sont dus.
Ah ces soins sont trop chers à ma reconnoissance
Si le ciel n'a rien mis de plus en ma puissance

Du moins d'un Zéle pur les vœux trop mérités
Par mon cœur chaque jour lui seront présentés.
Je sais trop, il eſt vrai, que ce Zéle inutile
Ne peut lui procurer un deſtin plus tranquille,
En vain dans ses langueurs je veux la soulager
Ce n'eſt pas les guerir que de les partager.
Helas de ses tourmens le spectacle funeſte
Bientôt de mon courage étouffera le reſte
C'eſt trop lui voir porter par d'éternels efforts
Et les peines de l'ame et les douleurs du corps.
Que lui sert de chercher dans cette solitude
A fuir l'éclat du monde et son inquiétude
Si, jusqu'en ce désert à la paix deſtiné
Le sort lui donne encore, à lui nuire acharné
D'un affreux Procureur[1] le voisinage horrible
Nourri d'encre et de fiel, dont la griffe terrible
De ses triſtes voisins eſt plus crainte cent fois
Que le Houssard cruel du pauvre Bavarois.

Mais c'eſt trop t'accabler du récit de nos peines :
Daigne me pardonner, ami, ces plaintes vaines
C'eſt le dernier des biens permis aux malheureux
De voir plaindre leurs maux par les cœurs généreux.

Telle eſt de mes malheurs la peinture naïve
Juge de l'avenir sur cette Perspective,
Voi si je dois encor par des soins impuissans
Offrir à la fortune un inutile encens :
Non, la Gloire n'eſt point l'idole de mon ame,
Je n'y sens point bruler cette divine flamme
Qui d'un genie heureux animant les ressorts
Le force à s'êlever par de nobles efforts.
Que m'importe, après tout, ce que pensent les hommes ?
Leurs honneurs, leurs mépris font-ils ce que nous som-
Et qui ne sait pas l'art de s'en faire admirer [mes,
A la félicité ne peut-il aspirer ?
L'ardente ambition a l'éclat en partage
Mais les plaisirs du cœur font le bonheur du sage.
Que ces plaisirs sont doux à qui sait les gouter !
Heureux qui les connoit et sait s'en contenter !
Jouir de leurs douceurs dans un état paisible
C'eſt le plus cher desir auquel je suis sensible.

Un bon Livre, un ami, la Liberté, la paix,
Faut-il pour vivre heureux former d'autres souhaits ?
Les grandes passions sont des sources de peine :
J'êvite les dangers où leur penchant entraîne;
Dans leurs piéges adroits si l'on me voit tomber,
Du moins je ne fais pas gloire d'y succomber.
De mes égaremens mon cœur n'est point complice
Sans être vertueux je déteste le vice,
Et le bonheur en vain s'obstine à se cacher,
Puisqu'enfin je connois où je dois le chercher.

FRAGMENT D'UNE EPITRE A M. B[ORDES].

Après un carême ennuyeux,
Grâce à Dieu voici la semaine
Des divertissements pieux.
On va de neuvaine en neuvaine,
Dans chaque Eglise on se promene;
Chaque autel y charme les yeux;
Le luxe et la pompe mondaine
Y brillent à l'honneur des Cieux.
Là, maint agile Energumene
Sert d'Arlequin dans ces saints lieux;
Le moine ignorant s'y démene,
Récitant, à perte d'haleine,
Ses oremus mystérieux;
Et criant d'un ton furieux :
Fora, fora[1], par Saint Eugene !
Rarement la semonce est vaine,
Diable et frà s'entendent bien mieux;
L'un à l'autre obéit sans peine.

Sur des objets plus gracieux
La diversité me ramene.
Dans ce temple délicieux
Où ma dévotion m'entraîne,
Quelle agitation soudaine
Me rend tous mes sens précieux ?

Illumination brillante,
Peintures d'une main savante,
Parfums destinés pour les Dieux;
Mais dont la volupté divine
Délecte l'humaine narine
Avant de se porter aux cieux;
Et toi musique ravissante !
Du Carcani[1] chef d'œuvre harmonieux,
Que tu plais quand Cattine[2] chante !
Elle charme à la fois notre oreille et nos yeux.

Beaux sons, que votre effet est tendre !
Heureux l'amant qui peut s'attendre
D'occuper en d'autres momens,
La bouche qui vous fait entendre,
A des soins encor plus charmans !
Mais ce qui plus ici m'enchante,
C'est mainte dévote piquante,
Au teint frais, à l'œil tendre et doux,
Qui, pour éloigner tout scrupule,
Vient à la Vierge, à deux genoux,
Offrir, dans l'ardeur qui la brûle,
Tous les vœux qu'elle attend de nous.
Tels sont les familiers colloques,
Tels sont les ardents soliloques
Des gens dévots en ce saint lieu.
Ma foi, je ne m'étonne gueres
Quand on fait ainsi ses prières,
Qu'on ait du goût à prier Dieu.

POUR LA [ZULIETTA].

Que ce penser est doux et que j'ai de plaisir
Lorsque je m'entretiens des charmes de la Belle.
Je maudis tout emploi qui m'ôte le loisir
De passer tout le jour à ne parler que d'elle.
Peut on assez louer cet abord gracieux,
Cette taille, ce teint, cette bouche, ces yeux,
Cet esprit sans pareil, cette douceur extrême
Ah ma raison s'y perd et j'en suis tout charmé.
Dieux si tant de plaisirs suivent celui qui l'aime,
Que seroit-ce d'en être aimé !

VOIEZ adorable Aspasie
Quels sont vos triomphes divers.
Vous soumettez tout l'Univers :
France, Espagne, Suisse, Italie
Tout s'empresse à porter vos fers.
Moi seul prétendois m'en défendre
Mais hélas je sens trop qu'un même sort m'attend
Qui peut rendre un François constant
Pourra bien rendre un Suisse tendre.

L'ALLÉE DE SILVIE*

QU'A m'égarer dans ces bocages
Mon cœur goûte de voluptés !
Que je me plais sous ces ombrages !
Que j'aime ces flots argentés !
Douce et charmante rêverie,
Solitude aimable et chérie,
Puissiez-vous toujours me charmer !
De ma triste et lente carriere
Rien n'adouciroit la misere,
Si je cessois de vous aimer.
Fuyez de cet heureux asyle,
Fuyez de mon ame tranquille,
Vains et tumultueux projets;
Vous pouvez promettre sans cesse
Et le bonheur et la sagesse,
Mais vous ne les (*a*) donnez jamais.
Quoi ! L'homme ne pourra-t-il vivre,
A moins que son cœur ne se livre
Aux soins d'un douteux avenir ?
Et si le tems coule si vîte,
Au lieu de retarder sa fuite,
Faut-il encor la prévenir ?
Oh ! qu'avec moins de prévoyance,
La vertu, la simple innocence,

* C'est le nom d'une promenade solitaire où ces vers ont été composés.

Font des heureux à peu de frais !
Si peu de bien suffit au sage
Qu'avec le plus léger partage
Tous ses desirs sont satisfaits.
Tant de soins, tant de prévoyance,
Sont moins des fruits de la prudence
Que des fruits de l'ambition :
L'homme, content du nécessaire,
Craint peu la fortune contraire,
Quand son cœur est sans passion.
Passions, sources de délices,
Passions, sources de supplices,
Cruels tyrans, doux séducteurs,
Sans vos fureurs impétueuses,
Sans vos amorces dangereuses,
La paix seroit dans tous les cœurs.
Malheur au mortel méprisable,
Qui dans son ame insatiable,
Nourrit l'ardente soif de l'or !
Que du vil penchant qui l'entraîne,
Chaque instant, il trouve la peine
Au fond même de son trésor.
Malheur à l'ame ambitieuse,
De qui l'insolence odieuse
Veut asservir tous les humains !
Qu'à ses rivaux toujours en bute,
L'abîme apprêté pour sa chûte
Soit creusé de ses propres mains.
Malheur à tout homme farouche,
A tout mortel que rien ne touche
Que sa propre félicité !
Qu'il éprouve dans sa misere,
De la part de son propre frere,
La même insensibilité.
Sans doute un cœur né pour le crime
Est fait pour être la victime
De ces affreuses passions;
Mais jamais du Ciel condamnée,
On ne vit une ame bien née
Céder à leurs séductions.
Il en est de plus dangereuses,
De qui les amorces flatteuses
Déguisent bien mieux le poison,

Et qui toujours dans un cœur tendre
Commencent à se faire entendre
En faisant taire la raison;
Mais du moins leurs leçons charmantes
N'imposent que d'aimables loix :
La haine et ses fureurs sanglantes
S'endorment à leur douce voix.
Des sentimens si légitimes
Seront-ils toujours combattus ?
Nous les mettons au rang des crimes,
Ils devroient être des vertus.
Pourquoi de ces penchans aimables
Le Ciel nous fait-il un tourment ?
Il en est tant de plus coupables,
Qu'il traite moins sévérement.
O discours trop remplis de charmes !
Est-ce à moi de vous écouter ?
Je fais avec mes propres armes
Les maux que je veux éviter.
Une langueur enchanteresse
Me poursuit jusqu'en ce séjour;
J'y veux moraliser sans cesse,
Et toujours j'y songe à l'amour.
Je sens qu'une ame plus tranquille,
Plus exempte de tendres soins,
Plus libre en ce charmant asyle,
Philosopheroit beaucoup moins.
Ainsi du feu qui me dévore
Tout sert à fomenter l'ardeur :
Hélas ! n'est-il pas tems encore
Que la paix regne dans mon cœur ?
Déjà de mon septieme lustre
Je vois le terme s'avancer[1];
Déjà la jeunesse et son lustre
Chez moi commence à s'effacer.
La triste et sévere Sagesse
Fera bientôt fuir les Amours :
Bientôt la pesante vieillesse
Va succéder à mes beaux jours.
Alors les ennuis de la vie
Chassant l'aimable Volupté,
On verra la Philosophie
Naître de la nécessité;

On me verra, par jalousie,
Prêcher mes caduques vertus,
Et souvent blâmer par envie
Les plaisirs que je n'aurai plus.
Mais malgré les glaces de l'âge,
Raison, malgré ton vain effort,
Le Sage a souvent fait naufrage
Quand il croyoit toucher au port.
O sagesse ! aimable chimere !
Douce illusion de nos cœurs !
C'eſt sous ton divin caractere
Que nous encensons nos erreurs
Chaque homme t'habille à sa mode;
Sous le masque le plus commode
A leur propre félicité,
Ils déguisent tous leur foiblesse,
Et donnent le nom de sagesse
Au penchant qu'ils ont adopté.
Tel, chez la Jeunesse étourdie,
Le Vice inſtruit par la Folie,
Et d'un faux titre revêtu,
Sous le nom de Philosophie,
Tend des piéges à la Vertu.
Tel, dans une route contraire,
On voit le fanatique auſtere
En guerre avec tous ses desirs,
Peignant Dieu toujours en colere,
Et ne s'attachant, pour lui plaire,
Qu'à fuir la joie et les plaisirs.
Ah ! s'il exiſtoit un vrai Sage,
Que, différent en (*a*) son langage,
Et plus différent en (*b*) ses mœurs,
Ennemi des vils séducteurs,
D'une sagesse plus aimable,
D'une vertu plus sociable,
Il joindroit le juſte milieu
A cet hommage pur et tendre,
Que tous les cœurs auroient dû rendre
Aux grandeurs, aux bienfaits de Dieu !

EPITRE A M. DE L'ETANG

VICAIRE DE MARCOUSSIS

En depit du destin jaloux
Cher Abbé, nous irons chez vous.
Dans vôtre franche politesse,
Dans vôtre gaîté sans rudesse,
Parmi vos bois et vos côteaux
Nous irons chercher le repos,
Nous irons chercher le reméde
Au triste ennui qui nous posséde (*a*),
A ces affreux charivaris,
A tout ce fracas de Paris.

O Ville où régne l'arrogance !
Où les plus grands fripons de France
Régentent les honnêtes gens
Où les vertueux indigens
Sont des objets de raillerie,
Ville où la Charlatanerie,
Le ton haut, les airs insolens
Ecrasent les humbles talens
Et tyrannisent la fortune,
Ville où l'auteur de *Rodogune*
A rampé devant Chapelain,
Où d'un petit magot vilain
L'amour fit (*b*) le heros des Belles[1],
Où tous les roquets des ruelles
Deviennent des (*c*) hommes d'Etat,
Où le jeune et beau Magistrat
Etale avec les airs d'un fat
Sa perruque pour tout merite,
Où le savant, bas parasite
Chez Aspasie ou chez Phriné
Vend de l'esprit pour un diné (*d*).
Paris, malheureux qui t'habite
Mais plus malheureux mille fois
Qui t'habite de son pur choix[2],

Et dans un climat plus tranquille
Ne sait point se faire un azile
Inabordable aux noirs soucis
Tel qu'à mes yeux eſt Marcoussis !
Marcoussis qui sait (*a*) tant nous plaire;
Marcoussis dont pourtant j'espére
Vous voir partir (*b*) un beau matin
Sans vous en pendre de chagrin.

Accordez donc, mon cher Vicaire
Vôtre demeure hospitaliére
A Gens dont le soin le plus doux
Eſt d'aller passer près de vous
Les momens dont ils sont les maitres :
Nous connoissons déja les êtres[1]
Du païs et de la maison :
Nous en cherissons le Patron
Et desirons s'il eſt possible
Qu'à tous autres inaccessible
Il deſtine en nôtre faveur
Son loisir et sa bonne humeur.
De plus; priére des plus vives
D'éloigner tous facheux convives
Taciturnes mauvais plaisans,
Ou beaux parleurs, ou medisans.

Point de ces gens que Dieu confonde
De ces sots dont Paris abonde
Et qu'on y nomme beaux esprits
Vendeurs de fumée à tout prix
Au riche faquin qui les gâte;
Vils flateurs de qui les empâte;
Plus vils detracteurs du bon sens
De qui méprise leur encens.
Point de ces fades Petit-Maitres,
Point de ces Houbereaux champêtres
Tout fiers de quelques vains Ayeux
Presque aussi meprisables qu'eux (*c*).
Point de grondeuses pigriéches,
Voix aigre, teint noir, et mains séches,
Toujours syndiquant[2] les appas
Et les plaisirs qu'elles n'ont pas,

Dénigrant le prochain par zéle,
Se donnant à tous pour modéle,
Médisantes par charité,
Et sages par nécessité.
Point de Crésus (*a*), point de Canaille;
Point surtout de cette racaille
Que l'on appelle grands seigneurs,
Fripons sans probité, sans mœurs
Se raillant du pauvre vulgaire
Dont la vertu fait la chimére;
Mangeant fiérement nôtre bien (*b*),
Exigeant tout, n'accordant rien (*c*),
Et dont la fausse politesse
Rusant, patelinant sans cesse
N'est qu'un piége adroit pour duper
Le sot qui s'y laisse attraper[1].
Point de ces fendans militaires
A l'air rogue, aux mines altiéres,
Fiers de commander des goujats,
Traitant chacun de haut en bas,
Donnant le ton, tranchant du maitre,
Bretailleurs, fanfarons peut-être,
Toujours prets à battre ou tüer,
Toujours parlans (*d*) de leur métier
Et cent fois plus pédans, me semble
Que tous les ergoteurs ensemble.

Loin de nous tous ces ennuyeux.
Mais si par un sort plus heureux
Il se rencontre un honnête homme
Qui d'aucun Grand ne se renomme,
Qui soit aimable comme vous,
Qui sache rire avec les foux
Et raisonner avec le Sage (*e*),
Qui n'affecte point de langage (*f*),
Qui ne dise point de bon mot,
Qui ne soit pas non plus un sot,
Qui soit gay sans chercher à l'être,
Qui soit instruit sans le paroître,
Qui ne rie que par gayté
Et jamais par malignité;
De mœurs droites sans être austéres,
Qui soit simple dans ses maniéres,

Qui vueille vivre pour autrui
Afin qu'on vive aussi pour lui,
Qui sache assaisonner la Table
D'appetit, d'humeur agréable;
Ne voulant point être admiré,
Ne voulant point être ignoré,
Tenant son coin comme les autres,
Mélant ses folies aux nôtres;
Raillant sans jamais insulter,
Raillé sans jamais s'emporter;
Aimant le plaisir sans crapule,
Ennemi du petit scrupule,
Buvant sans risquer sa raison,
Point philosophe hors de saison (*a*),
En un mot, d'un tel caractére
Qu'avec lui nous puissions nous plaire
Qu'avec nous il se plaise aussi,
S'il est un homme fait ainsi
Donnez le nous je vous supplie
Mettez-le en nôtre compagnie[1];
Je brûle déja de le voir
Et de l'aimer : C'est mon devoir.
Mais c'est le vôtre, il faut le dire
Avant que de nous le produire
De le connoître. C'est assés
Montrez-le nous si vous osez (*b*).

IMITATION LIBRE D'UNE CHANSON ITALIENNE DE MÉTASTASE.

GRACE à tant de tromperies,
Grace à tes coquetteries,
Nice, je respire enfin.
Mon cœur, libre de sa chaîne,
Ne déguise plus sa peine;
Ce n'est plus un songe vain (*c*).

Toute ma flamme est éteinte :
Sous une colere feinte

L'amour ne se cache plus.
Qu'on te nomme en ton absence,
Qu'on t'adore en ma présence,
Mes sens n'en sont point émus.

En paix, sans toi, je sommeille;
Tu n'es plus quand je m'éveille
Le premier de mes desirs.
Rien de ta part ne m'agite;
Je t'aborde et je te quitte,
Sans regrets et sans plaisirs.

Le souvenir de tes charmes,
Le souvenir de mes larmes
Ne fait nul effet sur moi (*a*).
Juge enfin comme je t'aime :
Avec mon rival lui-même
Je pourrois parler de toi.

Sois fiere, sois inhumaine,
Ta fierté n'est pas moins vaine
Que le seroit ta douceur.
Sans être ému, je t'écoute;
Et tes yeux n'ont plus de route
Pour pénétrer dans mon cœur (*b*).

D'un mépris, d'une caresse,
Mes plaisirs ou ma tristesse
Ne reçoivent plus la loi.
Sans toi j'aime les bocages;
L'horreur des antres sauvages
Peut me déplaire avec toi.

Tu me parois encor belle;
Mais, Nice, tu n'es plus celle
Dont mes sens sont enchantés.
Je vois, devenu plus sage,
Des défauts sur ton visage,
Qui me sembloient des beautés.

Lorsque je brisai ma chaîne,
Dieu, que j'éprouvai de peine !

Hélas ! je crus en mourir !
Mais quand on a du courage,
Pour se tirer d'esclavage
Que ne peut-on point souffrir (*a*) ?

Ainsi du piége perfide,
Un oiseau (*b*) simple et timide
Avec effort échappé,
Au prix des plumes qu'il laisse
Prend des leçons de sagesse
Pour n'être plus attrapé.

Tu crois que mon cœur t'adore,
Voyant que je parle encore
Des soupirs que j'ai poussés;
Mais tel, au port qu'il desire,
Le nocher aime à redire
Les périls qu'il a passés.

Le guerrier couvert de gloire,
Se plaît, après la victoire,
A raconter ses exploits;
Et l'esclave, exempt de peine,
Montre avec plaisir la chaîne
Qu'il a traînée autrefois.

Je m'exprime sans contrainte;
Je ne parle point par feinte,
Pour que tu m'ajoûtes foi;
Et quoi que tu puisses dire,
Je ne daigne pas m'instruire
Comment tu parles de moi.

Tes appas, Beauté trop vaine,
Ne te rendront pas sans peine
Un aussi fidele Amant.
Ma perte est moins dangereuse;
Je ne sçais qu'une autre trompeuse
Se trouve plus aisément.

[TROIS FRAGMENTS.]

Il eſt aimable il eſt flatteur
Il embellit tout ce qu'il touche
Toujours sur un ton seducteur
Le sentiment eſt dans sa bouche
Sans être jamais (*a*) dans son cœur.

Tendres Amours Couronnés-moi
Vainqueurs du tems et de l'absence
Je vois triompher ma conſtance.
Loin de vouloir m'ôter sa foy (*b*)
Quand je crains qu'elle ne m'oublie
Chlöe daigne craindre à son tour
Que mon cœur ne la sacrifie
A l'erreur d'un nouvel amour.
D'une si charmante injuſtice
Que l'outrage me paroit doux
Présent, je t'adorai propice
J'aime absent tes soupçons jaloux
Ma Chloë tu m'aimes encore
Tu fais cas encor de mon cœur
De ce cœur qui toujours t'adore
Et qui du tien fait son bonheur (*c*).

Helas ! redis-le moi sans cesse (*d*)

Et pour éterniser mes feux
Montre moi toutte ta tendresse...

Je voulus échapper au Tyran qui m'opprime
Chlöe je voulus fuir tes dangereux attraits
Pour calmer des transports que ta présence anime
J'errois loin de tes yeux dans le fond des forets
Insensé que j'étois; dans mon inquietude
Mon mal par le reméde augmentoit chaque jour
Dans les sombres desèrts cherchant la solitude,
Par tout, helas, j'ai rencontré l'amour.

INSCRIPTION.

MISE AU BAS D'UN PORTRAIT DE FRÉDÉRIC II.

SA gloire et son proffit voila son Dieu sa Loi
Il pense en Philosophe et se conduit en Roy.

QUATRAIN POUR UN DE SES PORTRAITS.

HOMMES savans dans l'art de feindre
Qui me prètez des traits si doux,
Vous aurez beau vouloir me peindre,
Vous ne peindrez jamais que vous.

EPITAPHE DE DEUX AMANS.

CI gissent (*a*) deux Amans[1]; l'un pour l'autre ils vécurent,
L'un pour l'autre ils sont morts, et les Loix en murmurent.
La simple piété n'y trouve qu'un forfait;
Le sentiment admire, et la raison se tait.

A MADAME DUPIN.

RAISON, ne sois point éperdue,
Près d'elle on te trouve toujours;
Le sage te perd à sa vue,
Et te retrouve en ses discours.

POÉSIES D'UNE AUTHENTICITÉ DOUTEUSE.

Plus bel esprit que grand génie,
Sans foi, sans honneur, sans vertu,
Il eſt mort comme il a vécu
Couvert de gloire et d'infamie.

ADIEUX A L'ILE DE SAINT-PIERRE.

Chers amis, le sort m'entraîne;
Demain, mon cœur déchiré,
De regrets amers navré,
Va rompre sa douce chaîne,
Et se livrer, sans appui,
Aux traits que dardent sur lui,
La calomnie et la haine.

Adieu, retraite chérie,
Où, des méchans oublié,
Sous les yeux de l'amitié,
Je laissois couler ma vie;
Où dans ton sein maternel,
Nature, fille du ciel,
J'avois trouvé ma patrie.

Adieu, paisible rivage,
Où le sort plus indulgent,
Déposa, pour un moment,
Les débris de mon naufrage;
Lieux charmans dont la douceur,
Ranimoit mon foible cœur
Fatigué d'un long orage.

Adieu, source pure et claire,
Qui souvent, près de tes eaux,
Me vit chercher le repos,
La fraîcheur et le mystère;
Quand, loin des feux du midi,
Je foulois le sol fleuri
De ta rive hospitalière.

Toi, qu'un vent léger balance,
Adieu lac au sein d'argent,
Où, sous un ciel caressant,
J'errois avec indolence,
Goûtant les vagues douceurs
Des pensers longs et rêveurs
Et du soir et du silence.

Lac brillant, fontaine pure,
Lits de mousse, ombrage frais,
Amis, bienveillans et vrais,
Douce paix, retraite obscure,
Tout fuit hélas ! — et demain
Ton enfant t'appelle en vain;
— Je t'ai perdue, — ô nature !

Au sentiment qui m'oppresse,
Nul mortel ne répondra;
Mon cœur seul me parlera

Du bonheur qu'ici je laisse;
Et sur ce cher souvenir
Ma tombe prête à s'ouvrir,
Va jeter son ombre épaisse.

Ah ! — fuyez vaines allarmes !
Mon nom vivra dans ces lieux;

Cet espoir, à mes adieux
Peut encore mêler des charmes.
Adieu !... sur ces bords chéris,
Qu'il me reste, ô mes amis,
Votre tendresse et vos larmes !

QUATRAIN

COMPOSÉ POUR LE PORTRAIT DE MARIE-ANNE D'ILLENS.

Elle eut plus d'attraits en partage
Que le pinceau n'en a rendu,
Et dans le cœur plus de vertu
Que de beauté sur le visage.

VERS SUR LA FEMME.

Objet séduisant et funeste,
Que j'adore et que je déteste;
Toi que la nature embellit
Des agrémens du corps et des dons de l'esprit,
Qui de l'homme fais un esclave,
Qui t'en moques quand il se plaint,
Qui l'accables quand il te craint,
Qui le punis quand il te brave;
Toi dont le front doux et serein
Porte le plaisir dans nos fêtes;
Toi qui soulèves les tempêtes

Qui tourmentent le genre humain;
Etre ou chimère inconcevable,
Abîme de maux et de biens,
Seras-tu donc toujours la source inépuisable
De nos mépris et de nos entretiens ?

BOUQUET D'UN ENFANT A SA MÈRE.

Ce n'eſt point en offrant des fleurs
Que je veux peindre ma tendresse;
De leur parfum, de leurs couleurs,
En peu d'inſtans le charme cesse.
La rose naît en un moment,
En un moment elle eſt flétrie :
Mais ce que pour vous mon cœur sent
Ne finira qu'avec la vie.

ROMANCES.

[AIR PASTORAL.]

SURE de ta foy
Je viens dans ce hameau
Pour être avec toi
Je quitte mon troupeau
Je languis seulette
Dans notre verger
Et tout m'inquiette
Loin de mon berger.

Son haubois
Me plait seul dans ces bois
J'y vôle pour l'entendre.
Cher amant
Repette incessamment
Cet air que j'aime tant
Qu'il est tendre
Cher Silvandre
Répétons ces doux accens.
Par mes transports renaissans
Juge du plaisir que je sens
Posséde mon cœur
Berger sois mon vainqueur
Que de nos amours
Rien n'arreste le cours
Je languis, etc.

CHANSON.

Un papillon caressoit une rose
Nouvellement éclose
Qu'aussitôt il quitta pour sûcer un raisin.
Ah ! dit la charmante catin,
Qui révoit tristement à son bergé volage,
Bacchus, tu m'as ravi son cœur;
Verrions nous tant d'amans sans ton jus enchanteur,
Dégoutés du tendre esclavage ?
Bacchus, cruël Bacchus, ta fatale liqueur,
De tous les inconstans est'elle le breuvage ?

ROMANCE.

Contre un engagement
Je me crus affermie,
Mais Daphnis est charmant,
Et j'en fis la folie.
Dès qu'il m'eut attendrie,
L'ingrat fut inconstant;
Le bonheur de ma vie
N'a duré qu'un instant.

Plaire et sentir l'ardeur
D'un amour véritable,
A tout autre bonheur
Me semble préférable.
Raison peu secourable,
Eh quoy ! peux-tu souffrir
Qu'un bien si peu durable
Fasse tant de plaisir ?

Amans, votre bonheur
N'est enfin que mensonge;
Mais quelle aimable erreur,
Lorsqu'elle se prolonge !

Ah ! si je me replonge,
Amour, dans ce sommeil,
Si je fais un beau songe,
Sauve-moy du réveil.

ROMANCE.

Au lever de l'aurore,
Sur le lit de l'amour,
Zéphir caressoit Flore
Plus belle qu'un beau jour.
Une jeune bergere
Auprès d'un noir cyprès,
A l'écho solitaire
Vint conter ses regrets.

Doux oiseaux de ces rives,
Pleurez, Tyrcis est mort;
Tourterelles plaintives,
Gémissez de mon sort.
Quittez, roses nouvelles,
Vos riantes couleurs,
Et vous, échos fideles,
Répétez mes douleurs.

Le rossignol sauvage
Venoit du fond des bois
Suspendant son ramage
Ecouter son hautbois.
Les vents alors paisibles
Murmuroient doucement,
Et les ruisseaux sensibles
Couloient plus lentement.

Tyrcis le vrai modele
Des bergers amoureux,
Discret, tendre et fidele
Rendoit mes jours heureux.
Avec des violettes
Il tressoit des festons,
De rubans et d'aigrettes
Il ornoit mes moutons.

Errez à l'aventure,
A la merci des loups;
Désormais la nature
Doit prendre soin de vous.
Voici ma derniere heure,
Adieu, pauvre troupeau;
Il faut bien que je meure,
Tyrcis eﬆ au tombeau !

DAPHNIS ET CHLOÉ.

DUO.

— Dans un nouveau parentage,
Te souviendras-tu de moi ?
— Ah ! je te laisse pour gage
Mon serment, mon cœur, ma foi.

— Me reviendras-tu fidelle ?
Seras-tu toujours mon Berger ?
— Quelque deﬆin qui m'appelle,
Mon cœur ne sauroit changer.

— Ah ! sois-moi toujours fidelle !
— Je serai toujours ton berger.

ROMANCE DE PHILETAS

Je ne suis ni jeune ni beau,
J'ai peu de talent pour plaire;
Mais l'amour de son flambeau
M'anime encor et m'éclaire.

Je ne mets dans mes façons
D'autre appât que la droiture;
Je ne mets dans mes chansons
Que l'accent de la nature.

Si quelque ton de douceur
Dans mes chants se fait entendre,
Tout mon art eſt dans mon cœur :
Il m'eſt venu sans l'apprendre.

Belle Aphné, je t'offre en ce jour
Tout ce que j'ai dans ma puissance :
Un cœur tendre, un fidele amour
Et la gaité de l'innocence.

Tu peux d'un Amant plus chéri
Devenir l'heureux partage;
Mais non pas d'un meilleur Mari,
Ni qui t'aime davantage.

Bergers, n'en soyez point jaloux,
Mes plaisirs passeront les vôtres;
Notre âge mûr sera plus doux
Que n'eſt le printems des autres.

LES CONSOLATIONS DES MISÈRES DE MA VIE.

I.

— Que fais-tu dans ces bois plaintive Tourterelle ?
— Je gémis, j'ai perdu ma compagne fidelle.
— Ne crains-tu pas que l'Oiselleur
Ne te fasse perir comme elle ?
— Si ce n'eſt lui, ce sera ma douleur.

II[1].

Il eſt donc vrai, Lucille,
Vous quittez le hameau.
Cherchez-vous à la ville
Quelque hommage nouveau ?

L'Amant qui fait entendre
Un langage apprêté
Vaut-il un Berger tendre
Qui dit la vérité ?

Vous verrez sur vos traces
Mille jeunes amans
Qui vanteront vos graces,
Qui peindront leurs tourmens.
C'est l'art qui les inspire
Et non le sentiment :
Moi, j'ose à peine dire
Que j'aime tendrement.

A l'air qu'ils font paroitre
Quand ils offrent leur foi,
Vous les croirez peut être
Aussi tendres que moi.
Leur vanité, Bergere,
Allume tous leurs feux.
Je n'ai l'art ni de plaire
Ni de tromper comme eux.

III.

Quel tourment ! ah, quel martire !
Qu'il est affreux à souffrir !
Gémir dans l'ame et n'oser dire :
Hélas ! je me sens mourir.

Heureux dans sa douleur amère
Qui peut au moins verser des pleurs.
Mais toujours souffrir et se taire !
Ah ! c'est la pire des douleurs.

IV.

Pastorelle.

Deux bergeres pour faire usage
De l'amusement des beaux jours
Alloient chasser dans le boccage
Les oiseaux qu'on appelle amours.

Doris d'une course rapide
Osa sans crainte en approcher;
Eglé d'un pas lent et timide
Dans un buisson fut se cacher.

De filets l'une environnée
Vouloit enlever tout l'essain :
L'autre dans ses vœux plus bornée
N'avoit qu'une cage à la main.

Bientôt autour de nos bergeres
Tout le peuple ailé répandu
Vola sur les branches légeres
Du piége qu'on avoit tendu.

Doris en vit approcher mille;
Aucun d'eux ne se hazarda.
Dans sa cage, Eglé, plus habile
En prit un seul et le garda.

V.

RUISSEAU qui baignes cette plaine,
Je te ressemble en bien des traits.
Toujours même penchant t'entraine :
Le mien ne changera jamais.

Tu fais éclore des fleurettes :
J'en produis aussi quelquefois.
Tu gazouilles sous ces coudrettes :
De l'amour j'y chante les loix.

Ton murmure flateur et tendre
Ne cause ni bruit ni fracas;
Plein du souci qu'amour fait prendre,
Si je murmure, c'est tout bas.

Rien n'est dans l'Empire liquide
Si pur que l'argent de tes flots;
L'ardeur qui dans mon sein réside
N'est pas moins pure que tes eaux.

Des vents qui font gémir Neptune
Tu braves les coups redoublés;
Des jeux cruels de la fortune
Mes sens ne sont jamais troublés.

Je ressens pour ma tendre amie
Cet amoureux empressement
Qui te porte vers la prairie
Que tu chéris si tendrement.

Quand Thémire eſt sur ton rivage,
Dans tes eaux on voit son portrait;
Je conserve aussi son image;
Elle eſt dans mon cœur, trait pour trait.

Tu n'as point d'embuche profonde;
Je n'ai point de piege trompeur.
On voit jusqu'au fond de ton onde;
On voit jusqu'au fond de mon cœur.

Au but prescrit par la nature
Tu vas, d'un pas toujours égal,
Jusqu'au tems où par sa froidure,
L'hyver vient glacer ton criſtal.

Sans Thémire je ne puis vivre;
Mon but à son cœur eſt fixé.
Je ne cesserai de le suivre
Que quand mon sang sera glacé.

VI.

Le Siècle paſtoral[1].

Mais qui nous eut transmis l'hiſtoire
De ces tems de simplicité ?
Etoit-ce au temple de mémoire
Qu'ils gravoient leur félicité ?
La vanité de l'art d'écrire
L'eut bientôt fait évanouir;
Et sans songer à la décrire,
Ils se contentoient d'en jouir.

Des traditions étrangéres
En parlent sans obscurité;
Mais dans ces sources mensongéres
Ne cherchons point la vérité.
Cherchons-la dans les cœurs des hommes,
Dans ces regrets trop superflus
Qui disent dans ce que nous sommes
Tout ce que nous ne sommes plus.

Qu'un savant des faſtes des âges
Fasse la régle de sa foi !
Je sens de plus surs témoignages
De la mienne au dedans de moi.
Ah ! qu'avec moi le Ciel rassemble,
Appaisant enfin son courroux,
Un autre cœur qui me ressemble;
L'âge d'or renaîtra pour nous.

VII.

Faut-il être tant volage,
Ai-je dit au doux plaisir.
Tu nous fuis, las, quel dommage,
Dès qu'on a pu te saisir.

Ce plaisir tant regretable
Me repond : Rends grâce aux Dieux;
S'ils m'avoient fait plus durable
Ils m'auroient gardé pour eux.

VIII.

Mon cœur charmé de sa chaîne
Imite dans ses amours
Le ruisseau qui dans la plaine
Suit si conſtamment son cours.
Toujours, toujours
Je chérirai mon Ismène
Je l'adorerai toujours.

Le jour que l'Aurore amène
Brille moins que ses attraits;
La rose qui s'ouvre à peine
A l'air moins vif et moins frais.
Jamais, jamais
Je n'oublierai mon Ismène
Je ne changerai jamais.

Quand le sort qui tout entraine
Au tombeau nous conduira,
On gravera sur un chêne
Que le temps respectera :
Hélas, hélas !
Rien ne fut si beau qu'Ismène,
Rien de si tendre qu'Hylas.

IX.

Que le jour me dure
Passé loin de toi !
Toute la nature
N'est plus rien pour moi.
Le plus verd boccage
Quand tu n'y viens pas
N'est qu'un lieu sauvage
Pour moi sans appas.

Hélas, si je passe
Un jour sans te voir,
Je cherche ta trace
Dans mon désespoir.
Quand je l'ai perdue
Je reste à pleurer;
Mon âme éperdue
Est près d'expirer.

Le cœur me palpite
Quand j'entens ta voix;
Tout mon sang s'agite
Dès que je te vois;

Ouvres-tu la bouche ?
Les Cieux vont s'ouvrir;
Si ta main me touche,
Je me sens frémir.

X.

QUE ne suis-je encor un enfant !
Je n'avois troupeau ni houlette,
Je n'allois aux champs seulement
Que pour cueillir la violette.

Je vis Cloris, bientôt j'aimai,
Dieux ! que mon ame en fut ravie !
Le premier vœu que je formai
Fut de l'aimer toute ma vie.

— Apprenez moi, lui dis-je un jour,
Un secret que mon cœur ignore.
N'est-ce point ce qu'on nomme amour
Un feu qui brule et qui dévore ?

— Bel enfant, me repond Cloris,
Me baisant avec un air tendre,
Sans le savoir tu m'as appris
Ce que de moi tu veux apprendre.

En grandissant je perds son cœur;
Elle l'a repris, l'infidelle !
Mais son baiser et mon ardeur
Me resteront en dépit d'elle.

XI.

VRAI Dieu, quel trouble extrême
Que d'avoir tant d'amans
Qui veulent qu'on les aime
Et tous en même tems.

Mais moi, qui suis sincere,
Je dis avec douceur :
Hélas, comment donc faire ?
Voyez, je n'ai qu'un cœur.

Bergers, est-il possible
Que vous me grondiez tous
De n'être pas sensible
A vos soins les plus doux.

Si mon cœur n'est pas tendre,
Est-ce ma faute, hélas !
Contraignez-le à se rendre[1]
Il ne s'en deffend pas.

XII.

Iris ne croyez pas qu'une flamme nouvelle
Me porte à faire un autre choix.
On peut en vous voyant devenir infidelle
Mais c'est pour la derniere fois.

XIII.

Je ne sais quel ennui me presse.
Est-ce une peine, est-ce un plaisir ?
Je ne puis voir sans rougir
Un berger qui me suit sans cesse

Il m'inquiette, il m'intéresse,
Je le crains, je soupire et je ne puis le fuir.
Dites-moi quelle est ma foiblesse
Mais gardez-vous de m'en guérir.

CONTES ET APOLOGUES

LA REINE FANTASQUE.

AVERTISSEMENT DU LIBRAIRE[1].

Ce petit Conte écrit anciennement et par une sorte de défi, n'avoit point encore été imprimé que je sache. Il y a sept ou huit ans que plusieurs amis de M. Rousseau en eurent des copies qui se multiplierent à Paris et en province ; il m'en est tombé entre les mains une des moins défigurées. Je ne crois pas que l'auteur me sache mauvais gré d'imprimer une folie déja connue et qu'il a livrée au public depuis longtems.*

* Il s'agissoit d'essayer de faire un Conte supportable et même gai, sans intrigue, sans amour, sans mariage et sans polissonnerie.

LA REINE FANTASQUE (*a*).

CONTE.

Il y avoit autrefois un Roi qui aimoit son peuple.... Cela commence comme (*b*) un Conte de Fée (*c*), interrompit le Druide. C'en est un aussi (*d*), répondit Jalamir. Il y avoit donc un Roi qui aimoit son peuple, et qui par conséquent en étoit adoré. Il avoit fait tous ses efforts pour trouver des ministres qui entrassent dans ses vues (*e*) : mais ayant enfin reconnu la folie (*f*) d'une pareille recherche, il avoit pris le parti de faire par lui-même toutes les choses qu'il pouvoit dérober à leur bouillante (*g*) activité. Entêté (*h*) du bizarre projet de rendre ses sujets heureux il agissoit conséquemment à cette idée (*i*), et une conduite si singuliere lui donnoit parmi les Grands un ridicule ineffaçable : le peuple le bénissoit, mais à la Cour il passoit pour un fou. À cela près il ne manquoit pas de mérite; aussi s'appelloit-il Phénix.

Si ce Prince étoit extraordinaire, il avoit une femme qui l'étoit moins. Vive, étourdie, inégale (*j*), folle par la tête, sage par le cœur, bonne par tempérament, méchante par caprice; voilà en peu de mots (*k*) le portrait de la Reine. Fantasque étoit son nom; nom célebre, qu'elle avoit reçu de ses ancêtres en ligne féminine, et dont elle soutenoit dignement l'honneur. Cette personne si illustre et si raisonnable étoit le charme et le supplice de son cher époux; car elle l'aimoit aussi fort sincérement, peut-être à cause de la facilité qu'elle avoit à le tourmenter. Malgré l'amour réciproque qui regnoit entre eux, ils passerent plusieurs années sans pouvoir obtenir aucun fruit de leur union. Le Roi en étoit pénétré de chagrin, et la Reine s'en mettoit dans des impatiences dont ce bon Prince ne se ressentoit pas tout seul : elle s'en prenoit à tout le monde de ce qu'elle n'avoit point d'enfans; il n'y avoit pas un courtisan à qui elle ne demandât étourdiment quelque secret pour en avoir, et qu'elle ne rendît responsable du mauvais succès.

Les Médecins ne furent point oubliés; car la Reine avoit pour eux une docilité peu commune, et ils n'ordonnoient pas une drogue, qu'elle ne fît préparer très-soigneusement pour avoir le plaisir de la leur jetter au nez à l'instant qu'il la falloit prendre. Les Derviches eurent leur tour; il fallut recourir aux neuvaines, aux vœux, surtout aux offrandes; et malheur aux desservans des temples où Sa Majesté alloit en pélerinage : elle fourageoit tout, et sous pretexte d'aller respirer un air prolifique, elle ne manquoit jamais de mettre sens dessus dessous les cellules des moines. Elle portoit aussi leurs reliques, et s'affubloit alternativement de tous leurs différens équipages : tantôt c'étoit un cordon blanc, tantôt une ceinture de cuir, tantôt un long capuchon (*a*), tantôt un scapulaire; il n'y avoit sorte de mascarade monastique, dont sa dévotion ne s'avisât; et comme elle avoit un petit air éveillé, qui la rendoit charmante sous tous ces déguisemens, elle n'en quittoit aucun sans avoir eu soin de s'y faire peindre.

Enfin à force de dévotions si bien faites, à force de médecines si sagement employées, le ciel et la terre exaucerent les vœux de la Reine; elle devint grosse au moment qu'on commençoit à en désespérer. Je laisse à deviner la joie du Roi et celle du peuple : pour la sienne elle alla comme toutes ses passions jusqu'à l'extravagance : dans ses transports elle cassoit et brisoit tout; elle embrassoit indifféremment tout ce qu'elle rencontroit; hommes, femmes, courtisans, valets, c'étoit risquer de se faire étouffer que se trouver sur son passage. Elle ne connoissoit point, disoit-elle, de ravissement pareil à celui d'avoir un enfant à qui elle pût donner le fouet tout à son aise dans ses momens de mauvaise humeur.

Comme la grossesse de la Reine avoit été longtems vainement (*b*) attendue, elle passoit pour un de ces événemens extraordinaires, dont tout le monde veut avoir l'honneur. Les médecins l'attribuoient à leurs drogues, les moines à leurs reliques, le peuple à ses prieres, et le Roi à son amour. Chacun s'intéressoit à l'enfant qui devoit naître comme si c'eût été le sien, et tous faisoient des vœux sinceres pour l'heureuse naissance du Prince : car on en vouloit un, et le peuple, les Grands, et le Roi réunissoient leurs desirs sur ce point. La Reine trouva fort mauvais, qu'on s'avisât de lui prescrire de qui elle devoit accoucher, et déclara qu'elle prétendoit avoir une fille, ajoutant qu'il lui paroissoit assez singulier, que quelqu'un osât lui disputer le droit de disposer d'un bien, qui n'appartenoit incontestablement qu'à elle seule.

Phénix voulut en vain lui faire entendre raison, elle lui dit nettement que ce n'étoient point là ses affaires, et s'enferma dans son cabinet pour bouder; occupation chérie, à laquelle elle employoit réguliérement au moins six mois de l'année (*a*).

Le Roi comprenoit fort bien que les caprices de la mere ne détermineroient pas le sexe de l'enfant; mais il étoit au désespoir qu'elle donnât ainsi ses travers en spectacle à toute la Cour. Il eût sacrifié tout au monde pour que l'estime universelle eût justifié l'amour (*b*) qu'il avoit pour elle, et le bruit qu'il fit mal à propos dans cette occasion, ne fut pas la seule folie que lui eût fait faire le ridicule espoir de rendre sa femme raisonnable.

Ne sachant plus à quel saint se vouer, il eut recours à la Fée Discrette, son amie et la protectrice de son royaume. La Fée lui conseilla de prendre les voyes de la douceur, c'est-à-dire, de demander excuse à la Reine. Le seul but, lui dit-elle, de toutes les fantaisies des femmes est de désorienter un peu la morgue masculine, et d'accoutumer les hommes à l'obéissance qui leur convient. Le meilleur moyen que vous ayez de guérir les extravagances de votre femme est d'extravaguer avec elle. Sitôt (*c*) que vous cesserez de contrarier ses caprices, assûrez-vous qu'elle cessera d'en avoir, et qu'elle n'attend pour devenir sage, que de vous avoir rendu bien complettement fou. Faites donc les choses de bonne grace, et cédez (*d*) en cette occasion pour obtenir ce que vous voudrez dans une autre. Le Roi crut le Fée, et pour se conformer à son avis s'étant rendu au Cercle de la Reine, il la prit à part, lui dit (*e*) tout bas qu'il étoit fâché d'avoir contesté (*f*) mal-à-propos, et qu'il tâcheroit de la dédommager à l'avenir par sa complaisance de l'humeur qu'il pouvoit avoir mise dans ses discours en disputant impoliment contre elle.

Fantasque, qui craignit que la douceur de Phénix ne la

couvrît seule du ridicule (*a*) de cette affaire, se hâta de lui répondre, que sous cette excuse ironique elle voyoit encore plus d'orgueil que dans les disputes précédentes, mais que puisque les torts d'un mari n'autorisoient point ceux d'une femme, elle se hâtoit de céder en cette occasion comme elle avoit toujours fait : mon Prince et mon époux, ajouta-t-elle tout haut, m'ordonne d'accoucher d'un garçon, et je sais trop bien mon devoir pour manquer d'obéir. Je n'ignore pas que quand Sa Majesté m'honore des marques de sa tendresse, c'est moins pour l'amour de moi que pour celui de son peuple, dont l'intérêt ne l'occupe gueres moins la nuit que le jour. Je dois imiter un si noble désintéressement et je vais demander au Divan un mémoire instructif du nombre et du sexe des enfans qui conviennent à la famille royale; mémoire important au bonheur de l'Etat, et sur lequel toute Reine doit (*b*) apprendre à régler sa conduite pendant la nuit.

Ce beau soliloque fut écouté de tout le Cercle avec beaucoup d'attention, et je vous laisse à penser combien d'éclats de rire furent assez mal-adroitement étouffés. Ah ! dit tristement le Roi en sortant et haussant les épaules, je vois bien que quand on a une femme folle, on ne peut éviter d'être un sot.

La Fée Discrette dont le sexe et le nom contrastoient quelquefois plaisamment dans son caractere, trouva cette querelle si réjouissante, qu'elle résolut de s'en amuser jusqu'au bout. Elle dit publiquement au Roi, qu'elle avoit consulté les cometes, qui président à la naissance des Princes, et qu'elle pouvoit lui répondre que l'enfant qui naîtroit de lui, seroit un garçon; mais en secret elle assûra la Reine, qu'elle auroit une fille.

Cet avis rendit tout-à-coup Fantasque aussi raisonnable qu'elle avoit été capricieuse jusqu'alors. Ce fut avec une douceur et une complaisance infinies (*c*) qu'elle prit toutes les mesures possibles pour désoler (*d*) le Roi et toute la Cour. Elle se hâta de faire faire une layette des plus superbes, affectant de la rendre si propre à un garçon qu'elle devînt ridicule à une fille; il fallut dans ce dessein changer plusieurs modes, mais tout cela ne lui coutoit rien. Elle fit préparer un beau collier de l'Ordre tout brillant de pierreries et voulut absolument que le Roi nommât d'avance le gouverneur et le précepteur du jeune Prince.

Sitôt qu'elle fut sûre d'avoir une fille (*a*), elle ne parla que de son fils, et n'omit aucune des précautions inutiles, qui pouvoient faire oublier celles qu'on auroit dû prendre (*b*). Elle rioit aux éclats en se peignant la contenance étonnée et bête qu'auroient les Grands et les magistrats qui devoient orner ses couches de leur présence. Il me semble, disoit-elle à la Fée, voir d'un côté notre vénérable Chancelier arborer de grandes lunettes pour vérifier le sexe de l'enfant, et de l'autre Sa Sacrée Majesté baisser les yeux et dire en balbutiant : je croyois... la Fée m'avoit pourtant dit... Messieurs, ce n'est pas ma faute... et d'autres apophthegmes aussi spirituels recueillis par les savans de la Cour, et portés bientôt jusqu'aux extrémités des Indes.

Elle se représentait avec un plaisir malin le désordre et la confusion, que ce merveilleux événement alloit jetter dans toute l'assemblée. Elle se figuroit d'avance les disputes, l'agitation de toutes les Dames du palais pour réclamer, ajuster, concilier en ce moment imprévu les droits de leurs importantes charges, et toute la Cour en mouvement pour un beguin (*c*).

Ce fut aussi dans cette occasion qu'elle inventa le décent et spirituel usage de faire haranguer par les Magistrats en robe le Prince nouveau né. Phénix voulut lui représenter que c'étoit avilir la Magistrature à pure perte, et jetter un comique extravagant sur tout le cérémonial de la Cour que d'aller en grand appareil étaler du Phœbus à un petit Marmot avant qu'il le pût entendre, ou du moins y répondre.

Et (*d*) tant mieux ! reprit vivement la Reine, tant mieux pour votre fils ! ne seroit-il pas trop heureux que les bêtises (*e*) qu'ils ont à lui dire, fussent épuisées avant qu'il les entendît, et voulez-vous qu'on lui garde (*f*) pour l'âge de raison des discours propres à le rendre fou ? Pour Dieu laissez-les haranguer tout leur bien-aise, tandis qu'on est sûr qu'il n'y comprend rien et qu'il en a l'ennui de moins : Vous devez savoir de reste, qu'on n'en est pas toujours quitte à si bon marché. Il en fallut passer par là, et de l'ordre exprès de Sa Majesté les Présidens du Sénat et des Académies commencerent à composer, étudier, raturer et feuilleter leur Vaumoriere[1] et leur Démosthene pour apprendre à parler à un embryon.

Enfin le moment critique arriva. La Reine sentit les

premieres douleurs avec des transports de joie, dont on ne s'avise gueres en pareille occasion. Elle se plaignoit de si bonne grace, et pleuroit d'un air si riant, qu'on eût crû que le plus grand de ses plaisirs étoit celui d'accoucher.

Aussitôt ce fut dans tout le palais une rumeur épouvantable. Les uns couroient chercher le Roi, d'autres les Princes, d'autres les Ministres, d'autres le Sénat : le plus grand nombre et les plus pressés alloient pour aller, et roulant leur tonneau comme Diogene, avoient pour toute affaire de se donner un air effaré. Dans l'empressement de rassembler tant de gens nécessaires, la derniere personne à qui l'on songea, fut l'accoucheur; et le Roi, que son trouble mettoit hors de lui, ayant demandé par mégarde une sage-femme, cette inadvertance excita parmi les Dames (*a*) des ris immodérés, qui joints à la bonne humeur de la Reine, firent l'accouchement le plus gai dont on eût jamais entendu parler.

Quoique Fantasque eût gardé de son mieux le secret de la Fée, il n'avoit pas laissé de transpirer parmi les femmes de sa maison (*b*), et celles-ci le garderent si fidellement elles-mêmes, que le bruit fut plus de trois jours à s'en répandre par toute la ville; de sorte qu'il n'y avoit depuis long-tems que le Roi seul qui n'en sût rien. Chacun étoit donc attentif à la scene qui se préparoit, l'intérêt public fournissant un prétexte (*c*) à tous les curieux de s'amuser aux dépens de la famille royale, ils se faisoient une fête (*d*) d'épier la contenance de leurs Majestés, et de voir comment avec deux promesses contradictoires, la Fée pourroit se tirer d'affaire et conserver son crédit.

Oh ça, Monseigneur (*e*), dit Jalamir au Druide en s'interrompant; convenez qu'il ne tient qu'à moi de vous impatienter dans les regles : car vous sentez bien que voici le moment des digressions, des réflexions, des portraits et de ces multitudes (*f*) de belles choses, que tout auteur homme d'esprit ne manque jamais d'employer à propos dans l'endroit le plus intéressant pour excéder (*g*) ses lecteurs. Comment par Dieu ! dit le Druide, t'imagines-tu qu'il y en ait d'assez sots pour lire tout cet esprit-là ? Apprens qu'on a toujours celui de le passer et qu'en dépit de Monsieur l'Auteur on a bientôt recouvert son étalage avec les (*h*) feuillets de son livre. Et toi qui fais ici le raisonneur, penses-tu que (*i*) pour éviter l'imputation d'une sottise, il suffise de dire qu'il ne tiendroit qu'à toi de la faire ? Vraiment il ne falloit que le dire pour le prouver : et malheureusement je n'ai pas moi la ressource de tourner les feuillets. Consolez-vous, lui dit doucement Jalamir, d'autres les tourneront pour vous, si jamais on écrit ceci. Cependant considérez que voilà toute la Cour rassemblée dans la chambre de la Reine, que c'est la plus belle occasion que j'aurai jamais de vous peindre tant d'illustres originaux, et la seule peut-être que vous aurez de les connoître. Que Dieu t'entende ! repartit plaisamment le Druide; je ne les connoîtrai que trop par leurs actions : fais-les donc agir si ton histoire a besoin d'eux, et n'en dis mot s'ils sont inutiles : je ne veux point d'autres portraits que les faits. Puisqu'il n'y a pas moyen, dit Jalamir, d'égayer mon récit par un peu de métaphysique, j'en vais tout bêtement reprendre le fil. Mais conter pour conter est si plat (*a*)... vous ne savez pas combien de belles choses vous allez perdre ! aidez-moi, je vous prie, à me retrouver, car la Philosophie (*b*) m'a tellement emporté, que je ne sais plus à quoi j'en étois du Conte.

A cette Reine, dit le Druide impatienté, que tu as tant de peine à faire accoucher, et avec laquelle tu me tiens depuis une heure en travail : Oh, oh (*c*), reprit Jalamir, croyez-vous que les enfans des Rois se pondent comme des œufs de grive ? Vous allez voir si ce n'étoit pas bien la peine de perorer. La Reine donc après bien des cris et des ris tira enfin les curieux de peine et la Fée d'intrigue, en mettant au jour une fille et un garçon plus beaux que le soleil et la lune, et qui se ressembloient si fort, qu'on avoit peine à les distinguer; ce qui fit que dans leur enfance on se plaisoit à les habiller de même.

Dans ce moment si desiré le Roi sortant de la Majesté pour se rendre à la nature, fit des extravagances qu'en d'autres tems il n'eût pas laissé faire à la Reine, et le plaisir d'avoir des enfans le rendoit si (*d*) enfant lui-même, qu'il courut sur son balcon crier au peuple à pleine tête (*e*) : mes amis, réjouissez-vous tous, il vient de me naître un fils, à vous un pere, et une fille à ma femme. La Reine qui se trouvoit pour la premiere fois de sa vie à pareille fête, ne s'apperçut pas de tout l'ouvrage qu'elle avoit fait; et la Fée qui connoissoit son esprit fantasque, se contenta, conformément à ce qu'elle avoit désiré, de lui annoncer d'abord une fille. La Reine se la fit apporter, et ce qui surprit fort les spectateurs, elle l'embrassa tendrement à la vérité, mais les larmes aux yeux et avec un air de tristesse, qui cadroit mal avec celui qu'elle avoit eu jusqu'alors. J'ai déja dit qu'elle aimoit sincérement (*a*) son époux : elle avoit été touchée de l'inquiétude et de l'attendrissement qu'elle avoit lû dans ses regards durant ses souffrances. Elle avoit fait, dans un tems à la vérité singuliérement choisi, des réflexions sur la cruauté qu'il y avoit à désoler un mari si bon, et quand on lui présenta sa fille, elle ne songea qu'au regret qu'auroit le Roi de n'avoir pas un fils. Discrette, à qui l'esprit de son sexe et le don de féerie apprenoient à lire facilement dans les cœurs, pénétra sur le champ ce qui se passoit dans celui de la Reine, et n'ayant plus de raison pour lui déguiser la vérité, elle fit apporter le jeune Prince. La Reine revenue de sa surprise trouva l'expédient si plaisant, qu'elle en fit des éclats de rire dangereux dans l'état où elle étoit. Elle se trouva mal, on eut beaucoup de peine à la faire revenir, et si la Fée n'eût répondu de sa vie, la douleur la plus vive alloit succéder aux transports de joye dans le cœur du Roi et sur les visages des courtisans.

Mais voici ce qu'il y eut de plus singulier dans toute cette aventure. Le regret sincere qu'avoit la Reine d'avoir tourmenté son Mari lui fit prendre une affection plus vive pour le jeune Prince que pour sa sœur, et le Roi de son côté qui adoroit la Reine, marqua la même préférence à la fille qu'elle avoit souhaitée. Les caresses indirectes que ces deux uniques époux se faisoient ainsi l'un à l'autre devinrent bientôt un goût très-décidé, et la Reine ne pouvoit non plus se passer de son fils, que le Roi de sa fille.

Ce double événement fit un grand plaisir à tout le peuple, et le rassura du moins pour un tems sur la frayeur (*b*) de manquer de maître (*c*). Les esprits-forts, qui s'étoient moqués des promesses de la Fée, furent moqués à leur tour. Mais ils ne se tinrent pas pour battus; disant qu'ils n'accordoient pas même à la Fée l'infaillibilité du mensonge, ni à ses prédictions la vertu de rendre impossibles les choses qu'elle annonçoit. D'autres fondés sur la prédilection, qui commençoit à se déclarer, pousserent l'impudence jusqu'à soutenir qu'en donnant un fils à la Reine, et une fille au Roi, l'événement avoit de tout point démenti la prophétie.

Tandis que tout se disposoit pour la pompe du bâtême des deux nouveaux nés, et que l'orgueil humain se préparoit à briller humblement aux autels des Dieux... Un moment, interrompit le Druide, tu me brouilles d'une terrible façon : apprens-moi, je te prie, en quel lieu nous sommes. D'abord pour rendre la Reine enceinte tu la promenois parmi des reliques et des capuchons. Après cela tu nous as tout-à-coup fait passer aux Indes. A présent tu viens me parler du batême, et puis des autels des Dieux. Par le grand Tharamis, je ne sais plus si dans la cérémonie que tu prépares, nous allons adorer Jupiter, la bonne Vierge ou Mahomet. Ce n'est pas qu'à moi Druide il m'importe beaucoup que tes deux bambins soient baptisés ou circoncis, mais encore faut-il observer le costume, et ne pas m'exposer à prendre un Evêque pour le Muphti et le Missel pour l'Alcoran. Le grand malheur ! lui dit Jalamir, d'aussi fins que vous s'y tromperoient bien. Dieu garde de mal tous ces (*a*) Prélats qui ont des serrails et prennent pour de l'Arabe le Latin du bréviaire. Dieu fasse paix à tous les honnêtes Caffards qui suivent l'intolérance du Prophête de la Mecque, toujours prêts à massacrer saintement le genre humain pour la gloire (*b*) du Créateur. Mais vous devez vous ressouvenir que nous sommes dans un pays de Fées, où l'on n'envoye personne en enfer pour le bien de son ame, où l'on ne s'avise point de regarder au prépuce des gens pour les damner ou les absoudre, et où la Mitre et le Turban verd couvrent également les têtes sacrées (*c*) pour servir de signalement aux yeux des sages et de parure à ceux des sots.

Je sais bien que les loix de la Géographie, qui réglent toutes les Religions du Monde, veulent que les deux nouveaux nés soient Musulmans, mais on ne circoncit que les mâles, et j'ai besoin que mes jumeaux soient administrés tous deux. Ainsi trouvez bon que je les baptise. Fais, fais, dit le Druide; voilà, foi de Prêtre, un choix le mieux motivé dont j'aye entendu parler de ma vie. Jalamir continua (*d*).

La Reine qui se plaisoit à bouleverser toute étiquette, voulut se lever au bout de six jours et sortir le septieme sous prétexte qu'elle se portoit bien : En effet elle nourrissoit ses enfans. Exemple odieux, dont toutes les femmes lui representerent très vivement les conséquences. Mais Fantasque qui craignoit les ravages du lait répandu soutint qu'il n'y a point de tems plus perdu pour le plaisir de la vie que celui qui vient après la mort, et que le sein d'une femme morte se flétrit encore plus (*a*) que celui d'une nourrice, ajoutant d'un ton de Duegne, qu'il n'y a point de plus (*b*) belle gorge aux yeux d'un Mari que celle d'une femme (*c*) qui nourrit ses enfans. Cette intervention des Maris dans des soins qui les regardent si peu fit beaucoup rire les Dames, et la Reine, trop jolie pour l'être impunément, leur parut dès-lors malgré ses caprices presqu'aussi ridicule que son époux, qu'elles appelloient par dérision le bourgeois de Vaugirard.

Je te vois venir, dit aussi-tôt le Druide, tu voudrois me donner insensiblement le rôle de Schahbahan, et me faire demander s'il y a aussi un Vaugirard aux Indes, comme un Madrid au bois de Boulogne, un Opéra dans Paris, et un Philosophe à la Cour. Mais poursuis ta rapsodie et ne me tens plus de ces pieges; car n'étant ni marié ni Sultan, ce n'est pas la peine d'être un sot.

Enfin, dit Jalamir sans répondre au Druide, tout étant prêt, le jour fut pris pour ouvrir les portes du ciel aux deux nouveaux nés. La Fée se rendit de bon matin au Palais, et déclara aux augustes époux qu'elle alloit faire à chacun de leurs enfans un présent digne de leur naissance et de son pouvoir. Je veux, dit-elle, avant que l'eau magique les dérobe à ma protection, les enrichir de mes dons, et leur donner des noms plus efficaces que ceux de tous les pieds-plats du Calendrier, puisqu'ils exprimeront des perfections dont j'aurai soin de les douer en même tems : mais comme vous devez connoître mieux que moi les qualités qui conviennent au bonheur de votre famille et de vos peuples, choisissez vous-mêmes, et faites ainsi d'un seul acte de volonté sur chacun de vos deux enfans, ce que vingt ans d'éducation font rarement dans la jeunesse et que la raison ne fait plus dans un âge avancé.

Aussitôt, grande altercation entre les deux époux. La Reine prétendoit seule régler à sa fantaisie le caractère de toute la famille, et le bon Prince, qui sentoit toute l'importance d'un pareil choix, n'avoit garde de l'abandonner aux caprices d'une femme dont il adoroit les folies sans les partager. Phénix vouloit des enfans qui devinssent un jour des gens raisonnables; Fantasque aimoit mieux avoir (*d*) de jolis enfans, et pourvû qu'ils brillassent à six ans elle s'embarrassoit fort peu qu'ils fussent des sots à trente. La Fée eut beau s'efforcer de mettre leurs Majestés d'accord : bientôt le caractere des nouveaux nés ne fut plus que le prétexte de la dispute, et il n'étoit pas question d'avoir raison mais de se mettre l'un l'autre à la raison.

Enfin Discrette imagina un moyen de tout ajuster sans donner le tort à personne; ce fut que chacun disposât à son gré de l'enfant de son sexe. Le Roi approuva un expédient, qui pourvoyoit à l'essentiel en mettant à couvert des bizarres souhaits (*a*) de la Reine l'héritier (*b*) de la couronne, et voyant les deux enfans sur les genoux de leur Gouvernante, il se hâta de s'emparer du Prince, non sans regarder sa sœur d'un œil de commisération. Mais Fantasque, d'autant plus mutinée qu'elle avoit moins raison de l'être, courut comme une emportée à la jeune Princesse et la prenant aussi dans ses bras; vous vous unissez tous, dit-elle, pour m'irriter (*c*); mais afin que les caprices du Roi tournent malgré lui-même au profit d'un de ses enfans, je déclare que je demande pour celui que je tiens tout le contraire de ce qu'il demandera pour l'autre. Choisissez maintenant, dit-elle au Roi d'un air de triomphe (*d*), et puisque vous trouvez tant de charmes à tout diriger décidez d'un seul mot le sort de votre famille entiere. La Fée et le Roi tâcherent en vain de la détourner (*e*) d'une résolution qui mettoit ce Prince dans un étrange embarras, elle n'en voulut jamais démordre et dit qu'elle se félicitoit beaucoup d'un expédient qui feroit réjaillir sur sa fille tout le mérite que le Roi ne sauroit pas donner à son fils. Ah ! dit ce Prince outré de dépit, vous n'avez jamais eu pour votre fille que de l'aversion, et vous le prouvez dans l'occasion la plus importante de sa vie; mais, ajouta-t-il dans un transport de colere dont il ne fut pas le maître, pour la rendre parfaite en dépit de vous, je demande que cet enfant-ci vous ressemble. Tant mieux pour vous et pour lui, reprit vivement la Reine; mais je serai vengée, et votre fille vous ressemblera. A peine ces mots furent-ils lâchés de part et d'autre avec une impétuosité sans égale, que le Roi désespéré de son étourderie les eût bien voulu retenir : mais c'en étoit fait, et les deux enfans étoient doués sans retour des caracteres demandés. Le Garçon reçut le nom de Prince Caprice, et la fille s'appella la Princesse Raison, nom bizarre qu'elle illustra si bien, qu'aucune femme n'osa depuis le porter (*a*).

Voilà donc le futur successeur au trône orné de toutes les perfections (*b*) d'une jolie femme, et la Princesse sa sœur destinée à posséder un jour toutes les vertus d'un honnête homme, et les qualités d'un bon Roi; partage qui ne paroissoit pas des mieux entendus mais sur lequel on ne pouvoit plus revenir. Le plaisant fut que l'amour mutuel des deux époux agissant en cet instant avec toute la force que lui rendoient toujours mais souvent trop tard les occasions essentielles, et la prédilection ne cessant d'agir, chacun trouva celui de ses enfans qui devoit lui ressembler le plus mal partagé des deux, et songea moins à le féliciter qu'à le plaindre. Le Roi prit sa fille dans ses bras, et la serrant tendrement, hélas ! lui dit-il, que te serviroit la beauté même de ta mere, sans son talent pour la faire valoir ? Tu seras trop raisonnable pour faire tourner la tête à personne ! Fantasque plus circonspecte sur ses propres vérités ne dit pas tout ce qu'elle pensoit de la sagesse du Roi futur, mais il étoit aisé de douter à l'air triste dont elle le caressoit, qu'elle eût au fond du cœur une grande opinion de son partage. Cependant le Roi la regardant avec une sorte de confusion lui fit quelques reproches sur ce qui s'étoit passé. Je sens mes torts, lui dit-il, mais ils sont votre ouvrage; nos enfans auroient valu beaucoup mieux que nous, vous êtes cause qu'ils ne feront que nous ressembler. Au moins, dit-elle aussi-tôt en sautant au cou de son Mari, je suis sûre qu'ils s'aimeront autant qu'il est possible. Phénix touché de ce qu'il y avoit de tendre dans cette saillie, se consola par cette réflexion qu'il avoit si souvent occasion de faire, qu'en effet la bonté naturelle et un cœur sensible suffisent pour tout réparer.

Je devine si bien tout le reste, dit le Druide à Jalamir en l'interrompant, que j'acheverois le conte pour toi. Ton Prince Caprice fera tourner la tête à tout le monde, et sera trop bien l'imitateur de sa Mere, pour n'en pas être le tourment (*c*). Il bouleversera le Royaume en le voulant réformer. Pour rendre ses sujets heureux il les mettra au désespoir, s'en prenant toujours aux autres de ses propres torts : injuste pour avoir été imprudent, il commettra de nouvelles fautes pour réparer les premieres (*d*). Comme la sagesse ne le conduira jamais, le bien qu'il voudra faire aggravera le mal qu'il aura fait (*a*). En un mot, quoiqu'au fond il soit bon, généreux, sensible, ses vertus même lui tourneront à préjudice, et sa seule étourderie unie à tout son pouvoir le fera plus haïr, que n'auroit fait une méchanceté raisonnée. D'un autre côté ta Princesse Raison, nouvelle Héroïne du pays des Fées, deviendra un prodige de sagesse et de prudence, et sans avoir d'adorateurs se fera tellement adorer du peuple, que chacun fera des vœux pour être gouverné par elle : sa bonne conduite avantageuse à tout le monde et à elle-même, ne fera du tort qu'à son frere, dont on opposera sans cesse les travers à ses vertus, et à qui la prévention publique donnera tous les défauts qu'elle n'aura pas, quand même il ne les auroit pas lui-même. Il sera question d'intervertir (*b*) l'ordre de la succession au trône, d'asservir la marotte à la quenouille et la fortune à la raison. Les Docteurs exposeront avec emphase les conséquences d'un tel exemple, et prouveront qu'il vaut mieux que le peuple obéisse aveuglément aux enragés que le sort (*c*) peut lui donner pour maîtres, que de se choisir lui-même des chefs raisonnables, que quoiqu'on interdise à un fou le gouvernement de son propre bien, il est bon de lui laisser la suprême disposition de nos biens et de nos vies, que le plus insensé des hommes est préférable encore à la plus sage des femmes, et que le mâle ou le premier né, fût-il un singe ou un loup (*d*), il faudroit en bonne politique qu'une Héroïne ou un Ange naissant après lui obéît à ses volontés. Objections et répliques de la part des séditieux, dans lesquelles Dieu sait comme on verra briller ta sophistique éloquence : car je te connois; c'est sur-tout à médire de ce qui se fait que ta bile s'exhale avec volupté, et ton amere franchise semble se réjouir de la méchanceté des hommes par le plaisir qu'elle prend à la leur reprocher.

Tubleu, Pere Druide, comme vous y allez, dit Jalamir tout surpris ! quel flux (*e*) de paroles ! où diable avez-vous pris de si belles tirades ? vous ne prêchâtes de vôtre vie aussi bien dans le bois sacré, quoique vous n'y parliez pas plus vrai. Si je vous laissois faire, vous changeriez bientôt un Conte de Fée en un traité de politique, et l'on trouveroit quelque jour dans les cabinets des Princes Barbe-Bleue ou Peau-d'âne au lieu (*f*) de Machiavel. Mais ne vous mettez point tant en fraix pour deviner la fin de mon Conte (*g*).

Pour vous montrer que les dénouemens ne me manquent pas au besoin, j'en vais dans quatre mots expédier un, non pas aussi savant que le vôtre, mais du moins (*a*) aussi naturel et à coup-sûr plus imprévu (*b*).

Vous saurez donc que les deux enfans jumeaux étant, comme je l'ai remarqué, fort semblables de figures, et de plus, habillés de même, le Roi croyant avoir pris son fils tenoit sa fille entre ses bras au moment de l'influence, et que la Reine trompée par le choix de son mari, ayant aussi pris son fils pour sa fille, la Fée profita de cette erreur pour douer les deux enfans de la maniere qui leur convenoit le mieux. Caprice fut donc le nom de la Princesse, Raison celui du Prince son frere, et en dépit des bizarreries de la Reine, tout se trouva dans l'ordre naturel. Parvenu au trône après la mort du Roi, Raison fit beaucoup de bien et fort peu de bruit; cherchant plûtôt à remplir ses devoirs qu'à s'acquérir de la gloire, il ne fit ni guerre aux étrangers, ni violences à ses sujets, et reçut plus de bénédictions que d'éloges. Tous les projets formés sous le précédent régne furent exécutés sous celui-ci, et en passant de la domination du pere sous celle du fils, les peuples deux fois heureux crurent n'avoir pas changé de maître. La Princesse Caprice, après avoir fait perdre la vie ou la raison à des multitudes d'amans tendres et aimables, fut enfin mariée à un Roi voisin, qu'elle préféra parce qu'il avoit la plus longue moustache et sautoit le mieux à cloche-pied. Pour Fantasque, elle mourut d'une indigestion de pieds de poulets (*c*) en ragoût, qu'elle voulut (*d*) manger avant de se mettre au lit où le Roi se morfondoit à l'attendre, un soir qu'à force d'agaceries elle l'avoit engagé à venir coucher avec elle.

LES AMOURS DE CLAIRE ET DE MARCELLIN

DANS le village d'Orival en Dauphiné demeuroit un Laboureur à son aise (*a*) nommé Germon. Ce Paysan avoit un fils unique nommé Marcellin : Jeune homme heureusement né et d'un mérite d'autant plus vrai qu'il n'avoit point receu le fard de l'éducation. Son Père fâché de n'avoir que lui, voulut le marier de bonne heure pour s'assurer une plus nombreuse famille : car la multitude des Enfans qui chez les Païsans ajoûte à la misère des Pauvres, augmente la richesse de ceux qui sont à leur aise. Germon s'étant donc arrangé pour ce mariage, le conclut moins en villageois qu'en homme riche, c'est à dire sur les seules convenances du bien et sans beaucoup consulter le goût de son fils.

Marcellin à qui le cœur ne disoit rien en faveur du choix de son Père, mais qui n'avoit rien non plus de raisonnable à y opposer, prit le parti d'obeir sans murmure; et le mariage alloit s'achever si deux jours avant la Noce le fiancé ne se fut trouvé attaqué d'un mal fort extraordinaire. Des vomissemens continuels accompagnés de convulsions et de simptomes dangereux firent craindre pour sa vie. On appella le Chirurgien du village qui ne connoissant rien à un mal aussi singulier (*b*) ne manqua pas d'en donner une longue explication et de faire beaucoup de mauvaises ordonnances faute d'en savoir trouver une bonne. Heureusement pour le pauvre Marcellin, on découvrit la véritable cause de sa maladie avant que les Drogues de son Esculape lui en eussent donné une plus dangereuse.

Cette cause secrette étoit l'Amour mais avec des circonstances si singulières qu'elles feront mieux connoître l'innocente simplicité de ce jeune homme que toutes les descriptions (*a*) que j'en pourrois faire.

Une jeune fille d'Orival nommée Claire avoit été élevée à Valence auprès d'une Dame qui l'avoit prise en amitié et dont sa Mère avoit nourri un Enfant. Cette Dame étoit morte à peu près dans le tems que le mariage dont je viens de parler avoit été résolu, et quelques jours après cet événement Marcellin étant allé à Valence avec sa Mère faire des emplettes de Noce, avoit eu occasion de voir Claire pour quelques commissions dont la famille de cette fille l'avoit chargé pour elle.

Claire étoit charmante sans être belle, ou du moins sa beauté avoit plus d'élégance que de régularité; elle n'excitoit pas l'admiration, mais elle touchoit sans qu'on sut pourquoi : Ce pourquoi étoit qu'avec des traits communs, ses regards, son geste, sa physionomie annonçoient une Ame sensible, et qu'une ame sensible est pour celles qui le sont le premier et le plus puissant de tous les charmes. Quant à ceux qui ont ce sens interieur moins exquis, et qui ne s'affectent pour ainsi dire que par régle et methode Claire n'eut été pour eux qu'une personne ordinaire qu'on est étonné d'oublier difficilement quoiqu'on ne voye point de raison de s'en souvenir. Un bon Observateur auroit dit en la voyant : Il est très possible qu'elle n'excite jamais de passion, mais il est sur qu'elle n'en excitera jamais de mediocre[1].

Pour Marcellin; tranquille à l'extérieur et d'un Temperamment froid en apparence, on l'auroit cru peu fait pour sentir tout le mérite de Claire. Cependant il avoit les passions très vives et en étoit d'autant plus tourmenté que sous un air serein la Tempête etoit concentrée au fond de son cœur. L'indolence et le sens froid[2] qu'on croyoit remarquer en lui étoi[en]t souvent l'ouvrage de sa sensibilité même. Plusieurs objets l'affectoient peu parce qu'ils agissoient sur une âme fortement préoccupée. D'autres l'affectoient si vivement qu'il avoit honte de tant d'émotion et employoit toute sa force à la surmonter ou du moins à la déguiser (*b*). La sorte d'éducation rude et grossière qu'il avoit receüe de son Père n'avoit pas peu contribué à lui faire prendre cette habitude forcée de modération que des Leçons plus douces ne lui auroient peut être jamais donnée (*c*).

Voila, dira-t-on peut être, bien de la finesse pour des

Paysans. Je réponds (*a*) que ce ne sont point leurs habits que j'ai entrepris de peindre. Je puis répondre encore qu'il y a des Âmes dont la place n'eſt dans aucun rang parce qu'elles sont supérieures à tous, et telles étoient celles de Claire et de Marcellin. Les Princes, les Paysans, et même les Philosophes pensent et sentent de même; l'éducation change les noms et les apparences, mais le fond des cœurs ne change jamais. Or la Nature n'a point de moules différens pour les Rois et les laboureurs. Revenons à nôtre hiſtoire[1].

Ces deux personnes se virent donc et l'on devine bien ce qui en arriva (*b*); Marcellin revint tout pensif à son village et trouva sa fiancée encore plus maussade qu'auparavant. Quelque indifférent qu'il fut sur sa parure et celle de son Epouse, il se trouva qu'on avoit oublié et qu'on oublioit toujours je ne sais combien de choses nécessaires, pour lesquelles il fallut faire successivement autant de voyages à Valence, sans manquer jamais d'aller recevoir les Commissions de Mademoiselle Claire (*c*).

Après la perte de sa protectrice, Claire n'avoit point songé à quitter la ville où elle pouvoit vivre commodément de son travail et d'une (*d*) pension que cette Dame lui avoit laissée. Durant les courses de Marcellin elle changea d'avis, et reflechissant qu'à son âge il étoit plus convenable de (*e*) vivre sous les yeux de ses Parens, elle prit le parti de retourner chez son Père (*f*); aussitôt qu'elle fut à Orival, Marcellin n'eut plus rien à faire à Valence.

Claire apprit avec surprise que Marcellin étoit prét à se marier. Dans touttes les visittes qu'il lui avoit faites il ne lui en avoit jamais parlé, et comme elle ne trouvoit pas que le ton qu'il avoit pris avec elle fut celui d'un homme prét à en épouser une autre, elle se crut en droit de lui reprocher sa dissimulation; il lui échappa même quelques larmes qu'elle s'efforça de cacher; Marcellin s'en apperceut pourtant; il en fut ému jusqu'au fond du cœur, et deux goutes d'eau presque imperceptibles furent la source de bien des orages.

Marcellin au desespoir et plus amoureux cent fois qu'il ne croioit l'être, résolut de rompre ou de differer au moins son mariage, il fut à diverses reprises (*g*) sur le point d'en parler à son Père, mais ce rude et grossier Paysan qui poussoit jusqu'à la brutalité la sévérité paternelle étoit d'un entêtement que rien ne ramenoit; le fils qui en craignoit l'abord et qui croyoit prevoir l'inutilité de ses representations y renonça moins par raison que par timidité. Il auroit parlé volontiers (*a*) à sa Mère, mais elle avoit plus de complaisance pour lui que de credit sur l'esprit de Germon. D'ailleurs elle étoit malade depuis longtems, il craignoit de l'affliger et de nuire à sa guérison[1]. Enfin, malgré cette maladie qui trainoit en longueur et sur laquelle Marcellin avoit fondé l'espoir d'un délai, le jour de la noce ayant été fixé par les Parens (*b*) qui s'ennuyoient d'attendre, Marcellin s'avisa d'un expédient pour différer le moment de son malheur, et cet expédient fut de se procurer (*c*) une maladie passagère propre à (*d*) donner un peu d'allarme sur son compte et à faire suspendre le mariage[2]. Il avoit trouvé un pacquet d'Emetique qui contenoit plusieurs doses et qui avoit été préparé pour sa Mère; il avala le tout sans marchander. Je ne sais si son amour avoit prévu la grandeur du peril où il s'alloit précipiter; mais la trop forte dose jointe au défaut des précautions necessaires pour adoucir et faciliter l'effet de cette dangereuse drogue le mit dans un état à faire craindre pour sa vie et voila ce qui avoit produit de la part du Chirurgien tant de savantes dissertations (*e*).

Le danger du fils ranima la Mère et l'arracha de son lit. Et cet événement qui lui eut peut être ôté la santé si elle l'avoir eüe la lui rendit contre toutte apparence; tant la Nature a de ressources inconnües à l'art. Cette bonne femme soupçonna quelque chose d'extraordinaire dans la maladie de son fils; ce sont en pareil cas des yeux bien pénétrans que ceux d'une Mère. Elle s'apperceut avec effroy que la fatale drogue avoit disparu. Pleine de trouble elle questionne son fils, il balance, elle le presse, et employant à propos ces tendres caresses maternelles si puissantes sur les bons naturels, elle arrache enfin son secret et il finit sa Confession en lui déclarant qu'il ne pouvoit aimer la vie que pour la passer avec Claire.

Les causes du Mal une fois connües il n'y avoit (*f*) plus de difficulté dans le choix (*g*) des remèdes. La jeunesse et la vigueur du Malade promettoient bien la prompte guérison du corps, mais la playe de l'ame devoit saigner longtems.

Germon apprit avec surprise (*h*) le secret de la maladie de son fils, cependant son opiniatreté naturelle balança longtems l'effroy que lui causoit une resolution si desespérée. Il la regardoit pluſtôt comme une simplicité de Jeune homme que comme un excès d'amour. Car les phenomènes de cette etrange passion sont des myſtères, inconcevables à tous (*a*) les cœurs qui ne sont pas faits pour la (*b*) sentir. Claire ne s'y trompa pas de même; le secret avoit transpiré; quoique la bonne Germon fut mère, cela n'empêchoit pas qu'elle ne fut femme. Et l'on conçoit bien qu'en pareil cas, une amante inquiéte n'eſt pas la dernière inſtruite des evénemens qui l'intéressent. Claire vola au chevet de Marcellin; elle avoit le bonheur de n'être pas l'esclave de ces ridicules bienseances qui font des procedés [de la politesse] (*c*) des villes un commerce perpetuel de contrainte et de fausseté[1]. Elle se livra donc sans scrupule à toutte la sensibilité de son ame; ses yeux en disoient plus que sa bouche et elle pouvoit s'exprimer avec d'autant plus d'assurance que le langage du sentiment, si vif, si énergique, si bien entendu d'elle et de Marcellin ne l'étoit guéres des autres speƈtateurs (*d*)[2].

Elle le trouva presque hors de danger et sa présence acheva de l'y mettre de sorte qu'elle jouissoit (*e*) de son triomphe sans avoir rien à craindre pour l'événement. Cette preuve si decisive des sentimens de Marcellin (*f*) ne fit pas moins d'impression sur elle (*g*), que ses pleurs en avoient fait sur lui et elle ne tarda pas à lui rendre d'une manière aussi peu équivoque les témoignages d'amour qu'elle en avoit receus (*h*).

Claire s'étoit bien apperceüe que le Père et la Mère (*i*) de Marcellin la voyoient avec une sorte de peine (*j*). Ils avoient fait des projets sur le mariage de leur fils (*k*). Ils étoient riches : c'étoit une très forte raison de vouloir l'être davantage. Et quoique la fille (*l*) qu'ils avoient choisie (*m*) ne le fut pas beaucoup elle même, ils comptoient sur le credit que son Père avoit au château pour en obtenir la ferme, et pour d'autres avantages qui les auroient rendus les premiers du lieu. On ne pouvoit rompre le mariage sans renoncer à des vües si séduisantes. Ils ne vouloient pas rendre Marcellin malheureux, car ce n'eſt pas dans un degré si bas (*n*) que l'ambition fait taire la nature, mais ils étoient attriſtés que son goût fut un obſtacle à leurs projets. Des projets de villageois (*o*) ! Pourquoi non (*p*) ! César même n'aimoit-il pas mieux être le premier dans un hameau que le second à Rome ?

Tandis que Germon et sa femme disputoient entre eux si leur fils seroit heureux ou riche, le Père de la fiancée vint les mettre d'accord de la maniére la plus imprevue. Il leur dit que sa fille depitée du mépris de Marcellin et de son amour pour Claire (*a*) renonçoit à ce mariage et qu'il venoit leur rendre leur parole et retirer la sienne : mais il ne disoit (*b*) pas la véritable cause de ce changement (*c*). C'étoit la tendre Claire qui avoit trouvé le rare secret de gagner sa rivale (*d*) et d'obliger une fille (*e*) sage et sans autre amour à rompre volontairement un mariage assorti (*f*)[1]. Claire alla trouver la fiancée (*g*). J'aimais Marcellin, lui dit-elle, avant que je susse qu'il t'étoit promis et je ne puis plus m'empêcher de l'aimer encore; ton mariage et mon amour nous rendront touttes deux malheureuses. Avec ce contract de deux cent livres de rentes que je te donne tu peux choisir (*h*) un aussi bon parti, et trouver de plus un mari qui t'aime. Céde moi donc à ce prix un cœur qu'egalement tu m'oterois avec peine; il te convient mieux de rapporter du bien à un homme dont tu seras aimée que d'en recevoir d'un homme qui en aime une autre (*i*). Ce qu'il y avoit de plus clair dans ce discours pour la fiancée, c'étoit les deux cent livres de rentes, et ce fut (*j*) le motif qui la détermina. Elle vendit son mari futur qui lui convenoit assez mal pour en acheter un autre (*k*) plus éveillé et dont l'humeur promit davantage. Marcellin en effet Garçon modeste et peu fertile en sottises passa toujours chez les connaisseuses pour avoir assés peu d'esprit (*l*).

Jamais Claire ne fut si contente qu'au moment qu'elle n'eut plus rien; jamais son amour ne lui fut si doux qu'après lui avoir tout couté (*m*). Marcellin de son côté fut transporté (*n*) de joye à cette heureuse nouvelle. Il sentit combien il étoit aimé et combien Claire étoit digne de l'être de son côté. Fier de la paleur et de la foiblesse qui lui étoient demeurées (*o*) il sembloit craindre de voir disparoitre avec sa convalescence les témoignages de sa tendresse (*p*), tandis que l'indigence (*q*) de Claire étoit une preuve subsistante de la sienne. On auroit dit (*r*) que toutes les privations qui coutent le plus aux autres étoient pour eux de nouveaux moyens de richesse et de félicité. Jeunes (*s*) Amans, savourez (*t*) à longs traits ces sentimens délicieux qui font le charme et le prix de la vie (*a*). Pauvres, infirmes, oubliés ou meprisés de toute la terre, mais contens de votre cœur (*b*) et de celui qui vous eſt cher, vous êtes heureux par tout ce qui fait le malheur des autres. Hatez vous de jouir des plaisirs les plus purs (*c*) qui soient connus des hommes. Helas ! vous connoitrez peut être un jour le prix des richesses, de la grandeur et de la considération (*d*), mais vous ne retrouverez plus le vrai bonheur.

En effet, les moyens mêmes qui le leur rendoient si doux en retardoient déja l'accomplissement. Les preuves de l'amour tendre et desintéressé de Claire n'augmentoient pas moins les répugnances du vieux Germon que l'empressement de Marcellin et dans le même évenement où le fils ne regardoit que le sacrifice de sa maitresse, le Père avare ne voyoit que la perte des deux cent francs.

Une avanture aussi singuliére, même au village, fit du bruit dans Orival (*e*).

LE PETIT SAVOYARD

OU LA VIE DE CLAUDE NOYER.

Je suis né dans les montagnes de Savoye. Mon Pére étoit un bon Paysan assés riche pour vivre à son aise (*a*) dans son état, trop pauvre pour être exposé aux tourmens de la convoitise, car on ne sauroit desirer bien ardemment ce qu'on juge impossible à acquerir : heureux non seulement d'avoir le necessaire, mais surtout de ne l'avoir que par son travail qui l'empêchoit de songer au superflu. Le ciel sembloit m'avoir destiné à être comme lui un honnête Laboureur. Le premier et le plus grand des maux que m'a fait la fortune c'est d'avoir trompé ma vocation (*b*). Chaque pas que j'ai fait dans le monde m'a éloigné de l'innocence et du vrai bonheur. Dans mes montagnes (*c*) j'aurois peut être moins étudié les devoirs de l'homme mais je les aurois mieux suivis (*d*) et au lieu d'être reduit à regretter, accablé de peines et d'infirmités, une longue et malheureuse vie livrée au tumulte des passions et aux jeux du sort je serois un vieillard gay, sain, robuste, honoré dans mon hameau et respecté chez tous les hommes, pour avoir par une vie innocente et laborieuse rempli dignement un état utile et bien mérité de la Société (*e*)[1].

Les premières années de ma vie, quoique destituées d'événemens intéressans seront toujours présentes à ma mémoire, par la singularité des idées dont j'étois occupé. Par exemple, à peine m'eut-on parlé de Dieu que je me le representai sous la figure de mon Curé, c'est à dire vieux, contrefait, quelque fois ivre et toujours chagrin. Le bon vicaire étoit plus jeune et de meilleure humeur, c'étoit pour moi une espéce de divinité subalterne dont je m'accommodois mieux, parce que je la craignois moins.

Je m'attachai à lui, il prit aussi de l'amitié pour moi et en échange des services que je lui rendois il m'apprit à lire[1]. J'avois aussi beaucoup entendu parler du M[arqu]is d'Argentiére dont mon Pére étoit le fermier, et qui, comme tous les seigneurs de Village habitans la Capitale, passoit dans sa Terre pour être en grande faveur à la Cour (*a*). Mon imagination ne tarda pas à travailler (*b*) d'après les idées de noblesse, de richesse et de puissance que j'avois conceües de lui, je me figurois un grand et bel homme de plus de 6 pieds de haut, d'un port majestueux, d'un temperamment robuste et doüé de touttes les perfections du corps, de l'esprit et de l'ame dont les idées peuvent passer dans la tête d'un Enfant. Quelle fut ma surprise, lorsque ce gentilh[omme] étant venu passer quelques mois (*c*) à son château je n'apperceus qu'un petit vieillard précoce, âgé de 38 ans, usé, gouteux, decrépit, perclus de la moitié de ses membres (*d*) et à qui l'on auroit pu dire dés sa jeunesse comme Cesar à un vieux soldat tout cicatrisé (*e*) qui lui demandoit la permission de se tuer : Et quoi ! vous imaginez-vous d'être encore en vie. Cet homme si blazé avoit pourtant un fils et ce fils qui ne se sentoit pas encore de la mauvaise santé de son Père prenoit le vrai chemin d'y arriver tout aussi promptement, et de perdre de bonne heure les facultés et le gout du plaisir par l'usage immodéré des plaisirs.

Ce jeune homme qui reparoitra plus d'une fois sur la scéne de ma vie en a été le fléau; quand il n'auroit eu de part qu'au prémier événement qui m'a éloigné de ma patrie c'est à lui que je dois m'en prendre de tous les malheurs qui en ont été la suitte (*f*). Je me hate d'en venir à ce[tte] premiere époque (*g*) d'où je datte l'histoire de mes infortunes.

J'avois une sœur plus agée que moi de quelques années et qui (*h*) à peine hors de l'enfance (*i*) frapoit déjà les regards et se faisoit remarquer avantageusement dans une province si fertile en belles personnes. C'étoit une brune vive et folâtre[2] qui se livroit à toutte son humeur enjoüée avec d'autant moins de ménagement qu'elle n'avoit point receu ces instructions dangereuses de modestie et de retenüe avec lesquelles les jeunes filles bien élévées prennent toujours et de si bonne heure (*j*) des lumières qu'elles ne tardent guères (*k*) de mettre secrettement à profit (*l*). Ma sœur n'étoit point de ces automates apparentes, de ces idiotes factices en qui le calme extérieur ne fait que concentrer l'orage au-dedans, elle étoit étourdie parce qu'elle étoit sage et pour être beaucoup plus modeste il ne lui faloit qu'un peu moins d'innocence (*a*). Ma mére femme pleine de sens n'avoit jamais songé à réprimer cette gayté, et mon Pére qui étoit fou de sa fille se pamoit de joye en la voyant animer toutte la jeunesse du lieu et reunir à elle seule tous les soins des garçons à marier. Mais le M[arqu]is d'Argentière arriva avec son fils, et c'est le sort des Gentilshommes d'être partout des troubles-fêtes. Le courtisan blasé oublia la goute (*b*) à l'aspect de la jeune Claire. C'étoit le nom de ma sœur; il l'agaça (*c*), il lui fit des promesses et des propositions avec plus d'ardeur d'être pris au mot que de facultés pour (*d*) s'en prévaloir, et la tête lui tournant tout à fait il lui prodigua touttes les politesses de la vieille cour et il en fut toujours traitté (*e*) comme un vieux fou qui n'étoit bon qu'à la faire rire. Elle rioit aussi avec le fils, mais celui ci prétendant quelquefois pousser le jeu trop loin (*f*) recevoit des corrections dont il gardoit le souvenir plus d'un jour et qui lui apprirent que les villageoises ont communement pour cette sorte de défense une autre methode et plus de vigueur que les f[illes] de la ville. Cependant mon Pére et ma Mére s'appercevant que ces jeux si fréquens (*g*) pouvoient dégénérer en querelles ou en pis que des querelles (*h*), fi[ren]t plusieurs fois à ma sœur des leçons dont à dire la vérité, elle ne tint pas grand compte et tout alla à peu près comme auparavant; les jeux continuérent avec la même liberté ce qui auroit du suffire pour leur prouver que ce n'étoient en effet que des jeux, mais les bonnes gens ne se piquoient pas de tant de rafinement, ils s'allarmérent tout de bon, ils firent des réprimandes sévéres, Claire pleura (*i*), promit tout ce qu'on voulut; et deux heures après recommença ses folies, soit avec le jeune d'Argentiére soit avec le premier venu car tout le monde étoit bon pour cela et personne n'étoit préféré (*j*); c'est qu'elle suivoit son humeur naturelle sans qu'aucun gout particulier s'en mêlat. Ainsi mes Parens auroient du benir le Ciel de ce qui faisoit le sujet de leurs inquiétudes. On l'a dit mille fois le naturel ne se change point, ou du moins il n'y a pour en venir à bout qu'un reméde beaucoup pire que le mal. Malheureusement pour moi, c'est précisément celui-là qui corrigea Claire. Tout à coup on la vit changer d'allure et de maintien; toutes ses étourderies cessèrent, elle devint reveuse et mélancolique (*a*)[1]. Elle prit avec les jeunes gens un air de reserve (*b*) et de circonspection qu'on ne lui avoit jamais vû, elle rougissoit sur un mot et reprimoit vivement (*c*) la moindre liberté qu'on vouloit se donner auprès d'elle. Mon Père et ma Mère bénissoient le Ciel d'un changement qu'ils attribuoient à leurs leçons et ne se doutoient guères qu'il fut précisement l'effet (*d*) du mal qu'ils avoient voulu prévenir. L'amour avoit fait ce miracle. Combien de Lecteurs jettent déja leurs soupçons sur le jeune d'Argentière (*e*). Mais ce n'étoit pas un petit maitre (*f*) plein de sa noblesse et de sa vanité qui devoit soumettre un cœur d'autant plus difficile à vaincre que (*g*) le côté qui sembloit montrer un abord plus aisé etoit précisement celui par lequel il étoit invincible. Le badinage et l'étourderie n'y pouvoient rien. L'intérest encore moins. Une femme (*h*) peut vendre sa personne mais les cœurs ne se vendent point et Claire n'étoit [pas] fille à livrer l'un sans l'autre.

Encore quelques lignes (*i*) et nous voila aux amours d'une Paysanne et d'un Paysan. Mais je ne trompe personne et dés mon titre on a du s'y attendre. Lecteurs délicats (*j*), gens du beau monde, fermez mon livre, il n'est pas écrit pour vous[2], et je vous avertis que je vais parler un langage que vous vous piqués de ne point entendre (*k*) et que je me pique encore plus de vous rendre inintelligible.

Le jeune d'Argentiére sans societé, sans dissipation, livré à la solitude de son chateau, à la pédanterie de son gouverneur et aux vieilles histoires (*l*) de son Pére prit veritablement du goût pour Claire. De ce goût (*m*) impetueux sans delicatesse et sans retenue, à courir après la possession sans même songer à (*n*) plaire et tel en un mot qu'un jeune homme de son état pouvoit en prendre pour la fille d'un paysan (*o*). N'ayant donc rien pu obtenir de gré il resolut d'user de surprise à la p[remiè]re occasion. Il avoit remarqué que ma sœur alloit tous les matins porter du lait au château. Il falloit (*p*) pour cela traverser un coin du Parc trés propre à receler des larcins amoureux. Ce fut là qu'un jour il vint l'attendre de bonne heure, bien résolu de tirer (*q*) du tête à tête un meilleur parti qu'il n'avoit fait de touttes ses agaceries. Il courut à elle dés qu'il l'apperçut et profitant de l'embarras où la mettoit pour le soin [de] sa propre deffense la conservation de son pot au lait, il causa bien du desordre dans son ajuſtement avant qu'elle eut trouvé le moyen de se garantir. Enfin le danger augmentant et le jeune h[omme] gagnant toujours du terrain malgré ses menaces reiteirées, elle prit le parti de se faire une arme à elle même de ce qui en servoit à son adversaire et lui couvrit le visage du vase et de tout le lait qu'il contenoit (*a*)[1]. D'Argentiére inondé et même blessé n'en devint que plus animé mais Claire debarassée de son obſtacle se mit bientôt en état de l'être de son ennemi et cet emporté, plus furieux d'une defense (*b*)

. . . .

(*c*) Je reprens l'hiſtoire de ma sœur ou pluſtôt la mienne. Toutte nôtre [famille] avoit été invitée à la noce d'une de nos parentes qui demeuroit à quelques lieues de notre village. Nous nous y préparames tous avec cette ardeur qu'on a pour le plaisir quand il eſt le délassement du travail. Les habits de fétes furent tous mis en Campagne. Claire surtout ne négligea pas sa parure, parure simple mais élegante à sa maniére, et d'autant plus piquante pour la vanité qu'elle déguisoit moins la nature[2]. La petite friponne connoissoit tout ce qu'elle avoit à espérer de ses charmes, sure qu'ils valoient mieux que tous les ornemens qui les auroient couverts. On voyoit à son air fier et gay (*d*) qu'elle goutoit d'avance tout le plaisir (*e*) que sa présence alloit inspirer, celui de donner le ton à la fête et de trouver aisément dans une noce de quoi devenir bientôt le sujet d'une autre.

LE LÉVITE D'EPHRAÏM.

PREMIER PROJET DE PRÉFACE.

QUANT au troisiéme [morceau], qui n'est qu'une maniére de petit poeme en prose, paraphrase (*a*) des trois derniers chapitres des *Juges,* j'avoue qu'il me sera toujours precieux, et que je ne le relis jamais sans une satisfaction intérieure, non par une sote vanité d'auteur, dont l'ineptie en ce point seroit inexcusable, mais par un sentiment plus honnête et dont j'ose même me glorifier. Il suffit pour me faire entendre de dire que cet écrit fut fait en voyage le 10, l'onze et le douze de juin 1762. Voila de quoi je m'occupois dans les plus cruels momens de ma vie, accablé des malheurs auxquels il n'est pas même permis à un homme d'honneur de se préparer. Noyé dans une mer d'infortune, accablé de maux par mes ingrats et barbares contemporains, un seul auquel j'échape en depit d'eux et qui leur reste pour ma vengeance est celui de la haine.

Voila de quoi s'occupoit cet infortuné defenseur de la vérité dans ces instans de peril et de trouble où la colère et l'indignation devoient dévorer son cœur. Mes ennemis ont beau m'accabler de tous les maux dont pense (*b*) s'aviser leur rage. Il en est un qui leur reste pour ma vengeance et que je leur défie de me faire éprouver jamais. C'est le tourment de haïr.

d'ennemis que je ne connois pas même, à qui je n'ai jamais fait ni voulu le moindre mal

... et qui pense qu'on aime toujours

... ne me haïssent qu'à cause de celui qu'ils m'ont fait

Cette epoque malheureusement trop célébre en dit assés pour excuser la médiocrité de l'ouvrage et pour peindre [ ] (*c*) de l'auteur. Si jamais quelque homme équitable daigne prendre ma defense (*a*) en compensation de tant d'outrages et de libelles, je ne veux (*b*) que ces mots pour éloge : Dans les plus cruels momens de sa vie, il fit *Le Lévite d'Ephraïm*.

Pour moi je me console. Le seul éloge que je desire et que je m'accorde sans honte parce qu'il m'est du. Dans les plus cruels momens de sa vie il fit *Le Lévite d'Ephraïm*.

SECOND PROJET DE PRÉFACE[1].

Je quittois Paris le cœur serré de detresse après le decret du parlement. Il me sembloit que n'ayant (*c*) demandé d'autre grace aux hommes que de ne me point faire de mal (*d*), j'aurois bien mérité de l'obtenir. En me supposant les erreurs les plus dangereuses, mes intentions n'étoient-elles pas assez pures et assez claires pour meriter quelque indulgence. Qu'est-ce donc que cette société tant vantée qui ne récompense jamais le bien, qui souvent dissimule le mal et le punit (*e*) toujours moins severement que son apparence. Voila ce que je me disois dans la plus amère douleur en me rendant à moi même le témoignage que nul homme de bon sens et de bonne foi ne me peut refuser. Ces tristes idées me suivoient malgré moi, et rendoient mon voyage desagréable. Je les chassois de tout mon pouvoir, il n'y en a point dont mon cœur s'occupe moins volontiers que celle des torts qu'on peut avoir avec moi, et je m'irrite bien plus des injustices dont je suis le témoin que de celles dont je suis la victime. J'imaginai de donner le change à ma reverie en m'occupant de quelque sujet; celui-ci me vint dans l'esprit; je le trouvai assez convenable à mes vues (*f*). Il m'offroit une espèce d'intermédiaire entre l'état où j'étois et celui où je voulois (*g*) passer, je pouvois de tems en tems (*h*) m'y livrer à mon humeur sombre puis y substituer (*i*) de plus doux objets et sitot que mon sujet le permettoit j'imitois (*j*) mais.... les delicieuses images (*k*) de M. Gessner. De cette façon je remplis à peu près mon but et finis agreablement (*l*) mon voyage. Cette bagatelle étoit oubliée (*m*) depuis longtems. Je l'ai reprise et retouchée dans une occasion à peu près semblable et avec le même succés. Je souhaiterois que les lecteurs prissent à la lire un peu du plaisir que j'ai pris à l'imaginer (*a*). Il seroit dur d'en juger bien severement vu l'occasion dans laquelle elle a été faite. Mais elle a un coté par lequel les honnètes gens l'applaudiront j'en suis sur (*b*) et ils sentiront qu'un homme qui s'occupe ainsi quand on le tourmente n'est pas un ennemi bien dangereux.

LE LÉVITE D'EPHRAÏM.

CHANT PREMIER.

SAINTE colere de la vertu, vient animer ma voix; je dirai les crimes de Benjamin, et les vengeances d'Israel; je dirai des forfaits inouis, et des châtimens encore plus terribles. Mortels, respectez la beauté, les mœurs, l'hospitalité; soyez justes sans cruauté, misericordieux sans foiblesse; et sachez pardonner au coupable (*a*) plustôt que de punir l'innocent.

O vous, hommes (*b*) débonnaires, ennemis de toute inhumanité (*c*); vous qui, de peur d'envisager les crimes de vos fréres, aimez mieux les (*d*) laisser impunis, quel tableau viens-je offrir à vos yeux (*e*)? Le corps d'une femme coupé par piéces (*f*); ses membres déchirés et palpitans envoyés aux douze Tribus; tout le peuple, saisi d'horreur, élevant jusqu'au Ciel une clameur unanime, et s'écriant de concert : Non, jamais rien de pareil ne s'est fait en Israël depuis le jour où nos pères sortirent d'Egypte jusqu'à ce jour. Peuple saint, rassemble-toi; prononce sur cet acte horrible (*g*), et décerne le prix qu'il a mérité. A de tels forfaits, celui qui détourne ses regards est un lâche, un déserteur de la justice; la véritable humanité les envisage pour les connoitre, pour les juger, pour les detester. Osons entrer dans ces (*h*) détails (*i*), et remontons à la source des guerres civiles qui firent périr une des Tribus, et coûterent tant de sang aux autres. Benjamin, triste enfant de douleur, qui donnas la mort à ta mére, c'est de ton sein qu'est sorti le crime qui t'a perdu; c'est ta race impie qui put le commettre, et qui devoit trop l'expier.

Dans les jours de liberté (*j*) où nul ne régnoit sur le peuple du Seigneur, il fut un tems de licence où chacun, sans reconnoitre ni magistrat ni juge, étoit seul son propre maitre et faisoit tout ce qui lui sembloit bon. Israël, alors épars dans les champs, avoit peu de grandes villes (*a*), et la simplicité des ses mœurs rendoit superflu l'empire des loix (*b*). Mais tous les cœurs n'étoient pas également purs, et les méchans trouvoient l'impunité du vice dans la sécurité de la vertu.

Durant un de ces courts intervalles de calme et d'égalité qui restent dans l'oubli parce que nul n'y commande aux autres et qu'on n'y fait point de mal, un Lévite des monts d'Ephraïm vit dans Bethléem une jeune fille qui lui plut. Il lui dit : Fille de Juda, tu n'es pas de ma Tribu, tu n'as point de frére; tu es comme les filles de Salphaad, et je ne puis t'épouser selon la loi du Seigneur (*c*)*. Mais mon cœur est à toi; viens avec moi, vivons ensemble; nous serons unis et libres; tu feras mon bonheur, et je ferai le tien. Le Lévite étoit jeune et beau (*d*); la jeune fille sourit; ils s'unirent, puis il l'emmena dans ses montagnes.

Là, coulant une douce vie, si chere aux (*e*) cœurs tendres et simples, il goûtoit dans sa retraite les charmes d'un amour partagé; là, sur un sistre d'or fait pour chanter les louanges du Très-Haut, il chantoit souvent les charmes de sa jeune épouse. Combien de fois les côteaux du mont Hébal retentirent de ses aimables chansons ? Combien de fois il la mena sous l'ombrage, dans les vallons de Sichem, cueillir des roses champêtres et gouter (*f*) le frais au bord des ruisseaux ? Tantôt il cherchoit dans les creux des rochers des rayons d'un miel doré dont elle faisoit ses délices; tantôt dans le feuillage (*g*) des oliviers il tendoit aux oiseaux des pieges trompeurs et lui apportait une tourterelle craintive qu'elle baisoit en la flattant. Puis l'enfermant dans son sein, elle tressailloit d'aise en la sentant se débatre et palpiter (*h*). Fille de Bethléem, lui disoit-il, pourquoi pleures-tu toujours ta famille et ton pays ? Les enfans d'Ephraïm n'ont-ils point aussi des fêtes, les filles de la riante (*i*) Sichem sont-elles sans grace et sans gaîté, les habitans de l'antique Atharot manquent-ils de force et d'addresse ? Viens voir leurs jeux et les embellir. Donne-

---

* *Nombres,* ch. XXXVI, v. 8. Je sais que les enfans de Lévi pouvoient se marier dans toutes les Tribus, mais non dans le cas supposé.

moi des plaisirs, ô ma bien-aimée (*a*); en eſt-il pour moi d'autres que les tiens ?

Toutefois la jeune fille s'ennuya du Lévite, peut être parce qu'il ne lui laissoit rien à desirer. Elle se dérobe et s'enfuit vers son pére, vers sa tendre mére, vers ses folâtres sœurs. Elle y croit retrouver les plaisirs innocens de son enfance, comme si elle portoit le même âge et le même cœur.

Mais le Lévite abandonné ne pouvoit oublier sa volage épouse. Tout lui rappelloit dans sa solitude les jours heureux qu'il avoit passés auprès d'elle, leurs jeux, leurs plaisirs, leurs querelles (*b*) et leurs tendres raccommodemens. Soit que le soleil levant dorât la cime des montagnes de Gelboë, soit qu'au soir un vent de mer vînt raffraîchir leurs roches brulantes, il erroit en soupirant dans les lieux qu'avoit aimés l'infidelle (*c*), et la nuit, seul dans sa couche nuptiale, il abbruvoit[1] son chevet de ses pleurs.

Après avoir flotté quatre mois (*d*) entre le regret et le dépit, comme un enfant chassé du jeu par les autres feint n'en vouloir plus en brûlant de s'y remettre, puis enfin demande en pleurant d'y rentrer, le Lévite, entraîné par son amour, prend sa monture, et suivi de son serviteur avec deux anes d'Epha chargés de ses provisions et de dons pour les parens de la jeune fille, il retourne à Bethléem, pour se réconcilier avec elle et tâcher (*e*) de la ramener.

La jeune femme l'appercevant de loin tressaillit[2], court au-devant de lui, et l'accueillant avec caresses (*f*) l'introduit dans la maison de son pére; lequel apprenant son arrivée accourt aussi plein de joye, l'embrasse, le reçoit, lui, son serviteur (*g*), son equipage, et s'empresse à le bien traitter. Mais le Lévite ayant le cœur serré ne pouvoit parler; néanmoins, ému par le bon accueil de la famille, il leva les yeux sur (*h*) sa jeune épouse, et lui dit : Fille d'Israël, pourquoi me fuis-tu ? Quel mal t'ai-je fait ? La jeune fille se mit à pleurer en se couvrant le visage. Puis il dit au pére : Rendez-moi ma compagne; rendez-la moi pour l'amour d'elle; pourquoi vivroit-elle seule et delaissée ? Quel autre que moi peut honorer comme (*i*) sa femme celle que j'ai receu vierge ?

Le pére regarda sa fille, et la fille avoit le cœur attendri du retour de son mari. Le pére dit donc à son gendre : Mon fils, donnez-moi trois jours; passons ces trois jours dans la joye, et le quatrieme jour, vous et ma fille partirez en paix. Le Lévite resta donc trois jours avec son beau pére et toute sa famille, mangeant et buvant familiérement avec eux (*a*) : et la nuit du quatrieme jour, se levant avant le soleil, il voulut partir. Mais son beau pére l'arrêtant par la main lui dit : Quoi ! voulez-vous partir à jeun ? Venez fortifier vôtre estomac, et puis vous partirez. Ils se mirent donc à table, et après avoir mangé et bu, le père lui dit : Mon fils, je vous supplie de vous réjoüir avec nous encore aujourd'hui. Toutefois le Lévite se levant vouloit partir; il croyoit ravir à l'amour le tems qu'il passoit loin de sa retraite, livré à d'autres qu'à sa bien-aimée. Mais le pére ne pouvant se résoudre à s'en séparer engagea sa fille d'obtenir encore cette journée; et la fille, caressant son mari, le fit rester jusqu'au lendemain.

Dès le matin, comme il étoit prêt à partir, il fut encore arrêté par son beau pére, qui le força de se mettre à table en attendant le grand jour; et le tems s'écouloit sans qu'ils s'en apperçussent. Alors le jeune homme s'étant levé pour partir avec sa femme et son serviteur, et ayant préparé toute chose : O, mon fils ! lui dit le pére, vous voyez que le jour s'avance et que le soleil est sur son déclin. Ne vous mettez pas si tard en route; de grace, réjouissez mon cœur encore le reste de cette journée : demain dès le point du jour vous partirez sans retard : et en disant ainsi, le bon vieillard étoit tout saisi; ses yeux paternels se remplissoient de larmes. Mais le Lévite ne se rendit point, et voulut partir à l'instant.

Que de regrets coûta cette séparation funeste (*b*) ! Que de touchans adieux (*c*) furent dits et recommencés (*d*) ! Que de pleurs les sœurs de la jeune fille versérent sur son visage ! Combien de fois elles la reprirent tour-à-tour dans leurs bras ! Combien de fois sa mére éplorée, en la serrant derechef dans les siens, sentit les douleurs d'une nouvelle séparation ! Mais son pére en l'embrassant ne pleuroit pas : ses muettes étreintes étoient mornes et convulsives; des soupirs tranchans soulevoient sa poitrine. Helas ! il sembloit prévoir l'horrible sort de l'infortunée. O ! s'il eut su qu'elle ne reverroit jamais l'aurore ! S'il eut su que ce jour étoit le dernier de ses jours... Ils partent enfin suivis des tendres bénédictions de toute leur famille, et de vœux qui méritoient d'être exaucés. Heureuse famille qui dans l'union la plus pure coule au sein de l'amitié ses paisibles jours, et semble n'avoir qu'un cœur à tous ses membres. O innocence des mœurs, douceur d'ame, antique simplicité, que vous étes aimables ! Comment la brutalité du vice a-t-elle pu trouver place au milieu de vous ? Comment les fureurs de la barbarie n'ont-elles pas respecté vos plaisirs (*a*) ?

CHANT SECOND.

Le jeune Lévite suivoit sa route avec sa femme, son serviteur et son bagage, transporté de joye de ramener l'amie de son cœur, et inquiet du soleil et de la poussiere, comme une mére qui ramene son enfant de chez la nourrice et craint pour lui les injures de l'air. Déja l'on découvroit la ville de Jébus à main droite, et ses murs aussi vieux que les siécles leur offroient un azile aux approches de la nuit. Le serviteur dit donc à son maître : Vous voyez le jour prêt à finir : avant que les ténebres nous surprennent, entrons dans la ville des Jébuséens, nous y chercherons un azile, et demain, poursuivant nôtre voyage, nous pourrons arriver à Geba.

A Dieu ne plaise, dit le Lévite, que je loge chez un peuple infidelle et qu'un Cananéen donne le couvert au ministre du Seigneur. Non, mais allons jusques à Gabaa chercher l'hospitalité chez nos freres. Ils laissérent donc Jérusalem derriere eux, ils arrivérent après le coucher du soleil à la hauteur de Gabaa, qui est de la Tribu de Benjamin. Ils se détournérent pour y passer la nuit, et y étant entrés, ils allérent s'asseoir dans la place publique; mais nul ne leur offrit un azile, et ils demeuroient à découvert.

Hommes de nos jours, ne calomniez pas les mœurs de vos péres. Ces prémiers tems, il est vrai, n'abondoient pas comme les vôtres en comodités de la vie; de vils métaux n'y suffisoient pas à tout; mais l'homme avoit des entrailles qui faisoient le reste (*b*) : l'hospitalité n'étoit pas à vendre, et l'on n'y trafiquoit pas des vertus. Les fils de Jémini n'étoient pas les seuls, sans doute, dont les cœurs de fer fussent endurcis; mais cette dureté n'étoit pas commune. Par-tout avec la patience on trouvoit des fréres; le voyageur dépourvu de tout ne manquoit de rien.

Après avoir attendu longtems inutilement, le Lévite alloit détacher son bagage, pour en faire à la jeune fille un lit moins dur que la terre nue; quand il apperçut un homme vieux, revenant sur le tard de ses champs et de ses travaux rustiques. Cet homme étoit comme lui des monts d'Ephraïm, et il étoit venu s'établir autrefois dans cette ville parmi les enfans de Benjamin.

Le vieillard élevant les yeux vit un homme et une femme assise au milieu de la place, avec un serviteur, des bêtes de somme et du bagage. Alors s'approchant il dit au Lévite : Etranger, d'où êtes-vous et où allez-vous ? Lequel lui répondit : Nous venons de Bethléem ville de Juda : nous retournons dans nôtre demeure sur le penchant du mont d'Ephraïm, d'où nous étions venus; et maintenant nous cherchions l'hospice du Seigneur; mais nul n'a voulu nous loger. Nous avons du grain (*a*) pour nos animaux, du pain, du vin pour moi, pour vôtre servante, pour le garçon qui nous suit (*b*); nous avons tout ce qui nous est nécessaire, il nous manque seulement le couvert. Le vieillard lui répondit : paix vous soit, mon frére (*c*) : vous ne resterez point dans la place (*d*); si quelque chose vous manque, que le crime en soit sur moi. Ensuite il les mena dans sa maison, fit décharger leur équipage, garnir le ratelier pour leurs bêtes, et ayant fait laver les pieds à ses hôtes, il leur fit un festin de Patriarches, simple et sans faste, mais abondant (*e*).

Tandis qu'ils étoient à table avec leur hôte et sa fille* promise à un jeune homme du pays et que dans la gaîté d'un repas offert avec joye ils se délassoient agréablement, les hommes de cette ville, enfans de Bélial, sans joug, sans frein, sans retenue, et bravant le Ciel comme les Cyclopes du Mont Etna, vinrent environner la maison, frappant rudement à la porte, et criant au vieillard d'un ton menaçant : Livre-nous ce jeune étranger que sans congé tu reçois dans nos murs, que sa beauté nous paye le prix de cet azile, et qu'il expie ta témérité. Car ils

---

* Dans l'usage antique les femmes de la maison ne se mettoient pas à table avec leurs hôtes quand c'étoient des hommes; mais lorsqu'il y avoit des femmes, elles s'y mettoient avec elles.

avoient vû le Lévite sur la place, et, par un reste de respect pour le plus sacré (*a*) de tous les droits, n'avoient pas voulu le loger (*b*) dans leurs maisons pour lui faire violence; mais ils avoient comploté de revenir le surprendre au milieu de la nuit, et ayant sû que le vieillard lui avoit donné retraite, ils accouroient sans justice et sans honte pour l'arracher de sa maison.

Le vieillard entendant ces forcenés se trouble, s'effraye, et dit au Lévite : nous sommes perdus. Ces méchans ne sont pas des gens que la raison raméne, et qui reviennent jamais de ce qu'ils ont résolu. Toutefois il sort au devant d'eux pour tâcher de les fléchir. Il se prosterne, et levant au Ciel ses mains pures de toute rapine, il leur dit : O mes fréres ! quels discours avez-vous prononcés ? Ah ! ne faites pas ce mal devant le Seigneur; n'outragez pas ainsi la nature, ne violez pas la sainte hospitalité. Mais voyant qu'ils ne l'écoutoient point, et que prêts à le maltraiter lui-même, ils alloient forcer la maison, le vieillard au desespoir prit à l'instant son parti, et faisant signe de la main pour se faire entendre au milieu du tumulte, il reprit d'une voix plus forte : Non (*c*), moi vivant un tel forfait ne deshonorera point mon hôte et ne souillera point ma maison : Mais écoutez, hommes cruels, les supplications d'un malheureux pére. J'ai une fille encore vierge, promise à l'un d'entre vous; je vais l'amener pour vous être immolée (*d*); mais seulement que vos mains sacrileges s'abstiennent de toucher au Lévite du Seigneur. Alors, sans attendre leur réponse, il court chercher sa fille pour racheter son hôte aux dépends de son propre sang (*e*).

Mais le Lévite, que jusqu'à cet instant la terreur rendoit immobile, se réveillant à ce déplorable aspect, prévient le généreux vieillard, s'élance au devant de lui, le force à rentrer avec sa fille, et prenant lui-même sa compagne bien-aimée, sans lui dire un seul mot, sans lever les yeux sur elle, l'entraîne jusqu'à la porte, et la livre à ces maudits. Aussi-tôt ils entourent la jeune fille à demi-morte, la saisissent, se l'arrachent sans pitié; tels dans leur brutale furie qu'au pied des Alpes glacées un troupeau de loups affamés (*f*) surprend une foible genisse, se jette sur elle et la déchire, au retour de l'abruvoir. O misérables, qui détruisez vôtre espéce par les plaisirs destinés à la reproduire, comment cette beauté mourante ne glacet-elle point vos feroces desirs ? Voyez ses yeux déja fermés à la lumiére, ses traits effacés, son visage éteint; la pâleur de la mort a couvert ses joues, les violettes livides en ont chassé les roses, elle n'a plus de voix pour gémir, ses mains n'ont plus de force pour repousser vos outrages : Helas ! elle est déja morte ! Barbares, indignes du nom d'hommes; vos hurlemens ressemblent aux cris de l'horrible Hyene (*a*), et comme elle vous devorez des cadavres.

Les approches du jour qui rechasse les bêtes farouches dans leurs taniéres ayant dispersé ces brigands, l'infortunée use le reste de sa force à se traîner jusqu'au logis du vieillard; elle tombe à la porte la face contre terre et les bras étendus sur le seuil (*b*). Cependant, après avoir passé la nuit à remplir la maison de son hôte d'imprécations et de pleurs, le Lévite prêt à sortir ouvre la porte et trouve dans cet état celle qu'il a tant aimée. Quel spectacle pour son cœur déchiré ! Il éleve un cri plaintif vers le Ciel vengeur du crime : puis, addressant la parole à la jeune fille; lève-toi, lui dit-il, fuyons la malediction qui couvre cette terre : Viens, ô ma compagne ! je suis cause de ta perte, je serai ta consolation : Périsse l'homme injuste et vil qui jamais te reprochera ta misére; tu m'es plus respectable qu'avant nos malheurs. La jeune fille ne répond point : il se trouble, son cœur saisi d'effroi commence à craindre de plus grands maux : il l'appelle derechef, il regarde, il la touche; elle n'étoit plus. O fille trop aimable, et trop aimée ! c'est donc pour cela que je t'ai tiré de la maison de ton pére ? Voila donc le sort que te préparoit mon amour ? Il acheva ces mots prêt à la suivre, et ne lui survéquit[1] que pour la venger.

Dès cet instant, occupé du seul projet dont son ame étoit remplie il fut sourd à tout autre sentiment; l'amour, les regrets, la pitié, tout en lui se change en fureur. L'aspect même de ce corps, qui devroit le faire fondre en larmes, ne lui arrache plus ni plaintes ni pleurs : Il le contemple d'un œil sec et sombre; il n'y voit plus qu'un objet de rage et de desespoir. Aidé de son serviteur, il le charge sur sa monture et l'emporte dans sa maison. Là, sans hésiter, sans trembler, le barbare ose couper ce corps en douze piéces; d'une main ferme et sure il frappe sans crainte, il coupe la chair et les os, il sépare la tête et les membres, et après avoir fait aux Tribus ces envois effroyables, il les précéde à Maspha, déchire ses vétemens, couvre sa tête de cendres, se prosterne à mesure qu'ils arrivent et réclame à grands cris la justice du Dieu d'Israël.

CHANT TROISIÈME.

Cependant vous eussiez vû tout le Peuple de Dieu, s'emouvoir, s'assembler, sortir de ses demeures, accourir de toutes les Tribus à Maspha devant le Seigneur, comme un nombreux essain d'abeilles se rassemble en bourdonnant autour de leur Roi. Ils vinrent tous, ils vinrent de toutes parts, de tous les cantons, tous d'accord comme un seul homme depuis Dan jusqu'à Beersabée, et depuis Galaad jusqu'à Maspha.

Alors le Lévite, s'étant présenté dans un appareil lugubre, fut interrogé par les Anciens devant l'assemblée sur le meurtre de la jeune fille, et il leur parla ainsi : Je suis entré dans Gabaa ville de Benjamin avec ma femme pour y passer la nuit; et (*a*) les gens du pays ont entouré la maison où j'étois logé, voulant m'outrager et me faire périr (*b*). J'ai été forcé de livrer ma femme à leur débauche, et elle est morte en sortant de leurs mains. Alors j'ai pris son corps, je l'ai mis en piéces, et je vous l'ai envoyé à chacun dans vos limites. Peuple du Seigneur, j'ai dit la vérité (*c*); faites ce qui vous semblera juste devant le Très-Haut.

A l'instant il s'éleva dans tout Israël un seul cri, mais éclatant, mais unanime : Que le sang de la jeune femme retombe sur ses meurtriers. Vive l'Eternel ! nous ne rentrerons point dans nos demeures, et nul de nous ne retournera sous son toit que Gabaa ne soit exterminé. Alors le Lévite s'écria d'une voix forte : Beni soit Israël qui punit l'infamie et venge le sang innocent. Fille de Bethléem, je te porte une bonne nouvelle; ta mémoire ne restera point sans honneur. En disant ces mots, il tomba sur sa face, et mourut. Son corps fut honoré de funérailles publiques. Les membres de la jeune femme furent rassemblés et mis dans le même sepulcre, et tout Israël pleura sur eux.

Les apprets de la guerre qu'on alloit entreprendre

commencérent par un serment solemnel de mettre à mort quiconque négligeroit de s'y trouver. Ensuite on fit le dénombrement de tous les Hebreux portans armes, et l'on choisit dix de cent, cent de mille, et mille de dix mille, la dixiéme partie du peuple entier, dont on fit une armée de quarante mille hommes qui devoit agir contre Gabaa, tandis qu'un pareil nombre étoit chargé des convois de munitions et de vivres pour l'approvisionement de l'armée. Ensuite le Peuple vint à Silo devant l'arche du Seigneur, en disant: quelle Tribu commandera les autres contre les enfans de Benjamin ? Et le Seigneur répondit; c'est le sang de Juda qui crie vengeance; que Juda soit vôtre chef.

Mais avant de tirer le glaive contre leurs fréres, ils envoyérent à la Tribu de Benjamin des Heraults, lesquels dirent aux Benjamites. Pourquoi cette horreur se trouve-t-elle au milieu de vous ? Livrez-nous ceux qui l'ont commise, afin qu'ils meurent, et que le mal soit ôté du sein d'Israël (*a*).

Les farouches enfans de Jémini, qui n'avoient pas ignoré l'assemblée de Maspha, ni la résolution qu'on y avoit prise, s'étant préparés de leur côté (*b*), crurent que leur valeur les dispensoit d'être justes. Ils n'écoutérent point l'exhortation de leurs fréres, et, loin de leur accorder la satisfaction qu'ils leur devoient, ils sortirent en armes de toutes les villes de leurs partages, et accoururent à la défense de Gabaa, sans se laisser effrayer par le nombre, et résolus de combattre seuls tout le peuple réuni. L'armée de Benjamin se trouva de vingt cinq mille hommes tirans l'épée, outre les habitans de Gabaa, au nombre de sept cens hommes bien agguerris, maniant les armes des deux mains avec la même addresse et tous si excellens tireurs de fronde qu'ils pouvoient atteindre un cheveu, sans que la pierre déclinât de côté ni d'autre.

L'armée d'Israël s'étant assemblée et ayant élu ses chefs vint camper devant Gabaa (*c*), comptant emporter aisément cette place. Mais les Benjamites étant sortis en bon ordre l'attaquent, la rompent, la poursuivent avec furie, la terreur les précéde et la mort les suit (*d*). On voyoit les forts d'Israël en déroute tomber par milliers sous leur épée, et les champs de Rama se couvrir de cadavres, comme les sables d'Elath se couvrent des nuées de sauterelles qu'un vent brulant apporte et tue en un jour. Vingt deux mille hommes de l'armée d'Israël périrent dans ce combat : mais leurs fréres ne se découragérent point, et se fiant à leur force et à leur grand nombre encore plus qu'à la justice de leur cause, ils revinrent le lendemain se ranger en bataille dans le même lieu.

Toutefois avant que de risquer un nouveau combat, ils étoient montés la veille devant le Seigneur, et pleurant jusqu'au soir en sa présence ils l'avoient consulté sur le sort de cette guerre. Mais il leur dit; allez et combattez; vôtre devoir dépend-il de l'évenement ?

Comme ils marchoient donc vers Gabaa, les Benjamites firent une sortie par toutes les portes, et tombant sur eux avec plus de fureur que la veille ils les défirent, et les poursuivirent avec un tel acharnement, que dix-huit mille hommes de guerre périrent encore ce jour-là dans l'armée d'Israël. Alors tout le peuple vint derechef se prosterner et pleurer devant le Seigneur, et jeunant jusqu'au soir, ils offrirent des oblations et des sacrifices. Dieu d'Abraham, disoient-ils en gemissant, ton peuple, épargné tant de fois dans ta juste colére, périra-t-il pour vouloir ôter le mal de son sein ? Puis s'étant présentés devant l'arche redoutable, et consultant derechef le Seigneur par la bouche de Phinées fils d'Eleazar, ils lui dirent : marcherons-nous encore contre nos fréres, ou laisserons-nous en paix Benjamin ? La voix du Tout-Puissant daigna leur répondre. Marchez, et ne vous fiez plus en vôtre nombre, mais au Seigneur qui donne et ôte le courage comme il lui plaît : Demain je livrerai Benjamin entre vos mains.

A l'instant ils sentent déja dans leurs cœurs l'effet de cette promesse. Une valeur froide et sure succédant à leur brutale impétuosité les éclaire et les conduit. Ils s'apprêtent posément au combat et ne s'y présentent plus en forsenés, mais en hommes sages et braves qui savent vaincre sans fureur et mourir sans desespoir (*a*). Ils cachent des troupes derrière le côteau de Gabaa, et se rangeant en bataille avec le reste de leur armée, ils attirent loin de la Ville les Benjamites, qui, sur leurs premiers succés, pleins d'une confiance trompeuse sortent plustôt pour les tuer que pour les combattre; ils poursuivent avec impétuosité l'armée qui céde et recule à dessein devant eux; ils arrivent après elle jusqu'où se joignent les chemins de Béthel et de Gabaa, et crient en s'animant au carnage; ils tombent devant nous comme les prémiéres fois. Aveugles, qui dans l'éblouissement d'un vain succés (*a*) ne voyent pas l'Ange de la vengeance qui vole déja sur leurs rangs, armé du glaive exterminateur (*b*).

Cependant le corps de Troupes caché derriére le côteau sort de son embuscade en bon ordre au nombre de dix mille hommes, et s'étendant autour de la Ville l'attaque, la force, en passe tous les habitans au fil de l'épée, puis élévant une grande fumée, il donne à l'armée le signal convenu, tandis que le Benjamite acharné s'excite à poursuivre sa victoire.

Mais les forts d'Israël ayant apperçû le signal firent face à l'ennemi en Bahaltamar. Les Benjamites, surpris de voir les Bataillons d'Israël se former, se déveloper, s'étendre, fondre sur eux, commencérent à perdre courage, et tournant le dos ils virent avec effroi les tourbillons de fumée qui leur annonçoient le desastre de Gabaa. Alors frappés de terreur à leur tour ils connurent que le bras du Seigneur les avoit atteints, et fuyant en déroute vers le desert ils furent environnés, poursuivis, tués, foulés aux pieds; tandis que divers détachemens entrant dans les villes, y mettoient à mort chacun dans son habitation.

En ce jour de colére et de meurtre, presque toute la Tribu de Benjamin au nombre de vingt six mille hommes périt sous l'épée d'Israël; savoir dix huit mille hommes dans leur prémiére retraite depuis Menuha jusqu'à l'est du côteau, cinq mille dans la déroute vers le désert, deux mille qu'on atteignit près de Guidhon et le reste dans les places qui furent brulées, et dont tous les habitans, hommes et femmes, jeunes et vieux, grands et petits, jusqu'aux bétes, furent mis à mort (*c*), sans qu'on fit grace à aucun : En sorte que ce beau pays, auparavant si vivant, si peuplé (*d*), si fertile, et maintenant moissonné par la flamme et par le fer, n'offroit plus qu'une affreuse solitude couverte de cendres et d'ossemens.

Six cens hommes seulement, dernier reste de cette malheureuse Tribu, échapérent au glaive d'Israël, et se refugiérent au rocher de Rhimmon, où ils restérent cachés quatre mois, pleurant trop tard le forfait de leurs fréres et la misére où il les avoit réduits.

Mais les Tribus victorieuses voyant le sang qu'elles avoient versé sentirent la playe qu'elles s'étoient faite (*e*).

Le peuple vint et se rassemblant dans la maison du Dieu fort éleva un autel sur lequel il lui rendit ses homages, lui offrant des holocaustes et des actions de graces; puis élevant sa voix, il pleura; il pleura sa victoire après avoir pleuré sa défaite. Dieu d'Abraham, s'écrioient-ils dans leur affliction, ah, où sont tes promesses, et comment ce mal est-il arrivé à ton peuple qu'une Tribu soit éteinte en Israël ? Malheureux humains qui ne savez ce qui vous est bon, vous avez beau vouloir sanctifier vos passions; elles vous punissent toujours des excés qu'elles vous font commettre, et c'est en exauçant vos vœux injustes que le Ciel vous les fait expier.

CHANT QUATRIÈME (*a*).

Après avoir gémi du mal qu'ils avoient fait dans leur colére, les enfans d'Israël y cherchérent quelque remède qui put rétablir en son entier la race de Jacob mutilée. Emus de compassion pour les six cens hommes réfugiés au rocher de Rhimmon, ils dirent; que ferons-nous pour conserver ce dernier et précieux reste d'une de nos Tribus presque éteinte ? Car ils avoient juré par le Seigneur, disant; si jamais aucun d'entre nous donne sa fille au fils d'un enfant de Jémini et mêle son sang au sang de Benjamin. Alors pour éluder un serment si cruël méditant de nouveaux carnages, ils firent le dénombrement de l'armée pour voir si, malgré l'engagement solemnel, quelqu'un d'eux avoit manqué de s'y rendre, et il ne s'y trouva nul des habitans de Jabès de Galaad. Cette branche des enfans de Manassé, regardant moins à la punition du crime qu'à l'effusion du sang fraternel, s'étoit refusée à des vengeances plus atroces que le forfait, sans considérer que le parjure et la désertion de la cause commune sont pires que la cruauté. Helas ! la mort, la mort barbare fut le prix de leur injuste pitié. Dix mille hommes détachés de l'armée d'Israël receurent et exécutérent cet ordre effroyable; Allez, exterminez Jabès de Galaad et tous ses habitans, hommes, femmes, enfans, excepté les seules filles vierges que vous amenerez au camp, afin qu'elles soient données en mariage aux enfans de Benjamin. Ainsi pour reparer la desolation de tant de meurtres ce peuple farouche en commit de plus grands, semblable en sa furie à ces globes de fer lancés par nos machines embrasées, lesquels, tombés à terre après leur premier effet, se relévent avec une impétuosité nouvelle, et dans leurs bonds inattendus renversent et détruisent des rangs entiers (*a*).

Pendant cette exécution funeste (*b*), Israël envoya des paroles de paix aux six cens de Benjamin réfugiés au rocher de Rhimmon; et ils revinrent parmi leurs fréres. Leur retour ne fut point un retour de joye : ils avoient la contenance abatue et les yeux baissés; la honte et le remord couvroient leurs visages, et tout Israël consterné poussa des lamentations en voyant ces tristes restes d'une de ses Tribus bénites, de laquelle Jacob avoit dit : « Benjamin est un loup dévorant; au matin il déchirera sa proye, et le soir il partagera le butin. »

Après que les dix mille hommes envoyés à Jabès furent de retour, et qu'on eut dénombré les filles qu'ils amenoient, il ne s'en trouva que quatre cens, et on les donna à autant de Benjamites, comme une proye qu'on venoit de ravir pour eux. Quelles noces pour de jeunes vierges timides, dont on vient d'égorger les fréres, les péres, les méres devant leurs yeux, et qui reçoivent des liens d'attachement et d'amour par des mains dégoutantes du sang de leurs proches ! Sexe toujours esclave ou tiran, que l'homme opprime ou qu'il adore, et qu'il ne peut pourtant rendre heureux ni l'être, qu'en le laissant égal à lui.

Malgré ce terrible expédient, il restoit deux cens hommes à pourvoir, et ce peuple, cruel dans sa pitié même et à qui le sang de ses fréres coûtoit si peu songeoit peut-être à faire pour eux de nouvelles veuves, lorsqu'un vieillard de Lébona parlant aux anciens leur dit : hommes Israelites, écoutez l'avis d'un de vos fréres. Quand vos mains se lasseront-elles du meurtre des innocens ? Voici les jours de la solemnité de l'Eternel en Silo. Dites ainsi aux enfans de Benjamin : Allez, et mettez des embuches aux vignes : puis quand vous verrez que les filles de Silo sortiront pour danser avec des flutes, alors vous les envelopperez, et ravissant chacun sa femme, vous retournerez vous établir avec elles au pays de Benjamin.

Et quand les péres et les fréres des jeunes filles viendront se plaindre à nous, nous leur dirons; ayez pitié d'eux pour l'amour de nous et de vous-mêmes qui étes leurs fréres; puisque n'ayant pu les pourvoir après cette guerre et ne pouvant leur donner nos filles contre le serment, nous serons coupables de leur perte si nous les laissons périr sans descendans.

Les enfans donc de Benjamin firent ainsi qu'il leur fut dit, et lorsque les jeunes filles sortirent de Silo pour danser (*a*), ils s'élancérent et les environnérent. La craintive troupe fuit, se disperse; la terreur succéde à leur innocente gaité; chacune appelle à grands cris ses compagnes, et court de toutes ses forces. Les ceps déchirent leurs voiles, la terre eſt jonchée de leurs parures, la course anime leur teint et l'ardeur des ravisseurs. Jeunes beautés où courez-vous ? en fuyant l'oppresseur qui vous poursuit vous tombez dans des bras qui vous enchaînent. Chacun ravit la sienne, et s'efforçant de l'appaiser l'effraye encore plus par ses caresses que par sa violence. Au tumulte qui s'éléve, aux cris qui se font entendre au loin tout le peuple accourt; les péres et méres écartent la foule et veulent dégager leurs filles; les ravisseurs autorisés défendent leur (*b*) proye; enfin les anciens font entendre leur voix, et le peuple, ému de compassion pour les Benjamites s'intéresse en leur faveur.

Mais les péres, indignés de l'outrage (*c*) fait à leurs filles, ne cessoient point leurs clameurs. Quoi ? s'ecrioient-ils avec véhémence, des filles d'Israël seront-elles asservies et traitées en esclaves sous les yeux du Seigneur ? Benjamin nous sera-t-il comme le Moabite et l'Iduméen ? Où eſt la liberté du peuple de Dieu ? Partagée entre la juſtice et la pitié, l'assemblée prononce enfin que les captives seront remises en liberté et décideront elles-mêmes de leur sort. Les ravisseurs forcés de céder à ce jugement les relâchent à regret, et tâchent de subſtituer à la force des moyens plus puissans sur leurs jeunes cœurs. Aussi-tôt elles s'échapent et fuyent toutes ensemble; ils les suivent, leur tendent les bras, et leur crient; filles de Silo, serez-vous plus heureuses avec d'autres ? Les reſtes de Benjamin sont-ils indignes de vous fléchir ? Mais plusieurs d'entre elles, déja liées par des attachemens secrets palpitoient d'aise d'echaper à leurs ravisseurs. Axa, la tendre Axa parmi les autres, en s'élançant dans les bras de sa mére qu'elle voit acourir, jette furtivement les yeux sur le jeune Elmacin auquel elle étoit promise, et qui venoit plein de douleur et de rage la dégager au prix de son sang. Elmacin la revoit, tend les bras, s'écrie et ne peut parler; la course et l'émotion l'ont mis hors d'haleine. Le Benjamite apperçoit ce transport, ce coup d'œil; il devine tout, il gémit, et prêt à se retirer il voit arriver le pére d'Axa.

C'étoit le même vieillard auteur du conseil donné aux Benjamites. Il avoit choisi lui-même Elmacin pour son gendre; mais sa probité l'avoit empêché d'avertir sa fille du risque auquel il exposoit celles d'autrui (*a*).

Il arrive, et la prenant par la main : Axa, lui dit-il, tu connois mon cœur; j'aime Elmacin, il eut été la consolation de mes vieux jours : mais le salut de ton peuple et l'honneur de ton pére doivent l'emporter sur lui (*b*). Fais ton devoir, ma fille, et sauve-moi de l'opprobre parmi mes fréres; car j'ai conseillé tout ce qui s'est fait. Axa baisse la tête et soupire sans répondre; mais enfin levant les yeux, elle rencontre ceux de son vénérable pére. Ils ont plus dit que sa bouche : elle prend son parti. Sa voix foible et tremblante prononce à peine dans un foible et dernier adieu le nom d'Elmacin qu'elle n'ose regarder, et se retournant à l'instant demi-morte, elle tombe dans les bras du Benjamite (*c*).

Un bruit s'excite (*d*) dans l'assemblée. Mais Elmacin s'avance et fait signe de la main. Puis élevant la voix; écoute, ô Axa, lui dit-il, mon vœu solemnel. Puisque je ne puis être à toi, je ne serai jamais à nulle autre : Le seul souvenir de nos jeunes ans que l'innocence et l'amour ont embellis me suffit. Jamais le fer n'a passé sur ma tête, jamais le vin n'a mouillé mes levres, mon corps est aussi pur que mon cœur : Prêtres du Dieu vivant, je me voüe à son service; recevez le Nazaréen du Seigneur.

Aussi-tôt, comme par une inspiration subite, toutes les filles, entraînées par l'exemple d'Axa imitent son sacrifice, et renonçant à leurs prémiéres amours, se livrent aux Benjamites qui les suivoient (*e*). A ce touchant aspect il s'eléve un cri de joye (*f*) au milieu du Peuple. Vierges d'Ephraïm (*g*), par vous Benjamin va renaître. Beni soit le Dieu de nos péres ! il est encore des vertus en Israël (*h*).

PYGMALION,

SCÉNE LYRIQUE (*a*).

Le Théatre représente un attelier de Sculpteur. Sur les côtés on voit des blocs de marbre, des groupes, des statues ébauchées. Dans le fond est une autre statue cachée sous un pavillon d'une étoffe légére et brillante, orné de crépines et de guirlandes.

Pygmalion, assis et accoudé, rêve dans l'attitude d'un homme inquiet et triste; puis se levant tout-à-coup, il prend sur une (*b*) table les outils de son art, va donner par intervalles quelques coups de ciseau sur quelques unes (*c*) de ses ébauches, se recule et regarde d'un air mécontent et découragé.

PYGMALION.

Il n'y a point-là d'ame ni de vie; ce n'est que de la pierre. Je ne ferai jamais rien de tout cela.

O mon génie, où es-tu ? Mon talent qu'es-tu devenu ? Tout mon feu s'est éteint, mon imagination s'est glacée, le marbre sort froid de mes mains.

Pygmalion, ne fais plus (*d*) des Dieux : tu n'es qu'un vulgaire artiste... Vils instrumens qui n'êtes plus ceux de ma gloire, allez, ne deshonorez point mes mains.

Il jette avec dédain ses outils, puis se promene quelque tems en rêvant, les bras croisés.

Que suis-je devenu ? quelle étrange révolution s'est faite en moi ?...

Tyr, ville opulente et superbe, les monumens des arts dont tu brilles ne m'attirent plus, j'ai perdu le goût que je prenois à les admirer : le commerce des Artistes et des Philosophes me devient insipide; l'entretien des Peintres et des Poëtes est sans attrait pour moi; la louange et la gloire n'élevent plus mon ame; les éloges de ceux qui en recevront de la postérité ne me touchent plus; l'amitié même a perdu pour moi ses charmes.

Et vous, jeunes objets, chefs-d'œuvre de la nature que mon art osoit imiter, et sur les pas desquels les plaisirs m'attiroient sans cesse, vous, mes charmans modeles, qui m'embrasiez à la fois des feux de l'amour et du génie, depuis que je vous ai surpassés, vous m'êtes tous indifférens.

Il s'assied et contemple tout autour de lui.

Retenu dans cet attelier par un charme inconcevable, je n'y sais (*a*) rien faire, et je ne puis m'en éloigner. J'erre de groupe en groupe, de figure en figure. Mon ciseau foible, incertain, ne reconnoît plus son guide : ces ouvrages grossiers, restés à leur timide ébauche, ne sentent plus la main qui jadis les eût animés...

Il se leve impétueusement.

C'en est fait, c'en est fait; j'ai perdu mon génie... Si jeune encore, je survis à mon talent.

Mais quelle est donc cette ardeur interne qui me dévore ? Qu'ai-je en moi qui semble m'embraser ? Quoi ! dans la langueur d'un génie éteint, sent-on ces émotions, sent-on ces élans des passions impétueuses, cette inquiétude insurmontable, cette agitation secrete qui me tourmente et dont je ne puis démêler la cause ?

J'ai craint que l'admiration de mon propre ouvrage ne causât la distraction que j'apportois à mes travaux. Je l'ai caché sous ce voile.. mes profanes mains ont osé couvrir ce monument de leur gloire. Depuis que je ne le vois plus, je suis plus triste, et ne suis pas plus attentif.

Qu'il va m'être cher, qu'il va m'être précieux, cet immortel ouvrage ! Quand mon esprit (*b*) éteint ne produira plus rien de grand, de beau, de digne de moi, je montrerai ma Galathée, et je dirai : Voilà mon ouvrage (*c*) ! O ma Galathée ! quand j'aurai tout perdu, tu me resteras, et je serai consolé.

Il s'approche du pavillon, puis se retire, va, vient, et s'arrête quelquefois à le regarder en soupirant.

Mais pourquoi la cacher ? Qu'est-ce que j'y gagne ? Réduit à l'oisiveté, pourquoi m'ôter le plaisir de contempler la plus belle de mes œuvres ?... Peut-être y reste-t-il quelque défaut que je n'ai pas remarqué; peut-être pourrai-je encore ajouter quelque ornement à sa parure; aucune grace imaginable ne doit manquer à un objet si charmant... Peut-être cet objet ranimera-t-il mon imagination languissante. Il la faut revoir, l'examiner de nouveau. Que dis-je ? Eh ! je ne l'ai point encore examinée : je n'ai fait jusqu'ici que l'admirer.

Il va pour lever le voile, et le laisse retomber comme effrayé.

Je ne sais quelle émotion j'éprouve en touchant ce voile; une frayeur me saisit; je crois toucher au sanctuaire de quelque Divinité... Pygmalion (*a*) ! c'est une pierre; c'est ton ouvrage. Qu'importe ? On sert des Dieux dans nos temples qui ne sont pas d'une autre matiere et qui n'ont pas été faits d'une autre main.

Il leve le voile en tremblant, et se prosterne. On voit la statue de Galathée posée sur un piédestal fort petit, mais exhaussé par un gradin de marbre, formé de quelques marches (*b*) *demi-circulaires.*

O Galathée ! recevez mon hommage. Oui je me suis trompé : j'ai voulu vous faire Nymphe, et je vous ai fait Déesse : Vénus même est moins belle que vous.

Vanité, foiblesse humaine ! je ne puis me lasser d'admirer mon ouvrage; je m'enivre d'amour-propre; je m'adore dans ce que j'ai fait... Non jamais rien (*c*) de si beau ne parut dans la nature; j'ai passé l'ouvrage des Dieux...

Quoi ! tant de beautés sortent de mes mains ? Mes mains les ont donc touchées ? Ma bouche a donc pu... Pygmalion ! Je vois un défaut. Ce vêtement couvre trop le nu; il faut l'échancrer davantage; les charmes qu'il recele doivent être mieux annoncés.

Il prend son maillet et son ciseau, puis s'avançant lentement, il monte, en hésitant, les gradins de la statue qu'il semble n'oser toucher. Enfin, le ciseau déjà levé, il s'arrête.

Quel tremblement ! quel trouble ! Je tiens le ciseau d'une main mal assurée... je ne puis... je n'ose... je gâterai tout.

Il s'encourage, et enfin, présentant son ciseau, il en donne un seul coup (*d*), *et, saisi d'effroi, il le laisse tomber, en poussant un grand cri.*

Dieux ! je sens la chair palpitante repousser le ciseau !...

Il redescend, tremblant et confus.

... Vaine terreur, fol aveuglement !... Non, je n'y toucherai point; les Dieux m'épouvantent. Sans doute elle eſt déjà consacrée à leur rang.

Il la considere de nouveau.

Que veux-tu changer ? regarde; quels nouveaux charmes veux-tu lui donner ?... Ah ! c'eſt la perfection qui fait son défaut.... Divine Galathée ! moins parfaite, il ne te manqueroit rien.

Tendrement.

Mais il te manque une ame : ta figure ne peut s'en passer.

Avec plus d'attendrissement encore.

Que l'ame faite pour animer un tel corps doit être belle !

Il s'arrète long-tems, puis retournant s'asseoir, il dit d'une voix lente et changée.

Quels desirs osé-je former ? Quels vœux insensés ! qu'eſt-ce que je sens ?... O ciel ! le voile de l'illusion tombe, et je n'ose voir dans mon cœur : j'aurois trop à m'en indigner.

Longue pause dans un profond accablement.

... Voilà donc la noble passion qui m'égare ! c'eſt donc pour cet objet inanimé que je n'ose sortir d'ici !... un marbre ! une pierre ! une masse informe et dure, travaillée avec ce fer !... Insensé, rentre en toi-même; gémis sur toi, vois ton erreur (*a*)... vois ta folie...
... Mais non...

Impétueusement.

Non, je n'ai point perdu le sens; non, je n'extravague point; non, je ne me reproche rien. Ce n'eſt point de ce marbre mort (*b*) que je suis épris, c'eſt d'un être vivant qui lui ressemble; c'eſt de la figure qu'il offre à mes yeux. En quelque lieu que soit cette figure adorable, quelque corps qui la porte, et quelque main qui l'ait faite, elle aura tous les vœux de mon cœur. Oui, ma seule folie eſt de discerner la beauté, mon seul crime eﬆ d'y être sensible. Il n'y a rien là dont je doive rougir.

Moins vivement, mais toujours avec passion.

Quels traits de feu semblent sortir de cet objet pour embraser mes sens, et retourner avec mon ame à leur source ! Helas ! il reﬆe immobile et froid, tandis que mon cœur embrasé par ses charmes, voudroit quitter mon corps pour aller échauffer le sien. Je crois, dans mon délire, pouvoir m'élancer hors de moi; je crois pouvoir lui donner ma vie, et l'animer de mon ame. Ah ! que Pygmalion meure pour vivre dans Galathée !... Que dis-je, ô Ciel ! Si j'étois elle, je ne la verrois pas, je ne serois pas celui qui l'aime ! Non, que ma Galathée vive, et que je ne sois pas elle. Ah ! que je sois toujours un autre, pour vouloir toujours être elle, pour la voir, pour l'aimer, pour en être aimé...

Transport. (*a*).

Tourmens, vœux, desirs, rage, impuissance, amour terrible, amour funeﬆe... oh ! tout l'enfer eﬆ dans mon cœur agité... Dieux puissans ! Dieux bienfaisans ! Dieux du peuple, qui connûtes les passions des hommes ! Ah ! vous avez tant fait de prodiges pour de moindres causes ! Voyez cet objet, voyez mon cœur; soyez juﬆes et méritez vos autels !

Avec un enthousiasme plus pathétique.

Et toi, sublime essence qui te cache aux sens, et te fais sentir aux cœurs ! ame de l'univers, principe de toute exiﬆence; toi qui par l'amour donnes l'harmonie aux élémens, la vie à la matiere, le sentiment aux corps, et la forme à tous les êtres; feu sacré ! céleﬆe Vénus, par qui tout se conserve et se reproduit sans cesse ! Ah ! où eﬆ ton équilibre ? où eﬆ ta force expansive ? où eﬆ la loi de la nature dans le sentiment que j'éprouve ? où eﬆ ta chaleur vivifiante dans l'inanité (*b*) de mes vains desirs ? Tous tes feux sont concentrés dans mon cœur et le froid de la mort reﬆe sur ce marbre; je péris par l'excès de vie qui lui manque. Hélas ! je n'attends point un prodige (*c*); il exiﬆe, il doit cesser; l'ordre eﬆ troublé, la nature eﬆ outragée; rends leur empire à ses loix, rétablis son cours bienfaisant et verse également ta divine influence. Oui, deux êtres manquent à la plénitude des choses. Partage leur cette ardeur dévorante qui consume l'un sans animer l'autre. C'est toi qui formas par ma main ces charmes et ces traits qui n'attendent que le sentiment et la vie... Donne-lui la moitié de la mienne, donne-lui tout, s'il le faut, il me suffira de vivre en elle. O toi qui daignes sourire aux hommages des mortels ! ce qui ne sent rien (*a*) ne t'honore pas. Etends ta gloire avec tes œuvres. Déesse de la beauté, épargne cet affront à la nature, qu'un si parfait modele soit l'image de ce qui n'est pas.

Il revient à lui par degrés avec un mouvement d'assurance et de joie.

Je reprends mes sens. Quel calme inattendu ! quel courage inespéré me ranime ! Une fievre mortelle embrasait mon sang : un baume de confiance et d'espoir court (*b*) dans mes veines : je crois me sentir renaître.

Ainsi le sentiment de notre dépendance sert quelquefois à notre consolation. Quelque malheureux que soient les mortels, quand ils ont invoqué les Dieux, ils sont plus tranquilles...

Mais cette injuste confiance trompe ceux qui font des vœux insensés... Hélas ! en l'état où je suis on invoque tout, et rien ne nous écoute. L'espoir qui nous abuse est plus insensé que le desir.

Honteux de tant d'égaremens, je n'ose plus même en contempler la cause. Quand je veux lever les yeux sur cet objet fatal, je sens un nouveau trouble, une palpitation me suffoque, une secrete frayeur m'arrête...

Ironie amere.

.... Eh ! regarde, malheureux ! deviens intrépide, ose fixer une statue.

Il la voit s'animer, et se détourne saisi d'effroi et le cœur serré de douleur.

Qu'ai-je vu ? Dieux ! qu'ai-je cru voir ? Le coloris des chairs... un feu dans les yeux... des mouvemens même... Ce n'étoit pas assez d'espérer le prodige (*c*); pour comble de misere, enfin, je l'ai vu....

Excès d'accablement.

Infortuné ! c'en est donc fait... ton délire est à son dernier terme; ta raison t'abandonne ainsi que ton génie !... Ne la regrette point, ô Pygmalion (*a*) ! Sa perte couvrira ton opprobre...

Vive indignation.

Il eſt trop heureux pour l'amant d'une pierre de devenir un homme à visions.

Il se retourne et voit la ſtatue se mouvoir et descendre elle-même les gradins par lesquels il a monté sur le piédeſtal (*b*). *Il se jette à genoux, et léve* (*c*) *les mains et les yeux au Ciel.*

Dieux immortels ! Vénus ! Galathée ! ô preſtige d'un amour forcené !

GALATHEE *se touche et dit* (*d*).

Moi.

PYGMALION, *transporté.*

Moi !

GALATHEE *se touchant encore.*

C'eſt moi.

PYGMALION.

Ravissante illusion qui passes jusqu'à mes oreilles, ah ! n'abandonne jamais mes sens.

GALATHEE *fait quelques pas et touche un marbre.*

Ce n'eſt plus moi.

Pygmalion, dans une agitation (*e*), *dans des transports qu'il a peine à contenir, suit tous ses mouvemens* (*f*), *l'écoute, l'observe avec une avide* (*g*) *attention qui lui permet à peine de respirer.*

Galathée s'avance vers lui et le regarde.

Il se leve précipitamment, lui tend les bras, et la regarde avec extase. Elle pose une main sur lui ; il tressaillit[1], *prend cette main, la porte à son cœur, puis la couvre d'ardens baisers.*

GALATHEE *avec un soupir.*

Ah ! encore moi.

PYGMALION.

Oui, cher et charmant objet : oui, digne chef-d'œuvre de mes mains, de mon cœur et des Dieux... c'est toi, c'est toi seule : je t'ai donné tout mon être; je ne vivrai plus que par toi.

VISION DE PIERRE DE LA MONTAGNE,

DIT LE VOYANT[1].

Ici sont écrits les trois Chapitres de la Vision de Pierre de la Montagne, dit le Voyant, *concernant la désobéissance et damnable rebellion de Pierre du Val, dit* Pierrot des Dames.

CHAPITRE I.

1. Et j'étois dans mon pré fauchant mon regain, et il faisoit chaud, et j'étois las, et un prunier de prunes vertes étoit près de moi.

2. Et me couchant sous le prunier, je m'endormis.

3. Et durant mon sommeil j'eus une vision, et j'entendis une voix aigre et éclatante comme le son d'un cornet de postillon.

4. Et cette voix étoit tantôt foible et tantôt forte, tantôt grosse et tantôt claire, passant successivement et rapidement des sons (*a*) les plus graves aux plus aigus, comme le miaulement d'un chat sur une goutiére, ou comme la déclamation du Révérend I***[2], diacre du Val de Travers.

5. Et la voix s'addressant à moi me dit ainsi : Pierre le Voyant, mon fils, écoute mes paroles; et je me tus en dormant, et la voix continua.

6. Ecoute la parole que je t'addresse de la part de l'Esprit, et la retiens dans ton cœur. Répand-la par toute la terre et par tout le Val de Travers, afin qu'elle soit en édification à tous les fidelles.

7. Et afin qu'instruis du châtiment du rebelle Pierre

du Val, dit Pierrot des Dames, ils apprennent à ne plus mépriser les nocturnes inspirations de la Voix.

8. Car je l'avois choisi dans l'abjection de son esprit et dans la stupidité de son cœur pour être mon interprête.

9. J'en avois fait l'honorable successeur de ma servante *la Batizarde**, afin qu'il portât comme elle dans toute l'Eglise la lumiére de mes inspirations.

10. Je l'avois chargé d'être comme elle l'organe de ma parole, afin que ma gloire fût manifestée et qu'on vît que je puis, quand il me plait, tirer de l'or de la boue, et des perles du fumier.

11. Je lui avois dit : va, parle à ton frére errant Jean Jaques qui se fourvoye, et le ramene au bon chemin.

12. Car dans le fond ton frére Jean Jaques est un bon homme, qui ne fait tort à personne, qui craint Dieu et qui aime la vérité.

13. Mais, pour le ramener d'un égarement, ce peuple y tombe lui-même; et, pour vouloir le rendre à la Foi, ce peuple renonce à la Loi.

14. Car la loi défend de venger les offenses qu'on a reçues, et eux outragent sans cesse un homme qui ne les a point offensés.

15. La loi ordonne de rendre le bien pour le mal, et eux lui rendent le mal pour le bien.

16. La loi ordonne d'aimer ceux qui nous haïssent, et eux haïssent celui qui les aime.

17. La loi ordonne d'user de miséricorde, et eux n'usent pas même de justice.

18. La loi défend de mentir, et il n'y a sorte de mensonge qu'ils n'inventent contre lui.

19. La loi défend la médisance, et ils le calomnient sans cesse.

20. Ils l'accusent d'avoir dit que les femmes n'avoient point d'ame, et il dit au contraire que toutes les femmes aimables en ont au moins deux.

21. Ils l'accusent de ne pas croire en Dieu, et nul n'a si fortement prouvé l'existence de Dieu.

22. Ils disent qu'il est l'Antechrist, et nul n'a si dignement honoré le Christ.

---

* Vieille commére de la lie du peuple, qui jadis se piquoit d'avoir des visions.

23. Ils disent qu'il veut troubler leurs consciences, et jamais il ne leur a parlé de religion.

24. Que s'ils lisent des Livres faits pour sa deffense en d'autres pays, est-ce sa faute et les a-t-il priés de les lire ? Mais au contraire c'est pour ne les avoir point lus qu'ils croyent qu'il y a dans ces Livres de mauvaises choses qui n'y sont point; et qu'ils ne croyent point que les bonnes choses qui y sont, y soient en effet.

25. Car ceux qui les ont lus en pensent tout autrement, et le disent lorsqu'ils sont de bonne foi.

26. Toutefois ce Peuple est bon naturellement, mais on le trompe; et il ne voit pas qu'on lui fait défendre la cause de Dieu avec les armes de Satan.

27. Tirons-les de la mauvaise voye où on les mène, et ôtons cette pierre d'achoppement de devant leurs pieds.

CHAPITRE II.

1. Va donc et parle à ton frére errant Jean Jaques, et lui addresse en mon nom ces paroles : ainsi a dit la voix de la part de l'Esprit.

2. Mon fils Jean Jaques, tu t'égares dans tes idées. Reviens à toi, sois docile, et reçois mes paroles de correction.

3. Tu crois en Dieu puissant, intelligent, bon, juste, remunerateur; et en cela tu fais bien.

4. Tu crois en Jesus son fils, son Christ, et en sa parole; et en cela tu fais bien.

5. Tu suis de tout ton pouvoir les préceptes du St. Evangile; et en cela tu fais bien.

6. Tu aimes les hommes comme ton prochain et les Chrétiens comme tes fréres. Tu fais le bien quand tu peux, et ne fais jamais de mal à personne que pour ta défense et celle de la justice.

7. Fondé sur l'expérience tu attends peu d'équité de la part des hommes; mais tu mets ton espoir dans l'autre vie qui te dédommagera des miséres de celle-ci; et en tout cela tu fais bien.

8. Je connois tes œuvres : j'aime les bonnes; ton cœur et ma clémence effaceront les mauvaises. Mais une chose me déplait en toi.

9. Tu t'obstines à rejetter les miracles; et que t'importent les miracles ? Puisqu'au surplus tu crois à la Loi sans eux, n'en parle point, et ne scandalise plus les foibles.

10. Et lorsque toi Pierre du Val, dit Pierrot des Dames, auras dit ces paroles à ton frére errant Jean Jaques, il sera saisi d'étonnement.

11. Et voyant que toi qui es un brutal et un stupide tu lui parles raisonnablement et honnêtement, il sera frappé de ce prodige, et il reconnoitra le doigt de Dieu.

12. Et se prosternant en terre il dira : Voilà mon frére Pierrot des Dames qui prononce des discours sensés et honnêtes. Mon incrédulité se rend à ce signe évident. Je crois aux miracles; car aucun n'est plus grand que celui-là.

13. Et tout le Val de Travers témoin de ce double prodige entonnera des Cantiques d'allegresse; et l'on criera de toutes parts, dans les six communautés, Jean Jaques croit aux miracles, et des discours sensés sortent de la bouche de Pierrot des Dames. Le Tout-Puissant se montre à ses œuvres : que son saint nom soit béni.

14. Alors confus d'avoir insulté un homme paisible et doux, ils s'empresseront à lui faire oublier leurs outrages et ils l'aimeront comme leur proche, et il les aimera comme ses fréres.

15. Des cris séditieux ne les ameuteront (*a*) plus; l'hypocrisie exhalera son fiel en vains murmures que les femmes mêmes n'écouteront plus.

16. La paix de Christ régnera parmi les Chrétien, et le scandale sera ôté du milieu d'eux.

17. C'est ainsi que j'avois parlé à Pierre du Val, dit Pierrot des Dames, lorsque je daignois le choisir pour porter ma parole à son frére errant.

18. Mais au lieu d'obéir à la mission que je lui avois donnée, et d'aller trouver Jean Jaques comme je le lui avois commandé, il s'est défié de ma promesse, et n'a pu croire au miracle dont il devoit être l'instrument.

19. Féroce comme l'Onagre du désert, et têtu comme la Mule d'Edom[1], il n'a pû croire qu'on put mettre des discours persuasifs dans sa bouche et s'est obstiné dans sa rebellion (*b*).

20. C'est pourquoi l'ayant rejetté, je t'ordonne à toi Pierre de la Montagne, dit le Voyant, d'écrire cet ana-

thême et de le lui addresser soit directement, soit par le public, à ce qu'il n'en prétende cause d'ignorance, et que chacun apprenne, par l'accomplissement du châtiment que je lui annonce, à ne plus désobéir aux saintes visions.

CHAPITRE III.

1. Ici sont les paroles dictées par la voix sous le Prunier de prunes vertes à moi Pierre de la Montagne, dit le Voyant, pour être la sentence portée en icelles dument signifiée et prononcée audit Pierre du Val, dit Pierrot des Dames, afin qu'il se prépare à son exécution, et que tout le Peuple en étant témoin devienne sage par cet exemple, et apprenne à ne plus désobéir aux saintes visions.

2. Homme de col roide, craignois-tu que celui qui fit donner par des corbeaux la nourriture charnelle au Prophête, ne put donner par toi la nourriture spirituelle à ton frére ? Craignois-tu que celui qui fit parler une anesse ne put faire parler un cheval ?

3. Au lieu d'aller avec droiture et confiance remplir la mission que je t'avois donnée, tu t'ès perdu dans l'égarement de ton mauvais cœur. De peur d'amener ton frére à résipiscence, tu n'as point voulu lui porter ma parole. Au lieu de cela, te livrant à l'esprit de cabale et de mensonge, tu as divulgué l'ordre que je t'avois donné en secret et, supprimant malignement le bien que je t'avois chargé de dire, tu lui as faussement substitué le mal dont je ne t'avois pas parlé.

4. C'est pourquoi j'ai porté contre toi cet arrêt irrévocable dont rien ne peut éloigner ni changer l'effet. Toi donc, Pierre du Val, dit Pierrot des Dames, écoute et tremble; car voici ton heure approche; sa rapidité se réglera sur ta soif.

5. Je connois toutes tes machinations secrettes; tes complots ont été formés en buvant; c'est en buvant qu'ils seront punis. Depuis la nuit mémorable de ta vision jusqu'à ce jour treiziéme du moi d'Elul* à la neuviéme heure**, il s'est passé cent seize heures.

* Le mois d'Elul répond à peu près à nôtre mois d'Aoust.

** La neuvième heure en cette saison fait environ les deux heures après midi.

6. Pour te donner dans ma clémence le tems de te connoitre et de t'amender, je t'accorde de pouvoir boire encore cent quinze rasades de vin pur, ou leur valeur, mesurées dans la même tasse où tu bus ton dernier coup, la veille de ta vision.

7. Mais sitôt que tes lévres auront touché la cent seizième rasade, il faut mourir; et avant qu'elle soit vuidée, tu mourras subitement.

8. Et ne pense pas m'abuser sur le compte en buvant furtivement, ou dans des coupes de diverses mesures. Car je te suis par-tout de l'œil, et ma mesure est aussi sure que celle du pain de ta servante, et que le trébuchet où tu péses tes Ecus.

9. En quelque tems et en quelque lieu que tu boives la cent seizième rasade, tu mourras subitement.

10. Si tu la bois au fond de ta cave caché seul entre tes tonneaux de piquête, tu mourras subitement.

11. Si tu la bois à table dans ta famille à la fin de ton maigre diné, tu mourras subitement.

12. Si tu la bois chez Joseph C***[1] cherchant avec lui dans le vin quelque mensonge, tu mourras subitement.

13. Si tu la bois chez le maire B***[2] écoutant un de ses vieux sermons, tu t'endormiras pour toujours même sans qu'il continue de lire.

14. Si tu la bois causant en secret chez Mr. le P***[3], fut-ce en arrangeant quelque vision nouvelle, tu mourras subitement.

15. Mortel heureux jusqu'à ton dernier instant et au-delà, tu mettras en expirant plus d'esprit dans ton estomac que n'en rendra ta cervelle, et la plus pompeuse oraison funébre où tes visions seront célébrées te rendra plus d'honneur après ta mort que tu n'en eus de tes jours.

16. Bois, trop heureux Pierre, bois[4], hâte-toi de boire. Tu ne peux trop te presser d'aller cueillir les lauriers qui t'attendent dans le pays des visions. Tu mourras, mais grace à celle-ci ton nom vivra parmi les hommes. Bois, Pierre, bois, va promptement à l'immortalité qui t'est due. Ainsi soit-il; Amen, Amen.

17. Et lorsque j'entendis ces paroles, moi Pierre de la Montagne, dit le Voyant, je fus saisi d'un grand effroi, et je dis à la voix.

18. A Dieu ne plaise que j'annonce ces choses sans en être assuré (*a*) par un signe. Je connois mon frére Pierrot

des Dames : il veut avoir des visions à lui tout seul. Il ne voudra pas croire aux miennes, encore qu'on m'ait appelé *le Voyant,* mais s'il en doit advenir comme tu dis, donne-moi un signe sous l'autorité duquel je puisse parler.

19. Et comme j'achevois ces mots, voici je fus éveillé par un coup (*a*) terrible; et portant la main sur ma tête, je me sentis la face tout en sang; car je saignois beaucoup du nez, et le sang me ruisseloit du visage. Toutefois après l'avoir étanché comme je pus, je me levai sans autre blessure, sinon que j'avois le nez meurtri, et fort enflé.

20. Puis regardant autour de moi d'où pouvoit me venir cette atteinte, je vis enfin qu'une prune étoit tombée de l'arbre et m'avoit frappé.

21. Voyant la prune auprès de moi, je la pris; et, après l'avoir bien considérée, je reconnus qu'elle étoit fort saine, fort grosse, fort verte et fort dure, comme l'état de mon nez en faisoit foi.

22. Alors mon entendement s'étant ouvert, je vis que la prune en cet état ne pouvoit naturellement être tombée d'elle-même; joint que la juste direction sur le bout de mon nez étoit une autre merveille non moins manifeste, qui confirmoit la premiére, et montroit clairement l'œuvre de l'Esprit.

23. Et rendant grace à la voix d'un signe si notoire (*b*), je résolus de publier la vision comme il m'avoit été commandé, et de garder la prune en témoignage de mes paroles, ainsi que j'ai fait jusqu'à ce jour.

MÉLANGES DE LITTÉRATURE ET DE MORALE

[SUR L'ELOQUENCE.]

Vous demandés pourquoi en certains tems l'éloquence tombe dans la corruption, et comment il arrive que les esprits se jettent dans le mauvais gout... pourquoi par exemple les figures hardies et outrées plaisent quelquefois — et que en d'autres tems on aime les discours brusques et équivoques qui laissent plus à entendre qu'ils ne disent... pourquoi il s'est vu des tems où l'on ne se faisoit aucune honte de commettre des injustices.

Telle a été la vie d'un homme tels ont été ses discours.

De même que les actions de chacun se peignent dans ses discours, ainsi il arrive quelquefois que le gout oratoire se raporte aux mœurs presentes.

Si la discipline d'un état s'énerve et degenére en delices, c'est un argument pour croire que l'éloquence y contractera bientot ce gout mol et efféminé;... L'esprit ne peut pas être teint differemment que le cœur.

Quand l'esprit s'accoutume à mépriser les choses qui sont en usage, et à les regarder comme basses et viles, il prend aussi le gout du nouveau dans le discours.

Et ce n'est pas un si grand défaut dans le discours d'emploier des paroles pueriles ou mauvaises (*a*), et plus libres que la modestie ne le permet, que de se servir d'un stile trop fleuri et trop doux si d'ailleurs il ne signifie rien et ne peut produire aucun effet que le son même des paroles.

IDÉE DE LA MÉTHODE DANS LA COMPOSITION D'UN LIVRE.

QUAND on entreprend d'écrire un ouvrage, on a déja trouvé le sujet et une partie au moins de la matiére, ainsi il n'eſt queſtion que de l'amplifier et de lui donner l'arrangement le plus propre à convaincre et à plaire. Cette partie qui renferme aussi le ſtile, eſt celle qui décide ordinairement du succés de l'ouvrage et de la reputation de l'Auteur; c'eſt elle qui conſtituë, non pas tout à fait un bon ou un mauvais Livre, mais un Livre bien ou mal fait.

Il eſt difficile de former un bon plan d'ouvrage si l'on n'a l'Esprit juſte et une parfaitte connoissance de sa matiére. Au contraire, avec ces deux qualités il eſt difficile d'en faire un mauvais quand on y donne toutte l'attention nécessaire. Par l'une on embrasse touttes les parties de son sujet, par l'autre on les met dans l'ordre le plus avantageux et le plus propre à les faire valoir et à les étayer mutuellement.

Il n'eſt pas douteux qu'on ne puisse former une multitude de différens projets tous bons chacun relativement à son objet particulier : sans entrer dans ce détail inépuisable, voici à peu près l'ordre général que je voudrois suivre dans la conſtruction d'un ouvrage de raisonnement : Je choisis ce genre pour éxemple, comme celui qui demande le plus de methode et de proportion dans ses parties.

Je commencerois d'abord par expliquer nettement le sujet que je me propose, définissant avec soin les idées et les mots nouveaux ou équivoques que j'aurois besoin d'employer, non pas successivement en forme de dictionnaire à la maniére des mathématiciens, mais comme par occasion et enchassant adroittement mes définitions dans l'exposition de mon sujet. Quand on entreprend un Livre, on se propose d'instruire le public de quelque chose qu'il ne savoit pas, ce qui se fait en lui apprenant de nouvelles vérités, ou en le désabusant de quelques fausses opinions dont il étoit imbu; en pareil cas, le devoir d'un auteur est d'expliquer d'abord le sentiment commun, de montrer sur quels fondemens il est appuyé, et par quelles armes il est défendu; quand on s'y prend bien cela prévient toûjours le lecteur favorablement, il voit d'abord d'un côté un homme instruit, qui n'embrasse pas un avis par ignorance des raisons avantageuses au parti contraire, et de l'autre un homme droit et sincére qui par des ruses subreptices ne cherche point à déguiser aux yeux des lecteurs les raisons de ses adversaires.

En entrant en matiére, je mettrois en tel jour ce que j'aurois à prouver que je paroitrois d'abord accorder au sentiment opposé beaucoup plus de choses que je ne lui en accorderois réellement, laissant à la force de mes raisons le droit de revendiquer dans la suitte ce que j'aurois d'abord cédé de trop. Cette adresse est encore d'un grand effet pour se concilier l'estime du Lecteur. Il semble qu'un Auteur, par une surabondance de preuves se trouve contraint de retracter les concessions que sa modération naturelle lui avoit fait faire.

Dans l'éxamen d'une question on a ordinairement des preuves de plusieurs espéces; on detruit d'abord le sentiment opposé, ensuitte on êtablit le sien. Dans l'un et dans l'autre cas on tire ses raisonnemens du fond même de la chose, ou de ses rapports avec d'autres objets. C'est sur tout le choix de ses preuves, l'arrangement qu'on leur donne, et le jour dans lequel on les met qui montre l'Ecrivain judicieux et l'habile Dialecticien. La plus pard des propositions qu'on peut faire sur un même sujet ont entre elles une fine analogie, une liaison cachée qui échape à l'Esprit vulgaire mais que le vrai genie saisit toûjours. Quand on tient une fois un bout de cette chaine on se conduit avec une facilité merveilleuse et l'on est tout étonné qu'une infinité de routes qui sembloient ou n'avoir rien de commun, ou se croiser en mille manieres, vous conduisent pourtant successivement par le chemin le plus sur et le plus court au but que vous vous étiez proposé. Les livres des Philosophes sont pleins de Loix et de maximes sur cette matiére qui se rapportent à deux methodes générales. L'une qu'ils appellent synthése, ou méthode de composition par laquelle on passe du simple au composé et qui sert à enseigner aux autres ce que l'on sait soi-même; l'autre qu'ils appellent Analyse ou methode de résolution et qu'on employe à s'instruire de ce qu'on ignore; quand par éxemple on recherche la généalogie d'une maison, on remonte du tems présent de dégré en dégré et d'ancêtre en ancêtre jusqu'à l'origine de cette maison, c'est la voye Analytique. Ensuitte, on dresse une table à la tête de laquelle on place la souche trouvée d'où l'on descend de génération en génération jusqu'à celle qui subsiste actuellement; c'est la synthèse. Ces methodes ont des régles fort nombreuses et fort étenduës que l'Esprit suit sans y penser quand il a de la capacité et de la justesse. Il en est des Livres comme des Piéces de Théatre; on ne sauroit les commencer trop simplement, mais il faut s'élever sans cesse jusqu'au dernier instant; non pas d'une élevation de style car il doit être toûjours le même; mais d'une augmentation d'abondance dans la matiére et de force dans le raisonnement. Aprés une Lecture vive et animée, le moindre relachement jette le lecteur dans le dégout et l'ennui; on a touttes les peines du monde à le retirer de cette léthargie et il passe souvent dans cette indolence une infinité de bonnes choses avant que de reprendre l'attention et le goût qu'elles auroient dû lui inspirer. Je voudrois donc commencer toûjours mes discussions par l'ordre de preuves le plus foible. Il est des matiéres où les argumens les plus convaincants se tirent du fond même du sujet; telles sont les questions Physiques. La connoissance de la nature des plantes peut bien, par exemple, être aidée par celle du terrain qui les produit, des sucs qui les nourrissent, et de leurs vertus spécifiques, mais jamais on n'en connoitra bien la méchanique et les ressorts si l'on ne les éxamine en elles mémes, si l'on n'en considére toutte la structure intérieure, les fibres, les valvules, les trachées, l'écorce, la moële, les feuilles, les fleurs, les fruits, les racines, et en un mot, touttes les parties qui entrent dans leur composition. Dans les recherches morales, au contraire, je commencerois par éxaminer le peu que nous connoissons de l'esprit humain pris en lui même et considéré comme individu, j'en tirerois en tâtonnant quelques connoissances obscures et incertaines, mais abandonnant bientôt ce ténébreux labirinthe, je me hâterois d'éxaminer l'homme par ses rélations, et c'eſt de là que je tirerois une foule de vérités lumineuses qui feroient bientôt disparoitre l'incertitude de mes prémiers argumens et qui recevroient encore du jour par comparaison.

L'art consiſte, non seulement à bien choisir ses preuves, et à les placer dans un bel ordre : mais encore à leur donner le jour qui leur convient. Il eſt des raisonnemens simples et solides dont la force consiſte dans leur simplicité même, et qu'on énerveroit par le moindre ornement; d'autres plus composés, plus foibles ou moins sensibles par eux mêmes ont besoin du secours des images et des comparaisons : il en eſt qui ne reçoivent un air de juſtesse et de vivacité qu'à force de fleurs et de figures. Partout il faut que l'art travaille mais il doit redoubler de soins pour se cacher dans les endroits où il eſt le plus nécessaire. Si le lecteur s'en aperçoit, c'eſt un avis pour lui de se tenir en garde. Il faut encore êtudier la valeur de ses preuves pour ne les présenter qu'avec le dégré de confiance qui leur convient. Faites passer les prémiéres celles sur lesquelles vous comptez le moins, à la bonne heure : mais elles pourroient avoir tel degré de foiblesse qu'il seroit dangereux de commencer par elles, à moins qu'on ne leur donne un tour qui annonce qu'elles ne sont là que pour devancer et préparer des raisonnemens plus solides.

La derniére partie d'un Ouvrage peut être employée à resoudre des objections et à citer des éxemples : mais il y a des défauts à éviter dans l'un et dans l'autre cas.

Quant aux objections, il se les faut présenter de bonne foi et avec toute la solidité qu'elles peuvent avoir; la pluspart des Auteurs suivent là dessus la plus mauvaise politique du monde : Ils ne donnent des forces à leurs adversaires qu'à proportion de celles qu'ils se sentent à eux mêmes; ils mesurent les objections sur leurs réponses, et ils croient avoir fait merveilles quand ils ont renversé ces foibles obſtacles. Mais ils ont bientôt à faire à gens qui ne les menagent pas de même, et ces sortes de disputes aboutissent souvent à convaincre un auteur d'ignorance ou de mauvaise foy. On prévient cela en procedant rondement : Quand on fait parler ses adversaires il faut leur donner tout l'esprit qu'on peut avoir, se mettre à leur place, se revetir de leur opinion, se saisir soi même au corps et ne se point marchander; dussent les solutions être de moindre valeur que les difficultés, cela feroit encore un meilleur effet que les ruses d'un Ecrivain peu sincére qui donne le change et cherche à en imposer.

Il faut savoir ce qu'on fait quand on cite des exemples, citer pour citer est le métier d'un Pédant : je ris quand je vois dans tant de livres et dans presque touttes les conversations alléguer quelques faits particuliers en preuve de propositions générales. C'est un sophisme d'Ecolier dans lequel il n'est pas permis à un écrivain judicieux de tomber. Quoi ! parce que deux ou trois foux se tuent tous les jours à Londres, les Anglois ne craignent pas la mort ? Il faudroit donc admettre tous les jours sur les mêmes sujets je ne sais combien de propositions contradictoires.

Quand on cite, il faut compter; autrement c'est de l'érudition perduë. Supposons que je voulusse prouver qu'en général les femmes ont autant ou plus de mérite que les hommes. Si je citois Sémiramis on me citeroit Alexandre, à Judith on m'opposeroit Scevola, à Lucréce Caton d'Utique, Anacreon à Sapho, et ainsi d'éxemple en éxemple la liste des grands hommes auroit bientôt épuisé celle des femmes. Mais si l'on établissoit une proportion entre le nombre des personnes qui de part et d'autre ont gouverné des Etats, commandé des Armées, et cultivé les Lettres, et le nombre de celles qui ont brillé dans ces différens Genres, alors il est évident que le côté où la quantité relative l'emporteroit mériteroit réellement l'avantage[1].

Quand j'ai dit qu'on pouvoit rejetter dans la derniére partie les objections et les éxemples, je n'ai pas prétendu faire de cette pratique une régle universelle. Au contraire, c'est ce que je ne voudrois pratiquer que dans ces sortes de matiéres dont on ne peut interrompre le fil sans dérouter le lecteur et l'éloigner de l'objet principal. Si vôtre sujet comporte cette varieté vous ferez bien de fondre tout cela dans le corps même de l'ouvrage et d'épuiser sur chaque chef les matiéres qui y ont raport et que vous avez dessein d'employer. Mais il est dangereux de rendre un Livre froid et long par cette méthode. Un Ecrivain prudent combine tout et ne se détermine sur la forme de son ouvrage qu'aprés avoir pesé de part et d'autre les avantages et les inconveniens.

La derniére partie d'un ouvrage peut aussi être employée à comparer : surtout, s'il eſt queſtion d'hypothéses ou de syſtémes à subſtitüer à d'autres, et il ne faut pas demander si les auteurs ont soin de montrer l'ancien par une face desavantageuse pour faire briller le leur. Je ne m'arrête point là dessus, je ne dirois que des choses connues de tout le monde.

(*a*) Il faut surtout savoir finir. C'eſt la mode aujourdui de trouver tous les Livres trop longs; j'en trouve plusieurs trop courts, mais c'eſt la fin qui m'en paroit toûjours alongée. Les Anciens Dramatiques[1] énervent souvent leurs dénoüemens pour s'asservir à je ne sais quelles mauvaises régles qu'ils s'étoient imposées. Ôtés les deux ou trois derniéres scénes de la pluspart des Piéces de Térence, la cataſtrophe en sera beaucoup plus vive et la fin plus agréable. C'eſt la même chose dans plusieurs livres modernes. La Peroraison eſt une pratique de Rétheur; si vous avez dit ce qu'il falloit et comme il le falloit, dans le corps de l'ouvrage, le lecteur saura bien tirer la conclusion.

PRONONCIATION.

Que l'on (*a*) se puisse faire entendre distinctement en (*b*) donnant le moins de voix et faisant le moins d'inflexions qu'il est possible (*c*). Or il n'y a pour se faire entendre distinctement de cette maniere que la prosodie et l'accent qui puisse suppléer (*d*) à la force de la voix et à la varieté des inflexions.

Ainsi celui qui se fera entendre le plus distinctement et de plus loin avec le même son et le même ton de voix sans inflexion et sans déclamation sera sans contredit celui qui prononce le mieux.

La langue française se sent des inclinations de ceux qui la parlent, tout est mode (*e*) et air jusques dans la prononciation.

Donne-me le.

Accent. Erreur dans sa définition.

Il est vrai que la voix est différente mais le ton est absolument le même.

J'ai vu les jeunes gens à la mode ne faire plus que grommeler au lieu de parler; ils supposoient que l'attention (*f*) qu'on devoit mettre (*g*) à les écouter les dispensoit d'aucun soin pour se faire entendre.

degoutant et dégoutant. Anecdote de M. de Crebillon.

mots dont j'ai vu changer la prononciation[1]
Charolois — Charolès

secret — segret
persecuter — perzecuter
regiſtre — regître
Les hommes — le shommes
Cervus — Servus

Vice de prononciation dans l'organe, ou dans l'accent, ou dans l'habitude. Grasseyer, etc.

L'analyse de la pensée se fait par la parole, et l'analyse de la parole par l'écriture (*a*); la parole represente la pensée par des signes conventionnels, et l'écriture représente de même la parole; ainsi l'art d'écrire n'eſt qu'une réprésentation mediate de la pensée[1], au moins quant aux langues (*b*) vocales, les seules qui soient en usage parmi nous.

N'eſt-il pas bien ridicule qu'on soit obligé de dire à un homme : Ecrivez-moi ce que vous dites, afin que je l'entende ?

Je doute que la même équivoque se trouvât originairement dans la prononciation latine. Car la langue latine étant surtout dans ses commencemens beaucoup plus parlée qu'écrite (*c*), il n'étoit pas naturel qu'on y laissât dans le discours des équivoques qui ne fussent levées que par l'orthographe.

Les langues sont faites pour être parlées, l'écriture ne sert que de supplément à la parole; s'il y a quelques langues qui ne soient qu'écrites et qu'on ne puisse parler (*d*), propres seulement aux (*e*) sciences, elles ne sont d'aucun usage dans la vie civile. Telle eſt l'algébre, telle eut été sans doute la langue universelle que cherchoit Leibnitz[2]. Elle eut probablement été plus comode (*f*) à un Métaphysicien qu'à un Artisan. Le plus grand usage d'une langue étant donc dans la parole, le plus grand soin des Grammairiens devroit être d'en bien déterminer les modifications, mais au contraire ils ne s'occupent presque uniquement que de l'écriture. Plus l'art d'écrire se perfectionne plus celui de parler eſt négligé. On disserte sans cesse (*g*) sur l'orthographe et à peine a-t-on quelques régles sur la prononciation. Cela fait que la langue en se perfectionnant dans les livres s'altére dans le discours (*a*). Elle est plus claire quand on écrit (*b*) plus sourde quand on parle, la sintaxe s'épure et l'harmonie se perd (*c*), la langue françoise devient de jour en jour plus philosophique et moins éloquente, bientot elle ne sera plus bonne qu'à lire (*d*), et (*e*) tout son prix sera dans les bibliothèques.

La raison de cet abus est comme je l'ai dit ailleur[1] dans la forme qu'on[t] pris les gouvernemens et qui fait qu'on n'a plus rien à dire au peuple (*f*) que les choses du monde qui le touchent le moins et qu'il se soucie le moins (*g*) d'entendre (*h*) des sermons, des discours académiques. Quand on n'a rien oui de tout cela le public n'a pas perdu grand chose et souvent l'orateur (*i*) y a beaucoup gagné. Depuis longtems on ne parle plus au public que par des livres, et si l'on lui dit encore de vive voix quelque chose qui l'interesse c'est au théâtre. Aussi les Comediens n'osant altérer l'usage receu dans la prononciation sont-ils forcés de chanter pour se faire entendre quoique dans un lieu fermé. Si quelque homme en place alloit prendre tout de bon même dans l'occasion la plus importante le ton que prend un acteur au théâtre au lieu de persuader (*j*) il feroit rire. C'est un ton de convention qui n'est admis que sur les tréteaux[2].

Les livres bien écrits vont partout. Dans les provinces, dans les villages, chez l'étranger. Il n'y a point de lieu si reculé où l'on ne puisse étudier les régles de la langue dans les ouvrages (*k*) qui en traitent et voir l'application de ces régles dans les écrits des bons auteurs. Il n'en est pas de même des régles de la prononciation. Ce ne sont pas les livres qui les portent ce sont les hommes. Or les gens qui parlent bien ne sont communs dans aucun pays du monde, et ceux qui prononcent bien le sont encore moins. Il est frappant combien la prosodie et l'accent se perdent et se défigurent à mesure qu'on s'éloigne de la capitale (*l*). N'ayant point de modèle assuré (*m*) pour regler sa voix, ses tons et ses accens on se livre uniquement à l'accent corrompu (*n*) de sa province. Tel arrivé à Paris sait parfaitement sa langue qui peut à peine se faire entendre en parlant et fait rire aussitôt qu'il ouvre la bouche. Bien plus, la loi de l'usage (*o*) n'ayant pas la même publicité dans la prononciation (*p*) que dans la grammaire (*q*) devient arbitraire (*r*); chacun prend son usage particulier pour le bon, et prévenu que son accent (*a*) eſt le seul naturel (*b*) taxe (*c*) tellement d'affectation tout accent qui s'en éloigne (*d*), qu'alors c'eſt même un vice de bien parler. C'eſt ainsi que chaque province, chaque canton prenant une prononciation (*e*) particuliere (*f*) se fait de la langue commune écrite un langage propre en parlant (*g*), de sorte (*h*) qu'à la parole on prendroit le françois gascon et le françois picard pour deux langues particuliéres qui loin de s'entendre (*i*) reciproquement sont à peine entendues de ceux qui parlent le vrai (*j*) françois.

Il eſt singulier qu'à mesure que les lettres se cultivent (*k*), que les arts se multiplient, que les liens de la société générale se resserrent (*l*), la langue se perfectionne tant par l'écriture et si peu par la parole (*m*). Pourquoi les hommes en se rapprochant sont-ils si soigneux de bien dire (*n*), de l'art de parler à diſtance, et si peu de l'art de parler de vive voix ? C'eſt que le discours prononcé se noye au milieu de tant de parleurs et que la célébrité ne s'acquiert que par les livres (*o*).

S'il y avoit une liaison moins necessaire entre la langue écrite et la langue parlée, elles s'éloigneroient insensiblement et se separeroient tellement l'une de l'autre qu'elles formeroient à la fin deux langues différentes comme il eſt arrivé au latin et à l'italien. Car la prononciation changeant toujours et l'orthographe reſtant (*p*) la même on écriroit d'une maniere et l'on parleroit d'une autre jusqu'à ce qu'enfin l'ont eut deux idiomes au lieu d'un. Ce qui empêche que cela n'arrive communement ainsi eſt que les altérations de la parole se transmettent enfin (*q*) dans l'écriture. Comme il y a plus de gens qui écrivent comme ils parlent que de ceux qui écrivent selon les régles, les changemens survenus dans la maniére de prononcer et même dans les locutions (*r*) en parlant sont adoptés (*s*) en écrivant par la plus part des hommes et prenant ainsi peu à peu force d'usage font disparoître (*t*) enfin celui qui l'a précédé. Voila comment une langue change par degrés d'esprit et de caraƈtére, et il n'eſt pas étonant que ces changemens soient plus prompts et plus sensibles dans la langue françoise que dans aucune autre attendu que sa prononciation étant moins fixée, moins assujetie aux régles s'altére plus aisément. Que si depuis une centaine d'années cette altération paroit (*u*) moins sensible cela ne vient pas seulement des livres excellens du siécle de

Louis quatorze, lesquels sont devenus en quelque sorte classiques dans celui-ci, mais aussi des changemens survenus dans le gouvernement, par lesquels Paris ayant un ascendant plus marqué sur (*a*) toutes les Provinces leur impose pour ainsi dire aussi promptement la loi du langage que celle du Prince et les tenant toutes plus dépendantes de son usage les empêche de se communiquer (*b*) assés les leurs pour qu'ils prévalent dans la totalité.

Les François parlant latin ne sont presque entendus d'aucun autre peuple.

L'écriture n'eſt que la représentation (*c*) de la parole, il eſt bizarre qu'on donne plus de soins à déterminer l'image que l'objet.

Il faut en certains cas (*d*) suivre l'ordre retrograde, et la prononciation qui devroit toujours régler (*e*) l'orthographe eſt souvent réduite à la consulter.

Pour les Grammairiens l'art de la parole n'eſt presque que l'art de l'écriture et cela se voit encore par l'usage qu'il[s] font des accens dont plusieurs font quelque distinction (*f*) ou ôtent quelque équivoque à l'œil mais non pas à l'oreille.

[REMARQUES LEXICOLOGIQUES.][1]

Danger risque peril. Le premier mot eſt vague et s'applique à toutes sortes d'inconveniens. Le dernier plus precis ne se dit guéres que du danger de la personne et quand il y va de la vie ou même de pis car on dira fort bien d'un malade que sa vie eſt en danger et son salut en peril.

On peut dire aussi que le peril eſt le plus haut degré du danger. Il eſt dangereux d'aller sur la mer, mais on eſt en peril durant la tempête.

A l'égard du risque c'eſt un danger auquel on s'expose volontairement et avec quelque espoir d'en échaper, en vue d'obtenir quelque chose qui nous tente plus que le danger ne nous effraye.

On dit encore assés improprement à ses perils et risques mais le premier mot en ce sens ne passe qu'à la faveur du dernier.

Phrase où le mot de peril ne sert qu'à rencherir sur celui de risque et ne passe qu'à sa faveur.

Au peril de la vie eſt une expression impropre mais autorisée où le mot de peril eſt pris pour celui de risque.

le mot de peine s'appliquant pluſtot aux privations suppose un sentiment durable. Quand

[SUR LES FEMMES.]

Un autre sujet d'admiration (*a*) pour moi c'eſt l'air de confiance avec lequel nous faisons la brillante enumeration de tous les grands hommes que l'Hiſtoire a celebré pour les mettre en parallelle avec le petit nombre d'Heroines dont elle a daigné se souvenir, et nous croions bien trouver notre comte à cette comparaison. Eh, Messieurs, laissez (*b*) venir aux femmes la fantaisie de transmettre leurs faſtes à la poſterité, et vous verrés a quel rang on vous y pourra mettre (*c*) et si elles ne s'adjugeront point peut étre sur de plus juſtes raisons (*d*) la preeminence que vous usurpés avec tant d'orgueil.

Et apres tout, si nous entrions equitablement dans le détail de touttes les belles actions que les tems ont fait éclorre et que nous examinassions les veritables raisons qui ont pu en augmenter ou en diminuer le nombre, je ne doute point que nous n'y trouvassions beaucoup plus de proportion que nous n'en trouvons d'abord et que la balance ne reſtat à peu près dans l'équilibre.

Considerons d'abord les femmes privées de leur liberté par la tirannie des hommes, et ceux-ci maitres de touttes choses, car les couronnes, les charges, les emplois, le commandement des armées (*e*), tout eſt entre leurs mains, ils s'en sont emparez des les premiers tems par je ne sais quel droit naturel que je n'ai jamais bien pu comprendre et qui pourroit bien n'avoir d'autre fondement que la force majeure. Considerons aussi le caractére de l'esprit humain, qui ne veut que du brillant, qui n'admire la vertu qu'au milieu des grandeurs et de la majeſté, qui méprise tout ce que peuvent faire de plus grand (*f*) et de plus admirable dans leur état (*g*) des personnes soumises et dependantes.

Apres avoir speculé sur tout cela, entrons dans le détail de la comparaison, et mettons par éxemple en parallele(*a*) Mithridate avec Zenobie, Romulus avec Didon, Caton d'Utique avec Lucrece[1] dont l'un se donna la mort pour la perte de sa liberté et l'autre pour celle de son honneur, le Comte de Dunois avec Jeanne D'Arc, enfin, Cornélie, Arrie, Artemise, Fulvie, Elisabeth, la Contesse de Tekeli[2], et tant d'autres Heroines de tous les tems avec les plus grands hommes, nous trouverons à la verité que le nombre de ceux-ci l'emporte infiniment mais en recompense nous verrons dans l'autre sexe des modéles aussi parfaits dans tous les genres de vertus civiles et morales. Si les femmes avoient eu autant de (*b*) part que nous au maniement des affaires, et aux gouvernemens des Empires peut étre auroient elles poussé plus loin l'Heroisme et la grandeur de courage et s'y seroient[-elles] signalées en plus grand nombre. Peu de (*c*) celles qui ont eu le bonheur de régir (*d*) des etats et de commander des armées sont restées dans la médiocrité, elles se sont presque touttes distinguées par quelque endroit brillant qui leur a mérité notre admiration. Il s'en faut bien qu'on en puisse dire autant de tant de Monarques qui ont gouverné les nations, combien y en a-t-il, comme dit encore Voltaire[3], dont le nom ne mérite de se trouver ailleurs que dans les tables chronologiques où ils ne sont que pour servir d'époque ? Je le repette touttes proportions gardées les femmes auroient pu donner de plus grands exemples de grandeur d'ame et d'amour de la vertu et en plus grand nombre que les hommes n'ont jamais fait si notre injustice ne leur eut ravi avec leur liberté touttes les occasions de les manifester aux yeux du monde.

Je reserve à vous parler une autre fois (*e*)[4] des femmes qui ont eu part dans la republique des lettres et qui l'ont décorée par leurs ouvrages ingenieux et pleins de delicatesse.

[UN MÉNAGE DE LA RUE SAINT-DENIS.]

La femme fais plus de bruit, l'homme fait plus de mal. J'ai vu à Paris une femme qui étoit bien la plus mechante Bégueule de toutte la rue St. Denis et dont le mari passoit pour le Saint du cartier, quand ils avoient quelque querelle ensemble ce qui arrivoit assés frequemment, la femme vomissoit des torrens d'injures contre son mari avec des cris effroiables et ce fracas duroit des deux trois heures et plus, mais admirés s'il vous plait la debonnaireté du badaut qui ne s'émouvoit non plus qu'une roche et écoutoit d'un bout a l'autre toutte cette belle litanie avec une patience angelique; il est vrai que quand sa chére moitié trouvoit à propos de finir il prenoit froidement un baton, la rouoit de coups, la laissoit pour morte sur le carreau et s'en alloit tranquillement boire avec ses amis, accablé d'injures et de lassitude.

(*a*) Un exemple tiré de la lie du peuple n'en est pas moins concluant, les hommes se manifestent par tout, plus ils sont d'un bas étage, et moins la nature est deguisée.

ESSAI
SUR LES EVÉNEMENS IMPORTANTS DONT LES FEMMES ONT (*a*) ÉTÉ LA CAUSE SECRETTE.

Hist. Rom. Catr[ou] et Rouillé[1]. T. 4. p. 169.

Je ne prétends pas parler ici de touttes les affaires que les femmes ont (*b*) manié par elle[s] mémes, soit en vertu de leur naissance, soit même en vertu des postes où leur mérite et leurs talents les avoient élevé, c'est une matiére qui desormais à force d'avoir été rebatue commence à devenir usée. Je me bornerai seulement à donner quelque idée des événemens mémorables dont les peuples ont attribue la production aux causes les plus sublimes (*c*) et qui cependant n'ont du leur origine qu'aux (*d*) impulsions secrettes des femmes. C'est ce que mon titre annonce, et c'est simplement à quoi je me bornerai, bien content de donner (*e*) quelques vues générales sur un sujet tout neuf que l'abbondance et les agrémens de la matiére engageront (*f*) sans doute quelcun dans la suitte à pousser plus loin.

Je suis même fâché de bonne foi de n'avoir pas été prevenu et qu'il n'ait pas pris fantaisie à quelque plume délicate de traitter le sujet que j'entreprens (*g*); on en au[r]oit fait un livre séduisant pour tout lecteur qui n'est pas un sot. Quand à moi j'avouë franchement que je n'ai justement de genie que ce qu'il en faut pour sentir parfaittement tous les agremens que ma matiére fourniroit entre les mains d'un homme d'esprit.

On fait trop d'honneur aux hommes ou peut être quelquefois (*h*) pas assés de mettre uniquement sur le conte de leur ambition, de leur courage, de leur amour pour la gloire, de leur vengeance ou de leur générosité la pluspart des actions éclatantes qui font bruit dans l'histoire, et qui souvent n'ont d'autres principes que des passions qui pour être moins bruiantes à l'extérieur n'en produisent que mieux à coup sur les effets les plus prodigieux, et que le vulgaire (*a*) ne soubsonne assurément pas avoir autant d'ascendant sur les grands hommes qu'elles en ont en effet (*b*).

Il est aisé de comprendre (*c*) à quoi j'en veux venir.

Je ferai naitre l'idée (*d*). Ce sera la faute des particuliers, peut être celle du public, si personne n'entreprend de l'éxécuter. Au reste, il ne faut pas croire que de l'esprit suffise pour bien remplir un tel plan. J'ose dire que la science même jointe à l'esprit ne suffit pas. Combien de gens qui s'imaginent d'être bien au fait des intrigues des cours, des projets des Princes, des motifs qui les font agir, en un mot de l'histoire, de la politique, et des negociations et qui n'en savent guéres plus que ce qu'ils lisent dans la gazette; il en est de même pour les tems passés. Je voudrois bien qu'on me dit si les trois quarts et demi de nos historiens ont été (*e*) suffisamment instruits pour remplir la tâche qu'ils se sont imposé[e] (*f*); quels postes ont-ils remplis, quelles negociations ont-ils manié, quelles maitresses ont-ils eu qui leur dévoilassent ces grands mistéres, ces ressorts primitifs (*g*) toujours cachés, quelquefois bien frivoles qui sont les mobiles de presque touttes les démarches des grands et par consequent des événemens (*h*) qui en dépendent, et dans le cercle desquels se borne à peu prés toutte l'histoire du Théatre humain. Il est si peu vrai qu'il suffise d'étre homme de lettres, homme d'esprit, savant pour étre en état de bien écrire l'histoire comme je la conçois, qu'un premier Ministre même ne seroit quelquefois pas trop bon pour y reussir : mais qu'un favori (*i*) retiré de la Cour et qui a resté longtems en place occupe (*j*) son loisir à decrire ce qu'il a vu et les affaires de son tems; achettés ses mémoires, faites les refondre par une habile main qui sache les mettre en ordre et en remplir les vuides par le détail des événemens qu'on n'a pas daigné y insérer parce qu'ils étoient trop communs, voila une histoire.

Mais ils ne se proposent que d'écrire l'histoire de ce qui est venu a la connoissance du public; qu'on ne vante donc plus les avantages (*k*) de l'histoire et qu'on avouë que ce n'est qu'une histoire de pretextes et d'apparences spécieuses dont on éblouit le public (*a*).

Les événemens publics dont je ne veux pas faire ici mention. La prise de Troie. L'Incendie du Palais de Persepolis. Etablissement de la républ. Rom. Delivrance de Rome par la mére de Coriolan. Changement de l'Angl. sous Henri 8. etc.

Division de l'ouvrage

en 3. Livres. Le 1er. contiendra les grands évenemens dans l'hist. Ancienne causés par les femmes.

L'érection d'un consulat Plebeien. etc.

Le 2d dans l'hist. mod. Charles VII recouvre la France, etc.

Le 3e quelques observations sur les grands hommes qui se sont laissés gouverner par des femmes. Themistocle. Antoine, etc

Fulvie femme d'Antoine excite la guerre pour n'avoir pu être aimée de Cesar.

CONSEILS A UN CURÉ.

Enfin, mon cher abbé, vous voila Curé : je m'en réjouis de tout mon cœur et suis charmé d'avoir été pour vous *Vates* à tous égards. Croyez je vous prie que mon amitié eſt à l'épreuve de la fortune. Malgré mon mépris (*a*) pour tous les titres et pour les sots qui les portent, malgré ma haine pour tout ce qu'on appelle place[s] (*b*) et pour les fripons qui les occupent, je crois que je vous verrois même devenir Evêque sans cesser de vous aimer.

Assez d'autres vous feront des complimens sans se soucier de vous; pour moi qui suis vôtre ami, je veux vous donner des conseils. Je crois vous marquer en cela beaucoup mieux mon attachement qu'en vous prodigant tous les eloges que la flatterie n'ose refuser à ceux qui en sont indignes mais que la bienseance interdit envers ceux qui les méritent (*c*). Je serai Gros-Jean si vous voulez; mais malheureusement pour le peuple il y a beaucoup moins de ces Gros-Jean là que de Curez qui en auroient besoin.

Vous voila libre, enfin, c'eſt à dire assujetti à un seul maître, mais le plus impérieux de tous, qui eſt le devoir, car (*d*) le joug de la raison pour être moins sujet au caprice (*e*) n'eſt pas moins dur que la Tyrannie des hommes, et il n'y a point d'esclave qui ait plus de peine à contenter son maître qu'un honnête homme en trouve à se contenter lui même. C'eſt encore pis, quand on a d'autres gens (*f*) sous sa conduite. Alors la liberté n'eſt qu'apparente; c'eſt assés pour l'homme libre d'avoir à se gouverner (*g*), mais quiconque commande à d'autres a nécessairement des engagemens à remplir et n'eſt pas moins assujeti que ceux mêmes qui lui obeissent.

De tous les tristes liens qui attachent un h[omme] au dessus des autres le vôtre me paroît le plus supportable. Vous allez être bienfaisant par état, un Magistrat pacifique, un Pére. Vous serez en droit de faire tout le bien que vous voudrez sans que personne ose le trouver mauvais et nul n'aura le pouvoir de vous contraindre à mal faire.

Ces prérogatives, M., sont grandes, rares et n'appartiennent peut être qu'à un Curé de campagne. Car outre que les Curés de ville me paroissent déja de bien grands seigneurs pour être d'honnêtes gens, ils sont trop éloignés de trouver dans leurs paroissiens la simplicité, la docilité necessaires pour (*a*) pouvoir les faire vivre sagement.

. . . .

car, personne n'ignore (*b*) qu'en obligeant le clergé à la continence on lui a rendu (*c*) la chasteté impossible.

. . . .

je consens que vous leur appreniez (*d*) touttes les balivernes du catechisme, pourvu que vous leur appreniez aussi (*e*) à croire en Dieu et à aimer la vertu (*f*). Faites en des Chrétiens (*g*) puisqu'il le faut mais n'oubliez pas (*h*) le devoir plus indispensable d'en faire d'honnétes gens.

DISCOURS SUR CETTE QUESTION : *QUELLE EST LA VERTU LA PLUS NÉCESSAIRE AU HÉROS* (*a*) *ET QUELS SONT LES HÉROS A QUI CETTE VERTU A MANQUÉ ?*

PROPOSÉE EN 1751 PAR L'ACADÉMIE DE CORSE.

AVERTISSEMENT.

CETTE Piéce eſt très mauvaise, et je le sentis si bien après l'avoir écritte (*b*) que je ne daignai pas même l'envoyer. Il eſt aisé de faire moins mal (*c*) sur le même sujet, mais non pas de faire bien (*d*) : car il n'y a jamais de bonne réponse à faire à des queſtions frivoles. C'eſt toujours une leçon utile à tirer d'un mauvais écrit.

SI je n'étois *Alexandre,* disoit ce Conquérant, je voudrois être *Diogene*. Le Philosophe eût-il dit : si je n'étois ce que je suis, je voudrois être *Alexandre*. J'en doute; un Conquérant consentiroit plutôt d'être un Sage qu'un Sage d'être un Conquérant. Mais quel homme au monde, excepté le Sage (*e*), ne consentiroit pas d'être un Héros ? On sent donc que l'Héroïsme a des vertus à lui, qui ne dépendent point de la fortune, mais qui ont besoin d'elle pour se développer. Le Héros eſt l'ouvrage de la nature, de la fortune et de lui-même. Pour bien le définir, il faudroit assigner ce qu'il tient de chacun des trois (*f*).

Toutes les vertus appartiennent au Sage. Le Héros se

dédommage des vertus qui lui manquent par l'éclat de celles qu'il possede. Les vertus du premier sont tempérées, mais il eſt exempt de vices; si le second a des défauts, ils sont effacés par l'éclat de ses vertus. L'un toujours vrai (*a*) n'a point de mauvaises qualités; l'autre toujours grand n'en a point de médiocres. Tous deux sont fermes et inébranlables, mais de différentes manieres et en différentes choses; l'un ne cede jamais que par raison, l'autre jamais que par générosité; les foiblesses sont aussi peu connues du Sage que les lâchetés le sont peu du Héros, et la violence n'a pas plus d'empire sur l'ame de celui-ci que les passions sur celle de l'autre.

Il y a donc plus de solidité (*b*) dans le caractere du Sage et plus d'éclat (*c*) dans celui du Héros; et la préférence se trouveroit décidée en faveur du premier, en se contentant de les considérer (*d*) ainsi en eux-mêmes. Mais si nous les envisageons par leur rapport avec l'intérêt de la Société, de nouvelles réflexions produiront bientôt d'autres jugemens (*e*) et rendront aux qualités Héroïques cette prééminence qui leur eſt due, et qui leur a été accordée dans tous les siecles, d'un commun consentement.

En effet, le soin de sa propre félicité fait toute l'occupation du Sage, et c'en eſt bien assez sans doute pour remplir la tâche d'un homme ordinaire. Les vues du vrai Héros s'étendent plus loin; le bonheur des hommes eſt son objet, et c'eſt à ce sublime travail qu'il consacre la grande ame qu'il a reçue du Ciel. Les Philosophes, je l'avoue, prétendent enseigner aux hommes l'art d'être heureux, et comme s'ils devoient s'attendre à former des nations de Sages, ils prêchent aux Peuples une félicité chimérique qu'ils n'ont pas eux-mêmes et dont ceux-ci ne prennent jamais ni l'idée ni le goût. *Socrate* vit et déplora les malheurs de sa patrie; mais c'eſt à *Trasibule*[1] qu'il étoit réservé de les finir; et *Platon,* aprés avoir perdu son éloquence, son honneur et son temps à la cour d'un Tyran[2], fut contraint d'abandonner à un autre la gloire de délivrer Syracuse du joug de la tyrannie. Le Philosophe peut donner à l'Univers quelques inſtructions salutaires; mais ses leçons ne corrigeront jamais ni les Grands qui les méprisent, ni le Peuple qui ne les entend point. Les hommes ne se gouvernent pas ainsi par des vues (*f*) abſtraites; on ne les rend heureux qu'en les contraignant à l'être, et il faut faire éprouver le bonheur pour le leur faire aimer (*a*) : voilà l'occupation et les talens du Héros; c'est souvent la force à la main qu'il se met en état de recevoir les Bénédictions (*b*) des hommes (*c*) qu'il contraint d'abord à porter le joug des loix pour les soumettre enfin (*d*) à l'autorité de la raison.

L'Héroïsme est donc, de toutes les qualités de l'ame, celle dont il importe le plus aux Peuples que ceux qui les gouvernent soient revêtus. C'est la collection d'un grand nombre de vertus sublimes, rares dans leur assemblage, plus rares dans leur énergie, et d'autant plus rares encore que l'Héroïsme qu'elles constituent, détaché de tout intérêt personnel, n'a pour objet que la félicité des autres et pour prix que leur admiration.

Je n'ai rien dit ici de la gloire légitime due aux grandes actions; je n'ai point parlé de la force de génie ni des autres qualités personnelles nécessaires au Héros, et qui, sans être des vertus, servent souvent plus qu'elles au succès des grandes entreprises. Pour placer le vrai Héros à son rang, je n'ai eu recours qu'à ce principe incontestable : que c'est entre les hommes celui qui se rend le plus utile aux autres qui doit être le premier de tous. Je ne crains point que les Sages appellent d'une décision fondée sur cette maxime.

Il est vrai, et je me hâte de l'avouer, qu'il se présente, dans cette maniere d'envisager l'Héroïsme, une objection qui semble d'autant plus difficile à résoudre qu'elle est tirée du fond (*e*) même du sujet.

Il ne faut point, disoient les Anciens, deux Soleils dans la nature, ni deux *Césars* sur la terre. En effet, il en est de l'Héroïsme comme de ces métaux recherchés dont le prix consiste dans leur rareté, et que leur abondance rendroit pernicieux ou inutiles. Celui dont la valeur a pacifié le Monde l'eût désolé, s'il y eût trouvé un seul rival digne de lui. Telles circonstances peuvent rendre un Héros nécessaire au salut du genre humain; mais en quelque tems que ce soit, un peuple de Héros en seroit infailliblement la ruine, et, semblable aux Soldats de *Cadmus*[1], il se détruiroit bientôt lui-même.

Quoi donc, me dira-t-on, la multiplication des bienfaiteurs du genre humain peut-elle être dangereuse aux hommes et peut-il y avoir trop de gens qui travaillent au bonheur de tous ? Oui, sans doute, répondrai-je, quand ils s'y prennent mal, ou qu'ils ne s'en occupent qu'en apparence. Ne nous dissimulons rien; la félicité publique est bien moins la fin des actions du Héros qu'un moyen pour arriver à celle qu'il se propose, et cette fin est presque toujours sa gloire personnelle[1]. L'amour de la gloire a fait des biens et des maux innombrables; l'amour de la Patrie est plus pur dans son principe et plus sûr dans ses effets; aussi le Monde a-t-il été souvent surchargé de Héros; mais les nations n'auront jamais assez de citoyens. Il y a bien de la différence entre l'homme vertueux et celui qui a des vertus; celles du Héros ont rarement leur source dans la pureté de l'ame et, semblable à ces drogues (*a*) salutaires, mais peu agissantes, qu'il faut animer par des sels âcres et corrosifs, on diroit qu'elles aient besoin du concours de quelques vices pour leur donner de l'activité.

Il ne faut donc pas se représenter l'Héroïsme sous l'idée d'une perfection morale qui ne lui convient nullement, mais comme un composé (*b*) de bonnes et mauvaises qualités salutaires ou nuisibles selon les circonstances, et combinées dans une telle proportion qu'il en résulte souvent plus de fortune et de gloire pour celui qui les possede, et quelquefois même plus de bonheur pour les Peuples, que d'une vertu plus parfaite.

De ces notions bien développées il s'ensuit qu'il peut y avoir bien (*c*) des vertus contraires à l'Héroïsme; d'autres qui lui soient indifférentes; que d'autres lui sont plus ou moins favorables selon leurs différens rapports avec le grand art de subjuguer les cœurs et d'enlever l'admiration des Peuples; et qu'enfin parmi ces dernieres il doit y en avoir quelqu'une qui lui soit plus nécessaire, plus essentielle, plus indispensable, et qui le caractérise en quelque maniere; c'est cette vertu spéciale et proprement Héroïque qui doit être ici l'objet de mes recherches.

Rien n'est si décisif que l'ignorance, et le doute est aussi rare parmi le Peuple que l'affirmation chez les vrais Philosophes. Il y a long-tems que le préjugé vulgaire a prononcé sur la question que nous agitons aujourd'hui, et que la valeur guerriere passe chez la plupart des hommes pour la premiere vertu du Héros. Osons appeller de ce jugement aveugle au Tribunal de la raison, et que les préjugés, si souvent ses ennemis et ses vainqueurs, apprennent à lui céder à leur tour (*d*).

Ne nous refusons point à la premiere réflexion que ce sujet fournit, et convenons d'abord que les Peuples ont bien inconsidérément accordé leur estime et leur encens à la vaillance martiale (*a*), ou que c'est en eux une inconséquence bien odieuse de croire que ce soit par la destruction des hommes que les bienfaiteurs du genre humain annoncent leur caractere. Nous sommes à la fois bien maladroits et bien malheureux, si ce n'est qu'à force de nous désoler qu'on peut exciter notre admiration. Faut-il donc croire que, si jamais les jours de bonheur et de paix renaissoient parmi nous, ils en banniroient l'Héroïsme avec le cortege affreux des calamités publiques et que les Héros seroient tous relégués dans le Temple de *Janus,* comme on enferme, après la guerre, de vieilles et inutiles armes dans nos Arsenaux.

Je sais qu'entre les qualités qui doivent former le grand homme le courage est quelque chose; mais hors du combat la valeur n'est rien. Le brave ne fait ses preuves qu'aux jours de bataille; le vrai Héros fait les siennes tous les jours, et ses vertus, pour se montrer quelquefois en pompe, n'en sont pas d'un usage moins fréquent sous un extérieur plus modeste.

Osons le dire. Tant s'en faut que la valeur soit la premiere vertu du Héros, qu'il est douteux même qu'on la doive compter au nombre des vertus. Comment pourroit-on honorer de ce titre une qualité sur laquelle tant de scélérats ont fondé leurs crimes? Non, jamais les *Catilinas* ni les *Cromwels* n'eussent rendu leurs noms célebres; jamais l'un n'eût tenté la ruine de sa Patrie, ni l'autre asservi la sienne, si la plus inébranlable intrépidité n'eût fait le fond de leur caractere. Avec quelques vertus de plus, me direz-vous, ils eussent été des Héros; dites plutôt qu'avec quelques crimes de moins ils eussent été des hommes.

Je ne passerai point ici en revue ces guerriers funestes, la terreur et le fléau du genre humain, ces hommes avides de sang et de conquêtes, dont on ne peut prononcer les noms sans frémir, des *Marius,* des *Totias,* des *Tamerlans*[1]. Je ne me prévaudrai point de la juste horreur qu'ils ont inspirée aux nations. Et qu'est-il besoin de recourir à des monstres pour établir que la bravoure même la plus généreuse est plus suspecte dans son principe, plus journaliere dans ses exemples, plus funeste dans ses effets qu'il n'appartient à la constance (*b*), à la solidité et aux avantages de la vertu. Combien d'actions mémorables ont été inspirées par la honte ou par la vanité ? Combien d'exploits, exécutés à la face du Soleil, sous les yeux des chefs et en présence de toute une armée, ont été démentis dans le silence et l'obscurité de la nuit ? Tel eſt brave au milieu de ses compagnons, qui ne seroit qu'un lâche, abandonné à lui-même; tel a la tête d'un Général qui n'eut jamais le cœur d'un Soldat; tel affronte sur une breche la mort et le fer de son ennemi, qui dans le secret de sa maison (*a*) ne peut soutenir la vue du fer salutaire d'un Chirurgien.

Un tel étoit brave un tel jour, disoient les Espagnols du tems de *Charles-Quint*, et ces gens-là se connoissoient en bravoure. En effet, rien peut-être n'eſt si journalier que la valeur, et il y a bien peu de guerriers sinceres qui osassent répondre d'eux seulement pour vingt-quatre heures. *Ajax* épouvante *Hector ; Hector* épouvante *Ajax* et fuit devant *Achille*. *Antiochus le Grand* fut brave la moitié de sa vie, et lâche l'autre moitié. Le triomphateur des trois parties du Monde perdit le cœur et la tête à Pharsale. *César* lui-même fut ému à Dyrrachium, et eut peur à Munda. Le vainqueur de *Brutus* s'enfuit lâchement devant *Octave* et abandonna la victoire et l'empire du Monde à celui qui tenoit de lui l'un et l'autre. Croira-t-on que ce soit faute d'exemples modernes que je n'en cite ici que d'anciens ?

Qu'on ne nous dise (*b*) donc plus que la palme Héroïque n'appartient qu'à la valeur et aux talens militaires. Ce n'eſt point sur les exploits des grands hommes que leur réputation eſt mesurée. Cent fois les vaincus ont remporté le prix de la gloire sur les vainqueurs. Qu'on recueille les suffrages et qu'on me dise, lequel eſt le plus grand d'*Alexandre* ou de *Porus,* de *Pyrrhus* ou de *Fabrice,* d'*Antoine* ou de *Brutus ;* de *François I* dans les fers ou de *Charles-Quint* triomphant, de *Valois* vainqueur ou de *Coligny* vaincu ?

Que dirons-nous de ces grands hommes qui, pour n'avoir point souillé leurs mains dans le sang, n'en sont que plus surement immortels ? Que dirons-nous du Législateur de Sparte, qui, après avoir goûté le plaisir de régner, eut le courage de rendre la couronne au légitime possesseur qui ne la lui demandoit pas; de ce doux et pacifique Citoyen qui savoit venger ses injures non par la mort de l'offenseur, mais en le rendant honnête homme ? Faudra-t-il démentir l'oracle qui lui accorda presque les honneurs divins, et refuser l'Héroïsme à celui qui a fait des Héros de tous ses compatriotes ? Que dirons-nous du Législateur d'Athenes qui sut garder sa liberté et sa vertu à la Cour même des tyrans, et osa soutenir en face à un Monarque opulent que la puissance et les richesses ne rendent point un homme heureux ? Que dirons-nous du plus grand des Romains et du plus vertueux des hommes, de ce modele des citoyens auquel seul l'oppresseur de la Patrie fit l'honneur de le haïr assez pour prendre la plume contre lui, même après sa mort ? Ferons-nous cet affront à l'Héroïsme d'en refuser le titre à *Caton d'Utique ?* Et pourtant cet homme ne s'est point illustré dans les combats et n'a point rempli le monde du bruit de ses exploits. Je me trompe : il en a fait un, le plus difficile qui ait jamais été entrepris, et le seul qui ne sera point imité, quand d'un corps de gens de guerre il forma une société d'hommes sages, équitables et modestes.

On sait assez que le partage d'*Auguste* n'étoit pas la valeur. Ce n'est point aux rives d'Actium ni dans les plaines de Philippes qu'il a cueilli les lauriers qui l'ont immortalisé, mais bien dans Rome pacifiée (*a*) et rendue heureuse. L'Univers soumis a moins fait pour la gloire et pour la sureté de sa vie que l'équité de ses loix et le pardon de *Cinna :* tant les vertus sociales sont dans les Héros même préférables au courage ! Le plus grand Capitaine du monde meurt assassiné en plein Sénat pour un peu de hauteur indiscrete, pour avoir voulu ajouter un vain titre à un pouvoir réel; et l'auteur odieux des proscriptions effaçant ses forfaits à force de justice et de clémence, devient le pere de sa Patrie qu'il avoit désolée, et meurt adoré des Romains qu'il avoit asservis (*b*).

Qui de nous osera ôter à tous ces grands hommes la couronne Héroïque dont leurs têtes immortelles sont ornées ? Qui l'osera refuser à ce guerrier Philosophe et bienfaisant qui d'une main accoutumée à manier les armes écarte de votre sein les calamités d'une longue et funeste guerre, et fait briller au milieu de vous avec une magnificence Royale les sciences et les beaux-arts[1]. O Spectacle digne des tems Héroïques ! Je vois les Muses dans tout leur éclat marcher d'un pas assuré parmi vos bataillons, Apollon et Mars se couronner réciproquement, et votre Isle encore fumante des ravages de la foudre en braver désormais les éclats à l'abri de ces doubles lauriers. Décidez donc, Citoyens illustres, lesquels ont mieux mérité la palme Héroïque, des Guerriers qui sont accourus à votre défense, ou des Sages qui font tout pour votre bonheur; ou plutôt épargnez-vous un choix inutile, puisqu'à ce double titre vous n'aurez que les mêmes fronts à couronner (*a*).

Aux exemples qui se présentent en foule et qu'il ne m'est pas permis d'épuiser, ajoutons quelques réflexions qui confirment les inductions que j'en veux tirer ici. Assigner le premier rang à la valeur dans le caractere Héroïque, ce seroit donner au bras qui exécute la préférence sur la tête qui projette. Cependant on trouve plus aisément des bras que des têtes. On peut confier à d'autres l'exécution d'un grand projet sans en perdre le principal mérite; mais exécuter le projet d'autrui, c'est rentrer volontairement dans l'ordre subalterne qui ne convient point au Héros.

Ainsi, quelle que soit la vertu qui le caractérise, elle doit annoncer le génie et en être inséparable. Les qualités Héroïques ont bien leur germe dans le cœur, mais c'est dans la tête qu'elles se développent et prennent de la solidité. L'ame la plus pure peut s'égarer dans la route même du bien, si l'esprit et la raison ne la guident, et toutes les vertus s'alterent sans le concours de la sagesse. La fermeté dégénere aisément en opiniâtreté, la douceur en foiblesse, le zele en fanatisme, la valeur (*b*) en férocité. Souvent une grande entreprise mal concertée fait plus de tort à celui qui la manque qu'un succès mérité ne lui eût fait d'honneur; car le mépris est ordinairement plus fort que l'estime. Il semble même que, pour établir une réputation éclatante, les talens suppléent bien plus aisément aux vertus que les vertus aux talens. Le Soldat du Nord, avec un génie étroit et un courage sans bornes, perdit sans retour, dès le milieu de sa carriere, une gloire acquise par des prodiges de valeur et de générosité; et il est encore douteux dans l'opinion publique si le meurtrier de *Charles Stuard* n'est point avec tous ses forfaits un des plus grands hommes qui aient jamais existé.

La bravoure ne constitue point un caractere, et c'est au contraire du caractere de celui qui la possede qu'elle tire sa forme particuliere. Elle est vertu dans une ame vertueuse et vice dans un méchant. Le chevalier *Bayard* étoit brave; *Cartouche* l'étoit aussi : mais croira-t-on jamais qu'ils le fussent de la même maniere ? La valeur est susceptible de toutes les formes; elle est généreuse ou brutale, stupide ou éclairée, furieuse ou tranquille, selon l'ame qui la possede; selon les circonstances, elle est l'épée du vice ou le bouclier de la vertu; et puisqu'elle n'annonce nécessairement ni la grandeur de l'ame ni celle de l'esprit, elle n'est point la vertu la plus nécessaire au Héros. Pardonnez-le moi, Peuple vaillant et infortuné qui avez si long-tems rempli l'Europe du bruit de vos exploits et de vos malheurs. Non, ce n'est point à la bravoure de ceux de vos Concitoyens qui ont versé leur sang pour leur pays que j'accorderai la Couronne Héroïque, mais à leur ardent amour pour la Patrie et à leur constance invincible dans l'adversité. Pour être des Héros avec de tels sentimens, ils auroient même pu se passer d'être braves (*a*).

J'ai attaqué une opinion dangereuse et trop répandue; je n'ai pas les mêmes raisons pour suivre dans tous ces détails la méthode des exclusions. Toutes les vertus naissent des différens rapports que la Société a établis entre les hommes. Or le nombre de ces rapports est presque infini. Quelle tâche seroit-ce donc d'entreprendre de les parcourir ? Elle seroit immense, puisqu'il y a parmi les hommes autant de vertus possibles que de vices réels; elle seroit superflue, puisque dans le nombre des grandes et difficiles vertus dont le Héros a besoin pour bien commander, on ne sauroit comprendre comme nécessaires le grand nombre de vertus plus difficiles encore, dont la multitude a besoin pour obéir. Tel a brillé dans le premier rang qui, né dans le dernier, fût mort obscur sans s'être fait remarquer. Je ne sais ce qu'il fût arrivé (*b*) d'*Epictete,* placé sur le trône du monde; mais je sais bien (*c*) qu'à la place d'*Epictete César* lui-même n'eût jamais été qu'un chétif esclave.

Bornons-nous donc, pour abréger, aux divisions établies par les Philosophes, et contentons-nous de parcourir les quatre principales vertus auxquelles ils rapportent toutes les autres, bien sûrs que ce n'est pas dans des qualités accessoires, obscures et subalternes, que l'on doit chercher la base de l'Héroïsme.

Mais dirons-nous que la justice soit cette base, tandis que c'est sur l'injustice que la plupart des grands hommes ont fondé le monument de leur gloire ? Les uns enivrés d'amour pour la Patrie n'ont rien trouvé d'illégitime pour la servir et n'ont point hésité d'employer pour son avantage des moyens odieux que leurs généreuses ames n'eussent jamais pu se résoudre à employer pour le leur; d'autres dévorés d'ambition n'ont travaillé qu'à mettre leur pays dans les fers; l'ardeur de la vengeance en a porté d'autres à le trahir. Les uns ont été d'avides conquérans, d'autres d'adroits usurpateurs, d'autres même n'ont pas eu honte de se rendre les Ministres de la tyrannie d'autrui. Les uns ont méprisé leur devoir, les autres se sont joués de leur foi. Quelques-uns ont été injustes par système, d'autres par foiblesse, la plupart par ambition : tous sont allés à l'immortalité.

La justice n'est donc pas la vertu qui caractérise le Héros. On ne dira pas mieux que ce soit la tempérance ou la modération, puisque c'est pour avoir manqué de cette derniere vertu que les hommes les plus célebres se sont rendus immortels, et que le vice opposé à l'autre n'a empêché nul d'entr'eux de le devenir; pas même *Alexandre,* que ce vice affreux couvrit du sang de son ami; pas même *César,* à qui toutes les dissolutions de sa vie n'ôterent pas un seul autel après sa mort.

La prudence est plutôt une qualité de l'esprit qu'une vertu de l'ame. Mais, de quelque maniere qu'on l'envisage, on lui trouve toujours plus de solidité que d'éclat, et elle sert plutôt à faire valoir les autres vertus qu'à briller par elle-même. La prudence, dit Montagne[1], si tendre et circonspecte, est mortelle ennemie des hautes exécutions et de tout acte véritablement héroïque (*a*) : si elle prévient les grande fautes, elle nuit aussi aux grandes entreprises; car il en est peu où il ne faille toujours donner au hazard beaucoup plus qu'il ne convient à l'homme sage. D'ailleurs, le caractere de l'Héroïsme est de porter au plus haut degré les vertus qui lui sont propres. Or rien n'approche tant de la pusillanimité qu'une prudence excessive, et l'on ne s'éleve gueres au-dessus de l'homme qu'en foulant quelquefois aux pieds la raison humaine (*b*). La prudence n'est donc point encore la vertu caractéristique du Héros.

La tempérance l'est encore moins, elle à qui l'Héroïsme même, qui n'est qu'une intempérance de gloire, semble donner l'exclusion. Où sont les Héros que des excès de quelque espece n'ont point avilis ? Alexandre, dit-on, fut chaste; mais fut-il sobre ? Cet émule du premier vainqueur de l'Inde n'imita-t-il pas ses dissolutions ? ne les réunit-il pas, quand à la suite d'une Courtisane il brûla le Palais de Persepolis ? Ah, que n'avoit-il une Maîtresse ! Dans sa funeste crapule il n'eut point tué son ami. César fut sobre, mais fut-il chaste, lui qui fit connoître à Rome des prostitutions inouies et changeoit de sexe à son gré ? Alcibiade eut toutes les sortes d'intempérances et n'en fut pas moins un des grands hommes de la Grece. Le vieux Caton lui-même aima l'argent et le vin. Il eut des vices ignobles et fut l'admiration des Romains. Or ce Peuple se connoissoit en gloire (*a*).

L'homme vertueux est juste, prudent, modéré, sans être pour cela un Héros, et trop fréquemment le Héros n'est rien de tout cela. Ne craignons point d'en convenir; c'est souvent au mépris même de ces vertus que l'Héroïsme a dû son éclat. Que deviennent (*b*) *César, Alexandre, Pyrrhus, Annibal,* envisagés de ce côté ? Avec quelques vices de moins peut-être eussent-ils été moins célebres; car la gloire est le prix de l'Héroïsme; mais il en faut un autre pour la vertu.

S'il falloit distribuer les vertus à ceux à qui elles conviennent le mieux, j'assignerois à l'homme d'Etat la prudence; au Citoyen la justice; au Philosophe la modération (*c*); pour la force de l'ame, je la donnerois au Héros, et il n'auroit pas à se plaindre de son partage.

En effet, la force est le vrai fondement de l'Héroïsme; elle est la source ou le supplément des vertus qui le composent, et c'est elle qui le rend propre aux grandes choses. Rassemblez à plaisir les qualités qui peuvent concourir à former le grand homme, si vous n'y joignez la force pour les animer, elles tombent toutes en langueur et l'Héroïsme s'évanouit. Au contraire, la seule force de l'ame donne nécessairement un grand nombre de vertus Héroïques à celui qui en est doué, et supplée à toutes les autres.

Comme on peut faire des actions de vertu sans être vertueux, on peut faire de grandes actions sans avoir droit à l'Héroïsme. Le Héros ne fait pas toujours de grandes actions; mais il est toujours prêt à en faire au besoin et se montre grand dans toutes les circonstances de sa vie : voilà ce qui le distingue de l'homme vulgaire. Un infirme peut prendre la bêche et labourer quelques momens la terre : mais il s'épuise et se lasse bientôt. Un robuste laboureur ne supporte pas de grands travaux sans cesse; mais il le pourroit sans s'incommoder, et c'est à sa force corporelle qu'il doit ce pouvoir (*a*). La force de l'ame est la même chose; elle consiste à pouvoir toujours agir fortement (*b*).

Les hommes sont plus aveugles que méchans; et il y a plus de foiblesse que de malignité dans leurs vices. Nous nous trompons nous-mêmes avant que de tromper les autres, et nos fautes ne viennent que de nos erreurs; nous n'en commettons gueres que parce que nous nous laissons gagner à de petits intérêts présens qui nous font oublier les choses plus importantes et plus éloignées. De-là toutes les petitesses qui caractérisent le vulgaire, inconstance, légéreté, caprice, fourberie, fanatisme, cruauté : vices qui tous ont leur source dans la foiblesse de l'ame. Au contraire, tout est grand et généreux dans une ame forte, parce qu'elle sait discerner le beau du spécieux, la réalité de l'apparence, et se fixer à son objet avec cette fermeté qui écarte les illusions et surmonte les plus grands obstacles.

C'est ainsi qu'un jugement incertain et un cœur facile à séduire rendent les hommes foibles et petits. Pour être grand il ne faut que se rendre maitre de soi. C'est au-dedans de nous-mêmes que sont nos plus redoutables ennemis; et quiconque aura su les combattre et les vaincre, aura plus fait pour la gloire, au jugement des Sages, que s'il eut conquis l'Univers.

Voilà ce que produit la force de l'ame; c'est ainsi qu'elle peut éclairer l'esprit, étendre le génie et donner de l'énergie et de la vigueur à toutes les autres vertus; elle peut même suppléer à celles qui nous manquent; car celui qui ne seroit ni courageux, ni juste, ni sage, ni modéré par inclination, le sera pourtant par raison, si-tôt qu'ayant surmonté ses passions et vaincu ses préjugés, il sentira combien il lui est avantageux de l'être; si-tôt qu'il sera convaincu qu'il ne peut faire son bonheur qu'en travaillant à celui des autres. La force est donc la vertu qui caractérise l'Héroïsme, et elle l'est encore par un autre argument sans replique que je tire des réflexions d'un grand homme : les autres vertus, dit *Bacon*[1], nous délivrent de la domination des vices; la seule force nous garantit de celle de la fortune. En effet, quelles sont les vertus qui n'ont pas besoin de certaines circonstances pour les mettre en œuvre ? De quoi sert la justice avec les tyrans, la prudence avec les insensés, la tempérance dans la misere ? Mais tous les événemens honorent l'homme fort, le bonheur et l'adversité servent également à sa gloire, et il ne regne pas moins dans les fers que sur le Trône. Le martyre de Regulus à Carthage, le festin de Caton rejetté du consulat, le sens-froid d'Epictete estropié par son maître ne sont pas moins illustres que les triomphes d'Alexandre et de César; et si Socrate étoit mort dans son lit, on douteroit peut-être aujourd'hui s'il fut rien de plus qu'un adroit Sophiste (*a*).

Après avoir déterminé la vertu la plus propre au Héros, je devrois parler encore de ceux qui sont parvenus à l'Héroïsme sans la posséder. Mais comment y seroient-ils parvenus sans la partie qui seule constitue le vrai Héros et qui lui est essentielle ? Je n'ai rien à dire là-dessus, et c'est le triomphe de ma cause. Parmi les hommes célebres, dont les noms sont inscrits au Temple de la Gloire, les uns ont manqué de sagesse, les autres de modération; il y en a eu de cruels, d'injustes, d'imprudens, de perfides; tous ont eu des foiblesses; nul d'entr'eux n'a été un homme foible. En un mot, toutes les autres vertus ont pu manquer à quelques grands hommes; mais, sans la force de l'ame, il n'y eut jamais de Héros (*b*).

ORAISON FUNÉBRE
DE S. A. S.
MONSEIGNEUR LE DUC D'ORLÉANS,

PRÉMIER PRINCE DU SANG DE FRANCE[1].

Modicum plora supra Mortuum, quoniam requievit.
Pleurez modérément celui que vous avez perdu, car il eſt en paix.

Ecclesiaſtic : C. 22. v. 11.

M.

LES Ecrivains profanes nous disent qu'un puissant Roi[2], considerant avec orgueil la superbe et nombreuse Armée qu'il commandoit, versa pourtant des pleurs, en songeant que dans peu d'années, de tant de milliers d'hommes, il n'en reſteroit pas un seul en vie. Il avoit raison de s'affliger, sans doute : La mort pour un Payen ne pouvoit être qu'un sujet de larmes.

Le spectacle funebre qui frappe mes yeux, et l'Assemblée qui m'écoute, m'arrachent aujourdui la même réfléxion; mais avec des motifs de consolation capables d'en tempérer l'amertume et de la rendre utile au Chrétien. Oui, Messieurs, si nos âmes étoient assés pures pour subjuguer les affections terreſtres et pour s'élever par la contemplation jusqu'au séjour des Bienheureux, nous nous acquiterions sans douleurs et sans larmes du triſte devoir qui nous assemble, nous nous dirions à nous mêmes dans une sainte joye : Celui qui a tout fait pour le Ciel eſt en possession de la récompense qui lui étoit düe; et la mort du Grand Prince que nous pleurons, ne seroit à nos yeux que le triomphe du juſte.

Mais, foibles Chrétiens encore attachés à la terre, que nous sommes loin de ce degré de perfection nécessaire pour juger sans passion des choses véritablement desirables ! Et comment oserions-nous décider de ce qui peut être avantageux aux autres, nous qui ne savons pas seulement ce qui nous est bon à nous mêmes ? Comment pourrions-nous nous réjoüir avec les saints d'un bonheur dont nous sentons si peu le prix ? Ne cherchons point à étouffer nôtre juste douleur. A Dieu ne plaise qu'une coupable insensibilité nous donne une constance que nous ne devons tenir que de la Religion. La France vient de perdre le premier Prince du Sang de ses Rois, les Pauvres ont perdu leur Père, les Savans leur Protecteur, tous les Chrétiens leur modèle : Nôtre perte est assés grande pour nous avoir acquis le droit de pleurer, au moins sur nous mêmes. Mais pleurons avec modération, et comme il convient à des Chrétiens : Ne songeons pas tellement à nos pertes que nous oubliions le prix inestimable qu'elles ont acquis au Grand Prince que nous regrettons. Bénissons le saint nom de Dieu et des dons qu'il nous avoit faits, et de ceux qu'il nous a repris. Si le tableau que je dois exposer à vos yeux vous offre de justes sujets de douleur dans la mort de Très Haut, très Puissant, et très Excellent Prince, Loüis Duc d'Orléans, Premier Prince du Sang de France, vous y trouverez aussi de grands motifs de consolation dans l'espérance légitime de son éternelle félicité. L'humanité, nôtre intérest nous permettent de nous affliger de ne l'avoir plus; Mais la sainteté de sa vie et la Réligion nous consolent pour lui; Car il est en paix. *Modicum plora supra mortuum ; quoniam requievit.*

1re Partie.

Dans l'hommage que je viens rendre aujourdhui à la mémoire de Monseigneur le Duc d'Orleans, il me sera plus aisé de trouver des loüanges qui lui soient dües, que de retrancher de ce nombre touttes celles dont sa vertu n'a pas besoin pour paroitre avec tout son éclat. Telles sont celles qui ont pour objet les droits de la naissance; droits dont ceux qu'on nomme Grands sont ordinairement si jaloux, et qui ne décelent que trop souvent leur peti[te]sse par leur attention même à les faire valoir. Il nacquit du plus illustre sang du monde, à côté du prémier trône de l'Univers, et d'un Prince qui en a été l'appui. Ces avantages sont grands, sans doute; il les a comptés pour rien. Que la modestie de ce grand Prince régne jusques dans son éloge, et comme il ne s'est souvenu de son rang que pour en etudier les devoirs, ne nous en souvenons nous mêmes que pour voir comment il les a remplis.

Il le faut avoüer, Messieurs, si ces devoirs consistent dans l'affectation d'une vaine pompe souvent plus propre à révolter les Cœurs qu'à éblouïr les yeux; dans l'éclat d'un Luxe effréné qui substitüe les marques de la richesse à celles de la grandeur; dans l'exercice impérieux d'une autorité dont la rigueur montre communément plus d'orgueil que de justice : si ce sont là, dis-je, les devoirs des Princes; j'en conviens avec plaisir, il ne les a point remplis.

Mais si la véritable Grandeur consiste dans l'exercice des vertus bienfaisantes, à l'exemple de celle de Dieu qui ne se manifeste que par les biens qu'il repand sur nous; si le prémier devoir des Princes est de travailler au bonheur des hommes; s'ils ne sont élevés au dessus d'eux que pour être attentifs à prévenir leurs besoins; s'il ne leur est permis d'user de l'autorité que le Ciel leur donne que pour les forcer d'être sages et heureux; si l'invincible penchant du Peuple à admirer et imiter la conduite de ses Maîtres n'est pour eux qu'un moyen, c'est à dire, un devoir de plus pour le porter à bien faire par leur exemple, toujours plus fort que leurs loix; Enfin s'il est vrai que leur vertu doit être proportionnée à leur élévation : Grands de la terre, venez apprendre cette science rare, sublime, et si peu connüe de vous, de bien user de votre pouvoir et de vos richesses, d'acquérir des Grandeurs qui vous appartiennent, et que vous puissiez emporter avec vous en quittant touttes les autres.

Le premier devoir de l'homme est d'étudier ses devoirs; et cette connaissance est facile à acquérir dans les conditions privées. La voix de la raison et le cri de la conscience s'y font entendre sans obstacle, et si le tumulte des passions nous empêche quelques fois d'écouter ces conseillers importuns, la crainte des Loix nous rend justes, nôtre impuissance nous rend modérés; en un mot, tout ce qui nous environne nous avertit de nos fautes, les prévient, nous en corrige, ou nous en punit.

Les Princes n'ont pas sur ce point les mêmes avantages. Leurs devoirs sont beaucoup plus grands, et les moyens de s'en instruire beaucoup plus difficiles. Malheureux dans leur élévation, tout semble concourir à écarter la lumière de leurs yeux et la vertu de leurs cœurs. Le vil et dangereux cortège des flatteurs les assiège dès leur plus tendre jeunesse; leurs faux amis intéressés à nourrir leur ignorance mettent tous leurs soins à les empêcher de rien voir par leurs yeux. Des passions que rien ne contraint, un orgueil que rien ne mortifie leur inspirent les plus monstrueux préjugés et les jettent dans un aveuglement funeste que tout ce qui les approche ne fait qu'augmenter : Car pour être puissant sur eux (*a*) on n'épargne rien pour les rendre foibles (*b*), et la vertu du maître sera toujours l'effroi des Courtisans.

C'est ainsi que les fautes des Princes viennent de leur aveuglement plus souvent encore que de leur mauvaise volonté, ce qui ne rend pas ces fautes moins criminelles et ne les rend que plus irréparables. Pénétré dés son enfance de cette grande vérité, le Duc d'Orléans travailla de bonne heure à écarter le voile que son rang mettoit au devant de ses yeux. La prémiére chose qu'on lui avoit apprise, c'est qu'il étoit un grand Prince; ses propres réfléxions lui apprirent encore qu'il étoit un homme, sujet à touttes les foiblesses de l'humanité; que dans le rang qu'il occupoit, il avoit de grands devoirs à remplir et de grandes erreurs à craindre. Il comprit que ces prémiéres connoissances lui imposoient l'obligation d'en acquerir beaucoup d'autres. Il se livra avec ardeur à l'étude, et il travailla à se faire dans les bons Auteurs et sur tout dans nos Livres Sacrés des Amis fidelles et des Conseillers sincères qui sans songer sans cesse à leur interest lui parlassent quelques fois pour le sien. Le succés fut tel qu'on pouvoit l'attendre de ses dispositions. Il cultiva toutes les sciences; il apprit touttes les langues, et l'Europe vit avec étonnement un Prince tout jeune encore sachant par soi-même, et ayant des connoissances à lui.

Telles furent les prémiéres sources des vertus dont il orna et édifia le monde. A peine fut-il livré à lui même qu'il les mit toutes en pratique. Uni par les nœuds sacrés à une Epouse chérie[1] et digne de l'être, il fit voir par sa douceur, par ses égards et par sa tendresse pour elle que la véritable pieté n'endurcit point les cœurs, n'ôte rien à l'aggrément d'une honnête societé, et ne fait qu'ajoûter plus de charme et de fidelité à l'affection conjugale. La mort lui enleva cette vertueuse Epouse à la fleur de son âge, et s'il témoigna par sa douleur combien elle lui avoit été chére, il montra par sa constance que celui qui n'abuse point du bonheur ne se laisse point non plus abatre par l'adversité. Cette perte lui apprit à connoitre l'instabilité des choses humaines et l'avantage qu'on trouve à réunir touttes ses affections dans celui qui ne meurt point. C'est dans ces circonstances qu'il se choisit une pieuse solitude[1] pour s'y livrer avec plus de tranquilité à son juste regret et à ses méditations Chrétiennes, et s'il ne quitta pas absolument la Cour et le Monde où son devoir le retenoit encore, il fit, du moins, assés connoitre que le seul commerce qui pouvoit desormais lui être agréable, étoit celui qu'il vouloit avoir avec Dieu (*a*).

L'Education de son fils[2] étoit le principal motif qui l'arrachoit à sa retraite. Il n'épargna rien pour bien remplir ce devoir important. Le succés me dispense de m'étendre sur ce qu'il fit à cet égard, et il nous seroit d'autant moins permis de l'oublier que nous joüissons aujourdui du fruit de ses soins.

S'il fut bon Père et bon Mari, il ne fut pas moins fidelle sujet et zélé Citoyen. Passionné pour la gloire du Roi, c'est à dire pour la prospérité de l'Etat, on sait de quel zéle il étoit animé partout où il la croyoit intéressée : On sait qu'aucune considération ne put jamais lui faire dissimuler son sentiment dés qu'il étoit question du bien Public; Exemple rare et peut être unique à la Cour, où ces mots de Bien public et de service du Prince, ne signifient guéres dans la bouche de ceux qui les employent qu'interest personnel, jalousie, et avidité.

Appelé dans les Conseils, je ne dirai point par son rang, mais plus honorablement encore par l'estime et la confiance d'un Roi qui n'en accorde qu'au mérite; C'est là qu'il faisoit briller également et ses talens et ses vertus : C'est là que la droiture de son âme, la sagesse de ses avis, et la force de son Eloquence consacrées au service de la Patrie, ont ramené plus d'une fois toutes les opinions à la sienne : C'est là qu'il eut étonné par la solidité de ses raisons ces Esprits plus subtils que judicieux qui ne peuvent comprendre que dans le gouvernement des Etats être juste soit la suprême Politique : C'est là, pour tout dire en un mot, que secondant les vües bienfaisantes du Monarque qui nous rend heureux, il concouroit à le rendre heureux lui même en travaillant avec lui pour le bonheur de ses Peuples.

Mais le respect m'arrête, et je sens qu'il ne m'est point permis de porter des regards indiscrets sur ces Mistères du Cabinet où les Destins de l'Etat sont en secret balancés au poids de l'équité et de la raison; Et pourquoi vouloir en apprendre plus qu'il n'est nécessaire ? Je l'ai déja dit; pour honorer la mémoire d'un si grand homme nous n'avons pas besoin de compter tous les devoirs qu'il a remplis ni toutes les vertus qu'il a possédées. Hâtons-nous d'arriver à ces doux momens de sa vie, où tout à fait retiré du monde, après avoir acquité ce qu'il devoit à sa naissance et à son rang, il se livra tout entier dans sa solitude aux penchans de son cœur et aux vertus de son choix.

C'est alors qu'on le vit déployer cette Ame bienfaisante dont l'Amour de l'humanité fit le principal caractère, et qui ne chercha son bonheur que dans celui des autres. C'est alors que s'élevant à une Gloire plus sublime, il commença de montrer aux hommes un spectacle plus rare et infiniment plus admirable que tous les Chef-d'œuvres des Politiques et tous les triomphes des Conquerans. Oui, Messieurs, pardonnés-moi dans ce jour de tristesse cette affligeante remarque. L'histoire a consacré la mémoire d'une multitude de Heros en tous genres; de Grands Capitaines, de Grands Ministres, et même de Grands Rois; Mais nous ne saurions nous dissimuler que tous ces Hommes Illustres n'ayent beaucoup plus travaillé pour leur Gloire et pour leur avantage particulier que pour le bonheur du Genre humain, et qu'ils n'ayent sacrifié cent fois la paix et le repos des Peuples au désir d'étendre leur pouvoir ou d'immortaliser leurs noms. Ah ! combien c'est un plus rare et plus précieux Don du Ciel qu'un Prince véritablement bienfaisant dont le prémier ou l'unique soin soit la félicité publique; dont la main secourable et l'exemple admiré fassent régner partout le bonheur et la vertu. Depuis tant de Siècles un seul a mérité l'immortalité à ce titre; encore celui qui fut la gloire et l'amour du monde n'y a-t-il paru que comme une fleur qui brille au matin et périt avant le déclin du jour. Vous en regrettez un second, Messieurs, qui sans posséder un Trone n'en fut pas moins digne; ou qui plustot, affranchi des obstacles insurmontables que le poids du Diadème oppose sans cesse aux meilleures intentions, fit encore plus de bien, plus d'heureux, peut-être, du fond de sa retraite, que n'en fit Titus gouvernant l'Univers. Il n'est pas difficile de decider lequel des deux mérite la préference. Titus Chrétien; Titus vertueux et bienfaisant dés sa prémiére jeunesse; Titus ne perdant pas un seul jour, eut été égal au Duc d'Orléans.

J'ai dit qu'il s'étoit retiré du monde, et il est vrai qu'il avoit quitté ce monde frivole, brillant, et corrompu où la sagesse des saints passe pour folie, où la vertu est inconnüe et méprisée, où son nom même n'est jamais prononcé, où l'orgueilleuse Philosophie dont on s'y pique consiste en quelques maximes stériles, débitées d'un ton de hauteur, et dont la pratique rendroit criminel ou ridicule quiconque oseroit la tenter[1] : Mais il commença à se familiariser avec ce monde si nouveau pour ses pareils, si ignoré, si dédaigné de l'autre (*a*), où les membres de Jesus Christ souffrans attirent l'indignation Celeste sur les heureux du Siècle, où la Religion, la probité, trop négligées, sans doute, sont du moins encore en honneur, et où il est encore permis d'être homme de bien sans craindre la raillerie et la haine de ses égaux.

Telle fut la nouvelle Société qu'il rassembla autour de lui pour répandre sur elle comme une rosée bienfaisante les Tresors de sa Charité. Chaque jour il donnoit dans sa retraite une audience et des soulagemens à tous les malheureux indifféremment, reservant pour le Palais-Royal[2] des audiences plus solemnelles où le Rang et la naissance reprenoient leurs Droits, où la Noblesse retrouvoit un Protecteur et un grand Prince dans celui que les Pauvres venoient d'appeler leur Pére. Ce fut la tendresse même de son âme qui le força d'accoutumer ses yeux à l'affligeant spectacle des miséres humaines. Il ne craignoit point de voir les maux qu'il pouvoit soulager, et n'avoit point cette répugnance criminelle qui ne vient que d'un mauvais cœur, ni cette pitié barbare (*b*) dont plusieurs osent se vanter, qui n'est qu'une cruauté déguisée et (*c*) un prétexte odieux pour s'éloigner de ceux qui souffrent (*d*); et comment se peut-il, mon Dieu ! que ceux qui n'ont pas le courage d'envisager les playes d'un pauvre ayent celui de refuser l'aumône au malheureux qui en eſt couvert ?

Entrerai-je dans le détail immense de tous les biens qu'il a répandus, de tous les heureux qu'il a faits, de tous les malheureux qu'il a soulagés, et de ces aveuglés plus malheureux encore qu'il n'a pas dédaigné de rappeler de leurs égaremens par les mêmes motifs qui les y avoi[en]t plongés, afin qu'ayant une fois goûté le plaisir d'être honnêtes Gens ils fissent desormais par amour pour la vertu ce qu'ils avoient commencé de faire par Intéreſt ? Non, Messieurs, le respect me retient et m'empêche de lever le voile qu'il a mis lui-même au devant de tant d'actions héroïques, et ma voix n'eſt pas digne de les célébrer.

O vous, chaſtes Vierges de Jesus-Chriſt, vous les épouses régénérées (*a*) que la main secourable du Duc d'Orléans (*b*) a retirées ou garanties des dangers de l'opprobre et de la séduction, et à qui il a procuré de saints et inviolables aziles : Vous, pieuses méres de famille qu'il a unies d'un nœud sacré pour élever des Enfans dans la crainte du Seigneur; Vous, Gens de Lettres indigens, qu'il a mis en état de consacrer uniquement vos talens à la gloire de celui de qui vous les tenez; Vous, Guerriers blanchis sous les armes, à qui le soin de vos devoirs a fait oublier celui de vôtre fortune, que le poids des ans a forcés de recourrir à lui, et dont les fronts cicatrisés n'ont point eu à rougir de la honte de ses refus : Elevez tous vos voix; pleurez vôtre Bienfaiteur et vôtre Pére. J'espére que du haut du Ciel son ame pure sera sensible à vôtre reconnoissance; qu'elle soit immortelle comme sa Mémoire : Les benédictions de vos Cœurs sont le seul éloge digne de lui[1].

Ne nous le dissimulons point, Messieurs, nous avons fait une perte irréparable. Sans parler ici des Monarques, trop occupés du bien général pour pouvoir descendre dans des détails qui le leur feroient négliger; je sais que l'Europe ne manque pas de grands Princes; je crois qu'il eſt encore des Ames vraiment bienfaisantes; encore plus d'esprits éclairés qui sauroient dispenser sagement les bienfaits qu'ils devroient aimer à répandre. Touttes ces choses prises séparement peuvent se trouver : Mais où les trouverons[-nous] réunies ? Où chercherons-nous un homme qui, pouvant voir nos besoins par ses yeux et les soulager par ses mains, rassemble en lui seul la puissance et la volonté de bien faire avec les lumiéres nécessaires pour bien faire toujours à propos ? Voilà les qualités réunies que nous admirions et que nous aimions sur tout dans celui que nous venons de perdre, et voilà le trop juste motif des pleurs que nous devons verser sur son tombeau.

2e Partie.

Je le sens bien, Messieurs; ce n'est point avec le Tableau que je viens de vous offrir que je dois me flatter de calmer une douleur trop légitime; et l'image des vertus du grand Prince dont nous honorons la mémoire ne peut être propre qu'à redoubler nos regrets. C'est pourtant en vous le peignant orné de vertus beaucoup plus sublimes que j'entreprends de modérer vôtre juste affliction. A Dieu ne plaise qu'une insensée presomption de mes forces soit le principe de cet espoir ! Il est établi sur des fondemens plus raisonnables et plus solides : c'est de la pieté de vos cœurs, c'est des maximes consolantes du Christianisme, c'est des détails édifians qui me restent à vous faire, que je tire ma confiance. Religion Sainte ! Refuge toujours sur et toujours ouvert aux Cœurs affligés; venez pénétrer les nôtres de vos divines vérités; faites-nous sentir tout le neant des choses humaines; inspirez-nous le dédain que nous devons avoir pour cette vallée de larmes, pour cette courte vie qui n'est qu'un passage pour arriver à celle qui ne finit point, et remplissez nos ames de cette douce espérance que le serviteur de Dieu qui a tant fait pour vous, joüit en paix dans le séjour des Bienheureux du prix de ses vertus et de ses travaux.

Que ces idées sont consolantes ! Qu'il est doux de penser qu'après avoir goûté dans cette vie le plaisir touchant de bien faire, nous en recevrons encore dans l'autre la récompense éternelle ! Il faut plus, il est vrai, que de bonnes actions pour y prétendre; et c'est cela même qui doit animer nôtre confiance. Le Duc d'Orléans, avec les vertus dont j'ai parlé n'eut encore été qu'un grand homme, mais il receut avec elles la foi qui les sanctifie, et rien ne lui manqua pour être un Chrétien.

Cette foi puissante qui n'est pourtant rien sans les œuvres, mais sans laquelle les œuvres ne sont rien, germa dans son cœur dés les prémiéres années, et, comme ce grain de semence de l'Evangile elle y devint bientôt un grand Arbre qui étendoit au loin ses rameaux bienfaisans*. Ce n'étoit point cette foi stérile et glacée d'un esprit convaincu par la raison, à laquelle le Cœur n'a point de part, et destitüée également d'espérance et d'amour. Ce n'étoit point la foi morte de ces mauvais Chrétiens qui vainement disent chaque jour, *Seigneur, Seigneur ;* et n'entreront point dans le Royaume des Cieux. C'étoit cette foi pure et vive qui faisoit marcher les Apôtres sur les eaux et dont le Seigneur même a dit qu'un seul grain suffiroit pour ne rien trouver d'impossible. Elle étoit si ardente en son ame et si présente à sa memoire qu'il en faisoit réguliérement un Acte au commencement de touttes ses Actions, ou plustôt sa vie entiére n'a été qu'un Acte de foi continüel, puisqu'on tient d'un témoignage assuré qu'il n'a jamais eu un seul instant de doute sur les vérités et les misteres de la Religion catholique[1]. Et comment donc avec tant de foi n'a-t-il point opéré de miracles ? Chrétiens, Dieu vous doit-il compte de ses graces, et savez-vous jusqu'où peut aller l'humilité d'un Juste ? Pourquoi demander des Miracles; n'en a-t-il pas fait un plus grand et plus edifiant que de transporter des Montagnes ? Quel est donc ce miracle, me direz-vous ? La Sainteté de sa vie dans un rang aussi sublime et (*a*) dans un siècle aussi corrompu.

Le Duc d'Orléans croyoit; et c'est assés dire. On peut s'étonner qu'il se trouve des hommes capables d'offenser un Dieu qu'ils savent être mort pour eux : Mais qui s'étonnera jamais qu'un Chrétien ait été humble, juste, temperant, humain, charitable, et qu'il ait accompli à la Lettre les préceptes d'une Religion si pure, si sainte et dont il étoit si intimement persuadé. Ah ! non, sans doute; on ne remarquoit point entre ses maximes et sa conduite cette opposition monstrueuse qui deshonore nos mœurs ou nôtre raison, et l'on ne sauroit, peut-être, citer une seule de ses actions qui ne montre, avec la force de cette grande ame, faite pour soumettre ses passions à l'empire de sa volonté, la force plus puissante de la Grace, faite pour soumettre en toutes choses sa volonté à celle de son Dieu.

---

* Luc.c.XIII.v.19.

Touttes ses vertus ont porté cette divine empreinte du Christianisme; c'est dire assés combien elles ont effacé l'éclat des vertus humaines toujours si empressées à s'attirer cette vaine admiration qui est leur unique récompense, et qu'elles perdent pourtant encore comparées à celles du vrai Chrétien. Les plus grands hommes de l'antiquité se seroient honorés de voir son nom inscrit à côté des leurs, et ils n'auroient pas même eu besoin de croire comme lui, pour admirer et respecter ces vertus héroïques qu'il consacroit ou sacrifioit touttes au triomphe de sa foi.

Il étoit humble; non de cette fausse et trompeuse humilité qui n'est qu'orgueil ou bassesse d'ame; mais d'une humilité pieuse et discrette, également convenable à un Chrétien pécheur et à un grand Prince qui sans avilir son titre sait humilier sa personne. Vous l'avez vu, Messieurs, modeste dans son élevation et grand dans sa vie privée, simple comme l'un de nous, renoncer à la Pompe consacrée à son rang sans renoncer à sa dignité : Vous l'avez vû, dédaignant cette Grandeur apparente dont personne n'est si jaloux que ceux qui n'en ont point de réelle, ne garder des honneurs dus à sa naissance que ce qu'ils avoient pour lui de pénible, ou ce qu'il n'en pouvoit négliger sans s'offenser soi-même. Prosterné chaque jour au pied de la Croix, la touchante image d'un Dieu souffrant, plus présente encore à son cœur qu'à ses yeux, ne lui laissoit point oublier que c'est en son seul Amour que *consistent les richesses, la gloire, et la justice**; et il n'ignoroit pas, non plus, malgré tant de vains discours, que si celui qui sait soutenir les Grandeurs en est digne, celui qui sait les mépriser est au dessus d'elles. Hommes vulgaires, qu'un éclat frivole éblouït, même quand vous affectez de le dédaigner, lisez une fois dans vos ames, et apprenez à admirer ce que nul de vous n'est capable de faire.

Il étoit bienfaisant, je l'ai déjà dit, et qui pourroit l'ignorer ? Qu'il me soit permis d'y revenir encore; je ne puis quiter un objet si doux. Un homme bienfaisant est l'honneur de l'humanité, la véritable image de Dieu, l'imitateur de la plus active de toutes ses vertus, et l'on ne peut douter qu'il ne reçoive un jour le prix du bien qu'il aura fait, et même de celui qu'il aura voulu faire, ni

* Prov.c.VIII.v.18.

que le Pére des humains ne rejette avec indignation ces ames dures qui sont insensibles à la peine de leur frère et qui n'ont aucun plaisir à la soulager. Helas ! cette vertu si digne de nôtre amour est peut être bien plus rare encore qu'on ne pense. Je le dis avec douleur, si du nombre de ceux qui semblent y prétendre (*a*) on écartoit tous ces esprits orgueilleux qui ne font du bien que pour avoir la réputation d'en faire, tous ces esprits foibles qui n'accordent des graces que parce qu'ils n'ont pas la force de les refuser; qu'il en resteroit peu, de ces Cœurs vraiment généreux dont la plus douce récompense pour le bien qu'ils font est le plaisir de l'avoir fait ! Le Duc d'Orléans eut été à la tête de ce petit nombre. Il savoit répandre ses graces avec choix et proportion; son cœur tendre et compatissant, mais ferme et judicieux, eut même sû les refuser à ceux qu'il n'en croyoit pas dignes, s'il ne se fut ressouvenu sans cesse que nous avons un trop grand besoin nous mêmes de la miséricorde celeste pour être en droit de refuser la nôtre à personne.

Il étoit bienfaisant, ai-je dit ? Ah ! il étoit plus que cela. Il étoit charitable. Et comment ne l'eut-il pas été ? Comment avec une foi si vive n'eut-il pas aimé ce Dieu qui avoit tant fait pour lui ? Comment la sainte ardeur dont il bruloit pour son Dieu ne lui eut-elle pas inspiré de l'Amour pour tous les hommes que Jesus-Christ a rachetés de son sang, et pour les Pauvres qu'il adopte ? La gloire du Seigneur étoit son prémier désir, le salut des Ames son premier soin, secourir les malheureux n'étoit de sa part qu'une occasion de leur faire de plus grands biens en travaillant à leur sanctification. Il rougissoit de la négligence avec laquelle les Dogmes sacrés et la morale sainte du Christianisme étoient appris et enseignés. Il ne pouvoit voir sans douleur plusieurs de ceux qui se chargent du respectable soin d'instruire et d'édifier les fidéles se piquer de savoir toutes choses, excepté la seule qui leur soit necessaire, et préférer l'étude d'une orgueilleuse philosophie à celle des Saintes Lettres qu'ils ne peuvent négliger sans se rendre coupables de leur propre ignorance, et de la nôtre, Il n'a rien oublié pour procurer à l'Eglise de plus grandes lumières, et au Peuple de meilleures instructions. Chacun sait avec quelle ardeur il montroit l'exemple, même sur ce point. Semblable à un Enfant préféré (*b*), qui pénétré d'une tendre reconnoissance, feuillete avec un plaisir mêlé de larmes le testament de son Pére, il méditoit sans cesse nos Livres Sacrés; il y trouvoit sans cesse de nouveaux motifs de benir leur divin Auteur et de s'attrister des liens terrestres qui le tenoient éloigné de lui. Il possédoit la Sainte Écriture mieux que personne au monde; il en savoit toutes les langues, et en connoissoit tous les textes. Les Commentaires qu'il a faits sur Saint-Paul et sur la Genése[1] ne sont pas un temoignage moins certain de la justesse de sa critique et de la profondeur de son érudition, que de son zéle pour la gloire de l'esprit saint qui a dicté ces Livres, et la Chaire de Professeur en Langue Hebraïque qu'il a fondée en Sorbonne n'y sera pas moins un monument des lumiéres qui lui en ont fait appercevoir le besoin, que de la munificence Chrétienne qui l'a porté à y pourvoir.

Mais à quoi sert d'entrer ici dans tous ces détails ? Ne nous suffit-il pas de savoir qu'il avoit à ce haut degré une seule de ces vertus, pour être assurés qu'il les avoit toutes. Les Vertus Chrétiennes sont indivisibles comme le principe qui les produit. La foi, la Charité, l'esperance, quand elles sont assés parfaites, s'excitent, se soutiennent mutuellement; tout devient facile aux grandes ames avec la volonté de tout faire pour plaire à Dieu, et les rigueurs mêmes de la penitence n'ont presque plus rien de pénible pour ceux qui savent en sentir la nécessité et en considérer le prix. Entreprendrai-je, Messieurs, de vous décrire les austérités qu'il exerçoit sur soi-même ? N'effrayons pas à ce point la molesse de nôtre siécle. Ne rebutons pas les ames penitentes qui, avec beaucoup plus d'offenses à réparer sont incapables de supporter de si rudes travaux. Les siens étoient trop au dessus des forces ordinaires pour oser les proposer pour modéles. Eh ! peu s'en faut, Mon Dieu, que je n'aye à justifier leur excés devant ce monde efféminé si peu fait pour juger de la douceur de vôtre joug ! Combien de téméraires oseront lui reprocher d'avoir abrégé ses jours à force de mortifications et de jeunes, qui ne rougissent point d'abréger les leurs dans les plus honteux excés. Laissons les au sein de leurs égaremens prononcer avec orgueil les maximes de leur prétendüe sagesse; et cependant le jour viendra où chacun recevra le salaire de ses œuvres. Contentons-nous de dire ici que ce grand et vertueux Prince mortifia sa chair comme Saint Paul, sans avoir à pleurer comme lui l'aveuglement de sa jeunesse. Il pécha sans doute; et quel homme en eſt exempt ? Aussi, quoique son cœur ne se fut point endurci, quoiqu'il put dire comme cet homme de l'Evangile pour lequel Jesus conceut de l'affection : *Ô mon Maître, j'ai observé touttes ces choses dès mon Enfance**; il n'ignoroit pas qu'il avoit pourtant des fautes à expier ou à prevenir; il n'ignoroit pas que pour arriver au terme qu'il se proposoit, le chemin le plus sur étoit le plus difficile; selon ce grand Precepte du Seigneur : *Efforcéz-vous d'entrer par la porte étroite, car je vous dis que plusieurs demanderont à entrer et ne l'obtiendront point***; il n'ignoroit pas, enfin, ces terribles paroles de l'Ecriture : *En vain échaperions-nous à la main des hommes, si nous ne faisons pénitence, nous tomberons dans celle de Dieu****.

Nous l'avons vu dans ces derniers momens de sa vie où son corps exténüé étoit prét à laisser cette ame pure en liberté de se réunir à son Créateur, refuser encore de modérer ces saintes rigueurs qu'il exerçoit sur sa chair (*a*). Nous l'avons vu jusqu'à la veille de son décès (*b*), et tout ce Peuple en larmes l'a vu avec nous se lever avec effort et, se soutenant à peine, se traîner chaque jour à l'Eglise en prononçant ces paroles dont il sentoit avec joye aprocher l'accomplissement : *Nous irons dans la maison du Seigneur*****. Bien différent de cet Empereur Payen[1] qui voulut mourir debout pour le frivole plaisir de prononcer une sentence, il voulut mourir debout pour rendre à son Créateur jusqu'au dernier jour de sa vie cet hommage public qu'il n'avoit jamais négligé de lui rendre; il voulut mourir comme il avoit vécu, en servant Dieu et édifiant les hommes.

Ne doutons point qu'une si sainte vie n'obtienne la récompense qui lui eſt due. Souffrons sans murmure que celui qui a tant aimé le bonheur des hommes voye enfin couronner le sien. Espérons que le desir de répandre sur nous des bienfaits qui a été sur la terre l'objet de toutes ses actions, deviendra dans le ciel celui de toutes ses prieres. Enfin, travaillons à nous sanctifier

---

* Marc.c.X.v.20.

** Luc.c.XIII.v.24.

*** Ecclesiaſtic.c.II.v.22.

**** Psal.121.v.I.

comme lui, et faisons en sorte que ne pouvant plus nous être utile par ses bonnes œuvres, il le soit encore par son exemple.

En attendant qu'il partage sur nos autels les honneurs de son saint et glorieux ancêtre Louis neuf; en attendant que son nom soit inscrit dans les fastes sacrés de l'Eglise, comme il l'est déjà dans le livre de vie, invoquons pour lui la divine miséricorde : adressons aux Saints en sa faveur les prieres que nous lui adresserons un jour à lui-même : demandons au Seigneur qu'il lui fasse part de sa gloire pour laquelle il a tant eu de zele, qu'il répande ses bénédictions sur toute la maison Royale, dont ce vertueux Prince soutint si dignement l'honneur, et que l'auguste nom de Bourbon soit grand à jamais, et dans les cieux et sur la terre.]

LETTRES A SARA.

Jam nec spes animi credula mutui[1].
Hor.

On comprendra sans peine comment une espéce de défi a pu faire écrire ces quatre lettres. On demandoit si un amant d'un demi-siécle pouvoit ne pas faire rire. Il m'a semblé qu'on pouvoit se laisser surprendre à tout age, qu'un Barbon pouvoit même écrire jusqu'à quatre lettres d'amour, et intéresser encore les honnêtes gens, mais qu'il ne pouvoit aller jusqu'à six sans se deshonorer. Je n'ai pas besoin de dire ici mes raisons, on peut les sentir en lisant ces lettres ; après leur lecture, on en jugera.

PRÉMIÉRE LETTRE.

Tu lis dans mon cœur, jeune Sara ; tu m'as pénétré, je le sais, je le sens. Cent fois le jour ton œil curieux vient épier l'effet de tes charmes. A ton air satisfait, à tes cruelles bontés, à tes méprisantes agaceries, je vois que tu jouis en secret de ma misére ; tu t'applaudis avec un souris moqueur du desespoir où tu plonges un malheureux, pour qui l'amour n'est plus qu'un opprobre (*a*). Tu te trompes, Sara ; je suis à plaindre, mais je ne suis point à railler (*b*) : je ne suis point digne de mépris, mais de pitié, parce que je ne m'en impose ni sur ma figure ni sur mon age, qu'en aimant je me sens indigne de plaire (*c*), et que la fatale illusion qui m'égare m'empêche de te voir telle que tu es, sans m'empêcher de me voir tel que je suis (*a*). Tu peux m'abuser sur tout, hormis sur moi-même : tu peux me persuader tout au monde, excepté que tu puisses partager mes feux insensés (*b*). C'eſt le pire de mes supplices de me voir comme tu me vois; tes trompeuses caresses ne sont pour moi qu'une humiliation de plus, et j'aime avec la certitude affreuse de ne pouvoir être aimé.

Sois donc contente. Hé bien, oui, je t'adore; oui, je brule pour toi de la plus cruelle des passions. Mais tente, si tu l'oses, de m'enchaîner à ton char, comme un soupirant en cheveux gris (*c*), comme un amant barbon (*d*) qui veut faire l'agréable (*e*), et, dans son extravagant délire, s'imagine avoir des droits sur un jeune objet. Tu n'auras point cette gloire, ô Sara, ne t'en flate pas : tu ne me verras point à tes pieds vouloir t'amuser avec le jargon (*f*) de la galanterie, ou t'attendrir avec des propos langoureux. Tu peux m'arracher des pleurs, mais ils sont moins d'amour que de rage. Ris si tu veux de ma foiblesse (*g*) : tu ne riras pas, au moins, de ma crédulité.

Je te parle avec emportement de ma passion, parce que l'humiliation eſt toujours cruelle, et que le dédain eſt dur à supporter : mais ma passion, toute folle qu'elle eſt, n'eſt point emportée; elle eſt à la fois vive et douce comme toi. Privé de tout espoir, je suis mort au bonheur et ne vis que de ta vie (*h*). Tes plaisirs sont mes seuls plaisirs; je ne puis avoir d'autres jouissances que les tiennes, ni former d'autres vœux que tes vœux (*i*). J'aimerois mon Rival même si tu l'aimois; si tu ne l'aimois pas, je voudrois qu'il put mériter ton amour (*j*); qu'il eut mon cœur pour t'aimer plus dignement, et te rendre heureuse (*k*). C'eſt le seul desir permis à quiconque ose aimer sans être aimable. Aime, et sois aimée, ô Sara. Vis contente, et je mourrai content.

SECONDE LETTRE.

PUISQUE je vous ai écrit, je veux vous écrire encore. Ma prémiére faute en attire une autre; mais je saurai m'arrêter, soyez-en sure; et c'eſt la manière dont vous m'aurez (*a*) traité durant mon délire, qui décidera de mes sentimens à vôtre égard quand j'en serai revenu. Vous avez beau feindre ne n'avoir pas lu ma Lettre : vous mentez, je le sais, vous l'avez lue. Oui, vous mentez sans me rien dire, par l'air égal (*b*) avec lequel vous croyez m'en imposer : si vous êtes la même qu'auparavant, c'est parce que vous avez été toujours fausse (*c*), et la simplicité que vous affectez avec moi (*d*) me prouve que vous n'en avez jamais eu. Vous ne dissimulez ma folie que pour l'augmenter; vous n'etes pas contente que je vous écrive si vous ne me voyez encore à vos pieds : vous voulez me rendre aussi ridicule que je peux l'être; vous voulez me donner en spectacle à vous-même, peut-être à d'autres, et vous ne vous croyez pas assez triomphante, si je ne suis deshonoré.

Je vois tout cela, fille artificieuse, dans cette feinte modestie par laquelle vous espérez m'en imposer, dans cette feinte égalité par laquelle vous semblez vouloir me tenter d'oublier ma faute, en paroissant vous-même n'en rien savoir. Encore une fois, vous avez lu ma Lettre; je le sais, je l'ai vu (*e*). Je vous ai vu, quand j'entrois dans vôtre chambre, poser précipitamment le Livre où je l'avois mise; je vous ai vu rougir (*f*) et marquer un moment de trouble. Trouble seducteur et cruel qui peut-être est encore un de vos piéges, et qui m'a fait plus de mal que tous vos regards. Que devins-je à cet aspect qui m'agîte encore ? Cent fois en un instant, prêt à me précipiter aux pieds de l'orgueilleuse, que de combats, que d'efforts pour me retenir ! Je sortis pourtant (*g*), je sortis palpitant de joye d'échapper à l'indigne bassesse que j'allois faire. Ce seul moment me venge de tes outrages. Sois moins fiére, ô Sara, d'un penchant que je peux vaincre, puisqu'une fois en ma vie j'ai déjà triomphé de toi.

Infortuné ! j'impute à ta vanité (*h*) des fictions de mon amour-propre. Que n'ai-je le bonheur de pouvoir croire que tu t'occupes de moi, ne fut-ce que pour me tyranniser ! Mais daigner tyranniser un amant grison seroit lui faire trop d'honneur encore. Non, tu n'as point d'autre art que ton indifférence; ton dédain fait toute ta coqueterie, tu me désoles sans songer à moi (*i*). Je suis malheureux jusqu'à ne pouvoir t'occuper au moins de mes ridicules (*j*), et tu méprises ma folie jusqu'à ne daigner pas même t'en moquer. Tu as lu ma Lettre, et tu l'as oubliée; tu ne m'as point parlé de mes maux, parce que tu n'y songeois plus. Quoi ! je suis donc nul pour toi ? mes fureurs, mes tourmens, loin d'exciter ta pitié, n'excitent pas même ton attention ? Ah ! où eſt cette douceur que tes yeux promettent (*a*) ? où eſt ce sentiment si tendre qui paroît les animer ?... Barbare !... insensible à mon état tu dois l'être à tout sentiment honnête. Ta figure promet une ame; elle ment, tu n'as que de la férocité... Ah Sara ! j'aurois attendu de ton bon cœur quelque consolation dans ma misére.

TROISIÉME LETTRE.

Enfin, rien ne manque plus à ma honte (*b*), et je suis aussi humilié que tu l'as voulu. Voilà donc à quoi ont abouti mon dépit, mes combats, mes resolutions, ma conſtance ? Je serois moins avili si j'avois moins résiſté. Qui, moi ! j'ai fait l'amour[1] en jeune homme ? J'ai passé deux heures aux genoux d'une (*c*) enfant ? J'ai versé sur ses mains des torrens de larmes ? j'ai souffert qu'elle me consolât, qu'elle me plaignît, qu'elle essuyât mes yeux ternis par les ans ? j'ai reçu d'elle des leçons de raison, de courage ? J'ai bien profité de ma longue expérience (*d*) et de mes triſtes réflexions ! Combien de fois j'ai rougi d'avoir été à vingt ans ce que je redeviens à cinquante ! Ah, je n'ai donc vécu que pour me deshonorer ! Si du moins un vrai repentir me ramenoit à des sentimens plus honnêtes : mais non; je me complais malgré moi dans ceux que tu m'inspires (*e*), dans le délire où tu me plonges, dans l'abaissement où tu m'as réduit. Quand je m'imagine à mon âge à genoux devant toi, tout mon cœur se souléve et s'irrite (*f*); mais il s'oublie et se perd dans les ravissemens que j'y ai sentis. Ah ! je ne me voyois pas alors; je ne voyois que toi, fille adorée : tes charmes, tes sentimens, tes discours remplissoient, formoient tout mon être : j'étois jeune de ta jeunesse, sage de ta raison, vertueux de ta vertu (*g*). Pouvois-je mépriser celui que tu honorois de ton eſtime ? pouvois-je haïr celui que tu daignois appeller ton ami (*h*) ? Helas ! cette tendresse de pére que tu me demandois d'un ton si touchant, ce nom de fille que tu voulois recevoir de moi me faisoient bientôt rentrer en moi-même : tes propos si tendres, tes caresses si pures m'enchantoient et me déchiroient, des pleurs d'amour et de rage couloient de mes yeux. Je sentois que je n'étois heureux que par ma misére, et que si j'eusse été plus digne de plaire je n'aurois pas été si bien traité (*a*).

N'importe. J'ai pu porter l'attendrissement dans ton cœur (*b*). La pitié le ferme à l'amour, je le sais, mais elle en a pour moi tous les charmes. Quoi ! j'ai vu s'humecter pour moi tes beaux yeux ? j'ai senti tomber sur ma joue une de tes larmes ? O cette larme, quel embrasement dévorant (*c*) elle a causé ! et je ne serois pas le plus heureux des hommes ? Ah, combien je le suis au dessus de ma plus orgueilleuse attente (*d*) !

Oui, que ces deux heures reviennent sans cesse, qu'elles remplissent de leur retour ou de leur souvenir le reste de ma vie (*e*). Eh qu'a-t-elle eu de comparable à ce que j'ai senti dans cette attitude ? J'étois humilié, j'étois insensé, j'étois ridicule; mais j'étois heureux, et j'ai goûté dans ce court espace plus de plaisirs que je n'en eus dans tous le cours de mes ans (*f*). Oui, Sara, oui, charmante Sara, j'ai perdu tout repentir, toute honte; je ne me souviens plus de moi, je ne sens que le feu qui me dévore; je puis dans tes fers braver les huées du monde entier. Que m'importe ce que je peux paroître aux autres ? j'ai pour toi le cœur d'un jeune homme, et cela me suffit. L'hiver a beau couvrir l'Etna de ses glaces, son sein n'est pas moins embrasé (*g*).

QUATRIÉME LETTRE.

Quoi ! c'étoit vous que je redoutois (*h*), c'étoit vous que je rougissois d'aimer ? o Sara, fille adorable, ame plus belle que ta figure ! si je m'estime desormais de quelque chose (*i*), c'est d'avoir un cœur fait pour sentir tout ton prix. Oui, sans doute, je rougis de l'amour que j'avois pour toi, mais c'est parce qu'il étoit trop rampant, trop languissant, trop foible, trop peu digne de son objet. Il y a six mois que mes yeux et mon cœur dévorent tes charmes, il y a six mois que tu m'occupes seule et que je ne vis que pour toi : mais ce n'est que d'hier que j'ai appris à t'aimer. Tandis que tu me parlois et que des discours dignes du Ciel sortoient de ta bouche, je croyois voir changer tes traits, ton air, ton port, ta figure; je ne sais quel feu surnaturel luisoit dans tes yeux, des rayons de lumiére sembloient t'entourer. Ah Sara ! si réellement tu n'es pas une mortelle, si tu es l'Ange envoyé du Ciel pour ramener un cœur qui s'égare, dis-le moi; peut-être il est tems encore. Ne laisse plus profaner ton image (*a*) par des desirs formés malgré moi. Helas ! si je m'abuse dans mes vœux, dans mes transports, dans mes téméraires hommages, guéris-moi d'une erreur qui t'offense, apprends-moi comment il faut t'adorer (*b*).

Vous m'avez subjugué, Sara, de toutes les maniéres et si vous me faites aimer ma folie, vous me la faites cruellement sentir. Quand je compare vôtre conduite à la mienne, je trouve un sage dans une jeune fille, et je ne sens en moi qu'un vieux enfant. Vôtre douceur, si pleine de dignité, de raison, de bienseance, m'a dit tout ce que ne m'eut pas dit un accueil plus sévére; elle m'a fait plus rougir de moi que n'eussent fait vos reproches; et l'accent un peu plus grave que vous avez mis hier dans vos discours m'a fait aisément connoitre que je n'aurois pas du vous exposer à me les tenir deux fois. Je vous entends, Sara, et j'espére vous prouver aussi que si je ne suis pas digne de vous plaire par mon amour, je le suis par les sentimens qui l'accompagnent (*c*). Mon égarement sera aussi court qu'il a été grand, vous me l'avez montré, cela suffit; j'en saurai sortir, soyez en sûre : quelque aliéné que je puisse être, si j'en avois vu toute l'étendue, jamais je n'aurois fait le prémier pas. Quand je méritois des censures vous ne m'avez donné que des avis, et vous avez bien voulu ne me voir que foible lorsque j'étois criminel (*d*). Ce que vous ne m'avez pas dit, je sais me le dire; je sais donner à ma conduite auprès de vous le nom que vous ne lui avez pas donné et si j'ai pu faire une bassesse sans la connoitre, je vous ferai voir que je ne porte point un cœur bas. Sans doute c'est moins mon age que le vôtre qui me rend coupable. Mon mépris pour moi (*e*) m'empêchoit de voir toute l'indignité de ma démarche. Trente ans de différence ne me montroient que ma honte et me cachoient vos dangers. Helas ! quels dangers (*f*) ? Je n'étois pas assez vain pour en supposer :

je n'imaginois pas pouvoir tendre un piége à vôtre innocence, et si vous eussiez été moins vertueuse, j'étois un suborneur sans en rien savoir.

O Sara ! ta vertu eſt à des épreuves plus dangereuses, et tes charmes ont mieux à choisir. Mais mon devoir ne dépend ni de ta vertu ni de tes charmes, sa voix me parle et je le suivrai. Qu'un éternel oubli ne peut-il te cacher (*a*) mes erreurs ! Que ne les puis-je oublier moi-même ! Mais non, je le sens, j'en ai pour la vie, et le trait s'enfonce par mes efforts pour l'arracher. C'eſt mon sort de bruler jusqu'à mon dernier soupir d'un feu que rien ne peut éteindre (*b*), et auquel chaque jour ôte un dégré d'espérance et en ajoûte un de déraison (*c*). Voila ce qui ne dépend pas de moi (*d*); mais voici, Sara, ce qui en dépend (*e*). Je vous donne ma foi d'homme qui ne la faussa jamais, que je ne vous reparlerai de mes jours de cette passion ridicule et malheureuse que j'ai pu peut-être empêcher de naitre, mais que je ne puis plus étouffer. Quand je dis que je ne vous en parlerai pas, j'entends que rien en moi ne vous dira ce que je dois taire. J'impose à mes yeux le même silence qu'à ma bouche : mais de grace imposez aux vôtres de ne plus venir m'arracher ce triſte secret. Je suis à l'épreuve de tout, hors de vos regards : vous savez trop combien il vous eſt aisé de me rendre parjure. Un triomphe si sûr pour vous et si flétrissant pour moi pourroit-il flater vôtre belle ame ? Non, divine Sara, ne profane pas le Temple (*f*) où tu es adorée, et laisse au moins quelque vertu dans ce cœur à qui tu as tout ôté.

Je ne puis ni ne veux reprendre le malheureux secret qui m'eſt échapé; il eſt trop tard, il faut qu'il vous reſte, et il eſt si peu intéressant pour vous qu'il seroit bientôt oublié si l'aveu ne s'en renouvelloit sans cesse. Ah ! je serois trop à plaindre dans ma misére (*g*) si jamais je ne pouvois me dire que vous la plaignez, et vous devez d'autant plus la plaindre que vous n'aurez jamais (*h*) à m'en consoler. Vous me verrez toujours tel que je dois être, mais connoissez-moi toujours tel que je suis : vous n'aurez plus à censurer mes discours, mais souffrez mes Lettres; c'eſt tout ce que je vous demande. Je n'approcherai de vous que comme d'une Divinité devant laquelle on impose silence à ses passions. Vos vertus suspendront l'effet de vos charmes; vôtre présence purifiera mon cœur; je ne craindrai point d'être un séducteur en ne vous disant rien qu'il ne vous convienne d'entendre; je cesserai de me croire ridicule (*a*) quand vous ne me verrez jamais tel; et je voudrai n'être plus coupable, quand je ne pourrai l'être que loin de vous.

Mes Lettres ? Non. Je ne dois pas même desirer de vous écrire, et vous ne devez le souffrir jamais. Je vous estimerois moins si vous en étiez capable. Sara, je te donne cette arme, pour t'en servir contre moi. Tu peux être dépositaire de mon fatal secret, tu n'en peux être la confidente. C'est assez pour moi que tu le saches, ce seroit trop pour moi de l'entendre répéter. Je me tairai : qu'aurois-je de plus à te dire ? Bannis-moi, méprise-moi desormais, si tu revois jamais ton amant dans l'ami que tu t'es choisi. Sans pouvoir te fuir (*b*), je te dis adieu pour la vie. Ce sacrifice étoit le dernier qui me restoit à te faire. C'étoit le seul qui fut digne de tes vertus et de mon cœur.

[CINQUIÈME LETTRE.]

NON il n'y a point de paix sur la terre, puisque mon cœur n'en jouit pas. Ce n'est pas ta faute, chere Sara (*c*), c'est la mienne; ou plustot c'est celle du sort qui mit si loin de moi le seul bien qui pouvoit me rendre heureux (*d*). Helas ? Ce bien n'étoit la possession ni de ton cœur ni de ta personne (*e*). Mon imagination te laisse toujours trop loin de mon espérance pour t'exposer jamais à mes desirs. Ma passion, ma passion fatale ne m'aveugle (*f*) jamais à ce point, elle m'égaroit sans me séduire, et je me laissois (*g*) entraîner par sa seule force sans voir aucun but qui put m'attirer. Le comble de mes vœux étoit que tu visses ma folie et qu'elle n'excitat pas tes mépris. Tu la connus (*h*), tu la plaignis (*i*), tu me consolas : j'étois content. Je le serai si cet état si doux pouvoit durer toujours (*j*) : mon bonheur dureroit de même. Si tu pouvois n'aimer rien et te laisser adorer en silence, je passerois mes jours dans cette occupation délicieuse, sans rien desirer, sans rien appercevoir au delà. Mais je jouis de ma passion sans pouvoir t'en donner aucune. Mais (*k*) mon cœur est plein, le tien est vuide, il ne peut l'être longtems et ce n'est pas moi qui peux le remplir. Tu aimeras, Sara, si déja tu n'aimes; voila le tourment affreux qui m'est reservé, et que la certitude de l'éprouver un jour me fait déja sentir d'avance. J'ai trop su me rendre justice pour ne pas me soumettre à mon sort, mais je sens avec effroi (*a*) que le tien dépendra d'un autre. Non, mon desespoir n'est pas de n'être point aimé, mais qu'un autre doive l'être. C'est pour toi fille angelique que je m'afflige. Qu'il ait mon cœur et je lui pardonne; mais qui saura t'aimer comme moi[1].

PENSÉES D'UN ESPRIT DROIT,

ET SENTIMENS D'UN CŒUR VERTUEUX.

I.

On pense généralement qu'il est moralement impossible d'être heureux; et à en juger par mon expérience, je serais de cette opinion. Cependant mes réflexions commencent à me convaincre que le bonheur n'est pas une chimère, lorsqu'on le cherche dans son propre intérieur, et non hors de soi[1].

Il faut, pour le trouver, n'avoir aucun reproche à se faire, et voir les défauts et les vices des hommes, sans leur en vouloir plus de mal.

Il ne faut haïr personne, parce que la haine est un tourment pour celui qui entretient cette passion dans son cœur. Il suffit de mépriser et de tolérer les méchancetés et les ridicules.

II.

Si, lorsque je me suis aperçu, pour la première fois, que j'étais trahi, j'avais eu la force de renoncer à la personne qui m'avait trompé, je me serais épargné à moi-même des reproches et à elle de nouveaux crimes. Mais j'ai voulu des explications; elle m'a donné des assurances dont j'ai encore été sottement la dupe, et je lui ai fait ajouter des mensonges multiples à la perfidie dont elle était coupable.

III.

C'est bien assez d'avoir contre moi mes remords pour le passé : il faut du moins m'épargner le mépris de moi-même pour l'avenir.

IV.

Quand on n'agit que par le bas motif de l'amour de l'argent, on ne met jamais dans ses actions aucune vérité, ni dans son zèle aucun véritable attachement[1].

V.

Il n'y a qu'un moyen assuré pour détruire dans son cœur une passion aussi violente que l'amour : c'est de se séparer de la personne qui en est l'objet. Sa présence est un aliment continuel qu'on fournit à un feu mal éteint.

VI.

On vous accablera de protestations d'attachement et de reconnaissance, tandis qu'on attendra quelque chose de vous; mais, si l'on croit n'avoir plus rien à espérer, on vous abandonnera sans pudeur et sans regret.

VII.

Les lois divines et humaines ont établi, entre des gens mariés, la supériorité de l'homme et la dépendance de la femme. Mais, pour engager celle-ci à se soumettre sans répugnance, il faut que le mari n'en exige rien qui ne soit raisonnable.

Rien n'est plus dangereux que l'autorité en des mains qui ne savent pas en faire usage.

VIII.

L'orgueil est le vice qu'on pardonne le moins; il blesse essentiellement l'amour-propre. L'orgueilleux ne peut être ni affable ni reconnaissant. Ce n'est qu'en nous abaissant qu'il cherche à satisfaire sa hauteur.

On redoute l'orgueil des grands seigneurs, parce qu'ils peuvent nuire. On méprise celui des personnes sans crédit et sans pouvoir, parce que leur sotte fierté ne peut porter préjudice à personne.

IX.

Le commerce de la vie civile exige des secours mutuels et des complaisances réciproques. Ne vouloir jamais prendre sur soi et toujours sur autrui, est le projet le plus injuste et le plus extravagant.

X.

Sans religion, il ne peut y avoir ni vraie probité ni bonheur solide.

Mais peu de gens ont une idée juste de la religion. On la fait ordinairement consister dans des pratiques extérieures, et l'on ne remplit aucun des devoirs essentiels qu'elle prescrit. Il faut sans doute observer les préceptes de l'Eglise, mais ne pas s'imaginer qu'en assistant au service divin, et en marmotant quelques prières où le cœur n'est pour rien, on a tout fait.

On n'a de religion qu'autant qu'on ne fait pas contre les autres ce que nous ne voudrions pas qu'ils fissent contre nous, et qu'on fait pour eux ce qu'on voudrait qu'ils fissent pour nous.

La véritable religion, c'est la vérité, la charité, la bienfaisance, l'humilité, la douceur dans le caractère et dans les procédés. Tout exercice de religion qui n'est pas fondé sur cette base, n'est qu'illusion et hypocrisie.

XI.

Les gens qui ne pardonnent jamais rien aux autres prétendent qu'on leur pardonne tout.

Il faudrait, pour vivre en paix, ne s'offenser de rien, et n'offenser personne.

XII.

L'amitié est le trésor le plus précieux et le plus rare de la vie. Un véritable ami partage mes plaisirs et mes peines; il tolère mes défauts, et n'a point de lâche complaisance pour eux. Il ne me fait point de protestations continuelles de zèle, mais il me marque, dans toutes ses actions, un tendre et sincère attachement. C'est mon intérêt qu'il désire, et qu'il cherche préférablement au sien.

XIII.

Quand on approche de la vieillesse, il ne faut s'occuper que du soin de faire un meilleur usage du temps qui reste à vivre, qu'on n'a fait de celui qu'on a vécu, et ne songer à son existence que pour se préparer à la perdre bientôt[1].

XIV.

Quand on n'aime que soi, et ce sentiment n'est que trop commun, on est à charge aux autres, et l'on n'est utile à personne.

XV.

Les caractères fiers et opiniâtres sont également incapables et de donner et de recevoir conseil : ils ne suivent que les impressions de leur mauvaise tête et de leur mauvais cœur.

XVI.

C'est la force de la passion qui fait beaucoup plus souvent des dupes en amour que la faiblesse de l'esprit.

XVII.

Quand on est déterminé à rompre avec une personne qu'on a aimée, il ne faut point réfléchir ni sur sa résolution, ni sur les motifs qui engagent à la prendre : il faut s'occuper de tout autre chose que de ce qui a rapport à l'objet aimé. Cette division affaiblira la passion et donnera du courage et des forces pour la vaincre entièrement et sans retour. On n'est radicalement guéri que quand on ne désire et qu'on ne craint plus rien à cet égard.

XVIII.

Les femmes, pour la plupart, ressemblent aux énigmes : elles occupent quand on ne les devine point; mais dès qu'elles sont connues, elles cessent de plaire[2].

XIX.

Les biens et les maux que le sage éprouve contribuent à sa perfection. C'est ainsi que le soleil et la pluie concourent à fertiliser la terre.

XX.

Quand on eſt fier et opiniâtre, ce n'eſt pas faute de lumières et de connaissances, mais par défaut de sentiment. On a quitté le chemin de la raison, de la juſtice et de la reconnoissance; une fausse honte empêche d'y rentrer, et plus on attend, plus on se cabre contre la vérité et la décence[1]. Le parti le plus sage à prendre avec des personnes de ce caractère eſt de garder le silence, et de les laisser revenir d'elles-mêmes, si la dépravation du cœur ne les entretient pas absolument dans leur obſtination.

XXI.

L'étourderie fait parler et agir sans réflexion. Si les personnes qui ont ce défaut voulaient bien se rappeler tout ce qu'elles ont dit et fait, elles seraient humiliées des imprudences, des indiscrétions et des écarts dont elles se sont rendues coupables.

L'étourdi parle toujours de travers, et n'écoute jamais ce qu'on lui dit, ou l'entend mal.

XXII.

Rien n'eſt si bas et si lâche que de chercher à se juſtifier par le mensonge. Un menteur eſt l'objet du mépris public, et il contracte, par l'habitude de vouloir tromper les autres, celle de se tromper lui-même.

Nous tenons les uns aux autres par la parole, qui doit être l'interprète de nos pensées et de nos sentimens; mais si elle a perdu tout crédit et toute confiance, tous les liens de la société et du commerce de la vie sont rompus.

La vérité même passe pour une impoſture dans la bouche du menteur.

XXIII.

Rien ne doit être plus précieux qu'une bonne réputation. On croirait tout le contraire à en juger par la facilité avec laquelle des hommes la sacrifient à un vil intérêt.

XXIV.

Quand on examine la manière dont les hommes et les femmes vivent les uns avec les autres, on est tenté de penser qu'ils ne sont créés que pour se tourmenter et se détruire réciproquement.

XXV.

Je vois deux personnes qui paraissent extrêmement liées d'amitié entre elles. Si je disais à chacune d'elles tout le mal qu'elles m'ont dit l'une de l'autre, elles se détesteraient encore plus qu'elles ne paraissent s'aimer.

XXVI.

Il est inutile et souvent dangereux de donner un conseil à quelqu'un qui, animé par l'ardeur d'une passion, n'en écoute que les mouvemens.

Pour bien conseiller, il faut connaître le caractère de la personne qui a besoin de conseil, et attendre les circonstances favorables pour le faire recevoir, sinon avec docilité, du moins sans aigreur.

On ne doit avoir en vue, en conseillant, que d'opérer l'avantage des autres, et ne mêler à cet objet aucun motif personnel.

XXVII.

On souffre patiemment d'être blâmé quelquefois quand on mérite ordinairement d'être loué.

XXVIII.

Si l'on me confie un secret, quelque peu important qu'il puisse être, je dois le garder scrupuleusement. Mais l'homme sage ne doit faire des confidences que dans le cas d'une nécessité évidente, et avec beaucoup de circonspection.

On ne se confie qu'à un ami : mais peut-on répondre qu'il ne cessera jamais de l'être ? Si je dis un secret à une personne, parce que je la crois mon amie, elle se croira également autorisée à le révéler à un tiers qu'elle regardera aussi comme son ami; celui-ci le dira à un quatrième, et voilà le secret de la comédie.

XXIX.

Le dépit que cause une inclination méprisée, ou à laquelle l'objet aimé ne répond point, ne demande qu'à être apaisé; et je voudrais, si je me trouvais malheureusement dans ce cas-là, qu'on me prouvât que mes soupçons sont injustes et sans aucun fondement. Je suis bien éloigné de chercher le crime, je ne désirerais de voir que l'innocence.

Au reste, le dépit n'a jamais guéri une passion; cette cure doit être l'ouvrage de la séparation et de l'absence : il n'y a point d'autre remède.

XXX.

Rien ne soulage plus sûrement les peines intérieures que la liberté de se plaindre, et de puiser de la consolation dans le sein d'un ami. Mais il y a des gens assez infortunés pour n'avoir pas même cette ressource[1].

XXXI.

La base la plus solide du repos et du bonheur, c'est de ne pas les faire dépendre de ce qui ne dépend pas de nous. Ce serait une folie que d'entreprendre de corriger les vices d'autrui, et de s'en affecter trop vivement : il faut se borner à n'en point avoir soi-même, et du reste à prendre le temps comme il vient, et les hommes pour ce qu'ils valent.

XXXII.

Nous n'avons point d'étude plus essentielle et plus salutaire que celle de nous-mêmes; c'est ce qui nous est personnellement propre, et non ce qui nous est étranger, que nous devons nous appliquer à connaître; il faut nous instruire de nos défauts pour les réformer, et des dons que la nature a mis en nous pour en régler l'usage, l'objet de la fin.

XXXIII.

Pour peu qu'on veuille de bonne foi s'examiner soi-même, on s'aperçoit aisément du peu que l'on vaut, et l'on n'est pas tenté d'être fier et orgueilleux. On ne s'estime pas au-delà de ce qui convient, et on purifie son esprit et son cœur du dangereux poison de la vanité et de la hauteur.

XXXIV.

Avez-vous jamais fait attention à la façon dont les orgueilleux se conduisent vis-à-vis d'autrui ? avez-vous remarqué avec quel dédain ils vous écoutent, avec quelle arrogance ils ne vous répondent que par un sourire moqueur, ou par quelque propos insultant ? On rougit, pour eux, de leur impudente grossièreté : eux seuls n'en rougissent pas, et s'ils n'excitent pas beaucoup d'indignation, ce qui arrive le plus ordinairement, ils font au moins pitié.

XXXV.

Il faut mettre une grande différence entre les défauts de l'esprit, de l'imagination et de l'humeur, et les vices du naturel et du cœur. Les premiers produisent des caprices, des légèretés, des entêtemens passagers; et les seconds, des mensonges, de la dissolution, de l'ingratitude, et une obstination insolente et indomptable. On pardonne aisément les uns, et l'on ne fait jamais de grâce aux autres.

XXXVI.

Qu'il y aurait à gagner, pour les personnes vaines, et qui se méconnaissent, si elles avaient le courage de s'ôter à elles-mêmes le voile qu'elles ont devant les yeux, et de se rappeler, de bonne foi, ce qu'elles sont et d'où elles sont parties pour arriver au point où elles se trouvent ! Elles se jugeraient alors suivant les lumières de l'équité, et les règles de la raison; et, par une conséquence nécessaire, elles seraient bien éloignées de penser que tout leur est dû, et qu'elles ne doivent rien à autrui.

XXXVII.

J'ai toujours désiré un ami qui fût un confident à qui je pusse ouvrir mon âme, un conseil dans mes délibérations, un consolateur dans mes peines, un autre moi-même par les liens de la tendresse et de la fidélité. J'ai cru, enfin, que j'avais trouvé ce trésor inestimable, mais je me suis trompé. La trahison que j'éprouve m'apprendra à ne plus me fatiguer à la poursuite d'une chimère.

XXXVIII.

On m'a fait les protestations d'attachement les plus fortes, on les a accompagnées des expressions les plus affectueuses, des promesses les plus flatteuses, des démonstrations les plus séduisantes ; mais tout cela n'était qu'un langage qui paraissait dire tout, et qui ne signifiait rien : le cœur avait l'air de s'épancher en sentimens tendres et sincères, et dans le fond il ne sentait rien. J'ai enfin percé au travers de toutes ces apparences ; j'ai réduit les paroles à leur véritable sens ; j'ai apprécié à leur juste valeur les témoignages les plus spécieux, et je n'ai vu que de l'indifférence, de la cupidité et de la perfidie.

XXXIX.

Il n'y a rien de plus incertain et de plus fragile que les amitiés humaines. Il faut des années pour les former, et il ne faut quelquefois qu'un moment pour les détruire ; et ce qu'un instant a détruit, un siècle ne le rétablirait pas. Les amitiés fondées sur l'honneur et sur la vertu ne sont pas susceptibles de cet inconvénient.

XL.

Un de mes amis avait le cœur flétri par les indignes traitemens qu'il éprouvait de la part d'une personne à laquelle il était attaché. Il était d'une tristesse affreuse : on lui en demandait la raison, et il n'avait garde de la dire. Il me confia qu'il allait se retirer absolument des compagnies, et vivre dans la plus grande retraite. Je lui répondis que ce n'était pas là le remède : voyez tout le monde, lui dis-je, excepté la personne dont il s'agit, et vous serez bientôt tranquille et heureux.

XLI.

Il est insoutenable de vivre sous un même toit avec des gens vis-à-vis desquels il faut toujours être dans la réserve, toujours dans la défiance, toujours en garde : autant vaudrait passer sa vie dans un bois au milieu des loups et des sangliers.

XLII.

On m'a cruellement offensé dans la substance du cœur, et l'on m'offense tous les jours; mais à Dieu ne plaise que je me livre à des désirs de vengeance ! Je sens que je ferais encore du bien à ceux qui m'ont fait et qui me font tant de mal; je serais même plus disposé à faire des avances qu'à exiger des satisfactions, si je croyais les rappeler à des sentimens de justice et d'amitié; mais j'ai tant de fois pardonné, j'ai si souvent prévenu sans succès, que je n'ai plus le courage de renouveler des démarches qui m'aviliraient en pure perte.

XLIII.

Quel caractère plus difficile à corriger que celui d'une personne dont l'imagination est capricieuse et bizarre, dont le cœur est hautain et impérieux, dont la volonté est dure et opiniâtre, dont les sentimens sont bas et intéressés ! Un pareil caractère ne fera jamais que le malheur de la personne qui en est douée, et le désespoir de ceux qui s'intéressent à elle.

XLIV.

Il n'y a de vraie félicité que dans la paix intérieure de l'âme, et on ne peut jouir de cette paix que par la vertu.

XLV.

Quand vous verrez quelqu'un d'audacieux et rampant, dites, sans crainte de vous méprendre, qu'il est vicieux; et, quand vous verrez quelqu'un modeste et ferme, dites, avec la même sécurité, qu'il est vertueux.

XLVI.

Les peines du temps présent seraient bien peu de chose, si elles ne nous rappelaient pas le souvenir des plaisirs du temps passé. Nous ne nous plaignons de ce qui eſt, que parce que nous regrettons ce qui n'eſt plus.

XLVII.

Il y a deux sortes de jalousies : l'une eſt délicate, et on ne l'a que parce qu'on ne s'eſtime pas assez soi-même; l'autre eſt grossière, et on ne l'a que parce qu'on n'eſtime pas assez l'objet qu'on aime : celle-ci eſt une injure, et l'autre une preuve d'attachement.

XLVIII.

Le moyen peut-être le plus sûr et le plus efficace pour calmer une grande douleur, eſt de s'y livrer sans résiſtance[1].

XLIX.

La meilleure de toutes les habitudes serait de n'en contracter aucune, et d'être absolument indépendant et dégagé de tout. Il n'y a qu'un homme éclairé, sage et courageux qui puisse acquérir cet empire sur lui-même.

L.

Plus on a de passions, moins on eſt libre. Elles font naître les besoins, et ceux-ci ne sont jamais sans le désir de les satisfaire.

LI.

Nous avons trois sortes de liens :

Les premiers sont tissus par la nature, et inévitables : telle eſt la soumission d'un fils à son père;

Les seconds dépendent du sort, soit qu'on l'ait mérité ou non; et il eſt permis de chercher à s'en délivrer : telle eſt la pauvreté, etc., etc.;

Les troisièmes proviennent de nos liaisons et de nos engagemens. Si l'honneur et les lois ont consacré ces engagemens, il faut se soumettre aux chaînes qu'ils imposent : tel est l'état du mariage, etc, etc.

Mais, si ce sont des engagemens inutiles ou nuisibles, auxquels trop de complaisance et de bonne foi ont donné lieu, on n'a rien de mieux à faire que de les sacrifier à la liberté, et de se soustraire absolument, et sans retour, aux caprices, à la bizarrerie, à la fausseté et à l'ingratitude d'autrui.

LII.

On ne parle jamais bien que lorsqu'on sent ce qu'on dit[1].

La nature a mis dans le sentiment une persuasion que les paroles n'opèrent point, et que l'art ne saurait imiter.

Il n'y a rien de vrai et d'expressif que ce qui part du cœur : on le voit et on l'entend, sans le secours même de la voix et des oreilles.

LIII.

De toutes les vertus, la plus admirable est le pardon des injures, quand on est le maître de se venger.

On n'a une âme généreuse qu'autant qu'on sait mépriser ce qui ordinairement produit l'indignation, ou du moins n'y faire qu'une attention légère.

LIV.

Qu'est-ce qu'un impertinent ? c'est un sot, si rempli de lui-même, qu'il compte les autres pour rien.

LV[2].

Combien de gens profanent le nom et l'usage de l'amitié ! Dans les uns, ce n'est que l'art du mensonge et de l'intérêt; dans les autres, un stratagème pour parvenir plus sûrement à leurs fins.

Il vaut infiniment mieux être seul et isolé, que d'ouvrir son âme à de pareils amis.

LVI.

Pour conserver un ami, il faut devenir soi-même capable de l'être.

Une personne qui rapporte tout à elle, qui n'aime que relativement à sa convenance particulière, doit renoncer aux douceurs et aux avantages de l'amitié.

LVII.

Il n'y a que des sentimens purs et honnêtes qui puissent former les nœuds de l'amitié; mais l'intérêt les désunit.

LVIII.

Avoir trop bonne opinion de soi, c'est une petitesse honteuse, qui tôt ou tard rend malheureux.

LIX.

Ce n'est pas en exerçant l'empire sur les autres, c'est en dominant sur soi-même qu'on peut uniquement se flatter de parvenir au bonheur.

LX.

La naissance et les dignités sont de vains titres que le hasard procure. C'est par les sentimens qu'il faut être noble et grand. Il n'y a que la vertu qui mérite l'admiration et le respect des hommes.

LXI.

Le mariage est le lien le plus général et le plus étendu de la société; mais il s'en faut bien que ce soit toujours celui qui unit le plus sincèrement un homme avec une femme.

LXII.

Les personnes les plus inconstantes se piquent quelquefois d'une opiniâtreté à toute épreuve; mais leur légèreté et leur entêtement prouvent également leur faiblesse.

LXIII.

Rien n'est ordinairement plus difficile que d'engager l'amour-propre à une démarche qu'il a d'abord refusé de faire.

LXIV.

Il y a des gens qui aiment mieux tout risquer et tout perdre par orgueil, que de reconnaître leurs torts, et de se rétracter avec prudence et simplicité[1].

LXV.

Un homme sage est également éloigné et de la faiblesse qui croit sans discernement, et du pyrrhonisme qui se fait un pitoyable mérite de ne rien croire[2].

LXVI.

C'est par les œuvres qu'on connaît le caractère. On a beau me dire qu'on a le cœur excellent, quand je ne vois ni la candeur qui le caractérise, ni la complaisance qui en est un attribut, ni aucun de ces mouvemens si expressifs du sentiment qui cherche à plaire, et qui craint d'offenser. On cherche inutilement à affecter ces tendres impressions de l'âme, quand on ne les éprouve pas; et il n'y a que des imbéciles qui puissent être long-temps la dupe de la dissimulation et de la fausseté.

LXVII[3].

Nous ne devons jamais trouver mauvais qu'on n'ait pas de goût pour nous. Il y a des sympathies et des antipathies naturelles que nous éprouvons tous. On voit une personne, et sans savoir quelles sont les qualités de son esprit et de son cœur, on se sent porté d'inclination pour elle, ou l'on sent une répugnance à se lier avec elle. Il serait fort difficile de se rendre raison à soi-même de cet attrait ou de cet éloignement.

Mais rien ne doit nous empêcher d'observer du moins, à l'égard de ceux que nous ne nous sentons pas disposés à aimer, ce que les devoirs communs de l'humanité et une éducation honnête exigent de tout le monde. Il faut s'en tenir là; et rien ne serait si criminel et si monstrueux que de témoigner à ces personnes des sentimens que nous n'avons pas dans le cœur, et de leur faire illusion par des apparences trompeuses.

LXVIII.

Si l'on faisait une sérieuse attention au caractère de la plupart des hommes et des femmes, on remarquerait aisément que les personnes qui s'admirent avec le plus de facilité sont celles qui sont le moins affectées des sentimens qu'on leur suppose.

LXIX.

Il n'y a personne qui n'ait des défauts, mais ils sont excusables quand ils sont du moins compensés par quelques vertus.

LXX.

Pourquoi manque-t-on souvent l'objet qu'on a en vue ? c'est parce qu'on ne compare pas les moyens à la fin qu'on se propose. On prend une mauvaise route, et un orgueil opiniâtre empêche de rentrer dans le bon chemin. On voudrait que tout pliât sous l'empire absolu d'une humeur fière et impérieuse. Les événemens produisent enfin l'humiliation et le repentir, mais il n'est plus temps.

LXXI.

L'esclavage le plus dur est certainement celui d'une passion dont on voudrait, et dont on ne peut se délivrer.

LXXII.

L'ami véritable donne son cœur sans réserve, sans condition, et uniquement parce qu'il aime. Il a la sincérité, la délicatesse, les transports, la fidélité du sentiment.

Le faux ami n'aime que relativement à son propre intérêt; et si la cupidité le lui conseille, il devient ingrat et parjure.

LXXIII.

Plus on a de sentimens, plus on s'aperçoit qu'on n'en trouve que très rarement ailleurs. La comparaison qu'on fait de soi aux autres est un amour-propre raisonnable et nécessaire, qui dédommage du peu de retour qu'on éprouve dans l'amitié; et c'eſt une espèce de consolation, lorsqu'on eſt affligé, de ne trouver que de l'indifférence de la part de ceux sur le cœur de qui on avait des droits bien fondés.

LXXIV.

Tout ce qui séduit dans l'extérieur, n'eſt souvent qu'une grimace dangereuse et funeſte. Les dehors spécieux de probité, d'amitié et d'attachement ressemblent à ces légères vapeurs qui paraissent sur les collines immédiatement avant le lever du soleil, et que les premiers rayons de la lumière dissipent entièrement. On ne trouve plus qu'un roc sec et ſtérile, que des vapeurs couvraient.

LXXV.

On a beau vouloir dissimuler ses vues et ses intentions secrètes, le masque tombe tôt ou tard. La cause se manifeſte par les effets; un caractère emprunté se dément enfin, parce qu'il n'a pas ces symptômes de vérité qui sont un don précieux de la nature.

LXXVI.

Je ne me fierai plus ni à l'air, ni aux paroles des hommes : j'y ai été trop indignement trompé. J'apprendrai, par une longue expérience, et par l'examen le plus réfléchi, à qui je puis sûrement donner toute mon amitié et toute ma confiance; et quand j'aurai découvert ce précieux trésor, je commencerai à être véritablement heureux.

LXXVII.

Les soins qu'on se donne pour plaire à quelqu'un qu'on n'aime pas sont toujours des efforts inutiles; mais quand on aime, on plaît sûrement sans peine et sans embarras.

[REMARQUES SUR LES *LETTRES SUR LES ANGLOIS ET LES FRANÇOIS* DE BEAT DE MURALT.]

LETTRES SUR LES ANGL. PARIS 1747.

I.

[... *mes remarques regarderont principalement les Habitants de Londres. Je croi en vous les faisant connoître vous faire connoitre les Anglois*[1]...]

T. I p. 3 et je ne pense pas avec M. de Muralt qu'en faisant connoitre les habitans de la capitale, on fasse connoitre ceux du païs.

2.

p. 146 *Les françois ne peuvent en rien supporter la liberté ; ce que le Prince leur en laisse, ils le sacrifient à la coutume.*

m. et ils conçoivent si peu ce que c'eſt qu'être libres, que si vous les mettez sur ce chapitre ils vous soutiendront qu'ils le sont.

3.

p. 146 *Il eſt vrai qu'ils ont une certaine liberté françoise...*

m. Une liberté dont ils se vantent encore eſt celle des mauvaises mœurs; ils en jouïssent il eſt vrai mais c'eſt parce qu'elle eſt le plus grand inſtrument de l'esclavage.

4.

p. 146 *L'hospitalité exercée envers l'étranger, qui fait un des grands éloges des anciens, à quelque chose de si doux et de si humain, que tout ce qui s'y raporte en quelque sorte, tout l'accueil qu'on fait à l'étranger, sert à donner du prix à la nation où l'on y a du penchant, et à la distinguer de celles ou l'étranger est négligé.*

m. à quoi l'on doit ajoûter que l'abondance des Etrangers qui ralentit presque toujours le zéle de l'hospitalité n'en a point rebuté les françois chez qui l'on voit plus d'étrangers que dans aucune autre nation du monde.

5.

p. 175 *Les françois sont, je pense, les meilleurs amis du monde, ou si c'est trop dire, ils sont du moins les amis les plus sensibles aux devoirs de l'amitié, et peut-être la nation où il y a le plus d'amis.*

Muralt les louoit de beaucoup de vertus que les effets du systême ont détruites.

6.

p. 204 [*Le but que la plupart se proposent dans la conversation c'est de se faire valoir...*]

m. Chacun s'efforce de faire passer ses défauts, ses vices en maximes de morale, et les étaye pour cela de tous les sophismes les plus subtils que son esprit lui peut fournir.

7.

Avec ce moyen facile de se faire valoir on néglige ceux qui nous font valoir réellement.

et pour l'ordin[aire] un h[omme] poli n'est rien qu'un h[omme] poli.

8.

M. de Muralt dit que les f[emmes] de france sont de toutes les f[emmes] du monde les plus connues. m. j'ai raporté ce mot à plusieurs d'entr'elles avec quelque crainte, mais je me suis bientot rassuré et toutes l'ont pris pour un éloge. Les f[emmes] de qualité regardent la modestie comme un égard pour autrui plustôt que pour elles mêmes, et à cause de cela elles n'en veulent point avoir. Aussi l'on voit d'abord à leur air qu'elles sont de toutes les f[emmes] du Royaume celles qu'il faut le moins estimer, c'est précisément ce qu'elles prétendent car l'honneur et l'estime publique ne sont à leurs yeux que le supplement de la noblesse et elles n'ont que faire de supplement.

9.

p. 301 *J'aimerois mieux aussi faire la rencontre d'un h[omme] de mérite françois qu'Anglois ; comme il y auroit plus de plaisir à trouver un trésor monnoyé qu'en lingots.*

m. en le monnoyant on l'a un peu allié, l'or y est un peu moins pur mais en revanche l'usage en est plus commode.

10.

p. 304 *Les Fr[ançois] font de l'esprit une chose essentielle (...) et que la nature ne l'a pas distribué à tous.*

m. Je vois qu'on divise assés généralement ici tous les h[ommes] en deux classes; les gens d'esprit et les sots. A l'égard de l'homme sensé, il est compté pour rien ou mis dans la derniere classe. Dans ce païs il vaudroit autant être mort que d'être sans esprit, et comme tout le monde en veut avoir, il ne faut pas s'étonner si l'on n'y trouve en effet que des gens d'esprit ou des sots.

11.

p. 304 *Il faut donc pour mettre l'esprit en son véritable usage, le ménager beaucoup et le rendre comme imperceptible : il faut que la vérité qu'il doit embellir l'emporte sur lui, au point de ne lui devoir que des embellissemens tirés d'elle même, comme une belle personne pare son visage par un arrangement agréable de cheveux qui l'accompagnent naturellement.*

Chacun à son tour lui sert de poupée à qui il se plait de mettre les beaux habits qu'il sait faire.

12.

Comédie et Tragédie[1] : *Ici les rapports vont à l'h*[*omme*] *mais le but du Dramatique étant uniquement de nous donner du plaisir (...) Le Théatre n'est point fait pour donner aux h*[*ommes*] *ce qu'ils n'ont pas, les grands sentimens qui font le sujet de la Tragédie ; il n'est propre, tout au plus, qu'à leur faire perdre ce qu'ils ont de trop, et qui se perd aisément, les folies qui les rendent ridicules.*

m. Le Théatre peut corriger les maniéres, jamais les mœurs.

13.

[*Disons hardiment, que le caractère d'esprit de l'auteur du* Dictionnaire critique, *est celui d'un Charlatan, et que c'est peut-être de tous les Charlatans qui aient jamais paru, le plus signalé (...) Il n'est rolle qu'il ne jouë, ni figure qu'il ne prenne, pour grossir la foule des Spectateurs, aussi bien que pour les contenter : et le fruit de tout cela, c'est de leur faire envisager toutes choses comme faites pour servir de matiere au Raisonnement et le Raisonnement comme fait pour se jouër de toutes choses.*]

Baile. m. Personne n'a si bien prouvé que le raisonnement est fait pour se jouër de toutes choses et ne nous a mieux appris à mepriser cet art mensonger; le seul tort qu'on peut lui reprocher là dessus, mais il est grave, c'est d'avoir employé quatre in folios à nous démontrer cela.

14.

T. 2 Lettres sur les Voyages[1]. *La vie que l'on mene dans les villes a quelque chose de trop agité (...) Je comprends que la campagne seule nous met dans notre situation naturelle (...) C'est où nous devenons tranquilles et où nous parvenons à nous connoître (...)*

m. Il ne règne dans les villes qu'un ordre extérieur et apparent, le désordre et les passions funestes règnent au fond de tous les cœurs; ce n'est que dans la paix de la solitude qu'on apprend à ordonner son ame et sa volonté selon les véritables loix de l'harmonie universelle.

15.

[*C'eſt mon sentiment désormais, que comme on ne doit faire la guerre que pour avoir la paix, et l'affermir davantage, de même on ne doit voiager que pour pouvoir ensuite demeurer chés soi tranquillement et joüir du repos sans s'en dégouter*].

un peu m. Je pense que comme on ne doit faire la guerre que pour avoir la paix, on ne doit vivre dans le monde que pour apprendre à aimer la solitude et joüir du repos sans s'en dégouter.

FRAGMENTS DIVERS.

1.

Vous n'avez point voulu être mes protecteur[s], mes mecénes, mais mes consolateurs et mes vrais amis; et moi je ne vous ai point addressé des louanges mais je vous ai tendrement aimés.

. . . .

M. le M. et Mad^e la Mareschale, recevez avec bonté cet hommage de mon cœur; et puissent mes écrits vainqueurs des tems transmettre à d'autres ages ce monument de mon respect et de mon attachement pour vous[1].

2.

Avant de prendre comme je fais maintenant ce congé du public après lequel je soupirois depuis plusieurs années, j'ai voulu lui présenter un recueil complet et correct des mêmes écrits qu'il accueillit separément, espérant qu'il voudra bien encore les accueillir réunis et purgés de ces multitudes de fautes et de contresens dont fourmillent toutes les éditions faites jusqu'ici par divers libraires, et qui n'ont pas laissé de s'épuiser avec facilité. C'est la prémiére Edition dont je me sois mêlé : ce sera la derniére, elle contient tout ce qui me restoit en manuscrit de présentable et comme je ne la fais qu'en posant la plume[2]...

3.

Je fais grace aux lecteurs, ou plustot à moi-même des vers tendres qui me sont échapés autresfois et dont je rougis aujourdui. Car outre que ce seroient de mauvaises leçons à donner aux jeunes gens qui liront peut-être ces écrits, il ne convient qu'à des cœurs corrompus d'oser en age de raison faire parade des égaremens de leur jeunesse.

4.

Je n'appelle point ce recueil mes œuvres parce que les œuvres d'un homme ne sont pas ce qu'il dit mais ce qu'il fait, et malheureusement je suis bien éloigné d'avoir à faire un livre des miennes.

5.

Pour la grande Edition

1. Semblable à ces fruits piqués d'un insecte qui sont dorés à la vue, parfumés à l'odorat; et qui flateroient moins les sens si le cœur en étoit plus sain.
2. Comme ces champs si richement émaillés où l'abondance des fleurs annonce une mauvaise recolte.

6.

Combien l'état d'h[omme] de Lettres jadis si honorable est avili aux yeux du Peuple depuis qu'il a vu de près ceux qui le remplissent. Le nom de Poete, nom jadis venerable et sacré est un[e] injure de nôtre tems et à peine un h[omme] qui veut conserver une sorte de dignité ose-t-il s'avouër auteur. D'où nait ce mépris et cette ignominie. O vérité, quand nôtre intérest ne sera rien devant toi que deviendra l'orgueil litteraire. Que peut penser le Peuple de toutes les academies en observant ce qui se passe dans celles qui sont à sa portée; il voit avec étonnement des troupes d'imbecilles devenir dans la province des sujets academiques et les honneurs litteraires prodigués à des imbecilles (*a*)
quand le vulgaire voit tirer de son sein tant de sujets academiques quand il apprend à combien de recherches frivoles s'exercent ces sociétés autorisées de l'aveu du Prince. Quand tant d'assemblées d'hommes de lettres lui offrent à peine quelques h[ommes] de sens[1]

7.

S'il faut des societés litteraires; question que je n'ai pas a resoudre et que je ne veux pas agiter. Il est sur au moins qu'elles ne sauroient être en trop petit nombre pour (*a*) l'honneur des Lettres et le progrés des sciences.

8.

Que servent tant d'academies ouvertes au petit nombre de ceux qui les honorent ? moins à distinguer ces grands h[ommes] qu'à leur donner des egaux. On les rabaisse en élevant à leurs côtés tant de foibles talents et le vrai mérite oublié ou confondu dans la foule s'indigne de voir prodiguer au vulgaire un prix qui n'est du qu'à lui.

9.

Le hazard rassemble-t-il trois hommes Lettrés dans une petitte ville, aussi tot on érige une Academie de vingt ou trente membres dont ces trois font toute la substance. Cependant les Lettrés meurent, l'academie subsiste et vuide egalement d'esprit et de savoir, les trente savans n'y manquent non plus que les dix généraux manquoient dans Athenes (*b*).

10.

ce langage effeminé, puerile, aprété, denué de chaleur et de force, ce tissu de phrases recherchées, ces tours extravagans et bisarres que l'on prenoit pour de l'esprit et ce vil ton de plaisanterie qui profanoit les sujets les plus graves et tournoit la raison même en ridicule[1].

11.

Quelle différence d'avec nos auteurs sans cesse obligés de louer tout haut ce qu'ils blament tout bas, de penser d'une maniére et de parler d'une autre.

12.

Style impétueux et entrecoupé; phrases courtes, jamais de Maximes.

13.

Car outre qu'il y a plus que du Physique dans la constitution de nos ames il y a bien de la différence entre ce qu'est l'esprit d'un h[omme] sortant des mains de la nat[ure] et ce qu'il peut devenir par l'habitude, l'éducation et les préjugés.

14.

Le moral a une grande reaction sur le physique et change quelquesfois jusqu'aux traits du visage. Il y avoit plus de sentiment et de beauté dans les visages des Anciens grecs qu'il n'y en a dans ceux d'aujourdui, il y a plus d'astuce et moins de grandeur sur les physionomies des Romains modernes que sur celles des Anciens.

15.

La vengeance, dit Platon[1], est également nuisible à l'offenseur et à l'offensé; à l'un parce qu'il est l'esclave de sa passion; à l'autre, parce qu'il en est la victime.

16.

Le plus noble des êtres créés est l'homme, l'homme est la gloire de la terre qu'il habite; si Dieu se complait dans quelqu'un de ses ouvrages, c'est certainement dans le genre humain. Car tout ce qui est de la nature en nous est admirable, ce n'est que par son propre ouvrage que l'homme est défiguré[2].

17.

Reflexions

Voulez-vous connoitre l'intérieur d'un homme caché. Demandez-lui conseil.

18.

Chacun dit un célèbre Auteur *hait la louange, lorsqu'il la croit fausse*. Il se trompe. Plusieurs aiment la louange, moins comme une vérité flateuse, que comme un signe du desir qu'on a de leur plaire, comme un acte de la dépendance où l'on se met d'eux. Peu leur importe qu'on mente pourvu qu'on les flate. La bassesse des louanges qu'on leur donne les dedomage de la vérité (*a*).

19.

Il y a cette différence entre la jalousie et l'emulation, que l'emulation tend à nous elever au niveau des autres et la jalousie à rabbaisser les autres à notre niveau.

20.

Chez nous c'est le corps qui marche, chez les orientaux c'est l'imagination. Nos promenades viennent du besoin d'agiter nos fibres trop roides, et d'aller chercher de nouveaux objets. Chez eux le mouvement du cerveau supplée à celui de la personne, ils restent immobiles et l'univers se promène devant eux.

21.

Les Etres immortels et sensibles ont une maniére d'exister dont nous n'avons nulle idée et dont par consequent nous ne saurions raisonner. Car quand à nous c'est au desir de nôtre conservation que nôtre sensibilité se rapporte. L'Etat naturel d'un être passible[1] et mortel tel que l'homme est de se complaire dans le sentiment de son existence, de sentir avec plaisir ce qui tend à le conserver et avec douleur ce qui tend à le détruire, c'est dans cet état naturel et simple qu'il faut chercher la source de nos passions[2].

On s'imagine que la premiére est le desir d'être heureux on se trompe. L'idée du bonheur est trés composée[3], le bonheur est un état permanent dont l'appetit depend de la mesure de nos connoissance[s], au lieu que nos passions naissent d'un sentiment actuel independant de nos lumiéres. Le developpement s'est fait à l'aide de la raison mais le principe existoit avant elle. Quel est donc ce principe; je l'ai deja dit; le desir d'exister. Tout ce qui semble étendre ou affermir nôtre existence nous flatte, tout ce qui semble la détruire ou la resserrer nous afflige. Telle est la source primitive de touttes nos passions.

Cette mesure de l'existence ou pour mieux dire de la vie n'est pas toujours la même, elle a pour nous une certaine latitude elle est susceptible d'accroissement ou de diminution. Elle est dans le sentiment qui l'apprecie; mais ce sentiment lui même est passif, il depend de beaucoup de choses, les sens, l'imagination, la mémoire, l'entendement, l'habitude même l'affecte et le modifie mais rien ne l'affecte que par son rapport avec notre existence ou par le jugement que cette affection nous en fait porter.

22.

verser des fleurs et des pleurs sur vôtre honorable cendre[1].

Elle avoit beaucoup d'esprit sans se presser d'en montrer. Il étoit trop solide pour les gens frivoles, trop fin pour les longs raisonneurs. Ce qu'elle disoit étoit trop juste pour les prémiers et trop délicat pour les autres.

mais sa douceur n'étoit pas une foiblesse, elle étoit une vertu. Elle savoit être ferme sans être opiniâtre, pleine de sens à la fois et de complaisance; sa volonté cédoit à tout le monde, son jugement ne cédoit qu'à la raison.

23.

Quittez cette malheureuse terre, passez ame pure dans le séjour de l'éternelle paix. Jeune et vertueuse femme vous n'étiez pas ici bas à vôtre place. Vous vous êtes pressée d'y remplir les devoirs de vôtre état afin de pouvoir quiter la vie après en avoir mérité le prix. Allez dans la fleur de l'age chercher la recompense des longues vertus; mais laissez à la (*a*) tendre amitié

Le caractère d'Isabelle étoit mieux que modeste il étoit simple, elle n'étaloit point son mérite et il étoit peu connu; d'autres ont pu la voir moins aimable précisement par ce qui la devoit faire plus aimer. Elle avoit des talens, on le savoit; mais elle en faisoit si peu de cas elle-même qu'on étoit tenté de la prendre au mot. Ceux qui penetrant au delà voyent en elle des qualités plus précieuses savoient bien lui rendre le tribut d'estime qui lui étoit du.

24.

Hélas ! peu l'ont vue et nul ne la reverra.

25.

La pluspart des hommes, mon cher Paulin murmurent contre la nature qui leur a donné des jours si bornés, et contre le tems qui court avec une telle rapidité qu'à l'exception d'un trés petit nombre tous les autres passent leur vie à se préparer à vivre. Et ces plaintes ne sont pas seulement comme on le pense celles du peuple des esprits vulgaires, on a vu même de grands h[ommes] oser les répéter. L'art eſt long, disent les medecins, et la vie eſt courte; et Ariſtote[1] fait à la nature un reproche peu convenable à un sage lorsqu'il l'accuse d'avoir prodigué des siécles de vie à de vils animaux tandis que l'homme deſtiné à de grandes choses voit sa course bornée à un si petit nombre d'années. Il ne devoit pas dire que nous avons peu de tems mais que nous en perdons beaucoup car nous trouverions notre vie assés longue pour faire de grandes choses si nous la savions bien employer. Mais en la passant dans le luxe et l'oisiveté sans en faire aucun usage utile, il n'eſt guére étonnant qu'avant d'appercevoir sa durée nous nous sentions à sa fin. Nôtre vie eſt trop courte, il eſt vrai, non par la faute de la nature mais par la nôtre, et c'eſt un bien dont nous sommes plus prodigues que pauvres. Une sage economie sait conserver et faire valoir un fond modique (*a*) tandis que des richesses immenses perissent entre les mains d'un dissipateur, il en eſt de même de l'emploi du tems et celui qui nous eſt accordé suffit à beaucoup de choses pour quiconque en sait bien user.

Pourquoi donc nous plaindre de la nature ? Sachons profiter de la vie et nous la trouverons assés longue.[2]

et nous ne vivons pas le quart de nôtre vie (*b*).

26.

Que m'as tu dit, jeune homme ? Que je suis allarmé pour toi, que je te plains ! tu crains d'aimer; tu aimes donc et cette crainte ne vient jamais qu'aprés le mal. Mais quand on aime
craint-on d'aimer (*c*)

non. La première atteinte de l'amour seduit plus qu'elle n'effraye, sans examiner ce qu'on sent on s'y livre. Plus ses transports sont doux moins on cherche à les connoitre de peur d'être obligé de les vaincre après les avoir connus. Ainsi tu ne peux te rendre compte à toi même de l'état de ton cœur : il ne craint, ni n'espère, il est inquiet. Ta naïve innocence voudroit s'éclairer sur tes vrais sentimens; tu viens consulter un ami de la vérité à qui les passions ne sont pas inconnues, tu ne crains pas de troubler son repos pour assurer le tien. Jeune Insensé que me demandes-tu ? faut-il m'égarer pour te conduire, et réchauffer mon sang à demi-glacé par des images dangereuses qu'on ne contemple jamais impunement. Helas; je le sens trop, en recherchant leurs traits effacés par l'age j'en renouvelle en moi l'impression charmante et pour exaucer tes vœux indiscrets je céde peut être (*a*) à mon penchant plus qu'à ton importunité[1].

Profite au moins des dangers auxquels tu m'exposes (*b*) et deviens sage par mon expérience.

Je fus heureux

O mon enfant, j'aimois, et mon bonheur commençoit où finissoient mes plaisirs.

27.

moins mécontente de ce que je te l'avois rendu que de ce que je ne te le redemandois point

28.

du Sage essais de Mor : XII p. 8[2].

La vie chrétienne étant opposée au torrent de la nature, qui ne fait point effort contre ce torrrent en est nécessairement entraîné, il suffit de manquer de force pour manquer bientot de vertu et devenir par foiblesse aussi malheureux que la pluspart des h[ommes].

29.

Ces premiers Philosophes étoient vertueux j'en conviens et même beaucoup plus que les nôtres qui sont cependant bien plus savans qu'aucun d'eux ne le fut jamais[3].

30.

ainsi celui qui pardonne pouvant punir reunit les plaisirs de la vengeance et de la clemence; mais celui qui punit ne les reunit pas.

31.

à cela près le passé ne nous intéresse plus que par les inductions que nous en tirons pour l'avenir.

32[1].

L'homme est porté par la nature à suivre ses appetits, c'est là son prémier principe actif qui lui est commun avec tous les animaux. Le sentiment qu'on eprouve à contenter un appetit s'appelle plaisir, et le sentiment contraire s'appelle peine ou douleur.

La continuité de nôtre être nous fait distinguer nos appetits en présens, passés et avenirs. Les prémiers sont les seuls dont nous ayons le sentiment actuel, les seconds n'agissent sur nous que par la mémoire, les troisiémes que par la prévoyance.

J'appelle plaisirs concordans ceux qui s'associent et qu'un même individu peut gouter. J'appelle plaisirs discordans ceux qui sont incompatibles et s'excluent mutuellement. Je fais la même distinction dans les peines.

La concordance ou discordance des plaisirs et des peines est simultanée ou successive. La prémiére est celle des appetits qu'on peut ou ne peut pas contenter. La seconde est de ceux qui s'associent ou s'excluent en différents tems.

Il est douteux que l'animal soit susceptible de plusieurs plaisirs vraiment simultanés. Qu'on puisse par exemple préter à la fois le sens de la vue à des objets ravissans et celui du gout à des mets délicieux sans qu'une de ces sensations (*a*) nous distraise de l'autre; mais qu'on puisse vraiment reunir en même tems deux sentimens opposés comme un vrai plaisir et une veritable douleur, cela est encore plus douteux.

Je dis que ces questions sont douteuses, car nous ne saurions les resoudre par l'experience, vu la multitude et l'inconcevable rapidité des instans dans lesquels notre attention se divise entre deux ou plusieurs sensations qui nous frapent à la fois pour se preter successivement à leurs impressions diverses et qui nous empêche de distinguer si leur effet est successif ou simultané.

Quant aux plaisirs successifs il semble que tous ceux dont est capable la nature humaine en général peuvent être goutés par chaque homme en particulier. Mais cela n'est pas vrai sans distinction; car les appetits communs à l'espéce ne laissent pas de varier beaucoup entre les individus. Tous n'ont ni les mêmes gouts en toute chose ni les mêmes dégrés de sensibilité. De sorte que l'un a du degout pour ce [qui] (*a*) plait à l'autre et que tel plaisir qui flate l'un par sa délicatesse est par la même insipide à celui dont les sens sont plus grossiers.

Il y a des appetits, des gouts d'age, de séxe, de temperament, de situation, d'habitude, sur lesquels on ne doit point disputer parce qu'ils tiennent à certaines modifications de nôtre être qui ne dépendent point de nous et qui ne sont pas les mêmes dans tous les individus ni dans chaque individu dans tous les tems (*b*).

Il y a des plaisirs sensuels plus ou moins durables. Il y en a qui s'usent par l'habitude; d'autres qui lui resistent, d'autres dont elle émousse la pointe mais qu'elle transforme en vrais besoins en sorte que sans être flatté par leur jouissance on est tourmenté par leur privation.

33.

Lisez, Monsieur les Dialogues de Platon et vous trouverez que vous faisiez le role du sophiste orgueilleux et vôtre adversaire celui de Socrate. Il vous écrasoit modestement d'argumens terribles auxquels vous répondiez avec beaucoup de hauteur des injures pour des raisons.

34.

Je crois sans être un grand Prophete pouvoir vous prédire aisement le sort que vous vous préparez. Vous perirez comme un étourdi par le fer du meilleur de vos amis, ou l'on vous verra quelque jour vil et tardif penitent lutter entre les bras d'un moine (*c*) contre la peur de la mort et du Diable.

35[1].

Pour peu que j'eusse d'espoir de me mettre plus à mon aise, je me retrancherois volontiers le necessaire pour le procurer un jour plus abondamment à ma famille : mais à peine puis-je gagner dequoi l'entretenir. Le peu que j'épargnerois dans la semaine ne feroit pas dans ving[t] ans un fond suffisant pour me produire un revenu sensible : j'en ai besoin pour me rejouir ou me consoler (*a*), pour ranimer mon courage et mes forces et supporter sans me plaindre un travail continuel qui n'aura point d'autre terme que la fin de ma vie. Je viens le Dimanche à la guinguette avec ma femme car de m'élever au dessus de mon état et me méler de corrompre d'honnétes filles ou d'aller dans de mauvais lieux je n'en ai pas le moyen. Mon ami, lui dit sa femme d'un air qui me penetra je sais bien que tu n'en as pas non plus l'envie. Non dit-il, car ma famille en patiroit et buvons.

36.

La Solitude

Etres inanimés que j'ai préferés à la societé des hommes[2].

37.

Si sous le chêne où reposera ma cendre

38.

Dans le sein de la superstition où la raison n'a nulle force il faut necessairement que la philosophie prenne un air mystérieux pour en imposer. Sans quoi toutes les vérités qui ne sont que démontrées ne trouveroient point de sectateurs.

39.

Sans doute il faloit dire de bonnes choses mais pour les dire utilement il faloit commencer par (*b*) se faire écouter.

40.

Les deux séxes en vaudront mieux, s'en estimeront davantage et soyez sur que le véritable amour n'y perdra rien.

41.

Il n'y a guéres que ces fous qui puissent se donner pour des professeurs de sagesse aussi les tems de la foule des Philosophes sont ils toujours ceux où l'on voit le moins de sages.

42.

O Grecs rassurés vous. La flotte (*a*) qui vient à pleine[s] voiles est (*b*) des nôtres. Je reconnois le Pavillon de l'invincible Achille. Lesbos est prise. Il raméne à nous la victoire à sa suitte (*c*). Les Dieux vont livrer Hector et la Phrigie aux coups de ce Heros.

43.

J'errois dans d'épaisses ténébres, l'éclat soudain du jour m'éblouit et m'ôte le jour encore. Mon cœur languissoit sans espoir (*d*). J'apprens mon bonheur et n'ose le croire.

44.

Préférence trés convenable à l'ordre car la nature expirante a plus besoin de secours que la nature agitée.

45.

Encore souvent cet attendrissement n'est-il point l'ouvrage de la reflexion, mais seulement de la memoire, qui nous rappellant l'idée de nos maux passés sert à nous identifier plus fortement avec celui qui en souffre actuellement de semblables[1].

46.

Les larmes qu'on répand à la représentation d'une tragédie intéressante, ainsi que le sentiment intérieur qui nous fait plaindre les malheureux, ont pour nous une extrême douceur, etc., etc... L'abbé du Bos dit cela fort au long[1], mais il me semble que la raison eſt peu satisfaite de la manière dont il prétend l'expliquer : il dit que le plaisir vient de l'émotion. Mais pourquoi certaines émotions donnent-elles du plaisir, tandis que d'autres n'en donnent point, comme de voir souffrir un malade ou maltraiter un homme injuſtement ?

Pourquoi l'émotion causée par la pitié donne-t-elle du plaisir en certains cas et dans d'autres n'en donne point ?

L'ame s'identifie difficilement à des hommes méprisables auxquels on seroit fâché de ressembler et quelques maux qu'ils souffrent la pitié qu'ils inspirent n'eſt jamais fort vive, mais on aime à se mettre à la place d'un heros malheureux qui triomphe par son courage d'un barbare persecuteur et deploye à nos regards une vertu qu'on s'approprie d'autant plus volontiers que la pratique n'en coûte rien. Si la Tragedie d'Atrée donne moins de pitié que d'horreur, c'eſt que Thyeſte eſt un homme foible, qu'on sait même avoir été coupable et auquel les speċtateurs peu touchez ne prennent qu'un intéreſt médiocre. Mais on n'envisage point sans de vives allarmes les dangers du vertueux - - - - - - par[ce] que l'orgueil nous porte à nous identifier volontiers avec cette grande ame à laquelle nous nous efforçons d'élever la nôtre[2].

NOTES ET VARIANTES

NOTES ET VARIANTES

ABRÉVIATIONS

Br. = *Brouillons.*
Ms. Rey = *Manuscrit adressé à Rey* (Fondation Heineman).
C.L. = *Copie destinée à la maréchale de Luxembourg.*
C.P. = *Copie personnelle.*
D.C. = *Édition Duchesne, 1764,* corrigée par Rousseau en vue d'une nouvelle impression (exemplaire ayant appartenu à F. Coindet).
C.G. = *Correspondance générale,* publiée par Th. Dufour et P.-P. Plan, 1924-1934.
C.C. = *Correspondance complète,* en cours de publication par R. A. Leigh, 1965-1982.

(Pour le détail, cf. *supra,* la « Note sur l'établissement du texte » pp. LXXIV-LXXVII.)

LA NOUVELLE HÉLOÏSE

P. 3.

(*a*). Rousseau annonça au libraire-imprimeur Marc-Michel Rey qu'il se proposait de lui confier l'impression d'un nouvel ouvrage. A quoi Rey répondit le 19 février 1759 : « Je viens vous prier de m'envoyer les deux premières parties de votre manuscrit par le courrier à mon adresse et je vous ferai payer en mars prochain 30 louis neufs, prix convenu, je compte prendre les 2 suivantes en juin ou juillet prochain et les 2 dernières à la fin de l'année ou plutôt si je puis » (*C.C.*, t. VI, p. 36), soit 90 louis neufs ou 2 160 livres.

Ayant examiné l'état du manuscrit et ne le trouvant pas assez net pour être envoyé sous cet aspect, Rousseau prit le parti de le recopier en entier et de l'adresser partie par partie à mesure qu'il l'aurait transcrit de sa belle écriture. En outre Rousseau posa ses conditions : « L'ouvrage sera imprimé en beau papier, avec le plus grand soin, caractère et format dont nous conviendrons; vous m'enverrez les épreuves aux adresses que je vous donnerai... On suivra exactement mon manuscrit, l'orthographe, la ponctuation, même les fautes, sans se mêler d'y rien corriger » (*C.C.*, t. VI, p. 44). Rousseau avertit Rey qu'il avait rédigé un écrit sur les romans, qu'il comptait intituler *préface de Julie*, mais qu'il n'entendait point imprimer en même temps que cet ouvrage.

Rousseau se mit à recopier le manuscrit qu'il destinait à l'imprimeur et lui envoya les six parties en six lots qu'il reçut régulièrement. Rousseau soumit à Rey les propositions pour le choix des caractères (romain), pour les notes (petit romain), pour les vignettes que l'écrivain trouva médiocres (*C.C.*, t. VII, p. 70-71), mais Rey n'en possédait pas d'autres.

Au milieu de janvier 1760, Rousseau envoya à Rey des changements pour la première partie et modifia le titre de *moderne Héloïse* en celui de *nouvelle Héloïse* (*C.C.*, t. VII, p. 12). Ce titre est celui que portera désormais l'un des chefs-d'œuvre de Rousseau. Le manuscrit Rey appartient aujourd'hui à la Fondation Heineman à New York, mais le titre manque. C'est une page que possède S. M. la reine des Pays-Bas à La Haye, qui est jointe à la correspondance échangée par Rousseau à Rey !

L'impression commença à la fin du mois de mars 1760. Rousseau accusa réception de la première épreuve et répondit :

« Voici, Monsieur, votre première épreuve corrigée : je vous prie de vouloir faire la plus grande attention aux corrections » (*C.C.*, t. VII, p. 68 et 69). Rey s'efforça d'envoyer chaque semaine trois épreuves en deux courriers. Mais des difficultés retardèrent le rythme, nettoyage du printemps, fêtes de Pâques, perte d'un courrier, ce qui retarda de trois semaines l'envoi des épreuves.

Le 24 avril 1760, Rey proposa de mettre sur le titre la devise de R. : *Vitam Impendere Vero,* ce qui dénonçait immédiatement l'auteur, puisqu'il ne s'avouait que l'éditeur des lettres. Rousseau répondit aussitôt qu'il n'était pas d'accord et qu'il estimait de mauvais goût que le titre d'un livre de cette espèce soit bigarré de latin, de français et d'italien. « Au reste je trouve la plaisanterie si bonne que j'aurai soin de vous en faire honneur dans le public en tems et lieu » (*C.C.*, t. VII, p. 75).

A la fin de juin 1760, Rousseau reçut le modèle du titre qu'il trouva trop confus et proposa de le modifier : « 1° Il y a *trop de lettres capitales ; ces mots habitans* d'une petite Ville au pied des Alpes seront mieux en caractère Romain et ceux-ci, *recueillies et publiées,* en caractère italique. 2° Vous avez laissé une place immense pour la vignette; il ne faut pas de vignette, l'épigraphe même entre deux petits fleurons doit en tenir lieu. 3° Je suis d'avis que le titre se partage et qu'il y en ait deux au lieu d'un. Le premier n'aura que ces mots : Julie ou la nouvelle Héloïse. Première partie. Le second titre comprendra le reste. En un mot, il faut absolument trouver quelque expédient pour que le titre simple ou double contienne tout ce que j'y ai mis, et pourtant qu'il ne soit pas confus » (*C.C.*, t. VII, p. 155).

Rousseau dut corriger en même temps les épreuves de deux et même de trois tomes, apporter les modifications nécessaires, donner le bon à tirer des bonnes feuilles. « Vos bonnes feuilles sont pleines de fautes énormes dont plusieurs font des contresens qui me désolent, et ce qu'il y a de plus étonnant, c'est que je suis sûr que plusieurs de ces fautes n'étaient point dans les épreuves », écrit-il le 14 septembre 1760, *C.C.*, t. VII, p. 236).

Vers la mi-novembre, l'impression des six tomes de la *Nouvelle Héloïse* était terminée. Il fallut achever le tirage, l'assemblage des feuilles et le brochage, ce qui prit encore quelques jours, de sorte que ce ne fut que le 22 novembre 1760 que Rey expédia, par le coche d'eau de Bruxelles, six grosses balles pesant 6 265 livres, qui ne parvinrent à Paris que vers le 10 janvier 1761 ! Il est assez remarquable que l'une des œuvres majeures de Rousseau ait été imprimée en sept mois et demi, alors qu'elle compte six volumes, formant un ensemble de 1 935 pages, si l'on s'en tient à l'édition originale.

A la fin d'octobre 1760, Marc-Michel Rey s'entendit avec le libraire Étienne Robin, qui débitait des livres au Palais royal, sous la protection du duc d'Orléans, pour écouler la moitié de l'édition, soit 2 000 exemplaires, à Paris et en province. L'autre moitié était destinée à être vendue en Hollande, à Londres, à Genève et en Allemagne. De son côté M. de Malesherbes, directeur de la librairie de France, avertit Rousseau qu'il ne donnait jamais aux libraires étrangers une permission d'imprimer par écrit, à moins qu'il n'y ait eu un examen régulier. Il faut lire la discussion que Jean-Jacques eut avec lui à ce sujet : « Les grands États en imposent aux petits et s'en font respecter », écrit-il; « cependant ils ont besoin d'eux, et plus besoin peut-être que les petits n'ont des grands... De-là naît le vrai droit des gens, établi, non dans les livres, mais entre les hommes. Les uns ont pour eux les honneurs, le rang, la puissance; les autres le profit « ignoble » (c'est-à-dire « vil ») et la petite utilité... » (*C.C.*, t. VII, pp. 297-301).

Entre-temps, Rousseau fit lire l'ouvrage à son ami Charles-Pinot Duclos, qui estima qu'il était remarquable et qu'il devrait être suivi de l'histoire d'Edouard. « Mon plaisir va croissant, je vous répons que je ne trouve pas l'ouvrage *feuillu*, je voudrois qu'il eut 20 volumes... » A quoi Rousseau lui répondit : « Je persiste malgré votre sentiment à croire cette lecture très dangereuse aux filles. Je pense même que Samuel Richardson (auteur de *Pamela et de Clarissa Harlowe*) s'est lourdement trompé en voulant les instruire par des romans ». (*C.C*, t. VII, p. 317 et 319).

1. Sur l'histoire d'Héloïse et d'Abélard et sa signification spirituelle, cf. la belle et juste mise au point de Paul Zumthor, « Héloïse et Abélard », dans la *Revue des Sciences humaines*, juillet-sept. 1958, pp. 313-331. Sur la diffusion du « mythe » dans la littérature, cf. Charlotte Charrier, *Héloïse dans l'histoire et dans la légende*, Paris, 1933. C'est dans le *Roman de la Rose*, à l'intérieur d'une dissertation d'Ami à l'Amant, que, pour la première fois, cette histoire vraie fut exploitée littérairement (éd. Langlois, v. 8759-8832), et utilisée dès le départ à l'apologie de la passion et à la critique du mariage, obstacle à une vie spirituelle authentique. Vint ensuite l'allusion fameuse entre toutes de Villon à la « très sage Héloïs », la plus illustre des « dames du temps jadis ».

Les deux amants, à peu près oubliés pendant la Renaissance, excitèrent brusquement à la fin du XVIIe siècle un nouvel intérêt à l'origine duquel se trouvent d'une part un important article du *Dictionnaire* de Bayle (1re éd. 1697) et surtout la traduction par Bussy-Rabutin des *Lettres* d'Héloïse et d'Abélard, parue elle aussi en 1697. Libre, infidèle, fortement influencée par les récentes et fameuses *Lettres de la Religieuse portugaise,* cette traduction eut un succès considérable. Il paraît impossible que Rousseau ne l'ait pas lue. Il est même fort probable que cette correspondance authentique a inspiré son choix du genre épistolaire.

Faut-il aller plus loin et placer cette aventure illustre parmi les « sources » de son roman ? Nous ne le pensons pas. Sans doute existe-t-il entre la destinée des deux couples d'amants quelques ressemblances : Héloïse et Julie sont l'une et l'autre séduites par leur précepteur; elles l'aiment et se donnent librement à lui. Leur amant n'est pas seulement un homme, il est un « maître », un théologien ou un philosophe; la famille de la jeune fille s'oppose au mariage; les deux histoires sont une exaltation de l'amour, source de toutes les vertus; elles utilisent un langage précieux, une rhétorique galante. Tout ce qui dans *La Nouvelle Héloïse* rappelle les romans médiévaux s'explique peut-être par cette histoire « vraie ». Il n'est pas indifférent de noter que Pétrarque auquel Rousseau n'a cessé de penser tout au long du roman et dont deux vers ornent la page même du titre, avait fait dans sa bibliothèque une place de choix à l'œuvre d'Abélard et l'avait lue avec volupté (cf. P. DE NOLHAC, *Pétrarque et l'Humanisme,* Paris, 1907, t. II, p. 222).

Cependant, au premier examen, apparaissent des différences évidentes : Julie a conçu un enfant de Saint-Preux, mais ne le conduit pas à terme; elle ne devient pas abbesse; elle n'épouse pas son amant; elle se marie, mais avec un autre; elle en a des enfants; et Saint-Preux échappe à la sanglante mutilation dont fut victime Abélard.

Plus profondément, les attitudes morales des amants modernes se distinguent de celles de leurs modèles médiévaux. Dans une lettre de la première partie, Rousseau a marqué les limites du rapprochement : « J'ai toujours plaint Héloïse », faisait-il dire à Saint-Preux, « (...) mais Abélard ne m'a jamais paru qu'un misérable digne de son sort, et connoissant aussi peu l'amour que la vertu » (I, 24, p. 85) Ainsi s'explique que l'idée d'indiquer, dans son titre, un parallèle entre des destinées si différentes lui soit venue tardivement (cf. sur ce point var. (*a*), p. 3).

S'il a finalement inscrit à la suite de *Julie,* et avant *Lettres de deux amans,* ce sous-titre promis à un glorieux destin, c'est sans doute à cause de la diffusion croissante du « mythe » dans la littérature au cours de la première moitié du siècle. Non seulement le texte de Bussy-Rabutin avait été constamment réédité, mais aussitôt avaient proliféré les imitations en prose et en vers. La plus illustre fut l' « héroïne » de Pope, *Eloisa to Abelard* (1717). Elle eut « un succès inouï; elle fut traduite ou imitée plus de vingt-cinq fois, en prose et en vers et en plusieurs langues », dit Ch. CHARRIER, *Héloïse dans l'histoire et dans la légende*, p. 445 (cf. E. AUDRA, *L'influence française dans l'œuvre de Pope*, 1931, pp. 400 sq.). Cependant, ce n'est qu'en 1758, par la traduction en vers de Colardeau que ce poème (et la tragique histoire d'amour qu'il chantait) atteignit vraiment le grand public français. « Jamais histoire amoureuse », écrivait cette année-là Fréron, « n'a fait tant de bruit que celle d'Abailard et d'Héloïse. Il n'y en a jamais eu non plus qui ait coûté tant de larmes aux cœurs sensibles et tant de vers aux poètes. » Ch. Charrier dit à ce propos : « La traduction de Colardeau excita un délire d'enthousiasme (...). En cette année 1758, c'est une éclosion exubérante, une effervescence d'œuvres sur ce sujet favori et déjà si ressassé » (pp. 466 et 468). Dès lors, ce fut l'engouement. Nul doute que Rousseau n'ait participé à cette ferveur collective. Peut-être a-t-il senti le surcroît de faveur qu'elle apporterait à son œuvre. Ce philosophe, nous l'avons dit, était aussi un homme de lettres...

Le meilleur commentaire de ce titre long et explicite, dont les moindres mots ont été soigneusement pesés, où ce qui est tu n'a pas moins d'importance que ce qui est dit, a été fait par Rousseau lui-même dans sa *Préface dialoguée*. Il y a mis l'accent sur l'un des thèmes essentiels du livre, l'apologie de la vie de campagne ou de province par opposition à celle des capitales, thème exprimé ici par les mots : « *habitans d'une petite ville au pied des Alpes* »; il y a renforcé le doute sur l'auteur réel du roman, en épiloguant sur les mots « recueillies et publiées par... »; enfin, il s'y est expliqué sur la présence de son nom, comme aussi sur l'absence de la devise : « *vitam impendere vero* » et du titre orgueilleux de « citoyen de Genève ».

En revanche, il n'a rien dit de l'épigraphe tirée de Pétrarque qu'il traduit ainsi dans l'exemplaire Duchesne-Coindet : *le monde la posséda sans la connaître, et moi je l'ai connue, je reste ici-bas à la pleurer* (Sonnet « Lasciato ài, Morte, senza sole il mondo », CCCXXXVIII de l'éd. des *Rime, Trionfi e Poesie latine,* Riccardo Ricciardi, Milano-Napoli, s. d.). Cette citation est pourtant significative, tant par son contenu qui évoque les derniers mots du prologue de l'Évangile de saint Jean (I, 10) que par l'affirmation explicite, dès la première page, du parrainage réclamé par l'auteur moderne au plus illustre des chantres du pur amour.

Sur les rapports de Rousseau avec la poésie italienne et l'utilisation des poètes italiens dans *La Nouvelle Héloïse,* cf. Carlo CULCASI, *Gli influssi italiani nell'opera di J.-J. Rousseau,* Roma, 1907; Luigi FOSCOLO BENEDETTO, *Rousseau Tassofilo,* dans *Scriti varii di erudizione e di critica in onore di Rodolfo Renier,* Torino, 1912; Daniel MORNET (*N.H.*, t. I, *Introduction,* pp. 110-111), et plus récemment, dans le tome XXXII des *Annales J.-J. R.*, Paola AMBRI BERSELLI, *Influences italiennes sur « La Nouvelle Héloïse »*.

Quelques faits essentiels doivent être relevés :

1° Les poètes italiens sont seuls cités.

2° Parmi eux, quatre privilégiés : Pétrarque (9 citations, dont celle du titre), Métastase (10), Le Tasse (4), Marini (2 au moins).

3° Les *situations* dans lesquelles se trouvent les poètes italiens ou leur héros et celles que vivent les héros du roman de Rousseau sont, sauf exception, assez nettement différentes.

4° En revanche une profonde ressemblance existe dans les sentiments, les idées, certaines formes raffinées d'expression et d'une manière plus générale le « climat spirituel » où baignent les vers des poètes italiens et la prose du romancier français.

5° Enfin, les citations sont inégalement réparties, mais partout présentes; elles imprègnent l'œuvre entière. Plusieurs ont surgi sous la plume du romancier dès le premier jet, mais un grand nombre ont été ajoutées tardivement, et parfois au dernier moment, en marge de la Copie personnelle. Elles correspondent à la fois à un élan spontané de la sensibilité, et à une réflexion très consciente de l'artiste sur son œuvre. L'exclusion systématique d'autres poètes que les Italiens ne peut, en effet, s'expliquer par l'ignorance. La *Lettre à d'Alembert,* et cent autres passages sont là pour nous en convaincre. Entre tous celui du livre VII des *Confessions* où, évoquant l'idée qu'il avait eue en 1742, après ses premiers échecs à Paris, « d'exercer [son] heureuse mémoire à retenir tous les Poëtes par cœur », Jean-Jacques précise qu'il allait « tous les matins vers les dix heures » se promener au Luxembourg, « un Virgile ou un Rousseau dans [sa] poche et là jusqu'à l'heure du diner », se remémorait « tantôt une Ode sacrée, tantôt une Bucolique... » (*O.C.*, Pléiade, t. I, p. 288). On notera ces deux expressions qui, réunies, donneraient en somme une assez bonne définition du roman.

Si Rousseau n'a cité que les Italiens, c'est donc qu'il l'a fait exprès. Pourquoi ? On pourrait invoquer la « vraisemblance » : Julie et Saint-Preux vivent dans un pays tout proche de l'Italie. A Genève, à cette date, comme dans la province française, la poésie italienne n'a pas cessé encore d'exercer ses prestiges sur l'élite cultivée et continue d'être étudiée par les jeunes filles de la noblesse (cf. sur ce point la fin de la lettre 12 de la Ire partie). Mais cette explication reste à la surface. Le privilège exorbitant accordé par Rousseau à quelques poètes italiens se rattache à un aspect essentiel de sa personnalité pour lequel le mot « italianisme » est insuffisant, qu'il faut appeler italophilie ou italolâtrie, et qui, chez lui comme chez Stendhal, se traduit par des attitudes du cœur et de l'âme plutôt que par des goûts esthétiques. L'Italie est le pays des sentiments vrais, de la passion pure et de la beauté. Il l'oppose en cela à la France, royaume de la vanité. L'amour de l'Italie est lié chez lui aux souvenirs les plus chers, les plus heureux, ceux de l'adolescence et de la jeunesse, des premiers voyages à pied, et surtout des premiers émois amoureux. Est-il abusif de considérer ce texte initial de Pétrarque comme un dernier message de Jean-Jacques à Mme de Warens, cette femme merveilleuse que lui seul a vraiment connue et dont il vit désormais séparé, ne cessant de la pleurer comme le paradis perdu ? Enfin, cette préférence est étroitement associée à la passion pour la musique italienne, découverte avec ferveur en 1743 à Venise, défendue depuis avec une sorte de fureur, dont le roman porte bien d'autres traces (cf. *infra,* p. 131, n. 2). Poésie et musique sont liées. Comme D. Mornet l'a bien montré (*N.H.*, t. I, pp. 110-111), ces vers italiens, sauf de très rares exceptions, ne peuvent pas être retenus comme des « sources » de telle scène, ou de tel discours, ils sont essentiellement un exercice d'incantation. Peut-être pourrait-on, de ce point de vue, considérer comme une confidence sur son activité créatrice (tout à fait semblable, quoique opposée, à celle de Stendhal sur sa lecture du *Code Civil* pendant la composition de la *Chartreuse*) cette phrase de la lettre 1, 52, où Julie explique ses rapides progrès dans le *bel canto :* « Je commence chaque leçon par lire quelques octaves du Tasse, ou quelque scene du Metastase : ensuite il me fait dire et accompagner du récitatif, et je crois continuer de parler ou de lire... » (p. 143). Mais ce serait une grave erreur de penser que ces vers n'ont été choisis par Rousseau que pour leur charme musical. Ce n'est pas seulement son oreille qui s'enchantait en les chantant ou en les déclamant, mais son cœur, son âme. A des degrés divers, et sous des aspects différents, les quatre poètes italiens répondaient à deux exigences essentielles de son être : d'une part le dégoût et le refus du réel, l'exigence d'un monde où s'unissent bonheur et vertu, l'exigence surtout d'un amour où le désir est transcendé et qui par là vise et atteint l'éternité. D'autre part, le goût d'un héroïsme qui prend sa source dans l'amour. Chez ces quatre poètes, le mode d'expression était à la fois sublime et raffiné, mêlant les prestiges du baroque et du précieux. Le privilège accordé à Métastase, seul contemporain, s'explique en outre par le parti passionné de Rousseau pour la formule italienne du drame lyrique.

Quant à Pétrarque, il est certain que, de tous ces inspirateurs, il a été le plus admiré, le plus écouté. Il fut le Virgile de ce nouveau Dante. « Canzonière en prose et quelque peu embourgeoisé », a dit Denis de Rougemont de *La Nouvelle Héloïse*. La formule est dure, mais assez exacte. J.-L. Bellenot qui la cite dans son importante étude sur *Les Formes de l'Amour dans la Nouvelle Héloïse* (*Annales J.-J. R.*, t. XXXIII, pp. 149-208) l'a parfaitement commentée. Après avoir indiqué les « éléments extérieurs » par où se rapprochent les deux œuvres (songe prémonitoire de Saint-Preux rappelant celui où Laure défunte apparaît à Pétrarque; ascension du Ventoux et excursion dans le Valais; retour en Provence et retour aux bords du Lac...), il définit la profonde « identité de ton » des deux œuvres : « même lyrisme éperdu qui se canalise dans l'effort d'un style, d'une musique, mêmes plaintes solitaires proférées sur un registre doux-amer comme une interrogation fiévreuse et sans terme du sentiment, même amour qui échappe à sa destruction dans l'orbe idéale du souvenir, même importance accordée au décor de la nature. L'un et l'autre aspirent à retrouver dans le symbolisme de l'amour courtois sécularisé par la littérature, l'image du renouvellement spirituel authentique qu'ils espèrent de l'amour humain, le secret d'une purification intérieure de nature mystique, pour renoncer finalement à cette illusion sublime grâce à la prise de conscience de leur faiblesse, de leur impuissance à maîtriser ce rêve mystique qui n'était peut-être pour eux qu'une sorte de fuite nostalgique » (p. 159).

PRÉFACES

P. 5.

(*a*). Ici dans le Ms. Rey une note : **Voyez la préface de Narcisse et ma lettre à M. d'Alembert.* (Cf. *supra,* 2e préface, p. 25.)

1. Sur l'élaboration et la publication des deux *Préfaces,* cf. l'Introduction, pp. LXII-LXIII. Rappelons ici les points essentiels :

1° Le 14 mars 1759, Rousseau annonce à Rey qu'il a composé un « écrit sur les Romans », qu'il intitulera peut-être *Préface* de *Julie,* et déclare sa ferme intention d'en faire une publication distincte de celle du roman (*C.C.*, t. VI, p. 45). Rey donne son acceptation quelques jours plus tard (*ibid.*, p. 49). C'est la *Préface dialoguée* ou *deuxième préface.*

2° Cependant, Rousseau, ne voulant pas laisser paraître son roman sans lui accorder d'une manière ou d'une autre sa protection, rédige aussitôt après un extrait ou un résumé de son dialogue qu'il place en tête de la première partie du Ms. Rey dont le libraire accusa réception le 18 avril (cf. *C.C.*, t. VI, p. 73). C'est la « Préface ».

3° Mais l'impression du roman demande beaucoup plus de temps que prévu. Des fuites se produisent, des copies circulent. Le grand nerveux qu'est Rousseau s'inquiète et songe à publier sa Préface dialoguée avant le roman ! Il rédige alors cet « avant-propos » qui, resté longtemps inédit, fut publié en 1926 dans la *C.C.*, t. VI, p. 73.

4° La *Préface* parut donc en tête du tome I de l'édition originale dans les derniers jours de janvier 1761.

5° Le manuscrit de la *Préface dialoguée* fut envoyé au libraire Guérin le 18 janvier 1761 seulement. Rousseau avait sans doute sérieusement revu son texte de 1759 : « La préface est bien barbouillée », disait-il à Guérin, « mais je crois que j'aimerois mieux qu'elle ne s'imprimât pas que d'être obligé de la recopier. (...) Il convient que la brochure ne paroisse que quinze jours ou trois semaines après la publication du livre, et il m'importe qu'il n'en transpire rien jusqu'à ce tems-là. » (*C.C.*, t. VIII, pp. 10-11.)

6° Une lettre du 25 janvier 1761 de Coindet à Rousseau nous apprend d'une part que Guérin avait parlé à Malesherbes de la *Préface dialoguée* et que celui-ci consentait à ce qu'elle fût imprimée quand le libraire le jugerait « à propos »; d'autre part que Guérin avait engagé Coindet « par diverses bonnes raisons » à la céder à Duchesne ainsi que le recueil d'estampes. (*C.C.*, t. VIII, pp. 23-25.)

7° On trouvera dans une lettre à Coindet du 9 février 1761 (*C.C.*, t. VIII, pp. 67-69) la liste des personnes à qui Rousseau voulait qu'elle fût envoyée.

8° C'est en effet chez Duchesne que la *Préface dialoguée* parut pour la première fois en même temps que le recueil d'estampes, et précédée d'un bref *Avertissement,* le 16 février 1761.

9° Dès le mois de mars 1761, Rey pratiquant à son tour (et contre lui-même !) la contrefaçon, publiait des exemplaires du roman auxquels était ajoutée la *Préface dialoguée* (cf. sur ce point MORNET, *N.H.*, t. I, p. 179 sq.).

10° Dans son édition de 1764, Duchesne introduisit ce texte en tête du premier volume et à la suite de la préface, les raisons qui avaient incité Rousseau à le publier à part étant depuis longtemps périmées. Elles le sont plus encore aujourd'hui. C'est pourquoi, bien que nous ayons choisi l'édition originale comme texte de base, nous avons cru devoir insérer ici la *Préface dialoguée.*

Nous avons dans l'Introduction (pp. LXIII-LXIV) tenté de dégager les thèmes essentiels de la pensée critique du romancier. Les notes de détail visent à préciser le sens exact de certains termes et à éclairer Rousseau par Rousseau lui-même. On trouvera dans les pages où D. Mornet a étudié la « théorie du roman » au XVIIIe siècle (*N.H.*, t. I, pp. 7-25), de nombreux textes de romanciers et de critiques contemporains qui permettent d'apprécier l'originalité de la pensée critique de Rousseau; et, dans celles où il analyse les réactions de l'opinion devant le roman, d'autres citations qui montrent combien Jean-Jacques avait vu juste lorsqu'il avait formulé lui-même avec rigueur les objections que devait susciter son roman. Mais cette étude s'arrête malheureusement à 1789. Il reste à écrire deux vastes histoires, celle de l'influence et celle de la fortune du roman de Rousseau de 1789 à nos jours.

Des personnages illustres y brilleraient : Stendhal et Balzac, Chateaubriand et Mme de Staël, George Sand et Flaubert; mêlés à d'autres très obscurs, aujourd'hui totalement ignorés, mais importants dans la mesure même où ils reflètent une opinion moyenne. Au premier rang de ces derniers nous placerions volontiers cet Eymar dont Musset-Pathay inséra, au tome XXIV de sa grande édition des *Œuvres Complètes,* l'*Examen de la Nouvelle Héloïse.* Ce commerçant marseillais, disciple fervent de Rousseau, mais sage et plein d'honnêtes préjugés, nous révèle bien les réactions de la bourgeoisie libérale et cultivée en face du roman un demi-siècle après sa publication.

P. 6.

(*a*). Ici le Ms. Rey ajoutait : *Allez, bonnes gens avec qui j'aimai tant à vivre, et qui m'avez si souvent consolé des outrages des méchans ;*

allez au loin chercher vos semblables ; fuyez les villes (et le grand monde), ce n'est pas là que vous (en) les trouverez. Allez dans d'humbles retraites amuser quelque couple d'époux fidèles dont l'union se resserre aux charmes de la vôtre ; quelque homme simple et sensible qui sache aimer vôtre état ; quelque solitaire ennuyé du monde, qui blamant vos erreurs et vos fautes, se dise pourtant avec attendrissement. Ah voila les ames qu'il faloit à la mienne !

Ce paragraphe final de la *Préface,* supprimé sur épreuves, fut publié pour la première fois (avec des modifications légères d'orthographe et de ponctuation) dans l'éd. Defer de Maisonneuve, 1793, précédé de la note suivante :

« N. B. — L'alinéa suivant, qu'on ne voit dans aucune édition de *La Nouvelle Héloïse,* se trouve bien écrit de la main de Rousseau, et sans la moindre rature dans l'un des deux manuscrits que nous avons collationnés au Comité d'Instruction Publique : c'est celui qui a servi à faire la première édition dont les épreuves ont été vues et corrigées par l'auteur. Nous avons cette édition sous les yeux. Le manuscrit Luxembourg (voyez les Confessions, liv. 10) n'a point de préfaces. »

Quel est le manuscrit collationné par l'auteur de cette édition ? Ce ne peut être le Ms. Rey. C'est sans aucun doute la Copie personnelle, dont les deux premières parties sont maintenant perdues.

1. Cet aveu si important n'avait pas été formulé dans la *Préface dialoguée.* Il est confirmé explicitement par les quelques lignes que Rousseau a supprimées à la dernière minute et que nous citons dans la var. (*a*), p. 6.

On sait, du reste, que des premières ébauches des *Confessions* jusqu'à la dernière des *Rêveries* il n'a pas cessé de satisfaire ce besoin d'écrire « pour lui seul »; mais il est significatif qu'il ait employé cette expression dès 1750 dans une lettre à « l'Auteur du Mercure », l'abbé Raynal, en guise de préface à l'*Allée de Sylvie :* « Vous le voulez, Monsieur, je ne résiste plus. Il faut vous ouvrir un porte-feuille, qui n'étoit pas destiné à voir le jour et qui en est très peu digne (...) N'ayant pû vaincre mon penchant pour les Lettres, j'ai presque toujours écrit pour moi seul, et le Public ni mes amis n'auront pas à se plaindre que j'aye été pour eux *recitator acerbus...* » (*C.C.*, t. II, p. 132-133.) « A moi seul » pouvait lui être venu de Sénèque, *Lettres à Lucilius,* I, 7, 11 : « On demandait à notre inconnu à quoi visait tant d'exactitude pour un exposé doctrinal destiné à n'atteindre qu'une petite élite : Ce m'est, répliqua-t-il, assez de peu, assez d'un, assez de pas un » *(satis sunt, inquit, mihi pauci, satis est unus, satis est multus).* Sur les idées développées dans ce paragraphe par Rousseau, cf. la très curieuse note de la lettre 13, V^e^ partie (p. 632) et la variante (*b*), p. 632.

2. « On appelle *Beaux esprits,* ceux qui se distinguent du commun par la politesse de leurs discours ou de leurs ouvrages (...) On dit quelquefois par ironie, *Les beaux esprits, Messieurs les beaux esprits* ».

(*Dict. Acad.*, 1762.) Sur l'importance de cette prise de position, cf. p. 237, n. 1.

3. *Gothique* : « Se dit aussi par une sorte de mépris, de ce qui paroît trop ancien et hors de mode. » (*Dict. Acad.*, 1762.) Littré cite Boileau (*Art Poétique*, chap. II), qui reproche à Ronsard ses « idylles gothiques », et Voltaire (*Siècle de Louis XIV*, Introduction) : « Le génie des Français a été presque toujours rétréci sous un gouvernement gothique. » Cf. *supra*, III, 11, p. 327.

4. Sur la distinction, du point de vue moral, entre le début et la fin du roman et sur la portée de l'ensemble, cf. Introduction, p. XLII et les longs développements de la *Préface dialoguée*. Ce qui frappe ici, c'est le ton oratoire, agressif, orgueilleux, finalement peu convaincant. On notera la ressemblance formelle avec la fameuse clausule de la page initiale des *Confessions* : « ... et puis qu'un seul te dise, s'il l'ose : *je fus meilleur que cet homme-là* ». Rousseau défendra son roman en termes approchants dans le récit du livre IX des *Confessions* : « quiconque vous dira que ce tableau dans sa totalité est scandaleux et n'est pas utile est un menteur et un hypocrite; ne l'écoutez pas » (*O.C.*, Pléiade, t. I, p. 435). Même ton encore dans la lettre du 13 février 1761 à un fermier général qui l'avait félicité pour son roman : « Au reste, je persiste à croire, quoi qu'on en puisse dire, que quiconque après avoir lû la nouvelle Heloïse la peut regarder comme un livre de mauvaises mœurs, n'est pas fait pour aimer les bonnes » (*C.C.*, t. VIII, p. 98).

P. 11.

(*a*). Nous ne possédons aucun manuscrit de cette seconde préface; elle parut le 16 février 1761 chez Duchesne; Rey en fit aussitôt une contrefaçon qu'il inséra au tome II du nouveau tirage de son édition.

1. Citation de Perse, *Satires*, I, vers 4. C'est aussi par une citation de Perse : *Intus et in cute* (*Satires*, III, vers 30) que s'ouvrent les *Confessions*.

2. L'importance accordée par Rousseau à l'anonymat, ses efforts pour maintenir le secret ou l'équivoque sur la réalité des personnages et l'authenticité de leur correspondance paraissent assez vains et un peu ridicules. Qui s'y laisserait prendre aujourd'hui ? En 1761, il en allait autrement : de nombreux lecteurs ont cru qu'il s'agissait d'une histoire vraie. L'un des plus avertis et qui connaissait bien les ruses du métier, Duclos, écrivait à Rousseau le 18 novembre 1760 : « Je désirerais comme lecteur et citoyen qu'il fût (ce roman) d'un autre que de vous; comme ami, je serais fâché qu'il n'en fût pas. Vous me rendez, je crois, la justice de croire qu'en vous parlant ainsi, je ne pompe pas votre secret; quand je suis curieux, je fais mes questions crûment; ainsi ne me répondez pas à cet article là » (*C.C.*, t. VII, p. 317). Auprès des lecteurs ingénus, ce genre de ruse réussit toujours et tout bon romancier cherche à

créer l'illusion. Balzac le savait bien, qui proclamait *all is true* et n'a cessé d'insérer des lettres dans ses romans comme des témoignages irrécusables de leur vérité. De même Stendhal expliquait sérieusement aux lecteurs de 1839 par quel heureux hasard il avait été informé des événements racontés dans la *Chartreuse*. Tout au long de son roman, Rousseau a joué sur cette distance entre lui et ses personnages. Avouer, fût-ce un instant, qu'il était l'auteur de cette correspondance, était commettre une faute grave contre une des lois premières de l'esthétique du roman. C'était aussi s'exposer aux coups des défenseurs de la morale et de la religion. En maintenant la fiction de l' « éditeur », il évitait d'abord d'être accusé d'avoir *écrit* un roman. Il évitait surtout de se voir imputer les opinions et les sentiments de ses héros, dont nous verrons pourtant qu'ils sont souvent l'exact reflet des siens. Il ne savait que trop combien ses amis et ennemis étaient aux aguets, cherchant à capter ses secrets. Dans ces « Confessions » mal déguisées, il ne pouvait prendre trop de précautions.

Mais d'autre part le démon de la vanité littéraire le pressait de faire ces aveux dangereux et délicieux. D'où cette gymnastique intellectuelle faite d'ouvertures et de dérobades et, comme il le dit si bien, « ces petites subtilités plus déterminantes qu'embarrassantes ». Les nombreuses études des exégètes du roman et des biographes de Rousseau et nos propres recherches dont on trouvera les résultats détaillés dans les notes, nous conduisent aux conclusions générales suivantes :

1° Le roman est tout entier une fiction. Même lorsque certaines lettres paraissent copier la vie, une étude plus attentive des faits prouve que c'est la vie qui a copié la fiction.

2° Cette fiction est cependant nourrie d'expériences : celles des lectures, celles de la vie. Mais ces expériences, le plus souvent anciennes, ont été profondément transformées par la double alchimie de l'oubli et du souvenir.

3° Lorsqu'elles ont été utilisées consciemment par l'artiste ce fut de la manière la plus libre. Cette liberté a été orientée par trois exigences principales : *a*) Éviter toute indiscrétion à l'égard des personnages réels mis en scène, d'où un effort systématique pour brouiller les cartes, fausser le jeu, empêcher tout système de « clefs ». Rousseau s'explique aussi franchement que possible sur ce travail de camouflage à la fin de la *Préface dialoguée* (cf. sur la question de la topographie, D. Mornet, *N.H.*, t. I, appendice 1, pp. 311-313). *b*) Etre fidèle à la « vraisemblance », aux règles traditionnelles de l'art classique. *c*) Surtout être fidèle au projet initial de l'œuvre, à la volonté de décrire un « monde enchanté », de faire un poème du bonheur.

P. 12.

1. Non pas *un* autre, mais *l'*autre, celui d'après la mort, le monde de l'éternité bienheureuse, le paradis. Rousseau formule ce juge-

ment comme une critique à laquelle il répondra de façon pertinente, mais, au fond de son cœur, il ne peut que plaider coupable. Nous avons vu dans l'Introduction que le roman est né en effet du désir d'évasion « hors du monde », qu'il n'a cessé d'être jusqu'au bout la création d'un « monde enchanté ».

Cet « autre monde » il va le définir ici même avec un étonnant bonheur d'expression, accumulant en deux pages tous les mots magiques qui sont les clefs du roman : *amour, vertu, amitié, solitude, enfance* sans oublier le *paradis,* les *anges,* et les *délices du séjour céleste.* Plus tard il en a donné une image plus détaillée et plus belle encore dans le *Ier Dialogue* (*O.C.*, Pléiade, t. I, pp. 668 sq.). Dans la *Préface* le thème a été repris mais avec des expressions sensiblement atténuées : « Ce livre n'est point fait pour circuler dans *le monde* (...) tous les sentimens seront *hors de la nature pour ceux qui ne croyent pas à la vertu* » (p. 5).

P. 13.

1. Dans la *Préface,* Rousseau dit seulement : « ceux qui les écrivent ne sont pas ... des *philosophes* » (p. 6). Simple pointe, à peine ironique, contre une espèce d'hommes manquant de simplicité et d'authenticité, marqués par la vanité, à l'égal des « beaux esprits » et des « académiciens ». Ici le cri jaillit d'un cœur blessé. A ses anciens amis, les « philosophes » qui l'ont fait si cruellement souffrir depuis deux ans, à tous les membres de la « conjuration holbachique » qu'il sent dressés contre lui, le solitaire de Montmorency dit sa déception douloureuse. C'est notre première rencontre avec ce mot, ce ne sera pas la dernière ! Sur le problème d'ensemble de l'attitude de Rousseau dans le roman à l'égard de la Philosophie, cf. Introduction et notes générales des Ve et VIe parties.

2. Sur le « message » religieux du roman, cf. Introduction, pp. LV-LVI.

Dans la *Préface,* Rousseau se contente de dire que son livre devait déplaire « aux dévots, aux libertins, aux philosophes », manifestation d'une prudence nécessaire dont les corrections ultimes dans les dernières parties nous donneront de multiples signes.

3. Ces questions agressives cachent mal l'orgueil du créateur qui vient de prouver qu'il peut, lui aussi, « faire quelque chose de rien » et tirer une œuvre d'art de la réalité la plus « quotidienne ». Rousseau a repris les mêmes idées de façon positive cette fois et avec plus de fermeté et de sérénité dans le jugement d'ensemble porté sur son œuvre au livre XI des *Confessions :* « La chose qu'on y a le moins vue et qui en fera toujours un ouvrage unique est la simplicité du sujet et la chaine de l'intérest qui concentré entre trois personnes se soutient durant six volumes sans épisode, sans avanture romanesque, sans méchanceté d'aucune espéce, ni dans les personnages, ni dans les actions. Diderot a fait de grands complimens à Richardson sur la prodigieuse varieté de ses tableaux

et sur la multitude de ses personnages. Richardson a en effet le mérite de les avoir tous bien caractérisés : mais quant à leur nombre il a cela de commun avec les plus insipides romanciers qui suppléent à la stérilité de leurs idées à force de personnages et d'aventures. Il est aisé de réveiller l'attention en présentant incessamment et des événemens inouis et de nouveaux visages qui passent comme les figures de la lanterne magique : mais de soutenir toujours cette attention sur les mêmes objets et sans aventures merveilleuses, cela certainement est plus difficile, et si, toute chose égale, la simplicité du sujet ajoute à la beauté de l'ouvrage, les Romans de Richardson, supérieurs en tant d'autres choses, ne sauroient sur cet article, entrer en parallèle avec le mien. » (*O.C.*, Pléiade, t. I, pp. 546-547.)

De tous ces mérites, celui dont il était le plus fier à juste titre, c'était d'avoir réussi à retenir si longuement l'intérêt de ses lecteurs sans leur proposer de personnages méchants. C'est au développement de cette idée qu'il a consacré la dernière note de la dernière lettre (cf. *supra,* p. 745).

P. 14.

1. Cette opposition entre la « petite sphere » et les « grandes sociétés », qui va être longuement développée plus loin, est un des thèmes essentiels du roman. Il exprime la solution rêvée par Rousseau pour concilier deux tendances fondamentales et contradictoires : l'aspiration à l'amour, à l'amitié, à toutes les formes de communion avec les hommes et sa peur des hommes, son irritation maladive, sa misanthropie. Il s'affirme dès les premières parties (notamment dans les critiques de la société parisienne) et se prolonge jusqu'aux lettres ultimes où est décrit le paradis de Clarens. On en trouve l'orchestration dans toute l'œuvre de Rousseau, en particulier dans les *Dialogues* et les *Rêveries.* Mais c'est peut-être dans les *Lettres à Malesherbes,* immédiatement postérieures à *La Nouvelle Héloïse* (1762) qu'il a trouvé sa plus parfaite expression.

P. 15.

(*a*). L'édition originale, l'édition Duchesne et la contrefaçon Rey donnent « lettre » et l'expression « une lettre qui brûle le papier » se trouve dans une phrase du brouillon de la lettre 5 de la VIe partie. Mais sur D.C. Rousseau a biffé « lettre » et corrigé en marge : « plume », texte généralement adopté par les éditions postérieures.

P. 16.

1. On ne saurait mieux définir le caractère singulier d'un grand nombre de lettres du roman. Il ne s'agit plus de prose, mais de poésie : « enthousiasme », « hautes images », création d'un « autre Univers »; et de poésie lyrique, de chant, plus exactement de chant religieux, sacré : ce sont des *hymnes*. Précisons :

1° Que la définition n'est pas valable seulement pour les lettres d'amour mais pour beaucoup d'autres pages écrites dans le

« délire » (sur la musique italienne ou sur l'Élysée par exemple) et qu'en un certain sens, elle recouvre le roman tout entier.

2° Que, contrairement à ce que Rousseau laisse entendre ici, ces lettres n'ont pas été réellement dictées par l'amour. Les *Confessions* sont sur ce point explicites. Est-ce à dire qu'elles sont l'œuvre d'un « Auteur qui veut plaire », d'un « bel esprit qui veut briller » ? Nous savons aussi que ce n'est pas vrai. En réalité l'état second de délire imaginatif où il s'était abandonné lui avait dicté des accents et des formes de style exactement semblables à ceux qu'aurait pu lui dicter la réalité (cf. l'Introduction).

3° Que la part de l'auteur « qui se pique d'écrire » reste grande, le travail de correction sur les brouillons et les copies successives en apporte la preuve irréfutable.

2. « L'hiver sur ma tête » paraît sévère. Jean-Jacques n'a pas encore cinquante ans ! Mais cette vue des âges de la vie est celle des siècles classiques. Les barbons de Molière ne sont que des quadragénaires. Les *Confessions* confirment la sincérité de ce sentiment : l'amoureux de Mme d'Houdetot, considérant son âge, éprouvait une sorte de « honte », le sentiment d'être « ridicule » (*O.C.*, Pléiade, t. I, p. 441).

La phrase où sont opposés l'*expérience* et le *souvenir* est capitale (cf. *supra,* p. 11, n. 2 *in fine* et l'Introduction, pp. XXX-XXXII).

On verra dans le commentaire des dernières parties l'importance croissante accordée par Rousseau psychologue et moraliste au thème du *souvenir*.

P. 17.

1. Dans ce passage du chant I de la *Jérusalem délivrée,* le Tasse a imité Lucrèce. J. Baudoin, au XVIIe siècle, a donné de ces vers la traduction suivante : « C'est ainsi que pour faire prendre une médecine à un enfant qui se trouve mal, l'on a coutume de lui frotter le bord de la coupe de quelque douce liqueur. Lui cependant avale cet amer breuvage et reçoit sa guérison de la tromperie qu'on lui a faite. »

P. 18.

(*a*). Tel est le texte de l'édition originale Duchesne et de la contrefaçon Rey. Le mot est inconnu de Richelet et de Furetière. L'édition Duchesne de 1764 donne « caillettes », que Rousseau dans D.C. n'a pas corrigé.

1. Ici commence la discussion sur une question capitale, celle de la moralité du roman (cf. sur ce point Introduction, p. XXXVIII). Les pages qui vont suivre s'alimentent à des réflexions très anciennes, qui remontent au moins au fameux *Discours sur les Sciences et les Arts* (1749). C'est en 1752, dans la préface rédigée pour une comédie de jeunesse, *Narcisse,* qui venait d'être jouée sans succès, que Rousseau, pris en flagrant délit de contradiction avec lui-même, avait, pour la première fois, longuement et subtilement présenté

sa défense. Après avoir plaidé coupable, distingué la pensée juste de la conduite mauvaise, « comparé les tems pour concilier les choses » et parlé de ses œuvres littéraires comme de péchés de jeunesse, il avait vigoureusement fait front. Sans lâcher un pouce de terrain sur le principes, continuant d'affirmer que le développement des Lettres et des Arts est un signe et un agent de corruption, et que, lorsqu'un peuple « a des mœurs » il faut tout faire pour les conserver (et par conséquent écarter de lui les « philosophes » et les « savants »), il s'était accordé de larges libertés dans l'application (cf. *supra*, pp. 971-973). « Lorsqu'il n'y a plus de mœurs, il ne faut songer qu'à la police, et l'on sait assez que la Musique et les Spectacles en sont un des plus importans objets. »

Le plaidoyer s'achevait par ce hardi défi : « En attendant, j'écrirai des Livres, je ferai des Vers et de la Musique, si j'en ai le talent, le tems, la force, et la volonté : je continuerai à dire très-franchement tout le mal que je pense des lettres et de ceux qui les cultivent, et croirai n'en valoir pas moins pour cela. Il est vrai qu'on pourra dire quelque jour : Cet ennemi si déclaré des sciences et des arts, fit pourtant et publia des Pièces de Théâtre; et ce discours sera, je l'avoue, une satyre très-amère, non de moi, mais de mon siècle. »

Ces arguments sont à la base de la fameuse formule de Saint-Preux (II, 21) : « Les Romans sont peut-être la derniere instruction qu'il reste à donner à un peuple assés corrompu pour que toute autre lui soit inutile » (p. 277). Dans cette lettre (qui fait partie du début du roman mais qui fut peut-être ajoutée tardivement, cf. var. (*a*) p. 265), Rousseau s'avançait davantage et exposait avec précision les conditions qui permettent à une œuvre de fiction d'être utile moralement : *honnêteté, sensibilité,* mais surtout *vérité.* Et il dessinait très fermement la courbe spirituelle qu'il entendait donner à son œuvre : « je voudrois qu'alors la composition de ces sortes de livres ne fut permise qu'à des gens (...) qui ne montrassent pas tout d'un coup la vertu dans le Ciel hors de la portée des hommes, mais qui la leur fissent aimer en la peignant d'abord moins austere et puis du sein du vice les y sussent conduire insensiblement ». Dans la *Lettre à d'Alembert* il était au contraire en retrait et lorsque, vers la fin du texte, il paraissait jeter du lest, admettre que chez d'autres peuples le théâtre pût être un moindre mal, il invoquait seulement les pauvres arguments de la préface de *Narcisse.*

Nous avons vu dans l'Introduction que ce retour à la sévérité, et cette contradiction plus éclatante que jamais avec lui-même, ne s'expliquaient pas seulement par une exigence intérieure de vérité, comme l'écrit ici Rousseau, mais par une profonde crise intérieure. Quelques mois plus tard, lorsqu'il écrivit la préface dialoguée, non seulement il avait repris courage et décidé fermement de publier son roman, mais il y avait ajouté les deux dernières parties, « profession de foi », appel prophétique. Il n'abandonna pas ses anciens arguments, mais il fit plus et mieux, en définissant sur un ton d'enthousiasme chaleureux et convaincant l'idéal que son œuvre apportait aux hommes.

2. Nouvelle et excellente définition de cette œuvre singulière écrite par un poète et par un musicien (cf. *supra,* p. 16, n. 1). On lit dans le *Dictionnaire de Musique,* art. *Romance :* « Air sur lequel on chante un petit Poëme du même nom, divisé par couplets, duquel le sujet est pour l'ordinaire quelque histoire amoureuse et souvent tragique. Comme la *romance* doit être écrite d'un style simple, touchant, et d'un goût un peu antique, l'Air doit répondre au caractère des paroles (...) Une *romance* bien faite, n'ayant rien de saillant, n'affecte pas d'abord; mais chaque couplet ajoûte quelque chose à l'effet des précédens, l'intérêt augmente insensiblement et quelquefois on se trouve attendri jusqu'aux larmes sans pouvoir dire où est le charme qui a produit cet effet. »

3. Nouvelle accusation qui cache une fierté secrète. Rousseau était parfaitement conscient d'avoir en effet écrit des « visions ». Les prédécesseurs auxquels il se réfère avec une apparente ironie furent ses maîtres et il n'a jamais cessé de les aimer, l'auteur de *L'Astrée* en particulier dont il dira dans le livre IV des *Confessions :* « parmi les romans que j'avois lus avec mon pere (...) c'étoit celui qui me revenoit au cœur le plus fréquemment ». (*O.C.*, Pléiade, t. I, p. 164).

Il n'était pas moins convaincu d'avoir peint un monde vrai, justifiable et vraisemblable à partir de certaines données (ce sont des « solitaires », des « étrangers », des « provinciaux », des « enfans »). C'est ce qu'il s'efforce brillamment de démontrer dans cette préface. Les deux affirmations — qu'elles se proposent comme des éloges ou des critiques — sont justes : *La Nouvelle Héloïse* est un roman *à la fois* réaliste et idéaliste, l'œuvre d'un visionnaire et d'un observateur lucide. Cette tension entre deux éléments opposés fait sa force essentielle. C'est par là surtout qu'il apporte une révolution dans le genre romanesque.

1° Rousseau réduit ici au minimum le romanesque extérieur, celui des événements. Il l'a intériorisé comme l'avaient fait déjà Mme de La Fayette et Prévost, mais beaucoup plus qu'eux encore, et en s'inspirant de Racine à qui sans aucun doute il pense dans le passage des *Confessions* (l. XI) cité p. 13, n. 3.

2° Il invente le roman-fleuve, le roman d'une vie. Mme de La Fayette avait bien vu déjà l'importance du *temps,* mais Rousseau va beaucoup plus loin dans ce sens. Sur ce point, le romancier au style si « dramatique » tourne le dos à la tragédie.

3° Par le monde où il prend ses héros, il crée le roman bourgeois, le vrai, celui qui va durer jusqu'à nos jours (et peut-être ce phénomène littéraire est-il en grande partie le reflet d'un phénomène sociologique).

4° Enfin, et surtout, par la coexistence de cette réalité sociale moyenne et de ce monde moral exceptionnel, de cette vie bourgeoise et de ces sentiments héroïques il donne à son roman une intensité dramatique extraordinaire et une efficacité morale et sociale presque explosive et qui n'a pas fini de faire sentir ses effets.

P. 19.

1. Nous ne possédons malheureusement aucune étude scientifique permettant de dire jusqu'à quel point cette analyse de sociologie littéraire est juste, du moins savons-nous que Rousseau parlait d'expérience ayant longuement vécu à Genève, Chambéry, Annecy et Lyon. D'autre part, D. Mornet dans son article « Les admirateurs inconnus de *La Nouvelle Héloïse* » (*Revue du mois*, de mai 1909) dont il a repris la substance dans son Introduction (*N.H.*, t. I, pp. 237 sq.) a montré que *La Nouvelle Héloïse* fut lue passionnément par un grand nombre de lecteurs provinciaux.

Certaines pages du début de *La Muse du département*, des *Illusions perdues* et surtout le début de *Madame Bovary* révèlent la permanence de ce besoin de lecture, au moins chez les femmes, dans la province française, un siècle plus tard. Mais le meilleur commentaire à cette page est un projet d'article sur *Le Rouge et le Noir* que Stendhal écrivit en octobre-novembre 1832 : « La grande occupation des femmes de province en France, c'est de lire des romans », disait-il dès les premières lignes : « tout est triste et guindé dans les villes de six à huit mille âmes (...). Les hommes ont pris le goût de la chasse et de l'agriculture, et leurs pauvres moitiés ne pouvant faire des romans se consolent en en lisant.

« De là l'immense consommation de romans qui a lieu en France. Il n'est guère de femme de province qui ne lise cinq ou six volumes par mois (...) on ne trouve pas de petite ville qui n'ait deux ou trois cabinets de lecture... » (éd. Martineau, Paris, Garnier, 1953, pp. 509-510).

P. 22.

1. Ces pages résument l'une des thèses centrales du roman : la vie des capitales est la source des plus grands maux; la vie des petites villes de province ou de la campagne est la seule vraiment humaine. Cette thèse est développée négativement d'abord dans certaines des lettres sur Paris, positivement ensuite dans une série de lettres des Ve et VIe parties sur le bonheur de Clarens. Notons quelques mots ou formules clefs : « leur rendre le goût des *vrais plaisirs* »; « Voulant être ce qu'on n'est pas (...) voilà comment on devient fou. »

A la question de savoir si l'attaque portée par Rousseau contre la littérature était juste, voir le grand ouvrage de Henri Coulet sur *le Roman jusqu'à la Révolution*, Paris, 1967. On en trouvera aussi quelques éléments dans l'*Introduction* de Mornet, et dans le livre, juste mais trop rapide, de F. C. Green, *La Peinture des mœurs de la bonne société dans le roman français de 1715 à 1761* (Paris, 1924).

Le grand ouvrage de Robert Mauzi, *L'Idée du bonheur dans la littérature et la pensée françaises au XVIIIe siècle* (Paris, 1960), paru trop tard pour que nous puissions l'utiliser systématiquement, semble permettre d'affirmer que Rousseau a exagéré une idée juste. Mais l'enquête de R. Mauzi n'étant pas strictement chronologique il est difficile de dire si la littérature qui rappelle aux hommes les sources du vrai bonheur, est antérieure à *La Nouvelle Héloïse,* ou si, au contraire, elle a été en grande partie suscitée par elle.

Au reste, ici encore, nous sommes placés en face d'un problème de sociologie historique qui dépasse à la fois le XVIIIe siècle et la littérature. Problème double :

1° Quelle est, en fait, la vision de Paris et de la province offerte par notre littérature depuis que le phénomène politico-social de la séparation de ces deux « mondes » s'est produit ? On sait la place que l'étude de ce phénomène occupe dans *La Comédie humaine*. On connaît moins les réactions pourtant si éclairantes d'auteurs antérieurs, Scarron par exemple ou Molière.

2° Quels sont les faits politiques, économiques, sociaux (ou littéraires) qui expliquent cette vision ? Dans quelle mesure des efforts comme celui de Rousseau qui allaient évidemment à contre-courant de l'histoire ont-ils réussi à renverser la tendance ? Il est certain que le mal diagnostiqué par lui est aujourd'hui plus réel que jamais, malgré une importante littérature de « réaction » qui va de George Sand à Giono et Ramuz en passant par Mistral, et qui a donné d'incomparables chefs-d'œuvre.

Quant au succès du roman on sait que, contrairement à l'attente de Rousseau, il fut non moins vif à Paris qu'en province. Se demandant pourquoi au livre XI des *Confessions,* il a donné une réponse d'une grande subtilité qui vient très heureusement tempérer les jugements exagérément systématiques qu'il avait exprimés ici : « L'amitié, l'amour, la vertu régnent-ils donc à Paris plus qu'ailleurs ? Non sans doute; mais il y régne encore ce sens exquis qui transporte le cœur à leur image, et qui nous fait chérir dans les autres les sentimens purs, tendres, honnêtes, que nous n'avons plus. (...). Il faut une délicatesse de tact qui ne s'acquiert que dans l'éducation du grand monde, pour sentir, si j'ose ainsi dire, les finesses de cœur dont cet ouvrage est rempli. Je mets sans crainte sa quatrième partie à côté de la Princesse de Cleves, et je dis que si ces deux morceaux n'eussent été lus qu'en Province, on n'auroit jamais senti tout leur prix. » (*O.C.*, Pléiade, t. I, pp. 545-546.)

P. 23.

(*a*). La note de Rousseau renvoie à l'édition originale de *La Nouvelle Héloïse,* Rey, 1761. Le passage est dans la lettre 18 de la IIe partie : « Je n'ai point, pour moi, d'autre maniere de juger de mes Lectures que de sonder les dispositions où elles laissent mon ame, et j'imagine à peine quelle sorte de bonté peut avoir un livre qui ne porte point ses lecteurs au bien. »

1. Cf. Préface, avant-dernier paragraphe (p. 6). Rousseau était sincère. Duclos, à qui il avait communiqué ses épreuves, lui écrivait le 17 novembre 1760 : « A présent que j'ai vu l'ouvrage, je vous dirai que je désapprouve fort l'idée de préface que vous m'avez dite. Si vous regardez cet ouvrage comme dangereux, même pour des filles, je vous déclare que vous n'êtes pas digne de le lire. » (*C.C.*, t. VII, p. 317.) Il lui répondit le lendemain : « Je persiste, malgré votre sentiment, à croire cette lecture très dangereuse aux filles. Je pense même que Richardson s'est lourdement trompé en voulant les instruire par des romans. C'est mettre le feu à la maison pour faire jouer les pompes. » (*ibid.*, p. 318.) On notera l'identité d'expression entre cette lettre et la *Préface dialoguée*. Impossible de dire celui des deux textes qui fut copié sur l'autre. L'idée vient de SÉNÈQUE, *De Beneficiis*, l. VI, § XXXVII, *Ne in patrocinium quidem, nedum in gloriam cuidem incendium extinxisse, quod feceris*. « Ce n'est pas une excuse, et encore moins une gloire, d'éteindre un incendie quand on l'a allumé. »

Le 15 févirer 1761, il écrivait à Coindet : « Ce n'est pas par oubli que je n'ai point offert à ce dernier [M. de Romilly] la nouvelle Heloÿse; mais la considération de sa fille m'a retenu. Si elle avoit eu la fantaisie de le lire, jamais la mére ni lui n'auroient eu le courage de la refuser. » (*C.C.*, t. VIII, p. 106.)

P. 24.

(*a*). L'édition Defer de Maisonneuve, 1793, ajoute à ces mots la note suivante : « *Talis est via mulieris adulterae quae comedit, et, tergens os suum, dicit : Non sum operata malum.* » Proverbes, XXX, 20.

Bien que cet éditeur ait utilisé les manuscrits de Rousseau, et que Rousseau au moment où il écrivait ce passage se fût effectivement replongé dans la Bible, il n'est pas sûr que cette note soit authentique.

P. 25.

1. Sur la réponse apportée par le roman aux questions concernant la moralité des femmes, jeunes filles et femmes mariées, sur les Parisiennes et sur l'adultère, cf. Introduction et notes des lettres II, 21, III, 18, etc.

Cette thèse a exercé une très profonde influence sur Balzac qui dans sa *Physiologie du mariage* (1829), citant textuellement la phrase : « Chez les peuples qui ont des mœurs... », déclarait : « il ne s'agitera pas une question de morale publique de laquelle [Rousseau] n'ait d'avance indiqué la portée » (Ire partie, *Méditation* VI), et dans l'*Épilogue* de cette Ire partie, après avoir évoqué cet « immortel génie » dont « les deux plus belles productions », l'*Émile* et *La Nouvelle Héloïse,* ne sont que « deux éloquents plaidoyers en faveur de ce système », concluait : « Cette voix retentira dans les siècles, parce qu'elle a deviné les vrais mobiles des lois et des mœurs des siècles futurs. » Stendhal, sans le dire aussi explicitement, était lui aussi un disciple de Jean-Jacques sur cette importante question :

« Il n'y a », écrivait-il dans *De l'Amour,* « qu'un moyen d'obtenir plus de fidélité des femmes dans le mariage, c'est de donner la liberté aux jeunes filles et le divorce aux gens mariés. » On sait avec quelle insistance ces thèses ont été reprises un siècle plus tard par Léon Blum dans *Du Mariage.*

2. Sur cette maladresse de Rousseau, cf. *Lettre à d'Alembert,* éd. Fuchs, pp. 134 sq. D'Alembert se montra galant homme en cette affaire et répondit fort spirituellement à Rousseau en le plaisantant sur cette attaque contre un sexe qu'il aimait tant et qui le lui rendait bien.

P. 26.

1. Cf. en effet la lettre 21 de la IIe partie sur les Parisiennes. Sur cette contradiction avec soi-même, cf. *supra,* p. 18, n. 1.

P. 27.

1. Toute cette discussion avec le libraire est un reflet très exact de la réalité (cf. var. (*a*), p. 3).

P. 28.

1. Ces mots font, semble-t-il, allusion à une anecdote rapportée par Plutarque au cinquième livre de ses *Propos de table,* à la fin de la « Question première » : « ... nostre entendement se delecte de l'imitation, comme de chose qui luy est propre : car à quel propos, et pour quelle occasion exterieure se seroient ainsi esmerveilliez les hommes du porceau de Parmenon que la chose en est venue en commun proverbe ? Car on dit que ce Parmenon estoit un qui contrefaisoit excellentement le grongnement du porceau, de quoy ses compagnons estans envieux s'efforçoient à le contrefaire à l'envy de luy. Mais les hommes estans desja preoccupez d'une opinion prejugée, disoient : Voila bon, mais encore n'est-ce rien au pris du porceau de Parmenon. Parquoy il y eut un qui prit un petit cochon sous son aisselle, et le fit cryer : les assistans oyans ce vray cry se prirent a dire, Cela n'aproche point du porceau de Parmenon. » (*Les Œuvres meslees de Plutarque...,* Paris, 1578, t. II, traduction Amyot.) Mais Rousseau a pu tout simplement lire l'anecdote dans l'*Histoire de Gil Blas de Santillane,* par Lesage, au chapitre VI du livre III.

PREMIÈRE PARTIE

P. 31.

1. Rousseau a insisté à plusieurs reprises sur les différences profondes qui lui paraissaient exister — pour la matière et pour la forme — entre les deux premières parties de son roman et les autres, sans les expliquer toujours par les mêmes causes. Dans la *Préface dialo-*

guée, faisant d'une défaillance un mérite, il justifiait, à la fois sur le plan de la vraisemblance et sur le plan de la moralité, le caractère d'effervescence érotique et stylistique du début du roman. Dans sa correspondance avec Duclos, il avait été plus humble et plus sincère. A cet écrivain, son guide dans la connaissance du monde et un peu son maître dans l'art romanesque, il n'avait soumis son œuvre qu'en tremblant; il lui avait dit le jugement porté par Diderot après lecture des deux premières parties, en août 1757, et que nous connaissons par les *Confessions :* « Diderot me receut bien (...). Il y avoit près de six mois que je lui avois envoyé les deux prémiéres parties de la Julie (...) Nous en lumes un cahier ensemble; il trouva tout cela *feuillu,* ce fut son terme, c'est à dire chargé de paroles et redondant. » (*O.C.*, Pléiade, t. I, pp. 460-461.) Duclos l'avait rassuré : « Je suis très-flatté que vous ayez désiré mon approbation, mais je ne vous pardonne de n'en avoir pas été sûr d'avance que parce que ce n'est qu'une faute de jugement (...) Mon plaisir va croissant, je vous répons que je ne trouve pas l'ouvrage *feuillu,* je voudrois qu'il eût vingt volumes... » (*C.C.*, t. VII, p. 317, 17 nov. 1760.) Mais l'hypersensible Jean-Jacques n'avait pas manqué de remarquer que la négation du jugement de Diderot suivait les mots « mon plaisir va croissant ». Il reprit : « A la quatrième partie vous trouvez que le style n'est pas *feuillu.* Tant mieux. Je trouve la même chose; mais celui qui l'a jugé tel n'avoit lu que la première partie; et j'ai peur qu'il n'eût raison aussi... » (*C.C.*, t. VII, p. 319.) Duclos n'insista pas.

Le même jugement et les mêmes explications furent repris dans le récit du livre IX des *Confessions :* Après avoir raconté comment les deux premières parties ont été presque entièrement écrites sans « plan bien formé », Rousseau déclare : « Aussi voit-on que ces deux Parties, formées après coup de matériaux qui n'ont pas été taillés pour la place qu'ils occupent, sont pleines d'un remplissage verbeux qu'on ne trouve pas dans les autres. » (*O.C.*, Pléiade, t. I, p. 431.) Expliquant ensuite comment il avait cherché à justifier son roman aux yeux des moralistes, il oppose la réhabilitation du mariage qui en occupe la fin, au « délire érotique » qui emplissait le début. Enfin, racontant la rencontre avec Diderot en août 1757 et le jugement porté par son ami sur la première partie, il le reconnaît juste : « Je l'avois déja bien senti moi-même : mais c'étoit le bavardage de la fiévre... » (*O.C.*, Pléiade, t. I, p. 461.)

Nous avons eu déjà l'occasion de dire dans l'Introduction combien cette opposition entre le début et la fin du roman nous paraissait excessive, et que, tant sur le plan moral que sur le plan esthétique, il y a d'un bout à l'autre de l'œuvre une profonde unité. Il est vrai pourtant que ces deux parties prises dans leur ensemble forment un bloc homogène et distinct du reste du roman. Les caractères spécifiques en pourraient être ainsi définis :

1° C'est une *histoire d'amour*. Certes il y a des digressions — de plus en plus nombreuses à mesure que le roman progresse —

mais, relativement aux parties suivantes, elles sont rares, brèves, et plus directement rattachées à l' « histoire ». Celle-ci se déroule selon des « tempi » variés, mais dans l'ensemble elle est vivement menée. Elle démarre de façon foudroyante; elle a de l'ardeur, de la fièvre. On tourne les pages avec vivacité.

2° Cette histoire d'amour est une *méditation sur l'amour :* riche, subtile, complexe parce que les protagonistes sont très différenciés, parce que l'histoire se déroule dans le Temps, et parce que l'âme de Jean-Jacques qui s'y exprime totalement est écartelée entre des aspirations contradictoires. Sans vouloir durcir une réalité aussi délicate, on peut essayer de dégager les principaux thèmes de cette méditation en les présentant sous forme de couples.

a) L'amour pour Rousseau est à la fois une *maladie,* un coup déplorable de la fatalité, comme pour l'auteur de *Phèdre* (*N.H.*, I, 4; I, 9; II, 1, etc.) et une *grâce :* source de grandeur, signe d'élection, don du ciel, qui fait de l'être aimé un « ange » digne d'adoration mystique... (I, 5; II, 24; I, 63; II, 1; II, 7; II, 43).

b) L'amour est exigence de *communion* mais n'aboutit souvent qu'à une *fusion* où les deux personnes au lieu de se rencontrer pour former un être nouveau, s'abolissent l'une dans l'autre (I, 38; I, 63: II, 15).

c) Il est recherche constante non d'un compromis, mais d'un équilibre entre les exigences de la *chair* et celles de l'*esprit ;* une continuelle tension entre la tentation de la *sensualité* et celle de l'*angélisme*. Le véritable Amour est au-delà de la « possession » qui est une « crise », mais cette crise doit être connue. La sensualité doit être dépassée, non reniée (cf. I, 9; I, 26; I, 32; I, 50; II, 13 et surtout I, 55).

d) L'amour est source d'*exaltation* et de *libération* : Incitation aux plus hautes vertus, charité, générosité, domination de soi. Mais il peut être aussi la cause des plus graves déviations spirituelles : égoïsme, sensualité, abandon de la volonté, cruauté, mais surtout, et c'est le risque le plus grave, d'une véritable *aliénation* de l'être (II, 1); la jalousie, ignorée de Rousseau, n'est guère là que pour mémoire (I, 49).

e) Le conflit suprême oppose l'*exigence d'éternité* qui réside au fond du cœur de l'homme à sa condition réelle d'*être périssable*. Même dans ces deux premières parties toutes gonflées par l'ardeur du désir, la satisfaction de la passion et l'espérance du bonheur, nous entendons à chaque page les accents mélancoliques ou même angoissés qui disent l'inquiétude obscure, l'insatisfaction permanente, la crainte de l'oubli, l'angoisse de la chute, finalement l'*appel à la Mort* seul garant d'immobilité, de durée, porte ouverte vers un au-delà où le bonheur ne sera plus périssable (I, 1; I, 8; I, 10; I, 14; I, 35; I, 53; I, 54; I, 55; I, 63; II, 1; II, 11, etc.).

3° Cette méditation sur l'amour n'est pas un discours sur les passions de l'amour. Malgré le caractère volontiers oratoire de son style, Rousseau n'oublie jamais qu'il est un *romancier*. Les passions qu'il dépeint sont éprouvées par des êtres vivants qui se procurent mutuellement joies et souffrances. Parce que nous ne cessons jamais d'y entendre la voix des protagonistes, ce roman prend la forme du drame; plus exactement du drame lyrique. La parole y adopte spontanément un rythme poétique, les alexandrins s'y multiplient; les échos des tragédies classiques y abondent; les phrases s'organisent en strophes. Ces lettres « ne sont plus des lettres », ce sont des « hymnes », les « couplets d'une longue romance ».

Certes, ce caractère affecte le roman tout entier, mais il s'affirme ici de manière particulièrement éclatante. Dès les premiers mots, le ton est donné. Saint-Preux entre en scène et fait sa déclaration à Julie sur un tempo *agitato molto*. Interrogations, exclamations, suspensions, énumérations, tous les procédés stylistiques capables de transposer en littérature les effets obtenus à l'Opéra par les sons et les rythmes sont mis en œuvre tandis que métaphores et mots nobles donnent à l'expression cette « dignité », ce « sublime » inséparables des passions portées à un vif degré d'intensité. Rhétorique, convention, maladresse ? Qu'importe ! Le lecteur moderne est d'abord surpris, choqué; un sourire sceptique, sarcastique se dessine sur ses lèvres; mais s'il commet l'imprudence de s'abandonner à ce rythme, il est perdu. Il ne quittera plus le livre, car les sentiments sont authentiques et ces formes usées prennent soudain une nouvelle jeunesse. Notons enfin que le style de ces deux premières parties est beaucoup plus varié qu'il n'apparaît d'abord. Non seulement de longues lettres comme celles sur le Valais ou sur le duel ou sur Paris sont d'une allure tout à fait différente de l'ensemble, mais à l'intérieur du « drame lyrique » apparaissent des formes d'expression qui relèvent davantage de l'analyse calme et détaillée; on y voit briller des « sentences » et, au sein même des morceaux les plus fiévreux, se glissent souvent des notations d'un charmant réalisme. Au total, l'étude attentive du texte, même dans ces premières parties, fait apparaître chez ce rêveur, cet idéaliste, ce chimérique un sens aigu des réalités psychologiques et morales, et chez ce poète lyrique en « délire », un sens exact des possibilités de la prose, une conscience critique toujours en éveil.

Dans l'immense littérature consacrée à la conception de l'amour chez Rousseau et particulièrement dans *La Nouvelle Héloïse*, signalons, outres les grands ouvrages de Pierre Burgelin, *La philosophie de l'existence de J.-J. Rousseau*, Paris, 1952, chap. xiv, « Le toi et le moi », pp. 372-405 et de Jean Starobinski, *J.-J. Rousseau. La transparence et l'obstacle*, Paris, 1958, l'étude très riche de J.-L. Bellenot, « Les formes de l'Amour dans la « Nouvelle Héloïse » et la signification symbolique des personnages de Julie et de Saint-Preux », dans les *Annales J.-J. R.*, t. XXXIII, pp. 149-208.

Pour replacer les réactions de Rousseau dans leur contexte historique, cf. les deux grands ouvrages d'ensemble de P. Trahard, *Les Maîtres de la sensibilité française au XVIIIe siècle*, et d'A. Monglond, *Histoire intérieure du Préromantisme français*, l'essai brillant, discutable, mais suggestif de Denis DE ROUGEMONT, *L'Amour et l'Occident,* Paris, 1939; les chapitres IX, X, et XI du livre de Robert MAUZI, *L'Idée du bonheur au XVIIIe siècle,* Paris, 1960, une excellente chronique d' « érotique générale » d'Henri-I. MARROU, « Histoire d'Amour », *Esprit,* 1er décembre 1945, pp. 899-916. Enfin, l'étude brève, mais délicate et sûre de Roger PONS, « Julie ou l'incertaine guérison d'un cœur », dans *Procès de l'Amour,* 2e éd., 1955, pp. 49-60.

Les études sur le style, sur la langue et, d'une façon générale, sur les moyens d'expression de Rousseau dans la *N.H.* sont beaucoup moins nombreuses. On consultera utilement dans la grande *Histoire de la langue française* de Brunot et Bruneau (t. VI, 2e partie) les chapitres d'Al. François sur *La phrase* (section VII) en particulier, livre II, *La phrase pittoresque ;* livre III, *La phrase sentimentale,* chap. II, *Le langage de la conversation* (où l'on voit comment la tendance de Rousseau à l'éloquence et au lyrisme l'a écarté du naturel d'un Laclos, d'un Beaumarchais ou même d'un Diderot), mais surtout livre IV (pp. 2066 sq.). *La phrase musicale,* où Al. François montre que la grande discussion autour de l'opéra italien et des vertus musicales comparées du français et de l'italien a exercé une influence considérable et qu'elle a abouti à « une culture spéciale de la prose en tant que substitut du vers ». Il y fait des distinctions utiles (p. 2105) entre « nombre poétique » et « nombre oratoire », esquisse une véritable histoire de la prose poétique de Fénelon à Senancour (pp. 2109 sq.) et signale que l'obsession de cette forme d'expression chez Rousseau s'est traduite, dès 1754, dans cette note de son carnet de voyage autour du lac de Genève : *Comment être poète en prose ?* Al. François a utilisé un très précieux article de P.-M. MASSON, « Contribution à l'étude de la prose métrique dans La Nouvelle Héloïse » (*Annales J.-J. R.*, t. V, pp. 259-271), où par l'analyse précise de quelques passages (empruntés d'ailleurs aux dernières parties de l'ouvrage) a été mise en lumière l'intention délibérée de Rousseau de donner à sa prose, au moins à certains moments, un aspect spécifiquement « lyrique ». P.-M. Masson pense que ces « groupes métriques » s'organisent « tantôt (...) selon une loi d'instinct, tantôt, et le plus souvent peut-être, (...) selon une loi consciente » (p. 259), qu'ils sont « très habilement irréguliers pour la plupart » et qu'ainsi leur « sinueuse liberté enlève à tous ces vers bien définis la monotonie lassante des vers blancs » (p. 262). Il note encore que l'un des rythmes préférés de Rousseau est l'octosyllabe (ce qui n'est pas pour nous étonner chez un musicien d'opéra) : « aux heures de tristesse ardente et de trépidation sentimentale, ils apparaissent aussitôt, soutenus et élargis çà et là par un décasyllabe ou un alexandrin » (p. 263). Il ajoute que les vers apparemment impairs peuvent fort bien être prononcés comme des vers réguliers, « si, au lieu de compter les syllabes, on laisse la prononciation supprimer l'*e* muet » (p. 265). Remarque très juste, mais dont Masson n'a pas tiré tout le profit possible. Que nous révèlet-elle en effet de l'artiste qui écrit de pareils « vers » sinon qu'il est un fabricateur de livrets d'opéras ? Il cite enfin cette déclaration formelle des *Confessions* : « J'ai fait de tems en tems quelques vers; c'est un exercice assez bon pour se rompre aux inversions élégantes et apprendre à mieux écrire en prose » (*O.C.*, Pléiade, t. I, p. 157), phrase capitale, mais qui indique une orientation très dangereuse, ce qui eût fait frémir d'impatience un Voltaire, un Stendhal, un Valéry qui eussent considéré comme une hérésie l'idée seule d'un « passage » possible de l'un à l'autre de ces deux domaines de l'art, à leurs yeux radicalement hétérogènes. Le fait est là : Rousseau a tiré de son impuissance de poète en vers un merveilleux pouvoir de poète en prose. Comment ? C'est un mystère que l'on n'a pas encore sérieusement tenté d'éclaircir. Mais l'étude la plus éclairante est l'article récent d'Auguste Brun, *Mélanges Charles Bruneau* (pp. 41-47) sur le « style haletant » qu'il définit, explique et illustre par des textes empruntés aux essais théoriques et aux ouvrages dramatiques de Diderot, de Beaumarchais et de Baculard, ancêtres du mélodrame. Or, ces analyses définissent exactement certains aspects stylistiques du roman, particulièrement apparents dans ces premières parties. On s'étonne que le roman de Rousseau n'y soit pas signalé. Sans doute n'appartient-il pas au genre « dramatique »; mais précisément c'est cela qui est important à nos yeux. Lequel des deux « genres » a-t-il précédé l'autre ? ou encore, lequel des deux amis, Diderot ou Rousseau, a-t-il été le « maître » de l'autre dans l'invention de ce style ? Impossible de répondre à cette question puisque jusqu'en 1756 l'intimité entre les deux hommes était complète et que les premières parties de *La Nouvelle Héloïse* et *Le Fils naturel* furent écrits à peu près à la même date. La vérité, c'est qu'ils ont puisé tous deux à la même source. La meilleure définition du style « haletant » c'est en effet par un musicien et à propos de l'opéra italien qu'elle a été donnée : « C'est au cri animal de la passion, à nous dicter la ligne qui nous convient. Il faut que ces expressions soient pressées les unes sur les autres; il faut que la phrase soit courte; que le sens en soit coupé, suspendu (...) Il faut que les passions soient fortes; la tendresse du musicien et du poete lirique doit etre extreme. L'air est presque toujours la peroraison de la scene. Il nous faut des exclamations, des interjections, des suspensions, des interruptions, des affirmations, des negations; nous appelons, nous invoquons, nous crions, nous gemissons, nous pleurons, nous rions franchement... » (Diderot, *Le Neveu de Rameau,* éd. Jean Fabre, 1950, pp. 86-87.)

Nous avons vu dans l'Introduction et dans les préfaces l'importance accordée par Rousseau à la *vérité,* donc à l'accent, au ton et finalement à la musique. On se reportera sur ce sujet à deux autres textes très importants : 1° l'*Essai sur l'origine des langues* où est proclamée l'antériorité du chant sur la parole et de la poésie sur la prose comme du sentiment sur l'intelligence rationnelle. 2° L'*avant-propos* du premier état des *Confessions* où Rousseau a expliqué plus délicatement qu'en aucune page de son œuvre, l'importance des recherches de style pour l'expression de la vérité de l'âme (*O.C.*, Pléiade, t. I, pp. 1153-1154). Deux lettres du roman lui-même ont aussi un grand intérêt et il n'est pas sans signification qu'elles se situent dans les premières parties : 1° la lettre 48 de la Ire partie sur la musique italienne où à propos de chant, le romancier nous a donné la plus juste définition de son propre style, 2° la lettre 16 de la IIe partie où Saint-Preux explique à Julie la nécessité des figures de style pour une traduction authentique de certains sentiments. « C'est par le style », a écrit Jean Fabre, « qu'on entre en communication avec Rousseau (...) Tels passages, qui disent apparemment la même chose (ou le contraire), n'auront pas la même signification suivant qu'on est obligé de se les réciter à demi-voix, qu'ils appellent la déclamation, ou que, parfaitement amorphes, ils ne sollicitent ni la diction ni l'oreille (...) Une rhétorique et une poétique — que Rousseau en ait exposé lui-même les éléments ou qu'on les tire d'une réflexion sur ses ouvrages — sont aussi indispensables à l'intelligence de sa pensée qu'à celle des *Pensées* de Pascal. » (*Annales J.-J. R.*, t. XXXIII, pp. 317-318.) On ne saurait mieux dire... Malheureusement de tels travaux sont encore à naître !

2. Les lettres 1 à 5 forment un tout bien à part caractérisé par un rythme très rapide. *Molto agitato,* dans les trois premières lettres de Saint-Preux, et dans les cinq « billets », il s'étale et s'élargit — sans vraiment s'apaiser — dans les deux grands airs des protagonistes (lettres 4 et 5) qui, selon la formule de Diderot, sont « la péroraison de la scène ». Le début *in medias res* est très vif et les admirateurs du roman ne manquèrent pas de mettre en lumière ce mérite purement technique : « M. Rousseau est entré aussi avant dans son sujet par cette première lettre que M. Richardson dans les trois premiers volumes de *Clarisse* » disait Suard en décembre 1761 dans le *Journal Étranger* (article traduit du *Critical Review* et reproduit dans les *Variétés littéraires,* nouv. éd., 1804, t. III, pp. 143-152). Le style est caractérisé par un emploi constant, pour ne pas dire abusif, de métaphores : feu, flamme, prison, poison; d'antithèses précieuses : les yeux si doux qui me donnent la mort, le poison qui nourrit et qui tue; d'exagérations : le baiser qui tue, la seule grâce que j'attends de vous est de hâter mon supplice...; de formes suaves : *résistâtes, laissâtes,* etc. Tout se passe comme si dès l'ouverture, Rousseau avait voulu nous offrir un « à la manière de ». Mais non ! Il joue en effet d'un certain instrument mais il le fait avec conviction. Il s'assagira peu à peu.

Son héros se distingue franchement du « séducteur » classique, dont le modèle le plus illustre est alors Lovelace. Apparemment Saint-Preux agit exactement comme celui-ci; mais il *aime vraiment !* Il se trompe plus qu'il ne trompe. Est-il même certain d'être « coupable » ? C'est cette angoisse du personnage, cette marche à tâtons dans la nuit du désir, cette contradiction permanente entre le bien qu'il veut et le mal qu'il fait, cette lutte entre la chair et l'esprit, ce sentiment que l'un *et* l'autre sont bons, ce mélange d'obstacles sociaux conventionnels et d'obstacles moraux personnels et profonds, c'est tout cela qui fait la force de ces premières parties où il y a tant de mensonges, tant de masques. Mensonges et masques sont aussi d'une certaine manière la vérité.

La situation fondamentale — le précepteur, d'origine roturière, amoureux de sa noble écolière — avait dû être vécue par Rousseau bien des fois au cours de sa jeunesse, en particulier à Chambéry, au temps des « belles écolières » (mais les mères alors le tentaient plus que leurs filles...); puis à Lyon, lorsqu'il fut précepteur du fils de M. de Mably; plus tard encore dans ce Paris où de nobles personnes lui demandaient volontiers conseil pour l'éducation de leurs filles. Ces intrigues n'allèrent jamais très loin. En revanche nous savons qu'en 1741, avant de quitter Lyon, il eut avec une jeune fille, Mlle Serre, mais qui n'était, elle, ni une aristocrate, ni son écolière, une liaison assez sérieuse pour avoir songé au mariage. Il avait été plus sage que Saint-Preux. « Elle m'accorda une confiance qui m'ôta la tentation d'en abuser. » Ils étaient pauvres tous les deux; le mariage était impossible. Il la poussa à épouser un négociant, Victor Genève, et « pour ne pas troubler leurs innocentes amours » il se hâta de partir. Plus que la situation même, c'est le commentaire dont Rousseau l'accompagne qui situe cette histoire vraie dans le même climat que celui du roman : « Occupé de mes tendres regrets durant toute ma route je sentis et j'ai souvent senti depuis lors en y repensant que si les sacrifices qu'on fait au devoir et à la vertu coûtent à faire, on en est bien payé par les doux souvenirs qu'ils laissent au fond du cœur. » (*O.C.*, Pléiade, t. I, pp. 281-282 et notes pp. 1375 et 1376.)

Plus explicite que les *Confessions,* la *Correspondance complète* nous fournit deux documents qui projettent un jour assez vif sur les expériences amoureuses du Rousseau de la vingtième année et permettent de serrer de plus près le problème des rapports entre la vie et le roman. Le premier est une lettre datée de 1739 dont la destinataire est vraisemblablement Suzanne Serre. On y voit que Jean-Jacques, dans une situation sensiblement différente de celle de Saint-Preux (il s'adresse à une cruelle qui l'a traité « avec une dureté incroyable » et qui a « eu des liaisons »), éprouve des sentiments très semblables à ceux qu'il prêtera trente ans plus tard à son héros et les exprime déjà de la même façon : « Je me suis exposé au danger de vous revoir, et vôtre vuë a trop justifié mes craintes en rouvrant touttes les plaies de mon cœur : J'ai achevé de perdre auprès de vous le peu de raison qui me restoit, et je sens que dans l'état où vous m'avez réduit je ne suis plus bon à rien qu'à vous adorer. Mon mal est d'autant plus triste que je n'ai ni l'espérance ni la volonté d'en guérir, et qu'au risque de tout ce qui en peut arriver il faut vous aimer éternellement. Je comprens mademoiselle qu'il n'y a de vôtre part à espérer aucun retour, je suis un jeune homme sans fortune, je n'ai qu'un cœur à offrir, et ce cœur, tout plein de feu, de sentimens et de délicatesse qu'il puisse être, n'est pas, sans doute, un présent digne d'être receu de vous (...) Hélas ! Si vous vouliez m'écouter, j'ose dire que je vous ferois connoître la vraie félicité, personne ne sauroit mieux la sentir que moi, et j'ose croire que personne ne la sauroit mieux faire éprouver. Dieux ! si j'avois pu parvenir à cette charmante possession; j'en serois mort assurément ! et comment trouver assés de ressources dans l'âme pour résister à ce torrent de plaisirs ! (...) je ne puis résister aux piéges d'une chimére séduisante, votre charmante image me suit par tout, je ne puis m'en défaire même en m'y livrant, elle me poursuit jusques pendant mon sommeil, elle agite mon cœur et mes esprits[s], elle consume mon tempérament (...) Le ciel pardonne les fautes involontaires, ne soiez pas plus sévère que lui et contez pour quelque chose l'excès d'un penchant invincible, qui me conduit malgré moi bien plus loin que je ne veux (...) il faudroit que vous fussiez un monstre de barbarie pour me refuser au moins un peu de pitié » (*C.C.*, t. I, pp. 103-104).

La seconde lettre (que nous estimons authentique, écrite entre 1735 et 1742) est adressée à une Mlle La Bussière à Lyon. Rousseau y déclare, avec une ferveur exaltée, un amour né du hasard heureux qui lui a permis d'apercevoir la belle au bain. Cette aventure, qui fait songer à Fragonard, paraît nous éloigner du roman; mais les commentaires dont Jean-Jacques accompagne son récit nous y ramènent. D'abord par l'importance accordée à la voix dans la naissance de l'amour : « L'amour a tout opéré, dès l'instant que votre voix enchanteresse (...) a pénétré jusqu'à mon cœur... » Mais surtout par l'affirmation qu'un plaisir sensuel où ne se mêlerait pas l'innocence serait pour lui anéanti. Avec quelle éloquence s'exprime cet amoureux moraliste ! « Mais pourquoi vous taire ici le plus redoutable de ses pièges, et celui sans lequel j'eusse peut-être échappé à tous les autres ? Je ne craindrai point de le dire, Mademoiselle : il doit nous faire honneur à tous les deux. Oui, ce sont moins ces yeux (...) c'est moins, dis-je, le détail et l'ensemble de tant de charmes qui m'ont séduit, que cette rougeur aimable, fille de la pudeur et de l'ingénuité, dont j'aperçus votre front se couvrir, dès que je m'offris à votre vue, après vous avoir démasqué trop malignement mon indiscrétion par un couplet que je chantai. Dieux ! que vous étiez belle, tant il est vrai que la vertu est le fond le plus séduisant de la beauté !... » (*C.G.*, t. I, pp. 40-41.) Notons encore l'extrême sensibilité *physique* aux émotions d'amour : « dans l'instant où vos yeux rencontrèrent les miens, mes genoux chancelants, ma vue obscurcie, me permirent à peine de poursuivre mon chemin. » Et ces phrases pressantes qui, excusant l'aveu, implorent la « consolation » : « j'ai voulu vous oublier; j'ai tout tenté pour vous chasser de mon cœur. Efforts impuissans ! Je me sens capable de souffrir tout, hors l'idée de votre haine... » (*Ibid.*, pp. 41-42.) Saint-Preux est déjà là tout entier. Tout entier, sauf le complexe d'infériorité du roturier en face de la fille noble sur laquelle il a osé lever les yeux et dont il sait qu'un obstacle infranchissable le sépare. Il est remarquable que Rousseau ait été très avare d'indications sur la situation sociale de son héros, qu'il ne lui attribue ni une famille, ni même un nom. Il affirme qu'il donne des leçons d'une manière purement désintéressée, mais c'est au mépris de toute vraisemblance ! Sans doute a-t-il voulu éviter dans la peinture de son monde enchanté tout ce qui rappellerait une réalité grinçante et serait source de trop grave souffrance. En fait, dès la première lettre, le ressentiment du pauvre ou du roturier apparaît chez Saint-Preux : « un homme dont la naissance et la fortune ne peuvent lui permettre d'aspirer à vous... » Il s'étalera longuement dans les lettres I, 15 sq., lorsque Julie proposera de l'argent à son amant. Ce complexe est un des plus profonds de Jean-Jacques, l'un de ceux qui l'ont fait le plus souffrir, l'un de ceux aussi qui n'ont cessé de hérisser contre lui les riches et les puissants, suscitant au contraire l'ardente sympathie des « humiliés et offensés ». Ici deux épisodes sont particulièrement significatifs. Le premier est le dîner chez le comte de Gouvon à Turin où le « valet » Jean-Jacques « connut un de ces momens trop rares qui replacent les choses dans leur ordre naturel et vengent le mérite avili des ouvrages de la fortune » (*Confessions, O.C.*, Pléiade, t. I, pp. 95-96). L'autre est l'histoire de l' « homme au beurre » — qui a suscité une note du roman que nous commentons (cf. *infra,* var. (*b*), p. 610). Cf. encore dans *C.C.* (t. II, pp. 50-53.) la lettre du comte de Montaigu à l'abbé Alary, datée de Venise, 15 août 1744 : « Je l'ai chassé, comme un mauvais valet, pour les insolences auxquelles il s'est porté (...) je crus qu'il était fou... »; et surtout la lettre de Jean-Jacques à Mme de Bezenval en novembre 1744 où éclatent d'étonnants accents à la Figaro : « J'ai tort, madame, je me suis mépris. Je vous croyais juste, vous êtes noble; j'aurois dû m'en souvenir; j'aurois dû sentir qu'il est inconvenant à moi, étranger et plébeien, de réclamer contre un gentilhomme. Ai-je des aïeux, des titres ! l'équité sans parchemin est-elle l'équité ?... » (*C.G.*, t. I, p. 262.) Cette lettre est vraisemblablement apocryphe. Cf. encore à ce sujet, les relations de Jean-Jacques et de Mme d'Épinay, avant, pendant et après la composition du roman, la fameuse « lettre à Grimm » dont H. Guillemin a rétabli le texte dans les *Annales J.-J. R.,* t. XXIX.

P. 33.

(*a*). Ms. Rey : *destinés l'un pour l'autre...*

(*b*). Éd. Rey 1763 : *des bontés.*

1. Peut-être ne faut-il voir dans cette phrase que de la littérature précieuse. Elle nous semble révélatrice pourtant d'un aspect essentiel de l'érotisme de Rousseau : l'exigence d'une souffrance procurée par l'être aimé. Il s'est longuement expliqué sur ce point dans les *Confessions* (cf. *O.C.*, Pléiade, t. I, p. 15 et note p. 1242), cf. *supra,* lettre 2 (Ire partie) : « Punissez-moi... »

2. La beauté blonde eſt la beauté classique ; très particulièrement celle chantée par Pétrarque (cf. IIe partie, l. 1). Mais c'eſt aussi la beauté chère à Rousseau. Mme de Warens avait « des cheveux cendrés d'une beauté peu commune » et auxquels « elle donnoit un tour négligé qui la rendoit très piquante » (*O.C.*, Pléiade, t. I, p. 50). Peut-être n'eſt il pas inutile (à l'usage des exégètes qui veulent à tout prix faire de Mme d'Houdetot l'original de Julie) de noter que celle-ci « avoit une foreſt de grands cheveux noirs naturellement bouclés qui lui tomboient au jarret » (*ibid.*, p. 439).

3. *Puérile*. Bouhours remarque que les adjectifs qui ont l'*i* bref en latin se terminent par *ile* en français (*agilis*, agile) ; ceux qui ont l'*i* long en latin par *il* (*civilis*, civil). Féraud, dans son *Dictionnaire critique* de 1788 note : « L'Acad. avait mis d'abord *puérile* pour les deux genres. M. Linguet, J.-J. Rousseau et d'autres Auteurs ont employé cette orthographe. »

4. Sur l'importance de ce thème dans la conception rousseauiſte de l'amour cf. *supra*, p. 31, n. 1. En un certain sens ce roman d'amour eſt une suite de variations sur les jeux de la personnalité, sur la nécessité mais l'étrange difficulté de la fidélité à soi-même. Cf. ces mots : « Soyez, hélas, une autre que vous même, pour que mon cœur puisse revenir à lui. » Dans toute cette première séquence, Rousseau a voulu que l'attitude, le comportement de Julie reſtent pour le lecteur — comme pour Saint-Preux — myſtérieux, inexpliqués. Il faudra, pour comprendre, attendre la lettre 18 de la IIIe partie où Julie fera un long « retour en arrière ». Cette apparente maladresse eſt une habileté suprême.

P. 34.

(*a*). « Vous changez tout à coup de maintien ». Ces mots manquent dans l'éd. Rey 1763.

P. 35.

(*a*). Vers traduits par Rousseau dans D.C. : « *Et l'amour vous ayant rendue attentive, vous voilâtes vos blonds cheveux et recueillîtes en vous-même vos doux regards.* » Il ajoute : *Métaſt.* C'eſt une erreur. Cette citation eſt tirée d'un *ballata* de Pétrarque : « *Lassare il velo o per Sole o per ombra.* »

1. Sur Pétrarque, cf. *supra*, p. 3, n. 1. On notera la platitude de la traduction : c'eſt en italien que Rousseau se chante à lui-même ces vers. L'attribution erronée à Métaſtase prouve à l'évidence le caractère spontané de ces citations et l'indifférence de Rousseau au contexte. Technique d'incantation.

P. 37.

(*a*). Au verso du fo 188 du recueil de brouillons à l'Assemblée Nationale on trouve un premier état de cette suite de billets. Le premier a déjà sa forme définitive. La réponse eſt différente : *Quelque jugement que vous portiez de moi, mon cœur se rend juſtice, il eut pu vaincre pour la vertu ; mais il ne peut supporter vos mépris et je pars...* Le deuxième billet était ainsi ébauché : *Non, Monsieur, après ce que vous avez osé,* puis, en interligne, *après ce que vous avez paru sentir, après ce que...*

La réponse à ce billet a fait l'objet de trois rédactions successives; première rédaction : *Je vous entens et vous saurez dans deux jours qui j'aimois le mieux de la vie ou de vous...*; deuxième : *Vous avez raison et demain vous saurez qui...*

(*b*). Ms. Rey : *un cœur digne du mien.* Dans les Changements, Rousseau écrit à Rey : mettez : *un cœur vertueux ;*

P. 38.

1. « Que signifie un pareil langage ? Est-il dans la nature ? Et si l'esprit le plus exercé a besoin de réfléchir pour le comprendre, doit-il se trouver dans la bouche de deux jeunes personnes simples et éloignées de toute subtilité ? » Ces réflexions de l'honnête Eymar, transmises par Musset-Pathay (*Œuvres complètes de Rousseau,* 1825, t. 24, p. 285) sont assez raisonnables. Que répondre ? Sinon que Rousseau avait été un lecteur passionné de romans précieux, et de Corneille et de Sénèque dont les « sentences » aussi noblement frappées que subtilement hermétiques ont profondément influencé son style. Rappelons que ce goût des lettres et des lettres brèves, incisives, dont l'échange est comme une rapide passe d'armes, reflète la réalité des mœurs. Une des journées les plus dramatiques de l'été 1757 sera marquée par l'échange de cinq billets passionnés et meurtriers entre Jean-Jacques et Mme d'Épinay (*Confessions, O.C.*, Pléiade, t. I, pp. 450-453).

2. Ce mot est pris au sens figuré d'importuner dès le XVIIe siècle. Richelet, édition de 1732, donne comme exemple Molière : « Vous avez trop d'amans qu'on voit vous obséder » (*Mis.*, II, 1) et Régnier : « Apollon m'obsède » (*Sat.* 15). Malgré l'opinion de l'abbé Desfontaines, le Richelet « portatif » de 1756 maintient comme définition : « *Obséder,* Verbe actif, être assidûment autour de quelqu'un avec dessein de l'épier ou d'en obtenir quelque chose. »

P. 39.

(*a*). Dans sa feuille de changements, R. a écrit : « p. 13 : Tout en haut, je ne sais pas bien comme il y a; mais il faut ainsi : *entendue ? Ah tu en as trop vû pour ne pas deviner le reste ! Entrainée par degrés...* » Rey a reporté l'addition en marge à la page 13 du manuscrit.

1. Écho évident de la *Phèdre* de Racine : « Ah ! cruel tu m'as trop entendue ! » C'est le premier; ce ne sera pas le dernier ! Cf. la suite : « Je n'ai rien négligé... » « J'implore en vain le ciel ». Cf. surtout la dernière lettre de la IIe partie après la découverte des lettres, véritable décalque en prose lyrique de la poésie dramatique de Racine. Rousseau avait été un lecteur et un auditeur enthousiaste de Racine. Le témoignage le plus célèbre en est la *Lettre à d'Alem-*

bert où la critique du moraliste sur *Bérénice* ne dissimule nullement la vive admiration de l'artiste. D'une manière plus générale rappelons ici que Rousseau était un passionné de théâtre. En septembre 1737, passant par Grenoble pour aller à Montpellier, il alla voir *Alzire*. La représentation était mauvaise; pourtant il ne « laisse pas d'être ému jusqu'à en perdre la respiration ». Il craignit même de ressentir quelque tems l'émotion qu'il avait éprouvée (*C.C.*, t. I, p. 49). Cette ferveur explique le caractère « dramatique » de son style de romancier. Elle explique aussi que dans le programme de lectures que Saint-Preux établit pour Julie, et d'où sont exclus les ouvrages d'imagination, une exception ait été faite au dernier moment — comme si Rousseau avait eu un remords devant une telle ingratitude — pour « les maîtres du théâtre françois », en même temps que pour les trois poètes italiens.

2. Saint-Preux dira exactement la même chose : « Si j'avois évité ce premier regard qui me fit une autre âme (...) Un moment d'erreur a tout changé... » (p. 190). Dans sa longue lettre de retour en arrière (III, 18), Julie reviendra, en un bel alexandrin, sur ce caractère foudroyant de l'amour et du premier regard « et mon cœur fut à vous dès la premiere vue » (p. 340). Cette psychologie est celle des héros raciniens de qui Rousseau s'inspire ici sans aucun doute : *Je le vis, je rougis, je pâlis à sa vue ; Un trouble s'éleva dans mon ame éperdue*... gémit Phèdre (I, 3). A quoi répond, en écho, la plainte d'Hippolyte : *Un moment a vaincu mon audace imprudente* (II, 2). Elle est aussi celle des personnages de deux romanciers qu'il admirait, l'abbé Prévost dont le plus célèbre roman offre un cas de passion foudroyante particulièrement éclatant, et Mme de La Fayette qui dans *Zayde* à la fin de l'histoire de Gonzalve de Cordoue fait dire à son héros : « Voilà, seigneur (...) comme j'ai été puni d'avoir osé soutenir, contre vous, qu'on ne devait aimer qu'après une longue connaissance. » Mais elle correspond aussi et surtout à son expérience intime. Qu'on se rappelle le récit de sa première rencontre avec Mme de Warens : « je la vois, je l'atteins, je lui parle (...) je dois me souvenir du lieu; je l'ai souvent depuis mouillé de mes larmes et couvert de mes baisers... » et le commentaire qui l'accompagne : « Que ceux qui nient la sympathie des ames s'expliquent, s'ils peuvent, comment de la prémiére entrevue, du prémier mot, du prémier regard, Made de Warens m'inspira non seulement le plus vif attachement, mais une confiance parfaite et qui ne s'est jamais démentie. » (*Confessions, O.C.*, Pléiade, t. I, p. 52.) On comprend qu'il ait tenu à prendre nettement position contre les railleries de Richardson sur le « coup de foudre » dans la note qu'il inscrivit tardivement en tête de la lettre 18 de la IIIe partie.

P. 41.

(*a*). Ms. Rey : *pour craindre un (penchant) homme...*

(*b*). Dans Br. Rousseau avait d'abord écrit : *le sacré caractère*. Il a rayé ces mots sur le Ms. Rey pour les remplacer par le texte actuel. Le mot « caractère » est employé en effet dans le paragraphe suivant.

(*c*). Texte du Ms. Rey : *Croi-tu qu'il soit un (mortel) homme assés abjet (dans le monde) sur la terre.*

1. *Enseigne :* « marque, indice servant à reconnaître quelque chose » (*Dict. Acad.*, 1762).

P. 42.

(*a*). Ms. Rey : ... *qu'avec ton amant. O si jamais cet amant (heureux) (ingrat) heureux s'oublie un moment devant toi dis hardiment, il ne m'aime plus ; bannis (à) le à jamais, et qu'il meure.* La correction est indiquée par Rousseau dans la feuille de changements : « p. 17 : vers la fin de l'alinéa, après ces mots : *qu'avec ton amant.* Mettez ainsi la période qui suit. » Notons le mot *période.* Ces lettres sont des « hymnes » !

1. Ce sentiment étrange est parfaitement inexplicable si l'on s'en tient à la situation où se trouvent les deux jeunes gens. En revanche, tout s'éclaire si l'on se reporte à l'expérience amoureuse essentielle de Jean-Jacques, celle qui le lia pendant de si longues années à une femme qu'il appelait « maman ». « A force d'user avec elle de la familiarité d'un fils je m'étois accoutumé à me regarder comme tel. Je crois que voila la véritable cause du peu d'empressement que j'eus de la posséder quoiqu'elle me fut si chére (...) Fus-je heureux ? Non, je goûtai le plaisir. Je ne sais quelle invincible tristesse en empoisonnoit le charme. J'étois comme si j'avois commis un inceste. » (*Confessions,* l. V, *O.C.*, Pléiade, t. I, pp. 196-197.)

P. 43.

(*a*). « Souviens-toi de tout... la regretter. » Ce passage a été ajouté au dernier moment, selon les indications données à Rey dans la feuille de changements.

1. Cette lettre et la suivante marquent une baisse sensible du ton. Le romancier présente Claire, indique les possibilités offertes à Julie pour des amours clandestines, fait admettre à son lecteur que ces deux jeunes provinciales soient si éveillées aux choses de l'amour. Peut-être aussi a-t-il voulu poser le problème de l'éducation des filles ? Il a lu Fénelon. Il prépare l'*Émile* où Sophie occupera une place importante. Cependant ces préoccupations sont encore refoulées à l'arrière-plan. Elles surgiront à nouveau de façon beaucoup plus sensible lorsqu'il rédigera les dernières lettres. Mais l'oraison funèbre de Julie est à notre goût un peu sèche.

P. 44.

1. *Bonne :* « nom qu'on donne à la gouvernante d'un enfant. » (*Dict. Acad.*, 1762.)

P. 45.

1. Rousseau a tenu à opposer très franchement ses deux héroïnes : procédé de composition d'opéra. Plus tard, les nécessités du roman le conduiront à faire de Claire un personnage plus complexe. Elle sera elle aussi une « victime » de l'amour.

2. C'est la définition exacte de la situation sociale de Rousseau (sur le « complexe du roturier », cf. p. 31, n. 2).

P. 46.

(*a*). « Je ne suis pas... moins sensible. » C.L. donne de ce développement une version assez différente : *Tout notre monde dit que c'est une folie de passer le printemps à la campagne. On s'y plaint du froid et du chaud : rien ne garantit du soleil à la promenade, et il faut se chauffer au logis. J'ai été si occupée depuis six semaines que je n'ai songé à rien et je n'ai garde aujourd'hui de les contredire. Mon père de son côté s'aperçoit fort qu'on a la gazette ici plus tard qu'à la ville ; grande raison pour y retourner. C'est aussi le parti qu'il va prendre à présent que tous ses travaux sont ordonnés. Ainsi je vais le prier de me permettre de prendre les devants et d'aller attendre chez toi son retour. Il ne refusera pas cet arrangement ; car que lui importe ! Tu m'embrasseras donc au plus tard dans trois jours. Il est vrai que trois jours font je ne sais combien d'heures, dont plusieurs sont destinées à la philosophie. Fais au moins, petite cousine, que toutes ces heures-là ne sonnent que pour le philosophe.*

Pardonne-moi mes badineries : tu sais que je ne saurais pleurer sans rire et que je n'en suis pas pour cela moins sensible.

On notera le chiffre de *trois jours*. Rousseau a hésité. Dans Ms. Rey, à la page qui précède celle où figure ce paragraphe, on lit des fragments de phrase qui font comprendre que le délai était alors de *deux jours*.

P. 47.

(*a*). Note absente dans C.L. Première note du « technicien » qui rattrape comme il peut ses maladresses.

1. Les lettres 8-14 constituent la deuxième étape de l'itinéraire amoureux : *la montée du désir*. Deux mois ont passé, Saint-Preux souffre, s'inquiète, exige davantage, tandis que Julie, soulagée par l'aveu de la peur de l'amour, et dont les sens n'ont pas d'exigence, connaît un bonheur parfait. Pathétique débat entre la Chair et l'Esprit ; plus profondément entre l'exaltation de la passion et le bonheur du repos. Nouvelle et beaucoup plus profonde déclaration d'amour de Julie à Saint-Preux dont elle exige un acte de total abandon. Celui-ci consent. Il reçoit alors sa récompense dans le baiser passionné du bosquet.

2. Sur l'intérêt de ces notes critiques de Rousseau sur son œuvre, cf. l'Introduction où nous soulignons les efforts, imparfaitement couronnés de succès, qu'il a faits pendant l'hiver 1756-1757

pour intégrer dans une « espèce de roman » des lettres écrites d'abord sans aucun plan (cf. Introduction, p. XLI).

P. 49.

(*a*). « Ne l'étiez-vous... artifice » : absent de C.L. où on lit à la place : *que faut-il que je pense de vous ?*

(*b*). « Je ne vois pas... valoir. » Phrase absente de C.L. où on lit à la place : *J'entrevois à travers vos plaintes, un petit arrangement systématique qui ne laisseroit pas d'être curieux à développer.*

1. Il est piquant de rappeler que Rousseau avait écrit, dix ans plus tôt à Chenonceaux pour les invités des Dupin, une comédie en trois actes qui portait ce titre : *L'Engagement téméraire*. Elle se terminait par cette moralité débitée par Lisette :

Souvent, parmi les jeux le cœur de la plus sage,
Plus qu'elle ne voudroit en badinant s'engage ;
Belles, sur cet éxemple apprenez en ce jour
Qu'on ne peut sans danger se joüer à l'Amour.

(*Supra*, p. 931.)

Mais entre cette pièce légère, rapidement écrite pour un divertissement mondain et dont le seul mérite aux yeux de Rousseau était d'avoir « beaucoup de gaité » et la situation dramatique où se débat Saint-Preux, il est difficile d'établir le moindre rapprochement.

On doit en revanche inscrire en marge de cette lettre certains fragments de la plus brûlante des lettres adressées par Jean-Jacques à Mme d'Houdetot, celle qui ne fut pas envoyée (*C.C.*, t. IV, pp. 273 sq.), datée par H. Guillemin (*Annales J.-J. R.*, t. XXIX, p. 188) du 15 octobre 1757 : « Si je n'ai pu contenir de même mes discours, mes regards, mes ardens désirs, de quoi peux-tu m'accuser si ce n'est de m'être engagé, pour te plaire, à plus que la force humaine ne peut tenir ? (...) S'il n'eût fallu triompher que de moi, peut-être l'honneur de vaincre m'en eût-il donné le pouvoir; mais devoir au dégoût de ce qu'on aime des privations qu'on eût du s'imposer, ah ! c'est ce qu'un cœur sensible ne peut supporter sans désespoir. Tout le prix de la victoire est perdu dès qu'elle n'est pas volontaire... » Il est inutile de supposer pour autant que c'est la vie qui a suggéré la fiction. Comme le note R. Osmont dans sa remarquable étude sur *La genèse et la composition de « La Nouvelle Héloïse »*, on peut voir au contraire par ce rapprochement que le roman « n'a pas seulement éveillé la vie profonde de Rousseau, mais qu'il a aussi alerté sa lucidité, sa sincérité à l'égard de lui-même... », car, remarque-t-il très justement, « cette supplication émouvante, avec ses pauvres ruses, Rousseau a renoncé à l'adresser à Mme d'Houdetot. La raison en est peut-être toute simple : il entendait en lui-même le jugement qu'il avait prononcé contre Saint-Preux dans la réponse de Julie (...) Surtout il se rappelait les premiers mots, impitoyables, de la lettre de Julie... » (*Annales J.-J. R.*, t. XXXIII, pp. 108-109).

2. « Est-ce *sang* ou *sens* ? On a écrit *sens :* je n'attendrai pas de sens froid cette nouvelle (Sévigné, 320) (...) Les grammairiens ont décidé qu'il fallait dire *sang-froid* et *sens rassis,* parce que c'est le *sang* qui s'échauffe ou se refroidit et le *sens* qui se trouble ou se rasseoit. Mais il est très probable que c'est *sens* qu'on a entendu primitivement dans la locution (un sens froid comme un jugement froid); puis la ressemblance des significations a conduit à une méprise... » (Littré.)

P. 51.

(*a*). Ms. Rey donne ici la note suivante de Rousseau : *Lettre V, à la fin du deuxième alinéa.*

(*b*). Ce vers de Métastase *(Il tempio dell'Eternità)* a été traduit par Rousseau dans D.C. : *Et le plaisir s'unit à l'honnêteté.*

1. Toute cette analyse sera reprise et développée par Julie dans sa lettre récapitulative (III, 18). Jean-Jacques pense peut-être ici à Mme de Warens : « Je connoissois trop son cœur chaste et son temperament de glace, pour croire un moment que le plaisir des sens eut aucune part à cet abandon d'elle-même (...) Pour elle, elle n'étoit ni triste, ni vive; elle étoit caressante et tranquille. Comme elle étoit peu sensuelle et n'avoit point recherché la volupté, elle n'en eut pas les delices, et n'en a jamais eu les remords. » (*Confessions,* l. V, *O.C.*, Pléiade, t. I, pp. 196-197). Sans doute exprime-t-il surtout sa réaction personnelle, la plus vraie, la plus profonde devant l'amour. Il n'a cessé de répéter que, pour lui, le moment le plus heureux n'était pas la « possession », mais la contemplation dans l'innocence et le calme des sens. « Rien de tout ce que m'a fait sentir la possession des femmes ne vaut les deux minutes que j'ai passées à ses pieds sans même oser toucher à sa robe. Non, il n'y a point de jouissances pareilles à celles que peut donner une honnête femme qu'on aime... », a-t-il écrit à propos de Mme Basile (*Confessions,* l. II, *O.C.*, Pléiade, t. I, pp. 76-77). Et dans la conclusion du récit de la journée de Thônes avec Mlle Galley et Mlle de Graffenried : « L'innocence des mœurs a sa volupté qui vaut bien l'autre, parce qu'elle n'a point d'intervalle et qu'elle agit continuellement. Pour moi, je sais que la mémoire d'un si beau jour me touche plus, me charme plus, me revient plus au cœur que celle d'aucuns plaisirs que j'aye goûtés en ma vie. » (*Confessions,* l. IV, *O.C.*, Pléiade, t. I, p. 138.) Mais ici encore ce sont les confidences sur ses amours avec Mme de Warens qui sont le plus éclairantes : « Je n'avois ni transports ni desirs auprès d'elle : j'étois dans un calme ravissant, jouissant sans savoir de quoi. J'aurois ainsi passé ma vie et l'éternité même sans m'ennuyer un instant. » (*Confessions,* l. III, *O.C.*, Pléiade, t. I, p. 107.) Et enfin cette formule décisive : « En un mot, j'étois sage parce que je l'aimois. » (*Ibid.*, p. 109.)

2. Sur ce thème, cf. *supra,* p. 12, n. 1. Sur l'innocence, condition indispensable du véritable amour, cf. p. 31, n. 2. Cf. aussi les

épisodes et les textes cités dans la note 1, p. 51. Et la longue note des éditeurs des *O.C.*, Pléiade, t. I, pp. 1268-1269. Il s'agit là d'une exigence fondamentale de la sensibilité de Jean-Jacques. Nous avons vu dans l'Introduction qu'avant 1756 elle n'avait jamais été vraiment satisfaite. Elle ne pouvait l'être davantage avec Mme d'Houdetot. Et c'est elle qui donne son caractère pathétique à la crise où s'est débattu Jean-Jacques. Sans elle ce n'eût été qu'une banale aventure de vacances.

3. Dans ce paragraphe particulièrement riche, il faut distinguer : 1° L'annonce d'un thème majeur de la méditation sur l'Amour, celui du *Temps*. L'amour aspire à l'éternité, à un perpétuel présent. Cette aspiration est-elle conciliable avec la condition humaine ? Toute la suite du roman sera un essai de réponse à cette question. On a noté l'importance des mots : présent, durée, changement, altération et, dans la réponse de Saint-Preux, la distinction qualitative des moments qui composent le temps. (Cf. sur ce thème l'excellente analyse de G. Poulet dans ses *Études sur le temps humain,* Paris, 1950, pp. 158-193.) 2° L'annonce d'un thème qui sera longuement traité par Claire dans la sixième partie et déjà dans la lettre 7 (IIIe partie) : La possession est le plus grave des dangers qui menacent l'amour. Comment y parer ? 3° La première apparition du grand air sur le bonheur perdu qui sera plusieurs fois chanté par les amants. Ce n'est encore qu'un « pressentiment », mais il sera promptement vérifié (cf. lettre 25 : « Je l'avois trop prévu... »). On est en droit de voir là, plus qu'une simple habileté technique, la vive réaction d'une sensibilité poétique.

P. 52.

(*a*). C.L. : *cent* ans.

P. 53.

1. Premier appel à la *nature*. Il est fait sur un ton assez peu convaincu et n'a de chance d'efficacité que dans la mesure où il s'appuie sur le *cœur*. Il n'est pas sans intérêt de noter la faible importance accordée dans le roman à ce mot clef du vocabulaire philosophique de Rousseau. Mais la « sagesse » qui semble ici s'opposer à la « nature » ne lui est-elle pas au contraire plus intelligemment soumise que ne le serait l'abandon au pur instinct ? La suite du roman nous révélera de plus en plus le caractère réaliste et conforme à la nature de la sagesse de Rousseau. (Cf. sur ce point P. Burgelin, *La philosophie de l'existence de J.-J. Rousseau,* chap. xiii.)

2. Sur cette « angélisation » ou « divinisation » de Julie, cf. p. 12, n. 1. Les dernières parties du roman et en particulier la lettre sur les vendanges (V, 7) iront beaucoup plus loin dans ce sens, dépassant le pétrarquisme un peu conventionnel de ce début. Jean-Jacques avait réussi à voir ainsi — malgré tant d'obstacles ! — Mme de Warens. Son attitude sera la même à l'égard de

Mme d'Houdetot, même après les graves défaillances qu'elle avait permises ou suscitées (cf. *C.C.*, t. IV, p. 273).

P. 54.

(*a*). « Je dois être... conviens » : absent dans C.L.

1. Jean-Jacques, un an plus tard, en face de Mme d'Houdetot s'est trouvé, lui aussi, écartelé entre ces deux exigences de son être : désir de posséder l'être aimé, crainte de le souiller, de l' « avilir ». Il a naturellement rencontré, peut-être même systématiquement utilisé, dans ses lettres à Sophie, certaines des formules que la situation romanesque lui avait inspirées. (Cf. *C.C.*, t. III, pp. 345-349 et surtout la longue lettre non expédiée pp. 273 sq.) Mais il leur a donné une force toute neuve en les intégrant à une expérience vécue. Lorsqu'on compare la chaude éloquence de ces lettres à la rhétorique un peu factice du roman, on juge vraiment peu acceptable l'hypothèse qui fait de celles-là la source de celui-ci.

2. Cf. I, 29, p. 96 : « c'est la pitié qui me perdit » et III, 18, p. 344 : « je me perdis pour vous sauver ». Il est très peu probable que Rousseau, comme le suggère Mornet (*N.H.*, t. II, p. 37, n. 1) ait ici songé à Thérèse et à sa propre « commisération » pour elle. En revanche, il paraît certain, qu'une fois de plus, il évoque Mme de Warens. Il a longuement expliqué les raisons de pure sagesse qui la décidèrent à devenir son initiatrice dans la vie sexuelle et que si elle abusa dans sa vie déréglée des faux principes qu'elle tenait de son premier amant, M. de Tavel, ce ne fut pas par désir sensuel, mais par charité « pour autrui », pour se mettre en accord avec « la bonté de son cœur. « ... il falloit qu'un homme qu'elle commençoit par plaindre fut bien peu aimable si elle ne finissoit par l'aimer » (*O.C.*, Pléiade, t. I, p. 198). L'appel à la pitié a tenu une grande place dans la crise de l'été 1757 : « Que je sois, à mon tour, sans pitié comme toi... » (*C.C.*, t. IV, p. 273.) « Quand les transports de la plus violente passion qui fut jamais t'excitoient à la pitié » (*ibid.*, p. 92), etc. Mais Rousseau avait déjà dit, en 1735, à la belle Lyonnaise surprise au bain : « Tranquillisez-moi sur cet article, Mademoiselle, ne fusse que par pitié. » (*C.G.*, t. I, p. 42.) Attitude classique du nerveux. « *J'implore ta pitié toi l'unique que j'aime* », dira Baudelaire.

P. 55.

(*a*). C.L. et Ms. Rey : *et de tirer parti de votre sexe pour l'acheter aux dépens du mien.*

(*b*). Un premier état de ces deux paragraphes, au crayon, se trouve inscrit au verso du f° 12 du recueil des textes groupés sous le titre de *Mon portrait*, et conservés à la Bibliothèque de Neuchâtel, ms R. 42. Il a été publié par Th. Dufour dans le tome IV des *Annales J.-J. Rousseau* (1908), p. 269, n. 2 : *Mon ami, crois moi, je vois plus clair que toi, je sens mieux ou m'entraîne, hélas, la pente de mon propre cœur. Ah ! si tu savois prévoir nos peines, tu serois moins ardent à les hâter. C'est en vain qu'à l'abri de ton sexe tu te flatterois de les éviter. Crois-moi, ton mal est incurable, ainsi que le mien ; je lis mieux que toi dans ton âme, où la mienne est sans cesse, et je crois me connoître en passions éternelles. Crois-en la plus tendre amie que le ciel même puisse former. Quoi qu'en ait ordonné la fortune, nos destinées sont à jamais unies et nous ne pouvons plus être heureux ou malheureux qu'ensemble.*

(*c*). C.L. : *Si la raison est plus faible chez les femmes, elle est aussi un peu plus tôt formée, comme un frêle tournesol a son cru plus tôt qu'un chêne ; il le passe en sortant de terre, et puis il meurt tandis que l'arbre croît.*

1. Mornet (*N.H.*, t. II, p. 38) rappelle que cette métaphore scientifique fut blâmée par Suard dans son *Parallèle entre la Clarisse de Richardson et la Nouvelle Héloïse de Monsieur Rousseau* publié dans le *Journal étranger* de décembre 1761, et que F. Gohin, dans *Les transformations de la langue française pendant la deuxième moitié du XVIIIe siècle* (Paris, 1903), ne la cite que chez Rousseau, alors qu'il relève bien d'autres comparaisons empruntées à la physique. Littré donne aussi ce seul texte comme exemple de l'emploi du mot *cohérence* au sens figuré. Il semble donc qu'on soit en présence d'un effet voulu, un peu lourdement souligné par Julie et qui s'explique par la formation scientifique assez poussée de l'auteur des *Institutions chimiques*. Ce souci d'une expression précise de la réalité psychologique caractérise le roman tout entier.

P. 56.

(*a*). « faites... tout est fait » : absent de C.L. qui donne : *Puisse-t-il être digne d'un si doux auspice.*

1. L'introduction de ce programme pédagogique au milieu d'un roman d'amour peut paraître surprenante. Rousseau l'a rendue vraisemblable par la profession de son héros et acceptable par sa brièveté et par un certain ton plaisant qui en atténue la gravité doctorale. D'autre part, il ménage ainsi à son lecteur une halte entre deux mouvements lyriques et passionnés. Rien ne permet de penser que ce texte ait été tardivement ajouté. Il était naturel que Rousseau fût tenté d'insérer dans son roman quelques réflexions sur un sujet qui le préoccupait depuis si longtemps. Il avait eu une véritable vocation d'enseignant. Dès la fin de 1735, il écrivait à son père : « Quant au poste de gouverneur d'un jeune seigneur, je vous avoue naturellement que c'est l'état pour lequel je me sens un peu de prédilection » (*C.G.*, t. I, p. 30). Son premier métier vrai fut celui de précepteur, chez le comte de Mably, gouverneur de Lyon en 1740. Il avait échoué; mais ce premier échec ne l'avait pas découragé. Peu après son arrivée à Paris, en 1743, il avait soumis à la belle Mme Dupin, « pour l'éducation de M. son fils », un long mémoire qu'il avait rédigé en 1740 à l'intention de M. de Mably (cf. *O.C.*, Pléiade, t. IV, pp. 1-32). En 1756, dans la

haute société parisienne, il était devenu une sorte de spécialiste de l'éducation, à qui les grandes dames venaient demander conseil. Quelques semaines avant son installation à l'Ermitage précisément, Mme d'Épinay lui avait soumis les deux premières de ces *Lettres à mon fils* qu'elle devait publier en 1759. Il lui avait répondu longuement et sans indulgence, selon son habitude (*C.C.*, t. III, pp. 182-184). Mais d'autres nobles amies l'avaient sollicité, Mme de Chenonceaux en particulier, que le système pédagogique de son mari « foisoit trembler pour son fils », dit-il au livre IX des *Confessions* (*O.C.*, Pléiade, t. I, p. 409). C'est à son intention qu'il méditait « depuis quelque tems un système d'éducation » lorsqu'il vint s'installer à l'Ermitage. C'est de là qu'allait sortir l'*Émile,* mais auparavant, et de la manière la plus naturelle, l'auteur de *La Nouvelle Héloïse* avait fait place, à deux reprises (ici et dans la lettre 3 de la Ve partie), à ces préoccupations pédagogiques qui obsédaient alors son esprit.

Le meilleur commentaire de cette lettre est dans les œuvres proprement pédagogiques de Rousseau (cf. *O.C.*, Pléiade, t. IV à paraître). On trouvera des notes utiles dans Mornet (*N.H.*, t. II, pp. 42-51). On les complétera par trois grands ouvrages, ceux de Pierre Burgelin, *La Philosophie de l'existence...* (Paris, 1952), d'André Ravier, *L'Éducation de l'homme nouveau,* 2 vol. (Lyon, 1940) et de Robert Derathé, *Le Rationalisme de Rousseau* (Paris, 1948), qui donnent toutes les indications désirables sur les sources de la pensée de Rousseau. Sur de nombreux points, celui-ci reprend des thèmes déjà très usés : l'accusation contre la science, l'érudition, la surcharge de la mémoire, les systèmes; le grand débat entre le beau et le bien; la définition du goût, etc. Signalons l'influence prépondérante de Montaigne auquel Rousseau allait rendre un solennel hommage quelques années plus tard dans l'*Avant-propos* du premier état des *Confessions* (cf. P. Villey, *L'influence de Montaigne sur les idées pédagogiques de Locke et de Rousseau,* Paris, 1911).

Les aspects les plus originaux de la pensée de Rousseau dans cette lettre paraissent être les suivants :

1° Le primat absolu accordé à la morale.

2° La distinction non entre le beau et le bien, mais le beau ou le bien d'une part, et le *très beau* ou le *très bien* d'autre part.

3° L'affirmation de la nécessité et de la difficulté d'en trouver des modèles, d'où l'importance accordée aux héros, aux « grands exemples ». Cet antirationalisme vigoureux annonce les *Lettres morales,* la *Lettre à d'Alembert* et la *Profession de foi.*

4° L'appel à l'imagination et à la sensibilité.

Ce plan de lectures terriblement systématique n'est pourtant pas déduit d'une théorie. Il est le reflet d'une expérience. Le livre VI des *Confessions,* où Jean-Jacques nous a fait le récit de sa méthodique acquisition d'un « magasin d'idées », nous éclaire sur ses goûts et dégoûts. S'il refuse ici les sciences (géométrie ou physique), ce n'est pas qu'il les ignore, ni qu'il les méprise, c'est qu'il s'agit d'élever une jeune fille (cf. *Émile,* V^e^ partie). S'il refuse les langues, c'eſt qu'elles l'avaient rebuté, sauf l'italienne « qu'il savait et qu'il aimait » ! Enfin, si, d'une manière générale, il s'insurge contre les efforts demandés à la mémoire, c'eſt qu'il était — et se proclamait — paresseux, « indolent » et qu'il avait naturellement « peu de mémoire ».

Dans le *Projet pour l'éducation de M. de Sainte-Marie* rédigé à la fin de 1740 à l'intention du comte de Mably, il s'affirmait bien décidé à enseigner à son élève le latin et les mathématiques, les sciences physiques et naturelles, la géographie et l'hiſtoire; surtout l'hiſtoire moderne, « beaucoup plus convenable à un officier », et « celle de France en particulier », car il se disait convaincu qu'elle « n'abonde pas moins en grands traits que l'hiſtoire ancienne, et qu'il n'a manqué que de meilleurs hiſtoriens pour les mettre dans un aussi beau jour... » (*O.C.*, Pléiade, t. IV, p. 50).

P. 57.

(*a*). « peu lire et penser beaucoup à nos lectures ». Une fatalité typographique a pesé sur ces quelques mots. C.L. : *Nous lirons peu, nous causerons beaucoup de nos lectures.* Ms. Rey : *Peu lire, et (causer) penser beaucoup à nos lectures.* Éd. 1761 : *Peu lire, et penser beaucoup à nos lectures,* corrigé dans l'*errata* de 1761 en : *beaucoup méditer nos lectures.* Éd. 1763 : *Peu lire, et beaucoup méditer nos lectures.* Éd. Duchesne, 1764 : *Peu lire, et beaucoup méditer à nos lectures.* Dans D.C., Rousseau a souligné « beaucoup méditer » et rayé « à ». En marge il a écrit : « penser beaucoup à ». Éd. du Peyrou, 1782 : *Peu lire, et beaucoup méditer à nos lectures.* Éd. Didot, 1801 : « Peu lire, et beaucoup méditer *sur nos* lectures. » Ajoutons qu'en citant l'*errata* de 1761 et l'éd. Rey, 1763, Mornet laisse à son tour passer une coquille : « Peu lire et beaucoup méditer *vos* lectures »...

(*b*). Note absente de C.L. et Ms. Rey.

1. Rousseau était un bon connaisseur de Sénèque. Il avait même traduit l'*Apocolokyntose*. Cf. sur ce sujet l'article de G. Pire, « De l'influence de Sénèque sur les théories pédagogiques de J.-J. Rousseau » (*Annales J.-J. R.*, t. XXXIII, pp. 57-92) où, malheureusement, cette citation a été négligée. Si l'on prend soin de la replacer dans son contexte, on s'aperçoit que Rousseau en a complètement faussé le sens : « Oui, je veux déverser en toi tout mon savoir, et je ne me réjouis d'apprendre que pour t'inſtruire. Je ne saurai goûter aucune connaissance, même rare et avantageuse, qui ne serait que pour moi seul. Si l'on me donnait la sagesse à condition de la garder cachée et de la taire, je la refuserais. Il n'y a pas de bien que l'on ait plaisir à posséder quand on ne peut le partager avec personne » (*ad Lucil.*, 1, 6, 4). Le sens eſt clair ! Aucune vanité chez Sénèque; mais une grande générosité, une vive indignation contre ceux qui jouissent égoïſtement du bien suprême du savoir. Comment expliquer l'erreur de Jean-Jacques ? Sa bonne foi n'eſt pas en

cause; tout prouve qu'il aimait et admirait Sénèque. Il faut donc supposer (et cela confirmerait certaines hypothèses de G. Pire) que son information n'était pas de première main, qu'il a puisé soit dans sa mémoire, soit dans un auteur intermédiaire, Montaigne par exemple, une phrase qui, citée isolément, pouvait être interprétée à contresens.

P. 58.

(*a*). « Pour nous... digérer », C.L. : *Pour nous qui voulons nous instruire nous-mêmes et nous éclairer en dedans en amassant des connoissances, il ne faut point nous en charger mais nous en nourrir ; il faut donc se donner le temps de les digérer.*

1. MONTAIGNE, *Essais* (l. III, chap. XII).

P. 59.

(*a*). « On s'exerce... sentir », C.L. : *L'œil ne sait voir qu'à proportion que l'esprit sent.*

(*b*). C.L. ajoute : « *Si la nature a beaucoup fait, elle nous a laissé beaucoup à faire.*

P. 60.

(*a*). Alinéa absent de C.L.

(*b*). C.L. : *Les anciens étoient contemporains de leurs historiens comme nous le sommes des notres. Pourquoi donc nos historiens ne nous voient-ils pas comme ils étoient vus par les leurs.* Ms. Rey : *(D'ailleurs les anciens) (n') étoient (ils pas) contemporains de leurs historiens (comme nous le sommes des nôtres) et nous ont pourtant appris à les admirer. Assurément si la postérité jamais admire les nôtres, elle ne l'aura pas appris de nous.* Selon les instructions de Rousseau dans la feuille de changements, Rey ajoute ensuite sur Ms. Rey la phrase : « Pourquoi donc... les leurs » qui vient d'être insérée dans C.L. Mais sur les épreuves, cette phrase a été sacrifiée.

1. Cf. *supra,* lettre 11, p. 55, note 1.

2. Sur l'attitude de Rousseau en face de l'histoire moderne, cf. p. 56, n. 1. L'enthousiasme pour l'histoire ancienne s'explique par les lectures passionnées du jeune Jean-Jacques, en particulier celle de Plutarque (cf. *Confessions,* l. I, *O.C.*, Pléiade, t. I, p. 9 et l'importante note pp. 1237-1238 où sont recueillis et commentés d'autres textes essentiels). Le « républicanisme » de Rousseau s'alimente à la même source et aussi, bien entendu, à ses souvenirs d'enfance genevoise. Ici encore il y eut mouvement de repli sur soi, retour aux origines. Ce mouvement, marqué par le voyage en Suisse en 1754, la réintégration dans l'Église protestante, l'adoption du titre de « citoyen de Genève », et le projet d'écrire une *Histoire*

du Valais, avant de s'exprimer dans la lettre 23 de la Ire partie et dans la lettre 5 de la VIe partie se sera publiquement manifesté par d'émouvantes évocations de la Genève d'autrefois dans la *Lettre à d'Alembert* (cf. *infra,* p. 76, n. 2 et p. 658, n. 1).

P. 61.

(*a*). « et les maîtres du théâtre françois » manque dans C.L.
(*b*). Ms. Rey : *six jours.*

1. Sur cette conception héroïque de l'amour héritée de toute une tradition romanesque et dramatique cf. *supra,* Introduction et p. 31, n. 1. L'élimination des poètes et des livres d'amour est conforme à la doctrine des deux *Discours,* et de la *Lettre à d'Alembert.* Peut-être la source en est-elle dans *la République* de Platon ?

2. « Raison », en termes de géométrie, d'arithmétique et d'algèbre, signifie rapport d'une quantité à une autre. Les quantités composées sont celles qui sont jointes ensemble par les signes + et — (*Dict.* de Furetière-Trévoux, 1732). Sur ces métaphores scientifiques et galantes, cf. p. 55, n. 1.

P. 62.

(*a*). C.L. : *livres d'amour.* Rien ne prouve mieux que cette variante, l'identification que fait Rousseau et qui est donc générale entre romans et livres d'amour.
(*b*). « si vous eussiez... employer ». Addition marginale dans le Ms. Rey.

1. Ce jeu condamnable, Jean-Jacques le jouera pour son propre compte quelques mois plus tard, en faisant lire ou en lisant lui-même (et sur quel ton !) son propre roman à Mme d'Houdetot.

2. Lorsqu'il écrit cette formule, Rousseau ne sait pas encore l'importance qu'elle prendra plus tard, lorsque, esquissant pour le graveur le sujet de la septième estampe (Julie serrant dans ses bras son ancien amant tandis que M. de Wolmar les observe d'un « regard souriant qui invite à la confiance »), il inventera le titre : *Les belles âmes* emprunté à la lettre 12 (IVe partie). Titre agressif, il le sait bien, d'où le ricanement de N. dans la *Préface dialoguée :* « Les belles âmes !... le beau mot ! » En fait cette formule qui identifie le beau et le bien est pour lui essentielle. Elle rejoint la déclaration faite par Saint-Preux dans la lettre précédente : « J'ai toujours cru que le bon n'étoit que le beau mis en action... » Cf. *infra,* p. 209, n. 1.

3. Cf. *Livre des Rois,* III, 3 ; V, 5-14. Dieu dit à Salomon : « Parce que tu as demandé cela, que tu n'as pas demandé pour toi de longs jours, ni la richesse, ni la vie de tes ennemis, mais que tu as demandé pour toi le discernement, voici que je fais ce que tu as dit : je te donne un cœur sage et intelligent comme personne ne l'a eu avant

toi et comme personne ne l'aura après toi. Et même ce que tu n'as pas demandé, je te le donne aussi : une richesse et une gloire comme à personne parmi les rois » (trad. R. P. de Vaux, éd. du Cerf, 1949, p. 34). Notons ce premier signe de la familiarité de Julie (et de Rousseau) avec la Bible. La façon même dont le texte est cité prouve qu'il est une nourriture de l'âme.

4. Thème classique de la poésie pastorale, qui sera plus complètement développé dans certaines lettres postérieures (cf. en particulier, I, 38 : « alons animer toute la nature, elle est morte sans les feux de l'amour... ». Sur le retour à la pastorale au XVIIIe siècle, cf. le remarquable article de Jean Fabre, « Une question de terminologie littéraire : « Paul et Virginie », pastorale » dans les *Annales publiées par la Faculté des Lettres de Toulouse,* II, novembre 1953; cf. aussi F. Baldensperger, « Gessner en France », dans la *Revue d'histoire littéraire de la France,* 1903, pp. 437-456, et les notes des lettres 14 et 23 de la Ire partie.

P. 63.

(*a*). « Ce verbe régit l'infinitif avec *de* ou *à,* ou sans préposition; le premier, quand il signifie *croire ;* le second, quand il a le sens d'*avoir en vûe* ou *dans l'idée ;* le troisième, quand il veut dire *être sur le point de*. Il *pensait de* me *surprendre ;* il *pensait à* me *surprendre ;* il *pensa* me *surprendre,* sont des expressions bien diférentes et qu'il ne faut pas confondre. Malherbe met *de* dans le second sens » (*Dictionnaire* de Féraud, 1788).

Donc Rousseau, d'après Féraud, aurait dû écrire ici : *pensé à ;* il avait d'abord écrit (Ms. Rey) : « j'avois pensé à vous renvoyer (...) et de mettre ». Sur épreuves il a corrigé et adopté le tour le plus archaïque (qui est peut-être un provincialisme).

1. D'après A. Rey, *Jean-Jacques Rousseau dans la vallée de Montmorency,* p. 247, le « bon Gustin », jardinier à Groslay, devint l'ami de Rousseau pendant son séjour à Montmorency. Comme ce séjour ne commence qu'à l'hiver 1757-1758, il faut admettre que cette phrase au moins, dans cette lettre, a été insérée tardivement.

2. Cet emploi du passé du subjonctif avec le sens du conditionnel, courant au XVIIIe siècle, tendait à disparaître. Cf. Brunot, *Histoire de la langue française,* t. VI, IIe partie, fasc. 2, pp. 1807-1808.

3. Première lettre illustrée par une estampe. Rousseau ne pouvait en effet (puisque c'est Saint-Preux qui écrit et qu'il écrit à Julie), nous donner une description précise des attitudes extérieures des deux amants, ni même des mouvements intérieurs de Julie. Cependant il fallait que cette lettre fût adressée à Julie (et non à Claire) puisqu'elle doit amener les jeunes gens à se séparer. Rousseau est un romancier novice; sa technique est souvent hésitante. Il se heurtera, plus gravement, à ce genre de difficultés quand il lui faudra évoquer la nuit d'amour (lettres 54 et 55).

S'il a tenu à illustrer cette scène, c'est aussi parce qu'il la jugeait importante. Elle marque une nouvelle étape de l'amour : montée dangereuse du désir chez Saint-Preux; chez Julie, éveil de la sensualité. « Julie, dira-t-on, n'avait-elle donc pas prévu l'effet de ce baiser ? » Peut-être pas ! Comme à Saint-Preux ses réactions nous restent mystérieuses. Elle a voulu récompenser l'Amant soumis, en lui donnant, comme les Dames du temps jadis, le *consolamentum*. Mais elle a été trop sûre d'elle; ce n'est pas Saint-Preux seul qui est victime, c'est elle aussi. Il ne le sait pas; il ne comprend pas ce qu'elle a éprouvé lorsqu'elle s'est pâmée dans ses bras. Elle le lui avouera plus tard (lettre 18 de la IIIe partie). La défaillance de Julie et le contresens de Saint-Preux sont confirmés par la description de l'estampe (cf. *supra*, pp. 762-763). Une fois de plus, Saint-Preux rejoint Jean-Jacques. Tous deux ont besoin que la femme aimée fasse le premier pas.

Cet épisode de « plein air » qui se déroule dans un paysage à la fois rustique et sacré est la première des grandes scènes du roman où le thème de la nature et celui de l'amour sont étroitement mêlés. Il y aura ensuite le Valais, Meillerie, le chalet, l'Élysée, le lac, les vendanges, chacune marquant un moment décisif de l'histoire. Le sentiment de la nature, au sens très général du terme, a peut-être moins de place dans ce roman qu'on ne l'a dit. L'essentiel du scénario est fait de scènes d'intérieurs. Mais l'utilisation de la Nature comme témoin, agent même des sentiments humains, et non plus seulement comme cadre, donne à ce roman un de ses caractères les plus neufs. Quelle différence avec *Manon Lescaut* et surtout avec les *Égarements du cœur et de l'esprit* ou les *Liaisons dangereuses* ! Rousseau renoue avec l'*Astrée* et avec toute la tradition pastorale franco-italienne, tradition qui avait jeté ses derniers feux dans certains épisodes nocturnes des romans de Mme de La Fayette. En écrivant de telles scènes, Rousseau ne cherchait ni à se singulariser, ni à obéir à une mode. Il suivait la pente secrète de son cœur. Les *Confessions* sont pleines de confidences sur ce goût de l'idylle, de la pastorale, sur ce rêve d'amours innocentes avec des bergères (qui sont des « demoiselles » !), de goûters composés de laitages et de fruits, et « leçons d'amour dans un parc ». Il y avait chez lui un Berquin ou un Florian qui ne demandait qu'à écrire des *Allées de Sylvie* ou des *Amours de Claire et Marcellin*. Il n'a pas succombé à la tentation mais une large part de ses rêves s'est exprimée dans certaines scènes privilégiées du roman, d'un caractère poétique, tendre et rêveur qui donne à l'œuvre un de ses plus grands charmes.

P. 64.

(*a*). Ms. Rey 1er jet : *la vie et la respiration me fourniront,* Rey a corrigé d'après la feuille de changements.

(*b*). « toute piquante » est ajouté en interligne dans Ms. Rey. Absent de C.L.

P. 65.

(*a*). Ms. Rey : *que j'expire, à tes pieds, ou dans tes bras.*

1. Sur le contresens fait par Saint-Preux, cf. la note ci-dessus.
2. Sur la réaction scandalisée que provoquèrent ces baisers *âcres,* en particulier chez Voltaire, cf. D. MORNET, *N.H.*, t. I, Introd., p. 239. Cette expression est à mettre au compte du réalisme psychologique dont le roman nous donne tant de preuves, et dont Rousseau se montre si fier dans ses *Préfaces.*
3. Lettres 15 à 28 : De la Séparation à la Chute. Premier temps : retour au rythme *agitato,* brusque coupure, changement de ton, retour aux billets rapides, séparation (15-18). Puis, apaisement progressif dans un duo d'amour mélancolique des amants séparés : complainte sur les douleurs de l'absence (19-22), jusqu'à la lettre sur le Valais, grand solo *adagio* de rêverie contemplative (23). Après deux lettres de transition (24 et 25) nouveau solo de l'amant séparé qui contemple de loin le paradis perdu. Rupture, ton différent, agité mais non rapide, lyrique, passionné, frémissant. Les dernières lettres, 27 et 28, reviennent à l'action, au rythme trépidant, au style haletant. Elles préparent l'événement décisif, la « chute » de Julie dont les lettres 29 et 30 seront, sur un rythme de nouveau détendu, un double et douloureux commentaire. Généralement la lettre s'achève par un *couplet* ou un *hymne* (par ex. lettres 19, 23, 25). Mais aucun mécanisme. Dans la lettre 26 c'est en tête que se trouve l'admirable chant de Saint-Preux : « Que mon état est changé depuis peu de jours... ».

Le thème central de toute cette partie est celui de l'*absence.* Thème banal entre tous. Rousseau connaissait par cœur La Fontaine « (l'absence est le plus grand des maux »), et cette incomparable élégie sur la douleur de la séparation qu'est la *Bérénice* de Racine. Peut-être avait-il lu BUSSY-RABUTIN, « Plaintes des amans sur l'absence » dans *Maximes d'amour* (*Histoire amoureuse des Gaules,* t. I, Paris, 1930, pp. 170-171). En tout cas, il avait dévoré l'*Astrée* où un long débat sur l'absence et ses effets sur l'amour oppose Sylvandre et Léonide (IIe partie, lettre 1). Lui-même prend soin de nous le rappeler : « Cent fois en lisant des Romans, j'ai ri des froides plaintes des amans sur l'absence. » En fait, il n'avait pas ri. Il avait cru à ces plaintes imaginaires, il les avait faites siennes, il avait trouvé en elles l'écho de ses propres souffrances, lors de ses départs. C'est cette sincérité issue à la fois d'une authentique expérience et d'une adhésion spontanée à des fictions qui conserve à ces lettres leur puissance de conviction. C'est aussi un admirable langage où les prestiges d'un chant à la pureté mozartienne (cf. lettre 25 *in fine*) s'unissent à ceux, plus discutables, de la rhétorique précieuse (cf. lettre 18).

Sur le plan psychologique, notons de nouveau que c'est Julie qui prend les initiatives : celle de la séparation, de l'argent donné à son amant, du retour, celle enfin de la « chute ». Il en ira de même jusqu'à la fin. Saint-Preux sera fidèle jusqu'à la mort à son vœu « d'obéissance ». Il ne le violera qu'une fois, en refusant d'épouser Claire. Mais c'est que cette obéissance serait une rébellion contre un maître supérieur à Julie : l'Amour.

P. 66.

(*a*). Ms. Rey : *aux autres douleurs l'ignominie.* Correction indiquée dans la feuille de changements.

(*b*). C'est bien l'orthographe voulue par Rousseau, éd. Rey, 1761 et 1763 et Ms. Rey où, ayant écrit d'abord *laissée,* il a barré l'*e* muet final.

1. Comme nous l'avons déjà remarqué (cf. *supra,* p. 31, n. 2) Saint-Preux est un homme sans nom et il est à peu près impossible de déterminer quelle est sa « patrie ». Rousseau était pourtant profondément convaincu de l'étroite relation qui unit les idées et les sentiments au corps, aux influences du monde extérieur, à celles de la société. La seule explication de son silence paraît être la crainte de livrer ses « clefs ».

2. Sur le rapport amour-argent et sur le complexe du roturier cf. *supra,* p. 51, n. 2 *in fine.* « Dissertations et chicanes qui ne sont pas nécessaires au roman et qui ne nous intéressent pas », dit D. Mornet. Ce sont elles pourtant qui donnent à ce roman « idéaliste », « précieux », « irréel » son caractère aigu de vérité. Rousseau se montre ici l'ancêtre du Balzac de *la Peau de Chagrin,* du *Père Goriot,* du *Lys,* de tant de romans où le jeune amant doit résoudre d'abord le problème de la *liberté par l'argent.*

Dans les discussions qui vont s'établir ici entre Julie et Saint-Preux, plus loin entre Julie et son père, il faut distinguer deux problèmes : le premier est celui de l'homme entretenu par la femme qu'il aime; situation vécue pendant de longues années, chez Mme de Warens, par Rousseau, dont le point de vue ne peut faire de doute : il accepte une situation que l'amour justifie et ennoblit. Le second est celui de l'homme séducteur de la fille de celui qui le paie. C'est le cas d'Abélard. Ce n'est pas celui de Saint-Preux, qui n'est pas payé. Apparemment la différence est grande dans la culpabilité, donc dans le blâme. A y regarder de plus près il apparaît que Rousseau a longuement hésité à porter un jugement sur son héros. La note de la lettre 24 (p. 85) *qu'il n'a pas supprimée en 1763,* est une des plus lucides et des plus embarrassantes qu'il ait écrites. Au fond de son âme, il devait approuver l'amour naturel, spontané de ces deux jeunes gens, avec toutes ses conséquences, et prendre à son compte les discours de Saint-Preux à Julie dans la lettre 24. Pourtant, dans sa note il le traite de « scélérat » et ne lui trouve d'excuses que dans sa jeunesse et dans l'imprudence de la mère. Il semble qu'il n'ait pas eu le courage d'aller jusqu'au bout de sa pensée en affirmant qu'aimer et se faire aimer n'est pas un vol; qu'une jeune fille n'est pas un « bien » qui appartient au père, qu'il n'y a, dans le cas de Saint-Preux, ni *rapt* (puisqu'il n'y a pas violence), ni *séduction* au sens juridique du terme. Dans la préface dialoguée, il a pris une position beaucoup plus ferme (cf. p. 24).

P. 67.

(*a*). Dans la feuille de changements, Rousseau dit à Rey : « p. 51. *cent fois prette* effacez *cent fois* ». Rey inscrit en note : *n'y est pas*, Rousseau recopiant d'après C.P. oubliait qu'il avait déjà fait cette correction. Correction importante : souci de modération dans l'expression des sentiments.

(*b*). C.L. ajoute : *Depuis quand l'amour a-t-il honte de lui-même ?*

(*c*). La note manque dans C.L.

1. On remarquera le ton particulièrement sarcastique de cette note. Comme si le romancier, brusquement pris de peur, lâchait ses héros; comme s'il regrettait le triomphe de l'amour.

P. 68.

(*a*). C.L. : *vôtres. Vous savez que Julie ne ment pas, et si sa parole ne vous rassure pas, je sais...*

P. 69.

1. Subtilité précieuse et galante. Sur cet aspect du style de Rousseau, cf. *supra,* p. 31, n. 2 et p. 38, n. 1. Julie ne sera pas en reste : « Je quitte la plume, mais croyez que je ne vous quitte pas » (lettre 26). De pareils effets de style eurent le don d'irriter Voltaire : « Daignerez-vous, Monsieur, me dire en passant, comment ce corps et cette âme qui étoient séparés au premier pas, se séparèrent encore aux autres pas et se trouvérent ensuite au dernier pas ? » *(Lettres sur la Nouvelle Héloïse... par le Marquis de Ximenès.)* Sur la puissance de l'imagination chez Rousseau, il faudrait citer d'innombrables pages des *Confessions* et des *Rêveries,* et les plus belles, celles où Jean-Jacques évoque à l'avance la joie des retours au pays natal ou auprès de « maman », le bouleversement délicieux des rendez-vous avec Mme d'Houdetot, et tant de rêves, tant de châteaux en Espagne !... C'est de cette puissance qu'est né le roman (cf. Introduction, p. XXI). Rousseau ne pouvait manquer de la donner à ses personnages. Cf. ici même lettres 19, 21, 25, de la Ire partie, la lettre 22 (IIe partie) sur le portrait de Julie, et tant d'autres ! Nous verrons même plus loin que, prêtant à son héros un des traits les plus singuliers de sa vie psychologique, il n'a pas hésité à affirmer que la contemplation imaginaire de l'être aimé (dans le souvenir ou le rêve) est source de plus grande joie que la contemplation réelle.

P. 70.

(*a*). « s'ils servent... sentir » : ce raffinement précieux est absent de C.L.

(*b*). Note absente de C.L. : « Oui bien pour les *ouvrages* » eſt le texte de l'éd. Rey, 1761. Dans D.C. Rousseau a corrigé en *livres*.

1. Adresse de romancier, préparation lointaine du dénouement. Il y aura plus tard des annonces plus précises, en particulier le songe prémonitoire.

2. Première apparition d'un thème majeur du roman. L'oubli eſt pour l'amour un danger beaucoup plus grand que la jalousie. Toute la « méthode » de M. de Wolmar reposera sur lui. Bien entendu ici la supposition eſt absurde. Saint-Preux se hâte de le reconnaître. Mais le romancier met ainsi son lecteur en éveil pour une meilleure intelligence de la suite.

3. Il aurait fallu répéter le verbe sous sa forme positive devant la dernière partie de la phrase. Sur l'opposition entre le ſtyle « naturel », « innocent » de ses personnages et celui des « académiciens » et « beaux esprits », cf. *supra* les deux Préfaces p. x et xx.

P. 71.

(*a*). C.L. : *un an*. Rousseau eſt très attentif à ces queſtions de chronologie. Il a « minuté » son roman. On ne comprend pas toujours la raison de ses hésitations. Ici peut-être a-t-il voulu donner une plus grande impression de vérité, évitant le « chiffre rond » d'un an ?

(*b*). Ms. Rey : *Je suis très sur qu'il passe deux fois*. Note absente de C.L., supprimée dans éd. Rey, 1763. Type de la note d'authentification.

1. Au lieu de *en* pure perte. Provincialisme (cf. Alexis François, « Les Provincialismes de J.-J. R. », *Annales J.-J. R.*, t. III, p. 60).

2. Ce dernier paragraphe a un caractère lyrique particulièrement marqué. Une analyse précise des procédés de la prose métrique de Rousseau reſte à faire. On notera cependant l'essentiel : d'une part la présence assez fréquente de vers blancs : « digne eſt un mot des biens que vous me réservez », « pour nourrir dans mon cœur une si douce attente », « inventez, s'il se peut, des maux mieux proportionnés à leur prix ». D'autre part, une attention évidente à rompre le rythme, à éviter le ronronnement.

P. 72.

(*a*). Citation absente de C.L. Dans D.C. Rousseau a inscrit en marge : *Reſte à traduire,* mais n'a pas traduit. Musset-Pathay donne cette traduction : *Tout ce dont je me souviens en ce moment c'eſt que je suis sa fille*. Le texte eſt tiré de l'*Attilio Regolo* de Métaſtase où la fille de Régulus déclare à son frère qui veut l'en empêcher qu'elle suivra son père dans sa captivité volontaire à Carthage.

(*b*). C.L. : *Ce n'eſt point par caprice que je vous ai éloigné de moi, j'en avois des raisons très fortes et ces raisons subsiſtent encore*. Ms. Rey : *Ce n'eſt point (par caprice que je vous ai éloignée de moi) sans chagrin que je vous ai vu (fuir) partir (ce n'eſt point sans chagrin que je ne vous rappelle pas, et qui sait...) (j'en avois des raisons très fortes et peut-être...) Ce n'est point sans plaisir que je vous verrois de retour. Mais...*

(*c*). La note manque dans le Ms. Rey, qui pourtant donne un texte : *Mes transports n'ont point cessé depuis cet heureux moment,* où le « mensonge » était encore plus flagrant ! L'éd. Rey 1763 a corrigé. « Cette *lettre même* prouve qu'elle ment ».

1. Ce n'est pas sans un peu d'agacement que nous lisons cette page. Mais on trouverait cent exemples, chez les écrivains contemporains, de cette littérature conventionnelle. Et l'auteur du *Fils naturel* et du *Père de famille,* si sévère pour cette première partie, à dû être indulgent à cette lettre. Les rapports de Jean-Jacques et de son père ont passé par des phases d'opposition et ont fini par être beaucoup plus calmes (cf. en particulier *C.C.*, t. I, pp. 24-25 et 26-27).

Pour la structure du roman, cette page a son importance. Elle nous prépare à admettre la décision de Julie lors de son mariage, décision prise non par devoir mais par amour pour son père.

P. 73.

1. *Nouvelles pleurs :* provincialisme (cf. Al. FRANÇOIS, *Annales J.-J. R.*, t. III, p. 57). Il était déjà condamné par VAUGELAS, *Remarques sur la langue française,* t. III, p. 46.

2. Sur la puissance de l'imagination chez Rousseau, cf. *supra,* p. 69, n. 1.

3. Brusquement, au milieu de la conversation la plus irritante, une vérité bouleversante jaillit du cœur du solitaire, de l'orphelin, de l'émigré, du rejeté, de l'éternel errant ! Le « presque » est significatif. Rousseau est bien redevenu « citoyen de Genève »; mais, malgré les offres qui lui ont été faites, il a refusé d'aller se fixer dans sa patrie. Il sent bien qu'il n'y pourrait vivre. Où est donc sa patrie en 1756 ? (cf. la 2e lettre à Malesherbes, 12 janvier 1762, *O.C.*, Pléiade, t. I, p. 1135).

P. 74.

(*a*). Citation absente de C.L., inscrite en marge dans Ms. Rey. Dans D.C. Rousseau a inscrit en marge : *Reste à traduire,* mais n'a pas traduit. Musset-Pathay traduit : *Le plus fort des nœuds, notre ouvrage, et non celui du sort.* Texte tiré du *Demofoonte* de Métastase (acte III, dernière scène). Demofoonte déclare à Timante dont il vient d'apprendre qu'il n'est pas son fils, qu'il ne lui enlève rien de son affection. Mornet note que la « situation est très différente ». En fait elle est la même en profondeur. Dans les deux cas le poète affirme qu'au-dessus du hasard de la nature il y a le *choix* libre de l'être humain. L'amour n'est pas une fatalité physiologique, ni sociale.

(*b*). Note absente de C.L.

1. *Doctrine :* « Savoir, érudition », tel est le premier sens que donne en 1762 le *Dictionnaire de l'Académie.*

2. *Dessein :* seule orthographe connue à cette date. Le *Dictionnaire* de Féraud en 1787 indique « *dessin* » comme une « heureuse innovation ». Rousseau était, on le sait, un amateur passionné de dessin et un collectionneur d'estampes. L'attention précise, la minutie avec laquelle il a dirigé l'artiste pour les estampes de son roman, révèle assez sa science et son goût dans ce domaine. De nombreuses pages du roman lui-même s'expliquent par cette passion de l'art plastique. Cf. aussi les détails donnés par L.-J. Courtois sur la vente en 1767 de son importante collection dans *Annales J.-J. R.*, t. X, pp. 78-81.

P. 75.

(*a*). « Mais cet air... sienne » manque dans C.L.

(*b*). « d'un jour... neige ». C.L. et Ms. Rey : *je vois toutes les montagnes couvertes de neige*. La correction est apportée sur Ms. Rey. Attention à la chronologie; ce n'est que le début de l'automne.

(*c*). Le Ms. Rey est plus naïf : *Cela paroit se rapporter à quelque lettre à la mére, écrite apparemment sur un ton équivoque. Toutes les autres omissions peuvent se sous-entendre aussi parfaitement que celle-ci. Je n'en parlerai plus.*

1. Ce mot est pris ici au sens de « science des armoiries ». Trait de caractère : c'est le hobereau qui parle.

2. *Se rappeler* « se dit avec *de* et l'infinitif » dit Littré en citant le *Dictionnaire de l'Académie,* ce passage de Rousseau et un texte de La Harpe.

3. Rousseau et ses personnages — bien représentatifs d'un siècle passionné par les problèmes du langage et où fut écrite la phrase fameuse : « le style c'est l'homme » — accordent au style, spécialement à l'emploi des mots, une extrême importance. Ici comme dans les *Liaisons,* plusieurs lettres contiennent de véritables *analyses de textes* (cf. en particulier IIe partie, lettre 15 et IIIe partie, lettre 7). Le jeu sur le mot « honnête » sera repris dans la lettre 17 de la IIe partie. Cf. p. 254, n. 3.

4. Sur la situation de Saint-Preux dans la maison d'Étange, cf. *supra,* p. 31, n. 2.

5. Il n'est pas absurde de penser que Rousseau avait en effet écrit une lettre dans le style « équivoque » qu'il a ensuite supprimée. Qu'étaient ces « calomnies » ? Évidemment, Saint-Preux parlait de Julie en la traitant de mauvaise écolière parce qu'elle ne suivait pas assez vite ses « leçons d'amour dans un parc »... Cette note et la précédente témoignent d'une exigeante critique de soi-même. Elles sont comme un sourire de Rousseau.

P. 76.

(*a*). Phrase absente de C.L. C'est dans Ms. Rey que Rousseau a ajouté après « avec vous », d'abord *il faut me cacher pour vous écrire,* puis la phrase actuelle. Souci de précision.

(*b*). Ms. Rey : *Bienfaiteur (adieu derechef). On m'appelle : il faut finir. Adieu deréchef.* Ces derniers mots sont visiblement ajoutés en surcharge à la dernière minute.

1. Entrée en scène de M. de Wolmar. Nouveau « jalon » pour la suite. Le calme de Julie n'est pas feint. Ce n'est qu'après le départ de Wolmar que M. d'Étange fera part à sa fille de ses projets. Nous ne le saurons cependant que par la lettre 28, assez imprécise encore.

2. Dans son étude sur *La littérature alpestre en France et en Angleterre aux XVIIIe et XIXe siècles (1685-1868)*, (Chambéry, 1930), où un important chapitre est consacré à Rousseau, Claire-Éliane Engel nie que cette lettre exprime une impression réelle ! Pourtant nous sommes certains que Rousseau a vu le Haut-Valais en 1744 lorsque, à son retour de Venise, il est entré en Suisse par le Simplon (cf. *Confessions,* l. VII, *O.C.*, Pléiade, t. I, p. 324; cf. aussi L. Lathion, *J.-J. Rousseau et le Valais,* et surtout B. Gagnebin, « Rousseau et le Valais », *Vallesia,* t. XXI, Sion, 1966, pp. 169-188). Un second voyage fut projeté lors du séjour de Rousseau en Suisse en 1754. A cette date, il songeait à écrire une *Histoire du Valais* (cf. *supra,* p. 60, n. 2). Ni le voyage ni l'*Histoire* ne furent exécutés. Ces projets sont évidemment la source lointaine de cette lettre; mais l'origine immédiate fut un événement proche de sa rédaction. Le 2 avril 1756, en effet, Gauffecourt de Lyon (où il faisait étape en se rendant à Paris), écrivit à Rousseau pour lui annoncer qu'il serait probablement obligé « d'aller au Valais ». « Vous aurez su », précisait-il, « que M. de Maugiron ayant donné à l'Académie de Lyon quelques observations sur cette République, dont l'Encyclopédie a fait son profit au mot *Crétin,* mes chers Valaisans s'en sont extrémement formalisés, et s'en prennent à moi de l'étourderie et de l'ingratitude de mon compagnon de voyage ». Il ajoutait : « En attendant, voici une lettre que vous écrit notre ami Marc (Chappuis). Il vous sollicite, sans doute, de le venir joindre, à portée de vous rendre ensemble en Valais pour le tems qu'il vous indiquera, ce qui est ordinairement le 10 ou le 12 de Mai... » (*C.C.*, t. II, p. 315). Rousseau n'alla pas en Valais. Mais il eut certainement connaissance de l'article « Crétin » qui figurait dans le dernier volume de l'*Encyclopédie.* Il put y lire des réflexions en effet tout à fait déplaisantes pour son cœur : « On donne ce nom à une espèce d'hommes qui naissent dans le Valais en assez grande quantité, et sur-tout à Sion leur capitale. Ils sont sourds, muets, imbéciles, presque insensibles aux coups (...) ils sont incapables d'idées (...) ils s'abandonnent aux plaisirs des sens de toute espèce et leur imbécillité les empêche d'y voir un crime (...) La malpropreté, l'éducation, la chaleur excessive de ces vallées, les eaux, les goêtres même, sont communs à tous les enfans de ces peuples. Ils ne naissent pas cependant tous *Crétins.* » Suivaient quelques remarques empruntées au comte de Maugiron, et un renvoi à l'article « Valais » (qui figure dans le tome XVI, sous le mot « Vallais »). Quant à cet article « Crétins » il était signé O,

c'est-à-dire d'Alembert ! Il en fut de cet article comme du poème de Voltaire sur *Le désastre de Lisbonne* ou de l'article « Genève » rédigé par d'Alembert pour l'*Encyclopédie.* Rousseau se sentit personnellement concerné et décida de répondre. Il le fit sous une forme moins directe, moins agressive, moins publicitaire, mais non moins apparente que dans les deux autres cas, en glissant dans le roman qu'il était en train d'écrire cette lettre qui en est un des morceaux les plus célèbres. Sans doute, elle y fait digression. Mais comme la plupart des morceaux du même ordre, elle se justifie très bien. 1° Cette peinture de la vie simple, naturelle, en opposition à la vie factice des capitales est un des thèmes majeurs du roman. Il convenait qu'il fût exposé dès l'ouverture, avant d'être développé longuement dans les dernières parties. 2° Bien que de nombreux passages soient entachés de didactisme — l'auteur des *Discours* n'est pas toujours absent ! — dans l'ensemble cette lettre est un *chant d'amour.* Saint-Preux l'affirme dès les premières lignes : « j'en ai fait une relation que je compte vous porter. Il faut reserver notre correspondance pour les choses qui nous touchent de plus près l'un et l'autre. » Saint-Preux-Rousseau y révèle, en effet, bien des aspects jusqu'ici voilés de sa sensibilité et même de sa sensualité. Il fait de cette lettre une espèce d'opération magique, d'envoûtement; en chantant son obsession, il la fait naître chez Julie. L'avant-dernier paragraphe est un véritable poème, un hymne d'amour heureux dans un lieu semblable à l'Éden.

Cette longue méditation développe deux grands thèmes, intimement liés l'un à l'autre, nettement distincts pourtant et qui ne se réfèrent pas au même ordre de préoccupations. Le premier, le plus neuf et le plus important aux yeux de Rousseau et de ses lecteurs, est *l'exaltation de la solitude,* dans la nature, dans une certaine nature, qui comporte nécessairement l'altitude et qui favorise cette forme suprême du bonheur terrestre, l'*extase.* Ce thème, qui sera repris dans l'*Émile,* dans les *Lettres à Malesherbes,* et dans les trois grands écrits autobiographiques, apparaît ici pour la première fois. Il a une sonorité particulière par le lien que le « philosophe » y établit fermement entre certains états de l'âme et certaines conditions matérielles, physiques. L'œuvre romanesque s'est nourrie de toutes les préoccupations qui obsédaient l'esprit de Rousseau lorsqu'il s'abandonnait aux délices du rêve; Saint-Preux expose ici en effet un chapitre de cette *morale sensitive* que l'hôte de l'Ermitage songeait à rédiger lors de son installation. On peut lire, au livre IX des *Confessions,* le plan détaillé qu'il a laissé de ce projet. Détachons-en l'essentiel : « En sondant en moi-même et en recherchant dans les autres à quoi tenoient ces diverses manières d'être, je trouvai qu'elles dépendoient en grande partie de l'impression antérieure des objets extérieurs, et que modifiés continuellement par nos sens et par nos organes, nous portions, sans nous en appercevoir, dans nos idées, dans nos sentimens, dans nos actions mêmes, l'effet de ces modifications (...) Les climats, les saisons, les sons, les couleurs, l'obscurité, la lumiére, les élémens, les alimens, le bruit, le silence, le mouvement, le repos, tout agit sur notre machine et sur notre âme par conséquent; tout nous offre mille prises presque assurées pour gouverner dans leur origine les sentimens dont nous nous laissons dominer. » (*O.C.*, Pléiade, t. I, p. 409.)

Sur ce rapport entre les sensations et la vie de l'âme, cf. R. Mauzi, *L'Idée du bonheur au XVIIIe siècle,* chap. viii, § 3, « Les sensations et l'âme », pp. 314-329, qui cite les analyses de Rousseau et les éclaire par de nombreux textes de contemporains et de disciples. Il va de soi que cette exaltation de la solitude et de l'altitude s'alimente aussi à des sources poetiques, peut-être mystiques. La plus certaine, indiquée par quatre vers d'un sonnet, est naturellement Pétrarque; cf. *supra,* p. 3, n. 1 et les analyses de J.-L. Bellenot (*Annales J.-J. R.*, t. XXXIII, p. 164 sq.) : « Comme Pétrarque au Mont Ventoux, Saint-Preux entreprend l'ascension qui (...) conduit à la pureté des sommets : lente élévation d'Éros qui se purifie. »

Pour l'étude approfondie de cette page et d'une manière plus générale de l'état d'extase chez Rousseau, on se reportera utilement à la grande étude de M. Raymond, « J.-J. Rousseau. Deux aspects de sa vie intérieure », dans *Annales J.-J. R.*, t. XXIX (1941-1942), pp. 7-57, à ses Introductions aux *Rêveries* (éd. Droz et Pléiade) et à l'ouvrage de Jean Starobinski, *J.-J. Rousseau. La transparence et l'obstacle,* Paris, 1957. « Rousseau », dit celui-ci, « exprime ici cette singulière combinaison d'indolence et d'acuité qui se retrouve dans tous ses instants de bonheur. La jouissance purement sensitive coïncide avec un oubli de soi, qui n'est cependant pas incompatible avec un sentiment d'expansion du moi » (pp. 100-101).

Dans son ouvrage sur *Le Sentiment de la nature en France de J.-J. Rousseau à Bernardin de Saint-Pierre* (Paris, 1907), D. Mornet a montré par de nombreux textes le retentissement qu'avait eu cette page sur la sensibilité française. Mais il faudrait aller plus loin; J.-L. Bellenot rappelle l'ascension et l'extase de Faust et de Seraphîta; on évoquera aussi Fabrice del Dongo dans le clocher de Grianta ou dans la Tour Farnese et surtout les vers de Baudelaire dans *Élévation :* « Au-dessus des étangs, au-dessus des vallées » ... ou, dans *Correspondances :* « Qui chantent *les transports de l'esprit et des sens* ».

Le second thème de la méditation est l'apologie de la vie simple, rustique, pauvre, primitive. Banal, ayant perdu sa valeur pour avoir été exploité pendant des siècles, il avait brusquement repris, depuis le *Ier Discours,* une vie et une force nouvelles, parce qu'il était développé par un dialecticien passionné, et qu'il exprimait les réactions authentiques d'un homme blessé par la vie sociale. Il était devenu l'essentiel du « rousseauisme ». Comment Rousseau ne l'eût-il pas mis en œuvre dans son roman ? Il lui donne ici, comme il l'avait fait dans son *Ier Discours* et comme il le fera encore l'année suivante dans les pages de la *Lettre à d'Alembert* sur les *Montagnons* (éd. Fuchs, pp. 80-83) (curieux doublet de notre lettre) la forme d'un *mythe*. Mais ce mythe est soutenu par des réflexions d'économiste et de sociologue extrêmement précises. Celles-ci trouveront leur expression détaillée dans la lettre 10 de la IVe partie sur « la sage économie qui règne dans la maison de M. de Wolmar » et la lettre 5 de la VIe sur « Genève » où éclatera son mépris des manieurs d'argent, mais elles étaient dès lors présentes à sa pensée; il avait longuement répondu à ses contradicteurs au cours des années 1750-1754, en particulier dans le *Discours sur l'Inégalité* (1754) et, tout récemment encore, il avait publié dans l'*Encyclopédie* le très important article « Économie politique », dont le caractère traditionaliste, conservateur et même réactionnaire, si surprenant qu'il soit est tout à fait en harmonie avec les thèses défendues dans le roman.

Sur la littérature alpestre, cf. l'ouvrage déjà cité de Claire-Éliane Engel, qui a mis en lumière l'influence de Haller, dont le poème *Die Alpen* avait été traduit en 1750 et avait aussitôt connu un grand succès, et celle des frères De Luc, les géologues amis de Rousseau qui, en 1754, avaient été à Chamonix et en étaient revenus par le Valais. Elle a d'autre part montré que si *La Nouvelle Héloïse,* par son prodigieux succès, a fait « découvrir » la montagne, celle-ci ne forme pourtant « qu'un décor » dans cet « énorme ouvrage »; que la « haute montagne » n'occupe aucune place dans les *Confessions* et que le paysage célébré par Rousseau dans une phrase fameuse du livre IV (« Jamais pays de plaine, quelque beau qu'il fut, ne parut tel à mes yeux. Il me faut des torrens, des rochers, des sapins, des bois noirs, (...) des montagnes qui me fassent bien peur ») est un paysage de « préalpes », celui des environs de Chambéry. Cf. également l'article d'Alexis FRANÇOIS, « J.-J. Rousseau et la science genevoise au XVIIIe siècle », dans la *Revue d'histoire littéraire de la France,* 1924, pp. 206-224.

P. 77.

1. Cf. lettre 26, p. 89, *âme sensible*. On sait la fortune que devait avoir cette expression. André Monglond a intitulé le chapitre initial de son ouvrage : « Le maître des âmes sensibles ». Sur la place occupée par la sensibilité dans la pensée de Rousseau et dans la littérature du XVIIIe siècle, cf. les études citées de Mornet, Monglond, Trahard, Burgelin, etc. Ce qui est singulier ici c'est le « charme » issu d'une certaine « langueur », signe d'une sensibilité raffinée; nullement « moderne » pour autant, car c'était déjà celle de La Fontaine.

2. La rêverie, chez Rousseau, dès cette époque est « systématique ». Cf. les *Lettres à Malesherbes* et les Introductions aux *Rêveries* de M. Raymond (éd. Droz) et de H. Roddier (éd. Garnier).

P. 78.

(*a*). « image... emblème », C.L. : *ainsi s'élève l'âme du sage au-dessus des passions humaines, mais on n'atteint pas au faîte de la sagesse comme on parvient au sommet des monts.*

1. *Vapeurs :* « Au pluriel, une certaine maladie dont l'effet ordinaire est de rendre mélancolique, quelquefois même de faire pleurer, et qui resserre le cœur et embarrasse la tête. » (*Dict. Acad.*, 1762.)

P. 79.

(*a*). Ces vers, empruntés au sonnet de Pétrarque, *Gloriosa columna in cui s'appogia...* ont été traduits par Rousseau dans D.C. : *Au lieu des pavillons, des palais, des théâtres, les chênes, les noirs sapins, les hêtres s'élancent de l'herbe au sommet des monts et semblent élever au ciel avec leurs têtes, les yeux et l'esprit des mortels.* On notera l'extrême liberté de cette belle (?) infidèle ! Une étude sur Rousseau traducteur serait bien précieuse. Par exemple l'italianisant révèle combien son cœur est savoyard lorsqu'il fait de ce *pin isolé* un ensemble de *sapins noirs.*

1. Alimenté par une abondante littérature de voyages et auparavant déjà par quelques grandes œuvres littéraires dont la plus importante est ce *Cleveland* sur lequel Jean-Jacques avait répandu tant de larmes, le mythe du « nouveau monde », apparu dès le XVIe siècle, allait connaître une immense fortune (cf. G. ATKINSON, *Les nouveaux horizons de la Renaissance ;* et surtout G. CHINARD, *L'Amérique et le rêve exotique dans la littérature française au XVIIe et au XVIIIe siècle*). Le besoin de l' « inconnu », du « nouveau » s'allie intimement à celui de la pureté, de la virginité, de l'innocence, du paradis terrestre. Ainsi le « nouveau monde » est un des aspects que peut revêtir cet « autre monde » où vivent les héros du roman (cf. *supra,* p. 12, n. 1.)

2. Rousseau recopie ici, presque textuellement, une note de son carnet de voyage de 1754 : « Ils coulèrent ainsi, des jours tranquilles, sans de grands plaisirs ni de grandes peines et les terminèrent enfin par une mort presque insensible... » (*Annales J.-J. R.*, t. II, p. 157).

P. 80.

(*a*). Ms. Rey : *un écu blanc* dans le texte. Pas de note.

1. Une mine d'or, connue déjà des Romains, fut exploitée à Gondo, sur le côté valaisan de la route du Simplon, jusqu'au XIXe siècle. Rien n'indique qu'il ait été interdit de l'exploiter à certaines époques (cf. *Dictionnaire géographique de la Suisse,* article « Gondo »).

Sur la thèse ici soutenue et ses harmoniques dans l'œuvre de Rousseau, cf. p. 76, n. 2.

P. 81.

(*a*). « ni le moindre... prévaloir » : Ajout dans Ms. Rey selon la feuille de changements.

1. Rousseau exprime ici l'une de ses réactions les plus vives et les plus particulières, la passion de l'indépendance à l'intérieur des rapports sociaux. C'est elle qui rendit, toute sa vie, si difficiles ses relations avec ses hôtes successifs. Cf. l'histoire de son amitié avec les Montmorency (*O.C.*, Pléiade, t. I, p. 517 sq.) et encore ses confidences à Malesherbes dans la lettre du 4 janvier 1762 (*O.C.*, Pléiade, t. I, pp. 1132-1133).

2. Le vin tient une très grande place dans *La Nouvelle Héloïse*. Plusieurs lettres seront consacrées à traiter de son bon usage (I, 50, 51 et 52). Une autre sera consacrée aux vendanges (V, 7); une autre traite des talents œnologiques de Julie. C'est un reflet de la civilisation du pays où se déroule l'action du roman, plus encore des goûts de Rousseau, qui, parfait gourmand, savait allier à la passion des laitages celle des vins et des liqueurs (cf. *Confessions, O.C.*, Pléiade, t. I, pp. 46, 164, 268-269).

P. 82.

(*a*). C.L. : *sa blancheur*. Éd. Rey, 1763 : *son extrême blancheur*.

(*b*). Après cette citation dans Ms. Rey, Rousseau avait ajouté cette note : *Mon jeune philosophe vous vous mettez assés lestement à l'abri du Tasse, comme derriére un rempart ; mais permettez moi de vous dire que son exemple vous justifie mal. L'amour est craintif et scrupuleux, il s'effaroûche aisément, et un amant écrivant à sa maitresse est obligé à plus de circonspection qu'un poëte parlant au public. Voila surement ce que Julie vous eut dit si son silence sur ce passage n'eut été plus modeste et n'eut mieux marqué son improbation,* puis il l'a supprimée dans sa feuille de changements. Dans D.C. il a donné la traduction suivante : *Son acerbe et dure mamelle se laisse entrevoir ; un vêtement jaloux en cache en vain la plus grande partie ; l'amoureux desir plus perçant que l'œil pénétre à travers tous les obstacles*. Ces vers sont tirés de la *Gerusalemme liberata* du Tasse (IV, 31). Ils évoquent l'apparition d'Armide devant les Croisés.

1. *Don Quichotte,* chap. XXXII. Nous avons dit que l'imagination de Rousseau s'alimente à des textes littéraires : en voici un nouveau et précieux témoignage. Il est vrai que *Don Quichotte* est un « anti-roman ». Nous voyons apparaître ici un Rousseau souriant, plein d'humour et qui réagit contre le « romanesque ».

2. « Lindos possède un temple », raconte Pline l'Ancien, « où Hélène a dédié un vase, à la mesure de son sein ajoute l'histoire » (*Histoire naturelle,* I, XXXIII, chap. XXIII).

3. Érotisme discret. Un jeune homme pouvait-il normalement à cette époque écrire sur un ton aussi vif à une jeune fille ? Il ne semble pas, si l'on en juge par les réactions de Julie (lettre 25).

C'est un trait de sa propre sensibilité qu'exprime ici Rousseau : « Jamais mon cœur ni mes sens n'ont su voir une femme dans quelqu'un qui n'eût pas de tétons » (*Confessions,* l. IX, *O.C.*, Pléiade, t. I, p. 412). On ne sera pas étonné d'apprendre que Mme de Warens et Mme d'Houdetot ne laissaient rien à désirer sur ce chapitre (*Ibid.*, pp. 50 et 439). Mme d'Épinay au contraire était fort maigre : « De la gorge comme sur ma main, ce défaut seul eut suffi pour me glacer .. » (p. 412). Les lettres à Coindet au sujet des estampes confirment l'importance accordée par le romancier aux charmes de ses héroïnes : « Je trouve dans tous les desseins que Julie et Claire ont le sein trop plat. Les Suissesses ne l'ont pas ainsi... » (*C.C.*, t. VII, p. 295).

4. « *Corps* est aussi cette partie de certains habillemens qui est depuis le cou jusqu'à la ceinture. » (*Dict. Acad.*, 1762.)

P. 84.

1. En opposant le « faux honneur » ou « honneur du monde » au « véritable honneur », Rousseau s'inscrit dans la ligne des moralistes chrétiens, de Bossuet en particulier. Cette voix de l'honneur se confond pour lui avec celle de la conscience. Dans une lettre à un inconnu, le 15 octobre 1758, il énumère les trois sources de la moralité : « Premiérement l'autorité de Dieu, et puis celle de la loi naturelle qui dérive de la constitution de l'homme, et puis celle de l'honneur plus forte sur un cœur honnête que tous les Rois de la terre » (*C.C.*, t. V, p. 179). P. Burgelin qui cite cette lettre ajoute : « Ce ne sont que trois aspects d'une même réalité » (*La Philosophie de l'existence de J.-J. Rousseau,* p. 339).

2. LA FONTAINE, *Fables,* IX, 8.

P. 85.

(*a*). « que serai-je » : texte de l'éd. Rey, 1761. Duchesne, 1764, imprime *serois-je*. Rousseau dans D.C. corrige d'abord en *serai-je,* puis raye sa correction et annote : *bon comme il est.*

1. Noter l'accumulation des mots blessants où s'exprime, plus vif que jamais, le ressentiment du roturier : *salaire, vendant, mercenaire, homme à gages, espèce de valet, ses gens.* Quelle bile déversée par ce Ruy Blas ! Sur cette discussion et sur l'intérêt de la note qui suit, cf. *supra,* p. 66, n. 2. Sur les rapports Saint-Preux-Abélard, cf. p. 3, n. 1.

P. 86.

1. *Félicité* est un des mots clefs de ce roman du bonheur. Mieux que *plaisir* ou même *joie,* il met l'accent sur un certain caractère religieux, mystique, du bonheur rêvé par Rousseau (cf. *infra,* notes des dernières parties). Il est important qu'il se trouve au terme d'un développement sur l'union nécessaire de l'innocence et de l'amour, l'un des thèmes majeurs de la méditation de Rousseau sur

l'amour parfait (cf. p. 31, n. 1). Il est important aussi que cette déclaration solennelle soit faite par Saint-Preux. Julie l'utilisera dans sa lettre récapitulative (III, 18) pour justifier les « sacrifices héroïques » qu'elle exigera de son amant et d'elle-même après son mariage. L'état des manuscrits ne permet pas de décider lequel de ces textes a précédé l'autre. En tout cas, ils se correspondent. Et cela par la volonté expresse du romancier qui nous fait sentir ainsi *l'unité spirituelle* des diverses parties de l'œuvre.

2. Cf. *supra,* lettre 17.

P. 87.

(*a*). Dans le Ms. Rey, ce paragraphe commence à la phrase : « Je suis trop occupée... » comme C.L., mais offre quelques variantes : *Je suis trop occupée de vôtre seconde lettre pour pouvoir répondre à la prémiére. Ainsi, mon ami, laissons le Valais pour une autre fois, et bornons nous maintenant à ce qui nous regarde ; nous n'aurons (encore ?) que trop d'affaires.* Rey a ajouté entre parenthèses : « voyez les changemens ». La feuille de changements dit en effet : *p. 77 le premier alinéa de cette lettre doit être comme ci-dessous* (suit le premier paragraphe actuel : « La relation de vôtre voyage (...) Ainsi, mon ami, laissons le Valais, etc. » avec les particularités orthographiques ordinaires à Rousseau).

(*b*). Note absente de C.L., supprimée dans éd. Rey, 1763.

1. « Vous m'envoyez des épreuves pleines de fautes horribles (...) cela n'est-il pas désolant ? Précisément cela tombe sur la feuille G qui avec la suivante est celle de tout l'ouvrage dont la correction importe le plus... », écrit Rousseau à Rey le 11 mai 1760 (*C.C.*, t. VII, p. 86). Or, ces feuilles correspondent aux lettres 25-34. Nous sommes avertis par l'auteur lui-même de l'importance exceptionnelle qu'il accordait à cette partie de son œuvre; celle où la passion atteint son point culminant et où Julie se donne à Saint-Preux.

2. Tout ce début manque dans C.L. et Ms. Rey (cf. var. (*a*), p. 87). Il est pourtant essentiel pour la psychologie de Julie qui ne pouvait pas feindre de n'avoir pas entendu l'appel érotique de Saint-Preux. Elle le « tance », mais elle « rit de sa ruse ». Son « innocence » se tempère de coquetterie. Rousseau d'autre part se donne par elle quelques compliments sur son style. Surtout il exprime au passage cette vérité vécue par lui et que reprendront plus tard en la développant le Gide du *Journal des Faux monnayeurs* et surtout le Proust du *Contre Sainte-Beuve,* à savoir que le romancier parlant « au public » révèle plus de secrets sur lui-même qu'il ne le fait dans des textes à première vue plus confidentiels. Il nous autorise ainsi à le rechercher davantage dans son roman que dans sa correspondance ou même dans ses *Confessions*.

3. Première « cantilène sur le bonheur perdu ». Cf. *supra,* p. 51, n. 3 et *infra,* p. 177, n. 1, cf. surtout, IV, 17 la promenade sur le lac où l' « air » de Julie répondra à celui de Saint-Preux. Technique

de composition musicale : le mouvement passionné entraîne un changement de rythme, un changement de ton, et le passage du *vous* au *tu*. Julie fait ici un aveu capital : « je ne puis vivre sans toi », qui sera repris et prolongé par la fin de la lettre. L' « amour-passion » est source de souffrance : c'est là une des idées fondamentales de la conception rousseauiste de l'amour. Elle s'était exprimée déjà dans les lettres 4 et 9. Elle sera longuement reprise dans III, 18 et III, 20.

P. 88.

(*a*). C.L. : *Tous les obstacles qui se présentent m'alarment. Je ne vois rien qui ne serve à me décourager*. Recherche de la concision, de la densité.

(*b*). Ces vers empruntés à l'*Antigono* de Métastase (acte I, sc. XI) ont été traduits par Rousseau dans D.C. : *O Dieux ! se sentir mourir et n'oser dire : je me sens mourir.*

(*c*). Ms. Rey : *empirent. Errata* 1761 : *aggravent* et éd. Rey, 1763 : *augmentent*.

1. Sur l'importance du thème du souvenir, cf. *supra,* p. 16, n. 2 et surtout p. 70 et n. 2. Toute la suite du roman sera construite sur lui. L'important n'est pas d'être heureux, mais d'aimer. Le seul danger grave pour l'amour est l'oubli (cf. III, 7, etc.).

P. 89.

(*a*). Ms. Rey : (...) *afin (d'être le plus près qu'il est possible, et mettre pourtant la largeur du lac entre l'objet et la tentation, entre le secret et les curieux)*. Le texte actuel est ajouté de la main de Rey, selon les instructions de la feuille de changements. Comme il est arrivé plusieurs fois dans ces changements de dernière minute, l'imprimeur (pris de court ? n'ayant pu se relire ?) a maintenu l'orthographe de Rousseau : jouïr, vüe, alors qu'il imprime d'ordinaire : jouir, vue. Nous avons respecté cette particularité, qui nous a paru évoquer de façon vivante les conditions dans lesquelles l'œuvre a été imprimée.

1. Cette lettre marque un des moments essentiels du roman. A l'aveu de faiblesse de l'amante répond l'invitation passionnée de l'amant au bonheur. C'est un grand air d'opéra, dont les diverses parties sont de valeur très inégale à notre goût.

1° La première est une méditation générale sur les souffrances de l' « âme sensible ». Texte fameux entre tous, mais dont on a parfois minimisé la signification. Gardons-nous de dire comme J.-L. Bellenot : « C'est comme si Rousseau avait voulu rassembler en un faisceau tous les futurs thèmes romantiques » et réduire ceux-ci à la « révolte » et à l' « évasion » (*Annales J.-J. R.*, t. XXXIII, p. 169). Il n'y a ici rien de tel, mais un gémissement musical sur la misère de la condition humaine en trois développements d'une profondeur croissante. Le premier dit la sensibilité de l'homme aux caprices de l'atmosphère. Il se rattache directement à certains passages de la lettre 23 ; le second, la douleur causée par les interdits sociaux; le troisième, l'appétit d'infini, d'absolu, impossible à assouvir en ce monde. Il est une annonce du grand chant final de Julie à l'heure où elle quittera la terre. En un certain sens, cette page domine l'œuvre entière, lui donne sa signification la plus haute. Rousseau s'y souvient sans doute d'innombrables lectures, où les romans contemporains se mêlent aux œuvres des plus anciens amis : Montaigne, Pascal, l'Ecclésiaste; mais la source la plus profonde réside dans l'être même de l'auteur.

2° Suit une méditation plus limitée sur la contradiction douloureuse qui était à la base de la vie de Jean-Jacques entre la « grandeur » de ses aspirations et la « bassesse » de sa condition. « Il me falloit des demoiselles », avouera-t-il dans ses *Confessions*. Au reste Julie est bien plus qu'une « demoiselle ». Elle est une sorte de divinité : « beauté fatale », symbole de l'impossible bonheur. Dans ces deux premiers mouvements, la force, la précision de l'expression sont étonnantes. Peut-être y a-t-il vers la fin un léger gonflement de rhétorique, un peu d'abandon à la facilité, mais une telle facilité s'apparente au génie.

3° Le mouvement suivant, évocation du lieu privilégié d'où l'exilé contemple le paradis perdu réintroduit la Nature dans ce chant d'amour. Quelques détails réalistes détonnent : le télescope, l'encre, le papier (cf. la scène du « cabinet de Julie »). Mais le lyrisme emporte tout, et le thème symbolique des saisons orchestre bien celui de la passion.

4° Suit une longue évocation de Julie qui, par son caractère conventionnel, par l'abondance des métaphores et des clichés, est à peu près insupportable. Le ton se relève un peu vers la fin grâce à l'élan lyrique : « O Julie ! ô Julie... » mais on est alors choqué par un nouvel excès et la peinture de cet amant semblable à une lionne furieuse n'est pas davantage acceptable. Ce n'est pas le fait (prouvé par quelques rapprochements indiqués par D. Mornet, *N.H.*, t. II, p. 100) que Rousseau se trouve ici en nombreuse compagnie qui rendra plus pardonnables ces phrases frénétiques.

5° La lettre s'achève heureusement par deux admirables pages : le grand chant d'appel au bonheur, à la vraie vie et, si c'est l'unique voie pour y parvenir, à la mort. Nous retrouvons ici le meilleur Rousseau. Il traite pourtant le lieu commun le plus usé : la fragilité de la beauté, la brièveté du temps d'aimer. Mais il orne ce chant des plus neuves images — qu'il emprunte à la Bible et contre lesquelles Voltaire le puriste s'indignera — et il use d'un rythme envoûtant qui va s'élargissant jusqu'à la dernière phrase pour retomber sur le mot magique de *bonheur*. Pour ce chant qui est à la fois une justification de l'union voulue et bénie par Dieu (« Viens à la face du ciel ») et de l'abandon à l'amour, dût-il mener à la mort, il a inventé des cris où se mêlent intimement le christianisme et le paganisme et qui, après avoir inspiré tant de poèmes, tant de romans et les sonneries wagnériennes du dernier acte de *Tristan,* n'ont pas cessé d'émouvoir nos cœurs.

6° Un dernier paragraphe produit un vif effet de contraste. Quatre lignes terribles dans leur sécheresse : chantage au suicide. Saint-Preux précède Valmont, mais il est sincère. C'est l' « estocade ». Pas plus que la Présidente, Julie n'y résistera.

2. C'est toute la fin de la vie de Rousseau qu'il faudrait évoquer ici. Il suffira de se reporter aux derniers livres des *Confessions* et aux *Dialogues*. Ni dans le calme automne de 1756, ni même pendant l'hiver de 1760, après avoir été chassé de l'Ermitage, Rousseau ne pouvait vraiment se dire persécuté par les hommes. Cependant les signes avant-coureurs de l'orage se multipliaient, et déjà sa retraite à Montmorency était une espèce de fuite devant les conjurés...

3. *Ignominie :* le mot n'a pas alors nécessairement le sens très fort d'aujourd'hui. Il signifie ici simplement absence d'illustration, condition sociale médiocre.

P. 92.

(*a*). « Il est bien naturel... supporter ». Phrases absentes de C.L.

1. Cf. lettre 11, p. 51.

2. Il n'y a pas ici abus de langage. Tout dans ce couplet concourt à faire de Julie une divinité *(éternellement heureuse, contempler de loin, je* (...) *demanderais au Ciel)*. Sur cette divinisation ou idolâtrie de Julie, cf. *supra,* p. 89, n. 1 et *infra,* V, 7.

3. *S'user dans les larmes, périr comme une fleur, se flétrir dans la douleur* et plus loin, *couler comme de l'eau,* sont des métaphores bibliques. Elles donnent à cette prose un caractère à la fois poétique et sacré qui l'apparente à des œuvres spécifiquement religieuses comme les *Oraisons funèbres* de Bossuet. Elles sont empruntées aux *Psaumes* dont Rousseau nourrissait à nouveau depuis quelques années sa vie spirituelle (cf. Introd., p. 62, n. 3 et notes des Ve et VIe parties).

4. Le mot n'est pas mis au hasard. La dialectique du plaisir et de la vertu est un des éléments fondamentaux de la conception rousseauiste de l'amour. Le plaisir doit être intégré à l'amour. Mais à quelles conditions ? Ce débat se prolongera longuement dans les lettres 28-32. La morale de Rousseau est bien un épicurisme. Cf. sur ce point la lettre 2 de la Ve partie.

P. 93.

(*a*). Ms. Rey : *Viens ô mon âme (goûter le prix des sentiments qui nous unissent. Viens à la face du ciel, guide et témoin de notre fuite et de nos sermens, unir à jamais les destins de deux cœurs qu'il unit en les faisant naître)*. Le texte actuel a été reporté à l'interligne par Rey suivant les instructions de la feuille de changements.

1. Nous saurons seulement par la lettre 18 de la IIIe partie qu'il s'agit de la demande en mariage de Wolmar. Romancier plus habile qu'il ne paraît d'abord, Rousseau éveille la curiosité des lecteurs mais se garde de la satisfaire trop tôt.

P. 94.

1. « *Transport au cerveau* se dit d'un délire passager qui est ordinairement la suite d'une fièvre violente. En ce sens on dit absolument *transport* » (*Dict. Acad.*, 1762).

2. Sur ce style haletant cf. *supra,* p. 31, n. 2. Notons les services qu'il rend au romancier. Non seulement il fait sentir physiquement le trouble qui agite son personnage, mais il révèle les faits et en épargne le récit. Il réussit ainsi à donner au lecteur de ce roman fleuve une impression de rapidité ! En outre, il projette autour des événements mêmes une zone d'obscurité propre à aiguiser la curiosité.

La suite des événements peut s'établir ainsi :

1° Julie tombe gravement malade. Claire est là. Elle appelle Saint-Preux en toute hâte (lettre 27).

2° Saint-Preux revient. Julie se rétablit. Claire la quitte, Saint-Preux propose à Julie de fuir. Julie désemparée appelle Claire au secours (lettre 28).

3° Trop tard ! Avant le retour de Claire, la chute de Julie est consommée.

Les entrées et sorties de Claire sont absolument nécessaires. Sa présence permet le rappel de Saint-Preux. Son absence permet la chute... et l'information du lecteur !

P. 95.

(*a*). « C'en est fait. » Manque dans C.L. ajouté dans Ms. Rey, mais le redoublement est postérieur. D'une manière générale Rousseau est allé dans le sens du « chant » mais aussi d'une plus grande discrétion dans l'emploi des signes typographiques (suppression des points de suspension après « désespoir »).

(*b*). « Qu'ai-je dit... perdue ». C.L. et Ms. Rey avaient un texte très différent, plus oratoire et moins lyrique : *Comment oser t'en dire davantage, ô chére et trop confiante amie ? Ne m'entens-tu pas déja trop sans que j'achéve ? L'Univers entier ne me reproche-t-il pas la faute que j'ai cru dérober à tous les regards, et ma honte n'est-elle pas écrite sur tous les objets aussi clairement que sur mon visage.*

1. Cf. lettre 9 : « Le moment de la possession est une *crise* de l'amour ». Ce mot était pris alors dans un sens médical : point critique, passage périlleux. Ici il est pris dans le sens où l'emploient les dramaturges : sommet d'une situation tragique.

2. Les lettres 29-32 sont consacrées à la « chute » de Julie, à la discussion du problème moral qu'elle pose, et à l'analyse de ses conséquence psychologiques. Rousseau a exprimé sa position

officielle dans la *Préface dialoguée* (cf. p. 24-26). Sa pensée est ici beaucoup plus explicite et nuancée grâce aux trois protagonistes qui en font apparaître les aspects contrastés. Le procès sera repris plusieurs fois dans le roman, en particulier par Milord Édouard (I, 62) et par Julie elle-même (II, 7 et III, 18). Mais les réflexions faites en pleine crise sont particulièrement émouvantes. Julie parle la première. Et elle prend immédiatement l'attitude de la pécheresse. Elle parle à nouveau le langage de Phèdre. Cette « honte », ce « désespoir » sont-ils conventionnels ? Peut-être en partie. Rousseau suit une tradition littéraire. Surtout il lui est impossible de faire tenir un autre langage à une jeune fille « bien élevée » des années 1730. Mais des raisons plus profondes lui ont dicté ces pages. Nul doute qu'à côté d'une vive sensibilité et d'un érotisme très marqué, il y ait eu en lui une répulsion profonde, héritée peut-être de son éducation religieuse, en face de la sexualité. Toute sa vie, il a été écartelé entre ces deux attitudes. Son comportement envers Mme de Warens et même envers Mme de Larnage est significatif. Celui qu'il aura en face de Mme d'Houdetot le sera plus encore. Il a donc chargé Julie de ses « remords », de son « sens du péché », de sa défiance des mouvements charnels.

C'est elle aussi qui, dans le chant mélancolique et noble qu'est la lettre 32, nous révèle ses aspirations les plus hautes, les plus secrètes, celles qu'il a héritées de la poésie médiévale, de Pétrarque et des romans précieux : dépasser la condition humaine, dominer les impulsions des sens, transcender le bonheur médiocre du « plaisir », renoncer à ces « amours vulgaires » qui ravalent au rang du « plus vil mortel ».

Au reste, si elle condamne le plaisir, Julie ne condamne pas l'amour; si elle se juge coupable et déshonorée, elle ne méprise pas son amant. Au contraire. Julie est, comme lui, un être compliqué, déchiré. Ce mouvement d'abandon total à celui qui l'a plongée dans la « honte » est apparemment absurde et profondément vrai. Julie est une authentique amoureuse.

Saint-Preux chante la joie de l'amour comblé. Joie mêlée de souffrance, il est vrai. Mais il souffre pour Julie. S'il a des remords, ce n'est pas de la « faute », mais c'est de la souffrance qu'elle a fait naître chez son amante. A quoi s'ajoute un sentiment très propre à Jean-Jacques, celui de l'humiliation : « Je suis donc bien méprisable ». Il oppose à Julie une théorie du mariage qu'il proclame — à juste titre, et contrairement à ce que pensent certains critique, pressés ou mal informés de la doctrine chrétienne du mariage — conforme aux lois divines et humaines.

Les censeurs de Malesherbes qui ont examiné de si près certains passages théologiques de la dernière partie, sont restés ici insensibles tandis qu'ils avaient sévèrement condamné *Manon* où était proclamé le droit à un amour privé de toute sanction religieuse ou sociale. Sur l'attitude des romanciers contemporains devant ce problème, cf. une note de D. Mornet (*N.H.*, t. II, p. 102). Joignonsy le jugement porté par *L'Homme de qualité* au tome Ier de ses *Mémoires* sur un couple peu légal selon les lois françaises : « L'amour ne nous rend point criminels, lorsque l'objet est légitime et qu'il ne nous fait point négliger ce que nous devons au Créateur. »

Claire enfin adopte une position moyenne. Jeune fille « conformiste », elle proclame comme Julie qu'il y a eu « faute », « mauvaise action ». Et elle ne juge pas nécessaire d'apporter de justification. Mais cette fille sage et active songe au présent et cherche avant tout à réconforter Julie, pour lui redonner ce sentiment auquel Rousseau attachait tant de prix : *l'estime de soi*. Elle invoque trois arguments, très « médiévaux », très « cornéliens », et en somme très chrétiens : 1° Il y a eu combat; l'honneur n'est pas dans la victoire, mais dans la lutte; 2° La faute a été commise par amour. Or l'amour véritable ne peut « dégrader l'ame ». 3° La chasteté n'est pas la vertu suprême, ni surtout la seule vertu. Peut-être Rousseau en écrivant ces lignes avait-il présente à l'esprit cette parole de saint Paul : *Caritas operit multitudinem peccatorum ?*

3. Il est difficile de ne pas entendre ici de nouveau les échos de *Phèdre*. La lettre tout entière est construite comme un monologue de théâtre, avec un désordre soigneusement concerté.

P. 96.

(*a*). Ms. Rey 1er jet : *(son cœur) cette âme honnête*. Corrigé d'après la feuille de changements.

(*b*). « je me sentois... transports ». C.L. : *Le feu de ses yeux pénétroit mon âme.*

(*c*). « Tout augmentoit ma faiblesse ». Ces quatre mots manquent dans C.L.

1. On notera la discrétion extrême de Rousseau sur les « circonstances ». Plus tard il sera plus explicite, mais ce sera Saint-Preux qui parlera. Et le temps aura passé. La « pudeur » interdit à Julie d'en dire davantage.

P. 97.

(*a*). « J'ai perdu... estime. » Ms. Rey : *Jamais je n'en fus moins digne, mais jamais elle ne me fut si nécessaire (laisse) conserve-moi donc par pitié les (sentimens) soins que tu m'accordas par inclination.*

(*b*). C.L. : *J'ai craint... gémis. Je l'aurois empêché peut-être si j'avois pu te sauver autrement la vie ;* Ms. Rey : *J'ai craint... gémis* puis, selon les instructions de la feuille de changements, en marge, Rey ajoute : *Il est l'effet d'une téméraire confiance ;* c'est sur épreuve qu'a été ajoutée la phrase : *combien... écoutée.*

P. 98.

(*a*). Ici Ms. Rey ajoutait : *Et sans songer que (ce n'étoit) le péril ne venoit pas de tes sens mais de ton cœur, j'oubliai...* Rousseau a supprime cette phrase qui faisait adopter à la lucide Claire, la même indulgence pleine d'illusions sur les mouvements *à la fois* du corps et du cœur qui ont poussé Julie vers Saint-Preux. Curieux et assez admirable effort contre le conformisme des lecteurs.

(*b*). « Si tu as plus combattu... ce qui t'excuse ». C.L. : *Tu ne songes pas qu'il est des passions qui sont au-dessus des règles, et qu'une âme vulgaire eût pu vaincre avec cent fois moins de combats que tu n'en as rendus en succombant.* Variante précieuse qui révèle combien Rousseau va spontanément dans le sens de l'héroïsme cornélien et la lutte sévère qu'il mène contre lui-même.

(*c*). Ni cette phrase, ni la note ne se trouvent dans C.L. Déclarations prudentes du romancier qui juge nécessaire de se barricader derrière d'impeccables déclarations de principe ! Note supprimée dans éd. Rey, 1763.

P. 99.

(*a*). Phrase absente de C.L.

(*b*). Ce paragraphe manque dans C.L. et dans Ms. Rey. Pour l'orthographe première, tüer, cf. var. (*a*), p. 89.

(*c*). C.L. et Ms. Rey. : *Nous gémirons si tu le veux ; nous nous tairons si tu m'en crois, et nous effacerons...* Effort remarquable contre la tentation du style trop « chantant », périodique, vers la densité tragique à la Corneille.

P. 100.

(*a*). Ms. Rey et l'éd. originale : *le supplice des tiens.* Rousseau a modifié ce texte, dans l'*errata* de 1761, parce que le mot « supplice » se trouve dans le paragraphe précédent *(mon bonheur devient mon supplice)* mais le mot « tourment » lui-même se trouvait déjà dans le premier paragraphe de la lettre : *Dieu ! quel tourment affreux* où il remplaçait le mot « supplice », écrit d'abord et biffé.

P. 101.

(*a*). Au lieu de « ô gloire et bonheur », Ms. Rey et l'éd. Rey, 1761, portent : *Ô charme et bonheur.* Le mot « charme » était déjà dans le début du même paragraphe, d'où la correction dans l'*errata* et dans l'éd. Rey, 1763. Mais sur l'exemplaire de l'éd. Duchesne, 1764, qui est à la Bibliothèque du Palais-Bourbon, Rousseau a biffé les mots « tourment » et « gloire » et les a remplacés par les mots « supplice » et « charme », et ce texte a été adopté par les éditions postérieures.

(*b*). Ici C.L. et Ms Rey ajoutaient : *Pourquoi me prives-tu d'une partie de moi-même ?*

(*c*). « tant d'espèces... assiette ». C.L. : *tout ce que l'ardent amour peut avoir de transports et tout ce que l'imagination d'un amant peut rassembler de charmes, et tout ce qu'une touchante pudeur peut ajouter aux plaisirs.* Variante importante parce qu'elle montre l'effort accompli par l'écrivain dans le sens du « goût », de la justesse. Il faut absolument éviter de faire parler Saint-Preux comme un roué, comme un libertin, mais ce texte est révélateur de tendances très soigneusement refoulées par Jean-Jacques. Sur le raffinement apporté par la « pudeur » aux plaisirs, cf. p. 128, n. 2 et p. 137, n. 1.

1. Rousseau exprime ici la pure doctrine de l'Église catholique qui fait reposer l'essence du sacrement de mariage sur l'*engagement* des époux l'un à l'autre *par la parole*. On sait la réaction indignée du curé de Torcy, dans le *Journal d'un curé de campagne* de Bernanos, contre l'héroïne de *l'Otage* qui, pour sauver le Pape, accepte d'être infidèle à la parole donnée à son fiancé Coufontaine et d'épouser Turelure (éd. Plon, pp. 249-250).

2. Sur l'amour-aliénation, cf. p. 31, n. 1. Rousseau met ici l'accent sur la difficulté la plus grande de l'amour : être deux en un. Rester soi et devenir l'autre. Mais il faut distinguer deux formes principales d'aliénation :

1° L'anéantissement de la personne de l'amant dans la personne de l'aimée. C'est le grand thème de l'amour mystique. On rejoint ici Pétrarque.

2° L'anéantissement de la raison par le désir sensuel : « Il est un terme où nulle raison ne résiste plus ». Comment être un parfait amant et demeurer maître de soi, ne pas être « un autre » ?

P. 102.

(*a*). Phrase absente de C.L. Noter l'insistance de Rousseau sur la nécessité d'un amour *non vulgaire* (cf. *supra,* var. (*b*), p. 98).

1. Deuxième cantilène sur le thème du bonheur perdu (cf. *supra,* lettre 25, p. 87 et n. 3).

2. Sur cette conception aristocratique de l'amour, cf. p. 165, n. 5, p. 209, n. 1, p. 403, n. 2. Mme d'Épinay avait usé de cette même expression dans une lettre d'avril 1757 à Jean-Jacques, où elle essayait d'apaiser la querelle qui s'était élevée entre lui et Diderot : « Eh laissons ce commerce de miséres à tous ces cœurs vides de sentimens et à ces têtes sans idées; cela ne va qu'à ces petits *amans vulgaires* qui n'ont que les sens agités... » (*C.C.*, t. IV, p. 263).

P. 104.

(*a*). Dans D.C., corrigé en *chuchoterie*. Le correcteur se mettait ainsi d'accord avec l'usage. En 1761 chucheterie avait déjà un parfum d'archaïsme. Le *Dictionnaire* de Féraud donnait bien encore en 1787 les deux formes. Mais le *Dict. Acad.*, en 1762, ne donnait plus que chuchoterie.

1. Cette conclusion de la crise peut nous paraître plate, hypocrite, dangereuse. Mais une autre était-elle possible. Fuir ? Julie a déjà refusé : c'eût été « donner la mort aux auteurs de (ses) jours ». Affronter ses parents; leur imposer le mariage ? Impensable dans l'état actuel des choses. Son père « n'imagine pas même qu'un roturier puisse être amoureux de sa fille ». Renoncer à Saint-Preux ?

Plus impensable encore. Alors elle doit user de compromis, de combinaisons, de mensonges qui vont la dégrader à ses propres yeux, mais lui permettront d'attendre. Attendre quoi ? Cette arme irrésistible que serait une grossesse dans le débat qu'elle prévoit avec son père. Tout cela ne nous sera clairement expliqué que dans la lettre 18 (IIIe partie). Ici, Rousseau, fort habile, se garde de tout dire.

2. Lettres 33-65. Jusqu'ici, malgré quelques « paliers », le rythme a été rapide, les événements nombreux, les sentiments intenses. Peu de temps s'est écoulé entre la déclaration initiale de Saint-Preux et la chute de Julie. Désormais le temps va durer. Il faudra attendre jusqu'à la lettre 62 pour voir renaître le mouvement dramatique. Pourquoi Rousseau a-t-il écrit ces longues pages ? Pourquoi les a-t-il gardées ? Deux réponses possibles : la première est la volonté de donner au lecteur le sentiment de la *durée,* et rien n'y parvient mieux que le ralentissement du rythme; la deuxième, que ces pages d'apparent remplissage, si elles nuisent à « l'intérêt », sont loin d'être sans intérêt. Elles enrichissent la méditation sur l'amour par l'analyse des réactions des amants en face de la jalousie et de la volupté physique. Elles glorifient surtout certaines valeurs : la bienfaisance, l'amitié, la musique, riches harmoniques de la mélodie rousseauiste de l'amour, et sans lesquelles le « monde enchanté » ne saurait exister. Enfin, l'épisode du congé de Claude Anet est important pour la suite du roman : Milord Édouard et Wolmar y verront la preuve que Julie et Saint-Preux sont vraiment « vertueux » (cf. I, 60 et IV, 12).

P. 105.

1. L'exaltation de la solitude que nous voyons apparaître pour la première fois dans cette lettre et dans la suivante (qui lui répondra selon la technique des duos d'opéra) est un des thèmes importants du roman et Rousseau l'a bien dégagé dans sa *Préface dialoguée* (cf. p. 14, n. 1). On sait les nombreuses pages des œuvres autobiographiques où il le développera. Il n'a pas encore rédigé ces *Lettres morales* ou *Lettres à Sophie* où dans l'automne de 1758 il lancera vers Mme d'Houdetot le plus convaincant de ses appels au recueillement. Mais s'il n'a rien écrit encore, il a vécu. Au moment même où il compose cette lettre, il goûte intensément les délices de la vie solitaire. La solitude peut être totale; c'est celle que vit Jean-Jacques à l'Ermitage, qu'il vivra à Montmorency et à la fin de sa vie, celle que Saint-Preux vient de connaître dans le Valais. Elle peut être aussi une vie retirée du monde, dans la compagnie de l'être aimé, ou de quelques amis choisis. C'est celle que Jean-Jacques a vécue aux Charmettes, celle qu'il va vivre intensément avec Mme d'Houdetot, puis, dans le calme retrouvé, avec les Luxembourg. C'est celle que Saint-Preux a vécue jusqu'ici près des deux cousines, celle que vivront plus tard les habitants de Clarens. Non moins favorable que la première à l'approfondissement de

l'amour, elle eſt essentiellement un tête-à-tête, dont les dangers peuvent être graves, comme le prouveront dans le roman la promenade sur le Lac, et dans la vie, la crise de l'été 1757. Mais elle n'eſt pas absolument exclusive de la présence d'autres êtres, à condition que ceux-ci ne soient pas des indifférents, comme ceux qui forment les *Assemblées* ou réunions mondaines, mais des êtres élus, enfermés en un monde clos où circule un intense courant d'amour (cf. IV, 10).

2. Ce secret, ce myſtère, il faudrait que Saint-Preux eût l'entendement bien obtus pour ne pas le deviner ! Il avouera pourtant qu'il y fait d' « inutiles efforts » ! (Lettre 34). Sur le désir de Julie d'attendre un enfant, cf. III, 18 et p. 104, n. 1. On notera l'équivoque, sans doute involontaire, du mot « naitre », dans la phrase : « Si de mes fautes pouvait naitre le moyen de les réparer... ».

P. 106.

(*a*). Ces vers extraits du *Ciro riconosciuto* de Métaſtase (acte III, sc. XII) ont été ainsi traduits par Rousseau dans D.C. : *Non, non, beaux yeux qui m'apprîtes à soupirer, jamais vous ne verrez changer mes affections.*

(*b*). Dans D.C. Rousseau a donné la traduction de ce vers d'auteur inconnu : *Comme celui qui semble écouter et qui n'entend rien.*

1. Il s'agit évidemment des livres que lit Saint-Preux, non de ceux qu'il écrit. Rien n'indique que ce jeune homme soit déjà un auteur, mais il est un professeur, un intellectuel. La réaction de Mme Belon eſt celle des mondaines qui avaient souvent humilié le timide Rousseau.

P. 107.

(*a*). C.L. emploie le mot *hommes* et n'a donc pas de note. Cette note eſt maladroite, puisque tout le roman tend à exalter les provinciaux. Rousseau eſt gêné. Il veut être réaliſte et faire parler à ses personnages leur langage; mais il se pique aussi d'apparaître aux yeux des Parisiens comme quelqu'un qui sait son monde et sa langue. Toute une série de ses notes tendent à l'affirmer. Il les a plus tard supprimées. Celle-ci a disparu dans l'éd. Rey, 1763. Le *Dictionnaire* de Féraud cite précisément cette phrase en 1787. A cette date, Rousseau eſt un écrivain qui fait autorité !

1. Sur le « complexe du provincial » chez Rousseau, en matière de langage, cf. *supra,* p. 71, n. 1.

P. 108.

1. Sacconay, lieutenant général au service du canton de Berne, pendant la guerre que mena le canton proteſtant, uni à celui de Zurich, contre les cantons catholiques. Première affirmation dans le roman du sentiment patriotique, et conjointement du refus de la carrière des armes lorsqu'elle eſt au service d'un « prince étranger ».

Rousseau, démocrate genevois, est partisan d'un service obligatoire pour la défense de la patrie; hostile, au contraire, à tout service volontaire, surtout au profit d'un prince étranger; réfractaire à la morale aristocratique de l'armée, qu'il peut admirer pour sa valeur esthétique, mais qui heurte son goût de la paix, sa haine de toute hiérarchie. Il avait vivement souffert à Paris de l'attitude des officiers français. Cela transparaît dans l'*Épître à M. de l'Étang, Vicaire de Marcoussis,* écrite vers 1744; cf. p. 1152 et, sur ce texte, cf. *Confessions,* l. VIII, *O.C.*, Pléiade, t. I, pp. 372-373. On sait la place accordée par Rousseau à ces sentiments dans ses ouvrages à orientation politique, en particulier la *Lettre à d'Alembert,* l'*Émile* et le *Contrat social.* Ici même il y reviendra dans la lettre 57 de la Ire partie, en prenant vivement position contre ces « militaires de profession qui vendent leur sang à prix d'argent », puis dans une note de la lettre 14 de la IIe partie. Cependant, lui-même avait été moins bon « patriote » lorsqu'en 1731 (à vingt ans, l'âge de Saint-Preux) il était parti pour Paris, muni de nombreuses recommandations pour entrer — malgré sa « vue courte » toute semblable à celle de son héros — dans la carrière militaire, sous les ordres de M. Godard, colonel suisse au service de la France. Il a raconté cet épisode au livre IV des *Confessions* (*O.C.*, Pléiade, t. I, pp. 158-159) avec un humour charmant qu'on regrette de ne pas retrouver ici. On voit par ce passage comment le romancier utilise les moindres détails de sa vie réelle — « les grands romanciers n'inventent jamais rien », dira Balzac; comment aussi il les déforme selon les exigences de l'œuvre. Un colonel Roguin a existé réellement (1718-1788). Il était le neveu d'un vieil ami de Rousseau (cf. *Confessions,* l. XII, *O.C.*, Pléiade, t. I, p. 590 et notes).

P. 109.

1. On est frappé par le caractère extrêmement froid de cette lettre : « Voila, mon très honoré maitre, matiere à discussion pour ce soir. » Julie parle évidemment d'une réalité qu'elle ignore et qu'elle ignorera toujours. Saint-Preux n'est pas jaloux non plus. Son calme devant Wolmar entrant avec Julie dans la chambre conjugale le prouvera de manière éclatante ! Mais Wolmar ne l'est pas davantage (ni rétrospectivement, ni dans le présent); ni Édouard, dont la rivalité avec Saint-Preux est si factice, ni Claire qui pourtant... *La jalousie est absente de ce roman d'amour.* Absence voulue, puisqu'il s'agit d'écrire un roman du bonheur. Absence inévitable, car Jean-Jacques ignorait ce sentiment terrible. Il l'a dit longuement à propos de sa liaison avec Mme de Warens. Cette liaison amoureuse avait, il est vrai, des caractères si singuliers qu'on hésiterait à en tirer ces conclusions décisives, si la crise de l'été 1757, pendant laquelle Jean-Jacques fut passionnément amoureux d'une femme obstinément fidèle à son amant, sans éprouver jamais à l'égard de ce dernier d'autres sentiments que ceux d'une tendre amitié, n'était là pour nous prouver que nous sommes en présence

d'une disposition permanente de l'être. Pourquoi donc cette longue dissertation ? Concession au lecteur qui comprendrait mal qu'en un roman d'amour il ne fût pas traité de la jalousie ? (ainsi s'expliquerait aussi la querelle avec Milord Édouard...) ou plutôt affirmation d'une autre exigence fondamentale de son être : *le besoin de l'aveu.* C'est de lui que sortiront les *Confessions*. C'est de lui, autant que du besoin de rêve qu'est sorti le roman. Il reparaîtra très vif dans la IIe partie lorsque Saint-Preux confessera à Julie sa « partie » chez les « filles ». Et plus tard Julie elle-même, comme autrefois la *Princesse de Clèves* se posera dans l'angoisse le problème de l'aveu au mari (cf. *infra,* p. 367, n. 1).

2. Nouvelle apparition brève mais incisive, de l'inquiétude fondamentale, celle de la mort de l'amour (cf. *supra,* p. 70, n. 2 et p. 88, n. 1).

P. 110.

(*a*). Ms. Rey : *O Julie, je ne... Non ma plume ne peut non plus tracer un mot si funeste que ta bouche le prononcer*. Le texte actuel a été substitué selon la feuille de changements.

P. 111.

1. D. Mornet pense qu'il s'agit de la *Gazette de France* qui ne prit son titre complet qu'en 1726. C'est possible. Mais Littré donne une citation de Molière où le mot est déjà pris dans son sens actuel, plus général, de journal.

2. Guillaume de Lamberty : historien grison, auteur entre autres ouvrages, d'un recueil de *Mémoires pour servir à l'histoire du XVIIIe siècle* (1724-1740, 14 vol.).

3. « Recorder. Répéter quelque chose afin de l'apprendre par cœur. Il ne se dit guère qu'en cette phrase, *Recorder sa leçon*. Il est du style familier. » (*Dict. Acad.*, 1762.)

4. Allusion à une assez longue querelle diplomatique entre l'empereur d'Autriche et le Pape au sujet de l'hommage dû par Don Carlos, infant d'Espagne, qui avait, au printemps 1734, conquis le royaume de Naples sur l'Autriche. Le *Mercure de France* de juin et juillet 1734 avait traité longuement de cette affaire dans une série d'articles. Cf. D. Mornet (*N.H.*, t. II, p. 129).

5. Sur ce style « gaulois », « marotique » ou « troubadour », cf. une note de D. Mornet (*N.H.*, t. II, p. 130); utilisant ses propres travaux et l'article de F. Baldensperger sur *Le genre troubadour* dans le tome I des *Études d'histoire littéraire* (1907), il rattache ce fragment à une mode qui trouva son plein épanouissement au début du XIXe siècle, mais qui était déjà florissante au XVIIIe et plongeait ses racines jusque dans les dernières années du XVIIe. En ce qui concerne Rousseau, il s'agit de bien autre chose que d'un pastiche; il laisse apparaître ici un des désirs qui sommeillaient profondément en lui, celui d'une soumission totale à la femme aimée, à la « souveraine de son cœur », comme disait des Grieux. Situation idéale, qui

s'était esquissée pour lui, l'espace de quelques instants, aux pieds de Mme Basile, et qu'il avait vécue pendant de longues années sous la ferme direction de Mme de Warens. Un ouvrage du moyen âge en avait donné une image célèbre : *Le petit Jehan de Saintré.* C'est pourquoi en achevant la lettre 11 de la IIe partie, Julie pourra dire à Saint-Preux : « Me voici comme la dame de Cour qui faisait le catéchisme à Jehan de Saintré. » Ce passage fut tardivement supprimé par le romancier (cf. var. (*a*), p. 227). Entre-temps, il avait placé, dans la *Lettre à d'Alembert,* un morceau véhément où il reprochait aux mœurs parisiennes contemporaines une prédominance excessive des femmes dans la vie des hommes, réduisant ceux-ci à la situation humiliante du petit Jehan de Saintré ! Nous le surprenons une fois de plus en pleine contradiction avec lui-même. Sa sensibilité profonde le pousse à être le « féal » d'une Julie; sa raison à être un « citoyen », affranchi du joug féminin.

6. Dans la suite des lettres 36-44 qui comportent l'épisode du chalet et celui de Fanchon Regard, Rousseau enrichit sa méditation sur l'amour de deux nuances nouvelles : le libertinage ou l'érotisme, et la bienfaisance ou philanthropie. Les deux épisodes sont étroitement liés l'un à l'autre. Et la moralité générale qui se dégage de cette séquence est que le véritable amour exige le sacrifice du plaisir égoïste à la charité, et que d'ailleurs ce sacrifice aura, dès ici-bas, sa récompense. Greuze et Fragonard, Crébillon fils et Florian mêlent ici leurs prestiges. Mais Rousseau est aussi mal à l'aise dans le conte libertin que dans le conte moral ou même dans la pastorale. Il commet, en outre, la faute de goût de faire tenir à la pure Julie dans la lettre 36 des propos peu conformes à son caractère. Comment a-t-elle pu lire le *Temple de Gnide* dont l'auteur des *Rêveries* dira plus tard qu'il est une « coupe de forme antique » contenant un « poison » ? (*O.C.*, Pléiade, t. I, p. 1030).

Pour avoir une teinte « pastorale », ce libertinage n'en est pas plus authentique. Son caractère conventionnel éclate dans le langage. Quant au conte moral, on y retrouve l'auteur de *Claire et Marcellin* et celui du *Devin du village* avec sa fadeur, sa bonne conscience, ses insupportables clichés : *tendre père, mère incomparable, tendres soins,* etc.

Est-ce à dire que Rousseau n'ait rien mis ici de lui-même ? Certes non. Les *Confessions* nous disent assez la sincérité de ses goûts rustiques, et nous savons aussi sa bonté naturelle, son amour réel des gens pauvres et simples. L'expression est restée en deçà de la vérité. Mais cette vérité, qu'il a mieux exprimée ailleurs, Rousseau la considère comme essentielle et la vit profondément. Pour lui, dans le conflit inévitable entre Éros et Agapé, Éros doit céder le pas. Il s'oppose ainsi à l'avance à quelques-uns des plus illustres écrivains de son siècle, Laclos et Sade en particulier : « Tu hais cette *volupté cruelle* qui nous endurcit aux maux d'autrui » (lettre 39). Cette exigence fondamentale explique les péripéties les plus surprenantes du roman : pourquoi Saint-Preux n'a pas enlevé Julie; pourquoi

Julie s'est donnée à lui; pourquoi elle n'a pas fui; pourquoi surtout elle épouse Wolmar. La morale des héros de ce roman est au fond très simple : elle est un effort perpétuel pour satisfaire une double exigence : *ne pas faire souffrir les autres ; et pourtant jouir*. Sans doute ces efforts sont-ils toujours imparfaitement couronnés de succès. Et, lorsqu'il faut choisir, toujours la « jouissance » est sacrifiée à la « bienfaisance »; mais, en réalité, elle est satisfaite elle aussi, car comme Saint-Preux l'éprouve ici en renonçant au plaisir du chalet pour sauver Claude Anet, le sacrifice lui-même est la source d'une jouissance intime, infiniment supérieure au plaisir des sens : « Je sens renaître (...) un contentement inconnu. »

P. 112.

(*a*). « Si tu n'avois jamais fait de sacrifice à ce qui est honnête, tu n'en aurois point à faire aujourd'hui. » Au lieu de cette phrase, le Ms. Rey offre le texte suivant : *Rentre en toi-même, mon digne ami ; tu sentiras que les sacrifices qu'on fait au devoir ne sont jamais perdus, et qu'ils portent toujours au fond du cœur le dédomagement des plaisirs qu'ils (nous) coutent*. Ce texte a été biffé par Rey et remplacé par celui-ci, selon la feuille de changement : *Mon ami sait que le plaisir qu'on sacrifie à l'honnêteté ne se perd pas, il s'aiguise*. Le texte actuel a dû être rédigé directement sur l'épreuve.

(*b*). L'éd Rey, 1763, ajoute : « Je ne puis m'empêcher d'avertir ici les lecteurs françois que la première syllabe de *chalet* n'est point longue comme celle de *châlit,* mais brève, comme celle de *chaland.* Je ne sais pourquoi cette petite faute de quantité fait à mon oreille un effet insupportable. » Cette addition n'a pas été reprise dans l'éd. Duchesne, 1764.

P. 113.

(*a*). Ces vers extraits d'une *canzone* de Pétrarque, *Standomi un giorno, solo, a la fenestra,* ont été traduits par Rousseau dans D.C. : *Jamais pâtre ni laboureur n'approcha des épais ombrages qui couvrent ces charmants asiles.*

P. 114.

(*a*). Phrase absente de C.L.

P. 115.

1. Chant d'amour, véritable oasis dans un désert de moralisme qui exprime une des contradictions foncières de l'amour : d'une part, aspiration à la croissance, à la nouveauté; désir que la vie ne soit faite que d' « instants merveilleux », de ces « clous d'or » dont parlera Sainte-Beuve, et que soient supprimés les « ennuyeux intervalles »; d'autre part, désir de « paisible et pure jouissance », de calme, de durée, d'éternité, de perpétuel présent (cf. p. 51, n. 3).

2. Rien ne nous autorise à trouver à cette page un sens équivoque. Amoureux très « orthodoxe «, excellent appréciateur de la

beauté féminine, Rousseau révèle simplement, une fois de plus, sa vive sensibilité. Il a expliqué dans le livre IX des *Confessions* que, voulant faire aussi de son œuvre un roman de l'amitié, il avait choisi « deux amies plustot que deux amis, parce que si l'exemple est plus rare, il est aussi plus aimable » (*O.C.*, Pléiade, t. I, p. 430).

3. Jalon pour la péripétie finale (V, 13).

4. Ce « charme » de Julie (il faut prendre le mot dans son sens fort, comme plus loin « enchantoit ») est un des traits essentiels du personnage. Mais le romancier n'en tirera des effets importants que dans les dernières parties (cf. en particulier la lettre V, 7). Pour l'instant, il insiste sur le thème plus banal et déjà exprimé (cf. *supra,* p. 92, n. 2) de la divinisation par l'amant de la femme aimée : « trop parfaite pour être une mortelle ». Cette femme au charme magique rappelle, une fois de plus, Mme de Warens : « Une des preuves de l'excellence du caractére de cette aimable femme est que tous ceux qui l'aimoient s'aimoient entre eux » (*O.C.*, Pléiade, t. I, p. 178).

P. 116.

(*a*). Ms. Rey : *et ne (m'élevoit jusqu'à toi)* en marge de la main du correcteur : *me faisoit sentir qu'elles sont la même.* Mais la lettre de changements offre un texte primitif différent, celui sans doute de la copie personnelle que Rousseau renonça à envoyer à Rey : *et ne t'élevoit encore en s'élevant jusqu'à toi.* mettez : *et ne me faisoit sentir qu'elles sont la même.*

(*b*). Ces vers empruntés à une *Sestine* de Pétrarque, *A la dolce ombra delle belle frondi,* ont été traduits par Rousseau dans D.C. : *Jamais œil d'homme ne vit des bocages aussi charmants, jamais zéphyr n'agita de plus verts feuillages.*

1. L'amour est aliénation mais lucidité. Seul il permet la connaissance intime de l'autre. Étant donné ce qui va suivre, n'hésitons pas à penser que Rousseau donne ici à ce mot pudique de *cœur* le sens de tout l'être : corps et âme, et au *connoître* son sens biblique. Peut-être faut-il voir ici une paraphrase de l'épigraphe pétrarquiste : « Non, personne au monde ne la connut... », et l'annonce discrète, selon un procédé de musicien, du thème de la mort.

2. Développement capital. Rousseau tout pétrarquiste qu'il est, reste un réaliste. Il réagit fermement contre l'une de ses « tentations » majeures, celle du spiritualisme, de la désincarnation, de l' « angélisme ». Saint-Preux a beau appeler Julie « ange du ciel », « divine, plus qu'humaine » (cf. lettre 43), il l'aime parce qu'elle est femme : il lui faut les gants, l'éventail, la gorge, les larmes, l'éclat des lumières...

P. 117.

(*a*). Les derniers mots manquent dans C.L.

(*b*). « Je la protégeois... ma mère » manque dans C.L. Ajouté en marge dans Ms. Rey selon la feuille de changements.

1. Sur cette transformation de la nature par le regard des amants et par la seule présence humaine, cf. note de Mornet (*N.H.*, t. II, p. 138) qui cite quelques textes des romans du XVIIIe siècle et quelques vers de la fameuse *Invocation à Vénus* de Lucrèce. Cette source antique est très vraisemblable; mais Rousseau nous suggère lui-même, par une citation de son cher Pétrarque, la véritable origine littéraire de ce thème. En fait, comme toujours chez lui, la littérature et la vie se rejoignent. Qu'on relise pour s'en convaincre la célèbre page du livre III des *Confessions* sur la « vision prophétique » qu'eut, un jour, le jeune amoureux de Mme de Warens « le cœur plein de son image et du désir ardent de passer (ses) jours auprès d'elle » (*O.C.*, Pléiade, t. I, pp. 107-108).

2. Sur le caractère général de cette lettre et des suivantes, cf. p. 111, n. 6. Une fois de plus Rousseau utilise ici, très librement, son expérience vécue. Il avait connu à Berne un M. de Merveilleux, secrétaire-interprète de l'Ambassade de France, et il lui avait demandé aide et recommandation; mais c'était pour lui, non pour un autre et ce n'était pas pour se faire exempter du service, mais pour y entrer ! Quant à Claude Anet, on sait qu'il avait été avant lui l'amant de Mme de Warens et son intendant. Le petit Jean-Jacques avait partagé avec lui les faveurs de Maman, mais l'intendant avait gardé la haute main sur les affaires. Jean-Jacques en a peut-être plus souffert qu'il ne l'a avoué. Le fait est qu'il retourne ici totalement la situation, en faisant de Claude Anet un garçon sans importance, obligé de Saint-Preux et plus tard traître à Fanchon... Vengeance ?...

3. Première apparition d'une réflexion morale et sociale très importante que Rousseau reprendra plus amplement : 1° dans la lettre 26 de la IIe partie (la partie chez les filles); 2° dans *les Amours de Milord Édouard*.

P. 118.

1. Cf. *supra,* p. 14, n. 1. On sait la place qui sera faite à cette vertu par les « philosophes » et par les révolutionnaires. Comme la philanthropie, cet « amour de l'humanité » s'affirmera comme un substitut de la charité chrétienne. Déjà, dans une scène fameuse de *Don Juan,* Molière avait donné à ce mot un accent agressivement antichrétien. Rien n'indique ici chez Rousseau une intention semblable; mais elle ne saurait être exclue, surtout si l'on songe à certaines attaques très vives contre l'inhumanité des dévots dans les dernières parties.

P. 119.

1. L'intérêt principal de cette lettre réside dans la recherche d'un style « paysan » ou « populaire ». Rousseau n'est ni le seul ni le premier à s'orienter dans cette voie. La fameuse querelle de Mme Dutourd avec le cocher de fiacre en est la preuve. Il y a aussi les Opéras-Comiques, le théâtre de la foire, etc. Cf. Fréd. DELOFFRE,

« Burlesques et Paysanneries », dans le 9e *Cahier de l'Association internationale des Études françaises,* 1957. On remarquera l'effort vers un ton juste, simple, vrai avec des notes de pudeur charmante (« un Monsieur... ») et un refus absolu de ce « pittoresque » tant exploité par Molière, qui eût détruit par un comique de farce le charme naïf de cette lettre. Au reste, la stylisation est évidente; on comparera par exemple avec les vraies lettres de Thérèse Levasseur.

2. Italianisme probable. Cette litote exprime un sentiment très vif.

3. « *Recrue.* Nouvelle levée de gens de guerre » (*Dict. Acad.*, 1762).

P. 120.

1. Cette petite Fanchon parle un langage très « catholique », contrairement à Julie (cf. *supra* « consoler les affligés » qui évoque les Litanies de la Vierge, et « le Bon Dieu » et le mot « charité »). Peut-être exprime-t-elle la religion de Jean-Jacques, sous sa forme la plus humble ?

2. Institution de secours aux indigents dans les cantons suisses, alimentée par des dons, legs, collectes, etc.

3. Après le repas de midi : « On dit plus souvent *après-dinée* substantivement et l'on ne dit guère *après-midi* qu'adverbialement » (*Dict.* de Féraud, 1787).

4. Sur le paternalisme de Rousseau, cf. p. 440, n. 2. L'expression « bonnes gens » n'a d'ailleurs ici aucune valeur de mépris, bien au contraire. Elle désigne des êtres bons, mais simples et naturels (cf. le dernier paragraphe de la *Préface* : « Allez bonnes gens »...).

P. 121.

(*a*). Ms. Rey : *insensible* vertu.

1. *Un exprès :* adjectif substantivé : « Messager chargé d'une mission déterminée », dit Littré (qui cite Bossuet).

P. 122.

1. Sur cette divinisation de Julie, cf. *supra,* p. 92, n. 2; p. 115, n. 4; cf. dans le P.S., le jeu sur le mot « pélérinage ».

P. 124.

(*a*). « et il est vrai... métier » manque dans C.L.

(*b*). L'allusion au frère manque dans C.L.

1. Sentiment essentiel chez Julie. « Coupable », elle cherche en la « vertu » de son amant la justification de son amour et de sa « faute » (cf. lettre 32).

2. Étranges résonances religieuses du style de Julie. « *Ama et fac quod vis* », avait dit le premier auteur de *Confessions.* « Cherchez d'abord le royaume de Dieu et le reste vous sera donné par sur-

croît », avait dit Jésus. Théorie du « parfait amour »; nullement surprenante sous la plume d'un lecteur passionné de Fénelon. Notons une fois de plus combien, dès cette Ire partie, Rousseau plonge son lecteur dans le « climat » spirituel des dernières.

3. Brusque bouffée de joie. Malgré sa « chute », sa « honte » et son « désespoir », Julie est heureuse parce qu'elle est aimée et aimée de tous. Ici encore nous pénétrons dans le « climat » final du roman.

4. « Ce mot dont l'existence est attestée en ancien français, reparaît presque simultanément dans Rousseau et dans Beaumarchais *(Réponse au mémoire...)* » (Al. FRANÇOIS, *Annales J.-J. R.*, t. III, p. 35.)

P. 125.

1. Entrée en scène d'un quatrième protagoniste : Milord Édouard. Il n'est pas certain que Rousseau ait songé tout de suite à lui faire une place dans son roman (cf. le schéma donné dans les *Confessions* où il est question de « deux amies », nullement d'un ami). A l'image des héros de la tragédie classique, ceux du roman ont besoin d'un confident. Par ses goûts, ses sentiments, ses idées, Milord Édouard nous aide à mieux connaître ceux de Saint-Preux et de Julie; par ses initiatives : amour pour Julie, provocation de Saint-Preux, intervention auprès du père, départ avec Saint-Preux, proposition du voyage autour du monde, d'une mission en Italie, etc., il permet à l'action d'avancer, à l'intrigue de se dramatiser. C'est un confident et c'est une utilité. Mais il est bien davantage. D'abord, ce que ne peut pas être Saint-Preux (trop jeune et trop absorbé par sa passion), l'homme qui pense, le « philosophe ». Puis l'homme de goût, passionné pour certaines formes d'art, et entre toutes, la musique italienne. Puissant et riche, Milord Édouard, à qui sont confiées de grandes responsabilités, est aussi seul capable d'être pour Saint-Preux un initiateur, un maître à penser, un protecteur. Par lui Rousseau exprime toutes sortes d'aspects de sa nature, et toutes sortes de pensées, fruit d'une expérience et d'une réflexion de quarante années. Enfin, et surtout, il est l'Ami. La grande crise spirituelle du printemps 1756 d'où est sorti le roman, a été, en grande partie, une crise de l'Amitié. A l'heure où il conçoit le personnage d'Édouard, le « rêveur » de l'Ermitage voit en lui un Diderot idéalisé. Il lui donne « du sens, du sel, du feu dans la conversation », cet « œil qui s'anime, cette voix qui s'élève au récit des grandes actions » et ce « goût » pour la musique italienne qu'il porte jusqu'au sublime. Autant de traits qui caractérisent parfaitement « le Philosophe ». Il lui accorde aussi la noblesse du cœur, la générosité, une violence dans la colère, immédiatement corrigée, dès qu'il est éclairé sur son erreur, par une ardeur sublime à demander son pardon, à réparer ses fautes, qualités qu'il a jusqu'ici reconnues à son ami, dont il n'est plus très sûr qu'il les possède mais qu'il ne peut pas ne pas donner à

son héros dans ce roman d'un monde idéal où les amis ne sauraient être moins parfaits que les amants.

Que Rousseau en ait fait un grand seigneur s'explique aisément. La fortune, les puissantes relations de Milord Édouard lui permettront d'apporter à Saint-Preux un appui efficace. Les discours du philosophe auront grâce à lui plus de poids aux yeux de ses aristocrates lecteurs. Enfin, ce personnage est un Anglais, non seulement, comme Daniel Mornet l'a bien mis en lumière, parce que Rousseau suivait ainsi une mode littéraire et sociale, mais surtout parce que cet Anglais pouvait se permettre des pensées et des actes qui eussent paru invraisemblables ou incongrus chez un gentilhomme français.

Quant à l'information de Rousseau sur l'Angleterre, cf. essentiellement Mornet, *N H.*, t. I, *Introd.*, pp. 102-103, où est dégagée l'influence de Beat de Muralt, auteur de *Lettres sur les Anglois et les François,* 1747, que Rousseau a lues et annotées; Joseph Texte, *J.-J. Rousseau et les origines du Cosmopolitisme littéraire ;* Albert Schinz, *La pensée de Rousseau,* chap. iv, « Rousseau et les Anglais », pp. 249-341. Sur le personnage même de Bomston, cf. George R. Havens, « The Sources of Rousseau's Edouard Bomston », dans *Modern Philology,* juillet 1910, pp. 125-139 qui signale surtout les *Lettres* de Muralt et le *Cleveland* de Prévost, mais semble ignorer le colonel Mordon qui est, dans *Clarisse Harlowe,* le personnage parallèle d'Édouard.

2. Cette conception du voyage est exactement celle de Rousseau. Les *Confessions* sont assez avares de descriptions de paysages et tout à fait vides de descriptions de monuments ou de tableaux.

P. 126.

(*a*). Éd. originale : *ame.* Cœur est une correction, d'ailleurs mal indiquée, de l'*errata* de 1761. Éd. Rey, 1763 : *caractere.* Cette hésitation est un peu inquiétante, mais Saint-Preux est-il un vrai philosophe ?

(*b*). « même au mérite » manque dans C.L. et Ms. Rey.

1. Autocritique ? Sans doute. Mais la remarque, avec sa pointe assez vive, paraît plutôt dirigée avec un sourire, vers celui qu'on appelait précisément le *Philosophe.*

2. Cf. dans la IIe partie, les lettres sur Paris. Faut-il rappeler qu'on appelait Jean-Jacques l' « ours » ou le « sauvage » ? Plaidoyer *pro domo ?* La pointe contre « nos jeunes officiers » a-t-elle plu à Saint-Lambert ? En tout cas, Sophie n'a point « pardonné » la « privation des grâces ».

P. 127.

(*a*). C.L. : *doux de voir à la fois couronner nos travaux et finir nos peines et de retrouver.* Heureux allégement !

(*b*). C.L. : *pour nous ; et tu conviendras comme tu l'as dit autrefois qu'il vaut mieux être heureux que riche.* Texte supprimé dans Ms. Rey. Autre allégement heureux !

1. Adverbe « précieux ». Toute cette lettre se veut un badinage (cf. le dernier paragraphe). Ce n'est certainement pas le meilleur Rousseau !

P. 128.

1. Cf. *République,* l. V. On notera le possessif « ta », qui met l'accent sur l'importance accordée par Rousseau au philosophe grec, et spécialement à son grand ouvrage sur la Cité... Cf. *infra,* p. 223, n. 4.

2. Dans ce développement très important où il prend fermement parti contre ceux que Julie, s'adressant à Saint-Preux, appelle « tes philosophes », Rousseau soutient deux thèses dont la première — apologie de la pudeur qui n'est pas une « convention » mais une « institution naturelle » — est une conséquence de la seconde : affirmation d'une différence de « nature » entre les sexes. Les deux thèses sont développées, sous une forme plus polémique mais en des termes à peu près semblables, dans la *Lettre à d'Alembert* (éd. Fuchs, pp. 109 sq.). La comparaison des textes semble prouver que le pamphlet (écrit en février 1758) a utilisé le roman. Il est donc peu probable que Rousseau dans son attaque ait ici en vue Helvétius et le livre *De l'Esprit* qui ne parut qu'en 1758. Mais il ne manquait pas d'autres philosophes dont les propos (plus ou moins atténués pour éviter les rigueurs de la censure) étaient à ses yeux scandaleux. Le plus proche était Diderot. Certes, le *Supplément au voyage de Bougainville,* qui n'est peut-être selon l'heureuse formule de Paul Vernière que « l'expression poétique et buissonnière de sa philosophie », n'était pas encore écrit (il date de 1772); mais déjà avaient paru outre la *Lettre sur les Aveugles* et les *Pensées sur l'interprétation de la nature,* où le philosophe avait suggéré que la pudeur pourrait bien n'être qu'un préjugé, *les Bijoux indiscrets* dont tout le chapitre XVIII développait la thèse. Daniel Mornet qui cite ces textes dans une note (*N.H.*, t. II, p. 154) semble les trouver insuffisamment explicites; mais il reconnaît que ce que les « philosophes » n'osaient imprimer, ils le disaient dans des réunions mondaines animées par des propos plus que libres, tels les soupers chez Mlle Quinault. (Cf. les pseudo-Mémoires de Mme d'Épinay, *Histoire de Madame de Montbrillant,* éd. G. Roth, t. II, p. 90.)

Rousseau reviendra à plusieurs reprises dans son roman sur cette apologie de la pudeur, en particulier dans la lettre 50 de la Ire partie et 25 de la IIe. Mais ici, il met surtout l'accent sur la différence des sexes, prenant ainsi une position traditionaliste dans un éternel débat qui remonte au moins aux précieuses et aux « femmes savantes » et qui n'a pas été clos par *le Deuxième Sexe* de Simone de Beauvoir. Julie est femme, rien que femme. Elle s'oppose à ces femmes brillantes et savantes qui entouraient les philosophes dans les salons, Mme du Châtelet, Mlle Quinault, Mme d'Épinay, ces femmes qui s'émancipaient et prenaient le ton « grenadier », perdant ainsi toutes raisons de se faire aimer.

P. 129.

(*a*). « bien que françois » manque dans C.L.

1. Grande et classique question : l'amour est-il générateur d'illusions ou nous rend-il plus lucides ? Julie fait ici la coquette et parle avec beaucoup d'esprit des « erreurs » de l'amant qui ne sont pas des « mensonges ». Elle exprime, sans aucun doute, la pensée de Rousseau (et qui apparaîtra sous une forme agressive dans une lettre à Deleyre du 10 novembre 1759 : « Puisque vous aimez, vous n'aimez qu'un objet parfait; cela est clair... » *C.C.*, t. VI, p. 190). Mais dans une lettre précédente, Saint-Preux ne l'exprimait pas moins en affirmant que l'amour est lucidité (cf. *supra,* p. 116, n. 1). C'est peut-être dans la lettre 18 de la IIIe partie qu'il a le mieux nuancé sa pensée sur ce point : « L'amour ne m'aveugloit pas sur vos défauts, mais me les rendoit chers. »

P. 130.

(*a*). C.L. : « *Mais instruit des préjugés de ton père et voyant des conditions sortables, je suis toujours prêt à m'effacer.* Tu sais... » Cette variante révèle que le style parlé, haché, avec points de suspension n'est pas spontané, mais obtenu par une recherche de l'artiste. Le manque de conviction que nous devinions dans ce passage, le manuscrit nous en donne cruellement la preuve.

1. Sur la jalousie, cf. *supra,* lettre 35, p. 309, n. 1. En fait, il s'agit ici de tout autre chose que de la jalousie et surtout la jalousie physique, du sentiment exquis de l'unique. D'autre part, il faut éviter de confondre jalousie et inquiétude devant un projet de mariage. Saint-Preux ne craint pas que Julie donne son amour à un autre. Il redoute qu'elle devienne la femme de cet autre et qu'ainsi tout soit fini entre eux. A l'annonce du mariage de Julie avec Wolmar, il sera désolé, non jaloux.

P. 131.

(*a*). Phrase absente de C.L.

1. Sur ce sentiment, cf. les célèbres pages du livre VI des *Confessions :* « Je me levois tous les matins avant le soleil... » (*O.C.*, Pléiade, t. I, p. 236).

2. Deux grandes lettres du roman sont consacrées à la musique, celle-ci et la lettre 23 (IIe partie) sur l'Opéra. Il eût été inconcevable que, dans un roman où il se livrait tout entier, dans un poème destiné à évoquer un « monde enchanté » Rousseau n'eût pas évoqué la plus pure et la plus exaltante des réalités spirituelles qu'il avait vécues. On a beaucoup écrit sur Rousseau et la Musique.

Outre les mises au point de Daniel Mornet dans ses commentaires sur les deux lettres (*N.H.*, t. II, pp. 160-162 et 387-399), un peu anciennes, mais consciencieuses, et qui tirent parti de travaux aujourd'hui encore très utiles comme celui de Paul-Marie Masson sur les « Idées de Rousseau sur la Musique » (*Revue musicale S.I.M.*, 15 juin 1912), on trouvera une bibliographie et un très grand nombre de textes dans les notes du tome I de cette édition : surtout pp. 1316-1318, 1446-1450 (autour de la « querelle des Bouffons ») et 1626-1632 (en marge de la discussion du *1er Dialogue*, l'accusation de plagiat et la querelle avec Gluck). Deux travaux récents offrent un intérêt particulier : l'édition critique du *Neveu de Rameau* par Jean Fabre (Droz, 1950) et l'article de Georges Snyders, « l'Évolution du goût musical en France aux XVIIe et XVIIIe siècles » (*Revue des Sciences humaines,* juil.-sept. 1955, pp. 325-350).

Pour aller à l'essentiel, il faut d'abord rappeler les mots du livre V des *Confessions :* « j'étois né » pour la musique (*O.C.*, Pléiade, t. I, p. 181). C'est un *don,* une *vocation.* Mais il ne faut pas négliger la suite : « Ce qui me rendoit surtout alors cette étude agréable, étoit que je la pouvois faire avec Maman... » Dès l'origine, la musique et l'amour sont dans le cœur de Jean-Jacques indissolublement liés. Bien entendu, il s'agit de musique vocale : « Elle avoit de la voix », etc. (*ibid.*, l. III, p. 117).

On sait la suite : le stage auprès de M. le Maître; l'extraordinaire concert de Lausanne; l'étude attentive du *Traité de l'harmonie* de Rameau; les délicieux concerts chez Mme de Warens avec le Père Caton; les leçons aux « belles écolières » de Chambéry; les premières compositions pour des concerts publics; le grand projet d'une notation musicale chiffrée; l'arrivée à Paris; la présentation du projet devant l'Académie des Sciences; la *Dissertation sur la musique moderne ;* les rencontres avec Rameau et la composition des *Muses galantes.* A cette date (1743) Rousseau était loin d'avoir pris parti contre la musique française, il en avait fait, au contraire, de vifs éloges dans sa *Dissertation* et mis en pratique les principes harmoniques dans le premier acte des *Muses.* Deux séries d'événements allaient transformer radicalement son attitude.

1° *Le séjour à Venise* (juillet 1743-août 1744). Rencontre merveilleuse de la musique italienne ! Elle était là, vivante : dans les barcarolles des gondoliers, dans les soirées à l'Opéra, dans les « Scuole » des chapelles. Coup de foudre; chemin de Damas : « J'eus bientôt pour cette musique la passion qu'elle inspire à ceux qui sont faits pour en juger » (*Confessions,* l. VII, *O.C.*, Pléiade, t. I, pp. 313-314).

Mais nulle part il n'éprouva un aussi vif plaisir que dans les concerts des *Scuole* où, cachées derrière des grilles, des jeunes filles faisaient entendre les plus belles voix du monde : « Je n'ai l'idée de rien d'aussi voluptueux, d'aussi touchant que cette musique. » (*Ibid.*, p. 315.)

Dès lors, la passion ne le quitta plus. Elle ne cessa de croître au contraire. Car elle fut, les années suivantes, associée à une autre, — non moins vive pour Jean-Jacques que l'amour : l'amitié. C'est sous le signe de la musique qu'il avait rencontré Melchior Grimm, comme Saint-Preux rencontre Milord Édouard : « Le lendemain, à dîné, l'on parla de musique; il en parla bien. Je fus transporté d'aise en apprenant qu'il accompagnoit du Clavecin. Il avoit un Clavecin (...) autour duquel je passois avec lui tous les momens que j'avois de libres, à chanter des airs italiens » (*Confessions,* l. VIII, *O.C.*, Pléiade, t. I, pp. 350 et 352). A dix ou douze ans de distance, l'enthousiasme de Saint-Preux ressuscite celui de Jean-Jacques.

2° Aux émotions exaltantes et douces s'en ajoutèrent bientôt d'autres beaucoup moins pures, mais non moins violentes. A son retour à Paris, Rousseau avait fait entendre ses *Muses galantes* à Rameau. Il avait été mal accueilli. Puis le jeune musicien accepta de remanier l'opéra-ballet des *Fêtes de Ramire* que le vieux maître avait écrit sur un livret de Voltaire. L'œuvre qui comportait une « ouverture à l'italienne, d'un style très nouveau pour lors en France » eut du succès. Rameau bouda. La fameuse « querelle » n'était pourtant pas née. Les « philosophes » n'avaient pas encore pris parti pour les Italiens. J. Fabre signale au contraire (éd. critique du *Neveu de Rameau,* n. 17) que Diderot aurait alors prêté sa plume à Rameau « pour mettre dans un beau jour » sa *Démonstration du principe de l'harmonie servant de base à tout l'art musical* (1750), et que d'Alembert s'était lui aussi formellement prononcé pour Rameau dont il avait résumé le système dans ses *Élemens de musique théoriques et pratiques selon les principes de M. Rameau* (1752). Rousseau lui-même, dans les articles musicaux dont d'Alembert lui avait confié la responsabilité pour l'*Encyclopédie* et qu'il rédigea au début de 1749, citait Rameau avec admiration. Les choses changèrent brusquement en 1752. D'une part Rousseau composa ce printemps-là son *Devin du village.* Il l'écrivit sous l'inspiration et avec les conseils de son ami le violoncelliste Mussard, amateur passionné de musique italienne avec qui il avait longuement discuté des moyens propres à introduire en France des drames lyriques « dans le genre » de ces « *Opera buffe* que nous avions vues l'un et l'autre en Italie, et dont nous étions tous deux transportés » (*Confessions,* l. VIII). On sait le succès éclatant du *Devin du village.* Cependant, quelques semaines plus tôt s'était produit à Paris, un événement décisif : l'arrivée d'une troupe italienne d'opéra buffe (les Bouffons) qui connut aussitôt un vif succès. Ce fut une révolution (cf. *O.C.*, Pléiade, t. I, p. 383). Et aussi le début d'une grande bataille parisienne, la « querelle des Bouffons », qui, du côté des défenseurs de la musique italienne, allait faire naître une série d'œuvres littéraires brillantes, parmi lesquelles deux grands textes de Rousseau, différents de ton, mais également importants : la *Lettre sur la musique françoise* (1753),

92 pages écrites en pleine bataille et l'*Essai sur l'origine des langues* (écrit en 1754, publié en 1781) d'un ton plus apaisé, plus « philosophique ». La « guerre » se prolongea pendant plusieurs années encore. Elle coûta cher à Rousseau. L'Opéra ne lui pardonnait pas ses attaques. A la fin novembre 1753 on l'y pendit en effigie. En décembre on lui refusa ses entrées. Il protesta. Cinq ans plus tard l'affaire traînait encore ! Cf. la longue lettre à Lenieps à ce sujet, pleine de verdeur, d'ironie et d'indignation, datée du 5 avril 1759 (*C.C.*, t. VI, pp. 57-65).

Tel est le contexte passionné où doivent être replacées pour être pleinement senties (et plus que comprises) les deux lettres sur la musique que Rousseau a insérées dans son roman. Comme l'a justement noté Jean Fabre, les raisons qui poussèrent les « philosophes » en cette affaire furent assez variées. Celles de Jean-Jacques étaient les plus profondes, « professionnelles et sentimentales ». Cela signifie qu'elles touchaient au plus intime de l'être ! La musique était tout pour lui : son « pain quotidien », son secret espoir de réussite temporelle, mais surtout la nourriture de son cœur. C'est pour cela qu'il a pris parti avec tant de passion et qu'il a dit ce que nul autre de ses compagnons de combat ne pouvait dire. Certes sur bien des points son attitude rejoint la leur. Elle s'inspire de la même conception de l'art-imitation de la vie, expression du sentiment; de la même indifférence aux ressources de la musique instrumentale; du même goût exclusif pour le chant; de la même prépondérance accordée à la mélodie aux dépens de l'harmonie. Comme eux, Rousseau exaltait les valeurs de vérité, de passion, d'énergie; il rejoignait ainsi de profonds courants de pensée qui (G. Snyders l'a bien mis en lumière) allaient bientôt surgir et faire sentir leur influence en des domaines bien différents à la fin du siècle. Mais il est le seul à avoir compris que la musique ne doit être *que musique ;* non point grossière imitation des sons de la nature, mais *traduction sensible de l'invisible*. C'est ce qu'exprime en particulier un admirable passage de l'*Essai sur l'origine des langues* où il nous a donné, sans y songer, la plus exacte définition de sa prose : « C'est un des plus grands avantages du Musicien, de pouvoir peindre des choses qu'on ne saurait entendre (...) l'art du Musicien consiste à substituer à l'image insensible de l'objet, celle des mouvements que sa présence excite dans le cœur du contemplateur. » (*Essai,* chap. XVI.)

P. 132.

(*a*). « Il n'y a... imitation » manque dans C.L.
(*b*). « Ils n'y mettent... remplissage » manque dans C.L.
(*c*). « en sorte que... le plus fort » manque dans C.L.

1. *Harmonie :* « Selon les Modernes, est une succession d'Accords selon les loix de la Modulation » *(Dict. de Musique)*.

2. *Mélodie :* « Succession de Sons tellement ordonnés selon les loix du Rhythme et de la Modulation, qu'elle forme un sens agréable à l'oreille (...)

« Si la Musique ne peint que par la *mélodie,* et tire d'elle toute sa force, il s'ensuit que toute Musique qui ne chante pas, quelque harmonieuse qu'elle puisse être, n'est point une Musique imitative, et, ne pouvant ni toucher ni peindre avec ses beaux Accords, lasse bientôt les oreilles, et laisse toujours le cœur froid. » *(Dict. de Musique.)*

3. *Imitation :* cf. dans l'*Essai sur l'origine des langues* les chapitres XIII, *De la Mélodie,* XIV, *De l'Harmonie,* et surtout XVI, *Fausse analogie entre les couleurs et les sons.*

4. *Intonation :* « Action d'entonner (...) » — *Entonner :* « c'est dans l'exécution d'un Chant, former avec justesse les Sons et les Intervalles qui sont marqués. Ce qui ne peut guères se faire qu'à l'aide d'une idée commune à laquelle doivent se rapporter ces Sons et ces Intervalles; savoir, celle du Ton et du Mode où ils sont employés... » *(Dict. de Musique.)*

5. *Modulation :* « C'est proprement la manière d'établir et traiter le Mode; mais ce mot se prend plus communément aujourd'hui pour l'art de conduire l'Harmonie et le Chant successivement dans plusieurs Modes d'une manière agréable à l'oreille et conforme aux regles » *(Dict. de Musique).*

6. *Accens :* l'article « Accent » du *Dictionnaire de Musique* énumère, outre l'accent musical proprement dit, qui assure la beauté et l'agrément de la mélodie, trois *accents* dont le compositeur doit tenir compte : l'*accent* grammatical, l'*accent* rationnel et l'*accent* pathétique. Celui-ci varie selon les nations. Le peuple italien est privilégié sur ce point : « quelle variété d'expression dans ses Accens et dans son langage ! Or c'est à cette seule variété, quand le Musicien sait l'imiter, qu'il doit l'énergie et la grâce de son chant. »

7. Cf. p. 133 (sentiment, esprit). C'est la thèse fondamentale, celle qui engage tout le reste. La musique doit être avant tout « sensible au cœur ». C'est ce que réaffirmera à la fin de la lettre le vers de Pétrarque : *E'l cantar che nell' anima si sente.* On voit les liens étroits qui unissent chez Rousseau la passion pour la musique italienne à la passion pour la poésie. La transition de l'une à l'autre est à peine sensible (sur les poètes italiens, cf. p. 3, n. 1).

8. Rousseau utilisait et réfutait une idée de l'abbé d'Olivet auteur d'un *Traité de la Prosodie françoise,* justement célèbre en son temps (1736). Reconnaissant l'absence d'accent prosodique en français, l'abbé d'Olivet n'y voyait nullement une infériorité de notre langue par rapport au latin et au grec : « Certainement l'harmonie a de grands charmes : mais celle qui naît de l'accent oratoire, ne vaut-elle pas celle qui naît de l'accent prosodique ? Une prononciation variée pour obéir à des syllabes matérielles, sera-t-elle plus mélodieuse, qu'une prononciation variée pour obéir aux mouvements de l'âme ? » (Olivet, article second, *Des Accens*). Il ne fait évidemment pas la distinction entre l'harmonie et la mélodie. Rousseau sait bien, comme Olivet, qu'en français l'accent

de phrase a plus d'importance que l'accent de mot, et que le sens d'une phrase change selon l'intonation : mais il se défie trop de tout ce qui n'est pas « naturel » pour reconnaître à cette dernière aucune authenticité, et il déplore, dans la *Lettre sur la Musique française,* que la prosodie confuse et irrégulière de notre langue livre les mouvements des récitatifs et des airs au « caprice du musicien ». Voir aussi l'*Essai sur l'origine des langues.*

P. 133.

(*a*). « Quand ils se vantent... chansons » manque dans C.L.

(*b*). C.L. : *A chaque phrase quelque image ou quelque sentiment s'imprimoit en moi.*

(*c*). C.L. : *ces grands morceaux d'expression qui déployant toute la force du pathétique ou de la fureur excitent et peignent les désordres des passions violentes.*

1. *Opéra :* Voir la *Lettre sur la Musique françoise,* et le long article « Opéra » dans le *Dictionnaire de Musique.*

2. *Récitatif :* « Discours récité d'un ton musical et harmonieux. C'est une manière de Chant qui approche beaucoup de la parole, une déclamation en musique, dans laquelle le Musicien doit imiter, autant qu'il est possible, les inflexions de voix du Déclamateur. Ce chant est nommé *récitatif,* parce qu'il s'applique à la narration, au récit, et qu'on s'en sert dans le Dialogue dramatique. (...) La perfection du *récitatif* dépend beaucoup du caractère de la Langue. » *(Dict. de Musique.)*

3. *Air :* « Dans les Opéra l'on donne le nom d'*Airs* à tous les Chants mesurés pour les distinguer du Récitatif, et généralement on appelle *air* tout morceau complet de Musique vocale ou instrumentale formant un Chant (...) » *(Dict. de Musique).*

4. *Cadence :* « Terminaison d'une phrase harmonique sur un repos ou sur un Accord parfait (...) » *(Dict. de Musique).* Rousseau s'oppose dans son article à une théorie de la cadence de Rameau.

P. 134.

1. *Castrato :* « Ces hommes qui chantent si bien, mais sans chaleur et sans passion, sont, sur le Théâtre les plus maussades Acteurs du monde », dit Rousseau dans l'article « Castrato » du *Dictionnaire de Musique ;* il veut faire entendre « la voix de la pudeur et de l'humanité qui crie et s'élève contre cet infâme usage ».

Régianino, qui initiera Saint-Preux, Julie et Claire à la musique italienne, sera plus tard le complice inconscient de la correspondance clandestine entre les amants (lettre 18 de la IIe partie).

2. *Phrase :* « Suite de Chant ou d'Harmonie qui forme sans interruption un sens plus ou moins achevé, et qui se termine sur un repos par une cadence plus ou moins parfaite (...) un Chanteur qui sent, marque bien ses *phrases* et leur accent, est un homme de goût; mais celui qui ne sait voir et rendre que les Notes, les Tons, les

Tems, les Intervalles, sans entrer dans le sens des *phrases,* quelque sûr, quelque exact d'ailleurs qu'il puisse être, n'est qu'un Croque-sol. » *(Dict. de Musique.)*

3. *Ponctuer :* « C'est, en terme de composition, marquer les repos plus ou moins parfaits, et diviser tellement les Phrases qu'on sente par la Modulation et par les Cadences leurs commencemens, leurs chûtes et leurs liaisons plus ou moins grandes, comme on sent tout cela dans le discours à l'aide de la ponctuation. » *(Dict. de Musique.)*

4. *Prétintaille :* Au sens propre, « ornement de toilette en découpure qui se mettait sur les robes de femmes » (Littré). Au sens figuré, ornements inutiles et de mauvais goût.

P. 135.

(*a*). Dans D.C. Rousseau donne cette traduction : *Et le chant qui se sent dans l'âme. Petr.* Vers emprunté au sonnet de Pétrarque : *Grazie ch'a poche il ciel largo destina.*

1. La comparaison n'était pas d'aussi mauvais goût au XVIIIe siècle qu'aujourd'hui. En province et dans la bourgeoisie, on parlait des phénomènes digestifs avec une liberté totale. Le souci des bienséances ne sortait guère des cercles aristocratiques et littéraires mondains. Féraud ne signale pas le terme de *colique* comme bas ou familier, et donne en toute simplicité ces exemples : *La colique le tient, il a une violente colique, sa colique est passée (Dictionnaire critique).*

P. 136.

(*a*). « ils sont aussi... tu ne dis rien ». Cette longue phrase précieuse est une adjonction tardive. C.L. avait simplement : *ils sont parfaitement d'accord sur ce point.* Rousseau a voulu donner à son héroïne un peu plus de « piquant »...

1. Rousseau se peint ici lui-même comme l'a justement noté D. Mornet (*N.H.*, t. II, p. 169) qui cite plusieurs textes dont le plus significatif introduit le récit de la crise de 1757. « On a vu dans tout le cours de ma vie, que mon cœur transparent comme le cristal, n'a jamais su cacher durant une minute entière un sentiment un peu vif qui s'y fût réfugié » (*Confessions,* l. IX, *O.C.*, Pléiade, t. I, p. 446). Émotif, non actif, fortement primaire !

P. 137.

(*a*). Phrase absente dans C.L.

1. Les trois lettres consacrées à l'ivresse de Saint-Preux comportent de longs discours moraux sur le vin et ses dangers, problème de civilité puérile et honnête (et ces discours sont mis dans la bouche d'une jeune fille !). Le Rousseau pédagogue s'abandonne à l'une de ses pentes. Il sent le danger et croit y parer en revenant au badinage médiéval ou mythologique. Mais le remède est pire

que le mal. Julie en « dame souveraine » qui dicte des ordres à son « chevalier » sur la quantité de vin qu'il doit boire est plus qu'ennuyeuse, ridicule. Pourtant les dernières lignes de la lettre 51 sonnent juste. Nous y voyons reparaître ce besoin secret qu'avait Jean-Jacques d'être guidé, dominé (et si possible, puni, *châtié*) par la femme aimée. Sur l'ivresse et le vin, cf. *supra,* p. 81, n. 2 et *infra,* p. 606, n. 1.

Ces lettres doivent retenir aussi notre intérêt à cause de l'hymne au « véritable amour, le plus chaste de tous les liens », qui permet tout en purifiant tout. Hymne chanté par Julie auquel répond, selon la technique de l'opéra, un grand air de Saint-Preux. Tout cela dans un style un peu précieux chez Julie, un peu oratoire chez Saint-Preux, mais admirable de mouvement et de conviction. Ces deux morceaux, prolongés par le final de la lettre 53 préparent le lecteur aux « délires » des lettres 54 et 55. C'est dans de telles pages que s'affirme le mieux l'originalité de Rousseau par rapport à son siècle. Il écarte fermement le libertinage (« les monstres de l'imagination », etc.); il affirme hautement le caractère exquis et rare du véritable amour (« tant de gens parlent d'amour et si peu savent aimer... ») et de cet amour, il fait une religion [cf. p. 141, var. (*a*)]. Mais d'autre part, il *n'exclut rien des réalités physiques de l'amour.* Malgré quelques concessions au moralisme courant (« égaremens des sens », etc.) il prend fermement position contre tout « angélisme » et proclame la valeur du plaisir physique lorsqu'il accompagne l'amour vrai. Il affirme même (conformément à la psychologie la plus juste et à la morale la plus orthodoxe, mais au risque de provoquer chez certains de ses commentateurs teintés de jansénisme des réactions ironiques) que le plaisir physique lui-même est plus vif et plus profond s'il est éprouvé au sein de l'amour authentique.

Rousseau est revenu à plusieurs reprises dans son roman sur ce problème (cf. *supra,* p. 128, n. 2). Il l'a aussi longuement traité dans des œuvres contemporaines : la *Lettre à d'Alembert* (éd. Fuchs, pp. 109. sq.), les livres II et V de l'*Émile* (cf. les textes cités et commentés par P. Burgelin, *la Philosophie de l'existence de J.-J. Rousseau,* pp. 300-301) et surtout dans la 5ᵉ des *Lettres morales :* « ... si la pudeur du séxe consiste en vains préjugés, que deviendront tous les charmes de l'amour ? ... », etc. (*O.C.*, Pléiade, t. IV, p. 1110).

Enfin, à partir du vulgaire proverbe *in vino veritas,* Rousseau pose dans cet épisode un problème de psychologie des profondeurs. Comment expliquer que Saint-Preux, en état d'ivresse, se soit conduit comme un grossier personnage ? D'où sort-il ? Qui est-il ? Quel est son « moi » véritable ? Julie pose la question; mais la repousse aussitôt comme une mauvaise pensée. Saint-Preux donne trois réponses, celle du petit enfant : « Ce n'est pas moi ! »; celle du client moderne de la psychanalyse : « Je est un autre », celle enfin du chrétien traditionnel : « C'est le diable ! ». Ne croyons surtout pas que Rousseau plaisante. Il eſt plus sérieux que jamais. Il parle de lui et pour lui. En maintes pages de ses *Confessions* (celle du ruban volé et beaucoup d'autres) ayant à expliquer ses fautes, il ne trouvera pas mieux. Mais y a-t-il mieux à trouver ? Cf. sur cet aspeƈt de la psychologie morale de Jean-Jacques, l'étude de Marcel RAYMOND, « Deux aspeƈts de la vie intérieure de J.-J. Rousseau. Intermittences et permanence du moi », *Annales J.-J. R.*, t. XXIX, pp. 5-57.

P. 139.

(*a*). « Un amant... ne s'aime plus ». Texte très travaillé. De C.L. sont absentes les phrases : « Il couvre leurs égarements, grossier langage » et « sa flamme... caresses ». Voici le texte du Ms. Rey : *Un amant n'eſt-il qu'un homme ! (ah, combien) c'eſt un être bien plus sublime ! Non, il n'y a point d'homme pour celle qui aime : son amant eſt plus ; tous les autres sont moins ; elle et lui sont (les) seuls (êtres) d'une même espéce. Ils ne desirent pas, ils aiment. Le cœur ne suit point les sens, il les guide. Les plaisirs de l'amour, plus charmans, plus doux que les leurs les couvrent d'un voile délicieux. Dans ses plus vifs emportemens, il eſt modeſte et circonspeƈt, il n'arrache point ses faveurs avec audace, il les dérobe avec timidité. Le miſtère, le silence, la honte craintive aiguisent et cachent ses doux transports. La décence, l'honnêteté, la (crainte) peur d'offenser ne le quitent jamais, et lui seul sait tout accorder aux desirs sans (offenser) rien ôter à la (modeſtie) pudeur. Ah ! dites ; vous qui connûtes les vrais plaisirs, comment une cynique effronterie pourroit elle s'associer avec eux ? comment n'étoufferoit-elle pas leur délire et tous leurs charmes ? Comment n'effaceroit-elle pas cette image de perfeƈtion sous laquelle on se plait à voir ce qu'on aime, et le moyen qu'on adore ce qu'on ne craint pas d'avilir ? croyez-moi, mon ami, la débauche et l'amour ne sauroient habiter ensemble, et ne peuvent pas même se compenser. Le cœur seul suffit à (au bonheur) tout quand on s'aime, et rien ne le remplace, aussi tôt qu'on ne s'aime plus.* Rey a biffé de deux grands traits tout ce texte et écrit : « Voyez les additions et changemens. » La feuille de changements donne en effet le texte aƈtuel à quelques variantes près : *erreurs* au lieu d'*égaremens*, *tous les plaisirs qu'il fait* au lieu de *toutes ses caresses*.

(*b*). « Je n'ai pas oublié... précieuse ». Dans le Ms. Rey, le texte eſt le suivant : *Je n'ai pas oublié que j'ai perdu le droit d'être respeƈtée ; mais eſt-ce à vous de me faire sentir cette perte ? Eſt-ce à vous d'aggraver la (faute) punition d'une faute dont vous êtes l'auteur. Eh, crüel, ce seroit à vous à m'en consoler ! Tout le monde a droit de me mépriser hors vous, et vous me devez le prix de l'humiliation où vous m'avez réduite. Présumiez-vous peut-être me faire approuver vos emportemens, et pensiez-vous amuser vôtre maitresse en la traittant comme la derniére des femmes. J'espére au moins n'avoir pas autorisé cette idée et tant de pleurs versés sur ma faute n'ont pas dû vous prouver que j'en fisse gloire. Je ne suis ni prude* (...) Le texte définitif figure dans la feuille de changements avec quelques variantes : *pluſtôt, crüellement*.

1. Excellente définition du sadisme. Qu'il puisse y avoir jouissance dans la cruauté, Rousseau l'a su, mais l'a toujours rejeté avec horreur. En revanche, il avait besoin de subir lui-même une certaine souffrance pour éprouver une totale jouissance (cf. sur ce point les confidences des *Confessions,* l. I (*O.C.*, Pléiade, t. I, p. 15 et n. 2, p. 1242).

2. Sur la distinction qu'il convient de faire entre les prudes et les précieuses, cf. les ouvrages de René Bray, *La Préciosité et les Précieux* et d'Antoine Adam, *Histoire de la Littérature française au XVIII*e *siècle,* t. II, pp. 26 sq. « On appelait les précieuses « les jansénistes de l'amour »... écrit ce dernier. Ne pouvant réformer le mariage, (elles) préféraient échapper aux servitudes de l'amour vulgaire en s'élevant jusqu'à ce qu'elles appellent le parfait amour (...) Cependant elles ne craignaient rien tant que de passer pour prudes, et en fin de compte elles ont abouti à une sorte d' « apothéose de l'amour ». Julie est en effet tentée par ces diverses attitudes mais elle les repousse. Elle ne refuse pas le mariage, et elle n'écarte pas les « innocens plaisirs ». Le type féminin auquel elle s'oppose le plus nettement est l'Armande des *Femmes savantes.*

P. 140.

(*a*). « Ce cœur qui vole... aux mortels ! », Ms. Rey : ajouté en marge.

(*b*). Ms. Rey porte successivement *ta pudeur vaincue, ta défaite* et *ta douce honte.*

1. *Outrager à :* incorrection qui s'explique peut-être par l'expression « faire outrage à » sous-jacente à la pensée de l'écrivain.

P. 141.

(*a*). « En voudrions-nous... d'autres ». C.L. au lieu de cette phrase a : *et qu'y a-t-il de commun entre une vile imprudence et le culte sacré de ce Dieu de nos cœurs ?*

(*b*). C.L. : *bonheur,* Ms. Rey : *honneur.* Honneur est évidemment meilleur que bonheur. Seul des deux il supporte (et exige) le possessif singulier après le pluriel de *notre amour* (cf. *supra, notre* félicité, le péril de *nos* jours).

(*c*). « Mais si... la vie ». Hyperbole absente du Ms. Rey.

P. 142.

(*a*). Ms. Rey : *des privations pénibles ! seroit-il juste que l'amour seul eut l'honneur de tout cela ?*

1. Il s'agit des quatre cantons du Lac de Lucerne dont les habitants avaient la réputation d'être grands buveurs et venaient acheter leur vin dans le pays de Vaud (cf. Mornet, *N.H.*, t. II, p. 176, n. 2).

2. D. Mornet (*N.H.*, t. II, p. 83, n. 3) cite des textes de Coyet

(1755) et de Caracciolí (1759) attestant en effet l'existence de cette mode.

3. *Déportement :* « Conduite, mœurs, manière de vie » (*Dict. Acad.*, 1762). Il faut attendre 1787 pour voir Féraud noter dans son *Dictionnaire :* « Il se prend ordinairement en mauvaise part. »

4. La Seigneurie de Vullierens (dans le Pays de Vaud) appartenait au XVIIIe siècle à la famille de Mestral, l'une des plus importantes du pays; Rousseau situe toujours sa fiction dans des lieux précis et déterminés.

5. L'histoire de la plaisanterie faite par Henri IV à ce goinfre qu'était le duc de Mayenne en le forçant à manger au-delà de sa capacité est fort connue. La « légende » du « bon roi Henry » est, dès le XVIIIe siècle, bien établie. Fénelon dans ses *Dialogues des Morts* imagine un dialogue entre Henri III et Henri IV, où celui-ci déclare avoir gouverné « sans tromper, sans assassiner, sans faire d'injustice, (se) fiant aux gens de bien, et mettant toute (sa) gloire à soulager les peuples ». L'abbé Du Bos, dans ses *Réflexions critiques,* I, 12 et II, 38, appelait de ses vœux, en 1719, un poème dont Henri IV fût le héros; ce fut *la Henriade* (1723-1728). La publication en 1745 par l'abbé de l'Écluse des *Mémoires* de Sully « contribua beaucoup à accréditer cette idée légendaire d'Henri IV » (SAINTE-BEUVE, « Henri IV écrivain », *Causeries du Lundi,* XI, p. 372).

P. 143.

1. Le mot *congé* dans le sens d' « autorisation » a déjà une saveur archaïque, en harmonie avec celui de vœu, et avec la couleur médiévale de toute cette phrase.

2. Peu de phrases dans ce livre ont une résonance plus autobiographique que ce nom propre, ce possessif, et cet adjectif. Sur la familiarité de Rousseau avec Plutarque, cf. *Confessions, O.C.*, Pléiade, t. I, p. 9 et la note (pp. 1237-1238) qui cite d'autres textes tirés des *Dialogues,* des *Rêveries* et des *Lettres à Malesherbes* (cf. *supra,* p. 60, n. 2).

3. Cf. *supra* dans VI, 2, la confidence de Claire sur les conséquences sentimentales de ce concert.

4. Cf. *supra,* p. 3, n. 1. Pierre-Bonaventure Trapassi, né à Rome en 1698, poète et homme de théâtre, s'éprit d'une cantatrice pour qui il écrivit son premier mélodrame, *Didon abandonnée* (1724). Appelé en 1730 à Vienne comme poète officiel de la Cour, il y mourut en 1782 après avoir composé de nombreux mélodrames célèbres dans l'Europe entière. On sait l'admiration que Stendhal eut pour lui. Celle de Rousseau n'était pas moindre. Les deux hommes étaient faits pour s'entendre : « le génie tendre de Métastase », a écrit Paul Hazard, « l'a porté à fuir tout ce qui pouvait donner la moindre peine, même éloignée, à son spectateur (...) Il n'a pris aux passions que ce qu'il faut pour intéresser; rien d'âcre et de farouche; il ennoblit la volupté » (*La Pensée européenne au*

XVIIIe siècle..., t. I, p. 323). Ne croirait-on pas lire une définition par Rousseau de son roman ? Mais voici un témoignage plus précis de cette rencontre spirituelle des deux hommes. Le 14 juillet 1759, De Leyre, arrivé à Vienne depuis quelques semaines, écrivait à Rousseau qu'il venait de rencontrer Métastase, « le plus grand poète de l'Italie à ses yeux depuis Dante ». « Eh ! bien, ajoutait-il, ce grand homme est enchanté de vos écrits [...] Que fait-il donc, m'a-t-il dit. Il vit comme il écrit, ai-je répondu, toujours à l'écart, loin des hommes, et peut-être au-dessus. [...] Ce qu'il fait, ai-je dit dans le cours de la conversation, il s'amuse quelquefois à jouer et à chanter sur le clavecin quelques uns de vos *aria* qu'il a mis en musique; il lit vos tragédies, il charme ses peines et ses maux par l'enthousiasme qu'il y puise » (*C.C.*, t. VI, p. 138).

P. 144.

(*a*). P.S. absent du Ms. Rey, cet ajout de la dernière heure montre le désir d'annoncer la promenade sur le lac et la catastrophe finale. Jalon, « astuce », de romancier débutant.

1. Mot vraiment étrange. Que veut dire Julie ? Toi qui m'enseignes l'Évangile de l'Amour ? ou toi qui propages la foi en la divinité de Julie ? De toute manière ce mot, sans doute attiré par « pénitent » a, comme lui, une forte résonance religieuse (cf. *supra*, p. 32, n. 2; p. 115, n. 4).

2. La série des lettres 53-55 marque l'un des sommets du livre. C'est *la* nuit d'amour des amants. Pointe extrême du bonheur humain au-delà de laquelle il n'y a plus d'autre issue possible que la chute, le dépassement dans l'héroïsme, ou la mort. Ces lettres sont très importantes, et à plus d'un titre.

1° Elles apportent des vues très neuves sur la personnalité de Julie. Son courage : il y a menace de mort et elle en est très consciente. Son désir d'éprouver le courage de son amant, qui fait d'elle une héroïne de Stendhal ou de Barbey d'Aurevilly. Sa lucidité : nous savions qu'elle prenait les initiatives; ici, nous admirons son intelligence, sa précision dans l'action; déjà s'annonce la maîtresse femme des dernières parties. Sa pudeur : elle parle avant, elle se tait après. Ajoutons sa discrétion, car elle a un secret et c'est seulement dans la lettre 18 de la IIIe partie que nous seront données les raisons qui l'ont poussée à courir tant de risques.

2° La seconde de ces lettres pose le problème du mélange inextricable chez Rousseau de la vérité et du mensonge. Mensonge de la situation : ce papier, cette encre qui se trouvent là tellement à propos ! Mensonges de l'expression : excès de rhétorique, points de suspension, termes nobles unis aux détails libertins. Mais vérité aussi. Vérité de la sensualité : Jean-Jacques, comme le fera plus tard, Baudelaire, réagit très vivement au *mundus muliebris !* Vérité dans la justification psychologique de la lettre : écrire, à cette heure et en ce lieu, est absurde, invraisemblable, pour tout autre qu'un poète, pour tout autre que Rousseau : « Je donne le change à mes transports en les décrivant. » Rousseau dit ici, dans son roman même, ce qu'il dira plus tard en racontant sa genèse dans les *Confessions*. Il s'agit dira-t-on d'une situation de rêve ? Oui, mais quand elle existera réellement, il agira de même ! Pendant l'été 1757, il ne cessera d'écrire de brûlantes lettres à Sophie dès qu'elle ne sera plus près de lui.

3° La lettre 55, de loin la plus importante, nous apporte l'évocation de ce moment unique où les amants unis corps et âme ont connu le miracle du parfait bonheur, et où Saint-Preux — en son nom et au nom de Julie sans que la moindre discordance entre eux soit discernable — proclame la doctrine de Rousseau sur le problème des rapports de la *chair* et de l'*esprit* dans l'amour. Est-il nécessaire de le dire ? Cette lettre est une de celles qui suscitèrent la plus vive réaction chez les lecteurs « bien pensants ». Voltaire s'en déclare scandalisé; c'était de bonne guerre; mais le vertueux Eymar dans cet *Examen* que nous avons pris comme test de l'opinion moyenne disait sincèrement sa réprobation : « Peut-on pousser plus loin, je le demande, la violation de toutes les lois de la décence et de l'honneur ? [...] on n'a vu que chez des filles ou des femmes perdues sans ressource de provoquer leur chute elles-mêmes, d'en assigner d'avance l'heure et le lieu, et de faire, en un mot, sans frein comme sans remords, ce que l'amant le plus passionné et le plus audacieux n'aurait jamais osé concevoir et moins encore entreprendre !... » (*J.-J. Rousseau, Œuvres inédites,* publiées par Musset-Pathay, t. 2, pp. 277-278). En vérité cette réaction n'est pas sotte : si Rousseau est ici comme toujours d'une grande chasteté dans l'expression, il est d'une grande audace dans la pensée. Cette lettre est d'abord un chant de gloire en l'honneur de l'amour physique, une réhabilitation de la vie charnelle. Sans doute, Saint-Preux précise-t-il que le plaisir des sens doit être dépassé, qu'il avait tort d'y chercher le bien suprême, que la jouissance était dans l'âme. Il se déclare même prêt à renoncer « s'il le faut » à ces « faveurs enivrantes ». Mais enfin, il les a éprouvées; et ce « calme dans tous [ses] sens », il n'a pu le connaître *qu'après* les agitations de la « bonne tempête ».

Faut-il penser que, dans une poussée d'idéalisme incroyable, Rousseau admet que, pour l'union parfaite des amants, une seule rencontre charnelle suffit, que l'union des deux âmes ayant été une fois atteinte à travers l'union des corps, elle peut subsister intacte, jusqu'à la mort, sans que l'union des corps se renouvelle ? Peut-être. Mais à condition que la mort vienne vite ! Il est significatif que le premier cri de cette lettre soit un appel à la mort ! Julie et Saint-Preux, comme l'a noté Denis de Rougemont, dans *l'Amour et l'Occident,* rejoignent le couple célèbre de Tristan et Yseult. Seulement, ils ne meurent pas. Le roman commence à peine. Les corps des amants ne se joindront plus jamais. Leur amour subsistera pourtant. Comment ? et à quel prix ?

Ainsi se préparent, dès la fin de la première partie, les ascensions et les sacrifices héroïques des parties suivantes. Rousseau met les points sur les *i* pour le lecteur inattentif. Les amants jusqu'ici ne se sont rencontrés qu'une fois, c'est peut-être étonnant, mais c'est ainsi. Dans cette seconde et ultime rencontre, Julie a haussé Saint-Preux à son niveau spirituel. Elle lui a révélé qu'il y a un au-delà de la jouissance. Il a reçu d'elle une âme nouvelle. Il est prêt désormais à la suivre sur les chemins difficiles qui conduisent au royaume mystérieux du pur amour.

P. 145.

(*a*). Ms. Rey : « depuis *deux* jours ».

(*b*). La phrase : « mais comme elle est mieux peut-être elle reviendra dès demain » est absente du Ms. Rey et de C.L. Ajout de précision, de vraisemblance.

1. Huit heures du soir. « Enfin, sur les huit heures, j'entends une cloche : c'est le souper... » (Mme de Sévigné citée par Littré). On est donc en automne : Julie et Saint-Preux sont amants depuis huit ou dix mois (le séjour à Meillerie se situait en hiver); leur amour a près de deux ans (cf. appendice, *Chronologie du Roman*).

P. 146.

1. Sur cet aspect de la conception de l'amour : identification de deux êtres l'un à l'autre, fusion totale, cf. p. 31, n. 1.

2. *Vestiges :* traces. « Style soutenu », dit Littré, qui cite un autre passage de *la Nouvelle Héloïse*.

P. 147.

(*a*). Le Ms. Rey s'exprimait d'une manière plus ridicule encore puisque la lettre est commencée depuis une page ! « Voila de l'encre et du papier. Exprimons ce que je sens pour en tempérer l'excés, et donnons le change à mes transports en les décrivant. »

1. *Corps :* « corset », dit Littré (7) qui, avec Voltaire et Toussaint, cite Rousseau dans l'*Émile,* l. V : « leurs femmes ignoroient l'usage de ces corps de baleine » (*O.C.*, Pléiade, t. IV, p. 705).

P. 149.

(*a*). Ms. Rey : *O ma charmante maitresse, ô mon épouse (ma mère, ma fille), ma sœur, ma douce amie !* Rousseau a reculé devant le ridicule en supprimant mère et fille (et pourtant quelle révélation sur cette perpétuelle recherche de la mère chez la femme aimée !) mais il a gardé « ma sœur » à quoi Baudelaire devait donner une illustration éclatante ! Il ne semble pas que les commentateurs des *Fleurs du Mal* aient signalé cette source d'inspiration.

(*b*). Cette note si importante n'est pas dans le Ms. Rey, ni dans C. L.

P. 150.

1. Les lettres 56-61 peuvent paraître inutiles. Notons cependant :

1° Qu'elles établissent entre Saint-Preux et Milord Édouard un lien profond : c'est au-delà de cette crise, glorieusement surmontée, qu'ils deviendront vraiment des *amis*.

2° Elles donnent tout son poids à Milord Édouard, qui n'était guère jusqu'ici qu'un amateur de musique. Elles préparent son intervention auprès du père, laquelle provoquera le départ de Saint-Preux.

3° Cette grande digression, sur un sujet aussi grave que le duel, transforme et enrichit la signification spirituelle de l'œuvre. De cette histoire d'amour elle fait un peu un « traité de morale sociale ». Nous savons qu'un petit nombre de lettres des deux premières parties ont été insérées tardivement. Peut-être la lettre 57 est-elle du nombre. Rousseau a pu l'écrire soit en novembre 1756 après avoir décidé d'écrire une « espèce de roman », lorsqu'il cherchait à justifier son œuvre à ses propres yeux, soit pendant l'été 1758, lorsqu'il a décidé de lui confier son « message » religieux. Le fait qu'un certain nombre des développements de cette lettre se retrouvent dans la *Lettre à d'Alembert* nous inclinerait à opter pour la seconde hypothèse.

4° Quoi qu'il en soit, cette digression avait pour Rousseau une grande importance. Dans ses notes riches, trop riches (il n'y fait toutefois qu'une rapide mention de l'article « Duel » de l'*Encyclopédie* et ne rappelle même pas *le Cid,* pourtant cité dans la *Lettre à d'Alembert*), D. Mornet, après avoir énuméré les multiples sources auxquelles Rousseau a pu puiser, oriente son lecteur vers cette conclusion, que le romancier a traité cette question parce qu'elle était « fort à la mode » et qu'elle « passionnait l'opinion ». Sans doute elle passionnait l'opinion; mais si Rousseau l'a traitée, ce n'est nullement pour des motifs généraux, intellectuels, philosophiques; mais pour des motifs personnels, sentimentaux, organiques. Reparaît ici la réaction du roturier devant le noble, de l' « intellectuel » devant le militaire. (Certes, Saint-Preux a une épée, mais a-t-il le droit de la porter ? Et comme on la sent inutile ! L'encre, la plume, le papier sont ses véritables armes !) Rousseau vivait au milieu de gens pour qui le duel était chose naturelle, courante. Au milieu d'eux; non l'un d'eux. Perpétuel « humilié », cet ancien laquais qui mangeait enfin à la table des maîtres avait dû, bien des fois, méditer sur le problème de l' « honneur » du « monde ». Si, comme il est possible, cette lettre a été écrite après les événements tragiques de l'été 1757 et de l'été 1758, quelle signification ne prend-elle pas ! Saint-Lambert, aristocrate et officier, a-t-il jamais songé à faire un « appel » à Jean-Jacques ? Il faut relire selon cette optique la lettre sur le duel : digne d'un philosophe et solidement construite, certes; satisfaisante pour la raison; mais où la passion est constamment sous-jacente et, bien souvent, éclate dans des phrases chargées d'indignation et de mépris. On assiste à la libération de l'homme qui peut enfin, sous le masque, bien plus violemment qu'il n'a osé le faire jusqu'ici, dire son fait à cette société qui l'a tant fait souffrir. Il peut aussi, sans risque de susciter sourires et railleries des philosophes ou des mondains, proclamer son idéal héroïque, dire ce qu'il aurait voulu être, ce qu'il fut peut-être un peu. En particulier, puisque c'est Julie qui parle, il peut lui faire invoquer contre le duel un argument d'inspiration religieuse : si le combat singulier est un appel au « témoignage du Ciel », au « jugement de Dieu », Saint-Preux, se battant pour venger Julie de l'accusation d'être sa maîtresse, c'est-à-dire pour soutenir un mensonge, commettrait une sorte de « blasphème ».

On peut s'étonner que le romancier ait choisi Julie pour être son interprète en cette affaire. Mais Milord Édouard et Saint-Preux, personnellement engagés, étaient hors de question. Ah ! si M. de Wolmar avait été là ! cette lettre lui eût convenu mieux qu'à personne. La folâtre Claire avait les épaules un peu faibles. Seule restait Julie, la tête forte du groupe. Peut-être l'est-elle un peu trop, et un peu trop tôt. Mais, à tout prendre, s'il y a maladresse, celle-ci joue en faveur du romancier puisqu'en accentuant l'aspect viril du caractère de Julie, elle nous prépare aux grandes lettres des dernières parties où la jeune fille sera devenue la « femme forte » de l'Écriture.

5° Enfin, pour bien sentir l'intérêt de cette séquence, il ne faut pas oublier qu'elle est une querelle dramatique où sont en jeu l'honneur d'une femme, l'amour de deux hommes pour elle, et surtout l'estime et l'amitié de ces hommes l'un pour l'autre.

On peut sans peine concevoir un premier état de la rédaction où seule manquait la longue lettre 57, nullement nécessaire au déroulement de la crise. Il est peu probable que les autres aient été, comme elle, insérées tardivement. Elles datent à peu près certainement de l'été 1756; elles sont nées comme l'ensemble des deux premières parties, d'un double mouvement de dépression devant la réalité et de recours au rêve. Nous l'avons dit, Rousseau avait alors vécu dans l'angoisse en songeant à ses « anciens amis », qu'il aimait encore tendrement mais dont il sentait confusément qu'ils le trahissaient. Pour l'amitié, comme pour l'amour, il s'était réfugié dans le rêve. Il avait imaginé cette querelle, cette réconciliation, ces larmes de joie ! Ici encore, quelle étonnante anticipation de la fiction sur la réalité, puisqu'au plus fort de la crise de l'été suivant ce fut Mme d'Houdetot, en qui s'était « incarnée » Julie, qui incita Jean-Jacques à se rendre à Paris auprès de son ami pour le « raccommodement ». « Diderot me receut bien. Que l'embrassement d'un ami peut effacer de torts... » (*Confessions,* l. IX, *O.C.*, Pléiade, t. I, p. 460.) Comme nous aimerions connaître les réactions de l'auteur du *Fils naturel,* en face de cette parfaite scène de drame bourgeois qu'est la lettre 60 ?

2. C'est la seule construction indiquée par le *Dictionnaire de l'Académie* de 1762.

P. 151.

1. *Se faire fête*. Expression étrange. D. Mornet a tenté de l'éclairer par l'expression *se faire de fête ;* mais ses explications sont peu satisfaisantes. Il ne peut s'agir d'une coquille typographique, puisque le manuscrit Rey porte bien *faire fête*. Jean Stefanini nous a proposé l'hypothèse suivante : faire fête à quelqu'un, c'est lui ménager un accueil empressé, le bien traiter. Se faire fête, c'est donc se ménager un bon accueil. L'expression doit être rangée parmi les provincialismes de Rousseau.

P. 153.

1. Construction très correcte au XVIIe siècle du complément de l'adjectif *même*. Cf. Haase (*Syntaxe française du XVIIe siècle*, éd. 1930, § 105), qui cite entre autres exemples cette phrase de Mme de Sévigné : « Langlade a pensé mourir... de la même maladie de Mme de C. » Au XVIIIe siècle, cette construction est désuète et Féraud la blâme.

2. Cf. *supra*, I, 24, p. 84, n. 1.

P. 154.

(*a*). « Les injures... mérite » manque dans C.L.

1. *Evénement :* « l'issue, le succès de quelque chose » (*Dict. Acad.*, 1762).

2. « *Appel* signifie aussi le défi qu'on fait à quelqu'un de se battre en duel » (*Dict. Acad.*, 1762).

P. 155.

(*a*). Phrase absente de C.L.

1. Épisode de la vie de Thémistocle. Il avait soutenu vivement une opinion contraire à celle du général lacédémonien Eurybiade. Celui-ci leva sur lui sa canne et Thémistocle lui dit avec sang-froid : *Frappe, mais écoute*. D. Mornet pense que Rousseau a pu emprunter cette histoire à Rollin qui, dans le *Discours préliminaire* de son *Traité des Études* (1721), avait protesté contre le duel et qui a été souvent utilisé par l'auteur de l'*Émile*. Mais pourquoi pas un emprunt direct au cher Plutarque ?

2. Il n'est pas sans intérêt de voir le « père du romantisme » exprimer un goût très « classique » dans ce mépris des « barbares germains » ! C'est en effet aux Francs qu'on faisait remonter l'origine du duel (cf. article « Duel » dans l'*Encyclopédie*).

3. Jeu sur le mot italien *bravo* qui n'avait pas et n'a jamais eu le sens honorable ou glorieux du mot *brave* en français. Cf. *infra* le jeu sur l'expression « de braves scélérats ».

P. 156.

(*a*). Dans D.C. Rousseau traduit : *mais la véritable valeur n'a pas besoin du témoignage d'autrui et tire sa gloire d'elle même*. Vers extraits du Tasse : *Gerusalemme liberata*, II, 60.

1. Un des mots clefs de Rousseau. Cf. *supra,* p. 14, n. 1 et p. 118, n. 1. Cf. les textes cités par Burgelin, *la Philosophie de l'existence de J.-J. Rousseau,* pp. 520-521. Il y a là un lieu commun de l'époque : « l'humanité est la première des vertus »... dit Vauvenargues (*Maxime* 44).

2. *Etrange.* Cf. *supra,* I, 34, et p. 108, n. 1.

P. 157.

(*a*). Éd. Rey, 1763 : *Si la valeur n'étoit utile à d'autres vertus, la lâcheté cesseroit d'être un vice.*

1. Que se cache-t-il d'expérience vécue derrière ces lieux communs ? Rousseau a-t-il craint la mort ? Sa tendance de plus en plus forte à une sorte de calme proche de l'immobilité éternelle devait lui en faire accepter aisément l'idée. « La mort perd beaucoup de ses horreurs », écrira-t-il à Moultou le 23 décembre 1761, « quand on en approche avec un cœur content de sa vie » (*C.C.*, t. IX, p. 343). Dès maintenant une telle phrase annonce les pages finales où nous verrons Julie non seulement « faire face » à la mort, mais l'accueillir comme la seule solution possible de ses contradictions internes. Cf. notes sur les lettres 21 et 22 de la IIIe partie.

P. 158.

1. Sur l'opposition de Rousseau au métier militaire, cf. *supra,* lettre 34 de la Ire partie et p. 108, n. 1.

P. 160.

(*a*). « ... rendre... mais pensez ». C.L. : *rendre, pensez-y.* Ms. Rey : *rendre, au moins pensez-y.* Puis Rousseau a biffé *au moins* et inscrit le texte actuel.

P. 162.

1. E. Ritter (*Annales J.-J. R.*, t. III, pp. 218-219) a rapproché cet épisode d'une scène du *Spartacus* de Saurin (février 1760) et il a signalé ce jugement de Voltaire : « Cet emportement de Spartacus et le pardon qu'il demande noblement, sont à l'anglaise. » Soit. Mais comment un honnête homme, après avoir reçu la lettre de Julie, pouvait-il agir autrement ? La question des « sources » de cette scène et de sa « couleur anglaise » a peu d'importance. Ce qui compte c'est la passion du théâtre qui s'y révèle, d'un théâtre un peu « larmoyant ». Paroles, gestes, attitudes, entrées et sorties, groupement des personnages, tout sent ici l'homme de théâtre. Rappelons que cette « scène » est avec celle du « bosquet » l'une des deux élues par Rousseau pour l'illustration de la Ire partie. Ce choix et les indications données au graveur (cf. *supra,* p. 763) indiquent assez l'intérêt *dramatique* qu'elle avait à ses yeux.

P. 163.

(*a*). Ici C.L. ajoutait : *et ce fut cette résolution qui m'empêcha de te répondre.* Variante révélatrice de l'embarras « technique » de Rousseau. D'une part il lui faut du temps pour éviter la catastrophe que risque de provoquer la spontanéité de Saint-Preux, d'autre part, il ne faut pas que celui-ci manque à son rôle de « parfait amant » (indignation, colère, etc.). Il n'a pas agi; Julie le lui a défendu. Soit; mais il ne lui répond même pas ! C'est qu'il « médite » sur sa lettre ! l'explication était si ridicule que Rousseau l'a supprimée !

(*b*). « leur injustice... désaveu ». Ms. Rey : *Quoi qu'ils vous aient très justement offensés, mon propre honneur est celui qu'ils outragent le plus ; je m'en dois à moi-même l'authentique désaveu.*

P. 164.

(*a*). Note absente de C.L., heureusement supprimée dans éd. Rey, 1763.

1. C'est bien le texte du manuscrit. Ce tour est tout à fait correct, selon l'usage ancien qui admettait que le sujet d'un gérondif ou d'un infinitif ne fût pas le même que celui du verbe principal, *se relevant* = *pendant qu'il se relevait.*

P. 165.

(*a*). « Et vous vaudriez moins... point aimés. » Cette phrase capitale (cf. p. 165, n. 6) est une addition de dernière heure. C.L. donne ce texte plat : *et votre Julie qui se reproche les torts d'un pére inflexible et se méprise d'avoir écouté la nature me paraît être ce qu'il y a de plus parfait au monde.*

1. Sur l'absence de jalousie dans le roman, cf. *supra,* p. 109, n. 1 et p. 130, n. 1. Sur l'amour de Milord Édouard pour Julie, le lecteur ne sera pleinement éclairé que par les *Amours de Milord Edouard* (cf. *supra,* pp. 749-760). Cet amour peut paraître artificiel, nous verrons plus tard pourquoi il est important aux yeux de Rousseau (cf. *infra,* note d'introduction à la lettre 12 de la Ve partie).

2. Ce thème sera largement traité, à propos du projet de mariage entre Claire et Saint-Preux (cf. *infra,* IV, 12, p. 493, n. 1 et V, 2).

3. *Désirer de :* « Dans ces sortes de phrases où *désirer* est mis devant un verbe à l'infinitif, l'usage le plus ordinaire est d'y joindre la particule *de* » (*Dict. Acad.*, 1762).

4. Le romancier place ici son propre éloge dans la bouche de ses personnages; mais de peur d'avoir été mal lu, il y reviendra formellement dans la *Préface dialoguée* et surtout dans le livre XI des *Confessions* (cf. *supra,* p. 13, n. 3).

5. Cf. *supra : amans vulgaires* (I, 32) sur ce caractère aristocratique de l'amour, cf. p. 102, n. 2. Peut-être faut-il voir là un jugement tardif du romancier sur ses personnages. C'est évidemment un moyen pour lui d'échapper aux critiques du moraliste moyen. Mais un moraliste plus intransigeant ne l'accusera-t-il pas d'inaugurer ainsi la morale nietzschéenne du « surhomme » ?

6. Cf. p. 165, var. (*a*). Le texte supprimé éclaire le texte définitif. Il est certain que Rousseau condamne les préjugés du père et les

scrupules de la fille. Mais il fait plus : en proclamant que l'amour est source de valeur, il rejoint la grande tradition française cartésienne et cornélienne, et au-delà la tradition de Dante et de Pétrarque, celle du plus authentique christianisme. (Cf. *supra,* p. 31, n. 1 et p. 61, n. 2 et *infra,* p. 193, n. 1.)

7. Voici la grande angoisse. A peine indiquée ici, repoussée comme un « blasphème », elle sera plus tard regardée en face courageusement (cf. III, 1, p. 307, n. 1; III, 6, p. 317, n. 3; IV, 12-14 et note s'y rapportant).

P. 166.

(*a*). « et nationale » manque dans Ms. Rey.

1. Sur les « philosophes » à qui Rousseau reproche surtout, en effet, leur manque de sensibilité, cf. *supra,* p. 13, n. 1 et p. 128, n. 2. Il s'expliquera longuement dans une note de la lettre 9 de la IIe partie sur la « dureté » des Anglais, thème apparemment banal, qu'on trouve en particulier dans Muralt, qui d'ailleurs proteste (cf. MORNET, *N.H.*, t. II, p. 283, n. 1).

2. *Authentique :* « Il signifie aussi *célèbre, notable* » (*Dict. Acad.*, 1762).

P. 167.

(*a*). A partir de cette lettre, on possède un recueil de brouillons conservé à la Bibliothèque de l'Assemblée Nationale à Paris, en un volume catalogué antérieurement 1494, actuellement V. 4980 où les folios ont été rassemblés et numérotés, mais non par Rousseau, comme le précise l'*Avis* sur la page de garde : « La Nouvelle | Héloïse | Première Copie | AVIS.

» Les fragmens de cette première copie ont été trouvés informes dans les papiers de J.-J. Rousseau et offerts dans cet état à la Commission Nationale. On les a classés d'après le manuscrit autographe donné par l'Auteur à la Maréchale de Luxembourg et déposé ensuite à la Bibliothèque du Corps législatif. »

Le manuscrit se présente, sauf exception, sous forme de grands folios dont la moitié seulement est occupée par le texte, la seconde étant réservée aux ajouts et corrections, qui sont parfois très nombreux. Le recto et le verso sont utilisés. Les variantes de détail sont innombrables. Nous ne signalerons que l'essentiel. Les folios n'appartiennent pas tous à la même époque de la rédaction. Tantôt on a visiblement affaire à un premier jet, tantôt on se trouve en face d'un texte évidemment recopié.

La première lettre est numérotée 59, puis, en surcharge 61. Deux lettres ont donc été ajoutées au recueil primitif. Quand ? Lesquelles ? Nous l'ignorons.

1. Sur le style « haletant », cf. *supra,* p. 31, n. 2 et p. 94, n. 2. L'effort de transposition syntaxique et typographique du désordre de l'âme est remarquable. Il est malheureux qu'il s'accompagne

d'un emploi abusif de clichés (« gage adoré ») ou d'expressions ridicules (« tripler mon être »).

2. Cf. *Deutéronome,* 32, 4 et *Psaumes,* 17, 8. La phrase : *Custodi ons, Domine, ut pupillam oculi* est chantée tous les soirs à l'office catholique des Complies. Elle devait être familière au cœur et à l'oreille de Rousseau. Littré cite Massillon et aussi Lesage. L'expression était peut-être dès lors laïcisée; mais chez Rousseau elle est sans doute un signe, entre tant d'autres, de sa familiarité avec l'Écriture et avec la liturgie catholique.

3. Sur ce thème de l'Amour source de vie, cf. *supra,* p. 31, n. 1.

P. 168.

(*a*). Br. : *lettre 60* puis en surcharge *62. De la Cousine à Julie.* Il semble que, même à l'époque où il a commencé à « organiser » ses premières lettres, Rousseau n'avait pas encore donné de nom à « la cousine ».

(*b*). Br. 1er jet ajoutait ici : *quoiqu'appuyée par ta mère.*

1. Lettre « primitive » comme on en peut juger par les remaniements du brouillon. Utile à la marche de l'action, mais non indispensable, elle est pour Rousseau bien plus qu'un ressort dramatique. Elle lui fournit l'occasion, comme la lettre sur le duel, d'exprimer des rancœurs longtemps contenues à l'égard d'une société qui l'avait profondément blessé. Sans doute — D. Mornet l'a fait remarquer — ces idées sont plus vraisemblables ou du moins tolérables chez un Anglais et c'est évidemment une habileté de Rousseau de les avoir placées dans la bouche de ce grand seigneur. Mais il ne faut pas exagérer le caractère révolutionnaire de ces diatribes. Il s'agit pour une bonne part de lieux communs déjà largement exploités par la littérature. Le fameux discours de Don Luis à Don Juan en est une preuve mais on en trouverait beaucoup d'autres en particulier dans Scarron (cf. encore sur ce point, les nombreux textes de La Bruyère, Montesquieu, Marivaux, etc., signalés par D. Mornet, t. II, pp. 215, 216). Il n'en est pas moins certain que ce lieu commun est renouvelé par une conviction personnelle très vive. Nous entendons ici un cri de colère, d'indignation, de révolte, beaucoup plus percutant que celui de *Figaro* et antérieur de vingt ans ! Encore Rousseau a-t-il fortement atténué son premier jet. A qui s'adressent ces cris ? Sans doute d'abord à l'aristocratie genevoise, à ces gens « du haut » qui avaient humilié l'enfance du fils de l'horloger, à ces riches patriciens qui n'allaient pas tarder à se venger de l'auteur du *Contrat social* en feignant de poursuivre celui de la *Profession de Foi.* (Cf. sur ce point les *Confessions,* l. XII et G. Vallette, *J.-J. Rousseau Genevois,* pp. 191 sq.) Mais il pensait surtout à ces nobles Français, dont beaucoup avaient été pour lui des amis généreux, libéraux et même tendres (le maréchal de Luxembourg allait bientôt lui donner des témoignages de la plus noble amitié) mais qui, en la personne d'au moins un de leurs représentants, le comte

de Montaigu, l'avaient fait souffrir jusqu'aux limites de la folie et, pris dans leur ensemble, lui paraissaient odieux. Cette réaction violente s'était déjà exprimée une dizaine d'années auparavant dans l'*Épître à M. de l'Étang* (cf. ci-dessus, pp. 1150-1153).

2. « Après la conquête du pays de Vaud par les Bernois, la noblesse vaudoise avait été exclue de toutes les charges publiques, et comme il n'y avait ni commerce ni industrie dont elle pût ou voulût s'occuper, elle était réduite ou bien à vivre dans l'oisiveté, ou bien à s'expatrier. » (Note de D. MORNET, *N.H.*, t. II, p. 214 qui utilise G. DE REYNOLD, *Le Doyen Bridel*, pp. 58 sq.)

P. 169.

(*a*). C.L. : *homme de qualité.*

(*b*). Br. 1er jet : un petit *égrefin.*

(*c*). Toute cette tirade jusqu'à « Conçois, ma chere » a été longuement développée dans les marges de Br. Le premier jet ne comportait que quelques lignes : *Songez, je vous prie, dit Edouard qui s'échauffoit à son tour qu'en parlant de mon ami devant moi on n'en doit parler qu'en termes convenables.* Puis Rousseau efface immédiatement et remplace par le texte actuel : « Non, dit Edouard il sera le fondement... homme estimable ? » Après quoi, il ajoute, en marge : 1° après « aumônes » le texte : « Arrêtez... toujours incertains »; 2° après « homme estimable » la partie du texte qui va de « Jugeons du passé... » (p. 169) à « dont vous faites tant de bruit » (p. 170). Mais il va de soi que ces textes n'ont pas atteint dès le premier jet leur forme actuelle. Rousseau par la suite a singulièrement amorti la violence de certaines phrases où il se libérait trop clairement de son complexe de roturier (cf. *infra,* var. (*a*), p. 170).

(*d*). La note est absente de Br., C.L. et Ms. Rey. Elle a été ajoutée dans Ms. Rey sur une bande de papier séparé. Rousseau fait ici allusion à la cérémonie dans laquelle, à Rennes, à l'occasion de l'inauguration de la statue de Louis XV, l'académicien homme de lettres Duclos avait reçu des lettres de noblesse. Le fait était récent, les lettres avaient été enregistrées le 8 décembre 1756. Duclos était l'ami de Rousseau qui lui faisait entièrement confiance et qui le consulta au sujet de son œuvre dans les derniers mois. C'est très probablement lui qui suggéra cette note adoucissante. — La note a été biffée dans D.C.

1. *Houbereau :* cette forme archaïque (que Littré signale cependant chez Marivaux) est bien celle du manuscrit.

P. 170.

(*a*). Texte très travaillé. Le texte primitif du Ms. Rey reprenant avec quelques variantes celui de Br. était celui-ci : « Lisez... gentilshommes ? *que seriez-vous sans vos paysans que de misérables esclaves ?* quelle est donc... tant de bruit ? *vils et lâches dans votre vaine fierté, vous ne parlez que de servir le Prince, toujours prêts à fouler aux pieds vos concitoyens, et quand vous deffendez vôtre maitre au péril de la vie, que faites-vous que ne fassent au besoin des valets bien payés dans la maison du particulier qu'ils servent.* » C'est dans sa lettre à Rey du 6 mars 1760 que Rousseau indiqua les modifications à faire subir à son texte. Cf. *C.C.*, t. VII, p. 53 : « Voici pour la première partie un changement peu considérable, mais important, et que je vous prie de faire à l'instant de peur qu'il ne s'oublie. P. 174 *vers le milieu après ces mots :* Quelle est donc cette gloire insensée dont vous faites tant de bruit ? *ôtez ce qui suit jusqu'à la fin de l'alinéa et substituez-y ces mots :* celle de servir un Prince et d'être à charge à l'Etat.

Rey exécuta fidèlement les instructions. Un peu plus tard, selon de nouvelles instructions, il changea encore le mot *Prince* en celui d'*homme* (cf. *C.C.*, t. VII, p. 119, 1er juin 1760) et il modifia encore plusieurs lignes notamment celle-ci : « Enfin tu me restes; je puis me consoler de tout, hors de te perdre ».

La note de Rousseau après *Patrie* ne se trouve ni dans Br., ni dans C.L., ni dans Ms. Rey. Il se peut qu'elle ait été ajoutée par Rey en mai 1760 (cf. lettre citée *supra*). Nous ignorons quel est le lecteur ami qui a soufflé au romancier ces lignes apaisantes. Maintenue dans l'éd. Rey, 1763, et dans l'éd. Duchesne, 1764, cette note a été biffée dans D.C.

(*b*). « Vous demandez... la vôtre. » Cette phrase insultante pour Milord Édouard mais qui adoucit un peu l'attaque contre la noblesse en général a été ajoutée en marge dans Br.

1. Sur cette réaction contre les officiers mercenaires, cf. *supra*, p. 108, n. 1.

2. Selon une vieille tradition, aujourd'hui contestée, W. Fürst et W. Stauffacher, représentant les vallées d'Uri et de Schwyz, auraient conclu, avec A. de Melchtal, d'Obwald, sur la prairie du Grütli, le pacte fondant la Confédération helvétique. Quant à Guillaume Tell, personnage mi-historique, mi-légendaire, il a lutté pour délivrer les cantons primitifs de la tyrannie des Habsbourg dans des circonstances que tout le monde connaît. Au moment où l'ouvrage s'imprimait, Rey fit remarquer à Rousseau qu'il avait oublié Melchtal, ce qui lui valut cette réponse : « Je vous suis obligé de votre remarque sur les libérateurs de la Suisse. Je crois pourtant qu'il sera mieux de ne rien changer à la phrase, parce qu'un entretien entre gens de condition ne demande pas toute l'exactitude historique, qu'il faut que ces noms barbares passent comme un trait, et que la phrase est tellement cadencée que l'addition d'une seule sillabe en gâteroit toute l'harmonie. » (*C.C.*, t. VII, pp. 131-132; 15 juin 1760).

3. Rousseau est distrait. Les invectives étaient « générales » *avant* les ajouts en marge signalés dans la variante (*c*) de la page 169 : « vous avez porté les armes... vous avez été bien payé... » qui sont des attaques tout à fait « personnelles ».

4. Rousseau s'était dangereusement avancé. En essayant d'arranger les choses dans sa note, il tomba de Charybde en Scylla. Un

certain A.-J. Genet, bourgeois d'Estavayer, ville du pays de Vaud, dans une lettre que Rousseau reçut en juillet et qui fut publiée par le *Mercure de France* en septembre 1761 protesta vivement. « Le Pays de Vaud a toujours fait partie de l'Helvétie, affirmait-il. Tous les habitants de la Suisse sont sujets de leurs conseils souverains, comme Rousseau l'est à l'égard du Sénat de Genève. » Rousseau dans sa réponse le remercia de sa « savante lettre », mais sur un ton assez vif d'ironie hautaine : « Quel que soit, Monsieur, mon sentiment sur tous ces points, il ne fait plus rien à la chose sitôt que vous faites part du vôtre et de vos raisons au public. Je souscris d'avance à son jugement; j'applaudis de bon cœur à votre érudition; je vous remercie derechef de vouloir bien redresser l'erreur où je puis être tombé, et vous supplie, Monsieur, d'agréer... » (*C.C.*, t. IX, p. 58).

P. 171.

(*a*). « Garants de la liberté ». Ces mots importants, absents du Ms. Rey, sont un ajout de dernière heure.

P. 172.

(*a*). « celui... causés ». Ms. Rey : ... dans tes malheurs *tout ce qui t'est le plus cher au monde.*

1. En effet ! cf. lettre 65, début. On veut espérer que le romancier esquissait un léger sourire d'autocritique en écrivant ces mots.

P. 173.

(*a*). Br. : *61* surchargé en *63, de Julie à la cousine.*

P. 174.

(*a*). Tout le passage depuis : *Aprenez* jusqu'à... *si mal* est ajouté dans Br.

(*b*). « qui m'apprit... parens », ajouté dans Br.

1. « Honte », « remords », « crimes », « incroyable tourment », ces expressions s'accordent mal avec les cris que Julie a fait entendre dans les lettres précédentes qui exaltaient la grandeur de l'amour, même coupable. Mais Julie est l'incarnation de « la conscience déchirée ». Ici sa douleur vient du *malentendu :* on l'accuse d'aimer, on ne la soupçonne pas de s'être donnée. Pourquoi n'a-t-elle pas le courage d'avouer ? Parce que son père ne lui en a pas « laissé le temps ». Faible explication ! Parce qu'elle a peur ? C'est peu probable. La seule tentative de défendre Saint-Preux provoque, il est vrai, chez son père des réactions brutales ! Mais ensuite, lorsqu'il s'est attendri et qu'il la prend sur ses genoux, ne pourrait-elle parler ! La vraie raison est qu'elle n'est pas sûre d'être enceinte. Quelques semaines tout au plus se sont écoulées depuis la nuit d'amour. Julie a pu dissimuler son état à sa mère; elle pourra même lui dissimuler l' « accident ». Saint-Preux dans la lettre 60 lui écrit : « songe aux ménagemens qu'exige *l'incertitude* de ton état actuel »,

et, dans la lettre 65, Claire pourra cacher à Saint-Preux la vérité en lui disant seulement que l'état où se croyait Julie n'était qu'illusion, que « son attente a encore été trompée ».

P. 175.

(*a*). Ms. Rey : *il se jetta au cou de ma mére.*

(*b*). Br. : *après le soupé, l'air se trouva si froid que les poëles n'étant point encore échauffés dans cette saison, mon père fit... chambre. Il s'assit... et ma mère...*

P. 176.

1. Cette scène de mélodrame, qui sonne aujourd'hui si faux à nos oreilles, était pourtant en plein accord avec la « sensibilité » contemporaine, telle qu'elle s'exprime dans les tableaux de Greuze, les *Idylles* de Gessner, de Florian, les drames bourgeois de Diderot, ou les comédies « larmoyantes » de La Chaussée. En revanche, on voit mal sa source dans la vie de Jean-Jacques. A en juger par la rapide esquisse des *Confessions,* son père fut pour lui un indulgent camarade et un éducateur fantaisiste, mais sans rigueur ni tendresse excessives. Sans doute pourrait-on penser que Rousseau forge encore un rêve compensateur de la réalité médiocre. Mais précisément, tandis qu'ailleurs, quand il parle d'amour ou d'amitié, son rêve se construit sur la solide base des souvenirs, ici, il repose sur le vide. D'où ce style forcé, factice. Notons au passage la comparaison de fort mauvais goût des étreintes du Baron et de sa fille, avec celle des deux amants. A moins qu'on ne veuille voir là une intuition des secrets les mieux cachés du cœur humain. Mettons en tout cas, à l'actif du psychologue, le dernier mot du Baron à propos de sa haine contre Saint-Preux, à qui, dit-il, il ne pourra pardonner « les excès qu'il [lui] a fait commettre ».

P. 177.

(*a*). « Ah, ma cousine... la nature », ajouté dans Br.

(*b*). « Je confie... que je meure. » C.L. et Ms. Rey : *Je confie à ton amitié le pouvoir que l'amour m'a donné. Sépare... même ; romps si tu peux les plus doux liens du monde ; donne-moi... je meure.* Effort vers la densité et la fermeté.

1. Nouvelle cantilène sur le thème du bonheur perdu (cf. *supra,* p. 87, n. 3). Aussitôt l'écrivain retrouve son style de musicien, d'enchanteur et laisse affluer sous sa plume les réminiscences poétiques (celles de *Bérénice* en particulier). Et l'héroïne redevient humaine, touchante dans sa faiblesse vraie.

2. *Stupidité :* hébétude; sens étymologique, alors très normal, cf. *Cinna,* V, 1 : « Je demeure stupide. »

3. Sur ce thème essentiel de l'Amour-communion, cf. *supra,* p. 31, n. 1; VI, 7 et au paragraphe suivant : « âmes *indivisibles* », « nous n'en avons *plus qu'une à nous deux* » (cf. var. (*a*), p. 178).

P. 178.

(*a*). Phrase plus dense substituée à celle de Br. et C.L. *et que jamais nous ne cesserons de nous aimer.*

(*b*). Br. : *à moi.*

(*c*). « longtemps séparés ». Br. 1er jet : *longtems vivans et séparés.* Variante très importante pour la genèse du roman. Elle confirme ce que nous savons par ailleurs (cf. Introduction) que Rousseau a pensé d'abord à une mort des amants.

Lorsqu'il a supprimé *vivans* c'est qu'il avait éliminé ce dénouement tragique et rapide. Peut-être avait-il dès lors imaginé le mariage de Julie et le retour de Saint-Preux auprès de Julie mariée. En tout cas, il a jugé, en bon romancier, qu'il fallait laisser peser plus de mystère sur l'avenir des amants (cf. le commentaire passionné fait par Saint-Preux sur cette phrase, lettre 65, p. 185).

(*d*). Le *P.S.* est ajouté en marge dans Br. Cet ajout n'est pas une correction tardive mais un enrichissement contemporain de la rédaction même. R. Osmont en a bien vu la valeur : « Ces hésitations, attestées dans le brouillon, font sentir tout le prix que Rousseau attachait à une forme de révélation des âmes qui sauvegarde le mystère » (*Annales J.-J. R.*, t. XXXIII, p. 105).

(*e*). La dernière phrase manque dans Br.

(*f*). Br. : lettre *62* (non surchargé en 64) *de la cousine à Mr d'Orbe.*

1. Cette fin de lettre est importante par la conception mystique de l'amour qui s'y exprime. Elle annonce les grands développements religieux de la dernière partie. Toutes les puissances célestes sont invoquées : chrétiennes (le « Ciel ») ou païennes (« qu'il se fie au moins à l'Amour ! »). Quelles que soient les sources de cette conception : Antiquité, Renaissance, romans héroïques et précieux, poèmes mystiques, Fénelon, ce qui est certain c'est que Rousseau y adhère d'autant plus passionnément qu'il n'a fait encore que l'entrevoir, il ne l'a pas réellement connue. A certaines heures de sa passion pour Sophie d'Houdetot, il se croira très près de la vivre. Il devra finalement constater son échec. Ce qui ne l'empêchera nullement de conserver intactes les pages où il avait formulé son rêve.

2. *J'espère de :* cf. p. 165, n. 3.

P. 179.

(*a*). « Voici... séparation ». Ms. Rey : *voici (peut-être) l'instant qui va rompre à jamais la plus tendre union que l'amour ait formée.*

(*b*). « dans la sécurité... coup terrible ». Ajouté en marge dans Br.

(*c*). Les mots *on me laisse libre,* absents du Ms. Rey, ont été ajoutés sur épreuves. Souci de vraisemblance et de précision.

1. *En* et non pas *au.* C'est la construction donnée comme normale par Féraud (1787).

2. Ici apparaît, pour la première fois, dans son autonomie senti-

mentale, le personnage de Claire. D'entrée de jeu (car cette lettre a trouvé tout de suite sa forme dans le brouillon), Claire, conformément à l'intention affirmée par Rousseau dans ses *Confessions,* a été conçue essentiellement comme une *amie,* et non une amante. Elle est plus complexe pourtant qu'elle ne le croit elle-même; et en cela encore Rousseau est fidèle à son projet (« Un amant dont l'autre fût la tendre amie et même quelque chose de plus »). On pourrait croire que cette phrase des *Confessions* a été écrite pour justifier après coup la fin du roman. Nous pensons plutôt que ce mélange subtil d'amitié et d'amour qui sera l'une des richesses de la dernière partie, a été voulu par le romancier dès l'origine. Claire ne pouvait pas n'être qu'une « utilité ». Elle est une autre image de la femme rêvée par Rousseau. Il la garde, en quelque sorte, en réserve. Pour l'instant, le romancier l'a stabilisée dans le mariage : un mariage de raison et d'amicale affection, qui laisse place libre à la passion de l'amitié. Mais il est impossible qu'une telle femme soit une « bizarrerie de la nature »; elle aussi devra sacrifier à l'Amour, condition indispensable pour que soit réalisé le « rêve » de Rousseau. Pour la même raison, elle ignorera la jalousie (son amitié pour Julie étouffant son amour pour Saint-Preux) et M. d'Orbe, comme Claire le lui laisse entendre, n'aura pas le droit lui non plus d'être jaloux. Ce couple marié, heureux et calme, était nécessaire à l'équilibre du roman. Il symbolise aux yeux de Julie le bonheur véritable. On verra plus loin, dans la IIIe partie, lettre 18, le rôle qu'a joué, à l'instant décisif du consentement de Julie, la vision de ces époux fidèles et heureux (cf. *supra,* V, 13 et p. 625, n. 1).

P. 180.

(*a*). Cette lettre n'existe pas dans Br. Si l'on en juge par les rectifications successives du numéro de la lettre suivante, il semble qu'elle fut écrite assez tardivement. En fait, elle n'était pas nécessaire. Rousseau pouvait passer directement aux lettres échangées *après la séparation,* sans nous décrire celle-ci en détail. Il a cédé à son goût du théâtre. Le récit est d'ailleurs fort bien mené, dramatique à souhait, un peu trop pathétique à notre gré vers la fin; mais c'est un des moments où le roman est le plus roman. Qui s'en plaindrait ? Ces mouvements dramatiques, ces discours, ces gestes, ce ton noble, ces silences, ces ruptures, ces changements de rythme, tout révèle un goût passionné du théâtre. Et les *refrains lyriques !* (« quoi je ne la verrai plus... ») Cependant les premières lettres de la IIe partie portent la trace d'une composition primitive plus abrupte. On comprendrait mieux la violence de douleur et de révolte de Saint-Preux s'il avait été en quelque sorte enlevé de force par Milord Édouard, mais après les longues explications que lui a fournies Claire, depuis qu'il a reçu le viatique d'espérance, son « délire » à Besançon ne peut plus guère nous toucher.

(*b*). « en faisant trop ou trop peu » manque dans C.L.; effet de chiasme avec honte et amour.

1. Tout le drame de Julie est là, en effet. Drame non pas moral, mais sentimental. Aveugle amante, fille trop craintive, elle est écartelée entre deux exigences incompatibles de son « cœur ». Lorsqu'elle parle de « honte », de « déshonneur » elle donne un peu l'impression de réciter sa leçon; lorsqu'elle parle de sa mère en danger de mort ou du chagrin de son père, on sent qu'il s'agit de réalités vécues.

P. 181.

1. Nous avons là, sans doute, la trace d'un projet primitif où Milord Édouard « enlevait » Saint-Preux par ruse (cf. var. (*a*), p. 180). Claire justifie assez mal la solution adoptée. Celle que proposait Milord Édouard était plus sûre. Elle eût évité les nouvelles incartades de Saint-Preux et les nouveaux dangers qu'elles entraînent. On s'étonne d'autre part qu'après avoir choisi cette solution, le romancier se soit privé et nous ait privés de la grande « scène à faire » : les adieux des amants. Ne devait-elle pas tenter cet admirateur de *Berénice ?* Peut-être a-t-il reculé devant la difficulté... Peut-être son goût du mélodrame lui a-t-il fait choisir de préférence la scène où son héros pouvait, devant Claire, se déchaîner plus à son aise. C'est dommage.

2. Le nom d'Épictète n'est qu'une fois cité et de façon fort incidente dans le recueil des Œuvres autobiographiques; il est absent de l'index du livre de P. Burgelin (ainsi que le mot *stoïcisme*); mais nous savons que Rousseau avait beaucoup fréquenté Sénèque. Le romancier souligne lui-même la valeur de légère ironie de ce propos. Peut-être, au-delà de Milord Édouard, vise-t-il en effet, le maître de cette philosophie stoïque assez éloignée de ce « matérialisme du sage » qui avait ses faveurs.

P. 182.

(*a*). « mais je ne m'en suis jamais fait l'esclave » manque dans Ms. Rey.

1. Pour les attaques contre les « philosophes », cf. p. 13, n. 1 et p. 128, n. 2. A la page précédente, Claire a rendu hommage à Milord Édouard en le définissant « un homme sensible qui croit n'être qu'un philosophe ». La sensibilité, le cœur, sont des réalités, la philosophie n'est que paroles. L'adjectif avec sa valeur péjorative semble avoir été directement emprunté par Rousseau à son maître Montaigne, dont Littré cite cette phrase : « Une philosophie ostentatrice et parlière ». D'Alembert a repris l'expression dans une lettre à Voltaire du 31 octobre 1761, citée par Littré, où il oppose à « la philosophie froide et parlière » la « philosophie en action ».

P. 184.

(*a*). « Est-il étonnant... arbitre » manque dans Ms. Rey. Addition envoyée par Rousseau à la dernière minute. Rey n'a pas eu le temps de corriger la graphie. D'où *êtes* dans l'éd. Rey, 1761. Cf. var. (*a*), p. 89.

P. 185.

1. Sur le caractère « mystique » de plus en plus marqué de l'amour des amants, cf. *supra,* p. 178, n. 1. Sur le dénouement doublement tragique annoncé par cette phrase, cf. *supra,* var. (*c*), p. 178.

P. 186.

(*a*). Note absente de C.L.

1. Il s'agit évidemment d'un prêt d'argent; la suite le prouve. Mais on a beau sonder la lettre de Julie à Claire, on n'y trouve pas trace de cette « commission ». Inadvertance ? Désir d'aller vite ? Sur les rapports entre les amants en ce qui touche à l'argent, cf. *supra,* lettres 15 à 18. L'amour les a profondément liés et l'obstacle est décidément levé. Claire précise que Saint-Preux n'est pas « humilié ». Il refuse pourtant comme si Rousseau ne pouvait, lui, franchir l'obstacle; mais les raisons invoquées sont invraisemblables. Un esprit critique a vite fait de le sentir. C'est ce que fait Rousseau lui-même, après dernière lecture, en une note où il dissimule, comme à l'ordinaire, son embarras réel sous une insolente désinvolture : il aime mieux être « absurde » que de faire accepter par Saint-Preux l'argent de Julie !

P. 187.

(*a*). Ms. Rey : *subsistent... Ah ! quelle différence, a-t-il interrompu. Notre union commençoit...*

1. Simplicité de cœur, naïveté, esprit d'enfance, ces traits définissent en effet Saint-Preux, comme ils définissent Rousseau et non seulement le Rousseau jeune mais le Rousseau vieillissant qui écrit ce roman-poème, et le Rousseau vieilli des *Dialogues* et des *Rêveries*. Irritant ou admirable ? Tomba-t-il en enfance ou redécouvre-t-il l'esprit d'enfance ? Au lecteur de choisir.

2. « On dit que *des gens se sont ajustés* pour dire qu'ils sont de concert pour quelque dessein » (*Dict. Acad.*, 1762).

3. « *Palier* (...) Quelques uns disent *paillier,* mais mal », affirme Féraud (*Dict.*, 1787). Provincialisme ? Plutôt archaïsme, fidélité à l'ancien usage indiqué par le *Dictionnaire de l'Académie* de 1696. Littré qui le signale en conclut : « Il devient alors probable que *palier* est une altération de *paillier* et aura été ainsi nommé à cause de la *paille,* du *paillasson* qui se trouve ordinairement au *palier.* »

P. 188.

1. Libre à nous de blâmer l'excès de Saint-Preux dans l'expression des sentiments. Mais ne crions pas trop vite à l'invraisemblance. On lit en effet au livre XI des *Confessions :* « En entrant sur le terri-

toire de Berne je fis arrêter; je descendis, je me prosternai, j'embrassai, je baisai la terre, et m'écriai dans mon transport : Ciel, protecteur de la vertu... » Rousseau ajoute, très honnêtement : « Mon postillon surpris me crut fou... » (*O.C.*, Pléiade, t. I, p. 587).

2. Sur le thème de l'amitié, cf. *supra*, p. 150, n. 1 (5°). Si, comme il est probable, cette lettre est le fruit d'un remaniement tardif, cette exaltation de l'amitié prend un sens plus pathétique encore d'avoir été faite par un homme qui, désemparé, cherchait en elle son ultime secours.

DEUXIÈME PARTIE

P. 189.

(*a*). Dans Br. cette lettre est numérotée successivement *64*, puis *66*. Finalement *66* a été barré au moment de la décision de la répartition des lettres en parties. Mais rien ne permet de préciser la date de cette décision.

Comme nous l'avons indiqué, elle a dû être écrite avant la lettre 65 actuelle de la Ire partie. Par son ton même elle correspond à un départ beaucoup plus brusque.

Dans son édition, D. Mornet établit entre cette lettre et celles écrites par Rousseau à Mme d'Houdetot dans l'été 1757 des rapprochements nombreux et saisissants. Nous en reproduisons quelques-uns, et nous le faisons à l'intérieur des variantes, car il apparaît que la lettre « à Sophie » (*C.C.*, t. IV, pp. 273 sq.) qui ne peut être datée de juin 1757 comme le pensaient Mornet et les éditeurs de la *C.G.*, mais date à peu près certainement des environs du 15 octobre, comme l'a montré H. Guillemin dans « Les affaires de l'Ermitage » (*Annales J.-J. R.*, t. XXIX, p. 188), doit être considérée comme un véritable nouvel « état » de cette lettre du roman. L'examen du brouillon nous interdit en effet de penser qu'il y a eu ici transfert de la vie réelle sur l'imaginaire, puisque cette lettre a été écrite avant même que Rousseau ait songé à diviser son roman en parties.

Il est vrai qu'elle est surchargée de corrections et certaines pourraient s'interpréter comme le fruit de l'expérience vécue, par exemple (p. 191) depuis *J'ai passé sans intervalle...* jusqu'à la fin de la lettre. Mais rien ne prouve que ces ajouts soient tardifs. Au contraire, l'examen du manuscrit révèle qu'ils sont moins des ajouts que le développement spontané de thèmes déjà très significatifs. Par exemple (p. 191) la phrase *M'as-tu vu* (...) *préférer mes fougueux desirs à tes volontés suprêmes ?* qui évoque si fortement certains cris lancés par Jean-Jacques vers Sophie, a été écrite dès le premier jet. Il faut donc conclure comme Rousseau lui-même nous y invite que l'amant s'est servi des rêves du romancier. Dans le Ms. Rey, Rousseau inscrit ici encore comme titre : *Lettres de deux amans habitans d'une petite ville aux pieds des Alpes. Recueillies et publiées par J.-J. Rousseau.* Ni Julie, ni Nouvelle Héloïse.

(*b*). C.L. : *Oserois-je y parler d'un malheureux amour.* Ms. Rey : *Oserois-je y parler d'amour encore.*

(*c*). Note ajoutée dans Ms. Rey. Supprimée dans éd. Rey, 1763.

1. La IIe partie du roman est essentiellement constituée par le bloc des lettres sur Paris (14-28). Les lettres 1 à 13 forment une sorte de transition entre la petite ville au pied des Alpes et la capitale de la France. Transition un peu longue et embarrassée. Tous ces malentendus, ces soupçons, ce « roman noir » où se débat Saint-Preux sont invraisemblables et même franchement inacceptables pour qui a lu les explications détaillées données par Claire dans la lettre 65 de la Ire partie. Visiblement, le romancier s'est perdu dans les coupures et les raccords; il n'a pas été tout à fait maître de sa matière (cf. var. (*a*), p. 189). Il a senti lui-même sa défaillance et, à son habitude, il en a rejeté la responsabilité sur ses personnages en une note fort désinvolte : « leurs pauvres têtes n'y sont plus ». Mais nous ne nous laisserons pas prendre ! Au reste ces treize lettres contiennent plusieurs richesses : 1° Aux amateurs de *bel canto,* l' « air » initial de Saint-Preux (lettre 1) et celui de Julie qui lui répond (lettre 7) offrent un des plus beaux duos d'amour de ce grand opéra. Celui de Saint-Preux est complété par de curieux *fragmens :* monologues, feuillets de journal intime, poèmes en prose, dont le style est un peu trop « haletant », mais qui, sur le plan technique, donnent au roman un de ses caractères les plus originaux. 2° Aux amateurs de « morale » les lettres 2 à 6, où s'institue un long échange entre quatre personnages sur la proposition faite par Milord Édouard d'une installation des amants en Angleterre, révèlent toute les nuances de la pensée de Rousseau sur l'une des questions essentielles posées par son roman. 3° Enfin et surtout aux amateurs de psychologie, les lettres 9 et 10 laissent voir le premier symptôme, chez Jean-Jacques, de cette maladie du soupçon qui, plus tard, trop bien alimentée par la méchanceté de ses ennemis, le conduira aux portes de la folie. Autobiographie, mais *autobiographie prophétique.* Ces lettres, le manuscrit le prouve, font partie de la rédaction primitive du roman; or, à cette date (été ou automne 1756) Rousseau est très loin encore des terribles orages de l' « affaire infernale ». Cinq années le séparent de la crise de l'hiver 1761-1762 où, au moment de l'impression de l'*Émile,* il se croira victime de sombres machinations des Jésuites et de son libraire, et ira, dans son « délire », jusqu'à suspecter Malesherbes et les Luxembourg. Ce n'est qu'à l'automne de 1757 qu'il rompra avec Grimm et avec Mme d'Épinay, et en 1758 qu'après la découverte de la « trahison » de Diderot auprès de Saint-Lambert, il quittera définitivement et en même temps l'homme qui avait incarné pour lui l'Amitié, et la femme qui avait incarné l'Amour. Aucun de ces orages n'a encore passé dans sa vie. Ils sont l'avenir, non le passé. Mais d'innom-

brables expériences antérieures l'avaient sans doute éclairé déjà sur ce terrible aspect de son caractère. Surtout — comme nous l'avons déjà dit à propos de la querelle avec Milord Édouard, dont cet épisode n'est en somme qu'un doublet — il vivait alors à l'égard de ses « anciens amis », et d'une femme qui était à la fois sa protectrice et la maîtresse de Grimm, dans un état de soupçonneuse inquiétude. L'œuvre d'art a donné une forme dramatique à des états d'âme à demi conscients. Rousseau a eu peu d'efforts à faire pour imaginer les souffrances d'une crise de soupçon, et les douceurs de l'aveu et du pardon qu'il a toujours recherchées. De cette « folie de la persécution » qu'il sentait en lui comme une menace, Jean-Jacques s'est libéré par l'écriture. Et il a lancé vers ses amis cet appel au secours qu'ils n'ont pas entendu mais qui, après deux siècles, nous bouleverse.

2. Nouvelle cantilène sur le bonheur perdu (cf. *supra,* p. 87, n. 3 et p. 177, n. 1). Sur les rapprochements avec la lettre d'octobre 1757 à Sophie d'Houdetot, cf. p. 189, var. (*a*).

3. Cf. *infra* « un furieux dont le sens est *aliéné* », « rend-moi compte de moi-même ». Sur l'amour-aliénation, cf. *supra,* p. 31, n. 1 et sur l'importance de la *fidélité à soi-même,* p. 31, n. 1 et p. 33, n. 5. Il ne s'agit encore ici que d'une aliénation passagère, due à une erreur, à une crise. Le temps se révélera plus tard source d'un danger beaucoup plus grave, celui de l'indifférence et de l'oubli. Les décisions ultérieures des personnages seront prises en fonction de ce péril suprême.

4. Sur l'amour-source de vie, cf. *supra,* p. 31, n. 1.

5. Cf. Appendice, *Chronologie du roman.* Il faut compter dans ces « trois ans » l'année d'amour silencieux qui a précédé la déclaration de Saint-Preux à Julie. Impossible d'admettre l'hypothèse faite par D. Mornet, d'un intervalle d'un an entre la querelle Milord Édouard-Saint-Preux et la querelle Milord Édouard-Baron d'Étange !

P. 190.

(*a*). C.L. : *qui charma pour toujours mes yeux et mon cœur.* La variante est importante, Rousseau insiste sur cette « vie nouvelle » qu'inaugure l'être qui aime. Thème pétrarquiste par excellence ! Cf. lettre à Mme d'Houdetot : « cette flamme invisible dont je receus une seconde vie... ».

(*b*). Ms. Rey : *dont le sens est aliéné, l'esprit troublé, le courage abattu.* Même texte dans C.L. sauf *âme* au lieu d'*esprit.* Le texte actuel est apporté par correction sur Ms. Rey. Lettre à Mme d'Houdetot : « j'ai perdu le sens, l'esprit et le courage ».

1. Sur la réalité du « coup de foudre » et l'importance du *regard* dans la naissance de l'amour, cf. *supra,* p. 39, n. 2.

2. La dialectique de l'Amour et du Bonheur qui est au centre de toute l'œuvre (cf. p. 31, n. 1) se développe ici d'une manière par-

ticulièrement ferme. L'homme aspire au bonheur. Seul l'amour peut le lui donner, et seul, il l'en rend « digne ». Mais il doit être le « véritable » amour. Celui-ci n'exclut ni les « plaisirs » ni la banale « félicité ». Mais il doit les transcender. Il lui faut des « plaisirs celestes » et la « suprême félicité ». Il est *au-delà* de la souffrance et du sacrifice. Il est « invincible », impérissable, assuré d'un « avenir éternel ». Et cela pour trois raisons : 1° Il repose sur « la base inébranlable du mérite et des vertus ». Affirmation qui ne sera pas longuement explicitée mais qui est indiscutable pour Rousseau (descendant direct sur ce point de Corneille). 2° L'âme est « immortelle »; l'amour est la manifestation la plus haute du divin dans le cœur de l'homme. Il est un « feu sacré ». Ce nom d'époux est « sacré ». Conception mystique de l'amour que nous avons déjà rencontrée (cf. *supra,* p. 178, n. 1). 3° Enfin il y a le souvenir. C'est la réalité la plus forte peut-être, la plus existentiellement vécue, mais aussi la plus menacée, sur laquelle se fonde l' « espérance » de Saint-Preux. La phrase sur « les plaisirs qui sont dans ma mémoire » est à ce point de vue essentielle.

A partir de cette heure, les héros vont vivre du passé, dans le passé. La fragile antenne de la mémoire sera le garant de leur fidélité à eux-mêmes, la source unique de leur bonheur. Toute la suite du roman est ici en germe : les décisions de Julie, celles de Saint-Preux, et surtout la cruelle et juste thérapeutique de M. de Wolmar.

P. 191.

(*a*). « Réponds-moi... tout ôté... » On peut ici multiplier les rapprochements avec la lettre à Sophie. Voici quelques phrases : « Viens Sophie, que j'afflige ton cœur injuste... Vois ce que j'étois et ce que je suis devenu... D'un mot tu m'as tout ôté... Qu'est devenu ce tems, cet heureux tems ?... Cette lettre, que j'arrose de froides larmes n'a plus rien de ce feu sacré qui couloit de ma plume en de plus doux instans... J'ai tout fait pour remplir les dures conditions que tu m'avois imposées... », etc. Le ton, le mouvement, l'accent, les termes mêmes se correspondent; tout... sauf la situation fondamentale.

(*b*). Tout ce dernier paragraphe a été ajouté en marge dans Br.

1. Sur le caractère parfaitement invraisemblable de ces reproches après les explications données par Claire et racontées dans la lettre 65 (Ire partie), cf. *supra,* p. 189, n. 1.

P. 192.

(*a*). Lettre absente de Br. Mais elle a dû faire partie de la rédaction primitive, puisque la suivante (devenue lettre 3) a été numérotée d'abord *66,* et que la précédente l'avait été d'abord *64,* avant de devenir *1.* Le début de la lettre 3 fait d'ailleurs allusion à une lettre à la Cousine.

Contrairement à ce qu'on pourrait être tenté de penser, cette intervention de Milord Édouard en faveur des amants, contre la tyrannie de la Société et des parents, fait donc partie de la conception primitive du roman. Celui-ci était, de loin, autre chose qu'un « rêve de volupté », il était aussi un appel à la libération des femmes.

1. La série des lettres 2 à 6 pourrait porter deux titres : *Amour et mariage* ou *La tentation du bonheur,* selon qu'on y examine la pensée de Rousseau sous ses aspects plus extérieurs ou plus secrets. Rappelons d'abord : 1° Que ces lettres qui impliquent l'acceptation du mariage par Julie, remontent à la conception primitive du roman (cf. var. (*a*), p. 192). Elles confirment, une fois encore, les affirmations de Rousseau sur la genèse de son œuvre. 2° Que, malgré leur nombre et leur importance, elles n'épuisent pas la question qui sera longuement reprise par Julie dans les lettres 18 et 20 de la IIIe partie, puis dans plusieurs lettres des parties V et VI, à propos des *Amours de Milord Edouard*. C'est un débat essentiel, où le philosophe, le moraliste, s' « engage » à fond. 3° Que Rousseau n'oublie cependant jamais qu'il est romancier. Ses personnages sont des êtres de chair et de sang. Ils ne « traitent pas une question », il s'agit pour eux de vie ou de mort. Même Milord Édouard est sentimentalement engagé dans cette aventure, et par un reste d'amour pour Julie, et par son amitié pour Saint-Preux, et enfin par cette « passion » philosophique, qui est au-delà de la « philosophie ». Cet ensemble de lettres est fort habilement organisé. Et l'effet de « suspens » heureusement obtenu. Nous sommes en pleine tragédie. C'est *Bérénice* renversée : « *Invita invitum dimisit*... » Et, comme pour *Bérénice,* lorsque l'héroïne résiste à la tentation du bonheur, le lecteur admire et regrette : *invito spectatore*. Ou encore, Julie est une nouvelle *Chimène,* écartelée comme la première entre deux sentiments également passionnés. Son cœur seul est juge, dit Claire. Sans doute dans son billet déclare-t-elle « j'aurai fait mon devoir », mais ce « devoir » consiste en fait à choisir la moins grande souffrance : « mes parens me rendront malheureuse, je le sais bien, mais il me sera moins cruel de gemir dans mon infortune que d'avoir causé la leur... »; « cette idée horrible (...) me rendroit misérable au sein du bonheur... », etc.

Eh! quoi, dira-t-on, que fait-elle donc de la souffrance de Saint-Preux ? La question vaut d'être posée. On ferait deux réponses : D'abord, que tout n'est pas dit; que les issues vers le bonheur ne sont pas complètement bouchées (cf. les lettres 63 et 65 de la Ire partie, pp. 178 et 185, cf. surtout les lettres joyeuses, pleines d'espérance, qui vont suivre, notamment 11 de la IIe partie). Mais la vraie raison est ailleurs : dans cette intuition que *l'amour, pour durer, exige la souffrance*. Intuition, ici non avouée, mais qui sera plus tard explicitée de la façon la plus nette, et sera constamment sous-jacente au comportement de Julie.

Essaye-t-on de déterminer la position personnelle de Rousseau, on est assez embarrassé. Serait-elle définie par Milord Édouard dont les principes sont « officiellement » confirmés par les déclarations de la *Préface dialoguée* et dans la note sur la Bédoyère ? Mais la pensée de Milord Édouard est plus nuancée que celle qui s'exprime dans la *Préface* et les *Notes*. Et surtout Rousseau est également présent derrière chacun de ses personnages; *réellement*, il ne sait lequel préférer !

Il y a, en somme, autant de Rousseau que de personnages. Si le « philosophe » prend, avec Milord Édouard, le parti non de la « passion » ou même de l' « amour » contre la « raison » ou le « devoir », mais de la « sagesse » contre les « préjugés » et, selon la plus stricte orthodoxie chrétienne, de la personne contre la société, le rêveur, le romanesque, le « poète de l'amour » prend avec les amants — Julie qui propose, Saint-Preux qui accepte — le parti du choix difficile, du sacrifice, de la séparation douloureuse; il sait qu'il est pour l'amour l'ultime chance du salut.

2. *La dînée :* « Le repas... qu'on fait à dîner dans les voyages (...) Il signifie aussi le lieu où l'on va dîner en voyageant. » *Dîner :* « Repas qu'on fait ordinairement à midi » (*Dict. Acad.*, 1762).

3. C'est bien le texte du brouillon et du Ms. Rey.

P. 193.

(*a*). C.L. : *Je fais d'ailleurs un grand fond sur la force et les vertus de notre ami. Une flame...* Ici, comme dans plusieurs autres passages que nous n'avons pas relevés, le texte de C.L. est beaucoup moins vigoureux que celui du texte définitif. Jusqu'au bout l'artiste a amélioré son œuvre.

1. Sur l'amour source des valeurs les plus hautes, cf. *supra*, p. 31, n. 1 et p. 165, n. 6. Autre thème essentiel du roman. Sur la place de cette théorie dans le reste de l'œuvre de Rousseau, cf. les textes de l'*Émile* cités par A. Ravier : « Tout n'est qu'illusion dans l'amour, je l'avoue; mais ce qui est réel, ce sont les sentiments dont il nous anime pour le vrai beau qu'il nous fait aimer... » (*L'Éducation de l'homme nouveau,* t. II, p. 322) et par P. Burgelin : « La vertu n'est pas moins favorable à l'amour qu'aux autres droits de la nature... Il n'y a point de véritable amour sans enthousiasme... » (*La Philosophie de l'existence de J.-J. Rousseau,* p. 385). Jean-Jacques a développé avec ferveur, devant Sophie d'Houdetot, une théorie aussi avantageuse : « Je me ressouviendrai toute ma vie, mon cher citoyen », lui écrira-t-elle plus tard, « d'avoir entendu de votre bouche sortir ces mots d'un air pénétré, *que mon amour pour lui étoit désormais une de mes vertus* ». Bonne élève, elle lui avait dit à son tour : « Ne méprisons pas, mon ami, un sentiment qui élève autant l'âme que le fait l'amour, et qui sait donner tant d'activité aux vertus... » (textes cités par D. Mornet, *N.H.*, t. II, p. 249). Hélas ! les choses tournèrent ensuite assez mal et ce grand amour ne se révéla pas seulement comme une source de grandeur et de pureté. Pourtant, même au plus bas de la dépression qui suivit son échec

misérable, Rousseau n'a jamais renié la noblesse de son amour : « Loin que mon cœur en s'épurant se soit détaché du vôtre, à l'amour aveugle ont succedé mille sentimens éclairés qui me font un devoir charmant de vous aimer toute ma vie (...) Sans être unis du même nœud, sans bruler de la même flamme, je ne sais quel feu celeste encore nous animoit de son ardeur et nous faisoit soupirer conjointement après des biens inconnus dont nous étions faits pour joüir ensemble. » (*Lettres morales,* O.C., Pléiade, t. IV, pp. 1082 et 1084). Sur cette théorie des passions source de grandeur, qui naturellement n'est pas propre à Rousseau, et qui était particulièrement chère à son ami Diderot, cf. *infra,* II, 6, p. 209, n. 1.

P. 194.

(*a*). Note absente de C.L. insérée dans Ms. Rey, sous une forme différente. ... *la foi conjugale. Pour cette fois le plus saint des engagemens fut respecté ; mais l'indigne pére qui perdit son procès osa...* Les censeurs de Malesherbes demandèrent que fût supprimée la partie concernant La Bédoyère. On sait que celui-ci ayant épousé une jeune actrice, Agathe Sticotti, son père avait réussi à faire casser le mariage le 18 juillet 1745. L'affaire avait fait grand bruit dans Paris. Rousseau, revenu depuis quelques mois de Venise, qui connaissait ses premiers succès mondains et s'engageait, aux côtés de Diderot et des « philosophes », dans la grande bataille contre « les préjugés » en avait été fort ému. A douze ans de distance, le souvenir de cette affaire restait vif en lui. D'où sa note (d'ailleurs tardive). Il protesta contre cette suppression dans une lettre à Malesherbes de fin janvier 1761 (*C.C.*, t. VIII, pp. 38-39) : « Je n'ai jamais connu ni M. de la Bedoyère ni son fils, ni sa bru, ni personne de sa famille, ni jamais eu de relation avec personne, que je sache, qui fût l'ami ou l'ennemi des uns ou des autres. Je n'ai été guidé dans le trait qui le regarde que par ma haine contre tout procédé violent et injuste; et par la persuasion où je suis que la fausse idée qu'on se forme en France d'un lien aussi libre et aussi saint que le mariage y est une des grandes causes de la dépravation des mœurs. J'ignorois d'ailleurs quand j'écrivis la note que M. de la Bedoyère se fût racomodé avec son fils, et sans l'article sur lequel je suis j'ignorerois encore que le Père fût mort. Que son article soit donc supprimé et laissons en paix les cendres des morts. »

Quelques jours plus tard, le 16 février 1761, Malesherbes lui communiqua la note où les censeurs avaient justifié leurs décisions, puis lui demanda de préciser les raisons de son refus pour chacune des suppressions proposées. Rousseau lui répondit au début de mars 1761 : « Je ne disconviens pas que M. de Labédoyère n'ait fait une action héroïque en reconnoissant sa belle-fille : mais je n'en crois pas moins qu'il fit une action barbare en déshéritant son fils; il n'y a point de préjugé, quelque universel qu'il puisse être, qui prescrive contre la nature; et, desheriter son fils n'est pas un acte de faiblesse, mais de cruauté.

» L'état de la personne qui aimoit le fils de M. de Labédoyère, la loi des préjugés, l'honneur même, pouvoient déterminer le père à s'opposer de toute sa force au mariage de son fils : mais le mariage une fois fait et consommé, le fils, en abandonnant sa femme, en dégradant ses enfans de leur légitime état, devenoit un malhonnête homme; et le père qui répudioit son fils pour n'avoir pas indignement violé sa foi, étoit un indigne père. Tout le monde l'eût dit si ce père eût été un homme du peuple. Cela n'en étoit que plus vrai le père étant magistrat, obligé par état à être juste et à protéger spécialement l'opprimé.

» J'ai consenti ci-devant à ce qui regarde M. de Labédoyère : ainsi M. de Malesherbes n'y peut revenir que pour m'en faire un reproche; et alors, ne m'estimant point coupable, je dois me justifier. » (*C.C.*, t. VIII, p. 235).

Dans l'éd. Rey, 1763, Rousseau a sagement maintenu la suppression d'une allusion qui exigeait, pour être comprise, un lecteur « historien ». Et il a fait ce raccord : *On ne saurait dire à quel point en France, dans ce pays...*

P. 195.

(*a*). « la nature » : éd. Rey, 1763 : *le cœur*. Ce second terme est meilleur parce que le cœur s'oppose plus traditionnellement à la raison, mais le premier était plus révélateur de la pensée profonde de Rousseau. L'homme naturel est d'abord *sensible*. Lorsqu'il *raisonne* ou *pense,* il devient un « animal dépravé » !

(*b*). C.L. et Ms. Rey ajoutaient ici : *Tout le soin des parents doit se borner alors à garantir un jeune cœur des erreurs des sens et à ne lui pas laisser prendre les premiers feux de la jeunesse pour les chastes feux de l'amour ; mais où brille une fois son flambeau, celui de l'hymen y doit être à l'instant allumé.* Suppression heureuse. Le roman n'a que trop tendance à devenir traité pédagogique ! Mais on mesure ici la pression exercée sur le romancier de *Julie* par le philosophe de l'*Émile*.

1. « On dit aussi qu'un esprit n'a point de *consistance,* pour dire qu'il n'est pas ferme dans ses résolutions et qu'il en change aisément » (*Dict. Acad.*, 1762).

2. A Besançon (cf. lettres suivantes).

P. 196.

1. Sur le style haletant, cf. *supra,* p. 31, n. 2. Ces « fragmens » se rattachent par leur rythme à la technique de l'opéra, mais par leur caractère de « documents », ils tiennent à un aspect de l'art de Rousseau qui apparaît sous d'autres formes dans le roman (par ex. les lettres en style populaire), le *réalisme,* poussé jusqu'au *vérisme*. Les deux intentions se rejoignent puisque l'opéra italien est admirable à ses yeux d'abord par l'impression de vérité qu'il lui procure.

P. 197.

(*a*). Br. : *lettre 66,* surchargé en *65* puis en *3*. *De Milord Edouard.*
(*b*). Note absente de C.L., et vraiment inutile ! le lecteur verra bien cela tout seul !

1. Que cachent ces points de suspension ? Évidemment l'enfant espéré. Mais Claire a formellement déclaré à Saint-Preux (lettre 65 de la Ire partie) que l' « espérance » de Julie cette fois encore avait été trompée. Nouvelle preuve d'un embarras technique, suscité par l'insertion tardive de la lettre 65 (Ire partie) et que le romancier n'a pas réussi à dominer (cf. var. (*a*), p. 180). Le texte n'étant pas dans C.L. a dû être modifié *après* l'insertion de I, 65. La maladresse n'est que plus frappante.

2. Cf. *infra,* « il n'y a qu'une Julie au monde », « modèle unique des vrais amans... » Sur ce thème (auquel Rousseau revient avec une naïve complaisance en véritable Pygmalion qu'il est) cf. *supra,* p. 102, n. 2 et p. 165, n. 5.

3. Sur la passion de Rousseau pour les arts plastiques et particulièrement les estampes, cf. *supra,* p. 74, n. 2 et, à la page 198, une nouvelle comparaison empruntée à la technique de la gravure à l'eau-forte.

P. 198.

(*a*). « L'amour s'est insinué... estimable » : passage ajouté dans Br. en marge.

1. Concession à la psychologie normale, traditionnelle, qui occupera une place prédominante dans l'œuvre de Proust. Nous savons que Rousseau ignore la jalousie et ses personnages aussi (cf. p. 109, n. 1 et p. 130, n. 1). Quant à la véritable raison qui empêcha Milord Édouard de devenir amoureux de Julie — son amour passionné, mais impossible pour Laure — le romancier n'en informera son lecteur que beaucoup plus tard. A l'heure où il écrivait cette lettre, il n'avait sans doute pas imaginé la destinée sentimentale de ce personnage. Pourtant la phrase « il vous faut les prémices... » laisse au moins entendre qu'il y songe...

2. C'est l'expression que reprendra Julie au début de sa lettre à Claire (II, 4). Cette analyse cruelle, lucide et vigoureuse, correspond exactement à la situation où se trouvera réellement Julie dans la IIIe partie lorsqu'elle aura décidé d'épouser Wolmar, mais de rester la maîtresse de Saint-Preux. Pour l'instant, la situation n'est pas aussi grave. Julie peut encore espérer épouser Saint-Preux (s'il conquiert à Paris un état par lequel il fléchira le père). En tout cas, elle espère n'être pas forcée d'épouser Wolmar (cf. lettre 11 *in fine*). Elle peut donc aisément refuser l'offre de Milord Édouard. (Cf. cependant la lettre 1 de la IIIe partie, p. 310, n. 1.)

P. 199.

(*a*). « L'odieux préjugé... dont je parle » : passage ajouté en marge dans Br. où la finale était simplement : « tous ses tendres souhaits ». Maladresse technique du romancier ! comment Milord Édouard peut-il avoir lu une lettre aussi intime ? Mais c'était un morceau de bravoure auquel le « philosophe » accordait grande importance.

1. Sur le « rêve anglais » dans la littérature à cette époque et dans l'œuvre de Rousseau, cf. D. Mornet, *N.H.*, t. II, p. 214, n.2 et p. 257, n. 3.

2. « On dit *nos neveux* dans le style soutenu et en poésie pour dire la postérité, ceux qui viendront après nous » (*Dict. Acad.*, 1762). Ce style soutenu et poétique caractérise toute cette page, en particulier la phrase finale qui est en italique comme une légende au-dessous d'une « image », semblable à celle dont Rousseau a illustré les pages les plus poétiques, dramatiques ou édifiantes de son roman (et aussi de l'*Émile*). En cet aspect de « poésie » idyllique, nous sentons trop Gessner et Florian, mais nous devons en prendre notre parti. Il est essentiel pour Rousseau. Notons que le mot *idylle* retrouve ici son sens de « petit tableau »; le goût de l'*idylle* se relie chez Rousseau à celui de l'*estampe* (cf. lettre 4, IIe partie) : « Ah ! laisse-moi toucher au tableau charmant... »).

P. 200.

(*a*). « Là vous pourrez aussitôt... qu'il prévient » est ajouté en marge dans Br. avec une finale différente : *et il ne résulte de cet heureux accord aucun des inconvéniens redoutés dans les autres païs.* Après quoi Br. poursuivait par ces phrases plus tard supprimées : *O mes enfans c'est moins quelque âge de plus que ma tendre affection pour vous qui m'inspire un nom si cher ; qu'il me seroit doux de former ces liens sacrés qui vous rendant l'un à l'autre peuvent vous rendre à vous et à la raison, que je serois honoré d'entendre un jour mon nom joint aux vôtres dans les louanges des gens de bien et quel précieux témoignage je pourrois me rendre à moi-même d'avoir fait en vous unissant plus que tout le reste du monde pour le bonheur, pour l'amour et pour la vertu. Encore un coup Julie, donnez-vous avant de me répondre le tems nécessaire, mais craignez...*

(*b*). Br. 1er jet ajoutait une phrase : *vous userez contre un amour criminel tout ce que le ciel vous donna de force à bien faire et vous n'en triompherez pas. L'approbation...* La suppression de cette idée déjà exprimée plus haut s'imposait.

(*c*). Br. : *Lettre 67,* surchargé en *66,* puis *4. De Julie à sa cousine.* Dans Br., en marge, Rousseau a inscrit cette note : *Parler de la maladie de la mère dans cette lettre ou dans la 68.* Puis il a effacé. Faut-il en conclure qu'il y a eu un moment de la rédaction où il a songé à donner au roman une marche plus rapide et qu'ici en particulier il voulait conduire son lecteur droit à la situation indiquée aujourd'hui seulement dans la lettre 1 de la IIIe partie ? Dans cette hypothèse la longue série des lettres sur Paris aurait été réduite à peu de chose ou à rien. Mais ce projet n'a certainement pas duré longtemps. Une lettre de Deleyre, du 2 novembre 1756, où il annonce qu'il possède les *Lettres sur les Anglois et les François* de Muralt, que Rousseau lui avait évidemment demandées, nous impose de placer la rédaction de cette partie du roman pendant la réclusion de l'automne 1756. D'ailleurs ces lettres ont une numérotation primitive, antérieure à la division par parties (77, 78, etc.). Notons toutefois que cette lettre de Julie (II, 4) rend un son très semblable à celui de la lettre III, 15. Toutes deux sont adressées à Claire par une femme en plein désarroi. En fait, pendant toute cette deuxième partie, le roman piétine singulièrement.

(*d*). La note absente de Br. et C.L. a été supprimée dans l'éd. Rey, 1763. L'ingénuité de Rousseau y est désarmante... ou son habileté exaspérante.

1. Véritable monologue de tragédie, surtout vers la fin où reparaît le style « haletant ». L'alternance des sursauts de passion et des brusques retours à la conscience, le rythme (« que je meure à la fois malheureuse et coupable »), le vocabulaire (« opprobre et deshonneur », « poignard dans le sein d'une mère »), les antithèses, tout rappelle les grands modèles. Et tout cela paraît un peu artificiel. Mais cette impression est due moins au langage, contre les facilités duquel l'artiste a lutté (cf. var. (*b*) et (*c*), p. 202), qu'à la situation même où se trouve le récitant. La « douleur » des parents, aujourd'hui, ne paraît plus un argument acceptable. L' « obstacle » n'a plus la même valeur à nos yeux. Le sentiment du tragique disparaît. Là réside la cause la plus certaine du « vieillissement » du roman.

P. 202.

(*a*). Br. : *Et je ne vole pas dans les bras de l'himen.* C.L. *et je ne vole pas dans les bras de l'amour.*

(*b*). « et toi, ma douce amie » : mots supprimés dans l'éd. Rey, 1763. Peut-être inadvertance du typographe. Peut-être effort de l'artiste qui lutte jusqu'au bout contre les facilités du style oratoire.

(*c*). Br., C.L. et Ms. Rey ajoutaient : *O murmures secrets de mon cœur, oh ! tristes gémissemens de l'amour, nœuds sacrés... chaste et sainte fidélité... ô déplorable Julie.* Les trois derniers mots sont absents de Ms. Rey. Lutte contre le lyrisme et le style d'opéra !

(*d*). Br. : *lettre 68,* surchargé en *67* puis *5. De la cousine à Julie.* Très travaillée.

1. Lettre importante pour la connaissance du personnage de Claire qui affirme son autonomie. Pourquoi est-elle hostile au départ des amants ? Conformisme social ? Peut-être. Mais il ne devrait pas résister à son amour pour Julie; précisément cette jeune fille éprouve un sentiment d'amitié si passionné qu'elle est incapable de désintéressement. Elle est (elle le reconnaît) une espèce de « monstre », préférant l'amitié à l'amour et au mariage. Ici, comme

en maint autre passage du roman, le sensible et l'honnête Rousseau nous conduit aux frontières des abîmes du cœur. Julie n'est-elle pas comme la « prisonnière » de Claire ? Et celle-ci n'exerce-t-elle pas sur elle le plus odieux chantage ? En fait, Claire elle aussi finira par céder à l'amour ! mais lorsque Rousseau écrivait, fidèle à une psychologie traditionnelle, « ton amant est mon ami (...) qui vit jamais finir par l'amour une véritable amitié ? », avait-il prévu cette ultime péripétie de son œuvre ? C'est peu probable. Et sinon, quelle habileté à cacher son jeu ! (cf. var. (*c*), p. 205).

P. 203.

(*a*). « mais qu'à l'âge mur... vie » est ajouté dans Br. sous une forme légèrement différente : *Mais qu'un homme aussi grave* (Rousseau précise ensuite en marge : *qui a cinquante ans*) *que M. de Wolmar s'enflamme... vie*. Cet ajout tardif sur le Br. ne prouve pas que Rousseau n'avait d'abord pas songé au mariage de son héroïne (il en est question formellement dans la lettre précédente dont le caractère primitif est certain et dans plusieurs lettres de la Ire partie), mais que le personnage de M. de Wolmar n'a pris que peu à peu sa consistance, sa physionomie morale; le romancier ne le « voit » pas encore. Il n'est pas pour lui un vivant. Il sait seulement qu'il existe, qu'il est nécessaire au roman (cf. notes sur la Ve partie). Rousseau lui a même donné un nom.

1. Nous avons déjà signalé l'importance qu'attribue Rousseau à cette mystérieuse puissance que possède Julie de « rayonner » l'amour. Le thème, qui ne trouvera son plein développement que dans la Ve partie, est ici déjà nettement amorcé. C'est une des multiples preuves de l'unité d'inspiration qui relie entre elles les différentes parties du roman — cette lettre étant certainement « primitive » (cf. var. (*d*), p. 202). Sur le pouvoir de rayonnement des « grandes âmes », cf. lettre 12 de la Ire partie (sur les lectures de Julie). Sur le « mythe » ou sur le « mystère » de Julie, cf. les commentaires de P. BURGELIN, *la Philosophie de l'existence de J.-J. Rousseau*, pp. 162-168, mais surtout le remarquable chapitre de Jean STAROBINSKI, *J.-J. Rousseau, la transparence et l'obstacle*, pp. 99-150. A la source de ce « mythe » se trouve, sans aucun doute, Mme de Warens.

2. Ce personnage capital est nommé ici pour la première fois (cf. var. (*a*), p. 203).

P. 204.

(*a*). « Mille femmes... à son tour » : ce texte se trouvait dans Br. plus loin p. 205 après le mot *réciproque*. Rousseau, plus tard, l'a transporté ici. Il est de premier jet, nullement un ajout. On ne saurait donc l'expliquer par l'entrée de Mme d'Houdetot dans la vie du romancier. Au reste, il est si vague, si général ! De même, plus loin, le texte sur la jalousie entre femmes.

(*b*). « et celui de ton ami » : manque dans C.L., ajouté dans Ms. Rey. Cette addition tardive eſt intéressante. Ce n'eſt pas Julie seule qui a une puissance myſtérieuse, mais aussi son ami. Ce n'eſt pas elle, ni lui, mais *lui et elle* et parce qu'ils s'aiment. Ils sont le couple éternel des Amants ! Vers la fin du roman pourtant Julie seule sera la fée merveilleuse de Clarens, le centre de ce cercle enchanté du monde du bonheur.

1. Le *Dictionnaire de l'Académie* (1762) donne comme seule forme *bienveillance,* mais le *Dictionnaire* de Féraud (1787) note que « quelques-uns écrivent et prononcent *bienveuillance* ». Rousseau lui-même hésitait; le plus souvent Br., Ms. Rey, C.P., C.L. donnent *bienveuillance,* mais dans IV, 15, C.P. donnera bienveillance.

2. *Exténuer :* Terme de médecine au XVIIIe siècle. Cependant « il se dit aussi figurément pour *amoindrir, diminuer* » (*Dict.* de Trévoux, 1732, qui cite Saint-Évremond). Littré cite aussi Corneille : « (Le poète) a quelquefois besoin de rehausser l'éclat des actions et d'exténuer l'horreur des funeſtes. »

3. *Déprisé :* archaïsme. Le *Dictionnaire de l'Académie* de 1762 signale que le mot ne s'emploie plus que pour les marchandises. Littré signale cependant l'emploi du mot pour une personne par Voltaire dans son commentaire sur *Polyeucte* (« Je ne prétends pas *dépriser* Corneille... »).

4. Admirable analyse dans laquelle il eſt impossible de ne pas voir une rigoureuse « autocritique ». Il ne s'agit plus ici de Julie (ni de Sophie, ni de Mme de Warens) mais de Jean-Jacques (le seul personnage à qui l'auteur s'intéresse vraiment !), qui, à la fois, se glorifie de la sublime élévation de son âme et avoue qu'elle l'empêche de connaître les hommes tels qu'ils sont !

P. 205.

(*a*). Citation inscrite en marge dans Br. Rousseau a indiqué la référence à l'*Aminta* du Tasse (acte I, sc. II). Dans D.C. il a traduit ainsi : *Nos âmes étoient jointes ainsi que nos demeures et nous avions la même conformité de goûts que d'âges.* Aminte dans ces vers décrit son amour pour Sylvie.

(*b*). Dans Br., Rousseau inscrit ici en marge un texte-jalon, qu'il utilisera plus loin (pp. 206, 207) sous une forme légèrement différente : *Mais l'âme a-t-elle un sexe ?... par tout le monde.*

(*c*). « Or si... véritable amitié ». Dans Br., le développement se présentait ainsi, en marge : *j'ai si peu de penchant à l'amour qu'il n'eût point causé de division quand nous aurions choisi ; notre choix eût été le même et j'eusse cent fois mieux aimé conserver l'amitié de Julie que le plus tendre amant du monde. Mais ton amant l'eſt pour jamais ; un amour pareil au vôtre ne s'éteint qu'avec la vie et l'on ne s'avise guère de former de prétentions pour un cœur qu'on sait ne pouvoir obtenir ; de plus, cet amant eſt mon ami ; et l'on a vu quelquefois l'amour finir par l'amitié ; jamais l'amitié par l'amour ; un ami devient un frère.* Rousseau a sans doute atténué ces déclarations de Claire pour mieux faire accepter son évolution sentimentale à la fin du roman.

(*d*). « Eh, mon enfant... avec joye » manque dans Br. et C.L.

1. *Inepte :* « qui n'a nulle aptitude à certaines choses » (*Dict. Acad.*, 1762). Le doublet *in-apte* forgé sur in-aptitude n'apparaît qu'à la fin du siècle. Féraud dit encore en 1787 : « On dit « inepte » (...) et « inaptitude » (...), telle est la bisarrerie de l'usage. »

P. 206.

(*a*). « Je le dois » et « Ma fatale... le mien » : phrases absentes de C.L. et du Ms. Rey.

(*b*). *manco-male* n'est pas en italique dans Br. Témoignage de l'emploi spontané par Rousseau de l'italien dans des expressions familières comme celle-ci qui signifie « tant pis » ! et revêt aujourd'hui plutôt la forme : *meno-male*.

1. Rousseau a déjà insisté sur ce point dans la lettre 2 : « Ce n'est peut-être ni par de grandes vues de sagesse, ni par une tendresse excessive qu'il vous rend ainsi maîtresse de votre sort. » Peut-être pensait-il à son père. Comment ne pas être frappé de la « négligence » de celui-ci lorsqu'il apprit la fugue de son fils en terre savoyarde et catholique. « Ces Messieurs virent Mad^e de Warens, et se contentèrent de pleurer mon sort avec elle, au lieu de me suivre et de m'atteindre, comme ils l'auroient pu facilement, étant à cheval et moi à pied ». Voir les réflexions qui suivent, *Confessions,* l. II, *O.C.*, Pléiade, t. I, pp. 55-56.

2. *La Pragmatique sanction* est l'acte par lequel, en 1713, l'empereur d'Autriche Charles VI avait institué sa fille Marie-Thérèse héritière de tous ses États. Cette décision devait être contestée à sa mort, en 1740. D'où la guerre de succession d'Autriche. A la date où se situe le départ de Saint-Preux pour Paris (1735-1736) on n'en était pas là. Mais les passionnés de politique étrangère comme le père de Claire se préoccupaient des conséquences d'un acte que les États européens avaient difficilement accepté.

P. 207.

(*a*). Après « justifiée », dans Br. 1er jet, Rousseau avait ajouté : *C'est à toi mon ange de bien sonder ton cœur avant de te répondre. Fais ensuite un dernier effort sur toi, choisis pour les deux moitiés de ton âme, règle mon sort avec le tien et surtout ne nous séparons jamais.*

(*b*). Br. : *Billet en réponse. Je t'ai entendue, ma vertueuse amie, je ferai mon devoir, et je ne serai pas indigne de toi.*

(*c*). Br. : *Lettre 68* surchargé en *6. De Julie à Milord Edouard.*

1. Sur la décision de Julie et ses motifs profonds, cf. p. 180, n. 1. Sur l'opposition Amour-Félicité, cf. lettre 1 (IIe partie) et p. 190. n. 2. En réalité, il y a un certain flottement dans l'emploi des termes. On pourrait, semble-t-il, établir la gradation suivante : au

premier degré (non méprisable), le bonheur banal, ordinaire, généralement accompagné de « plaisirs ». Au-dessus, un bonheur infiniment préférable, celui que seul fait connaître l'amour « vrai » et qui est la « félicité suprême ». Mais, au-delà, il y a une autre « félicité », celle qui naît de l'amour-charité, qui ne fait pas disparaître l'amour, mais en domine les exigences passionnées et lui impose des épreuves, des sacrifices, qui augmentent d'autant sa force.

P. 209.

(*a*). « Je ne puis répondre... enfans d'autrui ? » Passage ajouté en marge dans Br. Au début de l'alinéa, Ms. Rey porte : *Je ne sais pas répondre*... Toujours cet étrange besoin d'aveu, d'auto-accusation ! Comme si, à l'avance, l'auteur de l'*Émile* voulait s'interdire de publier son traité de pédagogie !

1. Sur la théorie de la passion à la fois signe et source de noblesse, cf. *supra*, p. 31, n. 1, p. 165, n. 6 et p. 193, n. 1. Sur la conception aristocratique de l'amour et le caractère exceptionnel des héros du roman, cf. *supra*, p. 102, n. 2 et p. 165, n. 5. L'expression *âmes nobles* éclaire parfaitement celle de *belles âmes*. Rousseau fait exprimer cette théorie par tous ses personnages, y compris le « sage » Wolmar qui dira : « il n'y a que des ames de feu qui sachent combattre et vaincre. Tous les grands efforts, toutes les actions sublimes sont leur ouvrage » (IV, 12).

P. 210.

(*a*). Dans Br., Rousseau avait ajouté ces mots qu'il a ensuite effacés : *Puissiez-vous rendre la paix à ce cœur agité... puisse-t-il oublier Julie... ah non il ne seroit pas plus en son pouvoir de le faire qu'au mien de le désirer... non, non qu'il aime Julie, il le doit, il le fera.*

(*b*). Br. : *Lettre 69* surchargé en *7 De Julie*. Pas d'indication de destinataire. Br. 1er jet, comporte un début, entièrement effacé ensuite par Rousseau, qui offre un bon exemple de son travail créateur. Il cherche le rythme, le ton, puis ne les trouvant pas, il efface tout et recommence : *Les voilà donc accomplis ces pressentimens funestes qui troubloient mon cœur dès nos premières amours. Tous les maux que j'ai crains me sont arrivés ; j'en éprouve de plus grans encore ; j'aurois soutenu patiemment ceux de la fortune ; ceux qui me viennent de toi me sont seuls insupportables*... Il efface et prend un nouveau départ : *Et toi aussi, mon doux ami*...

1. L'« air » de Julie répond à celui de Saint-Preux (lettre 1). Mais e style est très différent, plus ferme, plus viril. Parfois le « chant » se transforme en une tirade passionnée qui évoque plus le ton de la comédie en prose que celui de l'opéra. L'analyse faite par Julie de la situation de la jeune fille dans la société du XVIIIe siècle est un des grands morceaux vrais du roman. On comprend, en la lisant, l'admiration passionnée qu'eurent pour l'auteur de *Julie* celui de

Lélia et celui de *Corinne*, comme aussi la ferveur de toutes ces femmes du monde devant une œuvre qui prouvait qu'un homme avait compris leur misère ! Mais il est juste de rappeler que des hommes tels que Balzac et Stendhal n'ont pas moins admiré cette page. Cette lettre a été particulièrement travaillée sur le brouillon (cf. la série des var. (*a*), p. 211 à (*a*), p. 213).

P. 211.

(*a*). « Peux-tu... reproches » : ajout en marge dans Br. Mornet pense que Rousseau a voulu annoncer la lettre 18 de la IIIe partie où Julie révèle à Saint-Preux qu'elle était enceinte et espérait ainsi obtenir le mariage. Mais, s'il s'agit de l'annoncer au lecteur, la chose est faite depuis longtemps (cf. I. 63, *P.S.*, p. 178). Quant à Saint-Preux il est parfaitement au courant. La lettre 65 (Ire partie) nous apprend en effet :

1° que Claire lui a montré pour l'apaiser au moment du départ la lettre de Julie exprimant ses « tendres espérances » (p. 185);

2° que Saint-Preux lui-même a posé des questions au sujet de ces espérances et que, tout en lui cachant l' « accident », elle lui a parlé d' « attente trompée » et déclaré qu'il n'y avait plus « rien à espérer » (p. 186). Le malheureux romancier est ici empêtré dans un lacis de difficultés techniques d'où il ne sort pas à son avantage. Reconnaissons pourtant que Julie a pu parler de son « état » à son amant sans lui dire le parti qu'elle espérait en tirer... Mais alors la confiance ? l'amour ?...

P. 212.

(*a*). Ici Br. 1er jet ajoutait : *Je n'ai pas même la liberté de garder ma foi, de conserver ma personne ou de n'en disposer que selon mon cœur. Ah ! malheureuse, mes larmes seront donc éternelles, j'ai perdu l'honnêteté sans en conserver les vains dédommagemens et je suis désormais coupable en pure perte.*

(*b*). « Il en est de plus sages... peines. » Texte tardif. Dans Br., après « peines », Rousseau avait écrit : *Chastes et pudiques amantes qui sûtes résister au doux penchant de vos cœurs et dont la modeste retenue a vaincu l'amour et la nature, c'est alors que la vertu vous console de la contrainte de vos désirs et que vous trouvez dans votre âme pure le dédommagement de vos sacrifices. L'honnêteté donne bientôt au flambeau de l'himen l'ardeur de celui de l'amour ! l'estime de vous mêmes vous soutient et vous encourage et vous êtes enfin d'autant plus heureuses qu'il vous en a plus coûté pour l'être. O souvenir amer de ma première innocence qui ne sert plus qu'à redoubler ma honte et mes maux ; qui soutiendra désormais mon courage abattu, qui me consolera dans mes peines, qui m'offrira des motifs pour les supporter ?* Dans Ms. Rey, ce texte a été repris et corrigé : suppression de *et la nature*, de la phrase *L'honnêteté donne... de l'amour ;* ajout de : *O repentir amer, souvenir inutile qui ne sert plus.* Puis, Rousseau a biffé toute cette partie du texte par une grande croix et inséré sur une feuille intercalaire le texte actuel depuis *Il en est* jusqu'à *mes peines,* mais, au lieu des phrases : *mais moi que vais-je devenir... dans mes peines ?* On lit simplement : *Que deviendrai-je ? Quel sort affreux...*

(*c*). « Quel sort affreux ?... inévitables ». Br. : *Quel sort... un nouveau crime (à commettre) dans de nouveaux liens formés par l'(autorité) ordre d'un pére.* Ms. Rey : *des liens abhorrés de mon cœur et formés par l'ordre d'un pére.* Notons l'absence des mots *peut-être inévitables* qui susciteront (lettre 10, p. 220) l'inquiétude de Saint-Preux. Le mot *inévitables* fait peser sur l'avenir une menace tragique, mais l'espoir reste suspendu au *peut-être.* Saint-Preux va se trouver dans la situation la plus favorable à la vie intense du cœur, à la fois inquiet et espérant. Notons que le *P.S.* de la lettre 10 est lui aussi un ajout tardif (cf. var. (*a*), p. 221).

P. 213.

(*a*). « choisi... deux fois ». Br. 1er jet : ... *choisi. Souviens-toi du moins de ce premier amour si pur et si doux, du sentiment sublime qui nous échauffa tant de fois, de sa céleste ardeur. Je le sens briller encore en mon âme au milieu de mille remords. Comment la tienne auroit-elle pu le laisser éteindre ?* Br. corrige : ... *choisi. N'est-ce pas en toi que j'ai placé tout mon amour-propre ? Songe que je m'estime uniquement de ce que tu vaux. Ah ! si je ne suis plus digne d'animer ton courage, souviens-toi du moins de ce que je fus un jour ; mérite que pour toi j'aie cessé de l'être. En te rendant indigne de ma tendresse veux-tu donc me deshonorer deux fois.* C.L. a repris ce texte, ainsi que Ms. Rey qui a simplement supprimé les mots « en te rendant... veux-tu donc », et porte « ne me deshonore pas deux fois », par corrections sur la dernière phrase.

1. Sur cette expression fameuse, cf. lettres 23 et 26 (Ire partie) et p. 77, n. 1.

P. 214.

(*a*). Cette lettre qui devrait porter le nº *70* et être surchargée *8* est absente de Br. Elle doit être perdue. Peut-être composée tardivement. C'est l'une des moins utiles.

P. 215.

(*a*). Br. : *Lettre 71,* surchargé en *9. De Milord Edouard.*

1. Demi-déclaration. Jalon pour les dernières parties. Ce qui confirme l'hypothèse d'une rédaction tardive (cf. var. (*a*), p. 214).

2. Sur l'intérêt exceptionnel de cette lettre et de la suivante, comme témoignage d'autobiographie prophétique, cf. *supra,* p. 189, n. 1. De toutes les grandes crises postérieures, la plus exactement comparable à cet épisode du roman est celle de l'hiver 1761-1762 (cf. *Confessions,* l. XI, *O.C.*, Pléiade, t. I, p. 562 et notes, pp. 1550-1553). Dans les autres « affaires » en effet, nous sommes certains aujourd'hui, même si nous ne prenons pas le parti de l'homme traqué avec la même passion qu'Henri Guillemin, que ses soupçons

étaient en grande partie fondés, qu'il fut réellement victime des machinations de la « coterie holbachique ». La crise de 1761-1762 est au contraire un cas exemplaire de « pur délire », comme celui qui s'empare de Saint-Preux. Malesherbes avec calme, sagesse, « charité », y joua le rôle de Milord Édouard (cf. *C.C.*, t. IX, p. 319, 355, 357 et 361). Et Jean-Jacques demandant son pardon, invoquant à son tour la seule excuse possible : le délire, l'aliénation, s'exprima dans les mêmes termes que son héros : « Depuis plus de six semaines ma conduite et mes lettres ne sont qu'un tissu d'iniquités, de folies, d'impertinences. [...] J'ouvre en frémissant les yeux sur moi et je me vois tout aussi méprisable que je le suis devenu. Devenu ? Non. L'homme qui porta cinquante ans le cœur que je sens renaître en moi n'est point celui qui put s'oublier au point que je viens de faire. On ne demande point pardon à mon age parce qu'on n'en mérite plus. Mais, Monsieur, je ne prends aucun interest à celui qui vient d'usurper et de déshonorer mon nom. Je l'abandonne à vôtre juste indignation; mais il est mort pour ne plus renaître » (*C.C.*, t. IX, p. 347-348).

Le lendemain, il écrivait à la Maréchale sur le même ton que Saint-Preux à Julie : « Je sens vivement tous mes torts, et je les expie. Oubliez-les, Madame la Mareschale, je vous en conjure. Il est certain que je ne saurois vivre dans vôtre disgrâce... », lettre du 24 décembre 1761 (*C.C.*, t. IX, p. 349).

Jean-Jacques, comme Saint-Preux, obtint un pardon sans réserves et lui aussi sortit de cette crise spirituellement enrichi, plus profondément lié à ses amis. On sait la suite, et comment Malesherbes, ayant cru bon de lui dire que son état « mélancolique » était aggravé par la solitude, il protesta et présenta en quatre admirables lettres une explication approfondie de son caractère (*O.C.*, Pléiade, t. I, pp. 1130-1147). Robert Osmont suggère encore un rapprochement avec la scène du livre XII des *Confessions* où Rousseau « conjurera, devant son ami Sauttern, la menace des soupçons et des calomnies » (*Annales J.-J. R.*, t. XXXIII, p. 94).

P. 216.

(*a*). Br. et C.L. : *mon retour en Italie*.

(*b*). Br. ajoutait ici : *surtout en politique*. Ces mots où l'auteur imminent du *Contrat social* apparaissait, avec une naïve indécence, ont été ensuite supprimés.

(*c*). Ce mot remplace dans Br. le mot *attendrissement* qui éclaire le sens très favorable du mot *mélancolie* chez Rousseau. On trouve ici en marge dans Br. (f° 56) un texte isolé et biffé qui correspond à certains développements antérieurs : *La sublime raison ne se soutient qu'avec cette même vigueur de l'âme qui fait les grandes passions.*

(*d*). Note tardive, absente de C.L. Sans doute, Rousseau a-t-il fait lire son texte à un ami mieux informé des réalités anglaises, peut-être Diderot, peut-être le maréchal de Luxembourg, qui l'aura conduit à nuancer sa pensée... jusqu'à la contradiction ! Qui faut-il croire ? lui ou Milord Édouard ? Cette indécision est un avantage romanesque.

1. Cette admirable phrase où passe le souffle de Shakespeare et qui annonce le meilleur Musset, en fait pardonner beaucoup d'autres ! (cf. var. (*c*), p. 216). Sur la musique italienne, cf. *supra* p. 131, n. 2.

P. 217.

(*a*). Br. : *Lettre 72,* surchargé en *10. A la cousine.*

(*b*). La note manque dans C.L.

P. 219.

(*a*). « lesquelles » : Cette construction, « lourde, vieillie », selon Féraud (1787) qui la confine dans la pratique judiciaire, est une correction du Ms. Rey. Rousseau avait d'abord écrit : *et qu'il...* Désir de clarté ?

(*b*). « semblable aux puissances éternelles » est ajouté en marge dans Br.

1. Rousseau donne ici un excellent exemple de ce que pourrait être un spectacle où la mimique silencieuse suppléerait aux paroles. Ce grand « diseur », cet amateur de « bel canto », a été plus que personne sensible à l'éloquence du silence. Quelques-unes des plus belles scènes des *Confessions* (et entre toutes la contemplation de Mme Basile) ou de *la Nouvelle Héloïse* (la fin de la promenade sur le lac, la *matinée à l'anglaise*) sont des scènes silencieuses. Cf. sur cet aspect important de la sensibilité de Rousseau le beau chapitre de Jean Starobinski, *J.-J. Rousseau. La transparence et l'obstacle* (pp. 169-172) qui emprunte son titre à cette lettre : « Jean-Jacques », écrit-il, « a pris le parti d'écrire et de se cacher; mais il n'écrit que dans l'attente du moment merveilleux où la parole devient inutile, et il ne se cache que dans l'espoir de l'instant où il lui suffira de se montrer (...) On voit donc que Jean-Jacques (...) n'a de cesse qu'il ne crée des situations où l'émotion expressive supprime la nécessité d'écrire et de parler : il est alors réconcilié avec son corps, et il peut venir s'offrir en personne. »

2. D. Mornet rappelle à juste titre (*N.H.*, t. II, p. 288, n. 2) que Rousseau, lorsqu'il écrivit cette page, venait d'adresser à Voltaire la longue lettre où il s'était fait le champion de la Providence. On voit par là combien un romancier utilise pour sa création — le plus souvent comme ici d'une manière inconsciente — tous les éléments, même les plus apparemment inutiles, de sa vie spirituelle. Lorsqu'il rédige cette phrase de galante dévotion, Rousseau n'avait certainement pas encore décidé de faire de son roman une œuvre de pacification religieuse. Pourtant, dans la réalité, lui-même, en écrivant à Voltaire, travaillait dans ce sens. Plus tard, dans la dernière partie, il présentera explicitement une défense de la Providence, utilisant

alors en pleine conscience, ce texte de l'été 1756. Au reste, ce qui compte dans cette page c'est l'insistance avec laquelle le romancier revient sur un thème déjà esquissé à plusieurs reprises : le « mystère » de Julie, qui entraîne ceux qui l'entourent à la « diviniser ». D'une manière plus générale, on est frappé, devant certaines expressions, du caractère religieux et même spécifiquement catholique du langage amoureux de Saint-Preux, cf. la « prière » à Claire : « daignez ne pas m'abandonner » évoque le *Souvenez-vous ;* « seule entre toutes les femmes », l'*Ave Maria* (cf. les variantes significatives (*b*), p. 219 et (*e*), p. 220).

P. 220.

(*a*). « le courage... m'ôter ». C.L. : *les qualités estimables que le Ciel m'a refusées ou que le désespoir fut prêt à m'ôter.*

(*b*). « je serai par vous... être » manque dans C.L.

(*c*). « un jour... de Julie ! ». Br. : *un jour pour les rendre croyables : il fut aimé de Julie.*

1. Sur les précédentes apparitions de ce thème, cf. *supra,* p. 13, n. 1, p. 128, n. 2 et p. 166, n. 1. L'intérêt de ces lignes est qu'elles soient écrites par Saint-Preux. Il parle comme un converti. Comme rien ne permet de penser que ce texte soit tardif, on peut y voir un nouveau témoignage de la profonde unité d'inspiration de l'ouvrage. Il est, d'un bout à l'autre, une sévère remise à sa place de la « philosophie ». Mais, chose étrange, c'est dans les dernières parties que la « philosophie » (tant par M. de Wolmar que par Saint-Preux lui-même) sera le plus objectivement défendue.

2. « Made d'Houdetot me marqua le jour où elle comptoit venir faire ses adieux à la vallée et me donna rendez-vous à Eaubonne (...) J'avois la lettre de St. Lambert dans ma poche; je la relus plusieurs fois en marchant. Cette lettre me servit d'égide contre ma foiblesse... » (*Confessions,* l. IX, *O.C.*, Pléiade, t. I, p. 478). « Quoi qu'il en soit, j'irai diner avec vous; je vous porterai un cœur tout nouveau, dont vous serez contente; j'ai dans ma poche une égide invincible qui me garantira de vous. Il n'en falloit pas moins pour me rendre à moi-même... » (*C.C.*, t. IV, p. 295). Pour qui veut établir des liens entre le roman et la passion amoureuse de Jean-Jacques pour Sophie d'Houdetot, quelle aubaine que cette métaphore ! Mais dans quel sens s'est établi le transfert ? Rien ne permet de croire que cette lettre est postérieure à 1756.

P. 221.

(*a*). Le *P.S.* est absent de C.L. et du Ms. Rey. Cet ajout répond au précédent. Évident désir de rendre l'intérêt plus dramatique.

(*b*). Br. : *lettre 73,* surchargé en *11. De Julie.* Bien que cette lettre, écrite d'une écriture parfaitement calme et lisible, soit évidemment une mise au net, la numérotation antérieure à la séparation en parties empêche de penser qu'elle soit tardive et par conséquent que l'aventure vécue avec Sophie d'Houdetot puisse avoir ici un écho.

(*c*). *Mon ami ! quel charme :* c'est le texte de Br. 1er jet. Rousseau avait ensuite ajouté un redoublement lyrique. *Mon cher ami ;* puis il a effacé sur épreuves soit par désir de lutter contre le lyrisme, soit plutôt pour éviter le redoublement peu agréable à l'oreille de *cher* et de *charme.*

P. 222.

(*a*). Citation insérée en marge dans Br. avec la référence *Pétrarc,* I, s. 180. Nous n'avons pas pour ce vers la traduction de Rousseau, le tome II de D.C. manquant. Musset-Pathay traduit : *les fruits de l'automne sur la fleur du printemps.*

(*b*). « et cette justesse de sens ». Ces mots qui ont provoqué la note sarcastique de Rousseau sont remplacés dans l'éd. Rey, 1763, par *et ce goût exquis* et la note disparaît.

1. Sur cette exaltation de l'amour comme source des valeurs nobles, cf. *supra,* p. 31, n. 1, p. 165, n. 6 et p. 193, n. 1. Le mot important est *justesse de sens.* A la réflexion, Rousseau a reculé devant sa hardiesse (cf. var. (*b*), p. 222). Mais la première expression correspondait sûrement mieux à sa vraie pensée. Pour lui, le véritable amour n'aveugle pas; il éclaire (cf. p. 166, n. 1 et p. 144, n. 2).

P. 223.

(*a*). « Veux-tu savoir... l'histoire » manque dans C.L.

1. Nous sommes certainement ici en présence de la source directe d'un des plus beaux fragments de la *Comédie humaine :* la grande lettre de conseils de Mme de Mortsauf à Félix de Vandenesse partant lui aussi pour Paris chercher la fortune et la gloire. La comparaison des deux textes fait apparaître l'éclatante supériorité du disciple sur le maître. Peut-être parce que Balzac était un meilleur technicien du roman ? Peut-être parce qu'il était moins encombré de préoccupations pédagogiques et moralisantes ? Peut-être parce que son inspiratrice réelle, Mme de Berny, avait plus de noblesse et de fermeté de pensée que celle de Jean-Jacques ? Peut-être parce que Mme de Mortsauf, épouse et mère, « femme de trente ans », a plus de poids que la trop jeune Julie et une expérience du monde qui rend plus vraisemblables ses discours ?...

2. « Je n'ai pas dessein d'entrer ici dans des discussions métaphysiques qui ne ménent à rien. Je vous ai déja dit que je ne voulois point disputer avec les philosophes, mais parler à vôtre cœur (...) Ma chere amie, que ces tristes raisonneurs sont à plaindre ... soyons plus simples et moins vains. Bornons-nous en tout aux premiers sentimens que nous trouvons en nous mêmes... » (*Lettres morales, O.C.*, Pléiade, t. IV, pp. 1109-1111). Rien n'autorise à penser que la lettre fictive soit ici le reflet de la lettre réelle (à vrai dire,

celle-ci n'était-elle pas elle-même presque fictive ?). Rousseau développe ici deux thèmes majeurs de sa réflexion, la critique de la philosophie rationaliste, l'appel de la conscience, au cœur, au sentiment intérieur comme source première de la vérité. Le roman d'abord puis les *Lettres morales* sont des « états » successifs d'une pensée qui s'exprimera enfin d'une manière décisive dans la *Profession de foi*. Sur les « philosophes », cf. *supra*, p. 220, n. 1. Sur l'appel à la méditation dans la solitude, cf. p. 14, n. 1, p. 22, n. 1 et p. 105, n. 1.

3. Sur cet enthousiasme pour l'histoire ancienne, singulièrement pour Plutarque, cf. *supra*, I, 12 et p. 60, n. 2. Qu'on le trouve ou non ridicule, il faut admettre cet enthousiasme comme un sentiment authentique. Il est à la source même du romanesque chez Rousseau.

4. Platon fut l'un des grands maîtres de la pensée de Rousseau (cf. *infra*, p. 379, n. 1 et p. 565, n. 4). Une étude systématique de cette influence a été faite par HENDEL, *J.-J. Rousseau, moraliste*. Londres, 1934. Pierre Burgelin (dont l'ouvrage n'a pas moins de 45 références à Platon) déclare dans sa conclusion : « l'érudition contemporaine nous permet de rétablir ce bâtard dans sa filiation légitime; il faut accepter que cet autodidacte inspiré a puisé aux bonnes sources, Descartes et Malebranche, Hobbes, Locke, Clarke et surtout Platon (...) la consonance la plus évidente est celle de Platon et des chrétiens de tradition platonisante : là, il a découvert ses problèmes théoriques et ses thèmes : opposition de l'âme et du corps, immortalité, édification d'une politique et d'une pédagogie fondées en raison, rôle de l'amour, primauté du Bien, existence d'un monde de valeurs » (*La Philosophie de l'existence de J.-J. Rousseau*, pp. 568-569). Sur le rôle de l'amour, on trouvera dans le même livre des remarques qui éclairent la note, à demi ironique comme toujours, placée par Rousseau au bas de cette page enthousiaste et furieusement idéaliste. Note équivoque ! Rousseau est-il pour ou contre la philosophie de Platon ? En fin de compte, nous pensons avec P. Burgelin que la leçon de l'*Héloïse* est bien une réaction contre le platonisme idéaliste au nom du christianisme religion de l'incarnation. « Rousseau », écrit-il, « a voulu que Julie finît dévote, voire mystique. Mais il ne nous montre pas l'amour humain s'achevant en amour divin, comme Platon. Il refuse explicitement (...) la sublimation de l'Éros. » (Une lecture plus attentive des dernières lettres du roman nous imposerait peut-être de nuancer ces formules un peu abruptes.) « Si Rousseau hésite, ajoute-t-il, entre la mystique de l'union dissolvante et l'exaltation de la personne, il est plus chrétien que platonisant, il accepte la distinction des personnes et le mariage. » (*Ibid.*, p. 401.)

P. 224.

(*a*). C.L. ajoutait ici : *L'intérêt est le même partout ; ce ne sont point les heureux mais les bons à la place desquels on se met en lisant l'histoire.*

(*b*). C.L. : *une considération dont notre union peut être le fruit*... Dans son texte définitif Rousseau a repris le texte de Br.

P. 225.

(*a*). Après ce mot C.L. ajoutait cette incise lourde mais révélatrice de l'importance accordée par Rousseau à la théorie exposée par Julie et qu'il prend à son compte : *qui me semble être le résultat de la philosophie.* (Noter aussi que Rousseau — au moins dans sa première rédaction — ne s'attaquait pas systématiquement à toute « philosophie ».)

(*b*). « et toujours ignoré... durable » est ajouté en marge dans Br. Dans le texte initial on lit : *méchant* au lieu de *faux sage,* ce qui semble situer cet ajout dans l'atmosphère de la querelle dramatique avec Diderot pendant l'été 1758.

(*c*). Br. ajoutait ici un morceau très important que Rousseau a supprimé ensuite, sans doute par crainte d'un excès de pédagogie et surtout d'une pédagogie trop lyrique : *Telle est, mon ami, l'insurmontable force de la vertu ; elle n'a qu'à se montrer pour vaincre et dès qu'elle règne elle est invincible ; elle est plus puissante que la fortune et la nature et tout le genre humain ; elle franchit tous les obstacles, elle renverse et brise les élémens (?), et les prisons obscures et les portes de fer et les taureaux d'airain, et les chaines des tyrans. Tout fléchit, tout s'amolit, tout tombe en poudre devant elle ; les tourmens ne sont rien, la douleur perd son amertume, la mort son aiguillon et les forces de l'univers entier seront épuisées avant que la vertu soit sortie d'un cœur qui connaît bien tous ses charmes.*

1. Opposition fondamentale. On a vu dans l'Introduction que *la Nouvelle Héloïse,* plus qu'un roman d'amour, est un roman du bonheur : que son but est de proposer aux hommes les secrets qui leur permettront de transcender le malheur fondamental de leur condition qui est le changement, la mobilité, le durcissement, l'indifférence, l'oubli et la mort. Toute la fin du roman sera centrée sur ces thèmes. Il est de la plus haute importance pour l'unité de l'œuvre qu'ils soient posés dans l'une des lettres « primitives » des deux premières parties (cf. les phrases capitales : « Tant que ces momens (...) reviendront à ta mémoire », « pour pouvoir posséder ce qu'on aime il faut garder le même cœur », et plus loin : « que serions-nous si nous n'aimions plus (...) Le souvenir de nos premières amours te poursuivra malgré toi... ») Nous touchons ici au drame métaphysique qui est au cœur du livre, celui de la fidélité à soi, de l'impossible victoire contre les altérations de l'être par le temps ! On trouve même ici l'appel à la mort : « Eh ! ne vaudroit-il pas mieux cesser d'être que d'exister sans rien sentir... ? Hélas ! je ne ferai qu'en mourir... » La mort de Julie sera son ultime victoire sur le temps ! (Cf. *supra,* p. 33, n. 4, p. 70, n. 2, p. 189, n. 3 et *infra,* III, 20, p. 369, n. 1, etc.)

P. 226.

(*a*). Br. : *le souvenir de nos amours détruira tous ces prestiges.* C.L. : *Un seul moment du souvenir de nos amours détruira tous ces prestiges.*

Ms. Rey : *(Un seul moment du) (souvent) le souvenir de nos prémières amours (détruira toutes ces chiméres) te poursuivra malgré toi.*

(*b*). Br. offre ici un bel exemple de l'effort de styliste de Rousseau : 1° *dernière règle de quiconque a perdu toutes les autres* ; 2° *de qui a perdu les autres* ; 3° *de qui n'en suit aucune* ; 4° *de qui n'en sauroit plus suivre.*

1. Voici amorcé le thème central des lettres sur Paris. Sur son importance dans le roman, cf. p. 22, n. 1.

2. Sur la dialectique de l'*amour* et du *plaisir,* cf. *supra,* p. 92, n. 4 et p. 144, n. 2. L'amour s'oppose d'ailleurs ici moins *au plaisir* qu'*aux plaisirs,* c'est-à-dire au divertissement, au sens pascalien du terme.

3. Rousseau fait énoncer ici par Julie une règle hardie, à laquelle il tenait fermement : l'appel au cœur, à la conscience, « instinct divin, immortelle et céleste loi ». Cet appel sera longuement développé dans les *Lettres morales.* « Pourvu que vous sentiez que j'ai raison, je me soucie peu de vous le prouver (...) et sans m'embarrasser des régles de l'école, je n'appellerai que vôtre cœur seul au témoignage de tout ce que j'ai à vous dire. » (*O.C.*, Pléiade, t. IV, p. 1088). « Si cette voix intérieure qui me juge en secret et se fait sans cesse entendre à mon cœur se fait de même entendre au vôtre apprenez à l'écouter et la suivre... » (*Ibid.*, pp. 1104-1105). « Je n'aime pas tout ce qui se fait par régle », écrira-t-il à la maréchale de Luxembourg le 18 juin 1760, « si ce n'est celle de n'en point avoir d'autre que son cœur » (*C.C.*, t. VII, p. 141). Cependant cette morale ne va pas sans rencontrer de sérieuses difficultés; rien n'est plus équivoque que le mot « cœur ». Rousseau le savait bien lui qui avait écrit dans le *Discours sur la vertu la plus nécessaire aux héros* (1751) : « L'âme la plus pure peut s'égarer dans la route même du bien si l'esprit et la raison ne la guident », et qui avouera dans les *Confessions* (à propos de la morale de Grimm qui consistait dans un « seul article; savoir que l'unique devoir de l'homme est de suivre en tout les penchans de son cœur ») : « cette morale quand je l'appris, me donna terriblement à penser ». (Textes cités par P. Burgelin, *la Philosophie de l'existence de J.-J. Rousseau,* pp. 336-337).

P. 227.

(*a*). Dans Br. (f° 79) la lettre s'achevait par un long paragraphe supprimé plus tard : *Un charme secret s'insinue dans mon cœur en écrivant cette longue lettre et me fait complaire à la prolonger. Il me présente un avenir heureux comme s'il devoit exister (encore) ; mes ardens souhaits me tiennent lieu de pressentiment. Le plaisir m'a fait étendre à l'excès ma morale et (je m'apperçois) me voici comme la Dame de Cour qui (fait appren) faisoit dire le catéchisme à Jean de Saintré. Je me flatte au moins que mon cathéchisme* (sic) *n'est pas celui des Dames de la cour, et je crains si peu d'être ridicule à tes yeux en te parlant comme je viens de faire, que je vais te répéter (en peu de mots) le sommaire de ma lettre. Souviens-toi, mon ami, qu'il vaut mieux rester pauvres, malheureux et s'aimer encore que d'acheter les grandeurs et la fortune aux dépends de l'amour et de la vertu* (f° 79). La raison de la suppression de ce texte paraît être dans une page de la *Lettre à d'Alembert* où Rousseau avait dit en mars 1758 : « Parcourez la plupart des pièces modernes, c'est toujours une femme qui sait tout, qui apprend tout aux hommes; *c'est toujours la Dame de Cour qui fait dire le Catéchisme au petit Jean de Saintré.* » (éd. Fuchs, p. 66), c'était vraiment donner des verges à ses ennemis pour se faire fouetter ! Malgré les explications données dans la *Préface dialoguée,* il a dû penser qu'il y avait dans la contradiction avec soi-même des limites à ne pas dépasser.

(*b*). Br. : *Lettre 12. A Julie.* Le chiffre n'est pas en surcharge; donc, vraisemblablement, rédaction tardive. Hypothèse confirmée par le fait que la lettre 14 a d'abord été numérotée 75 et que la lettre 11 était numérotée 73. Il ne pouvait donc y avoir entre elles qu'une lettre et non deux. Mais la lettre suivante ne se trouvant pas dans Br., on peut aussi penser que c'est elle qui fut ajoutée.

(*c*). Ces vers extraits de l'*Attilio Regolo* de Métastase (acte II, sc. II) ont été traduits par Rousseau dans D.C. : *O de quelle flamme d'honneur et de gloire je sens embraser tout mon sang, âme grande, en parlant avec toi.* Aucune ressemblance de situation, bien entendu, une fois de plus. La poésie opère par la seule force des mots et du rythme qui créent chez Rousseau l'exaltation nécessaire. Ici ces vers sont un véritable « tremplin ». Au reste, comme Corneille et les mystiques, Rousseau pense qu'il n'y a qu'un Amour !

1. Au moment où s'achève la première partie de cette histoire d'amour, le romancier par le double engagement des amants pose des jalons pour la suite. Mais tandis que Saint-Preux s'engage à ne pas se marier s'il n'épouse pas Julie (il tiendra parole en refusant d'épouser Claire), Julie s'engage à ne pas épouser un autre que Saint-Preux, sauf consentement exprès de sa part. Elle aussi sera fidèle à sa parole. Qu'espère-t-elle en faisant ce serment ? Que Saint-Preux résistera ? Qu'il consentira ? Mystère des âmes.

P. 228.

(*a*). Absente de Br.

1. Cet admirable thrène est un des fragments poétiques les plus parfaits de la longue « romance ». On notera ici encore le mélange intime des réminiscences mystiques et poétiques, chrétiennes et païennes. Comment ne pas penser que le futur auteur des *Confessions,* lorsqu'il écrit « mon cœur inquiet... », s'inspire du fameux cri de saint Augustin : « *Cor meum inquietum... donec requiescat in te !* » et que la page de la *Genèse* sur la création de la femme lui a directement dicté les mots : « Il n'est pas bon que l'homme soit seul » ? Mais en même temps comment ne pas évoquer en face de ce « soleil qui se lève » les élégies raciniennes : « Et que le jour se lève et que le jour finisse | Sans que jamais Titus puisse voir Bérénice... » ? La phrase : « Ah ! si du moins... rapproché de toi » sera reprise presque textuellement dans la lettre 16 de la IIIe partie.

2. Sur la source biblique de cette expression cf. note précédente. Cette affirmation est importante à cause du grave débat qui opposait alors Rousseau à ses amis parisiens relativement aux bienfaits ou aux dangers de la solitude. On sait avec quelle vivacité il devait réagir au printemps de 1757, lorsque, dans le *Fils naturel* (acte IV, sc. III), il lut les mots : « Il n'y a que le méchant qui soit seul. » Il les prit pour lui et envoya aussitôt à Diderot une lettre malheureusement perdue, qui lui valut une riposte plaisante. Que ses soupçons aient été fondés, peu nous importe. L'essentiel est la vivacité de sa réaction. Elle nous prouve combien il était sensible à ce genre d'attaques, qui remettaient en question sa décision de fuir le monde pour s'enfermer à la campagne. C'est pourquoi, loin de voir dans ce texte une insertion tardive, nous pensons qu'il date bien de l'été ou de l'automne 1756 et qu'il est une réponse, calme et modérée, à ces « plaisanteries » dont le harcelaient, par l'entremise de Deleyre, Diderot et les « Holbachiens », depuis son départ de Paris (cf. *Confessions,* l. IX, *O.C.*, Pléiade t. I, pp. 454-455). Comme tout le roman le prouve (en particulier les dernières parties), ce qu'il proposait à ceux qui cherchaient le bonheur, ce n'est pas la solitude absolue, celle de l' « ermite », ou du « sauvage ». Ou du moins, s'il la propose (comme à Sophie d'Houdetot par exemple dans ses *Lettres morales*), c'est comme un moyen rare, exceptionnel même, et de brève durée, destiné à nous permettre de nous retrouver nous-même et de retrouver Dieu, qui ne nous parle que dans le silence. La « vie solitaire » qu'il prône dans le roman est celle de la « petite ville », des « deux amans », ou celle du château de Clarens, une vie communautaire qui laisse à chacun des heures de silence, de contemplation, de jouissance de soi, mais le fait vivre dans un foyer réchauffé par l'amitié et par l'amour. (Cf. *supra,* p. 14, n. 1, p. 22, n. 1, p. 105, n. 1.) Sur l'opposition *sociabilité-solitude,* cf. l'excellente étude de Basil Munteano, « La solitude de Rousseau » (*Annales J.-J. R.*, t. XXXI, pp. 79-168).

P. 229.

(*a*). « Divine amitié... triomphe » manque dans Ms. Rey.

(*b*). Ms. Rey : *et un désir,* correction d'euphonie.

(*c*). Ici C.L. ajoutait ce satisfecit de Rousseau à lui-même : *J'ai trouvé que tu lui donnes avec raison le nom de sermon. Jamais on n'en fit de plus utile à l'homme.*

1. Sur la dialectique de l'*amour* et du *plaisir,* cf. la grande lettre 55 (Ire partie) et la n. 2, p. 144. Il convient de bien marquer la valeur de cette apostrophe. Ceux que Rousseau attaque ici, ce sont *tous* les adversaires de l'amour. Non seulement les matérialistes mais aussi les jansénistes. Son roman est une réhabilitation de l'amour total. Sur l'amour-propre de la vie et de toutes les valeurs nobles, cf. *supra,* p. 31, n. 1, p. 165, n. 6 et p. 193, n. 1.

2. Rousseau, comme tout écrivain, conservait les lettres qu'il

recevait et les brouillons d'un grand nombre de celles qu'il écrivait. On sait que Mme d'Houdetot lui ordonna de brûler ses lettres et qu'il obéit; elle en fit autant de celles de Jean-Jacques, autodafé dont il ne s'est jamais consolé, pas plus que Gide de celles écrites à sa femme (ils se sont exprimés l'un et l'autre sur ce sujet avec une égale vanité littéraire). Lorsqu'il fait écrire ces mots à Saint-Preux, Rousseau ne pense pas à sa correspondance amoureuse avec Mme d'Houdetot (qui sans doute n'est pas encore commencée), il évoque plutôt le « plaisir inexprimable » qu'il connut lorsqu'il mit au point son roman pendant l'hiver 1756-1757 sur un « beau papier doré » avec de la poudre « d'azur et d'argent pour sécher l'écriture ». Ravissement d'auteur analogue à celui que manifeste volontiers Balzac dans ses commentaires sur les « mots » de ses personnages (cf. une phrase analogue dans la lettre 16 (IIe partie), p. 244).

P. 230.

1. Cf *supra,* p. 39, n. 2 et p. 190, n. 1.

P. 231.

(*a*). Absente du recueil de brouillons de l'Assemblée Nationale à Paris. Brouillon à la Bibliothèque publique et universitaire de Genève, ms. fr. 201. *Lettre 75* surchargé en *14*. Cette numérotation révèle un texte primitif. Les quatre folios écrits d'une écriture régulière et ne comportant à peu près pas de corrections sont évidemment une mise au net, mais ils offrent un texte beaucoup moins parfait que le texte définitif.

(*b*). Br. : « Mon âme *oppressée* cherche *vainement à s'y communiquer ; je n'en trouve aucune qui l'entende et qui me réponde.* Je ne suis jamais moins (solitaire) seul que quand je suis seul, disoit un ancien, *et moi je dis réciproquement, la solitude ne m'est à charge que dans une assemblée* où je ne puis être ni à *moi,* ni aux autres. Mon cœur voudroit parler; *il n'y a que des langues qui me répondent ; il voudroit répondre ; il n'y a que des langues qui me parlent.* Ce n'est pas... » On notera la lourdeur de ces phrases et la substitution tardive du *toi* au *moi.* La « galanterie » a nui à la vérité !

(*c*). Br. : « beaucoup *d'amitié,* mais... »

(*d*). Note de Rousseau absente de Br. et C.L. Insérée dans Ms. Rey avec une variante pour la dernière phrase : *Mais, ô Jean Jaques, il t'importe que jusqu'à la fin de ta vie tes passions ne souillent jamais tes écrits.* Cette interpellation de Rousseau à Jean-Jacques, comme elle est caractéristique de l'auteur des *Dialogues !* Ce texte initial explique peut-être l'étrange virgule qui suit « Mais » dans le texte actuel. Note supprimée dans éd. Rey, 1763. Sur l'importance de cette note, cf. p. 231, n. 2.

1. Camouflet à Voltaire qui avait osé dire « le superflu, chose très nécessaire... ». Sur le débat autour du *Mondain* et du problème

du luxe, débat étroitement lié à celui sur l'utilité de la civilisation, posé d'éclatante manière dans le *1er Discours* de Rousseau, existe toute une littérature, bien utilisée et résumée dans André MORIZE, *l'Apologie du luxe au XVIIIe siècle et le* Mondain *de Voltaire,* Paris, 1909. Cf. aussi R. MAUZI, *l'Idée du bonheur au XVIIIe siècle,* chap. IV : « Bonheur et condition sociale », pp. 149-179.

2. Les lettres 14-28 de la IIe partie, à peu près entièrement consacrées à une description critique de Paris, forment un ensemble homogène du plus haut intérêt pour les historiens et pour les psychologues. Les premiers pourraient y puiser une riche matière pour un tableau de la société française au XVIIIe siècle. Il ne semble pas cependant qu'ils aient fait à ces lettres la place qu'elles méritent. Peut-être ont-ils reculé devant la difficulté de répondre à cette question innocente et primordiale : Rousseau a-t-il dit vrai ? Cette réponse exigerait, en effet, un travail presque infini et serait sans doute dérisoire. Dans la mesure où la vision de Rousseau est personnelle, elle est partielle, partiale, radicalement différente de la description « objective » à laquelle doit viser le « pur » historien. Mais ces lettres fourniraient un précieux chapitre pour la grande étude — qui reste à écrire — de la *Vision de Paris dans la littérature française.* Car l'analyse critique que le romancier nous y propose de la société parisienne de son temps (et d'une manière générale de la situation de l'individu en face d'une société hypercivilisée), s'insère dans une tradition déjà ancienne et alors encore très vivante. Rousseau rencontre ici — et il ne l'ignore nullement — des maîtres, des émules, le Molière du *Misanthrope,* La Bruyère, La Rochefoucauld, le Pascal du « divertissement », Mme de La Fayette, le Montesquieu des *Lettres Persanes* (un de ses modèles les plus certains), mais aussi Marivaux — celui de *Marianne* et celui du *Paysan parvenu* (cf. éd. Garnier, pp. 9 sq.) à la fois si proche et si loin de lui — et Prévost, et Le Sage dont les masques espagnols ne trompent personne et encore d'innombrables écrivains obscurs et oubliés, Mme de Grafigny et ses *Lettres d'une Péruvienne,* Toussaint et ses *Mœurs,* Le Maître de Claville, le marquis d'Argens, Fougeret de Monbron, etc.

Deux contemporains furent ses principaux modèles : Duclos d'abord, qui resta son ami au-delà de sa rupture avec les philosophes, dont le roman très alerte *les Confessions du Comte de* *** avait été son initiation à la vie parisienne et dont les *Considérations sur les mœurs de ce siècle* récemment parues (1751) lui offraient une nouvelle et riche source d'informations. Mais surtout son compatriote Béat de Muralt, dont il avait lu attentivement les *Lettres sur les Français et les Anglais et sur les voyages* publiées en 1725, et qui avaient eu un très vif succès. Rousseau en avait fait peu de temps avant — ses références sont empruntées à l'édition de 1747 — de très copieux extraits (cf. *supra,* pp. 1315-1319). En octobre 1756, il demandait à Deleyre de les lui envoyer de Paris, et il y a fait dans une des lettres de Saint-Preux une allusion expresse. Il est donc possible de comparer l'opinion de Rousseau à celle d'autres écrivains, peintres de Paris. Ce travail a été entrepris par D. Mornet dans son *Introduction* (pp. 62-65 et 100-102) et dans ses notes. On le complétera utilement par quelques études récentes. Outre les livres déjà cités, de F. Ch. Green sur la *Peinture des mœurs de la bonne société dans le roman français de 1715 à 1761*, de Robert Mauzi sur *l'Idée du bonheur au XVIIIe siècle* (en particulier les chapitres sur « Le « monde » et ses masques », pp. 89-94, sur « L'art de plaire », pp. 583-589 et sur la « Sociabilité », pp. 590-600) et l'essai de B. Munteano sur la *Solitude de Rousseau* (qui est de très loin la meilleure étude d'ensemble sur cette série de lettres), on consultera les récentes éditions critiques ou savantes des *Lettres persanes* par E. Carcassonne (Paris, 1929) dont l'introduction contient une bonne esquisse de l'histoire du thème avant Montesquieu, du *Discours sur les Sciences, les Lettres et les Arts* par G. R. Havens (New York, 1946) qui donne une foule de références aux sources possibles de la pensée de Rousseau, de la *Vie de Marianne* et du *Paysan parvenu* par Frédéric Deloffre (Garnier) et celle du *Petit maître corrigé* (Droz, 1955), dont l'introduction est précieuse; du *Neveu de Rameau* par Jean Fabre (Droz, 1950); les *Œuvres* de Duclos; et enfin les *Lettres* de Muralt rééditées en 1933 par Charles Gould avec un riche commentaire, travail récemment complété par celui de Arthur Ferrazzini sur *Béat de Muralt et Jean-Jacques Rousseau. Étude sur l'histoire des idées au XVIIIe siècle* (La Neuveville, 1952).

Ces travaux d'érudition, précieux pour l'historien des idées, le sont beaucoup moins pour le psychologue ou pour l'historien de Jean-Jacques. Sans doute permettent-ils de contrôler des affirmations, de dénoncer des oublis, des excès, des injustices, mais des enquêtes de ce genre ne sauraient être exhaustives. D'autre part, ni les conditions dans lesquelles est placé l'observateur, ni l'objet observé ne sont jamais les mêmes. Il serait donc très imprudent, partant de là, d'aboutir à des conclusions sur l' « originalité » de Rousseau, peintre de Paris. C'est pourtant cela d'abord qui nous intéresse : *le portrait de Rousseau par lui-même à travers son portrait de Paris.* Mais ce caractère personnel de la vision nous ne pouvons le déceler que par l'analyse du texte lui-même, non pas tant des choses qu'il dit que de la manière dont elles sont dites, du ton, du style. Enfin, et parallèlement, par une connaissance familière de sa vie et de ses autres ouvrages. Les résultats de ce travail seront détaillés dans les notes. En voici l'essentiel :

1° L'homme qui a écrit ces lettres est d'abord un homme *sensible.* Sensibilité physique à propos des femmes, réactions à l'absence de gorge, à l'excès du décolleté, au ton grenadier, au maintien soldatesque; à propos de la musique, de la mode vestimentaire, des repas, etc. Sensibilité morale surtout. Saint-Preux est un enfant perdu, un ignorant, un « innocent »; il souffre de la politesse hypocrite; « novice », « paladin », il est dans ce monde cynique un étranger, un exclu; il se sent ridicule; surtout il souffre de l'absence d'amitié et d'amour. « L'amour même a perdu ses droits »; « mon cœur voudroit parler; il sent qu'il n'est point écouté ». L'impression générale est résumée dans l'émouvant finale de la lettre 17 : « Confus, humilié, consterné (...) je reviens le soir pénétré d'une secrette tristesse, accablé d'un dégoût mortel... »

2° *Cet homme place les valeurs morales au premier rang.* Trois sont capitales. La charité : protestation contre les promesses non tenues, contre l'inégalité des fortunes, contre toutes les formes du mépris de l'homme. Exaltation au contraire de certains actes de générosité accomplis avec une exquise délicatesse. L'authenticité : c'est la vertu majeure aux yeux de Rousseau. Il faut « être soi ». Or, la société où vit Saint-Preux l'interdit. Elle est le triomphe du *Masque.* De tous les masques : hypocrisie, conformisme, vanité. La pensée s'exprime sur ce point avec une exceptionnelle vigueur : « Jusqu'ici j'ai vû beaucoup de masques; quand verrai-je des visages d'hommes ? » Elle est parfois étonnamment moderne : certaines phrases sur les femmes « qui tirent des regards d'autrui la seule existence dont elles se souviennent », n'annoncent-elles pas les meilleures analyses de *l'Être et le néant ?* Enfin, la présence à soi. La société est la source d'un perpétuel divertissement. Isolé, mais jamais solitaire; exclu, mais jamais capable de recueillement, Saint-Preux est entraîné vers la pire des trahisons, l'oubli de soi-même.

3° Cet homme est un « intellectuel » et même un « philosophe ». S'il a un cœur sensible, il a aussi un esprit exigeant. Cet aspect de sa personnalité se manifeste à la fois dans une certaine tendance à la systématisation et dans la lutte très lucide contre cette tendance. D'une manière plus générale, il se révèle dans l'importance accordée aux questions de méthode. Dans la lettre 21 il oppose au « philosophe » qui est « trop loin des choses », « l'homme du monde » qui en est « trop près », et il montre le danger de distinguer dans le temps deux opérations, voir et réfléchir, qui doivent être concomitantes; dans la lettre 27 Julie reproche à son amant le champ beaucoup trop étroit de son expérience, et le caractère hâtif de ses conclusions; dans la lettre 16 distinguant l' « observation philosophique de la satire nationale », Saint-Preux précise qu'il n'étudie pas les Parisiens, mais « les habitans d'une grande ville ». « L'homme de lettres » apparaît aussi dans la place de choix accordée à la vie littéraire et artistique, aux salons, aux femmes, dans les éloges accordés à l'esprit, à la culture, à la qualité du langage, à des valeurs plus importantes encore, telles que la vaste diffusion du « savoir et de la raison », la bienveillance naturelle qui fait des Français le « seul peuple qui aime authentiquement les hommes », et surtout ce goût si exigeant de la liberté spirituelle qui leur permet de tenir ou de laisser tenir sur eux des propos qui, prononcés à Londres sur les Anglais, feraient « lapider » leur auteur.

Quiconque connaît Rousseau — l'homme et l'œuvre — a vite fait de le reconnaître dans ces lettres ! Jeu facile que de placer au bas de chacune de ces pages tel récit des *Confessions,* telle tirade des

Discours, tel fragment de la *Correspondance.* Mais jeu délicat, et même dangereux, car les expériences, les sentiments et les textes où ils se sont exprimés varient jusqu'à la contradiction ! Quelle différence entre l'arrivée à Paris, en 1731, du provincial de dix-neuf ans dégoûté par les maisons sales du faubourg Saint-Marceau, et qui, déçu par les promesses non tenues, repart vite vers sa chère « maman »; et celle de l'homme de trente ans, sûr de son génie musical, et que la belle Mme Dupin introduit dans son intimité; et encore celle de l'ambitieux humilié, qui rentre de Venise en 1745 après avoir été mis à la porte par l'ambassadeur Montaigu, qui subit l'injustice, qui perd « courage ». Mêmes différences et mêmes variations dans les textes où il a pris position en face de la Société et de la sociabilité. On a souvent fait l'histoire de ces « oscillations » et B. Munteano l'a reprise récemment avec un sens très juste des nuances.

Ce qui fait précisément l'intérêt exceptionnel de ce groupe de lettres, c'est l'effort accompli par le romancier pour y faire apparaître les aspects multiples et contrastés de sa personnalité. Ici, comme ailleurs, il a utilisé à fond les possibilités qui lui étaient offertes par la fiction, par la diversité des personnages et leurs possibilités de transformation : le Saint-Preux des dernières lettres nuançant celui des premières, Julie corrigeant les jugements excessifs de son amant. S'il a pu le faire avec tant d'aisance et de maîtrise, c'est qu'il se trouvait, en cet automne 1756, dans des conditions particulièrement favorables. Il avait quitté la Capitale pour n'y plus jamais revenir; sa décision était irrévocable. Mais elle n'avait pas été prise sous le coup de la révolte, de la colère ou du dégoût. Elle avait été l'aboutissement d'une longue méditation. Lorsqu'il rédigeait ces lettres, il vivait dans un état d'allégresse intérieure, d'euphorie. L'espèce de feu qui avait brusquement jailli dans le *1er Discours* s'était éteint. Ces lettres sont des plaintes, non des pamphlets; des analyses douloureuses mais sereines. Première ébauche des *Confessions ;* elles sont comme elles pleines de noblesse et de mélancolie. Peu d'esprit, pas de violence, à peine un peu d'éloquence; un effort constamment heureux pour être juste. Aucune satire, aucune polémique (sauf dans la lettre sur l'Opéra qui détonne dans cet ensemble). Que cette noble domination du sujet ait été le fruit d'un exceptionnel concours de circonstances, la note liminaire ajoutée au dernier moment (cf. var. (*d*), p. 231) nous empêche d'en douter. Quand Rousseau y oppose le jeune homme de « vingt-cinq ans » qui « entre dans le monde » à l'homme de « cinquante à qui l'expérience n'a que trop appris à le connoître », il met l'accent sur ce mystère de la création littéraire qui lui a permis de redevenir ce jeune homme qui avait « découvert Paris »; mais d'autre part, lorsqu'il précise sa ferme intention de ne pas « souiller ses écrits » par ses « passions », comment ne pas comprendre que le solitaire de Montmorency, qui ne vit plus dans le souvenir du passé, mais dans un affreux présent où il vient de connaître à nouveau les souffrances nées de la « corruption » de la société parisienne, ne serait plus capable d'écrire sur Paris avec tant de maîtrise de soi ?

Il reste à dire que ces lettres sont aussi, et Rousseau ne l'oublie pas, une pièce nécessaire du roman. (La lettre de Deleyre annonçant l'envoi prochain du livre de Muralt à Rousseau et la numérotation des lettres sur le brouillon sont une double preuve qu'elles ont fait partie de la première coulée du roman.)

1° Ces lettres sont un moment de la dialectique de ce roman à thèse : elles sont situées après la description de la vie dans la « petite ville », et surtout après l'évocation du Valais (le Valais vu par Saint-Preux comme Paris, Julie prend soin de le noter) et avant celle de la vie au château de Clarens. Sans doute y a-t-il parfois quelques artifices (l'appel du pied pour la lettre sur les Parisiennes, la lettre sur l'Opéra demandée non par Julie mais par la cousine), mais ce sont des maladresses d'exécution qui n'enlèvent rien à cette vérité évidente : pour que le roman prenne sa pleine signification spirituelle, ces textes sont indispensables.

2° Tandis que le lecteur lit ces lettres, de longs mois se déroulent (près de deux ans...) pendant lesquels les amants connaissent l'épreuve de l'absence, d'une durée cette fois indéfinie et qui s'aggrave du fait que l'amant est soumis aux dangers de la grande ville. Examinées de ce point de vue, elles laissent apparaître une progression fort habilement ménagée : dans sa première lettre Saint-Preux paraît solidement résister. Dans sa réponse, Julie note finement qu'il a déjà « pris le ton ». La lettre 17 débute en effet par ces mots révélateurs : « Me voilà tout-à-fait dans le torrent... » Elle s'achève par la cadence douloureuse : « Confus, humilié... », signe d'une âme à la dérive. Vient enfin la lettre, la dernière, racontant la soirée chez les filles... Certes Rousseau n'est pas allé dans cette voie aussi loin qu'il aurait pu ou que nous l'eussions désiré. L'auteur des *Illusions perdues,* partant d'une situation analogue, en tirera de bien plus beaux effets. Mais il est incontestable que ces lettres, même les plus théoriques, restent vivantes. Ce sont encore des lettres d'amour. Et peut-être faut-il voir là l'explication la plus sûre de tant de lacunes qui nous étonnent. Pas la moindre évocation pittoresque (sauf dans la lettre sur l'Opéra); pas la moindre place accordée au monde extérieur, même quand il est question d'une réception à la campagne; ignorance absolue du menu peuple; silence total sur les sujets politiques. Julie s'étonne. Et Saint-Preux lui répond avec beaucoup de sens que s'il fréquente les riches, c'est qu'il a été introduit dans la société parisienne par Milord Édouard, et que s'il ne parle pas de politique, c'est qu'il y aurait de l'indécence à traiter de sujets aussi austères avec la femme aimée. Rousseau n'est pas comme Montesquieu un philosophe qui prend prétexte d'une intrigue pour faire une satire de la vie contemporaine, il n'est pas libre à l'égard de ses héros; *il y croit.* Il est un romancier.

3. La *presse* au XVIIIe siècle, c'est le plus souvent la foule; c'est aussi la machine à imprimer. « On dit figurément qu'*Un homme est*

en presse pour dire qu'il est dans un état fâcheux, et dont il ne sait comment se retirer » (*Dict. Acad.*, 1762). *En* et *au (à la)* alternent dans la langue classique. Cf. Mme de Sévigné citée par Littré : « quand mon cœur est en presse, je ne puis m'empêcher de me plaindre... » (24 juin 1671). L'image a été très consciemment employée par Rousseau (cf. var. (*b*), p. 231).

4. Cet « ancien » est Scipion l'Africain (cf. CICÉRON, *De officiis*, III, 1).

P. 232.

(*a*). « et des dehors trompeurs... exige » manque dans Br.

(*b*). « mille espèces... rustique » est ajouté en marge dans Br. moins *rustique*.

(*c*). Br. : « y est *exquis* ».

1. Rousseau utilise ici des souvenirs multiples, parfois contradictoires, qu'il a fondus en une synthèse supérieure (Cf. *supra*, p. 231, n. 2). Il semble que l'expérience la plus ancienne fut la plus profonde. « Combien l'abord de Paris démentit l'idée que j'en avois ! (...) En entrant dans le fauxbourg St.Marceau, je ne vis que des petites rues sales et puantes, de vilaines maisons noires, l'air de malpropreté, de la pauvreté (...) Tout cela me frappa d'abord à tel point que tout ce que j'ai vu depuis à Paris de magnificence réelle n'a pu détruire cette première impression et qu'il m'en est resté toujours un secret dégout pour l'habitation de cette capitale (...) Tel est le fruit d'une imagination trop active (...) la même chose m'arriva à l'Opéra où je me pressai d'aller le lendemain de mon arrivée... » (*O. C.*, Pléiade, t. I, p. 159). Voilà pour les choses, et voici pour les êtres : « A la manière dont je fus receu de tous ceux pour qui j'avois des lettres, je crus ma fortune faite... »

Il fut en effet gracieusement reçu par Mme de Merveilleux qui goûta son esprit et « fit tout ce qu'elle put pour (lui) rendre service ». « Mais personne ne la seconda et je fus bientôt désabusé de tout ce grand intérêt qu'on avoit paru prendre à moi. Il faut pourtant rendre justice aux François... » Suit une analyse assez longue où l'auteur des *Confessions* a repris, parfois littéralement, le texte de *la Nouvelle Héloïse :* « Je dirai plus; ils ne sont point faux dans leurs démonstrations; ils sont naturellement officieux, humains, bienveillans et même, quoiqu'on en dise, plus vrais qu'aucune autre nation; mais ils sont légers et volages... » (*Ibid.*, p. 160).

Une autre page, particulièrement révélatrice, figure dans le *Mémoire présenté à M. de Mably sur l'éducation de M. son fils* que Rousseau arrangea en avril 1743 à l'intention de Mme Dupin et où il soutenait ce « paradoxe (...) qu'il n'y a de gens tranquilles et moderés dans leurs desirs que ceux qui vivent répandus dans le monde » (*O.C.*, Pléiade, t. IV p. 15). Résumant pour la première fois son expérience du « monde », non point celle de 1730 beaucoup trop brève, mais celle de Lyon en 1740 et surtout celle de Paris depuis août 1742, il esquissait un véritable « premier état » des lettres sur Paris : « Transportez tout d'un coup un tel homme au milieu du monde ; j'omets qu'il y fera sotte contenance : mais il eft sur, du moins, qu'à chaque objet nouveau il se trouvera ému beaucoup plus qu'un homme qui verroit cet objet tous les jours ; sans doute à bien des égards il trouvera beaucoup à rabattre de tout ce qu'il s'êtoit figuré ; mais la grande diversité des objets ajoutera quelque chose à l'impression de chacun d'eux, et ôtera la liberté des réfléxions qui pourroient en diminuer l'effet ; il sera continuellement agité et livré à un torrent de sentimens étrangers, chacun aura pour lui le prix de la nouveauté. » (*ibid.*, p. 15).

P. 233.

(*a*). Ms. Rey 1er jet : « on y associe *avec esprit l'art et la raison* ».

(*b*). « on les traite... élégance » manque dans Br.

(*c*). « à ébranler... vertu » manque dans Br., C.L., et Ms. Rey. Témoignage, entre beaucoup d'autres, du durcissement tardif de Rousseau contre ses anciens amis les « philosophes ».

(*d*). Ici Br. ajoutait : *Les gens d'un même métier pensent tous à peu près de même ; ils n'ont pas reçu leur jugement de la nature, mais de leur profession.* Cette phrase banale et inutile a été supprimée plus tard.

(*e*). Cette note où se dévoile brusquement l'auteur du *Contrat social* et de la *Lettre à d'Alembert* eft en effet d'insertion tardive. (Absente de Br., de C.L.) Supprimée dans l'éd. Rey, 1763.

1. « Un ton philosophe sans pédanterie, des manieres naturelles et pourtant prévenantes, également éloignées de la ruſticité Tudesque et de la Pantomime ultramontaine », ainsi parlait le pourfendeur de la civilisation dans son *Ier Discours.* En 1743, il avait été plus élogieux encore, et sa confidence toute proche d'une récente découverte : « On va dans des maisons où règne la politesse, le goût et la bienséance ; on eft tout étonné de s'y trouver comme dans un autre monde ; on y entend parler un langage fin et délicat qu'on n'entend point ; on y voit régner des manières douces et polies (...) Une femme vient à faire au jeune homme une queftion sur un point de science qu'on suppose lui devoir être connu, et dont il ne sait pas un mot. Que ne donneroit-il pas, dans cet inftant, pour avoir quelque chose à dire ! il se tait et rougit... » (*C.G.*, t. I, pp. 372-373).

Pour une grande part les réactions de Rousseau contre la vie parisienne et mondaine découlent de son extrême *timidité*. Plusieurs pages des *Confessions* éclairent les lettres de Saint-Preux : « Si peu maître de mon esprit, seul avec moi-même, qu'on juge de ce que je dois être dans la conversation où, pour parler à propos, il faut penser à la fois et sur le champ à mille choses (...) Je ne comprends pas même comment on ose parler dans un cercle (...) Là dessus ceux qui vivent dans le monde ont un grand avantage : sachant mieux ce qu'il faut taire, ils sont plus surs de ce qu'ils disent :

encore leur échappe-t-il souvent des balourdises. Qu'on juge de celui qui tombe là des nues ! il lui est presque impossible de parler une minute impunément. » (l. III, *O.C.*, Pléiade, t. I, p. 115, mais voir la note pp. 1286-1287 qui apporte aux déclarations de Rousseau d'importantes nuances). Au livre VII, à propos de sa rencontre, chez Mme de Bezenval, de Mme de Broglie et du Président de Lamoignon il déclare encore : « (ils avoient) ce petit jargon de Paris, tout en petits mots, tout en petites allusions fines. Il n'y avoit pas là de quoi briller pour le pauvre Jean-Jacques. » (*Ibid.*, p. 290). Rappelons enfin la page douloureuse du livre VIII sur son état d'esprit le lendemain du *1er Discours :* « Jetté malgré moi dans le monde sans en avoir le ton, sans être en état de le prendre et de pouvoir m'y assujettir, je m'avisai d'en prendre un à moi qui m'en dispensât. Ma sotte et maussade timidité que je ne pouvois vaincre, ayant pour principe la crainte de manquer aux bienseances, je pris pour m'enhardir le parti de les fouler aux pieds. Je me fis cynique et caustique par honte, j'affectai de mépriser la politesse que je ne savois pas pratiquer... » (*Ibid.*, pp. 368-369 et notes pp. 1437-1438).

2. La *croix pectorale* désigne l'état ecclésiastique, à cause de la croix portée par les évêques sur leur poitrine; l'*habit d'ordonnance,* l'état militaire; c'est « l'habillement uniforme que les Officiers et les soldats doivent avoir dans chaque Régiment » (*Dict. Acad.*, 1762); la *longue perruque* n'était plus au XVIIIe siècle que la marque de l'état parlementaire.

3. Cf. *supra,* p. 108, n. 1 et *infra* la fin de la lettre. Cf. aussi var. (*e*), p. 233.

P. 234.

(*a*). Br. : *parler.*

(*b*). « là dessus... aucune idée ». Dans Br. et C.L. ce développement était plus vif. Rousseau plus tard a cru bon d'insister en ajoutant « et qu'ils n'ont point lu », « et qu'ils n'ont point vu », « qu'ils ne connaissent point », et « dont ils n'ont aucune idée ».

(*c*). Ici Br. ajoutait : *Il y a aussi de certains écrits périodiques que leurs auteurs ont la malice de remplir tout exprès d'absurdités pour avoir le plaisir de les faire circuler ensuite chez tous les sots des Provinces. On prétend même qu'ils ont une manière très plaisante de mettre à contribution leurs confrères en les menaçant de les loüer s'ils ne fournissent pas telle somme dans un tel tems ; frayeur qui ne manque point de produire à l'instant son effet sur tous ceux qui ont plus d'argent que d'humilité.*

Ce texte, annonciateur d'un thème auquel Balzac devait donner une illustration éclatante dans les *Illusions perdues,* est révélateur des souffrances imposées à la sensibilité de Rousseau par la presse. Il se trouvait encore dans le Ms. Rey avec quelques variantes (leurs *badins* auteurs, *qu'ils font circuler ainsi, les autres auteurs* (au lieu de « leurs confrères »), *de les louer sans miséricorde*). On devine aisément les raisons de prudence qui ont incité Rousseau à supprimer au dernier moment cette agression contre un pouvoir déjà si fort.

Peut-être aussi a-t-il voulu éviter de faire apparaître Saint-Preux comme un « homme de lettres » et de donner à sa peinture un caractère trop satirique, trop personnel ? Il avait tâté du journalisme, avant le *1er Discours*, avec *le Persifleur* (cf. *Confessions*, l. VII, *O.C.*, Pléiade, t. I, p. 347).

1. Sur la protestation de Rousseau contre l'*hypocrisie* mondaine, on pourrait multiplier les textes à l'infini, depuis le *1er Discours* où il avait déclaré que le monde « offre les apparences de toutes les vertus sans en avoir aucune » et la *Dernière réponse* [*à Bordes*] : « plus l'intérieur se corrompt et plus l'extérieur se compose »; le *Discours sur l'Inégalité* où il opposait pour la première fois l'être au paraître, jusqu'à l'*Émile* (*O.C.*, Pléiade, t. IV, p. 515) : « L'homme du monde est tout entier dans son masque... », et aux *Dialogues* : les hommes « se montrent uniquement comme il leur convient qu'on les voye ». Et plus loin : « Tous mettent leur être dans le paroître... » (*2e Dialogue*, *O.C.*, Pléiade, t. I, p. 812). Cf. var. (*b*), p. 236. Sur la conversation, cf. lettres 16 et 17 et notes.

2. Sur cette critique du « conformisme » cf. le *1er Discours* où Rousseau parlait déjà de la « vile et trompeuse uniformité » de ce « troupeau qu'on appelle société » et de ces esprits « tous jetés au même moule ». Ce grief est essentiel à ses yeux puisque la vertu première est d' « être soi » (cf. p. 231, n. 2). Il y reviendra longuement dans la lettre 17. Cf., dans la lettre 3 (Ve partie), les idées de M. de Wolmar sur l'éducation qui doit s'attacher d'abord à mettre en valeur chez chaque enfant son « génie » propre. Cf. les remarques de B. Munteano, *Annales J.-J. R.*, t. XXXI, p. 134 sq. et le chapitre de P. Burgelin sur la *Dénaturation* : « l'être et le paraître », *la Philosophie de l'existence de J.-J. Rousseau*, pp. 215 sq.

3. Une dizaine d'années auparavant dans un curieux article destiné au journal *le Persifleur*, Rousseau avait écrit, utilisant une autre métaphore : « Quand Boileau a dit de l'homme en général qu'il changeoit du blanc au noir, il a croqué mon portrait en deux mots; en qualité d'individu il l'eût rendu plus précis s'il y eut ajouté toutes les autres couleurs avec les nuances intermédiaires. Rien n'est si dissemblable que moi-même (...) En un mot, un protée, un caméléon, une femme sont des êtres moins changeans que moi... » (*Le Persifleur*, *O.C.*, Pléiade, t. I, p. 1108). Et plus loin, il ironisait sur ses « âmes hebdomadaires » (*Ibid.*, p. 1110). « En tant que portrait personnel », dit B. Munteano au sujet de ce texte, « *le Persifleur* renferme, certes, une part de vérité constante — le Rousseau oscillant de toujours — et une bien plus grande de vérité contingente, toute relative à ces années difficiles... » (*Annales J.-J. R.*, t. XXXI, p. 108). On pourrait ajouter que, s'il ne mettait pas alors la société en accusation pour ces « variations » de son être, il notait cependant que notre comportement social nous impose de varier notre « moi » selon la personne avec qui nous sommes en rapport (cf. p. 1109).

P. 235.

(*a*). « surtout d'un moraliste » manque dans Br.

(*b*). « l'Évêque a le propos galant » manque dans Br.

(*c*). « L'homme d'État... Palais » manque dans Br.

(*d*). Note absente de Br. et C.L. Cette note a été sans doute suggérée à Rousseau par le maréchal de Luxembourg. Elle aurait pu l'être déjà par Mme d'Houdetot et par Saint-Lambert...

1. Sur l'antimilitarisme de Rousseau cf. *supra,* p. 108, n. 1. Voici le texte de Muralt auquel il fait allusion : « Que je vous dise un mot des Gens de guerre. Je le fais d'autant plus volontiers qu'ils font honneur à la Nation Françoise, et que ce sont ceux d'entre les François que je connois le plus particulièrement (...) Il y a généralement parmis les Gens de guerre moins d'étalage et plus de réalité (...) Dans leur Extérieur il y a quelque chose de plus naturel ou de moins affecté » (*Lettres sur les François,* éd. 1725, p. 320). Étrange Rousseau qui se met à reprocher aux militaires de ne s'être pas laissé assez façonner par les « progrès de la littérature » !

P. 236.

(*a*). Br. : *manières* puis *maximes.*

(*b*). Cette dernière phrase, si importante, est absente de Br.

(*c*). Br. : *lettre 76,* surchargé en *15.* En marge du début (f° 89) cette indication : *Dire quelque chose de Milord Édouard.* Ce « quelque chose » sera dans le *P.S.* qui termine la lettre. Dans les marges de ce même folio, on relève quelques phrases-pilotis pour la suite de la lettre : *Ce que vous ne feriez pas pour la vertu faites le au moins pour le bonheur et n'espérez pas être heureux sans elle.*

Mais suivez les chez eux quand ils ont posé le masque philosophique.

Souvent nous passons, comme deux folles, en moins d'un quart d'heure du rire aux larmes et de la joye à l'attendrissement. Elle pleure avec moi, ie ris avec elle.

(*d*). La citation se trouve dans le texte même de Br., que J.-J. Rousseau a traduit : *C'est ici qu'il chanta d'un ton si doux. Voilà le siège où il s'assit ; ici il marchait et là il s'arrêta ; ici d'un regard tendre il me perça le cœur ; ici il me dit un mot, et là je le vis sourire.* C'est un extrait du sonnet de Pétrarque : *Sennuccio, i' vo'che sappi in qual manera...* « Il » ou « Elle » sont interchangeables. Lamartine, reprenant la tradition de Ronsard, dans une autre utilisation fameuse de ce texte, reviendra à « Elle ».

(*e*). Éd. Rey, 1763 : *pur.* Peut-être pour éviter la répétition plus bas « touchant et tendre » mais aussi pour serrer de plus près la pensée.

1. Sur ces lacunes de l'information de Saint-Preux, cf. les reproches de Julie dans la lettre 18 et notre note 2 à la page 231.

2. Sur le thème de l'absence, cf. *supra,* p. 65, n. 3 et p. 69, n. 1. Ici Rousseau révèle un curieux aspect de sa sensibilité qu'il a plu-

sieurs fois avoué dans les *Confessions,* cf. en particulier au livre III : « Je ne sentois toute la force de mon attachement pour elle que quand je ne la voyois pas » (*O.C.*, Pléiade, t. I, p. 107) et au livre V : « Je la quittois pour venir m'occuper d'elle, pour y penser avec plus de plaisir, autre caprice que je n'excuse ni n'explique, mais que j'avoue, parce que la chose étoit ainsi. Je me souviens qu'une fois Made de Luxembourg me parloit en raillant d'un homme qui quittoit sa maitresse pour lui écrire. Je lui dis que j'aurois bien été cet homme-là. » (*Ibid.*, t. I, p. 181.)

3. Cette « première lettre » est évidemment la lettre 13. Les phrases de Julie sur l' « union des cœurs » correspondent aux phrases de Saint-Preux sur l' « union parfaite ». On s'étonne, à première vue, de voir une aussi pure jeune fille éprouver, à la lecture de cette lettre, des craintes telles qu'elle se croit obligée de faire à son amant un sermon sur le plaisir solitaire ! Celui-ci n'affirme-t-il pas, contre les « hommes grossiers » qui « ne prennent les transports de l'amour que pour une fievre des sens », la pureté de ses sentiments ? Mais Rousseau est un écrivain discret et Julie a des yeux étonnamment attentifs ! Elle n'a pas manqué de trouver inquiétante la dernière phrase du premier paragraphe où Saint-Preux avoue ses efforts pour « ranimer en (lui) l'espérance » et les « consolations suspectes » qu'ils lui procurent. D. Mornet qui jugeait ce passage « fâcheux pour le moins dans la bouche de Julie », signale que le fameux traité de Tissot, *l'Onanisme,* paru à Lausanne en 1760 et réédité plusieurs fois au XVIIIe siècle, était très admiré de Rousseau qui accusait ceux qui l'avaient prohibé à Paris de « sotise et de caffardise » (lettre à Tissot du 22 juillet 1762, *C.C.*, t. XII, p. 82). Il rappelle, en outre, que la liberté de discussion sur de tels sujets était alors, chez les femmes, beaucoup plus large que de son temps (1925) « même lorsqu'elles étaient honnêtes, décentes et cultivées » (*N.H.*, t. II, p. 316, n. 2). Mais il cite à l'appui Sophie Volland et Mme d'Houdetot dont la décence n'était pas de la même qualité que celle de Julie. En fait, il nous est permis même aujourd'hui, mais surtout en nous référant à l'époque où est situé le roman, d'être étonnés qu'une jeune provinciale de bonne famille adresse à son amant des propos aussi virils et médicaux. Nous le serons encore, bien qu'à un moindre degré, lorsqu'à la fin du roman, Julie, épouse et mère, exposera à Saint-Preux les dangers de la continence (cf. V, 13, p. 625, n. 1 et VI, 6, p. 665, n. 2).

L'explication de cette invraisemblance réside d'une part dans l'identification constante et inconsciente établie par le romancier entre lui et son héros, Julie et Mme de Warens; d'autre part dans le besoin incoercible d'aveu qui lui dictera beaucoup d'autres lettres et en particulier celle sur la « partie chez les filles » (II, 26). On sait que Jean-Jacques, à la fois sensuel et timide, a eu de bonne heure recours à ce « dangereux supplément de la nature ». Il s'est étendu là-dessus dans les *Confessions* (en particulier dans le livre III). En 1756, il n'était pas guéri de « ce vice que la honte et la timidité trouvent si commode et qui a, de plus un grand attrait pour les imaginations vives » (*O.C.*, Pléiade, t. I, p. 109). C'est à la lumière de ce texte qu'il faut lire la page du livre IX des *Confessions* où il décrit son état lorsqu'il se rendait chez Mme d'Houdetot (*Ibid.*, p. 445). Ici comme dans les *Confessions,* Rousseau n'appuie sa condamnation de l'onanisme que sur des motifs d'ordre médical ou hédoniste.

P. 237.

(*a*). Ms. Rey 1er jet : *à force de* corrigé en : *au lieu de*. Finalement Rousseau est revenu à son premier texte, sacrifiant la décence à la vérité.

(*b*). C.L. : *des maisons, n'aurois tu point pris l'esprit général du pays*. Noter que, dans cette correction de dernière heure, Rousseau fait commettre à Julie le péché qu'elle reproche à Saint-Preux !

(*c*). Dans Br. la citation était en marge, et sans référence au Cavalier Marin. Rousseau s'est trompé. Le vers n'est pas du Cavalier Marin, mais d'un « mariniste », Claudio Achillini, dans son poème *A Luigi XIII dopo la presa de la Rochella e la liberazione di Casale*. Vers très vite célèbre. (Note due à l'obligeance de M. Marcello Spaziani.)

1. Ce développement, qui s'ouvre et qui s'achève par le mot « bel-esprit », est d'une grande importance. Dès les premiers mots de sa préface, Rousseau prendra soin d'affirmer que ses héros ne sont pas des *beaux-esprits* (cf. *supra,* p. 6, n. 2), et dans la *Préface dialoguée* il développera longuement ses vues sur le langage qui doit exprimer exactement la vérité des personnages. Dans cette lettre, dans la suivante, et dans la lettre 28, où Julie reprendra le problème de la conversation, Rousseau, sous les apparences d'une dispute entre amoureux, nous livre les éléments d'un véritable *Discours sur le style*. Les principes en sont nets. Refus du bel esprit, refus de l' « esprit » tout court, cette « manie françoise » qui ne sert qu'à mentir; appel à la vérité et à la simplicité. Mais, d'autre part, au nom même de la vérité, lorsqu'il s'agit d'amour, de sentiments passionnés, justification des « figures », fussent-elles « sublimes ». L'auteur de l'*Essai sur l'origine des langues* avait longuement réfléchi à ce problème de l'expression des passions (cf. sur ce point, p. 16, n. 1. Cf. aussi Jean Starobinski, *J.-J. Rousseau. La transparence et l'obstacle,* chapitre « Le pouvoir des signes », pp. 172-206, et J.-L. Bellenot, *Annales J.-J. R.*, t. XXXIII, pp. 153-154, qui montre comment Rousseau a redécouvert une nouvelle rhétorique amoureuse). Le romancier-poète répondait à l'avance à des critiques où se rejoindraient, au nom du purisme classique, d'aussi inconciliables adversaires que Voltaire et Palissot (cf. Al. François dans Brunot, *Histoire de la langue française,* XVIIIe siècle, p. 1058). Mais il y avait longtemps qu'il avait commencé à railler le *bel esprit* en le rattachant à la « politesse ». Peut-être faut-il voir même une source

directe de la critique de la métaphore des « habits » dans le débat qui l'avait récemment opposé à un « bourgeois de Bordeaux ». Par une lettre ouverte, publiée dans le *Mercure* de janvier 1756, en réponse aux attaques d'un contradicteur anonyme, il avait accusé celui-ci d'être un « bel esprit » (*C.C.*, t. III, p. 213). Un « bourgeois de Bordeaux » lui avait fait une longue réponse où il était question de « cette douceur gracieuse et liante qui doit être comme l'habit de la véritable vertu » (*Ibid.*, p. 263). Rousseau l'avait renvoyée au Directeur du *Mercure* en l'autorisant à la publier avec ces mots ironiques qui révèlent combien l'atteignait au vif tout ce qui touchait à ces problèmes de savoir-vivre : « Elle me paroît agréablement écrite, assaisonnée de cette ironie fine et plaisante qu'on appelle, je crois, *de la politesse...* » (*Ibid.*, p. 272).

P. 238.

(*a*). « dit notre Muralt... » Ces mots sont absents de Br. Il semble que Rousseau ait porté ce jugement spontanément. Puis ayant lu ou relu Muralt et y trouvant un développement sur ce sujet, il n'a pas voulu avoir l'air de découvrir l'Amérique.

(*b*). « avec cette différence... le moins » manque dans Br. et C.L. Le texte actuel a été inventé — à grand-peine — dans Ms. Rey : *(et) je te trouve à toi même du penchant à (cette) la même manie (sans ?) (avec cette différence qu'elle ne t'est pas aussi naturelle et ne te va pas aussi bien)*. Le texte actuel a été inscrit dans l'interligne.

(*c*). C.L. : *éloigné de l'amour que le ton glacé de l'indifférence.*

(*d*). C.L. ajoutait ici cette citation empruntée à la *Morte d'Abele,* de Métastase (IIe partie) :

E parla anche il diletto
Co segni del dolor

P. 239.

(*a*). C.L. ajoutait : *et quoiqu'elle aime sincèrement.*

(*b*). Ms. Rey 1er jet : *et quoiqu'elle en dise, son cœur... sort. C'est ainsi qu'une eau...* Rousseau a corrigé ensuite pour obtenir le texte actuel.

1. La distinction entre *prêt à* et *près de* n'est pas encore affirmée. Elle le sera en 1787. Féraud écrit alors dans son *Dictionnaire :* « *Près de* et *prêt à* ont des sens différents; le premier signifie sur *le point de...*, le second, *préparé à.* »

2. Le 23 novembre 1756, Deleyre annonçait à Rousseau « (Madame Le Vasseur) marie demain sa petite-fille qui se désole à l'approche d'un époux. J'augure assez bien de cette peine; j'imagine que c'est un dernier effort de la pudeur virginale. C'est une eau pure qui commence à se troubler au premier souffle de vent. Dites de belles choses là-dessus, vous qui en avez le loisir et le talent. » Nous saisissons ici l'écrivain en flagrant délit de transcription directe de la réalité dans la fiction. Délit dont il n'a aucun remords

puisqu'il a conservé cette lettre en y ajoutant cette note : « J'ai répondu à son invitation, en employant cette pensée dans *la Nouvelle Héloïse,* Deuxième Partie, Lettre XV ; et en vérité, elle est si belle que j'aurois cru la gâter en y changeant autre chose que quelques termes. » (*C.C.*, t. IV, p. 123). Artiste exigeant, il y a pourtant changé bien plus que quelques termes ! nous possédons au moins trois états, outre l'original de cette modeste phrase ! (cf. var. (*b*), p. 239).

P. 240.

(*a*). Br. : *Lettre 77* surchargé en *16*. Lettre très travaillée. On y trouve, non sans étonnement, inscrites dans les marges (f° 95) une série de phrases-pilotis, ébauches de la lettre 7 (celle où Julie répond à la lettre 1) : *Oses-tu cruel accabler de tes reproches un cœur flétri de tristesse. Tes reproches me sont plus amers que l'ignominie. Que j'ai honte maintenant de l'erreur qui m'a séduite. Ah ! si j'avais connu cette âme rampante et basse*... Faut-il en conclure que la lettre 7 aurait été rédigée postérieurement à la lettre 16 ? On hésite à le faire, bien que ce ne soit pas absolument impossible. Il est certain que le romancier a fortement et à plusieurs reprises brassé la matière première que lui offraient les lettres des deux premières parties. Il n'est jamais parvenu à les organiser d'une manière parfaitement satisfaisante. Et nous ne parviendrons jamais à capter tous les secrets de son travail.

P. 241.

(*a*). Br., C.L. : *la débauche*. Corrigé dans Ms. Rey. Tardive et légère atténuation pour éviter d'irriter outre mesure le public dévot. C'est la seule que Rousseau a consenti à faire.

1. Cf. p. 231, n. 2. Rousseau n'était pas incapable de prendre ce ton. La lettre sur l'Opéra en est la preuve (et la *Lettre sur la Musique françoise* et l'*Epître à M. de l'Etang*), mais ces formes de style où s'expriment les mouvements les moins purs de l'être lui faisaient honte (cf. *Confessions,* l. IV, *O.C.*, Pléiade, t. I, p. 162). En tout cas, elles étaient exclues d'une œuvre qui devait baigner dans un climat de pure sérénité et d'entente parfaite des cœurs.

P. 242.

1. Notons l'importance accordée aux questions de méthode. Cet « idéaliste » a un sens aigu de la réalité et des moyens les meilleurs d'en avoir une exacte connaissance. Il énonce, près d'un siècle à l'avance, quelques-uns des principes sur lesquels se fonderont les sciences modernes de l'histoire, de la sociologie, et de la géographie humaine... et le roman balzacien. Le *Tableau de la France,* et *la Comédie humaine* ont ici leur origine. En particulier cette idée si chère à l'auteur des *Scènes de la vie parisienne* que Paris use, désorganise l'être humain, le réduit à l'anonymat, tandis que la Province,

qui exaspère les différences, demeure un étonnant conservatoire d'« originaux ». Ayant ouvert la voie, Rousseau a refusé de la suivre. Faute de courage ? Faute d'expérience ? Plus probablement, faute de désir. Cet observateur si doué, au regard perspicace, est furieusement « intellectuel ». Il se veut théoricien. Il ne brossera pas le *Tableau de la France,* il construira le *Contrat social !* On voit, par l'allusion à la lettre sur le Valais, combien les différentes parties du roman s'équilibrent et sont nécessaires à l'ensemble.

P. 244.

1. Sur les délires sensuels de Saint-Preux et ceux de Jean-Jacques, cf. *supra,* p. 231, n. 3.

P. 245.

(*a*). Br. : *Lettre 78* sans surcharge. Donc, texte primitif et certainement antérieur à la *Lettre à d'Alembert,* dont il esquisse déjà plusieurs développements. Pourtant l'écriture régulière et le très petit nombre de corrections prouvent qu'il s'agit déjà d'une copie.

1. Cette page est une des plus belles du roman par l'intensité avec laquelle y est traité le grand thème de l'Amour-Passion. Mornet (*N.H.*, t. II, p. 328, n. 1) rappelle très opportunément un très beau cri de la « Religieuse portugaise » : « Adieu !... aimez-moi toujours, et faites moi souffrir encore plus de maux. » Mais, contrairement à ce qu'il a pensé, ces textes n'expriment pas le « plaisir » de « souffrir d'amour », mais le pressentiment des périls suprêmes qui menacent l'amour : l'*indifférence* et l'*oubli.* Le cri d'orgueil de l'homme parvenu au sommet du bonheur et qui pense avoir réalisé le vieux rêve de l'éternel Adam : « Vous serez comme des Dieux ! » est aussi le cri d'angoisse de l'être qui sait qu'il est soumis à la loi inexorable du temps, et bénit la souffrance parce qu'elle entretient en lui ce feu de l'amour qui est le feu même de la vie.

P. 246.

1. Sur l'importance accordée par Rousseau-Saint-Preux aux questions de méthode, cf. *supra,* p. 231, n. 2. Le problème ici posé est celui de tout romancier. On sait l'acuité qu'il prendra pour un Proust et comment la solution lui en fut apportée dans la « révélation » merveilleuse décrite à la fin du *Temps retrouvé.* Rousseau en 1756, comme Proust en 1906, ont fait l'essai « presque impossible » de « partager la vie entière en deux grands espaces, l'un pour voir, l'autre pour réfléchir ». Mais leur « réflexion » a été une création ou plutôt une « recréation ». De là peut-être sa fécondité et sa durée.

2. Les protestants étaient encore à cette époque écartés de tous les emplois par les lois du Royaume.

P. 247.

1. C'est bien le texte de Ms. Rey.

Accord du participe conforme aux règles reconnues par Vaugelas et Malherbe; on opposait « Les connaissances que Milord Edouard m'a donn*ées,* et les connaissances que m'a donn*é* Milord Edouard ». C'est encore cette règle d'accord que préconise Féraud dans son *Dictionnaire grammatical* de 1761 avec l'exemple : « La justice que vous ont *rendu* vos juges », mais « la justice que vos juges vous ont *rendue* ».

Mais en 1768 il adopte les règles de l'accord du participe sous leur forme actuelle qui leur avait été donnée par l'abbé d'Olivet. Cf. BRUNOT, *Histoire de la langue française,* t. VI, IIe partie, fasc. 2, pp. 1718 sq.

2. Littré parle de *visites réglées,* de *bals réglés,* non de *dinés réglés.* Mais le sens est clair. Il s'agit de repas qui se déroulent à jours fixes, d'où est exclue l'intimité, la familiarité parce que les invités y sont trop nombreux, tandis que ceux des repas « priés » sont des élus, des « happy few » aurait dit Stendhal. Sur ces grands dîners que chacun paye comme il peut, en esprit ou en flatteries, Diderot nous a donné un éblouissant reportage dans le *Neveu de Rameau.*

P. 248.

(*a*). « ou à rire de ce qu'il n'entend point » manque dans C.L.

1. On sait la place occupée par cette opposition entre le vice et le ridicule dans la *Lettre à d'Alembert* et la violence avec laquelle Rousseau reproche à la comédie en général, à celle de Molière en particulier, de s'attaquer au second et non au premier et ainsi de faire le jeu du vice (éd. Fuchs, pp. 35, 45, 62).

En comparant les textes on verra combien celui du roman est plus modéré, plus ironique. Rousseau en 1758 durcira sa position. Treize ans plus tôt, lorsqu'il avait abordé pour la première fois cette opposition, il s'était montré plus indulgent : « Pour le ridicule », écrivait-il dans son mémoire à Mme Dupin, « quand il est grossier il est impossible qu'il échappe aux yeux des enfans et comme on en rit volontiers et que cela leur plaît, il est bon de ne les pas laisser en doute sur le principe d'un effet qui est si fort de leur goût. D'ailleurs, les lois qui ont êtabli des juges et des châtimens pour punir le vice nous ôtent le droit de nous en mêler; mais les ridicules sont pour toutte punition abandonnez à la raillerie publique, et il n'est pas tout à fait injuste qu'ils subissent le seul genre de peine qui leur convient pour l'incommodité qu'ils causent dans la société. » (*O.C.,* Pléiade, t. IV, p. 20.)

2. Une fois de plus, Rousseau ouvre la voie à Balzac (cf. la conversation entre Mme de Beauséant et Mme de Restaud sur le père Goriot) et surtout à Proust et à ses étonnants développements sur le langage des coteries Verdurin ou Guermantes, mais il insiste davantage sur les satisfactions de vanité de l' « initié » qui possède la « clef », le « chiffre », et sur les souffrances de l'exclu « reduit à l'ennui et au silence ». Sur le caractère autobiographique de cette page, cf. *supra,* p. 232, n. 1.

P. 249.

(*a*). Note absente de C.L., inscrite dans Ms. Rey, moins la dernière phrase qui a été ajoutée sur épreuves.

1. Cette condamnation de la « philosophie » parce qu'elle est triste, pessimiste, avilissante est un thème où se retrouvent tous les Rousseau, celui de 1740 qui proteste contre le « maître dur et farouche » dont les « belles instructions (...) forment tous les jours ces petits faiseurs de satyres et d'Epigrammes et cette foule de furies dont les langues et les plumes dangereuses (...) deviennent (...) l'horreur et le fléau de la société » (*Mémoire présenté à M. de Mably...*, *O.C.*, Pléiade, t. IV, pp. 18-19); celui de 1752 qui écrit : « Le goût de la philosophie relâche tous les liens d'estime et de bienveillance qui attachent les hommes à la société » (*Préface de Narcisse,* cf. p. 967); celui de 1762 qui reproche aux matérialistes de « calomnier le genre humain » et s'écrie : « Ame abjecte, c'est ta triste philosophie qui te rend semblable [aux bêtes] » (*Profession de foi, O.C.*, Pléiade, t. IV, p. 582).

2. Sur ces raffinements d'expression dans la littérature du début du siècle, cf. Alexis FRANÇOIS, « Le XVIIIe siècle », dans l'*Histoire de la langue française* de F. Brunot, mais surtout l'étude de Frédéric Deloffre sur *Une préciosité nouvelle, Marivaux et le marivaudage,* Paris, 1955.

3. L'histoire des Tyrinthiens est racontée dans un des *Dialogues des Morts* de Fontenelle *(Parménisque* et *Théocrite de Chio) :* Pour recouvrer un peu de sérieux, les Tyrinthiens, peuple léger et rieur, vont consulter l'oracle de Delphes qui leur ordonne de sacrifier sans rire un taureau. Un enfant se glisse au premier rang. On le réprimande : « Quoi, riposte-t-il, avez-vous peur que je n'avale votre taureau. » Et le rire de se déchaîner...

P. 250.

(*a*). Note absente de C.L.

1. Sur l'importance accordée par Rousseau à cette critique du conformisme social, cf. *supra,* p. 231, n. 2. Sur la critique du savoir-vivre, cf. le mot profond de Saint-Preux dans sa description de Clarens : *on y sait vivre* (cf. p. 528, n. 1).

Il y aurait une passionnante étude à faire, à la fois sociologique et littéraire, sur les « bienséances » dans la littérature classique. Jean Fabre en a écrit un chapitre suggestif à propos de *la Princesse de Clèves* (« Bienséance et sentiment chez Mme de La Fayette », *Cahiers de l'Association internationale des études françaises,* mai 1959, n° 11, pp. 33-66.

2. Plus encore que de l'importance attachée par Rousseau au problème des « bienséances », cette note est révélatrice du besoin d'aveu et de justification sous-jacent au roman. Le père de Jean-Jacques était mort le 9 mai 1747 : « Je sentis moins cette perte que

je n'aurois fait en d'autre tems où les embarras de ma situation m'auroient moins occupé », raconte-t-il froidement au livre VII des *Confessions* (*O.C.*, Pléiade, t. I, p. 339). Suit le récit des démarches couronnées de succès que fit aussitôt après, sur sa demande, son ami Gauffecourt pour lui obtenir la part qui lui revenait encore de l'héritage de sa mère.

P. 251.

(*a*). *mais peu touchantes* et *du peuple qu'elles amusent* sont absents de C.L.

1. Rousseau était un passionné de théâtre. Il ne l'avait pas pratiqué seulement en spectateur, mais en auteur. Cf. là-dessus, dans ce volume, les commentaires de Jacques Schérer sur ses essais de littérature dramatique. En 1752, il avait affronté le public avec *Narcisse,* et, après l'échec, publié sa pièce, en la faisant précéder d'une importante *Préface.* Au même moment, son ami Diderot élaborait sa doctrine du « drame bourgeois ». Il est certain que les deux compagnons de lutte ont échangé leurs vues sur les problèmes concernant l'art dramatique. Ainsi s'expliquent les nombreux rapprochements qu'on peut établir entre leurs théories. D'autre part, un an ou quinze mois après avoir écrit cette lettre, Rousseau pour sa réponse à d'Alembert fut conduit à en reprendre quelques éléments; mais, disposant d'un cadre plus large, il y approfondit davantage sa pensée, montrant par exemple par sa critique de *Mahomet,* du *Misanthrope* ou de *Bérénice* que l'œuvre d'art devait, par sa nature même, viser le Beau et non le Bien, qu'elle risquait de ne jamais pouvoir être à la fois utile et belle. Il s'y plaçait beaucoup plus sur le terrain de l'utilité publique, du bien de la « Cité », que sur le terrain du vrai. Mais comme, pour lui, esthétique et éthique ont tendance à se rejoindre, les deux œuvres sont malgré tout très proches l'une de l'autre.

2. La Comédie italienne à l'Hôtel de Bourgogne; l'Académie royale de musique (l'Opéra) au Palais-Royal; et la Comédie-Française, rue des Fossés-Saint-Germain (ou rue de l'Ancienne-Comédie). L'Opéra-comique qui donnait des représentations intermittentes à la foire Saint-Germain ne fut réuni à la Comédie italienne qu'en 1762.

3. Le développement a été repris et plus largement traité dans la *Lettre à d'Alembert,* éd. Fuchs, p. 44 et pp. 104-105. On découvre ici l'une des sources de la révolution romantique au théâtre.

P. 252.

(*a*). « Ce sont des Bourgeois, des hommes, du peuple, des gens de l'autre monde. » Entre *des hommes* et *du peuple,* la virgule existe dans les deux éd. Rey, 1761 et 1763; ce n'est pas une faute d'impression. Elle figure dans le Ms. Rey, et est confirmée par le texte de C.L. : *C'est du peuple, ce sont des bourgeois, des hommes, des gens de l'autre monde.*

(*b*). « On n'y sait... habit doré » manque dans Ms. Rey.

1. Même critique de la Comédie dans la *Lettre à d'Alembert* (éd. Fuchs, pp. 24 sq. et pp. 60-62). Mais Rousseau s'y place sur un autre plan. Il ne trouve pas du tout hors du réel Dancourt ni Regnard, il les condamne au nom de la morale, leur reprochant d' « amuser les femmes perdues » et « d'encourager les filoux ». Il s'engage d'autre part dans un long réquisitoire contre la place démesurée faite à l'amour (pp. 62-70). Il semble qu'il ait alors visé surtout Marivaux. Mais n'est-ce pas à lui aussi que s'attaque ici Saint-Preux quand il regrette l'abus des « conversations » et le choix exclusif des personnages dans la haute société ? Sur la valeur des critiques de Rousseau, cf. D. MORNET, *N.H.*, t. II, p. 341, n. 2 et Félix GAIFFE, *le Drame en France au XVIII*e *siècle,* Paris, 1910.

2. Cf. var (*a*), p. 252. Les mêmes mots ont été employés par Rousseau dans sa *Préface,* mais dans un sens tout différent ! (cf. *supra,* p. 12, n. 1). Il y a cependant, dans les deux cas, un accent d'ironie dans la bouche de ceux qui parlent de cet « autre monde » qui n'est pas « le » monde, qu'ils méprisent radicalement et dont ils vont jusqu'à nier l'existence. On sent ici passer une fois encore l'indignation du roturier humilié, de l'homme à pied.

3. Les places sur la scène où les « marquis » de Molière manifestaient si insolemment leur présence furent supprimées en avril 1759. Mais Rousseau s'est bien gardé de corriger son texte, puisque Saint-Preux est censé écrire aux environs de 1735.

P. 253.

(*a*). « quelqu'un disait... pièces françoises » : ajouté en marge dans Br. Le trait se trouve dans Plutarque, une fois de plus ! *Comment il faut ouïr,* chap. VII. Mais il a été repris par Montaigne (*Essais,* t. III, chap. VIII) : « Mélanthius, intérrogé de ce qu'il luy sembloit de la tragédie de Dionysius : *Ie ne l'ay, dict-il, point veue, tant elle est offusquée de langage.* » Plutarque, Montaigne, inséparables amis. Jusqu'à la dernière minute, le romancier les a feuilletés... à moins que ce ne soit un de ses souvenirs de lecture qui a brusquement surgi à sa conscience ?

(*b*). « à l'imitation des Anglois » manque dans C.L. Faut-il voir dans cette précision de dernière heure, à un moment où la tension entre Rousseau et Voltaire est devenue extrême, un désir de diminuer l'originalité du grand rival ?

(*c*). « et de Molière » ne se trouve pas dans Br., ni dans C.L. pas plus que la note par conséquent. Mais les deux ajouts ne correspondent évidemment pas au même mouvement. La note est née d'un scrupule plus tardif. Les nombreux rapprochements que nous avons établis entre le roman et certaines tragédies de Racine montrent assez combien ce scrupule était justifié.

1. Le Ms. Rey et les deux éditions Rey 1761 et 1763 donnent bien : *auteur,* qui ne fournit pas un sens impossible à déchiffrer. C'est pourquoi nous l'avons gardé. La correction en *ac*teur serait pourtant satisfaisante surtout si l'on compare cette phrase avec celle de la lettre 23 : « Les mêmes spectateurs qui ne peuvent revêtir un Comédien de son personnage ne peuvent à l'Opéra séparer un Acteur du sien. »

P. 254.

(*a*). « et l'on ne songe... dira » manque dans C.L.
(*b*). « Alzire est Mlle Gaussin » manque dans C.L.
(*c*). « et un seul propos... intégrité » absent de C.L.

1. Sur les critiques analogues à celles de Rousseau chez des contemporains et en particulier Diderot, cf. une longue note de D. Mornet, *N.H.*, t. II, pp. 343-344. Mais il faut voir le lien qui unit cette critique de la tragédie à la conception générale de l'art chez Rousseau, tout entière dominée par l'exigence de *vérité.* Son enthousiasme pour la musique italienne, sa critique de l'opéra français s'expliqueront de la même manière, et aussi, dans la *Lettre à d'Alembert,* sa critique du métier même de comédien, hypocrite par définition et pire qu'hypocrite, « néantisé » par son personnage (éd. Fuchs, p. 108).

Toutefois Rousseau veut que l'Art représente le vrai grâce à l'*illusion.* Ce qu'il reproche au théâtre français c'est de ne pas assez chercher le *naturel* et l'*illusion.* L'essentiel de cette page si riche est la claire formulation d'une *esthétique du* « *je* » — appelée à quelle illustre carrière ! — opposée à celle du *on* sur laquelle était fondé l'art classique. Rousseau, qui a, par ailleurs, de profondes affinités avec l'auteur des *Pensées,* est, sur ce point, l'anti-Pascal par excellence. Non seulement pour lui, le « moi » n'est pas « haïssable », mais il est source de vérité. Le devoir premier de l'écrivain est de se connaître, et de s'exprimer. Le « projet » des *Confessions,* tel qu'il sera explicitement formulé dans le premier préambule, est ici en germe. Mais, sentimental incorrigible, Rousseau a tendance à identifier expression du moi et expression du sentiment. La note restrictive de dernière heure sur Molière est, à cet égard, significative.

2. La dynastie des Baron a joué pendant près d'un siècle sur les divers théâtres de la capitale. La réputation d'Adrienne Lecouvreur (1692-1731) fut immense en dépit de la brièveté de sa carrière à la Comédie-Française (1727-1731). Jeanne-Catherine Gaussin (1711-1767) a débuté en 1731. Quant à François Grandval (1710-1784), il remplit de 1730 à 1767 d'innombrables rôles. Ces quatre acteurs jouaient à la Comédie-Française en 1731, lors du premier et bref séjour de Rousseau à Paris. Deux d'entre eux, Baron et Adrienne Lecouvreur, moururent cette année-là. Rousseau raconte dans ses *Confessions* que Mlles Gaussin et Grandval tinrent les rôles d'amoureuses dans sa comédie de *Narcisse.*

3. Pour ce jeu sur le mot *honnête,* cf. *supra* note sur la lettre 22 de la Ire partie, p. 75, n. 5.

P. 255.

(*a*). « sans plaisirs » manque dans C.L., addition nécessaire pour rassurer Julie.

1. Bel exemple de ces images précieuses que critique Julie, mais que Rousseau utilise très consciemment et dont il est secrètement fier.

2. L'emploi de ce mot dans un sens péjoratif vaut d'être relevé à cause de la phrase fameuse que prononcera Julie vers la fin du roman « le pays des chimères est en ce monde le seul digne d'être habité... ». Y a-t-il donc pour Rousseau chimères et chimères ? Tout son effort dans *la Nouvelle Héloïse* vise à enseigner aux hommes les vrais plaisirs, le chemin du vrai bonheur. Mais le roman est aussi l'œuvre d'un poète, créateur d'un « monde enchanté » qui ne saurait être que « l'autre monde », un monde chimérique.

P. 256.

(*a*). Br. : *Lettre 79* surchargé en *18. De Julie.* Lettre très travaillée.

(*b*). « charmer mes yeux ». C.L. : *flatter mon cœur.* Équivalence significative : rien n'est beau pour Rousseau qui ne touche d'abord son cœur; mais il s'agit peut-être seulement du désir d'éviter la répétition du mot *cœur* qui se trouve à la fin de ce paragraphe et au début du suivant.

1. Nouvelle image hardie et frappante au terme d'une admirable lamentation lyrique. Il faudra attendre cent ans pour voir apparaître dans notre littérature avec l'*Examen de Minuit,* un poème aussi émouvant. Mais Baudelaire n'achèvera pas sa plainte par cet acte de foi en l'amour. Il priera Dieu de lui donner comme seule consolation possible dans sa misère, la grâce d'écrire un beau poème.

2. Sur l'importance pour l'action du mariage de Claire, cf. *supra,* p. 231, n. 2. L'intérêt majeur de cette lettre est de faire apparaître chez Julie un sens très exigeant du mariage. Elle nous prépare à comprendre la profondeur tragique du débat intérieur auquel l'obstination de son père va la condamner et l'authenticité des développements de la lettre 18 de la IIIe partie contre l'adultère. Cette lettre, le manuscrit le prouve (cf. var. (*a*), p. 256) est sûrement « primitive », ce qui nous montre une fois de plus l'erreur fondamentale qu'est la distinction entre le « rêve de volupté » et l' « instruction morale » ! Cf. Introduction, pp. XXXVII-XLII et *supra,* II, 21 (et notes). Nous sommes seulement gênés de voir Julie se déclarer « coupable » et « corrompue » alors que tous ses confidents lui ont dit et qu'elle a répété elle-même le contraire (cf. var. (*a*), p. 257).

P. 257.

(*a*). « Dépositaire... ses devoirs ». On trouve en marge, dans Br., en face de ce développement deux textes, certainement postérieurs au texte initial plutôt ajouts que variantes, mais finalement non retenus par Rousseau. *Outre ce qu'elle se doit à elle-même, l'honnête femme a des devoirs à remplir envers son mari, envers sa famille, envers le public ; Il ne lui suffit pas de mériter l'estime d'un époux, il faut encore qu'elle l'obtienne ; s'il la blâme elle est blâmable, et fût-elle innocente elle a tort sitôt qu'elle est accusée, car les apparences mêmes entrent dans ses devoirs envers son mari. — Le compte qu'on doit à un autre de sa personne et l'obligation d'avoir égard aux apparences ainsi qu'à la réalité rendent une honnête femme beaucoup plus circonspecte qu'une fille même, et la modestie conjugale est d'autant plus scrupuleuse qu'outre l'engagement de la fidélité une mère de famille doit l'exemple de toutes les vertus à ses enfants et à ses domestiques.*

En outre, dans Br. après « devoirs » Rousseau avait ajouté : *Sur ce pied-là, je ne vois pas, mon ami, que Madame d'Orbe puisse continuer d'être notre confidente, dans un(e) (liaison) amour malheureux que son mari doit regarder comme illégitime. Cet honnête homme, plein de sens et d'honneur, mais trop borné pour sortir des règles générales et voir (ce qu'il y a maintenant d'honnête dans le lien qui nous unit) que le lien qui nous unit est désormais un devoir (pour nous) ne sauroit approuver que (sa f.) ma cousine s'en mêle plus longtems — Etant amant il usoit de complaisance, il vouloit plaire et il faisoit volontiers pour sa maîtresse dont il connoîssoit le cœur, ce qu'il ne permettroit pas à sa femme. Il nous aime tendrement, j'en suis sure, mais il aime encore plus l'honneur, et nous devrions nous-mêmes nous défier de lui s'il souffrait que sa maison fût le centre (?) de notre commerce.*

C'est (donc) à nous ce me semble de prévenir l'embarras où ces deux époux peuvent être, et, dussions-nous même manquer d'autre ressource c'est bien le moins que nous devions faire de leur épargner une peine dont leur seule amitié pour nous est la cause.

Pourquoi cette suppression ? Sans doute pour ne pas donner trop de relief à ce personnage de M. d'Orbe qui ne doit être qu'une « utilité ». Peut-être aussi pour ne pas faire tenir trop tôt à Julie des discours sur la conduite de la parfaite épouse, qui trouveront mieux leur place après son mariage.

(*b*). Paragraphe ajouté en marge dans Br.

1. Archaïsme. La construction actuelle « avoir confiance en » est la seule proposée par le *Dictionnaire de l'Académie de* 1762. Sur cette opposition *instinct-raison,* cf. *supra,* p. 226, n. 3. Instinct a ici le même sens que cœur, sentiment, nature ou conscience (laquelle est un « instinct divin »). Rousseau, dit L. Brunschvicg, « ne prétend ni rabaisser la raison humaine au profit de l'instinct animal, selon le paradoxe de l'*Apologie de Raymond Sebond,* ni rendre compte de celle-là par celui-ci, comme Hume avait été tenté de le faire. Mais il détache l'instinct du plan de l'animalité, pour le transporter dans une sphère où l'homme rejoint immédiatement Dieu » (*Les Progrès de la Conscience dans la philosophie occidentale,* p. 272). P. Burgelin qui cite ce texte ajoute celui de Pascal : « Nous avons un instinct que nous

ne pouvons réprimer qui nous élève » (*La Philosophie de l'existence de J.-J. Rousseau,* p. 72). Cf. la très importante variante (*c*), p. 263, pour la lettre suivante.

P. 258.

1. Cf. *supra,* p. 219, n. 1.

P. 259.

(*a*). Tout le paragraphe a été ajouté en marge dans Br. Il comportait en ce premier état quelques variantes intéressantes : *Si la France n'éclairoit notre païs, il seroit encore barbare.* La phrase sur Henri IV n'existait pas. À la place de « mais je vois qu'ignorant... Quoi qu'il en soit... » : *mais pour qu'elle justifiât les médisances il faudroit, le caractère français mis à part, trouver dans toute société trop nombreuse la cause de tous les défauts que tu reproches à celle de Paris, preuve qui ne me paroît pas facile à faire.*

1. C'est Julie qui parle, et elle corrige Saint-Preux; mais sur le fond des choses les amants sont d'accord. Cf. l'affirmation de Saint-Preux — s'opposant à Muralt — au début de la lettre suivante. Cette déclaration d'amour du « citoyen de Genève » n'est nullement dictée par la prudence. Il s'est expliqué dans le livre V des *Confessions* sur une « partialité » qui s'était manifestée pour la première fois en 1733 lors de l'entrée en guerre de la France contre l'Empereur : « Si cette folie n'eut été que passagére, je ne daignerois pas en parler; mais elle s'est tellement enracinée dans mon cœur sans aucune raison que lorsque j'ai fait dans la suite à Paris l'anti-despote et le fier républicain, je sentois en dépit de moi-même une prédilexion secrette pour cette même nation que je trouvois servile, et pour ce gouvernement que j'affectois de fronder. » Il explique ensuite que la cause profonde de cette partialité réside dans sa passion pour la littérature et le prestige qu'avaient à ses yeux — comme ils l'auront plus tard à ceux du jeune Proust — les descendants vivants des grands capitaines dont il avait lu les exploits dans Brantôme ! (*O.C.*, Pléiade, t. I, pp. 182-183 et notes pp. 1318 et 1319). Il nous donne ici une explication différente et plus profonde : si les Français ne sont pas « libres » politiquement, ils sont « vrais ». Mais alors, le « conformisme », l' « hypocrisie » ? La contradiction reflète une réalité paradoxale : la France, Paris sont une nation, une cité où coexistent le conformisme social le plus poussé et la liberté de pensée la plus audacieuse, la vanité la plus aveugle et la lucidité la plus exigeante. Cet hommage rendu à la France en 1756 éclaire le refus d'une installation définitive à Genève après le voyage de 1754. Et c'est à Paris que, chassé de Suisse, d'Allemagne et d'Angleterre, viendra finalement se fixer pour y mourir l'éternel errant (cf. var. (*a*), p. 259).

2. Sur le « mythe » d'Henri IV, le « bon roi », cf. *supra,* p. 142, n. 5. Le maréchal Catinat (1637-1712) s'était retiré en « parfait philosophe et en philosophe chrétien », dit Mme de Sévigné, dans le

château de Saint-Gratien. Du haut de son donjon à Montmorency, Rousseau avait « pour terme du point de vue » ce « simple et respectable château, retraite du vertueux Catinat » (*O.C.*, Pléiade, t. I, p. 495). « Les hommes qu'il estimoit le plus », nous a confié Bernardin de Saint-Pierre, « étoient (...) Catinat, dont il avoit voulu écrire l'histoire (...) mais Fénelon par dessus tout » (*La Vie et les ouvrages de J.-J. Rousseau,* éd. Souriau, 1907, p. 127). Catinat et Fénelon sont encore unis dans une même admiration par Rousseau au livre XII des *Confessions* et cités parmi les hommes « qui ont ouvert leurs cœurs à la charité véritable » et que Mme de Warens doit rejoindre « dans le séjour des bons » (*O.C.*, Pléiade, t. I, p. 620). Dans le 2e *Dialogue,* ils sont comptés parmi les « hommes vertueux » qui « ont honoré les siécles modernes » (*Ibid.*, pp. 863-864). Fénelon a été l'un des inspirateurs de la pensée religieuse de Rousseau (cf. P.-M. MASSON, *la Religion de J.-J. Rousseau,* pp. 101-102).

3. « *Empire* se dit encore plus particulièrement et absolument de l'Empire d'Allemagne » (*Dict. Acad.*, 1762). Les « Princes » sont évidemment les vassaux de l'Empereur.

4. Les censeurs de Malesherbes ont laissé passer cette phrase. Et pour cause ! Malesherbes est le plus bel exemple de ce tempéra ment efficace apporté par la « raison » à l' « intolérance ». Sa correspondance avec Rousseau au sujet de l'impression de *la Nouvelle Héloïse* d'abord, puis de l'*Émile,* est sur ce point édifiante. Cf. le bel ouvrage de P. GROSCLAUDE, *J.-J. Rousseau et Malesherbes. Documents inédits*, Paris, 1960.

P. 260.

(*a*). « Si tu songes... au delà » manque dans C.L.

(*b*). « Oserais-je » est bien l'orthographe du Ms. Rey, suivi par l'éd. Rey, 1761. Elle est exceptionnelle chez Rousseau mais on en trouve des exemples dans la *Correspondance*. L'éd. Rey, 1763, corrige « oserois-je ».

(*c*). Le texte depuis « A propos... » jusqu'à « personne » n'existait pas dans Br. Mornet (t. II, p. 355) rapproche ce fait de l'absence dans le recueil du brouillon des deux lettres sur les Parisiennes (21) et sur l'Opéra (23). Et il en conclut que ces deux lettres et les deux paragraphes qui les appellent « ont été ajoutés après coup ». L'hypothèse n'est pas rigoureusement vérifiable, car la numérotation primitive s'arrête précisément à la lettre 19, numérotée d'abord 80. Tout ce qui suit dans le manuscrit correspond soit à un état très primitif — où les lettres n'étaient encore pas numérotées — soit à un état postérieur à la décision d'écrire un roman « en règle » en quatre parties; pourtant l'hypothèse paraît très vraisemblable. Lorsqu'il a décidé d'organiser ses « rêveries » en « une espèce de roman », Rousseau a dû vouloir de toute manière étoffer son œuvre, lui donner de l'épaisseur, du poids; d'où ces deux lettres.

(*d*). Note absente de Br. et C.L. Le Ms. Rey nous révèle que le texte primitif de la phrase qui suscite la note était non pas : *Je serois bien aise,* mais : *Nous serions bien aises.* La correction s'explique par une réflexion critique du romancier. Il regrette d'avoir fait faire cette demande à Julie, mais il faut la laisser, car la réponse est importante. Il trouve alors cette astuce du piège tendu à son héros; puis il a la charité d'éclairer son lecteur. Celui-ci, à vrai dire, aimerait qu'on lui fît un peu plus confiance...

1. Né au pays de Vaud en 1668, ce général de Saint-Saphorin servit la Hollande et l'Angleterre, mais aussi l'Autriche qu'il aida à combattre l'influence française dans les cantons protestants (cf. S. Stelling-Michaud, *Saint-Saphorin et la politique suisse pendant la guerre de succession d'Espagne,* 1935).

2. Sur le sens de ce mot, son origine, la place du type social qu'il désigne dans la littérature du XVIIIe siècle, cf. l'Introduction de Frédéric Deloffre à son édition critique du *Petit maître corrigé* de Marivaux (joué au Français le 6 novembre 1734). On y verra que, vers 1750, ce personnage qui était primitivement un « jeune seigneur insolent », selon l'expression de Voltaire dans *le Siècle de Louis XIV* tendait à s'identifier avec les « philosophes » libertins ou même athées. Aucune « espèce sociale » ne pouvait être plus odieuse à Rousseau !

P. 261.

(*a*). « Je ne sais... de tous deux ». Ce développement sur les « deux Epouseurs » se trouvait déjà dans Br. 1er jet où il s'était accru en marge du développement lyrique final (« Je les hais d'oser attaquer... ») mais il comportait quelques lignes que Rousseau a sacrifiées, à juste titre (f° 117) : *Quoique prétendus rivaux ils vivent en assez bonne intelligence et ne se quittent guères, car l'allemand s'ennuye et l'autre aime à parler. Cette réunion m'est commode en ce que je n'ai pas besoin d'en faire à deux fois pour déplaire à l'un et l'autre. Je les importune de mille questions bizarres que j'adresse toujours au Bernois pour les chagriner tous deux l'un par son ineptie et l'autre par son dépit.*

(*b*). Note absente de C.L. Sur cet appel tardif du romancier au jugement moral du lecteur, cf. la deuxième *Préface.*

1. C'est en 1737 que J.-P. de Crousaz publia à Lausanne son *Examen de l'Essai sur l'homme de Pope.*

P. 262.

(*a*). « M. de Crouzas... dettes à payer ». Toute cette fin de lettre manque dans Br. On ne s'en étonnera pas puisque le 18 août 1756 Rousseau dans sa lettre à Voltaire disait : « A l'égard de M. de Crouzas, je n'ai point lû son écrit contre Pope. » On peut même penser comme l'a fait Mornet (*N.H.*, t. II, p. 356, n. 1) que c'est sa polémique avec Voltaire qui l'a poussé à lire Crouzas sur qui s'était appuyé dans une note l'auteur du poème *Sur le désastre de Lisbonne.*

(*O.C.*, Pléiade, t. IV, p. 1064.) On ignore quand fut ajouté ce paragraphe. Il est utile parce qu'il prépare le lecteur au climat philosophique et religieux des dernières parties. Quant au dernier paragraphe de la lettre, peut-être est-il la réponse à l'appel que le romancier s'était lancé à lui-même en tête de la lettre 4 (cf. *supra*, var. (*c*), p. 200). Il y parle de l'état de santé de la mère de Julie et de son amélioration. Cette phrase prépare la catastrophe qui suivra la découverte des lettres, et la rend, à l'avance, plus dramatique.

(*b*). Br. : *Lettre 80* non surchargé. C'est la dernière lettre qui ait conservé la numérotation primitive continue, antérieure à la division en parties.

(*c*). « Ils se plaignent... le contraire ». Phrase absente de Br. Ce qui confirme l'hypothèse que les lettres sur Paris ne sont pas nées d'une lecture ou relecture de Muralt, mais que cette lecture a servi à Rousseau de mise au point, de contrôle. Cette addition n'a pas seulement comme intérêt de marquer l'indépendance de Rousseau à l'égard de celui à qui on va nécessairement le comparer, mais, ce qui est beaucoup plus important, de proclamer que la querelle qu'il fait à la France, à Paris, est née d'un dépit amoureux.

1. Cf. les très importantes variantes (*c*), p. 262; (*a*), (*b*) et (*c*), p. 263.

P. 263.

(*a*). « Je te le dis... toujours loués » manque dans Br. Sur le sens de cette addition, cf. variante précédente.

(*b*). Dans Br. et C.L. on lit : « faveur *et le mien est de m'en rendre digne. Ainsi ne parlons pas de fortune en France*. O Julie... » Cette phrase réaliste a été remplacée dans Ms. Rey par la « galanterie » fort précieuse du texte actuel, qui se trouvait alors placée après la phrase : « O Julie... m'impose ».

(*c*). Br. ajoutait à la fin de ce paragraphe : *Ton scrupule sur la médiation de ta cousine me paroît fondé et ta prévoyance honnête et sage. Maintenant que ce changement est fait j'en sens la nécessité mais quelle autre que toi l'eût imaginé la première. Julie, ma Chère Julie, ah combien ton instinct vaut mieux que la vertu dogmatique des sages, et combien tu sais mieux sentir tout ce qui est bien qu'ils ne le surent jamais voir. Oh ma divine maîtresse, donne moi une étincelle de cette âme céleste qui t'éclaire. Je renonce à jamais à cette vaine philosophie qui ne fait que des discoureurs et ne sert qu'à mettre en question toutes les vertus qu'un bon naturel inspire. La raison ne nous dicte jamais rien de bon qu'on ne puisse combattre par un sophisme spécieux ; le sentiment d'un cœur honnête est plus sûr ; c'est la seule règle qui ne trompe personne.*

Ce texte très important et dont le caractère « primitif » ne peut être mis en doute, révèle qu'à un an de distance des *Lettres morales*, à deux ans des deux dernières parties du roman, et à cinq ans de la *Profession de foi*, la thèse de Rousseau sur la primauté du sentiment, ou de l' « instinct », sur la raison et la « vaine philosophie » est déjà au point. S'il a supprimé ce passage, ce n'est certainement pas parce qu'il exprimait mal sa pensée, mais parce que, après les dernières parties et les éloquents plaidoyers de la prêcheuse Julie pour le « sens intérieur » en face du rationaliste Saint-Preux, il n'avait plus de raison d'être.

(*d*). Dans Br. 1er jet, ce paragraphe débutait d'une manière toute différente : *Je partage trop tes alarmes sur l'état de ta mère pour entreprendre de les calmer*... Il a été modifié lorsque le romancier eut décidé d'introduire dans la lettre précédente le développement final où Julie dit au contraire que sa mère va mieux.

P. 264.

(*a*). Cette phrase sur la « blanche colombe » a donné beaucoup de mal à Rousseau. Br. en conserve trois ou quatre états.

(*b*). Br. conserve de cette lettre deux fragments : 1° au f° 112 les quatre dernières lignes : « Tranquillise-toi... je ne les hais plus », texte écrit en marge de la lettre 17, amorce, jalon de ce qui devait suivre. Les « deux galans » y sont appelés « Epouseurs »; 2° au f° 125, précédé de l'indication *Lettre 20,* le texte actuel, à quelques variantes près. Mais le papier, fragment de feuille déchirée, n'est pas le même que celui de l'ensemble du manuscrit. Ajout tardif ? ou au contraire texte ancien ? Impossible de décider.

1. *meuble :* le mot n'a pas encore le sens restreint d'aujourd'hui. Il désigne tout objet mobilier. « Vous devriez brûler tout ce meuble inutile » dit Chrysale, en parlant de livres.

P. 265.

(*a*). Cette lettre et la lettre 23 sont absentes du recueil de brouillons de l'Assemblée Nationale. Mornet pense qu'elles ont pu être introduites « après coup » dans le roman (cf. *supra,* var. (*c*), p. 260). Cette hypothèse est vraisemblable. Un certain nombre de développements (sur les romans « nécessaires aux peuples corrompus », sur l'opposition, des « petites villes » aux « grandes capitales », sur les cercles de femmes à Genève) sont très proches de la *Lettre à d'Alembert*. Quelques détails révèlent même que c'est le roman qui s'est inspiré de l'essai et non l'essai du roman (cf. p. 268, n. 1). — Depuis la rédaction de ce commentaire, un brouillon de la lettre 21 a refait surface : cf. *infra,* p. 1829.

(*b*). « les autres... ». Ces points de suspension remplacent et corrigent cette malheureuse phrase de C.L. : *et que les autres m'en éloignent, et qu'à peine en les voyant par mes yeux les croiras-tu de ton sexe.*

(*c*). « Menues... fine ». C.L. et Ms. Rey : *Elles n'ont pas la taille belle.*

1. Lettre importante, certainement tardive, contemporaine de la *Lettre à d'Alembert* où la méditation sur la place faite à la femme dans la société moderne est, comme ici, centrale (cf. *var.* (*a*), p. 265

et p. 268, n. 1). Il est certain que cette lettre est, du point de vue de la composition et du style, une des plus réussies : équilibre dans la peinture du mal et du bien, liaison étroite entre les deux thèmes : réhabilitation du mariage et de l'amour d'une part, critique de la grande ville d'autre part; variété des tons, abondance des formules d'ironie à froid dissimulant une passion véhémente, etc.

P. 266.

(*a*). Note absente de C.L. La devons-nous à Duclos ? Elle est assez dans son style.

1. *disinvoltura :* Selon Dauzat *(Dictionnaire étymologique)* l'adjectif *désinvolte* figure déjà chez Saint-Simon, mais c'est Rousseau qui importe le substantif en France. On le trouve chez Stendhal en 1830, sous sa forme française, et il apparaît dans le supplément du *Dictionnaire de l'Académie* de 1836 avec la remarque : « Il est nouveau ». Mot italien que Rousseau a écrit *desinvoltura,* de même *infra* (p. 268) *l'amoroso pensier.*

2. Ce philosophe gascon est naturellement Montaigne que Rousseau cite de mémoire inexactement : « Une faim entiere est plus aspre que celle qu'on a ressassée au moins par les yeux » (*Essais,* éd. Strowski, t. III, p. 95). Sur l'érotisme de Rousseau et singulièrement l'importance qu'il accordait à la « gorge », cf. *supra,* p. 82, n. 3.

P. 267.

(*a*). « La rapidité... taches » manque dans C.L.

1. Il est possible que le peuple s'obstinât à nommer *fard* ce que les élégantes de 1740 appelaient *rouge.* Mais l'emploi de ce dernier mot était déjà ancien : Littré cite des textes de Mme de Sévigné et de La Bruyère. Jean-Jacques se souvient peut-être de la charmante Mme de Larnage : « ce qu'elle avoit de moins frais étoit le visage et je crois que le rouge le lui avoit gâté » (*O.C.*, Pléiade, t. I, p. 252). On parierait volontiers que Mme de Warens se fardait peu...

2. Le mot signifie alors généralement ce que nous appelons *corset.* Mais il désigne ici plus probablement ce que nous appelons *corsage.* Il a le sens général que donne Littré : « Partie des vêtements qui s'applique à la partie supérieure du corps ».

3. Rousseau emploie évidemment le mot dans le même sens que George Dandin : « Ah ! qu'une femme demoiselle est une étrange affaire ! » Rappelons son aveu sur ses goûts aristocratiques en amour : « Il me falloit des demoiselles » (*Confessions,* l. IV, *O.C.*, Pléiade, t. I, p. 134).

P. 268.

(*a*). « C'est précisément... modes » manque dans C.L.
(*b*). C.L. : « interrogatif, *méprisant,* impérieux... »

1. Sur l'importance accordée par Rousseau à la pudeur et sur son « orthodoxie » sexuelle, cf. *supra,* p. 128, n. 2 et p. 137, n. 1. Mêmes réactions très vives de sensibilité dans la *Lettre à d'Alembert* où les « femmes de qualité » sont accusées d'avoir des « mœurs de vivandières » et où il est dit que l' « embarras des Etrangers et Provinciaux à l'aspect de ces manieres si nouvelles pour eux », « fait l'éloge des femmes de leur pays » (éd. Fuchs, p. 120). On remarquera la notation sur la *voix.* On peut déceler ici un signe de l'antériorité de l'essai sur le roman. On voit mal en effet pourquoi ce musicien aurait sacrifié une remarque aussi importante pour sa sensibilité.

P. 269.

(*a*). « Cette réserve... attirer » manque dans C.L.

(*b*). « et elles sont... apprendre » manque dans C.L. Nouvelle addition qui s'explique par la relecture de Muralt. Une nouvelle relecture puisque postérieure à 1759.

(*c*). Note absente de C.L. Ms. Rey : *O que tout cela est changé !...*

1. Bien que Rousseau n'ait jamais dit que Thérèse eût un « laid visage », il n'a guère vanté sa beauté, mais beaucoup sa modestie. Il semble bien nous faire confidence dans cette phrase de son pauvre roman d'amour avec elle (cf. *Confessions,* l. VII, *O.C.*, Pléiade, t. I, p. 330).

2. L'emploi de la négation composée « *ne... pas* » ou « *ne... point* » dans une phrase où figurait déjà l'adverbe de négation *ni,* était courant au XVIe siècle, cf. Haase, *Syntaxe française du XVIIe siècle,* 3e édition, 1930, § 102 C, et s'était parfois maintenu au XVIIIe siècle, cf. Brunot, *Histoire de la Langue française,* t. VI, IIe partie, fasc. 2, p. 1860. En revanche l'absence de *ni* devant le premier terme coordonné était déjà blâmée par les grammairiens au XVIIe siècle (cf. Haase, *ibid.*, § 140 B, Remarque III); Féraud la condamnait dans son *Dictionnaire* en 1787.

P. 270.

(*a*). « Aussi comme le grand fléau... qu'on ne lit plus. » Tout ce développement d'une importance capitale est absent de C.L. Il est donc postérieur à la rédaction des dernières parties. Approfondissement progressif dans le sens de la réhabilitation de l'amour.

1. Rousseau reviendra longuement sur cette question dans la lettre 10 de la IVe partie (pp. 440-470 et p. 440, n. 2). Elle lui tient à cœur en raison de sa sensibilité de timide et de puritain, mais aussi à cause de ses théories politiques. Un an plus tard, sa réflexion allait le ramener vers les problèmes de la Cité, grâce à la réponse qu'il se crut obligé de faire à d'Alembert sur le projet de création d'un théâtre à Genève. La théorie de la séparation des sexes y apparaîtra une première fois directement liée à l'apologie de la pudeur (éd. Fuchs, pp. 117 sq.). Avec plus de détails que dans le roman,

le philosophe y invoquera l'exemple des anciens : Perses, Grecs, Romains « et même Egyptiens ». Il expliquera que les mœurs nouvelles avaient été introduites par les « foules de barbares, traînant avec eux leurs femmes dans leurs armées » et par les « livres de chevalerie où les belles Dames passoient leur vie à se faire enlever par des hommes... » (p. 120). Plus loin, après avoir fait l'apologie des « cercles » où se divertissaient autrefois les bourgeois de Genève, hommes et femmes séparés, dans des amusements « simples et innocens », il reprendra le problème du point de vue des hommes en proclamant que le danger d'un trop intime commerce des sexes est beaucoup plus grave pour eux : « elles n'y perdent que leurs mœurs, et nous y perdons à la fois nos mœurs et notre constitution ». Suivront de longues pages, beaucoup plus brillantes, plus vigoureuses que celle-ci, où l' « Ours » se libérera de ses complexes de timide (pp. 136-144). Elles s'achèveront par une note qui est sans doute la première annonce publique de *la Nouvelle Héloïse :* « Ce principe, auquel tiennent toutes les bonnes mœurs est développé d'une manière plus claire et plus étendue dans un manuscrit dont je suis dépositaire et que je me propose de publier, s'il me reste assés de tems pour cela, quoique cette annonce ne soit gueres propre à lui concilier d'avance la faveur des Dames. » Donc, au moment où fut écrite cette note (octobre 1758) les lettres 10 (IVe partie) et 21 (IIe partie) étaient rédigées, mais il n'est pas impossible qu'elles l'aient été dans la période qui a séparé la rédaction et la publication de la *Lettre à d'Alembert,* période pendant laquelle précisément Rousseau a travaillé avec ardeur à l'achèvement de son roman. Une chose du moins est certaine, c'est que la note de Rousseau ne fut introduite qu'en 1759 dans le Ms. Rey. Que s'était-il passé en un an ? D'où vient cette amertume, cette désillusion, ce ricanement douloureux ?

2. Paragraphe capital. Le roman n'est pas seulement une réhabilitation du mariage, mais une réhabilitation du sentiment, de l'amour (donc de la pudeur qui lui donne son prix); un effort pour redonner aux hommes de ce siècle le *goût de vivre* qu'ils ont perdu, pour les sauver de ce mal que les Anglais appellent déjà le *spleen* et qui s'étalera cinquante ans plus tard dans la littérature européenne.

L'analyse du romancier a des résonances métaphysiques. Elle rappelle Pascal, annonce Baudelaire. Mais ce qui distingue cette réhabilitation de l'amour c'est d'être étroitement liée à celle des « romans ». Quel aveu, cette phrase mélancolique sur « les romans qu'on ne lit plus » ! Ces romans — dont se moquent discrètement déjà Marivaux, plus franchement ces athées de l'amour que sont Crébillon, Voltaire, Duclos, et surtout ce mathématicien-tacticien de génie qui va, trente ans plus tard, dresser en face d'eux ce chef-d'œuvre de l'anti-roman : *les Liaisons dangereuses* — Rousseau les a tant aimés ! Nulle part plus qu'ici peut-être, il ne tourne le dos à son siècle. Il se dresse devant lui en messager de l' « amour fou » ! Son style s'enflamme, gonflé de colère, d'ironie, d'amertume; c'est celui d'un homme atteint dans ce qu'il a de plus sacré : « l'amour même, l'amour a perdu ses droits !... »

P. 271.

(*a*). C.L. : *Lettres du plus sublime bel-esprit ou de la plus fine plaisanterie.*

1. A peine esquissée ici la condamnation de l'adultère sera longuement développée par Julie au lendemain de son mariage, dans la lettre 18 (IIIe partie). D. Mornet cite une liste impressionnante de textes contemporains où éclate la même observation sur les mœurs conjugales dans la société française du début du siècle (*N.H.*, t. II, p. 372). Mais parler à ce propos de « cliché », c'est ne pas sentir tout ce qui se cache de sincère indignation derrière les phrases de Saint-Preux !

Du point de vue romanesque cette prise de position si catégorique de Saint-Preux est importante. Elle l'emprisonne dans une situation d'où il ne pourra plus sortir. Comment oserait-il, après ces déclarations enflammées, rester, ou redevenir l'amant de Julie mariée ?... Aussi fera-t-il piètre figure lorsque celle-ci, à la veille de son mariage, lui proposera cette solution désespérée (cf. lettre 15 de la IIIe partie et p. 334, n. 1).

P. 272.

1. Le *Dictionnaire de l'Académie* de 1762 n'a que la forme *tressaille.* Archaïsme ? Exigence de l'oreille ? Littré cite trois exemples du même emploi, l'un dans les *Lettres Persanes* (1732), l'autre dans Buffon (1749), le troisième dans l'*Émile.* Mais il conclut, péremptoire : « c'est une faute ».

P. 273.

(*a*). « carquois ». C.L. : *magasin.* Rousseau s'applique et « file » sa métaphore.

1. C'est l'un des thèmes majeurs de la critique rousseauiste de la société, parce que la vertu première est la fidélité à soi-même, l' « authenticité » dirions-nous aujourd'hui. Tout le drame spirituel de Julie dans la suite du roman va résider dans cette simple phrase : *Rester soi.* Cela exigera d'elle de l'héroïsme et l'entraînera peut-être jusqu'au désir secret de la mort (cf. *supra,* p. 31, n. 1, p. 33, n. 4, p. 231, n. 2). On notera l'étonnante remarque sur les « regards d'autrui » d'où les Parisiennes « tirent l'existence » et les mots « éternelle représentation » qui définissent avec vigueur cette société de « masques ».

P. 274.

(*a*). C.L. : *avoit des amans.* Il semble que la première version correspondait mieux à la pensée réelle de Rousseau.

(*b*). Note absente de C.L.

1. *grison :* « Homme de livrée que l'on faisait habiller de gris pour l'employer à quelque mission secrète », dit Littré qui cite Hamilton, Dancourt, Baron, Saint-Simon.

2. D'après J. Gébelin (*Histoire des milices provinciales,* Paris, 1882), la règle selon laquelle les hommes mariés n'étaient exemptés du tirage au sort pour la milice qu'à défaut de garçons avait été supprimée au début du siècle.

P. 275.

(*a*). C.L. ajoute : *quelquefois même d'une Angloise,* mais n'a pas *d'une Espagnole.* Beau problème de littérature comparée !

P. 276.

(*a*). « C.L. : Littérature, *Morale,* Histoire ».

(*b*). « Elles se jugent... plaire » manque dans C.L. et dans Ms. Rey.

1. Allusion probable à l'*Histoire du Peuple de Dieu,* par le P. Berruyer (1re édition, 1728) qui avait prétendu faire « un ouvrage édifiant et agréable tout à la fois » (cf. MORNET, *N.H.*, t. II, p. 380, n. 1).

2. Un commentaire de ce paragraphe exigerait la mise au pillage des romans et comédies du siècle entier de *Gil Blas* et du *Paysan parvenu* au *Mariage de Figaro* sans négliger les mémoires, recueils d'anecdotes, chroniques scandaleuses. A l'heure où écrit Rousseau le règne de Mme de Pompadour est à son apogée ! Est-il nécessaire de rappeler le rôle des salons ? Renvoyons au livre des Goncourt sur *la Femme au XVIIIe siècle,* où a été si heureusement mis en lumière cet aspect fondamental de la société française à cette époque. Rousseau a développé ce thème dans la *Lettre à d'Alembert,* mais sur un ton plus âpre, plus « romain », le ton du « citoyen de Genève » (cf. éd. Fuchs, pp. 136, 138 et 140). Il y a glissé au dernier moment une note curieuse où il refuse formellement aux femmes le « génie qui consume et dévore », « ce feu céleste qui échauffe et embrase l'âme... » Elle s'achève par cette allusion à une œuvre dont la lecture eut peut-être sur Rousseau une influence décisive : « Je parierois tout au monde que les *Lettres portugaises* ont été écrites par un homme » (p. 139). Étonnante intuition si l'on suit les travaux de F. Deloffre mais ingrat Jean-Jacques ! car enfin de Mme de Warens à Mme de Luxembourg en passant par Mme Dupin, Mme de Broglie, Mme de Chenonceaux et Mme d'Épinay, que de femmes charmantes, intelligentes et influentes se sont penchées sur lui ! Qu'eût été sans elles sa fortune, son être même ? Il leur rend, il est vrai, pour finir, le plus tendre des hommages. Et son roman est-il autre chose qu'une déification de la femme ? Cf. var. (*d*), p. 278.

3. Dans la grande lettre 18 de la IIIe partie, Julie avouera à Saint-Preux la peur qu'elle a eue au cours de ces années de vie parisienne de le « voir s'avilir jusqu'à n'être plus qu'un homme à bonnes fortunes ».

P. 277.

(*a*). Tout ce texte a été mis au point tardivement. Dans C.L. la phrase *qui la leur fissent aimer... et puis* manque.

1. Pour le commentaire de cette affirmation, cf. P. Burgelin, *la Philosophie de l'existence de J.-J. Rousseau*, pp. 329 sq. Tous les aveux de Rousseau et ses examens de conscience sont là pour témoigner qu'il parle ici d'expérience.

2. Sur ce texte, son importance pour la signification spirituelle et morale de l'œuvre et sa place dans sa genèse, cf. Introduction (p. xxxviii) et notes sur les préfaces (en particulier p. 18, n. 1 et var. (*a*), p. 277). Ce plaidoyer, qui nous paraît aujourd'hui si *raisonnable* et nous séduit par son réalisme psychologique, n'a pas été, on le pense bien, sans provoquer de violentes réactions, même chez les lecteurs les mieux intentionnés, tel cet Eymar déjà plusieurs fois cité : *Du sein du vice !* s'écrie-t-il indigné. « Quel point de départ et quelle route scabreuse... » (*Œuvres inédites de J.-J. R.*, Paris, 1825, t. XXIV, pp. 280-281).

P. 278.

(*a*). C.L. : « étourdies, *intrigantes, satiriques,* parlant bien ».

(*b*). C.L. : « existé *et que j'eusse eu le droit de choisir* ». Heureuse correction d'une expression peu galante.

(*c*). Le brouillon de cette lettre est conservé à la Société J.-J. Rousseau à Genève, Ms. R. 95.

(*d*). Note absente de C.L. et du Ms. Rey. Lorsqu'il écrivait cette note, Rousseau, qui avait déjà publié ses jugements sévères sur les femmes dans la *Lettre à d'Alembert* et s'était inquiété de leurs réactions, avait pu lire dans la très aimable réponse que lui avait faite d'Alembert ces lignes rassurantes : *Cependant je doute que votre éloquente censure vous fasse parmi elles beaucoup d'ennemies ; on voit percer à travers vos reproches le goût très pardonnable que vous avez conservé pour elles,* etc. (*Œuvres de J.-J. R.*, Amsterdam, M. M. Rey, 1769, t. III, p. 271). Il s'agit ici d'une véritable coquetterie. En fait, Rousseau savait fort bien qu'il aurait pour lui les femmes, les Parisiennes et précisément dans la mesure où il leur accordait ce qui pour les meilleures était l'essentiel, et pour les autres, ce qu'elles désiraient plus que tout au monde. On sait du reste le succès qu'elles firent à son roman !

1. Sur l' « indiscrétion », les « tracasseries », le « caquet » des sociétés de femmes à Genève, cf. *Lettre à d'Alembert,* éd. Fuchs, pp. 142-143. Rousseau déclare d'ailleurs que d'un mal peut sortir un bien et que les Genevoises jouent dans leur ville « la fonction de Censeurs » comme « dans les beaux tems de Rome, les Citoyens, surveillans les uns des autres... » et que si elles sont médisantes, « elles ont une véritable horreur de la calomnie ».

2. Il est pourtant certain que c'est à Paris que Jean-Jacques avait pris celle qui fut sa « femme ». Mais Thérèse était-elle de Paris ?

De ce Paris du grand monde, seul ici en question ? Et peut-on l'appeler sa femme ? Lorsqu'il écrivait ces lignes, il est probable que Rousseau avait déjà connu les cruelles déceptions que lui avaient apportées successivement Mme d'Épinay, puis Mme d'Houdetot, mais il avait trouvé auprès de la maréchale de Luxembourg un précieux refuge (cf. *Confessions,* l. X, pp. 522-523). Au lendemain de la publication de *Julie,* les lettres de femmes affluèrent. Deux femmes du monde se présentèrent à lui sous le masque de Claire et de Julie. Une longue correspondance d'amitié amoureuse fut échangée, espèce de broderie un peu mièvre autour du roman (cf. *C.C.*, t. VIII, IX, X et XI, XII...).

3. Par leur caractère à la fois *poétique* et *réaliste* certains passages de cette lettre ont déjà le charme des meilleures pages des *Confessions.* Réalité vécue, exprimée ici en termes excessifs, un peu ridicules, dans un style lyrique, mélodramatique. Cf. *supra,* p. 69, n. 1. Cette croyance au « talisman » et à ses effets « magiques » est d'ailleurs autre chose qu'une concession à la mode, ou même l'expression d'une sensibilité maladive, c'est l'affirmation d'une croyance enracinée dans l'humanité depuis les époques primitives, et dont les sociologues retrouvent encore sans peine la trace sous le vernis des civilisations les plus « avancées » (cf. *infra* les réflexions sur le songe prémonitoire, p. 611, n. 1). Sur le style haletant, cf. *supra,* p. 31, n. 2 et p. 94, n. 2.

P. 279.

1. Cf. lettre suivante : « une planche... sur laquelle le Dieu *s'asseye* » et dans les *Amours de Mylord Edouard :* « Edouard... la fait rasseoir, s'*asseye* à côté d'elle ». Provincialisme genevois, cf. A. François, *Annales J.-J. R.*, t. III, p. 58.

2. Cette phrase semble avoir échappé à l'enquête pourtant si approfondie que Jean Starobinski a menée sur le *thème du voile* et du *dévoilement* dans *la Nouvelle Héloïse* (*J.-J. Rousseau. La transparence et l'obstacle,* chap. v).

P. 280.

(*a*). Absente de Br. Sans doute ajoutée tardivement comme la lettre 21. L'hypothèse est ici d'autant plus vraisemblable que les démêlés qui avaient déjà opposé Rousseau aux Directeurs de l'Opéra se renouvelèrent dans les premières semaines de 1759 (donc avant la mise au net du Ms. Rey et de la C.L.) à propos d'une « nouvelle *remise* » du *Devin du village.* Cela fit dans sa vie une « petite diversion » et même assez désagréable, raconte-t-il dans les *Confessions* (*O.C.*, Pléiade, t. I, p. 502) et le travail d'achèvement de la *Julie* fut interrompu. L'épisode fut assez long et Rousseau fort ému, « hors de lui » avoue-t-il à Duclos. Cf. *C.C.*, t. VI, p. 24-28, lettre au comte de Saint-Florentin du 11 février contenant copie du Mémoire adressé cinq ans plus tôt au comte d'Argenson ; cf. également correspondance avec Duclos (pp. 30-31) ; lettre de Lenieps du 2 avril et longue réponse passionnée de Rousseau le 5 avril (*C.C.*, t. VI, pp. 57-65); lettre à Coindet du 13 avril : « C'est, quant à présent, l'affaire qui me tient le plus au cœur ». Cf. encore la lettre de Mme de Chenonceaux, du 10 décembre 1760, donnant ses premières réactions sur le roman et se déclarant « au désespoir » des « injures contre Rebel et Francœur de l'Opéra » que Rousseau y a laissées percer (*C.C.*, t. VII, p. 359). Il faut se replacer dans cette atmosphère passionnée pour comprendre le caractère de violente satire de cette lettre.

1. Sur la musique dans la vie de Rousseau, sur sa place dans le roman, cf. *supra*, p. 131, n. 2 et var. (*a*), p. 280. Sur les réactions des adversaires, cf. la quatrième des *Lettres sur la Nouvelle Héloïse*, où Voltaire s'est déchaîné avec sa verve des grands jours. Sur le fond des choses, cette lettre ne diffère pas profondément de la lettre sur la musique italienne. Il s'agit toujours d'une double exigence : exigence de l'esprit avide de vérité; exigence de la sensibilité avide de douceur et de tendresse. Mais le ton est très différent. Au lieu de l'enthousiasme, le sarcasme; au lieu de l'attendrissement, l'ironie; au lieu du lyrisme, le comique. On ne peut manquer d'être frappé (ici, comme dans la *Préface dialoguée*) par le caractère « classique » de l'esthétique énoncée par ce prétendu ancêtre des romantiques. On notera, en particulier, la proclamation du principe de l'économie (« on fait de petites choses avec de grands efforts ») et de celui de « l'unité de langage » (réaction contre le mélange de la danse et de l'art dramatique).

P. 281.

(*a*). « la musique... très sévère » manque dans C.L. On voit que Rousseau dans ses retouches n'a pas cherché à atténuer ses critiques.

1. Pope, un des diffuseurs du mythe d'*Héloïse* (cf. *supra*, p. 3, n. 1) était alors au comble de sa célébrité en France. Le texte auquel Saint-Preux fait allusion se trouve au chant III de la *Dunciade*, vers 235-240...

2. Cf. *supra*, p. 254, n. 1.

P. 282.

(*a*). C.L. donnait : *ne se pique nullement d'équité*. Ici encore Rousseau aggrave ses attaques. Il ajouta en outre une note où sous prétexte de « se taire » il fait entendre le pire. Cette note était absente de C.L. et du Ms. Rey.

(*b*). Note absente de C.L. Dans l'éd. Rey, 1763, la fin est ainsi corrigée : *Tout cela nous a été conservé par Macrobe, et c'est, à mon gré, le morceau le plus curieux et le plus intéressant de toute sa composition.* (Cf. Macrobe, *Saturnales*, l. II, : 7).

P. 283.

(*a*). Le Ms. Rey ajoutait ici une note importante que Rousseau a sacrifiée sur épreuves : *S'il étoit permis de relever sérieusement les puérilités de ce badin spectacle, je dirois ; de deux choses l'une ; ou la musique imite le tonnerre, ou elle ne l'imite pas. Si elle ne l'imite pas, que fait là l'Orchestre ? Si elle l'imite, à quoi sert la charrette ? quel disparate ! ces deux bruits se ressemblent si peu qu'il faut nécessairement que l'un détruise l'effet de l'autre. Qu'ils imitent séparément ce qu'il vous plaira, il est très sur qu'ensemble ils n'imitent plus rien.*

1. On connaît par les anathèmes lancés par Bossuet contre le Père Caffaro et aussi par les vers émus de Boileau sur la mort de Molière (« Avant qu'un peu de terre obtenue par prière »...), la cruelle sévérité de l'Église catholique contre les comédiens pendant l'époque classique. Heureusement tempérée par les mœurs et par la puissance de Louis XIV, elle n'en demeurait pas moins inscrite en principe dans la plupart des rituels des diocèses de France. La thèse intransigeante de Bossuet était encore reprise de temps en temps aux environs de 1750; surtout la magistrature n'avait rien relâché de sa sévérité à l'égard du théâtre : le 29 janvier 1759 le Parlement de Paris publiait encore un arrêt interdisant toute représentation dans les Collèges de l'Université; en 1761 il condamnait Huerne de la Mothe qui avait pris la défense des comédiens dans un mémoire, à être rayé du tableau des avocats, tandis que son écrit serait lacéré et brûlé par les mains du bourreau. Ce qui provoqua un beau pamphlet de Voltaire : *Conversation de M. l'Intendant des Menus avec M. l'Abbé Grizel.* Cf. sur cette question l'Introduction de Ch. Urbain et E. Levesque, aux *Maximes et réflexions sur la comédie* de Bossuet sous le titre *l'Église et le théâtre* (Paris, 1930). Les auteurs rappellent (ce qui est de la plus grande importance pour comprendre les réactions du « Citoyen de Genève ») que les Églises réformées n'étaient pas moins sévères : « Ne sera aussi loisible aux fideles d'assister aux Comédies, Tragédies, Farces, Moralitez et autre jeux, jouez en public ou en particulier, veu que de tout temps cela a esté défendu entre les Chrestiens, comme apportant corruption de bonnes mœurs... » (*Discipline des Églises Réformées,* Genève, 1667, chap. XIV, art. 28). Et ils citent ce programme de l'article « Police des spectacles » dans le *Dictionnaire philosophique* du plus grand adversaire de Rousseau : « Ce sont les hérétiques, il le faut avouer, qui ont commencé à se déchaîner contre le plus beau de tous les arts (...) Quelques catholiques un peu visigoths de deça les monts craignirent donc les reproches des réformateurs, et crièrent aussi haut qu'eux... »

Le « privilège » donné par Louis XIV à l'Académie royale de musique, lors de son institution en 1669, précisait en effet : « Voulons et Nous plaît, que tous les Gentilshommes, Damoiselles, et autres personnes puissent chanter audit Opera, sans que pour ce ils dérogent au titre de Noblesse, ni à leurs Privilèges, Charges, Droits et Immunités », DURET DE NOINVILLE, *Histoire du théâtre de l'Académie Royale de Musique,* 2e éd., Paris, 1757, t. I, pp. 79-80. Il peut paraître étrange que le « démocrate » Rousseau se montre si exigeant à l'égard de la noblesse. Peut-être pourrait-on expliquer la réaction de Saint-Preux par la classe sociale de Julie. Ou bien les ressentiments personnels de Jean-Jacques l'aveuglaient. Mais la véritable explication réside dans la profonde hostilité du moraliste et du chrétien à un métier qui entraîne à peu près nécessairement une vie d'immoralité, et ce qui est plus grave, impose à l'homme qui l'exerce, comme devait le prouver de manière décisive son ami Diderot dans son *Paradoxe,* un constant exercice de *mensonge,* de dépersonnalisation.

2. *poliçon :* ancienne orthographe de *polisson* (Féraud en 1788 donne les deux). Ici ce sont les gamins qui, dans le haut des cintres, faisaient mouvoir la machinerie des décors.

P. 284.

(*a*). Les éd. Rey, 1761 et 1763, ont *occupé.* Mais c'est vraisemblablement une coquille qui a échappé au regard de l'éditeur et de l'auteur. Ms. Rey porte : *occupés.*

(*b*). C.L. : *deux ou trois.* Rousseau accentue son attaque, mais en serrant de plus près la réalité.

(*c*). Note absente de C.L. L'addition nous vaut une formule d'autant plus vigoureuse qu'elle forme un alexandrin.

1. On notera dans cette page étincelante le caractère très concret du vocabulaire, l'usage de mots roturiers, familiers (escarpolette, chandelles puantes, toile barbouillée, pincée de poix, lanterne, etc.) et de termes techniques (broches parallèles, solives, etc.). Ici et dans la page où il va évoquer avec tant de verve les « glapissemens » des acteurs et leurs « convulsions », ce grand écrivain révèle soudain un aspect de son talent dont on se prend à regretter qu'il l'ait trop rarement exploité.

P. 285.

(*a*). « La tête en arrière » manque dans C.L.; ajouté dans Ms. Rey.

(*b*). « et toutes les fêtes du Sabat » manque dans C.L.

P. 286.

(*a.*) C.L. ajoutait ici : *comme ces auteurs qui vantent leurs moindres écrits aux dépens des autres, bien sûrs que ceux-ci n'y perdront rien.*

(*b*). Note absente de C.L. Cette note, énigmatique pour nous, ne l'était pas pour le lecteur de 1760 qui avait suivi de près la querelle des Bouffons et lu le pamphlet de Grimm, où il était dit du chef d'orchestre : « Et il faisoit un bruit comme s'il fendoit du bois... » (*Le Petit Prophète de Boehmischbroda,* chap. IV). Il est remarquable que Rousseau qui avait si dramatiquement rompu avec Grimm depuis plusieurs mois, lorsqu'il rédigeait cette note, lui ait fait encore ce salut amical et complice.

(*c*). Cette note violemment agressive était encore absente de C.L.

1. Cf. *Confessions,* l. V, *O.C.*, Pléiade, t. I, p. 185, n. 3, où Rousseau se sert de la même image, empruntée à Grimm, pour désigner le chef d'orchestre.

P. 287.

(*a*). « peut-être... Timothée » : cette notation aussi érudite qu'inutile manquait dans C.L.

(*b*). *divertissements :* cette forme aberrante pour l'époque est bien dans les éd. 1761 et 1763, et dans le Ms. Rey : mais Rousseau avait d'abord écrit « divertissemen*t* » (sans que rien dans la phrase explique pourquoi il aurait voulu mettre le singulier), puis a ajouté un *s,* sans biffer le *t.*

1. Sur la révolution apportée en effet par Quinault dans l'art dramatique et lyrique par l'insertion de « divertissements » à l'intérieur des drames lyriques, cf. Étienne Gros, *Philippe Quinault, sa vie et son œuvre,* Paris, 1926. C'est selon cette technique qui avait connu pendant près de cent ans un prodigieux succès que Rousseau avait lui-même composé son opéra-ballet des *Muses galantes.*

P. 289.

(*a*). Br. donne l'indication *L-24* sans surcharge. Cette indication paraît postérieure à la lettre. Aucune indication d'expéditeur ni de destinataire.

1. Cf. *les Caractères,* chap. « Des ouvrages de l'Esprit », p. 47. « Je ne sais pas comment l'*Opéra,* avec une musique si parfaite et une dépense toute royale, a pu réussir à m'ennuyer. » La réaction de La Bruyère n'était pas isolée. C'était aussi celle de La Fontaine *(Épître à Monsieur de Niert sur l'Opéra)* et de Boileau *(Fragment d'un prologue d'Opéra) ;* cf. l'article de G. Snyders cité dans notre note 2, p. 131.

P. 290.

(*a*). Br. (f° 135). Aucune indication d'expéditeur ni de destinataire. En marge : *Répliq. pr le portrait ;* puis le chiffre *25.* En marge du début de sa lettre, Rousseau inscrit aussitôt le développement depuis « ton visage est trop chaste... » jusqu'à « ... tu l'exposes » qu'il utilisera plus loin (p. 293) sans y apporter d'autre modification importante que la suppression de la dernière phrase laissée inachevée : *Enfin, ce fard céleste du sentiment qui est la vraie pommade de...*

1. Archaïsme : « *Comme que,* de quelque manière que, est vieux aussi. » (Féraud, *Dictionnaire,* 1787).

2. Dans cette lettre la préciosité, la subtilité excessive, et même la naïveté affectée ne sont pas niables. Inévitable rançon d'une sensibilité délicate, d'une exigence raffinée de vérité. Nous sommes sensibles à l'intelligence, que révèle Rousseau dans cette page, des difficultés de l'art, à sa distinction entre vérité superficielle et

réalité profonde, à une exigence de réalisme absolu qui n'exclut aucun détail et surtout pas les défauts, à l'appel à un art capable d'exprimer l'être en mouvement « dans tous les instans de sa vie », à la délicatesse des perceptions (les rameaux de pourpre des veines) et des images (la fleur d'iris).

P. 291.

(*a*). Br. ajoutait : *et que tu fis dit-on d'un canif dans ton enfance en désarmant étourdiment ton cousin qui feignait de s'en vouloir blesser.* Y aurait-il là un souvenir d'enfance, remontant aux temps heureux du séjour chez le pasteur Lambercier ?

P. 292.

(*a*). Cette citation de l'*Adone* de Marini (chap. III, st. 23) est absente de Br. D.C. traduit : *Blonde chevelure, yeux bleus et sourcils bruns.*

1. Sur le goût de Rousseau pour les poètes italiens, cf. p. 3, n. 1. La sévérité de Saint-Preux à l'égard de l'*Adone* ne l'a pas empêché de citer lui-même le Cavalier Marin dans le paragraphe précédent. Il est vrai que cette citation est le fruit d'une correction tardive (cf. var. (*a*), p. 292). Nouvelle inadvertance du romancier... Rousseau n'avait sûrement pas la conscience tranquille au sujet de son admiration pour un poète aussi « précieux ». Cf. dans la var. (*a*), p. 293, l'esquisse d'une réplique de Julie qui allait dans le même sens.

P. 293.

(*a*). En marge des dernières lignes de cette lettre, Rousseau avait jeté dans Br. un jalon pour une réponse de Julie qu'il n'a finalement pas écrite : *Oh, tu fais le galant ; tu n'es donc plus guère amoureux. Je me souviens que tu l'étois beaucoup en sortant du bosquet, et sûrement tu n'avois pas ce ton là. Va, crois-moi, laisse toutes ces gentillesses aux conteurs de fleurettes, et celles que tu veux me dire, tire-les de ton cœur et non de ta cervelle.*

P. 294.

(*a*). Dans Br. aucune indication de destinataire ni d'expéditeur. Le n° 26 a été surimposé tardivement. La lettre est rédigée sur un papier dont le format, la nature et la couleur sont différents de ceux des autres folios. Fragment sans doute d'une rédaction primitive antérieure à l' « organisation » des parties.

Le texte a été très travaillé. Nous signalons seulement quelques variantes comme des témoignages de travail de l'artiste, poussé parfois jusqu'au scrupule.

(*b*). Br. : *(caractères) (mots) traits.*

(*c*). Br. : *Chère (et respectable) image.* C.L. : *Chère et brillante image.*

(*d*). Br. : *(honte) (humiliation) confusion.*

1. Il est permis de trouver cette lettre ridicule. La vraisemblance y est mise à dure épreuve (ce vin pris pour de l'eau...). On est gêné de voir Saint-Preux si benêt, si timide ! Gêné de voir le même homme capable d'être, en même temps, un grave observateur « résolu d'employer à connoître cet ordre de femmes » cette « occasion unique »; plus gêné encore de le voir exposer en détail à Julie le fruit de ses observations... Mais cette lettre est un document révélateur de certaines tendances importantes de la sensibilité de Rousseau :

1° La répulsion très vive chez ce sensuel à l'égard du « péché », c'est-à-dire à l'égard de la vie charnelle dès qu'elle se situe hors de l'amour vrai, donc innocent. Combien différent sur ce point de ses amis, en particulier de Diderot : « Quelquefois avec mes amis, une partie de débauche meme un peu tumultueuse, ne me déplait pas » (*Le Neveu de Rameau,* éd. Fabre, p. 42); cf. la note 150 de cette édition où Jean Fabre cite un texte d'Escherny évoquant les « orgies » chez Landès, un traiteur fameux de l'époque 1750-1760. Le remords qu'éprouve Saint-Preux lui vient beaucoup moins d'avoir trahi Julie, que de s'être trahi lui-même, de s'être avili, dégradé. Il éprouve très exactement de la « honte ».

2° Le besoin d'*aveu,* et en même temps de *justification.* Double exigence d'où sortiront les *Confessions.* On sait en effet que, dans le livre VIII (*O.C.*, Pléiade, t. I, pp. 354-356) Rousseau a raconté une aventure qu'il avait réellement vécue avec Grimm et d'où est sorti cet épisode du roman : « Je sortis de la rue des moineaux où logeoit cette fille (la maîtresse du chapelain du Prince de Saxe-Gotha, le ministre Klupffel, que celui-ci « offrit » successivement à ses amis) aussi honteux que St. Preux sortit de la maison où on l'avoit enivré et je me rappellai bien mon histoire en écrivant la sienne. » Le roman est ici moins sombre que la vie. On connaît aussi les pages du livre VII, spirituelles et mélancoliques à la fois, où Rousseau a raconté son expérience des fameuses courtisanes de Venise. Sur le besoin d'aveu, cf. *supra,* p. 250, n. 2.

3° Un certain masochisme qui pousse Jean-Jacques à supplier la femme aimée d'exercer sur lui sa *rigueur,* à implorer d'elle le *châtiment* (cf. *supra,* p. 139, n. 1).

4° Enfin un profond sentiment de malaise en face de ces femmes à la fois coupables et victimes que sont les prostituées. Mépris de leur cupidité, de leur profanation de l'amour; pitié de leur misère née d'un état social dont il se sent solidaire. Ici les commentaires sur son expérience vénitienne sont particulièrement éclairants. Ce thème de la prostitution, déjà effleuré à propos du danger couru par Fanchon (cf. *supra,* p. 117, n. 3), sera plus largement traité à propos des *Amours de Mylord Edouard* (cf. *infra,* p. 622, n. 1).

P. 295.

(*a*). « Assez sot... persiflage » manque dans Ms. Rey. Br. donnait : *Comme je commence à connoitre les usages du païs, je...*

(*b*). Br. : me disant... *de mon caractère*. La phrase a été supprimée dans C.L., puis rétablie.

P. 297.

(*a*). Br. : *quelle que soit ma punition, l'idée m'en sera moins (horrible) (affreuse) (cruelle) horrible que celle de mon crime.*

(*b*). Dans Br., cette lettre porte le nº 28, mais il est postérieur à la lettre. Puis *28* a été corrigé en *27*. Inadvertance ? ou faut-il supposer une lettre supprimée ?

1. Cette réponse de Julie est d'une gravité qui la rend peu vraisemblable. Cette jeune provinciale s'exprime avec la maîtrise et le sang-froid d'une Mme de Mortsauf. Cette autorité de directeur de conscience (qui fut pour Jean-Jacques celle de Mme de Warens) conviendrait au contraire à la Julie mariée et mère de famille des dernières parties, ou au « sage Wolmar ». Rousseau, par la bouche de Julie, s'adresse à lui-même de sévères reproches. Dans ce premier « état » des *Confessions,* où il fait le bilan de tant d'années gâchées, Julie est *l'incarnation de sa conscience.*

Outre cette critique de soi-même, il n'est pas interdit de voir dans ce texte (véritable « conclusion » du groupe des lettres sur Paris) une attaque dirigée par Rousseau contre les « romanciers de mœurs », ses prédécesseurs. En face d'eux, il proclame une conception romanesque personnelle, mais non originale; traditionnelle au contraire, « classique », car elle refuse la description pittoresque pour n'accorder d'importance qu'à la connaissance des « ressorts éternels du cœur humain », du « jeu durable et secret des passions ».

D'autre part, cette lettre ouvre la voie au grand roman social ou sociologique tel qu'il s'épanouira quatre-vingts ans plus tard chez Balzac : « C'est le seul moyen de connaître les véritables mœurs d'un peuple que d'étudier sa vie privée dans les états les plus nombreux... » Rousseau n'est malheureusement pas allé au-delà du projet. Il est remarquable pourtant qu'il ait (avec Diderot et après Richardson, il est vrai) signalé la valeur humaine des « honnêtes bourgeois ». Plus encore, qu'il ait songé à un possible roman populaire où serait posée la « question sociale », ou tout au moins recherchés les secrets cachés dans les « greniers d'un cinquième étage ». Cette orientation vers une peinture du monde élargie s'explique par deux tendances profondes déjà plusieurs fois décelées (cf. *supra,* p. 231, n. 2; p. 254, n. 1 et p. 294, n. 1) :

1º *Le goût de la vérité.* Il ne faut pas s'arrêter aux gens qui « représentent toujours »; cf. aussi la belle image sur l'humanité, qui « coule comme une eau pure et salutaire, et va fertiliser les lieux bas ».

2º *Le goût de la charité,* source d'élargissement de l'âme, préservatif efficace contre la vanité. Tels paragraphes sur les souffrances du pauvre, sur la forme de charité qu'est le don du temps, ont un accent de sincérité émouvant.

P. 298.

(*a*). « Votre première... en frémissant que : » ajouté en marge dans Br.

(*b*). Br. : « On prendroit *ces lettres* pour les *Satires* d'un petit maître, plutôt que pour les *relations* d'un philosophe. » C.L. : « on prendrait cette lettre pour les *relations* d'un philosophe. » On peut conclure de ces variantes que l'ordre de composition des différents états de la lettre 28 est exceptionnellement le suivant : 1° C.L., 2° Br., 3° texte définitif. Étant donné la date de composition de la C.L., nous avons sans doute là un indice complémentaire et probant de notre hypothèse sur la date tardive de cette lettre.

(*c*). Br. : *autrefois du Valais.* Variante révélatrice de l'insistance spontanée de Rousseau sur l'opposition entre la Capitale et le pays de la simplicité parfaite. A la réflexion — et à juste titre — il a préféré généraliser.

(*d*). Note absente de Br. Cette note où se révèle le côté homme de lettres de Rousseau, écorché vif à l'avance par les critiques qu'il prévoit, a été supprimée dans l'éd. Rey, 1763.

1. Sur cette opposition de mots, cf. la lettre 26 où Saint-Preux parlait de ses « maximes » et des « antiques mœurs helvétiques ». Rousseau la reprendra presque exactement dans les *Confessions,* l. VIII, *O.C.*, Pléiade, t. I, p. 344 à propos de ses repas chez Mme La Selle : « J'y pris aussi peu à peu, non grace au Ciel jamais les mœurs mais les maximes que j'y vis établies. »

2. Fr. Deloffre dans son étude sur l'histoire du « petit maître », n'a pas allégué ce texte de Rousseau. Il y eût trouvé pourtant une confirmation de sa thèse selon laquelle, vers 1750, le type avait évolué de telle manière qu'il était complètement transformé. Il cite à l'appui *le Petit Maître philosophe* de Mainvilliers (1752) « où l'athéisme se dissimule à peine sous un ton constant de persiflage » (pp. 39-40) et ce mot d'Horace Walpole, dans une lettre de 1765 : « *Petits maitres* are obsolete like our Lords Foppington : *tout le monde est philosophe...* » (p. 41). Il signale que le mot « petite maîtresse » est courant dans la littérature de tout le XVIIIe siècle et que Balzac dans *la Femme de trente ans* et Baudelaire dans ses *Petits Poèmes en prose* l'emploient encore. Il suppose que « l'absence d'une concurrence semblable à celle qui menace la forme masculine, lui a permis de survivre » (p. 17).

P. 299.

(*a*). « Ainsi vous vous dégradez... sages que vous » : ajouté en marge dans Br.

(*b*). Note absente de Br. et C.L. Comme la précédente, elle révèle les préoccupations de l' « auteur » à la veille de la publication; elle s'inscrit dans le prolongement de la *Lettre à d'Alembert* et de la seconde *Préface*. Supprimée dans l'éd. Rey, 1763.

1. Annonce de l'*Émile*, et d'abord des longs développements des dernières parties qui, sur ce point comme sur tous les autres, feront apparaître l'opposition entre vie parisienne et vie de province. Nouvelle preuve du caractère tardif de cette lettre destinée à établir un « pont » entre le roman primitif et le « message » final. Il serait trop facile d'opposer ici Rousseau à Saint-Preux, puisque son traité de l'éducation est né, précisément, à la suite de requêtes à lui adressées par des mères de famille parisiennes, et, au premier rang, Mme d'Épinay. Mais à l'heure où il écrivait sa lettre, plus encore à celle où il rédigeait sa note, la rupture était consommée. Les positions s'étaient durcies. L'agressivité dominait.

2. Impossible de nier que Julie, et derrière elle Rousseau, donne à cette expression un sens péjoratif. Il semble pourtant qu'en certains moments privilégiés il ait été tout près de redécouvrir le prix de cette valeur suprême que la lecture de l'Évangile ne pouvait manquer de lui rappeler souvent : l'*esprit d'enfance*. Et c'est avec une indulgence attendrie que dans ses préfaces, il appelle ses héros des « enfans ». Cf. lettre 4 de la IIIe partie, p. 314, n. 2, et lettre 1 de la Ve partie, p. 523, n. 2. Comment n'eût-il pas eu cette indulgence, puisqu'il devait écrire de lui-même : « quoique né homme à certains égards, j'ai été longtems enfant et je le suis encore à beaucoup d'autres » (*Confessions*, l. IV, *O.C.*, Pléiade, t. I, p. 174) et encore : « jusqu'à la fin de sa vie il ne cessera d'être un vieux enfant » (*2e Dialogue*, *ibid.*, p. 800).

P. 300.

(*a*). « Quand au projet... vous-même » : ajouté en marge dans Br. L'orthographe *quand* est celle du Ms. Rey suivi par l'éd. Rey, 1761, et elle n'est pas rare chez Rousseau. Mais C.L. donne *quant*...

(*b*). « comme s'il y avait... mal faire ». Cette phrase, sous une forme légèrement différente, a été ajoutée en marge dans Br.

1. Cette analyse donne en quelques lignes le schéma des longues pages des *Confessions* où, abordant certaines fautes graves de sa vie, Rousseau tentera sinon de les justifier, du moins de les expliquer. Cf. en particulier le célèbre récit du ruban volé (*O.C.*, Pléiade, t. I, pp. 84-87) : « J'aurois voulu m'enfoncer, m'étouffer dans le centre de la terre : l'invincible honte l'emporte sur tout, la honte seule fit mon impudence. »

2. Nouvelle apparition de l'auteur de l'*Émile* (et nouvelle preuve du caractère tardif de cette lettre). Le caractère empirique, réaliste de la méthode pédagogique de Rousseau se laisse voir ici clairement, comme il apparaîtra dans les « méthodes » de M. de Wolmar. Cette utilisation des jeux de la mémoire ou de l'imagination est essentielle chez lui. Cf. sur ce point G. POULET, *Études sur le temps humain*, pp. 165 sq.

P. 302.

(*a*). C.L. ajoutait ici : *Au lieu de toutes ces folles dont vous me parlez il eût mieux valu voir plus souvent cette jeune dame charitable, si belle, chez qui vous vous plaisiez tant à la campagne. Pourquoi ne m'avez-vous plus parlé d'elle ? Quoiqu'il en soit si...*

1. Le premier discours sur ce « sujet » se trouve dans la lettre 15 (IIe partie).

2. A la fin du roman, Rousseau exprimera plus longuement ses idées sur la morale sexuelle, lorsque Julie exposera à Saint-Preux que la continence est impossible et le mariage nécessaire. Cf. *infra,* p. 625, n. 1. Cf. sur cette question les textes rassemblés par P. Burgelin, *la Philosophie de l'existence de J.-J. Rousseau,* pp. 375 sq. et A. Ravier, *l'Éducation de l'homme nouveau,* t. II, pp. 127-147.

P. 303.

1. Ce sont évidemment les officiers suisses qui ont servi la France. Julie parle avec une certaine tendresse d'une « espèce, sociale » que Saint-Preux traitait plus rudement (cf. *supra,* p. 108, n. 1 et p. 235, n. 1).

P. 304.

1. Sur l'importance de ce mot pour Rousseau, cf. *supra,* p. 156, n. 1.

2. Cet éloge de la « bienfaisance » ou de la « philanthropie » sera longuement repris et précisé dans la lettre 2 de la Ve partie. Cf. aussi la dernière des *Lettres morales* qui, sur ce point comme sur beaucoup d'autres, sont un premier état des dernières parties : « detestez cette pitié cruelle qui détourne les yeux des maux d'autrui pour se dispenser de les soulager (...) Que chacun tressaille de joye à vôtre abord, que les benedictions publiques vous accompagnent sans cesse. » (*O.C.*, Pléiade, t. IV, p. 1118). Rousseau parlait d'expérience. Quelques semaines avant d'écrire cette « lettre morale » il adressait à Sophie d'Houdetot une véhémente protestation contre l'accusation d'ingratitude dont il était alors victime de la part de Grimm : « Vous que j'osai quelquefois appeller mon amie; pardonnez un aveu qu'arrachent la justice et la vérité à un honnête homme avili; je ne fais point ma cour au riche, mais je n'éconduis point les pauvres. Ma porte ne fut jamais fermée aux malheureux, il en est venu de toutes les espéces implorer mon crédit, mes soins, ma bourse ou mes conseils, aucun ne m'a quitté mécontent. C'est ainsi que je m'efforce d'entretenir selon mon pouvoir cette circulation de bienfaits qui fait le lien de la Société. » (*C.C.*, t. IV, pp. 396).

3. En vérité cette lettre est beaucoup plus celle d'un ami, d'un mentor, ou peut-être d'une mère que celle d'une jeune amante (cf. *supra,* p. 297, n. 1). L'absence de jalousie physique ne nous étonne peut-être pas, mais les recommandations sur la « santé », si discrètes qu'elles soient, sont un peu gênantes. On sait que Rousseau,

après sa première expérience vénitienne chez la Padoana, se figura aussitôt qu'il était « poivré » (*O.C.*, Pléiade, t. I, p. 317).

P. 305.

(*a*). On trouve ici dans Br. un feuillet 151, qui par la nature du papier, la couleur et le format est absolument différent des autres. Il comporte deux textes très distincts : 1° 4 lignes d'ébauche d'une réponse de Saint-Preux à Julie : *Ma Julie j'ai reçu tes censures avec respect et mon pardon avec reconnoissance ; je conviens volontiers qu'il soit nul quand j'aurai besoin d'en implorer un second.* Rousseau a renoncé à écrire cette réponse. Et il a effacé ces lignes. 2° De la même encre, probablement au même moment et sans doute aussitôt après la rédaction du texte actuel de la lettre, un *P.S.* qui, à quelques variantes près, est celui du texte actuel. La variante la plus amusante est celle-ci : *Il est clair que vous nous prenez pour des caillettes, ma cousine et moi et que...* (cf. p. 305 : « Il est clair que vous nous dédaignez beaucoup »).

P. 306.

(*a*). Br. (f° 155) même papier que le f° 151. Aucune indication d'expéditeur ni de destinataire. Le numéro *28* a été inscrit tardivement. La lettre commençait par ces mots : *Mon ami, mon cher ami, tout est perdu...* L'écriture est très agitée. Rousseau semble s'être « excité » à mesure qu'il écrivait. Le caractère haletant du style a été accentué dans les corrections postérieures, mais il est déjà net dès le premier jet.

(*b*). Br. ajoutait : *mes genoux ont peine à me soutenir...* Peut-être Rousseau a-t-il supprimé ce détail pour rendre moins évident le rapprochement avec le début de *Phèdre,* qui pourtant s'impose avec les mots *Où fuir ! comment soutenir ses regards !...* Ce rapprochement n'étonnera pas le lecteur de la *Lettre à d'Alembert* qui sait la passion de Rousseau pour le théâtre et pour Racine en particulier. Mais il est important par le jour qu'il projette sur la conscience de Rousseau, torturée par le péché et par le remords.

(*c*). Br. : Ici Rousseau avait d'abord ajouté ces mots qu'il a ensuite supprimés : *Ciel, ciel, m'avais-tu prise pour être l'opprobre de ceux qui m'ont donné la vie...* Suppression nécessaire. Il n'y a aucun « opprobre » tant que le « crime » n'est connu que des parents.

1. *P.S.* assez habile. Rousseau tient à expliquer à ses lecteurs les raisons de son silence sur la politique. Comme son disciple Stendhal il pense, à juste titre, que parler de politique dans un roman d'amour est aussi indécent que tirer un coup de pistolet dans un salon ! Il prend soin pourtant de nous faire savoir que, dans les lettres à Milord Édouard, il en était question. Quant au « conformisme politique » de Julie, il est aussi vraisemblable que sa réaction de vanité féminine blessée.

TROISIÈME PARTIE

P. 307.

(*a*). Br. ne donne de cette lettre que le dernier paragraphe. Aucune indication d'expéditeur ni de destinataire. Pas de numérotation. Texte très ancien, papier différent du papier ordinaire. Peut-être à cette date Rousseau n'avait-il pas imaginé les paragraphes précédents ?

1. Cette partie, à la fois liquidation de la période de la jeunesse, de l'agitation, de l'amour heureux et persécuté, et entrée dans un monde nouveau, celui de la maturité, de la sérénité, de la durée, de l'inquiétude aussi et de l'espérance, est aussi remarquable par la maîtrise technique dont y fait preuve le romancier que par les richesses spirituelles qu'il prodigue.

Deux parties très fortement contrastées :

1° *Lettres 1 à 17,* de la découverte des lettres au mariage de Julie. Rythme *molto agitato, appassionato.* Tout est événements, coups de théâtre, mystères, espérance et angoisse alternées. Nous n'entendons presque plus la voix de Julie. Les brefs échanges entre les amants sont « officiels », sans nuances. La vérité sur eux ne nous est connue que par des échos, des jeux de miroir. C'est de l'excellent roman.

2° *Lettres 18 à 26 :* du mariage de Julie au départ de Saint-Preux. Lettres plus longues, peu d'événements. (La tentation de suicide n'est qu'une tentation. Et encore...) Mais il semble que le temps ait suspendu son vol. La lettre 18 est comme un donjon spirituel du haut duquel l'héroïne domine les deux époques de sa vie et le romancier les deux versants de son œuvre. Cette méditation lyrique : élégie, réflexion, prière, se déroule dans une souveraine sérénité : *adagio molto ; lento.* Puis, le roman repart, mais le rythme est à peine accéléré. Julie décrit longuement sa vie nouvelle et ce qu'elle appelle son « bonheur »; les deux lettres de Milord Édouard et de Saint-Preux sur le suicide se déroulent comme un noble débat sur un grand problème. L'amant est réduit au silence. La vie est comme bloquée.

Sur le plan spirituel, l'œuvre propose des richesses que le lecteur des premières parties pressentait, mais dont il n'espérait pas qu'elles seraient si hautes ni si profondes. Le thème fondamental de l'amour courtois : l'exigence du renoncement, de la séparation, de la chasteté avait été plusieurs fois exprimé par Julie, mais jamais il ne s'était affirmé d'une manière aussi victorieuse que dans la décision, prise par Julie, acceptée par Saint-Preux, de son mariage avec un autre.

Acceptée, non subie ! La lettre 19 est de ce point de vue capitale. Elle est longuement commentée par Claire qui relaie temporairement sa cousine dans le rôle de directeur de conscience du parfait amant : « Si votre cœur ne m'a point trompée », lui écrit-elle dès la lettre 1, « il n'y a plus que la grandeur d'un tel sacrifice qui puisse répondre à celle de l'amour qui l'exige » (cf. *supra*, p. 190, n. 2 et p. 192, n. 1 et J.-L. Bellenot, *Annales J.-J. R.*, t. XXXIII, pp. 178 sq.).

Mais ce premier aspect, si important qu'il soit, ne doit pas nous dissimuler les autres qui le sont peut-être davantage. Approfondissant sa méditation sur l'amour, Rousseau nous le fait considérer maintenant dans ses rapports avec le mariage. Il réfléchit sur la nature propre de ces deux réalités, sur le rôle qu'elles doivent jouer dans la vie de l'homme, les titres qu'elles ont à lui procurer le bonheur. Il nous fait pénétrer sur des terres qu'il avait laissées jusque-là inexplorées, où se rencontrent mystérieusement la liberté de l'homme et la grâce de Dieu; où le « citoyen » rejoint le moraliste et le psychologue. Mais surtout, revenant sur le terrain familier de la vie psychologique, il y fait de nouvelles et importantes découvertes. Deux thèmes, en particulier, prennent ici, pour la première fois, un large développement, avant de devenir les leitmotive des dernières parties de l'œuvre.

Le premier est celui du *repos*. Le mot apparaît dès la première lettre de Claire, il sera aussitôt repris par Saint-Preux. C'est sur lui que Julie fondera son apologie du mariage, source du bonheur et du salut, opposé à la passion, source d'inquiétude et de perdition spirituelle.

Le second est celui de l'*oubli*. De subtiles remarques sur le mécanisme du souvenir fourniront à Claire sa plus sûre consolation pour l'amant brutalement arrêté devant le mur infranchissable du bonheur. Et sur ce même thème, dans les derniers paragraphes de sa lettre d'adieux, Julie brodera d'exquises variations. L'amour peut-il être vainqueur du temps ? L'homme peut-il échapper pour sa vie sentimentale à cette misère fondamentale de sa condition : le vieillissement ? Oui, peut-être par le souvenir. Mais le souvenir a ses lois et le cœur ses « intermittences ». Comment sauver le souvenir même ? Rousseau rejoint ici plus profondément qu'il ne l'a cru *la Princesse de Clèves,* puisque ce roman d'amour, comme *Julie,* est essentiellement fait d'une double méditation sur le repos et sur l'oubli (cf. les très brillantes et justes remarques de Bernard Pingaud dans son étude sur *Madame de La Fayette,* Paris, 1959). On voit la nouveauté des problèmes, ou plus exactement des « mystères », que le romancier nous invite désormais à considérer. Ce monde où il nous entraîne ne nous est pourtant pas étranger. En s'y engageant d'un pas ferme, Rousseau ne tourne pas le dos au passé. Son « projet » fondamental reste le même : *enseigner aux hommes le bonheur.* Ce qui anime ces lettres, un peu longues peut-être mais pleines, sans bavardage, nullement « feuillues », c'est *un effort passionné pour tout sauver : et le bonheur et l'amour.* Épouse sans passion (mais non sans amour), fixée dans le calme et la durée de la vie conjugale et familiale, Julie espère goûter la forme de bonheur la plus parfaite qu'il soit donné à l'homme de connaître. Amante fidèle, sûre de la fidélité de son amant, elle connaîtra la forme d'amour la plus pure mais surtout la plus durable parce qu'elle aura dominé la passion, et, parce qu'elle vivra séparée de celui qui en est l'objet. Mais cet effort ne va-t-il pas au-delà des limites imposées à l'homme par sa nature ? La réponse à cette question reste le secret des dernières parties. Quel romancier inventa jamais plus admirable « suspense » ?

P. 308.

1. Ce n'est pas le seul passage du roman où les manifestations de la sensibilité prennent des formes excessives et, pour nous, déconcertantes. Nous avons déjà dit qu'elles n'étaient pas du tout le reflet d'une mode, mais du comportement personnel de Rousseau (cf. *supra,* l'attitude de Saint-Preux dans la scène de réconciliation avec Milord Édouard et *infra,* le déchaînement de Claire à la mort de Julie).

2. Une de ces scènes à la Greuze que Rousseau ne se lassait pas plus d'admirer que son ami Diderot. Sur Rousseau amateur d'estampes et sur sa sensibilité aux attitudes, cf. *supra,* p. 74, n. 2.

P. 309.

(*a*). « elle avoit même commencé » manque dans Ms. Rey.

1. Sur ce thème cf. Jean Starobinski, *J.-J. Rousseau. La transparence et l'obstacle,* p. 104.

2. Voici introduit pour la première fois ce mot capital. Cf. plus loin dans cette même lettre : « la *sagesse,* la *paix,* la *sureté* du moins » et dans la lettre de Saint-Preux à Mme d'Étange : « son *repos,* sa *félicité,* son *honneur...* » à quoi s'opposent : *malheurs, tourmens, opprobres.*

3. Autre mot clef de cette partie du roman, cf. *infra* : « le *sacrifice* que vous avez fait à l'honneur de Julie... » Notons le soin pris par Rousseau de lier fortement l'avenir de ses héros à leur passé. Il n'y a pas contradiction, mais progression, le roman est celui d'une *ascension spirituelle.* Cf. lettre 2 : « Il n'y eut jamais de *sacrifice* égal à celui que je viens de faire... »; cf. encore lettre 4 *in fine.*

P. 310.

(*a*). « la sureté du moins » manque dans C.L. Cet ajout tardif marque bien l'importance croissante accordée par Rousseau au thème du *repos.*

(*b*). Br. : On retrouve le papier ordinaire du manuscrit, mais aucune indication de destinataire ni d'expéditeur. Ce texte est déjà une mise au net, mais il comporte d'assez nombreuses additions ou corrections.

1. Révélation foudroyante ! Saint-Preux a été indignement joué. On lui apprend brusquement une réalité qu'on aurait dû lui révéler beaucoup plus tôt. Maladresse du romancier ? ou plutôt étonnant « réalisme » d'un homme à qui la vie a appris à connaître la « ruse de femme ». Cf. *supra,* p. 198, n. 2.

2. Formule importante pour l'interprétation *morale* du roman. Saint-Preux ne se sent et ne se reconnaît pas coupable. Son cœur, qu'il écoute d'abord, n'éprouve pas de « repentir », mais seulement de la « douleur » puisque son « crime » est « involontaire ». Homicide par imprudence...

P. 311.

(*a*). Br. 1er jet ajoutait en marge ce texte : *toujours serré, toujours oppréssé de son désespoir mon cœur ne fournira plus de pleurs à mes yeux.*

(*b*). Br. a aussi en marge cette version différente : *Ah ! quand je consulte mes sentimens pour vous, je ne me trouve pas indigne de vous donner ce doux nom de mère.*

(*c*). Br. 1er jet : *Je n'avais point encore appris de votre fille devenue plus sage par (ses) nos propres fautes, cet art sublime et cruel de vaincre l'amour... enseigné.*

1. On reconnaît le mouvement de style où s'exprimera le fameux cri d'orgueil initial des *Confessions.* Sur l'exaltation des amants en face de leur amour « unique », « incomparable », cf. *supra,* p. 165, n. 5, et p. 209, n. 1.

2. Affirmation fondamentale, à laquelle Julie répondra dans la lettre 20, en affirmant que Wolmar, sans avoir pour elle le cœur de Saint-Preux, n'est cependant pas « rien » pour elle.

3. Sur cette exigence héroïque de l'amour, cf. *supra,* p. 307, n. 1. Noter ici encore le lien établi entre ce sacrifice et ceux qui l'ont précédé. Cf. *supra,* p. 309, n. 3.

Utilisant plus tard ce texte, qu'il avait longuement travaillé (cf. var. (*c*), p. 311), Rousseau écrira le 15 octobre à Mme d'Houdetot : « le prémier fruit de tes bontés fut de m'apprendre à vaincre mon amour par lui-même, à sacrifier mes plus ardens désirs à celle qui les faisoit naître, et mon bonheur à ton repos... » (*C.C.*, t. IV, p. 276). Mais la situation sera singulièrement différente. Julie avait été beaucoup moins « cruelle » et « injuste » que Sophie.

P. 312.

(*a*). Les derniers mots depuis « être mere » sont ajoutés en marge dans Br.

(*b*). Br. pas de numérotation, mais un en-tête : *A la cousine, en lui envoyant la précédente.*

(*c*). « Je suis donc... faites » est ajouté en marge dans Br.

1. Saint-Preux a-t-il un double visage ? Oui et non. Le ton change nécessairement suivant l'interlocuteur. Finalement la lettre à Julie s'achève par où avait commencé la lettre à la mère, par la soumission. Bonne image du désarroi intérieur. Le style est pourtant un peu trop « enflé » selon le mode tragique : cruelle, barbare, etc.

P. 313.

(*a*). Br. pas de numérotation : *Lettre de Mme d'Orbe.*

(*b*). Br. : *votre amour porte un caractère ineffaçable que le temps ni les efforts humains ne sauroient détruire.* « Ineffaçable » et « ne sauroient détruire » répétaient la même idée, mais cette répétition était significative, et la correction est plate.

1. Sur l'importance du thème de l'*oubli,* cf. *supra,* p. 307, n. 1. Claire n'avait pas demandé l'oubli. Sa lettre prouvera bien le contraire. Saint-Preux affirme qu'il oubliera. Mais il croit (et il espère) ne pas le pouvoir. (Ce « s'il se peut » est éloquent.) En fait, la vraie question n'est pas : l'oubli est-il possible, mais : l'oubli est-il évitable ?

2. Sur le sens de ce mot, cf. *supra,* p. 156, n. 1. Il est important de le voir ici à peu près assimilé à *sensibilité.*

3. Sur ces manifestations extrêmes de sensibilité, cf. *supra,* p. 308, n. 2.

4. L'affirmation optimiste de Claire sera contredite. Les cœurs des amants sont « hors de la règle commune »; mais s'ils peuvent vaincre les « efforts humains », ils ne seront pas vainqueurs du « temps ». Sur le caractère aristocratique de l'amour, cf. *supra,* p. 165, n. 5 et p. 209, n. 1.

P. 314.

(*a*). Tout le développement depuis : « Je sais même... » jusqu'à « ... qu'elle a pour vous » a été ajouté en marge de Br. Il a remplacé un texte beaucoup plus court : *Loin de mériter qu'on prit le moindre intérêt en vous, il faudrait vous étouffer l'un et l'autre, si vous étiez capables de tromper encore la meilleure des mères et d'abuser de la foi qu'elle ajoute à vos communes promesses et de la confiance qu'elle donne à votre conduite.*

(*b*). Tout ce paragraphe inscrit au verso du feuillet manuscrit semble bien avoir été ajouté après le premier jet. Il comporte lui-même des ajouts marginaux : « Si l'on y parvient... dédomager » et « Reprenez donc courage... vous même ».

(*c*). La note est absente de C.L. Elle disparaît de l'éd. Rey, 1763.

1. Le problème des rapports vertu-bonheur n'a pas été réellement abordé au cours des premières parties, sinon sous une forme ambiguë, Julie affirmant qu'elle « souffrait » parce qu'elle n'était plus « innocente »; Saint-Preux la rassurant en lui démontrant que chasteté et vertu ne sauraient être toujours identifiées. Ici le mot *vertu* est évidemment pris dans un sens très précis. Julie s'est écartée de la vertu en se donnant à Saint-Preux. Claire affirme qu'elle s'est ainsi écartée du bonheur. Que pense finalement Rousseau ? On hésite à répondre. Toute la suite du roman incline à penser qu'il y a pour lui un lien indissoluble entre les deux termes. Si Saint-Preux et Julie amants ont connu le bonheur, c'est qu'ils ne s'écartaient que d'une fausse vertu. Mais Julie a-t-elle été alors vraiment heureuse ? La lettre 18 répondra : non. Et elle se reconnaîtra *coupable,* cf. *supra,* p. 344 et *infra,* p. 671, n. 1.

2. C'est déjà l'appel que lancera Édouard, au début de la

V^e^ partie : « Sors de l'enfance, ami, reveille-toi » (cf. p. 523, n. 2). Sur ce thème de l'enfance, cf. *supra,* p. 299, n. 2.

3. Premier précepte de la morale rousseauiste. Sous sa forme négative (condamnation de l'hypocrisie, du conformisme, etc.) nous l'avons souvent rencontré (cf. *supra,* p. 22, n. 1 et p. 231, n. 2). Sous sa forme positive, il va jouer désormais un rôle capital.

P. 315.

(*a*). Lettre absente du recueil de brouillons de l'Assemblée nationale.

(*b*). « Que lui restoit-il... opprobre » : ajouté dans C.P.

1. Le ton général de cette lettre est à nouveau celui de la tragédie. Elle pourrait être classée parmi ces « fragmens » lyriques que rédigeait Saint-Preux lors de son départ pour Paris. Il y a là quelque chose d'excessif qui nous gêne. Sans doute parce que Julie n'est pas Phèdre; elle est un « monstre » beaucoup moins « sacré ». Mais Claire nous révélera dans la lettre 7 que Julie se ment à elle-même en se rendant personnellement responsable (d'où l'accumulation des me, mes, moi, mon) de la mort de sa mère. Dès lors, ce qui nous paraissait défaut de l'écrivain devient une vertu.

P. 316.

1. Julie aussi prononce le mot terrible, mais elle ajoute aussitôt un *s'il se peut* qui réserve le dénouement. Il faut d'ailleurs noter l'abandon à l'élégie : « unique et cher », immédiatement stoppé par une conscience qui se raidit (« effort », « doit », etc.).

P. 317.

(*a*). Dans Br. (f°s 177-178) la lettre (tardivement numérotée 6) commençait d'abord par les mots : *Enfin le voile est déchiré, mon aimable et chère cousine*... Puis Rousseau a biffé et inscrit en tête un « Madame » qui a disparu ensuite. La lettre est très travaillée. Elle comporte un grand nombre d'ajouts en marge. Ceux-ci offrent parfois une ressemblance frappante avec certains passages des lettres à Mme d'Houdetot. Mornet (t. III, p. 13, n. 2) suppose une insertion de ces fragments dans le manuscrit postérieure à l'aventure vécue. Hypothèse invérifiable et peu vraisemblable. Il est plus normal de croire que Rousseau est parti de cet exercice de style pour écrire la lettre réelle ! Au reste, inspirés ou non par la réalité vécue, ces développements ajoutés révèlent eux-mêmes un soigneux travail d'écrivain.

(*b*). Br. 1er jet : *O temps heureux.*

(*c*). Rousseau a longuement hésité avant de choisir cet adjectif qui pourrait paraître banal. Br. a : *délicieux, célestes, précieux* et C.L. : *purs.*

(*d*). « Une douce extase... » Cette admirable phrase a été inventée après coup, rajoutée elle-même à un ajout en marge dans Br.

(*e*). R. Osmont a relevé ici dans Br. cette phrase de premier jet : *le soleil se lève et ne m'amène point l'espoir de te voir ; il se couche et je ne t'ai point vue...* Il voit dans ce renoncement à l' « élégie amoureuse » une « recherche de la forme d'abstraction fervente qui caractérisera l'analyse dans les *Rêveries* » (*Annales J.-J. R.*, t. XXXIII, p. 138). Notons surtout que cette phrase n'était que le plat développement d'un des distiques les plus fameux de Racine et rappelons la place occupée dans la *Lettre à d'Alembert* par le commentaire de *Bérénice.*

(*f*). Texte substitué dans Br. à ce premier jet un peu plat : *Quelques instans ont borné mon (être) existence heureuse...*

1. Il est remarquable mais assez naturel que Saint-Preux ne réponde pas à Julie. Ne lui a-t-elle pas dit « adieu pour la dernière fois » ? Il est désemparé ; c'est du côté de Claire seulement qu'il peut chercher le salut. Jusqu'à la lettre 15, il n'y aura plus d'échange direct entre les amants. (On ne saurait compter comme tel la rencontre nocturne et fantastique dans la chambre de Julie malade). Nous n'aurons sur leurs cœurs que des vues indirectes, mais peut-être d'autant plus justes. Rousseau utilise toutes les prises de vues possibles pour découvrir le mystère des êtres et joue en maître de ce riche instrument qu'est le roman par lettres.

Cette lettre est une des plus belles du roman. Comme la précédente, elle est un monologue tragique, ou plutôt un grand air d'opéra. Elle est admirablement construite. On croirait qu'elle dût commencer par où elle finit, par une demande d'explications sur les faits et sur la valeur réelle des sentiments de Julie. Mais elle est d'abord un chant où l'amant proclame le caractère impérissable de son amour. La construction suit la formule des monologues raciniens. Le « cesser de m'aimer » correspond exactement à la plainte de Bérénice : « Pour toujours ! Ah ! Seigneur... » Enfin un dernier développement sur le véritable amour est introduit par ce bel alexandrin : « c'est dans son cœur que sont mes douleurs les plus vives... » Jusque-là Saint-Preux n'a rien dit à Claire qu'elle ne sache. C'est dans les dernières lignes seulement qu'il pose la question utile. Encore le fait-il sur un ton purement lyrique.

2. Sur le thème du voile, cf. Jean Starobinski, *J.-J. Rousseau. La transparence et l'obstacle,* p. 104.

3. Sur l'importance du thème du souvenir et de l'oubli, cf. *supra,* p. 307, n. 1. Gardons-nous de voir dans cette formule une pure recherche d'artiste. Cette variation dit l'essentiel : le « bonheur » n'est plus. Il n'est plus qu'un *vain* sentiment, l' « espoir s'est éteint », mais la « flamme est éternelle », entretenue par le « souvenir ». Tant que dure celui-ci, il peut bien y avoir souffrance, amertume ; la joie demeure. Et avec elle les délices. Certaines expressions de ce morceau lyrique ont été utilisées par Rousseau dans sa longue lettre (non envoyée) à Sophie du 15 octobre 1757 : « Vois ce que j'étois et ce que je suis devenu (...) Qu'est devenu ce tems, cet heureux tems (...) Cesser d'être ton ami ! chère et charmante Sophie, vivre et ne

plus t'aimer ? (...) Souvenirs amers et délicieux ! laisserez-vous mes sens et mon cœur en paix ?... Tout est fini ; je ne suis plus rien, et (...) je ne suis pas moins misérable de mon bonheur passé que de mes peines présentes. » (*C.C.*, t. IV, pp. 273-279). Quelle que soit l'hypothèse à laquelle on se rallie sur l'antériorité de ces textes l'un par rapport à l'autre, une comparaison attentive permet de voir comment un artiste peut, à l'aide de mots presque semblables, exprimer des sentiments sensiblement différents.

4. Texte à juste titre célèbre où, revenant sur les analyses déjà faites dans la lettre 55 (Ire partie), Rousseau tente à nouveau d'exprimer l'inexprimable, cet état d'extase où le temps est comme arrêté, l'éternité découverte ou « retrouvée ». On sait qu'il a repris plusieurs fois cette analyse dans ses œuvres postérieures : *Lettres à Malesherbes, Confessions, Rêveries* (en particulier la cinquième). On lira sur ce sujet les deux *Introductions* de Marcel Raymond aux *Rêveries* (éd. Droz, 1948 et *O.C.*, Pléiade, t. I, 1959); la première (aux pages XV, XXXVIII) étudie les procédés d'incantation de l'artiste et met en lumière la « tentation » suprême de Rousseau, celle de se « faire Dieu ». Cf. aussi les pénétrantes remarques de G. POULET, *Études sur le temps humain*, pp. 172-178 où le texte du roman, après avoir été rapproché de celui de la *5e Rêverie*, en est justement distingué.

5. Sur l'importance de la dialectique de l'*amour* et du *bonheur*, cf. *supra*, p. 190, n. 2, p. 307, n. 1. Cf. *infra*, les mots : *paix, repos, plus tranquille*. Le problème est parfaitement posé. Quelle en sera la solution ? Pour l'instant, par la bouche de l'amant, Rousseau affirme l'impossibilité de la cessation de l'amour. Le bonheur dans le repos et l'oubli, qu'il souhaite à Julie par un acte de charité suprême, il le lui refuse par une affirmation passionnée de tout son être. Le cri « jamais », « jamais » ! est une formule de conjuration.

P. 318.

(*a*). C.P. et C.L. ont ici la phrase : « et je serai plus malheureux de son infortune que de la mienne ». Elle est biffée dans le Ms. Rey. En la transportant, plus tard, dans le développement suivant où elle est mieux à sa place, Rousseau a ajouté l'expression un peu précieuse : « c'est dans son cœur que sont mes douleurs les plus vives » où il reproduisait un mot fameux de Mme de Sévigné et qui remplaçait ce texte assez plat de Br. : *Ah ! le moyen de songer à ses propres malheurs en la voyant si malheureuse.*

P. 319.

(*a*). Dans Br., cette lettre numérotée 7 est constituée de deux parties très différentes. La première, plus tardive, de *Comment pourroit-on*... à ... *jouir encore,* rédigée sur le papier ordinaire de manuscrit, est une mise au net, bien qu'elle comporte de nombreux ajouts en marge. La seconde, depuis : *Consolez-vous* jusqu'à la fin, rédigée sur un papier différent, appartient certainement à un état antérieur. Les deux parties sont tant bien que mal soudées l'une à l'autre par la phrase : *Consolez-vous donc...*

(*b*). Br. porte ici en marge : *Je l'accepte comme un tendre épanchement de votre cœur et non pas comme une exhortation au mien.* Phrase inutilisée. On ne voit pas bien à quoi la rattacher. Début d'une réponse de Saint-Preux à cette lettre de Claire ? Plus probablement esquisse de la lettre de Claire elle-même.

1. Dernière richesse de cette lettre; elle s'achève par une question métaphysique. Et la plus grave. Le mal peut-il naître du bien ? Faut-il condamner l'amour ? Le « Ciel » est mis en question.

2. Claire calque sa réponse sur la lettre de Saint-Preux. A la fin seulement, elle apaisera l'angoisse de l'amant sur sa responsabilité dans la mort de Mme d'Étange, comme si les choses allaient de soi. Auparavant, elle répond à ses *lamenti* par des analyses psychologiques où Rousseau a mis le meilleur de lui-même. Auparavant encore, elle rassure Saint-Preux sur les sentiments qu'elle et Julie ont pour lui en précisant avec un peu de préciosité mais une extrême délicatesse l'état nouveau de leurs relations. Cette « organisation » originale d'une riche matière est sans doute tardive (cf. var. (*a*), p. 319).

P. 320.

1. Claire répond en son nom : « *Je* parois avoir changé... Comment perdrois-*je*... ». Elle répond aussi pour Julie : « Comment pourroit-*on*... Quoique nous soyons *toutes deux*... ». Nous retrouvons ici le dessein initial : Claire et Julie ne font qu'un. Elles sont deux incarnations de l'idéal féminin de Rousseau.

Dans cette première partie de la lettre reparaissent trois thèmes bien connus de la méditation rousseauiste sur l'amour :

1° Le sentiment a une place essentielle dans la vie de l'homme. C'est lui qui le fait naître à l'existence (cf. *supra,* p. 226, n. 3 et var. (*a*), p. 195).

2° Le véritable amour est inséparable de l'estime.

3° La plus haute forme de l'amour n'est pas dans la possession, mais dans le sacrifice héroïque à des exigences supérieures, dans l'obéissance à l'être aimé (cf. *supra,* p. 307, n. 1 et p. 309, n. 3). Ce thème, naturellement repris par Julie dans la lettre 18 (IIIe partie) (« Le sacrifice héroïque auquel nous sommes tous deux appelés »), sera désormais sous-jacent à chaque page du roman. Il éclatera d'une manière triomphante dans la lettre 12 (Ve partie), sur les amours de Milord Édourd, où Saint-Preux déclarera : « le véritable amour est inséparable de la générosité ».

A ces thèmes déjà connus s'ajoute celui qui chante l'amour de la femme pour l'homme comme essentiellement *maternel.* « A présent, je vous aime comme mon enfant. » Dans certaines lettres de la IIe partie, nous avions vu apparaître chez Julie une gravité, une autorité, qui semblaient mal en situation. A partir de cette IIIe partie, ces accents deviendront de plus en plus fréquents, de plus en plus naturels. L'âge de l'enfance est achevé. Julie et Claire sont désormais des adultes. Elles deviennent presque des « matrones ». En face d'elles, Saint-Preux, éternel célibataire, demeure l'éternel « enfant ». Est-il nécessaire de rappeler à quelles exigences profondes de la sensibilité de Jean-Jacques correspond une pareille situation !

P. 321.

(*a*). Tout le développement — si important — qui va de *J'ose à peine...* à *jouir encore,* se trouve déjà dans Br. Mais : 1° la dernière partie, depuis « si vous n'eussiez point été... » a été rédigée en bas de feuille et en marge, donc tardivement; 2° elle s'achevait d'abord par ce texte révélateur que Rousseau a ensuite barré : *Regardez-vous désormais comme un homme qui n'est plus mais dont le cœur vit encore et qui va puiser dans sa mémoire les biens dont la mort l'a privé ;* 3° en marge, on lit cette phrase inutilisée : *Je comprends qu'on ne peut se passer d'être à jamais aimé par qui l'on fut heureux.*

(*b*). Br. 1er jet : *Heureux mortel, après avoir épuisé tous les charmes de la jouissance, il vous est donné de (goûter) sentir (encore) à jamais tous ceux (de l'amour) du désir et votre cœur est encore heureux sans vous...* Puis, après avoir rédigé le développement précédent dont elles étaient l'ébauche, Rousseau a barré ces lignes et rédigé le paragraphe de liaison : *consolez-vous donc...*

1. Les deux pages qui forment la deuxième partie de la réponse de Claire sont de celles qui classent Rousseau au premier rang des analystes du cœur humain. Il y apparaît comme l'ancêtre direct de l'auteur des *Mémoires de deux jeunes mariées,* analyste lucide du caractère auto-dévorateur de l'amour et du Proust de la fin d'*Un amour de Swann.* Rousseau a parfaitement conscience du caractère neuf et même paradoxal de sa pensée. Les mots « bizarre », « j'ose à peine », m' « enhardit » sont révélateurs : nullement dictés par la crainte de faire souffrir Saint-Preux, mais par la pudeur d'exposer une métaphysique amoureuse aussi hardie, d'un épicurisme aussi raffiné. Il est clair, en effet, que nous sommes ici en présence d'un chapitre de cet *Art de jouir* (*arte di godere,* dira le disciple Stendhal...) dont Rousseau n'a laissé que quelques fragments. Le mot « jouir » éclate dès la première phrase. Il sera le dernier, ou à peu près, du dernier paragraphe. Cet *art de jouir* qui sera mis en pratique par Julie mariée et exposé dans le détail dans la lettre 2 (V^e^ partie), se rattachait directement au grand projet de la *Morale sensitive.* De même que s'y rattacheront plus tard les méthodes de psychothérapie de M. de Wolmar (cf. *infra* notes de la lettre 14 (IVe partie) et p. 541, n. 1).

La thèse soutenue par Claire repose sur deux arguments.

1° Celui de *l'amour-propre exquis.* Ce sentiment fait d'orgueil, de « gloire » dans la conscience de la maîtrise de soi est très « classique » ou plus précisément cornélien (cf. sur ce point P. Bénichou, *Morales du grand siècle,* pp. 33 sq. et O. Nadal, *le Sentiment de l'Amour dans l'œuvre de Corneille,* p. 310). Mais il est aussi très personnel à Rousseau qui l'a souvent exprimé dans les *Confessions* et surtout dans les *Dialogues.* Le mot « exquis » doit naturellement être pris dans son sens étymologique. Ce sentiment de satisfaction intérieure s'accompagne d'ailleurs de cette « *volupté secrète ignorée des âmes tranquilles* » que Saint-Preux a déjà analysée à la fin de la lettre 16 (IIe partie), par où, au contraire, il s'éloigne fort de Corneille, mais non de Pétrarque.

2° L'argument purement psychologique fondé sur l'analyse du mécanisme de la mémoire. Analyse forte, subtile, et surtout étonnamment neuve — au moins dans notre littérature — où elle précède de cent cinquante ans l'exploration proustienne du temps intérieur. Il faut préciser la pensée de Rousseau sur le temps car elle pourrait d'abord paraître banale. Que le temps soit une épreuve de l'amour parce que le progrès de l'âge efface le désir, parce que la beauté se fane aussi vite que les roses, Rousseau ne s'est pas privé de le rappeler (cf. en particulier lettre 26, Ire partie). *Mais ce n'est pas ce que Claire dit ici. Elle dit que : la durée de l'amour est inconciliable avec sa satisfaction,* que la longue possession crée le dégoût, que l'obstacle est nécessaire. Il y a plusieurs épreuves du temps pour l'amour : celle de l'attente, qui irrite le désir; celle de l'absence, qui approfondit l'amour s'il est authentique. Les amants ont connu ces deux épreuves et les ont victorieusement surmontées. Une troisième, plus redoutable, est la durée du bonheur. Durée absolument incompatible avec ce qui fait l'essence même de la condition humaine : le changement, le « flux perpétuel ». De ce point de vue l'expérience de la nuit d'amour (I, 55) a été décisive et Claire a raison de la rappeler. En ce moment unique, Saint-Preux avait compris qu'ils atteignaient un sommet sur lequel ils ne pourraient se maintenir, au-delà duquel il n'y avait plus que la mort (cf. *supra,* I, 55, et p. 144, n. 2). Seule la séparation, à condition qu'elle survienne avant le « dégoût » de la possession, permettra aux amants de demeurer dans l' « état permanent d'une âme attendrie ». Pourquoi ? 1° Parce que, comme l'attente, comme l'absence, elle entretient une irritation permanente du désir. 2° Mais surtout, et ici Rousseau affirme sa pleine originalité, à cause du *souvenir* qui fixe le présent, l'éternise. A une condition toutefois : c'est que le film de la vie brusquement s'interrompe sur l'image du bonheur parfait. « Amer et délicieux », disait déjà Saint-Preux. Claire supprime l'amertume.

Qu'il y ait dans ces pages l'expression d'une expérience spirituelle profondément vécue, il suffit pour s'en convaincre de lire la correspondance et les œuvres autobiographiques. Nous avons vu dans l'Introduction que le roman tout entier est né de ce pouvoir miraculeux donné à l'homme d'éterniser par le souvenir le bonheur passé. Le roman est plein d'allusion à cette réalité essentielle.

Cf. I, 38 et surtout I, 39 où Julie promettait déjà à son amant une récompense du sacrifice de leurs rendez-vous, « un sentiment éternel de contentement »; dans I, 9, les « tristes pressentimens » de Julie; dans III, 18, la formule brutale : « Pour nous aimer toujours, il faut renoncer l'un à l'autre... »; mais surtout la note férocement réaliste au bas de la lettre 14 (IVe partie) : « Vous êtes bien folles, vous autres femmes, de vouloir donner de la consistance à un sentiment aussi frivole et aussi passager que l'amour. Tout change dans la nature », etc. Dans une lettre du 26 octobre 1757, Sophie d'Houdetot, après la dernière rencontre à Eaubonne, écrivait à Jean-Jacques : « Le sentiment ne s'en effacera jamais de mon cœur, non, il n'est pas possible. Je vous verrés toujours tel que je vous ay vu ce jour là... ». (*C.C.*, t. IV, p. 306). D. Mornet trouvait dans ce rapprochement une preuve que la vie avait dicté ici la fiction. H. Guillemin, *Un homme, deux ombres*, p. 202, hésite. Certes, il n'est pas impossible que ce fragment soit postérieur à la crise de l'été 1757. Mais pourquoi Sophie d'Houdetot n'eût-elle pas emprunté ce mot au roman ? Jean-Jacques avait pu le lui lire. Et enfin ne peut-on pas supposer qu'elle redît à Jean-Jacques dans cette lettre une phrase qu'il lui avait dite lui-même en la quittant ?

P. 322.

(*a*). « Vous eussiez cru voir une autre Julie » manque dans C.L. Ajout tardif qui révèle l'insistance croissante de Rousseau sur le mystère de la multiplicité des « moi » et de l'unité de l'être. Qui est la vraie Julie ?

1. Nous dirions aujourd'hui : *pleurésie*.

P. 324.

(*a*). Cette lettre, dans Br., en a remplacé une autre plus longue, elle-même précédée d'un billet de Saint-Preux. On peut les lire au verso du f° 192 :

Lettre à Milord Edouard — 8

Je ne vais point vous attendre à Londres comme vous me l'avez marqué, car il n'est plus question de votre projet en ma faveur, et sur ce que vous a écrit Madame d'Orbe vous voyez qu'il y faut renoncer. Je ne suis plus bon à rien ni pour autrui ni pour moi-même. Milord, je ne tiens plus qu'à vous sur la terre ; que votre amitié m'occupe ou me congédie. Je vous dois tout, ma vie est à vous, disposez de moi si je puis vous servir ; mais si vous ne voulez perdre mon estime et vos soins, n'abusez pas du devoir qui me lie pour me retenir inutilement.

Réponse — 9

Je ne suis point étonné du projet qui vous occupe, il m'a souvent occupé moi-même, et je suis d'un païs ou vous savez qu'il n'est pas rare de le voir mettre en exécution ; mais ce n'est ni par humeur ni sur l'exemple d'autrui que je veux me décider dans la plus importante affaire de la vie ; j'ai toujours cru qu'il ne suffisait pas de n'être bon ni à soi ni aux autres si l'on n'étoit sûr encore de ne le pouvoir jamais, et je doute qu'un homme ait jamais cette certitude.

Je ne veux point entamer ici le sujet ; c'est une matière à discussion qu'on ne saurait bien traiter par lettres. Quant à ce qui me regarde, je n'ai que deux mots à vous dire. Je compte sur vous et j'ai droit d'y compter ; votre amitié est nécessaire au bonheur de ma vie et vos services importent à mes affaires. J'espère partir de Venise dans six semaines et vous joindre dans huit ou dix. Vous connoîtrez alors que pour exiger de vous le juste retour de mon zèle, je n'ai pas besoin de prétextes et vous devez savoir d'avance que je suis incapable d'en employer. Je vous demande un si court délai pour prix de mon attachement. Refusez-moi si vous croyez le pouvoir sans crime ; mais songez que vous laissez dans l'âme d'un honnête homme la douleur de n'avoir servi qu'un ingrat.

On voit bien la cause de cette modification. Elle a été rendue nécessaire par les deux grandes lettres qui terminent la IIIe partie où Rousseau s'est abandonné au démon de la morale qu'il avait si judicieusement écarté ici ! Notons que la « tentation du suicide » qui provoquera ces deux lettres revient ici déjà pour la troisième fois. On la trouvait déjà dans les premières lettres et dans la lettre de La Meillerie. Elle réapparaîtra enfin, lors de l' « horrible tentation » de la promenade sur le lac... (cf. les railleries que Rousseau se fait à lui-même dans sa *Seconde Préface*).

Peut-être le romancier aurait-il pu faire l'économie complète des lettres 8 et 9. Cependant elles sont utiles comme amorce du voyage italien où Saint-Preux guéri volera au secours de son ami, nouvelle victime de la passion.

Notons enfin que ce texte tardif des lettres 8 et 9 offre cette singularité d'avoir été rédigé au verso du feuillet de Br. sur lequel Rousseau avait inscrit un premier état des tout premiers billets de la Ire partie (cf. *supra,* Ire partie, var. (*a*), p. 38).

1. Cette troisième partie de la réponse de Claire est la plus longue, non la plus importante. Elle comporte même au début des passages irritants par une outrance proche de l'insincérité, la surabondance des clichés, un excès d'expressionnisme dans les paroles et dans les gestes, allant jusqu'à l'impudeur. La page suivante ne manque pas d'un certain réalisme; elle nous donne le schéma d'un triste roman à la Flaubert qui pourrait s'appeler *Madame d'Étange*. Le style trop conventionnel gâche tout. Cependant, au terme de ces développements qui font « dater » le roman (mais il n'est pas certain qu'ils ne lui aient pas valu, lorsqu'il a paru, le plus vif de son succès !), on voit reparaître le génie du psychologue et de l'écrivain. Après avoir prouvé que ce n'est point le chagrin qui a tué la mère de Julie, Claire va révéler à Saint-Preux que celle-ci le sait fort bien, et qu'elle se ment à elle-même. Elle le prouve, en excellent critique littéraire, par l'étude même du langage. Julie

confirmera plus tard ce diagnostic dans la lettre 18 (IIIe partie) : « Je vous crus oublié, je me crus guérie. Il étoit trop tard; ce que j'avois pris pour la froideur d'un amour éteint n'étoit que l'abattement du désespoir. » Claire voit dans cette attitude de Julie une victoire de l'amour qui, au moment même où elle « veut oublier », « trouble sa conscience pour la forcer de penser » à Saint-Preux ne fût-ce que par le repentir. Cette analyse commencée par un psychologue est achevée par un poète.

2. Sous couleur d'analyse psychologique (la distinction entre les effets différents de l'amour chez les amants) Rousseau prépare habilement son lecteur à la suite du roman; il crée en lui une sorte d'angoisse devant l'avenir, en proposant deux solutions : l'abandon de Julie à la fatalité de la passion, ou son relèvement définitif. Julie adoptera *successivement* l'une *et* l'autre (lettre 15, puis lettre 18). Entre les deux se sera produit ce « moment de crise » dont Claire avait prophétisé qu'il suffirait « pour lui rendre toute sa vigueur ». D'autre part, Claire rend Saint-Preux responsable du choix de Julie. C'est, en effet, à cause du témoignage d' « amour fou » que sera « l'inoculation de l'amour » que celle-ci écrira la lettre 15. Tout se passe comme si le romancier nous permettait de le surprendre en plein travail d'invention; comme si, au moment où il rédige cette page, il ne savait pas lui-même où il conduira ses héros, où ils le conduiront.

3. Rousseau pose à nouveau le problème de la fidélité à soi-même. Mais il ne s'agit plus de psychologie, de variations sur le temps et le souvenir; il s'agit de morale. La Julie que Saint-Preux désire, la seule qui puisse le rendre heureux, ce n'est pas seulement la Julie qu'il a connue jeune, c'est celle qu'il a connue parfaitement pure. Julie adultère ne serait plus Julie.

P. 325.

(*a*). Le Ms. Rey ajoutait ici une *Note* que Rousseau a ensuite biffée : *La suite montre qu'il y a un intervalle considérable entre les lettres précédentes et les suivantes.* Le romancier, en se relisant, s'était donc aperçu des difficultés chronologiques que posait au lecteur ce déroulement trop abrupt des événements (cf. *Chronologie du roman*).

(*b*). Dans Br. le texte du billet de Julie est signé seulement *Julie,* et séparé par un simple trait de la lettre du Baron, qui ne comporte elle-même ni en-tête, ni numérotation.

P. 326.

(*a*). Br. comporte de ce texte :

1° Un état déjà élaboré, mais pourtant fortement corrigé (dans le texte et en marge) après le billet à Julie (fos 195 et 196).

2° Une page d'*ébauches* très riche que Mornet a reproduite avec précision et étudiée du point de vue de l'art de l'écrivain (cf. Introduction, *N.H.*, t. I, pp. 142-144).

(*b*). Dans le Ms. Rey, la phrase : « Vous faites le malheur de ma vie » est suivie d'un point et virgule; le point d'interrogation de l'éd. Rey, 1761, est évidemment une coquille. L'éd. Rey, 1763, porte deux points.

(*c*). Ms. Rey : *l'union des cœurs est la borne invincible du pouvoir paternel.*

1. Dans une note de son édition de la *N.H.* (t. III, p. 25), D. Mornet se demande comment un hobereau de Vevey aurait pu se venger de Saint-Preux qui était à Paris et, de plus, l'ami d'un pair d'Angleterre. Nous pensons que les menaces du baron d'Étange ancien officier au service de France étaient réelles et fondées. Cf. H. Carré, *la Noblesse de France et l'opinion publique en France au XVIII*e *siècle,* Paris, 1920 (pp. 170, 171, 210, 296, 297, 319).

2. Sur la question de la puissance paternelle et de ses limites en matière de mariage, cf. *supra,* II, 2 et var. (*a*), p. 194.

P. 327.

(*a*). On trouve un premier état de ce billet : *Je rends à Julie d'Orsinge le droit de disposer de sa personne sans consulter son cœur. Qu'elle trouve un époux digne d'elle et je consens (à son mariage, à ren) qu'il la rende heureuse.* Dans le manuscrit Houdetot, Julie s'appelle Julie d'Orsinge et non Julie d'Etange. Le billet n'est pas signé. Dans C.L. après « son cœur » on lit... *Je consens qu'elle fasse le bonheur d'un autre pourvu qu'elle y trouve le sien.* Puis Rousseau a biffé ce texte et l'a remplacé par celui-ci : *Puisque je n'ai pu faire son bonheur qu'elle fasse celui d'un autre,* qu'il a également biffé. Dans C.L. le billet est signé C.G. et dans le manuscrit Rey il est paraphé S.G., ce qui témoigne de l'hésitation de Rousseau sur l'identité de Saint-Preux. On verra (lettre 14) apparaître pour la première fois le nom de Saint-Preux, qui est un pseudonyme. Mais pourquoi Rousseau a-t-il refusé de donner à son héros un nom et même un prénom au risque de mille difficultés ? C'est un des mystères de ce livre.

1. Cf. *supra,* p. 6, n. 3.

2. Cf. lettre 14 (IIIe partie) *in fine.* Sur l'emploi péjoratif de ce mot par Rousseau, cf. *supra,* p. 255, n. 2.

3. Étrange expression appliquée à un père. Richelet cite pourtant ce mot de Patru (*Plaidoyers,* VI) : « c'est un homme armé contre ses propres entrailles ».

P. 328.

(*a*). « dans les... Hélas ! » Br. : *dans les bras d'un autre. Hélas !* D'une manière générale, dans le premier jet de Br., les points de suspension étaient moins nombreux.

(*b*). Dans Br., en face de ce paragraphe, Rousseau a inscrit en marge une première ébauche de la réponse de Claire (cf. lettre 14, p. 36) : *Tu te presses beaucoup, ma Chère, d'être si fière de ta laideur, sois plus humble, je t'en avertis, tu n'en as encore que trop de sujet.* Nous captons ici le travail créateur à sa naissance. Le romancier, pressé par le mouvement de sa pensée, se hâte de la fixer en une rapide formule. Le manuscrit est plein de ces anticipations. Nous signalerons les plus importantes sous le nom de « jalons » ou, pour parler comme Stendhal, de « pilotis ».

1. Il était nécessaire que le billet glacé de Julie parvînt à Saint-Preux seul, comme un déclic de guillotine. Il était inadmissible que Julie ne s'efforçât pas d'y ajouter des explications. Il fallait d'autre part que Saint-Preux connût sa maladie (sinon, pas de brusque retour, pas d'inoculation...). Mais il n'était pas moins nécessaire que sur la nature de cette maladie subsiste le mystère. Le romancier a fort habilement satisfait à toutes ces exigences.

2. Cette lettre et la suivante introduisent brusquement dans ce roman subtil, passionné, mais dont le mystère est en « pleine lumière » une atmosphère nocturne, fantastique où agissent des forces incontrôlables. Elle lui donne une couleur nouvelle et nous rappelle que la période où il fut écrit était déjà celle du préromantisme. D. Mornet (*N.H.*, *Introduction,* t. I, pp. 107 sq.), à propos de l'épisode final du « songe prémonitoire », « excuse » Rousseau de sa croyance aux songes en montrant qu'il la partageait avec un grand nombre de ses contemporains. Depuis, les ouvrages de A. Monglond sur le *Préromantisme* et surtout de A. Viatte sur les *Sources occultes du Romantisme,* diverses études sur les origines du « roman noir » ont apporté sur cet aspect méconnu du « siècle des lumières » une riche documentation. Quant à la croyance personnelle de Rousseau à des forces agissant mystérieusement sur notre destinée, cf. le récit des *Confessions* sur son angoisse du salut, aux Charmettes, et la solution qu'il y trouva (*O.C.*, Pléiade, t. I, p. 243) et les commentaires de Pierre Janet (*Les Névroses,* pp. 50-51) et de J. Starobinski (*J.-J. Rousseau. La transparence et l'obstacle,* pp. 205-206) où cette « superstition » est rationnellement expliquée. Cf. aussi *supra,* II, 22 et p. 278, n. 3.

Il est notable que, dans ce premier épisode, Rousseau adopte une attitude franchement rationaliste : tout « mystère » est nié. Le vrai mystère est ailleurs ! La lettre 14 nous introduit à nouveau profondément dans la conception « mystique » de l'amour. Claire parle de lui comme d'une divinité : Saint-Preux a été sauvé par « le père de la vie ». Les baisers de Saint-Preux n'ont pas causé sa mort, car cette « inoculation » a été celle de l'amour ! Mais ce geste volontaire, que signifiait-il, sinon le désir passionné de suivre l'être aimé dans la mort ? Peut-être avons-nous ici une trace du dénouement primitif qui comportait, on le sait, la mort des deux amants ? Nous serions donc en présence d'un véritable « doublet » de l'épisode du « songe prémonitoire ».

P. 329.

(*a*). « Cependant... l'ai-je fait ? » Phrases absentes du Ms. Rey.
(*b*). Br. 1er jet : *transport.* Ce mot était plus vague et signifiait à

peu près « délire ». *Redoublement* a une valeur technique. « Il se dit particulièrement dans la fièvre lors qu'après avoir duré quelque temps dans un certain état, elle vient à augmenter... » (*Dict. Acad.*, 1762).

C'est en face de la phrase : *Dans un des momens...* que Rousseau a d'abord écrit la phrase : *Que ne puis-je achever de...* qui termine le développement commençant par : *J'ai longtemps hésité...* lequel a d'ailleurs été ajouté lui-même en marge, tardivement, sur le f° 206. Dans la rédaction primitive la lettre s'achevait aux mots « réellement arrivés » suivis de la simple phrase : ... *ma cousine, tu te moqueras, si tu veux, de ma simplicité, mais il y a dans cette vision quelque chose d'(extraordinaire) de singulier qui la distingue du délire ordinaire...* Rousseau reprenant son texte a d'abord ajouté en marge : *J'ai longtemps hésité... tourmenter.* Puis il a effacé la phrase : *ma cousine... ordinaire* et ajouté d'une encre nouvelle et, sans doute assez tard, le développement final : *Est-ce son pressentiment... apperçoit.* En somme, toute la partie « philosophique » de cette lettre est tardive. Elle date peut-être de l'époque où Rousseau a rédigé ses deux dernières parties et en particulier, dans la cinquième, la lettre sur le songe prémonitoire de Saint-Preux. Ce qui est certain c'est que le début agressif du dernier paragraphe : *J'ai beau me rappeler... je les méprise* est absent de Br. Il date évidemment de l'époque où Rousseau achevant son roman a durci sa position en face des « philosophes ».

1. « Madame la Comtesse d'Houdetot (...) n'étoit point belle. Son visage étoit marqué de la petite vérole... » nous confie Rousseau (*Confessions*, l. IX, *O.C.*, Pléiade, t. I, p. 439). Faut-il voir là une preuve qu'elle fut le « modèle » de Julie ? Cette disgrâce était très banale à l'époque où se déroule l'action du roman. Les savants commentaires de Gustave Lanson sur la 11e des *Lettres philosophiques* de Voltaire (Société des textes français modernes, t. I, pp. 136 sq.) nous révèlent qu'en 1756 encore, lorsque Voltaire ajoutait à sa lettre un dernier paragraphe particulièrement virulent, l'opinion française opposait à l'inoculation une sérieuse résistance. C'est en 1757 seulement que le grand public fut à nouveau alerté par l'*Encyclopédie* où l'article « Inoculation », dû au Dr Tronchin, parut dans le même volume que le fameux article « Genève », écrit par d'Alembert.

P. 330.

1. Robert Osmont (*Annales J.-J. R.*, t. XXXIII, p. 126, n. 2) rapproche, à juste titre, cette expression de celle que Saint-Preux emploiera dans le récit du songe prémonitoire. « Ce rappel d'expression », dit-il, « est probablement voulu par Rousseau ». Il avait d'abord écrit dans le brouillon : « languissante voix ». Cf. encore la dernière lettre du roman où Claire croit entendre, au cimetière, la « voix plaintive » de Julie. Sur la sensibilité particulière de Rousseau à la voix, cf. *supra*, p. 268.

P. 331.

(*a*). Br. 1er jet : *le jour même où.*

(*b*). Dans Br. toute cette phrase a été très travaillée. Voici le premier jet : ... *par de vives étreintes et par ces mouvements convulsifs bien plus énergiques que les discours et les larmes.* Rousseau est allé cette fois dans le sens de la discrétion.

1. Le mot est ici très proche de son sens premier : « signe du zodiaque qui monte sur l'horizon au premier instant de la naissance » (Littré) d'où, par extension, « influences qui décident de la destinée » (*Dict. Acad.*, 1762).

2. Cf. *supra,* p. 204, n. 2.

3. Le singulier de l'adjectif *jointe* s'explique par la règle de Vaugelas sur les synonymes et les approchants. Les deux substantifs se renforcent pour exprimer une même idée, un état analogue. Cf. l'exemple donné dans l'*Histoire de la langue française* de F. Brunot, t. VI, IIe partie, fasc. 2, *le XVIIIe siècle,* par A. François, p. 1608 : « il répondit avec une fermeté et une force admirable ».

P. 332.

(*a*). Br. 1er jet : *j'envoyai chercher Babi pour m'aboucher avec elle du moment de la nuit suivante où l'on serait sur...* puis Rousseau a effacé et enchaîné : *Je promis à ton ami...*

(*b*). Br. 1er jet, Rousseau ajoute : *et que sa visite te seroit moins dangereuse...* puis il a biffé.

(*c*). Note insérée tardivement. Elle manque encore dans C.L. Ce qui semblerait prouver que l'invention du nom même de Saint-Preux a été tardive.

P. 333.

(*a*). Passage très travaillé. Voici le premier jet de Br. : *Je reconnois les lieux. Une fois en ma vie je les ai traversés à la même heure, avec le même mistère. J'étois tremblant comme (je suis) aujourd'hui. Le cœur me palpitoit de même. Hélas (je n'étois qu'un homme) j'étois mortel, et j'osois goûter (un bonheur céleste) (des plaisirs d'un Dieu) des plaisirs célestes ; j'étois accablé du poids de ma félicité comme je le suis (aujourd'hui) de l'excès de mon désespoir. Quel changement... que vais-je (voir) trouver maintenant dans ces mêmes lieux où tout respiroit la volupté dont mon âme étoit enivrée, dans ce même objet qui faisoit et partageoit mon bonheur. L'image du trépas, un appareil de douleurs, la vertu malheureuse et la beauté mourante.*

1. Sur le goût de Rousseau pour les manifestations excessives de la sensibilité, cf. *supra,* p. 77, n. 1 et p. 231, n. 2. Pour le commentaire de cette scène, cf. les sujets d'estampes (*supra,* p. 765).

2. Ces mots, qui servent de titre à l'estampe, provoquèrent des réactions de pudeur effarouchée. Coindet les transmit à Rousseau. Celui-ci répondit de sa plus belle encre le 11 février 1761 : « Je n'ai

jamais rien voulu changer à mes écrits pour prévenir les interprétations deshonnêtes. Quand mes idées sont pures et mes expressions correctes, je ne m'embarrasse point s'il plaît au lecteur de les salir; c'est son affaire. D'ailleurs je serois fort embarrassé de trouver un autre mot à la place de celui-là. L'estampe l'explique de maniére qu'il faudroit avoir l'imagination bien obscène pour y trouver une autre explication. » (*C.C.*, t. VIII, p. 85).

P. 334.

(*a*). Le premier jet porte : *Et M. de Wolmar que deux ans d'absence n'ont pu guérir d'un amour allumé dans huit jours, s'en guérira bien moins encore après avoir vécu quelques temps près de toi.* Sur C.L. *deux* est remplacé par *quatre*. Finalement c'est dans une correction sur C.P. que Rousseau choisit *trois* qui est le chiffre le plus conforme à sa chronologie.

(*b*). Dans Br. le texte de cette lettre est calligraphié. Tardif sans doute, il comporte cependant encore de nombreuses hésitations qui révèlent le soin apporté par le romancier à ce morceau purement lyrique.

1. Ici commence le « roman de l'adultère ». Cette lettre et la suivante représentent le dernier sursaut de la passion dans le cœur des amants. Pour l'intérêt dramatique et dialectique, il fallait pousser la situation jusque-là. La position de Rousseau est sans ambiguïté. C'est pourquoi les lettres des deux amants sont si peu convaincues et si peu convaincantes. Julie se reconnaît coupable. Elle parle de « crime », de « faiblesse ». Elle sait du reste que cette solution ne lui apportera pas le bonheur, qu'elle vivra dans la « misère » et le « désespoir », « vile et malheureuse ». Aussi la réponse de Saint-Preux n'est-elle rien moins qu'enthousiaste ! Il a beau s'écrier : « Nous renaissons ma Julie !... », il ajoute aussitôt : « pour recommencer de souffrir ». Il semble presque pris de panique devant le don qui lui est fait. Son chant de victoire est un chant de tristesse. « Infortunés ! Que sommes-nous devenus ? Comment avons-nous cessé d'être ce que nous fumes ? » Cri tragique auquel répondra celui de Julie (III, 18) : « Qu'étions-nous ? et que sommes-nous devenus ? » Seul reste le « désert de l'amour ». Saint-Preux demande l'impossible : « En me le rendant, ce cœur qui m'appartient, rend-le moi tel qu'il me fut donné. » A quoi Julie répondra encore : « mon époux m'en devient plus cher pour m'avoir rendue à moi-même ».

Tout est dans ces quelques échanges, où, à l'intérieur de la tragédie la plus noble vécue par des êtres de chair, est réaffirmée la loi fondamentale de la vie morale selon Rousseau : *être soi !* Le reste n'est que bavardage et rhétorique. C'est sur un ton forcé que Saint-Preux parle d'enlever Julie, de la tuer, ou simplement d'organiser avec elle une rencontre annuelle où il se contenterait peut-être de baiser la trace de ses pas. Julie peut désormais exiger le sacrifice définitif, total. La victime est prête. Et c'est seulement *après* le sacrifice consenti qu'il *renaîtra* vraiment. Le début de la lettre 19 éclatera comme un chant de joie, et l'amant, apaisé, n'hésitera pas à écrire : « C'est en vous perdant que je vous ai retrouvée ! » (cf. var. (*f*), p. 335).

On est surpris que les partisans de l'explication du roman par la passion vécue n'aient pas usé des armes que leur offrait ici la correspondance. C'est en effet à ce point du roman que Rousseau s'est rapproché au plus près, en imagination, de la situation où il allait se trouver réellement placé, quelques mois plus tard, celle de la tentation charnelle, violente. Très près de succomber il ne résistera, lui aussi, que grâce au refus de la femme désirée. Comme Saint-Preux aussi, une fois le péril passé, il rendra grâces au « Ciel » et à celle qui, « restant elle-même », lui a permis de « redevenir lui-même ». Il faut relire dans cette optique la lettre du 31 octobre 1757, et surtout les *Lettres morales,* en particulier le début de la première (*O.C.,* Pléiade, t. IV, pp. 1081-1082) et la fin de la quatrième (*ibid.*, pp. 1103-1105). Robert Osmont (*Annales J.-J. R.*, t. XXXIII, pp. 119-120) semble admettre ici une incidence de la vie sur la fiction. L'hypothèse en effet n'est pas insoutenable.

P. 335.

(*a*). Br. 1er jet : *orgueilleuse raison.* Éd. Rey, 1763 : « une aveugle raison ».

(*b*). Br. : *le (charmant) l'inévitable partage.*

(*c*). Br. 1er jet : *jaloux de sa naissance,* puis *de son nom.*

(*d*). Cette restriction, si révélatrice du manque de conviction de Julie, se trouvait dans Br.; elle a été supprimée par Rousseau dans C.L. puis rétablie dans Ms. Rey.

(*e*). Br. : *formez tous trois les doux supplémens de mon existence anéantie.*

(*f*). Br. 1er jet : *Nous sortons des portes du tombeau ; le silence de la mort ne règne plus au fond de nos cœurs. La nature nous rend à l'être (mais c'est) l'amour (qui) nous rappelle à la vie.* Ce faux départ, encombré d'une froide mythologie, est révélateur de la gêne de Rousseau. Br. nous a conservé trois autres ébauches de ce début. Elles sont intéressantes du point de vue stylistique : *Nous revenons à la vie et nos sentiments naturels reprennent leur cours. En doutois-tu ! l'osas-tu croire, de pouvoir un jour m'ôter ton cœur. Va Julie je (t)'ai mieux connu(e) le cœur que le ciel fit pour moi. Je le sens dans le fond du mien et te défie de l'en arracher. Crois-moi ; nous sommes faits pour être l'un à l'autre. La nature est plus forte que la fortune et nous changerions d'être plutôt que de penchans. Sois toujours Julie et cesse de m'aimer si tu peux.*

Le ciel nous rend à la vie, il nous rend donc l'un à l'autre et tous nos sentimens naturels vont reprendre leur cours.

Ce n'est qu'en recevant ta lettre que j'ai commencé d'être...

On notera, dans le premier de ces fragments, le : *Sois toujours Julie et cesse de m'aimer...* Julie pour rester elle-même doit être fidèle à la fois à l'amour et à la vertu.

P. 336.

(*a*). Br. 1er jet : *Ils sont unis par des liens sacrés que les hommes n'ont point formés et qu'ils ne sauroient rompre.*

(*b*). Br. 1er jet : *Fille imprudente, amante aveugle combien tu t'égares. Hélas, un cœur plus corrompu t'auroit bien moins égarée.*

(*c*). Br. : *Cruelle, en me rendant ton amour, rends moi donc aussi ma Julie.*

(*d*). Dans Br. l'expression est beaucoup plus calme surtout dans le premier jet : *Il est donc vrai que tu vas passer dans les bras d'un autre. Un autre va te posséder. Tu ne seras plus à moi.* Ni point d'interrogation, ni points de suspension. En marge, le romancier s'échauffe un peu et ajoute : *Ou pour comble d'horreur, tu ne serois pas à moi seul. (non, non) je n'éprouverai point cet affreux supplice.* C'est aussi en marge qu'est ajouté le : *sur tes lèvres* qui joint aux images de sang et de mort celles de volupté. Sur l'absence de jalousie charnelle chez Rousseau et chez les héros du roman, cf. *supra,* p. 109, n. 1.

P. 337.

(*a*). Br. 1er jet : *vif,* puis *dévorant ;* C.P. et C.L. : *pur.*

(*b*). Br. : *Je suis amant, j'ose le croire, il n'en est point au monde qui sache aimer comme moi...* C'est sans doute à cause de sa résonance autobiographique excessive que Rousseau a repoussé cette première rédaction (cf. *C.C.*, t. IV, pp. 273-279).

(*c*). Br. : *remords.* Les mots ne sont pas équivalents. « A choisir le regret d'avecque le remords », dit Péguy... Il est significatif que ce soit le mot *remords* qui d'abord se présente à l'esprit de Rousseau. D'autant plus significatif que, dans les relations antérieures des deux amants — contrairement à Julie — Saint-Preux n'a jamais éprouvé de remords. Mais cette fois, il s'agit d'adultère ! Le mot remords reparaîtra d'ailleurs plus loin. Notons encore que, dans la même phrase, au lieu de *bonheur,* Rousseau avait écrit *plaisir.* La correction est faite dans le Ms. Rey.

1. Il y a eu au moins deux rencontres charnelles des amants. Seule compte, semble-t-il, dans le souvenir de Saint-Preux, celle qu'il a évoquée dans sa lettre 55 de la Ire partie. Sur cette incertitude où le romancier laisse son lecteur, cf. les remarques de Duclos dans une lettre de novembre 1760 : « Il y a d'ailleurs une obscurité sur l'époque de la première foiblesse de Julie. Le bosquet de Clarens peut induire en erreur là-dessus » (*C.C.*, t. VII, p. 308).

2. C'est exactement ce que tentera de faire M. de Wolmar : « Otez-lui la mémoire, il n'aura plus d'amour », dira-t-il à Claire (IV, 14). On voit le lien serré qu'établit entre les diverses parties et les divers personnages le thème du souvenir et de l'oubli.

P. 338.

(*a*). C.P. donne en face de ce passage le texte suivant qui n'a pas été retenu par Rousseau : *Que diroit-on d'une femme qui, vivant publiquement dans le désordre le plus scandaleux, oseroit prendre avec son mari des airs de matrone, se plaindre aigrement qu'il eût une maitresse et se donner des airs de duchesse avec celle-ci ? Qui croira possible qu'une femme arrive jamais à ce comble d'impudence ? Pour le moins je voudrois l'avoir vu.* Ce texte a dû disparaître lorsque Rousseau ajouta sa note.

(*b*). Tout ce paragraphe est rédigé dans Br. sur un feuillet à part au verso duquel on lit les mots : *A Monsieur Rousseau à l'Hermitage.* Au recto, Rousseau a d'abord écrit ces lignes : *Je te dirai sans détours que tous les honnêtes gens de ce païs regardent la fidélité conjugale comme une folie et traitent de dupes ceux qui se refusent par égard pour elle ce qu'exige le penchant de leur cœur.* Puis il a effacé, et inscrit en marge tout le développement commençant par *Ecoute...* jusqu'à *Je ne sais ce que j'écris* où il rejoignait le manuscrit primitif.

(*c*). Note tardive, absente encore de C.L. Son caractère nettement agressif se ressent évidemment des drames successifs qui ont séparé Rousseau, entre l'automne 1757 et la publication du roman, de Mme d'Épinay d'abord, puis de Mme d'Houdetot. Cette note avait déplu à Duclos; il ne l'aimait pas, « ni même ce qui l'amène », ajoutait-il (*C.C.*, t. VII, p. 308).

1. Sur la condamnation de l'adultère par Rousseau, et sa critique des mœurs parisiennes à ce sujet, cf. p. 271, n. 1. Le roman de *Madame de Montbrillant*, publié dans son texte intégral par G. Roth, et qui est le récit, à peine transposé, par Mme d'Épinay de sa vie sentimentale et de celle de son entourage, est la meilleure illustration de cette page de Rousseau. Le siècle vieillissant s'enhardira davantage. *Les Liaisons dangereuses* sont une éclatante démonstration de la dissolution quasi achevée de la morale conjugale. Le personnage de la Présidente de Tourvel, si vivant, si vrai, mais généralement méconnu par la critique, prouve pourtant que pour certains êtres de qualité le lien conjugal, même lorsqu'il n'était renforcé par aucun amour, demeurait sacré, et l'adultère un crime que seul l'amour le plus haut pouvait faire pardonner.

2. Cf. var. (*c*), p. 337, sur *regrets*. C'est exactement l'attitude qu'adoptera Rousseau dans les *Confessions*. Il y *expliquera* ses fautes et ne les *justifiera* pas; il ne cessera de les appeler des fautes et de dire qu'il en éprouve du *remords*.

3. La distinction entre *coupable* et *méchant* est, pour Rousseau, capitale. Le coupable fait le mal par défaillance, misère, etc. Le méchant fait le mal pour le mal. C'est dans ce sens-là qu'il faut chercher la clef de la formule apparemment scandaleuse qui ouvre les *Confessions*. Le mot « meilleur » y signifie exactement : moins méchant ou *plus bon*. On comprend mieux alors l'indignation qui saisit le cœur de Jean-Jacques lorsqu'il put croire que Diderot avait pensé à lui en écrivant : « il n'y a que le méchant qui soit seul ». Dans

une note sur le préambule des *Confessions* (*O.C.*, Pléiade, t. I, p. 1232), les éditeurs signalent que la fameuse formule se trouve pour la première fois dans une lettre du 2 novembre 1757 à Mme d'Houdetot : « Ah ! si je suis méchant, que tout le genre humain est vil ! Qu'on me montre un homme meilleur que moi; qu'on me montre une âme plus aimante, plus sensible, plus éprise des charmes de l'amitié... » (*C.C.*, t. IV, p. 333). Rencontre significative. A cette date Jean-Jacques a enfin écarté la tentation de l'adultère. Lorsqu'il fait écrire cette phrase à Saint-Preux, il sait qu'elle est un sophisme, car précisément l'adultère est une faute de *méchanceté*. C'est ce que « démontrera » longuement Julie dans la lettre 18 de cette IIIe partie.

P. 339.

(*a*). « Hébien... le tien ». Ce développement important n'est pas dans Br. Il a été ajouté dans C.P. Dans C.L. Rousseau a placé la dernière phrase à la fin de la lettre. Puis dans un ultime remaniement il l'a replacée ici, laissant au dernier paragraphe son caractère plus terne de post-scriptum.

(*b*). Br. : *deux fois l'an.*

(*c*). Br. : *six mois de vie.*

(*d*). Dans Br. cette lettre est un simple billet non numéroté et sans aucune indication de destinataire ni d'expéditeur; il est écrit sur un papier différent de celui du manuscrit et appartient évidemment à une époque de rédaction antérieure. On peut supposer que le romancier, à ce moment-là, n'avait pas encore imaginé la série des lettres 12 à 16 et que, décidé à écrire un roman plus bref, il passait directement de la liberté rendue à Julie au mariage de celle-ci avec Saint-Preux.

P. 340.

(*a*). Faute de connaître le brouillon de cette lettre, la plus importante du livre, nous ne pouvons vérifier l'hypothèse formulée dans l'*Introduction* sur la date tardive de la rédaction de l'état actuel. — Lacune comblée depuis lors ! Cf. *infra,* p. 1829.

(*b*). C.P. : *huit jours.* C.L. : *un mois.* C.P. corrigée : *deux mois.* Ms. Rey : *huit jours,* corrigé ensuite en *deux mois.*

(*c*). Note tardive. Elle manque dans C.L.; disparaît dans éd. Rey, 1763.

1. Cette lettre a fait l'objet d'importants et nombreux commentaires, cf. en particulier ceux de P.-M. Masson, *la Religion de J.-J. Rousseau,* t. II, pp. 68-69; H. Guillemin, *Un homme, deux ombres,* pp. 66 sq.; P. Burgelin, *la Philosophie de l'existence de J.-J. Rousseau,* p. 266; M. B. Ellis, « *Julie* »... *A synthesis of Rousseau's thought,* Toronto, 1949, pp. 116-134; J.-L. Bellenot, *Annales J.-J. R.*, t. XXXIII, pp. 178 et 187-190. Ces interprétations souvent discordantes reconnaissent toutes la signification exceptionnelle de cette lettre, sa place dominante, au centre de l'œuvre, « géographiquement » si l'on ose dire et spirituellement.

Fortement structurée, elle comporte trois grandes parties, différentes les unes des autres. La première est un examen psychologique et moral du passé jusqu'à la veille du mariage (pp. 340-352). La seconde (pp. 352-357) centrée sur le récit du mariage et de la conversion s'ouvre sur une méditation morale (pp. 352-353) et se poursuit par une méditation religieuse qui s'achève sur une prière (pp. 353-357). La troisième est une réflexion morale sur le thème de la fidélité conjugale et de l'adultère (pp. 357-365) qui, après avoir pris l'allure d'un discours philosophique (pp. 357-361), s'infléchit vers des considérations personnelles (pp. 361-363) et s'achève par des décisions relatives à l'avenir commun des amants (pp. 363-365).

Longue, austère, statique et même, si l'on veut, assez artificielle (car enfin, dans l'intimité où elle vit depuis plusieurs années avec son amant, Julie a eu bien des fois l'occasion de lui révéler des replis de son cœur et de sa pensée qu'elle dévoile apparemment pour la première fois), cette lettre n'est, à aucun moment, ennuyeuse. Elle est écrite par une femme au cœur brûlant dont la vie a été, est toujours en jeu (vie temporelle et vie éternelle !), qui vient de traverser une terrible crise et qui reprend son souffle avant de repartir pour la nouvelle étape. Et elle écrit à son amant ! Et c'est sa lettre d'adieux ! Empruntons pour la lire les yeux de Saint-Preux. Enfin, derrière Julie, plus vivant encore, il y a Jean-Jacques, qui, sous les traits de cette charmante prêcheuse, s'avance, chevalier sans armure, pour défendre les deux grandes causes qui lui tiennent le plus à cœur, celle de la fidélité conjugale et celle de la foi religieuse. Lui aussi joue en cette aventure sinon sa vie temporelle (toute perspective de bonheur conjugal lui est à jamais fermée), du moins son « salut ». Ayant écrit ces pages, il pourra se présenter devant le « souverain juge », et lui dire : J'ai porté témoignage de toi.

2. Saint-Preux et le lecteur ont dû être stupéfaits par la nouvelle annoncée par Claire avec une rare brutalité dans la lettre 17; coup de théâtre foudroyant après le tumulte passionnel des lettres 15 et 16. Le rideau se lève maintenant sur l'acte IV de *Bérénice*. Les premiers mots de l'héroïne doivent être décisifs. Ils ne sont pas une simple *captatio benevolentiae,* mais une véritable passe magnétique. Le langage devient caresse.

3. A la caresse succède aussitôt l'autorité. Tous les mots qui ouvrent ce second paragraphe : *liée, époux, volontés d'un pére, chaine indissoluble* signifient une décision irrévocable. Avant de s'engager dans cette périlleuse évocation du passé, Julie ferme derrière elle toutes les issues. Elle ne se refusera pas à la douceur de « rappeller un temps si cher » ni au plaisir d'éclairer son amant sur les motifs jusqu'ici obscurs de certaines de ses décisions antérieures, mais sa méditation sera fermement orientée vers l'avenir. Elle entre dans « une nouvelle carrière ». Et elle y veut engager avec elle son amant : « *j'*entre... » dit-elle; mais aussitôt : « *Jetons...* les yeux », « *nos* cœurs... »

4. Sur cette durée, cf. *infra,* la chronologie du roman, et *supra,* p. 189, n. 5. Si le roman est long, si certaines lettres s'allongent démesurément, c'est que le romancier a voulu nous faire sentir quasi physiquement la durée. Il y est inégalement parvenu. Rien ne permet de supposer un espace de trois ans entre le départ de Saint-Preux et le mariage de Julie. Qu'a donc fait Saint-Preux pendant tout ce temps ? Dans la nouvelle période de six ans qui sépare le mariage de Julie de sa mort, le romancier aura, au contraire, la partie belle à cause de la séparation imposée, du long voyage autour du monde. Et à la fin de la IIIe partie, il placera un vide, précurseur du fameux *blanc* qu'admirait tant Marcel Proust dans *l'Éducation sentimentale.*

5. Notons ce bel alexandrin. *Julie* s'abandonne à la douceur du souvenir et cet examen de conscience se transforme par moments en un monologue de tragédie ou d'opéra. Mais le style est parfaitement surveillé. La passion est forte, mais rigoureusement contenue : « Je vis, je sentis que j'étois aimée et que je devois l'être... », « La tristesse et l'amour consumoient mon cœur », etc. Ainsi Julie nous apparaît plus libre dans l'expression de son amour maintenant qu'elle l'a dominé qu'au temps où il la dominait. Cette Julie mariée, convertie, est un être nouveau, mais non radicalement différent de l'autre. Plus riche; mais aussi plus désirable, plus aimable.

Sur le phénomène psychologique du coup de foudre, cf. *supra,* p. 39, n. 2; pp. 190 et 230.

6. Sur l'influence de Richardson et la comparaison entre Rousseau et lui, cf. p. 13, n. 3.

P. 341.

(*a*). La note manque dans C.L. Comment ne pas sentir dans ces lignes tardives et amères l'écho de la douloureuse déception causée à Rousseau en 1758 par Mme d'Houdetot ? Ici l'influence de la vie paraît certaine. Mais n'est-il pas admirable que, malgré la leçon de la vie, le rêve de la fiction ait subsisté ?

1. Sur cette conception de l'amour, cf. *supra,* toute la Ire partie, en particulier la lettre 55 et p. 31, n. 1.

P. 342.

1. Sur cette vive réaction de sensualité de Julie, marque d'excellent réalisme, cf. *supra,* p. 63, n. 3. La phrase : « J'appris dans le bosquet... quelque chose » a été reprise par Jean-Jacques au livre IX des *Confessions* (*O.C.*, Pléiade, t. I, p. 443) mais il a pris soin de préciser que « cette maxime se trouva fausse avec Madame d'Houdetot » puisque, après avoir beaucoup accordé à ses sens, elle sut aussi beaucoup leur refuser. En revanche, la maxime se trouva terriblement vraie pour lui... Cf. sur ce point les commentaires (non entièrement convaincants) de Robert Osmont (*Annales J.-J. R.*, t. XXXIII, pp. 120-121).

P. 343.

(*a*). C.L. : *trente ans*. Souci de vraisemblance.

P. 344.

(*a*). Ms. Rey : *l'horreur du désordre auquel je m'étais livrée*. Variante significative : même lorsqu'il fait parler Julie de ses amours avec Saint-Preux, le premier mouvement de Rousseau n'est pas de parler de repentir ni de remords, mais simplement d'horreur du désordre.

1. Cette fois le lecteur n'apprend rien (cf. I, 29). « C'est la *pitié* qui me perdit... » Mais Saint-Preux l'ignorait ! L'amour même interdisait à Julie de lui faire un tel aveu; le faisant maintenant elle se garde bien de mettre sur le même plan son abandon de jeune fille et l'adultère (cf. d'ailleurs I, 30 les réactions de Claire et I, 31 le plaidoyer de Saint-Preux). Sur l'attitude de Rousseau en face de la « faute » de la jeune fille, cf. *supra,* p. 25, n. 1.

2. Cf. p. 352 : « moins corrompus qu'avilis »; cf. encore p. 362. Cela n'empêche en rien le « remords » chez Julie, comme chez Jean-Jacques. Sur « remords », cf. *supra,* p. 338, n. 2.

3. *cangrene :* C'est bien l'orthographe de C.L. et de C.P. Toutes les éditions du *Dictionnaire de l'Académie* jusqu'en 1835 remarquent au mot *gangrène :* « On prononce cangrène ». Cette indication ne disparaît qu'en 1878. Et Féraud, dans son *Dictionnaire critique* (1787), relève : « Quelques Auteurs écrivent comme on prononce *cangrène.* »

P. 345.

1. Encore une réminiscence autobiographique : le pasteur de Vevey qui se chargea de l'instruction religieuse de Mme de Warens s'appelait Vincent Perret.

2. Cf. lettre 65 (Ire partie). Claire n'a pas appris à Saint-Preux l' « accident » de Julie, mais lui a dit que ses « espérances » avaient été à nouveau déçues. Le romancier répare de son mieux les maladresses techniques de la fin de la Ire partie.

P. 346.

1. Sur cette théorie, chère à Jean-Jacques, qui avait été si nécessaire à l'amant de Mme de Warens et qui l'était toujours au père des enfants de Thérèse, cf. lettre 2, IIe partie *in fine*.

P. 347.

1. Sur l'absence de jalousie dans le roman, cf. *supra,* p. 109, n. 1. Notons surtout l'apologie de la franchise. Justification du besoin de l'aveu (cf. sur ce point *supra,* p. 250, n. 2 et p. 294, n. 1).

2. Sur le thème du repos, cf. *supra,* p. 307, n. 1 et p. 309, n. 2. L'équation *sagesse-repos* doit être confrontée à celle de *vertu-bonheur* (cf. *supra,* p. 314, n. 1). Sur la sagesse, cf. p. 53, n. 1.

3. Cf. *supra* lettres 5 et 7 de la IIIe partie. Une comparaison attentive des trois textes fait apparaître la profonde connaissance

qu'avait Rousseau du cœur humain et son habile utilisation des ressources du roman par lettres. La lettre de Julie à Saint-Preux paraît forcée ; celle de Claire trop subtile ; c'est ici que nous approchons le plus du vrai.

P. 348.

1. Désormais, le lecteur lui aussi apprend tout, puisque la lettre d'explications de Julie avait été interrompue par son malaise. Sur cette technique, cf. *Annales J.-J. R.*, t. XXXIII, p. 146, où R. Osmont dit : « Rousseau augmente l'inquiétude par le mystère des âmes. Il assure une pénombre autour de Julie. »

Ces explications font apparaître chez Julie une femme nouvelle : pleine de force et de courage, ancêtre des Clelia Conti et des Mathilde de La Môle, descendante des héroïnes cornéliennes, capable de tenir tête à son père, d'engager sa parole et de la tenir.

P. 349.

(*a*). C.L. : *Changez de langage ou laissez-moi mourir.* Mr. Rey : *Changez de langage ou faites moi mourir.*

1. Voici enfin quelques précisions sur ce personnage qui va jouer dans la vie de Julie et dans le roman un rôle décisif. D. Mornet (*N.H., Introduction,* t. I, pp. 122-125), après avoir rapproché cet athée vertueux du baron d'Holbach et de Saint-Lambert, conclut sagement que ce héros, comme les autres, est sorti surtout de l' « âme bouillonnante » de Rousseau. Il signale (*N.H.*, t. III, p. 56) les difficultés chronologiques que pose la « carrière » de Wolmar. L' « exil en Sibérie » ne peut, dans la réalité historique, se situer qu'en 1740 au moment où Biren s'empara du trône de Russie à la mort d'Anne pendant la minorité d'Ivan, ou en 1741, au moment où une « révolution » renversa Biren et le remplaça par Élisabeth Pétrovna. Or ces dates ne coïncident pas exactement avec celles du roman où le mariage de Julie doit se situer en 1738 (cf. *Chronologie du roman*). Cela n'a que peu d'importance. Rousseau d'ailleurs s'est prudemment tenu dans le vague. On peut toutefois se demander pourquoi il a décidé de faire du mari un étranger et plus précisément un Russe. Mornet répond : « il avait vraisemblablement étudié à cette date les « révolutions » russes pour son traité des *Institutions politiques.* Il parle de la Russie dans le *Contrat social.* » Peut-être... Rappelons aussi que M. de Warens, avant d'exercer la charge de capitaine au service de LL.EE. de Berne, avait d'abord guerroyé contre les Russes pour le compte du roi de Suède. Puisque Julie ressemble à Mme de Warens, pourquoi M. de Warens (dont le nom paraît s'être partagé entre *Wolmar* et *Clarens...*) ne serait-il pas (en partie bien entendu) l'original de son époux ?

P. 350.

1. Sur le thème du sacrifice héroïque, cf. *supra,* p. 307, n. 1,

p. 309, n. 3 et p. 320, n. 1. La décision de Julie a, dès l'origine, suscité de vives réactions chez les lecteurs. Nous possédons, par chance, des fragments d'une lettre adressée par Rousseau à un M. de Bastide, le 13 février 1761, où il proposait lui-même une justification précise et passionnée de son héroïne. Pour bien des raisons, mais surtout pour l'affirmation finale du primat de l'esthétique sur l'éthique, elle mérite d'être largement citée.

« ... Vous la traittez d'infidelle; mais à quoi je vous prie est-elle infidelle ? à sa parole ? elle n'a rien promis qu'elle n'ait tenu. A son amour, on ne voit que trop qu'il lui demeure tout entier. A son devoir, vous élevez là Monsieur une grande question. Naturellement elle doit être plus fidelle à son caractère qu'à son amant. Elle a des remords sur la mort de sa mère. Son père ose lui montrer pour lui le même danger. Que fera-t-elle en pareil cas ? Voudra-t-elle courir ce risque effroyable, supportera-t-elle l'idée d'avoir fait mourir son père et sa mère. Que voulez-vous qu'elle mette en balance avec la vie du seul des deux qui lui reste. La vertu; pour vous Monsieur cela peut être mais une vertu pour laquelle il faudroit l'étouffer si elle en étoit capable.

» Vous me direz que cette prétendue mort du père n'est que comminatoire et qu'après l'en avoir menacée il n'en mourra pas. Vous me dites cela vous qui êtes de sang-froid, mais Julie et vous ne devez pas ici raisonner de même; un triste exemple ne lui rend le second que trop vraisemblable sitôt que le baron la menace de mourir elle le voit mort, et qui sait après tout si un homme, à qui l'honneur de son nom tient lieu de tout survivra surement à l'opprobre de sa fille, ou à ce qu'il regarde comme tel. On peut se tromper dans la considération de son devoir. Ce choix dépend des lumières, des préjugés, du caractère; mais sacrifier au devoir la passion la plus vive, c'est toujours faire un acte de vertu, puis(que) c'est immoler son penchant au devoir.

» Ont-ils agi conséquemment à leur caractère ? Après cela dans le total leur caractère étoit-il bon ou mauvais ?

» Toutes les fois que dans un roman l'on pei(n)t une action particuliére, il ne s'agit pas de la question morale mais de l'imitation de la nature il ne s'agit pas de savoir si Julie a bien ou mal fait de se marier. Mais si libre de sa foi dans la situation donnée et conséquemment à son caractère, le parti qu'elle a dû prendre étoit celui d'obéir à son père, ou après l'avoir vu à ses genoux verser des torrens de larmes de braver son désespoir, sans jamais se laisser fléchir. » (*C.C.*, t. VIII, pp. 202-203.) Mais nous savons que ce plaidoyer laisse dans l'ombre les vrais motifs de la décision du romancier.

P. 351.

1. Sens figuré. Effet de style : « *Intempérie*. Déréglement. Il ne se dit guère que de l'air et des humeurs du corps humain. » (*Dict. Acad.*, 1762).

P. 352.

(*a*). Ms. Rey : *plaisirs des sens.*
(*b*). Ms. Rey : *Leurs cœurs dépravés sont livrés au crime.*
(*c*). Note ajoutée sur C.P.; supprimée dans éd. Rey, 1763.

1. On voit l'importance décisive de la scène de l'inoculation de l'amour. Julie, comme le fera plus tard Rousseau, se reconnaît coupable (elle parle de « remords »), mais atténue ses fautes et par les mêmes motifs. Plusieurs termes de cette page évoquent à l'avance les *Lettres à Malesherbes,* les *Confessions,* les *Dialogues,* où Jean-Jacques parlera de son changement de personnalité, de son « aliénation » : « mes facultés s'*altérerent*... achevé de *m'égarer*... Je me sentis *toute autre* au dedans de moi. » (Cf. l'étude de Marcel Raymond, « Deux aspects... », *Annales J.-J. R.*, t. XXIX, pp. 8 sq.). Notons l'incidente agressive contre « les discours de vos philosophes », indice de la rédaction tardive de cette lettre. A l'égard de Saint-Preux, si peu « philosophe », l'attaque tombe vraiment à faux. Ce n'est pourtant pas la première fois que Rousseau pousse sa pointe (cf. *supra,* p. 128, n. 2, p. 220, n. 1 et p. 249, n. 1).

2. Brusque changement de ton et de rythme. Évasion hors du temps. Julie abandonne le récit. Elle évoque un souvenir. Elle le revit. Le poète et le musicien déploient leurs plus beaux dons pour chanter à nouveau la cantilène du bonheur perdu (cf. *supra,* I, 10, I, 32, I, 62, I, 63, II, 1, III, 6). Celle-ci est peut-être la plus belle; car Julie soudain se détache de sa propre histoire. Elle considère ces « deux amans » comme s'ils lui étaient étrangers. Qui parle ? Jean-Jacques; mais quel Jean-Jacques ? celui du roman qui poursuit son « rêve », ou celui de la note tardive de la Copie Personnelle qui souligne ironiquement comme par un air de basson ce chant pur de la *prima donna ?* (sur la « fidélité à soi » cf. *supra,* p. 31, n. 1, p. 33, n. 4, p. 231, n. 2 et p. 324, n. 3).

P. 353.

(*a*). R. a ajouté dans C.L. et C.P. : *Il fallut céder au penchant que je ne pouvois vaincre,* mots heureusement supprimés ensuite.

1. Ici commencent des pages étonnantes, les plus neuves du roman, à quoi rien n'est comparable dans toute la littérature romanesque antérieure. En plein « siècle de lumières », elles proclament la foi non seulement au Dieu des philosophes et des savants, mais au Dieu d'Abraham, d'Isaac et de Jacob; elles s'efforcent de rendre palpables les réalités surnaturelles les plus mystérieuses. Dans sa description, Rousseau a mis l'accent :

1° Sur le caractère sensible, affectif de l'événement : terreur, frayeur, tremblante, épouvantée. *Timor Domini*... Tous ces mots révèlent un lecteur attentif de la Bible. L'expérience décrite est celle d'Abraham devant le Buisson ardent, de Moïse au Sinaï, de saint Paul sur le chemin de Damas. Peut-être même sommes-nous en droit de supposer derrière ce texte une expérience mystique personnelle : « torrent de pure joie », « ravissement », « sérénité nouvelle ». Comment ne pas penser ici au *Mémorial* de Pascal : « Joie, joie, pleurs de joie... » ?

2° Sur son caractère de foudroyante soudaineté : frayeur *soudaine,* révolution *subite,* sembla corriger *tout à coup.* C'est encore Pascal. Et c'est Claudel à Notre-Dame, dans la fameuse nuit de Noël.

3° Rousseau prend soin cependant d'affirmer que, pour être considérée comme authentique, une telle expérience devait être contrôlée, confirmée. D'où l'exigence de la solitude, de l'examen de conscience, l' « épreuve » immédiate de l'évocation de son amant par la jeune mariée; ce long discours sur l'adultère, un peu « philosophique » à notre goût, mais qui, par son caractère calme et réfléchi, confère une valeur rationnelle aux élans mystiques qui l'encadrent; d'où enfin cette « distance » de deux mois entre l'événement et le récit qu'en fait Julie.

4° Rousseau a insisté sur le caractère *transcendant* de la réalité vécue par Julie : « sainte liturgie », « voix de Dieu », « organe de la Providence ». Certes il a pris soin de nuancer les affirmations : « je crus voir », « sembla corriger ». Il a même indiqué au passage quelques « explications » possibles du phénomène : « jour sombre », « profond silence »; le « coup d'œil » au « vertueux couple » de Claire et son mari. Malgré ces naïves concessions à ses amis philosophes, son désir de mettre en lumière le caractère spécifiquement religieux du phénomène ne peut être mis en doute. D'abord il montre que celui-ci débouche sur la prière et celle qu'il fait prononcer à Julie, malgré un style un peu conventionnel, a un caractère d'authenticité incontestable. D'autre part, à deux reprises, Julie insiste sur l'action directement exercée sur elle par Dieu : « la voix secourable qui m'a conduite », « la voix secrette », dit-elle dans sa grande méditation initiale (cf. var. (*a*), p. 356) et, à la fin de la lettre : « Dieu seul a fait le reste. »

5° L'événement vécu par Julie a un caractère *bouleversant.* Rousseau a employé plusieurs fois le substantif « changement », ou l'adjectif « nouveau ». A trois reprises, il use du mot « révolution » et il en donne même une analyse précise. D'où la fermeté de ton de la prière finale, la vigueur irrévocable des résolutions : « qui ne doit finir qu'à la mort ». « Tout est changé entre nous. » Une femme nouvelle vient de naître.

6° Enfin, Rousseau a tenu à montrer que ce bouleversement de l'être par la grâce n'entraîne pas de diminution mais qu'il est au contraire réparation, retour à la vie : « Je crus me sentir *renaître* », « recommencer une autre vie ». L'expérience mystique et l'expérience poétique se rejoignent ici, les poèmes des chantres de la *Vita nuova* faisant écho aux discours du Christ à Nicodème et à la liturgie du baptême. En fait, cette renaissance est le retour au moi véritable. Julie est redevenue elle-même. Son amour pour Saint-Preux reste intact; mais il a pris des dimensions nouvelles. Il ne s'agit pas d'oubli, mais d'épuration, de transmutation. « Il faut que votre cœur change (...) Je ne suis plus votre ancienne Julie... » Mais aussitôt après, elle cite à Saint-Preux sa déclaration d'autrefois sur l'amour parfait. Ce « retour au bien » est donc un retour au *plus ancien* passé, à ces « tems heureux » où la « tendre amante » n'était qu'une « amie fidelle ». Saint-Preux comprendra et approuvera sans réserves : « Jamais vous ne fûtes mieux ma Julie qu'au moment que vous renoncez à moi. »

P. 354.

(*a*). Ms. Rey : *Si doux à remplir pour toute âme tendre et honnête.*

P. 355.

(*a*). C.L. et C.P. : *émotion.*

(*b*). « autant et plus ». C.L. et C.P. : *plus tendrement.*

(*c*). « et mes sens ». Ces trois mots manquent dans C.L. Ils sont pourtant essentiels !

(*d*). « Sérénité nouvelle ». Ms. Rey : *une fraicheur pareille à celle de la rosée du soir.* Image à résonance biblique; Rousseau n'a pas osé la conserver. Cf. var. (*a*) et (*b*), p. 356.

P. 356.

(*a*). Rousseau a reculé devant des expressions plus directement chrétiennes qui étaient d'abord venues sous sa plume : *le père,* dit C.L. et *le pasteur commun qui sait rappeler la brebis égarée,* disent C.P. et Ms. Rey. Julie dans les lettres des dernières parties n'hésite pas à prier Dieu comme un « père » (cf. V, 3 et VI, 8).

(*b*). Ms. Rey : *Providence éternelle, qui, de la même main fais ramper l'insecte et roûler les cieux, rien n'échappe à tes décrets immuables !* Rousseau a heureusement supprimé cette vision ridicule d'un Dieu jongleur.

P. 357.

(*a*). C.L. : *ordre.*

P. 359.

(*a*). C.L. : *nœud public.*

1. Voici, après la *Lettre à Voltaire* (août 1756), après la *Lettre à d'Alembert* (octobre 1758) et avant l'*Émile* (janvier 1761), une nouvelle « profession de foi » publique de Rousseau, ou, plus exactement, un fragment de cette profession de foi qui sera longuement développée dans la dernière partie. Sur sa signification et sa place dans la vie de Rousseau, cf. P.-M. MASSON, *la Religion de J.-J. Rousseau,* t. II, pp. 75 sq. et P. BURGELIN, *la Philosophie de l'existence de J.-J. Rousseau,* chap. XV, « Le problème de Dieu », pp. 406 sq. Ces pages ont un caractère nettement *personnel, confidentiel.* Julie parle comme fera le Vicaire. Elle appelle Dieu l' « Etre Eternel ».

Elle croit comme lui qu'il est le fondement nécessaire de la morale (cf. *Émile, O.C.*, Pléiade, t. IV, p. 636). Mais ce que le Vicaire présente comme une doctrine, elle l'offre comme une découverte libératrice, la solution d'une angoisse, la satisfaction d'une exigence vitale. Ne va-t-elle pas jusqu'à dire que si Dieu n'existait pas, il faudrait l'inventer ! Une fois de plus, nous devons constater que la confession est le support du récit romanesque. Le vrai commentaire de ces deux pages c'est moins dans la *Profession de foi* qu'il faut le chercher que dans cette brève note de la *Lettre à d'Alembert :* « Je n'entens point par là qu'on puisse être vertueux sans Religion : j'eus long-tems cette opinion trompeuse, dont je suis trop désabusé » (éd. Fuchs, p. 130) et surtout dans les pages du début de la troisième « promenade » où Jean-Jacques, vingt ans plus tard, devait présenter sous une forme à peine différente la démarche spirituelle qui avait été la sienne dans les années 1750-1758. Aveu de détresse et cris de victoire, qui s'accompagnent dans les deux cas d'une attaque violente contre les « philosophes » parce que, trop longtemps, ils l'avaient détourné de la vérité « consolante ».

P. 361.

(*a*). C.P., C.L. et Ms. Rey ajoutaient : *Et quels sont les vices dont elle aura honte après s'être livrée au plus honteux de tous.*

(*b*). C.P., C.L., Ms. Rey : *Et, ce qui seul fait frémir d'horreur et de pitié, qui fera...*

1. On a vu dans l'Introduction que ce développement contre l'adultère a été conçu par le romancier comme une pièce maîtresse de son œuvre, destinée à lui donner une haute portée morale, et qu'il exprime une attitude déjà ancienne (cf. aussi *supra,* p. 271, n. 1 et p. 304, n. 1). Ici comme ailleurs la pensée du philosophe repose sur l'expérience vécue par l'homme. Peut-être écrit-il ces pages au lendemain de la terrible « tentation » de l'été 1757, après sa double rupture avec ces deux couples adultères : Grimm-Mme d'Épinay, Saint-Lambert–Mme d'Houdetot. Mais dès sa jeunesse, il avait dû discuter longuement de ce grave sujet avec Mme de Warens qui lui avait exposé les principes de son premier amant, M. de Tavel, « philosophe » très « libertin », cf. *Confessions,* l. V, *O.C.*, Pléiade, t. I, pp. 187-198 : « il l'attaqua par des sophismes (...) enfin il la persuada que la chose en elle-même n'étoit rien, qu'elle ne prenoit d'existence que par le scandale et que toute femme qui paroissoit sage, par cela seul l'étoit en effet ». La ressemblance des textes est convaincante. Depuis, il y avait eu la longue expérience de la vie parisienne et de ses désordres; la compagnie des « philosophes », la lecture des romanciers, peintres des mœurs contemporaines. Au terme d'une longue note, où il déclare n'avoir trouvé chez aucun d'eux, même chez Crébillon, de « justification » de l'adultère, D. Mornet s'étonne de l'attaque portée par Rousseau, comme si cette « justification » avait été un mythe ! Faut-il rappeler qu'une

censure existait et qu'un tel sujet était par excellence interdit ? Une histoire de l'adultère dans la littérature française depuis *Tristan* reste à écrire. Révélerait-elle des plaidoyers en règle pour l'adultère dans les œuvres des environs de 1760 ? Trente ans plus tard, en tout cas, le « divin marquis » osera relever le gant jeté par l'auteur de *Julie* et lui répondra longuement dans un des chapitres de *la Philosophie dans le boudoir,* où Mme de Saint-Ange enseigne avec feu à la jeune Eugénie que « l'adultère, que les hommes regardent comme un crime (...) n'est donc que l'acquit d'un droit à la nature » et à « l'objection de Rousseau (...), la seule un peu spécieuse dont on puisse combattre l'adultère » (à savoir qu'il est horrible d'exposer un époux à chérir comme ses enfants les fruits des désordres de sa femme), elle répond : « Eh ! n'est-il pas extrêmement aisé de se livrer au libertinage sans redouter la grossesse ? N'est-il pas encore plus facile de la détruire, si par imprudence elle a lieu ? » (Guillaume Apollinaire, *l'Œuvre du Marquis de Sade,* Paris, 1909, p. 151).

Il y a donc dans ces pages tout autre chose qu'une dissertation philosophique. Sans doute, certains arguments sont essentiellement juridiques, sociologiques, politiques. Mais nous sentons passer sous ces interrogations passionnées le souffle traditionaliste, conservateur, que nous avons déjà décelé ailleurs et qui s'explique par des poussées profondes de l'être et nullement par la froide raison. Au reste, le sociologue laisse une large place au psychologue. Le confident de tant de femmes ou d'époux malheureux nous donne la somme de son enquête. Mais l'homme dont nous entendons la voix, c'est surtout le chrétien : il sait qu'il vit sous l'œil du « seul vrai juge »; il croit au « caractère sacré » des liens du mariage, il écrit le mot de « péché », et il conclut qu'au-delà de la « saine raison » qui suffirait à écarter de l'adultère, il faut aller jusqu'à « celui qui en est la source ».

Il est très probable que ce sermon de Julie est une des conclusions auxquelles Rousseau a été conduit au terme de ce vaste travail de remise en question de tous les principes qu'il avait entrepris depuis plusieurs années et dont il allait mettre au net les premiers résultats dans les *Lettres morales*. C'est lui qui parle lorsque Julie déclare qu'elle est remontée « à l'auteur de tout bien » depuis qu'elle s'est occupée à « rectifier (ses) sentimens et (sa) raison ».

P. 362.

(*a*). L'adjectif « divin » manque dans C.L. et C.P.

1. Voici l'un des passages du roman qui semblent le plus certainement inspirés par l'expérience amoureuse de l'été 1757. Certaines phrases de la première des *Lettres morales* (*O.C.*, Pléiade, t. IV, pp. 1084-1085) rendent un son très semblable à celui de cette page. Mais une analyse attentive décèle d'importantes différences. Rousseau écrivant à Sophie fait allusion au « témoin sans repro-

che », à l' « œil éternel qu'on ne trompe point » et va jusqu'à déclarer qu'il « voyoit peut être avec complaisance deux ames sensibles s'encourager mutuellement à la vertu... » mais il n'est pas fait mention de « foiblesses » ni de l'humiliation de la « honte ». D'autre part il ne dit pas que ces « entretiens délicieux » avec Sophie aient jamais consisté en élévations vers l'Être suprême, ni qu'il ait jamais songé à nourrir l'esprit de la petite comtesse des « grandes idées de la religion ».

P. 363.

(*a*). « le pere commun des hommes ». Ms. Rey : *le Dieu (des Chrétiens) de toute justice.*

(*b*). Éd. Rey, 1761, porte *haïrons,* lapsus de Rousseau dans Ms. Rey. Rousseau a corrigé en *haïrions* dans Rey, 1763.

1. Cf. *supra,* p. 307, n. 1 et p. 309, n. 3.

2. Archaïsme. « On disait autrefois je véquis, il véquit pour : je vécus, il vécut », dit Féraud en 1787. Déjà le *Dictionnaire de l'Académie* de 1762 ne donnait plus que je *vécus.*

3. Cf. *supra,* I, 24 et p. 86, n. 1.

4. Cette formule se retrouve dans la quatrième des *Lettres morales :* « Si je n'avois écouté qu'une passion criminelle, si j'avois été vil un moment et que je vous eusse trouvée foible, que je payerois cher aujourdui des transports qui m'auroient paru si doux, privés de tous les sentimens qui nous avoient unis nous aurions cessé de l'être. La honte et le repentir nous rendroient odieux l'un à l'autre; je vous haïrois pour vous avoir trop aimée... » (*O.C.*, Pléiade, t. IV, p. 1104).

Dans ces lignes étonnantes, Rousseau s'affirme comme un précurseur des romanciers modernes : Benjamin Constant, Balzac, Dostoïevsky, Mauriac qui décriront sous tous ses aspects l' « enfer de l'amour », singulièrement de l'amour « coupable », et nous révèle à quelle profondeur de réalisme il aurait pu s'avancer s'il n'avait systématiquement écarté tout ce qui dans son roman n'était pas source de bonheur.

P. 364.

1. Voici à nouveau la notion centrale de la *durée.* Julie rejoint Claire. Elle pense comme elle que le renoncement à l'amour charnel est la condition nécessaire du salut non seulement de l'âme, mais de l'amour même : « pour nous aimer toujours, il faut renoncer l'un à l'autre ». Cette convergence des deux attitudes, l'une d'ordre psychologique, l'autre d'ordre mystique, peut paraître choquante. Elle ne saurait être niée. Elle exprime Rousseau tout entier.

2. Cf. *supra* « en changeant d'*espece* » et toute la lettre 20. En vérité, ce changement est-il possible ? C'est cela même qui sera en question dans les deux dernières parties.

3. Première apparition dans le roman de ce mot important entre

tous pour l'auteur de l'*Émile* (cf. *supra,* lettre 3 (Ve partie), p. 632). Preuve, entre beaucoup d'autres, de la rédaction tardive de cette lettre. C'est en effet dans la cinquième des *Lettres morales* (hiver 1757-1758), qu'apparaît sous sa première forme le texte fameux : « conscience, conscience, instinct divin, voix immortelle et céleste ». Sur cet appel au sentiment intérieur comme guide de la vie morale, cf. *supra,* p. 226, n. 3 et les textes cités par P. Burgelin dans *la Philosophie de l'existence chez J.-J. Rousseau,* chap. III, « La philosophie du *Dictamen* », § 2, « Une philosophie de la conscience », pp. 70-85 et pp. 128, 233, 264.

4. Sur cette affirmation de l'action directe de Dieu par la grâce, cf. *supra,* p. 353, n. 1.

P. 365.

(*a*). Ms. Rey : *pour que mon état puisse changer sans le vôtre.* Texte très équivoque. La formule définitive qui reste encore chargée de mystère est pourtant beaucoup plus heureuse.

(*b*). Ms. Rey : *J'aurois déjà versé dans son sein mes larmes et mon repentir avec l'aveu de mes fautes.* Recherche de la simplicité !

(*c*). Éd. Rey, 1761, donne : *qui mérités ;* mais Ms. Rey et éd. Rey, 1763, ont *mérite* qui est évidemment préférable et conforme à la syntaxe de l'époque.

1. Sur le problème de l'aveu, cf. p. 250, n. 2, p. 341 et p. 367, n. 1.

P. 366.

(*a*). Br. : *célestes charmes,* C.L. : *attraits.* Finalement Rousseau a tenu à mêler le ciel à la terre... (cf. j'*adorai,* et les très nombreuses expressions antérieures de mystique amoureuse).

(*b*). Phrase ajoutée dans C.P.

(*c*). Br. : *Cette tendre Julie à qui je pouvois parler ainsi !... Ah ! puisqu'il faut être à jamais misérable, imitons, s'il le faut, son courage et ses vertus et ne la faisons point sans cesse rougir de ses anciennes erreurs. C'en est fait...*

1. Saint-Preux adhère aussitôt avec enthousiasme à la décision de Julie. Ce premier mouvement est le vrai. Ce qui va suivre sonne au contraire assez faux. « Il pousse des cris divers », dit H. Guillemin, « et sa lettre (...) n'est pas très brillante. » (*Un homme, deux ombres,* p. 71). Dans les premières *Lettres morales,* où Jean-Jacques, libéré de l'angoisse de la chute dans le péché, lance vers Sophie d'Houdetot un chant d'actions de grâces pour l'avoir sauvé de lui-même, il s'exprime dans des formules très proches de celles de Saint-Preux : « Vous ne m'en étes que plus chére depuis que j'ai cessé de vous adorer... » (*O.C.*, Pléiade, t. IV, p. 1082 ; cf. encore pp. 1103-1104).

2. Julie s'était bien gardée de prononcer ces mots terribles. Elle veut tout sauver ! Sur le thème de l'oubli, cf. *supra,* p. 70, n. 2, p. 225, n. 1, p. 245, n. 1 et p. 313, n. 1.

P. 367.

(*a*). Br. : *Quant à l'aveu (pour lequel vous me demandez mon consentement, je le refuse sans...) que vous méditez, je n'y saurois consentir, et même...*

(*b*). Phrase absente de Br.

(*c*). « Nul engagement ». C.L. et Ms. Rey : *Par la nature des choses, nul engagement...*

(*d*). Br. : *à votre époux, mais à moi...*

(*e*). Br. : *donnés pour époux l'un à l'autre.*

(*f*). Br. : *Vous avez fait (cruelle) en faveur de l'hymen un (péché) crime que l'amour* (ici Rousseau a ajouté : *ni la vertu peut-être*) *ne pardonne point et (n'avez offensé que) c'est à moi seul de (me plaindre) réclamer le trésor que M. de Wolmar m'a ravi.*

1. La scène de l'aveu occupait une place importante dans *la Princesse de Clèves* et avait suscité des discussions passionnées. Rousseau va donner place dans son œuvre à ce problème de spiritualité conjugale en le faisant traiter d'abord ici par Julie et Saint-Preux (lettres 18, 19 et 20) puis, six ans plus tard, par Julie et Claire (IV, 1 et IV, 12). Qu'il ait connu et lu avec admiration le chef-d'œuvre de Mme de La Fayette, qu'il ait eu même l'ambition de rivaliser avec lui, nous n'en pouvons douter (cf. *supra,* p. 307, n. 1). Peut-être même avait-il lu, à Chambéry ou à Paris, dans une vieille collection du *Mercure galant,* la « consultation » établie par Donneau de Vizé en 1678 à ce sujet. Mais les situations et surtout les sentiments des personnages sont très différents. Il s'agit ici d'une « faute » passée, commise par une jeune femme avant son mariage ; dans *la Princesse,* de la tentation de la faute chez une femme mariée. Mme de Clèves était poussée à l'aveu par le péril où elle se trouvait; elle demandait à son mari de la protéger contre elle-même. Julie n'a plus rien à craindre de sa passion. Son désir d'aveu naît de cette exigence de loyauté, de totale transparence, qui la caractérise et où elle voit le fondement de la communauté conjugale. En fait, tandis que le lecteur de *la Princesse* éprouve l'émotion la plus vive en lisant la scène de l'aveu, il demeure ici assez froid. D'abord parce que l'aveu n'est pas fait. Mais surtout parce que le débat spirituel est vide de sa substance dramatique. Et nous savons très bien pourquoi :

1° Aux yeux de Rousseau, la « faute » de Julie n'en est pas une (cf. *supra, Préface dialoguée,* p. 24, lettres 29-32 (Ire partie) et p. 95, n. 2). Julie n'a pas trahi son époux. Si elle a trahi quelqu'un, c'est Saint-Preux. Et celui-ci ne manque pas de le lui reprocher. Cependant, il le fait discrètement, il l'a libérée en lui rendant sa parole, et elle lui conserve son amour.

2° Rousseau ignore la jalousie. L'expérience courante et celle qui vient des livres lui imposent de croire qu'elle existe. Il connaît, précisément par *la Princesse de Clèves,* les mouvements de douleur d'un mari jaloux au lendemain de l'aveu; il connaît aussi peut-être pour l'avoir lue dans le *Mercure de France,* où elle avait paru en 1724, l'histoire tragique, très stendhalienne, de *la Comtesse de Tende,* où le mari trompé répond à l'aveu de la femme adultère par une terrible réaction de jalousie. Il connaît tout cela, mais il n'y croit pas. Et il le prouvera plus tard lorsque Wolmar, enfin informé, répondra avec un sourire calme qu'il « savait » déjà...

Le seul sentiment authentique ici est l'exigence de la clarté, de la « transparence ». Mais elle ne joue vraiment qu'à l'égard des êtres aimés profondément. Après deux mois de vie conjugale, Julie n'a pas encore atteint avec son mari ce degré d'intimité qui permet (et impose) l'aveu. Il n'en sera pas de même six ans plus tard. Aussi trouvera-t-elle dans la 1re lettre de la IVe partie des accents d'une vérité et d'une intensité très supérieures.

P. 368.

(*a*). « une jalousie effrénée ». Mots ajoutés en marge dans Br.

(*b*). Br. : *aux mœurs.*

(*c*). C.L. et C.P. donnent : *peut-être pour en manquer impunément au besoin.* Corrigé sur Ms. Rey.

(*d*). « l'abus de la liberté... réelle ». Br. 1er jet : *les fautes de la jeunesse que celles de l'infidélité.*

(*e*). « Croyez moi... » Toute cette fin de la lettre était très différente dans Br. : « Défiez-vous... sans nécessité » manquait et le texte s'arrêtait à *époux* avant l'élan lyrique final « Il faut finir... ». Puis Rousseau a successivement ajouté en marge : 1° « s'il n'en est pas digne... envers vous », 2° « Que savez-vous... de les sentir ». La partie « Enfin... expose » n'existait pas. Elle n'existe pas non plus dans le Ms. Rey; elle apparaît dans C.P. où Rousseau a dû l'inscrire au dernier moment après l'avoir ajoutée dans C.L., puis ajoutée sur épreuves. La phrase : « O Julie... aujourd'hui » est absente de Br. et du Ms. Rey. Elle apparaît dans C.L. sous une forme différente : *O Julie, écoutés un homme capable de quelque sacrifice et de quelque vertu et pensez que vous devez quelque honneur à celui dont vous connaissez l'âme et qui peut vous écrire comme à une étrangère.* La clausule lyrique était différente dans le premier jet : *O tems passé, bonheur, plaisirs, momens délicieux ! Adieu pour jamais, adieux mes amours, adieu ma Julie. Ah ! toi que j'aimois, ah ! rends moi donc mon cœur ! puisque tu n'en dois plus rien faire...* Texte trop ardent où Saint-Preux reprenait un ton que Julie « ne devoit plus entendre ! » Le texte que Rousseau lui a substitué est, à peu près, le texte actuel moins la phrase : « Julie, il faut vous quitter ! si jeune encore il faut renoncer au bonheur... »

P. 369.

(*a*). Br. : lettre calligraphiée, évidemment remise au net, mais non numérotée, sans indication, donc primitive (fos 237-243).

(*b*). Br. : *d'une manière convenable à lui, à moi et à la vérité que j'ai toujours respectée.*

(*c*). Br. : *cinquante ans passés.*

(*d*). Br. 1er jet : *sa vie unie et réglée lui a conservé,* puis : *sa vie unie et réglée et surtout le calme des passions lui ont conservé...*

(*e*). « mais sans affecter... sentences » manque dans Br. C.L. : *mais simplement et sans affecter de dire des sentences...*

1. Cette importante lettre qui prolonge et complète la lettre 18, forme avec elle, et avec la lettre 7, un ensemble où Rousseau a défini le « message » moral de son œuvre. Il ne s'agit plus ici de « salut », mais de « bonheur ». Dans la lettre 19, Saint-Preux a posé la question décisive, celle qu'il n'avait pas le droit de poser s'il avait fait vraiment son sacrifice; celle qu'il ne pouvait pas ne pas poser s'il aimait vraiment; celle à laquelle l'amour-passion espère une réponse négative, l'amour-charité une réponse positive : *Êtes-vous heureuse ?* Julie, sans ambages, répond : oui. Cette réponse déconcerte la plupart des lecteurs, en particulier ceux qui ont pour Rousseau des sentiments passionnés, d'admiration ou de haine, parce qu'ils voient en lui l' « homme révolté », l'apologiste de la passion, le destructeur des barrières sociales. Comment celui-ci proclamerait-il que l'union d'une jeune fille de vingt ans avec un raisonnable quinquagénaire qu'elle n'aime pas est pour elle une source de bonheur plus sûre que celle qui l'eût associée pour la vie à un homme jeune, passionnément aimé et à qui elle s'était donnée ! Ce « paradoxe » ne saurait surprendre pourtant ceux qui connaissent vraiment Rousseau. Deux textes, contemporains du roman, sont ici particulièrement probants :

1° La lettre du 6 janvier 1759 à Jacob Vernes à l'occasion de son mariage. Elle s'ouvre par une phrase qu'on pourrait mettre en exergue aux trois dernières parties du roman : « Le mariage est un état de discorde et de trouble pour les gens corrompus, mais pour les gens de bien il est le paradis sur la terre ». (*C.C.*, t. VI, p. 4).

2° Une lettre du 10 novembre 1759 à son ami Deleyre, qui lui avait annoncé aussi son prochain mariage. Texte beaucoup plus significatif, car Deleyre allait épouser sa maîtresse. Rousseau avait d'abord plaisanté. Deleyre ayant protesté, il répondit en exprimant des regrets, mais en maintenant fermement sa pensée sur le fond des choses : « Vous voila donc bien décidément fou (...) Il faut m'excuser d'avoir profané, je ne dis pas l'idole, mais la divinité de vôtre cœur (...) je crus qu'à vôtre départ tout étoit fini (...) Mais non, l'absence, le sort cruel, vous voila toujours dans les sentimens heroïques; à présent que je le sais, je changerai de ton (...) Vous vous êtes choisi une maitresse tendre et vertueuse ? Cela n'est pas étonnant (...) Vous lui avez fait une promesse de mariage ? Cher Deleyre, vous avez fait une sotise... » Il achevait cette lettre ricanante par un véritable cri d'angoisse : « Cher Deleyre, sans être votre ami, j'ai de l'amitié pour vous et je suis allarmé de l'état où vous êtes. Ah de grâce, songez que l'amour n'est qu'illusion, qu'on ne voit rien tel qu'il est tant qu'on aime, et s'il vous reste une étincelle de raison, ne faites rien sans l'avis de vos parens. » (*C.C.*, t. VI, pp. 191-192). Certes ce serait commettre une grave erreur que de réduire à ces textes la pensée de Rousseau sur le mariage, qui s'est exprimée plus totalement dans l'œuvre d'art que dans la correspondance. Celle-ci du moins nous fournit une utile mise en garde contre des réactions prématurées. Que révèle en somme la lecture de cette lettre ?

1° Julie déclare que loin d'être, pour des époux destinés à être unis *pour toujours,* une garantie du bonheur, l'amour ne peut que le détruire, parce qu'il participe à l'universelle mobilité des choses humaines. L'amour ne peut pas être durable. La citation amère de La Rochefoucauld est significative ! Elle est corrigée il est vrai par une note-repentir qui prouve une fois de plus les contradictions intimes de Rousseau écartelé entre ses rêves et la réalité, mais ce pessimisme est sincère; derrière La Rochefoucauld se dresse l'ombre mélancolique de Mme de La Fayette, dont l'héroïne, enfin libre, refuse le mariage avec l'être aimé. La vraie raison de ce refus est la crainte de souffrir. La princesse de Clèves, elle aussi, aspire au *repos.* Et pourtant le mal qu'elle craint n'est que l'infidélité possible de Nemours et la jalousie qu'elle suscitera en elle. Julie craint pis encore : l'usure du cœur, l'indifférence, l'oubli. Elle avoue cependant, au passage, que c'est une vérité « neuve » pour elle. Avec « les connoissances que j'ai maintenant... » dit-elle. Quelles connaissances ? D'où lui viennent-elles ? De la « révolution » qu'elle a subie ? Mais celle-ci est surtout d'ordre religieux. Des discours de son époux ? Mais il est discret, silencieux, et ils ne sont mariés que depuis deux mois. La sagesse de Julie est celle du quinquagénaire Jean-Jacques...

2° Ici, comme dans la lettre 18, Julie s'efforce de sauver l'amour. Elle condamne Éros. Elle exige Agapé. Il est remarquable que ses premiers mots soient un refus de l'oubli. Elle déclare : « Je ne saurois être heureuse si vous cessiez de m'aimer » et, à la fin de la lettre, c'est sur le mot « oublier » que brusquement jaillissent les larmes !...

C'est ce désir de sauver l'amour — toute la suite le prouvera — qui lui fait imposer à son amant une absence et un silence presque sans limites. « Hélas nous périssions si nous n'eussions péri. » C'est ce désir encore qui lui fait prendre, à l'avance, la résolution de ne pas épouser son amant si elle devenait veuve. Sans doute l'expliquera-t-elle par le désir d'écarter d'elle toute pensée coupable. La vraie raison est celle qui avait autrefois dicté à la princesse de Clèves son refus à Nemours : l'amour, restant à jamais insatisfait, restera à jamais vivant.

Ainsi Julie est heureuse ou croit l'être puisqu'elle possède à la fois la paix du mariage et un amour qui dure. Reste à savoir si l'homme peut mettre des cloisons étanches entre les sentiments qui agitent son cœur ? Reste à savoir s'il peut imposer des limites à son exigence de bonheur ? Le temps décidera... Une question pourtant exige réponse immédiate. Pour que Julie soit heureuse, Saint-Preux doit l'être aussi : « rien ne manque à mon bonheur que le votre ». C'est une des beautés du roman que cette question demeure sans réponse. La seule réponse possible nous la connaissons : c'est l'installation de Saint-Preux à Clarens. Elle est alors impossible. La sagesse, la décence exigent que du temps s'écoule. Et que d'autres solutions soient envisagées. La première sera celle du suicide.

2. Premier « portrait » de M. de Wolmar. Sur ses origines, cf. *supra,* p. 349, n. 1. Wolmar, c'est encore un peu Rousseau. Non tel qu'il fut, mais tel qu'il aurait voulu être. Calme, d'humeur égale, toujours content, sans passions. Il est donc, lui aussi, un personnage de « l'autre monde ». Possesseur d'une « fortune modérée », dont il « use largement », ne réalise-t-il pas les rêves forgés à l'Ermitage et dans le donjon de Mont-Louis par l'homme qui espérait encore acquérir son indépendance financière par ses ouvrages ? Personnage « sympathique », voulu tel par Rousseau qui lui a confié quelques-unes de ses plus profondes pensées, il est aussi, plus que Saint-Preux et plus qu'Édouard, le *philosophe.* Au surplus cet homme froid n'échappe pas à la contagion de l'amour. Il a été, lui aussi, touché par la « grâce » qui rayonne de Julie. Cf. *infra,* p. 489, n. 1, p. 492, n. 2 et p. 493, n. 1.

P. 370.

(*a*). Br. : *Malgré sa froideur naturelle, le ciel, secondant les intentions de mon père, voulut que je lui plaise et qu'il prît pour la (première) seule fois de sa vie un attachement sans motif.*

(*b*). Br. : *en quoi je le trouve plus solidement vertueux que tous nous autres gens à sentiment qui faisons tant de bruit de notre sensibilité.* Texte repris, avec de légères modifications, dans C.P. et Ms. Rey. Éd. Rey, 1763, porte « *à tous nous autres...* que nous admirons tant nous-mêmes »; coquille évidente pour *qui.* Éd. Duchesne, 1764, porte : « à tous *nos* autres gens... », autre coquille non moins évidente !

1. Éternel « dialogue » de « Rousseau juge de Jean-Jacques » ! Il y a un Rousseau sage, rationaliste, redoutant les égarements de la sensibilité, et qui n'est pas moins vrai que l'autre. Cf. sur ce point les lettres citées *supra,* p. 369, n. 1.

P. 371.

(*a*). Br. : *agitée.*

(*b*). « ni la honte » manque dans Br.

(*c*). Br. : *injuste et j'ai rendu témoignage à la vérité.*

(*d*). Br. : *l'ordre de la providence dans le monde.*

(*e*). Br. : *ni cette confusion qui dans le sein de l'abondance ôte l'usage de tout.*

(*f*). Note absente de Br., insérée dans C.P., supprimée dans éd. Rey, 1763.

1. Wolmar sait tout, mais se tait. Julie pressent, mais n'est pas certaine. Et elle n'insiste pas. Toujours ce mystère des êtres dont le romancier joue habilement grâce au roman par lettres. Le lecteur doit collaborer.

2. Esquisse de la longue lettre 10 de la IVe partie (« *sur la sage économie...* »). Peut-être avons-nous ici un vestige de l'état primitif du roman, à l'époque où Rousseau l'avait conçu (et rédigé ?), en quatre parties, dans lesquelles devaient nécessairement trouver place des éléments inclus actuellement dans les parties V et VI. La lettre 10 (IVe partie) n'aurait été rédigée que plus tard pour étoffer la IVe partie amputée d'une forte quantité de sa substance.

3. Ce singulier est alors normal. Le *Dictionnaire* de Féraud (1787) donne : « le débris de sa fortune ».

4. *Appareil :* « On dit une cause, un discours *d'aparat ;* dans ces occasions, *apareil* ne serait pas propre. Mais on dit l'*apareil* d'un festin, d'un spectacle : là *aparat* ne vaudrait rien ». (*Dict.* de Féraud, 1787).

5. *Buffet :* « Il signifie aussi la vaisselle même... Un *buffet d'argent ciselé,* de *vermeil doré.* » (*Dict. Acad.*, 1762).

6. *Officier :* « signifie aussi le domestique d'une grande maison qui a soin de l'office... » (*Dict. Acad.*, 1762).

7. On croirait lire un fragment des *Confessions.* Mornet (t. III, p. 87, n. 1) rapproche, à juste titre, de cette page celle où Jean-Jacques évoque avec une ardeur non apaisée par le temps sa fureur contre « Monsieur le Chef » et « Monsieur le Maitre » qui le faisaient dîner à l'heure du souper et souper à l'heure du sommeil, et surtout contre « Messieurs les laquais qui dévoroient des yeux mes morceaux, et sous peine de mourir de soif me vendoient le vin drogué de leur maître dix fois plus cher que je n'en aurois payé de meilleur au cabaret » (*O.C.*, Pléiade, t. I, p. 413). On pourrait citer beaucoup d'autres textes où Jean-Jacques a insisté sur son exigence du « naturel » et de la liberté pour que fût satisfaite sa gourmandise. La gourmandise n'occupe pas encore une grande place dans ce roman centré sur l'amour (cf. cependant les développements sur le vin, *supra,* p. 81, n. 2 et p. 137, n. 1), mais elle sera bientôt au premier rang des plaisirs de Clarens (cf. IV, 10).

Cette note où s'exprime la fureur contre la « valetaille » a été ajoutée tardivement, à l'époque où Jean-Jacques, cédant à diverses tentations, avait accepté l'hospitalité des Montmorency et retrouvé la vilenie et l'insolence de Messieurs les laquais (cf. IV, 10; var. (*b*), p. 461). La note a été supprimée de l'éd. Rey, 1763.

P. 372.

(*a*). Br. : *l'amour consiste dans une...*

(*b*). « On ne s'épouse point... soins à remplir » : tout ce développement important est ajouté en marge dans Br.

(*c*). Note absente de Br. et C.L.

1. Note tardive qui souligne l'insertion, elle-même tardive, des développements religieux des dernières parties. Il faut avouer qu'elle est déconcertante. Le romancier s'y révèle très naïf... ou très fort ! (Cf. notes sur les lettres 12 et 15 de la IVe partie).

Deux explications sont possibles :

1° En écrivant cette lettre, Rousseau n'avait pas songé à centrer l'intérêt sur la divergence religieuse des époux. Ayant décidé de le faire plus tard, il a pensé, à juste titre, en se relisant, que ses lecteurs trouveraient surprenant le silence de Julie sur une question aussi grave. Il ne pouvait être question de recommencer cette lettre et d'y introduire une telle confidence. Cette déclaration de Julie « heureuse » eût été complètement déséquilibrée. Il s'est tiré de ce mauvais pas de son mieux; assez mal ! Selon sa méthode ordinaire, il a rejeté la responsabilité de sa maladresse sur ses personnages, ayant l'air de se détacher d'eux, de ne pas comprendre leurs illogismes, leurs incohérences.

2° L'autre explication, non exclusive de la première, consiste à voir ici un « truc » de romancier, habile à exciter notre curiosité, en se gardant bien de la satisfaire.

P. 373.

(*a*). « alors l'idole... se haïr époux » : autre développement important postérieur au premier jet de Br. qui continuait ainsi : ... *tôt ou tard, alors il est bien à craindre que l'ennui succède à la tendresse, que son déclin ne s'arrête pas à l'indifférence, mais au dégoût, qu'on ne se trouve enfin tout à fait rassasiés l'un de l'autre, et que, pour s'être trop aimés amans on n'en soit moins portés à s'aimer Epoux.*

(*b*). « S'il ne m'aimoit point... importun » : ajouté en marge dans Br.

(*c*). Note absente de Br., C.L. et Ms. Rey, surajoutée dans C.P., supprimée dans éd. Rey, 1763.

1. Très vraisemblablement, Julie est, une fois de plus, l'écho de Mme de Warens : « Elle avoit l'expérience du monde, et l'esprit de réflexion qui fait tirer parti de cette expérience. C'étoit le sujet favori de ses conversations, et c'étoit précisément, vû mes idées chimériques, la sorte d'instruction dont j'avois le plus grand besoin. Nous lisions ensemble la Bruyère; il lui plaisoit plus que la Rochefoucauld, livre triste et desolant, principalement dans la jeunesse où l'on n'aime pas voir l'homme comme il est » (*Confessions,* l. III, *O.C.*, Pléiade, t. I, pp. 111-112). Cf. var. (*a*), p. 373. L'ajout tardif de cette partie du texte est peut-être cette fois un reflet de l'expérience que Jean-Jacques venait de vivre près de Mme d'Houdetot. L' « idole » était détruite... Sur l'intérêt de ce passage, cf. *supra,* lettre 18, p. 363, n. 4 et p. 369, n. 1. La phrase : « On cherche avec étonnement l'objet qu'on aima » n'est-elle pas un véritable résumé de la fin d'*Un amour de Swann ?*

P. 374.

(*a*). Dans l'éd. Rey, 1763, Rousseau a ajouté cette note :

Nos situations diverses déterminent et changent malgré nous les affections de nos cœurs : nous serons vicieux et méchans tant que nous aurons intérêt à l'être et malheureusement les chaines dont nous sommes chargés multiplient cet intérêt autour de nous. L'effort de corriger le desordre de nos desirs est presque toujours vain, et très rarement il est vrai : ce qu'il faut changer c'est moins nos desirs que les situations qui les produisent. Si nous voulons devenir bons ôtons les rapports qui nous empêchent de l'être, il n'y a point d'autre moyen. Je ne voudrois pas pour tout au monde avoir droit à la succession d'autrui, surtout de persones qui devroient m'être chéres, car que sais-je quel horrible vœu l'indigence pourroit m'arracher ? Sur ce principe examinez bien la résolution de Julie et la déclaration qu'elle en fait à son ami. Pesez cette résolution dans toutes ses circonstances, et vous verrez comment un cœur droit en doute de lui-même sait s'ôter au besoin tout intérêt contraire au devoir. Dès ce moment Julie malgré l'amour qui lui reste met ses sens du parti de sa vertu ; elle se force, pour ainsi dire, d'aimer Wolmar comme son unique époux, comme le seul homme avec lequel elle habitera de sa vie ; elle change l'intérêt secret qu'elle avoit à sa perte en intérêt à le conserver. Ou je ne connois rien au cœur humain ou c'est à cette seule résolution si critiquée que tient le triomphe de la vertu dans tout le reste de la vie de Julie et l'attachement sincére et constant qu'elle a jusqu'à la fin pour son mari.

Cette note nous offre un bel exemple d'anticipation de la fiction sur la réalité. Elle fut ajoutée en effet en 1763 ; un an plus tard, le 31 mars 1764, Rousseau, appliquant le principe qu'il énonce ici, refusa l'offre que lui fit Milord Maréchal de le coucher sur son testament. Il était assez fier de cette attitude et il en a parlé dans les *Confessions* en termes qui paraissent empruntés à cette note du roman (cf. *O.C.*, Pléiade, t. I, p. 56). Rousseau tenait certainement beaucoup à cette note puisqu'il a pris soin de la recopier dans D.C. Postérieure de plus de deux ans à l'édition originale, elle nous renseigne sur les réactions tardives de l'auteur à l'égard de sa créature. Retenons l'affirmation très importante sur l'*amour qui lui reste*. Elle éclairera notre interprétation des deux grands épisodes de la promenade sur le lac et de la mort.

(*b*). Br. 1er jet : ... *Epoux et que je lui aurois certainement fait d'avance sans les allarmes d'un Père et le serment qui me fermoit la bouche. Il est...* Puis Rousseau a effacé ce texte qu'il devait reprendre plus loin en le développant.

(*c*). Rousseau avait d'abord écrit dans Br. : ... *m'arracher, et (je suis très sure qu'il ne lui tombera pas) (nous ne sommes capables ni moi) je ne suis pas plus capable d'user...* puis il a corrigé *capable* en *incapable* sans rien changer au reste du texte. Cette tournure rend plus forte encore la dénégation.

(*d*). Br. : « ... qu'on est *et c'est pourtant ce qu'on fait en ne l'avertissant pas des fautes qu'on a commises.* Je l'avois... »

P. 375.

1. Elle espérait évidemment que cet aveu, écartant Wolmar, la garderait libre pour Saint-Preux.

P. 376.

(*a*). Br. : *ce qui signifioit dans notre bouche et dans nos lettres.*

(*b*). « Mon ami... rebuté » : phrases absentes de Br., C.L. et C.P.

(*c*). « et si quelquefois... Indiens. » Br., C.L., C.P. ont un texte assez différent : *si elle manque quelquefois de force* (Br. : *fermeté*) *pour s'y tenir, c'est que vous ne le saisissez pas comme vous auriez pu faire.* Br. ajoute : *Je vous en conjure, cherchez attentivement en vous-même si vous n'y trouveriez point quelque secrette force que vous auriez négligée et qui serviroit* (...) *inébranlable, (de peur de faire comme ces) (n'imitons plus ces) Souvenez-vous de ces Indiens...*

(*d*). Br. : *règle.* Au lieu de « celle qui nous a si longtems égarés », Ms. Rey porte : *celle qui ne nous a menés qu'aux regrets et aux peines.*

1. Il faudrait, semble-t-il, ajouter un *assez* devant ces adjectifs; mais aucun état du texte ne le comporte. Nous ne connaissons pas d'autre exemple de la construction de la consécutive sans antécédent.

2. Un des mots clefs du roman. Cf. en particulier lettre 2, Ve partie.

Sur sa résonance religieuse, cf. p. 377 : « demander au Ciel (...) cette félicité pure » et *supra,* p. 86, n. 1,

3. D. Mornet (*N.H.*, t. III, p. 94, n. 3) signale que Rousseau a pu emprunter cet exemple soit à Diderot (*Lettre sur les Aveugles, Œuvres,* éd. Assézat, t. I, p. 308) soit à Locke (*Essai philosophique concernant l'entendement humain,* trad. Coste, Amsterdam, 1758, t. I, p. 367).

P. 377.

(*a*). Br. : *avec complaisance.*

(*b*). Les brouillons de cette lettre et de la suivante sont conservés à la Bibliothèque publique et universitaire de Genève. Pas de numérotation de folios, pas de numérotation de lettres, pas d'en-tête; le texte ne représente certainement pas un premier jet; il est pourtant surchargé de corrections et d'ajouts. Nous avons indiqué les plus importants.

(*c*) Br. ajoutait ici en marge : *Je n'ai point resolu de mourir : je veux savoir seulement si j'en ai le droit, car c'est un grand encouragement pour supporter ses peines que de pouvoir s'en délivrer quand on (voudra) veut.* Puis Rousseau a biffé ce texte.

1. PLUTARQUE, *Vie de Thémistocle.* Mornet signale (*N.H.*, t. III, p. 195) qu'Amyot et Mme Dacier traduisent l'un et l'autre : « mes enfants, nous étions perdus si nous n'eussions été perdus » et il en conclut que Rousseau cite « de mémoire ». Ce qui est certain, c'est que d'un texte plat, il a tiré un bel alexandrin cornélien !

2. Les deux amants ne s'écriront plus, en effet, jusqu'à la lettre 6 de la dernière partie, si proche de ce « dernier adieu que sera la mort ». D'où le début joyeux de la lettre 7 (VIe partie) : « Julie ! une lettre de vous ! » qui sonne l'annonce d'une résurrection.

3. Les deux lettres sur le suicide sont l'une des digressions les plus difficiles à défendre. Non qu'il soit étrange qu'un amant désespéré songe à s'anéantir, mais, quoi qu'en dise Rousseau dans sa note finale, il est peu vraisemblable qu'avant d'accomplir son acte, il en délibère aussi longuement et dans un tel « discours ». Comment admettre d'autre part qu'après avoir pleinement accepté « le sacrifice héroïque » imposé par sa maîtresse dans une lettre où dominait l'allégresse spirituelle, le même homme songe maintenant à la mort ? Cette dernière objection tombe il est vrai si l'on admet comme nous l'avons fait dans la *Chronologie du roman* qu'un temps assez long — deux ans environ — s'écoule entre le mariage de Julie et le départ d'Anson. On peut supposer que Saint-Preux pendant ces longs mois vides d'espérance et d'action a fait de sérieux efforts pour reprendre goût à la vie, et qu'il s'avoue enfin vaincu... (Cf. la lettre 1 de la Ve partie). D'emblée les contemporains ont reconnu à ces lettres une exceptionnelle valeur. Eymar en parle comme de celles « qui dans le temps ont fait le plus de bruit, et donné lieu aux jugements les plus opposés ». Il juge lui-même que celle de Saint-Preux contient « des raisonnements si solides et si péremptoires, qu'ils ne laissent rien à répliquer » et que « la réponse de Milord Édouard n'est pas moins forte et moins belle, quoique peut-être un peu trop montée sur le ton déclamatoire » (dans *Œuvres inédites de J.-J. Rousseau*, Paris, 1825, t. II, pp. 317-318). Un des signes du succès réside dans les imitations. Mornet (*N.H.*, t. III, p. 95 n. 3) en signale au moins deux en vers : l'*Épître à un ami sur le dégoût de la vie* (1771) de Léonard et la *Traduction en vers d'une Lettre de Jean-Jacques dans sa Nouvelle Héloïse, sur le Suicide*, par Voisenon (1781). Nous sommes aujourd'hui moins enthousiastes. Cette construction trop bien équilibrée, cette habileté déconcertante à soutenir le pour et le contre, cet étalage accablant d'érudition, et ces déclamations irritent plus qu'elles ne séduisent. Et pourtant, à de certains indices, nous devinons sous la croûte brillante du discours l'effort sincère, émouvant, d'une conscience déchirée pour concilier des tendances contradictoires; pour conjurer peut-être une tentation réelle. S'appuyant sur les *Mémoires* de Mme d'Épinay, où il est dit que, pendant la crise de 1757, Rousseau parlait de suicide, sur cette phrase de Milord Édouard : « Garde au moins ton ancienne franchise, et dis ouvertement à ton ami : j'ai perdu l'espoir de corrompre une honnête femme, me voila forcé d'être homme de bien; j'aime mieux mourir », et sur certaines lettres de Jean-Jacques à Sophie d'Houdetot, R. Osmont a écrit : « Le débat sur le suicide (...) n'est peut-être que la transposition d'un désespoir en quête de remède, prêt à accepter le dérivatif salutaire d'un effort de la pensée; les brusques vérités de Milord Édouard ne

seraient alors pour Rousseau qu'un moyen de secouer sa propre torpeur... » (*Annales J.-J. R.*, t. XXXIII, p. 120). Hypothèse ingénieuse, peut-être trop précise, car chez Jean-Jacques, les crises de dépression devaient se produire fréquemment, entraînant toujours — plus ou moins vive — la tentation de la mort volontaire. L'explication par le suicide de la mort assez mystérieuse de Rousseau est aujourd'hui écartée (cf. notamment Fabien GIRARDET, *la Mort de J.-J. Rousseau*, Lyon, 1909, et A. LACASSAGNE, *la Mort de J.-J. Rousseau*, Lyon, 1913). Mais, il est certain qu'en décembre 1761, au cours d'une grave crise de sa maladie de vessie, il envisagea calmement de se tuer, le jour où ses souffrances deviendraient intolérables (*C.C.*, t. IX, p. 344, 23 décembre 1761). Or, en annonçant cette décision à Moultou, il s'est précisément appuyé sur les « conseils de la vertu même » contenus dans cette lettre de Milord Édouard. Ne doutons-pas que la pensée et même la tentation du suicide n'aient accompagné depuis longtemps sa méditation. Preuve en est un passage de la *Lettre à Voltaire* de 1756. « Cela n'empêche pas que le Sage ne puisse quelquefois déloger volontairement sans murmure et sans désespoir, quand la nature ou la fortune lui portent bien distinctement l'ordre du départ. » (*O.C.*, Pléiade, t. IV, p. 1064). Cette lettre, celle à Moultou, un passage du premier brouillon de l'*Émile* : « Il en est du droit de mourir comme de la bisque des joueurs, l'occasion, le moment en fait l'avantage et presque toujours c'est en perdre tout le prix que de tarder à s'en prévaloir » (*ibid.*, p. 85), s'unissent pour ne laisser aucun doute sur l'attitude personnelle du « philosophe » en face du suicide. Il l'admet, à certaines conditions et dans certaines circonstances, comme un droit. Malgré le désir d'équilibre qui lui a dicté les deux lettres, celle de Saint-Preux est beaucoup plus persuasive et chaleureuse. Édouard fait des concessions, ne répond pas sur le fond des choses, invoque des arguments *ad hominem,* fait appel aux droits de l'amitié, etc. Il ne se bat assez solidement que sur le terrain qui sera celui du *Contrat social.* En revanche, il ne répond rien aux arguments d'ordre religieux. Or, ceux-ci ont certainement une importance privilégiée aux yeux de Rousseau, étant donné son opposition aux « philosophes ». « Les Philosophes », dit R. Mauzi dans une note de son ouvrage sur *l'Idée du bonheur au XVIIIe siècle,* « sont quelquefois tentés de défendre le suicide, simplement parce que la morale chrétienne le réprouve (...) Mais cette philosophie moderne qui s'ingénie à montrer aux hommes que l'univers conspire à leur bonheur (...) pouvait-elle justifier et déclarer « naturel » l'appétit de la mort ? (...) Aussi la condamnation du suicide prévaut-elle largement sur la tentation inverse. L'optimisme philosophique et la morale chrétienne se trouvent finalement d'accord : le bonheur terrestre et le bonheur éternel excluent l'un et l'autre la tentation de la mort volontaire » (*Ibid.*, p. 301). On mesure par ces quelques lignes (qui résument une immense littérature) le caractère paradoxal de la position de Rousseau : chez lui aussi le « moraliste chrétien » et le « philosophe » sont d'accord,... mais c'est pour autoriser et non condamner le suicide.

La raison ultime de cette attitude, nous la trouvons au plus profond d'une âme qui se cachait à elle-même ses secrets et ne les a livrés, peut-être, qu'à la faveur de la création romanesque : la justification du suicide exprime une positive *aspiration à la mort,* qui rejoint les plus nobles *désirs de l'âme :* solitude, silence, contemplation, détachement des biens du monde, paix du cœur, liberté spirituelle. « Qui me délivrera de ce corps de mort ! » s'écriait saint Paul. Et Rousseau reprend en écho : « J'aspire au moment où, délivré des entraves du corps... » (*Émile, O.C.*, Pléiade, t. IV, p. 604). Cf. encore le fragment des *Ébauches* des *Rêveries* cité dans *O.C.*, Pléiade, t. I, p. 1166. Julie, elle aussi, saluera la mort comme une libératrice (cf. VI, 8, VI, 12 et notes). Car la mort — et c'est peut-être l'essentiel — ne délivre pas seulement l'homme de ses misères physiques, de ses tentations, de ses contradictions, elle écarte à jamais l'oubli : « Tôt ou tard tu seras consolé... » dit Édouard. Exactement la parole qu'il ne fallait pas dire ! car c'est pour n'être pas consolé que Saint-Preux veut mourir. La mort — même volontaire, puisque l'Écriture ne l'interdit pas — est la porte ouverte sur l'éternité, où tout est à jamais *fixé !*

P. 378.

(*a*). Br. 1er jet ajoutait ici : *Je n'ai point la fureur insensée et brutale de ces hommes qui se font honneur de mourir en plaisantant et sans savoir ce qu'ils font. Je prends le ciel et vous à témoin que je me crois autorisé par la nature à disposer de moi, réfutez mes raisons et je garde la vie. Mais vous n'ignorez point qu'on n'oblige pas un homme à vivre par force.* Puis Rousseau a effacé la dernière phrase et il a inscrit en marge après « j'y consens » le développement : « Cherchons la vérité... discussion », qui, plus tard, a remplacé le premier, mais celui-ci n'a pas été effacé dans Br. Dans la première phrase de ce texte sacrifié Rousseau faisait probablement allusion au curieux livre de Boureau-Deslandes (signalé par R. Mauzi, *l'Idée du bonheur au XVIIIe siècle,* p. 301) : *Réflexions sur les grands hommes qui sont morts en plaisantant.*

(*b*). Le développement : *Vous devez le savoir... fondamentale* a été ajouté en marge dans Br. Il a remplacé celui-ci : *J'ai eu quelques occasions de méditer sur ce grave sujet : j'ai lu à peu près tout ce qu'on a écrit de mieux pour et contre et toujours avec un nouvel étonnement de voir comment on pouvoit embrouiller une question si simple.* Variante révélatrice ! La correction manifeste un effort (assez maladroit) pour nous faire croire que le héros est personnellement engagé dans cette discussion; le premier jet, l'intérêt personnel que Rousseau y attachait.

1. Cet ouvrage avait paru en 1736 sous le titre *Johannis Robeck Calmaria Suedi exercitatio philosophica de* Εὐλογῳ ἐξαγωγῃ, *sive morte*

voluntaria philosophorum et bonorum virorum etiam Judaeorum et Christianorum. Aussitôt après l'avoir achevé, son auteur s'était noyé (cf. *infra* la note de Rousseau). C'est très probablement par les *Mélanges philosophiques* de Formey (Leyde, 1754), qui furent sa principale source pour cette lettre, que Rousseau a d'abord connu ce livre. Mais le passage où il le cite a été ajouté tardivement sur Br. (cf. var. (*a*), p. 378), et la note finale où il l'invoque à l'appui de la vraisemblance de sa trop longue lettre a été inscrite plus tard encore, en marge de C.F. (donc après 1760). A cette date, Voltaire, depuis un an déjà, avait publié *Candide* (janvier 1759) où Rousseau avait cru voir une réponse à sa lettre d'août 1756. Voltaire y citait, lui aussi, Robeck. Il n'est pas impossible que ce soit par lui que l'attention de Rousseau ait été attirée sur le cas étrange de ce désespéré à l'étonnant sang-froid.

2. Rousseau se pose ici en philosophe qui « a lu tous les livres » (cf. var. (*b*), p. 378). Daniel Mornet est donc courageusement parti à la recherche des sources livresques de sa pensée. Il a consigné les conclusions de cette vaste enquête dans son Introduction (*N.H.*, t. I, pp. 103-104), et dans les nombreuses notes qui accompagnent les deux lettres (t. III, pp. 95-119). Parmi les sources très probables, il signale les *Essais,* la 76e *Lettre persane,* le livre VI de *Cleveland* — particulièrement important en effet, parce que Prévost, comme Rousseau, a voulu concilier le suicide avec la religion — les *Lettres Juives* du Marquis d'Argens, et les *Mœurs* de Toussaint. Mais il croit pouvoir affirmer qu'une seule est certaine : Formey, collaborateur de l'*Encyclopédie,* très répandu dans les milieux fréquentés par Rousseau, qui avait publié récemment au tome I de ses *Mélanges philosophiques* une *Dissertation sur le meurtre volontaire de soi-même* où il prenait position contre le suicide, et où il citait Robeck (cf. *supra,* note précédente). A ces références, R. Mauzi (*l'Idée du bonheur au XVIIIe siècle,* p. 300, n. 4) ajoute le nom de quelques auteurs célèbres, Diderot ou d'Holbach, mais les œuvres citées sont généralement postérieures au roman de Rousseau. Cette enquête conduit naturellement à l'affirmation que Rousseau n'a pas inventé grand-chose. Mais, nous l'avons dit, l'intérêt de ces lettres est moins dans les idées que dans l'inspiration qui en a dicté le choix, et dans l'accent personnel qui passe à travers elles.

P. 379.

(*a*). Br. : *(ta patrie) ton païs ;* Ms. Rey a encore *ton pays ;* finalement le « citoyen » de Genève a préféré : *ta ville !*

(*b*). « soit sur la terre » manque dans Br., C.L., et C.P. Cette expression assez obscure et peu nécessaire a été améliorée dans éd. Rey, 1763 : « soit dans un corps, soit dans un païs ».

(*c*). « rempli d'ailleurs de vérités sublimes » a été ajouté, en repentir, sur Br.

1. Dans le *Phédon* (62 b-c), Socrate montre que nous appartenons aux Dieux et que nous n'avons pas plus le droit de nous tuer qu'un

esclave dont la mort fait tort à son maître. Sur l'influence de Platon sur Rousseau, cf. *supra*, p. 223, n. 4.

P. 380.

(*a*). « Quant au Phédon... la terre » : paragraphe ajouté en marge dans Br.

1. L'histoire du suicide de Caton est l'une de celles auxquelles Rousseau a dû rêver très jeune, à travers les *Vies parallèles* ou les *Moralia* de Plutarque (Cf. *supra*, l'apostrophe enflammée : « et toi Grand et divin Caton... »). Le « romain » Rousseau a dit à plusieurs reprises son admiration pour ce grand homme; en particulier dans la *Dernière réponse de J.-J. Rousseau, de Genève* [*à Bordes*] et l'article « Économie politique » où il n'a pas hésité à dire : « Caton semble un dieu parmi des mortels. » (*O.C.*, Pléiade, t. III, p. 255).

P. 381.

(*a*). Br. ajoutait ici en marge ce texte effacé ensuite : *Pourquoi donc ne regarderions-nous pas l'assujettissement au corps comme un etat de maladie pour l'ame, et quel mal faisons nous d'en aller chercher un (plus sain) meilleur et plus sain.*

1. L'histoire est racontée par Cicéron dans les *Tusculanes*, II, 25.

2. Chacun sait dans quelles circonstances, ces personnages illustres de l'histoire romaine, Lucrèce, héroïne de la pudeur, Brutus, Cassius et Caton, héros de la liberté, se sont donné la mort; l'histoire d'Éponine, femme de Julius Sabinus, qui rejoignit son mari dans la cachette où il s'était réfugié, y resta avec lui pendant neuf ans, et demanda à être exécutée avec lui quand il fut saisi et condamné à mort par Vespasien (78 apr. J.-C.), est racontée à la fin du traité *De l'Amour*, de Plutarque. Celle d'Arrie, qui donna à son mari, condamné par Néron, l'exemple de la mort en lui disant : « Paetus, cela ne fait pas de mal », est rappelée par Pline le Jeune, (lettre 16 du livre III).

P. 382.

(*a*). « Force et grandeur... son ouvrage ». Toute cette diatribe contre les « écrivains modernes » ne faisait pas partie du premier jet du Br. Elle est née dans les marges par fragments successifs. Le premier départ fut : *Que nos petits Écrivains sont importans et fiers...* La dernière phrase : « la génération... son ouvrage » est encore absente. Il y a là un accent personnel qui suggère qu'une discussion sur ce sujet a réellement eu lieu entre Rousseau et ses « amis » les « Philosophes », peut-être précisément avec Formey ?

(*b*). Note tardive. Absente de C.L.

1. Sur ce personnage cf. AURENCHE, *J.-J. Rousseau chez M. de Mably*, pp. 108-112 et Pierre GROSCLAUDE, *J.-J. Rousseau à Lyon*,

pp. 39 sq. Depuis l'époque, déjà lointaine, où il l'avait connu à Lyon et assidûment fréquenté au point de lui dédier une *Épître,* Rousseau l'avait un peu négligé. Il en avait, sans doute, des remords (cf. *Confessions,* l. VII, *O.C.*, Pléiade, t. I, p. 281). Il fut heureux de saisir cette occasion de dire publiquement sa fidèle affection à cet ancien ami. Il était temps ! le « bon Parisot » mourut en 1762 (cf. var. (*b*), p. 382).

P. 383.

(*a*). « est-il permis... en gagner pour elle ». Tout ce développement a été ajouté en marge dans Br. Quelques différences avec le texte définitif. En particulier au lieu de « ceux dont il mangea les parens » Rousseau avait d'abord dit plus simplement : *ceux qu'il a fait fuir tant de fois.*

(*b*). « la conscience pour le vouloir » manque dans Br.

P. 384.

(*a*). Br. et C.L. : *de la Religion naturelle.* Variante de poids, car après avoir mûrement refléchi, Rousseau décide d'opposer non la religion *révélée* à la religion *naturelle,* mais la révélation bien comprise à la révélation mal comprise. Loin de s'opposer, à ses yeux, sur ce point précis, Religion naturelle et Écriture se rejoignent; l'une et l'autre autorisent le suicide. On s'étonne que les censeurs de Malesherbes aient laissé passer de telles affirmations.

(*b*). « dont Jésus-Christ... un mot ». Ces mots très importants sont absents de Br. et de C.L.

(*c*). « ou même une simple improbation » manque dans Br. et C.L.

(*d*). Le Ms. Rey et les éd. Rey, 1761 et 1763, ont un point et virgule entre les mots « injustice » et « les deux seules »; cette ponctuation, normale chez Rousseau, nous a semblé obscurcir le sens de la phrase; elle a entraîné du reste, dans une édition contrefaite de 1762, une modification absurde du texte (« *est* que la nature », au lieu de « *et* que la nature »); nous avons mis une virgule. (Cette édition contrefaite est celle que Mornet signale sous le nº 11, p. 188 de son *Introduction, N.H.*, t. I).

1. Sur l'importance accordée à la religion dans cette discussion, cf. *supra,* p. 377, n. 3 *in fine*. Les variantes de ce paragraphe révèlent elles aussi l'attention apportée par Jean-Jacques à soutenir cette partie de son apologie du suicide. Il est incontestable que la Bible offre, en dehors de celui de Samson, plusieurs cas de mort volontaire : Saül se transperce de son épée après sa défaite à Gilboé (*I Chroniques,* 10, v. 4); Éléazar se glisse sous le ventre de l'éléphant qui porte Antiochus Eupator et, dans l'intention de perdre celui-ci, se laisse lui-même écraser (*I Macchabées,* 6, v. 46); Razis est loué par l'Écriture de s'être donné une mort cruelle pour éviter d'indignes outrages (*II Macchabées,* 14, vv. 41-46). Au point de vue strictement

théologique, le principal argument qui condamne la pratique du suicide est le précepte divin : « Tu ne tueras pas » (*Exode,* 20, v. 13). Le précepte est formel et général; tu ne tueras personne, ni un autre, ni toi-même. Telle est l'exégèse de saint Augustin (*De civitate Dei,* l. I, chap. xx), dont saint Thomas apporte le texte dans le *Sed contra,* dit le *Dictionnaire de théologie catholique.* Rousseau proteste-t-il au nom de la religion réformée contre la position catholique ? Il serait excessif de le penser. Il est vrai que l'absence d'interdiction formelle de la Bible contre le suicide et surtout le goût du libre examen permettent aux protestants des prises de position plus nuancées, plus individuelles. M. le pasteur Marchand, président de l'Église réformée de Marseille, a bien voulu nous dire qu'à ses yeux la question du suicide ne se pose pas théologiquement, car seuls les malades pensent au suicide, et qu'aucun texte protestant ne saurait être invoqué contre le suicide. Rousseau ne poussera pas plus loin le débat. Milord Édouard, qui est probablement anglican, ne répondra pas. Peut-être Rousseau a-t-il voulu montrer que l'homme tenté par le suicide est un être qui appelle au secours. Une main tendue vers lui, il est sauvé.

2. « Samson invoqua Iahvé et il s'écria : « Seigneur Iahvé, je t'en prie, souviens-toi de moi, donne-moi des forces encore cette fois et que d'un seul coup, je me venge sur les Philistins » (...) Et Samson tâta les deux colonnes du milieu (...) et il s'arc-bouta contre elles (...) et il s'écria : « que je périsse avec les Philistins ! » Il poussa de toutes ses forces et l'édifice s'écroula sur les princes et sur tout le peuple qui se trouvait là... » (*Livre des Juges,* 16, vv. 28-30). Nul doute en effet que le Dieu de l'Ancien Testament n'ait donné son agrément à cette mort volontaire.

P. 385.

(*a*). Br. : *ce qu'il impose par nécessité ;* C.L. : *ce qu'on souffre par nécessité.*

(*b*). « et qu'en cela... les hommes » manque dans Br. et C.L.

(*c*). En face des dernières lignes de ce paragraphe, dans la marge de Br., on lit ces mots : *Vie donnée volontairement par le Christ.* Il semble que Rousseau ait poussé sa pensée jusqu'à cette limite extrême : faire du sacrifice de la Croix une autorisation du suicide !

(*d*). La note de Rousseau manque dans Br. et C.L. Inscrite en marge dans C.P. Curieuse note d'autocritique, à rapprocher de beaucoup d'autres, où Rousseau, tardivement, à demi sincère sans doute, prend ses distances à l'égard de ses personnages, tout en plaidant habilement pour la vraisemblance de leurs propos et de leurs actes.

P. 386.

(*a*). Les mots *un aveugle transport t'égare; sois plus discret* ont été ajoutés en marge dans Br.

1. Cette allusion aux difficultés morales dans lesquelles se trouve plongé le « vertueux Édouard » — elles ne trouveront leur solution que six ans plus tard dans les Ve et VIe parties — est peut-être l'indice de la composition tardive de ces deux lettres, postérieure à la décision d'écrire un roman en six parties; l'hypothèse de R. Osmont trouverait là une confirmation sérieuse (cf. *supra,* p. 377, n. 3).

2. C'est exactement la tentation de cette mort merveilleuse qui envahira l'âme de Saint-Preux à la fin de la promenade sur le lac (cf. *infra,* p. 520, n. 3). C'est aussi le dénouement que, semble-t-il, le romancier avait songé primitivement à donner à son roman. Comment ne pas évoquer ici le poème célèbre où Baudelaire, cent ans plus tard, chantera la « volupté » de la « mort des amants » ?

3. Le sens de la phrase est équivoque. On peut l'interpréter comme une allusion à l'épidémie de suicides qui sévissait en Angleterre, pays du spleen, et que de nombreux auteurs avaient mentionnée avant Rousseau, en particulier Muralt (*Lettres sur les Anglois,* 1725, p. 92); Voltaire, *Du suicide, ou de l'homicide de soi-même,* 1729, repris dans les *Questions sur l'Encyclopédie ;* Formey (*Mélanges philosophiques,* pp. 220-229) et Rousseau lui-même à la fin de la lettre précédente. On y peut voir au contraire une louange accordée à un peuple où les individus ont autant de force pour supporter de vivre que pour affronter la mort. Le dernier sens (à cause du *car*) paraît être le meilleur.

P. 387.

(*a*). *dans la plus importante affaire de ma vie* est en marge dans Br. Rousseau avait remplacé *m'éclairer* par *m'aider à bien choisir,* puis il est revenu à sa première formule.

(*b*). *Une douleur... impitoyable :* ajouté en marge dans Br.

(*c*). En marge de Br, la phrase est moins développée : *et je t'aimois comme un moyen de plus pour moi de cultiver la sagesse.*

P. 388.

(*a*). Br. porte : « d'être *vertueux ;* j'aime... »

(*b*). En marge dans Br., une phrase non biffée, mais inutilisée par Rousseau dans son texte définitif : *La raison permet-elle de juger par un sentiment passager et trompeur des choses de cette importance.*

P. 389.

(*a*). Dans Br. la phrase continue : *et puisque tu as accepté la voye du raisonnement, permets que je m'en serve à mon tour.*

1. C'est sur ce texte que Rousseau s'appuiera dans sa lettre à Moultou du 23 décembre 1761 (cf. *supra,* p. 377, n. 3).

P. 390.

(*a*). « Quoiqu'il en soit... insupportables » : ajouté en marge dans Br.

(*b*) Ici Br. comportait un développement que Rousseau a ensuite supprimé : *Je laisse à part les (moyens) ressources qu'on (peut tirer) trouve dans l'exercice de la force (de l'ame) et de la raison pour soulager nos maux et raccourcir leur durée. Si la philosophie manque de moyens pour anéantir l'intervalle, elle en a du moins pour raprocher le terme, et j'admire par quel travers d'esprit on peut tirer du pouvoir qu'a le sage de surmonter les affections terrestres la necessité de quiter le corps qui les donne pour nous laisser le mérite de les vaincre.*

(*c*). « son prix dépend de son emploi » manque dans Br. et C.L.

(*d*). Br. : *pas homme, et ce n'est pourtant qu'en qualité d'homme que tu dois compte de ton séjour sur la terre.* Texte conservé avec de légères variantes dans C.L. et C.P.

(*e*). La note si importante manquait dans Br. et C.L. Elle a été inscrite dans C.P.

1. Sur l'importance de cette partie du début, cf. *supra*, p. 377, n. 3. Nous voici à nouveau au centre spirituel du roman. Cette fois, c'est dans la note (ajoutée lors de la dernière révision) que Rousseau a formulé sa pensée la plus authentique. Il n'a pas voulu laisser le dernier mot à cet apologiste de l'oubli, ni surtout laisser croire qu'il pût l'approuver. On notera le raffinement de l'expression de Milord Édouard qui rappelle le sonnet fameux du *Misanthrope :* « Belle Phillis on désespère... » tout en disant le contraire. Mais on pense surtout en lisant ces lignes aux longues analyses de Proust dans *la Fugitive* sur *le chagrin et l'oubli* (cf. *supra*, p. 70, n. 2 et p. 225, n. 1).

P. 391.

(*a*). « et si elle te survit... la vie » est ajouté en marge dans Br.

(*b*). Br. 1er jet : *barbare amant.* Rousseau a esquissé un autre développement en marge dans Br : *tu (veux te tuer) es désespéré pour les peines que tu souffres et tu ne veux pas vivre pour sauver...*

(*c*). « parce qu'il... son païs » : ces mots absents de C.L. se trouvaient déjà dans Br.

(*d*). Br. : *mourir injustement,* mais en marge on lit : *sortir de la prison de la vie.* Curieux cas d'entraînement par le jeu de la rhétorique vers une expression contraire à la pensée.

(*e*). « di-moi Brutus mourut-il... sa maitresse » est ajouté en marge dans Br.

(*f*). La note manque dans Br.

1. Sur le caractère « romain » de Rousseau, cf. le livre d'Alb. Schinz, *la Pensée de J.-J. Rousseau,* Paris, 1929.

P. 393.

(*a*). Après ce mot Br. ajoutait : *et puisque je n'étois pas digne de te consoler, tu n'étois pas digne de vivre.* Texte conservé avec de légères variantes dans C.L., C. P. et Ms. Rey.

(*b*). Br. : non numérotée, sans indication de destinataire ni d'expéditeur.

(*c*). Br. : *le ton.*

(*d*). Br. : *depuis quinze jours.* C'est encore le texte du Ms. Rey. Cf. pour cette correction la note, tardive, de la lettre 25.

(*e*). Br. 1er jet : *l'ennui de nos courtisans.*

1. Cf. *supra,* note de Rousseau, p. 395 et var. (*e*).

P. 394.

(*a*). Br. : non numérotée, ajoutée à la précédente comme un simple *P. S.*

1. « On appelle *Coureur,* un domestique qui court à pied et dont on se sert pour faire des messages avec grande diligence. » (*Dict. Acad.*, 1762).

2. Emploi classique, mais à valeur noble. Vocabulaire de la tragédie : « Ce traître trop heureux ordonne de vous-même », dit Corneille dans *Othon* (V, 2).

P. 395.

(*a*). Non numérotée, cette lettre appartient à un état très primitif. Écrite hâtivement; la plupart des mots sont abrégés, par exemple : *vaux de gre* pour *vaisseaux de guerre.*

(*b*). Après ce mot dans Br. 1er jet Rousseau avait d'abord écrit : *Comme il y aura quelques expéditions de terre sur les côtes occidentales de l'Amérique espagnole.*

(*c*). Br. 1er jet ajoutait : *mais toujours volontaire et sans appointement.* Toujours ce désir de faire du héros quelqu'un qui ne se fait pas payer (cf. p. 31, n. 2; p. 66, n. 2; p. 85, n. 1; p. 150, n. 1).

(*d*). Br. 1er jet : *le ciel.*

(*e*). La note manque dans Br. et C.L. Donc, ajout tardif. Rousseau a dû penser d'abord que Kensington était distant de Londres comme Versailles de Paris; mieux renseigné, au dernier moment, il s'est tiré de ce mauvais pas avec humour. Il y gagnait du moins d'accréditer chez le lecteur naïf l'idée qu'il n'était pas l'auteur des lettres !

1. Sur le *Voyage de l'amiral Anson* par Richard Walter, dont une traduction parut à Paris en 1750, cf. la lettre 3 de la IVe partie et les notes.

P. 396.

(*a*). Manque dans Br.

(*b*). Br. et Ms. Rey : *l'être... O souvenirs ! regrets ! ciel inexorable !*

1. La IIIe partie s'achève par un morceau de musique pure. Ce poème en prose — qui annonce *Brise marine* et *le Voyage* — est un chant mélancolique, mais non désespéré. Il vibre d'une secrète

allégresse. Il se relie musicalement et stylistiquement au chant du retour (IV, 3) dont il est séparé par six années mais quelques pages seulement de « partition ». Comme lui, il fait appel à la fois aux enchantements du rythme et aux raffinements de la rhétorique précieuse. « Le plus grand péril est au fond de mon cœur », dit l'amant qui s'en va et l'amant qui revient : « Mais ce que je n'ai point vu... ».

Cette lettre n'a pas seulement une valeur esthétique. Elle précise subtilement l'état d'âme de Saint-Preux au moment où s'achève la première partie de sa vie. Il « veut vivre et guérir ». Mais — Édouard l'a remarqué — c'est seulement pour « complaire à ses amis ». Édouard voudrait obtenir de lui davantage, le « rendre à lui-même » et pour cela le faire « sortir de lui »; lui faire « trouver le repos » dans l' « agitation d'une vie active ». C'est la technique même du « divertissement ». Saint-Preux refuse avec horreur une telle thérapeutique. Sortir de soi est-ce être rendu à soi ? Son amour est, à ses yeux, le contraire d'une aliénation. Par une sorte d'obéissance passive, il déclare qu'il va « trouver un lieu » pour « reposer (son) cœur ». Mais aussitôt : « Insensé que je suis ! » Un tel lieu ne peut, ne doit pas exister. La dernière phrase n'est qu'un vœu dont celui qui le formule espère de toutes ses forces qu'il ne sera pas exaucé.

2. Indication précieuse. L'amour-passion y apparaît comme maudit, condamné par le « Ciel inexorable ». C'est le thème qu'exploitera Balzac dans les *Mémoires de deux jeunes mariées*. Sur les regrets de Julie face à la stérilité de leur amour, cf. *supra,* I, 65 et surtout III, 18, pp. 344-345. On notera la résonance baudelairienne du dernier membre de phrase : « ô ma mere... » Peut-on ajouter cette « source » à celles déjà fort nombreuses qui ont été proposées pour *Bénédiction ?*

Peut-être les deux écrivains s'alimentent-ils à une source commune : la Bible.

QUATRIÈME PARTIE

P. 398.

(*a*). Dans Br., texte très travaillé, sans numérotation. Tardivement Rousseau a inscrit en marge : *1-4 Julie à Mme d'Orbe.*

(*b*). Dans Br. 1er jet, le départ était : « Que faisons-nous... » Le premier paragraphe : « Que tu tardes... » était ajouté en marge.

1. Cette partie est celle dont Rousseau était le plus fier : « Il faut, à travers tant de préjugés et de passions factices savoir bien analyser le cœur humain pour y démêler les vrais sentimens de la nature. Il faut une délicatesse de tact qui ne s'acquiert que dans l'éducation du grand monde, pour sentir, si j'ose ainsi dire, les finesses de cœur

dont cet ouvrage eſt rempli. Je mets sans crainte sa quatrième partie à côté de *la Princesse de Clèves*... » (*Confessions,* l. XI, *O.C.*, Pléiade, t. I, p. 546). Il faut d'abord admirer l'harmonieuse composition de l'ensemble. Trois grands « moments » dramatiques : 1° Le retour de Saint-Preux (lettre 6); 2° La « profanation du bosquet », (lettre 12). 3° La promenade sur le lac (lettre 17). Le premier épisode eſt précédé d'une ouverture (lettres 1 à 5) où, successivement, trois des protagoniſtes, dans un « air » parfaitement adapté au caractère de chacun, exposent l'état de leur âme. Chant de Julie, *adagio,* mélancolique et tendre; chant de Claire, *allegretto,* plus vif, plus proche de l'analyse que du chant; grand air de Saint-Preux, *allegro vivace* de la joie du retour qui répond à l'*allegro* exalté mais douloureux du départ dans la lettre 26 (IIIe partie). Les deux premières lettres nous plongent dans le monde du bonheur sans goût où rien n'arrive. La troisième, brusquement, fait renaître la vie. Tout peut recommencer. Suit l'invitation à Saint-Preux d'un séjour à Clarens. Pas d'explications : deux lettres brèves (4 et 5) où se font entendre, unies et diſtinctes, les voix de Julie et de Wolmar, puis celle de Claire.

Cette ouverture eſt longue, et doit l'être. « Six ans après », tel pourrait être le titre de toute la seconde moitié du roman. L'abîme creusé par le temps entre les cœurs, le romancier ne saurait trop nous en faire mesurer la profondeur au seuil d'une partie de son œuvre qui sera une méditation sur le souvenir, et ses rapports avec le bonheur. Ajoutons qu'il pose des jalons pour l'avenir. Une large part de la lettre de Claire trouve ainsi sa juſtification. Au reſte, il sait faire des sacrifices : le récit d'un voyage de plusieurs années autour du monde, qui se résume en une seule période, eſt une assez étonnante performance.

Le « retour » eſt d'abord évoqué par Saint-Preux lui-même, sous la forme d'un récit ſtrictement chronologique où le narrateur ne peut se placer qu'à son point de vue personnel. Puis, dans une lettre à Claire, Julie nous fait connaître ses réactions. Le romancier se garde de se répéter ! Julie se place à une plus grande diſtance de la scène; elle pénètre plus avant dans l'analyse; enfin, sa lettre nous fait connaître la vue prise par son époux sur l'événement, le jugement porté par celui-ci sur Saint-Preux, sa propre attitude à l'égard de Wolmar. Ainsi apparaît, dans une demi-lumière, un personnage maintenu jusque-là dans la pénombre et qui va bientôt recevoir les pleins feux des projecteurs. *Monsieur de Wolmar,* ce pourrait être le titre de la IVe partie tout entière. Sa personnalité va dominer les autres. Cette série s'achève par deux lettres de Claire. La première, exégèse impeccable de celle de Julie, nous fournit une quatrième vue de l'événement, celle d'un directeur de conscience sensible et perspicace (lettre 8). La seconde nous donne du nouveau Saint-Preux une autre image encore. Cette multiplicité de prises de vues sur les protagoniſtes fait de cet ensemble un des fragments les plus riches du roman.

Après cet échange assez vif, la lettre 10, par un contraste saisissant, affirmé dès les premières mesures au rythme d'*andante,* nous introduit dans le monde de la *durée*. Longue, chargée d'une matière inutile à la marche du roman, elle est parfaitement défendable du point de vue esthétique. La longueur même du texte, la lenteur du *tempo* nous font sentir ce calme, ce repos — cet ennui peut-être — qui font le bonheur de Clarens. Il en va de même pour la lettre suivante qui décrit l'Élysée. Rousseau a formellement affirmé qu'elle fut écrite avant la fin du printemps 1757. On l'admet sans peine. Sans doute s'y est-il, pour notre goût, trop abandonné au plaisir de développer sur l'art des jardins et le sentiment de la nature des théories qui lui étaient chères; ces pages sont néanmoins essentielles au roman d'amour. L'Élysée est le symbole de la purification intérieure de Julie, le lieu d'élection de cette *vita nuova* où elle chemine depuis six ans. Plus encore que la précédente, cette lettre nous fait savourer, entre deux moments d'agitation dramatique, une sorte de halte dans l'Éden. L'extase, la contemplation, sont enfin accessibles et pleinement goûtées.

A la fin de cette lettre pourtant, le drame reparaît, lorsque Saint-Preux, le lendemain, parti à la recherche de la Julie d'autrefois, ne la retrouve plus. Aussitôt, le rythme change et dans la lettre 12 où se dresse enfin, dans toute sa stature, M. de Wolmar, nous vivons la scène la plus originale et la plus audacieuse de toute l'œuvre : la « profanation » du bosquet. Comme il l'avait fait pour la journée du retour, le romancier nous propose de ce moment intense et rapide de longs commentaires. Mais il varie sa formule. D'une part, il ne donne pas la parole aux mêmes personnages. Si Wolmar parle longuement, Saint-Preux, au contraire, est à peu près muet : son désarroi au début de la lettre 15 demeure énigmatique. D'autre part, ces commentaires portent à la fois sur le passé immédiat (la profanation) et sur l'avenir (le départ de Wolmar). Julie laisse entrevoir les tempêtes qui, sous un calme apparent, agitent son cœur. Claire l'aide à y voir clair, la rassure; mais les conseils qu'elle lui donne révèlent assez qu'elle aussi est inquiète. Surtout, Wolmar s'explique ! Devant les amants d'abord qu'il subjugue grâce à ce « don surnaturel » que découvre en lui sa femme, puis dans l'extraordinaire lettre 14 où ce « philosophe » expose à Claire la « théorie » de son action. Lettre nullement ennuyeuse où il apparaît en mari intelligent qui, placé dans une situation difficile, joue, et sait qu'il joue, le jeu le plus périlleux. Gagnera-t-il la partie ? Nous en sommes moins sûrs que lui. Ainsi, ces lettres 13 et 14, bien qu'elles nous fassent revenir au *tempo* de l'analyse, nous maintiennent dans un climat d'inquiétude, et même d'angoisse. L'épisode s'achève par un curieux effet de « suspense » : le bref billet de Mme de Wolmar à son mari, écrit après l'événement, mais sans nous dire ce qu'il fut. Nous pénétrons ainsi, le cœur battant, dans le récit de la promenade sur le lac, troisième mouvement dramatique et, en même temps, « finale » de cette IVe partie. Ce grand morceau, d'une composition aussi forte que subtile, après avoir débuté dans le calme, s'élève peu à peu jusqu'aux sommets de l'agitation la plus intense, où les tempêtes du cœur sont accompagnées par celles de la nature, pour s'achever, dans la paix retrouvée, par une ample méditation nocturne, que viennent clore, très simplement, quelques arpèges nobles et mélancoliques.

2. Julie continue à proclamer son bonheur. Elle en précise les données : « parfaite union »; « mari si sage et si bon »; « maison où règnent l'ordre et la paix »; « enfans aimables et qui promettent »; « mon honneur conservé, ma raison recouvrée »... Et pourtant ! Sa lettre est un chant mélancolique sur le Temps. Trois thèmes principaux : *a*) le temps qui passe : les années heureuses qui fuient; *b*) le temps qui dure : l'ennui de vivre; *c*) le temps qui use : le vieillissement du cœur, la mort anticipée. Cela suffirait à nous faire deviner que Julie est moins « heureuse » qu'elle ne le dit; mais il y a d'autres signes. En particulier la faible satisfaction que lui apporte l'amour maternel, et le silence de son mari. Julie ne peut vivre vraiment que de la vie du cœur et ne l'a pas. Il y a plus grave : elle n'est pas guérie. Certes, ici encore, elle affirme vrai ce qu'elle désire : « L'amour est éteint, il l'est pour jamais... » Mais la lettre s'achève par une inquiétante confession. Dans le cœur de cette épouse fidèle, six ans après la séparation, l'amour est intact ! Perpétué par le *souvenir,* qu'elle nourrit avec un peu de scrupule, mais avec beaucoup de délectation, lorsque, dans la solitude, elle retrouve la « pauvre Julie ». « Ce n'est point le présent que je crains; c'est le passé qui me tourmente. » Elle trouve pour décrire ses coupables délices des formules aussi précises que musicales : « On s'attendrit par réminiscence; on a honte de se sentir pleurer, et l'on n'en pleure que davantage. » Bien entendu, elle tente de se leurrer : « Ces larmes sont de pitié, de regret, de repentir; l'amour n'y a plus de part. » Ou encore, elle essaie d'imaginer Saint-Preux en péril pour avoir le droit de chanter son éloge en une harmonieuse romance : « Ah ma chere ! Quelle ame c'étoit que la sienne !... comme il savoit aimer ! » Finalement elle lâche l'aveu grave : « ton amie a besoin de tes soins; et puisque je ne puis oublier cet infortuné, j'aime mieux en causer avec toi que d'y penser toute seule ». Que va-t-elle faire le jour où Saint-Preux sera de nouveau là, vivant, devant elle ?

3. Olivier Reverdin a publié dans les *Annales J.-J. R.*, t. XXX, pp. 143-148, les réactions inscrites par Napoléon en marge de quelques lettres d'un exemplaire de la IVe partie du roman (édition de 1806). Le lecteur etait de qualité. Il propose surtout des suppressions : le nerveux auteur des *Bulletins* de la Grande Armée supporte mal la prolixité musicale du rêveur de l'Ermitage. Du moins le lit-il avec une attention dont on souhaiterait pour Rousseau que les chefs d'État et les conducteurs d'armées modernes soient encore capables. Ici, Napoléon a biffé depuis « laissons perdre » jusqu'à « se multiplient » et inscrit en marge ce simple mot : « perdons » .

P. 399.

1. La pensée exprimée par Julie s'harmonise bien avec la mélancolie du solitaire de l'Ermitage. Certaines expressions pourtant, telle que « n'aimant enfin que soi-même », annoncent le Rousseau des *Lettres à Malesherbes,* et même celui des *Dialogues* ou des *Rêveries.* Toute la fin de ce paragraphe, à partir de : « A mesure qu'on avance... en âge... » a été biffée par Napoléon. En face, il a écrit : « phrase fausse ». Nous aimerions savoir — mais nous l'ignorons — l'âge qu'il avait lorsqu'il a porté cette condamnation sévère.

P. 400.

(*a*). « Mon cœur n'ose... état affreux » : ajouté dans Br., moins le développement : « Il eſt bien dur... pas ainsi », qui a été ajouté dans C.P. tardivement, car il eſt absent du Ms. Rey.

1. Première apparition dans le roman du thème de la paternité (cf. cependant II, 6, p. 208). Thème mineur, sans doute, mais trop important pour que le lecteur ne se pose pas, à son sujet, la queſtion des rapports de l'œuvre et de la vie. A l'heure où il écrit cette lettre et celles qui vont suivre, Rousseau qui, depuis longtemps, songe à l'*Émile,* et qui a déjà conçu le projet de se « confesser », médite sur cette forme essentielle de faute et d'échec qu'a été, dans sa vie, l'abandon de ses enfants. Il ne va pas tarder à tout avouer à Mme de Luxembourg. D'autres savent déjà, Diderot en particulier. Mais le romancier reſte fidèle à son dessein initial : *La Nouvelle Héloïse* eſt le roman du bonheur. Dans le monde idéal qu'il va créer trouveront nécessairement place des enfants et des parents heureux les uns par les autres.

Dans ce paragraphe, Napoléon a supprimé : 1° « Voilà ce qu'il me semble... encore »; 2° « et tant d'affections... attachemens nouveaux »; 3° « il ne me reſte que des pleurs... la nature ».

P. 401.

(*a*). « Après six ans... et de son ami » : ajouté en marge dans Br. Dans le premier jet, Rousseau a écrit *six* ans; C.P. corrige en *cinq,* puis Rousseau eſt revenu à *six*. Cf. *Chronologie du roman.*

1. Il eſt étrange que Julie, dans cette lettre où elle avoue le trouble que fait naître en elle le secret conservé sur ses « fautes », ne fasse aucune allusion au drame spirituel qui la sépare de son mari. La première allusion sera faite par Saint-Preux à la fin de la IVe partie dans la lettre 15, et, visiblement, ce sera une amorce jetée au lecteur pour les dernières parties. On peut donc admettre, de façon à peu près certaine, que l'idée d'une opposition explicite dans un drame intime entre l'athée raisonnable et la dévote charmante fut une invention tardive du romancier (cf. Introduction, p. XXXIX-XL).

2. Sur le problème de l'aveu et l'influence de Mme de La Fayette,

cf. *supra,* p. 367, n. 2. L'allusion à la « colère » et à la « violence » nous porte à croire que le romancier, au moins autant qu'à *la Princesse de Clèves,* pensait à *la Comtesse de Tende.* Tous ces développements sur l'horreur du mensonge, sont, en fait, très neufs; ils se rattachent chez Rousseau à une exigence personnelle. Cf. *Confessions,* l. XI, à propos de ses confidences à Mme de Luxembourg : « j'avois commencé par soulager mon cœur auprès d'elle de l'aveu de toutes mes fautes, ayant pour maxime inviolable avec mes amis de me montrer à leurs yeux exactement tel que je suis, ni meilleur ni pire... » (*O.C.*, Pléiade, t. I, p. 557).

P. 402.

1. Impitoyable, Napoléon supprime ce paragraphe tout entier.

2. Napoléon biffe les quatre derniers mots. Pouvait-il savoir que Jean-Jacques avait terminé la dernière de ses *Lettres morales* par une invitation à la solitude ainsi formulée : « Ce seroit si vous voulez une visitte à faire, vous irez voir Sophie » (*O.C.*, Pléiade, t. IV, p. 1114, var. *(e)*).

3. Sur l'importance de ce développement, cf. p. 398, n. 1 et n. 2 et surtout les explications de Wolmar à Claire dans la lettre 14.

P. 403.

(*a*). C'est en marge de ce passage que Rousseau a inscrit dans Br. les deux vers de Pétrarque qu'il a utilisés à la fin de la lettre 2 (p. 411).

(*b*). « Il aura présenté... vertu » : cette phrase qui rend un son tellement semblable à celui du début des *Confessions* a été ajoutée en marge dans Br.

1. Cf. la *Chronologie du roman.* « Après six ans d'une parfaite union », a dit Julie plus haut. Il faut donc supposer un délai de deux ans entre son mariage et le départ de Saint-Preux. En fait, la précipitation des dernières lettres de la IIIe partie ne laissait pas supposer une durée aussi longue. Mais Rousseau a évidemment voulu établir entre le mariage et le retour un espace aussi grand que possible. Cf. l'erreur significative d'une lettre de Saint-Preux (V, 5, p. 593) : « depuis près de *huit* ans qu'ils sont unis... » et la variante de la Copie personnelle plus révélatrice encore : depuis *huit ans entiers.* Mais le voyage d'Anson ne lui donnait que quatre ans (août 1740-juin 1744). Il a d'ailleurs hésité sur cette durée de six ans, et songé un instant à la ramener à *cinq* (cf. var. (*a*), p. 401). Peut-être cette incohérence sur la chronologie est-elle volontaire; raffinement d'artiste qui veut donner au lecteur le sentiment de la durée.

2. Sur ce cri d'orgueil des amants qui se considèrent comme uniques, cf. *supra,* p. 165, n. 5. Nul doute que ce sentiment soit celui de Jean-Jacques. « Combien de fois m'as-tu dit (...) : *non jamais homme n'aima comme vous !* » écrira-t-il à Mme d'Houdetot, (15 octobre 1757). (*C.C.*, t. IV, p. 274).

P. 404.

(*a*). Br. révèle pour ce passage les hésitations de Rousseau, entre deux mouvements aboutissant à deux verbes principaux : *Arrange-toi là-dessus. (mon cœur, mon devoir, ma raison, tout le veut) Puisque je le puis, je le dois. (mon cœur, mon devoir, ma raison, tout le veut.) Mon cœur, mon devoir, mon honneur (recouvré) conservé, ma raison recouvrée, mon état, mon mari, mes enfants, moi-même, je te dois tout...*

1. Encore toute une phrase (depuis « Ignores-tu ») jugée inutile par Napoléon.

P. 405.

(*a*). Br. : *et, (après tant d'agitation et de troubles), nous attendrons doucement (la mort) la paix éternelle dans le sein (de la paix) de l'innocence et de l'amitié.*

(*b*). Br. : sans numérotation. En marge (inscription tardive) : *de Madame d'Orbe à Julie*. Texte évidemment primitif — très élaboré.

(*c*). Br. et C.P. ont un début très différent. Voici, avec les tâtonnements du premier jet, celui de Br. : *Mon Dieu, cousine, que ta lettre m'a donné de plaisir ; (il est vrai qu'elle m'a fait plaisir, mais par ma foi elle me le payera car je prétends que la mienne (me) te fasse rire) Pour le coup, je te tiens, ma mignonne, et j'aurai la satisfaction de te prouver une fois en ma vie que tu n'y entends rien, que tu n'as point d'esprit, que tu ne fais que rabâcher, qu'il n'y a de conceptions sublimes que les miennes... et que je suis comme Aristote le génie par excellence. Ah, ah, belle Julie ! il ne sera donc jamais question que de vous. On entendra sans cesse à Lausanne, à Morge, à Vevai, votre nom, vos vertus, vos louanges ; Madame de Wolmar sera (l'héroïne) l'adoration de tout le païs (de Vaud) et cette pauvre Claire n'aura jamais que quelques petites génuflexions en passant et comme par charité. Nous verrons belle Madame, nous verrons ton chef-d'œuvre au moins si c'en est un de faire pleurer. Il est vrai que ta lettre est venue me faire pleurer dans un moment où je n'étois déjà pas trop gaye, mais par ma foi je prétends que la mienne te fasse rire en dépit de toi-même, il vaut mieux rire que pleurer et ce sera le commencement de mes triomphes.*

(*d*). « et selon ta juste et charmante remarque... de l'amitié » ajouté en marge dans Br.

1. Le romancier s'interdit de réduire Claire au rôle de « confidente ». Il lui donne une personnalité affirmée. En face de Julie mariée, heureuse parce que mariée, elle se pose en précurseur du féminisme le plus hardi. Elle proclame le bonheur de la femme indépendante : jeune veuve, séduisante, spirituelle, gaie, non asservie aux exigences des sens, pleinement maîtresse d'elle-même, dominant les hommes par son charme, refusant avec horreur l'idée d'un nouveau mariage. Le romancier reste fidèle à son premier dessein qui faisait de Claire un être qui ne vit que par l'amitié (Sur le thème

de l'amitié, cf. *supra,* p. 115, n. 2, p. 150, n. 1, p. 179, n. 2, p. 278, n. 2 et p. 304, n. 3). Peut-être veut-il aussi, en insistant sur ce caractère « exceptionnel » de Claire, rendre plus éclatante la victoire finale sur elle de l'amour ? D'autre part, cette lettre introduit un thème, jusque-là seulement esquissé, mais qui va désormais occuper une place de premier plan : celui du « règne » de Julie (cf. *supra,* V, 7, lettre sur les vendanges).

2. Notons l'adjectif, auquel nous pouvons aujourd'hui donner le sens familier de « vieil ami » qu'il n'avait peut-être pas dans l'esprit de Claire. Sur le culte de Rousseau pour Plutarque, cf. *supra,* p. 60, n. 2, p. 155, n. 1. L'anecdote se trouve dans les *Préceptes d'administration publique*. Mornet (*N.H.*, t. III, p. 133) a fait remarquer que le sens de l'anecdote a été faussé par Rousseau, car Plutarque voulait, au contraire, prouver l'importance de la parole. Comme Montaigne avait déjà fait le même contresens (*Essais,* I, 26, Bordeaux, 1906, t. I, p. 220) il pense que c'est chez lui que Rousseau a puisé cette histoire.

3. Tout ce développement sentimental (depuis « A peine... ») a été réduit par l'Empereur à ces quelques mots : « A peine eus-je perdu mon mari, je résolus... » Évidemment !...

P. 406.

(*a*). « supposant tous les rapports convenables » manque dans Br.

(*b*). « C'étoit là... la guerre » : ajouté en marge dans Br.

P. 407.

(*a*). Br. : *six ans*. En corrigeant *six* en *cinq* Rousseau a marqué le décalage de temps entre le veuvage de Claire et le moment où est écrite cette lettre.

(*b*). Br. : *que je soupirois secrètement après de secondes noces...*

(*c*). « Car vois-tu.., adorée » est ajouté en marge dans Br.

(*d*). « Je me suis mise... inclination » est ajouté en marge dans Br.

(*e*). Br. : *folle.*

(*f*). « Cependant... point » est ajouté en marge dans Br.

(*g*). « Quoique mon père... délivrer » manque dans Br.

(*h*). « et détruisit... la Chaillot » manque dans Br. Faut-il tirer de cette absence l'hypothèse d'une invention tardive du personnage de la Chaillot ?

P. 408.

(*a*). « Je ne veux pas... de moi » est ajouté en marge dans Br. Jalon pour la suite du roman et l'échange final de lettres autour du projet de mariage entre Claire et Saint-Preux ?

1. Sur les raisons de son mariage et ses sentiments à l'égard de son mari, Claire s'expliquera de façon sensiblement différente dans la lettre 2 (VIe partie). Nous aurons alors l'impression de nous trouver devant un être plus riche, plus humain. Comme si, peu à

peu, le romancier l'avait lui-même découvert. La revendication de la liberté sera remplacée par un sentiment d'affection authentique et presque passionnée. Napoléon a biffé la phrase : « Mais dans notre sexe... un jour. » Ce féminisme revendicateur devait déplaire au père du Code Civil. Il est des secrets qu'on ne doit pas trahir ! Il n'a pas moins énergiquement effacé, deux paragraphes plus bas, le développement qui va de : « Non, Cousine, le mariage... » jusqu'à « ... assés de moi » et la dernière phrase depuis « et pourtant... » jusqu'à « déjà pris ». Sur le « féminisme » du roman, cf. *supra,* II, 7, p. 210, n. 1.

2. D. Mornet (*N.H.*, t. III, p. 137), rappelle ici ce passage des *Confessions* relatif à Mme d'Houdetot : « Elle avoit l'esprit très naturel et très agréable; la gaité, l'étourderie et la naïveté s'y marioient heureusement : elle abondoit en saillies charmantes qu'elle ne recherchoit point, et qui partoient quelquefois malgré elle... » (*O.C.*, Pléiade, t. I, p. 439). Preuve nouvelle du danger qu'il y aurait à faire de la maîtresse de Saint-Lambert le prototype de ... Julie ! Preuve nouvelle aussi que Rousseau a incarné dans ses deux héroïnes à peu près tous les éléments de son idéal féminin. Lorsqu'après les avoir imaginées, il rencontra Sophie, c'est *l'une* et *l'autre* qu'il découvrit et qu'il aima en elle.

Rousseau attachait un grand prix chez les femmes à l'enjouement. C'était l'un des charmes de Mme de Warens. Lorsqu'elle lui administrait ses « détestables drogues » et qu'il s'en défendait, « à nous entendre courir et crier au milieu des éclats de rire », raconte-t-il, « on eut cru qu'on y jouoit quelque farce... » (*Confessions,* l. III, *O.C.*, Pléiade, t. I, p. 110). La spirituelle Mme de Larnage n'en était sûrement pas dépourvue, ni les charmantes cavalières de la journée de Thoune. Pourtant aucune de ces femmes n'avait suscité en lui les orages de l'amour-passion. Celui-ci pour Rousseau exclut nécessairement la gaîté, le rire. « Mon enfant nous nous aimions trop, nous n'étions point gais », déclare ici Claire. Et dans sa lettre 2 de la VIe partie, elle insistera sur l'excellent moyen de se garantir contre la passion et ses fautes qu'est la gaîté, l'enjouement...

La note assez amère où, à la fin de la lettre, Rousseau oppose la gaîté spontanée de cette « bonne Suissesse » à celle apprêtée des Parisiens (au rang desquels il se place avec un significatif « parmi nous ») est tardive. Faudrait-il y voir une allusion à la déception causée par Mme d'Houdetot ?

P. 409.

(*a*). Dans Br. le développement qui commence par ces mots : « Nous aimons toutes deux la vertu », et va jusqu'à « ... je n'y entends rien » est emprunté à une rédaction primitive que Rousseau colle sur son manuscrit (f° 270). Puis il continue, à partir de : « Mais, si fait... » et par ajouts successifs — dans le texte ou en marge — aboutit à « ... sont ton ouvrage ». Après quoi il repart sur un autre folio avec les mots : « A l'égard des dangers... ».

P. 410.

1. Ce texte fait allusion à un passage de DIODORE DE SICILE, *Hist.*, I, 53. Rousseau a pu le lire dans la traduction de l'abbé TERRASSON, *Histoire universelle de Diodore de Sicile, traduite en françois par Monsieur l'Abbé Terrasson de l'Académie Françoise,* Paris, 1737, t. I, p. 115 : « A la naissance de Sésostris, son pere conçut une idée digne d'un Roi. Il se fit amener tous les enfans de l'Égypte nez le même jour que lui : rassemblant en même tems des Nourrices et nommant même des Gouverneurs, il régla pour tous une éducation commune. Il se persuadoit que des enfans qui auroient vécu familiérement avec son fils dès l'âge le plus tendre lui seroient plus attachez dans la suite de sa vie et le serviroient mieux dans les combats... », etc. S'il n'a pas lu cette traduction, il a pu connaître ce fait frappant par BOSSUET, *Discours sur l'Histoire universelle,* IIIe partie, « Les Empires » (chap. III *in fine*) : « Il s'y prit à la maniere des Egyptiens, c'est à dire avec de grandes pensées. Tous les enfans qui nasquirent le mesme jour que Sesostris furent amenez à la Cour par ordre du Roy. Il les fit élever comme ses enfans, et avec les mesmes soins que Sesostris prés duquel ils estoient nourris. Il ne pouvoit luy donner de plus fideles Ministres, ni des compagnons plus zelez de ses combats ». (Paris, 1681, in-4°, p. 463). Enfin, ce grand lecteur de romans a dû lire un ouvrage, non signé, du même abbé Terrasson, intitulé : *Sethos, histoire, ou Vie tirée des monumens, anecdotes de l'ancienne Egypte, traduite d'un manuscrit grec,* 2 vol., à Amsterdam chez François Girardi. M.D.CC.XXXII. Le passage précité de Diodore de Sicile s'y trouve repris textuellement (t. I, p. 118).

P. 411.

(*a*). Br. : *t'apprendre, c'est que cette même escadre a été vue* (ici Rousseau ajoute : *il y a deux mois*) *à la hauteur de* (ici Rousseau laisse un blanc d'une demi-ligne) *faisant voile en Europe*. Les hésitations de date et de lieu prouvent que la rédaction de la lettre est antérieure au 24 mars 1757, date à laquelle Rousseau reçut de Mme d'Épinay le *Voyage* d'Anson qu'il lui avait demandé le 18 mars (cf. *C.C.*, t. IV, pp. 189 et 200).

(*b*). Cette citation de Pétrarque (sonnet *Fresco, ombroso...*) inscrite d'abord par Rousseau, en marge de la lettre 1, a été utilisée par lui tardivement (absente du Ms. Rey). Il l'a traduite dans D.C. : *Eh ! que n'est-il un moment ici ce pauvre malheureux déja las de souffrir et de vivre !*

(*c*). Dans Br. au lieu de cette dernière phrase, après « douce amie » on lit : *On supporte aisément quelques mois de combats et d'ennuis, mais la vie entière est très longue et si je tarde à te rejoindre c'est pour la passer avec toi.*

(*d*). « Hé bien... amitié ». Cette fin a été ajoutée en marge dans Br.

(*e*). Note absente de Br., introduite dans C.P. avec quelques variantes (*provinciale* au lieu de *Suissesse* par exemple). Supprimée dans éd. Rey, 1763.

P. 412.

(*a*). « J'en ai mis le diametre entre nous » manque dans Br

(*b*). Br. 1er jet : « Que d'infortunés j'ai vus *avec envie passer dans les bras de la mort ;* les misères... » Rousseau a biffé puis il a inscrit en marge le texte actuel.

(*c*). Dans Br. (f° 275) après ce mot, bien que le folio ne soit pas terminé, le manuscrit s'arrête. Ce morceau est sans toute une addition tardive, une sorte d'introduction. (Les mots « plus pour exciter que pour satisfaire votre curiosité » manquent dans Ms. Rey.) Au verso (f° 276) d'une écriture très serrée, commençant à la limite supérieure de la page on lit le texte du récit-poème du voyage : « J'ai vu... » Sans doute est-ce le premier jet. Nombreuses additions en marge et corrections.

(*d*). *méridionale* est ajouté dans Br. Désir de précision ? Souci de ne pas blesser les Anglais ? Pourtant les attaques contre le colonialisme visent l'Européen en général...

1. On a vu dans l'Introduction que cette lettre apporte une preuve décisive de l'exactitude des affirmations de Rousseau sur la genèse de son roman. C'est en effet le 18 mars 1757 que celui-ci demanda à Mme d'Épinay de lui prêter le *Voyage de l'Amiral Anson.* Le récit de voyage publié à Londres, en 1745, par Richard Walter, et à Paris, en 1750, dans la traduction d'Élie de Jaucourt revue par l'abbé de Gua de Malves (4 vol. in-12) avait eu un vif succès. Il était encore « entre les mains de tout le monde » en 1771, si l'on en croit le *Discours préliminaire* du fameux *Voyage* de Bougainville, qui ajoute qu'en 1741, lors de l'exploit d'Anson, « le goût des grandes navigations paraissait entièrement éteint » et que, « depuis ce voyage de l'Amiral Anson, il ne s'en est point fait de grand pendant plus de vingt années ». On comprend donc la place que Rousseau lui a faite. La lettre à Mme d'Épinay laisse entendre qu'il connaît déjà l'ouvrage, mais qu'il en a besoin pour rédiger sa lettre. L'examen du brouillon montre qu'il a fait alors un travail très précis de mise au point de sa lettre. C'est aussi la conclusion à laquelle aboutissait D. Mornet dans la minutieuse comparaison qu'il avait établie entre le *Voyage* et le roman, dans un article de la *Revue universitaire* du 15 juillet 1903 dont il a repris l'essentiel dans les notes de son édition (t. III, pp. 142-147). Cependant, comme Henri Roddier l'a récemment montré dans son livre sur *l'Abbé Prévost* (Paris, 1958, p. 183), il est très probable que la première source d'information de Rousseau ne fut pas la traduction Jaucourt du livre de Walter, mais l'*Histoire générale des Voyages* de l'abbé Prévost, l'un des écrivains français qui lui étaient le plus familiers. Commencée en 1745, cette vaste enquête atteignait son onzième tome, lorsqu'elle fit connaître en effet, en 1753, au grand public,

le *Voyage* d'Anson. Rousseau méditait au même moment, son second *Discours* dans une note duquel il inséra une véritable annonce de cet épisode du roman : « j'ai peine à concevoir comment dans un Siécle où l'on se pique de belles connoissances, il ne se trouve pas deux hommes bien unis, riches, l'un en argent, l'autre en genie, tous deux aimant la gloire et aspirant à l'immortalité, dont l'un sacrifie vingt mille écus de son bien et l'autre dix ans de sa vie à un célébre voyage autour du monde; pour y étudier, non toûjours des pierres et des plantes, mais une fois les hommes et les mœurs, et qui, après tant de siécles employés à mesurer et considerer la maison, s'avisent enfin d'en vouloir connoître les habitans ».

Une bonne partie des réactions de Rousseau ne s'expliquent que par l'influence de l'adaptateur français du *Voyage* d'Anson, dont la sensibilité était si proche de la sienne. D'une manière générale, il a très librement utilisé le récit de Walter, prétexte à une série de prises de position sur des problèmes qu'il avait contribué plus que personne à mettre au premier plan de l'actualité : condamnation de l'exploitation coloniale, du droit de prise, de la piraterie, de l'esclavage; gémissements sur les horreurs de la guerre, sur la misère des peuples opprimés; mise en question de la civilisation chinoise, exaltation de la vie heureuse et libre dans les îles désertes, etc.

Un commentaire précis de ces pages exigerait le dépouillement d'une immense littérature où se retrouveraient les plus grands noms du siècle : le Voltaire de *Candide* et de l'*Essai sur les mœurs ;* le Montesquieu de *l'Esprit des Lois,* Raynal et son *Histoire philosophique et politique des établissemens et du commerce des Européens dans les deux Indes,* Diderot avec ses *Fragments politiques,* le *Supplément au Voyage* de Bougainville et de nombreux articles de l'*Encyclopédie ;* mais surtout Rousseau lui-même et ses deux premiers *Discours,* où déjà il avait adopté les positions qu'il reprend ici (en particulier dans la querelle autour des Chinois). D. Mornet a donné dans ses notes les références principales. Cf. aussi les grands ouvrages d'ensemble de Pierre Martino, *l'Orient dans la littérature française aux XVIIe et XVIIIe siècles,* Paris, 1906 (un peu rapide et superficiel, mais qui pose bien les problèmes) et surtout de Gilbert Chinard, *l'Amérique et le rêve exotique dans la littérature française au XVIIe et au XVIIIe siècle,* Paris, 1913.

Il ne faut pourtant pas exagérer l'importance « idéologique » de cette lettre. Elle est en somme très courte. Rousseau n'y oublie à aucun moment qu'il est romancier et que c'est Saint-Preux qui parle. Elle a surtout pour but de renseigner le lecteur et les deux jeunes femmes sur l'état de son cœur à la fin de cette longue absence. Il était parti pour chercher le calme, mais refusant l'oubli. Dans quel état est-il revenu ? Il suffit pour répondre de lire sa lettre à voix haute : elle n'est pas un récit, mais un chant d'amour exalté ! Le thème éclate dès la première phrase : « j'arrive des extrémités de la terre, et j'en raporte un cœur tout plein de vous... » et il est repris en finale.

Si le ton de la lettre eſt révélateur, le contenu ne l'eſt pas moins. Cependant, mû par le double souci de la vérité et de l'intérêt romanesque, le romancier nous laisse dans l'*incertitude :* « Reviens-je plus libre et plus sage (...) ? J'ose le *croire* et ne puis l'*affirmer* ». Saint-Preux demande l' « épreuve » de la rencontre. Pourtant il proclame : « La même image regne toujours dans mon cœur (...) Suis-je le maître du passé ? »

Dès lors le problème eſt bien posé. L'amour de Saint-Preux eſt intact; mais il a pour objet la Julie du passé. Va-t-il être détruit par la rencontre de la Julie du présent ? C'eſt le secret de l'avenir. Une chose du moins eſt certaine : guéri ou non de son amour, Saint-Preux ne proteſte pas contre la décision qui l'a définitivement empêché de devenir l'époux de Julie ou de reſter son amant. La fin de la lettre eſt sur ce point aussi nette que possible, et plus encore la note où Rousseau, en son nom personnel, répond de façon vigoureuse au « malheureux queſtionneur » qui accuse Claire d'avoir fait le « malheur » de Saint-Preux. Cette note eſt très tardive. Nul doute que nous y entendions le jugement définitif du malheureux amant de Sophie. Parce qu'elle lui a résiſté, il eſtime qu'il lui doit tout. (Cf. *infra,* p. 614, n. 1).

2. Le diamètre du monde, du globe terreſtre, c'eſt-à-dire : je me suis trouvé aux antipodes.

P. 413.

(*a*). Inscrits en marge dans Br. (f° 276), ces vers empruntés à la *Jérusalem délivrée* (III, 4) se réfèrent à une situation sans rapport avec celle où se trouve Saint-Preux (les Croisés aperçoivent les rivages de la Terre Sainte). Témoignage sensible du mécanisme de la mémoire eſthétique chez Rousseau : seules l'intéressent la musique et la poésie pures. Mais cette musique et cette poésie sont pour lui d'abord italiennes. Dans D.C. il a inscrit cette traduction : *Et sur des mers suspectes, sous un pôle inconnu, j'éprouvai la trahison de l'onde et l'infidélité des vents.*

(*b*). Br. a en marge cette note de Rousseau pour lui-même : *Transporter l'Isle déserte avant le galion.* En fait il l'a gardée ici mais il en a placé une « seconde » avant l'épisode du galion.

Les développements de l'ensemble du récit dans le premier jet de Br. se présentaient ainsi : 1° L'Amérique centrale et méridionale. 2° La Chine — à partir de : « Lettré, lâche... » jusqu'à « révérences ». 3° L'attaque du galion. 4° L'Afrique, les Noirs; à partir de : « J'ai vu ces vaſtes... » jusqu'à « gémi d'être homme ». 5° Les Anglais, ses compagnons.

Puis ont été ajoutés en marge : 1° Le début du développement sur la Chine : « Après avoir traversé... fin des siècles ». 2° Le développement sur la « seconde Isle déserte » : *J'ai vu de plus riantes images dans une seconde Isle déserte...* 3° Le couplet sur les Boers : « J'ai vu l'Europe... pu surmonter ».

(*c*). Note absente de Br.

1. La « légende » des Patagons, contre laquelle proteste Rousseau, remontait au Voyage de Magellan rédigé par Pigafetta. Elle allait susciter, quelques années plus tard, une vaste controverse à laquelle Diderot a fait allusion dans le *Supplément au Voyage de Bougainville :* « Et ces Patagons dont le docteur Maty et l'académicien La Condamine ont tant fait de bruit ? » demande l'un des interlocuteurs. Et l'autre répond : « Ce sont de bonnes gens (...) forts, vigoureux, toutefois n'excédant pas la hauteur de cinq pieds cinq à six pouces. » Bougainville avait écrit dans une lettre à Pernetty le 26 août 1765 : « Nous avons fait alliance avec ces Patagons décriés et que nous avons trouvés ni plus grands ni même aussi méchants que les autres hommes... » (Cf. DIDEROT, *Œuvres philosophiques,* éd. Vernière, p. 462, et n. 1). Rousseau était, on le voit, sur ce point, dans la ligne des « philosophes ».

2. Mornet cite la description de l'île de Juan Fernandez telle que Rousseau pouvait la lire dans Walter (*Voyage autour du monde,* par George Anson..., Genève, 1750, in-4°, l. II, pp. 102-113) et note que Rousseau ne l'a pas « embellie ». Ce n'est pas assez dire. Il est tout à fait remarquable que le « père du romantisme » se soit abstenu de toutes les indications pittoresques que lui fournissait son modèle : ombres et lumières, parfums, cascades, etc., pour s'en tenir strictement à des indications d'ordre social. Nous sommes très loin de Bernardin et de Chateaubriand !

3. D. Mornet signale que les développements sur « les rares et infortunés habitans » du Mexique et du Pérou et sur « le droit de la guerre parmi les Peuples savans humains et polis de l'Europe » ne se trouvent pas dans Walter. On l'aurait parié. Il cite d'autre part le texte de la relation où est décrite en termes enthousiastes et sans le moindre sentiment de culpabilité la prise et l'incendie de la ville de Païta (l. II, pp. 176-177). Il va de soi que le mot « affreux » est de Rousseau. Napoléon avait-il lu Walter ? Il a biffé ce jugement de valeur ! L'eût-il fait encore après 1812 ?...

4. Il s'agit évidemment de l'Océan Pacifique. « L'Océan pacifique, ou Grande mer du Sud, qui est située entre la côte occidentale d'Asie et d'Amérique, et s'étend jusqu'à la Chine, et aux îles Philippines » (*Encyclopédie,* article « Océan »).

P. 414.

1. Sur Rousseau et la querelle autour des Chinois au XVIIIe siècle, cf. l'article de Basil Guy dans la *Revue de Littérature comparée,* 1956, pp. 531-537. Rousseau est fidèle à son modèle : Walter avait protesté contre « toutes les fictions de Messieurs les Jésuistes » sur la piété et la morale chinoises. Il est surtout fidèle à lui-même. « Si les Sciences épuroient les mœurs », avait-il écrit dans le *1er Discours,* « si elles apprenoient aux hommes à verser leur sang pour la Patrie, si elles animoient le courage; les Peuples de la Chine devroient être sages, libres et invincibles. Mais il n'y a point de vice qui ne les domine, point de crime qui ne leur soit familier... ». En formulant

ce jugement, il avait pris position non seulement contre les missionnaires Jésuites, ce que les Philosophes lui eussent volontiers pardonné, mais contre les Philosophes eux-mêmes qui exploitaient, dans leur polémique contre la morale chrétienne, les indications données par les missionnaires. « Les Chinois », disait un *Examen de la Religion...* attribué à Saint-Évremond, mais publié seulement en 1745, « sont un exemple (...) frappant de cette vérité » (que de bonnes lois suffisent à faire un peuple heureux). Et Voltaire avait écrit dans le *Sermon des Cinquante* (1752) : « Le peuple recevra sans peine un culte sage et simple (...) tel qu'il est reçu à la Chine par tous les lettrés. » A peu près au moment où il rédigeait cette lettre, Rousseau méditant sa *Profession de foi* pour l'*Émile,* écrivait : « La religion mieux connue écartant le fanatisme a donné plus de douceur aux mœurs chrétiennes. Ce changement n'est point l'ouvrage des Lettres (...) les cruautés des (...) Chinois en font foi. » (*O.C.,* Pléiade, t. IV. p. 634).

2. Une tempête avait séparé le dernier vaisseau de l'escadre de l'amiral resté avec une partie de son équipage sur l'île de Tinian. Les marins firent alors d'admirables efforts pour construire une chaloupe et purent ainsi rejoindre Macao, distant de plus de 600 lieues (cf. WALTER, l. III, pp. 280 sq.). Une fois de plus éclate l'appel spécifiquement rousseauiste à la solitude. Mais il prend un son particulier : « ne suis-je pas desormais par tout en exil ? » Qui gémit ainsi ? Saint-Preux éloigné de celle qu'il aime ? Ou l'homme de l'Ermitage ?

3. Les « deux grands vaisseaux » étaient le bateau anglais « Centurion » de l'escadre d'Anson et un galion espagnol (cf. WALTER, l. III, pp. 328-331). Il va de soi que Walter avait raconté cet épisode sur le ton le plus glorieux. Il eût jugé ridicule la réaction de Saint-Preux !

4. Le développement sur les Hollandais du Cap qui a été ajouté tardivement (cf. var. (*b*), p. 413) n'était pas dans Walter. Faut-il y voir un éloge que Rousseau est heureux de décerner à ce peuple libre auquel appartient l'éditeur de son œuvre ? « Patient et laborieux », mais « avare » ! Ce jugement sévère porté dans les lignes qui suivent sur l'esclavage des Noirs, prouve que Rousseau n'épargne pas plus les Hollandais que les autres peuples d'Europe qui avaient « changé en bêtes » les noirs, pour leur service. Le « gémissement » en face de l'esclavage n'était certes pas dans Walter, mais nous savons, au moins par un étincelant chapitre de *l'Esprit des Lois* (l. XV, chap. v), qu'il n'était pas le fait du seul Rousseau.

P. 415.

(*a*). Ms. Rey : *les talens d'un capitaine, la valeur d'un soldat, les lumiéres d'un marin, la constance d'un sage, toutes les vertus d'un grand homme.*

1. Sur Rousseau et l'Angleterre, cf. *supra,* p. 386, n. 3.

P. 416.

(*a*). « Un si cruel... moi » manque dans Br.

(*b*). Br. : *n'est-il pas juste* qu'elle voye.

(*c*). Br. : *pour rester un peu plus de temps avec vous.*

(*d*). Br. : pas de numérotation ni d'en-tête.

(*e*). Br : *mon cher ami*. C.P. : *mon ami*. Br. : *Je n'aurai pas (le désespoir) la douleur que vous refusiez de venir et que vous ayez raison.* C.P. : *Je n'aurai pas la douleur (que vous refusiez de venir) que vous (sentiez nous devoir) nous deviez un refus.*

(*f*). Note absente de Br. et C.P. Supprimée dans éd. Rey, 1763. Cf. les dernières lignes de la note 1 de la page 412.

1. Cf. *supra,* p. 412, n. 1 *in fine*.

2. Voici donc posée la situation autour de laquelle se sont élevées tant de protestations ! Citons, une fois encore, Eymar, témoin impartial, plutôt sympathisant et de génie moyen. Parmi tant de fautes contre la vraisemblance qu'il découvre dans ce roman, la plus grave lui paraît être que Julie appelle dans sa maison, « l'homme qu'elle a le plus passionnément aimé (...) et qu'elle expose ainsi volontairement son repos et sa vertu à la plus dangereuse des tentations ». (*Œuvres inédites de J.-J. Rousseau,* Paris, 1825, t. II, pp. 290-291).

Si tels sont les propos d'un admirateur et presque d'un ami, on imagine aisément ceux du marquis de Ximenès, alias Voltaire, qui faisait des gorges chaudes de cet excellent Monsieur de Wolmar, lequel se déclare « très content du tonneau quoiqu'un autre l'eût percé ». Si l'on en juge pourtant d'après Daniel Mornet, dont l'enquête sur ce point n'est pas moins sérieuse que sur les autres, « il est très rare qu'on ait dénoncé (lors de la publication du roman) le paradoxe sentimental (...) Ce qui fait l'un des vices essentiels du roman de Jean-Jacques a été accepté sans étonnement par la plupart des contemporains ». (*N.H., Étude et analyse,* pp. 188-189). On s'est bien rattrapé depuis ! La vertu et la sagesse ont enfin triomphé et après s'être exprimées au cours du XIXe siècle chez les Faguet et les Lemaître, elles éclatent sous la plume de Daniel Mornet et de Jean Guehenno : Cette invitation de Wolmar, déclare le premier, « est le point critique du roman et, comme il semble, son absurdité (...) Toutes les raisons que donne Wolmar pour installer l'ancien amant près de sa femme ne sont que des subtilités naïves ou des extravagances... » (*N.H.*, t. I, *Introduction,* p. 244). Quant au second, moins péremptoire, il pense pourtant que Rousseau déraisonne et il propose cette justification qui, avec quelque apparence de fidélité à la pensée de l'auteur, est en réalité hors de propos : « Tout ce qui était impossible dans l'air empoisonné de Paris devient possible dans l'air pur de la montagne vertueuse et enchantée » (*Jean-Jacques,* t. II, pp. 206-208.) Nous ne nous donnerons pas le ridicule de « justifier » Rousseau. Il s'en est chargé lui-même ! (Cf. *supra,*

Préface dialoguée et notes et lettre 14 de la IVe partie). Nous ferons seulement trois remarques :

1° Il ne s'agit en rien d'un « ménage à trois », avec tout ce que cette expression implique de lâcheté, d'hypocrisie, d'abandon à la facilité. Tout, dans les pages qui vont suivre, sera effort vers la clarté, souffrance héroïque des êtres pour se maintenir à un niveau élevé de vie spirituelle, tentative désespérée pour transcender l'humaine condition. « Le vieux thème de l'épreuve d'amour imposée aux amants chastes afin d'exercer leur vertu, qui est un des leitmotive de la littérature courtoise et chevaleresque », écrit J.-L. Bellenot, « réapparaît curieusement bien que sous une autre forme moins spectaculaire » (*Annales J.-J. R.*, t. XXXIII, p. 198).

2° La situation n'est nullement figée. Le premier séjour de Saint-Preux est de courte durée. A peine arrivé, il repart pour Lausanne. Après son retour, Wolmar attend plusieurs semaines avant de le soumettre à l'épreuve décisive. La vie totalement heureuse des trois, puis des quatre protagonistes, ne dure réellement que quelques mois. Elle est interrompue par le départ de Saint-Preux pour l'Italie. La mort de Julie la brise à jamais.

3° L'examen des trois lettres d'invitation et des variantes du manuscrit révèle l'extrême prudence avec laquelle le romancier s'est avancé dans une voie qu'il savait dangereuse. C'est Julie qui « invite » et Wolmar feint d'être chargé par elle de lancer l'invitation. Mais ce mari qu'on prétend débonnaire s'affirme, dès ses premiers mots, comme un homme fort. Il mène le jeu, le moindre mot de sa lettre est pesé, concerté. Elle est paternelle, mais autoritaire; signée par l' « heureux époux » d'une femme sage et chérie. La lettre de Claire, plus spontanée, crée le climat mozartien d'allégresse et de pureté si cher à Jean-Jacques. La jeune femme apporte à Saint-Preux (et au lecteur) cette révélation capitale : « il prétend vous guérir ». Nous voici dès maintenant éveillés et inquiets. « J'ignore quel sera le succès de cette entreprise. » Rien n'est joué d'avance (cf. var. (*c*), p. 417), Wolmar le sait fort bien. Quant aux amants, tremblant à la fois de désir et de crainte devant cette situation imprévue, inespérée, ils demeurent dans le domaine de l'instinctif. Ils improvisent. E. Faguet prétendait qu'il fallait pour expliquer leur attitude choisir entre trois hypothèses : ils veulent s'exercer à la vertu, ils veulent étudier leur passion, ils veulent jouer l'exception. Mais non, ils ne *veulent* rien ! Sinon se revoir, parce qu'ils s'aiment; à tous risques ! Tout cela est très fort et très simple; très habile et très vrai.

P. 417.

(*a*). Tout ce début, y compris la note, a été ajouté en marge dans C.P. (f° 26). Le nom a donc été très tardivement inventé.

(*b*). « et je m'offenserois... de vous ». Br. : *et je me ferois horreur à moi-même si je pouvois après cela conserver le moindre soupçon sur vous.*

(*c*). Br. : *Quoique j'attende tout de sa sagesse et de votre vertu...*

Variante importante qui semble révéler chez Rousseau un sensible changement d'attitude en face des « méthodes » de M. de Wolmar. En achevant son roman, il leur accordait certainement moins de crédit qu'au début.

(*d*). Dans Br. 1er jet cette fin de lettre était beaucoup plus condensée. On lisait après « ... soufferts » : *Vous me retrouverez telle envers vous que vous m'avez laissée il y a huit ans et croyez que vous auriez fait bien des fois le tour du monde avant d'y trouver quelqu'un qui vous aimât comme moi.*

1. Le nom du personnage principal est prononcé pour la première fois ! Quelle confirmation du caractère « poétique » de cette œuvre, née d'un rêve et qui n'en sort pas. Lorsque enfin le nom est donné, c'est un pseudonyme. Et quel pseudonyme ! Dans ces deux adjectifs, Rousseau nous livre l'aveu de ses deux aspirations les plus hautes : devenir un héros et un saint ! P. Sage dans sa thèse sur *le « Bon Prêtre » dans la littérature française* (Genève, 1951, chap. XII, p. 248) signale au passage l'origine probable de ce nom : Saint-Prex est un village des bords du Léman entre Rolle et Morges. Admirable rencontre de la mémoire affective, de la géographie sentimentale, et de l'onomastique symboliste.

P. 418.

(*a*). Le texte de cette lettre dans Br. est très primitif comme l'indiquent les abréviations et le nom d'*Orsinge* au lieu d'*Etange*.

(*b*). « Je l'ai vue... elle m'a appelé... » Br. conserve du début de ce paragraphe plusieurs rédactions qui prouvent combien les pages les plus fiévreuses du roman ont été soigneusement travaillées; 1er jet : *Je l'ai vue, Milord, je l'ai vue, je l'ai touchée, j'ai entendu sa voix, elle m'a reconnu et elle a paru me voir avec plaisir, elle m'a appelé...* 2e jet : *Je l'ai vue, Milord, mes yeux l'ont vue, mes mains l'ont touchée, j'ai entendu sa voix elle m'a reconnu et elle a témoigné de la joie à me voir ; elle m'a appelé...* etc.

1. La composition de cette lettre est savante : au centre, la rencontre des deux amants : « A peine Julie... dans le Ciel »; moment d'intense émotion dramatique : avant lui, l'évocation des jours et des heures de plus en plus agités qui le préparent; après lui, une série de scènes apaisées où alternent les mouvements vifs et lents, les conversations et la contemplation, les souvenirs, « épreuves » que Wolmar fait subir au héros jusqu'à l'heure où, accablé de fatigue, il gagne sa chambre solitaire. Le tout précédé par une ouverture *presto agitato*, où le rythme même de la phrase nous fait participer à l'enthousiasme du narrateur, et couronné par une conclusion très calme : « Voila, Milord... dans l'instant » : bilan du passé qui engage l'avenir. Malgré une certaine rigueur démonstrative dans la succession des épreuves (ingénument avouée par le romancier lui-même : « Cette journée sembloit destinée à tous les genres d'épreuves que je pouvois subir ») et

une légère maladresse dans la présentation des faits qui amène Saint-Preux à informer Milord Édouard de ce que celui-ci connaît fort bien, cette lettre est une de celles où s'affirme le mieux le don du romancier pour une ordonnance toute musicale de sa matière.

P. 419.

(*a*). « Elle avait eu... pouvait-elle être ? » : ajouté en marge dans Br.

(*b*). *libre* manque dans Br.

(*c*). « et sembloit me rendre... vie entiere ». Br. 1er jet : *et qui unissoit pour ainsi dire le cours de ma vie entière en un seul moment.*

1. On rapprochera cette page de l'épisode de la pervenche au livre VI des *Confessions* (*O.C.*, Pléiade, t. I, p. 226) où, depuis longtemps, les exégètes de Proust ont découvert une des « sources » les plus certaines des pages terminales du *Temps retrouvé*. Dans ces deux textes de Rousseau en effet, comme dans ceux de Proust, l'extase, le transport naissent de l'exacte coïncidence, grâce au jeu de la mémoire affective, de deux moments du temps : le passé et le présent, en un état spirituel qui se situe en quelque sorte hors du temps, qui est comme un fragment d'éternité. Rousseau n'atteint pas à la parfaite lucidité de Proust. Il s'égare sur une fausse voie, croyant que le plaisir qu'il éprouve tient à la qualité délicieuse de l'événement dont il se souvient; mais il « brûle »; il tourne autour de la formule exacte. Le texte du premier jet, qu'il a rejeté, était peut-être plus embarrassé, mais beaucoup plus explicite (cf. var. (*c*), p. 419).

P. 420.

1. Rousseau s'inspire de sa propre expérience. Cette imagination qui se projette sur l'avenir, c'était la sienne, au cours de ses voyages à pied. Ce ravissement à découvrir, du haut du Jura, Genève et son lac, il l'avait éprouvé toutes les fois qu'il était revenu au pays natal; singulièrement après Venise, en août 1744, et tout récemment, lors de sa réintégration dans la Cité de Genève en 1754. Mais surtout ce tremblement de tout l'être au moment de retrouver la femme aimée, c'est celui qu'il avait ressenti à chacun de ses retours auprès de « maman ». Lui-même nous a mis sur la voie de tels rapprochements. Évoquant au livre III des *Confessions* son premier retour, après Turin : « Quand j'entendis que je coucherois dans la maison j'eus peine à me contenir, et je vis porter mon petit paquet dans la chambre qui m'étoit destinée, à peu près comme Saint-Preux vit remiser sa chaise chez Mme de Wolmar » (*O.C.*, Pléiade, t. I, p. 104). Cf. au livre IV (p. 144), le premier retour à Genève : « Je fus prêt à me trouver mal sur les ponts... », puis (pp. 150-152) l'évocation de « maman » à Lausanne, l'intense désir de la retrouver, l'intime fusion du souvenir et du paysage; enfin, au livre VI (p. 261) le retour aux Charmettes, après Montpellier : « le cœur me battoit

de plus en plus (...) J'arrive essoufflé... » Rousseau a condensé dans ce fragment du roman des émotions multiples, successives. C'est ce qui leur donne, sans doute, une telle puissance de choc. Peut-être aussi notre émotion naît-elle à la pensée que ce retour en imagination à la maison du bonheur était définitivement imaginaire. Le poète qui le rêvait ne le vivrait jamais plus !

P. 421.

(*a*). Br. : *une chaleur céleste.*

(*b*). Br. 1er jet : *dérobé mes sens ni mon cœur.*

1. Il est probable qu'au souvenir de Mme de Warens se mêle ici celui de Mme Basile, qui apparaîtra plus clairement bientôt. Au livre II des *Confessions* où est racontée la scène de contemplation par Jean-Jacques adolescent de le jeune femme brodant, silencieuse, on trouve un mouvement de style très semblable à celui qui ouvre ce paragraphe : « Tressaillir, pousser un cri, m'élancer à la place qu'elle m'avoit marquée, ne fut pour moi qu'une même chose... » (*O.C.*, Pléiade, t. I, p. 75). Mais qui dira si ce n'est pas la page du roman qui dicta cette phrase au poète des *Confessions?* Sur la conception mystique de l'amour, cf. *supra,* p. 178, n. 1.

2. Sur le souvenir réel qui se cache derrière cette phrase, cf. *supra,* p. 420, n. 1. Sur ce besoin d'être possédé (beaucoup plus vif que celui de posséder), si caractéristique de la psychologie amoureuse de Jean-Jacques, cf. *supra,* p. 111, n. 5.

3. Alliance de mots un peu précieuse, mais chère à Rousseau : cf. *supra,* III, 6 et p. 317, n. 3 ; cf. p. 422 : « cruels et délicieux souvenirs ». Préciosité certes ; mais, comme il arrive souvent, la préciosité permet l'exacte expression du réel.

P. 422.

(*a*). « C'étoit une mere... imposoit » est ajouté en marge dans Br.

(*b*). Br. : *dès cet instant je commençai tout de bon à bien augurer de moi et j'espérai que l'amour de la véritable décence me garantiroit désormais des passions déréglées.* C.P. (f° 33 verso) : *Dès cet instant, je connus qu'elle et moi nous n'étions plus les mêmes.*

1 Cf. IIIe partie, lettre 26, et p. 400, n. 1.

2 Cette phrase capitale a été ajoutée tardivement. Elle résume parfaitement tout ce qui précède : « elle étoit réellement plus belle et plus brillante (...) je voyois au même instant (...) qu'elle ne m'étoit plus rien (...) » et surtout : « Mais quelle différence du premier embrassement à celui-là ! » Toute la lettre converge vers cette découverte terrible du *changement*. Mais il semble que Rousseau n'en ait pas senti aussitôt l'importance. Il a erré dans les platitudes de la morale, avant de s'engager dans les chemins difficiles des intermittences du cœur (cf. var. (*b*), p. 422). Son hésitation sur la conclusion à donner à l'avant-dernier paragraphe de la lettre est significative (cf. var. (*c*), p. 425.

P. 423.

(*a*). Br. conserve deux rédactions successives de ce passage. Dans la première se trouvait ce texte révélateur : *Il me parla comme un père à son enfant...* C'est seulement dans la seconde qu'apparaît l'idée que Wolmar connaît le passé des amants *(prenant le ton... erreurs)*. Mais dans les deux cas, le verbe employé dans la dernière phrase est *respecter* et non *aimer*.

1. Nouveau rappel du moment d'extase amoureuse vécu à Turin aux pieds de Mme Basile. (*Confessions,* l. II, *O.C.*, Pléiade, t. I, pp. 75-76). « J'étois muet, immobile, mais non pas tranquille assurément (...) Je ne sais comment eut fini cette scène vive et muette, ni combien de tems j'aurois demeuré dans cet état ridicule et délicieux, si nous n'eussions été interrompus... » Cf. sur cette scène le commentaire des *O.C.*, Pléiade, t. I, p. 1268, et celui de Jean Starobinski, *J.-J. Rousseau. La transparence et l'obstacle,* p. 189.

P. 424.

1. Rousseau a trouvé cette anecdote chez Montaigne : « Et fut une digne parole de Julius Drusus aux ouvriers qui lui offroient pour trois mille escus mettre sa maison en tel poinct que ses voisins n'y auroient plus la veuë qu'ils y avoient : Je vous en donneray, dit-il, six mille, et faictes que chacun y voye de toutes parts. » (*Essais,* éd. P. Villey, t. III, p. 32).

P. 425.

(*a*). Br. 1er jet : ... *sur moi que ses leçons (ne me troubloient plus) me paroissoient déja moins humiliantes.*

(*b*). Br. 1er jet : *Avant de gagner la mienne tristement et ce moment... journée.* Puis Rousseau a corrigé : *Je gagnai la mienne en soupirant et... journée.* Puis il a biffé la phrase. Mais sur C.P. il l'a rétablie sous sa forme actuelle. Ces hésitations sont révélatrices non point, comme on l'a dit, du bon ou du mauvais goût de Rousseau, mais de son hésitation entre une vérité romanesque qui exige que l'amant de Julie soit physiquement jaloux de son mari, et une vérité plus profonde — celle qu'il connaît, qu'il a vécue, qu'il vit peut-être en ce moment même (si cette lettre est contemporaine de sa passion pour Sophie), et qui exclut cette jalousie. Finalement il a fait au lecteur moyen la concession qu'il devait exiger, mais avec tant de maladresse et si peu de conviction que celui-ci en est scandalisé ! (Cf. *supra,* p. 109, n. 1 ; p. 130, n. 1 ; p. 165, n. 1 ; p. 352, n. 1).

(*c*). Au lieu de « et que je crains... autrefois », Br. portait : *et que sans être moins doux ils sont moins impétueux. Je la trouve plus belle que jamais, mais d'une beauté plus imposante. Elle a dans l'air, dans les yeux, dans le maintien, je ne sais quoi de ferme et d'assuré qui m'intimide, je ne sais quoi de pur et de chaste qui écarte les idées de volupté que sa présence m'inspiroit autrefois.*

P. 426.

(*a*). Dans Br., pas de numérotation, ni d'en-tête. Le départ 1er jet était d'un ton très différent : *Enfin, petite cousine, ils sont venus et j'ai vu le jeune homme. Je suis fort contente de lui et il me plait d'autant plus qu'il cherche moins à me plaire.*

(*b*). Br. 1er jet : *des craintes qui me rendoient coupable à force de m'occuper de lui.*

(*c*). Note ajoutée dans C.P. où elle se prolongeait ainsi : *Je passe aux étrangers d'adopter la mode françoise en chose indifférentes, mais la médecine !... (J'espère qu'ils n'en sont pas encore là) Je ne sache pas qu'ils en soient encore là.* Ms. Rey a encore ce texte. La note a été supprimée dans éd. Rey, 1763.

1. Cette lettre doit être éclairée à la fois par celle de Saint-Preux dont elle est l'écho nécessaire, et par celle de Claire qui en fera une exégèse impitoyable. En principe, les deux amants parlent sincèrement puisqu'ils écrivent chacun à son confident. En fait, Julie, ayant décidé de faire lire sa lettre à son mari ne parle pas d'abord librement. Elle l'avoue elle-même à Claire. D'où le ton plus libre, plus spontané de la lettre de Saint-Preux; d'où l'intérêt plus vif pour le lecteur de la lettre de Julie où il s'efforce, comme Claire, de découvrir la vérité du cœur sous le masque du langage. Il est d'ailleurs mieux armé que Claire pour ce discernement car il possède la lettre de Saint-Preux.

Quoi qu'il en soit de ces différences, les trois lettres forment ensemble une longue méditation sur le mystère de la permanence et des changements de la personnalité, et elles se renvoient comme en écho des formules qui serrent de plus en plus près la réalité. Julie découvre, comme Saint-Preux, que le souvenir est dangereux. Tous deux sont frappés du climat de liberté qui s'est établi spontanément entre eux. Saint-Preux trouvait Julie « embellie », Julie trouve son amant changé « en mieux »; mais l'un et l'autre s'accordent à penser que la beauté n'a aucun rapport avec l'amour. Tous deux, surtout, trouvent dans les mouvements actuels de leur cœur une raison de se rassurer. Les mêmes formules viennent sous leur plume : « Je *commençai* à bien augurer », dit Saint-Preux. « Je *commence* à croire », répond Julie. Et Claire enfin : « Je ne comptois que sur ta vertu, et je *commence* à compter aussi sur ta raison... »

Ce qui caractérise le plus fortement la lettre de Julie, c'est la place faite à Wolmar. Admirable par son intelligence, sa douceur, sa délicatesse, son indulgence, sa générosité; odieux par son orgueil, sa sécurité, son dogmatisme, son égoïsme raffiné et avoué, il est, en tout cas, tout-puissant et omniprésent. Jour et nuit Julie subit ses discours, son silence, son sourire. Elle se soumet à lui car elle l'admire; il la fascine. Saint-Preux avait lui-même avoué l'autorité exercée sur lui au bout de quelques heures par le mari de Julie, mais il l'avait exprimée en une formule ambiguë où l'admiration se nuançait de peur : « Je commençai de connoître alors à quel homme j'avois à faire. »

P. 427.

1. « Un des traits caractéristiques de cette période est la méfiance vis-à-vis des grands systèmes », a écrit Jean Wahl dans son *Tableau de la Philosophie française* (Paris, 1946, p. 63). Elle est à coup sûr l'un des traits les mieux affirmés de la pensée de Rousseau. Il a proclamé très haut la vanité, l'impuissance et la malfaisance de l'esprit de système dans celle de ses œuvres qui est pourtant la plus « systématique », la *Profession de foi*. « Chacun sait bien que son sistême n'est pas mieux fondé que les autres; mais il le soutient parce qu'il est à lui. » (*O.C.*, Pléiade, t. IV, p. 569). « Les systèmes de toute espéce sont trop au-dessus de moi », écrira-t-il à Mirabeau en 1767; « je n'en mets aucun dans ma vie et dans ma conduite... » (*C.C.*, t. XXXII, p. 238). On pourrait multiplier les textes de ce genre. Le plus important sert de conclusion à la deuxième des *Lettres morales*, qui est à peu près contemporaine de cette lettre de Julie (*O.C.*, Pléiade, t. IV, pp. 1090-1091). P. Burgelin a bien montré que le système a été pour Rousseau une « tentation » et un « échec » (cf. *la Philosophie de l'existence de J.-J. Rousseau*, pp. 6, 11, 41, 58 et 63).

P. 428.

(*a*). Dans C.P., Rousseau avait ajouté ici un développement qu'il a ensuite biffé : *Cependant, quoiqu'il ait gagné presqu'en tout, je ne lui trouve plus le ton ni l'air aussi touchant qu'autrefois. Voilà ce que je suis très sûre d'avoir senti.*

(*b*). Br. 1er jet : *détourne les yeux pour ne pas le gêner. Et si nous aimons à nous voir c'est un retour d'amour propre assez naturel et qui fait dire à chacun des deux en considérant l'autre avec complaisance même après que l'amour...* Puis Rousseau a biffé et repris : *détourne les yeux à son tour. On revoit toujours avec plaisir mais sans émotion...*

P. 429.

(*a*). Tout ce paragraphe depuis : « Moins il témoigne » fait partie d'une rédaction primitive, collée sur Br. (fº 301). Il semble que Rousseau avait bien pensé à une « seconde épreuve », dès le départ; mais il l'a ensuite oubliée; il s'est aperçu tard de sa maladresse et l'a corrigée comme il a pu.

(*b*). Les éditions Rey, 1761 et 1763 impriment, *mérite* qui est en effet dans Ms. Rey. Mais c'est évidemment un lapsus de Rousseau qui a écrit mérite*s* dans C.L.

(*c*). Note inscrite dans C.P., fº 40 verso, sous une forme différente : *en note (je ne vois) on ne voit rien dans la suite (de ces lettres) qui puisse indiquer en quoi consiste cette seconde épreuve ; peut-être la lettre qui en contenoit le récit manque-t-elle à ce recueil, comme beaucoup d'autres.* Cf. V, 7, la note de Rousseau, p. 605, et var. (*a*), p. 606.

P. 430.

(*a*). « et vouloir... m'a coutée » est ajouté en marge dans Br.

1. C'est tout ce que Rousseau consent à nous dire sur la scène de l'aveu. Parti franchement différent de celui de Mme de La Fayette. Fidèle à son propos et à son exigence intérieure, il n'a pas consenti à ce qu'un seul de ses personnages fût troublé par la jalousie. Cf. *supra,* p. 109, n. 1.

P. 431.

(*a*). Toute cette fin de lettre a été très travaillée. En particulier la dernière phrase. Br. 1er jet : *(En vérité), ma chérie, à force de m'élever au-dessus de moi-même, je crois qu'il m'y mettra en effet.* Puis : *Malgré que j'en aye il m'élève au-dessus de moi-même et à force de m'honorer de son estime, je sens qu'il m'apprend à la mériter.* Puis : *à force de confiance, il m'apprend à la mériter.* Enfin dans C.P. : *et je sens qu'à force de confiance...*

(*b*). Note ajoutée en marge dans C.P.

1. *crotu.* C'est, en effet, un provincialisme, relevé et commenté par Alexis François (*Annales J.-J. R.*, t. III, p. 41).

P. 432.

(*a*). En marge de ce paragraphe on lit dans Br. : *Mais je (suis bien pressée) voudrois bien savoir (promptement) quelle mine on a quand on revient des Antipodes et je ne puis (d'avance) m'empêcher de rire (quand) en me le figurant d'(ici) avance avec une mine de Phlibustier. A propos, dis-moi, notre marin fume-t-il ? boit-il de l'eau de vie ? ayez soin de m'en avertir, car, à moins de cela, quand mes amis viennent me baiser, je n'aime pas à présenter l'oreille. Mon Dieu que... Tien, Cousine (en vérité, je meurs d'envie). En vérité, je crois que le cœur me bat d'impatience ; j'ai pourtant un peu peur qu'il ne me fasse peur. Dis moi, porte-t-il un grand sabre ?* « Pilotis » dont Rousseau a utilisé certains éléments à la fin de la lettre, mais sous une forme nouvelle.

(*b*). En face de ce paragraphe dans Br. on lit la phrase : *Tu sais bien que si je ris quand je pleure et n'en suis pas moins affligée, je ris aussi quand je gronde et n'en suis pas moins en colere.* Nouveau pilotis. Cette phrase est en effet reprise à la fin de la lettre.

(*c*). En marge de ce paragraphe, dans Br. (fo 306) : *mais le moyen que dans mon cœur (tendre) sensible l'amitié ne garde pas encore quelque apparence de l'amour.* Nouveau pilotis : la phrase est reprise au folio suivant après *tous les amis,* mais elle est développée, et, cette fois, intégrée dans le texte, à peu près sous sa forme actuelle.

P. 433.

(*a*). Ce paragraphe a été très remanié dans C.P. En marge des mots « ce qu'on aime » Rousseau a d'abord inscrit cette ébauche : *Il auroit toujours vu que tu détournes les yeux (quand il regarde) pour te laisser regarder (à son aise) (sans avoir l'esprit de songer) il n'auroit point songé que tu ne les baisses plus. Enfin...* Puis il a rédigé le texte : « Quoi qu'il en soit... remarqué cela » qu'il a inséré entre « toujours le même » et « Une autre chose... »

(*b*). Ms. Rey : *sur ton cœur.* C'était le mot vrai. Rousseau l'a sans doute trouvé trop cruel ?

1. Rousseau s'accorde ici par la bouche de Claire une louange à laquelle il tenait fort (cf. l'Introduction). Cette phrase suffirait à justifier le nombre des variantes reproduites dans notre édition. Au reste, cette lettre de Claire est tout entière une étude de style (cf. déjà III, 7). Par ses délicates variations verbales : courage-témérité, parfaite-facile, conduite-penchant, etc., l'écrivain nous révèle qu'il n'avait pas lu en vain les romanciers précieux.

2. Si l'on se souvient que le charmant visage de Sophie d'Houdetot portait des traces de petite vérole, quelle tentation d'imaginer que la vie, ici encore, a dicté la fiction ! Mais il faut être prudent, car : 1° Seul Saint-Preux a été marqué. Julie n'a conservé que des « traces imperceptibles ». Il faudrait donc imaginer un transfert. 2° Ces marques sont aux yeux de Julie, un « attrait » supplémentaire, parce qu'elle est sensible à la « pitié ». Rien de tel n'apparaît dans les sentiments de Jean-Jacques à l'égard de Sophie.

P. 434.

(*a*). Ms. Rey : *mais cousine, tu dois t'en souvenir, cette Julie pour qui la jeunesse et la figure d'un amant n'étoient rien, ne pensa jamais sans danger aux maux qu'il a soufferts pour elle.*

P. 435.

(*a*). C'est seulement sur C.P. corrigée (après Ms. Rey) que, devant les mots « A propos », Rousseau a inscrit : *P.S.* Dans Br. il avait ajouté ici en marge : *Je meurs de peur (qu'il ne me fasse) d'en avoir peur au premier abord.*

(*b*). « et tout ce qu'il y a... applaudir » est ajouté dans Br. C'est important car on voit que Rousseau, dès ce moment, songe aux développements romanesques de la fin et à l'aveu de l'amour de Claire pour Saint-Preux. Cette réserve, précisément parce qu'elle est spontanée, lui révèle à elle-même son amour.

1. Cette lettre n'est pas de pur remplissage. Outre qu'elle nous donne, comme nous l'avons dit, une nouvelle vue sur Saint-Preux, elle nous offre aussi quelques indications sur l'état d'âme de Claire en face de cet ami, tendrement aimé. Elle sera utile à relire quand nous arriverons aux lettres 13 (V^e^ partie) et 2 (VIe partie). Les « jalons » ainsi posés par le romancier ne sont pourtant pas assez nets pour que nous puissions affirmer qu'il songeait, dès la rédaction de cette lettre, aux prolongements romanesques des dernières parties.

2. « Pas si bizarre... » réplique Claire; mais elle s'engage aussitôt dans des voies qui n'aboutissent pas. Rousseau égare-t-il à dessein

le lecteur ? Peut-être. Claire verra pourtant plus juste lorsqu'elle dira plus loin : « évite les détails sur le passé et je te réponds de l'avenir ». Nous savons depuis longtemps que la véritable explication de ces attitudes, paradoxales en apparence, réside dans le mécanisme mystérieux de la mémoire affective. C'est sur lui que Wolmar joue sa dangereuse partie. Contrairement à ce qu'on pourrait croire, nous n'avons pas ici, comme dans les parties précédentes, une transposition de la singulière psychologie de Rousseau qui éprouvait des sentiments plus vifs à l'égard des êtres lorsqu'il était loin d'eux; il s'agit d'un phénomène plus mystérieux et plus profond. Julie présente offusque, « néantise » la Julie passée qui ne peut renaître que par le souvenir. C'est pourquoi Wolmar veut mettre Saint-Preux en face de la Julie présente. C'est pourquoi Saint-Preux la fuit.

P. 436.

(*a*). Toute la partie du texte depuis : « Mais quelle bizarre... » est une addition tardive qui remplace et développe ce premier jet dans Br. : *Son cœur un peu gonflé se comprime sans cesse auprès de toi, s'épanche avec ton amie et du moins il ose y pleurer.* Ce développement a été longuement travaillé dans Br. et dans C.P. qui présente une importante variante : après les mots « permis de t'aimer », Rousseau avait d'abord écrit : *et tous les charmes d'une flamme innocente renaissoient dans son cœur attendri. Cousine, il la peignoit si bien que j'avois peur de trop sentir moi-même combien c'est une douce chose d'aimer sans crime.* Texte doublement intéressant et par le jour qu'il projette sur les sentiments de Claire et par le rapprochement qu'il suggère avec Rousseau écoutant Mme d'Houdetot lui parler de Saint-Lambert !

(*b*). Ms. Rey : *que l'amitié seule n'inspire guéres ; mais...*

P. 437.

(*a*). Ce paragraphe dans Br. était dans un premier jet sensiblement différent. On y voyait Claire user franchement du chantage : *Enfin, aprés avoir été jusqu'à lui dire qu'il falloit t'obéïr ou ne te plus voir, Hé bien ! s'écria-t-il, avec un emportement dont je ne l'aurois pas cru capable, je ne la verrai plus jamais, mais pour son portrait, le voilà...*

P. 438.

(*a*). Br. : *minute.* C.P. : *seconde.* Ms. Rey : *minute,* corrigé en *seconde* à l'interligne.

(*b*) « A la promenade... les bons airs » : ajouté dans C.P. ainsi que la note correspondante. Manque dans Ms. Rey.

(*c*). « sans aller... avec Madame Belon » : phrase absente du Ms. Rey.

1. Sur la critique des *bienséances,* cf. *supra,* p. 250, n. 1 et lettre 2 (V^e^ partie), le jeu sur le mot *savoir-vivre.* On sent dans le texte, lui-même déjà tardif (cf. var. (*b*), p. 438), et surtout dans la note plus

tardive encore, un durcissement de Rousseau à l'égard de ses anciens amis. Celui qui parle ici n'est plus l'habitant de l'Ermitage, cet « ours » qu'on peut encore apprivoiser, c'est l'homme blessé à jamais, qui écrit à Mme d'Houdetot le 5 janvier 1758, à la suite d'un malentendu sur le paiement de son travail de copiste : « La franchise de vous autres gens du monde est de ne jamais dire ce que vous pensez qu'avec précautions, réserves, poliment, à double entente, à demi mot. Ma puérile franchise à moi, comme vous l'appellez vous-même, est d'interpréter tout cela dans mon langage rustique et de répondre sans détour à ce qu'on me fait entendre adroitement. » (*C.C.*, t. V, p. 4). Dans la même lettre, évoquant sa rupture avec Mme d'Épinay, il se dit « indignement outragé et abandonné pour ne vouloir pas être le Valet d'une femme méprisable... » (*Ibid.*, p. 7).

P. 439.

(*a*). Deux phrases de ce paragraphe (« et qui t'en promet bientôt un autre », « toi dont l'avarice... présent ») sont absentes du Ms. Rey et ont été ajoutées dans C.P.

(*b*). Ici dans Br. une phrase biffée : *Franchement, c'est faire agir ce talisman de bonne heure que de ne pas subjuguer les enfans même au sortir du berceau.*

(*c*). A partir d'ici Rousseau utilise un fragment de rédaction antérieure. Celle-ci s'arrête à : « ... m'eût déjà tourné ». Le manuscrit ordinaire reprend à : « Je sais que tu n'approuves pas... »

P. 440.

(*a*). Dans Br. ni numérotation, ni en-tête. Rédaction primitive.

1. D. Mornet pense que Rousseau se souvient ici de la petite Angélique d'Épinay. Ces pages nous paraissent aujourd'hui bien artificielles. Seule peut les sauver la pensée qu'elles aussi correspondent à un « rêve » et qu'elles furent écrites par un homme que tenaillaient le remords et le regret de s'être délibérément privé des joies de la paternité. Cf. *supra,* p. 400, n. 1.

2. Les dimensions anormales de cette lettre pourraient faire supposer qu'elle ne fut écrite qu'après la décision prise par Rousseau de donner six parties au lieu de quatre à son roman. Mais la note de la page 456 où il affirme formellement qu'elle a été utilisée par lui dans la *Lettre à d'Alembert,* rend cette hypothèse insoutenable. Au reste, à partir du moment (hiver 1756-1757) où, pour se faire pardonner d'écrire un roman, il avait décidé de conférer à celui-ci une haute signification morale, il devait nécessairement aboutir à cette description d'une économie domestique parfaite qui constituait (avec les deux autres lettres annoncées à la fin de celle-ci et qui trouveront place dans la Ve partie) un vaste tableau du bonheur campagnard et provincial, opposé à la détresse et à l'ennui parisiens. Ces longues pages, aujourd'hui un peu fanées, brillaient alors d'un éclat tout neuf. Elles rejoignaient une mode que Prévost et Richard-

son en particulier avaient contribué à répandre. La prédication sur le retour à la vie simple et rurale trouvait alors une faveur nouvelle. En 1755 Delille commence la traduction des *Géorgiques,* en 1757 le marquis de Mirabeau lance *l'Ami des hommes...* Est-il nécessaire de multiplier les dates, les noms, les titres ? Ce travail a déjà été fait par D. Mornet dans son Introduction (*N.H.*, t. I, pp. 46-47 et 65-75) et dans les nombreuses notes qu'il a placées au bas des pages de cette lettre (*N.H.*, t. III, pp. 143-223). Et il a été récemment précisé et enrichi par Robert Mauzi dans de nombreux développements de sa vaste enquête sur *l'Idée du bonheur au XVIIIe siècle.* (Cf. en particulier, le chapitre IX, « L'Immobilité de la vie heureuse », pp. 330-385 et le chapitre IV, « Bonheur et condition sociale », pp. 149-179.) A la lumière de ces travaux, cette lettre et celles qui vont la compléter apparaissent comme des pièces importantes dans l'un des grands débats qui ont passionné le XVIIIe siècle (cf. *supra,* p. 76, n. 2).

Est-ce suffisant pour justifier leur insertion dans une série romanesque ? Duclos n'en était pas assuré. Dans une des lettres, pourtant très élogieuses, qu'il adressa à Rousseau en novembre 1760 lorsque celui-ci le prit pour premier juge de son œuvre, il faisait cette réserve : « Je pense encore que vous devez, dans la préface, prévenir le lecteur sur la longueur ou plustôt l'étendue de deux letres du quatrième tome [évidemment celle-ci et la onzième sur l'Élysée] et de deux du cinquième [évidemment les lettres 2 et 3. La lettre 7, sur les vendanges, semble avoir été épargnée par cette sévère censure]. Elles feroient, à l'exception de celle sur l'Élizée, un excelent traité séparé; mais qui ne sera pas lu avec tant de plaisir dans le lieu où il se trouve; parce qu'il suspend un intérêt très vif. » (*C.C.*, t. VII, p. 324). Le reproche était sérieux. Rousseau n'en a pas tenu compte. Qu'aurait-il pu dire pour se défendre ?

Ceci d'abord : que la longueur et le rythme de ces lettres sont destinés à nous donner une sensation physique de la qualité nouvelle de la vie intérieure des héros. « Alors que les lettres exaltées du début », a écrit J.-L. Bellenot, « au style heurté et entrecoupé d'exclamations, marquent l'exaspération progressive d'un désir (...) uniquement préoccupé de son assouvissement dans l'avenir, toute la seconde partie du roman en revanche sera tournée vers le passé et pénétrée de mémoire affective qui se coule dans les longues périodes plus apaisées et nostalgiques des lettres de Saint-Preux » (*Annales J.-J. R.*, t. XXXIII, p. 186). Il aurait pu dire aussi que, malgré les apparences, nous ne sortons pas du roman. C'est Saint-Preux qui parle, et qui se révèle. C'est de Julie qu'il parle, et c'est une femme toute nouvelle qu'il nous fait découvrir; c'est à Milord Édouard qu'il s'adresse et il dessine ainsi l'action future du roman : « J'espere, sur le projet qui vous occupe... » (p. 441); « Vous savez à quelle intention... » (p. 470).

Mais la vraie, la seule justification de cette immense lettre est le *plaisir* qu'éprouvait à l'écrire l'homme qui venait de publier l'article « Économie politique » et qui méditait les *Institutions poli-*

tiques. Plaisir d'autant plus vif, qu'écrivant un roman, il pouvait s'abandonner à des rêveries qu'on eût mal pardonnées à l'économiste ou à l'homme politique. A la fin de la lettre, relevons un aveu significatif : « en vérité, tout cela forme un tableau si ravissant qu'il ne faut pour aimer à le contempler, d'autre intérêt que le plaisir qu'on y trouve. » En écrivant cette lettre, ainsi que les trois qui la suivront, Rousseau a donc été simplement fidèle à son dessein initial de décrire « un monde enchanté »; cf. la phrase clef (p. 441) : « Une société selon mon cœur ». « On aurait mauvais cœur », dit encore J.-L. Bellenot, « de ne pas goûter le charme de l'idylle de Clarens : rêve de compensation aussi chimérique que celui de l'amour passionné et auquel la nostalgie douloureuse prête autant sinon plus de vie. » (*Annales J.-J. R.*, t. XXXIII, p. 193).

Ainsi les très nombreux lecteurs qui ne sont pas des spécialistes de l'histoire économique et sociale du XVIIIe siècle peuvent découvrir dans ces pages, autant que dans les lettres d'amour du roman, la personnalité de l'auteur — comme dans l'évocation de Salente, celle de Fénelon. Que de richesses contradictoires ! Que de surprises ! Un mélange de réalisme et d'idéalisme, où le réalisme est, de loin, l'élément dominant; un goût, allant jusqu'à la passion, de la méthode et du système; l'affirmation des droits de la sensualité (le premier mot est celui de « plaisir », la fin de la lettre ajoute un nouveau chapitre à l'*Art de jouir*); un épicurisme raffiné, dont la démonstration est sans bavures et qui aboutit même à des conséquences qui nous scandalisent : la poursuite du bonheur de la communauté identifié à l' « intérêt du maître » ne va-t-elle pas jusqu'à justifier la délation ! Un traditionalisme, un conservatisme que nous connaissions (cf. *supra,* p. 76, n. 1 et p. 77, n. 2) mais qui s'étalent ici avec une parfaite impudeur, s'appuyant à la fois sur les principes de la *Morale sensitive* et sur une conception patriarcale de la vie sociale empruntée à l'Écriture, un « paternalisme » communautaire. Autre découverte, le mot clef de tout le « système », c'est *l'ordre* ! Il s'inscrit dans le texte presque aussitôt après le mot *plaisir,* il y reparaît comme un leitmotiv. D'où l'extraordinaire sévérité de la morale sexuelle, les désirs de la chair apparaissant comme la source des plus graves désordres. D'où le pouvoir absolu accordé par ce « démocrate » au chef de la communauté, image de Dieu sur la terre. Autorité tempérée, il est vrai, par l'amour du chef pour les membres de la communauté, qui, considérés comme des « enfans », ignorent la « servitude »; adoucie surtout par la présence à ses côtés de Julie, incarnation vivante de l'Amour, équilibrant par la miséricorde et la beauté l'ordre et la justice.

Faut-il le dire enfin, ce qui sauve cette lettre-fleuve, c'est l'art de l'écrivain, la variété des procédés : portraits, récits, dialogues, descriptions; la variété des tons surtout : lyrisme du début, ironie, satire, tendresse, éloquence et, derrière chaque phrase, un homme vivant qui parle à chacun de nous.

P. 441.

(*a*). Dans Br. en marge, Rousseau a d'abord écrit : *N.B. dire ici le sujet de cette lettre.* Puis il a rédigé au-dessus le paragraphe : « En attendant... »

P. 442.

(*a*). « La Baronie... frequemment » manque dans Br. Jalon pour la lettre sur les vendanges. Mais d'abord, dans la dernière phrase, pour le départ de Wolmar (cf. lettre 12, pp. 496-497).

1. Sur tout ce passage, voir André Bourde, *Agronomie et Agronomes en France au XVIIIe siècle* (thèse de Paris, 1958), IIe partie, chap. xiii, « Les agronomes et l'étude de la Société rurale », et surtout le section V, « L'idéal agronomique d'une société rurale harmonieuse ». Le développement de Rousseau reprend les thèmes « améliorateurs », « culturalistes » et « populationnistes » qui se développèrent au cours de la controverse physiocratique. Cf. G. Weulersse, *le Mouvement physiocratique en France*, Paris, 1910.

La peinture idéale ou idéalisée du propriétaire ou du seigneur « bienfaisant » est un thème fréquent au xviiie siècle. On le trouve en bonne place dans les ouvrages ou traités d'agriculture de l'époque; déjà dans L. Liger, *Économie générale de la campagne, ou Nouvelle maison rustique*, Paris, 1700 (nombreuses rééditions au xviiie siècle). Après 1750, le débat agronomique puis physiocratique le popularisera et en fera un sujet commun et d'une actualité persistante; cf. les traités et ouvrages de Mirabeau, Duhamel Du Monceau, Dupuy-Demportes, etc.

Les « agronomes » suisses insisteront, après la publication du roman de Rousseau, sur l'aspect vertueux de l'exploitation idéale d'un domaine : Hirzel, *Le Socrate rustique*, Zurich, 1762; Engel, article « Pomme de terre », dans le Supplément à l'*Encyclopédie*.

P. 443.

(*a*). Br. ajoutait ici en marge : *C'est encore de quoi les éxemples se préparent en plus d'un lieu. Dans deux cens ans d'ici, le commerce et la marine auront fait de l'Europe le plus miserable séjour du monde, un lieu inculte et désert, un vrai repere de brigands où il faudra si l'on veut vivre manger de l'or au lieu de pain.* Cet ajout n'a pas été conservé. Il en va de même pour ce texte inscrit en marge, mais sans renvoi : *Les richesses en argent sont des richesses illusoires et précaires dont la valeur tient à mille choses qui ne dépendent pas de ceux qui les ont. Il y a des pays où l'on meurt de faim avec un écu ; mais il n'y en a point où une livre de pain ne rassasie son homme ; il ne s'agit donc pas pour les peuples de compter les millions qu'ils ont ; mais de savoir si avec ces millions ils auront toujours des denrées commodément, à leur volonté, et autant qu'il leur plaira.*

(*b*). Note absente de Ms. Rey.

1. *Bénéficence :* Archaïsme et provincialisme, cf. Al. François, *Annales J.-J. R.*, t. III, p. 33.

2. *Denier :* « Intérêt d'une somme, d'un capital », dit Littré (au sens 8), qui cite plusieurs exemples empruntés à la littérature du XVIIe et du XVIIIe siècle (denier cinq, dix, vingt, etc.) et ajoute : « Toutes ces expressions sont tombées en désuétude; elles sont remplacées par celles-ci : 5 pour 100, 3 et demi pour 100, etc. »

3. *Batz :* trentième partie d'un écu ou thaler bernois (autre forme : bache, plus populaire), cf. Al. FRANÇOIS, *Annales J.-J. R.* t. III, p. 36. Le thaler valait environ 4,50 francs-or.

P. 444.

(*a*). Ici Br. comportait un long développement commençant par les mots : *Une qualité que j'admire surtout en elle...* et s'achevant par les mots : ... *mais à leur être utile.* Ce développement a été transporté avec quelques modifications plus tard dans la lettre 2 de la Ve partie (pp. 533-534). Rousseau l'avait d'abord transcrit dans C.P. à sa place primitive; puis il a entouré le texte d'un trait continu et inscrit en marge ces mots : *N.B. à mettre ailleurs,* sans préciser autrement. Ce transfert est une indication intéressante sur le travail opéré par Rousseau sur son manuscrit lorsqu'il a décidé de lui donner ses dimensions définitives. Il a allégé un peu cette IVe partie pour grossir la Ve.

1. L'opposition entre les « bons » domestiques campagnards et les « coquins » domestiques citadins est un thème courant dans la littérature agronomique de l'époque. Il convient pour juger équitablement ces pages de se rappeler la place considérable qu'occupaient alors les domestiques dans la vie d'une famille noble. F. Vermale, dans son ouvrage sur *les Classes rurales en Savoie au XVIIIe siècle,* Paris, 1911, p. 250, qui confirme sur bien des points la description de Rousseau, a étudié le cas du marquis Costa qui ayant décidé de vivre simplement comme les Wolmar n'avait gardé que dix-neuf domestiques ! A qui s'étonnerait de la violence du ton employé par Rousseau contre ces « coquins », ce « ramassis de canaille », faut-il rappeler qu'il les avait connus de très près, qu'il avait été l'un d'eux ? Ici encore, sous la théorie abstraite, se cache la blessure non cicatrisée de l'homme du ruban volé.

P. 445.

(*a*). Ms. Rey : *Enfin l'on peut dire qu'on est servi dans cette maison par des hommes plustot que par des Valets ; ce qui convient surtout dans un pays de liberté.*

P. 447.

(*a*). Br. : *Orsinge.* Preuve nouvelle du caractère primitif de cette lettre.

1. Abréviation de « Leurs Excellences », titre officiel des magistrats de Berne.

2. « On dit dans le discours familier, *bonhomme, bonne femme, bonnes gens,* pour signifier un homme et une femme qui sont déjà dans un âge avancé » (*Dict. Acad.*, 1762).

P. 448.

(*a*). « Quand M. de Wolmar... plus à perdre » manque dans Br.

(*b*). Texte de Br. et de Ms. Rey. L'éd. Rey, 1761, a « leur maisons ». Faute d'impression évidente corrigée dans éd. Rey, 1763, et Duchesne 1764, en « leur maison ». Mais le pluriel est d'autant plus certain que Rousseau pour « leur service », écrit par erreur au pluriel dans Ms. Rey, a pris soin de rétablir dans son texte définitif le singulier de Br.

(*c*). Note absente de Br. et de C.P. Nouvelle preuve de ce durcissement qui se produit chez Rousseau vers 1760. Lui aussi a « beaucoup changé » depuis les mois enchanteurs de l'été 1756 !

P. 449.

1. Fanchon Fazy, une cousine de Rousseau, avait été abandonnée par son mari David Michel, en 1729, après un an de mariage, elle et l'enfant qu'elle allait mettre au monde. Son inconduite avait causé cet abandon. Quelques années plus tard, en 1738, elle était à nouveau enceinte d'un homme qui refusa de l'épouser. Elle vint chercher secours auprès de Mme de Warens et de son secrétaire Jean-Jacques qui écrivit en sa faveur à son frère Jean Fazy une lettre pressante où il faisait appel à ses « principes d'honneur et de charité (...) pour parer (...) aux extrémités où le désespoir et la misère pourroient la jetter » (*C.C.*, t. I, p. 66). Alexis François qui le premier a publié cette lettre (*Annales J.-J. R.*, t. XIII, pp. 192-196) et suggéré les rapprochements qu'elle impose, n'a pas manqué de mettre en lumière le travail d'idéalisation que le romancier a opéré sur les données offertes par la vie. Fanchon Regard est chez lui une honnête fille, victime d'une trahison; mais comme *la Nouvelle Héloïse* est le roman du bonheur, à la dernière minute elle verra revenir vers elle, près du lit de Julie mourante, son époux repentant ! (VI, 11, pp. 721-723).

2. Sur cette rigoureuse morale sexuelle, cf. *supra,* p. 128, n. 2; p. 137, n. 1; p. 268, n. 1 et p. 440, n. 2.

P. 451.

(*a*). Note absente de C.P.

(*b*). Note absente de C.P. où le mot est orthographié *ginécée.*

P. 452.

(*a*). A partir de : « Quoique tous les domestiques » (p. 449), jusqu'à « l'exclusion du maître », Br. offre un texte très profondément travaillé. A plusieurs reprises, après avoir corrigé des détails,

Rousseau a biffé des développements entiers qu'il a repris en marge sous une autre forme. Voici deux fragments du premier jet :

1° Au lieu de « La maxime de Mme de Wolmar... des hommes » : *Mais quel exemple eſt plus propre à juſtifier le sentiment de Madame de Wolmar que celui de sa maison même où les femmes sont d'autant plus honorées des hommes qu'elles ont moins de commerce avec eux et où il règne un accord d'autant plus parfait entre les deux sexes qu'il n'y règne aucune familiarité.*

2° Après « l'exclusion du maître » : *Il y avoit deux étrangères : Vous savez que les paysannes du pays de Vaud se conservent sous leurs grands chapeaux de paille, un teint fort blanc et de vives couleurs ; je me trouvai au milieu de six personnes assés jeunes et qui toutes, en l'absence de l'une d'elles, auraient pu passer pour jolies. Je crus être dans un petit serrail, et ce qui m'amusa le plus c'eſt que je m'aperçus à leur chuchotage et à leurs sourires que ma présence leur causoit quelque sorte d'embarras et que ces goûters étoient ordinairement fort gais. Pour moi je profitai de celui-ci avec délices.*

(*b*). Voici, après « écrelets », le premier jet de Br. pour ce passage : *Je ne finissois point de manger de tout cela et je ne sais pourquoi ce laitage sembloit m'animer comme auroit fait du vin d'Espagne. Julie rioit de mon appétit et me dit en me présentant une assiette de créme : convenez que l'écot des femmes vaut bien (le punch de milord Edouard) celui des Valaisans qui ne daignent pas les admettre à leur table ; on s'enivre quelquefois à l'un et à l'autre, lui répondis-je, mais il eſt vrai que j'aime mieux celui-ci. Ah ! faillis-je ajouter en la regardant un peu trop, celui du chalet valoit mieux encore. Hélas mes yeux le dirent peut-être, elle détourna les siens, et ma bouche se tût.*

Il se fit entre nous un moment de silence, elle se mit à carresser ses enfans et je sentis renaître le calme au fond de mon cœur.

En sortant pour...

Ici Rousseau s'eſt arrêté, a biffé tout son texte et repris : « Je goutai délicieusement... » jusqu'à « ce sera la dernière. »

(*c*). La note eſt inscrite dans C.P. mais l'appel eſt donné après *grus* et elle s'achève ainsi : ... *connus au Jura sous le même nom, surtout du côté de Clarens.* Dans éd. Rey. 1763, la note eſt ainsi rédigée : *Laitages excellens qui se font sur le mont Jura.*

1. Le sens du goût était chez Rousseau, comme il sera chez Prouſt, un des plus développés (cf. *supra,* p. 371, n. 7, III, 20). A l'appétit de l'homme de grand air, se joignait chez lui une sensualité d'artiſte aux goûts à la fois simples et raffinés. Le vin, les laitages, le café occupent dans le roman une place considérable, proportionnée à celle qui eſt la leur dans les *Confessions* (cf. en particulier la journée de Thoune, la halte chez le paysan qui découvre ses richesses, les petits déjeuners des Charmettes, les repas de Môtiers préparés par Thérèse; cf. *O.C.*, Pléiade, t. I, p. 606, n. 4). L'artiſte jouit par le souvenir. Les « mots de païs » par leur seule magie ressuscitent les temps heureux. Alexis François nous apprend que

le *gru* était du lait caillé mêlé de crème; la *céracée* (ou séracée) du lait caillé sans crème, et l'*écrelet,* une sorte de pain d'épices (*Annales J.-J. R.*, t. III, pp. 36, 40, 43).

2. « *Ecot,* signifie encore la compagnie des personnes qui mangent ensemble dans un cabaret. » (*Dict. Acad.*, 1762).

P. 453.

1. Pythagore interdisait, entre autres aliments, les viandes, le poisson et le vin. Cf. Ovide, *Métamorphoses,* l. XV, vers 75-175. Il voyait dans la consommation de chair un crime contre la vie.

P. 454.

(*a*). Br. : *un jeu de quilles.* Ms. Rey : *un jeu de boule et de quilles.*

1. « Blanc se dit aussi du but où l'on tire » (*Dict. Acad.*, 1762).

P. 455.

(*a*). Que s'il se trouve... les choisir » est ajouté dans Br. en marge.

P. 456.

(*a*). Dans Br. Rousseau avait successivement écrit, biffé et rétabli « la plupart ». Et il avait d'abord dit : *qui ont presque tous de mauvaises mœurs.*

(*b*). Note absente de Br., insérée sans appel de note dans C.P., supprimée dans éd. Rey, 1763.

Le texte de la *Lettre à d'Alembert* est en effet à peu près semblable. Il comporte quelques variantes; voici les plus importantes (références empruntées à l'édition Fuchs, pp. 171-173).

1° Le début : « L'hiver, tems consacré au commerce privé des amis, convient moins aux fêtes publiques. Il en est pourtant une espece dont je voudrois bien qu'on se fît moins de scrupule, savoir les bals entre de jeunes personnes à marier. Je n'ai jamais bien conçu pourquoi l'on s'effarouche si fort de la danse et des assemblées qu'elle occasionne : comme s'il y avoit plus de mal... »

2° Toute la phrase depuis : « Pour moi... » jusqu'à « tête-à-tête » est absente.

3° « ... que l'Évangile ne prescrit pas *et que tout bon Gouvernement condamne* ». L'auteur de la *Lettre* se place davantage sur le plan de la cité politique; celui du roman sur le plan de la famille et de l'individu. Il insiste sur la liberté du chrétien en ce domaine.

4° Parmi les variantes de pure forme relevons celle-ci évidemment dictée par le souci d'euphonie : « contrainte éternelle » séquence dure à l'oreille a été remplacée dans le roman par « éternelle contrainte ».

1. Les attaques contre les moines étaient traditionnelles en France depuis le moyen âge. Elles se développèrent de plus belle à l'époque des Philosophes et des Encyclopédistes. Mornet (*N.H.*, t. III, p. 205, n. 3) rappelle à ce sujet le chapitre sur les *Dervis* dans les

Lettres persanes et cite un extrait de l'*Index* des *Lettres juives* au mot « moines » qui ne manque pas de saveur : « Gens vils et méprisables, deshonorent les trois quart et demi des maris, (...) sentine de tous les vices », etc. Rousseau sur ce chapitre épouse l'opinion des Philosophes sans restriction. Son expérience personnelle, les souvenirs affreux de l'Hospice du *San Spirito* l'y aidaient sans aucun doute (cf. var. (*b*), p. 589, V, 5). Et aussi son protestantisme. « Qu'un Moine nie un dépot », dit-il calmement dans la *Profession de foi* (O.C., Pléiade, t. IV, p. 634), « que s'ensuit-il, sinon qu'un sot le lui avoit confié ? » On pourrait s'étonner que les censeurs de Malesherbes aient laissé passer cette attaque, mais celle-ci était accompagnée d'une critique plus vive encore contre la « sévérité » des mœurs protestantes et de « nos Gens d'Eglise ».

P. 457.

(*a*). Ici prend fin le texte emprunté à la *Lettre à d'Alembert.* Il se prolongeait dans celle-ci pendant plusieurs pages encore avant de s'achever par une enthousiaste péroraison : « ces bals ainsi dirigés ressembleroient moins à un spectacle public qu'à l'assemblée d'une grande famille et du sein de la joie et des plaisirs naîtroient la conservation, la concorde et la prospérité de la République. » (éd. Fuchs, p. 176). Mais après avoir ainsi largement donné la parole au « Citoyen », au « Romain », Rousseau inscrivait au bas de la page une note d'un ton bien différent, très proche des *Confessions,* où il avouait que ces proclamations, toutes sincères qu'elles fussent, étaient profondément contraires à ses goûts les plus intimes : « je m'ennuie à voir danser (...) j'aime la Comédie à la passion... » Ces confidences nous aident à comprendre l'espèce d'ennui glacé que font naître en nous ces quelques pages.

1. Sur l'opposition du « tête à tête » aux « assemblées », cf. *supra,* I. 33, Rousseau ne se contredit pas; il est, au contraire, fidèle à sa pensée. Mais l' « optique » de Julie épouse et mère n'est plus celle de Julie amoureuse.

P. 458.

(*a*). « et j'apprends... M. de Wolmar » manque dans Br. Ajouté dans C.P.

P. 459.

(*a*). Br. : en *Europe*.

(*b*). « Les valets... adroitement » manque dans Br. Ajouté dans C.P.

P. 460.

(*a*). Toute cette partie du texte depuis : « c'est surtout » a été très travaillée dans Br., en particulier les mots *pour le bonheur de ceux qui les servent* ont été ajoutés après le premier jet. La phrase : « La servitude... mécontentement » est absente.

P. 461.

(*a*). Dans Br. les longs développements qui suivent ont été rédigés d'abord sous une forme différente : *Que faire donc pour trouver cet accord si rare et si peu naturel de la servitude et de l'honnêteté, pour concilier la bienveuillance reciproque avec leur devoir et leur donner à la fois du zèle pour leur maitre et de l'amitié l'un pour l'autre ? Voici Milord, comment on s'y prend ici pour cela.*

Premiérement, on n'a rien épargné pour détruire ou prévenir en eux les préjugés du vice et substituer dans leurs cœurs une saine morale aux maximes de leurs pareils... (Cette dernière phrase correspond au paragraphe qui se trouve actuellement p. 463 : « On a commencé par détruire... »)

Rousseau a ainsi poursuivi sur sa lancée pendant une page de son manuscrit; puis, il a tout barré, et repris par les mots : « C'est une grande erreur... »

(*b*). Note absente de Br. et ajoutée dans C.P. Mais, après les mots : « le plus méchant fripon de tous », Rousseau avait d'abord écrit : *Cela seul me dégouteroit d'être riche (puisque le plus grand avantage de l'être n'est que d'attrouper des coquins autour de soi). Je n'entrai jamais dans la maison d'un de ces malheureux (sans déplorer leur sort en voyant que) sans rire ou gémir de leur sort, en voyant que le seul usage qu'ils pouvoient faire de leur fortune est d'attrouper tant de coquins autour d'eux. Un des plus doux plaisirs...*

Ce discours sur le malheur des riches était évidemment mal à sa place dans une lettre exaltant le bonheur des Wolmar qui sont riches et s'adressant à Milord Édouard qui l'est plus encore ! Il manquait aussi de délicatesse à l'égard des Montmorency dont Rousseau était alors l'invité.

P. 462.

1. Paragraphe important, où Rousseau s'oppose franchement au courant de pensée alors très général qui tendait à refuser à la bienfaisance tout fondement métaphysique et religieux, à ne jamais parler de charité ni surtout de charité chrétienne, mais de philanthropie, d'amour de l'humanité. Sans doute ne se prive-t-il pas de lancer une flèche en terminant contre les pasteurs qui « disent » sans « faire sentir ». Mais lui-même affirme que le fondement suprême de l'amour des hommes est l'amour de Dieu. Nuançons les affirmations de la note 2 de la page 440 : le paternalisme de Rousseau est au moins autant chrétien que patriarcal : c'est la doctrine sur les deux commandements complémentaires : l'amour de Dieu et l'amour du prochain, celle du corps mystique; celle qu'a formulée le Christ dans le *Pater* et le Catéchisme dans l'acte de charité : « J'aime mon prochain comme moi-même, pour l'amour de Vous. »

P. 465.

1. « On appelle *Grands Jours* une assemblée ou compagnie extraordinaire de juges, tirés ordinairement des cours supérieures, qui ont commission d'aller dans les provinces éloignées pour écouter les plaintes des peuples et faire justice. » (*Dict. Acad.*, 1762). L'expression a conquis ses titres de noblesse en littérature avec les *Mémoires sur les Grands Jours d'Auvergne,* de Fléchier.

P. 466.

(*a*). Ici Br. 1er jet ajoutait : *Il n'en coute guères moins à cette ame sensible de renoncer à quelqu'une de ses affections, qu'à celui qui en est l'objet de la perdre et qui sait mieux que moi qu'on souffre d'en perdre une seule même en conservant toutes les autres.*

(*b*). Phrase absente de Br. et ajoutée dans C.P.

(*c*). Br. 1er jet ajoutait ici : *l'homme étant fait pour agir et pour désirer il faut que sa félicité présente naisse de celle qu'il se prépare...*

(*d*). Br. 1er jet... *perpétuent la jouissance, la rendent plus (parfaite) pure en la rendant durable et transforment le plaisir en bonheur.*

(*e*). Br. comporte ici un développement, non biffé, mais supprimé par la suite, Rousseau ayant sans doute jugé qu'il y laissait trop paraître les réactions personnelles et passionnées de l'homme révolté, indignes d'un « philosophe » heureux comme Saint-Preux : *Entretenir à grands fraix une foule de coquins, se ruiner pour être mal servi, mal obéï, mal nourri, volé, moqué par toute cette canaille ; sacrifier son bien, ses commodités, son bonheur, au zèle d'élever pour les emplois publics ces pépinières de fripons ; j'ai vu des païs où cela s'appeloit vivre en grand seigneur, et où ces grands seigneurs (ne laissent pas de s'appeler eux-mêmes) sont assés plaisamment appelés les appuis de l'état, c'est sans doute de là qu'est venu le proverbe : à tel maître, tel valet.*

1. Comment ne pas se rappeler en lisant ces lignes l'épisode du ruban volé et les explications qui le terminent : « Si M. de La Roque m'eut pris à part, qu'il m'eut dit : ne perdez pas cette pauvre fille. Si vous êtes coupable, avouez-le moi; je me serois jetté à ses pieds dans l'instant; j'en suis parfaitement sur. Mais on ne fit que m'intimider quand il falloit me donner du courage... » (*O.C.*, Pléiade, t. I, p. 87). O merveille du roman ! Grâce à Julie, M. de Wolmar devient ce que M. de La Roque n'avait pas su être. Le temps d'écrire cette page, et le cœur de Jean-Jacques cesse d'être torturé par l'image de « cette pauvre fille » qui vient en songe lui « reprocher [son] crime comme s'il n'étoit commis que d'hier ».

2. Cette œuvre célèbre avait été rééditée en 1735 avec préface et notes par Lenglet du Fresnoy. Que Rousseau, grand lecteur de romans, l'ait bien connue, ne saurait nous étonner. Mais il est intéressant de noter :

1° Que le *Roman de la Rose* est le premier texte littéraire qui a exploité l'histoire d'Héloïse et d'Abélard, et que Jean de Meung en avait tiré une doctrine exaltant l'Amour qu'il opposait au mariage conçu comme l'obstacle majeur à la vie spirituelle authentique.

2° Que ce souvenir du roman médiéval ne s'est présenté qu'assez tard à l'esprit du romancier, ainsi que l'idée de compléter le titre de son roman par les mots « Nouvelle Héloïse » (cf. *supra,* p. 3, n. 1).

P. 467.

1. Au moment où Rousseau écrivait ces pages, celui qui était encore son ami écrivait, après *le Fils naturel* qui avait failli les brouiller, une seconde pièce : *le Père de Famille,* ainsi qu'un essai sur le théâtre où il développait ses idées sur « les devoirs des pères envers leurs enfans, et des enfants envers leurs parents, le mariage, le célibat, tout ce qui tient à l'état d'un père de famille » (*De la Poésie dramatique,* chap. II, « De la Comédie sérieuse », *Œuvres* de Diderot, éd. Assézat, 1875, t. VII, p. 309). Il est difficile de ne pas imaginer entre les deux amis des entretiens approfondis sur des sujets qui les passionnaient également. Chose curieuse, c'est peut-être chez Rousseau que l'expression rend le son le plus juste. Le père de la petite Angélique ne quitte pas un style ampoulé, guindé, sans chaleur. Tandis que Rousseau chante le bonheur du père de famille (qui n'a d'égal que celui de Dieu même !), avec une émotion et une chaleur devant lesquelles nous demeurons désemparés. Jamais il n'a été plus profondément engagé dans le monde des chimères !

P. 469.

(*a*). « Au surplus... bienséant » est ajouté en marge dans Br.

(*b*). Dans Ms. Rey et dans les éd. Rey, 1761 et 1763, cette phrase se termine par un point d'interrogation. Erreur évidente qui s'explique par une phrase inscrite dans Br., conservée dans C.L. et supprimée ensuite : ... *d'en avoir, nul ne vaque à ses affaires particulières au préjudice de son service ; car quelle plus importante affaire peuvent-ils avoir ? Ils savent*... Mais il est piquant de noter que dans Br., Rousseau avait ponctué seulement par un point et virgule.

P. 470.

(*a*). Dans Br. en marge, après la fin de la lettre, Rousseau a esquissé ce début pour la suivante, sur l'Élysée : *après vous avoir écrit une longue lettre sur un sujet important, je vais me donner une longue récréation sur un sujet frivole.*

(*b*). Dans Br. pas de numérotation. Cette simple indication : *Lettre.* Le premier folio de cette lettre (jusqu'à « tombé des nues ») est (exceptionnellement) rédigé seulement au recto. Il commençait par ces lignes (supprimées dans C.P.) : *Je vais vous écrire une longue lettre sur un fort petit sujet : je vous en préviens afin que vous ne la lisiez qu'à votre loisir ; mais pour vous instruire exactement de l'état de mon cœur, il faut bien que je vous entretienne de tout ce qui sert à le modifier.* Le folio suivant commence par les mots : « Je ne vois dans ces terrains si vastes... » (p. 480). Toute la partie intermédiaire du manuscrit (pp. 471-480) paraît perdue.

1. Sur la place de cette lettre dans la composition d'ensemble de la IVe partie, et sur sa signification morale et sentimentale, cf. *supra*, p. 398, n. 1. Bien que le sujet en soit plus « frivole » que celui de la précédente, et qu'elle soit par conséquent mieux à sa place dans le roman (c'est ce qu'admettra Duclos, cf. *C.C.*, t. VII, p. 324), Rousseau a bien senti que, surchargée à ce point de descriptions et de dissertations, elle risquait d'être refusée par le lecteur. C'est pourquoi à deux reprises (cf. lettre 10, var. (*a*), p. 470 et lettre 11, var. (*b*), p. 470), il en a esquissé une justification. La première est un véritable aveu; la réaction du bon élève qui, fatigué d'avoir trop longtemps travaillé sur un sujet austère, se donne un peu de « récréation » ! La seconde plus importante, est l'ébauche d'un développement du livre IV des *Confessions*, où, se posant le problème de la vérité, Rousseau explique qu'il a cru nécessaire pour ne pas lui être infidèle de descendre jusque dans les plus petits détails : « Il y a une certaine succession d'affections et d'idées qui modifient celles qui les suivent et qu'il faut connoitre pour en bien juger (...) Je voudrois pouvoir en quelque façon rendre mon âme transparente aux yeux du lecteur... » (*O.C.*, Pléiade, t. I, pp. 174-175). Dès 1764, dans le premier *Préambule*, il s'était exprimé d'une manière plus explicite encore : « Que de riens, que de miséres ne faut-il point que j'expose, dans quels détails révoltans, indécens, pueriles et souvent ridicules ne dois-je pas entrer pour suivre le fil de mes dispositions secretes, pour montrer comment chaque impression qui a fait trace en mon ame y entra pour la prémiére fois ? » (*Ibid.*, p. 1153). Cf. sur ce problème de l'autobiographie l'Introduction de B. Gagnebin et M. Raymond *(ibid.)*, le chapitre VII de l'ouvrage de Jean Starobinski, et notre propre Introduction.

Finalement, Rousseau a supprimé cette « justification » que Saint-Preux n'avait pas à faire et lui a substitué un préambule lyrique qui, d'une autre manière, est encore un fragment anticipé des *Confessions*. Il y révèle en effet une des tendances profondes de son caractère : la « paresse ». Dans une des *Lettres à Malesherbes*, après s'être défini « une âme paresseuse » il ajoutera : « Cette paresse est incroyable; tout l'effarouche (...) L'espèce de bonheur qu'il me faut, n'est pas tant de faire ce que je veux, que de ne pas faire ce que je ne veux pas. La vie active n'a rien qui me tente (...) j'ai cent fois pensé que je n'aurois pas vécu trop malheureux à la Bastille, n'y étant tenu à rien du tout qu'à rester là. » (*O.C.*, Pléiade, t. I, p. 1132 et la note correspondante, où sont cités plusieurs textes concordants). Peut-être cet aspect de son œuvre vaudra-t-il à l'auteur de *la Nouvelle Héloïse* une chance nouvelle d'être goûté en notre époque d'hyperactivité mortelle et d'aspiration désespérée au « délicieux loisir ».

Dans son Introduction (*N.H.*, t. I, pp. 67-74), et dans ses notes (*N.H.*, t. III, pp. 223-247) D. Mornet a fait de ces pages un abondant commentaire. Utilisant l'enquête qu'il avait conduite sur *le Sentiment de la nature en France au XVIIIe siècle de Jean-Jacques Rousseau à Bernardin de Saint-Pierre,* il a prouvé que Rousseau, dans cette description d'un jardin idéal (en particulier, dans cette apologie des jardins « à l'anglaise »), s'était abandonné à un courant qui emportait son siècle. L'enquête récente de Robert Mauzi est venue apporter une justification nouvelle à cette thèse (cf. en particulier chap. IX, « L'immobilité de la vie heureuse », pp. 362 sq., et surtout pp. 372-374). Mais on regrette que le développement n'y soit pas chronologique et ne permette pas de préciser exactement l'originalité de Rousseau. Ces conclusions sur les « sources » n'enlèvent rien au caractère très personnel du texte. Nous y retrouvons les éléments essentiels du « paysage » de Rousseau tel qu'il nous est apparu dans la lettre sur le Valais, tel qu'il l'a défini à maintes reprises dans ses écrits autobiographiques ou sa correspondance (cf. en particulier, le passage célèbre du livre III des *Confessions :* « Jamais pays de plaine, quelque beau qu'il fut, ne parut tel à mes yeux. Il me faut des torrens, des rochers, des sapins, des bois noirs, des montagnes... » *O.C.*, Pléiade, t. I, p. 172 et la note, pp. 1311-1312). Surtout, nous le voyons, sur un sujet apparemment « frivole », s'« engager » à fond, comme toujours ! Tout est mis en question par le philosophe : l'être et le paraître, la nature et l'art, la richesse et la simplicité, le fracas du monde et la solitude, la vanité des propriétaires, celle de l'artiste, et l'ennui du spectateur... Parallèlement l'artiste, l'homme à la vive sensualité nous fait confidence sur ses goûts les plus intimes, l'amour des oiseaux par exemple et des plus humbles objets : groseilles et framboises, mil et tournesol, thym, serpolet, marjolaine, seringa. Au seul prononcé de ces noms, il en savoure la pulpe vivante et charnue; retrouvant ainsi, par-delà plus d'un siècle de poésie « classique », le sens de la réalité familière, du concret, du poids des choses qui avait été si vif dans la poésie du début du Grand Siècle et qui ne devait reparaître que, longtemps après, dans la prose des romanciers d'abord, au XIXe siècle, puis après le symbolisme, dans les vers des poètes.

P. 471.

(*a*). Note ajoutée dans C.P.

1. Le maître de Bernardin de Saint-Pierre, et, après lui de l'exotisme littéraire, apparaît ici dans une posture surprenante. Ne semble-t-il pas condamner l'exotisme ? On évoque devant cette formule, la phrase fameuse de la lettre d'envoi par Gérard de Nerval de son *Voyage en Orient*. On songe surtout à l'étonnement scandalisé du paysan Courbet devant ce jeune peintre qui lui disait son intention d'aller renouveler son inspiration par un voyage en Chine : « Ah ! vous allez dans les Orients ! » A y regarder de près, on constate au contraire — et non sans déception — que Wolmar et Julie s'amusent à des jeux d'illusionnistes : ils reconstituent ou

contrefont habilement chez eux les paysages les plus exotiques. Mais un examen plus attentif encore nous révèle que les possesseurs de l'Élysée sont bien des adversaires de l'exotisme; ils le sont toutefois d'une manière beaucoup plus profonde qu'ils ne paraissaient d'abord puisqu'ils s'opposent non seulement à Bernardin de Saint-Pierre, mais au Baudelaire du *Voyage* et à tous les poètes de l' « évasion ». Rousseau affirme en effet que le goût du dépaysement est le fruit d'une maladie morale et il condamne, avec la même gravité que Pascal, ce « penchant qu'ont la plupart des hommes à ne se plaire qu'où ils ne sont pas » (*supra,* p. 483).

P. 472.

(*a*). C.P. offre en marge un premier état de cette phrase : *Les autres, par une magie que vous verrez tout à l'heure, montrent de bien plus belles têtes qu'ils ne les ont.*

(*b*). C.P. et Ms. Rey ont *six ou sept ans,* ce qu'il était nécessaire de corriger puisque ces arbres ont été plantés « longtemps avant » le mariage de Julie et qu'elle est mariée depuis six ans.

(*c*). C.P. 1re rédaction : *vingt mille francs,* puis *dix mille francs,* puis *deux mille écus* (c'est-à-dire six mille francs). Ms. Rey : *dix mille francs.*

1. C'est Julie qui parle; mais qui pourrait douter que, dans cette phrase orgueilleuse, nous entendons la voix de Rousseau : *La Nature a tout fait ; mais sous ma direction.* Formule qui exprime l'esthétique classique la plus orthodoxe à laquelle on nous avait fait croire que l'auteur tournait le dos. Certaines lettres antérieures (par exemple, II, 23; cf. p. 280, n. 1) et surtout *Préface dialoguée* étaient, à cet égard, révélatrices; mais il est satisfaisant de voir, sur tous les plans et dans tous les domaines, les attitudes se correspondre : esthéticien classique, Rousseau proclame son hostilité aux valeurs de choc; la nécessité de l'effacement de l'artiste (le véritable goût est de ne pas laisser paraître l'art); la valeur du temps, de la patience, de l' « économie » au sens strict (on fait « serpenter les eaux avec économie ») et au sens plus large d'exacte adaptation des moyens à la fin qu'on veut atteindre; de la modération, de l'équilibre entre l'excès du « faux goût de grandeur » et celui, « plus ridicule encore », des « petits curieux » et « petits fleuristes »; son exigence enfin d'un art qui soit « à l'échelle humaine ».

P. 473.

(*a*). « Je rencontrais... Amérique ». Phrase ajoutée dans C.P. Hésitations pour les derniers mots : *des Indes, en Asie, d'Amérique.*

(*b*). *Lilac* est la forme donnée par C.L., C.P. et éd. Rey, 1761 et 1763. Mais Ms. Rey donne *lilas* ainsi que C.D. qui n'a pas été corrigé par Rousseau. Celui-ci ne tenait donc pas absolument à la forme *lilac* qui, déjà au XVIIe siècle, était vieillie (cf. sur ce point

Mornet, Introduction, *N.H.*, t. I, p. 161). Mais il semble bien que celle-ci se soit plus spontanément offerte à lui... ou à ses personnages qui sont des « provinciaux ».

1. *Mangle :* Il s'agit du fruit du palétuvier, qu'il ne faut pas confondre avec *la mangue,* fruit du manguier.

2. L'orthographe de Rousseau, respectée, ici comme ailleurs, peut créer une équivoque. Précisons donc que *plans* est ici le pluriel de *plant.*

P. 474.

1. L'eau tient une place de premier plan dans le paysage idéal de Rousseau. Nous avons relevé, dans l'Introduction, la phrase à double entente : « Il me falloit un lac... » Pour l'interprétation psychanalytique du thème de l'eau, cf. G. BACHELARD, *l'Eau et les Rêves.*

P. 475.

(*a*). Forme donnée par C.L., C.P. et éd. Rey, 1761. D'après le *Dictionnaire* de Richelet cette forme correspond à la prononciation du « petit peuple de Paris ». Pour ce mot, comme pour *lilac,* comme pour *une* monticule, il est difficile d'affirmer que Rousseau tenait absolument à cette forme; elle lui était naturelle, mais l'exemplaire C.D. porte *abreuvoir* et *un* monticule, et Rousseau n'a pas corrigé.

(*b*). « ou montroit... devoit être » : ajouté dans C.P.

P. 476.

(*a*). Éd. Rey, 1763, ajoute ici la note suivante : *Cette réponse n'est pas exacte, puisque le mot d'hôte est corrélatif de lui même. Sans vouloir relever toutes les fautes de langue, je dois avertir de celles qui peuvent induire en erreur.*

(*b*). « en leur laissant... les petits » : ajouté dans C.P.

P. 477.

(*a*). « et le grand soin... ennemis » est ajouté dans C.P. ainsi que les mots : « les loirs... enfans » qui faisaient alors partie du texte et ont été rejetés en note plus tard.

(*b*). Note inscrite dans C.P. sous cette forme : *terme de pays. De la vesce.* A. François (« Les Provincialismes... », *Annales J.-J. R.*, t. III, p. 39) confirme que ce mot était employé dans la Suisse romande.

1. Brusque retour à l'émotion. Factice ? Sincère ? Nous sommes à la fois émus et interdits de voir ce malheureux qui abandonne ses enfants s'élancer avec tant d'ardeur vers ceux des autres.

P. 478.

1. Cf. le début de la promenade sur le lac. Il nous faut passer à Julie et à Rousseau quelques niaiseries...

P. 479.

(*a*). « et qu'ils défigurent... portée » : ajouté dans C.P.

(*b*). Note de dernière heure. Elle manque dans Ms. Rey. Dans C.P. Rousseau a seulement inscrit ces mots : *Une note sur les détours.*

P. 480.

(*a*). C.P. 1er jet biffé : *Ah ! s'il pouvoit y placer quelques belles statues de l'histoire romaine ! car elle va merveilleusement dans un parterre et c'est la seule place où l'on en souffre encore. Quand tout cela...*

(*b*). Note ajoutée dans C.P.

P. 481.

(*a*). Note absente du Ms. Rey et ajoutée dans C.P. Rousseau l'avait d'abord commencée par les mots : « Je m'étonne... » puis il a changé sa présentation pour lui donner la forme actuelle. Dans éd. Rey, 1763, il a modifié : « épuisant leur sève » en *tarissant,* et ajouté : *Au reste, je dis qu'en élagant les arbres on tarit leur séve, parce qu'il est constant qu'ils en tirent beaucoup par leurs feuilles, et que la moitié de leurs racines sont en l'air.*

1. « *Fleuriste :* celui qui est curieux de fleurs, qui aime les fleurs, qui prend plaisir à les cultiver... » (*Dict. Acad.*, 1762).

2. « On dit une *patte d'anémone* pour dire la racine d'une anémone. Il se dit encore de quelques autres fleurs... » (*Dict. Acad.*, 1762).

3. *Mai :* « Signifie aussi un arbre qu'on a coupé et qu'on plante au premier jour de mai devant la porte de quelqu'un pour lui faire honneur. » (*Dict. Acad.*, 1762).

P. 482.

(*a*). « qui sait jouïr de lui-même » : cet ajout important est inséré tardivement dans C.P.

(*b*). Note ajoutée dans C.P. Elle commençait alors par les mots : *M. de Wolmar.* « Le sage... » est un ajout ultérieur.

1. Cette phrase de Wolmar et la correction sévère qu'y apporte Rousseau correspondent en l'exagérant à une sorte de conversion de celui-ci à la botanique. Voir à ce sujet le livre XII des *Confessions* (*O.C.*, Pléiade, t. I, p. 641), à propos de ses « herboristeries » dans l'île Saint-Pierre en 1763. La botanique, telle qu'il l'aime et la pratique, est une « étude oiseuse, propre à remplir tout le vide de [ses] loisirs, sans y laisser place au délire de l'imagination, ni à l'ennui d'un desœuvrement total ». Jean-Jacques précise d'ailleurs : « J'étois et mon défaut de mémoire me devoit tenir toujours dans cet heureux point d'en savoir assez peu pour que tout me fut nouveau et assez pour que tout me fut sensible. » Trois ans séparent le Rousseau de l'Ermitage qui a écrit la lettre 11, et le Rousseau de Montmorency qui l'a corrigée par la note. Trois ans de souffrances, de repliement sur soi, de refuge déjà cherché dans cette occupation « oiseuse » qui éloigne les « délires ».

2. En deux lignes, Rousseau invente deux formules décisives de sa morale, celle qu'il développe dès cette époque dans les *Lettres morales,* qu'il reprendra dans les *Lettres à Malesherbes* et qui trouveront leur plein épanouissement dans les trois grands écrits autobiographiques. La première, *Vivre pour vivre,* met l'accent sur cette félicité suprême qu'il appellera, dans la *5e Rêverie,* « le pur sentiment de l'existence »; la seconde, *Jouir de lui-même,* exprime cet *égotisme* ou *amour de soi* qu'il définira clairement dans les *Dialogues* et qu'il opposera soigneusement au banal et détestable *égoïsme,* exaspéré par la vanité et la comparaison, qu'il appellera *amour-propre.* Cf. *O.C.*, Pléiade, t. I, p. 669; cf. *supra,* p. 321, n. 1; et P. BURGELIN, *la Philosophie de l'existence de J.-J. Rousseau,* pp. 232-233 et 257-258.

P. 483.

(*a*). Note ajoutée dans C.P. *Le nostre* y était d'abord écrit : *le nautre.*

P. 484.

(*a*). « plus qu'humaine » : correction de C.P. Br. donnait d'abord : *qui semble avoir quelque chose de divin ;* puis *qui semble surnaturelle.*

1. « Plain, plaine, adj. : qui est uni, plat sans inégalités ». (*Dict. Acad.*, 1762). Cf. plain-pied et plain-chant.

2. Le parc de Richard Temple, vicomte Cobham, est cité dans l'épître de Pope à Burlington (*Mélanges de littérature et de philosophie,* Londres, 1742, t. I, p. 262), ainsi que dans le *Mercure de France* de février 1750 que Rousseau a sans doute lu. (Cf. var. (*a*), p. 485.)

P. 485.

(*a*). Tout ce développement sur le parc de Milord Cobham a été ajouté en marge dans Br. Rousseau écrivant alors de mémoire a laissé un blanc pour le lieu. Dans C.P. il a précisé *à Staw en Buckinghamshire ;* puis il a biffé ces deux derniers mots.

(*b*). Br. ajoutait : *Ma petite Henriette quoiqu'un peu jaseuse aujourd'hui sera sage et posée ; elle modèrera ces jeunes étourdis et je prétends bien lui donner d'avance l'autorité qu'elle sera digne un jour d'avoir sur le mari qui lui est destiné.*

1. Par sa malheureuse question, Saint-Preux a rompu le « charme ». Sortant de l'Élysée, nous redescendons dans le monde des débats de conscience, de la vertu et de la souffrance. Ce bref dialogue prépare la scène capitale de la lettre 12. Habilement, Rousseau nous ramène à l'action dès la fin de cette lettre statique, afin de ne pas lui donner trop l'allure d'une dissertation digressive.

P. 486.

(*a*). Mot ajouté en marge dans Br.

(*b*). « non telle... mais » : ajouté en marge dans Br.

1. L'accent est placé sur la valeur symbolique et poétique de cette lettre, à la fois description précise, réaliste, d'un lieu de la terre et

recréation mythique du paradis terrestre, équivalent d'un « autre monde », d'une « autre vie », qui est *au-delà* de la vie présente, dont celle-ci ne peut être que la préparation (il s'agit d'*Élysée* — et non d'*Éden*). Ainsi apparaît chez Julie, sous une forme discrète et plus sincère, cette aspiration à la mort qu'avaient révélée chez Saint-Preux certains cris : « O, mourons ! ma douce amie » (I, 55), et la lettre sur le suicide. Aspiration qui sera avouée dans les dernières lettres; hautement proclamée dans la dernière. Sur ce passage du bonheur terrestre au bonheur de l'autre vie, et de la terre au ciel, qui forme en quelque sorte le tissu spirituel du roman, cf. *supra,* p. 12, n. 1.

Sur la valeur symbolique du nom de l'Élysée, cf. *supra,* p. 487; des noms propres en général, cf. *supra,* la note sur Saint-Preux (IV, 5, p. 417, n. 1). Jean Starobinski a déjà relevé la signification transparente des noms de *Claire* et de *Clarens* (*J.-J. Rousseau. La transparence et l'obstacle,* p. 102).

2. Voilà le type de ces notations qui donnent au roman sa plus précieuse valeur. Le romancier respecte le mystère des âmes. Il nous donne l'impression d'inventer un geste, un acte, un sentiment de ses personnages, mais de ne pas savoir lui-même à quoi il correspond. Essaierons-nous de deviner ? Il nous semble que si Saint-Preux éprouve cette « sorte de peine » c'est que Julie en lui confiant spontanément sa clef — geste symbolique, ô combien ! — devant son mari, lui donne la preuve qu'il n'y a pas, qu'il ne peut plus y avoir entre eux le moindre « mystère ». Il est possible également que si Wolmar avait donné sa clef, le geste eût été moins émouvant, la promenade solitaire aurait eu un sens moins troublant, et Saint-Preux a peur de ce trouble.

P. 487.

(*a*). « et me faire... » : ajouté en marge dans Br.

(*b*). Br. 1er jet : *témoignage éternel des vertus et de l'humanité de la plus tendre amante qui fut jamais.*

(*c*). « Je me disois... elle a nommé » : phrase absente de Br. et C.P.

(*d*). Br. 1er jet : *Je m'étois promis du plaisir ; j'en goûtai beaucoup davantage, je passai deux heures...*

1. Nous voici rentrés dans le « drame ». Ce bref passage est une préparation aux lettres 12 et 14 (où sera clairement dévoilé le jeu de Wolmar qui est à l'origine de l'état psychique où se trouve Saint-Preux) et à la grande lettre 17, où la « crise » qui se prépare ici trouvera son dénouement. C'est une véritable « conversion » qui se produit en ce moment chez Saint-Preux ou plus exactement une « découverte », une « illumination », comparables à celles que connaîtra le héros du *Temps perdu,* en goûtant à la petite madeleine et dans la série d'expériences de l'hôtel de Guermantes. On notera le caractère proustien de « subitement », et « sur le champ » (cf. var. (*a*) et (*b*), p. 486). Que s'est-il passé ? Le temps a commencé

son œuvre de mort. *Pour la première fois en son absence,* Saint-Preux a revu Julie, non telle qu'elle était autrefois, mais telle qu'elle est maintenant. Dans le souvenir même, la Julie actuelle — la Julie réelle, si l'on veut — vient de triompher de la Julie passée, de la Julie imaginaire. Tout cela n'est encore qu'indiqué, en quelques lignes, mais d'un style précis et neuf, auquel le musicien a donné le prestige surérogatoire d'une ferme cadence : « Le souvenir de ce seul mot a changé sur le champ tout l'état de mon ame. » Style d'autant plus remarquable qu'il cède aussitôt la place aux clichés les plus conventionnels : « précieux gage de l'union conjugale », etc.

2. Sur l'importance de ce thème, cf. *supra,* p. 482, n. 2. Il est certain — l'expression même « les méchans n'ont jamais connu » et le caractère agressif de la citation de Métastase le prouvent — que tout ce développement a été écrit en fonction de la querelle avec Diderot du printemps 1757. Nous sommes ici très exactement dans le « climat » où naîtront, cinq ans plus tard, les *Lettres à Malesherbes.* Il n'est pas jusqu'au premier mot qui ne soit révélateur : « Je m'étois promis une rêverie agréable » (cf. var. (*d*), p. 487). Du coup, le romancier abandonne un peu son personnage. Il nous semble que Saint-Preux prend bien vite son parti de cet « oubli » de la Julie passée. Nous aurions préféré un peu moins de vertu et un peu plus d'amour...

P. 488.

(*a*). Cette citation du *Giuseppe riconosciuto* (Ire partie) de Métastase a été ajoutée dans C.P. Rousseau citait de mémoire puisqu'il a d'abord écrit *affetto* au lieu de *affanno* à la fin du premier vers. Sur le même folio de C.P. il a inscrit : *En note* — Il auroit pu ajouter... felicità.* D'après l'écriture, cette adjonction est postérieure à la première. Dans D.C. où une erreur de mise en pages avait fait suivre les quatre vers du texte des quatre vers de la note, Rousseau a inscrit cette correction : *N.B. Ces quatre derniers vers sont de la Note et non pas du texte.* Sur ce même exemplaire, il a traduit ainsi les vers du texte : *Ô si les tourmens secrets qui rongent les cœurs se lisoient sur les visages, combien de gens qui font envie feroient pitié.* Et les quatre vers de la note : *On verroit que l'ennemi qui les dévore est caché dans leur propre sein, et que tout leur prétendu bonheur se réduit à paroitre heureux.*

(*b*). Ici dans Br. une première rédaction : *(oui, pour vous, ai-je dit en moi-même) voilà lui ai-je dit, un vœu fort intéressé et qui sera (goûté ?) de peu de femmes, mais tout le monde n'y trouve pas si bien son compte que vous et votre mari.* La suite difficilement déchiffrable, se termine par : *... en riant. Il fait de sa vie un long déjeuner.* Rousseau a biffé et continué par le texte actuel : *Ah ! Julie...*

1. Cf. *infra,* V, 3, la « matinée à l'anglaise ». Le romancier s'appuie sur le merveilleux souvenir des matinées aux Charmettes : « Nous déjeunions ordinairement avec du caffé au lait. C'étoit le tems de la journée où nous étions le plus tranquilles, où nous

causions le plus à nôtre aise. Ces séances, pour l'ordinaire assez longues, m'ont laissé un gout vif pour les déjeunés, et je préfére infiniment l'usage d'Angleterre ou de Suisse où le déjeuné est un vrai repas qui rassemble tout le monde, à celui de France où chacun déjeune seul dans sa chambre, ou le plus souvent, ne déjeune point du tout. Après une heure ou deux de causerie, j'allois à mes livres jusqu'au diné. » (*O.C.*, Pléiade, t. I, p. 237). Cf. *supra,* p. 371, n. 7.

P. 489.

1. « Monsieur de Wolmar s'explique », tel pourrait être le titre du groupe des lettres 12, 13 et 14. Au moment où ce personnage s'avance, promu enfin à la dignité de protagoniste, il est encore pour nous assez mystérieux. On nous a parlé de lui : Claire d'abord dans la lettre 5 (IIe partie) où, pour la première fois, le futur mari de Julie a reçu un nom; c'est un homme froid, mais attendri devant Julie. Celle-ci dans sa longue lettre 18 (IIIe partie) a été plus explicite. Elle a précisé l'origine du projet de mariage et la situation financière et politique de Wolmar; détails importants dans la mesure où ils font du mari non un être odieux, mais un « héros »; désintéressé, malheureux, exilé. Premier point par où il se rapproche, lui aussi, de Jean-Jacques. La lettre 20 (IIIe partie) nous a fait pénétrer davantage dans la vie spirituelle du personnage. Trois remarques cependant s'imposent à propos de ce portrait :

1° Fait par Julie, témoin nullement impartial, il est un portrait de Julie autant que de Wolmar. (De la même manière, dans les *Mémoires de deux jeunes mariées,* le premier portrait que fera de son mari Renée de l'Estorade est égalcment un portrait d'elle-même.)

2° Julie a conscience du caractère imparfait de la connaissance qu'elle a de son mari : « Autant que je l'ai pu connoitre depuis que je vis avec lui. » Elle n'a pas osé lui avouer son passé. Qu'a-t-il deviné ? Que cache-t-il sous cette parfaite maîtrise de lui-même ?

3° Enfin dans une note tardive, née d'un scrupule ou d'un raffinement d'habileté, le romancier a pris soin d'épaissir le mystère sur son personnage en nous parlant d'un « fatal secret » qui tourmente Julie, et dont nous ignorons encore la nature exacte (cf. *supra,* p. 372, n. 1). La lettre 1 (IVe partie) est une nouvelle « vue » sur Wolmar, « six ans après », mais c'est toujours Julie qui le voit, et elle ne nous révèle rien de neuf. La lettre 4 (IVe partie) au contraire, dans sa brièveté même, a été très révélatrice. Cette fois le personnage est entré en scène. Nous avons entendu sa voix, nous avons lu sa première lettre. Effet saisissant. Cf. *supra,* p. 416, n. 2, 3°. Depuis, Wolmar n'a plus écrit. Mais nous l'avons senti partout et perpétuellement présent : puissant parce qu'il est le maître, parce qu'il est intelligent, habile, respecté; odieux parce que trop présent, trop sûr de lui, et surtout trop tyrannique (cf. *supra,* p. 426, n. 1).

A l'heure cruciale de l'aveu, il s'est conduit à l'égard de sa femme avec une « indulgence », une « douceur », une « discrétion » qui l'ont touchée profondément; mais il a répondu en se « moquant d'elle » à l'élan de sa confiance. Elle en a été « piquée ». Cet homme est terriblement fort ! Que sait-il ? Que veut-il ? Il est temps qu'il s'explique : il va le faire dans deux « discours », très différents par le ton (et les circonstances mêmes) et par la substance, mais qui, pris dans leur ensemble, nous permettront de prendre enfin sa pleine mesure.

Le premier, longue analyse de sa conduite antérieure, pourrait être intitulé : *La confession de Monsieur de Wolmar*. Ce discours nous est connu par Julie et il fait partie du drame. Le second est une explication, destinée à Claire, de la décision que vient de prendre Wolmar de laisser seuls les deux amants. Sans doute l'homme qui l'écrit n'est pas un philosophe à sa table de travail. C'est un joueur qui joue gros jeu et qui demande à Claire son appui éventuel. Il n'est peut-être pas aussi certain du succès qu'il veut bien le dire. Mais enfin, les dés sont jetés. Il s'agit maintenant pour lui de *faire comprendre* les raisons subtiles et fortes d'une attitude en apparence indéfendable. Ces deux lettres font un tout. Elles sont deux moments d'une même action prudemment concertée, et qui est l'application à un cas précis, dans des circonstances déterminées, de certaines lois de la vie psychologique que le « philosophe » a longuement méditées. C'est ce qu'a lumineusement exposé Étienne Gilson dans un article décisif sur « La méthode de M. de Wolmar », dans *les Idées et les lettres* (Paris, 2e éd., 1955, pp. 275-298), où il a montré le lien étroit qui relie cette « méthode » au traité de *la Morale sensitive ou le matérialisme du sage*. Gilson écrit (p. 290) : « On nous dit que le plus humble bon sens aurait dû mettre M. de Wolmar en garde contre une de ces flammes anciennes, dont on ne sait jamais si elles ne sont pas éteintes. Mais, précisément, *il sait* que celle-là n'est pas éteinte, puisque c'est pour l'éteindre qu'il invite Saint-Preux à son foyer et l'y laisse seul avec Julie. Tant que l'on n'aura pas éclairci ce point, on n'aura rien expliqué. M. de Wolmar a sa méthode; il n'expose pas Julie, comme par gageure, à des souffrances inutiles, mais à des souffrances utiles, prévues, voulues et qui devraient conduire à sa guérison, si une âme aussi fragile pouvait résister à de tels orages. » (Cf. *supra,* p. 76, n. 2; p. 319, n. 2 et p. 440, n. 2).

Le schéma des deux lettres est à peu près le même. M. de Wolmar reconnaît d'abord que son attitude peut et doit paraître « bizarre ». Après quoi, il affirme qu'elle repose sur l'observation de faits psychologiques d'où l'on peut dégager de véritables lois. L'amour est soumis au temps, comme tous les phénomènes de la vie psychologique. L'homme est dans un état de perpétuel changement. Il a des « moi » successifs. Entre ces « moi », un lien : le souvenir. L'amour ne subsiste que par lui. Il faut donc le détruire pour tuer l'amour. Rousseau trouve ici pour exprimer sa pensée une série de formules d'une précision parfaite : « Ce n'est pas de Julie de Wolmar qu'il est amoureux, c'est de Julie d'Etange (...) Il l'aime dans le tems passé : voila le vrai mot de l'énigme. Otez-lui la mémoire, il n'aura plus d'amour » (cf. var. (*a*), p. 510).

Comment ôter la mémoire aux amants ? En substituant au passé un présent assez fort pour l'oblitérer. La « guérison » de Julie et de Saint-Preux exige donc :

1° Qu'ils se retrouvent pour prendre conscience qu'ils sont *autres,* que leur amour ne vit que dans le passé.

2° Que cette prise de conscience ne soit pas trop brutale : à la fois pour éviter la catastrophe que pourrait susciter le désespoir et pour sauver ce qui peut l'être, car cet amour est une réalité d'une haute qualité. Il doit être intégré à un ordre nouveau.

3° Enfin que les amants passent par une crise aiguë, douloureuse : d'où la « profanation » du bosquet et la « tentation » de la promenade sur le lac. Au-delà seulement pourra commencer la *vita nuova.*

Si rigoureuse qu'apparaisse dans ces lettres la pensée du philosophe, celles-ci pourtant sont autre chose que des exposés dogmatiques, « fragments échappés au désastre du traité philosophique perdu », selon l'expression pittoresque, mais excessive, d'Étienne Gilson. Elles sont, elles restent des fragments de roman. Wolmar nous y apparaît comme un homme qui souffre, qui aime, qui tente sa chance de bonheur; plus lucide que les autres, mais non moins passionné. « Plaidoyer pour Wolmar », ce serait un bel essai à écrire ! Il était à la fois odieux et admirable. Il devient pathétique. On découvre sous sa froideur, la pudeur; sous son calme, quelque chose qui ressemble à la passion; dans ce vieux cœur d'homme fatigué par la vie, une jeune espérance; il possède le sens du véritable amour; le respect du passé des amants; le désir désintéressé de leur bonheur, de leur salut (et non pas seulement du sien), et, sous tant d'assurance apparente, l'angoisse secrète d'un possible échec. Ainsi, au moment même où Rousseau nous apparaît le plus évidemment sous son aspect de « philosophe », il corrige ce qu'il y aurait en lui de trop systématique par un réalisme psychologique, délicat et sûr. R. Mauzi a fait une place d'honneur à la méthode de M. de Wolmar, en l'intégrant dans une étude d'ensemble sur les techniques « rationnelles » du bonheur (*L'Idée du bonheur au XVIIIe siècle,* pp. 530 sq.). Il propose des rapprochements utiles avec Montesquieu, Diderot, Le Maître de Claville et surtout *Cleveland.* Mais il n'apporte pas d'éléments permettant de juger si les thèses de Rousseau étaient alors vraiment originales.

2. Nous avons beau y mettre toute la bonne volonté possible, cette ignorance de Julie, ce silence de Wolmar (époux depuis six ans) nous paraissent absolument invraisemblables. Mais ils sont nécessaires au romancier pour cette grande « confession ».

P. 490.

1. Sur le « paternalisme » de Wolmar et ses formes variées, cf. *supra,* IV, 10, p. 440, n. 2 et p. 462, n. 1.

2. Nouvelle affirmation de l'esthétique classique. L'intérêt centré sur la vie intérieure, la vie de l'âme, cf. *supra,* p. 13, n. 3 et p. 165, n. 4.

3. Sur cet aspect du caractère et de la doctrine de Rousseau, cf. *supra,* p. 440, n. 2. Déjà dans III, 18, il avait dit : « De la considération de l'ordre, je tire la beauté de la vertu », propos, il est vrai, attribué aux « philosophes », insuffisant pour imposer à l'homme la pratique de la vertu aux yeux de Julie, pour qui seul le « principe intérieur » d'origine divine peut fournir une base solide à la morale. Sur ce goût de l'ordre chez Rousseau et les apparentes contradictions où il l'entraîne, cf. P. Burgelin, *la Philosophie de l'existence de J.-J. Rousseau,* pp. 344-346. Sur ses applications à la vie politique, *ibid.*, pp. 525-526.

P. 491.

(*a*). Dans Br. on lit ici en marge une phrase pilotis : *Si j'étois seul dans l'univers, il me semble que je n'aurois ni plaisir ni peine, ni contentement ni ennui, je serois comme n'existant pas.* Rousseau avait intégré cette phrase dans son texte, un peu plus loin, après les mots *police humaine,* en la faisant précéder d'un *Au contraire,* qui ne l'éclairait guère. Il l'a conservée jusque dans Ms. Rey et l'a biffée dans C.P. corrigée.

(*b*). Br. : *si parfaitement dissemblables.* Texte actuel dans C.P.

1. Quel aveu ! Le solitaire, l'adversaire du « monde » pour qui le péché capital est l'ambition, la vanité, le goût de « jouer un rôle », apparaît ici derrière Wolmar ! Cf. l'attitude de Saint-Preux dans les lettres sur Paris (II, 17). Rousseau est un écrivain « engagé » dans ses écrits, en tant que « philosophe », — nous dirions « intellectuel » — mais il a horreur de l'action. Sa tentation majeure est la paresse (cf. *supra,* p. 470, n. 1). Il en connaît d'ailleurs les dangers et, deux pages plus loin, Wolmar dira que la connaissance est inséparable de l'action.

P. 492.

(*a*). Ici dans Br. 1er jet : *Je n'avois jamais rien aimé, mon cœur n'avoit jamais senti la moindre émotion, la différence des sexes m'étoit...* puis Rousseau s'arrête, biffe et reprend : *J'avançois en âge. La solitude...*

(*b*). Dans une première rédaction de Br., Rousseau faisait ici conclure rapidement Wolmar en ces termes : *Mon premier vœu (et le seul) ou plutot l'unique, que mon cœur ait jamais formé, fut d'avoir une compagne aimable, vertueuse et heureuse. Les deux premières conditions sont remplies, mes enfans, faisons en sorte que la 3me ne nous manque pas.* Puis, il a biffé et introduit le grand développement sur les sentiments de Wolmar pour Julie depuis : *Je parlai de ma peine au baron d'Orsinge* (Étange est une correction de C.P.) jusqu'à *quand je voulus me choisir une épouse... ne nous manquera pas* (p. 494). Dans cette dernière phrase il reprenait son premiet jet, avec quelques modifications, dont la plus importante est *mon enfant* au lieu de *mes enfans*.

1. C'est la lettre 17 de la IIe partie. Au lecteur qui serait surpris qu'un gentilhomme comme Wolmar se soit permis de lire ces lettres, Rousseau répondra plus loin, en faisant préciser par Julie qu'elle avait donné à Wolmar les « copies de quelques relations ». On peut s'étonner cependant qu'il y fasse si aisément allusion devant Saint-Preux lequel doit naturellement en conclure que Wolmar possède toutes les lettres. Maladresse technique ? Cf. var. (*a*), p. 497.

2. Ici encore, visiblement, Wolmar c'est Rousseau. Un Rousseau assez fier, à l'heure où il fait le bilan de sa vie, où il tire le suc de son expérience pour de grands ouvrages, de proclamer qu'il connaît le monde sous tous ses aspects. Même idée dans le premier Préambule des *Confessions :* « ... sans avoir aucun état moi-même, j'ai connu tous les états; j'ai vécu dans tous, depuis les plus bas jusqu'aux plus elevés, excepté le trone (...) Admis chez tous comme un homme sans prétentions et sans conséquence, je les examinois à mon aise; quand ils cessoient de se déguiser je pouvois comparer l'homme à l'homme, et l'état à l'état. N'étant rien, ne voulant rien, je n'embarrassois et n'importunois personne; j'entrois par tout sans tenir à rien, dînant quelque fois le matin avec les Princes et soupant le soir avec les paysans » (*O.C.*, Pléiade, t. I, pp. 1150-1151). C'est vrai. Cette dernière phrase est en effet une exacte définition de la vie que Jean-Jacques menait précisément à Montmorency au moment où il achevait son roman. Mais il oublie de dire (et pourtant il le sait) que, pour bien observer, il faut avoir une âme sereine, dégagée de ses douloureux « complexes » qui encombraient la sienne. Il est vrai que si les souffrances qu'ils ont provoquées ont un peu faussé son observation, ils lui ont donné une acuité et une richesse incomparables.

3. Contradiction apparente de Jean-Jacques avec lui-même. En fait, c'est seulement dans des cas extrêmes et rares qu'il aspire à la solitude absolue. Son vrai rêve de « solitude heureuse » comporte la présence autour de lui de quelques êtres aimés, d'amour ou d'amitié. C'est la vie à Clarens ! Cf. *supra,* p. 14, n. 1 ; p. 105, n. 1 et p. 228, n. 2.

P. 493.

1. Toute cette partie du discours de Wolmar tardivement composée (cf. var. (*b*), p. 492) est très importante et subtile.

1° Wolmar se reconnaît *coupable* d'avoir épousé, de force, une jeune fille qui ne l'aimait pas et ne pouvait pas l'aimer (« conduite inexcusable », « je ne prétends pas exténuer ma faute »). Il est donc, sur la question du mariage imposé par le père, du même avis que les autres. Cet attentat à la liberté de la personne est illégitime.

2° Sa « faute » s'explique par la « passion » (passion d'autant plus irrésistible qu'il est « froid et tranquille »). Second point d'accord avec les autres. Personne, dans ce roman d'amour, n'a le droit de refuser son encens à l'amour !

3° Le mobile de la faute n'est donc ni la froide sagesse, ni le vil intérêt, ni le stupide préjugé, mais l'amour, aussi noble et respectable chez Wolmar qu'il le fut chez Julie et Saint-Preux : « je vous estimai l'un par l'autre. Je vis quel trompeur enthousiasme vous avoit tous deux égarés; il n'agit que sur les belles ames » (le mot *trompeur* a corrigé le mot *sublime* ! cf. var. (*b*) et (*c*), p. 495). Troisième point d'accord de Wolmar avec les autres, en particulier avec Milord Édouard.

4° Ce n'est pourtant pas la passion qui pourrait « exténuer » sa « faute »... si celle-ci en était vraiment une. Mais par une coïncidence heureuse, le mariage avec Julie, où la passion l'entraînait, était l'unique source possible du bonheur et du salut de Julie elle-même. Ici le raisonnement devient plus subtil, mais il est parfaitement intelligible pour qui a suivi les précédents développements de Rousseau contre le mariage d'amour (cf. III, 20). La pensée se formule avec la rigueur d'un syllogisme : *a*) Julie a besoin (pour être heureuse) d'*innocence* et de *paix ;* *b*) l'amour qui la lie à Saint-Preux ne peut les lui procurer; *c*) donc, il faut chasser cet amour de son cœur. Comment ? Nouveau syllogisme : *a*) seule, l'horreur du crime peut chasser l'amour du cœur de Julie, essentiellement avide d'innocence; *b*) or, les principes de Julie lui font considérer l'adultère comme un crime; *c*) il faut donc épouser Julie.

Peut-être serait-on tenté de disputer à propos du deuxième élément du premier syllogisme. Wolmar répondrait qu'une union qui aurait fait souffrir si cruellement le père de Julie n'eût pu être « innocente » et apporter la « paix » à sa fille. C'est pour cette raison qu'elle l'a repoussée. Il répondrait surtout, comme Julie elle-même dans III, 20, que l'amour-passion, générateur de trouble, est hostile à la paix parce qu'il n'est pas *durable*.

5° Mais alors, comment Wolmar, qui est poussé lui aussi vers Julie par l'amour-passion, pense-t-il lui apporter le bonheur ? Ce rigoureux logicien a réponse à tout. D'abord il a misé sur la vertu de Julie : « j'osai croire à la vertu ». Il y a du joueur chez cet homme; il joue presque à coup sûr, parce qu'il se fie plus à sa science psychologique qu'à la morale; son motif essentiel de confiance, il ose le dire, c'est que le cœur de Julie est « usé pour l'amour ». D'autre part — et ceci est plus fort encore — il ose compter sur son amour à lui, à cause de son âge et de son caractère : « je jugeai qu'il seroit *durable...* » le grand mot est prononcé ! Ce bonheur s'établira dans la durée.

P. 495.

(*a*). Ici, dans Br. un appel de note, et, en marge, cette note : *Ceci s'expliquera dans la subséquente lettre.* Il s'agit évidemment de la lettre 14 où Wolmar explique longuement à Claire la thérapeutique savante qu'il a mise en œuvre pour « guérir « à jamais les anciens amants. Le seul mal, la seule faute est dans le *souvenir*. On doit conclure que l'actuelle lettre 14 suivait immédiatement la lettre 12 dans le premier jet. Elle ne comporte d'ailleurs pas de numérotation, cf. var. (*a*), p. 506. La lettre 13 actuelle, qui se trouve pourtant dans Br., semble donc relativement tardive. La note n'a pas été conservée dans C.P.

(*b*). Br. 1er jet : *sublime enthousiasme,* puis Rousseau biffe *sublime ;* dans C.P. il ajoute *trompeur*. Sa « raison » ne cesse de surveiller son « cœur ». Tout ce discours de Wolmar est trop paradoxal, trop dangereux, pour que les moindres mots n'en soient pas sévèrement pesés !

(*c*). « il s'agit que... qu'elles » : ajouté dans C.P.

(*d*). « abandonnée » : texte du Ms. Rey, et des éd. Rey, 1761 et 1763. Le féminin est un peu surprenant, mais nullement absurde. Cependant D.C. porte *abandonné* et Rousseau n'a pas corrigé.

1. Sur l'expression « belles âmes », cf. l'estampe et le ricanement de la *Préface dialoguée* (*supra,* p. 13); cf. aussi p. 62, n. 2 et p. 209, n. 1.

2. Nouveau point d'accord de Wolmar avec Julie, Saint-Preux et Claire. Lui aussi veut *sauver l'amour*. Conséquence logique des sentiments de respect, d'admiration qu'il a exprimés plus haut. Ce qu'il va « profaner » tout à l'heure, c'est le « mystère » dangereux de la « passion », la forme sensuelle, irrationnelle, de l'amour. Il va chercher à provoquer l'oubli, mais non pas tout l'oubli, ni même l'oubli de tout. Oui, le jeu est difficile.

P. 496.

(*a*). Br. nous apporte ici le témoignage des efforts accomplis par le romancier dans le sens de la simplification. Il écrit d'abord : *En nous en retournant, mon mari m'a montré une lettre de Babi qu'il avoit reçu le matin*. Puis il cherche une voie plus rapide et inscrit en marge : *Mon mari qui depuis longtems (devoit aller) est attendu à Orsinge et que l'arrivée de notre ami en avoit empêché*. Puis il biffe les derniers mots de la phrase.

1. Deux sentiments différents dictent cette phrase : le premier se rattache à ce souci du réalisme psychologique que nous avons maintes fois relevé chez Rousseau et qui lui fait donner des solutions singulières aux problèmes singuliers (cf. *supra,* p. 18, n. 3); le second au sentiment souvent proclamé par les amants d'être des êtres exceptionnels (cf. *supra,* p. 102, n. 2; p. 165, n. 5; p. 209, n. 1 et p. 403, n. 2).

2. « soyez ce que vous êtes ». Sur ce précepte fondamental de la morale de Rousseau, cf. p. 231, n. 2; p. 324, n. 3 et p. 334, n. 1.

3. Wolmar, avec une maîtrise parfaite du langage, dit très exactement sa pensée. Il n'ose dire : « oubliez le passé » ! Mais qui ne devinerait que cette cruelle exigence est sous-entendue dans les

propos obscurs qui achèvent son discours ? Que sont ces « projets », cet « espoir », sinon l'abolition du souvenir, du passé vivant ? Tout va s'éclairer, pour Claire et pour nous, dans la lettre 14. Le succès même de l'expérience exige que les amants restent dans l'ignorance.

4. Voici le moment dramatique, inattendu, foudroyant. L'expérience est décisive. Julie se laisse faire : « aucune difficulté ». Elle prend conscience du changement. Et elle s'en félicite. Elle ne paraît nullement révoltée ni choquée lorsque Wolmar *rit* après avoir accompli la « profanation » (il ne s'agit plus d'un simple sourire !). Elle s'exalte même dans l'admiration de ses « dons surnaturels ». Cependant l'adverbe « tristement » révèle que la guérison n'est pas achevée, que la menace demeure. On le verra dans la dramatique promenade sur le lac et dans les aveux de la lettre finale : « Je m'étois trompée. » Et dès maintenant dans cette inquiétude irraisonnée qui s'empare du cœur de cette honnête femme à la perspective du tête-à-tête avec son ancien amant que lui impose son époux.

P. 497.

(*a*). Br. révèle l'effort vers la vraisemblance. Rousseau avait d'abord écrit : *Souvenez-vous des Valaisans ;* puis il s'aperçut que cette phrase paraîtrait surprenante dans la bouche d'un homme qui n'avait pas dû lire les lettres écrites à sa femme par son amant. Il a donc ajouté en marge : *Je ne pouvois comprendre où il avoit appris ce récit des Valaisans.* C'était s'embourber davantage ! Il a donc biffé et repris : *(Il y a plus de véritable hospitalité) je suis pour l'hospitalité des Valaisans.* En fait il dissimule mal la réalité : c'est lui, le romancier, qui parle à ses lecteurs. Cf. sur cette question des lettres lues par Wolmar la note 1 de la page 492.

(*b*). « J'avois la bouche ouverte... la langue. » Manque dans Ms. Rey. Ajouté dans C.P.

(*c*). « mon mari... ce mot là ». Br. : *mon mari, si vous en aviez eu trop envie, vous ne l'auriez pas dit si naturellement.* Ms. Rey : même texte avec *si librement.* C.P. ajoute après « mon mari », « en lui prenant la main ». Le texte définitif a dû être établi sur épreuves.

1. *alterquer :* mot inconnu dans les dictionnaires du XVIIIe siècle. Gohin dans *les Transformations de la langue française pendant la deuxième moitié du XVIIIe siècle,* n'en cite pas d'autre exemple. Mornet (*N.H.*, t. III, p. 258, note) pense que Rousseau a pu l'emprunter à Montaigne. Peut-être le tient-il de Calvin que cite Littré : « la vérité en altercant est perdue, et la charité détruite ».

P. 498.

(*a*). Br. : *s'il croit que j'aye besoin des précautions qu'il condamne.*

(*b*). « Je crains... nécessaire » est ajouté dans C.P.

1. Ce langage est assez différent de celui que tiendra Wolmar à Claire ou même de celui qu'il a tenu d'abord. Cet homme étonnant

n'a pas seulement confiance dans ses calculs de psychologue de la mémoire; il mise en même temps, selon la tradition cornélienne la plus pure, sur la vertu et l'honneur. Ce sont eux en effet qui sauveront Julie.

P. 499.

(*a*). « et quelque doux... penser à lui ». Cette phrase remplace celle-ci plus précise de Br. 1er jet : *et je n'en ai jamais en sa présence qui me causent la moindre agitation.*

(*b*). Dans Br. en tête : « Lettre XIII. Réponse ». La première page de cette lettre est écrite d'une écriture large, aisée, celle d'une copie, puis vers le milieu de la seconde commencent les hésitations, corrections, ajouts, caractéristiques du brouillon. Sur l'insertion relativement tardive de cette lettre, cf. var. (*a*), p. 495.

1. Cf. *supra,* p. 489, n. 1 et *infra,* p. 508, n. 1. Les théories du philosophe chez Rousseau — c'est ce qui fait leur force ! — s'appuient sur l'expérience vécue. Julie parle comme le vulgaire d'un phénomène que Wolmar, lui, sait parfaitement expliquer et dont il tire son espérance. Il consent, non sans quelque mépris pour la pensée courante, à qualifier de « bizarre » l'attitude pratique qui découle de ses théories. Cf. *supra,* p. 496 : « ma conduite a l'air bizarre » et p. 508 : « ma conduite qui ne peut que paroitre fort bizarre... »

2. *ô Israël !* Ce cri spontané de Claire est un nouveau témoignage de la reprise des lectures bibliques par Rousseau au moment où il rédigeait cette lettre (cf. Introduction et *supra,* p. 167, n. 1).

P. 500.

(*a*). « Tu compares... frayeur » est ajouté dans C.P.

(*b*). « Cousine... succès » : ajouté dans C.P. Nouveau témoignage du caractère très tardif du rapprochement opéré par Rousseau entre ses deux amants et l'histoire fameuse d'Héloïse et Abélard.

(*c*). « En vérité... pour moi-même ». Ajouté dans Br. en marge, ce développement remplace celui-ci, biffé : *Si je parlois à d'autres lemmes (il faudroit revenir) après avoir recouru à la morale commune, je eur (dirois) ferois comprendre que certaines maximes générales qui passent pour sacrées parce qu'on ne s'en sert jamais et qu'on respecte parce qu'on les néglige ont besoin d'éclaircissement sitôt qu'on veut les pratiquer. Telle est leur dirois-je celle de la séparation des sexes dans la vie habituelle* (fo 340).

P. 501.

(*a*). Br. : *personnelles.*

(*b*). Br. : *chaste épouse.* C'est encore le texte du Ms. Rey.

(*c*). Dans C.P., Rousseau a corrigé en *société* puis est revenu à *nature.* Une telle hésitation entre deux termes aussi essentiels est une sérieuse invitation à la prudence pour qui tente la présentation systématique d'une pensée extrêmement plastique.

P. 502.

(*a*). Br. : *le rempart inaccessible et sacré.*

(*b*). Ici Br. ajoutait ces lignes transcrites puis biffées dans C.P. : *Écoute ; j'eus une amie ; un amant trop chéri fut traité par elle en époux ; il pouvoit, il auroit dû le devenir ; tout le tort qu'elle eut fut d'oser espérer qu'il le deviendroit et ce tort a été expié par huit ans de larmes. Elle est maintenant épouse, mère, sage, vertueuse, chrétienne ; son cœur est chaste comme sa personne ; l'honneur lui est plus cher que la vie.*

P. 503.

(*a*). Br. : douze ans de *constance* et six ans de *vertu.* C.P. : douze ans de *constance* et six ans *(d'honneur)* de *gloire.* Variante révélatrice de l'attitude profonde de Rousseau en face de son héroïne. Il n'y a de faute que contre l'amour. La vertu essentielle n'est pas la chasteté, mais la fidélité. Ces « douze ans de pleurs » exigés par une certaine conformité à la morale traditionnelle sont aussi faux que ridicules.

1. Sur la double prise de position de Rousseau, d'une part contre la sévérité à l'égard des « fautes » des jeunes filles, d'autre part contre l'indulgence à l'égard de l'adultère, cf. *supra,* p. 25 n. 1 ; p. 271, n. 1 et p. 340, n. 1.

P. 504.

1. Jalon (un peu gros) pour la lettre 17.

P. 505.

(*a*). Cette phrase a coûté beaucoup de peine à Rousseau. Voici les ébauches dans Br. : *C'est le moyen de jouir agréablement de la société de ton ami et d'épancher vos cœurs sans risquer de...* puis *de causer sans risque avec ton ami et de ...* puis : *de te livrer... sans entendre et donnent le tems de la réflexion avant (de pouvoir se dérober à eux) qu'on ait eu celui de s'éloigner d'eux.* Le texte actuel a été mis au point dans C.P.

(*b*). Dans Br. après *pureté : l'orgueil qui nous perd n'est pas tant celui qui nous inspire de la confiance en notre vertu que celui qui nous fait négliger de faibles soins comme puériles ou indignes de nous et la véritable grandeur de l'âme sait seule donner un prix aux petites choses qui la (nourrissent, soutiennent) conservent.* Texte repris dans C.P. avec quelques variantes, dont la plus importante est la réduction à une maxime vigoureuse de la dernière phrase : « et ce sont... grandes vertus ». Le texte conservé dans le Ms. Rey a été, au dernier moment, réduit à cette formule.

(*c*). « crois-moi... toi seule » est ajouté en marge dans Br. Jalon pour les amours Claire-Saint-Preux ?

1. Rousseau, qui est à l'origine de tant de formes littéraires modernes, invente celle où s'illustreront un grand nombre d'écrivains; de Vigny et Baudelaire à Mauriac et J. Green, après Amiel, Gide et Du Bos. Tous sont fraternellement unis à lui par une tendance très forte à l'introversion allant jusqu'au narcissisme (sa première œuvre, comme celle de Gide, prend *Narcisse* comme sujet; quel aveu !). Chez tous l'exigence de sincérité aboutit à un examen de conscience, particulièrement rigoureux chez les chrétiens d'origine protestante, comme lui, qui n'ont pas la possibilité de la confession. Sur l'influence très particulière de Rousseau sur Baudelaire en ce domaine cf. G. Blin, Introduction aux *Journaux intimes,* Corti, 1949, pp. 190 sq., qui rappelle les textes où Baudelaire annonçait son projet à sa mère en le comparant aux *Confessions,* « mais en beaucoup plus fort ». Elles « paraîtront pâles » à côté d'un tel livre, disait-il. En réalité, tels qu'ils nous sont parvenus, ces textes bouleversants de Baudelaire, beaucoup plus que des confessions, se rapprochent de ce « journal fidèle » que Claire suggérait à Julie de tenir. Ils s'en rapprochent surtout dans certaines pages par l'humilité même de l'exercice spirituel qu'ils constituent. Sur cette morale, héritée peut-être par Jean-Jacques de ses directeurs de conscience catholiques, en particulier de saint François de Sales ou de Fénelon, sagement attentifs à l'efficacité des moyens les plus modestes, cf. l'*Émile,* qui, dans de si nombreux chapitres, n'est guère qu'un recueil de « recettes ». Cf. aussi la lettre 3 (Ve partie) sur l'éducation des enfants de Julie. Nous touchons une fois encore à la sagesse réaliste de Rousseau (cf. var. (*b*), p. 505).

P. 506.

(*a*). Paragraphe ajouté en marge dans Br.

(*b*). Br. 1er jet : *Ah ! si j'étois moins folle, j'aurois grand peur d'avoir à mon tour besoin de sermons.* Les mots : « Ah Chaillot, Chaillot ! » sont une addition postérieure. Sur C.P. Rousseau adopte le texte actuel. Le sens paraît clair. Il s'agit pour Claire de lutter contre l'envahissement de son cœur par l'amour. Plus que dans les « sermons » de la « sage » Chaillot, elle a confiance dans sa « folie » car rien ne favorise plus le développement de la passion que le « sérieux » (cf. lettre 7 de la Ire partie).

(*c*). Br. n'a ni numérotation, ni en-tête. Donc probablement rédaction ancienne, antérieure à l'organisation en parties. Les notes suivantes confirment cette hypothèse. Cf. var. (*a*), p. 495.

(*d*). Note introduite dans C.P., supprimée dans éd. Rey, 1763. Type de ces notes faussement naïves où Rousseau, alerté sans doute par un lecteur savant, répare ses erreurs ou inexactitudes en feignant de les mettre au compte de ses héros et obtient ainsi un surcroît de vraisemblance.

P. 507.

(*a*). « D'ailleurs... à son gré ». Cette phrase très importante, puisqu'elle annonce le drame religieux qui empoisonne le bonheur des époux, n'est pas dans Br. On peut raisonnablement en conclure qu'au moment où il rédigeait cette lettre, Rousseau ne pensait pas à cette opposition religieuse de Julie et de Wolmar. La phrase a été introduite dans C.P. où elle était accompagnée d'une note : *Cette raison s'expliquera dans la (cinquième partie) Suite.* Cette hésitation sur les derniers mots paraît dater la note de l'époque où Rousseau ne savait encore si son roman aurait cinq ou six parties. Il ignorait, en tout cas, la place exacte où il situerait les explications sur le drame intime de Julie. Elles se trouvent en fait dans la Ve partie, lettre 5. La note finalement adoptée après les grands développements donnés à cette « suite » est celle d'un auteur qui renonce à se défendre et plaide coupable avec un léger humour.

(*b*). « Il n'y a... maitre » est ajouté en marge dans Br.

1. Sur la vocation pédagogique de Rousseau et les raisons de l'insertion dans le roman du discours sur l'éducation, cf. *supra,* Introduction et I, 12; cf. surtout la grande lettre 3 (V^e^ partie). Sur l'importance accordée au précepteur ou au gouverneur dans l'éducation de l'enfant, cf. le premier chapitre de l'ouvrage d'André Ravier (*L'Éducation de l'homme nouveau,* t. II, pp. 7-36) qui cite quelques textes de l'*Émile* (très proches de celui-ci) : « Un gouverneur ! Ô quelle ame sublime... en vérité, pour faire un homme, il faut être ou pére ou plus qu'homme soi-même (...) Ce rare mortel est-il introuvable ? Je l'ignore (...). Qui donc élévera mon enfant ? Je te l'ai déja dit, toi-même. Je ne le peux ! (...) Fais-toi donc un ami. » (*Émile, O.C.*, Pléiade, t. IV, p. 263). C'est dans ce passage que Rousseau lâche le terrible aveu : « Celui qui ne peut remplir les devoirs de pére n'a point droit de le devenir. Il n'y a ni pauvreté ni travaux ni respect humain qui le dispensent de nourrir ses enfans, et de les elever lui-même. Lecteurs, vous pouvez m'en croire. Je prédis à quiconque a des entrailles et néglige de si saints devoirs qu'il versera longtems sur sa faute des larmes améres, et n'en sera jamais consolé. » *(Ibid.)*. Ainsi la « dernière incarnation de Saint-Preux », dont *la Nouvelle Héloïse* ne nous donne que le projet, fera de lui le précepteur d'Émile. Le traité, après le roman, continuera de faire vivre Jean-Jacques dans le « monde enchanté », ce monde où les pères n'abandonnent pas leurs enfants, où ceux qui les ont abandonnés, apaisant enfin leurs remords, donnent la pleine mesure de leur « génie », en élevant les enfants des autres.

P. 508.

(*a*). Br. ajoutait : *et j'entendois fort bien ce sourire.* Supprimé dans C.P.

(*b*). Br. et C.P. : « femme *du* monde ».

(*c*). C.P. ajoutait : *Un moment de patience, et bientôt vous m'entendrez mieux*. Le romancier a heureusement supprimé cette lourde liaison démonstrative.

1. Toujours le même souci de réalisme. Rousseau ne cesse pas de se défendre contre les objections qu'il prévoit trop bien ! (notons le mot *bizarre,* cf. *supra,* p. 489, n. 1). Quant au caractère exceptionnel de ses héros, il l'a souligné maintes fois déjà (cf. *supra,* p. 102, n. 2; p. 165, n. 5; p. 209, n. 1 et p. 403, n. 2).

2. On pardonne volontiers à Rousseau ce cri d'orgueil naïf et charmant. On le pardonne moins à Wolmar dont on attendait plus de discrétion, de délicatesse. Il triomphe comme un savant qui vérifie le succès d'une hypothèse. Il oublie qu'il ne travaille pas *in anima vili !*

P. 509.

1. Fin de paragraphe admirable de finesse : non seulement Wolmar mais Rousseau lui-même semblent être devant Julie comme devant un être mystérieux dont les réactions leur échappent. Et il nous met en garde, nous préparant ainsi à la promenade sur le lac et à la mort de Julie.

2. Sur l'importance de ce développement et de la note qui l'accompagne et sur ses rapports avec l'expérience vécue par Jean-Jacques, cf. *supra,* p. 321, n. 1.

P. 510.

(*a*). Ces trois derniers paragraphes, d'une importance capitale, ont été très élaborés dans Br. puis dans C.P. La plupart des formules décisives ont été trouvées à la deuxième ou troisième rédaction, par exemple les mots : « il ne me hait point... a aimée » ont été ajoutés en marge dans Br. ainsi que : « Il l'aime dans le tems passé ». Et c'est seulement sur la deuxième correction de C.P. que Rousseau a inventé les mots clés : « Otez-lui la mémoire, il n'aura plus d'amour. » Le développement placé en note et pris à son compte par le romancier (« Vous êtes bien folles, vous autres femmes... ») était attribué dans Br. à Wolmar et placé après les mots : *et non pas d'une autre qu'il est amoureux*. L'idée de placer ce texte en note est venue à Rousseau quand il rédigeait C.P. Il a alors inscrit cette indication : *Voir la note dans le brouillon,* puis il a entouré cette partie du texte de Br. d'un trait continu en la faisant précéder de cette indication : *N.B. en note*. Le texte définitif est légèrement différent du texte primitif. C'est en marge qu'apparaît l'étonnante formule : « c'est vouloir qu'on cesse à chaque instant de vous aimer ». C'est dans un remaniement postérieur que l'appel de note a été placé après les mots « non plus telle qu'elle étoit ».

1. Annonce du projet de mariage entre Saint-Preux et Claire, projet concerté par Julie et par son mari et qui n'aboutira pas ! Sur

ce point au moins la science psychologique de Wolmar sera prise en défaut. Saint-Preux se déclarera incapable d'aimer d'amour une autre femme que Julie. Fidélité au réalisme ou fidélité au mythe de l'amour courtois ? (Cf. *infra,* VIe partie).

Toute la suite de l'analyse est de nouveau d'une délicatesse remarquable (cf. var. (*a*), p. 511). C'est le futur auteur de l'*Émile* qui parle, et très précisément un disciple de Montaigne, à qui l'image du « coursier » a été très probablement empruntée.

P. 511.

(*a*). « On mène... approche » : ajouté en marge dans Br. Mais M. de Wolmar, parlant d'abord moins noblement, disait *cheval* et non *coursier*.

(*b*). « car la sagesse... les superflues ». Dans Br. après avoir rédigé cette phrase, Rousseau l'a biffée puis s'est repris et a inscrit : *bon.*

(*c*). « Plus ils se verront... remplies » est ajouté en marge dans Br.

(*d*). Dans Br. en face de ce dernier paragraphe on lit : *La voix de l'amour ne s'y fait plus entendre ; ah ! Milord, quel silence affreux règne dans cette maison.* Cette phrase est, comme d'ordinaire, un jalon pour la lettre suivante. Elle n'est nullement mystérieuse pour qui admet le paradoxe psychologique magistralement développé par le romancier d'après lequel la « voix de l'amour » ne peut se faire entendre que si l'amant est séparé de l'aimée et qu'un « silence affreux » s'établit entre eux dès que le mari absent les a laissés seuls en face l'un de l'autre. Cf. dans le début de la lettre 15 les mots de « tristesse » et de « morne silence », d'« effroi secret » étouffant le « murmure du cœur. »

P. 512.

(*a*). Br. : *Lettre 16*. On est surpris par ce chiffre; on attendait 15. Erreur ? ou faut-il supposer une lettre perdue ou supprimée ? C.P. porte le numéro 15. Le fait que cette lettre, contrairement à d'autres qui la précèdent, est numérotée, prouve qu'elle appartient à une période tardive de la rédaction, postérieure à la décision du découpage en parties. A ce moment, Rousseau a décidé de faire une place au drame religieux entre les époux.

1. L'unité de doctrine est parfaite ! La « bizarrerie » avouée par Julie à la fin de la lettre 12 l'est aussi par Saint-Preux. Entre ces deux aveux, Wolmar a donné à Claire toutes les explications nécessaires. Sur cette « bizarre fantaisie », cf. d'ailleurs les remarques de Claire à Julie au début de la lettre 9 (IVe partie), cf. *supra,* p. 435, n. 1. Nous n'avons pas ici une répétition. Le mécanisme psychologique est le même, mais les circonstances sont différentes. Saint-Preux est désormais seul en présence de Julie et le sentiment dominant est celui de la crainte. Pourquoi ? Parce qu'il ne veut pas redevenir l'amant de cette femme dont il place, aussi haut qu'elle, la vertu et l'honneur. Il n'a ni « désirs », ni « tentations » : une sorte

de barrière invisible le sépare d'elle. Pourtant il redoute une défaillance; il peut vouloir à tout prix forcer cet obstacle... En ces quelques lignes, Rousseau a condensé de nombreuses richesses. Il faut les garder présentes à l'esprit au moment d'aborder la grande scène du lac.

P. 513.

(*a*). C'est l'orthographe de Br., C.P. et Ms. Rey. La forme usuelle était « bienveillance » (*Dict. Acad.*, 1762). « Quelques-uns — dit le *Dictionnaire* de Féraud — écrivent et prononcent bienveuillance. » Quelques années plus tard, Rousseau s'est soumis à la loi du bon usage et sur D.C. il a corrigé en *bienveillance*.

1. C'est l'amorce du drame qui sera placé au centre des deux dernières parties : la profonde divergence de vues entre Julie et son mari sur le plan religieux. Nous attendions cette révélation depuis un certain temps (cf. *supra,* IV, 14, p. 507 et var. (*a*), p. 507, et déjà III, 20, note de Rousseau p. 372 et p. 372, n. 1). Cette fois enfin, Julie parle. Les explications commencent lentement. Saint-Preux est « impatient du doute insupportable » où l'aveu vient de le jeter. Le lecteur aussi, certes ! Et, brusquement, le courant est coupé ! Nous devrons attendre jusqu'à la fin de la Ve partie pour connaître le « fatal secret ». Pourquoi ce suspens si prolongé et légèrement ridicule ? Parce que Rousseau, ayant inventé tardivement un drame religieux entre les époux, s'est trouvé devant de sérieuses difficultés. D'une part, il juge conforme aux exigences de la vraisemblance de ne pas faire attendre davantage cette confidence si importante. Mais, puisque le roman doit encore durer longtemps, il est opportun de ne rien négliger de ce qui peut soutenir la curiosité du lecteur. D'autre part, l'introduction de ce drame nouveau, à cette place, risque de gâcher l'unité morale du roman d'amour et d'amoindrir l'intérêt de la grande péripétie qui va suivre. Il faut avant tout que soit résolu le problème des rapports passionnels des amants.

Dans la lettre 5 (V^e^ partie), par la bouche de Saint-Preux, le romancier répondra lui-même fort habilement — mais tout à fait sincèrement — à nos questions. Pourquoi Julie a-t-elle tant attendu? C'est qu'elle voulait sauver les apparences !

Alors pourquoi parler maintenant ? Parce que l'amitié l'exigeait; parce qu'il fallait élargir la liberté d'entretien entre Saint-Preux et les deux époux; parce que Milord Édouard allait arriver et qu'il devait être instruit lui aussi.

Mais pourquoi donc en ce moment précis ? Parce que Julie se sentait en danger : « elle n'imagina point de précaution plus sûre que de se donner incessamment un témoin qu'il falut respecter (...) Je voyois Dieu sans cesse entre elle et moi » (V, 5, p. 593). Sans doute; mais nous ne le saurons qu'après coup : rien ne nous révélera au cours de la lettre 17 cette présence du « juge integre et redoutable... » Tout nous porte donc à penser qu'en l'écrivant le romancier ne voyait pas son héroïne comme une femme qui vient de faire une confidence très grave, d'appeler au secours de sa « vertu » un aussi invincible et puissant protecteur.

P. 514.

(*a*). Lettre absente de Br. Ajoutée tardivement dans C.P., après transcription de la lettre 17 (primitivement numérotée XVI). Rousseau ajoute alors cette indication en marge : *renvoi à la ettre XVI.*

Dans le dernier paragraphe, avant de s'arrêter à *convenable* pour qualifier la conduite de Wolmar, il écrit successivement : *excusable et obligeante,* puis : *raisonnable et convenable.* De même *durement* a remplacé *cruellement.*

(*b*). Br. : pas de numérotation, ni d'en-tête. Donc, rédaction primitive, ce qui confirme les affirmations de Rousseau dans les *Confessions* (cf. Introduction). Écrite d'une belle écriture calme et presque sans ratures, cette lettre est déjà une mise au net. Pourtant elle offre une différence importante avec le texte définitif. La lettre y est en effet adressée à Claire : *(Il faut ma Cousine, que je vous rende compte) Je suis chargé, ma Cousine, de vous faire le récit d'un danger (...) fatigue. Madame de Wolmar vouloit vous faire ce détail elle-même ; mais je l'ai tant pressée de m'en confier le soin qu'elle y a consenti. Elle a toujours mille autres choses à vous écrire, elle est occupée, je suis oisif, et ce n'est pas assés pour moi de vivre auprès d'elle, si je ne reprends aussi mon commerce avec vous.* C'est en corrigeant C.P. que Rousseau a décidé de changer de destinataire, mais il n'a pas pour autant modifié son texte. Il a simplement remplacé au début *ma cousine* par *Milord,* et ajouté à la fin quelques lignes directement adressées à Édouard. Cette modification s'explique, semble-t-il, par le désir d'intégrer plus intimement à l'action centrale le personnage de Milord Édouard, dont les amours romaines ont été tardivement inventées et vont occuper une bonne place dans les deux dernières parties. Cf. les dernières lignes, p. 522 : « O Edouard ! quand... »

1. Pourquoi cette lettre tardive ? Sans doute Rousseau a-t-il pensé, après avoir écrit les longues lettres de la Ve partie (où Julie ne reprend la parole qu'à la lettre 13), qu'il convenait de ne pas laisser son lecteur lire près de deux cents pages avant de réentendre la voix de l'héroïne, ni surtout sans lui faire connaître, ou entrevoir — autrement qu'à travers les discours de Saint-Preux — ses réactions à la scène dramatique du lac. Mais, d'autre part, pour rien au monde il n'eût consenti à ajouter quelque parole que ce fût à ce grand silence nocturne, à peine troublé par le bruit des rames sur les eaux du lac apaisé, qui s'établit aux dernières lignes de la lettre suivante, véritable finale de ce grand morceau symphonique qu'est la IVe partie tout entière.

2. Cette lettre est une des plus fameuses de tout le roman.

Fréron et même La Harpe, juges contemporains, mal situés pour goûter profondément l'œuvre entière, la plaçaient au premier rang des morceaux qui, à leurs yeux, la sauvaient. Rousseau avait pour elle, comme pour la lettre sur l'Élysée, un amour de prédilection « Quiconque en lisant ces deux lettres ne sent pas amolir et fondre son cœur dans l'attendrissement qui me les dicta, doit fermer le livre; il n'est pas fait pour juger des choses de sentiment. » (*Confessions,* l. IX, *O.C.*, Pléiade, t. I, p. 438). De cet attendrissement, nous connaissons la source lointaine, indéfiniment jaillissante, celle des souvenirs d'enfance et de jeunesse : « L'aspect du lac de Genève (...) eut toujours à mes yeux un attrait particulier, que je ne saurois expliquer, et qui ne tient pas seulement à la beauté du spectacle, mais à je ne sais quoi de plus interessant qui m'affecte et qui m'attendrit (...), impression composée du souvenir de Mme de Warens qui y est née, de mon père qui y vivoit, de Mlle de Vulson qui y eut les prémices de mon cœur, de plusieurs voyages de plaisir que j'y fis dans mon enfance, et, ce me semble, de quelque autre cause encore, plus secrette et plus forte que tout cela. » (*Ibid.*, p. 152).

A défaut de la déclaration formelle de Rousseau, plusieurs signes nous révéleraient l'importance que le romancier attachait à cette lettre :

1° La place qu'il lui a donnée en « finale » d'une des parties du livre qu'il a le plus soignées, au-delà de laquelle commence seulement la *vita nuova*.

2° L'élection de la scène centrale du « pélerinage » aux « monumens des anciennes amours » pour l'un des sujets d'estampes (cf. *supra,* pp. 767-768).

3° Les très nombreuses corrections, reprises, additions que révèle l'étude des manuscrits.

4° Enfin et surtout l'harmonieuse organisation de l'ensemble selon ces lois empruntées à la composition musicale dont nous avons déjà décelé l'application dans les fragments les plus nobles et les plus enchanteurs du roman.

Après quelques lignes brèves et simples d'introduction, la lettre se développe en trois grands moments, d'une durée à peu près égale (une centaine de lignes) à l'intérieur desquels le romancier-musicien fait alterner les rythmes de contemplation et d'agitation.

I. *La promenade sur le lac :* trois mouvements :

1° Le départ, la pêche et la chasse.
2° Description du paysage et considérations d'économie politique.
3° La tempête.

II. *Le pèlerinage aux « monumens des anciennes amours »* : deux mouvements :

1° Description.
2° Grand air d'opéra.

III. *L' « horrible tentation » ou le nocturne :* quatre mouvements :

1° Introduction.
2° La rêverie sur le passé.
3° L' « horrible tentation ».
4° L'apaisement.

La lettre s'achève par une « conclusion » un peu plus longue, mais presque aussi simple et sans éclat que l'avait été l'introduction.

Tant de soins s'expliquent sans peine, si l'on considère la signification spirituelle dont Rousseau a chargé cette lettre. Signification nuancée et même ambiguë, comme nous le verrons, qui prend nécessairement à nos yeux une importance accrue depuis que la correspondance de Rousseau nous a révélé que, dans son dessein primitif, il avait songé à faire se dénouer tragiquement son œuvre par une double noyade des amants.

Cet accident se serait produit probablement au cours d'une promenade sur le lac, sans un naufrage causé par une tempête. Il ne pouvait s'empêcher de songer en l'écrivant à la signification spirituelle qu'aurait eue, dans son premier projet, un épisode semblable. Cette « catastrophe brutale et complaisante », dit fort bien J.-L. Bellenot, serait venue « combler les souhaits inavouables des amants ». L'épisode actuel, si chargé qu'il soit de désirs inavouables, n'est plus qu'une « horrible tentation », la tempête d'un cœur qui s'apaise dans un calme progressivement retrouvé, et au-delà de laquelle s'ouvre la lumière inaltérable, élyséenne, du royaume de la vraie vie. Sur le problème de savoir comment se dénouait le roman en quatre parties, tel que Rousseau l'acheva à la fin du printemps ou au début de l'été 1757, cf. l'Introduction (p. XLIV).

3. Introduction : quelques lignes, pour annoncer le dénouement heureux. Le romancier avec un sens très sûr de ce qui convient, refuse ici le suspens. Le premier souci de Saint-Preux écrivant à Édouard doit être de le rassurer. L'équivoque sur le mot « danger » suffit à susciter chez le lecteur une vive curiosité ! Rassuré sur l'issue, il peut s'abandonner sans arrière-pensée aux subtilités de l'analyse et à l'enchantement de la musique.

Le ton de Saint-Preux est très différent de celui de Julie. Dégagé, allègre même; celui d'un homme « guéri », qui éprouve le sentiment agréable d'être de l'autre côté d'une « crise » qui fut, il l'avouera plus tard, « bienfaisante ».

4. La première partie de cette lettre est celle qui nous touche aujourd'hui le moins. D'abord, elle est à peu près dépouillée de tout intérêt passionnel. Certes Julie est là, au premier plan : elle interdit la chasse, fait rejeter les poissons, encourage les rameurs. Mais nous nous ennuyons un peu. Même la tempête avec son allure de spectacle du Châtelet ne nous convainc guère : toujours le théâtre ! Et le

style noble : « fruit de leurs peines, avide publicain, roses du visage » ! A quoi s'ajoutent les fadaises de Julie végétarienne et protectrice des animaux. Et surtout ce nouvel accès de fièvre pédagogique de Saint-Preux qui perd le temps précieux de cette promenade en considérations de géographie et d'économie politique, d'ailleurs simplistes et partielles, sur les différences de fertilité entre le côté suisse du lac et le côté savoyard : « Là j'expliquois à Julie !...» Heureusement l'humour ne perd pas tout à fait ses droits ! Saint-Preux remarque que les bateliers « auroient mieux goûté le poisson qu'ils avoient pris que la morale qui lui sauvoit la vie ». Et il se brocarde gentiment lui-même en parlant de cette « vivacité de jeune homme dont il seroit tems de guérir ». Surtout cette page est sauvée par les mots concrets, techniques, dont l'emploi, systématique, ne satisfait pas seulement chez Rousseau le besoin de vérité mais surtout le désir de faire revivre par le seul truchement de certains mots liés aux souvenirs de sa plus lointaine enfance toute une vie de délicieuses émotions. De Chateaubriand et Nerval à Giono et Ramuz en passant par Daudet, Péguy ou Colette, nous savons aujourd'hui tout ce qu'un maître écrivain peut enfermer d'émotions anciennes dans des mots de terroir. Il semble bien qu'ici Rousseau ait ouvert la voie. Les « provincialismes », dit fort bien Alexis François, « coulent comme de source (...) C'est qu'ils font partie de sa sensibilité, de cette sensibilité profonde que le moindre choc éveille (...) Souvenirs et mots surgissent en même temps dans l'esprit de Rousseau, sous l'empire de la même émotion (...) Ce faisant, ne dirons-nous pas qu'il confère au provincialisme une valeur esthétique singulière et qu'il en consacre et justifie l'emploi dans la littérature française digne de ce nom ? » (*Annales J.-J. R.*, t. III, pp. 22-23). Aux souvenirs anciens sont venus s'ajouter ici ceux de l'excursion de septembre 1754, avec les De Luc, une excursion de plusieurs jours sur le lac, dont un carnet de notes nous a conservé la trace. On n'y peut lire sans rêver ces quelques mots : « Couché à Meilleraie » (cf. *O.C.*, Pléiade, t. I, p. 1178).

5. *à pure perte :* « J.-J. Rousseau a employé fréquemment cette expression génevoise qui a fini par s'introduire en France, dans le langage populaire. Au XVIIe et au XVIIIe siècle, les écrivains français ont toujours dit *en pure perte* et jamais *à pure perte* », dit Humbert dans son *Nouveau glossaire genevois*, 1852, cité par Al. FRANÇOIS, *Annales J.-J. R.*, t. III, p. 60.

P. 515.

(*a*). « J'avois pris... que je manquai ». Ce passage qui révèle chez l'écrivain un souci très apparent de vérité concrète, de réalisme, a été ajouté en marge dans Br. En même temps Rousseau ajoute la note sur *nager*. C'est dans C.P. qu'il ajoute la note sur les divers oiseaux du lac.

(*b*). Phrase ajoutée dans Br.

1. *l'avide publicain :* cette expression peut avoir chez l'auteur du *Contrat social,* très informé des institutions romaines, une résonance latine; beaucoup plus vraisemblablement, elle vient en droite ligne de ses lectures bibliques, particulièrement de la célèbre parabole du Pharisien et du Publicain. Mais l'expression est alors courante. Voltaire par exemple parle des « vexations des publicains » dans une lettre à d'Argental du 8 janvier 1764.

L'explication de la misère paysanne en Savoie ou en France par l'excès des impôts avait été récemment développée par Rousseau dans l'article « Économie politique ». Il rencontre sur ce point beaucoup d'autres écrivains : Diderot par exemple (cf. *Mon père et moi, Œuvres,* éd. Assézat, t. IV, pp. 481-482) et Mirabeau (dans *l'Ami des hommes*). Surtout il se rappelle qu'un jour un paysan avait refusé de lui donner à manger parce qu'il le prenait pour un agent du fisc (*Confessions*, l. IV, *O.C.*, Pléiade, t. I, p. 164 et la note où sont présentés les avis divergents des historiens sur l'opinion formulée par Rousseau) La supériorité du régime économique du pays de Vaud a été mise en doute par P. Maillefer, auteur d'une *Histoire du Canton de Vaud* et de *le Pays de Vaud au XVIII*e *siècle,* qui conclut que la misère était grande aussi, bien souvent, au pays de Clarens et que « l'idée du prétendu bonheur dont jouissaient les sujets de L.L.E.E. de Berne » est discutable. Rousseau a-t-il participé à un « mythe » ? Ce ne serait pas le premier ! Nous savons bien, depuis Proust, que les vrais paradis sont ceux que nous avons perdus !

P. 516.

(*a*). Br. : *vent du nord.*

(*b*). Rousseau ne s'est pas relu d'assez près après avoir décidé de changer le destinataire de la lettre. Ces mots qui s'adaptent fort bien à Julie si Saint-Preux parle à Claire, ne sont plus très convenables dans une lettre adressée à Milord Édouard. Notons que dans le Ms. Rey, où le destinataire est déjà Édouard, on lit : *votre incomparable amie.*

1. Cf. *supra,* I, 26 (p. 90), note de Rousseau : « vent du nord-est »; cf. Al. FRANÇOIS, *Annales J.-J.* R., t. III, p. 44.

P. 517.

(*a*). « après avoir... prendre terre » est ajouté dans C.P.

(*b*). Br. ajoutait ici ce remplissage inutile : *tant ce cœur aimant et sensible se livre aisément aux sentimens qui lui sont chers.*

(*c*). « vous avez votre chapeau de paille » : détail réaliste ajouté dans C.P.

1. Bien que les circonstances soient assez différentes, cette « tempête » annonce et a peut-être inspiré celle qui clôt magnifiquement *Paul et Virginie.* Même mélange d'opéra-spectacle, et de sensibilité moralisatrice : la femme, puissance d'apaisement et de

douceur, image de beauté, au centre des éléments déchaînés, avec ses caresses compatissantes, égales pour tous, sa prudence, son sentiment maternel. Même libération, à travers la poésie, du sentiment inavouable entre tous : le désir de la mort.

2. Les intentions de Saint-Preux sont équivoques. Les connaît-il bien lui-même ? Cherche-t-il le plaisir du « pélerinage » aux lieux du bonheur ? S'il y souffrait au point d'être tenté par le suicide, il y aimait passionnément et, selon le mécanisme du souvenir chez Rousseau, de cette période d'amertumes et de délices, sa mémoire n'a gardé que les délices. Son plaisir est accru du fait qu'il y conduit celle dont l'image y habitait jadis avec lui. Secrètement il cherche davantage : ressusciter la Julie ancienne en face de la Julie actuelle, faire de ce passé, qui n'est vivant que dans le souvenir, un nouveau présent. Et Julie ? Pour une fois ce n'est pas elle qui conduit le jeu. Elle suit. Elle semble ne se douter de rien. Innocence ? Hypocrisie ? Mystère des âmes...

P. 518.

(*a*). « En approchant... nous arrivâmes ». Phrase ajoutée dans C.P.; modification tardive; elle ne se trouve pas dans Ms. Rey.

(*b*). « En comparant... environnoient » est ajouté dans Br., pour préciser; ces mots, d'abord placés après « il sembloit », ont été ensuite mis avant le verbe par souci de rythme.

(*c*). Note ajoutée dans C.P.

1. *Monument :* « Tout ce qui consacre et manifeste, tout ce qui garde les souvenirs. » (Littré, 6°). Cet emploi du mot au sens noble et figuré était courant dans la langue classique. Il a aujourd'hui à peu près disparu et paraîtrait ridicule. Rien de tel à l'époque où écrit Rousseau.

Pour l'interprétation plastique de cette scène, cf. les sujets d'estampes (*supra,* pp. 767-768). On notera, en particulier, les objets dont Rousseau signale au graveur la nécessaire présence sur l'image — pour la « mise en scène » — et dont il n'a pas cru devoir encombrer sa description littéraire.

2. Cette description occupe une place considérable dans l'histoire littéraire française. Avec la lettre sur le Valais, elle marque l'entrée des Alpes dans notre littérature. Sur ce point, cf. *supra,* I, 23, p. 76, n. 2. Le thème du couple amoureux isolé dans un refuge édénique au sein d'une nature imposante et redoutable, recevra sa plus grande popularité du *Jocelyn* de Lamartine; cf. l'ouvrage déjà cité de C.-E. Engel et la vaste enquête d'Henri Guillemin sur *le « Jocelyn » de Lamartine,* IIIe partie, chap. II, B. « Jocelyn et le thème littéraire de la montagne », pp. 477-491.

Mais cette description vaut d'être étudiée pour elle-même (le manuscrit révèle qu'elle a été particulièrement travaillée). Elle est un des rares morceaux descriptifs du roman, et elle est surtout révélatrice de certains aspects de la personnalité de Rousseau. Les premiers mots, assez orgueilleux, mettent l'accent sur ces « beautés qui ne plaisent qu'aux ames sensibles et paroissent horribles aux autres ». Mais aussitôt après, on voit bien qu'ils sont destinés à faire valoir par contraste l' « azile » paradisiaque. Ce qui est important, ce n'est donc pas le caractère sauvage de ce paysage, mais l'*isolement* qu'il procure. Une série de cercles concentriques protègent les amants du reste du monde : ils sont très exactement entre ciel et terre, comme tout bonheur humain. Ils semblent avoir échappé, seuls, au bouleversement de la nature. Cette notation géologique qui renforce l'expression « depuis le commencement du monde » donne à cette scène une grandeur cosmique. Quant au « désert » il est parfaitement conforme à la poésie bucolique traditionnelle (verdure, ruisseaux, rochers, arbres sauvages) ; il n'y manque même pas la notation de cette amitié pour les hommes qu'avaient les choses et les êtres dans l'Éden primitif. Bien entendu, la musique reprend ici tous ses droits :

Au milieu de ces grands et superbes objets
Un séjour riant et champêtre
Quelques ruisseaux filtroient à travers les rochers...
Quelques arbres fruitiers sauvages
Panchoient leurs têtes sur les notres...

La peinture elle aussi, malgré la discrétion du pittoresque, ajoute ses prestiges à cette incantation et la note du rose prolongé sur les cimes des glaciers au couchant n'est pas peu révélatrice de l'exquise sensualité de l'artiste.

P. 519.

(*a*). Pétrarque est absent de Br. et C.P., ce qui est bien étrange étant donné la place occupée par l'amant de Laure dans le roman.

(*b*). « ces oiseaux... cavernes » : ajouté en marge dans Br.

(*c*). « voila le bord... abimes » : ajouté dans C.P. ; passage très travaillé. Rousseau avait d'abord écrit : *c'est d'ici que je (faillis cent) mesurai cent fois d'un œil avide et sombre la profondeur de ces (précipices) abymes.*

(*d*). « Fille... né ». Ms. Rey : *O Julie ! o fille trop adorée.*

(*e*). Rousseau avait d'abord écrit dans Br. un texte plus bref et plus passionné : *mais Julie attendrie me jetta les bras au cou sans mot dire ; puis, tout à coup, détournant la vue et me tirant à elle : allons-nous en...* Il conserva d'abord ce texte dans C.P. et dans Ms. Rey et n'aboutit au texte actuel que dans la dernière correction de C.P.

1. Voici de nouveau après la calme et mélodieuse description, où tout était murmure de harpes, le grand air d'opéra avec ses cris, ses agitations, ses transports, les grands alexandrins, les séries d'octosyllabes et les savantes ruptures de rythme.

Une transcription typographique de cette prose mettrait seule dans son vrai jour son caractère musical. En voici les premières mesures :

Votre cœur ne vous dit-il rien ici,
Et ne sentez-vous point quelque émotion secrette
A l'aspect d'un lieu si plein de vous ?...
O Julie, éternel charme de mon cœur,
Voici les lieux où soupira jadis pour toi,
Le plus fidelle amant du monde.
Voici le séjour où ta chère image
Faisoit son bonheur,
Et préparoit celui
Qu'il reçut enfin de toi-même...

Ici, comme ailleurs, la recherche du rythme accompagne l'emploi d'autres « ornements poétiques » assez conventionnels : mots nobles, inversions, images, antithèses dont la convergence tend vers la création, non pas tant d'un poème que d'un « air », lequel supporte une certaine banalité du langage et du style parce que l'essentiel est dans le rythme, lui-même inspiré par un profond mouvement de l'âme. Car nous avons affaire ici à la découverte, par un être qui vit et qui souffre, des étonnants effets du souvenir et de la brusque résurrection du passé, provoquée par cette nature qui nous empêche de l'oublier, parce qu'elle en fut le témoin. Ici comme ailleurs, l'impression éprouvée par le héros est le reflet de l'expérience vécue par l'écrivain : « Affreuse illusion des choses humaines », écrira Jean-Jacques dans ses *Confessions,* en racontant au livre VI son retour de Lyon auprès de Mme de Warens en mai 1741 : « Elle me receut toujours avec son excellent cœur (...) mais je venois rechercher le passé qui n'étoit pas et qui ne pouvoit renaître. A peine eus-je resté demi-heure avec elle, que je sentis mon ancien bonheur mort pour toujours (...) l'aspect des objets témoins de mon bonheur passé me rendoit la comparaison plus cruelle. » (*O.C.*, Pléiade, t. I, p. 270).

P. 520.

(*a*). « Je partis... elle-même. » Fin de paragraphe très travaillée dans Br. et C.P. La variante le plus importante est celle qui substitue, dans C.P., la formule « comme j'aurois quitté Julie elle-même » à celle de Br. : « comme j'aurois quitté la vie », car Rousseau ne veut pas seulement dire cette platitude que la femme aimée est pour l'amant source de vie et la vie même, mais que dans ces instants miraculeux de résurrection du passé, de temps retrouvé, provoqués par le retour en ce lieu privilégié, Saint-Preux a retrouvé une Julie qui vient de disparaître à nouveau et pour jamais. Et avec elle l'amour qu'il avait pour elle.

(*b*). Br. 1er jet : *Revenus lentement au port, après quelques détours, nous soupâmes,* puis Rousseau ajoute en marge quelques explications après « détours » : *notre bateau n'étant pas encore prêt, ni (le vent apaisé) l'eau tranquille.* Et c'est seulement dans la rédaction de C.P. que surgit l'inspiration de la solitude, de la séparation. On peut suivre dans l'étude des différents états, le soin apporté par l'artiste à la mise au point de tout cet admirable nocturne. En voici quelques témoignages : « Nous gardions... m'attristoit » a été ajouté dans C.P. Après « ciel serain », C.P. ajoutait : *la fraicheur du soir* qui est ensuite biffé mais reparaît dans éd. Rey, 1763 et dans une addition manuscrite de D. C. sous la forme *la fraicheur de l'air*. Le « frémissement » de l'eau « argenté » dans Br., devient d'abord « lumineux » dans C.P. Mais une nouvelle correction a rétabli « argenté ». C.P. ajoute : « le concours des plus agréables sensations », mots absents encore du Ms. Rey. Étaient-ils nécessaires ? Pour le rythme peut-être ? Et c'est aussi dans C.P. qu'apparaissent les deux vers du *Demofoonte* de Métastase (acte III, scène IX) qui ont été plus tard traduits par Rousseau dans D.C. : *Et cette foi si pure et ces doux souvenirs et cette longue familiarité ! Métast.*

1. A l'exaltation un peu forcée et très vaine de Saint-Preux, s'opposent le calme et la pudeur de Julie. Elle est effrayée (par le danger physique et par le danger moral) et profondément émue. Émotion d'autant plus touchante qu'elle ne s'exprime que par des gestes : saisissant la main, tirant par le bras, regardant avec tendresse. Maîtresse d'elle-même pourtant, profondément pudique (sans mot dire, retenant un soupir, détournant la vue). Finalement elle murmure ces quelques mots : « l'air de ce lieu n'est pas bon pour moi »; parfaite litote annonçant la phrase de la lettre testamentaire : « cette réunion n'étoit pas bonne. » Ainsi se révèle, chez cette terrible « prêcheuse », une vertu de discrétion qui lui gagne décidément nos cœurs.

2. De l'aveu même de Saint-Preux, Wolmar a donc triomphé; plus exactement, il a raison. Ces « monumens » sont bien ceux des « anciennes » amours. Celles-ci sont mortes. Le passé peut bien nous donner, en certains moments privilégiés, l'illusion qu'il est le présent. Il ne l'est pas. Saint-Preux repart « avec Julie » mais il « quitte Julie elle-même ». Sans doute, la « passion » n'a pas dit son dernier mot et Saint-Preux va connaître une « horrible tentation ». Mais ce sera une tentation de désespoir, suscitée par le sentiment de sa défaite. Il sait qu'en lui l'amour est mort. L'est-il aussi chez Julie ? On doit réserver la réponse. Écartelé entre son âme romanesque qui exige l'éternisation de l'amour et sa sagesse de psychologue réaliste, le romancier semble avoir choisi une solution différente pour chacun de ses héros : lui, victime normale de l'oubli; elle, triomphatrice miraculeuse de la loi universelle du temps. Ce sera le sens de sa dernière lettre. Ici le romancier ne s'avance pas encore aussi loin. Il nous laisse nous interroger. Dans les indications qu'il donnera plus tard au graveur, il révélera sa pensée profonde : la « tristesse » des deux amants n'est pas de même nature; celle de Saint-Preux naît du constat de la mort de l'amour; celle de Julie du

constat de sa permanence et du danger qu'il lui fait courir. Danger auquel elle n'échappe que par la *vertu* que Rousseau demandera au graveur de faire clairement paraître sur son visage (et non sur celui de son amant), cf. *supra,* p. 768.

3. Cette dernière partie est le sommet de la lettre; peut-être le sommet du livre; à coup sûr l'une des pages les plus merveilleuses de notre littérature. Lorsqu'on cherche la source de l'enchantement on la découvre, paradoxalement, dans le *silence :* « Nous gardions un profond silence », « parlant encore moins... ». Il y a monologue; mais c'est un monologue intérieur : « disois-je en moi-même ». Pas un mot n'est prononcé entre les amants depuis le moment du retour au port jusqu'à ce bref échange où il parle « tout bas », tandis qu'elle ne répond que quelques mots « d'une voix alterée » (cf. var. (*b*), p. 520). Au silence des êtres répond celui des choses, rendu sensible par quelques sons : « Le bruit égal et mesuré des rames (...) Le chant assés gai des bécassines. » Personne n'a mieux défini le « miracle » d'une pareille prose que Rousseau lui-même dans cette page de l'*Essai sur l'origine des langues* que nous avons déjà signalée (p. 131, n. 2 *in fine*) : « le plus grand prodige d'un art qui n'agit que par le mouvement est d'en pouvoir former jusqu'à l'image du repos. Le sommeil, le calme de la nuit, la solitude et le silence même entrent dans les tableaux de la Musique... » (chap. XVI). *Ibant obscuri sola sub nocte per umbram...; Per silentia lunae...* Rousseau serait-il notre Virgile ? En ces moments de perfection, il est sans aucun doute notre Mozart. Ailleurs il a les grands airs dramatiques qui annoncent *Don Giovanni ;* ici, par des cadences discrètes, mystérieuses, des alternances raffinées de parfaits aux sonorités aiguës nuancés par des adverbes de durée, et d'imparfaits qui, par eux-mêmes, font sentir la durée, par les finales suaves en *âmes,* et en *ûmes,* il fait glisser sur nos cœurs et sur nos nerfs une musique de rêve à laquelle il n'est rien de comparable sinon la *kleine Nachtmusik.*

Le sentiment dominant du début à la fin est la tristesse; les expressions s'accumulent qui nous l'imposent : « nous soupames *tristement* », « la *mélancolie* dont j'étois accablé », « au lieu de m'égayer m'*attristoit* », « mille réflexions *douloureuses* », « ma *misere* présente », « je me mis à verser des torrens de *larmes* », « elle avoit les *yeux rouges...* » Mais ce sentiment de base s'exprime en de multiples variations et s'organise en un double mouvement *crescendo,* puis *decrescendo* qui donne à cette page sa véritable structure.

C'est d'abord une tristesse vague, diffuse, sans cause. Elle se transforme bientôt en des « acces de fureur et de rage » qui conduisent Saint-Preux « par degrés jusqu'au desespoir ». Puis c'est le *decrescendo.* Un geste décisif a changé le cours des choses; « l'attendrissement surmonta le desespoir »; les torrents de larmes soulagent le cœur et ne vont pas sans quelque plaisir. Tout s'achève sur un geste d'intimité (je repris sa main) et sur le murmure d'une « voix alterée ».

Deux questions se posent :

1° Quelle est la cause de ce « desespoir ». Gardons-nous ici d'un grave contresens qui consisterait à croire que Saint-Preux se révolte contre les lois de la morale et de la société, que son désespoir vient de ce qu'il est à jamais privé de la « possession » de Julie. Il s'agit de bien autre chose ! Sa déception est métaphysique. Elle est causée par la prise de conscience de la misère radicale de l'homme soumis au temps. Même si Julie se donnait à lui, même si le « presque » disparaissait de la proposition « presque en la possédant encore », Julie serait « perdue à jamais » pour lui. « Et nous vivons, et nous sommes ensemble, et nos cœurs sont toujours unis ! » Et pourtant « ces tems heureux ne sont plus ». Intolérable réalité ! Le cœur de l'homme exige l'éternité et il est condamné au changement perpétuel. D'où la tentation de la mort à deux (toute semblable à celle qui s'était exprimée au lendemain de la nuit d'amour : « O mourons ma douce Amie ! »), de cette mort dans les bras de l'être aimé qui fixe à jamais deux êtres dans un geste d'embrassement et de don. Sur ce thème de l'appel à la mort, cf. *supra,* p. 225, n. 1 ; p. 377, n. 3 ; p. 486, n. 1.

2° Comment le désespoir est-il surmonté ? Par un sursaut de la volonté d'abord. En quittant « brusquement [la] main » de Julie, en changeant de place, Saint-Preux se libère d'une sorte d'envoûtement. Puis il offre les plaies de son cœur aux baumes de la musique. Un autre envoûtement commence, celui de la rêverie, celui de la nuit, celui des harmonieuses cadences, celui des larmes. C'est une véritable opération d'hypnose qui s'accomplit devant nous par la magie du style (cf. la *5e Rêverie* et les commentaires de Marcel Raymond, éd. Droz, pp. xxx-xxxi).

P. 521.

(*a*). Ms. Rey : *l'adorer encore et, après une union si parfaite et si douce, la sentir...*

P. 522.

(*a*). Br. : *mais que nous sommes tous à plaindre si pour vaincre il faut avoir une âme semblable à la sienne !* Dans C.P., Rousseau a d'abord repris ce texte, puis l'a corrigé : *Mais qui doit oser (se fier à soi-même) (compter sur soi) qui doit encore compter sur soi ?* Puis il a biffé et définitivement écrit, après avoir décidé que Milord Édouard serait le destinataire : « mais qu'ai-je fait pour rester si loin d'elle ? Hélas ! O Edouard... la mienne ».

1. Rousseau, en grand artiste, s'était gardé d'insister sur la valeur morale de la résistance de Saint-Preux. Hélas, il s'est cru obligé — au risque de tout gâcher — de terminer sa lettre par une conclusion où, redevenant l'auteur de l'*Émile,* il tire argument de l'événement en faveur de la « liberté de l'homme » et du « mérite de la vertu ». Grand problème en effet ! Il occupait une place centrale dans un roman que l'auteur de Julie avait, à coup sûr,

longuement médité, cette histoire du chevalier des Grieux entraîné vers Manon et vers la perdition par une passion si forte, si fatale, qu'elle l'oblige à mettre en question la liberté (cf. sur ce point, Paul HAZARD, *Études critiques sur Manon Lescaut,* IV, *Jansénisme,* Chicago, 1929). A-t-il voulu reprendre à son tour, en lui donnant une réponse plus orthodoxe, la question posée par Prévost et, avant lui, par leur modèle commun, l'auteur de *Phèdre ?* C'est possible. Ce problème est un de ceux qui ont le plus longuement retenu son attention (cf. P. BURGELIN, *la Philosophie de l'existence de J.-J. Rousseau,* pp. 227-229), mais il est ici assez mal à sa place.

2. Sur cette annonce un peu artificielle des *Amours de Milord Edouard,* cf. var. (*b*), p. 514 et (*a*), p. 522.

CINQUIÈME PARTIE

P. 523.

(*a*). En tête de cette lettre, dans Br., Rousseau a écrit : *Il manque ici du sel.* On ne voit guère, dans les ajouts de Br. ni dans ceux de C.P. qu'il en ait ajouté. La note a été ajoutée dans C.P. sans doute au moment où Rousseau a décidé de faire de Milord Édouard le destinataire de la lettre relatant la promenade sur le lac. A son habitude. le romancier s'est tiré d'un pas difficile d'une manière désinvolte !

(*b*). « A trente ans... rentrer en toi-même, et » : ajouté dans Br.

1. Sur la genèse des deux dernières parties, l'enrichissement qu'elles ont apporté à l'œuvre, mais aussi les problèmes qu'elles ont posés à l'artiste et les solutions qu'il a trouvées, l'essentiel a été dit dans l'Introduction, pp. LV-LXII. Nous reviendrons sur quelques points importants dans les commentaires de chaque lettre.

En ce qui concerne l'organisation ou plutôt la réorganisation de la matière, nous avons dit aussi quelles hypothèses on peut faire sur le dénouement primitif et la certitude où nous sommes que la lettre 17 qui termine actuellement la IVe partie a été composée ou recomposée après la décision de prolonger le roman. L'examen du manuscrit nous permet d'autre part de considérer comme très probables les faits suivants :

Quelques-unes des lettres de la Ve partie, en particulier les lettres 2 et 3, longues dissertations sur la vie des habitants du château et sur l'éducation de leurs enfants, qui ne se trouvent pas dans le brouillon, ont peut-être appartenu primitivement à un lot de lettres destinées à peindre la vie à Clarens dans le roman en quatre parties (cf. l'annonce précise, et qui ne paraît pas être une interpolation tardive, faite par Saint-Preux à la fin de la lettre 10 de la IVe partie). En tout cas, il est très probable qu'elles ne faisaient pas primitivement partie de la Ve partie. La lettre qui correspond à la lettre 8 actuelle a en effet d'abord été numérotée 6. Il faut donc admettre que, parmi les sept lettres précédentes, deux ont été introduites tardivement. Il est probable que ce sont ces deux-là qu'il aurait écrites déjà pour le roman en quatre parties. Rousseau a pu alléger la IVe partie sans crainte d'alourdir la Ve dès qu'il eut décidé d'organiser son roman en six parties.

Ce moment est venu tard, sans doute peu avant septembre 1758. Nous possédons en effet dans le brouillon une numérotation des lettres qui constituent la fin du roman, allant de 1 à 20 (la vingtième correspondant à la lettre 12 de la VIe partie actuelle, qui est la lettre testamentaire de Julie à Saint-Preux). Les lettres se présentaient alors dans l'ordre suivant :

a) Lettre 10, surchargée 12, actuellement V, 13 : Julie annonce à Claire l'arrivée du courrier d'Italie et le projet du mariage Édouard-Laure. Elle lui propose d'épouser Saint-Preux.

b) Lettre 11, surchargée 13, actuellement V, 14. Lettre de la petite Henriette à sa mère.

c) Lettre 12, surchargée 14, actuellement VI, 1 : Claire annonce à Julie son voyage à Genève.

d) Lettre 13, surchargée 15, actuellement VI, 2. Réponse de Claire à la lettre 10 (V, 13) sur son mariage avec Saint-Preux, et sur le mariage Édouard-Laure. Elle l'approuve dans une version primitive et le condamne dans la version définitive.

e) Lettre 14, actuellement VI, 3. Texte tardif. Milord Édouard raconte à Wolmar la solution donnée par Saint-Preux et par lui-même à ses amours avec Laure. Le texte primitif est perdu. Il était certainement différent du texte actuel.

f) Lettre 15, sans surcharge, actuellement VI, 6 : Julie propose à Saint-Preux de devenir le précepteur de ses enfants et d'épouser Claire. Aucune allusion à Édouard-Laure.

La lettre VI, 4 actuelle, réponse de Wolmar à Édouard, tardive, a été rendue nécessaire par la décision nouvelle sur les amours de Milord Édouard.

L'actuelle lettre VI, 5, de Claire à Julie, sur Genève, est très probablement postérieure à la décision d'organiser le roman en six parties.

g) Lettre 16, sans surcharge, actuellement VI, 7. Réponse de Saint-Preux à Julie : il refuse le mariage, discute le problème religieux et (dans une version primitive, corrigée ensuite) fait allusion à Milord Édouard marié.

h) Lettre 17, surchargée en 18, actuellement VI, 8. De Julie à Saint-Preux sur le projet de mariage avec Claire et sur le problème religieux.

i) Lettre 18, sans surcharge, actuellement VI, 9. Lettre de Fanchon annonçant l'accident grave de Julie.

k) Lettre 19, sans surcharge, actuellement VI, 10 et VI, 11. Commencée par Mme d'Orbe et achevée par M. de Wolmar. Récit de l'accident et de la mort.

l) Lettre 20, sans surcharge, actuellement VI, 12. Lettre testamentaire de Julie à Saint-Preux.

Peut-être existait-il une lettre 21. Nous l'ignorons.

Il y eut donc une étape de la genèse du roman où celui-ci était divisé en cinq parties, assez inégales : La première était longue, trop longue; la troisième un peu courte; peut-être, si notre hypothèse est juste, la quatrième et la cinquième s'équilibraient-elles mieux qu'elles ne le feraient aujourd'hui si les deux dernières parties n'en formaient qu'une. Plusieurs lettres qui furent ajoutées tardivement n'étaient pas écrites; plusieurs, particulièrement longues, devaient se trouver dans la quatrième. Malgré cela, la disproportion restait grande; un jour vint où le romancier comprit qu'il avait avantage à faire un découpage en six parties. Sans doute pensait-il alors donner plus de place aux amours d'Édouard. Il profita de l'espace qu'il s'était ainsi donné pour accorder une importance croissante aux développements d'ordre religieux qui confèrent à cette fin de l'œuvre son caractère le plus original (cf. Introduction, pp. LV-LVI).

2. La critique de la puérilité et l'apologie de l'esprit d'enfance sont deux aspects plus complémentaires que contradictoires de la pensée de Rousseau (cf. *supra,* p. 299, n. 2 et p. 314, n. 2). Celui qui parle ici avec une grave autorité, c'est le Rousseau d'après la crise, qui a retrouvé la force intérieure, le courage, qui a écrit les *Lettres morales* et la *Lettre à d'Alembert* et, déjà, met sur pied l'*Émile.* Pour lui aussi il est temps de « rentrer en soi-même », de « se regarder », de trouver le « calme de la méditation », de « songer à vivre pour la vie qui doit durer ». Le ton de cette lettre ressemble beaucoup à celui des *Lettres morales.* « Commençons », disait Jean-Jacques à Sophie, « par redevenir nous, par nous concentrer en nous (...) par nous rassembler où nous sommes... » (*O.C.*, Pléiade, t. IV, p. 1112). Comme Saint-Preux, il avait derrière lui l'expérience la plus riche. « Dans l'espace d'une vie assés courte, j'ai éprouvé de grandes vicissitudes (...) la nature me donna l'ame la plus sensible, le sort l'a soumise à toutes les affections imaginables... » (*Ibid.*, p. 1102). Et de même que cette « femme adorable » qu'est Julie, parce qu'elle a « triomphé d'elle-même », a pris, aux yeux de Saint-Preux, « la figure de la vertu », de même Sophie pour avoir résisté à Jean-Jacques lui inspirait respect et reconnaissance. « La vertu m'en est plus chére depuis que je la tiens de vous » (*ibid.*, p. 1082). « Si Julie étoit faible, tu succomberois », dit sévèrement Milord Édouard à Saint-Preux, et Jean-Jacques avait écrit : « Le crime est déjà cent fois commis par ma volonté. S'il l'est dans la vôtre, je le consomme, et je suis le plus traître et le plus heureux des hommes » (*C.C.*, t. IV, p. 226).

Quant à l'opposition entre les bons livres et les bonnes actions — qui s'applique en somme assez mal à Saint-Preux dont on ne nous a guère dit jusqu'ici qu'il fût un auteur de livres — peut-être correspond-elle à ce mouvement de tout l'être qui fit brusquement abandonner à Rousseau toute autre préoccupation (et en particulier celle de son roman) au cours de l'hiver 1757-1758 pour se porter au secours de sa patrie menacée, par un écrit encore il est vrai, mais qui, cette fois, était un acte.

P. 524.

(*a*). « Voilà le cas... monde » : ajouté dans Br.

(*b*). « et vous avez acquis... d'un vieillard » : ajouté dans C.P. En marge de ce passage, on lit dans Br. : *La vérité est dans le cœur de l'homme comme une source au fond d'un puits qui devient plus vive et plus pure à mesure qu'on la fait couler et qu'on en tire davantage pour arroser et fertiliser la terre,* et la phrase : « Il n'y a point de vertu sans force et *la force consiste à savoir vaincre ses passions, même les plus innocentes.* » Le premier texte est resté inutilisé; le second a été inséré plus loin (p. 525) sous une forme différente.

(*c*). Dans Br. 1er jet ce paragraphe est lié au précédent : « Songez à vivre pour *(l'immortalité)* celle qui *(ne doit point finir)* doit durer. *Vous aimez toujours* la vertu *car vous lui avez donné* la figure... »

1. Il s'agit évidemment de l'Angleterre, exaltée par les « Philosophes » (particulièrement par l'auteur de *l'Esprit des Lois* et celui des *Lettres philosophiques*) comme la terre de la liberté politique. On notera la première partie de la phrase qui est singulièrement restrictive. A l'heure où il écrit cette lettre, Rousseau s'enfonce plus profondément dans la méditation de l'œuvre qu'il avait projeté d'écrire sous le titre d'*Institutions politiques* et qu'il publiera bientôt sous celui de *Contrat social.* Il y proclamera fièrement qu'il est « né citoyen d'un État libre et membre du Souverain » et, posant comme un absolu indiscutable que l'homme est né libre, il y montrera qu'il n'a le droit d'aliéner cette liberté que par un contrat avec la Société. (Sur les idées politiques de Rousseau, cf. les mises au point de P. Burgelin, *la Philosophie de l'existence de J.-J. Rousseau,* chap. xx, « La Cité », pp. 505-566, de R. Derathé, *J.-J. Rousseau et la science politique de son temps,* Paris, 1950, et de P.-G. Castex, « La pensée politique de J.-J. Rousseau », dans la *Revue Socialiste,* janv.-mai 1949).

P. 525.

(*a*). Note insérée tardivement; elle manque dans Br. et même dans C.P., où Rousseau avait écrit en marge : *Une note sur M. Abauzit,* puis quelques mots qui étaient sans doute le début de la note, et qu'il a biffés : *j'ai vu beaucoup de gens qui babillent et qui s'appellent des philosophes...*

1. Sur les *Amours de Milord Édouard,* leur place dans le roman, et leur signification, cf. Introduction et p. 622, n. 1.

2. Cf. var. (*a*), p. 525. Cette note tardive a certainement été inspirée par un échange de lettres entre Rousseau et le pasteur Vernes en novembre-décembre 1758 à propos de la *Lettre à d'Alembert,* dont Rousseau avait négligé d'adresser un exemplaire à ce « philosophe » unique en son genre ! « Cher Vernes, qu'avons-nous fait ?

Nous avons oublié M. Abauzit. Ah ! dites, méchant Ami, un homme respectable qui passe sa vie à s'oublier lui même devroit-il être oublié des autres ? (...) Je ne m'en consolerai jamais. » (*C.C.*, t. V, p. 236). Rousseau répara son erreur en envoyant sa *Lettre*. Au début de décembre, le pasteur Moultou lui écrivit : « Monsieur Abauzit touché et ravi de votre Ouvrage vous prie d'agréer ses respects. » Mais Rousseau voulut faire davantage, ne fût-ce que pour prouver qu'il aimait sa patrie et que sa lutte contre les « philosophes » ne visait pas la *vraie* philosophie. Firmin Abauzit, bibliothécaire de la république de Genève, né à Uzès le 11 novembre 1679, mort en 1767, avait donc plus de quatre-vingts ans quand Rousseau rédigea sa note. Jean-Jacques avait pour lui une vive et sincère admiration. P.-M. Masson a montré que la pensée de ce théologien-philosophe, d'orientation « libérale » était « analogue, pour ne pas dire identique, à la pensée de Rousseau ». (*La Religion de J.-J. Rousseau*, t. I, p. 206.) Dans la grave bataille que l'auteur de la *Profession de foi* allait avoir à livrer, un tel homme était un allié puissant. Cependant, si « vénéré » qu'il fût, ce théologien qui n'était pas un homme d'Église ne put rien pour le protéger lorsque la tempête se déchaîna contre lui, en 1763, chez les pasteurs de Genève. L'emprunt le plus important que Rousseau lui ait fait est l'expression fameuse d' « instinct divin » (cf. P.-M. Masson, éd. critique de la *Profession*, pp. 249 et 558). Cf. Marcel Fabre, *Firmin Abauzit et J.-J. Rousseau*, Uzès, 1929.

P. 526.

(*a*). Depuis : « Vous savez », tout ce passage est absent de Br. Ms. Rey : « Vous savez... d'un ami; *mon cœur se fait* un plaisir *de soulager le vôtre du poids de la reconnaissance ; et d'avoir besoin de vous à son tour*. » C.P. corrigée : texte actuel.

(*b*). Ms. Rey : 1er jet : « quinzaine », puis *huitaine*, puis de nouveau « quinzaine ».

(*c*). « malgré le mauvais ton de vos lettres » : ajouté dans Br.

(*d*). Note absente de Br. et de C.P., supprimée dans éd. Rey, 1763.

1. Nouvelle « agrafe » du romancier. Ayant à caser ses deux grandes lettres 2 et 3, il devra faire encore attendre assez longtemps au lecteur la révélation de ce mystère. Il le tient en haleine de son mieux.

2. Absente de C.P., supprimée en 1763, cette note est le fruit d'un *moment* d'humeur, où Rousseau se critique plutôt lui-même que son personnage. Prudence aussi peut-être. Bonne humeur à coup sûr.

P. 527.

(*a*). Le brouillon de cette lettre est à la Bibliothèque de Genève; certaines feuilles d'une écriture régulière semblent déjà une mise au net. Titre : *Lettre 2e. A Milord Edouard.*

(*b*). Br. : « la crise de ma *foiblesse* ». Le changement a permis à Rousseau d'écrire plus loin : « ce cœur trop foible », au lieu de « il » que donnait Br.

(*c*). « à rendre heureux et bons ceux qui l'approchent » : phrase ajoutée en marge dans Br.

(*d*). Br. ajoutait ici : *on voit que ce contentement général (a sa source dans celui de la) (celle) (la maitresse de la maison et) ne tient point à des causes particulières et (qu'il a sa source dans le bon ordre) qu'il est l'effet de celui de la maitresse de la maison et du bon ordre qu'elle y (fait régner) maintient.* Ces phrases sont biffées de traits verticaux.

1. Sur l'importance accordée par Rousseau au thème du bonheur dans ce roman, cf. *supra*, p. 87, n. 3, p. 177, n. 1, mais surtout p. 369, n. 1 et p. 440, n. 2. Les œuvres de Rousseau contemporaines du roman les plus importantes à lire pour comprendre cette lettre sont les *Lettres morales* (en particulier la *deuxième*) et l'*Émile*, qui est, lui aussi, en somme, un roman du bonheur. C'est ce qu'a très clairement fait apparaître André Ravier dans son étude sur *l'Éducation de l'homme nouveau*, t. II, chap. x : « L'École du bonheur », pp. 393-493, où il a réuni de nombreux textes qui consonnent parfaitement avec cette lettre. Cf. aussi le chapitre de P. Burgelin, « La vie simple », *la Philosophie de l'existence de J.-J. Rousseau*, pp. 278 sq., et R. Derathé, « La dialectique du bonheur chez J.-J. Rousseau », dans *Revue de théologie et de philosophie*, 1952, pp. 81-96. Sur l'idée du bonheur dans la littérature du XVIIIe siècle on trouvera quelques indications utiles dans Paul Hazard, *la Pensée européenne au XVIIIe siècle*, t. I. pp. 17-33 ; mais on lira surtout l'immense enquête de Robert Mauzi, déjà citée. A la fin de la lettre 10 (IVe partie), Saint-Preux avait annoncé cette lettre et la suivante : « Quant à la maniere de vivre des maitres et au gouvernement des enfans, chacun de ces articles, mérite bien une lettre à part. » (Cf. *supra*, p. 470 et note). Ces trois lettres auxquelles il faudrait joindre IV, 11 (sur l'Élysée) et V, 7 (sur les Vendanges) constituent un ensemble qu'on pourrait appeler « le Bonheur de Clarens » ou « Traité de la vie heureuse ». (L'examen du manuscrit prouve qu'il y a eu des transferts de développements entre certaines lettres. Cf. var. (*a*), p. 532). Cependant, la lettre 2 (V^e partie) paraît privilégiée. La lettre 10 de la IVe partie est centrée sur des questions générales d' « économie domestique », elle enseigne la « morale sociale »; la lettre sur l'Élysée est une sorte de poème sur les jardins et sur la solitude. La lettre sur l'éducation (qui s'ouvre, il est vrai, par un chant sur les joies de la contemplation), est plutôt un traité pédagogique; enfin, les Vendanges sont un des « moments », un des aspects du bonheur de Clarens. La lettre 2 (V^e partie), elle, est vraiment une « théorie » du bonheur. (Il suffit pour s'en convaincre de compter les emplois des mots « bonheur » et « heureux » ou de leurs synonymes dans les premiers paragraphes.) Visiblement, Rousseau s'y propose de nous en faire appa-

raître à la fois les fondements, les racines et les multiples visages. « L'objet de la vie humaine est la felicité de l'homme », écrivait Jean-Jacques à Sophie en décembre 1757, « mais qui de nous sait comment on y parvient (...) S'il est quelque moyen possible de se delivrer de ce doute affreux c'est (...) d'examiner une fois (...) tout ce qu'on sent et tout ce qu'on doit penser, sentir et croire pour être heureux autant que le permet la condition humaine. Voila, ma charmante amie, l'examen que je vous propose aujourdui. » (*O.C.*, Pléiade, t. IV, p. 1087).

Plus tard, le précepteur d'Émile parlera comme le Jean-Jacques des *Lettres morales* et comme Julie : « Il faut être heureux, cher Emile; (...) c'est le premier desir que nous imprime la nature, et le seul qui ne nous quitte jamais. » (l. V).

Deux caractères de cet exposé sont particulièrement frappants :

1° L'importance accordée aux sensations, aux réalités matérielles, concrètes, au corps. Une expression domine la lettre : *Art de jouir*. Lui font écho les mots de *bien-être, plaisir, sensualité,* tandis que d'autres, à résonance plus spirituelle, ou même religieuse comme *joie* ou *félicité,* sont à peu près absents. S'en étonneront ceux qui s'obstinent à voir en Rousseau un « idéaliste », un « spiritualiste »; non ceux qui savent qu'il est l'auteur d'une *Morale sensitive* laquelle n'était que l'application à des fins de morale pratique de cette affirmation fondamentale que l'homme se définit comme un esprit incarné. Sensuel et « sensualiste », il légitime une technique savante de la jouissance. A deux reprises, et de façon solennelle, il affirme que la satisfaction de la sensualité est juste et bonne puisque l'homme est doué de sens, et qu'il existe *un lien étroit entre sensualité et sensibilité*. En tête du grand développement sur l'art de jouir il déclare : « Julie a l'ame et le corps également sensibles. La même délicatesse regne dans ses sentiments et dans ses organes. Elle étoit faite pour connoitre et goûter tous les plaisirs. » Et il ajoute, au risque de scandaliser ses lecteurs (croyants ou incroyants, jansénistes ou protestants), cette déclaration agressive : « longtemps elle n'aima si cherement la vertu même que comme la plus douce des voluptés. » Au reste, Rousseau ne néglige pas, pour autant, les exigences de la sensibilité, du cœur, de l'âme. La lettre comporte de longs et beaux développements sur la liberté, la gaîté, les plaisirs raffinés de l' « intimité », les délices de la bienfaisance, les joies esthétiques. Mais le théoricien subtil justifie les vertus les moins égoïstes en apparence par le souci du confort spirituel, par la crainte de souffrir. Il ramène le don de soi à l'amour de soi !

2° C'est que ce sensuel et ce sensible est aussi un incorrigible dialecticien. On pourrait sans difficulté résumer la substance de cette lettre en un schéma abstrait où l'on verrait les propositions s'enchaîner rigoureusement les unes aux autres. Il nous offre une *science* (le mot est inclus dans *Savoir-vivre*), un *art : l'Art de jouir,* et — pourquoi pas ? — un *système* (le mot lui échappe à la page 544). Tous ces mots sont accompagnés de synonymes qui leur font écho : *maximes, préceptes, principes,* etc. Le style est à l'image de la pensée qui s'exprime spontanément en des formules qui rappellent les *sententiae* chères à son maître Sénèque. Contrairement à Robert Osmont, « Remarques sur la genèse et la composition de *la Nouvelle Héloïse* », dans les *Annales J.-J. R.*, t. XXXIII, p. 137, nous pensons que ces « intentions » morales étaient pour lui essentielles. Cette lettre sur le bonheur est une partie capitale — peut-être *la* partie capitale — de son message. Il s'y est engagé tout entier. A chaque pas nous le retrouvons avec tous les aspects contrastés de sa personnalité : voici le sensuel, l'artiste, l'homme sensible, le paresseux, le réaliste, le « sauvage », l'écorché social, le théoricien, le conservateur traditionaliste, l'adversaire de l'argent, le chrétien... C'est à cause de cet engagement personnel de l'auteur que ce « traité », malgré sa longueur, reste pour nous plein d'intérêt.

Au reste, il est très défendable sur le plan esthétique. Après la « crise » dramatique de la promenade sur le lac, le roman d'amour est définitivement clos. Milord Édouard a posé quelques jalons pour un rebondissement de l'action, mair rien ne presse. Il invite Saint-Preux à « continuer [ses] descriptions ». Celui-ci profite, et même abuse un peu, de la permission. Nous pourrions abandonner là le roman, ou courir droit à la mort de Julie... Si nous ne le faisons pas, c'est que, comme Saint-Preux, comme Rousseau, comme Duclos aussi (qui ne voulait rien abandonner de ces prétendues « longueurs » !), nous éprouvons une certaine délectation à savourer longuement ce bonheur qui s'étale dans la durée, qui est essentiellement fait de calme, de paix. Déjà, à la fin de la lettre 10 (IVe partie), Rousseau avait répondu à l'objection du lecteur trop pressé : il y revient ici un peu gauchement, comme il le fera encore dans la *Préface dialoguée,* mais avec plus de bonheur (cf. *supra,* p. 14), en invoquant le caractère des « solitaires » qui écrivent des lettres longues et rares. Il s'est d'ailleurs préoccupé de « faire vivant ». Il passe sans cesse et avec aisance du discours de Saint-Preux à ceux de ses hôtes et la phrase reste merveilleusement musicale.

2. Sur les faits, cf. IV, 17 *in fine*. Sur le sens du mot « crise », qui est ici évidemment employé comme dans le langage de la dramaturgie, cf. *supra :* « la possession est la crise de l'amour », où le sens légèrement différent était celui de la chimie : « point critique ».

3. M. de Wolmar a-t-il pris soin de lui expliquer à lui aussi ses méthodes ? C'est fort possible. Et cela semble ressortir du contexte. Mais Claire a pu s'en charger. En tout cas, il est important que Saint-Preux sache et admette. Il est désormais un *allié* de Wolmar.

4. Expression équivoque; mais les théories de Wolmar l'éclairent. Il s'agit de la tristesse de savoir que ce qu'on regrettait — et même ce qu'on regrette encore — est imaginaire.

5. C'était la situation de Jean-Jacques auprès de Mme de Warens, et déjà de Mme Basile (et peut-être un peu encore auprès de la

maréchale de Luxembourg). Sur ce goût de l'enfance prolongée, cf. *supra,* p. 320, n. 1.

6. Sur cet aspect de la théorie du bonheur chez Rousseau, cf. *supra,* lettre 11, la « matinée à l'anglaise » et *supra,* p. 219, n. 1 et p. 520, n. 3. Cf. aussi l'*Émile:* « Le vrai contentement n'est ni gai, ni folâtre (...) Un homme vraiment heureux ne parle guere, et ne rit guere; il resserre, pour ainsi dire, le bonheur autour de son cœur. Les jeux bruyants, la turbulente joie voilent les dégoûts et l'ennui. Mais la mélancolie est amie de la volupté : l'attendrissement et les larmes accompagnent les plus douces jouissances, et l'excessive joie elle-même arrache plutôt des pleurs que des ris... » (*O.C.*, Pléiade, t. IV, p. 515).

P. 528.

(*a*). Note absente de Br., ajoutée au verso dans C.P.

1. Évidente allusion au mot *savoir-vivre.* Sur la critique des bienséances et de cette fausse science de la vie, qui est celle des mondains, cf. la série des lettres sur Paris et p. 250, n. 1; p. 438, n. 1 et p. 527, n. 1. Cette longue phrase est tout autre chose que de la polémique; ou plutôt elle nous révèle l'aspect positif de la pensée de Rousseau dont les lettres sur Paris avaient surtout révélé l'aspect critique. Nous entendons ici l'écho de l'*Émile* où Rousseau blâme le précepteur qui « apprend tout [à l'enfant] hors à se connoitre, hors à tirer parti de lui-même, hors à savoir vivre et se rendre heureux » et déclare : « Vivre, ce n'est pas respirer, c'est agir; c'est faire usage de nos organes, de nos sens, de nos facultés, de toutes les parties de nous-mêmes qui nous donnent le sentiment de nôtre existence. L'homme qui a le plus vécu n'est pas celui qui a compté le plus d'années; mais celui qui a le plus senti la vie » (*O.C.*, Pléiade, t. IV, pp. 253 et 261), mais surtout peut-être de ces *Lettres morales* où Jean-Jacques disait à Sophie : « faute de savoir comment il faut vivre nous mourons tous sans avoir vécu » (*ibid.*, p. 1087); et, pour lui apprendre les secrets du bonheur, lui demandait de le suivre dans les voies difficiles, seulement en apparence, de la solitude, de la retraite, de la charité, de la contemplation peut-être. Ici même, Rousseau nous donne une des plus nobles définitions de ce qu'était pour lui la « vraie vie », celle qui débouche sur l'immortalité. Avant l'auteur de *Numquid et tu ?* ce lecteur attentif de l'Évangile donne une interprétation très orthodoxe de la parole du Christ en la mettant au présent et non au futur : « Celui qui croit en moi a la vie éternelle. » « Que d'autres, saisis d'horreur, pensent en la quitant cesser d'être ; instruit de son neant, tu croiras commencer... » fait-il dire au précepteur d'Émile (*ibid.*, p. 820). Le roman est animé d'ailleurs par une secrète aspiration à la mort, seule capable peut-être de donner à l'homme cette vie parfaitement heureuse que Saint-Preux définit ici. La présence du sentiment religieux au début et à la fin de cette lettre entre pour beaucoup dans le sentiment d'harmonie qu'elle fait naître en nous.

2. Premier point de l'exposé : la base du bonheur est la *subsistance*. C'est ce que nous appellerions le « minimum vital ». Rousseau ne pense pas que ce minimum doive être strictement proportionné à la « condition » — ce serait introduire la vanité, source des pires souffrances; il admet pourtant, car il est « sage », une certaine latitude, impliquée dans le vague mot « honnête ». Sur le sens de ce mot et le jeu sur ce mot, cf. *supra,* I, 22, et p. 75, n. 3; II, 17 et p. 254, n. 3.

P. 529.

(*a*). Dans Br., en marge de ce paragraphe, on lit : *Les talens qu'on cultive dans les enfans la bonne éducation qu'on leur donne suffisent pour les dédomager avantageusement de ce qui se partage des biens des Péres et Mères pour en laisser de moins à chacun d'eux, l'industrie et le travail d'un homme doivent entrer pour beaucoup dans le calcul de ses biens.*

(*b*). Depuis : « Il faudra le partager... », passage absent dans Br. (cf. var. (*a*) ci-dessus) et ajouté au verso dans C.P.

1. « On dit aussi en matière de Finances *Industrie,* par opposition à *Fonds réel* pour dire le travail, le commerce, le savoir-faire » (*Dict. Acad.*, 1762).

2. Rousseau propose à ses lecteurs ce qu'Isabelle Rivière devait appeler dans un livre au titre agressif *le Devoir d'imprévoyance.* Ici encore on le sent à contre-courant de tout son siècle. Les gens de lettres eux-mêmes comme Voltaire ont estimé qu'il fallait d'abord être riche, ne fût-ce que pour être libre, et ont agi en conséquence. Rousseau, lui, remontant à la source qu'est l'Évangile, y trouve à chaque ligne la malédiction sur les riches; il y relit la page sur les oiseaux du ciel et les lis des champs. Sur cette horreur de l'argent, cf. *O.C.*, Pléiade, t. I, p. 37, n. 1, où se trouvent cités plusieurs textes importants, dont un fragment du *Discours sur les richesses ;* cf. aussi P. Burgelin, *la Philosophie de l'existence de J.-J. Rousseau,* p. 137, et A. Ravier, *l'Éducation de l'homme nouveau,* t. II, pp. 403 sq., qui cite deux textes de l'*Émile,* annonciateurs des développements de Péguy, dans la *Note conjointe,* sur la Caisse d'épargne : « Que faut-il donc penser de cette éducation barbare qui sacrifie le présent à un avenir incertain »; « La prévoyance ! la prévoyance qui nous porte sans cesse au delà de nous et souvent nous place où nous n'arriverons point; voila la véritable source de toutes nos miséres...» (*O.C.,* Pléiade, t. IV, pp. 301 et 307).

P. 530.

(*a*). Br. et C.P. : « un rapport *d'égalité* ». La correction fait mieux apparaître ce qu'a de paradoxal la richesse du pauvre. C.P. ajoutait en marge : *Car enfin nul n'est riche de ce dont il ne jouit pas.*

(*b*). Dans Br. au lieu de « désordre », Rousseau avait commencé à écrire *libertinage,* et le premier jet était : *est qu'une maison triste rend les enfans libertins.*

1. On voit ici l'un des points de suture entre le « matérialisme » et le « spiritualisme » de Rousseau. Non seulement il insiste sur l'importance de certains plaisirs éminemment spirituels, la gaîté, la liberté, mais il met l'accent sur le caractère altruiste de cette morale du bonheur : la gaîté des parents, singulièrement du père, rejaillira sur celle des enfants. Traité du « devoir d'être heureux » ou de la « nécessité du sourire ». Évidemment, les souvenirs des Charmettes affleurent encore ici.

P. 531.

(*a*). Br. : *elle recherche volontiers.*

(*b*). Dans Br. tout ce paragraphe comporte de nombreuses corrections et additions; dans le premier jet, l' « illustre ami » de Milord Édouard est nommé *Milord Cornberry* qu'il faut peut-être identifier avec milord Hyde, cf. p. 597, n. 2. Un signe de renvoi invite à insérer après les mots « rendent les Carrosses plus comodes » l'addition marginale suivante : *Que diroit-elle si j'osois lui parler des peintures scandaleuses dont on orne les panneaux de ces voitures et que les f. semblent étaler avec plus d'effronterie que les hommes.* Tout le paragraphe est biffé de grands traits verticaux.

1. Deuxième point du discours. Avoir la subsistance (et par là, le calme, la paix, la sécurité) est nécessaire pour être heureux, mais non suffisant. Il faut aussi avoir du superflu. Il faut avoir du ou des « plaisirs ». Il faut « jouir ». Mais Rousseau se contente d'esquisser ce développement dont il pose les premiers principes et qu'il développera largement plus loin dans l'exposé sur l'art de jouir (cf. p. 541, n. 1). Sur la sensualité de Julie, qui est naturellement celle de Jean-Jacques, cf. *supra*, p. 452, n. 1 et p. 488, n. 1.

2. D'après *l'Ami des hommes* cité par Mornet (*N.H.*, t. IV, p. 13, n. 1) on dépensait jusqu'à 16 000 livres pour le vernis d'une voiture. Ce chiffre paraît incroyable...

3. Le mot ne se trouve ni dans le *Dictionnaire de l'Académie* de 1762, ni dans celui de Féraud en 1787. Al. François ne le compte pas au nombre des provincialismes suisses. Sans doute faut-il y voir un « italianisme ». Mais Littré signale son emploi par Saint-Simon et par Voltaire.

P. 532.

(*a*). Br. : en marge de ce paragraphe, les deux passages suivants, biffés : *non des privations pénibles et douloureuses qui sont de véritables maux, mais des privations légères et volontaires qui servant d'assaisonement au plaisir en commencent la jouissance.*

Mais c'est une mauvaise philosophie. A force de vouloir jouir de tout ils ne jouissent de rien, ils (perdent) prodiguent le tems qu'ils pensent économiser, et sont comme ces avares qui pour ne savoir jamais faire à propos de petits sacrifices, s'ôtent souvent de fort grands profits (s'appauvrissent par leur avidité comme ces avares qui se ruinent) se ruinent comme certains avares pour ne savoir jamais rien (dépenser) perdre à propos. Ces textes sont repris avec modification un peu plus loin, pp. 541 et 542.

1. Deuxième point de la démonstration. Après avoir posé les bases du bonheur : la *subsistance* (« minimum vital ») et le *bien-être* (ce que nous appellerions le « confort » ou « les loisirs »), Rousseau se heurte à la grave objection de la *misère des autres.* Comme il écrit un roman du bonheur, il l'atténue singulièrement en déclarant que Julie vit dans un pays où la misère n'existe pas. « Il lui faloit pour être heureuse vivre parmi des gens heureux... » « La providence a veillé sur elle. » Peut-être en pourrait-on discuter. Laissons les historiens du pays de Vaud le faire. L'important est que Rousseau ait cru que ce pays était exceptionnel ! Et notons au passage qu'il nous livre ici une raison que nous ignorions encore du choix du cadre où il a situé son roman. D'autre part, il est honnête; s'il « exténue » la difficulté, il ne la supprime pas. Julie a sous les yeux assez de pauvres gens et de malheureux pour exercer la bienfaisance. Elle fait donc la charité. Elle la fait avec activité et intelligence, exerçant un « discernement exquis » dans le choix des obligés et celui des moyens. Ce qui est essentiel à mettre en lumière ici, c'est le lien étroit établi entre la charité et la recherche du bonheur. C'est pour elle d'abord que Julie est bienfaisante. Au début de ce long développement sur l'aumône, Rousseau a cette formule lapidaire : « cette ame si peu sensible à l'amour-propre apprend à s'aimer dans ses bienfaits ». C'est l'enseignement qu'il proposait à la même date dans sa dernière *Lettre morale* à Sophie d'Houdetot : « Faites mieux encore. De ces cours espaces que vous voudrez passer à vivre dans la solitude, employez en une partie à vous rendre l'autre agréable (...) Informez vous des malades, des pauvres, des opprimés (...) et ne pensez pas que ce soit assés de les assister de vôtre bourse si vous ne leur donnez encore de vôtre tems et ne les aidez de vos soins (...) Que les benedictions publiques vous accompagnent sans cesse (...) et dans les nouveaux plaisirs que vous apprendrez à goûter, si quelquefois vous perdez le bien que vous aurez cru faire, vous ne perdrez pas au moins celui que vous en aurez tiré. » (*O.C.*, Pléiade, t. IV, pp. 1117-1118). Cf. encore, dans l'*Émile :* « La pitié est douce, parce qu'en se mettant à la place de celui qui souffre on sent pourtant le plaisir de ne pas souffrir comme lui », et « quand la force d'une ame expansive m'identifie avec mon semblable (...) c'est pour ne pas souffrir que je ne veux pas qu'il souffre; (...) L'amour des hommes dérivé de l'amour de soi est le principe de la justice humaine. » (*ibid.*, pp. 504 et 523).

2. Sur ce caractère exceptionnel des héros du roman, cf. *supra,* p. 102, n. 2; p. 165, n. 5; p. 209, n. 1 et p. 403, n. 2.

3. Sur le paupérisme au XVIIIe siècle, voir l'ouvrage de C. Bloch, *l'Assistance et l'État en France à la veille de la Révolution,* Paris, 1908, Ire partie, « Caractères et causes du Paupérisme au XVIIIe siècle », pp. 3-36.

P. 533.

(*a*). « enfan*ts* ». C'eſt le texte de l'éd. Rey, 1761, fidèle au Ms. Rey, où le *s* final eſt d'une écriture plus appuyée. Rousseau avait-il écrit d'abord le mot au singulier, puis mis le signe du pluriel sans biffer le *t* ? L'éd. Rey de 1763 donne l'orthographe régulière de l'époque : « enfans ».

(*b*). Br. ajoute ici ce développement, biffé d'un trait vertical : *On n'y voit ni dispute entre les voisins, ni querelle entre les parens. Le mari accomode ou prévient les proces, sa droiture et son jugement lui donnent (presque) l'autorité d'un juge ; la femme fait régner la concorde et les mœurs dans les familles, (elle ne s'épuise point en longues exhortations mais) le peu qu'elle dit touche et penetre (et son exemple fait encore plus que tous ses discours.) Le son de sa voix persuade avant ses discours, en se montrant elle éteint dans les cœurs les mauvais penchans, on ne sauroit la voir un moment sans chercher à lui ressembler.*

Les phrases de ce passage qui concernent Mme de Wolmar ont été utilisées avec de profondes modifications dans la lettre 10 (IVe partie, p. 444) où il s'agit des domeſtiques de Clarens; un transfert inverse a eu lieu de IV, 10 à cette lettre V, 2. Cf. var. (*a*), p. 444, à IV, 10.

(*c*). Ms. Rey : à partir de « font de sa vie », le texte eſt écrit à l'interligne, au-dessus du texte suivant, biffé : *sont autant de circonstances que le Ciel a voulu réunir auprès d'elle pour montrer dans cette belle ame le plus aimable et le plus précieux de ses dons.* C'était, à quelques variantes près, le texte de Br., où la fin du paragraphe, à partir de : « Non, Milord », eſt biffée d'un trait vertical.

(*d*). Br. : Avant ce paragraphe viennent deux paragraphes biffés : *Quoiqu'on puisse accorder aux droits de l'amitié, du sang, de l'humanité, rien ne vous touche de si près que nous. La bienveuillance qu'on étend sur les autres êtres se raporte toujours à celui qui l'éprouve et l'on ne sauroit bien goûter le bonheur d'autrui si l'on eſt malheureux soi-même.*

Vous l'avez dit une fois, et l'exemple de Julie en eſt la plus sensible preuve, le plus doux sentiment de l'humanité eſt de multiplier pour ainsi dire nôtre exiſtence, en l'étendant sur tous nos semblables par un sentiment de bienveuillance universelle : mais en s'occupant des autres eſt-il possible ou permis de s'oublier tout à fait. Non, l'on sent peu le bonheur d'autrui quand on eſt malheureux soi-même et tous les attachements qui nous lient au dehors se rapportent toujours à nous.

En marge deux autres paragraphes, dont le second, comme l'indique un signe de renvoi, devait prendre place à la suite du dernier des paragraphes ci-dessus :

N'avez-vous jamais remarqué, Milord, combien ce mot sublime de charité eſt avili par les idées basses et rempantes de ceux qui s'en servent. S'ils exercent la charité c'eſt de leur bourse et non de leur cœur qu'ils la tirent ; l'aumône eſt pour eux une pratique sans vertu, et pourvû qu'un malheureux n'ait pas faim ils comptent pour rien toutes ses autres peines.

Les ames tendres et compatissantes qui se font de cette aimable vertu un plaisir autant qu'un devoir en prenent de plus nobles idées, eux qui n'es-

timent pas l'argent au dela de ce qu'il vaut savent sans l'épargner verser des secours plus utiles et font plus d'heureux que de riches. Une partie du premier paragraphe marginal a été utilisée dans le texte définitif, qui vient, comme on l'a vu, du brouillon de IV, 10.

(*e*). Addition marginale dans Br. : *la bonne volonté suffit rarement sans les lumiéres qui la rendent utile.* Sur le passage qui va de « Une qualité rare... » à « leur être utile », cf. var. (*a*), p. 444 de IV, 10.

(*f*). Cette note, absente de Br. est ajoutée au verso dans C.P.

1. Parmi les étymologies de Montreux, petite cité de la Riviera vaudoise, H. Jaccard indique *Moustreuz*, forme très proche de celle qu'emploie ici Rousseau (*Essai de toponymie, Mémoires et documents,* publiés par la Société d'histoire de la Suisse Romande, 2e s., t. VII). Sur la différence de prospérité entre les deux rives du Léman, cf. *supra,* IV, 17 et p. 515, n. 1.

P. 534.

(*a*). Ce début de paragraphe manque dans Br.

1. La double réflexion sur le choix des obligés et sur le choix des moyens va conduire très naturellement Rousseau à deux considérables digressions. La première sur la condition paysanne, la seconde sur l'aumône. Il y prend parti passionnément. Sa critique de l'exode rural vers les villes et de tout ce qui peut le favoriser s'appuie sur des arguments divers et d'inégale importance :

1° Des raisons d'ordre économique où se fait sentir l'influence du large courant de pensée auquel est resté attaché le nom des *Physiocrates,* mais qui prenait les formes les plus variées. Il tendait à une réhabilitation de la classe rurale : « Cet état est le seul nécessaire et le plus utile (...) C'est en lui que consiste la véritable prospérité d'un pays. » Des affirmations du même ordre abondent dans les écrits du temps, en particulier dans *l'Ami des hommes,* fondé en 1757 par le Marquis de Mirabeau, et que Rousseau a beaucoup aimé. (Cf. sur cette question D. Mornet, *le Sentiment de la nature en France de J.-J. Rousseau à Bernardin de Saint-Pierre,* pp. 108 sq. et son Introduction à *la Nouvelle Héloïse.* Cf. aussi l'enquête d'André Bourde, *Agronomie et agronomes en France au XVIIIe siècle*).

2° Mais ces arguments sont secondaires aux yeux de Rousseau. La preuve en est donnée par la discussion sur le meilleur usage des « talens » où, au primat de l'utilité publique, Julie oppose fermement celui des « mœurs » et de la « félicité » individuelles. Rousseau trouve ici des formules personnalistes et anti-étatiques très vigoureuses qui, à notre époque d'universel « dirigisme », n'ont rien perdu de leur pouvoir ! « L'homme (...) est un être trop noble pour devoir servir simplement d'instrument à d'autres (...) les hommes ne sont pas faits pour les places, mais les places sont faites pour eux. » Or il apparaît évident à Rousseau — il le démontre par des statistiques — que ce départ des paysans vers la ville se solde par un grave déchet sur le plan moral.

3° Cette attitude « conservatrice » eſt dictée par des impulsions plus secrètes encore. D'une part, il eſt profondément convaincu que « la condition naturelle à l'homme eſt de cultiver la terre et de vivre de ses fruits ». Il en eſt persuadé parce qu'il sait par cœur le *O fortunatos* de Virgile, parce qu'il vit dans la familiarité de la vie paſtorale biblique, parce qu'il pratique aussi cette littérature idyllique qui va envahir le siècle finissant; enfin et avant tout parce que lui-même ne peut être heureux que là. D'autre part, il cherche avant tout la paix intérieure, il doit donc écarter tout ce qui pourrait exciter en lui l'envie, l'ambition, la vanité, la jalousie, la compétition. Il sait par expérience qu'il en coûte d'être déraciné, d'être poussé vers la conquête de la gloire ! Pour lui, l'enfer, c'eſt la Ville ! Julie maintiendra de force les paysans dans leur médiocrité, parce qu'elle eſt le paradis.

Dans la lettre orgueilleuse et douloureuse qu'il avait écrite en 1751 à Mme de Francueil pour se juſtifier d'avoir abandonné ses enfants à l'Assiſtance publique, il envisageait sans regret ni remords l'éducation « vile et basse » qui leur serait donnée : « Quand j'en serois le maître, (...) je n'en ferois ni des auteurs ni des gens de bureau. Je ne les exercerois point à manier la plume mais la charrue, la lime ou le rabot, inſtrumens qui font mener une vie saine, laborieuse, innocente (...) C'eſt à cela qu'ils sont deſtinés par la ruſtique éducation qu'on leur donne. Ils seront plus heureux que leur père. » (*C.C.*, t. II, pp. 143-144); cf. *infra,* le développement sur « la véritable magnificence » où, sous une autre forme, s'exprimera la même impulsion profonde (p. 546); cf. aussi de nombreux textes concordants dans l'*Émile :* « Reſte à la place que la nature t'assigne dans la chaine des êtres » (*O.C.*, Pléiade, t. IV, p. 308); « Assigner à chacun sa place et l'y fixer, ordoner les passions humaines selon la conſtitution de l'homme eſt tout ce que nous pouvons faire pour son bien-être. » (*ibid.*, p. 303).

P. 535.

(*a*). Br. : Rousseau a essayé trois rédactions successives de ce passage, resserrant l'expression et éliminant la notion de « bonheur » pour ne plus garder que celle de « puissance », avant d'arriver au texte définitif. Voici la première rédaction :

On ne peut juger du bonheur public que par celui du cultivateur ; c'eſt lui qui fait la subſtance des nations (en nombre ainsi qu'en puissance) ; de quelque éclat (frivole) qu'elles brillent aux yeux des autres ou quelques obscures qu'elles paraissent (aux yeux des hommes frivoles), le sort du laboureur fait tôt ou tard celui d'un peuple qui vit de pain. En marge de ce texte, Rousseau a écrit le paragraphe suivant, « pilotis » pour la suite (cf. p. 540) : *Si l'on ne doit rien au gueux au vagabond qui mendie, au moins se doit-on à soi-même de rendre honneur à l'humanité, et de ne point s'endurcir le cœur à l'image de ses misères.*

(*b*). Br. : « et plus encore à *Orsinge* »; addition marginale.

(*c*). Ms. Rey : *les aider,* corrigé en « leur aider ». Br. : « leur aider », mais un peu plus loin au lieu de : « on ne favorise point », le premier jet était : *on ne les aide.*

(*d*). Dans Br. le début de la note est différent : *(Le peuple) l'homme est (souvent) si stupide...* Dans C.P. la note est inscrite au verso. Elle est supprimée dans éd. Rey, 1763.

P. 536.

(*a*). Br. : *le (baron lui même) pére de Julie indépendamment du grade qu'il a comme citoyen dans les troupes du païs.* Dans la version définitive du roman, Rousseau a fait du baron un officier mercenaire à la solde de l'étranger ; cf. la dispute entre lui et Milord Édouard dans la lettre 62 (Ire partie).

(*b*). Dans Br., depuis : « car les hommes ne sont pas faits », ce passage est une addition marginale, dont la rédaction a coûté beaucoup de peine à Rousseau. Il se terminait par les phrases suivantes : *car il vaudroit encore mieux que la société fut mal réglée et tous les citoyens heureux et honnêtes que la société bien réglée et (tous) les citoyens misérables et méchans. Cet ordre dont on fait tant de bruit n'est souvent qu'apparent et c'est le renverser en effet que de lui sacrifier la réalité des choses (comme on fait chez la plupart des peuples).*

1. Nous sommes ici dans le climat de la *Lettre à d'Alembert.* Le Citoyen de Genève avait terminé son plaidoyer contre le théâtre par l'exaltation des fêtes populaires d'une libre république : « Je n'ai pas besoin de renvoyer aux jeux des anciens Grecs : il en est de plus modernes (...) et je les trouve précisément parmi nous. Nous avons tous les ans des revues; des prix publics; des Rois de l'arquebuse, du canon, de la navigation. » (Éd. Fuchs, p. 169). Et dans une longue note finale, il avait évoqué un souvenir d'enfance, une sorte de kermesse populaire spontanée dans une fête nocturne, à l'issue d'un exercice fait par le régiment de Saint-Gervais, où « tous ensemble, officiers et soldats », après le souper, s'étaient mis à danser « autour de la fontaine » accompagnés par les tambours et les fifres, éclairés par les flambeaux, bientôt rejoints par leurs femmes et leurs enfants. « Ce ne furent qu'embrassemens, ris, santés, carresses (...) attendrissement général... » (*Ibid.*, pp. 181-182).

2. Sur cette affirmation de la transcendance de la personne par rapport à l'État, si importante dans le système de pensée d'un théoricien politique qui apparaît souvent comme l'ancêtre direct des totalitarismes, cf. P. BURGELIN, *la Philosophie de l'existence de J.-J. Rousseau,* pp. 546 sq. : « Individu et État ». Sur l'importance accordée par Rousseau à ce texte, cf. var. (*b*), p. 536.

P. 537.

(*a*). Br. donnait : ... *appelle à son secours l'industrie et la brigue que l'autre plus sûr de lui dédaigne le plus souvent. C'est une ressource que la nature nous a ménagée au besoin, mais à laquelle il ne faut jamais recourir sans nécessité, car quand elle n'est pas nécessaire elle est nuisible.* C.P. : la fin du paragraphe à partir de : « S'il éxistoit une société... » est une addition au verso.

1. Mornet (*N.H.*, t. IV, p. 22) rapproche de cette phrase le fragment de l'*Émile* (l. III) où Rousseau conclut ainsi l'apologie du métier manuel : « Vous n'avez plus besoin d'être lâche et menteur devant les Grands, souple et rampant devant les fripons, vil complaisant de tout le monde, emprunteur ou voleur, ce qui est à peu près la même chose » (*O.C.*, Pléiade, t. IV, p. 472). On pourrait, hélas ! faire un riche commentaire de ces quelques lignes à l'aide des premiers livres des *Confessions* mais *le Paysan parvenu* en serait, lui aussi, une illustration saisissante.

2. Nouvel emprunt direct à la réalité et qui date assez exactement cette lettre. Gustin était le nom d'un jardinier de Groslay que Rousseau connaissait à Montmorency (cf. A Rey, *J.-J. Rousseau dans la vallée de Montmorency,* p. 247).

P. 538.

(*a*). Tout ce développement depuis : « Pour suivre son talent il le faut connoitre... », a été très remanié dans et après Br. qui donnait (soit à la suite de « être utiles en dépit d'eux », soit en marge) les développements suivants : *s'il existoit une société où les emplois et les rangs fussent exactement mesurés sur les talents et le mérite personnel, chacun pourroit aspirer à la place qu'il sauroit le mieux remplir ; mais il faut se conduire par des règles plus sûres et renoncer au prix des talents quand le plus vil de tous est le seul qui mène à la fortune. — Très peu surmonteroient d'injustes obstacles ; très peu vaincroient d'indignes concurrents. Celui qui sent sa faiblesse appelle à son secours l'industrie et la brigue...* (cf. var. (*a*), p. 537). — *Tant d'établissements en faveur des arts ne font que leur nuire. N'est-ce pas vous qui l'avez dit ? En multipliant indirectement les sujets on les confond ; le vrai mérite reste étouffé dans la foule, et les honneurs dus au plus habile sont tous pour le plus intrigant.*

P. 539.

(*a*). Ms. Rey : « de complaisans *philosophes* ». La correction a été faite sur C.P. Le mot « philosophe » figure dans la suite du paragraphe.

(*b*). C.P. : Rousseau a écrit successivement « intérêt », *amour, attachement,* puis est revenu à « intérêt ».

1. Sur le problème de l'aumône, Rousseau ne prend pas moins passionnément parti que sur celui du « déracinement ». Ici, plus encore peut-être que là, les valeurs suprêmes sont en jeu. Voltaire avait écrit en 1738 à propos des mendiants de Paris : « C'est une vermine qui s'attache à la richesse; les fainéants accourent du bout du royaume à Paris pour y mettre à contribution l'opulence et la bonté. » (*Observations sur MM. Jean Lass, Melon et Dutot,* Œuvres,

t. XXII, p. 361). Plus tard, après avoir lu le texte de Rousseau, il revendiqua hautement, dans les *Questions sur l'Encyclopédie,* la responsabilité de la phrase incriminée par Jean-Jacques dans sa note : « La gueuserie, ai-je dit autrefois, est une vermine qui s'attache à l'opulence. » (*Dictionnaire philosophique,* article « Gueux »). Nous sommes bien dans le « climat » moral de l'été 1758. Jean-Jacques savait dès lors que le maître opulent de Ferney était en partie l'auteur de l'article « Genève ». Il lui avait adressé pourtant en hommage sa *Lettre à d'Alembert.* Mais il ne se faisait plus d'illusions et, dès ce moment, il aurait pu écrire la lettre du 17 juin 1760 avec sa fameuse litote : « Je ne vous aime point, Monsieur. » (*C.C.*, t. VII, p. 136). Les arguments qu'il invoque en faveur de l'aumône, sont d'espèce différente et de valeur inégale. Il s'efforce d'abord de répondre aux objections raisonnables des adversaires de la mendicité. Les mendiants font peut-être de leur misère un « métier », mais ils y sont admirables ! Justification « esthétique » assez étonnante sous la plume de l'adversaire des comédiens ! Ils sont une occasion pour le riche de faire le bien. Justification morale plus défendable.

Mais la vraie source de ce plaidoyer est plus profonde. Elle est d'abord dans les souvenirs de misère du vagabond, de l'errant, qui a si souvent et si longtemps vécu de charité; elle est dans les souvenirs du temps heureux passé près de Mme de Warens dont la « sensibilité pour les malheureux » et l' « inépuisable bonté » ne cessèrent de se manifester jusque « dans le sein de l'indigence ». (*O.C.*, Pléiade, t. I, pp. 51 et 105). Surtout, elle est dans l'Évangile. S'il n'ose pas reprendre les hardis développements de Bossuet sur l' « éminente dignité des pauvres dans l'Église », s'il parle en chrétien déjà laïcisé, son langage est cependant chrétien. « Je sais qu'ils sont tous mes freres », dit Julie. Lorsqu'un inconnu vient l'implorer « au nom de Dieu », si elle répond à son appel, c'est parce que sa foi lui a révélé que « les dons de Dieu sont dans la main des hommes ». Elle ne va pas jusqu'à dire, comme elle le devrait, comme le pensait Pascal, que ce pauvre qui frappe à sa porte est l' « image » de Dieu et Dieu lui-même, mais elle pense qu'il est l' « image de l'humanité souffrante » à laquelle elle « se doit de rendre honneur ». Ce sont de telles phrases qui donnent à ce roman un accent absolument unique en son siècle, et un pouvoir intact sur nos cœurs.

P. 540.

(*a*). « comme si les dons de Dieu... des riches ». Br. : Rousseau a raturé trois versions différentes de cette phrase et l'on en trouve encore une quatrième en marge sur un autre feuillet. C.P. 1er jet : *comme si Dieu s'étoit réservé des magasins particuliers et que ses dons ne fussent pas entre les mains des riches.*

(*b*). La note manque dans Br. Dans C.P. la deuxième partie de la note, celle où Rousseau reprend et critique la phrase de Voltaire sur les pauvres, « vermine des riches », a été remaniée trois fois;

dans certaines de ces rédactions, Rousseau laissait échapper son indignation violente : *Ce discours est faux et barbare ; au contraire, il falloit dire que les mendians sont une vermine engendrée par les riches et qu'ils lui donnent les pauvres à dévorer.* Cette deuxième partie de la note était d'ailleurs dans C.P. une seconde note, qu'un appel de note invitait à placer plus loin, après les mots : « les magazins des riches »

P. 541.

(*a*). Ce paragraphe est absent de Br. Il est ajouté dans C.P.

1. Rousseau revient en arrière et reprend un développement à peine esquissé au début de la lettre (cf. p. 531, n. 1). Sachant qu'il risque de choquer, il réaffirme la légitimité de sa recherche. (Sur l'importance de ce postulat, cf. *supra,* p. 527, n. 1). Après quoi, il pose deux principes directeurs :

1° Le premier consiste à distinguer entre les jouissances qui tiennent à l'opinion des autres, qui relèvent de la vanité, péché capital, et celles qui satisfont la nature, qui correspondent à un besoin réel, à une exigence du corps ou de l'esprit, à une utilité. Cette opposition court tout au long de la lettre; on pourrait dire qu'elle lui donne sa structure. Nous connaissons ce thème en particulier par les lettres sur Paris (cf. *supra,* p. 22, n. 1 et p. 231, n. 2). Mais il s'applique ici au « style de vie » de la maîtresse de maison. Cette femme idéale avait existé : « On ne trouvoit pas chez Mme de Warens la magnificence que j'avois vue à Turin, mais on y trouvoit la propreté, la décence et une abondance patriarcale, avec laquelle le faste ne s'allie jamais. Elle avoit peu de vaisselle d'argent, point de porcelaine, point de gibier dans sa cuisine, ni dans sa cave de vins étrangers; mais l'une et l'autre étoient bien garnies au service de tout le monde, et dans des tasses de fayance elle donnoit d'excellent caffé. Quiconque la venoit voir étoit invité à dîner avec elle ou chez elle, et jamais ouvrier, messager ou passant ne sortoit sans manger ou boire. » (*O.C.*, Pléiade, t. I, p. 105).

2° Le deuxième principe est celui de la « volupté tempérante ». C'est vraiment « le matérialisme du sage » comme disait l'auteur de la *Morale sensitive*. Tournant le dos cette fois non seulement au jansénisme ou à l'austérité calviniste, mais à toutes les formes du christianisme, Rousseau condamne formellement l'ascétisme et ces « privations pénibles et douloureuses qui blessent la nature » et il propose des privations qui ne sont qu'un moyen d'assaisonner le plaisir, de prolonger sa durée. Il s'agit là d'un des domaines d'élection de sa réflexion morale. On se rappelle les réflexions hardies de Claire sur la séparation des amants (III, 7) et celles de Julie sur le dégoût presque inévitable des amants trop passionnés (III, 20). Claire dans la lettre 5 (VIe partie) approuvera, au nom des mêmes principes, la séparation des sexes telle qu'elle est établie à Genève : « Ainsi s'aiguise la volupté du sage : s'abstenir pour jouïr c'est ta philosophie; c'est l'épicuréisme de la raison. » Ces mêmes théories seront professées par le précepteur d'Émile : « apprends à perdre ce qui peut t'être enlevé (...) Alors tu trouveras dans la possession même des biens fragiles une volupté que rien ne pourra troubler; tu les posséderas sans qu'ils te possédent, et tu sentiras que l'homme à qui tout échape ne joüit que de ce qu'il sait perdre ». « Même en mettant le comble à son bonheur, j'en détruirois le plus grand charme : ce bonheur suprême est cent fois plus doux à espérer qu'à obtenir; on en joüit mieux quand on l'attend que quand on le goûte. Ô bon Emile (...) joüis longtems avant que de posseder (...) ». (*O.C.*, Pléiade, t. IV, pp. 820 et 782).

P. 542.

(*a*). Br. : « Julie *est sensuelle et gourmande (comme étoit sa mére)*.

P. 543.

(*a*). Les divers éléments qui composent ce long passage, depuis : « Un objet plus noble qu'elle se propose... », ne sont pas venus sous la plume de Rousseau dans l'ordre où ils sont actuellement rangés; Br. et sa marge comportent sept paragraphes séparés et cinq signes de renvois. Cf. aussi var. (*a*), p. 532.

(*b*). Cette énumération des mets a coûté quelque peine à Rousseau; dans Br. les phrases : « apprêtés d'une certaine maniére » et « voila tout l'extraordinaire qu'on y remarque » sont ajoutées en marge; la phrase : « à quoi l'on joint... de la maison » manque; elle est ajoutée au verso de C.P.

(*c*). Br. : *au rez de chaussée.*

(*d*). « recueillira ». C'est bien l'orthographe du Ms. Rey et des éd. Rey, 1761 et 1763; il y en a d'autres exemples chez Rousseau. Cf. F. Brunot, *Histoire de la langue française...*, t. VI, IIe partie, fasc. 2, p. 1449.

1. Sur la gourmandise de Rousseau, cf. *supra,* p. 371, n. 7; p. 448, n. 1 et p. 452, n. 1.

P. 544.

1. Sur le vin et sa place dans le roman, cf. *supra,* p. 81, n. 2; p. 137, n. 1 et *infra,* p. 606, n. 1. Sur l'importance de l'*intimité* et de *l'union des cœurs* pour le bonheur, cf. lettre 3 (Ve partie), début *(la matinée à l'anglaise)* et la lettre 7 sur les vendanges.

P. 545.

1. Pour illustrer cette sensibilité de Rousseau à tout ce qui touche à la femme, on pourrait citer maints passages de la *Correspondance* et des *Confessions.* Le plus caractéristique est celui du livre IV où il avoue : « Il me falloit des Demoiselles. » On notera dans ce texte d'une pureté classique l'absence totale de mots concrets et pittoresques. Les réactions les plus sensibles sont exprimées de la manière la plus abstraite. *Cosa mentale !...*

P. 546

(*a*). « plaît » : ce singulier, qui figure dans Br., C.P., C.L., Ms. Rey et dans les éd. Rey, 1761 et 1763, est conforme à la règle de Vaugelas qui, dans le cas où deux sujets plus ou moins synonymes sont reliés par *et*, permet d'accorder le verbe avec le sujet le plus proche.

(*b*). Cette note est absente de Br., mais en marge on lit cette phrase écrite au crayon : *en sorte que tous les objets forment entre eux un accord sensible et s'unifient pour donner une idée de grandeur*. C.P. : la note est ajoutée au verso.

1. « *Offusquer*... signifie en même temps empêcher de voir et empêcher d'être vu; comme dans cette phrase : *Les arbres offusquent votre maison* » (*Dict. Acad.*, 1762).

P. 547.

(*a*). D.C. : le *u* est biffé, comme dans tous les passages semblables.

(*b*). Br. : addition marginale. C.P. : note ajoutée au verso. Rousseau est capable d'écrire des morceaux brillants, ironiques, satiriques, de faire d'excellents pastiches de La Bruyère; mais il a un sens de l'unité de ton très vif, et il rejette ce texte trop « littéraire » en note. Les deux manuscrits portent bien : « une bouge », féminin que le *Dictionnaire* de Féraud condamne comme un provincialisme. Peut-être chez Rousseau est-ce un italianisme ?

P. 548.

(*a*). Dans Br., à la hauteur de ces mots on lit en marge : *en note. Les grands et les riches veulent qu'on les croye humains et compatissans. Sur ce pied là quand on voit un gueux affamé et demi-nud pousser d'inutiles plaintes à la porte d'un Palais ; peut-on s'empêcher de juger que le maitre du Palais est un gueux lui-même*. Il se peut que cette note soit à rapporter aux mots : « toutes ses richesses », qui dans Br. sont suivis d'un astérisque auquel rien ne correspond.

1. Ce passage nous apporte une preuve nouvelle du caractère « classique » de l'esthétique de Rousseau, esthétique au nom de laquelle il critique les palais du grand siècle dont nous voyons mieux aujourd'hui qu'ils relèvent plutôt de l'esthétique baroque. On notera dans ces quelques pages l'importance accordée aux mots : ordre, raison, utilité, nature, unité; à l'expression « concert des parties » ; mais plus que tout peut-être, aux vertus classiques par excellence : simplicité, modestie, discrétion, pudeur : « Un soin qui marque qu'on n'est pas au-dessous de la magnificence, mais qu'on la dédaigne. » Un trait plus personnel est la réflexion du dernier paragraphe sur la « mélancolie » que procure au contemplateur la vue du palais d'un prince. L'éthique chez Rousseau se mêle toujours à l'esthétique et l'on voit reparaître, jusque dans le domaine de l'architecture ou de l'ameublement cette exigence fondamentale

de la vie heureuse : se plaire à soi-même. L'homme ne doit s'y voir que « sous des raports agréables ». On est frappé par le ton passionné de certaines phrases que Rousseau eut le bon goût de rejeter en note.

P. 549.

(*a*). C'est l'orthographe du Ms. Rey et des éd. Rey, 1761 et 1763. Br. : *contant,* c'est-à-dire participe présent du verbe « conter », qui est le même que « compter ».

(*b*). Br. : depuis « et le mieux qui puisse arriver », cette fin de paragraphe est une addition marginale, mais Rousseau n'a pas biffé le texte primitif qui était le suivant : *fermier d'une maison il s'y regarde toujours comme un étranger et se souciant peu de l'état où il la laissera à la fin de son bail il n'est pas possible quelque précaution qu'on prenne d'empêcher qu'il ne sacrifie le produit futur au produit présent.*

(*c*). « et cette culture. . beaucoup plus grand » : cette phrase est absente de Br. et du Ms. Rey. Dans Br. tout le paragraphe est en marge.

P. 550.

(*a*). Br. : *à Madrid.* L'invraisemblance matérielle émoussait le trait d'esprit.

(*b*). Dans Br. ce paragraphe manque. Il est ajouté au verso dans C.P.

P. 551

(*a*). Dans Br. ce paragraphe et le précédent, non séparés, sont une addition marginale.

1. Les théories d'économie politique que Rousseau expose dans ces quelques pages se fondent essentiellement sur deux principes :
1° Celui de *l'autarcie,* de l'économie en vase clos.
2° Celui du « faire valoir » direct.

Ils ne sont pas exclusifs l'un de l'autre, mais complémentaires. Le second va dans le sens du siècle bourgeois où, dès les dernières années de l'ancien régime, s'esquisse un retour sur leurs terres des propriétaires, et, au profit des bourgeois, un éclatement des grandes propriétés, qui aboutira, sous la Révolution, à la vaste redistribution des biens nationaux et finalement à cette France agricole du XIXe siècle extraordinairement morcelée où vivent chichement d'innombrables petits propriétaires, contre lesquels, au nom de l'économie et de la politique protestera le Balzac des *Paysans.* Le premier, au contraire, en ce siècle où s'organise le grand commerce, où se créent les grandes voies de communication, où règne une relative sécurité du trafic, où la banque et le crédit s'organisent, apparaît réactionnaire. Dans la défense des deux principes, Rousseau s'appuie, comme toujours, officiellement sur des arguments rationnels, économiques (discutables, quoique fort habilement présentés, et au fond, à ses yeux, sans importance), plus profondément sur des arguments d'ordre esthétique : « Le goût aime à créer, à donner seul la valeur aux choses », ou éthique : « on a d'abord peine à comprendre comment on jouït de ce qu'on épargne. En y réfléchissant le contentement augmente, parce qu'on voit que la source en est intarissable et que l'art de goûter le bonheur de la vie sert encore à le prolonger. » Voilà Jean-Jacques revenu à sa préoccupation majeure : calme, sécurité, durée ! Sa méditation sur le temps va lui dicter pour finir à l'issue de ce discours d'économie politique la plus exacte définition du bonheur conçu comme l'éternel présent : « On jouït à la fois de ce qu'on dépense et de ce qu'on recueille, et les divers tems se rassemblent pour affermir la sécurité du présent. » Où a-t-il puisé ses informations en ce domaine ? Impossible de le dire avec certitude. L'auteur de l'article *Économie politique* avait dû lire beaucoup de savants traités, et réfléchir sur eux; mais nous savons bien qu'il s'alimentait de préférence à des souvenirs vécus. Mornet, utilisant un ouvrage de François Vermale, *les Classes rurales en Savoie au XVIIIe siècle* (Paris, 1911) où sont décrites les initiatives fécondes du marquis Costa de Beauregard sur ses terres à partir de 1751, n'écarte pas l'hypothèse d'une influence de ce grand propriétaire sur les théories de Rousseau, mais il ne le fait qu'avec prudence, car Jean-Jacques en 1758, était, depuis longtemps, coupé de la Savoie. Sur les théories et les faits économiques, particulièrement en matière d'économie rurale au XVIIIe siècle, cf. G. Weulersse, *le Mouvement physiocratique en France*, Paris, 1910 et André Bourde, *Agronomie et agronomes en France au XVIIIe siècle*.

2. « On appelle aussi *Basse-cour*, une cour séparée de la principale cour et destinée pour les écuries, les équipages, etc. » (*Dict. Acad.*, 1762).

P. 552.

1. Toujours le cher Plutarque ! Il s'agit ici de la *Vie de T.Q. Flaminius* (sur Plutarque, cf. I, 12 et p. 60, n. 2).

2. Tous ces vins porteurs du nom du pays où sont cultivés les plants qui les produisent sont bien connus, sauf peut-être le *chassaigne* qui tire son nom d'une petite commune de Bourgogne, aux environs de Beaune. *Lavaux* est une commune et un des meilleurs vignobles du pays de Vaud.

P. 553.

(*a*). Br. : ces trois derniers paragraphes (à partir de : « Hé bien Milord, rien de tout cela... ») n'en font qu'un, moins développé. « En y réfléchissant... le même esprit » est remplacé dans Br. par : *Pour moi je trouve chaque jour de nouvelles objections à faire, et toujours un mot d'explication les résout, comment (une famille) épuiseroit-on son héritage en ne consommant que ce qu'il produit ;* « le vin, l'huile, et le pain... pour ses fournitures » : ce passage manque dans Br.

C.P. : « Je suis entré dans tous les détails... vu regner le même esprit » : phrase ajoutée à l'interligne; « on a des bois en coupe... on peut consommer » : phrase ajoutée au verso; « le loyer des maisons de la ville... celles qu'on habite » : phrase ajoutée au verso, bien qu'elle figurât déjà dans Br.

La liste des vins a varié : Br. : « *la malvoisie, le verdet,* le chassaigne, le siracuse » (le verdet est peut-être le même vin que « la verdée » : « nom d'une sorte de vin blanc, tirant un peu sur le verd, qui vient de Florence » selon la définition de l'abbé Prévost dans son *Manuel-Lexique*); le cherez et le malaga sont encore absents du Ms. Rey, tandis que la malvoisie s'y trouve; chérez et malaga sont dans la C.L. mais la malvoisie n'y est plus et le rancio n'y est pas encore.

Rousseau a-t-il eu des doutes sur l'excellence de ces vins ? Au lieu de « les aiment autant » on lisait dans Br. : *n'y prennent pas moins de goût,* et dans Ms. Rey le premier jet était : *les trouvent aussi bons.*

(*b*). Note absente de Br. et de C.P.; supprimée dans l'éd. Rey, 1763.

1. *Les Lettres de Milady Juliette Catesby à Milady Henriette Campley, son amie,* par Mme Riccoboni, furent publiées en 1759, sans nom d'auteur. Rousseau se révèle sensible à l'actualité littéraire.

P. 554.

(*a*). Dans Br. Rousseau avait ajouté à l'interligne : *l'appelle son Pére,* puis a biffé; il n'y a déjà que trop de ces paternités de sentiment dans *la Nouvelle Héloïse.*

1. Au moment de clore son traité du bonheur, Rousseau ne peut pas ne pas répondre à une objection que ses amis ou anciens amis n'ont cessé de lui opposer : Et les autres ? Et la Société ? Mais cette objection a deux visages : elle peut être la réaction scandalisée des philosophes qui condamnent le solitaire, qui proclament que l'homme ne doit pas s'enfermer dans un bonheur égoïste. A ceux-là il a déjà en partie répondu lorsqu'il a parlé de la « bienfaisance », ou lorsque, dans la lettre 10 (IVe partie), il a traité des rapports des maîtres avec leurs domestiques. Faible réponse, car de telles relations ne font pas sortir l'homme d'un cadre étroit. Il esquisse donc ici, timidement, un élargissement de ce cadre : Julie et Wolmar consentiront à voir quelques « voisins »; mais ce sont des gens simples, un peu ridicules, et qui ne risquent pas de troubler leur intimité; ils appartiennent à un autre monde. « Les hôtes sont toujours bien venus et ne sont jamais desirés. » A ce compte, qui voudrait être reçu chez les Wolmar ?

L'objection peut prendre un tout autre visage, celui de Célimène devant Alceste au cinquième acte du *Misanthrope ;* celui de Sophie d'Houdetot peut-être, lorsqu'elle reçut la dernière des *Lettres morales*... Recul inquiet devant le « désert ». C'est cette objection qu'il a le désir passionné de détruire. Dans sa dernière lettre à Sophie, il avait usé de savantes précautions : « Ne vous effrayez pas je vous conjure; je n'ai pas dessein de vous releguer dans un cloistre... » (*O.C.*, Pléiade, t. IV, p. 1113). Puis il s'était mis à écrire les dernières parties de son roman. Et il avait pu dire longuement ce qu'il redit ici en terminant, que cette « vie retirée » est la source du « contentement »; mais à deux conditions : qu'elle soit occupée, active (« ni désœuvrement, ni oisiveté ») et que celui qui la mène ait l' « âme saine ». Cette expression est très importante; elle revient, dans cette conclusion, à deux reprises (pp. 553 et 556). Dans les deux cas, la santé de l'âme est présentée comme le seul vrai remède à cette maladie étrange qui commençait à envahir l'Europe, qu'on appelait déjà le *spleen* et dont le nom terrible est l'*ennui*. Le diagnostic de Rousseau est formel. Cette maladie mentale est une maladie morale. Là réside l'originalité la plus profonde de son « message ». A cette société, qui a déjà fourni des modèles à Crébillon fils et en fournira bientôt à Laclos et à Sade et qui meurt du terrible *taedium vitae* des civilisations pourrissantes, il montre les sources d'eau vive, il redonne le *goût de vivre*.

2. Cette lettre sur le bonheur de la vie à la campagne s'achève sur un « tableau » édifiant à la Gessner, à la Florian, où Rousseau, s'abandonnant à l'une de ses pentes, peut-être aussi à une mode littéraire que nous avons déjà plusieurs fois signalée (cf. *supra*, p. 76, n. 2 et p. 111, n. 6) traite un des thèmes les plus classiques de la « pastorale », celui qui fait apparaître les rapports affectueux unissant dans un monde idyllique les vertueux seigneurs et les vertueux paysans. En son genre, le morceau est parfait : tout y est, les bons sentiments, l'action dramatique, l'émotion, le style noble, les réflexions moralisatrices. Et nous restons découragés ! Le plus grave est qu'ici encore Rousseau est sincère. Au moins dans le rêve...; peut-être aussi dans la réalité. Rien n'empêche de penser que, dans ses promenades autour de Montmorency, il a vécu des scènes analogues. C'est le style, sans doute, qui nous arrête. Il faudrait lire cette page à haute voix. Alors la musique ferait à nouveau entendre le langage qui parle à l'âme :

> *Tous bénissent de concert*
> *Cette famille illustre et généreuse*
> *Qui donne exemple aux grands et refuge aux petits*
> *Qui ne dédaigne point le pauvre*
> *Et rend honneur aux cheveux blancs...*
> *Voilà l'encens qui plait aux ames bienfaisantes.*

P. 556.

(*a*). Br. Fin de paragraphe très travaillée : 1er jet : *Milord les bénédictions secretes données dans le coin d'un foyer rustique et en l'absence de ceux qui les reçoivent sont sans doute celles que le ciel exauce.* Texte élaboré : « *Voilà, Milord* l'encens *(le plus digne de la vertu) qu'un cœur bienfaisant ne peut rejetter.* S'il est des benedictions humaines que le ciel *exauce* ce ne sont point celles qu'arrache (en présence) la bassesse et la flaterie (mais celles qui) en présence des gens qu'on loüe; mais celles que dicte (un cœur) en secret (un cœur (ame) simple) *la reconnaissance* au coin d'un foyer rustique. »

P. 557.

(*a*). Dans Br. ce paragraphe manque.

(*b*). Le brouillon de cette lettre est propriété de la Fondation Heineman à New York; les folios n'en sont pas numérotés, le tiret manque, ainsi que les premières pages. Le texte commence avec les mots : *Se sont communiqués sans la froide entremise de la parole,* p. 560. La page de titre qui porte : « Lettre 3 De St. Preux à Milord Edouard » et donne le résumé de la lettre tel que le donne l'éd. Duchesne, n'est pas de la main de Rousseau.

(*c*). Br. : une rédaction très raturée de ce passage, à partir de : « C'est par vos soins... » se trouve en marge du premier folio; le texte est finalement le même que le texte actuel, sauf *la langueur* au lieu de « l'épuisement ».

(*d*). Dans Ms. Rey la note s'arrête aux mots : « en une seule ». C.P. : la note a été écrite en deux fois, d'abord les premières phrases, celles qui sont dans Ms. Rey, puis la fin, à partir de : « Au reste; sans prétendre... » Cette fin ne peut avoir été rédigée qu'après l'envoi du Ms. Rey à l'imprimeur : Rousseau a pu l'écrire sur épreuves et la reporter ensuite sur C.P. ou inversement.

1. Sur Rousseau et les problèmes de l'éducation, cf. *supra,* I, 12, et p. 56, n. 1. Depuis l'été 1756, bien des choses se sont passées dans sa vie. Il a été conduit à propos de la *Lettre à d'Alembert* à préciser certaines de ses idées sur l'éducation collective. D'autre part, pendant l'hiver 1757-1758, il a médité cette partie de son « système d'éducation » qui deviendra *la Profession de foi du vicaire savoyard.* Une bonne partie des *Lettres morales,* primitivement destinées à Sophie d'Houdetot, s'insérera, le jour venu, dans l'*Émile.* Dans les derniers mois de 1758, il est déjà plongé dans son enquête : nous en avons la preuve par une lettre qu'il adressait le 15 janvier 1759 à la marquise de Créqui : « A propos d'éducation », écrivait-il, « j'aurois quelques idées sur ce sujet que je serois bien tenté de jeter sur le papier, si j'avois un peu d'aide; mais il faudroit avoir là-dessus les observations qui me manquent. Vous êtes mère, Madame, et philosophe, quoique dévote; vous avez élevé un fils : il n'en falloit pas tant pour vous faire penser. Si vous voulez jeter sur le papier, à vos momens perdus, quelques reflexions sur cette matière et me les communiquer, vous seriez bien payée de votre peine, si elles m'aidoient à faire un ouvrage utile (...); bien entendu pourtant que je ne m'approprierois que ce que vous me feriez penser, et non pas ce que vous auriez pensé vous-même. » (*C.C.*, t. VI, p. 12).

La marquise lui répondit, mais en se dérobant. Rousseau n'avait sûrement pas besoin de ses lumières; cependant, il nous est agréable de le voir aussi humble et soucieux de l'expérience vécue. Il n'est pas non plus indifférent qu'il se soit alors adressé à une femme réputée pour sa dévotion. Dans la réponse qu'elle lui fit, on lit une très belle phrase qui pourrait être de Julie : « Il y a une soif de bonheur chez l'homme, qu'il n'éteindra point avec les fontaines où il veut boire; ce sont des sources empoisonnées par notre corruption originelle : elles enivrent nos sens, et nous conduisent à chercher la félicité où elle n'est pas et à oublier le seul objet digne de nos recherches et l'unique qui peut remplir notre cœur. » (*C.C.*, t. VI, p. 14).

Depuis 1756, le projet d'un traité sur l'éducation avait mûri; il était devenu, aux yeux de Rousseau, de plus en plus important. Après la condamnation de la société actuelle, source de malheur (cf. les lettres sur Paris), après l'évocation de la société idéale [cf. lettres 10 (IVe partie) et 2 (V^e^ partie)], il lui fallait préciser ce qui permettait à cette société idéale de se réaliser, ou de se maintenir. Dans cette perspective, l'*Émile* apparaît comme la suite naturelle de *Julie*. En attendant, comme un peintre brosse une esquisse avant le grand tableau, Rousseau insère dans son roman cette lettre sur l'éducation. Ce grand texte est caractérisé par les traits suivants :

1° La rigueur de l'expression. La tendance au « système » notée dans de précédentes lettres apparaît ici plus évidente que jamais. On n'en finirait pas de relever les mots de logicien : règles, maximes, méthodes, etc.

2° Cette rigueur est mise au service d'une doctrine de liberté, de vie. Cette éducation n'a pour but que l'épanouissement de la personnalité, l'accomplissement d'une vocation.

3° Le « système », les « principes » reçoivent eux-mêmes des atténuations multiples. « Heureux les bien nés », dit Julie, apportant ainsi une limitation considérable à la généralité des principes que vient d'exprimer son mari. Et ce n'est pas par galanterie, mais avec conviction, que Saint-Preux déclare : « ces idées seroient difficiles à établir ailleurs... » Julie, de son côté, reconnaît avec un sourire — celui de Rousseau à ses contradicteurs — que le succès de ses soins a dépendu « d'un concours de circonstances qui ne s'est peut-être jamais trouvé qu'ici ».

4° Enfin, ce texte est un fragment de roman. La très curieuse note par laquelle débute la lettre nous dit qu'il y eut d'abord *deux* lettres que le romancier décida de réunir plus tard « en une seule ». Le manuscrit ne nous a laissé aucune trace de cet état antérieur. Mais le fait est vraisemblable. La seule critique interne nous aurait conduit à le supposer, tant la différence est grande entre la scène de contemplation silencieuse du début (pp. 558-560), toute poétique et musicale, et la conversation-discussion philosophique qui occupe la fin (pp. 561-585). Une fois alerté, le lecteur constate avec admiration l'habileté avec laquelle dans les pages 560-561, depuis : « Livrés nous-mêmes à cette double contemplation.. » jusqu'à : « C'est là que m'expliquant... » l'artiste a opéré la suture entre deux fragments de son œuvre d'une sonorité si différente. Plus encore, il admire la décision même de cette fusion. Comment ne pas voir, en effet, que cette ouverture où nous *sentons physiquement* la tranquillité de la mère, le parfait bonheur du foyer, nous plonge dans une espèce d' « état de grâce », et nous rend particulièrement aptes à comprendre les principes pédagogiques de Mme de Wolmar ?

Au surplus, Rousseau s'est bien gardé de faire de cette lettre un long monologue de Julie. Tout est conversation, dialogue; il y a des surprises, des objections, des découvertes, les personnages sont très caractérisés; chacun incarnant un aspect de la pensée de Rousseau. Wolmar est à l'arrière-plan; il est le philosophe systématique, l'inspirateur de la méthode; mais ce n'est pas lui qui l'expose; il risquerait d'être ennuyeux. Julie, qui l'applique avec tous les aménagements nécessaires, l'explique avec de souriantes concessions, Saint-Preux est l'objecteur, bienveillant et compréhensif; il fait avancer utilement le propos. La matière est habilement répartie. Les interruptions, fréquentes, sont parfois passionnées. Les exclamations, les interrogations fusent; et les trois amis en viennent presque aux injures en se traitant d' « astrologues » ! Les passages du style indirect au style direct s'opèrent avec souplesse : « A cela il m'a répondu que... » dit Saint-Preux, mais aussitôt il enchaîne : « Regardez, m'a-t-il dit... » Parfois, pour donner une vie plus grande à ce morceau dramatique, Rousseau invente de véritables « jeux de scène », tel celui de Julie, s'interrompant elle-même : « Un moment ! dit-elle un peu vivement, voyant que j'allois répondre; je pressens votre objection; j'y vais venir à l'instant. » Ou bien, il modifie brusquement le rythme. Lorsqu'il aborde le problème de l'éducation religieuse, le mouvement s'accélère, les trois personnages interviennent; le ton des voix devient plus animé, plus tendu. Et la lettre s'achève, comme elle avait commencé, par un fragment musical, mais d'un genre très différent. Ce n'est plus de la musique de chambre, mais un de ces airs d'opéra si chers à l'amateur de *bel canto,* où se mêlent aux vers les plus réguliers les raffinements des rythmes volontairement impairs.

Nous indiquerons au passage les rapprochements qui s'imposent avec l'*Émile*. Une comparaison systématique d'ensemble entre les deux textes a été faite avec un sens très juste des nuances par A. Ravier, *l'Éducation de l'homme nouveau,* t. I, pp. 130-137. On trouvera en outre dans les notes de Daniel Mornet (*N.H.*, t. IV, pp. 62 sq.) de nombreux renvois aux écrivains antérieurs (Locke en particulier) ou contemporains (Rollin, Crousaz, Morelly) dont Rousseau a très probablement lu les traités pédagogiques et dont il a pu s'inspirer en les approuvant ou en les critiquant. Mornet a utilisé le livre de Pierre Villey, *l'Influence de Montaigne sur les idées pédagogiques de Locke et de Rousseau,* Paris, 1911, et l'article de P.-M. Masson, « Rousseau et Morelly », dans la *Revue d'Histoire littéraire de la France,* 1912. A. Ravier présente un état relativement récent de la question, dans le chapitre du tome I intitulé : « Les Sources bibliographiques » (pp. 221-243). Il conclut avec ses prédécesseurs que « le livre lu a sur Jean-Jacques moins d'importance que l'expérience vécue » (p. 221).

2. Cette exaltation de l'amour, passion noble, héritée d'une longue tradition, nous le savons, est familière à Rousseau. Elle avait été son refuge au lendemain de la terrible crise de l'été 1757. Elle s'exprime longuement dans diverses lettres à Mme d'Houdetot et dans la première des *Lettres morales* (*O.C.*, Pléiade, t. IV, p. 1081 sq.).

P. 558.

(*a*). C.P. : la phrase « qui faisoit de la dentelle... sa petite chaise », manque; elle figure dans Ms. Rey.

1. On hésite à « parler » sur un texte aussi beau et dont le thème est le silence ! Cf., sur des pages analogues, les commentaires justes et discrets de Marcel Raymond dans ses Introductions aux *Rêveries.* Notons seulement :

1° Que pour définir cet « état exceptionnel », Rousseau a réuni dans ces pages quelques-uns des mots clefs de sa langue, ceux par lesquels il a imposé pour jamais sa marque originale à la sensibilité européenne : *contemplation, rêverie, ravissement, recueillement, extase.*

2° Que les deux conditions nécessaires et suffisantes pour que se produise cet état miraculeux sont le silence et la réunion des cœurs aimants. Les autres « sommets » de l'œuvre (la nuit d'amour, la promenade sur le lac) réunissent ces deux conditions.

3° Que l'être tout entier participe à l'événement, avec toutes ses « puissances » : celles du corps : sensibilité au bruit; celles du cœur : une sorte de courant d'amour circule entre les êtres; celles de l'âme : sentiment de la présence de Dieu, extase devenant prière.

Rousseau traduit ici (pour la première fois publiquement) une expérience qu'il a déjà maintes fois éprouvée. On se reportera, dans les *Confessions,* à la page qui décrit sa contemplation silencieuse aux pieds de Mme Basile (l. II, *O.C.*, Pléiade, t. I, p. 75). « Elle brodoit près d'une fenêtre... » rappelle invinciblement la phrase : « Madame de Wolmar brodoit près de la fenêtre... » Ses entretiens avec Mme de Warens étaient « un babil intarissable ». Il arrivait pourtant qu'à force de méditer ses projets, « maman » tombait dans la rêverie. « Hébien, je la laissois rêver; je me taisois, je la contemplois, et j'étois le plus heureux des hommes. » (*Ibid.*, p. 107). Bien entendu cette scène privilégiée fut l'une de celles que Rousseau voulut voir fixée par le dessin d'un graveur. Hélas ! cette image qu'il portait en lui si vivante et qu'il avait si bien traduite par la musique de sa phrase, nul autre que lui ne pouvait la rendre ! (cf. ses remarques à Coindet dans les notes sur les *Estampes, infra,* p. 769, n. 1).

2. Cf. *supra,* II, 2 : « Nous arrivons à Besançon... Il ne me parla point, ni moi à lui... la tristesse et le silence sont alors le vrai lan-

gage de l'amitié. » Sur les soirées silencieuses de ce séjour à Besançon nous ne savons rien, sinon que Saint-Preux y avait écrit quelques pages incohérentes de son journal intime. Nous sommes en face ici d'un curieux « retour en arrière », qui brusquement nous replonge dans un passé lointain de passion orageuse et relie la deuxième moitié du roman à la première.

3. *Avili :* curieux emploi de ce mot dans son sens propre de *déprécier*. Le sens serait donc : J'ai — sans t'en avoir rien dit — hautement apprécié ton attitude.

P. 559.

1. *Onchets :* C'est bien l'orthographe de Rousseau dans les manuscrits, ici et dans la note sur la neuvième estampe (cf. *supra,* p. 769). « L'Académie dit sur ce mot dans sa dernière édition : « Quelques-uns disent *honchets* », quoiqu'elle n'eût admis que jonchets dans sa première édition » (Littré).

2. Sur la francophilie de Rousseau, cf. *supra* lettres sur Paris et p. 259, n. 1. La phrase sur les Romains fait allusion au texte fameux de Tacite sur les funérailles de Germanicus (*Annales,* l. III). C'est en août 1744 que Louis XV ayant été gravement malade, un grand élan d'amour populaire envers lui se manifeste dans tout le pays. Il était encore alors « le Bien-Aimé ».

3. C'est de Wolmar qu'il s'agit. Peu à peu, sur lui aussi, le « charme » de Julie agit. Sur ce pouvoir des gestes, et singulièrement du contact des mains, cf. la fin de la promenade sur le lac.

P. 560.

(*a*). C.P. : Citation inscrite au verso. Dans D.C. Rousseau a traduit *Les langues se taisent mais les cœurs parlent. Marini* (*Adone,* chant III, octave 151, vers 8). C'est quelques mots plus loin que commence le brouillon de la Fondation Heineman.

(*b*). Br. : ces premières lignes du paragraphe sont absentes. A la fin du même paragraphe un signe de renvoi, et en marge : *elle leur parle en peu de mots et (toujours posément) sans dispute.*

P. 561.

(*a*). Dans Br. la dernière phrase : « où nous pouvions causer (...) des enfans » est absente. Dans la marge se lit le texte suivant qui semble bien se rapporter à Henriette, mais qui n'a pas été utilisé (cf. la fin de la lettre) : *et comme elle sait que je ne lui dis rien sur le champ même de ce qui doit être blamé, elle ne se repose point sur mon silence mais se tient sans cesse attentive par elle même et s'accoutume à juger ses propres actions, sachant bien que je les juge aussi sans rien dire et qu'il en sera question le lendemain matin.*

1. Le sourire du pédagogue, sûr de lui, exaspérant chez Wolmar, est-il acceptable sur les lèvres de Julie ? Sans doute Saint-Preux s'en contente-t-il, bien qu'elle « regarde son mari ». Le sourire reparaîtra plus loin, toujours aussi supérieur (p. 573).

P. 562.

(*a*). Dans Br. les mots « les autres instrumens doivent servir à former celui-là » sont absents.

(*b*). L'expression : « à en payer les autres » est absente de Br. et encore de Ms. Rey. De « à controller » jusqu'à « mutins », addition marginale dans Br.

(*c*). De : « Si nous voulons pervertir » à « vieux enfans », addition marginale dans Br. Effort de l'écrivain qui vivifie par des images et des antithèses les discours abstraits du philosophe.

(*d*). La note est absente de Br. et de C.P. On sent l'homme heureux d'affirmer, même à l'égard des plus grands, l'importance de sa découverte.

1. Première forme du réalisme de Rousseau : l'importance accordée à l'âge. Il faut traiter l'enfant comme un enfant, comme un être privé de « raison ». « L'homme est enfant jusqu'à quinze ans », cf. *Émile,* l. II. Selon P. Burgelin, c'est « la grande découverte de Rousseau » (*La Philosophie de l'existence de J.-J. Rousseau,* p. 485).

P. 563.

(*a*). Dans Br. addition marginale : *J'aime mieux que mes enfans ne soient pas de jolis enfans et qu'ils deviennent des hommes.*

(*b*). Br. : En marge et sans signe de renvoi, cette phrase pilotis pour la suite (cf. p. 566) : *et comment un caractére seroit il connu avant le developpement de la raison qui lui donne sa véritable forme.*

(*c*). Dans Br. les mots : « selon M. de Wolmar » et « dit-il » sont absents.

(*d*). Cette note, qui fait allusion à l'athéisme de Wolmar (dont il n'a toujours pas été question) est évidemment absente de Br. Elle a été ajoutée en marge dans C.P., mais les mots : « si vraye », où Rousseau prend fermement position, manquent. Dans Ms. Rey, la note (où manquent les mots : « si vraye ») est écrite sous une autre note, biffée, et qui se rapportait aux mêmes mots : *Si l'auteur du livre de l'esprit eut considéré la question par ce côté, je doute qu'il eut avancé cette proposition insoutenable que tous les esprits sont égaux par eux-mêmes et ne tirent leur différence que de l'éducation. Il prouve en détail que la différence sensible dans les organes n'en produit pas dans les esprits, mais il ne s'agit pas ici de la différence des organes, il s'agit de celle du tempérament, du teint, de la constitution (sauroit-il dire que celle là n'influe en rien sur l'esprit) et il n'en dit mot.*

Cette dernière note se trouve aussi dans C.P., ajoutée en marge et d'une écriture qui atteste une rédaction assez tardive; elle se rapporte aux mots : « un temperament particulier qui détermine son génie et son caractere », situés plus haut; elle est un peu plus longue : *Si l'auteur du livre de l'esprit eût considéré la question par ce côté, je doute qu'il eût avancé cette proposition insoutenable que tous les esprits sont égaux par eux mêmes et ne tirent leur différence que de l'éducation, il prouve en détail que la différence d'organes ne fait point ceci ou cela (il prouve trop car il s'ensuivroit de là que ce n'eſt que par accident qu'un) mais (prétend il aussi que) s'il prétend que l'éducation fait tout il doit prouver que c'eſt elle aussi qui fait la différence des temperamens des teints des ſtatures, car tout cela se tient, mais par une chaîne que nous ne voyons pas et les différences (physi) sensibles et naturelles nous montrent qu'il y a d'autres différences non moins naturelles qu'on n'apperçoit que par leurs effets.* P.-M. Masson, qui a le premier attiré l'attention sur cette note (*Revue d'hiſtoire littéraire de la France,* 1912, pp. 640 sq. : « Sur les sources de Rousseau ») montre qu'elle a été remplacée par le long développement ajouté en marge de C.P., et dans lequel Saint-Preux reprend certaines propositions d'Helvétius. Cf. var. (*b*), p. 564.

1. Deuxième aspect du réalisme de Rousseau : l'importance accordée au corps. *Mens sana in corpore sano* n'eſt pas une découverte ! Et Rabelais faisait faire du « sport » à son élève. Mais l'auteur de la *Morale sensitive* a un sens aigu des rapports du corps et de l'esprit, en particulier dans le développement non synchronique du premier et du second ! « Puisque le corps nait, pour ainsi dire, avant l'ame, la prémiére culture doit être celle du corps » (*Émile, O.C.*, Pléiade, t. IV, p. 704). « Tout le livre I et une bonne partie des livres II et V » de l'*Émile,* dit A. Ravier, « ne sont qu'un commentaire de ce principe; on pourrait même dire que la pédagogie entière de Rousseau repose sur cette vue » (*L'Éducation de l'homme nouveau,* t. II, p. 63). Il reviendra plus loin sur le développement du corps grâce à une méthode de liberté (pp. 568-569).

2. Jusqu'à la page 567, partant de l'idée de la singularité de chaque esprit, Rousseau va être entraîné par le propre mouvement de sa pensée qui s'eſt trouvée excitée en cours de route par la lecture du livre d'Helvétius, *De l'esprit.* Il y a dans ces pages deux affirmations nullement contradictoires, complémentaires au contraire, mais qu'il faut clairement diſtinguer l'une de l'autre. La première déclare — contre Helvétius — qu'il y a dans chaque individu un donné initial : caractère, tempérament, génie, au sens étymologique d'*ingenium.* Rousseau ajoute (contrairement à d'autres théoriciens de l'éducation) que ce donné eſt irréductible, incorrigible, qu'il ne peut donc être queſtion que de « former », de « perfectionner » l'enfant. Sur quoi s'appuient ces affirmations ? Essentiellement sur l'*observation.* Le plus intéressant dans cette page, peut-être, c'eſt moins la pensée elle-même que les moyens utilisés pour la soutenir. Rousseau affirme ici, en face de ses adversaires sensualiſtes ou matérialiſtes, la primauté de l'observation du réel. Il les bat sur leur propre terrain. Il parle non en philosophe mais en savant : « A cela il m'a répondu que ce n'étoit pas sa méthode de nier ce qu'il voyoit, lorsqu'il ne pouvoit l'expliquer. » L'allusion, presque injurieuse, aux « aſtrologues » eſt significative ! Plus encore l'impatience de cette formule sèche : « Laissons je vous prie toutes ces subtilités, et nous en tenons à l'observation. »

Après quoi, Rousseau fait tout de même appel à un argument d'autorité : « Platon votre maître... »

La deuxième affirmation est le fameux principe selon lequel l'homme est naturellement bon et que la Société le déprave. « Tous les caracteres sont bons et sains en eux-mêmes (...) Il n'y a point (...) d'erreurs dans la nature. » Affirmation capitale qui, elle, n'est absolument pas prouvée, ni même discutée, mais seulement déduite de l'affirmation optimiste première défendue par Rousseau dans sa *Lettre à Voltaire* d'août 1756. « Tout concourt au bien commun dans le sistême universel. » On voit la gravité du débat où Rousseau s'est laissé entraîner. Il pensait ne traiter que de problèmes simples en proposant des réponses de bon sens et il affronte deux des plus graves questions de la métaphysique : l'origine de la conscience ou de l'esprit, et le problème du mal !

Quant aux conséquences, elles sont d'une audace toute moderne. Avec une parfaite logique, le philosophe conclut en effet que si « tout homme a sa place assignée dans le meilleur ordre des choses, il s'agit de trouver cette place ». Ce qui revient à dire que non seulement nous ne pouvons pas corriger la nature, mais que nous ne le devons pas. Ce serait offenser la volonté de son auteur. Au lieu d'imposer à chaque individu une morale extérieure à lui, nous devons lui faire trouver sa voie, développer sa singularité. Il s'agit de « le pousser aussi loin qu'il peut aller, de le cultiver (...) car c'est ainsi qu'un homme devient tout ce qu'il peut être... » Étonnantes formules où apparaissent en germe Stendhal, Barrès, Gide et toute la morale individualiste moderne sous ses formes les plus hardies !

P. 564.

(*a*). Br. 1er jet : *tous ces petits prodiges deviennent enfin de grands sots.* En marge, cette phrase pilotis (cf. p. 566) : *Il y a tel homme qui doit porter les connoissances humaines jusqu'à leur dernier terme, tel autre auquel il est même funeste de savoir lire.*

C.P. : Le paragraphe s'achève sur cette phrase biffée : *Le génie aime la liberté ; il languit et s'éteint dans de continuelles entraves.*

(*b*). Ici commence, pour s'achever une page plus loin avec les mots « vouloir former leur esprit avant de le connoître », le long développement ajouté par Rousseau en cours d'impression, et inscrit en marge dans C.P. Avant cette addition le texte était le suivant, successivement dans Br., C.L., C.P. 1er jet et Ms. Rey (nous négligeons les nombreuses variantes, corrections et additions) : Br. : ... *corriger la nature, a dit Wolmar en m'interrompant, n'est ce pas la changer ? de quels instrumens vous servirez vous qui ne soient pas l'ouvrage de la nature et par quelle étrange contradiction prétendez vous la rendre plus forte qu'elle même ? pensez vous combiner l'esprit et les sentimens comme les corps non organisés ou greffer les h. comme des arbres pour leur faire porter d'autres fruits. Ignorez-vous que tout le savoir humain toute la philosophie n'ont jamais pu tirer d'une ame humaine...*

C.L. : *Corriger la nature avant que de la connoître ! a dit Wolmar, n'est ce pas s'exposer à gâter le bien qu'elle a fait et à faire plus mal à sa place ? Etudiez la durant l'enfance et puis vous la corrigerez si vous pouvez. Mais ignorez vous que tout le savoir humain, toute la philosophie n'ont jamais tiré...*

C.P. 1er jet : *Corriger la nature, a dit Wolmar en m'interrompant ; ce mot est beau (...) vient de vous dire. Pensez vous combiner l'esprit et les sentimens comme on combine la matiére, ou greffer les hommes comme les arbres pour leur faire porter d'autres fruits ? Pour moi je pense que tout le savoir humain...*

Ms. Rey : « Corriger la nature, a dit Wolmar (...) vient de vous dire. *Vouloir corriger la nature avant que de la connoitre n'est ce pas s'exposer à gâter le bien qu'elle a fait et à faire plus mal à sa place ? Ignorez vous que tout le savoir humain,* toute la philosophie... »

Par chance insigne, nous possédons les bonnes feuilles où figurait ce passage; ce sont deux pages, numérotées 111 et 112, qui ont été glissées — par Rousseau ? — entre les folios correspondants de Br. Ce texte imprimé est celui du Ms. Rey, mais il avait déjà été corrigé sur épreuves, puisqu'il comporte en outre la phrase : *Etudiez la durant l'enfance et puis vous la corrigerez si vous pouvez,* phrase absente de Ms. Rey, mais présente dans C.L. On relève de plus sur ces bonnes feuilles des corrections de la main de Rousseau :

« avant que de la connoitre » : « avant que de » est biffé; en marge : *sans.*

« n'ont jamais tiré (...) que ce que la nature y avoit mis » : correction : *ne pourront jamais tirer (...) que les facultés que la nature y avoit mises.*

C'est sans doute au moment même où il corrigeait ces bonnes feuilles (septembre ou octobre 1760) que Rousseau sentit le besoin de mieux développer sa pensée et de réfuter plus longuement Helvétius.

Le brouillon de la longue addition se trouve en marge de C.P.; Rousseau a d'abord biffé le passage cité plus haut *(corriger la nature... porter d'autres fruits)* et ajouté ce premier développement : *D'ailleurs, me suis-je empressé d'ajouter, voyant qu'il alloit m'interrompre, toute cette question de la diversité des esprits pourroit bien être plus problématique qu'il ne le paroît au premier coup d'œil et si cette diversité venoit uniquement des objets dont on est frappé dès l'enfance, des circonstances où l'on se trouve, de l'éducation qu'on reçoit, vous voyez bien qu'au lieu d'attendre que la forme particuliere fut acquise il faudroit au contraire se presser de la déterminer par le choix des objets dont on devroit frapper l'enfance et des circonstances dont on devroit l'environner pour lui donner tel ou tel caractére. Car enfin quelle pourroit être la cause interne et inhérente de cette diversité d'esprits et de caractères...*

Rousseau s'est interrompu ici, a biffé ce premier jet et lui a substitué ceci :

« *D'ailleurs, me suis-je empressé d'ajouter voyant qu'il alloit m'interrompre,* vous supposez toujours que cette diversité... » Ce texte eſt à peu près celui de l'édition originale, jusqu'à « une éducation propre à celui qu'on veut leur donner ».

Il rejoignait alors le texte primitif et le modifiait ainsi :

Corriger la nature avant que de la connoître, a dit Wolmar ? n'eſt-ce pas s'exposer à faire plus mal qu'elle n'a fait et à faire plus mal à sa place. Etudiez la durant l'enfance et puis vous la corrigerez si vous pouvez, mais pour moi je pense que tout le savoir humain...

Encore insatisfait, il ajouta alors un nouveau développement : *A cela M. de Wolmar m'a répondu...* C'eſt le paragraphe qui commence actuellement par : « A cela il m'a répondu que ce n'étoit pas sa méthode... » Texte très raturé, qui se terminait par les mots : « à faire plus mal à sa place. *J'ai bien du penchant à croire* que tout le savoir humain... », où Rousseau rejoignait encore une fois le texte primitif.

P. 565.

(*a*). C.P. et Ms. Rey ajoutent ici une note, absente de Br., C.P. : *quoi, tous mes sentimens me viendroient de moi ? Toutes mes idées seroient innées ? ceci ressemble assés aux réminiscences de Platon, et ne s'accorde guere avec les autres opinions de M. de Wolmar, à moins qu'il n'eut une metaphysique assés obscure, plus bizarre que lumineuse. L'ami Saint-Preux pourroit bien avoir changé les termes et fait ici quelque quiproquo.*

Ms. Rey : *Quoi, tous les sentimens* (...) *de Platon. Assurément ce M. de Wolmar, s'il étoit conséquent, devoit avoir une metaphisique plus bizarre que lumineuse, er son œil perçant lisoit mieux dans l'esprit des autres que dans le sien.* Dans les bonnes feuilles de Rey, la note eſt biffée.

1. Sur la prise de position de Rousseau à l'égard des forces « occultes » sous toutes leurs formes, cf. *supra,* p. 278, n. 3 et p. 328, n. 2.

2. « *Aspect,* terme d'aſtronomie. C'eſt la situation qu'ont les étoiles et les Planetes les unes à l'égard des autres en diverses parties du Zodiaque. » (*Dict. de Trévoux,* 1721).

3. « En terme d'Aſtrologie, on appelle *thème céleſte* ou simplement *thème,* la position où se trouvent les aſtres par rapport au moment de la naissance de quelqu'un, et au lieu où il eſt né, et sur laquelle les aſtrologues tirent des conjectures qu'ils appellent *horoscope.* » (*Dict. Acad.,* 1762).

4. Sur l'admiration de Rousseau pour Platon, cf. *supra,* p. 223, n. 4 et p. 379, n. 1.

5. « *Mixte* eſt aussi subſtantif, et, dans cette acception, il ne se dit que d'un corps mixte. *Toutes les parties d'un mixte.* » (*Dict. Acad.,* 1762).

P. 566.

(*a*). De « Cela n'eſt vrai » jusqu'à « l'organisation intérieure » : passage absent de Br., C.L., C.P. où la phrase : « Pour changer un esprit... intérieure » eſt ajoutée à l'interligne. Cette même phrase manque dans Ms. Rey, et les bonnes feuilles de Rey; mais sur ces dernières, Rousseau a tracé deux traits verticaux après les mots « pour changer », signalant ainsi l'endroit où insérer l'addition.

(*b*). Ms. Rey : « refondre les divers *caractéres* »; c'était aussi le texte de la phrase correspondante dans Br. Sur les bonnes feuilles de Rey, Rousseau a biffé *caracteres* et a écrit à la place *esprits*.

Br. : en marge de ce passage, on lit le texte suivant (écrit la feuille tenue à l'envers). Rousseau l'avait-il rédigé antérieurement, et a-t-il ensuite réemployé la feuille pour y jeter le brouillon de V, 3 ? ou bien l'a-t-il rédigé en même temps que ce brouillon comme « pilotis » en vue d'un éloge de la famille qui aurait pu figurer dans le roman ? Il ne semble pas avoir utilisé ce texte : *En meditant sur le (charme) plaisir que j'éprouve à contempler et vous décrire tout ce qui frape ici mes yeux ; je crois Milord voir une raison nouvelle pourquoi de toutes les sociétés humaines la famille est la plus agréable à considérer. Elle est la plus (nécessaire) (indispensable) nécessaire elle ne dépend point des conventions, elle rassemble tous les sentimens naturels, elle offre le tableau de tous les ages, et l'homme s'y présente sous tous les raports qui peuvent lui rendre son existence (agréable) aimable.*

(*c*). C.L. et Ms. Rey : *original;* sur les bonnes feuilles Rousseau a corrigé.

1. L'objection a été formulée quelques pages plus haut, lorsque Saint-Preux a opposé à Wolmar les propos de Julie rapportés dans la lettre précédente (cf. p. 534, n. 1). La contradiction est, en effet, éclatante et il faut la tranquille audace de Wolmar pour oser la nier. Il la reconnaît implicitement puisqu'il propose deux méthodes différentes selon qu'il s'agit du paysan ou du citadin. Même ainsi, il n'arrive pas à une solution satisfaisante, car pour maintenir le paysan dans l'ignorance, il invoque son bonheur (ils « n'ont pas besoin pour être heureux » est une litote !), et pour « pousser » le citadin au sommet de ses possibilités, il invoque l'intérêt de la cité. Nous sommes en présence de deux des contradictions qui déchirent le cœur de Rousseau. D'une part, celle qui oppose la société à l'individu, le « citoyen » épris d'utilité, d'efficacité, à l' « homme » épris de bonheur, de paresse et de liberté; et d'autre part, celle qui oppose l' « intellectuel » de génie, conscient de tout ce qu'il doit à l'instruction, au « poète », qui vit dans un rêve de retour à l'âge d'or. La thèse favorable à une large diffusion des lumières était naturellement celle des Encyclopédistes et en particulier de Diderot. Elle était à la base de leur effort même. La thèse inverse réunit — pour une fois, mais leurs motifs sont différents — Voltaire, Rousseau et quelques autres grands noms du siècle tels que Duclos, La Chalotais, le marquis de Méjanes. La raison principale de cette attitude à première vue assez surprenante chez des esprits « éclairés » résidait dans la crainte d'un exode rural excessif, d'une diminution de la production agricole et d'une intensification du paupérisme.

Cf. sur ces questions J. Delvaille, *La Chalotais éducateur,* Paris, 1911.

P. 568.

(*a*). « Heureux les bien nés » est le texte authentique, non seulement celui de l'éd. originale, de l'éd. Rey, 1763, de l'éd. Duchesne, 1764, mais celui de Br. et du Ms. Rey. C.L. donne : « Heureux les *enfans* bien nés ».

(*b*). Dans Br., à la hauteur de ces mots, en marge : *note sur les accidens comparés avec les avantages.* Cette note n'a pas été rédigée.

1. Sur cette réserve importante où se marque le réalisme de Rousseau, cf. *supra,* p. 557, n. 1, 3°.

2. Voici le grand mot prononcé ! Plus bas Julie dira encore : « en connoissez-vous de plus heureux ». Dans ce roman du bonheur, seule pouvait prendre place une pédagogie qui se donnât comme fin le bonheur. « L'idée de bonheur est au sommet de la pédagogie de Rousseau », a écrit A. Ravier en tête de son dernier chapitre : « L'École du bonheur », « et toute étude, pour être loyale, ne devrait explorer le détail de l'éducation rousseauiste que par référence à cette notion » (*L'Éducation de l'homme nouveau,* t. II, p. 393). On peut s'étonner que Julie ait tardé à formuler la fin qu'elle poursuivait; mais elle est une mère qui parle avec tendresse de ses enfants et de ses « recettes » ! C'est au passage et comme sans y songer qu'elle formule ce principe du bonheur. Au reste, Rousseau, dans l'*Émile,* a suivi le même ordre (cf. A. Ravier, *ibid.*, p. 395).

3. Sur la passion de la liberté chez Rousseau, cf. *supra,* p. 81, n. 1 et p. 522, n. 1.

Toute son histoire personnelle le pousse à écrire cette phrase où il est difficile de ne pas sentir un aveu. Jusqu'au jour où il trouva le havre de grâce dans la maison de Mme de Warens, il n'a pas cessé soit de tomber dans les « vices de l'esclavage », soit de s'échapper.

4. Sur l'importance accordée à l'éducation physique, cf. *supra,* p. 563, n. 1.

P. 569.

(*a*). Br. : en marge de ce paragraphe, les phrases suivantes — phrases « pilotis » ? *Ce mot il n'y en a plus, est une réponse contre laquelle un enfant ne s'est jamais mutiné. Ils apprennent de bonne heure à se sentir hommes et à porter avec patience les (maux) coups du sort et de la fortune.*

1. C'est en effet la partie de la pédagogie de Rousseau qui a paru aussitôt la plus révolutionnaire. Il l'a jugée telle assurément : cf. *supra in fine :* « Un plan si nouveau et si contraire aux idées reçues ». Cf. aussi dans l'*Émile :* « Prenez le contrepied de l'usage et vous ferez presque toujours bien. » « Oserai-je exposer ici la plus grande, la plus importante, la plus utile régle de toute l'éducation ? Ce n'est pas de gagner du tems, c'est d'en perdre. » « Jeune

instituteur, je vous prêche un art difficile; c'est de gouverner sans preceptes et de tout faire en ne faisant rien » (*O.C.*, Pléiade, t. IV, pp. 323-324 et 362). Cette méthode, nommée par lui « inactive », a donné naissance aux méthodes d'éducation moderne dites « actives », puisque le rôle du maître se borne à guider l'activité de l'enfant, à canaliser son expérience. Sa source la plus profonde est dans le goût de la liberté qui allait chez Rousseau jusqu'à la passion. Mais elle s'alimente aussi au sentiment de la miséricorde, de la pitié, de la tendresse. La misère de l'enfance ! Jamais personne n'en avait parlé en ces termes avant lui ! Les pages fameuses de Montaigne sur les « cris qui s'élèvent dans les écoles » n'étaient qu'une protestation contre la brutalité stupide des magisters; Rousseau, lui, a exprimé la radicale impuissance de l'enfant devant la nature et devant la société.

C'est au nom de cet amour de l'enfant qu'il va imposer de sérieuses limites au principe de liberté, à la méthode de non-intervention. Ceux qui lui ont reproché de proposer une méthode de facilité, de confiance aveugle en la nature, l'avaient vraiment mal lu. Le précepteur des enfants du comte de Mably avait sûrement souffert de l'insolence de ses jeunes maîtres. Ici, encore, son amère expérience lui sert de guide. C'est pourquoi sa méthode sera en réalité difficile, très exigeante. Pour l'enfant d'abord, dont elle restreindra la liberté au moins autant que la méthode traditionnelle. Restriction légitime peut-être, mais dissimulée et d'autant plus efficace. Elle anticipe sur la méthode des « réflexes conditionnés »; elle est par certains côtés un « dressage ». Pour le maître aussi, dont elle exige une attention de tous les instants, et beaucoup d'intelligence. Et c'est au nom de l'intelligence — la vraie, celle qui se soumet au réel — que Rousseau élimine, jusqu'à un certain âge, tout appel à la raison, quitte à recourir à l' « autorité », puisque l'enfant n'est capable d'entendre que ce langage.

P. 570.

(*a*). Br. : en marge de ce passage, les phrases « pilotis » suivantes : *Je ne raisonne pas avec eux, je ne leur dis point pourquoi je ne veux pas, mais je fais en sorte qu'ils le pensent (?) ils s'accoutument ainsi à comprendre que je ne les refuse jamais sans en avoir quelque bonne raison quoiqu'ils ne l'apperçoivent pas toujours* (cf. p. 574, passage absent de Br.); *son père et moi sommes toujours les médiateurs.*

P. 571.

(*a*). Br. en marge : *ce qui rend les enfans âpres à tout demander, c'est la facilité d'obtenir tout ce qu'ils demandent et quand une fois ils ont gagné quelque chose à se rendre importuns ils veulent tout extorquer à force d'importunité ; les domestiques surtout les femmes aiment naturellement les enfans, et ne les prennent en haine qu'en se trouvant dans leur dépendance. On se révolte à leurs ordres, on ne résiste guère à leurs supplications.* Phrases utilisées dans le paragraphe même et *infra,* p. 572.

P. 572.

(*a*). Br. : dans le premier jet, cette moitié de paragraphe et le paragraphe précédent faisaient un tout; nombreuses variantes. Les phrases : « et cela, non seulement... l'a placé la providence » et : « J'avois d'abord résolu de lui accorder... par notre indiscretion » étaient absentes; après les mots : « une plus juste opinion des choses », un signe renvoyait à une addition marginale : *une observation certaine qui confirme la precedente est que nul ne se tient malheureux par la privation des biens qui sont absolument hors de sa portée, mais de ceux qu'il ne croit pas impossible d'obtenir. Ainsi le paysan n'est point tourmenté par le désir de l'empire et du commandement mais seulement du repos et de l'oisiveté. Le plus ambitieux courtisan ne s'afflige point de n'être pas roi en toute chose la convoitise ne se nourrit que d'espoir et l'impossibilité démontrée...* (la suite est illisible). La dernière phrase, correspondant à : « j'ai préféré le moindre et le plutôt passé », était : *le moyen de prévenir tous ces dangers m'a paru simple.*

A partir de : « J'ai pensé que la partie la plus essentielle... », le texte a été rédigé sur un nouveau feuillet, presque dans son état définitif; l'écriture est une écriture de copie, posée, presque sans ratures, pendant environ trois feuillets (jusqu'à p. 574, fin du troisième paragraphe), puis les corrections deviennent de plus en plus nombreuses et l'écriture de plus en plus hâtive. La phrase : « et cela, non seulement... la providence » est encore absente de cette nouvelle version.

(*b*). « un moment... à l'instant » manque dans Br.

P. 573.

(*a*). « Je viens maintenant... souriant » manque dans Br.

P. 574.

(*a*). Depuis : « Quand donc je refuse... », cette fin de paragraphe est absente de Br. (cf. var. (*a*), p. 570). Elle est ajoutée en marge dans C.P.

1. Souvenir de Plutarque (*De la curiosité,* XIV) d'après qui Pythagore imposait aux jeunes gens, ses disciples, un silence de cinq ans. Sur l'admiration de Rousseau pour Pythagore qu'il mettait sur le même pied que Platon au nombre de ces philosophes anciens (opposés aux modernes !) qui « étoient de bonne foi » et qui « observoient », cf. *Émile,* l. V (*O.C.*, Pléiade, t. IV, pp. 772 et 831).

P. 575.

(*a*). Br. : avant ce paragraphe un alinéa biffé, qui était la première version du paragraphe : « A l'égard des questions... », situé un peu plus bas : *(Si vous pensez que les enfans) je suis la premiére à exhorter mes enfans à s'informer doucement et discrètement des choses qu'ils ont besoin de savoir mais il est sur qu'ils s'instruisent beaucoup plus par les questions que les autres leur font que par celles qu'ils font aux autres ; car ce n'eſt pas peu savoir que savoir interroger ; (mais quelques inſtructions qu'ils retirent de cette méthode).*

(*b*). Br. et Ms. Rey : *des Aſtrologues.*

(*c*). Br. : « *(la vanité ne rend heureux)* si *jamais* elle a fait quelque heureux sur la terre, à coup sur cet heureux-là n'étoit qu'un sot *(et c'eſt un dedomagement dont j'espere que mon fils n'aura pas besoin) (nous esperons que nos enfans n'auront pas besoin d'un pareil dedomagement)* ». Ces phrases sont dans le corps même du texte, mais Rousseau les a cernées d'un trait et écrit en marge : *en note.* C.P. : la note eſt ajoutée au verso.

1. Sur l'horreur de Rousseau pour la vanité, cf. *supra,* p. 231, n. 2.

2. Cf. var. (*b*), p. 575 et *supra,* p. 565.

P. 576.

(*a*). Br. : le proverbe indien manque, et la note qui s'y rapporte. C.P. : le proverbe et la note sont ajoutés au verso. Ms. Rey : texte de la note : *Ce proverbe eſt aussi raporté dans le livre de l'esprit. Les deux auteurs l'ont tiré de Chardin.* On voit que Rousseau avait d'abord cité de mémoire; puis, ayant lu *De l'Esprit,* il a craint d'être accusé de plagiat. D'où la note du Ms. Rey, note fort maladroite, puisqu'il y parle d' « auteur », oubliant la fiction dont il eſt prisonnier. En 1763, il a sagement fait disparaître ce vain étalage d'érudition.

1. *Voyage de Monsieur le chevalier Chardin en Perse et autres lieux de l'Orient...*, Amſterdam, 1711 ou Rouen, 1723, 10 vol. in-12.

P. 577.

(*a*). « qu'on s'écoute devant eux » : ces mots manquent dans Br. et dans Ms. Rey.

1. Évident plaidoyer *pro domo* d'un homme qui garda jusqu'au bout dans le « monde » les réactions d'un enfant. Sur la *timidité* de Rousseau, cf. *Confessions,* l. III, *O.C.*, Pléiade, t. I, pp. 115-116 et les lettres sur Paris (IIe partie).

P. 578.

(*a*). Dans Br. ce paragraphe eſt enchaîné au suivant; en marge, une série de phrases-pilotis : 1° *de laisser fortifier son corps et naitre sa raison.* 2° *ses mauvaises inclinations sont prévenues et la nature eſt juſtifiée et tout me prouve que les vices dont nous l'accusons ne sont pas son ouvrage mais le nôtre.* 3° *Ils ont ce me semble une (raison) bien plus forte que des discours qu'ils ne seroient pas en état d'entendre, c'eſt l'éxemple des mœurs de tout ce qui les environne. Ce sont les entretiens qu'ils entendent, c'eſt la paix et l'union qu'ils voyent régner autour. D'où leur viendroient des vices qu'ils n'ont point observés, des passions qu'ils n'ont nulle occasion de sentir, des préjugés que personne ne leur donne.* (Cf. pp. 583-584).

P. 579.

(*a*). Dans Br. ce paragraphe est une addition que faute de place Rousseau a inscrite au verso du feuillet, en marge. La phrase : « Puis elle se mit à battre... beaucoup de plaisir » manque. Au recto en marge, on lit ce premier jet d'un passage développé plus loin (p. 583) : *Mais à propos je n'entends point parler de cathechisme. Vous qui étes si pieuse. Ne le leur apprenez vous point. Non mon ami, me dit-elle. (c'est que) car je veux qu'ils soient chretiens. Ah lui dis-je, je vous entends vous (voulez qu'ils croyent) ne voulez pas qu'ils (apprennent à se payer de mots, et) sachent leur religion, mais qu'ils la croyent, et vous pensez avec raison qu'il est impossible de croire ce qu'on ne comprend pas. Vous êtes bien difficile, me dit M. de W. en souriant, mais êtes vous chretien par hazard. Je m'efforce de l'être, lui dis-je avec fermeté. Je crois de la Religion tout ce qu'il m'est possible d'en concevoir et respecte le reste sans le rejetter. (Julie) Mad*[e] *de W. me fit un signe d'approbation et nous (continuames) reprimes la suite de notre (conversation) entretien (sur l'éducation de ses enfans).*

(*b*). Br. : la note manque.

1. La critique des méthodes qui font un excessif appel à la mémoire est un des aspects les moins originaux de la pédagogie de Rousseau. Montaigne et Rabelais en particulier l'avaient faite avant lui et avec vigueur. Mais c'est le caractère radical de l'application du principe qui est frappant chez lui. Cf. la fameuse formule de l'*Émile :* « Émile n'apprendra rien par cœur ». Au reste, une fois de plus, il convient de lire de près le texte avant de porter jugement. On y verra :

1° Que Rousseau condamne la mémoire mécanique, l'exercice du « par cœur »; mais qu'il sait l'importance de cette faculté enregistreuse qu'on peut, elle aussi, « diriger ». Cette partie du texte a été réutilisée presque sans changement dans l'*Émile* (*O.C.*, Pléiade, t. IV, p. 351), depuis : « Non, si la nature... » jusqu'à : « étant grands ».

2° Que, se relisant, il a tenu, dans une note tardive, à tempérer, en son propre nom, les propos trop abrupts de Mme de Wolmar (p. 579).

3° Que ce qu'il affirme surtout ici c'est le « primat de la morale », reprenant sous une forme différente (« rien n'est moins nécessaire que d'être savant, et rien plus que d'être sage et bon ») la célèbre formule de Rabelais : « Science sans conscience n'est que ruine de l'âme. »

P. 580.

(*a*). Br. : *une langue*. Il s'agit évidemment du latin, contre l'enseignement duquel Helvétius s'élevait lui aussi violemment dans le livre *De l'esprit*.

(*b*). « et dont toute l'harmonie... de ses doigts » : phrase absente dans Br. et de Ms. Rey.

P. 581.

(*a*). Dans Br. : les mots : « la plupart » manquent.

1. Cf. dans l'*Émile* (l. II; *O.C.*, Pléiade, t. IV, pp. 351-357) le passage consacré aux fables de La Fontaine, dans lequel Rousseau analyse plus en détail *le Corbeau et le Renard*, et confirme, en le développant, le jugement qu'il prononce ici.

P. 582.

(*a*). Br., : au lieu de : « un beau livre orné d'images », a seulement : *un livre*. Mais en marge on lit cette addition : *d'eštampes sur lesquelles j'ajuštois mes contes et qui souvent m'en suggéroient l'idée, à mesure que j'avançois mes contes j'écrivois sur une page et collois l'eštampe correspondante sur l'autre et toujours lui montrant les figures*. Rousseau n'a pas maintenu l'exposé de cette méthode de lecture par l'image.

(*b*). Br. ajoute en marge : *afin de savoir ce que signifioit l'eštampe*.

(*c*). « Seulement je me suis efforcée... encore plus amusans » : mots absents de Br., ajoutés dans C.P.

(*d*). Br. : avant ce paragraphe, en tête du feuillet, Rousseau avait écrit le texte suivant, qu'il a cerné d'un trait : *j'aurois peut-être besoin de beaucoup moins de soins et d'addresse si je voulois introduire l'émulation entre les deux frères mais ce moyen m'a toujours paru trop dangereux, j'aime mieux avoir plus de peine et ne rien risquer. Depuis qu'Henriette ešt ici tout prend beaucoup plus de facilité comme elle ešt (plus leur ainée) et d'un autre séxe leur ainée et qu'ils l'aiment tous deux à la folie, j'en fais en quelque sorte leur prémiére gouvernante, s'il y a quelque exemple à donner, quelque acte d'autorité à faire c'ešt d'elle que je me sers pour cela* (cf. p. 585).

1. Voici enfin introduite par la bande, et de façon d'ailleurs très naturelle, cette « profession de foi » à laquelle Rousseau travaillait depuis des années avec acharnement. Le manuscrit prouve que ce développement a été tardivement introduit dans le texte, qu'il n'a pas occupé d'emblée sa place actuelle, et qu'il a été sensiblement remanié (cf. var. (*a*), p. 579 et var. (*a*), p. 583).

Or, cette profession très proche, sans aucun doute, de la position personnelle de Rousseau à cette date, n'était rien moins qu'orthodoxe. Elle parut inacceptable aux théologiens à qui M. de Malesherbes avait confié la censure du roman. Ils retranchèrent le passage; cf. var. (*b*), p. 583.

Cette suppression était grave. Elle atteignit profondément Rousseau, qui se défendit longuement dans sa note responsive :

« La réponse que fait Saint-Preux à M. de Wolmar ešt tout ce qu'on peut dire de plus modéré, de plus sensé, sur la religion chrétienne et sur ses myštères. Les catholiques qui s'obštinent à vouloir jouer à quitte ou double ont grand tort; ils ne trouveront surement pas leur compte à ce marché : or, pourquoi serions-nous tenus d'avoir le même tort qu'eux ? Les réformés commencent à sentir la nécessité de sacrifier quelques branches pour conserver le tronc; et c'eſt dans cet esprit que les matières théologiques sont traitées dans la Julie. Au reſte, si Saint-Preux n'eſt pas calviniſte, il sera, si l'on veut, socinien, c'eſt toujours être hérétique. Que lui demande-t-on de plus ? La Sorbonne voudroit-elle nous rendre intolérans malgré nous, ou nous prescrire de quelle maniére il lui plaît que nous allions en enfer ? Quel droit, quelle inspection prétend avoir l'Eglise catholique sur quiconque ne reconnoît pas son autorité ? Elle aura beau faire : l'intolérance, même théologique, eſt contraire à nos principes, et n'a jamais pu s'introduire parmi nous que par abus. Or, je soutiens qu'il appartient à tous les fidèles de réclamer contre cet abus. Toute formule de profession de foi eſt contraire à l'esprit de la réforme; et je ne reconnois de doctrine hétérodoxe que celle qui n'établit pas la bonne morale, ou qui mène à la mauvaise. Il reſte à savoir si celle de Julie ou de Saint-Preux eſt dans ce cas-là. Julie et Saint-Preux étant les héros du roman, dit M. de Malesherbes, leur façon de penser peut faire impression, et sera toujours prise pour celle de l'auteur. Auteur ou non, si cette façon de penser eſt prise pour la mienne, et peut faire impression, tant mieux : c'eſt une raison de plus pour moi de n'y rien changer. Toute autre objection eſt incompétente de la part des catholiques, et ne me touche point de la part de qui que ce soit.

» A l'égard du mot *par hasard,* je ne sais ce qu'il a de déplacé dans la bouche de M. de Wolmar : mais je sais bien que ce seroit un grand hasard, s'il y avoit un seul chrétien sur la terre. Cependant, s'il ne tient qu'à sacrifier ce mot-là, j'y consens. Qu'on en subſtitue un autre équivalent, si l'on peut, pourvu que ce mot subſtitué soit court, serré, dans les principes de Wolmar; qu'il ne gâte pas l'harmonie de la phrase, et que la réponse de Saint-Preux puisse s'y rapporter. » (*C.C.*, t. VIII, p. 236).

Sur la place du problème religieux dans le roman, cf. Introduction (pp. LV-LVII) et *infra,* p. 587, n. 2.

P. 583.

(*a*). Br. : *qu'il eſt impossible à l'h. de croire ce qu' (il ne comprend pas) (il eſt impossible de comprendre) il ne sauroit concevoir.* Un appel de note, à la suite de ces mots, renvoie à la note suivante, inscrite en marge : *en note. On pourroit aisément chicaner sur cette proposition et toute vraye qu'elle eſt, il eſt certain qu'elle a besoin d'être expliquée ; mais le lecteur se souviendra que ce n'eſt pas ici un livre de philosophie.*

Un peu plus bas dans la marge, on lit cette note encore informe et dont Rousseau n'a pas précisé à quel mot il la rapportait exactement : *NB en note : J'ai vu à Genéve une excellente et pieuse* (mère ?) *de famille suivre à peu près la même methode avec un succés étonnant il* (son fils ?) *n'entendoit jamais parler de D. qu'avec respect et recueillement et sitot qu'il en vouloit parler lui même on lui imposoit silence comme sur un sujet trop sublime et trop grand pour lui. Cet enfant voyoit D. par tout et dans tout, ce que je craindrois de cet air de miſtére indiscretement affecté c'est qu'en allumant trop l'imagination d'un jeune homme sa tête n'en fut altérée et qu'on n'en fit un fanatique au lieu d'en faire un chrétien.*

(*b*). Depuis : « Vous êtes bien difficile... » toute la fin de ce paragraphe est retranchee de l'édition de Paris. Dans la *Note* sur ces retranchements, que Malesherbes fit parvenir à Rousseau le 16 février 1761, on lit, au sujet de ce passage : « Si l'auteur veut changer cet article au lieu de le retrancher tout à fait, il verra aisément dans quel esprit on désire que le changement soit fait.

» Julie et Saint-Preux estans les héros du roman, leur façon de penser peut faire impression et sera toujours prise pour celle de l'auteur. Ainsi on peut les faire hérétiques, parce que c'est la religion de leur patrie. Mais il a paru dans cet article que l'auteur va plus loin et qu'il donne à Saint-Preux des doutes sur tout ce qui est incompréhensible.

» Seriés-vous chrétien, *par hasard ?* a paru aussi une expression ironique et déplacée même dans la bouche de Wolmar. » (*C.C.*, t. VIII, p. 118).

(*c*). Dans Br. ce passage, depuis : « on laisse en paix » est une addition marginale, en trois fragments rangés dans un ordre inverse.

1. Le « sourire » ironique de Wolmar et la tacite « approbation » de Julie à la « profession de foi » de Saint-Preux font évidemment allusion au dissentiment entre les époux sur la question religieuse. Mais, comme on l'a vu, toute cette partie du texte a été ajoutée tardivement.

P. 585.

(*a*). Br. ajoutait : *ou vous haïr,* 1er jet heureusement biffé.

1. Sur cette sagesse de Rousseau qui atténue par un sourire ce que ce discours a pu avoir de trop triomphant, cf. *supra*, p. 557, n. 1.

P. 586.

(*a*). Br., en tête (semble être une addition postérieure) : *Lettre 4 de Milord Edouard.*

(*b*). C.P. ajoute : *Ceci parait supposer encore quelques autres conditions.*

1. Lettre de « raccrochage ». Le début est embarrassé. La chronologie est flottante. En quelle année sommes-nous ? Saint-Preux est arrivé en août 1744; mais la victoire anglaise de Dettingue, dont Milord Édouard parle comme d'une bataille récente, est du 27 juin 1743. La bataille de Fontenoy, gagnée par le maréchal de Saxe dont cette lettre exalte le génie, a eu lieu le 11 mai 1745. Sommes-nous en 1743, en 1744, ou en 1745 ? La mort de Julie se situe après la bataille de Fontenoy (cf. VI, 1); avant cela aura eu lieu le voyage des deux amis en Italie. Ce voyage est annoncé ici, mais comme renvoyé au printemps suivant. Mais la lettre 8, immé-

diatement après celle sur les vendanges, nous montre Saint-Preux et Milord Édouard partis pour l'Italie. Puisque les deux amis ont quitté ensemble Clarens, il faut donc admettre, entre les vendanges et le songe prémonitoire, un temps vide et silencieux de plusieurs mois (hiver 1744-1745). Lorsque sont écrites les lettres 4, 5, 6 et 7, nous sommes à l'automne 1744. Cf. la *Chronologie du roman.*

2. Le sens certain d'après le contexte est : « nous avons devant nous une armée qui a à sa tête un grand capitaine ». Le sens auquel on songe spontanément : *nous avons à notre tête...* est évidemment impossible. On dit : *Mettre un homme en tête à quelqu'un,* pour dire : lui opposer quelqu'un qui puisse lui résister (*Dict. Acad.*, 1762).

P. 587.

(*a*). Br. : *comme vous.*

(*b*). C.P. ajoutait cette note : *Le Maréchal de Saxe qui avait passé sa vie à apprendre son métier devait être un homme bien extraordinaire et (peut-être) bien ignoble aux yeux des François car, quoique militaire (et servant en France) et de grande naissance, il ne laissa pas d'étudier son métier en véritable Allemand (comme aurait pu faire un (malheureux) misérable soldat de fortune) comme s'il avait eu besoin de l'apprendre). Ce qu'il y a d'incompréhensible, c'est qu'avec toute cette étude si roturière, il ne laissoit pas de battre ses ennemis. Il est vrai que c'était toujours par l'habileté du tiers et du quart. Il est fâcheux que ce tiers et ce quart soient tous morts avec lui...* A la réflexion, Rousseau a supprimé ces lignes déplaisantes pour ceux de ses lecteurs français qui étaient des officiers et des aristocrates.

(*c*). Ici C.P. ajoutait : *Car le sort des armées anglaises et (la gloire) l'honneur de mon pays m'importent plus que mes attachemens de Rome,* puis Rousseau a effacé ces déclarations « patriotiques » en style « citoyen de Genève », peu en harmonie avec le caractère de Milord Édouard.

(*d*). Le Br. de cette lettre est à la Bibliothèque de Genève. Titre : « Lettre 5 ». Pas de nom de destinataire.

(*e*). Note ajoutée dans C.P.; Rousseau avait d'abord écrit dans Br. : *Ramillies.*

1. Cf. la très importante variante (*b*), p. 587. La maquette en plâtre du fameux tombeau en marbre du maréchal de Saxe qu'on admire aujourd'hui à la cathédrale de Strasbourg avait été exposée à Paris dans l'été 1756. De Leyre en avait fait une description longue et enthousiaste, dans une lettre à Rousseau du 26 août 1756. Il l'avait terminée par des plaisanteries où il taquinait l' « intellectuel », « le philosophe » sur ses réactions antimilitaristes (*C.C.*, t. IV, pp. 90-92). Il n'est pas impossible qu'en plaçant dans la bouche de Milord Édouard cet éloge d'un grand chef militaire, Rousseau ait éprouvé quelque joie à remettre à sa place un ami aussi léger qu'importun.

2. Nous avons dit la place capitale occupée par *la Nouvelle Héloïse* dans un itinéraire religieux qui avait conduit Rousseau, par étapes, après la *Lettre à Voltaire* (août 1756), les *Lettres morales* (automne 1757), la *Lettre à d'Alembert* (hiver 1757-1758) et, selon toute vraisemblance, une première rédaction de la future *Profession de foi du vicaire savoyard* (1757-1758) à décider, au printemps de 1758, de prolonger hardiment son roman par deux parties nouvelles, où il proclamerait solennellement sa pensée et ses sentiments religieux. Nous avons dit les soins qu'il avait apportés à cette partie de son œuvre et les enrichissements considérables qu'il y avait ajoutés au cours des derniers mois à la suite de la lecture attentive de cette machine de guerre contre le Christianisme qu'était le livre d'Helvétius : *De l'esprit*. L'idée de faire du conflit qui déchirait ses contemporains un drame intime entre Wolmar et Julie était une heureuse invention dramatique; elle fait rebondir l'intérêt et suscite en nous une émotion d'une espèce nouvelle, plus austère peut-être, mais authentique et forte parce que Julie est profondément croyante et Wolmar profondément aimant.

Ainsi, après avoir esquissé une reprise de *la Princesse de Clèves,* Rousseau, dans ces dernières parties, va refaire *Polyeucte.* Plus exactement, il retrouve, mais en inversant la situation, le conflit fréquemment vécu sans doute à l'époque de Julie, et qui deviendra presque banal au XIXe siècle, d'un couple uni, aimant, où l'épouse, chrétienne et même mystique, vit aux côtés d'un époux incroyant, dans une souffrance silencieuse, plaçant son seul espoir dans la *prière d'intercession.* En grand artiste, Rousseau a évité toute « discussion » entre les époux. Les convictions philosophiques de Wolmar sont présentées d'une manière doublement indirecte (Saint-Preux ne les connaît que par Julie) ce qui donne à l'exposé une couleur ardente et triste particulièrement touchante. Wolmar se tait. Et il se taira jusqu'au bout, Rousseau ayant eu la sagesse de refuser au lecteur bien-pensant la « capucinade » qu'eût été la proclamation officielle de sa « conversion » (cf. *infra,* p. 742, n. 2 sur la lettre 12 (VIe partie). Tout se passe en gestes, en regards, en discours indirects, en allusions. Mais si Rousseau a refusé le « débat » entre les époux, il a pourtant voulu présenter un exposé aussi complet que possible de sa « religion ». Il a cru pouvoir faire dire solennellement à l'héroïne mourante une très longue « profession de foi ». Mais il a d'abord mis à profit la ressource du « dialogue » en faisant s'instituer entre Julie et Saint-Preux un noble débat sur plusieurs points de philosophie et de théologie; celui même qui s'était si longtemps livré à l'intérieur de son âme et dont il tire ici les premières conclusions. Conclusions sans dogmatisme, sinon sans passion. L'homme qui écrit ces pages a été longtemps troublé, et sans doute l'est encore par les contradictions du savoir humain, les incertitudes de la philosophie, les absurdités et les cruautés de certaines pages de l'Écriture ou de certains dogmes du christianisme, et par les obscurités des « mystères ». Cependant, il a pris parti : « J'avoue encore », écrira-t-il dans la *3e Rêverie,* « que je ne levai pas toujours à ma satisfaction toutes ces difficultés qui m'avoient embarrassé et dont nos philosophes avoient si souvent rebattu mes oreilles. Mais, résolu de me decider enfin sur des matiéres où l'intelligence humaine a si peu de prise et trouvant de toutes parts des mistéres impénétrables et des objections insolubles, j'adoptai dans chaque question le sentiment qui me parut le mieux établi directement, le plus croyable en lui-même sans m'arrêter aux objections que je ne pouvois résoudre mais qui se rétorquoient par d'autres objections non moins fortes dans le système opposé (...) Le résultat de mes pénibles recherches fut tel à peu près que je l'ai consigné depuis dans la *Profession de foi du Vicaire savoyard.* » (*O.C.*, Pléiade, t. I, pp. 1017-1018).

Que Rousseau soit, dans ce débat, du côté de Julie, nous n'en pouvons douter. Non seulement à cause de la place d'honneur accordée aux discours de l'héroïne mourante, mais surtout à cause des déclarations formelles qu'il a faites à ce sujet, dans les *Lettres de la Montagne* (1764) : « On trouve dans l'*Emile* la profession de foi d'un Prêtre Catholique, et dans l'*Héloïse* celle d'une femme dévote : Ces deux Pieces s'accordent assez pour qu'on puisse expliquer l'une par l'autre » (lettre 1); puis dans le livre IX des *Confessions :* « la profession de foi de cette même Héloïse mourante est exactement la même que celle du Vicaire Savoyard » (*O.C.*, Pléiade, t. I, p. 407). Cependant, il faut se garder de négliger les idées qu'il a chargé Saint-Preux et Wolmar d'exprimer. Saint-Preux, dans ces dernières lettres, n'est pas un simple « plastron » destiné à permettre à Julie d'exposer les articles de sa foi. Le dialogue est un vrai dialogue, il reflète les nuances, les incertitudes ou les contradictions intérieures de Rousseau lui-même, heureux sans doute de pouvoir, à la faveur du roman, atteindre une *vérité* que le genre littéraire du « discours » systématique de l'*Émile* lui refusait. La tension dramatique est beaucoup moins vive entre les deux amants qu'entre les deux époux. Elle est pourtant réelle. Car Julie ne sera pas heureuse tant que Saint-Preux n'aura qu'une vague conviction de philosophe. Au reste, le débat qui s'institue entre les trois personnages et surtout entre les deux amants dans le groupe des trois lettres 6, 7 et 8 de la VIe partie fait apparaître beaucoup plus des harmonies que des oppositions; et c'est comme un tout, aux aspects variés et complémentaires, qu'il convient de les aborder.

Voilà donc Rousseau engagé dans la partie la plus difficile et certainement, à ses yeux, la plus importante de son œuvre. Trois signes nous révèlent cette difficulté et cette importance : 1° L'abondance des corrections, ajouts, suppressions, mutations de place sur le manuscrit; 2° La multiplication de *notes,* aggravantes ou édulcorantes, où le soi-disant « éditeur », perdant toute prudence par le soin même qu'il apporte à prendre ses distances à l'égard de ses personnages, avoue combien il est personnellement engagé dans leurs propos; 3° Enfin et surtout le débat épistolaire avec

Malesherbes autour des « retranchements » imposés par les censeurs de celui-ci dans l'édition de Paris.

Peut-être n'est-il pas inutile pour apprécier exactement le détail de donner ici, sous une forme schématique, l'exposé d'ensemble abstrait, ce que le romancier a, très heureusement, évité de faire :

Trois grandes parties : I. Les fondements de la foi. II. Le contenu de la foi. III. La vie de la foi.

I. Les fondements de la foi.

1° *La révélation ou l'Écriture.* Mais aucune allusion aux miracles ni aux prophéties, ni à l'autorité divine du Christ.

2° *La raison. a*) Refus de la raison des « philosophes », à cause des conséquences « immorales » où ils aboutissent, et de leur « méchanceté »; à cause de l'impossibilité d'atteindre au vrai par la pure raison.

b) Acceptation d'une certaine raison. Il ne faut pas être « déraisonnable ». D'où le refus de certaines affirmations de l'Écriture, de certains dogmes (en particulier ceux de l'enfer et de la résurrection des corps), et de certaines formes de morale ou de culte (liturgie byzantine).

Ce fondement, confirmé par l'expérience, entraîne l'acceptation de la morale chrétienne dans son ensemble, particulièrement la morale conjugale, condition du bonheur, et la pratique de la dévotion, de la prière, de la contemplation, source de paix, de force et de joie; mais il entraîne aussi le refus de l'intolérance, de la « dévotion inhumaine » (condamnation de l'ascétisme) et enfin de la discipline en usage dans certaines confessions chrétiennes, comme le célibat des prêtres.

3° *La conscience.* Voix intérieure, mystérieuse, mais réelle. Par elle seule, l'homme atteint la certitude; elle ouvre son âme à une intelligence complète de la liberté, du vrai sens du mariage, de la vie de la grâce, de l'extase mystique.

II. Le contenu de la foi.

1° Un *Dieu éternel,* tout-puissant, créateur, bon, non responsable du mal. Un Dieu-Providence; un Dieu-Père. Un Dieu qui se communique à l'homme par la grâce et par la prière. Un Dieu personnel mais non trinitaire. Aucune affirmation explicite de foi en la divinité de Jésus-Christ.

2° *L'immortalité de l'âme,* avec une certaine participation après la mort à la vie terrestre. Cette immortalité ne concerne que l'âme. Pas de résurrection du corps. Refus de l'enfer.

III. LA VIE DE LA FOI. — Cette foi « engage » le croyant dans une série d'attitudes que nous énumérons ici dans un ordre d'importance religieuse croissante :

1° *Respect de la religion établie.*

2° *Acceptation de la morale quotidienne* courante, aussi bien dans le domaine de la vie publique que dans le domaine de la vie privée.

3° *Amour des autres ou Charité.*

4° *Présence au monde.* Condamnation d'une vie contemplative qui serait refus du monde, fuite hors du monde. Spiritualité incarnée, orientée vers l'action.

5° *Présence à Dieu* (répondant à la présence *de* Dieu) par la prière et la contemplation. Cette prière : *a*) n'est pas de demande (sauf exception); *b*) n'est pas de pénitence, de remords (absence du sens du péché); *c*) elle est adoration et contemplation, par et à travers la Nature; *d*) et surtout confiance, abandon, amour.

La meilleure présentation de la « religion de Rousseau » est l'ouvrage monumental de Pierre-Maurice Masson auquel nous nous sommes déjà maintes fois rapporté. Cette étude, génétique plus que systématique, donne de l'évolution religieuse de Rousseau, une image légèrement tendancieuse : l'auteur, catholique, a été tenté de « tirer » un peu vers lui l'homme qu'il étudiait et qu'il aimait. Cependant, après cinquante ans, et malgré la publication de nombreux documents nouveaux et d'excellentes études critiques où le problème a été repris par des esprits plus philosophiques et plus critiques, comme P. Burgelin, ou R. Derathé, cette étude nous apparaît la plus judicieuse dans l'ensemble et la plus délicatement nuancée dans le détail. On y trouvera, en particulier, dans la seconde partie, chap. II, « Les Professions de foi avant la Profession du Vicaire », un très juste « parallèle », entre *la Profession de foi* et *la Nouvelle Héloïse,* qui s'achève par ces mots : « elles conservent chacune leurs nuances, qui ne tiennent pas tant peut-être à des nuances de pensée qu'à des occasions différentes et à des besoins différents » (*La Religion de J.-J. Rousseau,* t. II, p. 61). On trouvera, en outre, une mine presque inépuisable de renseignements sur les « sources » de la pensée religieuse de Rousseau et sur les fragments de ses autres ouvrages qui consonnent aux lettres religieuses des dernières parties, dans les notes du même auteur dans son édition critique de *la Profession de foi du vicaire savoyard.*

P. 588.

(*a*). Br. : « *Je vois* par la derniére de vos Lettres qu'en effet une des miennes s'est perdue et cette perte a du vous rendre *les suivantes* fort obscures *n'étant pas au fait des entretiens que j'ai eus avec M. de W. au sujet de la scéne de Meillerie dont sa f. lui fit le détail de point en point. Ces* éclaircissemens *trouveront leur place* à loisir, ce qui presse le plus à présent est de vous tirer de l'inquiétude où vous êtes sur le chagrin secret de Mad[e] de W. *(Voici donc en abrégé ce que je vous en disois dans (cette) ma lettre)* ». Mais sur quoi roulait cette lettre ? Sur les entretiens avec Wolmar après la scène de Meillerie, ou sur le chagrin secret de Julie ? La lettre précédente, de Milord Édouard, est formelle : il s'agissait du chagrin secret de Julie; les deux thèmes se seraient du reste mal accordés ensemble. On est surpris que Rousseau, dans ce paragraphe de Br., ait supprimé précisément la phrase où était évoquée la mention antérieure du second de ses deux thèmes. De plus, au début de la lettre 2 de la Ve partie, l'allusion aux « explications de M. de Wolmar » se suffisait à elle-même, et indiquait clairement que Rousseau ne comptait ni en écrire plus long sur ce sujet, ni laisser croire que Saint-Preux en eût écrit plus long; à juste titre, car la scène de Meillerie était plus importante que toutes les « explications » dont Wolmar avait pu la faire suivre. Il faut donc supposer que notre brouillon de cette lettre 5 a été rédigé avant les brouillons des lettres 2 et 4.

Le texte définitif de ce paragraphe est vague et obscur : mais Rousseau a mieux aimé paraître embarrassé que de renoncer à ce cachet d'authenticité dont personne ne devait être dupe. Il a été aussi maladroit et désinvolte à introduire cet exposé sur l'irréligion de Wolmar qu'il avait été désinvolte et maladroit à le retarder, à la fin de la lettre 15 de la IVe partie.

(*b*). Br. « *(scelerats) (coupables)* méchans ». La phrase : « ne croit rien de ce qui donne... vie irréprochable » est une correction marginale, destinée à remplacer un développement ébauché : *(Vous savez avec quelle aigreur les deffenseurs de la Religion traitent toujours comme des scelerats ceux qui la rejettent accusent leur cœur des erreurs de leur raison et taxent leur conscience).*

(*c*). Br. : En marge Rousseau avait ajouté : *en la déplorant,* puis l'a biffé.

1. La variante (*b*) montre le sens très fort que Rousseau donnait à ce terme de « méchant », et nous fait mieux comprendre sa réaction devant le mot fameux de Diderot. « Il est sûr que les méchans sont tous misérables, quel que soit leur sort apparent, parce que le bonheur extérieur s'empoisonne dans une ame corrompue... » écrit-il à d'Offreville le 4 octobre 1761 (*C.C.*, t. IX, p. 146). Pas tellement sûr, pourtant ! Barbey d'Aurevilly le montrera plus tard dans *le Bonheur dans le crime,* et Rousseau lui-même l'affirme ici. C'est un fait qu'il y a des méchants vivant dans la paix. Mais cette paix est « affreuse ». Car elle n'est obtenue qu'au prix d'une aliénation de l'être : « Le méchant se craint et se fuit; il s'égaye en se jettant hors de lui-même », dira la *Profession de foi* (*O.C.*, Pléiade, t. IV, p. 597). Les méchants n'obtiennent la paix qu'en niant « aux dépens de leur raison » les vérités morales et religieuses qui leur donneraient remords et angoisse. Mais voilà bien le paradoxe :

Wolmar est bon; comment peut-il être incroyant, puisqu'il n'en a pas besoin ? Rousseau est certainement capable, malgré la profondeur et la spontanéité de sa foi, de comprendre qu'on soit athée sans être « méchant ». La suite va le prouver. Il faut donc voir dans ce développement un simple moment de sa dialectique.

P. 589.

(*a*). La phrase : « Il n'y vit... de ses ministres » manque dans Br. et dans Ms. Rey; elle est ajoutée dans C.P. (dernière correction).

(*b*). Br. et C.P. : « il n'avoit trouvé de sa vie *un seul prêtre qui crut* en Dieu ». Il est significatif que du premier mouvement — on sait que c'est toujours le bon ! — Rousseau ait parlé comme un pur « philosophe ». Cependant la correction tardive n'est peut-être pas tant un témoignage de sa prudence (Rousseau a laissé tant de déclarations dangereuses dans son texte !) qu'un hommage à la vérité, un salut amical à ces prêtres catholiques qu'il avait fréquentés à Turin, à Chambéry, et à ces Oratoriens qu'il voyait régulièrement à Montmorency à l'heure où il achevait son livre. L'hommage n'en est pas moins sévèrement restreint.

(*c*). Br. : « n'a d'autres *lumiéres que celles des préjugés* qu'il y porte ». Cette identification spontanée entre « préjugés » et « sistèmes » est révélatrice de la réaction profonde de Rousseau non contre la raison, mais contre ses formes sclérosées qui l'empêchent de nous éclairer.

(*d*). « Tout ce qu'on lui prouvoit... un autre » : phrase « retranchée » de l'édition de Robin.

(*e*). Br. : (« *les croyans et les incrédules)* les dogm*(atiques)* es de toute espèce ». Le texte définitif est plus juste — mais moins vrai. Ce que combat Wolmar, qui est ici très évidemment le porte-parole de Rousseau, ce ne sont pas les dogmes que son goût de la liberté et son indifférence religieuse n'ont aucune raison d'attaquer, mais les « dogmatiques » de toute espèce.

(*f*). Note absente de Br., inscrite dans les dernières corrections de C.P. Rousseau a fait cet ajout en trois fois et non sans hésitations : 1° Il a d'abord écrit la note actuelle, mais après : « sur ce point » il avait mis : « *C'est que tout homme* intolérant *ou* persécuteur *est infailliblement un athée ou un sot* », et modifié la fin de cette phrase : « persécuteur *ne peut croire en Dieu* ». 2° Il a ajouté ensuite : *Tout homme pieux laisse au ciel le soin de sa cause. Tout vengeur de Dieu ne croit point en Dieu.* 3° Enfin il a effacé ces dernières phrases. Dans Ms. Rey : les mots : « de tous les pays et de toutes les sectes » sont absents.

Rousseau ne veut être accusé ni de lâcheté, ni de conformisme; mais surtout il veut nuancer sa pensée. Les variantes témoignent plus de son souci de vérité et d'exactitude que de son embarras.

Malgré tant d'efforts, et comme il devait s'y attendre, Rousseau se heurta ici à la censure. Voici ce que disait à ce sujet la note communiquée par Malesherbes le 16 février 1761 :

« Pages 179, 180, 181 (de l'édition originale). Le motif des grands retranchemens faits dans ces trois pages est très sensible.

» *Dans la suite, ayant toujours vêcu dans des pays catholiques,* etc., jusqu'à : *en voulant s'éclaircir de bonne foi sur ces matières.* Tout ce morceau est une invective contre la religion catholique qui ne sauroit être tolérée en France.

» Les mêmes raisons, à peu près, on fait supprimer la note de la page 180 (...). Enfin, dans la page 179 on a retranché aussi cette expression : *forcé d'être impie,* parce qu'on n'y est jamais forcé. Et cette autre : *sa raison, trop supérieure à l'imbécile joug qu'on vouloit lui imposer,* parce qu'on a pensé que c'étoit s'exprimer trop durement contre une religion qui, quoique fausse, mérite, suivant nos théologiens, des égards quand elle est mise en opposition avec l'athéisme.

» D'après ces principes qui ne sont pas tous également incontestables, M. Rousseau verra quelle forme il peut donner à cet article. »

Rousseau répondit le 5 mars 1761 : *Je conviens qu'il y a quelques épithètes dures qu'on peut adoucir. On ôtera la note, si l'on veut : peut-être même n'est-il pas impossible de modifier le texte sans l'affoiblir, pourvu cependant que l'incrédulité de M. de Wolmar continue de porter sur le même fondement, et que Saint-Preux dise toujours que dans les religions grecque et catholique, il est impossible d'être raisonnable et de croire en Dieu.* (*C.C.*, t. VIII, p. 236).

1. Première étape vers l'incroyance : la prise de conscience du caractère « déraisonnable », « absurde », « ridicule » des confessions chrétiennes autres que celle des Pasteurs de Genève. Malgré les années très douces vécues dans les milieux catholiques, à Annecy et à Chambéry, Jean-Jacques n'a pas oublié les horribles expériences de l'Hospice du San Spirito. A quoi est venue s'ajouter, au cours des années parisiennes, la découverte de l'hypocrisie généralisée dans les milieux catholiques qu'il a fréquentés. Nul doute que, malgré sa note prudente, il ne prenne à son compte les conclusions de Wolmar. Sans vouloir entrer ici dans une critique des affirmations de Rousseau, laquelle ne saurait aboutir à des conclusions sérieuses que le jour où auront été écrites les histoires du sentiment religieux, de la pratique religieuse, de l'incroyance, et de l'hypocrisie au XVIIIe siècle, donnons seulement ce témoignage cité par Ch. Aubertin dans son étude sur *l'Esprit public au XVIIIe siècle,* où un contemporain de Rousseau déclarait qu'en 1722, il n'y avait pas à Paris « cent personnes qui aient la véritable foi et même qui croient en Notre-Seigneur » (p. 63). Il est probable que la connaissance du rite grec par Rousseau remonte à cette époque assez folle de sa jeunesse où il courait les grands chemins en compagnie d'un faux archimandrite. Deux des trois prêtres qu'il exclut de ce jugement global nous sont bien connus : l'abbé Gaime, rencontré à Turin (cf. *Confessions,* l. III, *O.C.*, Pléiade, t. I, pp. 90 et note 1, 91-94), et l'abbé Gâtier, professeur au Grand Séminaire d'Annecy (cf. *Confessions,* l. III, *Ibid.*, p. 118 et n. 2), dont il affirme dans les *Confessions* qu'ils furent ses deux modèles pour la création du Vicaire Savoyard.

Qui était le troisième ? Peut-être le « bon M. Gros », lazariste, supérieur du Séminaire d'Annecy, à qui Mme de Warens le confia peu après son retour de Turin, ou le curé Groslay, ou tel de ces Oratoriens avec qui à Montmorency il se lia d'une sorte d'amitié à l'époque où il terminait son roman (cf. *Ibid.*, l. X, pp. 504-505).

2. Deuxième étape vers l'incroyance : l'impuissance de la raison à découvrir la vérité. L'athéisme serait, en somme, moins grave aux yeux de Rousseau : Wolmar en effet ayant rejeté les rites grec et latin n'est plus théiste. Mais il reste ou peut rester un déiste. Dans une deuxième démarche, il va plus loin, il refuse toute affirmation religieuse; il devient *sceptique ;* nous dirions aujourd'hui *agnostique.* Nul doute que ce cheminement de la pensée du héros ne recouvre d'assez près celui de Rousseau. Cf. sur ce point, P.-M. MASSON, *la Religion de J.-J. Rousseau,* Ire partie, chap. v, « Le malaise « philosophique » et la « révélation » de Vincennes », pp. 130-168. Le romancier simplifie, et durcit une réalité, qui dans la vie avait été beaucoup plus complexe. Il semble qu'au moment même où sa raison avait été le plus troublée par les raisonnements des philosophes, et ses mœurs le plus éloignées d'une vie authentiquement chrétienne, il avait conservé une foi indéracinable. D'où ce profond « malaise » qui ne commença d'être dissipé que par la fameuse « révélation » de Vincennes en octobre 1749 (cf. la lettre à Malesherbes du 12 janvier 1762, *C.C.*, t. X, pp. 24-28). Il lui avait fallu dix ans pour conquérir la certitude et retrouver la paix. Combien en faudra-t-il à Wolmar ? Rousseau n'avait éprouvé qu'angoisse et désespoir devant les incertitudes de la « métaphysique ». Wolmar s'est enfermé dans le confort spirituel du doute. Il est Montaigne; Jean-Jacques était Pascal. Le développement sur les obscurités de la « métaphysique » et l'impossibilité d'atteindre à la vérité par la seule raison occupe une place essentielle dans la *Profession de foi* (cf. en particulier *O.C.*, Pléiade, t. IV, pp. 568-569). Plus tard il dira, plus agressivement, dans la *3e Rêverie :* « Je vivois alors avec des philosophes modernes qui ne ressembloient guère aux anciens. Au lieu de lever mes doutes et de fixer les irrésolutions, ils avoient ébranlé toutes les certitudes que je croyois avoir sur les points qu'il m'importoit le plus de connoitre... » (*O.C.*, Pléiade, t. I, pp. 1015-1016). Mais l'attaque la plus systématique est dans les *Lettres morales.* Celles-ci ont un accent passionné qu'on ne retrouve dans aucun autre texte : « L'objet de la vie humaine est la felicité de l'h[omme], mais qui de nous sait comment on y parvient ? » (*O.C.*, Pléiade. t. IV, p. 1087). « Nous ne savons rien, ma chere Sophie, nous ne voyons rien; nous sommes une troupe d'aveugles, jettés à l'avanture dans ce vaste univers » (*Ibid.*, p. 1092). Là est la source directe, vivante du roman.

3. Rousseau reprend dans cette note — qui explicite l'attitude de Julie à l'égard de son mari et l'engage lui-même de la manière la plus formelle — les déclarations qu'il avait faites deux fois déjà avec non moins de fermeté :

1º Dans sa *Lettre à Voltaire* du mois d'août 1756 : « Je suis indigné, comme vous, que la foi de chacun ne soit pas dans la plus parfaite liberté, et que l'homme ose controller l'intérieur des consciences où il ne scauroit pénétrer; comme s'il dépendoit de nous de croire ou de ne pas croire dans des matieres où la démonstration n'a point lieu, et qu'on pût jamais asservir la raison à l'autorité (...) » (*O.C.*, Pléiade, t. IV, p. 1072).

2º Dans sa *Lettre à d'Alembert* (octobre 1758) à propos de l'accusation de « socinianisme » lancée contre les Pasteurs de Genève : « en général, je suis l'ami de toute Religion paisible, où l'on sert l'Etre éternel selon la raison qu'il nous a donnée. Quand un homme ne peut croire ce qu'il trouve absurde, ce n'est pas sa faute, c'est celle de sa raison : et comment concevrai-je que Dieu le punisse de ne s'être pas fait un entendement contraire à celui qu'il a reçu de lui ? » (cf. var.(*f*), p. 589; éd. Fuchs, pp. 13-15).

La condamnation de l'intolérance sera reprise en termes passionnés par Julie dans la lettre 8 (VIe partie). Elle protestera au nom de la charité, et refusera d'empiéter « sur l'horrible fonction des Démons », cf. *supra*, p. 698 et d'abord p. 594, la note de Rousseau et var. (*a*), p. 595. Dans une note, D. Mornet, tout en se déclarant incapable, même en résumé, de traiter la question du fanatisme et de la tolérance, donne plusieurs indications utiles. Le texte le plus important à étudier serait évidemment, à cause de sa date et de la personnalité de son auteur, l'article « Fanatisme » écrit par Deleyre pour l'*Encyclopédie,* en 1756. Il était ardent et vigoureux, un peu trop peut-être, au gré de Rousseau qui savait bien qu'il y a un fanatisme de l'antifanatisme !

P. 590.

(*a*). Br. : « un cœur amoureux *qui se trompe dans son objet* ». Le censeur a retranché « comme Ste Thérese »; cf. *C.C.*, t. VIII, p. 119 : « Je ne crois pas », disait-il, « que M. Rousseau y insiste, peut être voudra-t-il substituer quelque autre comparaison ».

(*b*). Br. : *son mari, ses enfans, son pére, sa cousine et moi-même.* La correction implique que l'amour filial doit passer avant l'amour conjugal et maternel; Julie l'a compris quand elle a refusé d'aller en Angleterre épouser Saint-Preux et y vivre avec lui comme Milord Édouard lui en offrait la possibilité (cf. lettres 4 et 6 de la IIe partie).

(*c*). Br. : *ascétiques.* Y avait-il impropriété ? Sûrement, mais elle est révélatrice de l'attitude fondamentale de Rousseau en face de la dévotion; celle-ci doit rester « humaine », « terrestre », « agréable »; ce n'est pas par l'ascèse, par le détachement, que l'âme s'élève à Dieu, mais par l'amour, la vie dans le monde. Julie peut rester *gourmande,* chercher en tout bonheur et plaisir, et accéder quand même à Dieu. Rousseau irait même jusqu'à dire qu'elle le *doit.*

(*d*). Note absente de Br., insérée dans Ms. Rey, reportée en marge dans C.P. On ne peut s'empêcher de trouver un accent douloureux à ces lignes lorsqu'on songe à la grande aventure amoureuse que Rousseau vient de vivre, à la grande déception qui l'a suivie.

(*e*). Note absente de Br., inscrite dans C.P. et supprimée dans l'éd. Robin. La réaction des censeurs avait été assez vive cette fois : « Il faut retrancher la note en entier, l'auteur en conviendra sûrement » (*C.C.*, t. VIII, p. 119).

P. 591.

(*a*). Br. : « *(adorer)* contempler dans son essence »; de même, à la fin du paragraphe suivant, Rousseau n'a pas maintenu la version de Br. : « *adorer* autant qu'on peut *un* être infini ».

(*b*). Br. : les nombreux repentirs montrent à quel point Rousseau voulait être précis : « *(et ne sachant — pouvant — sans savoir comment on doit — il faut h* (début du mot « honorer ») — *adorer un être infini, elle sait au moins) honorer (au moins dignement le bienfaiteur suprême — heureux qui sait — sachant — qui sait comme elle)* honorer ainsi ses bienfaits suprêmes, *(c'est le seul moyen qu'ait la créature)* n'est-ce pas *(d')adorer* autant qu'elle peut *un* être infini ».

(*c*). Br. : sa *justice*. Théologiquement, la correction est excellente. Mais le premier mouvement est révélateur. Cette affirmation que Dieu nous *doit* le salut par justice et pas seulement par miséricorde n'est-elle pas à la source du fameux paragraphe initial des *Confessions ?*

1. Tout ce développement depuis : « Voila le mari... » (p. 589) constitue une sorte de petit traité d'initiation à la vie mystique. Sur les sources de la doctrine « mystique » de Rousseau et ses diverses manifestations dans sa vie, cf. P.-M. MASSON, *la Religion de J.-J. Rousseau,* Ire partie : « La formation religieuse », chap. IV, « L'autodidacte et son *magasin d'idées* » où sont mises en lumière les influences de *l'Introduction à la vie dévote,* de l'*Imitation,* de Fénelon, et analysées les quelques prières de Jean-Jacques qui nous ont été conservées; et le chapitre VI, « Le retour à la religion nationale » (pp. 204 sq.), où sont étudiées deux « mystiques suisses », Muralt, l'auteur des *Lettres sur les Anglois...* et de *l'Instinct divin recommandé aux hommes* (1727), et Marie Huber, auteur des *Lettres sur la Religion essentielle à l'homme* et d'un essai sur l'*Etat des âmes séparées des corps,* dont nous savons que Jean-Jacques avait acheté à Genève, en 1754, la troisième édition récemment parue. Mais les meilleurs commentaires de ces pages, on les trouvera dans les autres textes où Rousseau a plus explicitement décrit ces moments privilégiés de sa vie spirituelle, en particulier dans la *Profession de foi :* « Pour m'élever d'avance autant qu'il se peut à cet état de bonheur (...) je m'exerce aux sublimes contemplations... » (*O.C.*, Pléiade, t. IV, p. 605), mais surtout dans la plus belle des *Lettres à Malesherbes,* celle du 26 janvier 1762 dont la partie centrale est un véritable doublet, plus développé, de cette lettre du

roman. Après y avoir, en effet, exposé les profondes jouissances que lui valaient, dans la solitude, les jeux de l'imagination et de la rêverie, Rousseau ajoutait : « Je trouvois en moi un vuide inexplicable, que rien n'auroit pu remplir; un certain elancement du cœur vers une autre sorte de jouissance, dont je n'avois pas d'idée et dont pourtant je sentois le besoin (...) Bientôt de la surface de la terre j'élevois mes idées à tous les êtres de la nature, au système universel des choses, à l'etre incompréhensible qui embrasse tout. Alors l'esprit perdu dans cette immensité, je ne pensois pas, je ne raisonnois pas, je ne philosophois pas, je me sentois, avec une sorte de volupté, accablé du poids de cet univers, je me livrois avec ravissement à la confusion de ces grandes idées, j'aimois à me perdre en imagination dans l'espace, mon cœur resserré dans les bornes des êtres s'y trouvoit trop à l'etroit, j'etouffois dans l'univers, j'aurois voulu m'elancer dans l'infini. Je crois que si j'eusse devoilé tous les mysteres de la nature, je me serois senti dans une situation moins delicieuse que cette etourdissante extase, à laquelle mon esprit se livroit sans retenue, et qui dans l'agitation de mes transports me faisoit écrier quelquefois : O grand etre ! ô grand etre ! sans pouvoir dire ni penser rien de plus. » (*O.C.*, Pléiade, t. I, pp. 1140-1141.)

L'examen de ces textes nous impose trois remarques essentielles :

1° La *cause* profonde de l'extase est *dans le cœur*. Il y a en lui, une exigence d'absolu qui postule Dieu. Ainsi se prépare le dénouement : la mort sereine de Julie vient combler ce « vide » qu'elle éprouve au milieu du plus parfait bonheur. Ainsi réapparaît la secrète aspiration à la mort que nous avons déjà plusieurs fois rencontrée. Ainsi s'affirme l'unité profonde de l'œuvre. L'ascension mystique est la dernière étape de cet itinéraire vers la vie heureuse.

2° Sur le plan *technique,* si l'on peut dire, on est frappé par le refus de la « méditation » purement intellectuelle, théologique, et par *l'appel au sensible*. La note ajoutée tardivement par Rousseau et qui contient l'apologie des méthodes catholiques d'enseignement religieux, par d' « agréables spectacles » (il aurait pu et dû ajouter, par d'agréables chants !) est très révélatrice. Nous retrouvons ici ce sens de *l'incarnation,* qui fait de lui un chrétien de sensibilité plus catholique que protestante. Mais il en a quelque remords. « Je substitue un culte grossier (...) Je rabbaisse à regret (...) » Mais « que faire... » ? « L'amour pur » est impossible sur cette terre.

3° Enfin et surtout, et c'est une nouvelle marque de son réalisme, Rousseau affirme que la *vraie* dévotion *n'arrache pas l'homme à la terre*. Il répond à l'objection classique contre les « contemplatifs ». Il réagit en laissant entendre (cf. ses attaques, en d'autres parties de l'œuvre, contre les moines) qu'il y a, très souvent, chez les contemplatifs, tromperie à l'égard des autres et d'eux-mêmes et

« deshumanisation ». Il n'affirme pas moins très haut qu'il n'y a pas incompatibilité entre vie active et vie contemplative. Julie va à Dieu par la nature et par les hommes; et elle reporte sur les créatures l'amour que lui inspire le Créateur. Cet aspect incarné de la mystique authentique a été parfaitement mis en lumière dans les travaux de Jean Baruzi sur saint Jean de la Croix. Sur sainte Thérèse, cf. le livre vivant et bien informé de Marcelle Auclair. Sur les expressions empruntées par les mystiques au langage de l'amour humain, on lira avec profit le livre de R. P. Bruno sur *Madame Acarie*. Rousseau ignorait sans doute la vie et les œuvres de cette mystique particulièrement débordante d'ardeur érotique. Sinon que n'eût-il pas dit ! Sur sa réaction de pudeur scandalisée devant certains textes de mystique érotique de l'Écriture, cf. *supra,* lettre 8 de la VIe partie et var. (*f*), p. 697.

P. 592.

(*a*). Br. : tout ce paragraphe a été élaboré difficilement; nombreuses ratures; corrections et additions marginales; au milieu d'une phrase, entre les mots « divinité méconnue » et « de songer », un espace blanc, comme si Rousseau avait sauté par-dessus un passage qu'il n'arrivait pas à rédiger, laissant un grand vide pour y revenir plus à loisir.

(*b*). Br. : *(me dit-elle une fois d'un ton pénétré) (m'a-t-elle dit quelques fois en pleurant) (me disoit-elle une fois souvent* en secret*) (m'a-t-elle dit quelques fois) me dit-elle une fois d'un ton pénétré.*

(*c*). La phrase : « L'athéisme qui marche... leur est ôtée » est réduite dans l'éd. Robin à ces mots : « L'athéisme est obligé de se cacher ». Cf. la note du censeur, *C.C.*, t. VIII, p. 119 : « Toute cette phrase injurieuse à la religion catholique exige aussi un changement qui ne sera pas difficile à faire. »

(*d*). Br. : ratures, additions marginales, renvois, montrent la peine que Rousseau a prise pour rédiger la première moitié de ce paragraphe.

1. Il ne semble pas qu'on puisse nier le surgissement plus ou moins conscient dans ces mots du texte fameux de Pascal. On sait le contresens qu'on a fait longtemps sur ce texte en attribuant à Pascal un cri qu'il plaçait sur les lèvres du « libertin ». L'interprétation de Rousseau allait dans le sens de l'auteur des *Pensées*. En face des espaces infinis, le croyant n'éprouve pas d'effroi mais une délectation de l'âme qui le pousse à chanter la gloire du Créateur. Rousseau le redira en 1769 à Franquières : « C'est à cette classe nombreuse (formée des « dix-neuf vingtiémes du genre humain ») de chanter le Pseaume *Coeli enarrant ;* et c'est elle en effet qui le chante. Tous les peuples de la terre connoissent et adorent Dieu... » (*O.C.*, Pléiade, t. IV, p. 1138).

2. Il s'agit du dogme chrétien sur l'éternité des peines, ou plus simplement, sur l'*Enfer*. Rousseau reprendra la question dans la

lettre 8 (VIe partie) lorsque Julie se déclarera libérée de ses angoisses par les « entretiens consolans et sensés » de Milord Édouard et de Saint-Preux, et dans la lettre 11 (VIe partie) sur la mort de Julie. Rousseau a transposé dans ce drame intime son expérience personnelle. Il a longuement raconté dans les *Confessions,* dans une page dont l'humour ne peut cacher la gravité, le caractère douloureux, obsédant de son angoisse en face du mystère du salut, angoisse qu'avait exaspérée la lecture des écrits de Port-Royal et de l'Oratoire. Mme de Warens lui avait tranquillisé l'âme. Elle niait l'enfer au nom de la miséricorde de Dieu; mais au nom de la justice, elle exigeait le Purgatoire : « elle ne savoit que faire des ames des méchans, ne pouvant ni les damner ni les mettre avec les bons jusqu'à ce qu'ils le fussent devenus »; Rousseau ajoute : « et il faut avouer qu'en effet et dans ce monde et dans l'autre les méchans sont toujours bien embarrassans » (*O.C.*, Pléiade, t. I, p. 229). A une date que P.-M. Masson situe avec vraisemblance entre 1736 et 1740. Rousseau avait écrit dans des *Vers à la louange des Religieux de la Grande Chartreuse :*

Tranquilles sur le sort de votre Eternité,
Vous voyés commencer votre félicité ;
Et de mille remords mon âme déchirée,
Aux flammes, aux Démons craint d'etre un jour livrée.

(Cf. *supra,* p. 1121).

Depuis, il s'était « libéré » plus ou moins totalement de son angoisse; ayant la conviction d'être « bon » (ce qui ne signifie nullement non pécheur) il était sûr pour lui-même du salut. Sa lettre du 18 février 1758 au pasteur Vernes est, sur ce point, aussi affirmative que possible : « Mon ami, je crois en Dieu, et Dieu ne seroit pas juste si mon âme n'étoit immortelle (...) il me suffit qu'en approchant du terme de ma vie, je n'y voye point celui de mes espérances, et que j'en attende une plus heureuse après avoir tant souffert dans celle-ci. Quand je me tromperois dans cet espoir il est lui-même un bien qui m'aura fait supporter plus aisément tous mes maux. » (*C.C.*, t. V, p. 33). C'est exactement le *ton* de la déclaration de Julie mourante, cf. VI, 11. Mais les méchants ?... Le problème restait entier devant sa pensée de philosophe et de théologien. Dans la *Lettre à d'Alembert,* il avait pris la défense des pasteurs de Genève, en les lavant du reproche de socinianisme, mais il l'avait fait prudemment, sans prendre parti sur le fond. En réalité, il ne savait comment conclure : « Il est vrai qu'il y a des âmes si noires », disait-il au même moment à Vernes dans sa lettre du 18 février 1758, « que je ne puis concevoir qu'elles puissent jamais gouter cette éternelle beatitude dont il me semble que le plus doux sentiment doit être le contentement de soi-même. Cela me fait soupçonner qu'il se pourroit bien que les ames des méchans fussent anéanties à leur mort et qu'étre et sentir fut le premier prix d'une bonne vie. » (*Ibid.*, p. 33). C'est l'opinion qu'il fera formuler à Milord Édouard dans une note tardivement inscrite dans la copie personnelle (cf. *supra,* VI, 3 et p. 652). Mais cette solution n'était pour lui qu'une hypothèse un peu désespérée. Il n'a pas osé la proposer dans la *Profession de foi,* où il a dit seulement : « Ne me demandez pas non plus si les tourmens des méchans seront éternels; je l'ignore encore, et n'ai point la vaine curiosité d'éclaircir des questions inutiles. Que m'importe ce que deviendront les méchans ? Je prends peu d'intérest à leur sort. Toutefois j'ai peine à croire qu'ils soient condamnés à des tourmens sans fin. » (*O.C.*, Pléiade, t. IV, p. 591). Cf. les variantes; on y voit les hésitations, les incertitudes de Rousseau, qui ne sont pas moins visibles dans les états successifs du manuscrit de la lettre du roman (cf. var. (*c*), p. 591 et var. (*a*), p. 592). Il n'est pas question d'exposer ici les doctrines des théologiens chrétiens sur l'Enfer; il y faudrait un volume ! Et il en faudrait un autre pour étudier les protestations douloureuses des croyants et des incroyants en face de ces « mystères terribles » de la « foi d'un chrétien ». On trouvera de riches indications dans le commentaire de P.-M. Masson sur la *Profession de foi* (*op. cit.*, pp. 215-221). Robert Mauzi (*L'Idée du bonheur au XVIII*e *siècle,* pp. 509-512) a donné une intéressante analyse de deux traités d'obscurs théologiens : *Le Ciel ouvert à tous les hommes,* du P. Cuppé, « clandestin jusqu'en 1768 », et de Dom Louis, *Le Ciel ouvert à tout l'univers* (1782), qui atténuent fortement ce dogme, ou même l'éliminent comme une « fable ». L'angoisse devant la damnation éternelle est loin d'avoir disparu de la conscience moderne. Rappelons la place qu'elle a occupée dans la vie et dans l'œuvre de Péguy et de Bernanos.

3. Le vœu de Julie sera exaucé. Petite habileté du romancier qui utilise l'élan sincère d'un cœur aimant (cf. *supra,* p. 596 *in fine* et note 2).

4. D. Mornet (*N.H.*, t. IV, p. 111, n. 1) fait remarquer à juste titre que, dans un siècle où les théologiens continuaient à censurer les livres et à les condamner au feu, l'athéisme « ne marchait pas exactement à visage découvert ». C'est trop évident, et Rousseau est le premier à le savoir. Mais il faut prendre ici le mot *athéisme* comme plus haut, dans le sens de non-théisme, de non-croyance en un Dieu révélé, d'incroyance non agressive, telle que celle de M. de Wolmar. Au reste, ce sur quoi il insiste est la différence entre la religion protestante dont les dogmes sont « raisonnables » et la religion « papiste » qui enseigne un Dieu auquel la raison ne permet pas de croire. C'est cela qui a paru injurieux aux censeurs (cf. var. (*c*), p. 592).

5. Rousseau est donc partisan de la religion pour le peuple parce qu'elle est pour lui un « opium ». Non point, à coup sûr, pour faire le jeu des privilégiés, car il est du côté des pauvres; mais pour atténuer par un espoir même fallacieux la misère des hommes sur la terre. C'est un des points les plus constants de sa doctrine. Il l'a déjà développé dans sa *Lettre à Voltaire :* « il y a de l'inhumanité

à troubler les ames paisibles, et à désoler les hommes à pure perte, quand ce qu'on veut leur apprendre n'est ni certain ni utile » (*O.C.*, Pléiade, t. IV, p. 1072). Il y revenait dans une lettre à Deleyre, du 5 octobre 1758, donc à peu près contemporaine de cette partie du roman : « Surtout », lui disait-il, « apprenez à respecter la religion. L'humanité seule exige ce respect. Les grands, les riches, les heureux du siècle seroient charmés qu'il n'y eût point de Dieu; mais l'attente d'une autre vie console de celle-ci le peuple et le misérable. Quelle cruauté de leur ôter encore cet espoir ! » (*C.C.*, t. V, p. 159). L'espérance est chez lui une exigence de la charité. C'est cette exigence qui explique le secret demandé par Julie à Wolmar et accepté par lui.

P. 593.

(*a*). Br. : nombreux remaniements de ce début de paragraphe. Une variante disait : *sans fausseté et sans affectation.* Était-ce trop dire ? Rousseau a également hésité entre : « depuis huit ans » et *depuis huit ans entiers* qui est le texte de C.P.

(*b*). Br. : au lieu de : « car elle attend... » etc. le premier jet disait : *afin de voir si vôtre philosophie trouveroit pour suppléer à la nôtre des armes.* Le mot « philosophie » était ici maladroit.

(*c*). Br. : « devoit *le plus* s'en défier ».

(*d*). Br. : ... *entre elle et moi et dans cet azile (sacré des anges) auguste quels desirs corrompus eussent pu penetrer jusqu'à elle.* La dernière phrase manque.

1. Il s'agit ici d'un tout autre argument. C'est le « Citoyen de Genève » qui parle, l'auteur du *Contrat social,* convaincu que la bonne marche d'un État exige l'accord des Citoyens sur une métaphysique, sur une religion réduite à un petit nombre d'articles. Cf. sur ce point *Contrat social,* l. IV, chap. VIII « De la Religion civile »; cf. aussi P. Burgelin, *La Philosophie de l'existence de J.-J. Rousseau,* « La Religion et l'État » (pp. 553-556) où sont cités et commentés les textes les plus importants sur un problème essentiel pour Rousseau, mais relégué ici au second plan.

2. Cf. var. (*c*), p. 593. Phrase qui éclaire la psychologie des protagonistes dans l'épisode du lac. La méthode de Wolmar a échoué pour Julie : celle-ci n'a de ressource qu'en sa vertu. Saint-Preux au contraire est « guéri ». Cf. *supra* cet aveu : « le tems de l'embarras est passé; je n'en fis que rire... », mais Julie « rougit... »

P. 594.

(*a*). Br. : « la preuve intérieure ou de sentiment lui manque et *la seule voye du raisonnement ne fournit aucune démonstration rigoureuse des (importantes) (consolantes) vérités qu'il rejette* ». La place de cette phrase dans la marge et les corrections qu'elle a reçues (elle commençait d'abord par *parce que*) font penser que Rousseau l'a écrite avant les phrases qui la précèdent.

C.P. : *et la seule voie du raisonnement ne fournit pour nous aucune démonstration des vérités qu'il rejette ;* dans l'interligne, seconde correction effacée ensuite : *comme toutes* [ces] *matières sont au-dessus de l'intelligence.*

1. Sur la critique de la philosophie rationaliste et l'affirmation que la seule source de la foi est dans le cœur, cf. *supra,* p. 220, n. 1 et p. 249, n. 1, l'exposé général de la « méthode » de la *Profession de foi,* dans P.-M. MASSON, *la Religion de J.-J. Rousseau,* t. II, pp. 86 sq., et les chapitres II et III de P. BURGELIN, « Critique de la philosophie » et « La philosophie du « Dictamen », p. 41-114. Les textes les plus « concordants » se trouvent dans les *Lettres morales* qui débouchent sur ce cri de victoire, en tête de la lettre 6 : « Enfin nous avons un guide assuré dans ce Labirinthe des erreurs humaines... » Mais Rousseau ajoute aussitôt, car il ne connaît que trop les êtres « froids » comme Wolmar, « mais ce n'est pas assés qu'il existe, il faut savoir le connoitre et le suivre. S'il parle à tous les cœurs, ô Sophie, pourquoi donc y en a-t-il si peu qui l'entendent ? » (*O.C.,* Pléiade, t. IV, p. 1112). Seule Julie peut délivrer Wolmar de cette surdité spirituelle, mais il n'y faudra pas moins que le sacrifice de sa vie. C'est le sens de la prière dramatique par quoi s'achève cette lettre. Cf. var. (*a*), p. 594.

P. 595.

(*a*). Note absente de Br., de C.P. et de Ms. Rey; supprimée dans l'éd. Robin. Les censeurs disaient (*C.C.*, t. VIII, p. 119) : « On a retranché la note, non pour approuver les persécuteurs, mais parce que c'est une proposition outrée et fausse que de dire qu'ils sont tous de mauvaise foi. D'ailleurs cette note est inutile à l'ouvrage, elle n'est point neuve à beaucoup près, et par conséquent point instructive, et il y a des gens à qui elle déplait. C'est faire en pure perte des ennemis à l'ouvrage et à l'auteur. » Voici la réaction de Rousseau (*C.C.*, t. VIII, pp. 236-237) : « Je me doute bien qu'il y a des gens à qui la note déplaît. Si elle ne déplaisoit à personne, ce ne seroit pas la peine de la laisser. Quant à moi, je crois que tout persecuteur est un fripon ou un sot. Si la note n'est pas neuve, peu importe : elle est utile, c'est l'essentiel; cependant si l'on veut en ôter les trois dernières lignes, j'y consens. » En fait, non seulement l'affirmation de Rousseau n'était pas neuve, mais dans le roman même, comme l'a fait remarquer D. Mornet, elle était une redite. Et Rousseau ne s'en tiendra pas là ! Preuve nouvelle de l'importance qu'il accordait à cette réaction. Il ignorait pourtant, lorsqu'il écrivait ces lignes, quelles « persécutions » il allait subir deux ans plus tard de la part des « dogmatiques » !

P. 596.

(*a*). Cette dernière phrase, absente de Br., figure dans Ms. Rey, et a été ajoutée en marge dans C.P. Les censeurs ne furent pas satisfaits de ce passage : « Les dernières lignes de cette page 197 et les premières de la page 198 contiennent un argument de Wolmar si fort contre la Providence et une réponse de Saint-Preux si foible qu'on a cru devoir retrancher cet article. M. Rousseau verra ce qu'il veut faire; peut-être au lieu de retrancher tout l'article, aimera-t-il mieux affoiblir l'objection ou fortifier la réponse » (*C.C.*, t. VIII, pp. 119-120). Rousseau, naturellement, fut vexé : « A l'égard de la réponse de Saint-Preux, que M. de Malesherbes trouve très foible, elle me semble à moi très-forte, même sans réplique; et j'y crois trouver la solution de toutes les difficultés des manichéens. En cela, je puis avoir tort : mais qu'y faire ? Je ne peux me servir que de ma propre tête pour raisonner. Comme donc cette réponse est bonne pour moi, je ne consens pas qu'on l'ôte; mais je consens de bon cœur qu'on y en joigne une meilleure, si on la sait » (*Ibid.*, p. 237).

(*b*). Br. : « mon salut. *Puis voyant que je ne savois plus que dire. Elle se défie de vous continua-t-il, elle travaille actuellement à gagner un tiers pour vous aider à me séduire*. Venez... » Cette plaisanterie, encore plus lourde dans le premier jet : *(elle est actuellement occupée à corrompre quelqu'un)*, n'était pas en accord avec la scène émouvante qui suit. Le texte actuel est inscrit dans C.P. en marge.

(*c*). Br. : depuis : « Devinez où elle est... » le texte est en marge, comme si Rousseau, manquant de papier, avait voulu faire tenir sur la même feuille toute la fin de la lettre; mais un grand espace blanc entre : « dans une espece de transport » et : « Chere épouse ! lui dit-il », les nombreuses ratures dont est chargé le passage qui va de : « Chere épouse ! lui dit-il » à : « bientôt exaucés »; l'écriture, qui contraste avec celle posée et peu raturée de l'ensemble du texte, prouvent que ce passage avait été jeté en marge à l'avance comme un pilotis.

(*d*). Note absente de Br. et de C.P. Il s'agit évidemment de la lettre où Milord Édouard racontait ou « aurait raconté » son roman d'amour. Rousseau y a finalement renoncé.

1. Rousseau aborde ici une objection très grave, celle tirée de l'existence du mal. Il y avait déjà fermement répondu dans sa *Lettre à Voltaire* d'août 1756, publiée par Formey (sans l'autorisation de Voltaire ni de Rousseau) dans les *Lettres sur l'état présent des sciences et des mœurs* des 23 et 30 octobre 1759. Rousseau s'y était fait pour la première fois le « champion de Dieu », le défenseur de la Providence. On ne peut le nier, philosophiquement son apologie était faible. Elle s'achevait par un aveu de défaite et un appel au sentiment : « Non : j'ai trop souffert en cette vie pour n'en pas attendre une autre. Toutes les subtilités de la Métaphysique ne me feront pas douter un moment de l'immortalité de l'ame, et d'une Providence bienfaisante. Je la sens, je la crois, je la veux, je l'espere, je la défendrai jusqu'à mon dernier soupir... » (*O.C.*, Pléiade, t. IV, p. 1075). Dans sa *Lettre à Franquières,* du 15 janvier 1769, où il traitera le problème plus longuement, il commencera par cet aveu :

« cette difficulté si terrible ne m'a jamais beaucoup frappé. » (*O.C.*, Pléiade, t. IV, p. 1140). Cf. la var. (*a*), p. 596 et les réactions des censeurs.

2. Cette lettre philosophique s'achève sur une scène dramatique, violemment et brièvement traitée, un peu trop « baroque » à notre goût — nous préférerions une Julie moins « théâtrale » — très émouvante cependant. Ce qu'elle exprime, ce n'est plus du tout une dangereuse aspiration à la mort, c'est le sentiment profondément chrétien de la communion des Saints, de la réversibilité des mérites, de la rédemption possible des pécheurs par le sacrifice des justes. Julie s'offre en holocauste pour le salut de son époux. Elle fait un acte de foi authentique par lequel elle rejoint un frère très lointain :

POLYEUCTE :

Seigneur de vos bontés il faut que je l'obtienne ;
Elle a trop de vertus pour n'être pas chrétienne...

PAULINE :

Que dis-tu, malheureux ? qu'oses-tu souhaiter ?

POLYEUCTE :

Ce que de tout mon sang je voudrais acheter !

(*Polyeucte*, acte IV, sc. III).

P. 597.

(*a*). Br. en tête : *Lettre 6*. Pas d'indication de destinataire. Cette lettre dont la numérotation n'est pas d'origine a pu être, comme la suivante, ajoutée tardivement au texte. Cela ne signifie nullement qu'elles n'aient pas été rédigées antérieurement; rien n'interdit de penser en particulier que la lettre 7, un des morceaux essentiels de l'évocation du bonheur à Clarens, a été composée de très bonne heure, à l'époque où Rousseau n'avait songé encore qu'à un roman en quatre parties (cf. var. (*a*), p. 602).

(*b*). « En recevant... à la Cour » : Phrases absentes de Br. et de C.P. où elles ont été ajoutées en interligne.

(*c*). Note absente de Br. Ajoutée dans C.P. Rousseau s'embarrasse dans ses modifications de plan, ne sait comment faire accepter cette lettre et se tire d'affaire avec désinvolture.

1. Le romancier est assez embarrassé dans sa composition. Après ce retour de Claire proclamé comme définitif, il y aura un nouveau départ, et un nouveau retour dont on ne parlera pas ! Milord Édouard devait venir passer l'hiver à Clarens. Viendra-t-il ? Cette lettre semble dire non. Mais au début de la lettre 8, nous apprendrons que Saint-Preux est avec lui sur le chemin de l'Italie. Il est donc venu et ils ont ensemble quitté Clarens. Et on ne nous en a rien dit. Il faut supposer une lacune, un espace de quelques mois de silence absolu, entre la lettre 7 et la lettre 8. (Cf. Chronologie du roman). Rousseau avoue, sans vergogne, sa gêne dans la note de la

page 597. Ce « retour », qu'on peut comparer à celui de Saint-Preux dans la IVe partie, était évidemment prévu depuis longtemps, et peut-être depuis la conception première du roman, par l'imagination du romancier avide de scènes dramatiques où explosent délicieusement les sentiments les plus fous et les plus doux. Il est le début du dernier acte, le *happy end* qui précède le dénouement inévitablement tragique. Ce n'est pas l'une des scènes les plus proches de notre goût; mais c'est certainement l'une de celles que Rousseau a écrites et que bon nombre de ses lecteurs ont lues avec le plus de plaisir. Pour la sentir avec justesse, il faut une fois de plus, se replacer dans le climat de l'opéra italien ou même de l'opéra mozartien. (On notera la place accordée à la gaîté, à l'humour, au sentiment du ridicule). Sur les manifestations excessives de la sensibilité chez Rousseau, cf. *supra,* p. 308, n. 2 et la lettre 2 (VIe partie). Cette scène est importante pour la suite du roman et des amours Claire-Saint-Preux. Saint-Preux trouve Claire « plus charmante que jamais », et celle-ci hésite à l'embrasser. L'agitation excessive qu'elle manifeste au début est liée au sentiment amoureux qu'elle veut cacher...

2. Milord Hyde, vicomte Cornbury, membre de la Chambre des Communes, puis de celle des Lords, avait fait de fréquents séjours à Paris en 1740, où Rousseau l'avait rencontré (cf. *Émile,* fin du livre II; *O.C.*, Pléiade, t. IV, p. 424). Il était mort à Paris en 1753.

3. « Scepticisme politique », dit D. Mornet. Disons plutôt attaque vigoureuse du « républicain » contre le régime monarchique. C'est un des rares passages du roman où s'expriment les opinions proprement politiques de Rousseau. Les censeurs ont laissé passer. Ils étaient, semble-t-il, uniquement attentifs aux passages intéressant la théologie.

P. 598.

(*a*). Ici dans Br., un faux départ, première ébauche du retour de Mme d'Orbe : *A l'égard de Madame d'Orbe, vous savez qu'elle est ici depuis jeudi dernier. Je vous aurois appris son arrivée dès le lendemain, si elle n'avoit voulu vous l'écrire elle même ; mais ce doit être un de vos regrets de n'avoir pas été témoin (de son arrivée et) de l'effet que ce premier abord fit sur les deux amies (d'autant plus qu'un tel moment ne peut se peindre que par ses circonstances les plus grossières) Ce moment fut court, mais assez vif pour être oublié difficilement et décrit plus difficilement encore.*

Arrivé là, Rousseau qui, visiblement patauge, s'arrête, efface, et repart : « Voilà ce que vous aurez déjà su... »

(*b*). Br. : *depuis jeudi et que, ne voulant plus avoir d'autre demeure que celle de (Julie) son amie l'inséparable (espère) compte ne s'en plus séparer.* Sagement Rousseau dans C.P. a effacé une figure de style trop fréquemment répétée dans ce long roman.

1. *Lutri :* localité située à quatre kilomètres et demi à l'est de Lausanne, au bord du lac.

2. *Rampe :* « La partie d'un escalier par laquelle on monte d'un palier à un autre » (*Dict. Acad.*, 1762).

P. 600.

(*a*). Br. 1er jet : *elle me sauta au cou.*

1. Sophie d'Houdetot, non moins joyeuse et folle que Julie, avait dansé ainsi devant Jean-Jacques au château de la Chevrette, suscitant en son cœur la plus vive émotion... La *Lettre à d'Alembert* se termine par l'apologie de ces réunions dansantes familières et familiales, et même publiques (cf. éd. Fuchs, pp. 171 sq.).

P. 601.

(*a*). « Elle étoit infatigable... ordonnoit » : ajouté en marge dans Br.

(*b*). « Après le souper... de bonne heure » : ajouté en marge dans C.P.

(*c*). « et quoiqu'extrémement... ainsi » : ajouté dans C.P.

1. « *Garde noble :* le droit qu'un père ou une mère nobles, survivant l'un à l'autre, ont de jouir du bien de leurs enfans, venant de la succession du père décédé, jusqu'à ce qu'ils aient atteint un certain âge, à la charge de les nourrir, de les entretenir, et de payer toutes les dettes sans être tenus de rendre aucun compte » (*Dict. Acad.*, 1762).

P. 602.

(*a*). Br., en tête : *Lettre 7,* sans indication de destinataire. Numérotation tardive (la véritable lettre 7 est l'actuelle lettre 9). Sur la rédaction sans doute ancienne de cette lettre, cf. var. (*a*), p. 597.

(*b*). Br. : *huit jours ;* Ms. Rey : *huit.* Correction tardive dans C.P. : *trois.*

(*c*). Ce long développement, jusqu'à : « je reviens à nous », ne fait pas partie du premier jet. Il a été ajouté d'abord en marge dans Br., puis, après de multiples remaniements, dans C.P. En particulier le passage final avec les évocations bibliques de Rachel et de Ruth, qui paraît si « inspiré », est en fait le résultat d'un long travail de polissage, impossible à transcrire ici.

(*d*). Note absente de Br., Ms. Rey et C.P., supprimée dans éd. Rey, 1763. « Ailleurs » ne signifie évidemment pas : « dans une autre lettre du roman » ! C'est dans l'*Émile* (*O.C.*, Pléiade, t. IV, pp. 689-690) que Rousseau a repris la question, en opposant la chasse pratiquée par les petites gens comme son père à celle des grands seigneurs. Contrairement à ce que pourrait laisser croire l'intervention attendrie de Julie lors de la promenade sur le lac, ce n'est pas à l'instinct sauvage de l'homme que Rousseau s'attaque, mais, une fois de plus, à la vanité sociale. Le « vieux Baron », qui « se promène avec son fusil » dans les vignes pour « tirer des grives », est ici l'incarnation du père de Rousseau. Curieux retournement !

1. C'est-à-dire après le retour du Baron qui est attendu « dans peu de jours » (cf. *supra,* p. 598).

2. Cette lettre se relie directement aux lettres 10 et 11 (IVe partie), 2 et 3 (Ve partie) où Rousseau a évoqué le bonheur de Clarens. Elle en est l'apogée, le couronnement. A lui seul le ton des premiers paragraphes, en particulier, les mots : « des plaisirs devenus tout nouveaux pour moi » qui évoquent les premières lignes de la lettre 10 (IVe partie) : « Que de plaisirs trop tard connus je goûte depuis trois semaines ! » nous prouve que nous sommes ici en face d'un texte qui remonte dans sa conception et peut-être dans sa rédaction aux origines de l'œuvre (cf. var. (*a*), p. 597; var. (*a*) et (*c*), p. 602). Mais ce thème initial, Rousseau, tandis qu'il achevait son roman en 1758-1759, l'a médité à nouveau et approfondi; d'où les nombreux ajouts dans les marges du brouillon et de la copie personnelle. Il n'avait songé qu'à développer l'idée assez banale des « plaisirs de la campagne »; il aboutit à l'évocation d'une communauté édénique où les êtres vivent dans une atmosphère de fête, de joie, d'amour qui a quelque chose de sacré. Il a ainsi donné à ce morceau une signification spirituelle d'une exceptionnelle importance.

Son originalité ne réside pas ici dans les sentiments, les idées, les thèmes, qui avaient été, pour la plupart, abondamment traités dans la littérature antérieure depuis les auteurs les plus vénérables — Homère lui-même... — jusqu'aux plus récents — Fénelon, Gessner, Florian. (Cf. les ouvrages déjà cités de D. Mornet sur *le Sentiment de la nature*..., de Robert Mauzi sur *l'Idée du Bonheur*..., p. 350 sq., et l'étude de Jean Fabre sur *Paul et Virginie, pastorale ;* cf. aussi les notes de D. Mornet dans son édition, t. IV, pp. 127 sq.). L'originalité est rarement dans l'expression qui, le plus souvent, est conventionnelle, encore « style Télémaque » et déjà « style Empire » avec ses périphrases, ses mots nobles, ses adjectifs d'une irritante faiblesse, ses chœurs de paysans, véritables « finales » d'opéra-comique. A quoi tient donc l'impression de nouveauté et le charme exceptionnel de ce morceau ? Essentiellement à l'authenticité des sensations et des sentiments où réapparaissent quelques-uns des traits les plus singuliers de la personnalité de Rousseau.

1° *La sensualité :* élémentaire, naturelle, saine et, si l'on ose dire, sportive. Plaisirs du travail et du sommeil; plaisirs de la pure activité physique : la marche, la chasse, l'appétit aiguisé par l'air vif et le travail, satisfait par un repas abondant, « un peu grossier », mais « sain », où le vin est « à discrétion »; plaisirs plus subtils, plus vifs du froid et du chaud dans les brumes matinales de l'automne, devant le grand feu clair du soir; détente heureuse de la danse, après la journée laborieuse...

2° *La sensibilité esthétique.* Plaisirs de la vue : contemplation du spectacle sur lequel le « voile de brouillard » qui le recouvre se lève peu à peu; contemplation des mouvements d'ensemble, de la

« marche continuelle de ceux qui portent la vendange »; tableau, mais panoramique, et vivant; spectacle d'opéra; ou encore séquence de film. Plaisirs de l'oreille surtout : bruits des tonneaux et des cuves, chant des vendangeurs, « rauque son des instrumens rustiques ». Surtout résonances merveilleuses des chansons populaires, des « vieilles romances ». Ici les mots employés (« simples », « naïfs », « souvent tristes », « je ne sais quoi d'antique et de doux ») nous rappellent quels liens intimes unissent chez Rousseau les sens, le cœur et l'âme. Ils nous font pénétrer dans un nouveau domaine, dans son jardin le plus secret.

3° Car au-dessus de la sensation physique et de la sensation esthétique règne la *sensation morale*. Plus exactement, toutes ces réalités sont mêlées. La note morale dominante est la joie : une joie pure, légère, un peu folle, très mozartienne, où domine la gaîté. « On chante, on rit toute la journée. » Ici comme dans la lettre 10 (IVe partie), la cause profonde, la garantie de cette joie, c'est le sentiment d'abondance, de richesse, de sécurité. Rousseau sait bien que cette abondance n'est pas le lot ordinaire des paysans. Et il le dit. Mais à Clarens elle est. Mais elle n'explique pas tout. L'essence du plaisir « moral » réside dans trois vertus appelées à un illustre destin : liberté, égalité, fraternité. *Liberté* non absolue certes ! Il y a à Clarens une « police », mais elle n'empêche pas le jeu de la liberté plus intime qui tient à l' « absence de contrainte » dans les « manières » : « les dames sont sans airs », « on ne revient point ensuite faire chez soi les messieurs ». Saint-Preux est « libéré » : à l'égard de Claire qui plaisante avec lui fraternellement; à l'égard du Baron qui, de tyran odieux, est devenu cordial compagnon de chasse; à l'égard de Julie surtout qui, maternelle, l'observe avec une malicieuse tendresse et le place, à l'égard du vin, en « liberté surveillée ».

L'égalité est plus importante pour l'auteur du second *Discours* que la liberté. En fait, elle la conditionne : car elle « rétablit l'ordre de la nature ». Tout, ici encore, est très nuancé; le sentiment d'égalité consiste surtout à ne pas se sentir enfermé dans son état (la note de la page 608 est à cet égard très importante). D'autre part, il n'est pas exclusif de la différence des fonctions. Clarens comporte une hiérarchie qui implique autorité et obéissance; mais celle-là est exercée par les maîtres avec bienveillance et miséricorde, celle-ci est pratiquée par les serviteurs avec gratitude et admiration. Le « paternalisme » de Rousseau est en réalité un « patriarcalisme ». D'où son caractère original, sa force singulière et sa justification. D'où l'intérêt du passage lyrique où Julie présente aux paysans ses enfants, et où le romancier se réfère expressément au « tems des patriarches ». La liberté et l'égalité seraient des vertus mortes et peut-être mortelles, si elles n'étaient vivifiées par la *fraternité*, c'est-à-dire un sens très vif de la vie communautaire. *On* est le pronom le plus employé dans toute cette lettre. Les individus se fondent dans un tout; ils communient dans l'amour. « On dîne *avec* », « On travaille *avec* », « *tout le monde* se met à table »; « On revient gaiment *tous ensemble.* »

4° De toutes parts, l'analyse nous conduit à monter d'un degré encore. L'auteur de ce texte n'est pas seulement un humaniste nourri des poètes antiques exaltant l'âge d'or; un sensuel et un artiste; un sensible qui jouit passionnément de toute marque d'affection, mais n'a pas encore pardonné à la Société les humiliations qu'elle lui a fait souffrir; il est surtout un être profondément *religieux* et par sa culture, ses souvenirs d'enfance, ses lectures de la Bible, et par sa nature profonde. L'originalité de ce texte est là, marquée par le rappel du culte de Dionysos, discret, mais très réel; par l'évocation des temps des Patriarches; plus profondément, par la redécouverte de réalités primitives, de rites antiques et universels, qui symbolisent et réalisent la communion des hommes entre eux : pain fractionné, vin bu ensemble, travail en équipe, rite de la danse et du feu; enfin par l'évocation d'un véritable *culte* célébré par la Communauté en l'honneur de l'être qui en est l'irradiant foyer, le prêtre et le dieu : Julie !

Sur le plan artistique, cette lettre révèle une fois de plus l'habileté de la mise en place des éléments, de la succession des temps, le mélange heureux des détails plaisants, et des parties lyriques et nobles. Les variantes sont sur ce point très éclairantes. Notons enfin, (et c'est à quoi nous sommes peut-être le plus sensibles) le souci de réalisme, mais d'un réalisme poétique, suggestif, dans l'emploi très abondant des mots de métier, des expressions techniques.

Cette lettre est, à juste titre, une des plus fameuses de tout le roman. Elle a eu la chance, et la gloire, d'être refaite par le plus illustre des successeurs de Rousseau, Balzac (*Le Lys dans la Vallée,* éd. J.-H. Donnard, Pléiade, t. IX, pp. 1054-1061). Un parallèle entre les deux textes, impossible à faire ici en détail, serait très révélateur de la personnalité de chacun des romanciers. Plus brèves, plus denses, plus dramatiques, plus sensuelles, les pages de Balzac sont moins panoramiques, moins musicales, moins solennelles. Il a repris certains thèmes essentiels : celui de la *fête,* de l'*abondance,* de l'*égalité* des êtres confondus dans la joie du travail, de la vie *patriarcale ;* il a négligé, comme s'il n'osait y toucher, celui du culte de la femme, des rites sacrés de la communauté. En revanche, il a indiqué au passage la valeur du travail manuel, et exalté la vertu de « l'enfance retrouvée »; dans le *Lys,* les enfants de Mme de Mortsauf, plus âgés que ceux de Julie, sont mêlés aux travailleurs; Félix participe à leur « joie enfantine »; il redevient enfant avec eux. Et la mère, en le voyant venir vers elle avec son panier « se met à rire du bon rire plein de sa jeunesse ». Comment oser choisir entre deux tableaux de grands maîtres ? Il les faut posséder l'un et l'autre !

Jean Starobinski a consacré à cette lettre quelques-uns des développements les plus heureux de son ouvrage, *J.-J. Rousseau. La transparence et l'obstacle.* Cf. en particulier les pages 114-120 : « La fête », 120-129 : « L'égalité », et 138-140 : « Divinisation ».

P. 603.

1. Il s'agit naturellement ici du fermier des impôts.

2. Étrange expression ; on attendrait plutôt *boire*. Peut-être est-elle plus forte, le mot « manger » ayant le sens général de « se nourrir de ». Ces réactions passionnées de Rousseau contre l' « avide publicain » correspondent à des expériences personnelles cruelles et inoubliées. (Cf. *supra*, p. 515, n. 1 ; cf. aussi V, 2).

P. 604.

(*a*). Note ajoutée dans C.P. ; absente de Ms. Rey.

(*b*). Note ajoutée dans C.P. C'était un tonneau pouvant contenir quarante, cinquante, jusqu'à cent muids (cf. A. François, « Les Provincialismes... », *Annales J.-J. R.*, t. III, p. 36).

1. Cf. *supra*, var. (*c*), p. 602. Rachel, fille de Laban, avait été promise en mariage à Jacob par son père, en récompense de sept ans de service chez lui. « Jacob servit pour Rachel pendant sept années qui lui parurent comme quelques jours, tellement il l'aimait. » Mais Laban trompa Jacob et le soir de ses noces, il lui amena sous le voile rituel sa fille aînée Léa. Le lendemain Jacob ayant protesté, un nouveau pacte fut conclu et après sept années nouvelles d'esclavage, Rachel devint la femme de Jacob. Longtemps stérile, elle devait enfanter Joseph. Rousseau pouvait lire cette belle histoire d'amour fidèle au chapitre xxx de la *Genèse* et celle de la « douce éleve de Noëmi », Ruth la Moabite, dans le *Livre de Ruth*. Étonnant destin de cette histoire d'amour qui, après avoir suggéré ces quelques lignes à l'auteur de *la Nouvelle Héloïse*, devait inspirer le plus beau poème de *la Légende des siècles*, et, plus tard, à l'auteur de *Victor Marie comte Hugo*, les profonds commentaires sur le mystère de l'Incarnation ! Sur l'inspiration biblique chez Rousseau, cf. *supra*, p. 62, n. 3 ; p. 92, n. 3 et p. 167, n. 2.

2. Un des noms grecs de Bacchus, parce que c'est le Dieu de l'ivresse qui *délie* les soucis des mortels.

P. 605.

(*a*). Br. : *fainéant. Il est (un peu) (bien) vrai qu'en toute chose un soin trop assidu m'ennuye ; mais je me garde de négliger ceux dont je suis nommément chargé car, si cela m'arrivoit, il n'y auroit plus de plaisanterie. Julie m'en reprendroit tout de bon.* Cette fin de texte, où Rousseau avait avoué avec une charmante bonhomie cette « paresse » qui sera le thème central de sa première lettre à Malesherbes, a disparu de C.P. où, dans une correction tardive, en interligne, Rousseau l'a remplacée par une pointe contre les philosophes avec lesquels la rupture s'était consommée fin 1758.

P. 606.

(*a*). Tout ce paragraphe est ajouté dans C.P. en marge, ainsi que la note de Rousseau. Remaniements tardifs et embarrassés. Il semble qu'il y eut au sujet de cette « seconde épreuve », trois moments : 1° Dans IV, 7, Br., Rousseau l'annonce, sans autres précisions. 2° Recopiant cette lettre dans C.P. et constatant qu'il n'a pas parlé de cette épreuve, il ajoute la note disant que la lettre a été « supprimée ». 3° Se ravisant enfin, en recopiant dans C.P. la lettre 7 de la Ve partie, il y insère ce développement, et, revenant sur la note de IV, 7, il ajoute, après « supprimée » : « mais j'aurai soin d'en parler dans l'occasion... » (cf. *supra,* var. (*c*), p. 429).

(*b*). Note ajoutée dans C.P. avec, après : « vertus », ces mots supprimés ensuite : « et sont plus agréables ».

1. On trouvera une très précieuse note sur cet art de la vinification, dans le tome IV, p. 135 de l'édition de D. Mornet qui a eu l'heureuse idée de confronter le texte du roman à la *Nouvelle maison rustique ou économie générale de tous les biens de la campagne,* du sieur Liger, deux volumes in-4°, 7e édition, 1755, où il est probable que Rousseau a puisé une bonne partie de sa science. Mais, comme le rappelle aussi Mornet, la source profonde, une fois de plus, est dans les souvenirs des Charmettes où « Maman » et Claude Anet avaient uni leurs efforts pour initier Jean-Jacques aux mystères de la botanique et de l'utilisation médicale des simples. C'est aussi aux Charmettes qu'il connut la joie des vendanges : « Les vendanges, la récolte des fruits, nous amusèrent le reste de cette année, et nous attachèrent de plus en plus à la vie rustique, au milieu des bonnes gens dont nous étions entourés. » (*Confessions,* l. VI, p. 231).

P. 607.

(*a*). « Les Dames... meilleurs traits » : ajouté en marge dans Br.

(*b*). Br. a *pères.* Dans C.P., Rousseau se souvenant que M. d'Orbe était mort a supprimé l'*s* de *pères.*

(*c*). Br. : « Julie au milieu d'eux, *(si céleste et) si belle, adorée de tous, charmante, si respectée et ses enfants dans leurs bras,* je me rappelle... »

1. Cf. Tacite, *Annales,* l. I, § 40-41. Germanicus, craignant la révolte des légions, éloigne sa femme qui part, emportant son fils dans ses bras. Les soldats l'aperçoivent et sont profondément émus. Rousseau avait traduit le Ier *Livre* des *Histoires* de Tacite (cf. *C.G.*, t. IV, p. 336).

P. 608.

(*a*). Note absente de Br. Ajoutée dans C.P. en plusieurs étapes : 1° Rousseau a d'abord inscrit en marge les mots : *N.B. En note pour ne pas couper la narration.* et, au-dessous la fin de la note actuelle depuis : « Les gueux... » 2° Reprenant son texte, il a fait une nouvelle addition, insérée elle, dans le texte, et commençant dans l'interligne (après les mots : « pour tous ») par ces mots : *Cet état est également...* modifiés ensuite en : *Si de là nait un état...* jusqu'à : « quelquefois » (début actuel de la note). Le texte se prolongeait par ces quelques lignes, nouveau fragment de *la Morale sensitive : Ne suit-il pas qu'il n'y a point de plus grande chimère que de vouloir se faire une condition habituelle des plaisirs, que le plus sur moyen d'en perdre le goût est de les goûter sans cesse et que les conditions où l'on est forcé d'en user sobrement sont peut-être, à tout prendre, les plus heureuses ? Vous voyez, Milord, comment le maître de philosophie redevient ici l'écolier.* 3° Il a ensuite supprimé ce dernier développement, et inséré, après le mot : « quelquefois » un signe qui raccrochait à la note commençant par : « Les gueux » la phrase : « Si de là nait... »

P. 609.

(*a*). Paragraphe ajouté en marge dans Br. sous une forme légèrement différente de l'actuelle.

(*b*). Br. 1er jet : *nous empêcher Julie de sourire et moi de soupirer.* Variante heureuse; il est important que Julie « rougisse » puisqu'elle est encore amoureuse. Claire « sourit » parce qu'elle a un amour sans passion, et Saint-Preux « soupire » parce que cet heureux temps est passé.

(*c*). « Alors en jetant... avec peine » : ajouté en marge dans C.P.

1. Sur Rousseau et le vin cf. *supra,* p. 81, n. 2; p. 137, n. 1 et p. 606, n. 1.

2. Rousseau nous livre là une réaction de sa sensibilité qui remonte à la première enfance : « j'étois toujours avec ma tante, à la voir broder, à l'entendre chanter, assis ou debout à côté d'elle, et j'étois content (...) Elle savoit une quantité prodigieuse d'airs et de chansons qu'elle chantoit avec un filet de voix fort douce (...) L'attrait que son chant avoit pour moi fut tel que non seulement plusieurs de ses chansons me sont restées dans la mémoire; mais qu'il m'en revient même aujourd'hui que je l'ai perdue, qui, totalement oubliées depuis mon enfance, se retracent, à mesure que je vieillis, avec un charme que je ne puis exprimer. Diroit-on que moi, vieux radoteur, rongé de soucis et de peines, je me surprends quelquefois à pleurer comme un enfant en marmotant ces petits airs d'une voix déjà cassée et tremblante ?... » (*O.C.*, Pléiade, t. I, p. 11). Croit-on qu'il exagère ? Qu'on lise donc la lettre qu'il envoyait cinq ans plus tôt à Vernes, quelques mois avant la publication de *Julie* (18 novembre 1759) : « Vous me demandez de la Musique. Eh ! Dieu, Cher Vernes de quoi me parlez-vous ? Je ne connois plus d'autre musique que celle des Rossignols (...) Redevenu presqu'enfant, je m'attendris en rappelant mes vieilles chansons de Genève, je les chante d'une voix éteinte, et je finis par pleurer... » (*C.C.*, t. VI, p. 200). Dans *la Nouvelle Héloïse,* Saint-Preux ne pouvait évidemment pas invoquer ces raisons intimes du « charme » exercé sur lui par les chansons des veillées de Clarens. On notera, pourtant, qu'il fait appel à la mémoire affective (« me rappelant les tems éloignés, un tressaillement me prend... »).

Rousseau ne se doutait pas de l'importance de la voie nouvelle qu'il ouvrait à la poésie dans ces quelques pages; de l'innombrable postérité littéraire qu'elles allaient engendrer : de Chateaubriand, Hugo, Nerval, Balzac et George Sand à Laforgue, Péguy, Éluard, Prévert et tant d'autres.

P. 610.

(*a*). « En doublant... proportions » : ajouté dans C.P.

(*b*). Note ajoutée en marge dans C.P. Insérée tardivement, à une époque où Rousseau après sa rupture avec Mme d'Épinay, plongé de nouveau dans sa solitude, ruminait plus que jamais ses ressentiments de « pauvre », humilié. Comme l'agressivité de ce vocatif est significative ! L' « homme au beurre » est le comte de Lastic. En décembre 1755, le comte avait reçu et gardé par inadvertance une bourriche contenant un pot de 20 livres de beurre destiné à Mme Levasseur. Thérèse était venue le réclamer. Il s'était moqué d'elle et l'avait fait chasser par ses gens. Rousseau lui écrivit une lettre d'une ironie glacée, et d'une insolence féroce : « J'ai tâché de consoler la bonne femme affligée, en lui expliquant les règles du grand monde et de la grande éducation, je lui ai prouvé que ce ne seroit pas la peine d'avoir des gens, s'ils ne servoient à chasser le pauvre, quand il vient réclamer son bien; et, en lui montrant combien justice et humanité sont des mots roturiers, je lui ai fait comprendre à la fin qu'elle est trop honorée qu'un Comte ait mangé son beurre. Elle me charge donc, Monsieur, de vous témoigner sa reconnaissance de l'honneur que vous lui avez fait, son regret de l'importunité qu'elle vous a causée, et le désir qu'elle auroit que son beurre vous eût paru bon. » Il adressa cette lettre à la marquise de Menars, la belle-mère du comte, la confiant à sa « prudence pour en faire l'usage qu'elle trouverait à propos ». Dans la lettre d'envoi, il prenait son ton des grands jours : « ... je ne puis m'empêcher, Madame, de vous faire réfléchir au hasard qui fait que cette affaire parvient à vos oreilles. Combien d'injustices se font tous les jours à l'abri du rang et de la puissance, et qui restent ignorées, parce que le cri des opprimés n'a pas la force de se faire entendre ! C'est surtout, Madame, dans vôtre condition qu'on doit apprendre à écouter la plainte du pauvre, et la voix de l'humanité, de la commisération, ou du moins celle de la justice. » Mme d'Épinay intervint à temps pour éviter le pire et Rousseau ayant reçu les « excuses et les honnêtetés » du comte et de la marquise au sujet de ce « malentendu », transmises par Mme de Chenonceaux, n'envoya pas les lettres (cf. *C.C.*, t. III, pp. 231-233).

Vers la fin décembre 1760, un peu avant l'arrivée à Paris de l'édition Rey, Mme de Chenonceaux, qui venait de lire le roman sur une copie manuscrite, saisie d'un mouvement de « chagrin et d'inquiétude » devant la note de « l'homme au beurre », écrivit à Rousseau pour le supplier « soit par carton ou par quelque moyen que ce soit », de la supprimer (*C.C.*, t. VII, p. 359). Rousseau conserva la note et, dans son recueil de copies de lettres, il écrivit en tête des deux lettres que nous avons citées ces mots révélateurs de l'importance prise à ses yeux par cet incident : « Ces deux lettres pourront expliquer une petite note de l'*Héloïse* adressée à *l'homme au beurre* » (Bibl. de Neuchâtel, Ms. 7885, f. 30). Cependant, vaincu sans doute par les observations de ses amies, il supprima la note dans les éd. Rey, 1763 et Duchesne, 1764.

1. Sur les idées de Rousseau sur la musique vocale, cf. le commentaire des lettres 48 (Ire partie) et 23 (IIe partie). Rousseau — il l'a bien prouvé dans l'écriture de son *Devin du village !* — était hostile à la science harmonique qui lui déplaisait, par principe, comme antinaturelle. « Tous ceux qui, sans l'habitude de l'harmonie », a-t-il écrit dans l'article « Unisson » de son *Dictionnaire de Musique,* « n'ont, si j'ose parler ainsi, nul préjugé dans l'oreille, portent un jugement contraire (à celui du partisan de l'harmonie); l'*unisson* seul leur plaît, ou, tout au plus, l'octave; tout autre intervalle leur paroît discordant ».

P. 611.

(*a*). Lettre numérotée d'abord *6,* puis *8.* Il y a donc eu une étape de la rédaction où la Ve partie ne comportait que cinq lettres et non sept avant celle-ci. Tout autorise à croire que les lettres actuelles 6 et 7 ont été tardivement ajoutées à l'ensemble. (Cf. var. (*a*), p. 597 et var. (*a*), p. 602).

(*b*). Br. : *vie intellectuelle.* En marge de ce passage dans Br. ces mots, non utilisés, où apparaît, une fois de plus le lecteur de Plutarque : *O Lucrèce, o Brutus, Virginie* (ou *Virginius ?*), *Scipion, grandes et sublimes âmes qui sûtes régner sur vous, ce fut ici votre patrie.*

(*c*). Br. conserve en marge de cette page la trace d'autres formules enthousiastes, non utilisées, ni effacées : *O le plus respectable des hommes, digne et véritable ami que le Ciel me donna... Vous êtes tous des Dieux bienfaisans... C'est à vous que je dois tout mon être.*

1. Sur le caractère abrupt — et embarrassé — de cette partie du roman, cf. les variantes (*a*), p. 597; (*a*), p. 602; (*a*), p. 611. Sur la technique de présentation des faits — la lettre-énigme précédant la lettre-explication — cf. *supra,* lettres 16 et 17 (IVe partie). Dans le domaine des sentiments aussi règne une certaine obscurité. Non point ceux de Milord Édouard que recouvre encore le mystère le plus total; mais ceux de Saint-Preux. N'y a-t-il pas une étrange contradiction entre les affirmations solennelles du début de V, 2 : « La paix est au fond de mon cœur et... » et cette nouvelle « foiblesse » ou plutôt entre ces affirmations et celle qui ouvre le second paragraphe de cette lettre ? La lettre 7 ne nous donnait-elle pas le sentiment, malgré les « soupirs » à la veillée, d'une « liberté » morale pleinement retrouvée ?

Cette « crise » où sont mises en lumière de façon dramatique les lois de la mémoire affective et la vérité du paradoxe souvent affirmé que l'être aimé est plus près de nous lorsque nous en sommes séparés (et par conséquent plus redoutable s'il est un être interdit) n'apporte plus rien de neuf après la scène de Meillerie. On hésite à croire pourtant qu'il y ait là un doublet inutile. Le romancier insiste trop sur le parallélisme avec le premier départ et la première « crise » — celle de Besançon — pour que nous ne nous sentions pas en présence d'un projet ancien.

Au reste, si cet épisode n'apporte rien de nouveau et même trouble un peu l'idée que nous nous faisons de la vie intérieure du héros, il joue un rôle utile dans la marche de l'action qui va désormais se précipiter. Comme tout songe classique, il est prémonitoire; il annonce le dénouement tragique; il fait peser sur les dernières parties de l'œuvre un lourd poids d'angoisse et de fatalité.

Rousseau croyait-il aux songes, plus exactement à leur valeur « prémonitoire » ? D. Mornet a cru pouvoir répondre par l'affirmative. Et il a montré que Rousseau exprimait ainsi une opinion partagée par nombre de ses contemporains (cf. *N.H.*, *Introduction,* t. I, p. 107). La réalité est plus complexe. En face de l'événement, le romancier nous propose trois interprétations sensiblement différentes, et il nous paraît difficile de dire laquelle il choisit :

1° Il y a d'abord la réaction des gens « raisonnables ». C'est celle d'Édouard qui refuse d'admettre la réalité objective de la vision; qui plaisante, rabroue, sourit. Milord traite son ami de « visionnaire » et agit avec lui, comme avec un enfant, en le conduisant auprès de Julie bien vivante. Saint-Preux rejoint alors le camp de la sagesse et se « moque » à son tour de ses « vaines allarmes ». Cette attitude est celle du Rousseau philosophe et rationaliste. Elle s'exprimera de nouveau dans les réactions de Wolmar lors de la fausse résurrection de Julie : cf. lettre 11 (VIe partie).

2° Mais le Rousseau poète, sensible au mystère, aux signes, celui qui lançait ses pierres contre l'arbre des Charmettes, s'incarne dans le personnage de Claire. Cette fille gaie, vivante et parfaitement équilibrée, avoue être gagnée par la frayeur de Saint-Preux : « Ce voile ! Ce voile !... Il a je ne sais quoi de sinistre qui me trouble chaque fois que j'y pense... » Phrase qui annonce, quelques semaines à l'avance, le début de la lettre finale : « C'en est fait (...) malheureux visionnaire ! Jamais vous ne la reverrez... le voile... Julie n'est... » (VI, 10). Il est évident que Rousseau n'exclut pas, ne veut pas exclure l'idée que de telles rencontres sont autre chose qu'une pure coïncidence. Et qu'il est peut-être donné aux cœurs passionnément aimants comme l'est celui de Claire pour Julie de comprendre, à travers eux, par une sorte d'intuition profonde, le sens de l'événement. Nous n'avons aucune trace d'une foi particulière de Rousseau en la signification des songes, mais il a raconté fort sérieusement, dans les *Confessions* (*O.C.*, Pléiade, t. I, p. 108), sa *vision prophétique* d'un heureux avenir, lors d'une promenade aux environs d'Annecy. Et dans ses souvenirs, Bernardin de Saint-Pierre fait le récit d'une *prévision* saisissante qu'il avait eue, alors qu'enfant, il se promenait aux environs de Genève. (Cf. *la Vie et les ouvrages de Jean-Jacques Rousseau,* éd. M. Souriau, pp. 103-104,

n. 1). Daniel Mornet « excuse » Rousseau; le sage Eymar, moins indulgent, s'écriait : « J'ignore si l'effet de tout cela est bien réellement celui que Rousseau a voulu produire; mais à coup sûr on a peine à y reconnaître le philosophe, l'écrivain sage qui dans tous ses ouvrages s'est montré l'ardent adversaire de tout préjugé et de toute superstition. » (*Œuvres inédites de J.-J.* R., Paris, 1825, t. II, p. 292).

3° Mais il y a une troisième attitude, celle du « savant » qui ne se contente pas de nier le mystère, comme un rationaliste banal, mais sait que tout en nous est significatif, que les « actes manqués », et surtout les rêves sont révélateurs des plus intimes pulsions de notre être, celles que la conscience « censure » avec la plus extrême rigueur. Comme Claire, Wolmar est fortement impressionné par ce rêve de Saint-Preux, mais ce qu'il y découvre, c'est l'inavouable désir de la mort de Julie chez celui qui fut son amant. Sa lettre a de l'humour, mais c'est un humour noir ! L'auteur de *la Nouvelle Héloïse* serait-il aussi un romancier des ténèbres ?...

Sur le plan purement artistique, Rousseau a tiré de cet épisode quelques pages originales où jouent à plein certains de ses dons qu'on est généralement tenté de méconnaître.

Celui du conteur d'abord. *La Nouvelle Héloïse* est un roman presque sans aventures. Rousseau y « raconte » si peu qu'on oublie qu'il peut le faire. Or, il le fait à merveille. La présentation, le découpage, la rapidité du style, la précision des gestes, tout est mis en œuvre par un écrivain très maître de son métier, pour « intéresser », pour émouvoir; mais un don plus particulier apparaît ici ou plutôt un goût, celui du mystère, de la nuit. Il y a dans ce long roman quelques très beaux nocturnes : nuit limpide de l'amour heureux, nuits délirantes de Besançon, nuits sombres des rues de Paris lorsque Saint-Preux a souillé son amour; nuit pathétique de la promenade sur le lac, nuits embrasées par les feux de paysans aux vendanges de Clarens... Et voici, dans cette sordide chambre d'auberge, la nuit de la folie. Brusquement, Rousseau nous fait sentir qu'une menace permanente et terrible pèse sur la raison de l'homme. Ce n'est pas la première « crise » que connaît Saint-Preux. Mais ces délires étaient ceux du désespoir. L'homme qui les éprouvait n'était que « fou de douleur », comme il avait été fou d'amour ! Celui qui erre, les yeux hagards, dans la chambre de Villeneuve est *fou de folie*. L'homme qui a écrit ces pages est d'abord un artiste, amateur de spectacles, amateur de drames, amateur d'estampes surtout, sensible aux effets de clair-obscur, aux contrastes du noir et blanc. Mais qui dira jusqu'à quel point sa main n'a pas été guidée par les terribles images qui n'allaient pas tarder à obscurcir sa pensée ?

2. Quel mot révélateur ! quelle confirmation à la thèse du psychanalyste René Laforgue (« Étude sur J.-J. Rousseau » , dans la *Revue française de psychanalyse,* novembre 1927), selon laquelle l'amour à trois, constamment recherché par Rousseau dans sa vie et placé au

centre de son œuvre romanesque, a été pour lui l'occasion de revivre la situation du fils coupable qui cherche à retrouver l'intimité perdue. Cependant il convient de nuancer cette hypothèse trop rigide, en ajoutant avec J. Starobinski que « Rousseau s'efforce presque instantanément de surmonter la dépendance et l'infériorité que lui impose son rôle d'intrus : il travaille à se donner la fonction du précepteur, c'est-à-dire du Maître, seul possesseur de la science du bonheur » (*J.-J. Rousseau. La transparence et l'obstacle*, p. 219). Entendons ici également le cri de l' « orphelin » : le *besoin de la mère* s'exprime chez Saint-Preux comme chez Rousseau dans une attitude de fils à l'égard de l'amante; besoin d'être possédé plus que de posséder, d'obéir plus que de conduire. Nul doute que l'autorité paternelle ait manqué à Jean-Jacques au moins autant que l'affection maternelle (cf. *O.C.*, Pléiade, t. I, p. 7, n. 3).

P. 612.

(*a*). Br. 1er jet, après « repentir » : *Accablé de vos bienfaits, je ne les connoissois pas tous encore. Milord m'en a (déclaré) montré le plus (sensible) précieux dans celui qu'il prétend que je puis vous rendre. Comment ne (sentez-vous) sent-il pas que, loin d'acquitter par là ma reconnoissance, c'est le moyen de la redoubler. Ah ! dites, vous qui connoissez mon cœur, de quels soins plus doux pourroit-il s'occuper, à quel plus cher emploi pourroit-il consacrer (sa vie) son zèle que celui dont vous daignez m'honorer.* Puis Rousseau a biffé et repris : *Milord m'a tout dit, que je suis heureux ! ainsi je serai...*; puis il a biffé « que je suis heureux », ajouté en marge (après « tout dit »), « rien ne manque plus à mon bonheur »; et, dans C.P., placé enfin cette phrase en tête.

(*b*). Ici Br. 1er jet ajoutait : *Ah ! me disois-je cent fois, je mériterai leur confiance, ils m'estimeront assez pour m'en donner le plus cher témoignage,... mais...*

(*c*). Br. 1er jet : *pour oser vous les communiquer. Loin de penser mériter cette grâce, je ne me croyois pas même en droit de la demander.*

(*d*). Br. 1er jet ajoutait : *qu'il ne m'appartenoit pas d'exiger.*

1. Sur l'importance accordée par Rousseau à la fonction de précepteur, cf. *supra*, p. 55, n. 1 et p, 507, n. 1.

2. Inutile de dire que le romancier se gardera d'offrir à ses lecteurs ce « sistème ». La lettre 3 suffit bien ! Mais, assez naïvement, il « appâte » le lecteur; il glisse une bande publicitaire pour l'*Émile* dont il achève la composition lorsque paraît son roman. Nous avons déjà dit plus haut (p. 557, n. 1) que le « roman » de l'*Émile* est la suite de ce vaste « traité pédagogique » que sont les dernières parties de *la Nouvelle Héloïse*.

P. 613.

(*a*). « si selon... séparer » : ajouté en marge dans Br.

(*b*). Dans Br., numérotée 7 puis, en surcharge 9. Une des lettres de Br. les plus travaillées. Impossible de donner le détail des variantes. Nous indiquons les principaux ajouts.

(*c*). « Non... vous est dû » : ajouté dans Br.
(*d*). « qui feignant... épreuve » : ajouté dans Br.

1. Légère « capucinade », jalon discret pour le *happy end* de la conversion de Wolmar; conversion exigée par les « bienfaits » de Wolmar et les « vertus » de Julie. On notera que Saint-Preux peut se permettre cette allusion à l'athéisme de Wolmar puisqu'il en a été informé par Julie, mais qu'il n'engage pas le dialogue. Pour Rousseau, le cas est désespéré, il n'y a plus de recours que dans la prière et dans la grâce. Le dialogue religieux tel qu'il sera poursuivi dans les lettres suivantes aura lieu *entre croyants*.

2. Ainsi est habilement amorcé l'épisode final des amours de Claire et de Saint-Preux. Sur la place de cet épisode dans le roman et sa signification, cf. Introduction et *infra,* p. 625, n. 1. Mais ce à quoi Saint-Preux fait allusion lorsqu'il déclare : « je ne suis plus le même », « c'est un nouveau cœur que vous m'avez fait », ne nous paraît avoir aucun lien avec les sentiments qu'il éprouve pour Claire. Il s'agit de tout autre chose : de cette mue qui s'est opérée en lui depuis son retour. Ce cœur « nouveau », c'est un cœur *pur,* un cœur purifié. C'est Claire qui a écarté Saint-Preux de Julie, c'est elle qui lui a interdit tout accès auprès de sa cousine au moment de la crise du mariage ! Il lui doit ses moments les plus cruels; il lui doit aujourd'hui la joie indicible d'une conscience pure. Rousseau l'a déjà dit dans une note antérieure : il *lui doit tout* (IV, 3, cf. p. 412, n. 1 *in fine*).

P. 614.

(*a*). « mais je jugeai... exposé » : ajout en marge dans Br. Br. ajoutait en outre : *J'ai vu renaître sa confiance avec cette humeur rêche qu'il retint si longtemps par pitié pour moi, et je suis sur enfin du retour de son estime puisque ses ménagemens humilians ont cessé.* Dans C.P. Rousseau a encore ajouté (entre « exposé » et « J'ai vu renaître ») : *Je fus en même tems charmé de lui retrouver toute cette ancienne âpreté que Julie avait d'abord remarquée et que nos malheurs avaient fait disparaître.* Plus tard il a supprimé les deux derniers ajouts.
(*b*) « nous ne rentrames... à la nuit » manque dans Br.

1. « Au XVIIIe siècle, on exploitait à Bex non la roche, mais la source salée qu'on évaporait dans le bâtiment de graduation » (*Dictionnaire géographique de la Suisse,* article « Bex », 1902). Pourquoi ces explications de Rousseau ? Parce que Bex et Villeneuve étaient trop proches de Clarens pour justifier cet arrêt ? Mais pourquoi cet arrêt en ces lieux ? On ne voit d'autre raison que le « plaisir » d'évoquer, en écrivant ces noms, les souvenirs du pays natal, et singulièrement son émotion lors du retour d'Italie en 1744. La suite le dit assez avec ses phrases harmonieuses sur l'impression que fait naître dans ce vieux cœur le miraculeux phénomène de la mémoire affective : « Dix années s'effacerent de ma vie et tous mes malheurs furent oubliés ». C'est l'enfance retrouvée, c'est

l'entrée au paradis ! Cette impression merveilleuse, peut-être Rousseau l'a-t-il même exactement vécue en ces lieux, si l'on en croit ces simples mots inscrits sur un carnet, rédigé pendant son voyage en 1754, autour du lac : « couché à Bex. »

Nous sommes ici en face d'un phénomène si semblable à celui qui a été décrit et analysé dans la lettre 17 (IVe partie) qu'on en vient à se demander si l'on n'est pas en présence d'un « doublet ». Les différences sont nombreuses il est vrai : Saint-Preux n'est pas avec Julie; surtout, il ne cherche pas à faire surgir les souvenirs. Le caractère involontaire de la mémoire est ici mis en lumière. Mais le mouvement psychologique et moral que suscite le souvenir est exactement le même. Il est décrit avec une netteté qui lève tous les doutes qui pourraient demeurer dans l'esprit du lecteur sur « l'horrible tentation » subie par Saint-Preux sur le lac. Oui, il a désiré la mort de Julie. Et il l'a désirée, non parce qu'il ne peut « posséder » cette femme, mais parce qu'il n'est plus capable de larmes, parce qu'il *n'aime plus*. Après ces aveux, il faut reconnaître que l'interprétation psychanalytique du rêve devient facile.

P. 615.

(*a*). « Ce fut alors... sommeil ». Texte absent de Br.; ajouté, tardivement, en interligne, dans C.P. Ajout important qui justifie les dernières lignes de la lettre de Wolmar (pp. 621-622).

(*b*). En face de ce monologue, dans Br., Rousseau a inscrit ces mots : *N.B. Plus simplement, sans exclamations et finir par les idées de la mort*. Note difficile à comprendre, car 1° dans Br., déjà le texte s'achève par les « idées de la mort » (contrairement à ce que laisse entendre une note de R. Osmont, « Remarques sur la genèse et la composition de *la Nouvelle Héloïse* », *Annales J.-J. R.*, t. XXXIII, p. 139); 2° lorsqu'on compare le texte de C.P., celui du Ms. Rey et le texte définitif à celui de Br., on ne voit guère que l'écrivain ait suivi les conseils qu'il se donnait à lui-même. Quelques phrases de C.P. encore assez « chargées » montrent pourtant, lorsqu'on les compare au texte définitif, qu'il a fait un réel effort dans le sens de la simplicité. Par exemple : *Infortuné, tu ne pleures plus... non tu n'as plus de (gémissemens) plaintes à (pousser) faire (ni) plus de larmes à répandre. Tu n'as plus même... la rejoindre (o comble de misère ! elle vit. O tourment cent fois plus horrible) Mais elle vit...* ... pas pour moi *(c'est moi qui suis séparé d'elle. Hélas ! c'est moi qui ne vis plus) Elle vit pour mon supplice, je suis cent fois...*

La fin de la dernière phrase révèle avec quel scrupule, jusqu'au dernier moment Rousseau a « labouré » ce texte : ... *plus loin d'elle que si elle (n'étoit) (ne vivoit) plus (n'étoit plus) ne vivoit...* Le texte définitif porte *n'étoit.*

(*c*) « Ah ! sur les rochers... les yeux » manque dans Br et C.P.

(*d*). L'éd. Rey 1761 porte *serai-je*. C'est certainement une coquille, corrigée dans l'éd. Rey 1763 et l'éd. Duchesne, 1764. Le Ms. Rey et C.P. ont *ferai-je* et Br. : *que feras-tu donc aujourd'hui...*

P. 616.

1. Sur l'importance accordée à la voix, cf. *supra,* p. 268, n. 1 *in fine.*

P. 617.

(*a*). Br. : *cinq cents.*
(*b*). « ajouta-t-il... main » : ajout dans Br.

1. « *Crépuscule*... Il signifie aussi le temps qui est depuis la fin de la nuit jusqu'au lever du Soleil » (*Dict. Acad.*, 1762). Baudelaire, après Rousseau, a donné pour jamais droit de cité en littérature à ce *Crépuscule du matin.*

P. 618.

1. Habileté du romancier. Pour que se déroule, selon le plan prévu, le roman de Claire et de Saint-Preux, il ne faut pas que celui-ci ait entendu l'aveu que la jeune femme, au même instant, faisait à sa cousine de son amour pour lui; mais il n'est pas inutile qu'il le « préssente ». Et la voix est pour lui, comme pour Rousseau, le plus sûr truchement du cœur (cf. *infra* les charmantes réactions féminines de Claire, cf. le *P.S.* et var. (*a*), p. 621). Il faut aussi que Claire ne soit pas tout à fait certaine que Saint-Preux n'a pas entendu. Nous voilà en plein Marivaux !
2. Cette phrase éclaire la suite, et les terreurs de Claire. Sans avoir vu, Saint-Preux affirme que le voile était levé. Il ignore si Julie en avait un. Mais la peur de Claire nous empêche d'en douter. Étranges coïncidences. Naturellement la présence réelle, matérielle du voile n'empêche nullement l'emploi de la métaphore. Au contraire !

P. 619.

(*a*). Br. : Lettre *8* puis le *8* effacé a été remplacé par *10.*
(*b*). « ont fait de plaisir à la petite communauté ». Cette expression qui définit si heureusement Clarens remplace dans C.P. cette phrase banale : *nous ont fait à tous un fort grand plaisir.*
(*c*). « et j'en ai passé... inutiles » manque dans Br. et C.P.
(*d*). « Elle n'a remarqué... douleurs » manque dans Br. qui continuait par ces mots : *et je crains que ce souvenir ne lui laisse une impression de tristesse qui ne s'effacera pas si tot. Quant à moi.* Puis Rousseau a effacé et continué par : « Je vous avoue aussi... » Le développement : « Quant à moi, je vous dirai... lendemain » a été introduit ensuite dans C.P.

1. Voilà sans aucun doute une déclaration en règle. Mme d'Orbe a dû lire, elle aussi, les romans précieux.
2. C'est un des charmes de ce roman que de voir Jean-Jacques s'y adresser au passage quelques brocards sévères et justes. Mais il prend soin de se faire dire ces vérités par de charmantes femmes qui

l'aiment pour ses défauts mêmes : elles lui sont moins cruelles. Claire, dans le début de cette lettre, retrouve, avec plus de naturel, le ton allègre des premières. Au moment où le livre s'achève, c'est comme un souffle de printemps qui passe, une renaissance du jeune amour. Mais l'amour ne renaîtra pas ! Et la mort est proche désormais. La fin de la lettre nous le rappelle.

P. 620.

(*a*). *tant plus :* Ce provincialisme de Suisse romande (cf. Alexis François, *Annales J.-J R.*, t. III, p. 65) n'est pas venu spontanément sous la plume de Rousseau. Il a d'abord écrit dans Br. : « plus que je n'aurois fait », puis dans C.P. : *d'autant plus aujourd'hui.*

(*b*). « et il se trouve.. dépends » : ajouté dans Br. probablement après la suppression signalée dans la note suivante.

(*c*). Ici, Br. ajoutait : *Revenez donc, mon ami, revenez le plus vite qu'il se pourroit dissiper mon inquiétude si vous ne voulez pas me laisser croire que vous ne savez montrer du courage qu'à mes dépends.* Puis il a effacé et ajouté : « Convenez... être un sage ».

P. 621.

(*a*). Br. : *notre petite société* (cf. var. (*b*), p. 619).

(*b*). Dans Br. ce *P.S.* commençait ainsi : *Vers la fin de votre lettre je trouve un article un peu louche, et si j'étois en train de rire, il m'en fourniroit un assez bon sujet. Mais soit que vous m'éleviez au rang de Julie, ou que vous la rabaissiez au mien, je vous remercie de cette égalité. Je m'honorerai toujours d'être à côté d'elle, même ailleurs que dans votre cœur.* Rousseau a supprimé ces agaceries de coquette dans les corrections de C.P.

(*c*). Cette lettre manque dans Br. Sans doute Rousseau l'a-t-il ajoutée tardivement à son texte. La lettre 12, n'étant pas numérotée, ne permet pas de l'affirmer de façon certaine. Cependant quelques lignes inscrites dans Br. en tête de cette lettre 12 rendent cette hypothèse vraisemblable : *Pauvre Cousine, la joie d'avoir reçu des nouvelles voudroit te rendre plaisante ; mais cela ne va pas. Un moment après tu oublies ton rôle et tu te remets à pleurer.* Dans la rédaction primitive, antérieure à la lettre 11, cet ajout se trouvait *en face* du dernier feuillet de la lettre 10. Elle n'est pas autre chose qu'une *note* de Rousseau, une de ces interpellations à ses héros dont il est coutumier. Ce qui est certain, c'est que la lettre 11 n'est pas absolument nécessaire. On comprend cependant que le romancier ait jugé bon de faire intervenir Wolmar directement dans une affaire aussi grave que celle du choix d'un précepteur pour ses enfants. Il a aussi jugé utile d'expliquer l'étrange silence de Julie, qui aurait dû écrire à Saint-Preux à ce sujet. Il faudra attendre la lettre 6 (VIe partie) pour lire une lettre d'elle à son ancien amant ! Enfin, l'interprétation psychanalytique que Wolmar propose des songes est du plus haut intérêt.

(*d*). C.P. : *Au point où vous me semblez être, à quelles bornes doit-on fixer la crédulité ? Si vous étiez bien conséquent vous n'auriez pas le droit de rejeter le moindre conte de vieille. Pour un homme à sistèmes ce n'eſt pas une si grande affaire qu'un rêve de plus ou de moins.* Ms. Rey : *Il me semble qu'au point où vous en êtes vous n'avez pas le droit d'être si difficile et pour un homme...*

1. Entendons par là que, pour Wolmar, les « siſtèmes » élaborés par les philosophes ne sont que des « rêves » sans aucun rapport avec le réel. Dira-t-on que cet homme a mauvaise grâce à parler ainsi ? Ce serait n'avoir pas compris que son syſtème eſt de n'en pas avoir, de se plier conſtamment au réel, de suivre ses lois, d'être, en un mot, moins un « philosophe » qu'un « savant ». Au reſte, nous avons déjà dit la contradiction qui déchirait Rousseau à ce sujet (cf. *supra,* p. 427, n. 1 et p. 557, n. 1).

2. Une fois de plus, Rousseau puise dans les souvenirs de son cher Plutarque *(Vie de Denys)* mais peut-être, à l'heure où il met au point le *Contrat social,* a-t-il sur sa table *l'Esprit des Lois* où Montesquieu, avant lui, avait rappelé cette anecdote (l. XII, chap. XI) : « un Marsyas songea qu'il coupoit la gorge à Denys. Celui-ci le fit mourir, disant qu'il n'y auroit pas songé la nuit s'il n'y eût pensé le jour. »

Nous avons dit dans l'Introduction (cf. *supra,* pp. LVIII-LX) la place occupée par l'épisode des amours de Milord Édouard, sa signification, ses modifications successives. Il eſt certain que, dans une rédaction primitive, il occupait un plus grand nombre de pages. Cf. la note finale de cette lettre, la correspondance échangée entre Rousseau et Duclos à ce sujet et surtout le récit des *Confessions* (*O.C.*, Pléiade, t. I, p. 524). Nous ne connaîtrons jamais dans son intégralité primitive le récit de ces « Aventures ». Rousseau, dans les *Confessions,* déclare formellement l'avoir « brûlé ». Mais les allusions contenues dans les lettres 12 et 13 (IVe partie), 2 et 3 (VIe partie), et l'extrait que le romancier a rédigé pour le joindre à la copie qu'il deſtinait à la maréchale de Luxembourg, sous le titre des *Amours de Milord Edouard,* nous permettent de nous le représenter assez exactement, et de mesurer ce que le sacrifice de Rousseau nous a fait perdre ou gagner. Pour de multiples raisons, cet épisode devait lui paraître bon et même nécessaire : désir de faire aussi de Milord Édouard un héros de l'amour; désir d'introduire dans ces dernières parties un peu auſtères l'agrément d'une nouvelle « romance »; désir de colorer du rouge sombre de la jalousie ce roman d'amour; désir enfin de donner une place plus importante à l'Italie, pays qu'il aimait tant.

Si pourtant, après avoir « balancé longtems », il y a renoncé, ce fut pour des raisons purement eſthétiques : « En y repensant, je n'ai pu me resoudre à gâter la simplicité de l'hiſtoire des deux amans par le romanesque de la sienne » (V, 12, note) et dans les *Confessions :* « Je me déterminai enfin à les retrancher tout à fait, (les « aventures ») parce que n'étant pas du ton de tout le reſte elles en auroient gâté la touchante simplicité » (*O.C.*, Pléiade, t. I, p. 524). Admirons, une fois de plus, ce souci « classique » de l'unité de ton.

Le sacrifice, décidé à une date, semble-t-il, assez tardive, n'a pas été sans poser quelques problèmes techniques assez difficiles à résoudre. Malgré les notes ajoutées ici et là — et pour une fois non désinvoltes — le lecteur se trouve assez décontenancé devant ce nouveau roman concernant un personnage secondaire, qui l'écarte du drame essentiel, qui éloigne matériellement l'un des protagonistes en rattachant, il est vrai (mais c'est tant bien que mal), cette dernière épreuve à son aventure sentimentale personnelle (cf. VI, 3 début), qui le met brusquement en présence de personnages inconnus et le plonge dans un climat psychologique tout nouveau. Ce défaut était peut-être peu choquant pour les lecteurs de romans du XVIIIe siècle qui étaient habitués à ces histoires annexes, à ces récits supplémentaires. Nous y sommes certainement plus sensibles. Mais le roman y gagne un certain air de « mystère » habilement accentué par le romancier qui joue plus que jamais des possibilités du roman par lettres (secrets, confidences, jeux de miroir, etc.). Et ce n'est pas sans charme.

Cependant l'histoire des textes relatifs aux amours d'Édouard ne s'arrête pas là. L'étude des manuscrits apporte une révélation beaucoup plus importante; elle nous prouve en effet, de façon certaine, que, dans une rédaction primitive, Rousseau avait imaginé pour l'aventure sentimentale d'Édouard une solution « heureuse », c'est-à-dire un mariage avec Laure, solution acceptée par toute la communauté de Clarens, en particulier par Julie, de la façon la plus enthousiaste et la plus explicite (cf. var. (*b*), p. 626 et surtout var. (*b*), p. 627 et, dans la lettre 2 (VIe partie) var. (*a*), p. 639). Pourquoi Rousseau a-t-il finalement adopté une solution radicalement différente ? Cette hésitation sur un point aussi important est singulièrement révélatrice des contradictions intimes qui régnaient dans son esprit. En choisissant le mariage, il suivait l'une de ses pentes, la révolte contre un ordre social injuste qui, après avoir fait d'une fille honnête une prostituée, voudrait l'empêcher de s'unir à un homme qui l'aime vraiment, qui est vaincu par son amour, qui découvre en elle l'amour *vrai* qu'une femme de sa caste n'a pas su lui donner. Sur le plan même du roman, son personnage restait fidèle à lui-même. N'était-il pas cet homme « indépendant », cet « Anglais » exempt de « vanité » et supérieur aux « conventions », qui avait offert à Julie, si elle épousait Saint-Preux malgré l'opposition paternelle, un asile dans ses domaines ? Le Rousseau de la note sur La Bedoyère, le « philosophe » qui pensait que la sagesse est de se conformer à la « nature », devait aboutir à cette solution « raisonnable ».

Mais, d'autre part, qui ne voit les graves obstacles sur lesquels butait ce mariage ? Décision révolutionnaire, scandaleuse, absolument inacceptable dans la haute société européenne du XVIIIe siècle !

La seule lecture de la note des censeurs sur le mariage La Bedoyère suffirait à nous en convaincre. Ils ont eux-mêmes fait le rapprochement entre la situation de « cette Laure que Saint-Preux ne veut pas que Milord Edouard épouse », et l'actrice Agathe Sticoti qui avait vécu dans cet « état de comédienne auquel nous avons attaché en quelque sorte une note d'infamie,... » (*C.C.*, t. VIII, p. 118). A tant d'ouvrages d'histoire et de sociologie dont nous avons déploré l'absence au cours de ses commentaires, ajoutons celui d'une histoire de la prostitution et de la galanterie dans l'Europe de l'époque classique. On sait la place qu'elles occuperont dans la littérature romantique. D'où vient ce brusque intérêt de Hugo, de Balzac, de Baudelaire, pour ces « misérables » que sont les courtisanes ? Peut-être de cet épisode trop méconnu du roman de Rousseau. Si l'on en croit Mornet, « à peu près aucun romancier du XVIIIe siècle » n'avait « tenté avant Rousseau la demi-réhabilitation de la courtisane qu'on trouve dans cette lettre et les suivantes. Je ne vois guère », ajoute-t-il, « que la Florella du *Bal de Venise* de Baculard d'Arnaud qui oublie la débauche pour l'amour » (cf. *N.H.*, t. IV, p. 157, n. 2). Il rappelle d'autre part le célèbre épisode de *Jacques le Fataliste* où, quelques années plus tard, Diderot présentera une ancienne femme galante, « la d'Aisnon », devenue — grâce à la vengeance de Mme de La Pommeraye — Mme des Arcis, « une des meilleures femmes qu'il y eût au monde ». On pourrait cependant mentionner deux ou trois romans qui réhabilitent des courtisanes par l'amour, notamment *la Courtisane amoureuse* de La Fontaine et *les Femmes de mérite* de Yon. Il est certain que l'amant d'un jour de la Zulietta fut très profondément ému par le sort fait aux « filles » dans la société où il vivait. Les pages des *Confessions* sur les « célèbres courtisanes » de Venise, le péril couru par la Fanchon et conjuré par Julie, la débauche nocturne de Saint-Preux à Paris, s'unissent au roman de Lauretta Pisana pour nous en donner la preuve. Mais les lecteurs de Rousseau auraient-ils partagé ses sentiments ? On peut se demander s'ils n'auraient pas été choqués par l'installation au foyer de Julie de l'ancienne courtisane. Les réactions de Claire, dans le texte actuel, expriment parfaitement cette attitude conformiste. Il est vrai que cette réaction nous est donnée comme instinctive, nullement raisonnée; elle vient de ce « cœur » qui, chez Julie aussi, « murmure » contre un pareil mariage; le cœur, puissance mal contrôlable, et très fortement sensible à l' « opinion ».

D'autres raisons plus importantes que la prudence ont dicté la décision de Rousseau. C'est par fidélité à la poussée la plus profonde de son être, celle de l'héroïsme cornélien, qu'il a imposé à ce couple d'amants la seule solution compatible avec l'atmosphère générale de l'œuvre : « Elle a fait son devoir, il faut faire le votre ! » (VI, 3). L'auteur de la *Lettre à d'Alembert* retrouvait ici tout naturellement le « climat » spirituel de *Bérénice,* la plus cornélienne des tragédies de Racine, où l'amante prend la décision héroïque et l'impose à l'amant. Le romancier prend soin d'ajouter que Laure a été portée à ce sacrifice par Saint-Preux qui a trouvé en elle « toute la générosité qui est inséparable du véritable amour » (VI, 3, p. 653). Saint-Preux en effet avait écrit à Wolmar : « le véritable amour est inséparable de la générosité » (V, 12). Se souvenait-il alors que Claire, lorsqu'elle avait exigé de lui la renonciation à Julie, lui avait tenu le même langage ? (cf. *supra,* III, 1, p. 307, n. 1 et p. 311, n. 3). Ainsi prend tout son sens la phrase apparemment très étrange de Julie : « Quand ma raison me dit cela, mon cœur en murmure... » En renonçant à un paradoxe facile à partir d'une situation banale, c'est-à-dire en renonçant à marier Lauretta et Édouard, Rousseau est plus original, plus profond, et plus en accord avec sa philosophie morale : il n'y a pas d'amour sans vertu, et pas de vertu sans ordre. La notion d'ordre, qu'il a sans doute reçue de Malebranche *(Traité de morale),* est capitale pour lui; elle a joué dans le cas de Julie, en amenant celle-ci à refuser l'offre d'Édouard d'abriter les amants en Angleterre. On trouve dans Prévost un exemple un peu semblable à celui d'Édouard : le heros de l'*Histoire de la jeunesse du Commandeur*, amoureux non pas d'une courtisane mais de la fille d'une courtisane, se blâme de ne pas l'épouser, et de manquer ainsi de loyauté envers elle; mais il n'a pas la volonté réelle de le faire, car ce serait une folie, un scandale, un crime contre l'ordre moral (incarné dans l'ordre social et familial, comme chez Rousseau); Rousseau a donné une portée dramatique à une situation que le héros de Prévost résolvait par la veulerie.

Une autre exigence morale a dû jouer, celle qui condamne le mariage d'amour.

Lorsque la Marquise est devenue veuve, donc libre d'épouser Édouard, la vraie raison qui écarte celui-ci du mariage n'est pas le sentiment de la faute qu'il y aurait pour lui à profiter de la mort d'un homme qu'il a mortellement blessé en duel, c'est le recul épouvanté devant une passion sauvage, primitive, éminemment destructrice. L'amour de Lauretta est d'une autre espèce, mais il est aussi passionné. Fidèle à sa doctrine, Rousseau doit s'interdire de le couronner par le mariage. Lauretta sait ou pressent que leur amour n'a de chances de durer que s'il n'est pas sanctionné par le mariage : (cf. sur ce problème, p. 192, n. 1 et la lettre 2 (IIe partie).

Sur le plan esthétique, nul doute que le choix ait été bon. D'une part, Rousseau demeure dans la vraisemblance, sans pour autant quitter l'héroïsme; d'autre part, utilisant une fois de plus les possibilités du roman par lettres, laissant à Julie le soin, tout en hésitant, de dire pourquoi la solution optimiste pouvait être acceptable, il a laissé exprimer par d'autres, par Claire d'abord, sur un ton de conformisme social vif et superficiel qui n'exclut d'ailleurs ni générosité ni délicatesse (VI, 2), par Saint-Preux ensuite, avec plus de noble sérénité, les arguments contre le mariage. Il a multiplié les points de vue, les nuances, les variations et proposé une méditation beaucoup plus riche que celle qu'il avait d'abord envisagée.

Surtout, il a maintenu son œuvre au niveau où il l'avait haussée. Milord Édouard et Lauretta Pisana méritaient d'être élevés eux aussi à la dignité d'amants héroïques, de connaître la noblesse des dénouements tragiques. Comme Bérénice dans l'Orient désert, comme la religieuse portugaise derrière ses grilles, Lauretta Pisana se souviendra jusqu'à son dernier jour de la terrible et merveilleuse faveur qu'elle a reçue du destin.

P. 622.

(*a*). Dans Br. non numérotée.

(*b*). « Dans quel pas dangereux je me trouve engagé » est ajouté dans Br. en marge, sans aucun autre motif apparent que le désir secret du chant en un alexandrin tragique.

P. 623.

(*a*). Br. ajoute en marge : *Elle ne semble pas avoir recouvré son innocence mais ne l'avoir jamais perdue ; en la voyant...* Ms. Rey : « ... modestie : *rendue à la vertu, elle semble ne l'avoir jamais abandonnée ;* en la voyant... »

(*b*). « enfin je dois dire... auprès d'elle ». Texte de Br. supprimé dans C.P. rétabli tardivement.

(*c*). Br. 1er jet : *un mariage infame.*

1. Un des effets heureux de l'insertion de cet épisode, même mutilé, dans le roman, est d'avoir permis à Rousseau d'exprimer certains aspects raffinés de sa sensibilité. Le « solitaire » devait parfois considérer avec ce regard fait de tendresse et de compassion le visage de celle qui partageait sa vie depuis tant d'années.

P. 624.

(*a*). « Il sait bien... quiter » manque dans Br.

(*b*). Br. : *de la différence de religion.*

(*c*). Br. 1er jet : *ne peut.* Correction importante. On voit mal en effet le protestant Saint-Preux, apôtre de la tolérance religieuse, approuvant et utilisant une arme de ce genre !

(*d*). « et deshonnête » manque dans Ms. Rey. Ajouté dans C.P. tardivement.

(*e*). Le texte de Br. s'arrêtait là. La fin de la lettre a été ajoutée dans C.P. Souci de vraisemblance, afin de rendre plausible la lettre suivante où Wolmar laisse ignorer à Julie la lettre que Saint-Preux lui a adressée. Il n'y sera question que d'une lettre de Milord Édouard à Wolmar et d'une longue lettre de Saint-Preux à Claire (que d'ailleurs nous ne connaissons pas directement).

1. Pour ce « cornélianisme », cf. *supra,* p. 621, n. 1.

P. 625.

(*a*). Dans Br., lettre sans indication d'expéditeur ni de destinataire, numérotée 10, puis 12 (preuve complémentaire de l'adjonction tardive de la lettre 11 actuelle). Texte très « primitif » surchargé de corrections.

(*b*). Note absente de Br. et de Ms. Rey. Inscrite tardivement dans C.P., au verso du folio 109, en face du folio 110 où commence la lettre 12, et sans appel de note. Faut-il déduire de cette insertion tardive que Rousseau, jusqu'à la dernière minute, a pensé faire la part plus large aux « aventures » de Milord Édouard ? Ce n'est pas impossible. Nous pensons plutôt que cette note lui a été dictée par le souci de répondre à l'avance à l'accusation d'obscurité à laquelle une dernière lecture de son roman lui révéla que celui-ci ne saurait échapper.

(*c*). Br. 1er jet : *te voilà prise au même piège*. En interligne Rousseau corrige : « prise au las »; pas de note. Dans C.P. il écrit d'abord *las*, corrige en *lacs*, et finalement, en marge, rétablit *las*. Pas de note. Ms. Rey a *las* et pas de note. Celle-ci a dû être introduite sur épreuves. Supprimée dans éd. Rey, 1763. La référence : « VIe partie, lettre 5, p. 64 », renvoie évidemment à l'édition originale. Cf. *supra*, p. 659.

1. « Tu es prise, ma pauvre Cousine... » Nous voici donc introduits enfin de façon décisive dans les amours de Claire et de Saint-Preux, dernier épisode de ce vaste roman d'amour. Il se déroulera en cinq lettres : V, 13 où Julie conseille à sa cousine le mariage et s'offre comme médiatrice; VI, 2 où Claire répond à Julie; VI, 6, où Julie fait part à Saint-Preux du dessein qu'elle a de le marier à Mme d'Orbe; VI, 7 où Saint-Preux répond en refusant; enfin VI, 8 où Julie renonce à son projet. Aussitôt après se feront entendre les sonneries douloureuses du dernier acte, et nous sommes brusquement placés en présence de la mort. Le roman s'achèvera pourtant par un dernier appel de Julie mourante à Saint-Preux : « Songez qu'il vous reste une autre Julie... » Mais Saint-Preux et Claire resteront sourds. Dans un dernier message, Claire précisera la situation dans quelques phrases aussi nettes que le tranchant d'une épée. Saint-Preux restera éternellement veuf de Julie.

Une question se pose avant toute autre. Cette intrigue faisait-elle partie de la conception primitive de l'œuvre ? C'est possible; non certain. Ce qui nous pousserait à l'affirmer est la phrase du livre IX des *Confessions* où, exposant le schéma du roman, Rousseau dit que Claire était pour l' « amant » de Julie une « tendre amie et même quelque chose de plus... » Mais, outre que ce texte est tardif, les termes en sont trop vagues pour qu'on en puisse inférer l'idée précise d'un « roman » entre les deux personnages.

Le romancier a disposé, tout au long du livre, des jalons, des amorces, des pierres d'attente et lorsque nous les découvrons nous éprouvons le vif plaisir que donne le spectacle d'un travail bien fait. Mais la plupart de ces allusions précisément sont tardives; d'autres qui sont peut-être de premier jet (nous n'en sommes jamais certains) ne prennent une signification aussi nette à nos yeux que parce que ces yeux sont déjà avertis.

Ce qui est sûr, c'est que nous imaginons fort bien le roman amputé de ce prolongement. L'accident où Julie trouve la mort aurait pu se produire aussitôt après le départ des deux voyageurs vers Rome : nous aurions été privés des Amours d'Édouard et des Amours de Claire. Le roman eût gagné en simplicité et en force. Mais de quelles richesses n'eût-il pas été diminué ? Nous l'avons déjà dit pour les Amours d'Édouard. C'est beaucoup plus vrai encore pour ceux de Claire. A nous en tenir au seul plan esthétique, l'épisode provoque un rebondissement dramatique heureux. Dans cet automne du roman il est le souffle d'un nouveau printemps. Que le romancier, très attentif aux réactions de son public devant tant de discours moraux et religieux, ait songé à tirer parti du cœur disponible de Claire pour assurer jusqu'au bout l'intérêt romanesque de l'œuvre, est, en somme, vraisemblable.

Une deuxième raison a joué. Le psychologue, l'analyste, n'a pu résister à la tentation de faire sous nos yeux quelques exercices de style. *Felix culpa !* Nous devons à cette faiblesse quelques pages d'une lucidité, d'une subtilité, et aussi d'une force de pensée et d'une chaleur lyrique admirables, et qui seraient beaucoup plus connues si elles n'étaient perdues dans l'énorme fleuve du roman. Certaines phrases de la lettre 13 (V^e^ partie) semblent sorties d'un recueil de lettres de direction qui pourraient être signées François de Sales ou Fénelon : « Cet aveu te sembloit presque nécessaire pour le rendre tout à fait innocent... », « et l'on voit à ton inquiétude que tu attends de ses nouvelles plutôt que tu n'en demandes ». D'autres semblent venir tout droit de *l'Astrée.* Nous ne sommes pas étonnés de voir surgir de nouveau la poésie lyrique sous forme d'un vers de Métastase. L'amour y redevient une divinité; Julie parle de ses « traits », de sa « vengeance ». Et dans sa réponse, Claire nous fait une « confession » — c'est son mot — qui révèle en elle une pénitente formée à la plus délicate attention à soi-même.

Les lettres échangées entre Julie et Saint-Preux ont nécessairement un autre ton; beaucoup plus difficiles à écrire pour l'une et pour l'autre. Julie s'y pose en directeur de conscience, ce qui n'est pas pour nous surprendre; elle traite, sans fausse honte, de problèmes difficiles, mais vrais; et n'hésite pas à invoquer des arguments physiologiques pour assurer la stabilité de la situation qu'elle a créée. Réalisme de Rousseau ! Nous l'admirons, non sans regretter qu'il ait chargé Julie de l'exprimer. Elle-même paraît gênée par une solution qu'elle propose comme sage, raisonnable — et qui l'est peut-être — mais qui, par tant de côtés, apparaît difficile, déplaisante, équivoque. Une honnête femme offre-t-elle à son ancien amant de vivre sous son toit, comme époux de son amie ? L'en croit-elle capable ? Que cherche-t-elle ? Son bonheur à lui, ou sa sûreté propre ? N'agit-elle pas en pure égoïste ? Et puis... est-elle sincère ? S'il acceptait, quelle déception !... On lit, on relit ces lettres; rien de moins « transparent » ! Jusqu'à la dernière minute, le mystère des cœurs reste intact. Pour Saint-Preux, accepter serait de la dernière insolence, du dernier vulgaire ! (et sans doute se fermerait-il à jamais le cœur de Julie). Refuser est difficile : il aime Claire d'amitié vive; et elle lui est offerte par Julie. Blessera-t-il à la fois celle qui offre et celle qui est offerte ? Le « philosophe » se tire pourtant à son honneur de ce pas difficile. D'autres raisons encore justifient la présence de cet épisode :

1° Il apporte la réponse la plus pertinente à l'objection suscitée par la situation créée par les époux Wolmar lorsqu'ils ont invité Saint-Preux. Que serait-il advenu si Julie n'était pas morte ? Personne ne répondra jamais à cette question. Le romancier a laissé cela aussi à deviner au lecteur ! Mais n'a-t-on pas entendu le cri d'angoisse qui échappe à Julie à la fin de la lettre 13 (p. 634) : « mon avis est qu'à quelque prix que ce soit nous écartions de nous cet homme dangereux, toujours redoutable... » Rousseau pouvait tout de même espérer qu'il serait lu par des yeux intelligents.

2° Cet épisode est en parfaite harmonie avec la « couleur » générale de l'œuvre. Ce fragment du roman où chacun des personnages risque à chaque mot de faire souffrir l'autre, n'est que source de joie, de paix, d'amitié, de gaîté. Pourtant nous ne sommes pas dans un monde irréel, fade et doucereux, désincarné. Une sorte de « grâce » règne sur ces pages. C'est le paradis retrouvé; c'est du Mozart.

C'est surtout le triomphe de l'Amour. Car enfin, la signification profonde de l'épisode est bien là : d'une part, il fallait que Claire fût amoureuse. Il fallait qu'elle fût, elle aussi, une victime, une vaincue. Quel ton de victoire dans les mots de Julie : « Tu es prise, pauvre Cousine » ! Elle lui crie sa joie de la voir la rejoindre dans ce monde bienheureux où est la vraie vie : le monde des êtres qui souffrent mais qui aiment !

D'autre part, Saint-Preux en refusant le mariage refuse l'enlisement dans la sécurité, la paix, le bonheur. Il veut sauver l'Amour. Eh quoi ! dira-t-on, Rousseau conclut-il donc son œuvre en se contredisant ? Peut-être... Nous l'avons dit souvent : devant le mystère de l'amour, deux tendances s'affrontent en son âme entre lesquelles il est déchiré. Nous devons nous garder d'appauvrir cette richesse. Cette dernière lettre de Saint-Preux à Julie est le plus ardent de ses chants d'amour. Les beaux vers y jaillissent : « L'amour, l'aveugle amour put vous forcer à vous donner. » « Que ne me laissiez-vous un cœur à lui donner... » « Je n'ai pu vivre à vous; je mourrai libre. » « Cette idée feroit mon supplice et celui d'une infortunée »; ultimes déclarations à quoi feront écho celles de Julie dans sa lettre testamentaire (VI, 12). L'unité musicale est le signe de l'unité spirituelle.

P. 626.

(*a*). « C'est cela même... que toi » : ajouté en marge dans Br.

(*b*). « car elle respire... bizarres ». Ce développement dans Br. était sensiblement différent : *Car elle respire une amitié si tendre que quelqu'un plus difficile en amour que tu ne prétends l'être eût pu s'en contenter autrefois ; et ces témoignages qui ne sont ni nouveaux ni indifférens sont suivis d'un long détail des événemens qui ont précédé le mariage de Milord Edouard et de la conclusion de cette épineuse affaire ; il en parle, tu peux bien le croire, avec la chaleur d'un homme qui y prend le plus vif intérêt, et pourtant d'une manière aussi simple que s'il n'en avoit été que spectateur. Mais cette lettre en contenoit une autre pour moi de Milord Edouard dans laquelle il prend un ton bien différent et prétend lui devoir son repos et le bonheur de sa vie. On diroit qu'importuné du titre de bienfaiteur de son ami, il trouve du soulagement à lui être obligé lui-même ; et sur les faits qu'il rapporte il faut avouer aussi que notre hôte a mis à cette affaire le zèle et la fermeté dont elle avoit besoin pour être heureusement terminée ; il n'a fait que son devoir, mais il l'a fait en homme qui le connoît et l'aime. Ils étoient dignes tous deux de faire beaucoup l'un pour l'autre, et nous ne pouvons que nous honorer d'avoir Edouard pour ami.*

Je t'avoue que cet heureux dénouement me tire d'une inquiétude que je t'ai souvent cachée pour ne pas augmenter la tienne et même à présent que tout est fait, j'y vois dans le passé des difficultés qui m'effrayent encore pour celui qui les a su vaincre. Conviens qu'il y avoit dans tout cela des situations bizarres.

1. Sur ce désir de Rousseau d'analyser des situations psychologiques délicates, cf. *supra,* p. 622, n. 1.

P. 627.

(*a*). Br. : *les horreurs de la prostitution.*

(*b*). A partir d'ici dans Br. le développement était très différent : ... *une. Il y a dans cette fatale intrigue bien d'autres énigmes aussi (difficiles) pénibles à concevoir. Hé bien ma chère voilà pourtant les difficultés que notre aimable ami a surmontées. Il a désuni deux cœurs qui s'aimoient sans se convenir, il a joint ceux qui se convenoient sans s'aimer mutuellement, il a vaincu l'orgueil et les préjugés, (il a fait préférer à son ami l'objet dont il était aimé à celui qu'il aimait) il a fait triompher l'amour de l'amour même ; du sein du vice et de l'opprobre il a tiré le bonheur et la vertu. Il a délivré son ami de la société d'un monstre en lui (donnant) créant pour ainsi dire une compagne digne de lui. Il a fait un honnête homme heureux : (il doit l'être encore davantage) juge (combien) s'il doit l'être lui-même.*

Dans la même lettre Milord Edouard entre dans le détail de ses arrangemens, il me dit qu'il va partir avec notre ami pour Naples où il a quelques affaires, qu'ils iront ensemble voir le Vésuve ; je ne sais pas ce que cette vue a de si attrayant. Qu'ensuite, revenus à Rome prendre sa nouvelle Epouse, ils en partiront tous trois pour nous venir joindre. Que continuant son voyage en Angleterre il nous laissera sa femme et son ami pour gages de son retour, et qu'après avoir réglé ses affaires il reviendra (passer sa vie) vivre avec nous (jusqu'à ce qu'il plaise à Dieu de lui donner des enfans avec lesquels il reprendra le chemin de sa patrie pour y passer le reste de ses jours, à remplir ses devoirs de Père et de Citoyen) élever ses enfans avec les nôtres jusqu'à ce qu'ils puissent un jour dans sa patrie honorer le rang qui leur est destiné.

Mon Père et mon Mari sont fort contens de cet arrangement et je n'imagine pas que tu le désapprouves. Quant à moi je serois charmée de voir Miladi Bomston. Quel prodige doit être cette aimable personne pour avoir su par sa propre force s'arracher au désordre de sa première jeunesse et, par huit ans de constance et d'épreuves effacer l'infamie où la plongèrent d'indignes parents ; son éducation la perdit...

(*c*). « Ai-je évité... sacrifices » manque dans Br.

(*d*). Ici Br. ajoutait : *Et pour son propre mérite, et pour son vertueux Epoux et pour le sage ami qui les donna l'un à l'autre, pourroit-elle manquer d'être honorée parmi des gens qui ne rougissent que de mal faire, qui savent surtout combien on doit d'encouragemens et d'éloges à qui sait se relever de ses chutes et remonter à son état.* Suppression très caractéristique, surtout si on la rapproche de celles qui la précèdent et des ajouts qui la suivent (cf. var. (*a*), p. 628). Il est certain que le texte de Br. correspond à la première conception du dénouement de cette histoire, celle qui faisait de Lauretta la courtisane, l'épouse d'un Lord. Lorsque, finalement, Rousseau a reculé devant cette hardiesse, il a dû, sans le faire totalement disparaître, modérer sensiblement l'enthousiasme premier de Julie. La suppression a été tardive. Elle fait partie des corrections apportées au texte de C.P.

1. Rêvons à ce roman de la prostituée régénérée par l'amour que Rousseau aurait pu écrire, qu'il a peut-être écrit. Relisons, au début de *Splendeurs et misères des courtisanes,* l'histoire de la *Torpille* où les analyses de Balzac sont sensiblement différentes de celles de Rousseau et redisons-nous le vers de Marion de Lorme (tant admiré par Balzac) : « Et ton amour m'a fait une virginité ! »

2. Laure a été « vendue par d'indignes parens dès sa première jeunesse »; cf. *Les Amours...*, p. 753.

3. Sur cette opposition apparemment paradoxale mais profondément conforme à la « doctrine » générale de Rousseau, cf. *supra*, p. 622, n. 1; sur les mots *cœur* et *raison,* p. 226, n. 3.

P. 628.

(*a*). « Hébien cousine... de son rang ». Ces deux paragraphes suscités par la décision finale du romancier de ne pas faire épouser Lauretta par Milord Édouard ont été ajoutés tardivement dans C.P. sur un feuillet supplémentaire.

(*b*). Toute cette deuxième partie de la lettre a été très travaillée par Rousseau. Il apparaît que c'est pour lui un des moments essentiels du roman.

(*c*). Br. : *miladi.*

(*d*). « Surtout... danger » : ajouté en marge dans Br.

1. Sur la gaieté, protection contre l'amour, cf. *supra,* p. 408, n. 2 et IV, 13, var. (*b*), p. 506.

P. 629.

(*a*). En marge de ce paragraphe on lit dans Br. une série de phrases courtes qui sont des jalons, des pilotis, jetés en hâte par l'écrivain inspiré pour la suite du développement : *Cette amitié si pure et si sainte qui m'a rendu la vertu fut ce qui conserva la tienne.*

Mais quel penchant eût pu vaincre dans ton âme honnête l'horreur de la trahison et de l'infidélité... moi, moi, ma chère, dès longtemps... tu l'aurois passionnément aimé si je n'avois pris les devans...

(*b*). « et si fort... en souffrit » : ajout dans C.P.

P. 630.

(*a*). Ce vers de Métastase (*Eroe Cinese*, acte III, sc. v) a été traduit par Rousseau dans D.C. : *Qu'un froid amant est un peu sur ami.* Ajouté en marge dans Br., il a été inscrit trois fois sur le même folio. 1° en face de « contradictions » mais sans appel de note. 2° à la suite de la phrase : « comme si les cœurs... moi-même », puis il a été biffé. 3° à sa place actuelle, avec appel de note après « doutes ». Dans C.P. le vers est souligné comme une citation. La note de Rousseau ne se trouve ni dans Br. ni dans C.P.

(*b*). Dans les marges de Br. Rousseau a jeté rapidement un élément de réponse de Claire : *tien, ma chère, je crois que je ne voudrois être sa femme que pour le faire endêver plus à mon aise.* Noter le mot « endêver » qu'emploiera Henriette dans la lettre suivante. « Avoir grand dépit de quelque chose », dit le *Dictionnaire de l'Académie* de 1762 qui ajoute : « Il est populaire. »

(*c*). « Conçois-tu... la premiere » : ajouté en marge dans Br. Au-dessus de ce texte Rousseau a écrit : *A retoucher ceci.* Mais il ne l'a pas fait.

1. Sur le grand thème fondamental de l'exaltation de l'Amour, source de vie, source de toutes les valeurs, noblesse suprême de l'homme, cf. *supra*, p. 622, n. 1 et nos commentaires sur les lettres des premières parties, p. 31, n. 1; p. 165, n. 6; p. 193, n. 1 et p. 493, n. 1 (IV, 12). Mais ici Rousseau développe d'abord un thème assez proche des conceptions mystiques : Il n'y a qu'un Amour : « Celle qui n'a vécu que pour son amie ne sait pas aimer ? » Impossible ! Non, Claire n'est pas un monstre. Naturellement, il ne s'agit ici que de l'amour-charité, non de l'amour-passion; de l'amour qui se donne et ne cherche pas à posséder; d'Agapé, non d'Éros.

P. 631.

(*a*). Br. 1er jet : *me force à t'estimer encore plus par les fautes mêmes que tu m'as laissée commettre.*

(*b*). « Un nouveau sentiment... à l'aise » : ajouté en marge dans Br.

(*c*). Br. : « depuis *leur départ* ». Peut-être faut-il penser d'après cette variante que les lettres 8-11, groupées autour du songe prémonitoire, ont été une invention tardive.

(*d*). « on diroit... t'écoute » : ajouté en interligne dans C.P. Noter l'alexandrin encore !

(*e*). Ici dans Br. et C.P. une phrase, supprimée plus tard : *Cela me fait faire sur ce prochain retour des réflexions qui t'importent et que tu dois pressentir.*

P. 632.

(*a*). « Il faut s'honorer... honorée » : ajouté en marge dans Br.

(*b*). Note absente de Br., inscrite en marge dans C.P., donc tardivement. Elle n'est alors encore appelée par aucun mot précis. Dans le texte même de C.P. Rousseau avait ajouté l'incidente : « je te l'ai déjà dit ». La note commente cette incidente. Elle n'a pas été facile à rédiger. Rousseau a d'abord inscrit l'indication. *A faire* puis : *Pourquoi l'Editeur laisse-t-il les continuelles répétitions dont cette lettre (et d'autres sont pleines) est pleine ainsi que beaucoup d'autres. Parce que Julie ne prétendoit point les écrire au public mais à son amie. (Pourquoi laisser ces répétitions et donner) (Mais enfin) Pourquoi donc (la) donner cette lettre au public ? parce (qu'il est bon quelquefois que le public) que ce seroit le tromper que d'accommoder pour lui ce qu'il doit croire être écrit à d'autres. Examinez les situations et le ton (d'esprit des deux amies)... pour lequel elle n'est pas écrite...*

C'est qu'il ne se soucie point que ces lettres (soient lues par) plaisent à ceux qui feront cette question.

Cette note très importante par le souci esthétique qu'elle révèle, et le désir de répondre aux objections que pressent l'écrivain, se rattache à la deuxième préface. Elle en est à peu près contemporaine.

1. *Conscience :* Sur ce mot essentiel pour Rousseau, mais rarement employé dans le roman, cf. *supra,* p. 364, n. 3. Dans les deux cas, il est pris dans son sens moral et non psychologique.

2. Sur cette exaltation de l'amour, source des valeurs nobles, cf. *supra,* p. 165, n. 6; p. 193, n. 1; p. 493, n. 1 et p. 625, n. 1.

P. 633.

(*a*). Br. 1er jet ajoutait : *et je sais qu'il a déjà été employé dans ta famille.*

(*b*). En marge dans Br. un autre texte d'une éloquence toute cornélienne que Rousseau a négligé de biffer : *Non, non, le deshonneur n'est pas...*

(*c*). « A quelque état... à sa place » manque dans Br. Inscrit dans C.P.

(*d*). Au début du *3e Dialogue,* énumérant les passages de son œuvre qui ont permis à ses ennemis de faire de lui « le plus odieux de tous les monstres, et l'horreur du genre humain », Rousseau n'a pas manqué de citer cette phrase (cf. *O.C.*, Pléiade, t. I, pp. 916 et 923-924). Il s'était déjà expliqué à son sujet, dans les *Confessions,* en une page révélatrice de la passion qui l'inspirait pendant sa rédaction et du scrupule avec lequel il en a pesé les moindres termes : « Cette phrase m'étoit venue dans la chaleur de la composition sans aucune application, je le jure. En relisant l'ouvrage je vis qu'on feroit cette application. Cependant, par la très imprudente maxime de ne rien ôter par égard aux applications qu'on pouvoit faire, quand j'avois dans ma conscience le témoignage de ne les avoir pas faites en écrivant, je ne voulus point ôter cette phrase... » Cf. *O.C.*, Pléiade, t. I, p. 512.

Dans la « note sur les retranchements » adressée par Malesherbes à Rousseau le 16 février 1761, le censeur dit de cette phrase : « il faut absolument retrancher la dernière ligne de la p. 303 » (*C.C.*, t. VIII, p. 120). Elle eśt donc absente de l'édition Robin; mais, en outre, Malesherbes crut bien servir Rousseau en plaçant un « carton » dans l'exemplaire personnel de la maîtresse du Roi !...

La « chaleur de composition » n'eśt pas niable; mais l'examen des manuscrits prouve qu'elle s'eśt accompagnée de beaucoup de réflexion ! Dans Br., Rousseau a d'abord écrit en effet : *du plus grand des rois,* puis *du plus grand prince,* puis du *plus grand Roi*. Dans C.P. il garde encore *du plus grand prince*. Dans Ms. Rey il écrit simplement d'*un prince*. Dans Br. il avait écrit : *cent fois plus respectable,* puis corrigé en *digne de respect* (on notera que c'eśt cette version que, citant de mémoire, il a retrouvée en rédigeant les *Confessions*), puis il était revenu à *respectable*. Ce texte conservé dans C.P. et Ms. Rey a été « adouci » dans les dernières corrections de C.P. par la suppression de « cent fois ».

1. Voici de nouveau ce « complexe du roturier » que nous pouvions croire enfin résorbé. Il eśt toujours là, plus virulent que jamais. Il n'abandonnera jamais Rousseau. Cf. *supra,* p. 31, n. 2; p. 66, n. 2; p. 150, n. 1 et la variante (*b*), p. 610 (« l'homme au beurre ! »). Peut-être convient-il de chercher dans ce désir de revanche de l' « homme de mérite » outragé par la fortune une raison supplémentaire de l'insertion dans le roman des amours Claire-Saint-Preux. Nous savons aujourd'hui, par la publication de la *Correspondance diplomatique du comte de Montaigu,* que cet affreux mot d' « aventurier » avait bien été employé par ce grand seigneur pour désigner son « secrétaire » (cf. note des éditeurs des *O.C.*, Pléiade, t. I, p. 1403). L'émotion qui agite ici l'écrivain eśt sensible dans certaines recherches d'expression. Cf. var. (*a*) et (*c*), p. 633 et surtout var. (*d*), p. 633 à propos de la phrase outrageante sur la maîtresse d'un prince.

P. 634.

(*a*). Ce texte remplace dans Br. ce premier jet assez plat : ... *avec confiance ; car autant que j'ai pu juger l'effet de tes agaceries, il m'a semblé qu'elles ne lui déplaisoient pas et je doute que ce soit une entreprise fort difficile que celle de vous bien mettre ensemble.*

(*b*). « Oui, ma Claire... entre vous » : ajouté en marge dans Br. Très important. C'eśt donc avec quelque retard que Rousseau a songé à utiliser cet épisode pour éclairer les sentiments profonds de Julie.

(*c*). « Que si... ton retour » : ajouté en marge dans Br. moins la phrase : « car, quoi qu'il arrive... leurs méres » absente encore dans Ms. Rey et ajoutée en marge dans C.P. Cette variante confirme la précédente.

(*d*). Br. et C.P. : *pour huit jours*. Le Ms. Rey, s'orientant vers l'hyperbole, donne : *pour je ne sais combien de jours* et C.P. corrigée donne : *pour je ne sais combien de mois*. Dans une ultime correction sur épreuves, Rousseau a poussé jusqu'à la limite sa figure de style.

1. « La locution *en droiture* est en usage, bien que *droiture* au sens propre ait vieilli », dit Littré.

P. 635.

(*a*). Dans Br. 1er jet Rousseau a écrit d'abord une fin de lettre toute différente : *que je sache au moins quand tu reviendras ; car, pour moi je crois que tu veux faire le tour du monde à l'exemple de notre ami. Ne furête point ce paquet du coin de l'œil pour y chercher sa lettre car tu ne l'y trouveras pas ; elle t'attend à Clarens et n'en sortira point, c'est à toi de l'y venir chercher. Tous nos marmots parlent mal de ton absence et trouvent fort mauvais que tu ne sois plus là pour les amuser. Henriette vient de me dire en triomphe que son petit mali ne t'aime plus mais que, pour elle, elle veut bien t'aimer encore un peu pour que tu reviennes bien vite.*

A la réflexion, il a décidé de faire écrire directement la petite fille. Il a donc biffé sa première rédaction et, après : « attendre », il a terminé sa lettre par les mots : *car voici le deuxième jour...* jusqu'à *arrange toi là dessus*. C'est seulement dans C.P. qu'il a placé en face de : « Tandis que... » l'indication *P.S.*

(*b*). Br. : *Lettre 13*, surchargeant *11*. Nous avons dit que l'idée de détacher cette lettre d'Henriette était tardive. La numérotation dite par nous « primitive » n'est donc pas elle-même très ancienne.

(*c*). « Voulez-vous donc... du monde » : ajouté en marge dans Br. Emprunt à la partie sacrifiée de la lettre précédente.

(*d*). Br. : *le petit papa est parti ce matin pour Vevai ; la petite maman...* C.P. : ... *Vevai, mon petit grand papa tantan est à la chasse ; la petite maman...*; puis à *tantan* Rousseau fait un appel de note et écrit en marge : *d'Etange. Pour le distinguer de son vrai grand père*. Notons que c'est le premier texte de Br. où il écrive directement Etange et non *Orsinge*. Plus tard il a supprimé le mot « tantan » et la note et il a remplacé Vevai par Etange.

1. Encore une des surprises de l'œuvre, cette lettre d'enfant ! Voie nouvelle ouverte à la littérature. Il est naturel que l'auteur d'*Émile* y ait songé et la déclaration finale de la lettre de Julie sur la liberté laissée à sa fille d' « écrire tout ce qu'elle a voulu » parce qu'elle veut « que les enfans disent toujours ce qu'ils pensent » est bien dans la ligne de sa doctrine pédagogique. Mais ce qui importe

ici c'est l'art de l'écrivain. Aucun exercice de style n'est plus difficile. Peut-être dans ce mélange délicat de l'art et de l'innocence, Rousseau a-t-il un peu forcé la dose de l'art. Cette petite Henriette n'a que sept ans et elle parle avec le raffinement d'une précieuse. Dans ses retouches sur la copie personnelle, l'écrivain s'est abandonné à la tentation d'inventer des « mots d'enfant ». Réjouissons-nous malgré tout de la bouffée d'air frais qui passe à travers ces lignes. Et de tout ce monde concret et pourtant merveilleux des vêtements et des jouets d'enfants qui nous restitue, pendant quelques instants, l'esprit de notre enfance ! (cf. var. (*a*) et (*c*), p. 636 et l'importante lettre inédite de la variante (*d*), p. 636). Sur les oscillations de Rousseau entre l'apologie de l'esprit d'enfance et la lutte contre la puérilité, cf. *supra,* p. 299, n. 2; p. 314, n. 2 et p. 523, n. 2.

2. *Endéver :* Sur ce mot, cf. *supra,* var. (*b*), p. 630. On voit bien par cet emploi enfantin qu'il appartient plus au langage familier qu'à la langue vulgaire. Il est encore en usage aujourd'hui dans le Midi de la France. Il était peut-être un « provincialisme », mais il n'a pas été relevé comme tel par Al. François.

Rousseau était très fier de cette lettre. Il s'est naïvement adressé des éloges par la bouche de Claire, un peu comme le fera Balzac, dont Proust s'est aimablement moqué dans le *Contre Sainte-Beuve.* La fin de l'avant-dernier paragraphe de la lettre 2 (VIe partie) est importante par la porte qu'elle ouvre sur la possibilité d'une littérature écrite non pas *pour,* mais *par* les enfants, totalement spontanée, naïve, et qui ne serait pas « gâtée » par les adultes (cf. *supra,* p. 648).

P. 636.

(*a*). « Mon bel éventail... plus rien » manque dans Br. et C.P. Ms. Rey donne : *mes mitaines à jour sont gâtées et mon bel ajustement bleu est tout gras.* Puis efface et donne en interligne le texte actuel sauf « mon ajustement bleu est *tout plein de graisse* ». Le réaliste Rousseau n'a pourtant pas osé conserver jusqu'au bout ce détail vulgaire.

(*b*). « mais en lisant... je l'ai vû » : ajouté dans C.P. en interligne.

(*c*). Le *P.S.* manque dans Br. Il est rapidement esquissé au crayon dans C.P. au verso du folio 126, puis soigneusement inscrit au bas du folio 127 recto.

(*d*). Le Ms. de la Bibliothèque de l'Assemblée Nationale où se trouvent groupés le plus grand nombre des lettres qui constituent le *Brouillon* conserve encore une dernière lettre destinée à cette V^e^ partie (f°s 539-541) : *De Claire à Henriette — Tu fais bien, mignonne, de m'aimer encore un peu ; pour moi, je t'aime à la folie, mais je trouve que tu te plains de mon absence de manière à la faire durer longtemps ; car ta lettre m'en fait désirer beaucoup de semblables, et tu grondes de trop bonne grâce pour me donner envie de t'appaiser. Quant au petit mali, qu'il ne faut point tant appeler le tien, je veux l'appaiser, lui, de peur qu'il ne boude, et l'on n'a jamais bonne grâce à bouder. Tu dis que j'aurai bien l'esprit de savoir pour cela ce qu'il faut faire. Ah ! je le crois. J'emporterai d'ici tout plein d'ajustements avec lesquels je me ferai si jolie, qu'aussitôt qu'il m'aura vue il n'aura plus le courage d'être en colère, et ne songera plus à toi. N'est-ce pas cela, ma mignonne ?*

Ne parlons point de ton bon ami, je t'en prie. Depuis qu'il t'a promis des coquilles, je sais qu'il t'a mise de son parti. Mais patience : Genève a ses coquilles aussi bien que Rome, et tu verras que si je ne vends pas les miennes, je ne les donne pas légèrement.

Ne m'accuses-tu point de faire pleurer ta petite maman, de peur que je ne t'en accuse la première ? A ton avis, de laquelle de nous deux est-elle plus souvent mécontente ? Elle est si enfant, ta petite maman ; elle aura pleuré de ce que sa poupée n'étoit pas sage. Tu m'entends. Prends donc soin de la faire taire. Embrasse-la, caresse-la traite-la en enfant gâté. Tu dois savoir comme il faut s'y prendre. Enfin dis-lui que je la connois bien, sa poupée, et qu'elle ne veut point que ta petite maman pleure.

Cette lettre portait le numéro *14*, mais sans surcharge. Elle est donc tardive, postérieure au classement qui a provoqué les surcharges sur les numéros des lettres précédentes. Elle s'explique par la place que l'*Émile* commençait à occuper dans la pensée de Rousseau dans les derniers mois de la composition de son roman. Il a condamné cette lettre lorsqu'il a rédigé sa C.P. S'il est difficile de trouver le langage que parlent les enfants, il l'est plus encore de trouver celui qu'on doit leur parler. Rousseau a senti qu'au-delà d'un certain point, naïveté devient niaiserie. Il a stoppé net.

Dans C.P., au verso du dernier folio de la Ve partie, on lit ces quelques vers :

Auprès de Meillerie
En un reduit désert
Où jadis pour Julie
Saint-Preux a tant souffert
Le chiffre de la belle
Sur les rochers tracé
Par un amant fidelle
Ne s'est point effacé.

Dans ce lieu solitaire
Il la conduit un jour.
D'une si pure flame
Ces anciens monumens
Rapellent à son ame
Ses prémiers sentimens.

Ce texte n'a aucun rapport avec la Ve partie. Ne s'agirait-il pas d'une sorte de « légende » pour la gravure qui illustre les « monumens des anciennes amours » ?

SIXIÈME PARTIE

P. 637.

(*a*). Br. : *Lettre 14* (surchargeant *12*) *Claire à Julie*. La numérotation primitive de cette lettre et des suivantes, jusqu'à la dernière dont nous possédons le brouillon (l'actuelle lettre 12, d'abord numérotée 20), nous apporte la preuve absolue qu'il y a bien eu, comme le laisse entendre la Correspondance, un moment de la genèse du roman où celui-ci ne comportait que cinq parties. La décision d'organiser l'œuvre en six parties fut sans doute assez tardive (fin de l'été 1758), puisque nous trouvons en tête des lettres la trace non seulement d'une numérotation primitive, mais même d'une numérotation surchargée (cf. p. 523, n. 1).

(*b*). « S'il est ennuyeux... fâcher » : ajouté dans Br. en marge.

1. On ne voit pas bien l'intérêt de cette lettre. La famille de Claire nous intéresse si peu. C'est du tissu conjonctif ! Le romancier a-t-il jugé nécessaire de légitimer ainsi le voyage de Claire à Genève, auquel elle eût peut-être renoncé si elle avait reçu à temps la lettre de Julie lui annonçant le courrier d'Italie ?

P. 638.

(*a*). « Malgré... et maître » : ajouté dans Br. en marge.

(*b*). Cette périphrase a beaucoup voyagé au cours de la rédaction. Br. donne ici d'abord : *de Milord Edouard,* puis *de notre anglois,* et enfin *de l'ami de notre ami*. Mais dans C.P. Rousseau revient à *l'un de nos amis*. Cette variante s'explique par le texte adopté dans la lettre suivante (p. 639) : « Je ne pardonnerois pas plus à *notre ami... qu'à l'ami de notre ami...* et à *mon amie...* » Ce texte est encore celui du Ms. Rey. Dans la rédaction définitive Rousseau, ayant décidé d'écrire plus simplement *Saint-Preux, Milord Edouard* et *toi,* a pu utiliser dans la lettre 1 la périphrase : *l'ami de notre ami* pour désigner Édouard.

(*c*). Br. 1er jet : je viens... pillage et boire *tous les vins d'Espagne à la barbe de ton Père et de ton Mari*. Dans une correction tardive de C.P. Rousseau modifie le début de son texte : *je viens avec toute mon armée établir mon quartier à Clarens*. Le texte définitif a été obtenu sur épreuves. Effort vers la simplicité.

(*d*). Br. : lettre « primitive » très travaillée, et contenant des variantes très importantes. Numérotée *15* surchargeant *13*. En marge, *Claire à Julie*.

Dans les marges du premier folio (459) Rousseau, tandis qu'il fait parler Claire de Milord et de Lauretta, songeant à la réponse qu'elle va faire à Julie au sujet du mariage avec Saint-Preux en jette hâtivement des ébauches. Certaines seront reprises et développées; les autres abandonnées : *Je n'ai point de plus sur garant de l'innocence de mes caresses que leur vivacité, car, si je suis badine, je ne suis pas effrontée. Je ne t'aimois point dans une place que tu ne devois plus occuper ; en voulant la prendre pour te l'ôter, je sentis sans y songer que je m'y serais bien trouvée.*

Il est vrai que c'est quand je te boude que je ne te désole pas. Je voudrais bien quelquefois te mettre en colère, mais au lieu de t'impatienter, tu me baises, que diantre veux-tu qu'on fasse à celà.

Je suis libre et ma maîtresse, non pour braver les discours publics en faisant mal, mais pour faire ce qui est honnête, sans me soucier qu'on m'approuve ou non.

Où est la veuve de mon âge qui ne sente pas quelquefois que les jours ne sont que la moitié de la vie ; mais comme tu l'as dit et comme tu l'éprouves, l'habitude de la sagesse est un grand moyen d'être sage ; car avec toute ta bonne contenance, je ne te crois pas dans un cas fort différent du mien (cf. p. 642).

1. C'est la victoire de Fontenoy (11 mai 1745). Sur la « prédiction » de Milord Édouard, cf. *supra,* V, 4 *in fine.*

2. Cf. *supra,* V, 7 (p. 606).

P. 639.

(*a*). C'est ici que se trouve l'une des variantes les plus importantes du roman. En effet dans Br., après « à la fin », Rousseau avait écrit : *Mais pour cette aimable Ladi Bomston, on peut au moins sans scrupules l'aimer aussi tendrement qu'on voudra. Je voudrois bien savoir pourquoi tu te mêles d'en faire les honneurs comme si elle t'appartenoit plus qu'à moi. Ah ! qu'elle vienne seulement et bien vite ; nous verrons après qui la caressera le plus. Je le crois, diroit ton espion d'homme elle ne viendra pas seule, et puis elle est du choix de leur ami.* Après quoi le romancier enchaînait : *Eh bien, ne voila-t-il pas déjà cet importun qui revient...* (cf. p. 640).

C'est dans C.P. qu'apparaît la nouvelle version, totalement différente puisque désapprobatrice. Elle commence par ces mots agressifs : « *ta* prétendue ladi Bomston » (*ta* et non *la* qui figure dans toutes les éditions et qui est le texte du Ms. Rey). L'agressivité de Claire s'adresse surtout à Julie dont la lettre (dans son état primitif) était, on s'en souvient, très enthousiaste. Sur les raisons de cette variante, cf. p. 622, n. 1 (V, 12); var. (*b*), p. 626 et var. (*b*), p. 627.

(*b*). C.P. 1er jet : *Comme si jamais un moment de sa vie Julie d'Etange eût pu être une jeune fille sans honneur ;* c'est le texte de C.L. et du Ms. Rey. Plus tard, dans C.P. (f° 135) en interligne, Rousseau a corrigé : *comme si les foiblesses de l'amour pouvoient être comparées avec l'opprobre du deshonneur.* Le texte actuel, après diverses corrections de détail, a été finalement inscrit en marge (verso du folio 134).

1. Sur les hésitations de Rousseau au sujet du mariage Laure-Édouard, cf. *supra,* p. 622, n. 1. Il a chargé Claire d'exprimer la réaction de l' « opinion ». Claire, qui, malgré la promotion qui lui est

finalement accordée, demeure un personnage secondaire, tandis que Julie incarne jusqu'à la fin les vérités profondes et fortes. Au surplus, Claire parle avec une remarquable « sagesse », et cette sagesse s'accompagne de charité; son dernier argument, « elle auroit trop à souffrir avec nous », exprime une évidente vérité. N'en doutons pas, Rousseau prend aussi à son compte cette attitude. L'argument emprunté aux exigences de la « société » est un de ceux que l'auteur du *Contrat social* devait considérer avec le plus d'attention.

2. Curieuse image chez une calviniste. Il semble qu'il faille y voir une trace de plus de la longue éducation catholique reçue par Rousseau. Il est certain qu'il avait cru à un « miracle » lors de l'incendie du bâtiment des Cordeliers, qu'il avait vu s'éteindre brusquement pendant que Monseigneur de Bernex était en prières (cf. *Confessions,* l. III, *O.C.*, Pléiade, t. I, pp. 120-121).

P. 640.

(*a*). « Ah ça » : ajouté en marge dans C.P. C'est une sorte de tic de style chez Rousseau, lorsqu'il cherche la vivacité, cf. p. 647.

(*b*). Br. et C.P. : *il faut que je l'épuise avant de le planter là.* C'est dans Ms. Rey que Rousseau corrige cette vulgarité et donne le texte actuel. Il semble qu'il n'en était pas satisfait, car dans ses dernières corrections sur C.P. il inscrit : *il faut que je l'achève afin de m'en débarrasser,* puis *délivrer.* Il a finalement conservé le texte du Ms. Rey.

(*c*). L'importance accordée à cette expression dans un passage capital des lettres de Julie (« le pays des chimères... », p. 693, lettre 8) ne nous permet pas de rester indifférents aux hésitations de l'écrivain devant elle. Or Br. porte *conjectures.* C.P. donne *chimères,* Ms. Rey reprend *conjectures* et la correction est reportée dans C.P. Finalement Rousseau a choisi : *chimères.*

(*d*). « Tout ce que je sais... fou » : ajouté en marge dans Br.

P. 641.

(*a*). « Nous en avions trop dit... chemin » : ajouté en marge dans Br.

1. « Nos sentimens dépendent de nos idées. » Cette proposition s'inspire probablement de l'associationisme de Locke, qui inspire aussi plusieurs idées de l'*Émile.* Dans cette phrase, « sentimens » est à entendre au sens affectif (sympathie, antipathie), et « idées » au sens très large du mot dans la philosophie du temps, qui réunissait sous ce vocable idées intellectuelles, idées sensibles, souvenirs, tout le contenu clair de la conscience. Une pensée analogue se retrouve dans la lettre 2 (IIe partie) : « L'ame ne peut gueres s'occuper fortement et longtems d'un objet, sans contracter des dispositions qui s'y rapportent » (p. 193); la même doctrine devait être à la base de la *Morale sensitive.* Une phrase de l'*Émile* citée par

P. Burgelin paraît avoir la même signification, bien que le mot « idées » soit entendu de façon plus intellectuelle : « la vérité des sentimens tient beaucoup à la justesse des idées ».

Sur la psychologie de Claire, en particulier sur la prédominance presque anormale chez elle de l'amitié sur l'amour, cf. *supra,* IV, 2 et p. 115, n. 2; p. 179, n. 2 et p. 405, n. 1. Bien des choses pourtant restaient dans l'ombre. Toute une vie secrète, à laquelle nous n'avions pas daigné porter attention, se dévoile à nous.

Dans ces analyses d'un sentiment très vif qui ne débouche pas sur un amour partagé et satisfait, Rousseau a pu s'inspirer, en la transposant, de sa passion pour Sophie d'Houdetot. Une phrase telle que « nous nous accoutumâmes tellement à le placer entre nous (cet objet qui est toi, Julie) qu'à moins de t'anéantir nous ne pouvions plus arriver l'un à l'autre », évoque de nombreux passages des lettres de Jean-Jacques à Sophie où il précise le rôle joué par Saint-Lambert absent dans leurs conversations amoureuses de l'été 1757. « Celui que le Ciel destinoit » est une expression trop banale pour qu'on puisse en tirer de graves conclusions sur la croyance de Rousseau à la « fatalité »; nous savons cependant qu'il croyait aux « signes » du destin (cf. *supra,* p. 278, n. 3).

2. Sur les rapports de Claire et de M. d'Orbe, cf. *supra,* IV, 2, pp. 407-408.

P. 642.

(*a*). Développement sensiblement différent dans Br. 1er jet : *Ce qu'il y a de (sur) plaisant est que je cessai de me reprocher ma foiblesse après t'en avoir fait l'aveu ; je crus m'être mise (à mon tour) sous ta garde et je cessai de craindre pour moi.*

Il faut que je t'avoue un autre crime le plus grand que j'aye jamais commis, et qui, s'il peut être expié par quelque chose au monde, ne peut l'être que par la honte de cet aveu.

La seule chose que je me serois reprochée encore eut été le désir extrême de te rejoindre, si le projet et le zèle n'en eût précédé son retour. Je n'aimois point qu'il fût dans le lieu où je désirois si fort d'être et j'aurois (mieux aimé) moins souffert de sentir (que) ce désir (fut) eut été plus tiède que (de craindre) d'imaginer qu'il ne fût pas tout pour toi. Je résolus...

1. Ici encore s'impose à nous le rapprochement avec l'état où Jean-Jacques s'était trouvé en face de Sophie d'Houdetot, pendant les quelques semaines paisibles qui suivirent les orages de l'été et de l'automne 1757 : « tant qu'un état si charmant durera, il sera le plus heureux tems de la vie » (*C.C.*, t. IV, p. 383). Sur cette importance de la *durée* pour le bonheur, cf. *supra,* p. 225, n. 1, et, ici même, le dernier paragraphe de cette lettre.

P. 643.

(*a*). Br. : *Après cela je t'avouerai librement que cet hyver ainsi passé au milieu de ce qui m'est cher a été le tems le plus délicieux de ma vie.*

Je m'en livrois... C.P. (1re rédaction) : « Après cela, *je te répète librement ce que je t'ai dit dans l'Elysée que cet hyver...* » C.P. (2e rédaction) : « Après cela, je te *confirme* librement tout ce que je t'ai dit *ce printems* dans l'Élysée sur l'attachement que j'ai senti naître et sur tout le bonheur dont j'ai joui cet hyver. Je m'en livrois... »

1. Sur les rapports entre la « gaité » et l' « innocence », cf. *supra,* p. 408, n. 2 et lettre 13 (IVe partie), var. (*b*), p. 506. Avec délicatesse, mais de façon claire et ferme, Rousseau, apôtre de la chasteté, met l'accent sur les exigences du corps, sur la permanence du désir chez des êtres jeunes. Cette charmante « femme de trente ans » a des sens et ose le dire. Ce réalisme donne toute leur valeur aux exigences héroïques de la vertu ou du parfait amour (cf. *infra,* var. (*d*), p. 648 et, dans la lettre 6 (VIe partie), les discours de Julie à Saint-Preux).

2. Cf. Chronologie du roman. Il y a donc bien eu un hiver entre le retour de Saint-Preux et son départ pour l'Italie : au total son séjour à Clarens aura duré huit mois.

3. Sur l'esprit d'enfance, cf. *supra,* p. 299, n. 2; p. 314, n. 2 et p. 523, n. 2.

4. *pièce :* « Fig. tromperie, moquerie, petit complot comparé à une pièce de théâtre; car c'est ainsi que s'explique l'emploi du mot en ce sens », dit Littré (no 23). Après quoi, il cite Corneille dans le *Menteur,* Molière dans les *Précieuses* ou *Pourceaugnac,* La Fontaine, Mme de La Fayette et Lesage, mais aucun écrivain postérieur à Rousseau. Archaïsme ?

5. Pour le commentaire de cette scène, cf. la note sur la 11e Estampe (*infra,* p. 770, n. 2). On voit tout ce que nous font perdre les exigences du roman par lettres où le récitant n'a aucune raison de s'attarder à une description pittoresque et, plus généralement, les exigences du roman « psychologique ».

6. Léonard Léo, 1694-1744, auteur d'opéras et de musique d'église. P.-E. Brunold, interrogé par D. Mornet, avait découvert cet air à la Bibliothèque du Conservatoire de Paris dans un recueil manuscrit *Airs italiens, Leonardo Leo,* vol. E, no 6471, mais ce manuscrit est, disait-il, celui d'un « air », non d'un « duo », et « ne figure dans aucun opéra gravé de Léo » (*N.H.*, t. IV, p. 187, n. 1). Mais s'agit-il bien du même chant ? Le *duo* paraît ici sentimentalement indispensable. Sur les rapports de la musique et du sentiment en général, plus particulièrement du sentiment de l'amour, cf. les commentaires sur la lettre 48 (Ire partie), en particulier p. 131, n. 2. L'auteur de la *Sonate à Kreutzer* était un fervent lecteur de Rousseau.

P. 644.

(*a*). « J'ai donc... revenons » : texte ajouté en marge dans Br., moins la dernière phrase ajoutée dans C.P.

(*b*). En marge de ce paragraphe, dans Br., deux « pilotis » :

1° *n'imitez point (les moines et prêtres) ces audacieux qui, dans l'âge des passions faisant le téméraire vœu de n'être pas hommes tentent Dieu et méritent d'être abandonnés par lui aux tentations qu'ils ont recherchées.* Annonce du développement de la lettre 6 où Julie invitera Saint-Preux à épouser Claire (cf. p. 668). 2° *Malheur à celle des deux qui doit survivre à l'autre ; sa vie ne sera plus qu'une longue mort.* Premier état de la phrase qui termine le paragraphe suivant.

(*c*). Après ces mots Br. ajoutait : *et je donnerois tout au monde pour qu'il t'ait vûe eussé-je du ne le point voir.* La phrase : « l'amitié avoit part à ma tristesse » a été ajoutée dans C.P.

1. Rousseau se conforme ici à la tradition classique où les barbons ont à peine quarante ans et les « jeunes premières » rarement plus de vingt. On sait l'espèce de révolution qu'apporte en ce domaine (non dans la réalité de la vie, certes — Ninon de Lenclos seule en serait la preuve ! — mais dans la littérature), le jeune auteur de *la Femme de trente ans,* lorsqu'il proclama en 1832 que ce n'est qu'à partir de cet âge que la femme est capable de répondre totalement aux aspirations de l'homme. Il prêchait d'expérience : Mme de Berny, qui avait été sa maîtresse quand il avait vingt-deux ans, en avait alors plus de quarante. Rousseau avait vécu une expérience semblable. Née en 1699, Mme de Warens avait largement dépassé la trentaine lorsqu'elle avait fait de lui son amant.

2. « *Fig.* Retourner la salade avec les doigts, être encore jeune en parlant d'une femme; dans le siècle dernier, les jeunes femmes retournaient la salade avec les doigts; cette locution a disparu avec l'usage lui-même », dit Littré, qui cite... notre texte. Cette explication ne nous dit pas pourquoi, à partir d'un certain âge, les jeunes femmes ne tournaient plus la salade avec leurs doigts. Daniel Mornet avait pensé qu'il s'agissait d'un usage « provincial », suisse. Ses recherches dans ce sens étaient demeurées infructueuses. Les nôtres aussi.

3. Sur cet aspect très particulier de la sensibilité de Rousseau, cf. *supra,* p. 69, n. 1 et p. 236, n. 2. Il y a là pour lui un véritable « test » de l'amour. Cf. les nombreuses variations sur ce thème dans la IVe partie. On notera la vigueur et la précision des formules qui s'achèvent en trois octosyllabes, dont le dernier, à peine allongé pour rompre la monotonie, n'est pas moins frappé que les autres.

P. 645.

(*a*). Br. 1er jet : « ... t'aura. *Tu as beau dire, je sens mon cœur et tu m'es plus nécessaire que tous les amans du monde. Près de toi, je puis me passer d'eux, avec eux, je ne pourrois me passer de toi. Conservons-nous l'une pour l'autre ; nous en avons besoin toutes deux. O mon enfant...*

(*b*). En marge des premières lignes de ce paragraphe dans Br., on lit : *Hélas, j'usai durant ma courte jeunesse l'enjouement de ma vie entière.*

1. Ce mot n'a pas encore le sens injurieux que nous lui donnons aujourd'hui. Proche de ses origines, il signifie faible, lâche. « Et moy ton serviteur, pauvre, lâche, imbecille », dit Corneille dans sa traduction de *l'Imitation.*

P. 646.

(*a*). « comme si... pareil cas » manque dans Br. et Ms. Rey. Ajouté dans C.P. en marge sous une forme plus lourde : *comme si... ne t'étoient pas au moins aussi applicables...*

(*b*). Br. 1er jet : *dois-je faire ce tort au cher gage de son amour.*

1. Toute cette partie de l'argumentation de Claire est peu convaincante; mais elle a l'intérêt de nous apporter un écho de ces entretiens amoureux de l'été 1757, pendant lesquels Sophie se prêtait avec Jean-Jacques à des « jeux » qui auraient dû lui donner un peu plus « d'effroi », et qui laissaient pourtant son cœur et ses sens « tranquilles ». Le développement suivant est au contraire plein de remarques pénétrantes. Le thème du « cœur usé » ou « épuisé » est cher à Rousseau (cf. *supra,* p. 493, n. 1) et tout à fait conforme à la théorie traditionnelle de l'amour.

Dira-t-on que ce ne devrait pas être un obstacle au mariage qui aux yeux de Rousseau n'exige pas l'amour ? Sans doute; mais Claire, précisément, est amoureuse. Fidèle à sa doctrine, Rousseau lui fait donc refuser comme mari celui qu'elle aime, *parce qu'elle l'aime.* Au reste, ce refus n'est pas catégorique, mais nuancé et comme suspendu à la décision de Julie. La comparaison avec Julie est sans fondement. M. de Wolmar est bien vivant. Et c'est pour écarter d'elle tout désir plus ou moins conscient de sa mort, que Julie s'est liée par cet engagement de ne pas se remarier. Claire est libre sans l'avoir cherché, ni même secrètement désiré !

P. 647.

(*a*). « Mais j'apperçois... ce tour-là » : ajouté en marge dans C.P. Absent du Ms. Rey. C.P. portait en outre, dans le texte, cette phrase : *(je ne veux pas) sans trop approfondir les motifs de ton zèle...* qui n'a pas été conservée. Sans doute Rousseau voulait-il être fidèle à son parti d'éviter tout ce qui pourrait évoquer soupçon, aigreur, méchanceté. Mais par ce mot qui échappe à Claire, la perspicace, il nous aide à voir clair en Julie.

(*b*). Ici Br. ajoutait : *Je te remets le dépôt de ma vertu afin qu'il reçoive un nouveau prix de tes mains ! Je te rends l'arbitre de mon sort, quel qu'il puisse être (il ne peut qu'être). Il me sera doux étant ton ouvrage (ma seule condition de quelque manière que tu disposes de moi, ne) mais ne nous séparons jamais, c'est ma seule condition (quoique tu décides) c'est la tienne : c'est à toi...*

(*c*). Br. a l'exclamation. C.P. la supprime. Ms. Rey l'a rétablie cf. *supra,* var. (*a*), p. 640).

P. 648.

(*a*). C'est en écrivant ce paragraphe que Rousseau a eu l'idée de faire écrire par Claire une réponse à la lettre d'Henriette (V, 14). En marge, il en a ébauché ici le mouvement final : *Elle est si enfant ta petite maman, je parie qu'elle aura pleuré à penser que sa poupée ne fût pas sage. Dis lui que tu la connais bien sa poupée et qu'elle ne veut pas que la petite maman pleure.* (Cf. *supra,* var. (*d*), p. 636).

(*b*). Br. : *hôtes* et *j'étois moins à Genève qu'à Rome en t'écrivant. Comme...* C.P. : *hôtes. Pour lui, j'ai presque changé de Religion et j'étois moins* (...) *Comme...* C.P. corrige : *Pour lui me voici devenue à moitié papiste et j'étois moins... Comme...* Finalement Rousseau a renoncé à cette phrase. Peut-être lui est-elle apparue dangereuse par l'aveu involontaire qu'elle contenait sur les raisons qui avaient autrefois dicté sa propre conversion au « papisme » ? ou, plus simplement a-t-il trouvé la plaisanterie un peu lourde ?

(*c*). Br. : *deux ou trois.*

(*d*). A la suite de cette longue lettre, Br. contient un folio qui porte des ébauches de divers passages, par exemple celui qui commence p. 643 : « Ma foi Cousine... » où l'on voit Rousseau travaillant dans le sens d'une plus grande concision (il avait écrit : *que s'il se taisoit tout de bon quelquefois, j'en tirois un autre avantage, c'étoit d'exhaler sans conséquence le sentiment qui m'occupoit et de lui tenir des propos...* Cette longue phrase se réduit à « « j'en tirois occasion de lui tenir... »); ou le passage sur les « exigences » des jeunes veuves qui lui a coûté beaucoup de peines : *Depuis que j'ai été mariée, je me souviens quelquefois... Depuis que j'ai été mariée, je veux bien t'avouer que... Mais le moyen d'avoir été mariée et de ne pas songer quelquefois...*

1. Est-il nécessaire de rappeler la place importante accordée aux *Fables* de La Fontaine dans l'*Émile,* que Rousseau avait alors en chantier.

P. 649.

(*a*). Br. : lettre non numérotée, sans indication d'expéditeur ni de destinataire. Très probablement rédigée tardivement. Elle en a remplacé une autre où Milord Édouard annonçait au sujet de son mariage une décision différente. (Elle devait porter dans la numérotation primitive le chiffre 14. Cf. *supra,* var. (*b*), p. 627; V, 13).

(*b*). A partir d'ici et jusqu'au paragraphe : « Quand il eut vu Laure... » Br. avait un texte sensiblement différent : *Je vous ai marqué les inquiétudes que me donnèrent les transports de joie dont il fut saisi quand je lui annonçai qu'il étoit le maitre d'élever vos enfans et de passer sa vie avec vous. Ils augmentèrent tellement après notre arrivée à Rome que je voulus en éclaircir le motif avec tout le soin possible bien sur qu'il n'y avoit qu'une passion coupable à laquelle il pût (sacrifier) immoler l'amitié qu'il me doit. J'exigeai d'abord qu'il vit la marquise, il revint de chez elle effrayé de son art et de ses charmes, il avoua que l'horreur de ses crimes disparaissoit devant elle et ne voulut plus la revoir. Ce n'est pas sans peine que j'ai profité de cette leçon pour moi-même, mais sans ses soins, j'aurois évité difficilement toutes les embûches que cette coquette m'a fait tendre et même les (périls) nouveaux dangers qu'elle m'a fait courir ; mais vous saurez tout un jour et ce n'est pas de cela qu'il est maintenant question.*

Pour laisser libre cours à ses premiers emportements, j'avois d'abord prévenu... Ici le texte de Br. est le texte actuel à quelques variantes près, jusqu'à « langage ». Puis il passe directement à « Quand il eut vu Laure... »

Ce qui est surtout frappant dans ce texte c'est la sévérité extrême du jugement porté sur la Marquise. Le texte actuel élaboré dans C.P. est beaucoup plus indulgent. C'est aussi l'absence d'allusion au « songe de Villeneuve ». Une fois de plus, on est amené à penser que cet épisode important, dramatique, a été inventé après coup. Son intérêt essentiel serait-il d'être — comme dans la tragédie classique — l'annonce du dénouement ?

(*c*). « Il n'eut pas vu... artifices ». Ajoutée dans Br. en marge, cette phrase était alors suivie de celle-ci, biffée au dernier moment : *Elle l'eût peut-être intéressé par son adresse et par sa beauté, mais elle tenta de le séduire.* Puis C.P. 1re rédaction : *L'infortunée ; Comment ai-je pu aimer une telle femme. L'aimer, c'étoit peu, j'en étois aimé. Cet amour...* C.P. corrigée : *L'infortunée ; que de grandes qualités dans une âme noire. Incapable d'honneur, elle fut pourtant capable d'amour. Cet amour...*

1. Cette lettre n'est pas la première que Milord Édouard écrit à Wolmar, depuis son départ. Nous savons en effet par la lettre 12 (Ve partie), qu'il lui a déjà écrit pour lui annoncer sa décision d'épouser Laure. Wolmar y fera allusion au début de sa réponse (VI, 4) et le romancier parlera lui-même de cette lettre « ci-devant supprimée » dans la note de la page 652. Les textes conservés par le brouillon et reproduits dans les variantes nous en laissent aisément deviner le contenu.

P. 650.

(*a*). « Ne devois-je rien... espèce de devoir » manque dans Br. Ajouté en marge dans C.P.

(*b*). Br. et C.P. : *je résolus secrètement de prendre pour femme celle que j'avois dédaignée pour maîtresse ; j'avois si bien voulu feindre que la feinte s'évanouit.* Le texte actuel figure dans les corrections de C.P.

(*c*). En marge de ce paragraphe dans Br., première esquisse du discours de Saint-Preux (p. 652) : *Voulez-vous avilir le tribunal dont vous êtes membre (...) Souvenez-vous que vous êtes pair d'Angleterre. Et renoncez aux honneurs du monde si vous voulez renoncer à l'opinion.*

1. *se recueillir :* ce mot a évidemment le sens de se retirer dans la solitude et le calme, abandonner la vie active. Littré ne donne aucun emploi du mot dans ce sens. D. Mornet déclare n'en avoir pas trouvé d'autre exemple au XVIIe ni au XVIIIe siècle (*N.H.*, t. IV, p. 195, n. 2), cf. *supra* la très belle expression « le rassembler » (654).

2. On voit l'étonnant renversement de la morale traditionnelle que propose Rousseau. Et aussi de la psychologie, puisqu'il va jusqu'à écrire cette formule extraordinaire : « j'achevai de l'aimer par raison ». Il rejoint ici très exactement Julie qui disait dans sa lettre 13 (Ve partie) qu'elle approuvait ce mariage par « raison » et contre les murmures de son « cœur ». Cf. *supra*, p. 627.

3. *Improuver :* terme employé dans le sens de « désapprouver » par Pascal, La Fontaine, Mme de Sévigné, mais qui n'a pas semble-t-il dépassé l'époque classique pour un usage littéraire. Le *Dictionnaire de l'Académie* de 1762 le donne sans remarque comme synonyme de *désapprouver*.

P. 651.

(*a*). « Enfin... penser » : ajouté dans C.P. en interligne; absent dans Ms. Rey.

(*b*). « Je me proposois... possibles » est ajouté en marge dans C.P.

(*c*). Ce vieux mot, absent du *Dictionnaire de l'Académie* de 1762 et dont Féraud déclare qu'on l'employait « anciennement pour espion », a été choisi délibérément par Rousseau. Br., C.P., Ms. Rey, ont *espions*. C'est par une correction du dernier moment sur C.P. que *espions* est remplacé par « épies ». Notons que, dans *les Amours de Milord Edouard*, on trouve « espions » (p. 757).

(*d*). Ici encore le brouillon chargeait davantage la Marquise et précisait : *elle essaya d'empoisonner sa rivale ; elle attenta derechef à mes jours*.

1. Lorsque Rousseau rédige cette lettre, les « soupçons » se sont accumulés dans son âme. La « chasse au monstre », qu'a un peu trop dramatiquement peut-être évoquée H. Guillemin, commence. Il résiste, et refuse de s'abandonner à des impulsions irréfléchies. L'heure n'est plus très loin pourtant où il tombera dans une première crise grave (décembre 1761) d'où sortiront les *Lettres à Malesherbes*. Sur cette hantise du « soupçon », de la « trahison par l'ami », dont il s'était déjà libéré dans l'épisode du duel, cf. *supra*, p. 189, n. 1 et p. 215, n. 2.

P. 652.

(*a*). Br. : « de ma part *et lui dit tout ce qu'il put de plus propre à calmer son désespoir et à lui faire aimer la vie ; tout fut inutile,* elle ne voulut pas... » Texte actuel dans C.P.

(*b*). Note absente de Br. et de C.P.; se trouve dans Ms. Rey. Insertion tardive qui correspond au désir de Rousseau de compléter et nuancer sa prise de position en face d'un des problèmes religieux les plus importants (cf. p. 592, n. 2).

P. 653.

(*a*). Ces deux paragraphes ont été d'une rédaction difficile. Quatre essais successifs du premier dans Br. ! La lettre de Laure a été abrégée. En particulier ont été sacrifiées ces lignes d'élégie passionnée qui suivaient d'abord « ma jeunesse » : *Adieu Edouard, nous ne nous reverrons plus. En renonçant à vous je vais renoncer au monde. J'ai nourri dix ans une passion sans espoir, je la nourrirai le reste de ma vie. Je me consolerai de vous perdre en me montrant digne de vous aimer. Dès cet instant je cesse...*

1. C'est Bérénice d'une part; c'est aussi, bien sûr, *la Dame aux Camélias*. Mais quelle différence de ton ! quelle distinction aristocratique chez le fils de l'horloger de Genève. Et quelle discrétion ! Cf. var. (*a*), p. 653. Laure est héroïque, comme tous les personnages du roman. Et son héroïsme n'a rien à voir avec le « devoir » (malgré le bel alexandrin de Saint-Preux). Il est exigé par l'amour qu'elle ne sauvera qu'à ce prix.

2. Sur ce « cornélianisme », cf. *supra*, p. 622, n. 1.

3. Cette page où Jean-Jacques exalte à nouveau le sentiment de l'amitié dont nous avons vu la place prépondérante dans sa vie et dans son roman, prend une résonance particulièrement émouvante du fait qu'elle fut écrite après qu'il eut appris la « trahison » de Diderot. Le roman aura été jusqu'au bout la revanche du rêve sur le réel !

P. 654.

1. Sur l'importance accordée au mariage par Rousseau, cf. les lettres 18 et 20 (IIIe partie) et leurs commentaires. Cf. aussi l'*Émile* où le précepteur prépare longuement son élève à cet acte essentiel de la vie humaine, qui l'engage dans un état dont Rousseau n'imagine pas qu'il puisse être rompu autrement que par la mort. Le mariage est « la prémiére et la plus sainte institution de la nature » (*Profession de foi, O.C.*, Pléiade, t. IV, p. 566). Par conséquent l'interdiction faite par la religion catholique à ses prêtres de se marier est aussi scandaleuse que dangereuse. Nous avons déjà vu et nous retrouverons cette hostilité très affirmée de Rousseau contre le célibat des prêtres (cf. VI, 6, p. 668). Mais, pour ne pas être partisan du célibat imposé, doit-on l'être du mariage obligatoire ? Sa philosophie de la liberté, et son expérience, lui interdisent une pareille attitude. Il revendique hautement le droit au célibat. Deux remarques s'imposent aussitôt auxquelles nous avons grand-peine à ne pas donner forme d'objection :

1° Quel « aristocratisme » chez ce « démocrate » ! Quel mépris pour le « peuple », pour ces « hommes vraiment utiles » à qui, non content de les maintenir dans l'ignorance sous prétexte qu'elle les rend heureux, il impose le mariage comme un devoir à l'égard de la Cité !

2° Comment se comportera le célibataire à l'égard des femmes ou des filles des autres ? Milord Édouard et Saint-Preux répondraient sans hésiter qu'ils sont capables de rester chastes. Jean-Jacques, en 1760, aurait pu sans doute aussi faire cette réponse.

Mais dans les douze années qui avaient précédé, qu'était pour lui Thérèse ? Au bas de cette apologie du célibat, inscrivons cette phrase tirée d'une note de la *Dernière réponse de J.-J. Rousseau, de Genève* [*à Bordes*] : « L'homme et la femme sont faits pour s'aimer et s'unir; mais passé cette union légitime, tout commerce d'amour entr'eux est une source affreuse de désordres dans la société et dans les mœurs. » (*O.C.*, Pléiade, t. III, p. 75). Rousseau réagira d'ailleurs, par la bouche de Wolmar, au début de la lettre 4, mais en soulignant que la raison véritable de la décision d'Édouard est l'exigence de Laure qui lui demande de n'accorder à nulle autre femme ce qu'il n'a pu lui donner. Et il obéira ! Chez tous les personnages du roman, le triomphe de l'amour est total !

2. Cf. *supra,* p. 650, *me recueillir :* les deux images se rejoignent et expriment l'une et l'autre l'état d'esprit où se trouvait Jean-Jacques pendant ces années de Montmorency qui lui paraissaient être le début d'une définitive « retraite », d'une longue, paisible et douce préparation à l'autre vie (cf. *Confessions,* l. X, *O.C.*, Pléiade, t. I, pp. 503 sq.).

P. 655.

(*a*). « Au surplus... dépends » : ajouté en marge dans Br. jusqu'à *ami.* Les derniers mots encore absents du Ms. Rey ont été ajoutés en interligne dans C.P.

(*b*). « J'en voulois ôter... enfans » : ajout en marge dans Br.

(*c*). Br. ajoute ici cette phrase-pilotis : *C'est dans l'âme des gens de bien que la nature est belle* (cf. la lettre suivante, dernière phrase et notes).

(*d*). Br. : pas de numerotation; pas d'indication de destinataire ni d'expéditeur. Sans doute, comme la précédente à laquelle elle est directement liée, cette lettre est tardive. Elle ne devait pas faire partie de l'organisation primitive en cinq parties (cf. *supra,* var. (*a*), p. 637). Elle est en tout cas postérieure au changement de décision du romancier sur le mariage de Milord Édouard.

(*e*). Texte de Br. C.P. corrigeait en *âmes rares.* Rousseau est finalement revenu à son premier texte.

1. Nouvelle invitation secrète à la « conversion ». Rousseau a fait dire plus tard par Saint-Preux que celle-ci ne pouvait se produire que par une sorte de miracle de la grâce dont Julie serait l'instrument. Il précise ici qu'en tout cas les « livres » y seraient impuissants. *La Profession de foi* et déjà les *Lettres morales* sont tout entières pénétrées par cet anti-intellectualisme qui est l'un des aspects les plus apparents de la philosophie de Rousseau. Cf. en particulier, la deuxième *lettre morale* (*O.C.*, Pléiade, t. IV, p. 1087) : « Tous les livres nous parlent du souverain bien, tous les philosophes nous le montrent, chacun enseigne aux autres l'art d'être heureux, nul ne l'a trouvé pour lui même. » Il ajoute qu'un seul livre, celui de la « nature », peut faire de Wolmar le plus « sage » des

mortels, c'est-à-dire un croyant. Cet appel à la nature comme « preuve » de l'existence de Dieu est une des plus traditionnelles. On sait aussi la place occupée par cet argument dans *la Profession de foi :* « Si la matiére müe me montre une volonté, la matiére müe selon de certaines loix me montre une intelligence : c'est mon second article de foi. Agir, comparer, choisir, sont des opérations d'un être actif et pensant. Donc cet être existe. Où le voyez-vous exister, m'allez-vous dire ? Non-seulement dans les Cieux qui roulent, dans l'astre qui nous éclaire; non-seulement dans moi-même, mais dans la brebis qui paît, dans l'oiseau qui vole, dans la pierre qui tombe, dans la feuille qu'emporte le vent. » (*O.C.*, Pléiade, t. IV, p. 578).

Cette « démonstration » n'est pas seulement née d'un raisonnement de l'esprit, celui qui conduit Voltaire à reconnaître l'existence d'un « horloger » auteur de cet admirable mécanisme, elle correspond à une expérience plus profonde et depuis longtemps *vécue* par Jean-Jacques. Il en a donné la plus parfaite description dans la troisième des *Lettres à Malesherbes* (26 janvier 1762). Cf. *O.C.*, Pléiade, t. I, p. 1138 sq., en particulier le passage capital : « Bientôt de la surface de la terre j'elevois mes idées à tous les êtres de la nature, au système universel des choses, à l'etre incomprehensible qui embrasse tout... » (p. 1141).

2. A vrai dire Wolmar n'avait pas grand mérite à garder ce calme olympien et à douter de l'événement malgré l' « assurance » d'Édouard, puisque Saint-Preux lui avait adressé une lettre qui ne pouvait laisser aucun doute sur son attitude en cette affaire (V, 12). Cette lettre présentée au lecteur avant celle dont parle Julie dans sa lettre 13 (V^e^ partie), est-elle arrivée après « le courrier d'Italie » ? C'est possible, mais peu probable. En revanche, il semble bien que Julie dans V, 13 l'ignore. Entre les deux époux que de secrets encore ! La « transparence » demeure un idéal lointain.

P. 656.

(*a*). Cette phrase qui est pourtant déjà une « capucinade », et qui laisse discrètement deviner la conversion finale de Wolmar, a inquiété les censeurs. Mais ils avaient hésité : « Ce n'est pas un retranchement auquel on tienne beaucoup, on a trouvé cette expression *les croyans* peu convenable. Il semble qu'on en parle comme d'une secte, au reste, M. Rousseau en fera ce qu'il voudra » (*C.C.*, t. VIII, p. 120). L'édition Robin a effectivement supprimé la phrase.

(*b*). Ici en marge dans Br., phrase-pilotis annonçant la phrase finale : *Le vrai livre de la nature est pour moi le cœur des honnêtes gens... pour vous.*

(*c*). « Il sembleroit... devenir ». Ces phrases ont été difficilement élaborées : Br. 1er jet : *Ne semble-t-il pas (qu'il faut rendre à l'Etat ce qu'on a reçu) que la vie est un bien qu'on ne reçoit qu'à la charge de le (faire circuler) transmettre et que quiconque... devenir.* Puis, ajout en marge après « transmettre » : *que ce bien doit circuler de race en race,* puis sur C.P. corrigée, le texte actuel.

(*d*). « La petite Cousine... jour ». Cette phrase inscrite dans C.P. était absente de Br. qui portait : *Je n'ai point montré cette lettre à mes deux anges ; je leur ai dit seulement ce qu'il falloit qu'elles en sussent pour les tirer de leur inquiétude au sujet de votre long silence.* Il y a donc eu pour toute cette période du roman un flottement chronologique assez important. Ce flottement est confirmé par la suite du texte de Br. qui employait le passé là où C.P. emploie le futur : *Nous avons pris la liberté d'y faire quelques changemens,* et qui donnait cette précision, situant la lettre en plein hiver et non en plein été : *On y travaillera sitôt que le dégel sera venu.*

D'autre part Br. porte cette indication au sujet des réactions des deux cousines devant le mariage : *il est certain que Miladi Bomston se seroit sentie du respect qu'elles ont (toutes deux) pour le nom qu'elle eût porté.* Réactions non conformes, comme on a pu le voir, à celles que Rousseau avait fait exprimer à Julie d'abord et à Claire ensuite.

1. L'affirmation que la foi est le plus grand « bonheur » et l'incroyance le plus grand « malheur », argument efficace pour le plus grand nombre, mais non pour les esprits héroïques qui ne supportent pas l'idée d'infléchir les exigences de leur esprit sous la poussée des exigences de leur cœur, sera repris abondamment par les successeurs du Vicaire, et d'abord par le plus illustre, l'auteur du *Génie du christianisme* (cf. sur ce point P.-M. MASSON, *la Religion de J.-J. Rousseau,* IIIe partie, « Rousseau et la restauration religieuse »). Cet argument était décisif pour Rousseau. Il ne l'a jamais exprimé plus naïvement que dans la conclusion de la *Lettre à Voltaire,* cf. *supra,* p. 596, n. 1.

P. 657.

(*a*). Le texte de ce dernier paragraphe était très différent dans Br. : *Je vous remercie de vos livres et de vos souhaits quoique je n'aie point reçu les uns ni senti l'accomplissement des autres. Il nous est venu hier des matrones du pays qui voyoient je ne sais combien de belles choses dans des tasses barbouillées de marc de café. Pour moi, je me suis trouvé si bête que je n'ai jamais rien su voir de tout cela.* L'interprétation de ces quelques lignes n'est pas aisée. Il semble que les « souhaits » de Milord Édouard concernent la « conversion » de Wolmar. Celle-ci, selon Milord Édouard, ne pourra être obtenue que par la lecture du livre « de la nature ». Mais Wolmar s'en déclare incapable, autant que d'interpréter, à la manière des « matrones du pays », les signes du marc de café ! Tout cela est étrangement familier et même un peu vulgaire.

(*b*). Le brouillon de cette lettre est partie à la Bibliothèque de Genève, partie à la Bibliothèque Victor Cousin, à Paris. Elle ne porte ni numéro ni titre; en marge et en haut de la lettre, Rousseau a écrit : *Imparfaite et peut-être à retrancher.* Tardive, elle fait évidemment partie du travail de « bourrage » final. A la fin de V, 13, Julie disait à Claire : « Apporte moi des détails de la petite République. » Elle ne semblait pas attendre une lettre. Et sans doute Rousseau ne songeait-il pas alors à l'écrire.

(*c*). Br. : *Mais malheureusement je ne peux pas dire comme ton borgne.* C.P. : *comme dans la tragédie.* Le texte exact du vers (Corneille, *Sertorius,* III, 1) est : « Rome n'est plus dans Rome... »

(*d*). Le trait sur Rome est plus sobre et plus piquant dans le texte définitif, mais s'éclaire par les rédactions successives : Br. 1er jet, biffé : *(tout) au contraire (je n'ai rien de ma Rome à Genève) ma Rome à moi n'est pas à Genève (elle est toute à Clarens et non pas) ni même à Rome (comme je te vois dire en souriant) quoi qu'en dise faussement ce sourire enten(s)dez (tu) vous ma (petite) belle menteuse.*

Br. 2e rédaction : *Or je vous laisse à deviner où elle est. Il faudroit (dire) (croire) dire selon toi que je suis bien plus à Rome que Rome n'est où je suis. Mais (tu te trompes et malgré tes calomnies) (malgré ta) apprends ma belle menteuse que ma Rome à moi n'est qu'à Clarens.*

C.P. : La dernière phrase du paragraphe est : *Mais dis-moi ce que vient toujours faire ici cette vilaine Rome ; retournons à Genève.*

Ms. Rey : Les mots « dans ta malice » sont absents.

(*e*). Dans Br. addition marginale biffée : *et qu(e) (malheureusement) au grand regret des habitants il n'a pas...*

(*f*). Cette note est absente de Br., de C.P., du Ms. Rey; elle a été supprimée dans l'éd. Rey, 1763.

1. Tardive; beaucoup trop courte pour exprimer tout ce que le Citoyen avait à dire sur Genève; beaucoup trop longue à la place où elle est insérée, à un moment où l'action dramatique se resserre, où le dénouement approche, où il n'est vraiment plus temps de disserter calmement sur des problèmes de sociologie ou de politique, cette lettre est certainement l'une des moins bien venues de toute l'œuvre. Rousseau l'avait senti (cf. var (*b*), p. 657). On comprend pourtant qu'il ne l'ait pas « retranchée ». Genève tenait une telle place en son cœur ! Elle était son enfance, et un peu sa jeunesse. A seize ans, il s'était évadé. Il l'avait même un peu trahie, publiquement reniée.

En 1754, reniant ce reniement, il avait fait son « pèlerinage aux sources ». Solennellement et familièrement à la fois, l' « enfant prodigue » avait été réintroduit dans la Cité. Certains le redoutaient; mais le plus grand nombre étaient fiers de lui; quelques-uns l'aimaient. De plusieurs côtés on l'avait pressé de revenir prendre dans la ville, dont il était désormais une des gloires, la place qui lui était due. Sous l'impulsion d'amis genevois, il s'était plus ou moins engagé à écrire une *Histoire du Valais,* dont une trace est restée dans la lettre 23 (Ire partie) (cf. p. 76, n. 2). Mais, depuis, un grave événement s'était produit : la publication de l'article « Genève », dans l'*Encyclopédie.* L'auteur y mettait en doute l'orthodoxie de certains pasteurs; il y proposait la création d'un théâtre. Le « Citoyen » avait bondi ! *Non possumus non loqui !* Il avait défendu l'orthodoxie de ses amis. Surtout il avait plaidé pour la protection de la « vertu » de ses concitoyens. A cette occasion, il avait évoqué les mœurs d'autrefois; ses plus lointains souvenirs d'enfance lui étaient remontés au cœur, mêlés aux rêves suscités dans son imagination par la lecture des historiens et des littérateurs classiques sur la vie communautaire dans la cité antique. Pourquoi a-t-il jugé nécessaire ayant écrit cette première lettre sur Genève d'en ajouter une seconde ? Puis, l'ayant jugée imparfaite, de la maintenir ? Pour deux raisons au moins. D'abord le silence eût paru étrange, dans ce roman « publié » par lui, et qui se déroulait à quelques lieues de Genève. Puis, dans la *Lettre à d'Alembert,* il n'avait pas pu porter sur sa patrie un jugement d'ensemble. Il a donc voulu être juste, modéré, raisonnable, sans parti pris. Et il n'y a que trop réussi; il a été ennuyeux. Ses éloges sur la sagesse, l'équilibre, la raison, la fidélité conjugale, l'antique modestie et même la franchise ou la possibilité des « grandes passions » sont de ceux qui ne touchent guère, surtout lorsqu'ils sont, comme ici, accompagnés de réflexions mélancoliques sur la prochaine disparition de ces vertus. En revanche, les deux reproches majeurs d'abord sur la lourdeur, la gaucherie, l'accent traînant, le « style guindé des femmes », puis sur l'amour de l'argent, sont de ceux qu'on pardonne mal. Ni les historiens de Rousseau, ni les commentateurs du roman n'ont accordé beaucoup d'importance à cette lettre, et c'est regrettable. On trouvera cependant quelques renseignements utiles dans SAYOUS, *le dix-huitième siècle à l'Étranger,* Paris, 1856; Édouard ROD, *l'Affaire J.-J. Rousseau,* 1906; G. VALLETTE, *J.-J. Rousseau Genevois,* 1911, pp. 165-173, et, bien entendu, dans les notes de D. Mornet (*N.H.*, t. IV, pp. 205 sq.). Fait étrange : le livre de J.-S. SPINK, *J.-J. Rousseau et Genève,* 1934, est muet sur cette lettre. Aucun de ces ouvrages n'apporte de réponse satisfaisante à trois questions que nous posons ici sans prétendre y répondre :

1° Comment expliquer la différence de ton entre la *Lettre à d'Alembert,* émue, enthousiaste, et cette lettre de Claire, froide, sèche, et même sévère ? L'explication par les exigences littéraires du genre romanesque est insuffisante. Il y a sûrement autre chose.

2° Quelles furent en face de cette lettre les réactions des Genevois de Suisse et de l'étranger, à l'époque où parut le roman, et depuis ? Aucune enquête systématique ne semble avoir été faite. Quelques références seulement dans G. Vallette, dans D. Mornet et dans la note 2 de la p. 546 du tome I des *O.C.*, Pléiade, p. 1540.

3° Quel rôle cette lettre a-t-elle joué dans la conduite de tel ou tel groupe des concitoyens de Rousseau au cours des années critiques qui suivirent la publication et la condamnation de l'*Émile ?* En particulier l'attaque contre les banquiers ne lui a-t-elle pas valu la terrible opposition des « gens du haut » en 1762-1763 ?

2. Sur la passion de la liberté chez Rousseau, cf. *supra,* p. 89, n. 1.

Ce n'est pas ici le lieu d'aborder l'un des problèmes fondamentaux de la pensée politique de Rousseau. Il sera traité à fond dans un autre volume de cette édition. Signalons seulement les textes rassemblés et commentés par P. Burgelin dans le septième paragraphe de son chapitre XX : « Individu et État » (*La Philosophie de l'existence de J.-J. Rousseau,* pp. 546-553).

3. Ce sentiment très fort de la « patrie », hérité par Rousseau de ses lectures d'histoire romaine, comme il le proclame lui-même, est lié chez lui à la prise de conscience de tout ce qu'il doit à Genève et au fait que sa patrie est une terre de liberté. Pourrait-il y avoir « patrie » sans liberté, sans « citoyens », « membres du souverain » ? Il ne le pense pas. Une lettre écrite le 28 mai 1751 à l'un de ses concitoyens, ancien ami de son père, Marcet de Mézières, est, sur ce point, très éclairante : « Vous ne vous êtes point trompé en croyant appercevoir un cœur penétré dans ma maniére seule d'employer le mot de patrie (...) Vous le savez, Monsieur; j'ai reçu le jour d'un excellent Citoyen; touttes les circonstances de ma vie n'ont servi qu'à donner encore plus d'énergie à cet ardent amour de la Patrie qu'il m'avoit inspiré. C'est à force de vivre parmi des esclaves que j'ai senti tout le prix de la liberté. Que vous êtes heureux de vivre au sein de vôtre famille et de vôtre Païs, d'habiter parmi des hommes et de n'obéir qu'aux Loix, c'est-à-dire, à la raison ! » (*C.C.*, t. II, p. 154).

Cet amour de Rousseau pour sa patrie ne se conciliait pas aisément avec l'universalisme d'une pensée aussi profondément imprégnée de christianisme que la sienne. Cette douloureuse contradiction a été bien mise en lumière, sinon résolue, par P. BURGELIN, *la Philosophie de l'existence de J.-J. Rousseau,* chap. XX, § 3, « Patrie, famille, humanité », pp. 516-522. Cf. aussi R. POMEAU, « De la Paix perpétuelle à la Nation armée », dans *la Table ronde,* mars 1960, pp. 76 sq.

4. Cf. var. (*c*) et (*d*).

5. C'est la *Gazette de France,* qui ne prendra ce titre complet qu'en 1762.

P. 658.

(*a*). Les mots « où tout se soutient par sa propre masse » sont une addition marginale de C.P. Ils manquent dans Br. et dans Ms. Rey.

(*b*). C.P. 1er jet : *Voilà comme je me présente les ministres des grandes cours. Te souviens-tu de ce pauvre musicien...* Puis nouvelle correction en marge, fo 24 vo, qui apporte le texte définitif.

(*c*). La fin de ce paragraphe depuis : « Je n'entends jamais parler... est absente de Br. où on lit : *La seule faute grave qu'ils ont commise est de souffrir que les étrangers se soient mêlés dans leurs querelles ; (dans ces momens d'aveuglement où la (colère) raison se tait devant la colére) quand le coursier s'est fait monter à l'homme pour vaincre un (ennemi) adversaire il sent trop tard qu'il vaut mieux un ennemi qu'un maitre ; encore une médiation et (Genève est perdue) adieu (la République) la liberté : (mais) il est à croire (que celle ci les a rendus sages) que l'expérience les rendra sages.*

La note de Rousseau est absente de C.P.; elle a été supprimée dans l'éd. Rey, 1763.

(*d*). Br. : *le quart des habitans.*

(*e*). Dans Br. les mots : « imitent les grands airs des étrangers » sont en marge; après « s'enrichir » on lit : *au lieu de s'honorer de leur (simplicité) patrie en ont honte.* Ce texte était encore dans C.P. où Rousseau l'a biffé.

(*f*). Dans Br. de nombreuses ratures attestent la peine que Rousseau eut à rédiger la fin de ce paragraphe; les variantes sont pourtant sans grande importance; notons seulement cette phrase biffée : *la liberté et la pauvreté sont inséparables.*

(*g*). Note absente de Br. et de C.P. Elle a donc été rédigée dans les derniers mois de 1760, au moment où s'achevait l'impression des dernières parties. Elle vise évidemment Voltaire dont Rousseau ne pouvait plus ignorer le rôle qu'il jouait à Genève, agitant contre lui ses concitoyens les plus influents. C'est alors qu'il lui écrivit le 17 juin 1760 ces mots qui jettent une lueur tragique sur notre texte : « Je ne vous aime point, Monsieur; vous m'avez fait les maux qui pouvoient m'ètre les plus sensibles, à moi votre disciple et votre enthousiaste. Vous avez perdu Genève, pour le prix de l'azyle que vous y avez receu; vous avez aliéné de moi mes concitoyens pour le prix des applaudissemens que je vous ai prodigués parmi eux : c'est vous qui me rendez le séjour de mon pays insupportable; c'est vous qui me ferez mourir en terre étrangére, privé de toutes les consolations des mourans et jetté pour tout honneur dans une voirie, tandis que vivant ou mort tous les honneurs qu'un homme peut attendre vous accompagneront dans mon pays. Je vous hais, enfin, vous l'avez voulu... » (*C.C.*, t. VII, p. 136).

1. Rousseau fait allusion en terminant à des troubles qui avaient opposé l'aristocratie dominante du « haut » et les « petits bourgeois » du bas de la Cité, en 1734, et qui n'avaient été apaisés qu'en 1738. Il avait lui-même assisté au combat du Perron en 1737 et en avait été profondément impressionné. Grâce à l'intervention des puissances médiatrices, Genève devait connaître vingt-cinq ans de paix, mais une paix précaire qui était déjà menacée au moment où il écrit sa lettre. Le *Contrat social* ne sera pas sans action sur les troubles qui éclateront en 1763 et l'auteur des *Lettres de la Montagne* s'y trouvera personnellement engagé ! En fait, si on lit de près ces quelques lignes, on s'aperçoit que l'éloge du système républicain et démocratique tel qu'il fonctionnait à Genève s'accompagne d'une réserve très importante, directement inspirée par *l'Esprit des Lois,* c'est qu'il exige beaucoup d' « art » et de « vrai talent », qu'il n'est peut-être même possible que pour une « petite République ». Les « vastes Empires » (sous-entendons la France) se soutiennent

par leur propre masse et « les rênes de l'État peuvent tomber dans les mains d'un sot, sans que les affaires cessent d'aller ».

2. L'horreur de l'argent est une des données fondamentales du comportement de Rousseau et de sa pensée. Nul doute que la source profonde de cette réaction soit dans ses nombreuses lectures de la Bible, dans la méditation du sermon sur la Montagne et de ce *Vae divitibus* qui court comme un long cri de malédiction et de colère à travers l'Évangile. Mais il était aussi un homme sensuel, un théoricien de l'art de jouir auquel les plaisirs du corps, du cœur, de l'esprit étaient non seulement agréables, mais nécessaires. Apôtre de la pauvreté, il avait horreur de l'ascétisme. Longtemps démuni de ressources suffisantes malgré son travail et son génie, il avait été l'esclave des riches, et même leur complaisant. Toute sa vie, jusqu'à sa rupture avec Mme d'Épinay, s'était écoulée dans la semi-dépendance des grandes et vieilles familles dont la richesse remontait loin dans le passé et surtout de ces hommes d'argent, financiers, banquiers, fermiers des impôts, oppresseurs du peuple, nourris de son sang, comme il disait lui-même, dont l'éclatante, la scandaleuse fortune s'était construite en l'espace de quelques lustres : les Dupin, les Francueil, les Lalive d'Épinay, les La Pouplinière et tant d'autres. Il refusait leur argent ; mais il ne pouvait refuser totalement leur protection et leur amitié. Qu'importe ! *Amicus Plato, magis amica veritas !* Il reste l'homme qui a pris pour devise *Vitam impendere vero.* Il proclamera donc ici que l'argent est un tyran et qu'il est maudit.

P. 659.

(*a*). Br. : *par dessus les oreilles.*

(*b*). Br. : *(mais bon sang ne peut mentir dit le proverbe et puis) je n'entends parler...*

(*c*). Dans Br. et dans C.P. la dernière phrase est : *qui surprend avec tant de charme.*

(*d*). Br. et C.P. ajoutent : *et porte dans le cabinet la frivolité des cercles.*

(*e*). Br. : *ils sont auteurs même en parlant.* Suit un texte biffé : *On est ennuyé, excedé de leur entendre épuiser un sujet avant qu'ils le quittent ils ne savent pas comme disoit nôtre maitre que la conversation n'est que le texte de la reflexion, qu'il ne faut que de l'esprit quand on parle et du sens quand on écrit.*

(*f*). Br. : cette phrase est une addition marginale, comme, un peu plus haut, la phrase : « tant ils observent bien les étymologies ».

(*g*). Depuis « avant-hier », ce passage manque dans Br. La phrase sur le « lac-d'amour » est encore absente du Ms. Rey (cf. V, 13, p. 625, une note de Rousseau, qui n'était pas non plus dans le Ms. Rey).

(*h*). Br. : ... *infinitifs ; enfin leurs entretiens sont des tissus de courtes harangues et ils causent comme s'ils prechoient.* C.P. : Même texte que dans Br., mais *jasent* au lieu de *causent.*

1. Sur cette séparation des sexes à Genève, fort approuvée par Rousseau, maintenue par les châtelains de Clarens dans leur petit

royaume, et malheureusement aux yeux du « Citoyen » en voie de disparition sous l'influence corruptrice des mœurs françaises, cf. les développements qui terminent la *Lettre à d'Alembert* et *supra,* II, 21.

2. Outre que ces reproches fournissent un document précieux à l'historien de la langue, ils nous apportent une nouvelle preuve de la sensibilité de Rousseau à la prononciation, à la valeur musicale du langage; ils révèlent son désir de s'affirmer en face des critiques parisiens comme un homme qui sait sa langue et n'est « provincial » que lorsqu'il le veut.

Au reste, on est en droit de voir dans cette critique, et dans le développement qui suit sur le pédantisme, une manière d'autocritique. L'écrivain prend le ton dégagé de l'alpiniste qui vient d'échapper de justesse à une chute grave. N'oublions pas que tout au long du roman, il a traité Julie de « prêcheuse » ! La crainte de M. de Voltaire a été pour lui le commencement de la sagesse.

P. 660.

(*a*). Br. : *je chercherois volontiers derriére eux.* Rousseau avait d'abord hésité entre *je suis tentée de chercher derriére eux* et *je suis tentée de leur demander.* Chaque expression est écrite et biffée deux fois. Ms. Rey : « on chercheroit volontiers *derriére eux* »; « autour d'eux » est une correction à l'interligne.

(*b*). Br. : ce paragraphe a d'abord été rédigé en marge, à partir du deuxième tiers de la feuille; le début est raturé et presque illisible, et les phrases qui constituent maintenant la fin ont été remaniées trois fois. Rousseau a ensuite commencé à recopier le texte en haut de la feuille, dans la colonne de droite, à la place habituelle, d'une écriture aisée et presque sans ratures, mais il s'est interrompu au mot « Ah ! », et a tracé une flèche renvoyant pour la suite au texte marginal. Début recopié du paragraphe, à droite : « Au reste il faut t'avouer que je suis un peu payée pour bien penser de leurs cœurs et *(sentir)* croire qu'ils ne sont pas de mauvais goût; *(c'est qu'il me semble, ne t'en déplaise, qu'on n'a pas trop mal réussi parmi eux) (je te dirai) (j'ajouterai)* tu sauras *même* en confidence qu'un *(petit)* joli Monsieur à marier et dit-on fort riche, *(m'a déjà déclaré à moi indigne son douloureux martire)* m'honor*a* de ses attentions et *vient de m'écrire une lettre qui brule le papier.* »

En marge, dans le haut de la feuille resté libre, on lit une note à laquelle Rousseau a renoncé : *(Belle) Aimable Claire, cela n'est pas assés difficile pour s'en faire honneur, la même chose est arrivée à d'autres qui ne vous valoi(en)t pas.* Aucun signe de renvoi, mais il est évident que cette note se rapportait à la conquête par Claire d'un souverain. Rousseau, pour une fois prudent, a renoncé à cette nouvelle allusion dangereuse à la maîtresse du roi de France.

Suite du paragraphe dans la marge, à gauche : « Ah s'il étoit venu il y a dix huit mois quel plaisir j'aurois pris à (me donner) *(prendre)* me donner un souverain pour esclave et à faire tourner la tête à un magnifique seigneur. Mais à présent *que la mienne (n'est pas trop droite) s'en va de son côté j'ai perdu le gout du jeu et ne suis (plus folle que de la philosophie). Il faut songer à la mienne qui n'est pas trop droite, car comme il n'y a point de corruption pire que celle du bon, je crains qu'il n'y ait point de folie plus dangereuse que celle de la (philosophie) (sagesse) philosophie. Ainsi le joli Monsieur sera remercié dès ce soir jusqu'à ce que (je sois plus sage que lui) nous soyons redevenus lui plus sage, ou moi plus folle.* » On voit par ces variantes combien les phrases apparemment les plus spontanées, les plus légères, ont demandé de travail à ce maître écrivain.

Ce texte est biffé à partir de *que la (mienne),* et suivi du texte actuel; « la mienne n'est plus... avec ma raison ».

(*c*). C.P. : ... *bons livres ; ils lui arrivent choisis.*

(*d*). Beaucoup de ratures et de remaniements dans Br. pour cette fin de paragraphe. Un premier jet disait : *Ce (n'est pas que) ne sont pas les belles Madames avec leurs prétentions et leurs airs français qui me semblent le plus à craindre ; mais j'ai rencontré par ci par là de petites Citoyennes dont l'air modeste et recueilli voiloit assés mal un (petit) minois éveillé (dangereux à fixer) qu'on ne fixe pas longtems sans s'en souvenir quand on est homme et philosophe.*

(*e*). Br. : « leur journal *(ajoutant qu'il en vaudroit bien la peine)* ».

(*f*). Br. : « le commentaire *(ce livre là n'endormiroit pas) (en vaudroit bien un autre)* ».

(*g*). Note absente de Br. et de C.P.; dans Ms. Rey elle s'arrête aux mots « de vieille date ».

Cette réaction de dernière heure (automne-hiver 1760) est un nouveau signe de l'irritation et de la tristesse qui commençaient à envahir son cœur devant le triomphe de tout ce contre quoi il avait lutté désespérément depuis deux ans. C'est en automne 1760 précisément que Voltaire installe à Tournay, aux portes mêmes de la cité jusque-là protégée, cet instrument de perdition qu'était un théâtre. Il y joua lui-même souvent. Et les Genevois et Genevoises y vinrent de plus en plus nombreux. C'est alors seulement que les pasteurs et le Conseil commencèrent à s'alarmer. Ces notes de Rousseau ont la saveur amère de la défaite.

1. Il faut croire que ce « joli Monsieur » faisait partie du *Petit Conseil,* dont les membres étaient recrutés dans les familles aristocratiques et portaient officiellement le titre de « magnifiques seigneurs »; mais, comme Rousseau l'a rappelé bien souvent, tout citoyen, si humble que fût sa condition, était à Genève « membre du Souverain ». Sur la vantardise de Claire en amour, cf. *supra,* VI, 2, p. 640.

P. 661.

(*a*). Br. : Depuis : « Tant que les Génevoises... » la fin de ce paragraphe manque. C.P. : la fin du paragraphe est en interligne; dans la marge et au verso variantes et additions.

(*b*). Ce début est absent de Br. Le paragraphe commençait primitivement ainsi (nous négligeons de nombreuses ratures) : *c'est sans doute cet art nécessaire de mettre à chaque instant leur manége en défaut qui nous donne en général un peu plus de ruse et nous rend plus vives à la riposte. N'est-ce pas eux qui nous délient...* etc. La première phrase a été biffée, et des signes de renvoi invitent à la remplacer par la phrase suivante : *ils sont fort plaisans ces h : ils se plaignent de nôtre caquet qu'ils ont pris soin d'affiler eux-mêmes.* Un peu plus bas, un autre signe de renvoi invite à déplacer ces phrases et à les mettre avant « Tu as beau dire ».

Dans C.P. la première phrase était la suivante : « *Au fond cela peut-il être autrement partout ?* n'est-ce pas la modestie de notre sexe... » Elle faisait le lien avec le paragraphe : « Je trouve que ton système... l'épicuréisme de la vertu », paragraphe déplacé dans la version définitive (cf. plus loin); cette première phrase se lisait aussi dans Br., mais la disposition très confuse de la page en rend la localisation douteuse. Rousseau a ensuite biffé le paragraphe : « Je trouve que ton système... l'épicuréisme de la vertu », et a complété le paragraphe précédent par un texte très voisin du texte actuel (« Tant que les Génevoises... »), texte qu'il a encore modifié en marge en y ajoutant la phrase suivante : *car il faut s'exercer longtems au mépris des bonnes mœurs pour savoir les tourner avec grâce en ridicule.* Plus bas en marge, il a encore ajouté ceci : *Au fond les avantages de ce mépris de l'art de plaire me semblent toujours compensés et les honnêtes femmes ont aussi les leurs. N'y a-t-il pas une sorte de bon goût qui tient à la vertu ?* Plus loin encore, il ajoute : *Au fond les avantages de ce merveilleux talent sont-ils même si bien décidés ? N'y a-t-il pas enfin une sorte de bon goût qui tient à la vertu et qu'on perd toujours avec elle ?* sans biffer cependant le texte précédent. Enfin, au bas de la page on lit l'addition suivante : *Rien, dit Saint-Preux, ne forme mieux un ingénieur que d'attaquer ou défendre des places fortes où les premières approches se font de très loin. Mais qu'apprend-on dans celles qui ne valent pas qu'on y perde son temps, dans celles qu'il ne faut que sommer de se rendre et qu'on enlève ou qu'on laisse du premier moment. Un guerrier doit être plus en garde contre les surprises qu'une jolie femme de bien.*

P. 662.

(*a*). Dans Br. ces phrases manquent et le paragraphe commence ainsi : *Je trouve que ton sistéme...* Nous avons signalé que ce paragraphe était primitivement placé plus haut, après « toute sa finesse ».

(*b*). Br. et C.P. : « l'épicuréisme de la *vertu* ».

(*c*). Br. : *(Flexible et liant comme Alcibiade) contraint par sa situation de chercher au loin les ressources qui lui manquent autour de lui, il adopte aisément...* La phrase biffée sera reprise au paragraphe suivant.

(*d*). Br. : « chez les *autres* nations ». On lit ici en marge ces mots sans renvoi : *il meurt des citoyens, il ne naît plus que des beaux esprits.*

(*e*). Br. ajoute : *ô ta france ta france ! elle empoisonne et corrompt tous ses voisins ; elle a plus d'une manière de faire des conquêtes, et ses armes sont moins à craindre que ses mœurs.*

1. Voilà encore une page bien surprenante, où l'auteur de *la Nouvelle Héloïse* nous apparaît comme un ancêtre direct de celui des *Liaisons dangereuses* (la var. (*b*), p. 661, avec la métaphore des « ingénieurs » et des « places fortes », est un signe décisif de l'identité d'attitude). Le « sentimental » Rousseau est un admirateur de l'intelligence et de l'esprit. Il sait quelles armes ils peuvent fournir au « libertin »; il pense qu'ils ne sont pas moins nécessaires à l'honnête femme. On est en droit de trouver de la « niaiserie » chez Julie, chez Saint-Preux, chez Claire même. Mais elle est l'inévitable « revers » d'une médaille dont la face est l'innocence ou la franchise. Ce qui est certain, c'est que Rousseau a voulu faire de ses deux héroïnes des femmes d'esprit capables de faire tourner les têtes... On rêve d'une reprise du thème des *Liaisons* par Jean-Jacques où le lecteur aurait joui de voir la jeune et belle Présidente désorienter, par une « certaine coquéterie maligne et railleuse », un Valmont « tout déconcerté » et « s'environner contre lui de traits moins brulans mais plus aigus que ceux de l'amour... ».

2. Le sens actuellement injurieux de l'expression est évidemment à exclure. Il était, semble-t-il, ignoré des écrivains classiques. Littré le signale, à la fin de son article : « En un sens particulier, celui, celle qui favorise les galanteries d'une autre personne », mais ne cite aucune référence.

3. Sur le profit, sur l'accroissement de plaisir éprouvé par les deux sexes grâce à la « séparation », cf. les développements de la fin de la *Lettre à d'Alembert*. La formule *épicuréisme de la raison* est la meilleure définition qui puisse être en effet donnée de cette philosophie hédoniste que Rousseau a longuement exposée dans les grandes lettres des IVe et V^e^ parties (en particulier IV, 10 et V, 12). Cf. *supra,* p. 541, n. 1.

4. On capte ici l'une des sources importantes de la théorie et de la formule les plus célèbres de Rousseau. Elles lui viennent au fond de Genève, de ces propos familiers des petites gens qui ont entouré son enfance, évoqué les mœurs antiques, vanté la tradition, vitupéré les mœurs de la France corruptrice (cf. var. (*e*), p. 662). C'est toujours le même processus. La nature c'est Genève, c'est l'enfance. Elle est bonne. La civilisation c'est la France, c'est Paris. Et c'est l'homme adulte, cet « animal dépravé » qui a appris à « penser ». Malgré ce qu'elle a d'un peu froid, de « guindé », cette lettre sur Genève participe elle aussi à cette évasion dans le « mythe » que n'a cessé d'être le roman.

P. 663.

(*a*). Br et C.P. : *il est imitateur et non pas valet*. Plusieurs variantes minimes.

(*b*). Cette phrase manque dans Br.

(*c*). Tel eſt aussi le texte de Br. Dans C.P. avant cette phrase, Rousseau avait écrit : *A charge et à décharge voilà les objets tels que je les ai vus.*

(*d*). Dans Br. la fin de la lettre eſt la suivante : *et je crois, n'en déplaise à nôtre maitre, que j'aimerois encore mieux parler ici de politique que de verser à boire aux grandes barbes du palais ; car j'aime mieux la simplicité de la sagesse que celle de la grossiereté. Je t'avoue que je ne serois pas fachée de nous voir tous ici rassemblés quelques fois. A la campagne il faut vivre à Clarens, mais à la ville il faut vivre à Genève.*

(*e*). C.P. : *sans regret Genéve, c'eſt d'en partir sans quitter Clarens. C'eſt après demain...*

(*f*). C.P. 1re rédaction : *Nous comptons coucher à Morges, et le lendemain... tu m'entends quand tu verras de loin paroître des banderolles, quand tu entendras le canon, cours par toute la maison comme une folle, en criant Voilà les ennemis qui vont mettre Clarens au pillage en buvant les vins de tout l'univers.*

(*g*). C.P. 1er jet : P.S. *N'oublie pas de faire tendre dans la chambre de mon pére force cartes de géographie.* 2e rédaction : P.S. *Il faudra donner la chambre verte à ma belle-sœur et l'appartement contigu à sa mère. Tu pourras loger mon frère chez notre ami, mon père chez Milord Edouard et le reſte de notre (monde) comme il te plaira ; mais n'oublie pas de faire tendre... géographie.* 3e rédaction : C'eſt le *P.S.* actuel, mais sans le dernier membre de phrase : « et qu'on achève... l'appartement ».

Dans le Ms. Rey, ce *P.S.* eſt écrit sur un papier à part, auquel renvoie à la fin de la lettre un *N.B.*

(*h*). Dans C.P. la note s'arrête avec les mots « mauvais chemin ». Elle eſt supprimée dans l'éd. Rey, 1763.

P. 664.

(*a*). Le Br. de cette lettre eſt à la Bibliothèque Victor Cousin à Paris. Peu de ratures. Texte déjà remis au net. En tête : *Lettre 15.* Pas de surcharge. A partir de cette lettre on continue de trouver en tête des numéros mais plus de surcharges. Tout indique que Rousseau a brusquement cessé ce travail de surcharge et décidé de grouper ses lettres en six parties au lieu de cinq.

(*b*). Br. : *un crime.*

1. Les lettres 6, 7 et 8 apportent la suite du roman Claire–Saint-Preux (cf. *supra,* p. 625, n. 1), et celle de l'exposé, sous forme dramatique, de la religion de Rousseau (cf. *supra,* p. 587, n. 2). Les deux thèmes ne sont pas juxtaposés mais intimement liés, parce que Julie, amoureuse et dévote ne peut réellement pas séparer le drame de son cœur de celui de son âme; parce que son bonheur exige la présence auprès d'elle de Wolmar et de Saint-Preux, la communion avec elle, dans la foi et la prière, *de l'un et de l'autre !* Si, à la fin de cette première lettre, où elle ne s'eſt d'abord placée que sur le plan de la sagesse humaine, de la prudence, de l'honneur, elle se met à parler de religion à Saint-Preux, ce n'eſt donc pas —

ou pas seulement — parce que Rousseau a décidé de placer dans son roman sa profession de foi, c'est que le mariage de Claire avec Saint-Preux intéresse le destin des âmes. Pour découvrir la solution la meilleure, il faut avoir recours à « tous les secours de la sagesse ». Or, « le plus nécessaire » est la prière. Le débat sur la prière, sur les rapports de la liberté et de la grâce où les amants vont maintenant s'engager est existentiellement lié à la décision à laquelle est suspendu leur « destin ».

Dans sa réponse, Saint-Preux élargit le débat, aboutissant ainsi à une profession de foi générale. Pourtant, à aucun moment, nous n'avons le sentiment d'abandonner le drame spirituel où se débattent les amants. La critique que fait Saint-Preux de la dévotion excessive a un caractère très personnel. C'est pour Julie qu'il a peur. Et celle-ci dans sa réponse ne parle pas en théoricienne de la mystique; elle décrit son expérience. On notera les mots : « j'éprouve », « sentir », « aimer », « agréable », « bon », « douceur », « joye ». On notera surtout la place faite au *Je*. Si Julie sort d'elle-même c'est pour aller à ceux qui lui sont proches. C'est pour plaire à son mari qu'elle arrête les vaines disputes. C'est pour son bonheur en ce monde qu'elle désire si fortement sa conversion. Il n'y a pas dans ce roman de contradiction entre bonheur et salut.

P. 665.

(*a*). Ce paragraphe est une addition marginale dans Br.

(*b*). Br., C.P. et Ms. Rey ajoutent : « *vous n'avez plus à vous défier de ma partialité,* et je n'ai... »

(*c*). Br. 1re rédaction : *et mes anciennes fautes ne m'ont que trop acquis de lumiéres sur les dangers que peut courir la vertu.* 2e rédaction : *Je n'ai que trop acquis (par mes fautes) (le droit de faire écouter mes avis).* 3e rédaction : le texte actuel.

(*d*). Br. : *Il m'est resté de mes anciens droits celui de vous parler comme une (tendre) mére.*

C.P. : *Je n'ai que trop bien le droit de vous parler comme une mére.*

(*e*). Br. : « il y a longtems que *je n'aurois plus de précautions à prendre avec vous* ». Ces mots sont suivis d'un signe de renvoi, auquel répond en marge le texte suivant : *Ne soyez donc pas surpris si je continue à appuyer tous mes raisonnemens sur la vertu dont vous faites profession, ils ne tirent leur force que d'elle ce n'est qu'à cause d'elle aussi que je vous les tiens et quand vous y renoncerez je n'aurai plus rien à vous dire.*

1. Cette première partie de la lettre a une résonance différente du reste. Peut-être correspond-elle à une étape différente de la genèse, à un autre moment du rêve, de la dialectique sentimentale : la langue, le style, l'ordonnance sont d'une simplicité, d'une force et d'une noblesse rares. Pas d'exaltation, pas de cri. A peine quelques exclamations mélodieuses. Et pour finir une proclamation triom-

phale où, beaucoup plus que le cri de l'orgueil, nous entendons le chant d'action de grâces. Deux expressions sont particulièrement importantes. 1° « rendus à nous-mêmes » : c'est le thème central de la morale de Rousseau (cf. *supra*, p. 314, n. 3 et p. 324, n. 3). Nous savons tout le sens dont ces mots sont chargés pour Julie : ils exigent, au même moment, dans les cœurs des amants, la pureté parfaite et l'amour total. 2° « situation présente » : toute la lettre sera une projection vers l'avenir. Mais elle est d'abord une dernière halte pour la contemplation du bonheur. Julie « fait le point ».

Or, ce qu'elle dit n'est pas sans nous surprendre. Elle affirme, en effet, que l'état où ils sont parvenus a un caractère « sans exemple », qu'il est impossible à atteindre par des âmes honnêtes et communes. Jusque-là, rien que de normal; mais, contrairement à ce que nous attendons, elle se refuse à l'expliquer par le caractère exceptionnel de leur amour. Rousseau abandonne donc un thème qui lui était familier. « Jamais, jamais », s'écrie Julie, nous n'aurions fait ce progrès « par nos seules forces ». On s'attend alors à la voir invoquer la Grâce. Elle le fera plus loin lorsqu'elle justifiera la prière (lettre 8, pp. 692 sq.). Ici, rien de tel; ou du moins une formule très équivoque : « A qui devons-nous ce bonheur si rare ? Vous le savez. » Serait-ce Dieu ? Point du tout ! C'est le « meilleur des hommes », M. de Wolmar, représentant de Dieu le Père sur la terre ! A cette seconde surprise en succède aussitôt une autre : la reconnaissance de Julie à l'égard de son mari pour le rôle providentiel qu'il a joué dans sa vie et dans celle de son amant est aussi vague que possible ! Pas la moindre allusion à cette thérapeutique, hardie et précise, qui a tenu une si grande place dans les péripéties de la IVe partie. L'ignore-t-elle ? C'est impossible. La blâme-t-elle ? C'est probable. Le bref billet si sévère qui a suivi la promenade sur le lac (la première et la seule lettre que nous ayons d'elle à son époux !) nous conduirait à le penser. Elle rend grâces du résultat; approuve-t-elle les « méthodes » ?

On est tenté, ici plus qu'ailleurs, de faire des rapprochements entre la vie et la fiction, car il est certain que ces dernières lettres d'amour ont été écrites après la crise de l'été et de l'automne 1757. Dans l'ensemble, la sérénité de ces pages où le rêve de la vie à trois est exalté, présenté comme possible et même comme une réalité vécue, s'apparente, semble-t-il, à l'état de Rousseau dans cette brève période où, après avoir calmé les inquiétudes de Saint-Lambert, le solitaire de Montmorency a vécu pendant quelques semaines « miraculeuses » à la fois dans l'amour et dans l'innocence et commencé avec cette Sophie idéale qu'il croyait une Julie vivante le dialogue spirituel des *Lettres morales*.

2. Brusque changement de ton. Au chant d'extase et de joie succèdent des interrogations graves et même anxieuses. Comme Rousseau l'a si bien dit ailleurs, comme il va le redire ici, suivant cette fois l'auteur de *Bérénice*, le cœur de l'homme est dans un état

de perpétuel changement. « Six mois, un an ne sont rien; (...) Mais quand cet état doit durer toujours... » Les personnages sont au rouet ! Le vrai, le seul problème est celui de la *durée* (cf. *supra,* p. 225, n. 1; p. 321, n. 1 et p. 642, n. 1). Dès le début de sa lettre, Julie l'avait indiqué : « savoir nous y maintenir et, l'achever comme nous l'avons commencée ». Elle le pose maintenant dans toute son ampleur. Nous avons déjà dit notre gêne de la voir aborder avec tant de franchise le problème de la continence (cf. *supra,* p. 625, n. 1). Mais le romancier a répondu à l'avance à l'objection par la bouche de Julie en des phrases simples et émues. Ce discours, prononcé par une voix ferme et tendre sur la nécessité d'une régulation de l'instinct sexuel, Jean-Jacques l'avait entendu très longtemps auparavant, dit par une telle voix qu'il était resté pour lui inoubliable : « Quoiqu'il en soit, Maman vit que pour m'arracher aux périls de ma jeunesse, il étoit tems de me traiter en homme et c'est ce qu'elle fit, mais de la façon la plus singulière... » (*Confessions, O.C.*, Pléiade, t. I, p. 193). On sait la suite. Certes la situation où il s'était trouvé était autre que celle de Saint-Preux et elle s'était dénouée différemment. Mais le problème fondamental était le même : une femme veut garder auprès d'elle un jeune homme qui l'aime et qu'elle aime. Ni elle ni lui n'attachent au plaisir ni à la possession physique une importance excessive. Mais la continence pour l'homme est impossible. Mme de Warens qui est libre s'offre donc elle-même. Julie qui ne l'est pas offre sa cousine. Dans les deux cas, le jeune homme est à la fois séduit et gêné. Jean-Jacques aurait voulu répondre : « non maman, il n'est pas necessaire : je vous réponds de moi sans cela... » Mais il n'osa : « ... prémiérement parce que ce n'étoit pas une chose à dire et puis parce qu'au fond [il sentait] que ce n'étoit pas vrai ». (*Ibid.*, p. 196). Saint-Preux, lui aussi, sent que, lorsqu'il dit non, ce n'est pas vrai et qu'il aurait du plaisir à faire de Claire sa femme, que seule cette femme peut lui ôter « le désir d'en posséder d'autres », que grâce à elle, il éviterait d'être distrait de Julie — ce qui serait le malheur suprême; et lui aussi sait que ce n'est pas « une chose à dire » ! Mais il *n'a pas à la dire,* puisque ce n'est pas Claire qui s'offre à lui, mais Julie qui la lui offre. En refusant, il donne à l'unique femme vraiment aimée le suprême témoignage d'amour. Étrange profondeur de ce premier amour de Jean-Jacques ! Nous en aurons trouvé la trace tout au long du roman. Peut-être s'étonnera-t-on de voir la « pureté » mêlée à des intrigues où la chasteté n'apparaît pas comme la vertu dominante; mais précisément, Rousseau, dans sa vie comme dans son roman, a pris soin de distinguer ces deux vertus trop aisément confondues. A ses yeux, nous l'avons vu, la liaison amoureuse de Julie et de son amant était « pure ». De même l'était aux yeux de « maman » celle qu'elle avait proposée à « petit » : « j'étois parfaitement sûr que le seul soin de m'arracher à des dangers autrement presque inévitables, et de me conserver tout entier à moi et à mes devoirs lui en faisoit enfreindre un qu'elle ne regardoit pas du même œil que les autres femmes... » (*Ibid.*, p. 196). C'est à peu près le raisonnement de Julie, pour qui « la force de l'ame qui produit toutes les vertus tient à la pureté qui les nourrit toutes ».

On notera, dans certains passages de ce discours moral un ton assez nouveau par rapport aux premières parties. Une phrase comme : « Fera-t-il moins aujourd'hui pour le Dieu qu'il adore qu'il ne fit pour la maitresse qu'il servit autrefois », révèle l'approfondissement de la méditation religieuse de Jean-Jacques entre 1756 et 1758. La pureté n'est plus seulement une exigence de la mystique de l'amour; elle est une exigence de Celui qui en est la source, car il est l'Amour même. D'autre part, pour la première fois, nous entendons Rousseau invoquer une vertu essentiellement chrétienne, la plus abhorrée avec la pauvreté par ses amis « philosophes » : l'*humilité*. Julie vante celui qui « n'a point pris son orgueil pour guide », qui fait « d'une humble défiance de lui-même la sauvegarde de sa vertu ». Plus loin, elle reprendra ce thème plus largement : « Voilà, cher St. Preux la véritable humilité du Chrétien », « Soyons humbles pour être sages ». Étonnant langage en ce siècle ! Notons encore — dans les développements sur la tentation qu'il vaut mieux fuir qu'éviter les passions, qu'il vaut mieux empêcher de naître que calmer — l'influence du temps, la nécessité d'être toujours sur ses gardes, les pièges des sens, ceux de l'imagination, etc., de nouvelles manifestations de cette « sagesse », de ce « réalisme » psychologique dont nous avons relevé tant de signes. Tout proche encore de cette terrible aventure où, de justesse, il a évité le désastre, Rousseau sait les dangers qui le menacent encore, et lorsqu'il écrit : « Que d'occasions peuvent renaître, aussi dangereuses que celles dont vous avez échappé », c'est pour lui qu'il parle. C'est pourtant bien la voix de Julie que nous entendons. Elle est là avec sa grâce, son esprit, sa délicatesse, sa tendresse, son autorité de mère, d'épouse, de chrétienne, et, dans l'évocation d'une liaison possible de Saint-Preux avec Fanchon, sa généreuse indignation contre la lâcheté masculine et la misère de la condition féminine dans la société où elle vit.

P. 666.

(*a*). Br., C.P. et Ms. Rey : *cent fois.*

(*b*). Br. ajoute ce texte, biffé ensuite : « nourrit toutes *(il ne se contente pas des apparences qui font l'honnête homme du monde il veut que ses maximes soient aussi ses règles)*. Si l'amour... »

(*c*). Br., C.P., Ms. Rey : *et s'il en coute à la nature pour réprimer de vains desirs*. Br. ajoute en marge : *revenu de ses longues erreurs.*

(*d*). C.P. ajoutait : *au bout du doigt ;* cette expression se trouvait dans l'une des nombreuses formules qu'avait essayées Rousseau dans le brouillon.

(*e*). Br. en marge : *il sait que (la liberté de) l'homme (consiste bien plus à fuir) est bien plus libre d'éviter les tentations que de les surmonter.* Un peu plus bas, toujours en marge, ce « pilotis » pour la lettre suivante : *Si c'étoit à commencer, peut-être me seroit-elle ce que vous futes, peut-être me seriez vous ce qu'elle fut* (ou *est ?*).

(*f*). Br. et C.P. : *A l'âge de 32 ans... avec des femmes plus jeunes que lui*. Cf. Chronologie du roman.

(*g*). Br. : *l'automne dernier* (addition à l'interligne). C.P. 1re rédaction : *l'hiver dernier ;* 2e rédaction : *l'été dernier*.

(*h*). Br. « Meillerie. *Est-ce elle qui le(poussoit) (le menoit) l'entrainoit à la pointe du bateau, (et) est-ce elle même qui le retint prêt à s'élancer*. L'a-t-elle... » Ce texte important est biffé de grands traits obliques. La dernière phrase permet-elle de supposer que dans une première conception de la scène du lac, Rousseau avait confié un rôle plus actif à Julie ? Le déroulement de la « tentation », son sens même auraient été assez différents.

(*i*). L'allusion au songe prémonitoire manque dans Br.

(*j*). Br. : *(Dans quelle occasion l'a-t-elle fait vaincre) a-t-il vaincu par elle au moins une fois pour (qu'il ait droit de compter sur elle toujours) (devoir) (pouvoir espérer) esperer de vaincre sans cesse*. Rousseau a jugé utile de préciser dans la rédaction définitive que les victoires dont parle Julie sont les victoires sur soi-même. Si notre lecture est exacte (l'écriture est hâtive et mal formée), les mots *par elle* nous donnent le sens des mots « pour elle » dans le texte définitif.

1. Dans les premières parties du roman, particulièrement dans les lettres sur Paris, Rousseau avait insisté à plusieurs reprises sur l'idée qu'un amour fort et vrai est la meilleure protection contre les tentations des sens.

P. 667.

(*a*). « Il sait... mais les siennes ». Phrase absente du Ms. Rey; l'épisode des amours de Milord Édouard n'entrait pas dans la conception primitive du roman.

En marge : *et vous croyez être moins coupable d'abuser la servante que la maitresse,* « pilotis » pour la suite de la lettre.

(*b*). Paragraphe ajouté en marge dans Br. Les mots : « après la guérison » sont une correction tardive. Br. et C.P. ont : *après qu'elle s'est éteinte*. Variante importante. Julie peut parler de « guérison » (par la vertu), non d' « extinction » (par l'oubli) !

(*c*). Br. : à partir de : « Songez, St. Preux... », l'élaboration du paragraphe a été difficile; la première rédaction, obtenue après force ratures et additions, semble avoir été : *Croyez-vous abuser des yeux exercés à vous connoitre ? sans vouloir eclaircir des secrets que vous cachez sans doute à vous-même, il m'importe que vous songiez que tout ce qui m'est cher doit être couvert du respect que vous me portez, que les jeux innocens d'une personne aimable sont toujours dangereux pour un h : de votre age dont le cœur n'est plus employé* (variantes : *songez qu'il est difficile à votre age de laisser aux jeux d'une personne aimable toute l'innocence qu'elle y met — les jeux d'une personne aimable sont dangereux pour un jeune homme dont le cœur est libre) et surtout que malgré ma tendre amitié pour vous je n'ignore ni le mépris ni les affronts dont vous seriez digne si vous osiez jamais élever de coupables desirs à ce que vous devez honorer à tant de titres.*

Dans une seconde rédaction, elle-même très raturée, Rousseau a remanié les dernières phrases : « Songez que tout ce qui m'est cher doit être couvert de ce même respect que vous me devez, songez que vous aurez sans cesse à porter innocemment les jeux innocens d'une *personne* charmante, *enfin malgré leur effet (presque assuré) naturel sur un h : de vôtre age* songez aux mépris *aux affronts* que vous auriez mérités si jamais *vous osiez elever de coupables desirs à ce que vous devez* honorer à tant de titres. »

(*d*). Br. : *de la nature égarée.*

(*e*). « de nous respecter toutes deux et » manque dans Br. et dans C.P.

1. Construction correcte à cette date. « *Il a échappé le danger* ou *du danger* » (*Dictionnaire* de Féraud, 1787).

P. 668.

(*a*). Br. : « vous justifier, *et content d'honorer les maîtresses vous craindrez peu d'abuser les servantes.* Mais vous serez moins *criminel...* »

(*b*). Br. : « Oserai-je ajouter *un mot à cela ?* »

(*c*). Dans Br. après ce paragraphe vient directement le paragraphe 2 de la page 669 *(Tels sont les dangers...) ;* mais des signes de renvoi invitent à mettre ce paragraphe à la place qu'il occupe actuellement.

(*d*). Br. : Cette phrase est une addition marginale, rédigée par Rousseau après qu'il eut décidé de déplacer le paragraphe 2 de la page 669, comme le prouvent des signes de renvoi.

(*e*). Br. : « Voyez (l'exemple de) ces *Prêtres* téméraires qui font vœu de n'être pas hommes, pour les punir d'avoir tenté Dieu, Dieu les abandonne *à leur mœurs corrompues,* ils se disent saints et son deshonnetes, leur feinte continence *les mêne à la débauche* et ils s'abaissent au dessous *des brutes* pour avoir dédaigné l'humanité. » Dans C.P., « en d'autres pays » est ajouté en marge; au lieu de : « à leurs mœurs corrompues », C.P. porte : *à tous leurs vices.* Au lieu de : « n'est que souillure », C.P. et Ms. Rey donnent : *les plonge dans mille désordres.*

(*f*). Br. : pas de note. La note est dans C.P. en marge, à la hauteur du paragraphe : « Je veux que le devoir... », et sans appel de note. L'addition, évidemment très tardive, est un effort d'apaisement, de conciliation, mais aux yeux des censeurs elle aggravait le cas de Rousseau puisqu'il y prenait officiellement à son compte les propos de son héroïne. Le passage et la note ont été supprimés dans l'éd. Robin, parce que « c'est une censure trop amère de la discipline de l'Eglise Romaine » (*C.C.*, t. VIII, p. 120). Rousseau répondit avec modération : « Je consens que l'on modifie un peu si l'on veut les phrases retranchées du texte, mais non pas qu'on les ôte. Elles sont utiles, puisqu'elles tiennent aux bonnes mœurs : et c'est un exemple trés juste dont Julie a raison de s'autoriser. Quant à la note, je n'y tiens pas plus qu'aux autres : c'est une conclusion qu'on aime à tirer du texte, quand même je n'en dirois rien. » (*Ibid.*, p. 96).

1. Sur cette réaction de Rousseau, cf. *supra,* p. 117; p. 294, n. 1 et p. 622, n. 1.

2. Cette vive attaque contre le célibat des prêtres, dont la virulence peut surprendre sous la plume de Julie, a été, sans doute, inspirée en partie à Rousseau par l'aventure de l'abbé Gâtier, qu'il rapporte au livre III des *Confessions* (*O.C.*, Pléiade, t. I, pp. 118-119): « Quelques années après j'appris qu'étant Vicaire dans une paroisse il avoit fait un enfant à une fille, la seule dont avec un cœur très tendre il eut jamais été amoureux. Ce fut un scandale effroyable (...) Les Prêtres, en bonne règle, ne doivent faire des enfans qu'à des femmes mariées. Pour avoir manqué à cette loi de convenance il fut mis en prison, diffamé, chassé (...) Le sentiment de son infortune profondément gravé dans mon cœur me revint quand j'écrivis l'*Émile...* » Or cette page du roman est contemporaine de la composition de l'*Émile.* La position de Rousseau qui s'exprime fortement dans les pages initiales de la *Profession de foi* (cf. *O.C.*, Pléiade, t. IV, pp. 566-567) s'affirme déjà en 1752 dans une note de Rousseau jointe à une lettre destinée à l'abbé Cordonnier de l'Etang : « Car personne n'ignore qu'en obligeant le clergé à la continence on lui a rendu la chasteté impossible. » (*C.C.*, t. I, p. 292).

Le commentaire de l'attitude de Rousseau proposé par P. Sage, dans sa thèse sur *Le « bon prêtre » dans la littérature française* (Genève, 1951) nous paraît fort discutable, mais il montre que ce problème a été traité par de nombreux contemporains de Jean-Jacques.

P. 669.

(*a*). Br. : « *et vous avez mal envisagé* vos devoirs si vous n'en êtes point effrayé ».

(*b*). Br. : « redoit au vôtre *(depuis nos premiers engagemens)* ». Tout le passage est très raturé.

(*c*). Br. dit simplement : *vivre au milieu de nous.*

1. Sur la réaction de Rousseau contre l'angélisme et sa philosophie de l' « incarnation » cf. *supra,* p. 116, n. 2.

P. 670.

(*a*). Br. : « Je connois votre délicatesse, et si vous avez *quelques* objections *(à faire)* à m'opposer, elles seront pour elle bien plus que pour vous : (mais) laissez *(croyez-moi)* ces vains scrupules *(et) fiez vous à moi du soin de (la gloire) veiller à* l'honneur de mon amie *et* quelque cher que vous me *(soyez)* puissiez être *croyez que je (n'acheterai) ne sais point préférer* votre intérêt à sa gloire. » Le texte définitif est plus animé, le texte primitif était plus oratoire.

(*b*). Dans Br. suivent plusieurs lignes raturées, illisibles, où l'on discerne seulement : *tout état eſt vil sans ces vrais titres de noblesse, et sans eux tout état eſt vil.* Ce qui correspond au texte actuel eſt en marge (les premiers mots — « La différence fut-elle cent fois plus grande » — manquent) : « il n'eſt point de rang *quelque elevé qu'il puisse être* auquel les talens et les mœurs n'aient droit d'atteindre et *(comme je ne connois que l'éducation qui diſtingue réellement les états tout homme bien élevé eſt assés noble pour prétendre à la plus illuſtre femme du monde) et comment la raison permet elle de* dedaigner pour Epoux celui qu'*on* s'honore d'avoir pour ami ».

C.P. : les premiers mots (« La différence... grande ») manquent; on lit dans la suite du passage : « *et puisqu'il n'y a que l'éducation qui diſtingue réellement les états,* à quel titre une femme oseroit-elle... »

(*c*). Br. : *mes principes.*

(*d*). Br. : Ce paragraphe eſt une addition marginale; au lieu de « la fierté », on lit : « la *mauvaise* fierté »; les mots : « on devient le protecteur de l'une et le protégé de l'autre » sont absents.

(*e*). A partir d'ici et jusqu'à la fin du paragraphe nombreux remaniements dans Br. et dans C.P. Dans Br. ce passage commençait par les mots ... *à remplir. Je n'ai plus là dessus qu'un mot à vous dire, sachant bien qu'il ne faut pas trop rechercher des traits effacés de peur de les retracer encore,* et continuait dans la marge.

1. Ce sont les principes de Rousseau. Cf. *supra,* lettres 62 (Ire partie), 3 et 6 (IIe partie). L'unité de doctrine sur ce point eſt absolue. Tous les personnages — sauf l'inexiſtant baron d'Étange — sont hoſtiles au « préjugé » qui empêche une fille noble d'épouser un roturier. Tous pensent — comme Jean-Jacques — qu'il « n'eſt point de rang auquel les talens et les mœurs n'ayent droit d'atteindre ».

2. Sur l'importance du thème du *repos* dans la conception rousseauiſte du bonheur, cf. *supra,* IIIe partie, p. 307, n. 1 et p. 309, n. 2. C'eſt au nom du « repos » nécessaire au bonheur de Julie que Rousseau, par la bouche de Claire, a juſtifié les sacrifices successifs imposés à Saint-Preux, y compris le sacrifice suprême, l'autorisation de son mariage avec un autre et la longue séparation. Le seul sacrifice qu'il ne pourra consentir sera juſtement celui que Julie lui demande ici : il peut s'immoler à l'amour; il ne saurait le trahir. Julie eſt-elle sincère ? Lorsqu'il lui fait écrire ce bel alexandrin, « Oui, portez-lui la foi que vous m'avez jurée », Rousseau se souvient-il de la violente jalousie dont Racine avait chargé une expression analogue placée dans la bouche d'Hermione : « Va lui jurer la foi que tu m'avais jurée... » (*Andromaque,* IV, v).

P. 671.

(*a*). Br. : « vous êtes honnête homme, *son ami, le mien, vous savez vôtre devoir je n'ai rien de plus à vous dire* ». En marge de ce paragraphe le « pilotis » suivant (cf. p. 673) : « *nous sommes (foibles)* esclaves par nôtre (mot ajouté à l'interligne) *nature ; mais* nous sommes libres par la priére car il dépend de nous de demander et d'obtenir la force qu'il ne dépend pas de nous d'avoir par (lui) nous même ».

1. Dans l'identification, pour lui absolument nécessaire, des deux termes bonheur-vertu, Rousseau glisse ici une nuance importante grâce à l'article indéfini : « *un* bonheur ». Ainsi se préparent les développements de la lettre 8, le « bonheur » sur la terre n'est jamais « parfait ». Notre soif d'absolu exige un autre monde. Sur la dialectique *bonheur-vertu,* cf. *supra,* p. 314, n. 1 et les commentaires sur V, 2. Cf. aussi P. BURGELIN, *la Philosophie de l'existence de J.-J. Rousseau,* chap. XII, « La vertu », pp. 329 sq. et toute la partie de la *Profession de foi* à laquelle P.-M. Masson a précisément donné ce titre (*O.C.*, Pléiade, t. IV, pp. 601-606).

P. 672.

(*a*). Dans Br. début de paragraphe plus court : « *Oserois-je pourtant sans faire rire le (philosophe) sage ajouter encore un avis utile au (chrétien) (fidéle) (chrétien) savant.* Vous avez de la Religion... »

(*b*). Br. : « Ce n'est pas là vous le savez *le dogme de la religion que vous professez.* » C.P. : « la doctrine *de l'Évangile* », au lieu de « la doctrine de Saint-Paul ». Rousseau a-t-il voulu par ces corrections successives rendre son texte explicitement valable autant pour les catholiques que pour les protestants ?

1. Sur le lien entre le débat sur le mariage de Saint-Preux et le débat sur la *prière,* cf. *supra,* p. 664, n. 1. Quant à la place occupée par la prière dans le schéma d'ensemble de la religion de Saint-Preux, cf. *supra,* p. 587, n. 2. Dans la *Profession de foi,* quelques mois plus tard, le philosophe a condamné de manière moins nuancée la prière de demande (*O.C.*, Pléiade, t. IV, p. 589). Mais il n'est pas certain que ce soit dans ce texte qu'il faille chercher le « vrai » Rousseau. Il nous semble qu'il se trouve bien davantage dans ces lettres où il s'est présenté dans la nudité de son âme déchirée, en plein état de *recherche.* Il ne s'exprime pas moins par Julie que par Saint-Preux. Avec elle il pense que les « grands philosophes » ont beaucoup d'orgueil lorsqu'ils prétendent obliger Dieu à suivre leurs « lois générales ». (Il reprendra ce développement dans la *Profession,* cf. *ibid.*, pp. 575-576). Au reste, Saint-Preux, sur ce point, bat très vite en retraite : « Sans vouloir entrer avec vous dans de nouvelles discussions (...) je me contenterai de vous dire que, sur des questions si fort au-dessus de l'homme... » (pp. 682-683). Quelle modestie ! Il fait d'ailleurs à Julie la concession essentielle : « bien que sa puissance n'ait pas besoin de méthode... » Il garde donc à Dieu cette liberté suprême de l'amour que certains philosophes prétendaient lui ôter. Il la conserve aussi à l'homme. Pour lui comme pour Julie les rapports de l'homme avec Dieu sont ceux de deux êtres libres et aimants, ceux d'un Père et de son enfant. Sans doute déclare-t-il triomphalement qu'il repousse la

« dure et décourageante doctrine » d'un Dieu qui accorderait « à l'un plutôt qu'à l'autre ces secours extraordinaires », et qui serait ainsi « injuste et malfaisant ». Mais cette caricature de la doctrine chrétienne sur la prière de demande n'est pas la doctrine de Julie. En invitant Saint-Preux à prier elle l'a mis en garde contre un « excès de confiance en soi », contre un « orgueil que l'expérience confond tous les jours ». Elle a dit qu'il lui paraissait naturel qu'un enfant demande à son père ce qu'il lui donnerait de lui-même. Dieu est la lumière; la prière n'est autre chose qu'un mouvement de l'âme vers elle : « Voyons notre faiblesse et nous serons forts. » Ici encore, le philosophe donne vite partie gagnée. Reprenant le thème, il y ajoute même des arguments psychologiques. Ceux-ci sont peut-être « hérétiques » — Rousseau dans une note nous invite à le penser — mais très profonds : « en implorant son secours nous aprenons à le trouver ». Après quoi il s'établit sur un autre terrain où il croit — à tort ! — obtenir un succès plus facile. Nous y viendrons. En attendant signalons, pour conclure, le commentaire qu'a donné Rousseau lui-même à propos de la *Profession,* dans la troisième des *Lettres de la Montagne :* « L'homme pieux qui parle *ne croit pas,* il est vrai, *qu'il soit absolument nécessaire* de demander à Dieu telle ou telle chose en particulier. *Il ne desaprouve point qu'on le fasse...* » Au reste, le romancier place dans la bouche de Julie un argument décisif en faveur de la prière de demande (tout à fait dans la ligne de la philosophie du Vicaire), celui du fait vécu, du sentiment éprouvé. Or Julie connaît par l'expérience la prière de demande. Souvenons-nous de cet hymne (qui n'était pas seulement d'actions de grâces) qu'elle a fait monter vers Dieu le jour de son mariage. Souvenons-nous de la femme suppliante surprise par Wolmar et Saint-Preux au terme d'une discussion religieuse avec son mari. Peut-être priait-elle sur le lac, au moment où Saint-Preux était en proie à l' « horrible tentation » ? Peut-être a-t-elle eu, ce jour-là, le « sentiment » d'être exaucée ? Il faut lire de près sa réponse à Saint-Preux dans la lettre 8. Cette chrétienne a lu saint Paul... et Racine ! Une fois encore Jean-Jacques se confesse ! Lui aussi avait désiré faire le mal qu'il haïssait dans cet horrible été 1757. Lui aussi avait peut-être compris qu'il y a « un meilleur appui ». Il s'était remis à lire la Bible. Il avait repris les Psaumes, prière d'adoration, de reconnaissance, mais aussi de pénitence et de demande, et retrouvé la ferveur de ses jeunes années. Il n'osera pas dire cela publiquement dans l'*Émile,* œuvre un peu raide où l'orgueil du philosophe s'accommode mal de la confidence. C'est Julie dans cette dernière lettre qui l'avoue. Il n'est pas indifférent pour nous que ce soit son dernier mot. (Sur l'humilité, cf. *Lettres morales :* « Quelle est donc la prémiére leçon de la sagesse, ô Sophie ? l'humilité ! » (*O.C.*, Pléiade, t. IV, p. 1100).

P. 673.

(*a*). Br. et Ms. Rey : « esclaves par notre *nature* ».

P. 674.

(*a*). Br. : sans indication de destinataire. *Lettre 16*.

(*b*). Br. et C.P. : *six,* correction au crayon sur C.P. Cf. *Chronologie du roman.*

(*c*). Dans Br., ici, un grand blanc, puis : *Ah ! dites, en retraçant ce nom...,* et en marge : *Que ne donneroit-on pas quand on rentre dans la carrière de la vertu pour commencer de vivre et pour n'avoir point à porter le poids de son existence passée. Elle songe à moi dans mon absence ; elle s'intéresse à mon bonheur, à ma vertu.* Puis ces phrases-« pilotis » : *Moi que je puisse jamais souiller votre demeure. J'habite votre maison comme le temple de la vertu. Par vous j'y vois le simulacre auguste de la divinité qu'on y sert et (sa sainte image est la seule que je puisse adorer près de vous) je ne puis adorer qu'elle près de vous...* (cf. p. 678). *Dans le passé votre image m'est dangereuse, dans le présent la sienne m'agite à son tour. En votre absence mon imagination me trouble sans cesse. Et ce n'est qu'auprès de vous que je suis en sûreté contre moi* (cf. pp. 677-678).

(*d*). Br. : *Plein de tout ce qu'il faut honorer en vous, pénétré de la plus tendre reconnaissance, je vous aime plus que jamais...* Le texte actuel a été inscrit en marge dans C.P.

(*e*). La note manque dans Br. et C.P. Elle a été supprimée dans éd. Rey, 1763.

1. Ici, le mot capital est « toujours ». Cet ultime argument de Julie se relie à la méditation sur le temps qui emplit tout le roman. Comment l'homme qui sait qu'il changera et qui est incapable de connaître l'avenir pourrait-il, par ses propres forces, choisir un état stable ? Seul peut l'éclairer l' « Etre pour qui les tems n'ont point de succession ».

2. Sur ce grand silence qui s'est établi entre les amants depuis la fin de la IIIe partie, cf. *supra,* III, 20 et p. 377, n. 2.

3. Cf. *supra,* p. 417, n. 1.

P. 675.

(*a*). Ici dans Br. Rousseau avait ajouté : *Dussai-je vivre mille ans que je respecterai toujours Madame de W. mais je n'oublierai jamais Julie d'Orsinge,* phrase qu'il a insérée un peu plus loin dans son texte définitif; on notera le nom *d'Orsinge,* preuve du caractère « primitif » de cette lettre.

(*b*). Tout ce passage a été inscrit en marge de C.P. Mais il n'était que la reprise d'un texte antérieur de Br. accroché par un appel de note au développement qui s'achève dans le texte actuel aux mots : « pour pouvoir devenir le sien. » Mais ce texte de Br. s'arrêtait à cette phrase : *La fleur de mes ans s'offrira sans cesse à mon souvenir...*

(*c*). Dans Br., en marge de ce développement, cette phrase-pilotis (cf. p. 679) : *Il lui faut un cœur qui n'ait aimé qu'elle. Un cœur au moins auquel elle impose quelque sentiment nouveau dont il (lui) puisse offrir les prémices. Le moins digne d'elle est celui qui peut vous aimer...*

Et celle-ci que Rousseau n'a pas utilisée : *elles embrasent et dévorent l'âme ; les peines l'amusent et la séduisent.*

1. Nouvelles variations subtiles sur le thème de la mémoire et de l'oubli. La référence à Wolmar eſt nette. Saint-Preux y voit clair désormais : il aime toujours d'amour et en imagination la Julie passée, mais il sait que c'eſt une « foiblesse », qu'il poursuit une « chimère ». Il n'aime plus d'amour la Julie présente. Mais il n'a pas pour autant oublié l'ancienne. Il n'eſt « plus le même », Julie n'eſt « plus la même ». Il ajoute même cette affirmation étonnante que la *vraie* Julie eſt l'actuelle : « Je vous vois *telle que vous êtes.* » (Cf. *supra* tous les développements sur le « retour à soi », la « fidélité à soi », etc.) Cependant il ne peut « oublier ce qu'ils ont été ». Malgré l'effort de dissociation entre le passé et le présent, ce passé vit en lui. Objectivement imaginaire, il reſte subjectivement réel; il pèse sur le présent. C'eſt ce qu'exprime l'image de la cicatrice. Mais comme toute image elle eſt imparfaite. Elle évoque l'idée de guérison, de clôture. Alors que le mal menace encore puisque la mémoire n'eſt pas abolie. Revenant une fois de plus sur ce phénomène de l'absence qui rend plus présent à l'amant l'être aimé, Saint-Preux s'appuie sur lui pour affirmer à Julie que sa présence auprès d'elle eſt sans danger.

P. 676.

(*a*). Br. : *F. f. objets chers et (funeſtes) (nuisibles) funeſtes que la nature orna (a parés) pour notre supplice, qui (tourmentez) punissez quand (celui qui) on vous brave, qui (tyrannisez) (tourmentez) désolez quand (celui qui) on vous craint, qui perdez celui qui vous cherche, qui poursuivez celui qui vous évite, dont la haine (ou) (et) et l'amour (sont également terribles) sont également (funeſtes) nuisibles (expose au même risque) et qu'on ne peut ni fuir ni suivre impunément. (Grâce) Beauté (fatale) trompeuse plus (dangereuse) (fatale) nuisible aux mortels que (la) l'élément où l'on t'a (fit) fait naître, c'eſt toi qui produis toutes les tempêtes qui tourmentent le genre humain.*

C.P. donne les variantes suivantes : ... *qui (désolez poursuivez qui perdez celui ceux qui vous cherchent qui poursuivez cherchez celui ceux qui vous fuient évitent)... et qu'on ne peut ni fuir ni (suivre) chercher impunément ! (Beauté, charme, etc... de douleurs et de voluptés)... beauté (trompeuse)... malheureux qui se livre à ton calme trompeur. C'eſt toi qui produis les plus horribles tempêtes...*

(*b*). En face de ce développement, Rousseau a inscrit une phrase-pilotis qui esquissait une réponse de Julie à laquelle il a finalement renoncé : *Ingrat, compte les maux que tu m'as faits, les larmes que tu m'a coutées.* C'eſt à ce projet de réponse de Julie que se rattachent également, semble-t-il, ces lignes inscrites plus loin en face des mots : « Deviez-vous » : *sexe orgueilleux qui ne comptes que tes peines. Ah ! jette un œil d'équité sur tes victimes et vois où sont les maux dont il faut gémir.* Rousseau romancier féminiſte, beau sujet de méditation.

1. Ainsi c'est dans les dernières pages de ce roman d'amour que Rousseau nous aura fourni la plus délicate et la plus forte définition de l'amour (sur l'exigence de l'unité dans l'amour et la tension entre *fusion* et *communion,* cf. les notes initiales sur les deux premières parties).

2. Ce morceau de bravoure nous déconcerte un peu; le personnage vrai qui se débattait dans un problème psychologique et moral difficile semble brusquement se vêtir d'oripeaux de théâtre. Ce n'est certes pas la première fois que le romancier se transforme en auteur d'opéra, mais ailleurs le passage était moins abrupt, la différence de ton moins sensible. Le plus grave peut-être est que, faute d'avoir pu résister à la tentation de placer un couplet dont il était sûrement très fier, le romancier a condamné son personnage à se contredire. Il s'en est tardivement aperçu et, à son ordinaire, il s'est tiré de ce mauvais pas par une pirouette en accusant « le pauvre philosophe entre deux jolies femmes » de perdre un peu la tête (cf. *supra,* p. 681, note de Rousseau).

P.-M. Masson a étudié de près ce texte dans son article : « Contribution à l'étude de la prose métrique dans *la Nouvelle Héloïse* » (*Annales J.-J. R.*, t. V, pp. 259-271) que nous avons déjà utilisé. Il l'a comparé à des vers sur la femme publiés, en 1783, dans la *Correspondance secrète* dite de Métra. Il a conclu — contre Th. Dufour — que ces vers pouvaient être de Rousseau qui serait parti d'eux pour écrire ce couplet du roman. Sa démonstration nous paraît tout à fait convaincante. Cependant elle n'a pas emporté l'adhésion de Daniel Mornet parce qu'on ne trouve dans le brouillon « aucune expression différente du texte définitif qui soit identique au texte des vers, ou même en puisse sembler l'écho » (*N.H.*, t. IV, pp. 235-236). Le lecteur pourra résoudre le problème grâce à la variante (*a*), p. 676 et au texte du poème (cf. p. 1160).

P. 677.

(*a*). Dans Br. les formules sont plus explicites encore et presque brutales : *Comme l'illusion de l'amour n'y est pas, elle est plus belle à mes yeux qu'à mon imagination; elle est ma maitresse quand je la vois et mon amie dans son absence. C'est exactement...*

(*b*). Cette citation est absente de Br. Sur D.C. Rousseau a donné cette traduction : *Ma Carrière est finie au milieu de mes ans. Petr.* C'est en effet le dernier vers du sonnet à Laure, *I' pur ascolto, e non odo novella.*

(*c*). Ici Br. et C.P. ajoutaient : « *le devoir a beau les lui refuser,* je n'en ai point... »

(*d*). « Quand cette redoutable... tranquille ». Phrase inscrite d'abord dans la marge de Br. puis aussitôt insérée dans le texte. Br. ajoute en marge : *Je ne serai jamais un moment de ma vie sans eux, sans lui, sans elle et sans vous. Qu'aurai-je donc à craindre de moi.*

1. Voici la réponse au dernier mot de la lettre de Julie. La reprise du mot « toujours » est significative. Nous sommes dans le

« climat » spirituel des *Lettres à Sophie*. Si l'on cherche quelles sont les lettres de la fin du roman que Jean-Jacques a pu écrire « pour elle seule », en voici une certainement. La « crise » du désir est passée. Il « respire » après la tempête. Il sait aussi le pouvoir définitivement épuisant pour le cœur d'un amour tel que celui qu'il vient de connaître. Sa correspondance avec de jeunes et charmantes femmes au cours des années suivantes est sur ce point édifiante. Il est en paix. Le temps d'aimer est passé. *E finito il suo tempo...*

Tout ce développement sur la paix retrouvée, sur la vieillesse du cœur, sur la cendre qu'on ne rallume plus, sur le danger disparu, sera repris par Julie elle-même qui, dans la lettre 8, reconnaîtra que le refus de Saint-Preux est conforme à l'état véritable de son cœur.

P. 678.

1. Sur cette conception aristocratique de l'amour et le caractère « exceptionnel » des amants, cf. *supra,* p. 31, n. 1 et p. 165, n. 5. Il convient cependant de relever les mots *plus rien.* Le roman est celui d'êtres exceptionnels; mais il est aussi la description d'une ascension morale et spirituelle. A la page suivante, Saint-Preux justifiera son refus par l'horreur d'être un « mari vulgaire ».

P. 679.

(*a*). Ici en marge phrase-pilotis : *que la part qu'elle en a lui suffise, elle ne peut pas plus augmenter que lui être ôtée.*

(*b*). Phrase ajoutée en marge, dans Br. sous une forme imparfaitement musicale : *il falloit me laisser.*

(*c*). Cette interrogation qui évoque le style des monologues tragiques ne se trouvait encore ni dans Br., ni dans C.P.

1. On hésite à alourdir de commentaires une formule aussi précieuse et substantielle. On y peut voir d'abord une reprise du refus du mariage d'amour tel que Julie l'avait exposé dans la lettre 20 (IIIe partie). Mais Saint-Preux veut dire davantage. Époux de Claire, il la ferait souffrir puisque son cœur serait attaché à une autre; or il l'aime trop pour accepter cette idée. Julie, puisqu'elle n'aimait pas Wolmar, a pu l'épouser, sans se soucier de savoir s'il souffrirait ou non. On notera la fermeté de cette clausule octosyllabe. Cette page est parsemée de beaux vers : « L'amour, l'aveugle amour... » « et pour le mériter... », « que ne me laissiez-vous... » Et le paragraphe suivant s'achève par un mouvement lyrique : « Graces, beauté, mérite... » qui évoque les stances de *Polyeucte.* Sur cette recherche du rythme tragique, cf. var. (*b*) et (*c*) de cette page.

P. 681.

(*a*). Après : « ... j'attendis de vous », Br. avait d'abord : *(je me sens) ah ! comment me consolerois-je de n'être pas à vous s'il faloit supporter le desespoir d'être à une autre ?* Puis Rousseau a ajouté en marge : *Quelles comparaisons j'aurois (invisiblement) sans cesse à faire ;*

quelle femme les pourroit soutenir. J'ai cessé de vivre, j'aime mieux mon anéantissement qu'une... Je ne souffre plus parce que je suis tombé dans l'anéantissement, mais (toutes mes) tous mes maux se ranimeroient avec le cruel sentiment... Enfin, il a biffé depuis : « J'ai cessé » et, dans C.P. intégré le début dans le texte.

(*b*). « Car je savois... trop loin » : ajouté en marge dans Br.

(*c*). « Le plaisir de la voir... posséder » : ajouté en marge dans Br.

1. Voici enfin la vérité. Si Saint-Preux refuse le mariage, c'est par fidélité à ses serments. Il est un héros ou une victime de l'amour-passion. Sur l'écartèlement de Rousseau entre l'adhésion à ce mythe que lui dictent à la fois toute une tradition littéraire et la poussée la plus profonde de son être, et l'acceptation de la condition humaine et de ses lois que lui dictent sa raison et une partie de sa formation chrétienne, cf. *supra*, p. 625, n. 1. En faisant faire à Julie un mariage de raison, qui la rend épouse sage et heureuse, mère de famille comblée, il a satisfait une partie de lui-même; en faisant de Saint-Preux un célibataire impénitent, un être stérile et inutile « consumé » par l'amour, il a sacrifié à l'autre.

P. 682.

(*a*). Br. 1er jet : *(O) Julie, ah ! croyez-moi, votre ami ne sera jamais son amant.* Puis Rousseau corrige en marge : *ne peut être son époux ;* puis il efface tout et reprend : « Je ne connois rien... encore, *je sens que votre ami ne sera jamais son amant.* » C'est seulement dans C.P. qu'il trouve la formule juste du texte définitif.

(*b*). A partir d'ici dans Br., le manuscrit est beaucoup plus soigné. Il est très probable que nous avons affaire à un texte remis au net. Ce qui n'empêche pas Rousseau de le modifier encore par de nombreuses corrections, surtout à partir des mots : « Je ne crois donc pas... » (p. 684.)

(*c*). « Elle doit plaire... même » : ajouté en marge dans Br.

(*d*). En face de ce passage, phrase-pilotis : « Ce n'est pas lui qui nous change... à lui » (cf. p. 684 *in fine*).

(*e*). Br. : 1° *huit*, 2° *dix*, 3° *huit*. Cf. Chronologie du roman.

1. Tout ce paragraphe évoque une fois encore le climat spirituel des *Lettres morales*.

2. Cette lettre à laquelle Julie fera allusion de façon plus précise encore dans sa réponse (cf. *supra*, p. 698) n'existe pas.

3. Rousseau s'exprimait au même moment de manière presque identique dans une lettre à son amie la marquise de Créqui, qui s'était récemment « jettée dans la haute dévotion », dit-il dans les *Confessions* avec un peu d'ironie. « Je comprends par le commencement de vôtre lettre que vous voila tout-à-fait dans la dévotion. Je ne sais s'il faut vous en féliciter ou vous en plaindre : la dévotion est un état très doux, mais il faut des dispositions pour le goûter. Je ne vous crois pas l'ame assés tendre pour être dévote avec extase, et vous devez vous ennuyer durant l'oraison. Pour moi, j'aimerois

encore mieux être dévot que philosophe; mais je m'en tiens à croire en Dieu, et à trouver dans l'espoir d'une autre vie ma seule consolation dans celle-ci » (*C.C.*, t. V, p. 181). Ne concluons pas trop vite que nous tenons dans cette lettre la « vraie » attitude personnelle de Rousseau. N'oublions pas la leçon donnée pour toujours aux historiens et aux critiques par le Proust du *Contre Sainte-Beuve* et l'hypocrisie nécessaire des Correspondances. Rousseau se méfiait de cette mondaine à l'âme dure. Croyons plutôt que c'est par l'âme tendre de Julie qu'il nous a fait ses véritables confidences.

4. Saint-Preux, avant d'aborder la discussion sur le point précis de la prière, présente une objection liminaire à une certaine forme de dévotion, que nous appellerions la maladie du scrupule et qui peut aboutir à l'inhibition totale. Il n'accuse nullement Julie de « quiétisme » ! Il ne serait guère de saison de rappeler ici tout ce que Rousseau doit à Mme Guyon ou à Fénelon (cf. sur ce point P.-M. MASSON, *la Religion de J.-J. Rousseau,* Ire partie, pp. 101-102 et Albert CHÉREL, *Fénelon au XVIIIe siècle en France,* pp. 393-396), mais à qui voudrait approfondir les rapports entre la dévotion de Julie (et même sa mystique) et la conception fénelonienne des « états d'oraison », signalons les thèses éclairantes de Mme Lydie GORÉ, *la Notion d'indifférence chez Fénelon et ses sources* (Paris, 1956) et *l'Itinéraire de Fénelon : humanisme et spiritualité* (Paris, 1957). La mise en garde de Saint-Preux est parfaitement claire. Les adversaires des quiétistes leur avaient reproché une spiritualité *d'abandon,* qui risquait d'entraîner un grave relâchement dans la lutte qui impose au chrétien le perpétuel « état de guerre » où il est condamné à vivre. Julie risque d'aboutir — par des voies opposées : excès de lutte, de contrainte — à un résultat semblable : l'inaction. (Cf. l'explication suggérée sur ce point par G. Lanson à D. Mornet, *N.H.,* t. IV, p. 244).

P. 683.

(*a*). Br. : *Il nous a donné la liberté pour suivre notre volonté, la conscience pour vouloir ce qui est bien et la raison pour le connoitre.*

C.P. : *la liberté pour choisir ce qui est bien, la raison pour le connoître et la conscience pour l'aimer.* C'est seulement dans les dernières corrections sur épreuves que Rousseau a trouvé son texte actuel. Il était à cette date (1760) beaucoup plus maître de sa pensée religieuse, beaucoup plus avancé dans l'élaboration de la *Profession de foi.* Les formules sont plus justes et plus fermes. La note, elle aussi, qui manque dans Br. et C.P., est une addition tardive. Elle révèle l'importance accordée par Rousseau à cet aspect de sa pensée, qu'il a longuement explicité dans la *Profession de foi* (cf. *O.C.*, Pléiade, t. IV, pp. 600 sq.).

(*b*). Dans Br. en marge, en face de ce développement, cette phrase-pilotis : « Et s'il prétendoit l'employer à un usage auquel *il ne l'auroit pas rendu propre,* (puis en surcharge : *et qu'il s'en prit à lui de n'être pas propre à son usage), le vase auroit grande raison de lui dire, pourquoi m'as-tu fait ainsi...* » (cf. p. 684).

(*c*). Dans C.P. en marge de ce passage (donc à une date très tardive) Rousseau a inscrit ce développement : *S'il eſt bien vrai que l'homme (ait une ame — soit animé par une ſubſtance) ait une ame, ce qu'il (eſt) m'eſt également impossible de (révoquer) démontrer et de révoquer en doute, il faut nécessairement que cette ame soit capable de produire elle-même une volonté (indépendante de toute détermination physique). Autrement je n'entends plus rien à ce mot d'ame, il n'a plus aucun sens pour moi. Je comprends bien que (cette) une ame eſt unie à un corps.*

Il a finalement décidé de sacrifier ces lignes, redoutant évidemment de s'aventurer ou d'entraîner ses héros dans la discussion d'un des plus redoutables problèmes philosophiques, celui des rapports de l'âme et du corps, celui de l'exiſtence même de l'âme. Le problème était au centre du livre d'Helvétius, où il était résolu selon la doctrine matérialiſte. Nul doute que ce développement tardif ait été inspiré à Rousseau par le désir de réfuter *De l'Esprit.*

(*d*). C.P. : « pour prouver que *Dieu* n'eſt pas actif ». Dans Br., après : « actif », Rousseau avait ajouté, avec appel de note, ces phrases qu'il a finalement sacrifiées : *Où seroit donc enfin le premier mobile. Dans la nécessité des choses ? En ce cas Dieu devient un ressort tout à fait inutile. Tant il eſt vrai que ces deux queſtions de l'exiſtence de Dieu et de la liberté de l'homme sont inséparables.*

1. Ici commence la réponse proprement dite à l'apologie de la prière de demande présentée par Julie à la fin de la lettre 6. Cf. *supra* notre commentaire d'ensemble, p. 672, n. 1.

2. Cf. *Profession de foi, O.C.*, Pléiade, t. IV, p. 605 : « Ne m'a-t-il pas donné la conscience pour aimer le bien, la raison pour le connoitre, la liberté pour le choisir ? » Cette formule capitale a été longuement élaborée par Rousseau, cf. var. (*a*) ci-dessus. Elle eſt commentée par P.-M. Masson (éd. critique, p. 295, n. 4) qui montre que Rousseau ne nie pas le rôle de la raison, mais le précise, le limite. (Elle fait connaître le bien et ne le fait pas nécessairement aimer.) Il s'inscrit de tout son être, fort de l'expérience du péché et d'une lecture attentive de saint Paul contre une théorie intellectualiſte de la morale. Mais il n'eſt pas un adversaire de la raison !

3. Dans un article très important, « Rousseau contre Helvétius » (*Revue d'hiſtoire littéraire de la France,* 1911, pp. 103-124) où il complétait et critiquait les conclusions d'Albert Schinz dans un article sur « La Profession de foi du Vicaire Savoyard et le livre De l'Esprit » (*ibid.*, 1910, pp. 225-261), P.-M. Masson, utilisant à son tour les vingt-sept annotations marginales inscrites par Rousseau sur un exemplaire du livre d'Helvétius conservé à la Bibliothèque nationale de Paris (Rés. R. 895) et publiant vingt-cinq autres notes inédites (arbitrairement rejetées de l'édition Hachette), a fait une mise au point aussi précise que possible des rapports entre les deux ouvrages, concluant au terme d'une démonſtration impec-

cable que pas une des annotations n'ayant trouvé place dans la première rédaction de la *Profession de foi,* celle-ci n'est pas née du désir de combattre directement Helvétius; que cependant elle a été fortement marquée par la lecture de ce livre auquel Rousseau voulut que le discours de son Vicaire fût *aussi* une réponse. (Les très nombreuses interpolations dans le texte définitif en apportent la preuve.) Il en fut de même de *la Nouvelle Héloïse ;* les dernières parties ont été conçues et même rédigées, dans l'ensemble, avant qu'il eût connaissance du livre *De l'Esprit ;* mais le romancier a enrichi son texte primitif à la suite de sa lecture de ce livre. Les variantes nous permettent de suivre de près ce travail. Ce passage en particulier et le mot précis de « raisonneur » font sans aucun doute allusion à ce texte d'Helvétius : « En ce sens, on ne peut donc attacher aucune idée nette à ce mot de *liberté* (...) On ne peut donc voir se former aucune idée de ce mot *liberté,* appliqué à la volonté; il faut (...) convenir (...) qu'un traité philosophique de la liberté ne seroit qu'un traité des effets sans causes. » (*De l'Esprit,* disc. I, chap. IV). Texte dont P.-M. Masson dans l'article cité (pp. 114-115) a rapproché ce passage de l'*Émile* où il entend — à juste titre — une « citation anonyme » de l'*Esprit,* et une réponse non moins anonyme : « Le principe de toute action est dans la volonté d'un être libre; on ne sauroit remonter au delà. Ce n'est pas le mot de liberté qui ne signifie rien, c'est celui de nécessité. Supposer quelque acte, quelque effet qui ne dérive pas d'un principe actif, c'est vraiment supposer des effets sans cause. » (*Profession de foi du Vicaire Savoyard, O.C.*, Pléiade, t. IV, p. 586). L'objection invoquée par Mornet (*N.H.*, t. IV, p. 247, n. 1) repose sur l'affirmation d'un achèvement de la rédaction du roman « au début de 1758 ». Nous avons dit dans l'Introduction (p. LXII) qu'il ne fallait pas prendre au pied de la lettre la déclaration du 13 septembre 1758 de Rousseau à son libraire. Il est certain que les six parties, les deux dernières surtout, n'avaient pas alors reçu, même dans le brouillon, leur forme définitive. Notre lettre est l'une des dernières. Pourquoi vouloir à tout prix que cette partie du manuscrit ait été rédigée avant ce 13 septembre 1758 ? Telle qu'elle nous est parvenue elle est d'ailleurs trop nette pour représenter un premier « état ». Cette précision n'enlève rien à l'intérêt de la note de Daniel Mornet qui nous invite à voir dans « ces gens-là » et l' « école », non pas un seul homme, Helvétius, mais tout un groupe d'adversaires de la liberté. Faut-il remonter à Spinoza ? Peut-être; mais nous sentons passer, à travers ces lignes, un souffle de polémique qui vise des êtres proches, vivants, dangereux, à la tête desquels marchent Helvétius, d'Holbach, Diderot...

P. 684.

(*a*). « sans rien changer aux apparences » : mots absents de Br., ajoutés en interligne dans C.P.

(*b*). Br. 1er jet ajoutait : *et plus conforme à la justice de l'auteur.*

(*c*). « Je ne crois donc pas... m'as-tu fait ainsi ? » Paragraphe supprimé par les censeurs de Malesherbes : « Une doctrine très hasardée sur la grâce », disaient-ils, « une révolte contre l'authorité de l'écriture sainte, un argument *ad hominem* contre saint Paul, c'en est plus qu'il n'en falloit pour exiger ce retranchement. Monsieur Rousseau aimera peut-être mieux des changemens, mais il faut que ce soit lui qui les fasse. Les censeurs ont pu supprimer, mais ils n'étoient pas en droit de substituer un autre texte » (*C.C.*, t. VIII, p. 120).

Dans sa *Note responsive* (5 mars 1761, *C.C.*, t. VIII, p. 237), Rousseau se montrait ici particulièrement ferme : *Si Saint-Preux veut être hérétique sur la grâce, c'est son affaire. D'ailleurs, il faut bien qu'il défende la liberté de l'homme, puisqu'il fait ailleurs de l'abus de cette liberté la cause du mal moral : il faut absolument qu'il soit moliniste, pour ne pas être manichéen : et puis, il ne doit pas lui en arriver pis chez les catholiques de rejeter les décisions de Calvin, que de rejeter celles du pape. Quant à ce que M. de Malesherbes appelle une révolte contre l'autorité de l'Ecriture, je l'appelle moi, une soumission à l'autorité de Dieu et de la raison, qui doit aller avant celle de la Bible, et qui lui sert de fondement ; et quant à Saint Paul, s'il ne permet point d'argumenter contre lui, il ne doit pas argumenter lui-même, ou du moins il doit argumenter mieux.*

(*d*). « Quelque respect... m'as-tu fait ainsi ? » Tout ce développement a été très travaillé dans Br. et C.P. où manquent les mots : *ou inintelligible.*

Faut-il considérer cet ajout tardif comme une atténuation prudente ? C'est probable, car le sacrifice qu'a fait Rousseau de certains développements révèle que son travail a été dans ce sens. Ainsi Br. avait en marge ce texte qui n'a pas été conservé : *Tant que la révélation n'établit que des faits et que ces faits n'ont rien d'absurde, on est sans contredit obligé de les croire ; mais la révélation même ne peut autoriser un raisonnement faux. Car si une fois quelque raisonnement faux peut établir la vérité, comment saurai-je si celui qui rejette la révélation n'établit pas ainsi la vérité et n'est pas aussi bon contre la révélation que celui qu'elle autorise dans le sens commun ? Sitôt que la révélation choque la raison elle détruit elle-même le principe dont elle tire sa preuve.*

(*e*). C'est le texte de Br., C.P. a seulement : ... « actes qui nous élevent... »

(*f*). Br. : *nous apprenons à faire usage de nos forces en lui demandant celles que nous croyons ne pas avoir.*

(*g*). Note absente de Br. et de C.P., donc tardive. En liaison avec la rédaction définitive de la *Profession de foi.*

1. On trouvera un commentaire philosophique de ce passage par Rousseau lui-même dans la *Profession de foi* (*O.C.*, Pléiade, t. IV, pp. 571 sq.) où il développe sa théorie du jugement actif et libre, radicalement distinct de la sensation passive et non libre. Ici encore, comme l'a clairement fait apparaître P.-M. Masson dans son commentaire (éd. critique, pp. 79 sq.), Rousseau s'oppose non seule-

ment aux « matérialistes » en général (La Mettrie par exemple), mais de façon très particulière à Helvétius, et il utilise les notes qu'il a inscrites dans les marges de l'*Esprit*. Par exemple Helvétius avait prétendu que « la capacité (...) d'appercevoir les ressemblances ou les différences (...) n'est que la sensibilité physique même... » (disc. I, chap. 1). Rousseau proteste. « Voici qui est plaisant ! après avoir légérement affirmé qu'appercevoir et comparer sont la même chose, l'auteur conclut en grand appareil que juger c'est sentir. La conclusion me paroit claire, mais c'est de l'antécédent qu'il s'agit. » (*O.C.*, Pléiade, t. IV, p. 1122). Sur la démonstration de la liberté par le sens intime, cf. *Profession de foi :* « Nul être materiel n'est actif par lui-même, et moi je le suis. On a beau me disputer cela, je le sens, et ce sentiment qui me parle est plus fort que la raison qui le combat » (*ibid.*, p. 585 ; éd. P.-M. Masson, p. 183) et la longue note où Masson démontre en citant un texte de Berkeley (*Alciphron,* dialogue VII, § 21) que l'évêque de Cloyne a été ici l'un des inspirateurs les plus probables de Rousseau. On ne s'étonnera donc pas qu'il le cite ici (cf. var. (*c*) et (*d*), p. 683).

2. Sur le débat autour de la prière, la place qu'il occupe dans le roman, la position personnelle de Rousseau, cf. *supra,* p. 587, n. 2 et p. 672, n. 1, et la variante (*c*), p. 684.

3. Sur l'attitude de Rousseau en face de la Révélation, cf. dans la *Profession de foi* le dialogue entre le « raisonneur » et l' « inspiré » (*O.C.*, Pléiade, t. IV, pp. 614 sq.; éd. P.-M. Masson, pp. 347 sq. et n. 1, p. 345). Le Vicaire penche visiblement du côté du « raisonneur ». Mais ce n'est qu'un « moment » d'une dialectique très souple. Cf. aussi l'importante variante (*d*), p. 684. Le texte de saint Paul est dans l'*Épître aux Romains,* chap. IX, v. 20.

P. 685.

(*a*). En marge de ce paragraphe, dans Br., Rousseau a inscrit dès ce moment des phrases-pilotis pour la mort de Julie ! *O mort des croyans, tu me fais aimer leur vie... Elle n'est pas morte ; elle a commencé de vivre ; sur la terre elle n'étoit pas à sa place, cet ange étoit fait pour le ciel.*

Les phrases-pilotis annoncent généralement la lettre qui suit immédiatement. Il est donc permis de penser qu'à un certain point de sa rédaction, le romancier comptait passer directement de cette lettre de Saint-Preux à la mort de Julie (lettre 11 actuelle). Ce n'est pas sans importance car si les lettres 9 et 10 sont de pure utilité dramatique, la lettre 8 est une des pièces maîtresses de la doctrine religieuse de Rousseau.

(*b*). Br. : *ses lettres sur les Anglois.*

(*c*). Br. 1er jet : *Femme vertueuse.*

(*d*). Br. 1er jet : *vous faire dévote.* Br. corrigé : *devenir...*

(*e*). Br. 1er jet : *la tendresse d'un Père. Dussent-ils être superflus, ils font foi du moins du zèle et de la pureté de notre attachement l'un pour l'autre.* En marge, ce faux départ : *J'ai dû vous communiquer mes craintes, c'est à vous de les juger et à vous...*

(*f*). Note tardive et composée en deux temps. La première partie jusqu'à : « Ceci ne contredit point... » absente de Br., est inscrite en marge dans C.P. C'est sur épreuves seulement que fut ajoutée la fin. On y sent une fois de plus l'embarras du romancier. En outre, il se livre tout à fait par les mots « ce que *j'ai* dit ci-devant ».

La note a été supprimée par le censeur, qui précisait : « Je n'y vois que ce peu de mots : *c'est un petit mal de se tromper,* qui exigent une correction. » (*C.C.*, t. VIII, p. 120).

« Si l'on veut retrancher la note, soit », répondit Rousseau, « mais si on la laisse, il faut laisser aussi que c'est un petit mal de se tromper, parce que je crois ainsi; je peux avoir tort, sans doute; mais quand je parle en mon nom, c'est mon sentiment que je dois dire, surtout quand cela sert à résoudre des objections. » (*C.C.*, t. VIII, p. 237).

(*g*). Note absente de Br. et de Ms. Rey; elle a été inscrite dans C.P. lors d'une ultime correction, donc en 1760. Noter qu'au lieu de *fous,* Rousseau avait d'abord écrit : *fanatiques.* D'autre part, après *les Jansenistes en France,* il avait ajouté : *etc... la morale de l'Evangile, cette morale véritablement angélique (et sublime) sera toujours belle à prêcher et toujours ridicule à suivre.* Puis il a effacé et continué : *excepté qu'il ne manque* (...) *plus intolérans que personne. Chacun a son fanatisme. Je tiens que j'ai aussi le mien, mais qui (malheureusement) ne sera jamais goûté c'est celui de la tolérance.*

Par prudence sans doute, il a supprimé ces derniers mots; mais le reste suffisait à lui attirer bon nombre d'ennemis.

Il va de soi que les censeurs n'ont pas laissé passer de tels propos. « On a aussi retranché la note sur les piétistes », expliquaient-ils : « 1° à cause de la singularité de cette expression : *Sorte de fous qui avaient la fantaisie de suivre l'Evangile à la lettre ;* 2° pour ne pas insulter et aliéner sans nécessité les Jansénistes, qui font à Paris une partie considérable du public. » (*C.C.*, t. VIII, p. 120).

Rousseau ici s'inclina volontiers. « Cette note, grâce à Dieu », disait-il, « n'est pas encore utile » (*C.C.*, t. VIII, p. 238).

Depuis 1757, les Jansénistes l'emportaient sur les Jésuites et le péril que Rousseau signale ici n'avait fait que croître. *De l'Esprit* avait été condamné le 6 février 1759 et le privilège de l'*Encyclopédie* supprimé le 8 mars. Malgré ses réactions personnelles contre les doctrines de l'*Encyclopédie* et d'Helvétius, Rousseau restait partisan de la liberté de penser. Cette vague d'intolérance ne pouvait que l'inquiéter. Le ton de ses derniers mots est éloquent ! Il n'avait peut-être pas tort de croire et de dire, dans les premières pages de sa *Lettre à Christophe de Beaumont,* que cette note avait été « la véritable source de tous [ses] malheurs ».

1. Sur l'influence de Fénelon et de Mme Guyon en France et en Suisse, cf. P.-M. Masson, *la Religion de J.-J. Rousseau,* Ire partie : « La formation religieuse de Rousseau », p. 70. Sur Rousseau et Fénelon et Mme Guyon, cf. *supra,* p. 259, n. 2; p. 591, n. 1 et

p. 682, n. 4. Sur l'influence des piétistes, Marie Huber et Muralt, cf. P.-M. MASSON, *ibid.*, pp. 207-213 et 226-230, et *supra,* p. 591, n. 1. Nous avons dit l'importance de Muralt pour Rousseau comme auteur des *Lettres sur les Anglois et les François et sur d'autres sujets* (1725). Son ouvrage sur *l'Instinct divin recommandé aux hommes* avait paru en 1727 et avait été lu de près par Jean-Jacques. En lutte avec les autorités religieuses de Berne, puis de Genève, Muralt avait été successivement banni de ces deux cités. Terrible anticipation du destin de Rousseau.

Sur l'attitude de Rousseau en face de la « dévotion », cf. *supra,* p. 682, n. 3.

P. 686.

(*a*). Ici Br. ajoutait : *Au reste je dois vous dire que votre lettre m'a jeté dans une inquiétude dont vous ne sauriez me tirer trop tôt. A présent que je vous ai bien expliqué ce que je sens et ce que je pense, dites plus précisément vos intentions afin que je m'y conforme ; car j'ai résolu de ne point retourner à Clarens que je ne sache si vous aurez du plaisir à m'y voir. Quelque estime que j'aie pour Miladi Bomston elle ne sait rien de moi sinon que je suis l'ami de son mari et le vôtre. Edouard lui-même a jugé que ni lui ni moi n'étions désormais les maîtres de mes propres secrets et qu'il n'appartient qu'à votre mari d'en disposer. Comme les nouveaux époux sont inséparables (et qu'il est difficile de parler à l'un sans parler à l'autre) et qu'il ne faut pas faire soupçonner à Miladi que son mari lui fait des mystères, je n'ai point consulté mon ami dans cette occasion, et je me contenterai, s'il le faut, de chercher, pour différer notre voyage des prétextes qui pourront le surprendre, mais auxquels il acquiescera sûrement. Il est déjà convenu que nous passerons à Florence et que nous y resterons quelque temps. Pour moi, quoi qu'il arrive, si je continue avec eux sur la route jusqu'à Milan je n'irai pas plus loin que je n'aie une réponse de vous. J'aime autant ne vous pas revoir que vous revoir pour vous quitter encore ; (il est trop tard pour apprendre... étranger ; je sens que je n'en auroi jamais le courage).*

Rousseau a naturellement supprimé ce fragment lorsqu'il décida de ne pas faire épouser Lauretta par Milord Édouard, mais il ne l'a pas effacé sur Br. Il a simplement ajouté au verso du même folio le développement actuel commençant par les mots : « Parlez-moi sans détour » auquel il a apporté de nombreuses retouches de style dans C.P.

(*b*). Dans Br. cette lettre paraît être comme la plus grande partie de la précédente une mise au net. Mais elle comporte de nombreuses modifications. En haut du premier folio, sans indication de destinataire ni numérotation, on peut lire ce début, effacé ensuite : *Mon ami, je me hâte de vous répondre, voyant que vous avez mal pris le sens de ma lettre ; je ne puis pas vous laisser dans l'inquiétude où elle paraît vous avoir mis. Comment avez-vous pu (penser) croire que je (voulusse — songeasse à) voulusse détruire l'ouvrage de mon mari et nous rendre étrangers l'un à l'autre après tous les soins qu'il a pris de nous unir par des liens que le remord ne peut rompre et que le tems ne peut altérer. Imaginez vous donc que je vous fusse si nécessaire si vous ne me l'étiez point du tout.*

Au-dessous de ces quelques lignes effacées, un grand trait horizontal; et un grand blanc.

Au-dessous de ce blanc l'en-tête : *Lettre 18* (surchargé en 17). Cette numérotation est fort embarrassante. Faut-il supposer qu'il y a eu, outre la lettre 7 actuelle (numérotée 16) et la lettre 8 (numérotée 18), une lettre numérotée 17 qui aurait été supprimée ensuite ? C'est peu vraisemblable. Mieux vaut croire que la numérotation actuelle de la lettre 7 (16) inscrite sur un texte remis au net est tardive et que le chiffre 16 a remplacé un 17 antérieur. Ce qui expliquerait que le chiffre de la lettre primitivement 18 ait été corrigé en 17.

Plus bas vient la phrase : « Votre lettre est comme votre vie... d'être un enfant ? » qui se trouve actuellement à la fin du paragraphe et qui paraît avoir été le premier « début » de la lettre. Ensuite, dans le grand blanc, Rousseau inscrit les premières lignes du début actuel : *Voilà donc encore... reçus de moi,* puis il achève en marge *sur les paisibles réflexions que le soin de votre (bonheur) vertu, c'est à dire de votre bonheur m'inspire.*

1. Cette lettre est le « chant du cigne », comme le dit Rousseau (p. 694), note *in fine*). Le ton est ferme; c'est en pleine conscience que Julie déclare sa double fidélité à l'amour et à la pureté; son désir de voir rester Saint-Preux auprès d'eux; sa conviction que le renoncement à ce projet serait « un grand malheur » pour tous. On ne peut manquer d'opposer cette sérénité à l'inquiétude secrète avouée au début de la lettre testamentaire (VI, 12). Le psychologue a-t-il voulu mettre ici en lumière les contradictions du cœur humain ? Sa note (**, p. 694) nous inclinerait à le croire. Nous pensons plutôt qu'il a été jusqu'au bout écartelé entre deux conceptions de l'amour : l'une plus sublime, qui croit l'homme capable de transcender sa condition; l'autre qui reconnaît cette tentative impossible. La première s'exprime ici avec une noblesse jamais atteinte encore. Nullement idéaliste d'ailleurs, fondée au contraire sur un sentiment très fort du réel.

Ce « réalisme » va s'exprimer dans cette lettre par d'admirables analyses sur le *taedium vitae* qui conduit les âmes les plus hautes non seulement à accepter la mort, mais à s'élancer vers elle avec allégresse, parce qu'elle est le passage nécessaire vers un univers où sera enfin comblé le besoin d'infini qui réside au cœur de l'homme : « Mon ami, je suis trop heureuse; le bonheur m'ennuye... » Il est probable que nous avons ici, beaucoup plus que dans la lettre 12, encore solidaire de la première conception du roman, l'ultime message de Rousseau sur la destinée de l'homme, son dernier mot sur le bonheur. Cf. var (*b*), p. 686.

P. 687.

(*a*). Br. : *mon parent, mon frère.*

(*b*). Br. 1er jet : *Je vous déclare donc et je n'ai jamais rien dit de si bon cœur...*

(*c*). Br. : *qui sentira mieux le prix des sacrifices que nous coûta le retour à la vertu et devant qui...*

1. Cf. plus loin dans cette lettre : « Encore enfant par la tête, vous êtes déja vieux par le cœur. » Sur ce reproche et sur l'exaltation inverse de l'esprit d'enfance, cf. *supra,* p. 299, n. 2; p. 514, n. 2 et p. 523, n. 2.

P. 688.

(*a*). Br. : *que je crois vous devoir encore.*

(*b*). Br. ajoutait en marge : *sans honte,* mais C.P. a effacé cette addition.

(*c*). Dans Br. en marge des dernières lignes de ce paragraphe : *Ah ! mon ami, quel argument contre l'incrédule que la vie du chrétien, croyez-vous qu'il y ait des (cœurs) ames à l'épreuve de celui-là.* Phrase-pilotis qui éclaire l'allusion un peu mystérieuse du paragraphe suivant « et pour mon mari même... ».

(*d*). « plutôt... Wolmar » : ajouté en marge dans Br.; au cœur même de la composition cette incidente entraîne naturellement la phrase suivante : « Cette explication... la préférer ». Ajout important qui révèle la résistance farouche du Rousseau romanesque et chrétien au Rousseau philosophe et déterministe.

(*e*). Le point après « contraire », et la majuscule sont dans C.P. Br. avait : *contraire, que.* Mais Rousseau tient à faire parler Julie comme Bossuet (cf. *supra,* p. 691 : « Que s'il y a... »).

(*f*). Br. : *(ici, avec nous) à Clarens.*

(*g*). Br. 1er jet : *après avoir fait l'après-midi de la musique.*

Il fallait bien que la musique fût à la source de cette parfaite félicité ! Les mots : « songeant... en ce monde » ont été ajoutés en marge dans Br.

P. 689.

(*a*). « et rien qui... rien à désirer » : ajouté en marge dans Br. sous une forme légèrement différente.

(*b*). « je ne te crains plus » est ajouté dans Br. où *plaisirs* remplace « sentimens ».

(*c*). Br. : *l'avantage.*

1. Dernière et admirable cantilène, où le romancier, au moment de prendre congé de son « rêve de bonheur », nous en offre une parfaite synthèse : repos, silence, musique, concentration d'amour sur Julie mais échanges mutuels, expansion du cœur, identification totale du sentiment et de la jouissance. L'appel à la mort jaillit spontanément. Peut-être est-il dicté à Jean-Jacques par saint Paul : « Mort où est ta victoire ? » On pourrait évoquer le cri du vieillard Gide à la fin du *Thésée :* « j'ai fait mon œuvre. J'ai vécu. » Mais ce cri rend un son orgueilleux, païen, peu conforme au sentiment de

Rousseau. Ce qui s'exprime ici est un sentiment de perfection, de plénitude, au-delà duquel il n'est plus possible de vivre. Celui qu'avait éprouvé Saint-Preux au lendemain de la nuit d'amour : « O mourons ma douce Amie ! »

P. 690.

(*a*). Rousseau n'est arrivé ici à son texte définitif qu'après de longs tâtonnements dont Br. porte la trace. Après la phrase : « Nul n'est juge... n'y pense plus », il a continué : *Car je puis craindre de vous une faute imprévue mais non pas,* puis il a biffé cette dernière partie et a repris : *car vous êtes faible je sais que vos intentions sont droites et ce n'est pas de vos intentions que je me défie ; si votre cœur... (le faible) l'homme fragile du méchant.*

Puis il a biffé : « Nul n'est juge... je n'y pense plus ». Et, en marge, repris : « A l'égard des craintes... c'est à vous. Nul n'est juge... » jusqu'à *et ce n'est* qui renvoie au texte : « pas de vos intentions... »

(*b*). Br. ajoutait cette platitude, heureusement effacée : *la raison croît aux dépends de la jeunesse.*

(*c*). « on ne rallume... consumé ». Cette belle image a été ajoutée en marge dans Br.

(*d*). « indépendamment de cette considération » : lourdeur ajoutée en marge dans Br.

1. Sur le thème de l' « épuisement » du cœur par les passions, cf. *supra,* p. 493, n. 1 et p. 677, n. 1.

P. 692.

(*a*). « Je ferai plus... touchera le plus » : ajouté en marge dans Br.

(*b*). Tout ce paragraphe a été d'une rédaction difficile. Au lieu d' « excusez », Br. et C.P. donnent : *justifiez ;* au lieu de : « où est le tort », Br. et C.P. ont : *comment seroit-il honteux ;* au lieu de la « dignité philosophique », Br. 1er jet donne *l'orgueil ;* au lieu de « culte vulgaire », *l'humble culte des autres hommes.*

(*c*). « Mon bon ami... qui m'humilie » : ajouté en marge dans Br.

(*d*). Ici Br. et C.P. ajoutaient ces mots : *Pourquoi voulois-je le bien que je n'ai pas fait...* (Variante dans Ms. Rey : *que je n'ai pas su faire*); presque littéralement empruntés à saint Paul, ils révèlent à quelle source authentiquement scripturaire s'alimente alors la méditation du romancier.

1. Sur les divers sens donnés à ce mot par Rousseau, cf. *supra,* p. 255, n. 2 et var. (*c*), p. 640. Un peu plus loin Julie prononcera la phrase fameuse : « Le pays des chimeres... » C'est bien le cas de lui dire : « Quoi, Julie ! aussi des contradictions ! »

2. Sur cette apologie de l'humilité, cf. *supra,* p. 665, n. 2.

P. 693.

(*a*). « Qui vaut mieux, peut-être ». Ces mots ont été ajoutés sur Br. Et c'est alors que Rousseau a décidé de passer à la ligne, donnant ainsi à sa pensée un plus grand relief. (Cf. même procédé *supra*, p. 679, *Mon bonheur ? Non...*)

(*b*). « Le pays des chimeres... habité ». Cette formule fameuse n'a pas jailli spontanément sous la plume de l'écrivain. Elle ne se trouve pas dans Br. 1er jet. Elle est ajoutée en marge, après de nombreux tâtonnements : *Ce qu'on désire est beau. Il n'y a de beau que ce qu'on n'a pas. Ce qu'on a n'est plus que misère. Le païs des chimères est le seul digne d'être habité.* (« en ce monde » a été ajouté dans C.P.). *Et telle est la misère de ce séjour terrestre — de notre condition, des choses humaines qu'hors...*

La note ne se trouve ni dans Br. ni dans C.P. ni dans Ms. Rey. Elle a été suscitée évidemment par la critique de quelque lecteur, ami privilégié à qui Rousseau avait fait lire son manuscrit, Duclos par exemple. Et elle fournit à Rousseau l'occasion de formuler une des règles essentielles de son esthétique : *De la musique avant toute chose.*

1. Cf. var. (*b*), p. 693. Ce texte est d'une importance capitale. Il est la source de toutes les analyses des romanciers et poètes du XIXe siècle : de Chateaubriand à Proust et aux romanciers américains, sur le *spleen,* le *taedium vitae,* la dialectique du désir et de l'ennui, le rôle de l'imagination dans la naissance de l'amour, la désillusion de la possession. On notera le sentiment de légère vanité d'auteur qu'expriment les mots « bizarre » et « si peu raisonnable ». Sur le plan apologétique, Rousseau rejoint saint Augustin *(cor inquietum donec requiescat in te)* et Pascal, inoubliable dénonciateur du néant des bonheurs humains. C'est en se plaçant comme eux sur le seul plan de la recherche du bonheur qu'il conduit l'homme à l'espérance de l'immortalité : « Lequel est *le plus heureux dès ce monde* (...) Je ne dis pas que ce goût soit sage, je dis seulement qu'il est doux... » Mais une telle apologétique n'est pas sans danger. Elle risque d'être un refus de l'incarnation, une fuite vers l'irréel; « n'importe où hors du monde », dira plus tard Baudelaire ! Et si l'incroyant, séduit par cette analyse, s'arrête au seuil de la foi, que fera de lui Jean-Jacques ?

Avons-nous ici la clef du roman ? Peut-être. A condition de tout admettre, c'est-à-dire de conserver les « contradictions » de Julie. Ce sont elles qui donnent au roman son extraordinaire pouvoir d' « accrochage ». Rien qui ressemble moins à un roman à thèse. (Cf. var. (*c*) et (*e*), p. 694; var. (*c*), p. 695). Le caractère personnel de l'expérience ici décrite par Rousseau est éclatant. Cf. notre Introduction; cf. surtout l'ensemble des *Lettres morales,* les *Lettres à Malesherbes,* la *3e Rêverie,* etc.

P. 694.

(*a*). « comme vous disiez autrefois du votre » : ajouté en marge dans Br.

(*b*). « Cette peine... réelle » : ajouté en marge dans Br.

(*c*). « mon cœur... sans savoir quoi ». Ici encore la formule n'a été trouvée qu'après de longues tentatives. Br. : *(je pense qu'elle n'est pas mon dernier séjour. Je n'y trouve pas ce que mon cœur cherche. (Il me manque un autre séjour) Il ne sait ce qui lui manque mais il n'a pas ce qu'il lui faut.* C.P. : *Mon cœur (cherche sans savoir quoi) ignore ce qui (lui manque mais... faut) qu'il (veut cherche) qui lui manque, il désire sans savoir quoi.*

(*d*). Note ajoutée dans C.P. (avec quelques variantes). Elle était esquissée déjà par ces quelques mots inscrits en marge dans Br. : *Je me trompe fort si les plus ennuyés des hommes ne sont pas les Rois ; (car ils) surtout quand tout leur prospère, car ils ne savent alors que désirer. Ils ne sentent rien, ils sont morts.* Le texte actuel a été inscrit tardivement en marge dans C.P. Son caractère violent, agressif, l'a naturellement fait écarter par le censeur de Malesherbes. « Je crois en mon particulier », disait-il, « cette observation très vraye, et je comprens que l'auteur ait du regret à la sacrifier. Mais l'application est terrible. Monsieur Rousseau ne pourroit-il pas éviter d'y donner lieu sans perdre son observation, et seulement en l'adoucissant ? » (*C.C.*, t. VIII, p. 120). Mais Rousseau n'était pas l'homme des adoucissements.

(*e*). Note absente de Br. et de Ms. Rey. Inscrite tardivement dans C.P. Elle avait été précédée sur la minute de C.P. par une autre d'un caractère plus sobre et plus terne : *Ceci me semble contredire ce qu'elle a dit auparavant du goût qu'on prend à l'état de tranquilité.* Ces contradictions de Julie révèlent celles de Rousseau lui-même. Note supprimée dans éd. Rey, 1763.

P. 695.

(*a*). Br. : *nouvelle vie et de nouveaux mouvemens ; elle se sent vraiment pénétrée de cette immortelle existence...* En marge cette phrase restée inutilisée : *si ce n'est pour son bonheur éternel dans l'autre monde c'est pour son bonheur dans (cette vie) celui-ci...*

(*b*). Br. et C.P. : *ce goût.*

(*c*). « Mais enfin... être mieux ». Ce développement ajouté en marge dans Br. a été très travaillé. Le ton était d'abord beaucoup plus vif, comme si Rousseau polémiquait avec un de ses « amis » philosophes. Au lieu de « Mais enfin », il avait écrit : *De bonne foi ;* au lieu de « ses grands principes », *tout son étalage.* Le texte était plus court et s'achevait après « délire » par la phrase : *ou laissez-moi dans un état qui m'est agréable, ou donnez-moi quelque raison de m'en tirer.* C'est dans C.P. corrigée qu'a été ajouté le texte (absent de Ms. Rey) : *qu'ai-je besoin...*, mais il s'achevait par : *C'est une folie, soit, mais elle est douce,* phrase finalement remplacée par : « L'ivresse... en est une ». En marge, ces mots (riposte probable à la fameuse phrase de Diderot) : *On a toujours assez de soi quand on est homme de bien, et je ne tiens pour incrédules que les méchans.*

(*d*). Ces vers de Métastase *(Morte d'Abele)* ont été inscrits tardivement dans les marges de C.P. et traduits par Rousseau dans D.C. : *le cœur lui suffit et qui fait son devoir le prie.*

(*e*). Br. ajoutait : *et le faire aveuglément*. Ajout non conservé dans C.P.

P. 696.

(*a*). Dans Br. en marge de ce paragraphe, on lit cette phrase-pilotis, évidemment destinée à un développement sur la dévotion de Claire auquel Rousseau a renoncé. *Quoique plus badine dans son humeur, elle est plus grave dans son culte ; elle y porte plus de respect et moins d'attendrissement ; je n'ai que la dévotion d'une femme ; pour elle, elle a la piété d'un vrai (philosophe) sage.*

(*b*). « Si quelque souci... malgré moi ».

Tout ce développement a été ajouté en marge dans Br. En outre, on lit dans les mêmes marges ces phrases que Rousseau a entourées d'un cercle et fait précéder des mots *N.B. à placer ;* mais qui sont restées inutilisées : *je ne cherche point à l'Ecriture des sens extraordinaires. Je ne prends point avec Dieu un langage mistique et figuré. Je m'élève à lui dans la simplicité de mon cœur. Il est difficile que ma raison s'altère en laissant à l'imagination si peu d'empire. Je ne donne à rien des interprétations subtiles.*

(*c*). Tout ce développement, depuis : « Le Dieu que je sers est un Dieu clément... » a été condamné par les censeurs : « Dans cet article », disaient-ils, « et dans plusieurs de ceux qui le suivent, l'auteur met dans la bouche de Julie et dans celle de Saint-Preux le dogme de la tolérance, non de la tolérance civile, mais de la tolérance théologique, de la tolérance dont on dit que Dieu use envers ceux qui vivent de bonne foi sous une autre loi que celle de la véritable religion. Or ce dogme est réprouvé parmi nous et Julie ainsi que Saint-Preux ont accoutumé les lecteurs à croire qu'ils ont toujours raison. Ce que je dis de ce passage s'applique encore mieux à la profession de foi de Julie mourante. La sérénité de ses derniers momens ne peut point s'accorder avec une conscience coupable; et c'est de la part de l'auteur une doctrine qu'il approuve hautement que celle qu'il donne pour le principe adopté par son héroïne à l'instant de sa mort. » (*C.C.*, t. VIII, p. 121). Pourtant Rousseau avait fait un effort pour amortir son expression dans Br. La phrase « sa justice... il est clément » était : *sa justice n'est pas pour l'homme, il est trop foible pour la supporter*. La dernière phrase dans Br. avait une couleur plus triomphante : *je m'endormirai dans ton sein sans avoir peur du réveil.*

P. 697.

(*a*). « Toute la peine... rien » : ajouté en marge sur Br., moins la phrase : « tout prend... riante » qui a été ajoutée sur C.P.

(*b*). Br. : *pour les femmes.*

Rousseau qui parle d'expérience personnelle a préféré généraliser. La métaphore de l'opium a de nos jours une forte résonance. Marx avait-il lu Rousseau ?

(*c*). C'est le premier texte de Br. Rousseau a préféré ensuite :

à nos misères, puis *aux maux d'autrui.* Il eſt revenu dans C.P. au texte du premier jet.

(*d*). « Dans leur élévation... si humiliante » : ajouté en marge dans Br.

(*e*). « leur juſtice eſt si rigoureuse » : ajouté en marge dans Br.

(*f*). La note manque dans Br. et C.P. Dans Ms. Rey, au lieu de « livres sacrés » le premier jet était « livres *fanatiques* ». Rousseau avait esquissé cette note en marge dans Br. : *la belle entreprise pour une honnête femme que d'expliquer le Cantique des Cantiques, livre qu'il faut respecter sans doute, mais que je serois bien fâchée de relire ou de laisser lire à ma fille.* Puis il a biffé ces lignes, les jugeant peut-être peu convenables dans la bouche de la « pure » Julie ? Elle faisaient évidemment allusion à l'ouvrage de Mme Guyon, *Le Cantique des Cantiques, interprété selon le sens miſtique et la vraie représentation des états intérieurs,* Lyon, Briasson, 1688. La note a été prudemment supprimée par les censeurs de Malesherbes : « On a retranché la note », disaient-ils, « parce que le Cantique des Cantiques eſt un ouvrage révéré par l'Eglise et mis au nombre des Livres saints. Bien des gens parmi nous, même des théologiens, seront de l'avis de l'auteur; mais tous lui conseilleront de sacrifier cette note, qui au fond n'eſt pas neuve » (*C.C.*, t. VIII, p. 121). Il y aurait beaucoup à dire sur la pudibonderie effarouchée des dévots aussi bien que des incrédules en face de la Bible en général et en particulier de cet admirable poème d'amour qu'eſt le *Cantique,* et sur leur égale incapacité de rationaliſtes sclérosés à en comprendre tant la beauté purement humaine que la valeur symbolique et myſtique et surnaturelle. Les lecteurs à qui l'œuvre de Voltaire eſt familière ne manqueront certes pas de textes pour éclairer la note de Rousseau. Pour connaître la position actuelle des exégètes catholiques on se reportera utilement à l'Introduction du *Cantique* dans la Bible dite « de Jérusalem » (éd. du Cerf).

1. Sur Mme Guyon, cf. *supra,* p. 682, n. 4 et p. 685, n. 1. Mme Guyon, condamnée par les articles d'Issy, avait continué à propager sa doctrine; elle fut enfermée quelque temps à la Baſtille.

P. 698.

(*a*). Dans Br. le premier jet était plus abrupt : *(je sens) je vois que si (l'humanité) la douceur philosophique ne tempéroit l'intolérance chrétienne, elle en durciroit l'ame.* Puis il a repris : *Oui je sens que l'intolérance chrétienne* et inscrit en marge, avec appel de note : *J'appelle intolérant tout homme qui (dit qu'un autre sera) damne ceux qui ne pensent pas comme lui.* En face de : « Voulons-nous donc... » cette phrase-pilotis : *nous donnons trop de prix au jugement des hommes.* Dans C.P. il biffe la phrase (rétablie plus tard) : « N'empiétons point sur l'horrible fonction des démons. » En marge de toute cette page, dans C.P. il a inscrit ces mots : *A confronter.* Mais avec quoi ?

(*b*). Dans Br. en marge de ces mots Rousseau inscrit cette phrase : *Pour moi je trouve que les interprétations de leur Eglise sont merveilleuses pour embrouiller ce qui est clair.*

(*c*). Note absente de Ms. Rey; introduite tardivement dans C.P. corrigée. Le texte auquel elle renvoie est, lui aussi, tardif.

1. Cette critique contre l' « inhumanité » des dévots est courante au XVIIIe siècle (cf. D. MORNET, *N.H.*, t. IV, p. 271, n. 1, et p. 272, n. 3). Elle s'appuie sur une très ancienne tradition littéraire. Faut-il rappeler le cri indigné de Molière devant Orgon : « Les sentiments humains, mon frère, que voilà ! » (*Tartuffe,* I, v). On aimerait savoir si Rousseau eut personnellement à souffrir de cette charité si dure, de cette commisération barbare. S'il éprouve ici un ressentiment ancien, à quelles lointaines années remonte-t-il ? Les *Confessions* ne livrent aucune trace certaine.

2. Ainsi se trouve apaisée l'angoisse de Julie devant le risque d'une damnation éternelle couru par son époux incroyant. Ces pages avaient aux yeux de Rousseau une grande importance. On en jugera par les variantes (*a*), (*b*), (*c*), p. 698 et (*a*) et (*b*), p. 699 et les suppressions imposées par les censeurs. Sur le dogme de l'Enfer, cf. *supra,* p. 592, n. 2. Sur l'apologie de la tolérance, cf. la *Lettre à Voltaire* et la *Lettre à d'Alembert,* notre Introduction, p. XXXIX et *supra,* p. 589, n. 1 et 3.

3. Cf. *supra,* lettre 5 (V[e] partie) : « seriez-vous Chrétien par hazard ? Je m'efforce de l'être... »; p. 582, n. 1; var. (*a*), p. 579 et var. (*a*), p. 583. Preuve nouvelle de l'unité de doctrine entre les divers personnages du roman. Des nuances seulement les séparent.

P. 699.

(*a*). « Détourne-t-il... sa face » : ajouté en marge dans Br.

(*b*). « il est plus vertueux... que nous » : ajouté en marge dans Br.

(*c*). Tout ce développement a été condamné par les censeurs. « On a retranché depuis ces mots (...) : *Je vous avoue que j'ai été long-temps sur le sort de mon mari* (...) jusqu'à ceux-ci (...) : *Ne soyez pas étonné* (...) Voyez sur cela ce que nous avons dit (...) sur le dogme de la tolérance » (*C.C.*, t. VIII, p. 121). Cf. var. (*c*), p. 696.

P. 700.

(*a*). Dans Ms. Rey, suivi par l'éd. Rey, 1761, Rousseau a écrit « quelcun », après avoir écrit « quelqu'un » à la ligne précédente. Les deux orthographes lui sont familières, l'étrange est de le voir les utiliser toutes deux dans la même phrase.

(*b*). Br. : *six ;* C.P. : *trois.*

(*c*). Br. 1er jet : *Pour moi après plus de six...*

(*d*). Br. : 1° *pour sa conversion ;* 2° *pour ses sentimens ;* 3° *pour sa conversion.*

C.P. : 1° *conversion ;* 2° *sentiments ;* 3° *incrédulité.*

1. Cette dernière phrase est tout à fait révélatrice d'une des deux attitudes essentielles — complémentaires et jusqu'à un certain point contradictoires — de Rousseau en matière de religion. D'une part il est convaincu que la dispute « est une arme inutile », que les « philosophes » n'ont jamais abouti à un accord par la seule voie de la discussion rationnelle. Il l'a dit à Sophie tout au long des *Lettres morales ;* il le redira au début de la *Profession de foi* (cf. *O.C.*, Pléiade, t. IV, pp. 565 sq.). D'autre part, il ne consent qu'à une religion « raisonnable »; il croit nécessaire de « rendre raison » de la sienne. C'est ce qu'il s'apprête précisément à faire dans l'*Émile.*

2. Sur l'unité spirituelle que confère au roman le thème de la religion, source de bonheur, cf. Introduction, IIIe partie. Qu'il s'agisse ici encore chez Rousseau d'une conviction fondée sur l'expérience intime, il suffit pour en être persuadé de relire la fin de la *Lettre à Voltaire,* celle des *Lettres morales,* la deuxième *Lettre à Malesherbes,* la *5e Rêverie.* Le texte le plus explicite est peut-être celui de la *Profession de foi, O.C.*, Pléiade, t. IV, pp. 602 sq.

P. 701.

(*a*). Après ces mots, dans Br., faux départ pour la péroraison : *Mon ami, mon digne ami, quel que soit le succès de nos soins, ils ne seront pas perdus pour nous.*

(*b*). Ms. Rey donne simplement : « et ne nous quitons plus ».

(*c*). Dans Br., cette fin est un rajout évident. Primitivement la lettre s'achevait par les mots : « à vous dire », sous lesquels Rousseau a tiré un trait et laissé un grand blanc. Rousseau annonce ici, par l'indication d'un sombre pressentiment, la catastrophe finale. La chute brutale du bonheur dans le désespoir n'en choqua pas moins certains lecteurs; cf. l'*Examen de la Nouvelle Héloïse* d'Eymar, *Œuvres complètes de J.-J. Rousseau,* éd. Musset-Pathay, t. XXIV, pp. 287-288.

Le texte final actuel a été écrit sur un autre folio et Rousseau l'a d'abord fait précéder des initiales *P.S.* Le ton de ces lignes est si différent du reste qu'on est tenté de penser qu'elles étaient primitivement attribuées à Wolmar qui aurait ajouté ce post-scriptum à la lettre de son épouse.

Ce texte porte dans Br. les traces de l'intention première du romancier de marier Milord Édouard avec Laure, et de faire accepter ce mariage par les châtelains de Clarens : *Je vous attends tous trois, vers la fin du mois prochain,* y lisait-on. Et ensuite : *je ne saurois vous dire quel empressement j'ai de voir et d'embrasser cette femme étonnante. Je vois au ton dont il me parle de sa femme qu'il en est devenu véritablement amoureux, d'où je conclus que la marquise est tout à fait oubliée, et c'est assurément lui faire grâce. En vérité Miladi méritait bien que sa vertu fut ainsi récompensée, Milord que la sienne ne lui fût plus pénible, et vous méritez bien aussi d'avoir dans un si doux spectacle le prix de votre courage.*

C'est sur Br. déjà que tout ce passage a été biffé. Mais c'est seulement sur C.P. que Rousseau substitue *deux* à *trois*. C.P. (1re rédaction) et Ms. Rey ont : *vers le commencement du mois*. Finalement, sur C.P. corrigée, Rousseau a repris : *à la fin*.

1. Porte ouverte sur la conversion de Wolmar. Nous avons déjà signalé les touches discrètes par lesquelles Rousseau a réussi à faire entrer même Wolmar dans ce « monde idéal » où ne peuvent vivre que des « âmes sensibles ».

2. Marini est l'un des quatre poètes italiens élus par Rousseau pour les citations dans son roman. (Cf. *supra*, p. 3, n. 1). Cependant, à l'occasion, il met en question sa préciosité. (Cf. *supra*, lettre 15, IIe partie).

P. 702.

(*a*). « avec nos enfans... excuse » : ces mots pourtant indispensables pour préparer le dénouement n'ont été ajoutés qu'en marge dans Br. Une variante importante : « ne nous a pas laissé d'excuses », confirmerait l'hypothèse d'un billet attribué à Wolmar.

(*b*). Br. en-tête : *Lettre 18 de Fanchon Regard*. Texte déjà mis au net. Peu de ratures. Les variantes les plus intéressantes sont dans C.P.

(*c*). C.P. : *il faut achever tant que j'aurai la force*.

(*d*). « on n'avait là... bateau ». Cette précision si importante pour la vraisemblance était encore absente de C.P.

(*e*). La note manque dans Br. Elle a été inscrite d'abord en marge dans C.P. mais elle était alors plus courte (toute la première partie jusqu'à : « quoique Prêtre » manquait) et plus désinvolte : *Il y a ici un anachronisme que je ne puis passer sous silence. L'année où (ceci paraît s'être passé) les dernières lettres paraissent avoir été écrites, il y avoit (près de trente ans) très longtemps que les Baillifs de Vevai n'habitoient plus le château de Chillon. Il faut donc que le Baillif de ce tems là y ait été faire une promenade, ou que les noms de lieux soient changés ou que tout ceci (soit absolument inventé) ne soit qu'une fiction.*

Bien que d'une famille noble savoyarde, François Bonivard, prieur de Saint-Victor, prit parti pour Genève dans la lutte de cette cité contre le duc de Savoie. Fait prisonnier en 1530 sur les terres du duc il fut enfermé au château de Chillon d'où il fut délivré en 1536 par les Bernois et les Genevois. Le pays de Vaud passa alors sous la domination bernoise qui s'exerçait par l'intermédiaire de baillis, représentants du gouvernement de Berne.

1. Cette lettre ouvre la dernière séquence, le dernier acte de ce grand opéra. Après le subtil signe prémonitoire des derniers mots de la lettre 8, le lecteur reçoit en plein cœur le cri annonciateur du désastre.

Confié à un personnage d'humble condition, le récit de l'accident est fait en un style simple, mais « haletant », comme le serait un récitatif. (Sur ce style de mélodrame cf. *supra*, p. 31, n. 2). Rousseau se montre soucieux d'exactitude, mais sacrifie sagement des détails trop « pittoresques » (cf. var. (*a*) et (*b*), p. 703); il accentue au contraire le pathétique (var. (*c*), p. 703) et joue avec les nerfs du lecteur (la lettre s'achève par des points de suspension). Aussitôt après, la mort est annoncée. Le silence s'établit, marqué par le grand blanc qui sépare la lettre 10 de la lettre 11.

P. 703.

(*a*). C.P. ajoutait : *On la transporta dans une litière ;* puis, avec appel de note : *Cette voiture inusitée dans les plaines à cause de son extrême lenteur, est commune dans les pays de montagne.* Rousseau a renoncé à ces indications « techniques », sacrifiant délibérément la précision et le réalisme au pur pathétique.

(*b*). Sur C.P. Rousseau avait ajouté : *(en l'approchant peu à peu d'un grand feu on lui fit évacuer l'eau qu'elle avoit bue. On la mit ensuite dans un (grand) lit bien chaud). En la frottant de linges auprès d'un grand feu on lui fit évacuer peu à peu l'eau qu'elle avoit bue.* Puis, sans appel explicite de note, ce commentaire personnel : *Cette méthode est excellente et sûre ; on devrait la publier partout avec le plus grand soin. On ne sauroit croire combien de gens on étouffe par une évacuation trop brusque en les suspendant par les pieds. J'ai vu, à Passy, un homme qu'on tira de la rivière et qu'on tenait pour noyé, ressusciter pour ainsi dire par les soins de feu M. François Mussard, mon digne compatriote et mon respectable ami. Il n'employa point pour cela d'autre recette que celle qui est indiquée ici. J'exhorte ceux qui habitent près des rivières de faire traiter de cette manière les gens qu'on tire de l'eau. En sauvant la vie à plusieurs de ces malheureux, on viendra peut-être, à force d'heureux succès, à détruire enfin la vieille routine.*

Cette note si caractéristique de la tendance didactique de Rousseau a été heureusement supprimée par lui.

(*c*). « Sur quelques ordres... reviendra pas ». Phrases encore absentes de C.P. Ajout de dernière heure : intensification du pathétique.

(*d*). Br. : *Lettre 19 commencée par Madame d'Orbe, et achevée par M. de Wolmar.*

Le voile éternel la couvre. Vous ne la reverrez jamais... (Julie, o ma) Julie (est) n'est...

Puis, un blanc, et les mots : « Elle vous a écrit (...) sur la terre » par lesquels s'achève le texte du manuscrit de l'Assemblée Nationale.

(*e*). Nous n'avons du brouillon de la lettre 11 qu'un fragment conservé à la Bibliothèque Victor Cousin. Malheureusement le début de la lettre manque. Nous ne pouvons donc savoir quand ni comment elle a été détachée par le romancier de la lettre de Claire. Mais il est certain — puisque la lettre testamentaire de Julie (actuellement lettre 12) est numérotée 20 dans le brouillon — que les lettres 10 et 11 n'en formaient qu'une à l'origine.

1. Allusion au songe prémonitoire. Cf. lettre 9 (V^e^ partie) et p. 611, n. 1 : Saint-Preux a vu Julie morte « le visage couvert d'un

voile ». Elle lui a dit : « le voile redoutable me couvre ». Cette « vision » était « prophétique »; elle eſt devenue réalité. Cf. *supra*, p. 737.

2. Dès le début de sa lettre Wolmar nous plonge dans le climat de sérénité où il s'eſt établi. Il ne nous en fera guère sortir. Sans doute son récit saura prendre le rythme des événements; il aura des moments éloquents, dramatiques; mais il ne perdra jamais le ton de funèbre gravité, de mélancolique douceur, de paix intérieure, qui donnent son caractère à ce « finale ». Cette continuité de ton eſt rendue possible par la suppression de toute curiosité chez le lecteur. Julie eſt morte. L'intérêt n'eſt que dans la contemplation des circonstances qui ont entouré l'événement. C'eſt la solution qu'avait adoptée Prévoſt dans *Manon* (contrairement à ce que feront Balzac dans le *Lys* et Flaubert dans *Madame Bovary*). Ce qu'on perd en intérêt dramatique, on le regagne en intensité spirituelle.

Le récit eſt long, très long. On l'a beaucoup reproché à Rousseau, en opposant précisément à la prolixité de Wolmar la bouleversante concision de Des Grieux. Mais une sonate n'eſt pas un opéra. Que celui-ci tourne un peu trop au mélodrame (dans l'épisode du faux bruit de la « résurrection » de Julie ou dans le retour aussi surprenant qu'édifiant de Claude Anet), qu'il détaille trop les démonstrations de sensibilité, qu'il accorde à Julie mourante une puissance de pensée, un souffle oratoire excessifs, il eſt difficile de ne pas le reconnaître. Mais, une fois admis le parti eſthétique adopté par l'écrivain, avouons qu'il a atteint une sorte de sommet de l'art baroque. La composition eſt remarquable. Récits, discours, réflexions, mouvements dramatiques, dialogues se succèdent suivant un ordre aussi varié que naturel. Les « tableaux animés » en particulier révèlent chez Rousseau un goût très vif des « scènes ». C'eſt l'arrivée du médecin, Claire livide dans son fauteuil, les domeſtiques pressés les uns sur les autres à la porte de l'appartement, Julie parée dans sa chambre fleurie, les enfants groupés autour d'elle, la « reconnaissance » de Claude Anet, Julie et Claire dans les bras l'une de l'autre, le souper, la mort, les faux espoirs, le voile, les crises nerveuses de Claire, etc. Et les discours théologiques sont moins encombrants qu'on ne le dit.

Ils sont d'ailleurs nécessaires : solennelle prise de position de l'héroïne en face de la mort, saluée comme le moment suprême de la vie. La souffrance physique eſt présente : parfois « la douleur arrachoit quelque plainte » à Julie, « quelquefois elle contraignoit les plaintes que la souffrance auroit dû lui arracher », mais vidée de cette triple angoisse qui fait de la mort, en d'autres œuvres, où elle eſt aussi le dénouement nécessaire, une atroce réalité : l'angoisse de quitter tout ce que la vie peut encore apporter de bonheur, celle d'Emma Bovary, d'Henriette de Mortsauf; l'angoisse devant l'inconnu, le trou noir, celle de la vieille prieure du *Dialogue des Carmélites ;* l'angoisse devant la damnation, celle que peut faire naître chez les spectateurs la mort de Phèdre, de Don Juan, de la Merteuil; aucune de ces angoisses ne saurait atteindre Julie ! Elle sait que c'est par la mort seule qu'elle se fixera pour toujours dans ce sommet du bonheur qu'elle vient d'atteindre, que c'est à travers elle seulement qu'elle vaincra l'invincible adversaire, le Temps. Fidèle jusqu'au bout à son inspiration initiale, le romancier a fait de cette catastrophe tragique et douloureuse, un suprême chant de bonheur. Faut-il l'accuser d'irréalisme ? Renvoyons au récit de la mort lente et courageuse de Mme de Vercellis dans les *Confessions* (*O.C.*, Pléiade, t. I, p. 83). En adoptant devant la mort cette attitude optimiste, Rousseau obéissait à l'esprit général de son œuvre, au projet initial — inavoué peut-être, encore imparfaitement éclairci par lui-même, mais plus tard lucidement reconnu dans les *Confessions* : composer un poème du bonheur. Il a ainsi conservé cette unité de ton à laquelle il accordait la plus grande importance. Il demeurait dans la ligne du pétrarquisme, mais surtout il redécouvrait des affirmations chrétiennes fondamentales, obscurcies par des siècles de terreur devant un Dieu de colère, juge vengeur et terrible, celles de la vertu d'espérance et d'abandon filial, celles de l'*In manus tuas Domine,* du *Nunc dimittis,* du *Requiem* de l'*In Paradisum*.

P. 704.

(*a*). Les mots « sur les vôtres » manquent dans Ms. Rey.

1. L'adjectif donne, dès l'ouverture, la note dominante du morceau. Wolmar aussi devient poète. Il « enchante » sa douleur. Ce premier morceau, admirablement rythmé, s'achève par deux vers qui sonnent comme une fin de stance. Sans crainte de s'exposer au ridicule — ce stade est depuis longtemps dépassé — Rousseau fait communier le mari et l'amant dans la douleur comme il les avait fait communier dans la joie parfaite du dernier hiver de Clarens.

2. Non insensible, mais froid, Wolmar ne peut pleurer. Cette sécheresse ne fait que rendre plus précieux les « pleurs » qu'il a versés pendant la maladie de Julie (cf. *infra,* p. 721, n. 1).

3. Jusque dans la mort Julie est unique. Sur ce caractère exceptionnel des héros du roman, cf. *supra,* p. 102, n. 2; p. 165, n. 5; p.209, n. 1 et p. 403, n. 2.

4. Gardons-nous de penser à l'affirmation par Wolmar d'une vaine supériorité sur Saint-Preux ! Elle serait en contradiction avec toute sa lettre. Mais il est très conscient de ses dons d'observateur. Ici, comme dans la IVe partie, Wolmar est un personnage important auquel va toute la sympathie de Rousseau. La montée de l'inquiétude dans ce cœur d'homme lucide, la conscience qu'il a de ses responsabilités de chef, l'accablement que fait peser sur lui la solitude du secret, le déchirement de sa conscience partagée entre le devoir d'être fidèle à la promesse faite à Julie de lui dire la vérité et le désir d'échapper à cette cruauté, ne sont pas les moindres beautés de cette lettre.

P. 706.

(*a*). Aucun des manuscrits connus ne donne ce nom propre, ajouté probablement sur épreuves. C'était le nom d'un médecin qui avait effectivement existé à Vevey (cf. Mornet, *N.H.*, t. I, appendice 1, p. 311, et *infra,* var. (*c*), p. 708).

1. Il s'agit évidemment de Saint-Preux, que Julie avait dû appeler dans son délire lorsque la petite vérole lui avait donné le « transport ». Notons cette pudeur de Wolmar.

P. 707.

(*a*). Les mots « armés de quelques probabilités » sont absents de C.P., mais présents dans Ms. Rey.

P. 708.

(*a*). On lit en marge de ce passage dans C.P. : *Le premier doute qui fasse flotter un sceptique dans son sentiment ! Ceci me paraît bien près du galimatias. Je crois pourtant entrevoir une espèce de sens. Jusque-là Mr. de Wolmar vivoit avec sécurité dans ses doutes. Cette vanité s'ébranle. Ses doutes commencent à lui devenir suspects. Il doute s'il lui est permis de douter. Ou bien ne seroit-ce point que les prétendus sceptiques sont, au fond, très affirmatifs, très décidés pour l'avis contraire à celui des autres ; sauf à l'abandonner sitôt qu'on le prend. Mais il me semble que M. de Wolmar tel qu'on nous le peint, homme simple et vrai, toujours plein de candeur et de bonne foi n'étoit pas sceptique dans ce dernier sens.*

P.-M. Masson a cité cette note dans son édition de la *Profession de foi,* à propos du passage sur l'impossibilité de demeurer dans le doute, et déclaré qu'elle en fournit un excellent commentaire (*op. cit.*, pp. 51-53 ; cf. *O.C.*, Pléiade, t. IV, p. 568).

(*b*). Br. : « Alors *commença entre elle et moi un long entretien dont je pourrai* vous parler quelque jour, *qui peut être sortira de ma mémoire durant le cours de ma vie ; mais qui surement y reviendra tout entier à ma dernière heure* ». C'est le début du fragment conservé.

(*c*). Br. : *le médecin.* Ms. Rey : *le médecin.* C.P. 1er jet : *le médecin ;* correction : « du Bosson ». Dans C.P., cette note biffée : *Nom d'un médecin de Lausanne, qui était apparemment celui qu'on avoit envoyé chercher.*

1. Expression remarquable qui s'oppose directement à celle de « belles âmes » dont les adversaires de Rousseau devaient tant se gausser.

2. Notons ce « sacrifice ». Ce n'est d'ailleurs pas le premier; Rousseau nous a déjà fait grâce des « touchantes exhortations » faites par Julie à Claire pour l'engager à suivre le plan d'éducation qu'elle avait fait pour Henriette et qu'elle a exposé « en abrégé, mais avec force et clarté » (pp. 704-705).

3. Le *Dictionnaire grammatical* de Féraud de 1786 note que *conjurer* dans le sens de *prier* se construit comme ce dernier verbe,

à propos duquel il remarque : « Le *que* après *prier,* régit le subjonctif : mais on emploie rarement ce *que,* et seulement quand on veut intimer un ordre (...) : Je *vous prie que* cela n'*arrive plus*. Alors le *que* est impératif, et il n'est pas régi, ce me semble, par *prier*. Hors de-là on emploie l'infinitif, précédé de la préposition *de*. »

4. Métaphore malheureuse. Rousseau est entraîné par la formule banale : « dévorer en secret ses chagrins ». Pourquoi seul le père de Julie est-il (par un artifice assez grossier) écarté de cette réunion générale ? Pour permettre à Julie le beau discours d'amour filial qu'elle prononcera plus tard ? Ou pour rendre possible l'épisode de la fausse résurrection ?

P. 709.

(*a*). Br. : à partir de : « ceux qu'elle questionnoit », addition marginale; l'alinéa comportait une phrase supplémentaire : « de la lui dire *et (celui qui) quiconque lui eut fait une réponse sinistre eut (couru risque de la payer cher) pu ne la pas faire impunement* ». En marge également cette phrase biffée, sans signe de référence : *(et ce qu'il y avoit de plus facheux pour elle c'étoit qu'elle n'osoit même témoigner sa (frayeur) crainte de peur de la voir confirmer).*

1. « Quand on le dit absolument, il s'entend des accés de fiévre qui sont plus violents que la fiévre continuë dont on est malade » (*Dictionnaire* de Furetière, 1690).

P. 710.

(*a*). Au lieu de : « comme s'il lui fût devenu plus cher à ce prix », Br., C.P. et Ms. Rey ont : *après la lui avoir donnée il lui étoit doux de la perdre pour lui.*

P. 711.

(*a*). Au lieu de cette dernière phrase, Br., Ms. Rey et C.P. 1er jet ont : *ils étoient émus et touchés*. Le texte définitif est dans C.P. une correction à l'interligne.

(*b*). Note absente de Br. et de Ms. Rey; elle est supprimée dans l'éd. Rey, 1763.

1. Voici que reparaît l'invincible pédantisme de ce fervent passionné d'histoire romaine ! La note est d'ailleurs révélatrice du souci majeur de Rousseau : être vrai, et des raisons profondes de sa haine du théâtre, où triomphe le rôle, le masque, l'hypocrisie.

2. « Cette construction de l'infinitif sans le pronom *se* avec le sens d'un verbe réfléchi après les verbes *faire, laisser, regarder, sentir, voir, entendre,* est fréquente au XVIIe siècle. Elle se prolonge, tout en tendant à disparaître au XVIIIe siècle », dit Mornet (*N.H.*, t. II, p. 93, n. 2) en renvoyant à F. BRUNOT, *Histoire de la langue française,* t. VI, IIe partie, fasc. II, p. 1839. Mais ne s'agirait-il pas ici d'un latinisme, traduction directe du verbe *plangere* qui signifie précisément *se plaindre, se lamenter ?*

P. 712.

(*a*). Br. : « de faire manger de *chaque plat (par force en disant son avis) (sous prétexte d'avoir notre avis sur ce qu'elle avoit apris à* sa cuisiniére, *mais surtout par* le plaisir *qu'on cherchoit à lui faire)* ». Le texte actuel est à l'interligne et en marge; la phrase : « et mêlant à tout cela... nous occupoit » est une addition marginale.

(*b*). Br. : les mots « plus obligeans, plus aimables » sont absents.

(*c*) « parce que Julie ne l'avoit pas demandé » manque dans Br.

1. Peut-être Wolmar est-il victime de ses préjugés d'incroyant, persuadé que le chrétien, obsédé par le dogme de l'enfer, doit être « terrifié » devant la mort. La diffusion du jansénisme rendait ces « terreurs » vraisemblables. Et aussi — il faut le reconnaître — certains textes de la liturgie catholique des défunts, dont la sensibilité du jeune Jean-Jacques avait été nourrie : le *Dies irae,* le *Libera me.* Ces textes, expression d'une mentalité chrétienne plus sensible à la réalité du péché qu'à celle de la grâce, avaient alors éclipsé ceux où éclatent l'espérance en la miséricorde, la foi en l'éternité bienheureuse. L'attitude de Julie devant la mort est peut-être un peu forcée; mais elle est dans la ligne de la plus parfaite orthodoxie, celle qu'a incarnée à jamais Louis de Gonzague déclarant que, surpris dans le jeu de la balle au chasseur par l'annonce de sa mort imminente, il continuerait à jouer; celle qu'exprime le *Curé de Campagne* de Bernanos qui meurt en murmurant : « Tout est grâce » et s'abandonne à « la douce pitie de Dieu ».

P. 713.

(*a*). Br. : *Jugez combien tout cela s'arrangeoit mal avec les idées que j'avois de sa piété et avec ce qu'elle m'avoit dit la veille elle même.*

Ms. Rey : « *Jugez combien tout cela s'arrangeoit mal* avec les idées que j'avois de sa piété. »

(*b*). Br. et Ms. Rey : depuis « Comment accorder... » ce passage est absent. Dans C.P. la première phrase est ajoutée à l'interligne, la seconde manque.

(*c*). Br. : *Je n'en avois pas changé et cependant je n'aurois pas voulu qu'elle eut pris les miennes.*

(*d*). La phrase est atténuée dans l'édition de Paris : « je crois que je serois mort dans mon sentiment ».

(*e*). Br., C.P. et Ms. Rey : « une vie *pieuse* ». Dans Br., en marge de ce paragraphe, le « pilotis » suivant (cf. *supra,* p. 716) : « *je vis* encore *il est vrai ;* mais ma vie morale est finie je suis au bout [de] ma carriére. *Je suis morte aux œuvres* et déjà jugée sur le passé. »

Dans l'édition de Paris, toute la fin de ce paragraphe, à partir de : « Il ajouta... », est supprimée. Julie y donne une définition de l'Église incompatible avec la doctrine catholique. Elle la reprendra plus loin au début de sa « profession de foi ».

1. Déclarations essentielles, non seulement dans la perspective romanesque parce que Wolmar révèle ici la première fissure par où

passera la grâce, mais dans celle de la vie spirituelle de Jean-Jacques, qui n'a peut-être jamais plus fermement affirmé la distinction nécessaire entre le rationaliste systématique qui entend nier les contradictions et le savant authentique qui les reconnaît « déraisonnables », mais attend l'heure où elles pourront être intégrées dans une synthèse nouvelle. Le personnage de Wolmar, qui brusquement ne « sait plus qu'imaginer », n' « y est plus », se trouve « amené à un point où il ne se serait guère attendu d'arriver », est d'une grande vérité romanesque.

P. 714.

(*a*). Br. et Ms. Rey : les mots « et de la raison » sont absents; mais l'adjectif « raisonnable » qui qualifie plus loin la religion protestante (p. 724) est dans Ms. Rey.

(*b*). Dans Br. après ces mots, un appel de note, et Rousseau a écrit en marge : *en note. Toute la plus grande docilité qu'on peut avoir en matière de foi c'est de dire à un Pasteur ou à une Eglise tout ce que vous croyez je voudrois le croire (aussi) : car quoiqu'on fasse on ne sauroit dire tout ce que vous croyez je le crois ; sans s'exposer à dire un mensonge parce qu'on promet plus qu'on n'a le pouvoir de tenir.*

Ce paragraphe à partir de : « mon cœur a toujours... » et tout le paragraphe suivant sont supprimés dans l'édition de Paris.

(*c*). Br. et Ms. Rey : les mots « il est clément et juste » sont absents; Br. : *me puniroit-il de l'abus d'un don...* Ms. Rey : *puis-je craindre qu'il me demande compte d'un don...*

1. *S'aheurter :* « s'opiniâtrer, s'obstiner » (*Dict.* de Féraud, 1787).

2. Sur cette « profession de foi » de Julie mourante, cf. *supra,* p. 587, n. 2, les commentaires de P.-M. Masson dans les notes de son édition de la *Profession de foi du Vicaire* et dans *la Religion de J.-J. Rousseau,* IIe partie, chap. II, pp. 60 sq., et surtout les réactions des censeurs, rapportées dans la variante (*b*), p. 714, et suivantes. On voit que ceux-ci auraient volontiers accepté les affirmations de scepticisme et d'incrédulité dans la bouche de Wolmar; mais qu'ils ne peuvent les laisser passer dans celle de Julie, car elle et Saint-Preux « ont accoutumé les lecteurs à croire qu'ils ont toujours raison » (*C.C.*, t. VIII, p. 121). « Dans l'édition françoise », précisaient-ils plus loin, « depuis ces mots : *Mon cœur a toujours confirmé* (...) on passe à ceux-ci : *Quant à la préparation à la mort* (...) M. Rousseau pourroit-il, sans sacrifier ces passages en entier, au moins les adoucir ? Il a tant fait verser de larmes à Julie dans le cinquième tome pour l'athéisme de son mari, pourquoi ne conserveroit-elle pas ce caractère jusqu'à la fin ? Cette foiblesse, si c'en est une, est-elle incompatible avec le reste de sa façon de penser ? Ne suffit-il pas à M. Rousseau d'avoir mis l'incrédulité dans la bouche et dans le cœur d'un homme qui, s'il n'est pas le personnage le plus intéressant de l'ouvrage, n'est certainement pas le plus mauvais logicien ? » (*Ibid.*, p. 122).

Mais Rousseau s'identifie invinciblement à tous ses personnages et, de même que Wolmar finira par se convertir, Julie mourante ne peut pas ne pas proclamer tout ce qui le sépare aussi bien du *Credo* catholique que de l'ensemble du corps de doctrine officiellement enseigné par les pasteurs genevois. Sur la méthode qui consiste à ne pas indéfiniment se poser les mêmes problèmes, à décider d'arrêter un jour la recherche, à se fixer sur quelques certitudes durement acquises qui ne seront plus remises en question, cf. la *3e Rêverie* où tous ces thèmes seront repris par un Rousseau plus âgé mais non différent (*O.C.*, Pléiade, t. I, pp. 1012-1019), cf. aussi la *Profession de foi* (*O.C.*, Pléiade, t. IV, pp. 630-631). Quant à la révolte devant les « conversions » arrachées aux mourants par un entourage trop zélé, qui reflète le souci passionné du « philosophe » de voir jusqu'au bout respectée sa liberte de penser, Rousseau l'éprouvait si vivement qu'il ajouta en marge de la copie personnelle un paragraphe d'un ton très vif, qui aurait été une note, et qu'il a supprimé ensuite par prudence. (Cf. var. (*a*), p. 716). Sur le problème de l'Enfer, cf. *supra,* p. 592, n. 2.

Nous avons dit le caractère orthodoxe, quoique légèrement agressif, de cette attitude de Julie devant la mort. On s'étonne de l'insistance de Rousseau à marquer son caractère exceptionnel (cf. *supra* les paroles du Ministre : « J'ai vû bien des Chrétiens (...) je ne l'ai trouvé qu'en vous seule »). D. Mornet (*N.H.*, t. IV, p. 300, n. 1) rapproche très justement de l'ultime « prière de Julie » celles que Jean-Jacques avait composées aux environs de sa vingt-cinquième année lorsqu'il était catholique : « ce n'est qu'en tremblant », disait-il dans la première, « que nous devrions nous mettre en vôtre redoutable présence; mais vous avez encore plus de miséricorde que de Majesté, nous nous confions en vôtre Clémence infinie. Vous étes notre Créateur, nous sommes l'ouvrage de votre bonté, vous étes notre Pére, nous sommes vos enfans... » (*O.C.*, Pléiade, t. IV, p. 1034). « O Dieu du Ciel », disait-il dans l'autre, « si votre puissance est infinie, votre divine bonté ne l'est pas moins; ô mon Pére, mon cœur se plait à méditer sur la grandeur de vos bienfaits... » (*Ibid.*, p. 1036). Il est vrai qu'une part assez grande était faite dans ces prières à l'expression du « repentir » des « péchés ». Julie, elle, se déclare exempte de « troubles » et de « craintes », elle renie un « repentir imparfait, tardif, et forcé, (...) dicté par la peur » et déclare sa vie « exempte des remords de l'impie ». Mais ce repentir tardif et imparfait dont elle ne veut pas n'exclut nullement un repentir antérieur beaucoup plus sincère. Elle apporte à Dieu, en ces derniers moments, très humblement, sa « vie entiere, pleine de péchés et de fautes ». Les derniers mots qu'elle prononce : « Qui s'endort dans le sein d'un pere... » évoquent en nous les méditations admirables du poète des *Saints Innocents : Celui qui a dit le soir son* Notre Père *peut dormir tranquille...* ». (PÉGUY, *Œuvres poétiques,* Pléiade, p. 346), et le jugement prononcé par le Ministre : « Vous avez la véritable foi, celle qui fait aimer Dieu », paraît être une annonce du premier verset du *Porche du mystère de la deuxième Vertu : La foi que j'aime le mieux dit Dieu, c'est l'Espérance* (*Ibid.*, p. 169). Les censeurs n'ont pas touché à cette partie du texte.

P. 715.

(*a*). Les phrases : « Si je suis dans l'erreur... ma croyance » sont absentes de Br., de Ms. Rey, et de la première version de C.P. La première de ces deux phrases est une addition marginale dans C.P.

Dans Br., en marge de ce passage, le « pilotis » suivant : « souffrir et mourir est tout ce qui me reste à faire *et* la nature *fait cela toute seule. La volonté ne s'en mêle pas.* »

P. 716.

(*a*). En marge de ce paragraphe, on lit dans C.P. le texte suivant biffé : *Je ne puis m'empêcher de rire quand j'entends célébrer des conversions faites à l'article de la mort, beaucoup plus dues au désir d'être laissé tranquille et au délire de la fièvre qu'à l'éloquence du convertisseur. J'ignore ce qu'on fera de moi quand ma tête n'y sera plus et que le peu de force qui me restera sera employée à soutenir les approches de la mort. Je sais bien que, dès à présent, ma résolution est de faire en pareil cas tout ce qu'il faudra pour me délivrer, le plus tôt qu'il sera possible, des importunités d'un criailleur.*

(*b*). Br. : ce paragraphe n'est pas séparé du précédent; les premières phrases sont une addition marginale, où manquent « les réprouvés, dit-on, le haïssent » et « je ne crains pas d'augmenter leur nombre ».

(*c*). Br. : « O grand Etre, être éternel, source de vie et de félicité, je le sais *et* je m'en réjouis... » La phrase : « dont je ne doutai... toujours à vivre » est une addition marginale.

C.P. : « O grand Etre, *Etre immense,* Etre éternel, Dieu très puissant, très bon, *très sage,* Dieu créateur et roi de la nature, dont je ne doutai... »

Ms. Rey : O grand Etre ! *Etre immense,* Etre éternel, source de vie et de félicité, dont je ne doutai... »

P. 717.

(*a*). Br. : « Madame, votre mort... l'amour maternel » est une addition marginale où manque la phrase : « Vous avez vécu pour la charité. »

(*b*). Br. ajoutait cette phrase, biffée ensuite : *parce qu'il a le plus contribué à ma tranquillité présente.*

(*c*). Br. : au lieu de ces dernières phrases on lit dans la marge : « *on nous force* à nous vétir *(de noir) (de peur que nous (soyons) ne soyons pas assés)* d'une couleur lugubre on n'épargne rien pour nous rendre effrayans. »

Dans l'édition de Paris, le paragraphe s'achève sur le mot « effrayans », toute la fin est supprimée.

(*d*). Br. ajoute : *pour ainsi dire.*

1. Ce mot doit être pris ici dans son sens étymologique de témoin; mais ce témoignage étant celui d'une vertu surnaturelle, la *Charité* qui est ici identifiée à Dieu *(Deus caritas est)*, l'action de Julie prend une valeur surnaturelle. Rousseau fait d'elle un modèle, une sorte de « sainte », dont la vie sera proposée en exemple à la vénération des fidèles de Clarens.

P. 718.

(*a*). Br., Ms. Rey et 1re version de C.P. : *cette Réligion vénale ;* la correction, destinée sans doute à atténuer la critique du catholicisme, est faite sur C.P. 2e version.

(*b*). Br., Ms. Rey et C.P. 1re version ajoutent *barbare ;* supprimé sur C.P. lors des dernières corrections. Voir la note précédente.

Le fragment conservé de Br. s'arrête à la fin de ce paragraphe.

1. Sur cette réaction de Rousseau devant l' « appareil lugubre » de la mort, cf. *supra,* p. 702, n. 1. Nous manquons d'une étude précise de la pratique religieuse à cette époque et nous ignorons si la place accordée aux cérémonies entourant la mort était déjà importante et quel lien peut être établi entre cette dévotion et la terreur de l'Enfer. Mais il est probable que Rousseau donne ici de la réalité une vision à peine déformée. Les réactions des censeurs sont sur ce point révélatrices; ils ne nient pas les faits, mais trouvent inopportun de les signaler : « Tout ce morceau sur l'apect lugubre des cérémonies de l'Eglise catholique auprès des mourants doit au moins être adouci. Un calviniste peut le dire dans son pays mais il ne faut pas qu'il l'imprime en France en termes si clairs. » (*C.C.*, t. VIII, p. 122).

2. *Etre en bon ou mauvais équipage...* Etre bien ou mal vétu » (*Dict. Acad.*, 1762).

3. D. Mornet (*N.H.*, t. IV, p. 303, n. 2) rapproche de cette page celle du livre VI des *Confessions* où Rousseau, malade et croyant son mal sans remède, prit son parti de cet état et s'en trouva fort bien (*O.C.*, Pléiade, t. I, p. 228). La situation spirituelle de Mme de Wolmar est très différente. Ce qui frappe dans notre texte, c'est la fidélité jusqu'au dernier soupir à une morale du bonheur, celui-ci trouvant sa parfaite satisfaction dans l'amour partagé et dans le pur sentiment de l'existence; enfin l'importance accordée à la vérité (ici opposée aux mensonges de « l'opinion »), à la fidélité à soi (« je ne serai plus la même »), et à la beauté (« affreux spectacle », « équipage à faire peur »).

P. 720.

(*a*). L'expression « survivre à toute sa famille » est absente du Ms. Rey.

1. Effet de suspens. Mais la « solution » est aussitôt proposée au lecteur. Nul doute en effet que Saint-Preux en recevant ce pli ait

aussitôt bondi sur la lettre de Julie qu'elle contenait et annonçait. Révélation foudroyante : Julie n'était pas guérie. Julie aimait toujours. Bénie soit la mort qui lui a permis d'avouer une dernière fois un amour qui est « resté sans remords ». On a beaucoup épilogué sur cette dernière lettre et les critiques ont en général félicité Rousseau de ce revirement ultime qui ferait de lui un « réaliste » condamnant les projets fous de vie à trois et les sophismes compliqués de M. de Wolmar. Mais le drame est complexe. Il y a du réalisme à dire que l'amour ne dure pas, que le cœur de l'homme est soumis aux lois terribles de la mémoire et de l'oubli. Supposer des amants « guéris », apaisés, et même devenus des indifférents l'un pour l'autre, c'est faire preuve de cruauté, mais c'est le réalisme de Flaubert au dernier chapitre de l'*Éducation* et celui de Proust à la fin de *Swann*. N'est-ce pas une volonté obstinée de rester fidèle au rêve platonicien et romanesque de l'amour invincible, qui a dicté à Rousseau cette dernière lettre ? Nous avons dit ailleurs comment la même exigence lui avait aussi imposé le dénouement de la double intrigue Saint-Preux–Claire et Milord Édouard-Lauretta. L'unité de ton de l'œuvre est totale. R. Osmont (*Annales J.-J. R.*, t. XXXIII, pp. 130-131) a bien raison de faire remarquer à ce sujet que Julie condamne ainsi implicitement le projet de Wolmar « hardi et presque sacrilège ». On ne saurait mieux dire. Et la condamnation des « subtiles distinctions de M. de Wolmar » est explicite dans la lettre 8, p. 688. Cependant, si l'explication qu'y donne Julie de sa vertu et de celle de Saint-Preux en l'attribuant à « cette délicatesse » qui tient au « véritable amour » est juste pour elle-même, elle est certainement insuffisante pour Saint-Preux. Celui-ci a formellement reconnu au contraire l'excellence du diagnostic et des « méthodes » thérapeutiques de Wolmar. Rousseau romanesque et Rousseau philosophe sortent donc vainqueurs *ex aequo* d'un débat où — dans tous les cas — la vertu est triomphante. Au reste, dans cette lettre 12, Julie, en insistant une dernière fois pour que Saint-Preux épouse Claire, en essayant de laisser derrière elle une petite communauté mystique réunie dans le culte de son souvenir, se montre incurablement romantique ! Et que penser de la dernière phrase où, à partir d'une affirmation théologiquement saine : « je ne te quitte pas, je vais t'attendre », elle ouvre la porte à tous les déchaînements romanesques en proclamant à son amant sa joie d'acheter au prix de sa vie le droit de l'aimer toujours sans crime et de le lui dire encore une fois ?

P. 721.

1. Deuxième fissure par où passera la grâce. Wolmar reçoit le don des larmes.

P. 722.

1. Cf. *supra*, p. 723, les mots « scène » et « touchant spectacle ». Sur le caractère dramatique et même mélodramatique de certaines

parties de cette lettre, cf. *supra,* p. 703, n. 2. Comédie larmoyante, drame bourgeois, Rousseau ne saurait échapper totalement à son époque; mais il exploite d'autant plus volontiers les « bons sentiments » qu'il les éprouve plus sincèrement. Ils ne l'ont pas empêché, même ici, de faire un « bon livre ». Notons d'ailleurs sa discrétion : Wolmar s'efforce de ne pas « faire scène ». Il incarne celui des « moi » de Rousseau qui a horreur du théâtre.

P. 723.

1. Tout au long de ces pages qui sont en effet une véritable « récapitulation » de sa vie par Julie, très semblable à la lettre 18 de la IIIe partie, qui sont aussi, parallèlement, une récapitulation de son œuvre par le romancier, celui-ci en dégage la signification. Depuis le printemps 1756, il est resté obstinément fidèle à un optimisme fondamental. Ce discours de Julie est un chant d'actions de grâces devant le passé, le présent et même l'avenir, cet avenir immédiat, apparemment terrible, qu'est la mort, mais avec elle le passage dans la béatitude. Vu sous l'angle de la Providence, tout, dans cette vie, est grâce ! D'abord l'amour, car l'élu a été un être exceptionnel : « le Ciel le choisit pour moi », mais aussi le mariage avec un homme épousé « malgré elle » (elle soutient à nouveau et publiquement ce qu'elle avait déjà expliqué à Saint-Preux : « qu'elle n'auroit pu jamais être aussi heureuse avec un autre »), et encore les épreuves et les souffrances, les maladies, la mort des êtres chers puisqu'elles ont évité l'endurcissement « aux malheurs d'autrui » et permis les joies raffinées de l'attendrissement sur soi-même. Tout sauf le mal, qu'elle reconnaît avoir commis et qu'elle voudrait retrancher. Ce discours est le développement d'une affirmation initiale, « de dégrés en dégrés elle étoit montée au comble du bonheur permis sur la terre... » (p. 723), triomphalement reprise quelques pages plus loin : « Mon bonheur monté par dégrés étoit au comble, il ne pouvoit plus que déchoir... » (p. 726). Julie exprime dans ces pages sa plus profonde raison de « mourir contente », celle qui lui avait dicté dans la lettre 8 (p. 689) le cri : « O mort, viens quand tu voudras », celle qui avait inspiré, dix ans plus tôt, un cri tout semblable à Saint-Preux : « O mourons, ma douce Amie, mourons... » (lettre 55 de la Ire partie). Elle y reviendra pour finir dans des formules d'une concision et d'une fermeté admirables. « Mon sort me suit et s'assure (...) mon bonheur est fixé, je l'arrache à la fortune; il n'a plus de bornes que l'éternité » (p. 727). Très différente de la raison que nous avons relevée plus haut (p. 720, n. 1) — qu'elle n'exclut d'ailleurs pas — elle est sans aucun doute encore plus forte et plus importante aux yeux de Rousseau. Julie n'a pu s'empêcher de l'exprimer même dans sa lettre testamentaire à Saint-Preux : « N'ai-je pas assés vécu pour le bonheur (...) Que me restoit-il d'utile à tirer de la vie ? » (cf. p. 741). Il y a dans les courbes de bonheur d'une vie une sorte d'acmé, de point suprême, au-delà duquel tout ne peut plus être que chute,

dégradation, avilissement. Ceux qui meurent jeunes sont aimés des dieux !

Cette scène finale eﬅ aussi la première où Julie parle à cœur ouvert devant Claire, devant son mari, et en somme devant Saint-Preux puisqu'elle a écrit pour lui la lettre qu'elle a confiée ouverte à Wolmar et que celui-ci raconte toute la scène à l'absent. L' « obstacle » a disparu; la « transparence » eﬅ totale. C'eﬅ la victoire ultime de l'amour; mais sa condition nécessaire eﬅ la mort. Toute la réalité vécue baigne ici dans l'atmosphère laiteuse, irréelle de l' « autre monde ».

P. 724.

(*a*). C.L. et C.P. portent : *la providence.*

P. 725.

(*a*). Les mots : « ensuite j'osai compter sur moi-même » sont absents de Ms. Rey, et ajoutés à l'interligne dans C.P.

(*b*). La phrase : « peut-être pis encore si son frere avoit vécu » manque dans Ms. Rey; elle eﬅ ajoutée à l'interligne dans C.P. Ce personnage du frère défunt semble une invention tardive de Rousseau.

P. 726.

(*a*). C.P. ajoutait ici : *si ce n'eﬅ par le cœur, au moins par la personne.*

P. 727.

(*a*). Cette note, présente dans Ms. Rey, a été reportée tardivement sur C.P. Elle eﬅ supprimée dans l'éd. Rey, 1763.

Dans l'édition de Paris, toutes ces réflexions sur « l'état des âmes séparées des corps » sont supprimées, jusqu'à : « Ainsi se passerent les entretiens de cette journée... » (p. 729). Le censeur écrit à ce propos : « Je ne suis pas théologien, et on m'assure que cette doctrine n'était pas orthodoxe. Je crois cependant qu'elle ne scandalisera personne, ainsi M. Rousseau peut rétablir tout ce passage s'il veut. Notés cependant que si on veut rétablir ce passage et qu'on supprime ceux dans lesquels on a dit qu'il y avoit des points de doctrine conteﬅés entre Julie et son paﬅeur, il y aura à la page 262 (de l'éd. Robin) une phrase qui n'aura plus d'application à rien. Cette phrase d'ailleurs annonce que Julie doute de la résurrection des corps, ce qui eﬅ article de foi parmi nous, et aussi à ce que je crois, parmi les calviniﬅes. » (*C.C.*, t. VIII, p. 123).

1. A partir d'ici et jusqu'à la page 729 (« la derniere place ») Rousseau aborde le problème des « fins dernières » ou de l' « état des âmes séparées du corps ». On trouvera de nombreux textes pour éclairer ce passage dans la *Profession de foi* (*O.C.*, Pléiade, t. IV, pp. 588-592) et les très copieux commentaires de P.-M. Masson (éd. critique, pp. 199-219). On se reportera aussi à la variante (*a*),

p. 727, et aux réactions des censeurs qui permettent d'apprécier exactement la distance qui sépare Rousseau de la doctrine catholique. Les deux caractères originaux de la position de Rousseau telle qu'elle s'affirme ici nous paraissent être :

1° L'importance décisive accordée à l'exigence du bonheur. Julie croit en l'éternité parce qu'elle *fixe* son bonheur. D'autre part si elle pense que, d'une manière ou de l'autre, des rapports, des contacts peuvent s'établir entre les âmes des vivants, qui sont dans un corps, et les âmes des morts désincarnées, c'est que la vie éternelle doit être une vie de béatitude et qu'elle-même ne saurait être heureuse sans ces contacts. Le Ciel, pour Rousseau, est l'éternel témoignage d'une bonne conscience !

2° L'importance accordée à la mémoire (« cette contemplation sublime effaceroit tout autre souvenir (...) Je me souviendrai donc... »). Avant Bergson et avant Proust c'est dans cette mystérieuse faculté que Rousseau situe la charnière entre le *corps* et l'*âme*. Mais peut-il y avoir « mémoire » sans « matière » ? Et l'affirmation de la résurrection du corps — aussi « purifié » qu'on voudra, tel que le décrit saint Paul, mais corps — n'est-elle pas le corollaire indispensable de celle de l'immortalité de l'homme, qui n'existe plus s'il n'est corps animé ou âme incarnée ? Cf. var. (*a*), p. 729. Rousseau, qui ne lisait pas Platon dans le texte mais le connaissait bien — il l'a déjà cité dans la lettre 46 (Ire partie), dans la lettre 21 (IIIe partie) et dans la lettre 3 (Ve partie) — le résume ici un peu inexactement puisque Platon croit au retour final des âmes, après des migrations successives, à leur pureté primitive. On trouvera dans une note de Mornet (*N.H.*, t. IV, p. 315) une série de références sur l'état du débat autour des « esprits », des feux follets, des vampires, etc., vers le milieu du XVIIIe siècle. Sur la question des rapports entre la matière et le mouvement, cf. *Profession de foi, O.C.*, Pléiade, t. IV, pp. 573 sq.

P. 728.

(*a*). Cette note, absente de Ms. Rey, a été supprimée dans l'éd. Rey, 1763.

P. 729.

(*a*). C.P. ajoutait en marge cette note : « Une autre preuve du sentiment de Mme de Wolmar sur ce point est que, pour être *les mêmes* dans l'autre vie il faut nécessairement que nous nous souvenions de ce que nous avons été dans celle-ci. Car on ne conçoit point à quoi ce mot de *même* peut s'appliquer dans un être essentiellement pensant, si ce n'est à la conscience de l'identité et, par conséquent, à la mémoire. S'il ne se souvient plus d'être le même il ne l'est plus. On voit par là que ceux qui disent qu'à la mort d'un homme son âme se réscut dans la grande âme du monde ne disent rien qui ait du sens. Ils font un pur galimatias. »

(*b*). Cette note, absente de C.P. et de Ms. Rey, a été supprimée dans l'éd. Rey, 1763.

P. 730.

1. C'est la formule suprême du roman du bonheur !

P. 731.

(*a*). Rousseau a hésité sur la chronologie, comme le montre le Ms. Rey : « la provision d'un seul jour en avoit duré *(trois) quatre ; ... même après (deux) trois* nuits de veille ».

(*b*). La fin de la note est différente dans C.P. : « particulier au lac de Genève. *Comme c'est un poisson de passage, ceci montre l'époque en question, vers le commencement de septembre, au plus tard* ». Cf. Chronologie du roman.

1. Le ton agressif de cette note, assez semblable à celui de la *Préface dialoguée* et de quelques autres notes, révèle chez le romancier une inquiétude qui va croissant à mesure qu'approche le moment où il jettera son œuvre en pâture à ces chiens dévorants : les critiques et les mondains ! Il n'ose dire toute la vérité — celle qu'il avouera dans les *Confessions* — à savoir qu'il a créé des personnages de rêve pour se rendre heureux. Cet aveu était implicitement contenu dans le dernier paragraphe de la *Préface*. C'est pourquoi, sans doute, il fut supprimé (cf. *supra*, p. 6, n. 1 et var. (*a*), p. 6). Il se contente de faire appel au « mythe » ou au « mystère » de Julie. Cf. sur ce point la lettre 10 (IVe partie), la lettre 7 (V^e^ partie) et les notes.

P. 732.

(*a*). C.P. : *de crainte,* et en note : *Je ne doute pas que quelque bel esprit ne remarque ici fort savamment que les yeux ne pétillent pas de crainte ; et il est sûr que la critique est très juste.* On peut regretter que Rousseau ait renoncé à cette expression, audacieuse sans doute, mais qui peignait énergiquement le mélange d'angoisse et d'espoir. Dans Ms. Rey, avant d'écrire « d'impatience », il avait écrit *d'espoir.*

P. 733.

(*a*). C.P. : *six mois.*

1. Voici l'une des formules les plus parfaites de la sensibilité préromantique. Cf. sur ce point le beau livre d'A. MONGLOND, *le Maître des âmes sensibles,* t. II de l'*Histoire du préromantisme français.* L'adjectif doux-amer est un de ceux auxquels Rousseau est revenu le plus volontiers.

P. 734.

1. Sur les manifestations excessives de la sensibilité dans le roman, en particulier chez Claire, cf. *supra,* p. 308, n. 2.

P. 735.

1. Quelle est la signification de cet épisode mélodramatique de la « fausse résurrection » de Julie ? Certains commentateurs ont pensé que cette critique de la crédulité populaire rejoignait celle des miracles, et très probablement la prise de position négative de Rousseau en face du dogme chrétien de la résurrection des corps et surtout de la résurrection du Christ. Cette hypothèse nous paraît peu vraisemblable, Rousseau n'ayant pu commettre l'erreur d'introduire en un tel récit des pages polémiques. En créant une scène extrêmement agitée, avec des mouvements de foule, en face de l'homme seul, dignes de tenter un metteur en scène de cinéma, il cédait à son goût de l'opéra. D'autre part il rendait plus intense la douleur de Wolmar en face de ces êtres trop aisément consolés : « Il faloit qu'elle ressuscitât pour me donner l'horreur de la perdre une seconde fois. » Notre admiration pour cet homme, vainqueur de sa douleur, vainqueur de l'illusion, vainqueur de celle des autres, sachant pourtant temporiser, utiliser le seul allié qui s'offre à lui, ne fait que croître encore.

P. 737.

(*a*). Cette note, absente de Ms. Rey, a été supprimée dans l'éd. Rey, 1763. Tout à fait tardive, elle nous révèle que, parlant en son nom, Rousseau se rallie aux positivistes, aux sceptiques. Mais son scepticisme est constructif. De même que Wolmar sans croire à la valeur prémonitoire du songe en avait dégagé la signification psychanalytique, de même Rousseau affirme vigoureusement que la vie imite la fiction, qu'il y a épanchement du songe dans la vie réelle.

(*b*). Cette note, absente de Ms. Rey, a été supprimée dans l'éd. Rey, 1763.

1. Sur le souci du « réalisme » physiologique chez Rousseau, cf. *supra,* lettre 9, les précisions sur l' « état » de Julie lors de l'accident; ici même (p. 710) l'affirmation que la contagion n'est pas à craindre; p. 739, les indications sur l'anorexie, la brusque boulimie et la « violente indigestion » de Claire; enfin, dans la lettre suivante, les derniers mots de Julie sur les « vers » qui « rongeront » son visage lorsque Saint-Preux lira sa lettre.

P. 738.

(*a*). Absente de Ms. Rey, la note a été supprimée dans l'éd. Rey, 1763. La fin de la note était différente dans C.P. : « Voilà pourquoi nous aimons tous le théâtre, *c'est que nous sommes tous des enfans.* »

1. Reprise d'un thème traité dans la *Lettre à d'Alembert :* « l'effet général du Spectacle est (...) de donner une nouvelle énergie à toutes les passions » (éd. Fuchs, p. 26). La remarque sur les effets produits sur l'enfant par le spectacle de la passion déchaînée, que l'impénitent pédagogue n'a pu s'empêcher d'inscrire ici, a été

développée dans l'*Émile* (l. II; *O.C.*, Pléiade, t. IV, pp. 327-328). On notera la tendance à se désolidariser d'un « roman » dont il n'eśt que l' « éditeur ». Pauvre habileté qui ne saurait tromper personne ! Le texte de C.P. dans sa naïveté était plus désarmant.

P. 740.

(*a*). Le brouillon de cette lettre eśt à la Bibliothèque publique et universitaire de Genève. Titre : *Lettre 20, De Julie.*

1. Cf. *supra,* IV, 12 : « mon mari (...) m'a dit (...) qu'il te verroit en passant » (p. 496) et lettre 13 : « Au reśte, puisque ton mari doit me voir en passant, il me dira, j'espere, les véritables raisons de son voyage... » (p. 505).

2. Allusion discrète à la conversion possible de Wolmar, qui déjà la désire et que Saint-Preux l'aidera à accomplir. Cf. *infra,* p. 742, n. 2.

3. Sur la signification spirituelle de cette lettre teśtamentaire, cf. *supra,* p. 720, n. 1. Les variantes ont ici une importance considérable. Elles nous révèlent que, dans son premier projet, le roman s'achevait de façon beaucoup plus nette par le triomphe de l' « amour-fou ». Elles confirment notre interprétation de cette lettre : loin d'être un retour ultime du « rêveur » à cette « réalité » chère à tous les sages moraliśtes, elle eśt, au contraire, un grand cri d'adhésion au mythe romanesque de l'amour-vainqueur. Ce cri, Rousseau l'a conservé dans le dernier état de son texte, mais en l'altérant singulièrement.

P. 741.

(*a*). Br. : Une version biffée du premier paragraphe (la version définitive eśt en marge) eśt suivie de cinq ou six ébauches de l' « aveu », la plupart biffées également; Julie s'adressant à Saint-Preux commettait la maladresse d'imaginer qu'il ne recevrait pas sa lettre : *Louez Dieu qui me delivre de l'ennemi que je portois avec moi. Je vous cachois mon secret, je me le cachois à moi même (il eśt temps de le révéler ni vous ni moi n'en pouvons plus abuser) ; je vous le révéle sans crainte. Quand vous le saurez je ne serai plus, et s'il eśt mieux que vous l'ignoriez toujours, le dépositaire de cette Lettre eśt chargé de la supprimer ; j'aurai du moins appris jusqu'au bout à ne plus me fier à moi.* Le texte provisoirement retenu par Rousseau, et non biffé (bien que ce paragraphe se trouve entièrement récrit plus loin, et cette fois presque dans sa version définitive), eśt celui-ci : *Aprenez le secret fatal que j'apprens moi-même et qu'il n'eśt plus tems de vous dissimuler. Vous m'avez cru guerie et j'ai cru l'être. Loüons celui qui vous laissa dans cette erreur aussi longtems qu'il fut nécessaire et ne nous en a pas délivrés trop tard. Hélas ; j'eus beau feindre et vouloir m'abuser je t'aimai toujours et je t'aime encore ; ai-je un cœur fait pour vaincre l'amour. En ce moment, en ce moment même où l'horreur de la mort m'environne ce déplorable cœur (brule d'amour pour toi) s'indigne d'un feu qu'il ne peut éteindre et je ne sais qui de mon mal ou de ma passion funeste me consume le plus cruellement.*

Entraîné par le ton de cet aveu, plus passionné que dans la version définitive, Rousseau l'a fait tout naturellement suivre de l' « adieu » final : il en a rédigé plusieurs ébauches, que nous citerons plus loin. Puis il a repris le texte de l' « aveu », le rédigeant à peu près dans les termes où nous le lisons, à l'exception de la phrase : « Qui sait si en me voyant si près de l'abîme, la tête ne m'eut point tournée ? », qui est absente, et à la place de laquelle on lit quelques phrases venues des ébauches précédentes, et biffées comme trop brûlantes. Cette même phrase est encore absente de Ms. Rey; elle est ajoutée à l'interligne dans C.P.

(*b*). Br. : « *Son Pére, son Epoux, ses enfans, son amie,* il vous reste à la servir... » Rousseau a supprimé cette énumération qui se trouve en effet à la fin de la lettre précédente, celle de Wolmar. Faut-il en conclure que dans le projet initial la lettre racontant l'accident, la maladie et la mort de Julie n'existait pas, ou qu'elle était réduite à très peu de chose ? Ce n'est pas impossible. Le fait que l'adieu final suit immédiatement l'aveu du persistant amour semble en tout cas prouver que ni le projet de mariage Claire–Saint-Preux, ni le conflit spirituel Julie-Wolmar n'avaient alors été inventés par le romancier. Lorsqu'il rédigea le texte définitif de cette lettre, à la fin de 1758, peut-être même plus tard, Rousseau ayant profondément infléchi son roman dans le sens d'un message religieux, a ajouté toute la partie centrale qui évoque la conversion de Wolmar et l'éducation des enfants. On retrouve l'auteur de l'*Émile,* et singulièrement celui de la *Profession de foi.*

(*c*). Br. : *son esprit.* Le mot était équivoque.

P. 742.

(*a*). Br. : Rousseau n'a pas trouvé sans peine les arguments qu'il met dans la bouche de Julie; voici quelques phrases des diverses ébauches : *jamais vous ne lui parlerez de ce que vous avez senti pour son amie sans le sentir pour elle en même tems — comment pourriez vous jamais vous parler de moi sans vous attendrir l'un sur l'autre* (...) *chacun de vous croira me retrouver dans l'autre — il lui sera trop doux d'en être la confidente pour n'en pas devenir l'objet.*

(*b*). Br. : mais *si j'ai bien connu votre cœur, il faut vous en féliciter plus que vous en plaindre.*

1. Ce mot appliqué à son mari par une femme écrivant à son ancien amant est à peine croyable. Il s'éclaire pourtant à la lecture de toute la fin du roman, à partir de la lettre 17 (IIIe partie). Cf. *l'amie qu'il vous a rendue* et *Il vous a rendu le goût de la vertu.*

2. Sur les signes annonciateurs de cette conversion de Wolmar — en particulier le don des larmes — cf. *supra,* p. 704, n. 2. Le 26 mai 1761, le pasteur Vernes, à qui Rousseau avait offert son roman, déclarait à l'auteur qu'il l'avait « lu avec un plaisir bien vif »

et « relu avec transport », mais ne pouvait s'empêcher d'ajouter : « Il n'y a que ce Volmar athée qui m'a attristé; il me semble qu'il est impossible qu'un honnête homme ne croie pas en Dieu (...) J'avoue, mon cher Rousseau, que je ne vois aucune bonne raison qui ait pu vous déterminer à faire de l'excellent Volmar un athée déterminé, ou du moins, de ne l'avoir pas fait changer de système à la fin du roman » (*C.C.*, t. VIII, p. 332). Rousseau prit la peine de lui répondre : « Vos griefs contre Wolmar me montrent que j'ai mal rempli l'objet du livre ou que vous ne l'avez pas bien saisi. Cet objet étoit de rapprocher les partis opposés par une estime réciproque (...) Julie dévote est une leçon pour les philosophes, et Wolmar athée en est une pour les intolérans. Voila le vrai but du livre c'est à vous de voir si je m'en suis écarté. Vous me reprochez de n'avoir pas fait changer de sistême à Wolmar sur la fin du roman; mais mon cher Vernes, vous n'avez donc pas lu cette fin; car sa conversion y est indiquée avec une clarté qui ne pouvoit souffrir un plus grand développement sans vouloir faire une capucinade. » (*C.C.*, t. IX, p. 27). En face de l'œuvre d'art, le moraliste utilitaire et le créateur désintéressé s'opposent nécessairement.

P. 743.

(*a*). Phrase absente de Br. et de Ms. Rey.

(*b*). Br. : *c'est par toi que je commençai de vivre, c'est à toi que je songe en finissant.* C.P. : *c'est par toi que je commençai de vivre ; c'est par toi que je finis.*

Dans Br. ce paragraphe avait été ébauché dès le début de la lettre (cf. var. (*a*), p. 741) : « adieu, adieu, doux *et cher* ami *de mon cœur (cet adieu ne m'est point amer ; je sens qu'il n'est pas éternel.* Je ne [te] quite pas, je vais t'attendre).

Pourquoi craindrois-je d'exprimer ce que je sens. Quand tu *liras* cette lettre *(je ne serai plus)*. Les vers rongeront le visage de ton amante et ce cœur *(qui t'adore toujours)* où tu ne seras plus (...)

Mais *n'etois tu cher qu'à mes sens ? ne me seras-tu pas cher encore ? Ton souvenir ne flatera-t-il pas mon espoir ; ta présence un jour n'augmentera-t-elle pas ma félicité ; sans toi pourroit elle être parfaite.* Non, je ne te quite pas je vais t'attendre. Trop heureuse d'acheter... » (Le reste comme dans la version définitive).

1. Sur cet élan de l'être vers la mort, sur l'éternité garante de la durée de l'amour, cf. *supra,* Introduction et p. 703, n. 2. On sait quelle fortune devait connaître ce « pétrarquisme » dans la poésie romantique, en particulier dans sa plus illustre manifestation : les premières *Méditations* de Lamartine. On sait moins la place qu'il a tenue dans la formation spirituelle du « père du réalisme » ! « Mon bien aimé, ceci est mon testament (...) Je viens de confesser à Dieu les fautes de ma vie; j'ai bien promis de ne plus m'occuper que du roi des cieux; mais je n'ai pu résister au plaisir de me confesser aussi à celui qui, pour moi, est tout sur la terre (...) Adieu donc,

mon Jules aimé; je vais à Dieu, près de qui l'amour est toujours sans nuages, près de qui tu viendras un jour. Là, sous son trône, réunis à jamais, nous pourrons nous aimer pendant les siècles. Cet espoir peut seul me consoler (...) de là je te suivrai dans ta vie, mon âme t'accompagnera, t'enveloppera, car tu resteras encore ici-bas, toi. Mène donc une vie sainte pour venir sûrement près de moi. Tu peux faire tant de bien sur cette terre ! N'est-ce pas une mission angélique pour un être souffrant que de répandre la joie autour de lui, de donner ce qu'il n'a pas ? (...) Après avoir aimé comme nous aimions, il n'y a plus que Dieu, Jules. Dieu ne ment pas, Dieu ne trompe pas (...) Adieu, chère âme que j'ai remplie, je te connais : tu n'aimeras pas deux fois. Je vais donc expirer heureuse par la pensée qui rend toutes les femmes heureuses. Oui, ma tombe sera ton cœur. Après cette enfance que je t'ai contée, ma vie ne s'est-elle pas écoulée dans ton cœur ? Morte, tu ne m'en chasseras jamais. Je suis fière de cette vie unique ! Tu ne m'auras connue que dans la fleur de la jeunesse, je te laisse des regrets sans désenchantement. Jules, c'est une mort bien heureuse. » (H. DE BALZAC, *Ferragus*, éd. Garnier, pp. 146-151).

2. Cf. var. (*a*), p. 745. Les dernières lignes de cette lettre, depuis : « Deux fois la semaine... » rendent un son très différent du reste. Écrites en un style « haletant », elles relèvent de l'esthétique du mélodrame et nous introduisent dans une atmosphère franchement préromantique. (Répondent-elles à une première conception de l'œuvre plus dramatique et passionnée ?) Le reste de la lettre est au contraire d'un ton calme, révélateur d'une âme maîtresse d'elle-même, très semblable à celui de Wolmar dans la lettre 12. Cette première partie, en particulier les deux paragraphes qui font allusion au projet de mariage Claire–Saint-Preux et à la conversion de Wolmar, sont donc probablement d'une rédaction tardive. Quoi qu'il en soit, nous voyons reparaître dans cette dernière page trois des sentiments dominants de l'œuvre : 1° La fidélité à l'amour, fidélité exigée non seulement par les amants mais par ceux qu'ils ont aimés et contemplés : Claire considérerait comme un « indigne » et un « lâche » l'homme qui, ayant été aimé de Julie, épouserait une autre femme; elle-même parce qu'elle a été l'amie de cette femme extraordinaire est comme à jamais « interdite », elle ne supporte pas l'idée qu'on « ose » lui « parler d'amour » ! 2° La communion des cœurs dans la participation à l'amour d'un être qui, vivant ou mort, les rassemble. C'est le « mythe » ou le « mystère » de Julie. 3° La victoire de l'amour sur la mort, mais ceci est beaucoup moins net et on ne saurait dire si le dernier mot du roman est dicté par l'espérance ou par le désespoir.

P. 745.

(*a*). Ici commence le seul fragment connu du brouillon de cette lettre; il se lit, au verso, sur le dernier folio du brouillon de la lettre précédente.

(*b*). Br. : « en allant au Temple, *en passant près du Cimetiére... Ô mon Dieu...* j'apperçois...... j'apperçois le lieu *(funeste) (chéri et sacré).... vertu, vertu c'est donc là ton sanctuaire !* » Cette dernière phrase se retrouve dans la première rédaction de C.P.

Ms. Rey : « en allant au Temple..... *en passant près du Cimetière... ô mon Dieu...* j'apperçois... j'apperçois le lieu.... beauté, c'est donc là ton dernier azile ! »

(*c*). « confiance, amitié (...) tout englouti » : Phrase absente de Br., et de Ms. Rey, ajoutée à l'interligne dans C.P.

(*d*). Ms. Rey : « j'entends une voix plaintive.... *Sort elle de la tombe ou du fond de mon cœur ?...* Claire, ô Claire ! Que fais tu *sur la terre ?... le sépulcre* de ton amie ne la contient pas toute entiére.... il attend le reste de sa proye.... il ne l'attendra pas longtems ».

C'était aussi le texte de Br., mais au lieu de : « sur la terre » on lisait : *sur cette terre... est-ce là ta place...* Dans la version du Ms. Rey, le sentiment s'exprimait presque en vers.

(*e*). Br. : Pas de note. Ms. Rey : le texte de la note est le même jusqu'à : « tourment de haïr »; on lit ensuite : *Ce livre, d'ailleurs mauvais à plusieurs égards et tout au plus médiocre où il vaut le mieux, aura toujours ce prix parmi ceux de son espéce, qu'on n'y voit pas un méchant homme, ni une mauvaise action, et qu'on ne peut en dire autant d'aucun autre.* Rousseau a d'abord reporté sur C.P. la première partie de la note (jusqu'à : « tourment de haïr »), puis, d'une écriture différente, la seconde telle que nous la lisons dans le texte définitif.

1. Cette dernière note — ultime regard jeté par l'artiste avec complaisance sur l'œuvre enfin achevée — est d'une grande importance. Déjà, dans un passage de sa *Préface dialoguée,* Rousseau avait placé dans la bouche de son critique ces mots étonnés : « Quant à l'intérêt, il est pour tout le monde, il est nul. Pas une mauvaise action; pas un méchant homme qui fasse craindre pour les bons. » Esthétique des *contrastes* opposée à celle de l'*unité de ton.* Dans les *Confessions,* Rousseau se félicitera une fois de plus de cette absence de méchanceté (cf. p. 13, n. 3). L'allusion aux « auteurs de tant de tragédies pleines d'horreurs » est d'autant plus remarquable que, venant d'écrire un roman, il aurait pu et dû s'attaquer plutôt aux romanciers, par exemple à celui qui avait imaginé Lovelace, mais il préfère attaquer Voltaire, avec qui il était en guerre ouverte depuis la lettre du 17 juin 1760. La pointe se trouve dans la partie de la note écrite à la dernière minute. Rousseau y pose, presque sans y prendre garde, l'un des plus graves problèmes de la création artistique : quels rapports peut-on établir entre l'œuvre et l'ouvrier ?

APPENDICE I

LES AMOURS DE MILORD ÉDOUARD BOMSTON

P. 749.

(*a*). Nous avons dit dans l'Introduction que Rousseau après avoir songé à donner une place importante dans son roman aux amours romaines de Milord Édouard y avait finalement renoncé. Il affirme dans ses *Confessions* (*O.C.*, Pléiade, t. I, p. 524) qu'il avait « écrit » ces « aventures ».

Aucune trace de ce texte ne nous est restée, sinon quelques pages du roman. En revanche nous possédons un « extrait » dont il affirme dans les *Confessions* qu'il le fit à l'intention de sa protectrice Mme de Luxembourg « dans l'ardent désir d'enrichir son exemplaire de quelque chose qui ne fût dans aucun autre ». Affirmation pleinement confirmée par sa lettre du 18 mai 1760 (?) où, adressant à la Maréchale la troisième partie de la copie qu'il faisait pour elle de son roman, il ajoutait : « Je me propose de donner à cette copie le seul mérite que puisse avoir un manuscrit de cette espèce, en y insérant une petite addition qui ne sera pas dans l'imprimé » (*C.C.*, t. VII, p. 93).

Dans le récit des *Confessions,* Rousseau ajoute qu'un tel acte était une folie car l'odieuse marquise romaine aimée par Édouard avait « dans ses aventures quelques traits » où la Maréchale aurait pu se reconnaître. Il semble qu'il se soit forgé sur ce point des chimères explicables par la manie de la persécution qui obsédait son esprit à l'heure où il rédigeait ce passage. Rien ne prouve que Mme de Luxembourg se soit reconnue dans la marquise romaine, ni qu'elle ait tenu rigueur à Rousseau de ce cadeau empoisonné.

Le texte de cet extrait a paru pour la première fois dans l'édition DuPeyrou, Genève, 1780, précédé de la note suivante :

« Cette pièce qui paroît pour la premiere fois, a été copiée sur le manuscrit original et unique de la main de l'Auteur, qui appartient et existe entre les mains de *Mad. la Maréchale de Luxembourg,* qui a bien voulu le confier. »

Le manuscrit original étant perdu, c'est naturellement l'édition de Genève qui fournit le texte de base, et que nous avons généralement suivie. Il est pourtant plusieurs passages où nous avons cru devoir préférer la version donnée par une copie manuscrite faite pour le marquis de Girardin et conservée à la Bibliothèque de Neuchâtel; nous les signalons en note.

En tête de la copie de Neuchâtel, on lit l'avertissement suivant du marquis de Girardin :

« Cette copie a été faite devant moi sur le manuscrit original et unique de la main de l'auteur; lequel manuscrit est entre les mains de Mad[e] la Maréchale de Luxembourg qui a bien voulu me le confier et il n'a pas sorti un instant de sous mes yeux, et de mes mains que pour le remettre moi même entre celles de Madame la Maréchale où il est actuellement. La présente copie a été collationnée et corrigée par moi. Ainsi on doit la regarder comme aussi veritable et aussi authentique que le manuscrit même de l'auteur.

« A Paris ce huit fevrier mil sept cent soixante et dix neuf.

« RL Gerardin

« N.B. j'ai souligné et marqué d'une croix à la marge en crayon rouge cette phrase *s'il n'eut pas trouvé la place prise.* parce qu'elle a vraisemblablement échappé à l'auteur dans la chaleur de la composition. Elle est trop triviale pour que l'auteur l'eut laissée lors qu'il eut revu son manuscrit, et il me semble qu'il seroit plus honète d'y substituer celle cy *s'il n'eut pas trouvé son cœur engagé,* ou telle autre de ce genre. »

On voit en effet encore sur la copie de Neuchâtel non seulement la croix au crayon dont parle Girardin, mais des signes au crayon auxquels correspondent en général des corrections apportées à des fautes du copiste. Mais il est difficile de faire confiance à cette copie, malgré les affirmations de Girardin; ni l'orthographe ni l'accentuation ne sont celles de Rousseau, et certaines graphies sont grossièrement fautives (« il y en à »; « il là touchoit »; « un sourir »; « ais-je »; « qu'il si complaise »; etc.).

On ne peut pourtant non plus attribuer à la seule distraction du copiste de Girardin les différences textuelles qui séparent sa version de la version DuPeyrou, et malgré les déclarations formelles — et identiques — qui précèdent ces deux versions, on en vient à se demander si elles procèdent toutes deux du même archétype.

1. Il ne saurait être question de commenter avec la même attention que le reste de l'œuvre un texte qui, de l'aveu même de l'auteur, n'est qu'un « extrait », une sorte de schéma de l'œuvre originale. On aurait tort pourtant de le négliger car il est riche de substance, et révélateur.

On voit tout ce qui le distingue du roman, tout ce qui l'en a fait écarter par Rousseau. Le décor, le lieu, l'atmosphère d'abord, dont la couleur « italienne » est si différente à la fois de celle de la « petite ville » ou du paradis de Clarens, et de celle de Paris. Vevey, Clarens sont des pastels tendres où se fondent le bleu, le gris, le rose; Paris est une sombre estampe où la lumière des salons brille sur un fond de ténèbres; Rome c'est le rouge de la passion, du crime ou du sacrifice. Nous sommes déjà dans ce « roman noir », dont on a récemment mis en lumière les sources lointaines (cf. M. Ruff, *l'Esprit du mal et l'esthétique baudelairienne,* Paris, 1955, pp. 20-27.) Rousseau hérite peut-être d'un poncif ayant déjà droit de cité à cette date. Le certain est que presque rien n'est passé dans ces pages italiennes de son expérience personnelle de l'Italie. Sa vision de Rome est fortement anticléricale comme le sera celle de l'auteur des *Promenades ;* elle tient comme elle plus à la Renaissance qu'au monde moderne.

De quel modèle Rousseau s'est-il inspiré pour peindre ce personnage de marquise farouchement sensuelle, jalouse, passionnée ? En tout cas, il n'a guère réussi à lui donner vie, alors qu'il a fait de Lauretta, à travers ses souvernirs vénitiens idéalisés, un personnage attachant, sensible et vrai.

Cependant, sur de nombreux points ces *Amours d'Edouard* sont en harmonie avec le reste du roman. La société y est de nouveau mise en accusation : Lauretta est une victime; et l'auteur de sa destinée déplorable est un prince de l'Église. La Marquise aussi est le symbole de cette civilisation corrompue qui confond la passion et ses désordres avec le véritable amour, et accepte cyniquement l'adultère. Milord Édouard éprouve à l'égard de ce désordre la même répulsion que Julie et Saint-Preux; dès qu'il apprend que sa maîtresse est mariée, il s'écarte d'elle. D'autre part Lauretta plus encore que Saint-Preux est la preuve vivante de la force prodigieuse de l'amour véritable. C'est lui qui la purifie, la régénère, et la conduit, comme il l'a fait pour les protagonistes de *la Nouvelle Héloïse,* sur les cimes du renoncement, du sacrifice héroïque. Ce roman d'Édouard n'est d'ailleurs, pas plus que celui des « deux amans », hostile sans réserves à la sensualité. L'idée qu'un homme « normal » ne peut vivre chaste est aussi spontanée chez la Marquise que chez Mme de Wolmar, ou Mme de Warens. Et de même, l'idée que les exigences de la nature virile peuvent faire courir de graves dangers soit à l'amour, soit à l'ordre établi. Pour parer à ce danger, « maman » s'était offerte elle-même; Julie offrait sa cousine; la Marquise conduit vers le farouche Édouard la tremblante Lauretta. Et Milord ne la repousse pas. Il y a dans ce passage très bref l'esquisse d'un roman délicatement « libertin » que n'eût pas désavoué Crébillon. Les jeux sensuels et chastes auxquels se livrent alors les trois personnages ont d'ailleurs quelque ressemblance avec ceux qu'avaient pratiqués, pendant l'été 1757, Jean-Jacques, Sophie et Saint-Lambert à la fois absent et présent. Notons encore les raffinements de plaisirs d'Édouard très semblables à ceux de Julie et de Jean-Jacques, parfait expert comme eux en l'*art de jouir :* « Plus heureux des plaisirs qu'il se refusoit que le voluptueux n'est de ceux qu'il goûte, il aima plus longtems, resta libre, et jouit mieux de la vie que ceux qui l'usent. » (p. 760).

Ce texte, imprimé en 1780, a dû être lu par les jeunes romantiques avec autant d'avidité, d'émotion et de respect que tout le reste de l'œuvre de Rousseau. J. Voisine dans son *Rousseau en Angleterre à l'époque romantique* (pp. 102-104) a signalé des *Letters of an Italian Nun and an English Gentleman, Translated from the French of Jean-Jacques Rousseau,* qui semblent en être le prolongement direct, mais n'ont avec lui à peu près rien de commun. L'histoire de cette influence reste à faire.

Ce noble oisif, sensible et indécis, écartelé entre « deux maîtresses passionnées », ne préfigure-t-il pas certains traits d'*Adolphe* et de Benjamin Constant lui-même ? Ne peut-on songer, d'autre part, à l'héroïne de *La Torpille* de Balzac, Esther, prostituée comme Lauretta, régénérée comme elle par l'amour, et, comme elle, capable du plus noble héroïsme ?

P. 750.

(*a*). La copie de Neuchâtel a : « pourroient ».

P. 752.

(*a*). La copie de Neuchâtel a : « dans un étonnement qu'on peut concevoir », texte très admissible.

P. 753.

(*a*). C'est le texte de la copie de Neuchâtel et de l'éd. Didot; l'éd. DuPeyrou et l'éd. Defer de Maisonneuve ont : « Il prit, avec des manieres moins méprisantes... »

(*b*). Copie de Neuchâtel : « A peine cet amour étoit né qu'il étoit... »

(*c*). C'est le texte traditionnel et celui de la copie de Neuchâtel, l'éd. DuPeyrou donne : « jusqu'au fond du cœur ».

(*d*). C'est le texte traditionnel et celui de la copie de Neuchâtel; l'éd. DuPeyrou, suivie ici par l'éd. Defer de Maisonneuve, donne : « couloit ».

P. 754.

(*a*). Copie de Neuchâtel : « La possession même de ce qu'elle aimoit... »

P. 757.

(*a*). Tel est bien le texte de la copie de Neuchâtel, avec laquelle sont d'accord les éd. DuPeyrou et Didot (au point d'exclamation près, remplacé par un simple point dans ces éditions).

(*b*). Ce texte est celui de la copie de Neuchâtel; nous l'avons préféré au texte traditionnel, celui des éd. DuPeyrou, Defer de Maisonneuve, Didot, qui est : « n'eut mis à cette affaire que de l'intérêt et de l'honnêteté ».

(*c*). Tel est le texte de la copie de Neuchâtel; en raison de la symétrie « toujours vertueux... toujours croyant », il nous a paru préférable au texte des éd. DuPeyrou, Didot, etc., devenu le texte traditionnel : « mais croyant toujours servir la sagesse ».

P. 760.

(*a*). C'est le texte de la copie de Neuchâtel. Les éditions donnent le texte suivant : « Il n'y a que celles du juste qui le rendent heureux. » Texte beaucoup moins satisfaisant, car Rousseau ne veut parler que d'une seule folie propre à chaque type d'homme, la folie du juste, celle de l'amoureux, celle de l'ambitieux, etc.

APPENDICE II

SUJETS D'ESTAMPES

P. 761.

(*a*). Sur l'histoire de ce texte, cf. Introduction et p. 761, n. 1. Nous reproduisons le texte de l'édition originale, parue chez Duchesne à Paris, peu après l'édition Rey du roman.

Nous y ajoutons quelques-unes des variantes relevées par Alexis François pour Daniel Mornet, dans la copie faite par Coindet de cette description des estampes, et qui est conservée à la Bibliothèque de Genève (Ms. fr. 204).

Rousseau avait pensé faire précéder ce texte d'un rapide avertissement, puis a renoncé à cette préface inutile. Voici ce qu'il écrivait à Coindet à ce sujet, le mercredi 11 février 1761 : « Voici comment je pense que doit être tourné l'avertissement des estampes pour qu'il ait moins l'air fait exprès pour les annoncer, sans cependant en imposer en rien.

« Le débit de ce recueil (cette edition) ne pouvant plus être différé et les estampes qui s'y rapportent n'étant pas encore tout à fait prettes; ces estampes se publieront à part dans peu de jours, et l'on aura soin d'y cotter les parties et les pages de cette édition, afin qu'on puisse aisément insérer les estampes dans le livre à leur place en le faisant relier.

« Il me semble que ce tour-là est très propre à faire valoir l'édition par les planches et les planches par l'édition; ce qui est nôtre commun avantage à tous. » (*Annales J.-J. R.*, t. XIV, p. 55).

(*b*). Tout ce début manque dans la copie Coindet.

1. On a vu dans l'Introduction que, dès l'été 1757, Rousseau avait songé à illustrer son roman de quelques estampes (deux par volume) et qu'il avait confié cette affaire à Mme d'Houdetot. Pour diverses raisons, essentiellement financières, semble-t-il, les négociations n'avaient pas abouti. Rousseau s'en était aisément consolé puisqu'il se décida, peu après, à ne pas publier son roman. Lorsqu'il revint sur cette décision, il revint en même temps au projet d'illustration. Cette fois le jeune Coindet, un de ses admirateurs genevois, très actif, un peu agité, mais sincèrement dévoué, fut son porte-parole auprès des artistes. Il s'agissait désormais de douze estampes puisque le roman comportait six volumes. On songea d'abord à Boucher; finalement c'est Gravelot qui fut chargé du travail. L'ensemble parut en mars 1761 chez le libraire Duchesne, qui venait de publier la *Préface dialoguée,* sous le titre de *Recueil d'Estampes*

pour La Nouvelle Héloïse, avec les Sujets des mêmes estampes, tels qu'ils ont été donnés par l'Editeur. Il comportait 47 pages et se vendait trois livres.

L' « éditeur » — c'est-à-dire Rousseau — avait suivi de près le travail du graveur. Il lui avait adressé d'abord un texte directeur sur l'ensemble des personnages et sur chaque sujet. C'est ce texte que nous reproduisons. (Les références qui figurent en tête de chaque description renvoient à l'édition originale de Rey, 1761). Mais, en cours de route, à mesure que lui parvenaient les « états », Rousseau exprimait dans des lettres à Coindet ses critiques et ses réactions, souvent très vives. D'une part, elles nous le montrent passionné pour les arts plastiques, avec des goûts esthétiques très précis. D'autre part, elles nous donnent du roman une intelligence plus complète. Cette « description » des estampes — que Rousseau a tenu à publier, non sans avoir peut-être hésité si l'on en juge par son début embarrassé — comble évidemment certaines lacunes que lui imposaient les lois mêmes du genre littéraire qu'il avait choisi. Ceux qui écrivent des lettres sont naturellement plus enclins à chanter leurs sentiments ou à les analyser, qu'à décrire les lieux ou les visages. Même lorsqu'ils accordent à la description une certaine place, ils ne peuvent normalement décrire leur propre attitude. La description du « Premier baiser de l'amour » par exemple nous révèle bien des mystères que la lettre de Saint-Preux ne pouvait pas dire. Le choix même des scènes est significatif. C'est comme un index levé vers nous pour indiquer une préférence secrète, exiger une attention plus grande, une sorte de contemplation. Les mouvements du romancier une fois de plus font apparaître le drame éternel du créateur qui assiste à la détérioration de son rêve par celui qui l'interprète. Le musicien devant le virtuose, l'étranger devant le traducteur, le poète devant le déclamateur, le dramaturge devant l'acteur, l'écrivain devant l'illustrateur sont toujours étonnés, déçus, indignés parfois. Ils ne peuvent pas ne pas être *trahis*.

L'histoire de l'illustration de *la Nouvelle Héloïse* a été faite de façon parfaite par A. François dans la préface de *le Premier Baiser de l'amour ou Jean-Jacques Rousseau inspirateur d'estampes,* Genève et Paris, 1920.

P. 762.

(*a*). « Et visant... coquetterie ». A la place de ces mots la copie Coindet donne : « la gorge couverte un peu moins soigneusement. »
(*b*). Copie Coindet : *modeste.*
(*c*). Phrase absente de la copie Coindet.

1. Ceux qui hésitent à croire que Jean-Jacques, en créant Julie, a pensé à Mme de Warens, pourront relire à la lumière de ce texte ces quelques lignes des *Confessions* (*O.C.*, Pléiade, t. I, p. 49) : « Que devins-je à cette vue ! Je m'étois figuré une vieille dévote bien

rechignée (...) Je vois un visage petri de graces, de beaux yeux bleus pleins de douceur, un teint éblouissant, le contour d'une gorge enchanteresse... » Ce dernier charme pour Jean-Jacques était essentiel : « Je trouve dans tous les desseins que Julie et Claire ont le sein trop plat », écrivait-il à Coindet le 12 novembre 1760, « les Suissesses ne l'ont pas ainsi. Probablement Monsieur Coindet n'ignore pas que les femmes de nôtre pays ont plus de tétons que les Parisiennes. » (*Annales J.-J. R.*, t. XIV, pp. 33-34).

2. Les robes « à panier » ainsi appelées parce qu'elles reposaient sur un jupon garni de baleines qui leur donnait cette forme, étaient en grande vogue au début du XVIIIe siècle. L'*Encyclopédie,* en 1765, en parle comme d'une « mode grotesque » qui « tombe », mais « n'est pas encore passée ». Les provinciales, élégantes mais amies du naturel que sont Claire et Julie, se gardent de cette mode extravagante.

3. Sans doute — d'après le contexte — une parure très simple. D. Mornet (*N.H.*, t. IV, p. 369, n. 4) signale à ce sujet que l'abbé Leblanc avait consacré une de ses *Lettres* (lettre 4) à « l'usage ridicule des Anglais qui s'habillent comme leurs domestiques ».

P. 763.

1. Sur l'intérêt de ce texte pour le commentaire de la lettre 14 (Ire partie), cf. *supra,* p. 63, n. 3.

Rousseau n'était pas content de cette première estampe; il trouvait qu'on y avait « gâté le visage de Julie » et que c'était « bien dommage » (Lettre à Coindet du 28 février 1761, dans *Annales J.-J. R.*, t. XIV, p. 65). Il trouvait l'œil gauche trop ouvert et le droit « trop petit ». Mais il avait peur des retouches et déclarait qu'il aimait mieux « qu'on ne touchât plus à rien que de s'exposer à gâter quelque chose... » (janvier 1761, *Ibid.*, p. 37).

P. 764.

1. Cette estampe correspond à une lettre d'une exceptionnelle importance et où les paroles pèsent moins que les gestes et les silences. D'où la nécessité de *l'image.*

P. 765.

(*a*). Dans la copie Coindet cette estampe est classée sixième et inversement la sixième, cinquième.

Nous pensons, comme D. Mornet, qu'il s'agit d'une erreur, car il est impossible que la lettre 18 qui raconte la conversion de Julie se soit jamais située avant la lettre 14 où est raconté l'événement qui pousse Julie à s'abandonner à la tentation de l'adultère.

1. La requête de Rousseau sur l' « immodestie » des femmes avait été trop bien écoutée. Il protesta : « Trés bien; mais la fille doit avoir l'air immodeste et non pas nud. Elle pourroit avoir des fleurs ou une aigrette a ses cheveux et quelque colifichet de collier autour du

cou qui ne lui couvriroit pas la gorge. Il faut donner à ces sortes de filles les parures chiffonniéres qui les distinguent. » (*Annales J.-J. R.* t. XIV, p. 33).

2. Cette « description » montre l'importance qu'avait pour Rousseau le *mouvement ;* la gêne où il est de figer dans la mort du cliché photographique ce qui devrait être vivant et animé. Il est beaucoup plus à l'aise dans la musique, ou simplement dans la littérature. Il eût passionnément aimé le cinéma. Noter l'intérêt qu'il accorde aux effets de nuit. Sur douze gravures, sept au moins se déroulent pendant la nuit, ou au crépuscule. Les oppositions de noir et de blanc s'y affirment plus aisément.

3. Sur les réactions provoquées par ce titre malheureux, cf. *supra,* p. 333, n. 2.

P. 766.

1. Le choix par Rousseau de cette scène dans une lettre où tant d'autres moments nous semblent plus importants nous invite à accorder peut-être plus de valeur que nous ne serions tentés de le faire à l' « obstacle » que représente l'opposition du père dans la course au bonheur des amants (cf. *supra,* p. 350, n. 1). Mais peut-être le choix s'explique-t-il seulement par le goût du mélodrame.

P. 767.

(*a*). Copie Coindet : *Surtout il ne faut rien épargner pour donner à Julie un air intéressant d'innocence.*

1. « St. Preux est très bien. Souvenez vous que le regard de M. de Wolmar doit être froid et fin. Le visage de Julie me paroit trop allongé, et bien éloigné de la grace et de l'air touchant et pénétré qu'il doit avoir. » (*Annales J.-J. R.*, t. XIV, p. 33).

P. 768.

(*a*). Copie Coindet : *Il faudroit qu'on pût remarquer sur l'un et l'autre visage, et surtout sur celui de Julie que la vertu préside... souvenirs.*

(*b*). Copie Coindet : *en robe à peigner.*

1. Cf. Chronologie du roman.

2. « Mad[e] de Wolmar est trés bien, mais St Preux est trop panché. Il devroit être droit, au moyen de quoi le bras dont la main pose sur le rocher seroit tendu. Sa main ne doit qu'y poser au lieu qu'il s'y appuye. Cela lui donne je ne sais quoi d'ignoble dans le maintien. » (*Annales J.-J. R.*, t. XIV, p. 33). *Ignoble* a naturellement ici son sens étymologique : « non noble ». Nous dirions « vulgaire ».

P. 769.

(*a*). Phrase absente de la copie Coindet.

(*b*). La copie Coindet porte : *sur la table,* ce qui est plus conforme au texte du roman et à l'estampe elle-même.

1. « St-Preux a le dos trop tourné vers les enfans, ce qui fait qu'il ne peut les regarder sans retourner la tête : son siége fait un angle aigu avec celui de M. de Wolmar, au lieu qu'il doit faire equerre comme fait celui de la Fanchon du côté opposé. Il importe que tous les spectateurs paroissent dans une attitude stable, et comme en contemplation. »

« Celui des deux garçons qui montre les images à l'autre doit être en culottes et me paroit devoir être celui qui est en face du spectateur. Au moyen de quoi le livre doit être ouvert en sens contraire, en sorte que le petit bonhomme en jaquette tienne les onchets sous la partie de la couverture qui est relevée de son côté et l'autre partie est à plat. Il resultera de là encore un autre avantage, c'est que la petite fille verra bien mieux dans le livre. » (*Annales J.-J. R.*, t. XIV, pp. 32-33).

Dans une lettre postérieure, Rousseau précise encore : « Je crois me rappeller que dans le 9e dessein la tête d'Henriette est proportionnellement plus grosse qu'elle ne doit être et son visage trop grand. Je sais que les enfants ont la tête grosse, mais cette disproportion diminüe en grandissant. Il est bon qu'Henriette ait un visage mignon. » (*Ibid.*, p. 34). On notera dans ces divers textes l'accumulation des mots indiquant l'absence de tout mouvement : *stable, contempler, contemplation, suspendu, extase.* Les êtres sont vraiment hors du temps. Ici encore l'art plastique se révèle pour Rousseau un moyen d'expression très inférieur à la musique.

P. 770.

(*a*). Copie Coindet : *Au fond du Salon,* ce qui correspond à l'estampe.

1. Une des gravures où les contrastes de noir et blanc, les effets de nocturne et de « fantastique » ont été le plus accentués. « L'épreuve des fantômes sera bien », écrivait Rousseau à Coindet le 25 janvier 1761, « pourvu qu'elle soit noire et qu'on donne encore au visage un air un peu plus effaré... » (*Annales J.-J. R.*, t. XIV, p. 45), et le 13 février : « L'estampe des fantômes seroit admirable, quand les blancs seront obscurcis, si le visage de Saint-Preux avoit un peu plus de caractère et l'air moins jeune. » (*Ibid.*, p. 59). Cf. *supra,* p. 611, n. 1.

2. « Je suis fort raccomodé avec l'échiquier; c'est une fort jolie estampe. Il y a pourtant encore au visage de Claire je ne sais quoi qui pourroit être mieux, et la Fanchon a encore trop l'air Dame-Ragonde. Sa coeffe nouée sous le cou ressemble à du linge, on diroit qu'elle a une guimpe; j'aimerois bien mieux que son mouchoir fut croisé, etc. J'aurois bien aussi quelque chose à dire sur la gorge de Claire que, malgré le jour, je trouve trop fadement blanche. » (*Annales J.-J. R.*, t. XIV, p. 59).

Est-il nécessaire de faire apparaître le service que rend ici à l'artiste cette description où il peut faire preuve du plus charmant réalisme, en notant des détails que Claire, trop émue, n'a pu remarquer. Il nous offre ainsi une nouvelle scène d'intérieur, de contemplation, d'extase, analogue à celle de la « matinée à l'angloise ».

P. 771.

(*a*). Tout le développement depuis : « Dans cette dernière Estampe... » est absent de la copie Coindet.

Dans l'édition Duchesne, 1764, cette 12e estampe fut remplacée par une nouvelle estampe de Gravelot accompagnée de la description suivante :

« Cette derniere Estampe marque le moment où Julie va se jetter dans le Lac pour en retirer un de ses enfans, qui malheureusement y étoit tombé, en revenant du château de Chillon. La femme de chambre retient l'aîné des enfans qui veut se jetter dans l'eau après sa mere. Les autres personnages sont Mde d'Orbe, Henriette sa fille, le Baillif de Chillon, sa femme et M. de Wolmar, qui, par leur attitude, témoignent leur frayeur. »

Inscription de la 12e Planche
L'amour maternel.

Est-il nécessaire de signaler que ce pauvre texte n'est pas de Rousseau, qui, au bas de l'estampe figurant dans un exemplaire du tome VI des *Œuvres de J.-J. Rousseau* (Rey, 1769), conservé à Genève, a ajouté ce commentaire manuscrit : « Cette froide et ridicule estampe avec ce pied de Julie en l'air, comme pour danser, a été ajoutée à mon insçu je ne sais par qui ni pourquoi, et n'est point dans les prémiéres éditions. »

1. Les réactions de Rousseau ont été ici particulièrement vives : « Plus je regarde la derniére estampe », écrit-il à Coindet le 19 janvier 1761, « plus je la trouve ignoble, et c'est le plus grand défaut qu'elle puisse avoir. Il faudroit dans les figures de Claire et de Wolmar une certaine noblesse de maintien qui les distinguat du peuple qui est dans la chambre, et au contraire Wolmar semble un vieux apothicaire et Claire une grosse joufflue de servante qui tient un torchon. Il faut absolument remedier à cela et si cela ne se peut j'aimerois mieux supprimer l'estampe. Voici là dessus quelques idées. »

Après une minutieuse description des costumes, Rousseau terminait par ces mots : « Cette estampe devroit avoir je ne sais quel air de merveilleux, de féerie. » (*Annales J.-J. R.*, t. XIV, pp. 38-39).

APPENDICE III

TABLE DES LETTRES ET MATIÈRES CONTENUES DANS « LA NOUVELLE HÉLOÏSE »

P. 772.

(*a*). Nous donnons ici le texte complet de la Table des matières qui figure à la fin de l'édition Duchesne, 1764, édition dans laquelle le roman n'était pas divisé en six parties.

Dans D.C., Rousseau a noté son avis en ces termes :

« N.B. — J'ai effacé précipitamment les tables des deux prémiers volumes. Cependant ces tables peuvent être bonnes à conserver avec les sommaires des Lettres pour y trouver au besoin ce qu'on cherche. Mais il faut avoir soin de faire recommencer les nombres des Lettres à chaque Partie et de changer la cotte des pages sur cette Edition. »

Nous avons suivi ces conseils.

CHRONOLOGIE DE *LA NOUVELLE HÉLOÏSE*

E. Ritter *(La Famille et la jeunesse de J.-J. Rousseau)* et D. Mornet (édition de *la Nouvelle Héloïse,* t. I) ont essayé d'établir la chronologie du roman. Le premier a remarqué la concordance d'âge entre Saint-Preux et J.-J. Rousseau qui ont tous les deux vingt ans en 1732, et certaines coïncidences de dates et d'événements entre leurs deux existences. Le second a rapporté les divers renseignements chronologiques donnés par Rousseau et conclu que celui-ci a fait un grand effort pour être cohérent, mais a laissé échapper quelques discordances.

Nous aboutissons aux mêmes conclusions générales que D. Mornet, et sommes aussi d'accord avec lui sur la plupart des détails de la chronologie.

Dans le tableau qui suit, nous rappelons à côté de chaque événement les passages du roman sur lesquels nous nous fondons pour en fixer la place. Nous n'avons pas développé les raisons particulières qui justifieraient chaque datation, elles apparaîtront suffisamment par un examen d'ensemble de la chronologie. Il faut remarquer enfin que Rousseau, tout en voulant donner l'impression d'une série d'événements logiquement disposés dans le temps et dont la succession fût jalonnée de références à tel ou tel fait historique, s'est refusé à s'emprisonner dans une chronologie trop stricte. Plusieurs incohérences involontaires prouvent qu'il n'y aurait pas réussi, mais d'autres sont simplement dues au fait qu'il s'en est tenu à des « chiffres ronds », plus vraisemblables sous la plume de ses personnages que des dates trop précises. En outre, une stricte exactitude numérique aurait peut-être nui à ces dilatations, ralentissements, arrêts, accélérations de la durée qui distinguent un roman vivant d'une chronique.

1732. — *Automne (?) :* Premier regard. Amour soudain mais inavoué. Saint-Preux a environ dix-neuf ans, Claire et Julie, dix-sept ans (VI, II, p. 724 : « le ciel nous fit naitre en même tems »). Les jeunes gens demeurent « une année entiere dans le plus rigoureux silence » (III, 18, p. 352).

1733. — *Automne :* Premier aveu. Les héros sont alors « un homme de vingt ans et des filles de dix-huit » (seconde préface, p. 17). Cf. I, 7, p. 46 : « une Duégne de dix-huit ans ».

1734. — *Été :* Programme d'études (I, 22, p. 57) : « Depuis un an que nous étudions ensemble » (chiffre rond). Julie emporte ce programme à la campagne, I, 13.

Scène du bosquet, I, 14.

Automne : Départ de Saint-Preux pour le Valais : « Quoique l'automne soit encore agréable ici, vous voyez déja blanchir la pointe de la Dent-de-Jamant » (p. 65). Voyage de Saint-Preux dans le Valais. Saint-Preux a vingt et un ans (II, 27 : « A vingt-un ans vous m'écriviez du Valais... », p. 302). Il fait connaissance de Milord Edouard (cf. I, 45).

Wolmar et Julie font connaissance à Vevey (I, 22, fin) : « la saison est fort avancée ».

Fin de l'automne et hiver : Saint-Preux à Meillerie.

Première chute de Julie, un an environ après l'aveu (« une autre année dans une reserve non moins severe », III, 18, p. 352).

1735. — *Printemps :* Le projet du Chalet, « la vigne en fleurs », I, 38, p. 116.

Voyage de Saint-Preux à Neuchâtel pour le rachat de Claude Anet.

Milord Édouard à Vevey. Découverte de la musique italienne.

Julie sait qu'elle n'aura pas d'enfant (I, 49 fin).

Été : Souvenir d'une promenade sur l'eau faite « il y a deux ans » avec Saint-Preux et la Chaillot (*P.S.* de I, 52). La Chaillot vient de mourir quand commence le roman.

Automne : La nuit d'amour : « la nuit dans cette saison est déjà obscure » à l'heure du souper, I, 53, p. 145.

Fin de l'automne : Querelle Saint-Preux-Milord Édouard. « L'engagement » entre Julie et Saint-Preux dure

« depuis plus de deux ans », I, 56 (p. 151). Julie croit être enceinte (I, 57 fin, p. 160).
Colère de M. d'Étange contre Julie. Fausse couche de Julie. Les marques de la grossesse n'étaient pas encore visibles (cf. III, 18, p. 344). La saison est très avancée, on allume le feu le soir dans la chambre de Mme d'Étange (I, 63, p. 175).
Hiver : Départ de Saint-Preux pour Paris. Il n'a pas vingt-quatre ans (I, 65, p. 186, note de Rousseau; cf. II, 11, p. 222).
Étape à Besançon : « trois ans d'intervalle ont fermé le cercle fortuné de mes jours » (II, 1, p. 189), du premier regard à la nuit d'amour. « L'hiver s'avance » (II, 2, p. 195). Les deux amis passent quinze jours à Besançon, d'où Milord Édouard repartira pour l'Italie : il compte en revenir « l'été prochain » (II, 9, p. 216).

1736. — *Janvier (ou printemps ?) :* Début du séjour de Saint-Preux à Paris. Il est à Paris depuis trois semaines quand Claire va se marier et que Milord Édouard, regagnant l'Italie, passe à Vevey (II, 15, pp. 238-240).

1737. — A Vevey, Julie a lu la *Réfutation de Pope* par Crousaz (parue en 1737).
Saint-Preux a vingt-cinq ans (II, 27 : « à vingt-cinq [ans] vous m'envoyez de Paris des colifichets de lettres », p. 302). Découverte des lettres, mort de Mme d'Étange, Saint-Preux rend sa parole à Julie. Maladie de Julie; « inoculation de l'amour ».
Été : Milord Édouard revenant d'Italie passe à Vevey juste après l'apparition que vient d'y faire Saint-Preux. C'est la seule incohérence de cette première moitié du roman : Édouard avait annoncé, au cours de l'hiver 1735-1736, qu'il reviendrait d'Italie « l'été prochain ». En fait, il a dû prolonger son séjour d'un an (III, 14, p. 333).
Wolmar est attendu à Vevey après « trois ans d'absence » (III, 14, p. 334; cf. IV, 12, p. 493).
Automne : Julie pressée d'épouser Wolmar écrit à Saint-Preux la lettre 15 (IIIe partie). Saint-Preux est encore à Paris, mais va partir pour Londres.

1738. — *Printemps-été :* Mariage de Julie. Elle écrit à Saint-Preux moins de deux mois après, cf. la grande lettre récapitulative (III, 18) : « Il y a six ans à peu près que je vous vis pour la premiere fois » (p. 340), chiffre arrondi.

1740. — *Automne* (date historique) : Départ de l'amiral Anson. Saint-Preux, à Londres depuis le début de 1738, y a traîné un désespoir qui l'a conduit finalement au désir de mourir (III, 21). Il en a été détourné par la lettre d'Édouard (III, 22) et par l'offre de le faire participer à l'expédition d'Anson.

1744. — *Printemps :* Julie est mariée depuis « près de six ans » (IV, 1, p. 400), Saint-Preux est parti depuis « près de quatre ans » (p. 403). Claire a vingt-huit ans (IV, 2, p. 408), donc Julie aussi. Chiffre approximatif.

14 juin (Date historique) : Anson aborde en Angleterre après un voyage de « près de quatre ans » (IV, 3, p. 412).

Été : Saint-Preux arrive à Clarens dans la « douceur de la saison » (IV, 6, p. 419). Il a trente ans passés (IV, 7, p. 427; cf. V, 1, p. 523).

Saint-Preux passe huit jours à Lausanne (IV, 9); Claire pense regagner Clarens avant les vendanges (IV, 9, p. 440), deux mois plus tard. Henriette a sept ans.

Août : Extrême chaleur; on va prendre le frais dans l'Élysée; la saison des nids est passée depuis deux mois (IV, 11, *passim*).

« Douze ans de pleurs et six ans de gloire » (IV, 13, p. 503); cf. V, 1 (p. 524) : « Dans un espace de douze ans. »

Promenade sur le lac. L'exil de Meillerie a eu lieu « il y a dix ans ». On est en plein été (note de Rousseau, IV, 17, p. 520).

Édouard, avant de partir pour les Flandres, annonce qu'il arrivera à Clarens à « la fin du mois prochain » ou au « commencement d'octobre » (V, 1, p. 526). Les grappes commencent à se former; on vendangera dans deux mois (V, 2, p. 543).

La gazette apprend aux habitants de Clarens la maladie de Louis XV (date historique : août 1744).

L'aîné des fils de Julie a six ans (V, 3, p. 577).

Septembre : Édouard retarde sa venue : il passera l'hiver à Clarens (V, 4, p. 587). Julie est mariée « depuis près de huit ans » (V, 5, p. 593), ce qui est impossible. Cf. d'ailleurs les variantes. Saint-Preux est à Clarens depuis plus de deux mois (V, 5, p. 595) quand il discute avec Wolmar de la religion.

Octobre : Claire s'installe à Clarens.

Fin octobre : Les vendanges. Il fait beau, mais les premières gelées ont eu lieu (V, 7, p. 604), et « on vendange fort tard dans le pays de Vaud » indique Rousseau en note (p. 604).

Hiver : Tout le monde est réuni. Personne n'a à écrire, mais les allusions à cet hiver apparaissent dans presque toutes les lettres postérieures.

1745. — *Printemps :* Saint-Preux et Édouard partent pour l'Italie. Dix ans ont passé depuis le voyage de Saint-Preux au Valais (V, 9, p. 615).
Milan, Rome, Naples; séjour en Italie.
Mai : Claire, en route pour Genève, voit son père à Lausanne quelques jours après Fontenoy (date historique : mai 1745, VI, 1, p. 638). Claire aura trente ans dans six mois (VI, 2, p. 644).
Julie désire que Saint-Preux épouse Claire, pour échapper aux tentations auxquelles il s'expose en allant « à trente ans (...) s'enfermer dans une solitude avec des femmes de son âge ». Chiffre approximatif puisqu'il a deux ans de plus qu'elles (VI, 6, p. 666).
Cette lettre de Julie est la première que Saint-Preux a reçue d'elle « après sept ans de silence » (VI, 7, p. 674).
Août : On attend le retour de Saint-Preux et d'Édouard « vers la fin du mois prochain ». Julie mourra avant.
Septembre : Accident de Chillon. Julie tombe malade. Au cours d'un apparent rétablissement, elle mange une « ferra »; dans la variante d'une note sur le moment de l'année où l'on pêche ce poisson, Rousseau précisait : « vers le commencement de septembre, au plus tard » (VI, 11, var. (*b*), p. 731).
Mort de Julie. Il fait encore une « extrême chaleur » (p. 737).
Fin de l'automne : Saint-Preux est tombé malade à l'annonce de la mort de Julie. Son retour a été retardé, l'hiver approche (VI, 13, p. 743).

H. C. et B. G.

Depuis la rédaction de ce commentaire, des travaux de valeur ont paru sur *la Nouvelle Héloïse.* On en trouvera les titres dans le bilan que Raymond Trousson a dressé de « Quinze années d'études rousseauistes » (*Dix-huitième siècle,* 9, Paris, 1977, pp. 365-370) et dans la section bibliographique des *Annales J.-J. R.* Il convient toutefois de signaler ici que Christopher Frayling a découvert dans une collection privée, à Paris, des brouillons de la lettre 21 de la IIe partie et de la lettre 18 de la IIIe partie, ce qui l'a conduit à reconsidérer les hypothèses émises par Daniel Mornet et par Bernard Guyon sur le processus d'élaboration de ces textes : cf. Christopher FRAYLING, « The composition of *la Nouvelle Héloïse* », *Reappraisals of Rousseau* [...], Manchester, 1980, pp. 181-214; « La composition de *la Nouvelle Héloïse* à la lumière de quelques manuscrits demeurés jusqu'ici inconnus », *Rousseau et Voltaire en 1978* [...], Genève, 1981, pp. 23-45.

THÉÂTRE

P. 797. IPHIS

En mai ou juin 1743, à Paris, Rousseau travaille aux *Muses galantes*. Il écrira à ce propos dans les *Confessions :* ... « je voulus... tenter de faire à moi seul un Opera, paroles et musique. Ce n'étoit pas tout à fait mon coup d'essai. J'avois fait à Chambéri un Opera tragedie, intitulé *Iphis et Anaxarete,* que j'avois eu le bon sens de jetter au feu* ». Loin d'avoir été jetée au feu, cette œuvre de jeunesse a été soigneusement conservée; l'auteur en a légèrement modifié le titre dans ses souvenirs : c'était à l'origine « *Iphis,* tragédie pour l'Académie Royale de Musique ». Il n'en subsiste que le début du premier acte. On ne dispose, pour dater ce texte, que de la phrase des *Confessions* qui en situe la composition « à Chambéri ». Les critiques hésitent entre 1737 et 1739 ou 1740, c'est-à-dire avant ou après le voyage à Montpellier. A défaut d'autres indices, la gaucherie de la rédaction pousserait à assigner à cette œuvre une date assez ancienne.

Les noms des deux principaux personnages et une partie de la situation sont tirés du livre XIV des *Métamorphoses* d'Ovide. Le poète latin y raconte qu'à Chypre le jeune Iphis, d'origine modeste, aimait la noble Anaxarète; mais celle-ci, à la différence de l'héroïne de Rousseau, le méprisait; Iphis désespéré se pendit, et Vénus changea l'insensible Anaxarète en statue de marbre. Rousseau a compliqué les données initiales d'Ovide en s'inspirant d'œuvres plus modernes où l'amour se heurte également à la différence des rangs sociaux. Il ajoute une princesse Élise qui, comme Anaxarète, est amoureuse d'Iphis; les deux princesses sont donc dans la situation de l'Infante vis-à-vis de Rodrigue dans le *Cid* de Corneille. Et comme obstacle à l'amour partagé, Rousseau invente un prince Philoxis qui, par un souvenir verbal dont une note du manuscrit atteste l'imprécision, viendrait de Mycènes ou de Mytilène, villes qui ne se ressemblent que par leurs noms. Nous avons en vain cherché le nom de ce Philoxis dans les dictionnaires ou les mythologies que Rousseau a pu consulter. On entrevoit du moins le domaine géographique où a pu s'exercer son imagination : un Iphis, ou un Iphiclus, ou un Iphitus, a participé à l'expédition des Argonautes, et à ce titre est entré en rapport avec la légende d'Hercule; ainsi a pu naître l'idée du prince conquérant Philoxis, transporté en

* L. VII, *O.C.*, Pléiade, t. I, p. 294.

d'autres climats. Sous la forme d'Iphitus, le nom apparaît comme celui d'un roi d'Élide, restaurateur des Jeux Olympiques : ces solennités, bien venues dans l'opéra, jointes peut-être à un vague souvenir de la *Princesse d'Élide* de Molière, ont pu porter Rousseau à situer sa scène en Élide. Un autre Iphitus était prince d'Œchalia, ville de Messénie. Plutôt que Mycènes ou Mytilène à qui elle s'apparente par le son, la Messénie est, sur la carte de la Grèce antique, limitrophe de l'Élide, et il est normal d'imaginer entre les deux provinces des guerres ou des alliances. C'est peut-être par ces incertains chemins que Rousseau a été conduit à localiser l'ensemble de son action dans le Péloponnèse occidental.

La relation d'Iphis avec Hercule et l'obstacle qui en résulte pour le héros moins noble avaient déjà été mis en œuvre par La Motte dans sa « tragédie lyrique » d'*Omphale* en 1701 : Iphis et Omphale s'aiment, mais Alcide, plus prestigieux, aime également la reine de Lydie. Ce type de conflit est représenté en outre par quelques allusions dans le théâtre de Voltaire, que Rousseau jeune admirait fort, mais ces allusions sont trop tardives pour que l'auteur d'*Iphis* ait pu les connaître. Le thème de l'hésitation entre le rang social élevé et la valeur personnelle dans une condition médiocre ne fournit d'ailleurs à Voltaire que quelques indications hardies, et non plus la situation d'une pièce entière, comme au temps de Corneille. Passionnément discuté dans la première moitié du XVIIe siècle, il perd de son intérêt dans une société où les rangs sont fixés d'une manière plus rigoureuse, et ne survit guère que dans l'opéra. Rousseau a donc conçu son *Iphis* sur un thème assez démodé, mais qui l'attirait parce qu'il lui présentait, de toute évidence, l'écho de sa situation personnelle.

Les quatre premières scènes de la pièce exposent la situation avec lenteur; les deux dernières introduisent un spectacle banal. A trois reprises au début d'*Iphis,* des personnages sortent, leur scène finie, et d'autres entrent, sans les voir ni leur parler, et sans que cette succession ait la moindre nécessité. Une telle absence de liaison entre les scènes n'est pratiquement plus tolérée dans le théâtre français depuis près d'un siècle. Elle marque l'inexpérience dramatique de Rousseau à cette époque. Elle a induit les éditeurs postérieurs à intituler la pièce *Fragments d'Iphis,* bien que le manuscrit donne aux scènes une numérotation continue.

Pour conventionnelle et attardée que reste cette œuvre de jeunesse, elle n'a pas laissé de subsister dans le souvenir de l'auteur, qui avait esquissé dans le personnage d'Iphis une des premières images de lui-même. Le *Mercure de France* publiera en août 1756 un *Portrait de M. R... sous le nom d'Iphis.* Il semble que ce portrait, flatté et flatteur, soit celui de Rousseau et que l'auteur en soit Mme d'Épinay. Le nom d'Iphis peut y être un déguisement de convention, choisi au hasard. Mais on peut se demander aussi s'il ne viendrait pas d'une confidence faite par Rousseau à son amie sur son opéra de jadis.

Le texte d'*Iphis* a paru pour la première fois dans l'édition de Boubers des *Œuvres mêlées* de Rousseau, à Londres en 1776. Cette édition, que Rousseau n'a pas revue, ne fait guère que reproduire, sauf pour l'orthographe, le texte du manuscrit français 231 de la Bibliothèque de Genève. C'est le texte de ce manuscrit autographe que nous donnons ici. Il comporte quelques lapsus : Rousseau y a sans doute recopié un texte antérieur, qui est perdu.

P. 799.

1. Rousseau note ici dans le manuscrit : « Chercher dans le dictionaire ce nom, car ce n'est pas Micénes ny Mitilene. »

2. Ces trois derniers chœurs ne paraissent pas dans le fragment rédigé.

P. 801.

(*a*). Raturé : « plus *le bonheur de* vos feux ».

P. 802.

1. Iphis a donc une naissance modeste bien définie. Rousseau s'est refusé la possibilité, souvent liée au thème qu'il traite, de prêter à son héros une origine inconnue qui se révélerait à la fin suffisamment noble pour promettre un dénouement heureux.

P. 803.

(*a*). Raturé : « malgré moi *je sens couler mes pleurs* ».

P. 804.

1. Ou bien la liste des « Acteurs » se trompe en appellant ce roi Ortule, ou bien il est successeur d'un autre Ortule qui était père d'Anaxarète. Si elle n'est pas une inadvertance, cette homonymie est inutile à la partie rédigée de la pièce.

P. 805.

(*a*). Raturé : « *L'hymen* a couronné ».
(*b*). Ajouté, puis raturé : « cet *heureux* ouvrage ».

P. 806.

(*a*). Raturé : « *N'ait pu passer jus*[qu'en]. »

P. 807.

(*a*). Raturé : « mes plus *charmans* desirs ».

P. 808.

(*a*). L'édition de 1776 imprime : « vêtus légèrement ».

P. 809.

(*a*). L'édition de 1776 imprime : « Il faut aimer » et ne comporte pas l'indication scénique qui suit.

1. Cette formule annonce sans doute un duo; mais le manuscrit s'arrête ici.

P. 811.

LA DÉCOUVERTE DU NOUVEAU MONDE

La Découverte du Nouveau Monde est le deuxième essai dramatique de Rousseau. Alors qu'*Iphis* était resté inachevé, cette *Découverte* est entièrement rédigée. Après avoir dit, dans les *Confessions,* qu'il avait fait à Chambéry un « Opera tragedie », *Iphis,* qu'il avait jeté au feu, Rousseau ajoute : « J'en avois fait à Lyon un autre intitulé, *La decouverte du nouveau monde,* dont, après l'avoir lû à M. Bordes, à l'Abbé de Mably, à l'Abbé Trublet et à d'autres, j'avois fini par faire le même usage, quoique j'eusse déja fait la musique du prologue et du prémier Acte, et que David m'eut dit, en voyant cette musique, qu'il y avoit des morceaux dignes du Buononcini*. » Le texte de cette tragédie nous est connu par une copie de François Coindet, conservée, sous le numéro 204, dans les manuscrits français de la Bibliothèque de Genève. Les trois actes ont été publiés pour la première fois dans l'édition de Boubers à Londres en 1776; le prologue n'a paru qu'en 1905 dans les *Annales J.-J. R.* Dans la phrase des *Confessions,* l'expression : « j'avois fini par faire le même usage » et la mention de l'abbé Trublet, que Rousseau n'a connu qu'à Paris vers la fin de 1742, montrent que l'auteur a conservé une foi plus durable en cette œuvre qu'en *Iphis ;* ce n'est qu'en 1743 qu'il reportera ses ambitions de compositeur d'opéra sur les *Muses galantes.* Les autres détails de cette même phrase des *Confessions* ont amené les commentateurs à dater la composition de *la Découverte du Nouveau Monde* de 1740 ou 1741. C'est en effet à Lyon, pendant cette période, que Rousseau connaît, certainement ou vraisemblablement, M. Bordes, l'abbé de Mably et le musicien David.

Toutefois, l'étude des allusions politiques du prologue nous paraît imposer une conclusion légèrement différente. Dans ce prologue figurent, entre autres personnages allégoriques, la France, l'Europe et le Destin; de leur dialogue, il résulte qu'une guerre met aux prises des nations européennes et que la France, qui a souvent fait la guerre mais qui à ce moment ne combat pas, va « enchaîner » les « fureurs » de Mars et ramener la paix**. Or, en 1740, la France entame les hostilités contre l'Angleterre, et elle va se trouver entraînée l'année suivante dans la crise de la succession d'Autriche. Elle n'était en paix que depuis novembre 1738, date à laquelle le traité de Vienne avait mis fin à la guerre de succession de Pologne.

* L. VII, *O.C.*, Pléiade, t. I, p. 294.

** Sc. I et II.

Cet intervalle de paix pour la France n'en était pas un pour l'Europe : depuis 1736, l'Autriche et la Russie luttaient contre la Turquie, que la France soutenait diplomatiquement; cette guerre ne se termina qu'en 1739 avec le traité de Belgrade. La seule année dont la situation corresponde aux suggestions du prologue de la *Découverte* est donc l'année 1739. Pour concilier ces faits avec les déclarations des *Confessions,* il est par suite nécessaire de supposer que le prologue, qui seul est daté politiquement, et l'idée générale de la pièce qui est annoncée, remontent à 1739; Rousseau était encore aux Charmettes; mais il a fort bien pu rédiger la pièce elle-même et composer la musique à Lyon l'année suivante, ou même en 1741.

Les événements politiques qui trouvent leur écho dans le prologue peuvent aussi aider à comprendre le choix du sujet de la tragédie. L'intervalle entre le Traité de Vienne et la crise de 1740 est caractérisé pour la France par un prestige considérable et par une entente étroite avec l'Espagne. C'est pendant cette période que Louis XV apparaît à l'avocat Barbier comme « l'arbitre et le maître de l'Europe » et que le duc de Newcastle, ministre anglais, prévoit que la France finira par dominer l'Europe et peut-être l'Amérique. Après avoir été les principaux bénéficiaires du Traité de Vienne, la France et l'Espagne s'étaient engagées dans une coopération navale qui devait entraîner la France dans la guerre contre l'Angleterre aux côtés de l'Espagne. Le sujet de la découverte du Nouveau Monde, qui ne mettait en jeu, à l'origine, que le prestige de l'Espagne, pouvait donc en 1739, grâce au vague que permettent les conventions de l'allégorie, tourner aussi à la gloire d'une France qui est alors la patrie culturelle et sentimentale de Rousseau; le prologue de la *Découverte* va jusqu'à présenter l'expédition de Colomb comme une entreprise européenne*.

Une autre raison, littéraire et évidente, poussait Rousseau à s'intéresser au Nouveau Monde : le thème du bon sauvage, de préférence américain, et enseignant paradoxalement la vertu à une Europe trop civilisée, était à la mode depuis longtemps. Il présentait des possibilités dramaturgiques remarquables, que Rousseau n'utilise guère. *L'Arlequin sauvage* (1721) de Delisle de la Drevetière avait montré avec éclat comment, par le fait même de la curiosité dont il est l'objet et sur un plan qui dépasse celui du jeu, le « sauvage » devient juge impitoyable de ses spectateurs; dans *l'Ile des esclaves* (1725), Marivaux avait tiré les conséquences didactiques de ce retournement. Point de dénonciation dans la pièce de Rousseau. L'auteur de la *Découverte* est par contre sensible à un autre aspect du thème : la fraîcheur du primitif qui découvre la vérité par la seule contemplation de l'instant premier, l'idée que tout peut s'éclaircir si l'on parvient à remonter à l'origine des choses. Il trouve là une tendance profonde de la pensée de son siècle, qui

* Sc. III.

marquera surtout ses deux *Discours :* le sens de l'évolution des sciences et des arts comme celui de l'inégalité ne s'illuminent que par une méditation passionnée sur leur naissance. Sans doute est-ce pourquoi il a choisi la toute première rencontre entre l'ancien monde et le nouveau, le jour même où, pour le première fois, Christophe Colomb débarque sur un sol américain. Mais de cette date qui pourrait être significative ne découle dans la pièce aucune conséquence : loin de faire l'expérience d'une surprise féconde, les deux mondes qui entrent en contact engagent un dialogue sans effort et se découvrent aussitôt une morale commune. La pensée de Rousseau reste ici conservatrice.

Aussi bien les idées de la *Découverte* sur le Nouveau Monde n'ont-elles rien d'original et peuvent-elles toutes être assignées à des sources aisées à déceler. Ainsi Carime, amoureuse d'un Cacique déjà marié, lui propose de l'épouser aussi; « c'est un usage établi parmi nous », dit-elle*. Montaigne, que lisait Rousseau, notait déjà, dans l'essai *Des Cannibales,* la polygamie des « sauvages »; mais les bienséances théâtrales empêchaient Rousseau de montrer la pratique de cet usage. La supériorité militaire des envahisseurs est fondée, chez Rousseau, sur l'emploi, inconnu aux Américains, des grands vaisseaux (« monstres ailés** ») et des armes à feu (« foudres brûlants*** ») : les uns et les autres sont mentionnés, en termes analogues (« châteaux ailés », « tonnerre**** »), dans *Alzire* de Voltaire, et Rousseau a pour cette pièce une admiration profonde et durable. Sur le chemin de Montpellier, il l'a vue à Grenoble le 12 septembre 1737 et écrit le lendemain à Mme de Warens qu'il y a été « ému jusqu'à perdre la respiration »; le 18 août 1756, il écrira encore à Voltaire une lettre fort longue et fort admirative où il l'appelle « l'auteur d'Alzire ». Les mêmes miracles des « villes » qui volent « sur les eaux » et du « tonnerre » se trouvaient déjà dans *les Indes Galantes* (1735) de Fuzelier*****, dont l'immense succès et la musique de Rameau n'avaient pu manquer d'attirer l'attention de Rousseau. L'idée d'un mariage entre un Espagnol et une Américaine est également commune à Rousseau et à ses deux sources principales : les noces d'Alvar et de Carime dans la *Découverte* sont l'écho de celles de Gussman et d'Alzire dans Voltaire et de celles de Carlos et de Phani dans *les Indes Galantes.*

Outre ces détails, dont la liste pourrait être allongée, les sentiments fondamentaux de la tragédie de Rousseau, la bonté, la fierté, la vertu, ont des précédents dans la littérature « américaine ». La bonté des peuples primitifs éclate, sous d'autres cieux, dans plusieurs passages du *Télémaque* de Fénelon. Le *Cleveland* de l'abbé

---

* Acte I, sc. I.
** Acte I, sc. V.
*** Acte III, sc. IV.
**** Acte I, sc. I et acte II, sc. IV.
***** Entrée des *Incas du Pérou,* sc. III.

Prévost, que Rousseau avait lu avec un enthousiasme dont le *Verger de Madame de Warens* nous est garant, présente, à côté des méchants Rouintons, les bons Abaquis qui acceptent de se laisser gouverner par Cleveland comme les héros de la *Découverte,* et le Cacique lui-même, par Colomb. *Les Indes Galantes* intitulaient *le Turc généreux* une de leurs entrées, et dans celle des *Sauvages* faisaient dire à une sauvagesse :

Nous suivons sur nos bords l'innocente nature.*

Plus précisément encore, Alvarez proclamait dès la première scène d'*Alzire :*

Nous seuls en ces climats nous sommes les barbares.
L'Américain, farouche en sa simplicité,
Nous égale en courage et nous passe en bonté.

Dans la *Découverte,* Colomb répète presque :

... en ce climat sauvage,
On éprouve autant de courage,
*On y trouve plus de vertu**.*

La fierté des sauvages était mise en relief par Montaigne dans ses *Cannibales* avec des détails trop forts pour que Rousseau puisse les utiliser : prisonniers et pouvant éviter d'être tués et mangés s'ils se reconnaissent vaincus, ils se refusent à cet aveu. Mais c'est à l'exemple de l'intrépide Zamore de Voltaire que Rousseau conçoit un Cacique qui ne veut que se venger et mourir et ne daigne pas « recourir à la moindre prière »; Colomb accuse sa « barbare fierté » mais reconnaît à la fin sa « vertu*** ». Ce n'est qu'en vertu en effet, c'est-à-dire par le pardon, que les détenteurs du pouvoir peuvent surpasser des révoltés si fiers. Le dénouement de *la Découverte du Nouveau Monde* le proclame après celui d'*Alzire* — et après celui du *Cinna* de Corneille.

Dans la mise en œuvre de sa tragédie, Rousseau a aussi utilisé en abondance des thèmes consacrés de sentiments ou de situations dramatiques. Les uns remontent au théâtre classique : celui du présage funeste, qui, aggravé par la prophétie du Grand Prêtre, emplit la totalité du premier acte; celui du roi, père de ses sujets****; celui de la grandeur d'âme, qui pousse le Cacique à refuser de s'enfuir***** et Alvar à refuser la dénonciation de Carime******. D'autres s'épanouissent plutôt, au XVIIIe siècle, dans l'atmosphère de l'opéra à allusions politiques, sans que Rousseau en fasse un emploi

* Sc. III.
** Acte III, sc. IV.
*** *Ibid.*
**** Acte I, sc. III.
***** *Ibid.*
****** Acte II, sc. III.

plus original. Ainsi le thème de la mission civilisatrice de l'Europe nourrit la plus grande partie du prologue et fait proclamer au Chœur, assez naïvement, que le nouveau monde « est fait pour porter » les « fers » de l'ancien*. C'est un thème aussi de n'exprimer les conflits de puissance qu'en termes d'amour, voire de galanterie, et de ne leur trouver de résolution que sentimentale. Comme dit le prologue, « le héros guerrier s'y change en tendre amant** », et Colomb invite ses soldats à entrer « par les plaisirs au chemin de la gloire*** »; Alvar suit ce conseil avec une rare galanterie quand il rencontre Carime; au dénouement, c'est l'amour, non la noblesse ou la raison, qui vainc Colomb, c'est l'amour qui vainc le Cacique malgré sa fierté. Sous ce rapport, Rousseau ainsi que bien d'autres apparaît comme un disciple de Quinault.

La dramaturgie de la *Découverte* atteste un net progrès sur celle d'*Iphis*. Toutes les scènes sont liées, sauf les deux premières du deuxième acte, où l'entrée de Carime aurait d'ailleurs pu être justifiée assez aisément. Chaque acte bénéficie d'un décor différent et assez bien caractérisé où les personnages se rencontrent avec vraisemblance. La fonction de chaque personnage est claire. Seul celui de Carime peut faire hésiter : elle joue efficacement le rôle d'obstacle par rapport au couple principal, mais sa trahison ne paraît pas démentir pour Rousseau le mythe du bon sauvage et sa volte-face finale n'est pas sans exemple parmi les facilités que s'accorde la dramaturgie du XVIIIe siècle.

Nous reproduisons le texte du manuscrit et nous donnons dans les notes les passages, assez nombreux, où l'édition de 1776 s'écarte de ce texte.

PROLOGUE

P. 813.

(*a*). L'édition de 1776 définit autrement, et en général d'une façon moins précise, quatre de ces personnages :
« Carime, Princesse Amériquaine.
Alvar, Officier Castillan.
Le Grand Prêtre des Amériquains.
Nozime, Amériquain. »

(*b*). Ces quatre lignes sont remplacées dans l'édition de 1776 par :
« Troupe de Sacrificateurs Amériquains.
Troupe d'Espagnols et d'Espagnoles de la Flotte.
Troupe d'Amériquains et d'Amériquaines. »

---

* Acte II, sc. I.
** Sc. II.
*** Acte II, sc. I.

1. Appelée aussi San Salvador, Bonaca, Baie, île du Chat, etc. C'est la première terre découverte par Christophe Colomb en Amérique, le 12 octobre 1492.

P. 815.

1. L'expression est contradictoire; Rousseau avait peut-être écrit : « autrefois mes égales ». Ces deux « sœurs » sont sans doute l'Asie et l'Amérique; les succès français en Inde avaient pu attirer l'attention de Rousseau sur l'Asie.

P. 816.

(*a*). Le manuscrit porte : « brilléz ».

1. Un char volant qui descend du ciel; procédé de machinerie très goûté à l'époque.

P. 817.

1. On sait que les sentiments de Rousseau pour la Corse évolueront plus tard. Il pensera que loin de « dompter » ce peuple resté primitif, il faudrait lui donner une bonne Constitution (voir *Confessions,* l. XII, *O.C.*, Pléiade, t. I, pp. 648-651). Mais en 1739 la Corse ne lui offre que l'image du désordre : après la révolte de 1735, le baron Théodore de Neuhof s'est fait proclamer roi de Corse en 1736, s'est enfui en 1737, a repris l'agitation en 1738; une nouvelle révolte éclatera en 1741.

P. 819.

1. Le myrte est consacré à Vénus.

ACTE I

P. 820.

(*a*). L'indication scénique se termine ici dans l'édition de 1776.
(*b*). Le manuscrit donne : « *qui* faisoit ».
(*c*). L'édition de 1776 imprime : « en ces momens *funestes* ».

P. 821.

(*a*). Ces deux vers ne figurent pas dans l'édition de 1776.

P. 822.

(*a*). En 1776 : « *les* fureurs ».
(*b*). En 1776 : « *Pour* un cœur ».
(*c*). L'édition de 1776 et la plupart des éditions ultérieures impriment : « *ce* délire ». Toutefois, « *le* délire » apparaît dans l'édition de Neuchâtel de 1779, suivie par celle de Paris de 1796.
(*d*). L'édition de 1776 intercale ici une reprise des sept premiers vers de la scène, avec une variante au quatrième : « *Rassurez* un peuple égaré. »

P. 823.

(*a*). En 1776 : « Tendre épouse, *ah !* »
(*b*). Ces cinq vers sont remplacés dans l'édition de 1776 par :

Quel que soit le sujet de leur terreur mortelle,
Ah ! fuyons, cher époux, fuyons ; sauvons vos jours.
Par une crainte, hélas ! qui menace leur cours,
Mon cœur sent une mort réelle.

(*c*). En 1776 : « *Moi, fuir !* ah Digizé. »
(*d*). Ce vers devient en 1776 :

« *Mais j'aime encor mon peuple* autant que toi. »

1. D'après, en considération de. Cette valeur de la préposition eſt courante au XVIIIe siècle.

P. 824.

(*a*). L'édition de 1776 indique les personnages dans l'ordre : « Nozime, le Cacique, Digizé ».
(*b*). Les éditions lient ce vers au précédent et en modifient le texte. Celle de 1776, suivie de plusieurs autres, imprime : « *Tous frémissent* au récit »; celle de Neuchâtel de 1779 : « *Tous tremblent* au récit »; celle de Paris de 1793 : « *Frémissent* au récit ».
(*c*). En 1776 : « en *superbe* appareil ».
(*d*). En 1776 : « *Leurs* récits ».
(*e*). Ce vers et les cinq suivants sont absents de l'édition de 1776.

P. 825.

(*a*). L'édition de 1776 ajoute ici :

Du plus parfait amour, la flamme légitime,
Aurait-elle offensé tes yeux ?
Ah ! si des feux si purs, devant toi sont un crime,
Détruis la race humaine, et ne fais que des Dieux.
Ciel protecteur... etc.

(*b*). En 1776 : « Le Cacique, le Grand-Prêtre, Digizé, Troupe de Prêtres ».
(*c*). En 1776 : en *ces lieux* ».

P. 826.

(*a*). Raturé dans le manuscrit : « Evoquez les *Enfers* ».
(*b*). L'édition de 1776 donne :

Ancien du monde, Etre des jours,

et de même aux deux reprises qui suivent.

P. 827.

(*a*). Édition de 1776 : « C'*en* eſt assez ».
(*b*). Cette indication scénique ne figure pas dans l'édition de 1776.

(*c*). L'édition de 1776, suivie par celle de 1790, imprime par erreur : « Le Cacique ».

(*d*). En 1776 : « De *vos arts mensongers* ».

(*e*). En 1776 : « Les Prêtres se retirent, *après quoi l'on entend le Chœur suivant, derrière le Théâtre.* »

P. 828.

(*a*). Édition de 1776 : « que *servent* ».

ACTE II

(*b*). Édition de 1776 : « on voit, *dans l'enfoncement, débarquer la Flotte Espagnole, au son des trompettes et des timbales* ».

(*c*). En 1776 : « *Troupe d'*Espagnols et *d'*Espagnoles ».

(*d*). En 1776 : « en ce jour *nous* découvre ». De même en 1790.

P. 829.

(*a*). En 1776 : *tenant d'une main une épée nue, et de l'autre l'étendard de Castille.*

(*b*). En 1776 : « *Inconnus aux* humains ».

(*c*). L'édition de 1776 donne : « Que vos *yeux* ».

(*d*). En 1776, ces deux vers sont remplacés par :

Célébrons ce grand jour d'éternelle mémoire,
Que nos yeux enchanteurs brillent de toutes parts.

(*e*). En 1776 : « Fière *Castille* »; de même à la reprise. L' « Espagnole » qui suit est appelée *Une Castillane.*

1. C'est l'ancien nom de Cadix. Allusion aux Colonnes d'Hercule.
2. Cette périphrase désigne la boussole.

P. 830.

(*a*). En 1776 : « qu'il soit *chargé de* fers ».

(*b*). En 1776 : « de plus *doux* ».

(*c*). L'édition de 1776 remplace ce vers par :

La gloire d'un guerrier est assez satisfaite,
S'il peut favoriser une heureuse retraite :

(*d*). Dans l'édition de 1776, le texte des trois derniers vers est :

« *Portons nos* loix *au bout de* l'Univers.
Notre audace en ce jour *nous* découvre un nouveau monde :
Nous sommes faits pour lui donner des fers. »

1. Allusion suffisamment claire à Isabelle de Castille (1451-1504), qui avait autorisé la mission de Christophe Colomb.

P. 831.

(*a*). En 1776 : « C'est assez *de* déchirer ».

(*b*). L'édition de 1776 porte : « Eteignez du moins ». Celles de 1779, 1781, 1782 et 1793 : « *Ha ! du moins éteignez* un feu ».

1. Cette « pointe » fait allusion au Cacique et à Digizé.

P. 832.

(*a*). Édition de 1776 :

« *Je suis encor, Seigneur, dans l'*ignorance ».

(*b*). En 1776 : « *J'en puis avoir reçus ;*
Mais où brille. »

(*c*). Ces deux vers sont remplacés dans l'édition de 1776 par :

On ne doit adorer que vous seule, en ces lieux.
Au titre de héros nous aspirons encore.

(*d*). Les éditions de 1776 et de 1790 portent : « *Je n'en entendois* pas de tels ». Celles de 1779, 1781, 1782, 1793 et 1796 : « Je n'en *attendois* pas de tels. »

(*e*). En 1776 : « Ces lieux *grossiers* ».

(*f*). En 1776 : « en *un climat* ».

P. 833.

(*a*). L'édition de 1776 ajoute ici un vers :

Je connois les détours de ces routes sécrètes.

(*b*). En 1776 : « *Croyez*-vous ».

(*c*). Le texte de 1776 est :

« *Quel monstre a pu former ce dessein* téméraire ? »

(*d*). En 1776 : « *va* bientôt ».

ACTE III

P. 834.

(*a*). Édition de 1776 : « Le Théâtre *change et* représente ».

(*b*). Éditions de 1776 et de 1779 : « terreurs, *craintes fatales* ».

(*c*). En 1776 : « de si *rudes* coups ».

P. 836.

(*a*). En 1776 : « si *c'étoit* lui ».

P. 838.

(*a*). En 1776 : « *Ne rencontrer que* des cœurs ».

(*b*). En 1776 : « Ne vous *rendrez*-vous ».

(*c*). En 1776 : « *On lui rend son épée* ».

(*d*). En 1776 : « Je *songe* ».

1. Cette construction du verbe *pardonner* semble inusitée. L'édition de 1776 imprime : « *Excusez* deux époux ».

P. 839.

(*a*). En 1776 : « *mon* cœur ».

(*b*). L'édition de 1776 porte seulement :

« Venez former d'aimables jeux. »

Puis elle indique :

« SCÈNE V.

Les Acteurs précédens, Peuples Espagnols et Amériquains. »
Elle supprime en outre toutes les indications : *On danse.*

P. 840.

(*a*). Toute cette réplique de Digizé est omise dans l'édition de 1776.

(*b*). Sous le titre : « Changement de l'Air de Digizé, *Triomphe Amour* », le manuscrit donne, à la fin de la pièce, un texte légèrement différent de ce passage. Ici, ce vers devient :

Enchantez, enivrez mon Ame :

P. 841.

(*a*). Dans la même variante, ces deux vers sont remplacés par :

Fille de la vertu, tranquillité charmante.

P. 843.

LES PRISONNIERS DE GUERRE

Cette comédie en un acte en prose a pour héros un officier français prisonnier en Hongrie, lors de la guerre de Succession d'Autriche. Plusieurs indices montrent que Rousseau a dû s'intéresser à cette guerre. Dès son enfance, il a pu entendre, sur la Hongrie d'une époque antérieure, des récits de son oncle et tuteur Gabriel Bernard, qui, s'il faut en croire les *Confessions**, « alla servir dans l'empire et en Hongrie sous le Prince Eugene ». En juin 1742, il écrit un petit poème fort satirique, intitulé *Vers sur le commandement en Bohême donné à M. de Broglie en 1742 :* pour y prédire la défaite de ce chef, il fallait qu'il eût, comme bien d'autres alors, admiré la hardiesse de son rival, le maréchal de Belle-Isle, dont les troupes avaient pris Prague en novembre 1741, et souffert de voir la négligence du maréchal de Broglie permettre aux Autrichiens, en juin 1742 précisément, d'effectuer le blocus de Prague, où la situation des troupes françaises va rapidement devenir intenable. Rousseau a dû connaître les récits qui circulaient alors sur la cruauté des Hongrois, et dont sa comédie porte la trace, puisqu'un vers de son *Épître à M. Parisot,* qui date du 10 juillet 1742, évoque le

* L. I, *O.C.*, Pléiade, t. I, p. 6.

« Hussard cruel » que craint le « pauvre Bavarois ». Partageait-il l'admiration générale pour la brillante retraite du maréchal de Belle-Isle (qui, s'esquivant de Prague en décembre 1742, sauva les restes de l'armée française) lorsqu'au printemps de 1743, à Paris, il fut présenté chez Mme de Broglie ? Il est permis de le supposer. Vers la même époque, il a dû connaître, de réputation au moins, l'auteur dramatique Saint-Foix, dont l'œuvre a pu lui offrir des suggestions; or Saint-Foix, qui avait débuté dans l'armée, va partir pour l'Italie comme aide de camp du maréchal de Broglie. A Venise, Rousseau a eu à s'occuper, en juillet-août 1744, d'un prétendu M. de Montigny, évadé de Hongrie, où, comme le Dorante de la comédie, il était prisonnier de guerre. Enfin Rousseau, de retour à Paris, fréquente à partir d'octobre 1744, avec un plaisir que détaille le récit des *Confessions**, un milieu surtout militaire, où il n'a guère pu manquer d'entendre des anecdotes sur la campagne de Bohême; c'est à l'un des officiers avec qui il prend ses repas, M. Ancelet, qu'il donne sa comédie des *Prisonniers de guerre,* alors terminée.

Ce passage des *Confessions* apporte une indication sur la date de rédaction de la comédie. Rousseau dit qu'il l'avait faite « après les désastres des François en Baviére et en Boheme ». Les désastres de Bohême se terminent à peu près avec l'évacuation de Prague en décembre 1742 et les Hongrois envahissent la Bavière dès janvier 1743. Mais la première version de la scène I implique que les armées françaises sont commandées par le roi; or Louis XV n'a pris le commandement des troupes qu'en mai 1743. C'est peut-être à cette époque que Rousseau a commencé sa comédie. Il va bientôt être absorbé par ses projets musicaux, puis, en juillet, partir pour Venise. Par ses fonctions auprès de l'ambassadeur et, une fois de retour à Paris, par ses conversations avec les officiers qu'il fréquente, il n'a pu manquer de comprendre que la campagne, bien que glorieuse, se solde par un échec : sa pièce est donc périmée quand elle est écrite, et il ne la donne à M. Ancelet qu'à titre de souvenir. Elle n'a sans doute jamais été représentée.

L'ardeur du « patriotisme » français qui, paradoxalement, s'exprime dans *les Prisonniers de guerre* est d'une sincérité non douteuse, sur laquelle les *Confessions* insistent à plusieurs reprises. Dès 1733, Rousseau éprouvait, dit-il, « une telle partialité pour la France que le cœur me battoit de joye à ses moindres avantages, et que ses revers m'affligeoient comme s'ils fussent tombés sur moi »; il attribue cette « partialité... aux livres françois, aux Auteurs de ces livres, et au pays de ces Auteurs ». Mais il cachait ce sentiment, qui était en contradiction avec son attitude d' « antidespote » et de « fier républicain** ». Ainsi s'explique la gêne qui a finalement provoqué l'abandon des *Prisonniers de guerre.* « Jamais, écrit Rousseau à propos de cette comédie, le Roi ni la France ni les François ne

* L. VII, *O.C.*, Pléiade, t. I, pp. 343-344.
** L. V, *ibid.*, pp. 182-183.

furent peut-être mieux loués ni de meilleur cœur que dans cette Pièce, et... Républicain et frondeur en titre, je n'osois m'avouer panegyriste d'une nation dont toutes les maximes étoient contraires aux miennes* ». Il notera qu'en 1762 encore, cherchant un refuge après Yverdon, il hésitera à résider sur les États du roi de Prusse à cause de son « amour inné de la justice » joint à son « penchant secret pour la France** ». Ce penchant durable résulte d'une adhésion passionnée à la culture française.

Le métier dramatique de Rousseau est dans *les Prisonniers de guerre* d'une correction satisfaisante. Les motivations des personnages sont plausibles, compte tenu des intentions de l'auteur. Il y a même de l'habileté, de l'intérêt et une certaine émotion dans les scènes entre Dorante et Sophie. A peine peut-on contester le baiser que se donnent ces deux héros, peu conforme aux bienséances théâtrales du XVIIIe siècle, et l'arrivée trop commode et trop soulignée de Frédéric pour dénouer la situation. L'obstacle est constitué moins par le ridicule Maker, dont on se débarrasse aisément dès qu'on le veut, que par la France elle-même : c'est l'état de guerre, avec les préjugés qu'il a inspirés au père, qui s'oppose aux sentiments des jeunes gens. Ainsi Rousseau a su intégrer étroitement à son intrigue le thème de son « patriotisme ».

Le texte des *Prisonniers de guerre* nous a été transmis par le manuscrit R. 101 de la Bibliothèque de Neuchâtel. C'est une copie, d'une main inconnue, avec quelques corrections de Rousseau. Celui-ci n'a jamais publié sa comédie, qui a été imprimée pour la première fois dans l'édition de Genève de 1782. Nous suivons en général le texte du manuscrit.

P. 847.

(*a*). Le manuscrit, suivi par les éditions de 1782 et de 1783, donne : « que fous *l'*affliche ». Bien que le jargon de Jacquard rende cette leçon plausible, il paraît préférable de corriger, avec les éditions de 1792, 1793 et 1796, en : « *s'*affliche ».

P. 848.

(*a*). Raturé sur le manuscrit : « tandis que mes *glorieux* compatriotes moissonnent des Lauriers *sur les traces de mon* Roy ».

(*b*). Le manuscrit ajoute ici cette phrase, qui a ensuite été raturée : « Ah ! quel n'est pas le bonheur de quiconque peut obtenir celle du mien, et qui mieux que ce grand Prince peut sur sa propre experience juger du mérite et de la valeur ! »

(*c*). Le copiste avait écrit : « mais fous fouloir tant partir ». Rousseau a raturé les trois derniers mots et ajouté la fin de la phrase à partir de « n'estre ».

* L. VII, *O.C.*, Pléiade, t. I, p. 343.
** L. XII, *ibid.*, p. 592.

P. 849.

(*a*). Le copiste avait écrit : « mais pour mériter ceux de ses sujets il n'est qu'un Louis sur la Terre ». Rousseau a corrigé en : « mais on n'a qu'une patrie à servir ».

1. Telle est bien la forme de l'article indéfini que le manuscrit attribue à Jacquard, ici et à la scène VIII. L'édition de 1782 imprime en général « in », et quelquefois « ain ». Faut-il conjecturer la forme allemande « ein » ?

P. 850.

(*a*). Le manuscrit et les éditions de 1782 et 1783 donnent : « le poutique *le* sti nouvelles ». Les éditions de 1792 et 1793 corrigent en : *de* sti nouvelles ».

(*b*). Ces derniers mots sont une correction de Rousseau. Le copiste avait écrit par inadvertance : « quoi que les *François dussent être* ».

(*c*). Correction de Rousseau. Le copiste avait écrit : « Il faut *qu'il* prévienne ».

P. 851.

(*a*). Rousseau a substitué ce mot au mot *accommodans,* qu'avait écrit le copiste et que reproduit l'édition de 1782.

P. 853.

(*a*). Correction de Rousseau. Le copiste avait attribué la réplique à Dorante.

1. Le mot a une valeur neutre, et équivaut à : cela.

P. 855.

1. Le copiste avait écrit, dans le texte de la réplique de Maker : « Sophie fait une mine ». Rousseau barre la phrase et la récrit dans la marge, pour montrer qu'il s'agit d'une indication scénique.

P. 858.

(*a*). Correction de l'édition de 1782. Le manuscrit donne : « qui *peuvent* eux-mêmes ».

P. 859.

(*a*). Le copiste avait simplement écrit : « il ne hazarde gueres la possession ».

P. 861.

(*a*). Le copiste avait d'abord écrit : « *il* vient ».

P. 863.

(*a*). Le manuscrit porte : *que je de joye*. Les éditions de 1782 et 1783 impriment : *que de joie ;* celles de 1792 et 1793 : *que j'ai de joie.*

P. 867.

(*a*). Par erreur, le manuscrit indique ici : Scène XII.

1. Au sens de : vous vous préparez, vous faites une répétition. L'édition de 1782 corrige en : « vous *accordez* ».

P. 869.

(*a*). Réplique ajoutée par Rousseau au texte du copiste.

P. 873.

(*a*). Correction de l'édition de 1782 : « *Ouais !* vous le prenez sur ce ton ? oh, *tetebleu* ».

P. 875.

L'ENGAGEMENT TÉMÉRAIRE

Devenu secrétaire des Dupin, Rousseau eut l'occasion de faire plusieurs séjours au château de Chenonceaux, qui appartenait alors à cette famille. C'est au cours d'un de ces séjours qu'il écrivit *l'Engagement téméraire*. Quelques lignes des *Confessions* nous renseignent à la fois sur la date de rédaction de cette comédie et sur l'atmosphère dans laquelle Rousseau la composa : « En 1747 nous allames passer l'automne en Touraine au Château de Chenonceaux, maison royale sur le Cher... maintenant possédée par M. Dupin fermier général. On s'amusa beaucoup dans ce beau lieu; on y faisoit très bonne chere; j'y devins gras comme un Moine. On y fit beaucoup de musique... On y joua la Comédie; j'y en fis en quinze jours une en trois actes intitulée *l'Engagement téméraire,* qu'on trouvera parmi mes papiers, et qui n'a d'autre mérite que beaucoup de gaité.* » Effectivement, le manuscrit R. 28 de la Bibliothèque de Neuchâtel, dont nous reproduisons le texte, est une copie, de la main de Rousseau, de cette comédie, qui n'a été imprimée pour la première fois que dans l'édition de Genève de 1781. Dans la note qu'il a mise en tête du manuscrit, Rousseau dit que sa pièce a été faite « en trois jours », non en quinze, comme dans les *Confessions,* et avec « facilité ». En tout cas, il l'a rédigée dans l'euphorie et avec une rapidité exceptionnelle. L'*Engagement* n'a jamais été joué publiquement, mais a pu connaître des représentations privées, soit à Chenonceaux même, dès sa composition, soit dans d'autres châteaux. Selon les *Mémoires* de Mme d'Épinay, le théâtre du château de la Chevrette a été inauguré par la pièce de Rousseau et « l'auteur a joué un rôle dans sa pièce »**. Cette représentation a sans doute

* L. VII, *O.C.* Pléiade, t. I, p. 342.

** Cité par le comte de Zurich dans les *Annales J.-J. R.*, XXIX, p. 264.

eu lieu le 14 septembre 1748. Les rôles de Dorante et de Valère auraient été joués par Francueil et Lalive de Jully, ceux d'Isabelle, d'Éliante et de Lisette par Mme d'Épinay, Mme d'Houdetot et la présidente de Maupeou. On a conjecturé que Jean-Jacques aurait interprété le valet Carlin. Les *Confessions* parlent en effet d'une expérience, malheureuse, de ce genre à la Chevrette : « On me chargea d'un rolle que j'étudiai six mois sans relâche, et qu'il fallut me souffler d'un bout à l'autre à la représentation. Après cette epreuve on ne me proposa plus de rolle* », mais précisent, dans la phrase précédente : « Il y avoit un theatre où l'on jouoit souvent des piéces », ce qui ne concorde pas avec l'affirmation des *Mémoires* de Mme d'Épinay : « Nous avons débuté par *l'Engagement téméraire.* »

Les situations de la comédie de Rousseau ne sont pas originales. Il les a empruntées, pour l'essentiel, à Marivaux. L'idée de personnages qui croient, au début d'une pièce, avoir définitivement renoncé à l'amour se trouvait dans *la Surprise de l'amour,* et, plus nettement encore, dans *la Seconde Surprise de l'amour*. Les héros des *Serments indiscrets* avaient juré de ne pas s'épouser avant que le Dorante de *l'Engagement téméraire* promette à Isabelle de ne lui donner aucune marque d'amour : dans les deux pièces de Marivaux et de Rousseau, dont la similitude de titre est d'ailleurs évidente, c'est contre les conséquences de cette parole trop vite donnée et reçue que les personnages auront à lutter jusqu'à la fin. Le thème de la fausse lettre qu'on veut se faire dérober, qui alimente presque tout le deuxième acte de l'*Engagement,* avait été traité, plus nerveusement, dans les scènes I à III du troisième acte des *Fausses Confidences*. Rousseau obtient son dénouement par un contrat de mariage trompeur : ainsi avaient déjà fait, en imposant à leurs personnages des épreuves bien plus pénibles, *l'Heureux Stratagème* de Marivaux et *l'Époux par supercherie* (1744) de Boissy.

Les noms des personnages de *l'Engagement téméraire* sont empruntés au répertoire courant de la comédie du XVIIIe siècle. Seul celui de Carlin peut faire hésiter. L'acteur Carlo Bertinazzi jouait les Arlequins à la Comédie-Italienne depuis 1741, sous le nom de Carlin. En appelant ainsi son valet, Rousseau espérait-il faire jouer son œuvre à la Comédie-Italienne ? Mais dès 1697, Regnard avait appelé Carlin le valet de son *Distrait*.

Dans le détail, le texte de l'*Engagement* comporte de nombreuses réminiscences, qu'explique la rapidité de la composition. Le thème de la jalousie et celui de la fausse lettre sont d'une grande banalité. Au deuxième acte, le ton parodique et le contenu même de la tirade que déclame Carlin à la scène y viennent du rôle de Covielle dans *le Bourgeois Gentilhomme* de Molière; la scène VII évoque des passages de *Dom Garcie de Navarre,* du *Misanthrope* (où figure « la sincère Éliante ») et de *Phèdre*. Au troisième acte, les railleries sur le duel

---

* L. VII, *O.C.* Pléiade, t. I, p. 346.

dans la première scène et le pédantisme du Notaire dans la sixième ont des antécédents chez Molière et dans *les Plaideurs* de Racine.

Rousseau a mis en œuvre avec conscience ce matériel assez banal. S'ils est permis deux liaisons de fuite* et si les derniers vers de Lisette s'adressent au public, ces procédés un peu archaïques sont pourtant encore admissibles dans la comédie. Le déroulement des événements est fort lent. L'exposition occupe un acte sur trois. L'acte II est empli jusqu'à sa scène VII par l'épisode de la fausse lettre; heureusement, sa scène VIII apporte un ton vigoureux et nouveau. Dès le début du troisième acte, à la première explication, qui était inévitable, entre Dorante et Valère, on s'aperçoit que la fausse lettre ne menait à rien. De fait, l'obstacle dans cette pièce n'existe guère que par convention : les personnages s'aiment dès le début, Isabelle reconnaîtra qu'elle a agi par « caprice** » plutôt que pour de bonnes raisons, et son attitude lors de la signature du contrat n'est pas exempte d'artifice. En outre Lisette, en révélant à Dorante le secret du contrat à la première scène de l'acte III, prive cet acte de l'intérêt de curiosité qu'il aurait pu avoir pour le spectateur. Rousseau a pourtant raison de relever, dans la note liminaire du manuscrit, « la gaieté du troisiéme acte » : la confiante allégresse de Lisette à la scène I, le manège d'Isabelle à la scène IV, son inquiétude à la scène V devant la froideur de Dorante, la situation fausse de Carlin à la dernière scène, sont des morceaux heureux en eux-mêmes. On peut ajouter que la situation de Dorante dans l'ensemble de la pièce a été sentie de l'intérieur par Rousseau : bien qu'elle doive quelque chose à Marivaux et qu'elle soit exposée parfois avec lenteur ou artifice, cette attitude d'un homme qui ne peut exprimer des sentiments sincères parce qu'il s'est laissé imposer de l'extérieur une conduite dont il ne peut sortir par lui-même, a été souvent celle où sa timidité a enfermé Rousseau, dans des épisodes que rapportent les *Confessions*.

A cela près, *l'Engagement téméraire* a surtout été pour son auteur un exercice de style. Rousseau le laisse entendre en déclarant en tête de son manuscrit qu'il a rédigé sa pièce « sans connoitre l'art d'écrire ». Après le ton souvent grave ou éloquent de ses premières œuvres dramatiques, il a cherché ici un ton plus léger — qui n'est peut-être pas celui qui convient le mieux à son génie.

P. 877.

(*a*). C'est ainsi que l'édition de 1781 intitule ce passage; le manuscrit indique simplement : « N.B. »

(*b*). Raturé : « je laisse *juger* ceux ».

* Acte I, sc. I-II et acte III, sc. II-III.

** Acte III, sc. V.

ACTE I

P. 881.

(*a*). Raturé : « Hé bien ! *que* l'exemple vous tente. »

P. 883.

1. C'est-à-dire : garni de ses meubles.

P. 884.

1. C'est-à-dire : imagination. Le mot était vieilli, mais Rousseau pouvait se souvenir que Molière l'avait employé, avec insistance, dans l'*Étourdi*.

ACTE II

P. 902.

1. C'est-à-dire : n'est pas bête.
2. Au sens de : ne point trop nous engager.

P. 905.

(*a*). Le manuscrit porte à cet endroit :

« Un traître *de* Rival est l'objet du Stratagême ».

Ce vers est faux. Rousseau s'en est aperçu et a indiqué à la fin du manuscrit : « Ce vers doit se corriger, et peut l'être ainsi :

Un traitre Rival est l'objet du Stratageme. »

L'édition de 1781, suivie par plusieurs autres, reproduit le vers de treize syllabes. Les éditions de 1783 et 1793 corrigent en :

« Un rival est l'objet *de votre* stratagème ».

1. L'expression n'a pas de valeur insultante dans le langage familier du XVIIIe siècle.

P. 909.

1. C'est-à-dire : c'est bien son écriture.

ACTE III

P. 921.

1. Mot vieilli, signifiant : garantir.

P. 930.

(*a*). Rousseau avait d'abord laissé ce vers sans rime. A la fin du manuscrit, il a noté : « Il manque un vers apres celui-ci que dit Isabelle à Dorante :

Je vous donne ma main, et vous laisse mon Cœur.

On doit pour remplir cette lacune faire dire à Dorante quelque chose d'aprochant de ceci, en baisant la main d'Isabelle :

Ah ! vous mettez par là le comble à mon bonheur. »

Cette addition a été incorporée au texte dès l'édition de 1781.

P. 933.

ARLEQUIN AMOUREUX MALGRÉ LUI

Aucun indice ne permet de dater avec précision cette ébauche de comédie inachevée, qui n'a été publiée pour la première fois que dans les *Annales J.-J. R.*, de 1906. Son allure de divertissement de société permet toutefois de supposer que, comme *l'Engagement téméraire,* elle a pu être écrite dans le milieu des Dupin et peut-être à Chenonceaux. Rousseau a fait au moins trois séjours dans ce château : l'un avant février 1746, l'autre en automne 1746 et un autre en automne 1747. Dans le passage des *Confessions* où il situe dans le dernier de ces trois séjours la rédaction de *l'Engagement téméraire,* il ajoute : « J'y composai d'autres petits ouvrages. »* Peut-être *Arlequin amoureux malgré lui* est-il l'un de ces petits ouvrages. Ce n'est que sur cette fragile conjecture qu'on peut se fonder pour attribuer à *Arlequin* une date proche de celle de *l'Engagement,* et plutôt postérieure à celle de l'achèvement de sa comédie en trois actes.

Le personnage d'Arlequin figure à cette époque dans trois genres théâtraux qui ont au reste des caractères communs : la parade, la comédie de la Foire, la comédie du Théâtre-Italien**. Il est possible que Rousseau, pour complaire à ses hôtes, ait voulu, après Voltaire et avant Beaumarchais, écrire une de ces piécettes de circonstance, toutes de liberté et de fantaisie, qu'on appelait des parades. Mais il n'a commencé à le faire qu'en se servant surtout de la tradition de la comédie populaire de la Foire ou des Italiens qu'appréciaient fort les milieux mondains. Le titre même de son *Arlequin amoureux malgré lui* s'insère dans cette tradition : la Comédie-Italienne a joué en 1722 un *Arlequin amoureux par enchantement,* en 1740 un *Arlequin amoureux par complaisance* et jouera en 1748 un *Arlequin amant malgré lui.* La personnalité du héros de Rousseau lui est donnée par ses nombreux prédécesseurs : Arlequin est naïf et même balourd, avec une finesse cachée, il a le désespoir et la joie faciles, il parsème son texte français de quelques mots italiens qui rappellent ses origines, il peut éprouver l'amour de la façon la plus

---

* L. VII, *O.C.* Pléiade, t. I, p. 342.

** Quelques commentateurs disent qu'*Arlequin amoureux malgré lui* est une féerie. Mais ce mot, qui appartient à la terminologie théâtrale du XIXe siècle, ne peut convenir à la pièce de Rousseau.

directe, mais sa passion dominante est la gourmandise. En lui prêtant, ainsi qu'à Nicaise et à Parafaragaramus, des plaisanteries qui suggèrent une critique sociale parfois assez dure, Rousseau n'innove pas non plus : Delisle dans son *Arlequin sauvage* et Marivaux dans sa *Double Inconstance,* par exemple, en avaient dit bien davantage. Arlequin avait enfin, dans les traditions antérieures, une activité gestuelle que Rousseau n'indique guère que dans sa scène v; mais le texte implique, à la fin de la scène II, un véritable pugilat avec l'interlocuteur qui est constant à la fin des scènes de parade, et, au cours de la scène III, des gestes osés avec les fées.

L'introduction de ces personnages de fées dans une arlequinade n'est pas non plus sans précédents. Fuzelier avait donné un *Arlequin jouet des fées* à la Foire Saint-Germain en 1716. Marivaux, dans son *Arlequin poli par l'amour,* avait montré une fée amoureuse d'Arlequin et dédaignant l'enchanteur qui l'aimait; la baguette magique jouait aussi dans sa comédie un rôle important. La Comédie-Italienne avait encore présenté, en 1736, les *Fées,* de Romagnesi et Procope-Couteaux, où une fée subalterne, Silvaine, aime un Arlequin tourmenté par une faim insatiable. L'une des fées de Rousseau s'appelle Gracieuse, ce qui est un nom fréquent dans le folklore; en cours de rédaction, Rousseau substitue à ce nom celui de Fleur d'Orange, qui évoque le mariage; l'autre fée s'appelle Épine-Vinette, nom d'un arbuste épineux. Le nom de l'enchanteur, Parafaragaramus, ressemble à des noms fort longs ou à des formules de conjuration qui ne sont pas rares dans la parade. Le *Théâtre des Boulevards,* publié en 1756 mais rassemblant des parades souvent bien antérieures, connaît un Parlamorbleu, un Parlaventrebleu, un Patrobogra.

Bien que la personnalité de Rousseau s'exprime peu dans son *Arlequin,* on peut noter qu'il a toujours eu du goût pour cette forme élémentaire de théâtre. Il n'avait pas encore quinze ans lorsque « vint à Genève un charlatan italien appelé *Gamba-corta...* ses marionetes jouoient des maniéres de comedies, et nous fimes des comédies pour les nôtres. Faute de pratique, nous contrefaisions du gosier la voix de polichinelle, pour jouer ces charmantes comedies que nos pauvres bons parens avoient la patience de voir et d'entendre*. » A Venise, en 1743-1744, dans quelques vers adressés à M. Bordes, c'est l'image d'Arlequin qui lui sert à évoquer l'agitation peu édifiante de certaines églises :

> « *Là, maint agile énergumène*
> *Sert d'arlequin dans ces saints lieux***. »

Après le succès de son premier *Discours,* c'est aux mêmes souvenirs qu'il fera appel pour se plaindre de la curiosité générale qui l'accable : « Bientôt il auroit fallu me montrer comme Polichinelle à

* *Confessions,* l. I, *O.C.* Pléiade, t. I, p. 25.

** *Correspondance générale,* t. I, p. 141.

tant par personne »*. Dans sa pièce, la naïveté d'Arlequin devant Nicaise est sans doute autorisée par la tradition théâtrale. Mais ne fait-elle pas penser aussi à l'engouement de Jean-Jacques pour les « douces chimères », que les récits des *Confessions* permettent d'associer à sa « manie ambulante »**, par exemple lorsque dans sa jeunesse il accompagne Sabran, Bâcle, Venture de Villeneuve, ou l'archimandrite ?

Le texte d'*Arlequin amoureux malgré lui* nous est connu par un manuscrit autographe, qui porte le numéro R. 39 à la Bibliothèque de Neuchâtel. Nous le reproduisons en indiquant dans les notes les nombreuses ratures de Rousseau. Nous avons eu le souci de présenter ces variantes en faisant ressortir, dans toute la mesure du possible, l'ordre chronologique dans lequel Rousseau a trouvé ses différentes versions successives. On pourra ainsi voir avec quel soin inlassable, dans une œuvre pourtant vite abandonnée, il cherchait laborieusement la forme qui lui semblait la meilleure.

P. 935.

(*a*). Rousseau avait d'abord écrit : *Gracieuse.*

(*b*). « *des amours telles que les vôtres sont capables* de ».

(*c*). *Epine-Vinette.*

(*d*). Raturé : *Pourquoi.*

(*e*). Rousseau avait écrit : « le rang *où nous nous trouvons* », puis : « le rang *où nous sommes* ».

(*f*). Raturé : *J'ai vu même.*

(*g*). « combien nous *nous sommes mal trouvées* ».

(*h*). Raturé : « *leur* ».

(*i*). Rousseau avait écrit : « et pour trouver *une nourriture* plus solide », puis : *on ne peut pas toujours.*

(*j*). « *redescendre* aux hommes ».

(*k*). Première version : *Il est vrai que les hommes ont des corps et si ce n'est pas tout.* Deuxième version : *C'est du moins,* puis : *Il est vrai,* puis : *Je conviens qu'il y a plus de corps à cette nourriture-là ; mais du moins,* puis : « mais *encore y faut-il quelque discer*[nement] », puis : « quelque *choix* ». Troisième version : *Ma foy j'ai peur qu'il ne nous faille bientot recourir je ne sais à qui.*

(*l*). Raturé : « *Ma foy, ma sœur, je n'en vois pas.* », puis : « *Erreur.* Les ».

(*m*). « *tout* aussi », puis « *presque* aussi ».

P. 936.

(*a*). Première version : « à propos de quoi, *vaut autant par exemple qu'un petit maitre de la cour* », puis : « qu'un petit maitre *françois* », puis : « à propos de quoi, *n'a pas moins de mérite qu'un petit maitre de la Cour* », puis : « qu'un petit maitre *de Paris* ». On lit

* *Confessions,* l. VIII, *O.C.* Pléiade, t. I, p. 367.

** *Confessions,* l. IV, *ibid.,* p. 158 et l. II, p. 54.

ensuite des phrases qu'il faut attribuer à Gracieuse : *Il peut valoir,* puis : « *Il pourrait bien* valoir *beaucoup mieux* », puis : *A vous parler franc je ne doute pas qu'il ne vaille beaucoup mieux,* puis : « qu'il ne vaille *davantage* », puis : « qu'il ne vaille *peut-être plus pour l'usage que j'en veux faire. Un mari petit maitre n'eſt pas une excellente acquisition* ». Puis ce début de phrase, attribuable à Épine-Vinette : *Ce sont pourtant.* Deuxième version : « à propos de quoi, *aurait autant de mérite, par exemple* », puis : « *vaudrait* autant *que* », puis : « autant *je ne dis pas qu'un petit maitre de Paris* », puis : « qu'un petit maitre *françois, mais seulement* », puis : « mais *que ce doĉte enchanteur* », puis : « ce *grave* enchanteur ».

(*b*). Raturé : *Peut être.*

(*c*). Première version : *Entre nous je crois qu'on ne doute.* Deuxième version : *Arlequin pourroit.*

(*d*). *Hé bien cela fera un bon Mari,* puis : *Tant mieux.*

(*e*). « Un misérable *valet* ».

(*f*). *Cela eſt-il difficile ;* le mot « difficile » eſt écrit et raturé trois fois. Rousseau avait d'abord écrit : *Seroit-il le premier qui vaudroit mieux que son Maitre ?*

(*g*). « C'eſt qu'il *a du gout pour* ».

(*h*). « Un *franc libertin* ».

P. 937.

(*a*). *Un homme sans éducation, un franc ignorant,* puis : *Helas comme,* puis : *Vous flattez-vous d'inspirer des sentimens à un homme sans naissance et sans education.*

(*b*). *Ce n'eſt pas l'a*[mour] ».

(*c*). « C'eſt moins *à l'amour* que je trouve à redire *qu'au mauvais choix qu'il vous a fait faire à prop*[os] *de ce jeune* »...

(*d*). Passage raturé : *N'eſt-il pas vrai que si Arlequin montroit autant d'esprit qu'un autre homme, et qu'il m'aimat,* puis : « qu'il *m'aimoit assez tendrement pour exposer sa vie en faveur de cet amour, ne me trouveriez* », puis : « cet amour, *et qu'il eut assez d'intelligence pour vaincre les difficultez* », puis : *Faisons une épreuve.*

(*e*). Passage raturé : *Un homme qui peut,* puis : « Un homme *capable* [de] *s'exposer à la mort pour ce qu'il aime* », puis : « pour *obtenir* ce qu'il aime *et de surmonter* ». Puis continuation de la version définitive : *par un ſtratagème que j'imagine.* Puis : *Ne convenez-vous pas qu'un homme qui a assez de courage pour,* puis : « qui a *le* courage *de s'exposer à la mort pour obtenir ce qu'il aime, et l'esprit d'éluder les pièges qu'on peut lui tendre, eſt digne d'eſtime et d'amour ?* » Les phrases suivantes doivent être attribuées à Épine-Vinette : *Ce ne seroit pas assez chez les mortels : mais pour nous qui ne devons juger des choses que par elles memes,* puis : « que par *ce qu'elles sont en elles mêmes* », puis : *Cela suffit chez les fées : ce ne seroit pas assés chez les mortelles,* puis : « chez les *mortels : mais pour nous* »... Puis : « *Les sentimens délicats, une intelligence fine, ne suffisent-ils pas* », puis : « Les sentimens *et le jugement* ne suffisent [pas], *je crois, pour conſtituer* », puis : « pour *rendre un homme di*[gne] », puis : « un homme *aimable* ». Puis : « *Mais non, pas chez les mortelles.* »

(*f*). « vous *serez contrainte* de *juger* ».

(*g*). « jamais *rien* ».

(*h*). Raturé : « *Bien des f*[emmes] *vous diroient que c'est toujours en faire quelque chose... mais* essayons », puis : « *Nous verrons : je va*[is] ».

(*i*). « si vous *êtes d'accord* ».

(*j*). « j'agirai *de bonne foy* ».

(*k*). « Foi *d'honnête* fille ».

P. 938.

(*a*). *Le serment est nouveau : mais il ne prend,* puis : *Oh ! que vous ne m'y tenez pas.*

(*b*). « je vous explique *mon projet* ».

(*c*). *Avons-nous,* puis : « *Combien* Avons-nous *dejà bien fait de chemin, douze, quinze lieues ?* »

(*d*). « à *voyager* ».

P. 939.

(*a*). « *est-ce* qu'ou ».

(*b*). « et *j'écrivons noute Pataraphe dré* comme ».

(*c*). « bien *pis.* ».

(*d*). Raturé : *Je fais plaisir.*

(*e*). « dré *comme* ».

(*f*). « et pis *aussi* ».

(*g*). « qu'une *toupie* ».

(*h*). « faut voar *aussi* comme *toutes* les filles ».

(*i*). Raturé : « hi, hi, hi ».

P. 940.

(*a*). Raturé : « Eh, pardi ».

(*b*). « est-ce que *je* ».

(*c*). « palsanguenne, *comme tant de gros Monsieur qui n'en avien pas pu que nous* ».

(*d*). « il entrit chez un porcureux *en qualité de cler ; tu sais bien ce que c'est* ».

(*e*). « il êpousi *la* femme *avant que le mari fut mort* ».

1. *Tu autem :* ces deux mots latins, signifiant « mais toi » et tirés du bréviaire, sont couramment employés dans le langage familier du temps, avec le sens de : difficulté.

P. 941.

(*a*). « qu'est-ce que c'est *qu'un* ».

(*b*). « *Pardi,* ce sont ».

(*c*). Première version : « des gens *où, voi-tu, ceux qui avont beaucoup de bien* »... Deuxième version : « des gens qui se fesont payer pour *gagner* le bien *des autres* ».

(*d*). « *Eh bien, Diable, le bon métier. Allons,* allons vite à Paris, *je me fais* »...

(*e*). Première version : « *Ceux-là se fesont payer pour* faire pâtir la faim »... Deuxième version : « Médecin *qui fesont mourir de* faim *ceux qui les font vivre* ».

(*f*). Raturé : *Métier.*

(*g*). Rousseau a écrit par erreur *Nicaise,* puis a raturé ce mot.

(*h*). Raturé : « *Pardi, je vais ben vite m'enrichir, car je me ferai* marchand. »

(*i*). « et *une* chopeine ».

(*j*). « Oui, *mais* ».

1. Sans doute : deux œufs.

P. 942.

(*a*). « *Non, mais* tu payeras ».

(*b*). « faim, *moi* ».

(*c*). « donc *faire pour* me ».

(*d*). « Ah ! *vous avez raison* ».

(*e*). « *Oh,* acoutes ».

(*f*). Raturé : « *eh bien, à cette heure donne-moi des* ».

1. Le diable est, selon une vieille plaisanterie, le vide de la bourse.

2. Il veut dire : invention.

3. C'est-à-dire : camarade.

P. 943.

(*a*). « *queuque* voleur ».

(*b*). « dépeche-toi donc, *que je puisse boire* ».

(*c*). Rousseau avait d'abord écrit : « Je vas vous declarer. On vous mène. »

(*d*). Raturé : « *Oui, le tour est drole.* Et *moi* qu'est-ce que ».

(*e*). « *Palsanguienne,* queux demande ».

(*f*). Raturé : *N'en fait passer.*

(*g*). « tant de *gens* », puis : « de *braves* gens qui *s'enrichissent à faire* passer *les* fripons ».

(*h*). Première version : « *Queu mal y aura-t-il à faire* passer ». Deuxième version : « *Ce sera ben pu meilleur de faire* passer ».

(*i*). Raturé : *Pour.*

(*j*). Raturé : *Qui.*

P. 944.

(*a*). « *Aussi quand je serai pendu,* me donneras-*tu* la moitié *de l'argent ?* »

(*b*). « un *fripon* ».

(*c*). Raturé : *pendu mort.*

(*d*). Raturé : *Eh bien, fini donc, badin. Que fais-tu.*
(*e*). *Parguienne.*
(*f*). *je.*
(*g*). « *Je me donne au* Diable ».

P. 945.

(*a*). *J'allons t'apprendre* », puis : « *Tien,* j'allons.
(*b*). *à lantiponer,* puis : *à gausser.*
(*c*). Rousseau a d'abord écrit, puis raturé, ce début de scène : « Arlequin. — Eh, eh, eh...
Gracieuse. — Qu'avez-vous, mon ami ? Vous paroissez bien étonné. Seriez-vous faché de nous voir ?
Arlequin. — Oh, non, tout [au contraire] ».
(*d*). Raturé : « *Ce diable de Nicaise vouloit me faire pendre pour* », puis : « *Ce Diable-là* », puis : « Ce *Drole*-là *vouloit me faire gagner* », puis : « vouloit *avoir de l'argent à mes dépens : faire passer un honnête homme pour un voleur* », puis : « pour un *fripon. Encore si c'étoit pour faire passer un fripon pour honnête homme* ».
(*e*). Raturé : *Diable,* si *jamais je.*
(*f*). Raturé : « *Seriez*-[vous] ».
(*g*). La suite du manuscrit n'indique pas les noms des interlocuteurs. Nous les avons rétablis par conjecture.

P. 946.

(*a*). Raturé : *Comment.*
(*b*). Première version : *Vous le voiez.* Deuxième version : *Oh, non seulement nous savons vôtre nom : mais encore tout.*
(*c*). « Poltron, *as-tu peur* », puis : « Poltron, *crains-tu que nous ne te mangions ?* »
(*d*). « je tremble *qu'il* ».
(*e*). Raturé : *de.*

1. En italien : au secours !

P. 947.

(*a*). Raturé : *Ah ! ma.*
(*b*). Première version, à Arlequin : *Vous avez raison. Oh, la bonne caution.* Deuxième version : *Cette caution-là n'a pas beaucoup de crédit, mais je lui en sais bon gré,* puis : « mais je *te* sais bon gré *de t'y fier. Elle ne te trompera pas* ». Troisième version : *Arlequin, nous ne te tromperons pas.*
(*c*). « *Malheureusement* cette ».
(*d*). Raturé : *mais je te sais fort bon gré.*
(*e*). « de chair *et d'os* ».
(*f*). Raturé : « *En peux-tu* [douter ?] »
(*g*). Raturé : *Voyons, bon, vous n'êtes peut-être...*
(*h*). « *car* j'aime ».
(*i*). Raturé : *Eh.*

P. 948.

(*a*). Raturé : *Il y en a une de nous.*
(*b*). Raturé : *qui s'appelle Fleur d'Orange.*
(*c*). « et ta femme *même si tu le veux. L'autre ne veut point de toi.* Mais il faut ».
(*d*). Le manuscrit ajoute ici un *Pourquoi ?,* attribuable peut-être à Arlequin.
(*e*). Raturé : *Et qui eſt-elle ?,* puis : « *Mais il fa*[ut] ».
(*f*). Première version : *Eſt-ce vous qui êtes l'aimable Fleur d'Orange ?*
(*g*). « qui s'appelle *Epine-Vinette ?* »
(*h*). Raturé : *Il faut.*
(*i*). Raturé : *Eh bien.*
(*j*). « *Je vous épouserai* touttes deux ».

P. 949.

(*a*). « Elle te *donnera touttes* ».

P. 950.

(*a*). Raturé : *Petit salé.*
(*b*). Raturé : *vins.*
(*c*). « on t'habillera *magnifiquement* ».
(*d*). Raturé : *Ah, que...*

P. 951.

(*a*). « on te *menera* ».

P. 952.

(*a*). Raturé : *Dites-moi.*

P. 953.

(*a*). « *Pardi,* c'eſt ».
(*b*). Passage raturé : *Tenez, ma foy, j'y renonce. Il me fache pourtant bien de quitter touttes ces bonnes choses, et encore plus...* Puis une réplique attribuable à Épine-Vinette : *Oh, renoncer, cela ne se peut pas. Quand les fées font tant que de...*
(*c*). Raturé : *Te voilà bien embarassé.*
(*d*). « Tu peux *si tu* [veux] ».
(*e*). « les deux, *et* alors ».
(*f*). *que je vous aime...*
(*g*). « que *d'être sur de vivre* »...
(*h*). « de nous deux *eſt-ce que* »...

P. 954.

(*a*). Première version : *Eſt-ce qu'il faut choisir sur le champ ? Quand on tire au dé pour être pendu, on laisse au moins le tems de boire un coup* ». Deuxième version : « *Dame, aussi le choix seroit.*
(*b*). *Dame, il.*

(*c*). *J'aurois d'abord fait.*
(*d*). Raturé : *mais il faut.*
(*e*). « *Voilà meme* une baguette », puis : « *Suis-nous, nous te donnerons* une baguette ».
(*f*). Passage raturé : *Avec cette baguette, tu pourras te rendre,* puis : « tu te *rendras invisible quand il te plaira et nuls enchantemens ne pourront te nuire. Tant* », puis : *Mais tache,* puis : « Tache *de la bien conserver. On ne saurait te la prendre de force ; mais* », puis : *Car je t'avertis que l'enchanteur s'efforcera de te l'enlever par subtilité,* puis : *car si l'enchanteur vient à bout de te l'enlever,* puis : *que tu la conserveras.*
(*g*). *C'est* à toi *de* prendre ».
(*h*). Raturé : *Helas, de quoi sert mon vaste savoir s'il ne me rend pas plus habile à conquerir un cœur ?*
(*i*). « exploits. *Les entreprises les plus difficiles* », puis : *Je ne me suis point.*
(*j*). « On *ne m'a* point vu *animer* ».
(*k*). Raturé : *C'est à des travaux.*
(*l*). « De plus *belles* ».
(*m*). Raturé : *C'est moi qui ai fasciné les yeux des belles pour leur rendre les...*
(*n*). « par leurs *propres* ridicules *en fascinant les yeux des belles. C'est* »...
(*o*). « *sur leur seule parole* », puis : « à force de *se vanter de l'être* ».
(*p*). « d'auteurs *couronnés* ».

P. 955.

(*a*). « la baguette *qu'elles* ».
(*b*). « *Je l'*aperçois ».

P. 957.

NARCISSE

Voici le seul ouvrage dramatique de Rousseau qui ait été joué publiquement. Entre la date probable de sa première conception et celle de la représentation de 1752, vingt-trois années environ se sont écoulées. Pendant cette longue période, l'œuvre a nécessairement revêtu des formes diverses, dont nous ne connaissons que la dernière : l'adolescent qui l'a conçue était incapable, comme le prouvera *Iphis,* de la traiter avec la technique que révèle la version définitive; puis Rousseau subira de nombreuses influences, notamment celles de Voltaire et de Marivaux; il adaptera son œuvre aux exigences de la Comédie-Italienne, puis à celles de la Comédie-Française, qui sont bien différentes. On peut néanmoins tenter d'entrevoir quelques aspects de la lente et complexe genèse de cette comédie.

A la fin de 1729, un parent de Mme de Warens, M. d'Aubonne, passa par Annecy, Rousseau n'avait pas encore dix-huit ans et Mme de Warens, se souciant de l'avenir de son protégé, demanda à M. d'Aubonne d'observer le jeune homme et de porter sur lui un jugement. Le verdict ne fut pas favorable : Rousseau était, « sinon tout à fait inepte, au moins... très borné* ». Peu après, ce M. d'Aubonne, renvoyé d'Annecy par l'Intendant parce qu'il était amoureux de sa femme, se vengea en écrivant une comédie. « Il envoya cette piéce, racontent les *Confessions,* à Made de Warens qui me la fit voir. Elle me plut et me fit naitre la fantaisie d'en faire une pour essayer si j'étois en effet aussi bête que l'Auteur l'avoit prononcé** ». Cette tentative met en scène un « joli garçon », image flatteuse de l'adolescent dont les *Confessions* feront assez complaisamment le portrait***. Qui sait si en outre l'idée d'un jeune homme habillé en femme n'est pas venue à Rousseau d'une de ces tendres plaisanteries qu'engendrait « dès le premier jour, la familiarité la plus douce » qui s'était établie entre *Petit* et *Maman***** ? Si la décision d'écrire une pièce et peut-être le thème de la comédie naissent dans ces circonstances, la première réalisation a été un peu plus tardive. Rousseau note en effet : « Ce ne fut qu'à Chamberi que j'executai ce projet en écrivant l'*Amant de lui-même*. Ainsi quand j'ai dit dans la préface de cette pièce que je l'avois écrite à dix huit ans, j'ai menti de quelques années***** ».

Comme il a vécu à Chambéry de 1732 à 1740, la date de la première rédaction reste très incertaine. Il y a sans doute eu plusieurs rédactions successives. L'occasion de l'une d'entre elles fut peut-être l'amitié de Rousseau pour M. de Conzié pendant l'hiver 1733-1734. Les *Confessions* attestent que leurs conversations portaient souvent sur les œuvres de Voltaire : « Rien de tout ce qu'écrivoit Voltaire ne nous échappoit. Le gout que je pris à ces lectures m'inspira le desir d'apprendre à écrire avec elegance, et de tâcher d'imiter le beau coloris de cet auteur dont j'étois enchanté****** ». Or *Narcisse* vise certainement à l'élégance et l'une des comédies de Voltaire, *l'Indiscret,* publiée en 1725, pouvait donner à Rousseau, non seulement le « coloris » qu'il cherchait, mais des éléments du sujet même de sa pièce : le Damis de Voltaire est content de lui-même avec excès, et coquet au point d'abuser de la poudre sur ses cheveux et des parfums. Rousseau était toujours à Chambéry lorsqu'en 1739 Marivaux publia son *Petit-Maître corrigé,* qui est sans doute celle de toutes les comédies antérieures à laquelle *Narcisse* ressemble le plus :

---

* *Confessions,* l. III, *O.C.* Pléiade, t. I, p. 113.

** *Ibid.*, l. III, p. 120.

*** *Ibid.*, l. II, p. 48, et l. III, p. 128. Voir aussi la note 3 de la page 7, l. I.

**** *Ibid.*, l. III, p. 106.

***** *Ibid.*, l. III, p. 120.

****** *Ibid.*, l. V, p. 214.

l'un et l'autre petit-maître doivent subir l'épreuve de la jalousie avant de parvenir, non sans efforts, à proclamer leur amour.

Rousseau arrive à Paris en 1742, « avec quinze louis d'argent comptant », sa « Comédie de *Narcisse* » et son « projet de musique pour toute ressource* ». Il fait peu après la connaissance de Marivaux, dont il avait déjà subi l'influence, et lui montre sa comédie. « Elle lui plut, déclare-t-il, et il eut la complaisance de la retoucher.** » Sur ces éventuelles retouches on ne peut faire que des hypothèses. On croit entrevoir la griffe de Marivaux dans telle distinction entre « à l'ordinaire » et « à votre ordinaire*** », dans tel détour ingénieux sur « une fille anonyme**** », dans la plaisanterie sur les « injures***** » ou dans l'idée que Lucinde doit être rendue presque folle de colère avant la confrontation décisive******, voire dans ce trait sur les hommes, qui « ne se vengent jamais avec plus d'emportement que quand ils ont le plus de tort******* ».

Quelques années passèrent ensuite, remplies d'autres préoccupations, et Rousseau raconte : « Je m'avisai de présenter ma petite Comedie de *Narcisse* aux Italiens; elle y fut reçûe et j'eus les entrées, qui me firent grand plaisir. Mais ce fut tout. Je ne pus jamais parvenir à faire jouer ma piéce, et ennuyé de faire ma Cour à des Comédiens, je les plantai là******** ». D'après la place de ce passage dans le récit des *Confessions,* on peut conjecturer que c'est vers 1746 que *Narcisse* fut reçu aux Italiens. Il devait y patienter infructueusement pendant une durée que Rousseau estime à « sept ou huit ans »*********, mais qui est sans doute un peu plus courte : le temps lui a paru long. En 1752, Rousseau prend contact avec la Comédie-Française. « J'aurois bien voulu, écrit-il, avoir fait passer ma pièce aux Français... Je parlai de ce desir au Comedien La Noue, avec lequel j'avois fait connoissance et qui, comme on sait, était homme de mérite et Auteur. » Lanoue avait en effet écrit une tragédie sur *Mahomet Second,* jouée en 1739. « *Narcisse* lui plut », continue Rousseau, « il se chargea de le faire jouer anonyme, et en attendant, il me procura les entrées... La Pièce fut reçue avec applaudissement, et répresentée sans qu'on en nommât l'auteur... Les Demoiselles Gaussin et Grandval jouoient les rolles d'amoureuses, et quoique l'intelligence du tout fut manquée à mon avis, on ne pouvoit pas appeler

* *Confessions,* l. VII, p. 282.
** *Ibid.*, l. VII, p. 287.
*** Sc. III.
**** Sc. III.
***** Sc. IX.
****** Sc. XV.
******* Sc. VIII.
******** *Confessions,* l. VII, p. 341.
********* *Ibid.*, l. VIII, p. 387.

cela une Piéce absolument mal jouée.* » Ces renseignements sur l'interprétation peuvent être complétés par quelques conjectures. Mlle Gaussin, alors très admirée et au charme de qui Rousseau n'était pas insensible, avait dû choisir le rôle d'Angélique, à peu près aussi important que celui de Lucinde et plus émouvant; celui de Lucinde, plus tendu, revenait par suite à Mlle Grandval. Les registres de la Comédie-Française, qui donnent les noms des acteurs ayant joué, sans préciser leurs rôles, permettent d'affirmer, par la comparaison des deux représentations de *Narcisse,* que Marton était jouée par Mlle Beauménard. Pour les hommes, ils montrent que Lanoue, qui avait patronné la pièce, n'y jouait pas, et suggèrent que le rôle de Valère avait dû être confié à Bellecour, qui interprétait volontiers les fats, celui de Léandre à Drouin, qui avait l'emploi des amoureux, celui de Lisimon à Bonneval ou à La Thorillière, celui de Frontin à Armand.

On a vu dans quelles circonstances *Narcisse* n'a été joué que les 18 et 20 décembre 1752. Dès la fin du même mois, Rousseau se mit à préparer sa pièce pour l'impression et écrivit une longue préface, consacrée, non à la pièce elle-même, mais à la querelle sur les sciences et les arts. Il répond dans cette préface aux critiques qu'avait suscitées son *Discours* de 1750 et y fait preuve de la même virtuosité dialectique et de la même passion qui avaient marqué ce *Discours* et qui marqueront sa *Lettre à d'Alembert sur les spectacles.* Il faut avouer que parfois sa dialectique reste verbale ou tourne à vide. Ce qu'on discerne de nouveau dans la préface, c'est une rancœur contre certains philosophes ou écrivains, écho d'un ressentiment personnel qui se fait jour en lui depuis qu'il les connaît et qui ira en s'aggravant, et aussi, parfois, une dénonciation du régime social fondé sur la propriété, qui s'exprimera plus amplement dans le *Discours sur l'inégalité.* La préface se termine par un morceau de bravoure bien venu, qui dut irriter considérablement les critiques. Le 11 janvier 1753, Rousseau obtient pour son livre l'approbation du censeur Condillac**. *Narcisse* eut assez de succès pour donner lieu en 1753 à deux éditions différentes et Rousseau s'intéressa assez à son œuvre pour porter quelques corrections manuscrites sur son exemplaire de l'édition originale.

Grimm a laissé quelques lignes sur *Narcisse,* dans sa *Correspondance littéraire,* à la date du 15 février 1754. Jugeant sommairement la pièce, qu'il appelle « une mauvaise comédie », il s'intéresse surtout à la préface. Elle lui paraît « outrée », imprimée « sans aucun sujet » et « pas trop bonne d'ailleurs, si vous en exceptez quelques

---

* *Confessions,* l. VIII, p. 387.

** Cette approbation, datée et signée, figurait sur un feuillet manuscrit collé sur l'exemplaire de l'édition originale que conserve la Bibliothèque Nationale sous la cote Yf 7486. Ce feuillet a disparu lors de la reliure du volume en 1959.

pages dignes de M. de Montesquieu* ». Fréron est plus explicite. Comme Grimm, il voit surtout dans le livre de Rousseau un nouvel épisode de « l'importune dispute »; l'auteur, selon lui, « en revient toujours à sa fameuse question, et il paraît qu'il n'a publié sa Comédie que pour avoir occasion de répéter dans une longue Préface ce qu'il a déjà dit tant de fois** ». Mais il adresse aussi à la pièce elle-même des critiques intéressantes. L'une porte sur l'invraisemblance du fait que Valère ne reconnaisse pas son portrait : « Ce fat a bien peu d'esprit. Sa sœur, sa maîtresse et son valet lui font entendre assez clairement qu'il est lui-même l'original du portrait. Un fat d'ailleurs connaît parfaitement sa figure : malgré tout cela, il ne s'en doute pas. » Fréron critique aussi la duplicité de l'intrigue, et estime que « ces deux pièces... n'en font pas une*** ».

Considérée en elle-même, la comédie de Rousseau doit se comprendre d'abord en fonction des thèmes qu'elle met en œuvre. Celui du portrait utilisé pour provoquer des sentiments est ancien et banal. Celui du fat ouvre par contre des jours singuliers sur la société depuis la fin du XVIIe siècle. Valère est appelé à trois reprises dans la pièce**** « fat » ou « petit-maître ». Il s'insère ainsi dans une longue liste de personnages dénoncés par les auteurs comiques, depuis le Moncade de l'*Homme à bonnes fortunes* (1686) de Baron. Parfois, le brillant et inquiétant héros, trop habile en amour, n'est qu'un escroc qui veut soutirer de l'argent à ses victimes trop crédules; tel est le protagoniste du *Chevalier à la mode* (1687) de Dancourt. Parfois, on insiste sur le côté cynique et profondément méchant du personnage; ainsi Donneau de Visé dans ses *Dames vengées* dès 1695, et bien d'autres au XVIIIe siècle. Citons seulement Saint-Foix, dans sa *Julie* (1746), dont le Damis a cette réplique : « On ne peut véritablement compter sur les parents que quand ils sont morts***** », et Desmahis, que Rousseau connaissait et qui « étoit un peu l'original de sa comedie****** », *l'Impertinent,* joué quinze fois en 1750; spécialiste de la question, Desmahis sera l'auteur des articles « Fat » et « Femme » dans l'*Encyclopédie* de Diderot. C'est aux *Liaisons dangereuses* de Laclos qu'aboutit toute cette littérature. Ailleurs encore, le petit-maître est présenté sous des aspects ridicules et surtout répugnants. *Le Distrait* (1697) de Regnard n'est pas seulement « toujours sautant, dansant, gesticulant », il n'a pas seulement la manie de siffler, de se peigner, de chanter*******, il met aussi sa gloire « à tenir bien du vin » et se pré-

* *Correspondance littéraire,* t. I, p. 112.

** *Lettres sur quelques écrits de ce temps,* t. IX, lettre 3 du 6 avril 1753, pp. 64-65.

*** *Ibid.*, p. 70.

**** Sc. III et IX.

***** Sc. VIII.

****** *Confessions,* l. X, p. 511.

******* Acte I, sc. IV.

sente « tout fumant d'une vineuse haleine* ». Dans *l'Obstacle imprévu* (1717) de Destouches, le petit-maître porte un grand chapeau qui lui « couvre un œil et qui ne laisse voir que la moitié de l'autre », il est débraillé « jusqu'à la ceinture » et s'enivre « de vin, de liqueurs et de tabac** ». Le comédien Lanoue, après s'être intéressé à *Narcisse,* tirera du thème, en inversant les sexes, sa comédie en cinq actes de *la Coquette corrigée* (1756), où il traite le petit-maître de « vermine*** ».

Rousseau, lorsqu'il mettait la dernière main à sa pièce, devait connaître une partie au moins de ces peintures violentes. Mais il n'a pris au type que des aspects plus anodins. Incidemment, son *Arlequin amoureux malgré lui* mentionne avec quelque mépris le « petit-maître françois**** » et son *Épître à M. de l'Étang* (1749) affirme qu'un des agréments de la campagne est qu'on n'y trouve point de « fades petits-Maîtres***** ». Si le personnage n'est pour lui que fade, c'est qu'il en adoucit le tableau par le sentiment. Le premier sans doute, Nivelle de la Chaussée avait présenté, dans son *Préjugé à la mode* (1735), un petit-maître sincèrement amoureux. Dans le *Rival de lui-même* (1746) du même auteur, Rousseau pouvait trouver, avec un autre fat, un exemple récent de la méprise sur le double nom qui explique l'attitude de sa Lucinde dans *Narcisse.* Marivaux enfin, dans son *Petit-Maître corrigé,* guérissait le ridicule par l'amour. C'est à la suite de La Chaussée et de Marivaux, et en raison de ses propres ressources émotives, que Rousseau a donné une couleur sentimentale à un thème qui était d'abord réaliste.

Son Valère est avant tout très content de lui-même et coquet comme une jolie femme. Cet aspect du type devait être lié dans la réalité à des goûts homosexuels, auxquels les bienséances théâtrales interdisent toute allusion, mais dont on trouve des traces hors du théâtre. La Bruyère signalait les « amours ridicules » de jeunes gens « affranchis de la passion des femmes****** ». Bel, dans son commentaire de l'*Histoire véritable* de Montesquieu, implique qu'un petit-maître et un inverti sont au fond la même chose*******. Au théâtre, le déguisement équivoque que Rousseau ne prête qu'au portrait de son héros avait été mis en scène, avant lui, par Boissy. Celui-ci, dans sa comédie de *la Fête d'Auteuil,* jouée avec succès en 1743, avait montré Damon revenant d'un bal où il était déguisé en femme; en cet équipage, il avait forcé « trente cœurs » à lui « rendre les armes******** »; il reste habillé en femme pendant

* Acte I, sc. VI.
** Acte I, sc. I.
*** Acte I, sc. III.
**** Sc. I.
***** *Supra,* p. 1151.
****** *Caractères,* VIII, 74.
******* Édition R. Caillois, p. 79.
******** Acte I, sc. IV.

toute la pièce. Il y a aussi un fat dans cette comédie, un de « ces Beaux par état » dont la sœur de Damon déclare :

> *C'est un être équivoque, une espèce amphibie,*
> *Qui vole notre sexe et qui masque le sien**.

Tout cela reste, comme chez Rousseau, sur le plan de la plaisanterie, mais Boissy suggère davantage des réalités que l'auteur de *Narcisse* n'a fait qu'effleurer avec une grande pureté.

Au dénouement des pièces sur les petits-maîtres, le personnage est en général évincé : ses défauts révoltent la femme qu'il voulait épouser et le mariage est rompu. C'est ainsi que se terminaient, par exemple, *l'Indiscret* (1725) de Voltaire, *l'École des Bourgeois* (1728) de d'Allainval, *le Français à Londres* (1727) ou *les Dehors trompeurs* (1740) de Boissy, la *Julie* (1746) de Saint-Foix. Plus optimiste, Rousseau, à la suite de Marivaux, pardonne à son héros en le corrigeant.

Narcisse est construit sur une double intrigue : d'une part Valère, fiancé à Angélique, tombe amoureux du portrait qui le représente en femme, et d'autre part sa sœur Lucinde, par amour pour Cléonte, refuse d'épouser Léandre, frère d'Angélique, jusqu'à ce qu'elle comprenne que Léandre n'est autre que Cléonte. Cette deuxième intrigue est très banale et le lien entre les deux est bien ténu : c'est pour tirer une petite vengeance de la plaisanterie du portrait, qu'au fond elle n'approuve pas, qu'Angélique entretient Lucinde au sujet de son frère dans une méprise qui ne saurait guère se prolonger. Rousseau a sans doute disposé son action de cette manière pour pouvoir faire connaître à Valère les tourments de la jalousie sans sortir du cercle de famille : l'homme que le héros prend pour le nouvel amant d'Angélique n'est que le frère de la jeune fille. On peut critiquer, sur bien des points, la vraisemblance du sujet. Fréron le faisait déjà. Il vaut mieux accepter le postulat de la situation paradoxale et éclairante que Rousseau a créée pour son *Amant de lui-même* et qu'il développe avec logique. C'est dans le même esprit qu'il imaginera plus tard son *Pygmalion*.

Dans l'élaboration de sa comédie, Rousseau se donne des facilités parfois un peu plus étendues que ne le permet l'usage de son temps. Un aparté est pratiquement adressé au public**, un monologue est assez longuement entendu par un personnage qui ne devrait pas entendre ce discours réputé muet***; ces conventions ne sont plus guère acceptées au XVIIIe siècle que dans des situations très amusantes. Le personnage du père, Lisimon, est commodément présenté comme un bourru bienfaisant qui, sous ses dehors rudes, est très aisé à attendrir. Surtout, beaucoup des plaisanteries de Frontin et

---

* Acte I, sc. V.
** Sc. I.
*** Sc. IX.

d'Angélique sur le nouvel amour de Valère* sont à double sens : si elles font rire le public, Valère ne peut les comprendre et se trouve ainsi exclu d'un dialogue qui devient artificiel dans la mesure où il y participe passivement; ces clins d'œil au spectateur sont difficiles à justifier.

Mais la pièce possède également des qualités techniques. L'exposition, terminée dès la première scène, est rapide et claire. Le déroulement de l'action est aisé. La scène III expose avec vigueur et humour la situation centrale de la comédie. Le rôle de Frontin, bien que faisant appel à des éléments conventionnels, est comique dans l'ensemble. Le dénouement ménage l'intérêt d'une façon assez dramatique; tout en s'inspirant sans doute de la brusque décision qui termine plusieurs pièces de Marivaux, il peut résulter avec vraisemblance d'une comparaison rationnelle des deux partis à prendre. On comprend que la Comédie-Française ait souhaité inscrire *Narcisse* à son répertoire.

Il ne subsiste aucun manuscrit de la comédie de Rousseau. Elle a été imprimée en 1753 dans deux éditions, qui ne portent aucune indication de lieu ni d'editeur et qui diffèrent par le nombre et la disposition des pages ainsi que par de menues variations de ponctuation ou d'orthographe. La Bibliothèque Nationale possède un exemplaire de chacune, sous les cotes Yf 7486 et 8° Yth 12565. C'est la première de ces deux éditions qui a reçu l'approbation de Condillac et qui a servi à Rousseau pour ses corrections manuscrites. L'exemplaire de l'auteur est conservé par la Société Jean-Jacques Rousseau à Genève sous la cote Ms. R. 89. Nous en reproduisons le texte, tel que Rousseau l'a corrigé, en indiquant dans les notes la leçon qu'il a modifiée, lorsqu'il ne s'agit pas d'une simple coquille. *Narcisse* figure ensuite dans de nombreuses éditions publiées du vivant de Rousseau, mais il ne semble pas que l'auteur se soit intéressé à leur texte.

P. 960.

(*a*). Les deux éditions de 1753 imprimaient : « le *Mercure* de ..... 1752 ». Rousseau a ajouté sur son exemplaire la mention du mois d'août. Cette précision n'a passé dans les éditions qu'à partir de 1781.

1. Cette allusion, qui a échappé, semble-t-il, à tous les commentateurs de Rousseau, peut être éclaircie en partie grâce aux recherches qu'a bien voulu faire Mlle Girardin, bibliothécaire à la Sorbonne, que je remercie ici. Gottsched, en sa qualité de doyen de la Faculté de philosophie de Leipzig, avait fait imprimer une invitation en latin pour assister à une séance destinée à venger la science d'alors *(eruditionis hodiernae vindicias)* contre les accusations de Rousseau. Cette séance, consacrée aussi à célébrer l'anniversaire du

---

* Sc. III et IX.

Prince Électeur de Saxe, était fixée au 5 septembre 1752. Gottsched donne les noms des quatre orateurs qui devaient y prendre la parole : Friedrich Burscher, Wilhelm Abraham Teller, Karl Friedrich Brucker et Johann Traugott Schulz. La revue *Das Neueste aus der anmuthigen Gelehrsamkeit,* dirigée par Gottsched, donne un peu plus tard un bref compte rendu de la séance. Selon cette revue (1752, p. 873), les discours auraient été publiés à Leipzig, chez l'éditeur Breitkopf, sous le titre : *Vertheidigung der Gelehrsamkeit und sonderlich schönen Wissenschaften gegen den Herrn Rousseau aus Genf...* Cet ouvrage est malheureusement introuvable à Paris.

P. 961.

1. C'est-à-dire : à déprécier.

P. 962.

(*a*). Tel est le texte de l'édition de 1753 que Rousseau a corrigée. L'autre édition de 1753, suivie par celles de 1756, 1760, 1763, 1764 et 1769, porte : *satis eloquentiae.*

(*b*). Rousseau devait tenir à cette orthographe, car il a corrigé ainsi son édition, qui imprime : *j'aie.*

P. 963.

(*a*). Correction de Rousseau, substituée à l'orthographe des deux éditions de 1753, qui est : *essentiel.*

P. 964.

1. *Le Méchant,* comédie en cinq actes et en vers de Gresset, fut créé le 15 avril 1747.

P. 966.

1. La plupart de ces philosophes « sceptiques » sont bien connus. L'Anglais Mandeville, mort en 1733, auteur de la *Fable des Abeilles,* a été très discuté au XVIIIe siècle.

P. 967.

1. Citation des *Essais* de Montaigne, l. III, chap. XII.

P. 970.

1. Citation de Virgile, *Géorgiques,* chant II, vers 495-499, avec omission du vers 497.

P. 973.

(*a*). Les éditions de 1764, 1769 et 1772 impriment : « j'ai osé *encore quelques momens reprendre ces exercices* pour charmer mes maux ».

P. 974.

(*a*). Ici comme plus haut, Rousseau a corrigé l'orthographe des deux éditions de 1753, qui était : *essentiel.*

P. 978.

(*a*). Ce mot ne figure dans aucune des deux éditions de 1753. Rousseau l'a ajouté dans l'exemplaire qu'il avait sous les yeux. Son addition a été incorporée au texte à partir de 1781.

1. C'est-à-dire : pour cela.

P. 982.

1. Valère entre en chantonnant ce vers d'*Atys,* opéra de Quinault, acte I, sc. VI.

P. 985.

1. Toute cette réplique de Frontin est un aparté. Les éditions de 1764, 1769 et 1772 indiquent : « FRONTIN, *à part* ».

P. 986.

1. En souvenir d'un jeu, prendre quelqu'un sans vert est le prendre en défaut.

P. 987.

(*a*). Les deux éditions de 1753 portent : *fournissez*. La correction de Rousseau, « fournissiez », a été adoptée par les éditions de 1763 et 1781.

P. 989.

1. Il semble que Rousseau se soit souvenu ici du *Don Juan* de Molière, dont il a utilisé à la fois la scène de Monsieur Dimanche et celle de Don Louis.

P. 992.

(*a*). Les mots : « j'avois tort » ne figurent pas dans les éditions de 1753. Rousseau les a ajoutés sur son exemplaire, et ils passent dans les éditions à partir de 1781.

1. Au sens de « cela », comme plus haut, sc. I.

P. 993.

(*a*). Ce mot est une correction de Rousseau, qui a passé dans les éditions à partir de 1781. Les éditions de 1753 portaient : « une femme ou la *pauvreté* ».

P. 995.

(*a*). Les deux éditions de 1753 donnaient : « qu'elle ne le soupçonne *point* ». Rousseau a supprimé le dernier mot, qui disparaît des éditions à partir de 1781.

1. Amenée par la réplique précédente de Valère, l'expression suggère à cette époque une agitation qui confine à la véritable folie.

P. 1004.

1. Ce sont des cabarets de l'époque.

P. 1007.

(*a*). Tel est le texte des deux éditions de 1753, que Rousseau n'a pas corrigé, de l'édition de 1781 et de la plupart des suivantes. Les éditions publiées du vivant de Rousseau à partir de celle de 1756 impriment : *divinations*.

P. 1008.

1. C'est-à-dire : je l'en dispense.

P. 1013.

(*a*). Tel est le texte de l'édition revue par Rousseau et de plusieurs autres éditions publiées de son vivant. La forme « guères » ne se trouve en général que dans les vers. « De guère », au sens de « guère », existe chez Guez de Balzac et chez Molière. L'expression devait néanmoins paraître archaïque, puisque les éditions de 1761, 1763, 1764, 1769 et 1772 impriment : « qui n'est *guère* inférieur ».

P. 1016.

(*a*). Correction de Rousseau, incorporée à l'édition de 1781 et aux suivantes. Celles qui ont été imprimées de son temps portaient : *connoissez*.

P. 1017.

(*a*). Correction de Rousseau. L'édition dont il s'est servi et les autres éditions publiées de son vivant portent : « on ne peut mieux ».

(*b*). Texte des deux éditions de 1753, que Rousseau n'a pas modifié. Toutes les autres éditions de son temps corrigent en : « *tous* interdits ».

(*c*). La phrase se terminait ici dans les éditions de 1753 et dans toutes les autres éditions contemporaines de Rousseau. Celui-ci s ajouté sur son exemplaire la fin de la réplique, qui figurera dans lea éditions à partir de celle de 1781.

P. 1019.

LA MORT DE LUCRÈCE

De juin à octobre 1754, Rousseau vit à Genève. Il y rentre dans l'église protestante, recouvre la qualité de citoyen genevois et fait aussi divers projets littéraires, dont le théâtre n'est pas absent. Comme il convient à sa nouvelle orientation, il pense cette fois-ci à un sujet sévère et moral de tragédie. Celui de Lucrèce n'est pourtant pas sans hardiesse à son époque. Il écrira dans les *Confessions :* « Je méditois... un plan de Tragedie en prose, dont le sujet qui n'étoit pas moins que Lucrece ne m'ôtoit pas l'espoir d'atterrer les rieurs, quoique j'osasse laisser paroitre encor cette infortunée, quand elle ne le peut plus sur aucun Theatre françois.* » En effet la séduction de Lucrèce par Sextus Tarquin aurait paru choquante ou ridicule au public de ce temps; de fait, il ne nous reste aucune autre *Lucrèce* du XVIIIe siècle que celle de Rousseau. On peut se faire une idée de la réaction des contemporains devant l'évocation de la scène de viol grâce au compte rendu méprisant que donnera Mouhy en 1780 de la *Lucrèce* que publia du Ryer en 1638 : « *Sextus, un poignard à la main, veut exiger que Lucrece réponde à ses desirs ; elle s'enfuit dans la coulisse ; on entend des cris, et Lucrece reparoit en désordre :* voilà une des situations de cette Piece, qui peut donner une idée de la maniere dont les Auteurs de ce temps traitoient de semblables sujets**. » Quant aux « rieurs » dont parle Rousseau, on les trouve dans les spectateurs des parodies du théâtre de la Foire. En 1695, Regnard et Dufresny avaient donné la comédie de la *Foire Saint-Germain,* plusieurs fois reprise depuis, et que Rousseau pouvait lire au tome VI du *Théâtre italien* de Gherardi. Entre autres épisodes, cette comédie offre une parodie qui ne s'attaque pas à une tragédie en particulier mais veut faire rire de la situation même de Lucrèce. Tarquin, qui est Arlequin, serre Lucrèce de près; elle se tue; Tarquin s'exclame :

Ah ! Lucrèce ; mamour ! vous donnez aujourd'hui
*Un exemple étonnant qui sera peu suivi****.*

Puis il s'en va en chantant. Pour éviter de tels souvenirs, Rousseau a dû proposer surtout à ses personnages des problèmes moraux et politiques.

L'origine lointaine du choix du sujet remonte à l'époque où Rousseau tout enfant s'enthousiasmait pour les héros de l'Antiquité, en particulier en lisant avec son père les récits de Plutarque. Il faut ici encore citer les *Confessions :* « Plutarque, surtout, devint ma lecture favorite. Le plaisir que je prenois à le relire sans cesse me guerit un peu des Romans, et je préferai bientôt Agesilas, Brutus, Aristide, à Orondate, Artamene et Juba. De ces interessantes lectures, des entretiens qu'elles occasionnoient entre mon pere et moi, se forma cet esprit libre et républicain... Le recit des traits de constance et d'intrépidité qui m'avoient frappé me rendoit les yeux étincellans et la voix forte****. » De même, un « feu céleste... brille » dans les « regards » du Brutus de la tragédie de Rousseau*****. Dans ses rêveries d'enfance, Brutus est l'un des héros antiques auxquels il

* L. VIII, *O.C.* Pléiade, t. I, p. 394.
** *Abrégé de l'Histoire du Théâtre françois,* t. I, p. 283.
*** Acte II, sc. v.
**** L. I, p. 9.
***** Acte II, sc. IV.

s'identifie le plus volontiers : « J'avois eu des accés d'orgueil par intervalles quand j'étois Aristide ou Brutus.* » La passion de Rousseau pour Plutarque sera durable. En 1754 même, peu avant son départ pour Genève, il le nomme à deux reprises. Prêtant à Mme d'Épinay un volume de son édition, il lui écrit : « Voilà mon maître et consolateur Plutarque... ne le prêtez à personne, car je ne veux m'en passer que pour vous**. » Et dans la Dédicace à la République de Genève du *Discours sur l'Inégalité,* il évoque en ces termes la mémoire de son père : « Je vois Tacite, Plutarque et Grotius, mêlés devant lui avec les instrumens de son métier.*** »

En réalité, le Brutus dont parlent les *Confessions* est vraisemblablement Marcus Junius Brutus, le meurtrier de César, à qui Plutarque a consacré une de ses *Vies.* Le contemporain de Lucrèce est Lucius Junius Brutus, qui n'est mentionné par Plutarque que dans quelques lignes au début de la *Vie de Publicola.* Plutarque rapporte que ce Brutus profita de l'émotion soulevée par le viol et le suicide de Lucrèce pour diriger la révolte contre Tarquin le Superbe, et qu'il fut élu consul avec Collatin, mari de Lucrèce. Le même Brutus est aussi le héros de la tragédie de Voltaire intitulée *Brutus,* créée en 1730, publiée en 1731, et souvent reprise à partir de 1742, donc pendant le séjour de Rousseau à Paris. Mais Voltaire place son action un peu plus tard, quand Collatin a été remplacé comme consul par Publicola, et le sujet de sa pièce n'a rien à voir avec Lucrèce. Rousseau a pu mêler tous ces souvenirs, confondant plus ou moins les deux Brutus dans un même idéal d'héroïsme romain et républicain. Il a pu tirer aussi quelques idées du récit de Tite-Live, qui insiste surtout sur l'habileté des manœuvres politiques de Brutus après la mort de Lucrèce, mais rapporte au début que Collatin, à la suite d'un banquet, amène ses amis chez lui, et que l'on surprend Lucrèce, la nuit étant déjà avancée, qui travaillait à la laine; ce détail a peut-être donné à Rousseau l'idée de sa première réplique.

La Mort de Lucrèce utilise également quelques souvenirs de la tragédie classique. Si Rousseau imagine que Lucrèce a naguère été fiancée à Sextus Tarquin, qu'elle l'a sans doute aimé, que peut-être elle l'aime encore sans le savoir, mais que, par obéissance pour son père, elle a accepté un époux moins brillant auquel l'attache sa vertu, c'est sans doute parce qu'il a pensé à la situation de Pauline entre Sévère et Polyeucte dans la tragédie de Corneille. Si son héroïne se plaint à sa première apparition d'un désarroi physique que son innocence n'explique pas, c'est peut-être par une réminiscence du début de la *Phèdre* de Racine. Et Sulpitius, parfait cynique, qui sait manœuvrer son maître au mieux de ses intérêts ne peut manquer d'évoquer le Narcisse de *Britannicus* devant Néron.

* *Confessions,* l. I, p. 24.

** *Correspondance complète,* t. II, pp. 265-266.

*** *O.C.*, Pléiade, t. III, p. 118.

Les confidents jouent au reste un rôle important dans la tragédie de Rousseau. De longues scènes leur sont dévolues et les personnages principaux, qui cherchent le secret, sont obligés de passer par leur intermédiaire, ce qui provoque inévitablement un ralentissement de l'action. Tous parlent en prose, conformément à une aspiration que le XVIIIe siècle avait parfois exprimée, plus pour regretter l'absence de tragédies en prose que pour en créer, si l'on excepte les tentatives de La Motte et de Landois. Les personnages de *la Mort de Lucrèce* emploient un ton grave et oratoire, qui est l'un des modes naturels de l'expression chez Rousseau et qui deviendra, quelques années plus tard, celui du drame de Diderot. Rousseau s'est permis deux liaisons de fuite* dans la partie rédigée de sa tragédie, alors que ce type de liaison, un peu trop visible, n'est en général employé qu'une fois dans une pièce. L'intrigue politique n'est amorcée qu'à la scène v du premier acte, ce qui est encore une marque de lenteur dramatique. Outre l'idée générale de lutte contre la tyrannie, la pièce contient, dans sa dernière scène rédigée, quelques idées politiques plus intéressantes. Brutus, malgré une déclaration qui implique curieusement une conception providentialiste de l'histoire, affirme une confiance dans la vertu propre de la constitution de Rome qui doit sans doute à Montesquieu mais fait aussi prévoir *le Contrat social.* Collatin a peur de l'anarchie et même de la démocratie, mais ces idées d'un personnage peu sympathique ne peuvent guère être attribuées à Rousseau lui-même.

L'établissement du texte de *la Mort de Lucrèce* est difficile. Il a existé de cette œuvre inachevée deux manuscrits assez différents l'un de l'autre. Le premier, écrit au crayon, était possédé, après la mort de Rousseau, par Gabriel Brizard qui, en 1792, a publié ce qu'il a pu en lire au tome XVIII de l'édition des *Œuvres complètes* de Rousseau donnée par le libraire Poinçot. Brizard a fait précéder son édition d'un avertissement où il disait avoir rassemblé des « fragmens » qui étaient « épars » dans les cahiers manuscrits de Rousseau. « Nous avons... recherché », écrivait-il « ces traits épars, et tenté de les réunir. Il falloit d'abord les lire; et ce n'étoit pas la moindre difficulté, attendu qu'écrits au simple crayon et depuis près de quarante ans, plusieurs passages étoient presque entièrement effacés. Il n'y a que notre admiration pour Rousseau qui ait pu nous donner la patience nécessaire pour les déchiffrer et les transcrire. Le petit nombre de ces traits et le désordre qui y regne nous ont empêché de distinguer les scenes et les actes. » Effectivement, Brizard n'a cru pouvoir numéroter que les deux premières scènes, et il a intitulé son édition *Courts fragmens de Lucrece, tragédie en prose.* Il est mort peu après, le 23 janvier 1793, et le manuscrit dont il s'était servi a disparu. La Bibliothèque de Neuchâtel conserve, sous la cote 7864, un autre manuscrit. Autographe, écrit à l'encre, donnant un texte beaucoup plus

* Acte I, sc. IV-V et acte II, sc. II-III.

long que le précédent, comportant, surtout vers la fin, de nombreuses corrections de Rousseau, il est intitulé *La Mort de Lucrèce, tragedie, fragments (2 actes).* Il contient un premier acte complet en six scènes, un deuxième acte rédigé jusqu'à sa scène IV et probablement presque complet, et douze fragments. Le texte en a été publié dans les *Annales J.-J. R.* de 1906 sous le titre de *Lucrèce, tragédie.*

Le manuscrit de Neuchâtel est vraisemblablement postérieur à celui dont Gabriel Brizard s'était servi pour préparer l'édition de 1792. Mais cette édition n'offre pas seulement des premières versions de textes que Rousseau a corrigés ensuite. Elle reproduit aussi des passages qui ne sont pas repris dans le manuscrit de Neuchâtel et qui sont pourtant utiles pour comprendre le dessein de Rousseau, et même pour interpréter certains des fragments par lesquels se termine le manuscrit conservé. Nous avons donc pris pour texte de base ce manuscrit de Neuchâtel, en l'accompagnant de toutes les indications qui peuvent renseigner sur l'évolution du travail de Rousseau. Nous donnons d'une part toutes les variantes du manuscrit, qui permettent de suivre l'élaboration stylistique à une époque où Rousseau était en pleine possession de la plupart de ses moyens d'expression littéraire, d'autre part tous les passages de l'édition de 1792 dont la substance se retrouve dans le manuscrit de Neuchâtel, ainsi que les passages de l'édition dont l'équivalent ne se trouve pas dans le manuscrit. Notre texte se complète enfin, au début, par une liste des personnages que donne l'édition, mais non le manuscrit, et à la fin, par six fragments que contient seule l'édition de 1792. Nous avons donné à l'ensemble des fragments une numérotation continue.

Ces fragments, si on les rapproche de deux scènes qui figurent seulement dans l'édition de 1792 et que, dans nos notes, nous avons appelées scène I *bis* et scène I *ter* de l'acte II, permettent d'entrevoir comment Rousseau aurait conçu le déroulement de sa tragédie après la partie qu'il en a rédigée. Il résulte de la scène I *ter* que Pauline, contrairement à ce qu'espérait encore Sextus au début de l'acte II, n'a pas réussi à faire admettre à Lucrèce l'idée d'une entrevue avec le Prince et que Sulpitius en est donc réduit à « ménager entre eux une rencontre qui paroisse imprévue ». C'est le début de cette rencontre que met en scène le fragment 1. D'autre part, si Sulpitius a commencé à mettre à exécution les projets qu'il révèle à la scène I *bis,* il a pu tirer de Collatin, dont l'attitude à la fin de la partie rédigée du deuxième acte était très inquiétante, le secret de la conspiration. Il aura fait part de cette révélation à Sextus, qui aura fait arrêter Brutus et Lucretius. Le fragment 2 nous fait connaître un moment de la conversation de ces deux personnages. Brutus y suggère que Lucrèce est destinée à les délivrer. Lui demande-t-il, comme peuvent l'indiquer les fragments 10, 13 et 14, de tuer Sulpitius, dont la mort laisserait Sextus sans défense ? Elle transmettrait alors, en prononçant le fragment 11, le fer vengeur à Brutus. Mais Sextus n'est pas sans moyens de défense, et, tenant Lucretius en son pouvoir, il peut agir sur Lucrèce par le chantage dont le fragment 17 nous suggère un aspect. L'homme dont la mort est impliquée par ce fragment et par le fragment 14 n'est pas aisé à identifier. On pense naturellement au méchant Sulpitius, mais il serait étrange que Lucrèce, dans le fragment 17, ne semble pas le reconnaître, alors qu'elle lui a parlé à la scène II du premier acte. Faut-il penser que Rousseau aurait utilisé la suggestion de Tite-Live, selon lequel Sextus aurait fait céder Lucrèce en la menaçant de placer près de son corps le corps nu d'un esclave égorgé, afin de la déshonorer ? Un esclave figure précisément à la scène II de l'acte II. Au total, beaucoup de fragments nous demeurent mystérieux. Si l'on voit aisément que les fragments 4 et 7 sont des variantes de répliques de Lucrèce à la première scène et que le fragment 12 est probablement le mot de la fin, bien d'autres passages font regretter que Rousseau n'ait pas terminé une tragédie qui n'aurait sans doute pas été sans originalité ni sans vigueur.

P. 1019.

(*a*). Dans l'édition de 1792, le titre est : « Lucrèce, tragédie en prose ».

P. 1021.

(*a*). Cette liste des « Acteurs », qui ne figure pas dans le manuscrit conservé, est donnée par l'édition de 1792.

ACTE I, SCÈNE I

P. 1023.

(*a*). Raturé : « Madame, *après une nuit si peu tranquille* ».

(*b*). Raturé : « que de travail *à présent. En vérité, je vous trouve d'une* agitation *si* extraordinaire *que je crains que vôtre santé n'en souffre...* »

(*c*). Raturé : « *Il est vrai ;* je me sens ».

(*d*). Raturé : « qui se *dérange* ».

P. 1024.

(*a*). Raturé : « *austére* vertu ».

(*b*). Raturé : « et *ce sont bien plus tot celles qui me manquent qui te font m'accuser* d'en avoir trop », puis : « et quiconque les auroit toutes ne seroit *point* accusé ».

(*c*). Raturé : *Comment*, puis : « *Mais* comment *voulez-vous donc que j'appelle cette vie.* »

(*d*). Raturé : « qui vous *la feroit perdre* à la fin ».

(*e*). Raturé : « *et* l'unique ».

(*f*). Raturé : « ne s'achette *jamais* ».

P. 1025.

(*a*). Raturé : « que mieux *de la complaisance que vous auriez en cette occasion pour mes amis* ».

(*b*). L'édition de 1792 donne seulement : « qu'elle doit honorer; qu'elle fasse ».

(*c*). Raturé : « du Roy, du *Prince* ».

(*d*). Raturé : « que ce fut contre le vôtre *même. Vôtre* inflexible *Père* rompit ». L'édition de 1792 donne : « ce seroit offenser votre raison de *ne pas dire de vous-même. Votre* inflexible *pere* ».

(*e*). Édition de 1792 : « *Collatin,* bourgeois de Rome, obtint le prix *dont Sextus s'étoit vainement flatté.* »

(*f*). Raturé : « obtint le prix *dont l'héritier de la Couronne s'étoit flatté et sans appuyer sur* une comparaison ».

(*g*). En 1792 : « *Je n'ose vous parler du plus amoureux ni du plus aimable ;* mais ».

(*h*). Raturé : « lequel *étoit le plus digne* de vous *posseder* ». Édition de 1792 : « malgré vous-*même,* lequel *des deux* méritoit le mieux *un tel prix* ».

(*i*). Raturé, et conservé par l'édition de 1792 : « ce que vous *m'ordonnerez de croire* ».

(*j*). Première version : « qui lui reste et *qui juge ses maitres mêmes malgré eux* ». Deuxième version : « et dont les jugements *font quelquefois trembler* ses maitres ». Édition de 1792 : « et dont les jugements *ne sont soumis à personne* ».

P. 1026.

(*a*). Raturé : « Sextus *et vous ne devez pas vous étonner si le peuple a peine à croire que* vous pensiez », puis : « et le peuple *fait trop de cas de ses jugemens* pour douter ». Édition de 1792 : « et *votre délicatesse ne doit pas s'offenser si le public a peine à croire que* vous pensiez ».

(*b*). En 1792 : « Que le peuple *connoît mal les hommes, et qu'il sait mal placer* son estime ! »

(*c*). Raturé : « à la place *de Sextus* ».

(*d*). La phrase commençait d'abord par : « *L'amour cons*[tant] ».

(*e*). Raturé : « à mon *amour* ».

(*f*). Première version : « *Madame, le voici. C'est que sur quelques propos que j'ai remarquez* je crains ». Deuxième version : « *Il faut donc achever, Madame, et vous avouer* que sur ».

(*g*). Raturé : « et qu'on attribue *plustôt* le goût d'une vie si retirée au regret ». Édition de 1792 : « et qu'on *n'*attribue plutôt le goût d'une vie *si solitaire et* si retirée ».

(*h*). Première version : « comme *un exces de* précaution *dans vôtre vertu* ». Deuxième version : « comme *un signe de défiance ou de* précaution ». Édition de 1792 : *Et je crains qu'on ne vous soupçonne de prendre contre un reste de penchant des précautions peu dignes de votre grande ame.*

(*i*). En 1792 : « Que vient faire cet homme *en ces lieux ?* »

SCÈNE II

P. 1027.

(*a*). Première version, suivie par l'édition de 1792 : « la prochaine arrivée de votre époux ».

(*b*). Le manuscrit porte : « me laissant ». L'édition de 1792 : « me *laisse* le loisir d'aller vous *embrasser* ».

(*c*). Raturé : « le Prince *Sextus* ». Édition de 1792 : « le prince Sextus *souhaite* de m'accompagner ».

(*d*). En 1792 : « le prince. *(A Sulpitius.) Dites* à Collatin ».

(*e*). Première version, reproduite par l'édition de 1792 : « en lui parlant de l'*état d'*abatement où *je suis* depuis deux jours ajoutez que ma santé dérangée *ne me permet ni d'agir ni* de voir ».

(*f*). L'édition de 1792 ajoute ce passage : *(A part.) Dieux qui voyez mon cœur, éclairez ma raison : faites que je ne cesse point d'être vertueuse. Vous savez bien que je veux l'être, et je le serai toujours si vous le voulez ainsi que moi.*

SCÈNE III

P. 1028.

(*a*). En 1792 : « en entrant *dans sa maison* ».

(*b*). En 1792 : « sur ses inclinations ».

(*c*). Raturé : « de *seconder facilement* ». Édition de 1792 : « de seconder facilement les *vues* du prince ».

(*d*). Raturé : *ne* sont *que* ».

(*e*). Cette phrase est remplacée dans l'édition de 1792 par : « *Me croyez-vous* la dupe de ces grands mots ? *et avez-vous oublié que, selon moi,* devoir et vertu ne sont que *des leurres spécieux dont les hommes adroits savent couvrir leurs intérêts ?* Personne ne croit *à la vertu,* mais chacun *seroit bien aise que les autres y crussent* ».

(*f*). Raturé et reproduit dans l'édition de 1792 : « bien trompé *dans mes observations* ».

(*g*). Raturé et reproduit dans l'édition de 1792 : « vous *devez* ».

(*h*). En 1792 : « un soin *digne* de l'intérêt ».

P. 1029.

(*a*). Première version : « ne *lui* point devenir suspecte ». En 1792 : « ne lui point *paroître* suspecte ».

(*b*). En 1792 : « la *plus profonde dissimulation* ».

(*c*). Édition de 1792 : « tantôt flattant *la* vanité, tantôt offensant *l'*amour-propre, j'ai tâché d'exciter *tour-à-tour* sa jalousie ».

(*d*). Raturé : « que *vient de* lui *causer* ». En 1792 : « que lui vient de causer ».

(*e*). Édition de 1792 : « celle *qu'a dû* lui causer sa vue *autrefois* ».

(*f*). En 1792 : « ont *vraisemblablement* pu produire l'effet que vous attribuez à la lettre de *son mari* ».

(*g*). Première version : « *Mais je puis* me tromper ». Deuxième version : « Trop de *confiance* peut me tromper ». Édition de 1792 : « *J'avoue que mes observations peuvent* me tromper. »

(*h*). En 1792 : « point *aussi* ? ».

(*i*). Raturé : « un amour *d'où* ».

(*j*). Dans l'édition de 1792 : « Nous devons *du moins* desirer que *l'erreur ne soit pas de mon côté,* et fomenter ou *même* allumer un amour d'où dépend le bonheur *du nôtre.* »

(*k*). En 1792 : « les promesses *de Sextus* ».

P. 1030.

(*a*). Dans l'édition de 1792, la réplique commence ainsi : « *Nous devons chercher nos avantages dans les foiblesses de ceux que nous servons. Je le sens d'autant mieux que, notre union ayant été mise à ce prix, mon bonheur dépend du succès.* Mais l'intérêt ».

(*b*). Raturé : « profiter *des erreurs* ».

(*c*). En 1792 : « que je ne *m'y attendois* ».

(*d*). En 1792 : « *qu'à peine apperçoit-on* les charmes ».

(*e*). Raturé : « on lui pardonne *tous les autres* ».

P. 1031.

(*a*). En 1792 : « les ordres *de Lucrèce* ».

(*b*). Raturé : « moment *de liberté* ». En 1792 : « au premier moment de liberté *que j'aurai,* j'aurai soin de vous *en* faire avertir ».

SCÈNE V

P. 1032.

(*a*). Raturé : « sentiment *secret* ».

(*b*). Raturé : « que *de celui* ».

(*c*). Raturé : « chaste et *vertueuse* », puis : « chaste et *honnête* ».

(*d*). Raturé : « du sein de *ces passions terrassées* que *cet*[te] ».

(*e*). Raturé : « *et si nous* osons ».

ACTE II, SCÈNE I

P. 1033.

(*a*). Raturé : « et c'est *ici* ».

P. 1034.

(*a*). Raturé : « Ami, *je connois ton zéle, mais* ».

(*b*). Raturé : « te *supposer* ».

(*c*). Raturé : « de *séduire* ».

P. 1035.

(*a*). Raturé : « *Ah,* calmez cet emportement et *songez* ».

(*b*). Raturé : « sentimens *qu'elle m'inspire* ».

P. 1036.

(*a*). Dans l'édition de 1792 : « *Je vous l'ai dit, seigneur,* je soupçonne ».

(*b*). En 1792 : « qu'ils *craignoient* ».

(*c*). En 1792 : « *J'ignore* ce qui se trame ».

(*d*). L'édition de 1792 termine la scène par ce passage :

« Ah ! seigneur, plût au ciel ! mais... Pardonnez si mon zèle inquiet me donne une défiance que votre courage dédaigne, mais utile à votre sûreté et peut-être à celle de l'état.

Sextus. — Ami, que de vains soucis ! Mais seulement que je voie Lucrèce, je suis content de mourir à ses pieds; et que tout l'univers périsse !

Sulpitius. — Elle met ses soins à vous éviter... Cependant vous la verrez. Le moment vient d'en être pris. Au nom des dieux, allez l'attendre, et me laissez pourvoir au reste. »

Ensuite, l'édition de 1792 donne deux scènes qui sont la continuation dramatique de celle-ci et qui ne figurent pas dans le manuscrit conservé. En voici le texte :

« SCÈNE [I *bis*].
Sulpitius, seul.

Jeune insensé ! nul n'a perdu la raison que toi-même; et mon malheur veut que mon sort dépende du tien. Il faut absolument pénétrer les desseins de Brutus. Un secret entretien où Collatin a été admis me donne quelque espoir de tout apprendre par cet homme facile et borné. J'ai déjà su gagner sa confiance. Qu'il soit l'aveugle instrument de mes projets; que je puisse éventer par lui les complots que je soupçonne; qu'il me serve à monter au plus haut degré de faveur; qu'il livre sans le savoir sa femme au prince; qu'enfin l'amour, épuisé par la possession, me laisse la facilité d'écarter le mari et de rester seul maître et favori de Sextus, et de soumettre un jour sous son nom tous les Romains à mon empire.

SCÈNE [I *ter*].
Pauline, Sulpitius.

Pauline. — Non, Sulpitius, c'est vainement que j'aurois parlé; elle ne veut point voir le prince; et ce qu'elle a refusé aux raisons de Collatin, elle ne l'auroit pas accordé aux prétextes que vous m'avez suggérés. D'ailleurs chaque fois que je voulois ouvrir la bouche, sa présence m'inspiroit une résistance invincible. Loin de ses yeux je veux tout ce qui vous plaît, mais devant elle je ne puis plus rien vouloir que d'honnête.

Sulpitius. — Puisqu'une vaine timidité l'emporte, que mes raisons ni votre intérêt n'ont pu vous déterminer à parler, il ne nous reste qu'à ménager entre eux une rencontre qui paroisse imprévue. »

SCÈNE II

(*e*). Raturé : *Entrons.*
(*f*). Raturé : « savoir *si je* ».
(*g*). Raturé : « *Hatez-vous, j'apperçois* Lucretius *et* ».

SCÈNE III

P. 1037.

(*a*). Raturé : « Ne viens-je pas *d'appercevoir* ».

SCÈNE IV

(*b*). Cette réplique reparaît dans un fragment raturé de la fin du manuscrit, où on lit : « un cœur plus sensible *et* une ambition ».
(*c*). Raturé : « *A quel dessein pensez-v*[ous] ».

P. 1038.

(*a*). Raturé : « Conçois-*tu* l'indignation ».
(*b*). Raturé : « que les Dieux *m'ont* donnée ».
(*c*). Raturé : « La Beauté de Lucrèce, *les vices de Sextus, son* ancien amour ».
(*d*). Raturé : « sont *les témoignages trop évidens* de ses *mauvais* ».
(*e*). Raturé : « eſt *caché* ».

P. 1039.

(*a*). Raturé : « Quant au *reſte, tout dépend* ».
(*b*). Raturé : « sagement *pour* ta sureté ».
(*c*). Raturé : « qu'il faut *apprendre à* ».
(*d*). Raturé : « Hatez-vous de *m'apprendre ce que je dois faire* ».
(*e*). Raturé : « apprendre à la *déteſter* ».
(*f*). Raturé : « me déterminer *là-dessus* ».

P. 1040.

(*a*). Raturé : « vous en avez *sans doute prévu* ».
(*b*). Raturé : « *et* délivrez ».
(*c*). Première version de toute cette réplique de Collatin : *Vous formez une grande entreprise et malgré toutes vos précautions la vigilance de Tarquin armé de toute la force publique n'eſt pas facile à prévenir. Mais je veux qu'une conspiration prudemment* puis : « une conspiration *sagement formée soit heureusement conduite, et que le succés* », puis : « conduite, le succés *favorable et Tarquin détroné* », puis : « conduite, que le succés *réponde à votre espoir et que Tarquin soit détroné, quelles* »..., puis : *Comment préviendrez-vous les desordres que produira l'avidité d'usurper sa couronne abandonnée, les guerres civiles qui en seront la suite, et quel successeur lui donnerez-vous assés puissant pour subjuguer tous ses concurrens ?*

(*d*). Raturé : « plus *grand* ».
(*e*). Raturé : « à *vous* seuls ».

P. 1041.

(*a*). Raturé : *Notre.*
(*b*). Raturé : « qui *ne* tirent ».
(*c*). Raturé : « tout fait, *il ne faut qu'oter* ce qu'il a ».
(*d*). Raturé : « ces peuples *Barbares* ».
(*e*). Raturé : « volonté des Rois, *tombe dans le désordre* ».
(*f*). Raturé : « Que le Tyran *perisse* ».
(*g*). Raturé : « Rome sera *bien gouvernée et rien n'aura changé* », puis : « rien n'aura *disparu que les abus* ».
(*h*). Raturé : *Mais si tu veux être,* puis : « *Nous te conjurons d'*être *un de ses libérateurs.* »
(*i*). Première version de toute cette réplique de Brutus : *C'eſt à nous d'être libres : c'eſt aux Dieux à nous rendre heureux. Il n'y a point de malheurs que nous ne préferions à celui de nous voir,* puis : « à celui de *reſter à la discretion d'un monſtre qui nous rendroit aussi méchans que lui. Quand nous pourrions lui pardonner nos miseres* », puis : « nos *maux, nous ne lui pardonnerions jamais d'avilir nos ames, et c'eſt le cri des vertus* », puis : « et *c'eſt moins le cri de nos miseres que celui des vertus qu'il étouffe en nous qui nous force à secouer son indigne joug. Ne cherche donc point à nous effrayer par des maux* », puis : « par des *malheurs imaginaires ; en eſt-il de pires que l'infamie ? Nous ne te demandons pas s'il faut délivrer Rome, mais si tu veux être un de ses libérateurs pour éviter d'être un de ses Proscrits* », puis : « délivrer Rome; *choisis seule-ment d'être parmi* ses libérateurs *ou parmi* ses Proscrits. *Vis donc libre et triomphant avec nous ou meurs indigne de vivre, ami trahi, Citoyen esclave, époux outragé ; c'eſt à ton cœur à te dire le reſte.* »
(*j*). Raturé : « ta voix *pénetre* », puis : « ta voix *ébranle* ».
(*k*). Raturé : « mon ame. *Je me sens* », puis : « mon ame. *Mes yeux ne peuvent supporter* », puis : « Mes yeux *sont eblouis* du feu celeſte *que je* ».
(*l*). Raturé : *Mais songe.*
(*m*). Raturé : « Voi *mon* ».
(*n*). Première version : « Brutus, prenant et serrant la main ». Deuxième version, reproduite par l'édition de 1792 : « Brutus, prenant et serrant Collatin par la main ».
(*o*). Raturé : « fut-ce *à la cour de Tarquin* ».
(*p*). L'édition de 1792 imprime ainsi cette réplique de Brutus : « Crois-moi, Collatin, crois *que* l'ame de Brutus, aussi fiere que la tienne, *trouve* plus grand et plus beau d'être compté parmi des hommes *tels que nous,* fût-ce *même* au dernier rang, que d'être le premier à la cour de Tarquin. »
(*q*). Raturé, et reproduit par l'édition de 1792 : « Ah, *Brutus,* quelle difference. »
(*r*). Raturé : « tu *seras notre chef en attendant* ».

1. Ce mot renvoie à « Rome », qui dans la première rédaction se trouvait sans doute dans la phrase immédiatement précédente. La phrase : « Amis le tems presse » semble avoir été intercalée ensuite.

P. 1042.

(*a*). Raturé : *Mon Pére, est-ce à moi de commander où vous étes ? Il me suffit de n'obéir qu'à vous,* puis : « où vous étes ? *Non, ma gloire sera de vous être* », puis : « de vous *suivre, et je me rends* », puis : *et je me soumets dès cet instant à tout ce que vous exigés de moi. Hatez-vous donc de m'instruire de ce qu'il faut faire afin que je me rende digne de vous.*

(*b*). Raturé : *J'entens du bruit. Il suffit ; entrez chez votre Epouse et remettons à d'autres momens la suite,* puis : « la *fin de cet entretien* ».

(*c*). Raturé : « *Nous avons* vôtre foi. *Ce soir* nous reprendrons *cet entretien.* »

FRAGMENT 1

(*d*). Raturé : « de mon *cœur* ».

(*e*). Raturé : « n'est plus, *mais les effets en sont inéfaçables* ».

FRAGMENT 2

P. 1043.

(*a*). Raturé : « Vieillard respectable, *ta sagesse s'est abusée en voulant préférer* »...

(*b*). Raturé : « ta prémiére *indiscretion* ».

(*c*). Raturé : « indiscretion. *Je ne sais quelle voix me crie* », puis : *Demain le soleil ne se leve que pour eclairer,* puis : « Demain *les premiers rayons du soleil eclaireront enfin Rome en liberté* », puis : *Rayons du soleil eclairant la liberté de Rome,* puis : *Le soleil.*

(*d*). Raturé : « *Je ne sais* ».

(*e*). Raturé : « Dieux ! *j'apperçois* ».

(*f*). Raturé : « il faut *dissimuler* ».

(*g*). Raturé : « feinte, *quand aurons*[-nous] », puis : *puissai-je expier aujourdhui dans le sang,* puis : *quand aurons-nous expié ta honte.*

(*h*). Raturé : « à mon *cœur* ».

FRAGMENT 3

(*i*). Raturé : « pure *et* brillante ».

FRAGMENT 6

P. 1044.

(*a*). Autre rédaction (la première n'est pas raturée) : « parce qu'*il est volontaire* ».

FRAGMENT 10

(*b*). Première version : « Soyez digne de Rome et pour dire peut-être encore plus soyez surtout digne de vous-même. »

FRAGMENT 12

(*c*). Raturé : « s'il *se peut* ».

FRAGMENT 13

P. 1045.

(*a*). Les fragments 13 à 18 ne figurent pas dans le manuscrit conservé. Ils ne nous sont connus que par l'édition de 1792.

BALLETS — PASTORALE — POÉSIES

BALLETS, PASTORALE

P. 1049.

LES MUSES GALANTES

Au printemps de l'année 1743, Rousseau assistait à une représentation d'un ballet héroïque de Royer, *le Pouvoir de l'Amour*. La musique lui en parut « foible, sans chaleur, sans invention ». Il osa se dire : « Il me semble que je ferois mieux que cela » (*Confessions,* l. VII, *O.C.*, Pléiade, t. I, p. 293). Et, voulant en avoir le cœur net, il se mit à la composition d'un opéra, rédigeant lui-même le livret aussi bien que la musique. Ainsi naquit le « Ballet héroïque » des *Muses galantes*. Au moment du départ pour Venise, le premier acte en était sinon achevé, du moins esquissé. Rousseau put, en Italie, faire jouer « quelques symphonies » de cette œuvre dans un cercle d'amis. De retour à Paris, il l'achève dans la première partie de 1745. Une exécution partielle a lieu chez M. de La Pouplinière; une seconde, intégrale, chez M. de Bonneval, intendant des Menus, en présence du duc de Richelieu. Rameau, on le sait, contesta que la musique fût de Rousseau. Richelieu, au contraire, s'enthousiasma et souhaita que l'ouvrage fût donné à Versailles, à condition que le premier acte — primitivement centré sur le Tasse — fût remanié. En trois semaines de travail acharné, Jean-Jacques substitua à l'acte du Tasse « un autre Acte dont le sujet étoit Hésiode inspiré par une Muse » (*ibid.*, p. 334). Rien dès lors, semble-t-il, n'empêchait plus une représentation devant le Roi. Elle n'eut pas lieu. En 1747, Rousseau obtint que son œuvre fût mise en répétitions à l'Opéra. Mais sentant que « la piece ne passeroit pas » et qu'elle exigeait « de grandes corrections », il la retira.

Le texte des *Muses galantes* n'a paru qu'après la mort de Rousseau, dans l'édition des *Œuvres posthumes* (Genève, 1781, t. I). L'auteur avait songé, sans doute, à une publication de son ouvrage, puisque le manuscrit autographe, conservé à la Bibliothèque de la Ville de Neuchâtel (ms. R. 30), s'ouvre sur un Avertissement, qui rappelle les circonstances dans lesquelles le ballet fut écrit et dit à l'éventuel lecteur la médiocrité du livret. « Ouvrage médiocre » en un « genre mauvais », *les Muses galantes* n'ont pour Rousseau, quant aux paroles, qu'un mérite : celui de lui avoir permis de « déployer... trois caractères de musique ». L'acte d'Hésiode exigeait « le genre élevé et fort »; celui d'Ovide « le tendre »; celui d'Anacréon « le gai ». Mais l'auteur reconnaît lui-même que sa poésie ne vaut pas cher.

P. 1051.

(*a*). Ms. : *l'exécuter* (biffé).

P. 1061.

1. Dans les *Confessions* (l. VII, *O.C.*, Pléiade, t. I, pp. 334-335), Rousseau écrit : « Je trouvai le secret de faire passer dans cet acte [d'*Hésiode*] une partie de l'histoire de mes talens et de la jalousie dont Rameau vouloit bien les honorer. »

P. 1062.

(*a*). Les quatre vers, de *Une âme pure* à *plaire,* remplacent dans le manuscrit quatre vers biffés :

Brulons d'une flamme parfaitte
Nos tendres nœuds seront bien assortis
Le prix du Cœur qu'on a soumis
Fait tout le prix de la Conquête.

P. 1063.

(*a*). Ms. : d'*une ardeur* (biffé).

P. 1064.

(*a*). Ms. : *Dans ces climats glacés* (biffé).

P. 1079.

LES FESTES DE RAMIRE

Les Fêtes de Ramire sont dues à une assez singulière collaboration de Rameau, de Voltaire et de Rousseau. Ce ballet fut représenté à Versailles, le 22 décembre 1745. Rousseau, malade des tracas éprouvés au cours d'une répétition de l'œuvre à l'Opéra, n'assista pas à ce spectacle. Le travail qu'il avait dû fournir, à la demande de Richelieu, pour l'élaboration de ce divertissement avait été des plus ingrats. Au début de l'année, on avait donné à Versailles, à grands frais, *la Princesse de Navarre* de Voltaire, avec une musique de Rameau. Jean-Jacques fut chargé d'adapter le texte de l'œuvre, dont le titre était changé en celui des *Fêtes de Ramire,* et de composer, en plus d'une nouvelle ouverture, tout le récitatif, les airs de Rameau étant conservés. Cette besogne, peu inspirante certes, fut l'occasion, entre Voltaire et Rousseau, d'un premier échange épistolaire (*C.C.*, t. II, pp. 92-95). L'auteur de *la Princesse de Navarre* abandonnait à l'adaptateur son « misérable croquis », le laissant « maître absolu » des remaniements à opérer. Et celui-ci « se borna, quant aux vers, à très peu de chose ». Le fait est que près de la moitié des vers de Voltaire ont été conservés et que les autres, du même style, n'offrent rien que de conventionnel.

Nous donnons le texte de l'édition originale (Bibliothèque nationale de Paris) tel que l'a publié E. Ritter dans les *Annales*

J.-J. R., t. I, pp. 246-259. Les vers précédés d'un astérisque ont été repris par Rousseau de *la Princesse de Navarre.*

P. 1090.

(*a*). Texte de Voltaire :

A jamais de la France
Recevons nos rois ;
Que la même vaillance
Triomphe sous les mêmes lois.

P. 1093.

LE DEVIN DU VILLAGE

Si *les Muses galantes* ne virent pas les feux de la rampe, si *les Fêtes de Ramire* ne furent qu'un divertissement sans lendemain, *le Devin du village* devait, en revanche, valoir à Rousseau musicien la célébrité. C'est au printemps de 1752, à Passy, chez son compatriote Mussard, que Jean-Jacques eut soudain l'idée de composer cette charmante Pastorale. Mussard, comme lui, aimait la musique italienne. Tous deux avaient assisté, en Italie, à la représentation d'opéras bouffes. Ils rêvaient de voir ce genre s'acclimater en France. Au cours d'une promenade, un matin, Rousseau se prit à griffonner quelques vers et à leur donner immédiatement une mélodie. A l'heure du thé, il fit entendre ces airs, tout juste esquissés, à son ami. Ils valurent à l'auteur des applaudissements et des encouragements à poursuivre l'œuvre commencée. Ainsi étaient nés d'une heureuse inspiration, dans ce cadre champêtre, « le prémier Monologue : *j'ai perdu mon Serviteur,* l'air du Devin : *l'amour croit s'il s'inquiette,* et le dernier Duo : *à jamais, Colin, je t'engage* » (*Confessions,* l. VIII, *O.C.*, Pléiade, t. I, p. 375). Six jours suffirent pour que la Pastorale entière fût écrite, « à quelques vers près », et la musique totalement esquissée. L'œuvre fut achevée à Paris, « avec une telle rapidité » qu'en trois semaines le tout était mis au net et en état d'être représenté. C'est Duclos qui se chargea de présenter *le Devin* aux directeurs de l'Opéra, Rebel et Francœur. Une première répétition souleva une acclamation générale. L'intendant des Menus demanda que l'ouvrage fût réservé à une représentation devant la Cour. Le spectacle devait être donné à Fontainebleau. Le 17 octobre, Rousseau se rendait à Fontainebleau avec Grimm et Mlle Fel, à qui avait été confié le rôle de Colette. La dernière répétition eut lieu ce jour-là. Le lendemain, *le Devin* était offert en spectacle au Roi. Jélyotte tenait le rôle de Colin et Cuvillier celui du Devin. Le succès fut considérable. Rousseau lui-même se sentit ému « jusqu'aux larmes » du « plaisir de donner de l'émotion à tant d'aimables personnes ». Il eût dû, le jour suivant, être présenté à Sa Majesté, mais, prétextant « ses infirmités », il se déroba à la cérémonie : « je m'en revins copier », confie-t-il à Lenieps le 22 octobre. « Mon obscurité me plaît trop pour me résoudre à en sortir » (*C.C.*, t. II, p. 199). Le Roi cependant, bien qu'au dire de Jélyotte il n'aimât pas la musique, n'en continua pas moins à chanter « toute la journée » les airs du *Devin,* « avec la voix la plus fausse de son royaume ». À la demande du souverain, une seconde représentation de la Pastorale eut lieu le 24 octobre. Au cours de l'hiver suivant, l'œuvre fut jouée deux fois à Bellevue en présence de Sa Majesté. Lors d'une de ces exécutions, Mme de Pompadour joua le rôle de Colin. En mars, nouvelle représentation à Trianon, cependant qu'à Paris l'Opéra donnait à son tour *le Devin* avec un très grand succès. C'est au cours de ces spectacles parisiens que furent joués, pour la première fois, l'Ouverture et le Divertissement composés par Rousseau. La partition gravée du *Devin* parut à ce moment. Elle porte une Dédicace à Duclos et un Avertissement. Dans celui-ci l'auteur précise qu'il donne son œuvre telle qu'il l'a conçue lui-même, débarrassée des prétendues améliorations que ses amis jugèrent à propos d'y apporter : « n'ayant fait cet ouvrage que pour mon amusement, son vrai succés est de me plaire : Or personne ne sait mieux que moi comment il doit être pour me plaire le plus ». Le succès du *Devin du village* se maintint, bien plus ne fit que grandir jusqu'à la mort de Rousseau. Aux nombreuses reprises de l'Opéra (1759, 1765, 1767, 1771, 1774, 1777, 1778) s'ajoutent une représentation à Versailles, en 1763, celle de Strasbourg, en novembre 1765, à laquelle Jean-Jacques assista un peu plus de quinze jours après son départ de l'île de Saint-Pierre, celle de Lyon enfin, en avril 1770.

P. 1095.

1. Sur Duclos et ses relations avec Rousseau, voir *O.C.*, Pléiade, t. I, p. 371, n. 1.

P. 1099.

(*a*). Ms. : *soupirant.*

(*b*). Après ce vers, le manuscrit donne ces quatre vers biffés :

Il me fuit !... Regret inutile !...
Ah ! pourquoi l'aimois-je tant ?
Si j'eusse été moins facile,
Il eut été plus constant.

P. 1100.

(*a*). Ms. : *le consulter sur l'heure* (biffé).

(*b*). Le texte primitif de cette indication de jeu de scène a été fortement remanié par Rousseau sur le manuscrit. On peut lire encore : *Pendant la venüe du Devin qui s'avance gravement, Colette tire d'une petite bourse de la monnoye qu'elle (plie) compte dans sa main, dans un... de papier. Elle la (mise) plie dans un papier et la présente au Devin.*

(*c*). Texte primitif du manuscrit :

LE DEVIN

... vous est infidelle

COLETTE

Que dites vous ?

Entre ces deux répliques, Rousseau a ajouté ensuite :

COLETTE

Je me meurs.

LE DEVIN

Et pourtant il vous aime toujours.

P. 1101.

(*a*). Avant les trois couplets de Colette, Rousseau avait inscrit une indication de jeu de scène biffée ensuite : *Durant cet air et les autres semblables, des Gens du village viennent de tems à autre consulter le Devin et lui apportent divers présens des productions de la Campagne. Il en expédie quelques uns et fait signe à d'autres d'aller l'attendre chez lui. Cela donne lieu à un jeu de Théâtre presque continüel.*

On peut même imaginer des maniéres d'instruire le Spectateur des demandes muettes qu'on fait au Devin et de ses réponses. Par éxemple un vieillard amenant une jeune fille et demandant quel sera son sort s'il l'épouse, etc.

P. 1102.

(*a*). De ces six vers les trois derniers sont biffés dans le manuscrit. Au vers 1, *amans* a été corrigé en *enfans.*

P. 1104.

(*a*). Vers biffé dans le manuscrit.

P. 1105.

(*a*). Ms. : *festins,* corrigé en *palais,* puis en *châteaux.*
(*b*). Ms. : *obtenir* (biffé).

1. On peut s'étonner de rencontrer ici un vers de sept syllabes. Cela s'explique-t-il par le fait que les trois quatrains suivants sont heptasyllabiques, ou simplement par une raison de modulation musicale ?

P. 1106.

(*a*). Ms. : Le Devin *l'a détruit, je suis malgré l'envie* (biffé).

P. 1107.

(*a*). Ms., premier texte, biffé :

... puisqu'il faut que je meure
Je m'en vais retrouver la Dame du Château.

COLETTE, quand Colin est prés à sortir, à demi voix :

Colin ?

Ah que je dois haïr la dame du château.

P. 1108.

(*a*). Rousseau s'y eſt repris à plusieurs fois pour aboutir au texte définitif, de : *Après les doux nœuds qu'elle brise...* jusqu'à : *Je me dégage à mon tour*. Voici l'essentiel du texte biffé :

COLIN

Au lieu du doux nœud qu'elle brise
Je forme un plus beau lien.
La richesse et la parure...

COLETTE

Les Pompons et la frisure...

ENSEMBLE

M'occuperont tour à tour.

(*b*). Ms. : *Je fuis.*

P. 1109.

(*a*). Ms. : *Durant le prélude de ce duo,* Colin.

(*b*). Suivent, dans le manuscrit, cinq vers biffés :

Qu'une éternelle tendresse
Fasse tout notre bonheur
Sans cesse sois { ma maitresse / mon serviteur
Je serai { ton serviteur / ta maitresse
Sans cesse.

(*c*). Cette indication de jeu de scène a remplacé, dans le manuscrit, un texte plus long, biffé :

Colin montre à Colette une petite tabatiére d'argent qu'il veut donner au Devin. Colette y joint une bague d'or qu'elle a au doigt et que Colin baise avant que de l'enfermer dans la tabatiére, puis il présente le tout au Devin.

P. 1110.

(*a*). Premier texte, biffé, de ces deux derniers vers :

Puisse une amitié sincére
Les unir jusqu'au tombeau.

En marge du texte primitif de ce couplet, Rousseau a écrit, puis biffé : *à refaire quand je saurai la modulation des deux derniers vers.*

(*b*). Ms. : *Revenant* (biffé).

(*c*). Ms. : *Je charmerai...* L'édition originale porte : *Je chanterai...* Nous donnons la leçon du manuscrit, le texte imprimé résultant, semble-t-il, d'une erreur de leſture.

P. 1111.

(*a*). Le manuscrit ne donne pas les indications de jeux de scène de la pantomime. Et pas davantage quelques autres indications se rapportant au début de cette scène VIII et dernière. Il nous a paru bon de les reproduire, d'après l'édition originale.

La scène s'ouvre sur l'*Entrée de la jeunesse du Village,* qui, *avec le Devin,* chante le chœur : *Colin revient à sa Bergère.* Suit une *Paštorelle pour les Villageois. Les Villageoises donnent un Bouquet à Colin qui le présente aussitôt à Colette.* Vient ensuite une *Forlane pour les Villageois. Les Villageois donnent un Bouquet à Colette qui le donne à son tour à Colin.* Celui-ci chante la romance : *Dans ma cabane obscure.* Puis vient la Pantomime :

Entrée de la Villageoise.
Entrée du Courtisan.

Il aperçoit la Villageoise. Elle danse tandis qu'il la regarde. Il lui offre une bourse. Elle la refuse avec dédain. Il lui présente un Collier fort orné. Elle essaye le collier, et ainsi parée, se regarde avec complaisance dans l'eau d'une fontaine.

Entrée du Villageois.

La Villageoise voyant sa douleur rend le Collier. Le Courtisan l'aperçoit et le menace. La Villageoise veut l'appaiser et fait signe au Villageois de s'en aller. Il n'en veut rien faire. Le Courtisan menace de le tuer.

Ils se jettent tous deux aux pieds du Courtisan.

Il se laisse toucher et les unit.

Ils se réjouissent tous trois, les Villageois de leur union et le Courtisan de la bonne action qu'il a faite.

Tout le Chœur de danse acheve la Pantomime.

(*b*). L'indication : *Vaudeville* n'ešt pas dans le manuscrit.

(*c*). L'indication n'ešt pas dans le manuscrit.

(*d*). *Id.* Le manuscrit, après le vers : *Voyons, voyons...*, porte : *Elle prend la chanson et chante le second couplet.*

POÉSIES

P. 1117.

FRAGMENTS D'UNE CANTATE

Ces fragments sont conservés à la Bibliothèque de Genève, dépôt de Saussure, sur huit pages du cahier intitulé : *Réflexions critiques et morales.* Th. Dufour les a publiés dans les *Annales* J.-J. R., t. II, pp. 192-196. « Je ne voudrais pas affirmer », note-t-il, « qu'ils rentrent tous dans la pièce projetée..., ni garantir l'ordre dans lequel on doit les lire ». C'ešt cet ordre cependant que nous avons suivi. — Date probable : second trimeštre de 1731.

(*a*). *autheur* (biffé).

P. 1119.

ÉPÎTRE

Manuscrit : Bibliothèque de Genève, dépôt de Saussure, f°s 53 v°, 51 v° et 48 r° et v°. L'*Épître* a été publié par Dufour, *Annales J.-J. R.*, t. II, pp. 196-198. Nous avons respecté l'ordre des fragments établi par Dufour. — Date probable : 1731, second trimestre.

(*a*). Première rédaction, non biffée :

Afin de pouvoir d'autant
Boire à vous d'un air content.

(*b*). Première rédaction, biffée :

Non de tripes ni de veau
Mais d'excellent vin nouveau.

(*c*). Première rédaction, biffée :

Et la douceur excellente
à nôtre gout comme à nos yeux
paroisse le nectar des Dieux.

1. *doin :* forme de *donne* (indicatif présent) et ancien français : exemple : *congé te doins*

P. 1120.

(*a*). Le manuscrit comporte encore (f° 47, r°) ces six vers, qui se rapportent peut-être aux *anciens preux chevaliers* de la strophe 1 :

... De qui l'ardeur liberale
Par bonne et sainte morale
Repandoit à pleine[s] *mains*
Leurs tresors sur les humains
Et sans ordre ni methode
Mettoient richesse à la mode.

1. *chevance :* Rousseau semble donner à ce mot le sens de *famille, race,* alors qu'il signifie *les biens* possédés par quelqu'un.

VERS A LA LOUANGE DES RELIGIEUX DE LA GRANDE CHARTREUSE

Rousseau a fait, en 1768, une excursion à la Grande Chartreuse. Mais ces *Vers* ne sauraient avoir été composés à une date si tardive. La peur de l'Enfer qu'exprime Rousseau est celle du « demi-janséniste » de l'époque des Charmettes. P.-M. Masson, qui a publié ces vers dans les *Annales J.-J. R.*, t. V, pp. 247-258, les date « entre les années 1736 et 1740 ».

2. Ce *jus* n'est pas la liqueur dénommée « chartreuse ». Il ne s'en est fait que depuis 1840. Il s'agit donc simplement du jus de la vigne.

P. 1121.

1. Il faut comprendre : *fondroient sur...*

2. Rousseau apparaît ici sous l'influence du jansénisme. Il en sera libéré au moment où, en 1741, il écrira son *Épître à M. Bordes* (voir var. (*b*), p. 1131).

P. 1122.

VIRELAI A MADAME LA BARONNE DE WARENS

Le *Virelai* a paru, pour la première fois, dans l'édition de Boubers (Londres, 1776, t. VIII). Le manuscrit a réapparu récemment à une vente aux enchères chez Andrieux, en mai 1968. Trois erreurs ont été relevées. P.-P. Plan a donné ce texte dans *C.G.*, t. I, p. 78.

1. *caselle :* maisonnette, cabane.

2. *alumelle :* épée *mince* dont on se servait au moyen âge pour percer l'ennemi au défaut de son armure. L'expression signifie sans doute : *Le fait n'est pas mince.*

3. *soulas :* soulagement.

P. 1123.

LE VERGER DE MADAME LA BARONNE DE WARENS

L'édition originale de ce poème date de 1739 : *A Londres, chez Jacob Tomson* (en réalité, à Chambéry ou à Lyon). Elle a été reproduite en fac-similé dans *C.G.*, t. I, pp. 351-366. Le manuscrit de Genève : ms. fr. 231, *la Muse allobroge ou les Œuvres du Petit Poucet,* 1742, s'ouvre sur le texte du même poème, écrit de la main de Rousseau, mais augmenté de 76 vers. Nous avons introduit entre [ ] cet important complément, que l'édition de Boubers (Londres, 1776) a donné pour la première fois. Notons encore que sur la page de titre du manuscrit de *la Muse allobroge,* l'écrivain a inscrit en épigraphe deux vers des *Tristes* d'Ovide (en 1750, il mettra le premier en épigraphe à son *Discours* de Dijon) :

Barbarus hic ego sum, quia non intelligor illis
Et rident stolidi verba latina Getae.

« C'est moi, ici, qui suis un barbare, car on ne m'entend point; et, stupides, les Gètes se rient de mon latin. »

1. « Rare la maison qui prise un ami sans fortune, et rare le palais où ne soit abaissé un client sans naissance. » Ces deux vers sont empruntés à la *Laus Pisonis,* d'un auteur anonyme du Ier siècle ap. J.-C.

P. 1124.

(*a*). Ms. : *Le Verger des Charmettes.*

1. Sur l'intérêt autobiographique de cet *Avertissement,* cf. *O.C.*, Pléiade, t. I, p. 266, n. 1.

2. Philippe de La Hire, astronome et mathématicien français (1640-1718). Jean-Dominique Cassini (1625-1712) ou son fils Jacques (1677-1756), tous deux astronomes français. — Au VIe livre des *Confessions* (*O.C.*, Pléiade, t. I, pp. 240-241) Rousseau évoque le souvenir des nuits où, aux Charmettes, il se livrait à son goût pour l'astronomie. Il raconte comment, un soir, des paysans le prirent pour un sorcier.

P. 1125.

(*a*). Ms. : *Vainement des cœurs bas.*
(*b*). Ms. : *A jouïr.*

1. Il convient de souligner l'intérêt des soixante-seize vers mis ici entre [ ] et qui ne sont pas dans le texte imprimé de 1739. Rousseau y célèbre, contre les « envieux » de Mme de Warens, les « vertus » de sa bienfaitrice. « Calomniée », celle-ci est défendue par sa « vertu ». Mais Jean-Jacques reconnaît en même temps que, chez elle, « la sagesse... n'exclut pas tout défaut ». Elle se laisse entraîner par « les foibles des bons cœurs ». Ses imperfections valent mieux que les vertus hypocrites des autres. Sous l'éloge, cependant, ne sent-on pas percer l'amertume ?

P. 1126.

1. Charles-Emmanuel III, roi de Sardaigne de 1730 à 1773.
2. *Tes sujets égalés :* rendus égaux.
3. Allusion peut-être à la victoire de Charles-Emmanuel III sur les Impériaux à Guastalla.

P. 1127.

(*a*). Nous donnons, jusqu'à la fin de ce vers, le texte du manuscrit. L'édition originale, enchaînant immédiatement au vers :

Mes besoins jusqu'à eux ne recourront jamais

continuait ainsi :

Mais vous qui m'honorez du tendre nom de mére,
Acceptez aujourd'hui cet hommage sincére,
Ce tribut légitime et peut-être trop du
Que ma reconnoissance offre à vôtre vertu.

Dans le texte manuscrit de *la Muse allobroge,* l'emploi déjà fait de la rime déficiente : *pourvu/vertu* a obligé Rousseau à donner une autre rime : *mérité/vérité* à deux des vers où s'opérait le raccord avec le texte imprimé de 1739.

(*b*). Ms. : *Oui, si.*

P. 1128.

(*a*). Ms. : *Temps précieux, Hélas !*

(*b*). L'édition originale donne : *fuis,* qui est une erreur évidente. Nous avons rétabli le : *suis* du manuscrit.

1. John Wallis, mathématicien anglais (1616-1703), auteur, en particulier, d'une *Arithmetica infinitorum.* — Isaac Barrow, mathématicien anglais (1630-1677), fut le maître de Newton. — Le Père Charles Reyneau, né en 1656, mathématicien français, associé libre de l'Académie des Sciences, dès 1716. Auteur des *Elémens des mathématiques* (1714-1736).

2. Bernard Nieuwentyt, mathématicien et philosophe hollandais (1654-1718), auteur d'un ouvrage sur *l'Existence de Dieu démontrée par les merveilles de la nature* (traduction française, Paris, 1725).

3. *Sethos.* Roman de l'abbé Terrasson, paru en 1731. L'œuvre est dans la tradition du *Télémaque* de Fénelon.

4. L'*Histoire de Cleveland* de l'abbé Prévost, parue en 1731.

P. 1129.

(*a*). Ms. : *que d'amuser l'esprit.*

1. Jacob Spon (1647-1685), né à Lyon, mort en Suisse, à Vevey, spécialiste des antiquités grecques et romaines, protestant contraint d'émigrer en 1682, est l'auteur d'une *Histoire de la République de Genève* (Lyon, 1680, 1682; Genève, 1730).

2. Allusion aux troubles et à la prise d'armes de 1734. L'agitation recommença en 1737. La France, avec Zurich et Berne, intervinrent en faveur des bourgeois émigrés. En janvier 1738, la réconciliation était chose faite (cf. *O.C.*, Pléiade, t. I, p. 224, n. 1 *in fine*).

3. Charles-François-Nicolas Lemaître de Claville, moraliste français (1670-1740), auteur d'un *Traité du vrai mérite de l'homme considéré dans tous les âges et dans toutes les conditions, avec des principes d'éducation propres à former les jeunes gens à la vertu* (1734). — Gilbert-Charles Legendre, marquis de Saint-Aubin (1688-1746), auteur d'un *Traité de l'opinion* (1733) et de recherches sur les *Antiquités de la maison de France.* — François-Eudes de Mezeray (1610-1683), auteur d'une fameuse *Histoire de France* (1643-1651).

4. Charles Rollin (1661-1741), titulaire de la chaire d'éloquence au Collège de France, recteur de l'Université de Paris. Auteur d'un fameux *Traité des études* (1726). — *Barclai :* Il s'agit sans doute de Jean Barclay (1582-1621), auteur d'*Argenis,* roman traduit en français en 1711 et qui fait un tableau des vices et des révolutions des Cours.

5. Sur les lectures de Rousseau aux Charmettes, se reporter au VIe livre des *Confessions* (cf. *O.C.*, Pléiade, t. I, pp. 237-240). Voir aussi P.-M. Masson, *la Religion de Rousseau,* t. I, pp. 85-117.

P. 1130.

ÉPÎTRE A M. BORDES

Cette *Épître* date probablement de 1741. L.-J. Courtois, dans sa *Chronologie critique de la vie et des œuvres de J.-J. Rousseau,* pense qu'elle dut être composée pendant le séjour que l'écrivain fit à Lyon, dans la seconde moitié de l'année 1741. Il se pourrait même qu'elle ait été en tout cas ébauchée dès 1740, alors que Rousseau était précepteur des deux fils de M. de Mably.

Les trente et un premiers vers du poème se trouvent, écrits de la main de Rousseau, dans le manuscrit de *la Muse allobroge.* Une copie du poème entier, de la main de Coindet, est conservée à la Bibliothèque de Genève (ms. fr. 204). L'*Épître* fut publiée, dans le *Journal de Verdun,* en mars 1743, et reproduite, en 1776, dans l'édition de Boubers.

Dans le *Journal de Verdun,* le texte du poème est précédé d'un Avertissement de l'éditeur : « Je vais faire part au public d'une Epître que M. Rousseau adresse à un de ses amis, et que je n'ai pu arracher à sa modestie qu'à force de sollicitations. On reconnoîtra particulièrement, à la description qu'il y fait des manufactures de Lyon, qu'il sçait s'exprimer en vers aussi noblement qu'en prose, qu'il est capable de soutenir la réputation du grand nom qu'il porte, et que s'il continue de s'exercer en Poésie, et de s'y perfectionner, il pourra bien arriver quelque jour qu'on dira sur le Parnasse : Rousseau I, Rousseau II. »

Nous reproduisons, après P.-P. Plan (*C.G.*, t. I, pp. 144-148), le texte du *Journal de Verdun,* puisqu'il paraît avoir été avoué par l'auteur.

(*a*). Copie Coindet : *Monsieur De Bordes.*
(*b*). Copie : *sans doute.*
(*c*). Copie : *irrité.*
(*d*). Copie : *par bonheur.*
(*e*). Copie : *sotte.*
(*f*). Copie : *souvent nous nous voyons.*
(*g*). Copie : *droit.*
(*h*). Copie : *Trop franc, trop vrai peut-être, et non pas criminel.*

1. Cf. *O.C.*, Pléiade, t. I, p. 281, n. 3.

P. 1131.

(*a*). Copie : *bornés, dont la sage indigence.*
(*b*). Copie : *De vous éterniser.*
(*c*). Copie : *sauront.*
(*d*). Copie : *plus.*
(*e*). Copie : *pieux.*

(*f*). A ce vers font suite, dans la copie Coindet, quatre vers qui ne figurent pas dans le texte publié par le *Journal de Verdun :*

Non, pour un malheureux le trop de connoissance
Plus que ses propres maux augmente sa souffrance
Et c'est pour l'indigent le comble de l'horreur
S'il ose en sa misére encor garder un Cœur.

(*g*). Ces quatre derniers vers, de : *Et décorant* à : *au crime,* ne sont pas dans la copie Coindet.

(*h*). La copie introduit ici seize vers qui ne se lisent pas dans le *Journal de Verdun :*

Laissons, triste jouët des préjugés vulgaires
Ce sombre Janseniste en ses erreurs austéres
Qui supposent qu'un riche est un homme damné
Par ce qu'il ne vit pas comme un infortuné ;
Que les moindres douceurs sont des piéges du diable,
Et veulent qu'ici bas un Cresus miserable
Souffre comme Tantale entouré de plaisirs
Dont la deffense encore irrite les desirs.
Comme de la vertu le sacré caractére
N'est point gravé dans l'homme afin de l'y soustraire,
Ce penchant invincible aux plaisirs innocens
Ne nous est point donné pour tourmenter nos sens,
Dieu ne nous en eut point laissé la connoissance
S'il en eut deffendu la douce jouissance ;
Quel gout un tendre Pére oseroit-il trouver
A nous montrer des biens dont il veut nous priver ?

Au livre VI des *Confessions* (cf. *O.C.*, Pléiade, t. I, p. 242), Rousseau raconte comment, après être devenu, sous l'influence des « écrits de Port-Royal et de l'Oratoire », « demi-Janséniste », la fréquentation de deux pères jésuites, aux Charmettes et à Chambéry, l'avait délivré de l'emprise d'une « dure théologie ».

1. Ici apparaît l'opposition du thème du progrès et du luxe au thème des vertus entretenues dans la pauvreté des « antiques temps ». Thèmes traditionnels, opposition développée, en 1736, dans *le Mondain* de Voltaire. Rousseau, en 1741, parle encore de « l'innocente industrie ». Il est loin du moment où il écrira son premier *Discours*.

P. 1132.

(*a*). Copie : *par cet art.*

(*b*). Copie : *les a pû réunir.*

(*c*). Copie : *Mr L'intendant de Lyon, Directeur de l'Académie des beaux arts dont le bon gout et les Lumiéres sont reconnues. Ceux qui me connoissent savent bien que tout Intendant qu'il est, je ne l'aurois jamais loüé, s'il ne méritoit pas de l'être.*

1. A partir de : *Ouvrages précieux,* jusqu'à : *peuple de rois,* vingt-six vers ont été repris dans l'*Almanach des Muses* de 1780, sous le titre : *A la Ville de Lyon sur ses manufactures.*

P. 1133.

(*a*). Copie : Blanche de Bourbon, *Tragedie de Mr De Bordes, pleine de feu, d'élévation, et de sentiment ; et qu'au grand regret de ses Amis il refuse de mettre au Théâtre.*

POUR MADAME DE FLEURIEU

Ms. : *La Muse allobroge* (Bibliothèque de Genève, ms. fr. 231). — Date probable : 1741-1742. — Publié pour la première fois dans l'édition de Boubers (Londres, 1776, t. VIII).

1. Selon Th. Dufour (*Annales J.-J. R.*, t. II, p. 172), cette dame était l'épouse de Jacques-Annibal Claret de Fleurieu de La Tourette, président de la Cour des Monnaies à Lyon et prévôt des marchands de cette ville.

2. Dès l'époque où il écrit ce petit poème, Rousseau se dit « persécuté ». Dans l'*Épître à M. Parisot,* qui date aussi de 1742, Rousseau affirme, une fois encore, être « persécuté » par le sort.

ÉNIGME

Ms. : *La Muse allobroge.* — Date probable : 1741-1742. — Publié pour la première fois dans l'édition de Boubers (Londres, 1776, t. VIII).

3. La réponse est : le Portrait.

P. 1134.

A MADEMOISELLE TH.

Ms. : *La Muse allobroge.* — Date probable : 1741-1742. — Publié pour la première fois dans l'édition de Boubers (Londres, 1776, t. VIII).

(*a*). *avoit* est la leçon du manuscrit de *la Muse allobroge.* L'édition de Boubers donne : *auroit.*

1. On a prétendu voir en Mlle Th. Mlle Théodore, de l'Académie royale de musique. Identification impossible, cette artiste étant née vers 1760, et le poème se trouvant dans le manuscrit de *la Muse allobroge* (1742). D'autre part, Mlle Théodore dansait, et il s'agit ici d'une chanteuse. Ainsi donc la dédicataire de cette pièce demeure

pour nous une inconnue. Jean-Jacques devait avoir fait sa connaissance à Chambéry ou à Lyon.

A FANIE

Ce poème accompagnait une lettre adressée par Rousseau, le 14 mars 1742, à François-Joseph de Conzié, comte des Charmettes (cf. *C.G.*, t. I, p. 149). Les vers seraient dédiés à Mme de Warens, « Fanie étant », selon A. de Montet (*Mme de Warens et le Pays de Vaud,* p. 18, n. 3), « une forme anglaise de son prénom de Françoise ». — Ms. : *La Muse allobroge*. — Publié pour la première fois dans l'édition de Boubers (Londres, 1776, t. VIII).

P. 1135.

(*a*). Le manuscrit de *la Muse allobroge* porte : *Et je n'êtois,* ce qui rend le vers faux.

P. 1136.

VERS SUR LE COMMANDEMENT EN BOHËME DONNÉ A MR DE BROGLIE EN 1742

Ms. : *La Muse allobroge*. — Date probable : seconde moitié de juin 1742.

1. Le maréchal François-Marie de Broglie (1671-1745) avait été désigné, en décembre 1741, pour commander l'armée de Bohême.
2. *sa honte :* allusion, sans doute, à la surprise de La Secchia (14 septembre 1734) (cf. *O.C.*, Pléiade, t. I, p. 184, n. 4).
3. Quelques jours après le combat de Zahay (25 mai 1742), où elle avait eu l'avantage, l'armée française dut faire retraite sur Prague (5-13 juin).
4. L'impératrice Marie-Thérèse.

ÉPÎTRE A M. PARISOT

Sur Gabriel Parisot, « le bon Parisot », voir *O.C.*, Pléiade, t. I, p. 281, n. 2. L'*Épître* fut composée, probablement, en partie aux Charmettes, en partie à Lyon, entre 1741 et 1742. Dans le manuscrit de *la Muse allobroge,* on lit, en tête du poème, dans la marge : *Achevée le 10 juillet 1742.* A cette date, Rousseau est tout près de quitter définitivement les Charmettes. Au livre VII des *Confessions,* l'écrivain, narrant le début de son séjour à Paris, note : « J'avois dans ma poche une Epître en vers, écrite à Parisot pendant mon séjour à Lyon. » L'*Épître* fut publiée pour la première fois dans l'édition de Boubers (Londres, 1776, t. VIII).

(*a*). 1776 : *ces tristes projets.*

5. Le projet de quitter les Charmettes et Mme de Warens, pour s'en aller, à Paris, conquérir « la fortune » et « la gloire ».

P. 1137.

(*a*). 1776 : *remplit.*

1. Rousseau fait entendre ici le fier langage de l'enfant de Genève.

P. 1138.

1. Dans toute cette tirade le Rousseau « réformateur » se montre déjà (cf. P.-M. MASSON, *La Religion de J.-J. Rousseau,* t. I, pp. 130-133).

2. Pour s'élever contre « l'orgueil des grands » et, un peu plus bas, contre « l'arrogance » des « fiers campagnars », gentilshommes « sans vertus », Rousseau déjà trouve le ton de la diatribe.

P. 1140.

(*a*). 1776 : *et seule par soi-même.*

1. Rousseau renonce, à cette date, à faire le Don Quichotte. Sa « raison naissante » lui fait maintenant « respecter des grands le rang et la naissance ». C'est l'attitude de Philinte, avant celle de l'Alceste qu'il deviendra plus tard.

P. 1143.

1. Le procureur Pierre Renaud (cf. *C.C.*, t. I, pp. 151-158, deux lettres de Mme de Warens, des 17 et 25 juin 1742).

P. 1144.

FRAGMENT D'UNE ÉPÎTRE A M. B[ORDES]

Ce texte a été daté : *Lyon 1741*, par P.-P. Plan (*C.G.*, t. I, pp. 141-143). Cette date est manifestement fausse, P.-P. Plan l'a reconnu, dans l'*Errata,* à la fin de *C.G.*, t. II, p. 382. Le poème est de l'époque où Rousseau séjourne à Venise, plus précisément d'après la fin du Carême 1744. La fête de Pâques tombait, cette année-là, le 5 avril. Cette pièce a paru pour la première fois dans le tome I des *Œuvres posthumes* de Rousseau, Genève, 1781.

1. *Fora :* équivalent de *fùori,* dehors ! en dialecte vénitien.

P. 1145.

1. Joseph Carcano, maître de chapelle aux Incurables, à Venise, né en 1703. Il donne, à Venise, un *Ambleto,* en 1742.

2. *Cattine,* forme francisée de *Cattina,* diminutif de *Catte,* abréviation typiquement vénitienne de *Caterina.* Rousseau a sans doute entendu chanter la prima donna Caterina Aschieri, engagée à Venise pour l'année 1743-1744. D'autre part, au livre VII des *Confessions,* Rousseau nomme une Cattina, jeune fille borgne chantant aux Mendicanti de Venise.

POUR LA [ZULIETTA]

Ces deux petits poèmes ont été publiés pour la première fois, en 1904, par A. de Montaigu, dans son ouvrage : *Démêlés du comte de Montaigu, ambassadeur à Venise, et de son secrétaire Jean-Jacques Rousseau, 1743-1749.* (Paris, Plon-Nourrit, 1904). P.-P. Plan a collationné ce texte sur l'original manuscrit, de la main de Rousseau, dans les archives du château de la Bretesche (cf. *C.G.*, t. I, p. 223). P.-P. Plan suppose que ces deux pièces ont pu être inspirées par la Zulietta. Elles dateraient donc de l'été 1744.

P. 1146.

L'ALLÉE DE SILVIE

Au livre VII des *Confessions,* Rousseau date de l'automne 1747 et d'un séjour à Chenonceaux la composition de ce poème. Le titre de la pièce, écrit-il, eﬆ emprunté « du nom d'une allée du parc qui bordoit le Cher ». Le poème fut envoyé par l'auteur au *Mercure de France,* à la demande du rédacteur de la revue, alors l'abbé Raynal, le 25 juillet 1750, et publié dans le numéro de septembre de la même année (cf. *C.G.*, t. I, pp. 305-306). Dans le *Mercure,* le poème eﬆ signé : *Rousseau, de Genève.*

Il exiﬆe, de la main de Coindet, une copie de ce poème (Genève, ms. fr. 204).

(*a*). Copie : *la.*

P. 1148.

1. Rousseau se dit près d'atteindre l'âge de trente-cinq ans. Or, à l'automne 1747, il a depuis quelques mois dépassé cette étape de sa vie. Faut-il admettre, alors, que le poème serait de l'année 1746, où, en automne aussi, Jean-Jacques séjourna à Chenonceaux ?

P. 1149.

(*a*). Copie : *dans.*
(*b*). Copie : *dans.*

P. 1150.

ÉPÎTRE A M. DE L'ÉTANG, VICAIRE DE MARCOUSSIS

Il existe de ce poème deux manuscrits autographes, dont l'un se trouve à Neuchâtel (ms. R. 12). P.-P. Plan a publié, dans la *Correspondance générale,* t. I, pp. 293-298, le texte de l'autre manuscrit qui se trouvait alors, à Londres, dans la collection A. Morrison. Sur ce manuscrit se lit, au haut du premier folio, la date de *1749,* mais cette mention n'est pas de la main de Rousseau. A la page 4 du même manuscrit, nouveau titre dans la marge latérale intérieure, dans le sens de la hauteur : *Épître de J.-Jacques Rousseau de Genève à M. le vicaire de Marcoussis. En 1749.* P.-P. Plan écrit : « Il est possible que les dernières lignes soient de la main de M. de l'Étang. »

Dans les *Confessions,* l. VIII, Rousseau raconte : « J'allai plusieurs fois passer quelques jours à Marcoussis, dont Mme Le Vasseur connoissait le Vicaire, chez lequel nous nous arrangions tous de façon qu'il ne s'en trouvoit pas mal... Le Vicaire avoit de la voix, chantoit bien, et quoiqu'il ne sut pas la musique, il apprenoit sa partie avec beaucoup de facilité et de précision. Nous y passions le tems à chanter mes trios de Chenonceaux... Ce fut après quelqu'un de ces petits voyages... que j'écrivis au Vicaire fort rapidement et fort mal une épître en vers qu'on trouvera parmi mes papiers. »

Nous reproduisons le texte du manuscrit de Neuchâtel, repris dans l'édition des *Œuvres posthumes* (Genève, 1781, t. I, pp. 353-358) et donnons les variantes du manuscrit publié dans *C.G.*, t. I, pp. 293-297. Ce manuscrit a été acquis par un collectionneur privé.

(*a*). *obséde.*

(*b*). *fait.*

(*c*). *les.*

(*d*). Ces six derniers vers, écrits dans la marge du manuscrit de Neuchâtel, remplacent deux vers biffés :

Où le moine devient soldat
Et le Sénateur parasite

1. Allusion à Scarron ?

2. Sur Paris et l'ambivalence des sentiments de Rousseau à son endroit, cf. *O.C.*, Pléiade, t. I, p. 401, n. 1.

P. 1151.

(*a*). *peut.*

(*b*). *sortir.*

(*c*). *Peut-être presque aussi sots qu'eux.*

1. ou *aîtres :* les différentes parties d'une habitation.

2. *syndiquant :* critiquant, censurant, contrôlant. (*Dict. Acad.*, 1718).

P. 1152.

(*a*). *richard.*
(*b*). *Toujours d'autrui mangeant le bien.*
(*c*). *ne donnant rien.*
(*d*). *Parlant toujours.*
(*e*). *qui sache vivre avec le Sage.*
(*f*). *qui ne léche point son langage.*

1. Cf. *O.C.*, Pléiade, t. I, p. 351, n. 2.

P. 1153.

(*a*).
Ennemi de tout vain scrupule,
Ami du plaisir sans crapule ;
Point philosophe hors de saison,
Mais gardant toujours sa raison :

(*b*).
Mais vous, pour le faire paroitre,
Le vôtre est de le bien connoître :
S'il vous est connu, c'est assés ;
Montrez le nous si vous osez.

1. Le vers n'est pas faux. L'élision du *e* atone dans le pronom *le* enclitique après un impératif est assez fréquente dans la poésie des XVIe, XVIIe et XVIIIe siècles. Ainsi Garnier, dans *Bradamante,* v. 1023 : ... « escoutons-l(e) un peu dire »; VOLTAIRE, *Enfant prodigue,* acte IV, sc. III : « Laissez-l(e) au moins ignorer que c'est vous. »

IMITATION LIBRE D'UNE CHANSON ITALIENNE DE MÉTASTASE

Ce poème a paru, avec *l'Allée de Silvie,* dans le numéro de septembre du *Mercure de France,* 1750. A la fin, la signature : *Rousseau, de Genéve.* Il existe, de la main de Coindet, une copie de ce texte (Bibliothèque de Genève, ms. fr. 204). L'original italien est une *Canzonetta,* écrite à Vienne en l'année 1733 et qui porte le titre : *La Libertà. A Nice.* Le duc de Nivernais s'est prétendu l'auteur de cette imitation. Mais de bonnes raisons permettent d'en maintenir l'attribution à Rousseau. Il y a, d'abord, le fait que la chanson a paru en même temps que *l'Allée de Silvie* et fit sans doute partie du même envoi à l'éditeur du *Mercure.* D'autre part, Coindet l'a copiée avec d'autres pièces que Rousseau lui a communiquées entre 1757 et 1760. De plus, le poème se trouve dans l'édition des *Œuvres* de Rousseau que Duchesne donna en 1764. Rousseau n'a pas protesté contre cette insertion. Enfin, l'écrivain a copié cette pièce, de sa main, dans le recueil d'airs qu'il fit pour la comtesse d'Egmont, et elle se retrouve, mise en musique, dans les *Consolations des misères de ma vie* (Paris, 1781).

(*c*). Copie Coindet : *qu*'un songe.

P. 1154.

(*a*). Copie Coindet : *plus d*'effet.
(*b*). Cette strophe ne se trouve pas dans la copie. Dans le *Mercure de France,* le premier vers de cette strophe est : *Sois tendre, sois inhumaine.*

P. 1155.

(*a*). Ces deux strophes ne se trouvent pas dans la copie.
(*b*). *Mercure de France* et copie : *Le serin.*

Le texte des *Consolations* a été, à plusieurs endroits, remanié : Strophe I, v. 3-6 :

Dircé, je respire enfin.
Non, non, ce n'est point un songe
Mon cœur libre sans mensonge
Ne triomphe plus en vain.

Strophe IV, v. 4 :

Juge enfin comment je t'aime !

Strophe V, v. 1 :

Sois cruelle, sois humaine

Strophe VI, v. 2, 5-6 :

Mes plaisirs ni ma tristesse

Et bien des deserts sauvages
Me deplairoient avec toi.

Strophe VII, v. 2 :

Mais, Dircé,

Strophe VIII, v. 3 :

Hélas ! je crus d'en mourir :

Strophe IX, v. 2 :

Cet oiseau, jeune et timide

Strophe X, v. 2 :

Parce que je parle encore

P. 1156.

[TROIS FRAGMENTS]

Ces trois fragments, publiés pour la première fois par P.-P. Plan dans le *Mercure de France* du 16 avril 1912 (pp. 892-894), sont conservés au recto d'un folio unique à la Bibliothèque nationale (Nouv. acq. fr. 5215). P.-P. Plan y voit « peut-être » des « échos du roman de l'Ermitage ». La chose nous paraît pour le moins douteuse.

(*a*). *Et jamais il n'est* (biffé).

(*b*). *Chloé n'a point rompu sa foy* (biffé). *loin de rompre* (biffé). *loin de m'avoir ôté* (biffé).

(*c*). *Et ne cherit que son ardeur* (biffé).

(*d*). Avant ce vers, quatre vers biffés :

> *Que mon sort est rempli de charmes*
> *Qui jamais éteindra mes (nos) feux (brisera nos nœuds)*
> *Si l'absence même est sans armes*
> *Pour attaquer de si beaux nœuds ?*

P. 1157.

INSCRIPTION MISE AU BAS D'UN PORTRAIT DE FRÉDÉRIC II

Nous donnons le texte que conserve la copie Coindet (Genève, ms. fr. 204).

Au XIIe livre des *Confessions* (cf. *O.C.*, Pléiade, t. I, p. 592), Rousseau raconte : « Parmi les estampes encadrées dont j'avois orné mon Donjon à Montmorency, étoit un portrait de ce prince (Frédéric II), au-dessous duquel j'avois mis un distique qui finissoit ainsi :

Il pense en philosophe, et se conduit en Roi.

Ce vers qui, sous toute autre plume, eût fait un assez bel éloge, avoit sous la mienne un sens qui n'étoit pas équivoque, et qu'expliquoit d'ailleurs trop clairement le vers précédent. »

Musset-Pathay, publiant pour la première fois ce distique (*Œuvres complètes de J.-J. Rousseau,* Paris, 1824, t. XVI, p. 79), donne le vers : *Il pense en philosophe...* comme mis au bas de l'estampe et le premier vers, sous la forme suivante : *La gloire, l'intérêt, voilà son dieu, sa loi,* comme inscrit « derrière l'estampe ».

QUATRAIN POUR UN DE SES PORTRAITS

Ce quatrain doit avoir été composé, selon R. Osmont, « aux environs du printemps de 1767 » (*O.C.*, Pléiade, t. I, p. 779, n. 1). Rousseau le cite, dans le second des *Dialogues,* lorsqu'il parle des portraits qui ont été faits de lui et qui « ne peignent pas mieux l'original au moral qu'au physique ». Il précise, quant à la date du quatrain : « Il y a plus de six ans qu'il est fait. » (*O.C.*, Pléiade, t. I, pp. 778-779).

ÉPITAPHE DE DEUX AMANS

Ce quatrain a paru pour la première fois le 1er juin 1770, dans la *Correspondance littéraire* de Grimm, puis dans les *Mémoires secrets* de Bachaumont, t. V, p. 167, sous la date du 20 juillet 1770, puis encore dans l'*Almanach des Muses* pour l'année 1771. Une note, dans cet Almanach, explique les circonstances qui inspirèrent à Rousseau cette *Épitaphe :*

« Un Maître en fait d'Armes de Lyon, connu pour honnête homme, Italien et jaloux, étoit amoureux de la fille d'une Hôtesse de Lyon; la fille l'aimoit aussi : il la demande en mariage à ses parens, qui la lui refusent, parce que cet homme venoit de recevoir un coup de fleuret à la gorge et étoit condamné, par toute la Faculté, à ne pouvoir pas vivre au-delà d'un mois. Cet homme, désespéré de ce refus, et encore plus de laisser dans ce monde sa maîtresse, lui persuade de se donner la mort dans le même moment où il se tueroit lui-même; et, pour être bien assuré que la chose se passeroit ainsi, il arrange deux pistolets dont les détentes de l'un et de l'autre tenoient à une ficelle : la fille s'applique un de ces pistolets au front, et son amoureux s'applique l'autre sur le cœur; et étant au pied d'un Autel en une Chapelle domestique à Irigni, cet homme tire la ficelle, les détentes partent ensemble, et ils arrivent tous les deux dans le même moment en l'autre monde. Cela s'est passé le premier Juin 1770, temps où M. Rousseau étoit à Lyon; et ayant eu connoissance de cet événement digne de la grandeur romaine, il composa cette Epitaphe. »

La date du 1er juin n'est pas exacte, le quatrain de Rousseau ayant paru ce jour-là dans la *Correspondance littéraire*. Celle-ci, d'ailleurs, annonçait, dès le 15 mai, que Rousseau avait tenté de mettre en scène cette aventure sentimentale. L'*Épitaphe* doit donc avoir été composée dans la première partie de mai 1770. Rousseau est, en effet, installé à Lyon du 10 avril au 8 juin.

(*a*). *ci gissent : gissent, gissoient,* etc., sont des formes fréquentes au XVIIIe siècle. Littré encore, donnant les formes habituelles, précise : « quelques-uns doublent l'*s* ».

1. Les deux amants, victimes du double suicide d'Irigny, s'appelaient Marie-Thérèse Lortet et Faldoni.

A MADAME DUPIN

Le quatrain, publié pour la première fois dans l'*Almanach des Muses* pour 1796, p. 181, est donné comme datant de 1751. Il figure, avec les mots *tu gagnes* à la place de *on te trouve,* dans un billet adressé par J.-J. Rousseau à Mme Dupin sans doute entre 1751 et 1755 (cf. *C.G.*, t. II, p. 148).

POÉSIES D'UNE AUTHENTICITÉ DOUTEUSE

P. 1158.

« PLUS BEL ESPRIT QUE GRAND GÉNIE... »

Cette épigramme a été copiée par Coindet (Genève, ms. fr. 204). Le 23 juin 1778, elle est publiée dans les *Mémoires secrets* de Bachaumont et attribuée à « M. Rousseau de Genève ». Au second vers, cette variante : *Sans loi, sans mœurs et sans vertu.* Il s'agirait d'une Épitaphe de Voltaire. Mais on peut douter qu'à la mort de celui-ci Rousseau ait éprouvé à son égard les sentiments qu'exprime ce quatrain.

ADIEUX A L'ILE DE SAINT-PIERRE

En 1795, le patricien bernois Sigmund von Wagner publiait une notice sur l'Ile de Saint-Pierre : *Die St. Peters Insel in dem Bielersee. Bern, bey König und Lafon.* Il y relatait le séjour de Jean-Jacques. Cet opuscule fut traduit en français, vers 1815, sous le titre : *L'Ile de Saint-Pierre dite l'Ile de Rousseau dans le lac de Bienne. A Berne, chez G. Lory et C. Rheiner, peintres.* P. Kohler a donné, en 1926, une excellente réédition de cet opuscule (Collection « Vieille Suisse », à Lausanne, aux Éditions Spes). Le texte des *Adieux* ne se trouve que dans la traduction française. Il est introduit par une évocation de la dernière soirée passée par Rousseau dans l'Ile :

« Le repas fut court, et la gaîté loin d'y présider. Des soupirs et même des sanglots mal étouffés interrompoient le peu de mots qu'on s'efforçoit de s'adresser réciproquement. Bientôt on se leva de table; alors Rousseau se fit apporter son luth, et chanta d'une voix altérée des couplets qu'il avoit faits probablement le jour même pour exprimer à ses hôtes, au moment de s'en séparer, sa reconnoissance et ses regrets. La sœur de la receveuse, présente à cette scène d'attendrissement mutuel, avoit retenu quelques-uns de ces couplets et le sens des autres; on a tâché, d'après ses indications, de restituer le texte de la romance entière, et la voici telle à-peu-près qu'elle pouvoit être dans l'original. » (Éd. Kohler, pp. 76-77).

A lire cette petite relation, il est bien évident que le texte des *Adieux* ne saurait, sinon dans son inspiration, du moins dans sa forme, être considéré comme étant de Rousseau.

P. 1160.

QUATRAIN COMPOSÉ POUR LE PORTRAIT DE MARIE-ANNE D'ILLENS

1. Ce quatrain a été publié pour la première fois par Gaston de Lessert, *Famille de Lessert. Souvenirs et portraits* (Genève, 1904,

p. 35). Th. Dufour, dans les *Annales J.-J. R.*, t. II, p. 158, observe que l'attribution de ces vers à Rousseau, ne reposant que sur une tradition de famille, demeure incertaine. « Au reste, ajoute-t-il, le quatrain est conforme aux sentiments que Mlle d'Illens inspirait à Jean-Jacques. » La date est imprécise : peut-être 1766.

VERS SUR LA FEMME

Ces vers, publiés pour la première fois dans la *Correspondance secrète* de Métra, en 1783 (t. XV, p. 134) sont une paraphrase d'un passage d'une lettre de Saint-Preux à Mme de Wolmar (*La Nouvelle Héloïse,* VIe partie, lettre 7). Il est douteux que Rousseau ait mis lui-même en vers ce morceau de prose éloquente. La *Correspondance secrète* dit prudemment : « Vers attribués à J.-J. Rousseau. » — Dans les *Annales J.-J. R.*, t. V, pp. 259-271, P.-M. Masson a publié, en 1909, une *Contribution à l'étude de la prose métrique dans « La Nouvelle Héloïse »*. Il compare ces *Vers sur la femme* au texte correspondant du roman. Tout en considérant « l'authenticité de cette pièce comme douteuse », il se demande, au cas où les vers seraient réellement de Rousseau, si l'écrivain les a tirés du roman ou s'ils ont précédé l'œuvre en prose. P.-M. Masson pense « plus vraisemblable » que les vers soient antérieurs au roman. J'avoue ne pas pouvoir me rallier à cette opinion. Avec Th. Dufour, je persiste à croire que la pièce est apocryphe (cf. encore *O.C.*, Pléiade, t. I, p. 157, n. 5).

P. 1161.

BOUQUET D'UN ENFANT A SA MÈRE

Publié par Musset-Pathay dans son édition des *Œuvres complètes de J.-J. Rousseau,* 1823-1826, t. X, pp. 464-465.

ROMANCES

Comme nous l'avons laissé entendre dans notre Introduction, le texte — et non seulement la musique — de diverses Romances a été faussement attribué à Rousseau. C'est le cas pour le poème publié dans l'édition de Boubers (Londres, 1776, t. VIII, pp. 260-262), sous le titre : *Nouvelle Romance.* Elle se retrouve dans les *Consolations des misères de ma vie,* mais avec la mention : « Paroles de M. Vernes ». Nous ne publions donc pas ce poème. Rousseau, dans une note du second *Dialogue,* proteste contre « l'impudence » qui a fait mettre cette romance « dans le recueil de [ses] écrits ».

Même fausse attribution à Rousseau des textes de : *Je l'ai planté, je l'ai vu naître ; Je l'aimois d'un amour tendre ; Au fond d'une heureuse vallée.*

En 1933, G. L. van Roosbroeck donnait un recueil d'*Unpublished poems by Voltaire, Rousseau,* etc. (Columbia University, New York). L'éditeur se dit tenté d'attribuer à Rousseau une chanson : *Le Petit Ménage,* découverte dans un *Recueil de Chansons* (manuscrit de la fin du XVIIIe siècle). A notre avis, ce texte ne saurait être de Jean-Jacques.

P. 1162.

[AIR PASTORAL]

Ce fragment se lit au folio 28 du manuscrit Saussure (Bibliothèque de Genève). Il est très probablement de la même façon que les *Fragments de Cantate* que nous avons donnés p. 1117. Th. Dufour en cite quelques vers (*Annales J.-J. R.*, t. II, p. 163), mais, le manuscrit n'offrant pas de ratures, Dufour estime qu'il s'agit là d'un texte d'Air à la mode copié par Jean-Jacques.

P. 1163.

CHANSON

Cette *Chanson* fut publiée, texte et musique, dans le *Mercure de France* de juin 1737 avec l'indication « Mise en musique par M. Rousseau de Chambéry ». C'est la première fois que Rousseau se voyait imprimé. Mais nous ne saurions assurer que les paroles de ce morceau soient de lui (cf. J. PEYROT, *Le premier air gravé de Rousseau,* dans *Zeitschrift der Internationalen Musikgesellschaft,* sept. 1913, pp. 365-366).

ROMANCE (I)

Cette *Romance* a été publiée par Alfred Bougeault, dans son *Étude sur l'état mental de J.-J. Rousseau et sa mort à Ermenonville* (Paris, Plon, 1883). Bougeault en a trouvé le manuscrit à Saint-Pétersbourg. Ce manuscrit, écrit-il, avait été donné « à la femme d'un célèbre financier russe par le comte Numance de Girardin, petit-fils du marquis de Girardin... La donation est attestée par quelques mots du comte et porte sa signature. Il y est dit que ces vers proviennent des papiers laissés à la succession de J.-J. Rousseau. »

P. 1164.

ROMANCE (II)

Poésie publiée, le 22 juillet 1775, dans la *Correspondance secrète* de Métra, et précédée de ces lignes : « Les petits morceaux soit de prose soit de poésie qui échappent de temps en temps à Monsieur Jean-Jacques Rousseau font toujours regretter qu'il paroisse se refuser à des ouvrages considérables : voici une romance de sa façon dans laquelle on trouvera beaucoup de douceur et de facilité. » Est-ce contre de telles publications que Rousseau proteste dans une note du second des *Dialogues ?*

P. 1165.

DAPHNIS ET CHLOÉ

Les *Fragmens de Daphnis et Chloé, composés du premier Acte, de l'Esquisse du Prologue et de différens Morceaux préparés pour le second Acte et le Divertissement* ont paru, *à Paris, chez Esprit Libraire, au Palais Royal,* en 1779. L'essentiel du texte est de Corancez. Cependant un *Avis des Éditeurs* précise : « Il paroit que M. Rousseau, dominé par son goût pour la musique, éprouvoit dans certains momens le besoin de composer, et ne donnoit pas à l'Auteur des paroles le tems de travailler sa matiere; du moins c'est ce que nous avons cru devoir conclure du manuscrit de ce dernier, qui differe beaucoup des paroles employées dans la Partition... Les paroles de *Duo,* tel qu'il est dans la Partition, sont de M. Rousseau, ainsi que celles de la *Romance,* chantée par Philetas dans le Divertissement. »

P. 1166.

LES CONSOLATIONS DES MISÈRES DE MA VIE

Les Consolations des Misères de ma vie ont paru à Paris, en 1781. Beaucoup de ces airs sont donnés avec l'indication précise de l'auteur des paroles. En tête de quelques autres, on lit : « Paroles de M*** ». On peut penser que ce M*** n'est pas Rousseau. Un Air, sur des paroles de Gresset, *Le Siècle pastoral,* s'achève sur trois strophes signalées, par une note, comme étant de Rousseau. Enfin, douze morceaux ne portent aucune indication quant à l'auteur du texte. J. Tiersot écrit à leur propos : « On peut, sans l'affirmer, supposer que ce discret anonymat cache parfois Rousseau lui-même. » H. Monin, dans son article de la *Revue d'histoire littéraire de la France* (1915, pp. 48-85) : *Les œuvres posthumes et la musique de Jean-Jacques Rousseau aux « Enfants-Trouvés »*, affirme de ces pièces :

« Il n'y a pas de raison pour ne pas les restituer à Rousseau qui, compositeur de la musique, jugeait fort inutile de signer les paroles quand elles étaient aussi de lui » (p. 71). Et encore : « Quant à Rousseau, il trouve plus simple de ne pas se nommer du tout. Il n'a pas signé, dans son manuscrit, son addition aux strophes de Gresset. Il ne signe pas davantage les suivantes [celles que Monin publie pp. 81-83], qu'il n'y a vraiment pas de raison — *à moins que la critique ne découvre d'autres auteurs* — pour ne pas lui restituer au moins provisoirement » (p. 80). Nous avons fait de nombreux sondages dans des recueils de chansons du XVIIIe siècle pour voir si tel ou tel de ces textes n'avait pas été emprunté par Rousseau à un autre écrivain du siècle. Nos recherches ont été vaines. C'est pourquoi nous donnons les paroles de ces diverses romances, mais en faisant les mêmes réserves que Tiersot et Monin.

Après la mort de Rousseau — et à travers tout le XIXe siècle — des éditeurs de musique ont publié, à maintes reprises, des airs de Rousseau. Souvent ils lui ont attribué, à tort, non seulement la musique, mais les paroles du morceau. Il en est ainsi de *Je l'ai planté, je l'ai vu naître...*, donné pourtant dans les *Consolations* comme composé sur des paroles de Deleyre. De même pour *Je l'aimois d'un amour tendre...*, dont le texte est de Leclerc de La Bruère, ou pour *Au fond d'une heureuse vallée...*, que les *Consolations* nous disent être une « Romance traduite de l'anglais de M. Mallet ». Nous voudrions, sur ce problème d'attribution, rendre attentifs nos lecteurs aux insuffisances, aux erreurs même, de la *Bibliographie générale des Œuvres de J.-J. Rousseau* publiée en 1950 par Jean Sénelier.

1. Cette Romance reprend un thème familier à Rousseau, celui-là même du *Devin du village*.

P. 1169.

1. Rousseau a mis en musique l'idylle de Gresset intitulée *le Siècle pastoral*. Aux deux dernières strophes il a substitué trois strophes nouvelles, qui corrigent le pessimisme du premier texte. Voici quelle était la conclusion de Gresset :

Ne peins-je point une chimère ?
Ce charmant siècle a-t-il été ?
D'un auteur témoin oculaire
En sait-il la réalité ?
J'ouvre les fastes : sur cet âge
Partout je trouve des regrets ;
Tous ceux qui m'en offrent l'image
Se plaignent d'être nés après.

J'y lis que la terre fut teinte
Du sang de son premier berger ;
Depuis ce jour, de maux atteinte,
Elle s'arma pour le venger.
Ce n'est donc qu'une belle fable ;
N'envions rien à nos aïeux.
En tout temps l'homme fut coupable,
En tout temps il fut malheureux.

P. 1173.

1. Voir la note 1, p. 1153.

CONTES ET APOLOGUES

P. 1177.

LA REINE FANTASQUE

Le 28 mars 1756, Rousseau écrivait à Vernes : « J'avois fait quelque chose que je vous destinois, mais ce qui vous surprendra fort c'est que cela s'est trouvé si gai et si fou qu'il n'y a nul moyen de l'employer, et qu'il faut le réserver pour le lire le long de l'Arve avec son ami » (*C.C.*, t. III, p. 308). Ce « quelque chose » désigne très probablement le conte de *la Reine fantasque.* Rousseau en aurait donné, oralement, la primeur aux habitués du salon de Mlle Quinault, où Duclos l'avait introduit dès le printemps de 1754. Le faire paraître dans le *Choix littéraire* de Vernes, impossible : l'œuvre était trop « folle ». Inutile de se créer des ennuis pour cette bagatelle. Des copies, cependant, circulèrent. En 1758, le petit conte était édité en une mince plaquette, aujourd'hui rarissime, sous le titre : *La Reine fantasque, conte cacouac, par M.* R[ousseau], *C*[itoyen] *de* *G*[enève]. Un *Avertissement,* que l'on trouvera dans les notes de ce volume, donnait l'œuvre comme un des spécimens les plus dangereux de la propagande « philosophique ». Le terme de *Cacouac,* on le sait, est un sobriquet inventé par l'avocat Jacob-Nicolas Moreau, qui publia, en octobre 1757, dans le *Mercure de France,* un *Avis utile ou Premier Mémoire sur les Cacouacs,* suivi bientôt d'un *Nouveau Mémoire.* Une note de ce pamphlet précisait : « Il est à remarquer que le mot grec *Kakos,* qui ressemble à celui de *Cacouac,* signifie *méchant.* » Le surnom visait en particulier les rédacteurs de l'*Encyclopédie.*

En janvier 1759, Mme Dupin souhaita lire *la Reine fantasque.* Rousseau s'étonna qu'elle en eût ouï parler. Il faut croire que l'édition clandestine du conte, dont le *Journal encyclopédique* du 15 juin 1758 avait pourtant publié un compte rendu et des extraits, commençait seulement à se répandre. L'auteur promit à son ancienne protectrice de le lui donner à lire en manuscrit, mais non sans formuler un jugement sévère sur ce petit ouvrage : « C'est une folie de cinq ou six pages qui bien qu'écrite dans un moment de gaité ou plustôt d'extravagance, n'a pas même le mérite d'être plaisante et qui en vérité ne peut être lue par une personne de bon sens... Je n'en ai gardé que le brouillon que je n'ai pas même daigné recopier » (*C.C.*, t. VI, p. 16). Il est certain qu'à cette date de 1759 Rousseau ne voit plus rien, autant dire, dans *la Reine fantasque,* qui réponde à sa pensée et à ses sentiments du moment. On le désigne comme l'un des chefs des Cacouacs, alors qu'il opère sa rupture définitive avec eux. Ce qui avait été l' « extravagance » d'une heure de folie, lorsqu'il était encore l'intime ami de Diderot et l'un des convives des dîners de Mlle Quinault, lui apparaît maintenant comme une erreur. Rien dans ce conte qui puisse plaire véritablement. Rien qui mérite l'attention d'une « personne de bon sens ». Sept ans plus tard, Rousseau autorisait cependant Marc-Michel Rey à publier *la Reine fantasque,* précédée d'un bref Avertissement. Mais à peine donnée cette autorisation, l'écrivain s'inquiétait. « Cette folie », « ce barbouillage », ne valait-il pas mieux en « différer à d'autres tems » l'édition ? (*C.C.*, t. XXIX, p. 10). « Il importe à mon repos que je sois oublié du public ou du moins qu'il ne voye plus rien de moi qui le fasse souvenir que j'existe. Toutefois vous êtes le maître de ce barbouillage. Il est à vous ; usez en comme il vous plaira ».

Le manuscrit original de ce conte est conservé à la Bibliothèque de la Ville de Neuchâtel (ms. R. 37). Au texte primitif, qui correspond presque toujours à l'édition originale de 1758 — mais édition faite sans l'aveu de Rousseau — l'écrivain a apporté de nombreuses corrections, qui ont passé dans l'édition de 1769 (M.-M. Rey, Amsterdam), puis dans celle de DuPeyrou-Moultou (Genève, 1782).

L'édition de 1758 : *La Reine Fantasque. Conte cacouac* est précédée de l'*Avertissement* suivant :

Ceux qui sont déjà au fait de la doctrine des CACOUACS, *et des moyens dont ils se servent pour la répandre, auront d'abord la clef de ce petit Ouvrage. Ils verront avec étonnement jusqu'à quel point d'audace osent insensiblement parvenir des particuliers qui voudroient ensévelir les Loix, les Mœurs et la Religion, dans le même tombeau. Des Contes de l'ordre de celui-ci ne sont pas des Contes d'enfant ; ce sont des pièges qu'on tend au genre humain pour le tirer de la seule voye où il peut trouver son repos et son bonheur. Mais en vérité on le fait si mal-adroitement que de pareils Ecrits portent avec eux leur réfutation et leur condamnation. Il est bon cependant qu'ils soyent mis au grand jour, pour achever de démasquer ceux qui depuis si longtems s'enveloppent du manteau d'une fausse Philosophie, et prennent toutes sortes de déguisemens pour arriver à leurs fins.*

1. *Cet Avertissement du libraire* a été composé par Rousseau lui-même. Il le fit tenir à Rey le 1er décembre 1765 (*C.C.*, t. XXVIII, p. 1).

P. 1179.

(*a*). Au haut du folio 1 du manuscrit, Rousseau a noté : *N. B. faites recopier ceci par quelqu'un qui sache suivre et qui soit bien attentif.*

(*b*). Ms. : *C'est sans doute* (biffé).

(*c*). Ms. : *que tu nous fais là* (biffé).

(*d*). Ms. : *Précisément* (biffé).

(*e*). Ms. : *aussi bien intentionnés que lui.*

(*f*). Ms. : *l'imbecillité* (biffé).

(*g*). Ms. : *malfaisante.*

(*h*). Ms. : *comme il étoit fort entêté.*
(*i*). Ms. : *il agissoit en conséquence.*
(*j*). Ms. : *capricieuse.*
(*k*). Ms. : *en quatre mots.*

P. 1180.

(*a*). Ms. : *un capuchon.*
(*b*). Ms. : *inutilement.*

P. 1181.

(*a*). Le manuscrit ajoute ce texte qu'aucune édition n'a reproduit : *Je dis six mois, non de suite ; c'eut été autant de repos pour son mari ; mais pris dans des intervalles propres à le chagriner.*
(*b*). Ms. : *tout* l'amour.
(*c*). Ms. : *Dès le moment.*
(*d*). Ms. : *tâchez de céder.*
(*e*). Ms. : *pour se conformer à l'avis de la Fée, se rendit au Cercle de la Reine et la prenant à part, lui dit.*
(*f*). Ms. : *contre elle.*

P. 1182.

(*a*). Ms. : *de tout le ridicule.*
(*b*). Ms. : *devroit* (biffé).
(*c*). Ms. : *infinies.* Édition de 1758 : *inouies.*
(*d*). Ms. : *de son mieux.*

P. 1183.

(*a*). Ms. : *Depuis qu'elle étoit sûre... elle ne parloit... et n'oublioit* (biffé).
(*b*). Ms. : qui pouvoient *jetter du ridicule sur (rendre extravagant) l'oubli des autres.*
(*c*). Ms. : *un couvre-pied (une cornette).*
(*d*). Ms. : *Eh.*
(*e*). Ms. : *toutes* les bêtises.
(*f*). Ms. : *et voudriez-vous qu'on lui gardât.*

1. Pierre d'Ortigues de Vaumorière (1610-1693). Auteur de romans où il imite La Calprenède. Donna, en 1688, des *Harangues sur toutes sortes de sujets, avec l'art de les composer,* et, en 1689, des *Lettres sur toutes sortes de sujets, avec des avis sur la manière de les écrire.*

P. 1184.

(*a*). Ms. : *du Palais.*
(*b*). Ms. : *elle n'avoit pas laissé de le communiquer avec de grandes précautions à toutes les Dames (femmes) de sa maison.*
(*c*). Ms. : *commode* (biffé).
(*d*). Ms. : *un plaisir malin* (biffé).
(*e*). Ms. : *Monsieur le Druide* (biffé).

(*f*). Ms. : *des digressions, des portraits et de cette multitude.*
(*g*). Ms. : *impatienter (amuser)* (biffé).
(*h*). Ms. : *on se hâte de couvrir* son étalage *des* (biffé).
(*i*). Ms. : *que tes propos vaillent mieux que l'esprit des autres et* quc pour éviter.

P. 1185.

(*a*). Ms. : *c'eſt une grande pitié (eſt d'un ennui)* (biffé).
(*b*). Ms. : *l'essentiel.*
(*c*). Ms. : *vraiment* (biffé).
(*d*). Ms. : *tellement* (biffé).
(*e*). Ms. : *crier à pleine tête.*

P. 1186.

(*a*). Ms. : *tendrement* (biffé).
(*b*). Ms. : *crainte* (biffé).
(*c*). Ms. : *maîtres.*

P. 1187.

(*a*). Ms. : *les.*
(*b*). Ms. : *la plus grande* gloire.
(*c*). Ms. : *la tête des fourbes* (biffé).
(*d*). *Jalamir continua* n'eſt pas dans le manuscrit et dans l'édition de 1758.

P. 1188.

(*a*). Ms. : *ne se flétrit pas moins.*
(*b*). Ms. : *si.*
(*c*). Ms. : *Mère.*
(*d*). Ms. : *se contentoit d'avoir* (biffé).

P. 1189.

(*a*). Ms. : *projets* (biffé).
(*b*). Ms. : *présomptif.*
(*c*). Ms. : *excéder.*
(*d*). Ms. : *triomphant* (biffé).
(*e*). Ms. : *dissuader.*

P. 1190.

(*a*). Ms. : *n'osa le porter depuis.*
(*b*). Ms. : *tous les caprices* (biffé).
(*c*). Ms. : *supplice* (biffé).
(*d*). Ms. : *le regret de ses fautes lui en fera commettre de plus grandes (nouvelles) encore.*

P. 1191.

(*a*). Ms. : *n'aura pas un meilleur succés* (biffé).
(*b*). Ms. : *pervertir* (biffé).

(*c*). Ms. : *hazard.*
(*d*). Ms. : *ours* (biffé).
(*e*). Ms. : *quelle abondence* (biffé)
(*f*). Ms. : *à la place* (biffé).
(*g*). Ms. : de mon conte : *car.*

Je vous le dis, Seigneur, et vous reconnoitrez
Plus vous croyez prévoir, plus vous vous égarez. (biffé).

P. 1192.

(*a*). Ms. : *peut être.*
(*b*). Ms. : *je vais expédier dans quatre mots celui-ci, et je parie bien que ce sera pour vous et peut être pour bien d'autres d'une manière très imprévue.*
(*c*). Ms. : *poulets* a été biffé et corrigé en *perdrix.*
(*d*). Ms. : *avoit voulu* (biffé).

P. 1193.

LES AMOURS DE CLAIRE ET DE MARCELLIN

La date de composition des *Amours de Claire et de Marcellin* peut être approximativement fixée grâce à deux lettres de Deleyre à Rousseau. Dans celle du 26 août 1756, on lit en effet : « Je voudrois bien qu'il vous prît envie de continuer l'histoire de Marcellin... » (*C.C.*, t. IV, p. 90), et le 23 septembre de la même année : « N'oubliez pas le pauvre Marcellin... » (*C.C.*, t. IV, p. 115). Mais à ce moment, Rousseau a déjà commencé d'écrire *la Nouvelle Héloïse.* Sans doute ce nouveau et considérable projet contribua-t-il à l'abandon du récit, beaucoup plus modeste, des *Amours de Claire et de Marcellin.*

Nous relevons ici les principales variantes du seul manuscrit connu de ce fragment de nouvelle (ms. R. 38, Bibliothèque de la Ville de Neuchâtel). — Streckeisen-Moultou a, le premier, publié ce texte dans *Œuvres et Correspondance inédites de J.-J. Rousseau,* 1861.

(*a*). *fort riche.*
(*b*). *à la maladie.*

P. 1194.

(*a*). *tous les Portraits.*
(*b*). *il avoit honte de l'émotion qu'il en recevoit et (se croyoit obligé de) donnoit tous ses soins à la cacher avec soin.*
(*c*). Un folio isolé (ms. R. 49) porte quelques lignes se rapportant aux *Amours de Claire et de Marcellin.* Nous y relevons cette variante : *cette habitude de modération qu'une éducation plus douce et plus soignée ne donne pas toujours.*

1. Ce portrait de Claire eſt conforme au type féminin préféré par Rousseau (cf. le personnage de Julie dans *la Nouvelle Héloïse*).

2. Rousseau use souvent de l'expression *sens froid,* fréquente aux XVIIe et XVIIIe siècles. *Sang froid* eſt atteſté dès la fin du XVIe siècle. Le *Dictionnaire* de Furetière (fin du XVIIe siècle) ne connaît que *sang froid :* « Le sang froid rend les gens doux, sages, tranquilles. » Le *Dictionnaire* de l'Académie française (1694) note : « quelques-uns escrivent *sens froid* ».

P. 1195.

(*a*). *à cela.*

(*b*). Rousseau a noté dans la marge : *à étendre. — Le véritable amour augmente de part et d'autre les difficultés de la possession. Les pays où la débauche régne avec le plus d'excés sont ceux où l'on connoit le moins l'amour, etc.*

(*c*). autant de voyages à Valence, *dans lesquels on avoit beaucoup plus d'attention à aller recevoir les commissions de Mademoiselle Claire qu'à faire les siennes propres. Et cependant après bien des courses.*

(*d*). *petite.*

(*e*). *retourner* vivre.

(*f*). *et les affaires de Marcellin se trouvérent.*

(*g*). *cent fois.*

1. Rapprocher ce paragraphe du passage, un peu plus bas, où Rousseau, à propos de l'amour éprouvé par Marcellin, parle des « myſtères » de « cette étrange passion », « myſtères inconcevables à tous les cœurs qui ne sont pas faits pour la sentir ». Au-delà des « ridicules bienséances » s'établit l'union profonde des âmes et des cœurs. Les différences de rang social, l'éducation ne changent que « les apparences ». Mais, sous ces apparences, il y a le « fond des cœurs », cette réalité qui peut faire d'un paysan l'égal d'un prince ou d'un philosophe.

P. 1196.

(*a*). *plus* volontiers.

(*b*). *de part et d'autre.*

(*c*). *donner.*

(*d*). *à allarmer ses parens.*

(*e*). et voila *ce que le Chirurgien n'avoit pu deviner et qui lui avoit fait faire.*

(*f*). *eut.*

(*g*). *l'adminiſtration.*

(*h*). *et douleur.*

1. Marcellin renonçant à faire ses confidences à sa mère malade, crainte de « nuire à sa guérison », c'eſt déjà l'attitude qu'aura Julie dans *La Nouvelle Héloïse,* en face de Mme d'Étanges.

2. Marcellin se rendant malade pour faire suspendre le mariage :

il y a là une situation un peu semblable à celle de Rousseau lui-même cultivant sa « langueur » auprès de Mme de Warens (cf. *O.C.*, Pléiade, t. I, p. 218, n. 6).

P. 1197.

(*a*). *pour.*
(*b*). *les.*
(*c*). *de la politesse* a été biffé, par erreur, croyons-nous.
(*d*). ne l'étoit *d'aucun des spectateurs.*
(*e*). *intérieurement.*
(*f*). de *son* Marcellin.
(*g*). Sur *son cœur.*
(*h*). *qu'elle avoit receus de lui, et si, comme on va voir, elle n'y mit pas la même simplicité, c'est qu'il y en a naturellement moins dans le cœur des femmes.*
(*i*). *les Parens.*
(*j*). *ne la voyoient pas de bon œil dans la fami... (qu'avec quelque peine).*
(*k*). Ils avoient fait *sur le mariage de Marcellin des projets de fortune et d'ambition.*
(*l*). *le parti.*
(*m*). *n'ajouta pas beaucoup à leur bien.*
(*n*). *inferieur.*
(*o*). *Les projets d'un Villageois ! L'ambition d'un paysan.*
(*p*). *L'ambition parle même langage au cœur... J'aimerois mieux, disoit César, être le premier.*

1. Sur les « ridicules bienséances » et « la politesse des villes », cf., dans *la Nouvelle Héloïse,* les lettres de Saint-Preux sur Paris et les Parisiennes, en particulier les lettres 17 et 21 (IIe partie).

2. De la puissance de ce « langage du sentiment », que de témoignages dans *la Nouvelle Héloïse !* Ainsi, lettre 13 (IIIe partie, p. 330) : « deux ames si étroitement unies ne sauroient-elles avoir entre elles une communication immédiate... ? »; ou encore, lettre 3 (Ve partie, p. 560) : « Que de choses se sont dites sans ouvrir la bouche ! que d'ardens sentimens se sont communiqués sans la froide entremise de la parole ! » — Voir dans J. STAROBINSKI, *J.-J. Rousseau. La transparence et l'obstacle,* chap. VI, la section intitulée : « Le pouvoir des signes », pp. 172-207.

P. 1198.

(*a*). *qui n'étoit plus ignoré de personne.*
(*b*). il ne *leur dit* pas.
(*c*). *cette démarche.*
(*d*). *Claire, l'amoureuse Claire, avoit fait en secret ce que peu d'amantes auroient fait à sa place.*
(*e*). *d'ailleurs honête.*
(*f*). *L'intéret (l'avarice) qui avoit fait ce miracle dans la fiancée...*
(*g*). *Marcellin m'aime, lui dit-elle, et je l'aimois avant...*

(*h*). *trouver un meilleur parti, et moi je serai pauvre avec Marcellin.*

(*i*). Tout le passage, depuis : *un mari qui t'aime,* est surchargé de corrections, difficiles à lire : *et avoir le plaisir d'en refuser un... Si tu cédes à ce prix (pour ce que je te donne) un cœur qui ne peut être à toi (un bien qui ne peut être à toi) il vaut mieux* (illisible) *(un Mari qui t'aime)* rapporter du bien à un homme dont tu seras aimée que d'en recevoir d'un homme *qui ne t'aimeroit pas.*

(*j*). *aussi fut-ce.*

(*k*). son mari futur *pour avoir de quoi s'en (pour le plaisir d'en)* acheter un autre *à sa fantaisie.*

(*l*). *Aussi bien* Marcellin, *toujours modeste et recueilli, passoit-il pour avoir peu d'esprit dans le village.*

(*m*). ne lui fut *plus* doux qu'après lui avoir *tant sacrifié.*

(*n*). *du sacrifice que lui avoit fait sa maitresse.*

(*o*). *que lui avoit laissé la maladie.*

(*p*). *il voyoit à regret le retour d'une santé qui devoit effacer le temoignage de son amour.*

(*q*). *la pauvreté.*

(*r*). *Il sembloit.*

(*s*). *Heureux.*

(*t*). *goutez.*

1. *Un mariage assorti.* — D'ordinaire l'expression s'entend : *entre personnes qui se conviennent.* Mais ici il faut comprendre simplement : *un mariage arrangé.*

P. 1199.

(*a*). *vous ne possedez rien de ce que recherchent les hommes et vous êtes heureux, vous êtes pauvres et vos cœurs sont contens.*

(*b*). *de vous même.*

(*c*). *du plus parfait bonheur.*

(*d*). *publique.*

(*e*). Le folio 12 r° du ms. R. 38 porte trois brefs fragments qui se rapportent sans doute à un épisode postérieur de l'histoire de Marcellin :

à peine fut-il à la porte

qu'arracher (et jetter) sa croix de Malthe la jetter (impetueusement) par terre et se précipiter aux pieds de son Epouse ne furent qu'un seul et même mouvement. Avant qu'il eut pu dire un mot

Le sentiment, quand il est vrai, a toujours ses droits sur les belles âmes.

Aprenez, Mr. d'Orival, que tout paysan que je suis, je ne veux point survivre à un affront, et que vôtre vie (n'est) ne sauroit être en sureté (qu'autant que je ferai cas) quand je ne ferai plus de cas de la mienne.

Ici c'est le châtelain qui est rival de Marcellin en amour. Dans le *Devin,* à l'inverse, c'est Colin qui est tenté par une dame de la ville. La situation se rencontre fréquemment dans la littérature du temps.

P. 1200.

LE PETIT SAVOYARD OU LA VIE DE CLAUDE NOYER

Le Petit Savoyard ou la Vie de Claude Noyer est sans doute contemporain des *Amours de Claire et de Marcellin* (printemps ou début de l'été 1756). Cf. *O.C.*, Pléiade, t. I, p. 431, n. 2, et p. 1126, n. 1. — Ce fragment a été publié par Streckeisen-Moultou dans *Œuvres et Correspondance inédites de J.-J. Rousseau,* 1861.

Le manuscrit de cette ébauche de nouvelle, conservé à la Bibliothèque de Neuchâtel, est constitué de trois fragments autographes :

1° Ms. R. 53 : petit cahier de couleur saumon, dont seuls les folios 1 et 2 sont écrits.

2° Ms. R. 52, comportant : *a*) un double feuillet, grand format in-8°, folios numérotés 1 et 2. Il n'est écrit qu'au recto du folio 1. *b*) six feuillets, plus petit format, numérotés 3, 4, 5, 6, 7, 8 (ce dernier blanc). Les feuillets 3 et 7 contiennent le texte entier de cette ébauche demeurée inachevée. C'est ce texte que nous reproduisons. Nous signalons ci-dessous les variantes les plus importantes de ce manuscrit et des deux brefs fragments ms. R. 53 et folio 1 du R. 52.

(*a*). Ms. R. 53 : pour vivre *commodément.*

(*b*). Ms. R. 52, folio 1 : *Je suis né au milieu des montagnes de Savoye dans une famille de pauvres paysans. Le Ciel sembloit m'avoir destiné à être un honnête laboureur. Par quelle (cruelle) fatalité ai-je pu tromper ma vocation.*

(*c*). Ms. R. 53 : dans *mon hameau.*

(*d*). *Ibid.* : *exercés.*

(*e*). *Ibid.* : à regretter *une vie agitée et tumultueuse et à sentir dans ma vieillesse toutes les infirmités qui en sont le fruit, je jouirois d'un esprit serein dans un corps encore robuste et je serois un bon vieillard honoré des gens de bien et respectable chez tous les hommes pour avoir...*

Ms. R. 52, f° 1 : *à pleurer une longue et malheureuse vie livrée au tumulte des passions et aux caprices de la fortune, je serois un bon vieillard honoré dans mon hameau et respectable chez tous les hommes pour avoir par une longue et laborieuse vie et par des mœurs pures et simples rempli dignement mes fonctions sur la terre et bien mérité de la société. Hélas, j'étois né pour un sort si doux ! Le Ciel m'est témoin que ce n'est point par mon choix que j'ai suivi une toutte autre carrière. Mes intentions ont toujours été saines, le fond de mon cœur toujours droit ! et l'on verra quelquefois que les vices (auxquels j'ai été livré) qui m'ont séduit sont bien plus nés des circonstances de ma situation que des mauvais penchans de mon cœur.* Ainsi donc les vices du petit Savoyard, comme ceux de

Rousseau, lui viennent du dehors, des « circonstances ». Son cœur « est toujours droit » (cf. *O.C.*, Pléiade, t. I, p. 3, n. 1).

1. Cf. la seconde partie de ce paragraphe au paragraphe sur lequel s'achève le livre Ier des *Confessions.*

P. 1201.

(*a*). *à la Cour de Turin.*

(*b*). *travaillant bientôt.*

(*c*). *semaines.*

(*d*). *et privé dès sa jeunesse de la jouissance de la vie pour en avoir voulu trop jouir.*

(*e*). *à l'un de ses soldats vétérans.*

(*f*). *C'est à ce jeune homme que je dois m'en prendre de tous les malheurs de la vie par la part qu'il eut au prémier événement qui les a tous amenés.*

(*g*). *catastrophe.*

(*h*). *et qui, dans le premier éclat d'une beauté à peine formée.*

(*i*). *se faisoit dejà remarquer (distinguer) par sa beauté.*

(*j*). *dans les villes.*

(*k*). *manquent pas.*

(*l*). *le plus tôt qu'il leur est possible. C'étoit l'innocence même de son cœur et la pureté de ses sens qui donnoit à ma sœur ce petit air de vivacité et d'étourderie.*

1. « Le bon vicaire » : sans doute passe-t-il ici un souvenir de l'abbé Gaime, le « vicaire savoyard » de l'*Émile* et des *Confessions* (cf. *O.C.*, Pléiade, t. I, p. 90, n. 1).

2. Ici s'esquisse le portrait de Claire de *la Nouvelle Héloïse.* La sœur de Claude Noyer est donnée comme « étourdie parce qu'elle étoit sage ». De même Claire (*La Nouvelle Héloïse,* Ire partie, lettre 7) écrit à Julie : « La Bonne [Chaillot] m'a toujours dit que mon étourderie me tiendroit lieu de raison, que je n'aurois jamais l'esprit de savoir aimer, et que j'étois trop folle pour faire un jour des folies. » (P. 45).

P. 1202.

(*a*). *il ne lui faloit qu'un peu moins d'innocence pour avoir beaucoup plus de modestie.*

(*b*). *Bientot le Courtisan impotent et blasé sentit renaitre le vieux débauché (le vieil homme).*

(*c*). *il lui debita des fleurettes.*

(*d*). *que de possibilité (moyen) de s'en prévaloir.*

(*e*). *et n'en fut reçu que.*

(*f*). *pousser les choses serieusement le badinage alloit quelquefois trop loin. Il remporta souvent pour prix de ses petites libertés des.*

(*g*). *ces sortes de jeux poussés trop loin.*

(*h*). *ou en meilleure intelligence qu'il ne convenoit.*

(*i*). *beaucoup.*

(*j*). *que servent les leçons contre l'humeur naturelle.*

P. 1203.

(*a*). *reveuse, mélancolique et circonspecte.*
(*b*). et *de fierté.*
(*c*). *reprimandoit séverement.*
(*d*). *de ce qu'ils avoient craint.*
(*e*). *se doutent déja que le jeune d'Argentière en étoit l'objet.*
(*f*). *à un petit maître qu'étoit destiné l'honneur (qu'il appartenoit).*
(*g*). *que l'abord me paroissoit plus aisé.*
(*h*). *Je sais qu'*une femme.
(*i*). *Je veux prevenir la reflexion :* Encore quelques *pages.*
(*j*). *bonne compagnie.*
(*k*). *que vous n'entendez point.*
(*l*). *aux leçons de point d'honneur politiques.*
(*m*). *délicieux, bien vif et.*
(*n*). *sans se soucier nullement de.*
(*o*). *une paysanne.*
(*p*). *passer par* un coin.
(*q*). *profiter.*

1. *Elle devint rêveuse et mélancolique.* Dans *la Nouvelle Héloïse,* Julie aussi, au moment où elle commence à aimer, montre la même attitude. Saint-Preux lui écrit (Ire partie, lettre 3) : « Vos yeux deviennent sombres, rêveurs, fixés en terre; (...) la gaieté vous abandonne; une tristesse mortelle vous accable... » (p. 36).
2. Cf. *Mon Portrait,* fragment 4 (*O.C.*, Pléiade, t. I, p. 1120).

P. 1204.

(*a*). *Debarassée de l'obstacle, elle le fut bientôt de l'ennemi. Ce qui suspendit un moment l'attaque, mais la treve ne fut pas longue. D'Argentière inondé de lait, et marqué d'une contusion n'en fit que rire et voulut toujours poursuivre son entreprise.*
(*b*). *à laquelle il ne s'étoit point attendu, et desespéré d'avoir manqué son coup.*
(*c*). Le verso du folio 6, dans le ms. R. 52, est occupé par ce bref fragment, qui paraît être le début d'un autre épisode de l'histoire du *Petit Savoyard.*
(*d*). *qu'elle se sentoit faitte pour attirer les yeux et les cœurs.*
(*e*). *qu'alloit prendre à la voir toute la jeunesse du canton.*

1. Cf. au livre II des *Confessions,* alors que Jean-Jacques s'achemine vers Turin, son rêve de félicité : les « voluptueux tête-à-têtes... », les « cuves de lait et de crème... » (*O.C.*, Pléiade, t. I, p. 58). Pour le psychanalyste, le symbole est transparent !
2. Cette « parure simple mais élégante à sa manière », c'est celle que Rousseau donnera à Julie dans *la Nouvelle Héloïse,* celle que Saint-Preux voudrait lui voir dans le portrait qu'elle lui a envoyé (cf. *la Nouvelle Héloïse,* IIe partie, lettre 25). Voir aussi, de *la Nouvelle Héloïse* encore (Ire partie, lettre 26, p. 91), Saint-Preux, de Meillerie,

évoquant Julie : « Tantôt je vois une élégante et simple parure orner des charmes qui n'en ont pas besoin. » Mêmes notations dans l'*Émile,* livre V : « Sophie aime la parure et s'y connoit... mais elle hait les riches habillemens; on voit toujours dans le sien la simplicité jointe à l'élégance; elle n'aime point ce qui brille, mais ce qui sied. » (*O.C.,* Pléiade, t. IV, pp. 746-747).

P. 1205.

LE LÉVITE D'ÉPHRAÏM

Sur la genèse du *Lévite d'Éphraïm,* Rousseau nous renseigne avec précision au livre XII des *Confessions ;* il raconte comment, la veille de son départ de Montmorency, soit le 8 juin 1762, il relut, dans sa Bible, le *Livre des Juges* et songea à traiter « à la manière de Gessner » l'épisode du Lévite. C'est au cours de son voyage vers la Suisse, entre le 10 et le 12 juin, qu'il dit avoir composé « uniquement pour s'amuser dans sa chaise » les trois premiers chants de ce poème, qu'il acheva « dans la suite » à Môtiers. Cet achèvement peut être fixé, croyons-nous, vers le début de septembre 1762. Le brouillon complet du *Lévite d'Éphraïm,* dans un des manuscrits de Neuchâtel, précède immédiatement la minute de la lettre à Comparet que l'on a pu dater des environs du 9 septembre.

Rousseau tenait fort à son *Lévite.* Preuve en soit le jugement qu'il porte dans les *Confessions :* « S'il n'est pas le meilleur de mes ouvrages, il en sera toujours le plus chéri » (cf. *O.C.*, Pléiade, t. I, p. 587, n. 1 et p. 1074, n. 1). En 1763, il songea à le publier, avec son *Imitation théâtrale* et l'*Essai sur l'origine des langues.* Il rédigea à cette occasion un projet de Préface, dont nous donnons, en tête du texte du *Lévite,* la partie consacrée à ce poème en prose. De Paris, le 24 décembre 1765, il demandait à DuPeyrou de lui envoyer le manuscrit : « Je ne serois pas fâché », écrivait-il, « de pouvoir lire à mes amis *Le Lévite d'Ephraïm,* dont beaucoup de gens me parlent avec curiosité » (*C.C.*, t. XXVIII, p. 89). Le 1er janvier 1766, à la veille du départ pour l'Angleterre, nouvelle demande à Du Peyrou : que celui-ci veuille bien lui faire tenir, par l'entremise de Thérèse, une copie de l'œuvre, « ou un brouillon qui doit être parmi mes papiers » (*C.C.*, t. XXVIII, p. 146). Un second projet de Préface — que nous donnons aussi en tête de l'œuvre — fut esquissé par Rousseau à une date qu'il nous est difficile de préciser : « Cette bagatelle », explique l'écrivain, « étoit oubliée depuis longtems. Je l'ai reprise et retouchée dans une occasion à peu près semblable et avec le même succès. » Sans doute ce texte remanié, mis au net, est-il celui de la copie autographe conservée à la Bibliothèque de la Ville de Neuchâtel. Mais quand Rousseau reprit-il son manuscrit primitif? L.-J. Courtois qui, le premier, a publié ce second projet de Préface (*Annales J.-J. R.*, 1935, t. XXIV, pp. 90-92) se l'est demandé. Ce ne peut être au retour d'Angleterre, Jean-Jacques n'ayant pas dans ses bagages le manuscrit du *Lévite*. Faut-il penser au départ de Trye, en juin 1768 ? Ou encore à ces « tristes journées » de Bourgoin, en août de la même année, alors que l'écrivain, malade et seul, affichait à sa porte le papier intitulé *Sentimens du public sur mon compte dans les divers états qui le composent ?* Nous ne saurions nous prononcer. En 1772, Rousseau se plaisait encore à faire connaître le *Lévite* à Bernardin de Saint-Pierre; mais il ne songeait plus, alors, à le publier.

PREMIER PROJET DE PRÉFACE

Ce texte se trouve dans le ms. R. 91 conservé à la Bibliothèque de la Ville de Neuchâtel, entre une lettre à Hume, du 19 février 1763, et une lettre de Du Luc *(sic)*, du 7 juillet 1763. Les deux premiers développements de ce brouillon sont consacrés au « morceau de l'*Imitation théâtrale* » et à l'*Essai sur l'origine des langues*. — Jansen a publié ce fragment dans son *Rousseau als Musiker*, p. 473.

(*a*). Quant au troisième *écrit qui mérite à peine ce nom et* qui n'est qu'une *espéce* de paraphrase...

(*b*). Peut-être faut-il lire : *peut*.

(*c*). Deux mots illisibles.

P. 1206.

(*a*). *contre des hommes si malveillans qui ne me haïssent qu'à cause du mal qu'ils m'ont fait.*

(*b*). *de lui.*

SECOND PROJET DE PRÉFACE

(*c*). *rien.*

(*d*). *ma moderation du moins eut du m'*obtenir *cette grace.*

(*e*). *et qui punit* moins severement *le mal même* que *le bien pour l'*apparence *du mal.*

(*f*). *mon desir.*

(*g*). *pourrois.*

(*h*). *j'y* pouvois de tems en tems *jetter des idées.*

(*i*). *et puis revenir à de plus.*

(*j*). *je tachai d'imiter.*

(*k*). les *(images charmantes) (douces et)* delicieuses images.

(*l*). *assez* agreablement.

(*m*). *donc faite.*

1. Ce texte se trouve dans le ms. R. 151 conservé à la Bibliothèque de Genève. Il s'agit d'un feuillet, écrit au recto seulement, et enveloppé d'une bande portant la mention : *Genève, March 26, 1825. Original paper in the handwriting of Rousseau given me by Mr. Moultou, son of the friend of Rousseau of that name and who published his Confes-*

sions. — *E. Wegdwood.* — L.-J. Courtois a publié ce fragment dans les *Annales J.-J.* R., t. XXIV, pp. 90-92.

P. 1207.

(*a*). *la faire (l'éditer).*
(*b*). *je m'assure.*

LE LÉVITE D'EPHRAÏM

Le texte original du *Lévite* eſt conservé dans deux manuscrits de la Bibliothèque de la Ville de Neuchâtel : 1° une minute, surchargée de corrections, ms. R. 14; 2° une copie autographe, ms. R. 15. En outre, le ms. R.   de la même Bibliothèque comporte un folio détaché, petit format, avec l'esquisse d'un fragment du Chant 2. Nous donnons ci-dessous les variantes principales de ces trois manuscrits. — *Le Lévite d'Éphraïm* a paru pour la première fois en 1781, dans les *Œuvres poſthumes* (t. I, pp. 131-167).

P. 1208.

(*a*). Minute : Mortels, *aprenez à* respecter *les mœurs, l'innocence ; aprenez à régner sur vos passions ;* soyez juſtes *sans être implacables, inhumains ; et* miséricordieux sans foiblesse; *aprenez à* pardonner au coupable.
(*b*). Minute : *doux et.*
(*c*). Minute : *cruauté* (biffé).
(*d*). Minute : *ignorer et les.*
(*e*). Minute : *détournez vos regards.*
(*f*). Minute : *en douze pièces.*
(*g*). Minute : *juge ce forfait horrible.*
(*h*). Minute : *triſtes.*
(*i*). Minute : *augmentons s'il se peut l'horreur du crime.*
(*j*). Minute : Dans les *mémorables* jours *moins de paix et de* liberté *que de licence.*

P. 1209.

(*a*). Minute : *habitoit peu de villes.*
(*b*). Minute : *lui tenoit lieu de miniſtres.*
(*c*). Minute : rédaction primitive de la note : *Les enfans de la tribu de Lévi pouvoient se marier dans toutes les autres ; mais le cas supposé devoit faire exception, comme on voit au* Livre des Nombres, *dernier chapitre, XXXVI, v. 8, parce qu'alors une portion des biens échus à une tribu en seroit partie, ce qui étoit contre la loi. Je ne vois pas qu'on puisse juſtifier autrement l'espèce de mariage dont il eſt ici queſtion et sur lequel il n'y a pas un mot d'improbation dans l'Ecriture.*
(*d*). Minute : *d'une figure agréable* (biffé).
(*e*). Minute : *dans les plaisirs faits pour les.*
(*f*). Minute : *chercher.*
(*g*). Minute : *entre les feuilles.*

(*h*). Minute : *puis la mettoit dans son sein où elle la sentoit palpiter d'effroi et se débattre.*
(*i*). Minute : *fertile.*

P. 1210.

(*a*). Minute : *ma compagne.*
(*b*). Copie : *leurs fêtes* (jeux), *leurs jeux* (plaisirs), *même* leurs querelles.
(*c*). Minute : *il faisoit retentir les coteaux du nom plaintif de sa bien aimée.*
(*d*). Minute : *longtems.*
(*e*). Minute : *à force de caresses* (biffé) *de priéres de l'appaiser et* de la ramener.
(*f*). Minute : *le prenant par la main* (biffé).
(*g*). Minute : *ses animaux.*
(*h*). Copie : *regarda.*
(*i*). Copie : *avoir pour.*

1. *abbruvoit :* Dès 1680, Richelet, dans son *Dictionnaire,* condamnait l'usage de cette forme, comme populaire. Mais elle demeure fréquente, à travers tout le XVIIIe siècle. — Même remarque, au chant III, pour *abruvoir.*

2. *tressaillit :* cette forme, au présent de l'indicatif, est fréquente au XVIIIe siècle. On la trouve chez Montesquieu, Buffon, Diderot; ainsi, dans *le Neveu de Rameau :* « Deja le cœur lui *tressaillit* de joye » (éd. critique Jean FABRE, *Textes littéraires français,* Droz, 1950, p. 23).

P. 1211.

(*a*). Minute : *et ce fut une fête continuelle.*
(*b*). Minute : *O que de pleurs furent versés au moment de cette séparation funeste.*
(*c*). Minute : *tendres* (biffé).
(*d*). Minute : *répétés.*

P. 1212.

(*a*). Minute : *Pourquoi se peut-il que la brutalité du vice ait trouvé place au milieu de vous ? Pourquoi faut-il que la plus féroce barbarie ait si souvent mêlé ses horreurs à vos plaisirs ?*
(*b*). Minute : *il n'aprenoit point à parler de ses devoirs dans les livres, mais son cœur les lui dictoit.*

P. 1213.

(*a*). Copie : *fourrage* (biffé).
(*b*). Minute : *pour notre domestique.*
(*c*). Minute : *vous n'aurez point ici d'autres provisions que les miennes.*
(*d*). Copie : *vous dormirez, s'il vous plait, sous mon toit* (biffé).
(*e*). Minute : *il leur fit à souper un festin sans pompe, mais abondant.*

P. 1214.

(*a*). Copie : *saint* (biffé).

(*b*). Copie : *recevoir* (biffé).

(*c*). Copie : Non, *jamais* (biffé).

(*d*). Minute : *je vais l'amener pour assouvir vôtre débauche (assouvissez vôtre débauche sur cette victime), mais s'il reste quelque chose d'humain dans vos cœurs féroces, que vos mains sacriléges ne fassent pas violence au Lévite du Seigneur.*

Copie : *pour être vôtre victime* (biffé) *vous être livrée* (biffé).

(*e*). ms. R. 48, nº 14 : *Helas ! il esperoit que ses innocentes graces, sa touchante beauté fléchiroient ces ames brutales et desarmeroient leur fureur ; il ne savoit pas qu'il y a des hommes qui n'ont des yeux que pour le crime et ne voyent que ce qui le leur fait aimer.*

(*f*). Minute : *enragés.*

P. 1215.

(*a*). Minute : aux cris *affreux* de l'Hyéne.

(*b*). Ms. R. 14, fº 5 : *Elle tomba mourante sur le seuil de la porte. La honte et la douleur.*

En dessous, le même fragment de manuscrit porte : *O mon mari, mon corps est souillé, mais mon cœur est pur. Ne refuse pas un cercueil à ta malheureuse épouse.*

1. *survéquit.* — La forme est fréquente encore au XVIIIe siècle. Cf. dans *la Nouvelle Héloïse* (IIIe partie, lettre 18) : « L'amour qui nous unissoit *survéquit* à l'espérance. »

P. 1216.

(*a*). Minute : *et un homme d'Ephraïm m'ayant receu dans sa maison* (biffé).

(*b*). Minute : *et ils ont assouvi sur elle leur débauche avec tant de brutalité qu'elle en est morte* (biffé).

(*c*). Minute : *le reste vous regarde. Voyez et jugez. Le glaive de la justice est dans vos mains* (biffé).

P. 1217.

(*a*). Minute : *mais avant de (commettre la premiére hostilité) tirer l'épée contre leurs fréres, ils commencérent par envoyer des députés à la tribu de Benjamin pour lui représenter l'énormité du forfait commis dans son sein, et pour demander qu'on leur livrat les coupables pour leur faire subir le châtiment qu'ils avoient mérité* (biffé).

(*b*). Minute : *ils n'écoutèrent point l'exhortation de leurs fréres.*

(*c*). Minute : *et commença le siége de cette place, comptant l'emporter dans peu de jours malgré l'armée qui la deffendoit* (biffé).

(*d*). Copie : *et la mort vole devant eux* (biffé).

P. 1218.

(*a*). Copie : *foiblesse.*

P. 1219.

(*a*). Minute : *Infortunés qui ne voyent dans l'aveuglement d'un succés trompeur* (biffé).

(*b*). Minute : qui *fait* déja *briller* sur leurs rangs *le* glaive exterminateur (biffé).

(*c*). Copie : *périrent sous l'épée.*

(*d*). Minute : *si couvert de peuple et de bétail* (biffé).

(*e*). Minute : *voyant les meurtres qu'elles avoient commis sentirent la perte qu'elles avoient faite* (biffé).

P. 1220.

(*a*). La minute porte l'indication : *5ème Chant*. C'est une inadvertance. Il faut noter que, dans le même brouillon, les trois premiers chants ne sont pas numérotés.

P. 1221.

(*a*). Minute : semblable en sa furie à ces globes de fer lancés *par le feu* de nos machines *infernales, et qui* tombés à terre *après avoir fait leur effet* se relevent *encore* et *d'un bond* renversent et detruisent des rangs entiers.

(*b*). Copie : *cruelle* (biffé).

P. 1222.

(*a*). Minute : *ils ravivent chacun la sienne, il y eut une grande désolation (il y eut un grand effroi) dans leur timide troupe, et l'air retentissoit de leurs cris, tandis que les ravisseurs s'efforçoient de les appaiser ; mais leurs carresses les effrayaient encore plus que leurs violences* (biffé).

(*b*). Copie : *douce* (biffé).

(*c*). Copie : *la violence* (biffé).

P. 1223.

(*a*). Minute : C'étoit le même vieillard *qui avoit donné l'avis* aux Benjamites *et dont la probité* l'avoit empêché d'avertir sa fille *du danger* auquel il exposoit celles *de ses fréres.*

(*b*). Minute : mais *les tristes restes de Benjamin périront-ils par nôtre faute ? Axa, tu tiens dans tes mains* le salut de ton Peuple et l'honneur de ton Père (biffé).

(*c*). Minute : sa voix *interrompue de sanglots dit* un foible adieu *à celui* qu'elle n'ose regarder et *sur le champ* (*dans* l'instant) *elle se rejette* dans les bras (biffé).

(*d*). Copie : *s'éléve* (biffé).

(*e*). Minute : *et qui les reçoivent avec transports.*

(*f*). Minute : *une clameur.*

(*g*). Minute : *Chastes* vierges *du Seigneur (de Silo)* (biffé).

(*h*). Minute : A ce touchant *spectacle, tout le peuple (Israël) par de longs cris de joye (d'allegresse) honore les vierges (filles) de Silo par qui* Benjamin va renaître, *disant dans un transport d'allegresse :* béni *(loué)* soit le Dieu de nos péres ! Il est encore des vertus *dans* Israël.

Le manuscrit de Neuchâtel R. 14 porte au recto du folio 16 des indications destinées à l'illustration du *Lévite d'Éphraïm*. Elles sont de la main de Rousseau :

Les quatre sujets suivans se rapportent au Levite d'Ephraim *et doivent par consequent être dans le costume des prémiers* Hebreux *et représenter les paysages de la Palestine.*

I

Une vallée agréable traversée par un ruisseau (et où l'on apperçoit des oliviers, des rosiers, des grenadiers) et pleine de rosiers, de grenadiers et autres arbustes. Un jeune et beau Lévite offre à sa jeune (amante) bien aimée une tourterelle qu'il vient de prendre au piége. La fille charmée caresse la tourterelle et la met dans son sein.

Un sistre à l'antique est par terre. Sous les ombrages, sur les coteaux on voit des oliviers et dans le fond des montagnes.

II

Le Levite sortant au point du jour de la maison de son hôte trouve sa bien aimée la face contre terre et les bras étendus sur le seuil. Il pousse un cri plaintif. Il l'appelle, il la regarde, il la touche : Helas elle était morte. Le lieu de la scéne est une rue et l'on entrevoit une place dans le fond.

III

Le Levite en habit lugubre raconte sa (triste) funeste histoire et implore la vengeance du peuple d'Israël assemblé à Maspha devant le tabernacle du Seigneur. A son recit tout le peuple pousse un cri d'indignation.

P. 1224.

PYGMALION

C'est en 1762 que se situe la composition de *Pygmalion*. Rousseau en faisait la lecture, le 18 novembre, au jeune patricien bernois Nicolas-Antoine de Kirchberger, venu lui rendre visite à Môtiers. Julie de Bondeli écrivait, le 21 janvier 1763, au docteur Zimmermann : « Rousseau a lu à M. Kirchberger une pièce admirable. C'est un drame, un seul acte, une seule scène, un seul personnage, qui est Pygmalion. » Trois ans plus tard, l'écrivain souhaitait recevoir de Du Peyrou une copie de l'ouvrage (*C.C.*, t. XXVIII, p. 42; lettre du 14 décembre 1765). Près de cinq ans se passent sans qu'il soit plus question de *Pygmalion*. C'est le jour de Pâques, 15 avril 1770, à Lyon, que Jean-Jacques communique à Coignet son manuscrit et lui demande d'en composer la musique. Quatre jours plus tard, à en croire Coignet, l'œuvre était exécutée, en même temps que *le Devin du village*. Les gazettes parisiennes, peu après, annonçaient cette création. L'an suivant, le texte du poème paraissait, en janvier, dans le *Mercure de France* et le *Nouveau Journal helvétique ;* ensuite, et sans doute en même temps, en une mince plaquette, à la fois à Genève et à Lyon. En mars 1772, l'Opéra de Paris donnait, pour la première fois, *Pygmalion ;* l' « affluence de spectateurs » fut, selon les *Mémoires secrets* de Bachaumont, « prodigieuse ». En octobre 1775, ce fut au tour des Comédiens Français de reprendre l'œuvre. Mlle Raucourt représentait la statue et l'acteur Larive Pygmalion. Rousseau n'aurait point acquiescé à cette reprise de son œuvre, sans cependant s'y opposer. Il aurait dit : « Je ne ferai aucune démarche pour ou contre. Je vous avertis qu'on m'a enlevé cet ouvrage, qu'on l'a imprimé furtivement, qu'il y a beaucoup de fautes. » (*Correspondance secrète* de Métra, 1er novembre 1775). Dans le troisième des *Dialogues,* l'écrivain affirme que l' « on vient de mettre, à Paris, *Pygmalion,* malgré lui, sur la scène, tout exprès pour exciter ce risible scandale qui n'a fait rire personne et dont nul n'a senti la comique absurdité ». (Sur la raison qu'eut Rousseau de désavouer cette représentation, cf. *O.C.*, Pléiade, t. I, p. 964, n. 3).

Le problème de la musique de *Pygmalion* a soulevé entre musicologues de longues discussions. La partition originale, sauf trois brefs morceaux, qui sont de Rousseau, est l'œuvre, médiocre, de Coignet. Mais, en 1772, un musicien viennois, Aspelmayer, composa, à son tour, une nouvelle musique pour cette « scène lyrique ». Publiée la même année, à Vienne, cette partition offre, quant au texte, un intérêt. L'éditeur avertit avoir « pris la liberté de sacrifier quelques beautés de l'original »; mais, en revanche, il donne de très précises indications sur la durée des intermèdes musicaux et sur leur caractère expressif. E. Istel, dans son *J.-J. Rousseau als Komponist,* en 1901, puis dans un article des *Annales J.-J. R.*, t. I, a cru pouvoir affirmer que ces indications étaient de Rousseau lui-même : « Quiconque », dit-il, « est familier avec sa manière d'écrire s'en convaincra. » Charles Malherbe (*Annales J.-J. R.*, t. III) est d'un avis opposé. L'argument invoqué par Istel lui paraît bien fragile : « La moindre preuve », écrit-il, « ferait mieux notre affaire. » C'est aussi notre sentiment. Néanmoins nous avons pensé intéressant de donner, dans les notes consacrées à *Pygmalion,* ces commentaires de la partition viennoise. Signalons encore qu'il existe, à Berlin, une partition manuscrite de *Pygmalion,* dont Istel affirmait qu'elle est tout entière de Rousseau. Charles Malherbe nous semble avoir prouvé, et de manière irréfutable, que cette œuvre musicale ne saurait être attribuée à Jean-Jacques.

Le texte autographe de *Pygmalion* est conservé à la Bibliothèque de la Ville de Neuchâtel, ms. R. 27. Ce manuscrit est un cahier de tout petit format, comptant dix feuillets liés d'un ruban bleu. Le cahier est contenu dans une enveloppe de format correspondant, portant l'inscription : *Pygmalion, scéne lyrique.*

L'édition de Genève (1771) reproduit le texte imprimé, en janvier de la même année, dans le *Mercure de France.* Un Avis au Lecteur contient le passage suivant : « Ce que nous te donnons ici, cher Lecteur, est de Monsieur Rousseau : voilà notre éloge. Nous nous serions bien gardé de publier cette *Scene Lyrique* sans l'aveu de son Auteur. Elle a été donnée par deux acteurs de société à Lyon; elle fit du bruit, tout le monde la désiroit : Nous venons de l'extraire du second volume du *Mercure de France* du mois de janvier de cette année, cette publicité nous autorise; elle s'y trouve précédée d'une Lettre de M. Coignet, de Lyon, qui nous annonce que la Musique est de lui... »

Bien que cette édition de 1771 soit l'édition originale, ce n'est pas son texte que nous publions, mais celui du manuscrit non autographe (Bibl. de Genève, ms. R. 89) corrigé par Rousseau et qui servit de base à l'édition Moultou-Du Peyrou, t. XV (Genève, 1782). La plupart des variantes que nous relevons sont celles de l'édition de 1771).

A la suite de ces variantes on trouvera reproduits les commentaires des divers intermèdes musicaux de *Pygmalion,* publiés dans l'édition viennoise de 1772.

(*a*). Au bas du folio 1 du manuscrit, Rousseau a inscrit : *N.B. Je ne vois rien à faire à cette piéce, si ce n'est d'ôter quelques mots parasites, comme* insensé, *etc.*

(*b*). *sa* table.

(*c*). *quelqu'une.*

(*d*). *tu* ne fais plus.

P. 1225.

(*a*). *je ne sais.*

(*b*). mon *génie* éteint.

(*c*). *Voilà ce que fit autrefois Pygmalion.*

P. 1226.

(*a*). Ms. et édition de 1771 : *Insensé.*

(*b*). Ms. et édition de 1771 : *de marches.*

(*c*). *non rien.*

(*d*). *un coup.*

P. 1227.

(*a*). gémis sur toi, *sur* ton erreur.

(*b*). *de ce marbre.*

P. 1228.

(*a*). *Transports, tourmens, vœux.*

(*b*). Dans le manuscrit, *inanité* est corrigé, au crayon, en *égarement.* Cette correction n'a été retenue ni en 1771, ni en 1782.

(*c*). *de prodiges.*

P. 1229.

(*a*). *qui* ne sent rien.
(*b*). *coule.*
(*c*). *des prodiges.*

P. 1230.

(*a*). *Pygmalion.*
(*b*). *par lesquels il a monté sur le piedestal* n'est pas dans l'édition de 1771.
(*c*). *léve.*
(*d*). *et dit* n'est pas dans l'édition de 1771.
(*e*). *des agitations.*
(*f*). L'édition de 1782 donne : *ces* mouvemens, leçon moins bonne que celle du manuscrit et de 1771.
(*g*). Ms. et 1771 : *vive.*

1. *il tressaillit :* cf. note 2 de la page 1210.

COMMENTAIRE DES INTERMÈDES MUSICAUX DE *PYGMALION*

L'Ouverture précède d'une demi-minute le lever du rideau.

(En face de : *Pygmalion assis et accoudé*) : *Le premier morceau qui suit l'ouverture et s'y lie, peint comme elle, l'accablement, l'inquiétude, le chagrin, et le découragement.* — Durée : 2 minutes.

(En face de : *Il jette avec dédain*) : *La Musique exprime avec rapidité les premiers de ces mouvemens, se ralentit par degrés, et finit par des tons sourds jettés par intervalles.* — Durée : 1 minute.

(En face de : *Il s'assied et contemple*) : *Quelques mesures qui peignent une tendre mélancolie.* — Durée : ½ minute.

(En face de : *Il s'approche du pavillon*) : *Le trouble et l'incertitude sont exprimés par quelques mesures coupées par des silences.* — Durée : ½ minute.

(En face de : *Il va pour lever le voile*) : *Cette Pantomime commence en silence : un seul coup d'archet marque l'instant où le voile échappe des mains de Pygmalion.*

(En face de : *Il lève le voile en tremblant*) : *Un petit nombre de nottes exprime le désir, l'effroi, enfin le mouvement rapide et comme involontaire par lequel Pygmalion découvre la statue.* — Durée : Dix secondes.

(En face de : *Il prend son maillet*) : *Une musique fréquemment coupée par des soupirs et des demi-soupirs, peint l'irrésolution de l'artiste, sa démarche incertaine, son agitation, son effroi.* — Durée : Moins d'une minute.

(En face de : *Il s'encourage*) : *Continuation du morceau précédent, terminé par un coup d'archet dominant qui marque l'instant où Pygmalion donne un coup de maillet sur son cizeau.* — Durée : 15 secondes.

(En face de : *Tendrement*) : *Une douce mélodie peint le sentiment d'une ame tendrement pénétrée.* — Durée : Quelques secondes.

(En face de : *Avec plus d'attendrissement*) : *La musique devient plus expressive.* — Durée : Quelques secondes.

(En face de : *Il s'arrête longtemps*) : *Sans perdre le caractère précédent, elle prend une nuance de trouble et d'agitation.* — Durée : ½ minute.

(En face de : *Longue pause*) : *Enfin, en conservant de l'analogie avec les trois morceaux qui précédent, la musique exprime tour à tour, l'ardeur du desir, et l'abattement d'un cœur détrompé d'une illusion flatteuse.* — Durée : Moins d'une minute.

Ces quatre derniers morceaux de simphonie forment un tout.

(En face de : *Moins vivement, mais toujours avec passion*) : *La musique exprime, dans un petit nombre de mesures, ces mouvemens divers : elle commence avec douceur, s'éleve ensuite et se termine comme elle a commencé.* — Durée : Quelques secondes.

(En face de : *Transport*) : *La musique parle ; elle présente, avec éclat, l'expression rapide et véhémente des mouvemens les plus tumultueux.* — Durée : Quelques secondes.

(En face de : *Avec un enthousiasme plus pathétique*) : *Continuation du morceau précédent.* — Durée : Peu de secondes.

(En face de : *Il revient à lui*) : *Après un instant de silence, on entend une musique douce, et agréable, qui s'éleve par gradation.* — Durée : ½ minute.

(En face de : *Il la voit s'animer*) : *Un seul coup d'archet marque le premier mouvement de la statue. — Coups d'archets isolés et de différens caractéres qui designent les momens où la statue continue à se mouvoir.*

(En face de : *Vive indignation*) : *Ici commence la musique la plus douce pendant laquelle Galathée se dispose à quitter le piédestal.* — Durée : Quelques secondes.

(En face de : *Galathée se touche et dit*) : *Suite du morceau précédent.* — Durée : Quelques secondes.

(En face de : *Pygmalion transporté*) : *La musique répéte ces deux expressions.*

(En face de : *Galathée fait quelques pas*) : *La musique continue dans le même mode et accompagne les pas de Galathée.* — Durée : Quelques secondes.

(En face de : *Pygmalion, dans une agitation*) : *La musique prend un caractere plus vif, est coupée par quelques silences, exprime le desir timide, l'émotion de Galathée, l'ardeur, l'yvresse de Pygmalion, et ne cesse tout à fait que dans l'instant où il porte sur son cœur la main de Galathée.* — Durée : Moins d'une demi-minute.

P. 1232.

VISION DE PIERRE DE LA MONTAGNE DIT LE VOYANT

La *Vision de Pierre de la Montagne,* œuvre, s'il en fut, de circonstance, date de la fin du séjour à Môtiers-Travers (cf. *O.C.*, Pléiade, t. I, p. 631, n. 5). La dispute avec le pasteur de Montmollin est alors des plus vives. Les paroissiens du village prennent parti pour ou contre Rousseau — la plupart plutôt contre lui. Pierre Boy de la Tour, un parent de l'aimable dame qui avait offert, dans une de ses maisons, un asile au Citoyen, est au nombre des adversaires. Visant ce personnage autant que le pasteur et ses principaux alliés, Jean-Jacques lance cette *Vision,* terminée fin août 1765, expédiée immédiatement à Du Peyrou, puis imprimée à Genève. Au milieu du mois de septembre, le petit pamphlet se répandait à Neuchâtel et au Val-de-Travers, amusant les uns, redoublant la colère et le ressentiment des autres. DuPeyrou songea à faire courir l'ouvrage dans Paris. Il en communiqua le texte à la veuve Duchesne, sans nommer l'auteur. Il ne semble pas qu'ait paru alors une édition parisienne de la *Vision*. Cet écrit, d'un esprit assez laborieux, ne pouvait guère être goûté en dehors du milieu, très circonscrit, pour lequel il avait été composé.

Le manuscrit de cette petite œuvre, conservé à la Bibliothèque de la Ville de Neuchâtel, consiste en une minute raturée (ms. R. 20) et une copie autographe, deux feuillets in-8° écrits recto verso (ms. R. 26). Le texte que nous publions est celui de l'édition originale, imprimée sans doute à Genève, au début de septembre 1765. Nous donnons ci-dessous les variantes du manuscrit.

(*a*). Nous avons corrigé, ici, la première des « trois fautes effroyables » que Rousseau avait découvertes avec horreur en lisant le texte imprimé de sa *Vision*. Le *des sons* du manuscrit était en effet devenu : *dessous*.

1. Pierre de la Montagne, dit le Voyant, désigne Pierre Boy de la Tour, allié Meuron, conseiller de Commune à Môtiers, mort en 1772, à l'âge de soixante-douze ans (voir *O.C.*, t. I, p. 631, n. 3 ainsi que *C.C.*, t. XXVII, pp. 16-17).

2. Le manuscrit donne en toutes lettres le nom : *Imer*. Jean-Jacques Imer, né en 1740, mort en 1804, fut diacre du Val-de-Travers de 1763 à 1768.

P. 1235.

(*a*). Ici se trouve, dans le texte imprimé, la seconde des « trois fautes effroyables » : *amuseront*.

(*b*). Ms. : *tu n'as pû croire qu'on put mettre des discours persuasifs dans ta bouche, et tu t'es obstiné dans ta rebellion.*

1. *têtu comme la Mule d'Edom :* Il ne semble pas qu'il s'agisse d'une mule particulièrement désignée dans un texte de l'*Ancien Testament.* Rousseau songerait-il peut-être à l'ânesse de Balaam (*Nombres,* chap. XXII) ? Je crois que, plus simplement, afin d'accentuer la couleur orientale et biblique de sa *Vision,* l'écrivain accole au nom de la mule, animal têtu, l'épithète : *d'Edom,* c'est-à-dire *d'Idumée,* les habitants de cette région — et de toute la Palestine d'ailleurs — faisant grand usage de la mule dans leurs voyages et pour leurs transports.

P. 1237.

(*a*). Ms. : *sans être autorisé.*

1. Ms. : *Joseph Clerc.* Nous n'avons pu préciser l'identité du personnage.

2. Ms. : *le maire Baillod :* Il s'agit sans doute de Henri Baillod. maire de Travers, mort en 1791. Il habitait Môtiers.

3. Ms. : *Mr. le P**** : Il s'agit du pasteur et professeur de Montmollin.

4. Rousseau joue ici sur le nom de Pierre Boy de la Tour. Dans le manuscrit il a complété ce passage d'une note, biffée ensuite, que l'édition originale n'a donc pas reproduite : *Son vrai nom est Pierre Boy, et le surnom de Pierrot des Dames lui a reellement été donné par le Peuple.*

P. 1238.

(*a*). Troisième des « fautes effroyables » du texte imprimé : *cris.*

(*b*). Ms. : *si manifeste* (biffé.)

MÉLANGES DE LITTÉRATURE ET DE MORALE

P. 1241.

A. LANGUE ET LITTÉRATURE

[SUR L'ÉLOQUENCE]

Ce fragment autographe est conservé dans un manuscrit de Saussure, déposé à la Bibliothèque de Genève (f° 19 v°). Il date sans doute de 1735. Dufour l'a publié dans les *Annales J.-J. R.*, t. I, pp. 205-206.

(*a*). pueriles *et triviales* (biffé) ou *mal adaptées* (biffé).

P. 1242.

IDÉE DE LA MÉTHODE DANS LA COMPOSITION D'UN LIVRE

Ce morceau, dont le manuscrit se trouve actuellement à la Bibliothèque de Harvard (U.S.A.) doit dater des environs de 1745. Il a été publié pour la première fois dans *le Portefeuille de Mme Dupin, dame de Chenonceaux. Lettres et écrits de J.-J. Rousseau, publiés par le Comte de Villeneuve-Guibert.* Paris, Calmann-Lévy, 1884. — On sait aujourd'hui que Rousseau, travaillant pour Mme Dupin, a couvert de son écriture « non pas quelques dizaines ou quelques centaines de pages, mais plusieurs milliers, soit sous forme d'extraits de lectures, soit sous forme de brouillons, d'ébauches, ou de premières rédactions » (B. Gagnebin, article du *Journal de Genève,* 26-27 avril 1958 : *Trois mille pages de Rousseau dispersées aux enchères !*) La Bibliothèque de Genève, ainsi que les bibliothèques de Bordeaux, d'Austin, de Yale, etc. ont fait l'acquisition d'une partie de ces manuscrits. Divers sondages permettent d'affirmer qu'il ne s'agit pas là de textes originaux de l'écrivain. Aussi ne les publions-nous pas. Rousseau n'y apparaît que compilateur ou copiste. Un passage des *Confessions* (*O.C.*, Pléiade, t. I, pp. 341-342 et n. 1, p. 342) est d'ailleurs explicite : (Mme Dupin) « ne m'a jamais employé qu'à écrire sous sa dictée ou à des recherches d'érudition ».

P. 1246.

1. Ce passage peut être rapproché du fragment d'*Essai sur les evénemens importants dont les femmes ont été la cause secrette,* auquel

Dufour a assigné la date probable de 1735. Nous avons laissé entendre, en tête des notes sur l'*Essai,* que cette date, et précisément à cause du passage que nous signalons ici, demeure incertaine.

P. 1247.

(*a*). En marge de ce dernier alinéa, R. a noté : *Conclusion trop longue.*

1. *Les anciens dramatiques :* l'emploi substantif de *dramatique,* dans le sens de *auteur dramatique,* est assez fréquent au XVIIIe siècle. Ainsi chez d'Alembert : « nos dramatiques français ».

P. 1248.

PRONONCIATION

Le manuscrit autographe de ces notes est conservé à la Bibliothèque de Neuchâtel, dossier R. 19, f°s 13-15. Par leur place dans ce recueil, dit *Recueil C,* elles peuvent être datées vraisemblablement de 1761. Streickeisen-Moultou, premier éditeur du plus important de ces fragments, l'a donné sous le titre — qui peut tromper — de *Fragment d'un Essai sur les langues.* Dans un passage que nous signalons en note, Rousseau se réfère à son *Essai sur l'origine des langues,* composé sans doute vers 1764 (cf. *O.C.*, Pléiade, t. I, p. 560, n. 3).

(*a*). *que le discours.*
(*b*). *en parlant le plus bas inflexant la voix (ses tons) le moins qu'il est possible.*
(*c*). *d'où il suit que moins le discours se distinguera.*
(*d*). *en parlant.*
(*e*). *maniére.*
(*f*). *le soin.*
(*g*). *avoir.*

1. *Charolois-Charolès :* la prononciation moderne, attestée déjà avant le XVIIIe siècle, est considérée alors comme vulgaire. C'est Voltaire, qui avec *Zaïre,* en 1732, réussit à imposer le remplacement de *donnois* par *donnais.* L'opposition fut vive. La nouvelle prononciation n'a été acceptée par l'Académie que dans la 6e édition du *Dictionnaire* (1835).

secret-segret : Littré écrit encore : « La prononciation ancienne était *segret* et plusieurs, surtout les vieillards, la conservent encore. »

persecuter-perzecuter : Littré écrit : « Il y avait, au XVIIe siècle, une prononciation vicieuse : *perzécuter,* contre laquelle Vaugelas met en garde. »

registre-regître : Littré écrit : « Plusieurs disent *regître.* »

P. 1249.

(*a*). *l'écriture peint la parole.*
(*b*). *qui se parlent.*
(*c*). *écriture.*
(*d*). *elles ne peuvent s'employer qu'à.*
(*e*). *à quelques.*
(*f*). *utile.*
(*g*). *Tout est dissertation sur Que de dissertation sur l'ortho.*

1. Sur cette représentation *doublement médiate* de la pensée qu'est l'art d'écrire, cf. J. Starobinski, *op. cit.*, p. 174.

2. Il s'agit ici du projet de « caractéristique universelle ». Dans sa Préface aux *Œuvres choisies* de Leibniz (Classiques Garnier), L. Prenant définit la caractéristique universelle comme « une langue si parfaitement logique que toute discussion deviendrait un calcul et qu'il serait aussi aisé de résoudre n'importe quel problème que de tenir un livre de comptes » (p. ix). Leibniz écrit à Jean Berthet, en 1677 : « Je tiens pour assuré qu'on ne saurait presque obliger davantage le genre humain qu'en établissant une caractéristique telle que je la conçois. Car elle donnerait une écriture ou si vous voulez langue universelle qui s'entendrait de tous les peuples. » (*Œuvres choisies,* Classiques Garnier, p. 44).

P. 1250.

(*a*). Dans la marge : *Il en faut excepter peut être la langue hyerogliphique des anciens Egyptiens et celle des Mexicains.*

(*b*). *elle est.*

(*c*). *bientot le françois ne sera plus bon qu'à lire et il faudra le releguer dans les bibliothèques. De là.*

(*d*). *et il faudra ou disputer (soutenir) une thèse*(?) *tout au plus pour argumenter.*

(*e*). *il faudra la releguer.*

(*f*). *que par écrit.*

(*g*). qu'il *a* le moins *besoin.*

(*h*). *savoir des Harangues.*

(*i*). *l'auteur.*

(*j*). *d'affecter.*

(*k*). *écrits des meilleurs maîtres.*

(*l*). *du lieu principal des capitales.*

(*m*). *l'on ne sait comment prononcer et l'habitude accoutumant l'oreille aux prononciations les plus vicieuses.*

(*n*). l'*imitation du parler.*

(*o*). *du bon* usage.

(*p*). *ne pourra se faire entendre aussi loin.*

(*q*). *l'écriture.*

(*r*). *on ne croirait pas qu'un Gascon et un Normand parlent la même langue.*

1. *comme je l'ai dit ailleur :* cf. l'*Essai sur l'origine des langues*, publié pour la première fois en 1781, chap. xx, « Rapport des langues au gouvernement ». On y lit : « Quels discours restent donc à faire au peuple assemblé ? des sermons. »

2. Sur ce « ton de convention » de la déclamation théâtrale, cf. l'abbé Dubos, *Réflexions critiques sur la poésie et sur la peinture* (1719). Dubos consacre la section XLII de son ouvrage à : « Notre manière de réciter la Tragédie et la Comédie ». Il écrit, à propos de la tragédie : « Nous voulons... que les acteurs parlent d'un ton de voix plus élevé, plus grave et plus soutenu, que celui sur lequel on parle dans les conversations ordinaires... » Et encore : « Les Italiens... disent que notre déclamation tragique leur donne une idée du chant ou de la déclamation théâtrale des Anciens, que nous avons perdue. »

P. 1251.

(*a*). *sa maniere de parler.*
(*b*). *et bon.*
(*c*). *de vice.*
(*d*). *de sorte que celui qui s'en garantit au point.*
(*e*). *dont personne ne s'éloigne.*
(*f*). *à laquelle l'oreille l'accoutume (se complait) à laquelle tout le monde est obligé de se conformer sous peine d'être ridicule.*
(*g*). *se fait en parlant une langue propre.*
(*h*). *qu'il y a autant de maniéres de parler la même langue que.*
(*i*). *se faire* entendre.
(*j*). *véritable.*
(*k*). *que plus (quand) les arts se perfectionnent, plus les nœuds.*
(*l*). *plus aussi.*
(*m*). *comme alors c'est plus par ce qu'on écrit que par ce qu'on dit qu'on parvient (à) la célébrité.*
(*n*). bien *parler (s'exprimer).*
ï(*o*). *la célébrité s'acquiert par les livres et non par des discours prononcés (ce qu'on dit).*
(*p*). *à peu près.*
(*q*). *peu à peu.*
(*r*). *qu'on employe.*
(*s*). adoptés *même employés.*
(*t*). *taire.*
(*u*). *devient.*

P. 1252.

(*a*). *une liaison plus marquée avec.*
(*b*). *d'altérer aussi tot.*
(*c*). *l'image.*
(*d*). *Nous avons souvent à reprendre On est réduit (contraint) à.*
(*e*). *qui devroit toujours être la loi de.*
(*f*). *de certaines parties.*

P. 1253.

[REMARQUES LEXICOLOGIQUES]

1. Ces deux remarques sont tirées du ms. R. 16, f°s 72 et 73 (en tournant le volume à l'envers) et du ms. R. 35, f° 48 v° (à l'envers), de la Bibliothèque de Neuchâtel.

B. MORALE

Les deux fragments *Sur les Femmes* et *Un ménage de la rue Saint-Denis* se trouvent, comme le fragment *Sur l'éloquence,* dans un manuscrit Saussure, déposé à la Bibliothèque de Genève (f°s 1, 11 r° et v°, 12 r°, et 27 v°). Ils datent sans doute aussi de 1735. Ils ont été publiés dans les *Annales J.-J. R.*, t. I, pp. 202-205.

P. 1254.

[SUR LES FEMMES.]

(*a*). Première rédaction, biffée : *Un autre sujet d'admiration pour moi, c'est l'air de triomphe dont nous (nous parons — comparons) exaltons tous les grands hommes. Je ne vois pas jusqu'ici que nous trouvions beaucoup notre comte dans les comparaisons.*

(*b*). *un peu* (biffé).

(*c*). *Peut être vous mettront-elles avec raison à la place que vous leur otés avec injustice* (biffé).

(*d*). *avec quelque raison* (biffé).

(*e*). *les sceptres* (biffé).

(*f*). *brillant* (biffé).

(*g*). *condition* (biffé).

P. 1255.

(*a*). *pour les vertus civiles et militaires* (biffé).

(*b*). *égale* (biffé).

(*c*). *touttes* (biffé).

(*d*). *posséder* (biffé).

(*e*). *dans une autre lettre* (biffé).

1. Zénobie : il s'agit sans doute de Zénobie, reine de Palmyre, qui, en 267 ap. J.-C., prit la régence, après l'assassinat de son époux, et l'exerça rigoureusement, défaisant Heraclianus, général de l'empereur Gallien. Réduite en captivité par l'empereur Aurélien, elle mourut en 274.

Lucrèce, épouse de L. Tarquinius Collatinus. Violée par Sextus Tarquin, elle se suicida, en 510 av. J.-C.

2. Cornelia, femme de Tiberius Sempronius Gracchus, mère des Gracques (IIe siècle av. J.-C.).

Arria, femme de Caccena Paetus, se suicida sous le règne de Claude. Elle s'enfonça un poignard dans le sein et le tendit à son mari, l'encourageant à mourir lui aussi : « Paetus, lui dit-elle, » cela ne fait pas mal ».

Artémise, épouse du roi Mausole (IVe siècle av. J.-C.). C'est elle qui fit ériger le Mausolée.

Fulvia, la principale dénonciatrice de la conjuration de Catilina.

Élisabeth : sans doute l'épouse de Charobert, roi de Hongrie. Elle fut régente de Pologne.

La comtesse de Tekeli : Hélène Zrinyi, veuve du prince François Ier Rakoczi, puis épouse d'Emerich Thököly, fut, avec celui-ci, à la tête du mouvement d'opposition de la Hongrie à l'Autriche. Elle fit aux troupes impériales une indomptable résistance dans la forteresse de Munkacs. Elle fut faite prisonnière en 1687.

3. Cf. VOLTAIRE, *Histoire de Charles XII,* Discours préliminaire : « Pour tous les autres princes qui n'ont été illustres ni en paix ni en guerre, et qui n'ont été connus ni par de grands vices ni par de grandes vertus, comme leur vie ne fournit aucun exemple ni à imiter ni à fuir, elle n'est pas digne qu'on s'en souvienne. De tant d'empereurs de Rome, d'Allemagne, de Moscovie, de tant de sultans, de califes, de papes, de rois, combien y en a-t-il dont le nom ne mérite de se trouver ailleurs que dans les tables chronologiques, où ils ne sont que pour servir d'époque ? »

4. La variante ci-dessus dit : *dans une autre lettre.* On en peut déduire que Rousseau songeait à donner à ces réflexions sur les femmes la forme d'une ou de plusieurs lettres. Le : *Eh ! Messieurs* du début du fragment semble confirmer la chose.

P. 1256.

[UN MÉNAGE DE LA RUE SAINT-DENIS]

(*a*). Dans la marge, en face de ce début de paragraphe : *en voici.* A la fin du même paragraphe, l'amorce d'une nouvelle phrase, le seul mot *Chez.* Rousseau songeait-il à donner un autre exemple, ou bien faut-il considérer ce bref paragraphe comme une introduction, écrite après coup, au petit récit qui précède ?

P. 1257.

ESSAI SUR LES EVÉNEMENS IMPORTANTS DONT LES FEMMES ONT ÉTÉ LA CAUSE SECRETTE

Ce fragment se lit aussi dans le manuscrit Saussure (fos 90-92), déposé à la Bibliothèque de Genève. Il a été publié pour la première fois dans les *Annales J.-J. R.*, t. I, pp. 209-212. Sa présence dans ce manuscrit a incité Dufour à assigner à ce texte une date qui ne doit pas « s'éloigner beaucoup de 1735 ». Rousseau aurait donc songé, à cette époque, à rédiger un Essai sur le rôle des femmes dans la politique. Il parle en effet (au second paragraphe) du « sujet qu'[il] entreprend ». — On peut se demander cependant si ce fragment ne se rapporterait pas à l'ouvrage que, vers 1745, Mme Dupin préparait, avec l'aide de Jean-Jacques comme secrétaire, sur les femmes dans l'histoire ancienne et moderne (cf. ci-dessus, p. 1246, n. 1).

(*a*). *que* les femmes ont *occasionnés.*
(*b*). *seulement.*
(*c*). *élevées.*
(*d*). *intrigues, à la Politique, à l'ambition, ou aux.*
(*e*). *seulement.*
(*f*). *pourront engager.*
(*g*). *dont je m'avise.*
(*h*). *plustot.*

1. Pour l'*Histoire romaine* de Catrou et Rouillé, Rousseau se réfère à une édition publiée *A Paris, par la compagnie des libraires.* Le tome IV a paru en 1731. Le passage auquel renvoie Rousseau a trait aux deux filles de Fabius Ambustus. L'une avait épousé un patricien, l'autre un plébien. Celle-ci se plaignit à son père du peu de considération qui lui était montré depuis son mariage. Fabius Ambustus, aidé de son gendre Licinius Stolo, obtint que certaines places et certains honneurs fussent accordés, à Rome, aux plébéiens. Licinius devint tribun du peuple. A la page à laquelle se réfère Rousseau, on lit : « Il semble qu'il étoit de la destinée de Rome, que les grands événemens commençassent toujours par des femmes. »

P. 1258.

(*a*). *même.*
(*b*). Tout le paragraphe est signalé d'un trait vertical, dans la marge gauche, et noté de l'appréciation : *bonne.*
(*c*). *sentir.*
(*d*). *peut être quelqu'un l'éxécutera.*
(*e*). *en état d'écrire.*
(*f*). *écrire ce qu'ils ont entrepris.*
(*g*). *secrets.*
(*h*). *un peu importans.*
(*i*). *qui disgracié.*
(*f*). *emploie.*
(*k*). *spécieux.*

P. 1259.

(*a*). Paragraphe signalé d'un trait vertical, dans la marge gauche, avec l'indication : *à corriger.*

P. 1260.

CONSEILS A UN CURÉ

Les *Conseils à un Curé,* publiés d'abord par Jansen (*J.-J. Rousseau. Fragments inédits. — Recherches biographiques et littéraires,* 1882, pp. 6-9), puis par P.-P. Plan (*C.G.*, t. I, pp. 291-292), sont conservés dans le ms. R. 45 de Neuchâtel. Rien, à l'examiner, ne permet d'affirmer qu'il s'agit là d'une lettre véritablement envoyée par Rousseau à un correspondant. Néanmoins P.-P. Plan voit dans ce texte une lettre que Jean-Jacques aurait adressée, vers « août-septembre 1749 », à l'abbé Martin, nommé, cette année-là, curé de Deuil. Il se peut, mais ce n'est pas certain. Le folio 1 du manuscrit ne comporte de la main de l'écrivain que ce titre : *Conseils à un Curé.* Or, ce n'est pas l'habitude de Rousseau de donner un titre à une lettre qu'il se prépare à envoyer. En outre le folio 4 du même manuscrit est rempli, recto verso, par un fragment du brouillon de la *Réponse à Bordes*. Ce texte n'a pu être rédigé qu'au début de l'année 1752. Il se pourrait donc que les *Conseils à un Curé* soient d'une date plus tardive que celle admise par P.-P. Plan. Dans l'Introduction à son édition critique de la *Profession de foi du Vicaire savoyard,* P -M. Masson estime que ce curé pourrait bien être un « curé imaginaire ». A moins encore qu'il ne s'agisse de l'abbé de l'Étang.

(*a*). *quelque mépris que j'aye.*
(*b*). *pour touttes les places.*
(*c*). tous les eloges *que la fadeur prodigue à ceux qui les méritent le moins, et que la bienseance même interdit pour tous ceux qui en sont dignes.*
(*d*). *il le faut avouer.*
(*e*). *moins capricieux.*
(*f*). *hommes.*
(*g*). *lui même.*

P. 1261.

(*a*). *en faire d'honnêtes gens.*
(*b*). *nous n'ignorons pas.*
(*c*). car, *M., vous le savez tous mieux que moi qu'en vous* obligeant à la continence on *vous* a rendu.
(*d*). *aprenez leur, si vous voulez.*
(*e*). *mais tâchez de leur apprendre plustot.*
(*f*). *et à être d'honnêtes gens.*
(*g*). *Je consens que vous en fassiez des chrétiens (catholiques).*
(*h*). *pourvu que vous n'oubliiez pas (ne négligiez pas)* d'en faire.

P. 1262.

DISCOURS SUR CETTE QUESTION : *QUELLE EST LA VERTU LA PLUS NÉCESSAIRE AU HÉROS ET QUELS SONT LES HÉROS A QUI CETTE VERTU A MANQUÉ ?*

En 1751, l'Académie de Corse, à Bastia, proposait comme sujet d'un *Discours* de répondre à cette question : *Quelle est la vertu la plus nécessaire au héros et quels sont les héros à qui cette vertu a manqué ?* Rousseau répondit, mais n'envoya pas le morceau qu'il avait composé. Quatre ans plus tard, il songeait pourtant à le faire paraître, précédé d'un Avertissement, chez Marc-Michel Rey. L'édition ne se fit pas. Mais en 1768, sans l'aveu de l'écrivain, *l'Année littéraire* publiait le *Discours*. Tôt après, l'œuvre était donnée clandestinement, à Lausanne. « C'est un vol », protesta Rousseau. Et Du Peyrou précise : « L'ommission d'un ou deux paragraphes entiers prouve que le larcin a été fait à la hâte par le copiste » (*C.C.*, t. XXXVII, p. 64). A Rey, qui souhaitait à son tour imprimer cette pièce, Rousseau écrit : « un pareil torche-cul n'en vaut pas la peine » (*C.C.*, t. XXXVII, p. 36). Rey, cependant, imprima, en faisant précéder le Discours de l'Avertissement où l'auteur reconnaissait lui-même la médiocrité de son ouvrage. Mais l'édition d'Amsterdam est, elle aussi, fâcheusement tronquée de plusieurs développements. Il faut attendre 1782 pour voir enfin paraître, grâce à Du Peyrou et Moultou, au tome XIII de la *Collection complète des œuvres de Rousseau,* un texte acceptable de ce morceau d'assez vide rhétorique. — Notons qu'en rédigeant ce *Discours,* Rousseau s'est peut-être souvenu du *Dialogue de Sylla et d'Eucrate* de Montesquieu, paru dans le *Mercure de France* en février 1745.

Nous donnons de ce *Discours* le texte publié par Du Peyrou-Moultou. Toutes les éditions antérieures révèlent d'importantes lacunes. Nous relevons ci-dessous les variantes principales du manuscrit R. 29 de la Bibliothèque de la Ville de Neuchâtel.

Dans l'édition M.-M. Rey (*Œuvres de J.-J. Rousseau,* t. III, pp. 289-306, Amsterdam, 1769) le morceau est précédé de la lettre que voici :

Vous vous rappellez sans doute, Monsieur, que feu M. le Marquis de Cursay, commandant les Troupes Françaises en Corse, établit dans cette Isle une Académie de Littérature. Cette Académie, en 1751, proposa pour sujet d'un Prix d'Eloquence cette question : Quelle est la vertu la plus nécessaire au Héros, et quels sont les Héros à qui cette vertu a manqué ? *Je ne sais ni si le prix fut décerné, ni à quelle piece il fut adjugé ; mais ce que je sais très bien, c'est que Monsieur* Rousseau de Genève *traita ce sujet dans un Discours dont un heureux hazard m'a procuré une copie ; ce Discours n'a point encore vu le jour ; il est même peu connu, et vous ferez surement plaisir au Public de le publier. Vous y reconnoîtrez, je crois, la touche mâle et ferme du Philosophe Genevois. Le voici.*

(*a*). Nous avons rétabli la leçon du manuscrit : *au* Héros. L'édition de 1782 donne : *aux* Héros.

(*b*). *et me le parut tellement à moi même* (biffé).

(*c*). *d'en faire une meilleure* (biffé).

(*d*). *une bonne* (biffé).

(*e*). Les mots : *excepté le Sage* sont omis dans l'édition de 1782.

(*f*). Tout le passage, depuis : *Le Philosophe eut-il dit,* jusqu'à la fin du paragraphe, remplace dans le manuscrit un premier texte biffé, que donnent les éditions antérieures à 1782 : *Sacrate n'eût pas dit : si je n'étois ce que je suis, je voudrois être Alexandre. Il y avoit des raisons pour le Monarque ; il n'y en avoit pas moins pour le Philosophe. Lequel donc devoit l'emporter ? Osons trancher cette grande question ; et avant que de parler de l'Héroïsme, tâchons de lui marquer sa place dans l'ordre des choses morales. Sans ce premier pas, comment pourrions-nous assigner les vertus qui lui conviennent, et décider entre elles de la préférence ?*

P. 1263.

(*a*). *solide* (biffé).

(*b*). *perfection* (biffé).

(*c*). *faste* (biffé).

(*d*). *envisager* (biffé).

(*e*). *avis* (biffé).

(*f*). *idées* (biffé).

1. Thrasybule, général athénien. Avec l'aide des Thébains, il chassa d'Athènes les Trente Tyrans, en 404 av. J.-C. Mort en 388.

2. Platon fit en Sicile, à Syracuse, un premier séjour vers 390 av. J.-C. Il s'y lia d'amitié avec Dion, neveu du tyran Denys l'ancien. Le philosophe revint à Syracuse vers 368, après l'avènement du jeune Denys, puis vers 361. En 360 Denys était renversé par Dion.

P. 1264.

(*a*). la *félicité* pour *la* leur faire aimer (biffé).

(*b*). *éternelles* (biffé).

(*c*). *de ceux* (biffé).

(*d*). *pour leur faire enfin reconnoitre* (biffé).

(*e*). *de la nature* (biffé).

1. Selon la légende racontée en particulier par Ovide (*Métamorphoses,* début du livre III), Cadmus, pour fonder Thèbes, doit tuer un dragon, dont il sème les dents; de ces dents naissent des guerriers qui combattent entre eux. Cinq survivent, qui fondent la ville avec Cadmus.

P. 1265.

(*a*). *remèdes* (biffé).

(*b*). *salutaire* (biffé).

(*c*). *bien* n'est pas dans le manuscrit.

(*d*). Ms. : Osons appeller de ce jugement aveugle *à un Tribunal éclairé, et que les Préjugés si souvent vainqueurs de la raison apprennent à lui céder à leur tour devant les sages qui m'écoutent.*

1. La critique du héros, à l'époque où Rousseau rédige son *Discours*, est à la mode. Voltaire, depuis son *Charles XII* (1731), s'en prend souvent aux conquérants.

P. 1266.

(*a*). *à l'héroïsme.*
(*b*). *la candeur* (biffé).

1. Totila, roi des Ostrogoths, conquiert l'Italie, entre à Rome en 547. Meurt en 552. — Tamerlan, fondateur du second empire mongol (1336-1405).

P. 1267.

(*a*). *de son domestique* (biffé).
(*b*). *crie.*

P. 1268.

(*a*). *pacifiée* est la leçon du manuscrit. Toutes les éditions, jusqu'à celle de 1782, donnent *pacifique.*
(*b*). *rendus esclaves* (biffé).

1. Hommage rendu au marquis de Cursay, qui releva, à Bastia, l'Académie des Vagabondi. Dans sa lettre à M. de Saint-Germain, en mars 1770 (*C.C.*, t. XXXVII, p. 326), Rousseau rappelle le temps où « M. de Curzay... pacifioit la Corse et... y faisoit fleurir les lettres ». Il proteste contre le fait que l'édition clandestine du *Discours* faite à Lausanne et celle de Rey aient « omis un très bel éloge du peuple de Corse et un éloge encore plus beau des troupes françoises et de leur Général ».

P. 1269.

(*a*). Tout ce paragraphe manque dans les éditions antérieures à celle de Du Peyrou-Moultou.
(*b*). *la douceur* (biffé).

P. 1270.

(*a*). De : *Pardonnez-le moi* jusqu'à la fin du paragraphe, texte donné dans l'édition de 1782, mais absent des éditions antérieures.
(*b*). Nous rétablissons la leçon du manuscrit : *Ce qu'il fut arrivé.* L'édition de 1782 donne : *ce qui fut arrivé.*
(*c*). *Id.* : l'édition de 1782 donne : *je sais.*

P. 1271.

(*a*). De : *La prudence...* à : *véritablement héroïque,* tout le passage, en marge dans le manuscrit, n'est introduit dans le texte qu'à partir de l'édition de 1782.

(*b*). De : *et l'on ne s'éleve...* à : *raison humaine,* le passage, en marge dans le manuscrit, n'apparaît dans le texte qu'en 1782.

1. Cf. MONTAIGNE, *Essais,* l. I, chap. XXIII : « La prudence, si tendre et circonspecte, est mortelle ennemie des hautes exécutions. »

P. 1272.

(*a*). Tout ce paragraphe est une adjonction de Rousseau à son manuscrit primitif, et n'a été introduit dans le texte qu'en 1782.

(*b*). *que deviendroient* (biffé).

(*c*). Ms. 1er texte : *j'assignerois la prudence à l'homme d'Etat, la justice au Citoyen, la moderation au Sage.*

P. 1273.

(*a*). Ms. 1er texte : *Un robuste laboureur, s'il ne travaille pas sans cesse, le pourrait au moins sans s'incommoder, et c'est à sa force qu'il doit ce pouvoir.*

(*b*). Cette dernière phrase est une adjonction au manuscrit reproduite seulement à partir de l'édition de 1782.

1. Nous croirions volontiers que Rousseau se réfère ici à une édition des Essais de morale et de politique de Bacon, publiée à Londres, chez Jacques Tonsson, en 1742, sous le titre : *La Politique du chevalier Bacon, chancelier d'Angleterre.* On lit en effet (t. II, p. 54), dans l'essai *De l'Adversité :* « La vertu de la prospérité est la tempérance; la force est celle de l'adversité, et dans la morale la force est la plus héroïque des vertus. » — Il s'agit, bien entendu, de la force d'âme.

P. 1274.

(*a*). De : *En effet, quelles sont les vertus...* jusqu'à la fin du paragraphe, tout le passage, en marge dans le manuscrit, n'est introduit dans le texte qu'en 1782.

(*b*). Au recto du folio 9 du manuscrit, Rousseau a noté : *N.B. Prenez bien garde en faisant transcrire cette piéce ; car il y a des renvois furieusement barbouillés, et le changement ou la transposition d'un seul mot acheveroit d'anéantir le très petit mérite de ce barbouillage academique.*

P. 1275.

ORAISON FUNÈBRE DU DUC D'ORLÉANS

Louis, duc d'Orléans, fils du Régent, né le 4 août 1703, mourait en l'abbaye Sainte-Geneviève à Paris, le 4 février 1752. Il fut inhumé en l'église du Val-de-Grâce. A la demande de l'abbé Alexis-Armand d'Arty, neveu de Mme Dupin, Rousseau compose alors une *Oraison funèbre* du Prince, mais l'abbé ne la prononça pas. C'est à l'abbé de la Tour du Pin qu'échut, le 13 mai, cet honneur. En tête du manuscrit calligraphié de cette *Oraison* (manuscrit conservé à la Bibliothèque de Genève, ms. fr. 226), Rousseau a inscrit un bref avertissement (nous le donnons sous n. 1) précisant que l'œuvre « ne doit point être imprimée » et qu'il la destine à « M. Moultou, ministre de Genève ». En décembre 1761, l'écrivain ressortait de ses papiers cette *Oraison* et, dans une lettre à Moultou (*C.C.*, t. IX, p. 315), lettre datée du 12 décembre, on lit ce qui suit : « J'ai trouvé parmi mes chiffons un petit morceau que je vous destine puisque vous l'avez souhaité. Le morceau est très foible, mais il a été fait pour une occasion où il n'étoit pas permis de mieux faire ni de dire ce que j'aurois voulu. D'ailleurs il est lisible et complet, c'est déja quelque chose; de plus il ne peut jamais être imprimé, parce qu'il a été fait de commande et qu'il m'a été payé; ainsi c'est un dépôt d'estime et d'amitié qui ne doit jamais passer en d'autres mains que les vôtres, et c'est uniquement par là qu'il peut valoir quelque chose auprès de vous. » Le 26 décembre, Moultou remerciait : « Je recevrai avec transport cet ouvrage que vous me promettés, s'il pouvoit être faible comme vous me le dites, il n'en auroit pas moins de prix pour moy. Je le mettrai dans mon cabinet comme un monument de vôtre amitié, et en me disant ce que vous m'avez été, il me fera éternellement souvenir de ce que je dois être. » (*C.C.*, t. IX, p. 359). Le 25 avril 1762, Rousseau annonçait l'envoi de l'*Oraison ;* l'accusé de réception est du 19 mai : « J'ai reçu... le *Discours*... Je suis comblé de vos bienfaits... Vous louez, dans le duc d'Orléans, les seules qualités que vous puissiez louer, celles qui font l'honnête homme, et cet éloge serait complet si la postérité pouvait savoir que c'est Rousseau qui l'a fait. Que les peuples seraient heureux si les princes n'avaient jamais été loués que par des philosophes ! Mais les vrais philosophes sont aussi rares que les bons rois. Je n'ai rien de plus précieux dans mon cabinet que ce *Discours ;* c'est un monument de votre amitié qui me sera toujours bien cher; je m'en honorerai auprès de mes enfants, et ils *auront quelque respect* pour celui que vous aimâtes. » (*C.G.*, t. VII, p. 223).

L'*Oraison* fut publiée après la mort de l'écrivain, dans la *Collection complète des Œuvres de J.-J. Rousseau,* Genève, 1782, pp. 37-67. Notons que le manuscrit ne comporte pas les deux derniers paragraphes du texte imprimé. Sans doute une page a-t-elle été perdue ou peut-être donnée par Moultou à un ami. En outre, le ms. 7872, f° 3 recto et verso de la Bibliothèque de la Ville de Neuchâtel contient deux fragments du texte de l'*Oraison,* avec une rédaction un peu différente de celle du manuscrit genevois.

1. En tête du manuscrit, avant le titre, Rousseau a inscrit ce qui suit : *Ce discours ne doit point être imprimé, attendu qu'il a été fait de commande et m'a été payé. Mais il est destiné à Monsieur Moultou ministre de Genève, et je prie qu'il lui soit envoyé après ma mort.*

2. *Un puissant roi :* Il s'agit de Xerxès. Le fait est raconté par Hérodote, l. VII, chap. 46.

P. 1278.

(*a*). Rousseau avait d'abord écrit : *grand auprès d'eux.*
(*b*). Première rédaction : *petits eux mêmes.*

1. *Une épouse chérie :* Louis d'Orléans avait épousé, le 4 juin 1724, Augusta-Marie-Jeanne, princesse de Bade. Elle mourut le 8 août 1726.

P. 1279.

(*a*). Première rédaction : *son* Dieu.

1. *Une pieuse solitude :* Le duc prit, en 1730, un appartement à l'abbaye de Sainte-Geneviève, à Paris; il s'y fixa tout à fait en 1742.
2. *Son fils :* Louis-Philippe, né en 1725; duc de Chartres, puis duc d'Orléans à la mort de son père; épousa Louise-Henriette de Bourbon-Conti; mort en 1785.

P. 1281.

(*a*). Rousseau avait d'abord écrit : *du premier.* — Le ms. R. 50 de Neuchâtel donne le texte de cette phrase avec les variantes suivantes : *dans* ce monde si nouveau...; *contre* les heureux du siècle...; la Religion *et* la probité.
(*b*). *pitié* a été rajouté; au lieu de *barbare* le texte primitif donnait *fausse.*
(*c*). Texte primitif : *qui n'est qu'une véritable cruauté, un prétexte.*
(*d*). Le ms. R. 50, f° 3 v°, donne une autre rédaction de ce passage : *Telle fut la nouvelle société qu'il rassembla autour de lui à la place de celle qu'il avoit quittée et voulant répandre les trésors de sa charité en une rosée bienfaisante sur l'immense foule des malheureux. Ce fut la tendresse de son cœur qui l'obligea d'accoutumer ses yeux au spectacle des v( ) humaines, car il n'imitoit point la fausse et cruelle compassion des gens du monde et ne craignoit point d'envisager les maux qu'il croyoit pouvoir soulager.*

1. A la date où Rousseau compose cette *Oraison funèbre* — morceau de commande, il est vrai, où l'opposition de « la sagesse des saints » à « l'orgueilleuse philosophie » dont « se pique » un « monde frivole » est, en quelque sorte, un thème obligé — l'écrivain est loin encore d'avoir opéré totalement sa « réforme ». Il semble bien cependant que l'on perçoit ici quelque chose de la pensée intime de Rousseau.
2. Le Palais-Royal était la résidence officielle du duc d'Orléans.

P. 1282.

(*a*). *vous ses épouses régénérées* a été rajouté.
(*b*). Texte primitif : que *sa* main secourable.

1. Les fondations charitables créées par le duc d'Orléans furent nombreuses. Dans l'article que lui consacre la *Nouvelle Biographie générale* de Didot (Paris, 1862), on lit ce qui suit : « Marier des filles,

doter des religieuses, procurer une éducation à des enfants, leur faire apprendre des métiers, fonder des collèges, des maisons pour les orphelins, des refuges pour les vieillards, répandre ses bienfaits sur les pauvres, fournir aux hommes habiles les moyens de perfectionner la médecine, l'agriculture, les arts, les manufactures, voilà les œuvres qui remplirent tous les instants de la vie du duc d'Orléans jusqu'à sa mort, ce qui faisait dire à la reine « que c'était un bienheureux qui laisserait après lui beaucoup de malheureux ».

P. 1284.

(*a*). Les mots : *dans un rang aussi sublime et* ont été rajoutés.

1. Cette façon d'insister sur la solidité et la pureté de la foi du duc d'Orléans s'explique sans doute par le désir d'affirmer l'inanité d'une démarche du curé de Saint-Étienne-du-Mont. Celui-ci, en effet, alors que le duc était *in extremis,* voulut lui faire rétracter certaines opinions suspectes de jansénisme et lui refusa la communion. Le duc se fit administrer par son aumônier.

P. 1286.

(*a*). Texte primitif : *qui y prétendent.*
(*b*). Texte primitif : *favorisé.*

P. 1287.

1. Le duc d'Orléans connaissait l'hébreu, le syriaque, le chaldéen et le grec. Il a laissé en manuscrit une traduction littérale de divers livres de l'*Ancien Testament,* en particulier des *Psaumes,* avec des Commentaires. Il traduisit de même les *Épîtres* de saint Paul.

P. 1288.

(*a*). Texte primitif : *sur soi même.*
(*b*). Texte primitif : *trépas.*

1. L'empereur Vespasien.

P. 1290.

LETTRES A SARA

Les *Lettres à Sara* nous sont conservées par deux manuscrits de la Bibliothèque de Neuchâtel. Le premier est un brouillon (ms. R. 8 a), contenant quatre lettres entières et le début d'une cinquième; le second est une copie autographe (ms. R. 9 b), mise au net des quatre lettres achevées. Cette copie seule porte, au haut du premier feuillet, un titre — biffé d'ailleurs : *Le Barbon amoureux.* L'épigraphe empruntée d'Horace et le bref Avertissement précisant que « ces quatre lettres » sont une réponse à « une espèce de défi » ne se lisent aussi qu'en tête de la copie, très soignée, faite par Rousseau. On a pu supposer, à la lecture de ce titre et de cet

Avertissement, que les *Lettres à Sara* se rattacheraient « à une objection des Luxembourg sur l'âge de M. de Wolmar » dans *la Nouvelle Héloïse* (cf. L.-J. COURTOIS, *Chronologie critique, Annales J.-J. R.*, t. XV, p. 125, n. 1). En effet, la lettre 20 de la IIIe partie du roman nous dit M. de Wolmar âgé de « près de cinquante ans ». Cependant nous ne croyons pas cette supposition justifiée, M. de Wolmar se trouvant, en face de Julie, dans la situation non d'un amant, mais d'un mari. Il ne saurait en rien passer pour un « barbon amoureux ».

Faut-il donc voir dans les *Lettres à Sara* l'expression directe d'une passion ressentie par Rousseau pour une mystérieuse inconnue, dissimulée sous ce nom biblique ? Et l'Avertissement n'aurait-il été rédigé que pour donner le change ? Avec Henri Guillemin nous pensons qu'il serait vain de chercher à découvrir, sous le voile de l'affabulation, le visage d'une femme réelle (cf. H. GUILLEMIN, article de la *Revue de Paris,* septembre 1946). On dirait plus volontiers de ces *Lettres* qu'elles sont l'ébauche d'un roman. Elles sont nées d'une inspiration semblable à celle qui nous a valu *la Nouvelle Héloïse*. Voici l' « austère Jean-Jacques », non plus « à près de quarante-cinq ans » — mais à cinquante — « un amant d'un demi-siècle », précise l'Avertissement, et, dans la troisième lettre, il se donne « cinquante » ans — qui se voit, une fois de plus, envahi par le délire amoureux, saisi d'une « ivresse » semblable à celle qu'il avait connue au moment de son installation à l'Ermitage. Mais, cette fois encore, l'ivresse ne va pas « jusqu'à lui faire oublier son âge et sa situation » : « Je savois que le tems d'aimer étoit passé, je sentois trop le ridicule des galans surannés pour y tomber » (*Confessions,* l. IX, *O.C.*, Pléiade, t. I, p. 427). « Galans surannés », « barbon amoureux » : à cinq ans de distance, les deux expressions se font écho. Ainsi donc, et nous fondant sur cet âge de « cinquante ans » qu'atteint l'auteur des *Lettres à Sara,* nous fixons à 1762, avant le départ de Montmorency, la date de cet écrit, auquel convient, comme à *la Nouvelle Héloïse,* une phrase bien connue du livre IX des *Confessions :* « L'impossibilité d'atteindre aux êtres réels me jetta dans le pays des chiméres, et ne voyant rien d'existant qui fut digne de mon délire, je le nourris dans un monde idéal... »

Nous donnons, pour les quatre premières lettres, le texte de la copie, en signalant ci-dessous les variantes les plus importantes du brouillon et quelques leçons de l'édition originale (*Œuvres posthumes, Supplément,* t. I, Genève, 1781, pp. 169-185). Pour le fragment de la cinquième lettre, nous donnons le seul texte existant, celui du brouillon. Il a été publié, pour la première fois, par H. GUILLEMIN, *Sur quelques inédits de J.-J. Rousseau,* dans la *Revue de Paris,* septembre 1946.

LETTRE I

(*a*). un malheureux *qui n'est plus dans l'âge d'aimer.*

(*b*). je ne suis point *ridicule.*

(*c*). *que j'aime en me sentant indigne de plaire.*

1. Horace, *Odes*, IV, 1, v, 30 : « Ni l'espérance crédule d'un cœur qui me réponde... » (trad. Villeneuve).

P. 1291.

(*a*). Dans la marge : *mais ces pleurs sont moins d'amour que de rage* (texte repris à la fin du paragraphe suivant).

(*b*). *insensés* était suivi immédiatement, dans le brouillon, de : *J'aime avec la certitude*... Dans la marge, en face, Rousseau a écrit : *bon*.

(*c*). Édition originale : un soupirant *à* cheveux gris.

(*d*). comme un amant *suranné*.

(*e*). Premier texte du brouillon : *le galant*.

(*f*). *épuiser pour t'amuser le sot jargon.*

(*g*). *et si tu t'amuses de ma foiblesse.*

(*h*). *ce n'est point moi, c'est toi que j'aime ;* privé de tout espoir, *je m'oublie pour m'occuper de toi seule.*

(*i*). *ni d'autre bonheur que ton bonheur.*

(*j*). *je désire tout ce que tu désires ;* j'aimerois mon rival même, *si son cœur pouvoit combler tous tes vœux ;* si tu ne l'aimois pas, je voudrois qu'il *fut digne (méritât) de ton amour.*

(*k*). Après : *heureuse*, le brouillon porte ce texte biffé : *Je voudrois qu'il put t'attendrir pour te faire sentir tous les charmes de l'amour. Je voudrois faire passer en toi tous mes sentimens fut-ce pour un autre. Je n'ai qu'un desir : former*... Dans la marge : *Le dernier de mes desirs*...

LETTRE II

P. 1292.

(*a*). Édition originale : dont vous m'*avez* traité.

(*b*). l'air *simple*.

(*c*). après : *fausse*, le brouillon porte ce texte biffé : *et vous ne faites que m'abuser une fois de plus*. Rousseau y a substitué le texte suivant, biffé lui aussi : *Vous avez voulu prendre un air simple avec moi et vous voulez le garder encore.*

(*d*). La simplicité que vous *voulez garder* avec moi *dans ma foiblesse.*

(*e*). Dans la marge : *Ah Sara, j'aurois attendu de ton bon cœur quelque consolation dans ma misére*. Cette phrase a été reportée à la fin de la lettre.

(*f*). Dans la marge : *Cette rougeur étoit encore une de tes perfidies.*

(*g*). *je vainquis enfin.*

(*h*). *j'accuse* ta vanité.

(*i*). *et tu me desespéres en ne songeant pas à moi.*

(*j*). *Je suis bien miserable de ne pouvoir pas même* t'occuper de mes ridicules.

P. 1293.

(*a*). Après : *promettent*, le brouillon donne ces mots biffés : *Barbare, ingrate, ton cœur féroce*...

LETTRE III

(*b*). Premier texte, biffé, dans le brouillon : *Tu as vaincu, Sara, cela n'étoit pas difficile.*

(*c*). Édition originale : *un* enfant.

(*d*). j'ai bien profité *des années que j'ai vecu.*

(*e*). dans ceux que tu *me fais éprouver.* En marge de ce passage : *Misérable ! tu n'affectois tant de pitié que pour me faire sentir combien j'en étois digne.*

(*f*). *s'indigne et se revolte.*

(*g*). Après : *vertu,* cette phrase biffée : *Combien j'honorois celui que tu daignois consoler.*

(*h*). Dans la marge du brouillon, en face de ce passage, Rousseau a écrit : *Si tu m'avois méprisé, c'étoit fait de moi.*

1. L'expression : *faire l'amour* a encore le plus souvent, au XVIIIe siècle, son sens noble : *éprouver et manifester un sentiment d'amour.* Cependant, dès la fin du XVIIe siècle, le sens vulgaire apparaît. Furetière, par exemple, note dans son *Dictionnaire :* « On dit qu'une femme *fait l'amour* quand elle se laisse aller à quelque galanterie illicite. » — Voltaire, dans *le Triumvirat* (acte I, sc. 1), écrit : « Les tigres *font l'amour* avec férocité. » La Harpe, dans son *Lycée,* condamne ce vers.

P. 1294.

(*a*). *j'eusse été bien moins caressé.*

(*b*). J'ai pu *toucher ton cœur aimable.*

(*c*). *quel inextinguible embrasement.*

(*d*). au dessus *de mon attente.*

(*e*). Dans la marge : *Il est certain que j'aurois beau vouloir cesser de vous aimer. Vous y mettriez bon ordre.*

(*f*). Dans la marge : *On ne pouvoit avoir plus de vertu ni plus de coqueterie.*

(*g*). Dans la marge : *pour être un amant suranné je ne suis point un amant transi, et.*

LETTRE IV

(*h*). *que je craignois si fort ?*

(*i*). Édition originale : *si je m'estime désormais quelque chose.*

P. 1295.

(*a*). *ta sublime essence,* corrigé, sur le brouillon, d'abord en : *ta celeste essence,* puis en : *ton image sublime, sublime* étant, pour finir, biffé.

(*b*). *adorer* est suivi, dans le brouillon, de ce texte biffé : *L'amour dans un cœur comme le mien ne peut ni naitre ni durer sans l'eſtime et sans le reſpect.*

(*c*). *accompagnent* eſt suivi, dans le brouillon, de ce texte biffé : *Vôtre maniére de me ménager pleine d'indulgence et d'amitié n'a pas laissé d'être humiliante puisqu'elle m'a montré coupable où je croyois le moins l'être, c'eſt à dire moins envers moi qu'envers vous.*

(*d*). *lorsqu'en effet j'étois vil.*

(*e*). Mon mépris pour moi *même, l'humiliation du sentiment qui m'entrainoit.*

(*f*). quels dangers *peut-on faire courir.*

P. 1296.

(*a*). ne peut-il *(couvrir) te voiler mes erreurs.* La copie porte : *me voiler,* corrigé en : *te cacher.*

(*b*). *étouffer.*

(*c*). chaque jour *ajoute un nouveau degré de desespoir et d'ignominie.*

(*d*). Voila ce qui ne dépend pas de moi, *et ce qui aux yeux de la raison me rend plus malheureux que coupable.*

(*e*). ce qui en dépend *et ce qui peut me rendre mon eſtime dans ma misére même aux yeux de celle qui la cause.*

(*f*). Non, *fille trop redoutable, n'avilis* pas le temple.

(*g*). Ah je serois trop *accablé de* ma misére.

(*h*). *pas même.*

P. 1297.

(*a*). *Je ne serai qu'à moitié ridicule et coupable quand je ne le serai point sous vos yeux.*

(*b*). sans *(pouvoir) (avoir besoin de)* sans *vouloir* te fuir.

LETTRE V

(*c*). *aimable* Sara.

(*d*). du sort *qui me fit naitre si loin de toi avec un cœur qui ne pouvoit appartenir qu'à toi seule.* Ce texte eſt biffé et corrigé en : *qui mit dans un homme à qui tu ne peux être une âme faite pour la tienne.* Ce texte a été corrigé encore en : *un cœur qui ne peut être qu'à toi.* A ces deux dernières corrections, non biffées, Rousseau a subſtitué enfin : *fit naitre* (corrigé en : *mit*) *si loin de moi.*

(*e*). Après *personne,* cette phrase biffée : *Je te le jure et tu dois m'en croire !*

(*f*). *égare.*

(*g*). *et quand je m'y laissois entrainer.*

(*h*). *Tu vis mon cœur.*

(*i*). *tu me plaignis.*

(*j*). *toute ma vie.*

(*k*). *chère Sara.*

P. 1298.

(*a*). *je ne puis penser sans mourir.*

1. *qui saura t'aimer comme moi ?* — A ce cri répond celui de Mme d'Houdetot, dans la scène fameuse du bosquet d'Eaubonne : « Jamais amant n'aima comme vous ! » (*Confessions,* l. IX, *O.C.*, Pléiade, t. I, p. 444. Cf. aussi : *C.C.*, t. IV, pp. 273-279).

P. 1299.

PENSÉES D'UN ESPRIT DROIT, ET SENTIMENS D'UN CŒUR VERTUEUX

Les soixante-dix-sept fragments réunis sous le titre de *Pensées d'un esprit droit, et sentimens d'un cœur vertueux* ne nous sont connus que par l'édition qu'en donna Villenave (Paris, chez Fournier-Favreux, libraire, 1826). Certes, un Avertissement affirme ce manuscrit « autographe », et même « déposé chez le libraire-éditeur, où les curieux peuvent le voir et l'examiner ». Villenave prévoit une question : « Pourquoi Rousseau n'a-t-il pas publié son ouvrage ? » La réponse : « C'est parce qu'il l'avait perdu, avec beaucoup d'autres papiers, en 1762, lorsque, poursuivi par un arrêt du Parlement, il fut précipitamment obligé de fuir en Suisse...; c'est que ce manuscrit et d'autres papiers ne lui ont jamais été rendus. » Suit, d'après le XIIe livre des *Confessions,* l'accusation du vol commis par d'Alembert. Ainsi donc le manuscrit proviendrait de l'hôtel de Luxembourg : « Il a dû passer entre plusieurs mains », et, en dernier lieu, du cabinet de « M. Tessier, sous-chef de division aux Archives des Affaires étrangères » en celui de Villenave. Tout cela apparaît presque trop bien concerté. La chance est vraiment exceptionnelle que se soit retrouvé, tout juste, ce manuscrit prétendument volé. Supposons que Villenave n'ait pas connu les *Confessions ;* qu'il n'ait rien su de la perte du « brouillon » de *la Morale sensitive.* Aurait-il établi entre cet ouvrage et les *Pensées* qu'il publie une relation ? Aurait-il pu écrire : « Le titre de *Morale sensitive* a quelques rapports avec les *Sentimens d'un cœur vertueux,* et il est vraisemblable que ces *Sentimens* faisaient partie de la *Morale sensitive* » ? Qu'est-ce qui nous assure, d'autre part, que ce titre : *Pensées d'un esprit droit, et Sentimens d'un cœur vertueux* est vraiment de Jean-Jacques ?

La lecture des fragments donnés par Villenave ne va pas non plus sans susciter des doutes. Nous n'y retrouvons guère l'accent de Rousseau, les résonances profondes de son style. Cependant, nous ne saurions affirmer catégoriquement qu'il s'agit d'un pastiche ou d'un faux. Nous avons multiplié les confrontations de ces textes à ceux que nous offrent différents recueils de *Pensées* de Rousseau, publiés au XVIIIe siècle. Les textes Villenave ne s'y retrouvent pas. Et il faut bien reconnaître que, dans lesdits recueils, par le fait même de la brièveté des extraits empruntés aux œuvres de l'écrivain, l'accent révélateur du maître est maintes fois tout aussi difficile à percevoir. En conséquence, et dans l'impossibilité de prouver que ces *Pensées d'un esprit droit* sont apocryphes, nous les publions, mais en faisant à leur propos, quant à leur origine et à leur authenticité, les plus expresses réserves.

1. Chercher le bonheur en soi, c'est bien là la leçon morale de Rousseau. Cf. les *Letrres morales,* les Lettres à Henriette. Ainsi, le 4 novembre 1764, Rousseau parle de « se rapprocher de soi » (*C.C.*, t. XXII, p. 9). — L'expression : « son propre intérieur » répond au : « j'ai dévoilé mon intérieur » du préambule des *Confessions.*

P. 1300.

1. Cf. au livre I des *Confessions* (*O.C.*, Pléiade, t. I, pp. 36-37 et n. 1), l'expression que formule Rousseau de son aversion pour l'argent : « Il ne me faut que des plaisirs purs, et l'argent les empoisonne tous. »

P. 1302.

1. Ici s'exprime le thème conducteur de la IIIe Promenade des *Rêveries.*

2. Cette pensée est-elle vraiment de Rousseau ?

P. 1303.

1. Peut-être passe-t-il ici un souvenir de l'épisode du ruban volé (cf. *Confessions,* l. II, *O.C.*, Pléiade, t. I, pp. 84-87).

P. 1305.

1. Il convient de rapprocher ce fragment 30 des fragments 37, 38, 42. Ces réflexions désabusées sur l'amitié pourraient avoir été inspirées à Rousseau par la triste expérience de ses relations avec Diderot et Grimm.

P. 1309.

1. Cf. la fin de la VIIIe Promenade des *Rêveries.* Mais dans le texte de la *Rêverie,* il s'agit moins d' « une grande douleur » que des « impulsions » d'un « tempérament versatile ».

P. 1310.

1. Cf. le *Fragment biographique, O.C.*, Pléiade, t. I, p. 1113. Cette idée qu' « il n'y a rien de vrai et d'expressif que ce qui part du cœur » est bien conforme à la conception que Rousseau se fait du langage.

2. A rapprocher des fragments 30, 37, 38 et 42.

P. 1312.

1. A rapprocher peut-être du fragment 20.

2. Cette pensée eſt-elle vraiment de Rousseau ?

3. Ici encore on peut se demander si l'on a vraiment affaire à une réflexion de Rousseau.

P. 1315.

REMARQUES DE ROUSSEAU EN MARGE DES « LETTRES SUR LES ANGLOIS ET LES FRANÇOIS » DE MURALT

Ces remarques, extraites des folios 16-20 du ms. R. 18 de la Bibliothèque de Neuchâtel, ont été publiées pour la première fois par M. Arthur Ferrazzini dans sa thèse intitulée *Béat de Muralt et Jean-Jacques Rousseau. Étude sur l'hiſtoire des idées au XVIIIe siècle*, pp. 48-51 (La Neuveville, 1952). C'eſt dans le courant de l'hiver 1756-1757 que Rousseau a emprunté à Deleyre les *Lettres sur les Anglois et les François ;* il en a fait des extraits, d'après l'édition de 1747, au moment où il rédigeait les premières parties de *la Nouvelle Héloïse.* Dans son roman, Rousseau cite plusieurs fois Muralt et s'en eſt servi en particulier dans les lettres sur Paris (IIe partie, lettres 14, 16, 17, 19, 21 et 23).

1. Nous donnons en italique, et dans la transcription que Rousseau en a faite dans son recueil, les passages du texte de Muralt auxquels se rapportent les remarques de Jean-Jacques, et entre crochets ceux qu'il vise dans son commentaire sans les avoir recopiés, comme c'eſt le cas pour ce premier fragment. Notons enfin que Rousseau a fait précéder la plupart de ses réflexions d'un « m », qui signifie « moi ».

P. 1318.

1. Rousseau a inscrit ce titre en tête d'un long extrait de Muralt dont nous transcrivons les premières et les dernières lignes.

2. Les deux dernières remarques sont inspirées par des passages de la *Lettre sur les voyages* de Muralt. Rousseau a copié un long fragment de ce texte, dont nous avons tiré quelques phrases importantes qui ont suscité le commentaire de Jean-Jacques.

P. 1320.

FRAGMENTS DIVERS

Les *Fragments divers* sur lesquels se terminent ces *Mélanges de littérature et de morale* sont, pour la plupart, extraits de manuscrits conservés à la Bibliothèque de Neuchâtel. La difficulté pour l'éditeur eſt de savoir si tels ou tels de ces fragments ont été utilisés par Rousseau dans l'une ou l'autre de ses œuvres. Nous avons fait divers sondages, mais ne saurions affirmer que quelque rapprochement entre ces textes et des textes publiés par l'écrivain ne nous ait échappé. Nous donnons ici la liste de ces *Fragments divers,* avec l'indication de leur provenance et, cas échéant, de l'ouvrage ou de l'article où ils ont été publiés.

N. = Bibliothèque publique et universitaire de Neuchâtel.

G. = Bibliothèque publique et universitaire de Genève.

Streckeisen-Moultou = STRECKEISEN-MOULTOU, *Œuvres et correspondance inédites de J.-J. Rousseau,* Paris, 1861.

Vaughan = VAUGHAN, *The political writings of J.-J. Rousseau,* 2 vol. Cambridge, 1915.

Dufour = Th. DUFOUR, *Recherches bibliographiques sur les œuvres imprimées de J.-J. Rousseau...,* Paris, 1925.

1. N. R. 48, f° 2.
2. N. R. 48, f° 1.
3. G. ms. fr. 250/I/e.
4. N. R. 51, f° 23.
5. N. R. 48, f° 52 r°.
6. N. R. 67, f° 16 r°. Streckeisen-Moultou, p. 238.
7. N. R. 68, f° 16 v°. Streckeisen-Moultou, pp. 238-239.
8. N. R. 47, f° 19. Streckeisen-Moultou, p. 237-238.
9. N. R. 47, f° 20. Streckeisen-Moultou, p. 238.
10. N. R. 48, f° 6.
11. N. R. 48, f° 8 [1].
12. N. R. 48, f° 11.
13. N. R. 48, f° 8 [2].
14. N. R. 48, f° 14. Streckeisen-Moultou, p. 351; Vaughan, t. I. p. 340.
15. N. R. 48, Streckeisen-Moultou, p. 353.
16. N. R. 19, f° 11 r°. Streckeisen-Moultou, p. 355.
17. N. R. 19, f° 29 r° [1], Streckeisen-Moultou, p. 355.
18. N. R. 19, f° 29 r° [2]. Streckeisen-Moultou, p. 355.
19. N. R. 19, f° 139 r°. Dufour, t. II, p. 144.
20. N. R. 19, f° 139 r°. Dufour, t. II, p. 144.
21. N. R. 19, f° 138 v°. Streckeisen-Moultou, p. 356.
22. N. R. 19, f° 138 r°. } Éd. ROD, *L'affaire Jean-Jacques Rousseau,*
23. N. R. 19, f° 137 v°. } 1906, p. 303.
24. G. ms. fr. 204.
25. N. R. 51, f° 19. } H. GUILLEMIN, *Gazette de Lausanne,* 1er jan-
26. N. R. 51, f° 24. } vier 1944.
27. N. R. 51, f° 22.
28. N. R. 51, f° 15 v°.
29. N. R. 50, cahier n° 2, f° 1 v°.
30. N. R. 35, f° 48 r°.
31. N. R. 35, f° 48 r°.
32. N. R. 35, f° 47 v°.
33. N. R. 16, f° 53 v°.
34. N. R. 16, f° 53 v°.
35. N. R. 16, f° 53 v°.

36. N. R. 16, f° 59 r°. Dufour, t. II, p. 147.
37. N. R. 16, f° 60 v°. Dufour, t. II, p. 147.
38. N. R. 16, f° 61 v°. Vaughan, t. I, p. 322.
39. N. R. 16, f° 61 v°. Vaughan, t. I, p. 322.
40. N. R. 16, f° 61 v°.
41. N. R. 16, f° 61 v°. Vaughan, t. I, p. 322.
42. N. R. 16, f° 62 r°.
43. N. R. 16, f° 62 r°.
44. G. ms. fr. 250/I/e.
45. G. ms. fr. 250/I/e.
46. Photocopie fournie par le libraire Ronald Davis, à Paris, et Streckeisen-Moultou, pp. 361-362.

1. S'agit-il ici d'un fragment de dédicace destiné à l'*Édition générale* de ses *Œuvres* que Rousseau projetait au début de l'année 1765 ?

2. En novembre 1764, le libraire Fauche se proposa de publier une édition générale des écrits de Rousseau. L'écrivain établit la liste des pièces devant composer ce recueil, lequel devait former 6 volumes 4° avec des planches, ou 15 volumes in-12. Rousseau dit « faire grâce aux lecteurs ... des vers tendres qui [lui étaient] échapés autrefois ». (cf. *C.C.*, t. XXIII, pp. 181-182). — Les fragments 4 et 5 ont rapport sans doute aussi à ce projet d'édition. — Après les deux comparaisons du fragment 5, Rousseau a noté, sur la même page, des remarques relatives à des adjonctions à faire à la *Lettre à d'Alembert,* au *Contrat social,* etc.

P. 1321.

(*a*). *imbecilles* est biffé.

1. Ce fragment 6 et les fragments 7, 8, 9 reflètent des préoccupations contemporaines de la rédaction du premier *Discours,* et des polémiques qui le suivirent. Dans le *Discours,* Rousseau parle des Académies comme de « sages institutions », en espérant qu'elles « serviront... de frein aux gens de lettres, qui tous, aspirant à l'honneur d'être admis dans les Académies, veilleront sur eux-mêmes et tâcheront de s'en rendre dignes ». Dans la Préface de *Narcisse,* composée fin 1752, Rousseau propose « d'entretenir avec soin les Académies... et tous les autres amusemens qui peuvent faire quelque diversion à la méchanceté des hommes... Il ne s'agit plus de porter les peuples à bien faire, il faut seulement les distraire de faire le mal; il faut les occuper à des niaiseries... » Dans l'*Émile,* l. IV, Rousseau fait entendre à son élève, « pour le réjoüir le bavardage des academies » et lui fait « remarquer que chacun de ceux qui les composent vaut toujours mieux seul qu'avec le corps ».

P. 1322.

(*a*). Première rédaction biffée : *aller utilement à leurs fins.*

(*b*). A la suite, on lit ces mots biffés : *A quoi s'occupe cependant une telle société ? A de petits vers galans que Cotin eut desavoués, à resoudre quelque* [ ] *en l'honneur des Dames ; qui eut jamais le courage de parcourir ces fades memoires.*

1. Ce texte se lit sur un feuillet déchiré, au verso duquel se trouve le brouillon d'un passage de la *Lettre de J. J. Rousseau à M. Philopolis*. Cette *Lettre* est de l'automne 1755.

P. 1323.

1. Il ne semble pas que Rousseau cite avec exactitude un passage de Platon. Il résume à sa manière l'esprit d'un passage, sans doute du *Gorgias*. Platon affirme en effet que la meilleure manière de se venger d'un ennemi, c'est de le laisser faire, car on remet ainsi aux dieux le soin d'un châtiment qui sera pire. Pour Platon, subir l'injustice vaut mieux que la commettre; la vengeance est plus nuisible à l'offenseur qu'à l'offensé.

2. Cf. le début de l'*Émile :* « Tout est bien, sortant des mains de l'auteur des choses : tout dégénére entre les mains de l'homme. » Voir aussi la *Profession de foi du Vicaire savoyard.* — Par la place qu'ils occupent dans le *Recueil C* (ms. R. 19), les fragments 16, 17 et 18 peuvent être datés de 1761.

P. 1324.

(*a*). *Tu m'aduli ma tu mi piace* (biffé).

1. *passible :* « capable d'éprouver la douleur ou le plaisir » (Littré). Bourdaloue montre le Christ « revêtu d'une chair *passible* ».

2. Cf. dans la Ve Promenade des *Rêveries* (*O.C.*, Pléiade, t. I, p. 1046 et n. 1) l'analyse du sentiment de l'existence, « état simple et permanent ».

3. L'expression : *idée composée* vient de Montesquieu. — Ce fragment 21, comme aussi les fragments 19 et 20, semblent dater, par la place qu'ils occupent dans le ms. R. 19, des années 1764-1765.

P. 1325.

(*a*). *la plus tendre : plus* est biffé.

1. Les fragments 22, 23 et peut-être 24 doivent avoir été inspirés à Rousseau par la grave maladie d'Isabelle Guyenet, née d'Ivernois, qui faillit mourir en couches en février 1765. Le 22 février, Rousseau écrivait : « De tout ce qui l'entoure rien ne lui est plus véritablement attaché que moi, et je le suis moins à cause de son esprit qui me paroit pourtant d'autant plus agréable qu'elle est moins pressée de le montrer, qu'à cause de son bon cœur et de sa vertu. » (*C.C.*, t. XXIV, p. 74-75).

P. 1326.

(*a*). *un bien médiocre* (biffé).

(*b*). *La moitié de la vie :* ces mots figurent au bas de la page, ms. 7872 c, f° 19, v°.

(*c*). Mots biffés : *peut-être aussi n'aimes-tu point.*

1. La phrase qui précède est, en fait, une citation — non pas d'Aristote — mais de Sénèque, *De la brièveté de la vie,* qui cite dans son introduction à ce traité un aphorisme « du plus grand des médecins », c'est-à-dire Hippocrate : « La vie est brève et l'art est long » (*Les Stoïciens,* Bibl. de la Pléiade, p. 695). Rousseau cependant n'a pas tout à fait tort : Sénèque, au paragraphe suivant du même ouvrage, se réfère de façon implicite à des livres perdus d'Aristote qui traitaient du même sujet. C'est un lieu commun de la réflexion sur l'art et la vie, qu'on retrouvera par exemple dans Cicéron (*Tusculanes,* III, 69) qui dit l'emprunter à Théophraste.

2. Il ne semble pas que ce fragment soit le brouillon d'une lettre destinée à être véritablement envoyée.

P. 1327.

(*a*). *malgré moi même* (biffé).

(*b*). *des dangers que tu me fais courir et des maux dont tu me rappelles* (biffé).

1. Henri Guillemin (cf. article de la *Gazette de Lausanne,* 1er janvier 1944) situe les deux textes, fragments 25 et 26, « probablement avant l'*Émile* ». On peut conjecturer que le fragment 26 en tout cas serait antérieur à la rencontre de Rousseau et de Mme d'Houdetot et daterait par conséquent du début du séjour à l'Ermitage.

2. La première moitié de ce fragment est une citation de NICOLE, *Essais de morale,* dans *Réflexions morales sur les Épîtres et Évangiles : sur l'Épître du 14e dimanche d'après la Pentecôte :* « La vie chrétienne étant une vie opposée au torrent de la nature, qui ne fait point effort contre ce torrent en est nécessairement entraîné. Mais par cet effort on ne se soutient pas seulement contre le torrent, mais on avance. » La seconde partie du fragment est de Rousseau.

3. Ce fragment se lit dans le ms. R. 50, cahier N° 2, f° 1 v°, au-dessous d'un passage des *Amours de Claire et de Marcellin,* composés sans doute en 1756. Il est écrit d'une encre noire, alors que le texte des *Amours* est d'une encre brune.

P. 1328.

(*a*). Dans l'interligne au-dessus : *je dis la même chose des peines.*

1. Dans le filigrane du papier où est noté ce fragment, on lit la date : 1759. Le texte pourrait se rapporter à l'*Émile* ou à *l'Art de jouir.*

P. 1329.

(*a*). Ms. : ce *qu'il* plait.

(*b*). Plusieurs phrases biffées : *La sensualité d'un enfant se borne à manger du sucre et il n'imagine pour souverain bien qu'un pays de cocagne. Ce n'eſt plus la même chose à vingt ans, la sensualité d'un enfant n'eſt plus celle d'un jeune homme, et les gouts d'un jeune... celle d'un vieillard ne sont pas les mêmes.*

(*c*). *capucin* (biffé).

P. 1330.

(*a*). *de tems en tems le dimanche* (biffé).

(*b*). *trouver le secret de* (biffé).

1. Ce fragment dialogué eſt-il une esquisse romanesque ? Ou bien Rousseau s'y donne-t-il la parole ? Dans le second cas, la réponse de *sa femme* serait celle de Thérèse. Mais le : *ma famille* ne va pas sans surprendre.

Notons que les fragments 33, 34, 35, 38, 39, 41, 42, 43, par leur place dans le ms. R. 16, toute voisine de deux adresses notées par Rousseau : celle de Boswell à Genève et celle du jeune patricien bernois Kirchberger, semblent pouvoir être datés de la fin de 1764.

2. Cf. le fragment 2 de *l'Art de jouir* (*O.C.*, Pléiade, t. I, p. 1173). Ce fragment 36 et le suivant sont, dans le manuscrit, rapprochés de comptes de boulangerie pour l'hiver 1758-1759.

P. 1331.

(*a*). *C'eſt une* flotte *amie* (biffé).

(*b*). *une* des nôtres (biffé).

(*c*). *C'eſt aussi aux coups de ce Heros que* (biffé).

(*d*). *Tout à coup* (biffé).

1. Note inspirée peut-être, comme le fragment 46, par la lecture des *Réflexions critiques* de l'abbé Dubos.

P. 1332.

1. Cf. abbé Dubos, *Réflexions critiques sur la poésie et sur la peinture,* section II : *De l'attrait des spectacles propres à exciter en nous une grande émotion :* « C'eſt le même attrait qui fait aimer les inquiétudes et les alarmes que causent les périls où l'on voit d'autres hommes exposés, sans avoir part à leurs dangers. » Et plus loin, même section : « Le plaisir qu'on sent à voir les imitations que les... Poètes sçavent faire des objets qui auroient excité en nous des passions dont la réalité nous auroit été à charge, eſt un plaisir pur. Il n'eſt pas suivi des inconvéniens dont les émotions sérieuses qui auroient été causées par l'objet même seroient accompagnées. » Dans la section XLIII : *Que le plaisir que nous avons au théâtre n'eſt point produit par l'illusion,* Dubos affirme que l'opinion selon laquelle le plaisir théâtral serait procuré par l'illusion eſt « insoutenable ». Dans la *Lettre à d'Alembert,* Rousseau écrit : « Si les imitations du

théâtre nous arrachent quelquefois plus de pleurs que ne feroit la présence même des objets imités, c'est moins, comme le pense l'abbé Dubos, parce que les émotions sont plus foibles et ne vont jamais jusqu'à la douleur, que parce qu'elles sont pures et sans mélange d'inquiétude pour nous-mêmes. »

2. Le dernier paragraphe de ce fragment esquisse un développement de la *Lettre à d'Alembert,* où Rousseau compare l'*Atrée et Thyeste* de Crébillon et le *Mahomet* de Voltaire. Le fragment peut donc être vraisemblablement daté du début de l'année 1758.

NOTICES BIBLIOGRAPHIQUES

par

BERNARD GAGNEBIN

I. LA NOUVELLE HÉLOÏSE

PREMIÈRE PARTIE : LES MANUSCRITS

A. BROUILLONS.

1. *Bibliothèque du Palais-Bourbon, 1494.* Ire partie, lettres 61-64; IIe partie, lettres 1-3, 7, 9-12, 15-20, 24-28; IIIe partie, lettres 2-4, 6-17, 19-21, 25; IVe partie, lettres 1-9, 11-15, 12-14; Ve partie, lettres 1, 4, 6-10, 12-14; VIe partie, lettres 1-4, 7-10. Brouillons couverts de corrections, de ratures, d'additions, formant un volume de 541 pages relié en maroquin rouge. Sur la première page de ce volume, on lit d'une main inconnue :

« Les fragments de cette première copie ont été trouvés informes dans les papiers de J.-J. Rousseau et offerts dans cet état à la Convention nationale. On les a classés d'après le manuscrit autographe donné par l'auteur à Mme la maréchale de Luxembourg et déposé ensuite à la bibliothèque du Corps législatif. »

Cette note est inexacte. Le manuscrit fut remis à la Convention, le 15 fructidor an II (1er sept. 1794) par le représentant du peuple Lejeune, en commission dans le département du Jura, de la part du « citoyen Girard, salpêtrier de la République à Mignovillard, district d'Arbois ». Comment ce salpêtrier était-il venu en possession de ces brouillons, nous l'ignorons.

(Gabriel Morin, « Note sur les manuscrits de J.-J. R. conservés à la bibliothèque de l'Assemblée nationale, 1851 », Bibl. de l'Assemblée nationale, Ms. 1441; Adolphe Badin, « Les manuscrits de J.-J. R.... » dans *la Nouvelle Revue,* 1888, pp. 396-424, et R. Bonnet, « Le manuscrit de la Nouvelle Héloïse », dans *le Cabinet de l'amateur,* 15 mai 1902.)

2. *Bibliothèque Victor-Cousin,* à la Sorbonne, VIe partie, lettres 5-6 et 11.

Ces morceaux font partie de la collection d'autographes de Victor Cousin, formée par différents achats. La lettre 5 de la VIe partie a certainement été acquise à la Vente Laverdet du 25 janvier 1855, pour la somme de vingt francs.

3. *Bibliothèque de Genève,* Ms. fr. 201 (anc. suppl. 1456). IIe partie, lettre 14; IIIe partie, lettres 21 et 22; IVe partie, lettre 10; Ve partie, lettres 2 et 5; VIe partie, lettres 5, 12 et 13.

Acquis à la Vente de la Collection Alfred Morrison, à Londres, en mai 1919.

Cf. « Catalogue des manuscrits de J.-J. Rousseau qui se trouvent à Genève », par F. Aubert, *Annales J.-J. Rousseau,* t. XXIV, 1935, et tirage à part augmenté, 1938, pp. 50-51.

4. *Société J.-J. Rousseau,* Ms. R. 95. IIe partie, lettre 22.
Legs de M. E. Dreyfus-Brisac, inscrit en janvier 1923.

5. *Fondation Heineman à New York.* Ve partie, lettre 3 (20 pages).
Acquis à une Vente Sotheby, à Londres, en 1937.

6. *Collection Dubrunfaut,* aujourd'hui dispersée. IIe partie, lettres 2, 14, 20, 21 (cf. *supra,* p. 1829), 22 et 9; IIIe partie, lettre 5 et une lettre avec la mention : *Imparfaite et peut-être à retrancher* (85 pages).
Cette collection a été vendue aux enchères, par Et. Charavay, le 22 décembre 1886.

7. *Les brouillons de plusieurs lettres* ont passé dans diverses ventes aux enchères au cours du XIXe siècle. VIe partie, lettre 5 (lettre de Mme d'Orbe à Mme de Wolmar sur le caractère, les goûts et mœurs des Genevois), 4 p. in-4°. Vente Laverdet, 25 janvier 1855. — IIIe partie, lettre 18 (Julie à Saint-Preux), 24 p. gr. in-4°. Vente Charavay, 5 février 1855. Cf. *supra,* p. 1829. — Ve partie, lettre 2 (Saint-Preux à Milord Edouard), 24 p. in-4°. Vente de la Collection Fossé d'Arcosse, Techener expert, 1861 (cf. R. Bonnet, « Le Ms. de la N.H. », *l'Amateur d'autographes,* 15 mai 1902).

8. *Bibliothèque publique de Neuchâtel,* n° 7866, f° 9 v°. Ire partie, lettre 11 (fragment).
Sur ce fragment, cf. *Annales J.-J. Rousseau,* t. IV, 1908, p. 269

B. « COPIE PERSONNELLE », SOIT PREMIÈRE RÉDACTION

Provient de Hérault de Séchelles

Ire et IIe parties : Bibliothèque du duc de Newcastle, vente de juin 1937.
IIIe partie : Ancienne Collection Louis Barthou.
IVe partie : Bibliothèque du Palais-Bourbon, 1495, 159 ff.
Ve et VIe parties : Ibidem, 1496, 238 ff.

On lit dans les procès-verbaux du Comité d'instruction publique de la Convention, séance du 1er floréal an II :

« Un membre observe que feu Hérault, représentant du peuple, était possesseur des manuscrits de l'*Émile* et de l'*Héloïse* de J.-J. Rousseau, écrits de la main de cet écrivain célèbre, et qu'il serait intéressant de veiller à leur conservation; il propose qu'il soit arrêté que la Commission des arts se transportera chez feu Hérault pour recueillir les dix manuscrits, ainsi que le portrait de Mme de Warens, et les transporter à la Bibliothèque nationale et en tirer récépissé. Cette proposition est adoptée. »

Le procès-verbal de la séance de la Commission des arts du

5 prairial an II constate que la Commission a recueilli les deux manuscrits et le portrait de Mme de Warens et les a transportés non à la Bibliothèque nationale, mais à celle du Comité d'instruction publique.

M. Raoul Bonnet a publié, dans *l'Amateur d'autographes* du 15 mai 1902, une lettre de Capperonnier, administrateur de la Bibliothèque nationale, adressée le 20 frimaire an XI au ministre de l'Intérieur, disant notamment :

« Le citoyen Rivière nous a remis le manuscrit de *la Nouvelle Héloïse.* Il y a deux volumes in-4°, en très bon état, parfaitement reliés, et est bien réellement d'un bout à l'autre de la main de J. J. Rousseau. Il serait sans doute à désirer qu'il fût déposé à la Bibliothèque nationale, qui ne possède qu'un manuscrit de cet homme célèbre, formant un recueil d'airs, de chansons, etc., avec musique; mais, le citoyen Rivière met à celui qu'il offre un prix si exagéré, qu'à moins qu'il ne le diminue considérablement, quelque désir que nous ayons de l'avoir, nous n'oserions jamais prier V. Exc. d'en ordonner l'acquisition. »

Et Capperonnier de remarquer que ce manuscrit, acquis par Rivière à la vente du citoyen Hérault de Séchelles pour 700 francs, ne devrait pas être payé plus de 1 500 francs.

Dans un article ultérieur (15 juillet 1902), R. Bonnet exprime l'hypothèse que les deux volumes acquis par le citoyen Rivière ont échappé aux regards des commissaires de la Commission des arts, lorsqu'ils se rendirent chez Hérault, sur l'ordre du Comité d'instruction publique, et qu'il peut s'agir des trois premières parties du roman qui n'ont pas rejoint la bibliothèque de la Chambre.

C. COPIE AUTOGRAPHE FAITE POUR MADAME D'HOUDETOT

D'après la correspondance de l'écrivain avec Mme d'Houdetot, on sait que Rousseau entreprit cette copie dans l'hiver 1757-1758. En juin 1758 Mme d'Houdetot en avait reçu 351 pages, en octobre 1759 Rousseau achevait la Ve partie et peu après il offrait à la maréchale de Luxembourg de commencer sa copie avant d'achever celle de Mme d'Houdetot (cf. ci-dessus, p. LXXV).

On lit dans le Catalogue des livres composant la bibliothèque de Mme Vve d'Houdetot (Paris, Merlin, 1813), sous le numéro 596 :

« *Julie,* ou la *Nouvelle Héloïse,* par Jean-Jacques Rousseau, 6 volumes in-8°, en demi-reliure. Manuscrit en entier de la main de Jean-Jacques, qui le copia pour Madame d'Houdetot, de 1757 à 1758, c'est-à-dire deux ans avant que l'ouvrage parût imprimé, » etc.

Le manuscrit semble n'avoir pas été adjugé à la vente, ou avoir été retiré par la famille car le catalogue de la vente n'indique aucun acquéreur. Une note fixée au début du premier volume indique

que le manuscrit fut acheté en 1855 par le bibliophile Denis Boutron chez le libraire Techener. Boutron le laissa à sa fille, la comtesse Frémy, dont les descendants l'ont conservé jusqu'en 1963. A cette date, il a été acquis par la Bibliothèque publique et universitaire de Genève, où il porte désormais la cote : ms. fr. 240-245. Il s'agit de six volumes petit in-8º carré, dans un cartonnage violet-gris, avec dos et coins de maroquin vert. La reliure semble dater de 1800. La Ire partie compte 429 pages écrites, plus les gardes blanches; la IIe, 351; la IIIe, 242; la IVe, 350; la Ve, 309, et la VIe, 308 (cf. H. Buffenoir, « Historique d'un manuscrit de la Nouvelle Héloïse », dans *la Révolution française,* nº 27, 1925 et M.-A. Borgeaud, « La copie « d'Houdetot » de la Bibliothèque », dans *Musées de Genève,* nº 36, 1963).

D. MANUSCRIT DESTINÉ A REY

Deux volumes reliés en maroquin rouge de 487 et 546 pages, contenant, le premier, la préface et les parties I-III de *la Nouvelle Héloïse,* le second les parties IV-VI. Chaque partie est paginée séparément.

Entre la page 140 et la page 141 de la Ire partie sont intercalés deux feuillets contenant des « changemens » pour la Ire partie; entre la Ve et la VIe partie une seconde version de la « préface » et à la fin du manuscrit une lettre de Rousseau à Rey, du 1er juin 1760, contenant diverses additions à apporter à son texte.

C'est le manuscrit qui a été envoyé à Marc-Michel Rey en 1759-1760 et que l'imprimeur-éditeur a conservé (cf. ci-dessus, p. LXXVI). Il contient de nombreuses corrections, ratures et additions marginales de l'auteur.

D'après une note collée à l'intérieur du premier volume, ce manuscrit aurait été acheté par Henry Seymour of Knoyle à la veuve de J.-J. Rousseau en 1810 ou 1811. L'indication est inexacte, puisque Thérèse est décédée en 1801. Quoi qu'il en soit, ce précieux manuscrit est resté dans la même famille pendant plus de cent ans et il a été vendu aux enchères, le 2 avril 1928, chez Sotheby à Londres, pour le compte de Miss. J. M. Seymour, petite-fille du premier acquéreur. Acquis par le libraire Rosenbach pour le compte de Henry Fatio, au prix de 2 200 livres sterling, ce manuscrit repassa en vente chez Hoepli à Zurich en mai 1933. Il est finalement entré dans la Fondation Heineman à New York, où il est désormais conservé.

E. COPIE AUTOGRAPHE POUR MADAME LA MARÉCHALE DE LUXEMBOURG

J.-J. Rousseau raconte dans ses *Confessions* qu'il fit pour Mme la maréchale de Luxembourg, à partir d'octobre 1759, une copie particulièrement soignée. Pour la distinguer de la copie faite pour

Mme d'Houdetot, il y ajouta les « Aventures de milord Édouard » qu'il avait retranchées du manuscrit définitif, et l'enrichit des dessins originaux de Gravelot.

Ce manuscrit fut saisi le 25 messidor an II (13 juillet 1794) par la commission temporaire des arts adjointe au Comité d'Instruction publique. Il se trouvait parmi les papiers laissés à Auteuil par la comtesse de Boufflers au moment de l'émigration. Celle-ci devait l'avoir reçu de son amie, la maréchale de Luxembourg, qui s'était installée à Auteuil dans les dernières années de sa vie. Toutes deux éprouvaient une vive admiration pour Jean-Jacques et firent en commun un pèlerinage à Ermenonville, après la mort de l'écrivain (cf. H. Buffenoir, *la Maréchale de Luxembourg,* pp. 203 sq.; P.-E. Schazmann, *la Comtesse de Boufflers,* pp. 225 et 229).

Ce manuscrit formant six volumes porte la cote 1433 à 1438 de la Bibliothèque du Palais-Bourbon. C'est un véritable chef-d'œuvre de la calligraphie, nous dit Adolphe Badin, dans son article sur « Les manuscrits de J.-J. Rousseau », de *la Nouvelle Revue,* t. LV (1888), p. 417. « Chaque page est réglée au crayon et les lignes sont aussi droites, aussi régulières, aussi compassées que dans un livre imprimé. Aucune rature. De loin en loin, seulement, on voit que quelques mots ont dû être grattés et remplacés. Tout en se recopiant, Rousseau a trouvé moyen de faire encore çà et là un certain nombre de corrections, presque toutes assez légères, il est vrai. Quant aux douze dessins originaux de Gravelot, ce sont autant de charmants petits tableaux, d'une touche aisée et spirituelle, » etc.

Les six volumes comptent 427, 300, 228, 325, 298 et 303 pages du format in-8°, dans une reliure de maroquin vert.

F. LE MANUSCRIT ORIGINAL DES AMOURS DE MILORD ÉDOUARD

Communiqué par la maréchale de Luxembourg au marquis de Girardin, en vue de l'édition des *Œuvres complètes* de J.-J. Rousseau, ce manuscrit n'a pas réapparu jusqu'ici. Girardin en fit faire une copie qui se trouve à la Bibliothèque de Neuchâtel (n° 7913). Quant au manuscrit prétendument autographe de la Collection Girardin au Musée de Chaalis, il s'agit — malgré les affirmations de MM. Schinz, Sénelier et René Pomeau — d'une simple copie.

DEUXIÈME PARTIE : LES ÉDITIONS

A. ÉDITION ORIGINALE

Grâce à Daniel Mornet, on possède une bibliographie à peu près complète et définitive de *la Nouvelle Héloïse.* Jusqu'au dépôt des manuscrits à la Convention, Daniel Mornet ne relève pas moins de soixante-cinq éditions différentes, qu'il répartit en quatre grands groupes : l'édition Rey de 1761, l'édition Duchesne de 1764, l'édition Rey de 1767 et l'édition de Genève, 1780-1782. Daniel Mornet retrace l'histoire de la publication du roman : c'est en avril 1759 que Rousseau adressa à son éditeur le manuscrit de la première partie de *la Nouvelle Héloïse* et en janvier 1760 celui de la sixième et dernière partie. Le prospectus de l'édition fut lancé par Rey dans les derniers mois de 1760. Sachant que son édition serait immédiatement contrefaite, puisqu'il était établi en Hollande, Rey vendit la moitié de son édition, soit 2 000 exemplaires, à Robin, libraire à Paris, mais les ballots ne parvinrent à Paris que dans le courant de janvier 1761. Pour éviter d'être ruiné à son tour, Robin obtint de Malesherbes, directeur de la Librairie, le droit exclusif de réimprimer *la Nouvelle Héloïse,* non sans se soumettre à la censure. Streckeisen-Moultou a publié (*J.-J. Rousseau, ses amis et ses ennemis,* t. II, pp. 406 sq.) la liste des suppressions imposées à Robin par la censure (cf. également *C.G.*, t. VI, pp. 31-41). Finalement, l'édition autorisée de Robin fut débitée à Paris avant celle qui avait été envoyée de Hollande. C'est le 25 janvier 1761 que Robin put remettre à Rousseau un exemplaire de son livre, alors que l'édition d'Amsterdam ne commença à être vendue qu'en février. Inutile de dire que Rousseau protesta que son ouvrage était « défiguré ».

Remarquons encore que le titre du livre s'étend sur deux pages. Pour éviter une page de titre trop chargée, Rousseau s'entendit avec Rey pour répartir le titre en faux-titre et titre. Daniel Mornet distingue six types différents dans l'édition de Rey, selon qu'elle comporte la préface que Rousseau a fait imprimer à part, la description des « Sujets d'estampes », des différences dans l'errata ou encore la présence ou l'absence de vignettes, cartouches et épigraphes dont Rousseau avait demandé la suppression.

Sans nous arrêter à de telles variantes, voici la description de l'édition originale de Rey, qui peut donc se présenter avec les différences mentionnées par Mornet.

1. Faux-titre : JULIE, |OU| LA NOUVELLE HELOISE. |*TOME PREMIER* (*SECOND*, *TROISIÈME*, etc.).

Titre : LETTRES|*DE DEUX AMANS,*|Habitans d'une petite Ville| au pied des Alpes.|*RECUEILLIES ET PUBLIÉES* |Par J. J. ROUSSEAU.| *PREMIERE* (etc.) *PARTIE.* |(Cartouche gravé comportant ce texte : *Non la conobbe il mondo, mentre l'ebbe :*|*Conobill' io ch'a pianger qui rimasi.*|Petrarc.)|*A AMSTERDAM,*|chez MARC MICHEL REY.|*MDCCLXI.*

6 vol. in-12.

Tome 1 : [XVI] pour le faux-titre, le titre, la préface et les fautes d'impression-407 p.-[I] pour le « Catalogue des Livres. Du fond de M. M. Rey, Libraire à Amsterdam ».

T. 2 : [IV]-319 p.-[I] pour « N° II. Suite du Catalogue des Livres ».

T. 3 : [IV]-255 p.-[I] pour « N° III. Suite du Catalogue des Livres ».

T. 4 : [IV]-331 p.

T. 5 : [IV]-311 p.-[I] pour « N° IV. Suite du Catalogue des Livres ».

T. 6 : [IV]-312 p.

Cette édition se présente sous deux types : selon que le titre des tomes 2 à 5 est orné d'un fleuron (ornement typographique) ou d'un cartouche gravé.

	Type A	Type B
T. 1 :	Cartouche de Pétrarque	Cartouche de Pétrarque
T. 2 :	Fleuron	Ange écrivain
T. 3 :	Fleuron	Ange écrivain
T. 4 :	Fleuron	Personnage casqué entouré d'anges
T. 5 :	Fleuron	Caravelle dans encadrement de dieux marins
T. 6 :	Cartouche de Pétrarque	Cartouche de Pétrarque

Deux errata au moins ont été joints à cette édition. L'un comporte 66 fautes, l'autre 73.

La « Préface de Julie ou entretien sur les romans » et les « Sujets d'estampes », l' « Avis du Libraire Rey » au sujet des estampes, l'Approbation en date du 10 février 1761 et les deux feuilles d'errata ne figurent pas dans tous les exemplaires et sont reliées tantôt au début du tome 1, tantôt au début du tome 2, tantôt à la fin d'un volume, ce qui donne une grande variété d'éditions originales.

B. SECONDE PRÉFACE

« Ce Dialogue ou Entretien supposé étoit d'abord destiné à servir de Préface aux Lettres des deux Amans », écrit Rousseau dans un « Avertissement » inséré en tête de sa « Seconde Préface ». « Mais sa forme et sa longueur ne m'ayant permis de le mettre que par extrait à la tête du recueil, je le donne ici tout entier, dans l'espoir qu'on y trouvera quelques vues utiles sur l'objet de ces sortes d'Ecrits. J'ai cru d'ailleurs devoir attendre que le Livre eût fait son effet avant d'en discuter les inconvénients et les avantages, ne voulant ni faire tort au Libraire, ni mendier l'indulgence du Public. »

Le 18 janvier 1761, Rousseau adressait au libraire Guérin « deux morceaux » qui avaient déjà été présentés à Malesherbes. « Il convient que la brochure ne paroisse que quinze jours ou trois semaines après la publication du livre », ajoute Rousseau. En publiant cette lettre P.-P. Plan remarque que le deuxième morceau ne peut être le « Recueil d'estampes », mais un extrait de Platon sur l'imitation théâtrale, qui, finalement, ne fut pas retenu (*C.G.*, t. V, p. 324).

Huit jours plus tard, Coindet mande à Rousseau que Guérin l'a engagé à céder l'édition du « Recueil d'estampes » à M. Duchesne, libraire à Paris, « au moyen de 150 Louis y compris votre Préface et le projet », soit, selon Th. Dufour, le « Projet de paix perpétuelle ». Enfin, le 30 janvier, Rousseau écrit à Coindet :

« M. Guerin a souhaité que mon extrait de Platon fût joint à la préface, pour être imprimé par Duchesne en vertu du traitté que vous avez fait avec lui; j'y ai consenti de tout mon cœur. » (*C.G.*, t. V, p. 350).

L'édition originale de la Seconde Préface est donc constituée par :

2. PRÉFACE|*DE LA* |NOUVELLE HELOÏSE :|OU|*ENTRETIEN SUR LES ROMANS*,|ENTRE L'ÉDITEUR|ET UN HOMME DE LETTRES.| *Par J. J. ROUSSEAU*, *Citoyen*|*de Geneve*|(fleuron)|A PARIS,|Chez DUCHESNE, Libraire, rue|S. Jacques, au Temple du Goût.|=| M. DCC. LXI.|*Avec Approbation & Privilege du Roi.*

In-12 de [IV]-91 p.

L' « Avertissement » occupe les pages [III-IV].

L' « Approbation » datée du 10 février 1761 et signée Gibert figure à la page 91, suivie de l'indication suivante : « Le Privilege se trouvera à la fin du Recueil d'Estampes de *la Nouvelle Héloïse*, que l'on mettra incessamment au jour. »

Cette préface dut paraître le 16 février, si l'on en croit une lettre de Rousseau à Rey, du 18 (*C.G.*, n° 1026) : « Ma préface en forme d'entretien est imprimée et publique depuis deux jours; je suppose que Duchesne vous l'aura envoyée. »

L'édition de Rey a peut-être été imprimée sur celle de Duchesne.

En voici la collation :

3. PRÉFACE|DE LA|NOUVELLE HELOÏSE :|OU|*ENTRETIEN SUR LES ROMANS.*|ENTRE L'EDITEUR|ET UN HOMME DE LETTRES;|Par J. J. ROUSSEAU,|*Citoyen de Genève*|(ornement typographique)|*A AMSTERDAM*,|Chez MARC MICHEL REY,|MDCC LXI|*Avec Privilege de nos Seigneurs les Etats de*|*Hollande et de Westfrise.*

In-12 de 63-[IV] p.

Le « Privilège » en hollandais occupe les pages [3-6], l' « Avertissement » de Rousseau les pages [7-8].

A la page [64] se trouve l' « Approbation » datée de Paris le 10 février 1761 et signée Gibert, suivie d'un « Avis du Libraire Rey » au sujet des 12 planches.

Les pages [65-67] sont occupées par l' « Errata pour Julie » comprenant 66 fautes.

C. RECUEIL D'ESTAMPES

« Les six volumes de la première édition ont été d'abord mis en librairie sans figures, nous dit Th. Dufour, mais Rey vendit conjointement le numéro suivant, dont les planches ont été généralement mises à leur place et reliées avec le texte » :

4. RECUEIL|D'ESTAMPES|POUR|LA NOUVELLE HÉLOÏSE,|*AVEC* |Les Sujets des mêmes Estampes, tels qu'ils|ont été donnés par L'EDITEUR.|(Cartouche gravé avec citation de Pétrarque)|*A AMSTERDAM*, |Chez MARC MICHEL REY|M.DCC.LXI.

In-12 de 24 pages avec 12 planches d'après H. Gravelot, dont 6 gravées par N. v. Frankendaal (pl. 1, 2, 3, 4, 6, 8) et 6 gravées par J. Folkema (pl. 5, 7, 9, 10, 11, 12).

Ce recueil est la reproduction de l'édition publiée à Paris par Duchesne, les planches étant gravées par d'autres artistes :

5. *RECUEIL*|D'ESTAMPES|POUR|LA NOUVELLE HÉLOÏSE.|*AVEC*[Les Sujets des mêmes Estampes, tels qu'ils|ont été donnés par L'ÉDITEUR.|(fleuron)|A PARIS,|Chez DUCHESNE, Libraire, rue Saint| Jacques, au Temple du Goût.| — |M.DCC.LXI.|*Avec Approbation & Privilége du Roi.*

In-12 de 46 pages.

L'Approbation est datée du 10 février 1761, le Privilège du 7 mars 1761.

P. 47 : Faute à corriger dans la Nouvelle Préface.

Les 12 planches sont signées à gauche : *H. Gravelot inv.* et à droite : N. Le Mire, 1760 ou sculp. (pl. 1, 5, 11 et 12), J. Ouvrier (pl. 2 et 10), L. Lempereur (pl. 3), A. de St Aubin Sculp. (pl. 4), Aliamet Sculp. (pl. 6), Ph. Choffard Sculp. 1761 et 1762 (pl. 7 et 8), J. J. Flipart Sculp. (pl. 9).

D. ÉDITION DE PARIS (ROBIN)

6. Faux-titre : JULIE|*OU* |LA NOUVELLE HELOYSE|*TOME PREMIER* (etc.)|

Titre : LETTRES|*DE DEUX AMANS*,|Habitans d'une petite Ville|au pied des Alpes.|*RECUEILLIES ET PUBLIÉES*| par J. J. ROUSSEAU.| *PREMIERE* (etc.) *PARTIE*|(cartouche)|*A AMSTERDAM*|Chez MARC MICHEL REY.|*M.DCC.LXI.*

6 vol. in-12, T. 1 : [XII p. n. ch. pour le titre, la préface]-407 p.; t. 2 : [IV]-319 p.; t. 3 : [IV]-255 p.; t. 4 : [IV]-331 p.; t. 5 : [IV]-308 p.; t. 6 : [IV]-293 p.

Titre courant : NOUVELLE HELOYSE.

Contrefaçon faite page à page. Le cartouche gravé est une imitation très fidèle, mais avec quelques différences dans le cadre.

E. CONTREFAÇONS DE 1761

Comme le craignait Rey, les contrefaçons furent instantanées. Au printemps 1761, Duchesne signalait à Rey que des contrefaçons s'imprimaient en même temps à Lyon, Rouen, Bordeaux, Avignon,

Liège. En octobre 1761 une contrefaçon de Hambourg se vendait en Hollande, à la barbe de Rey. Toutes ces éditions suivent le texte de 1761, sans tenir compte de l'errata imprimé par Rey.

Daniel Mornet décrit deux contrefaçons de 1761 dont voici le collationnement :

7. Faux-titre : manque.

Titre : LETTRES | |*DE DEUX* |Amants |Habitans d'une petite Ville | au pied des Alpes, |*Recueillies et publiées* |Par J. J. ROUSSEAU | Tome premier (etc.). I. partie |(ornement typographique) |*A AMSTERDAM*, | Chez MARC MICHEL REY, | = |M.DCC.LXI.

3 vol. in-12. T. 1 : [II]-LXXII p. pour la Préface, la « Seconde Préface ou Entretien sur les Romans », les « Lettres sur la Nouvelle Heloyse ou Alosia de Jean-Jacques Rousseau, Citoyen de Genève », 24 p. pour les « Sujets d'estampes » — 518 p.; t. 2 : [II]-423 p.; t. 3 : [II]-442 p.

8. Faux-titre : *JULIE* |OU LA |NOUVELLE HELOYSE. |— |*PREMIERE* (etc.) *PARTIE.* | =

Titre : *LETTRES* |DE |*DEUX AMANS*, |habitants d'une petite ville | aux pieds des Alpes. |*Recueillies et publiées* |PAR J. J. ROUSSEAU. | = | *PREMIERE* (etc.) *PARTIE.* |EDITION AUGMENTÉE |d'une nouvelle Préface de l'Auteur. | = |*Non la conobbe il mondo, mentre l'ebbe : Conobill' io ch' a pianger qui rimasi.* |Petrarc. | = |(fleuron) |*A GENEVE.* | = |M.DCC.LXI.

6 vol. in-12. T. 1 : [XII] p. pour le titre et la première « préface »-52 p. pour la « Seconde Préface de Julie »-199 p.; t. 2 : [IV]-214 p.; t. 3 : [IV]-195 p.; t. 4 : [IV]-282 p.; t. 5 : [IV]-280 p.; t. 6 : [IV]-264 p.

F. CONTREFAÇONS DE 1761 NON DÉCRITES PAR DANIEL MORNET

9. Faux-titre : JULIE, |*OU LA* |NOUVELLE |*HÉLOYSE*, |TOME PREMIER, |PREMIERE PARTIE.

Titre : LETTRES |*DE DEUX AMANS*, |HABITANS D'UNE PETITE VILLE |AU PIED DES ALPES, |*RECUEILLIES ET PUBLIÉES* |PAR J. J. ROUSSEAU, |TOME PREMIER (etc.), |PREMIERE PARTIE (etc.) | (cartouche avec la citation de Pétrarque) |A AMSTERDAM, |Chez MARC-MICHEL REY. | = |M.DCC.LXI.

3 vol. in-12 de [VIII] pour le titre et la préface-516 p., 412 p. et 411 p.

A la suite figure la :

PRÉFACE |DE LA |NOUVELLE HELOYSE |*OU ENTRETIEN* |*SUR LES ROMANS.* |A AMSTERDAM |Chez MARC-MICHEL REY. |M.DCC.LXI. [II]-31 p.

10. Faux-titre : JULIE, | *OU LA* | NOUVELLE HELOYSE. | *TOME SECOND* (etc.).

Titre : LETTRES | DE DEUX | *AMANS*, | Habitans d'une petite Ville au | pied des Alpes. | RECUEILLIES ET PUBLIÉES | PAR J. J. ROUSSEAU. | *SECONDE* (etc.) *PARTIE*. | (fleuron) | *A AMSTERDAM*, | Chez MARC MICHEL REY. | = | M.DCC.LXI.

Le premier tome manque.

T. 2 : [le faux-titre manque] [II]-XLIII pour la « Préface », la « Seconde Préface »-269 p.

T. 3 : [IV]-206 p. (la page 206 est chiffrée 106).

T. 4 : [IV]-160 p.; t. 5 : [IV]-223 p.; t. 6 : [IV]-220 p.

Le texte de la Nouvelle Héloïse est suivi (pp. 184-220) des LETTRES | SUR LA | NOUVELLE HELOISE | OU ALOISIA | DE JEAN-JACQUES ROUSSEAU, | Citoyen de Geneve. | (fleuron) | = | M.DCC.LXI.

11. Faux-titre : JULIE, OU | LA NOUVELLE HELOÏSE. | *TOME PREMIER*.

Titre : LETTRES | *DE DEUX AMANS*, | Habitans d'une petite Ville | au pied des Alpes. | *RECUEILLIES ET PUBLIÉES* | PAR J. J. ROUSSEAU. | *PREMIERE PARTIE*. | (cartouche avec citation de Pétrarque) | *A AMSTERDAM*, | Chez MARC MICHEL REY. | *MDCCLXI*.

6 tomes in-12 reliés en 3 vol.

T. 1 : [XI] pour le titre et la préface-228 p.

T. 2 : [IV]-171 p.; t. 3 : [IV]-135 p.; t. 4 : [IV]-183 p.; t. 5 : [IV]-166 p.; t. 6 : [IV]-162 p.

Le cartouche du tome second représentant des trophées de guerre fait penser aux impressions des frères Cramer à Genève.

G. ÉDITION REY DE 1763

Dès publication de son ouvrage, Rousseau s'est plaint des fautes et des contresens qu'il y a trouvés. Un premier errata a paru en tête de l'édition. Un deuxième, imprimé séparément sur quatre pages, indique soixante et onze corrections, dont treize corrections de style. Daniel Mornet a également raconté l'histoire de l'édition de 1763. (*La Nouvelle Héloïse,* Paris, 1925, t. I, pp. 150-155).

« Quoi qu'on ait contrefait *Julie* partout », écrivait Rey le 1er juin 1761 à Rousseau, « j'en vends encore et je songe à le réimprimer en 6 parties, 3 tomes, quoiqu'il m'en reste près de 800 exemplaires. Je n'ose pas vous proposer de me fournir les changemens, que vous pourriez y avoir faits. S'il y en avoit quelqu'un, je serois bien charmé de les recevoir. » (*C.G.*, t. VI, p. 139).

Le 2 septembre, Rousseau répond à son éditeur : « J'ai un exemplaire revu et corrigé avec soin pour une nouvelle édition de *L'Héloïse ;* il y a même quelques petits changemens, retranchemens et additions. Je consens de bon cœur à vous l'envoyer. » En novembre 1761, Rousseau confia cet exemplaire corrigé à un de ses amis qui le fit parvenir à Rey en décembre. Mais ce n'est qu'en janvier 1763 que cette nouvelle édition fut achevée.

Les changemens apportés par Rousseau sont assez nombreux, remarque Mornet : corrections de style, de sens, remarques de grammaire, notes d'histoire, additions, etc. Mais surtout, cinquante-cinq notes ont été supprimées. Rousseau a-t-il suivi les conseils de Duclos, d'Alembert et Fréron ou Rey a-t-il, de son propre chef, supprimé ces notes ? La question peut se poser car l'écrivain s'empressa de les rétablir dans les éditions ultérieures, comme en fait foi un exemplaire annoté de sa main, qui se trouve à la Bibliothèque de Genève. (Cf. également *C.G.*, t. VI, p. 60.)

Voici la description de l'édition de Rey de 1763 :

12. Faux-titre : ŒUVRES|DE|J. J. ROUSSEAU.|*TOME QUATRIEME (CINQUIEME, SIXIEME)*|CONTENANT|JULIE, |OU|LA NOUVELLE HELOISE|*TOME I. & II. (III. & IV.) (V. & VI.)*

Titre : LETTRES|*DE DEUX AMANS*,|Habitans d'une petite Ville| au pied des Alpes.|*RECUEILLIES ET PUBLIÉES* |PAR J. J. ROUSSEAU.|*Seconde édition originale revue & corrigée*|*par l'Editeur.*|*TOME PREMIER (SECOND, TROISIEME,)*|(Cartouche habituel)|*A AMSTERDAM*,|Chez MARC MICHEL REY,|*MDCCLXIII.*

3 vol. in-12. T. I : [XII] p. pour le faux-titre, le titre, le « Privilegie » (en hollandais), la « Préface », 24 p. pour le « Recueil d'estampes », daté de 1761, et 472 p.; t. II : [IV]-XXXVI p. pour la « Préface de la Nouvelle Héloïse ou entretien sur les romans » et 372 p.; t. III : [IV]-387 p.-1 p. n. ch : « Pages de cette Edition auxquelles les Estampes doivent correspondre. »

Le « Recueil d'estampes » figure parfois à la fin du tome III.

Daniel Mornet énumère quatre contrefaçons de cette édition, datées de 1763, 1765, 1770 et 1776. Toutefois la première d'entre elles n'est pas une contrefaçon, mais une simple variante de Rey.

H. ÉDITION DUCHESNE DE 1764

Après avoir publié l'*Émile,* le libraire Duchesne décida de réimprimer, avec ou sans le consentement de l'auteur, l'ensemble de ses Œuvres et confia le soin de surveiller cette édition à un ancien jésuite, l'abbé J. de la Porte. Malgré ses protestations, Rousseau accepta de recevoir les épreuves imprimées. Le 22 janvier 1764, il écrivait à La Porte : « Je n'y ai rien trouvé qui ne confirme la satisfaction que j'avois de voir cette entreprise sous votre direction. » Il fournit même à Duchesne un texte inédit : « De l'imitation théâtrale ». Mais il ne cessa d'affirmer qu'il ne reconnaissait pas cette édition pour sienne.

La Nouvelle Héloïse a paru dans une présentation analogue à l'ensemble des œuvres de M. Rousseau de Genève, sous la rubrique Neuchâtel, mais sans indication de Collection, sans faux-titre. Elle a été tirée à 750 exemplaires, car Duchesne craignait que l'écoulement fût difficile à cause de la concurrence des éditions de Hollande et des contrefaçons. Mais elle fut rapidement épuisée et réimprimée en 1770 avec la date de 1764, ce qui a induit en erreur plus d'un bibliographe, notamment Théophile Dufour.

13. Faux-titre : JULIE|*OU* |LA NOUVELLE|HÉLOÏSE.|*TOME I.*

Titre : LA NOUVELLE|HÉLOISE,|*OU*|LETTRES|DE|*DEUX AMANS,*| HABITANS|D'une petite Ville au pied des Alpes;|*RECUEILLIES ET PUBLIÉES*|*Par* J. J. ROUSSEAU.|*Nouvelle Edition, revue, corrigée & augmentée*| *de Figures en taille douce, & d'une Table*|*des Matieres.* [TOME I (II-IV).|(Cartouche avec extrait de Pétrarque)|A NEUCHATEL;|*Et se trouve*|A PARIS,|Chez DUCHESNE, Libraire, rue Saint Jacques,|au Temple du Goût.|—|*M.DCC.LXIV.*

4 vol. in-8°. T. I : [IV]-408 p. Un « Avis du Libraire sur cette Edition » occupe le second feuillet non chiffré.; t. II : [IV]-405 p.; t. III : [IV]-432 p.; t. IV : [IV[-382 p. (pp. 337-362 : « Sujets d'estampes »; pp. 363-378 « Prédiction »; pp. 379-382 : « Approbation » et « Privilége »).

Deux estampes paraissent pour la première fois dans cette édition, un frontispice de C.-N. Cochin : la Nature présentant ses beautés aux yeux du peintre, et Julie se jetant dans le lac, de Gravelot. En outre, Mornet relève une dizaine de variantes importantes dans le texte. Enfin, chaque lettre est précédée d'un sommaire détaillé, qui est reproduit dans la table des matières.

Quant à l'édition de 1764 imprimée en 1770, son titre est semblable à celui de 1764, mais le nombre de pages de chaque volume est différent. A la page 432 non chiffrée du tome IV on trouve l'indication : « De l'Imprimerie de P. AL. Le Prieur, Imprimeur du Roi, 1770. »

En voici le collationnement :

14. T. 1 : [IV] pour le Titre et un « Avis du Libraire sur cette Edition » -454 p.; t. 2 : [IV]-478 p.; t. 3 : [IV]-504 p.; t. 4 : [IV]-432 p. (les « Sujets d'estampes » occupent les pages 392-418, et la « Prédiction faite sur l'Auteur de la Nouvelle Héloïse, par un Anonyme » les pages 419-431).

I. TROISIÈME ÉDITION REY, 1767

Cette édition tient compte des différents errata. Elle maintient la division en six parties, que Duchesne avait supprimée. Elle est ornée des estampes de Gravelot. En 1769, elle a paru dans le format in-8° avec un autre titre, mais sur la même composition. Rey avait-il gardé la composition ou avait-il tiré des exemplaires dans le format in-12 pour le distribuer d'abord, puis dans le format in-8° qu'il avait conservé en feuilles ?

15. Faux-titre : ŒUVRES|DE|J. J. ROUSSEAU.|*TOME QUATRIEME (CINQUIEME, SIXIEME).*|CONTENANT|JULIE,|OU|LA NOUVELLE HELOISE.| *I. & II. (III. & IV) (V. & VI.) PARTIE.*

Titre : LETTRES|DE *DEUX AMANS,*|Habitans d'une petite Ville| au pied des Alpes.|*RECUEILLIES ET PUBLIÉES*| PAR J. J. ROUSSEAU|*Troisième édition originale, revue & corrigée*| *par l'Éditeur.*|

TOME PREMIER (SECOND, TROISIÈME); |(Cartouche gravé) |*A AMSTERDAM,* |Chez MARC-MICHEL REY, |M.DCC.LXVII. |*Avec Privilège de nos Seigneurs les Etats de* |*Hollande & de Westfrise.*

3. vol. in-12. T. 1 : [XII]-462 p. (la « Préface » et le « Privilegie » occupent les pages V-XII non ch.); t. 2 : [IV]-LIX-360 p. (la Seconde préface occupe les pages I-XXXV, le Recueil d'estampes les pages XXXVI-LIX); t. 3 : [IV]-372 p. et 28 p. n. ch. pour une « Table des matières » sous forme d'index des sujets traités.

16. Faux-titre : ŒUVRES |DE |JEAN JAQUES ROUSSEAU. |*TOME QUATRIEME (CINQUIEME, SIXIEME).* |

Titre : JULIE, |OU LA |NOUVELLE HELOÏSE. |Lettres de deux Amans, Habitans |d'une petite Ville au pied des Alpes. |*RECUEILLIES ET PUBLIÉES* |PAR J. J. ROUSSEAU |*Troisiéme édition originale, revue & corrigée* |*par l'Editeur.* |TOME PREMIER (SECOND, TROISIEME). |(cartouche gravé) |*A AMSTERDAM,* |Chez MARC-MICHEL REY |M.DCC.LXIX. |*Avec Privilège de nos Seigneurs les Etats* |*de Hollande & de Westfrise.*

In-8° identique au précédent.

LES AMOURS DE MILORD ÉDOUARD BOMSTON

Pour imprimer ce texte, Moultou et Du Peyrou se sont servis d'une copie que le marquis de Girardin leur avait communiquée. En février 1779, le châtelain d'Ermenonville avait triomphalement annoncé à son correspondant neuchâtelois que la maréchale de Luxembourg venait de lui confier le manuscrit unique des *Aventures* (sic) *de Milord Édouard.* Il en fit prendre une copie et rendit dans les huit jours l'original à sa propriétaire.

Les « Amours de milord Édouard Bomston » ont paru pour la première fois dans la Collection complète des Œuvres de J.-J. Rousseau publiée à Genève par Moultou et Du Peyrou. Ils occupent les pages 513-530 du tome III du tirage in-4°; les pages 350-376 du tome VI du tirage in-8° et les pages 336-360 du tome VI du tirage in-12.

Si tous les volumes de la Collection portent la date de 1782 — qui est la date d'achèvement de l'ensemble de la Collection (sans les suppléments) — ils ont en réalité été publiés entre le milieu de 1780 et le milieu de 1782. Les volumes contenant *la Nouvelle Héloïse* et sa petite suite ont paru en 1780 avec la première livraison, ainsi que l'affirment divers chroniqueurs. Tant la *Correspondance littéraire* de Grimm, Diderot, Meister, etc., que la *Correspondance secrète* de Métra annoncent au mois d'août 1780 la publication des volumes in-8° et signalent les deux fragments nouveaux qu'ils contiennent, soit *les Amours de milord Bomston* et *Émile et Sophie.*

Moultou et Du Peyrou ont d'ailleurs publié l'édition in-4° sous deux formes : l'une avec le titre de Collection, l'autre avec un titre séparé indiquant le contenu du volume ou la première pièce qui y figure. Or, le volume contenant *la Nouvelle Héloïse* et *les Amours* porte la date de 1780. En voici la description :

17. Faux titre : JULIE,|*OU*|LA NOUVELLE|HÉLOÏSE.|—|TOME II.

Titre : LA NOUVELLE|HÉLOÏSE,|*OU*|LETTRES|*DE DEUX AMANS*,| HABITANS d'une petite Ville au pied|des Alpes;|*RECUEILLIES ET PUBLIÉES*|PAR J. J. ROUSSEAU.|TOME II.|(vignette)|*GENEVE.*| =|M.DCC.LXXX.|

Enfin, la composition in-8° a été utilisée pour l'édition des Œuvres posthumes. Et *les Amours de milord Édouard* figurent en tête du tome Ier (pp. 1-27) daté de 1781 ! (Cf. sur ce sujet les Notices bibliographiques du tome Ier des *O.C.*, Pléiade, p. 1893.)

II. THÉÂTRE

1. IPHIS

MANUSCRIT

Bibliothèque de Genève, Ms. fr. 231.

ÉDITION ORIGINALE

Paru dans les *Œuvres mêlées* (éd. de Boubers), Londres, 1776, t. VIII, pp. 297-309.

Se trouve dans l'edition Moultou, Genève, 1782, au t. 26, *Supplément à la Collection des Œuvres,* pp. 151-165.

2. LA DÉCOUVERTE DU NOUVEAU MONDE

MANUSCRIT

Bibliothèque de Genève, Ms. fr. 204 (bonne copie de la main de François Coindet).

ÉDITION ORIGINALE

Paru dans les *Œuvres mêlées* (éd. de Boubers), Londres, 1776, t. VIII, pp. 267-296.

Reproduit dans le *Supplément à la Collection des Œuvres* (éd. Moultou), Genève, 1782, t. 26, pp. 109-149.

Le prologue a paru pour la première fois dans les *Annales J.-J. Rousseau,* t. I, 1905, pp. 229-236.

3. LES PRISONNIERS DE GUERRE

MANUSCRIT

Bibliothèque de Neuchâtel ms. R.101 (copie de la main d'un inconnu).

ÉDITION ORIGINALE

Paru dans l'édition Moultou, vol. intitulé *Supplément à la Collection des Œuvres complètes* de J.-J. Rousseau (Genève, 1782), t. 27, pp. 69-116.

4. L'ENGAGEMENT TÉMÉRAIRE

MANUSCRIT

Bibliothèque de Neuchâtel ms. R.28 (copie autographe accompagnée d'un avertissement).

ÉDITION ORIGINALE

Paru dans les *Œuvres posthumes,* t. I (Genève, 1781), pp. 203-289 et dans la *Collection complète des Œuvres,* t. 15 (Genève, 1782), pp. 63-149.

5. ARLEQUIN AMOUREUX MALGRÉ LUI

MANUSCRIT

Bibliothèque de Neuchâtel ms. R.39 (manuscrit autographe raturé).

ÉDITION ORIGINALE

Paru pour la première fois dans les *Annales J.-J. Rousseau,* t. II, 1906, pp. 200-217.

6. NARCISSE OU L'AMANT DE LUI-MÊME

MANUSCRIT

Disparu.

A. ÉDITION ORIGINALE

NARCISSE | OU | L'AMANT | DE LUI-MÊME. | *COMÉDIE* | PAR J. J. ROUSSEAU, | *Représentée par les Comédiens du Roi,* | *le 18 Décembre 1752.* | (Ornement typographique en forme de couronne) | (double filet) | M.DCC.LIII.)

In-8° de [II] p. pour le titre, au verso duquel figure l'approbation de Condillac datée du 11 janvier 1753, XXXIII p. pour la « Préface », [II] p. pour le faux titre : « Narcisse » et la liste des « Acteurs », et 62 p.

Dans tous les exemplaires que nous avons consultés (à la Bibliothèque nationale, à l'Arsenal, à la Bibliothèque municipale de Lyon et dans trois bibliothèques genevoises) un feuillet blanc a été collé au verso de la page de titre pour faire disparaître l'approbation de Condillac.

Si l'on en croit une liste des ouvrages publiés par Rousseau, liste qui aurait été rédigée à l'époque où il songeait à l'édition complète de ses œuvres, *Narcisse ou l'amant de lui-même* aurait paru chez Pissot en 1753. Cette liste est donnée par Fritz Berthoud en appendice de son livre sur *J.-J. Rousseau et le pasteur de Montmollin* (Fleurier, 1884), pp. 371-373.

Rousseau s'est plaint plus d'une fois des procédés de Pissot, « quai de Conti, à la descente du Pont-Neuf », par exemple à Lenieps, le 5 avril 1759 et à Mme Alissan de La Tour dite La Tour-Franqueville, le 28 avril 1764, notamment du fait qu'il n'a jamais touché un sol de ses ouvrages. Le 5 avril 1759, il écrit à Lenieps : « Le même M. Pissot a depuis imprimé en deux volumes le recueil de ceux de mes écrits qui avoient paru jusqu'alors chez lui et ailleurs. Je n'ai jamais vu ce recueil; et loin de me faire pour cela le moindre présent, il ne m'en a pas même offert un seul exemplaire » (*C.C.*, t. VI, p. 63).

La Société J.-J. Rousseau à Genève possède un exemplaire de cette édition qui a été annoté par l'écrivain en vue d'une réimpression. Moultou a certainement eu connaissance de cet exemplaire, puisque les corrections apportées par Rousseau ont été soigneusement respectées dans la *Collection complète des Œuvres* contenant le texte de *Narcisse* (Genève, 1781).

B. AUTRE ÉDITION DATÉE DE 1753

NARCISSE | OU | L'AMANT | DE LUI-MÊME. | *COMÉDIE* | PAR J. J. ROUSSEAU, | *Représentée par les Comédiens du Roi,* | *le 18 Décembre 1752.* | (Ornement typographique) | double filet) | M.DCC.LIII. |

In-8° de XXXII p. pour le titre et la « Préface » et 64 p. pour le texte de « Narcisse ».

Le texte de cette édition est identique à celui de l'originale.

Toutefois, la faute *satis loquentiae* a été corrigée en *satis eloquentiae*. En outre, il y a un certain nombre de différences orthographiques, *frere, maniere, yvrogne,* au lieu de frére, maniére, ivrogne, etc.

C. ÉDITION PISSOT 1756

ŒUVRES |DIVERSES |*DE* |*M. J. J. ROUSSEAU* |DE GENÊVE. |(Tomaison) |(Ornement typographique) |A GENÊVE ; |*Et se trouve à PARIS,* |Chez PISSOT, Quai de Conti, à la des- |cente du Pont-Neuf, à la Sagesse. |(double filet) |M.DCC.LVI. |

In-16.

Tome I, pp. 217-328 :

NARCISSE |OU |L'AMANT |DE LUI-MÊME, |*COMÉDIE,* |PAR J. J. ROUSSEAU, |*Représentée par les Comédiens du Roi,* |*le 18 Décembre 1752.*

Pour réimprimer le texte de *Narcisse,* Pissot ne s'est servi ni de l'édition originale (qu'il avait lui-même publiée), ni de la seconde édition de 1753 (comme le croit Th. Dufour), mais d'une mauvaise copie, contenant de nombreuses erreurs qui ont été soigneusement recueillies dans toutes les éditions successives des « Œuvres complètes », tant celles publiées à Amsterdam de 1760 à 1772, que celles publiées à Paris par Duchesne (mais sous l'adresse de Neuchâtel) de 1764 à 1772.

Nous n'en donnerons qu'un ou deux échantillons :

A la fin de la préface : « Il me falloit une *preuve* pour achever la connoissance de moi-même », au lieu d'une *épreuve !*

Première réplique de Marton : Le voilà changé dans ses ajustements de manière à le rendre *méprisable,* au lieu de *méconnoissable !*

7. LA MORT DE LUCRÈCE

MANUSCRIT

Bibliothèque de Neuchâtel ms. R.40.

ÉDITION ORIGINALE

De « Courts fragmens de Lucrèce » ont paru dans l'édition Poinçot, *Œuvres complètes de J.-J. Rousseau,* t. XVIII, Paris, 1792, pp. 367-384.

Le texte complet a été publié pour la première fois par Th. Dufour dans les *Annales J.-J. Rousseau,* t. II, 1906, pp. 218-244.

III. BALLETS, PASTORALE, POÉSIES

LE DEVIN DU VILLAGE

PREMIÈRE PARTIE : LES MANUSCRITS

A. BIBLIOTHÈQUE MUNICIPALE DE LYON

Manuscrit autographe du livret du *Devin,* avec des corrections de la main de Rousseau et d'une autre main, peut-être celle de Francœur. Le texte commence à la page 1, tout de suite après le titre : « Le Devin du Village. Intermede. » Il compte 10 feuillets numérotés par Rousseau. Sur la couverture, on lit : « Manuscrit de M. J.-J. Rousseau, donné par M. Alexis Grognard à la Bibliothèque du Palais des arts de Lyon, 1835. » Ce manuscrit a été déposé, il y a quelques années, à la Bibliothèque municipale.

B. BIBLIOTHÈQUE DU PALAIS-BOURBON A PARIS

Partition non autographe (quoi qu'en disent tous les catalogues et toutes les bibliographies), avec de nombreuses corrections et suppressions au crayon brun. P. 1, on lit : « Le present Manuscrit, paroles et musique est de la main de J. J. Rousseau. Il est aussi la partition sur laquelle cet intermede a été représenté sur le théâtre de la Cour à Fontainebleau. En 1752. » C'est cette inscription, de la main d'un ancien propriétaire du manuscrit, Claude-Joseph Clos, qui a donné naissance à la tradition erronée affirmant que le manuscrit était autographe. Pp. 2-3 : Ouverture. P. 4 : blanche. P. 5 : Le Devin du Village, Intermede. 54 pages, dont plusieurs non chiffrées ou mal numérotées. Entre les pages 47 et 48 on a ajouté une « Pantomime » de quatre pages. Au bas de la première page et en quatre autres endroits, on trouve la griffe de François Francœur, « le petit violon » qui était directeur de l'Académie de musique, lorsque *le Devin du Village* y fut représenté. Demi-reliure de maroquin. Cote : 1517.

En tête du manuscrit, on a relié un feuilleton du *Journal des Débats,* une lettre du neveu de Francœur, adressée à M. Clos et racontant dans quelles circonstances Rousseau a écrit son *Devin,* enfin un « Avertissement » de 8 pages dudit Clos évoquant ses visites chez l'auteur et défendant Rousseau contre les accusations de plagiat qui lui ont été adressées. A la suite du manuscrit figure une pièce de musique de Pedro Antonio Avondano, copiée par Rousseau en 1752 et intitulée : *Prigionier che fà Ritorno.*

D'après Adolphe Badin (« Les manuscrits de J.-J. Rousseau

de la Bibliothèque de la Chambre des députés », *La Nouvelle Revue*, t. 55, 1888, p. 400), l'État aurait acquis le manuscrit du *Devin du Village* « vers 1845 ou 1846 », lors de la vente de la bibliothèque de Claude-Joseph Clos, mais cette vente a eu lieu en décembre 1812 (cf. Charles Wirz, *Annales J.-J. R.*, t. XXXIX, pp. 605-606).

C. BIBLIOTHÈQUE PUBLIQUE ET UNIVERSITAIRE DE GENÈVE.

« Le Devin du village, Ballet en un acte, composé par Mr Rousseau de Genève » (Copie du XVIIIe siècle en vue d'une exécution en société). 138 pages, dont plusieurs sont ajoutées et collées sur onglets. (Manuscrit acquis en 1949, cote : Ms. fr. 218).

D. BIBLIOTHEQUE NATIONALE, PARIS, MUSIQUE.

« Le Devin du Village. Intermede. Différentes parties séparées pour premier et deuxième violon et pour alto », 33 p. Cote : Vm. 456.

E. BIBLIOTHÈQUE DE LA COMTESSE R. DE LA MOTTE-ROUGE, SAINT-CAST (CÔTES-DU-NORD)

« Le Devin du Village, intermede, par Mr Rousseau. Les paroles sont du même auteur, le divertissement est de Mr Martin ». 1 f. (pour le titre) et 131 p. Titre général et titres des différentes scènes dans des encadrements gravés.

Dans *Angélique* (*Les filles du feu,* éd. Popa, Paris, 1931, t. I, p. 55), Gérard de Nerval raconte qu'il a vu à Compiègne, chez un éminent bibliophile (M. de Cayrol), « un recueil de chansons mises en musique par Rousseau et écrites de sa main... » Dans son commentaire, Nicolas I. Popa précise que ce manuscrit a passé aux héritiers de Louis de Cayrol et que le colonel de La Motte-Rouge possède « un manuscrit autographe du *Devin du village* ». En réalité, il s'agit non d'un autographe, mais d'une copie très soignée avec de très beaux encadrements.

DEUXIÈME PARTIE : LES ÉDITIONS

ÉDITION ORIGINALE

Le 2 janvier 1753, J.-J. Rousseau traitait avec le libraire Pissot pour la publication du *Devin du Village*. Le « Traité fait entre J. J. Rousseau de Genève et Pissot, Libraire, à Paris » a été publié en appendice du tome II de la *Correspondance générale,* d'après l'original autographe conservé au British Museum (ms. Egerton 25) :

« Nous soussignez sommes convenus de ce qui suit

Sçavoir

Moi J. J. Rousseau de céder le Privilege du *Devin de Village,* Interméde, au Sr Pissot pour le faire graver et en jouir pour son compte ne me reservant aucun droit dessus moyennant la somme de cinq cent livres, dont trois cent livres en espece et deux cent livres, en livres. En outre de lui fournir cent quatorze exemplaires de la *Serva Padrona,* intermede italien et toutes les planches gravées, avec le Privilege pour la somme de quatre cent quatre vingt douze livres dont deux cent quatre vingt douze livres en espece et les deux cents autres livres en livres.

Moi J. Pissot m'engage de payer deux cent quarante livres aud S. J. Rousseau au vingt janvier mil sept cent cinquante trois, cent cinquante livres au vingt février et deux cent deux livres au premier avril même année. A Paris, ce 2 janvier 1753.

(Signé :) PISSOT (signé :) J. J. ROUSSEAU.

[Au-dessous, sur la même page, de la main de J. J. R. :]

J'ai receu de Monsieur Pissot la somme de deux cent quarante livres. A Paris le vingt un Janvier 1753.

J. J. ROUSSEAU. »

Dans une lettre à Lenieps, du 5 avril 1759, Rousseau raconte qu'il ne réussit jamais à obtenir les paiements promis par Pissot.

« Il faut à présent vous parler de mes libraires et je commencerai par M. Pissot. J'ignore s'il a gagné ou perdu avec moi; toutes les fois que je lui demandois si la vente aloit bien, il me répondoit *passablement,* sans que jamais j'en aye pu tirer autre chose. Il ne m'a pas donné un sol de mon prémier discours, ni aucune espéce de présent, sinon quelques exemplaires pour mes amis. J'ai traitté avec lui pour la gravure du *Devin du Village* sur le pied de cinq cent francs, moitié en livres et moitié en argent qu'il s'obligea de me payer à plusieurs fois, et en certains termes. Il ne tint parole à aucun, et j'ai été obligé de courir longtemps après mes 250 Livres. » (*C.C.*, t. VI, p. 63.)

LE DEVIN|DU VILLAGE|*INTERMÉDE*|REPRÉSENTÉ A FONTAINEBLEAU|*Devant leurs Majeſtés*|le 18. et 24. Octobre 1752.|ET A PARIS PAR|*l'Académie Royale de Musique*|le 1er Mars 1753.|PAR|J. J. ROUSSEAU.|*Gravé par Melle Vandôme, depuis la* 1re *Planche jusqu'à la 50.*|Prix 9ll.|A PARIS|

Chez {
Mdme Boivin, ruë St Honoré à la Regle d'Or.
Mr le Clerc, ruë du Roule à la Croix d'Or.
Melle Caſtagnerie, ruë des Prouvaires.
Et à la Porte de l'Opera.

AVEC PRIVILEGE DU ROY|(sur la même ligne et de chaque côté de la mention précédente :) *de l'Imprimerie du Sr Auguste... depuis la 1re Pl. jusqu'a la 50.*|

Grand in-4° de [4] p. + 95 p. Les quatre pages non chiffrées contiennent le titre, la dédicace à Duclos et l'Avertissement de Rousseau.

L'exemplaire offert par J.-J. Rousseau à Mme de Pompadour se présente sous cette forme, de même que celui qui a été relié aux armes du Roi. Il n'y a aucune raison de supposer que Rousseau a offert une autre édition que l'édition originale à ses puissants protecteurs. L'exemplaire destiné à l'égérie du Roi porte la dédicace suivante :

(en haut de la page :) Pour Madame la Marquise de Pompadour
(en bas :) de la part de son très humble serviteur

J. J. Rousseau

Cet exemplaire, relié en plein maroquin orné de filets dorés et d'urnes fleuries aux quatre angles, est conservé à la Bibliothèque nationale (Rés. Vma. 3), de même que celui destiné à la Bibliothèque Royale et relié aux armes du Roi (Vm² 455).

Un second tirage des mêmes planches a été fait par l'éditeur Le Clerc qui a remplacé les adresses primitives (dont on aperçoit encore la trace) par sa propre enseigne :

|A PARIS|*Chez Le Clerc, Ruë St Honoré, entre la Ruë des Prouvaires, et|la ruë Dufour à Sainte Cecile.|Et Aux Adresses Ordinaires.*|(double filet)|*AVEC PRIVILEGE DV ROY. Imprimé par Chouin*|

Au verso du titre, on trouve un « CATALOGUE des ouvrages de Musique Françoise et Italienne que le Sr Le Clerc... a fait graver et qu'il vend à Paris... ». Ce Catalogue occupe toute la page.

Les mêmes planches gravées ont servi à une édition postérieure, qui comprend en outre l'ariette composée par Philidor. Cette édition n'a pas paru en 1753 comme le croient tous les bibliographes, mais dix ans plus tard ! Sur la planche de titre, on distingue encore des traces des mots *(Gravé par)* qui ont été grattés pour permettre de remonter l'indication du prix et d'ajouter l'ariette de Philidor.

Cette édition se présente ainsi :

LE DEVIN|DU VILLAGE|*INTERMÉDE*|RÉPRÉSENTÉ A FONTAINEBLEAU||*Devant leurs Majestés*|les 18. et 24. Octobre 1752.|ET A PARIS PAR|l'Académie Royale de Musique|le 1er Mars 1753.|PAR|J. J. ROUSSEAU.|Prix 10ll 3s|*Avec l'ariette ajoutée par Mr Philidor, chantée par Mr Caillot.*|A PARIS|*Chez Le Clerc, Ruë St Honoré, entre la Ruë des Prouvaires, et|la ruë Dufour à Sainte Cecile|Et Aux Adresses Ordinaires.*|(double filet)|AVEC PRIVILEGE DU ROY. Imprimé par Chouin|

Grand in-4° de [4] p. + 101 p.; les quatre pages non chiffrées contiennent le titre, le Catalogue de Le Clerc, la dédicace à Duclos et l'Avertissement.

L' « Ariette ajoutée au Devin du Village par Mr Philidor. Chantée devant leurs Majeſtés par Mr Caillot, le mercredy 9. mars 1763 » occupe les pages 96-101. Elle a été gravée par Gérardin.

La Bibliothèque municipale de Lyon possède un exemplaire de cette édition en 101 p. où la Dédicace à Duclos occupe le verso du titre, l'Avertissement la page [3] et le Catalogue de Le Clerc la page [4].

La première édition du *Devin du Village* décrite par Th. Dufour sous le nº 35 de ses *Recherches bibliographiques,* édition qui eſt considérée par Jean Sénelier comme l'originale, eſt encore poſtérieure à l'édition complétée par l'ariette de Philidor. Cette édition a pour adresse :

A PARIS|*AV BUREAU DU JOURNAL DE MUSIQUE,*|*Rue Montmartre vis-à-vis celle des Vieux Auguſtins,*|*Et aux Adresses Ordinaires.*| AVEC PRIVILEGE DU ROY.|

Or, *le Journal de Musique* a paru à partir de 1771 à l'adresse indiquée. En outre, les traces de grattage signalées ci-dessus apparaissent de la même manière dans la page de titre de cette édition (Gr... Melle Vand...). Enfin le prix de l'exemplaire a été porté à 12 livres, ce qui s'explique par la détérioration de la monnaie.

ÉDITIONS DE 1753 DU TEXTE SEUL

LE DEVIN|DU VILLAGE,| *INTERMÉDE,*|REPRÉSENTÉ A FONTAINEBLEAU|*DEVANT LE ROY,*|Les 18 & 25 Oċtobre 1752 & à PARIS,| PAR L'ACADÉMIE ROYALE|*DE MUSIQUE,*|Le Jeudy premier Mars 1753|(double filet)|(Ornement typographique)|*AUX DÉPENS DE L'ACADÉMIE.*|A PARIS, Chez la V. DELORMEL & FILS, Imprimeur de la dite|Académie, rue du Foin, à l'Image Ste Geneviéve.|*On trouvera des Livres de Paroles à la Salle de l'Opéra.*|(double filet)| M. DCC. LIII.|*AVEC APPROBATION ET PRIVILEGE DU ROY.*|

In-4º de 28 p.

P. 2. Les Paroles et la Musique sont de M. Rousseau...

P. 3. A M. Duclos (dédicace)

P. 4. Aċteurs chantans dans les chœurs

P. 5. Aċteurs Colin = Mr Jeliote, Colette = Mlle Fel, Le Devin = Mr Cuvillier

P. 6. Personnages dansans.

P. 7-28 Texte du Devin du Village.

P. 28 *in fine* Approbation datée : A Versailles, ce cinq Février 1753 signée DE MONCRIF.

LE DEVIN|DU VILLAGE,|*INTERMEDE,*|*Représenté à Fontainebleau devant leurs*|*Majeſtés les 18. & 24. Oċtobre 1752.*|Et à Paris, par l'Académie Royale de|Musique, le premier Mars 1753.|Par J.-J. ROUSSEAU.|(Fleuron)|*A LA HAYE,*|(double filet)|M.DCC.LIII|

In-8º de 23 p.

LE DEVIN|DU VILLAGE,|INTERMEDE EN UN ACTE,|Représenté devant le ROI, au Château|de Bellevûe, le 4 Mars 1753.|(ornement typographique)|*Imprimé par exprès Commandement de*|SA MAJESTE.| (double filet)|M.DCC.LIII.|

In-8°, pp. 23-47; imprimé à la suite de « Zelindor Roi des Silphes », Ballet représenté le même jour devant le Roi à Bellevue.

LE DEVIN|DU|VILLAGE,|Par J. J. ROUSSEAU.|(fleuron)|A PARIS.| (triple filet)|M.DCC.LIII.|

In-8° de 19 p.

IV. CONTES ET APOLOGUES

1. LA REINE FANTASQUE

PREMIÈRE PARTIE : LES MANUSCRITS

A. BIBLIOTHÈQUE PUBLIQUE DE NEUCHÂTEL

« La Reine Fantasque, conte. » Petit in-4° de 14 feuillets, les folios 6 et 7 ayant été fixés l'un à l'autre au moyen de pains à cacheter pour cacher une rédaction abandonnée. Cote : ms. R.37.

B. BIBLIOTHÈQUE PUBLIQUE ET UNIVERSITAIRE DE GENÈVE.

« La Reine Fantasque. Conte. » Copie de la main de François Coindet, occupant les folios 82-99 du volume. Ms. fr. 204.

DEUXIÈME PARTIE : LES ÉDITIONS

La Reine fantasque a fait l'objet d'une édition clandestine de la part des adversaires de Rousseau. Le texte du conte est précédé d'un « Avertissement » : cf. *supra,* p. 1910.

En voici la description :

LA|REINE|FANTASQUE.|CONTE CACOUAC.|PAR|M. R. C. *de* G.| Fleuron)|(double filet)|MDCCLVIII.|

In-12 de 30 p. et 1 f. bl.

Rousseau ne doit pas avoir eu connaissance de cette édition faite à son insu, bien que le *Journal encyclopédique* en ait publié un compte rendu et des extraits, dans son numéro du 15 juin 1758, pp. 110-119 avec cette remarque : « ... nous presumons que ce

Conte vient d'être imprimé en Hollande : on l'attribue à un Philosophe des plus éloquens de ce siécle... » En effet, sept ans plus tard, il a longuement traité de l'impression de ce texte avec son éditeur Marc-Michel Rey, sans jamais faire allusion à une édition antérieure. Le 12 septembre 1765, il lui offre de faire une copie étendue et exacte, car « on n'en a que des copies très-défectueuses » et le 1er décembre, il lui annonce l'envoi de *la Reine fantasque* « que vous n'imprimerez point, s'il vous plait, sans l'avertissement, et pour cause ». « La copie n'est pas fort nette », ajoute-t-il, « mais elle est correcte. Je souhaite fort, surtout si vous la faites imprimer à part, d'en pouvoir revoir une épreuve. » (*C.C.*, t. XXVII, p. 10 et t. XXVIII, p. 1.)

La véritable édition originale, donnée avec l'assentiment de l'auteur, ne semble cependant pas avoir paru avant 1769. Au tome I de l'édition des *Œuvres de Jean Jaques Rousseau,* publiée à Amsterdam chez Marc-Michel Rey en 1769, on lit : « Cette Edition est augmentée de deux Piéces nouvelles qui n'ont jamais paru, savoir : *Question sur la Vertu la plus nécessaire au Héros. La Reine Fantasque, Conte...* »

Effectivement au tome III on trouve le texte de *la Reine fantasque,* à la suite de la *Lettre à d'Alembert* et du *Discours sur la Vertu du Héros.*

La page [307] est occupée par le titre : LA|REINE|FANTASQUE,| *CONTE.*|

La page [308] par l' « Avertissement du libraire », rédigé par Rousseau comme on l'a vu par sa lettre du 1er décembre 1765.

Le conte occupe les pages [309]-330.

La première édition séparée de *la Reine fantasque* faite sur le texte envoyé par Rousseau à Rey porte la date erronée de 1762. Faut-il lire 1772 comme le pense Th. Dufour ? Elle est en tout cas postérieure à l'édition Rey de 1769, puisqu'on lit à la page [3] :

« Ces deux petites Pièces sont nouvelles & avouées par le Philosophe Génevois : elles ne se trouvent que dans la belle Édition de Hollande. »

En voici la description :

LA REINE|FANTASQUE,|*CONTE,*|PAR JEAN-JACQUES ROUSSEAU,| Citoyen de Genève.|*Suivi d'un* DISCOURS *du même Auteur*| *sur la Question,*|Quelle est la vertu la plus nécessaire au|Héros ? & quels sont les Héros à qui|cette vertu à manqué?|(Ornement typographique)|*A LONDRES,*|Chez PORPHYRE, à Saint-Thomas.|double filet)|MDCCLXII.|

In-8° de 72 p. soit p. [1] Titre; p. [2] bl.; p. [3] « Ces deux petites Pièces... »; p. [4] : Avertissement du libraire; pp. [5]-40 : La Reine fantasque, Conte; pp. [41]-72 : Discours sur la question : Quelle est la Vertu...

2. LES AMOURS DE CLAIRE ET DE MARCELLIN

MANUSCRIT

Bibliothèque de Neuchâtel ms. R.38. 12 ff.

ÉDITION ORIGINALE

Publié pour la première fois par Streckeisen-Moultou dans *Œuvres et correspondance inédites de J.-J. Rousseau,* Paris, 1861, pp. 265-273 (fautes de lecture).

3. LE PETIT SAVOYARD OU LA VIE DE CLAUDE NOYER

MANUSCRIT

Bibliothèque de Neuchâtel ms. R.52-53.

ÉDITION ORIGINALE

Publié par E. H. Gaullieur dans *le Livre des Familles. Almanach de la Suisse française,* 11e année, Genève, 1856, pp. 91-95 (erreurs), puis par Streckeisen-Moultou, dans *Œuvres et correspondance inédites,* 1861, pp. 274-279 (peu exact).

4. LE LÉVITE D'ÉPHRAÏM

MANUSCRITS

Bibliothèque de Neuchâtel mss. R.14-15 (minute et copie autographe), 48 (fragment), 91 (premier projet de préface).

Société J.-J. Rousseau, Genève, Ms. R. 151 (projet d'avant-propos).

ÉDITION ORIGINALE

Œuvres posthumes de J.-J. Rousseau, tome Ier, Genève, 1781, pp. 131-167. Comparer avec *Collection complète des Œuvres* (éd. Moultou-Du Peyrou), 1782, t. XIII, pp. 239-273, du tirage in-8o.

5. PYGMALION

PREMIÈRE PARTIE : LES MANUSCRITS

A. BIBLIOTHÈQUE DE NEUCHÂTEL

Ms. R.27 : Manuscrit autographe très soigné, 10 feuillets petit in-12.

F° 1 : Titre de la main de Rousseau : « Pygmalion. Scène lyrique. » Au-dessous de ce titre, Rousseau a écrit : « N.B. Je ne vois rien à faire à cette pièce, si ce n'eſt d'ôter quelques mots parasites, comme *insensé,* etc. »

B. ARCHIVES J.-J. ROUSSEAU A GENÈVE

Ms. R. 89 : Copie non autographe avec quelques corrections de la main de Rousseau. 1 f. de titre et 10 p. in-8°.

F° 1, Titre : Pygmalion.|Scène lyrique.|(trèfle)|10 Pages.|A. A.| Cette copie faite pour l'Auteur a été corrigée de sa main, et vaut un original par là-même.|

Les indications « 10 Pages A. A. » et « Cette copie, etc. » ont été biffées.

P. 3, Rousseau a ajouté, à la suite de « Je montrerai ma Galathée » : « et je dirai; voilà mon ouvrage. O ma Galathée ! ».

Dans sa « bibliographie » (n° 1072), J. Sénelier mentionne une copie non autographe de « Pygmalion » à la bibliothèque de la Comédie-Française, où nous n'en avons retrouvé aucune trace. Il s'agit sans doute d'une confusion.

DEUXIÈME PARTIE : LES ÉDITIONS

ÉDITION DU « MERCURE DE FRANCE »

Le livret de *Pygmalion* a paru en premier lieu dans *le Mercure de France* de janvier 1771, second volume, pp. 200-209, à la suite d'une « Lettre sur le Pygmalion de M. J. J. Rousseau », datée de Lyon, le 26 novembre 1770 et signée Coignet négociant à Lyon. Dans cette lettre, Horace Coignet affirme que la musique n'eſt pas de Rousseau, mais de lui-même, à l'exception de l'andante de l'ouverture et du premier morceau de l'interlocution, lesquels appartiennent bien à l'auteur du texte.

Le rédacteur du *Mercure de France* a dû imprimer le livret de « Pygmalion » sur une copie manuscrite qui circulait à Paris, car

Coignet dit positivement dans sa lettre : « Je n'entreprendrai pas de vous en faire un extrait : il serait à désirer que M. Rousseau se déterminât à le donner au public, qui le désire... »

Cette première édition a donc un caractère subreptice.

TIRAGE A PART DU « MERCURE DE FRANCE »

(Double filet) | LE PYGMALION*, | PAR | J. J. ROUSSEAU. | (double filet) | *LETTRE sur le Pygmalion de* M. J. | *J. ROUSSEAU.* | *A Lyon, le 26 Novembre 1770.*

Suit le début de la lettre de Coignet jusqu'au mot : « Grecs ».

En bas de page : * *Extrait du Mercure de France, second volume* | *de Janvier 1771.*

In-8° de 14 p.

La lettre de Coignet s'achève à la page (3), ligne 4 et le texte de *PYGMALION* est imprimé à la suite, comme dans *le Mercure.*

ÉDITION SUBREPTICE DE 1771

PYGMALION | *PAR MONSIEUR* | J. J. ROUSSEAU, | (double filet) | *SCENE LYRIQUE.* | (double filet) | (fleuron : vase de fleurs dans un encadrement) | *A GENEVE,* | (double filet) | *1771.* |

In-8° de [VI[-14 p.

P. [III-V] : « Au lecteur », avis par lequel l'éditeur informe le lecteur que le texte qu'il donne a été extrait du second volume du Mercure de France du mois de Janvier de cette année. » « Cette publicité nous autorise », dit-il encore, ce qui signifie que cette édition a également été faite sans le consentement de l'auteur.

P. [VI[: [Note :] « Ceux qui désireront les Partitions de la Musique de ce Drame, en trouve— *(sic)* à Genève chez les Marchands de Musique, à Lyon chez le Sieur CASTAUD, Place de la Comédie; & dans les autres Villes, aux adresses ordinaires. »

Th. Dufour (*Recherches bibliographiques,* t. I, p. 219) appelle cette édition *Édition princeps originale,* tandis que P.-P. Plan, l'éditeur des *Recherches* de Dufour, écrit en note :

« Est-il bien certain que cette édition soit l'édition originale ? Je pense qu'elle n'a pas été imprimée avec l'assentiment de l'auteur, et que la véritable édition *originale,* c'est-à-dire publiée avec son consentement, est celle de la Vve Duchesne. Paris, 1775... »

Le *Journal helvétique,* imprimé par la Société typographique de Neuchâtel, a inséré aux pages 80-93 du numéro de janvier 1771 le texte de *Pygmalion* (qui est orthographié Pigmalion), sans doute d'après celui que *le Mercure de France* avait donné. Le livret de *Pigmalion* est suivi d'un commentaire : « Toute cette fin est d'une chaleur, d'une vie digne de celui qui animait les membres » et d'une anecdote rapportée de Lyon lors de la première représentation de cette scène lyrique. « Nous ne pouvons faute de place donner la fin de cette lettre », ajoute l'éditeur, « nous la réservons pour le cayer suivant... » où elle figure effectivement sous le titre : « Lettre d'une dame de Lausanne à son amie à Genève sur les spectacles ».

CONTREFAÇON LYONNAISE

PIGMALION, |*SCENE LYRIQUE.*|REPRÉSENTÉE EN SOCIÉTÉ|*A LYON.*|PAR|*Mr. J. J. R.*|

In-8° de 15 p. (la 16e blanche).

Cette impression contient un certain nombre de variantes (ou d'erreurs) par rapport au texte du *Mercure de France.*

P. 4 : « Pigmalion, ne fais plus de Dieux » au lieu de « Pygmalion tu ne fais plus des Dieux ».

P. 5 : « à leurs timides ébauches » au lieu de « à leur timide ébauche ».

P. 5 : « je l'ai caché sous ce voile » au lieu de « sous le voile ».

P. 7 : « Oui, je me trompai » au lieu de « oui... je me suis trompé ».

P. 14 : « Puissante illusion » au lieu de « Ravissante illusion ».

La Société J.-J. Rousseau, à Genève, possède un exemplaire de cette édition qui porte, de la main de Rousseau : « Imprimé en fevrier 1771 », à la suite du titre.

ÉDITIONS DE 1772 A 1774

PIGMALION, |MONOLOGUE.|PAR|JEAN JAQUES ROUSSEAU.|(filet)| M.DCC.LXXII.|

in-8° de 21 p. avec une planche de musique gravée, munie du titre : « Airs de Pigmalion », avec la remarque : « Cet andantino est de J. Jac. Rousseau ».

P. 4 : Pigmalion ne fait plus des Dieux.

P. 6 : leur timide ébauche.

P. 7 : ce voile.

P. 9 : Oui, je me suis trompé.

PYGMALION|*SCENE LYRIQUE.*|PAR|M. J. J. ROUSSEAU.|(vignette : deux amours)|A BRUXELLES,|Chez J. VAN DEN BERGHEN, Imprimeur-Libraire,|rue de la Magdelaine.|(double filet)|M.DCC.LXXII.| *Avec Privilége de Sa Majesté.*|

Petit in-8° de 14 p. et 2 p. bl.

L'édition de *Pygmalion* imprimée par P.-R.-C. Ballard en 1772 et mentionnée par Ledos dans son *Catalogue des ouvrages de J.-J. Rousseau conservés dans les grandes Bibliothèques de Paris* (Paris, 1912). sous le n° 431, ne contient pas le texte de Rousseau, mais celui d'Oudard de la Motte.

Au tome III des « Œuvres de J. J. Rousseau, de Genève » imprimées à Amsterdam chez Marc-Michel Rey en 1772, on trouve :

Pp. 359-369 : PYGMALION, |SCENE LYRIQUE. |

Le texte est dans l'ensemble fidèle à celui du *Mercure de France*.

PYGMALION |PAR |M. J. J. ROUSSEAU. |(double filet) |SCENE LYRIQUE | EXECUTÉE |SUR LE THÉATRE IMPÉRIAL |DE VIENNE |AVEC LA MUSIQUE | DU |SIEUR ASPELMAYER. |(Vignette gravée par J. Mansfeld : trois amours jouant avec des masques et un miroir dans un paysage champêtre) |(triple filet) |A VIENNE, |CHEZ *JOSEPH KURZBÖCK*, IMPRIMEUR ILLYRIQUE |ET ORIENTAL DE SA MAJ. IMP. ROY. AP. | (filet) |1772.

In-8° de 19 p. non chiffrées et 1 p. bl.

Le texte est composé sur trois colonnes. La musique est décrite dans la première, la durée de l'action occupe la deuxième, quant à la troisième elle est réservée au livret raccourci en quelques endroits.

Une traduction allemande (Pygmalion |nach dem Französischen | des H. J. J. Rousseau. |Eine lyrische Vorstellung |(etc.) et une traduction italienne : PIGMALIONE |DAL |SIG^{re}. G^{nni}. G^{mo}. ROUSSEAU. | SCENA LIRICA |RECATA DAL FRANCESE, |(etc) ont paru simultanément à Vienne chez Joseph Kurzböck dans le même format, le même nombre de pages et la même présentation.

PYGMALION, *SCENE LYRIQUE,* |PAR M. J. J. ROUSSEAU. | figure encore dans le JOURNAL DE MUSIQUE, par une Société d'amateurs, Année 1773, n° 3, pp. 5-20, journal publié à Paris chez Ruault, libraire, et au Bureau du journal, rue Montmartre. Le texte de *Pygmalion* est précédé d'un éloge, d'une brève analyse de la pièce, d'une description de la musique de Rousseau et de Coignet et de l'indication que « Cette symphonie... est composée de deux violons, un hautbois, deux cors, alto & basse. Elle a été gravée à Lyon, chez Castaud, libraire, & se trouve à Paris au bureau du journal de musique. Prix 6 liv. »

PYGMALION |*PAR MONSIEUR* |J. J. ROUSSEAU, |(double filet) | *SCENE LYRIQUE.* |(double filet) |(fleuron) |A GENEVE, |Et se vend à Lyon, ainsi que la Musique |chez CASTAUD, Libraire, Place |de la Comédie. |(double filet) |M.DCC.LXXIV. |

In-8° de 14 p. L'avis « Au lecteur » occupe les p. [3-4].

ÉDITION AVEC « APPROBATION ET PERMISSION »

Faux titre : *PYGMALION,* |SCENE LYRIQUE. |

Titre : PIGMALION, |*SCENE LYRIQUE ;* |Par M. ROUSSEAU de Genève : |*Représentée pour la premiere fois par les Comé- |diens François le Lundi 30 octobre 1775.* |(filet) |Prix, 12 sols. |(filet) |(vignette : Lyre, signée Beugnet) |*A PARIS,* |Chez la Veuve DUCHESNE, Libraire, rue|Saint-Jacques, au-dessous de la Fontaine|Saint Benoît, au Temple du Goût.|(double filet)|*Avec Approbation & Permission.*|

In-8° de 29 p.

P. 5-8 : Lettre de Coignet.

P. 9 : Bandeau signé Beugnet.

P. 29 : « Lû et approuvé ce 9 novembre 1775. CREBILLON », puis : « Vû l'Approbation, permis d'imprimer ce 12 Novembre 1775. ALBERT. »

Au bas de la page : « De l'Imprimerie de C. SIMON, Imprimeur de LL.AA.|SS. Messeigneurs le Prince de CONDE, le Duc de| Bourbon, & de Monseigneur l'Archevêque,|rue des Mathurins. »

Dans les *Recherches bibliographiques* de Théophile Dufour (t. I, p. 221), P.-P. Plan a inséré une note disant que cette édition lui paraît être l'édition originale, puisque c'est la première qui soit publiée avec l'assentiment de l'auteur. « Comme la présente édition paraît chez son éditeur habituel », ajoute-t-il, « avec un privilège du 9 novembre, elle doit être la première qui ait droit au titre d'*originale*. »

Nous pensons qu'il faut être prudent et n'excluons pas l'éventualité d'une édition faite par Duchesne sans le concours de Rousseau qui, à cette époque, semblait désireux d'ignorer ce qui s'imprimait sous son nom. Le tirage décrit par P.-P. Plan est d'ailleurs fautif, puisqu'une phrase a été omise à la fin de la scène et qu'un second tirage a dû être exécuté.

Faux titre : PIGMALION,|SCENE LYRIQUE.

Titre : PIGMALION,|*SCENE LYRIQUE ;*|Par M. ROUSSEAU de Genève :|*Représentée pour la première fois par les Comé-|diens François* le Lundi 30 Octobre 1775.|(filet)|Prix, 18 sols.|(filet) Vignette : Lyre, signée Beugnet) *A PARIS,*|Chez la Veuve Duchesne Libraire, rue|Saint-Jacques, au-dessous de la Fontaine|Saint Benoît, au Temple du Goût.|(double filet)|*Avec Approbation & Permission.*

Le texte de *Pigmalion* occupe les pages 5-25 et la lettre de Coignet les pages 26-29. On ne trouve ni approbation, ni mention : « De l'Imprimerie de C. Simon. » En revanche p. 11, à la suite de : « Qu'importe », on trouve : « On sert des Dieux dans nos Temples, qui ne sont pas d'une autre matière, & n'ont point été faits d'une autre main », phrase qui avait été omise dans l'édition précédente !

L'édition des « Œuvres mêlées de Mr Rousseau de Genève », publiée par Boubers à Bruxelles, sous l'adresse de « Londres », contient en son tome III imprimé en 1776, pp. 43-52, le texte de *Pygmalion* tiré de l'édition des « Œuvres de J. J. Rousseau de Genève », M.-M. Rey, 1772.

ÉDITION MOULTOU-DU PEYROU

Au tome XV de la Collection complète des Œuvres de J.-J. Rousseau, Citoyen de Genève, contenant les pièces de *Théâtre* et les

Ouvrages de *Poésie,* A Genève, 1782, on trouve pp. 239-251 le texte de PYGMALION, | *SCENE LYRIQUE.* | d'après la copie corrigée par Rousseau, contenant l'adjonction :

« et je dirai ; voilà mon ouvrage. O ma Galathée ! »

TRADUCTIONS

Jusqu'à la fin du XVIIIe siècle, on ne compte pas moins de dix-neuf éditions italiennes, cinq éditions espagnoles, trois polonaises, une anglaise, deux allemandes, une autrichienne, une russe et une hollandaise, d'après les recherches faites par Mario Schiff, J. R. Spell, E. Istel, Henri Roddier, Bozenna Szulc-Golska, Aloys Mooser et répertoriées par Jean Sénelier dans sa *Bibliographie générale des Œuvres de J.-J. Rousseau,* Paris, 1950, pp. 142-145.

INDEX

INDEX DES NOMS
ET
DES OUVRAGES CITÉS

L'indication n. *ou* var. *signifie que le nom ou le titre figure soit dans une note soit dans une variante. Exemple :* 85 et n. 1 *signifie que le nom du personnage apparaît dans le texte de Rousseau et dans la note correspondante.*

Les astérisques désignent les commentateurs et les auteurs postérieurs à Rousseau.

En ce qui concerne les ouvrages, cet index comprend les écrits mentionnés dans le texte de Rousseau et dans les notes qui s'y rapportent, à l'exception de la Nouvelle Héloïse, *qui est constamment citée, et des études critiques.*

Les titres qui ne sont pas suivis du nom de l'auteur sont ceux des œuvres de Rousseau, des périodiques et des ouvrages collectifs ou anonymes.

Cet index a été établi par M. Charles Wirz.

TABLE

TABLE DES MATIÈRES

JULIE, OU LA NOUVELLE HÉLOÏSE

THÉÂTRE

BALLETS. PASTORALE. POÉSIES

CONTES ET APOLOGUES

MÉLANGES DE LITTÉRATURE ET DE MORALE

Ce volume, portant le numéro
cent cinquante-trois
de la « Bibliothèque de la Pléiade »
publiée aux Éditions Gallimard,
a été achevé d'imprimer
sur bible des Papeteries Bolloré Technologies
le 12 novembre 1990
sur les presses
de l'Imprimerie Darantiere
à Quetigny-Dijon,
et relié,
en pleine peau dorée
à l'or fin 23 carats,
par Babouot à Lagny.

ISBN : *2-07-010489-3.*

N° *d'édition : 50106. Dépôt légal : novembre 1990.*
Premier dépôt légal : 1961.

Imprimé en France.